Kubis/Tödtmann

Arbeitshandbuch für Vorstandsmitglieder

# Arbeitshandbuch für Vorstandsmitglieder


herausgegeben von

**Dr. Dietmar Kubis**
Rechtsanwalt, Jena

**Prof. Dr. Ulrich Tödtmann**
Rechtsanwalt, Mannheim

begründet von

**Prof. Dr. Dr. h. c. Johannes Semler**
Rechtsanwalt, Frankfurt am Main

**Dr. Martin Peltzer**
Rechtsanwalt, Notar a.D., Frankfurt am Main



3. Auflage 2022

C.H.BECK Vahlen

Zitiervorschlag:
Kubis/Tödtmann Vorstand-HdB/Bearbeiter § … Rn. …
Bearbeiter in Kubis/Tödtmann Vorstand-HdB § … Rn. …

**www.beck.de**
**www.vahlen.de**

ISBN 978 3 8006 6722 2


Wilhelmstraße 9, 80801 München
Druck und Bindung: Beltz Grafische Betriebe GmbH
Am Fliegerhorst 8, 99947 Bad Langensalza

Satz: 3w+p GmbH, Rimpar
Umschlag: Druckerei C.H. Beck Nördlingen

$CO_2$ neutral
chbeck.de/nachhaltig

Gedruckt auf säurefreiem, alterungsbeständigem Papier
(hergestellt aus chlorfrei gebleichtem Zellstoff)

# In der 3. Auflage bearbeitet von


*Prof. Dr. Michael Arnold*
Rechtsanwalt, Stuttgart
Honorarprofessor an der Universität Tübingen

*Dr. Milena Charnitzky*
Rechtsanwältin, Mannheim

*Dr. Jan Dörrwächter*
Rechtsanwalt, Düsseldorf

*Prof. Dr. Christof Hettich*
Rechtsanwalt, Mannheim
Honorarprofessor an der Hochschule Heidelberg

*Dr. Dietmar Kubis*
Rechtsanwalt, Jena

*Dr. Cäcilie Lüneborg*
Rechtsanwältin, Frankfurt am Main

*Janina Poppe*
Wirtschaftsprüferin und Steuerberaterin, Stuttgart

*Dr. Heinrich Rodewig*
Rechtsanwalt, München

*Dr. Vera Rothenburg*
Rechtsanwältin, Stuttgart

*Prof. Dr. Norbert Schwieters*
Wirtschaftsprüfer und Steuerberater, Recklinghausen
Honorarprofessor an der Ruhr-Universität Bochum

*Bernhard Steffan*
Wirtschaftsprüfer und Steuerberater, Stuttgart

*Prof. Dr. Jürgen Taschke*
Rechtsanwalt, Frankfurt am Main
Honorarprofessor an der Universität Frankfurt am Main

*Prof. Dr. Ulrich Tödtmann*
Rechtsanwalt, Mannheim
Honorarprofessor an der Universität Mannheim

*Dr. Marc Winstel*
Rechtsanwalt, Stuttgart

*Dr. Daniel Zapf*
Rechtsanwalt, Frankfurt am Main

## Verzeichnis der ausgeschiedenen und teilweise ausgeschiedenen Bearbeiterinnen und Bearbeiter

*Prof. Dr. Michael Arnold:* 2. Aufl. 2015: § 11
(in Co-Autorenschaft mit Dr. Vera Rothenburg, die das Kapitel in 3. Aufl. als Alleinautorin verantwortet)

*Prof. Dr. Dr. h.c. Carsten Peter Claussen:* 1. Aufl. 2005: § 3

*Dr. Rolf Engelmann:* 1. Aufl. 2005: § 6

*Dr. Hans-Joachim Fonk:* 1. Aufl. 2005: § 7

*Dr. Welf Müller:* 1. Aufl. 2005: § 8; 2. Aufl. 2015: § 10

*Dr. Martin Peltzer:* 1. Aufl. 2005: Vorwort
(in Co-Autorenschaft mit Prof. Dr. Dr. h.c. Johannes Semler), §§ 2, 9 und 11

*Prof. Dr. Klaus Pohle:* 1. Aufl. 2005: § 5

*Dr. Wolfgang Richter:* 1. Aufl. 2005: § 4; 2. Aufl. 2015: §§ 4–6

*Dr. Vera Rothenburg:* 2. Aufl. 2015: § 7
(in Co-Autorenschaft mit Prof. Dr. Michael Arnold, der das Kapitel in 3. Aufl. als Alleinautor verantwortet)

*Prof. Dr. Dr. h.c. Johannes Semler:* 1. Aufl. 2005: Vorwort
(in Co-Autorenschaft mit Dr. Martin Peltzer), § 1

# Vorwort zur 3. Auflage

Dank der freundlichen Aufnahme, die die 2. Auflage des Werkes allseits erfahren hat, haben sich Herausgeber und Verlag für das baldige Erscheinen einer Neuauflage stark gemacht. Sie bringt das Arbeitshandbuch für Vorstandsmitglieder wiederum auf den aktuellen Stand von Gesetzgebung und Rechtsprechung.

Seit dem Erscheinen der 2. Auflage hat sich die seinerzeit bereits kritisierte Überregulierung rund um die Aktiengesellschaft weiter fortgesetzt, wenn nicht aufgrund des zunehmenden europarechtlichen Einflusses sogar gesteigert. Beispielhaft zu nennen sind hierfür das ARUG II (2019), das FüPoG II (2021) oder das FISG (2021). Ob den Aktionären mit mehr Regulierung wirklich gedient ist, mag im Angesicht von „Diesel-Gate" und „Wirecard" trefflich bezweifelt werden. Den Beratern unterschiedlicher Provenienz hat die zunehmende Regulierung jedenfalls zusätzliche Erlöse beschert, die ohne die intensiven Aktivitäten des Gesetzgebers nicht vorstellbar gewesen wären.

Man mag zur Regelungsdichte rund um die Aktiengesellschaft stehen, wie man will: Wenn gestandene Aufsichtsräte – wie mehrfach beobachtet – hochspezialisierte Beratungsgesellschaften engagieren müssen, um ein rechtsfehlerfreies Vergütungssystem nach § 87a AktG zu implemetieren, spricht einiges dafür, dass es zu Fehlentwicklungen gekommen ist. Dies gilt auch für die zunehmend zu beobachtenden sprachlichen Merkwürdigkeiten. Wenn sogar öffentlich-rechtliche Medien weibliche Mitglieder eines Vorstands als „Vorständin" titulieren, ist hiermit weder für den betreffenden Personenkreis noch für die Aktienkultur irgendetwas gewonnen.

Das vorliegende Handbuch soll und kann derartige Tendenzen weder ignorieren noch umkehren. Es stellt jedoch einen Versuch dar, dem (amtierenden oder designierten) Vorstandsmitglied den Grundkanon von Rechten und Pflichten einer derartigen Organmitgliedschaft vor Augen zu führen. Abschreckung soll hierbei ebenso vermieden werden wie rechtstheoretische Vertiefungen ohne jeden Nutzen für den Leser. Präferierte Zielgruppe des Handbuchs sind somit (aktuelle und potenzielle) Vorstandsmitglieder und erst in zweiter Linie deren rechtliche Berater.

Neu in den Autorenkreis aufgenommen wurden RAin Dr. Milena Charnitzky, RA Dr. Jan Dörrwächter, RA Prof. Dr. Christof Hettich, RAin Dr. Cäcilie Lüneborg, WPin/StBin Janina Poppe sowie WP/StB Prof. Dr. Norbert Schwieters.

Wie schon in den Vorauflagen, erscheinen die einzelnen Beiträge unter der wissenschaftlichen Verantwortung der jeweiligen Autoren. Die hiermit verbundenen Überschneidungen und gelegentlich auch voneinander abweichenden Bewertungen werden bewusst in Kauf genommen.

Dank schulden wir schließlich Anna von Bohnhorst und Karina Lakatos für die umsichtige Betreuung des Werkes durch das Lektorat.

Für Anregungen und Hinweise unserer Leserinnen und Leser sind Autorenteam, Herausgeber und Verlag wie immer dankbar.

Jena/Mannheim, im November 2021

*Dr. Dietmar Kubis*
*Prof. Dr. Ulrich Tödtmann*

# Aus dem Vorwort zur 1. Auflage

Die gesetzliche Geschäftsführungsprärogative allein zeigt die Bedeutung des Vorstands, dem Gegenstand dieses Buches. Er leitet die Gesellschaft, führt die Geschäfte und bestimmt die Richtung, die das Unternehmen einschlägt. Von seiner Integrität, Weitsicht, Tüchtigkeit und Charakterstärke und vor allem von seinem Gespür für geschäftliche Chancen und deren Wahrnehmung hängt das Schicksal des Unternehmens in sehr erheblichem Maße ab. Die Zusammensetzung des Vorstands sollte eine gute Mischung aus verschiedenen Temperamenten, Talenten und Erfahrungshintergründen sein. Entscheidend ist eine vertrauensvolle Zusammenarbeit. „Grabenkämpfe" können zu völliger Selbstbeschäftigung und damit Lahmlegung des Vorstands führen. Dies wiederum strahlt ins Unternehmen und stört Abläufe und Aktivitäten in den betroffenen Bereichen. Der Wert des Unternehmens wird geschädigt. (…)

Vorstandsarbeit ist nur beschränkt theoretisch erlernbar. Man kann ein Standardwerk der Chirurgie auswendig gelernt haben und ist damit noch kein guter Chirurg. Ebenso wenig gibt es ein Werk über Chirurgie, das von Theoretikern und nicht von praktisch tätigen Chirurgen verfasst worden wäre. Vorstandsarbeit und Chirurgie haben gemeinsam, dass die praktische Erfahrung unentbehrlich ist. Die Herausgeber und Autoren des vorliegenden Handbuchs haben sich bemüht, den Mitgliedern von Vorständen und Personen, die das werden wollen, ein Handbuch zur Verfügung zu stellen, das den Anforderungen der pflichtgemäßen Wahrnehmung eines Vorstandsmandats Rechnung trägt. Die Autoren haben auf Basis ihrer überwiegend langjährigen Erfahrungen in Vorstandspositionen die Darstellung der Vorstandspflichten möglichst praxisnah gestaltet.

Herausgeber und Autoren wollen mit diesem Werk Vorstandsmitgliedern und Führungskräften, die ein Vorstandsmandat anstreben, die Möglichkeit zum Erwerb der einschlägigen Kenntnisse geben. Aber auch Personen, die in der Rechtspraxis tätig sind – wie Justitiaren, Wirtschaftsanwälten und anderen Angehörigen der beratenden Berufe – wird dieses Werk helfen, sich mit dem Aufgabengebiet eines Vorstandsmitglieds näher vertraut zu machen. Richtern und Verwaltungsbeamten bringt das vorliegende Buch einen breiten Einblick in die Rechte und Pflichten der Vorstandsmitglieder einer Aktiengesellschaft.

Frankfurt am Main, im Dezember 2004

*Prof. Dr. Dr. h. c. Johannes Semler*
*Dr. Martin Peltzer*

# Inhaltsübersicht

# Inhaltsverzeichnis

## § 2 Die Bestellung von Vorstandsmitgliedern

## § 3 Das Anstellungsverhältnis des Vorstandsmitglieds

## § 4 Leitung als Vorstandsaufgabe



## § 5 Geschäftsführung und Geschäftsverteilung

**§ 6 Vertretung der Gesellschaft**

## § 8 Personal- und Sozialwesen

## § 10 Rechenschaftslegung

## § 11 Haftung der Vorstandsmitglieder

## § 12 Strafrechtliche Verantwortung

**§ 13 Compliance als Vorstandsaufgabe**

## § 14 Verbundene Unternehmen

## § 15 Geschäftsführung in der SE

# Abkürzungsverzeichnis

| | |
|---|---|
| aA | anderer Ansicht |
| abl. | ablehnend |
| ABl. | Amtsblatt |
| Abs. | Absatz (Absätze) |
| abw. | abweichend |
| AcP | Archiv für die civilistische Praxis (Zeitschrift) |
| ADHGB | Allgemeines Deutsches Handelsgesetzbuch |
| aE | am Ende |
| AEUV | Vertrag über die Arbeitsweise der Europäischen Union |
| aF | alte Fassung |
| AfA | Absetzung für Abnutzung |
| AG | Aktiengesellschaft; Die Aktiengesellschaft (Zeitschrift); Amtsgericht |
| AGB | Allgemeine Geschäftsbedingungen |
| AGV | Arbeitgeberverband |
| AktG | Aktiengesetz |
| allgM | allgemeine Meinung |
| Alt. | Alternative |
| AltTZG | Altersteilzeitgesetz |
| amtl. | amtlich |
| Amtl. Begr. | Amtliche Begründung |
| Anh. | Anhang |
| Anm. | Anmerkung(en) |
| AnSVG | Anlegerschutzverbesserungsgesetz |
| AnwBl. | Anwaltsblatt |
| AnzV | Anzeigenverordnung |
| AO | Abgabenordnung |
| AöR | Archiv des öffentlichen Rechts |
| AP | Arbeitsrechtliche Praxis |
| AR | Aufsichtsrat |
| ArbG | Arbeitsgericht |
| ArbGG | Arbeitsgerichtsgesetz |
| ArbN | Arbeitnehmer |
| ArbnErfG | Gesetz über Arbeitnehmererfindungen |
| ArbPlSchG | Arbeitsplatzschutzgesetz |
| ArbSchG | Arbeitsschutzgesetz |
| ArbZG | Arbeitszeitgesetz |
| arg. | argumentum |
| Art. | Artikel |
| ARUG II | Gesetz zur Umsetzung der zweiten Aktionärsrechterichtlinie |
| ASiG | Arbeitssicherheitsgesetz |
| AT | Allgemeiner Teil |
| AÜG | Arbeitnehmerüberlassungsgesetz |
| Aufl. | Auflage |
| AuR | Arbeit und Recht |
| ausf. | ausführlich |
| AusfG | Ausführungsgesetz |
| AWG | Außenwirtschaftsgesetz |
| AWV | Außenwirtschaftsverordnung |
| AZG | Arbeitszeitgesetz |

| | |
|---|---|
| BABl. | Bundesarbeitsblatt |
| BaFin | Bundesanstalt für Finanzdienstleistungsaufsicht |
| BAG | Bundesarbeitsgericht |
| BAGE | Entscheidungen des Bundesarbeitsgerichts |
| BAnz. | Bundesanzeiger |
| BausparkG | Bauspargesetz |
| BAV | Bundesaufsichtsamt für das Versicherungswesen |
| Bay. | Bayern, bayerisch |
| BayObLG | Bayerisches Oberstes Landesgericht |
| BayObLGZ | Entscheidungen des Bayerischen Obersten Landesgerichts in Zivilsachen |
| BB | Betriebs-Berater (Zeitschrift) |
| BBiG | Berufsbildungsgesetz |
| BBK | Buchführung, Bilanz, Kostenrechnung, Zeitschrift für das gesamte Rechnungswesen |
| Bd. (Bde.) | Band (Bände) |
| BDSG | Bundesdatenschutzgesetz |
| BeckRS | Rechtsprechungssammlung in Beck-Online (Jahr, Nummer) |
| Begr. | Begründung |
| betr. | betreffend |
| BetrAV | Betriebliche Altersversorgung (Zeitschrift) |
| BetrAVG | Gesetz zur Verbesserung der betrieblichen Altersversorgung (Betriebsrentengesetz) |
| BetrR | Betriebsrat |
| BetrVG | Betriebsverfassungsgesetz |
| BewG | Bewertungsgesetz |
| BFH | Bundesfinanzhof |
| BFM | Bundesfinanzminister/ium |
| BFuP | Betriebswirtschaftliche Forschung und Praxis (Zeitschrift) |
| BGB | Bürgerliches Gesetzbuch |
| BGBl. | Bundesgesetzblatt |
| BGH | Bundesgerichtshof |
| BGHSt | Entscheidungen des Bundesgerichtshofs in Strafsachen |
| BGHZ | Entscheidungen des Bundesgerichtshofs in Zivilsachen |
| Bilanz-RL | RL 2013/34/EU |
| BiRiLiG | Bilanzrichtlinien-Gesetz |
| BMA | Bundesminister/ium für Arbeit und Sozialordnung |
| BMF | Bundesminister/ium der Finanzen |
| BMJ | Bundesminister/ium der Justiz |
| BNotO | Bundesnotarordnung |
| BörsG | Börsengesetz |
| BörsZulV | Börsenzulassungsverordnung |
| BPersVG | Bundespersonalvertretungsgesetz |
| BR | Bundesrat |
| BRD | Bundesrepublik Deutschland |
| BR-Drs. | Bundesrats-Drucksache |
| BReg. | Bundesregierung |
| BStBl. | Bundessteuerblatt |
| BT | Bundestag |
| BT-Drs. | Bundestags-Drucksache |
| Buchst. | Buchstabe |
| BUrlG | Bundesurlaubsgesetz |
| BuW | Betrieb und Wirtschaft |

BVerfG .............. Bundesverfassungsgericht
BVerfGE ............. Entscheidungen des Bundesverfassungsgerichts
BVerfGG ............. Bundesverfassungsgerichtsgesetz
BVerwG ............. Bundesverwaltungsgericht
BVerwGE ............ Entscheidungen des Bundesverwaltungsgerichts
bzgl. .................. bezüglich
bzw. .................. beziehungsweise

CC .................... Code Civil
CEO ................. Chief Executive Officer
CFO .................. Chief Financial Officer, neudeutsch für Finanzvorstand und – sofern nicht Vorstand – Chef der Finanzabteilung (Head of Treasury-Department)
CMS ................. Compliance-Management-System
CSR .................. Corporate Social Responsibility
CSR-RL ............ Corporate Social Responsibility Richtlinie (RL 2014/95/EU)

dh ..................... das heißt
DAV .................. Deutscher Anwaltverein eV
DB .................... Der Betrieb (Zeitschrift)
DBA .................. Doppelbesteuerungsabkommen
DBW ................. Die Betriebswirtschaft (Zeitschrift)
DCF .................. Discounted Cash-flow
DCGK .............. Deutscher Corporate Governance Kodex
DepotG ............. Depotgesetz
diff. .................. differenzierend
DiRUG ............. Gesetz zur Umsetzung der Digitalisierungsrichtlinie
DiskE ................ Diskussionsentwurf
Diss. ................. Dissertation
DJ ..................... Deutsche Justiz (Zeitschrift)
DJT ................... Deutscher Juristentag
DMBilG ............ D-Markbilanzgesetz
DNotI ................ Deutsches Notarinstitut
DNotZ .............. Deutsche Notar-Zeitschrift
DR ................... Deutsches Recht (Zeitschrift)
DrittelbG ........... Gesetz über die Drittelbeteiligung der Arbeitnehmer im Aufsichtsrat
DRiZ ................ Deutsche Richterzeitung
DRpfl ................ Der deutsche Rechtspfleger
DRS .................. Deutscher Rechnungslegungs Standard
DRSC ................ Deutsche Rechnungslegungs Standards Committee e.V.
DSR .................. Deutscher Standardisierungsrat
DStBl. ............... Deutsches Steuerblatt (Zeitschrift)
DStR ................. Deutsches Steuerrecht (Zeitschrift)
DStZ ................. Deutsche Steuer-Zeitung (Zeitschrift)
DVBl. ............... Deutsches Verwaltungsblatt (Zeitschrift)
DWiR ............... Deutsche Zeitschrift für Wirtschaftsrecht

eV ..................... eingetragener Verein
E ...................... Entwurf
EBIT ................. Earnings before Interest and Taxes
EBITDA ............ Earnings before Interest, Taxes, Depreciation and Amortization
ED .................... Exposure Draft
EDV .................. Elektronische Datenverarbeitung
EBRG ............... Gesetz über Europäische Betriebsräte

| | |
|---|---|
| EFG | Entscheidungen der Finanzgerichte |
| EG | Europäische Gemeinschaften; Einführungsgesetz |
| eG | eingetragene Genossenschaft |
| EGAktG | Einführungsgesetz zum Aktiengesetz |
| EGBGB | Einführungsgesetz zum Bürgerlichen Gesetzbuch |
| EGHGB | Einführungsgesetz zum Handelsgesetzbuch |
| EGInsO | Einführungsgesetz zur Insolvenzordnung |
| Einf. | Einführung |
| Einl. | Einleitung |
| EK | Eigenkapital |
| EMRK | Europäische Menschenrechtskonvention |
| entspr. | entsprechend |
| ErbStG | Erbschaftsteuergesetz |
| ErgBd | Ergänzungsband |
| Erl. | Erlass; Erläuterung(en) |
| ESG | Environment, Social, Governance |
| ESEF-VO | Delegierte VO (EU) 2019/815 |
| EStDV | Einkommensteuer-Durchführungsverordnung |
| EStG | Einkommensteuergesetz |
| EStR | Einkommensteuer-Richtlinien |
| etc | et cetera |
| EU | Europäische Union |
| EUR | Euro (Währung) |
| EuGH | Europäischer Gerichtshof |
| EuZW | Europäische Zeitschrift für Wirtschaftsrecht |
| EV | Einigungsvertrag |
| EVA | Economic Value Added |
| evtl. | eventuell |
| EWG | Europäische Wirtschaftsgemeinschaft |
| EWGV | Vertrag zur Gründung der Europäischen Wirtschaftsgemeinschaft |
| EWiR | Entscheidungen zum Wirtschaftsrecht |
| EWIV | Europäische Wirtschaftliche Interessenvereinigung |
| EWR | Europäischer Wirtschaftsraum |
| f., ff. | folgende |
| FamFG | Gesetz über das Verfahren in Familiensachen und in den Angelegenheiten der freiwilligen Gerichtsbarkeit |
| FAZ | Frankfurter Allgemeine Zeitung |
| FG | Finanzgericht; Freiwillige Gerichtsbarkeit |
| Fn. | Fußnote |
| FR | Finanz-Rundschau (Zeitschrift) |
| FS | Festschrift |
| FTD | Financial Times Deutschland |
| FüPoG II | Zweites Führungspositionen-Gesetz |
| G | Gesetz |
| GA | Goltdammer's Archiv für Strafrecht |
| GbR | Gesellschaft bürgerlichen Rechts |
| GenG | Gesetz betreffend die Erwerbs- und Wirtschaftsgenossenschaften – Genossenschaftsgesetz |
| GesR | Gesellschaftsrecht |
| GesRZ | Der Gesellschafter, Zeitschrift für Gesellschaftsrecht |
| GewA | Gewerbearchiv |
| GewO | Gewerbeordnung |

| | |
|---|---|
| GewSt | Gewerbesteuer |
| GewStG | Gewerbesteuergesetz |
| GewStR | Gewerbesteuer-Richtlinien |
| GG | Grundgesetz |
| ggf. | gegebenenfalls |
| GK | Gemeinschaftskommentar |
| GmbH | Gesellschaft mit beschränkter Haftung |
| GmbHG | Gesetz betreffend die Gesellschaften mit beschränkter Haftung |
| GmbHR | GmbH-Rundschau (Zeitschrift) |
| GNotKG | Gerichts- und Notarkostengesetz |
| GO | Gemeindeordnung |
| GoB | Grundsätze ordnungsmäßiger Buchführung |
| grds. | grundsätzlich |
| GrS | Großer Senat |
| GRUR | Gewerblicher Rechtsschutz und Urheberrecht |
| GuV | Gewinn- und Verlustrechnung |
| GVBl. | Gesetz- und Verordnungsblatt |
| GVG | Gerichtsverfassungsgesetz |
| GWB | Gesetz gegen Wettbewerbsbeschränkungen |
| GwG | Geldwäschegesetz |
| HdB | Handbuch |
| HFA | Hauptfachausschuss des Instituts der Wirtschaftsprüfer in Deutschland e.V. |
| HGB | Handelsgesetzbuch |
| hL | herrschende Lehre |
| hM | herrschende Meinung |
| HRA | Handelsrechtsausschuss des Deutschen Anwaltvereins eV |
| HRefG | Handelsrechtsreformgesetz |
| HRR | Höchstrichterliche Rechtsprechung (Zeitschrift) |
| Hrsg. | Herausgeber |
| hrsg. | herausgegeben |
| HRV | Handelsregisterverfügung |
| Hs. | Halbsatz |
| HV | Hauptversammlung |
| IAS | International Accounting Standards |
| IASB | International Accounting Standards Board |
| IASC | International Accounting Standards Committee |
| idF | in der Fassung |
| idR | in der Regel |
| IdW | Institut der Wirtschaftsprüfer |
| iE | im Einzelnen |
| IFRS | International Financial Reporting Standards |
| IHK | Industrie- und Handelskammer |
| INF | Die Information über Steuer und Wirtschaft (Zeitschrift) |
| InsO | Insolvenzordnung |
| IPO | International Public Offering – Eigenkapitalaufnahme durch Publikumsöffnung |
| IPR | Internationales Privatrecht |
| iS | im Sinne |
| iSd | im Sinne des (der) |
| IStR | Internationales Steuerrecht |
| iSv | im Sinne von |

| | |
|---|---|
| iVm | in Verbindung mit |
| IWB | Internationale Wirtschaftsbriefe |
| Jb. | Jahrbuch |
| JMBl. | Justizministerialblatt |
| JR | Juristische Rundschau (Zeitschrift) |
| JuS | Juristische Schulung (Zeitschrift) |
| JW | Juristische Wochenschrift (Zeitschrift) |
| JZ | Juristenzeitung (Zeitschrift) |
| KAG | Kapitalanlagegesellschaft |
| KAGB | Kapitalanlagegesetzbuch |
| KapErhG | Kapitalerhöhungsgesetz |
| KapErhStG | Gesetz über steuerrechtliche Maßnahmen bei Erhöhung des Nennkapitals aus Gesellschaftsmitteln |
| KapGesR | Kapitalgesellschaftsrecht |
| KG | Kammergericht; Kommanditgesellschaft |
| KGaA | Kommanditgesellschaft auf Aktien |
| KMU | Kleines und Mittleres Unternehmen (betriebswirtschaftlicher und industriesoziologischer Fachausdruck für Mittelständische Industrie) |
| Komm. | Kommentar |
| KPI | Key Performance Indicator |
| krit. | kritisch |
| KSchG | Kündigungsschutzgesetz |
| KSt | Körperschaftsteuer |
| KStG | Körperschaftsteuergesetz |
| KStR | Körperschaftsteuer-Richtlinien |
| KWG | Kreditwesengesetz |
| LAG | Landesarbeitsgericht |
| Lfg. | Lieferung |
| LG | Landgericht |
| Lit. | Literatur |
| LkSG | Lieferkettensorgfaltspflichtengesetz |
| Ls. | Leitsatz |
| M&A | Mergers and Acquisitions |
| mAnm | mit Anmerkung |
| mablAnm | mit ablehnender Anmerkung |
| MAR | Market Abuse Regulation (Marktmissbrauchsverordnung, VO (EU) Nr. 596/2014) |
| MarkenG | Markengesetz |
| MBl. | Ministerialblatt |
| MDR | Monatsschrift für deutsches Recht (Zeitschrift) |
| mE | meines Erachtens |
| MiFID II | RL 2014/65/EU |
| Mio. | Million(en) |
| MitbestErgG | Mitbestimmungs-Ergänzungsgesetz |
| MitbestG | Mitbestimmungsgesetz |
| MittBayNotK | Mitteilungen der Bayerischen Notarkammer |
| MittBayNot | Mitteilungen des Bayerischen Notarvereins, der Notarkasse und der Landesnotarkammer Bayern |
| MittRhNotK | Mitteilungen der Rheinischen Notarkammer |
| mkritAnm | mit kritischer Anmerkung |
| mN | mit Nachweisen |

| | |
|---|---|
| MontanMitbest ErgG | Montanmitbestimmungsergänzungsgesetz |
| MontanMitbestG | Montanmitbestimmungsgesetz |
| Mrd. | Milliarde(n) |
| mwH | mit weiteren Hinweisen |
| mwN | mit weiteren Nachweisen |
| nv | nicht veröffentlicht |
| NachhBG | Nachhaftungsbegrenzungsgesetz |
| NaStraG | Namensaktiengesetz |
| NB | Neue Betriebswirtschaft (Zeitschrift) |
| nF | neue Fassung |
| NJW | Neue Juristische Wochenschrift (Zeitschrift) |
| NJW-RR | NJW-Rechtsprechungs-Report Zivilrecht (Zeitschrift) |
| Nr. | Nummer(n) |
| NStZ | Neue Zeitschrift für Strafrecht |
| NWB | Neue Wirtschaftsbriefe (Zeitschrift), Loseblattsammlung |
| NZ | Notariatszeitung (Österreich) |
| NZA | Neue Zeitschrift für Arbeitsrecht |
| NZG | Neue Zeitschrift für Gesellschaftsrecht |
| OECD | Organisation für wirtschaftliche Zusammenarbeit und Entwicklung |
| OFD | Oberfinanzdirektion |
| OHG | Offene Handelsgesellschaft |
| OLG | Oberlandesgericht |
| OLGE/OLGR | Die Rechtsprechung der Oberlandesgerichte auf dem Gebiete des Zivilrechts |
| OLGZ | Entscheidungen der Oberlandesgerichte in Zivilsachen einschließlich der freiwilligen Gerichtsbarkeit |
| OR | Obligationenrecht |
| OVG | Oberverwaltungsgericht |
| OWiG | Gesetz über Ordnungswidrigkeitengesetz |
| ParteiG | Parteiengesetz |
| PSV | Pensions-Sicherungsverein |
| RdA | Recht der Arbeit (Zeitschrift) |
| RdW | Recht der Wirtschaft |
| RefE | Referentenentwurf |
| RegE | Regierungsentwurf |
| RG | Reichsgericht |
| RGBl. | Reichsgesetzblatt |
| RGZ | Entscheidungen des Reichsgerichts in Zivilsachen |
| RIW | Recht der internationalen Wirtschaft (Zeitschrift) |
| rkr. | rechtskräftig |
| RL | Richtlinie |
| Rn. | Randnummer(n) |
| ROA | Return on Assets |
| ROCE | Return on Capital Employed |
| ROE | Rate of Return on Equity |
| ROI | Return on Investment |
| RPflG | Rechtspflegergesetz |
| Rpfleger | Der deutsche Rechtspfleger (Zeitschrift) |
| Rs. | Rechtssache |
| Rspr. | Rechtsprechung |

RStV ................ Rundfunkstaatsvertrag
RVG .................. Rechtsanwaltsvergütungsgesetz

S. ...................... Satz (Sätze)
SanB .................. Der Sanierungsberater (Zeitschrift)
SanInsFoG ........... Sanierungs- und Insolvenzrechtsfortentwicklungsgesetz
SDÜ .................. Schengener Durchführungsübereinkommen
SE ..................... Societas Europaea, Europäische Gesellschaft
SEAG ............... SE-Ausführungsgesetz
SEBG ............... Gesetz über die Beteiligung der Arbeitnehmer in einer Europäischen Gesellschaft
SEC .................. Securities and Exchange Commission – USA
SEEG ................ Gesetz zur Einführung der Europäischen Gesellschaft
SE-RL .............. RL 2001/86/EG zur Ergänzung des Statuts der Europäischen Gesellschaft hinsichtlich der Beteiligung der Arbeitnehmer
SeuffA ............... Seufferts Archiv für Entscheidungen der obersten Gerichte in den deutschen Staaten
SE-VO .............. VO (EG) Nr. 2157/2001 über das Statut der Europäischen Gesellschaft (SE)
SGB ................. Sozialgesetzbuch
SIC ................... Standing Interpretations Committee
Slg. .................... Sammlung
SOA ................. Sarbanes Oxley Act
SPE .................. „special purpose entities“
SparkG .............. Sparkassengesetz (iVm Bundesland)
SprAuG ............. Sprecherausschussgesetz
SpruchG ............ Spruchgesetz
StaRUG ............. Unternehmensstabilisierungs- und restrukturierungsgesetz
Stb .................... Steuerberater, Der Steuerberater (Zeitschrift)
StbG .................. Steuerberatungsgesetz
StEntlG ............. Steuerentlastungsgesetz
StGB ................ Strafgesetzbuch
StPO ................ Strafprozessordnung
str. ..................... streitig
StuW ................ Steuer und Wirtschaft (Zeitschrift)
StV ................... Strafverteidiger

TV ................... Tarifvertrag
TVG ................. Tarifvertragsgesetz
TzBfG ............... Gesetz über Teilzeitarbeit und befristete Arbeitsverträge

ua ..................... und andere; unter anderem
uÄ .................... und Ähnliche(s)
uam .................. und andere mehr
UmwG .............. Umwandlungsgesetz
unstr. ................. unstreitig
UR .................... Umsatzsteuer-Rundschau
UrhG ................. Urheberrechtsgesetz
Urt. ................... Urteil
US-GAAP .......... United States Generally Accepted Accounting Principles
USt ................... Umsatzsteuer
UStR ................. Umsatzsteuer-Rundschau (Zeitschrift)
usw .................. und so weiter
uU ................... unter Umständen

| | |
|---|---|
| uvam | und viele andere mehr |
| uvm | und vieles mehr |
| UVV | Unfallverhütungsvorschriften |
| UWG | Gesetz gegen den unlauteren Wettbewerb |
| VAG | Gesetz über die Beaufsichtigung von Versicherungsunternehmen (Versicherungsaufsichtsgesetz) |
| vBP | vereidigte Buchprüfer |
| Verf. | Verfasser |
| VerfGH | Verfassungsgerichtshof |
| VerkProspG | Verkaufsprospektgesetz |
| VersR | Versicherungsrecht (Zeitschrift) |
| Vfg. | Verfügung |
| VG | Verwaltungsgericht |
| vgl. | vergleiche |
| VO | Verordnung |
| Vor | Vorbemerkung(en) |
| VVaG | Versicherungsverein auf Gegenseitigkeit |
| VVG | Versicherungsvertragsgesetz |
| VW | Versicherungswirtschaft |
| VwGO | Verwaltungsgerichtsordnung |
| VwVfG | Verwaltungsverfahrensgesetz |
| WACC | Weighted Average Capital Costs |
| WG | Wechselgesetz |
| WiB | Wirtschaftsrechtliche Beratung |
| WiR | Wirtschaftsrecht |
| wistra | Zeitschrift für Wirtschaft, Steuer, Strafrecht |
| WM | Wertpapier-Mitteilungen (Zeitschrift) |
| WO | Wahlordnung |
| WP | Wirtschaftsprüfer; Das Wertpapier (Zeitschrift) |
| WpAIV | Wertpapierhandelsanzeige- und Insiderverzeichnisverordnung |
| WPg | Die Wirtschaftsprüfung (Zeitschrift) |
| WpHG | Wertpapierhandelsgesetz |
| WpÜG | Gesetz zur Regelung von öffentlichen Angeboten zum Erwerb von Wertpapieren und von Unternehmensübernahmen |
| WpÜG-AV | Verordnung über öffentliche Angebote zum Erwerb von Wertpapieren und über Unternehmensübernahmen |
| WRP | Wettbewerb in Recht und Praxis (Zeitschrift) |
| WuB | Entscheidungssammlung zum Wirtschafts- und Bankrecht |
| WuW | Wirtschaft und Wettbewerb (Zeitschrift) |
| ZAG | Zahlungsdiensteaufsichtsgesetz |
| ZAP | Zeitschrift für die Anwaltspraxis |
| zB | zum Beispiel |
| ZBB | Zeitschrift für Bankrecht und Bankwirtschaft |
| ZEV | Zeitschrift für Erbrecht und Vermögensnachfolge |
| ZfA | Zeitschrift für Arbeitsrecht |
| ZfbF | Schmalenbachs Zeitschrift für betriebswirtschaftliche Forschung |
| ZfgK | Zeitschrift für das gesamte Kreditwesen |
| ZG | Zeitschrift für Unternehmens- und Gesellschaftsrecht |
| ZHR | Zeitschrift für das gesamte Handelsrecht und Wirtschaftsrecht |
| Ziff. | Ziffer(n) |
| ZIP | Zeitschrift für Wirtschaftsrecht |

| | |
|---|---|
| ZNotP | Zeitschrift für die Notarpraxis |
| ZPO | Zivilprozessordnung |
| ZRI | Zeitschrift für Restrukturierung und Insolvenz |
| ZRP | Zeitschrift für Rechtspolitik |
| zT | zum Teil |
| zust. | zustimmend |
| zutr. | zutreffend |
| ZVersWiss | Zeitschrift für die gesamte Versicherungswissenschaft |
| ZZP | Zeitschrift für Zivilprozes |

# Verzeichnis der abgekürzt zitierten Literatur

| | |
|---|---|
| ADS Rechnungslegung | Adler/Düring/Schmaltz, Rechnungslegung und Prüfung der Unternehmen (Gesamtausgabe), Kommentar, 6. Aufl. 1995 |
| APS | Ascheid/Preis/Schmidt, Kündigungsrecht, Kommentar, 6. Aufl. 2021 |
| ARR WirtschaftsStrafR-HdB | Achenbach/Ransiek/Rönnau, Handbuch Wirtschaftsstrafrecht, Handbuch, 5. Aufl. 2019 |
| ASM | Assmann/Schneider/Mülbert, Wertpapierhandelsrecht, Kommentar, 7. Aufl. 2019 |
| Baumbach/Hopt | Baumbach/Hopt, Handelsgesetzbuch: HGB, Kommentar, 40. Aufl. 2021 |
| BeBiKo | Grottel/Schmidt/Schubert/Störk, Beck'scher Bilanz-Kommentar, Kommentar, 12. Aufl. 2020 |
| BeckFormB BHW | Hoffmann-Becking/Gebele, Beck'sches Formularbuch Bürgerliches, Handels- und Wirtschaftsrecht, Formularbuch, 13. Aufl. 2019 |
| BeckHdB AG | Drinhausen/Eckstein, Beck'sches Handbuch der AG, Handbuch, 3. Aufl. 2018 |
| BeckOGK | Gsell/Krüger/Lorenz/Reymann, beck-online.GROSSKOMMENTAR, Kommentar, Band BGB, 34. Aufl. 2021 |
| BeckOK GeschGehG | Fuhlrott/Hiéramente, BeckOK GeschGehG, Kommentar, 8. Aufl. 2021 |
| BeckOK GmbHG | Ziemons/Jaeger/Pöschke, BeckOK GmbHG, Kommentar, 48. Aufl. 2021 |
| BeckOK InsO | Fridgen/Geiwitz/Göpfert, BeckOK InsO, Kommentar, 23. Aufl. 2021 |
| BeckOK StGB | von Heintschel-Heinegg, BeckOK StGB, Kommentar, 50. Aufl. 2021 |
| BeckOK UWG | Fritzsche/Münker/Stollwerck, BeckOK UWG, Kommentar, 12. Aufl. 2021 |
| BeckRA-HdB | Heussen/Hamm, Beck'sches Rechtsanwalts-Handbuch, Handbuch, 11. Aufl. 2016 |
| Braun | Braun, Insolvenzordnung: InsO, Kommentar, 8. Aufl. 2020 |
| Bürgers/Körber | Bürgers/Körber, Aktiengesetz, Kommentar, 4. Aufl. 2017 |
| EBJS | Ebenroth/Boujong/Joost/Strohn, Handelsgesetzbuch (HGB), Kommentar, Band 1, 2, 4. Aufl. 2020 |
| Emmerich/Habersack | Emmerich/Habersack, Aktien- und GmbH-Konzernrecht, Kommentar, 9. Aufl. 2019 |
| Erbs/Kohlhaas | Erbs/Kohlhaas, Strafrechtliche Nebengesetze, Kommentar, 235. Aufl. 2021 |
| ErfK | Müller-Glöge/Preis/Schmidt, Erfurter Kommentar zum Arbeitsrecht, Kommentar, 21. Aufl. 2021 |
| Fischer | Fischer, Strafgesetzbuch: StGB, Kommentar, 68. Aufl. 2021 |
| Fleischer VorstandsR-HdB | Fleischer, Handbuch des Vorstandsrechts, Handbuch, 1. Aufl. 2006 |

| | |
|---|---|
| Frodermann/Jannott AktR-HdB | Frodermann/Jannott, Handbuch des Aktienrechts, Handbuch, 9. Aufl. 2017 |
| GHEK | Geßler/Hefermehl/Eckardt/Kropff, Aktiengesetz, Kommentar, Band 1, 2, 3, 4, 5, 6, 7, 8, 9, 10, 11, 12, 13, 14, 2. Aufl. 1973 ff. |
| GJW | Graf/Jäger/Wittig, Wirtschafts- und Steuerstrafrecht, Kommentar, 2. Aufl. 2017 |
| Goette/Arnold AR-HdB | Goette/Arnold, Handbuch Aufsichtsrat, Handbuch, 1. Aufl. 2021 |
| Gottwald/Haas InsR-HdB | Gottwald/Haas, Insolvenzrechts-Handbuch, Handbuch, 6. Aufl. 2020 |
| Grigoleit | Grigoleit, AktG – Aktiengesetz, Kommentar, 2. Aufl. 2020 |
| GroßkommAktG | Hirte/Mülbert/Roth, AktG, Kommentar, Band 1, 2/1, 2/2, 4/1, 4/2, 5, 7/1, 7/2, 7/3, 12, 5. Aufl. 2015 ff. |
| Habersack/Drinhausen | Habersack/Drinhausen, SE-Recht, Kommentar, 2. Aufl. 2016 |
| Habersack/Henssler | Habersack/Henssler, Mitbestimmungsrecht, Kommentar, 4. Aufl. 2018 |
| Henssler/Strohn | Henssler/Strohn, Gesellschaftsrecht: GesR, Kommentar, 5. Aufl. 2021 |
| Hirte/Heidel Neues AktR | Hirte/Heidel, Das neue Aktienrecht, Kommentar, 1. Aufl. 2020 |
| HK-KapMarktStrafR | Park, Kapitalmarktstrafrecht, Kommentar, 5. Aufl. 2019 |
| HK-OWiG | Gassner/Seith, Ordnungswidrigkeitengesetz, Kommentar, 2. Aufl. 2020 |
| HML Corporate Compliance | Hauschka/Moosmayer/Lösler, Corporate Compliance, Handbuch, 3. Aufl. 2016 |
| HMS Unternehmensfinanzierung | Habersack/Mülbert/Schlitt, Unternehmensfinanzierung am Kapitalmarkt, Handbuch, 4. Aufl. 2019 |
| Hölters | Hölters, Aktiengesetz: AktG, Kommentar, 3. Aufl. 2017 |
| Hüffer/Koch | Hüffer/Koch, Aktiengesetz, Kommentar, 15. Aufl. 2021 |
| Ihrig/Schäfer Vorstand | Ihrig/Schäfer, Rechte und Pflichten des Vorstands, Handbuch, 2. Aufl. 2020 |
| K. Schmidt/Lutter | K. Schmidt/Lutter, AktG, Kommentar, 4. Aufl. 2019 |
| KBF | Köhler/Bornkamm/Feddersen, UWG, Kommentar, 39. Aufl. 2021 |
| KBLW | Kremer/Bachmann/Lutter/von Werder, Deutscher Corporate Governance Kodex, Kommentar, 8. Aufl. 2021 |
| KK-OWiG | Mitsch, Karlsruher Kommentar zum Gesetz über Ordnungswidrigkeiten: OWiG, Kommentar, 5. Aufl. 2018 |
| KK-StPO | Hannich, Karlsruher Kommentar zur Strafprozessordnung: StPO, Kommentar, 8. Aufl. 2019 |
| Klein | Klein, AO – Abgabenordnung, Kommentar, 15. Aufl. 2020 |
| Klöhn | Klöhn, Marktmissbrauchsverordnung, Kommentar, 1. Aufl. 2018 |

| | |
|---|---|
| KPB | Kübler/Prütting/Bork, InsO, Kommentar zur Insolvenzordnung, Kommentar, 88. Aufl. 2021 |
| Kölner Komm AktG | Zöllner/Noack, Kölner Kommentar zum Aktiengesetz (Kölner Komm AktG), Kommentar, Band II/1, II/2, III/1, III/2, III/3, III/4, III/5, III/7, V/1, V/2, V/3, V/5, VII/1, VII/2, VIII/1, VIII/2, I, VI, IX, 3. Aufl. 2004 ff. |
| Kölner Komm RechnungslegungsR | Scherrer/Claussen, Kölner Kommentar zum Rechnungslegungsrecht (Kölner Komm RechnungslegungsR), Kommentar, 1. Aufl. 2010 |
| Kölner Komm UmwG | Dauner-Lieb/Simon, Kölner Kommentar zum Umwandlungsgesetz: UmwG, Kommentar, 1. Aufl. 2009 |
| Kölner Komm WpÜG | Hirte/von Bülow, Kölner Kommentar zum WpÜG (Kölner Komm WpÜG), Kommentar, 2. Aufl. 2010 |
| Küttner Personalbuch 2021 | Küttner, Personalbuch, Lexikon, 28. Aufl. 2021 |
| Lackner/Kühl | Lackner/Kühl, StGB, Kommentar, 29. Aufl. 2018 |
| LHT SE | Lutter/Hommelhoff/Teichmann, SE-Kommentar SE-VO – SEAG – SEBG – Arbeitsrecht – Steuerrecht – Konzernrecht, Kommentar, 2. Aufl. 2015 |
| LK-StGB | Cirener/Radtke/Rissing-van Saan/Rönnau/Schluckebier, Leipziger Kommentar Strafgesetzbuch: StGB, Kommentar, Band 1, 3, 4, 6, 13. Aufl. 2019 |
| LK-StGB | Laufhütte/Rissing-van Saan/Tiedemann, Leipziger Kommentar Strafgesetzbuch: StGB, Kommentar, Band 1, 2, 3, 4, 5, 6, 7/1, 7/2, 8, 9/1, 9/2, 10, 11, 12, 13, 12. Aufl. 2006 ff. |
| LKV Aufsichtsrat | Lutter/Krieger/Verse, Rechte und Pflichten des Aufsichtsrats, Handbuch, 7. Aufl. 2020 |
| MAH AktR | Schüppen/Schaub, Münchener Anwaltshandbuch Aktienrecht, Handbuch, 3. Aufl. 2018 |
| MAH ArbR | Moll, Münchener Anwaltshandbuch Arbeitsrecht, Handbuch, 5. Aufl. 2021 |
| MAH VersR | Höra, Münchener Anwaltshandbuch Versicherungsrecht, Handbuch, 4. Aufl. 2017 |
| MAH WirtschaftsStrafR | Volk/Beukelmann, MAH Verteidigung in Wirtschafts- und Steuerstrafsachen, Handbuch, 3. Aufl. 2020 |
| Marsch-Barner/Schäfer AG-HdB | Marsch-Barner/Schäfer, Handbuch börsennotierte AG, Handbuch, 4. Aufl. 2017 |
| Matt/Renzikowski | Matt/Renzikowski, Strafgesetzbuch: StGB, Kommentar, 2. Aufl. 2020 |
| Maunz/Dürig | Maunz/Dürig, Grundgesetz-Kommentar, Kommentar, 94. Aufl. 2021 |
| MHdB ArbR | Kiel/Lunk/Oetker, Münchener Handbuch zum Arbeitsrecht, Handbuch, Band 1, 5. Aufl. 2021 |
| MHdB GesR IV | Hoffmann-Becking, Münchener Handbuch des Gesellschaftsrechts, Band 4: Aktiengesellschaft, Handbuch, 5. Aufl. 2020 |
| MHdB GesR VII | Born/Ghassemi-Tabar/Gehle, Münchener Handbuch des Gesellschaftsrechts, Band 7: Gesellschaftsrechtliche |

| | |
|---|---|
| | Streitigkeiten (Corporate Litigation), Handbuch, 6. Aufl. 2020 |
| Momsen/Grützner WirtschaftsSteuerStrafR-HdB | Momsen/Grützner, Wirtschafts- und Steuerstrafrecht, Handbuch, 2. Aufl. 2020 |
| Moosmayer Compliance | Moosmayer, Compliance, Handbuch, 4. Aufl. 2021 |
| MSG Vertragsgestaltung ArbR | Maschmann/Sieg/Göpfert, Vertragsgestaltung im Arbeitsrecht, Handbuch, 3. Aufl. 2020 |
| MVHdB I GesR | Böhm/Burmeister, Münchener Vertragshandbuch, Band 1: Gesellschaftsrecht, Handbuch, 8. Aufl. 2018 |
| MüKoAktG | Goette/Habersack/Kalss, Münchener Kommentar zum Aktiengesetz: AktG, Kommentar, Band 1, 2, 4, 5, 6, 7, 5. Aufl. 2019 ff. |
| MüKoAktG | Goette/Habersack, Münchener Kommentar zum AktG, Band 3: §§ 118–178, Kommentar, Band 3, 4. Aufl. 2018 |
| MüKoBGB | Säcker/Rixecker/Oetker/Limperg, Münchener Kommentar zum Bürgerlichen Gesetzbuch: BGB, Kommentar, Band 1, 2, 3, 4, 5, 6, 7, 8, 8a, 9, 10, 11, 12, 13, 8. Aufl. 2018 ff. |
| MüKoBilanzR | Hennrichs/Kleindiek/Watrin, Münchener Kommentar zum Bilanzrecht, Band 2: Bilanzrecht §§ 238–342e HGB, Kommentar, Band 2, 1. Aufl. 2013 |
| MüKoBilanzR | Hennrichs/Kleindiek/Watrin, Münchener Kommentar zum Bilanzrecht, Kommentar, Band 1, 5. Aufl. 2014 |
| MüKoGmbHG | Fleischer/Goette, Münchener Kommentar zum Gesetz betreffend die Gesellschaften mit beschränkter Haftung: GmbHG, Kommentar, Band 1, 2, 3, 3. Aufl. 2018 ff. |
| MüKoHGB | Drescher/Fleischer/K. Schmidt, Münchener Kommentar zum Handelsgesetzbuch: HGB, Kommentar, Band 1, 5, 5. Aufl. 2021 |
| MüKoHGB | K. Schmidt, Münchener Kommentar zum Handelsgesetzbuch: HGB, Kommentar, Band 1, 2, 3, 4, 5, 6, 7, 4. Aufl. 2016 ff. |
| MüKoInsO | Stürner/Eidenmüller/Schoppmeyer, Münchener Kommentar zur Insolvenzordnung: InsO, Kommentar, Band 1, 2, 3, 4, 4. Aufl. 2019 ff. |
| MüKoStGB | Erb/Schäfer, Münchener Kommentar zum Strafgesetzbuch: StGB, Kommentar, Band 1, 2, 3, 4, 4. Aufl. 2020 ff. |
| MüKoStGB | Joecks/Miebach, Münchener Kommentar zum Strafgesetzbuch: StGB, Kommentar, Band 1, 2, 3, 4, 5, 6, 7, 8, 3. Aufl. 2016 ff. |
| NK-AktKapMarktR | Heidel, Aktienrecht und Kapitalmarktrecht, Kommentar, 5. Aufl. 2020 |
| Oetker | Oetker, Handelsgesetzbuch (HGB), Kommentar, 7. Aufl. 2021 |
| Palandt | Palandt, Bürgerliches Gesetzbuch, Kommentar, 80. Aufl. 2021 |
| PFGS IntRechnungslegung | Pellens/Fülbier/Gassen/Sellhorn, Internationale Rechnungslegung, Handbuch, 10. Aufl. 2017 |

| | |
|---|---|
| Richardi BetrVG | Richardi, Betriebsverfassungsgesetz, Kommentar, 16. Aufl. 2018 |
| Roxin/Greco StrafR AT | Roxin/Greco, Strafrecht Allgemeiner Teil – Band 1: Grundlagen: Der Aufbau der Verbrechenslehre, Lehrbuch, 5. Aufl. 2020 |
| Roxin StrafR AT | Roxin, Strafrecht Allgemeiner Teil, Band 2: Besondere Erscheinungsformen der Straftat, Lehrbuch, Band 2, 1. Aufl. 2003 |
| RVJ | Raiser/Veil/Jacobs, Mitbestimmungsgesetz und Drittelbeteiligungsgesetz, Kommentar, 7. Aufl. 2020 |
| Schaub ArbR-HdB | Schaub, Arbeitsrechts-Handbuch, Handbuch, 18. Aufl. 2019 |
| Schwark/Zimmer | Schwark/Zimmer, Kapitalmarktrechts-Kommentar, Kommentar, 5. Aufl. 2020 |
| Schönke/Schröder | Schönke/Schröder, Strafgesetzbuch: StGB, Kommentar, 30. Aufl. 2019 |
| Semler/Stengel/Leonard | Semler/Stengel/Leonard, Umwandlungsgesetz, Kommentar, 5. Aufl. 2021 |
| Semler/Volhard UÜ-HdB | Semler/Volhard, Arbeitshandbuch für Unternehmensübernahmen, Unternehmensübernahme, Vorbereitung, Durchführung, Folgen. Ausgewählte Drittländer, Handbuch, Band I, II, 1. Aufl. 2001 ff. |
| Semler Leitung und Überwachung AG | Semler, Leitung und Überwachung der Aktiengesellschaft, Monografie, 2. Aufl. 1996 |
| Seyfarth VorstandsR | Seyfarth, Vorstandsrecht, Handbuch, 1. Aufl. 2016 |
| SSW AR-HdB | Semler/von Schenck/Wilsing, Arbeitshandbuch für Aufsichtsratsmitglieder, Handbuch, 5. Aufl. 2021 |
| TGH AR-HdWB | Thüsing/Giebeler/Hey, Handwörterbuch für Aufsichtsräte, Handwörterbuch, 1. Aufl. 2018 |
| Thüsing Beschäftigtendatenschutz | Thüsing, Beschäftigtendatenschutz und Compliance, Handbuch, 3. Aufl. 2021 |
| Uhlenbruck | Uhlenbruck, Insolvenzordnung: EuInsVO, Kommentar, Band 1, 2, 15. Aufl. 2019 ff. |
| Wachter | Wachter, AktG, Kommentar, 3. Aufl. 2018 |
| WJS WirtschaftsStrafR-HdB | Wabnitz/Janovsky/Schmitt, Handbuch Wirtschafts- und Steuerstrafrecht, Handbuch, 5. Aufl. 2020 |
| WKS | Wißmann/Kleinsorge/Schubert, Mitbestimmungsrecht, Kommentar, 5. Aufl. 2017 |
| Ziemons/Binnewies AG-HdB | Ziemons/Binnewies, Handbuch der Aktiengesellschaft, Band 1: Gesellschaftsrecht, Steuerrecht, Handbuch, 87. Aufl. 2021 |

# § 1 Die Kompetenzen des Vorstands und der Vorstandsmitglieder

## Übersicht

**Schrifttum übergreifend:** *Abeltshauser,* Leistungshaftung im Kapitalgesellschaftsrecht, 1998; *Adenauer,* Die organisationsrechtliche Wirkung von Betriebspacht- und Betriebsabführungsverträgen. Zur Frage der Delegation der Leitungsmacht des Vorstands einer Aktiengesellschaft auf einen Dritten, NZG 2019, 361; *Albach* (Hrsg.), Konzernmanagement, 2001; *Arnold,* Steuerung des Vorstandhandelns, 2007; *Beckert,* Personalisierte Leitung von Aktiengesellschaften, 2009; *Böttcher/Blasche,* Die Grenzen der Leistungsmacht des Vorstands, NZG 2006, 569; *Buck-Heeb,* Neuere Rechtsprechung zur Haftung wegen fehlerhafter oder fehlender Kapitalmarktinformation, NZG 2016, 1125; *Buck-Heeb,* Ressortaufteilung und Haftung von Geschäftsführern, BB 2019, 584 *Druey,* Verantwortlichkeit aus der Leitung, FS Zöllner, 1998, 129; *Eisenschmidt/Bilgenroth,* Zur praktischen Umsetzung des Deutschen Corporate Governance Kodexes – eine empirische Analyse der Unternehmen des HDAX und SDAX, DStR 2016, 551; *Fleischer,* Gesetzliche Unternehmenszielbestimmungen im Aktienrecht, ZGR 2017, 411; *Fleischer,* Ungeschriebene Hauptversammlungszuständigkeiten im Aktienrecht: Von „Holzmüller" zu „Gelatine", NJW 2004, 2335; *Fleischer,* Zur Leitungsaufgabe des Vorstands im Aktienrecht, ZIP 2003, 1; *Fleischer,* Zum Grundsatz der Gesamtverantwortung im Aktienrecht, NZG 2003, 449; *Fleischer,* Unternehmensspenden und Leitungsermessen des Vorstands im Aktienrecht, AG 2001, 171; *Fleischer,* Die „Business Judgement Rule" im Spiegel von Rechtsvergleichung und Rechtsökonomie, FS Wiedemann, 2002, 827; *Fleischer,* Aktienrechtliche Legalitätspflicht und „nützliche" Pflichtverletzungen von Vorstandsmitgliedern, ZIP 2005, 141; *Frels,* Die Geschäftsverteilung im Vorstand der Aktiengesellschaft, ZHR 122 (1959), 8; *Gehrlein,* Strafbarkeit von Vorständen wegen leichtfertiger Vergabe von Unternehmensspenden, NZG 2002, 463; *Goette,* Leitung, Aufsicht, Haftung – zur Rolle der Rechtsprechung bei der Sicherung einer modernen Unternehmensführung, FS 50 Jahre Bundesgerichtshof, 2000, 123; *Heinrich Götz,* Zur Binnenstruktur der Unternehmensgruppe, FS Semler, 2004, 375; *Heinrich Götz,* Persönliche Haftung von Vorstandsmitgliedern für fehlerhafte Ad hoc-Mitteilungen, DStR 2004, 1486; *Hahn,* Die Parteispende der Aktiengesellschaft, AG 2018, 472; *Henze,* Entscheidungen und Kompetenzen der Organe in der AG: Vorgaben der höchstrichterlichen Rechtsprechung, BB 2001, 53; *Henze,* Leitungsverantwortung des Vorstands – Überwachungspflicht des Aufsichtsrats, BB 2000, 209; *Henze,* Sachsenmilch: Ordnungsgemäße Besetzung eines nach zwingender gesetzlicher Vorgabe zweigliedrigen Vorstands nach Wegfall eines Mitglieds, BB 2002, 847; *Hoffmann-Becking,* Strukturen und Verantwortlichkeiten, insbesondere im monistischen System, ZGR 2004, 355; *Hoffmann-Becking,* Zur rechtlichen Organisation der Zusammenarbeit im Vorstand einer AG, ZGR 1998, 497; *Hüffer/Koch,* Das Leitungsermessen des Vorstands in der Aktiengesellschaft, FS Raiser, 2005, 163; *Kessler,* Leitungskompetenz und Leitungsverantwortung im deutschen, US-amerikanischen und japanischen Aktienrecht, RIW 1998, 602; *Kessler,* Die Leitungsmacht des Vorstands einer Aktiengesellschaft, AG 1995, 61 und 120; *Kiem,* Investorenvereinbarung im Lichte des Aktien- und Übernahmerechts, AG 2009, 301; *Kindler,* Unternehmerisches Ermessen und Pflichtenbindung, ZHR 162 (1998), 101; *Kinzl,* Wie angemessen muss „angemessene Information" als Grundlage für Vorstandsentscheidungen sein?, DB 2004, 1653; *Kretschmer/Karakaya,* Zur Berichtspflicht des Vorstandes beim Delisting von Aktiengesellschaften, WM 2002, 2494; *Laub,* Grenzen der Spendenkompetenz des Vorstands, AG 2002, 308; *Leisch,* Vorstandshaftung für falsche Ad hoc-Mitteilungen – ein höchstrichterlicher Beitrag zur Stärkung des Finanzplatzes Deutschland, ZIP 2004, 1573; *Leuering,* Die Vertretung der Aktiengesellschaft durch Aufsichtsrat und Hauptversammlung, FS Kollhosser, 2004, 361; *Linnertz,* Die Delegation durch den Vorstand einer Aktiengesellschaft, 2020; *Lutter,* Corporate Governance und ihre aktuellen Probleme, vor allem: Vorstandsvergütung und ihre Schranken, ZIP 2003, 737; *Lutter/Leinekugel,* Der Ermächtigungsbeschluss der Hauptversammlung zu grundlegenden Strukturmaßnahmen – zulässige Kompetenzübertragung oder unzulässige Selbstentmachtung, ZIP 1998, 805; *Martens,* Der Grundsatz gemeinsamer Vorstandsverantwortung, FS Fleck, 1988, 191; *Mielke,* Die Leitung der unverbundenen Aktiengesellschaft, 1990; *Neye,* Die Europäische Aktiengesellschaft, 2005; *Möslein,* Digitalisierung im Gesellschaftsrecht: Unternehmensleitung durch Algorithmen und künstliche Intelligenz?, ZIP 2018, 204; *Paefgen,* Corporate Social Responsibility (CSR) als aktienrechtliche Organverantwortung, FS Seibert, 2019, 629; *Paefgen,* Unternehmerische Entscheidungen und Rechtsbindung der Organe in der AG, 2002; *Peltzer,* Vorstand und Geschäftsführung als Leitungs- und gesetzliches Vertretungsorgan der

Gesellschaft, JuS 2003, 348; *Preußner/Zimmermann,* Risikomanagement als Gesamtaufgabe des Vorstandes, AG 2002, 657; *Priester,* Aufstellung und Feststellung des Jahresabschlusses bei unterbesetzten Vorstand, FS Kropff, 1997, 591; *Priester,* Satzungsvorgaben zum Vorstandshandeln – Satzungsautonomie contra Leitungsautonomie, FS Hüffer/Koch, 2010, 777; *Priester,* Unterschreitung des satzungsmäßigen Unternehmensgegenstandes im Aktienrecht, ZGR 2017, 474; *Raiser,* Organklagen zwischen Aufsichtsrat und Vorstand, AG 1989, 185; *Roth,* Unternehmerisches Ermessen und Haftung des Vorstands, 2001; *Rottnauer,* Konstituierung der Hauptversammlung durch einen unterbesetzten Vorstand, NZG 2000, 414; *Säcker/Rehm,* Grenzen der Mitwirkung des Aufsichtsrats an unternehmerischen Entscheidungen in der Aktiengesellschaft, DB 2008, 2814; *Schäfer,* Beschlußanfechtung bei Beschlußvorschlägen durch einen unterbesetzten Vorstand, ZGR 2003, 147; *Schiessl,* Gesellschafts- und mitbestimmungsrechtliche Probleme der Spartenorganisation (Divisionalisierung), ZGR 1992, 64; *Schmidt-Leithoff,* Die Verantwortung der Unternehmensleitung, 1989; *Schockenhoff,* Haftung und Enthaftung von Geschäftsleitern bei Compliance-Verstößen in Konzernen mit Matrix-Strukturen, ZHR 180 (2016), 197; *Schubert,* Das Unternehmensinteresse – Maßstab für Organwalter der Aktiengesellschaft unter besonderer Berücksichtigung der Nachhaltigkeit und sozialen Verantwortung von Unternehmen, 2020; *Schürnbrand,* Organschaft im Recht der privaten Verbände, 2007; *Seibert,* Im Blickpunkt: Der Deutsche Corporate Governance Kodex ist da, BB 2002, 581; *Seibt,* Deutscher Corporate Governance Kodex und Entsprechenserklärung, AG 2002, 249; *Seibt/Wünsch,* Investorenvereinbarungen bei öffentlichen Übernahmen, Der Konzern 2009, 195; *Seidl,* Das Veteorechts eines Vorstandsmitglieds in der Aktiengesellschaft, 2018; *Johannes Semler,* Die Rechte und Pflichten des Vorstands einer Holdinggesellschaft im Lichte der Corporate Governance Diskussion ZGR 2004, 631; *Johannes Semler,* Die Effizienzprüfung des Aufsichtsrats, FS Raiser, 2005, 399; *Johannes Semler,* Entscheidungen und Ermessen im Aktienrecht, FS Ulmer, 2003, 627; *Johannes Semler/Wagner,* Deutscher Corporate Governance Kodex – Die Entsprechenserklärung und Fragen der gesellschaftsinternen Umsetzung, NZG 2003, 553; *Servatius,* Strukturmaßnahmen als Unternehmensleitung, 2004; *Spindler,* Ungeschriebene Hauptversammlungszuständigkeiten – wohin führt der Weg?, FS Goette, 2011, 513; *Teichmann,* Das Wahlrecht zwischen monistischer und dualistischer Leitungsstruktur im European Model Company Act, FS Seibert, 2019, 929; *Thamm,* Die rechtliche Verfassung des Vorstands der AG, 2008; *Thomale,* Kapitalmarktinformationshaftung ohne Vorstandswissen, NZG 2018, 1007; *Roderich C. Thümmel,* Organhaftung nach dem Referentenentwurf des Gesetzes zur Unternehmensintegrität und Modernisierung des Anfechtungsrechts, DB 2004, 471; *J. Vetter,* Geschäftsleiterpflichten zwischen Legalität und Legitimität – Muss sich Ethik lohnen?, ZGR 2018, 338; *v. Werder,* Vorstandsentscheidungen nur auf der Grundlage „sämtlicher relevanter Informationen"?, ZfB 1997, 901; *v. Werder,* Management: Mythos oder regelgeleitete Kunst des Möglichen?, DB 1995, 2177; *H. Westermann,* Die unternehmerische Leitungsmacht des Vorstands der Genossenschaft nach geltendem und zukünftigen Genossenschaftsrecht im Vergleich zur Leitungsmacht des Vorstands der AG, FS Reinhardt, 1972, 359; *H. Westermann,* Die Verantwortung des Vorstands der Aktiengesellschaft, Freundesgabe Vits, 1963, 251; *Wettich,* Vorstandsorganisation in der Aktiengesellschaft, 2008; *Wiedemann,* Unternehmerische Verantwortlichkeit und formale Unternehmensziele in einer zukünftigen Unternehmensverfassung, FS Barz, 1974, 561; *Zöllner,* Unternehmensinnenrecht. Gibt es das?, AG 2003, 2.

**Schrifttum speziell zur Diversity:** *Bayer,* Grundsatzfragen der Regulierung der aktienrechtlichen Corporate Governance, NZG 2013, 1; *Fromholzer/Simons,* Die Festlegung von Zielgrößen für den Frauenanteil in Aufsichtsrat, Geschäftsleitung und Führungspositionen, AG 2015, 457; *Grobe,* Die Geschlechterquote für Aufsichtsrat und Vorstand, AG 2015, 298; *Heidemann/Landherr/Müller,* Berichterstattung über Frauen in Führungspositionen – eine Analyse der DAX 30-Unternehmen, zfbf 2013, 488; *Henze/Rosch,* Diversity – Praktische Umsetzung der Vorgaben des DCGK für die Besetzung von Aufsichtsräten, Vorständen und Führungsfunktionen, ArbRAktuell 2010, 573; *Kort,* Gemeinwohlbelange beim Vorstandshandeln, NZG 2012, 926; *Leydecker/Bahlinger* Frauenquoten im Gesellschaftsrecht, NZG 2020, 1212; *Seibert,* Die Dialektik der Frauenquote, FS Baums, 2017, 1133; *Seidler,* Fehlende, unvollständige oder falsche Angaben eines Unternehmens zur Frauenquote: Pflichten des Abschlussprüfers?, BB 2016, 939; *Sünner,* Diversity bei den Organen einer Aktiengesellschaft, CCZ 2009, 185; *Weber/Fischer/Roeschen,* Zielgrößen für den Frauenanteil im Vorstand und in den beiden Führungsebenen unterhalb des Vorstands im DAX 30, MDAX, SDAX und TecDAX, DB 2018, 1167; *Weber-Rey/Handt,* Vielfalt/Diversity im Kodex – Selbstverpflichtung, Bemühenspflicht und Transparenz, NZG 2011, 1; *Weller/Benz,* Frauenförderung als Leitungsaufgabe, AG 2015, 467; *Windbichler,* Dienen staatliche Eingriffe guter Unternehmensführung?, NJW 2012, 2625.

# A. Allgemeines

Die **Kompetenzen (Aufgaben und Rechte)** des Vorstands sind im AktG umfassend geregelt. Allerdings ergeben sich eine Reihe von Kompetenzen auch aus anderen Gesetzen. 1

## I. Grundsätze des deutschen Gesellschaftsrechts

Das **AktG** regelt in §§ 76–94 AktG die Kompetenzen des Vorstands und behandelt allgemeine Grundlagen seiner Tätigkeit. Das **Mitbestimmungsgesetz** ergänzt die aktienrechtlichen Vorschriften über den Vorstand in §§ 30–33 MitbestG. 2

Im **Handelsgesetzbuch** finden sich vor allem die Vorschriften über die Rechnungslegung, aber auch andere für die AG bedeutsame Bestimmungen. 3

Besondere Bedeutung für die Struktur von Aktiengesellschaften hat das **Umwandlungsgesetz.** Es regelt die Verschmelzung, die Spaltung, die Vermögensübertragung und den Formwechsel von Gesellschaften bei den im Gesetz erfassten Gesellschaftstypen. Aktiengesellschaften können regelmäßig aktive oder passive Teilnehmer der Vorschriften des UmwG sein.[1] 4

Für **börsennotierte Aktiengesellschaften**[2] legen verschiedene Gesetze besondere Vorschriften fest, die insgesamt als Kapitalmarktrecht bezeichnet werden.[3] Hier sind besonders das Wertpapierhandelsgesetz (WpHG), das Anlegerschutzverbesserungsgesetz (AnSVG) und das Wertpapiererwerbs- und Übernahmegesetz (WpÜG), aber auch das Börsengesetz (BörsG) zu nennen. 5

Für börsennotierte Aktiengesellschaften gilt die Vorschrift des AktG über die **Entsprechenserklärung** (§ 161 AktG; → Rn. 30 ff.). Danach haben Vorstand und Aufsichtsrat jährlich zu erklären, ob sie den Empfehlungen des Deutschen Corporate Governance Kodex[4] (nachfolgend Kodex) nachkommen oder nicht. 6

In börsennotierten Gesellschaften gelten darüber hinaus besondere Regelungen und Anforderungen im Umgang mit Geschäften mit nahestehenden Personen (§§ 111a ff. AktG), welche auch im Nachhinein veröffentlicht werden müssen (§ 111c Abs. 1 AktG) 7

Für börsennotierte Gesellschaften muss darüber hinaus ab dem Geschäftsjahr 2021 eine detaillierte Vergütungspolitik in der Hauptversammlung zur Abstimmung gestellt (§ 120a AktG, § 87a AktG, § 113 Abs. 3 AktG) und ein detaillierter Vergütungsbericht erstellt werden. 8

## II. Einfluss des europäischen Rechts

Weite Teile des Gesellschaftsrechts in Deutschland sind heute bereits **europäisch beeinflusst.** Dieser Einfluss wird in unterschiedlicher Weise wahrgenommen. „Für die Ausübung der Zuständigkeiten der Union nehmen die Organe Verordnungen, Richtlinien, Beschlüsse, Empfehlungen und Stellungnahmen an." (Art. 288 Abs. 1 AEUV). 9

### 1. Verordnungen

Durch Verordnungen (Art. 288 Abs. 2 AEUV) wird von den europäischen Institutionen unmittelbar geltendes Recht gesetzt. 10

[1] SSL/*Stengel* UmwG § 1 Rn. 17 ff.
[2] Börsennotiert sind „Gesellschaften, deren Aktien zu einem Markt zugelassen sind, der von staatlich anerkannten Stellen geregelt und überwacht wird, regelmäßig stattfindet und für das Publikum mittelbar oder unmittelbar zugänglich ist" (vgl. § 3 Abs. 2 AktG).
[3] MüKoAktG/*Spindler* Vor § 76 Rn. 5 f.
[4] Dazu MüKoAktG/*Goette* § 161 Rn. 1 ff.; MüKoAktG/*Spindler* Vor § 76 Rn. 76 ff.; s. Anlage § 1-1.

### 2. Richtlinien

11 Durch Richtlinien (Art. 288 Abs. 3 AEUV) werden von den europäischen Institutionen Grundsätze festgelegt, die innerhalb bestimmter Fristen von den einzelnen Mitgliedstaaten in nationales Recht umgesetzt werden müssen. In den Richtlinien gibt es meist verschiedene Wahlrechte für die Befolgung oder Nichtbefolgung festgelegter Grundsätze. Innerhalb der bestehenden Alternativen muss eine Umsetzung der Richtlinienbestimmungen in deutsches Recht erfolgen.

### 3. Europäische AG

12 Nach langen und intensiven Bemühungen ist es dem Rat der Europäischen Union am 8.10.2001 gelungen, die Verordnung über das Statut der Europäischen Gesellschaft (SE-VO)[5] und eine Richtlinie zur Ergänzung des Statuts der Europäischen Gesellschaft hinsichtlich der Beteiligung der Arbeitnehmer[6] zu verabschieden. Die Bestimmungen der Richtlinie stellen eine untrennbare Ergänzung der Verordnung dar.[7] Die Verordnung trat am 8.10.2004 in Kraft (Art. 70 SE-VO, Art. 14 Beteiligungs-RL [RL 2001/86/EG]).

13 Auf nationaler Ebene dauerte die Umsetzung der SE-VO noch einmal fast drei Monate. Am 28.12.2004 trat schließlich das **Einführungsgesetz zur SE** (SEEG) vom 22.12.2004 in Kraft (BGBl. 2004 I 3675), dessen integrierte Bestandteile das **SE-Ausführungsgesetz** (SEAG) sowie das **Gesetz über die Beteiligung der Arbeitnehmer** (SEBG) sind.

# B. Die materielle Unternehmensverfassung der AG

## I. Rechtsgrundlagen

### 1. Gesetzliche Regelungen

14 Die maßgeblichen Bestimmungen für den Vorstand einer AG finden sich vor allem im **AktG.** Dieses ist in den letzten Jahren mehrfach geändert worden. Bedeutsam waren insbesondere das KonTraG,[8] das TransPuG,[9] das UMAG,[10] das ARUG[11] sowie das ARUG II.[12]

15 Die materiellen Vorschriften zur Rechnungslegung einer AG finden sich im **HGB.** Neben den Vorschriften über die Rechnungslegung (§§ 238, 264 HGB) sind auch andere Bestimmungen des HGB für die AG von Bedeutung (Teile der Vorschriften über den Handelsstand, vor allem über das Handelsregister, die Handelsfirma sowie über Prokura und Handlungsvollmacht).

16 Die Regelungen des **MitbestG** gelten für Aktiengesellschaften, die in der Regel mehr als 2000 Arbeitnehmer beschäftigen und nicht im Montanbereich tätig sind. Für im Montanbereich tätige Gesellschaften gilt das MontanMitbestG. Keine Mitbestimmung gibt es in Tendenzbetrieben.[13] Aktiengesellschaften, die weniger als 2000 Arbeitnehmer beschäftigen,

---

[5] VO (EG) Nr. 2157/2001 vom 8.10.2001, ABl. EG L 294, 1.
[6] RL 2001/86/EG vom 8.10.2001, ABl. EG L 294, 22.
[7] Erwägungsgrund 19 SE-VO.
[8] Gesetz vom 27.4.1998, BGBl. 1998 I 786.
[9] Gesetz vom 19.7.2002, BGBl. 2002 I 2681.
[10] Gesetz vom 22.9.2005, BGBl. 2005 I 2802.
[11] Gesetz vom 30.7.2009, BGBl. 2009 I 2479.
[12] Gesetz vom 19.12.2019, BGBl. 2019 I 2637.
[13] Nach § 1 Abs. 4 MitbestG ist das Gesetz nicht auf Unternehmen anzuwenden, die unmittelbar und überwiegend politischen, koalitionspolitischen, konfessionellen, karitativen, erzieherischen, wissenschaftlichen oder künstlerischen Bestimmungen oder Zwecken der Berichterstattung oder Meinungsäußerung, auf die in Art. 5 Abs. 1 S. 2 GG anzuwenden ist, dienen; das Gesetz ist ferner – ungeachtet der Rechtsform – nicht auf Religionsgemeinschaften und ihre karitativen und erzieherischen Einrichtungen anzuwenden.

unterliegen einer Regelung des **Drittelbeteiligungsgesetzes,** das im Jahr 2004 ohne materielle Änderungen das BetrVerfG 1952 abgelöst hat. Diese Gesellschaften haben ein Drittel ihrer Aufsichtsratsmitglieder aus dem Kreis der Arbeitnehmer oder, wenn es mehr als sechs Aufsichtsratsmitglieder der Arbeitnehmer gibt, auch der Gewerkschaften zu wählen (die Regelung über die Gewerkschaftsmitglieder gelten nur für das MitbestG nach § 7 Abs. 2 MitbestG, nicht aber für das DrittelbG, dort müssen jedoch mindestens zwei der Aufsichtsratsmitglieder der Arbeitnehmer – bzw. ein Arbeitnehmer wenn die Arbeitnehmer nur ein Aufsichtsratsmitglied wählen – im Unternehmen beschäftigt sein). Aktiengesellschaften, die nach dem 9.8.1994 entstanden sind und höchstens 500 Arbeitnehmer beschäftigen, oder die zwar vor dem 9.8.1994 eingetragen, aber Familienunternehmen sind, unterliegen keiner Mitbestimmung im Aufsichtsrat.

Der **Deutsche Corporate Governance Kodex** (DCGK; Anlage § 1-1) wird zwar 17 vielfach als eine besondere Art geltenden Rechts angesehen. In der Praxis genießt der Kodex bisweilen sogar einen höheren Stellenwert als „richtige" gesetzliche Regelungen. Dabei hat der Kodex gar keinen formalrechtlichen Stellenwert – auch nicht für börsennotierte Gesellschaften. Daran ändert auch die Bezeichnung als „soft law" nichts. Der Kodex gibt rechtlich unverbindlich und nicht abschließend eine Übersicht über gute unternehmerische Übung beim Verhalten von Vorstand und Aufsichtsrat. Er empfiehlt bestimmte Verhaltensweisen, deren Befolgung oder (teilweise) Nichtbefolgung jedoch der einzelnen AG überlassen ist. Seine eigentliche Bedeutung erhält er durch § 161 AktG, demzufolge die AG publizieren muss, wie sie sich an den Maßstäben des Kodex verhalten hat bzw. wie sie sich in Zukunft verhalten will.

## 2. Regelungen der Satzung

Jede AG ergänzt die Regelungen des Gesetzes in gewissem Umfang durch eigenverfasste 18 **Satzungsbestimmungen.** Diese werden zunächst von den Gründern und später von den Aktionären in einer Hauptversammlung der Gesellschaft beschlossen. Dabei ist die Möglichkeit, Angelegenheiten der Gesellschaft durch die Satzung zu regeln, allerdings von Gesetzes wegen inhaltlich begrenzt. Die Satzung kann von den Vorschriften des AktG nur abweichen, wenn dies ausdrücklich durch das Gesetz zugelassen ist (§ 23 Abs. 5 S. 1 AktG). Ergänzende Bestimmungen kann die Satzung nur treffen, wenn das AktG keine abschließende Regelung enthält (§ 23 Abs. 5 S. 2 AktG).

Im Allgemeinen werden in der Satzung folgende **Einzelfragen** geregelt:[14] 19

- Firma, Sitz und Geschäftsjahr;
- Gegenstand des Unternehmens;
- Bekanntmachungen;
- Grundkapital und Aktien;
- Zusammenwirken der Organe;
- Einzelfragen des Vorstands;
- Einzelfragen des Aufsichtsrats;
- Einzelfragen der Hauptversammlung;
- Rechnungslegung und Gewinnverwendung.

## 3. Regelungen einer Geschäftsordnung

Sowohl für den Vorstand einer AG als auch für den Aufsichtsrat werden regelmäßig Ge- 20 schäftsordnungen erstellt.[15] Während Fragen der Vorstandsgeschäftsordnung ausdrücklich im Gesetz geregelt sind (§ 77 Abs. 2 AktG), enthalten die Vorschriften über den Aufsichts-

[14] MHdB GesR IV/*Wiesner* § 6 Rn. 6.
[15] Das Muster einer Vorstandsgeschäftsordnung findet sich in Anlage § 1-2. Der Kodex empfiehlt nunmehr – anders als für den Aufsichtsrat – keine Installierung einer Geschäftsordnung mehr.

rat keine entsprechenden Vorgaben. Das Gesetz geht aber ausweislich des § 82 Abs. 2 AktG und § 108 Abs. 4 AktG davon aus, dass es eine Geschäftsordnung für den Aufsichtsrat gibt.[16] Im Übrigen wird eine solche auch durch den Kodex empfohlen (Empfehlung D.1 DCGK).

### a) Allgemeine Regelungen

21 In den Geschäftsordnungen wird vornehmlich das **gebotene Verhalten der Mitglieder** des jeweiligen Organs und ihr Zusammenwirken im Organ geregelt. Auch werden Bestimmungen getroffen, die das Verhältnis des einen Organs zum anderen Organ betreffen. Wenn in der Geschäftsordnung für den Vorstand Fragen behandelt werden, die das Verhältnis des Vorstands zum Aufsichtsrat betreffen, bestehen dagegen regelmäßig keine Bedenken. Der Aufsichtsrat ist letztlich für die Vorstandsgeschäftsordnung zuständig und hat jedenfalls von ihrem Inhalt Kenntnis (→ Rn. 20). Vom umgekehrten Verfahren (Bestimmungen für das Verhalten des Vorstands in der Geschäftsordnung für den Aufsichtsrat) ist dagegen eher abzuraten.[17]

22 Das **Recht zum Erlass einer Geschäftsordnung für den Vorstand** (Erlasskompetenz) liegt beim Vorstand selbst, sofern nicht die Satzung den Erlass der Geschäftsordnung dem Aufsichtsrat übertragen hat oder der Aufsichtsrat von sich aus eine Geschäftsordnung für den Vorstand erlässt.[18] Auch die Aktionäre können durch die Satzung Einzelfragen der Geschäftsordnung bindend regeln (§ 77 Abs. 2 S. 2 AktG).[19] An solche Bestimmungen ist auch der Aufsichtsrat gebunden, der ansonsten Einzelheiten der Geschäftsordnung für den Vorstand auch gegen den Willen des Vorstands regeln darf. Beschlüsse des Vorstands über die Geschäftsordnung müssen nach § 77 Abs. 2 S. 3 AktG einstimmig gefasst werden. Bereits durch eine einzige Gegenstimme wird die Kompetenz des Vorstands zum Erlass einer Geschäftsordnung aufgehoben. Stimmenthaltungen sind dagegen ohne Bedeutung; sie hindern das Inkrafttreten einer ansonsten vom Vorstand ohne Gegenstimmen verabschiedeten Geschäftsordnung nicht.

23 Auch bei einem **Wechsel von Vorstandsmitgliedern,** ja sogar bei einem Austausch aller Vorstandsmitglieder bleibt die Geschäftsordnung in Kraft.[20] Sie verliert ihre Gültigkeit nur, wenn sie **geändert oder aufgehoben** worden ist. Hierfür ist, wenn der Vorstand die Geschäftsordnung erlassen hat, der Vorstand zuständig. Seine Entscheidung bedarf – ebenso wie beim Erlass (→ Rn. 20) der Einstimmigkeit. Der Aufsichtsrat ist hingegen zur Änderung einer vorhandenen Geschäftsordnung, die der Vorstand erlassen hat, nicht befugt.[21] Allerdings erreicht der Aufsichtsrat das gewünschte Ziel dadurch, dass er die bestehende Geschäftsordnung aufhebt und aufgrund seiner Erlasskompetenz eine neue Geschäftsordnung mit den von ihm gewollten (geänderten) Inhalten erlässt.

---

[16] Vgl. dazu MüKoAktG/*Habersack* § 107 Rn. 176ff.; MHdB GesR IV/*Hoffmann-Becking* § 31 Rn. 1ff.

[17] Die Geschäftsordnung für den Aufsichtsrat wendet sich an die Aufsichtsratsmitglieder und nicht an die Vorstandsmitglieder. Regelmäßig wird der Aufsichtsrat dem Vorstand allerdings auch die für den Aufsichtsrat festgelegte Geschäftsordnung zur Kenntnis geben. Auch sollte der Vorstand die in der Aufsichtsratsgeschäftsordnung festgelegten Formen und Fristen für Einladungen, Vorlagen und Tagesordnungspunkte kennen.

[18] Zur Letztverantwortlichkeit des Aufsichtsrats MHdB GesR IV/*Wiesner* § 22 Rn. 32; BeckOGK/*Fleischer* AktG § 77 Rn. 77ff.

[19] Die Betonung innerhalb dieser Vorschrift liegt auf „Einzelfragen"; weder darf die Satzung eine gesamte Geschäftsordnung festlegen noch die Freiheit der Verwaltungsorgane zur Selbstorganisation im Ergebnis beseitigen; GroßkommAktG/*Kort* § 77 Rn. 72; MüKoAktG/*Spindler* § 77 Rn. 51f.

[20] Hüffer/Koch/*Koch* AktG § 77 Rn. 22; Einschränkungen gelten unter Umständen für die Geschäftsverteilung, vgl. *Hoffmann-Becking* ZGR 1998, 497 (500).

[21] Ganz hM; wie hier Hüffer/Koch/*Koch* AktG § 77 Rn. 22; BeckOGK/*Fleischer* AktG § 77 Rn. 83; MüKoAktG/*Spindler* § 77 Rn. 49.

#### b) Regelungen der Geschäftsverteilung

Die üblicherweise in einem Geschäftsverteilungsplan[22] (Geschäftsverteiler) vorgenommene **Aufteilung der Geschäfte unter den Vorstandsmitgliedern** ist ebenfalls eine Frage der Geschäftsordnung.[23] Alle Bestimmungen über die Geschäftsordnung des Vorstands gelten auch für den Geschäftsverteilungsplan. Wenn nicht der Aufsichtsrat die Geschäftsverteilung vornimmt, muss der Vorstand über die Geschäftsverteilung und spätere Änderungen einstimmig entscheiden. Das Gesetz will verhindern, dass einem Vorstandsmitglied gegen seinen Willen das ihm zugewiesene Ressort von den anderen Vorstandsmitgliedern entzogen oder sein Inhalt gegen seinen Willen verändert wird.[24] Bei der Regelung der Geschäftsverteilung ist auf etwaige Festlegungen in den Vorstandsverträgen zu achten, soweit diese nicht ein einseitiges Änderungsrecht des Aufsichtsrats vorsehen. 24

### 4. Der Deutsche Corporate Governance Kodex

Der DCGK wurde in seiner ersten Fassung am 26. 2. 2002 veröffentlicht. Er war von einer Regierungskommission erarbeitet worden, deren Mitglieder – durchweg angesehene Vertreter von Wirtschaft, Arbeitnehmerschaft und Wissenschaft – von der damaligen Bundesministerin der Justiz ernannt worden waren. Der Kodex soll eine Übersicht über die Grundsätze guter Unternehmensführung und Unternehmensüberwachung aufzeigen. Der Text ist seit der ersten Veröffentlichung mehrfach geändert worden. Zur Zeit gilt die Fassung vom 16. 12. 2019,[25] die in der Anlage abgedruckt ist (Anlage § 1-1). 25

Der Kodex enthält drei verschiedene Kategorien wichtiger Verhaltensnormen (vgl. Präambel zum DCGK): 26

- **Grundsätze,** die sich auf eine **Wiedergabe geltenden Rechts** beschränken. Diese Regeln sind schon kraft Gesetzes verbindlich. Ihre Befolgung liegt daher nicht im Belieben der einzelnen Unternehmen. Nicht bindend ist hingegen die von der Kommission vorgenommene Auslegung von Gesetzesbestimmungen, die nicht immer mit der sonst herrschenden Meinung im Schrifttum übereinstimmt.
- **Empfehlungen.** Die Empfehlungen enthalten Wohlverhaltensregeln, die nach Auffassung der Kommission als gute unternehmerische Praxis anzusehen sind. Rechtliche Verbindlichkeit kommt ihnen nicht zu. Sie sollten von einem gut geführten Unternehmen dennoch befolgt werden. Im Text des Kodex werden Empfehlungen durch Verwendung des Wortes „soll" gekennzeichnet. Jede börsennotierte Gesellschaft muss nach § 161 Abs. 1 AktG einmal jährlich berichten, ob oder in welchem Umfang sie die Empfehlungen des Kodex befolgt hat und wie sie zukünftig hiermit verfahren wird.
- **Anregungen.** Der Kodex schildert Verhaltensweisen, die zwar (noch) nicht als allgemein akzeptiert angesehen werden können, aber doch eine unternehmerisch gute Handlungsweise darstellen. Dabei wird die Formulierung „sollte" verwendet. Die Unternehmen können frei entscheiden, ob sie diese Anregungen befolgen wollen, ohne über ihre Entscheidungen berichten zu müssen.

#### a) Bedeutung des Kodex

Der Kodex als solcher kann kein zusätzliches bindendes Recht schaffen.[26] Er zeigt einerseits auf, welches bindende Recht besteht und auf jeden Fall zu beachten ist. Andererseits verweist der Kodex auf gute Unternehmensorganisation und gute Führungspraxis, die zu beachten ein gut geführtes Unternehmen bestrebt sein sollte, ohne dass es dazu gezwun- 27

[22] Das Muster eines Geschäftsverteilungsplans findet sich in Anlage § 1-3; → § 5 Rn. 22ff.
[23] Im DCGK existiert derzeit nur eine Regelung für den Vorstandsvorsitzenden, der die Arbeit der Vorstandsmitglieder koordiniert (Grundsatz 1 DCGK); vgl. auch *Hoffmann-Becking* ZGR 1998, 497 (499).
[24] *Kropff* in BegrRegEAktG S. 99).
[25] Veröffentlicht im BAnz. AT 20.3.2020 B3 S. 1.
[26] Dazu MüKoAktG/*Goette* § 161 Rn. 22ff.; *Seibt* AG 2002, 249 (250).

gen ist. Aus diesem Grunde werden die Kodexempfehlungen gelegentlich als **„soft law"** bezeichnet[27] – eine Kategorie ohne juristische Aussagekraft.[28] Weitaus gewichtiger sind die **verfassungsrechtlichen Bedenken,** die sich aus dem demokratischen Legitimationsdefizit des Zusammenwirkens einer Regierungskommission mit den gesetzlichen (!) Folgen aus § 161 AktG ergeben.[29] Hierzu steht eine höchstrichterliche Positionierung allerdings immer noch aus.

### b) Inhalt

28 Der Kodex legt **Verhaltensgrundsätze für Vorstand und Aufsichtsrat** fest. Er behandelt das Zusammenwirken von Vorstand und Aufsichtsrat (= Verwaltung der AG) und deren Verhältnis zu den Aktionären und zur Hauptversammlung. Außerdem enthält der Kodex Empfehlungen und Anregungen zur Transparenz der Verwaltungstätigkeit, zur Rechenschaftslegung der Verwaltung und zur Abschlussprüfung. Die einzelnen Empfehlungen und Anregungen werden jeweils im Zusammenhang mit den Erläuterungen zu den in diesem Buch konkreten beschriebenen Vorstandstätigkeiten dargestellt.

### c) Ziel

29 Der Kodex soll zum einen den mit deutschem Aktienrecht nicht vertrauten Anlegern einen **Überblick** über die im jeweiligen Unternehmen geübte Corporate Governance geben. Zum anderen soll er den Mitgliedern der Verwaltungsorgane **Maßstäbe für ihr Handeln** vorgeben. Es steht den Organmitgliedern frei, ob sie von den Empfehlungen des Kodex Gebrauch machen oder nicht. In börsennotierten Unternehmen müssen sie allerdings sagen, ob sie es tun wollen oder nicht, und sich an die abgegebenen Erklärungen entweder halten oder erklären muss, weshalb man hiervon („comply or explain").

### d) Die Entsprechenserklärung

30 Das Gesetz überlässt es in § 161 AktG jeder einzelnen börsennotierten AG, ob und ggf. in welchem Umfang sie die Grundsätze des Kodex anwendet oder nicht. In einer **jährlich abzugebenden Erklärung** haben die beiden Verwaltungsorgane der Gesellschaft (Vorstand und Aufsichtsrat) übereinstimmend oder voneinander abweichend in einer Wissenserklärung[30] zu berichten, ob sie den Empfehlungen des Kodex folgen oder nicht. Einer Stellungnahme zu den Anregungen bedarf es dagegen nicht. Ebenso wenig brauchen sich die Organe zu den im Kodex wiedergegebenen Grundsätzen zu äußern. Diese gelten zwingend, also unabhängig davon, ob sie der Gesellschaft gefallen oder nicht, und unabhängig davon, ob sie diese anwendet oder nicht.

31 Gleichzeitig haben die Verwaltungsorgane in einer Willenserklärung zu bekunden, ob sie auch **zukünftig die Grundsätze des Kodex anwenden** werden oder nicht. Bei der Erklärung des Vorstands handelt es sich um eine Leitungsentscheidung, eine gesetzmäßige Zusammensetzung des Vorstands bei der Beschlussfassung wird daher vorausgesetzt. Auch hier ist keine Gesellschaft gezwungen, den Empfehlungen des Kodex zu folgen. Wenn eine Gesellschaft aber eine bestimmte Verhaltensweise angekündigt hat, darf sie sich nicht abweichend davon verhalten, es sei denn, sie ändert ihre Absichtserklärung umgehend in einer von außen erkennbaren Weise.[31]

32 In der Unternehmenspraxis veröffentlichen Vorstand und Aufsichtsrat gleichzeitige und **inhaltlich gleichförmige Erklärungen.** Ob auch jedes Organ stattdessen seine eigene

[27] So zB von *Lutter* ZGR 2000, 1 ff.
[28] Ebenso MüKoAktG/*Goette* § 161 Rn. 23; *Ulmer* ZHR 166 (2002), 150 (161).
[29] Dazu *Wernsmann/Gatzka* NZG 2011, 1001; *Spindler* NZG 2011, 1007 ff.; *Hoffmann-Becking* ZIP 2011, 1173 ff.
[30] Dazu Hüffer/Koch/*Koch* AktG § 161 Rn. 14; *Semler/Wagner* NZG 2003, 553 (554).
[31] Vgl. BGHZ 180, 9 Rn. 19 – Kirch/Deutsche Bank; zum Widerruf individueller Erklärungen von Organmitgliedern *Lutter* GS M. Winter, 2011, 450 f.

Entsprechenserklärung nach § 161 AktG individuell formulieren und veröffentlichen kann, ist im Schrifttum umstritten, wenngleich nicht zu empfehlen.[32] Organintern hat die Willensbildung jedenfalls den Verfahrensregeln für das jeweilige Organ zu folgen. Daher sind in Vorstand und Aufsichtsrat formalisierte Beschlüsse mit den dafür geltenden Mehrheiten zu fassen.[33] Sofern die Empfehlungen des Kodex an den Vorstand insgesamt gerichtet sind, kann auch nur dieser als Organ hierzu verbindlich Stellung beziehen. Folglich können in diesem Rahmen Erklärungen nach § 161 AktG nicht von einzelnen Vorstandsmitgliedern – auch nicht vom Vorstandsvorsitzenden oder von ressortmäßig zuständigen Vorstandsmitgliedern – ohne vorherigen Beschluss verbindlich abgegeben werden.

Nicht nur hinsichtlich der Abweichungen vom Kodex in der Vergangenheit 33 (→ Rn. 30), sondern auch bei der Absichtsbekundung für die Zukunft (→ Rn. 31), bedarf es nach § 161 Abs. 1 S. 1 aE AktG einer **Begründung für die Abweichung.**[34] Über Art und Umfang der Begründung sagt das Gesetz nichts. Es dürfte jedoch ausreichend – wenngleich auch erforderlich – sein, die Begründung so zu gestalten, dass die von der Entsprechenserklärung adressierten Kreise die Begründung rational nachvollziehen können. Hierzu reicht es beispielsweise aus zu begründen, warum die eigene Vorgehensweise besser zur individuellen Unternehmenskultur oder zu langjährigen abweichenden Standards passt.[35]

Nach § 161 Abs. 2 AktG muss die Entsprechenserklärung **auf der Internetseite der** 34 **Gesellschaft** dauerhaft öffentlich **zugänglich** gemacht werden. Im Anhang zum Jahresabschluss muss zudem **als Pflichtangabe** bekannt gemacht werden, „dass die nach § 161 des Aktiengesetzes vorgeschriebene Erklärung abgegeben und wo sie öffentlich zugänglich gemacht worden ist" (§ 285 Nr. 16 HGB). Eine entsprechende Angabe ist im Konzernanhang für jede in den Konzernabschluss einbezogene börsennotierte AG zu machen (§ 314 Abs. 1 Nr. 8 HGB). Dabei ist jeweils auf den neuesten Stand der Erklärung zu verweisen. Im Fall einer dauerhaften Zugänglichkeit der Erklärung zur Unternehmensführung nach § 289f Abs. 1 S. 2 HGB ist die Verpflichtung nach § 161 Abs. 2 AktG automatisch miterfüllt.[36]

Die **Folgen eines Verstoßes** gegen § 161 AktG sind noch weitgehend ungeklärt. 35 Während der bloße Verstoß gegen den Kodex als solcher sanktionslos bleibt[37], führt die fehlende oder inhaltlich unrichtige Abgabe einer Entsprechenserklärung zur Schadensersatzpflicht der insoweit handelnden Organmitglieder gegenüber der Gesellschaft nach § 93 Abs. 2 AktG, § 116 S. 1 AktG.[38] Allerdings wird ein (Vermögens-)Schaden auf Seiten der Gesellschaft nur selten vorliegen oder jedenfalls nicht zu quantifizieren sein. Gravierender ist dagegen die drohende **Anfechtung des Entlastungsbeschlusses** gegenüber Vorstand und/oder Aufsichtsrat wegen unvollständiger oder unrichtiger Entsprechenserklärung. Anders als bei sonstigen Verletzungen muss der Fehler allerdings einen „nicht unwesentlichen" Punkt mit der Folge betreffen, dass es durch die Falscherklärung zu einem relevanten Informationsdefizit bei den Aktionären kommt.[39] Neben diesen zivilrechtlichen Sanktionen droht vor allem eine strafrechtliche Verfolgung wegen Verstoßes gegen § 400 Abs. 1 Nr. 1 AktG. Außerdem kommt eine Strafbarkeit nach § 331 Abs. 1 Nr. 1 HGB in Betracht, wenn in der Entsprechenserklärung die Verhältnisse der Gesellschaft unrichtig wiedergegeben oder verschleiert werden.

---

[32] Für eine einheitliche Erklärung zB Hüffer/Koch/*Koch* AktG § 161 Rn. 10; BeckOGK/*Bayer/Scholz* AktG § 161 Rn. 56; *Seibt* AG 2002, 249 (252); dagegen zB Hölters/*Hölters* AktG § 161 Rn. 20; K. Schmidt/Lutter/*Spindler* AktG § 161 Rn. 23.

[33] Zum Inhalt der Bek. bei opponierenden Organmitgliedern s. *Semler/Wagner* NZG 2003, 553 (555).

[34] BeckOGK/*Bayer/Scholz* AktG § 161 Rn. 84 ff.; K. Schmidt/Lutter/*Spindler* AktG § 161 Rn. 28 f.

[35] MüKoAktG/Goette § 161 Rn. 54; K. Schmidt/Lutter/*Spindler* AktG § 161 Rn. 42.

[36] *Kuthe/Geiser* NZG 2008, 172, (175).

[37] Vgl. dazu nur Hüffer/Koch/*Koch* AktG § 161 Rn. 26 f. mwN.

[38] OLG München AG 2009, 450 Rn. 44; K. Schmidt/Lutter/*Spindler* AktG § 161 Rn. 66.

[39] Vgl. BGHZ 180, 9 Rn. 19 – Kirch/Deutsche Bank; BGHZ 182, 272 Rn. 16 ff. – Umschreibungsstopp; ausführlich dazu *Goette* FS Hüffer, 2012, 225 ff.

## II. Die Organe der Aktiengesellschaft

### 1. Überblick

36 Vorstand und Aufsichtsrat sind rechtlich **gleichberechtigte Organe.** Kein Organ ist dem anderen vorgesetzt.[40] Der Vorstand übt seine Tätigkeit in eigener Verantwortung aus. Seine Tätigkeit unterliegt nicht den Weisungen anderer Organe oder einzelner (Groß-) Aktionäre.[41] In der Praxis kann es vorkommen, dass eines der beiden Organe faktisch ein Übergewicht im Verhältnis zum anderen Organ gewinnt.[42] Dies ändert nichts an den gesetzlichen Handlungspflichten und Verantwortlichkeiten. Derartige Machtverschiebungen können ungewollte Veränderungen in der Verantwortlichkeit zur Folge haben. Es ist Sache des jeweiligen anderen Organs, für die eigene Gleichberechtigung zu sorgen.

37 Die Gleichberechtigung der Organe schließt nicht aus, dass der Vorstand ein **Rechtmäßigkeitsgarant** der AG hinsichtlich ihrer Verfassung und Organbesetzung ist.[43] Diese unmittelbare Verpflichtung des Vorstands wird auch darauf zurückzuführen sein, dass er der gesetzliche Vertreter der Gesellschaft ist (§ 78 Abs. 1 AktG).

- Ihm ist als Organ zunächst einmal die Befugnis übertragen worden, **Beschlüsse der Hauptversammlung anzufechten,** wenn ein Anfechtungsgrund gegeben ist (§ 245 Nr. 4 AktG). Es ist ohne Bedeutung, dass das Gesetz ihm nur das Recht zur Anfechtung einräumt. Wenn das Gesetz einem Organ im Gesellschaftsrecht ein Recht ausdrücklich gewährt, dann ist damit stillschweigend die Pflicht verbunden, von einem solchen Recht bei Bedarf auch Gebrauch zu machen.[44]
- Der Vorstand ist **für die richtige Zusammensetzung des Aufsichtsrats verantwortlich.** Er ist verpflichtet, bekannt zu geben, wenn nach seiner Ansicht der Aufsichtsrat nicht nach den für ihn maßgebenden gesetzlichen Vorschriften zusammengesetzt ist (§ 97 Abs. 1 AktG) Er ist berechtigt – und dementsprechend verpflichtet – eine gerichtliche Entscheidung über die Zusammensetzung des Aufsichtsrats herbeizuführen, wenn dem Aufsichtsrat die zur Beschlussfähigkeit nötige Zahl von Mitgliedern nicht angehört (§ 98 Abs. 2 S. 1 Nr. 1 AktG). Der Vorstand ist berechtigt – und hier sogar ausdrücklich verpflichtet – fehlende Aufsichtsratsmitglieder durch das Gericht bestellen zu lassen (§ 104 Abs. 1 S. 2 AktG).
- Ebenso ist der Vorstand verpflichtet, für eine dem Gesetz und der Satzung entsprechende **Zusammensetzung des Geschäftsleitungsorgans** Sorge zu tragen. Wenn der Aufsichtsrat nicht rechtzeitig die erforderliche Zahl von Vorstandsmitgliedern bestellt, muss der Vorstand bei Gericht eine gerichtliche Ergänzung beantragen (§ 85 Abs. 1 AktG). Diese Pflicht trifft ihn vor allem dann, wenn eine Leitungsentscheidung ansteht. Sie kann nur von einem ordnungsgemäß besetzten Vorstand getroffen werden. Der Vorstand muss für seine eigene Handlungsfähigkeit sorgen. Die Verpflichtung des Aufsichtsrats, einen gesetzmäßigen Vorstand zu bestellen, besteht daneben fort.
- Die Vorstandsmitglieder sind **zum Ersatz verpflichtet,** wenn entgegen dem AktG bestimmte, im Einzelnen aufgeführte Leistungen der Gesellschaft gewährt werden (§ 93 Abs. 3 AktG). Darunter fallen auch unautorisierte Vergütungen an Aufsichtsratsmitglieder (§ 93 Abs. 3 Nr. 7 AktG).

38 Zwar wird auch der **Aufsichtsrat** jedenfalls mittelbar **zur Rechtswahrung verpflichtet.** In seine Überwachungsaufgabe fällt auch die Pflicht, dafür zu sorgen, dass der Vor-

---

[40] MüKoAktG/*Spindler* Vor § 76 Rn. 47.
[41] Hüffer/Koch/*Koch* AktG § 76 Rn. 25.
[42] Vgl. *J. Semler* FS Lutter, 2000, 721.
[43] Vgl. hierzu *Peltzer* FS Lutter, 2000, 571. Auch im laufenden Geschäft und bei der Leitung der Gesellschaft ist die Rechtmäßigkeit des Handelns zu beachten. Hier obliegt die Beurteilung der Rechtmäßigkeit zunächst dem handelnden Organ (regelmäßig dem Vorstand), die Kontrolle dem anderen Organ (regelmäßig dem Aufsichtsrat); vgl. *Lutter* ZIP 2003, 737 (741 li. Sp).
[44] MüKoAktG/*Hüffer/Schäfer* § 243 Rn. 131; *Haertlein* ZHR 168 (2004), 437 (449); zu den „Pflichtrechten" das Vorstands siehe auch *Fleischer* ZIP 2003, 1 (2).

stand seine Pflichten erfüllt. Aber er ist unmittelbar nicht in der Weise verpflichtet wie der Vorstand.

- Ein **Anfechtungsrecht** gegen Hauptversammlungsbeschlüsse hat der Aufsichtsrat nicht. Jedes Aufsichtsratsmitglied und jedes Vorstandsmitglied ist allerdings in Sonderfällen zur Anfechtung befugt. Dies ist der Fall, wenn das Organmitglied mit der Ausführung des Beschlusses eine strafbare Handlung oder eine Ordnungswidrigkeit begehen oder sich ersatzpflichtig machen würde (§ 245 Nr. 5 AktG).
- Das Recht, die **fehlerhafte Zusammensetzung des Aufsichtsrats** gerichtlich prüfen zu lassen (§ 97 Abs. 1 AktG), hat der Aufsichtsrat nicht. Allerdings ist jedes Aufsichtsratsmitglied – nicht aber das Organ Aufsichtsrat – berechtigt, eine Ergänzung des Aufsichtsrats durch die gerichtliche Bestellung eines weiteren Mitglieds zu verlangen (§ 104 Abs. 1 S. 1 AktG).
- Der Aufsichtsrat ist das primär für die **ordnungsmäßige Besetzung des Vorstands** zuständige Organ. Auch ein Aufsichtsratsmitglied kann nach § 85 Abs. 1 AktG eine gerichtliche Bestellung beantragen[45] und ist wohl auch dazu verpflichtet.
- Die **besonderen Haftungsvorschriften** des AktG betreffen auch Aufsichtsratsmitglieder. Die für Aufsichtsratsmitglieder geltenden Haftungsvorschriften (§ 116 S. 1 AktG) verweisen ausdrücklich auf die für den Vorstand einschlägigen § 93 AktG.

## 2. Die Hauptversammlung

Die Hauptversammlung ist das **Organ der Aktionäre.** Während der Vorstand die Aktien- 39
gesellschaft leitet (vgl. § 76 Abs. 1 AktG) und der Aufsichtsrat die Geschäftsführung durch den Vorstand überwacht (vgl. § 111 Abs. 1 AktG), fungiert die Hauptversammlung in dieser Organtrias als **Willensbildungsorgan.** Dabei bildet die Hauptversammlung ihren Willen durch Beschlüsse; der so formulierte Wille wird der Gesellschaft auf Grund der Organstellung der Hauptversammlung zugerechnet.[46] Als Handlungsorgan ist die Hauptversammlung hingegen weder berufen noch geeignet; die Vertretung der Gesellschaft ist vielmehr dem Vorstand (und nur in den Fällen des § 112 AktG dem Aufsichtsrat) zugewiesen (vgl. § 78 Abs. 1 AktG). Abgesehen von einigen dem einzelnen Aktionär zugebilligten Auskunfts- und Angriffsrechten (Individualrechte) können die Aktionäre ihre Rechte nur in der Hauptversammlung wahrnehmen.

Die Hauptversammlung **wählt die Anteilseignervertreter für den Aufsichtsrat.** 40
Vorschläge für die Wahl muss nach § 124 Abs. 3 S. 1 AktG der bestehende Aufsichtsrat machen. Zu den Offenlegungsempfehlungen s. C.13 DCGK. Jedem Aktionär steht es frei, selbst Kandidaten für den Aufsichtsrat vorzuschlagen. Auch der **Abschlussprüfer** wird von der Hauptversammlung bestellt. Das Vorschlagsrecht (und eine entsprechende Vorschlagspflicht) hat nach der genannten Vorschrift allein der Aufsichtsrat. Eine Mitwirkung des Vorstands am Wahlvorschlag des Aufsichtsrats kann den Wahlbeschluss der Hauptversammlung anfechtbar machen.[47]

Der Vorstand ist nicht verpflichtet, wohl aber nach § 119 Abs. 2 AktG berechtigt, der 41
Hauptversammlung **Fragen der Geschäftsführung** zur Entscheidung vorzulegen. Voraussetzung ist dabei, dass der Vorstand – und nicht etwa der Aufsichtsrat oder gar die Hauptversammlung selbst – für die Geschäftsführungsmaßnahme originär zuständig ist.[48] Aus diesem Grunde ist auch ein **satzungsmäßiger Zustimmungsvorbehalt zugunsten**

[45] BeckOGK/*Fleischer* AktG § 85 Rn. 9.

[46] Hüffer/Koch/*Koch* Rn. 3; *Hüffer* FS 100 Jahre GmbHG, 1992, 529; GroßkommAktG/*Mülbert* Vor § 118 Rn. 19; K. Schmidt/Lutter/*Spindler* AktG § 118 Rn. 12; zuvor bereits RGZ 63, 203 (208).

[47] Vgl. BGHZ 153, 32 (35 ff.); MHdB GesR IV/*Bungert* § 36 Rn. 31; zu den Einschränkungen vgl. MüKoAktG/*Kubis* § 124 Rn. 34.

[48] Dies ist bei der Zustimmung zur Übertragung vinkulierter Namensaktien nach § 68 Abs. 2 S. 2 nicht der Fall; ebenso Hüffer/Koch/*Koch* AktG § 119 Rn. 13; K. Schmidt/Lutter/*Spindler* AktG § 119 Rn. 21; aA Großkomm AktG/*Mülbert* § 119 Rn. 40 Fn. 80.

**des Aufsichtsrats** iSd § 111 Abs. 4 S. 2 AktG kein Hindernis für eine Anrufung der Hauptversammlung nach § 119 Abs. 2 AktG.[49] Wenn sich der Vorstand für eine derartige Anrufung entschieden hat, ist er an die Entscheidung der Hauptversammlung gebunden; er muss sie nach § 83 Abs. 2 AktG ausführen.[50] Allerdings kann sich der Beschlussvorschlag und demgemäß die Entscheidung der Hauptversammlung auf eine Empfehlung beschränken. Sie braucht vom Vorstand (mit guter Begründung) nicht ausgeführt zu werden.

42 Für bestimmte **Geschäftsführungsmaßnahmen von besonderer Bedeutung** hat der BGH im Anschluss an die grundlegende. „Holzmüller-Entscheidung" aus dem Jahr 1982[51] zwischenzeitlich bekräftigt, dass unter engen Voraussetzungen für bestimmte Maßnahmen im Innenverhältnis eine Zustimmung der Hauptversammlung erforderlich ist, wenn der Vorstand seiner Sorgfaltspflicht genügen will.[52] Allerdings setzt eine ungeschriebene Zuständigkeit der Hauptversammlung eine **eng zu fassende Ausnahmesituation** in gegenständlicher Nähe zur Satzungsänderung voraus; im Regelfall verbleibt es bei der geschriebenen Kompetenzverteilung zwischen den aktienrechtlichen Organen.[53] Der „Holzmüller"-Fall hat dagegen eine ganz besondere, normalerweise nicht vorkommende Konstellation betroffen. Die Zurückhaltung des BGH wird mit der These unterstützt, dass die Hauptversammlung aufgrund ihrer Unflexibilität nicht in der Lage sei, globalen Anforderungen rechtzeitig genug zu begegnen. Zur Begründung verweist der BGH nicht länger auf § 119 Abs. 2 AktG, sondern auf das Ergebnis seiner Überlegungen als Ergebnis einer „offenen Rechtsfortbildung".[54]

43 Nach dieser neuesten Rechtsprechung wird man folgende **gesicherte Erkenntnisse für eine ungeschriebene Hauptversammlungszuständigkeit** festhalten können. *Erstens:* Eine Zuständigkeit der Hauptversammlung in Geschäftsführungsangelegenheiten kann nur aus der mit der betreffenden Maßnahme verbundenen Schwächung der mitgliedschaftlichen Rechte (Mediatisierungseffekt) erfolgen,[55] wobei dieser auch bei Maßnahmen auf nachgelagerten Konzernstufen eintreten und somit ausnahmsweise eine Zuständigkeit der Hauptversammlung begründen kann. *Zweitens:* Obwohl der BGH **keine bezifferte Wesentlichkeitsschwelle** benannt hat, besteht im Schrifttum Einigkeit darüber, dass die Barriere für eine Zustimmungspflicht der Hauptversammlung bei einer Größenordnung von 75 %[56] bis 80 %[57] des jeweils gewählten Anknüpfungspunktes angesiedelt werden muss. Bezugsgröße ist dabei richtigerweise die Bilanzsumme der Gesellschaft.[58] *Drittens:* Trotz Beschränkung der Grenzen des Vorstandshandelns auf das Innenverhältnis und Ablehnung jedweder Analogie zu den gesetzlich geregelten Strukturmaßnahmen re-

---

[49] Ebenso MHdB GesR IV/*Bungert* § 35 Rn. 19; Großkomm AktG/*Mülbert* § 119 Rn. 194; BeckOGK/*Hoffmann* AktG Rn. 18; K. Schmidt/Lutter/*Spindler* AktG § 119 Rn. 19; dagegen *Dietz-Vellmer* NZG 2014, 721 (724 f.): vorherige Vorlage an den Aufsichtsrat erforderlich.

[50] Dazu (und zu den Ausnahmen hiervon) MüKoAktG/*Kubis* § 119 Rn. 27.

[51] BGHZ 83, 122 (131).

[52] BGHZ 159, 30 (44) = NJW 2004, 1860 (1864) – Gelatine; dazu *Fuhrmann* AG 2004, 339 ff.; *Pentz* BB 2004, 1397 ff.; *Fleischer* NJW 2004, 2335 ff.; *Altmeppen* ZIP 2004, 999 (1000 ff.); *Götze* NZG 2004, 585 ff.; *Liebscher* ZGR 2005, 1 ff.

[53] BGHZ 159, 30 (44) = NJW 2004, 1860 (1864) – Gelatine.

[54] BGH NZG 2012, 347; ähnl. bereits zuvor. *Fleischer* NJW 2004, 2335 (2337); *Habersack* AG 2005, 137 (142 f.) *Reichert* AG 2005, 150 (152 f.); kritisch dagegen *Arnold* ZIP 2005, 1573 (1575).

[55] BGHZ 159, 30, 40 = NJW 2004, 1860 (1862 f.) – Gelatine.

[56] So LG München I AG 2011, 211 (216) – HRE; Hüffer/Koch/*Koch* AktG § 119 Rn. 25; *Fuhrmann* AG 2004, 339 (341); *Arnold* ZIP 2005, 1573 (1575); *Reichert* AG 2005, 150 (153); *Liebscher* ZGR 2005, 1 (15); *D. Lorenz/Pospiech* DB 2010, 1925 (1930); *Priester* AG 2011, 654 (661).

[57] So OLG Hamm AG 2008, 421 (422) = NZG 2008, 155 (157) – Arcandor; OLG Frankfurt NZG 2011, 62 (64) = AG 2011, 173 Rn. 74 = ZIP 2011, 75 (78) – Allianz/Commerzbank; LG München I NZG 2019, 384 = BeckRS 2018, 36419 (jeweils Rn. 27) = ZIP 2019, 266 (269) – Linde; MHdB GesR IV/*Krieger* § 70 Rn. 11; *Bungert* BB 2004, 1345 (1347); *Reichert* AG 2005, 150 (153); *Götze* NZG 2004, 585 (587); *Fleischer* NJW 2004, 2335 (2337); *Renner* AG 2015, 513 (522).

[58] Dazu (und zugleich zu den anderweitig präferierten Anknüpfungspunkten) ausführlich MüKoAktG/Kubis § 119 Rn. 50 mwN.

klamiert der BGH für die (ausnahmsweise) erforderliche Mitwirkung der Hauptversammlung eine **satzungsresistente Drei-Viertel-Kapitalmehrheit.**[59]

### 3. Der Aufsichtsrat

In Gesellschaften, die einer Mitbestimmungsregelung unterfallen und keinem Tendenzschutz unterliegen, besteht der Aufsichtsrat nach § 96 Abs. 1 AktG aus den von der Hauptversammlung gewählten Mitgliedern **(Anteilseignervertreter)** und den von den Arbeitnehmern gewählten Mitgliedern **(Arbeitnehmervertreter).** Für höchstens ein Drittel der Anteilseignervertreter kann die Satzung **Entsendungsrechte** begründen (§ 101 Abs. 2 AktG). 44

Die wichtigste Aufgabe des Aufsichtsrats in der tatsächlichen Unternehmenspraxis ist die Sorge um und für einen leistungsfähigen Vorstand.[60] Wenn diese Aufgabe ordnungsmäßig erfüllt wird, hat der Aufsichtsrat eine wesentliche der für ihn bedeutsamen Aufgaben erledigt. Der Aufsichtsrat übt gegenüber dem Vorstand nach § 84 AktG die **Personalhoheit** aus. Er bestellt den Vorstand, schließt die erforderlichen Anstellungsverträge für die Gesellschaft ab und trägt die Verantwortung für ein geordnetes Zusammenwirken der Vorstandsmitglieder. Er hat die Kompetenzkompetenz für den Erlass und den Inhalt einer Vorstandsgeschäftsordnung. Er kann die Zuständigkeit hierfür nicht auf einen Ausschuss übertragen (vgl. § 107 Abs. 3 S. 7 AktG). 45

Der Aufsichtsrat **überwacht die Geschäftsführung** des Vorstands. Dazu gehört sowohl die Kontrolle des Geschehens in der Vergangenheit als auch eine sachgerechte Beratung des Vorstands für zukünftige Vorhaben.[61] Der Aufsichtsrat übt hingegen selbst keinerlei Geschäftsführung aus; diese bleibt allein dem Vorstand vorbehalten. Auch ein Weisungsrecht gegenüber dem Vorstand gibt es in Geschäftsführungsangelegenheiten nicht.[62] Bei den hier angesprochenen Vorgängen ist seine Mitwirkung auf eine rechtlich verbindliche Stellungnahme rein reaktiver Natur (Zustimmung oder Ablehnung) zu Vorhaben des Vorstands begrenzt (vgl. § 111 Abs. 4 AktG).[63] 46

Nur in wenigen Sonderfällen **entscheidet der Aufsichtsrat** in Angelegenheiten der Gesellschaft **allein** (zB Vorstandsbestellung, Entscheidung über den vom Vorstand aufgestellten Jahresabschluss). 47

### 4. Der Vorstand

Der Vorstand wird nach § 84 AktG vom Aufsichtsrat bestellt. Er übt die **originären Führungsfunktionen** aus, trifft die **Führungsentscheidungen** und nimmt die **handelsrechtlichen Mindestbefugnisse** wahr. Diese Aufgaben kann der Vorstand ebenso wenig auf nachgeordnete Stellen oder auf Personen außerhalb des Unternehmens übertragen[64] wie die Verpflichtung zur Überwachung von Lage und Entwicklung des Unternehmens und zur gegenseitigen Überwachung der Vorstandsmitglieder. 48

Der Vorstand leitet die Gesellschaft **unter eigener Verantwortung** (§ 76 Abs. 1 AktG). Nach § 78 Abs. 1 AktG vertritt er die Gesellschaft gerichtlich und außergerichtlich. Seine Kompetenzen (Rechte und Pflichten) entstehen kraft Gesetzes originär mit der Bestellung. Es bedarf keiner Übertragung durch irgendein anderes Organ der Gesellschaft. Seine gesetzlichen Befugnisse können einem bestellten Mitglied des Vorstands auch nicht von einem anderen genommen werden. Nur die Bestellung als solche kann widerrufen 49

---

[59] BGHZ 159, 30 (45 f.) = NJW 2004, 1860 (1864) – Gelatine; zust. *Götze* NZG 2004, 585 (588); *Fleischer* NJW 2004, 2335 (2339); *Reichert* AG 2005, 150 (152 f.).
[60] Vgl. SSW AR-HdB/*v. Schenck* § 1 Rn. 40; *Bernhardt* ZHR 159 (1995), 311.
[61] Hüffer/Koch/*Koch* AktG § 111 Rn. 5, 13; BeckOGK/*Spindler* AktG § 111 Rn. 11.
[62] BeckOGK/Spindler AktG § 111 Rn. 78; MüKoAktG/*Habersack* § 111 Rn. 13.
[63] MüKoAktG/*Habersack* § 111 Rn. 14; Hüffer/Koch/*Koch* AktG § 111 Rn. 33 f.
[64] MüKoAktG/*Spindler* § 76 Rn. 18.

werden; mit einem solchen Widerruf verliert das bisherige Vorstandsmitglied automatisch seine bisherigen Vorstandskompetenzen.

50 Bei der **Zusammensetzung des Vorstands** verzichten sowohl das Gesetz[65] als auch (neuerdings[66]) der DCGK auf eine Mindestanzahl von Vorstandsmitgliedern. Stattdessen soll der Aufsichtsrat auf Diversität im Vorstand achten (B.1 DCGK). In mitbestimmten Aktiengesellschaften fordert das Gesetz zudem die Bestellung eines Arbeitsdirektors (vgl. § 33 MitbestG). Große Unternehmen werden ohne einen besonderen Finanzvorstand nicht ordnungsmäßig geführt werden können. Manche Gesellschaften haben eine divisionale Vorstandsorganisation, andere bevorzugen funktionale Zuständigkeitszuweisungen. Rechtlich zulässig sind beide Formen und auch denkbare Mischformen (zB Matrixorganisation). Die Zweckmäßigkeit dieser oder jener Organisationsform müssen Vorstand und Aufsichtsrat im Einzelfall entscheiden.

51 Ein Vorstandsmitglied der Obergesellschaft kann rechtlich zugleich Vorstandsvorsitzender oder Vorstandsmitglied einer abhängigen Gesellschaft sein.[67] In der Praxis sind die Großunternehmen in letzter Zeit vielfach davon abgekommen, eine derartige Organisationsform des **Doppelmandatsverbunds** beizubehalten. Es hat sich als überaus schwierig erwiesen, dass Vorstandsvorsitzende abhängiger Tochtergesellschaften in Angelegenheiten, die diese Tochtergesellschaft betreffen, ausschließlich die Interessen (nur) der Obergesellschaft oder der Untergesellschaft wahrnehmen. Mit einer – an sich wohl gebotenen Enthaltung von Mitwirkung und Stimmabgabe – wird der Sinn dieser Organisationsform beseitigt.

### 5. Der Abschlussprüfer

52 Der Abschlussprüfer ist **kein Organ der Gesellschaft,** sondern **unabhängiger Sachverständiger.** In früherer Zeit wurde er allerdings auch als „Hilfsorgan" der Gesellschaft bezeichnet.[68] Tatsächlich nimmt der Abschlussprüfer aber keine Kompetenzen der Gesellschaft wahr. Er prüft und testiert als unabhängiger Sachverständiger lediglich die Ordnungsmäßigkeit und die Rechtmäßigkeit der Rechnungslegung der AG. Dies ist im Zuge der neueren Entwicklung immer deutlicher geworden.

53 Jahresabschlüsse (vgl. § 316 Abs. 1 HGB) und Konzernabschlüsse (vgl. § 316 Abs. 2 HGB) der Aktiengesellschaften **müssen** von einem Abschlussprüfer **geprüft werden.** Nach § 318 Abs. 1 HGB wird der Abschlussprüfer von der Hauptversammlung auf **Vorschlag des Aufsichtsrats** gewählt. Eine Delegation der Vorschlagsbildung an einen Aufsichtsratsausschuss ist zulässig.[69]

54 Der **Vorstand** ist **nicht befugt,** an der Auswahl des Abschlussprüfers mitzuwirken. Insbesondere die Ausklammerung des Vorstands bei beim Vorschlag an die Hauptversammlung nach § 124 AktG soll dessen Einflussnahme auf die Wahl solcher Personen vorbeugen, die die Arbeit des Vorstands zu überwachen bzw. zu prüfen haben.[70] Tut er dies doch, läuft die Gesellschaft Gefahr, dass die Wahl des Abschlussprüfers für ungültig erklärt wird und eine bereits durchgeführte Abschlussprüfung damit ihre rechtliche Grundlage verliert. Rechtstechnisch geschieht dies dadurch, dass ein Verstoß gegen das exklusive Vorschlagsrecht (und die damit korrespondierende Pflicht) des Aufsichtsrat die Anfechtbarkeit des daraufhin gefassten Hauptversammlungsbeschluss begründet.[71] Allerdings darf der Vorstand

---

[65] Ab einem Grundkapital von 3 Mio. EUR verlangt § 76 Abs. 2 S. 2 AktG vorbehaltlich anderweitiger Satzungsregelungen mindestens zwei Vorstandsmitglieder.
[66] Anders noch Ziff. 4.2.1 DCGK 2017, der die Besetzung des Vorstands mit mehreren Vorstandsmitgliedern empfahl.
[67] Hüffer/Koch/*Koch* AktG § 76 Rn. 53f.
[68] So zB in GHEK/*Kropff* AktG § 162 Rn. 5.
[69] OLG Jena ZIP 2006, 1989 (1990); GroßkommAktG/*Butzke* § 124 Rn. 72.
[70] BGHZ 153, 32 (35) = NJW 2003, 970 (971) – HypoVereinsbank; *Kropff* BegrRegE AktG 174.
[71] RGZ 63, 203 (208).

seine Meinung über den in Aussicht genommenen Abschlussprüfer äußern. Dies darf aber nicht dazu führen, dass der Aufsichtsrat seine eigene Entschließungsfreiheit verliert.

Das rechtlich bestehende **Vorschlagsrecht eines jede Aktionärs** (vgl. § 127 AktG) 55 hat praktisch keine Bedeutung. Die Hauptversammlung wird regelmäßig den vom Aufsichtsrat vorgeschlagenen Prüfer wählen.

Der **Vertrag mit dem Abschlussprüfer** wird für die Gesellschaft vom Aufsichtsrat ge- 56 schlossen. Er umfasst auch die Honorarvereinbarung.[72] Der Aufsichtsrat ist nach § 111 Abs. 2 S. 3 AktG und § 318 Abs. 1 S. 4 HGB zu einem unverzüglichen Abschluss des Vertrags mit dem Abschlussprüfer nach Wahl durch die Hauptversammlung berechtigt und verpflichtet. Für den Aufsichtsrat kann ein Ausschuss dieses Organs handeln.[73] Der Aufsichtsrat sollte die wesentlichen Bedingungen des Prüfungsvertrags bereits vor der bestellenden Hauptversammlung verhandelt haben. Wenn die Bestellung nämlich erst einmal erfolgt ist, hat der Aufsichtsrat praktisch keinen Verhandlungsspielraum mehr: Er muss den Prüfungsvertrag mit dem von der Hauptversammlung beauftragten Prüfer abschließen, was dem Prüfer eine komfortable Verhandlungssituation für zuvor nicht geregelte Details einräumt.

Das beschriebene **Kompetenzsystem** führt dazu, dass 57
- der Vorschlag für die Wahl des Abschlussprüfers stets vom Aufsichtsrat stammen muss,
- die Wahl des Abschlussprüfers stets von einer ordnungsmäßigen Hauptversammlung vorzunehmen ist und
- der Vertrag mit dem Abschlussprüfer vom Aufsichtsrat (vom Plenum oder auch von einem Ausschuss) abzuschließen ist.

Die **Rechtsbeziehungen zwischen AG und Abschlussprüfer** werden für die AG 58 ausschließlich durch den Aufsichtsrat begründet und wahrgenommen.[74] Der Vorstand hat in diesem Zusammenhang keinerlei Rechte. Er ist ausschließlich Objekt der Prüfung. Allerdings ist der Vorstand gem. § 320 HGB zu schrankenloser Auskunft an den Abschlussprüfer verpflichtet. Er hat gegenüber dem Abschlussprüfer kein Geheimhaltungsrecht. Er muss dem Abschlussprüfer auch von sich aus alle Umstände offenbaren, die für einen ordnungsmäßigen Jahres-/Konzernabschluss und eine einwandfreie Prüfung bedeutsam sein können.

Der Kodex empfiehlt, dass der Aufsichtsrat mit dem Abschlussprüfer beim Vertragsab- 59 schluss zwei **besondere Vereinbarungen** trifft:
- Der Abschlussprüfer berichtet dem Aufsichtsrat bzw. – wo vorhanden – dem Prüfungsausschuss des Aufsichtsrats über alle für die Aufgaben des Aufsichtsrats wesentlichen Feststellungen und Vorkommnisse, die sich bei der Durchführung der Abschlussprüfung ergeben (D.9 DCGK). Die Berichterstattung erfolgt im Regelfall im Prüfungsbericht. Wenn es sich um gefährdende oder sonst dringliche Angelegenheiten handelt, muss der Abschlussprüfer auch schon vorher und zwar an den Aufsichtsrat über den Aufsichtsratsvorsitzenden berichten.
- Der Abschlussprüfer informiert den Aufsichtsrat bzw. – wo vorhanden – den Prüfungsausschuss des Aufsichtsrats, wenn er bei Durchführung der Abschlussprüfung Tatsachen feststellt, die eine Unrichtigkeit der vom Vorstand und Aufsichtsrat abgegebenen Erklärung zum Kodex ergeben (D.10 DCGK).

Der Abschlussprüfer muss den Jahresabschluss und den Lagebericht sowie den Konzern- 60 abschluss und den Konzernlagebericht nach Maßgabe eingehender Gesetzesvorschriften **prüfen.** Er hat über Art und Umfang sowie über das Ergebnis der Prüfung schriftlich zu **berichten.** Einzelheiten regelt das Gesetz in § 321 HGB. Außerdem muss der Abschluss-

Vgl. BGHZ 153, 32 (35ff.); MHdB GesR IV/*Bungert* § 36 Rn. 31; zu den Einschränkungen vgl. MüKo-AktG/*Kubis* § 124 Rn. 34.

[72] Hüffer/Koch/*Koch* AktG § 111 Rn. 29; BeckOGK/*Spindler* AktG § 111 Rn. 65.

[73] MüKoAktG/*Habersack* § 111 Rn. 98; Hüffer/Koch/*Koch* AktG § 111 Rn. 27.

[74] Hüffer/Koch/*Koch* AktG § 111 Rn. 25ff.

prüfer das Ergebnis der Prüfung in einer Bestätigung zum Jahresabschluss und zum Konzernabschluss zusammenfassen (§ 322 HGB).

61 An den **Beratungen des Aufsichtsrats** über den Jahresabschluss und den Konzernabschluss hat der **Abschlussprüfer teilzunehmen.** Er berichtet über die wesentlichen Ergebnisse seiner Prüfung (§ 171 Abs. 1 S. 2 AktG). Von einer schriftlichen Abstimmung über die Feststellung des Jahresabschluss durch den Aufsichtsrat ist deswegen abzuraten. Sie wird gelegentlich sogar für unzulässig gehalten.

62 Seit Inkrafttreten der durch das KonTraG veranlassten Änderungen gibt es zwischen Vorstand und Abschlussprüfer **keine rechtsgeschäftliche Beziehung** mehr. Die zu prüfende Gesellschaft wird gegenüber dem Abschlussprüfer stets und ausschließlich vom Aufsichtsrat vertreten. Unberührt von den Änderungen ist allerdings die Auskunftspflicht des Vorstands gegenüber dem Abschlussprüfer nach § 320 HGB. Hierher gehört auch die Fühlungnahme zwischen Abschlussprüfer und Vorstand bei der Behandlung des Prüfungsberichts (Leseexemplar), die allerdings durch Übersendung des Entwurfs an den Aufsichtsrat einzuleiten ist. Wenn der Abschlussprüfer entgegen diesen Feststellungen den Vorstand in seine Arbeit einbezieht, besteht die Gefahr eines Verlusts der Unabhängigkeit des Abschlussprüfers und damit einer Unwirksamkeit von Prüfung und Testat. In der Praxis wird diese Trennung allerdings nicht gelebt. Vielmehr nimmt ein weitsichtiger (Finanz-)Vorstand bei prüfungsrelevanten Fragen zur bevorstehenden Rechnungslegung rechtzeitig Kontakt zum Abschlussprüfer auf, damit etwaige Meinungsverschiedenheiten nicht erst in der Bilanzsitzung des Aufsichtsrats diskutiert werden.

63 Wenn der Abschlussprüfer sich aus irgendwelchen Gründen veranlasst sieht, an die Gesellschaft einen so genannten **Management Letter** zu richten, muss dieser an den Aufsichtsrat gerichtet werden. Eine andere Handhabung bringt die Gefahr eines Verlusts der notwendigen Unabhängigkeit des Abschlussprüfers mit sich. Der Abschlussprüfer muss alles vermeiden, was den Eindruck erwecken könnte, der Vorstand hätte auf die Prüfung, die getroffenen Feststellungen oder das formulierte Prüfungsergebnis eingewirkt.

64 Eine Pflicht des Abschlussprüfers zur **Weiterleitung des Prüfungsergebnisses an den Vorstand** und der Möglichkeit zur Stellungnahme gibt es seit dem 17.6.2016[75] nicht mehr. Eine solche Vorgehensweise ist jedoch weiterhin zulässig. Es wäre auch widersinnig, wenn man fordern würde, dass der Abschlussprüfer nach Zugang der Stellungnahme seinen Bericht nicht mehr ändern dürfte. Dies darf jedoch nur in einem offenen Verfahren geschehen. Zweckmäßigerweise wird der Abschlussprüfer seinerseits eine Stellungnahme zur Stellungnahme des Vorstands abfassen und darin vermerken, welche Änderungen er aufgrund der Stellungnahme des Vorstands im Prüfungsbericht vorgenommen hat.

65 Eine weitere Trennlinie zwischen Vorstand und Abschlussprüfer hat das FISG[76] mit Wirkung ab 1.7.2021 eingezogen. Durch die Einfügung eines § 109 Abs. 1 S. 2 AktG wird die **Anwesenheit des Vorstands bei Aufsichtsratssitzungen** immer dann regelmäßig ausgeschlossen, wenn der Abschlussprüfer als Sachverständiger zugezogen wird. Dies gilt nicht nur für börsennotierte, sondern für alle Aktiengesellschaften.

### 6. Weitere Organe und sonstige Gremien

66 Das Gesetz zählt die Organe einer AG abschließend auf. Es ist nicht zulässig, irgendwelche anderen Gremien mit organschaftlichen Befugnissen neu zu schaffen.

#### a) Keine weiteren Gremien mit organschaftlichen Befugnissen

67 Neben Hauptversammlung, Aufsichtsrat und Vorstand kann eine AG **keine weiteren Organe** haben. Weder die Hauptversammlung oder der Aufsichtsrat noch der Vorstand haben allein oder gemeinsam die rechtliche Befugnis, weitere Organe oder Gremien mit

[75] Vgl. BGBl. 2016 I 1142.
[76] Gesetz zur Stärkung der Finanzmarktintegrität v. 3.6.2021, BGBl. 2021 I 1534.

Organbefugnissen zu schaffen. Auch durch die Satzung oder durch Beschlüsse eines der Organe (Hauptversammlung, Aufsichtsrat, Vorstand) können organschaftliche Pflichten oder Befugnisse, die durch Gesetz einem Organ zugewiesen sind, auf ein anderes Organ übertragen werden. Einige wenige Ausnahmen sind im Gesetz ausdrücklich und abschließend festgelegt.

### b) Sonstige Gremien

Eine AG kann durch Satzungsbestimmung oder Vorstandsbeschluss **besondere Gremien** 68
einrichten und deren Mitglieder bestellen, wenn und solange diesen besonderen Gremien keinerlei Kompetenzen übertragen werden, die den Organen der AG zustehen. Solche besonderen Gremien werden insbesondere bei Kreditinstituten, aber auch von anderen Gesellschaften bestellt. Zum einen dienen sie der Kundenpflege, zum anderen erwarten die Gesellschaften von solchen Gremien zusätzliche Beratung in der Geschäftspolitik. Die Bezeichnung solcher Gremien ist unterschiedlich. Sie werden als Beraterkreis, Beirat (Zentralbeirat, Regionalbeirat) oder auch Verwaltungsrat bezeichnet.[77] Der Begriff „Verwaltungsrat" sollte allerdings besser nicht gewählt werden, denn er bezeichnet das Verwaltungsorgan im monistischen Verwaltungssystem[78] der Europäischen AG.

## 7. Das Verhältnis des Vorstands zu anderen Organen

Der Vorstand ist nur eines von drei Organen einer AG. Sein Verhältnis zu den anderen 69
Organen ist teilweise gesetzlich geregelt, teilweise aus den jeweiligen Funktionen abzuleiten.

### a) Zur Hauptversammlung

Der Vorstand ist bei der Leitung der Gesellschaft **von der Hauptversammlung unab-** 70
**hängig.** Er kann allerdings nach § 119 Abs. 2 AktG von sich aus Fragen der Geschäftsführung der Hauptversammlung zur Entscheidung vorlegen; tut er dies, so muss er dem Beschluss der Hauptversammlung und damit ihrer Entscheidung folgen (§ 83 Abs. 2 AktG).[79] Der Vorstand kann von der Hauptversammlung auch lediglich eine Empfehlung für eine geschäftliche Entscheidung erbitten. An eine solche Empfehlung ist der Vorstand nicht gebunden.

Der Vorstand ist nach § 83 Abs. 1 S. 1 AktG verpflichtet, **Maßnahmen, die in die** 71
**Zuständigkeit der Hauptversammlung fallen,** auf Verlangen der Hauptversammlung vorzubereiten und die im Rahmen ihrer Zuständigkeit beschlossenen Maßnahmen auszuführen. Gleiches gilt nach § 83 Abs. 1 S. 2 AktG für die Vorbereitung und den Abschluss von Verträgen, die nur mit Zustimmung der Hauptversammlung wirksam werden.

Zeitweise wurde angenommen, dass für strukturändernde Maßnahmen der Geschäfts- 72
führung aufgrund einer **ungeschriebenen Zuständigkeit der Hauptversammlung** eine organschaftliche Mitwirkungsbefugnis der Hauptversammlung bestünde („Holzmüller").[80] Eine derart weitgehende Interpretation seiner Entscheidung hat der BGH inzwischen abgelehnt. Nur in Ausnahmefällen, die in etwa die Tragweite des seinerzeitigen „Holzmüller"-Falls haben, kann eine organschaftliche Mitwirkungsbefugnis der Hauptversammlung in Betracht kommen (→ Rn. 42f.). Allerdings bleibt die Außenwirkung entsprechender Beschlüsse und Handlungen des Vorstands von einer Hauptversammlungskompetenz unberührt. Ein Vorstand, der eine gebotene Mitwirkung nicht berücksichtigt, verletzt lediglich seine Sorgfaltspflicht gegenüber der Gesellschaft.

---

[77] Zum Beirat s. in MHdB GesR IV/*Hoffmann-Becking* § 29 Rn. 23ff.
[78] Verwaltung durch Board ohne Trennung zwischen Geschäftsführungs- und Überwachungsorgan.
[79] Dazu (und zu den Ausnahmen hiervon) MüKoAktG/*Kubis* § 119 Rn. 27.
[80] BGHZ 83, 122 = NJW 1982, 1703 – Holzmüller.

### b) Zum Aufsichtsrat

73 „Vorstand und Aufsichtsrat arbeiten zum Wohle des Unternehmens vertrauensvoll zusammen" (Grundsatz 13 DCGK). Eine solche enge Zusammenarbeit setzt gegenseitiges Vertrauen und ständige gegenseitige Hilfsbereitschaft, vor allem absolute Offenheit der Beziehung voraus. Allerdings wird eine Grenze zu beachten sein. Aus einer guten Beziehung darf keine Kumpanei werden. Wenn die Beziehung derart ausartet, muss einer der beiden „Kumpane" schleunigst seinen Platz räumen. Die notwendige Neutralität bei der Durchführung der Überwachungsaufgabe wäre sonst nicht mehr gewährleistet.

74 Dem Aufsichtsrat können nach § 111 Abs. 4 S. 1 AktG **Maßnahmen der Geschäftsführung** nicht übertragen werden. Der Aufsichtsrat kann Geschäftsführungsmaßnahmen auch von sich aus nicht beschließen, selbst wenn der Vorstand dies zulassen oder sogar verlangen würde. Auch als „Schiedsrichter" über Meinungsverschiedenheit im Vorstand ist der Aufsichtsrat ungeeignet.[81] Als Überwachungsorgan – und dies ist der Grund der Funktionstrennung – kann der Aufsichtsrat wirkungsvoll und rechtlich einwandfrei vielmehr nur dann tätig werden, wenn er Maßnahmen, die seiner Überwachung unterliegen, nicht selbst angeordnet oder vorgenommen hat. Der Aufsichtsrat hat mithin **keinerlei Initiativrechte.** Einige Besonderheiten hierzu sind allerdings zu erwähnen.

75 **aa) Zustimmungsvorbehalte.** Eine Ausnahme vom Geschäftsführungsverbot des Aufsichtsrats gilt nach § 111 Abs. 4 S. 2 AktG dann, wenn bestimmte Arten von Geschäften einem Zustimmungsvorbehalt des **Aufsichtsrats** unterworfen sind. Derartige Zustimmungsvorbehalte können und müssen in der Satzung oder durch Beschluss des Aufsichtsrats festgelegt werden. Sofern die Satzung den Katalog zustimmungsbedürftiger Maßnahmen unmittelbar vorgibt, kann und darf der Aufsichtsrat diesen nicht einfach per Beschluss abschaffen.[82] Umgekehrt entfaltet die Satzung keine Blockadewirkung. Wenn der Aufsichtsrat also weitere Maßnahmen durch Beschluss seiner Zustimmung unterwerfen will, so kann[83] er dies auch ohne entsprechende Satzungsregelung tun.[84] Dies gilt umso mehr, falls die Satzung nur völlig unerhebliche Vorgänge einer Aufsichtsratszustimmung zuweist.

76 Wenn der Aufsichtsrat selbst Zustimmungsvorbehalte festlegt, kann er dies durch Beschluss oder durch Einfügen einer entsprechenden Anordnung in eine Geschäftsordnung des Vorstands oder des Aufsichtsrats tun. Vorzugsweise sollte die Geschäftsordnung des Vorstands solche Zustimmungsvorbehalte aufnehmen, da der Zustimmungsvorbehalt in erster Linie die Geschäftsführungsbefugnis des Vorstands einschränkt und nur im Ergebnis zusätzliche Rechte für den Aufsichtsrat schafft.

77 Aktiengesellschaften sind in der Frage, ob Zustimmungsvorbehalte festgelegt werden oder nicht, keineswegs frei. Die Gesellschaft ist **zur Festlegung von Zustimmungsvorbehalten verpflichtet.** Das TransPuG hat in Abänderung früheren Rechts im § 111 Abs. 4 S. 2 AktG festgelegt, dass die Satzung oder der Aufsichtsrat bestimmen muss, dass bestimmte Arten von Geschäften nur mit Zustimmung des Aufsichtsrats vorgenommen werden dürfen. Damit steht zunächst fest, dass völlig unkontrolliertes Vorstandshandeln nicht länger zulässig ist. Dasselbe muss allerdings gelten, falls die Satzung nur einzelne unbedeutende Maßnahmen einer Aufsichtsratszustimmung unterwirft.[85]

78 Umgekehrt ist es der Gesellschaft (sowohl qua Satzungsregelung als auch qua Aufsichtsratsbeschluss) verwehrt, solche Geschäftsführungsmaßnahmen der Zustimmung zu unterwerfen, **zu deren Ergreifung** oder Unterlassung der Vorstand (oder sogar jedes einzelne Vorstandsmitglied) **gesetzlich geradezu verpflichtet** ist.[86] „Paradebeispiele" hierfür sind

---

[81] MüKoAktG/Habersack § 111 Rn. 111; *Schiessl* ZGR 1992, 64 (71 f.).

[82] Hüffer/Koch/*Koch* AktG § 111 Rn. 38.

[83] Zu einer entsprechenden Pflicht des Aufsichtsrats s. BGHZ 124, 111 (127) = NJW 1994, 520.

[84] BeckOGK/Spindler AktG § 111 Rn. 88; MHdB GesR IV/*Hoffmann-Becking* § 29 Rn. 59.

[85] Ebenso *Habersack* in MüKoAktG/*Habersack* § 111 Rn. 116; Hüffer/Koch/*Koch* AktG § 111 Rn. 36.

[86] Vgl. *Rodewig/Rothley* in SSW AR-HdB § 9 Rn. 42.

die Insolvenzantragspflicht oder die Buchführungspflicht. In derartigen Fällen wäre die Einholung einer Zustimmung durch den Aufsichtsrat sinnlos, weil dieser gar nicht erst die Option einer Ablehnung hätte.

Inhaltliche Vorgaben zur Mindest-Reichweite der Zustimmungspflicht enthält das Gesetz nicht. Der Kodex empfiehlt hierzu, dass **Geschäfte von grundlegender Bedeutung** einem ständigen Zustimmungsvorbehalt unterworfen werden (Grundsatz 6 DCGK). Bis vor kurzem war es allgemein üblich, nur formale Vorgänge einem solchen Zustimmungsvorbehalt zu unterwerfen (Kreditgewährung und Kreditaufnahme, Immobiliengeschäfte, Ernennung von Prokuristen und Handlungsbevollmächtigten). Inzwischen wird dies anders gesehen: Zunächst wird allgemein die Unternehmensplanung einem Zustimmungsvorbehalt unterworfen. Sodann sind es Geschäfte von weittragender und nachhaltiger Bedeutung, die ein Mitspracherecht des Aufsichtsrats fordern. Der umsichtige Satzungs- oder Geschäftsordnungsgeber wird darauf achten, dass die explizit in einer (zustimmungsbedürftigen) **Planung** enthaltenen Maßnahmen nicht noch einmal separat zur Zustimmung gestellt werden müssen. 79

Eine besondere Problematik ergibt sich aus der Wirkung von **Zustimmungsvorbehalten im Konzern.** Da ein Aufsichtsrat keine konzernweiten Überwachungsbefugnisse hat, empfiehlt es sich, Zustimmungserfordernisse durch eine Konzernklausel auf alle Maßnahmen gleichen Inhalts und gleicher Wirkung bei Konzerngesellschaften auszudehnen. Grundsätzlich sollte auf diese Weise bei einer verbundenen Gesellschaft keine wesentliche Maßnahme ohne Mitwirkung des Aufsichtsrats der Obergesellschaft beschlossen werden, wenn eine solche Maßnahme in der Obergesellschaft einem Zustimmungsvorbehalt unterliegt (→ § 14 Rn. 106ff., 206ff.). Fehlt eine derartige Konzernklausel, so ist die Satzung oder die Geschäftsordnung hinsichtlich der Konzernreichweite einer Maßnahme auszulegen. Im Ergebnis einer solchen Auslegung wird man immer dann (aber auch nur dann!), wenn die Maßnahmen in einer Tochtergesellschaft einer identischen Maßnahme in der Obergesellschaft entspricht, ein Zustimmungsbedürfnis zugunsten des Aufsichtsrats der Konzernspitze bejahen müssen.[87] 80

Die in § 111 Abs. 4 S. 2 AktG geregelte Zustimmungsnotwendigkeiten sind **präventiver Natur.** Der Vorstand hat die Zustimmung folglich vor Ergreifen der betreffenden Maßnahme einzuholen. Bis zur Zustimmung hat die Maßnahme folglich zu unterbleiben. Schwierig ist die Beurteilung bei objektiv eilbedürftigen Maßnahmen. Hier wird es gelegentlich für ausreichend erachtet, wenn der **Vorstand eine nachträgliche Genehmigung** beim Aufsichtsrat einholt.[88] Allerdings trägt er dabei stets das Risiko der Genehmigungsverweigerung. 81

Die Zustimmung muss nicht unbedingt durch den **Gesamtaufsichtsrat** erteilt werden; eine **Delegation auf einen Ausschuss** ist zulässig, da § 107 Abs. 3 S. 3 AktG nicht für den Zustimmungsbeschluss selbst – sondern nur für die Installierung der Zustimmungsbedürftigkeit – gilt.[89] Außenwirkung hat die Zustimmung des Aufsichtsrats nicht. Vorstandshandeln ohne oder sogar gegen das Petitum des Aufsichtsrats ist daher wegen der unbeschränkbaren Vertretungsmacht des Vorstands wirksam. Im Übrigen kann der Vorstand nach § 111 Abs. 4 S. 3 AktG die verweigerte Zustimmung durch einen Zustimmungsbeschluss der Hauptversammlung überspielen lassen. 82

**bb) Ausschuss nach § 27 Abs. 3 MitbestG.** Im Zuge der Einführung einer **Mitbestimmung auf Unternehmensebene** sollten den Arbeitnehmern zusätzliche Mitwirkungsrechte eingeräumt werden. Sie sollten nach § 31 Abs. 3 MitbestG insbesondere mitwirken, wenn die vom Gesetz geforderte Mehrheit bei der Bestellung oder Abberufung eines zu- 83

[87] MHdB GesR IV/*Hoffmann-Becking* § 29 Rn. 64; MüKoAktG/*Habersack* § 111 Rn. 136, K. Schmidt/Lutter/*Drygala* AktG § 111 Rn. 66.
[88] MHdB GesR IV/*Hoffmann-Becking* § 29 Rn. 65; *Koch* FS Hüffer, 2010, 374ff.; BeckOGK/*Spindler* AktG§ 111 Rn. 99.
[89] AllgM, vgl. OLG Hamburg AG 1996, 84; K. Schmidt/Lutter/*Drygala* AktG § 111 Rn. 61.

nächst vorgeschlagenen Vorstandsmitglieds endgültig nicht zustande gekommen ist und nun ein anderer Kandidat gesucht werden muss.

84 Dazu wurde in § 27 Abs. 3 MitbestG ein **besonderer Ausschuss** vorgesehen, der gelegentlich (und falsch) als Vermittlungsausschuss bezeichnet wird. Die Mitglieder dieses Ausschusses müssen, soweit sie dem Ausschuss nicht aufgrund ihres Amts angehören (Vorsitzender und stellvertretender Vorsitzender des Aufsichtsrats), unmittelbar nach der Wahl des Aufsichtsratsvorsitzenden und seines Stellvertreters vom Aufsichtsrat mit einfacher Mehrheit gewählt werden und zwar je ein Vertreter der Anteilseigner und der Arbeitnehmer.[90]

85 In der **Praxis** hat dieser Ausschuss seit Bestehen des MitbestG **nur geringe Bedeutung** gewonnen. Mitglieder des Vorstands werden in unterschiedlicher Art und Weise gesucht und gefunden, aber nicht mit Hilfe dieses Ausschusses

86 **cc) Einschränkung der Befugnisse des Vorstands durch § 32 MitbestG.** Eine AG, die dem MitbestG unterliegt, darf **bestimmte Rechte aus Beteiligungen** an anderen Unternehmen, die ebenfalls dem MitbestG unterliegen, nur aufgrund von Beschlüssen des Aufsichtsrats der Obergesellschaft ausüben. Die Vorschrift ist geschaffen worden, um eine Potenzierung von Mitbestimmungsrechten zu vermeiden. Der Vorbehalt des § 32 Abs. 1 MitbestG gilt für die der Obergesellschaft zustehenden Rechte bei der Bestellung, dem Widerruf der Bestellung oder der Entlastung von Verwaltungsträgern sowie bei der Beschlussfassung über die Auflösung oder Umwandlung des anderen Unternehmens, den Abschluss von Unternehmensverträgen mit dem anderen Unternehmen und über dessen Fortsetzung nach seiner Auflösung oder die Übertragung seines Vermögens (→ § 6 Rn. 39 ff.). Der Aufsichtsrat der Obergesellschaft beschließt mit der Mehrheit der Anteilseignervertreter.

87 Nicht betroffen sind **Maßnahmen,** die **autonom** vom **Aufsichtsrat** der mitbestimmten abhängigen Gesellschaft getroffen werden. Es handelt sich dabei nicht um Maßnahmen der gesetzlichen Vertreter des beteiligten Unternehmens, sondern um Entscheidungen eines autonomen Organs der Beteiligungsgesellschaft. Dies gilt insbesondere für die Bestellung und Abberufung von Vorstandsmitgliedern der abhängigen Gesellschaft. Allerdings bestehen keine rechtlichen Bedenken gegen entsprechende Vorschläge des herrschenden Unternehmens, wenn diese sachlich begründet sind und nicht primär eigene Ziele des herrschenden Unternehmens verfolgt werden.

88 Die **Wahrnehmung der Beteiligungsrechte** in der Hauptversammlung des betroffenen Unternehmens kann durchaus durch ein Mitglied des Vorstands oder einen Angestellten erfolgen. Allerdings handelt dieser Vertreter nicht als Vertreter der Obergesellschaft, sondern als – weisungsgebundener – Bote des Aufsichtsrats der Obergesellschaft.[91]

89 **dd) Prüfungsausschuss (Audit Committee).** Der Aufsichtsrat vieler Unternehmen setzt aus seiner Mitte – entsprechend der Empfehlung in D.3 DCGK – einen Prüfungsausschuss (auch genannt Bilanzausschuss oder Audit Committee) ein.[92] War die **Einsetzung eines Prüfungsausschusses** bis zum 1.7.2021 durchweg **freiwillig,** so ist dieser aufgrund der Neufassung des § 107 Abs. 4 AktG durch das FISG[93] für kapitalmarktorientierte Unternehmen sowie für Kreditinstitute und Versicherungsunternehmen nunmehr **obligatorisch.** Soweit es um die Prüfung des Jahresabschlusses und des Konzernjahresabschlusses geht, wird der Prüfungsausschuss vorbereitend tätig. Die Entscheidung über die Billigung oder Verwerfung des (Konzern-)Jahresabschlusses muss auf jeden Fall der Gesamtaufsichtsrat treffen.[94]

---

[90] MHdB GesR IV/*Hoffmann-Becking* § 32 Rn. 36 ff.

[91] MHdB GesR IV/*Hoffmann-Becking* § 29 Rn. 85.

[92] Der Kodex gibt auch Anregungen für dessen Besetzung; zur US-amerikanischen Praxis vgl. *Altmeppen* ZGR 2004, 390 (395).

[93] Gesetz zur Stärkung der Finanzmarktintegrität v. 3.6.2021, BGBl. 2021 I 1534.

[94] MHdB GesR IV/*Hoffmann-Becking* § 32 Rn. 9.

Der Prüfungsausschuss muss **von** den ihm zustehenden **Rechten umfassend Gebrauch machen.** Er muss feststellen, ob der Jahresabschluss und der Konzernabschluss in Ansätzen, Gliederung und Bewertung den gesetzlichen Vorschriften entsprechen. Er muss prüfen und empfehlend entscheiden, ob bei der Bilanzierung bestehende Wahlrechte im Unternehmensinteresse ausgeübt worden sind. Aber es kann sich immer nur um Vorschläge an den Gesamtaufsichtsrat handeln. Nur dieser ist zu den erforderlichen organschaftlichen Beschlüssen befugt. 90

### c) Unterschiedliche tatsächliche Machtverteilung

In der Unternehmenspraxis wird **von den rechtlichen Grundsätzen für die Zusammenarbeit** der Organe gelegentlich **abgewichen.**[95] Starke Aufsichtsratsvorsitzende unterliegen der Versuchung, über ihre Überwachungsaufgabe hinaus aktiv ins Unternehmensgeschehen einzugreifen. Aber auch der umgekehrte Fall kommt vor. Der Aufsichtsratsvorsitzende (und in seinem Gefolge die anderen Aufsichtsratsmitglieder) sind zwar dankbare Zuhörer des Vorstands, nehmen die Darstellungen entgegen, verzichten aber auf jedwede kritische Auseinandersetzung. Weder in dem einen noch in dem anderen Fall kann das System der aktienrechtlichen „checks and balances" funktionieren. Die auf zwei Organen aufgebaute Verwaltung der AG wird zum Board-System, ohne dass die für ein Board-System notwendigen Vorkehrungen und Kautelen beachtet werden. 91

Die Verantwortung für diesen **Funktionswandel** liegt im Allgemeinen primär beim Aufsichtsrat und vor allem bei seinem Vorsitzenden. Wenn der Aufsichtsrat derartige Ungleichgewichte zulässt, haftet er für den daraus entstehenden Schaden. Aber vor allem muss er anstreben, ggf. unter einem neuen Vorsitzenden das Gleichgewicht der Organe wieder herzustellen. 92

## III. Allgemeine Handlungsmaximen für unternehmerisches Handeln in der AG

Für das unternehmerische Handeln[96] einer AG gelten **allgemeine Grundsätze,** die für Vorstand und Aufsichtsrat übereinstimmen. „Der Vorstand leitet das Unternehmen in eigener Verantwortung im Unternehmensinteresse" (Grundsatz 1 DCGK). Wenn der Aufsichtsrat die Geschäftsführung des Vorstands überwacht, hat er diese Maxime voll zu beachten und auch selbst zu befolgen. Was für das Handeln des Vorstands gilt, ist auch vom Aufsichtsrat bei seiner Überwachung zu beachten. Anders kann das Zusammenwirken der beiden Organe nicht funktionieren. 93

Für das Handeln der Verwaltungsorgane sind die nachfolgenden Überlegungen von **besonderer Bedeutung.** 94

### 1. Verfolgen des Unternehmensgegenstands

Der Vorstand ist nach außen hin frei, jedes ihm für das Unternehmen gut erscheinende Geschäft abzuschließen. Im **Innenverhältnis** unterliegt er allerdings Schranken. Er darf nur solche Geschäfte abschließen, die durch den von den Aktionären in der Satzung festgelegten Unternehmensgegenstand gedeckt sind.[97] 95

### a) Verstoß gegen die Begrenzung des Unternehmensgegenstands

Schließt der Vorstand ein durch die Satzung nicht gedecktes Geschäft ab, bleibt dieses zwar im Verhältnis zu Dritten, insbesondere zum Geschäftspartner, wirksam. Aber der Vorstand 96

---

[95] S. dazu *J. Semler* FS Lutter, 2000, 721 (727).

[96] Zur betriebswirtschaftlichen Betrachtung *v. Werder* DB 1995, 2177; → § 4 Rn. 28ff.

[97] AllgM, vgl. Hüffer/Koch/*Koch* AktG § 23 Rn. 21 und Hüffer/Koch/*Koch* AktG § 82 Rn. 9.

begeht eine Pflichtwidrigkeit iSd § 93 Abs. 2 AktG, weil er seine Geschäftsführungsbefugnis überschritten hat.[98] Etwas anderes gilt im Fall eines bewussten Zusammenwirkens mit dem Geschäftspartner in Kenntnis der Satzungsverletzung. Eine Unwirksamkeit des Geschäfts kann auch schon dann eintreten, wenn der Dritte die Beschränkung der Geschäftsführungsbefugnis kennt und sich nicht erkundigt, ob das mit ihm verhandelnde Vorstandsmitglied zu diesem nicht durch den Unternehmensgegenstand gedeckten Geschäft berechtigt ist.

#### b) Heilung des Verstoßes

97 Die Grenzen des Unternehmensgegenstands können nur im Rahmen einer Satzungsänderung durch Neufassung des Wortlauts des Unternehmensgegenstands erweitert werden. Eine solche Satzungsänderung wird aber erst mit Eintragung im Handelsregister wirksam. Sie hat **keine heilende Rückwirkung.** Das Verhalten des Vorstands bleibt pflichtwidrig, wenngleich nach außen regelmäßig wirksam.

98 Die Pflichtwidrigkeit kann mittels einer nachträglichen Genehmigung des Geschäfts durch einen die **Satzung durchbrechenden Beschluss der Hauptversammlung** beseitigt werden. Die Aktionäre sind berechtigt, mit der für eine Satzungsänderung erforderlichen Hauptversammlungsmehrheit ein solches Geschäft zu genehmigen. Vorauszusetzen ist allerdings, dass sich aus dem Geschäft bis zur Hauptversammlung noch keine Schäden für die Gesellschaft ergeben haben. Sonst hat der Pflichtenverstoß bereits Auswirkungen gehabt und kann deswegen nicht mehr geheilt werden. Dies ergibt sich aus dem Rechtsgedanken § 93 Abs. 4 S. 3 AktG, demzufolge auf einen Ersatzanspruch erst nach drei Jahren und nur unter bestimmten Voraussetzungen verzichtet werden darf.

#### c) Unterschreitung des Unternehmensgegenstands

99 Im Großen und Ganzen soll der satzungsmäßige Unternehmensgegenstand das **Tätigkeitsfeld** der Gesellschaft **zutreffend beschreiben.** Es bestehen aber keine Bedenken, wenn die satzungsmäßige Tätigkeitsbeschreibung auch solche Arbeitsgebiete bezeichnet, die von der Gesellschaft (noch) nicht ausgeübt werden. Zwar darf der Vorstand Tätigkeiten, die vom Satzungsgegenstand nicht gedeckt sind, nicht ausüben. Umgekehrt ist er jedoch nicht verpflichtet, durchgängig alles das zu tun, was die Satzung erlaubt. Allerdings darf der Vorstand den satzungsmäßigen Unternehmensgegenstand nicht nachhaltig unterschreiten.[99] Die Grenzen zwischen (erlaubter) vorübergehender und (unerlaubter) nachhaltiger Unterschreitung des Unternehmensgegenstands sind häufig fließend;[100] sie werden dabei maßgeblich durch die Satzungsformulierung beeinflusst.[101]

### 2. Beachtung des Unternehmensinteresses

100 Der Vorstand hat sein Verhalten am Unternehmensinteresse auszurichten. Diese Forderung entspricht der ständigen Rechtsprechung des BVerfG und des BGH.[102]

101 Allerdings hat keines dieser Gerichte definiert, was unter dem Begriff des Unternehmensinteresses zu verstehen ist.[103] Demgemäß stand lange Zeit das Primat der Anteilseignerinteressen im Vordergrund, wenn es um die Definition des Unternehmensinteresses ging. Ein Diener vieler Herren sei am Ende aller ledig und niemandem mehr verantwort-

---

[98] Vgl. BeckOGK/*Fleischer* AktG § 82 Rn. 29; K. Schmidt/Lutter/*Seibt* AktG § 82 Rn. 13f.

[99] Vgl. OLG Köln ZIP 2009, 1469 (1470f.) – Strabag; OLG Stuttgart NZG 2003, 778, 783f. (zur KGaA); *Krieger* in MHdB GesR IV § 70 Rn. 7.

[100] Dazu BeckOGK/*Fleischer* AktG § 82 Rn. 31; Hüffer/Koch/*Koch* AktG § 179 Rn. 9a.

[101] So auch OLG Köln ZIP 2009, 1469 (1470f.) – Strabag.

[102] BVerfGE 50, 290 (347); BGH NJW 1979, 1823 (1826); für den Aufsichtsrat BGHZ 36, 296(306, 310); Hüffer/Koch/*Koch* AktG § 76 Rn. 36, 28ff.

[103] Krit. zu diesem Begriff auch *Zöllner* AG 2000, 145 (146f.); *Fleischer* AG 2001, 171 (177).

lich.[104] Seit der Finanzmarktkrise (2007–2009) ist diese eigentümerorientierte Doktrin zunehmend in Frage gestellt worden. Sie wird allerdings bis heute vertreten.[105]

Während historisch die Eigentümerinteressen im Vordergrund standen und lediglich der Umfang der Sozialbindung der Aktie diskutiert wurde, hielten Arbeitnehmerinteressen mit Einführung der Mitbestimmung zunehmend Einzug in den Begriff des Unternehmensinteresses.[106] Heute werden mit dem Begriff des Unternehmensinteresses überwiegend die **Interessen der Anteilseigner, der Arbeitnehmer und des Gemeinwohls** zusammengefasst. Bei allgemeiner Betrachtung wird man der geforderten Verhaltensmaxime am besten gerecht, wenn man feststellt, dass bei einer bedeutsamen Entscheidung keines der genannten Interessen Vorrang vor einem anderen Interesse haben darf.[107] 102

Als **Träger der Interessen im Unternehmen** sind – wie schon erwähnt – die Anteilseigner und die Arbeitnehmer, bei börsennotierten Unternehmen auch die Anleger genannt. Diese Interessenträger sind für das Funktionieren eines Unternehmens unverzichtbar. Sie allein bewirken aber noch nicht das Entstehen und den erfolgreichen Fortbestand eines Unternehmens. Es gehört ebenso unverzichtbar auch die **Führungsfunktion,** das objektivierte Management dazu. Das Unternehmensinteresse wird nicht gewahrt, wenn diese objektivierte Führungsleistung und deren notwendigen Grundlagen nicht mit verfolgt werden. Ein solches Außerachtlassen der Führungsfunktion würde mit großer Wahrscheinlichkeit zur Beendigung des Unternehmens führen. Aus dieser These darf nicht gefolgert werden, dass es eine Art „Unternehmen an sich" gibt. Diese Auffassung vom „Unternehmen an sich"[108] ist wiederholt und zutreffend widerlegt worden.[109] Aber unternehmerische Entscheidungen dürfen nicht getroffen werden, wenn sie geeignet sind, die Führbarkeit eines Unternehmens ernsthaft und dauerhaft zu beeinträchtigen. 103

Rein semantischer Natur ist der Versuch einer **Abgrenzung zwischen Gesellschaftsinteresse und Unternehmensinteresse.** Zwar ist die Gesellschaft nur Träger des Unternehmens und insofern mit diesem nicht identisch. Welche beachtenswerten Interessen eine unternehmerisch tätige Gesellschaft daneben noch verfolgen soll, ist jedoch nicht ersichtlich. Insofern verwundert es nicht, dass auch die höchstrichterliche Rechtsprechung beide Begriffe synonym verwendet.[110] 104

### 3. Erzielung eines angemessenen Gewinns

Der Vorstand ist grundsätzlich gehalten, mit seiner Geschäftsführung einen angemessenen Gewinn zu erzielen.[111] Darum muss im Grundsatz auch jedes einzelne Geschäft der Gewinnerzielung dienen. Eine Ausnahme gilt nur, wenn die Satzung diesbezüglich etwas anderes regelt, wie dies vornehmlich bei Versorgern aus dem öffentlich-rechtlichen Umfeld im Rechtskleid der AG zu beobachten ist. Die grundsätzliche **Rechtspflicht zur Rentabilität** steht zwar nicht ausdrücklich im Gesetz, folgt aber mittelbar aus einer Reihe von Bestimmungen des Gesetzes. So hat der Vorstand zB nach § 90 Abs. 1 S. 1 Nr. 2 AktG über die Rentabilität der Gesellschaft, insbesondere die des Eigenkapitals zu berichten. 105

Auch **wirtschaftlich** ist die **Gewinnerzielung zwingend notwendig.** Auf Dauer kann ein Unternehmen nicht betrieben werden, wenn es keine Gewinne erzielt. Notwen- 106

[104] Vgl. *Fleischer* AG 2001, 171 (177).
[105] So beispielsweise von BeckOGK/*Fleischer* AktG § 76 Rn. 37; K. Schmidt/Lutter/*Seibt* AktG § 76 Rn. 41; *Groh* DB 2000, 2153 (2157); *Zöllner* AG 2003, 2 (7 f.).
[106] Vgl. dazu *Raiser* FS R. Schmidt, 1976, 114 ff.; *Schilling* ZHR 144 (1980), 136 (143).
[107] Hüffer/Koch/*Koch* AktG § 76 Rn. 30 ff.; MüKoAktG/*Spindler* § 76 Rn. 63 ff.; *Ulmer* AcP 202 (2002), 143 (159).
[108] *Haußmann,* Vom Aktienwesen und vom Aktienrecht, 1928, mit Hinweis auf *Rathenau,* Vom Aktienwesen, 1917.
[109] Statt vieler *Mestmäcker,* Verwaltung, Konzerngewalt und Rechte der Aktionäre, 1958, 13, 14.
[110] Vgl. einerseits BGHZ 64, 325 (331) (zum Unternehmensinteresse), andererseits BGHZ 136, 133 (139) (zum Gesellschaftsinteresse).
[111] OLG Hamm AG 1995, 512 (514) – Harpener; MüKoAktG/*Spindler* Vor § 76 Rn. 53.

dige Investitionen können nicht finanziert, Vorleistungen für die Zukunft nicht erbracht werden. Nur ein Unternehmen mit einer gesicherten Gewinnerwartung wird notwendige Fremdmittel aufnehmen können. Ein Unternehmen ohne Gewinne kann keine sicheren Arbeitsplätze anbieten. Gewinne sind die Grundlage für angemessene Steuerbeiträge, ohne die eine Gemeinschaft nicht bestehen kann. Auch hier bilden Versorgungsunternehmen der öffentlichen Hand eine durchgängige Ausnahme.

107 Das Gesetz gibt **weder ein quantitatives noch ein qualitatives Gewinnziel** vor. Die Lage der Unternehmen und ihre Entwicklungsmöglichkeiten sind zu verschieden, als dass man hier schematische Größen festlegen könnte. Das Gewinnziel, das ein pflichtbewusster Vorstand anzustreben hat, ergibt sich aber aus allgemeinen wirtschaftlichen Überlegungen.

108 In quantitativer Hinsicht muss das Vorstandshandeln eine **substanzielle Kapitalerhaltung** und eine **angemessene Verzinsung des zur Verfügung gestellten Eigenkapitals** ermöglichen.[112] Die Höhe des landesüblichen Zinssatzes ist allgemein bekannt, von ihm ist auszugehen. Es genügt aber nicht, einen Gewinn in dieser Höhe zu erwirtschaften. Das privatwirtschaftlich betriebene Unternehmen muss einen zusätzlichen Gewinn erzielen, der ausreicht, um das allgemeine Unternehmensrisiko abzudecken und die Substanz des Unternehmens inflationsbereinigt zu erhalten und die Ertragskraft nachhaltig zu sichern. Fixe Mindestgrößen (gar mit justitiablem Charakter) gibt es jedoch nicht. Vielmehr sind das (satzungsmäßig) Geschäftsmodell und der risikolose Anlagezins die entscheidenden Parameter für die individuelle Renditeorientierung eines jeden Unternehmens.

109 In qualitativer Hinsicht ist der Gewinn als Unternehmensziel bis dato ebenfalls ohne jede brauchbare Definition geblieben. Zwar ist der rein bilanzielle Gewinn eines Geschäftsjahres noch immer der Maßstab für eine Ausschüttung an die Aktionäre (vgl. § 58 Abs. 4 AktG). Längerfristige Wertvorstellungen orientieren sich allerdings zunehmend am **nachhaltigen Cash Flow** eines Unternehmens.

110 Das Unternehmensziel angemessener Gewinnerzielung ist zu unterscheiden von **kurzfristiger Gewinnmaximierung.**[113] Diese mag anlegerseitig gelegentlich gefordert werden, gehört aber nicht zu den anerkannten Unternehmenszielen. Insofern ist das Unternehmen nicht daran gehindert, **Aufwendungen** zu machen, die **nicht unmittelbar** der **Gewinnerzielung dienen.**

111 Aufwendungen, die nicht unmittelbar der Gewinnerzielung dienen, bedürfen **besonderer Publizität.** Nur durch gegenständliche und betragsmäßige Beschreibung jeder Aufwendung kann dem Vorwurf sachwidriger Ausgaben begegnet werden. Diese besondere Publizität ist sowohl innerhalb des Vorstands als auch gegenüber dem Aufsichtsrat und gegenüber den Aktionären erforderlich, um dem Vorwurf einer Sorgfaltspflichtverletzung vorbeugend zu begegnen.[114]

## 4. Social Sponsoring

112 Eine AG darf im angemessenen Rahmen auch soziale, kulturelle, sportliche und staatsbürgerliche Zwecke fördern, ohne sich dadurch gleich den Vorwurf strafrechtlicher Untreue zuzuziehen. Hierüber besteht im Grundsatz Einigkeit.[115] Dies gilt selbst dann, wenn hierdurch keinerlei argumentierbare **(positive) Ergebniseffekte** erzielt werden. Insofern ist diese Form der Zuwendung abzugrenzen von dem – renditegetriebenen und daher unzweifelhaft zulässigem – Sponsoring für Produkte oder für das Gesamtunternehmen der Gesellschaft.

---

[112] MüKoAktG/*Spindler* § 76 Rn. 72f.
[113] Dazu MüKoAktG/*Spindler* § 76 Rn. 73.
[114] BGHSt 47, 187; s. *Laub* AG 2002, 308 (313) mit Hinweis auf BGHSt NZG 2002, 471; dazu auch *Gehrlein* NZG 2002, 463ff.; *Fleischer* AG 2001, 171 (178).
[115] Vgl. BGHZ 23, 150 (157); K. Schmidt/Lutter/*Seibt* AktG § 76 Rn. 43; *Laub* AG 2002, 308 (309); *Gehrlein* NZG 2002, 463.

Bei der **Bemessung von Zuwendungen** müssen die Lage und die Leistungsfähigkeit der Gesellschaft beachtet werden. Absolute Obergrenzen gibt es nicht.[116] Der Vorstand muss sich aber stets bewusst sein, dass er fremdes und nicht eigenes Geld ausgibt.[117] Hieraus folgt allerdings keine Verpflichtung, derartige Leistungen in Krisenzeiten völlig einzustellen.[118] Der Vorstand ist jedoch gut beraten, bei dauerhafter Ertragsschwäche seine Zuwendungspolitik zu überprüfen und eine etwaige Fortsetzung derselben nachvollziehbar zu begründen. 113

Hinsichtlich der **zulässigen Zuwendungsempfänger** besteht ein weitgehendes Ermessen des Vorstands. Kunst, Wissenschaft, Sozialwesen und Sport gehören zu den allgemein anerkannten Empfängern zulässiger Zuwendungen.[119] Dasselbe gilt im Grundsatz für politische Parteien.[120] Obwohl hier kein Neutralitätsgebot gilt, sollte der Vorstand bei der Förderung ausgesuchter Parteien jedoch besonders zurückhaltend sein, sofern er weder einen unmittelbaren noch einen mittelbaren **Nutzen für die Gesellschaft** (durch Zuwendung gerade an eine Partei) formulieren kann. Dies gilt analog für Spenden an Religionsgemeinschaften aller Art. 114

Leistungen an Einrichtungen, denen ein Mitglied des Vorstands **aus persönlichen Gründen nahesteht,** sollten gänzlich unterbleiben. Dies gilt zB für Mitgliedschaften in Sportclubs, denen ein Vorstandsmitglied oder eines seiner Familienangehörigen angehört. Erfolgen solche Leistungen dennoch, sollte sich das betroffene Vorstandsmitglied an der Entscheidung und ihrer Abwicklung nicht beteiligen. Keinesfalls dürfen Leistungen erbracht werden, die in erster Linie das so genannte Sozialprestige eines Vorstandsmitglieds fördern. Hier liegt die Schadensersatzverpflichtung des betreffenden Vorstandsmitglieds geradezu auf der Hand. 115

Der Vorstand sollte die von ihm vorgenommenen Zuwendungen nicht als „Diskretionssache" einordnen. Im Gegenteil entgeht er mit höchstmöglicher Transparenz am ehesten dem Verdacht persönlicher Nähe zum Zuwendungsempfänger. Eine **Auskunftspflicht** besteht hierbei grundsätzlich auch **gegenüber den eigenen Aktionären.** Sowohl anlässlich der Vorlage des Jahresabschlusses als auch bei der Entlastungsentscheidung besteht nach § 131 Abs. 1 AktG ein Auskunftsrecht. Allerdings kann sich der Vorstand regelmäßig auf die Nennung des Gesamtbetrages aller Zuwendungen beschränken;[121] eine Pflicht zur namentlichen Benennung einzelner Empfänger besteht dagegen nur bei größeren Zuwendungen.[122] 116

Praktische Relevanz hat das Zuwendungsverhalten nicht nur in zivilrechtlicher, sondern auch in **strafrechtlicher Hinsicht.** Fehlallokationen von Unternehmensmitteln erfüllen unter Umständen den Tatbestand der Untreue (§ 266 StGB).[123] Gehört der Empfänger auch noch einem Hoheitsträger an, so stellt sich zusätzlich die Frage nach einer Vorteilsgewährung (§ 333 StGB).[124] Wer dieser Gefahr begegnen will, beschränkt sich von vornherein auf „unverdächtige" Zuwendungen für rein soziale Zwecke. 117

---

[116] *Fleischer* AG 2001, 171 (178); aA *Kind* NZG 2000, 567 (570).
[117] Vgl. GroßkommAktG/*Kort* § 76 Rn. 67.
[118] So ausdrücklich BGH NJW 2002, 1585 (1587 li. Sp.); *Fleischer* AG 2001, 171 (178).
[119] BGH NJW 2002, 1585 (1586 li. Sp.); K. Schmidt/Lutter/*Seibt* AktG § 76 Rn. 43; *Fleischer* AG 2001, 171 (175).
[120] Vgl. BGH NJW 2002, 1585 (1586 li. Sp); *Fleischer* AG 2001, 171 (179); ausführlich *Kind* NZG 2000, 567 ff.
[121] So LG Frankfurt AG 1994, 39.
[122] Dazu iE MüKoAktG/*Kubis* § 131 Rn. 241.
[123] Vgl. dazu BGH NJW 2002, 1585.
[124] Vgl. dazu BGH NJW 2008, 3580 zur Zuwendung von Tickets für Fussball-Länderspiele.

## 5. Eigenverantwortlichkeit und unternehmerisches Ermessen

118 Der Vorstand einer AG muss mit seinen Handlungen ständig Entscheidungsalternativen feststellen und die anstehenden Entscheidungen treffen.[125] Er muss unternehmerische Entscheidungen fällen, dh Entscheidungen, deren Ergebnisse häufig nicht oder jedenfalls noch nicht in allen Varianten vorausberechenbar sind. Die Rechtsprechung hat dazu festgestellt, dass dem Vorstand vom Gesetz ein breites unternehmerisches Ermessen eingeräumt ist.[126] Der Vorstand ist durchaus berechtigt, auch Entscheidungen zu treffen, mit denen das Unternehmen ein unternehmerisches Risiko eingeht. Ein Vorstandsmitglied kann für solche Folgen seiner Entscheidung nicht verantwortlich gemacht werden, wenn die Entscheidung den Geboten sorgfältiger Geschäftsführung entsprach (vgl. § 93 Abs. 1 S. 2 AktG).

119 Vielfach wird in diesem Zusammenhang auf die so genannte Business Judgement Rule des US-amerikanischen Rechts Bezug genommen.[127] Dies sollte man vermeiden. Der Grundsatz, dass ein Vorstand bei einer unternehmerischen Entscheidung **nur für ungenügende Sorgfalt,** aber **nicht für einen unvorhergesehenen negativen Verlauf** der Ereignisse **haftet,** ist seit je fester Bestandteil des deutschen Gesellschaftsrechts.[128]

### a) Überblick

120 Voraussetzung einer jeden ordnungsmäßigen Entscheidung ist die **Unbefangenheit des entscheidenden Vorstandsmitglieds.**[129] Ein Vorstandsmitglied, das an einer Angelegenheit der Gesellschaft persönlich interessiert ist, darf nicht selbst entscheiden. Es muss ein anderes Mitglied des Vorstands um die Entscheidung bitten oder, wenn alle Mitglieder des Vorstands befangen sind, den Aufsichtsrat um Mitwirkung bitten. Der Aufsichtsrat kann einen Zustimmungsvorbehalt festlegen und so seine Einwirkung sicherstellen.

121 Um eigenes Handeln bei Vorliegen einer Befangenheit auszuschließen, muss jedes betroffene Vorstandsmitglied seine **eigene Befangenheit** (genauer: das Fehlen der von der Rechtsordnung geforderten Unbefangenheit) seinen Kollegen und dem Aufsichtsrat **mitteilen.** Dies gebietet die jedem Vorstandsmitglied nach § 93 Abs. 1 AktG obliegende Sorgfaltspflicht.[130] Nur so wird sichergestellt, dass Vorstand und Aufsichtsrat die bei Befangenheit eines Vorstandsmitglieds notwendigen Maßnahmen treffen.

122 Der Vorstand eines in der Rechtsform einer AG betriebenen Unternehmens hat einen **weiten unternehmerischen Spielraum.**[131] Ohne einen solchen weiten Handlungsspielraum hätte der Vorstand keine Möglichkeit, eine erfolgversprechende unternehmerische Tätigkeit auszuüben. „Dazu gehört neben dem bewussten Eingehen geschäftlicher Risiken grundsätzlich auch die Gefahr von Fehlbeurteilungen und Fehleinschätzungen, der jeder Unternehmensleiter, mag er auch noch so verantwortungsbewusst handeln, ausgesetzt ist."[132]

### b) Feststellung der tatsächlichen Entscheidungsgrundlagen

123 Vor jeder Entscheidung muss sich der Vorstand zunächst im notwendigen Ausmaß einen Überblick über die tatsächlichen Verhältnisse und die Handlungsalternativen verschaffen. Erst anschließend darf er seine Entscheidung treffen.[133] Das „notwendige Ausmaß" ist

[125] *J. Semler* FS Ulmer, 2003, 631.
[126] BGHZ 125, 239 (246); 135, 244 (253) – ARAG/Garmenbeck.
[127] Hierzu ausführl. *Fleischer* FS Wiedemann, 2002, 827 (840).
[128] Vgl. RG NJW 1911, 223; *Brodmann* in Gewerbe- und Industrie-Kommentar, Aktienrecht, 1926, HGB § 241 Anm. 1c.
[129] Vgl. das umfassende Wettbewerbsverbot für Vorstandsmitglieder § 88 AktG; zu Interessenkonflikten E.2 DCGK.
[130] Vgl. E.2 DCGK; ausdrückl. auch BeckOGK/*Fleischer* AktG § 93 Rn. 154, 161.
[131] Siehe BGHZ 135, 244 (253) – ARAG/Garmenbeck; dazu *Kindler* ZHR 162 (1998), 101 ff.
[132] Vgl. BGHZ 135, 244 (253) – ARAG/Garmenbeck.
[133] BGHZ 135, 244 (253) – ARAG/Garmenbeck; *J. Semler* FS Ulmer, 2003, 627 (631 ff.); *Kinzl* DB 2004, 1653; *v. Werder* DB 1995, 2177; *v. Werder* ZfB 1997, 901 (primär aus betriebswirtschaftlicher Sicht).

nicht gleichbedeutend mit dem Maximum an Erkenntnismöglichkeiten, zumal § 93 Abs. 1 S. 2 AktG nur eine „angemessene Information" verlangt.[134] Allerdings gewinnt hierbei die Frage zunehmend an Bedeutung, inwieweit sich der Vorstand der Hilfe bestehender Datenbanken und selbstlernender Algorithmen bedienen muss.[135] Auf jeden Fall muss der Vorstand schon auf dieser entscheidungsvorbereitenden Ebene eine Kosten-/Nutzenanalyse anstellen.[136]

Maßgeblich für die Frage einer ausreichenden Information ist die **konkrete Entscheidungssituation.**[137] Hieran sind auch alle Stellen, die zur Nachprüfung und Bewertung von Vorstandsentscheidungen berufen sind (Aufsichtsräte, Sonderprüfer, Gerichte), bei der Feststellung des Sachverhalts gebunden. Die Gefahr, dass aus der Kenntnis späterer Entwicklung heraus übertriebene Anforderungen an die Informationsbeschaffung (oder -bewertung) gestellt werden (sog, hindsight bias), ist damit zwar juristisch beseitigt. Faktisch ist diese Gefahr jedoch allgegenwärtig und sicherlich ein hinreichend ergiebiges Forschungsgebiet für Psychologen. 124

Fraglich ist, ob die Einhaltung formeller Betrachtungsstandards, insbesondere die **Einschaltung von Gutachtern,** bei der Sachverhaltsermittlung enthaftend oder wenigstens entlastend wirkt. Dass sie routinemäßig nicht erforderlich sind, entspricht der herrschenden Meinung.[138] Richtigerweise sind sie für die Beurteilung der Tatsachengrundlagen ausnahmsweise auch nur dort notwendig, wo die eigenen Erkenntnismöglichkeiten eines durchschnittlichen Vorstandsmitglieds beschränkt sind.[139] 125

Der Umfang der Feststellungslast ist kein absoluter. Neben der Kosten-/Nutzenanalyse (→ Rn. 123) kommt es auch maßgeblich auf die Risikosituation an. Entscheidungen von größerer Tragweite für das Unternehmen erfordern daher eine umfangreichere Informationsbeschaffung als Maßnahmen aus dem Tagesgeschäft.[140] 126

### c) Unternehmerischer Ermessensspielraum

Ein Entscheidungsspielraum steht dem Vorstand nicht immer und nicht bei jeder Fallgestaltung zu. Nicht jede Entscheidung ist eine unternehmerische Entscheidung. Ein unternehmerischer Ermessensspielraum ist nur dann vorhanden, wenn es sich um eine Frage des Handlungsbereichs, nicht aber des Erkenntnisbereichs handelt. Für die Auslegung eines unbestimmten Rechtsbegriffs hat der Vorstand keinen unternehmerischen Ermessensspielraum, er darf nicht so oder so entscheiden. Anders, wenn ein Vorstand vor der Frage steht, wie er sich im konkreten Fall verhalten soll und dafür verschiedene Alternativen bestehen. Dann kann der Vorstand so oder so handeln. 127

Ein **Ermessensspielraum** lässt dem Vorstand eine weite Freiheit, die auch vom Aufsichtsrat und ggf. von den Gerichten zu respektieren ist.[141] Nur wenn die Grenzen des unternehmerischen Ermessens überschritten werden, muss sich der Vorstand mit einem Eingreifen der Aufsichtsorgane oder – bei der Klärung einer Schadensersatzfrage – der Gerichte abfinden. Eingriffsmöglichkeiten hat der BGH nur dann eingeräumt, „wenn die Grenzen, in denen sich ein von Verantwortungsbewusstsein getragenes, ausschließlich am Unternehmenswohl orientiertes, auf sorgfältiger Ermittlung der Entscheidungsgrundlagen beruhendes unternehmerisches Handeln bewegen muss, deutlich überschritten sind, die Bereitschaft, unternehmerische Risiken einzugehen, in unverantwortlicher Weise über- 128

[134] Ebenso *Fleischer* NJW 2009, 2337 (2339 li. Sp.).
[135] Vgl. dazu *Spindler* ZGR 2018, 17 (42f.); *Möslein* ZIP 2018, 204 (209).
[136] Zutr. K. Schmidt/Lutter/*Sailer-Coceani* AktG § 93 Rn. 17; *Ulmer* DB 2004, 859 (860ff.); *Ihrig* WM 2004, 2098 (2105f.).
[137] BGH NZG 2017, 116 Rn. 34; Hüffer/Koch/*Koch* AktG § 93 Rn. 20.
[138] Vgl. BeckOGK/*Spindler* AktG § 93 Rn. 89; *Dauner-Lieb* FS Röhricht, 2005, 83 (96).
[139] So wohl auch BGH NJW 2007, 2118 (2119) zur Frage der Insolvenzreife.
[140] Vgl. OLG Köln NZG 2020, 110 Rn. 78f.; Hüffer/Koch/*Koch* AktG § 93 Rn. 20; *Baums* ZGR 2011, 218 (235f.).
[141] BGHZ 135, 244 (253) – ARAG/Garmenbeck; BGHZ 136, 133 (140) – Siemens/Nold.

spannt worden ist oder das Verhalten des Vorstandes aus anderen Gründen als pflichtwidrig gelten muss".[142]

### d) Beurteilungsspielraum

129 Der Vorstand hat bei seinen Entscheidungen in seine Überlegungen häufig **unbestimmte Rechtsbegriffe** einzubeziehen. Er muss entscheiden, ob sein Verhalten „im Unternehmensinteresse" liegt und ob es „einer angemessenen Gewinnerzielung" dient. Auch hier gibt es zumeist nicht nur eine Interpretationsmöglichkeit Der Vorstand muss entscheiden, ob er den jeweiligen Begriff so oder so auslegt. Ihm steht dabei zwar kein Ermessensspielraum, aber ein **Beurteilungsspielraum** zur Verfügung. Diesen kann der Vorstand voll ausschöpfen, ohne dass dem Aufsichtsrat oder einem Gericht die Möglichkeit gegeben ist, die Beurteilung des Vorstands durch eine eigene Beurteilung zu ersetzen, solange sich die Auslegung des Vorstands im gesetzlichen Rahmen hält.[143] Dies ist nicht mehr der Fall, wenn der Vorstand im konkreten Fall bei der Definition des Unternehmensinteresses einen Interessenträger völlig unbeachtet lässt, also zB das Interesse der Anteilseigner vernachlässigt und allein das Interesse der Arbeitnehmer berücksichtigt oder umgekehrt allein vom Aktionärsinteresse ausgeht. Eine fehlerhafte Beurteilung liegt auch dann vor, wenn der Vorstand beim Ansatz der Arbeitnehmerinteressen ausschließlich das Interesse der deutschen Arbeitnehmer beachtet, das Interesse von im Ausland tätigen Arbeitnehmern aber vollständig vernachlässigt.

### e) Abwägungsbereiche

130 Wenn die Gesellschaft **gegen ein Organmitglied Schadensersatzansprüche** geltend machen kann, *müssen* sie von dem dafür zuständigen Organ geltend gemacht werden.[144] Dieses Organ hat in der Frage, ob es einen Ersatzanspruch geltend macht, weder einen Ermessensspielraum noch einen Beurteilungsspielraum. Allerdings ist kein Organ verpflichtet, durch sein Handeln das Unternehmen zu schädigen. Wenn die Geltendmachung der bestehenden Schadensersatzansprüche zugleich das Unternehmen schädigt, weil mit der Verfolgung des Schadensersatzanspruchs zB eine erhebliche negative Publizität verbunden ist, darf das zuständige Organ den geltend zu machenden Anspruch gegen die etwa eintretenden Schadensfolgen abwägen. Übersteigt der zu erwartende Schaden die Höhe des Schadensersatzanspruchs oder ist er vergleichsweise von außerordentlichem Gewicht, darf das zuständige Organ von der Geltendmachung des Schadensersatzanspruchs absehen. Bevor von der Geltendmachung vollständig abgesehen wird, müssen jedoch alternative Lösungen überdacht werden, auch wenn diese nicht dazu führen, dass der Schadenersatzanspruch vollständig erfüllt wird. So kann etwa, wenn eine Klage zu einem bedeutenden Reputationsschaden führt, dennoch eine nicht öffentliche Durchsetzung des Anspruchs erfolgen, indem mit dem Organmitglied in Verhandlungen getreten wird. Dabei darf aufgrund des Bedürfnisses, eine Klage zu verhindern, eine Einigung über eine Summe erfolgen, die unterhalb der eigentlich geschuldeten Schadensersatzumme liegt. Eine solche Vorgehensweise kommt ohnehin regelmäßig in Betracht, da diese Vorteile gegenüber einer gerichtlichen Verfolgung hat und einige Schadensfolgen dadurch vermieden werden können. Aber nur die Einflüsse auf die Gesellschaft dürfen in die Abwägung einbezogen werden; etwaige Einflüsse auf die Lage des zum Schadensersatz verpflichteten Organmitglieds müssen unberücksichtigt bleiben.[145] Auch langjährige Verdienste eines Organmitglieds rechtfertigen keinen Verzicht auf die Durchsetzung rechtmäßig bestehender Schadensersatzansprüche.

---

[142] BGHZ 135, 244 (253f.) – ARAG/Garmenbeck; vgl. auch *Henze* BB 2001, 53 (57).
[143] S. dazu *J. Semler* FS Ulmer, 2003, 634.
[144] BGHZ 135, 244 (253) – ARAG/Garmenbeck.
[145] Zu diesem Spannungsfeld *Jäger/Trölitzsch* ZIP 1995, 1157 (1162); *Götz* NJW 1997, 3275 (3277); *Paefgen* AG 2008, 761 (768f.); *Goette,* Liber Amicorum M. Winter, 2011, 159ff.

#### f) Neutralitätspflicht

Der Vorstand unterliegt bei seinem Handeln grundsätzlich einem – aus § 53a AktG abgeleiteten – Neutralitätsgebot.[146] Insbesondere darf er sich keinen ihm genehmen Gesellschafterkreis schaffen.[147] Aus diesem Grunde darf er insbesondere das Mittel der Kapitalerhöhung (womöglich mit Bezugsrechtsausschluss) nicht ohne unternehmerische Veranlassung zum Einstieg bzw. zur Abwehr bestimmter Gesellschafter einsetzen. Dieses aktienrechtliche Neutralitätsgebot wird allerdings für **Übernahmefälle** kapitalmarktrechtlich variiert.[148] 131

### 6. Gegenseitige Förderpflicht

Jedes Organ muss die Arbeit der anderen Organe fördern und unterstützen. Zur gegenseitigen Förderpflicht der Vorstandsmitglieder → Rn. 166. Dies gilt ganz besonders für das Organ Vorstand, weil dieser für die laufende Geschäftsführung und für die Leitung des Unternehmens zuständig ist und damit als einziges Organ Handlungen und Unterlassungen im Unternehmen unmittelbar veranlassen kann. 132

Die Förderpflicht besteht sowohl als **aktive** wie auch als **passive Verpflichtung.** Der Vorstand muss **aktiv** unaufgefordert alles tun, um die Tätigkeit des Aufsichtsrats zu erleichtern und ihre Effizienz zu verstärken. Der Vorstand darf aber auch nicht **passiv** im Wege stehen, wenn andere Organe ihrem gesetzlichen oder satzungsmäßigen Auftrag nachkommen wollen. 133

## IV. Besondere Grundsätze für eine ordnungsmäßige Geschäftsführung

Der Vorstand kann sich nicht darauf beschränken, die allgemeinen Grundsätze für ordnungsmäßiges Handeln zu beachten. Er muss bei jedem Geschäft und bei jeder Maßnahme, also bei allen seinen Handlungen **einzelfallbezogene Regeln beachten.** Die Befolgung dieser Regeln ist Voraussetzung für eine die gehörige Sorgfalt beachtende Geschäftsführung. Allerdings werden die für ordnungsmäßiges Handeln geltenden Maßstäbe nicht bei allen Unternehmen einheitlich sein. 134

Bei **großen** Unternehmen wird das formale Gestalten wichtiger sein als bei **mittleren und kleinen Unternehmen.** Auch ist von Bedeutung, **wer** der **Entscheidungsträger** ist. Entscheidungen des Gesamtvorstands müssen durchweg allen Anforderungen genügen, solche eines einzelnen Vorstandsmitglieds im Rahmen seiner Zuständigkeit können schon einmal weniger formal getroffen werden. Dies gilt noch mehr, wenn ein Mitarbeiter entscheidet, dem die Entscheidungsbefugnis übertragen worden ist. Welche Formerfordernisse beachtet werden müssen, hängt von dem Gewicht und der Bedeutung der Entscheidung für das Unternehmen ab. 135

Es geht um die **Befolgung folgender Grundsätze** bei jeder einzelnen Handlung[149]: 136
- die Ordnungsmäßigkeit,
- die Rechtmäßigkeit,
- die Zweckmäßigkeit und
- die Wirtschaftlichkeit.

---

[146] LG Düsseldorf WM 2000, 528 (530); *Hopt* FS Lutter, 2000, 1361 (1375 ff.).
[147] Vgl. GroßkommAktG/*Hopt* § 93 Rn. 122 ff.; *Diemke/Heiser* NZG 2001, 241 (243 f.); *Altmeppen* ZIP 2001, 1073.
[148] Vgl. dazu ausführlich MüKoAktG/*Spindler* § 76 Rn. 38 ff.
[149] So MüKoAktG/*Spindler* Vor § 76 Rn. 57.

### 1. Ordnungsmäßigkeit

137 Jeder Geschäftsvorfall muss ordnungsmäßig geplant, vorbereitet, durchgeführt und aufbereitet werden. Die Intensität dieser einzelnen Schritte hängt von der Bedeutung des Vorgangs ab. Im **Tagesgeschäft** werden viele Vorfälle routinemäßig abgewickelt werden können, ohne dass es einer eingehenden Ausarbeitung jedes dieser Schritte bedarf. Bei **gewichtigen Entscheidungen** müssen das Ergebnis des Entscheidungsprozesses, in besonderen Fällen auch die vorbereitenden Schritte sorgfältig durchgeführt und schließlich in Textform festgehalten werden. Es sollte möglich sein, auch nach längerer Zeit den Entscheidungsvorgang nachzuvollziehen.

138 Der Vorstand muss im Entscheidungsprozess regelmäßig **mehrere Handlungsalternativen** prüfen und auf ihre Eignung für die Entscheidung des anstehenden Vorgangs untersuchen. Die Entscheidung, eine Handlung durchzuführen oder nicht durchzuführen, ist im Allgemeinen keine zureichende Alternative. Natürlich muss nicht jede Alternative bis ins letzte Detail geprüft werden. Eingehende Kosten/Nutzen-Analysen werden meist erst erforderlich sein, wenn sich im Grundsatz die für das Unternehmen günstigste Alternative herausgestellt hat.

139 Die Notwendigkeit, einen **Entscheidungsvorgang später nachvollziehen** zu können, ist nicht nur bedeutsam, wenn die Sorgfalt der Geschäftsführung in Frage steht. Häufig wird der Entscheidungsträger selbst nach einer gewissen Zeit interessiert sein, sich seine Überlegungen noch einmal in Erinnerung zurückzurufen, um die besonderen Gründe für Erfolg oder Misserfolg eines Vorgangs herauszuarbeiten. Nur derjenige wird auf Dauer erfolgreich sein, der aus seinen Fehlern lernt. Ein solches Lernen aus eigenem Verhalten ist aber nur möglich, wenn der Gang der Überlegungen vom Erkennen der Entscheidungsnotwendigkeit bis zur Durchführung einer getroffenen Entscheidung sorgfältig nachvollzogen werden kann.

### 2. Rechtmäßigkeit

#### a) Grundsatz

140 Die Geschäftsführung des Vorstands muss insgesamt und in ihren einzelnen Entscheidungen rechtmäßig sein. Alle für das jeweilige Verhalten im Einzelfall bedeutsamen **gesetzlichen Vorschriften** müssen beachtet werden. Auch noch so große Vorteile für das Unternehmen rechtfertigen nicht, gesetzliche Verbote zu übertreten oder entsprechende Gebote nicht zu befolgen. Dies gilt auch dann, wenn es in einer Branche allgemein üblich geworden ist, sich über Gesetzesvorschriften hinwegzusetzen. Zuwiderhandlungen anderer Unternehmen rechtfertigen niemals eigene Zuwiderhandlungen.

141 Der Vorstand muss als Vorgesetzter **in seinem gesamten Verantwortungsbereich** (→ Rn. 263 ff.) für rechtmäßiges Verhalten sorgen. Er ist dafür verantwortlich, dass sich seine Mitarbeiter an Recht und Gesetz halten. Dies bedingt keine ständige Prüfungs- und Überwachungstätigkeiten. Der Vorstand muss die organisatorischen Maßnahmen getroffen haben, die eine Verwirklichung dieser Maxime mit zureichender Wahrscheinlichkeit sichern.

#### b) Schmiergeldzahlungen

142 Rechtsvorschriften „zweiter Klasse", die weniger oder gar nicht zu beachten sein, gibt es nicht.[150] Der Vorstand muss daher alle Rechtsnormen beachten. Insbesondere können **„nützliche Pflichtverletzungen"** nicht als Ausnahme vom Legalitätsprinzip akzeptiert werden. Dies gilt vor allem für **Schmiergeldzahlungen** – und zwar unabhängig davon, ob diese strafbar oder nur ordnungswidrig oder gar straffrei sind, weil diese unabhängig

[150] Ebenso MüKoAktG/*Spindler* § 93 Rn. 52, 87; *Ihrig* WM 2004, 2098 (2105).

von strafrechtlichen Erwägungen kaum im Interesse der Gesellschaft liegen dürften.[151] Eine andere Frage ist, ob derartige Zahlungen nach § 93 Abs. 2 AktG immer zu einer (betragsgleichen) Erstattungspflicht gegenüber der Gesellschaft führen. Nach jüngsten Äußerungen des BGH[152] dürfte die Frage eher zu verneinen sein, weil der wirtschaftliche Nutzen von Schmiergeldzahlungen von der eigentlichen Zahlung bei der Schadensberechnung unter dem Aspekt der Vorteilsausgleichung abzuziehen ist.

#### c) Vergleichszahlungen an räuberische Aktionäre

Noch nicht abschließend geklärt ist die Akzeptanz von Vergleichszahlungen an räuberische Aktionäre. Anlass hierfür sind in der Regel Beschlussanfechtungsklagen, die ausschließlich auf wirtschaftlich nachteilhafte Verzögerungen bestimmter Unternehmensprozesse zielen und auf diese Weise einen oft beachtlichen „Rückkaufswert" besitzen. Derartige Zahlungen verstoßen regelmäßig sowohl gegen § 57 Abs. 1 AktG (verbotene Einlagenrückgewähr) als auch gegen den Gleichbehandlungsgrundsatz des § 53a AktG. Daher genügt die bloße wirtschaftliche Nützlichkeit solcher Zahlung zu deren Rechtfertigung nicht.[153] Vielmehr ist es unter notstandsähnlichen Aspekten erforderlich, dass die Vergleichs- oder Klagrückkaufszahlungen nur dann erfolgen, wenn der Gesellschaft ansonsten ein **schwerer und irreparabler Schaden** drohen würde.[154] 143

#### d) Rechtsgutachten

Bei der **Rechtsfindung** darf sich der Vorstand **sachverständiger Hilfe** bedienen. Dies ist unstreitig. Schwieriger ist die Beantwortung der Frage, wann sich der Vorstand juristischen Rat einholen *muss.* Dies ist immer dann der Fall, wenn er an seine eigenen intellektuellen Grenzen stößt, was wiederum von der eigenen Ausbildung und der personellen Ausstattung der Gesellschaft abhängt. Ob sich ein Vorstandsmitglied (oder der Gesamtvorstand) auf den eingeholten Rechtsrat verlassen darf, hängt vom Vorliegen mehrerer Voraussetzungen ab. Zunächst bedarf es – insbesondere bei Spezialfragen – der Auswahl eines fachkundigen und sorgfältigen Rechtsberaters.[155] Weiterhin besteht die Verpflichtung, den Rechtsberater über sämtliche beurteilungserheblichen Tatsachen aufzuklären.[156] Schließlich darf der Vorstand nicht jedes sachverständig ermittelte Ergebnis ungeprüft übernehmen; er muss vielmehr (auf seiner Laienebene) eine Plausibilitätskontrolle vornehmen.[157] **Reine Gefälligkeitsgutachten** können daher keine enthaftende Wirkung zugunsten des Vorstands erzeugen.[158] Bei Fragen von herausragender wirtschaftlicher Bedeutung für die Gesellschaft wird es erforderlich, dass eine zweite Meinung eingeholt werden muss, um Zweifel über das Gutachten auszuräumen.[159] Bei eilbedürftigen Entscheidungen kann hingegen eine summarische Prüfung ausreichen. 144

#### e) Rechtsfolgen

Ein Verstoß gegen den Grundsatz rechtmäßigen Handelns führt nach § 93 Abs. 2 AktG regelmäßig zur **Schadensersatzpflicht** des Vorstandsmitglieds. Dagegen zieht nicht jeder 145

---

151 Vgl. GroßkommAktG/*Kort* § 76 Rn. 118; MüKoAktG/*Spindler* § 76 Rn. 109; *Fleischer* ZIP 2005, 141 (145).

152 Vgl. BGH AG 2013, 259.

153 *Fleischer* ZIP 2005, 141 (145); *Poelzig* WM 2008, 1009 (1011).

154 Ebenso K. Schmidt/Lutter/*Seibt* AktG § 76 Rn. 45; MüKoAktG/*Spindler* § 76 Rn. 110; ausführlich *Diekgräf,* Sonderzahlungen an opponierende Kleinaktionäre im Rahmen von Anfechtungs- und Spruchstellenverfahren, 1990, 150ff., 339f.

155 Vgl. OLG Stuttgart NZG 2010, 141 (144) zur ungeprüften Befolgung einer Anwaltsempfehlung des Aufsichtsratsvorsitzenden durch den Vorstand.

156 BGH NJW 2007, 2118; OLG Stuttgart NZG 2010, 141 (144); *Fleischer* NZG 2010, 121 (124).

157 OLG Stuttgart NZG 2010, 141 (143); *Fleischer* NZG 2010, 121 (124).

158 Vgl. dazu *Bayer* FS K. Schmidt, 2009, 92.

159 MüKoAktG/*Spindler* § 93 Rn. 92; BeckOGK/*Fleischer* AktG § 93 Rn. 36.

Rechtsverstoß automatisch eine **Entlastungsverweigerung** nach sich. Vielmehr hat der BGH seit 2003 den Standpunkt eingenommen, dass nur bei „eindeutig schwerwiegenden Verstößen gegen Gesetz oder Satzung“ eine Anfechtbarkeit des Entlastungsbeschlusses gegeben sei.[160] Nur unter dieser Voraussetzung begründe eine mit Mehrheit beschlossene Entlastung ihrerseits einen Gesetzesverstoß iSd § 243 Abs. 1 AktG.[161]

### 3. Zweckmäßigkeit

146 Die vom Vorstand eingeleiteten Handlungen müssen zweckmäßig sein. Zweckmäßig heißt, auf bestimmte Ziele hin ausgerichtet zu sein und dem Erreichen dieser Ziele zu dienen. Die Geschäfte und Maßnahmen müssen geeignet sein, für das Unternehmen die Erzielung eines angemessenen Gewinns zu sichern und Gefahren für den Bestand und die Entwicklung des Unternehmens abzuwenden.

147 Es gibt regelmäßig **verschiedene** Wege und Mittel, also verschiedene unternehmerische **Strategien,** um ein bestimmtes Ziel zu erreichen. Dem Vorstand steht es frei, unter verschiedenen Strategien diejenige auszuwählen, die ihm am geeignetsten erscheint. Er muss weder die kostengünstigsten noch die raschesten Wege beschreiten, um das angestrebte Ziel zu erreichen. Verschiedene, häufig auch unwägbare Gesichtspunkte können für die Wahl der einzuschlagenden Strategie bedeutsam sein. Das Vertrauen des Vorstandsmitglieds in die Eignung der gewählten Strategie ist vor allem wichtig. Wer einen Weg nur zögernd und ohne Überzeugung in die Erfolgswirksamkeit beschreitet, wird selten das Ziel erreichen.

148 Unverzichtbar ist allerdings, dass der Vorstand seine Entscheidung erst **nach gehöriger Sachaufklärung** trifft (→ Rn. 123 ff.). Eine ausreichende Kenntnis aller entscheidungserheblichen Umstände ist unerlässlich. Dies gilt in kleinen und großen Unternehmen in gleicher Weise. Ungenügende Sachaufklärung macht die Entscheidung zum Glücksspiel und damit womöglich zum Haftungsfall.

### 4. Wirtschaftlichkeit

149 Unternehmerische Handlungen müssen dem Ziel des **Erwirtschaftens eines angemessenen Gewinns** dienen. Jedem Unternehmen ist die Maxime angemessener Gewinnerzielung vorgegeben, wenn nicht die Satzung ausnahmsweise etwas anderes bestimmt (→ Rn. 105 ff.). Das Ziel angemessener Gewinnerzielung gebietet keine Gewinnmaximierung. Es kommt darauf an, nachhaltig, dh langfristig eine Gewinnerzielung zu sichern.

150 **Welcher Gewinn** als **angemessen** angesehen werden kann, ist von Unternehmen zu Unternehmen und von Zeitraum zu Zeitraum verschieden. Es ist Sache des Vorstands, die Höhe des angestrebten Gewinns festzulegen. Allgemeine Überlegungen zur Angemessenheit des Gewinns wurden bereits oben dargestellt (→ Rn. 107 ff.).

151 Das jedem Unternehmen vorgegebene Ziel der Gewinnerzielung verbietet dem Vorstand nicht, in angemessenem Rahmen auch **allgemeine wohltätige Zwecke** zu berücksichtigen.[162] In diesem Rahmen sind sowohl **Spenden** für soziale und gemeinnützige Zwecke als auch Aufwendungen für allgemeines **Sponsoring** zulässig. Unzulässig ist dagegen **Freigebigkeit im eigenen Interesse** oder im Interesse eines anderen Vorstandsmitglieds. Wer am Gedeihen einer wohltätigen Einrichtung persönlich interessiert ist, darf von Rechts wegen über eine beabsichtigte Zuwendung weder entscheiden noch mitentscheiden. Er darf eine solche Zuwendung – genau genommen – noch nicht einmal anregen, wenn davon auszugehen ist, dass der oder die Kollegen einer solchen Anregung

---

[160] BGHZ 153, 47 (50 f.) – Macrotron; ebenso BGHZ 160, 385 (388 ff.) – ThyssenKrupp; krit. zur Rechtsfigur des „eindeutig und schwerwiegenden Verstoßes“ *Kubis* NZG 2005, 791 (793 ff.).

[161] BGHZ 153, 47 (50 f.) – Macroton.

[162] Vgl. BGHZ 23, 150 (157); K. Schmidt/Lutter/*Seibt* AktG § 76 Rn. 43; *Laub* AG 2002, 308 (309); *Gehrlein* NZG 2002, 463.

folgen. Jedes andere Verhalten würde dem Gebot sauberer Unternehmensführung widersprechen. In der Praxis wird – bedauerlicherweise – oft anders verfahren.

## V. Bildung und Arbeit von Ausschüssen

Jedes Organ – also auch der Vorstand – kann zur besseren Wirksamkeit seiner Arbeit Ausschüsse einsetzen. Diese Ausschüsse können rein vorbereitende oder nachvollziehende Aufgaben haben, aber auch zur unmittelbaren Erledigung bestimmter Angelegenheiten eingesetzt werden. Sinnvoll sind sie allerdings nur bei Großunternehmen, weil sowohl die Delegation von Aufgaben auf einen Ausschuss als auch die anschließende Berichterstattung an den Gesamtvorstand zu Reibungsverlusten führen. 152

### 1. Allgemeines

Das Gesetz schweigt zur Frage von Vorstandsausschüssen. Auch der Kodex behandelt – im Gegensatz zu Aufsichtsratsausschüssen – Vorstandsausschüsse nicht. Dennoch haben sie **in der Praxis** durchaus **eine gewisse Bedeutung.**[163] 153

Vorstandsausschüsse werden **vom Gesamtvorstand** für bestimmte Aufgaben **eingesetzt und besetzt.** Aber auch der Aufsichtsrat kann aufgrund seiner Geschäftsordnungskompetenz Vorstandsausschüsse vorsehen und wohl auch auf deren Besetzung einwirken. Wenn sich der Aufsichtsrat seiner Mitwirkung enthält, muss der Vorstand die erforderlichen Beschlüsse fassen. Sie bedürfen, da es sich auf jeden Fall um eine Geschäftsordnungsfrage handelt, der Einstimmigkeit. 154

Für das **Verfahren** in Vorstandsausschüssen gibt es naturgemäß keine besonderen Gesetzesvorschriften. Es gelten die allgemeinen Grundsätze für die Zusammenarbeit der Vorstandsmitglieder. Grundsätze, die ggf. in der jeweiligen Ordnung für Vorstandssitzungen festgelegt sind, sollten für Ausschusssitzungen entsprechend gelten. Fehlt es an einer solchen Anlehnungsmöglichkeit, wird Folgendes zu gelten haben: 155

- Jeder Ausschuss bedarf eines **Vorsitzenden,** der die geschäftsleitenden Funktionen wahrnimmt. Für die Arbeit des Ausschusses sollte vom Gesamtvorstand einstimmig eine Geschäftsordnung beschlossen werden. Wenn diese Geschäftsordnung nicht in die Rechte und Pflichten der nicht dem Ausschuss angehörenden Vorstandsmitglieder eingreift, kann sie auch vom Ausschuss selbst beschlossen werden.
- Zu jeder Ausschusssitzung müssen alle Ausschussmitglieder rechtzeitig unter Bekanntgabe der **Tagesordnung eingeladen** werden. Zu Angelegenheiten, die nicht rechtzeitig auf die Tagesordnung gesetzt worden sind, können ohne Zustimmung aller Ausschussmitglieder keine Beschlüsse gefasst werden.
- Zu jedem Punkt der Tagesordnung von besonderer Bedeutung sollten **schriftliche Vorlagen** vorbereitet werden. Dies gilt jedenfalls, wenn der Ausschuss einen Beschluss anstelle des Gesamtvorstands fassen soll. Tischvorlagen oder „hand-outs" sollten die Ausnahme bilden. Wenn es lediglich um vorbereitende Diskussionen in bekannten Angelegenheiten geht, kann auf die vorherige Verteilung schriftlicher Unterlagen oft verzichtet werden. Dagegen sollten Beratungen über die ordnungsmäßige Erledigung einer vom Gesamtvorstand oder dem Ausschuss durch Beschluss zur Erledigung freigegebenen Angelegenheit nur auf der Grundlage einer schriftlichen Information erfolgen.
- **Beschlüsse im Ausschuss** werden, wenn die Geschäftsordnung nicht ausdrücklich etwas anderes bestimmt, mit derselben Mehrheit gefasst, die für Beschlüsse des Gesamtvorstands gilt. Die Geschäftsordnung kann dagegen auch Einstimmigkeit verlangen und ggf. eine Verweisung an den Gesamtvorstand vorsehen, wenn keine einstimmige Entscheidung zustande kommt.

[163] Hierzu auch *J. Semler* ZGR 2004, 631; mit großer Zurückhaltung GroßkommAktG/*Kort* § 76 Rn. 42ff.

- Über die Verhandlungen im Ausschuss muss eine **Niederschrift** angefertigt werden, die der Leiter der Sitzung (also der Ausschussvorsitzende) zu unterzeichnen hat. Die Niederschrift sollte keine bloße Wiedergabe der gefassten Beschlüsse sein, sondern auch den wesentlichen Gang der Verhandlungen erkennen lassen. Jedes Ausschussmitglied ist berechtigt, eine Abschrift der Niederschrift zu verlangen.
- Die nicht dem Ausschuss angehörenden Mitglieder des Vorstands müssen alsbald über die Sitzung und die dort gefassten Beschlüsse unterrichtet werden. Dies kann mündlich in der folgenden Sitzung des Gesamtvorstands, aber auch durch Übersendung von Abschriften der Niederschrift geschehen.

156 Jedes Vorstandsmitglied ist berechtigt, an den Sitzungen eines Ausschusses teilzunehmen. Es gibt keine rechtliche Basis für den **Ausschluss von Vorstandsmitgliedern von der Teilnahme** an der Sitzung.[164] Auch eine besondere Vertraulichkeit rechtfertigt kein Teilnahmeverbot. Was ein Vorstandsmitglied weiß, dürfen (bei unternehmensrelvanten Informationen: müssen)auch alle anderen Vorstandsmitglieder wissen, zur gleichen Zeit und im gleichen Umfang. Eine Ausnahme ist denkbar: Bei Vorliegen eines Interessenkonflikts kann ein Vorstandsmitglied von der Teilnahme ausgeschlossen werden. Dazu ist allerdings nicht der Vorsitzende des Ausschusses (oder des Aufsichtsrats), sondern nur das Plenum befugt; im Übrigen ist dies kein Spezifikum eines Vorstandsausschusses.

### 2. Ausschüsse mit zentraler Bedeutung

157 In manchen Unternehmen wird im Vorstand eine einschneidende Aufteilung vorgenommen. Die Behandlung wesentlicher Angelegenheiten der Vorstandskompetenz wird in einen besonderen Ausschuss verlagert, dem nur einige Vorstandsmitglieder angehören. Die Bedeutung dieses Ausschusses wird aus seiner Bezeichnung deutlich. In der Praxis finden wir die Bezeichnungen Zentralausschuss, Strategieausschuss, Vorstandspräsidium, Synergieausschuss, Konzernausschuss etc.[165] Eine derartige Bedeutungshöhe von Ausschüssen ist juristisch zweifelhaft. Auf keinen Fall darf sie dazu führen, dass einzelne Vorstandsmitglieder von relevanten Informationen abgeschnitten werden.[166]

158 Schon die größere Tagungsdichte verleitet dazu, dringende Fragen „der Einfachheit halber" im Ausschuss zu bearbeiten. Gelegentlich ist dies sogar ausdrücklich im Einsetzungsbeschluss vorgesehen. Indes gibt es **rechtliche Grenzen** für die Verlagerung von Entscheidungen in Vorstandsausschüsse. Zum einen dürfen diesen Ausschüssen wegen des Grundsatzes der Gesamtverantwortung im Vorstand **keine Leitungsaufgaben übertragen** werden.[167] Zum andern darf die Ausschussbildung nicht zu einer **Umgehung des Verbotes der Majorisierung** (vgl. § 77 Abs. 1 S. 2 Hs. 2 AktG) im Vorstand führen.[168] Beide Grenzen sind auch zu beachten, falls der Aufsichtsrat Vorstandsausschüsse einsetzt.

## VI. Das Verhältnis der einzelnen Organmitglieder zueinander

159 Weder für den Aufsichtsrat noch für den Vorstand ist die **Gleichberechtigung der Organmitglieder** gesetzlich festgelegt. Aus dem Charakter der Organe als Kollegialgremium folgt jedoch, dass kein Vorstandsmitglied einem anderen vorgesetzt ist oder selbst den Weisungen eines Kollegen unterliegt.[169]

---

[164] § 109 Abs. 2 AktG findet auch nicht entsprechende Anwendung. Es bedürfte insoweit einer ausdrücklichen Gesetzesermächtigung.
[165] *Schiessl* ZGR 1992, 64 (77).
[166] Vgl. BeckOGK/*Fleischer* AktG § 77 Rn. 48; K. Schmidt/Lutter/*Seibt* AktG § 77 Rn. 16.
[167] MHdB GesR IV/*Hoffmann-Becking* § 22 Rn. 25; GroßkommAktG/*Kort* § 77 Rn. 43.
[168] GroßkommAktG/*Kort* in § 77 Rn. 44; BeckOGK/*Fleische*r AktG § 77 Rn. 48.
[169] *Hoffmann-Becking* ZGR 1998, 497 (514); s. auch *Fleischer* ZIP 2003, 1 (8).

Der Gleichberechtigungsrundsatz gilt nicht nur formal. Auch materiell ist die **Gleichberechtigung** der **Vorstandsmitglieder** sinnvoll, denn die notwendige gegenseitige Überwachung ist nur dann wirksam oder überhaupt durchsetzbar, wenn sie von rechtlich und möglichst auch faktisch weitgehend gleichberechtigten Personen ausgeübt wird. In der Praxis wird allerdings – bisweilen gestützt auf zweifelhafte Rechtsgutachten – vielfach anders verfahren. Vor allem die Hervorhebung des Vorstandsvorsitzenden grenzt nicht selten an Personenkult. Zur Rechtsstellung des Vorstandsvorsitzenden → § 2 Rn. 64 ff. Es bleibt abzuwarten, welchen Standpunkt die Gerichte zur Entwicklung unterschiedlicher Wertigkeiten im Vorstand einnehmen werden; bis dato liegen noch keinerlei höchstrichterliche Entscheidungen hierzu vor. 160

Der **Aufsichtsrat** ist grundsätzlich verpflichtet, die Erhaltung der Gleichberechtigung der Vorstandsmitglieder sicherzustellen. Dies ist Teil seiner Aufgaben als Träger der Personalhoheit auf Vorstandsebene.[170] Er muss für Gleichberechtigung sorgen, wenn der Gesamtvorstand dies nicht von sich aus erreicht. Setzt der Aufsichtsrat den Grundsatz der Gleichberechtigung der Vorstandsmitglieder nicht durch oder billigt er eine Organisation, die zu Ungleichgewichten führt, übernimmt er selbst gewollt oder ungewollt die eigentlich den anderen Vorstandsmitgliedern obliegende Verantwortung für die gegenseitige Überwachung der Vorstandsmitglieder. 161

Vor allem entsteht eine derartige Verantwortung des Aufsichtsrats, wenn dieser durch einen von ihm verfassten oder doch gebilligten **Geschäftsverteilungsplan** ein entstehendes Ungleichgewicht überhaupt erst ermöglicht oder sogar herbeigeführt hat. Da von ihm eingehende Kenntnisse vom Unternehmen erwartet werden müssen, kann für ihn das Argument, er habe die aus der Geschäftsverteilung entstehende Gewichtsungleichheit der Ressorts nicht voraussehen können, nicht gelten. 162

Die organschaftlichen Pflichten müssen von einem ernannten Vorstandsmitglied **persönlich ausgeübt** werden. Das Vorstandsmitglied ist nur persönlich zur Wahrnehmung seiner Rechte berechtigt. Keine der bestehenden Kompetenzen kann an andere nicht dem Vorstand angehörende Personen delegiert werden. Allerdings ist es zulässig, dass ein verhindertes Vorstandsmitglied eigene organschaftliche Pflichten und Rechte auf ein anderes Vorstandsmitglied mit dessen Einverständnis überträgt. Unabhängig hiervon ist die Übertragung vorbereitender oder ausführender Aufgaben auf Mitarbeiter oder Dritte zu sehen. 163

## 1. Gegenseitige Treuepflicht

Die Vorstandsmitglieder sind untereinander **zu gegenseitiger Treue verpflichtet.** Entgegen der in der Erstauflage[171] geäußerten Ansicht besteht diese Treuepflicht allerdings nicht originär zwischen den einzelnen Vorstandsmitgliedern, sondern ist Teil der Treuepflicht gegenüber der Gesellschaft. Die Treuepflicht beginnt im Zeitpunkt der Bestellung zum Mitglied des Vorstands und endet im Allgemeinen mit dem Ausscheiden aus dem Vorstand.[172] Sie ist nicht rechtsgeschäftlich begründet.[173] Vielmehr entsteht sie als organschaftliche Verpflichtung durch den Bestellungsakt und unabhängig vom Abschluss eines Anstellungsvertrags. Sie kann aber durch Abschluss des Anstellungsvertrags rechtsgeschäftlich verstärkt werden. 164

**Diese Treuebindung gebietet jedem Vorstandsmitglied,** alles zu unterlassen, was die Arbeit eines anderen Vorstandsmitglieds behindert oder erschwert. Umgekehrt ist jedes Vorstandsmitglied verpflichtet, seine Kollegen und zwar jeden einzeln zu unterstützen und ihm bei der Wahrnehmung seiner Belange zu helfen. Zu den Pflichten jedes Vorstandsmit- 165

---

[170] MüKoAktG/*Spindler* Vor § 76 Rn. 48.

[171] → 1. Aufl. 2005, Rn. 166.

[172] Im Rahmen einer nachwirkenden Treuepflicht kommt ihre Fortdauer aus Gründen der Rechtssicherheit und zum Schutz der Gesellschaft in Betracht. Insbesondere die Schweigepflicht dauert regelmäßig fort; vgl. BeckOGK/*Fleischer* AktG § 93 Rn. 191, 194.

[173] AA Hüffer/Koch/*Koch* AktG § 84 Rn. 10.

glieds gehört auch die Wahrnehmung der **gegenseitigen Überwachungspflicht.** Jedes Vorstandsmitglied ist verpflichtet, seine(n) Kollegen über wesentliche von ihm unternommene oder unterlassene Geschäfte und Maßnahmen zu unterrichten, auf Verlangen die Gründe für sein Verhalten darzulegen und ggf. auch Unterlagen zur Einsicht zur Verfügung zu stellen. Diese gegenseitige Unterrichtung erfolgt im Allgemeinen in den regelmäßigen Vorstandssitzungen. Bei Bedarf müssen die Kollegen aber auch außerhalb der Sitzungen mündlich oder in Textform informiert werden.

### 2. Gegenseitige Förderpflicht

166 Jedes Vorstandsmitglied ist verpflichtet, die **Führung anderer Ressorts** oder Bereiche durch seine Vorstandskollegen zu fördern und zu unterstützen (zur gegenseitigen Förderpflicht der Organe → Rn. 132f.). Dazu gehört es, den Kollegen auf von diesem nicht oder nicht in vollem Umfang erkannte Risiken hinzuweisen. Ebenso muss jedes Vorstandsmitglied von ihm erkannte Geschäftschancen eines anderen Ressorts seinem Kollegen deutlich machen und ihm behilflich sein, die Chancen im Interesse des Unternehmens zu nutzen. Die Entscheidung über die Wahrnehmung einer solchen Chance hat allerdings allein das zuständige Vorstandsmitglied zu treffen. Es darf durchaus auf die Wahrnehmung solcher Chancen verzichten, wenn in der Geschäftspolitik seines Ressorts liegende Gründe dies erforderlich machen oder zumindest rechtfertigen.

## VII. Organstreitigkeiten

### 1. Allgemeines

167 Gelegentlich entstehen in den Organen einer AG Meinungsverschiedenheiten über die Rechte und Pflichten eines Organs zu einem anderen Organ (sog. **Interorganstreitigkeiten**) oder über die Rechte und Pflichten eines Organmitglieds zu „seinem" Organ (sog. **Intraorganstreitigkeiten**). Fragen des Rechtsschutzes bei Kompetenzstreitigkeiten oder Ansprüchen zwischen den Organen sowie zwischen Organmitgliedern und Organen werden vom AktG weitgehend offen gelassen. Das Schrifttum zu diesen Fragen ist sehr umfangreich, eine einheitliche Meinung hat sich (noch) nicht entwickelt.[174] In der Praxis hat diese Meinungsverschiedenheit allerdings, nur eine geringe Bedeutung. Im Übrigen steht auch bei den wissenschaftlichen Abhandlungen über Organstreitigkeiten eher der Aufsichtsrat – und weniger der Vorstand – im Fokus.

168 Nicht in den Bereich der Organstreitigkeiten gehört die **Geltendmachung von Ansprüchen eines Organmitglieds,** insbesondere von Zahlungsansprüchen gegen die Gesellschaft.[175] Ansprüche der Organmitglieder auf Vergütung oder Auslagenersatz richten sich allein gegen die Gesellschaft. Bei Ansprüchen von Mitgliedern des Vorstands sind diese gegen die Gesellschaft, vertreten durch den Aufsichtsrat (vgl. § 112 AktG), bei Ansprüchen von Mitgliedern des Aufsichtsrats gegen die Gesellschaft, vertreten durch den Vorstand (vgl. § 78 AktG), zu richten. Mit einer Organstreitigkeit haben derartige Rechtsverhältnisse nichts zu tun.

169 Eigenen Grundsätzen folgen auch Klagen von Aufsichtsratsmitgliedern gegen die **Gültigkeit von Aufsichtsratsbeschlüssen** und dementsprechend auch Klagen von Vorstandsmitgliedern gegen die **Gültigkeit von Vorstandsbeschlüssen.** Gegen große Teile des Schrifttums[176] hat der BGH[177] entschieden, dass in solchen Fällen eine **entsprechende Anwendung der Vorschriften über die Nichtigkeit und die Anfechtung von Haupt-**

[174] Vgl. die Literaturübersicht bei MüKoAktG/*Spindler* Vor § 76 vor Rn. 58.
[175] Hüffer/Koch/*Koch* AktG § 90 Rn. 16; MHdB GesR IV/*Hoffmann-Becking* in § 33 Rn. 91.
[176] Vgl. *Baums* ZGR 1983, 300 (305ff.); *Kindl* AG 1993, 151 (155); *Rellermeyer* ZGR 1993, 77 (101); *Paefgen* ZIP 2004, 145 (149ff.).
[177] BGHZ 122, 342 (347f.), 124, 111 (115), 219, 215 Rn. 29.

**versammlungsbeschlüssen** nicht in Frage kommt. Organbeschlüsse sind entweder gültig oder nichtig.[178] Allerdings kann die Nichtigkeit bei leichten Verstößen gegen Verfahrensvorschriften, vor allem bei verzichtbaren Verfahrensregeln, nach einer gewissen Zeit nicht mehr geltend gemacht werden. Über die Nichtigkeit oder die Gültigkeit eines Organbeschlusses entscheiden die Gerichte aufgrund einer gegen die Gesellschaft gerichteten Feststellungsklage.

## 2. Streitigkeiten zwischen Vorstand und Aufsichtsrat

Die Fragen rund um den sog. Interorganstreit sind wenig praktisch. Immerhin hat sich der 170 BGH mit der **Zulässigkeit von Interorganstreitigkeiten** bereits befasst und diese Frage ausdrücklich offen gelassen.[179] Das Schrifttum steht dagegen Interorganklagen überwiegend aufgeschlossen gegenüber.[180] Der gelegentlich hiergegen eingewandte Hinweis auf die üblichen aktienrechtlichen Mittel (notfalls auch die Abberufung des Vorstands)[181] überzeugt nicht, denn schließlich sollte nicht jede Meinungsverschiedenheit zwischen Vorstand und Aufsichtsrat gleich mit einer Abberufung dissentierender Vorstandsmitglieder gelöst werden.

Wenn ein Rechtsstreit geführt werden soll, muss sehr viel Zeit zur Verfügung stehen. 171 Dringende Angelegenheiten sind hierfür folglich ungeeignet. Regelmäßig wird in solchen Fällen sogar das Rechtsschutzinteresse für eine Klage fehlen. Allerdings kann sich nach Sachlage ein Interesse an einem **einstweiligen Rechtsschutz** ergeben.

## 3. Streitigkeiten innerhalb eines Organs

Zwischen den Mitgliedern desselben Organs können durchaus **unterschiedliche Auffassungen** über Handlungsbedarf und Unterlassungspflichten bestehen. Diese sind im Wege 172 eines sog. Intraorganstreits zu lösen. Beispielhaft hierfür steht die Frage, ob ein beabsichtigtes Vorstandshandeln zweckmäßig oder unternehmensschädigend ist.

Auch und wohl häufiger kann es vorkommen, dass ein **Vorstandsbeschluss** (oder auch 173 ein Aufsichtsratsbeschluss) wegen eines Verstoßes gegen Bestimmungen des Gesetzes oder der Satzung **nichtig** ist. Nach höchstrichterlicher Rechtsprechung,[182] der sich das Schrifttum weitgehend angeschlossen hat,[183] gibt es in der AG keine Anfechtbarkeit von Beschlüssen der Verwaltungsorgane. Sie sind entweder gültig oder nichtig. Allerdings kann die Angreifbarkeit nichtiger Organbeschlüsse, deren Nichtigkeit auf heilbaren Mängeln beruht, nach Ablauf einer gewissen Zeit (etwa eines Monats) entfallen. Sie erwerben Bestandskraft, wenn das Recht zur Berufung auf die Nichtigkeit **durch Zeitablauf verwirkt** ist.[184] Hat aber ein Vorstandsmitglied den Mangel zeitgerecht gerügt und mit seinem Hinweis auf die Beschlussnichtigkeit im Vorstand keinen Erfolg, kann es die Nichtigkeit des Beschlusses mittels einer Feststellungsklage gegen die Gesellschaft, vertreten durch den Aufsichtsrat, gerichtlich feststellen lassen. Entsprechend muss ein betroffenes Aufsichts-

[178] Ebenso zB MüKoAktG/*Habersack* § 108 Rn. 81; Hüffer/Koch/*Koch* AktG § 108 Rn. 28.

[179] Vgl. BGHZ 106, 54 (60ff.).

[180] Für die Zulassung einer Klage in diesem Verhältnis zB BeckOGK/*Fleischer* AktG § 90 Rn. 72; *Lutter,* Information und Vertraulichkeit im Aufsichtsrat, 2. Aufl. 1984, 69f.; *K. Schmidt* ZZP 92 (1979), 212 (214ff.); *Bork* ZGR 1989, 1ff.; *Bauer,* Organklagen zwischen Vorstand und Aufsichtsrat der Aktiengesellschaft, 1986, 49ff.; *Steinbeck,* Überwachungspflicht und Einwirkungsmöglichkeit des Aufsichtsrats in der Aktiengesellschaft, 1992, 191ff., 196ff.; dagegen zB Hüffer/Koch/*Koch* AktG § 90 Rn. 18f.; *Werner* AG 1990, 1 (16).

[181] In diese Richtung Hüffer/Koch/*Koch* AktG § 90 Rn. 19; Kölner Komm AktG/*Mertens/Cahn* § 90 Rn. 66f.

[182] BGHZ 122, 341 (346ff.); 124, 111 (115); 135, 244 (247).

[183] Vgl. MHdB GesR IV/*Hoffmann-Becking* § 31 Rn. 113ff.; MüKoAktG/*Habersack* § 108 Rn. 81; Hüffer/Koch/*Koch* AktG § 108 Rn. 28.

[184] BGHZ 122, 341 (351f.); BayObLG NZG 2003, 691 (693f.); MüKoAktG/*Habersack* § 108 Rn. 82.

ratsmitglied sein Feststellungsinteresse **durch eine Klage gegen die Gesellschaft,** vertreten durch den Vorstand, vorbringen. In beiden Fällen handelt es sich nicht um einen Organstreit.

174 Wenn ein Vorstandsmitglied einen gültigen **Vorstandsbeschluss** als **rechtswidrig** betrachtet, kann es ihm nicht verwehrt werden, sein durch das Haftungsrisiko gegebenes Feststellungsinteresse gerichtlich nachprüfen zu lassen. Aber auch sonst kann ein Vorstandsmitglied durchaus daran interessiert sein, die Rechtswidrigkeit eines Beschlusses gerichtlich feststellen zu lassen. Das Interesse an einer rechtmäßigen Amtsführung des Vorstands begründet regelmäßig ein entsprechendes gerichtlich zu beachtendes Feststellungsinteresse.

175 In der Praxis wird ein solches gerichtliches Verfahren kaum durchgeführt werden. Wenn die Vorstandsmitglieder sich trotz dieser Meinungsverschiedenheiten gut verstehen, würde ein **Sachverständigengutachten** den Streit ebenso beilegen können. Dies gilt vor allem dann, wenn sich die Vorstandsmitglieder darauf geeinigt haben, das Ergebnis anerkennen zu wollen. Schließlich könnte auch ein **Schiedsverfahren** in Betracht kommen.

#### 4. Streitigkeiten zwischen Organmitgliedern und einem anderen Organ

176 Derartige Streitigkeiten sind in der Praxis nicht so selten wie die zuvor aufgeführten Konstellationen. Sie bergen verschiedenste Rechtsprobleme – insbesondere Kompetenzprobleme und Verfahrensfragen – in sich. In der Praxis finden sich hierbei vornehmlich Klagen einzelner Aufsichtsratsmitglieder gegen den Vorstand, die überwiegend Informationsdefizite betreffen.

177 Sofern einzelne Mitglieder mit ihrer Klage die Rechte des Gesamtorgans oder gar der Gesellschaft geltend machen wollen, handelt es sich um eine **actio pro socio** (das Vorstandsmitglied will einen Anspruch der Gesellschaft geltend machen). In diesen Konstellationen besteht keine Klagemöglichkeit. Da es bereits an einem Rechtsschutzinteresse fehlt, wenn das betreffende Organ als Gremium klagen würde, kann ein (vermeintlicher) Anspruch erst recht nicht von einem einzelnen Vorstandsmitglied geltend gemacht werden. Selbst wenn man Interorganstreitigkeiten grundsätzlich zulassen wollte, müsste das klagende Organmitglied erst einmal die innerorganschaftlichen Rechtsbehelfe ausschöpfen, bevor es Organrechte gegenüber einem anderen Organ geltend machen will.[185]

178 Sofern – wie im Falle des § 90 Abs. 3 S. 2 und Abs. 5 AktG – dem einzelnen Organmitglied ein **Individualrecht** zusteht, kann er dieses problemlos im eigenen Namen gegen das verpflichtete Organ (richtigerweise: gegen die Gesellschaft) geltend machen. Anders liegt der Fall, wenn ein Organmitglied einen dem Organ in toto zustehenden Anspruch geltend machen möchte. Hier gibt es keine Möglichkeit, dies aus eigenem Recht zu betreiben; eine entsprechende Klage wäre unzulässig.

### VIII. Kontrolle des Aufsichtsrats durch den Vorstand

179 Die Mitglieder des Vorstands haben die Regeln ordnungsmäßiger Unternehmensführung zu beachten. Darunter fällt auch die **Rechtmäßigkeitskontrolle im Verhältnis zum Aufsichtsrat.** Wenn sich ein Mitglied des Aufsichtsrats pflichtwidrig verhält und dadurch einen Schadensersatzanspruch verursacht, ist der Vorstand von Rechts wegen gehalten, den bestehenden Ersatzanspruch der Gesellschaft geltend zu machen.[186] Es wird nicht verkannt, dass derartige Ansprüche in der Praxis kaum geltend gemacht werden. Aber es ist seit langem unbestritten, dass ein langjährig geübter Schlendrian bestehende Rechtspflichten nicht beseitigt.

---

[185] Ebenso BeckOGK/*Fleischer* AktG § 90 Rn. 74 aE.

[186] Die Grundsätze des „ARAG"-Urteils (BGHZ 135, 244, 253) gelten nicht nur im Verhältnis des anspruchserhebenden Aufsichtsrats gegenüber einem Mitglied des Vorstands, sondern genauso umgekehrt.

Der Vorstand ist auch verpflichtet, die **Einhaltung der Verschwiegenheitspflicht seitens der Aufsichtsratsmitglieder** zu kontrollieren und durchzusetzen. Er muss auf Verstöße aufmerksam machen und die Täter ermahnen. Auch ist ein gerichtlicher Ausschluss aus dem Aufsichtsrat in Erwägung zu ziehen. Wenn mit diesen Mitteln nichts erreicht worden ist, muss der Vorstand den nach dem Gesetz für eine Strafverfolgung notwendigen Strafantrag für die Gesellschaft stellen (vgl. § 404 Abs. 3 AktG). Allerdings kann der Vorstand in Sonderfällen abwägen, ob die Gesellschaft durch ein solches Strafverfahren Schaden erleidet und ggf. von einem Strafantrag absehen. Dies sollte aber in geeigneter Weise, zB durch Berichterstattung im Geschäftsbericht, publik gemacht werden. Andernfalls läuft der Vorstand Gefahr, wegen Zulassung eines Bruchs der Verschwiegenheitspflicht seinerseits mit Schadensersatzforderungen überzogen zu werden. 180

### IX. Rechte des Aktionärs gegenüber dem Vorstand

Der Aktionär hat nur wenig Rechte gegenüber dem Vorstand. Hierbei sind versammlungsgebundene und nicht-versammlungsgebundene Rechte zu unterscheiden.[187] Die ihm zustehenden **versammlungsgebundenen Rechte** kann der Aktionär nur in der Hauptversammlung geltend machen, wie zB das Stimmrecht oder das Auskunftsrecht. Vor allem zur Auskunftserteilung in der Hauptversammlung ist der Vorstand primärverpflichtetes Gesellschaftsorgan.[188] 181

Die **nicht versammlungsgebundenen Rechte** des Aktionärs sind vor allem die Vermögensrechte (wie zB der Dividendenanspruch). Aber auch einzelne Kontrollbefugnisse und Informationsrechte des Aktionärs können außerhalb der Hauptversammlung geltend gemacht werden; sie richten sich allerdings durchweg gegen die Gesellschaft und nicht unmittelbar gegen den Vorstand. 182

## C. Die Leitungsaufgabe des Vorstands

### I. Leitung und Geschäftsführung

Nach § 76 Abs. 1 AktG hat der Vorstand die Gesellschaft **unter eigener Verantwortung zu leiten.** Daneben setzt § 77 AktG voraus, dass dem Vorstand auch die Geschäftsführung in der Aktiengesellschaft obliegt. Während es bei der Geschäftsführung um jedwede Art rechtlicher und tatsächlicher Tätigkeit für das Unternehmen geht, betrifft die Leitung die Führungsfunktion.[189] Die Leitung der Gesellschaft ist mithin ein Ausschnitt aus den Geschäftsführungsaufgaben, wenngleich der wichtigste. Seine besondere Erwähnung in § 76 Abs. 1 AktG bedeutet zugleich einen Ausschluss anderer Organe von ebendieser Leitungsfunktion. 183

Die in § 76 Abs. 1 AktG erwähnte Leitungskompetenz umfasst sowohl die Wahrnehmung der originären Führungsfunktionen (→ Rn. 185 ff.) als auch das Treffen von Führungsentscheidungen Daneben gehören auch die Erledigung der so genannten handelsrechtlichen Grund- oder Mindestzuständigkeiten (→ Rn. 225 ff.) sowie die laufende Geschäftsführung, also die Erledigung des Tagesgeschäfts (→ Rn. 238 ff.), dazu. Anders als die Geschäftsführung ist die Leitungsaufgabe weder teilbar noch delegierbar.[190] Sie verkörpert die Unternehmerfunktion des Vorstands[191] und bedarf deswegen mehr als nur der Be- 184

[187] Vgl. zu dieser Unterscheidung MüKoAktG/*Kubis* § 118 Rn. 35 ff.
[188] Vgl. MHdB GesR IV/*Hoffmann-Becking* § 38 Rn. 6.
[189] AllgM, vgl. nur MHdB GesR IV/*Wentrup* § 19 Rn. 15 ff.; Hüffer/Koch/*Koch* AktG § 76 Rn. 8 f.; MüKoAktG/*Spindler* § 76 Rn. 15 ff.
[190] MüKoAktG/*Spindler* § 77 Rn. 63; Hüffer/Koch/*Koch* AktG § 76 Rn. 8.
[191] Ebenso *Fleischer* ZIP 2003, 1 (2).

achtung von Gesetzen und vorformulierten Führungsgrundsätzen. Sie bedarf der schöpferischen Ideen und des Gestaltungswillens durchsetzungsfähiger Menschen. Ihre Verwirklichung beinhaltet Risiken, ohne die eine unternehmerische Leistung nicht vollbracht werden kann.

## II. Originäre Führungsfunktionen

185 Als originäre Führungsfunktionen werden Funktionen bezeichnet, die in jeder AG ausgeübt werden müssen. Wenn diese Funktionen nicht ausgeübt werden, können weder die Gesellschaft noch das Unternehmen „funktionieren". Um die Funktionsfähigkeit des Unternehmens abzusichern, sieht das Gesetz den Vorstand als das exklusive Leitungsorgan der AG vor. Er formt den Willen der Gesellschaft und bringt ihn durch tatsächliches oder rechtsgeschäftliches Handeln zum Ausdruck. Nur der Vorstand ist von Rechts wegen dazu befugt und in der Lage.

186 Der Vorstand kann und darf auf die Wahrnehmung der originären Führungsfunktionen **nicht verzichten.** Er muss sie selbst ausüben und darf sie weder an nachgeordnete Stellen delegieren noch Dritten (Beratern) zur Wahrnehmung übertragen. Tut er dies doch, so kommt dies einer (rechtlich unzulässigen) Selbstentmündigung gleich. Der Vorstand kann seine organschaftliche Leitungskompetenz nicht wahrnehmen, wenn er die Entscheidung über die originären Führungsfunktionen aus der Hand gibt.

187 Im Einzelnen umfassen die originären Führungsfunktionen in einem Unternehmen[192] folgende **Aufgabenbereiche:**[193]

### 1. Unternehmensplanung

188 Ohne eine sachgerechte Unternehmensplanung kann eine gesunde Entwicklung des Unternehmens nicht erwartet werden. Dabei kommt es nicht darauf an, ein wirklichkeitsnahes Zahlenbild zu entwickeln. Es geht vielmehr darum, die **„beabsichtigte Geschäftspolitik und andere grundsätzliche Fragen der Unternehmensplanung"** (insbesondere die Finanz-, Investitions- und Personalplanung; § 90 Abs. 1 S. 1 Nr. 1 AktG) darzustellen und die Auswirkungen der geplanten Vorhaben auf Umsatz, Ertrag und Finanzierung aufzuzeigen. Die Verpflichtung zur Unternehmensplanung folgt nicht nur formal aus dem Gesetz, das eine entsprechende Berichterstattung an den Aufsichtsrat vorsieht und damit eine entsprechende Planung durch den Vorstand voraussetzt, sondern auch daraus, dass eine erfolgreiche Unternehmensentwicklung, die der Vorstand anzustreben hat, ohne eine entsprechende langfristige Unternehmensplanung nicht erreicht werden kann.

189 Der Kodex legt die **Verpflichtung zur Entwicklung einer langfristigen Geschäftspolitik** besonders fest: „Der Vorstand entwickelt die strategische Ausrichtung des Unternehmens, stimmt sie mit dem Aufsichtsrat ab und sorgt für ihre Umsetzung" (Grundsatz 2 DCGK).

### 2. Unternehmenskoordinierung

190 Mit der Unternehmenskoordinierung müssen die dem Unternehmen zur Verfügung stehenden **Ressourcen zu optimaler Wirkung gebracht** werden. Der Vorstand muss darauf hinwirken, dass alle Kräfte sachgerecht gebündelt und gezielt zum Einsatz gebracht werden. Die Unternehmenskoordinierung muss regelmäßig auf zwei verschiedenen Ebenen erfolgen:

---

[192] Zu den entsprechenden Aufgaben im Konzern → § 14 Rn. 71 ff., 172 ff.

[193] Ähnlich die hM, vgl. K. Schmidt/Lutter/*Seibt* AktG § 76 Rn. 16 ff.; MüKoAktG/*Spindler* § 76 Rn. 14 ff.; einen anderen Ansatz mit entsprechend abweichender Kategorisierung verfolgt *Fleischer* ZIP 2003, 1 (5 f.).

### a) Koordinierung der Vorstandstätigkeit

Die Koordinierung muss zunächst innerhalb des Vorstands in ihren Grundsätzen festgelegt und im Tagesgeschehen gesichert werden. Die grundsätzliche Koordinierung geschieht durch eine „Geschäftsordnung für den Vorstand" (Anlage § 1-2) und einen entsprechenden „Geschäftsverteilungsplan" (Anlage § 1-3). Die laufende Koordinierung erfolgt durch **regelmäßige Vorstandssitzungen.** 191

Der Vorstand ist verpflichtet, regelmäßig **Vorstandssitzungen** abzuhalten. In diesen Sitzungen müssen die in die Zuständigkeit des Gesamtvorstands fallenden Vorgänge vorgetragen, erörtert und ggf. zur Behandlung erforderliche Beschlüsse gefasst werden. Jedes Vorstandsmitglied muss über die sein Ressort betreffenden wesentlichen Vorgänge berichten und Fragen der Kollegen beantworten. 192

In Zuständigkeitsfragen sind zahlreiche **Konfliktfälle** denkbar. Wenn die Geschäftsordnung und der Geschäftsverteilungsplan nichts dazu bestimmen und nicht die gesetzlich im Prinzip vorgesehene Gesamtgeschäftsführung durch alle Vorstandsmitglieder (vgl. § 77 Abs. 1 AktG) gilt, wird wie folgt zu verfahren sein: 193

- **Jedes Vorstandsmitglied** ist berechtigt und verpflichtet, Vorgänge seines eigenen Ressorts in der Vorstandssitzung vorzutragen und eine Entscheidung des Gesamtvorstands zu fordern.
- Vorgänge, die an und für sich in die Ressortzuständigkeit eines Vorstandsmitglieds fallen, deren Behandlung im Gesamtvorstand **von einem anderen Vorstandsmitglied** gefordert wird, müssen in der Vorstandssitzung erörtert werden.
- Der **Gesamtvorstand** kann die Behandlung eines jedes Vorgangs mit einfacher Mehrheit an sich ziehen.

Angelegenheiten, die in irgendeiner Weise in die **Zuständigkeit des Gesamtvorstands** gebracht worden sind, können von diesem in folgender Weise erledigt werden: 194

- Der Gesamtvorstand kann in der Angelegenheit eine endgültige Entscheidung treffen.
- Wenn Unklarheit über die Zuständigkeit nach der Geschäftsordnung besteht, kann der Gesamtvorstand klärend die Erledigung einem nach seiner Auffassung zuständigen Vorstandsmitglied zuweisen.
- Der Gesamtvorstand ist nicht befugt, ohne Einwilligung des ressortzuständigen Vorstandsmitglieds die Erledigung einem anderen Vorstandsmitglied zuzuweisen. Dies kann der Vorstand ohne Mitwirkung des Aufsichtsrats nur durch Änderung der von ihm erlassenen Geschäftsordnung erreichen. Willigt das Vorstandsmitglied ein, liegt darin kein unzulässiger Eingriff in das Recht des Aufsichtsrats zur Festlegung der Ressortzuständigkeit, sondern die zulässige ausnahmsweise Übertragung einer Zuständigkeit im Einzelfall.
- Der Gesamtvorstand kann den Aufsichtsrat um Klärung der Zuständigkeit bitten, wenn keine vorstandsinterne Einigung zu erreichen ist.
- Wenn der Aufsichtsrat die Geschäftsordnung erlassen hat, kann nur dieser über eine Änderung beschließen.

Ob eine die **Kompetenzen regelnde Geschäftsordnungsbestimmung,** nach der der Vorstand durch Mehrheitsentscheidung gegen den Willen des ressortzuständigen Vorstandsmitglieds die Behandlung einer Angelegenheit einem an und für sich nicht zuständigen Vorstandsmitglied mit rechtlicher Wirkung zuweisen kann, ist zweifelhaft, richtigerweise aber wohl unzulässig. Es handelt sich rechtlich gesehen um eine Änderung der Geschäftsverteilung und damit der Geschäftsordnung, die der Vorstand nur einstimmig beschließen kann. Keine Bedenken bestehen gegen eine Bestimmung, nach der der Vorstand eine Angelegenheit, für deren Behandlung sich niemand als zuständig erklärt (negativer Kompetenzkonflikt) oder für deren Behandlung sich mehrere Vorstandsmitglieder als zuständig betrachten (positiver Kompetenzkonflikt), durch Mehrheitsbeschluss einem einzelnen Vorstandsmitglied zur Erledigung zuweisen kann. 195

196 Angelegenheiten, die in die **Zuständigkeit mehrerer Vorstandsmitglieder** fallen, müssen von diesen gemeinsam entschieden werden. Einigen sich die betroffenen Vorstandsmitglieder nicht, muss der Gesamtvorstand entscheiden. Jedes betroffene Vorstandsmitglied ist berechtigt, die Angelegenheiten auf die Tagesordnung der nächsten Vorstandssitzung zu setzen. Dies zwingt die mitzuständigen Vorstandsmitglieder in gewichtigen Fällen zur Anfertigung und Verteilung einer entsprechenden Vorstandsvorlage.

197 Es gibt **keine gesetzlichen Vorgaben für die Vorstandssitzung.** Umso wichtiger sind Grundsätze, die aus der jedem Vorstandsmitglied obliegenden Sorgfaltspflicht folgen. Ein auf die Einhaltung der gesetzlich gebotenen Sorgfaltspflicht bedachter Vorstand wird Folgendes beachten:

- Zu jeder Vorstandssitzung werden sämtliche Vorstandsmitglieder unter Wahrung einer regelmäßig in der Geschäftsordnung festgelegten Frist unter Angabe der zu behandelnden Tagesordnungspunkte **eingeladen.** Fehlt es an einer solchen Festlegung, ist eine Frist von fünf Werktagen angemessen, die in Eilfällen auf drei Tage abgekürzt werden kann. Intern zuständig für die Einladung ist der Vorstandsvorsitzende.
- Allen Vorstandsmitgliedern sind zu jedem bedeutsamen Tagesordnungspunkt rechtzeitig vor der Sitzung **schriftliche Vorlagen** zu übermitteln, in denen der Vorgang geschildert, Handlungsalternativen aufgezeigt und ein Beschluss vorgeschlagen werden. Tischvorlagen und so genannte „Hand-outs" sollten nur in Eil- und Ausnahmefällen Grundlage der Beratung sein; im Zweifel kann jedes Vorstandsmitglied der Beschlussfassung in einer solchen nicht ordnungsgemäß vorbereiteten Angelegenheit mit der Wirkung widersprechen, dass in dieser Sitzung nicht beschlossen werden darf. Der häufig anzutreffende Hinweis auf die Eilbedürftigkeit einer Angelegenheit verdeckt in aller Regel nur ein schlechtes Zeitmanagement desjenigen Vorstandsmitglieds, das den angeblich „eilbedürftigen" Tagesordnungspunkt (in aller Regel zu spät) einbringt.
- In der Vorstandssitzung wird der **Vorgang** vom zuständigen Vorstandsmitglied (zusätzlich) mündlich **erläutert.** Dabei wird insbesondere auf die Auswirkungen auf die Ertrags-, Vermögens- und Finanzlage des Unternehmens hingewiesen.
- Allen Vorstandsmitgliedern wird Gelegenheit zu weiteren Fragen gegeben. Das vorbefasste Vorstandsmitglied oder die vorbefassten Vorstandsmitglieder sollen entsprechende **weitere Erläuterungen** geben.
- Nach Abschluss der Diskussion wird über den vorgeschlagenen, ggf. in der Diskussion abgeänderten Beschluss **abgestimmt;** die Abstimmungsleitung obliegt dem Vorstandsvorsitzenden. Eine Vertagung kann – vorbehaltlich abweichender Geschäftsordnung – nur einstimmig beschlossen werden; ein gegen den Willen des einbringenden Vorstandsmitglieds gefasster (mehrheitlicher) Vertagungsbeschluss ist nur bei Informationsdefiziten oder aus besonderen sachlichen Gründen zulässig.
- Der Beschluss wird unter Wiedergabe der wesentlichen in der Sitzung vorgetragenen Überlegungen **in eine Niederschrift aufgenommen,** die vom Leiter der Sitzung (in der Regel der Vorstandsvorsitzende) unterzeichnet wird. Die Niederschrift soll entsprechend den für die Niederschrift über Aufsichtsratssitzungen geltenden Grundsätzen (vgl. § 107 Abs. 2 AktG) abgefasst werden.
- Beschlüsse des Vorstands in Vorstandssitzungen werden **mit einfacher Mehrheit** gefasst, es sei denn, die Regelung des Gesetzes über die gemeinschaftliche Geschäftsführung des Vorstands (§ 77 Abs. 1 AktG) ist, weil nicht in der Satzung oder einer Geschäftsordnung durch andere Regelungen außer Kraft gesetzt, anzuwenden. Dann bedarf ein Vorstandsbeschluss der Einstimmigkeit.

198 Die Beschlüsse des Vorstands bedürfen der **Bekanntgabe an die betroffenen Personen** im Unternehmen. Dies ist keine aktienrechtliche Wirksamkeitsvoraussetzung, aber notwendig, um das Beschlossene praktisch wirksam werden zu lassen. Rechtsgeschäftlich bedeutsame Erklärungen gegenüber Dritten gibt die Gesellschaft (nicht der Vorstand) nach Maßgabe der bestehenden rechtsgeschäftlichen Vertretungsbefugnisse bekannt. Ganz allgemein empfiehlt es sich, die Ergebnisse einer Vorstandssitzung durch das zuständige Vor-

standsmitglied alsbald auch im Kreis der oberen und ggf. der mittleren Führungskräfte des jeweiligen Ressorts bekannt zu geben, soweit es sich nicht um geheimzuhaltende Vorgänge handelt. Vertraulich zu behandelnde Vorgänge sollten, wenn nicht ausdrücklich etwas anderes festgelegt worden ist, in diesem Kreis mit entsprechendem Vertraulichkeitshinweis vorgetragen werden. Unnötigen Gerüchten im Unternehmen wird am besten durch weite Offenheit entgegengewirkt.

Ob Vorstandsmitglieder fordern können, dass in einer ordnungsmäßig angekündigten 199 und vorbereiteten Angelegenheit die Beschlussfassung ausgesetzt wird, dass vor einer Beschlussfassung die Meinung des Aufsichtsrats(-vorsitzenden) erkundet werden soll oder sonstige **Modalitäten** zu beachten sind, sind Fragen, die ggf. **in der Geschäftsordnung** zu **regeln** sind.

Weder Satzung noch Geschäftsordnung können einem einzigen Vorstandsmitglied (auch 200 nicht dem Vorstandsvorsitzenden) das Recht einräumen, einen positiven Beschluss gegen die Mehrheit seiner Kollegen durchzusetzen; ein derartiges **Alleinentscheidungsrecht** wäre wegen Verstoßes gegen § 77 Abs. 1 S. 2 AktG unzulässig.[194] Dagegen bestehen gegen Bestimmungen der Geschäftsordnung, mit denen besondere Rechte einzelner Vorstandsmitglieder geschaffen werden, keine Bedenken. Unzulässig sind allerdings Gestaltungen, die ein Vorstandsmitglied mit seinen Rechten derart aus der Reihe der anderen Vorstandsmitglieder herausheben, dass von einer annähernden Gleichberechtigung aller Vorstandsmitglieder nicht mehr gesprochen werden kann.

Es ist auch zulässig, einem Vorstandsmitglied das Recht einzuräumen, allgemein oder in 201 bestimmten Fällen durch **Abgabe einer Nein-Stimme** einen Beschluss zu verhindern **(Veto-Recht).**[195] Dies kann zumindest in Unternehmen, auf die das MitbestG anzuwenden ist, zweifelhaft sein. Die Stellung des Arbeitsdirektors mit seiner alleinigen Zuständigkeit im Kernbereich der Personal- und Sozialfragen würde dadurch nämlich beeinträchtigt.[196]

Allgemein ist zu empfehlen, alle diese Fragen in der Geschäftsordnung für den Vorstand 202 zu regeln. Dort wäre auch festzulegen, unter welchen Voraussetzungen die **Vertagung einer Beschlussfassung** verlangt werden kann. Auch sollte festgelegt werden, ob und wann über eine Angelegenheit, die in das Ressort eines abwesenden Kollegen fällt, Entscheidungen des Vorstands getroffen werden können.

### b) Koordinierung der dem Vorstand nachgeordneten Führungskräfte

Der Vorstand muss dafür sorgen, dass alle ihm nachgeordneten Führungskräfte einen kla- 203 ren **Aufgabenbereich zugeordnet** erhalten und der Aufgabenzuweisung[197] entsprechend tätig werden. Er muss zum einen Impulse und Anregungen für die Entwicklung der Aufgabenbereiche geben und sich zum anderen ständig einen Überblick über die Entwicklung dieser Bereiche verschaffen. Dabei gehört es zu seiner Aufgabe, sich ständig zu vergewissern, dass die jeweilige Führungskraft in der Lage ist, die ihr zugewiesenen Aufgaben sachgerecht zu erfüllen.[198] Dazu ist nicht nur das erforderliche Fachwissen notwendig, sondern auch ein hohes und der jeweiligen Aufgabe entsprechendes Maß an eigener Kreativität.

Wenn der Vorgesetzte feststellt, dass die beobachtete **Führungskraft nicht (mehr) in** 204 **der Lage** ist, die mit ihrer Aufgabe verbundenen Arbeiten sachgerecht zu erledigen, muss er um eine personelle Alternative kümmern. Wer keine volle Leistungsfähigkeit aufweist, kann keinen vollen Erfolg erzielen. Wenn sich ein Vorstandsmitglied mit mittelmäßigen

---

[194] Zu Historie vgl. BeckOGK/*Fleischer* AktG § 77 Rn. 14f.

[195] OLG Karlsruhe AG 2001, 93 (94); GroßkommAktG/*Kort* § 77 Rn. 27; Hüffer/*Koch*/*Koch*AktG § 77 Rn. 12; krit. *Hoffmann-Becking* NZG 2003, 745 (748).

[196] BGHZ 59, 48 (58); *Hoffmann-Becking* ZGR 1998, 497 (519); Kölner Komm AktG/*Mertens*/*Cahn* § 77 Rn. 14.

[197] Es dürfen nur einzelne Aufgaben (oder auch ein Bündel von Aufgaben) – nicht aber die Leitungsmacht selbst – an nachgeordnete Ebenen delegiert werden; vgl. *Fleischer* ZIP 2003, 1, 8.

[198] Dazu *Froesch* DB 2009, 722 (725).

Leistungen der ihm nachgeordneten Führungskräfte begnügt, wird auch sein Ressort insgesamt nur mittelmäßige Leistungen erbringen und nicht erfolgreich arbeiten können. Der Aufsichtsrat wird in derartigen Fällen zu prüfen haben, ob das Vorstandsmitglied abgelöst werden muss.

## 3. Unternehmenskontrolle

205 Die Verpflichtung zur Unternehmenskontrolle besteht in verschiedenartiger Weise.

206 Der Vorstand insgesamt muss sich ständig ein zutreffendes Bild von der **Lage und der Entwicklung des Unternehmens** verschaffen. Er muss die neuesten Daten mit den Plandaten abgleichen, Abweichungen zwischen Soll und Ist feststellen und die Gründe für diese Abweichungen ergründen. Er muss prüfen, ob die Abweichungen Anlass zu neuen Maßnahmen geben und sie ggf. ergreifen.

207 Jedes Vorstandsmitglied muss sich ständig ein Bild von der **Lage und der Entwicklung seines eigenen Ressorts** machen. Es muss auch hier die neuesten Daten mit den Plandaten abgleichen und Abweichungen zwischen Soll und Ist analysieren. Bei positiven Abweichungen muss es feststellen, ob sich zusätzlicher oder sogar neuer Ressourcenbedarf ergibt und die entsprechende Bereitstellung – unter Umständen durch einen von ihm anzuregenden Vorstandsbeschluss – veranlassen. Bei negativen Abweichungen ist aktives und kreatives Handeln ganz besonders gefragt. Das zuständige Vorstandsmitglied muss die Entwicklung sorgfältig analysieren und bemüht sein, durch neue alternative Maßnahmen negative Entwicklungen zu bremsen, und zugleich versuchen, den beeinträchtigten Erfolg durch neue Vorhaben im Ergebnis doch noch zu verwirklichen. Wem in einer solchen Lage „nichts mehr einfällt", ist fehl am Platze und sollte seinen Stuhl freiwillig räumen.

208 Der Vorstand insgesamt[199] und jedes Vorstandsmitglied für das von ihm geleitete Ressort müssen bemüht sein, mit Hilfe des vom Gesamtvorstand und von ihm innerhalb des eigenen Ressorts eingerichteten **Risikoüberwachungssystems** negative Entwicklungen und sich anbahnende Bedrohungen frühzeitig zu erkennen. Dabei war schon bis dato dieser Erkenntnisbedarf nicht auf existenzbedrohende Entwicklungen beschränkt. Wenn das Gesetz sich darauf beschränkte, in § 91 Abs. 2 AktG aF ein besonderes System zur Erkennung von existenzbedrohenden Risiken vorzuschreiben, dann wurde damit die aus der Sorgfaltspflicht (vgl. § 93 Abs. 1 AktG) folgende Verpflichtung jedes Vorstandsmitglieds, **alle Risiken** frühzeitig zu erkennen und den Folgen in geeigneter Weise zu begegnen, schon bislang nicht beseitigt.[200] Der Vorstand muss jeden Schaden und alle Risiken – nicht nur existenzbedrohende Gefährdungen – von der Gesellschaft abwenden. Dies hat die Anfügung eines § 91 Abs. 3 AktG durch das FISG[201] – wenngleich nur für börsennotierte Aktiengesellschaften – nunmehr klargestellt. Obligatorisch ist demnach seit dem 1.7.2021 die **Einrichtung eines internen Kontrollsystems und eines Risikomanagementsystems,** beides orientiert am Umfang der Geschäftstätigkeit und an der Risikolage der Gesellschaft.

209 Jedem Vorstandsmitglied obliegt im Verhältnis zu seinen Kollegen eine **gegenseitige Überwachungspflicht.**[202] Die Anforderungen dürfen allerdings nicht überspannt werden.[203] In vertrauensvoller Zusammenarbeit müssen alle Vorstandsmitglieder darauf achten, dass die Kollegen ihre Aufgaben ordnungsmäßig erfüllen und mit einem Höchstmaß an Einsatzbereitschaft zur Entwicklung der Gesellschaft beitragen. Bestehende Schwächen müssen gemeinsam erkannt und erforderlichenfalls ausgeglichen werden. Dies ist schwierig, wenn sich in einem Vorstand Führungspersönlichkeiten entwickelt haben, die sich von

[199] Vgl. LG Berlin AG 2002, 682; K. Schmidt/Lutter/*Sailer-Coceani* AktG § 91 Rn. 6.

[200] MüKoAktG/*Spindler* § 91 Rn. 3; für die Konkretisierung einer bereits bestehenden Organpflicht durch § 91 Abs. 2 AktG auch *Preußner/Becker* NZG 2002, 846 (847).

[201] Gesetz zur Stärkung der Finanzmarktintegrität v. 3.6.2021, BGBl. 2021 I 1534.

[202] Vgl. BGH Z 220, 162 Rn. 15ff.; *Löbbe/Fischbach* AG 2014, 717ff.

[203] Hüffer/Koch/*Koch* AktG § 77 Rn. 15; *Löbbe/Fischbach* AG 2014, 717 (718).

einer kollegialen Zusammenarbeit praktisch entfernt haben. Es ist keineswegs eine verwerfliche „Meuterei", wenn sich in solchen Fällen mehrere Vorstandsmitglieder zusammenfinden, um dem „abgehobenen" Vorstandsmitglied eine engere Verbindung mit den Kollegen zu empfehlen. Aufgabe des Aufsichtsrats ist es, diese Bemühungen der zusammenarbeitswilligen Kollegen zu unterstützen und nicht etwa „Sanktionen" des übermächtigen Vorstandsmitglieds zu dulden.

Jedes Vorstandsmitglied ist verpflichtet, darauf zu achten, dass es selbst **keine vom Anstellungsvertrag** oder von Auslagenerstattungsordnungen **nicht gedeckten Leistungen** der Gesellschaft erhält und dass auch Kollegen keine solchen in Anspruch nehmen. Es empfiehlt sich im Interesse einer **kollegialen Hygiene und Integrität,** entsprechende Prüfungen durch dritte Sachverständige vornehmen zu lassen und nur die schriftlichen Prüfungsergebnisse gemeinsam zu erörtern. Häufig erhält nur der Vorstandsvorsitzende einen solchen Prüfungsbericht. Ein solches Verfahren sollte der Aufsichtsrat nicht dulden; er muss dafür sorgen – und sei es nur durch mündliche Fragen –, dass die einzelnen Vorstandsmitglieder jedenfalls in dieser eingeschränkten Form ihren Pflichten nachkommen können. 210

## 4. Führungsstellenbesetzung

Es ist Sache des Gesamtvorstands und nicht Angelegenheit eines Ressortleiters, über die Besetzung von Führungsstellen, die einem Vorstandsmitglied in leitender Position unmittelbar nachgeordnet sind, zu entscheiden.[204] Dies folgt aus der Leitungskompetenz des Gesamtvorstands im Unternehmen.[205] Zwar wird normalerweise der Gesamtvorstand dem **Besetzungsvorschlag des zuständigen Ressortleiters** folgen. Er kennt den Bedarf und die in seinem Ressort vorhandenen Nachwuchskräfte am besten. Aber gerade diese obersten Führungsstellen müssen allen geeigneten Führungskräften offen stehen und dürfen nicht zu einem Besetzungsmonopol des Ressortleiters führen. 211

Die Führungsstellenbesetzung muss langfristig geplant werden. Dazu müssen sowohl der anstehende **Bedarf** als auch das **Reservoir** an werdenden Führungskräften erfasst werden. Unter der Leitung eines Vorstandsmitglieds, entweder des Personalvorstands oder des Vorstandsvorsitzenden, werden die für die nächsten Jahre anstehenden und geplanten Veränderungen zusammengestellt und idealerweise einmal im Jahr in einer besonderen Vorstandssitzung besprochen. 212

## 5. Konzernbestimmung

Bei herrschenden Unternehmen eines Konzernverbunds kommt eine weitere Führungsfunktion hinzu. Die üblichen Führungsfunktionen entstehen originär mit der Einsetzung eines Vorstands. Es bedarf keiner Maßnahme des Vorstands, um diese Funktionen zugeordnet zu erhalten. Anders verhält es sich mit der **Konzernbestimmungsfunktion.** Ein Konzern entsteht nicht durch den bloßen Erwerb einer herrschenden Beteiligungsposition und wohl auch nicht durch bloße Einflussnahme auf ein abhängiges Unternehmen von selbst. Es bedarf eines besonderen Beschlusses des Vorstands im herrschenden Unternehmen, das eigene mit einem anderen Unternehmen unter einheitlicher Leitung zusammenzufassen und so einen Konzernverbund zu schaffen.[206] Allerdings kann ein solcher Beschluss wohl auch durch entsprechendes Handeln zustande kommen, wenn der Vorstand sich über die Auswirkungen einer Einflussnahme klar ist. Die Konzernbestimmungsfunkti- 213

---

[204] Dieser Grundsatz gilt nur für die Besetzung von Führungsstellen, nicht aber für Büroleiter, Sekretäre, Assistenten (nebst weiblicher Ebenbilder).

[205] MüKoAktG/*Spindler* § 76 Rn. 16; *Henze* BB 2000, 209 (210).

[206] HM, vgl. K. Schmidt/Lutter/*Seibt* AktG § 76 Rn. 48.

on gehört zu den nicht delegierbaren Aufgaben des Vorstands. Der entsprechende Beschluss muss vom Gesamtvorstand gefasst werden.

214 Der **Inhalt des Konzernbestimmungsbeschlusses** hängt von der Art der Konzernverbindung ab.

- Wenn ein **Unternehmensvertrag** geschlossen werden soll, wird im Abschluss dieses Vertrags schon der Entschluss zur Einbeziehung des abhängigen Unternehmens in die einheitliche Leitung gesehen werden können. Es empfiehlt sich jedoch, im Vorstandsbeschluss über den Abschluss des Unternehmensvertrags auch die internen Zuständigkeiten, das Ausmaß der gewollten Einflussnahme und Dergleichen zu regeln.
- Bei einer **faktischen Abhängigkeit** gewinnt die Festlegung der vom herrschenden Unternehmen gewollten Einflussnahme besonderes Gewicht. Die Vermutungskette der §§ 15ff. AktG trägt dazu nichts bei. Der Vorstand sollte bestimmen, wer im herrschenden Unternehmen zur Einflussnahme berechtigt ist und in welchem Maße Einfluss ausgeübt werden darf. Dies ist im Hinblick auf die gesetzlichen Folgen einer Einflussnahme von besonderer Bedeutung.

## III. Leitungsentscheidungen

### 1. Formelle Anforderungen

215 Rechtlich bedeutsame Leitungsentscheidungen können nur vom Gesamtvorstand rechtswirksam getroffen werden, sofern sie Ausfluss des Leitungsprinzips sind.[207] Damit stellt sich für diese Kategorie die Frage nach der **ordnungsgemäßen Besetzung des Vorstands.**

216 Das **Gesetz** schreibt vor, dass bei Gesellschaften mit einem Grundkapital von mehr als 3 Mio. Euro der Vorstand aus mindestens zwei Personen zu bestehen hat, es sei denn, die Satzung bestimmt, dass er nur aus einer Person besteht (§ 76 Abs. 2 AktG). Wenn in einer Gesellschaft mit einem Grundkapital von mehr als 3 Mio. Euro die Satzung keine Ausnahmeregelung getroffen hat und nur ein Vorstandsmitglied bestellt worden ist, können in dieser Gesellschaft so lange keine Leitungsentscheidungen getroffen werden, bis der Vorstand wieder ordnungsmäßig besetzt ist.

217 Die **Satzung** kann bestimmen, dass der Vorstand aus mehr als zwei Personen zu bestehen hat. Sie kann entweder selbst die höhere Zahl festlegen oder den Aufsichtsrat ermächtigen, die Zahl der Vorstandsmitglieder festzulegen. Auch in derartigen Fällen kann die Zahl der bestellten Vorstandsmitglieder unter der Zahl der in der Satzung genannten Zahl der Vorstandsmitglieder oder unter der vom Aufsichtsrat festgelegten Zahl liegen. Für die allgemeine, insbesondere die rechtsgeschäftliche Vertretungsbefugnis hat die Zahl der effektiv ernannten Vorstandsmitglieder regelmäßig keine Bedeutung, da die Satzung fast stets eine Vertretung durch zwei Vorstandsmitglieder oder – bei unechter Gesamtvertretung – durch ein Vorstandsmitglied und einen Prokuristen ausreichend sein lässt.[208] Wie aber ist die Rechtslage bei Leitungsentscheidungen?

218 Bei dieser Frage wird zu **unterscheiden** sein, ob die Zahl der notwendigen Vorstandsmitglieder von der **Satzung** festgelegt ist oder aufgrund einer Satzungsermächtigung **vom Aufsichtsrat bestimmt** wurde. Wenn die **Satzung** die Zahl der notwendigen Vorstandsmitglieder festgelegt hat und die Ist-Zahl darunter liegt, ist der Vorstand nicht ordnungsgemäß besetzt. Der Aufsichtsrat kann den Mangel nur dadurch heilen, dass er ein weiteres Vorstandsmitglied oder mehrere weitere Vorstandsmitglieder bestellt. Der unzureichend besetzte Vorstand kann mit rechtlicher Wirkung keine Leitungsentscheidungen treffen.

219 Anders wird die Rechtslage zu beurteilen sein, wenn der **Aufsichtsrat** weniger Vorstandsmitglieder bestellt hat als er **selbst festgelegt** hat. Der Aufsichtsrat kann den Mangel

---

[207] Vgl. BGHZ 149, 158 (161f.); BGH NZG 2002, 817 (818).
[208] Für die Gesamtvertretung MüKoAktG/*Spindler* § 78 Rn. 27ff.; für die Gesamtgeschäftsführung MüKoAktG/*Spindler* § 77 Rn. 9ff.

jederzeit dadurch heilen, dass er durch einfachen Beschluss die von ihm festzusetzende Zahl ändert. Natürlich kann er den Mangel auch durch eine Bestellung der fehlenden Vorstandsmitglieder heilen. In jedem Fall aber hat es der Aufsichtsrat in der Hand, den gesetzmäßigen Zustand allein herbeizuführen. Es wäre unnötige Förmelei, wenn man auch hier von einer Nichtigkeit der Leitungsentscheidung ausgehen würde.

Ein Mittel, die ordnungsmäßige Besetzung des Vorstands sehr rasch herbeizuführen, 220
kann die **kurzfristige Bestellung eines Aufsichtsratsmitglieds** zum Vorstandsmitglied nach § 105 Abs. 2 AktG sein. Wenn es wirklich nur um eine ganz kurzfristige Ausfüllung einer Vakanz im Vorstand geht, kann der Aufsichtsrat die für das Treffen von Leitungsentscheidungen notwendige Ergänzung des Vorstands durch die Abordnung eines seiner Mitglieder herbeiführen. Die im Schrifttum[209] befürchteten Auswirkungen auf die Zusammenarbeit im Aufsichtsrat werden in solchen Fällen nicht eintreten oder jedenfalls vermeidbar sein.

## 2. Inhaltliche Fragen

Wann handelt es sich bei Entscheidungen des Vorstands um Leitungsentscheidungen im 221
Rechtssinn? Die Frage, **welche Entscheidungen Leitungsentscheidungen** sind, ist streitig. Früher wurden alle Entscheidungen, die der Vorstand als Kollegialorgan treffen muss, als Leitungsentscheidungen qualifiziert. Neuerdings wird der Begriff enger ausgelegt. Richtigerweise wird man alle vom Gesamtvorstand zu entscheidenden Vorgänge weiterhin als Leitungsentscheidungen zu qualifizieren haben, die nicht nur innergesellschaftliche Realakte oder Verfahrenshandlungen sind.[210] Auch die Berichterstattung des Vorstands an den Aufsichtsrat nach § 90 AktG sollte nicht als Leitungsentscheidung qualifiziert werden. Der Vorstand muss dem Aufsichtsrat auch dann berichten können, wenn er (durch Unterlassung des Aufsichtsrats) nicht ordnungsmäßig besetzt ist. Im Einzelnen werden folgende Entscheidungen als Leitungsentscheidungen zu qualifizieren sein:
- Vorstandspflichten bei Verlust, Überschuldung oder Zahlungsunfähigkeit;
- Vorlage der Abschlussunterlagen an den Aufsichtsrat (§ 170 Abs. 1 AktG);[211]
- Vorlage des Gewinnverwendungsvorschlags an den Aufsichtsrat (§ 171 Abs. 2 AktG);
- Einberufung der Hauptversammlung (§ 121 Abs. 2 AktG);[212]
- Verpflichtung, Vorschläge zu Tagesordnungspunkten zu machen (§ 124 Abs. 3 AktG);[213]
- Anfechtung eines Hauptversammlungsbeschlusses (§ 245 Nr. 4 AktG)[214];
- Entsprechenserklärung zum Kodex (§ 161 S. 1 AktG);
- Zustimmung zu einem Unternehmensvertrag, seiner Aufhebung und seiner Änderung (§§ 293, 295, 296 AktG) (unbeschadet der Mitwirkungskompetenzen der Hauptversammlung);
- Bericht des Vorstands über Beziehungen zu verbundenen Unternehmen (§ 312 AktG).

**Nicht** zu diesen gesetzlich festgelegten Zuständigkeiten mit Außenwirkung gehören die 222
**internen Maßnahmen** Unternehmensplanung, Unternehmenskontrolle, Unternehmenskoordinierung, Überwachung der Geschäftsentwicklung, Geschäfte mit außergewöhnlichem Risiko und Führungspostenbesetzung.[215] Auch die Sorge für die Funktionsfähigkeit des Risikomanagementsystems nach § 91 Abs. 2 AktG ist eine interne Maßnahme und kann daher richtigerweise keine Leitungsentscheidung sein.

---

[209] Vgl. *Heidbüchel* WM 2004, 2317.
[210] So Hüffer/Koch/*Koch* AktG § 76 Rn. 9; K. Schmidt/Lutter/*Seibt* AktG § 76 Rn. 13; BeckOGK/*Fleischer* AktG § 76 Rn. 15ff.
[211] K. Schmidt/Lutter/*Seibt* AktG § 76 Rn. 13.
[212] MüKoAktG/*Kubis* § 121 Rn. 15.
[213] BGHZ 149, 158 (161f.); dazu *Schäfer* ZGR 2003, 147ff.; *Götz* ZIP 2002, 1745ff.
[214] K. Schmidt/Lutter/*Seibt* AktG § 76 Rn. 13.
[215] *Fleischer* NZG 2003, 449 (450); *Henze* BB 2001, 53 (57).

223 Schwierigkeiten können sich ergeben, wenn **Aufgaben im öffentlichen Interesse** zu erfüllen sind und rechtlich mangels ordnungsmäßiger Besetzung des Vorstands nicht erfüllt werden können. Auch hierauf ist der BGH eingegangen.[216] Er verweist auf die Möglichkeit einer unverzüglichen gerichtlichen Bestellung fehlender Vorstandsmitglieder nach § 85 Abs. 1 AktG auf Antrag des Vorstands. Dieser ist als Rechtmäßigkeitsgarant der Gesellschaft dazu verpflichtet (→ Rn. 140f.).

## IV. Wissenserklärungen

224 Eine Mitwirkung sämtlicher und nicht nur der vertretungsberechtigten Mitglieder des Vorstands ist schließlich auch dann geboten, wenn die Mitglieder des Vorstands eine **Wissenserklärung** abzugeben haben. Wer versichern soll, dass er eine Tatsache gekannt oder nicht gekannt hat, kann diese Versicherung nur selbst abgeben. Der Vorstand kann nicht als Organ erklären, dass alle oder einige seiner Mitglieder etwas gewusst oder nicht gewusst haben. Erklärungen des Vorstands, die als Wissenserklärungen zu qualifizieren sind, müssen von allen Vorstandsmitgliedern unterzeichnet werden. Hierzu gehören beispielsweise die Versicherung nach § 37 Abs. 2 S. 1 AktG oder die Entsprechenserklärung nach § 161 Abs. 1 AktG.

## V. Handelsrechtliche Grund- oder Mindestzuständigkeiten

225 Diese Zuständigkeiten haben äußerlich gesehen im Einzelnen keine besonders große Bedeutung. Es handelt sich durchweg um **Funktionen,** die **im öffentlich-rechtlichen Interesse** festgelegt worden sind. Vielfach wird es sich um die vorstehend aufgeführten Leitungsentscheidungen handeln, die nur ein gesetzmäßig besetzter Vorstand treffen kann. Jedenfalls müssen die handelsrechtlichen Mindestbefugnisse stets vom Gesamtvorstand vorgenommen bzw. verantwortet werden.[217] Dies schließt nicht aus, dass der Gesamtvorstand eines seiner Mitglieder mit der Wahrnehmung dieser Aufgaben beauftragt. Dennoch bleibt der Gesamtvorstand verantwortlich.

### 1. Buchführungspflicht

226 Das Gesetz schreibt in § 91 Abs. 1 AktG vor, dass der Vorstand für die **Führung der erforderlichen Handelsbücher** zu sorgen hat. Dies bedeutet nicht, dass jedes Vorstandsmitglied mit den Detailfragen zum Rechnungswesen vertraut sein und die Ordnungsmäßigkeit der Belegerfassung beurteilen können muss. Dafür sind Mitarbeiter verantwortlich, die dem für das Rechnungswesen verantwortlichen Vorstandsmitglied nachgeordnet sind. Die Gesamtverantwortung des Vorstands[218] begründet jedoch die Verpflichtung, mehr als in der üblichen gegenseitigen Überwachung das Vorhandensein und die **Funktionsfähigkeit eines Buchführungssystems** zu hinterfragen. Er muss insbesondere etwaigen Beanstandungen des Abschlussprüfers auch persönlich nachgehen und die Beanstandungen in der Vorstandssitzung ansprechen. Es ist dann Sache des für das Rechnungswesen zuständigen Vorstandsmitglieds, den beanstandeten Vorgang zu erläutern und die eingeleiteten Abhilfemaßnahmen darzustellen. Im Hinblick auf diese besondere Verantwortung ist jedes Vorstandsmitglied verpflichtet, die Abschlussprüfungsberichte sorgfältig zu studieren.

---

[216] Vgl. BGH NJW 2002, 1128.

[217] Hierzu *Schiessl* ZGR 1992, 64, 67, der die Fälle der Gesamtzuständigkeit nach solchen, in denen das AktG den Vorstand ausdrücklich als Träger von Pflichten anspricht, und nach den vom Schrifttum herausgearbeiteten Führungsaufgaben unterscheidet.

[218] Dazu *Fleischer* NZG 2003, 449ff.; *Hoffmann-Becking* ZGR 1998, 497, 507.

## 2. Pflicht zur Risikoüberwachung und zur Risikovorsorge

Der Vorstand hat gem. § 91 Abs. 2 AktG sorgfältig **auf entstehende Risiken,** die für die Gesellschaft gefährlich werden können, zu **achten** (vgl. Grundsatz 4 DCGK; ausführlich → § 9 Rn. 20ff.). Dabei kann es sich um seit langer Zeit schwebende, aber auch um neue Risiken handeln. Die Risiken können zu Entwicklungen führen, die den Fortbestand der Gesellschaft gefährden oder in geringerem Maße Schäden auslösen, die die Ertragslage der Gesellschaft beeinträchtigen können. Die Verpflichtung zur Beobachtung solcher Risiken folgt aus der Verpflichtung jedes Vorstandsmitglieds, bei seiner Geschäftsführung die Sorgfalt eines ordentlichen und gewissenhaften Geschäftsleiters anzuwenden (§ 93 Abs. 1 AktG) 227

Der Vorstand hat rechtzeitig und systematisch **Maßnahmen** zu planen und vorzubereiten, **mit denen das Unternehmen eintretenden Risiken begegnen** kann. Es genügt nicht, dass ein Vorstandsmitglied begründet sagen kann: „Das habe ich kommen sehen." Das Vorstandsmitglied hat seine Aufgabe nicht, um Schäden vorauszusehen, sondern um den Eintritt von Schäden nach Möglichkeit zu verhindern und alles vorzubereiten, was geeignet sein kann, eingetretene Schäden auszugleichen. 228

Das **Gesetz** verpflichtet seit dem Inkrafttreten des KonTraG den Vorstand zusätzlich, geeignete Maßnahmen zu treffen, insbesondere ein Überwachungssystem einzurichten, damit den Fortbestand der Gesellschaft gefährdende Entwicklungen früh erkannt werden (§ 91 Abs. 2 AktG). Der Vorstand muss im Lagebericht auf die Risiken der künftigen Entwicklung eingehen (vgl. § 289 Abs. 1 S. 4 Hs. 1 HGB). Der Abschlussprüfer muss bei börsennotierten Gesellschaften beurteilen, ob der Vorstand die ihm nach dem Gesetz obliegenden Maßnahmen in einer geeigneten Form getroffen hat und ob das danach einzurichtende Überwachungssystem seine Aufgaben erfüllen kann (vgl. § 317 Abs. 4 HGB). Der Abschlussprüfer muss, wenn er die vorstehend erwähnte Beurteilung abgegeben hat, in seinem Prüfungsbericht ferner darauf eingehen, ob Maßnahmen erforderlich sind, um das interne Überwachungssystem zu verbessern (vgl. § 322 Abs. 4 HGB).[219] Schließlich muss der Abschlussprüfer in seinem Bestätigungsvermerk darauf eingehen, ob die Risiken der künftigen Entwicklung zutreffend dargestellt worden sind (vgl. § 322 Abs. 6 S. 2. HGB). 229

Die durch das KontraG eingeführten Gesetzesbestimmungen sind **eher dazu geeignet, Verwirrung zu stiften, als Klarheit zu schaffen.**[220] Verwirrend sind daher auch die Auswirkungen in der Praxis. Dies liegt teilweise an den völlig überzogenen Vorstellungen der Abschlussprüfer über die Notwendigkeit der Berichterstattung. Wenn man als Unbefangener die Geschäftsberichte mancher börsennotierter Gesellschaften und die dazugehörigen Prüfungsberichte liest, hat man gelegentlich den Eindruck, Gegenstand des betreffenden Unternehmens sei der Betrieb eines Risikoerkennungssystems. Dabei sollte das frühzeitige Erkennen von Risiken eine Selbstverständlichkeit sein. Tatsächlich geht es um Folgendes: 230

Der Vorstand muss **Risiken für das Unternehmen rechtzeitig erkennen.** Dies folgt aus seiner Sorgfaltspflicht (§ 93 AktG). Gesetzlich besonders hervorgehoben ist die Notwendigkeit von Maßnahmen, die eine Früherkennung von Entwicklungen sicherstellen, wenn derartige Entwicklungen geeignet sind, den Fortbestand der Gesellschaft zu gefährden. Um dies zu erreichen, wird ein Überwachungssystem in § 91 Abs. 2 AktG gesetzlich vorgeschrieben. Die Risikolage der Gesellschaft muss der Vorstand im Lagebericht erläutern. Der Abschlussprüfer muss feststellen, ob der Vorstand alles Erforderliche getan hat und erforderlichenfalls Verbesserungsvorschläge machen. 231

Damit ist es aber nicht getan. Es genügt nicht, dass der Vorstand Risiken erkennt. Aufgrund seiner Sorgfaltspflicht ist der Vorstand gehalten, **Maßnahmen vorzubereiten,** die geeignet sind, eintretenden Risiken zu begegnen und Schaden von der Gesellschaft abzu- 232

[219] Die Gesetzesbestimmung birgt die Gefahr mit sich, dass die Prüfung der Risikovorsorge zum Selbstzweck wird; vgl. dazu *Pollanz* DB 2001, 1317.

[220] Krit. auch *Hoffmann-Becking* ZGR 1998, 497 (513f.).

wenden. Ein Abwarten des Risikoeintritts kann für die Vorbereitung geeigneter Risikoabwehrmaßnahmen zu spät sein.

233 In systematisch wenig gelungener Weise hat der Gesetzgeber mit dem FISG[221] nunmehr einen § 91 Abs. 3 AktG angefügt, der ab 1.7.2021 die **Einrichtung eines internen Kontrollsystems und eines Risikomanagementsystems** – allerdings nur bei börsennotierten Unternehmen – vorsieht. Hier genügt also nicht mehr die bloße Beschreibung im Lagebericht und Prüfung derselben durch den Abschlussprüfer. Vielmehr bedarf es einer regelrechten Institutionalisierung von Kontroll- und Risikomanagementsystem. Das Verhältnis zu § 91 Abs. 2 AktG ist dabei nicht eindeutig. Feststehen dürfte jedoch, dass die Anforderungen nach § 91 Abs. 2 AktG für **alle Unternehmen** (börsennotiert oder nicht) gleichbleiben. Mit der Institutionalisierung nach § 91 Abs. 3 AktG sind diese Anforderungen allerdings regelmäßig erfüllt.

### 3. Weitere Mindestzuständigkeiten

234 Daneben gibt es eine ganze Reihe von Mindestzuständigkeiten, über die der **Gesamtvorstand** und nicht der Vorstand in vertretungsberechtigter Zahl zu entscheiden hat.[222] Folgende (nicht erschöpfende) Aufzählung möge dies zeigen:
- Prüfung der Gründung einer AG (§ 33 Abs. 1 AktG);
- Buchführungs- und Steuerpflichten (§ 91 AktG);
- Vorstandspflichten bei Verlust, Überschuldung und Zahlungsunfähigkeit (§ 92 Abs. 1 AktG);
- Berichterstattung an den Aufsichtsrat (§ 90 AktG);
- Aufstellung der Abschlussunterlagen und Vorlage an den Aufsichtsrat (§§ 242, 264 Abs. 1 HGB);
- Vorlage des Gewinnverwendungsvorschlags an den Aufsichtsrat (§ 170 Abs. 2 AktG);
- Verlangen einer Entscheidung der Hauptversammlung in einer Geschäftsführungsfrage (§ 119 Abs. 2 AktG);
- Vorschläge zu den Tagesordnungspunkten der Hauptversammlung (§ 124 Abs. 3 S. 1 AktG);
- Pflicht zur Vorbereitung und Ausführung von Hauptversammlungsbeschlüssen (§ 83 Abs. 2 AktG);
- Anfechtung eines Hauptversammlungsbeschlusses (§ 245 Nr. 4 AktG);
- Entsprechenserklärung zum Kodex (§ 161 AktG).

235 In einigen Fällen handelt es sich um Vorgänge, die **zunächst als Geschäftsführungsmaßnahmen** beschlossen werden müssen. Ihre Umsetzung kann jedoch vom vertretungsberechtigten Vorstand (je nach Satzung in Gesamtvertretung oder unechter Gesamtvertretung) vorgenommen werden.

236 Das Gesetz kennt darüber hinaus Vorgänge, zu deren Vornahme **alle Mitglieder des Vorstands gemeinsam** verpflichtet sind, wie die Anmeldung der neu gegründeten Gesellschaft zum Handelsregister (§ 36 Abs. 1 AktG). Auch stellvertretende Vorstandsmitglieder müssen sich an der Anmeldung beteiligen.

237 Regelmäßig genügt allerdings eine gesetzliche Vertretung der Gesellschaft[223] durch die satzungsmäßig vorgesehene **echte oder unechte Gesamtvertretung.**
- So ist zB eine Veränderung in der Zusammensetzung des Vorstands oder der Vertretungsbefugnis seiner Mitglieder vom Vorstand in vertretungsberechtigter Zahl zum Handelsregister anzumelden (§ 81 AktG).

---

[221] Gesetz zur Stärkung der Finanzmarktintegrität v. 3.6.2021, BGBl. 2021 I 1534.

[222] *Fleischer* ZIP 2003, 1 (6), vergleicht diese Zuständigkeiten mit den verwaltungsrätlichen Kardinalpflichten des schweizerischen OR und fasst zusammen: Vorstandspflichten, die der verbandsinternen Funktionsfähigkeit dienen, ihm im öffentlichen Interesse aufgegeben sind oder vornehmlich Gläubigerinteressen sichern.

[223] Hierzu *Leuering* FS Kollhosser, 2004, 361 (363).

- Entsprechendes gilt für die Anmeldung einer Satzungsänderung (§ 181 AktG).
- Erforderlich und genügend ist eine Anmeldung der Auflösung der Gesellschaft durch den Vorstand in vertretungsberechtigter Zahl (§ 263 AktG).

## VI. Laufende Geschäftsführung im eigenständigen Unternehmen (Erledigung des Tagesgeschäfts)

Eine wesentliche Aufgabe des Vorstands einer AG besteht in der **Sorge um die Führung der laufenden Geschäfte** des Unternehmens. Der überwiegende Teil der Aufgaben des Vorstands fällt im Tagesgeschäft an, auch wenn dies nicht so spektakulär ist wie das Treffen von Führungsentscheidungen oder von Entscheidungen im Bereich der aktienrechtlichen Mindestzuständigkeiten. Solche Entscheidungen fallen nur von Fall zu Fall und meist in größeren Zeitabständen an. Nicht einmal in jeder Vorstandssitzung sind welche zu treffen. 238

Das Tagesgeschäft ist täglich, im Grunde 24 Stunden pro Tag oder jedenfalls Tag für Tag acht bis zehn Stunden lang zu erledigen. Kein Vorstandsmitglied kann und muss alles, was im Tagesgeschäft anfällt, selbst tun. Aber es muss sich letztlich **um alles kümmern, was mehr als eine Routineangelegenheit ist.** Es muss sich in schwierigen Fällen von den ihm nachgeordneten Verantwortungsträgern Vorschläge für die Erledigung anfallender Geschäftsvorfälle machen lassen und die Erledigung dieser Geschäftsvorfälle überwachen. Wenn etwas in seinem Ressort schief geht, kann das Vorstandsmitglied sich nicht mit der Entschuldigung, dies habe es nicht gewusst, herausreden. 239

Im Allgemeinen wird ein Vorstandsmitglied nur **mit Problemen behaftete Vorgänge** vorgetragen erhalten. Problemlose Vorgänge erledigen Mitarbeiter im Allgemeinen allein. Sie freuen sich am Erfolgserlebnis, das dem Vorstandsmitglied wegen der Eigenart der ihm vorgetragenen Geschäfte (ausschließliche Befassung mit problembehafteten Vorgängen) seltener zuteil wird. 240

Eine Aufgabe des Vorstandsmitglieds ist es, **in ressortbedeutsamen Angelegenheiten** zwar seine **Mitwirkungskompetenz** zu bewahren, aber dennoch ein weitgehend selbstständiges Handeln des Mitarbeiters zu erreichen. Hier hat sich ein Grundsatz des alten preußischen Beamtenrechts bewährt: Der Referent hat das Recht der ersten Entscheidung, aber auch die Pflicht zum ersten Entscheidungsvorschlag. Wenn der nachgeordnete Mitarbeiter einfach nur den Sachverhalt vorträgt und mit den Worten endet „Was sollen wir machen?", wird der Vorgesetzte das Tagesgeschäft bald allein abwickeln müssen. Brauchbare Führungskräfte wird er so nicht heranziehen können. Richtigerweise muss der Mitarbeiter in gewichtigen Fällen mitteilen, was er zu tun gedenkt und den Vorgesetzten um Zustimmung zu einem solche Vorschlag bitten. Bei einem guten Mitarbeiter wird sie regelmäßig erteilt werden, wenn nicht im Einzelfall dem Mitarbeiter unbekannte Entscheidungen des Gesamtvorstands entgegenstehen. 241

Die Vorgänge des Tagesgeschäfts sind naturgemäß in jedem Unternehmen unterschiedlich. Dennoch lassen sich auch insoweit **ungeschriebene rechtliche Vorgaben** festhalten. Diese müssen beachtet werden, wenn die Führungskraft ihrer Führungsaufgabe gerecht werden will. Im Grunde entsprechen sie inhaltlich den originären Führungsaufgaben im Vorstand. Allerdings sind sie nicht originär, sondern rechtsgeschäftlich durch Einsetzung der Führungsperson und Übertragung des Aufgabengebiets entstanden. Sie sind auch nicht undelegierbar. In einem Vorstandsressort können nachgeordnete Zuständigkeiten beliebig „nach unten oder wieder nach oben" verschoben werden, solange sie nur überhaupt in festgelegter Zuständigkeit wahrgenommen werden. Inhaltlich entsprechend angepasst muss jede Führungskraft 242

- ihre, dh die von ihr zu verantwortenden Aktivitäten planen;
- die Arbeit ihrer Mitarbeiter sachgerecht koordinieren;
- ihre eigene Tätigkeit ebenso wie die ihrer Mitarbeiter zweckgerichtet organisieren;
- die Lage und die Entwicklung ihres Ressorts laufend überwachen;

- die Leistungsfähigkeit nachgeordneter Führungskräfte stets im Auge behalten, beurteilen und bei Bedarf personelle Änderungen vornehmen oder anregen;
- dem zuständigen Vorstandsmitglied über Lage und Entwicklung ihres Ressorts sowie über Geschäfte von erheblicher Bedeutung regelmäßig berichten.

243 Zur eigenen Information und um in der Lage zu sein, über die Entwicklung seines Ressorts an den Gesamtvorstand zu berichten, der aus den einzelnen Ressortberichten dann die gesetzlich geforderten Berichte an den Aufsichtsrat gem. § 90 AktG fertigt, muss sich der einzelne Ressortleiter (also jedes mit der Leitung eines Ressorts beauftragte Vorstandsmitglied) die **Lage und die Entwicklung der einzelnen Untergliederungen seines Ressorts** laufend **berichten** lassen. Im Zweifel wird unternehmensweit ein IT-gestütztes Informationssystem vorhanden sein. Ein Zahlenüberblick allein genügt aber nicht. Die Berichterstattung muss eine verbale Schilderung besonderer Ereignisse umfassen. Sie muss eine gedrängte Darstellung der eingeleiteten und weiter vorgesehenen Maßnahmen und deren eingetretenen sowie erwarteten Erfolg enthalten. Nur so ist der Ressortleiter in der Lage, die von ihm rechtlich geschuldete Information seiner Kollegen und über einen Gesamtvorstandsbeschluss den Aufsichtsrat zeitnah über die Lage und die Entwicklung des Unternehmens zu unterrichten. Ob für eine solche Darstellung die Methode des Fließtextes oder der Chart-Präsentation gewählt wird, ist Geschmacksache, aber keine Rechtsfrage.

244 Diese Überlegungen zeigen, dass auch **unterhalb des Vorstands Führungsgrundsätze** gelten, die nicht nur betriebswirtschaftlich sinnvoll, sondern auch **rechtlich bedeutsam** sind. Führungsmaßnahmen, die zwingend erforderlich sind, um rechtliche Vorgaben an den Vorstand zu erfüllen, werden damit zu rechtlich bedeutsamen Führungsgrundsätzen.

245 Auch im einzelnen Ressort muss geplant werden. Die **Planungen** der Abteilungen, Bereiche und Ressorts bilden die Grundlage des Wechselspiels der Planung zwischen „Bottom up" und „Top down". Zunächst müssen die untersten Führungseinheiten die geplanten Geschäftsvorhaben, die von ihnen vorgesehenen Maßnahmen, die angestrebten Ziele und die benötigten Ressourcen ermitteln. Sie müssen ihre Planung mit dem Leiter des Ressorts – also mit dem für sie zuständigen Vorstandsmitglied – abstimmen. Dieses Vorstandsmitglied wird dann die für sein Ressort ermittelten Daten selbst überarbeiten und miteinander abgleichen. Nach zufriedenstellender Zusammenfassung wird er die Daten seines Ressorts konsolidiert dem für die Unternehmensplanung zuständigen Kollegen übermitteln. Dieser prüft die Vorlage und stellt vor allem fest, ob sich die geplanten Geschäftsvorhaben und die vorgesehenen Maßnahmen mit denen anderer Ressorts vertragen, ob die angestrebten Ziele insgesamt zu einer für das Gesamtunternehmen akzeptablen Zielsetzung führen und – last but not least – ob der insgesamt geplante Ressourceneinsatz vom Unternehmen aufgebracht werden kann und sich als sinnvoll darstellt. Nach diesem Prozess wird der Finanzvorstand die Detailplanung der unteren Einheit entweder als Vorstandsvorlage freigeben oder mit Auflagen versehen zur nochmaligen Überarbeitung zurückgeben.

246 Mit der **Billigung der Planung** (regelmäßig unter Zustimmung des Aufsichtsrats) sind die Eckdaten für das laufende Geschäft aller Ressorts, Bereiche und Abteilungen (häufig unter Auflagen) genehmigt. Die Führungskräfte des Unternehmens können und dürfen auf der Grundlage der genehmigten Planung tätig werden. Allerdings werden durch die Genehmigung der Planung nicht nur die beabsichtigte Geschäftsführung und der damit verbundene Ressourceneinsatz genehmigt, sondern zugleich auch der gewünschte Ressourceneinsatz auf die Planwerte beschränkt.

## VII. Geschäftsführung im Unternehmensverbund

Die Geschäftsführung im Unternehmensverbund ist in weitem Maße von der Rechtsnatur der Verbindung und von der praktischen Handhabung des Verbunds abhängig. Ausführlich dazu → § 14 Rn. 82ff., 184ff. 247

## VIII. Berichterstattung und Rechenschaftslegung

Die Berichterstattung des Vorstands an den Aufsichtsrat und an die Hauptversammlung ist **gesetzlich geregelt.** Hierauf wird an anderer Stelle ausführlich eingegangen (→ § 10 Rn. 14ff., Rn. 22ff.). 248

Unabhängig von allen gesetzlichen Vorschriften hat der Vorstand als Ausgleich für die ihm zustehenden Kompetenzen den Aufsichtsrat von Rechts wegen **zeitnah und umfassend über sämtliche für die Lage und die Entwicklung der Gesellschaft bedeutsamen Vorgänge zu unterrichten.** Dies gilt in gleicher Weise für Vorgänge im Unternehmen wie für Vorgänge außerhalb des Unternehmens, die nach Auffassung des Vorstands für die Lage und die Entwicklung des Unternehmens bedeutsam sind. Der Vorstand muss den Aufsichtsrat in die Lage versetzen, seiner Aufgabe auf der Grundlage gesicherter Informationen pflichtgemäß nachzukommen. Dies kann der Aufsichtsrat nur, wenn er von allen Angelegenheiten, die zur Beurteilung des Vorstandsverhaltens wesentlich sind, in erforderlichem Ausmaß erfährt. Dies gilt gleichermaßen für Vorgänge der Vergangenheit, die den Aufsichtsrat zur Kontrolle eines pflichtmäßigen Verhaltens des Vorstands in Stand setzen, als auch für geplante Vorhaben in der Zukunft, die dem Aufsichtsrat eine vorausschauende Überwachung und eine Beratung des Vorstands hinsichtlich beabsichtigter Vorhaben ermöglichen. Wenn die zur Verfügung gestellten Informationen und Unterlagen dem Aufsichtsrat nicht genügen, muss er weitere Berichte anfordern und erforderliche Fragen stellen. Dieses Verfahren mag dazu führen, dass die ausreichende Informationsversorgung eine gemeinsame Aufgabe von Vorstand und Aufsichtsrat ist. 249

Ein Vorstand, der dieser Informationspflicht nicht oder nicht vollständig nachkommt, verletzt eine seiner **wesentlichen Pflichten.** Dabei ist es nicht so entscheidend, dass er gesetzlich bestehende Vorgaben für sein Verhalten und seine Tätigkeit verletzt. Viel bedeutsamer und entscheidend ist, dass das Organ Vorstand mit einem solchen Verhalten dem Organ Aufsichtsrat die Grundlagen für dessen Tätigkeit vorenthält, obwohl es kraft gesetzlicher und organschaftlicher Vorgaben dazu verpflichtet ist. Nur bei ausreichender Information durch den Vorstand kann der Aufsichtsrat seiner gesetzlichen Aufgabe nachkommen,[224] auch wenn § 90 Abs. 3 AktG dem Aufsichtsrat ein eigenes Berichtsanforderungsrecht und § 111 Abs. 2 AktG ein eigenes Einsichts- und Prüfungsrecht einräumt. Diese Rechte sollen dem Aufsichtsrat die Gewinnung zusätzlicher Erkenntnisse ermöglichen, aber nicht die originäre Berichtspflicht des Vorstands entbehrlich machen. 250

Ebenso ist der Vorstand verpflichtet, im Rahmen der gesetzlichen Vorgaben die **Aktionäre und ggf. die zukünftigen Anleger,** also die Öffentlichkeit, so umfassend zu **informieren,** dass diese ihre Rechte sachgerecht wahrnehmen und ihre berechtigten Interessen verfolgen können. Sachgerechte Entscheidungen können von Aktionären und von Personen, die evtl. Aktien des betreffenden Unternehmens erwerben wollen, nur getroffen werden, wenn sie vollständige Kenntnis von allen entscheidungserheblichen Umständen haben. Dies gilt für alle Vorgänge, die in die Kompetenz der Hauptversammlung fallen. 251

Über eine **Entlastung** des Vorstands kann nur diskutiert und sachgerecht entschieden werden, wenn den Aktionären alle Umstände bekannt sind, die Personen kennen müssen, die über eine gesetzmäßige und sorgfaltsgerechte Vorstandstätigkeit im Entlastungszeitraum pflichtgemäß entscheiden sollen. Der Vorstand muss daher alle Fragen ordnungsmäßig be- 252

---

[224] *Lutter* ZGR 1998, 589.

antworten, die für die Entlastungsentscheidung der Aktionäre bedeutsam sind. Dabei ist es in erster Linie Sache des Aktionärs, über die Zweckdienlichkeit seiner Fragen zu entscheiden. Nur in Ausnahmefällen darf der Vorstand eine Antwort verweigern, weil er die Frage entweder als nicht von der Tagesordnung gedeckt oder als **nicht beurteilungserheblich** ansieht (vgl. § 131 Abs. 1 S. 1 AktG). Ein Vorstand, der seine Entlastung beantragt, ohne ein solches umfassendes Bild von seiner Tätigkeit zu geben, erschleicht seine Entlastung in rechtswidriger Weise. Insofern kann die Informationsverweigerung ihrerseits eine Entlastungsverweigerung rechtfertigen. In der gerichtlichen Praxis sind diese Fälle der Nicht-Entlastung sogar in der Mehrheit.

253 Wenn **rechtlich bedeutsame Strukturvorhaben** auf der Tagesordnung einer Hauptversammlung stehen, müssen die Aktionäre bereits vor Beginn der Hauptversammlung so eingehend über das Vorhaben und seine Wirkungen informiert werden, dass sie
- entscheiden können, ob eine Teilnahme an der Hauptversammlung angeraten ist;
- überlegen können, ob sie durch Gegenanträge auf das Stimmverhalten ihrer Mitaktionäre einwirken sollen.

254 Grundsätzlich müssen die vor der Hauptversammlung erteilten Informationen so beschaffen sein, dass ein Aktionär schon **aufgrund seines dadurch erreichten Wissensstandes zu einer sachgerechten Entscheidung in der Lage** ist. Unzureichende Informationen vor der Hauptversammlung können durch noch so eingehende Informationen in der Hauptversammlung nicht mit rechtlicher Wirkung ergänzt werden. Zwar mag den in der Hauptversammlung erschienenen Aktionären damit versagt sein, einen trotz unzureichender Vorinformation gefassten Beschluss anzugreifen. Aber das Anfechtungsrecht nicht erschienener Aktionäre bleibt bestehen, weil der Beschluss auf einer Verletzung des Gesetzes (nämlich der Vorschriften über die Einberufung und Bekanntmachung) beruht (vgl. § 243 Abs. 1 AktG).

### 1. Berichts- und Informationspflichten nach dem AktG

255 Das AktG legt in § 90 Abs. 2 AktG fest, welche Berichte der Vorstand an den Aufsichtsrat wann zu erstatten hat. **Berichtsempfänger** ist regelmäßig der gesamte Aufsichtsrat, in Sonderfällen nur der Aufsichtsratsvorsitzende (§ 90 Abs. 1 S. 3 AktG). Dieser erhält die Berichte aber nicht zur beschränkten eigenen Information, sondern um entscheiden zu können, ob und wie der Gesamtaufsichtsrat über die ihm berichteten Vorgänge zu unterrichten ist. Seiner eigenen Entscheidung folgend muss der Aufsichtsratsvorsitzende weiter verfahren. Der Vorstand hat seine Pflicht mit der Information des Aufsichtsratsvorsitzenden jedenfalls erfüllt (dies folgt aus § 90 Abs. 5 S. 3 AktG).[225]

256 Weitere Berichtspflichten sind im Zusammenhang mit dem **Jahresabschluss** festgelegt. Der Vorstand hat innerhalb bestimmter Fristen jährlich einen Jahresabschluss und ggf. einen Konzernabschluss aufzustellen (§§ 242, 290 HGB). Auf eine Erläuterung der Abschluss- und Vorlage-Vorschriften wird an dieser Stelle verzichtet (→ § 10 Rn. 18 ff.).

257 Die aktienrechtlich vorgeschriebenen Berichte (nicht jedoch die Berichterstattung nach § 90 AktG) an den Aufsichtsrat und an die Aktionäre (Hauptversammlung) bedürfen einer **Verabschiedung im Plenum** des Vorstands. Der Vorstand muss bei der Beschlussfassung über Berichte an die Hauptversammlung rechtmäßig besetzt sein, es handelt sich bei der Verabschiedung dieser Berichte um **Leitungsentscheidungen.**

258 Dagegen bedarf der **mündliche Bericht** des Vorstands **an die Hauptversammlung** keiner vorangehenden Verabschiedung durch das Plenum des Vorstands. Die Berichte sollen zeitnah erstattet werden, bedürfen daher möglicherweise einer Aktualisierung noch kurz vor Beginn der Hauptversammlung. Für diese Aufgabe ist das Plenum zu schwerfällig. Auch werden unter Umständen Vorgänge behandelt werden, deren Berichtsbedürftigkeit erst im letzten Augenblick (durch Gespräche mit erschienenen Aktionären) aufscheint.

[225] Vgl. nur Hüffer/Koch/*Koch* AktG § 90 Rn. 14.

Allerdings ist jedes Vorstandsmitglied verpflichtet, in wesentlichen Fragen seine vom Bericht des Vorsitzenden abweichende Sachkenntnis in geeigneter Weise in die Verhandlung der Hauptversammlung einzubringen. Der Vorsitzende des Aufsichtsrats als Versammlungsleiter ist rechtlich verpflichtet, eine entsprechende berichtigende Darstellung den Aktionären zur Kenntnis zu bringen.

## 2. Berichts- und Informationspflichten nach dem WpHG und nach dem WpÜG

Das in den letzten Jahren **legislativ formalisierte Kapitalmarktrecht** hat für die bör- 259
sennotierten Aktiengesellschaften zusätzliche Berichtspflichten entstehen lassen, die zwar durchweg der Gesellschaft auferlegt sind, aber vom Vorstand erfüllt werden müssen. Durch ihre Erfüllung sollen die Interessen der Anleger, also der gegenwärtigen und der potentiellen zukünftigen Aktionäre geschützt werden. Das Kapitalmarktrecht soll Vertrauen in den Kapitalmarkt und in seine dauernde Funktionsfähigkeit sichern und verhindern, dass einzelne durch ihr Agieren auf dem Kapitalmarkt ungerechtfertigte Vorteile erzielen können. Dabei wird vor allem eine umfassende Publizität angestrebt. Die maßgeblichen Vorschriften können hier nicht im Einzelnen wiedergegeben und erläutert werden. Wenn allerdings eine börsennotierte Gesellschaft von einer der kurz geschilderten Vorschriften betroffen sein könnte, empfiehlt sich die unverzügliche Einholung von Rechtsrat.[226]

Das **WpHG** legt fest, welche Finanzinstrumente wann als Insiderpapiere zu betrachten 260
sind und welche Informationen Insiderinformationen sind, wobei diese Bestimmungen regelmäßig aktualisiert werden, sodass auch die hier aufgeführten Begriffsbestimmungen nur für eine begrenze Zeitdauer zutreffen werden. Für das Verständnis der Regelungen bedarf es zunächst einiger Begriffsbestimmungen:

**Finanzinstrumente** sind nach § 2 Abs. 4 WpHG:
- Wertpapiere;
- Anteile an Investmentvermögen nach § 1 Abs. 1 KAGB;
- Emissionszertifikate;
- Geldmarktinstrumente;
- Derivate und derivative Geschäfte;
- Rechte auf Zeichnung von Wertpapieren und Vermögensanlagen nach § 1 Abs. 2 VermAnlG;
- bestimmte Namensschuldverschreibungen;
- bestimmte Vermögensanlagen nach § 1 Abs. 2 VermAnlG.

Der Emittent von börsengängigen Finanzinstrumenten muss **Insiderinformationen,** 261
die ihn unmittelbar betreffen, nach § 15 Abs. 1 S. 2 WpHG **so bald wie möglich bekannt machen** (Art. 17 Abs. 1 MAR[227]). Der Emittent ist von der Pflicht zur Veröffentlichung jedoch nach Art. 17 Abs. 4 MAR solange befreit,
- wie es der Schutz seiner berechtigten Interessen erfordert,
- keine Irreführung der Öffentlichkeit zu befürchten ist und
- der Emittent die Vertraulichkeit der Insiderinformation gewährleisten kann.

Vor einer Veröffentlichung muss der Emittent die zu veröffentlichende Information der 262
Bundesanstalt für Finanzdienstleistungsaufsicht (BaFin) und den Geschäftsführungsorganen der jeweiligen Börsen, an denen die Finanzinstrumente zum Handel zugelassen sind, mitteilen (§ 26 WpHG).

Das WpHG begründet für die **Eigner von Anteilen** an börsennotierten Gesellschaften 263
**Mitteilungspflichten,** weil diese Gesellschaften von der Mitteilungspflicht des AktG ausgenommen worden sind. Die Gesellschaften müssen ihnen zugegangene Mitteilungen über die Veränderung von Stimmrechtsanteilen unverzüglich veröffentlichen (§§ 33, 38, 39

[226] Angesichts der Tatsache, dass das WpHG seit 2010 bereits über ein Dutzend Veränderungen erfahren hat, ist der Rückgriff auf fachlich spezialisierte Anwälte dringend anzuraten.
[227] Allerdings hat die MAR wieder einen eigenen Anwendungsbereich.

und 40 WpHG; im AktG vgl. § 20 Abs. 6 AktG). Ausführlich zu Mitteilungspflichten → § 14 Rn. 236ff. Vorstandsmitglieder und andere Führungspersonen eines börsennotierten Unternehmens müssen nach § 15a WpHG **eigene Geschäfte mit Finanzinstrumenten** dieses Unternehmens innerhalb von fünf Werktagen der BaFin und der Emittentin mitteilen, sobald ein bestimmter Freibetrag[228] überschritten wird. Das Unternehmen muss die Mitteilung unverzüglich veröffentlichen und die Veröffentlichung der BaFin durch Übersendung eines Belegs nachweisen (Art. 19 MAR).

264 Das **WpÜG** legt sowohl dem Bieter als auch der Zielgesellschaft Informations-, Bekanntmachungs- und Veröffentlichungspflichten auf. Einzelheiten dieses eingehend regulierten Verfahrensgesetzes können hier nicht dargestellt werden. Es muss der Hinweis genügen, dass im konkreten Fall eine sorgfältige Beachtung des Gesetzes unabdingbar ist.

265 Für die laufende **Geschäftsführung** des Vorstands einer Zielgesellschaft **nach** Veröffentlichung der Entscheidung eines Bieters zur Abgabe eines **Übernahmeangebots** unterliegt der Vorstand der Zielgesellschaft gewissen Beschränkungen seiner Geschäftsführung. § 33 Abs. 1 S. 1, Abs. 2 WpÜG befindet, dass der Vorstand in dieser Zeit keine Handlungen vornehmen darf, durch die der Erfolg des Angebots verhindert werden könnte, wenn er dazu nicht von der Hauptversammlung ermächtigt ist oder der Aufsichtsrat zugestimmt hat. Nach § 33 Abs. 1 S. 2 WpÜG sind allerdings Maßnahmen, die objektiv geeignet sind, eine Übernahme zu verhindern, auch ohne Ermächtigung durch die Hauptversammlung und ohne Zustimmung des Aufsichtsrats zulässig, wenn es sich um Maßnahmen handelt, die auch ein ordentlicher und gewissenhafter Geschäftsleiter einer Gesellschaft, die nicht von einem Übernahmeangebot betroffen ist, vorgenommen hätte. Das Gesetz hat sich also nicht auf Maßnahmen des gewöhnlichen Geschäftsverkehrs beschränkt. Zulässig sind auch Handlungen denen der Aufsichtsrat der Zielgesellschaft zugestimmt hat, sowie die Suche nach einem konkurrierenden Angebot.

266 Die Freistellung des Gesetzes gilt insbesondere für alle Geschäfte und Maßnahmen, die **auf der Linie einer** von der Gesellschaft **schon vorher verfolgten Geschäftspolitik** liegen. Eine Zustimmung des Aufsichtsrats ist nicht erforderlich, es sei denn, das betreffende Geschäft oder die betreffende Maßnahme unterliegen nach intern bestehenden Zustimmungsvorbehalten der Zustimmung des Aufsichtsrats.

### 3. Berichts- und Informationspflichten nach anderen Gesetzen

267 Die nach anderen Gesetzen zumeist **im öffentlichen Interesse** abzugebenden Berichte können hier nicht im Einzelnen aufgeführt und erläutert werden. Selbstverständlich muss die Gesellschaft diese Berichte abgeben, wobei im Allgemeinen eine Unterzeichnung der Berichte durch die vertretungsberechtigten Personen genügt. Weder eine vorangehende Verabschiedung im Plenum des Vorstands noch eine ordnungsmäßige Besetzung dieses Organs ist für diese Berichterstattung nötig. Es handelt sich nicht um organschaftliche Pflichten des Vorstands.

268 Eine besondere Bedeutung haben die **Berichte in Umweltangelegenheiten.** Diesen vorgelagert sind allerdings einschlägige Organisations- und Kontrollpflichten, deren Verletzung schwerer wiegt als ein dazugehöriger Informationsmangel.

---

[228] Eine Mitteilungspflicht besteht nach Art. 19 Abs. 8 MAR nicht, solange die Gesamtsumme der Geschäfte einer Person mit Führungsaufgaben und der mit dieser Person in einer engen Beziehung stehenden Personen insgesamt einen Betrag von 5.000 EUR bis zum Ende des Kalenderjahrs nicht erreicht (seit dem 1.1. 2020 gilt eine Allgemeinverfügung der BaFin, welche die Schwelle auf 20.000 EUR erhöht).

## D. Die Überwachungsaufgabe des Vorstands

Die **Unternehmenskontrolle** gehört zu den vier originären Führungsfunktionen, die wahrzunehmen der Vorstand selbst berufen ist. Er kann die notwendigen Einzelerhebungen von nachgeordneten Stellen im Unternehmen vornehmen lassen. Unter besonderen Umständen darf er auch Sachverständige, die nicht dem Unternehmen angehören, mit der Durchführung der notwendigen Ermittlungen beauftragen. Aber er darf niemals auf die eigene Wahrnehmung der Funktion ganz verzichten. Der Vorstand muss die Lage und die Entwicklung im Unternehmen stets selbst unter Kontrolle haben. Das Organ **Vorstand ist das Kontrollzentrum** einer AG.[229] 269

In einem **Unternehmensverbund** geht es aber nicht nur um die Kontrolle des herrschenden Unternehmens und der einzelnen Konzernunternehmen. Viel wichtiger ist es, die **Lage und die Entwicklung des gesamten Verbunds** unter Kontrolle zu halten. Es hängt von der Lage des Einzelfalls ab, ob zu diesem Zweck einzelne Konzerngesellschaften besonders sorgfältiger Überwachung bedürfen. Die Schwerpunkte der Überwachung sind aufgrund der jeweiligen Zeitumstände vom Vorstand zu bestimmen. Diese Festlegungen sind Teil seiner Überwachungsaufgabe im Konzern. 270

Die Funktion „Unternehmenskontrolle" wird **in verschiedenen Organisationseinheiten** und auf verschiedenen Organisationsebenen vollzogen. Es geht um 271
- die Überwachung von Lage und Entwicklung der Gesellschaft;
- die Erfassung von Lage und Entwicklung des Unternehmensverbunds (des Konzerns);
- die Überwachung operativer Maßnahmen;
- die Überwachung der Vermögensanlagen in der Form von Unternehmensbeteiligungen;
- die Überwachung der Administrationsleistung in der eigenen Gesellschaft;
- die konzernweite Erfassung und unternehmerische Behandlung vorhandener und entstehender Risiken.

### I. Laufende Überwachung des Geschehens in der Gesellschaft und im Unternehmensverbund (im Konzern)

Der Vorstand muss die Lage und die Entwicklung der Gesellschaft sowie des Unternehmensverbunds in allen Facetten **unter ständiger Kontrolle** halten. Dabei muss nicht notwendig stets der gesamte Vorstand sogleich in diese Überwachungstätigkeit eingebunden sein. Er muss nur sicherstellen, dass ihm wesentliche Erkenntnisse so rechtzeitig und so sorgfältig untersucht zur Kenntnis kommen, dass der Vorstand über die notwendigen Maßnahmen zur Steuerung der Entwicklung selbst wirksam entscheiden kann. 272

#### 1. Überwachung von Lage und Entwicklung der Gesellschaft und des Unternehmensverbunds

Eine sachgerechte Überwachung der Lage und Entwicklung kann nur auf der Grundlage einer entsprechenden **Berichterstattung** erfolgen. Dies bedeutet, dass der Vorstand nach Sachlage zunächst verpflichtet ist, für eine zeitnahe ordnungsmäßige Berichterstattung zu sorgen. Dabei können die Berichtserfordernisse für die Vorstandsberichte an den Aufsichtsrat (vgl. § 90 AktG) als Untergrenze für eine sachgerechte Berichterstattung innerhalb des Vorstands dienen. Alles, was dem Aufsichtsrat berichtet wird und was damit die Grundlage der Aufsichtsratsüberwachung darstellt, muss zunächst vom Vorstand gedanklich erfasst, kritisch gewürdigt und abschließend unternehmerisch beurteilt werden. 273

Aber damit ist es nicht getan. Der **Vorstand muss alles überwachen,** was er selbst „planend und gestaltend bewirkt". Darüber hinaus muss er auch das beobachtend verfol- 274

[229] *Hoffmann-Becking* ZGR 1998, 497 (513); *Martens* FS Fleck, 1998, 191 (201).

gen, was ohne sein Zutun aus dem Markt, aus der Produktions- und Produkttechnik, aus dem finanziellen Umfeld und aus den gesellschaftlichen Rahmenbedingungen auf das Unternehmen einwirkt. Dabei ist das Ziel der Überwachung, negative Einflüsse auf das Unternehmen abzuwehren und positive Einflüsse in die selbst gesteuerte Lage und Entwicklung einzubeziehen.

275 Der Vorstand ist **kein politisches Organ** der Bundesrepublik Deutschland. Aber er ist berechtigt und sogar dazu berufen, selbst und über die bestehenden Organisationen in politischen Fragen den Standpunkt des Unternehmens darzulegen und die eigenen Interessen im Rahmen der bestehenden Rechtsordnung durchzusetzen zu versuchen. Allerdings darf er sich dabei keiner unlauteren Mittel bedienen. Die Förderung der eigenen Interessen darf nur durch Überzeugungsarbeit, keinesfalls aber durch Vorteilszuwendung erreicht werden.

## 2. Überwachung von operativen Maßnahmen

276 Schon das Gesetz macht deutlich, dass **Geschäfte,** die **für die Rentabilität oder die Liquidität** der Gesellschaft von erheblicher **Bedeutung** sein können, einer Überwachung durch den Aufsichtsrat bedürfen. Entsprechendes gilt für dem Vorstand bekannt gewordene geschäftliche Vorgänge bei einem verbundenen Unternehmen, die auf die Lage des herrschenden Unternehmens von erheblichem Einfluss sein können (§ 90 Abs. 1 S. 3 AktG analog). Das Gesetz fordert eine besondere Berichterstattung über solche Geschäfte an den Aufsichtsrat (im Falle der berichtspflichtigen Vorgänge bei verbundenen Unternehmen über dessen Vorsitzenden)[230] und begründet damit eine spezielle Überwachungspflicht. Selbstverständlich bedürfen solche Geschäfte damit auch einer eingehenden (vorangehenden) Prüfung durch den Vorstand.

277 Aber damit ist es nicht getan, wenn ein pflichtbewusster Vorstand seiner rechtlich bestehenden Überwachungspflicht ordnungsmäßig nachkommen will. Der Vorstand muss zunächst einmal alle **„Führungsentscheidungen“,** gleichgültig ob Geschäfte oder Maßnahmen, selbst treffen. Er darf sie nicht nachgeordneten Stellen im Unternehmen überlassen. Bei diesen Entscheidungen involviert die Pflicht zur Entscheidung zugleich die Pflicht zur sorgfältigen Kontrolle aller Entscheidungsgrundlagen und einer vollständigen Erfassung alternativer Entscheidungsmöglichkeiten. Jedes Vorstandsmitglied ist zu dem Verlangen berechtigt, eine anstehende Entscheidung als Führungsentscheidung zu behandeln.

278 Der Vorstand muss alle Entscheidungen überprüfen oder sogar selbst treffen, bei denen dies **von einem Mitglied des Vorstands verlangt** wird, gleichgültig ob die Entscheidung als Führungsentscheidung qualifiziert wird oder nicht. In jedem Fall hat jedes Vorstandsmitglied bei einem solchen Vorgang alle für die Kompetenzfeststellung entscheidungserheblichen Umstände sorgfältig zu prüfen, weil sonst eine sachgerechte Entscheidung nicht getroffen werden kann.

## 3. Überwachung von Vermögensanlagen

279 Alle Vermögensanlagen der Gesellschaft, gleichgültig ob im Anlagevermögen gebunden oder Teil des Umlaufvermögens, bedürfen einer **besonderen Obhut.** Sie müssen zum einen gegen Beschädigungen oder sonstige Wertminderungen, vor allem gegen Verlust geschützt werden und zum anderen für den Unternehmenszweck gewinnbringend oder eine Gewinnerzielung unterstützend eingesetzt werden.

---

[230] Die Pflicht zur Berichterstattung an den Vorsitzenden schränkt nicht die Berichterstattung an den Gesamtaufsichtsrat ein, sondern gibt nur dem Vorsitzenden die Möglichkeit, über die Art und Weise der Information des Gesamtaufsichtsrats zu entscheiden. Im Einzelfall kann zB wegen einer bereits geplanten Aufsichtsratssitzung eine besondere Information unterbleiben.

In jeder Gesellschaft wird es stets Vermögenswerte geben, die **nicht dem Unternehmenszweck dienen.** Sie müssen besonders sorgfältig behandelt, gegen Verluste geschützt und für eine weitere Verwendung vorbereitet werden. Vermögensgegenstände, die endgültig nicht für die Erfüllung des Unternehmenszwecks herangezogen werden können oder sollen, sollten im Allgemeinen veräußert werden. 280

Mit besonderer Sorgfalt sind **bestehende Beteiligungen** zu verwalten, unabhängig davon, wie sie unternehmerisch in den Unternehmensverbund eingegliedert werden (→ § 14 Rn. 6ff.). Hier gilt es, alle Maßnahmen zu treffen, die mit einer Eigentümerstellung verbunden sind. Die regelmäßig anfallenden Aufgaben eines Anteilseigners – wie die Wahrnehmung der Gesellschafterrechte in den Hauptversammlungen (damit auch die Bestellung der Aufsichtsratsmitglieder und die Bestellung des Abschlussprüfers) – gehören dazu. Die Jahresabschlüsse müssen in Gesellschaften mit beschränkter Haftung festgestellt und in Aktiengesellschaften entgegengenommen werden. Über die Ergebnisverwendung ist zu entscheiden. Die Finanzierung der Gesellschaften muss kritisch verfolgt und, wenn nötig, durch Kapitalmaßnahmen optimiert werden. 281

Bei einer größeren Zahl bestehender Unternehmensbeteiligungen wird die **Verwaltung der Beteiligungen** regelmäßig in einer besonderen Beteiligungsabteilung geschehen. Diese Beteiligungsabteilung sollte organisatorisch getrennt vom Leitungszentrum des Konzerns zugeordnet werden. Es kommt darauf an, dass die Rechtmäßigkeit der Konzerneinflussnahme und ihre Folgen ständig unter Kontrolle bleiben. 282

**Beteiligungen,** die für die Erfüllung der unternehmerischen Ziele **nicht mehr benötigt** werden, sollten im Allgemeinen veräußert oder in sonstiger Weise verwertet werden. Dabei werden regelmäßig Investmentbanken eingeschaltet werden. Die Erfüllung von Vertragspflichten, die durch einen Veräußerungsvertrag begründet werden, muss sorgfältig beachtet werden. 283

Jede erforderliche Sorgfalt ist bei dem **Erwerb neuer Beteiligungen** anzuwenden. Eine falsche oder unzulängliche Vorbereitung des Beteiligungserwerbs lässt sich nachträglich nicht mehr korrigieren. Die Auswirkungen auf die Ertrags-, Finanz- und Vermögenslage der erwerbenden Gesellschaft und des Unternehmensverbunds müssen auch durch eine „worst case"-Betrachtung überprüft werden. Keinesfalls darf ein solcher Beteiligungserwerb und die Einbindung des erworbenen Unternehmens in den Unternehmensverbund auf längere Zeit zu einer Vermögens- oder Ertragsminderung führen. Auch kurzfristige Nachteile sollten tunlichst vermieden werden. Die möglichen **Auswirkungen auf den Börsenkurs** des herrschenden Unternehmens müssen sorgfältig vorbedacht werden. Für den Erwerb ist die Zuziehung einer erfahrenen Anwaltskanzlei durchweg unerlässlich, die Beratung durch eine Investmentbank jedenfalls bei größeren Erwerbsvorhaben dringend anzuraten. Die voraussichtliche Reaktion der Ratingagenturen muss unbedingt erkundet werden. Der ganze Erwerb muss sorgfältig geplant und durchgeführt werden. Auf eine sachgerechte Abfassung des Erwerbsvertrags ist vor allem zu achten. Durch den Erwerb dürfen keine unerwarteten Risiken für das erwerbende Unternehmen begründet werden. Erstaunlicherweise werden diese Grundsätze in der Praxis umso seltener beachtet, je größer die betroffenen Unternehmen sind. 284

Eine große Bedeutung kommt einer regelmäßigen nachträglichen Überprüfung des Eintritts von vor dem Erwerb gemachten Prämissen und Voraussagen zu **(Investitionsnachkontrolle).** Zwar können damit Erwerbsfehler nicht beseitigt oder gemindert werden, aber in jedem Fall werden die richtigen Schlussfolgerungen für die Zukunft gezogen. 285

### 4. Überwachung der Administrationsleistung

Der Gesamtvorstand muss die Tätigkeit der Gesellschaft bei der eigenen Administration überwachen. Dabei kann es sich sowohl um die Funktionen im Zusammenhang mit der **Verwaltung der eigenen Gesellschaft** als auch um **Dienstleistungen** handeln, die **für die Gesamtheit der verbundenen Unternehmen** erbracht werden sollen. Alle diese 286

Aufgaben müssen zielgerichtet, effizient und vor allem wirtschaftlich günstig erledigt werden. Die erbrachten Leistungen müssen der Aufgabenstellung genügen und dem Angebot Dritter überlegen sein oder doch mindestens entsprechen.

287 Im Zusammenhang mit der **Verwaltung der eigenen Gesellschaft** werden regelmäßig folgende Verwaltungsleistungen erbracht werden:
- allgemeine Verwaltung;
- Beschaffung;
- Finanzierung;
- Investors Relations;
- Öffentlichkeitsarbeit;
- Personalverwaltung;
- Rechnungslegung (einschl. Konzernrechnungslegung);
- Risikomanagement;
- Steuern;
- Versicherungen; ua.

288 Ob und in welchem Ausmaß eigene Vorstandsressorts für die Wahrnehmung dieser Aufgaben geschaffen werden, muss für jede herrschende Gesellschaft nach Sachlage entschieden werden.

289 Bei der Überwachung der eigenen Verwaltungsfunktionen gilt alles das, was in einem **eigenständigen Unternehmen** zu kontrollieren ist. Sorgfältig erstellte Budgets sind ebenso notwendig wie regelmäßige Soll-/Ist-Vergleiche im Kostenbereich. Dabei reicht es nicht, nur die Überschreitung oder Unterschreitung von Kosten festzustellen. Monatlich muss geprüft werden, ob im Hinblick auf festgestellte Budgetabweichungen neue, bisher nicht geplante Maßnahmen zu ergreifen sind.

290 Nicht jede **Dienstleistung,** die von der herrschenden Gesellschaft **für abhängige Unternehmen** erbracht werden kann, eignet sich in jedem Fall zur zentralen Wahrnehmung. Der Vorstand der Obergesellschaft muss sorgfältig prüfen, ob er mit einer Zentralisierung von Dienstleistungen in seiner Gesellschaft wirklich vorteilhaft verfährt oder ob lediglich Kosten konzentriert werden. Aus der Erfahrung lässt sich sagen, dass vieles für eine dezentrale Wahrnehmung der Funktionen spricht. Insbesondere die Fungibilität einzelner Konzerngesellschaften auf dem Markt für Unternehmenskäufe leidet unter der Zentralisierung insofern, als eine eigenständige Administration bei derartigen Konzerngesellschaften vom Käufer erst aufgebaut werden müsste. Nur sehr bedeutsame, nachhaltig zu erwartende Kostenvorteile oder Effizienzverbesserungen rechtfertigen daher eine Zentralisierung von Dienstleistungen.

291 Für eine **Zentralisierung** kommen folgende Funktionen in Betracht:
- gemeinsamer Einkauf;
- gemeinsamer Vertrieb;
- gemeinsames Cash Management;
- gemeinsame Werbung;
- gemeinsame Personalpolitik (eventuell nur für Führungskräfte);
- gemeinsame Altersversorgungseinrichtung;
- gemeinsame Sozialeinrichtungen; ua.

292 Auch hier ist gesondert zu prüfen, ob und in welchem Umfang organisatorisch **eigene Vorstandsressorts** für diese Dienstleistungen geschaffen werden sollen. Durch sorgfältige Untersuchungen ist nicht nur die Vorteilhaftigkeit bei Einführung der Zentralisierung zu prüfen. Auch eine bereits erfolgte Zusammenfassung darf nur beibehalten werden, wenn das Preis/Leistungs-Verhältnis bei zentraler Wahrnehmung der Funktion nachhaltig überzeugend günstiger ist als bei dezentraler Bearbeitung. Dies ist fortdauernd zu prüfen.

293 Zur **Sicherung der Vorteilhaftigkeit** hat sich eine Befragung der Nutzer bewährt. So können – zweckmäßig auf der Grundlage von Fragebogen – beispielsweise erfragt werden:
- fachliche Qualifikation des Dienstleisters;
- Zuverlässigkeit der Ausführung;

- Innovationsstärke;
- Schnelligkeit und Pünktlichkeit;
- Praxisnähe;
- Wirtschaftlichkeit.

Auch die Festlegung von Honoraren oder anderweitige **Formen der Entgeltlichkeit** 294 fördern die kritische Beurteilung der Leistungen durch die Leistungsempfänger.

### II. Gegenseitige Überwachung der Vorstandsmitglieder

Neben der in der Gesellschaft vorzunehmenden Überwachung von Lage und Entwick- 295 lung des Unternehmens **obliegt den Vorstandsmitgliedern die gegenseitige Überwachung des Verhaltens aller Vorstandsmitglieder untereinander** (→ Rn. 209).[231] Auch wenn in einer Gesellschaft, die einen Vorstandsvorsitzenden oder einen Sprecher des Vorstands hat, diese Überwachung primär bei diesen besonders hervorgehobenen Vorstandsmitgliedern liegt, ist kein Vorstandsmitglied von der Überwachungsaufgabe entbunden. Allerdings dürfen nicht zu große Anforderungen gestellt werden. Jedes Vorstandsmitglied muss die Berichte der anderen Vorstandsmitglieder zur Kenntnis nehmen und kritisch prüfen. Unklarheiten müssen durch Fragen aufgeklärt werden. Wenn sich Unstimmigkeiten herausstellen, müssen die Vorstandsmitglieder zunächst gemeinsam versuchen, sie zu beseitigen. Wenn dies nicht gelingt, muss der Aufsichtsrat verständigt werden.[232]

Der **Aufsichtsrat** hat die besondere Aufgabe, laufend zu **prüfen,** ob diese gegenseitige 296 Überwachung funktioniert. Dies gilt besonders, wenn ein sehr starker Vorstandsvorsitzender die Leitungsaufgaben koordiniert. Zweckmäßigerweise wird der Aufsichtsrat in einer Aufsichtsratssitzung die Mitglieder des Vorstands fragen, wie sie diese gegenseitige Überwachungspflicht handhaben. Eine einmalige Fehlreaktion des Vorstandsvorsitzenden (Disziplinierung eines seiner Überwachungsaufgabe nachkommenden Vorstandsmitglieds) kann die gegenseitige Überwachungsfunktion nachhaltig außer Kraft setzen. Der Aufsichtsrat muss sich darüber im Klaren sein, dass seine eigene Überwachungsaufgabe erheblich zu verschärfen ist, wenn er die Außerkraftsetzung der internen gegenseitigen Überwachung der Vorstandsmitglieder nicht verhindert.

## E. Die Stellung des einzelnen Vorstandsmitglieds

Das AktG weist Pflichten und Rechte (Kompetenzen) im Allgemeinen dem Vorstand als 297 Kollegialorgan zu. Dieses **Kollegialorgan Vorstand** besteht regelmäßig **aus mehreren natürlichen Personen,** in Ausnahmefällen aus einer Person. Die Vorstandsmitglieder nehmen die dem Organ Vorstand zugewiesenen Kompetenzen wahr. Sie handeln im Allgemeinen als Rechtsvertreter der Gesellschaft, in besonderen Fällen auch als Einzelpersonen. Ergänzend und vertiefend → § 5 Rn. 14ff.

### I. Allgemeines

Die Mitglieder des Vorstands haben ihrerseits eine (eingeschränkte) **Organqualität.**[233] 298 Kenntnisse, die sie haben, werden dem Organ zugerechnet. Kenntnisse, die ihnen fehlen, fehlen auch dem Organ, wenn nicht ein anderes Vorstandsmitglied diese Kenntnisse hat.

[231] MHdB GesR IV/*Hoffmann-Becking* § 22 Rn. 26; *Hoffmann-Becking* ZGR 1998, 497 (512); vgl. auch BGH DB 1996, 2483 (zur GmbH).

[232] Hüffer/Koch/*Koch* AktG § 77 Rn. 15 a.

[233] MüKoAktG/*Spindler* § 76 Rn. 10; GroßkommAktG/*Kort* § 76 Rn. 14; krit. Hüffer/Koch/*Koch* AktG § 76 Rn. 7.

Tatsächliche Zustände (zB Besitz) werden der Gesellschaft zugerechnet.[234] Etwas anderes gilt nur dann, wenn das Gesetz dies ausdrücklich sagt, zB mit festgelegten Rechten oder Pflichten auf die einzelnen Mitglieder des Vorstands abstellt.

299 **Erklärungen,** die ein Vorstandsmitglied in Angelegenheiten der Gesellschaft abgibt, werden regelmäßig **für die Gesellschaft abgegeben.** Es ist – wenn das Vorstandsmitglied dies nicht ausdrücklich sagt – nicht von einer privaten Äußerung auszugehen. Allerdings kann eine vorsätzlich falsche Erklärung zusätzlich eine sittenwidrige Schädigung bedeuten und damit eine persönliche Haftung des Vorstandsmitglieds nach § 826 BGB zur Folge haben.[235]

300 Die einzelnen Vorstandsmitglieder haben sich in ihrer Tätigkeit gegenseitig zu unterstützen, aber auch zu überwachen. Dazu müssen sie **formal und materiell in etwa gleichberechtigt** sein.[236] Dies bedeutet nicht Gleichheit der Vergütungen. Aber die Spreizung der Bezüge darf nicht so groß sein, dass daraus eine völlig unterschiedliche Verantwortlichkeit abgeleitet werden muss. Dies ist in letzter Zeit nur ungenügend beachtet worden. Durch außerordentlich hohe Vergütungen an den Vorstandsvorsitzenden ist dessen Gleichberechtigung und Gleichwertigkeit praktisch außer Kraft gesetzt worden.[237] Für etwaige Fehlfolgen aus dieser gesetzlich wohl nicht vorgesehenen Vergütungspraxis hat der Aufsichtsrat einzustehen.

301 Vorstandsmitglieder können nach § 76 Abs. 3 S. 1 AktG nur **unbeschränkt geschäftsfähige natürliche Personen** sein. Sie sind selbstständig unternehmerähnlich tätig und müssen bei ihrer Tätigkeit den Interessen des Unternehmens stets den Vorrang vor eigenen Interessen geben. Dies gilt in weitem Umfang auch für den privaten Bereich.

## II. Mitwirkung an der Leitung des Unternehmens

302 Der Vorstand **leitet die Gesellschaft unter eigener Verantwortung,** nimmt die originären Führungsfunktionen wahr und trifft die Führungsentscheidungen. Hieran wirken die einzelnen Vorstandsmitglieder mit, überwachen und ergänzen sich. Kein Vorstandsmitglied darf sich der Mitwirkung an der Leitung der Gesellschaft entziehen. Insbesondere in den Vorstandssitzungen kommt es zu einem Meinungsaustausch unter den Vorstandsmitgliedern, der sich auf die Führung der Gesellschaft durch den Gesamtvorstand auswirkt.

303 Die Leitung der AG ist zwingend dem (Gesamt-)Vorstand zugewiesen (vgl. § 76 Abs. 1 AktG). Die **Geschäftsführung** ist hingegen sowohl auf einzelne Vorstandsmitglieder als auch mit Einschränkungen auf nachgeordnete Ebenen und in Teilen sogar auf Dritte **übertragbar.** Doch stets muss ein Vorstandsmitglied verantwortlich bleiben.

304 In größeren Gesellschaften lässt sich die **Führung der Geschäfte nicht stets gemeinschaftlich** durchführen. Regelmäßig wird die Vorstandsarbeit nach bestimmten Strukturen organisiert. Einzelne Vorstandsmitglieder werden mit besonderen Aufgaben betraut. Den Vorstandsmitgliedern können Bereiche zugewiesen werden, für die sie allein oder mit anderen geschäftsführungsbefugt sind.

305 Durch die Geschäftsordnung kann die **Geschäftsverteilung** unter den einzelnen Vorstandsmitgliedern geregelt werden. Ressorts mit Primärzuständigkeit eines Vorstandsmitglieds können geschaffen werden.

306 Für die Bildung von **Ressorts** können verschiedene Gesichtspunkte bedeutsam sein. So können für bestimmte Sachgebiete, wie Recht, Finanzen, Steuern, Personal, Forschung, Einkauf, Absatz usw., bestimmte Verantwortungen verteilt werden **(funktionale Aufteilung).** Die Aufteilung kann auch nach bestimmten Produktgruppen oder Tochtergesell-

---

[234] Unstr.; vgl. MüKoAktG/*Spindler* § 76 Rn. 10; Hüffer/Koch/*Koch* AktG § 76 Rn. 7.

[235] Vgl. BGH NZG 2004, 811 (816); dazu *Goette* DStR 2004, 1486; *Leisch* ZIP 2004, 1573.

[236] *Hoffmann-Becking* ZGR 1998, 498 (514).

[237] *Hoffmann-Becking* sieht für den Vorsitzenden eine Ausnahme vom Gebot der Gleichberechtigung, ZGR 1998, 497 (514).

schaften bzw. Zweigniederlassungen erfolgen **(Spartenorganisation bzw. Divisionalisierung).**[238] Letztlich muss jedes Ressort einem Vorstandsmitglied zugeordnet sein. „Freischwebende Ressorts" (Unterstellung unter den Gesamtvorstand) sollten vermieden werden. Die rechtliche Zulässigkeit derartiger Freiräume erscheint überdies zweifelhaft, weil die Geschäftsführung unter die Vorstandsmitglieder aufgeteilt werden muss und auch nicht teilweise Personen überlassen werden darf, die nicht dem Vorstand angehören.

In der Praxis werden einem Vorstandsmitglied häufig **neben der Zuweisung eines zentralen Ressorts,** wie zB Produktion, zusätzlich ein örtlich oder produktmäßig abgegrenzter Produktbereich zugewiesen. Der Leiter des Finanzressorts sollte keine zusätzliche divisionale Verantwortung tragen. Die für den Finanzvorstand notwendige Neutralität könnte beeinträchtigt werden. 307

Einem Vorstandsmitglied (zB dem Vorstandsvorsitzenden) oder einem Ausschuss kann die **Koordinierung und Überwachung der Arbeit** der verschiedenen Ressorts übertragen werden (Zentralausschuss). Allerdings ist eine gewisse Zurückhaltung geboten. Die Ausschussarbeit darf nicht so angelegt sein, dass der Gesamtvorstand praktisch bedeutungslos wird und der Appell eines Vorstandsmitglieds an den Gesamtvorstand von vornherein aussichtslos ist.[239] 308

In der Geschäftsordnung sollten die **Aufgaben- und Verantwortungsbereiche** der verschiedenen Vorstandsmitglieder klar werden, um eine eindeutige Aufgabenzuweisung zu gewährleisten. Der Arbeitsdirektor ist beispielsweise für die Bereiche Personal, Lohn und Sozialwesen zuständig.[240] Damit ist nicht ohne weiteres die Zuständigkeit für Personalangelegenheiten der leitenden Angestellten verbunden. Diese wird oft (und zweckmäßig) beim Vorstandsvorsitzenden angesiedelt. 309

## III. Delegation und ihre Grenzen

Die Verteilung von Geschäftsführungszuständigkeiten auf einzelne Vorstandsmitglieder erfolgt, weil sich insbesondere bei größeren Gesellschaften nicht alle Maßnahmen gemeinschaftlich vornehmen lassen. Soweit Aufgaben an einzelne Vorstandsmitglieder übertragen werden können, kann auch ein aus Vorstandsmitgliedern bestehender **Ausschuss** mit ihrer Erledigung betraut werden.[241] 310

Die Geschäftsverteilung besonderer Aufgaben auf einzelne oder mehrere Vorstandsmitglieder hat **Grenzen.** Diese ergeben sich im Hinblick auf das Prinzip der Gesamtverantwortung aus dem Kernbereich der Leitungsentscheidungen, der Zuweisung von Einzelaufgaben an den Gesamtvorstand und der Sorgfaltspflicht einzelner Vorstandsmitglieder. 311

### 1. Kernbereich der Leitungsentscheidungen

Die gesetzliche Festlegung der Gesamtverantwortung (vgl. § 76 Abs. 1 AktG)[242] soll den ihr zugewiesenen Bereich von unzulässigen Einzelzuständigkeiten abgrenzen. Die dem Gesamtvorstand zugewiesene **Leitung** der Gesellschaft ist als solche auf einzelne Vorstandsmitglieder **nicht übertragbar.**[243] Übertragbar sind nur Einzelaufgaben. 312

---

[238] in MHdB GesR IV/Hoffmann-Becking § 22 Rn. 17 ff.; *Fleischer* NZG 2003, 449 (451 f.).
[239] *Hoffmann-Becking* ZGR 1998, 497 (516).
[240] § 13 MontanMitbestG, § 13 MitbestErgG, § 33 MitbestG; die Zuweisung ist gesetzlich zwingend der Entscheidung des Gesamtaufsichtsrats zugewiesen, vgl. *Hoffmann-Becking* ZGR 1998, 497 (505).
[241] K. Schmidt/Lutter/*Seibt* AktG § 77 Rn. 16; ausf. zu Vorstandsausschüssen, Bereichsvorständen und „Boards" *Hoffmann-Becking* ZGR 1998, 497 (509).
[242] BeckOGK/*Fleischer* AktG § 76 Rn. 8, vgl. aber *Hoffmann-Becking* ZGR 1998, 497 (506), wonach die Vorschrift die Eigenverantwortlichkeit des Vorstands gegenüber Aufsichtsrat und Hauptversammlung betrifft.
[243] MüKoAktG/*Spindler* § 77 Rn. 63; Hüffer/Koch/*Koch* AktG § 76 Rn. BeckOGK/*Fleischer* AktG § 76 Rn. 8, 69; *Fleischer* NZG 2003, 449 (450).

313 Der Gesamtvorstand bleibt für grundsätzliche, bedeutende und ressortübergreifende Fragen zuständig.[244] Welche Fragen so bedeutend sind, dass sie nicht ohne Billigung durch den Gesamtvorstand behandelt werden dürfen, ist auch abhängig von Art und Größe des Unternehmens. Jedenfalls müssen die **originären Führungsfunktionen** (Unternehmensplanung, Unternehmenskontrolle, Unternehmenskoordination und Führungsstellenbesetzung) in der Verantwortung des Gesamtvorstands verbleiben.[245] Wird zB die Durchführung der Prüfung aller Leistungen an und für Vorstandsmitglieder einem Vorstandsmitglied (etwa dem Vorsitzenden oder dem Finanzvorstand) übertragen, bleibt dennoch die Verantwortung für diese Maßnahme der Unternehmenskontrolle beim Gesamtvorstand.

314 Die **funktionale** oder die an **Sparten** orientierte Organisation ist grundsätzlich mit dem Prinzip der Gesamtverantwortung vereinbar, soweit sie sich in deren Grenzen hält. So darf eine große und bedeutsame Sparte nicht ohne weiteres an nur ein Vorstandsmitglied delegiert werden, während die Zuweisung einer von vielen Sparten eines weitverzweigten Konzerns an ein Vorstandsmitglied durchaus zulässig sein kann.[246] Auch eine Unternehmensorganisation, die weitgehend autonome Einheiten schafft **(„profit-center")**, ändert nichts am Prinzip der Gesamtverantwortung und ist grundsätzlich zulässig.[247]

315 Das Modell eines **Chief Executive Officer (CEO)**, der sämtliche Befugnisse innehat und weisungsbefugt gegenüber anderen Vorstandsmitgliedern wäre, ist nach deutschem Recht nicht zulässig.[248] Dies ergibt sich neben Bedenken hinsichtlich des Prinzips der Gesamtverantwortung bereits aus der bei einem solchen Fall nicht gewährleisteten Gleichberechtigung der Vorstandsmitglieder. Zudem kennt das deutsche Recht keine Weisungsbefugnis eines Vorstandsmitglieds gegenüber anderen Vorstandsmitgliedern. Zu den Einzelheiten des CEO-Modells → § 5 Rn. 35 ff.

## 2. Zuweisung von Einzelaufgaben an den Gesamtvorstand

316 Einzelaufgaben, die das Gesetz ausdrücklich dem Gesamtvorstand zuweist (zB §§ 83, 90, 91, 110 Abs. 1 AktG, § 118 Abs. 2 AktG, § 119 Abs. 2 AktG, § 121 Abs. 2 AktG, § 124 Abs. 3 AktG, §§ 161, 162, 170, 245 Nr. 4 AktG), können von einzelnen Mitgliedern vorbereitet und durchgeführt werden. Die Verantwortung für diese **unübertragbaren Aufgaben,** insbesondere die Entscheidungskompetenz, bleibt beim Vorstand als Kollegialorgan.[249] Dazu gehören insbesondere Aufgaben, die der Vorstand im Verhältnis zu einem anderen Organ zu erledigen hat.[250]

## 3. Sorgfalts- und Aufsichtspflicht

317 Hat eine zulässige Delegation bestimmter Aufgaben auf ein Vorstandsmitglied stattgefunden, ist zu beachten, dass Vorstandsmitglieder sich nicht allein um den Bereich kümmern müssen, für den sie spezifisch verantwortlich sind. Es bleibt bei jedem Vorstandsmitglied die **Verantwortung für die Leitung des Unternehmens und die nicht delegierbaren Aufgaben der Geschäftsführung.**

318 Aus der Sorgfaltspflicht der Vorstandsmitglieder ergibt sich zwar, dass kein eigenmächtiges Eingreifen in die Geschäftsbereiche anderer zulässig ist. Andererseits besteht eine allgemeine **Aufsichtspflicht** dergestalt, dass der Geschäftsbetrieb als Ganzes beobachtet wer-

---

[244] Ähnlich *Hoffmann-Becking* in MHdB GesR IV/Hoffmann-Becking § 22 Rn. 18.

[245] Sie können auch nicht auf Dritte, zB Dienstleister, übertragen werden, dies ist nur für Hilfsfunktionen möglich, vgl. MüKoAktG/Spindler § 76 Rn. 18; BeckOGK AktG/*Fleischer* § 76 Rn. 73.

[246] MüKoAktG/*Spindler* § 77 Rn. 66; *Götz* ZGR 1998, 524 (535).

[247] Zurückhaltend MüKoAktG/*Spindler* § 77 Rn. 68; *Hoffmann-Becking* NZG 2003, 745 (747).

[248] GroßkommAktG/*Kort* § 76 Rn. 52 ff.; MüKoAktG/*Spindler* § 77 Rn. 69; *J. Semler* FS Lutter, 2000, 728.

[249] Hüffer/Koch/*Koch* AktG § 77 Rn. 17 (wobei hier auch vertreten wird, dass eine Durchführung durch einzelne Mitglieder nicht zulässig ist), *Fleischer* NZG 2003, 449 (450).

[250] *Hoffmann-Becking* ZGR 1998, 497 (508).

den muss. Der Sorgfaltspflicht wird grundsätzlich genügt, wenn ein Vorstandsmitglied sich in den Sitzungen über Vorgänge in anderen Bereichen informiert. Erst wenn der Verdacht von Missständen besteht, muss es sich auch von sich aus kontrollierend einschalten.[251]

Aus der fortbestehenden Sorgfalts- und Überwachungspflicht folgt, dass jedes Vorstandsmitglied unabdingbar berechtigt und bei Bestehen besonderer Anhaltspunkte für Missstände verpflichtet ist, Angelegenheiten, die ein anderes Ressort betreffen, einer Entscheidung durch den Gesamtvorstand zuzuführen. Dies wird als **Interventionsrecht** bezeichnet. Die Entscheidung durch den Gesamtvorstand erfolgt, wenn die Geschäftsordnung oder Satzung nichts anderes bestimmt, nach dem Mehrheitsprinzip. 319

Die Satzung oder Geschäftsordnung kann auch das **Widerspruchsrecht** eines Vorstandsmitglieds vorsehen. Eine Maßnahme der ressortbezogenen Einzelgeschäftsführung darf zB nicht vorgenommen werden, wenn eine festgelegte Anzahl von Mitgliedern widerspricht.[252] Besonderheiten sind in mitbestimmten Gesellschaften zu beachten. 320

## IV. Leitung eines Ressorts

Die Leitung eines Ressorts erfolgt, abhängig von dessen Größe und Bedeutung, durch ein **einzelnes Vorstandsmitglied** oder in Ausnahmefällen durch mehrere Vorstandsmitglieder. 321

Das Vorstandsmitglied, dem ein Ressort zur Leitung übertragen wurde, führt diesen zugewiesenen Bereich selbständig in eigener **Ressortverantwortung** mit Wirkung für den Gesamtvorstand. Soweit Satzung oder Geschäftsordnung keine Beschränkungen vorsehen, können Maßnahmen durch das betreffende Vorstandsmitglied allein vorgenommen werden. Es hat regelmäßig begrenzte Einzelgeschäftsführungsbefugnis für einen bestimmten Kreis von Geschäften. 322

Ein Vorstandsmitglied muss bei Leitung seines Ressorts **wie der Gesamtvorstand bei Leitung der Gesellschaft** den Unternehmensgegenstand verfolgen, sein Handeln auf angemessene Gewinnerzielung ausrichten, das Unternehmensinteresse beachten, unternehmerisches Ermessen ausüben und dabei den Geboten von Ordnungsmäßigkeit, Rechtmäßigkeit, Zweckmäßigkeit und Wirtschaftlichkeit Rechnung tragen (→ Rn. 136 ff.). 323

Der Leiter eines Ressorts ist berechtigt und im Fall der Betroffenheit grundsätzlicher Fragen der Unternehmenspolitik oder Berührung fremder Sachbereiche verpflichtet, eine Angelegenheit aus seinem Ressort **dem Gesamtvorstand zur Entscheidung vorzulegen.** Er muss die Geschäftsführung dann am getroffenen Vorstandsbeschluss ausrichten. Vorbehaltlich anderer Regelungen in der Satzung gilt für einen solchen Beschluss das Mehrheitsprinzip.[253] 324

Ein Vorstandsmitglied, das ein Ressort leitet, hat dem Gesamtvorstand bzw. anderen Vorstandsmitgliedern über bedeutende Angelegenheiten in seinem Ressort zu **berichten.**[254] Anderenfalls wäre es den anderen Vorstandsmitgliedern nicht möglich, ihre auf der Gesamtverantwortung beruhende Aufsichtspflicht wahrzunehmen. Sie haben daher Anspruch auf Berichterstattung aus anderen Ressorts. 325

Umgekehrt darf sich das ressortleitende Vorstandsmitglied nicht allein auf Angelegenheiten seines Ressorts beschränken. Vorstandsmitglieder müssen die Aktivitäten der anderen Ressortleiter zumindest im Rahmen regelmäßiger Vorstandssitzungen kontinuierlich verfolgen. Kollegen anderer Ressorts müssen ggf. sowohl auf Geschäftschancen als auch auf offenbar werdende Missstände aufmerksam gemacht werden. Hinsichtlich der anderen Ressorts bleibt jedem Vorstandsmitglied stets eine **Restverantwortung.**[255] 326

---

[251] BeckOGK/*Fleischer* AktG § 77 Rn. 60; MHdB GesR IV/Hoffmann-Becking § 22 Rn. 26.
[252] MüKoAktG/*Spindler* § 77 Rn. 17.
[253] MüKoAktG/*Spindler* § 77 Rn. 61; *Hoffmann-Becking* ZGR 1998, 497 (512).
[254] Hüffer/Koch/*Koch* AktG § 77 Rn. 15; *Hoffmann-Becking* ZGR 1998, 497 (512).
[255] *Fleischer* NZG 2003, 449 (452).

## V. Interne Überwachung

327 Die Vorstandsmitglieder sind die **„primär zuständigen Kontrolleure"** der gesamten Vorstandsarbeit. Sie sind mit der Führung des Unternehmens am engsten verbunden, erfahren offiziell (aber mindestens ebenso wichtig auch inoffiziell) mehr als irgendeine andere dem Unternehmen verbundene Person. Sie können am besten erkennen, ob etwas „aus dem Ruder läuft" oder ob es sich um unbedeutende, korrigierbare Abweichungen handelt.

328 Auch bei der internen Überwachungsaufgabe der Vorstandsmitglieder kommt es vor allem darauf an zu **erkennen, was geschieht** und wie sich die Lage entwickelt. Auch hier hat der Finanzvorstand (oder ein anderer für das Controlling zuständiger Kollege) zuallererst die Aufgabe, das Zahlenwerk zu erstellen, zu analysieren und sachgerecht zu kommentieren. Er muss die Ergebnisse seiner Arbeit unverzüglich seinen Kollegen zugänglich machen. Jeder Kollege muss sogleich erkennen können, was im Unternehmen – und zwar in allen Ressorts – geschieht. Er muss Erfolge ebenso wie Misserfolge erfahren.

329 Insbesondere in Angelegenheiten, die nicht glatt laufen, sollte das zuständige Vorstandsmitglied **seinen Vorstandskollegen unverzüglich mitteilen,** wie es nach seiner Auffassung zu der negativen Entwicklung gekommen ist und was es zu unternehmen gedenkt. Wenn die Kollegen erst nachfragen müssen, kommt das betroffene Vorstandsmitglied seinen Pflichten nicht hinreichend nach. Einer oft zu beobachtenden Tendenz, Schwierigkeiten in einem kleinen Kreis zu behandeln und einzelne Vorstandsmitglieder an der Problemlösung nicht zu beteiligen, muss unbedingt entgegengewirkt werden. Dies ist auch eine der Aufgaben eines Vorstandsvorsitzenden oder eines Vorstandssprechers.

330 Auch dann, wenn ein Kollege seinen Informationspflichten nicht so nachkommt wie es eigentlich geschehen sollte, ist **nicht sogleich ein Anlass zu formalem Handeln** gegeben. Zumeist liegt die Suche nach einem persönlichen Gespräch näher als ein formales Ansuchen um Aufnahme eines entsprechenden Punkts in die Tagesordnung der nächsten Vorstandssitzung. Wenn Vorstandsmitglieder miteinander harmonieren – und das sollten sie tunlichst –, ergeben sich aus der Verpflichtung zur gegenseitigen internen Überwachung keine Schwierigkeiten und keine Misshelligkeiten. Je mehr die einzelnen Vorstandsmitglieder das Gefühl haben, bei ihren Kollegen Verständnis und Hilfe zu finden, desto erfolgreicher funktioniert die Führung des Unternehmens.

## VI. Diversity im Vorstand

### 1. Allgemeines

331 Mit dem Begriff „Diversity" (Vielfalt) wird im Allgemeinen eine Reihe von persönlichen Differenzierungsmerkmalen beschrieben, in deren Vordergrund immer wieder Geschlecht, Alter und Nationalität stehen. Mit Bezug auf den Vorstand geht es also um dessen personelle Zusammensetzung anhand der vorstehenden (und ggf. einiger weiterer) Merkmale. In der aktuellen Diskussion herausragend ist immer wieder die Geschlechterfrage, die regelmäßig in der Frage nach einer **Frauenquote im Vorstand** endet. Sie gehört zu den aktuell beliebtesten Aktionärsfragen auf deutschen Hauptversammlungen, obwohl sie bei sorgfältiger Auslegung des Auskunftstatbestands (§ 131 Abs. 1 S. 1 AktG) wohl nur selten beantwortet werden müsste.

### 2. Legitimation des Gesetzgebers

332 Es ist gesellschaftspolitisch unbestritten, dass Diversity – und hier insbesondere ein angemessener Anteil an Frauen – in der Unternehmensführung eine wünschenswerte Zielstellung darstellt. Für den Aufsichtsrat formuliert Grundsatz 9 DCGK dieses Ziel ausdrück-

lich; für den Vorstand gilt generell nichts anderes. Auch unter betriebswirtschaftlichen Aspekten hat Diversity einen – zumindest statistischen – Wert per se.[256] Eine gänzlich andere Frage betrifft jedoch die **Legitimation des Gesetzgebers, gesellschaftspolitisch wünschenswerte Ziele in zwingende aktienrechtliche Regelungen umzusetzen.** Diese Frage betrifft nicht nur Diversity-Aspekte. Sie stellt sich in gleicher Weise zum Beispiel für exzessive Managervergütung oder für die Haftungsreihenfolge bei Banken-Insolvenzen. Ursprünglich wurde eine solche Kompetenz des Gesetzgebers überwiegend verneint.[257] Mittlerweile hat sich eine neue Dynamik entwickelt, bei der detailliert zwischen den Gremien unterschieden wird, welche betroffen sind,[258] als auch zwischen den unterschiedlichen Regelungen, welche zur Zielerreichung führen sollen.[259] Insbesondere die gesetzliche Verankerung einer Frauenquote wird als „bedenklicher Fremdkörper" im Aktiengesetz überwiegend abgelehnt.[260] In der Tat sollte sich der Gesetzgeber derartiger Vorgaben schon aus verfassungsrechtlichen Gründen (Art. 14 GG) enthalten. Dies gilt umso mehr, als er mit der Einführung der zwingenden Mitbestimmung für Großunternehmen seine Legitimationsgrenzen bereits ausgereizt hat.

### 3. Legislatorische Strömungen

Derzeit existieren für die Aktiengesellschaft **drei Quotenreglungen.** Die erste befindet 333
sich in § 76 Abs. 4 AktG, der sich auf die beiden Führungsebenen unterhalb des Vorstands bezieht und vom Vorstand zu erfüllen ist. Die zweite liegt im § 111 Abs. 5 AktG, der auf den Aufsichtsrat und den Vorstand Anwendung findet und dessen Adressat der Aufsichtsrat ist, was insofern problematisch ist, als der Aufsichtsrat seine eigene Besetzung gar nicht festlegt.

In beiden Vorschriften ist lediglich eine Zielgröße zu bestimmen und **keine gesetzli-** 334
**che Quote** festgelegt. Dabei darf eine Zielgröße unter 30% nicht unter dem tatsächlich erreichten Anteil liegen, wobei unklar ist, ob dies der Anteil ist, der bei Festlegung der Zielgröße bestand[261] oder der höchste je erreichte Anteil seit Einführung des § 76 Abs. 4 AktG.

Gleichzeitig soll eine Frist zur Erreichung der Zielgröße festgelegt werden, wobei diese 335
nicht länger als fünf Jahre sein darf. Ein **Verstoß** bleibt dabei **sanktionslos.** Erforderlich ist jedoch eine Darlegung und Begründung, sowie eine Darstellung der unternommenen Schritte zur Zielerreichung. Personalmaßnahmen, die den Zielgrößen widersprechen bleiben wirksam.[262]

Die dritte Quotenregelung befindet sich in § 96 Abs. 2 AktG. Sie gilt **bei paritätisch** 336
**mitbestimmten und börsennotierten Gesellschaften** und beinhaltet eine Verpflichtung, den Aufsichtsrat mit mindestens 30% Frauen und 30% Männern zu besetzen. Ein Verstoß gegen diese Quote führt zur Nichtigkeit einer Bestellung und zur rechtlichen Unterbesetzung des Aufsichtsrats.

Der auf EU-Ebene vorgesehene Kommissionsvorschlag für eine Gleichstellungsrichtli- 337
nie, die bis 2020 sogar einen 40%-igen Frauenanteil in den Aufsichtsräten börsennotierter Unternehmen vorsah,[263] wartet weiterhin auf die Zustimmung der Staats- und Regierungschefs.

---

[256] Vgl. dazu die Studie von *Erste Group/Roland Berger* in wirtschaftsblatt.at vom 14.11.2013.
[257] Grundlegend *Habersack,* Staatliche und nichtstaatliche Eingriffe in die Unternehmensführung, 69. DJT, Gutachten E, 2012, E 33; ebenso *Mülbert* ZHR 174 (2010), 375 (384); zur Frage der Verfassungsmäßigkeit etwa *Papier/Heidebach* ZGR 2011, 305.
[258] So *Langenfeld* in Maunz/Dürig GG Art. 3 Abs. 2 Rn. 104ff.
[259] So *Leydecker/Bahlinger* NZG 2020, 1212.
[260] So *Habersack,* Staatliche und nichtstaatliche Eingriffe in die Unternehmensführung, 69. DJT, Gutachten E, 2012, E 36; zust. *Windbichler* NJW 2012, 2625 (2627); dagegen zB *Möllers/Hailer* JZ 2012, 847.
[261] So Hüffer/Koch/*Koch* AktG§ 76 Rn. 70.
[262] *Schulz/Ruf* BB 2015, 1155 (1162).
[263] Vgl. KOM (2012), 614.

338 Kurz vor Ende der 19. Legislaturperiode hat der Bundestag (ohne Widerspruch des Bundesrats) das FüPoG II[264] verabschiedet. Ein hierin zur Einfügung vorgesehener § 76 Abs. 3a AktG verpflichtet börsennotierte oder mitbestimmte Aktiengesellschaften mit Vorständen von mehr als drei Mitgliedern, mindestens eine Frau und mindestens einen Mann zum Vorstandsmitglied zu bestellen. Zuwiderhandelnde Bestellungsbeschlüsse sind nichtig (76 Abs. 3a S. 2 AktG). Die Neuregelung gilt für alle **Vorstandsbestellungen ab dem 1.8.2022;** bereits erfolgte Bestellungen ohne Berücksichtigung des Beteiligungsgebotes bleiben auch darüber hinaus bis zum vorgesehenen Ende gültig (§ 26l Abs. 1 EGAktG).

### 4. Praktische Folgeprobleme

339 Quotenregelungen sind in der Praxis teilweise immer noch unerprobt. Dementsprechend zahlreich sind die Auslegungsprobleme, wie sie beispielsweise in den ersten Jahren nach Einführung der gesetzlichen Mitbestimmung ebenfalls zu Tage traten und regelmäßig nur mit einem – sachlich nicht begründbaren – Primat der Arbeitnehmerbeteiligung gelöst werden konnten. Ähnliches droht einer Einführung von Frauenquoten im Vorstand. So ist auf der Tatbestandsseite zum Beispiel völlig offen, welche Funktionen im Vorstand quotiert werden können bzw. sollen oder ob mit der **Schaffung nichtssagender Ressorts** („Vertrieb Polynesien") allen gesetzlichen Anforderungen Genüge getan sein wird. Auf der Rechtsfolgenseite stellt sich exemplarisch die Frage, ob **Beschlüsse fehlbesetzter Vorstände** (zB aufgrund einer kurzfristigen Amtsniederlegung) ebenso unwirksam sein sollen wie die Beschlüsse unterbesetzter Vorstände. Schon diese zwei Beispiele zeigen, dass der Gesetzgeber gut beraten ist, gesellschaftspolitische Überzeugungsarbeit zu leisten, damit die Mehrheit der Aktionäre über den Aufsichtsrat ohne legislatorischen Zwang zu vernünftigen Personalentscheidungen im Vorstand gelangt.

## F. Anlage § 1-1: Deutscher Corporate Governance Kodex

### Deutscher Corporate Governance Kodex

in der am 16.12.2019 von der Regierungskommission beschlossenen Fassung[265]
(BAnz AT 20.3.2020 B3)

**Inhaltsübersicht**



---

[264] Gesetz zur Ergänzung und Änderung der Regelungen für die gleichberechtigte Teilhabe von Frauen an Führungspositionen in der Privatwirtschaft und im öffentlichen Dienst v. 7.8.2021, BGBl. 2021 I 3311.

[265] Bek. des BMJV v. 20.3.2020: „Nachstehend wird gemäß § 161 des Aktiengesetzes der im Amtlichen Teil des Bundesanzeigers zu veröffentlichende Deutsche Corporate Governance Kodex der Regierungskommission Deutscher Corporate Governance Kodex in der Fassung vom 16.12.2019 bekannt gemacht (Anhang). Für die Rechtsfolge des § 161 des Aktiengesetzes ist der Zeitpunkt der Bekanntmachung maßgeblich."

## Präambel

Unter Corporate Governance wird der rechtliche und faktische Ordnungsrahmen für die Leitung und Überwachung eines Unternehmens verstanden. Der Deutsche Corporate Governance Kodex (der „Kodex") enthält Grundsätze, Empfehlungen und Anregungen für den Vorstand und den Aufsichtsrat, die dazu beitragen sollen, dass die Gesellschaft im Unternehmensinteresse geführt wird. Der Kodex verdeutlicht die Verpflichtung von Vorstand und Aufsichtsrat, im Einklang mit den Prinzipien der sozialen Marktwirtschaft unter Berücksichtigung der Belange der Aktionäre, der Belegschaft und der sonstigen mit dem Unternehmen verbundenen Gruppen (Stakeholder) für den Bestand des Unternehmens und seine nachhaltige Wertschöpfung zu sorgen (Unternehmensinteresse). Diese Prinzipien verlangen nicht nur Legalität, sondern auch ethisch fundiertes, eigenverantwortliches Verhalten (Leitbild des Ehrbaren Kaufmanns).

Die Gesellschaft und ihre Organe haben sich in ihrem Handeln der Rolle des Unternehmens in der Gesellschaft und ihrer gesellschaftlichen Verantwortung bewusst zu sein. Sozial- und Umweltfaktoren beeinflussen den Unternehmenserfolg. Im Interesse des Unternehmens stellen Vorstand und Aufsichtsrat sicher, dass die potenziellen Auswirkungen dieser Faktoren auf die Unternehmensstrategie und operative Entscheidungen erkannt und adressiert werden.

Der Kodex hat zum Ziel, das deutsche Corporate Governance System transparent und nachvollziehbar zu machen. Der Kodex enthält Grundsätze, Empfehlungen und Anregungen zur Leitung und Überwachung deutscher börsennotierter Unternehmen, die national und international als Standards guter und verantwortungsvoller Unternehmensführung anerkannt sind. Er will das Vertrauen der Anleger, der Kunden, der Belegschaft und der Öffentlichkeit in die Leitung und Überwachung deutscher börsennotierter Gesellschaften fördern.

Die Grundsätze geben wesentliche rechtliche Vorgaben verantwortungsvoller Unternehmensführung wieder und dienen hier der Information der Anleger und weiterer Stakeholder. Empfehlungen des Kodex sind im Text durch die Verwendung des Wortes „soll" gekennzeichnet. Die Gesellschaften können hiervon abweichen, sind dann aber verpflichtet, dies jährlich offenzulegen und die Abweichungen zu begründen („comply or explain").

Dies ermöglicht den Gesellschaften, branchen- oder unternehmensspezifische Besonderheiten zu berücksichtigen. Eine gut begründete Abweichung von einer Kodexempfehlung kann im Interesse einer guten Unternehmensführung liegen. Schließlich enthält der Kodex Anregungen, von denen ohne Offenlegung abgewichen werden kann; hierfür verwendet der Kodex den Begriff „sollte".

In Regelungen des Kodex, die nicht nur die Gesellschaft selbst, sondern auch ihre Konzernunternehmen betreffen, wird der Begriff „Unternehmen" statt „Gesellschaft" verwendet.

Die Aktionäre üben ihre Mitgliedschaftsrechte regelmäßig vor oder während der Hauptversammlung aus. Institutionelle Anleger sind für die Unternehmen von besonderer Bedeutung. Von ihnen wird erwartet, dass sie ihre Eigentumsrechte aktiv und verantwortungsvoll auf der Grundlage von transparenten und die Nachhaltigkeit berücksichtigenden Grundsätzen ausüben.

Der Kodex richtet sich an börsennotierte Gesellschaften und Gesellschaften mit Kapitalmarktzugang im Sinne des § 161 Absatz 1 Satz 2 des Aktiengesetzes. Nicht kapitalmarktorientierten Gesellschaften mögen die Empfehlungen und Anregungen des Kodex zur Orientierung dienen.

Für die Corporate Governance börsennotierter Kreditinstitute und Versicherungsunternehmen ergeben sich aus dem jeweiligen Aufsichtsrecht Besonderheiten, die im Kodex nicht berücksichtigt sind. Empfehlungen des Kodex gelten nur insoweit, als keine gesetzlichen Bestimmungen entgegenstehen.

## A.
## Leitung und Überwachung

### I.
### Geschäftsführungsaufgaben des Vorstands

**Grundsatz 1**

Der Vorstand leitet das Unternehmen in eigener Verantwortung im Unternehmensinteresse. Die Mitglieder des Vorstands tragen gemeinsam die Verantwortung für die Unternehmensleitung. Der Vorstandsvorsitzende bzw. Sprecher des Vorstands koordiniert die Arbeit der Vorstandsmitglieder.

**Grundsatz 2**

Der Vorstand entwickelt die strategische Ausrichtung des Unternehmens, stimmt sie mit dem Aufsichtsrat ab und sorgt für ihre Umsetzung.

**Grundsatz 3**

Der Vorstand legt für den Frauenanteil in den beiden Führungsebenen unterhalb des Vorstands Zielgrößen fest.

**Empfehlung:**

**A.1**

Der Vorstand soll bei der Besetzung von Führungsfunktionen im Unternehmen auf Diversität achten.

**Grundsatz 4**

Für einen verantwortungsvollen Umgang mit den Risiken der Geschäftstätigkeit bedarf es eines geeigneten und wirksamen internen Kontroll- und Risikomanagementsystems.

**Grundsatz 5**

Der Vorstand hat für die Einhaltung der gesetzlichen Bestimmungen und der internen Richtlinien zu sorgen und wirkt auf deren Beachtung im Unternehmen hin (Compliance).

**Empfehlungen und Anregung:**

**A.2**

Der Vorstand soll für ein an der Risikolage des Unternehmens ausgerichtetes Compliance Management System sorgen und dessen Grundzüge offenlegen. Beschäftigten soll auf geeignete Weise die Möglichkeit eingeräumt werden, geschützt Hinweise auf Rechtsverstöße im Unternehmen zu geben; auch Dritten sollte diese Möglichkeit eingeräumt werden.

## II.
## Überwachungsaufgaben des Aufsichtsrats

**Grundsatz 6**

Der Aufsichtsrat bestellt und entlässt die Mitglieder des Vorstands, überwacht und berät den Vorstand bei der Leitung des Unternehmens und ist in Entscheidungen von grundlegender Bedeutung für das Unternehmen einzubinden.

Für Geschäfte von grundlegender Bedeutung legen die Satzung und/oder der Aufsichtsrat Zustimmungsvorbehalte fest.

Geschäfte mit nahestehenden Personen[266] bedürfen darüber hinaus unter Umständen von Gesetzes wegen der vorherigen Zustimmung des Aufsichtsrats.

**Grundsatz 7**

Der Aufsichtsratsvorsitzende wird vom Aufsichtsrat aus seiner Mitte gewählt. Er koordiniert die Arbeit im Aufsichtsrat und nimmt die Belange des Aufsichtsrats nach außen wahr.

**Anregung:**

**A.3**

Der Aufsichtsratsvorsitzende sollte in angemessenem Rahmen bereit sein, mit Investoren über aufsichtsratsspezifische Themen Gespräche zu führen.

## III.
## Funktion der Hauptversammlung

**Grundsatz 8**

Die Aktionäre üben ihre Mitgliedschaftsrechte regelmäßig in der Hauptversammlung aus. Die Hauptversammlung entscheidet insbesondere über die Gewinnverwendung sowie die Entlastung von Vorstand und Aufsichtsrat und wählt die Anteilseignervertreter in den Aufsichtsrat sowie den Abschlussprüfer. Daneben entscheidet die Hauptversammlung über rechtliche Grundlagen der Gesellschaft, wie insbesondere Änderungen der Satzung, Kapitalmaßnahmen, Unternehmensverträge und Umwandlungen. Die Hauptversammlung beschließt grundsätzlich mit beratendem Charakter über die Billigung des vom Aufsichtsrat vorgelegten Vergütungssystems für die Vorstandsmitglieder, über die konkrete Vergütung des Aufsichtsrats und mit empfehlendem Charakter über die Billigung des Vergütungsberichts für das vorausgegangene Geschäftsjahr.

---

[266] **Amtl. Anm.:** Nahestehende Personen im Sinne von § 111a Absatz 1 Satz 2 des Aktiengesetzes.

**Anregungen:**

**A.4**

Der Hauptversammlungsleiter sollte sich davon leiten lassen, dass eine ordentliche Hauptversammlung spätestens nach vier bis sechs Stunden beendet ist.

**A.5**

Der Vorstand sollte im Fall eines Übernahmeangebots eine außerordentliche Hauptversammlung einberufen, in der die Aktionäre über das Übernahmeangebot beraten und gegebenenfalls über gesellschaftsrechtliche Maßnahmen beschließen.

## B.
## Besetzung des Vorstands

**Grundsatz 9**

Der Aufsichtsrat entscheidet im Rahmen gesetzlicher und satzungsmäßiger Vorgaben über die Anzahl der Vorstandsmitglieder, die erforderlichen Qualifikationen sowie über die Besetzung der einzelnen Positionen durch geeignete Persönlichkeiten. Der Aufsichtsrat legt für den Anteil von Frauen im Vorstand Zielgrößen fest.

**Empfehlungen:**

**B.1**

Bei der Zusammensetzung des Vorstands soll der Aufsichtsrat auf die Diversität achten.

**B.2**

Der Aufsichtsrat soll gemeinsam mit dem Vorstand für eine langfristige Nachfolgeplanung sorgen; die Vorgehensweise soll in der Erklärung zur Unternehmensführung beschrieben werden.

**B.3**

Die Erstbestellung von Vorstandsmitgliedern soll für längstens drei Jahre erfolgen.

**B.4**

Eine Wiederbestellung vor Ablauf eines Jahres vor dem Ende der Bestelldauer bei gleichzeitiger Aufhebung der laufenden Bestellung soll nur bei Vorliegen besonderer Umstände erfolgen.

**B.5**

Für Vorstandsmitglieder soll eine Altersgrenze festgelegt und in der Erklärung zur Unternehmensführung angegeben werden.

## C.
## Zusammensetzung des Aufsichtsrats

### I.
### Allgemeine Anforderungen

**Grundsatz 10**

Der Aufsichtsrat setzt sich aus Vertretern der Aktionäre und gegebenenfalls Vertretern der Arbeitnehmer zusammen. Die Vertreter der Aktionäre werden in der Regel von der Hauptversammlung gewählt. Die Mitbestimmungsgesetze legen abhängig von der Zahl der Arbeitnehmer und der Branche fest, ob und gegebenenfalls wie viele Mitglieder des Aufsichtsrats von den Arbeitnehmern zu wählen sind. Die Anteilseignervertreter und die Arbeitnehmervertreter sind gleichermaßen dem Unternehmensinteresse verpflichtet.

**Grundsatz 11**

Der Aufsichtsrat ist so zusammenzusetzen, dass seine Mitglieder insgesamt über die zur ordnungsgemäßen Wahrnehmung der Aufgaben erforderlichen Kenntnisse, Fähigkeiten und fachlichen Erfahrungen verfügen und die gesetzliche Geschlechterquote eingehalten wird.

**Empfehlungen:**

**C.1**

Der Aufsichtsrat soll für seine Zusammensetzung konkrete Ziele benennen und ein Kompetenzprofil für das Gesamtgremium erarbeiten. Dabei soll der Aufsichtsrat auf Diversität achten. Vorschläge des Aufsichtsrats an die Hauptversammlung sollen diese Ziele berücksichtigen und gleichzeitig die Ausfüllung des Kompetenzprofils für das Gesamtgremium anstreben. Der Stand der Umsetzung soll in der Erklärung zur Unternehmensführung veröffentlicht werden. Diese soll auch über die nach Einschätzung der Anteilseignervertreter im Aufsichtsrat angemessene Anzahl unabhängiger Anteilseignervertreter und die Namen dieser Mitglieder informieren.

**C.2**

Für Aufsichtsratsmitglieder soll eine Altersgrenze festgelegt und in der Erklärung zur Unternehmensführung angegeben werden.

**C.3**

Die Dauer der Zugehörigkeit zum Aufsichtsrat soll offengelegt werden.

**Grundsatz 12**

Jedes Aufsichtsratsmitglied achtet darauf, dass ihm für die Wahrnehmung seiner Aufgaben genügend Zeit zur Verfügung steht.

**Empfehlungen:**

**C.4**

Ein Aufsichtsratsmitglied, das keinem Vorstand einer börsennotierten Gesellschaft angehört, soll insgesamt nicht mehr als fünf Aufsichtsratsmandate bei konzernexternen börsennotierten Gesellschaften oder vergleichbare Funktionen wahrnehmen, wobei ein Aufsichtsratsvorsitz doppelt zählt.

**C.5**

Wer dem Vorstand einer börsennotierten Gesellschaft angehört, soll insgesamt nicht mehr als zwei Aufsichtsratsmandate in konzernexternen börsennotierten Gesellschaften oder vergleichbare Funktionen und keinen Aufsichtsratsvorsitz in einer konzernexternen börsennotierten Gesellschaft wahrnehmen.

## II.
## Unabhängigkeit der Aufsichtsratsmitglieder

**Empfehlungen:**

**C.6**

Dem Aufsichtsrat soll auf Anteilseignerseite eine nach deren Einschätzung angemessene Anzahl unabhängiger Mitglieder angehören; dabei soll die Eigentümerstruktur berücksichtigt werden.

Ein Aufsichtsratsmitglied ist im Sinne dieser Empfehlung als unabhängig anzusehen, wenn es unabhängig von der Gesellschaft und deren Vorstand und unabhängig von einem kontrollierenden Aktionär ist.

**C.7**

Mehr als die Hälfte der Anteilseignervertreter soll unabhängig von der Gesellschaft und vom Vorstand sein. Ein Aufsichtsratsmitglied ist unabhängig von der Gesellschaft und deren Vorstand, wenn es in keiner persönlichen oder geschäftlichen Beziehung zu der Gesellschaft oder deren Vorstand steht, die einen wesentlichen und nicht nur vorübergehenden Interessenkonflikt begründen kann.

Die Anteilseignerseite soll, wenn sie die Unabhängigkeit ihrer Mitglieder von der Gesellschaft und vom Vorstand einschätzt, insbesondere berücksichtigen, ob das Aufsichtsratsmitglied selbst oder ein naher Familienangehöriger des Aufsichtsratsmitglieds

- in den zwei Jahren vor der Ernennung Mitglied des Vorstands der Gesellschaft war,
- aktuell oder in dem Jahr bis zu seiner Ernennung direkt oder als Gesellschafter oder in verantwortlicher Funktion eines konzernfremden Unternehmens eine wesentliche geschäftliche Beziehung mit der Gesellschaft oder einem von dieser abhängigen Unternehmen unterhält oder unterhalten hat (zB als Kunde, Lieferant, Kreditgeber oder Berater),
- ein naher Familienangehöriger eines Vorstandsmitglieds ist oder
- dem Aufsichtsrat seit mehr als 12 Jahren angehört.

**C.8**

Sofern ein oder mehrere der in Empfehlung C.7 genannten Indikatoren erfüllt sind und das betreffende Aufsichtsratsmitglied dennoch als unabhängig angesehen wird, soll dies in der Erklärung zur Unternehmensführung begründet werden.

**C.9**

Sofern die Gesellschaft einen kontrollierenden Aktionär hat, sollen im Fall eines Aufsichtsrats mit mehr als sechs Mitgliedern mindestens zwei Anteilseignervertreter unabhängig vom kontrollierenden Aktionär sein. Im Fall eines Aufsichtsrats mit sechs oder weniger Mitgliedern soll mindestens ein Anteilseignervertreter unabhängig vom kontrollierenden Aktionär sein.

Ein Aufsichtsratsmitglied ist unabhängig vom kontrollierenden Aktionär, wenn es selbst oder ein naher Familienangehöriger weder kontrollierender Aktionär ist noch dem geschäftsführenden Organ des kontrollierenden Aktionärs angehört oder in einer persönlichen oder geschäftlichen Beziehung zum kontrollierenden Aktionär steht, die einen wesentlichen und nicht nur vorübergehenden Interessenkonflikt begründen kann.

**C.10**

Der Aufsichtsratsvorsitzende, der Vorsitzende des Prüfungsausschusses sowie der Vorsitzende des mit der Vorstandsvergütung befassten Ausschusses sollen unabhängig von der Gesellschaft und vom Vorstand sein. Der Vorsitzende des Prüfungsausschusses soll zudem auch unabhängig vom kontrollierenden Aktionär sein.

**C.11**

Dem Aufsichtsrat sollen nicht mehr als zwei ehemalige Mitglieder des Vorstands angehören.

Aufsichtsratsmitglieder sollen keine Organfunktion oder Beratungsaufgaben bei wesentlichen Wettbewerbern des Unternehmens ausüben und nicht in einer persönlichen Beziehung zu einem wesentlichen Wettbewerber stehen.

### III.
### Wahlen zum Aufsichtsrat

#### Empfehlungen:

**C.13**

Der Aufsichtsrat soll bei seinen Wahlvorschlägen an die Hauptversammlung die persönlichen und die geschäftlichen Beziehungen eines jeden Kandidaten zum Unternehmen, den Organen der Gesellschaft und einem wesentlich an der Gesellschaft beteiligten Aktionär offenlegen. Die Empfehlung zur Offenlegung beschränkt sich auf solche Umstände, die nach der Einschätzung des Aufsichtsrats ein objektiv urteilender Aktionär für seine Wahlentscheidung als maßgebend ansehen würde. Wesentlich beteiligt im Sinn dieser Empfehlung sind Aktionäre, die direkt oder indirekt mehr als 10% der stimmberechtigten Aktien der Gesellschaft halten.

**C.14**

Dem Kandidatenvorschlag soll ein Lebenslauf beigefügt werden, der über relevante Kenntnisse, Fähigkeiten und fachliche Erfahrungen Auskunft gibt; dieser soll durch eine Übersicht über die wesentlichen Tätigkeiten neben dem Aufsichtsratsmandat ergänzt und für alle Aufsichtsratsmitglieder jährlich aktualisiert auf der Internetseite des Unternehmens veröffentlicht werden.

**C.15**

Die Wahl der Anteilseignervertreter im Aufsichtsrat soll als Einzelwahl durchgeführt werden. Ein Antrag auf gerichtliche Bestellung eines Aufsichtsratsmitglieds der Anteilseignerseite soll bis zur nächsten Hauptversammlung befristet sein.

## D.
## Arbeitsweise des Aufsichtsrats

### I.
### Geschäftsordnung

#### Empfehlung:

**D.1**

Der Aufsichtsrat soll sich eine Geschäftsordnung geben und diese auf der Internetseite der Gesellschaft zugänglich machen.

### II.
### Zusammenarbeit im Aufsichtsrat und mit dem Vorstand

#### 1.
#### Allgemeine Anforderungen

**Grundsatz 13**

Vorstand und Aufsichtsrat arbeiten zum Wohle des Unternehmens vertrauensvoll zusammen. Gute Unternehmensführung setzt eine offene Diskussion zwischen Vorstand und Aufsichtsrat sowie in Vorstand und Aufsichtsrat voraus. Die umfassende Wahrung der Vertraulichkeit ist dafür von entscheidender Bedeutung.

#### 2.
#### Ausschüsse des Aufsichtsrats

**Grundsatz 14**

Die Bildung von Ausschüssen fördert bei größeren Gesellschaften regelmäßig die Wirksamkeit der Arbeit des Aufsichtsrats.

**Empfehlungen:**

**D.2**

Der Aufsichtsrat soll abhängig von den spezifischen Gegebenheiten des Unternehmens und der Anzahl seiner Mitglieder fachlich qualifizierte Ausschüsse bilden. Die jeweiligen Ausschussmitglieder und der Ausschussvorsitzende sollen namentlich in der Erklärung zur Unternehmensführung genannt werden.

**D.3**

Der Aufsichtsrat soll einen Prüfungsausschuss einrichten, der sich – soweit kein anderer Ausschuss oder das Plenum damit betraut ist – insbesondere mit der Prüfung der Rechnungslegung, der Überwachung des Rechnungslegungsprozesses, der Wirksamkeit des internen Kontrollsystems, des Risikomanagementsystems und des internen Revisionssystems sowie der Abschlussprüfung und der Compliance befasst. Die Rechnungslegung umfasst insbesondere den Konzernabschluss und den Konzernlagebericht (einschließlich CSR-Berichterstattung), unterjährige Finanzinformationen und den Einzelabschluss nach HGB.

**D.4**

Der Vorsitzende des Prüfungsausschusses soll über besondere Kenntnisse und Erfahrungen in der Anwendung von Rechnungslegungsgrundsätzen und internen Kontrollverfahren verfügen sowie mit der Abschlussprüfung vertraut und unabhängig sein. Der Aufsichtsratsvorsitzende soll nicht den Vorsitz im Prüfungsausschuss innehaben.

**D.5**

Der Aufsichtsrat soll einen Nominierungsausschuss bilden, der ausschließlich mit Vertretern der Anteilseigner besetzt ist und dem Aufsichtsrat geeignete Kandidaten für dessen Vorschläge an die Hauptversammlung zur Wahl von Aufsichtsratsmitgliedern benennt.

## 3.
## Informationsversorgung

**Grundsatz 15**

Die Information des Aufsichtsrats ist Aufgabe des Vorstands. Der Aufsichtsrat hat jedoch seinerseits sicherzustellen, dass er angemessen informiert wird. Der Vorstand informiert den Aufsichtsrat regelmäßig, zeitnah und umfassend über alle für das Unternehmen relevanten Fragen insbesondere der Strategie, der Planung, der Geschäftsentwicklung, der Risikolage, des Risikomanagements und der Compliance. Er geht auf Abweichungen des Geschäftsverlaufs von den aufgestellten Plänen und vereinbarten Zielen unter Angabe von Gründen ein. Der Aufsichtsrat kann jederzeit zusätzliche Informationen vom Vorstand verlangen.

**Grundsatz 16**

Der Aufsichtsratsvorsitzende wird über wichtige Ereignisse, die für die Beurteilung der Lage und Entwicklung sowie für die Leitung des Unternehmens von wesentlicher Bedeutung sind, unverzüglich durch den Vorsitzenden bzw. Sprecher des Vorstands informiert. Der Aufsichtsratsvorsitzende hat sodann den Aufsichtsrat zu unterrichten und, falls erforderlich, eine außerordentliche Aufsichtsratssitzung einzuberufen.

**Empfehlung:**

**D.6**

Der Aufsichtsratsvorsitzende soll zwischen den Sitzungen mit dem Vorstand, insbesondere mit dem Vorsitzenden bzw. Sprecher des Vorstands, regelmäßig Kontakt halten und mit ihm Fragen der Strategie, der Geschäftsentwicklung, der Risikolage, des Risikomanagements und der Compliance des Unternehmens beraten.

### 4.
### Sitzungen und Beschlussfassung

**Empfehlungen und Anregung:**

**D.7**

Der Aufsichtsrat soll regelmäßig auch ohne den Vorstand tagen.

**D.8**

Im Bericht des Aufsichtsrats soll angegeben werden, an wie vielen Sitzungen des Aufsichtsrats und der Ausschüsse die einzelnen Mitglieder jeweils teilgenommen haben. Als Teilnahme gilt auch eine solche über Telefon- oder Videokonferenzen; diese sollte aber nicht die Regel sein.

## III.
## Zusammenarbeit mit dem Abschlussprüfer

**Grundsatz 17**

Der Abschlussprüfer unterstützt den Aufsichtsrat bzw. den Prüfungsausschuss bei der Überwachung der Geschäftsführung, insbesondere bei der Prüfung der Rechnungslegung und der Überwachung der rechnungslegungsbezogenen Kontroll- und Risikomanagementsysteme. Der Bestätigungsvermerk des Abschlussprüfers informiert den Kapitalmarkt über die Ordnungsmäßigkeit der Rechnungslegung.

**Empfehlungen:**

**D.9**

Der Aufsichtsrat oder der Prüfungsausschuss soll mit dem Abschlussprüfer vereinbaren, dass dieser ihn unverzüglich über alle für seine Aufgaben wesentlichen Feststellungen und Vorkommnisse unterrichtet, die bei der Durchführung der Abschlussprüfung zu seiner Kenntnis gelangen.

**D.10**

Der Aufsichtsrat oder der Prüfungsausschuss soll mit dem Abschlussprüfer vereinbaren, dass dieser ihn informiert und im Prüfungsbericht vermerkt, wenn er bei Durchführung der Abschlussprüfung Tatsachen feststellt, die eine Unrichtigkeit der von Vorstand und Aufsichtsrat abgegebenen Erklärung zum Kodex ergeben.

**D.11**

Der Prüfungsausschuss soll regelmäßig eine Beurteilung der Qualität der Abschlussprüfung vornehmen.

## IV.
## Aus- und Fortbildung

**Grundsatz 18**

Die Mitglieder des Aufsichtsrats nehmen die für ihre Aufgaben erforderlichen Aus- und Fortbildungsmaßnahmen eigenverantwortlich wahr.

**Empfehlung:**

**D.12**

Die Gesellschaft soll die Mitglieder des Aufsichtsrats bei ihrer Amtseinführung sowie den Aus- und Fortbildungsmaßnahmen angemessen unterstützen und über durchgeführte Maßnahmen im Bericht des Aufsichtsrats berichten.

## V.
## Selbstbeurteilung

### Empfehlung:

**D.13**

Der Aufsichtsrat soll regelmäßig beurteilen, wie wirksam der Aufsichtsrat insgesamt und seine Ausschüsse ihre Aufgaben erfüllen. In der Erklärung zur Unternehmensführung soll der Aufsichtsrat berichten, ob und wie eine Selbstbeurteilung durchgeführt wurde.

## E.
## Interessenkonflikte

**Grundsatz 19**

Die Mitglieder von Vorstand und Aufsichtsrat sind dem Unternehmensinteresse verpflichtet. Sie dürfen bei ihren Entscheidungen weder persönliche Interessen verfolgen noch Geschäftschancen für sich nutzen, die dem Unternehmen zustehen. Vorstandsmitglieder unterliegen während ihrer Tätigkeit einem umfassenden Wettbewerbsverbot.

### Empfehlungen:

**E.1**

Jedes Aufsichtsratsmitglied soll Interessenkonflikte unverzüglich dem Vorsitzenden des Aufsichtsrats offenlegen. Der Aufsichtsrat soll in seinem Bericht an die Hauptversammlung über aufgetretene Interessenkonflikte und deren Behandlung informieren. Wesentliche und nicht nur vorübergehende Interessenkonflikte in der Person eines Aufsichtsratsmitglieds sollen zur Beendigung des Mandats führen.

**E.2**

Jedes Vorstandsmitglied soll Interessenkonflikte unverzüglich dem Vorsitzenden des Aufsichtsrats und dem Vorsitzenden bzw. Sprecher des Vorstands offenlegen und die anderen Vorstandsmitglieder hierüber informieren.

**E.3**

Vorstandsmitglieder sollen Nebentätigkeiten, insbesondere konzernfremde Aufsichtsratsmandate, nur mit Zustimmung des Aufsichtsrats übernehmen.

## F.
## Transparenz und externe Berichterstattung

**Grundsatz 20**

Die Gesellschaft behandelt die Aktionäre bei Informationen unter gleichen Voraussetzungen gleich.

**Grundsatz 21**

Anteilseigner und Dritte werden insbesondere durch den Konzernabschluss und den Konzernlagebericht (einschließlich CSR-Berichterstattung) sowie durch unterjährige Finanzinformationen unterrichtet.

### Empfehlungen:

**F.1**

Die Gesellschaft soll den Aktionären unverzüglich sämtliche wesentlichen neuen Tatsachen, die Finanzanalysten und vergleichbaren Adressaten mitgeteilt worden sind, zur Verfügung stellen.

F.2

Der Konzernabschluss und der Konzernlagebericht sollen binnen 90 Tagen nach Geschäftsjahresende, die verpflichtenden unterjährigen Finanzinformationen sollen binnen 45 Tagen nach Ende des Berichtszeitraums öffentlich zugänglich sein.

F.3

Ist die Gesellschaft nicht zu Quartalsmitteilungen verpflichtet, soll sie unterjährig neben dem Halbjahresfinanzbericht in geeigneter Form über die Geschäftsentwicklung, insbesondere über wesentliche Veränderungen der Geschäftsaussichten sowie der Risikosituation, informieren.

**Grundsatz 22**

Aufsichtsrat und Vorstand berichten jährlich in der Erklärung zur Unternehmensführung über die Corporate Governance der Gesellschaft.

**Empfehlungen:**

F.4

Aufsichtsrat und Vorstand von börsennotierten, spezialgesetzlich regulierten Gesellschaften sollen in der Erklärung zur Unternehmensführung angeben, welche Empfehlungen des Kodex auf Grund vorrangiger gesetzlicher Bestimmungen nicht anwendbar waren.

F.5

Die Gesellschaft soll nicht mehr aktuelle Erklärungen zur Unternehmensführung und Entsprechenserklärungen zu den Empfehlungen des Kodex mindestens fünf Jahre lang auf ihrer Internetseite zugänglich halten.

## G.
## Vergütung von Vorstand und Aufsichtsrat

### I.
### Vergütung des Vorstands

**Grundsatz 23**

Der Aufsichtsrat beschließt ein klares und verständliches System zur Vergütung der Vorstandsmitglieder und bestimmt auf dessen Basis die konkrete Vergütung der einzelnen Vorstandsmitglieder.

Die Hauptversammlung beschließt grundsätzlich mit beratendem Charakter über die Billigung des vom Aufsichtsrat vorgelegten Vergütungssystems sowie mit empfehlendem Charakter über die Billigung des Vergütungsberichts für das vorausgegangene Geschäftsjahr.

Die Vergütungsstruktur ist bei börsennotierten Gesellschaften auf eine nachhaltige und langfristige Entwicklung der Gesellschaft auszurichten. Die Vergütung der Vorstandsmitglieder hat zur Förderung der Geschäftsstrategie und zur langfristigen Entwicklung der Gesellschaft beizutragen.

#### 1.
#### Festlegung des Vergütungssystems

**Empfehlung:**

**G.1**

Im Vergütungssystem soll insbesondere festgelegt werden,
- wie für die einzelnen Vorstandsmitglieder die Ziel-Gesamtvergütung bestimmt wird und welche Höhe die Gesamtvergütung nicht übersteigen darf (Maximalvergütung),
- welchen relativen Anteil die Festvergütung einerseits sowie kurzfristig variable und langfristig variable Vergütungsbestandteile andererseits an der Ziel-Gesamtvergütung haben,

- welche finanziellen und nichtfinanziellen Leistungskriterien für die Gewährung variabler Vergütungsbestandteile maßgeblich sind,
- welcher Zusammenhang zwischen der Erreichung der vorher vereinbarten Leistungskriterien und der variablen Vergütung besteht,
- in welcher Form und wann das Vorstandsmitglied über die gewährten variablen Vergütungsbeträge verfügen kann.

## 2.
## Festlegung der konkreten Gesamtvergütung

### Empfehlungen:

**G.2**

Auf Basis des Vergütungssystems soll der Aufsichtsrat für jedes Vorstandsmitglied zunächst dessen konkrete Ziel-Gesamtvergütung festlegen, die in einem angemessenen Verhältnis zu den Aufgaben und Leistungen des Vorstandsmitglieds sowie zur Lage des Unternehmens stehen und die übliche Vergütung nicht ohne besondere Gründe übersteigen.

**G.3**

Zur Beurteilung der Üblichkeit der konkreten Gesamtvergütung der Vorstandsmitglieder im Vergleich zu anderen Unternehmen soll der Aufsichtsrat eine geeignete Vergleichsgruppe anderer Unternehmen heranziehen, deren Zusammensetzung er offenlegt. Der Peer Group-Vergleich ist mit Bedacht zu nutzen, damit es nicht zu einer automatischen Aufwärtsentwicklung kommt.

**G.4**

Zur Beurteilung der Üblichkeit innerhalb des Unternehmens soll der Aufsichtsrat das Verhältnis der Vorstandsvergütung zur Vergütung des oberen Führungskreises und der Belegschaft insgesamt und dieses auch in der zeitlichen Entwicklung berücksichtigen.

**G.5**

Zieht der Aufsichtsrat zur Entwicklung des Vergütungssystems und zur Beurteilung der Angemessenheit der Vergütung einen externen Vergütungsexperten hinzu, soll er auf dessen Unabhängigkeit vom Vorstand und vom Unternehmen achten.

## 3.
## Festsetzung der Höhe der variablen Vergütungsbestandteile

### Empfehlungen:

**G.6**

Die variable Vergütung, die sich aus dem Erreichen langfristig orientierter Ziele ergibt, soll den Anteil aus kurzfristig orientierten Zielen übersteigen.

**G.7**

Der Aufsichtsrat soll für das bevorstehende Geschäftsjahr für jedes Vorstandsmitglied für alle variablen Vergütungsbestandteile die Leistungskriterien festlegen, die sich – neben operativen – vor allem an strategischen Zielsetzungen orientieren sollen. Der Aufsichtsrat soll festlegen, in welchem Umfang individuelle Ziele der einzelnen Vorstandsmitglieder oder Ziele für alle Vorstandsmitglieder zusammen maßgebend sind.

**G.8**

Eine nachträgliche Änderung der Zielwerte oder der Vergleichsparameter soll ausgeschlossen sein.

**G.9**

Nach Ablauf des Geschäftsjahres soll der Aufsichtsrat in Abhängigkeit von der Zielerreichung die Höhe der individuell für dieses Jahr zu gewährenden Vergütungsbestandteile festlegen. Die Zielerreichung soll dem Grunde und der Höhe nach nachvollziehbar sein.

**G.10**

Die dem Vorstandsmitglied gewährten variablen Vergütungsbeträge sollen von ihm unter Berücksichtigung der jeweiligen Steuerbelastung überwiegend in Aktien der Gesellschaft angelegt oder entsprechend aktienbasiert gewährt werden. Über die langfristig variablen Gewährungsbeträge soll das Vorstandsmitglied erst nach vier Jahren verfügen können.

**G.11**

Der Aufsichtsrat soll die Möglichkeit haben, außergewöhnlichen Entwicklungen in angemessenem Rahmen Rechnung zu tragen. In begründeten Fällen soll eine variable Vergütung einbehalten oder zurückgefordert werden können.

## 4. Leistungen bei Vertragsbeendigung

### Empfehlungen und Anregung:

**G.12**

Im Fall der Beendigung eines Vorstandsvertrags soll die Auszahlung noch offener variabler Vergütungsbestandteile, die auf die Zeit bis zur Vertragsbeendigung entfallen, nach den ursprünglich vereinbarten Zielen und Vergleichsparametern und nach den im Vertrag festgelegten Fälligkeitszeitpunkten oder Haltedauern erfolgen.

**G.13**

Zahlungen an ein Vorstandsmitglied bei vorzeitiger Beendigung der Vorstandstätigkeit sollen den Wert von zwei Jahresvergütungen nicht überschreiten (Abfindungs-Cap) und nicht mehr als die Restlaufzeit des Anstellungsvertrags vergüten. Im Fall eines nachvertraglichen Wettbewerbsverbots soll die Abfindungszahlung auf die Karenzentschädigung angerechnet werden.

**G.14**

Zusagen für Leistungen aus Anlass der vorzeitigen Beendigung des Anstellungsvertrags durch das Vorstandsmitglied infolge eines Kontrollwechsels (Change of Control) sollten nicht vereinbart werden.

## 5. Sonstige Regelungen

### Empfehlungen:

**G.15**

Sofern Vorstandsmitglieder konzerninterne Aufsichtsratsmandate wahrnehmen, soll die Vergütung angerechnet werden.

**G.16**

Bei der Übernahme konzernfremder Aufsichtsratsmandate soll der Aufsichtsrat entscheiden, ob und inwieweit die Vergütung anzurechnen ist.

**II.**
**Vergütung des Aufsichtsrats**

**Grundsatz 24**

Die Mitglieder des Aufsichtsrats erhalten eine Vergütung, die in einem angemessenen Verhältnis zu ihren Aufgaben und der Lage der Gesellschaft steht. Sie wird durch Beschluss der Hauptversammlung, gegebenenfalls in der Satzung festgesetzt.

**Empfehlungen und Anregung:**

**G.17**

Bei der Vergütung der Aufsichtsratsmitglieder soll der höhere zeitliche Aufwand des Vorsitzenden und des stellvertretenden Vorsitzenden des Aufsichtsrats sowie des Vorsitzenden und der Mitglieder von Ausschüssen angemessen berücksichtigt werden.

**G.18**

Die Vergütung des Aufsichtsrats sollte in einer Festvergütung bestehen. Wird den Aufsichtsratsmitgliedern dennoch eine erfolgsorientierte Vergütung zugesagt, soll sie auf eine langfristige Entwicklung der Gesellschaft ausgerichtet sein.

**III.**
**Berichterstattung**

**Grundsatz 25**

Vorstand und Aufsichtsrat erstellen jährlich nach den gesetzlichen Bestimmungen einen Vergütungsbericht.

## G. Anlage § 1-2: Muster einer Geschäftsordnung für den Vorstand

Diese Geschäftsordnung ist am … vom Aufsichtsrat/vom Vorstand (mit der am … erfolgten Zustimmung des Aufsichtsrats) beschlossen worden.

**§ 1**

1. Die Mitglieder des Vorstands haben die Geschäfte der Gesellschaft unter Beachtung der Sorgfalt eines ordentlichen und gewissenhaften Geschäftsleiters nach Maßgabe der Gesetze, der Satzung, dieser Geschäftsordnung, des Geschäftsverteilungsplans und der in den Dienstverträgen enthaltenen Bestimmungen zu führen.
2. Die Mitglieder des Vorstands tragen gemeinschaftlich die Verantwortung für die gesamte Geschäftsführung. Sie arbeiten kollegial zusammen und haben sich gegenseitig über wichtige Geschäftsvorgänge ihrer Geschäftsbereiche unterrichtet zu halten. Jedes Vorstandsmitglied nimmt seine Aufgaben im engsten Einvernehmen mit dem Gesamtvorstand wahr.

**§ 2**

1. Der Gesamtvorstand beschließt in allen Angelegenheiten von grundsätzlicher oder wesentlicher Bedeutung. Er beschließt namentlich
   a) über Angelegenheiten, die dem Aufsichtsrat oder der Hauptversammlung zur Beschlussfassung vorzulegen sind;
   b) bei Meinungsverschiedenheiten zwischen Vorstandsmitgliedern nach Maßgabe von Abs. 2 und 3;
   c) über die in Anlage A aufgeführten Geschäfte.
2. Maßnahmen der Geschäftsführung, die die im Geschäftsverteilungsplan bestimmten Tätigkeitsbereiche mehrerer Vorstandsmitglieder betreffen, bedürfen der vorherigen Zustimmung aller beteiligten Vorstandsmitglieder. Wird eine hiernach erforderliche Zu-

stimmung nicht eingeholt oder erteilt, so kann jedes beteiligte Vorstandsmitglied eine Beschlussfassung durch den Gesamtvorstand verlangen.
3. Jedes Vorstandsmitglied kann jeder Geschäftsführungshandlung eines anderen Vorstandsmitglieds durch ausdrückliche Erklärung gegenüber dem oder den betroffenen anderen Vorstandsmitgliedern widersprechen. Erfolgt ein Widerspruch gegen die Vornahme einer Handlung, so muss diese bis zur Entscheidung des Gesamtvorstands unterbleiben.
4. In Angelegenheiten gemäß Abs. 2 und 3 darf ein beteiligtes Vorstandsmitglied selbstständig handeln, wenn dies nach seinem pflichtgemäßen Ermessen zur Vermeidung unmittelbar drohender schwerer Nachteile für die Gesellschaft erforderlich erscheint. Die Maßnahme darf nicht weiter gehen als dies zur Vermeidung der Nachteile notwendig ist. Über ein solches selbstständiges Handeln ist der Gesamtvorstand unverzüglich zu unterrichten.
5. Der Gesamtvorstand oder der Vorsitzende des Vorstands kann einzelne Mitglieder des Vorstands mit der Vorbereitung von dem Gesamtvorstand vorbehaltenen Angelegenheiten und mit der Durchführung der so getroffenen Entscheidungen sowie mit der Ausführung von Maßnahmen beauftragen, die vom Gesamtvorstand beschlossen sind.

§ 3

Der Geschäftsverteilungsplan wird vom Aufsichtsrat beschlossen. Mit Zustimmung des Aufsichtsrats kann der Geschäftsverteilungsplan auch vom Gesamtvorstand durch einstimmigen Beschluss festgestellt, abgeändert oder aufgehoben und zugleich durch einen neuen Geschäftsverteilungsplan ersetzt werden.

§ 4

1. Beschlüsse des Gesamtvorstands werden in Sitzungen gefasst. Auf Antrag eines Vorstandsmitglieds können Beschlüsse auch außerhalb von Sitzungen durch schriftliche, telefonische, per E-Mail oder per Video-Konferenz übermittelte Stimmabgabe gefasst werden, wenn kein Mitglied des Vorstands diesem Verfahren unverzüglich widerspricht.
2. Sitzungen des Gesamtvorstands sollen in regelmäßigen Abständen stattfinden, und zwar mindestens einmal im Monat. Sie müssen stets dann stattfinden, wenn das Wohl der Gesellschaft es erfordert.
3. Jedes Vorstandsmitglied ist berechtigt, die Einberufung einer Sitzung des Gesamtvorstands zu verlangen.
4. Der Gesamtvorstand beschließt mit einfacher Mehrheit, soweit die Gesetze, die Satzung oder diese Geschäftsordnung nichts anderes vorsehen. Abwesende Vorstandsmitglieder können ein an der Sitzung teilnehmendes Vorstandsmitglied in Textform bevollmächtigen, ihre Stimme abzugeben.
5. Ist ein Vorstandsmitglied der Auffassung, dass durch einen gegen seine Stimme gefassten Beschluss die Belange des Unternehmens erheblich verletzt werden, so kann es verlangen, dass die Ausführung des Beschlusses ausgesetzt und dem Aufsichtsrat zur Kenntnisnahme vorgelegt wird. Durch vorstehende Regelung wird die Anordnung dringender Maßnahmen zur Abwendung von Schäden und Gefahren für das Unternehmen im Einzelfall nicht ausgeschlossen.
6. Über jede Sitzung des Gesamtvorstands ist eine Niederschrift anzufertigen, in der der Ort und der Tag der Sitzung, die Teilnehmer, die Gegenstände der Tagesordnung, der wesentliche Inhalt der Verhandlungen und die Beschlüsse des Vorstands festgehalten werden. Die Niederschrift ist von dem benannten Schriftführer zu unterzeichnen und allen Vorstandsmitgliedern in Textform auszuhändigen. Über wesentliche Sitzungsergebnisse unterrichtet der Vorsitzende des Vorstands unmittelbar nach der Sitzung in Textform den Vorsitzenden des Aufsichtsrats.

§ 5

1. Sämtliche Vorstandsmitglieder haben den Gesamtvorstand über wichtige Maßnahmen und Entscheidungen innerhalb ihres Tätigkeitsbereichs auch bereits vor ihrer Durchfüh-

rung und über wesentliche Geschäftsvorfälle, Risiken und Verluste ihres Tätigkeitsbereichs unverzüglich zu unterrichten.
2. Über Geschäftsführungsmaßnahmen von wesentlicher Bedeutung haben die Vorstandsmitglieder vor deren Durchführung untereinander zu beraten.

§ 6

1. Die Verpflichtung zur Berichterstattung an den Aufsichtsrat obliegt dem Gesamtvorstand unter Federführung seines Vorsitzenden.
2. Der Vorstand hat den Vorsitzenden des Aufsichtsrats regelmäßig über den Gang der Geschäfte und die Lage des Unternehmens einschließlich der verbundenen Unternehmen mündlich und – wenn dieser es wünscht – auch in Textform zu unterrichten.
3. In allen Angelegenheiten, die für die Gesellschaft von besonderem Gewicht sind, hat der Vorstand dem Vorsitzenden des Aufsichtsrats unverzüglich mündlich oder in Textform Bericht zu erstatten.

§ 7

1. Der Vorstand legt dem Aufsichtsrat alljährlich in Textform eine Unternehmensplanung vor. Übt die Gesellschaft Leitungsbefugnisse über verbundene Unternehmen aus, so ist die Planung auch auf diese zu erstrecken.
2. Die Unternehmensplanung besteht aus
   a) einer Darstellung der langfristigen strategischen Ziele; sie ist alle 3 Jahre und bei einer wesentlichen Veränderung der Rahmenbedingungen aufzustellen und dem Aufsichtsrat zur Zustimmung vorzulegen;
   b) einer revolvierenden mittelfristigen Unternehmensplanung für 3 Jahre einschließlich Umsatz-, Investitions-, Finanz-, Personal- und Ergebnisplanung; sie soll dem Aufsichtsrat jährlich zur Information vorgelegt werden;
   c) einer Budgetplanung (Umsatz-, Investitions-, Finanz-, Personal- und Ergebnisplanung) für das kommende Geschäftsjahr; sie soll in der letzten Sitzung des Aufsichtsrats im laufenden Geschäftsjahr vorgelegt werden und bedarf der Zustimmung des Aufsichtsrats.
3. Der Vorstand hat spätestens in der Sitzung über den Jahresabschluss über die Durchführung der Unternehmensplanung für das vergangene Geschäftsjahr (Soll/Ist-Vergleich) in Textform zu berichten.

§ 8

1. Die Vorstandsmitglieder sollen Zeit und Dauer von Dienstreisen und Urlaub mit dem Vorsitzenden des Vorstands abstimmen. Über eine längere Erkrankung ist der Vorsitzende des Aufsichtsrats zu unterrichten.
2. Über eine Abwesenheit des Vorstandsvorsitzenden von mehr als einer Woche ist der Vorsitzende des Aufsichtsrats vorher zu unterrichten.

§ 9

1. Die in Anlage B aufgeführten Handlungen bedürfen der vorherigen Zustimmung des Aufsichtsrats.
2. In Eilfällen, in denen die vorherige Einholung der Zustimmung des Aufsichtsrats oder des für Eilfälle zuständigen Ausschusses nicht möglich ist, kann der Vorstand auch ohne diese Zustimmung handeln. Er hat den Aufsichtsrat dann unverzüglich über die vorgenommenen Handlungen und die Gründe zu unterrichten, aus denen die Zustimmung des Aufsichtsrats nicht rechtzeitig eingeholt werden konnte.
3. Die Zustimmungsvorbehalte der Anlage B gelten sinngemäß auch für Tochtergesellschaften des Unternehmens. Der Vorstand ist gehalten, diese Vorbehalte in diesen Gesellschaften durchzusetzen.
   Durch diese Zustimmungsvorbehalte werden unabdingbare gesetzliche Verpflichtungen

zu eigenverantwortlichem Handeln in den Aufsichtsorganen dieser Gesellschaften nicht eingeschränkt.

**Anlage A.**
**Angelegenheiten, die der Beschlussfassung des Gesamtvorstands bedürfen**

Die nachfolgenden Geschäfte dürfen nur mit Zustimmung des Gesamtvorstands vorgenommen werden (Zustimmungserfordernisse des Aufsichtsrats oder der Hauptversammlung bleiben unberührt):

1. Bestellung von Führungskräften der zweiten Führungsebene und von Geschäftsleitungsmitgliedern von Beteiligungsgesellschaften, ggf. Verabschiedung eines Vorschlags bei Gesellschaften mit einem eigenen Bestellungsorgan;
2. Entscheidungen und Maßnahmen mit erheblicher Bedeutung für die Ertrags-, Finanz- oder Vermögenslage oder die Belegschaft der Gesellschaft;
3. Investitionsentscheidungen mit einem Einzelvolumen von mehr als ... Euro;
4. Abschluss, Änderung oder Aufhebung von Leasingverträgen mit einer Jahresvergütung von mehr als ... Euro oder einem Investitionsvolumen von insgesamt über ... Euro;
5. Abschluss, Änderung oder Aufhebung von Miet- und Pachtverträgen mit einer Laufzeit von mehr als 1 Jahr und einem Miet- oder Pachtzins p.a. von mehr als ... Euro;
6. Einrichtung oder Auflösung von Zweigniederlassungen;
7. Gewährung von Darlehen an Mitarbeiter, soweit sie den Betrag eines Brutto-Monatsgehalts übersteigen.

**Anlage B.**
**Angelegenheiten, die der Zustimmung des Aufsichtsrats bedürfen**

1. Zustimmung zur Unternehmensplanung, bestehend aus den Teilen gemäß § 7 Abs. 2;
2. Aufnahme neuer und Aufgabe bestehender Geschäftszweige (Sparten), Produktprogramme und von Verträgen mit strategischer Bedeutung;
3. Wesentliche Änderungen der Organisation des Unternehmens;
4. Verträge über die Gewährung oder Übernahme von Lizenzen, Gebrauchsmustern und ähnlichen Rechten und deren Änderung;
5. Investitionen, die im Einzelfall einen Betrag von ... Euro übersteigen. Mehrere zusammengehörige Einzelinvestitionen sind als Gesamtheit zu behandeln;
6. Erwerb, Veräußerung oder Belastung von Grundstücken, grundstücksgleichen Rechten und Rechten an Grundstücken;
7. Errichtung, Erwerb und teilweise oder vollständige Veräußerung von Betrieben und Beteiligungen; Abschluss, Änderung und Aufhebung von Unternehmensverträgen;
8. Aufnahme und außerplanmäßige Rückzahlung von Krediten mit einer Laufzeit von über 1 Jahr, Vereinbarung von Kreditlinien für kurzfristige Kredite sowie Änderung einer solchen Vereinbarung, soweit die Kredite einen vom Aufsichtsrat festzulegenden Betrag überschreiten. Gewährung von Krediten außerhalb des normalen Geschäftsverkehrs;
9. Gewährung von Sicherheiten für Dritte, insbesondere Übernahme von Bürgschaften, Garantien, Patronatserklärungen aller Art und ähnlichen Versprechen außerhalb des laufenden Liefer- und Leistungsverkehrs, ausgenommen die Gewährung von Sicherheiten für Arbeitnehmer bis zum Doppelten ihrer monatlichen Bruttobezüge, Belastung von Beteiligungen;
10. Abschluss, wesentliche Änderung und Beendigung von Dienstverträgen mit Gesamt-Jahresvergütungen einschließlich Sondervergütungen, die ... Euro übersteigen oder eine längere Laufzeit oder Kündigungsfrist als 1 Jahr haben;
11. Verträge zwischen der Gesellschaft und Aktionären, Aufsichtsratsmitgliedern oder Vorstandsmitgliedern außerhalb des normalen Geschäftsverkehrs, deren Ehegatten oder Abkömmlingen sowie Gesellschaften, die von solchen Personen abhängig sind, soweit

sie nicht kraft Gesetzes für die Gesellschaft vom Aufsichtsrat abgeschlossen werden müssen;
12. Verträge über Sponsoring und ähnliche Maßnahmen, die nicht im genehmigten Budget oder Mehrjahresplan enthalten sind;
13. Alle Angelegenheiten, die erhebliche Auswirkungen auf das Erscheinungsbild der Gruppe oder ihrer Marken haben;
14. Erteilung von Prokuren und Generalvollmachten in der Gesellschaft (Tochtergesellschaften sind ausgenommen);
15. Über Angelegenheiten gemäß Pkt. 2., 4., 5., 8., 9., 10., 12. und 13. kann ein dafür zuständiger Ausschuss des Aufsichtsrats entscheiden.

## H. Anlage § 1-3: Muster eines Geschäftsverteilungsplans für den Vorstand

Die Verteilung der Geschäfte unter den Mitgliedern des Vorstands wird gemäß § 3 der Geschäftsordnung durch diesen Geschäftsverteilungsplan wie folgt geregelt:

1. Durch diesen Geschäftsverteilungsplan bleiben die Rechte und Pflichten der Mitglieder des Vorstands aus Gesetz, Satzung, Geschäftsordnung und Anstellungsverträgen sowie die Gesamtverantwortlichkeit des Vorstands und die Verpflichtung der einzelnen Vorstandsmitglieder zur Zusammenarbeit und gegenseitigen Unterrichtung und Überwachung unberührt.
2. Dem Vorsitzenden des Vorstands obliegt die Koordinierung aller Arbeitsgebiete des Vorstands und der Beteiligungsgesellschaften, die nicht dem Arbeitsgebiet eines Vorstandsmitglieds zugewiesen sind. Er hat auf eine einheitliche Ausrichtung der Geschäftsführung auf die durch die Beschlüsse des Vorstands festgelegten Ziele hinzuwirken. Von allen Mitgliedern des Vorstands kann er jederzeit Auskünfte über Angelegenheiten ihrer Bereiche verlangen. Er kann bestimmen, dass er über bestimmte Arten von Geschäften im vorhinein zu unterrichten ist.
   Dem Vorsitzenden des Vorstands obliegt die Federführung im mündlichen und schriftlichen Verkehr mit dem Aufsichtsrat und dessen Mitgliedern.
3. Für die Wahrnehmung der Aufgaben eines durch Geschäftsverteilung zugewiesenen Arbeitsgebiets ist das betreffende Vorstandsmitglied nach Maßgabe und im Rahmen der Geschäftsordnung und dieses Geschäftsverteilungsplans allein befugt und verpflichtet, soweit nicht ein anderes Vorstandsmitglied mit beteiligt ist oder der Gesamtvorstand für eine Entscheidung nach der Geschäftsordnung zuständig ist.
   Das Informationsrecht aller Vorstandsmitglieder im ganzen Unternehmen und gegenüber allen Mitarbeitern wird dadurch nicht berührt.
   Zum Arbeitsgebiet eines durch Geschäftsverteilung zugewiesenen Arbeitsgebiets gehören auch auf diesem Arbeitsgebiet tätige Beteiligungsgesellschaften, sofern sie nicht als eigenes Arbeitsgebiet geführt werden.
4. Folgende Vorstandsbereiche werden gebildet:
   a) Vorstandsvorsitz
      – Strategische Planung/Unternehmensentwicklung
      – Marketing incl. Lizenzmarketing, Werbung und Sponsoring
      – Revision auf Unternehmensebene (auch extern)
      – Personal (Führungskräfte)
      – Public Relation
      – Corporate Identity
      – Recht & Compliance

b) Vorstand Vertrieb
   - Vertrieb Inland
   - Vertrieb International
   - Vertriebssteuerung
   - Kundenservice
   - Handelsmarketing
   - Ausländische Vertriebs-Tochtergesellschaften und Joint Ventures
c) Vorstand Finanzen
   - Finanz- und Rechnungswesen
   - Operative Planung
   - Controlling
   - Treasury
   - Risikoerfassung
   - Revision in den operativen Bereichen
   - EDV
   - Verwaltung
   - Personal (ohne Führungskräfte)
d) Vorstand Produktion/Logistik
   - Zentral-Einkauf
   - Technik/Produktion
   - Logistik (Beschaffung, Warenwirtschaft, Distribution)
   - Qualitätssicherung
   - In- und ausländische Produktions-Tochtergesellschaften
e) Vorstand Geschäftseinheit X
   - ...

Die Zuständigkeit eines funktional zuständigen Vorstandsmitglieds erstreckt sich auch auf die funktionale Wahrnehmung der entsprechenden Funktionen in den Tochtergesellschaften des Unternehmens.

Die Zuständigkeit eines für eine Geschäftseinheit zuständigen Vorstandsmitglieds erstreckt sich auch auf die Wahrnehmung der Führung entsprechender Einheiten in den Tochtergesellschaften des Unternehmens.

5. Führung einer Geschäftseinheit als divisionales Vorstandsressort
   Das strategische Konzept der Geschäftseinheit wird auf Vorschlag des mit der Führung der Geschäftseinheit betrauten Vorstandsmitglieds vom Vorstand festgelegt. In diesem strategischen Rahmen führt der Leiter der Geschäftseinheit das operative Geschäft. In grundsätzlichen Fragen ist Einvernehmen mit dem funktional zuständigen Vorstandsmitglied herzustellen.
   Meinungsverschiedenheiten zwischen der Geschäftseinheit und einem Funktionsbereich werden von den zuständigen Vorstandsmitgliedern gemeinsam entschieden. Kommt ausnahmsweise auch nach Einschaltung des Vorstandsvorsitzenden eine Einigung nicht zustande, entscheidet auf Antrag eines der beteiligten Vorstandsmitglieder der Gesamtvorstand.
6. Innerhalb seines Geschäftsbereichs ist jedes Vorstandsmitglied für die Durchsetzung und Beachtung der Beschlüsse des Gesamtvorstands, für die Organisation und Dokumentation, für die Durchführung gemeinsam beschlossener Maßnahmen, für die Ausarbeitung von Detailplänen zur Vorbereitung der Unternehmensplanung sowie für die Erfolgs- und Kostenkontrolle seines Bereichs verantwortlich. Die Geschäftsführungsbefugnis ist auf die genehmigten Budgets beschränkt.
7. Soweit die Vorstandsmitglieder nicht in Routineangelegenheiten durch einen ihrer Mitarbeiter vertreten werden, wird die Vertretung der Vorstandsmitglieder untereinander durch Beschluss des Vorstands geregelt.

8. Die Vertretung des Unternehmens nach außen in Angelegenheiten, die das Unternehmen insgesamt oder in mehreren Ressorts betreffen, obliegt dem Vorsitzenden des Vorstands; er entscheidet, ob ein solcher Anlass vorliegt. Er kann für bestimmte Angelegenheiten im Einzelfall oder allgemein ein anderes Mitglied des Vorstands mit der Wahrnehmung der Vertretung beauftragen.
   In seinem Ressort vertritt jedes Vorstandsmitglied das Unternehmen nach außen, insbesondere in Verbänden und in deren Ausschüssen.
9. Gegenüber den Arbeitnehmervertretungen wird das Unternehmen durch das für das Personal- und Sozialwesen zuständige Vorstandsmitglied vertreten. Die Entscheidung über Betriebsvereinbarungen trifft der Gesamtvorstand.

# § 2 Die Bestellung von Vorstandsmitgliedern

## Übersicht

## A. Bestellung von Vorstandsmitgliedern

### I. Die Bestellungsvorbereitungen

#### 1. Bestellung durch wen? Diskrepanz zwischen Gesetz und Praxis

1 Nach § 84 Abs. 1 S. 1 AktG bestellt der Aufsichtsrat den Vorstand auf höchstens fünf Jahre. Diese Vorschrift gehört zu den wichtigsten und bedeutungsvollsten Aussagen des AktG. Der Aufsichtsrat hat das **Bestellungsmonopol** für den Vorstand. Die Vorstandsbestellung ist eine Aufgabe, die sogar fundamentaler und wichtiger ist als die begleitende und kritische Beratung und die „Aufsicht",[1] der dieses Organ der AG seinen Namen verdankt. Sorgfalt und auch eine „glückliche Hand" bei der Bestellung der Vorstandsmitglieder sind die notwendige Voraussetzung für einen unternehmerischen Erfolg. Überspitzt ausgedrückt: Mit einem befähigten Vorstand kann eine Gesellschaft auch längere Zeit ohne einen fähigen Aufsichtsrat auskommen – umgekehrt wäre dies unmöglich.

2 Das **Bestellungsmonopol** des Aufsichtsrats **ist gesetzlich eindeutig fixiert.** Dennoch gibt es kaum einen Sachverhalt, bei dem **Lebenswirklichkeit und Praxis** einerseits und **gesetzliche Norm** andererseits so **voneinander abweichen** wie bei der Bestellung des Vorstands.[2] Dies liegt bei großen Gesellschaften, die ein entsprechendes Nachwuchsreservoir vorhalten können, auf der Hand. Wer soll denn die begabten Nachwuchskräfte besser beurteilen können als der Vorstand, der sie aufgespürt und in ihrer beruflichen Entwicklung von Station zu Station im In- und Ausland beobachtet und begleitet hat?[3] Zwar soll der Aufsichtsrat nach dem Willen des Kodex gemeinsam mit dem Vorstand für die Nachfolgeplanung sorgen (B.2 DCGK). Jedoch ist eine persönliche Vorstellung des Nachwuchses am Rande einer Aufsichtsratssitzung, verbunden mit einem Fachvortrag der potentiellen Kandidaten, als Beurteilungsgrundlage nicht vergleichbar mit jahrelanger beruflicher Zusammenarbeit. So gesehen ist eine **Prärogative des Vorstands bei der Auswahl des Kandidaten nicht nur unvermeidbar, sondern durchaus gewollt.** Im Übrigen kann ohnehin nur der Vorstand beurteilen, wer aus der bei Großunternehmen und ihren Tochtergesellschaften sehr großen Zahl von Nachwuchskräften überhaupt **Vorstandsformat hat.**

---

[1] BGHZ 122, 342 (359); zur Rangfolge der unterschiedlichen Aufgaben des Aufsichtsrats vgl. auch BGHZ 114, 127 (129).
[2] Zum Grundsatz gemeinsamer Vorstandsverantwortung *Martens* FS Fleck, 1988, 191 (202f.).
[3] *Peltzer* FS J. Semler, 1993, 261 (264).

Die Frage reduziert sich also bei Großunternehmen und einer Bestellung von innen auf die Frage, ob der Aufsichtsrat sich mit einer mehr oder minder ritualisierten Bestätigung der Kooptationsentscheidung des Vorstands – oder der Meinungsmacher innerhalb des Vorstands – zufrieden geben darf. Das ist eindeutig zu verneinen.[4] Die Einbeziehung sämtlicher Aufsichtsratsmitglieder in diese Personalangelegenheiten stößt in der Praxis allerdings auf Schwierigkeiten. Zumindest der **Aufsichtsratsvorsitzende** und – wenn möglich – auch der **Personalausschuss** sollten aber die **Nachwuchspolitik des Vorstands aktiv begleiten** und sich auch über ihre systematische Richtigkeit ein Bild machen. 3

Letztlich wird das Votum des Aufsichtsrats in vielen Fällen nicht mehr sein können als das Ergebnis einer **Plausibilitätsüberprüfung,** die nicht zuletzt auf dem **Vertrauen** auf die Menschenkenntnis, das Urteilsvermögen und die Integrität derjenigen Vorstandsmitglieder beruht, die die Vorauswahl getroffen haben. Dies ist ein Vorgang, der sich gar nicht so sehr von mancher Zustimmung zu einer Sachentscheidung des Vorstands unterscheidet. 4

Eine Besonderheit weist die Bestellung eines **Nachfolgers** für den **ausscheidenden Vorstandsvorsitzenden** aus. Hier ist der Kreis der wichtigen Entscheidungsträger noch enger und meist auf den ausscheidenden Vorstandsvorsitzenden, den Aufsichtsratsvorsitzenden und – falls ein Großaktionär vorhanden ist – auf dessen Vertreter beschränkt.[5] Den gesamten Vorstand einzubeziehen, verbietet sich schon deswegen, weil bei einer Bestellung von innen der Kandidat praktisch nur aus den Reihen der aktiven Vorstandsmitglieder kommen kann und es hier durchaus mehrere geben mag, die sich Hoffnungen machen. 5

## 2. Bestellung von innen oder von außen?

Die **Bestellung von innen** ist zweifellos der **sicherere Weg –** nicht zuletzt deswegen, weil das Vorstandsgremium „den Neuen" seit langem kennt, und es deswegen kaum je Probleme mit der „Chemie", jenen Unwägbarkeiten im Zusammenleben und -wirken von Menschen geben wird. Gleichwohl gibt es eine Reihe von **Situationen,** bei deren Vorliegen eine **Bestellung von außen unumgänglich** ist: 6

- Die Gesellschaft ist zu klein, um ein wirkliches Nachwuchsreservoir vorzuhalten, dh einen Kreis von Personen, die jetzt schon in verantwortungsvollen Positionen sind, aber das Zeug zu weiterem Aufstieg haben.
- Die Nachwuchspolitik hat versagt oder ist aus anderen Gründen nicht in der Lage, eine plötzlich aufgetretene Vakanz im Vorstand aufzufüllen.
- Auf dem Markt ist plötzlich eine besondere unternehmerische Begabung verfügbar, die sich die Gesellschaft sichern will.
- Die Gesellschaft ist in eine bedrohliche Schieflage geraten und man verspricht sich eine Wende von der Berufung eines von außen kommenden Vorsitzenden.
- Der Aufsichtsrat hält eine „Blutauffrischung" von außen für notwendig, um neuen Schwung in die Gesellschaft zu bringen.

Gerade der letzte Fall zeigt, dass es durchaus Situationen geben mag, in denen eine Berufung von außen vorzuziehen ist, obwohl die Bestellung von innen **in der Regel** der bessere Weg ist. 7

## 3. Bestellung von außen

### a) Eigensuche durch den Aufsichtsrat

Bei einer Berufung von außen ist der Vorstand im Allgemeinen erheblich weniger – oder auch gar nicht – in den Berufungsvorgang eingebunden. Auf dem **Aufsichtsrat lastet eine sehr viel direktere und auch genuinere Verantwortung,** da die Entscheidung ausschließlich seine eigene, von keiner Seite vorgezeichnete ist. Die Situation ist zuweilen 8

[4] *LKV* Aufsichtsrat § 7 Rn. 336; *Grau* in SSW AR-HdB § 11 Rn. 21.
[5] Nachweise bei *Peltzer* FS J. Semler, 1993, 261.

dadurch zusätzlich erschwert, dass die Vakanz plötzlich aufgetreten ist und die Neubesetzung keinen Aufschub duldet.

9 Die Berufung von außen ist die Stunde des Aufsichtsratsvorsitzenden. Derartige Situationen vermögen die Aufsichtsratstätigkeit über Tage und Wochen zu einer Hauptbeschäftigung werden zu lassen, die ausgefüllt ist mit Besprechungen mit den Kollegen aus dem Personalausschuss, mit Headhuntern und eventuell sogar schon mit Kandidaten. Natürlich kann man eine solche Situation nicht voraussehen oder gar vorausplanen, aber gleichwohl empfiehlt es sich für den Aufsichtsrat (und hier insbesondere für den Aufsichtsratsvorsitzenden), den möglichen Wegfall von Schlüsselpersonen und die dann notwendigen Maßnahmen antizipativ zu durchdenken. Die Qualität des amtierenden Vorstands wird nämlich ua daran gemessen, wie sorgfältig er jederzeit seine **Nachfolgeplanung** betreibt.

10 Die Aufgabenstellung für den Aufsichtsratsvorsitzenden klingt zunächst einfach: Den Besten zu finden, der für diese Aufgabe gefunden werden kann. Aber wie definiert man „den Besten"? Es muss also zunächst ein **Anforderungsprofil erarbeitet werden.** Hierfür ist es dringend zu empfehlen ist, dass sich der Aufsichtsratsvorsitzende der Hilfe (mindestens) eines anderen Aufsichtsratsmitglieds bedient, um wirklich Vollständigkeit und Genauigkeit zu erreichen.

### b) Einschaltung eines Personalberaters

11 Die notwendige Markttransparenz zur Findung der gewünschten Person gewinnt man nur mit professioneller Hilfe.[6] Im Idealfall bestehen schon **vertrauensvolle Beziehungen zu einem Personalberater.** Ist dies nicht der Fall, empfiehlt sich ein sog. „beauty contest", bei dem vor allem nach Erfahrungen und Erfolgen bei vergleichbaren Projekten gefragt werden sollte. Bei einem derartigen „beauty contest" sollte auch das bereits ohne professionelle Hilfe erarbeitete schriftliche Anforderungsprofil erörtert werden. Aus den Reaktionen und Vorschlägen der sich bewerbenden Personalberater können wichtige Rückschlüsse auf deren Eignung gezogen werden. Allerdings sollte man von den Ergebnissen eines „beauty contest" auch nicht zuviel erwarten. Die meisten Personalberater versprechen dem **Aufsichtsrat als Vertreter der Gesellschaft (Auftraggeberin)** fast alles, um dann doch möglichst schnell einen Abschluss herbeizuführen, der die Fälligkeit des Honorars auslöst. Insofern besteht kein Unterschied zur Unternehmensberatung in Sachfragen. Schon gar nicht sollten sich die Entscheidungsträger im Aufsichtsrat von pseudo-psychologischen Auswahlmethoden beeindrucken lassen.

12 Ist die Auswahl getroffen und sind die Einzelheiten verabredet, wird der Aufsichtsratsvorsitzende engen Kontakt mit dem Personalberater halten. Im Allgemeinen wird der Personalberater nach einiger Zeit mehrere schriftliche Vorschläge machen, die schon ein detailliertes Bild des Kandidaten und seines Lebenswegs enthalten sollten. Die hiermit befassten Mitglieder – idealerweise **der Personalausschuss –** muss sich Zeit nehmen und die Vorschläge sorgfältig prüfen. Er wird sich mindestens **die zwei oder drei in die engste Wahl gezogenen Kandidaten „ansehen",** dh intensive Gespräche mit ihnen führen, um zu einem abschließenden Entscheidungsvorschlag an den Aufsichtsrat zu gelangen.

13 Die Vorarbeiten eines Personalberaters entheben den Aufsichtsratsvorsitzenden nicht der Pflicht, sich ein eigenes Urteil über den Kreis der ausgewählten Kandidaten zu bilden und hierzu Informationen aus allen verfügbaren Quellen einzuholen. Es ist auch durchaus denkbar, dass sich eine Auskunftsperson eher dem Aufsichtsratsvorsitzenden als einem Personalberater gegenüber öffnet. Schließlich ist zu bedenken, dass ein Personalberater einen Vermittlungserfolg haben will, auch wenn es ihm nicht gelungen sein sollte, einen vollständig überzeugenden Kandidaten zu präsentieren, und dieser Umstand der Wiedergabe einer Auskunft durchaus eine gewisse Färbung zu geben vermag.

---

[6] *Peltzer* FS J. Semler, 1993, 261 (270ff.).

Kritisch ist die Situation, wenn der von außen kommende Kandidat Vorstandsmitglied einer anderen Gesellschaft ist und sich die Arbeitnehmervertreter im Aufsichtsrat, die von der Kandidatur unterrichtet werden, **bei den Arbeitnehmerkollegen** der Gesellschaft, deren Vorstand der Kandidat noch angehört, nach diesem **erkundigen.** Eine solche Situation sollte vom Aufsichtsratsvorsitzenden, wenn möglich, antizipiert und den Arbeitnehmervertretern eindringlich klar gemacht werden, dass ein solches Verhalten strafbarer Geheimnisverrat wäre (vgl. § 404 AktG). Im Übrigen ist es während des Auswahlstadiums immer richtig, den Kreis der Mitwissenden eher klein zu halten. 14

### 4. Vorbereitung des Plenums auf den Bestellungsbeschluss

Die Vorbereitung der Personalentscheidung obliegt dem Aufsichtsratsvorsitzenden und dem Personalausschuss. Die Bestellung selbst ist dagegen wegen des Delegationsverbots des § 107 Abs. 3 S. 2 AktG dem Plenum des Aufsichtsrats vorbehalten, das nunmehr einzuschalten ist. Dies erfordert Fingerspitzengefühl. Es ist dabei in der Praxis ausgeschlossen, den gesamten Aufsichtsrat am Auswahlverfahren teilhaben zu lassen.[7] Das verbietet schon die Diskretionsverpflichtung gegenüber den Kandidaten, die möglicherweise in einem ungekündigten Dienstverhältnis stehen. Letztlich wird die Entscheidung des Plenums in aller Regel nichts anderes sein, als **die Bestätigung des Votums des Personalausschusses** für eine Person, wobei der Personalausschuss durch die Herbeiführung der Entscheidung des Plenums faktisch „schon im Wort" ist.[8] Im Allgemeinen wird der Aufsichtsratsvorsitzende die Auswahl mit den Meinungsführern im Aufsichtsrat – soweit diese nicht schon durch die Zugehörigkeit zum Personalausschuss eingebunden sind – vorbesprechen, um eine einstimmige Bestellungsentscheidung sicherzustellen. 15

Die beabsichtigte Bestellung ist ordnungsgemäß (insbesondere fristgemäß) **in der Tagesordnung anzukündigen.** Diese scheinbare Formalie ist im Hinblick auf die Publizitätspflichten nach Art. 17 MAR ein wahrer „Drahtseilakt". Einerseits genügt die Ankündigung eines Tagesordnungspunktes „Vorstandsangelegenheiten" nicht. Erst recht wäre es ungenügend, eine Bestellung unter dem Tagesordnungspunkt „Verschiedenes" abzuwickeln. Umgekehrt wäre die Ankündigung der Entscheidung über die „Bestellung von Herrn X" zur Tagesordnung mit dem Diskretionsinteresse des Kandidaten nicht zu vereinbaren. Ein gangbarer „Mittelweg" wäre daher der Tagesordnungspunkt „Bestellung eines neuen Vorstandsmitglieds"; eine Namensnennung ist für die bloße Ankündigung des Tagesordnungspunktes noch nicht erforderlich. Fehlt es an einer ordnungsgemäßen Ankündigung und widerspricht auch nur ein Aufsichtsratsmitglied der Bestellung, kann hierüber kein Beschluss gefasst werden. In derartigen Fällen hilft nur eine Vertagung mit ordnungsgemäß angekündigter Agenda. 16

## II. Der Bestellungsbeschluss

### 1. Alleinzuständigkeit des Aufsichtsrats

Gemäß § 108 Abs. 1 AktG entscheidet der Aufsichtsrat über die Bestellung durch Beschluss. Die Beschlussfassung erfolgt **zwingend im Aufsichtsratsplenum;** eine Delegation an einen Ausschuss – auch an den Personalausschuss – ist nicht zulässig (§ 107 Abs. 3 S. 2 AktG). Schon gar nicht statthaft ist eine Übertragung der Beschlussgewalt auf den Aufsichtsratsvorsitzenden oder – gar um die Zustimmung bestimmter Großaktionäre einzuholen – auf die Hauptversammlung.[9] Auch eine **Delegation der Beschlusskompe-** 17

[7] Anders noch *Krieger,* Personalentscheidungen des Aufsichtsrats, 1981, 60 ff.
[8] BGHZ 122, 342 (359 f.).
[9] MüKoAktG/*Spindler* § 84 Rn. 12.

**tenz** auf den Vorstand ist nicht möglich.[10] Selbst Vetorechte, wie zum Beispiel seitens eines (Mehrheits-)Aktionärs,[11] akzeptiert das Gesetz nicht.

18 Fraglich ist, ob sich der ausgewählte Kandidat gegen eine Wahlverweigerung durch das Aufsichtsratsplenum rechtlich absichern kann. Denkbar wäre eine Vereinbarung mit dem Aufsichtsratsvorsitzenden, die zumindest eine finanzielle Absicherung des Kandidaten beinhalten könnte. Indes sind derartige Wahlvereinbarungen immer dann nach § 134 BGB nichtig, wenn sie irgendwie **die Entscheidungsfreiheit des Aufsichtsrats** (unmittelbar oder mittelbar) **beeinträchtigen.**[12] Reine Personalvorschläge aus den Reihen des Aufsichtsrats sollen dagegen zulässig sein. Indes ist die Grenze zur (unzulässigen) Einflussnahme fließend, sofern die „Vorschläge" vom Mehrheitsaktionär stammen. Vorauseilender Gehorsam einzelner Aufsichtsratsmitglieder ist in derartigen Fällen völlig unangebracht, leider aber häufig zu beobachten.

### 2. Beschlussverfahren

19 Neben den Einberufungsformen und -fristen (→ Rn. 15) bedarf es auch für die Vorstandsbestellung einer ordnungsgemäßen Beschlussfassung im Aufsichtsrat. Diese erfolgt regelmäßig im Rahmen einer Aufsichtsratssitzung. Zwingend erforderlich ist dies allerdings nicht. Wie jede andere (Sach-)Entscheidung kann auch die Vorstandsbestellung **im Rahmen eines Beschluss-Umlaufverfahrens oder einer Telefonkonferenz** erfolgen. Hierfür gelten die in der Satzung oder in der Geschäftsordnung vorgeschriebenen Präliminarien, hilfsweise das Konsensprinzip des § 108 Abs. 4 AktG.

20 Eher zum außerrechtlichen Bereich gehört die Frage, wie man den zur Wahl vorgeschlagenen Kandidaten in den Bestellungsbeschluss einbindet. Zumindest bei kleineren Aufsichtsräten oder solchen mit einem höheren Diskretionsgehalt empfiehlt es sich, **den Kandidaten persönlich vorzustellen.** Wie die Praxis zeigt, ist ein derartiger persönlicher Kurzauftritt geeignet, die Akzeptanz bei den Aufsichtsratsmitgliedern zu steigern. Außerdem besteht durch unmittelbare Befragung letztmals die Möglichkeit, etwaige Missverständnisse auszuräumen. Eine Anwesenheit des Kandidaten vor der Wahl (nicht während der Wahl!) hat überdies den Vorteil, dass man ihn unmittelbar anschließend den übrigen Vorstandskollegen vorstellen kann, bevor diese aufgrund einer Pressemeldung des Unternehmens in diversen Internet-Suchmaschinen nach dem persönlichen oder fachlichen Hintergrund ihres zukünftige Kollegen fahnden müssen.

### 3. Beschlussinhalt

21 Zum notwendigen Beschlussinhalt gehört in jedem Fall die namentliche Benennung der bestellten Person sowie die Tatsache, dass diese Mitglied des Vorstands sein soll. Sofern der Aufsichtsrat keinen ausdrücklichen **Zeitpunkt für den Beginn der Bestellung** beschließt, ist dieser Zeitpunkt durch Auslegung (insbesondere durch Rückgriff auf die Sitzungsunterlagen) zu ermitteln. Ergibt sich auch hierbei kein Anhaltspunkt, gilt die Bestellung ab sofort, sobald diese angenommen wurde.[13]

22 Sofern in der Gesellschaft unter mehreren Vorstandsmitgliedern eine Ressortverteilung besteht, sollte der Aufsichtsrat gleichzeitig mit dem Bestellungsbeschluss auch **über die Ressortzuweisung beschließen.** Rechtlich zwingend ist dies allerdings nicht, weil die Ressortzuweisung nicht notwendiger Bestellungsbestandteil, sondern eine Geschäftsordnungsentscheidung ist.[14] Damit wäre die Bestellung zwar wirksam, ohne gleichzeitige Res-

[10] BeckOGK/*Fleischer* AktG § 84 Rn. 9.
[11] Vgl. dazu BGH NZG 2009, 744 (745 f.); MüKoAktG/*Spindler* § 84 Rn. 12.
[12] Hüffer/Koch/*Koch* AktG § 84 Rn. 5; MüKoAktG/*Spindler* § 84 Rn. 15.
[13] So auch Hölters/*Weber* AktG § 84 Rn. 16.
[14] Ebenso die überwiegende Meinung; vgl. Hüffer/Koch/*Koch* AktG § 84 Rn. 3; MüKoAktG/*Spindler* § 84 Rn. 23; relativierend *LKV* Aufsichtsrat § 7 Rn. 467.

sortzuweisung hätte das neu bestellte Vorstandsmitglied jedoch eine allumfassende Leitungszuständigkeit – ein Zustand, der den Kollegen mit jeweils eigenem Ressort sicherlich nicht behagen kann.

## 4. Beschlussmehrheit

23 Vorstandsmitglieder werden bei guter Vorbereitung durch den Aufsichtsratsvorsitzenden in aller Regel einstimmig durch das Plenum bestellt. Ist dies nicht der Fall, gelten die **folgenden Regeln** für eine **Mehrheitsentscheidung:**

24 Bei Gesellschaften ohne Arbeitnehmervertreter und bei Gesellschaften, die **dem Drittelbeteiligungsgesetz unterliegen,**[15] genügt die **einfache Mehrheit** der Aufsichtsratsmitglieder. Da es sich um einen Beschluss handelt, den der Aufsichtsrat von Gesetzes wegen zu treffen hat, kann insoweit auch die Satzung nicht wirksam eine qualifizierte Mehrheit vorschreiben.[16]

25 Bei Gesellschaften, die dem MitbestG 1976 unterliegen, wird die Bestellung ebenfalls nach den aktienrechtlichen Regeln vorgenommen (vgl. § 31 MitbestG), wobei für den eigentlichen Bestellungsvorgang ein (selten angewandtes) **Drei-Stufen-Verfahren vorgesehen** ist.

- **Erste Stufe:** Eine Zweidrittelmehrheit des Aufsichtsrats kommt zustande; das Vorstandsmitglied ist bestellt.
- **Zweite Stufe:** Kommt die Zweidrittelmehrheit nicht zustande (in aller Regel, weil die Arbeitnehmerbank geschlossen gegen die Anteilseignerbank stimmt), wird die Frage an den so genannten „27er Ausschuss"[17] verwiesen, der seinerseits innerhalb eines Monats einen Vorschlag an das Plenum für die Bestellung zu unterbreiten hat. In einer zweiten Abstimmung genügt dann die einfache Mehrheit.
- **Dritte Stufe:** Kommt auch diese einfache Mehrheit nicht zustande und kommt es in einer dritten Abstimmung zu einem Patt, kann (nicht: muss) der Aufsichtsratsvorsitzende, der regelmäßig Anteilseignervertreter ist,[18] eine Zweitstimme einsetzen, die – anders als die Zweitstimme bei anderen Aufsichtsratsbeschlüssen (vgl. § 29 Abs. 2 MitbestG) – sofort (also nicht erst bei einer weiteren Abstimmung) eingesetzt werden kann.[19]

26 Zu beachten ist die Basis, von der aus bei den verschiedenen Stufen zu rechnen ist, nämlich die **Ist-Zahl der Aufsichtsratsmitglieder** (und nicht die Soll-Zahl). Ist also zB bei einem zwölfköpfigen mitbestimmten Aufsichtsrat ein Mitglied verstorben und die Vakanz noch nicht aufgefüllt, beträgt die Basis der Berechnung elf Mitglieder, und für eine einfache Mehrheit würden sechs Mitglieder[20] genügen.

27 **Die drei Stufen bedeuten keineswegs, dass sich das Verfahren lange hinziehen muss.** Denkbar ist, die zweite und dritte Abstimmung in einer Sitzung abzuwickeln. Zu

[15] Dies sind Aktiengesellschaften und Gesellschaften mit beschränkter Haftung, die mehr als 500, aber weniger als 2000 Arbeitnehmer haben. Das Drittelbeteiligungsgesetz (BGBl. 2004 I 974) hat das zuvor einschlägige BetrVG 1952 abgelöst.

[16] Vgl. MHdB GesR IV/*Hoffmann-Becking* § 31 Rn. 69; Hüffer/Koch/*Koch* AktG § 108 Rn. 8; MüKoAktG/*Habersack* § 108 Rn. 24.

[17] Der nach § 27 Abs. 3 MitbestG zu bildende Ausschuss, der aus dem Vorsitzenden und seinem Stellvertreter als „geborenen Mitgliedern" und einem weiteren Anteilseigner- und einem weiteren Arbeitnehmervertreter als „gekorenen" Mitgliedern besteht, tritt nur in den seltenen Fällen in Aktion, wenn eine Personalentscheidung gemäß § 31 Abs. 3 MitbestG in die zweite Phase tritt. Er ist nicht zu verwechseln mit einem Personalausschuss, der auch ganz andere Aufgaben hat. Eine teilweise Personenidentität des 27er Ausschusses und des Personalausschusses ist allerdings in der Regel meist insoweit gegeben, als die beiden „geborenen" Mitglieder, nämlich der Aufsichtsratsvorsitzende und sein Stellvertreter, in der Regel auch Mitglieder des Personalausschusses sind.

[18] Vgl. die Regel über die Konstituierung des Aufsichtsrats in § 27 Abs. 2 S. 2 MitbestG, die sicherstellt, dass ein Anteilseignervertreter Aufsichtsratsvorsitzender wird (und nur der Aufsichtsratsvorsitzende hat die Zweitstimme; vgl. § 31 Abs. 4 S. 3 MitbestG).

[19] Habersack/Henssler/*Habersack* MitbestG § 29 Rn. 16 und § 31 Rn. 22.

[20] Habersack/Henssler/*Habersack* MitbestG § 31 Rn. 22.

beachten ist allerdings, dass das Vermittlungsverfahren sich einen Monat hinziehen kann, jedoch nicht muss, denn der Vermittlungsausschuss (27er Ausschuss) kann sofort einen Vorschlag machen. Unzulässig wäre allerdings, die Monats-Höchstfrist durch Satzung oder Aufsichtsratsbeschluss abzukürzen.

28 Glücklicherweise kommt es nur selten zu der zweiten und dritten Stufe, da **bei richtiger Vorarbeit** der Bestellungsbeschluss in Stufe 1 **schon einstimmig** oder mindestens mit der notwendigen Mehrheit **zustande kommt.** Dies liegt letztlich auch daran, dass sich die Anteilseignerseite im dritten Schritt stets durchsetzen kann, was der Arbeitnehmerseite natürlich bewusst ist, und somit ein Beharren darauf, die Stufen zwei und drei abzuwickeln, in aller Regel nur Zeitverzögerung bedeutet. Ein selbstbewusster Kandidat wird nach Nichterreichen der Zwei-Drittel-Mehrheit seine Bewerbung in aller Regel ohnehin zurückziehen.

## III. Wirksamkeit und Annahme der Bestellung

### 1. Bestellungswirksamkeit

29 Da der Bestellungsbeschluss ein reines Aufsichtsratsinternum ist, kann er allein den Vorstandsstatus des Gewählten nicht begründen. Vielmehr bedarf es einer Übermittlung der Aufsichtsratsentscheidung an die betroffene Person. Zuständig hierfür ist von Gesetzes wegen der Aufsichtsratsvorsitzende als organschaftlicher Vertreter des Aufsichtsrats. Selbstverständlich kann der Aufsichtsrat durch Beschluss auch ein anderes Mitglied oder einen Dritten (auch den Vorstandsvorsitzenden) mit der Übermittlung betrauen. Erst mit dem **Zugang der Übermittlung des Aufsichtsratsbeschlusses beim Gewählten** ist die Bestellung wirksam.

30 Das Übermittlungserfordernis bedeutet umgekehrt nicht, dass die Erklärung den Beschluss überspielen könnte. Sollte jemals ein Aufsichtsratsvorsitzender einen Bestellungsbeschluss übermitteln, der in Wahrheit nicht oder nicht mit dem übermittelten Inhalt gefasst wurde, löst diese Mitteilung im Hinblick auf die Bestellung keine Rechtswirkungen aus.

### 2. Annahme der Bestellung

31 Da niemand gegen seinen Willen zum Vorstand einer Aktiengesellschaft bestellt werden kann, bedarf die Bestellung zusätzlich einer Annahme durch die bestellte Person. Ebenso wie die Übermittlung muss auch die **Annahmeerklärung des Bestellten** dem Aufsichtsrat (vertreten durch den Vorsitzenden oder – ausnahmsweise – durch eine hierzu bestimmte Person) zugehen. Die Annahmeerklärung kann auch bereits vor der Bestellung erfolgen, was in der Praxis sogar der Regelfall ist.[21] Sie muss auch nicht ausdrücklich erfolgen. Vielmehr genügt eine **konkludente Annahmeerklärung;** diese ist im Abschluss eines Anstellungsvertrages oder in der Aufnahme der Vorstandsarbeit zu sehen.[22]

32 Mit der Annahme der Bestellung wird diese wirksam. Hat die betroffene Person die Bestellung (für den Fall ihrer Wahl) bereits im Voraus angenommen, so wird die Bestellung mit der Feststellung des Bestellungsbeschlusses im Aufsichtsrat wirksam. Eines irgendwie gearteten Vertrages, wie zum Beispiel eines Anstellungsvertrages) bedarf es für die Wirksamkeit nicht. **Das rechtliche Schicksal von Bestellung und Anstellung** ist vielmehr von Gesetzes wegen strikt zu trennen (dazu und zu den vertraglichen Verknüpfungsmöglichkeiten → § 3 Rn. 18f.). Die Praxis verfährt demgegenüber anders: Mit dem Be-

[21] Ein erfahrener Aufsichtsratsvorsitzender wird diese Erklärung schon deshalb im Voraus beim Kandidaten einholen, weil er nicht riskieren will, ein Vorstandsmitglied zu bestellen, das das Amt dann nicht annehmen will.

[22] Vgl. dazu MüKoAktG/*Spindler* § 84 Rn. 25; Hüffer/Koch/*Koch* AktG § 84 Rn. 4.

stellungsbeschluss entscheidet der Aufsichtsrat in aller Regel auch über den – zuvor mit dem Kandidaten ausgehandelten – Anstellungsvertrag.

33 Mit der Einfügung des § 76 Abs. 3a S. 2 AktG durch das FüPoG II[23] (→ § 1 Rn. 338) ist ein weiteres Wirksamkeitshindernis bei der Vorstandsbestellung eingeführt worden. Danach ist die **Bestellung eines Mannes in einen mindestens vierköpfigen Vorstand** bei börsennotierten oder mitbestimmten Gesellschaften nichtig, wenn dem Gremium bis dato noch keine Frau angehörte. Dasselbe gilt (derzeit eher theoretisch) für den Fall, dass ein solcher Vorstand bislang ausschließlich aus weiblichen Mitgliedern bestand.

## IV. Anforderungen an ein Vorstandsmitglied

### 1. Anforderungsprofil für ein Vorstandsmitglied

34 Wie soll ein Kandidat für den Vorstand beschaffen sein? Es liegt auf der Hand, dass bei dem Versuch, diese Frage durch eine Beschreibung zu beantworten, die Gefahr besteht, sich in Gemeinplätzen zu verlieren. **Die wichtigste Voraussetzung ist immer noch der Charakter.**[24] Die ganzen Wirtschaftsskandale sowohl in den USA als auch in Europa haben ihre Wurzeln letztlich darin, dass es bei den Führungspersonen der betroffenen Unternehmen hieran gefehlt hat. Ohne charakterliche Integrität der Vorstandsmitglieder kann der Aufsichtsrat kaum Vertrauen in die Berichterstattung und ordnungsmäßige und sorgfältige Geschäftsführung haben. Teamfähigkeit und der bewusste Wille, im Interesse der Synergie und Teamleistung des Vorstands auch einmal zurückzustehen, müssen hinzutreten. Auch die glänzendste Begabung hat in einem Vorstand nichts zu suchen, wenn es an der Teamspielereigenschaft gebricht: Geltungsgierige und überehrgeizige Einzelkämpfer können großes Unheil anrichten; Praxisnachweise für diese These sind hinreichend vorhanden.

35 Daneben sind Beharrungsvermögen, Führungsfähigkeit und Intelligenz unabdingbare Fähigkeiten eines Vorstandsmitglieds. In dieses „Triumvirat" gehört auch die Fähigkeit, einem Großaktionär oder womöglich dem Mehrheitsaktionär im Sinne der Sache (also im Sinne des Unternehmens) widersprechen zu können. Nicht zuletzt benötigt ein Vorstandsmitglied jene Eigenschaft, die in der englischen Sprache als „judgement" bezeichnet wird. **„Judgement"** heißt unter anderem, mit bestimmten Leuten keine Geschäfte zu machen und bestimmte Sachen einfach nicht zu tun („it isn't done") bzw. in bestimmten Situationen „das Richtige" zu tun.

36 Würden sich die Aufsichtsräte auf die vorstehend skizzierten Eigenschaften konzentrieren und allen künstlich aufgebauten „heilsbringerartigen" Fähigkeiten eine Absage erteilen, wären große Enttäuschungen weitgehend ausgeschlossen. Um auch kleinere Enttäuschungen auszuschließen, bedarf es der vielzitierten „glücklichen Hand".

37 Was die fachlichen Voraussetzungen angeht, ist die Vielfalt der Anforderungsprofile zu groß, um hierzu etwas sagen zu können. Akademische Ausbildung, dort wo eine solche nicht ohnehin unbedingt fachlich notwendig ist, kann ein Vorteil sein. Auf der anderen Seite waren in der jüngeren Vergangenheit viel zu viele Spitzenpositionen mit erfolgreichen Praktikern besetzt, um eine akademische Ausbildung als unbedingt notwendig erscheinen zu lassen. Ob ein **politisches Spitzenamt** hinreichende fachliche Voraussetzung für ein Vorstandsmandat ist, bedarf noch des praktischen Nachweises. Die bisherigen Fälle sprechen eher dagegen.

---

[23] Gesetz zur Ergänzung und Änderung der Regelungen für die gleichberechtigte Teilhabe von Frauen an Führungspositionen in der Privatwirtschaft und im öffentlichen Dienst v. 7.8.2021, BGBl. 2021 I 3311.

[24] Dem hoch angesehenen Frankfurter Bankier Albert v. Metzler wird der Ausspruch nachgesagt: „Ich suche mir meine Partner immer nach drei Kriterien aus: Charakter, Charakter, Charakter."

## 2. Gesetzliche Anforderungen an Vorstandsmitglieder

38 Das Gesetz begnügt sich mit wenigen positiven bzw. negativen Vorgaben für ein Vorstandsmitglied. Vorstandsmitglied kann nach § 76 Abs. 3 S. 1 AktG nur eine natürliche, unbeschränkt geschäftsfähige Person sein. Ausgeschlossen ist also die Bestellung einer juristischen Person oder eines Minderjährigen als Vorstandsmitglied.

39 **Bei Vorliegen bestimmter negativer Merkmale kann der Betreffende nicht zum Vorstandsmitglied bestellt werden** (vgl. § 76 Abs. 3 AktG). Ein Betreuter (vgl. §§ 1896ff. BGB) kann nicht Vorstandsmitglied sein, wenn er zu Willenserklärungen der vorherigen Zustimmung seines Betreuers bedarf (§ 1903 BGB). Weiterhin kann nicht Vorstandsmitglied sein, wer

- wegen einer Insolvenzstraftat (vgl. §§ 283–283d StGB),
- wegen Insolvenzverschleppung,
- wegen falscher Angaben (§ 399 AktG, § 82 GmbHG),
- wegen unrichtiger Darstellung (§ 400 AktG, § 331 HGB, § 313 UmwG, § 17 PublG) oder
- wegen einer Betrugs- oder Untreuestraftat nach den §§ 263–264a StGB oder §§ 265b–266a StGB/Betrugs- oder Untreuestraftat, sofern diese nicht in einem Versicherungsmissbrauch, einem Erschleichen von Leistungen oder einem Missbrauch von Scheck- und Kreditkarten bestand,

rechtskräftig verurteilt worden ist. Dieses Bestellungsverbot gilt für einen Zeitraum von fünf Jahren, gerechnet ab Rechtskraft des Urteils. Von einer Bestellung ausgeschlossen ist auch derjenige, der von einer **Verwaltungsbehörde mit einem Berufsverbot** belegt worden ist, für die Dauer des Berufsverbots, wenn und soweit sich dieses Berufsverbot mit der Betätigung als Vorstandsmitglied deckt oder überschneidet; das ist dann der Fall, wenn der Gegenstand des Unternehmens ganz oder teilweise mit dem Gegenstand des Verbots übereinstimmt.

40 Darüber hinaus gibt es berufsspezifische Anforderungen, bei deren Nichtvorliegen die Bestellung zum Vorstandsmitglied ausscheidet,[25] sowie politische Ämter, die mit einer Vorstandsposition unvereinbar sind.[26]

41 Rechtlich nicht erforderlich für die Bestellung zum Vorstand ist die **deutsche Staatsangehörigkeit**[27] oder der Wohnsitz im Inland. Im Gegenteil kann die Staatsangehörigkeit aus dem Sitzstaat des Mutterunternehmens bei Konzerngesellschaften ebenso nützlich sein, wie ein Vorstandsmitglied aus dem Herkunftsstaat des größten Kunden der Gesellschaft. Allerdings ist der Aufsichtsrat im Allgemeinen gut beraten, eine Residenzpflicht in der Nähe des Arbeitsorts zu verlangen, um zu gewährleisten, dass die gesetzlichen Vertreter durch Integration in das gesellschaftliche und kulturelle Leben dafür sorgen, dass die Gesellschaft in ihrer Heimatgemeinde als „good corporate citizen" wahrgenommen wird.

42 Die unter → Rn. 41 geschilderten Vorzüge ausländischer Vorstandsmitglieder gelten im Allgemeinen nicht für den Vorstandsvorsitzenden. Hierbei spielt allerdings weniger die Staatsangehörigkeit als der Kulturkreis, aus dem der Vorstandsvorsitzende stammt, eine Rolle. Welche Vorzüge der Aufsichtsrat einer konzernfreien deutschen Aktiengesellschaft einem Vorstandsvorsitzenden aus dem anglo-amerikanischen Umfeld zuschreibt, wird sich niemals feststellen lassen. Derartige Trends sollten daher auf die Vereine des europäischen Spitzenfußballs beschränkt bleiben.

43 Eine gesetzlich vorgeschriebene **Komposition des Vorstands nach Herkunft, Geschlecht, Religion** oÄ gab es bis vor kurzem nicht. Zwar soll der Aufsichtsrat nach den

---

[25] So für Wirtschaftsprüfungsgesellschaften § 28 Abs. 1, 2 WPO; für Steuerberatungsgesellschaften § 50 Abs. 1–4 StBerG; für Rechtsanwaltsgesellschaften § 59f BRAO.

[26] ZB der Bundespräsident und die Mitglieder der Bundesregierung nach den Art. 55 Abs. 2 GG bzw. Art. 66 GG. Ähnliche Vorschriften finden sich auch für Regierungsmitglieder der Landesregierungen in den Länderverfassungen.

[27] OLG Stuttgart NZG 2006, 785; ausführlich – auch zu ausländerrechtlichen Aspekten – BeckOGK/*Fleischer* AktG § 76 Rn. 133.

Empfehlungen des Kodex bei der Zusammensetzung des Vorstands auch auf Diverstät (Diversity) achten (B.1 DCGK). Indes führt ein – ohnehin nicht nachweisbarer – Verstoß gegen diese Empfehlung nicht zur Unwirksamkeit des Bestellungsbeschlusses. Nach aktueller Rechtslage ist eine Zielgröße für den Frauenanteil im Vorstand festzulegen, wobei der bereits erreichte Frauenanteil nicht unterschritten werden darf, solange der Anteil bei unter 30% liegt (näher → § 1 Rn. 338).

Mit Inkrafttreten des FüPoG[28] II am 1.8.2022 sieht ein neu eingefügter § 76 Abs. 3a AktG für börsennotierte oder mitbestimmte Aktiengesellschaften mit Vorständen von mehr als drei Mitgliedern vor, mindestens eine Frau zum Vorstandsmitglied zu bestellen. Zuwiderhandelnde Bestellungsbeschlüsse sind nichtig (76 Abs. 3a S. 2 AktG). Damit ist der erste „Sündenfall" des Gesetzgebers bei der Beschränkung der Auswahlfreiheit des Aufsichtsrats perfekt. Nicht einmal die Einmann-AG (bzw. Einfrau-AG) ist hiervon ausgenommen. 44

## 3. Satzungsmäßige Anforderungen an Vorstandsmitglieder

**Fraglich ist, inwieweit die Satzung ein Anforderungs- oder Persönlichkeitsprofil für den Vorstand festlegen kann.** Das ist problematisch, da die Bestellungskompetenz für den Vorstand eindeutig beim Aufsichtsrat liegt (§ 84 Abs. 1 S. 1 AktG), während nur die Hauptversammlung in der Lage ist, ein derartiges Anforderungsprofil in die Satzung aufzunehmen § 179 AktG). Es entsteht die Frage, ob hier nicht in aktienrechtlich unzulässiger Weise (vgl. § 23 Abs. 5 AktG) in die Kompetenz des Aufsichtsrats eingegriffen wird. 45

Die Kommentarliteratur hält satzungsmäßige Voraussetzungen überwiegend für zulässig, sofern dem Aufsichtsrat noch eine angemessene Auswahlmöglichkeit verbleibt.[29] Satzungsmäßige Voraussetzungen – in diesem Zusammenhang beispielhaft erwähnt – sind deutsche Staatsangehörigkeit, Wohnsitz im Inland, Höchst- oder Mindestalter, eine bestimmte Ausbildung oder Auslandserfahrung. Die Gegenmeinung führt ins Feld, dass der Aufsichtsrat im Moment der Bestellung wesentlich besser als die Satzung entscheiden könne, welche Führungspersönlichkeit die Gesellschaft brauche.[30] 46

Unterschieden wird auch noch zwischen Gesellschaften, **die dem MitbestG 1976 unterliegen, und solchen, bei denen dies nicht der Fall** ist. Bei Gesellschaften, bei denen Vorstandsmitglieder nach den Regeln des § 31 MitbestG bestellt werden, wird die Zulässigkeit von satzungsmäßigen Eignungsvorgaben teilweise sehr zurückhaltend beurteilt oder gar gänzlich abgelehnt.[31] 47

Der Frage **kommt nur eine geringe praktische Bedeutung zu, da derartige satzungsmäßige Vorgaben sehr selten sind.**[32] Ist gegen eine derartige Vorgabe verstoßen worden, kann dies ein Grund für den Widerruf der Bestellung sein, allerdings ist das Ermessen des Aufsichtsrats insoweit durch die Satzung nicht einschränkbar. Dies ergibt sich schon daraus, dass selbst bei einem Vertrauensentzug durch die Hauptversammlung der Aufsichtsrat eigenverantwortlich prüfen muss, ob ein wichtiger Grund für eine Abberufung vorliegt, und sich bei einer solchen Sachverhaltsgestaltung die Frage der Unzumutbarkeit der Fortführung der Bestellung viel dringlicher stellt. Bei der Frage, ob auch der Anstellungsvertrag aus wichtigem Grund kündbar ist, wenn bei der Bestellung eine satzungsmäßige Voraussetzung unbeachtet geblieben ist, wird auch darauf zu achten sein, ob 48

[28] Gesetz zur Ergänzung und Änderung der Regelungen für die gleichberechtigte Teilhabe von Frauen an Führungspositionen in der Privatwirtschaft und im öffentlichen Dienst v. 7.8.2021, BGBl. 2021 I 3311.

[29] GroßkommAktG/*Kort* § 76 Rn. 276; Hüffer/Koch/*Koch* AktG § 76 Rn. 60 und § 23 Rn. 38; MHdB GesR IV/*Wentrup* § 20 Rn. 6f.

[30] *LKV* Aufsichtsrat § 7 Rn. 341.

[31] Vgl. die Übersicht über den Meinungsstreit bei Habersack/Henssler/*Habersack* MitbestG § 31 Rn. 10ff.; für eine zurückhaltende Festlegung in MHdB GesR IV/*Wentrup* § 20 Rn. 6; gegen jede Einschränkung der Auswahlfreiheit schon aus dienstrechtlichen Gründen *LKV* Aufsichtsrat § 7 Rn. 341; großzügig zB in MüKoAktG/*Spindler* § 84 Rn. 37.

[32] Habersack/Henssler/*Habersack* MitbestG § 31 Rn. 11.

sich der Aufsichtsrat nicht mit seinem eigenen vorangegangenen Verhalten in Widerspruch setzt, und die durch ihn vertretene Gesellschaft sich ggf. nach Treu und Glauben an dem Dienstvertrag muss festhalten lassen.[33]

## V. Anfang, Dauer und Ende der Bestellung

### 1. Anfang der Bestellung

49 Die Bestellung beginnt mit dem Datum, das im Bestellungsbeschluss benannt ist. Ist kein solches Datum benannt, beginnt die Bestellung sofort, jedoch nicht vor Übermittlung des Beschlussinhalts an den Betroffenen (→ Rn. 29 f.) und vor Annahme durch das bestellte Vorstandsmitglied (→ Rn. 31 f.).

50 Ein verständiger Aufsichtsrat wird kein „schräges" Datum für den Beginn der Amtszeit auswählen. Schon wegen der regelmäßigen zeitlichen Verknüpfung mit dem Anstellungsvertrag empfiehlt es sich, einen **Kalendermonatsanfang** zu wählen. Noch besser ist der Beginn eines Quartals oder eines Kalenderjahres, damit sich die Ergebnisse des Unternehmens der Amtszeit zuordnen lassen können.

### 2. Dauer der Bestellung

51 Die höchst zulässige Dauer der Bestellung eines Vorstandsmitglieds beträgt nach § 84 Abs. 1 S. 1 AktG fünf Jahre.[34] Das AktG trägt damit der Erfahrung Rechnung, dass der Mensch sich im Laufe des Lebens verändert, Lebenskraft, Tüchtigkeit und Durchsetzungsvermögen nachlassen können und somit eine periodische Überprüfung des Fortbestands der Eignung erforderlich ist. Hinzu kommt: Die automatische, von Zeit zu Zeit erfolgende Überprüfung ist auch Ansporn – eine Wiederbestellung muss eben verdient werden.

52 In der Praxis ist die **zulässige Höchst-Bestellungsdauer zur Regel-Bestellungsdauer** geworden. Lediglich bei der Erstbestellung sind dreijährige Amtsperioden zu beobachten. Nach B.3 DCGK soll die Erstbestellung „für längstens drei Jahre erfolgen. Angesichts der unvermeidlichen gelegentlichen Fehlgriffe bei Bestellungen von außen wurde sogar schon eine Gesetzes-Höchstdauer von drei Jahren gefordert.[35] Dagegen spricht allerdings, dass ein Wechsel erfahrener Vorstandsmitglieder mit bereits fünfjähriger Bestellungsdauer in ein anderes Unternehmen unnötig erschwert würde. Begrüßenswert ist daher die Empfehlung des Kodexes (B.3 DCGK),[36] wobei eine Abweichung meldepflichtig ist.

53 Umgekehrt sind **zu kurze Bestellungszeiten** wiederum **bedenklich,** da ja die Bestellungszeit für eine bestimmte Dauer dem Vorstand Unabhängigkeit geben soll. Für einen nicht zu kurz bemessenen Zeitraum soll er sich darauf verlassen können, im Amt zu bleiben und wirtschaftlich abgesichert zu sein. Eine kurze Bestellungszeit von höchstens einem Jahr ist nach § 105 Abs. 2 S. 1 AktG vorgeschrieben, wenn in einem Ausnahmefall ein Mitglied des Aufsichtsrats in den Vorstand entsandt wird. Im Regelfall wird ein Jahr als die kürzest zulässige Bestellungsdauer angesehen.[37] Vorstandsbestellungen für (jeweils) ein Jahr sind vor allem dort üblich geworden, wo ein Vorstandsmitglied bei Auslaufen der Bestellung bereits deutlich älter als 60 Jahre ist oder ein **Interims-Vorstand** bestellt wird.

---

[33] Nach dem aus § 242 BGB entwickelten Institut des „venire contra factum proprium", dh dem Verbot, sich treuwidrig mit seinem eigenen vorhergehenden Verhalten in Widerspruch zu setzen; vgl. Palandt/*Grüneberg* BGB § 242 Rn. 55 ff.

[34] Wird ein Aufsichtsratsmitglied in den Vorstand entsandt, beträgt die höchstzulässige Bestellungsdauer ein Jahr (§ 105 Abs. 2 AktG).

[35] So → 1. Aufl. 2005, Rn. 77 *(Peltzer)*.

[36] Bereits vor der Einführung in den Kodex *Fleischer* AG 2006, 429 (436).

[37] Vgl. OLG Karlsruhe AG 1973, 310 (311); K. Schmidt/Lutter/*Seibt* AktG § 84 Rn. 16; noch strenger *Heidbüchl* WM 2004, 1317 (1318).

Die Dauer der Bestellung ergibt sich aus dem Bestellungsbeschluss. Definiert dieser keinen kalendarischen Amtsbeginn, sondern nur die Dauer einer Amtsperiode, so beginnt dieselbe mit Zugang und Annahme der Bestellung. Ist die **Fixierung der Bestellungsdauer versäumt** worden, so soll nach hM eine Bestellungsdauer von fünf Jahren als beschlossen gelten.[38] Dies ist in dieser Pauschalität unzutreffend. Zunächst einmal ist nach anderweitigen Anhaltspunkten (zB Beschlussvorschlägen in den sitzungsvorbereitenden Aufsichtsratsunterlagen, vertragliche Vereinbarungen etc) zu suchen. Nur wenn solche Anhaltspunkte völlig fehlen, ist die Annahme einer fünfjährigen Bestellungsdauer zulässig. Ist versehentlich oder in Unkenntnis der gesetzlichen Höchstdauer von fünf Jahren eine längere Bestelldauer festgelegt worden, gilt nur die Höchstdauer von fünf Jahren.[39] 54

### 3. Ende der Bestellung

Die Bestellung endet mit bloßem Zeitablauf, ohne dass es einer Erklärung des Vorstandsmitglieds oder des Bestellungsorgans bedarf. Enthält der Bestellungsbeschluss eine bloße Amtsperiode, so gilt für die exakte Berechnung § 187 BGB. 55

## VI. Wiederbestellung

### 1. Zulässigkeit wiederholter Bestellung

**Wiederbestellungen erklärt das Gesetz ausdrücklich für zulässig** (vgl. § 84 Abs. 1 S. 2 AktG). **Scheinbar** ist die **Wiederbestellung** gegenüber der Erstbestellung die **leichtere Aufgabe.** Dies ist gewiss der Fall bei einer überzeugenden Einzelleistung des Vorstandsmitglieds verbunden mit hoher Teamplayerqualität. Umgekehrt wird es dem Aufsichtsrat ebenso leicht fallen, bei erkennbaren Leistungsdefiziten von einer Widerbestellung abzusehen. Schwierig wird es dagegen in einer Grauzone, in der nicht so recht festzumachen ist, wo genau diese Defizite liegen. Oft hat man sich aneinander gewöhnt; und sogar freundschaftliche Beziehungen zum betreffenden Vorstandsmitglied, dessen Bestellung ausläuft, sind zu beobachten. In diesen Fällen ist eine Nichtwiederbestellung menschlich schwierig;[40] eine klare Entscheidung im Interesse der Gesellschaft ist indessen unausweichlich. 56

### 2. Probleme der Wiederbestellung

Der Aufsichtsrat wird schon zur Festlegung der Vergütung eine **regelmäßige Leistungsbeurteilung** vornehmen (vgl. G.1 DCGK) bzw. nach Delegation auf den Personalausschuss von diesem vornehmen lassen. Die dort zu berücksichtigenden Kriterien, nämlich die persönliche Leistung (des zu beurteilenden Vorstandsmitglieds), die Leistung des Vorstands sowie die wirtschaftliche Lage, der Erfolg und die Zukunftsaussichten des Unternehmens unter Berücksichtigung seines Vergleichsumfelds sind durchaus auch **taugliche Kriterien für die Entscheidung für die Wiederbestellung.** Allerdings sind sie um ein prognostisches Element zu ergänzen: Während die Vergütungsentscheidung im Wesentlichen die Vergangenheit berücksichtigt, muss sich die Entscheidung über die Wiederbestellung vor allem mit der Wahrscheinlichkeit befassen, ob das bisherige Leistungsbild auch für die Dauer der vorgesehenen Wiederbestellung anhalten oder gar gesteigert werden wird. 57

Selbstverständlich sind menschliche Rücksichten nicht zu vernachlässigen, aber der **Personalausschuss** ist – wie der gesamte Aufsichtsrat – **nur dem Unternehmenswohl ver-** 58

---

[38] OLG Stuttgart AG 2013, 599 (600); Hüffer/Koch/*Koch* AktG § 84 Rn. 7; K. Schmidt/Lutter/*Seibt* AktG § 84 Rn. 16.
[39] *LKV* Aufsichtsrat § 7 Rn. 355; BeckOGK/*Fleischer* AktG § 84 Rn. 15.
[40] *Peltzer* FS J. Semler, 1993, 261 (273).

**pflichtet.** Wenn die finanzielle Situation der Gesellschaft dies erlaubt, sollten ggf. soziale Härten einer verweigerten Wiederbestellung[41] auch durch ein Unternehmensdarlehen abgefedert werden. Dies ist allemal besser als ein Vorstandsmitglied, dessen Leistung nicht überzeugt, im Amt zu belassen. Naturgemäß fehlt jede Statistik darüber, wie viele Unternehmen im Wettbewerb zurückgefallen sind, weil der Aufsichtsrat halbherzig und ohne wahre innere Überzeugung eine Wiederbestellung vorgenommen hat – vor allem auch, weil in einer derartigen Situation nicht rechtzeitig und entschlossen genug eine Nachfolge vorbereitet wurde. Es dürften aber nicht wenige Unternehmen sein, die in dieses Verhaltensmuster passen.

### 3. Form der Wiederbestellung

59 Die Wiederbestellung erfordert einen **ausdrücklichen Beschluss** des Plenums des Aufsichtsrats mit der erforderlichen Mehrheit; ungenügend wäre also eine bloße Aussprache über eine Wiederbestellung verbunden mit einem Belassen im Amt.[42] Auch alle Arten von **Beschlussfiktionen,** etwa dergestalt, dass eine Wiederbestellung mangels gegenteiliger Beschlussfassung als beschlossen gilt, sind unwirksam. Beides gilt nicht, sofern die Addition beider Amtszeiten fünf Jahre nicht übersteigt (vgl. § 84 Abs. 1 S. 4 AktG), weil der Aufsichtsrat in diesem Fall von vornherein eine fünfjährige Bestellung hätte wirksam beschließen können.

### 4. Gesetzliche Wiederbestellungsrechte („Stay on board")

60 Mit Verabschiedung des FüPoG II[43] hat der Gesetzgeber den § 84 Abs. 3 AktG dahingehend geändert, dass er in bestimmten Lebenssituationen einem Vorstandsmitglied einen **Anspruch auf Bestellungswiderruf in Kombination mit der Zusicherung auf Wiederbestellung** einräumt („Stay on board"). Dies betrifft den Mutterschutz für die Regeldauer von 14 Wochen (§ 84 Abs. 3 S. 2 Nr. 1 AktG nF) sowie die Elternzeit und die Angehörigenpflege bis zu drei Monaten (§ 84 Abs. 3 S. 2 Nr. 2 AktG nF). Mit diesen Gesetzesänderungen trägt der Gesetzgeber der Tatsache Rechnung, dass die Vorstandsmitglieder, insbesondere bei innovativen Unternehmen, immer jünger und damit familienorientierter werden, als es in der Generation zuvor üblich war.

### 5. Vertragliche Wiederbestellungsrechte

61 Selbstverständlich hat kein Vorstandsmitglied jenseits der in → Rn. 60 geschilderten Fälle Anspruch auf eine Wiederbestellung. Fraglich ist aber, ob sich die Gesellschaft **vertraglich zu einer Wiederbestellung verpflichten** kann. Diese Frage hat die Rechtsprechung schon früh verneint.[44] Auch hier gilt die zu → Rn. 60 beschriebene Ausnahme für den Fall einer kumulierten Amtszeit von maximal fünf Jahren. Jenseits dieser zeitlichen Grenzen sind alle Arten von Verpflichtungen der Gesellschaft – auch solche mittelbarer Art – wegen Verstoßes gegen § 134 BGB nichtig. Zulässig bleiben dagegen Weiterbeschäftigungszusagen unterhalb der Vorstandsebene, zB als Prokurist oder als Berater.[45] Allerdings ist hier Vorsicht geboten: Für sämtliche Zusagen im Nachgang zur Vorstandsbestellung ist nach § 112 AktG ausschließlich der Aufsichtsrat zuständig und vertretungsberechtigt. Diesbezügliche Absprachen mit dem Vorstand sind unwirksam.

---

[41] Praxisbeispiel: Die Kinder des betreffenden Vorstandsmitglieds studieren an teuren ausländischen Universitäten und stehen dort vor dem Abschluss.
[42] Hüffer/Koch/*Koch* AktG § 84 Rn. 6.
[43] Gesetz zur Ergänzung und Änderung der Regelungen für die gleichberechtigte Teilhabe von Frauen an Führungspositionen in der Privatwirtschaft und im öffentlichen Dienst v. 7. 8. 2021, BGBl. 2021 I 3311.
[44] Vgl. BGHZ 10, 187 (194f.).
[45] Ebenso OLG Nürnberg AG 1991, 446 (447); BeckOGK/*Fleischer* AktG § 84 Rn. 18.

### 6. Aufhebung und vorzeitige Wiederbestellung

Nach § 84 Abs. 1 S. 3 AktG ist eine Wiederbestellung erst frühestens ein Jahr vor Ablauf der bisherigen Amtszeit zulässig. Der Aufsichtsrat soll sich mit seiner Entscheidung Zeit lassen und eine möglichst lange Beobachtungsperiode zur Verfügung haben. Auch wenn diese Erwägung entfällt, weil es sich um eine zweite oder gar dritte Wiederbestellung handelt, hat diese Vorschrift, die eine Schutzvorschrift zugunsten der Gesellschaft ist, ihren guten Sinn. Sind in einer Bestellungsperiode einige Jahre verstrichen und tritt dann ein Ereignis ein, das den Aufsichtsrat dazu veranlasst, die Bestellung zu widerrufen, ist die finanzielle Verpflichtung gegenüber dem betreffenden Vorstandsmitglied eben sehr viel geringer, als wenn nach einer Neubestellung während der Amtszeit die Bestellung, und regelmäßig damit einhergehend der Dienstvertrag, erneut um fünf Jahre zu laufen begonnen hat. Im Übrigen ist durchaus denkbar, **dass während einer Bestellungsperiode die Leistung abfällt,** ohne dass ein wichtiger Grund zur Abberufung gegeben wäre,[46] und die Gesellschaft, wenn dieser Leistungsabfall nach der rechtswidrigen Neubestellung eintritt, den unbefriedigenden Zustand sehr viel länger hinnehmen muss. 62

Die beschriebenen Überlegungen haben über viele Jahre hinweg dazu geführt, dass gewichtige Stimmen eine **einvernehmliche Niederlegung mit anschließender Wiederbestellung** vor Anlauf der Jahresfrist des § 84 Abs. 1 S. 3 AktG als Umgehung dieser Vorschrift ansahen[47] oder – im Einklang mit Ziffer B.4 DCGK – wenigstens das Vorliegen besondere Gründe für die Anerkennung eines solchen Vorgehens forderten.[48] Dem hat sich der BGH in einer jüngeren Grundsatzentscheidung[49] entgegengestellt. Danach ist eine Niederlegung mit anschließender Wiederbestellung zu jedem erdenklichen Zeitpunkt der Amtsperiode ohne Vorliegen besonderer Umstände möglich und zulässig. Insbesondere führe ein solches Verhalten nicht zu einer – gemessen an der gesetzlichen Maximalregelung – verlängerten Bindungsfrist.[50] Im Übrigen sei das Beschlussprocedere mit dem in § 84 Abs. 1 S. 3 AktG vorgesehen Verfahren identisch. Die Entscheidung hat überwiegend Zustimmung gefunden[51] und dürfte daher die bisherige Diskussion jedenfalls für die Praxis beendet haben. 63

## VII. Die verschiedenen Arten von Vorstandsmitgliedern und Besonderheiten bei ihrer Bestellung

**Schrifttum:** *T. Bezzenberger,* Der Vorstandsvorsitzende der Aktiengesellschaft, ZGR 1996, 661; *Heidbüchel,* Das Aufsichtsratsmitglied als Vorstandsvertreter, WM 2004, 1317; *v. Hein,* Vom Vorstandsvorsitzenden zum CEO, ZHR 166 (2002), 464; *Hoffmann-Becking,* Zur rechtlichen Organisation der Zusammenarbeit im Vorstand, ZGR 1998, 497; *Martens,* Allgemeine Grundsätze zur Anwendbarkeit des Mitbestimmungsgesetzes, AG 1976, 113; *J. Semler,* Rechtsvorgabe und Realität der Organzusammenarbeit in der Aktiengesellschaft, FS Lutter, 2000, 721; *Wicke,* Der CEO im Spannungsverhältnis zum Kollegialprinzip, NJW 2007, 3755.

### 1. Vorsitzender des Vorstands

Werden mehrere Personen zu Vorstandsmitgliedern bestellt, so kann der Aufsichtsrat nach § 84 Abs. 2 AktG ein Mitglied zum Vorsitzenden des Vorstands bestellen. Lässt man die Gesamtheit der Vorschriften des AktG über die Zusammenarbeit des Vorstands auf sich wirken (also insbesondere § 76 Abs. 1 AktG, § 77 Abs. 1 AktG, § 78 Abs. 2 AktG), so ge- 64

[46] Der muss vorliegen, um den Widerruf der Bestellung zu rechtfertigen (vgl. § 84 Abs. 3 S. 1 AktG).
[47] Vgl. nur → 1. Aufl. 2005, Rn. 87 f. *(Peltzer); Götz* AG 2002, 305 (306).
[48] So zB (wird dort mittlerweile bis zur Grenze des Rechtsmissbrauchs als zulässig erachtet); *Priester* ZIP 2012, 1781 (1783, 1785).
[49] BGH NZG 2012, 1027 Rn. 21 ff.
[50] BGH NZG 2012, 1027 Rn. 28.
[51] So zB bei Hüffer/Koch/*Koch* AktG § 84 Rn. 8; *Bürgers/Theusinger* NZG 2012, 1218 (1220 f.); *Paschos/von der Linden* AG 2012, 736 (738 ff.).

winnt man den Eindruck, dass dem Gesetzgeber eher eine kollegiale Führungsstruktur vorgeschwebt hat. Dazu passt auch, dass der Aufsichtsrat einen Vorstandsvorsitzenden bestellen „kann", was als Wahlfreiheit zwischen Tun und Unterlassen auszulegen ist.[52]

65 Die **Tendenz in der jüngeren Vergangenheit** geht eindeutig zu einem Vorstandsvorsitzenden mit möglichst weitgehenden exekutiven Befugnissen. Hierfür gibt es wohl im Wesentlichen zwei Gründe. Die Usancen der **anglo-amerikanischen Unternehmensführung haben einen sehr starken Einfluss** auf das deutsche Bestellungswesen. In der US-amerikanischen und englischen Gesellschaft hat der Chief Executive Officer (CEO) eine außerordentlich starke Stellung bis hin zur faktischen Besetzung des „board", dessen „non-executive" Mitglieder ihn ja gerade beaufsichtigen sollen. Hinzu kommt der **Einfluss der Medien,** die ja ein Unternehmen allzu gern mit einem „Vorstandsvorsitzenden zum Anfassen" verknüpfen wollen. Derartige Tendenzen kulminieren bisweilen in der ernstgemeinten Benutzung eines Possessivpronomens bei der Verknüpfung zwischen Vorstandsvorsitzendem und Aktiengesellschaft („mein Unternehmen").

66 Der **Deutsche Corporate Governance Kodex** enthält keine ausdrückliche Empfehlung für einen Vorstandsvorsitzenden oder einen Sprecher des Vorstands mehr. Allerdings geht der Kodex von dem Erfordernis eines solchen teilweise aus und sieht auch einen **Grundsatz** für einen Vorsitzenden vor, der die Arbeit der verschiedenen Mitglieder des Vorstands koordiniert (Grundsatz 1 DCGK). Auch in einigen Empfehlungen wird auf diesen verwiesen (vgl. Grundsatz 16, D.6, E.2 DCGK).

67 Die beschriebene Entwicklung vom allmächtigen zu einem eher verfahrensleitenden Vorstandsvorsitzenden ist zu begrüßen. Sicherlich ist in größeren Vorständen eine Koordinierung der Arbeit des Gremiums notwendig. Auf der anderen Seite kann eine **Informationsmonopolisierung zwischen Aufsichtsratsvorsitzendem und Vorstandsvorsitzendem** sehr **gefährlich** sein. Eine derart enge Informationsschiene darf auch nicht zu einer Monopolisierung in dem Sinne führen, dass der Aufsichtsratsvorsitzende die Vorstandsmitglieder durch die Brille des Vorstandsvorsitzenden sieht.[53] Die Beurteilung der Vorstandsmitglieder ist für den Aufsichtsratsvorsitzenden eine nicht delegierbare Aufgabe, der er sich nicht zuletzt durch einen unmittelbaren Gedankenaustausch mit ihnen stellen muss.

68 Die überwiegende Auffassung der Lehre, dass der Vorstandsvorsitzende letztlich ein Vorstandsmitglied wie jedes andere sei,[54] ist zwar im Grundsatz richtig, aber auch hier hat sich die Praxis vom Gesetz entfernt. Vielerorts werden Vorstandsmitglieder durch den Vorstandsvorsitzenden regelrecht mediatisiert, dh sie haben überhaupt **keinen direkten Zugang zum Aufsichtsratsvorsitzenden.**[55] Dies ist nicht nur gegen das Gesetz, das den Vorstand als Gremium von (im Wesentlichen) Gleichen angelegt hat. Es ist darüber hinaus ein Fehler in der organisatorischen Führungsstruktur und zwar aus mehreren Gründen:

– Bei einem so strukturierten Vorstand kann sich keine wirksame Queraufsicht entwickeln.[56]
– Dem Aufsichtsratsvorsitzenden wird eine wesentliche Erkenntnisquelle für die Beurteilung der einzelnen Vorstandsmitglieder verschlossen, wenn er nicht gelegentlich unter vier Augen oder im kleinsten Kreis mit diesen spricht.
– Der Aufsichtsratsvorsitzende gibt auch die Chance aus der Hand, im Vieraugengespräch mit dem Vorstandsmitglied Dinge zu erfahren, die in der Aufsichtsratssitzung aus einer Vielzahl von Gründen – nicht zuletzt wegen der Teilnahme der Arbeitnehmervertreter – nicht zur Sprache kommen.

[52] MüKoAktG/*Spindler* § 84 Rn. 115.
[53] *J. Semler* FS Lutter, 2000, 721 (728); ähnlich *Wicke* NJW 2007, 3755 (3757).
[54] *Vgl. LKV* Aufsichtsrat § 7 Rn. 476; BeckOGK/*Fleischer* AktG § 84 Rn. 97.
[55] *Wicke* NJW 2007, 3755 (3757).
[56] *J. Semler* FS Lutter, 2000, 721, 731.

– Der Aufsichtsratsvorsitzende sollte sich auch fragen, ob eine derartige Handhabung nicht das Risiko in sich birgt, Kandidaten für den Vorstand abzuschrecken, die für diesen wegen ihrer Tüchtigkeit und Unabhängigkeit besonders geeignet wären.

Die anerkanntermaßen **ungeschriebenen Aufgaben des Vorstandsvorsitzenden** umfassen ein **breites Spektrum.**[57] Regelmäßig sind ihm die administrativen Aufgaben innerhalb des Vorstands, wie die Einberufung und Leitung der Vorstandssitzungen, übertragen.[58] Weiterhin gehören hierzu die Repräsentation nach außen und die Verbindung zum Aufsichtsrat,[59] wobei diese – wofür der Aufsichtsratsvorsitzende zu sorgen hat – keine ausschließliche sein darf. Der Vorstandsvorsitzende vertritt außerdem die Gesellschaft nach außen gegenüber der Öffentlichkeit und den Medien. Zu diesem Zweck untersteht ihm regelmäßig auch die Abteilung für Öffentlichkeitsarbeit. 69

Einen **ungeschriebenen Kompetenzzuschlag** genießt der Vorstandsvorsitzende weder bei der Geschäftsführung noch bei der Vertretung der Gesellschaft. Bei Abstimmungen hat er von Gesetzes wegen **kein Vetorecht** und bei Pattsituationen auch **kein Recht zum Stichentscheid.** Außerdem besteht keinerlei Privileg hinsichtlich der Unternehmensvertretung. Sieht die Satzung eine Doppelvertretung vor, gilt diese auch für den Vorstandsvorsitzenden. 70

Da das häufig stark ausgeprägte Geltungsbedürfnis eines Vorstandsvorsitzenden mit dem Kollegialitätsprinzip nur schwer vereinbar ist, stellt sich die Frage nach der **Dispositivität der genannten (Gleichstellungs-)regelungen.** Hier gilt: Die Satzung (oder der Bestellungsbeschluss bei entsprechender Satzungsermächtigung) kann sowohl einen Stichentscheid bei Pattsituationen im Vorstand[60] als auch ein Vetorecht vorsehen. Die Einräumung eines **Mehrfachstimmrechts** ist hingegen mit dem Kollegialitätsprinzip nicht vereinbar.[61] Ein Vetorecht gegen eine Entscheidung des Vorstands darf allerdings bei Gesellschaften, die dem MitbestG 1976 unterliegen, wegen § 33 Abs. 1 MitbestG, wenn überhaupt, nur mit kurzer Aufschubwirkung versehen sein, da sonst die vom MitbestG sorgsam gehütete Gleichberechtigung des Arbeitsdirektors in Frage gestellt sein könnte.[62] 71

In **formeller Hinsicht** erfährt der Vorstandsvorsitzende eine spärliche Sonderstellung. Er ist nach § 80 Abs. 1 S. 2 AktG als solcher auf den Geschäftsbriefen der Gesellschaft zu bezeichnen und nach § 285 Nr. 10 S. 2 HGB im Anhang zu benennen. Eine Anmeldung zur **Eintragung des Vorstandsvorsitzes in das Handelsregister** ist zwar nicht erforderlich; erfolgt sie gleichwohl, so ist die Eintragung vorzunehmen.[63] 72

**Ungleich wichtiger als die administrativen und instrumentellen Befugnisse** eines Vorstandsvorsitzenden sind seine **menschlichen und Führungsqualitäten.** Ist er allseits menschlich anerkannt? Hat er die Führungsqualitäten, die notwendig sind, um aus einer Schar von Solisten ein Orchester zu machen, das mit großem Wohlklang spielt? Ist seine Autorität so beschaffen, dass er Spannungen zwischen Vorstandsmitgliedern abbauen und Streitigkeiten fair beenden kann? Einen Vorstandsvorsitzenden mit diesen Qualitäten zu finden, ist naturgemäß noch schwieriger als ein „normales" Vorstandsmitglied. 73

Eine Besonderheit der Bestellung zum Vorstandsvorsitzenden gilt für eine Gesellschaft, die dem MitbestG 1976 unterliegt. Die besonderen Mehrheitserfordernisse und das ggf. notwendige dreistufige Verfahren nach § 31 MitbestG gelten nur bei der Bestellung zum Vorstandsmitglied, nicht aber bei der Ernennung zum Vorstandsvorsitzenden.[64] 74

---

[57] Dazu *Simons/Hanloser* AG 2010, 641 (642ff.).

[58] Vgl. K. Schmidt/Lutter/*Seibt* AktG § 84 Rn. 45; Hüffer/Koch/*Koch* AktG § 84 Rn. 29; *T. Bezzenberger* ZGR 1996, 661 (662ff.).

[59] BeckOGK/*Fleischer* AktG § 84 Rn. 97; MüKoAktG/*Spindler* § 84 Rn. 117.

[60] Nach hM kann dies sogar eine einfache Geschäftsordnung für den Vorstand regeln; vgl. BeckOGK/*Fleischer* AktG § 84 Rn. 97; zum Stichentscheid speziell im zweiköpfigen Vorstand vgl. *Bürkle* AG 2012, 232ff.

[61] MüKoAktG/*Spindler* § 84 Rn. 117; *T. Bezzenberger* ZGR 1996, 661 (665f.).

[62] Für die GmbH: BGHZ 89, 48(59).

[63] LG Stuttgart BB 1953, 870; Hüffer/Koch/*Koch* AktG § 81 Rn. 3.

[64] GroßKommAktG/*Kort* § 84 Rn. 117; *Simons/Hanloser* AG 2010, 641 (642).

## 2. Stellvertretender Vorsitzender

75 Im Gegensatz zum Aufsichtsrat, bei dem nach § 107 Abs. 1 S. 1 AktG sogar „mindestens" ein stellvertretender Vorsitzender gewählt werden muss, ist beim Vorstand ein stellvertretender Vorsitzender **vom Gesetz nicht vorgesehen,** kommt in der Praxis aber gelegentlich vor. Die Konstellationen, die zu der Berufung eines stellvertretenden Vorsitzenden führen können, sind vielfältig:

- Der Aufsichtsrat sieht den stellvertretenden Vorsitzenden als einen echten Stellvertreter an, der an die Stelle des Vorsitzenden treten soll, wenn dieser ausfällt.
- Innerhalb eines Gremiums zeichnet sich ein Mitglied durch besondere Leistung aus, so dass es auch mit Außenwirkung innerhalb des Vorstands hervorgehoben werden soll.
- Bei einer Fusion oder Übernahme ist einer der beiden Firmenchefs nur dadurch zu halten, dass man ihm die Position des stellvertretenden Vorsitzenden einräumt.
- Der Aufsichtsrat sieht in zwei sich besonders ergänzenden Personen die Führungsspitze des Vorstands und dies soll auch nach außen dokumentiert werden, wobei die Ergänzung sowohl in unterschiedlichen Begabungen als auch in unterschiedlichen beruflichen Spezialisierungen oder Erfahrungshintergründen liegen mag.

76 Die Ernennung folgt den gleichen Regeln wie die Ernennung zum Vorsitzenden, dh auch im Aufsichtsrat, der dem MitbestG 1976 unterliegt, ist das Drei-Stufen-Verfahren des § 31 MitbestG nicht anzuwenden. Es genügt vielmehr die einfache Mehrheit.

## 3. Sprecher des Vorstands

77 **Der Sprecher des Vorstands ist ebenso wenig wie der stellvertretende Vorsitzende im Gesetz vorgesehen.** Ein Sprecher wird anstelle eines Vorsitzenden ernannt, wenn beispielsweise eine zu starke Hierarchisierung des Vorstands vermieden werden soll und es ausreichend erscheint, dass ein Mitglied die administrativen Funktionen übernimmt, die allgemein mit dem Vorsitz verbunden sind, zB Einberufung und Leitung der Vorstandssitzungen und ggf. noch Vertretung nach außen. Eine weitere wichtige Erwägung, einen Sprecher statt eines Vorsitzenden zu ernennen, ist eine sonst bestehende Gefahr, dass wichtige „stakeholder" – wie insbesondere Großkunden – sich ausschließlich an den Vorstandsvorsitzenden wenden und dieser damit überfordert wird. Hiermit ist auch gleichzeitig die **wechselseitige Exklusivität von Vorstandsvorsitzendem und Vorstandssprecher** impliziert: Ein und dasselbe Unternehmen kann nicht beides haben.[65]

78 Die **Ernennung des Sprechers** folgt etwas anderen Regeln als denen, die für die Ernennung eines Vorsitzenden oder stellvertretenden Vorsitzenden gelten. Zunächst liegt auch hier die primäre Kompetenz beim Aufsichtsrat. Dieser kann bei der Bestellung eines Vorstandsmitglieds oder auch zu einem späteren Zeitpunkt eine Person aus den Reihen des Vorstands **per Beschluss mit einfacher Aufsichtsratsmehrheit** zum Vorstandssprecher ernennen. Der Aufsichtsrat kann (nicht: muss) gleichzeitig die Kompetenzen des Vorstandssprechers definieren.

79 Wenn und soweit der Aufsichtsrat es dem Vorstand nach § 77 Abs. 2 S. 1 AktG überlässt, sich selbst eine Geschäftsordnung zu geben, darf der Vorstand in dieser Geschäftsordnung auch einen Sprecher ernennen und (qua Geschäftsordnung) dessen Kompetenzen bestimmen.[66] Insofern ist die **Sprecherernennung eine Geschäftsordnungsangelegenheit.** Dies hat zur Konsequenz, dass der Aufsichtsrat (ggf. durch Änderung der Geschäftsordnung) die Sprecherernennung revidieren kann. Zum andern bedeutet die **Ernennung eines Vorstandsvorsitzenden das automatische Ende einer Sprecherfunktion.**[67]

80 Die **inhaltliche Ausgestaltung der Sprecherbefugnisse** ist gesetzlich völlig ungeregelt. Fest steht lediglich, dass die Kompetenzen des Vorstandssprechers hinter denjenigen

---

[65] K. Schmidt/Lutter/*Seibt* AktG § 84 Rn. 47.
[66] Hüffer/Koch/*Koch* AktG § 84 Rn. 30; *Simons/Hanloser* AG 2010, 641 (642).
[67] Vgl. MüKoAktG/*Spindler* § 84 Rn. 118.

des Vorstandsvorsitzenden zurückbleiben müssen. Als Faustregel gilt: Der Vorstandssprecher hat die gremienüblichen Leitungsbefugnisse und Außenauftrittsfunktionen, aber keinerlei sachliche Führungsfunktion.[68]

### 4. CEO

Immer häufiger werden vor allem im kapitalmarktrelevanten und im internationalen Unternehmensumfeld Vorstandsvorsitzende als CEO (Chief Executive Officer) bezeichnet.[69] Rein juristisch ist diese Bezeichnung unter dem Aktiengesetz **ohne jede Aussagekraft.** Sofern es sich um einen Vorstandsvorsitzenden im aktienrechtlichen Sinne handelt, sind die Befugnisse mit und ohne die Zusatzbezeichnung CEO identisch. Der Aufsichtsrat hat auch nicht die Kompetenz, die äußeren Grenzen der Befugnisse eines Vorstandsvorsitzenden zugunsten eines CEO auszudehnen. Insbesondere ist die **Zuordnung eines Weisungsrechts gegenüber anderen Vorstandskollegen unzulässig.**[70] 81

### 5. Stellvertretendes Vorstandsmitglied

Das stellvertretende Vorstandsmitglied erwähnt das Gesetz nur an einer einzigen Stelle, nämlich in § 94 AktG. Die Bezeichnung des „stellvertretenden Vorstandsmitglieds" ist dabei reichlich irreführend Das stellvertretende Vorstandsmitglied ist nämlich nicht „Stellvertreter" irgendeines ordentlichen Vorstandsmitglieds in dem Sinne, dass er nur bei dessen Verhinderung in Aktion träte. Es handelt sich vielmehr um ein ordentliches („normales") Vorstandsmitglied mit allen Rechten und Pflichten eines solchen. **Stellvertretende Vorstandsmitglieder stehen ordentlichen Vorstandsmitgliedern in jeder Hinsicht gleich.** 82

In der Praxis tritt das stellvertretende Vorstandsmitglied in zwei Ausprägungen auf. Beiden Erscheinungen ist gemeinsam, dass im Außenverhältnis eine gewisse hierarchische Abstufung gegenüber ordentlichen Vorstandmitgliedern deutlich werden soll. 83

In einem Fall ist die Stellung des „stellvertretenden Vorstandsmitglieds" ein **Übergangsstadium,** das gewöhnlich nur während der Erstbestellung oder sogar nur während eines Teils der Erstbestellung andauert, und nach diesem Übergangsstadium – wie von vornherein geplant – **in die Stellung des ordentlichen Vorstandsmitglieds einmündet.** Diesbezüglich wäre etwa auch ein Aufsichtsratsbeschluss folgenden Inhalts zulässig: 84

N. N. wird ab … für die Dauer von zwei Jahren zum stellvertretenden und im Anschluss daran für weitere zwei Jahre zum ordentlichen Vorstandsmitglied bestellt.

In dieser Kategorie werden vor allem sehr junge Kandidaten zu stellvertretenden Vorstandsmitgliedern bestellt, meist auch ohne dass die Dauer dieses Übergangsstadiums von vornherein festgelegt wird – nicht zuletzt auch als Anreiz für das Vorstandsmitglied dazu beizutragen, das Übergangsstadium möglichst abzukürzen. Die faktische hierarchische Abstufung drückt sich meistens **in geringeren Bezügen des stellvertretenden Vorstandsmitglieds aus.** 85

Die zweite Kategorie betrifft **stellvertretende Vorstandsmitglieder, deren Status auf Dauer angelegt ist.** In einem solchen Fall ist die hierarchische Abstufung viel deutlicher ausgeprägt als bei der ersten Kategorie. Es handelt sich meist um Ressortinhaber, deren Arbeitsgebiete es nicht rechtfertigen, ein ordentliches Vorstandsmitglied damit zu betrauen, wie etwa Öffentlichkeitsarbeit oder gehobener Lobbyismus. Die Zugehörigkeit 86

[68] HM, vgl. nur BeckOGK/*Fleischer* AktG § 84 Rn. 97 f.; K. Schmidt/Lutter/*Seibt* AktG § 84 Rn. 47; *Hoffmann-Becking* ZGR 1998, 497 (517).

[69] Nach den Praxiserfahrungen des Autors sind die Betroffenen überwiegend selbst die Urheber dieser Bezeichnung, die nicht selten eine Äußerungsform überzogener Eitelkeit darstellt.

[70] Zutr. MüKoAktG/*Spindler* § 84 Rn. 119.; *Simons/Hanloser* AG 2010, 641 (642).

zum Vorstand – und sei es auch nur als stellvertretendes Mitglied – soll den Gesprächspartnern vor allem signalisieren, es hier mit einem Mitglied des Entscheidungsgremiums zu tun zu haben. Die Kategorie stellvertretender Vorstandsmitglieder ist bei der Tendenz, die Vorstände zu verkleinern, seltener geworden.

87 Juristische Besonderheiten für stellvertretende Vorstandsmitglieder ergeben sich nur in dreierlei Hinsicht: Dies betrifft zunächst die Frage, ob der Zusatz „stellvertretend" **im Handelsregister eintragungsfähig** ist.[71] Weiterhin ist es fraglich, ob bei der Umqualifizierung der Bestellung des stellvertretenden Vorstandsmitglieds in die eines ordentlichen Vorstandsmitglieds durch Aufsichtsratsbeschluss in einer mitbestimmten Gesellschaft der dreistufige Bestellungsmechanismus nach § 31 MitbestG Anwendung findet oder ob die einfache Mehrheit genügt.[72] Schließlich ist es umstritten, ob ein „stellvertretendes Vorstandsmitglied" zum Arbeitsdirektor bestellt werden kann.[73]

## 6. Arbeitsdirektor

88 Nach § 33 Abs. 1 S. 1 MitbestG wird als gleichberechtigtes Mitglied des zur gesetzlichen Vertretung des Unternehmens befugten Organs ein Arbeitsdirektor bestellt. Dieser Satz hat eine konfliktreiche Entstehungsgeschichte und enthält mehrere wichtige Aussagen zur Bestellung und zur Position des Arbeitsdirektors.

89 Der **Arbeitsdirektor und seine Stellung** waren bei der Entstehung des MitbestG einer der **Hauptkonfliktpunkte** zwischen den Gewerkschaften und dem Lager der Aktionäre und Arbeitgeberverbände. Die Gewerkschaften strebten ein Modell an, bei dem die Stellung des Arbeitsdirektors möglichst derjenigen des Arbeitsdirektors nach dem Montan-MitbestG angepasst werden sollte.[74] Hiermit haben sich die Gewerkschaften allerdings nicht durchsetzen können. Der Arbeitsdirektor nach dem MitbestG 1976 ist von Gesetzes wegen ein Vorstandsmitglied wie jedes andere. Die Besonderheit liegt darin, dass er **notwendiges Mitglied des Vorstands** ist, sein Geschäftsbereich wenigstens **umrisshaft vom Gesetz festgelegt wird** und auch die **Bestellung zum Arbeitsdirektor** nach den gleichen Regeln vorgenommen werden muss wie die Bestellung zum Vorstandsmitglied.[75] Die Arbeitnehmerseite hat aber weder bei der Bestellung zum Vorstandsmitglied noch bei der Bestellung zum Arbeitsdirektor – beide Bestellungen werden in der Praxis in einem Beschluss regelmäßig verbunden – irgendeine Prärogative.

90 Allerdings sind bezüglich des Arbeitsdirektors zwei Aussagen zu beachten, nämlich dass er ein **„gleichberechtigtes Mitglied"** ist und Mitglied **„des zur gesetzlichen Vertretung befugten Organs"**, also des Vorstands, sein muss. Fallen Bestellung (oder Wiederbestellung) zum Vorstand und Bestellung zum Arbeitsdirektor zusammen, so ist nur **ein** Beschluss notwendig. Die Beschlussformel würde etwa lauten:

N.N. wird ab … für die Dauer von fünf Jahren zum Mitglied des Vorstands und zum Arbeitsdirektor bestellt.

91 Ist der zum Arbeitsdirektor zu Bestellende bereits Vorstandsmitglied und soll er zusätzlich (oder anstelle seines bisherigen Ressorts) das Aufgabengebiet des Arbeitsdirektors übernehmen, **bedarf diese Bestellung zum Arbeitsdirektor eines ausdrücklichen Aufsichtsratsbeschlusses,** der denselben Regeln unterliegt wie die Bestellung zum Vor-

[71] Verneinend BGH NJW 1998, 1071 (1072); Kölner Komm AktG/*Mertens* § 94 Rn. 6.
[72] Für die letztgenannte Alternative in Kölner Komm AktG/*Mertens/Cahn* § 94 Rn. 7; K. Schmidt/Lutter/*Sailer-Coceani* AktG § 94 Rn. 4; BeckOGK/*Fleischer* AktG § 94 Rn. 5; MHdB GesR IV/*Hoffmann-Becking* § 24 Rn. 21.
[73] Für den Regelfall von der hM bejaht; vgl. Hüffer/Koch/*Koch* AktG § 94 Rn. 4.
[74] Nach § 13 Abs. 1 S. 2 und 3 MontanMitbestG kann dieser gegen die Stimmen der Arbeitnehmervertreter im Aufsichtsrat weder bestellt noch abberufen werden.
[75] MüKoAktG/*Annuß* MitbestG § 33 Rn. 6.

standsmitglied.[76] Das Gleiche gilt für den **Widerruf der Bestellung als Arbeitsdirektor,** auch wenn die Vorstandsbestellung als solche nicht widerrufen wird.[77]

Das Erfordernis der Gleichberechtigung impliziert ein **Diskriminierungsverbot gegenüber dem Arbeitsdirektor.** Dieses Diskriminierungsverbot bedeutet allerdings nicht, dass der Vorstand völlig kollegial strukturiert sein muss. Vielmehr können ein Vorstandsvorsitzender und ein stellvertretender Vorsitzender bestellt werden und lediglich der Arbeitsdirektor hiervon ausgenommen werden. Weiter ist es möglich, dass der Arbeitsdirektor nur stellvertretendes Vorstandsmitglied ist.[78] 92

Andererseits würde es dem Gebot der Gleichbehandlung zuwiderlaufen, wenn in einem **zweigliedrigen Vorstand** ein Mitglied zum Vorsitzenden bestellt und diesem bei **Pattsituationen der Stichentscheid zuerkannt** würde, weil dies praktisch das Alleinentscheidungsrecht des Vorstandsvorsitzenden bedeuten und dieser sich **immer** gegenüber seinem Kollegen, dem Arbeitsdirektor, würde durchsetzen können.[79] Ebenfalls unzulässig wäre ein Vetorecht des Vorstandsvorsitzenden bei mehrköpfigen Vorständen, da damit eben auch regelmäßig das Votum des Arbeitsdirektors (neben den Voten seiner Kollegen) abgelehnt werden könnte und dies ebenfalls gegen den Gleichberechtigungsgrundsatz verstoßen würde.[80] 93

Nach der Formulierung des **BVerfG** müssen dem Arbeitsdirektor **„im Schwerpunkt zumindest auch Zuständigkeiten in Personal- und Sozialfragen übertragen sein".**[81] Im Übrigen verweist § 33 Abs. 2 S. 2 MitbestG selbst auf die Geschäftsordnung, die das Nähere regelt. Demgemäß ist es sowohl möglich, dass bestimmte Bereiche des Personal- und Sozialwesens nicht zur Zuständigkeit des Arbeitsdirektors gehören, wie auch, dass ihm zusätzlich zum Personal- und Sozialwesen auch noch andere Zuständigkeiten zugewiesen werden.[82] Häufig ist zB der Vorstandsvorsitzende für die leitenden Angestellten zuständig, während der Arbeitsdirektor noch andere Verantwortungsbereiche hat. 94

**Der Arbeitsdirektor muss Mitglied** des „zur gesetzlichen Vertretung des Unternehmens befugten Organs", also des **Vorstands sein.**[83] Es wäre in einer dem MitbestG 1976 unterliegenden Gesellschaft nicht zulässig, das Personalressort etwa durch einen Generalbevollmächtigten wahrnehmen zu lassen, ohne eine besondere Zuständigkeit im Vorstand festzulegen. Umgekehrt ist es natürlich zulässig, dass unter dem Arbeitsdirektor ein (oder mehrere) leitende(r) Angestellte(r) diesen von der Tagesarbeit weitgehend entlasten. 95

### 7. In den Vorstand entsandtes Aufsichtsratsmitglied

Ungeachtet des Grundsatzes des § 105 Abs. 1 AktG, demzufolge ein Aufsichtsratsmitglied nicht gleichzeitig Vorstandsmitglied sein kann **(Grundsatz der Funktionstrennung),** darf der **Aufsichtsrat** nach § 105 Abs. 2 AktG unter bestimmten Voraussetzungen doch ein **Mitglied aus seinen Reihen in den Vorstand entsenden.** Diese Bestellung darf nur erfolgen, um „fehlende oder verhinderte Vorstandsmitglieder" vorübergehend zu ersetzen. Sie ist eine Übergangslösung in einer **Notsituation,** bei der eine Vakanz im Vorstand plötzlich eingetreten und das „Schiff am Schlingern" ist und nur im Aufsichtsrat eine überzeugende Führungspersönlichkeit zur Verfügung steht, die bereit ist, sofort in die Bresche zu springen. 96

Die **Bestellung** muss auf eine **bestimmte Zeit,** die höchstens ein Jahr betragen darf, begrenzt sein. Zulässig wäre auch eine erste Bestellung für sechs Monate, die nach Ablauf 97

[76] RVJ/*Raiser* MitbestG § 33 Rn. 7.
[77] RVJ/*Raiser* MitbestG § 33 Rn. 7.
[78] Hüffer/Koch/*Koch* AktG § 94 Rn. 4.
[79] MüKoAktG/*Annuß* MitbestG § 33 Rn. 22.
[80] BGHZ 89, 48 (58 f.) für die GmbH; MüKoAktG/*Spindler* § 77 Rn. 19.
[81] BVerfGE 50, 290 (378).
[82] *Martens* AG 1976, 113 (116 re. Sp. unten und 117 li. Sp.).
[83] *Martens* AG 1976, 113 (117).

durch weiteren ausdrücklichen Beschluss noch einmal um weitere sechs Monate verlängert werden kann. Während der Dauer der Bestellung zum Vorstandsmitglied **ruht die Tätigkeit als Aufsichtsratsmitglied** und das Vorstandsmitglied hat sich jeder Tätigkeit für das ruhende Amt zu enthalten. Die Bestellung des Aufsichtsratskollegen zum Vorstandsmitglied kann – anders als die „normale" Bestellung – mangels Erwähnung dieses Falles in § 107 Abs. 3 S. 3 AktG auch durch einen Ausschuss erfolgen,[84] wobei der zu Bestellende mitstimmen darf.[85]

98 Eines der **unschärfsten** Tatbestandsmerkmale und das in der Praxis wohl auch am wenigsten beachtete ist die Beschränkung auf die Funktion als **„Stellvertreter(n) von fehlenden oder verhinderten Vorstandsmitgliedern"** (§ 105 Abs. 2 S. 1 AktG). Das „Fehlen" eines Vorstandsmitglieds resultiert regelmäßig aus der **Unterschreitung einer Mindest-Soll-Stärke** nach dem Gesetz (vgl. § 76 Abs. 2 S. 2 AktG), der Satzung oder der Geschäftsordnung.[86] „Verhindert" ist ein Vorstandsmitglied, das nicht nur vorübergehend außerstande ist, seine Amtsgeschäfte wahrzunehmen. § 105 Abs. 2 AktG soll dem Aufsichtsrat also nicht die Möglichkeit verschaffen, kurzfristig abwesende Vorstandsmitglieder durch eine „Tagesbestellung" zu ersetzen. Auch die Tatsache, dass es genügend stellvertretende Vorstandsmitglieder gibt, spricht nicht gegen eine „Verhinderung";[87] denn trotz der irreführenden Bezeichnung sind diese ja gerade keine Stellvertreter.

99 **Die Rechtsstellung des entsandten Vorstandsmitglieds** entspricht regelmäßig derjenigen des fehlenden oder verhinderten Mitglieds. Dies gilt insbesondere für den Umfang der Geschäftsführungs- und der Vertretungsbefugnis.[88] Allerdings bleibt es dem Aufsichtsrat vorbehalten, hiervon anlässlich des Bestellungsbeschlusses abzuweichen. Eine Ausnahme formuliert das Gesetz in § 105 Abs. 2 S. 4 AktG selbst. Danach gelten gesetzliche Wettbewerbsverbote (vgl. § 88 AktG) nicht für entsandte Aufsichtsratsmitglieder.

100 Die Bestellung eines Vorstandsmitglieds aus den Reihen **endet spätestens nach Ablauf der Jahresfrist** des § 105 Abs. 2 S. 1 AktG. Vor Ablauf dieser Frist endet das Amt durch Niederlegung oder durch Abberufung, für die es allerdings eines wichtigen Grundes bedarf.[89] Da das entsandte Vorstandsmitglied während der Entsendung weiterhin Aufsichtsratsmitglied – wenngleich ohne Stimmrecht – bleibt, muss der Verlust des Aufsichtsratsamtes automatisch auch zum Verlust der Vorstandseigenschaft führen.[90] Hier kann der Aufsichtsrat allerdings durch einen anderslautenden Bestellungsbeschluss („… unabhängig von der fortdauernden Mitgliedschaft im Aufsichtsrat …") abhelfen.

## 8. „Bereichsvorstand"

101 In den letzten Jahren hat sich die früher weitgehend **unbekannte Bezeichnung „Bereichsvorstand" eingebürgert,** mit der – besonders bei Großbanken – leitende Angestellte mit einem im Allgemeinen besonders großen Verantwortungsbereich bezeichnet werden. Rechtlich handelt es sich meist um Prokuristen, die Bezeichnung „Bereichsvorstand" ist reine Titulatur. Der Vorgang erinnert daran, dass die Bezeichnung „Direktor" im 19. Jahrhundert im Wesentlichen für Vorstandsmitglieder verwandt wurde, dann aber

[84] Bestritten, aber wohl hM; vgl. Hüffer/Koch/*Koch* AktG § 105 Rn. 9; Kölner Komm AktG/*Mertens/Cahn* § 105 Rn. 18; MHdB GesR IV/*Hoffmann-Becking* § 24 Rn. 27; dagegen BeckOGK/*Spindler* AktG § 105 Rn. 33; K. Schmidt/Lutter/*Drygala* AktG § 105 Rn. 16.

[85] K. Schmidt/Lutter/*Drygala* AktG § 105 Rn. 16.

[86] Seltsamerweise setzt das Schrifttum den Fall der Unterschreitung einer sazungsmäßigen Höchstzahl gleich; vgl. dazu Hüffer/Koch/*Koch* AktG § 105 Rn. 7; MüKoAktG/*Habersack* § 105 Rn. 24; einschränkend *Heidbüchl* WM 2004, 1317 (1318).

[87] So auch MüKoAktG/*Habersack* § 105 Rn. 23.

[88] Nach BeckOGK/*Spindler* AktG § 105 Rn. 37 soll dies sogar für die Vergütung gelten. Indes wird man in dieser Frage allenfalls einen Anspruch auf Abschluss eines vergütungspflichtigen Vertrages – nicht aber eine Übernahmeautomatik – bejahen können.

[89] Unstr.; vgl. nur BeckOGK/*Spindler* AktG § 105 Rn. 38.

[90] So auch MüKoAktG/*Habersack* § 105 Rn. 36.

später mit Abstufungen wie „Abteilungsdirektor", „stellvertretender Direktor" etc. immer mehr dazu diente, hierarchische Abstufungen innerhalb eines Großunternehmens zu kennzeichnen.

Einen **präzisen juristischen Aussagewert** hinsichtlich der Vertretungsmacht, der Geschäftsführungsbefugnis oder auch nur hinsichtlich der hierarchischen Einstufung haben weder die Bezeichnung „Direktor" noch die Bezeichnung „Bereichsvorstand" noch Titulaturen wie **„Mitglied der Geschäftsleitung"** oder für die US-getriebene Bezeichnung **„Vice President".** Der Zustimmungskatalog des Aufsichtsrats wird im Allgemeinen die Bestellung von Prokuristen und dann natürlich erst recht von Bereichsvorständen umfassen. Es steht zu befürchten, dass die Eitelkeit künftig mehr denn je als Motor für weitere nichtssagende Titularien dienen wird. 102

## VIII. Fehlerhafte Bestellung und deren Folgen

### 1. Häufigste Ursachen fehlerhafter Bestellung

Fehlerhafte Bestellungen sind selten, denn die Regeln sind relativ einfach, leicht zu befolgen und auch bei aktienrechtlich nicht versierten Aufsichtsratsmitgliedern weitgehend bekannt. Dennoch sind Fehler möglich. Häufigste Ursache ist ein **Fehler beim Bestellungsbeschluss,** wie zum Beispiel die Bestellung durch einen Aufsichtsratsausschuss[91] oder die Bestellung durch das Aufsichtsratsplenum, dem mehrere nicht wirksam gewählte Mitglieder angehören. Möglich ist auch **das Fehlen notwendiger persönlicher Eigenschaften** eines Vorstandsmitglieds (→ Rn. 36ff.). Denkbar ist schließlich, dass in einem mitbestimmten Aufsichtsrat entgegen § 31 Abs. 2 MitbestG bei der ersten Abstimmung eine Bestellung nur mit einfacher Mehrheit vorgenommen wird. 103

### 2. Rechtsfolgen fehlerhafter Bestellungen

Mögen die Bestellungsakte als solche auch unwirksam sein, so würde es zu einer **unerträglichen Rechtsunsicherheit** führen, wenn diese Unwirksamkeit auch für die Vergangenheit geltend gemacht werden könnte und beispielsweise die von dem betreffenden Vorstandsmitglied im Namen der Gesellschaft abgegebenen Erklärungen und vorgenommenen Rechtshandlungen unwirksam wären. Die **Rechtsunwirksamkeit** kann also nur **für die Zukunft** geltend gemacht werden, vorausgesetzt die Tätigkeit des Vorstandsmitglieds hat bereits begonnen.[92] Diese faktische Organstellung gilt vornehmlich gegenüber Dritten (Außenverhältnis); es wirkt jedoch auch in gleicher Weise intern. 104

Die faktische Organstellung kann grundsätzlich nur nach den Regeln über die Beendigung einer ordnungsgemäßen Bestellung wieder beseitigt werden. Dies geht natürlich durch Amtsniederlegung. Auch eine Abberufung durch den Aufsichtsrat ist möglich (und erforderlich). Anders als bei einem rechtmäßig bestellten Vorstandsmitglied ist ein **wichtiger Grund für die Abberufung nicht erforderlich.**[93] Im Übrigen sind hier zahlreiche Detailfragen ungeklärt. 105

---

[91] Dem steht die zwingende Alleinzuständigkeit des Aufsichtsrats entgegen (§ 84 Abs. 1 S. 1 AktG).
[92] Hüffer/Koch/*Koch* AktG § 84 Rn. 13 mwN.
[93] MüKoAktG/*Spindler* § 84 Rn. 249; BeckOGK/*Fleischer* AktG § 84 Rn. 23.

## B. Widerruf der Bestellung (Abberufung)

### I. Die Widerrufsmöglichkeit

106 § 84 Abs. 3 S. 1 AktG („Der Aufsichtsrat kann die Bestellung zum Vorstandsmitglied und die Ernennung zum Vorsitzenden des Vorstands widerrufen, wenn ein wichtiger Grund vorliegt"), demonstriert das **Gegenstück des Gesetzes zur Bestellungskompetenz des Aufsichtsrats.** Der Widerruf der Bestellung ist dabei häufig ebenso schwierig und verantwortungsvoll wie die Berufung selbst. Der Widerruf ist im Spannungsfeld der beiden Organe Vorstand und Aufsichtsrat und ihrer Rechte und Pflichten angesiedelt. Die Bestellung ist nach AktG bis zu einer Dauer von fünf Jahren zulässig. Während der Zeit seiner Bestellung soll der Vorstand ungestört und unabhängig arbeiten können, wobei er zwar vom Aufsichtsrat beraten wird, aber abgeschirmt von jedweden unzulässigen Einmischungsversuchen arbeiten soll. Der Vorstand leitet schließlich die Gesellschaft unter eigener Verantwortung. Beide Institute, nämlich (die in der Regel mehrjährige) Bestellung und das Vorliegen eines wichtigen Grundes als Voraussetzung für einen Widerruf, sollen eben jener Unabhängigkeit des Vorstands dienen.

107 Allerdings muss hinterfragt werden, ob diese Institutionen heute noch ihren Zweck erfüllen. Managementtalente sind begehrt und knapp, so dass oft umgekehrt der Aufsichtsrat sich sorgen muss, dass ein talentierter Manager aus dem eigenen Unternehmen abgeworben wird, den zu ersetzen, erhebliche Schwierigkeiten bereiten kann. Monatelang andauernde Vakanzen zeugen davon, wie schwierig es ist, begabte Manager „aus dem Hut zu zaubern". So gesehen bedarf der fähige, selbstbewusste und erfolgreiche Vorstand nicht so sehr des Schutzes vor sachlich nicht gerechtfertigten oder gar willkürlichen Abberufungen – einmal abgesehen von Sondersituationen wie nach einer feindlichen Übernahme

108 Aus der Sicht der Gesellschaft gesehen, ist der Tatbestand des „wichtigen Grundes", der nach § 84 Abs. 3 S. 1 AktG eine Abberufung überhaupt erst ermöglicht, oft unscharf, so dass Rechtunsicherheit entstehen kann, ob denn nun ein bestimmtes Tun oder Unterlassen eines Vorstandsmitglieds als „wichtiger Grund" im Sinne der Vorschrift anzusehen ist oder nicht. Der Aufsichtsrat hat hier einen gewissen Beurteilungsspielraum. Wird – was aus praktischen Gründen sehr selten ist – gegen einen Abberufungsbeschluss von dem abberufenen Vorstandsmitglied das Gericht angerufen, so ist die Gesellschaft in der stärkeren Position. Der Beschluss hat nach § 84 Abs. 3 S. 4 AktG nämlich **Bestand bis zu einer rechtskräftigen gerichtlichen Entscheidung,** mit der der Beschluss des Aufsichtsrats als rechtwidrig aufgehoben wird; es ist überdies aufgrund der langen Dauer von Gerichtsverfahren sehr schwierig, innerhalb der Restlaufzeit der Berufung des abberufenen Vorstandsmitglieds eine derartige rechtskräftige Entscheidung herbeizuführen.

109 Der vorläufige Bestand einer Abberufung aus wichtigem Grund bis zu einer rechtskräftigen Entscheidung (sog. Suspensiveffekt) lässt die Frage aufkommen, ob ein Vorstandsmitglied gegen seine Abberufung vorläufigen Rechtsschutz durch **Erwirkung einer einstweiligen Verfügung** in Anspruch nehmen kann. Hier differenziert die herrschende Ansicht wie folgt: Einstweiliger Rechtsschutz ist möglich, außer wenn sich der Fehler der Abberufungsentscheidung auf das (angebliche) Fehlen eines „wichtigen Grundes" konzentriert.[94]

110 Insgesamt werden die Wirkungen eines Bestellungswiderrufs dadurch abgemildert, dass das Anstellungsverhältnis hiervon unbehelligt weiterläuft und die Einkommenssituation des Vorstandsmitglieds dadurch unverändert bleibt. Nur in schwerwiegenden Fällen kann die Abberufung auch mit einer **Kündigung des Anstellungsvertrages** kombiniert werden.

---

[94] Vgl. OLG Stuttgart AG 1985, 193; MüKoAktG/*Spindler* § 84 Rn. 153; Hüffer/Koch/*Koch* AktG § 84 Rn. 42.

## II. Formale Anforderungen an den Widerrufsbeschluss

Der Abberufungsbeschluss folgt den **gleichen formalen Regeln wie der Bestellungsbeschluss.** Zuständig ist nach § 84 Abs. 3 S. 1 AktG ausschließlich das Plenum des Aufsichtsrats. Erforderlich ist bei **nicht** dem MitbestG unterliegenden Gesellschaften die einfache Mehrheit der anwesenden Aufsichtsratsmitglieder – vorausgesetzt die Zahl der anwesenden Aufsichtsratsmitglieder reicht aus, um die gesetzlichen (vgl. § 108 Abs. 1 S. 2 AktG) oder ggf. weiterreichenden satzungsmäßigen Beschlussfähigkeitserfordernisse zu erfüllen. 111

Bei mitbestimmten Gesellschaften folgt das **Abberufungsverfahren nach denselben Regeln, die bei der Berufung gelten,** dh wenn in einer ersten Abstimmung über die Abberufung die erforderliche Zweidrittelmehrheit nicht erreicht wird, ist nach § 31 Abs. 3 S. 1 MitbestG der Vermittlungsausschuss anzurufen (§ 31 Abs. 5 MitbestG).[95] In einer zweiten Abstimmung entscheidet die einfache Mehrheit, kommt diese nicht zustande, hat der Vorsitzende in einer dritten Abstimmung nach § 31 Abs. 4 S. 1 MitbestG zwei Stimmen. 112

Das **Zeiterfordernis für eine derartige Prozedur –** vor allem die Zeitspanne von einem Monat, die dem Vermittlungsausschuss eingeräumt ist – kann bei Abberufungen zu erheblichen Misshelligkeiten führen, denn die Abberufung setzt ja einen wichtigen Grund im Sinne des § 84 Abs. 3 S. 1 AktG voraus. Dieser „wichtige Grund" kann (muss nicht) – die Anforderungen für den wichtigen Grund im Sinne des Dienstvertragsrechts sind höher – gleichzeitig ein wichtiger Grund sein, der zur außerordentlichen Kündigung des Dienstvertrags berechtigt, wobei die Kündigung des Dienstvertrags innerhalb von zwei Wochen seit Bekanntwerden des Sachverhalts vorzunehmen ist, der als wichtiger Grund angesehen wird. 113

Es gilt also, die **Inkonsistenz zwischen der Monatsfrist** des § 31 Abs. 3 MitbestG für die Entscheidung des Vermittlungsausschusses einerseits und der **Zweiwochenfrist** des § 626 Abs. 2 BGB für die außerordentliche Kündigung des Anstellungsvertrages andererseits zu beseitigen. Dafür bietet sich der Weg an, die Zweiwochenfrist für die außerordentliche Kündigung des Anstellungsvertrages erst beginnen zu lassen, wenn das Abberufungsverfahren beendet ist.[96] Nach einer anderen Meinung ist das Abberufungsverfahren komprimiert derartig durchzuführen, dass die Monatsfrist für die Beratung des Vermittlungsausschusses nicht gilt und es sogar gerechtfertigt ist, alle drei Abstimmungen, die nach dem MitbestG auch für die Abberufung erforderlich sind, in **einer einzigen Aufsichtsratssitzung** durchzuführen.[97] Eine uneingeschränkt befriedigende Lösung, die außerordentliche Kündigung des Dienstvertrags innerhalb der Zweiwochenfrist auszusprechen, unbeschadet dessen, ob das Abberufungsverfahren schon beendet ist, scheidet aus, da die Kündigung des Anstellungsvertrags natürlich Rückwirkungen auf das Organverhältnis hat und der Zweck des ggf. dreistufigen Abberufungsverfahrens hierbei unterlaufen würde.[98] 114

Für die praktische Handhabung kann nur empfohlen werden, alles daranzusetzen, das Abberufungsverfahren **innerhalb der Zweiwochenfrist** zu beenden, so dass eine außerordentliche Kündigung des Anstellungsvertrags innerhalb der Zweiwochenfrist ausgesprochen werden kann. Zu beachten ist dabei vor allem, dass **die Kündigung** dem Kündigungsempfänger **innerhalb der Zweiwochenfrist auch zugehen muss.**[99] 115

---

[95] Die Funktion des Vermittlungsausschusses bei einer Abberufung ist allerdings ein wenig rätselhaft, denn er kann ja gewiss dem Aufsichtsrat nicht „einen Vorschlag für die Bestellung machen". Im Allgemeinen ist die Abberufungsentscheidung des Aufsichtsrats eine entweder/oder-Entscheidung, so dass Zwischenlösungen allenfalls den Zeitpunkt der Beendigung der Vorstandstätigkeit betreffen können oder im Sinne einer einvernehmlichen Aufhebung der Bestellung statt einer Abberufung denkbar sind.

[96] Hüffer/Koch/*Koch* AktG § 84 Rn. 33; MHdB GesR IV/*Wentrup* § 20 Rn. 46; MüKoAktG/*Spindler* § 84 Rn. 124; *Martens* FS Werner, 1984, 495ff. (509ff.): teleologische Reduktion des § 626 Abs. 2 BGB auf Grund höherrangiger, die Organstellung regelnder Normen.

[97] LG Ravensburg EWiR 1985, 415; Habersack/Henssler/*Habersack* MitbestG § 31 Rn. 33.

[98] So iErg auch MüKoAktG/*Spindler* § 84 Rn. 124.

[99] OLG Stuttgart AG 2003, 211 (212); OLG Düsseldorf AG 2004, 321 (322).

116 Handelt es sich um die **Abberufung des Vorstandsvorsitzenden,** ist zu entscheiden, ob er nur als Vorsitzender oder (wie fast immer) gleichzeitig als Mitglied des Vorstands abberufen werden soll. Letzterenfalls gelten die allgemeinen Regeln für die Abberufung von Vorstandsmitgliedern in mitbestimmten Aufsichtsräten, während bei einer Abberufung nur als Vorsitzender die einfache Mehrheit der anwesenden Aufsichtsratsmitglieder genügt.[100] Bei der isolierten Abberufung eines Vorstandsmitglieds vom Amt des Vorstandsvorsitzenden ist überdies zu beachten, dass sich der „wichtige Grund" genau auf dieses (Zusatz-)Amt beziehen muss.

## III. Vorliegen eines „wichtigen Grundes"

117 Der **Widerruf der Bestellung** eines Vorstandsmitglieds erfordert nach § 84 Abs. 3 S. 1 AktG einen **wichtigen Grund** (§ 84 Abs. 3 S. 1 AktG); für die Beurteilung der Frage, ob ein bestimmter Sachverhalt einen „wichtigen Grund" im Sinne des Gesetzes darstellt, kommt es nicht darauf an, ob die betreffende Gesellschaft dem MitbestG oder dem Drittelbeteiligungsgesetz unterliegt oder ob sie gar keine Arbeitnehmervertreter im Aufsichtsrat hat.

118 Die gängige Faustformel, dass der Gesellschaft auf Grund des Sachverhalts, der den wichtigen Grund darstellt, eine weitere Fortführung der Bestellung bis zum planmäßigen Ende der Amtszeit nicht zuzumuten sei,[101] hilft dem Aufsichtsrat in der Praxis allerdings kaum weiter. Die infrage kommenden Sachverhalte sind außerordentlich vielgestaltig. Das **Gesetz** selbst liefert **drei Beispiele** (vgl. § 84 Abs. 3 S. 2 AktG: „namentlich"), die ganz unterschiedlich zu beurteilen sind.

## IV. Typologie der wichtigen Gründe

### 1. Grobe Pflichtverletzung

119 Das erste Beispiel eines Sachverhalts, der nach § 84 Abs. 3 AktG einen „wichtigen Grund" darstellt, die „grobe Pflichtverletzung", erfordert zunächst einmal die Feststellung, was denn die Pflichten eines Vorstandsmitglieds sind. Hier gilt zunächst der Grundsatz sorgfältiger Geschäftsführung (§ 93 Abs. 1 AktG). Weitere Pflichten des Vorstands sind beispielsweise aus dem Schadensersatzrecht des Aktienrechts (§ 93 Abs. 2 und 3 AktG) herzuleiten,[102] wobei in § 93 Abs. 3 AktG naturgemäß nur die **Pflichtverletzung** beschrieben wird und dies teilweise in einer so generellen Form, dass eine genaue Gesetzeskenntnis notwendig ist, um das Pflichtenpostulat zu verstehen. Wenn es dort zB in § 93 Abs. 3 Nr. 7 AktG heißt, dass eine Schadensersatzpflicht der Vorstandsmitglieder eintritt, wenn entgegen dem AktG „Vergütungen an Aufsichtsratsmitglieder gewährt werden", so gilt dies nicht, wenn die Vergütung in der Satzung festgelegt oder von der Hauptversammlung beschlossen wurde (vgl. § 113 AktG). Bisweilen ist die Feststellung einer groben Pflichtverletzung auch einfach. So genügt nach der Rechtsprechung bisweilen schon ein Verstoß gegen „Jedermann-Gesetze", wie zum Beispiel Bilanzfälschung,[103] Bestechlichkeit[104] oder Steuerhinterziehung.[105] Ein **Verschulden ist nicht erforderlich.**[106] Nicht einmal eine

[100] Habersack/Henssler/*Habersack* MitbestG § 31 Rn. 28.
[101] So BGH AG 2007, 125 Rn. 2; OLG Stuttgart AG 2013, 599 (603); K. Schmidt/Lutter/*Seibt* AktG § 84 Rn. 53.
[102] Dies ergibt sich aus dem Zusammenspiel von § 93 Abs. 2 und 3 AktG. § 93 AktG zählt eine Reihe von Tatbeständen auf, bei deren Erfüllung eine Pflichtwidrigkeit vorliegt, wenn auch noch nicht notwendigerweise eine grobe.
[103] Vgl. OLG Düsseldorf WM 1992, 14(19).
[104] Vgl. KG Berlin AG 2007, 74 (747); OLG München AG 2007, 361.
[105] Vgl. zur versuchten Steuerhinterziehung LG Köln AG 2004, 570.
[106] HM; vgl. nur MüKoAktG/*Spindler* § 84 Rn. 132.

Pflichtverletzung liegt vor, wenn das Vorstandsmitglied die Business Judgement Rule (vgl. § 93 Abs. 1 S. 2 AktG) beachtet hat.

## 2. Unfähigkeit zur ordnungsgemäßen Geschäftsführung

Ein weiteres Beispiel für einen Sachverhalt, der einen wichtigen Grund darstellt, nennt § 83 Abs. 3 AktG „Unfähigkeit zur ordnungsmäßigen Geschäftsführung". Dieser Sachverhalt setzt ebenfalls kein Verschulden voraus. Die Unfähigkeit zur ordnungsmäßigen Geschäftsführung kann **auf tatsächlichen Gründen,** etwa auf gesundheitlichen Beeinträchtigungen beruhen. Sie kann auch **rechtliche Ursachen** haben; hierzu gehört beispielsweise der Entzug einer Konzession beim Vorstandsmitglied für erlaubnispflichtige Tätigkeiten der Gesellschaft.[107] Entscheidend ist, dass es sich bei der Unfähigkeit um eine dauerhafte (und nicht nur um einen vorübergehenden Zustand) handelt. 120

## 3. Vertrauensentzug durch die Hauptversammlung

Das dritte Beispiel für einen Sachverhalt, der nach § 84 Abs. 3 AktG einen wichtigen Grund darstellt, ist der „Vertrauensentzug durch die Hauptversammlung", es sei denn, so fügt das Gesetz vorsichtig hinzu, „das Vertrauen (sei) aus offenbar unsachlichen Gründen entzogen worden". Dieser dritte Beispielsfall ist aus mehreren Gründen bemerkenswert. Er scheint ein wenig inkonsistent mit der Rolle, die das Gesetz den drei Organen der AG ansonsten zuweist. Die Hauptversammlung kann nämlich **aus eigener Initiative** kaum tätig werden und ist darauf angewiesen, dass der Vorstand ihr Tätigwerden verlangt (vgl. § 119 Abs. 2 AktG). Für Vorstandsbestellung und Abberufung ist formal ausschließlich der Aufsichtsrat zuständig, obwohl hier faktisch ein sehr starker Einfluss des Vorstands selbst besteht (→ Rn. 2). Entzieht die Hauptversammlung dem Vorstandsmitglied das Vertrauen, übt sie damit auch faktisch einen sehr starken Druck auf den Aufsichtsrat aus, den Betreffenden abzuberufen. Allerdings ist der Aufsichtsrat nach der ganz herrschenden Meinung nicht gezwungen, sich diesem Votum der Hauptversammlung anzuschließen.[108] Vielmehr muss er in eigener Verantwortung prüfen, ob der Tatbestand des „wichtigen Grundes" vorliegt und bejahendenfalls, ob darauf eine Abberufung gestützt werden sollte, denn er **„kann"** die Bestellung widerrufen, wenn ein wichtiger Grund vorliegt, **muss es aber nicht.** Streitig ist, ob die bloße Nichtentlastung nach § 120 AktG durch die Hauptversammlung als „Vertrauensentzug" im Sinne des § 84 Abs. 3 S. 2 AktG anzusehen ist.[109] 121

## 4. Fehlverhalten

Im Allgemeinen wird der wichtige Grund ein Fehlverhalten des Vorstandsmitglieds sein, wobei sowohl ein Tun als auch ein Unterlassen infrage kommt. Gemeint ist dabei ein Abweichen von einer Sollvorstellung, wie ein Vorstandsmitglied sich in einer bestimmten gegebenen Situation pflichtmäßig verhalten soll. Bei der Vielfalt des unternehmerischen Geschehens kann man nur typische Situationen erfassen. Die **Abweichung von der Sollvorstellung** muss schwerwiegend und gravierend sein, um einen wichtigen Grund darzustellen. Beispiele aus der Rechtsprechung sind tätliche Angriffe gegen Aktionäre oder andere Vorstände[110] oder hohe Privatverschuldung.[111] 122

---

[107] Vgl. OLG Stuttgart AG 2003, 211 (212 f.).

[108] Vgl. BGHZ 13, 188 (193); K. Schmidt/Lutter/*Seibt* AktG § 84 Rn. 56; *Seibt* in FS Bergmann, 2018, 693 (701).

[109] Dagegen die hM; vgl. MüKoAktG/*Kubis* § 120 Rn. 40 mwN.

[110] Vgl. BGH DStR 1994, 1746 zur GmbH.

[111] Vgl. BGH WM 1960, 289 (291) zur GmbH; OLG Hamburg BB 1954, 978 (ebenfalls GmbH); vgl. auch die hohen Anforderungen nach OLG Köln Urteil vom 20.9.2007 – 18 U 248/05.

### 5. Ethisches Fehlverhalten

123 Bei ethischem Fehlverhalten des Vorstandsmitglieds ist die Entscheidung des Aufsichtsrats im Allgemeinen klar vorgezeichnet und unausweichlich. Jegliche bewusste und eigennützige Schädigung der Gesellschaftsinteressen, gar noch durch strafbare Handlungen, muss zur sofortigen Trennung führen. Dazu gehören neben allen (auch straflosen) Erscheinungsformen der Korruption eigennützige Untreuehandlungen aller Art bis zum unberechtigten Bezug von Vergütungen.[112] Die „Grauzone" beginnt bei weniger gravierendem Fehlverhalten, das zudem wechselnden gesellschaftlichen Wertungen unterliegt. Hierzu gehören beispielsweise die „Schwarzbeschäftigung" von Reinigungskräften oder auch Handwerkern im Privathaushalt oder Liebesbeziehungen zu Minderjährigen. Hier hat der Aufsichtsrat hinreichend Diskussionsstoff.

### 6. Notorische Erfolglosigkeit

124 Auch bei notorischer Erfolglosigkeit des Vorstandsmitglieds ist ein Abberufungsgrund gegeben.[113] Für die Erfolglosigkeit mag es noch so viele Erklärungen geben, aber ein Vorstandsmitglied muss auch – genau wie Friedrich II. dies von seinen Generälen verlangte – „fortune" haben. Zu warnen ist allerdings vor einer vorschnellen „Aburteilung" des Vorstandsmitglieds; insbesondere das Quartal als Messgröße bei der Vorlage von Unternehmenskennzahlen ist für einen Widerruf der Bestellung zumeist kein hinreichender Maßstab.

### 7. Zerstrittenheit im Vorstand

125 Bei Zerstrittenheit im Vorstand, die sich auf andere Weise nicht beseitigen lässt (und die bei Vorhandensein eines Vorstandsvorsitzenden in aller Regel dessen Versagen indiziert), ist der Aufsichtsrat nicht zwingend gehalten, dasjenige Vorstandsmitglied abzuberufen, von dem der Streit ausgeht. Vielmehr hat der Aufsichtsrat hier unter **Abwägung aller Umstände** diejenige Lösung zu wählen, die für die Gesellschaft die beste ist und eine möglichst dauerhafte Befriedung im Sinne einer künftig möglichst reibungslosen Zusammenarbeit des Vorstands gewährleistet.

### 8. Verstöße gegen das Wettbewerbsverbot

126 Bei Verstößen gegen das Wettbewerbsverbot kann ein wichtiger Grund vorliegen, der zur Abberufung berechtigt. Das Wettbewerbsverbot ist in § 88 AktG gesetzlich fixiert und wird auch in kursorischer Form vom Kodex eingefordert (Grundsatz 19 DCGK). Das Vorstandsmitglied darf auch nach seinem Ausscheiden Verträge, die die Gesellschaft vor seinem Ausscheiden abgeschlossen hat, nicht an sich ziehen.[114] Es darf als Vorstandsmitglied einer Bauträger AG nicht gleichzeitig ähnliche Bauvorhaben wie seine Gesellschaft für eigene Rechnung verwirklichen – womöglich noch mit den gleichen Architekten und Bauhandwerkern und den damit verbundenen Missbrauchsmöglichkeiten.[115] Tritt zum Wettbewerbsverstoß noch Untreue hinzu, indem das Vorstandsmitglied für seine eigenen Bauvorhaben **Leistungen der Gesellschaft heimlich und unentgeltlich in Anspruch nimmt,** spielt es keine Rolle, dass der Aufsichtsrat ihm das vielleicht sogar zugestanden hätte, wenn er denn Kenntnis von der Angelegenheit gehabt hätte.[116]

---

[112] Vgl. BGHZ 20, 239 (246).
[113] Vgl. BGHZ 135, 244 (253).
[114] BGH WM 1977, 194 zur GmbH.
[115] BGH WM 1979, 1328(1330 li. Sp.) und das 2. Revisionsurteil in derselben Sache WM 1981, 940 (941 re. Sp. unten und 942 li. Sp. oben).
[116] BGH WM 1976, 77 zur GmbH.

### 9. Verletzung der Informationspflicht

Ein Grundpfeiler der Zusammenarbeit zwischen Vorstand und Aufsichtsrat ist die Informationspflicht des Vorstands (§ 90 AktG), die dem Aufsichtsrat erst seine Beratungs- und Überwachungsaufgabe ermöglicht. Verstößt der Vorstand hiergegen, indem er den Aufsichtsrat nicht, unrichtig oder unvollständig informiert, kann ein wichtiger Grund für eine Abberufung gegeben sein. Die Pflicht trifft zwar grundsätzlich das Kollegium, also den Gesamtvorstand,[117] aber auch jedes einzelne Vorstandsmitglied.[118] 127

### 10. Pflichtverletzung bei drohender Insolvenz

Der Vorstand hat nach § 15a Abs. 1 InsO bei **Zahlungsunfähigkeit oder Überschuldung** unverzüglich, „spätestens aber nach 3 Wochen" die Einleitung eines Insolvenzverfahrens zu beantragen. Die eingeräumte Dreiwochenfrist dient der Ergreifung von Rettungsmaßnahmen, wobei im Nachhinein geschädigte Gläubiger geltend machen können, ein derartiger Versuch sei aussichtslos gewesen und bei pflichtgemäßem Verhalten des Vorstands wären sie nicht zu Schaden gekommen. Für den Tatbestand der Überschuldung liefert § 19 Abs. 2 InsO eine Legaldefinition vor, die lautet: „Überschuldung liegt vor, wenn das Vermögen des Schuldners die bestehenden Verpflichtungen nicht mehr deckt"; wobei eine positive Fortbestehensprognose die Überschuldung ausschließt. 128

Ob eine Überschuldung vorliegt, kann nur anhand von Vermögensbilanzen festgestellt werden, wobei es darauf ankommt, ob die Gesellschaft trotz dieses (anzunehmenden) Befundes der Überschuldung fortgeführt werden soll oder nicht. Je nach dem ist eine Bilanz mit „going concern"-Werten aufzustellen, die auch die Hebung stiller Reserven erlaubt, oder eine Bilanz, bei der die Vermögensgegenstände mit den im Zweifelsfall niedrigeren Zerschlagungswerten einzustellen sind. Steht Zahlungsunfähigkeit oder Überschuldung fest, sind Zahlungen des Vorstands nach § 15b Abs. 1 S. 1 InsO[119] Pflichtverstöße, die zur sofortigen Abberufung berechtigen können. In der Praxis können jedoch Überlegungen bestehen, die Aufgabe des Insolvenzverwalters nicht weiter dadurch zu erschweren, dass ein eingearbeiteter Vorstand ausgewechselt wird. 129

### 11. Verstöße gegen die Verschwiegenheitspflicht

Die Verschwiegenheitspflicht des Vorstandsmitglieds rangiert im Gesetz ganz oben (vgl. § 93 Abs. 1 S. 3 AktG). Praktisch haben Verstöße gegen die Verschwiegenheitspflicht in der Vergangenheit allerdings keine große Rolle gespielt. Aber seit längerer Zeit ist der Verschwiegenheitspflicht wieder mehr Aufmerksamkeit zuteil geworden. In einem medienwirksamen Fall äußerte sich der Vorstandssprecher einer Bank öffentlich über die Kreditwürdigkeit eines Kunden, der alsbald danach in die Insolvenz fiel. Die vom Gericht[120] festgestellte Schadensersatzpflicht ruft die **Bedeutung der Verschwiegenheitsverpflichtung** nachdrücklich ins Gedächtnis. Ihre – nicht nur unerhebliche – Verletzung stellt ebenfalls einen „wichtigen Grund" für eine Abberufung dar. 130

### 12. Verkleinerung des Vorstands

Zur unternehmerischen Dynamik gehört die Veränderung des Ressortzuschnitts im Vorstand, der auch zum Wegfall eines kompletten Vorstandsamtes führen kann. Der Aufsichts- 131

[117] Die Beschränkung der Informationspflicht auf den Vorstandsvorsitzenden bzw. Vorstandssprecher, soweit es um die außerordentliche Berichterstattung an den Aufsichtsratsvorsitzenden geht, wie sie in D.6 DCGK enthalten ist, findet im Gesetz keine Stütze.
[118] BGHZ 20, 239 (246); 47, 341 (352).
[119] Erstattung nach § 15b Abs. 4 S. 1 InsO.
[120] BGHZ 166, 24ff.

rat ist hieran zwar nicht gehindert; einen „wichtigen Grund" für die Abberufung des hiervon betroffenen Vorstandsmitglieds bildet eine solche Maßnahme jedoch nicht.

#### 13. „Druck-Abberufung"

132 Schwierig zu beurteilen sind die Fälle der sog. Druck-Abberufung, dh der Abberufung von Vorstandsmitgliedern auf Druck Dritter. Richtschnur des Handelns durch den Aufsichtsrat muss in diesen Fällen zum einen die **Leitungssouveränität des Vorstands** sein, die nicht einfach von außer überspielt werden darf.[121] Auf der anderen Seite muss der Aufsichtsrat das **Wohl der Gesellschaft** im Auge behalten, das in bestimmten Fällen einen Widerruf der Bestellung gebietet.[122] In diesem Spannungsfeld hat die Rechtsprechung einen „wichtigen Grund" für eine Abberufung bejaht bei der Forderung der **Hausbank** mit Kündigungsdrohung in der Insolvenzsituation[123] oder der **Aufsichtsbehörden.**[124] Dagegen sind Abberufungsforderungen von **Analysten, Ratingagenturen** oder **Politikvertretern** wegen des Leitungsprivilegs des Vorstands eher unbeachtlich.[125] Kompliziert sind **arbeitnehmerseitige Abberufungsforderungen** insbesondere dann, wenn hiermit eine Streikdrohung verbunden ist; hier ist ein Bestellungswiderruf nur als ultima ratio statthaft.[126]

### V. Sofortige Wirksamkeit des Abberufungsbeschlusses

133 Von sehr großer Bedeutung für die Abberufung eines Vorstandsmitglieds ist § 84 Abs. 3 S. 4 AktG, demzufolge der Widerruf wirksam ist, **bis seine Unwirksamkeit rechtskräftig festgestellt ist.** In diesen Fällen ist für das abberufene Vorstandsmitglied in der Praxis kaum ein wirksamer Rechtsschutz gegeben. In aller Regel wird es unmöglich sein, eine rechtskräftige Entscheidung zu erstreiten, die die Unwirksamkeit des Abberufungsbeschlusses feststellt, bevor die Restlaufdauer der Bestellung abgelaufen und der Rechtsstreit damit in der Hauptsache erledigt ist.

134 **Voraussetzung** ist allerdings, dass es sich um einen **wirksamen Beschluss handelt.** Ist beispielsweise die Abberufung fälschlich vom Personalausschuss vorgenommen worden oder erfüllt der Beschluss nicht die gesetzlichen oder satzungsmäßigen Voraussetzungen eines wirksamen Abberufungsbeschlusses, so greift § 84 Abs. 3 S. 4 AktG nicht ein. Außerdem kann ein solcher Mangel des Abberufungsbeschlusses durchaus mit einer einstweiligen Verfügung geltend gemacht und das Verbleiben im Amt gefordert werden.[127]

## C. Suspendierung

### I. Zuständigkeit und Verfahren

135 Die Suspendierung von der Bestellung folgt **den gleichen Verfahrensregeln wie die Abberufung.** Sie erfordert also einen Beschluss des Plenums des Aufsichtsrats, der bei mitbestimmten Gesellschaften – wenn nicht bereits in der ersten Abstimmung mindestens eine Zweidrittelmehrheit zustande kommt – das dreistufige Verfahren des § 31 MitbestG

---

[121] Zutr. *Fleischer* DStR 2006, 1507 (1510).
[122] Vgl. MüKoAktG/*Spindler* § 84 Rn. 139.
[123] OLG München NZG 2006, 313 (314).
[124] Dazu *Dreher* AG 2006, 213 (221f.).
[125] MüKoAktG/*Spindler* § 84 Rn. 139.
[126] Vgl. dazu BeckOGK/*Fleischer* AktG § 84 Rn. 130.
[127] Vgl. OLG Stuttgart AG 1985, 193; MüKoAktG/*Spindler* § 84 Rn. 153; Hüffer/Koch/*Koch* AktG § 84 Rn. 42.

erforderlich macht.[128] Auch diese Entscheidung ist dem Plenum vorbehalten und kann nicht auf einen Ausschuss delegiert werden.

Nachdem eine Suspendierung zeitlich begrenzt sein und einen Monat in der Regel nicht überschreiten soll,[129] zeigt sich bereits hier die ganze Problematik des Instituts, das im AktG nicht erwähnt ist, für das es aber in der Praxis ein Bedürfnis gibt. Ein weiteres Bedenken gegen die einseitige, in aller Regel gegen den Willen des betroffenen Vorstandsmitglieds erfolgende Suspendierung besteht darin, dass sich der Suspendierungsbeschluss ja kaum geheim halten lässt und somit die Autorität des Vorstandsmitglieds bei den Mitarbeitern in aller Regel schweren Schaden nehmen wird. 136

**Vorzuziehen** ist eine **einvernehmliche Lösung,** bei der sich das Vorstandsmitglied für einen kurzen Zeitraum verpflichtet, von seiner Vertretungsmacht für die Gesellschaft keinen Gebrauch zu machen und sich jeder Tätigkeit für die Gesellschaft zu enthalten. Dies ist am einfachsten zu verwirklichen, wenn das Vorstandsmitglied der Gesellschaft für die vereinbarte kurze Frist völlig fernbleibt. Auch hierbei muss die Gesellschaft durch den gesamten Aufsichtsrat vertreten werden, obgleich eine Vertretung durch den Personalausschuss sehr viel interessengerechter wäre, da es sich um eine vorläufige Maßnahme handelt, die entweder in eine endgültige Abberufung einmündet (so dass dann ohnehin der gesamte Aufsichtsrat einzuschalten ist) oder wieder aufgehoben wird. Diesfalls liegt die Diskretion im Interesse aller Beteiligten und wäre besser zu wahren, wenn nur die wenigen Mitglieder des Personalausschusses mit der Angelegenheit befasst wären. 137

## II. Suspendierungsgründe

Noch völlig ungeklärt ist die Frage, ob auch schon für die Suspendierung ein wichtiger Grund im Sinne des § 84 Abs. 3 AktG verlangt werden muss.[130] Dagegen spricht sich ein Teil der Literatur mit dem Argument aus, dass die Suspendierung im Vergleich zur Abberufung ein Minus sei, für das das **Vorliegen eines „wichtigen Grundes"** im Sinne des § 84 Abs. 3 AktG **nicht verlangt** werden könne, weil der Aufsichtsrat dann zu einer sofortigen Abberufung schreiten dürfte und zumeist auch müsste. Als Grund für die Beurlaubung ist daher der Verdacht, es könnte ein „wichtiger Grund" und damit möglicherweise die Notwendigkeit der Abberufung vorliegen, hinreichend, aber auch erforderlich.[131] Dabei hat sich der Verdacht regelmäßig schon so weit verfestigt, dass eine Belassung im Amt problematisch erscheint, andererseits aber noch nicht so verdichtet, dass eine Abberufung ohne weiteres möglich wäre. In diesem „Zwielicht" besteht ein unabweisbares Bedürfnis für eine Beurlaubung. Sie kann auch im Interesse des Betroffenen selbst liegen, denn die während der Beurlaubung mit Nachdruck und zügig vorzunehmende Sachaufklärung kann zur Entlastung bzw. Rehabilitierung führen und verhindert eine Abberufung auf der Grundlage eines ungenügend aufgeklärten Sachverhalts. 138

Als **vorläufige Maßnahme** erfüllt eine **einvernehmliche Suspendierung** (Beurlaubung) am ehesten den beabsichtigten Zweck, wenn sie einigermaßen diskret und ohne dauernden Rufschaden für den Betroffenen wieder aufgehoben werden kann. 139

In der Praxis sollte bei Einvernehmen in derartigen Situationen und bei Vertrauen des Personalausschusses, dass das betreffende Vorstandsmitglied sich während der Beurlaubung jeglicher dienstlichen Handlung enthalten wird, geeignetenfalls über Urlaubs- oder Kurgesuche des Betroffenen nachgedacht werden, die zu bewilligen allemal der Personalausschuss, wenn nicht sogar der Aufsichtsratsvorsitzende allein in der Lage ist. Als Selbstverständlichkeit muss die Maßnahme **zeitliche Befristung** einer solchen Maßnahme **vor** 140

[128] Kölner Komm AktG/*Mertens/Cahn* § 84 Rn. 194.
[129] MHdB GesR IV/*Wentrup* § 20 Rn. 75; Kölner Komm AktG/*Mertens/Cahn* § 84 Rn. 189; mit stärkerem Bezug zum Einzelfall auch BeckOGK/*Fleischer* AktG § 84 Rn. 147.
[130] So zB OLG München AG 186, 234 (235); MüKoAktG/*Spindler* § 84 Rn. 158.
[131] Ebenso Kölner Komm AktG/*Mertens/Cahn* § 84 Rn. 189; *Dörrwächter* NZG 2018, 54 (57f.).

**dem planmäßigen Amtsende enden.**[132] Aus Sicht des betroffenen Vorstandsmitglieds ist die Suspendierung nur suboptimal. Sie hält den Suspendierten einerseits von den Amtsgeschäften fern, belässt ihm andererseits jedoch weiterhin die Organhaftung.

## III. Wirkungen der Suspendierung

141 Während der Beurlaubung bleibt der Betroffene Mitglied des Vorstands und setzt auch sein Anstellungsverhältnis mit der Gesellschaft fort; ihm sind lediglich vorübergehend die **Vertretungs- und Geschäftsführungsbefugnisse** für die Gesellschaft **entzogen.**[133] Richtigerweise wird man den Betroffenen während dieser Zeit auch von seinen organschaftlichen Pflichten suspendieren müssen, was den Aufsichtsrat zu einer vorübergehenden Ressort-Umverteilung zwingt, um kein Pflichtenvakuum entstehen zu lassen. Eine **Publizierung der Suspendierung** – etwa durch Eintragung in das Handelsregister – ist weder notwendig noch möglich.

[132] Zutr. *LKV* Aufsichtsrat § 7 Rn. 381; BeckOGK/*Fleischer* AktG § 84 Rn. 147.
[133] K. Schmidt/Lutter/*Seibt* AktG § 84 Rn. 65; MHdB GesR IV/*Wentrup* § 20 Rn. 75.

# § 3 Das Anstellungsverhältnis des Vorstandsmitglieds

## Übersicht

**Schrifttum:** *Dreher,* Die Abfindung beim Wechsel vom Vorstand in den Aufsichtsrat einer Aktiengesellschaft, FS K. Schmidt, 2009, 233; *Dreher,* Die selbstbeteiligungslose D&O-Versicherung in der Aktiengesellschaft, AG 2008, 429; *Dreher/Görner,* Der angemessene Selbstbehalt in der D&O-Versicherung, ZIP 2003, 2321; *Fleck,* Das Organmitglied – Unternehmer oder Arbeitnehmer?, FS Hilger und Stumpf, 1983, 197; *Fleck,* Die Drittanstellung des GmbH-Geschäftsführers, ZHR 149 (1985), 387; *Fleck,* Das Dienstverhältnis der Vorstandsmitglieder und Geschäftsführer in der Rechtsprechung des BGH, WM 1994, 1975; *Fonk,* Zur Vertragsgestaltung bei Vorstandsdoppelmandaten, NZG 2010, 368; *Fütterer,* Der Drittanstellungsvertrag, 2017; *Hoffmann-Becking,* Drittanstellung von Vorstandsmitgliedern der AG, FS Marsch-Barner, 2018, 285; *Hohenstatt/Naber,* Die D&O-Versicherung im Vorstandsvertrag, DB 2010, 2321; *Hohenstatt/Naber,* Diskriminierungsschutz für Organmitglieder: Konsequenzen für die Vertragsgestaltung, ZIP 2012, 1989; *Ihlas,* Organhaftung und Haftpflichtversicherung, 1997; *Koch,* Das Abmahnungserfordernis bei der außerordentlichen Kündigung von Organmitgliedern; ZIP 2005, 1621; *Köhler,* Fehlerhafte Vorstandsverträge, NZG 2008, 161; *Kort,* Voraussetzungen der Zulässigkeit einer D&O-Versicherung von Organmitgliedern, DStR 2006, 799; *Krieger,* Interim Manager im Vorstand der AG, FS Hoffmann-Becking, 2013, 711; *Reuter,* Die aktienrechtliche Zulässigkeit von Konzernanstellungsverträgen, AG 2011, 274; *Säcker,* Kompetenzstrukturen bei Bestellung und Anstellung von Mitgliedern des unternehmerischen Leitungsorgans, BB 1979, 1321; *Säcker,* Gesellschafts- und dienstvertragliche Fragen bei Inanspruchnahme der Kronzeugenregelung, WuW 2009, 362; *Theobald,* Drittanstellung von Vorstandsmitgliedern in der Aktiengesellschaft, FS Raiser, 2005, 421; *Tschöpe/Wortmann,* Abberufung und außerordentliche Kündigung von geschäftsführenden Organmitgliedern – Grundlagen und Verfahrensfragen, NZG 2009, 85; *Uffmann,* Interim Management in Zeiten nachhaltiger Unternehmensführung, ZGR 2013, 273; *Ulmer,* Strikte aktienrechtliche Organhaftung und D&O-Versicherung – zwei getrennte Welten?, FS Canaris, 2007, 451; *E. Vetter,* Drittanstellung von Vorstandsmitgliedern und aktienrechtliche Kompetenzordnung, FS Hoffmann-Becking, 2013, 1297; *Wiesner,* Zum Beginn der Ausschlußfrist des § 626 Abs. 2 BGB bei Kenntniserlangung durch Organmitglieder, BB 1981, 1533; *Wilsing,* Politische Äußerungen von Vorstandsmitgliedern, FS Krieger, 2020, 1141; *Zimmermann,* Aktienrechtliche Grenzen in der Freistellung des Vorstands von kartellrechtlichen Bußgeldern, DB 2008, 687.

## A. Bestellung/Anstellung und Widerruf/Kündigung

1 **Bestellung und Abschluss des Dienstvertrags** (oder des Anstellungsvertrags, beide Begriffe werden synonym verwendet) sind ebenso wie Widerruf der Bestellung und Kündigung des Dienstvertrags **verschiedene Rechtsakte,** die aber unmittelbar ineinander greifen. Dieses Ineinandergreifen erfordert hohe Aufmerksamkeit, da sich die Rechtsakte voneinander unterscheiden, verschiedenen Regeln folgen und dadurch eine gewisse Fehlergeneigtheit entsteht.

2 **Für Bestellung und Abberufung ist das Plenum des Aufsichtsrats ausschließlich zuständig.** Für den Abschluss des Dienstvertrags und dessen Kündigung würde hingegen eine Vertretung der Gesellschaft durch den Personalausschuss genügen, sofern dieser nicht über die Vergütung entscheidet. Da dies praxisfern ist, erfolgt die Vertretung der Gesellschaft beim Abschluss des Dienstvertrages durch das Plenum.

3 **Die Abberufung sollte möglichst unverzüglich erfolgen,** nachdem der „wichtige Grund" iSd § 84 Abs. 3 S. 1 AktG dem Aufsichtsrat bekannt geworden ist, aber es gibt keine diesbezüglichen gesetzlich fixierte Fristen. Bei der außerordentlichen. Kündigung des Dienstvertrages muss hingegen die **Zweiwochenfrist** des § 626 BGB zwischen dem Bekanntwerden des wichtigen Grundes und dem Zugang der Kündigung an den Kündigungsempfänger gewahrt sein. Diese Frist ist eine so genannte „Ausschlussfrist", die durch Vereinbarung der Parteien nicht zu verlängern und bei deren Nichteinhaltung die Kündigung unwirksam ist.[1]

[1] ErfK/*Niemann* BGB § 626 Rn. 220 ff.

Der Sachverhalt muss dem Aufsichtsrat bzw. – bei Delegation an den Personalausschuss des Aufsichtsrats – diesem **bekannt sein, ein bloßes Kennenmüssen genügt nicht.**[2] Der Sachverhalt muss in aller Regel in einer Aufsichtsratssitzung bekannt geworden sein, die Kenntnis von nur einzelnen Aufsichtsratsmitgliedern genügt nicht.[3] Dies gilt auch für den Fall, dass der Aufsichtsratsvorsitzende derjenige ist, der Kenntnis hat.[4] 4

Die Pflicht, die aus der sorgfältigen Amtsführung resultiert, und die Fürsorgepflicht des Aufsichtsrats gegenüber dem Vorstand verbieten es, dass die außerordentliche. Kündigung vorschnell oder gar auf der Grundlage einer **ungenügend recherchierten Faktenlage** ausgesprochen wird. Vielmehr muss der Sachverhalt zwar sehr zügig, aber gleichzeitig gründlich aufgeklärt werden. Bis dahin läuft die Zweiwochenfrist nicht,[5] weil eben so lange keine sichere Kenntnis vorliegt. Auf Grund dieses Erfordernisses ist der Aufsichtsrat jedoch nicht gezwungen, nur um die Zweiwochenfrist einzuhalten, eine Verdachtskündigung auszusprechen. 5

Bei der kurzen Frist für eine a. o. Kündigung des Dienstvertrags ist wichtig, dass der Kündigende, also die Gesellschaft, (im Allgemeinen) vertreten durch den Personalausschuss, sich darüber im Klaren ist, **dass zur Kündigung auch deren Zugang beim Kündigungsempfänger gehört** (vgl. § 130 Abs. 1 BGB) und auch dieser Zugang innerhalb der Frist bewirkt sein muss. Falls eine Kündigung unter Anwesenden durch persönliche Übergabe des Kündigungsschreibens nicht möglich ist, gilt der Zugang als bewirkt, wenn die Kündigung in den Briefkasten des Kündigungsempfängers geworfen wurde und er unter normalen Verhältnissen innerhalb der Frist die Möglichkeit hatte, hiervon Kenntnis zu nehmen.[6] 6

Schwierigkeiten ergeben sich in der Praxis immer wieder daraus, dass die Kündigung vom Aufsichtsratsvorsitzenden unterschrieben wird und das (anwaltlich beratene) Vorstandsmitglied **die Kündigung** mit der Behauptung **zurückweist, der Aufsichtsratsvorsitzende sei nicht** vom Personalausschuss bevollmächtigt gewesen (§ 174 S. 1 BGB).[7] Gelegentlich wird auch behauptet, es habe an der Delegation der Befugnisse vom Plenum auf den Personalausschuss gefehlt. Eine derartige Zurückweisung auf Grund der angeblich fehlenden Bevollmächtigung des Aufsichtsratsvorsitzenden ist dann nicht möglich, wenn die Bevollmächtigung dem Vorstandsmitglied als Kündigungsempfänger bekannt ist, etwa dadurch, dass sich dies aus einer Geschäftsordnung ergibt (vgl. § 174 S. 2 BGB). Falls sich insoweit Zweifel ergeben, empfiehlt es sich, dass die Mitglieder des Personalausschusses eine Vollmacht für den Aufsichtsratsvorsitzenden unterzeichnen und diese Vollmacht dem Kündigungsschreiben **im Original**[8] beigefügt wird. 7

Schließlich ist der **Begriff des „wichtigen Grundes"**, der für die Abberufung erforderlich ist, **nicht deckungsgleich** mit dem „wichtigen Grund", der Voraussetzung einer außerordentlichen Kündigung ist. Die Anforderungen an den wichtigen Grund im Sinne des vertraglichen Kündigungsrechts sind höher, sodass es sein kann, dass ein bestimmter Sachverhalt für eine Abberufung ausreicht, nicht aber für eine außerordentliche Kündigung des Dienstvertrags, während umgekehrt jede berechtigte Vertragskündigung aus wichtigem Grund auch eine Abberufung rechtfertigt.[9] 8

Es ist aber zulässig – und aus der Sicht der Gesellschaft zu empfehlen – Abberufung und außerordentliche Kündigung des Dienstvertrags dergestalt zu verknüpfen, dass die Abberu- 9

---

[2] BGH NZG 2013, 615 (616) für die GmbH; MüKoAktG/*Spindler* § 84 Rn. 175.
[3] BGH NZG 1998, 634 (635).
[4] BGH NZG 2013, 615 (616) für die GmbH; BGH WM 2001, 2118 (2119); OLG Jena NZG 1999, 1069 (1069f.); MüKoAktG/*Spindler* § 84 Rn. 175; aA noch Kölner Komm AktG/*Mertens* § 84 Rn. 178.
[5] Vgl. dazu BGH NZG 2013, 615, 616 für die GmbH; BGH NJW 1996, 1403, 1404; im Fall BGH NJW 1981, 166 war allerdings der Zeitraum von drei Monaten zu lang, um den Sachverhalt aufzuklären. Die Kündigung war verfristet und unwirksam.
[6] BGHZ 67, 271 (275).
[7] Vgl. OLG Düsseldorf DB 2004, 920.
[8] Vgl. BGH NJW 1981, 1210; 1994, 1472; *Bauer/Krieger* ZIP 2004, 1247 (1248f.).
[9] BGH WM 1995, 2064 (2065); BeckOGK/*Fleischer* AktG § 84 Rn. 162.

fung stets als wichtiger Grund gelten soll. Ebenso zulässig ist es, die Abberufung als auflösende Bedingung des Dienstvertrages zu bestimmen.[10] Dies muss im Dienstvertrag vereinbart werden. Diesenfalls kann bei einer Abberufung die Kündigung des Dienstvertrags zum gesetzlich nächstzulässigen Termin (vgl. § 622 BGB)[11] erfolgen und unter Umständen eine wesentlich kürzere Bindungswirkung für die Gesellschaft erreicht werden. Neuerdings wird die Zulässigkeit vorgefertigter Koppelungsklauseln unter Hinweis auf § 307 Abs. 2 S. 1 BGB (Verstoß gegen das Trennungsprinzip) zwar in Frage gestellt.[12] Ob die höchstrichterliche Rechtsprechung künftig Vorstands-Dienstverträge als „Allgemeine Geschäftsbedingungen" und Vorstandsmitglieder als „Verbraucher" einstufen wird, ist eher unwahrscheinlich.

## B. Anstellungsvertrag

### I. Vertragsabschluss und -inhalt

#### 1. Vertragsparteien

10 Auf der einen Seite des Vertragsverhältnisses steht regelmäßig das Vorstandsmitglied in persona. Zwingend ist dies allerdings nicht. Zulässig – und in der Praxis durchaus üblich – sind auch Vertragsabschlüsse mit solchen Gesellschaften, die in der alleinigen oder mehrheitlichen Inhaberschaft des Vorstands stehen. Hierbei handelt es sich regelmäßig um **Beraterverträge.** Allerdings sind derartige Verträge nur eine (schlechte) Ersatzlösung für Vorstands-Anstellungsverträge, weil alle personenbezogenen Eigenschaften oder Verhaltensweisen nicht unmittelbar am Vorstandsmitglied gemessen werden können. Dementsprechend gestaltet sich auch eine außerordentliche Kündigung derartiger Verträge durch die Gesellschaft schwierig.

11 Auf der anderen Vertragsseite steht regelmäßig die Aktiengesellschaft als Vertragspartner. In Konzernen werden Dienstverträge mit Vorstandsmitgliedern von Tochtergesellschaften allerdings nicht immer mit diesen, sondern gelegentlich auch mit der Muttergesellschaft abgeschlossen. Diese Handhabung findet insbesondere dort Anwendung, wo das betreffende Vorstandsmitglied neben seiner Funktion als Vorstand bei der Tochtergesellschaft auch andere Aufgaben im Konzern wahrzunehmen hat. Die Fragestellung ist unter dem **Stichwort „Konzernanstellungsvertrag" oder „Drittanstellung"** bekannt.

12 Nach § 84 Abs. 1 AktG ist der Aufsichtsrat sowohl für die Bestellung als auch für den Abschluss des Anstellungsvertrags zwischen der Gesellschaft und dem Vorstandsmitglied zuständig. Dieser zwingenden Zuständigkeitsordnung würde es widersprechen, wenn man erlauben würde, dass der Anstellungsvertrag mit einem Dritten zustande kommt. Problematisch ist weiterhin, dass durch die Bestellung bei der Tochtergesellschaft eine ausschließliche Treuepflicht gegenüber dieser besteht, andererseits aber durch den Dienstvertrag mit der Muttergesellschaft möglicherweise divergierende Loyalitätspflichten entstehen. Schwierigkeiten können hier bei Entscheidungen im Konzerninteresse entstehen, die auf die Interessen der Tochtergesellschaft nicht genügend Rücksicht nehmen. Insofern ist die aktienrechtliche Anerkennung zwar im Schrifttum voranschreitend;[13] aber höchstrichterlich noch

[10] Vgl. BGH NJW 1989, 2683 f.; Hüffer/Koch/*Koch* AktG § 84 Rn. 52.

[11] BGH NJW 1989, 2683 (2684); BGH DStR 1999, 1743 (1744) für die GmbH mit Aufsichtsrat; Hüffer/Koch/*Koch* AktG § 84 Rn. 52; MüKoAktG/*Spindler* AktG § 84 Rn. 183; BeckOGK/*Fleischer* AktG § 84 Rn. 162.

[12] Vgl. *Graf v. Westphalen* NZG 2020, 321 ff. (zum GmbH-Geschäftsführer); zuvor bereits OLG Karlsruhe NZG 2017, 226.

[13] Für die Zulässigkeit derartiger Drittverträge zB K. Schmidt/Lutter/*Seibt* AktG § 84 Rn. 29; *LKV* Aufsichtsrat § 7 Rn. 449 ff.; Hüffer/Koch/*Koch* AktG § 84 Rn. 17; MHdB GesR IV/*Wentrup* § 21 Rn. 3 ff. mit dem Hinweis, dass weiterhin der Aufsichtsrat die Bestellung vornehmen muss; dagegen zB Kölner

nicht geklärt. Auch Personalleasing-Gesellschaften als Anstellungskörperschaft für **Interims-Manager im Vorstandsrang** haben eine erste Anerkennung erfahren.[14] Abzuraten ist hingegen von **Anstellungsverträgen mit Mehrheitsaktionären.**[15]

Die vorstehenden Grundsätze dürften allerdings **in der Konzernpraxis etwas aufgeweicht sein.** Wenn und sofern Vorstandsmitglieder in der Obergesellschaft gleichzeitig Geschäftsführer oder Vorstandsmitglieder in einer Untergesellschaft sind, fehlt es häufig an einem ausdrücklichen (schriftlichen) Geschäftsführer- oder Vorstandsdienstvertrag mit der Untergesellschaft, da die Vorstandsmitglieder der Obergesellschaft eben Managementaufgaben im Konzern als Ausfluss ihrer Vorstandstätigkeit bei der Obergesellschaft wahrnehmen. Dies ist grundsätzlich bedenkenfrei, sofern es sich bei der Untergesellschaft um eine GmbH handelt.[16] Ist die Untergesellschaft eine AG, führt das Fehlen eines (schriftlichen) Dienstvertrags mit dieser aber noch nicht dazu, dass damit der Dienstvertrag mit der Obergesellschaft für die Untergesellschaft „mitgilt" und damit der Tatbestand der Drittanstellung gegeben wäre. Vielmehr ist ein Dienstvertrag nicht formgebunden, so dass von einem konkludent abgeschlossenen Dienstvertrag mit der Untergesellschaft auszugehen ist. 13

Das Vorstandsmitglied, das in Ober- und Untergesellschaft Vorstandsfunktionen hat, muss im Übrigen – sofern kein Beherrschungsvertrag besteht – für **mögliche Interessenkonflikte** und daraus resultierende Haftungsgefahren ein **wachsames Auge haben.** Dies gilt besonders, wenn die Tochtergesellschaft Minderheitsaktionäre hat oder die Möglichkeit besteht, dass die Tochtergesellschaft veräußert wird und ein neuer Großaktionär somit im Nachgang die Amtsführung des Vorstands überprüft. 14

## 2. Vertretung der Gesellschaft, Bezugnahme auf die Bestellung

Die Gesellschaft wird im Allgemeinen gegenüber dem Vorstand durch den (gesamten) Aufsichtsrat vertreten (vgl. § 112 AktG). Für diesen handelt wiederum der Aufsichtsratsvorsitzende in Vollmacht. Der Personalausschuss muss dabei vermeiden, störend in die Kompetenz des Plenums einzugreifen. 15

Seit der Änderung des § 107 Abs. 3 S. 7 AktG durch das VorstAG im Jahr 2009 ist die **Kompetenz des Personalausschusses amputiert.** Durch den Verweis in § 107 Abs. 3 S. 7 AktG auf § 87 Abs. 1 AktG kann der Personalausschuss keine Vergütungsentscheidungen mit Bindung für und gegen die Gesellschaft mehr treffen; diese ist vielmehr dem Plenum vorbehalten.[17] Für den Ausschuss bleibt damit nur noch eine Vorbereitung der Plenarentscheidung – ggf. mit konkreter Empfehlung -, die sich aber jedweden präjudiziellen Charakters enthalten muss.[18] 16

Es ist üblich, den Vertrag mit der **Benennung der Parteien** beginnen zu lassen, wobei festgestellt wird, dass die Gesellschaft durch den Aufsichtsrat vertreten wird, für den der Aufsichtsratsvorsitzende handelt. Die Anstellung erfolgt typischerweise unmittelbar nach der Bestellung und es wird am Anfang des Vertrags auf sie Bezug genommen, etwa mit einer Formulierung wie: 17

N. N. ist am … zum ordentlichen Vorstandsmitglied bestellt worden, und zwar für die Dauer von fünf Jahren, dh bis zum …, daher wird der folgende Anstellungsvertrag mit ihm abgeschlossen.

Denkbar ist auch, den **Anstellungsvertrag vor der Bestellung abzuschließen,** wobei dies allerdings die Ausnahme sein sollte. In einem solchen Fall muss in den Vertrag die 18

---

Komm AktG/*Mertens/Cahn* § 84 Rn. 56; MüKoAktG/*Spindler* § 84 Rn. 79 mit der Ausnahme der Personalunion des Vorstands in Mutter- und Tochtergesellschaft.

[14] So durch OLG Celle AG 2012, 41 (42); KG AG 2011, 758 (759); ebenso *LKV* Aufsichtsrat § 7 Rn. 451.

[15] Dazu *Theobald* FS Raiser, 2005, 421 (422).

[16] MüKoAktG/*Spindler* § 84 Rn. 79; *Fleck* ZHR 149 (1985), 387 (411 ff.).

[17] Vgl. dazu nur Hüffer/Koch/*Koch* AktG § 84 Rn. 28.

[18] MüKoAktG/*Spindler* § 84 Rn. 107; Hüffer/Koch/*Koch* AktG § 84 Rn. 28; *Fonk* FS Hoffmann-Becking, 2013, 347 ff.

nachfolgende Bestellung als aufschiebende Bedingung für dessen Wirksamkeit aufgenommen werden.[19] In der Praxis muss weiterhin bei den Mitgliedern des Personalausschusses und dem Aufsichtsratsvorsitzenden die Gewissheit bestehen, dass der gesamte Aufsichtsrat die vorgesehene Bestellung billigt und vornehmen wird.

19 Es darf nicht sein, dass der Aufsichtsrat vom Abschluss des Anstellungsvertrags überrascht wird und die Bestellung nur halbherzig vornimmt, um den Aufsichtsratsvorsitzenden und die übrigen Mitglieder des Personalausschusses nicht zu desavouieren, oder gar die Bestellung nur vornimmt, weil die Gesellschaft bereits durch den Anstellungsvertrag gebunden ist. Zu rechtfertigen dürfte eine derartige Handhabung nur dann sein, wenn der Kandidat eine ihm angebotene anderweitige berufliche Chance kurzfristig annehmen oder ausschlagen muss und gewiss sein will, den ihm angebotenen Vorstandsposten auch zu bekommen und der Aufsichtsrat auch einverstanden ist, aber nicht so schnell zu einer Sitzung zusammenkommen kann und eine fernmündliche oder schriftliche Abstimmung untunlich erscheint oder undurchführbar ist, weil ein Mitglied widerspricht.

## 3. Aufgaben und Pflichtenkreis des Vorstandsmitglieds

20 Dieser in der Regel erste Paragraph eines Vorstandsanstellungsvertrags ist häufig nichtssagend, kurz und formelhaft. Er erschöpft sich gelegentlich in Wendungen wie „N.N. ist verpflichtet, die Geschäfte nach Gesetz, Satzung und der Geschäftsordnung des Vorstands zu führen …“ oÄ. In der Tat liegt hier wegen der Vielfältigkeit der Aufgaben eines Vorstandsmitglieds ein gewisses Dilemma für den Vertragsautor vor. **Eine vollständige detaillierte Aufzählung der Pflichten und Aufgaben verbietet sich im Allgemeinen.** Es ist eine durchaus gängige Methode, die einzelnen Vorstandsressorts und ihre Abgrenzung voneinander in einer Geschäftsordnung für den Vorstand festzuhalten und dann im Anstellungsvertrag darauf zu verweisen bzw. die Vorstandsgeschäftsordnung zum Bestandteil des Anstellungsvertrags zu machen. Da der Aufsichtsrat nach § 77 Abs. 2 S. 1 Alt. 2 AktG jederzeit nicht nur eine Geschäftsordnung erlassen, sondern auch eine vorhandene Geschäftsordnung abändern kann, ist auch ausreichend Flexibilität gegeben, wenn die Ressorts einmal anders zugewiesen werden sollen.

21 Wie erwähnt wird die **Aufgabenstellung im Dienstvertrag** meist **nur sehr kursorisch** dargestellt. Dies schließt es nicht aus, dass der Dienstvertrag – auch wenn die Pflichten nur sehr summarisch beschrieben werden – als Quelle von Pflichten des Vorstandsmitglieds und als Haftungsgrundlage bei deren Verletzung dienen kann. Es ist nämlich **nicht ganz korrekt zu behaupten,** dass § 93 AktG als aktiengesetzliche Haftungsnorm die Haftung des Vorstandsmitglieds aus dem Dienstvertrag völlig verdrängt. Diese Verdrängungswirkung, die auf der Satzungsstrenge nach § 23 Abs. 5 S. 1 AktG beruht, verbietet zwar sowohl Abmilderungen als auch Verschärfungen der Vorstandshaftung gegenüber der Gesellschaft nach § 93 Abs. 2.[20] Allerdings gibt es daneben durchaus Pflichten, die ausschließlich auf dem Dienstvertrag beruhen, sodass deren Verletzung außerhalb des 93 AktG zu beurteilen ist.[21] Daneben kann der Dienstvertrag auch dazu dienen, die aktienrechtlichen Pflichten des Vorstandsmitglieds näher zu konkretisieren.[22]

## 4. Vergütung

22 Zur Vergütung verhält sich in aller Regel die zweite Bestimmung in einem Anstellungsvertrag, ausführlich → Rn. 56ff.

---

[19] Zu derartigen Koppelungsklauseln zB MüKoAktG/*Spindler* § 84 Rn. 83.
[20] Vgl. BeckOGK/*Fleischer* AktG § 93 Rn. 4ff.; MüKoAktG/*Spindler* § 93 Rn. 27ff.
[21] BeckOGK/*Fleischer* AktG § 93 Rn. 6.
[22] MüKoAktG/*Spindler* § 93 Rn. 35; Hölters/*Hölters* AktG § 93 Rn. 13.

## 5. Verschwiegenheit

Die Verschwiegenheitspflicht des Vorstandsmitglieds **ergibt sich aus dem Gesetz** (§ 93 Abs. 1 S. 3 AktG), wird aber regelmäßig darüber hinaus als Verpflichtung in den Dienstvertrag aufgenommen. Die Geltung der Verschwiegenheitspflicht wird dabei auch fast immer **auf die Zeit nach Ablauf des Vertrags ausgedehnt.** Dies ist insofern nicht ganz unproblematisch, als das Vorstandsmitglied ja nach seinem Ausscheiden aus dem Vorstand der Gesellschaft – je nach Lebensalter – andere berufliche Aufgaben übernehmen kann, bei denen die in der vorherigen Position erworbenen Kenntnisse und Erfahrungen natürlich verwertet werden dürfen, soweit kein nachvertragliches Wettbewerbsverbot vorliegt. 23

Es kann also durchaus sein, dass es hier zu schwierigen Abgrenzungsfragen kommt. Im Allgemeinen wird es keine Probleme geben, soweit das ausgeschiedene Vorstandsmitglied seine erworbenen Erfahrungen ohne Hinweis auf deren Herkunft und ohne Schädigungsabsicht für die Gesellschaft, wo diese Kenntnisse erworben wurden, verwendet. Keinesfalls darf ein nachvertragliches Verschwiegenheitsgebot, das im Allgemeinen zeitlich nicht limitiert ist, als **verkapptes nachvertragliches Wettbewerbsverbot** verstanden werden. 24

## 6. Arbeitsmittel, Unterlagen und deren Rückgabe

Zur Erfüllung sämtlicher dienstlicher Aufgaben werden dem Vorstandsmitglied in der Regel **Arbeitsmittel zur Verfügung gestellt** wie Dienstwagen, Laptop, Handy und ggf. weitere elektronische Hilfsmittel. Diese Gegenstände sind bei Beendigung der Bestellung und – meist damit zusammenfallend – bei Beendigung des Dienstvertrags herauszugeben. In diesem Zusammenhang werden bei einem streitig betriebenen Vertragsende häufig **Zurückbehaltungsrechte** an derartigen Gegenständen geltend gemacht. Um dies zu vermeiden, sollte der Dienstvertrag einen Ausschluss derartiger Rechte ausdrücklich vorsehen. 25

Weiter sind alle Unterlagen und Datenträger der Gesellschaft, die das Vorstandsmitglied im Besitz hat, herauszugeben. War dies schon früher kaum zu kontrollieren, als die Unterlagen noch ausschließlich in Papierform vorlagen, ist dies im Zeitalter der elektronischen Datenspeicherung nahezu unmöglich geworden, so dass die Gesellschaft bei diesem Anspruch in besonderem Maße auf die Vertrauenswürdigkeit des ausscheidenden Vorstandsmitglieds angewiesen ist. Naturgemäß hängt die Verpflichtung, Unterlagen der Gesellschaft bei Beendigung der Tätigkeit herauszugeben, eng mit der **nachvertraglichen Verschwiegenheitsverpflichtung** zusammen. 26

## 7. Dienstwagen und dessen private Nutzung

Es ist allgemein üblich, dem Vorstandsmitglied einen Dienstwagen zur Verfügung zu stellen. Der Dienstwagen wird nach wie vor als Prestige verleihendes Objekt angesehen, so dass Verhandlungen über diesen Punkt oft schwieriger sind, als es dem Objekt angemessen ist. Üblich ist ein Dienstwagen der Oberklasse von einem Premiumhersteller, wobei sich der Dienstvertrag auf diese Angaben beschränkt oder zusätzlich eine betragsmäßige Begrenzung des Anschaffungspreises (inklusive des Zubehörs) vornimmt. Im Allgemeinen wird es aus der Sicht der Gesellschaft zu empfehlen sein, nur die Automobile **eines** Herstellers als Dienstwagen zur Verfügung zu stellen, weil sich so Kostenvorteile bei Anschaffung und Wartung erzielen lassen, wobei sich dieses Prinzip nicht immer durchhalten lassen wird. 27

Von einigen Unternehmen wird zusätzlich zum Dienstwagen auch ein Fahrer gestellt. Was zunächst barock anmutet, ist ökonomisch äußerst sinnvoll. Anstatt seine teure Arbeitskraft am Lenkrad zu verbringen, kann sich das Vorstandsmitglied bereits während der Fahrt auf seine Auswärtstermine vorbereiten – oder auch einmal ausruhen. Zu beachten ist hierbei, dass der **Fahrer für Dienstfahrten** eingestellt wurde. Das Verbringen der Vorstandsfamilie zum Abflughafen in die Ferien oder der Einkauf von Hundefutter-Vorräten gehört 28 nicht dazu. Auch wenn ein Fahrer hiermit einverstanden sein sollte, bleibt es ein Vertragsbruch durch das Vorstandsmitglied.

29 Der **Dienstwagen**wird dem Vorstandsmitglied im Allgemeinen auch zur **privaten Nutzung** zur Verfügung gestellt, wobei die Versteuerung dieses Sachbezugs zu regeln ist. Nahezu immer ist die steuerliche Belastung vom Vorstandsmitglied selbst zu tragen, wobei der Sachbezug nach § 8 Abs. 2 S. 2 EStG iVm § 6 Abs. 1 Nr. 4 S. 2 EStG 1 %[23] des Listenpreises (inklusive des Zubehörs) pro Monat beträgt. Die Vereinbarung dieser 1 %-Klausel ist insofern dringend anzuraten, als eine Besteuerung des Sachbezugs ohne diese Pauschale zu erheblichen Mehrbelastungen beim Empfänger führen wird

30 Wegen des hohen Prestigewertes kann der Dienstvertrag bei der Beschreibung des **Umfangs der privaten Nutzung** gar nicht präzise genug sein. So gehören die Erstattung von Tankkosten im Ausland sowie die Belastung von Tunnel- und Mautgebühren zu denjenigen Themen, die zahlreiche deutsche Vorstandsmitglieder übergebührlich zu beschäftigen vermögen.

31 Weil der Dienstwagen zur privaten Nutzung als ein allseits sichtbares Insignium von Macht und Würde eingestuft wird, sollte die **Fortgeltung dieses Sachbezugs im Falle einer vorzeitigen Vertragsbeendigung** unbedingt geregelt werden. Bei durchdachter Vertragsgestaltung kann eine Aktiengesellschaft viel Geld sparen, wenn sie ihrem Ex-Vorstandsmitglied zu Lasten anderer Vertragsleistungen den Dienstwagen zur privaten Nutzung auch nach (vorzeitigem) Vertragsende eine Weile belässt. Die hierdurch gelinderte Erklärungsnot im privaten Umfeld des ehemaligen Vorstandsmitglieds lässt sich beispielsweise für Einsparungen bei der Abfindungszahlung fruchtbar machen.

## 8. Weitere Sachbezüge?

32 Früher war es üblich – zumindest in einzelnen Branchen – weitere Sachbezüge zur Verfügung zu stellen. Dies begann bereit mit der Umzugshilfe für die Familie. Vielfach wohnten Vorstandsmitglieder in **Dienstwohnungen** (meistens großzügigen Häusern) und die Gesellschaft kam von der Schönheitsreparatur bis zur Gartenpflege für alles auf. Selbstverständlich wurden die Heizungs- und Stromkosten von der Gesellschaft gezahlt. Dies hatte historische Gründe. An den Standorten der Gesellschaften gab es vielfach keinen Wohnungsmarkt; und eine gewisse patriarchalische Fürsorge – zB im Bergbau – erstreckte sich sogar auf Vorstandsmitglieder.

33 Die Verhältnisse haben sich inzwischen geändert. Güter- und Dienstleistungen sind nahezu überall gegen Geld beschaffbar, so dass schon aus diesem Grund die Notwendigkeit von Sachbezügen entfällt. Hinzu kommt, dass die Gesellschaften festgestellt haben, wie teuer es für sie ist, eigene Häuser, Handwerker und Gärtner vorzuhalten, und wieviel günstiger es ist, dem Vorstandsmitglied an Stelle eines Sachbezugs einen angemessenen Geldbetrag zur Verfügung zu stellen. Schließlich kommt hinzu, dass auch die **Finanzverwaltung** Sachbezügen zunehmend Aufmerksamkeit zugewandt hat. Dies alles hat dazu geführt, dass außer der Privatnutzung des Dienstwagens Sachbezüge für Vorstandsmitglieder fast völlig verschwunden sind, während Dienstwohnungen für nachgeordnete Arbeitnehmer aufgrund des knappen Wohnraums in Ballungsgebieten gerade eine Renaissance erfahren.

## 9. Urlaub

34 In jeder dienstvertraglichen Urlaubsregelung geht es um die **Dauer des Jahresurlaubs** und um die **Abstimmungsnotwendigkeiten, wann der Urlaub genommen werden kann.** Standard sind etwa 30 Arbeitstage Urlaub, wobei oft genug der volle Urlaub wegen

[23] Darüber hinausgehende Absenkungen der Pauschale gewährt das Gesetz derzeit für Elektro- und Hybridfahrzeuge.

der Arbeitsbelastung nicht genommen werden kann. Üblicherweise wird vereinbart, dass der Urlaub nach Abstimmung mit den Vorstandskollegen oder dem Vorstandsvorsitzenden genommen werden soll und der Aufsichtsratsvorsitzende zu verständigen ist. Aktive Aufsichtsratsvorsitzende behalten sich gelegentlich auch vertraglich eine Genehmigung des Urlaubs vor.

## 10. Nebentätigkeiten

Nebentätigkeiten können höchst unterschiedlicher Ausprägung und unterschiedlich zeitaufwendig sein. Zu unterscheiden sind hierbei private Nebentätigkeiten oder dienstliche bzw. dienstlich veranlasste Aufgaben. 35

**Private Nebentätigkeiten** (dazu gehören auch Aufsichtsmandate außerhalb des Konzerns) werden vertraglich regelmäßig untersagt oder von einer vorherigen Zustimmung des Aufsichtsrats – zumeist verbunden mit einer Ermächtigung zugunsten des Aufsichtsratsvorsitzenden – abhängig gemacht. Dies ist im Grundsatz zulässig, da ein Vorstandsmitglied auch ohne ausdrückliche Vertragsregelung seine gesamt Arbeitskraft in den Dienst der Gesellschaft stellen muss.[24] Allerdings sind ehrenamtliche Aufgaben mit überschaubarem Aufwand im sozialen, kulturellen oder auch politischen Bereich genehmigungsfrei, da keine „Tätigkeiten".[25] Vereinbart werden kann jedoch eine Anzeigepflicht.[26] Bei derartigen Tätigkeiten besteht nicht die Gefahr des Verbrauchs der Arbeitskraft, sondern eher die Gefahr, dass das Vorstandsmitglied seinen unternehmerischen Einfluss für derartige Privataktivitäten geltend macht oder – noch schlimmer, da nach § 266 StGB strafbar – Personal und/oder Sachmittel aus dem Unternehmen hierfür einsetzt. 36

**Dienstliche Nebentätigkeiten** sind solche, die inhaltlich mit der Vorstandsaufgabe verbunden sind. Hierzu gehören vor allem Aufsichtsmandate in Konzernunternehmen, aber auch die Vertretung der Gesellschaft in Fachverbänden. Derartige Tätigkeiten sind nicht nur genehmigungsfrei, sondern teilweise sogar Bestandteil der Vorstandsaufgaben mit der Folge, dass das Vorstandsmitglied derart einschlägige Tätigkeiten auch ohne Vertragsbestimmung sogar wahrnehmen *muss*.[27] 37

**Dienstlich veranlasste Nebentätigkeiten** bilden die rechtliche Grauzone zwischen der Verpflichtung zur Arbeitskraftkonzentration und betrieblichem Nutzen. Vor allem ehrenamtliche Arbeiten in Verbänden, in kulturellen, sportlichen oder kirchlichen Organisationen oder Vereinigungen sind unterschiedlich zu beurteilen. Allen gemeinsam ist, dass sie Zeit erfordern, die dann für die Bewältigung von Aufgaben in der Gesellschaft nicht mehr zur Verfügung steht. Andererseits trägt eine gewisse Aktivität in kulturellen Institutionen der Stadt, in der die Firma ihren Sitz hat, dazu bei, dass die Gesellschaft als „good corporate citizen" wahrgenommen wird. Letztlich hängt die Sinnhaftigkeit – und damit auch die Zulässigkeit – eines derartigen Engagements von der konkreten Vorstandsaufgabe ab. In Zweifelsfällen ist die **Einholung einer förmlichen Zustimmung** ratsam. 38

Die **Zustimmungskompetenz** zur Aufnahme privater Nebentätigkeiten liegt beim Aufsichtsratsvorsitzenden oder beim Personalausschuss. Es hat sich als zweckmäßig erwiesen, die Zustimmung zur Aufnahme ehrenamtlicher Tätigkeiten (Verbände und kulturelle Institutionen) dem Aufsichtsratsvorsitzenden zu überlassen, während die Zustimmung zur Aufnahme bezahlter Nebentätigkeiten, wie konzernexterne Aufsichtsratsmandate, dem Personalausschuss vorbehalten bleiben sollte. Bei der Übernahme konzernexterner Aufsichtsratsmandante tritt die Gefahr möglicher Interessenkonflikte hinzu. 39

[24] AllgM, vgl. nur *Grau in* Semler/v. Schenck/Wilsing AR-HdB § 11 Rn. 87.
[25] Vgl. nur BeckOGK/*Fleischer* AktG § 84 Rn. 85.
[26] BeckOGK/*Fleischer* AktG § 84 Rn. 85.
[27] Dies dürfte allerdings nicht für die Übernahme (vertraglich ungeregelter) organschaftlicher Aufgaben gelten, da diese stets mit einer Haftungsausweitung verbunden sind.

## 11. Wettbewerbsverbot während der Vertragsdauer

40 Ein **gesetzliches Wettbewerbsverbot** wird bereits durch das Gesetz in § 88 Abs. 1 AktG vorgesehen, wobei die gesetzliche Bestimmung relativ grobmaschig ist und beispielsweise nicht verhindern kann, dass ein Vorstandsmitglied Prokurist einer anderen Handelsgesellschaft würde. Es ist daher notwendig und üblich, in den Dienstvertrag ein feinmaschigeres oder umfassenderes Wettbewerbsverbot aufzunehmen. Zweckmäßig ist es zu vereinbaren, dass das Vorstandsmitglied der Gesellschaft seine **ganze Arbeitskraft zur Verfügung zu stellen hat** und hierdurch Nebentätigkeiten unterbunden oder zumindest unter Erlaubnisvorbehalt durch den Aufsichtsrat oder Personalausschuss gestellt werden. In diesem Fall stellt sich erst gar nicht die Konkurrenzfrage.

41 Zum Wettbewerbsverbot gehört auch, dass sog. **„corporate opportunities"** nicht eigensüchtig wahrgenommen werden. Solche „corporate opportunities" muss das Vorstandsmitglied vielmehr ausschließlich für die Gesellschaft wahrnehmen.[28] Auch jede indirekte oder mittelbare Wahrnehmung von Geschäftschancen der Gesellschaft ist verboten, wie beispielsweise die Wahrnehmung durch nahestehende Personen[29] oder durch eine Gesellschaft, an der das Vorstandsmitglied beteiligt ist.

42 **„Geschäftschance der Gesellschaft"** ist ein **weiter Begriff**[30] und umfasst jedes Geschäft im eigenen Geschäftsbereich der Gesellschaft oder jedes Geschäft, an dem die Gesellschaft ein Interesse hat, wobei es nicht darauf ankommt, ob der Gesellschaft nun ein Angebot gemacht worden oder die Gesellschaft schon ihrerseits Interesse geäußert hat.

## 12. Wettbewerbsverbot nach Vertragsbeendigung

43 Das Regelungsregime für nachvertragliche Wettbewerbsverbote der **§§ 74 ff. HGB** (für den kaufmännischen Angestellten) **gilt nicht direkt für das Vorstandsmitglied.**[31] Allerdings sind bestimmte Grundsätze, die sich diesbezüglich im HGB finden, auch auf ein nachvertragliches Wettbewerbsverbot für das Vorstandsmitglied anzuwenden, und gelegentlich werden einzelne Bestimmungen des HGB insoweit auch vertraglich für anwendbar erklärt.

44 Unbedenklich ist zunächst ein **nachvertragliches Wettbewerbsverbots kraft Vereinbarung.** Dies ist jederzeit möglich, sollte aber zweckmäßigerweise schon bei Abschluss des Anstellungsvertrages getroffen werden. Eine solche Vereinbarung muss die Interessen der Gesellschaft einerseits und diejenigen des (potenziell) ausscheidenden oder auch schon ausgeschiedenen Vorstandsmitglieds andererseits sorgfältig gegeneinander abwägen. Hierbei ist im Hinblick auf die § 138 BGB, § 1 GWB eine **Zusammenschau aus räumlicher, gegenständlicher und zeitlicher Betrachtung** erforderlich, um im Wege einer Gesamtbeurteilung die (Un-)Wirksamkeit des nachvertraglichen Wettbewerbsverbots feststellen zu können.[32]

45 In **räumlicher Hinsicht** hängt der Umfang des Wettbewerbsverbotes von der Verbreitung der Kundenstruktur und der Herkunft des Wettbewerbs ab. Grundsätzlich ist gegen eine weltweite Geltung des Wettbewerbsverbots bei global agierenden Unternehmen nichts einzuwenden.[33] Allerdings muss auch die Aufgabe des betroffenen Vorstandsmitglieds derart weitreichend sein, so dass sich beispielsweise für einen Personalvorstand geringere räumliche Ausdehnungen ergeben, als dies bei einem Vertriebsvorstand der Fall wäre.

46 In **sachlicher Hinsicht** bilden die unternehmerischen Aktivitäten der Gesellschaft die äußerste Grenze des nachvertraglichen Wettbewerbsverbots. Hierbei ist die Einbeziehung

---

[28] K. Schmidt/Lutter/*Sailer-Coceani* AktG § 93 Rn. 21; ausführlich *Schiessl* GmbHR 1988, 53; *Kübler* FS Werner, 1984, 437.
[29] BGH BB 1986, 486.
[30] Ausführlich BeckOGK/*Fleischer* AktG § 93 Rn. 168 ff.
[31] Vgl. BGH NZG 2002, 475 (476); BGHZ 91, 1 (3) jeweils zur GmbH.
[32] Dazu K. Schmidt/Lutter/*Seibt* AktG § 88 Rn. 16; *Krämer* FS Röhricht, 2005, 336 ff.
[33] So auch OLG Celle NZG 2001, 131 zur GmbH.

der Aktivitäten von Konzerngesellschaften zulässig.[34] Maßgeblich sind stets die tatsächlichen (und nicht die satzungsmäßig eröffneten!) Aktivitäten.

Die meisten Streitfälle in der Praxis entzünden sich an der **zeitlichen Geltung eines nachvertraglichen Wettbewerbsverbots.** Hier bietet § 74a Abs. 1 S. 3 HGB eine gewisse Orientierung mit der Folge, dass eine zweijährige Gültigkeitsdauer einerseits grundsätzlich unbedenklich ist.[35] Andererseits dürfte hier zugleich die Höchstgrenze eines zulässigen Wettbewerbsverbots liegen, weil jede weitere Ausdehnung einen Konflikt mit Art. 12 GG hervorruft. 47

Der entscheidende Unterschied zwischen dem nachvertraglichen Wettbewerbsverbot des kaufmännischen Angestellten einerseits und dem nachvertraglichen Wettbewerbsverbot des Vorstandsmitglieds andererseits besteht darin, dass im Fall des kaufmännischen Angestellten das Wettbewerbsverbot nur verbindlich ist, wenn eine **Wettbewerbsentschädigung (Karenzentschädigung)** mindestens in Höhe „der Hälfte der zuletzt bezogenen vertragsmäßigen Leistungen gezahlt wird" (vgl. § 74 Abs. 2 HGB). Das nachvertragliche Wettbewerbsverbot des Vorstandsmitglieds ist zwar in der Praxis häufig ebenfalls mit einer solchen Entschädigung verbunden; jedoch ist ein nachvertragliches Wettbewerbsverbot grundsätzlich auch ohne Entschädigung verbindlich.[36] Wegen der unsicheren Rechtslage und der **Zuweisung des Überdehnungsrisikos an die Gesellschaft** wird jedoch die Vereinbarung einer Karenzzahlung empfohlen. Hinsichtlich der Höhe bietet § 74 Abs. 2 HGB einen brauchbaren Anhaltspunkt, so dass 50% der letzten Fixvergütung angemessen sind. 48

**Die Vereinbarung eines nachvertraglichen Wettbewerbsverbots sollte sorgfältig überlegt werden.** Es spricht im Allgemeinen mehr dagegen als dafür. Seine Einhaltung, die auf jeden Fall mit einer Vertragsstrafe abgesichert werden sollte, ist sehr schwer zu überwachen. Die schützenswerte Sphäre des Unternehmens, dh das Gebiet, bei dem die Weitergabe von Einzelheiten an die Konkurrenz dem Unternehmen wirklich schaden würde, ist meistens kleiner als angenommen. Die Konkurrenz ist darüber hinaus häufig auf anderem Wege sehr genau über Produkte und Entwicklung des eigenen Unternehmens unterrichtet, so dass ein Wettbewerbsverbot im Allgemeinen, wenn überhaupt, nur in Ausnahmefällen sinnvoll ist. 49

Wenn die Gesellschaft sich aber schon zu dem Abschluss eines nachvertraglichen Wettbewerbsverbots entschließt und das Vorstandsmitglied sich darauf einlässt – immerhin bedeutet die regelmäßig vereinbarte Entschädigung ja auch eine gewisse Absicherung für die Zeit nach Beendigung des Vorstandsmandats –, so sollte das Wettbewerbsverbot auch Umgehungsmöglichkeiten umfassen. Hinzu gehören etwa direkte oder indirekte (mittels einer zu diesem Zweck gegründeten Gesellschaft) Beratung, Beteiligung an einem anderen Konkurrenzunternehmen oder Unterstützung eines Konkurrenzunternehmens in jeglicher Form. Weiter sollte die Konkurrenzklausel so ausgestaltet sein, dass etwa eine **Vertragsstrafe für eine definierte Zeiteinheit** (zB pro angefangene Woche) des Andauerns des Verstoßes gegen das Wettbewerbsverbot vereinbart wird. 50

Insgesamt sollte die Gesellschaft **überzogene Wettbewerbsbeschränkungen** vermeiden. Diese führen zu einer umfassenden Nichtigkeit der gesamten Beschränkungsabrede.[37] Wollen beide Seiten in dieser Frage **höchstmögliche Rechtssicherheit** erzielen, so empfiehlt sich eine vertragliche Verweisung auf §§ 74ff. HGB. 51

---

[34] MüKoAktG/*Spindler* § 88 Rn. 51; *Thüsing* NZG 2004, 9 (10).

[35] Ebenso MHdB GesR IV/*Wentrup* § 21 Rn. 123; BeckOGK/*Fleischer* AktG § 88 Rn. 46; einschränkend *Thüsing* NZG 2004, 9 (11).

[36] Sehr str., wie hier zB BGH WM 2008, 1744 Rn. 6 und BGH WM 2008, 1226 Rn. 6 (jeweils zur GmbH); BGHZ 91, 1 (5) und BGH NZG 2002, 475 (476) (jeweils zum Kunden- und Mandantenschutz in der GmbH); Hüffer/Koch/*Koch* AktG § 88 Rn. 10; MHdB GesR IV/*Wentrup* § 21 Rn. 71; dagegen zB OLG Düsseldorf DB 1990, 1960; BeckOGK/*Fleischer* AktG § 88 Rn. 47; MüKoAktG/*Spindler* § 88 Rn. 57.

[37] Zuletzt OLG München NZA-RR 2019, 82 (83) (zur GmbH).

52 **In Ruhegeldverträgen** finden sich gelegentlich sehr breit angelegte und zeitlich nicht limitierte Wettbewerbsverbote, die regelmäßig mit der Androhung der Suspendierung oder gar völligen Einstellung der Zahlung des Ruhegelds verbunden sind. Solche Wettbewerbsverbote sind als so genannte **verdeckte Wettbewerbsverbote** regelmäßig unwirksam.[38] Schließlich dient das Ruhegeld der Alimentierung und nicht der Konkurrenzentsagung. Daher ist eine Einstellung der Zahlung des Ruhegelds aus Gründen, die in der Person des Ruhegeldempfängers liegen, regelmäßig nur in extremen Ausnahmesituationen denkbar.[39] Anders verhält es sich, wenn Übergangsgeld gezahlt wird, mit dessen Hilfe die Zeit bis zum Eintritt des eigentlichen Versorgungsfalls überbrückt werden soll. Hier darf die Zahlung von der Bedingung abhängig gemacht werden, dass sich der Empfänger des Übergangsgelds einer Konkurrenz zu der (zahlenden) Gesellschaft enthält.[40]

### 13. Dauer des Vertrages

53 Die Dauer der Anstellung ist mit der Dauer der Bestellung eng verzahnt und darf wie diese fünf Jahre nicht überschreiten. Üblich und von § 84 Abs. 1 S. 5 Hs. 2 AktG auch vorgesehen sind Dienstverträge mit automatischer Verlängerungsklausel, die etwa wie folgt lautet:

Dieser Vertrag läuft bis zum … und verlängert sich automatisch im Fall einer Verlängerung der Bestellung für deren Dauer.

54 Wie in → Rn. 9 erwähnt, ist es möglich, Bestellung und Anstellungsvertrag noch enger zu verknüpfen, indem der Widerruf der Bestellung, der nur aus wichtigem Grund möglich ist, gleichzeitig als wichtiger Grund gilt, der zur Kündigung des Anstellungsvertrags berechtigt.

55 Der Vorstand hat die Gesellschaft nach § 76 Abs. 1 AktG in eigener Verantwortung zu leiten. Dieser Aufgabenverteilung erfordert eine gewisse Unabhängigkeit des Vorstands, die durch eine gewisse Mindestdauer der Bestellung – und damit auch des Anstellungsvertrags – abgesichert wird. Es wäre somit beispielsweise unzulässig, einen Anstellungsvertrag mit ganz kurzen Kündigungszeiten zu vereinbaren, weil ein solcher Vertrag dem Aufsichtsrat die Möglichkeit geben würde, den Vertrag jederzeit alsbald zu beenden und so das vom Gesetz vorgesehene Gleichgewichtsverhältnis zwischen beiden Organen zu konterkarieren.

## II. Vergütung

**Schrifttum:** *Achleitner/Wollmert* (Hrsg.), Stock Options, 2. Aufl. 2002; *Bauer/Arnold,* Mannesmann und die Folgen für Vorstandsverträge, DB 2006, 546; *Bauer/Arnold,* Abfindungs-Caps in Vorstandsverträgen – gute Corporate Governance?, DB 2007, 1793; *Bauer/Arnold,* Festsetzung und Herabsetzung der Vorstandsvergütung nach dem VorstAG, 2009, 717; *Bauer/Baeck/v. Medem,* Altersversorgung und Übergangsgelder in Vorstandsanstellungsverträgen, NZG 2010, 721; *Baums,* Aktienoptionen für Vorstandsmitglieder, FS Claussen, 1997, 3; *Baums,* Anerkennungsprämien für Vorstandsmitglieder, FS Huber, 2006, 655; *de Beauregard/Schwimmbeck/Gleich,* Variable Vergütung im Trennungsprozess mit Geschäftsführern und Vorständen, DB 2012, 2792 (Teil 1), 2853 (Teil 2); *Beiner,* Der Vorstandsvertrag, 2006; *Boeckmann,* Die Zulässigkeit von Leistungen Dritter an Mitglieder des Vorstands der unabhängigen Aktiengesellschaft, 2018; *Bork,* Change of Control-Klauseln in Anstellungsverträgen von Vorstandsmitgliedern, 2009; *Brandes,* Rückzahlung überhöhter Vorstandsgehälter, ZIP 2013, 1107; *Cascante/Topf/Friedrich,* Zur Reichweite des § 87 II AktG – Rückgängigmachung der Kürzung nach Erholung der Lage der Gesellschaft?, NFG 2010, 688; *Diekmann,* Die Drittvergütung von Mitgliedern des Vorstands einer Aktiengesellschaft, FS Maier-Reimer, 2010, 75; *Doetsch,* Veränderte Anforderungen an Gestaltung und Publizität von Vorstands-Pensionszusagen, AG 2010, 465; *Dreher,* Change of control-Klauseln bei Aktiengesellschaften, AG 2002, 214; *Drygola,* Die neue Pflicht des Vorstands zur Be-

---

[38] Vgl. MüKoAktG/*Spindler* § 88 Rn. 50; BeckOGK/*Fleischer* AktG § 88 Rn. 47, wonach das Ruhegeld zumindest nicht als Ersatz für eine Entschädigung dienen kann.

[39] BGHZ 55, 274 (280); BGH DB 2002, 1207; ZIP 2000, 380 mAnm *Blomeyer; Hoffmann-Becking* FS Quack, 1991, 273)282).

[40] BGH ZIP 2000, 1452.

scheidenheit, FS Schneider, 2011, 275; *Dzida/Naber,* Risikosteuerung durch variable Vergütung, BB 2011, 2613; *Feddersen,* Aktienoptionsprogramme für Führungskräfte aus kapitalmarktrechtlicher und steuerlicher Sicht, ZHR 161 (1997), 269; *Feudner,* Regeln für Vorstandsbezüge, NFG 2007, 779; *Fleck,* Die Drittanstellung des GmbH-Geschäftsführers, ZHR 149 (1985), 387; *Fleischer,* Das Gesetz zur Angemessenheit der Vorstandsvergütung (VorstAG), NZG 2009, 801; *Fleischer,* Aufsichtsratsverantwortlichkeit für die Vorstandsvergütung und Unabhängigkeit der Vergütungsberater, BB 2010, 67; *Fleischer,* Vergütungsrelevante Zielvereinbarungen und -vorgaben versus Leistungsbefugnis des Vorstands, NZG 2011, 321; *Goette,* Zur Orientierung der Vorstandsvergütung an der Lage der Muttergesellschaft, FS Hopt, 2010, 689; *Habersack,* Vorstands- und Aufsichtsratsvergütung – Grundsatz- und Anwendungsfragen im Lichte der Aktionärsrechterichtlinie, NZG 2018, 127; *Harbarth,* Aktienrecht, Gemeinwohl und Vergütungsparameter, ZGR 2018, 379; *Herzberg/Schuster/Tusch,* Die Institutsvergütungsverordnung 3.0, WM 2017, 2289; *Hoffmann-Becking/Krieger,* Leitfaden zur Anwendung des Gesetzes zur Angemessenheit der Vorstandsvergütung (VorstAG), NZG-Beil. 26/2009; *Kelle,* Die Bilanzierung von Stock Options, 2002; *Köhler,* Fehlerhafte Vorstandsverträge, NZG 2008, 161; *Kort,* Zivilrechtliche Folgen unangemessen hoher Vorstandsvergütung – eine Mannesmann-Spätlese, DStR 2007, 1127; *Kort,* Kriterien der Herabsetzung der Vorstandsvergütung nach § 87 Abs. 2 S. 1 AktG, AG 2016, 209; *Liebers/Hoefs,* Anerkennungs- und Abfindungszahlungen an ausscheidende Vorstandsmitglieder, ZIP 2004, 97; *Marsch-Barner,* Aktuelle Rechtsfragen zur Vergütung von Vorstands- und Aufsichtsratsmitgliedern, FS Röhricht, 2005, 401; *Marsch-Barner,* Zum Begriff der Nachhaltigkeit in § 87 Abs. 1 AktG, ZHR 175 (2011), 737; *Poelzig,* Rückforderung der variablen Vorstandsvergütung (Clawback) in börsennotierten Gesellschaften, NZG 2020, 41; *Raitzsch,* Keine Praxis ohne Theorie – Die Claw-Back-Klausel als Element nachhaltiger Vorstandsvergütung, ZIP 2019, 104; *Reichert/Balke,* Die Berücksichtigung von Konzernzielen bei der variablen Vergütung des Vorstands einer abhängigen Gesellschaft im faktischen Konzern, FS Hellwig, 2010, 285; *Roth,* Versorgungszusagen an Vorstandsmitglieder, Der Aufsichtsrat, 2004, 6; *Röttgen/Kluge,* Nachhaltigkeit bei Vorstandsvergütungen, NJW 2013, 900; *Schäfer,* Variable Vorstandsvergütung als unzulässiges Mittel der Einflussnahme des Aufsichtsrats auf die Unternehmensleitung?, Liber Amicorum Winter, 2011, 557; *Schüppen,* Die Vorstandsvergütungs-Empfehlung des Kodex zu Change-of Control-Klauseln – Problem erkannt, Gefahr gebannt?, FS Seibert, 2019, 793; *Schuster,* Clawback-Klauseln – probates Mittel zukunftsgerechter Gestaltung von Bonus-Vereinbarungen?, FS Bauer, 2010, 973; *Spindler,* Konzernbezogene Anstellungsverträge und Vergütungen von Organmitgliedern, FS K. Schmidt, 2009, 1529; *Spindler,* Rechtsfolgen einer unangemessenen Vorstandsvergütung, AG 2011, 725; *Thüsing,* Das Gesetz zur Angemessenheit der Vorstandsvergütung, AG 2009, 517; *Thüsing/Jänsch,* Begrenzung und Kürzung der Vorstandsvergütung, FS E. Vetter, 2019, 803; *Waldenberger/Kaufmann,* Nachträgliche Herabsetzung der Vorstandsvergütung: Vermeidung von Haftungsrisiken für den Aufsichtsrat, BB 2010, 2257; *Waldhausen/Schüller,* Variable Vergütung von Vorständen und weiteren Führungskräften im AG Konzern, AG 2009, 179; *Weppner,* Vergütungsherabsetzung gemäß § 87 II AktG – Leitlinien für die Praxis, NZG 2010, 1056; *Wilsing/van der Linden,* Vorstandsvergütung und ihre Transparenz – Gedanken zur Kodexnovelle 2013, DStR 2013, 1291; *Wittuhn/Hamann,* Herabsetzung von Vorstandsvergütung in der Krise, ZGR 2009, 847.

**Schrifttum speziell zur Vergütung nach dem ARUG II:** *Anzinger,* Vorstands- und Aufsichtsratsvergütung: Kompetenzverteilung und Offenlegung nach der zweiten Aktionärsrechterichtlinie, ZGR 2019, 39; *Bayer,* Die Vergütung von Vorstands- und Aufsichtsratsmitgliedern börsennotierter Gesellschaften nach dem RefE für das ARUG II, DB 2018, 3034; *Behme,* Die Vergütung der Mitglieder von Vorstand und Aufsichtsrat – gesellschaftsrechtliche Rahmenbedingungen und Haftungsrisiken, BB 2019, 451; *Florstedt,* Die neuen Aktionärsvoten zur Organvergütung – Zur Umsetzung von Art. 9a, b der geänderten Aktionärsrechterichtlinie nach dem Regierungsentwurf eines ARUG II, ZGR 2019, 630; *Leuering,* Vorstands- und Aufsichtsratsvergütung in der geänderten Aktionärsrechterichtlinie, NZG 2017, 646; *Löbbe/Fischbach,* Die Neuregelungen des ARUG II zur Vergütung von Vorstand und Aufsichtsrat börsennotierter Aktiengesellschaften, AG 2019, 373; *Mutter,* Die neue „Maximalvergütung" der Vorstandsmitglieder und andere Rätsel, Der Aufsichtsrat 2020, 10; *Paschos/Goslar,* Der Regierungsentwurf zur Umsetzung der zweiten Aktionärsrechterichtlinie (ARUG II), Die AG 2019, 365; *Spindler,* Die Neuregelung der Vorstands- und Aufsichtsratsvergütung im ARUG II, AG 2020, 61; *Velte,* „Nachhaltige und langfristige" Vorstandsvergütung nach dem ARUG II, NZG 2020, 12; *Wandt/Vossen,* Die Übergangsbestimmungen für das Vergütungssystem des Vorstands, AG 2020, 705.

## 1. Allgemeines und Rechtsentwicklung

### a) Grundsätze

Die zentrale Vergütungsnorm ist nach wie vor § 87 AktG. Die Vorschrift beinhaltet zunächst eine Verfahrenskomponente, indem sie **dem Aufsichtsrat die Alleinkompetenz für die Festsetzung und Anpassung der Vergütung** zuweist. Bedeutender ist hingegen die sachliche Regelung, die in der Sicherung der Angemessenheit der Vergütung besteht 56 (vgl. § 87 Abs. 1 S. 1 AktG). In dieser Funktion soll die Regelung den Interessen der Aktionäre und der Gläubiger dienen.[41]

### b) Rechtsentwicklung

57 Die Regelungen über die Vorstandsvergütung sind in der Vergangenheit immer komplexer und unüberschaubarer geworden.[42] Dies ist nicht nur auf die vielen Detailvorschriften zurückzuführen, sondern besonders auf die unübersichtliche und schwer nachvollziehbare Verteilung der Regelungen in unterschiedlichen Normen. Dabei befinden sich die Normen auch in unterschiedlichen Gesetzen, wobei sich die Regelungen teilweise sogar überschneiden.

58 Die **Höhe der Vorstandsvergütung** ist seit langem nicht nur Gegenstand zahlreicher gesetzlicher Detailregelungen, sondern auch – dieser Normierungsflut oft vorgelagert – Brennpunkt unzähliger politischer und gesellschaftlicher Debatten. Ausgelöst durch mehrere völlig überhöhte Zahlungen an einzelne Vorstandsvorsitzende (noch dazu in Zeiten schwacher wirtschaftlicher Entwicklungen) hat sich die Politik, vornehmlich im Wahlkampf, des Themas angenommen. In der Schweiz stimmte im Herbst 2013 gar die Bevölkerung über eine Deckelung der Vorstandsvergütung beim Zwölffachen eines Arbeiterlohns im selben Unternehmen ab – im Ergebnis allerdings dagegen.

59 Ein maßgeblicher Grund für die Regelungswut liegt darin, dass die politischen Erwägungen für die Änderungen von den Interessenträgern nur teilweise geteilt werden. So ist eine überhöhte Vergütung aus Aktionärssicht erst dann gegeben, wenn diese mit dem Kurs oder der Dividende nicht vereinbar sind. Bei einem entsprechenden Gewinn des Unternehmens, der sich in der Dividende widerspiegelt, ist aus Aktionärssicht hingegen nicht viel gegen eine hohe Vergütung einzuwenden. Auf diese Interessen nimmt auch der Aufsichtsrat Rücksicht, der sich darüber hinaus bei der Vorstandsvergütung an der Vergütung anderer vergleichbarer Unternehmen orientiert (sog. Horizontalvergleich), sodass eine Absenkung kurzfristig nur schwer erfolgen kann. Die politischen Gerechtigkeitserwägungen, die insbesondere **das Verhältnis der Vorstands- zur Arbeitnehmervergütung** (sog. manager to worker pay ratio) kritisieren, finden bei den Erwägungen der Entscheidungsträger nur wenig Berücksichtigung. Dies gilt erkennbar auch für die Aufsichtsräte, bei denen die Hälfte der Stimmen von Arbeitnehmervertretern ausgeübt wird.

60 Das Thema ist mittlerweile durch die RL (EU) 2017/828 (2. Aktionärsrechte-RL) vom 17.5.2017 (ABl. 2017 L 132, 1) auch auf europäischer Ebene geregelt worden. Als Ursache für die Regelung wurden insbesondere Transparenzvorschriften für den Binnenmarkt genannt und die Verbesserung der Mitwirkung der Aktionäre.[43] Die Richtlinie wurde dabei vom Gesetzgeber durch das Gesetz zur Umsetzung der zweiten Aktionärsrechterichtlinie **(ARUG II)** vom (BGBl. 2019 I 2637) umgesetzt (→ Rn. 66).

## 2. Detailregelungen

### a) FMStFG und StFG

61 Der erste nennenswerte Eingriff des Gesetzgebers erfolgte anlässlich der Finanzkrise im Jahr 2008 in Gestalt des Finanzmarktstabilisierungsfondsgesetzes (FMStFG) vom 17.10. 2008 (BGBl. 2008 I 1982). Das Gesetz betraf ursprünglich ausschließlich Unternehmen aus dem Finanzsektor, die sich staatlicher Hilfe bedienen. Die zentrale (und populärste) Vorschrift regelt die **Begrenzung der jährlichen Fixvergütung für Vorstandsmitglieder** auf 500.000 EUR (§ 10 Abs. 2a und 2b FMStFG). Diese Regelungen bestehen fort.

[41] Vgl. MüKoAktG/*Spindler* § 87 Rn. 1.
[42] Hüffer/Koch/*Koch* AktG § 87 Rn. 2f.
[43] Erwägungsgrund 33 RL (EU) 2017/828.

Eine Änderung erfolgte durch Gesetz vom 10.7.2020 (BGBl. 2020 I 1633), um auf die Auswirkungen der Coronapandemie zu reagieren.[44] Dafür wurde das Gesetz in Stabilisierungsfondsgesetz (StFG) umbenannt und der Anwendungsbereich auf andere Unternehmen mit staatlicher Beteiligung erstreckt, die eine festgelegte Größe erreichen, welche durch die Bilanzsumme, Umsatzerlöse und die Arbeitnehmerzahl der letzten zwei Geschäftsjahre bestimmt wird (§ 16 Abs. 2 StFG). Dabei sieht das Gesetz selbst keine Beschränkung der Vergütung vor. Jedoch besteht eine Verordnungsermächtigung für das BMF. Das BMF hat mit der Wirtschaftsstabilisierungsfonds-Durchführungsverordnung (WSF-DV) von dieser Ermächtigung Gebraucht gemacht und in § 9 Abs. 1 und 2 WSF-DV **Beschränkungen für die variable Vergütung** für den Zeitraum vorgesehen, während dem das Unternehmen Stabilisierungsmaßnahmen in Anspruch nimmt. 62

### b) KWG und VAG

Ebenfalls im Rahmen der Finanzkrise von 2008 sind die Vorschriften für die Vergütung von Geschäftsführungsorganen bei Finanz- und Versicherungsunternehmen verschärft worden. Für Finanzunternehmen ist eine besondere Regelung in § 25a Abs. 5 und 6 KWG erfolgt, welche durch die Institutsvergütungsverordnung (InstitutsVergV) weiter konkretisiert wurde und zudem von den Leitlinien für eine solide Vergütungspolitik der Europäischen Bankenaufsichtsbehörde flankiert wird. Für Versicherungsunternehmen gilt § 25 VAG und die Konkretisierungen in Versicherungs-Vergütungsverordnung (VersVergV). Beide Branchenregelungen werden teilweise durch Rundschreiben der BaFin weiter konkretisiert. 63

### c) VorstAG

Auch das Gesetz zur Angemessenheit der Vorstandsvergütung (VorstAG) vom 31.7.2009 (BGBl. 2009 I 2509) stellt ebenfalls eine Reaktion auf die Finanzkrise dar.[45] Kernstück des Gesetzes war die Änderung des § 87 Abs. 1 S. AktG in zweierlei Hinsicht: Zum einen wurde die Leistung des Vorstands als Bezugspunkt für seine Vergütung erstmals ausdrücklich aufgeführt.[46] Zum andern wurde die „übliche Vergütung" als regelmäßige Obergrenze der Vorstandsvergütung in das Gesetz aufgenommen. Zusätzlich sieht ein neuer § 87 Abs. 1 S. 2 vor, dass die Vergütungsstruktur (und insbesondere variable Vergütungsbestandteile; vgl. dazu § 87 Abs. 1 S. 3 AktG) bei börsennotierten Gesellschaften auf eine **nachhaltige Unternehmensentwicklung** auszurichten ist. Ziel war es insbesondere, die variable Vergütung langfristiger auszugestalten und negative Verhaltensreize durch kurzfristige Vergütungsbestandteile zu reduzieren.[47] Eher als „Beruhigungspille für Aktionäre" war die Einfügung eines § 120 Abs. 4 AktG zu bewerten, demzufolge der Hauptversammlung das Recht zusteht, das Vergütungssystem (nicht jedoch individuelle Vergütungsregelungen!) zu (miss-)billigen, ohne allerdings dadurch irgendeine Rechtsfolge auszulösen. 64

§ 87 AktG gilt in der aktuellen Fassung für alle nach dem 5.8.2009 geschlossene Anstellungsverträge. **Übergangsregelungen** hat der Gesetzgeber nicht geschaffen. Damit bleiben Altverträge auch dann unverändert gültig, wenn sie sich nach dem 5.8.2009 automatisch verlängern.[48] Eine neue Vergütungsentscheidung des Aufsichtsrats nach diesem Datum (mit oder ohne Vertragsverlängerung) hat sich dagegen an der Neufassung des § 87 AktG zu orientieren. 65

---

[44] Vertiefend *Nolden/Heusel/Goette* DStR 2020, 800; konkret zur Vergütung *Hasselbach/Alles* NZG 2020, 727 (732).

[45] Diese (offizielle) Begr. ist insofern nicht ganz schlüssig, als auch nicht-börsennotierte Gesellschaften unter § 87 Abs. 1 AktG fallen; vgl. dazu *Seibert* WM 2009, 1489.

[46] Zuvor waren es nur die Aufgaben des Vorstandsmitglieds und die Lage der Gesellschaft.

[47] Vgl. BegrRegE VorstAG BT-Drucks 16/13433, 1.

[48] AA *Hoffmann-Becking/Krieger* NZG-Beil. 26/2009 Rn. 28; wie hier dagegen *Lingemann* BB 2009, 1918 (1920); *Bauer/Arnold* AG 2009, 717 (724).

#### d) ARUG II

66 Mit dem ARUG II hat der Gesetzgeber die RL (EU) 2017/828 (→ Rn. 60) umgesetzt. Durch das ARUG II ist der Aufsichtsrat einer börsennotierten Gesellschaft verpflichtet, der Hauptversammlung nach § 87a AktG ein Vergütungssystem zu erstellen und von der Hauptversammlung nach § 120a AktG billigen zu lassen. Darüber hinaus muss jährlich ein Vergütungsbericht nach § 162 AktG erstellt werden, welcher nach § 120a Abs. 4 AktG ebenfalls der Hauptversammlung vorzulegen ist, welche über eine Billigung beschließt. Dadurch hat die **Hauptversammlung die Möglichkeit zur mittelbaren Einflussnahme** auf die Vorstandsvergütung. Erstmalig ist die alleinige Zuständigkeit des Aufsichtsrates auch teilweise aufgehoben worden, indem § 87 Abs. 4 AktG der Hauptversammlung das Recht einräumt, die im Vergütungssystem nach § 87a Abs. 1 S. 2 Nr. 1 vorgesehene Maximalvergütung durch Beschluss herabzusetzen. Dies ist die Folge eines rechtspolitischen Kompromisses, wonach die Zuweisung der Zuständigkeit an die Hauptversammlung die Arbeitnehmermitbestimmung unterlaufen würde.[49]

#### e) DCGK

67 Schließlich hat sich auch der Deutsche Corporate Governance Kodex (DCGK) der Vorstandsvergütung in ausführlicher Form angenommen. Da die Vergütung maßgebliche Triebfeder des VorstAG und des ARUG II war, sind zahlreiche Regelungen des Kodex zwischenzeitlich rein **gesetzeswiederholender oder konkretisierender Natur.**[50] Dabei wird insbesondere der Detailgrad der Regelungen kritisiert. So enthält beispielsweise G.1 DCGK Mindestinhalte für das Vergütungssystem, die sich teilweise auch im Gesetz wiederfinden. G.2–G.5 DCGK enthalten Empfehlungen für die Festlegung der Gesamtvergütung, wobei G.5 die Unabhängigkeit eines Vergütungsberaters sicherstellen will. G.6–G.11 DCGK enthalten Empfehlungen für die Festlegung der variablen Vergütung. Für die Vertragsbeendigung sind Empfehlungen in G.12–G.14 DCGK enthalten. G15–G.16 DCGK regelt die Anrechenbarkeit von Aufsichtsratsmandaten.

### 3. Vergütungssystem

#### a) Hintergrund und Anwendungsbereich

68 Hintergrund des in § 87a AktG vorgesehenen Vergütungssystems ist die RL (EU) 2017/828 (2. Aktionärsrechte-RL). Gerade aufgrund des europäischen Hintergrundes ergeben sich Praxisprobleme, da die Umsetzung des deutschen Gesetzgebers in einigen Punkten von der europäischen Vorgabe abweicht und insofern Wechselwirkungen mit der Richtlinie entstehen.[51]

69 Ein Vergütungssystem ist **nur für börsennotierte Gesellschaften** aufzustellen, also solche, deren Aktien an der Börse gehandelt werden. Eine bloße Kapitalmarktnähe, etwa weil Inhaberschuldverschreibungen des Unternehmens an der Börse gehandelt werden, reicht nicht aus.[52]

70 Ein Vergütungssystem ist für den Vorstand (und über § 113 Abs. 3 S. 3 AktG auch für den Aufsichtsrat) aufzustellen. Für die **Vergütung des Aufsichtsrats** ist ohnehin die Hauptversammlung zuständig. Darüber hinaus ist die Vergütung des Aufsichtsrates in Deutschland meist einfach ausgestaltet und eine variable Vergütung oder gar eine Vergütung in Aktien findet in der Regel nicht statt.

71 Zuständig für die Aufstellung des Vorstands-Vergütungssystems ist der Aufsichtsrat, wobei die **Delegation an einen Ausschuss** wegen des Umkehrschlusses zu § 107 Abs. 3

---

[49] Vgl. BeckOGK/*Fleischer* AktG § 87 Rn. 88.
[50] Krit. zum Mehrwert Hüffer/Koch/*Koch* AktG § 88 Rn. 36; *Wilsing/Winkler* BB 2019, 1603 (1605 f.).
[51] Dazu BeckOGK/*Bayer/Scholz* AktG § 162 Rn. 2 ff.
[52] Vgl. BeckOGK/*Bayer/Scholz* AktG § 162 Rn. 13.

S. 7 AktG möglich sein soll.[53] In der Praxis sollte der Ausschuss vorbereitend tätig werden und der Beschluss durch den Gesamtaufsichtsrat gefasst werden.[54]

### b) Inhalt

Der Inhalt des Vergütungssystems ist in § 87a Abs. 1 AktG festgehalten. Danach sind Angaben in Bezug auf bestimmte Vergütungsbestandteile nur zu machen, sofern diese Vergütungsbestandteile auch vorgesehen sind,[55] da Ziel des Vergütungssystems eine **erhöhte Transparenz am Kapitalmarkt** sein soll, welche durch unnötige Ausführungen eher unterminiert wird. Gleichzeitig ist es aber zulässig, wenn weitergehende Angaben erfolgen, welche in § 87a Abs. 1 AktG nicht vorgesehen sind,[56] sofern die zum Verständnis beitragen. Gewährt eine Gesellschaft etwa keine variable Vergütung, so sind dazu auch keine Angaben zu machen. Zulässig ist es jedoch auch hier, dass eine ausdrückliche Erklärung dahingehend erfolgt, dass eine variable Vergütung nicht erfolgt. 72

Die in § 87a Abs. 1 S. 2 AktG aufgeführten Mindestangaben stellen mit Ausnahme der Festlegung einer Maximalvergütung **keine Vorgaben für den Inhalt** des Vergütungssystems dar. Der Vorstand ist nicht gehalten jeden Vergütungsbestandteil, der im Katalog des § 87a Abs. 1 S. 2 AktG aufgeführt ist, in das Vergütungssystem aufzunehmen.[57] Dies gilt erst recht für die konkrete Vergütung eines Vorstandsmitgliedes. 73

Das Vergütungssystem ist gem. § 87a Abs. 1 S. 1 AktG **klar und verständlich** zu halten. Ursprünglich war der Begriff allgemeinverständlich vorgesehen, dieser wurde jedoch verworfen, da das System nicht für jedermann, sondern von einem durchschnittlich informierten, situationsadäquat aufmerksamen und verständigen Aktionär verstanden werden muss.[58] Aufgrund der Komplexität der Vergütungssysteme sollen nach der Intention des deutschen Gesetzgebers auch keine zu hohen Maßstäbe angesetzt werden,[59] wobei sich die Frage auch nach dem Unionsrecht richtet und so zumindest ein unionsweiter Maßstab gilt. Dabei empfiehlt der Gesetzgeber auch die Nutzung von Schaubildern und Beispielen.[60] 74

**aa) Maximalvergütung.** Eine Maximalvergütung ist nach § 87a Abs. 1 Nr. 1 AktG zwingend vorzusehen.[61] Unterlässt der Aufsichtsrat eine solche Festlegung macht er sich schadensersatzpflichtig.[62] Die Festlegung erfordert eine **zahlenmäßige Begrenzung und die Nennung eines Zeitraumes,** für den diese Begrenzung gelten soll, wobei sich in der Praxis das Geschäftsjahr empfiehlt, um die Überprüfbarkeit anhand des Vergütungsberichtes sicherzustellen. Die Maximalvergütung kann dabei als Summe von variabler und fester Vergütung angeben werden, aber auch nach Bestandteilen aufgegliedert werden.[63] Zulässig ist es, die **Maximalvergütung für den Gesamtvorstand** vorzusehen,[64] aber auch für jedes einzelne Vorstandsmitglied eine Maximalvergütung vorzusehen. Auch hier sind Unter- 75

[53] BeckOGK/*Fleischer* AktG § 87a Rn. 11; Hüffer/Koch/*Koch* AktG § 87a Rn. 3; *Bachmann* ZHR 184 (2020), 127 (131); rechtspolitische Kritik bei *Bachmann/Pauschinger* ZIP 2019, 1 (2).
[54] Vgl. Hüffer/Koch/*Koch* AktG § 87a Rn. 3.
[55] BeckOGK/*Fleischer* AktG § 87a Rn. 12; MüKoAktG/*Spindler* § 87a Rn. 14.
[56] MüKoAktG/*Spindler* § 87a Rn. 15.
[57] Hüffer/Koch/*Koch* AktG § 87a Rn. 4; K. Schmidt/Lutter/*Seibt* AktG § 87a Rn. 5; *Florstedt* ZGR 2019, 630 (641 f.).
[58] Begr. RegE ARUG II, BT-Drs. 19/9739, 73.
[59] Begr. RegE ARUD II, BT-Drs. 19/9739, 74.
[60] Begr. RegE ARUG II, BT-Drs. 19/9739, 73.
[61] BeckOGK/*Fleischer* AktG § 87a Rn. 13; MüKoAktG/*Spindler* § 87a Rn. 16.
[62] *Arnold/Herzberg/Zeh* AG 2020, 313 Rn. 10.
[63] BeckOGK/*Fleischer* AktG § 87a Rn. 13; MüKoAktG/*Spindler* § 87a Rn. 16a; K. Schmidt/Lutter/*Seibt* AktG § 87 Rn. 7.
[64] BeckOGK/*Fleischer* AktG § 87a Rn. 13; MüKoAktG/*Spindler* AktG § 87a Rn. 16a; *Spindler* AG 2020, 61 Rn. 12; K. Schmidt/Lutter/*Seibt* AktG § 87a Rn. 7; Hüffer/Koch/*Koch* AktG § 87a Rn. 5; abweichend und für Bezug auf einzelne Mitglieder Grigoleit/*Grigoleit/Kochendörfer* AktG § 87a Rn. 41.

scheidungen zulässig, etwa nach Ressort. So ist es zulässig, für den Vorstandsvorsitzenden eine höhere Maximalvergütung vorzusehen als für die anderen Vorstandsmitglieder.

76 Die Maximalvergütung muss dabei alle Vergütungsbestandsteile beinhalten, also auch einmalige Zahlungen,[65] und Zahlungen durch Konzernunternehmen[66] aber auch Vorteile durch Sachleistungen, etwa die private Nutzung des Dienstwagens.[67]

77 Die Vorschrift ist nach dem klaren Wortlaut nicht auf das Vergütungssystem für die Mitglieder des Aufsichtsrates anzuwenden.[68]

78 **bb) Förderung der Geschäftsstrategie und langfristigen Entwicklung.** Nach § 87a Abs. 1 S. 2 Nr. 2 AktG ist anzugeben, wie die Vergütung die Geschäftsstrategie fördert und zur langfristigen Entwicklung beiträgt. Die Erklärung hat zwingend zu erfolgen. Der Aufsichtsrat kann sich hier nicht auf eine **Negativanzeige** zurückziehen.[69] Probleme ergeben sich hierbei insbesondere dadurch, dass die Geschäftsstrategie vom Vorstand festzulegen ist und sich der Aufsichtsrat insofern an der Entscheidung des Vorstandes orientieren muss.[70] Problematisch, aber ohne Auswirkungen bleibt, dass der Vorstand seine Geschäftsstrategie auch jederzeit ändern kann, sodass sich das Vergütungssystem möglicherweise auf eine nicht mehr aktuelle Strategie bezieht. Jedoch ist mindestens alle vier Jahre ein neues System zu verabschieden.

79 **cc) Vergütungsbestandteile und deren relativer Anteil.** Anzugeben sind zudem nach § 87a Abs. 1 S. 2 Nr. 3 AktG die Vergütungsbestandteile, wobei diese **in feste und variable Vergütungsbestandteile aufzuschlüsseln** sind. Auch hier sind alle Teile der Vergütung einzubeziehen, wie etwa Nebenbezüge. Anzugeben ist darüber hinaus der Anteil des jeweiligen Bestandteils an der Gesamtvergütung.[71] Da eine solche Ermittlung im Voraus nicht genau möglich ist, (zum einen erfolgt die Festlegung der variablen Vergütung gerade erst im und zum anderen gibt das Vergütungssystem nur einen Rahmen vor), hat die Angabe anhand eines Index zu erfolgen.[72] In Betracht kommen hier etwa eine Zielvergütung und eine erreichbare Maximalvergütung, wobei die Maximalvergütung selbstverständlich die festgelegte Maximalvergütung nach § 87a Abs. 1 Nr. 1 AktG nicht überschreiten darf. In Betracht kommen auch Beispielrechnungen.[73] Dabei hat der Aufsichtsrat einen weiten Ermessensspielraum, zumal bei einzelnen Leistungen eine zahlenmäßige Abschätzung unmöglich ist. So ist etwa die Berechnung der Kosten eines Dienstwagens für die Zukunft oder der Beiträge zu Versicherungen nicht möglich. Hier sollte daher auf den gegenwärtigen Stand abgestellt werden,[74] was auch klargestellt werden sollte.

80 Unklar ist darüber hinaus, ob **für jeden Vergütungsbestandteil der relative Anteil** angegeben werden muss, oder nur für das Verhältnis von fester und variabler Vergütung. Aufgrund der Rechtssicherheit sollten beide Angaben erfolgen. Zum einen sollen die feste und die variable Vergütung gegenübergestellt werden. Zum anderen ist innerhalb der einzelnen Bestandteile der relative Anteil zur Vergütung festzulegen, da ein Transparenzbedürfnis auch gerade dahingehend besteht, wie das Verhältnis von langfristigen zu kurzfristigen Vergütungsbestandteilen ist.[75]

---

[65] Vgl. MüKoAktG/*Spindler* § 87a Rn. 16b.
[66] K. Schmidt/Lutter/*Seibt* AktG § 87a Rn. 8.
[67] K. Schmidt/Lutter/*Seibt* AktG § 87 Rn. 10; zum Vergütungsbegriff BeckOGK/*Bayer/Scholz* AktG § 162 Rn. 30ff.
[68] Vgl. K. Schmidt/Lutter/*Seibt* AktG § 87 Rn. 16.
[69] MüKoAktG/*Spindler* § 87a Rn. 18; BeckOGK/*Fleischer* AktG § 87a Rn. 16.
[70] *Florstedt* ZGR 2019, 630 (643); *Spindler* AG 2020, 61 Rn. 13.
[71] BeckOGK/*Fleischer* AktG § 87a Rn. 18.
[72] Begr. RegE ARUG II, BT-Drs. 19/9739, 73.
[73] Zu Problemen in der Praxis *Arnold/Herzberg/Zeh* AG 2020, 313 (316f.).
[74] So auch *Arnold/Herzberg/Zeh* AG 2020, 313 (317).
[75] In diese Richtung MüKoAktG/*Spindler* § 87a Rn. 21.

Aus § 87a Abs. 1 S. 2 Nr. 3 AktG folgt nicht, dass eine variable Vergütung zwingend vorzusehen ist. Es ist somit weiterhin zulässig, eine reine Festvergütung vorzusehen.[76] 81

**dd) Leistungskriterien.** Nach § 87a Abs. 1 S. 2 Nr. 4 AktG sind alle finanziellen und nichtfinanziellen Leistungskriterien für die Gewährung variabler Vergütungsbestandteile aufzuführen. Hier muss wiederum eine spezifische Erläuterung erfolgen, wie **diese Kriterien zur Förderung der Geschäftsstrategie** und zur langfristigen Entwicklung der Gesellschaft beitragen. Darzustellen sind auch die Methoden zur Feststellung, mit denen die Zielerreichung festgestellt wird. Unter die nichtfinanziellen Leistungskriterien können auch Kriterien fallen, die die soziale Verantwortung der Gesellschaft betreffen,[77] insbesondere auch der Klimaschutz.[78] 82

Nach der Empfehlung G.7 DCGK sollen sich die **Leistungskriterien** neben operativen Zielsetzungen vor allem auf strategische Zielsetzungen beziehen. Anzugeben ist auch, ob und inwieweit sich einzelne Leistungskriterien auf einzelne Vorstandsmitglieder oder auf den Gesamtvorstand beziehen und für die jeweilige Vergütung maßgeblich sind. 83

**ee) Aufschubzeiten.** Angabepflichtig ist es nach § 87a Abs. 1 S. 2 Nr. 5 AktG auch, wenn der Vorstand bei der Vergütung Klauseln einbauen möchte, die die **Fälligkeit eines Anspruches in die Zukunft verschieben.** Anzugeben ist dabei auch der beabsichtigte Zeitraum, wobei abstrakte Angaben über einen Zeitrahmen ausreichend sind.[79] 84

**ff) Rückforderung variabler Vergütungsbestandteile.** § 87a Abs. 1 S. 2 Nr. 6 AktG erfordert weiterhin die Angabe über Möglichkeiten der Gesellschaft**, variable Vergütungsbestandteile zurückzufordern** (zu sog. Claw-Backs Rn. 119f.). 85

**gg) Aktienbasierte Vergütung.** Nach § 87a Abs. 1 S. 2 Nr. 7 AktG sind für die aktienbasierte Vergütung die Fristen und die Bedingungen für das Halten von Aktien bei Erwerb anzugeben. Hierzu gehört auch eine Erläuterung wie die konkreten Bedingungen zur Förderung der Geschäftsstrategie und zur langfristigen Entwicklung der Gesellschaft beitragen. Fristen sind dabei alle in Betracht kommenden Fristen, wie Wartefristen, Ausübungsfristen, oder Halte- und Sperrfristen.[80] Nach G.10 DCGK sind etwa **Fristen von vier Jahren** vorgesehen. Als aktienbasierte Vergütung gelten alle Vergütungsbestandteile, die auf Aktien basieren, also etwa auch phantom stocks.[81] 86

**hh) Vergütungsbezogene Rechtsgeschäfte.** Anzugeben sind nach § 87a Abs. 1 S. 2 Nr. 8 AktG weiterhin bestimmte Inhalte vergütungsbezogener Rechtsgeschäfte. Vergütungsbezogene Rechtsgeschäfte sind solche Geschäfte, welche die Begründung, Änderung oder Aufhebung der Vergütung oder Bestandteilen der Vergütung betreffen.[82] Vergütungsbezogenes Rechtsgeschäft ist auch der zugrundeliegende Dienstvertrag,[83] aber auch jeder Vertrag mit einem Konzernunternehmen. Anzugeben sind Vertragslaufzeiten, Kündigungsrechte und andere Gründe für eine Beendigung, etwa wegen Arbeitsunfähigkeit.[84] Dabei ist auch eine etwaige vorgesehene Entlassungsentschädigung aufzuführen. Dabei sind alle Abfindungen, Entschädigungen oder andere Leistungen umfasst, die wegen der Beendigung der Tätigkeit als Vorstand gezahlt werden. Umfasst sind damit insbesondere auch 87

[76] K. Schmidt/Lutter/*Seibt* AktG § 87a Rn. 11; *Spindler* AG 2020, 61, 65.
[77] Vgl. MHdB GesR IV/*Wentrup* § 21 Rn. 55.
[78] Vgl. *Velte* NZG 2020, 12 (14f.).
[79] MüKoAktG/*Spindler* § 87a Rn. 26; *Spindler* AG 2020, 61 Rn. 18.
[80] BeckOGK/*Fleischer* AktG § 87a Rn. 23.
[81] MüKoAktG/*Spindler* § 87a Rn. 29.
[82] Begr. RegE, BT-Drs. 19/9739, 73f.
[83] Begr. RegE, BT-Drs. 19/9739, 73f.; vgl. MüKoAktG/*Spindler* § 87a Rn. 30.
[84] MüKoAktG/*Spindler* § 87a Rn. 30.

Change-of-Control-Klauseln.[85] Gesetzliche Kündigungsgründe sind nicht angabepflichtig (wohl aber deren Abbedingung), da diese überall gleichermaßen gelten.[86]

88 **ii) Berücksichtigung der Arbeitnehmer.** Eine Erläuterung hat nach § 87a Abs. 1 S. 2 Nr. 9 AktG auch dahingehend zu erfolgen, wie die **Vergütungs- und Beschäftigungsbedingungen der Arbeitnehmer** bei der Festsetzung des Vergütungssystems berücksichtigt wurden. Dabei muss insbesondere der Kreis der einbezogenen Arbeitnehmer benannt werden. Hierfür gilt, dass eine Angabe erfolgen muss, ob und wie diese Arbeitnehmer berücksichtigt wurden,[87] was jedoch nicht zwingend bedeutet, dass dies auch tatsächlich geschehen ist.[88] Es liegt vielmehr im Ermessen des Aufsichtsrates, ob dieser die Arbeitnehmervergütung oder die Beschäftigungsbedingungen berücksichtigen möchte. Dies kann sogar je nach Ressort variieren. Die Intention des Gesetzgebers war hierbei, dass die Arbeitnehmer Berücksichtigung finden und insbesondere die Arbeitnehmervertreter eine fehlende Berücksichtigung nur schwer rechtfertigen können.[89] Auf welche Weise die Berücksichtigung erfolgt, liegt dabei im Ermessen des Aufsichtsrates. Es ist nicht erforderlich und auch nicht zu empfehlen, die Vorstandsvergütung als Vielfaches der Arbeitnehmervergütung auszugestalten, da der Vorstand auf die Arbeitnehmervergütung Einfluss nehmen kann. Verhindert werden sollte aber ein maßloses Auseinanderlaufen.

89 Arbeitnehmer sind auch leitende Angestellte.[90] Bei der **Auswahl der Arbeitnehmergruppe** hat der Aufsichtsrat ein weites Ermessen. Insbesondere können ausländische Mitarbeiter berücksichtigt werden, aber auch Mitarbeiter anderer Konzernunternehmen. Bei den Beschäftigungsbedingungen besteht ebenfalls ein großer Spielraum, welche Punkte der Aufsichtsrat aufnehmen möchte, wie etwa die Arbeitszeit.[91]

90 **jj) Verfahren und Behandlung von Interessenkonflikten.** Anzugeben ist nach § 87a Abs. 1 S. 2 Nr. 10 AktG ferner das Verfahren zur „Fest- und Umsetzung, sowie zur **Überprüfung des Vergütungssystems,** einschließlich der Rolle etwa betroffener Aufsichtsratsausschüsse sowie der Maßnahmen zur Vermeidung und Behandlung von Interessenkonflikten." Genannt werden müssen dabei insbesondere die Ausschüsse und ihre maßgebliche Funktion bei der Etablierung des Systems.[92] Auch ist darzulegen, wie **Interessenkonflikte vermieden** bzw. behandelt werden. Dabei wird auch, trotz fehlender Nennung, anzugeben sein, ob ein System besteht, das Interessenkonflikte aufdeckt, und wie dieses funktioniert. Hierzu enthält das Gesetz ebenso wenig irgendwelche Vorgaben, so dass der Aufsichtsrat bei der Festlegung frei ist.[93] Das vollständige Fehlen eines Systems zur Vermeidung von Interessenkonflikten wird jedoch einen Sorgfaltspflichtverstoß darstellen.

91 **kk) Berücksichtigung des Aktionärsvotums.** Schließlich ist nach § 87a Abs. 1 S. 2 Nr. 11 AktG eine Angabe darüber erforderlich, wie das **Aktionärsvotum** berücksichtigt wurde, wenn ein neues Vergütungssystem vorgelegt wurde, weil das ursprüngliche Vergütungssystem von der Hauptversammlung nach § 120a Abs. 1 nicht gebilligt wurde. Dabei muss der Aufsichtsrat auf Äußerungen der Aktionäre hoffen, da die bloße Missbilligung

---

[85] MüKoAktG/*Spindler* § 87a Rn. 30; BeckOGK/*Fleischer* AktG § 87a Rn. 24; K. Schmidt/Lutter/*Seibt* AktG § 87a Rn. 17; *Spindler* AG 2020, 61 Rn. 23.
[86] MüKoAktG/*Spindler* § 87a Rn. 30; *Arnold/Herzberg/Zeh* AG 2020, 313 Rn. 37.
[87] MüKoAktG/*Spindler* § 87a Rn. 31; *Spindler* AG 2020, 61 Rn. 24.
[88] BeckOGK/*Fleischer* AktG § 87a Rn. 25; *J. Schmidt* NZG 2018, 1201 (1203).
[89] Vgl. Grigoleit/*Grigoleit/Kochendörfer* AktG § 87a Rn. 70.
[90] MüKoAktG/*Spindler* § 87a Rn. 32; BeckOGK/*Fleischer* AktG § 87a Rn. 32.
[91] Vgl. Grigoleit/*Grigoleit/Kochendörfer* AktG § 87a Rn. 72.
[92] MüKoAktG/*Spindler* § 87a Rn. 33.
[93] Vgl. MüKoAktG/*Spindler* § 87a Rn. 33; BeckOGK/*Fleischer* AktG § 87a Rn. 27; *Spindler* AG 2020, 61 Rn. 26.

den Grund nicht enthält.[94] Auch hier gilt, dass zwar anzugeben ist, inwieweit das Aktionärsvotum berücksichtigt wurde. Es ist jedoch nicht zwingend, dass das Aktionärsvotum bei der Etablierung des neuen Vergütungssystems auch wirklich **Berücksichtigung** findet,[95] wobei eine derart fehlende Berücksichtigung ebenfalls anzugeben ist.[96] In der Regel wird der Aufsichtsrat ein solches Vorgehen allerdings kaum rechtfertigen können. Zumindest ist es zu empfehlen, dass Beanstandungen aufgeführt und deren Nichtberücksichtigung nachvollziehbar begründet werden.[97]

Sofern eine Änderung erfolgt ist, sind **alle wesentlichen Änderungen** zu erläutern, 92 wobei bei kleineren Änderungen oder Änderungen von Parametern eine Gegenüberstellung die einfachste Darstellungsvariante sein wird. Auch hier ist der Aufsichtsrat bei der Wahl der Darstellung jedoch weitgehend frei.

### c) Mitwirkung der Hauptversammlung

**aa) Billigung des Vergütungssystems.** Nach § 120a Abs. 1 AktG stimmt die Hauptver- 93 sammlung über die Billigung des Vergütungssystems ab. Dies erfolgt bei jeder wesentlichen Änderung sowie alle vier Jahre, auch wenn keine Änderung erfolgt ist. **Gegenstand der Billigung** ist das Vergütungssystem, so wie es vorgelegt wurde; eine teilweise (Miss-)Billigung ist unzulässig.[98] Bei ausbleibender Billigung hat der Aufsichtsrat nach § 120a Abs. 3 AktG ein überprüftes Vergütungssystem vorzulegen. Hierbei ist es zulässig, dass dieses mit dem zuvor vorgelegten Vergütungssystem nahezu oder sogar völlig identisch ist. Eine inhaltliche Änderung muss also nicht zwingend erfolgen. Einzig die Angabe über die Berücksichtigung des Votums nach § 87a Abs. 1 Nr. 11 AktG ist zu ergänzen, wobei diese bei ausbleibenden Änderungen entsprechend kurz ausfallen wird.

Der Beschluss der Hauptversammlung begründet **keinerlei unmitelbare Folgewir-** 94 **kungen für oder gegen den Vorstand.**[99] Pflichten des Aufsichtsrates in der Form, dass er an das Votum der Hauptversammlung rechtlich gebunden wäre. Selbst im Fall einer Billigung ist der Aufsichtsrat nicht an das Vergütungssystem gebunden und darf dieses in der Zukunft wieder ändern.[100] Auch bei Nichtbilligung ist der Aufsichtsrat nicht verpflichtet die Beanstandungen umzusetzen.[101] Vielmehr ist der Aufsichtsrat weiterhin frei, das Vergütungssystems nach seinem Ermessen festzulegen.

Der Beschluss der Hauptversammlung ist **nicht anfechtbar** (§ 120a Abs. 1 S. 3 AktG). 95 Grund dafür ist die Annahme des Gesetzgebers, dass kein Interesse an einer Aufhebung besteht, da der Beschluss mit Ausnahme der erneuten Vorlageverpflichtung keine Verpflichtungen des Aufsichtsrates hervorruft,[102]. Obwohl in § 120a Abs. 3 S. 3 AktG nicht ausdrücklich angeführt, kommt nach überwiegender Auffassung auch eine Beschlussnichtigkeitsklage nicht in Betracht.[103]

**bb) Herabsetzung der Maximalvergütung.** Darüber hinaus sieht das Gesetz in § 87 96 Abs. 4 AktG die Möglichkeit vor, dass die Hauptversammlung selbst die Maximalvergütung des Vergütungssystems herabsetzen kann. Dies ist das Ergebnis eines politischen Kompromisses,[104] da zum einen die Mitwirkung der Arbeitnehmervertreter im Aufsichtsrat

---

[94] So auch Grigoleit/*Grigoleit/Kochendörfer* AktG § 87a Rn. 80.
[95] Hüffer/Koch/*Koch* AktG § 120a Rn. 9; *Bachmann/Pauschinger* ZIP 2019, 1 (6).
[96] Grigoleit/*Grigoleit/Kochendörfer* AktG § 87a Rn. 80.
[97] Vgl. Grigoleit/*Grigoleit/Kochendörfer* AktG § 87a Rn. 80.
[98] MüKoAktG/*Kubis* § 120a Rn. 7.
[99] Vgl. MüKoAktG/*Kubis* § 120a Rn. 13.
[100] BeckOGK/*Hoffmann* AktG § 120a Rn. 39.
[101] BeckOGK/*Hoffmann* AktG § 120a Rn. 40.
[102] BeckOGK/*Hoffmann* AktG § 120a Rn. 26; *Hohenstatt* ZIP 2009, 1349 (1356).
[103] So auch Hüffer/Koch/*Koch* AktG § 120a Rn. 6; MüKo AktG/*Kubis* § 120a Rn. 18; *Löbbe/Fischbach* AG 2019, 373 (378); aA aA Grigoleit/*Herrler* AktG § 120a Rn. 11; *Florstedt* ZGR 2019, 630 (649); *Bachmann(Pauschinger* ZIP 2019, 1 (6).
[104] Vgl. BT-Drs. 19/15153, 59; BeckOGK/*Fleischer* AktG § 87 Rn. 88.

aufrechterhalten werden und zum anderen die Hauptversammlung ein Mitspracherecht erhalten soll. Die **alleinige Zuweisung an die Hauptversammlung** begegnete insbesondere der Befürchtung, dass die Vergütung dann wieder ungesunde Ausmaße annehmen würde[105] und eine Berücksichtigung der Interessen der Arbeitnehmer nicht mehr erfolgen würde.

97 Diese Gefahr besteht jedoch dann nicht, wenn die Hauptversammlung nur die Möglichkeit hat, die Maximalvergütung herabzusetzen. Dabei bezieht sich das Recht zur Herabsetzung allein auf die Maximalvergütung, wie diese im Vergütungssystem nach § 87a Abs. 1 S. 2 Nr. 4 AktG vorgesehen ist. Eine **Herabsetzung für einen konkreten Vertrag** oder auch für einen bereits abgeschlossenen Vertrag ist dagegen nicht möglich.[106] Unzulässig ist es auch, einzelne Bestandteile in ihrer zahlenmäßigen Bemessung oder Begrenzung herabzusetzen.[107] Insofern zeitigt ein solcher Hauptversammlungsbeschluss für en Vorstand keine unmittelbare Wirkung.

98 Der Beschluss nach § 87 Abs. 4 AktG über die Herabsetzung ist sogar noch nach der Billigung des Vergütungssystems durch die Hauptversammlung nach § 120a Abs. 1 AktG möglich. Erforderlich ist aber die Einhaltung des Quorums aus § 122 Abs. 2 S. 1 AktG, so dass der Antrag von Aktionären mit mindestens 5% des Grundkapitals gestellt werden muss. Der Beschluss selbst ist hingegen mit einfacher Mehrheit zu fassen.

### d) Rechtswirkung

99 Das Vergütungssystem gibt den Rahmen vor, innerhalb dessen der Aufsichtsrat eine konkrete Vergütung für die Vorstandsmitglieder festlegen kann.[108] Aus diesem Grunde sollte das Vergütungssystem einen gewissen Spielraum vorsehen.[109] Dies empfiehlt sich schon deshalb, weil sich ein Bewerber an den jeweiligen Höchstsummen orientieren wird. Dabei bestimmt das konkrete Vergütungssystem, wie groß der Spielraum des Aufsichtsrates im Detail ist, etwa ob einzelne Bestandteile zwingend in die konkrete Vergütung mit aufzunehmen sind.

100 Der Aufsichtsrat ist durch das Vergütungssystem nicht von der Pflicht entbunden, die Vergütung angemessen auszugestalten.[110] Der Aufsichtsrat kann sich also auch dann schadensersatzpflichtig machen, wenn er die **Grenzen des Vergütungssystems** einhält. Schon deswegen sollte das Vergütungssystem einen Spielraum vorsehen, innerhalb dessen eine Anwendung im Einzelfall erfolgen kann, die den gesetzlichen Anforderungen genügt.

101 Nach § 87a Abs. 2 S. 2 AktG besteht in bestimmten Ausnahmefällen die Möglichkeit, **vom eigenen Vergütungssystem abzuweichen.** Voraussetzung ist allerdings, dass eine Abweichung im Interesse des langfristigen Wohlergehens der Gesellschaft notwendig ist. Erforderlich ist auch, dass das Vergütungssystem die Abweichungsmöglichkeit konkret benennt. Der Aufsichtsrat hat daher bereits bei der Erstellung des Vergütungssystems entsprechende Vorsorge zu treffen. Dabei kann die **Benennung der Ausnahmetatbestände** in Umrissen erfolgen; eine allgemeine Öffnungsklausel ist dagegen nicht ausreichend.[111] Nicht zu benennen sind die Voraussetzungen, die für eine Anpassung erfüllt sein müssen, da diese Funktion bereits durch § 87a Abs. 2 S. 2 AktG wahrgenommen wird.

### e) Veröffentlichung

102 Das vorgelegte Vergütungssystem ist nach § 120a Abs. 2 AktG auf der **Internetseite der Gesellschaft** zu veröffentlichen. Dabei müssen das Vergütungssystem und der Billigungs-

---

105 Vgl. Hüffer/Koch/*Koch* AktG § 87a Rn. 66.
106 BeckOGK/*Fleischer* AktG § 87 Rn. 90; *Spindler* AG 2020, 61 Rn. 56.
107 MüKoAktG/*Spindler* § 87 Rn. 237.
108 BeckOGK/*Fleischer* AktG § 87a Rn. 9.
109 *Bachmann/Pauschinger* ZIP 2019, 1 (5).
110 MüKoAktG/*Spindler* § 87a Rn. 5.
111 MüKoAktG/*Spindler* § 87a Rn. 39.

beschluss veröffentlicht werden. Dies gilt auch, wenn die Hauptversammlung das Vergütungssystem nicht gebilligt hat.

Die Veröffentlichung hat unverzüglich nach der Beschlussfassung zu veröffentlichen, 103
wobei dabei die Frist von 7 Tagen nach § 130 Abs. 6 AktG gewahrt bleiben muss.[112]

Das Vergütungssystem ist während der Dauer seiner Gültigkeit, mindestens jedoch zehn 104
Jahre lang, zu veröffentlichen. Das System muss auch dann auf der Internetseite vorgehalten werden, wenn der Aufsichtsrat die Anwendung in Zukunft gar nicht mehr beabsichtigt und die Frist von zehn Jahren abgelaufen ist, aber noch Dienstverträge bestehen, bei denen das System zur Anwendung gekommen ist.[113] damit die Aktionäre weiterhin die Möglichkeit die konkrete Vergütung mit dem Vergütungssystem abzugleichen, was durch den Vergütungsbericht nach § 162 AktG gerade ermöglicht werden soll.

## 4. Vergütungsbericht

Vorstand und Aufsichtsrat haben nach § 162 Abs. 1 S. 1 AktG die Pflicht jährlich einen 105
klaren und verständlichen Bericht über die Vergütung im letzten Geschäftsjahr aufzustellen, um über die Vergütung der jeweiligen Vorstands- und Aufsichtsratsmitglieder zu informieren. Der Bericht ist nach § 162 Abs. 3 AktG **vom Abschlussprüfer** dahingehend **zu prüfen,** ob die Angaben erfolgt sind. Eine inhaltliche Prüfung erfolgt nicht. Der Bericht ist dann der Hauptversammlung vorzulegen, welche nach § 120a Abs. 4 AktG darüber beschließt. Auch der Bericht und der Beschluss sind auf der Internetseite mindestens 10 Jahre zugänglich zu machen. Zu den Einzelheiten → § 10 Rn. 167 ff.

## 5. Angemessenheit der Gesamtvergütung

### a) Bezugspunkte

Die Angemessenheit der Vergütung ist keine absolute Größe, sondern eine Bandbreite, die 106
sich an verschiedenen Bezugspunkten orientiert und vom Aufsichtsrat zu beachten ist. Das Gesetz nennt hier zunächst die **Aufgaben des Vorstands,** meint aber auch (und in der Praxis vor allem!) die hiermit verbundene Verantwortung.[114] Diese Kriterium erlaubt durchaus größere Abstufungen und insbesondere eine deutlich herausgehobene **Vergütung des Vorstandsvorsitzenden.**[115]

Die **Leistungen des Vorstandsmitglieds** als weiterer Bezugspunkt sind erst durch das 107
VorstAG in § 87 Abs. 1 S. 1 AktG eingefügt worden. Bei einer Erstbesetzung wird der Aufsichtsrat dieses Kriterium allerdings höchstens im Rahmen der variablen Vergütung berücksichtigen können. Ansonsten ist der Aufsichtsrat bei der Ausgestaltung dieses Merkmals weitgehend autark. Er muss allerdings berücksichtigen, dass das Gesetz die **individuellen Leistungen** zugrunde legt. Leistungen des Vorstands als Gesamtorgan sind dagegen nicht gemeint.[116] Dagegen ist die Teamfähigkeit eines einzelnen Mitglieds im Gesamtvorstand ein individuelles Leistungsmerkmal und daher bei der Vergütungsbemessung relevant.[117]

§ 87 Abs. 1 S. 1 AktG nennt weiterhin die **Lage der Gesellschaft** als Bezugspunkt für 108
die Angemessenheit. Gemeint ist die wirtschaftliche Gesamtsituation (Vermögens-, Finanz- und Ertragslage), was auch die Zukunftsaussichten des Unternehmens und externe Faktoren beinhaltet.[118] Für die Vorstände in der Konzernobergesellschaft darf hierbei auch auf

---

[112] Hüffer/Koch/*Koch* AktG § 120a Rn. 8; MüKoAktG/*Kubis* § 120a Rn. 20.
[113] BeckOGK/*Hoffmann* AktG § 120a Rn. 45.
[114] BeckOGK/*Fleischer* AktG § 87 Rn. 16.
[115] Vgl. MüKoAktG/*Spindler* § 87 Rn. 45; *Kort* NJW 2005, 333.
[116] Abw. wohl *Hohenstatt* ZIP 2009, 1439 (1350).
[117] Vgl. *Annuß/Theusinger* BB 2009, 2434; *Fleischer* NZG 2009, 801 (802).
[118] LG Düsseldorf NJW 2004, 3275 (3278); vertiefend BeckOGK/*Fleischer* AktG § 87 Rn. 20; MüKoAktG/*Spindler* § 87 Rn. 53.

die **Lage des Konzerns** abgestellt werden, ohne jedoch die Interessen des Konzernobergesellschaft und ihrer Aktionäre zu vernachlässigen.[119] In der Praxis erfährt dieses Merkmal allerdings gelegentlich eine Umkehrung. Gerade in wirtschaftlich schwierigen Situationen lässt sich nicht leicht ein kompetenter Vorstand für die **Übernahme von Sanierungsaufgaben** finden, wenn damit auch noch eine geringere Vergütung einhergeht. Daher wird in diesen Fällen ein Vergütungsabschlag weitgehend abgelehnt.[120]

109 Nach der Neuregelung des § 87 Abs. 1 S. 1 AktG soll die Vorstandsvergütung die „übliche Vergütung" nicht ohne besondere Gründe übersteigen. Hierin steckt zunächst die Aufforderung zu einem **Vertikalvergleich,** demzufolge die Vorstandsvergütung die ansonsten im Unternehmen bestehende Vergütung berücksichtigen soll (vgl. auch G.4 DCGK). Hiermit soll ein allzu großer Abstand der Vorstandsvergütung zum allgemeinen Gehaltsgefüge im Unternehmen – insbesondere bei den Spitzenkräften unterhalb der Vorstandsebene – vermieden werden. Daneben ist die Üblichkeit im Weg eines **Horizontalvergleichs** zu überprüfen. Die Vergütung ist daher an branchen- und größengleichen Unternehmen zu messen (vgl. G.3 DCGK, der eine geeignete Vergleichsgruppe fordert und einer automatischen Aufwärtsentwicklung entgegenwirken möchte). Während sich der Gesetzgeber hierbei noch an nationale Maßstäbe gehalten hat,[121] besteht inzwischen Einigkeit darüber, dass im Falle eines Wettbewerbes mit ausländischen Unternehmen mit denselben Führungskräften internationale Üblichkeitsmaßstäbe angelegt werden dürfen.[122] Allerdings sollten hier nur floskelhafte Hinweise auf (abstrakte) höhere Vergütungsstrukturen im Ausland vermieden werden. Bei näherer Betrachtung sind die meisten Manager, die einen derartigen internationalen Vergleich für sich beanspruchen, für eine Spitzenposition im Ausland nämlich nur bedingt geeignet (und meist auch nur bedingt gewillt, eine solche anzutreten).[123] Die Üblichkeit ersetzt die Angemessenheit nicht, sondern dient nur als erstes Indiz und begrenzt diese, insofern als besondere Gründe vorliegen müssen, um diese zu überschreiten.

#### b) Kollisionsregel

110 Kommt es ausnahmsweise einmal zu einem **Konflikt zwischen Vertikalvergleich und Horizontalvergleich,** so setzt sich der Horizontalvergleich bei der Vergütung durch.[124]

### 6. Vergütungskomponenten

#### a) Fixum

111 Das Fixgehalt ist im Allgemeinen der unproblematischste Teil der Gesamtbezüge. Während früher das Fixgehalt den weitaus größten Bestandteil der Bezüge darstellte, hat sich dies in den letzten Jahren geändert. Variable Bestandteile und die seit einigen Jahren hinzu getretenen Stock Options und ähnliche Gestaltungen stehen nunmehr im Vordergrund.

112 Die **Vereinbarung eines reinen Festgehalts** ist möglich und mit dem Gesetz (der aktuelle DCGK empfiehlt die Vereinbarung einer variablen Vergütung nicht mehr, geht aber stillschweigend davon aus) vereinbar.[125] Häufig ist die Definition fairer und berechenbarer

[119] Vgl. dazu *Hoffmann-Becking,* NZG 1999, 797 (799) und (803); BeckOGK/*Fleischer* AktG § 87 Rn. 20; Kölner Komm AktG/*Mertens/Cahn* § 87 Rn.

[120] So zB MHdB GesR IV/*Wentrup* § 21 Rn. 44; MüKoAktG/*Spindler* § 87 Rn. 55.

[121] So Rechtsausschuss, BT-Drs. 16/433, 15: „Üblichkeit im Geltungsbereich des Gesetzes".

[122] Ebenso *Hoffmann-Becking/Krieger* NZG-Beil. 26/2009 Rn. 5; *Lingemann* BB 2009, 1918; *Fleischer* NZG 2009, 801 (802); MüKoAktG/*Spindler* § 87 Rn. 58 wonach ein internationaler Wettbewerb als besonderer Grund für eine Abweichung dienen soll.

[123] So auch BeckOGK/*Fleischer* AktG § 87 Rn. 22 der an die Karrieremöglichkeit des Vorstandsmitgliedes im Ausland anknüpft.

[124] HM, vgl. BeckOGK/*Fleischer* AktG § 87 Rn. 24; *Hoffmann-Becking/Krieger* NZG-Beil. 26/2009 Rn. 8.

[125] Vgl. BeckOGK/*Fleischer* AktG § 87 Rn. 43; MüKoAktG/*Spindler* § 87 Rn. 85 (im Nachtrag zum ARUG II); *Thüsing* AG 2009, 517 (519).

variabler Vergütungsanteile sogar derart schwierig, dass sich eine Beschränkung auf das Fixgehalt regelrecht empfiehlt. Gerade bei bevorstehenden Übernahmen stellen Anknüpfungen des variablen Gehalts an Ergebniskennzahlen die falschen Anreize dar. Allerdings wird durch die Inbezugnahme auf die Leistung eine reine Fixvergütung zumindest erschwert.[126]

Beim Fixgehalt ist eine periodische Überprüfung durch den Aufsichtsrat üblich, es empfiehlt sich aber **nicht eine automatische Anpassung,** etwa eine Indexierung durch den Lebenshaltungskostenindex oder durch eine bestimmte Tarifgruppe. Eine derartige Regelung läuft wegen des Automatismus und der „compound"-Wirkung[127] leicht aus dem Ruder. 113

### b) Variable Vergütung

Bei der Vereinbarung der variablen Vergütung sind Konflikte mit den gesetzlichen Vorgaben am ehesten denkbar. Insbesondere die Vereinbarkeit der variablen Vergütung mit dem **Postulat der nachhaltigen und langfristigen Entwicklung der Gesellschaft** nach § 87 Abs. 1 S. 2 AktG[128] bereitet hier die meisten Probleme. Im Kern geht es darum, ein unternehmerisches „Strohfeuer" zu verhindern, das alsbald wieder erlischt.[129] Der Aufsichtsrat soll daher nach § 87 Abs. 1 S. 3 AktG für die variable Vergütung eine mehrjährige[130] Bemessungsgrundlage wählen und Auswüchse aufgrund außerordentlicher Entwicklungen deckeln. Hiermit soll gleichzeitig das **Eingehen unverantwortlicher Risiken** verhindert werden.[131] 114

Die „klassische" variable Vergütung knüpft an **das Ergebnis des Geschäftsjahres** an. **Anknüpfungspunkt** war hier **früher** oft die **Dividende.**[132] Hiervon ist man aber mit Recht abgekommen, da die Ausschüttungspolitik mit der Leistung des Vorstands in keinem direkten Zusammenhang steht. Der geeignetste Anknüpfungspunkt ist das **operative Ergebnis,** wobei Zinsen, Abschreibungen und Steuern allerdings zu berücksichtigen sind und somit EBIT und EBITDA ausscheiden. 115

Problematisch ist die Einbeziehung des Gewinns aus der Aufdeckung stiller Reserven, also aus der Differenz zwischen Buchwert und Verkaufserlös beim Verkauf von Vermögensgegenständen des Anlagevermögens.[133] Hier wird man danach zu unterscheiden haben, ob die Wertsteigerung durch reinen Zeitablauf erfolgt ist oder ob die Unternehmensführung zB durch Entwicklung von Grundstücken die Wertsteigerung maßgeblich mit herbeigeführt hat. Im ersten Fall ist der Gewinnbestandteil bei der Tantiemenberechnung nicht mit zu berücksichtigen, im zweiten Fall aber mindestens in dem Verhältnis, in dem unternehmerische Leistung und Zeitablauf zueinander stehen, wobei bei dieser Betrachtung die persönliche Leistung des jeweiligen Vorstandsmitglieds für die Wertsteigerung zu berücksichtigen ist. 116

Um der „mehrjährigen Bemessungsgrundlage" im Sinne des § 87 Abs. 1 S. 3 AktG zu genügen, genügt es in der Regel nicht, die variable Vergütung am **isolierten Ergebnis eines einzigen Geschäftsjahres** zu messen. Hierfür gibt es zwei grundsätzliche Alternativen. In der einen Variante werden die Ergebnisse mehrerer Geschäftsjahre aggregiert und hieraus eine Durchschnittsformel entwickelt (Bonus-Malus-System). In der anderen Vari- 117

---

[126] MüKoAktG/*Spindler* § 87 Rn. 86.

[127] Die Wirkung, die sich daraus ergibt, dass die Berechnungsgrundlage für die prozentuale Erhöhung der jeweils durch die letzte Erhöhung bereits angestiegene Betrag ist.

[128] Die Vorschrift gilt ausdrücklich nur für börsennotierte Unternehmen, hat aber darüber hinaus allgemeine Signalwirkung; vgl. nur MüKoAktG/*Spindler* § 87 Rn. 78, 98.

[129] Das Bild stammt von *Fleischer* NZG 2009, 801 (802f.).

[130] Hierunter wird in Anlehnung an § 193 Abs. 2 Nr. 4 AktG überwiegend eine mindestens vierjährige Bemessungsperiode verstanden; vgl. MüKoAktG/*Spindler* § 87 Rn. 93; *Hoffmann-Becking/Krieger* NZG-Beil. 26/2009 Rn. 20 mwN.

[131] Vgl. *Bauer/Arnold* AG 2009, 717 (721); *Annuß/Theusinger* BB 2009, 2434 (2435).

[132] Vgl. (freilich für den Aufsichtsrat) *Mutter* ZIP 2002, 1230.

[133] Vgl. MüKoAktG/*Spindler* § 87 Rn. 96; *Peltzer* FS Lutter, 2000, 571.

ante wird zwar ein einziges Geschäftsjahr als Messlatte zugrunde gelegt, jedoch die Fälligkeit der daraus resultierenden variablen Zahlung deutlich (zB um zwei Jahre) hinausgeschoben. Ob dies den Anforderungen des § 87 Abs. 1 S. 3 AktG genügt, erscheint zweifelhaft.[134] Jedenfalls müssen bei einer Mischung von kurzfristigen und langfristigen Anreizsystemen die langfristigen Anreize überwiegen.[135]

118 Bei Vereinbarung einer variablen Vergütungskomponente ist es nicht zwingend erforderlich, dass dieser Teil der Vergütung erst am Ende des Bemessungszeitraumes ausgezahlt wird. Vielmehr ist es möglich und für den Vorstand möglicherweise eher motivierend, wenn bereits während des Bemessungszeitraumes Auszahlungen, etwa Abschlagszahlungen erfolgen, obwohl noch nicht feststeht, dass dieser die Zahlungen schlussendlich auch behalten darf.[136] In diesen Fällen muss in den Verträgen abgesichert wird, dass die Zahlungen zurückgefordert werden können, was in der Literatur unter dem Stichpunkt **Claw-Back-Klauseln** diskutiert wird. Dabei ist die grundsätzliche Zulässigkeit anerkannt, da die Rückforderung von Vergütungsbestandteilen mittlerweile in § 87a Abs. 1 S. 2 Nr. 6 AktG geregelt ist.[137] Nach § 20 Abs. 6 InstitutsVergV ist eine solche Rückforderungsmöglichkeit sogar zwingend vorzusehen,[138] wenn die Gesellschaft ein bedeutendes Bank- oder Finanzdienstleistungsunternehmen ist.

119 Schwierigkeiten bei der Ausgestaltung bestehen insoweit, als eine Formulierung bei mehrfacher Verwendung auch dem AGB-Recht genügen und insoweit klar und verständlich gehalten werden muss.[139] Bisher besteht im Detail noch keine Einigkeit, welche Klauseln als zulässig gelten, auch aufgrund fehlender Rechtsprechung. **Eine Verpflichtung zur Installierung von Claw-Back-Klauseln** besteht – abgesehen von spezialgesetzlichen Regelungen – nicht,[140] so dass es sich empfiehlt, von dieser Option vorerst noch keinen Gebrauch zu machen.[141] Rechtssicherer ist hingegen die Vereinbarung einer Auszahlung der variablen Vergütung erst nach dem Ablauf des Bemessungszeitraumes. Die Empfehlung in G.11 DCGK ist dahingehend zu verstehen, dass entweder ein Malus-System oder eine Rückforderungsmöglichkeit vorzusehen ist.[142] Wird die Vergütung erst nach Ende des Bemessungszeitraumes ausgezahlt, wird schon dadurch einer Rückforderung die Grundlage entzogen. Eine vertragliche Kombination aus beiden Systemen ist jedoch selbstverständlich möglich.

### c) Gewährung von Unternehmensaktien mit Behaltenspflicht

120 Hierbei handelt es sich um eine **Sachtantieme,** deren langfristige Anreizwirkung unbestreitbar ist. Eine solche Vergütungskomponente ist sicherlich diejenige, mit denen sich die gewünschte Motivation am zielgenauesten erreichen lässt, weil Aktionäre und Führungskräfte in genau derselben Situation sind. Die Gesellschaft kann sich dabei die Aktien auf dieselbe Art beschaffen wie bei Stock Options (→ Rn. 128 ff.).

121 Die Aktien sind ein **„Vergütungsbestandteil“,** müssen also für das Vorstandsmitglied günstiger erhältlich sein als an der Börse. Welcher Abschlag (in Prozent vom Börsenkurs) gewährt wird, hängt davon ab, wie hoch der Vorteil sein soll, der dem Vorstandsmitglied gewährt wird. Dieser ist leicht zu errechnen, indem man das Delta zwischen Börsenkurs und dem Kurs nimmt, der dem Vorstandsmitglied in Rechnung gestellt werden soll, und

[134] Abl. *Hoffmann-Becking/Krieger* NZG-Beil. 26/2009 Rn. 23.
[135] MüKoAktG/*Spindler* § 87 Rn. 94; *Mertens* AG 2011, 57 (62).
[136] Vgl. Hüffer/Koch/*Koch* AktG § 87 Rn. 31; MüKoAktG/*Spindler* § 87 Rn. 94.
[137] BeckOGK/*Fleischer* AktG § 87 Rn. 40; Hüffer/Koch/*Koch* AktG § 87 Rn. 31; MüKoAktG/*Spindler* § 87 Rn. 94; *Redenius-Hövermann/Siemens* ZIP 2020, 145 (147).
[138] Dazu *Krumey/Merkelbach* CCZ 2019, 266 ff.
[139] Vertiefend – auch zum AGB-Recht – *Poelzig* NZG 2020, 41 ff.
[140] Hüffer/Koch/*Koch* AktG § 87 Rn. 31; *Poelzig* NZG 2020, 41 (43 ff.); *Dörnwächter* DB 2020, 2182 (2182).
[141] Vgl. Hüffer/Koch/*Koch* AktG § 87 Rn. 31; MüKoAktG/*Spindler* § 87 Rn. 94; *Hohenstatt/Kuhnke* ZIP 2009, 1981 (1985).
[142] *Dörnwächter/Wolff* AG 2020, 233 (237); *Dörnwächter* DB 2018, 2977 (2978); aA *Hohenstatt/Seibt* ZIP 2019, 11 (17).

mit der Zahl der auf diese Weise verbilligt erwerbbaren Aktien multipliziert. Dieser Ansatz empfiehlt sich, da **alle** Vergütungsbestandteile „für sich und insgesamt" angemessen sein sollen.[143] Als Richtgröße könnte sich etwa anbieten, dem Vorstandsmitglied einen Vorteil einzuräumen, der in einer Beziehung zu den beiden anderen Vergütungsbestandteilen steht, nämlich dem Fixgehalt und der Tantieme.

Dem einzubauenden Risikocharakter wird es nur gerecht, wenn das Vorstandsmitglied 122 für den Aktienerwerb eigenes Geld in die Hand nehmen muss. Es würde also dem **Incentivegedanken** nicht entsprechen, wenn zwar der einzuräumende Vorteil noch „für sich" und die Vergütungsbestandteile auch in der Summe angemessen wären, dies aber dadurch erreicht würde, dass eine nur sehr kleine Zahl von Aktien der Gesellschaft nahezu unentgeltlich oder mit einem so hohen Rabatt gewährt würde, dass die finanzielle Eigenleistung und damit das wirklich spürbare Risiko für das Vorstandsmitglied gar nicht ins Gewicht fällt.

Bei allem ist in die Erwägungen mit einzubeziehen, dass der **finanzielle Vorteil ver-** 123 **steuert werden muss,** ohne dass dieser steuerlichen Verpflichtung des Vorstandsmitglieds ein Liquiditätszufluss gegenüberstünde. In **Ausnahmefällen** sollte die Gesellschaft zur Überbrückung ein Darlehen gewähren, wenn sich dies sonst als Ausübungshürde darstellen würde.

Diese Form der variablen Vergütung mit Langzeitcharakter hat neben ihrer Zielgenau- 124 igkeit weitere Vorteile. Sie ist ausgesprochen einfach und präzise darzustellen, was bei einem Aktienoptionsplan wegen der Ungewissheit des zukünftigen Kursverlaufs nie gelingen wird. Eine so ermöglichte einfache und klare Darstellung wird das ihre dazu beitragen, das verloren gegangene Vertrauen in die Redlichkeit der Verwaltungen deutscher Aktiengesellschaften wieder herzustellen. Daher empfiehlt auch G.10 S. 1 DCGK eine variable Vergütung die überwiegend in Aktien angelegt ist oder zumindest aktienbasiert ist.

Eine **entscheidende Frage** ist die **Dauer der** (uU mehrjährigen) **Veräußerungssper-** 125 **re.** Hier muss mit Augenmaß gearbeitet werden. An sich gilt: je länger desto besser. Allerdings muss der Aufsichtsrat in besonderen Lebenssituationen, die hohen Liquiditätsbedarf verursachen, Ausnahmen zu gewähren in der Lage sein. „Je länger desto besser" bedeutet: Idealerweise würden auch die Vorstandspensionäre als Aktionäre ihren ehemaligen Kollegen noch auf die Finger sehen. Die Vorstandsbezüge wären möglicherweise zu Beginn dieses Jahrhunderts nicht so „ins Kraut geschossen", wenn die pensionierten Kollegen jeweils einen namhaften Aktienbestand gehabt hätten – vorausgesetzt natürlich, die Vorstandspensionen sind nicht an die Entwicklung der Bezüge der aktiven Vorstandsmitglieder geknüpft. Es gibt hier sicherlich nicht eine absolut richtige Zahl, jedoch sollte die Ausübungsfrist für Stock Options nach § 193 Abs. 2 Nr. 4 AktG von **mindestens vier Jahren** auch hier gelten (vgl. auch G.10 S. 2 DCGK).[144]

### d) Ermessenstantiemen

Ermessenstantiemen sind sowohl bei nicht-börsennotierten Unternehmen[145] als auch bei 126 börsennotierten Gesellschaften weiterhin zulässig.[146] Voraussetzung ist ihre vertragliche Fixierung wenigstens dem Grunde nach. Über deren Höhe muss der Aufsichtsrat **anhand nachvollziehbarer Kriterien** beschließen.

### e) Sonderzahlungen

Auch die Gewährung von Sonderzahlungen ist nach wie vor zulässig.[147] Zur **Vermeidung** 127 **des strafrechtlichen Untreuevorwurfs** hat der BGH in seiner „Mannesmann/Vodafo-

[143] Vgl. dazu *Hüffer* ZHR 161 (1997), 214 (234).
[144] Ebenso *Hoffmann-Becking/Krieger* NZG-Beil. 26/2009 Rn. 24.
[145] Mangels unmittelbarer Geltung des § 87 Abs. 1 S. 3 AktG unstr.
[146] Vgl. BGH NJW 2006, 522 Rn. 24 – Mannesmann/Vodafone.
[147] Ebenso *Fleischer* NZG 2009, 801 (803); *Thüsing* AG 2009, 517 (520).

ne-Entscheidung"[148] zwei Voraussetzungen aufgestellt, die kumulativ vorliegen müssen. Zum einen muss die Sonderzahlung im Anstellungsvertrag wenigstens rudimentär vorgesehen sein; eine rein freiwillige Sonderzahlung ist dagegen nicht zulässig.[149] Zum andern muss die Sonderzahlung geeignet sein, für das Unternehmen einen künftigen Nutzen zu generieren.[150] Die Abgeltung historischer Erfolge für ausgeschiedene Vorstandsmitglieder erfüllt dieses Kriterium nicht. Trotz der beschriebenen Hürden sollte man die Sonderzahlung nicht verteufeln; sie kann durchaus erwartete (und noch mehr unerwartete) Erfolge kompensieren, die sich vorab nicht digital definieren lassen.

### f) Aktienoptionen

128 **aa) Allgemeines.** Aktienoptionen **(Stock Options)** galten in Deutschland seit Mitte der 90er Jahre als das neue **Wundermittel zur Motivierung des Managements.** Es wurde dabei vielfach übersehen, dass dieses aus der US-amerikanischen und englischen Kapitalmarktkultur stammende Instrument in seinen Herkunftsländern eben nicht – wie in Deutschland allgemein üblich – verbunden ist mit langjährigen Dienstverträgen und Pensionsvereinbarungen. Zu diesen Vergütungsbestandteilen noch – im Allgemeinen additiv und ohne jede Anrechnung auf die bereits vorher gezahlte variable Vergütung – Stock Options hinzuzufügen, war reines „cherry picking" der jeweils günstigsten Vergütungsbestandteile aus verschiedenen Kapitalmarktkulturen.

129 Die **grundsätzliche Konzeption** von Aktienoptionen ist einfach: Der Führungskraft wird eine Kaufoption (einseitiges Ankaufsrecht ohne Kaufverpflichtung) eingeräumt, zu einem späteren Zeitpunkt (genauer: während eines in der Zukunft liegenden Zeitraums, der Ausübungsperiode) Aktien der Gesellschaft zu kaufen. Der Ankaufspreis soll dabei so bemessen sein, dass die Führungskraft motiviert wird, auf eine Kurssteigerung der Aktien der Gesellschaft hinzuwirken, damit die Option „ins Geld kommt", dh dass während der Ausübungsperiode der Börsenkurs über dem Bezugskurs liegt und so die Option mit Gewinn ausgeübt werden kann.

130 **Stock Options** hatten in Deutschland einen **schlechten Start,** der sie als Vergütungsbestandteil diskreditiert hat. Dies hat eine Vielzahl von Gründen:

- Die ersten bekannten **Stock Options-Pläne** bei der Deutschen Bank und bei Daimler/Chrysler waren mit viel zu niedrigen Ausübungshürden ausgestattet und erwiesen sich als Selbstbedienungsveranstaltungen.[151]
- Das **Börsenumfeld** war **bei Einführung** in Deutschland denkbar **ungünstig.** Von Mitte der 90er Jahre bis zum Frühjahr 2000 ging die Börse steil nach oben, von da an bis zum März 2003 stark nach unten. Im ersten Teil dieser Periode war der Kursanstieg der Aktien der Gesellschaft bereits bei nur mittelmäßiger Leistung des Managements gegeben; im zweiten Abschnitt konnten auch exzellente Leistungen eines Vorstands den Kursverfall nicht bremsen. Vor dem Hintergrund eines derartigen Börsenverlaufs begannen grundsätzliche Zweifel an der Sinnhaftigkeit von Stock Options aufzukommen.[152]
- **Stock Options** haben erheblich dazu beigetragen, dass die Vorstandsbezüge steil in die Höhe schossen, weil sie – wie erwähnt – **additiv zu anderen Vergütungskomponenten hinzutraten.** Vor dem Hintergrund fallender Kurse verriet dies nicht nur mangelnde Sensibilität, sondern darüber hinaus mangelnden Anstand und Weitblick für die Notwendigkeit eines funktionierenden Kapitalmarkts von Seiten des Managements und der Verantwortlichen in den Aufsichtsräten.

---

[148] BGH NJW 2006, 522.
[149] Vgl. BGH NJW 2006, 522 Rn. 19ff.
[150] Vgl. BGH NJW 2006, 522 Rn. 26f.
[151] *Rudolph* BB 2003, 2053 (2058 li. Sp).; zu der Selbstbedienung bei deutschen Stock Options-Plänen vgl. *S. Winter* in Hommelhoff/Hopt/v. Werder, Handbuch Corporate Governance, 2. Aufl. 2010, 335 (350).
[152] Vgl. *Peltzer* Börsenzeitung vom 28.6.2002, 14 und vom 31.8.2002, 8.

- **Stock Options,** auch für Aufsichtsräte, waren ein **Kernelement des Neuen Markts.** Jene gewaltige Blase, die viele arm und wenige reich gemacht hat, wäre ohne sie in dieser Form nicht denkbar gewesen.

Stock Options-Programme setzen gedanklich drei Bausteine voraus:[153] 131

- Der Vorstand bzw. die mit Stock Options versehenen Führungskräfte sind selbst in der **Lage, den Kurs positiv zu beeinflussen.**
- Das Stock Options-Programm setzt **Motivationskräfte** frei, die ohne das Programm nicht freigesetzt würden.
- Die so geschaffene Lage führt zu einer **überproportionalen Kurssteigerung,** die den Nachteil der Aktionäre überkompensiert, nämlich die Verwässerung der Börsenkapitalisierung, die dadurch entsteht, dass Führungspersonen (weit) unter Börsenkurs Aktien erwerben.

**bb) Zuständigkeit.** Die für die Bedienung echter Stock Options erforderlichen Aktien können auf verschiedene Arten bereitgestellt werden, nämlich in Form bedingten Kapitals (vgl. § 192 Abs. 2 Nr. 3 AktG) oder durch Erwerb eigener Aktien mit dem Zweck der späteren Weiterveräußerung an Bezugsberechtigte (§ 71 Abs. 1 Nr. 8 S. 5 AktG). 132

Bei der **bedingten Kapitalerhöhung** kann die Hauptversammlung nach § 192 Abs. 1 AktG eine Erhöhung des Grundkapitals beschließen, die nur so weit durchgeführt werden soll, wie Stock Options eben für die neuen Aktien gewährt werden (bedingtes Kapital). Bei dem Hauptversammlungsbeschluss, der sich mit der Gewährung von Stock Options für Vorstandsmitglieder befasst, kann dieser in Form einer (vorhergehenden) Ermächtigung oder als (nachfolgende) Zustimmung erfolgen. Das **Volumen einer bedingten Kapitalerhöhung zur Einräumung von Stock Options** für Vorstandsmitglieder und Arbeitnehmer ist nach § 192 Abs. 3 AktG auf 10% des Grundkapitals der Gesellschaft, das zur Zeit der Beschlussfassung vorhanden ist, begrenzt. Im Beschluss der Hauptversammlung müssen auch der Zweck der Kapitalerhöhung, der Kreis der Bezugsberechtigten und der Ausgabebetrag oder die Grundlagen, wie dieser Ausgabebetrag errechnet wird, festgelegt werden (§ 193 Abs. 2 Nr. 1–3 AktG). Unter Ausgabebetrag ist dabei der Bezugskurs zu verstehen, zu dem der Berechtigte die Aktien erwerben kann. 133

Die Gesellschaft kann sich die Aktien zur Bedienung des Stock Options Programm auch auf andere Weise besorgen, nämlich durch den **Erwerb eigener Aktien,** der einen Beschluss der Hauptversammlung voraussetzt, mit dem die Verwaltung ermächtigt wird, eigene Aktien der Gesellschaft zu erwerben. Die Ermächtigung ist nach § 71 Abs. 1 Nr. 8 AktG auf einen Zeitraum von fünf Jahren begrenzt und muss den höchsten und niedrigsten Preis angeben. Es dürfen auch hier höchstens 10% des Grundkapitals erworben werden. 134

In beiden Fällen, dh der Schaffung des bedingten Kapitals und dem Erwerb eigener Aktien, muss der jeweilige Beschluss der Hauptversammlung nach § 193 Abs. 2 Nr. 4 AktG auch die **Aufteilung der Bezugsrechte auf Vorstandsmitglieder** einerseits und – wenn auch Arbeitnehmer begünstigt werden sollen – auf diese andererseits enthalten. Weiter sind anzugeben die für die Ausübung der Optionen vorgängig zu erreichenden Erfolgsziele sowie die **Erwerbs- und Ausübungszeiträume** und die **Wartezeit** bis zu der erstmaligen Ausübungsmöglichkeit (mindestens zwei Jahre). 135

Mit den im Gesetz erwähnten Erwerbs- und Ausübungszeiträumen hat es Folgendes auf sich: Die Laufzeit einer Aktienoption wird im Allgemeinen unterteilt in den **Leistungszeitraum** (auch genannt Sperrfrist), der mindestens zwei Jahre betragen muss, und den **Ausübungszeitraum,** innerhalb dessen die Option ausgeübt werden kann. Die Ausübung ist natürlich nur dann sinnvoll, wenn der Börsenkurs über dem Ausgabebetrag oder Bezugskurs liegt, da sich ja sonst kein finanzieller Vorteil ergibt. Als Beispiel für die Erfolgsziele, die nach dem Gesetz im Hauptversammlungsbeschluss enthalten sein müssen, sei 136

[153] Vgl. *Baums* FS Claussen, 1997, 3ff. (6ff.).

die Entwicklung des Aktienkurses im Verhältnis zu spezifischen Vergleichsparametern genannt. Nach Möglichkeiten sollten die Erfolgsziele „windfall profits" ausschließen, also solche Kurssteigerungen, die völlig unabhängig von irgendwelchen Leistungen des Vorstands eintreten.

137 Nun kann es **nicht Aufgabe der Hauptversammlung** sein, dem Vorstand oder einzelnen Vorstandsmitgliedern oder leitenden Mitarbeitern Stock Options zuzuteilen. Dies bleibt nach wie vor dem Aufsichtsrat für die Vorstandsmitglieder und dem Vorstand für die leitenden Mitarbeiter vorbehalten.[154] Die Hauptversammlung muss aber schon bei der Zurverfügungstellung der Aktien genau wissen, in welchem Umfang und wann das Kapital der Aktionäre verwässert wird. Es obliegt also der Hauptversammlung festzusetzen, wieviel Optionen unter welchen (genauen) Bedingungen insgesamt ausgegeben werden. Aus dieser Manövriermasse können dann die jeweils zuständigen Organe, nämlich der Aufsichtsrat für die Vorstandsmitglieder und der Vorstand für die leitenden Mitarbeiter, Stock Options einräumen.

138 **cc) Steuerliche Behandlung.** Die wesentliche Frage bei der Besteuerung[155] von Aktienoptionen ist, **wann** der **Zufluss** besteuert wird. Infrage kommen
- der Zeitpunkt der Gewährung („granting date");
- der Zeitpunkt der erstmaligen Ausübbarkeit („vesting date");
- der Zeitpunkt der tatsächlichen Ausübung („exercise date").

139 Das Steuerrecht nimmt die **Besteuerung im Moment der tatsächlichen Ausübung** vor und nimmt dabei in Kauf, dass der Zeitpunkt, zu dem der Vorteil aus der Aktienoption dem Berechtigten zufließt und versteuert werden muss, auseinanderfallen.[156] Die Besteuerung im Moment der Ausübung der Option entspricht gefestigter Rechtsprechung des BFH.[157]

140 Die **Finanzverwaltung** hat den Zeitpunkt des Zuflusses darüber hinaus **dahingehend präzisiert,** dass „als Zuflusszeitpunkt des geldwerten Vorteils aus der Ausübung eines Aktienoptionsrechts der Tag der Einbuchung der Aktien in das Depot des begünstigten Vorstandsmitglieds maßgebend (ist)".[158]

141 **dd) Phantom Stocks.** In der Diskussion über Stock Options wurde sehr bald gerügt, dass dem (zu versteuernden) Vorteil des Begünstigten keine entsprechende steuerliche Entlastung bei der Gesellschaft gegenüberstehe.[159] Da eine Zahlung von Seiten der Gesellschaft ja gerade nicht erbracht wird, sondern sich der Vorgang auf der Gesellschafter (Aktionärs)-Ebene abspielt, kann ein solcher Entlastungseffekt natürlich nicht eintreten.

142 Der Ausweg liegt darin, den Begünstigten nicht echte Erwerbsrechte für Aktien einzuräumen (Stock Options), sondern die **Kurssteigerung gewissermaßen nur als Messlatte für eine Sonderzahlung zu nehmen.**[160] Der Begünstigte wird fiktiv so behandelt, als ob er Erwerbsrechte für X Aktien zu einem Kurs von Y hätte, wobei Y in aller Regel über dem Börsenkurs zum Zeitpunkt der Einräumung der Rechte liegen wird. Kommt der Zeitpunkt, zu dem das Recht ausgeübt werden kann, und ist der Kursverlauf so, dass es ausgeübt wird, so wird die Sonderzahlung berechnet als ob das Geschäft ausgeführt worden wäre, dh der Begünstigte bekommt die Differenz ausgezahlt, die bei der Gesellschaft steuermindernde Betriebsausgabe und beim Begünstigten steuerpflichtiges Einkommen ist. Steuerlich wirkt sie beim begünstigten Vorstandsmitglied im Zeitpunkt des

---

[154] Vgl. MüKoAktG/*Spindler* § 87 Rn. 104f.
[155] Vgl. *Feddersen* ZHR 161 (1997), 269ff.; *Jacobs/Portner* in Achleitner/Wollmert, Stock Options, 2002, 215, 224ff.
[156] BFH BStBl. II 2001, 512 (515 re. Sp. unten).
[157] BFH BStBl. II 1999, 684; BStBl. II 2001, 509; BFH BStBl. II 2001, 512; BFH BStBl. II 2001, 689.
[158] BFH BStBl. II 2009, 382.
[159] *Feddersen* ZHR 161 (1997), 269 (285).
[160] *Max Weber* in Achleitner/Wollmert, Stock Options, 2002, 25ff.

tatsächlichen Zuflusses der Sonderzahlung. Da alle Vorgänge ohne Berührung der Kapitalebene stattfinden, hat sich der Begriff der Phantom Shares oder Phantom Stocks etabliert.

Der eigentliche Vorteil dieser Phantom Stocks liegt in der GmbH, weil hier die Bewegung von Anteilsrechten mit dem Beurkundungserfordernis des § 15 GmbHG vermieden wird. Aber auch bei der Aktiengesellschaft haben Phantom Stocks ihre Vorzüge. Sie vermeiden nicht nur die steuerlichen Nachteile bei der Ausgabe „echter" Aktienoptionen (→ Rn. 138 ff.), sondern vermeiden auch jede Art von Verwässerung mit allen damit verbundenen Problemen auf der Aktionärsebene. Aus diesem Grund gibt es hierfür auch **keine Hauptversammlungszuständigkeit.**[161] Stattdessen hat der Aufsichtsrat gegenüber den Vorstandsmitgliedern und der Vorstand gegenüber den Arbeitnehmern die ausschließliche Zuteilungskompetenz. Vor allem bei unvorhergesehenen Ereignissen (zB bei Übernahme des Unternehmens durch Dritte) ist die Änderung bzw. die Abgeltung von Zuteilungsprozeduren unproblematisch. 143

### g) Nebenleistungen

Nebenleistungen bestehen regelmäßig aus Sach- oder Dienstleistungen gegenüber dem Vorstandsmitglied und bedürfen selbstverständlich einer anstellungsvertraglichen Grundlage. Klassisches Beispiel hierfür ist die **Zurverfügungstellung eines Firmenfahrzeugs** (auch) zur privaten Nutzung, die vor allem wegen der recht attraktiven Pauschalbesteuerung nach § 8 Abs. 2 S. 2 EStG iVm § 6 Abs. 1 Nr. 4, S. 2 EStG (1 % vom Listenpreis[162]) gern vereinbart wird. Ebenso häufig ist die Gestellung von Kommunikationsgeräten (Mobiltelefon, Laptop). Eher seltener geworden ist die Gestellung von Dienstwohnungen, die Übernahme von Vereinsgebühren (Golfclub) oder gar die Überlassung von Personal für reine Privatangelegenheiten (Chauffeur, Hausgärtner). In allen Fällen hat der Aufsichtsrat auch hier die Angemessenheit nach § 87 AktG zu beachten. 144

## 7. Ruhegeld/Pension

### a) Allgemeines

**Pensionsverträge** für Vorstandsmitglieder sind in Deutschland immer noch Standard, wenngleich mit abnehmender Tendenz. Es wird geschätzt, dass die meisten Pensionszusagen in Form von **Direktzusagen** im Sinne des § 1 Abs. 1 BetrAVG gegeben worden sind,[163] dh die Gesellschaft (vertreten durch den Aufsichtsrat) macht die Zusage und bildet dafür Rückstellungen. Aufgrund der steuerlich oft unzureichenden Rückstellungen rücken die Gesellschaften zunehmend von einer Direktzusage (ausgedrückt in einem Festbetrag oder in einem Prozentsatz des Festgehalts) ab und stellen auf ein System der **Entgeltumwandlung/beitragsorientierten Leistungszusage** nach §§ 1a und 2 Abs. 5a BetrAVG um. Dieses Prinzip bedeutet, dass der Pensionsanspruch sich durch Entgeltsumwandlung (zB des Tantiemenanspruchs) oder durch beitragsorientierte Leistungszusagen aufbaut. Eine **Deckungslücke kann nicht entstehen,** da der Pensionsanspruch eine Funktion der Ansparleistungen ist und nicht auf einer summenmäßig festen Zusage beruht, für die die Rückstellungen häufig unzureichend sind. 145

### b) Der Tatbestand der Ruhegeldberechtigung

Kernstück jeder Ruhegeldregelung ist die Definition des Tatbestands, bei dessen Erfüllung ein Ruhegeldanspruch entsteht. Regelmäßig sind solche Tatbestände 146

[161] Vgl. MüKoAktG/*Spindler* § 87 Rn. 117.

[162] § 6 Abs. 1 Nr. 4 EStG formuliert in dem Steuerrecht eigentümlichen Umständlichkeit hiervon abweichende Privilegien für alternative Antriebsarten.

[163] *Roth,* Der Aufsichtsrat, 2004, 6 ff.

- Invalidität/Arbeitsunfähigkeit oder
- Erreichen eines bestimmten Alters in den Diensten der Gesellschaft.

147 Zur **Invalidität** kann auf sozialrechtliche Definition verwiesen werden oder im Vertrag selbst wird der Tatbestand definiert, wobei meist die Bescheinigung eines Vertrauens- oder Amtsarztes verlangt wird.

148 Die **Altersgrenze für die Pensionsberechtigung** von Vorstandsmitgliedern ist in den letzten Jahrzehnten erheblich herabgesetzt worden. Betrug sie früher regelmäßig 65 Jahre, sind Pensionierungen von Vorstandsmitgliedern bei Vollendung des 60. Lebensjahrs – ausländischen Vorbildern folgend – inzwischen nicht unüblich. Jedenfalls ist eine feste Altersgrenze notwendig, da Vorstandsmitglieder auf der Spitze einer hierarchischen Pyramide stehen und der Führungsnachwuchs wissen muss, wann seine Chance kommt – mag diese sich im Einzelfall verwirklichen oder nicht.

### c) Gesetzliche und vertragliche Unverfallbarkeit des Ruhegeldanspruchs

149 Pensionszusagen bedeuten für jede Gesellschaft eine erhebliche Belastung und deshalb muss erst einmal eine gewisse Betriebstreue bewiesen werden, bevor der Anspruch von Gesetzes wegen unverfallbar wird, dh auch dann erhalten bleibt, wenn das Vorstandsmitglied die Firma verlässt. Diese Wartefrist betrug früher zehn Jahre[164] und ist inzwischen auf drei Jahre herabgesetzt worden.[165] Im Falle der Entgeltumwandlung ist die Wartezeit sogar völlig abgeschafft worden (vgl. § 1b Abs. 5 BetrAVG).

150 Die gesetzliche **Unverfallbarkeit** ist **unabdingbar** in dem Sinne, dass sie nicht zu Ungunsten des Vorstandsmitglieds abgeändert werden kann. Es ist aber ohne weiteres möglich, sie zu Gunsten des Vorstandsmitglieds abzuändern, also die Unverfallbarkeit **vertraglich** schon sofort eintreten zu lassen oder die mehrjährige Wartefrist zu verkürzen.

151 Eine derartige **vertragliche** Unverfallbarkeitsregel ist vor Eintritt der gesetzlichen Unverfallbarkeit allerdings **nicht insolvenzgesichert.** Wird die Gesellschaft insolvent, sind nur solche Ansprüche insolvenzgesichert, die **gesetzlich** unverfallbar sind; die vertragliche Unverfallbarkeit vermag keine Insolvenzsicherung herbeizuführen.[166] Wird die Gesellschaft **insolvent,** entsteht ein Anspruch des Pensionsberechtigten gegen den **Pensionssicherungsverein,**[167] der allerdings betragsmäßig begrenzt ist, so dass der Anspruch eines Vorstandsmitglieds im Allgemeinen **nicht in voller Höhe abgesichert** sein wird. Der Anspruch beträgt nach § 7 Abs. 3 BetrAVG höchstens das Dreifache der Bezugsgröße nach § 18 SGB IV, also dem Durchschnittsentgelt der gesetzlichen Rentenversicherung im vorvergangenen Kalenderjahr, ist. Der so abgesicherte Betrag liegt derzeit bei 9.345 EUR monatlich.

152 Die **Wirkung der Unverfallbarkeit einer Pensionszusage** zeigt sich, wenn der Anwartschaftsberechtigte die Gesellschaft nach Eintritt der Unverfallbarkeit verlässt oder wenn die Gesellschaft insolvent wird. In beiden Fällen wird der Pensionsanspruch quotiert, dh im Verhältnis der wirklich abgeleisteten Dienstzeit zur erreichbaren Dienstzeit verkürzt (§ 2 Abs. 1 BetrAVG und für den Fall der Insolvenz § 7 Abs. 2a S. 1 BetrAVG).

### d) Übergangsgeld zwischen Ausscheiden und Erreichung des Pensionsalters

153 Beispiel: In älteren Pensionsvereinbarungen finden sich gelegentlich Formulierungen wie

„Scheidet N. N. aus den Diensten der X AG aus, so hat er Anspruch auf lebenslängliches Ruhegehalt, wenn eine der folgenden Voraussetzungen gegeben ist (es folgen dann zunächst die Fälle

---

[164] Nach § 1 Abs. 1 BetrAVG in der bis zum 31.12.2000 geltenden Fassung.
[165] Nach § 1b Abs. 1 BetrAVG in der ab 1.1.2018 geltenden Fassung.
[166] ErfK/*Steinmeyer* BetrAVG § 7 Rn. 37, 39.
[167] Einzelheiten hierzu vgl. *Höfer* in Höfer/de Groot/Küpper/Reich, Betriebsrentenrecht, Bd. I, 26. Akt., BetrAVG § 7 Rn. 4306.

a) der Invalidität und
b) der Erreichung des 65. Lebensjahres).
c) Wenn N. N. gekündigt wird, ohne dass er dazu durch schuldhaftes Verhalten Anlass gegeben hat. Als Kündigung gilt auch die Nichtverlängerung der Bestellung mit Ausnahme der Nichtverlängerung nach Ablauf der ersten Bestellung, die am ... endet.
d) Wenn N. N. selbst kündigt und diese Kündigung auf einem nicht von ihm zu vertretenden wichtigen Grund beruht.
e) Wenn N. N. im Einverständnis mit dem Aufsichtsrat aus seinem Dienstverhältnis ausscheidet, ohne dass einer der bezeichneten Fälle vorliegt."

Es folgt dann allenfalls ein Abschlag von 1% oÄ für jedes Jahr unter 65 Lebensjahren zum Zeitpunkt des Ausscheidens. 154

**Derartige Verträge** gingen **von gänzlich anderen Verhältnissen** aus, nämlich dass ein Vorstandsposten eine „Lebensstellung" war und vorzeitiges Ausscheiden kaum vorkam. Solche Vertragsklauseln sind heutzutage nicht mehr gebräuchlich. 155

**Übergangsgelder** sind indessen **auch heute noch angemessen,** um eine kurze Übergangsperiode nach einer Nichtverlängerung der Bestellung und des Dienstvertrags durch die Gesellschaft zu überbrücken. Dies gilt besonders, wenn die Nichtverlängerung zeitlich in der Nähe des vertraglich vorgesehenen Pensionsalters erfolgt und das Vorstandsmitglied kaum eine Chance hat, eine neue Aufgabe zu finden. Solche Übergangsgelder dürfen aber die Entscheidungsfreiheit des Aufsichtsrats, eine Wiederbestellung vorzunehmen oder nicht, nicht beeinflussen, dh sie sollen eine gewisse Grundabsicherung geben (auf die anderweitige Bezüge ganz oder teilweise anzurechnen sind), ohne aber die Gesellschaft nennenswert zu belasten. 156

### e) Anrechnung anderweitiger Bezüge auf die Pension

Vorstandsmitglieder nehmen nach ihrer Pensionierung noch häufig **Aufsichts- oder Beiratsmandate** wahr oder übernehmen Beratungsaufgaben. Nicht nur die allgemeine Lebenserwartung nimmt ständig zu. Vielmehr geht damit auch die Tatsache einher, dass der Mensch bei Erreichung des „Pensionsalters" noch häufig frisch und voller Tatendrang ist und es nur vernünftig erscheint, die Erfahrungen eines langen Arbeitslebens für andere Bereiche nutzbar zu machen. Bei Abwägung der gegenseitigen Interessen ist es im Allgemeinen angemessen, einen Teil derartiger **anderweitiger Einkünfte auf die Pension** anzurechnen. 157

Für eine derartige Anrechnung gibt es eine Fülle von Formeln, etwa dass 158
- Einkünfte aus selbstständiger und unselbstständiger Arbeit zur Hälfte angerechnet werden;
- wie zuvor, aber mit der zusätzlichen Begrenzung, dass die Anrechnung höchstens die Hälfte der Pension erfasst;
- eine Anrechnung (ganz oder zum Teil) erst erfolgt, wenn Pension und anderweitige Einkünfte aus selbstständiger und unselbstständiger Arbeit zusammen das letzte Festgehalt vor der Pensionierung übersteigen.

Die Grundidee jeder Anrechnung muss sein, dass dem Pensionär auch genügend Anreize verbleiben, Geld zu verdienen. Andererseits soll die Gesellschaft, die ohnehin bei einer Direktzusage wegen der ständig steigenden Lebenserwartung nicht genügend Rückstellungen bilden konnte, entsprechend und angemessen entlastet werden. Wenn und soweit die Pensionszahlungen allerdings auf **eigenen Beitragsleistungen** des Pensionärs beruhen, muss eine Anrechnungsklausel dies berücksichtigen, dh eine Anrechnung sollte nicht oder nur in dem Umfang erfolgen, in dem die Gesellschaft zu der Versorgungsleistung beigetragen hat (vgl. § 5 Abs. 2 S. 2 BetrAVG). Die Pension beruht insoweit auf den eigenen Leistungen des Pensionsempfängers, so dass einer Verminderung durch Anrechnung die Rechtfertigung fehlt. 159

160 Selbstverständlich bedarf die Anrechnung anderweitiger Einkünfte einer vertraglichen Regelung. Bei der Anrechnung anderweitiger Pensionsbezüge sind die außerdem die **gesetzlichen Einschränkungen** des § 5 BetrAVG zu beachten. Wenn und soweit anderweitige Renten indexiert sind, um steigende Lebenshaltungskosten zu berücksichtigen, darf insbesondere eine dadurch verursachte Erhöhung einer anderen Rente nicht berücksichtigt werden (§ 5 Abs. 1 BetrAVG). Ebenfalls dürfen nach § 5 Abs. 1 BetrAVG solche Renten nicht angerechnet werden, die auf eigenen Beiträgen des Vorstandsmitglieds beruhen. Hiervon gibt es aber wieder eine Unterausnahme: Angerechnet werden dürfen die Rente aus der gesetzlichen Rentenversicherung und Versorgungsbezüge, die mindestens zur Hälfte auf Beiträgen oder Zuschüssen des Arbeitsgebers beruhen (vgl. § 5 Abs. 2 S. 2 BetrAVG).

### f) Anknüpfungspunkt für das Ruhegeld

161 Die Frage nach dem richtigen Anknüpfungspunkt für das Ruhegeld stellt sich nur für die Direktzusage durch die Gesellschaft. Die Ruhegeldzusage kann hier sowohl in einem Prozentsatz des Festgehalts als auch in einem vom Festgehalt unabhängigem Betrag dargestellt werden. Wird die Zusage als Prozentsatz des Festgehalts abgegeben, sind 50–60% üblich, wobei mit einem niedrigeren Prozentsatz angefangen werden kann, der jährlich um 1–2% steigt. Wird die Form des Prozentsatzes des Festgehalts gewählt, nimmt das **Ruhegehalt an der Entwicklung des Festgehalts** teil, das üblicherweise periodisch in Ein- oder Zweijahresabständen vom Personalausschuss überprüft wird. Der Nachteil ist, dass bei starker Steigerung des Festgehalts die Ruhegeldzusage leicht „aus dem Ruder laufen" kann. Die Praxis hilft sich gelegentlich mit einer Aufteilung des Festgehalts in ein solches und in eine „garantierte Tantieme" und lässt nur das eigentliche Festgehalt als prozentuale Basis der Pension zu.

162 Ein gewisses Problem kann die Pensionszusage für den Fall der Invalidität und die Pensionszusage zugunsten der Hinterbliebenen im Fall des Todes des Vorstandsmitglieds in den ersten Jahren der Laufzeit der Zusage darstellen. Gerade bei kleineren Gesellschaften kann es eine erhebliche Belastung sein, wenn der Pensionsfall eintritt, zumal wenn es noch – wie häufig in den ersten Jahren – an der unternehmerischen Leistung des Vorstandsmitglieds als Gegenleistung fehlt und der Pensionsanspruch dementsprechend eigentlich noch nicht „verdient" ist. Es gibt hier verschiedene Lösungen: Beispielsweise kann man mit einem relativ geringen Pensionsbetrag beginnen, der erst allmählich ansteigt. Einer bestehenden Versorgungslücke in den ersten Jahren kann mit einer Risikolebensversicherung begegnet werden, wobei man gut beraten ist, Angebote auch außerdeutscher Versicherer einzuholen. Schließlich ist zu erwägen, die Altersversorgung und Lebensrisikoabsicherung, die mit einer Pensionszusage erreicht werden soll, ganz oder teilweise durch eine Lebensversicherung übernehmen zu lassen.

### g) Hinterbliebenenpensionen für die Witwe/den Witwer und die Waisen

163 Die **Hinterbliebenenpensionen,** meist ausgedrückt in Prozentsätzen der Vorstandspension, sind **breitflächig standardisiert.** Die Witwenpension[168] beträgt durchgängig 60% der Vorstandspension und die Halbwaisenpensionen betragen im Allgemeinen zwischen 10 und 20% der Vorstandspension pro Kind, wobei aber die Summe aus Witwen- und Waisenpensionen die eigene Vorstandspension nicht übersteigen darf. Vollwaisenpensionen betragen im Allgemeinen 20–25% der Vorstandspension und die Summe der Vollwaisenpensionen darf im Allgemeinen die Witwenpension nicht übersteigen. Wird eine der Grenzen – Vorstandspension oder Witwenpension – erreicht, erfolgt eine entsprechende Kürzung der Witwen- bzw. Waisenpensionen.

[168] Nur aus Gründen der sprachlichen Vereinfachung bezieht sich die Hinterbliebenenversorgung in diesem Kapitel durchgängig auf „die Witwe". Die Ausführungen gelten selbstverständlich auch für „den Witwer".

Die **Waisenpension** wird im Allgemeinen gewährt **bis zur Volljährigkeit** und im Fall einer Universitäts- oder Berufsausbildung bis zu deren Beendigung, regelmäßig aber höchstens bis zur Vollendung des 27. Lebensjahres. 164

Die Witwenpension wird **lebenslänglich** gewährt, **endet** aber regelmäßig im **Fall einer Wiederverheiratung** der Witwe, wobei sich gelegentlich Übergangsregelungen finden dergestalt, dass die Witwenpension im Fall der Wiederverheiratung noch eine Zeitlang weitergewährt oder **abgefunden** wird. 165

Ein Problem der Witwenpension ist ein bisweilen **großer Altersunterschied** zwischen der Witwe und ihrem verstorbenen Mann[169] und/oder **eine Eheschließung im fortgeschrittenen Alter des Mannes,** so dass es nicht auszuschließen ist, dass die Eheschließung erfolgt, um der Ehefrau (und alsbaldigen Witwe) die Versorgung zu verschaffen. Diesem Problem ist beizukommen, indem die Witwenpension gekürzt wird um einen bestimmten Prozentsatz pro Jahr des Altersunterschieds, den der wirkliche Altersunterschied einen noch als „üblich“ empfundenen Altersunterschied von 10–15 Jahren übersteigt. Der Abschlag kann sich dann orientieren an dem versicherungsmathematisch zu erwartenden Mehraufwand durch den ein Normalmaß überschreitenden Altersunterschied und dürfte – je nachdem, wo das „Normalmaß“ festgelegt wird – zwischen einer Minderung der Pension von 1–3% pro Jahr der Differenz zwischen noch toleriertem Normalmaß und wirklichem Altersunterschied liegen. 166

Ein weiteres Problem ist das, was ein bekannter Aufsichtsratsvorsitzender einmal bezeichnete als **„die Heirat eines Greises auf Abbruch“,** dh die Eheschließung mit dem (nie nachweisbaren und sich einer Beweisführung auch schlechthin entziehenden) Motiv, der zukünftigen Ehefrau vor dem biologisch alsbald zu erwartenden Ende des zukünftigen Ehemannes noch eine Versorgung zukommen zu lassen. Diese Situation kann nur mit Indizien gemeistert werden. Eheschließungen etwa nach dem 65. Lebensjahr des Ehemannes oÄ schließen eine Witwenpension aus. Dieses möglicherweise zu grobe Raster kann man verfeinern mit Vereinbarungen etwa dergestalt, dass eine Pensionsberechtigung doch eintritt, wenn die Ehe etwa zehn Jahre oder länger bestanden hat, oder man bringt auch hier den Altersunterschied zwischen den Ehegatten als weiteres Kriterium ins Spiel. Insgesamt handelt es sich um eine **delikate Materie** im Grenzbereich zwischen sehr persönlichen Entscheidungen des Menschen, die von dritter Seite nicht beurteilt werden können und sollen, und dem notwendigen Schutz der Gesellschaft vor Ausbeutung. 167

Mit der stetig steigenden Quote **weiblicher Vorstandsmitglieder** wird man die vorstehenden Grundsätze auf den Witwer entsprechend anwenden können. Von einer gesonderten oder „gegenderten“ Darstellung wurde abgesehen. Wie zumeist, liegt hierin keinerlei inhaltlicher Erkenntnisgewinn. 168

### h) Wettbewerbsverbote im Ruhegeldvertrag

Ein Pensionsvertrag beinhaltet **nicht per se** ein Wettbewerbsverbot. Für die Beurteilung dieses Sachverhalts kann auch die einschlägige **arbeitsrechtliche Rechtsprechung** herangezogen werden, auch wenn das Dienstverhältnis zwischen der Gesellschaft und dem Vorstandsmitglied, auf dem die Pensionszusage beruht, kein Arbeitsverhältnis ist. Der Pensionär oder Inhaber einer Pensionsanwartschaft mag seinem Pensionsschuldner oder zukünftigem Pensionsschuldner Loyalität schulden, aber diese geht nicht so weit, dass bereits wegen der Tatsache der Pensionszahlungen ein Wettbewerb vom Pensionsschuldner untersagt werden kann und zwar schon deswegen nicht, weil das Ruhegehalt Entgelt für bereits geleistete Dienste ist.[170] Im Allgemeinen wird die Treuepflicht des Pensionsempfängers nur „in extremis“ dazu führen, dem Pensionsschuldner ein Leistungsverweigerungsrecht zu ge- 169

[169] Fn. 168 gilt hier entsprechend.
[170] BGHZ 55, 274 (278); 108, 330 (335); BGH ZIP 2002, 364.

ben, dann nämlich, wenn der Pensionär durch seine Konkurrenztätigkeit die wirtschaftlichen Grundlagen des Pensionsschuldners bedroht.[171]

170 Wenn und soweit ein **Pensionsvertrag ausdrücklich ein Wettbewerbsverbot** enthält, gelten dafür die allgemeinen Regeln (→ Rn. 43 ff.), dh insbesondere, dass es nicht über die Dauer von zwei Jahren hinaus ausgedehnt werden kann. Ein zu aktiver Dienstzeit ausdrücklich vereinbartes Wettbewerbsverbot endet im Übrigen nicht allein deshalb, weil das verpflichtete (ehemalige) Vorstandsmitglied nunmehr ein Ruhegehalt bezieht.

### i) Widerruf der Ruhegeldzusage

171 Selbst vor Inkrafttreten des Betriebsrentengesetzes war eine Aberkennung der Pension nur unter extremen Bedingungen möglich.[172] Seit Inkrafttreten des Betriebsrentengesetzes haben sich die Bedingungen, unter denen ein Widerruf möglich ist, noch verschärft.[173] Voraussetzung für die so geschützte Position des pensionsberechtigten Vorstandsmitglieds ist allerdings die Unverfallbarkeitszusage. Werden Verfehlungen erst später aufgedeckt, die nicht so schwerwiegend sind, dass sie zu einem Widerruf der gesamten Zusage berechtigen, ist es möglich, eine Teilanwartschaft aufrecht zu erhalten, nämlich für den Zeitraum vom Beginn der Unverfallbarkeit bis zum Beginn der Verfehlungen. Schließlich soll die bis zum Treubruch begangene Betriebstreue nicht gänzlich entschädigungslos bleiben.[174] Um den Widerruf der Pension zu rechtfertigen, muss sich die **Berufung des Vorstandsmitglieds** auf **Weiterzahlung als missbräuchlich** erweisen; dh der Umstand, wegen dessen die Versorgungszusage nicht eingehalten werden soll, ist so schwerwiegend, dass sich die vom Vorstandsmitglied erbrachte Leistung und Betriebstreue im Nachhinein als wertlos erweisen.[175] Entscheidend bei einer entsprechenden Würdigung ist immer eine **Gesamtschau des Sachverhalts** inklusive der subjektiven Seite, so dass ein Einzelumstand, wie Schadenshöhe oder Dauer des zu missbilligenden Verhaltens etc, nicht allein entscheidend sein kann.[176]

172 Der Widerruf einer Ruhegeldzusage kann auf der Person oder dem Verhalten des Empfängers beruhen. Grundlage ist hierbei die **Störung der Geschäftsgrundlage** (vgl. § 313 BGB) und die daraus resultierende Unzumutbarkeit für den Pensionsschuldner, weiterhin leisten zu müssen. Ein **vertraglicher Widerrufsvorbehalt** ändert kaum etwas daran, dass ein personen- oder verhaltensbedingter Widerruf nur in extremen Fällen möglich ist.[177] Gleichwohl wird aus Sicht des Pensionsschuldners empfohlen, einen Widerrufsvorbehalt in den Pensionsvertrag aufzunehmen, um das Argument des Vertrauensschutzes besser entkräften zu können.

173 Der teilweise Widerruf einer Ruhegeldzusage kann seit Einführung des VorstAG im Jahr 2009 (→ Rn. 64) auch aufgrund einer **Verschlechterung der wirtschaftlichen Unternehmenssituation** erfolgen. § 87 Abs. 2 S. 2 AktG regelt dies durch einen Verweis auf die Möglichkeit zur Herabsetzung von Bezügen aktiver Mitglieder gemäß S. 1. Genau dieser Verweis hat jedoch im Schrifttum zu recht heftige Kritik ausgelöst.[178] Ruhegeld ist nämlich die Abgeltung von Diensten in der **Vergangenheit,** die nicht aufgrund wirtschaftlicher Schieflagen der Gesellschaft in der **Gegenwart** einfach wieder entzogen werden können. Hieraus wird bisweilen sogar auf einen Verstoß des § 87 Abs. 2 S. 2 AktG

[171] BGHZ 55, 274; BGH ZIP 1981, 1016.
[172] Vgl. BGHZ 15, 71; *Fleck* WM-Sonderbeil. 3/1968, 18.
[173] Vgl. auch BAGE 32, 1399; BAG ZIP 1990, 1612 (1614 li. Sp.).; ErfK/*Steinmeyer* BetrAVG § 1 Rn. 29 ff.
[174] BAG ZIP 1990, 1615 (1616 li. Sp. unten); vgl. auch MHdB GesR IV/*Wentrup* § 21 Rn. 105.
[175] BGH NZG 2019, 1020 (1021) für die GmbH mit der zusätzlichen Anforderung der Existenzbedrohung; BAG ZIP 1990, 1615 (1616 li. Sp.); BAGE 41, 338 (343).
[176] BAG DB 1982, 2411 (2412).
[177] Vgl. BGH NJW 1984, 1529 (1530).
[178] Vgl. Hüffer/Koch/*Koch* AktG § 87 Rn. 57; *Hohenstatt* ZIP 2009, 1349 (1353); *Hoffmann-Becking/Krieger* NZG-Beil. 26/2009 Rn. 42; *Martens* FS Hüffer, 2010, 653.

gegen Art. 14 GG geschlossen,[179] jedenfalls aber eine restriktivere Anwendung als bei S. 1 gefordert.[180] In jedem Fall endet die Herabsetzungsmöglichkeit nach dem ausdrücklichen Wortlaut der Vorschrift drei Jahre nach dem Ausscheiden[181] des Versorgungsempfängers.

#### j) Indexierung und gesetzliche turnusmäßige Überprüfung der Höhe der Pensionszusage

Die Pension ist die Lebensgrundlage des Pensionärs und sollte deswegen inflationsgesichert sein, zumal der Pensionär ja gegenüber dem Pensionsschuldner keinerlei „bargaining power" mehr hat, um sich durchzusetzen. Dementsprechend enthalten die meisten Pensionsverträge ausdrücklich Indexierungsklauseln, die sich an Inflationsindices oder an der Entwicklung bestimmter Tarifgruppen orientieren. Aus der Sicht des Pensionsschuldners empfiehlt sich dabei eine Gestaltung zu wählen, die die Inflationswirkung kompensiert, aber nicht zu einer realen Kaufkraftsteigerung der Pension führt. Das bedeutet, dass bei einer Anlehnung an ein Tarifgehalt eine möglichst hohe Tarifstufe genommen werden sollte, weil diese sich im Zweifelsfall weniger stark erhöht als eine niedrigere Tarifstufe. Die Anpassung sollte auch **nicht laufend** erfolgen, sondern immer nur, wenn der Index sich um einen **bestimmten Prozentsatz,** etwa 10%, **erhöht.** Zu bedenken ist auch, dass die Anpassung immer „compound" erfolgt, dh die vorherige Anpassung, die den Gesamtbetrag erhöht hat (zB auf 110%), nimmt immer an der nächsten Anpassung teil. 174

Wenn der Pensionsvertrag keine Anpassungsklausel an die Geldentwertung enthält oder die Anpassung hinter der gesetzlich vorgeschriebenen periodischen Anpassung zurückbleibt, schreibt § 16 BetrAVG eine alle drei Jahre periodisch vorzunehmende Überprüfung der betrieblichen Altersrente durch den Pensionsschuldner vor. Diese **Überprüfungspflicht** bezieht sich nur auf laufend ausgezahlte Renten und **nicht auf Anwartschaften.**[182] Die Prüfungspflicht gilt nach § 16 Abs. 2 BetrAVG als erfüllt, wenn die Steigerung der Rente nicht geringer ist als der Verbraucherpreisindex für Deutschland oder die **Nettolöhne vergleichbarer Arbeitsnehmergruppen** des Unternehmens. An letzterem Vergleichsmaßstab dürfte es bei Vorstandsmitgliedern fehlen, so dass vor allem auf den Verbraucherpreisindex für Deutschland zurück zu greifen ist. Die Verpflichtung zur Anpassung entfällt, wenn eine Mindestanpassung vorgenommen oder im Fall der betrieblichen Altersversorgung über Dritte die Überschüsse in einem bestimmten Sinne verwandt werden (vgl. § 16 Abs. 3 BetrAVG). 175

### 8. Change of Control-Klausel

Change of Control-Klauseln gibt es in Deutschland erst seit Beginn der 90er Jahre. Sie sind ein Import aus den USA. Übernahmen, auch Übernahmen gegen den Willen des Managements, gibt es in Deutschland seit einer Reihe von Jahren. Die Fälle Thyssen-Krupp und mehr noch Mannesmann/Vodafone haben gezeigt, dass selbst Ikonen der einstigen Deutschland AG vor Übernahmen nicht sicher sind. 176

Nun zeigt die Erfahrung, dass die Manager der Zielgesellschaft einen Einfluss auf den Erfolg eines Übernahmeversuchs oder zumindest auf den vom Bieter zu zahlenden Preis haben oder wenigstens haben können. Sie beeinflussen das Ergebnis durch ihre Haltung bei einer Due Diligence[183] und durch ihre gesetzlich vorgeschriebene (vgl. § 27 WpÜG) 177

---

[179] *Hoffmann-Becking/Krieger* NZG-Beil. 26/2009 Rn. 42; dagegen *Fleischer* ZIP 2009, 801 (804).

[180] Hüffer/Koch/*Koch* AktG § 87 Rn. 57; MüKoAktG/*Spindler* § 87 Rn. 194ff.; *Hoffmann-Becking/Krieger* NZG-Beil. 26/2009 Rn. 42.

[181] Umstr. ist, ob diese Frist an das Ende der Bestellung oder der Anstellung anknüpft; vgl. dazu MüKoAktG/*Spindler* § 87 Rn. 191 mwN.

[182] MHdB GesR IV/*Wentrup* § 21 Rn. 104.

[183] Als die mg technologies (früher Metallgesellschaft, Frankfurt) die AGIV übernehmen wollte, scheiterte das Vorhaben an der Weigerung des Vorstands der Zielgesellschaft, dem Bieter die notwendigen Informationen zu geben.

Stellungnahme. Für den Bieter kann es darauf ankommen, ob das Management bleibt oder umgekehrt, ob er den amtierenden Vorstand der Zielgesellschaft rasch durch seine eigenen Leute ersetzen kann. Aber auch für die Vorstandsmitglieder ist eine Übernahme ein meist nicht vorhersehbares Ereignis, das erheblichen Einfluss auf die eigene Berufsausübung und Lebensplanung haben kann.[184]

178 Entsprechend soll eine **gute Change of Control-Klausel mehreren Zwecken dienen:**[185] Sie soll die Vorstandsmitglieder motivieren, sich bei Übernahmen so zu verhalten, dass das Interesse der Aktionäre gewahrt wird, und andererseits muss auch das – nicht in allen Fällen voll deckungsgleiche – Unternehmensinteresse im Auge behalten werden.

179 Die Change of Control-Klausel darf andererseits auch nicht so beschaffen sein, dass eine Übernahme als ein für das Vorstandsmitglied finanziell so attraktives Ziel ausgestaltet ist, dass sich daraufhin zu arbeiten lohnt. Es sollen aber die legitimen Interessen der Vorstandsmitglieder an einer finanziellen Abfederung bei einer Übernahme und einer damit wahrscheinlich verbundenen völligen Neubesetzung des Aufsichtsrats und den damit verbundenen Unwägbarkeiten berücksichtigt werden.

180 Zunächst einmal muss das auslösende Ereignis, also die Change of Control in einer derartigen Klausel definiert werden. Es ist denkbar, sich an die gesetzlichen Meldepflichten bei Erreichung einer Beteiligungsschwelle[186] anzulehnen, wobei allerdings zu bedenken ist, dass die Wahl und Abberufung von Aufsichtsratsmitgliedern, also die bei Übernahmen besonders wichtigen Entscheidungen, nach §§ 101, 103 AktG an die **Mehrheit bezogen auf die Hauptversammlungspräsenz** anknüpfen (Mehrheit der abgegebenen Stimmen). Andererseits können auch schon Schwellen unterhalb der Mehrheit aufgrund der Präsenzen bei den Hauptversammlungen der großen deutschen börsennotierten Gesellschaften schon eine Hauptversammlungsmehrheit bedeuten. Hinzu kommt, dass die für die Abberufung von Aufsichtsratsmitgliedern geforderte Dreiviertelmehrheit nach § 103 Abs. 1 S. 3 AktG abdingbar ist und in den Satzungen häufig durch die einfache Mehrheit ersetzt wird. So gesehen kann die **„Kontrolle" über eine Gesellschaft schon** (lange) einsetzen, bevor die 30% der Stimmrechte erreicht sind, bei denen nach dem WpÜG ein Übernahmeangebot gemacht werden muss.

181 Die Change of Control-Klausel muss aber nicht nur einen präzisen Tatbestand der Change of Control enthalten, sondern es kommt hier besonders auf den Zeitpunkt an. Die Change of Control-Klausel sollte erst greifen, wenn etwa noch ausstehende kartellrechtliche oder andere Hindernisse beseitigt, der dingliche Rechtswechsel an den Aktien vollzogen und sämtliche aufschiebenden Bedingungen eingetreten oder auflösende Bedingungen weggefallen sind.[187]

182 Entscheidend bei einer Change of Control-Klausel ist die **sorgfältige Abwägung der Interessen** der Gesellschaft und ihrer Aktionäre einerseits und der Interessen des Vorstandsmitglieds andererseits bei gleichzeitiger Berücksichtigung gesetzlicher Schranken. Dies ist leichter gesagt als getan, denn bei Abfassung der Klausel ist ein Kontrollwechsel meist noch gar nicht in Sicht und dementsprechend ist die Interessenlage des Übernehmers noch völlig ungewiss.

183 Eine gut durchdachte Change of Control-Klausel wird also **alternativ unterschiedliche Szenarien** einbeziehen:

- Will der Übernehmer, dass das Management für eine Übergangszeit an Bord bleibt?
- Oder soll das Management möglichst schnell seine Stühle räumen?
- Oder will der Übernehmer mit dem Management auf Dauer weiter arbeiten?

184 Für jede einzelne Variante sollte eine Change of Control-Klausel finanzielle Anreize bereithalten. Soll der Vorstand nur eine Übergangszeit an Bord bleiben, soll ihm für diese

[184] Im Fall Vodafone/Mannesmann wurde praktisch der gesamte Vorstand nach der Übernahme ausgewechselt.
[185] Vgl. zum Thema allgemein *Dreher* AG 2002, 214.
[186] ZB nach § 20 Abs. 4 AktG (Mehrheitsbeteiligung) oder nach §§ 33ff. WpHG.
[187] *Dreher* AG 2002, 214 (219).

Übergangszeit, die erfahrungsgemäß arbeitsreich und schwierig ist, eine Sondervergütung zugestanden werden. Wünscht der Übernehmer Bestellung und Dienstvertrag möglichst schnell zu beenden, soll der Dienstvertrag voll ausgezahlt werden ohne Abzinsung und Anrechnung anderweitigen Verdienstes während der Restlaufdauer.[188] Im Übrigen ist in einem solchen Fall zu überlegen, das Einsetzen der Pensionszahlungen vorzuziehen, dann aber für die Zeit bis zur Erreichung des regulären Pensionsalters anderweitigen Verdienst anrechnen zu lassen.

Bei allen Gestaltungen sind zwei Schranken im Blick zu halten. Zum einen ist auch bei 185
einer Change of Control-Klausel das **Angemessenheitserfordernis** nach § 87 Abs. 1 AktG zu beachten;[189] dieses dürfte verletzt sein, sobald die versprochene Zahlung über das kumulierte Festgehalt der Rest-Bestellungsdauer hinausgeht.[190] Dem folgt auch der DCGK in G.13, der darüber hinaus empfiehlt, dass eine Zahlung bei vorzeitiger Beendigung nicht mehr als zwei Jahresvergütungen überschreiten soll, wobei eine Anrechnung auf eine Karenzentschädigung erfolgen soll. Darüber hinaus sollte nach G.14 DCGK eine Leistung vollständig unterbleiben, wenn das Vorstandsmitglied selbst den Anstellungsvertrag beendet, was jedoch eine reine Anregung darstellt. Daneben muss die **Entschließungsfreiheit des Aufsichtsrats** im Hinblick auf die Alternative, eine Wiederbestellung des Vorstandsmitglieds vorzunehmen oder dies zu unterlassen, beachtet werden.[191] Eine Nichtwiederbestellung darf der Gesellschaft nicht solche Lasten aufbürden, dass der Aufsichtsrat (möglicherweise der bereits neue Aufsichtsrat, dessen Anteilseignerseite vom Übernehmer eingesetzt wurde) in seiner Entscheidungsfreiheit eingeengt wird.

Aus der Sicht des die Gesellschaft bei der Vereinbarung vertretenden Aufsichtsrats (vgl. 186
§ 112 AktG) bzw. Personalausschusses ist immer im Auge zu behalten, dass die Change of Control-Klausel auch – und vor allem – dem Interesse der Gesellschaft zu entsprechen hat. In Situationen, in denen eine Übernahme zu befürchten ist, gerät nämlich leicht aus dem Blick, dass die AG als juristische Person und ihre Organpersonen als Menschen von Fleisch und Blut etwas durchaus Verschiedenes sind. Es mag dementsprechend einen Zielkonflikt geben zwischen dem Bestreben, dem Vorstandsmitglied einerseits eine Absicherung zu geben, und andererseits dem Interesse, die Gesellschaft vor allzu hohen finanziellen Lasten zu schützen.

---

[188] Die Anrechnung anderweitigen Verdiensts ist ansonsten gesetzlich vorgesehen (vgl. § 615 S. 2 BGB).
[189] Hüffer/Koch/*Koch* AktG § 87 Rn. 23; *Dauner-Lieb* DB 2008, 567 (570ff.).
[190] So auch *Martens* ZHR 169 (2005), 124(141).
[191] MüKoAktG/*Spindler* § 87 Rn. 160; *Ziemons* FS Huber, 2006, 1035 (1042).

# § 4 Leitung als Vorstandsaufgabe

## Übersicht



**Schrifttum:**[1] *Altmeppen,* Neutralitätspflicht und Pflichtangebot nach dem neuen Übernahmerecht, ZIP 2001, 1073; *Bachmann,* CSR-bezogene Vorstands- und Aufsichtsratspflichten und ihre Sanktionierung, ZGR 2018, 231; *Balke/Klein,* Vorstandshaftung für fehlerhafte Ausrichtung der Compliance-Organisation, ZIP 2017, 2038; *Baudisch/Götz,* Nochmals: Neutralitätspflicht des Vorstands und Entscheidungsbefugnis der Hauptversammlung im Übernahmerecht, AG 2001, 251; *Bayer,* Legalitätspflicht der Unternehmensleitung, nützliche Gesetzesverstöße und Regress bei verhängten Sanktionen, FS K. Schmidt, 2009, 85; *Buck-Heeb,* Notwendigkeit einer Legal Judgement Rule, BB 2013, 2247; *Bürgers,* Compliance in Aktiengesellschaften – Arbeitsteilung zwischen Vorstand und Aufsichtsrat sowie innerhalb der Organe, ZHR 179 (2015), 173; *Bungert/Wansleben,* Vertragliche Verpflichtung einer Aktiengesellschaft zur Nichtdurchführung von Kapitalerhöhungen, ZIP 2013, 1841; *Cahn,* Aufsichtsrat und Business Judgement Rule, WM 2013, 1293; *Decker,* Beurkundungspflicht des Zustimmungsbeschlusses bei der Übertragung des gesamten Vermögens einer GmbH?, NZG 2018, 447; *Dimke/Heiser,* Neutralitätspflicht, Übernahmegesetz und Richtlinienvorschlag 2000, NZG 2001, 241; *Dörrwächter,* Stimmrechts- und Vergütungsberatung – Interessenkonflikte und Unabhängigkeit, AG 2017, 409; *Dörrwächter/Wolff,* Sorgfaltspflichten des Aufsichtsrats bei der Vereinbarung von Clawback-Klauseln, AG 2020, 233; *Fleischer,* Vorstandsverantwortlichkeit und Fehlverhalten von Unternehmensangehörigen – Von der Einzelüberwachung zur Errichtung einer Compliance-Organisation, AG 2003, 291; *Fleischer,* Corporate Social Responsibility, AG 2017, 509; *Fleischer,* Corporate Purpose: Ein Management-Konzept und seine gesellschaftsrechtlichen Implikationen, ZIP 2021, 5; *Fleischer,* Expertenrat und Organhaftung, KSzW 2013, 3; *Fleischer,* Rechtsrat und Organwalterhaftung im Gesellschafts- und Kapitalmarktrecht, FS Hüffer, 2010, 187; *Fleischer,* Aktienrechtliche Legalitätspflicht und „nützliche" Pflichtverletzungen von Vorstandsmitgliedern, ZIP 2005, 141; *Fleischer,* Zur Leitungsaufgabe des Vorstands im Aktienrecht, ZIP 2003, 1; *Fonk,* Zur Vertragsgestaltung bei Vorstandsdoppelmandaten, NZG 2010, 368; *Grunewald,* Information als Grundlage für Leitung und Überwachung, ZGR 2020, 469; *Grunewald,* Europäisierung des Übernahmerechts, AG 2001, 288; *Harbarth,* Aktienrecht, Gemeinwohl und Vergütungsparameter, ZGR 2018, 379; *Harbarth,* Anforderungen an die Compliance-Organisation in börsennotierten Unternehmen, ZHR 179 (2015), 136; *Hauschka/Roth,* Übernahmeangebote und deren Abwehr im deutschen Recht, AG 1988, 181; *Hegnon,* Aufsicht als Leitungspflicht, CCZ 2009, 57; *Hemeling,* Organisationspflichten des Vorstands zwischen Rechtspflicht und Opportunität, ZHR 175 (2011), 368; *Henze,* Leitungsverantwortung des Vorstands – Überwachungspflicht des Aufsichtsrats, BB 2000, 209; *Hippeli/Diesing,* Business Combination Agreements bei M&A-Transaktionen, AG 2015, 185; *Hoffmann-Becking,* Vorstands-Doppelmandate im Konzern, ZHR 150 (1986), 570; *Hopt,* Verhaltenspflichten des Vorstands der Zielgesellschaft bei feindlichen Übernahmen, FS Lutter, 2000, 1361; *Hopt,*

[1] Ich danke Herrn Johannes Harrack für seine wertvolle Unterstützung bei der Überarbeitung dieses Kapitels.

Aktionskreis und Vorstandsneutralität, ZGR 1993, 534; *Hüffer,* Der Vorstand als Leitungsorgan und die Mandats- und Haftungsbeziehungen seiner Mitglieder, in Habersack/Bayer, Aktienrecht im Wandel, Band 2, 2007, 334; *Hüffer,* Die Leitungsverantwortung des Vorstands in der Managementholding, Festgabe Happ, 2006, 93; *Hüffer,* Das Leitungsermessen des Vorstands in der Aktiengesellschaft, FS Raiser, 2005, 163; *Kirchner,* Neutralitäts- und Stillhaltepflicht des Vorstands der Zielgesellschaft im Übernahmerecht, AG 1999, 481; *Klahold/Kremer,* Compliance-Programme in Industriekonzernen, ZGR 2010, 113; *Kock/Dinkel,* Die zivilrechtliche Haftung von Vorständen für unternehmerische Entscheidungen, NZG 2004, 441; *Kort,* Gemeinwohlbelange beim Vorstandshandeln, NZG 2012, 926; *Kort,* Vorstandshandeln im Spannungsverhältnis zwischen Unternehmensinteresse und Aktionärsinteressen, AG 2012, 605; *Kort,* Rechte und Pflichten des Vorstands der Zielgesellschaft bei Übernahmeversuchen, FS Lutter, 2000, 1421; *Kramarsch,* der Ehrbare Investor, in Dörrwächter (Hrsg.), Corporate Governance in Deutschland, 2020, 105; *Kuntz,* Grundlagen und Grenzen der aktienrechtlichen Leitungsautonomie, AG 2016, 101; *Kuntz,* Leitungsverantwortung des Vorstands und Delegation, AG 2020, 801; *Lutter,* Die Business Judgement Rule und ihre praktische Anwendung, ZIP 2007, 841; *Mülbert,* Soziale Verantwortung von Unternehmen im Gesellschaftsrecht, AG 2009, 766; *Mülbert,* Marktwertmaximierung als Unternehmensziel der Aktiengesellschaft, FS Röhricht, 2005, 421; *Nietsch,* Geschäftsleiterermessen und Unternehmensorganisation bei der AG, Zur haftungsbegrenzenden Wirkung des § 93 Abs. 1 Satz 1 AktG im Bereich gesetzlicher Pflichtaufgaben unter besonderer Berücksichtigung der Compliance, ZGR 2015, 631; *Nietsch,* Compliance-Risikomanagement als Aufgabe der Unternehmensleitung, ZHR 180 (2016), 733; *Paschos,* Die Zulässigkeit von Vereinbarungen über künftige Leitungsmaßnahmen des Vorstands, NZG 2012, 1142; *Priester,* Unterschreitung des satzungsmäßigen Unternehmensgegenstandes im Aktienrecht, ZGR 2017, 474; *Priester,* Aktionärsentscheid zum Unternehmenserwerb, AG 2011, 654; *Priester,* Vertragliche Beschränkungen der Leitungsmacht des Vorstands, AG 2021, 15; Reichert, Business Combination Agreements – Fallgruppen und Problemkreise, ZGR 2015, 1; *Schneider/Burgard,* Übernahmeangebote und Konzerngründung – Zum Verhältnis von Übernahmerecht, Gesellschaftsrecht und Konzernrecht, DB 2001, 963; *Seibt,* Pflichten der Geschäftsleitung bei Eingehung von Finanzierungsgeschäften – in Normal- und Krisenzeiten des Unternehmens, ZIP 2013, 1597; *Spießhofer,* Die neue europäische Richtlinie über die Offenlegung nichtfinanzieller Informationen – Paradigmenwechsel oder Papiertiger?, NZG 2014, 1281; *Stöbener de Mora,* Gesellschaftsrecht: EU-Pläne zu Nachhaltigkeit in der Unternehmensführung, NZG 2021, 43; *Strohn,* Pflichtenmaßstab und Verschulden bei der Haftung von Organen einer Kapitalgesellschaft, CCZ 2013, 177; *Thümmel,* Haftungsrisiken von Vorständen und Aufsichtsräten bei der Abwehr von Übernahmeversuchen, DB 2000, 461; *Velte,* „Nachhaltige und langfristige" Vorstandsvergütung nach dem ARUG II, NZG 2020, 12; *Vetter,* Interessenkonflikte im Konzern – vergleichende Betrachtungen zum faktischen Konzern und zum Vertragskonzern, ZHR 171 (2007), 342; *Walden,* Corporate Social Responsibility: Rechte, Pflichten und Haftung von Vorstand und Aufsichtsrat, NZG 2020, 50; *Weyland,* Rechtsirrtum und Delegation durch den Vorstand, NZG 2019, 1041; *Wirth,* Vorstands-Doppelmandate im faktischen Konzern, FS Bauer, 2010, 1147; *Zöller,* Unternehmensinnenrecht: Gibt es das?, AG 2003, 2.

## A. Der Begriff der Leitung

1 Die Rechte und Pflichten des Vorstands zur Führung des Unternehmens sind im AktG an verschiedenen Stellen und terminologisch uneinheitlich geregelt.

2 Der Vorstand hat unter eigener Verantwortung die Gesellschaft zu leiten (§ 76 Abs. 1 AktG).[2] Genauer betrachtet wird weniger die Gesellschaft als eine juristische Person, zu der sich die Gesellschafter zusammengeschlossen haben, geleitet denn vielmehr das Unternehmen,[3] dessen Rechtsträger die Gesellschaft ist. Zu Unterschieden in der Betrachtungsweise und den praktischen Folgen daraus → Rn. 27 ff.

3 Das **AktG** enthält **keine Bestimmung** des Begriffs der Leitung der Gesellschaft.[4] Ebenso wenig grenzt das Gesetz den Begriff der Leitung vom Begriff der Geschäftsführung (§ 77 Abs. 1 AktG, § 93 Abs. 1 AktG, § 111 Abs. 1 und Abs. 4 AktG, § 119 Abs. 2 AktG) ab. Die herrschende Meinung verwendet den Begriff der **Geschäftsführung** als **Oberbegriff** und behandelt die **Leitung** als deren **herausgehobenen Teil,** soweit es um

[2] Vgl. auch Grundsatz 1 S. 1 DCGK: „Der Vorstand leitet das Unternehmen in eigener Verantwortung im Unternehmensinteresse".

[3] Im Grundsatz besteht wohl Einigkeit, dass sich die Leitungsaufgabe nicht nur auf die AG als solche bezieht; vgl. *Henze* BB 2000, 209; *Fleischer* ZIP 2003, 1; Kölner Komm AktG/*Mertens/Cahn* § 76 Rn. 6; MüKo-AktG/*Spindler* § 76 Rn. 14; GroßkommAktG/*Kort* § 76 Rn. 39 f.

[4] Im Folgenden „Leitung des Unternehmens", weil sich die Leitungsaufgabe – wie dargelegt – nicht nur auf die Gesellschaft, sondern in erster Linie auf das Unternehmen bezieht.

besondere Führungsaufgaben des Vorstands geht.[5] Vereinzelt werden Leitung und Geschäftsführung als (nahezu) identische[6] oder sich teilweise überschneidende[7] Begriffe verstanden.

Für die Praxis ist weniger eine abstrakte Definition als die **funktionale Begriffsbestimmung** von Bedeutung. Je nach dem Zusammenhang der einzelnen Bestimmungen des AktG lässt sich der für den Rechtsanwender maßgebliche Bedeutungsgehalt des Begriffs der Leitung ermitteln.[8] 4

Indem das AktG die Leitung des Unternehmens dem Vorstand zuweist (§ 76 AktG), trifft es zunächst eine **Kompetenzzuweisung.** Sie ist **umfassend** und **zwingend.**[9] Danach ist ausschließlich der Vorstand berechtigt, das Unternehmen zu leiten. Die **anderen Gesellschaftsorgane,** also der Aufsichtsrat und die Hauptversammlung, sind von der Leitung des Unternehmens **ausgeschlossen.**[10] Dies gilt freilich auch für die Geschäftsführung.[11] Daraus allein lässt sich folglich kein Kriterium für die Abgrenzung gewinnen. 5

Die Kompetenzzuweisung richtet sich an den **Vorstand als Organ,** also in seiner Gesamtheit, nicht an die einzelnen Mitglieder des Vorstands. Hieraus und aus dem Zusammenhang mit der Bestimmung über die Geschäftsführung (§ 77 AktG) wird die Beziehung der Begriffe Leitung und Geschäftsführung deutlich: Weist § 76 AktG die Leitung der Gesellschaft dem Gesamtvorstand zu, ohne Abweichungen von dieser Regel zuzulassen, so muss die Leitung **Maßnahmen von besonderer Qualität** betreffen. Dies folgt daraus, dass auch die Geschäftsführung Aufgabe des gesamten Vorstands ist (§ 77 Abs. 1 S. 1 AktG), es dort aber nicht zwingend bei der Gesamtgeschäftsführung bleiben muss. Dieses Zusammenspiel der gesetzlichen Regelungen lässt sich am besten mit dem Bild verdeutlichen, wonach die **Geschäftsführung der umfassende Begriff,** die **Leitung** ein **herausgehobener Teil** der Geschäftsführung ist.[12] 6

Das Gesetz formuliert die Leitungsaufgabe des Vorstands als **Leitungspflicht,**[13] wie sich aus der Formulierung „hat zu leiten" in § 76 Abs. 1 AktG ergibt. 7

Soweit diese Leitungspflicht reicht, ist der **Kernbereich der Vorstandstätigkeit** betroffen. Der Vorstand muss diese Aufgaben selbst erfüllen.[14] Dem steht nicht entgegen, dass der Aufsichtsrat wegen der ausdrücklichen Pflicht des Vorstands aus § 90 Abs. 1 Nr. 1 AktG, dem Aufsichtsrat Berichte zu erstatten, besonders eng etwa in die Unternehmensplanung einbezogen ist. Kommt der Vorstand seiner Leitungspflicht nicht nach, kann er sich schadensersatzpflichtig machen (§ 93 Abs. 2 S. 1 AktG). 8

Das AktG gestaltet die Pflicht des Vorstands zur Leitung der Gesellschaft als **Gesamtverantwortung** (→ § 5 Rn. 15 f.) aus. Soweit diese Gesamtverantwortung besteht, darf der Vorstand die entsprechende Leitungsaufgabe weder auf andere Organe – etwa den Aufsichtsrat oder die Hauptversammlung – abwälzen, noch einzelnen Vorstandsmitgliedern übertragen.[15] Ebenso wenig darf der Vorstand den Kernbereich der Leitung auf nachgeordnete Führungsebenen oder auf Dritte (Outsourcing) verlagern.[16] 9

---

[5] MüKoAktG/*Spindler* § 76 Rn. 15 ff.; Kölner Komm AktG/*Mertens/Cahn* § 76 Rn. 4; Hüffer/Koch/*Koch AktG* § 76 Rn. 8; MHdB GesR IV/*Wentrup* § 19 Rn. 16; *Nietsch* ZHR 180 (2016), 733 (737 f.); *Priester* AG 2021, 15 (16).

[6] GHEK/*Geßler/Hefermehl* AktG § 76 Rn. 10; *J. Semler* Leitung Rn. 3 ff.

[7] *Henze* BB 2000, 209.

[8] Dazu *Fleischer* ZIP 2003, 1.

[9] BeckOGK/*Fleischer* AktG § 76 Rn. 7.

[10] BGH NZG 2019, 505 Rn. 34; OLG Stuttgart NZG 2006, 790.

[11] Dem Aufsichtsrat können Maßnahmen der Geschäftsführung nicht übertragen werden (§ 111 Abs. 4 S. 1 AktG); die Hauptversammlung kann über Fragen der Geschäftsführung nur entscheiden, wenn der Vorstand es verlangt (§ 119 Abs. 2 AktG).

[12] Hüffer/Koch/*Koch* AktG § 76 Rn. 8; MüKoAktG/*Spindler* § 76 Rn. 17; Kölner Komm AktG/*Mertens/Cahn* § 76 Rn. 4; MHdB GesR IV/*Wentrup* § 19 Rn. 16; GroßkommAktG/*Kort* § 76 Rn. 29.

[13] S. *Kuntz* AG 2020, 801 mwN.

[14] OLG Brandenburg AG 2019, 466; *Fleischer* ZIP 2003, 1 (2).

[15] Kölner Komm AktG/*Mertens/Cahn* § 76 Rn. 4 f., 42 ff.; GroßkommAktG/*Kort* § 76 Rn. 34.

10 Die in § 76 Abs. 1 AktG angesprochene Leitung der Gesellschaft ist also die zwingend vom Gesamtvorstand und unabhängig von Weisungen anderer Gesellschaftsorgane wahrzunehmende **Führungsaufgabe** im Unternehmen.

11 Durch den Zusatz „unter eigener Verantwortung" stellt das Gesetz in § 76 Abs. 1 AktG klar, dass der Vorstand bei seiner Tätigkeit **keinen Weisungen** des Aufsichtsrats oder der Hauptversammlung unterworfen ist.[17] Erst recht gilt dies im Verhältnis zu einzelnen Aktionären, etwa einem Großaktionär, oder Dritten.[18] Die Satzung kann diese vom Gesetz vorgegebene Kompetenzordnung nicht abändern.[19] Eine **Ausnahme** erleidet dieser Grundsatz nur, falls ein **Beherrschungsvertrag** besteht[20] oder eine Eingliederung vorliegt. Der Pflicht zur weisungsfreien Leitung widersprechen rechtsgeschäftliche Vereinbarungen, in denen der Vorstand Leitungsmaßnahmen (organisatorische Maßnahmen, Besetzung von Führungspositionen, künftige Geschäftspolitik) an künftige Entscheidungen eines Dritten bindet bzw. diesen ein Weisungs- oder Vetorecht einräumt.[21] Umstritten ist daher die zulässige Reichweite sog. **Business Combination Agreements,** dh von Absprachen im Vorfeld eines Unternehmenszusammenschlusses.[22] Die Zulässigkeit von **Investorenvereinbarungen,** also von Absprachen über strategische Beteiligungen unterhalb der Ebene des Zusammenschlusses, ist dagegen im Grundsatz allgemein anerkannt.[23] Darüber hinaus darf der Vorstand Leitungsentscheidungen nicht an eine nachrangige Führungsebene delegieren.[24] Dagegen bleibt es dem Vorstand unbenommen, bei der Vorbereitung von Leitungsentscheidungen die Unterstützung nachgeordneter Unternehmensbereiche bzw. Dritter in Anspruch zu nehmen, solange er im Ergebnis eigenverantwortlich die Letztentscheidung trifft.[25] Je nach Komplexität der Entscheidung kann er zur Einschaltung Dritter sogar verpflichtet sein,[26] zB im Falle der Hinzuziehung eines qualifizierten Rechtsberaters bei der Beurteilung von Rechtsfragen.[27] Geschäftsführungsaufgaben, die nicht dem Leitungsbe-

---

[16] MüKoAktG/*Spindler* § 76 Rn. 18; BeckOGK/*Fleischer* AktG § 76 Rn. 9; *Fleischer* ZIP 2003, 1, (7 ff.); *Weyland* NZG 2019, 1041 (1042); *Ziemons* in Ziemons/Binnewies AG-HdB Rn. 8.33 sowie 8.534 und 8.536; aA *Kuntz* AG 2020, 801 ff.

[17] BGH NZG 2008, 507 (508 Rz. 13); Kölner Komm AktG/*Mertens/Cahn* § 76 Rn. 44; MüKoAktG/*Spindler* § 76 Rn. 22; GroßkommAktG/*Kort* § 76 Rn. 2, 42 f.; *Ziemons* in Ziemons/Binnewies AG-HdB Rn. 8.35.

[18] MüKoAktG/*Spindler* § 76 Rn. 24 u. 28 mwN.

[19] Hüffer/Koch/*Koch* AktG § 76 Rn. 5; GroßkommAktG/*Kort* § 76 Rn. 44.

[20] § 308 Abs. 1 S. 1 AktG; die Vorschrift ändert aber nichts an der Leitungskompetenz des Vorstands der abhängigen Gesellschaft. Zu Besonderheiten bei verbundenen Unternehmen → Rn. 63 ff.

[21] Ausführlich dazu MüKoAktG/*Spindler* § 76 Rn. 28 ff.; BeckOGK/*Fleischer* AktG § 76 Rn. 77 ff.; Kölner Komm AktG/*Mertens/Cahn* § 76 Rn. 47 ff.; Hüffer/Koch/*Koch* AktG. § 76 Rn. 27.

[22] Dazu ausführl. *Reichert* ZGR 2015, 1. So ist etwa nach LG München I NZG 2012, 1152 (1153 f.) ein Business Combination Agreement, in dem sich der Vorstand verpflichtet, bestimmte Leitungsaufgaben wie die Ausübung genehmigten Kapitals oder einer Ermächtigung zum Erwerb eigener Aktien nicht ohne die Zustimmung eines Aktionärs durchzuführen, wegen Verstoßes gegen die aktienrechtliche Kompetenzordnung gem. § 134 BGB nichtig. Das OLG München hat im parallelen Freigabeverfahren die Rechtsauffassung des LG München I bestätigt, vgl. OLG München NZG 2013, 459 (462); zust. etwa MüKoAktG/*Spindler* § 76 Rn. 30; GroßkommAktG/*Kort* § 76 Rn. 150a, der aber ansonsten die Zulässigkeit von Business Combination Agreements betont (GroßkommAktG/*Kort* § 76 Rn. 150); *Kuntz* AG 2016, 101 (111 ff.); für die grundsätzliche Zulässigkeit einer solchen Klausel dagegen BeckOGK/*Fleischer* AktG § 76 Rn. 87; Hölters/*Weber* AktG § 76 Rn. 16b; *Paschos* NZG 2012, 1142 (1143 f.); *Hippeli/Diesing* AG 2015, 185 (192 f.); *Bungert/Wansleben* ZIP 2013, 1841 (1844 f.); *Reichert* ZGR 2015, 1 (21 ff.); nach dieser zutreffenden Ansicht kann eine derartige Selbstbindung des Vorstands in bestimmten Grenzen zulässig sein, sofern sie im Interesse der Gesellschaft liegt und einer ausreichenden sachlichen und zeitlichen Beschränkung unterworfen ist. Ob diese der Fall ist, obliegt in den Grenzen der §§ 76, 93 Abs. 1 S. 2 AktG dem Leitungsermessen des Vorstands.

[23] GroßkommAktG/*Kort* § 76 Rn. 150 ff.; MüKoAktG/*Spindler* § 76 Rn. 31 mwN.

[24] BeckOGK/*Fleischer AktG* § 76 Rn. 65; Kölner Komm AktG/*Mertens/Cahn* § 76 Rn. 4; GroßkommAktG/*Hopt/Roth* § 93 Rn. 161; aA zT *Kuntz* AG 2020, 801 (805 ff.).

[25] MüKoAktG/*Spindler* § 76 Rn. 18; Hölters/*Weber* AktG § 76 Rn. 12; GroßkommAktG/*Kort* § 76 Rn. 49; BeckOGK/*Fleischer* AktG § 76 Rn. 20; *Ziemons* in Ziemons/Binnewies AG-HdB Rn. 8.33; näher *Kuntz* AG 2020, 801 (810 ff.).

[26] Ebenso *Kuntz* AG 2020, 801 (809 f.).

[27] BGH NZG 2011, 1271 (Ision).

reich unterfallen, können – und müssen häufig – auf die nachgeordneten Organisationsebenen des Unternehmens delegiert werden.[28] Jedoch treffen den Vorstand dann Auswahl-, Einweisungs- und Überwachungspflichten.[29]

An dem Recht und der Pflicht des Vorstands zur eigenverantwortlichen Leitung des Unternehmens ändern auch **Kontrollrechte des Aufsichtsrats** nichts. Der Aufsichtsrat muss sich darauf beschränken, die Leitung des Unternehmens durch den Vorstand zu überwachen (§ 111 Abs. 1 AktG).[30] Auch soweit der Vorstand für einzelne Maßnahmen nach der Satzung der Gesellschaft, der Geschäftsordnung des Vorstands oder des Aufsichtsrats oder aufgrund eines einzelfallbezogenen Aufsichtsratsbeschlusses der Zustimmung des Aufsichtsrats bedarf (s. § 111 Abs. 4 S. 1 AktG), handelt es sich um eine bloße Kontrollfunktion des Aufsichtsrats.[31] In keinem Fall darf der Aufsichtsrat seine Kontrolle in der Weise ausüben, dass er dem Vorstand die eigenverantwortliche Leitung des Unternehmens teilweise oder gar weitgehend aus der Hand nimmt.[32] Die Wahrnehmung der Leitungsaufgabe des Vorstands wird nicht beeinträchtigt, sondern gefördert, soweit der Aufsichtsrat die Tätigkeit beratend begleitet und damit seine eigene **Beratungsaufgabe** erfüllt.[33] 12

Auch der **Hauptversammlung** ist es **verwehrt,** auf die Leitung des Unternehmens durch den Vorstand **Einfluss zu nehmen.** Allerdings kann sie in der Satzung den Gesellschaftszweck bzw. den Unternehmensgegenstand bestimmen, innerhalb dessen sich das Leitungsermessen des Vorstands halten muss.[34] Zu Maßnahmen der Geschäftsführung kann die Hauptversammlung nur dann Beschlüsse fassen, wenn der Vorstand sie darum ersucht hat (§ 119 Abs. 2 AktG).[35] Diese Einschränkung gilt nicht, soweit der Vorstand zu einzelnen Maßnahmen schon kraft Gesetzes einer Zustimmung der Hauptversammlung bedarf.[36] Außerdem steht der Hauptversammlung das Recht zu, durch Beschluss den Vorstand dazu anzuweisen, Maßnahmen, die in ihre Zuständigkeit fallen, oder Verträge, die zur Wirksamkeit ihrer Zustimmung bedürfen, vorzubereiten (§ 83 Abs. 1 AktG). 13

Darüber hinaus verlangt die **Rechtsprechung**[37] unter bestimmten engen Voraussetzungen, dass der Vorstand zu einer geplanten Maßnahme einen **Beschluss der Hauptversammlung** herbeiführt. Die Maßnahme muss so bedeutsam sein, dass sie vergleichbar stark in das Mitgliedsrecht der Aktionäre und deren im Anteilseigentum verkörpertes Vermögensinteresse eingreift wie Vorgänge, für die das Gesetz eine Mitwirkung der Hauptversammlung ausdrücklich verlangt. Der Vorstand kann in solchen Fällen nicht vernünfti- 14

---

[28] Vgl. GroßkommAktG/*Hopt/Roth* § 93 Rn. 160; *Kuntz* AG 2020, 801 (809f.).

[29] GroßkommAktG/*Hopt/Roth* § 93 Rn. 162ff.; *Fleischer* AG 2003, 291 (293ff.).

[30] Hier erweist sich erneut die uneinheitliche Terminologie des Gesetzes als irreführend: Richtigerweise sind in § 111 Abs. 1 AktG nur die Leitung des Unternehmens sowie wesentliche Geschäftsführungsmaßnahmen betroffen, nicht dagegen die gesamte Geschäftsführung im oben erläuterten weiteren Sinn. Entscheidungen im Tagesgeschäft hat der Aufsichtsrat nicht zu überwachen; zutreffend GroßkommAktG/*Kort* § 76 Rn. 32; Hüffer/Koch/*Koch* AktG § 111 Rn. 2; Hölters/*Hambloch-Gesinn/Gesinn* AktG § 111 Rn. 11; § 111 Abs. 4 AktG betrifft dagegen die Geschäftsführung allgemein.

[31] *Frodermann/von Eiff* in Frodermann/Janott AktR-HdB Kap. 7 Rn. 152.

[32] BeckOGK/*Fleischer* AktG § 76 Rn. 4, 66; MüKoAktG/*Spindler* § 76 Rn. 22.

[33] Zur Beratungsaufgabe des Aufsichtsrats *LKV* Aufsichtsrat Rn. 103ff.; *Dörrwächter/Kaßmann* in TGH AR-HdWB Beitrag 92 Rn. 25; krit. *Theisen* AG 1995, 193 (199f.).

[34] BeckOGK/*Fleischer* AktG § 76 Rn. 69; MüKoAktG/*Spindler* § 76 Rn. 26; auch → Rn. 42).

[35] BGH NZG 2019, 505 Rn. 34; *Decker* NZG 2018, 447 (448); der Begriff der Geschäftsführung wird hier im weiten Sinne des § 77 AktG verwandt; vgl. Hüffer/Koch/*Koch* AktG § 119 Rn. 13.

[36] Es handelt sich dabei um Satzungsänderungen, Kapitalmaßnahmen (zB §§ 71, 221 AktG), bei denen nicht zugleich eine Satzungsänderung erforderlich ist, Abschluss von Unternehmensverträgen, Strukturmaßnahmen nach dem UmwG. Für solche Maßnahmen mag der Begriff der Grundlagengeschäfte verwandt werden. Er darf aber nicht zu der irrigen Vorstellung verleiten, es gäbe Maßnahmen, die schon deshalb der Zustimmung der Hauptversammlung bedürften, weil sie „über die gewöhnliche Geschäftsführung" hinausgingen (eingehend → § 5 Rn. 5ff.).

[37] BGHZ 83, 122 – Holzmüller; restriktiver in Bezug auf das Zustimmungserfordernis der Hauptversammlung BGHZ 159, 30 – Gelatine I; BGH ZIP 2004, 1001 – Gelatine II; in Abkehr von seiner bisherigen Rechtsprechung hält der BGH nunmehr einen Beschluss der Hauptversammlung beim Delisting nicht mehr für erforderlich, vgl. BGH DStR 2013, 2526 (2528); anders noch BGHZ 153, 47 – Macrotron; s. ferner Hüffer/Koch/*Koch* AktG § 119 Rn. 16ff.

gerweise annehmen, dass er die Maßnahme ohne Beteiligung der Hauptversammlung umsetzen kann. Dies ist für sehr erhebliche Fälle der sog. „Mediatisierung" anerkannt. Hier werden die Rechte der Aktionäre durch Verlagerung ganz wesentlicher Unternehmensteile in eine Tochtergesellschaft geschmälert. Insbesondere bei Beteiligungsveräußerungen darf inzwischen als geklärt angesehen werden, dass der Hauptversammlung von seltenen Ausnahmefällen abgesehen keine ungeschriebene Zuständigkeit zur Mitwirkung zukommt, solange die Grenzen des § 179a AktG nicht überschritten sind.[38] Ebenso wenig unterliegen Beteiligungserwerbe der Zustimmung der Hauptversammlung.[39] Anders ist die Rechtslage (ungeachtet der Frage nach ungeschriebenen Zuständigkeiten der Hauptversammlung), wenn eine Beteiligungsveräußerung zu einer Satzungsunterschreitung oder ein Beteiligungserwerb zu einer Satzungsüberschreitung führen würde, dh wenn die Veräußerung einer (Teil-) Aufgabe der satzungsmäßig vorgegebenen Tätigkeit gleichkäme[40] bzw. der Erwerb durch den in der Satzung festgelegten Unternehmenszweck nicht mehr gedeckt ist. Hier ergibt sich die Zuständigkeit der Hauptversammlung bereits unmittelbar aus § 179 AktG.[41]

## B. Der Inhalt der Leitung

### I. Einzelne Tätigkeiten

#### 1. Gesetzliche Leitungsaufgaben

15 Um die Leitung des Unternehmens im soeben beschriebenen Sinne handelt es sich zunächst immer dort, wo bereits das **Gesetz** dem Gesamtvorstand ausdrücklich eine Leitungsaufgabe **zuweist.** Das Gesetz nennt an verschiedenen Stellen solche Leitungsaufgaben (s. auch → § 1 Rn. 221):[42]
- Vorbereitung und Ausführung von Beschlüssen der Hauptversammlung (§ 83 AktG);
- Berichterstattung an den Aufsichtsrat (§ 90 AktG);
- Buchführung (§ 91 Abs. 1 AktG);
- Errichtung eines Risikofrüherkennungs- und Überwachungssystems (§ 91 Abs. 2 AktG);
- Festlegung des Frauenanteils in den beiden Führungsebenen unterhalb des Vorstands (§ 76 Abs. 4 AktG);
- Verlustanzeige und Insolvenzantrag (§ 92 AktG bzw. § 15a InsO);
- Einberufung des Aufsichtsrats in besonderen Fällen (§ 110 Abs. 1 AktG);
- Verlangen an die Hauptversammlung, über eine Frage der Geschäftsführung zu entscheiden (§ 119 Abs. 2 AktG);
- Einberufung der Hauptversammlung (§ 121 Abs. 2 AktG, § 175 Abs. 1 S. 1 AktG);
- Vorschläge des Vorstands zu jedem Punkt der Tagesordnung einer Hauptversammlung (§ 124 Abs. 3 S. 1 AktG);
- Abgabe der Entsprechenserklärung (§ 161 AktG);
- Aufstellung von Jahresabschluss und Lagebericht und deren Vorlage an den Aufsichtsrat (§ 170 Abs. 1 AktG) sowie Vorlage des Gewinnverwendungsvorschlags an den Aufsichtsrat (§ 170 Abs. 2 AktG);
- Erteilung von Auskünften auf der Hauptversammlung (§ 131 Abs. 1 S. 1 AktG);

---

[38] BGH DStR 2007, 586; Kölner Komm AktG/*Mertens/Cahn* § 76 Rn. 63; K. Schmidt/Lutter/*Spindler* AktG § 119 Rn. 35; krit. MüKoAktG/*Kubis* § 119 Rn. 66ff.; BeckOGK/*Hoffmann* AktG § 119 Rn. 30f.; vgl. BVerfG NZG 2011, 1379.

[39] Str., OLG Frankfurt a. M. NZG 2011, 62; MüKoAktG/*Kubis* § 119 Rn. 70f.; Hölters/*Drinhausen* AktG § 119 Rn. 21; krit. etwa *Priester* AG 2011, 654 (657ff. mwN); aA K. Schmidt/Lutter/*Spindler* AktG § 119 Rn. 34 mwN.

[40] S. GroßkommAktG/*Kort* § 76 Rn. 29; ausführl. *Priester* ZGR 2017, 474.

[41] *Priester* AG 2011, 654 (657); MüKoAktG/*Kubis* § 119 Rn. 66, 70.

[42] MüKoAktG/*Spindler* § 76 Rn. 15 § 77 Rn. 64; GroßkommAktG/*Kort* § 76 Rn. 35.

– Anfechtung von Beschlüssen der Hauptversammlung (§ 245 Nr. 4 und 5 AktG);
– Abschluss, Änderung sowie Aufhebung von Unternehmensverträgen (§§ 293, 295, 296 AktG, unbeschadet der Zustimmungserfordernisse durch die Hauptversammlung).

Bei all diesen Aufgaben unterscheidet das Gesetz nicht nach der Art des Unternehmens 16
– etwa ob es als produzierendes Unternehmen oder aber im Finanzsektor tätig ist – oder danach, ob die betreffende Gesellschaft börsennotiert oder nicht börsennotiert ist.[43] Solche Differenzierungen gewinnen indes zunehmend an Bedeutung, weil der Gesetzgeber beispielsweise für den Finanzsektor oder im Kapitalmarktrecht vielfältige Vorstandspflichten schafft. Solche **kapitalmarktrechtlichen Pflichten** des Vorstands sind etwa:
– Mitteilungen an den Kapitalmarkt oder Aktionäre, Veröffentlichung von Insiderinformationen („ad hoc-Mitteilungen"; 17 Abs. 1 MAR; auch → Rn. 60 f.), Führung von Insiderlisten (Art. 18 MAR), Stimmrechtsmitteilungen (§§ 33 ff. WpHG), Informationspflichten für die Wahrung von Rechten aus Wertpapieren (§§ 48 ff. WpHG), Veröffentlichung und Übermittlung von Finanzberichten (§§ 114 ff. WpHG);
– Stellungnahme zu einem Angebot nach dem WpÜG (§ 27 Abs. 1 S. 1 WpÜG).

## 2. Ungeschriebene Leitungsaufgaben

Darüber hinaus gibt es ungeschriebene Leitungsaufgaben, die weniger einzelne Hand- 17
lungspflichten des Vorstands als vielmehr die unternehmerische Tätigkeit insgesamt betreffen. Wichtige **Anhaltspunkte** hierfür ergeben sich aus § 90 Abs. 1 S. 1 AktG.[44] Der Gesamtvorstand ist zwingend für folgende Leitungsaufgaben zuständig:[45]
– Unternehmensplanung (Zielsetzung sowie mittel- und langfristige Festlegung der Unternehmenspolitik);
– Unternehmensstruktur (Festlegung der Grundzüge der Markt-, Produkt-, Finanz-, Investitions- und Personalpolitik);
– Unternehmenskontrolle (laufende und nachträgliche Kontrolle von Durchführung und Erfolg delegierter Geschäftsführungsaufgaben);
– Überwachung der Geschäfts- und Ergebnisentwicklung;
– sonstige Maßnahmen und Geschäfte, die für die Gesellschaft von außergewöhnlicher Bedeutung sind oder mit denen ein außergewöhnliches Risiko verbunden ist;
– Besetzung der oberen Führungspositionen;
– grundlegende Fragen der Unternehmensfinanzierung;[46]
– angemessene Vorbereitung auf (unerwünschte) Übernahmeversuche;
– grundlegende Maßnahmen der Compliance.[47]

Zusammenfassend kann gesagt werden, dass dem Vorstand **vier Aufgabenbereiche** als 18
unverzichtbare und nicht auf andere Organe, nachgeordnete Führungsebene oder sonstige Dritte übertragbare Leitungsverantwortung zukommen: Planungs- und Steuerungsverantwortung, Organisationsverantwortung, Finanzverantwortung und Informationsverantwortung.[48]

---

[43] Eingehend *Bayer,* Empfehlen sich besondere Regelungen für börsennotierte und für geschlossene Gesellschaften?, Gutachten E zum 67. Deutschen Juristentag.
[44] Auch die Einrichtung eines Aktienregisters (§ 67 AktG) ist Leitungsaufgabe, OLG München ZIP 2005, 1070; MüKoAktG/*Spindler* § 76 Rn. 16.
[45] *Henze* BB 2000, 209 (210); MüKoAktG/*Spindler* § 76 Rn. 15 ff.; GroßkommAktG/*Kort* § 76 Rn. 36; Hüffer/Koch/*Koch* AktG § 76 Rn. 9.
[46] *Seibt* ZIP 2013, 1597 ff.
[47] LG München I NZG 2014, 345 (Neubürger); Hüffer/Koch/*Koch* AktG § 76 Rn. 11 f.; s. auch Grundsatz 5 sowie Empfehlung A.2 DCGK, wonach der Vorstand für ein Compliance Management System sorgen soll.
[48] BeckOGK/*Fleischer* AktG § 76 Rn. 6; *Fleischer* ZIP 2013, 1 (5).

## II. Organisation

19 Zu den Leitungsaufgaben gehört vor allem auch die angemessene Organisation des Unternehmens und seiner Teilbereiche. Dies betrifft zunächst ganz allgemein die gesetzmäßige Organisation des Unternehmens, um den Unternehmenszweck bestmöglich erfüllen zu können.[49] In jüngerer Zeit und insbesondere im Anschluss an die Finanzkrise ist eine Leitungsaufgabe besonders in den Blick gerückt: Die angemessene Organisation des Unternehmens zur **Einschätzung und Behandlung von Risiken,**[50] wenngleich aktienrechtlich (§ 91 Abs. 2 AktG) schon lange eine entsprechende Pflicht besteht.[51]

20 Der Vorstand muss durch geeignete Organisation sicherstellen, dass eine den Fortbestand des Unternehmens gefährdende Entwicklung frühzeitig und eine damit verbundene mögliche Krise alsbald erkannt werden (§ 91 Abs. 2 AktG). Er hat ein sog. **Frühwarnsystem** einzurichten. Zu den den Fortbestand der Gesellschaft gefährdenden Entwicklungen gehören vor allem risikoträchtige Geschäfte, Unrichtigkeiten der Rechnungslegung und Rechtsverstöße, die sich auf die Vermögens-, Finanz- und Ertragslage der Gesellschaft wesentlich auswirken.[52]

21 Als Teil eines Frühwarnsystems sollte der Vorstand für den Aufbau eines angemessenen **Risikomanagementsystems** (ausführlich → § 1 Rn. 227ff.) und für eine angemessene **interne Revision** sorgen. Er darf sich dabei nicht darauf beschränken, einzelne ihm bekannt werdende risikoträchtige Geschäftsvorfälle zu überwachen. Vielmehr muss der Vorstand das Unternehmen intern so organisieren, dass ihm die frühzeitige Kenntnisnahme und Kontrolle von Umständen, von denen eine Gefährdung ausgehen kann, möglich sind. Nur dann kann er frühzeitig weitere **Maßnahmen zur Risikominimierung** einleiten.[53] Der Vorstand muss dabei alle ihm zur Verfügung stehenden Informationsquellen berücksichtigen.[54] Zu diesem Zweck sollte der Vorstand ein systematisches und kontinuierliches **Prüfungssystem** aufbauen, das alle Unternehmensbereiche erfasst. Hierzu bedarf es zumindest eines **geordneten Rechnungswesens** und eines **Finanzplans.** Zudem sollte die interne Revision in alle Gesellschaftsprozesse einbezogen und auf die Unternehmensziele und Unternehmensrisiken ausgerichtet werden. Das Prüfungssystem muss außerdem sicherstellen, dass unternehmensinterne und -externe **Informationen richtig und rechtzeitig verfügbar** sind, damit Risiken unverzüglich aufgedeckt werden können.[55] Den Vorstand der Muttergesellschaft trifft grds die Pflicht zur Gewährleistung eines angemessenen konzernweiten Risikomanagements.[56]

22 Der Vorstand muss außerdem prüfen, ob dieses System **tatsächlich umgesetzt** wird. Der **Abschlussprüfer** muss dem Aufsichtsrat oder einem entsprechenden Ausschuss über wesentliche Schwächen des internen Kontroll- und Risikomanagementsystems bezogen auf den Rechnungslegungsprozess **berichten** (§ 171 Abs. 1 S. 2 AktG). Der Vorstand einer börsennotierten Gesellschaft hat ein im Hinblick auf den Umfang der Geschäftstätigkeit und die Risikolage des Unternehmens angemessenes und wirksames internes Kontrollsystem und Risikomanagementsystem einzurichten (§ 91 Abs. 3 AktG; auch → § 7 Rn. 56).[57]

---

[49] Kölner Komm AktG/*Mertens/Cahn* § 76 Rn. 5; *Fleischer* ZIP 2003, 1 (5).

[50] Überblick über die Entwicklung bei *Hemeling* ZHR 175 (2011), 368.

[51] Kölner Komm AktG/*Mertens/Cahn* § 91 Rn. 14; s. auch Ziff. 4.1.4 DCGK 2017 (in den Fassungen bis 2017) sowie jetzt Grundsatz 4 DCGK.

[52] *Liebscher* in BeckHdB AG § 6 Rn. 115a.

[53] BeckOGK/*Fleischer* AktG § 91 Rn. 32; MüKoAktG/*Spindler* § 91 Rn. 27; Hüffer/Koch/*Koch* AktG § 91 Rn. 6ff.; *Liebscher* in BeckHdB AG § 6 Rn. 115a; *Endres* ZHR 163 (1999), 441 (451f.).

[54] BGHZ 134, 244 (253f.).

[55] *Liebscher* in BeckHdB AG § 6 Rn. 116; näher zur Informationsverantwortung des Geschäftsleiters *Grunewald* ZGR 2020, 469 (473ff.).

[56] *Liebscher* in BeckHdB AG § 6 Rn. 117.

[57] Diese Pflicht ist durch das Gesetz zur Stärkung der Finanzmarktintegrität (FISG) in das AktG aufgenommen worden. Für nicht börsennotierte Gesellschaften ist ein umfassendes Risikomanagementsystem dage-

Ebenso bedeutsam ist die Aufgabe des Vorstands, für die **Beachtung von Compliance Regeln** sowie eine angemessene **Compliance Organisation** zu sorgen (näher → § 13 Rn. 12ff., 32ff.).[58] Die Legalitätspflicht gebietet es dem Vorstand, sich gesetzestreu zu verhalten und sicherzustellen, dass auch die Mitarbeiter des Unternehmens die gesetzlichen Vorgaben einhalten (s. Grundsatz 5 DCGK).[59] Die Ausgestaltung im Einzelnen liegt allerdings im Ermessen des Vorstands.[60] 23

Im Rahmen der Organisationspflichten muss der Vorstand auch geeignete Vorkehrungen treffen, damit er gegebenenfalls bestehende **kapitalmarktrechtliche Pflichten** zeitgerecht – häufig unverzüglich – **erfüllen** kann. 24

## C. Maßstäbe für die Ausübung der Leitung

Das Gesetz enthält **keine ausdrücklichen Vorgaben,** nach welchen Grundsätzen der Vorstand seine Leitungsfunktion ausüben soll. 25

**Maßstäbe** für die Ausübung der Leitungsfunktion lassen sich am ehesten **aus** der **Funktion des Vorstands ableiten** sowie daraus, für welche rechtliche oder tatsächliche Einheit er dies tut und welchen Interessen er dabei zu dienen hat. Klar ist jedenfalls, dass der Vorstand bei der Wahrnehmung seiner Leitungspflicht **nicht im eigenen Interesse** tätig wird und nicht werden darf. 26

### I. Leitungsaufgabe des Vorstands als Organ

Der Vorstand ist Organ der Gesellschaft. Damit bezieht sich die Leitungsaufgabe zunächst auf die Gesellschaft.[61] Als Organ der Gesellschaft muss der Vorstand (mindestens) dafür sorgen, dass die Gesellschaft die ihr nach **Gesetz und Satzung auferlegten Pflichten** erfüllt, so etwa, ein geordnetes kaufmännisches Rechnungswesen zu schaffen und aufrechtzuerhalten, Jahresabschlüsse aufzustellen, jährlich die ordentliche Hauptversammlung mit den gesetzlich vorgegebenen Beschlussgegenständen[62] abzuhalten, den Verlust der Hälfte des Grundkapitals anzuzeigen und rechtzeitig Insolvenzantrag zu stellen. Aus dieser beispielhaften Aufzählung ist ersichtlich, dass das Gesetz für diese Leitungsaufgaben keinerlei inhaltliche Vorgaben macht. Solche Vorgaben sind aber auch entbehrlich, weil es um das rein organisatorische, formale Funktionieren der Gesellschaft als AG geht. 27

---

gen rechtlich nicht vorgeschrieben, eine entsprechende Pflicht ergibt sich insbesondere auch nicht aus § 91 Abs. 2 AktG, s. Hölters/*Müller-Michaels* AktG § 91 Rn. 10; *Kort* ZGR 2010, 440 (451ff.); *Ihrig/Schäfer* Vorstand § 21 Rn. 571.

[58] LG München I NZG 2014, 345; Kölner Komm AktG/*Mertens/Cahn* § 91 Rn. 34ff.; *Klahold/Kremer* ZGR 2010, 113 (125); ausführl. *Bürgers* ZHR 179 (2015), 173; *Nietsch* ZHR 180 (2016), 733; für börsennotierte Unternehmen *Harbarth* ZHR 179 (2015), 136; zur Haftung des Vorstands für eine fehlerhafte Ausrichtung der Compliance-Organisation *Nietsch* ZGR 2015, 631 (648ff.); *Balke/Klein* ZIP 2017, 2038 (2040ff.).

[59] *Liebscher* in BeckHdB AG § 6 Rn. 117b f.

[60] Kölner Komm AktG/*Mertens/Cahn* § 91 Rn. 36; näher *Nietsch* ZGR 2015, 631 (657ff.).

[61] GroßkommAktG/*Kort* § 76 Rn. 39.

[62] Ua Entgegennahme des festgestellten Jahresabschlusses sowie Beschlussfassung über die Verwendung des Bilanzgewinns (§§ 175 Abs. 1 S. 1, 119 Abs. 1 Nr. 2 AktG), Beschlussfassung über das Vergütungssystem und den Vergütungsbericht für Mitglieder des Vorstands und des Aufsichtsrats der börsennotierten Gesellschaft (§ 119 Abs. 1 Nr. 3 AktG), Entlastung der Mitglieder des Vorstands und des Aufsichtsrats (§ 119 Abs. 1 Nr. 4 AktG), Bestellung (besser: Wahl) des Abschlussprüfers (§ 119 Abs. 1 Nr. 5 AktG).

## II. Leitung des von der Gesellschaft betriebenen Unternehmens – Handlungsmaximen

28 Die Leitungsaufgabe kann sich aber **nicht** darauf **beschränken,** das (formale) **Funktionieren** der AG nach Gesetz und Satzung zu gewährleisten. Der Vorstand ist in seiner Eigenschaft als Organ der Gesellschaft zugleich **Leiter des** von der Gesellschaft betriebenen **Unternehmens.**[63] Mit der Leitung des Unternehmens sind aber vor allem inhaltliche Entscheidungen, etwa zur Unternehmensplanung oder in wichtigen Einzelfällen (Produktentwicklung und -einführung, Erwerb oder Veräußerung strategischer Beteiligungen, größere Investitionen in Anlagen etc.), gefordert. Zu fragen ist daher, welche inhaltlichen Vorgaben für das Leitungshandeln des Vorstands bestehen.

### 1. Gesellschaftsinteresse

29 Bei der **Leitung des Unternehmens,** also der Wahrnehmung der Unternehmerfunktion, ist der Vorstand zunächst dem Gesellschaftsinteresse verpflichtet; denn er leitet das Unternehmen für dessen Rechtsträger, die Gesellschaft (§ 76 Abs. 1 AktG spricht von Leitung der „Gesellschaft“). Aus gesellschaftsrechtlicher Sicht ist die Gesellschaft ein Verband der Kapitalgeber, dessen Zweck darin besteht, die gebündelten Interessen der Aktionäre zu verwirklichen.[64]

30 Die Aktionäre haben sich in der Gesellschaft idR zusammengeschlossen, um dauerhaft einen erwerbswirtschaftlichen Zweck zu verfolgen. Solange die Satzung keinen anderen Zweck bestimmt,[65] besteht das **Gesellschaftsinteresse** im Wesentlichen darin, den **Bestand des** in der Gesellschaft verfassten **Unternehmens** zu sichern und für dessen **dauerhafte Rentabilität** zu sorgen.[66] Das Gesellschaftsinteresse gebietet damit regelmäßig auch die Erhaltung bzw. Steigerung der Ertragskraft und Wettbewerbsfähigkeit des Unternehmens.[67]

31 Dabei muss das Handeln des Vorstands grds auf eine nachhaltige Entwicklung des Unternehmens, dh eine nachhaltige Steigerung des Unternehmenswerts und eine langfristige bzw. nachhaltige Erhaltung seiner Rentabilität abzielen. Dies ergibt sich vor allem auch aus § 87 Abs. 1 S. 2 AktG, wonach die Vergütungsstruktur (bei börsennotierten Gesellschaften[68]) auf eine langfristige und nachhaltige Entwicklung der Gesellschaft auszurichten ist.[69]

---

[63] Kölner Komm AktG/*Mertens/Cahn* § 76 Rn. 6; MüKoAktG/*Spindler* § 76 Rn. 63; GroßkommAktG/*Kort* § 76 Rn. 39.

[64] MüKoAktG/*Spindler* § 76 Rn. 72; GroßkommAktG/*Kort* § 76 Rn. 59.

[65] K. Schmidt/Lutter/*Seibt* AktG § 76 Rn. 40; Hölters/*Weber* AktG § 76 Rn. 19; ein solcher anderer Zweck mag vor allem bei kommunalen Eigenbetrieben satzungsmäßig vorgegeben sein.

[66] AllgM: OLG Hamm AG 1995, 512 (514); MüKoAktG/*Spindler* § 76 Rn. 73; GroßkomAktG/Kort § 76 Rn. 53; Hölters/*Weber* AktG § 76 Rn. 19; ausführl. *Mülbert* AG 2009, 766 (770 ff.); *Dörrwächter/Wolff* AG 2020, 233 (236) mwN.

[67] Kölner Komm AktG/*Mertens/Cahn* § 76 Rn. 21; Wachter/*Link* AktG § 76 Rn. 43, 46; GroßkommAktG/*Kort* § 76 Rn. 53; *Dörrwächter/Wolff* NZG 2020, 233 (237).

[68] Nach verbreiteter Ansicht gilt diese Vorgabe in abgeschwächter Form auch für nicht-börsennotierte Gesellschaften, wobei der Aufsichtsrat (bzw. das ansonsten zuständige Gremium) hier einen größeren Ermessensspielraum hat; s. BT-Drs. 16/13433 S. 10; MüKoAktG/*Spindler* § 87 Rn. 81, 98; GroßkommAktG/*Kort* § 76 Rn. 118.

[69] Ebenso GroßkommAktG/*Kort* § 76 Rn. 54; *Kort* NZG 2012, 926 (928 f.); MüKoAktG/*Spindler* § 76 Rn. 73; Wachter/*Link* AktG § 76 Rn. 41; *Harbarth* ZGR 2018, 379 (385 ff.), jeweils noch zu § 87 Abs. 1 S. 2 AktG idF vor ARUG II; K. Schmidt/Lutter/*Seibt* AktG § 76 Rn. 41; auf das Erfordernis der Orientierung an der langfristigen Entwicklung der Gesellschaft weisen ferner die ebenfalls im Kontext der Vergütung stehenden §§ 87a Abs. 1 S. 2 Nr. 2 und 162 Abs. 1 S. 2 Nr. 1 AktG hin (ebenso K. Schmidt/Lutter/*Seibt* AktG § 76 Rn. 41), schließlich betont der DCGK in seiner Präambel die „Verpflichtung von Vorstand und Aufsichtsrat, [….] für den Bestand und des Unternehmens und seine nachhaltige Wertschöpfung zu sorgen (Unternehmensinteresse)“; zur langfristigen und nachhaltigen Vergütung des Vorstands näher *Velte* NZG 2020, 12 ff.; *Dörrwächter* in TGH AR-HdWB Beitrag 154 Rn. 33 ff.

Die **dauerhafte Rentabilität** des Unternehmens als regelmäßig vorrangiges Gesellschaftsinteresse und damit wichtigste Vorgabe für die Tätigkeit des Vorstands darf **nicht gleichgesetzt** werden mit **Gewinnmaximierung.**[70] Nicht allein ist der Gewinn kein eindeutiger Begriff,[71] es mag bisweilen im (langfristigen) Gesellschaftsinteresse liegen, zugunsten langfristiger Rentabilität auf (kurzfristige) Gewinne zu verzichten.[72] 32

Als Rechtssubjekt unterliegt die Gesellschaft den **Bindungen der Rechtsordnung,** den Vorstand trifft bei der Leitung der Gesellschaft und somit der Führung des Unternehmens die **Legalitätspflicht.**[73] Damit muss er die Anforderungen der Rechtsordnung daran, wie ein Unternehmen zu führen sei, beachten. Solche Anforderungen enthalten etwa das Recht der unternehmerischen und betrieblichen Mitbestimmung, das Kapitalmarktrecht, das Wettbewerbsrecht oder das Arbeitsrecht. Sie begrenzen das Streben der Gesellschaft, ausschließlich ihre Erwerbsinteressen durchzusetzen. Die jeweils geltende Rechtsordnung stellt daher in jedem Falle die äußerste Grenze der Leitungsmacht des Vorstands dar. Hierdurch wird ihm die Beachtung der Interessen etwa der Arbeitnehmer, der Vertragspartner des Unternehmens oder auch der Allgemeinheit auferlegt.[74] 33

## 2. Stakeholder Value vs. Shareholder Value (Unternehmensinteresse)

Das Unternehmen ist durch eine Vielfalt an unterschiedlichen Interessen gekennzeichnet, die sich in drei Bereiche gliedern lassen: Kapital (Aktionäre), Arbeit (Arbeitnehmer) und Gemeinwohl (v.a. Umwelt, Kunden, Lieferanten, Gesellschaft).[75] Diese Interessen, die zusammengefasst häufig als Unternehmensinteresse bezeichnet werden,[76] kann und muss der Vorstand bei der Ausübung seines Leitungsermessens grundsätzlich berücksichtigen.[77] Hiervon geht auch der DCGK in seiner Präambel aus.[78] Umstritten ist jedoch, ob die Interessen hierbei gleichberechtigt nebeneinander stehen oder ob den Belangen der Aktionäre der Vorzug gebührt. 34

[70] MüKoAktG/*Spindler* § 76 Rn. 74; Hölters/*Weber* AktG § 76 Rn. 19; näher zum potentiellen Konflikt zwischen Gewinnmaximierung und langfristiger Entwicklung Kölner Komm AktG/*Mertens/Cahn* § 76 Rn. 21, 24.

[71] Das AktG verwendet den Begriff „Gewinn" nur an wenigen Stellen (zB §§ 60 Abs. 1 und 2, 254 Abs. 1, 291 Abs. 1 AktG) und meint bei § 60 Abs. 1 und 2 AktG den Teil des „Bilanzgewinns", der sich als Ausschüttungsbetrag ergibt (Hüffer/Koch/*Koch* AktG § 60 Rn. 1) oder – bei § 254 Abs. 1 AktG – ergeben könnte. § 291 Abs. 1 AktG meint den „Bilanzgewinn", wie er sich ohne Gewinnabführung ergäbe (Hüffer/Koch/*Koch* AktG § 291 Rn. 26). Überwiegend verwendet das AktG die technischen Begriffe „Jahresüberschuss" und „Bilanzgewinn".

[72] Hölters/*Weber* AktG § 76 Rn. 19.

[73] GroßkommAktG/*Kort* § 76 Rn. 47, § 91 Rn. 121; Hölters/*Weber* AktG § 76 Rn. 25ff.; näher hierzu → § 7 Rn. 7ff.

[74] K. Schmidt/Lutter/*Seibt* AktG § 76 Rn. 40.

[75] S. MüKoAktG/*Spindler* § 76 Rn. 64, 66; Hüffer/Koch/*Koch* AktG § 76 Rn. 28.

[76] Hölters/*Weber* AktG § 76 Rn. 23 („Abkürzung"); ebenso Hüffer/Koch/*Koch* AktG § 76 Rn. 36; K. Schmidt/Lutter/*Seibt* AktG § 76 Rn. 40 („Abbreviatur"); vgl. auch MükoAktG/*Spindler* § 76 Rn. 67; BeckOGK/*Fleischer* AktG § 76 Rn. 27, die mit Blick auf das Unternehmensinteresse allerdings von „Ernüchterung" bzw. „Ermüdungserscheinungen" sprechen; zT werden die Begriffe Gesellschafts- und Unternehmensinteresse auch synonym verwendet, etwa durch den BGH, s. BGH DStR 1997, 1460 (1462); NJW 2006, 522 (524); vgl. auch GroßkommAktG/*Hopt/Roth* § 93 Rn. 98; weitere Nachweise bei BeckOGK/*Fleischer* AktG § 76 Rn. 27 Fn. 107 und *Henze* BB 2000, 209 (212); die Figur des Unternehmensinteresses insgesamt ablehnend *Mülbert* AG 2009, 766 (770ff.). Dagegen existiert kein von der Gesellschaft (AG) zu unterscheidendes Interesse des Unternehmens als eigenständiger Interessenträger, Hölters/*Weber* AktG § 76 Rn. 23; Hüffer/Koch/*Koch* AktG § 76 Rn. 36; K. Schmidt/Lutter/*Seibt* AktG § 76 Rn. 40; *Zöller* AG 2003, 2 (8); *Kort* AG 2012, 605; aA Kölner Komm AktG/*Mertens/Cahn* § 76 Rn. 6f.

[77] K. Schmidt/Lutter/*Seibt* AktG § 76 Rn. 40; Hüffer/Koch/*Koch* AktG § 76 Rn. 26.

[78] In Absatz 1 der Präambel heißt es: „Der Kodex verdeutlicht die Verpflichtung von Vorstand und Aufsichtsrat, im Einklang mit den Prinzipien der sozialen Marktwirtschaft unter Berücksichtigung der Belange der Aktionäre, der Belegschaft und der sonstigen mit dem Unternehmen verbundenen Gruppen (Stakeholder) für den Bestand des Unternehmens und seine nachhaltige Wertschöpfung zu sorgen (Unternehmensinteresse)." Diese Formulierung dürfte jedoch eher als eine Wiedergabe der Rechtslage anzusehen sein, s. (zum DCGK 2017) MüKoAktG/*Spindler* § 76 Rn. 71.

35 Die hM lehnt einen Vorrang der Aktionärsinteressen ab. Hiernach hat der Vorstand die Interessen der unterschiedlichen Stakeholder im Sinne einer „praktischen Konkordanz“ in einen angemessenen Ausgleich zu bringen (**Stakeholder Value-Konzept** bzw. **interessenpluralistische Zielkonzeption** → § 1 Rn. 100ff.).[79] Die Gegenansicht betont dagegen den erwerbswirtschaftlichen Zweck der AG und spricht sich für eine Überordnung der Interessen der Anteilseigner **(Shareholder Value-Konzept)** oder zumindest für einen gewissen Vorrang der Aktionärsinteressen gegenüber den Belangen anderer Interessengruppen (**moderates Shareholder Value-Konzept**[80]) aus.[81] Der Auffassung vom moderaten Shareholer Value-Konzept ist mit der Maßgabe zuzustimmen, dass das Interesse der Aktionäre im Sinne einer nachhaltigen Steigerung des Unternehmenswerts sowie einer langfristigen Sicherung des Bestands und der Rentabilität des Unternehmens verstanden wird. Dieses Interesse entspricht im Kern dem oben beschriebenen Gesellschaftsinteresse. Anders gewendet bedeutet dies vor allem, dass die Gesellschaft nicht mit Gemeinwohlbelangen überfrachtet werden darf und über die Berücksichtigung einer Vielzahl unterschiedlicher Stakeholderinteressen nicht ihr erwerbswirtschaftlicher Zweck und ihre dauerhafte Rentabilität aus dem Blick geraten dürfen.

36 Versteht man das Gesellschaftsinteresse im Wesentlichen als die in der Gesellschaft gebündelten Interessen der Aktionäre,[82] so gibt es einen **weitgehenden Gleichlauf** zwischen dem **langfristigen Rentabilitätsziel** und dem Interesse der Anteilseigner an einer **Steigerung des Wertes ihrer Anteile.**[83] Dabei darf Shareholder Value freilich nicht mit der kurzfristigen Steigerung des Börsenkurses der Aktie der Gesellschaft verwechselt werden.[84] Ebenso wenig dürfen die Interessen einzelner Aktionärsgruppen das Handeln des Vorstands leiten.[85] Mit diesen Vorbehalten lässt sich aber festhalten, dass der Vorstand im Gesellschaftsinteresse handelt, wenn er sich bei der Wahrnehmung seiner Leitungsaufgabe am Shareholder Value orientiert.[86] Eine solche Orientierung ist sogar geboten.[87]

37 Im Übrigen sind die **Interessen der Arbeitnehmer und der Gemeinschaft** dem Vorstand **normativ vorgegeben,** etwa durch das Arbeits-, das Verbraucherschutz- und das Umweltrecht,[88] so dass er diesen Belangen aufgrund seiner Legalitätspflicht ohnehin Rechnung tragen muss. Diese Normen definieren damit quasi einen Mindeststandard von zu berücksichtigenden Gemeinwohl-(CSR)Belangen.[89] Der Vorstand darf somit nicht gegen das Gemeinwohl verstoßen, soweit es normativ konkretisiert ist.[90]

---

[79] Hüffer/Koch/*Koch* AktG § 76 Rn. 28ff., 33 mwN; *Hopt* ZGR 2002, 333 (360); GroßkommAktG/*Kort* § 76 Rn. 52ff.; *Kort* AG 2012, 605.
[80] ZT auch als „Enlightened Shareholder Value“-Modell bezeichnet, s. BeckOGK/*Fleischer* AktG § 76 Rn. 38; krit. zu diesem Begriff GroßkommAktG/*Kort* § 76 Rn. 74.
[81] K. Schmidt/Lutter/*Seibt* AktG § 76 Rn. 40 („Gewichtungsvorsprung“); Henssler/Strohn/*Dauner-Lieb* AktG § 76 Rn. 11; BeckOGK/*Fleischer* AktG § 76 Rn. 37 mwN in Fn. 149; *Zöller* AG 2003, 2 (7f.); Hölters/*Weber* AktG § 76 Rn. 22 mwN in Fn. 96.
[82] MüKoAktG/*Spindler* § 76 Rn. 72; in diese Richtung GroßkommAktG/*Kort* § 76 Rn. 59, der allerdings zutreffend darauf hinweist, dass die Interessen der konkreten einzelnen Aktionäre nicht gleichlaufen müssen.
[83] GroßkommAktG/*Kort* § 76 Rn. 62; MüKoAktG/*Spindler* § 76 Rn. 73, 78.
[84] MüKoAktG/*Spindler* § 76 Rn. 78. Allg. zum an einer langfristigen Wertschöpfung interessierten Ehrbaren Investor als Pendant zu dem vom DCGK in seiner Präambel geforderten Ehrbaren Kaufmann *Kramarsch* in Dörrwächter, Corporate Governance in Deutschland, 2020, 105ff.
[85] Kölner Komm AktG/*Mertens/Cahn* § 76 Rn. 18; GroßkommAktG/*Kort* § 76 Rn. 72; MüKoAktG/*Spindler* § 76 Rn. 76; *Hopt* ZGR 2020, 333 (360); *Dörrwächter* AG 2017, 409 (413).
[86] MüKoAktG/*Spindler* § 76 Rn. 80.
[87] BeckOGK/*Fleischer* AktG § 76 Rn. 37, eingehend zur Entwicklung und zur Interessenbindung BeckOGK/*Fleischer* AktG § 76 Rn. 21ff.
[88] Ebenso K. Schmidt/Lutter/*Seibt* AktG § 76 Rn. 40; BeckOGK/*Fleischer* AktG § 76 Rn. 38; speziell mit Bezug auf sog. CSR-Belange *Walden* NZG 2020, 50 (52).
[89] *Walden* NZG 2020, 50 (52, 54ff.).
[90] GroßkommAktG/*Kort* § 76 Rn. 85; *Kort* NZG 2012, 926f.

Eine darüber hinausgehende **Bindung der Leitungsmacht an das Gemeinwohl** oder andere abstrakte Maßstäbe wird dagegen zu Recht ganz überwiegend **abgelehnt.**[91] Zumindest ließen sich aus der Behauptung einer Gemeinwohlbindung keine konkreten Handlungsanweisungen ableiten. Im Rahmen seines Leitungsermessens darf der Vorstand Gemeinwohlinteressen angemessen fördern.[92] Eine Pflicht freilich, die Geschäftspolitik umfassend an der sogenannten „Corporate Social Responsibility"[93] auszurichten, gibt es nicht.[94] Daran ändert auch die in Umsetzung der sog. CSR-RL in das HGB eingefügte Pflicht der hiervon erfassten (§ 289b HGB) Gesellschaften, in einer nichtfinanziellen Erklärung als Teil des Lageberichts über bestimmte CSR-Aspekte (§ 289c Abs. 2 HGB) zu berichten,[95] nichts.[96] Denn auch wenn mit dem sog. **CSR-Reporting** unternehmerische Verantwortung durch Berichterstattung gesteuert werden soll,[97] begründen die §§ 289b ff. HGB lediglich Berichtspflichten, jedoch **keine** über die bestehenden Normen hinausgehenden **inhaltlichen Verhaltenspflichten** der Gesellschaft oder ihres Vorstands,[98] wenngleich die Transparenzvorschriften eine – durchaus beabsichtigte – Reflexwirkung auf die Organisation und Leitung des Unternehmens haben können.[99] Speziell mit Blick auf die Arbeitnehmerinteressen ist dabei auch zu berücksichtigen, dass diese in der Regel bereits durch die Betriebsräte im Wege der betrieblichen Mitbestimmung sowie häufig auch durch die Arbeitnehmervertreter im Aufsichtsrat nach den Mitbestimmungsgesetzen zur Geltung gebracht werden. 38

Gleichwohl ist nicht zu verkennen, dass die Diskussion um die mit den CSR-Belangen weitgehend deckungsgleichen sog. **ESG (Environment, Social, Governance)-Ziele** von Unternehmen zunehmende Bedeutung erlangt,[100] und auch der DCGK betont in seiner Präambel, dass die Gesellschaft und ihre Organe sich ihrer gesellschaftlichen Verantwortung bewusst zu sein haben.[101] 39

Aus dem Begriff des **Unternehmensinteresses** lassen sich indes **keine konkreten Handlungsanweisungen** für den Vorstand **ableiten.**[102] Der Vorstand ist einerseits be- 40

---

[91] MüKoAktG/*Spindler* § 76 Rn. 65; Kölner Komm AktG/*Mertens/Cahn* § 76 Rn. 33; GroßkommAktG/*Kort* § 76 Rn. 87; *Kort* NZG 2012, 926 f.

[92] Kölner Komm AktG/*Mertens/Cahn* § 76 Rn. 33 ff.; Wachter/*Link* AktG § 76 Rn. 44; *Mülbert* AG 2009, 766 (772); zu Einzelfällen und Grenzen des Ermessens BeckOGK/*Fleischer* § 76 AktG Rn. 54 ff.; *Harbarth* ZGR 2018, 379 (383 f.).

[93] Darunter wird die (freiwillige) Beachtung sozialer, ökologischer, wirtschaftsethischer, menschenrechtlicher, arbeitsrechtlicher sowie allgemein gesellschaftlicher Belange durch ein Unternehmen bei der Verfolgung seiner Strategie verstanden, s. MüKoAktG/*Spindler* § 76 Rn. 81, 84; ausführl. *Fleischer* AG 2017, 509; noch weiter geht der Ansatz des „Corporate Purpose", wonach das Unternehmen einen über die Gewinnerzielung hinausgehenden, „höheren" Zweck verfolgen soll, ausführl. dazu BeckOGK/*Fleischer* AktG § 76 Rn. 49 f.; *Fleischer* ZIP 2021, 5.

[94] *Mülbert* AG 2009, 766 (769 f.).

[95] Als Mindestinhalt der Erklärung werden Umwelt-, Arbeitnehmer und Sozialbelange sowie die Achtung der Menschenrechte und die Bekämpfung von Korruption und Bestechung genannt.

[96] Ebenso BeckOGK/*Fleischer* AktG § 76 Rn. 45; *Fleischer* AG 2017, 509 (522); *Bachmann* ZGR 2018, 231 (235 f.).

[97] *Spießhofer* NZG 2014, 1281.

[98] BeckOGK/*Fleischer* AktG § 76 Rn. 45; *Fleischer* AG 2017, 509 (522); *Bachmann* ZGR 2018, 231 (235 f.); aA *Hommelhoff* NZG 2017, 1361; *Hommelhoff* NZG 2015, 1329 (1330), wonach sich hieraus weitergehende Handlungspflichten des Vorstands ergeben sollen.

[99] Vgl. *Spießhofer* NZG 2014, 1281 (1282).

[100] Auch der Gesetzgeber hat bei der Ergänzung von § 87 Abs. 1 S. 1 AktG im Zuge von ARUG II deutlich gemacht, „dass der Aufsichtsrat bei der Festsetzung der Vergütung, insbesondere der Wahl der Vergütungsanreize auch soziale und ökologische Gesichtspunkte in den Blick zu nehmen hat", s. Beschlussempfehlung des Rechtsausschusses BT-Drs. 19/15153, S. 55; dazu *Walden* NZG 2020, 50 (59); auch plant die EU ein Gesetzgebungsverfahren zur Nachhaltigkeit in der Unternehmensführung mit dem Ziel, Unternehmen zu ermutigen und ggf. zu verpflichten, bei ihren Geschäftsentscheidungen auch ökologische, soziale und menschenrechtliche Auswirkungen zu berücksichtigen und sich auf langfristige nachhaltige Wertschöpfung zu konzentrieren, s. *Stöbener de Mora* NZG 2021, 43.

[101] Dies wird im Sinne eines moderaten Shareholder-Ansatzes verstanden, s. KBLW/*v. Werder* DCGK Präambel Rn. 21.

[102] MüKoAktG/*Spindler* § 76 Rn. 70.

rechtigt und grundsätzlich auch verpflichtet, bei seinen Entscheidungen auch **andere Interessen als diejenigen der Aktionäre** zu berücksichtigen, er kann sich aber andererseits auch ohne Rechtsverstoß auf den Standpunkt stellen, die Interessen von Arbeitnehmern, Gläubigern und der Allgemeinheit würden bereits durch eine Vielzahl gesetzlicher Bestimmungen, an die sich auch die AG halten muss, geschützt, so dass er sein unternehmerisches Handeln im Rahmen dieser Gesetze **allein am Gesellschaftsinteresse** – dh am Interesse einer nachhaltigen Rentabilität – ausrichten könne.[103] In den meisten Fällen wird es ohnehin eher zu einem **Gleichlauf zwischen** dem im Sinne einer nachhaltigen Rentabilität und Wertsteigerung verstandenen **Gesellschaftsinteresse und** dem **Interesse anderer** mit dem Unternehmen in Verbindung stehender **Gruppen** kommen. Ein Unternehmen, das die Interessen von Arbeitnehmern, Gläubigern oder Öffentlichkeit stetig missachtet, wird sich kaum längerfristig behaupten können.[104] Umgekehrt wird ein Unternehmen, das über keine solide wirtschaftliche Grundlage verfügt und nicht langfristig rentabel ist, auf Dauer keinen Bestand haben und damit weder die Interessen der Aktionäre noch die Belange anderer Stakeholder wie der Arbeitnehmer, der Gläubiger oder der Gemeinschaft befriedigen können.[105] Damit besteht zwischen dem Shareholder Value-Konzept, jedenfalls in seiner moderaten Form, und dem Stakeholder Value-Konzept im Ergebnis weitgehende Übereinstimmung,[106] so dass aus beiden Ansätzen kaum unterschiedliche rechtspraktische Folgerungen gezogen werden können[107] und der Meinungsstreit damit eher akademischer Natur ist. Die (Rück-)Besinnung auf die Interessen der Anteilseigner im Sinne eines moderaten Shareholder Value-Konzepts verhindert jedoch, dass die Verantwortlichkeit des Vorstands für das Wohl der Gesellschaft durch ein ausuferndes und nicht mehr zu überblickendes Sammelsurium an Stakeholder-Belangen verwischt wird. Denn bei der Berücksichtigung und Abwägung der unterschiedlichen unter dem Begriff des Unternehmensinteresses zusammengefassten Belange ist stets das auf den Bestand und die dauerhafte Rentabilität gerichtete Gesellschaftsinteresse im Blick zu behalten.[108] Daher muss der Vorstand im Konflikt zwischen den verschiedenen Interessen dem **Rentabilitätsinteresse** der Gesellschaft idR den **Vorrang geben.**[109]

41 Der Vorstand darf etwa einen **Verzicht auf betriebsbedingte Kündigungen** vereinbaren, wenn dies im Interesse des Unternehmens liegt, etwas um eine Restrukturierung im Einvernehmen mit der Arbeitnehmerseite und ihren Vertretern im Betriebs- und Aufsichtsrat durchzuführen. Ebenso ist es zulässig, den Arbeitnehmern **zusätzliche Sozialleistungen** wie etwa eine Mitarbeiterbeteiligung zu gewähren, um ihre Betriebstreue und Motivation zu stärken.[110] Auch ist der Vorstand grundsätzlich berechtigt, in angemessenem Umfang **Zwecke des Gemeinwohls** (Kultur, Wissenschaft, soziale Zwecke, Umwelt etc.) zu **fördern,** um damit die Wahrnehmung der Gesellschaft als „good corporate citizen" zu stärken,[111] auch im Sinne eines „Reputationsmanagements".[112] Allerdings muss der Vor-

---

[103] Kölner Komm AktG/*Mertens/Cahn* § 76 Rn. 18; *Harbarth* ZGR 2018, 379 (383f.).

[104] Hölters/*Weber* AktG § 76 Rn. 22; K. Schmidt/Lutter/*Seibt* AktG § 76 Rn. 41; Kölner Komm AktG/*Mertens/Cahn* § 76 Rn. 19; mit Blick auf die Berücksichtigung von Gemeinwohlbelangen auch *Walden* NZG 2020, 50 (52f.).

[105] Ähnlich MüKoAktG/*Spindler* § 76 Rn. 73; Hüffer/Koch/*Koch* AktG § 76 Rn. 34; BeckOGK/*Fleischer* AktG § 76 Rn. 51 mwN; *Dörrwächter/Wolff* AG 2020, 233 (236f.).

[106] Ebenso MüKoAktG/*Spindler* § 76 Rn. 78.

[107] Vgl. BeckOGK/*Fleischer* AktG § 78 Rn. 51f.

[108] Vgl. Hüffer/Koch/*Koch* AktG § 76 Rn. 34.

[109] GroßkommAktG/*Kort* § 76 Rn. 53, 62; zurückhaltender MüKoAktG/*Spindler* § 76 Rn. 80, wonach sich der Vorstand im Rahmen seines Ermessens vorrangig am Shareholder Value-Konzept orientieren darf. Etwas anderes kann sich aus der Satzung des Unternehmens ergeben, zB bei Unternehmen der öffentlichen Hand.

[110] Hölters/*Weber* AktG § 76 Rn. 22.

[111] Hölters/*Weber* AktG § 76 Rn. 22, 31f.; MüKoAktG/*Spindler* § 76 Rn. 54; Wachter/*Link* AktG § 76 Rn. 45; K. Schmidt/Lutter/*Seibt* AktG § 76 Rn. 43 mwN.

[112] S. K. Schmidt/Lutter/*Seibt* AktG § 76 Rn. 42f.; allg. zum Zusammenhang zwischen der Beachtung von CSR-Standards und der Unternehmensreputation *Walden* NZG 2020, 50 (53).

stand dabei immer das Interesse der Gesellschaft im Blick haben und darf ihre erwerbswirtschaftliche Zielsetzung sowie die Grenzen der Angemessenheit nicht überschreiten.[113] **Zahlungen an opponierende Aktionäre,** um diesen ihren „Lästigkeitswert" abzukaufen, sind dagegen grds **unzulässig.**[114]

### 3. Weites Ermessen

Die Wahrnehmung der Leitungsaufgabe des Vorstands wird – wie gezeigt – zunächst (nur) durch rechtliche Vorgaben in Gesetz und Satzung, das Gesellschaftsinteresse sowie – möglicherweise – das Unternehmensinteresse inhaltlich eingegrenzt. Innerhalb dieser Grenzen übt der Vorstand die Leitungsfunktion im Unternehmen eigenverantwortlich aus, dh dem Vorstand steht ein **weites unternehmerisches Ermessen** zu.[115] Allerdings hat er den satzungsmäßigen Unternehmensgegenstand zu beachten, auch kann er nicht selbst das Gesellschafts- bzw. Unternehmensinteresse bestimmen, sondern muss sein Leitungsermessen hiernach ausrichten.[116] Im Kern wird das unternehmerische Handeln nur durch die Verpflichtung gebunden, den **langfristigen Erfolg** bzw. den **Bestand** und damit die **dauerhafte Rentabilität des Unternehmens** zu gewährleisten.[117] Berücksichtigt der Vorstand also andere Interessen in einem Maße, dass der langfristige Unternehmenserfolg gefährdet scheint, so dürfte er damit die Grenzen ermessensfehlerfreien unternehmerischen Handelns überschreiten.[118] Das dem Vorstand zustehende unternehmerische Ermessen ist kein freies Ermessen, sondern **pflichtgebunden.** Der Vorstand muss die Sorgfalt eines ordentlichen und gewissenhaften Geschäftsleiters anwenden (§ 93 Abs. 1 S. 1 AktG). Stellt sich eine unternehmerische Entscheidung nachträglich als Fehler heraus, so ist das unternehmerische Handeln des Vorstands nach der gesetzlichen Regelung in § 93 Abs. 1 S. 2 AktG (sog. **„Business Judgement Rule"**) nur pflichtgemäß, wenn 42
- eine unternehmerische Entscheidung vorliegt,
- das Handeln zum **Wohl der Gesellschaft**[119] geschieht,
- der Vorstand ohne Eigeninteresse oder sachfremde Einflüsse[120] handelt,
- der Vorstand **gutgläubig** annimmt, zum Wohl der Gesellschaft zu handeln,
- dem Handeln **angemessene Informationen** zugrunde liegen (näher → § 7 Rn. 28 ff.).

Sachfremde Einflüsse, die eine Anwendung der Business Judgement Rule ausschließen können, liegen möglicherweise bei **konzerninternen Doppelmandaten** vor. Soweit Interessenskonflikte zwischen den beiden Gesellschaften bestehen, deren Organ das betroffene Vorstandsmitglied ist, kommt ihm die Business Judgement Rule nicht zugute.[121] 43

Besondere Aufmerksamkeit erfährt das Vorstandshandeln häufig dann, wenn sich eine Entscheidung im Rückblick als Fehlschlag erweist. Festzuhalten ist deshalb besonders, dass die Business Judgement Rule voraussetzt, einen **Standpunkt „ex ante"** einzunehmen. Gleichwohl dürfen die Anforderungen keinesfalls unterschätzt werden. 44

---

[113] Hölters/*Weber* AktG § 76 Rn. 31 f.; *Kort* NZG 2021, 926 (929); *Walden* NZG 2020, 50 (55).
[114] Hölters/*Weber* AktG § 76 Rn. 33; K. Schmidt/Lutter/*Seibt* AktG § 76 Rn. 45; GroßkommAktG/*Hopt/Roth* § 93 Rn. 137.
[115] Kölner Komm AktG/*Mertens/Cahn* § 76 Rn. 9; BeckOGK/*Fleischer* AktG § 76 Rn. 68 f.; vgl. auch BGH NJW 1994, 1410 (1412).
[116] BeckOGK/*Fleischer* AktG § 76 Rn. 69; GroßkommAktG/*Kort* § 76 Rn. 46; MüKoAktG/*Spindler* Vor § 76 Rn. 52, § 76 Rn. 26.
[117] Hüffer/Koch/*Koch* AktG § 76 Rn. 34; MüKoAktG/*Spindler* § 76 Rn. 73; Henssler/Strohn/*Dauner-Lieb* AktG § 76 Rn. 11; näher → Rn. 30 ff.
[118] Kölner Komm AktG/*Mertens/Cahn* § 76 Rn. 18.
[119] BGHZ 135, 244, 253 sprach von „Unternehmenswohl" und meinte wohl das Unternehmensinteresse im in → Rn. 34 ff. beschriebenen Sinn.
[120] Dieses Merkmal ist im § 93 Abs. 1 S. 2 AktG nicht genannt, bildet aber das negative Abgrenzungsmerkmal zum Handeln zum Wohle der Gesellschaft; dazu Kölner Komm AktG/*Mertens/Cahn* § 93 Rn. 25 mwN auch zur entsprechenden Regierungsbegründung.
[121] Kölner Komm AktG/*Mertens/Cahn* § 76 Rn. 38 mwN; auch → Rn. 72.

45 Die eigentliche **Schwierigkeit** für den Vorstand besteht bei Entscheidungen, die nicht unternehmerische Sachverhalte, sondern sonstige Pflichten betreffen, insbesondere die Auslegung und **Anwendung unbestimmter Rechtsvorschriften.**[122] Beispiele[123] sind etwa Unsicherheiten bei der Anwendung der Ad hoc-Publizitätspflichten nach Art. 17 MAR, bestimmter kartellrechtlicher Vorschriften[124] oder auch bei der Umsetzung von Beschlüssen der Hauptversammlung. Der Gesetzgeber hatte die Vorstellung, bezüglich der **„Legalitätspflicht"**[125] könne es **keinen „safe harbour"** geben.[126] Die Folge wäre, dass der Vorstand bei ungewisser Rechtslage immer den rechtlich sichersten Weg gehen müsste. Das ist sachfremd und führt in der Praxis zu einer erheblichen Einschränkung des Handlungsspielraums des Vorstands, insbesondere angesichts der Neigung des Gesetzgebers zur Verwendung unbestimmter Rechtsbegriffe.[127] Auch wenn dem Vorstand bei solchen Entscheidungen das gesetzliche Privileg der Business Judgement Rule zu versagen sein soll, sind doch jedenfalls die darin enthaltenen **materiellen Kriterien** sorgfältigen und damit pflichtgemäßen Handelns **auch auf rechtlich gebundene Handlungen anzuwenden.**[128] Der Vorstand muss sich eine eigene Rechtsauffassung bilden. Wenn ihm die erforderlichen (rechtlichen) Kenntnisse fehlen, muss er sich von einem unabhängigen, für die zu klärende Frage fachlich qualifizierten Berufsträger beraten lassen (sog. reliance defense).[129] Dazu muss er ihm die Verhältnisse umfassend darstellen und sämtliche erforderlichen Unterlagen offen legen. Die (schriftliche) Rechtsauskunft des Beraters hat er sorgfältig auf Plausibilität zu überprüfen.[130] Auf eine nur mündliche Beratung darf er sich allenfalls in erkennbar einfach gelagerten oder besonders eilbedürftigen Fällen verlassen.[131] Sind verschiedene, jeweils überzeugende Rechtsauffassungen möglich, so hat er abzuwägen, welche Rechtsauffassung für das Unternehmen günstiger ist und welche Folgen es hätte, wenn sich letztlich eine andere Rechtsauffassung (gerichtlich) durchsetzen würde. Bei dieser Einschätzung muss dem Vorstand zumindest im Ergebnis der **gleiche Ermessensspielraum** wie bei unternehmerischen Entscheidungen zugebilligt werden.[132]

### 4. Handlungsanforderungen in Einzelfällen

#### a) Unternehmenserwerbe

46 Ein besonders häufig diskutierter Gegenstand einer möglichen (haftungsrelevanten) Entscheidung sind Akquisitionen, die sich nachträglich als Fehlschlag erweisen. Zunächst kommt es vor allem auf die angemessene Ermittlung des der Entscheidung zugrunde liegenden Sachverhalts an. Außerdem ist gerade bei größeren Vorhaben die Hinzuziehung **unternehmensexterner Berater und Gutachter**[133] nicht nur ratsam, sondern in den meisten Fällen sogar zwingend. Auch wenn externe Berater eingeschaltet werden, bleibt der Vorstand aber alleiniger Entscheidungsträger. Eine **Delegation** der zu treffenden unternehmerischen Entscheidung an außenstehende Dritte, insbesondere die hinzugezogenen

[122] MüKoAktG/*Spindler* § 93 Rn. 88f.
[123] Näher dazu *Buck-Heeb* BB 2013, 2247ff.
[124] Zur Haftung eines Unternehmens bei Fehleinschätzung der Reichweite des Kartellverbots aus Art. 101 AEUV *Fleischer* EuZW 2013, 326.
[125] Vgl. *Buck-Heeb* BB 2013, 2247 (2248).
[126] Begr. RegE zum UMAG, BT-Drs. 15/5092, 11.
[127] Zur Entwicklung in der Gesetzgebung *Buck-Heeb* BB 2013, 2247 (2248f.).
[128] MüKoAktG/*Spindler* § 93 Rn. 89; GroßkommAktG/*Hopt/Roth* § 93 Rn. 75f., jeweils mwN; sowohl die dogmatische Begründung wie auch die Rechtsfolgen im Einzelnen sind jedoch umstritten.
[129] BGH NJW-RR 2011, 1670 (1672) = NZG 2011, 1271 (Ision) mwN; NZG 2015, 792 Rn. 28ff.; zur GmbH BGH NZG 2012, 672 (673) mwN; *Weyland* NZG 2019, 1041; ausführlich zur Einholung Expertenrats *Fleischer* KSzW 2013, 13ff.; *Strohn* CCZ 2013, 177ff.
[130] BGH NJW-RR 2011, 1670 (1672); NZG 2015, 792 Rn. 28ff.; *Fleischer* DB 2015, 1764 (1766ff.).
[131] BGH NJW-RR 2011, 1670 (1672).
[132] *Cahn* WM 2013, 1293 (1295); BeckOGK/*Fleischer* AktG § 93 Rn. 42ff., 88; zu möglichen dogmatischen Ableitungen *Buck-Heeb* BB 2013, 2247 (2250ff.) mwN; ausführl. *Holle* AG 2016, 270.
[133] Zur Beauftragung externer Berater näher *Gasteyer* in Semler/Volhard UÜ-HdB § 4.

Berater und Prüfer, ist **unzulässig.**[134] Um eine sachgerechte und abschließende Entscheidung treffen zu können, muss der Vorstand darauf hinwirken, dass er von Beratern umfassend und lückenlos unterrichtet wird. Auch hat der Vorstand die seine Entscheidung unterstützenden Berater sorgfältig auszuwählen. Zu beachten hat er dabei ua ein eigenes wirtschaftliches Interesse der Berater und deren institutionelle und persönliche Kompetenz.[135] Außerdem ist die **Unabhängigkeit der Berater** in ihren Entscheidungen und Empfehlungen von entscheidender Bedeutung. Diese ist nicht gewährleistet, wenn der Berater einem Interessenkonflikt unterliegt.[136]

Naturgemäß stellt die **Höhe des Kaufpreises** des Zielunternehmens für eine erfolgreiche Unternehmensübernahme einen wesentlichen Faktor dar,[137] dessen **angemessene** Bestimmung und Vereinbarung dem Vorstand obliegt. Auch hier wird sich der Vorstand zweckmäßigerweise qualifizierter Berater, etwa einer Investmentbank, bedienen, die in einer sog. **Fairness-Opinion** bestätigen, dass der vereinbarte Kaufpreis angemessen ist. Dies hilft dem Vorstand, Haftungsrisiken zu vermeiden. 47

Eine wesentliche Aufgabe des Vorstands im Rahmen einer Unternehmensübernahme ist die Prüfung der damit einhergehenden **rechtlichen und wirtschaftlichen Chancen und Risiken.** Innerhalb einer Gesamtwürdigung hat er alle wesentlichen Chancen und Risiken **sorgfältig abzuwägen.** 48

Die Erwerbergesellschaft muss anstreben, mittels einer **Due Diligence-Prüfung** umfassend Einblick in die wirtschaftlichen und rechtlichen Verhältnisse der Zielgesellschaft zu erlangen. Auch für die **Preisverhandlungen** muss der Vorstand versuchen, **umfassende Hintergrundinformationen** zu gewinnen, um Risiken angemessen berücksichtigen zu können. Zu Tage getretene oder vermutete Risiken müssen durch angemessene Gewährleistungen erfasst oder im Kaufpreis berücksichtigt werden. 49

### b) Gesellschaft als Zielgesellschaft

Von besonderer Bedeutung ist die Bestimmung des **Unternehmensinteresses** für den Vorstand einer Gesellschaft – „Zielgesellschaft“ –, die Gegenstand eines Verkaufsprozesses oder einer Übernahme nach dem WpÜG ist. Im Zusammenhang mit allgemeinen Unternehmensakquisitionen, also dem Erwerb von Unternehmen außerhalb der Anwendung des WpÜG, bestimmen sich die Verhaltenspflichten mangels besonderer Regelungen nach den **allgemeinen aktienrechtlichen Regeln** (§ 76 Abs. 1 AktG). 50

**Handeln im Unternehmensinteresse bedeutet hier,** die verschiedenen Interessen gegeneinander abzuwägen und hiernach eine unternehmerische Entscheidung zu treffen. Kommt es zu einem Konflikt zwischen Einzelinteressen und dem **Unternehmensinteresse,** hat der Vorstand letzterem den **Vorrang** einzuräumen. In erster Linie wird er dafür Sorge tragen, dass die Gesellschaft im Übernahmeverfahren ihren konkreten Rechtspflichten nachkommt. 51

Aus den allgemeinen aktienrechtlichen Regeln ergibt sich eine weitgehende **Pflicht** des Vorstands der Zielgesellschaft zur **Neutralität** bei Unternehmenserwerben.[138] Grundsätzlich gehört es nicht zur Leitungsaufgabe des Vorstands, Einfluss auf die Zusammensetzung 52

---

[134] LG Darmstadt ZIP 1986, 1389 (1391 f.); *Stein* ZGR 1988, 163 (168 f.); *Johannes Semler* Leitung Rn. 23 f.

[135] *Gasteyer* in Semler/Volhard UÜ-HdB § 4 Rn. 16 ff.

[136] BGH NZG 2007, 188 Rn. 13; MüKoAktG/*Spindler* § 93 Rn. 94; *Peters* AG 2010, 811 (815); *Dörrwächter* AG 2017, 409 (412).

[137] *Herden/Seeger/Richter,* Optionsmodelle für die Unternehmens-Bewertung sind noch eine Sache für Spezialisten, FAZ v. 25. 10. 2000.

[138] Kölner Komm AktG/*Mertens/Cahn* § 76 Rn. 26; MüKoAktG/*Spindler* § 76 Rn. 38 ff.; *Hopt* ZGR 1993, 534 (545 ff.); Kölner Komm AktG/*Hirte* WpÜG § 33 Rn. 27; *Merkt* ZHR 165 (2001), 224, 236 ff.; *Thümmel* DB 2000, 461 (462); aA Hüffer/Koch/*Koch* AktG § 76 Rn. 40 ff.; *Martens* FS Beusch, 1993, 529 (542 ff.); *Kirchner* AG 1999, 481 (483 ff.).

des Aktionärskreises zu nehmen,[139] weil das **Unternehmensinteresse** fast immer **unabhängig** von der Zusammensetzung des **Aktionärskreises** ist. Er muss die Entscheidung darüber in der Regel entweder dem Markt überlassen oder aber – etwa sofern Kapitalmaßnahmen erforderlich sind – der Entscheidung der Hauptversammlung. In **Ausnahmefällen** kann es allerdings **im Unternehmensinteresse** gerechtfertigt sein, **Einfluss auf** die **Zusammensetzung des Aktionärskreises** zu nehmen. Solche Fälle werden angenommen, wenn mit nicht unerheblichen und mit der Übernahme in Zusammenhang stehenden **Gesetzesverstößen des Erwerbers**[140] zu rechnen ist.[141] Erfasst hiervon ist beispielsweise eine rechtswidrige Finanzierung des Erwerbs oder die gesetzeswidrige Ausbeutung des Unternehmens durch den Erwerber.[142] Teilweise wird auch auf die **persönlichen Eigenschaften des Erwerbers** abgestellt.[143] Hingegen begründet die Absicht des Erwerbers, die Zielgesellschaft aufzulösen, nicht von vornherein eine Ausnahme vom Neutralitätsgebot, da die Auflösung der Gesellschaft immer zu den Rechten der Aktionäre gehört.[144] Auch ist keine Ausnahme vom Neutralitätsgebot gegeben, wenn der Erwerber beabsichtigt, ein Unternehmen umzustrukturieren, oder die Absicht besteht, ein Abhängigkeitsverhältnis mit einem anderen Unternehmen zu begründen.[145] Dies gilt unabhängig von Arbeitnehmerinteressen oder Interessen der Allgemeinheit.[146]

53 Teilweise wird angenommen, dass dem Vorstand im Fall einer **beabsichtigten Zerschlagung** des Unternehmens durch den Erwerber gar die Pflicht zur Verteidigung obliege.[147] Dem ist in dieser Allgemeinheit nicht zu folgen. Jedenfalls sind **Verteidigungsmaßnahmen unzulässig,** die jenseits des Gesellschaftsinteresses liegen, wie zB die Sicherung der eigenen Position als Mitglied des Vorstands.[148] In aller Regel wird es in der **Praxis kaum Fälle** geben, in denen der Vorstand der zu erwerbenden Gesellschaft überhaupt eine Möglichkeit erhält, auf die Veräußerung Einfluss zu nehmen. Am ehesten mag dies noch gelingen durch Gewährung oder Verweigerung von **Zugang zu Unternehmensinformationen.** Hier kann der Vorstand je nach den konkreten Umständen einerseits einer Pflicht zur Offenlegung wesentlicher Informationen über die Gesellschaft (zB über Vertragsbeziehungen, laufende Rechtsstreitigkeiten, Altlasten) und andererseits Geheimhaltungspflichten unterliegen. Steht dem Vorstand im Einzelfall ein Ermessen bezüglich der

---

[139] Kölner Komm AktG/*Mertens/Cahn* § 76 Rn. 26; GroßkommAktG/*Kort* § 76 Rn. 146; GroßkommAktG/*Hopt/Roth* § 93 Rn. 213; MüKoAktG/*Spindler* § 76 Rn. 41; *Drinkuth* in Marsch-Barner/Schäfer AG-HdB § 60 Rn. 294; *Hauschka/Roth* AG 1988, 181; *Peltzer* DB 1987, 973.

[140] Die Lit. bezieht sich vielfach auf Fälle öffentlicher Übernahme vor Inkrafttreten des WpÜG und spricht daher vom „Bieter".

[141] Kölner Komm AktG/*Hirte* § 33 WpÜG Rn. 27; GroßkommAktG/*Hopt/Roth* § 93 Rn. 216; *Hopt* ZGR 1993, 534 (553 f.); Kölner Komm AktG/*Mertens/Cahn* § 76 Rn. 26; *Winter/Harbarth* ZIP 2002, 1 (2); *Grunewald* WM 1989, 1233 (1237); aA *Altmeppen* ZIP 2001, 1073 (1075 f.); *Dimke/Heiser* NZG 2001, 241 (247 f.); *Ebenroth/Daum* DB 1991, 1157 (1160).

[142] Kölner Komm AktG/*Hirte* § 33 WpÜG Rn. 27; GroßkommAktG/*Hopt/Roth* § 93 Rn. 216; MüKoAktG/*Spindler* § 76 Rn. 41; Kölner Komm AktG/*Mertens/Cahn* § 76 Rn. 26; aA *Assmann/Bozenhardt* ZGR-Sonderh. 9/1990, 1 (114).

[143] Kölner Komm AktG/*Hirte* WpÜG § 33 Rn. 27; Kölner Komm AktG/*Mertens/Cahn* § 76 Rn. 26; *Kort* FS Lutter, 2000, 1421 (1434); aA *Assmann/Bozenhardt* ZGR-Sonderh. 9/1990, 1 (114); *Adams* AG 1990, 243 (246).

[144] GroßkommAktG/*Hopt/Roth* § 93 Rn. 215; *Hopt* ZGR 1993, 534 (553 f.); BGHZ 33, 175, 186; diese Position wurde allerdings vom BGH dahingehend aufgegeben, dass er auch eine Treuepflicht der Aktionäre anerkannt hat, BGHZ 103, 184, 189 ff.; nach Kölner Komm AktG/*Hirte* WpÜG § 33 Rn. 27 folgt aus diesem Ansatz nicht zwingend die Anerkennung der Neutralitätspflicht; *Dimke/Heiser* NZG 2001, 241 (246 f.); *Hauschka/Roth* AG 1988, 181 (192); *Mülbert* IStR 1999, 83 (89).

[145] Kölner Komm AktG/*Mertens/Cahn* § 76 Rn. 27; GroßkommAktG/*Hopt/Roth* § 93 Rn. 215; *Hopt* ZGR 1993, 534 (553 f.); *Hopt* FS Lutter, 2000, 1361 (1392); *Dimke/Heiser* NZG 2001, 241 (247).

[146] GroßkommAktG/*Hopt/Roth* § 93 Rn. 215; *Schneider/Burgard* DB 2001, 963 (967); *Krieger* RWS-Forum Gesellschaftsrecht 2001, 289 (303 f.).

[147] *Kort* FS Lutter, 2000, 1421 (1434); *Schneider/Burgard* DB 2001, 963 (967); *Krieger* RWS-Forum Gesellschaftsrecht 2001, 289 (303 f.); aA *Dimke/Heiser* NZG 2001, 241 (247 ff.).

[148] GroßkommAktG/*Hopt/Roth* § 93 Rn. 214; *Krieger* RWS-Forum Gesellschaftsrecht 2001, 289 (304).

Informationsweitergabe zu, hat sich dessen Ausübung am Gesellschaftsinteresse auszurichten.[149]

Im **Falle der Anwendbarkeit des WpÜG** enthält dieses Gesetz spezielle Verpflichtungen der Zielgesellschaft. 54

Die Diskussion über die Pflichten der Zielgesellschaft ist geprägt von den **unterschiedlichen Auffassungen** darüber, ob und in welchem Umfang der Vorstand der Zielgesellschaft berechtigt ist, **Abwehrmaßnahmen** gegen Übernahmegebote zu ergreifen. Klar hingegen sind die Auskunftspflichten (§ 14 Abs. 4 WpÜG, Weiterleitung an Betriebsrat oder Arbeitnehmer) und Stellungnahmepflichten (§ 27 Abs. 1 WpÜG). 55

Nach überwiegender, jedoch umstrittener Meinung obliegt dem Vorstand und dem Aufsichtsrat der Zielgesellschaft bereits nach den allgemeinen aktien- und kapitalmarktrechtlichen Grundsätzen eine **Neutralitätspflicht** (→ Rn. 49).[150] Deren dogmatische Grundlage, Art und Ausmaß der hieraus abzuleitenden Gebote und Verbote, der Rechtsschutz der Aktionäre und sogar die Bezeichnung „Neutralitätspflicht" selbst sind umstritten.[151] 56

Der Gesetzgeber hat sich jedenfalls im **WpÜG** grundsätzlich für eine **Neutralitätspflicht** entschieden. Der Vorstand der Zielgesellschaft darf von der Ankündigung des Angebots bis zur Veröffentlichung des Ergebnisses im Grundsatz **keine Handlungen** vornehmen, durch die der Erfolg des Angebots **verhindert** werden könnte (§ 33 Abs. 1 S. 1 WpÜG).[152] **Unzulässig** sind also bereits Handlungen, die objektiv geeignet sind, ein Übernahmeangebot zu verhindern, auf eine konkrete Gefährdung kommt es nicht an.[153] Die **Neutralitätspflicht** greift jedoch **nicht umfassend.** Vielmehr ist der Vorstand weiterhin unter bestimmten Voraussetzungen befugt, alle nach dem allgemeinen Aktienrecht in seine Geschäftsführungskompetenz fallenden Maßnahmen vorzunehmen, auch wenn sie geeignet sind, das Übernahmeangebot zu vereiteln, sofern auch ein ordentlicher und gewissenhafter Geschäftsleiter einer nicht von einem Übernahmeangebot betroffenen Gesellschaft diese Maßnahmen getroffen hätte; außerdem darf der Vorstand nach einem konkurrierenden Angebot suchen sowie Handlungen vornehmen, denen der Aufsichtsrat zugestimmt hat.[154] Im Übrigen darf der Vorstand Abwehrmaßnahmen nur aufgrund einer entsprechenden Ermächtigung der Hauptversammlung ergreifen (§ 33 Abs. 2 WpÜG).[155] 57

### c) Börsennotierte Gesellschaften

In jüngerer Zeit tritt verstärkt ins Bewusstsein, dass börsennotierte Gesellschaften besonderen **Bindungen durch den Kapitalmarkt** unterliegen. Das Aktienrecht selbst differenziert häufiger zwischen Vorschriften, die für alle Aktiengesellschaften gelten, und solchen für börsennotierte Gesellschaften (Definition in § 3 Abs. 2 AktG; Beispiele: § 87 Abs. 1 S. 2 u. 3 AktG, §§ 87a, 91 Abs. 3 AktG, § 110 Abs. 3 AktG, §§ 120a, 124 Abs. 3 AktG, § 130 Abs. 1 S. 3 AktG, § 134 Abs. 1 S. 2 AktG, §§ 162, 171 Abs. 2 S. 2 AktG, § 328 Abs. 3 AktG). Börsennotierte Gesellschaften werden höheren Anforderungen unterworfen als nicht-börsennotierte Gesellschaften, oder ihnen stehen bestimmte Erleichterungen nicht zur Verfügung.[156] Ständig wächst der Bestand an **Rechtsvorschriften außerhalb** 58

149 Näher hierzu GroßkommAktG/*Kort* § 76 Rn. 164ff. mwN.

150 Kölner Komm AktG/*Mertens/Cahn* § 76 Rn. 26; MüKoAktG/*Spindler* § 76 Rn. 38ff.; *Hopt* ZGR 1993, 534; *Altmeppen* ZIP 2001, 1073; *Baudisch/Götz* AG 2001, 251; *Dimke/Heiser* NZG 2001, 241; *Grunewald* AG 2001, 288; aA *Kirchner* AG 1999, 481; *Schneider/Burgard* DB 2001, 963 (967); *Thümmel* DB 2000, 461 (462ff.).

151 Näher zur Diskussion *Drinkuth* in Marsch-Barner/Schäfer AG-HdB § 60 Rn. 293ff.

152 Näher *Richter* in Semler/Volhard UÜ-HdB § 52 Rn. 38ff.

153 Begr. RegE, BT-Drs. 14/7034, 57.

154 Näher *Richter* in Semler/Volhard UÜ-HdB § 52 Rn. 39; Schwark/Zimmer/*Noack/Zetzsche* WpÜG § 33 Rn. 14ff.; MüKoAktG/*Schlitt* WpÜG § 33 Rn. 132ff.; *Drinkuth* in Marsch-Barner/Schäfer AG-HdB § 60 Rn. 324ff.

155 Dazu näher MüKoAktG/*Schlitt* WpÜG § 33 Rn. 203ff.

156 Dazu Hüffer/Koch/*Koch* AktG § 3 Rn. 5.

**des Aktienrechts,** die das Handeln des Vorstands einer börsennotierten Gesellschaft beeinflussen (→ Rn. 16). Die Inanspruchnahme des **Kapitalmarkts beeinflusst** zugleich die **Leitung des Unternehmens.** Eine börsennotierte Gesellschaft wird nur dann längerfristig im Kapitalmarkt erfolgreich sein, wenn der Vorstand sein unternehmerisches Handeln in besonderer Weise an den Erwartungen des Kapitalmarkts orientiert.[157] Der Kapitalmarkt dürfte vor allen Dingen folgende **Maßstäbe** an das unternehmerische Handeln des Vorstands anlegen: langfristige **Ertragsorientierung, Verlässlichkeit** des Handelns und offene **Unternehmenskommunikation.** Den Vorstand einer **börsennotierten AG** treffen besondere Pflichten, die er bei Ausübung seiner Tätigkeit berücksichtigen muss, weil neben die Interessen der Gesellschaft auch diejenigen der Teilnehmer am Kapitalmarkt treten. Als Folge des Zugangs zum Kapitalmarkt muss die Gesellschaft besonderen Anforderungen, vor allem dem **Anlegerschutz,** genügen. Der Schutz der Anleger wird insbesondere durch eine **erhöhte Publizität** erreicht.[158] Solche Publizitätspflichten finden sich vorwiegend im WpHG, teilweise aber auch in anderen handels- und gesellschaftsrechtlichen Bestimmungen, wie etwa die handelsrechtliche Pflicht zur Veröffentlichung des Jahresabschlusses (§ 325 Abs. 1 HGB).

59 Zwar bestehen diese **Pflichten** in der Regel für die AG selbst als **der Emittentin** der Wertpapiere. Der Vorstand muss diese Pflichten als handelndes Organ aber bei seiner Tätigkeit für die Gesellschaft beachten. Zudem kann der Vorstand für durch von ihm verursachte Schäden unter bestimmten Voraussetzungen von der Gesellschaft oder sogar von Dritten in Anspruch genommen werden.

60 **aa) Ad hoc-Publizität.** Hervorzuheben ist besonders die Ad hoc-Publizität. Ad hoc-Publizität bedeutet, dass der **Inlandsemittent von Finanzinstrumenten** ihn unmittelbar betreffende **Insiderinformationen** unverzüglich **veröffentlichen** muss (Art. 17 Abs. 1 MAR). Ein allgemeinverbindlicher und **abschließender Katalog** publizitätspflichtiger Insiderinformationen **existiert nicht** und kann auch nicht aufgestellt werden.[159] Der Emittentenleitfaden der BaFin[160] nennt beispielhaft einige Sachverhalte, die zu einer Publizitätspflicht führen können:

- Veräußerung von Kerngeschäftsfeldern, Rückzug aus oder Aufnahme von neuen Kerngeschäftsfeldern;
- Verschmelzungsverträge, Eingliederungen, Ausgliederungen, Umwandlungen, Spaltungen sowie andere wesentliche Strukturmaßnahmen;
- Beherrschungs- und/oder Gewinnabführungsverträge;
- Erwerb oder Veräußerung von wesentlichen Beteiligungen;
- Übernahme- und Abfindungs-/Kaufangebote;
- Kapitalmaßnahmen (inkl. Kapitalberichtigung);
- wesentliche Änderung der Ergebnisse der Jahresabschlüsse oder Zwischenberichte gegenüber früheren Ergebnissen oder Marktprognosen;
- wesentliche Änderung des Dividendensatzes;
- bevorstehende Zahlungseinstellung/Überschuldung, Verlust nach § 92 AktG/kurzfristige Kündigung wesentlicher Kreditlinien;
- Verdacht auf Bilanzmanipulation, Ankündigung der Verweigerung des Jahresabschlusstestats durch den Wirtschaftsprüfer;

---

[157] Vgl. GroßkommAktG/*Kort* Vor § 76 Rn. 33.

[158] Ausführlich zu den besonderen Pflichten bei börsennotierten Aktiengesellschaften *Liebscher* in BeckHdB AG § 6 Rn. 92ff.

[159] Eine Definition enthält Art. 7 MAR; hiernach sind Insiderinformationen ua „nicht öffentlich bekannte präzise Informationen, die direkt oder indirekt einen oder mehrere Emittenten oder ein oder mehrere Finanzinstrumente betreffen und die, wenn sie öffentlich bekannt würden, geeignet wären, den Kurs dieser Finanzinstrumente oder den Kurs damit verbundener derivativer Finanzinstrumente erheblich zu beeinflussen".

[160] Emittentenleitfaden, 5. Aufl. idF. v. 25. 3. 2020, Modul C I.2.1.5.13.

- erhebliche außerordentliche Aufwendungen (zB nach Großschäden oder Aufdeckung krimineller Machenschaften) oder erhebliche außerordentliche Erträge;
- Ausfall wesentlicher Schuldner;
- Abschluss, Änderung oder Kündigung besonders bedeutender Vertragsverhältnisse (einschließlich Kooperationsabkommen);
- Restrukturierungsmaßnahmen mit erheblichen Auswirkungen auf die künftige Geschäftstätigkeit;
- bedeutende Erfindungen; Erteilung bedeutender Patente und Gewährung wichtiger (aktiver/passiver) Lizenzen;
- maßgebliche Produkthaftungs- oder Umweltschadensfälle;
- Rechtsstreitigkeiten von besonderer Bedeutung;
- überraschende Veränderungen in Schlüsselpositionen des Unternehmens (zB Vorstandsvorsitzender, Aufsichtsratsvorsitzender, überraschender Ausstieg des Unternehmensgründers);
- überraschender Wechsel des Wirtschaftsprüfers;
- Antrag des Emittenten auf Widerruf der Zulassung zum geregelten Markt, wenn nicht noch an einem anderen inländischen geregelten Markt eine Zulassung aufrechterhalten wird;
- bedeutende Kapitalmaßnahmen;
- Lohnsenkungen oder Lohnerhöhungen, die nur den Emittenten betreffen.

Die genannten Umstände führen aber **nicht automatisch** zu einer **Publizitätspflicht.** 61
Die Gesellschaft sollte im Fall eines solchen Sachverhalts vielmehr unter Berücksichtigung der konkreten Gegebenheiten im Unternehmen prüfen, ob die Information veröffentlicht werden muss.[161]

**bb) Deutscher Corporate Governance Kodex.** Börsennotierte Gesellschaften betrifft 62
auch der Deutsche Corporate Governance Kodex (DCGK), auf den sich die gesetzliche Pflicht gem. § 161 AktG zur Abgabe einer Entsprechenserklärung bezieht. Der Kodex selbst hat **keine** gesetzliche **Bindungswirkung** und entfaltet auch keine unmittelbare Bindungswirkung für die Frage, wie der Vorstand sein unternehmerisches Leitungsermessen ausüben muss. Mit Ausnahme von Präambel Abs. 1 und 2 und Grundsatz 1 S. 1 DCGK enthält der Kodex ohnehin **keine inhaltlichen Vorgaben** für die **Unternehmensführung.** Er enthält allerdings Empfehlungen, die an den Erwartungen des Kapitalmarkts an gute Unternehmensführung sowie an „best practice" orientiert sind. Folgt die Gesellschaft diesen Empfehlungen, so kann das unternehmerische Handeln dadurch aber beeinflusst werden.

## III. Leitungsaufgabe bei verbundenen Unternehmen

### 1. Abhängige Gesellschaft

Auch der Vorstand einer abhängigen Gesellschaft ist verpflichtet, die Gesellschaft im oben 63
beschriebenen Sinn zu leiten (→ Rn. 15 ff.). In Abweichung von der allgemeinen gesetzlichen Regelung in § 76 Abs. 1 AktG leitet der Vorstand der abhängigen Gesellschaft das Unternehmen aber nicht in jedem Fall in eigener Verantwortung (s. auch → § 14 Rn. 73 ff., 172 ff.).

#### a) Bestehen eines Beherrschungsvertrags

Bei Bestehen eines Beherrschungsvertrags unterstellt die AG die Leitung ihrer Gesellschaft 64
einem anderen Unternehmen (§ 291 Abs. 1 S. 1 AktG). In diesem Fall ist das **herrschen-**

[161] Vgl. den Emittentenleitfaden der BaFin 5. Aufl. idF v. 25.3.2020, Modul C I.3.2.7.

**de Unternehmen berechtigt,** dem Vorstand der abhängigen Gesellschaft **Weisungen** hinsichtlich der Leitung der Gesellschaft zu erteilen (§ 308 Abs. 1 S. 1 AktG). Der Begriff der Leitung ist hier im weiten Sinne zu verstehen und umfasst sowohl die Führungsfunktion der abhängigen Gesellschaft als auch den Gesamtbereich der Geschäftsführung,[162] also auch das laufende Tagesgeschäft.[163] Der **Vorstand** der abhängigen Gesellschaft ist **verpflichtet,** die **Weisungen** des herrschenden Unternehmens zu **befolgen** (§ 308 Abs. 2 S. 1 AktG). In gleicher Weise ist der **Vorstand einer eingegliederten Gesellschaft** dem Weisungsrecht der Hauptgesellschaft unterworfen (§§ 323, 308 Abs. 2 S. 1 AktG).

65 Soweit das herrschende Unternehmen dem Vorstand der abhängigen oder eingegliederten Gesellschaft Weisungen erteilt, ist die allgemeine gesetzliche Regelung (§ 76 Abs. 1 AktG), wonach der Vorstand die Gesellschaft unter eigener Verantwortung zu leiten hat, durch die Konzernierung verdrängt.[164] Sofern jedoch keine Weisung durch das herrschende Unternehmen erteilt wird, bleibt es bei der Berechtigung und Verpflichtung des Vorstands zur eigenverantwortlichen Leitung nach § 76 AktG.[165]

66 Die Pflicht, den Weisungen Folge zu leisten, entfällt, wenn die **Grenzen des Weisungsrechts** überschritten werden. So dürfen dem Vorstand keine Weisungen erteilt werden, die gegen den Beherrschungsvertrag verstoßen; solche Weisungen darf der Vorstand nicht befolgen.[166] Unzulässig und damit nichtig sind ferner Weisungen, die selbst oder deren Befolgung gegen gesetzliche Regeln oder die guten Sitten verstoßen würden (§§ 134, 138 BGB).[167] Auch der Inhalt des Beherrschungsvertrags kann nicht Gegenstand einer Weisung sein (§ 299 AktG).[168] Unzulässig sind schließlich existenzgefährdende Weisungen.[169] Für die beherrschte Gesellschaft **nachteilige Weisungen** muss der Vorstand dagegen **befolgen,** sofern die Weisung Belangen des herrschenden Unternehmens oder konzernverbundener Unternehmen dient (§ 308 Abs. 1 S. 2 AktG;[170] dabei gilt ein Vorrang für die Sichtweise der herrschenden Gesellschaft, § 308 Abs. 2 S. 2 AktG).[171]

### b) Fehlen eines Beherrschungsvertrags

67 Bei Fehlen eines Beherrschungsvertrags, also im lediglich **faktischen Konzern,** bleibt es **uneingeschränkt** bei der Pflicht des Vorstands der abhängigen Gesellschaft gem. § 76 Abs. 1 AktG, die Gesellschaft **eigenverantwortlich** zu leiten.[172] **Weisungen** des herrschenden Unternehmens braucht der Vorstand der abhängigen Gesellschaft **nicht zu befolgen.**[173] Dies gilt jedenfalls für nachteilige Weisungen,[174] und zwar selbst dann, wenn das

[162] Hüffer/Koch/*Koch* AktG § 308 Rn. 12.
[163] Hölters/*Leuering/Goertz* AktG § 308 Rn. 22.
[164] MüKoAktG/*Spindler* § 76 Rn. 42f.; Hüffer/Koch/*Koch* AktG § 76 Rn. 51; *Kalb/Fröhlich* NZG 2014, 167 (168); *Diekmann/Punte* WM 2016, 681 (685).
[165] MüKoAktG/*Spindler* § 76 Rn. 42f.; BeckOGK/*Fleischer* AktG § 76 Rn. 113f.; *Seibt/Cziupka* AG 2015, 721 (722).
[166] Emmerich/Habersack/*Emmerich* AktG § 308 Rn. 56f.
[167] Hüffer/Koch/*Koch* AktG § 308 Rn. 14; Hölters/*Leuering/Goertz* AktG § 308 Rn. 32; Emmerich/Habersack/*Emmerich* AktG § 308 Rn. 58.
[168] Hüffer/Koch/*Koch* AktG § 308 Rn. 12; näher dazu Emmerich/Habersack/*Emmerich* AktG § 308 Rn. 42.
[169] HM, s. OLG Düsseldorf AG 1990, 490 (492); Hüffer/Koch/*Koch* AktG § 308 Rn. 19 mwN, auch zur Gegenansicht; aA Grigoleit/*Servatius* AktG § 308 Rn. 27; dies gilt nach ganz hM aber nur dann, wenn die Weisung den Fortbestand der Gesellschaft während der Laufzeit des Beherrschungsvertrags gefährdet, s. Hölters/*Leuering/Goertz* AktG § 308 Rn. 36; Emmerich/Habersack/*Emmerich* AktG § 308 Rn. 60ff., 65; näher → § 14 Rn. 61ff.
[170] Das Erfordernis der Konzerndienlichkeit gilt nicht bei Weisungen gegenüber eingegliederten Gesellschaften (s. § 323 Abs. 1 S. 2 AktG), Emmerich/Habersack/*Habersack* AktG § 323 Rn. 2, 6.
[171] Zur entsprechenden Prüfungspflicht des Vorstands der beherrschten Gesellschaft s. Emmerich/Habersack/*Emmerich* AktG § 308 Rn. 66.
[172] OLG Stuttgart ZIP 2015, 1121 (1126); Emmerich/Habersack/*Habersack* AktG § 311 Rn. 78.
[173] BGH NJW 2009, 850 (Rn. 13); MüKoAktG/*Spindler* § 76 Rn. 44; GroßkommAktG/*Kort* § 76 Rn. 189; Emmerich/Habersack/*Habersack* AktG § 311 Rn. 78.
[174] Hölters/*Leuering/Goertz* AktG § 311 Rn. 10.

herrschende Unternehmen den Nachteilsausgleich zusagt.[175] Eine Befolgungspflicht scheidet aber ebenso bei nicht nachteiligen Weisungen aus.[176] Hingegen ist der Vorstand sogar verpflichtet, die Befolgung einer Weisung zu verweigern, sofern der abhängigen Gesellschaft durch die Befolgung ein Schaden entstehen würde, der nicht durch den Nachteilsausgleich nach § 311 AktG gedeckt ist.[177] Andererseits ist der Vorstand der abhängigen Gesellschaft **berechtigt,** die abhängige Gesellschaft in einer Weise zu leiten, die **den Bedürfnissen des Konzerns** Rechnung trägt, sofern der abhängigen Gesellschaft dadurch kein Nachteil entsteht oder aber der **Nachteil** gem. **§ 311 AktG ausgeglichen** wird.[178] Zur Befolgung einer für die abhängige Gesellschaft vorteilhaften Weisung ist deren Vorstand zwar verpflichtet, jedoch nur gegenüber der abhängigen Gesellschaft.[179]

Der Vorstand der abhängigen Gesellschaft muss im **Abhängigkeitsbericht** die Bezie- 68
hungen zu verbundenen Unternehmen darstellen (§ 312 Abs. 1 S. 1 AktG). Insbesondere muss der Abhängigkeitsbericht Geschäfte mit verbundenen Unternehmen und Maßnahmen auf Veranlassung oder im Interesse dieser Unternehmen aufführen und Leistung und Gegenleistung sowie Vor- und Nachteile für die Gesellschaft beschreiben (§ 312 Abs. 1 S. 2 und S. 3 AktG). Hat die Gesellschaft aus der Einflussnahme der herrschenden Gesellschaft Nachteile erlitten, so ist darzulegen, wie die Nachteile ausgeglichen wurden (§ 312 Abs. 1 S. 4 AktG). Der Abhängigkeitsbericht soll eine **Warn- und Schutzfunktion** entfalten.[180]

Dieses Regelungsgefüge ist auf **Einwirkungen auf die abhängige Gesellschaft** aus- 69
gelegt, die sich einzeln dokumentieren und erforderlichenfalls ausgleichen lassen. Dafür hat sich der Begriff des einfach faktischen Konzerns herausgebildet. Die Einwirkung kann aber aufgrund vielfältiger Verbindungen und Maßnahmen des herrschenden Unternehmens einen Umfang erreichen, der nicht mehr die Bewertung einzelner Maßnahmen und deren Wirkung anhand des Gesellschaftsinteresses erlaubt.[181] Gleichwohl ändert sich an der rechtlichen Forderung an den Vorstand der abhängigen Gesellschaft nichts, seine Leitungsverantwortung im Interesse der Gesellschaft auszuüben. Maßnahmen, die dem Nachteilsausgleich nicht zugänglich sind, bei denen also das für den (einfachen) faktischen Konzern geltende Instrumentarium des finanziellen (Einzel-)Ausgleichs versagt, muss der Vorstand der abhängigen Gesellschaft als unzulässig zurückweisen oder verweigern.[182]

Im faktischen Konzern kommt dem **Aufsichtsrat** der abhängigen Gesellschaft eine **be-** 70
**sondere Rolle** zu. Er muss im Rahmen seiner Überwachungsaufgabe besonders darauf achten, dass der Vorstand seine Leitungsaufgabe am **Interesse der Gesellschaft** ausrichtet.[183] Man wird die Erwartungen an den Aufsichtsrat allerdings nicht zu hoch schrauben dürfen, weil die Anteilseignervertreter im Aufsichtsrat meist vom herrschenden Unternehmen stammen, jedenfalls aber das herrschende Unternehmen über die Hauptversammlung die Zusammensetzung des Aufsichtsrats maßgeblich beeinflusst.

---

[175] GroßkommAktG/*Kort* § 76 Rn. 185; *Ihrig/Schäfer* Vorstand Rn. 1358.
[176] Hüffer/Koch/*Koch* AktG § 76 Rn. 52; GroßkommAktG/*Kort* § 76 Rn. 185.
[177] OLG Hamm AG 1995, 512 (516); Hölters/*Leuering/Goertz* AktG § 311 Rn. 10.
[178] Emmerich/Habersack/*Habersack* AktG § 311 Rn. 10, 78; *Ihrig/Schäfer* Vorstand Rn. 1358.
[179] Emmerich/Habersack/*Habersack* AktG § 311 Rn. 78; GroßkommAktG/*Kort* § 76 Rn. 185.
[180] MüKoAktG/*Altmeppen* § 312 Rn. 1 ff.
[181] GroßkommAktG/*Kort* Vor § 76 Rn. 51. Für diese Situation hat sich der Begriff des qualifiziert faktischen Konzerns eingebürgert. Nach dem „Bremer Vulkan"-Urteil (BGHZ 149, 10) soll nach verbreiteter Ansicht jedoch kein Raum mehr für die Lehre vom qualifiziert faktischen Konzern im Aktienrecht verbleiben, vgl. Hüffer/Koch/*Koch* AktG § 1 Rn. 29; MüKoAktG/*Altmeppen* Anh. § 317 Rn. 13 ff.; aA Emmerich/Habersack/*Habersack* AktG Anh. § 317 Rn. 5 f., 23; BeckOGK/*Müller* AktG § 311 Rn. 27 ff., jeweils mwN;. Die neue Rechtsprechung hat dies bisher nicht ausdrücklich für die AG entscheiden müssen, tendiert jedoch dazu, die Lehre vom qualifiziert faktischen Konzern generell als überholt anzusehen, vgl. BGH NZG 2008, 831 (832); OLG Stuttgart AG 2007, 633 (636); 2007, 873 (875).
[182] OLG Hamm AG 1995, 512 (516); Hüffer/Koch/*Koch* AktG § 311 Rn. 48; Hölters/*Leuering/Goertz* AktG § 311 Rn. 10.
[183] Emmerich/Habersack/*Habersack* AktG § 311 Rn. 81; GroßkommAktG/*Kort* Vor § 76 Rn. 52; vgl. auch BeckOGK/*Spindler* AktG § 111 Rn. 120.

## 2. Herrschende Gesellschaft

71 Der **Vorstand** der herrschenden Gesellschaft ist uneingeschränkt **berechtigt und verpflichtet,** das **Unternehmen** zu leiten.[184] Aus der Stellung als Vorstand der herrschenden Gesellschaft lässt sich aber **nicht** (uneingeschränkt) die **Pflicht** ableiten, **auch Einfluss auf abhängige Gesellschaften** im Sinne einer Konzernleitung zu nehmen.[185] Dies gilt erst recht im lediglich faktischen Konzern (→ § 14 Rn. 173f.). Im Rahmen seines Leitungsermessens kann und muss der Vorstand jeweils entscheiden, in welchem Umfang es dem Gesellschaftsinteresse der herrschenden Gesellschaft dient, in stärkerem oder weniger starkem Maß auf die Leitung der abhängigen Gesellschaft einzuwirken. Der Vorstand der herrschenden Gesellschaft im faktischen Konzern hat dabei auch zu berücksichtigen, dass eine **intensive Einflussnahme** auf die abhängige Gesellschaft unzulässig sein und deshalb **Unterlassenspflichten**[186] auslösen kann. Dies gilt dann, wenn die **Einwirkung** auf die abhängige Gesellschaft **so intensiv** ist, dass das im (einfachen) faktischen Konzern geltende Instrumentarium des finanziellen (Einzel-) **Ausgleichs negativer Einwirkung** gem. § 311 AktG **versagt.**[187] Solche Maßnahmen sind nur auf der Grundlage eines Beherrschungsvertrags oder einer Eingliederung zulässig.[188] Bei grundsätzlich zulässigen, für die abhängige Gesellschaft aber nachteiligen Maßnahmen greifen ggf. Pflichten zum Nachteilsausgleich (§ 311 Abs. 1 AktG) oder Schadensersatz (§ 317 Abs. 1 S. 1 AktG; die Schadensersatzpflicht trifft auch die Vorstandsmitglieder der herrschenden Gesellschaft, § 317 Abs. 3 AktG). Ist die herrschende Gesellschaft eine Holding, so umfasst die Leitungsaufgabe des Vorstands die Leitung des Holdingunternehmens, des Holdingverbunds sowie vor allem auch der Tochterunternehmen.[189]

## 3. Besonderheiten bei Doppelorganschaft

72 In Konzernverhältnissen sind Mitglieder des Vorstands der Obergesellschaft nicht selten zugleich Vorstände der abhängigen Gesellschaft. Eine solche sog. Doppelorganschaft ist **zulässig.**[190] Im faktischen Konzern können Vorstandsdoppelmandate zu **Interessenkonflikten** in der Person des betroffenen Vorstandsmitglieds führen (→ § 7 Rn. 95f.). Seine Rechte und Pflichten ergeben sich dabei jeweils aus den Verhältnissen zu der Gesellschaft, für die das betroffene Vorstandsmitglied im konkreten Fall tätig wird.[191] Interessen der jeweils anderen Gesellschaft dürfen nur berücksichtigt werden, soweit sie hiermit nicht in Konflikt stehen.[192] Bei einer nicht auflösbaren Interessenkollision kann sich das Vorstandsmitglied **der Stimme enthalten,** sofern die Funktionsfähigkeit des Vorstands noch ge-

[184] *Frodermann/von Eiff* in Frodermann/Jannott AktR-HdB § 7 Rn. 156.

[185] HM, MüKoAktG/*Spindler* § 76 Rn. 48ff.; MüKoAktG/*Altmeppen* § 309 Rn. 53ff.; GroßkommAktG/*Kort* § 76 Rn. 177; Hüffer/Koch/*Koch* AktG § 309 Rn. 10; *Kropff* ZGR 1984, 112 (126); *Schiessl* ZGR 1992, 64 (83); aA aber *Schneider* BB 1981, 249 (256); *Lutter* ZGR 1987, 324 (349).

[186] Solche Unterlassungspflichten folgen aus der mitgliedschaftlichen Treuepflicht und dem Gebot der Rücksichtnahme und können von außenstehenden Aktionären sowohl gegenüber der Gesellschaft als auch gegenüber einzelnen Vorstandsmitgliedern auf Grundlage der §§ 823 Abs. 1, 1004 BGB geltend gemacht werden, ausführlich dazu Emmerich/Habersack/*Habersack* AktG Anh. § 317 Rn. 27f. Eine Haftung des herrschenden Unternehmens nach den Grundsätzen des qualifiziert faktischen Konzerns (§§ 302ff. AktG analog) kommt nach wohl überwiegender Auffassung nicht mehr in Betracht (→ Rn. 69 mwN). Es käme nur eine Haftung für existenzvernichtenden Eingriff in Frage; vgl. BGHZ 151, 181 – KBV; aA Emmerich/Habersack/*Habersack* AktG Anh. § 317 Rn. 5f.

[187] Emmerich/Habersack/*Habersack* AktG Anh. § 317 Rn. 27f. mwN.

[188] BVerfG NZG 2011, 1379 (1380).

[189] GroßkommAktG/*Kort* § 76 Rn. 40a; Hüffer/Koch/*Koch* AktG § 76 Rn. 10.

[190] BGH NJW 2009, 744 (745); Kölner Komm AktG/*Mertens/Cahn* § 76 Rn. 70 mwN; MüKoAktG/*Spindler* § 76 Rn. 53; Hölters/*Weber* AktG § 76 Rn. 58.

[191] BGH NZG 2009, 744 (745); GroßkommAktG/*Kort* § 76 Rn. 230; BeckOGK/*Fleischer* AktG § 76 Rn. 117.

[192] MüKoAktG/*Spindler* § 76 Rn. 54; nach GroßkommAktG/*Kost* § 76 Rn. 226 muss das doppelte Vorstandsmitglied im Sinne praktischer Konkordanz sowohl die Interessen der Mutter als auch diejenigen der Tochter vertreten; krit. zur Erfüllbarkeit dieser Anforderungen in der Praxis *Fonk* NZG 2010, 368 (369).

währleistet ist.[193] Im Falle dauerhafter und schwerwiegender Interessenkonflikte sollte das betroffene Vorstandsmitglied sein Doppelmandat allerdings aufgeben.[194] Es gelten die oben beschriebenen Grenzen des Handelns (→ Rn. 63 ff., 71). Zu beachten ist aber, dass bei Doppelorganschaft dem Vorstand unter Umständen die Business Judgement Rule nicht zugutekommt (→ Rn. 43).[195]

[193] BeckOGK/*Fleischer* AktG § 76 Rn. 120; GroßkommAktG/*Kort* § 76 Rn. 229; Hölters/*Weber* AktG § 76 Rn. 60; ein **Stimmverbot** kann dagegen nur in Ausnahmefällen angenommen werden, vor allem wenn eine Übereinstimmung der Interessen von Mutter- und Tochtergesellschaft nicht hergestellt werden kann und das betroffene Vorstandsmitglied damit notwendigerweise die Interessen einer der beiden Gesellschaften verletzen müsste, s. dazu BeckOGK/*Fleischer* AktG § 76 Rn. 118 f.; GroßkommAktG/*Kort* § 76 Rn. 224 ff.; Hölters/*Weber* AktG § 76 Rn. 59.

[194] BeckOGK/*Fleischer* AktG § 76 Rn. 120; MüKoAktG/*Spindler* § 76 Rn. 57; gleiches gilt auch im Falle eines Doppelmandats im Vorstand des herrschenden und im Aufsichtsrat der abhängigen Gesellschaft, s. MüKoAktG/*Spindler* § 76 Rn. 57; GroßkommAktG/*Kort* § 76 Rn. 231 f.

[195] Kölner Komm AktG/*Mertens*/*Cahn* § 93 Rn. 28 mwN.

# § 5 Geschäftsführung und Geschäftsverteilung

## Übersicht



**Schrifttum:**[1] *Bachmann,* Der Verwaltungsrat der monistischen SE, ZGR 2008, 779; *Bürkle,* Der Stichentscheid im zweiköpfigen AG-Vorstand, AG 2012, 232; *Dreher,* Ausstrahlungen des Aufsichtsrechts auf das Aktienrecht, ZGR 2010, 496; *Fleischer,* Zum Grundsatz der Gesamtverantwortung im Aktienrecht, NZG 2003, 449; *Fleischer,* Zur Leitungsaufgabe des Vorstands im Aktienrecht, ZIP 2003, 1; *Fleischer,* Vorstandshaftung und Rechtsirrtum über die Vertretungskompetenz beim Abschluss eines Interim-Management-Vertrags, DB 2015, 1764; *Fleischer,* Vorstandsverantwortlichkeit in Spartenorganisation und virtueller Holding, BB 2017,

[1] Ich danke Herrn Johannes Harrack für seine wertvolle Unterstützung bei der Überarbeitung dieses Kapitels.

2499; *Götz,* Corporate Governance multinationaler Konzerne und deutsches Unternehmensrecht, ZGR 2003, 1; *Götz,* Gesamtverantwortung des Vorstands bei vorschriftswidriger Unterbesetzung, ZIP 2002, 1745; *Habersack,* Gesteigerte Überwachungspflichten des Leiters eines „sachnahen" Vorstandsressorts? – Kritische Bemerkungen zum Urteil des VG Frankfurt a. M. vom 8.7.2004, WM 2005, 2360; *Harbarth,* Unternehmensorganisation und Vertrauensgrundsatz im Aktienrecht, ZGR 2017, 211; *v. Hein,* Vom Vorstandsvorsitzenden zum CEO?, ZHR 166 (2002), 464; *Henze,* Leitungsverantwortung des Vorstands – Überwachungspflicht des Aufsichtsrats, BB 2000, 209; *Hoffmann-Becking,* Vorstandsvorsitzender oder CEO?, NZG 2003, 745; *Hoffmann-Becking,* Zur rechtlichen Organisation der Zusammenarbeit im Vorstand der AG, ZGR 1998, 497; *Hoffmann-Becking,* Vorstands-Doppelmandate im Konzern, ZHR 150 (1986), 570; *Hoffmann-Becking,* Haftungsbeschränkung durch Geschäftsverteilung in Geschäftsführung und Vorstand, NZG 2021, 93; *Hüffer,* Der Vorstand als Leitungsorgan und die Mandats- und Haftungsbeziehungen seiner Mitglieder, in Habersack/Bayer, Aktienrecht im Wandel, Band 2, 2007, 334; *Krieger,* Personalentscheidungen des Aufsichtsrats, 1981; *Lange/Peters,* Rechtliche Möglichkeiten einer unterschiedlichen Kompetenzzuweisung an einzelne Vorstandsmitglieder, BB 2012, 2575; *Leumann,* Die Matrix-Organisation, 1978; *Nietsch,* Compliance-Risikomanagement als Aufgabe der Unternehmensleitung, ZHR 180 (2016), 733; *Nietsch,* Überwachungspflichten bei Kollegialorganen, ZIP 2013, 1449; *Schäfer,* Beschlussanfechtbarkeit bei Beschlussvorschlägen durch einen unterbesetzten Vorstand, ZGR 2003, 147; *Schiessl,* Gesellschafts- und mitbestimmungsrechtliche Probleme der Spartenorganisation (Divisionalisierung), ZGR 1992, 64; *Karsten Schmidt,* Abhängigkeit, faktischer Konzern, Nichtaktienkonzern und Divisionalisierung im Bereich der Unternehmensrechtskommission, ZGR 1981, 455; *Siegfried Schneider,* Matrixorganisation – Gestaltungsmöglichkeiten und Gestaltungsprobleme einer mehrdimensionalen teamorientierten Organisation, 1974; *U.H. Schneider,* Stimmverbote im GmbH-Konzern, ZHR 150 (1986), 609; *Schwark,* Spartenorganisation in Großunternehmen und Unternehmensrecht, ZHR 142 (1978), 203; *Seibt/Scholz,* Rechtsstellung designierter Vorstandsmitglieder, AG 2016, 557; *Johannes Semler,* Die Rechte und Pflichten des Vorstands einer Holdinggesellschaft im Lichte der Corporate Governance-Diskussion, ZGR 2004, 631; *Johannes Semler,* Rechtsvorgabe und Realität der Organzusammenarbeit in der Aktiengesellschaft, FS Lutter, 2000, 721; *Simons/Hanloser,* Vorstandsvorsitzender und Vorstandssprecher, AG 2010, 641; *Velte,* Wechsel vom Vorstand in den Aufsichtsrat mit oder ohne Cooling Off als „gute" Corporate Governance?, WM 2012, 537; *Weber-Rey,* Ausstrahlungen des Aufsichtsrechts (insbesondere für Banken und Versicherungen) auf das Aktienrecht – oder die Infiltration von Regelungssätzen?, ZGR 2010, 543; *Wicke,* Der CEO im Spannungsverhältnis zum Kollegialprinzip, NJW 2007, 3755.

## A. Der Begriff der Geschäftsführung

1 Das AktG weist die Geschäftsführung in der Gesellschaft allein dem Vorstand zu.[2]

2 Das AktG verwendet den **Begriff der Geschäftsführung** an verschiedenen Stellen (§ 77 Abs. 1 S. 1 AktG, § 93 Abs. 1 S. 1 AktG, § 111 Abs. 1 AktG, § 111 Abs. 4 S. 1 AktG, § 119 Abs. 2 AktG). Er wird nicht definiert, sondern vielmehr **vorausgesetzt.**[3] Das Gesetz benutzt den Begriff der Geschäftsführung außerdem in unterschiedlichen Zusammenhängen mit **unterschiedlich weitem Inhalt.**

3 Ähnlich wie bei dem Begriff der Leitung des Unternehmens ist der Begriff der Geschäftsführung weniger abstrakt, sondern eher aus dem jeweiligen **Funktionszusammenhang** zu bestimmen.

4 Im Zusammenhang mit der Bestimmung der Aufgaben des Vorstands ist der Begriff der Geschäftsführung sehr weit zu verstehen. Er umfasst **jedes tatsächliche oder rechtliche Handeln** des Vorstands für die Gesellschaft[4] unter dem Gesichtspunkt seiner gesellschaftsinternen Zulässigkeit.[5] Unerheblich ist dabei, ob sich das Vorstandshandeln nur auf die Gesellschaft auswirkt, wie etwa bei organisatorischen Maßnahmen, oder auch auf das Außenverhältnis. Davon zu trennen ist, dass der Vorstand für Rechtshandlungen im Außenverhältnis der Vertretungsmacht bedarf.[6] Damit ist der Begriff der Geschäftsführung der umfassende Begriff, der jeweils auch alle als Leitung der Gesellschaft beschriebenen Hand-

[2] MüKoAktG/*Spindler* § 77 Rn. 8; K. Schmidt/Lutter/*Seibt* AktG § 77 Rn. 1. § 77 Abs. 1 S. 1 AktG erklärt mehrere Vorstandsmitglieder für gemeinschaftlich geschäftsführungsbefugt. Dies setzt voraus, dass der Vorstand als solcher ebenfalls geschäftsführungsbefugt ist.

[3] GroßkommAktG/*Kort* § 77 Rn. 3.

[4] MüKoAktG/*Spindler* § 77 Rn. 6; GroßkommAktG/*Kort* § 77 Rn. 3; K. Schmidt/Lutter/*Seibt* AktG § 77 Rn. 4; *Frodermann/von Eiff* in Frodermann/Jannott AktR-HdB § 7 Rn. 146.

[5] Kölner Komm AktG/*Mertens/Cahn* § 77 Rn. 2.

[6] GroßkommAktG/*Kort* § 77 Rn. 3.

lungen umfasst.[7] Zur Abgrenzung der Begriffe → § 4 Rn. 6. Als **Kompetenzbestimmung** ist die gesetzliche Zuweisung der Geschäftsführung in § 77 Abs. 1 S. 1 AktG an den Vorstand umfassend. Entsprechend weit sind diejenigen Regeln für Aufsichtsrat (§ 111 Abs. 4 S. 1 AktG) und Hauptversammlung (§ 119 Abs. 2 AktG) auszulegen, in denen deren Kompetenz zur Geschäftsführung negativ abgegrenzt wird. Soweit der Aufsichtsrat dagegen zur Überwachung der Geschäftsführung berufen ist (§ 111 Abs. 1 AktG), kann nur die Überwachung der Leitungsmaßnahmen und wesentlicher Einzelmaßnahmen des Vorstands gemeint sein, nicht dagegen jegliches Handeln im Tagesgeschäft des Unternehmens.[8]

Für Bestimmte Maßnahmen bedarf der Vorstand der **Mitwirkung der Hauptversammlung.** Hierbei ist zu unterscheiden: 5

Von vornherein außerhalb der Kompetenz des Vorstands liegen Maßnahmen, die durch Gesetz oder Satzung[9] **der Hauptversammlung zugewiesen** sind (s. zB § 119 Abs. 1 AktG).[10] Dies gilt vor allem für Satzungsänderungen einschließlich des in der Satzung bestimmten Unternehmenszwecks bzw. der dort festgelegten Tätigkeitsgebiete der Gesellschaft (s. § 119 Abs. 1 Nr. 6 AktG, § 179 AktG). Ein Handeln des Vorstands außerhalb des Unternehmensgegenstandes („Satzungsüberschreitung") ist pflichtwidrig.[11] Eine Aufgabe von Tätigkeitsfeldern, die in der Satzung vorgegeben sind, („Satzungsunterschreitung") kann ebenfalls pflichtwidrig sein.[12] Auch Kapitalmaßnahmen fallen in die alleinige Zuständigkeit der Hauptversammlung (§ 119 Abs. 1 Nr. 7 AktG).[13] Schließlich ist die Hauptversammlung für strukturändernde Maßnahmen zuständig wie die Eingliederung (§§ 319f. AktG), Verschmelzung (§§ 65, 73 UmwG), Spaltungsmaßnahmen (§§ 125, 65 UmwG),[14] Rechtsformumwandlungen (§§ 193, 226ff. UmwG) und sog. Squeeze-Out-Beschlüsse (§§ 327a ff. AktG). 6

Des Weiteren bedürfen bestimmte Maßnahmen kraft Gesetzes[15] der **Zustimmung der Hauptversammlung.** Dies gilt für den Abschluss und die Änderung von Unternehmensverträgen (§§ 293, 295 AktG),[16] ferner etwa für den Verzicht auf und Vergleich über Ersatzansprüche (§§ 50, 93 Abs. 4 S. 3 AktG, § 116 S. 1 AktG), den Erwerb und die Veräußerung eigener Aktien (§ 71 Abs. 1 Nr. 8 AktG) und die Übertragung des Gesellschaftsvermögens (§ 179a AktG). Die Zustimmung der Hauptversammlung ist hier Wirksamkeitsvoraussetzung für die entsprechenden Maßnahmen.[17] 7

Schließlich gibt es Maßnahmen, die der Vorstand ohne Mitwirkung der Hauptversammlung – im Außenverhältnis – wirksam treffen kann, bei denen er jedoch – im Innenverhältnis – nur rechtmäßig handelt, wenn er die Zustimmung der Hauptversammlung 8

---

[7] Hüffer/Koch/*Koch* AktG § 77 Rn. 3.

[8] GroßkommAktG/*Kort* § 77 Rn. 32; Grigoleit/*Grigoleit/Tomasic* AktG § 111 Rn. 35; MüKoAktG/*Habersack* § 111 Rn. 20. Die genauen Kompetenzen des Aufsichtsrats zur Überwachung der Geschäftsführung werden in § 111 Abs. 1 AktG nicht aufgezählt; ein Überblick findet sich bei MüKoAktG/*Habersack* § 111 Rn. 27f.

[9] Für eine über das Gesetz hinausgehende Beschlusszuständigkeit der Hauptversammlung besteht jedoch mit Blick auf die zwingende aktienrechtliche Kompetenzordnung (§ 23 Abs. 5 AktG) wenig Raum, s. Hüffer/Koch/*Koch* AktG § 119 Rn. 10.

[10] § 119 AktG enthält allerdings nur ein unvollständige Aufzählung der Hauptversammlungszuständigkeiten, s. den Überblick bei Hüffer/Koch/*Koch* AktG § 119 Rn. 7ff.

[11] BGH NJW 1993, 57 (63); NZG 2013, 293 Rn. 16; GroßkommAktG/*Kort* § 76 Rn. 29.

[12] OLG Köln AG 2009, 416 (417); OLG Düsseldorf AG 2016, 410 (412); GroßkommAktG/*Kort* § 76 Rn. 29; Emmerich/Habersack/*Habersack* AktG Vor § 311 Rn. 31f., 43.

[13] Solche Maßnahmen sind überdies immer zugleich auch Satzungsänderungen, Hüffer/Koch/*Koch* AktG § 76 Rn. 6.

[14] Spaltungsmaßnahmen sind die Aufspaltung, die Abspaltung sowie die Ausgliederung (s. § 1 Abs. 1 Nr. 2 UmwG).

[15] Eine Erweiterung der Zustimmungsrechte der Hauptversammlung, etwa in der Satzung, ist nicht möglich, Hüffer/Koch/*Koch* AktG § 119 Rn. 11; Hölters/*Drinhausen* AktG § 119 Rn. 9.

[16] Beherrschungs- und Gewinnabführungsverträge (§ 291 Abs. 1 AktG) und sonstige Unternehmensverträge (§ 292 AktG).

[17] S. etwa ausdrücklich § 293 Abs. 1 S. 1 AktG; zu § 179a ferner Hüffer/Koch/*Koch* AktG § 179a Rn. 2.

einholt. Dies gilt in Fällen, in denen eine **ungeschriebene Zuständigkeit der Hauptversammlung** besteht, vor allem bei Konzernbildungssachverhalten wie Ausgliederungen und bei „satzungsnahen" Entscheidungen.[18] Voraussetzung für eine solche ungeschriebene Zuständigkeit der Hauptversammlung ist in jedem Fall, dass die Maßnahmen des Vorstands so tief in die Mitgliedschaftsrechte der Aktionäre und deren im Anteilseigentum verkörperte Vermögensinteressen eingreifen, dass der Vorstand vernünftigerweise nicht annehmen kann, er dürfe sie ausschließlich in eigener Verantwortung treffen, ohne die Hauptversammlung zu beteiligen,[19] bzw. dass die Maßnahmen „an die Kernkompetenz der Hauptversammlung, über die Verfassung der Gesellschaft zu bestimmen, rühren und in ihren Auswirkungen einem Zustand nahezu entsprechen, der allein durch eine Satzungsänderung herbeigeführt werden kann".[20] In diesen Fällen handelt der Vorstand pflichtwidrig, wenn er die betreffende Maßnahme nicht der Hauptversammlung zur Zustimmung vorlegt.

9 Einen **allgemeinen Zustimmungsvorbehalt zugunsten der Hauptversammlung** bei wichtigen Maßnahmen des Vorstands gibt es außerhalb der gesetzlich geregelten Fälle dagegen **nicht.** Vielmehr umfasst die Geschäftsführungskompetenz des Vorstands auch solche Maßnahmen, die erhebliche – insbesondere wirtschaftliche – Auswirkungen auf die Gesellschaft haben.[21] Für eine ganz ausnahmsweise anzunehmende Pflicht des Vorstands, eine Maßnahme der Hauptversammlung zur Zustimmung vorzulegen, bleiben damit nur solche Maßnahmen, die den gesetzlich geregelten Fällen entsprechen oder die Aktionäre in ihrer mitgliedschaftlichen Position in vergleichbarer Weise treffen (→ § 4 Rn. 13f.).[22] Von den genannten zwingenden Zuständigkeiten der Hauptversammlung zu unterscheiden sind die Fälle, in denen der Vorstand der Hauptversammlung eine Maßnahme der Geschäftsführung vorlegt, § 119 Abs. 2 AktG. Hier kann die Hauptversammlung nur auf Verlangen des Vorstands tätig werden (sog. derivative Zuständigkeit).[23]

10 Im Verhältnis des Vorstands zum **Aufsichtsrat** gilt, dass diesem **keine Befugnis zur Geschäftsführung** zusteht (§ 111 Abs. 4 S. 1 AktG).[24] Jedoch müssen die Satzung oder der Aufsichtsrat selbst bestimmte Arten von Geschäften unter den Vorbehalt der Zustimmung des Aufsichtsrats stellen (§ 111 Abs. 4 S. 2 AktG).[25] Ein Zustimmungsvorbehalt begründet lediglich ein Vetorecht des Aufsichtsrats, lässt aber die Leitungsautonomie und Geschäftsführungsbefugnis des Vorstands im Grundsatz unberührt.[26]

---

[18] Sog. Holzmüller- bzw. Gelatine-Doktrin, s. BGH NJW 1982, 1703 (1705ff.) – Holzmüller; NZG 2014, 571 (573ff.) – Gelatine; dazu näher MüKoAktG/*Kubis* § 119 Rn. 31ff., 48ff.; Hölters/*Drinhausen* AktG § 119 Rn. 16ff.

[19] BGH NJW 1982, 1703 (1705) – Holzmüller.

[20] BGH NZG 2004, 571 (574) – Gelatine. Damit sollen die Aktionäre ua vor einer mit der Ausgliederung entscheidend wichtiger Teile des Unternehmens der Gesellschaft auf nachgelagerte Beteiligungsgesellschaften notwendigerweise verbundenen **Mediatisierung** ihres Einflusses geschützt werden, s. BGH NZG 2004, 571 (573); MüKoAktG/*Kubis* § 119 Rn. 34.

[21] GroßkommAktG/*Kort* § 76 Rn. 129.

[22] GroßkommAktG/*Kort* § 76 Rn. 129. Ob man diese in die (Mit-)Zuständigkeit der Hauptversammlung fallenden Maßnahmen als **Grundlagengeschäfte** bezeichnet und von den Geschäftsführungsmaßnahmen iSv § 77 AktG abgrenzt (so etwa BeckOGK/*Fleischer* AktG § 77 Rn. 7; ähnlich GroßkommAktG/*Kort* § 76 Rn. 30, 124 und § 77 Rn. 4) oder den Begriff des Grundlagengeschäfts lediglich benutzt, um die Zuständigkeit bzw. Mitwirkungsbefugnisse der Hauptversammlung zu beschreiben (MüKoAktG/*Spindler* § 77 Rn. 7; K. Schmidt/Lutter/*Seibt* AktG § 77 Rn, 4), ist kaum von praktischer Bedeutung.

[23] BGH NZG 2019, 505 (Rn. 34); Hölters/*Drinhausen* AktG § 119 Rn. 12.

[24] Eine Ausnahme hiervon sind vor allem die Bestellung und Abberufung von Vorstandsmitgliedern sowie der Abschluss und die Beendigung von Anstellungsverträgen mit diesen (§ 84 AktG), bei denen der Aufsichtsrat die Gesellschaft vertritt, § 112 AktG; weitere Ausnahmen bei Hölters/*Hambloch-Gesinn/Gesinn* AktG § 111 Rn. 71; MüKoAktG/*Habersack* § 111 Rn. 113.

[25] Dies kann durch gesonderten Beschluss, in der Geschäftsordnung für den Aufsichtsrat oder in der Geschäftsordnung für den Vorstand geschehen, soweit letztere vom Aufsichtsrat erlassen wird; BeckOGK/*Spindler* AktG § 111 Rn. 89; MüKoAktG/*Habersack* § 111 Rn. 119; *LKV* Aufsichtsrat § 3 Rn. 114ff.

[26] Hölters/*Weber* AktG § 76 Rn. 36.

## B. Maßstäbe für die Geschäftsführung

Die Vorstandsmitglieder haben bei ihrer Geschäftsführung die **Sorgfalt eines ordentlichen und gewissenhaften Geschäftsleiters** anzuwenden (§ 93 Abs. 1 S. 1 AktG). Anerkannt ist, dass der Begriff der Geschäftsführung hier in einem sehr weiten Sinn zu verstehen ist,[27] also sowohl die Leitungsaufgabe im oben (→ § 4 Rn. 15 ff.) beschriebenen Sinn als auch das alltägliche Handeln umfasst. Nach diesem sehr allgemeinen Sorgfaltsmaßstab muss der Vorstand zunächst einerseits jedes Verhalten vermeiden, das der Gesellschaft schaden kann, andererseits aber auch positiv im Interesse der Gesellschaft und im Unternehmensinteresse (→ § 4 Rn. 29 ff., 34 ff.) handeln und Schädigungen durch Dritte abwehren.[28] Bei unternehmerischen Entscheidungen kommt dem Vorstand die Haftungserleichterung der Business Judgement Rule zugute (→ § 4 Rn. 42 ff.). 11

Konkretere Anforderungen ergeben sich aus der Pflicht des Vorstands, **im Unternehmensinteresse zu handeln** (→ § 4 Rn. 29 ff., 34 ff.). Der Vorstand ist verpflichtet, die **Organisation** und die Entscheidungsprozesse in der Gesellschaft so zu gestalten, dass dabei die **gesetzlichen Vorschriften,** die **Satzungsbestimmungen** sowie die internen Richtlinien der Gesellschaft **eingehalten** werden (Compliance) und so eine Haftung vermieden wird.[29] Die Organisation der Gesellschaft soll aber nicht nur **rechtmäßig,** sondern darüber hinaus auch **zweckmäßig** sein.[30] Beide Aspekte können sich beispielsweise bei der Verteilung der Aufgaben an die einzelnen Vorstandsmitglieder auswirken, aber auch bei der Beschlussfassung der Organe.[31] Der Vorstand muss nicht nur Vorgaben für die Organisation der Gesellschaft machen, sondern auch dafür sorgen, dass diese auf den ausführenden Ebenen eingehalten werden.[32] Zudem ist der Vorstand verpflichtet, die **Finanzierung der Gesellschaft** ordnungsgemäß zu organisieren.[33] Dazu gehört, dass die Gesellschaft **keine Risiken** eingeht, die den **Bestand** des Unternehmens **gefährden,** und keine sinnlosen Aufwendungen tätigt. Vor allem muss der Vorstand auch die Einhaltung von Gläubigerschutzvorschriften überwachen.[34] Der Vorstand muss die wirtschaftliche Rentabilität des Unternehmens überprüfen und gegebenenfalls Maßnahmen zu ihrer Verbesserung entwickeln. Insgesamt muss der Vorstand also das Unternehmen sowohl rechtmäßig als auch zweckmäßig führen.[35] 12

Zudem treffen den Vorstand auch **Treuepflichten** gegenüber der Gesellschaft, deren besondere Ausprägung die **Schweigepflicht** der Vorstandsmitglieder ist (§ 93 Abs. 1 S. 3 AktG). Die Vorstandsmitglieder haben gemäß ihrer Treuepflicht in Angelegenheiten, die das Gesellschaftsinteresse berühren, diesem **Vorrang vor Eigeninteressen** zu geben.[36] 13

---

[27] Hüffer/Koch/*Koch* AktG § 93 Rn. 6 f.; für ein weites Verständnis der Sorgfaltspflichten der Vorstandsmitglieder MüKoAktG/*Spindler* § 93 Rn. 22.

[28] Ähnlich BGHZ 21, 354, 357; vgl. auch GroßkommAktG/*Hopt/Roth* § 93 Rn. 52. Zu den Maßstäben ausführlich → § 4 Rn. 25 ff.

[29] Dazu Kölner Komm AktG/*Mertens/Cahn* § 93 Rn. 67; GroßkommAktG/*Hopt/Roth* § 93 Rn. 132, 153, 182; *Ziemons* in Ziemons/Binnewies AG-HdB Rn. 8.754 ff.; vgl. Grundsatz 5 DCGK; s. auch → § 4 Rn. 23; näher → § 13 Rn. 12 ff.

[30] GroßkommAktG/*Hopt/Roth* § 93 Rn. 153 ff.

[31] GroßkommAktG/*Hopt/Roth* § 93 Rn. 159, 175.

[32] Vgl. BeckOGK/*Fleischer* AktG § 93 Rn. 71; ausführlich zu den Organisationspflichten Kölner Komm AktG/*Mertens/Cahn* § 93 Rn. 67 ff.; zur Überwachungspflicht des Vorstands im Unternehmen GroßkommAktG/*Hopt/Roth* § 93 Rn. 162 ff.; ferner → § 4 Rn. 19 ff.

[33] BeckOGK/*Fleischer* AktG § 93 Rn. 72; GroßkommAktG/*Hopt/Roth* § 93 Rn. 179 ff.

[34] Darunter fällt insbesondere der Bereich der Kapitalerhaltung der Gesellschaft.

[35] Sehr ausführlich und mit weiterführenden Beispielen Kölner Komm AktG/*Mertens/Cahn* § 93 Rn. 64 ff.; GroßkommAktG/*Hopt/Roth* § 93 Rn. 189 ff.

[36] Ausführlich zu den Treuepflichten Kölner Komm AktG/*Mertens/Cahn* § 93 Rn. 95 ff.; Großkomm AktG/*Hopt/Roth* § 93 Rn. 224 ff.

## C. Organisation des Vorstands

14 Das Gesetz stellt für den mehrköpfigen Vorstand die **Regel der Gesamtgeschäftsführung** auf. Danach sind sämtliche Vorstandsmitglieder nur gemeinschaftlich zur Geschäftsführung befugt (§ 77 Abs. 1 S. 1 AktG). Dies ist oftmals wenig praxisgerecht. Das Gesetz erlaubt allerdings, den Grundsatz der Gesamtgeschäftsführung durch **Sonderregelungen in der Satzung oder der Geschäftsordnung** des Vorstands zu durchbrechen (§ 77 Abs. 1 S. 2 Hs. 1 AktG). Aktiengesellschaften mit mehrköpfigem Vorstand machen **regelmäßig** von der Ermächtigung zur **individuellen Regelung** der Geschäftsführung in der Geschäftsordnung des Vorstands Gebrauch, sodass die **Gesamtgeschäftsführung in der Praxis** die selten anzutreffende **Ausnahme** ist.[37]

### I. Gleichberechtigung der Vorstandsmitglieder und Gesamtverantwortung

#### 1. Gleichberechtigung

15 Das gesetzliche Leitbild ist die Gleichberechtigung der Vorstandsmitglieder. Der Grundsatz der Gleichberechtigung der Vorstandsmitglieder ist zwar nicht ausdrücklich im Gesetz genannt, ergibt sich aber aus dem Charakter des **Vorstands als Kollegialorgan,**[38] dem gesetzlichen Leitbild der Gesamtgeschäftsführung (§ 77 Abs. 1 S. 1 AktG) sowie aus dem Umkehrschluss zu Sonderregelungen, die eine Ungleichbehandlung der Vorstandsmitglieder erlauben (etwa § 84 Abs. 2 AktG, wonach der Aufsichtsrat einen Vorstandsvorsitzenden ernennen kann).

16 Aus dem Grundsatz der Gleichberechtigung folgt, dass es **kein allzu starkes Ungleichgewicht** der Leitungskompetenzen der einzelnen Vorstandsmitglieder geben darf.[39] Die Anforderungen daran sind aber nicht zu überspannen, da es – wegen des Bedürfnisses, den Vorstandsmitgliedern einzelne Zuständigkeitsbereiche zuzuordnen – praktisch kaum möglich sein wird, jedem Vorstandsmitglied genau oder annähernd gleich viel Kompetenz zu geben.[40] Es sollte nur darauf geachtet werden, dass kein zu großes Ungleichgewicht zwischen den Kompetenzen der einzelnen Vorstandsmitglieder besteht.[41] Es darf also keine Vorstandsmitglieder „zweiter Klasse" geben.[42] Eine Untergliederung des Vorstands in verschiedene – unterschiedlich bedeutende – Geschäftsführungsbereiche kann aber in der Geschäftsordnung festgelegt werden und ist zulässig (→ Rn. 22ff.). Letztlich ist es auch nicht erforderlich, den Vorstandsmitgliedern gleiche Bezüge zu gewähren. Dies folgt bereits aus § 87 Abs. 1 AktG.[43]

---

[37] GroßkommAktG/*Kort* § 77 Rn. 7; MüKoAktG/*Spindler* § 77 Rn. 10; für das Kollegialprinzip als das vorzugswürdigere Modell der Vorstandsorganisation mit Blick auf eine ausgewogenere Entscheidungsfindung und horizontale Selbstkontrolle K. Schmidt/Lutter/*Seibt* AktG § 77 Rn. 2; s. auch *Fleischer* NZG 2003, 449 (458f.).

[38] MüKoAktG/*Spindler* Vor § 76 Rn. 48; *Hoffmann-Becking* ZGR 1998, 497 (514); *Hoffmann-Becking* NZG 2003, 745 (746f.); Hölters/*Weber* AktG § 77 Rn. 30; K. Schmidt/Lutter/*Seibt* AktG § 77 Rn. 2; GroßkommAktG/*Kort* § 77 Rn. 30f., 35.

[39] *Hoffmann-Becking* ZGR 1998, 497 (514).

[40] Ähnlich auch *Hoffmann-Becking* ZGR 1998, 497 (515); Hölters/*Weber* AktG § 77 Rn. 30.

[41] Hölters/*Weber* AktG § 77 Rn. 30; GroßkommAktG/*Kort* § 77 Rn. 24a; Beispiele bei *Hoffmann-Becking* ZGR 1998, 497 (515).

[42] Hölters/*Weber* AktG § 77 Rn. 30; zu diesem Begriff *Lange/Peters* BB 2012, 2575 (2577); *Hoffmann-Becking* ZGR 1998, 497 (515).

[43] Ausdrücklich auch *Hoffmann-Becking* ZGR 1998, 497 (515); näher *Dörrwächter* in TGH AR-HdWB Beitrag 154 Rn. 53ff.

### 2. Gesamtverantwortung

17 Der Grundsatz der Gesamtverantwortung besagt, dass bei einem mehrköpfigen Vorstand jedes Vorstandsmitglied zur Geschäftsführung im Ganzen verpflichtet und damit umfassend für die Belange der Gesellschaft verantwortlich ist.[44] Dieser Grundsatz ist zwar im Gesetz nicht ausdrücklich genannt,[45] wird aber von der Rechtsprechung und der Rechtslehre aus § 76 Abs. 1 AktG abgeleitet[46] oder als **allgemeiner Rechtsgrundsatz für Kollegialorgane** zugrunde gelegt.[47] Er gilt auch dann, wenn im Rahmen der Geschäftsverteilung einzelnen Vorstandsmitgliedern Geschäftsführungsbefugnisse zur eigenständigen Wahrnehmung übertragen werden.[48]

## II. Gesamtleitung

### 1. Pflicht zur Gesamtleitung

18 Der Vorstand ist in vielen Fällen zur Gesamtleitung verpflichtet und darf dann seine **Leitungsaufgaben** (→ § 4 Rn. 15ff.) nicht auf einzelne Vorstandsmitglieder übertragen.[49] Umgekehrt dürfen Vorstandsmitglieder keine Kompetenzen an sich ziehen, die dem Vorstand in seiner Gesamtheit zustehen und die er durch Gesamtleitung wahrnehmen muss.[50] Dies gilt auch bei einer Aufteilung in Ressortzuständigkeiten.[51] Zu dem **nicht übertragbaren Kern** der Aufgaben der Vorstands (→ § 4 Rn. 15ff.) können zum einen die dem Vorstand durch das Gesetz ausschließlich zugewiesenen Aufgaben gezählt werden,[52] zum anderen die Bereiche Unternehmensplanung, Unternehmenskoordinierung und Unternehmenskontrolle sowie die Besetzung von Führungspositionen.[53] Maßnahmen oder Geschäfte, die für die Gesellschaft von besonderer Bedeutung sind oder ein großes Risiko darstellen, gehören ebenfalls zu den nicht übertragbaren Leitungsaufgaben.[54]

---

[44] BGHZ 133, 370, 376 allerdings in Bezug auf die GmbH; MüKoAktG/*Spindler* § 77 Rn. 63; Hüffer/Koch/*Koch* AktG § 77 Rn. 18.; Kölner Komm AktG/*Mertens/Cahn* § 77 Rn. 18; GroßkommAktG/*Kort* § 77 Rn. 35; *Fleischer* NZG 2003, 449; *Hoffmann-Becking* NZG 2003, 745 (747).

[45] Hingegen folgt aus § 77 Abs. 1 S. 1 AktG der Regelfall der Gesamtgeschäftsführung und aus § 78 Abs. 2 S. 1 AktG der Regelfall der Gesamtvertretung.

[46] BeckOGK/*Fleischer* AktG § 77 Rn. 51f.; GroßkommAktG/*Kort* § 77 Rn. 31; *Wicke* NJW 2007, 3755 (3756); *Schiessl* ZGR 1992, 64 (67); *Schwark* ZHR 142 (1978), 203 (214); diff. *Fleischer* NZG 2003, 449 (450).

[47] *Lange/Peters* BB 2012, 2575 (2577ff.); *Hoffmann-Becking* ZGR 1998, 497 (507); *Hoffmann-Becking* NZG 2003, 745 (746).

[48] *Nietsch* ZHR 180 (2016), 733 (737).

[49] Kölner Komm AktG/*Mertens/Cahn* § 77 Rn. 23; Hüffer/Koch/*Koch* AktG § 77 Rn. 18; MüKoAktG/*Spindler* § 77 Rn. 63; GroßkommAktG/*Kort* § 77 Rn. 31; *Liebscher* in BeckHdB AG § 6 Rn. 112; *Fleischer* NZG 2003, 449 (450); *Hoffmann-Becking* ZGR 1998, 497 (508); *Frodermann/von Eiff* in Frodermann/Jannott AktR-HdB § 7 Rn. 148.

[50] Hüffer/Koch/*Koch* AktG § 77 Rn. 18; *Fleischer* NZG 2003, 449 (450).

[51] GroßkommAktG/*Kort* § 77 Rn. 31.

[52] Ebenso MüKoAktG/*Spindler* § 77 Rn. 64; Kölner Komm AktG/*Mertens/Cahn* § 77 Rn. 24; *Liebscher* in BeckHdB AG § 6 Rn. 112f.; *Fleischer* NZG 2003, 449 (450); *Schiessl* ZGR 1992, 64 (67).

[53] Hüffer/Koch/*Koch* AktG § 76 Rn. 8f.; Kölner Komm AktG/*Mertens/Cahn* § 76 Rn. 5; GroßkommAktG/*Kort* § 77 Rn. 31f.; *Liebscher* in BeckHdB AG § 6 Rn. 112f.; *Henze* BB 2000, 209 (210); grundsätzlich zustimmend *Fleischer* NZG 2003, 449 (450), der aber eine „modernere" Unterteilung nach Planungs- und Steuerungs-, Organisations-, Finanz- und Informationsverantwortung vornimmt.

[54] Kölner Komm AktG/*Mertens/Cahn* § 76 Rn. 5; BeckOGK/*Fleischer* AktG § 76 Rn. 18; *Fleischer* NZG 2003, 449 (450); *Henze* BB 2000, 209 (210).

### 2. Gültigkeit der Entscheidungen unterbesetzter Vorstände

19 Für die Praxis bedeutsam ist die Frage, ob die in die Kompetenz des Gesamtvorstands fallende Entscheidung[55] eines unvollständigen, dh nicht vorschriftsmäßig besetzten, Vorstands gültig ist.

20 Bei Gesellschaften mit einem **Grundkapital von mehr als 3 Mio. EUR** muss der Vorstand aus **mindestens zwei Personen** bestehen, wenn nicht die Satzung etwas anderes bestimmt (§ 76 Abs. 2 S. 2 AktG). Bei Ausscheiden eines Vorstandsmitglieds aus einem zweiköpfigen Vorstand darf das verbleibende Mitglied daher nach der Rechtsprechung keine Aufgaben wahrnehmen, die dem Gesamtvorstand zugewiesen sind und nicht auf einzelne Vorstandsmitglieder übertragen werden können[56] (s. aber § 84 Abs. 3 S. 6 AktG). Entsprechendes dürfte gelten, wenn nicht die gesetzliche, sondern lediglich die in der Satzung festgelegte (§ 23 Abs. 3 Nr. 6 AktG) Mindestanzahl an Vorstandsmitgliedern unterschritten wird[57] (s. aber § 84 Abs. 3 S. 7 AktG). Dies ist hinnehmbar, denn das Gesetz sorgt für den Fall der drohenden **Handlungsunfähigkeit** des Vorstands vor. Den Aufsichtsrat trifft die Pflicht, ein neues Vorstandsmitglied zu bestellen (§ 84 Abs. 1 AktG). Ist ihm dies nicht mit der erforderlichen Schnelligkeit möglich, so eröffnet das Gesetz in § 85 Abs. 1 S. 1 AktG jedem, der daran ein schutzwürdiges Interesse hat, die Möglichkeit, bei dem zuständigen Amtsgericht einen Antrag auf Bestellung eines Vorstandsmitglieds durch das Gericht zu stellen.[58]

21 Ein **unterbesetzter Vorstand** ist für in die Kompetenz des Gesamtvorstands fallende Maßnahmen also **nicht handlungsfähig.** Zu beachten ist allerdings, dass der handlungsunfähige Vorstand noch in gewissem Maße verpflichtet sein kann, etwa zur Buchführung oder zur Stellung eines Insolvenzantrags.[59] Zudem ist er verpflichtet, den Aufsichtsrat über das Ausfallen des Vorstandsmitglieds zu unterrichten, damit dieser ein neues Vorstandsmitglied bestellen kann.[60] Um das Problem der Handlungsunfähigkeit des Vorstands bei Unterbesetzung zu vermeiden, kann es sich empfehlen, in der **Satzung** eine Regelung vorzusehen, dass der Vorstand nur aus einer Person bestehen kann (§ 76 Abs. 2 S. 2 aE AktG).[61]

## III. Geschäftsverteilung

22 Das **gesetzliche Leitbild,** wonach die Gesellschaft von allen Vorstandsmitgliedern gemeinsam geleitet wird, ist in aller Regel **nicht praxisgerecht.**[62] Viele Geschäftsführungsmaßnahmen bei größeren Gesellschaften können nicht von allen Vorstandsmitgliedern ge-

---

[55] Beispiele sind die Feststellung des Jahresabschlusses (§ 172 AktG), die Einberufung der Hauptversammlung (§ 121 Abs. 2 AktG) sowie Vorschläge zur Beschlussfassung durch die Hauptversammlung (§ 124 Abs. 3 S. 1 AktG).

[56] BGH NZG 2002, 130f.; OLG Dresden AG 2000, 43 (44); KG AG 2011, 299 (301); ebenso MüKoAktG/*Spindler* § 76 Rn. 119; MHdB GesR IV/*Wentrup* § 19 Rn. 52; diff. *Schäfer* ZGR 2003, 147 (150); Hüffer/Koch/*Koch* AktG § 76 Rn. 56; K. Schmidt/Lutter/*Seibt* AktG § 76 Rn. 57; BeckOGK/*Fleischer* AktG § 76 Rn. 128; *Fleischer* NZG 2003, 449 (451); aA Kölner Komm AktG/*Mertens/Cahn* § 76 Rn. 110ff.; GroßkommAktG/*Kort* § 76 Rn. 242, 245; Hölters/*Weber* AktG § 76 Rn. 67; *Götz* ZIP 2002, 1745 (1748).

[57] So ausdrücklich KG AG 2011, 300 (301).

[58] BGHZ 149, 158, 160.

[59] So auch *Fleischer* NZG 2003, 449 (451).

[60] So auch *Fleischer* NZG 2003, 449 (451).

[61] *Fleischer* NZG 2003, 449 (451). Allerdings erscheint jedenfalls bei größeren Gesellschaften eine mindestsens zweiköpfige Besetzung des Vorstands mit Blick auf die Gewährleistung einer ausgewogenen Entscheidungsfindung sowie die gegenseitige Kontrolle der Vorstandsmitglieder vorzugswürdig, vgl. MüKoAktG/*Spindler* § 76 Rn. 116; K. Schmidt/Lutter/*Seibt* AktG § 76 Rn. 54 und § 77 Rn. 2; *Fleischer* NZG 2003, 449 (458f.). Anders als noch der DCGK 2017 (dort Ziff. 4.2.1 S. 1) enthält der aktuelle DCGK allerdings keine Empfehlung mehr für einen mehrköpfigen Vorstand.

[62] BeckOGK/*Fleischer* AktG § 77 Rn. 10 mwN.

meinsam getroffen werden. Eine Aufteilung der Aufgaben unter den Vorstandsmitgliedern ist daher in vielen Fällen erforderlich und in der Praxis üblich.

Eine solche **Aufgabenaufteilung** unter den Vorstandsmitgliedern können **Satzung oder Geschäftsordnung des Vorstands** vornehmen (§ 77 Abs. 1 S. 2 AktG). Eine Regelung der Geschäftsverteilung in der **Satzung** ist allerdings **nicht empfehlenswert,** da die Aufgaben schwerlich bereits im Voraus verteilt werden können und eine nachträgliche Änderung jeweils eine aufwendige Satzungsänderung nach sich ziehen würde.[63] **Üblich** ist vielmehr, die Geschäftsverteilung in der **Geschäftsordnung** für den Vorstand zu regeln (Muster eines Geschäftsverteilungsplans in → § 1 Anlage 1–3). Die Geschäftsordnung wird in der Regel vom Aufsichtsrat erlassen oder vom Vorstand, sofern der Aufsichtsrat keinen Gebrauch von seiner allgemeinen Kompetenz zum Erlass der Geschäftsordnung gemacht hat (§ 77 Abs. 2 S. 1 AktG; → Rn. 41). 23

Die in dem ihm durch die Geschäftsordnung zugewiesenen Bereich liegenden Aufgaben kann das jeweilige Vorstandsmitglied selbständig wahrnehmen. Dem Vorstandsmitglied kommt in diesem Bereich **Einzelgeschäftsführungsbefugnis** zu.[64] Es muss dabei allerdings mögliche Einschränkungen seiner Einzelgeschäftsführungsbefugnis in der Geschäftsordnung beachten, ebenso wie die Unübertragbarkeit der grundsätzlichen Leitungsaufgaben der Gesellschaft (→ § 4 Rn. 15 ff.). Mit der Vertretungsregelung braucht die Regelung der Geschäftsverteilung nicht übereinzustimmen.[65] Eine durch die Geschäftsordnung angeordnete Ressortzuständigkeit entbindet die Vorstandsmitglieder nicht von ihrer Gesamtverantwortung. Vielmehr trifft die übrigen Vorstandsmitglieder eine allgemeine Überwachungspflicht hinsichtlich der Geschäftsführung des Vorstandsmitglieds in dem ihm zugewiesenen Ressort.[66] 24

In der Praxis haben sich **verschiedene Organisationsformen** für die Aufgabenaufteilung unter den Vorstandsmitgliedern herausgebildet. Diese sind die funktionale und die divisionale Organisation, aber auch verschiedene Mischformen dieser beiden Grundformen. 25

## 1. Funktionale Organisation

Lange Zeit war in Deutschland eine Organisation der Vorstandsaufgaben nach funktionalen Gesichtspunkten vorherrschend. Dabei werden **Ressorts** für verschiedene unternehmerische Teilbereiche gebildet, beispielsweise jeweils für Einkauf, Forschung, Technik, Produktion, Vertrieb und Finanzen.[67] Dadurch wird eine **Arbeitsteilung** zwischen den Vorstandsmitgliedern erreicht und eine Besetzung der jeweiligen Ressorts mit **Spezialisten** ermöglicht. Ein Nachteil dieser Organisationsform ist aber, dass eine Vernetzung zwischen den einzelnen Ressorts erschwert wird. 26

## 2. Divisionale Organisation

Zahlreiche Unternehmen organisieren die Aufgaben nach **Sparten.**[68] Dies bedeutet, dass den einzelnen Vorstandsmitgliedern die Verantwortung für bestimmte **Produkt- oder** 27

[63] MüKoAktG/*Spindler* § 77 Rn. 39; *Lange/Peters* BB 2012, 2575 (2576); Hölters/*Weber* AktG § 77 Rn. 27.
[64] MüKoAktG/*Spindler* § 77 Rn. 57 mwN; Hölters/*Weber* AktG § 77 Rn. 32; s. auch *Fleischer* NZG 2003, 449 (452).
[65] MüKoAktG/*Spindler* § 77 Rn. 12.
[66] BGH NZG 2019, 225 Rn. 15 (für die GmbH); MüKoAktG/*Spindler* § 77 Rn. 58; *Fleischer* NZG 2003, 449 (452); *Hoffmann-Becking* NZG 2021, 93 f; *Frodermann/von Eiff* in Frodermann/Jannott AktR-HdB § 7 Rn. 150; *Harbarth* ZGR 2017, 211 (214); *Nietsch* ZHR 180 (2016), 733 (737); näher → Rn. 49 ff.
[67] MüKoAktG/*Spindler* § 77 Rn. 65; Hölters/*Weber* AktG § 77 Rn. 38; Schiessl ZGR 1992, 64; *Fleischer* NZG 2003, 449 (451); *Fleischer* ZIP 2003, 1 (7).
[68] MüKoAktG/*Spindler* § 77 Rn. 66; Hölters/*Weber* AktG § 77 Rn. 39; ausführlich *Schiessl* ZGR 1992, 64; *Schwark* ZHR 142 (1978), 203.

**Dienstleistungsbereiche** bzw. **Marken** des Unternehmens übertragen wird.[69] Möglich ist es auch, Sparten für bestimmte **Regionen** zu bilden.[70] Innerhalb einer solchen Sparte ist das Vorstandsmitglied für alle Ressortaufgaben (also etwa Einkauf, Produktion, Vertrieb, Finanzen) zuständig. Die divisionale Organisation wird besonders von Unternehmen gewählt, die klar unterschiedene Geschäftsfelder aufweisen.[71]

28 Teilweise wurden Bedenken[72] gegen die **Zulässigkeit der Spartenorganisation**[73] geäußert, weil es zu einer Beeinträchtigung der Gesamtverantwortung der Vorstandsmitglieder oder auch der Kompetenzen des Arbeitsdirektors kommen könnte. Richtig daran ist, dass in jeder Form der Geschäftsverteilung der **Grundsatz** der **Gesamtverantwortung** zu **beachten** bleibt, der insbesondere auch der divisionalen Geschäftsverteilung Grenzen setzt. Eine Verteilung der Aufgaben auf verschiedene Vorstandsmitglieder ist daher auch im Rahmen der Spartenorganisation nur mit der Maßgabe zulässig, dass sie die Gesamtleitung durch den Vorstand insgesamt unangetastet lässt und nicht einzelne Vorstandsmitglieder von der Leitung des Unternehmen ausgeschlossen werden.[74] Insbesondere die dem Gesamtvorstand ausschließlich zugewiesenen Aufgaben (→ § 4 Rn. 15 ff.) müssen ihm verbleiben.

### 3. Matrixorganisation

29 Häufig sind in der Praxis nicht rein funktionale oder divisionale Organisationsformen anzutreffen, sondern **Mischformen.** Eine häufige Organisationsform ist die Matrixorganisation. Eine allgemein anerkannte Definition der Matrixorganisation existiert nicht. Charakteristisch für diese Organisationsform ist aber, dass gleichzeitig und gleichberechtigt zwei oder mehrere Gliederungsmerkmale Berücksichtigung finden und vor allem **funktionale Elemente mit divisionalen Strukturen kombiniert** werden.[75] Solche Gliederungsmerkmale können etwa die Verrichtung (Aufgliederung nach Funktionen, Ressorts), Objekte (Aufgliederung nach Produkten oder Sparten), Regionen oder Projekte sein.[76] Charakteristisch ist auch, dass sich diese verschiedenen Gliederungsmerkmale überschneiden.[77]

30 Das Unternehmen kann beispielsweise nach Sparten gegliedert werden, **gleichzeitig aber auch funktionale Bereiche** vor allem für unternehmensinterne Aufgaben, etwa für Finanzen und Personal, vorsehen.[78] Aufgabe der funktionalen Ressorts ist es, verschiedene fachbezogene Ressourcen den einzelnen Sparten zugänglich zu machen.

31 Darüber hinaus kann eine weitere Vernetzung der verschiedenen Bereiche durch **regionale Zuständigkeiten** erreicht werden.[79] Dabei kann einem Vorstandsmitglied die Leitung der gesamten Geschäfte des Unternehmens in einer Region übertragen werden, während ein anderes Vorstandsmitglied eine bestimmte Sparte – in allen Regionen – leitet.

---

[69] GroßkommAktG/*Kort* § 77 Rn. 23, 24a; MHdB GesR IV/*Hoffmann-Becking* § 22 Rn. 19; Schiessl ZGR 1992, 64 (65).

[70] Dazu *Schiessl* ZGR 1992, 64 (65).

[71] Vgl. etwa (allerdings auch mit rein funktionalen Ressorts) die Vorstandsorganisation im Bayer- sowie im Beiersdorf-Konzern.

[72] *Schwark* ZHR 142 (1978), 203 (207); *Karsten Schmidt* ZGR 1981, 455 (479 ff.).

[73] Für Zulässigkeit die ganz hM, Kölner Komm AktG/*Mertens/Cahn* § 76 Rn. 60 mwN; MüKoAktG/*Spindler* § 77 Rn. 66.

[74] Kölner Komm AktG/*Mertens/Cahn* § 77 Rn. 15, 27; BeckOGK/*Fleischer* AktG § 77 Rn. 43; GroßkommAktG/*Kort* § 77 Rn. 24a f.; *Fleischer* NZG 2003, 449 (452); *Fleischer* ZIP 2003, 1 (7); *Fleischer* BB 2017, 2499 (2502); *Seyfarth* VorstandsR § 9 Rn. 3; *Schiessl* ZGR 1992, 64 (67).

[75] *Leumann,* Die Matrix-Organisation, 1978, 5; *Schneider,* Matrixorganisation, 1974, 5; MüKoAktG/*Spindler* § 77 Rn. 67; ausführl. *Steger* in Maschmann/Fritz, Matrixorganisationen, 1. Aufl. 2019, Kap. 1 Rn. 14 ff.

[76] Ausführlich *Leumann,* Die Matrix-Organisation, 1978, 5; *Steger* in Maschmann/Fritz, Matrixorganisationen, 1. Aufl. 2019, Kap. 1 Rn. 4 ff.

[77] *Schneider,* Matrixorganisation, 1974, 5; *Steger* in Maschmann/Fritz, Matrixorganisationen, 1. Aufl. 2019, Kap. 1 Rn. 5 ff.

[78] MüKoAktG/*Spindler* § 77 Rn. 67; GroßkommAktG/*Kort* § 77 Rn. 24; *Schiessl* ZGR 1992, 64 (65).

[79] Hölters/*Weber* AktG § 77 Rn. 41.

Der Vorteil einer Matrixorganisation ist, dass der Austausch unter den Vorstandsmitgliedern gefördert wird. Auch sind die Kommunikations- und Entscheidungswege oftmals deutlich kürzer. Andererseits können insbesondere komplexe Matrixorganisationen zu unklaren Zuständigkeiten, hohem Abstimmungsbedarf und Konfliktpotential unter den Vorstandsmitgliedern führen.[80] Besondere Herausforderungen bereitet die gesellschaftsrechtliche Umsetzung von Matrixstrukturen, als deren zentrales Mittel Weisungsrechte im Konzern sowie ggf. die Delegation von Weisungsrechten auf Dritte dienen. Hierbei besteht ein besonderes Spannungsverhältnis zur eigenverantwortlichen Leitung der AG durch den Vorstand gem. § 76 Abs. 1 AktG.[81]

In der Praxis sind verschiedentlich auch einzelne Vorstandsmitglieder für **bestimmte** 32
**Marken oder Produkte** des Unternehmens oder für bestimmte Unternehmensbereiche zuständig, andere Vorstandsmitglieder übernehmen beispielsweise **unternehmensinterne Aufgaben.**[82] Erstere werden häufig als Produkt- bzw. Markenvorstand bezeichnet.[83] Die einzelnen Bezeichnungen sind aber weder rechtlich vorgegeben, noch sollten aus Begriffen falsche Folgerungen gezogen werden. Der echte **Bereichsvorstand** ist rechtlich von zT ebenfalls als „Bereichsvorstände" titulierten leitenden Angestellten zu unterscheiden, die nicht dem Vorstand angehören, also keine Organmitglieder sind, sondern – oftmals als Generalbevollmächtigte – einen bestimmten Tätigkeitsbereich des Unternehmens verantworten und ggf. an Vorstandssitzungen teilnehmen.[84]

## 4. Virtuelle Holding

In der sog. virtuellen Holding werden **strategische Aufgaben** von einem kleineren Kreis 33
von Vorstandsmitgliedern übernommen, während **Aufgaben des operativen Geschäfts** durch andere Vorstandsmitglieder, sogenannte operative Vorstände, zT zusammen mit nicht dem Vorstand angehörenden leitenden Angestellten, wahrgenommen werden.[85] Die in dieser Weise für die operative Führung einzelner Unternehmensbereiche zuständigen Leitungsgremien werden zuweilen ebenfalls als „Bereichsvorstand" bezeichnet (näher → Rn. 74 f.).[86] Anders als bei der Management-Holding sind die einzelnen Unternehmensbereiche rechtlich nicht verselbständigt, sondern Teil derselben juristischen Person.[87] Eine solche Organisationsstruktur ist aktienrechtlich zulässig, solange das Prinzip der **Gesamtverantwortung** des Vorstands beachtet wird, dh vor allem die Leitungsaufgaben iSv § 76 Abs. 1 AktG dem Gesamtvorstand vorbehalten bleiben.[88] Es darf also keine Vorstandsmitglieder im rechtlichen Sinn geben, die faktisch von der Leitung im Unternehmen ausgeschlossen sind.[89]

---

[80] MüKoAktG/*Spindler* § 77 Rn. 67 mwN; Hölters/*Weber* AktG § 77 Rn. 41; GroßkommAktG/*Kort* § 77 Rn. 24.

[81] Zur gesellschaftsrechtlichen Umsetzung von Matrixorganisationen und ihren Grenzen näher *Fritz* in Maschmann/Fritz, Matrixorganisationen, 1. Aufl. 2019, Kap. 2 Rn. 3 ff., 30 ff., 43 ff.

[82] MüKoAktG/*Spindler* § 77 Rn. 68; K. Schmidt/Lutter/*Seibt* AktG § 77 Rn. 20.

[83] GroßkommAktG/*Kort* § 77 Rn. 24a; zu den verschiedenen Gliederungsmerkmalen *Leumann,* Die Matrix-Organisation, 1978, 3.

[84] GroßkommAktG/*Kort* § 77 Rn. 24a; zur Teilnahme von Nichtorganmitgliedern an Vorstandssitzungen s. allerdings *Kort* aaO; BeckOGK/*Fleischer* AktG § 77 Rn. 61.

[85] BeckOGK/*Fleischer* AktG § 77 Rn. 45; GroßkommAktG/*Kort* § 77 Rn. 24b; Hölters/*Weber* AktG § 77 Rn. 40; MHdB GesR IV/*Hoffmann-Becking* § 22 Rn. 21; *Fleischer* BB 2017, 2499 (2502).

[86] Hölters/*Weber* AktG § 77 Rn. 40.

[87] BeckOGK/*Fleischer* AktG § 77 Rn. 45.

[88] K. Schmidt/Lutter/*Seibt* AktG § 77 Rn. 20; BeckOGK/*Fleischer* AktG § 77 Rn. 46; GroßkommAktG/*Kort* § 77 Rn. 24b; *Seyfarth* VorstandsR § 9 Rn. 28; *Fleischer* BB 2017, 2499 (2503).

[89] MüKoAktG/*Spindler* § 77 Rn. 68; GroßkommAktG/*Kort* § 76 Rn. 195, § 77 Rn. 24b; Hölters/*Weber* § 77 Rn. 40.

## 5. Management-Holding

34 Soweit Geschäftsbereiche rechtlich verselbstständigt und auf Tochtergesellschaften ausgegliedert werden, **spalten** sich die **Leitungsfunktionen** zwischen der entstehenden Holdinggesellschaft und den Tochtergesellschaften auf. Die sogenannte Management-Holding[90] nimmt nur noch strategische Aufgaben war, während die Tochtergesellschaften das operative Geschäft abwickeln. Der Vorstand der Holdinggesellschaft hat, sofern sie AG ist, die **Gesamtverantwortung** für die Leitung der Holding. Wie sehr die Leitungsaufgabe auch die aktive Einflussnahme auf das in den Tochtergesellschaften abgewickelte operative Geschäft umfasst, hängt davon ab, welche Funktion die Holdinggesellschaft zu erfüllen hat und ob ein Vertrags- oder faktischer Konzern vorliegt (→ § 4 Rn. 71). Auch hierbei gilt, dass die Grundsätze der Gesamtverantwortung des Vorstands beachtet werden müssen.

## 6. CEO-Modell

35 In der Praxis sind immer wieder Tendenzen zu beobachten, die Position des Vorstandsvorsitzenden der Stellung eines Chief Executive Officers (CEO) nach US-amerikanischem Vorbild anzunähern. Anlass hierfür mögen Erwartungen internationaler Investoren sein, die klare Führungsstrukturen und die Übernahme der Verantwortung durch Einzelpersonen bevorzugen. Zudem besteht bei der Organisation entsprechend dem US-amerikanischen Vorbild die Möglichkeit, wirtschaftlich wichtigen Bereichen eine stärkere Stellung zu geben sowie die Organisation nach Unternehmenssparten autonomer zu gestalten.[91]

### a) Stellung des CEO

36 In den USA und in Großbritannien herrscht im Gegensatz zum deutschen Aktienrecht das **Board-System** vor.[92] Es unterscheidet sich von der Organisation der deutschen AG vor allem dadurch, dass die Gesellschaft neben der Gesellschafterversammlung mit dem Board of Directors nur ein weiteres Organ anstelle von Vorstand und Aufsichtsrat hat.[93] Aufgrund des in den USA und Großbritannien geltenden Common Law-Prinzips ist die Aufgabenverteilung zwischen Hauptversammlung und dem Board of Directors ausführlich in der Gesellschaftssatzung *(Articles of Association)* beschrieben. Diese enthält idR auch Bestimmungen zur weiteren Delegation von Geschäftsführungspflichten durch das Board.[94] Der CEO hat innerhalb des Board of Directors **keine Weisungs- oder Alleinentscheidungsrechte** gegenüber den anderen Mitgliedern des Board, ist also selbst nur ein gleichberechtigtes Mitglied.[95] Gegenüber den ihm nachgeordneten „officers" ist der CEO dagegen weisungs- und alleinentscheidungsbefugt. Insofern hat der CEO zwar einen starken Einfluss auf die Führungskräfte der Gesellschaft,[96] ist dabei aber immer an die Entscheidungen des Board of Directors als Kollegialorgan gebunden.[97] Darüber hinaus ist der CEO häufig zugleich Chairman of the Board und verbindet damit die im zweistufigen deutschen System des Aktienrechts notwendigen Funktionen des Vorstandsvorsitzenden und des Aufsichtsratsvorsitzenden.[98] In einer monistisch verfassten SE könnte ein solches Modell weitgehend nachgebildet werden.[99]

---

[90] *Schiessl* ZGR 1992, 64 (65); *Götz* ZGR 2003, 1 (11); ausführlich zu Rechten und Pflichten des Vorstands einer Holdinggesellschaft *Johannes Semler* ZGR 2004, 631 ff.
[91] *v. Hein* ZHR 166 (2002), 464 (471).
[92] Ausführlich GroßkommAktG/*Kort* Vor § 76 Rn. 2; *Hoffmann-Becking* NZG 2003, 745 (746).
[93] GroßkommAktG/*Kort* Vor § 76 AktG Rn. 2; *Hoffmann-Becking* NZG 2003, 745 (746).
[94] *Stark* in TGH AR-HdWB Beitrag 54 Rn. 11 f.
[95] *Hoffmann-Becking* NZG 2003, 745 (746).
[96] *v. Hein* ZHR 166 (2002) 464.
[97] Ausführlich *Hoffmann-Becking* NZG 2003, 745 (746); *Wicke* NJW 2007, 3755 (3757).
[98] Dazu *Velte* WM 2012, 537 (541).
[99] *Velte* WM 2012, 537 (541); *Bachmann* ZGR 2008, 779 (789); BeckOGK/*Fleischer* AktG § 77 Rn. 49; K. Schmidt/Lutter/*Seibt* AktG § 77 Rn. 21.

### b) Rechtliche Grenzen einer CEO-Struktur

Die Übernahme der CEO-Struktur aus dem angloamerikanischen Recht in das deutsche Recht unterliegt Grenzen im Hinblick auf das Prinzip der Gesamtverantwortung des Vorstands.[100] 37

Bei der konkreten Organisation des Vorstands ist es grundsätzlich möglich, dem Vorstandsvorsitzenden **weitreichende Befugnisse** einzuräumen, beispielsweise, ein Recht zum Stichentscheid (→ Rn. 59ff.).[101] Im Rahmen der Geschäftsverteilung können ihm besonders wichtige Bereiche zugewiesen werden. Möglich ist es auch, dass der Vorstandsvorsitzende allein über das operative Geschäft zu entscheiden hat, während den weiteren Vorstandsmitgliedern (nur) funktionale Bereiche (Finanzen, Recht, Personalmanagement) zugewiesen sind. Zu den Mischformen zwischen der funktionalen und divisionalen Organisation des Vorstands (→ Rn. 29ff.). Die Bezeichnung des Vorstandsvorsitzenden einer deutschen AG als CEO im Rechtsverkehr ist zulässig, da sich dieser Begriff mittlerweile auch in Deutschland eingebürgert hat.[102] 38

Die **Grenze der Machtverschiebung** zugunsten des Vorstandsvorsitzenden bildet wieder der Grundsatz der **Gesamtverantwortung des Vorstands** sowie der prinzipiellen Gleichberechtigung der Vorstandsmitglieder.[103] Es ist demnach unzulässig, eine äußerst unverhältnismäßige Ressortaufteilung vorzunehmen, nach der dem Vorstandsvorsitzenden übermäßig viele Aufgaben zukämen, während die Tätigkeitsbereiche anderer Vorstandsmitglieder auf untergeordnete Hilfstätigkeiten herabgestuft würden.[104] Die Vorstandsmitglieder müssen in der Lage sein, alle ihnen nicht zugewiesenen Ressorts zu überwachen und gegebenenfalls von ihrem Interventions- oder Widerspruchsrecht Gebrauch zu machen (→ Rn. 49ff.). 39

## 7. Vorstandsausschüsse, Executive Committee

**Vorstandsausschüsse,** in denen einzelne Geschäftsführungsfunktionen zusammengefasst werden, sind **zulässig,** soweit die zwingenden Zuständigkeiten des Gesamtvorstands sowie der Grundsatz der Gleichbehandlung der Vorstandsmitglieder beachtet werden. **Dem Gesamtvorstand vorbehaltene Leitungsaufgaben** dürfen **nicht** einem Ausschuss **übertragen,** einzelne Vorstandsmitglieder dürfen nicht von der Leitung der Gesellschaft ausgeschlossen werden.[105] In den gleichen Grenzen sind auch sog. **(Group) Executive Committees** zulässig, in denen einzelne oder alle Vorstandsmitglieder zusammen mit Führungskräften unterhalb der Vorstandsebene etwa Fragen der Strategie oder der operativen Geschäftsführung behandeln.[106] Auch hier müssen jedenfalls Entscheidungen im Kernbereich der Leitung des Unternehmens dem (Gesamt)Vorstand vorbehalten bleiben.[107] 40

[100] MüKoAktG/*Spindler* § 77 Rn. 69; Kölner Komm AktG/*Mertens/Cahn* § 77 Rn. 18; GroßkommAktG/*Kort* § 77 Rn. 54; *Ziemons* in Ziemons/Binnewies AG-HdB Rn. 8.43, 8.45 mwN.

[101] Kölner Komm AktG/*Mertens/Cahn* § 77 Rn. 18; GroßkommAktG/*Kort* § 77 Rn. 56; *Hoffmann-Becking* ZGR 1998, 497 (517).

[102] BeckOGK/*Fleischer* AktG § 77 Rn. 49; GroßkommAktG/*Kort* § 77 Rn. 52.

[103] BeckOGK/*Fleischer* AktG § 77 Rn. 49; *Fleischer* ZIP 2003, 1 (8); K. Schmidt/Lutter/*Seibt* AktG § 77 Rn. 21; Bürgers/Körber/*Bürgers* AktG § 77 Rn. 20.

[104] So auch *Hoffmann-Becking* NZG 2003, 745 (749); Kölner Komm AktG/*Mertens/Cahn* § 77 Rn. 18; BeckOGK/*Fleischer* AktG § 77 Rn. 49.

[105] Hölters/*Weber* AktG § 77 Rn. 44; MüKoAktG/*Spindler* § 77 Rn. 71; GroßkommAktG/*Kort* § 77 Rn. 43f., 90; K. Schmidt/Lutter/*Seibt* AktG § 77 Rn. 16; *Hoffmann-Becking* ZGR 1998, 497 (514f.). Für die Besetzung und Arbeitsweise von Vorstandsausschüssen können die zu Aufsichtsratsausschüssen (§ 107 AktG) entwickelten Grundsätze (s. dazu etwa *Giebeler* in TGH AR-HdWB Beitrag 43) entsprechend herangezogen werden, s. *Spindler* aaO.

[106] K. Schmidt/Lutter/*Seibt* AktG § 77 Rn. 16.

[107] Überdies sind die Grenzen zu beachten, innerhalb derer eine Teilnahme Dritter an Vorstandssitzungen zulässig ist, dazu → Rn. 92.

## IV. Geschäftsordnung

### 1. Zuständiges Organ

41 Zuständig für den Erlass einer Geschäftsordnung ist im Regelfall der **Aufsichtsrat.** Eine Zuständigkeit des Vorstands besteht nur, soweit der Aufsichtsrat untätig geblieben ist und die Satzung keine Zuständigkeit des Aufsichtsrats vorschreibt (§ 77 Abs. 2 S. 1 AktG). Überträgt die Satzung dem Aufsichtsrat die Kompetenz zum Erlass einer Geschäftsordnung, kann sie sich der Vorstand auch dann nicht selbst geben, wenn der Aufsichtsrat seine Kompetenz nicht ausübt.[108] Zu beachten ist, dass eine Regelung in der Geschäftsordnung des Vorstands durch eine Satzungsbestimmung verdrängt wird. Umgekehrt kann aber die Satzung **nicht** die **ausschließliche Zuständigkeit des Vorstands** zum Erlass der Geschäftsordnung vorsehen. § 77 Abs. 2 S. 1 AktG ist insoweit zwingend.[109] Einen Verstoß hiergegen stellt es dar, wenn die Satzung eine Primärzuständigkeit des Vorstands vorsieht und lediglich eine Zustimmung des Aufsichtsrats zu einer vom Vorstand selbst erlassenen Geschäftsordnung verlangt.[110] Zulässig ist lediglich eine Bestimmung, die den Erlass der Geschäftsordnung durch den Aufsichtsrat (mit entsprechender Sperrwirkung für den Vorstand) und alternativ durch den Vorstand mit Zustimmung des Aufsichtsrats vorsieht.[111] Zuständig für den Erlass der Geschäftsordnung ist jeweils das Gesamtorgan. Einzelnen Aufsichtsratsmitgliedern (s. § 107 Abs. 3 S. 7 AktG), oder – bei Zuständigkeit des Vorstands – einzelnen Vorstandsmitgliedern kann die Zuständigkeit nicht übertragen werden.[112]

42 In der **Satzung** können Einzelfragen der Geschäftsordnung, zB die Geschäftsverteilung, geregelt werden, die eine bindende Wirkung für den Aufsichtsrat oder den Vorstand beim Erlass der Geschäftsordnung entfalten (§ 77 Abs. 2 S. 2 AktG). Durch die gesetzliche Formulierung **„Einzelfragen"** ist aber klargestellt, dass in der Satzung nicht bereits umfassend die Regelungen der Geschäftsordnung enthalten sein dürfen. Anderenfalls ergäbe sich eine Kompetenzverlagerung vom Aufsichtsrat oder Vorstand zur Hauptversammlung, die dem Recht des Vorstands und des Aufsichtsrats zur Selbstorganisation widerspräche.[113]

### 2. Pflicht zum Erlass einer vollständigen Geschäftsordnung

43 Aufsichtsrat oder Vorstand sind zum Erlass einer vollständigen Geschäftsordnung verpflichtet. Es ist nicht zulässig, lediglich einzelne Fragen der Geschäftsordnung zu regeln, ohne dass sich ein Gesamtkonzept wenigstens im Hinblick auf Fragen der Geschäftsführung und Geschäftsverteilung ergäbe.[114] Zulässig ist es allerdings, dass der Aufsichtsrat eine Art Rahmengeschäftsordnung erlässt und dabei einzelne Fragen dem Vorstand zur Konkretisierung überlässt.[115]

---

[108] Kölner Komm AktG/*Mertens/Cahn* § 77 Rn. 58 mwN; MHdB GesR IV/*Hoffmann-Becking* § 22 Rn. 32.
[109] BeckOGK/*Fleischer* AktG § 77 Rn. 80; GroßkommAktG/*Kort* § 77 Rn. 66.
[110] Kölner Komm AktG/*Mertens/Cahn* § 77 Rn. 59; GroßkommAktG/*Kort* § 77 Rn. 66; MüKoAktG/*Spindler* § 77 Rn. 47.
[111] GroßkommAktG/*Kort* § 77 Rn. 66; Hölters/*Weber* AktG § 77 Rn. 46; Grigoleit/*Grigoleit* AktG § 77 Rn. 20. Zum Erlass einer Rahmengeschäftsordnung durch den Aufsichtsrat und deren Ausfüllung durch den Vorstand → Rn. 43.
[112] BeckOGK/*Fleischer* AktG § 77 Rn. 80; GroßkommAktG/*Kort* § 77 Rn. 67.
[113] MüKoAktG/*Spindler* § 77 Rn. 51; GroßkommAktG/*Kort* § 77 Rn. 72; Hölters/*Weber* AktG § 77 Rn. 48; Grigoleit/*Grigoleit* AktG § 77 Rn. 19.
[114] BeckOGK/*Fleischer* AktG § 77 Rn. 79; GroßkommAktG/*Kort* § 77 Rn. 69; vgl. auch BGH NZG 2019, 225 Rn. 17 ff.
[115] BeckOGK/*Fleischer* AktG § 77 Rn. 79; GroßkommAktG/*Kort* § 77 Rn. 68; MüKoAktG/*Spindler* § 77 Rn. 48.

### 3. Inhalt der Geschäftsordnung

Die Geschäftsordnung kann Fragen der Geschäftsführung regeln. § 77 Abs. 2 AktG enthält keine Aussage dazu, was im Einzelnen Inhalt einer Geschäftsordnung für den Vorstand sein kann. Aufsichtsrat bzw. Vorstand haben daher eine weitreichende Gestaltungsfreiheit.[116] Allerdings kann die Geschäftsordnung die **gesetzlich zwingend festgelegten Aufgabenbereiche der Organe** nicht verändern und auch keine Regelungen treffen, die der Satzung vorbehalten sind.[117] Inhalt der Geschäftsordnung können daher nur Regelungen zur Binnenorganisation des Vorstands sein.[118] Typischerweise wird in der Geschäftsordnung die **Geschäftsverteilung innerhalb des Vorstands** festgelegt, häufig in einem als Anlage beigefügten Geschäftsverteilungsplan, der den einzelnen Vorstandsmitgliedern ihre Aufgabenbereiche zuweist, etwa in Form eines Organigramms.[119] Die Geschäftsordnung kann Regelungen zur Geschäftsführungsbefugnis enthalten. Eine von dem gesetzlichen Grundsatz der Gesamtgeschäftsführung abweichende Regelung ist zulässig (§ 77 Abs. 2 S. 1 AktG), soweit nicht zwingend eine Gesamtgeschäftsführungsbefugnis besteht, insbesondere bei dem Gesamtvorstand vorbehaltenen Leitungsaufgaben.[120] Über diesen Kernbereich hinaus kann die Geschäftsordnung für weitere Angelegenheiten die Zuständigkeit des Gesamtvorstands vorsehen.[121] Des Weiteren enthält die Geschäftsordnung zumeist **Regelungen zur Zusammenarbeit des Vorstands,** zur gegenseitigen Information seiner Mitglieder, zur Willensbildung im Vorstand, insbesondere zu den Vorstandssitzungen (Häufigkeit, Einberufung, Beschlussfassung und -fähigkeit, Leitung, Abstimmungsmodalitäten, Protokollführung, Teilnahme Dritter) und zur Zusammenarbeit mit dem Aufsichtsrat (etwa zu Vorstandsberichten nach § 90 AktG).[122] 44

In einer durch den Aufsichtsrat erlassenen Geschäftsordnung sind meist auch die **Geschäftsführungsmaßnahmen** geregelt, die der Vorstand **nur mit Zustimmung des Aufsichtsrats** vornehmen darf (§ 111 Abs. 4 S. 2 AktG).[123] Dabei muss aber die Geschäftsführungsautonomie des Vorstands beachtet werden. Der Vorstand darf daher in seinen Entscheidungen über die Zustimmungsvorbehalte nach § 111 Abs. 4 S. 2 AktG hinaus nicht von der Teilnahme oder gar der Zustimmung von Aufsichtsratsmitgliedern abhängig gemacht werden (Muster für eine Geschäftsordnung des Vorstands → § 1 Anlage 1–2). 45

Schließlich kann die Geschäftsordnung die Bildung von **Vorstandsausschüssen** sowie die Wahl eines **Vorstandssprechers** durch den Vorstand vorsehen,[124] soweit es keinen Vorstandsvorsitzenden gibt. Letzterer kann nur durch den Aufsichtsrat ernannt werden (§ 84 Abs. 2 AktG), jedoch können seine Rechte und Pflichten in der Geschäftsordnung näher geregelt werden.[125] 46

### 4. Form

Sämtliche Beschlüsse über eine durch den Vorstand erlassene Geschäftsordnung bedürfen der Einstimmigkeit der Vorstandsmitglieder (§ 77 Abs. 2 S. 3 AktG). Dies gilt auch für Än- 47

[116] GroßkommAktG/*Kort* § 77 Rn. 80.
[117] MüKoAktG/*Spindler* § 77 Rn. 35; GroßkommAktG/*Kort* § 77 Rn. 80.
[118] Hölters/*Weber* AktG § 77 Rn. 49.
[119] Vgl. *Hoffmann-Becking* NZG 2021, 93. Zu den verschiedenen Organisationsformen des Vorstands → Rn. 26ff. Zum Auseinanderfallen von Geschäftsverteilung einerseits und anstellungsvertraglicher Zuweisung eines bestimmten Aufgabenbereichs andererseits s. GroßkommAktG/*Kort* § 77 Rn. 93f.
[120] BGH NZG 2019, 225 Rn. 17 (für die GmbH); *Hoffmann-Becking* NZG 2021, 93 mwN.
[121] GroßkommAktG/*Kort* § 77 Rn. 86.
[122] MüKoAktG/*Spindler* § 77 Rn. 36f.; GroßkommAktG/*Kort* § 77 Rn. 83ff.; Hüffer/Koch/*Koch* AktG § 77 Rn. 21; Hölters/*Weber* AktG § 77 Rn. 49; MHdB GesR IV/*Hoffmann-Becking* § 22 Rn. 31.
[123] MHdB GesR IV/*Hoffmann-Becking* § 22 Rn. 31.
[124] MüKoAktG/*Spindler* § 77 Rn. 36; MHdB GesR IV/*Hoffmann-Becking* § 22 Rn. 31.
[125] GroßkommAktG/*Kort* § 77 Rn. 87; *Ihrig/Schäfer* Vorstand § 3 Rn. 383 (wonach dies jedoch nur in einer durch den Aufsichtsrat erlassenen Geschäftsordnung möglich sein soll). Zum Vorstandsvorsitzenden → Rn. 59ff.

derungen sowie die Aufhebung der Geschäftsordnung. Die Geschäftsordnung sowie Änderungen der Geschäftsordnung müssen **schriftlich** niedergelegt werden.[126] Erlässt der Aufsichtsrat eine Geschäftsordnung, bedarf sein Beschluss der Form des § 107 Abs. 2 S. 1 AktG.

### 5. Wirkung der Geschäftsordnung und Folgen bei Pflichtverstößen

48 Die Geschäftsordnung gilt zwingend **für alle Vorstandsmitglieder.** Im Einzelfall darf ein Vorstandsmitglied davon nur mit Zustimmung des Aufsichtsrats – oder bei einer vom Vorstand erlassenen Geschäftsordnung mit Zustimmung aller Vorstandsmitglieder – abweichen. Anderenfalls können sich die Vorstandsmitglieder schadensersatzpflichtig machen (§ 93 Abs. 2 AktG).[127] In einem besonders schwerwiegenden Fall ist der Aufsichtsrat sogar berechtigt, die Bestellung des Vorstandsmitglieds zu widerrufen.[128]

## V. Pflicht zur gegenseitigen Überwachung

49 Das Gesetz geht vom **Grundsatz der Gesamtverantwortung** der Vorstandsmitglieder aus, insbesondere von der gemeinsamen Geschäftsführung durch die Vorstandsmitglieder. In der **Praxis** wird diese Gesamtgeschäftsführung aber regelmäßig in der Geschäftsordnung zugunsten der **Einzelgeschäftsführungsbefugnis** einzelner Vorstandsmitglieder für bestimmte Bereiche abbedungen. Bei der Aufgabenverteilung nach verschiedenen Bereichen – ob als funktionale oder divisionale Organisation oder als Mischform – wird jedes Vorstandsmitglied zunächst nur in seinem Bereich tätig. Daraus folgt aber nicht, dass es für die anderen Bereiche nicht mehr verantwortlich wäre. Vielmehr wandelt sich seine ursprüngliche Pflicht zur Gesamtgeschäftsführung – als Residualverantwortung – in eine **Pflicht zur Überwachung und Kontrolle** der anderen Vorstandsmitglieder.[129] Jedes Vorstandsmitglied bleibt also voll verantwortlich auch für die grundlegenden Entscheidungen in den ihm nicht zugewiesenen Bereichen. Einzelne Vorstandsmitglieder können sich ihrer Verantwortung auch nicht etwa dadurch entledigen, dass sie ein anderes Vorstandsmitglied mit Kontrollaufgaben betrauen.[130] Die gegenseitige Überwachungspflicht der Vorstandsmitglieder ist aber als organinterne Selbstkontrolle weniger streng und intensiv als die Überwachungsaufgabe des Aufsichtsrats (§ 111 Abs. 1 AktG) oder die Aufsichtspflicht des Vorstands gegenüber nachgeordneten Führungsebenen im Unternehmen.[131] Ein Vorstandsmitglied ist nur bei entsprechenden Indizien für eine sorgfaltswidrige Amtsführung eines anderen Mitglieds verpflichtet, einzugreifen und vor allem seine Informations- und Fragerechte auszuschöpfen.[132]

---

[126] MüKoAktG/*Spindler* § 77 Rn. 53; BeckOGK/*Fleischer* AktG § 77 Rn. 82; aA (kein Wirksamkeitserfordernis) für die GmbH BGH NZG 2019, 225 (Rn. 22ff.); für die formstrenge Rechtsform der AG ist dagegen weiterhin vom Schriftformerfordernis auszugehen, ebenso *Hoffmann-Becking* NZG 2021, 93 (94). Allerdings ist nicht die Schriftform des § 126 BGB, also die eigenhändige Unterschrift aller Vorstandsmitglieder, erforderlich, s. MüKoAktG/*Spindler* § 77 Rn. 36; BeckOGK/*Fleischer* AktG § 77 Rn. 82.

[127] MüKoAktG/*Spindler* § 77 Rn. 56.

[128] MüKoAktG/*Spindler* § 77 Rn. 56.

[129] OLG Hamm AG 2012, 683 (684); BGH NJW 1997, 130, (132); NZG 2019, 225 Rn. 15 für die GmbH; *Habersack* WM 2005, 2360 (2362); Hölters/*Weber* AktG § 77 Rn. 34; BeckOGK/*Fleischer* AktG § 77 Rn. 60; GroßkommAktG/*Kort* § 77 Rn. 35f., 37; *Liebscher* in BeckHdB AG § 6 Rn. 110; *Fleischer* NZG 2003, 449 (450); *Hoffmann-Becking* ZGR 1998, 497 (512); *Hoffmann-Becking* NZG 2003, 745 (747); *Hoffmann-Becking* NZG 2021, 93f.; *Schiessl* ZGR 1992, 64 (68); *Nietsch* ZIP 2013, 1449 (1451); vgl. auch LG München I NZG 2014, 345 (347f.).

[130] GroßkommAktG/*Kort* § 77 Rn. 35; Hölters/*Weber* AktG § 77 Rn. 34; BeckOGK/*Fleischer* AktG § 77 Rn. 60; *Fleischer* NZG 2003, 449 (452); *Hoffmann-Becking* NZG 2003, 745 (747); *Schiessl* ZGR 1992, 64 (69); *Nietsch* ZIP 2013, 1449 (1451); aA *Martens* FS Fleck, 1988, 191 (200).

[131] MüKoAktG/*Spindler* § 77 Rn. 58; BeckOGK/*Fleischer* AktG § 77 Rn. 60.

[132] MüKoAktG/*Spindler* § 77 Rn. 58, § 93 Rn. 174ff.; *Habersack* WM 2005, 2360 (2362).

Aus der Pflicht zur gegenseitigen Überwachung ergeben sich verschiedene Rechte und Pflichten der Vorstandsmitglieder, die in der Praxis bei einer weitreichenden Aufgabenverteilung oft nicht genug beachtet werden.[133] 50

## 1. Informationsrecht und -pflicht

Zunächst hat jedes einzelne Vorstandsmitglied das **Recht,** von den anderen Vorstandsmitgliedern Informationen über deren Tätigkeiten einzuholen.[134] Da jedes Vorstandsmitglied zur Erfüllung seiner Überwachungsaufgabe die erforderlichen Informationen benötigt, kann sich sogar die **Pflicht** des einzelnen Vorstandsmitglieds ergeben, erforderliche Informationen einzuholen.[135] Die Anforderungen sollten aber nicht zu hoch angesetzt werden. Es reicht regelmäßig aus, wenn die Vorstandsmitglieder sich in den Vorstandssitzungen gegenseitig über ihre Tätigkeiten informieren.[136] In bestimmten Situationen, vor allem in finanziellen **Krisen,** besteht allerdings eine **gesteigerte gegenseitige Überwachungspflicht** der Vorstandsmitglieder, die sich insbesondere in erhöhten Informationspflichten ausdrückt.[137] Jedenfalls in größeren Gesellschaften ist der Aufbau eines Informationssystems für den Vorstand zu empfehlen, bei dem jedes Vorstandsmitglied über die wichtigsten Entwicklungen in seinem Ressort berichtet. Darüber hinaus kann in großen Unternehmen die Einrichtung eines förmlichen Management-Informationssystems ratsam sein.[138] 51

## 2. Interventionsrecht und -pflicht

Sind die Vorstandsaufgaben nach Ressorts aufgeteilt, so darf ein Vorstandsmitglied grundsätzlich nicht in das Ressort eines anderen Vorstandsmitglieds eingreifen. Dies kann aber ausnahmsweise doch zulässig sein, wenn ein Vorstandsmitglied seinen **Bereich sorgfaltswidrig führt,** etwa bei mangelhafter Buchführung.[139] Ein Interventionsrecht besteht, ohne dass es einer ausdrücklichen Regelung – etwa in der Satzung oder der Geschäftsordnung für den Vorstand – bedarf,[140] auf jeden Fall bei grundlegend wichtigen Maßnahmen sowie beim Verdacht auf Compliance-Verstöße,[141] jedoch unter Umständen auch bei weniger bedeutenden Tagesgeschäften, sofern diese nicht ordnungsgemäß geführt wurden. Das Interventionsrecht muss angemessen ausgeübt werden, um die vertrauensvolle Zusammenarbeit im Vorstand nicht unnötig zu belasten. Dies bedeutet, dass ein Vorstandsmitglied, das einen Missstand sieht, zunächst ein **Gespräch** mit dem Vorstandskollegen führen oder eine **Vermittlung** durch den Vorstandsvorsitzenden versuchen sollte. Die schärfste Form der Intervention besteht darin, dass ein Vorstandsmitglied den Verdacht der sorgfaltswidrigen Geschäftsführung vor dem Gesamtvorstand vorträgt.[142] In **schwerwiegenden** Fällen ist das einzelne Vorstandsmitglied sogar **verpflichtet,** von seinem Interventionsrecht Gebrauch zu machen.[143] Dies gilt vor allem bei pflichtwidrigen, etwa gegen die Legalitäts- 52

[133] S. GroßkommAktG/*Kort* § 77 Rn. 38.
[134] GroßkommAktG/*Kort* § 77 Rn. 35; *Fleischer* NZG 2003, 449 (452).
[135] GroßkommAktG/Kort § 77 Rn. 35; MüKoAktG/*Spindler* § 77 Rn. 58f.; Hoffmann-*Becking* ZGR 1998, 497 (512); *Fleischer* NZG 2003, 449 (452).
[136] So auch GroßkommAktG/*Kort* § 77 Rn. 40; *Liebscher* in BeckHdB AG § 6 Rn. 110; etwas weitreichender *Schiessl* ZGR 1992, 64 (69); BeckOGK/*Fleischer* AktG § 77 Rn. 66.
[137] BeckOGK/*Fleischer* AktG § 77 Rn. 64; MüKoAktG/*Spindler* § 93 Rn. 177; jeweils mwN.
[138] GroßkommAktG/*Kort* § 77 Rn. 40; Hölters/*Weber* AktG § 77 Rn. 35.
[139] *Frodermann/von Eiff* in Frodermann/Jannott AktR-HdB § 7 Rn. 150; *Liebscher* in BeckHdB AG § 6 Rn. 111; zu Beispielen s. weiterführend GroßkommAktG/*Kort* § 77 Rn. 38; *Hoffmann-Becking* ZGR 1998, 497 (512); *Schiessl* ZGR 1992, 64 (68).
[140] Vgl. GroßkommAktG/*Kort* § 77 Rn. 39.
[141] LG München I NZG 2014, 345 (347f.); GroßkommAktG/*Kort* § 77 Rn. 38.
[142] GroßkommAktG/*Kort* § 77 Rn. 38; MüKo/*Spindler* § 77 Rn. 60.
[143] GroßkommAktG/*Kort* § 77 Rn. 37; Hölters/*Weber* AktG § 77 Rn. 37; *Liebscher* in BeckHdB AG § 6 Rn. 111; *Schiessl* ZGR 1992, 64 (68); *Harbarth* ZGR 2017, 211 (214); *Ziemons* in Ziemons/Binnewies AG-HdB Rn. 8.531.

pflicht verstoßenden Handlungen anderen Vorstandsmitglieder.[144] Vorstandsmitgliedern ist anzuraten, in begründeten Fällen von ihrem Interventionsrecht Gebrauch zu machen, um sich nicht dem Vorwurf auszusetzen, ihre Kontrollpflicht verletzt zu haben.

### 3. Widerspruchsrecht

53 Dem einzelnen Vorstandsmitglied steht ein Widerspruchsrecht gegen bestimmte Maßnahmen der Geschäftsführung eines anderen Vorstandsmitglieds zu, sofern dies ausdrücklich in der Satzung oder in der Geschäftsordnung vorgesehen ist (→ Rn. 85).[145] Die Ausübung des Widerspruchsrechts hat zur Folge, dass die beanstandete **Geschäftsführungsmaßnahme zu unterbleiben** hat.[146] Allerdings muss auch die Ausübung des Widerspruchsrechts ihrerseits den Anforderungen an eine ordnungsgemäße Geschäftsführung genügen. Ein Widerspruch kann daher **nicht ohne sachlichen Grund** ausgesprochen werden. Zumindest auf Nachfrage muss das Vorstandsmitglied seinen Widerspruch begründen.[147] Damit das einzelne Vorstandsmitglied tatsächlich in der Lage ist, von seinem Widerspruchsrecht Gebrauch zu machen, besteht für alle Vorstandsmitglieder eine Berichtspflicht über ihren Geschäftsbereich.[148] Ein endgültig wirkendes **Vetorecht** ist in mitbestimmten Gesellschaften allerdings **unzulässig,** soweit dadurch der dem Arbeitsdirektor zugewiesene Kernbereich von Zuständigkeiten in Personal- und Sozialfragen betroffen ist (→ Rn. 66, 85).[149]

### 4. Folgen bei Verstoß gegen die Überwachungspflicht

54 Wegen ihrer Gesamtverantwortung sind die einzelnen **Vorstandsmitglieder umfassend** für die Belange der Gesellschaft **verantwortlich** und können sich von dieser Verantwortung grundsätzlich auch nicht befreien. Zwar haftet ein Vorstandsmitglied nicht für Fehlverhalten eines anderen Vorstandsmitglieds.[150] Wenn ein Vorstandsmitglied jedoch seiner Kontroll- und Überwachungspflicht hinsichtlich der ihm nicht zugewiesenen Ressorts nicht nachkommt oder pflichtwidrig keinen Gebrauch von seinem Interventionsrecht macht, kann es **bei einer fehlerhaften Entscheidung eines anderen Vorstandsmitglieds** eine **eigene Haftung** treffen.[151] Vorstandsmitglieder sollten dieses Haftungsrisiko auch im Fall der Annäherung der Vorstandsorganisation an eine **CEO-Struktur** beachten. Sie **schwächt** faktisch die Möglichkeit anderer Vorstandsmitglieder zur effektiven **Queraufsicht** (→ § 7 Rn. 45, 50). Ob damit aber auch die **rechtlichen Anforderungen** an das einzelne Vorstandsmitglied **geringer** werden, die Queraufsicht auszuüben, erscheint **fraglich.** Eine rechtlich bedeutsame Ausnahme von der Verantwortlichkeit des Vorstands insgesamt besteht nur, wenn er der Hauptversammlung eine Frage der Geschäftsführung zur Entscheidung vorlegt und die Handlung auf einem gesetzmäßigen Beschluss der Hauptversammlung beruht (§ 119 Abs. 2 AktG und § 93 Abs. 4 S. 1 AktG); allerdings ist zu beachten, dass die Hauptversammlung eine bindende Entscheidung ablehnen kann und es in diesem Fall bei der Verantwortung des Vorstands bleibt.[152]

---

[144] BGH NZG 2013, 293 Rn. 22; NZG 2015, 792 Rn. 27; *Fleischer* DB 2015, 1764 (1766).
[145] MüKoAktG/*Spindler* § 77 Rn. 17 und Rn. 61; Kölner Komm AktG/*Mertens/Cahn* § 77 Rn. 29; GroßkommAktG/*Kort* § 77 Rn. 39; *Schiessl* ZGR 1992, 64 (73).
[146] Kölner Komm AktG/*Mertens/Cahn* § 77 Rn. 29; GroßkommAktG/*Kort* § 77 Rn. 39.
[147] Kölner Komm AktG/*Mertens/Cahn* § 77 Rn. 30; GroßkommAktG/*Kort* § 77 Rn. 39.
[148] BeckOGK/*Fleischer* AktG § 77 Rn. 66; GroßkommAktG/*Kort* § 77 Rn. 35; *Fodermann/von Eiff* in Fodermann/Jannott AktR-HdB § 7 Rn. 150; vgl. auch *Ziemons* in Ziemons/Binnewies AG-HdB Rn. 8.524.
[149] BGH NJW 1984, 733 (736); MüKoAktG/*Spindler* § 77 Rn. 19; Kölner Komm AktG/*Mertens/Cahn* § 77 Rn. 14, 66; weitgehend gegen ein Vetorecht in mitbestimmten Gesellschaften allg. GroßkommAktG/*Kort* § 77 Rn. 29, 59; grundsätzlich gegen ein dauerhaftes Vetorecht etwa MHdB GesR IV/*Hoffmann-Becking* § 22 Rn. 9.
[150] *Ziemons* in Ziemons/Binnewies AG-HdB Rn. 8.1022 mwN.
[151] So auch *v. Hein* ZHR 166 (2002), 464 (487); MüKoAktG/*Spindler* § 93 Rn. 168, 170, 173ff. mwN; *Nietsch* ZIP 2013, 1449 (1455).
[152] Vgl. Hüffer/Koch/*Koch* AktG § 119 Rn. 15.

## VI. Vorstandsmitglieder

### 1. Einfache Vorstandsmitglieder

Der Vorstand einer größeren AG mit einem Grundkapital von mehr als 3 Mio. EUR besteht nach dem gesetzlichen Leitbild in § 76 Abs. 2 S. 2 AktG in der Regel **aus zwei oder mehr Mitgliedern,** die grundsätzlich die gleichen Rechte und Pflichten haben. Die Satzung kann allerdings auch bestimmen, dass nur eine Person zum Vorstand bestellt wird (§ 76 Abs. 2 S. 2 Hs. 2 AktG).[153] 55

Üblich sind in der Praxis **zwei oder mehr Vorstandsmitglieder,**[154] da schon das Erfordernis eines Arbeitsdirektors (→ Rn. 64ff.; → § 8 Rn. 285ff.) in mitbestimmten Gesellschaften mindestens zwei Vorstandsmitglieder bedingt.[155] Zudem lassen sich die Aufgabengebiete und auch die Arbeitsbelastung besser auf mehrere Vorstandsmitglieder verteilen. 56

Vorstandsmitglieder können nur **natürliche und unbeschränkt geschäftsfähige Personen** sein (§ 76 Abs. 3 S. 1 AktG). Eine juristische Person oder auch eine Personengesellschaft ist daher von einer Tätigkeit als Vorstand ausgeschlossen.[156] Dies gilt auch ohne Einschränkung für beschränkt geschäftsfähige Personen, unabhängig von der Zustimmung des gesetzlichen Vertreters.[157] An die Eignung eines Vorstandsmitglieds können in der **Satzung weitere Anforderungen** gestellt werden (etwa Mindestalter, bestimmte Berufsausbildung),[158] soweit sie sachbezogen sind. Dem Aufsichtsrat muss aber ein gewisses Maß an Auswahlermessen verbleiben. Die Auswahl darf also nicht durch die Satzung vorgegeben sein.[159] In der Praxis sind **Satzungsbestimmungen** über Anforderungen an die Qualifikation von Vorstandsmitgliedern allerdings **unüblich.** Jedoch soll der Aufsichtsrat bei der Zusammensetzung des Vorstands auf die **Diversität** achten (B.1 DCGK) und eine Altersgrenze festlegen (B.5 DCGK)[160]. Nach § 76 Abs. 3a AktG[161] müssen darüber hinaus im Vorstand einer börsennotierten Gesellschaft, die dem MitbestG, dem Montan-MitbestG oder dem MitbestErgG unterliegt, jeweils mindestens eine Frau und ein Mann Mitglied sein, sofern der Vorstand aus mehr als drei Personen besteht.[162] 57

Darüber hinaus sehen das Banken- und das Versicherungsaufsichtsrecht spezielle Anforderungen an die Qualifikation der Geschäftsleiter vor (§ 25c KWG, Art. 42 RL 2009/138/EG (Solvency II)). Insoweit überlagern diese Spezialregelungen das allgemeine Aktienrecht.[163] 58

### 2. Vorstandsvorsitzender

Bei einem aus mehreren Personen bestehenden Vorstand **kann** der Aufsichtsrat – nicht hingegen der Vorstand von sich aus – ein Vorstandsmitglied zum Vorstandsvorsitzenden 59

[153] Zur Handlungsfähigkeit unterbesetzter Vorstände näher → Rn. 19ff.
[154] So auch MüKoAktG/*Spindler* § 76 Rn. 5.
[155] MHdB GesR IV/*Hoffmann-Becking* § 24 Rn. 8; *Dörrwächter* in TGH AR-HdWB Beitrag 17 Rn. 2.
[156] MüKoAktG/*Spindler* § 76 Rn. 103.
[157] MüKoAktG/*Spindler* § 76 Rn. 104.
[158] MüKoAktG/*Spindler* § 76 Rn. 108.
[159] MüKoAktG/*Spindler* § 76 Rn. 108.
[160] Zu Altersgrenzen näher *Dörrwächter* in TGH AR-HdWB Beitrag 115 Rn. 19ff. mwN.
[161] In der Fassung des Gesetzes zur Ergänzung und Änderung der Regelungen für die gleichberechtigte Teilhabe von Frauen an Führungspositionen in der Privatwirtschaft und im öffentlichen Dienst (FüPoG II), BGBl. 2021 I 3311; s. aber § 84 Abs. 3 S. 8 AktG.
[162] Weitergehende Vorgaben gelten nach § 393a AktG für Aktiengesellschaften mit Mehrheitsbeteiligung des Bundes.
[163] Ausführlich *Weber-Rey* ZGR 2010, 543; *Dreher* ZGR 2010, 496. Zu den Anforderungen an ein Vorstandsmitglied s. auch → § 2 Rn. 34ff. und *Dörrwächter* in TGH AR-HdWB Beitrag 115 Rn. 9ff.

ernennen (§ 84 Abs. 2 AktG),[164] muss es aber nicht.[165] Sofern ein Vorstandsvorsitzender ernannt wurde, ist er auf den Geschäftsbriefen der Gesellschaft als solcher zu bezeichnen (§ 80 Abs. 1 S. 2 AktG), ebenso wie im Anhang des Jahresabschlusses der Gesellschaft (§ 285 Nr. 10 S. 2 HGB).

60 Die **Aufgaben** des Vorstandsvorsitzenden sind **gesetzlich nicht festgelegt.** Grundsätzlich ist der Vorstandsvorsitzende ein **gleichberechtigtes Vorstandsmitglied,** allerdings mit einigen Sonderaufgaben.[166] Es gehört vor allem zu seinen Aufgaben, die Vorstandsarbeit zu koordinieren, die Vorstandssitzungen einzuberufen und zu leiten sowie den Vorstand als Kollegialorgan zu repräsentieren.[167] Er ist damit auch vorrangiger Ansprechpartner des Aufsichtsrats.[168] Der Vorstandsvorsitzende ist auch häufig zuständig für die Öffentlichkeitsarbeit und ist Gesprächspartner für wichtige Kunden oder Aktionäre, vor allem für institutionelle Investoren.[169] Zudem ist es üblich, dass der Vorstandsvorsitzende die Personalplanung für die Führungskräfte vornimmt.[170] Schließlich erstattet der Vorstandsvorsitzende den Bericht des Vorstands auf der Hauptversammlung und beantwortet dort in der Regel die an den Vorstand gerichteten Fragen (§ 131 Abs. 1 S. 1 AktG).[171]

61 Sofern die Satzung oder die Geschäftsordnung für den Vorstand keine anderen Bestimmungen enthalten, stehen dem Vorstandsvorsitzenden die gleichen Rechte und Pflichten wie den übrigen Vorstandsmitgliedern zu. Umfang der Geschäftsführungsbefugnis und Stimmrecht sind denen der anderen Vorstandsmitglieder gleich.[172] Allerdings können **Satzung** oder Geschäftsordnung für den Vorstand dem Vorstandsvorsitzenden **weitergehende Befugnisse** im Vergleich zu den anderen Vorstandsmitgliedern einräumen, beispielsweise unbeschränkte Einzelgeschäftsführungsbefugnis.[173] Zudem kann dem Vorstandsvorsitzenden das Recht zum **Stichentscheid** eingeräumt werden,[174] allerdings nur bei Vorständen mit mindestens drei Mitgliedern[175] und in mitbestimmten Gesellschaften nur, soweit dadurch nicht die dem Arbeitsdirektor vorbehaltenen Zuständigkeiten beeinträchtigt werden.[176] Nach überwiegender Ansicht ist es in **nicht mitbestimmten** Gesellschaften auch zulässig, dem Vorstandsvorsitzenden ein **Vetorecht** gegen Vorstandsbeschlüsse einzuräumen.[177] Im Rahmen der Gesamtverantwortung des Vorstands hat der Vorstands-

---

[164] Dazu ist der Beschluss des Gesamtaufsichtsrats notwendig, eine Delegation auf einen Aufsichtsratsausschuss ist nach § 107 Abs. 3 S. 7 AktG nicht zulässig. Ein Verfahren nach § 31 MitbestG ist nicht erforderlich, ganz hM, GroßkommAktG/*Kort* § 84 Rn. 117; ErfK/*Oetker* MitbestG § 31 Rn. 8; MüKoAktG/Spindler § 84 Rn. 116; aA *Krieger,* Personalentscheidungen des Aufsichtsrats, 1981, 254.

[165] BeckOGK/*Fleischer* AktG § 84 Rn. 95; Kölner Komm AktG/*Mertens/Cahn* § 84 AktG Rn. 101; GroßkommAktG/*Kort* § 77 Rn. 49, § 84 Rn. 120.

[166] *Simons/Hanloser* AG 2010, 641 (642 ff.); GroßkommAktG/*Kort* § 84 Rn. 120.

[167] Kölner Komm AktG/*Mertens/Cahn* § 84 Rn. 102; MüKoAktG/*Spindler* § 84 Rn. 117; GroßkommAktG/*Kort* § 77 Rn. 50, § 84 Rn. 123; *Liebscher* in BeckHdB AG § 6 Rn. 18; *Simons/Hanloser* AG 2010, 641 (643).

[168] BeckOGK/*Fleischer* AktG § 84 Rn. 89; K. Schmidt/Lutter/*Seibt* AktG § 84 Rn. 45; MüKoAktG/*Spindler* § 84 Rn. 117; GroßkommAktG/*Kort* § 77 Rn. 50a.

[169] GroßkommAktG/*Kort* § 77 Rn. 50.

[170] GroßkommAktG/*Kort* § 77 Rn. 51.

[171] *Kort* in Fleischer VorstandsR-HdB § 3 Rn. 8; *Dörrwächter* in TGH AR-HdWB Beitrag 53 Rn. 32.

[172] BeckOGK/*Fleischer* AktG § 84 Rn. 97; GroßkommAktG/*Kort* § 77 Rn. 51; *Rubner* NJW-Spezial 2017, 15.

[173] GroßkommAktG/*Kort* § 77 Rn. 56; *Rubner* NJW-Spezial 2017, 15 (16).

[174] MüKoAktG/*Spindler* § 84 Rn. 117; Kölner Komm AktG/*Mertens/Cahn* § 84 Rn. 102; GroßkommAktG/*Kort* § 77 Rn. 26, 56; *Hoffmann-Becking* ZGR 1998, 497 (517); *Hoffmann-Becking* NZG 2003, 745 (748).

[175] OLG Karlsruhe NZG 2001, 30 (31); Hüffer/Koch/*Koch* AktG § 77 Rn. 11; *Liebscher* in BeckHdB AG § 6 Rn. 18 Fn. 39; aA *Bürkle* AG 2021, 232.

[176] GroßkommAktG/*Kort* § 77 Rn. 56; *Kort* in Fleischer VorstandsR-HdB § 3 Rn. 14; *Dörrwächter* in TGH AR-HdWB Beitrag 53 Rn. 34; aA (für generelle Zulässigkeit des Stichentscheids auch in mitbestimmten Gesellschaften) Hüffer/Koch/*Koch* AktG § 77 Rn. 11 mwN.

[177] Kölner Komm AktG/*Mertens/Cahn* § 84 AktG Rn. 102; GroßkommAktG/*Kort* § 77 Rn. 56; *Liebscher* in BeckHdB AG § 6 Rn. 18; *v. Hein* ZHR 166 (2002), 464 (482); aA *Hoffmann-Becking* NZG 2003, 745 (748); ein Vetorecht ist auch in mitbestimmten Gesellschaften möglich, soweit dadurch nicht die dem Arbeitsdirektor vorbehaltenen Zuständigkeiten beeinträchtigt werden, s. näher → Rn. 53, 85.

vorsitzende verstärkt das Recht und die Pflicht, die übrigen Vorstandsmitglieder zu überwachen.[178] Dabei hat er jedoch Grenzen einzuhalten: Sein Überwachungsrecht darf nicht so weit gehen, dass er die Bereiche anderer Vorstandsmitglieder maßgebend bestimmt.[179] Diese weitergehenden Befugnisse des Vorstandsvorsitzenden verstoßen nicht gegen den Grundsatz der Gleichberechtigung der Vorstandsmitglieder. Dieser Grundsatz verbietet nicht jegliche Differenzierung zwischen den Vorstandsmitgliedern, sondern nur ein grobes Missverhältnis der Befugnisse und Aufgaben der Vorstandsmitglieder.[180]

### 3. Vorstandssprecher

Vom Vorstandsvorsitzenden zu unterscheiden ist der Vorstandssprecher, dessen Funktion 62
im AktG nicht geregelt ist. Sofern kein Vorstandsvorsitzender gewählt wurde,[181] kann der Vorstand aus seiner Mitte im Rahmen der **Geschäftsführungskompetenz** ein Vorstandsmitglied zum Sprecher ernennen (§ 77 Abs. 2 S. 1 AktG). Sofern allerdings der Aufsichtsrat eine Geschäftsordnung für den Vorstand erlassen hat (§ 77 Abs. 2 S. 1 Var. 2 AktG) und sie Regelungen für einen Vorstandssprecher enthält, liegt das Recht, einen Vorstandssprecher zu ernennen, beim Aufsichtsrat.[182]

Die Befugnisse des Vorstandssprechers ergeben sich aus der Geschäftsordnung für den 63
Vorstand. Dem Vorstandssprecher können lediglich Repräsentations- und Organisationsaufgaben übertragen werden, etwa die Sitzungsleitung.[183] Auch wenn sich zwischen dem Aufgabenbereich eines Vorstandsvorsitzenden und dem eines Vorstandssprechers Überschneidungen ergeben, darf der Vorstandssprecher nicht die Aufgaben eines Vorstandsvorsitzenden ausüben.[184] Insbesondere kommen ihm **keine besonderen Befugnisse zur Überwachung** der **anderen Vorstandsmitglieder** zu.[185] Aus Gründen der Rechtssicherheit darf der Vorstandssprecher nicht als Vorstandsvorsitzender bezeichnet werden.

### 4. Arbeitsdirektor

In einer mitbestimmten Gesellschaft muss dem Vorstand zusätzlich zu den übrigen Vor- 64
standsmitgliedern als gleichberechtigtes Mitglied ein Arbeitsdirektor angehören (§ 33 Abs. 1 MitbestG, § 13 Abs. 1 S. 1 Montan-MitbestG, § 13 S. 2 Montan-MitbestErgG; → § 8 Rn. 285 ff.). Der Arbeitsdirektor darf nicht weniger Rechte als die anderen Vorstandsmitglieder haben, ihm muss grundsätzlich die **gleiche Geschäftsführungsbefugnis** zukommen wie den übrigen Vorstandsmitgliedern. Es ist aber zulässig, ihm außerhalb seines Zuständigkeitsbereichs (→ Rn. 66 f.) nur Gesamtgeschäftsführungsbefugnis einzuräumen, soweit dies generell – also auch für andere Vorstandsmitglieder – üblich ist.[186]

---

[178] MüKoAktG/*Spindler* § 84 Rn. 117; GroßkommAktG/*Kort* § 77 Rn. 51; *Simons/Hanloser* AG 2010, 641 (643 f.); str., nach aA ergibt sich eine besondere Überwachungspflicht des Vorstandsvorsitzenden gegenüber den übrigen Vorstandsmitgliedern nicht bereits aus seiner Stellung, sondern muss ihm gesondert – durch die Satzung oder die Geschäftsordnung für den Vorstand – zugewiesen werden, s. *Rubner* NJW-Spezial 2017, 15.

[179] GroßkommAktG/*Kort* § 77 Rn. 51.

[180] GroßkommAktG/*Kort* § 77 Rn. 56; zu der Problematik der Organisation des Vorstands entsprechend dem US-amerikanischen CEO-Prinzip → Rn. 35 ff.

[181] Andernfalls würde dessen Stellung durch den Vorstandssprecher beeinträchtigt, s. MüKoAktG/*Spindler* § 84 Rn. 118 mwN; BeckOGK/*Fleischer* AktG § 84 Rn. 99; GroßkommAktG/*Kort* § 77 Rn. 57.

[182] MüKoAktG/*Spindler* § 84 Rn. 118; GroßkommAktG/*Kort* § 77 Rn. 57.

[183] *Liebscher* in BeckHdB AG § 6 Rn. 18; *Hoffmann-Becking* ZGR 1998, 497 (517); MHdB GesR IV/*Hoffmann-Becking* § 24 Rn. 5; *Grau* in Semler/v. Schenck/Wilsing AR-HdB § 11 Rn. 57; *Simons/Hanloser* AG 2010, 641 (644 f.).

[184] Hüffer/Koch/*Koch* AktG § 84 Rn. 30; BeckOGK/*Fleischer* AktG § 84 Rn. 99; GroßkommAktG/*Kort* § 77 Rn. 57.

[185] GroßkommAktG/*Kort* § 77 Rn. 57.

[186] Kölner Komm AktG/*Mertens/Cahn* § 77 Rn. 67; GroßkommAktG/*Kort* § 77 Rn. 59.

65 Auch in einem nur aus zwei Personen bestehenden Vorstand kann neben dem Arbeitsdirektor ein Vorstandsvorsitzender ernannt werden.[187] Dieser darf dann allerdings **kein Recht zum Stichentscheid** haben.[188]

66 Die Aufgaben des Arbeitsdirektors sind nicht ausdrücklich gesetzlich vorgeschrieben.[189] Es entspricht aber allgemeiner Auffassung, dass ihm durch § 33 MitbestG zwingend ein **unentziehbarer Kernbereich** von Zuständigkeiten in Personal- und Sozialfragen zugewiesen wird.[190] Der Arbeitsdirektor ist also in erster Linie für die **personellen und sozialen Angelegenheiten** der Arbeitnehmer im Unternehmen zuständig.[191] Dazu werden in der Regel die Bereiche Personalplanung und -entwicklung, Personalverwaltung, Löhne, Arbeitsschutz und Altersfürsorge gezählt.[192] Nicht umfasst sind nach hM dagegen die Personalangelegenheiten der leitenden Angestellten.[193] Daneben hat der Arbeitsdirektor auf die Einhaltung des Betriebsverfassungsrechts und des Tarifrechts zu achten. Insbesondere hat der Arbeitsdirektor die Belange der Arbeitnehmer bei der Entscheidungsfindung im Vorstand zu vertreten.[194] Der Arbeitsdirektor ist auch Ansprechpartner für Arbeitgeberverbände, Gewerkschaften sowie Betriebsräte.[195]

67 Der Kernbereich des Personal- und Sozialwesens steht dem Arbeitsdirektor als **Mindestressort** zu. Ihm können aber darüber hinaus **weitere Aufgaben** und Befugnisse zugewiesen werden, solange der Arbeitsaufwand nicht so hoch wird, dass er sein eigenes Aufgabengebiet nicht mehr bewältigen kann.[196] Einschränkungen des Aufgabenbereichs des Arbeitsdirektors können sich bei einer Organisation der Gesellschaft nach Sparten (Divisionalisierung; → Rn. 27 f.) ergeben. Es ist zwar zulässig, dass in einer divisional gegliederten Gesellschaft bestimmte Aufgaben aus dem dem Arbeitsdirektor zugewiesenen Bereich auch von einem anderen Vorstandsmitglied, also etwa dem betreffenden Vorstandsmitglied für die jeweilige Sparte, wahrgenommen werden oder dass eine gemeinsame Zuständigkeit besteht. Auch können einzelne Aufgaben aus dem Ressort des Arbeitsdirektors einer Gesamtzuständigkeit des Vorstands unterliegen.[197] Das Ressort der personellen und sozialen Angelegenheiten des Arbeitsdirektors muss aber auch bei einer divisionalen Gliederung der Gesellschaft erhalten bleiben und darf nicht auf die für die einzelnen Unternehmensbereiche verantwortlichen Vorstandsmitglieder aufgeteilt werden.[198]

---

[187] GroßkommAktG/*Kort* § 77 Rn. 59.

[188] Kölner Komm AktG/*Mertens/Cahn* § 77 Rn. 66; GroßkommAktG/*Kort* § 77 Rn. 59; zum Vetorecht in mitbestimmten Gesellschaften → Rn. 53.

[189] MüKoAktG/*Annuß* MitbestG § 33 Rn. 24.

[190] BVerfG NJW 1979, 699 (711); BGH NJW 1984, 733 (736); MüKoAktG/*Annuß* MitbestG § 33 Rn. 24; Liebscher in BeckHdB AG § 6 Rn. 19; MHdB GesR IV/*Hoffmann-Becking* § 24 Rn. 9; s. auch BT-Drs. 7/4845, 9.

[191] Habersack/Henssler/*Henssler* MitbestG § 33 Rn. 43; MüKoAktG/*Annuß* MitbestG § 33 Rn. 24; *Hoffmann-Becking* ZGR 1998, 497 (505); *Schiessl* ZGR 1992, 64 (72); das BVerfG NJW 1979, 699 (711) leitet dies aus dem Begriff des „Arbeitsdirektors" ab.

[192] Ausführlich mit weiteren Beispielen Habersack/Henssler/*Henssler* MitbestG § 33 Rn. 46 ff.; GroßkommAktG/*Kort* § 77 Rn. 60; *RVJ* MitbestG § 33 Rn. 16; *Schiessl* ZGR 1992, 64 (73).

[193] *RVJ* MitbestG § 33 Rn. 20; GroßkommAktG/*Kort* § 77 Rn. 60; ErfK/*Oetker* MitbestG § 33 Rn. 12; aA MüKoAktG/*Annuß* MitbestG § 33 Rn. 29 mwN.

[194] *RVJ* MitbestG § 33 Rn. 16; *Schiessl* ZGR 1992, 64 (73); vgl. auch MüKoAktG/*Annuß* MitbestG § 33 Rn. 26.

[195] MüKoAktG/*Annuß* MitbestG § 33 Rn. 27 mwN.

[196] *RVJ* MitbestG § 33 Rn. 22; MüKoAktG/*Annuß* MitbestG § 33 Rn. 23; GroßkommAktG/*Kort* § 77 Rn. 60; *Grau* in Semler/v. Schenck/Wilsing AR-HdB § 11 Rn. 60; MHdB GesR IV/*Hoffmann-Becking* § 24 Rn. 16; Habersack/Henssler/*Henssler* MitbestG § 33 Rn. 42, 45.

[197] GroßkommAktG/*Kort* § 77 Rn. 61.

[198] *RVJ* MitbestG § 33 Rn. 17; Kölner Komm AktG/*Mertens/Cahn* § 77 Rn. 67; GroßkommAktG/*Kort* § 77 Rn. 62; MüKoAktG/*Annuß* MitbestG § 33 Rn. 28.

## 5. Stellvertretende Vorstandsmitglieder

Neben den ordentlichen Vorstandsmitgliedern können stellvertretende Vorstandsmitglieder bestellt werden. Stellvertretende Vorstandsmitglieder haben die gleichen Rechte und Pflichten wie ordentliche Vorstandsmitglieder (§ 94 AktG). Das stellvertretende Vorstandsmitglied ist kein Vertreter des ordentlichen Vorstandsmitglieds und wird nicht etwa nur bei dessen Verhinderung tätig. Vielmehr ist das stellvertretende Vorstandsmitglied ein **echtes Vorstandsmitglied,** also selbst Organwalter. Dies ergibt sich schon aus § 94 AktG. Nur im Innenverhältnis hat das stellvertretende Vorstandsmitglied in der Regel eine hierarchisch niedrigere Stellung, etwa indem ihm kein eigenes oder nur kleines Ressort zugewiesen oder aber lediglich die stellvertretende Leitung eines Ressorts im Vertretungsfall eines ordentlichen Vorstandsmitglieds übertragen wird.[199] 68

Die **organschaftlichen Befugnisse** des stellvertretenden Vorstandsmitglieds dürfen gegenüber denen des ordentlichen Vorstandsmitglieds **nicht beschränkt** werden.[200] Zulässig ist aber eine Beschränkung der Geschäftsführungsbefugnis des stellvertretenden Vorstandsmitglieds durch die Satzung, soweit dies auch für ordentliche Vorstandsmitglieder möglich ist.[201] Das stellvertretende Vorstandsmitglied kann nicht von Aufgaben ausgeschlossen werden, für die der Gesamtvorstand zuständig ist, also den Leitungsaufgaben (→ § 4 Rn. 15ff.).[202] Ein Ausschluss von der Vertretungsbefugnis ist nicht möglich, auch wenn in der Satzung bestimmt sein kann, dass stellvertretende Vorstandsmitglieder nur gemeinsam mit einem anderen stellvertretenden oder ordentlichen Vorstandsmitglied zur Vertretung befugt sind und gleichzeitig einem anderen Vorstandsmitglied Einzelvertretungsbefugnis gegeben werden kann.[203] 69

Durch die hierarchische Aufgabenverteilung im Innenverhältnis ändert sich nichts an der Stellung und **Verantwortung im Außenverhältnis.**[204] Auch ein stellvertretendes Vorstandsmitglied ist für die Entscheidungen des Vorstands voll verantwortlich.[205] Stellvertretende Vorstandsmitglieder können daher auch von ihrer Pflicht zur Überwachung der anderen Vorstandsmitglieder nicht entbunden werden.[206] Einer etwaigen Haftung kann sich das stellvertretende Vorstandsmitglied nicht mit dem Hinweis auf sein kleines Ressort und seine geringeren Informations- und Einflussmöglichkeiten im Innenverhältnis entziehen.[207] 70

Sofern es im Gesetz oder in Bestimmungen der Satzung auf die Mindest- oder Höchstzahl der Vorstandsmitglieder ankommt, werden die stellvertretenden Vorstandsmitglieder mitgezählt.[208] 71

## 6. Delegierte Aufsichtsratsmitglieder

Vorherrschendes Prinzip des Aktienrechts ist die Trennung der Kompetenz des Vorstands zur Geschäftsführung von der des Aufsichtsrats zu deren Überwachung. Daraus ergibt sich das **Verbot der Doppelmitgliedschaft** in beiden Organen.[209] Ein Aufsichtsratsmitglied kann deshalb grundsätzlich nicht gleichzeitig Vorstandsmitglied oder dauerhafter Stellvertreter eines Vorstandsmitglieds sein (§ 105 Abs. 1 AktG). 72

---

[199] MüKoAktG/*Spindler* § 94 Rn. 1; GroßkommAktG/*Habersack/Foerster* § 94 Rn. 1, 5f.; BeckOGK/*Fleischer* AktG § 94 Rn. 2, 6.
[200] GroßkommAktG/*Habersack/Foerster* § 94 Rn. 7f.
[201] GroßkommAktG/*Habersack/Foerster* § 94 Rn. 5f.; Hüffer/Koch/*Koch* AktG § 94 Rn. 3.
[202] BeckOGK/*Fleischer* AktG § 94 Rn. 6; GroßkommAktG/*Habersack/Foerster* § 94 Rn. 7.
[203] MüKoAktG/*Spindler* § 94 Rn. 7f.; GroßkommAktG/*Habersack/Foerster* § 94 Rn. 9, 11.
[204] Vgl. BGH ZIP 1998, 152.
[205] Hüffer/Koch/*Koch* AktG § 94 Rn. 3; MüKoAktG/*Spindler* § 94 Rn. 12.
[206] Kölner Komm AktG/*Mertens/Cahn* § AktG Rn. 4; MüKoAktG/*Spindler* § 94 Rn. 9; BeckOGK/*Fleischer* AktG § 94 Rn. 6.
[207] Ausführlich dazu GroßkommAktG/*Habersack/Foerster* § 94 Rn. 7; aA MüKoAktG/*Spindler* § 94 Rn. 12.
[208] Kölner Komm AktG/*Mertens/Cahn* § 94 Rn. 2; GroßkommAktG/*Habersack/Foerster* § 94 Rn. 4.
[209] MHdB GesR IV/*Hoffmann-Becking* § 29 Rn. 13.

73 Von diesem Grundsatz besteht eine gesetzliche Ausnahme: Einzelne Aufsichtsratsmitglieder können für einen Zeitraum von höchstens einem Jahr als **Stellvertreter für fehlende oder verhinderte Vorstandsmitglieder** bestellt werden (§ 105 Abs. 2 S. 1 AktG). Während der Zeit der Delegation in den Vorstand darf das Aufsichtsratsmitglied seine Tätigkeit im Aufsichtsrat nicht ausüben (§ 105 Abs. 2 S. 3 AktG), behält jedoch sein Aufsichtsratsmandat.[210] Für die Dauer der Entsendung in den Vorstand besitzt das Aufsichtsratsmitglied die gleiche **organschaftliche Stellung** wie die anderen Vorstandsmitglieder. Seine Geschäftsführungsbefugnis und Vertretungsmacht richten sich nach dem fehlenden Vorstandsmitglied.[211] Das vom Aufsichtsrat in den Vorstand delegierte Aufsichtsratsmitglied darf trotz der gesetzlichen Bezeichnung als „Stellvertreter" nicht mit dem vorstehend erläuterten stellvertretenden Vorstandsmitglied verwechselt werden.

## 7. Bereichsvorstand

74 Als Bereichsvorstand wird zuweilen[212] ein **Gremium** von mehreren Vorstandsmitgliedern oder leitenden Angestellten bezeichnet, das für die einheitliche Leitung eines Geschäftsbereichs (einer Sparte) zuständig ist (→ Rn. 27 f.).[213] Sofern im Rahmen der Geschäftsverteilung vorgesehen wird, dass mehrere Vorstandsmitglieder für einen Geschäftsbereich zuständig sind, ist dies **zulässig.** Es ist insbesondere auch zulässig, die Zusammenarbeit der Vorstandsmitglieder innerhalb der Sparte entsprechend den Regeln zwischen einem einzelnen Vorstandsmitglied und dem Gesamtvorstand zu gestalten.[214] Es können **innerhalb der Sparte** auch **Teilressorts** gebildet und einzelnen Vorstandsmitgliedern zugewiesen werden.[215] Diese können Einzelgeschäftsführungsbefugnis hinsichtlich bestimmter Fragen haben, während wichtige Entscheidungen alle Vorstandsmitglieder der Sparte gemeinsam zu treffen haben. Allerdings muss darauf geachtet werden, dass Vorstandsmitglieder, die keinem Bereichsvorstand angehören, ausreichende Mitwirkungsbefugnisse im Gesamtvorstand haben.[216]

75 Problematisch kann es demgegenüber sein, wenn dem Bereichsvorstand als Vorsitzender ein Vorstandsmitglied, im Übrigen aber **nur leitende Angestellte** angehören.[217] Im Außenverhältnis wird dadurch möglicherweise der Eindruck erweckt, es bestünde ein weiteres Organ der Gesellschaft mit Gesamtverantwortung seiner Mitglieder. Tatsächlich hat aber **nur der Vorsitzende der Sparte als Vorstandsmitglied eine Organverantwortung,** während für die leitenden Angestellten die arbeitsrechtliche Weisungsabhängigkeit gilt. Es empfiehlt sich daher, bei einer solchen Organisation unter Einbeziehung von leitenden Angestellten im Außenverhältnis nicht die Bezeichnung Bereichsvorstand zu verwenden. Besser wäre beispielsweise eine Bezeichnung als Spartenausschuss[218] oder Bereichsausschuss.

## 8. Designierte Vorstandsmitglieder

76 Vorstandsmitglieder können mit Wirkung für die Zukunft bestellt werden, sofern zwischen dem Bestellungsbeschluss des Aufsichtsrats und dem Beginn des Mandats nicht mehr

[210] MHdB GesR IV/*Hoffmann-Becking* § 29 Rn. 14.
[211] Hüffer/Koch/*Koch* AktG § 105 Rn. 10.
[212] Zur Bezeichnung von Einzelpersonen als Bereichsvorstand s. → Rn. 32.
[213] Ausführlich zu der Erscheinungsform des Bereichsvorstands *Hoffmann-Becking* ZGR 1998, 497 (509).
[214] *Schiessl* ZGR 1992, 64 (78); *Hoffmann-Becking* ZGR 1998, 497 (509).
[215] *Schiessl* ZGR 1992, 64 (78); *Hoffmann-Becking* ZGR 1998, 497 (509).
[216] GroßkommAktG/*Kort* § 77 Rn. 43, der die Bildung von Bereichsvorständen unter dem Gesichtspunkt der Gleichberechtigung der Vorstandsmitglieder allgemein krit. betrachtet; s. auch → Rn. 28.
[217] Dazu *Hoffmann-Becking* ZGR 1998, 497 (510).
[218] So die Bezeichnung bei *Schiessl* ZGR 1992, 64 (78), allerdings sogar im Hinblick auf die ausschließliche Zusammensetzung aus Vorstandsmitgliedern.

als ein Jahr liegt.[219] Mit Blick darauf, dass ein Vorstandsmitglied ab dem Tag seines Amtsantritts der vollen Verantwortung und Haftung unterliegt, wird zT gefordert, Vorstandsmitgliedern, die bereits bestellt sind, deren Amtszeit aber noch nicht begonnen hat, ein Recht zur **Teilnahme an Vorstandssitzungen,** zur **Einsichtnahme in Vorstandsunterlagen** sowie zum Erhalt von Informationen durch den Aufsichtsrat und zur Führung von Gesprächen mit Führungskräften und wesentlichen Stakeholdern zuzubilligen.[220] Zwar gebietet die Sorgfaltspflicht des amtierenden Vorstands, designierten Vorstandsmitgliedern eine möglichst effektive Einarbeitung zu ermöglichen. Jedoch liegt es in seinem Ermessen, wie dies sichergestellt wird.[221] Ein Teilhabeanspruch künftiger Vorstandsmitglieder besteht jedenfalls nicht.

## D. Willensbildung im Vorstand

### I. Gesamtgeschäftsführung und Einstimmigkeit

Dem gesetzlichen Leitbild der Gesamtgeschäftsführung im mehrköpfigen Vorstand entspricht, dass **alle Vorstandsmitglieder** über Geschäftsführungsmaßnahmen **einvernehmlich entscheiden.** Einer Maßnahme müssen demnach sämtliche Vorstandsmitglieder zustimmen, nicht etwa nur diejenigen, die an der Willensbildung teilnehmen.[222] Um wirksames gemeinschaftliches Handeln zu ermöglichen, muss jedes Vorstandsmitglied auch ausdrücklich zustimmen. Ein Vorstandsmitglied muss nicht von sich aus ausdrücklich widersprechen, um eine Maßnahme zu verhindern.[223] 77

Zulässig ist, zwar an der Gesamtgeschäftsführungsbefugnis festzuhalten, die Willensbildung im Vorstand aber nach dem Mehrheitsprinzip vorzunehmen.[224] 78

### II. Einzelgeschäftsführung und Durchbrechung des Einstimmigkeitsprinzips

Die Praxis weicht üblicherweise von dem gesetzlichen Leitbild der Gesamtgeschäftsführung und einvernehmlichen Entscheidung ab. 79

**Satzung und Geschäftsordnung** können einzelnen Vorstandsmitgliedern jeweils **allein** oder **gemeinschaftlich** mit anderen Vorstandsmitgliedern **Einzelgeschäftsführungsbefugnisse** einräumen. Mit der Befugnis des betreffenden Vorstandsmitglieds zur Wahrnehmung der ihm speziell zugewiesenen Geschäftsführungsaufgaben ist es zugleich von der Geschäftsführung in anderen Bereichen ausgeschlossen, soweit nicht Aufgaben des Gesamtvorstands betroffen sind.[225] Soweit die jeweilige Geschäftsführungsbefugnis einzelner oder mehrerer Vorstandsmitglieder reicht, wird auch das **Einstimmigkeitsprinzip bei der Willensbildung im Vorstand durchbrochen.** Denn es ist kaum sachgerecht, einem Vorstandsmitglied einen Bereich zur Geschäftsführung zuzuweisen, es aber an die Zustimmung seiner Vorstandskollegen zu binden. 80

Die **Praxis** verfährt vielmehr in der Weise, dass Vorstandsmitglieder, denen **Einzelgeschäftsführungsbefugnis** für ein bestimmtes Aufgabengebiet zugewiesen ist, in diesem Rahmen **keines Vorstandsbeschlusses** bedürfen, sondern allein entscheiden können. 81

---

[219] HM, MüKoAktG/*Spindler* § 84 Rn. 42 mwN; aA (längerer Zeitraum möglich) Hölters/*Weber* AktG § 84 Rn. 17.

[220] K. Schmidt/Lutter/*Seibt* AktG § 84 Rn. 23; ausführl. *Seibt/Scholz* AG 2016, 557 ff.; für die Teilnahme an Vorstandssitzungen zust. MüKoAktG/*Spindler* § 77 Rn. 23; aA Hüffer/Koch/*Koch* AktG § 84 Rn. 9.

[221] Ebenso *Ihrig/Schäfer* Vorstand § 8 Rn. 119.

[222] BeckOGK/*Fleischer* AktG § 77 Rn. 8; GroßkommAktG/*Kort* § 77 Rn. 10.

[223] MHdB GesR IV/*Hoffmann-Becking* § 22 Rn. 3.

[224] BeckOGK/*Fleischer* AktG § 77 Rn. 12; GroßkommAktG/*Kort* § 77 Rn. 21; MHdB GesR IV/*Hoffmann-Becking* § 22 Rn. 8.

[225] GroßkommAktG/*Kort* § 77 Rn. 23.

Gleiches gilt, wenn mehreren Vorstandsmitgliedern für einen bestimmten Bereich die Geschäftsführungsbefugnis zusteht. Eines Beschlusses im Vorstand bedarf es nur bei diesem ausdrücklich vorbehaltenen Geschäften oder solchen Geschäften, die auch andere Ressorts betreffen. Außerdem kann ein zur Einzelgeschäftsführung berechtigtes Vorstandsmitglied eine Angelegenheit dem Gesamtvorstand zur (verbindlichen) Entscheidung vorlegen.[226] Immer bedarf es einer **Entscheidung des Vorstands,** wenn es um Maßnahmen geht, die zu den **Leitungsaufgaben** gehören (→ § 4 Rn. 15 ff.).

## III. Beschlussfassung

### 1. Einstimmigkeitsgrundsatz und Mehrheitsentscheidungen

82 Das Gesetz sieht als Regelfall für den mehrköpfigen Vorstand die Beschlussfassung durch einstimmigen Beschluss vor. Dies entspricht dem Leitbild der gemeinschaftlichen Geschäftsführung (§ 77 Abs. 1 S. 1 AktG). Für die **Einberufung der Hauptversammlung** genügt allerdings schon nach der gesetzlichen Regelung in § 121 Abs. 2 AktG ein mit **einfacher Mehrheit** gefasster Beschluss des Vorstands. Die **Praxis** macht umfassend von der in § 77 Abs. 1 S. 2 Hs. 1 AktG eröffneten Möglichkeit, in **Satzung oder Geschäftsordnung** für den Vorstand abweichende **Regelungen** zu treffen, Gebrauch. Solche Regelungen können auch nur in der Satzung oder der Geschäftsordnung getroffen werden. Nicht ausreichend wären eine ständige Übung im Vorstand oder entsprechende Vorstandsbeschlüsse.[227] Üblicherweise sehen Satzungen oder Geschäftsordnungen vor, dass der Vorstand seine Entscheidungen mit **einfacher oder qualifizierter Stimmenmehrheit** fasst. Hier sind weite Gestaltungsmöglichkeiten eröffnet, etwa eine Abstufung des Mehrheitserfordernisses nach der Bedeutung des Beschlussgegenstands.[228] Auch bei Geltung des Mehrheitsprinzips für Vorstandsentscheidungen bleibt es für **Beschlüsse** des Vorstands **über die Geschäftsordnung** zwingend bei dem **Gebot der Einstimmigkeit** (§ 77 Abs. 2 S. 3 AktG).

83 **Nicht zulässig** wäre es vorzusehen, dass eine Minderheit von Vorstandsmitgliedern oder gar der Vorstandsvorsitzende allein befugt ist, **Entscheidungen gegen den Willen der Mehrheit** zu treffen (§ 77 Abs. 1 S. 2 Hs. 2 AktG). Dieser Grundsatz gilt freilich nur, wenn der Vorstand als Kollegialorgan entscheidet. Soweit es gar nicht zu einer Vorstandsentscheidung kommt, weil die betroffene Maßnahme unter die Geschäftsführungsbefugnis eines einzelnen Vorstandsmitglieds (oder mehrerer definierter Vorstandsmitglieder) fällt, entscheidet dieses allein.

84 **Zulässig** ist es, in einem mindestens aus drei Personen bestehenden[229] Vorstand einem Vorstandsmitglied bei Stimmengleichheit einen **Stichentscheid** einzuräumen.[230] In der Praxis wird dieses Recht, wenn überhaupt, nur dem Vorstandsvorsitzenden eingeräumt. Demgegenüber können Satzung oder Geschäftsordnung nicht vorsehen, dass die Letztentscheidung dem Aufsichtsrat oder gar der Hauptversammlung zustehen soll, wenn im Vorstand Meinungsverschiedenheiten bestehen.[231] Jedoch kann der Aufsichtsrat auf Wunsch eines Vorstandsmitglieds um Vermittlung ersucht werden.[232]

---

[226] MüKoAktG/*Spindler* § 77 Rn. 33.

[227] GroßkommAktG/*Kort* § 77 Rn. 20; MüKoAktG/*Spindler* § 77 Rn. 12; jedoch kann eine ständige Übung auch als konkludende Zustimmung zu den einzelnen Beschlussgegenständen interpretiert werden, GroßkommAktG/*Kort* § 77 Rn. 20, MüKoAktG/*Spindler* § 77 Rn. 12 mwN.

[228] Kölner Komm AktG/*Mertens/Cahn* § 77 Rn. 11; GroßkommAktG/*Kort* § 77 Rn. 21; MHdB GesR IV/*Hoffmann-Becking* § 22 Rn. 8.

[229] Bei einem zweigliedrigen Vorstand ist der Stichentscheid unzulässig; OLG Karlsruhe AG 2001, 93 (94); MüKoAktG/*Spindler* § 77 Rn. 14; *Säcker* DB 1977, 1993, 1999 Fn. 52.

[230] GroßkommAktG/*Kort* § 77 Rn. 26; BeckOGK/*Fleischer* AktG § 77 Rn. 13.

[231] MüKoAktG/*Spindler* § 77 Rn. 27; K. Schmidt/Lutter/*Seibt* AktG § 77 Rn. 8; vgl. auch GroßkommAktG/*Kort* § 77 Rn. 22a.

[232] K. Schmidt/Lutter/*Seibt* AktG § 77 Rn. 8; GroßkommAktG/*Kort* § 77 Rn. 22a.

Einem Mitglied des Vorstands, zB dem Vorsitzenden, kann grundsätzlich ein **Vetorecht** dergestalt eingeräumt werden, dass es damit eine Geschäftsführungsmaßnahme dauerhaft verhindern kann.[233] Dagegen ist in mitbestimmten Gesellschaften ein dauerhaftes Vetorecht unzulässig, soweit dadurch der dem Arbeitsdirektor zugewiesene Kernbereich von Zuständigkeiten in Personal- und Sozialfragen betroffen ist (→ Rn. 53, 61). Unproblematisch ist jedoch, auch in mitbestimmten Gesellschaften, ein **aufschiebendes Vetorecht,** mit dem lediglich eine erneute Befassung des Vorstands erzwungen werden kann.[234] Ein pflichtwidrig erhobener Widerspruch eines Vorstandsmitglieds, mit dem dieses gegen das Gesellschaftsinteresse verstößt, ist unbeachtlich.[235] 85

## 2. Formale Anforderungen an die Beschlussfassung im Vorstand

Grundsätzlich sind die für Vorstandsbeschlüsse eines Vereins geltenden Vorschriften (§ 28 Abs. 1 BGB, §§ 32, 34 BGB) entsprechend anwendbar.[236] Satzung und Geschäftsordnung für den Vorstand haben einen weiten Spielraum, die Formalien einer Beschlussfassung im Vorstand zu regeln. **Grundvoraussetzung** einer ordnungsgemäßen Beschlussfassung ist, dass alle Vorstandsmitglieder zur Vorstandssitzung unter Nennung des Beschlussgegenstands **ordnungsgemäß geladen** wurden.[237] Eine bestimmte Form ist vorbehaltlich abweichender Regelungen in der Satzung oder der Geschäftsordnung nicht erforderlich.[238] Ein Vorstandsbeschluss, den ein Teil der Vorstandsmitglieder gefasst hat, ohne dass die anderen Vorstandsmitglieder von der anstehenden Beschlussfassung Kenntnis hatten, ist in der Regel nichtig.[239] Nehmen alle Mitglieder des Vorstands an der Beschlussfassung teil, so **können** sie auf die **Einhaltung von Form- und Fristvorschriften** für die Beschlussfassung im Vorstand **verzichten.** Der Verzicht ist auch konkludent dadurch möglich, dass die Vorstandsmitglieder in Kenntnis des Einberufungsmangels der Beschlussfassung nicht widersprechen.[240] 86

Bestehen keine Regelungen in der Satzung oder der Geschäftsordnung, so ist für die Frage der Beschlussfähigkeit des Vorstands zu unterscheiden: Soweit allgemein oder für bestimmte Beschlussgegenstände das Einstimmigkeitsprinzip gilt, müssen auch **alle Vorstandsmitglieder** an der Beschlussfassung **teilnehmen.** Für die Beschlussfähigkeit genügt also nicht, wenn nur einzelne Vorstandsmitglieder an der Beschlussfassung teilnehmen[241] und einstimmig entscheiden. Demgegenüber kommen mit **Mehrheit zu fassende Vorstandsbeschlüsse** zustande, wenn sich eine **Mehrheit** der an der Beschlussfassung **teilnehmenden Vorstandsmitglieder** für den Beschluss ausspricht. Voraussetzung ist allerdings, dass alle anderen Vorstandsmitglieder ordnungsgemäß zur Vorstandssitzung eingeladen wurden.[242] 87

---

[233] HM, MüKoAktG/*Spindler* § 77 Rn. 17; BeckOGK/*Fleischer* AktG § 77 Rn. 16; GroßkommAktG/*Kort* § 77 Rn. 28; *Liebscher* in BeckHdB AG § 6 Rn. 18; *v. Hein* ZHR 166 (2002), 464 (482); aA MHdB GesR IV/*Hoffmann-Becking* § 22 Rn. 9; *Hoffmann-Becking* NZG 2003, 745 (748); *Simons/Hanloser* AG 2010, 641 (645 ff.); krit. auch Hüffer/Koch/*Koch* AktG § 77 Rn. 12. Der hM ist beizupflichten, weil das Gesetz im Regelfall sogar von der Gesamtgeschäftsführungsbefugnis und damit vom Einstimmigkeitsprinzip ausgeht, s. § 77 Abs. 1 S. 1 AktG; dann muss aber erst recht eine sich weniger als die Einzelgeschäftsführungsbefugnis vom gesetzlichen Regelfall entfernende Gestaltung in Form eines Vetorechts zulässig sein.

[234] Kölner Komm AktG/*Mertens/Cahn* § 77 Rn. 13 f.; GroßkommAktG/*Kort* § 77 Rn. 29; Hüffer/Koch/*Koch* AktG § 77 Rn. 12; aA für mitbestimmte Gesellschaften *Thüsing* in Fleischer VorstandsR-HdB § 4 Rn. 51; s. auch *Säcker* DB 1977, 1993 (1999 Fn. 52).

[235] MüKoAktG/*Spindler* § 77 Rn. 33; BeckOGK/*Fleischer* § 77 Rn. 17.

[236] MüKoAktG/*Spindler* § 77 Rn. 23; Hölters/*Weber* AktG § 77 Rn. 21.

[237] MüKoAktG/*Spindler* § 77 Rn. 25; GroßkommAktG/*Kort* § 77 Rn. 9; Hölters/*Weber* AktG § 77 Rn. 22.

[238] Hölters/*Weber* AktG § 77 Rn. 22; MHdB GesR IV/*Hoffmann-Becking* § 22 Rn. 11.

[239] OLG Schleswig NJW 1960, 1862 (zum eingetragenen Verein); MüKoAktG/*Spindler* § 77 Rn. 25; Hölters/*Weber* AktG § 77 Rn. 22.

[240] MüKoAktG/*Spindler* § 77 Rn. 25; BeckOGK/*Fleischer* AktG § 77 Rn. 21.

[241] Hölters/*Weber* AktG § 77 Rn. 22; MHdB GesR IV/*Hoffmann-Becking* § 22 Rn. 11; Kölner Komm AktG/*Mertens/Cahn* § 77 Rn. 45.

[242] MHdB GesR IV/*Hoffmann-Becking* § 22 Rn. 11; s. auch GroßkommAktG/*Kort* § 77 Rn. 21.

88 **Satzung oder Geschäftsordnung** können vorsehen, dass für die Beschlussfassung im Vorstand ein **Quorum,** also die Teilnahme einer Mindestzahl von Vorstandsmitgliedern, **erforderlich, aber auch ausreichend** ist.[243] Dies gilt auch, wenn im Grundsatz Einstimmigkeit für den Beschluss erforderlich ist.[244] Häufig anzutreffen ist die Regelung, dass mindestens die Hälfte der Mitglieder des Vorstands und unter ihnen der Vorstandsvorsitzende an der Beschlussfassung teilnehmen müssen.[245] An der Notwendigkeit allseitiger Ladung nebst Mitteilung der Tagesordnung ändert eine solche Klausel jedoch nichts.

89 Die **Stimmabgabe** im Rahmen der Beschlussfassung ist eine empfangsbedürftige Willenserklärung. Sie muss den anderen Vorstandsmitgliedern zugegangen – dh zur Kenntnis gelangt – sein. Vorher ist sie jederzeit widerruflich.[246] Nach Zugang soll die Stimmabgabe bis zur Vornahme der Geschäftsführungsmaßnahme,[247] jedenfalls aber aus wichtigem Grund, etwa bei grundlegender Veränderung der zur Stimmabgabe führenden Verhältnisse,[248] widerruflich sein. Aus Gründen der Rechtssicherheit ist für die Praxis nur die letztere einschränkende Ansicht vertretbar.[249] Die Stimmabgabe eines einzelnen Vorstandsmitglieds ist als Willenserklärung nach den allgemeinen Regeln gem. §§ 119ff. BGB anfechtbar.[250] In der **Praxis** wird es freilich in vielen Fällen **gar nicht** zur förmlichen **Abstimmung** kommen. Nach der Aussprache im Vorstand kann der Vorsitzende feststellen, dass der Vorstand zu einer einheitlichen, oft der vom Vorsitzenden befürworteten Auffassung gelangt ist.[251] Lediglich im **Protokoll** wird dann ein förmlich gefasster **Beschluss festgehalten.**

90 **Allgemeine Stimmverbote** für ein Vorstandsmitglied, etwa im Fall von Interessenkonflikten oder Pflichtenkollisionen, **bestehen nicht.**[252] Jedoch kann eine Interessenkollision dazu führen, dass sich das betroffene Vorstandsmitglied nicht auf die Business Judgement Rule berufen kann.[253] Ein Vorstandsmitglied wird allerdings als nicht stimmberechtigt anzusehen sein, wenn es um die Einleitung eines Rechtsstreits oder um ein Rechtsgeschäft zwischen ihm und der Gesellschaft geht (§ 34 BGB analog).[254] Da in diesen Fällen die Gesellschaft ohnehin durch den Aufsichtsrat vertreten wird (§ 112 AktG), ist hier die Frage eines Stimmverbots von geringer praktischer Bedeutung. Ggf. können Stimmverbote bei Vorstandsdoppelmandaten bestehen (→ § 4 Rn. 72).[255] **Weder Satzung noch Geschäftsordnung** können weitergehende **Stimmrechtsausschlüsse** vorsehen, weil sonst die gesetzlich garantierte Beteiligung des Vorstandsmitglieds an der Willensbildung im Vorstand unzulässig beschränkt würde.[256]

---

243 GroßkommAktG/*Kort* § 77 Rn. 20f.; MHdB GesR IV/*Hoffmann-Becking* § 22 Rn. 11.

244 So ausdrücklich Kölner Komm AktG/*Mertens/Cahn* § 77 Rn. 11; Hölters/*Weber* AktG § 77 Rn. 22.

245 Zur Möglichkeit der abweichenden Regelung GroßkommAktG/*Kort* § 77 Rn. 20f.

246 Kölner Komm AktG/*Mertens/Cahn* § 77 Rn. 35; GroßkommAktG/*Kort* § 77 Rn. 13.

247 Kölner Komm AktG/*Mertens/Cahn* § 77 Rn. 8.

248 MüKoAktG/*Spindler* § 77 Rn. 21; GroßkommAktG/*Kort* § 77 Rn. 13; K. Schmidt/Lutter/*Seibt* AktG § 77 Rn. 9.

249 Anderenfalls würde die Umsetzung eines Beschlusses auf praktische Schwierigkeiten stoßen. Die Vorstandsmitglieder, die den Beschluss gefasst haben, wüssten nicht mit Sicherheit, ob ein Vorstandsmitglied inzwischen – wohl am ehesten gegenüber dem Vorstandsvorsitzenden – seine Zustimmung widerrufen hat. Umgekehrt müsste ein einzelnes Vorstandsmitglied, das zur Durchführung eines Beschlusses ermächtigt und damit beauftragt wurde, vor Umsetzung des Beschlusses noch einmal nachfragen, ob der Beschluss immer noch gültig ist. Allenfalls denkbar wäre also, dass das betroffene Vorstandsmitglied allen Vorstandsmitgliedern mitteilen müsste, dass es eine Zustimmung widerrufen wollte. All dies wäre wenig praktikabel und sollte deshalb vermieden werden.

250 MüKoAktG/*Spindler* § 77 Rn. 21; GroßkommAktG/*Kort* § 77 Rn. 17.

251 *Johannes Semler* FS Lutter, 2000, 721 (728).

252 MüKoAktG/*Spindler* § 77 Rn. 22; Kölner Komm AktG/*Mertens/Cahn* § 77 Rn. 38; BeckOGK/*Fleischer* AktG § 77 Rn. 26; GroßkommAktG/*Kort* § 77 Rn. 14; Hüffer/Koch/*Koch* AktG § 77 Rn. 8; aA *Hoffmann-Becking* ZHR 150 (1986), 570 (579); *Schneider* ZHR 150 (1986), 609 (623).

253 Dazu ausführl. MüKoAktG/*Spindler* § 93 Rn. 69ff.

254 Kölner Komm AktG/*Mertens/Cahn* § 77 Rn. 38; GroßkommAktG/*Kort* § 77 Rn. 14.

255 S. dazu auch GroßkommAktG/*Kort* § 76 Rn. 224ff.; MüKoAktG/*Spindler* § 77 Rn. 22.

256 So auch Kölner Komm AktG/*Mertens/Cahn* § 77 Rn. 44.

Die Wahrnehmung einer Aufgabe als Vorstandsmitglied ist eine **höchstpersönliche** Aufgabe. Ein Vorstandsmitglied kann sich bei der Beschlussfassung also **nicht durch** einen **Stellvertreter** vertreten lassen.[257] Demgegenüber ist es **zulässig,** die Stimme durch einen **Boten** überbringen zu lassen, sofern hierfür ein sachlicher Grund besteht oder die übrigen Vorstandsmitglieder einverstanden sind.[258] Zu verlangen dürfte aber sein, dass der **Bote selbst Mitglied des Vorstands** ist, da regelmäßig Dritte nicht befugt sind, an Vorstandssitzungen teilzunehmen (→ Rn. 92). 91

Das Gesetz trifft keine Bestimmungen darüber, in welcher Weise Beschlüsse gefasst werden. Meist regelt die Geschäftsordnung des Vorstands, dass Vorstandsbeschlüsse in regelmäßig stattfindenden Sitzungen gefasst werden. Die Sitzungen werden idR durch den Vorstandsvorsitzenden geleitet.[259] Zur **Teilnahme Dritter an Vorstandssitzungen** können die Grundsätze des für Sitzungen des Aufsichtsrats geltenden **§ 109 AktG entsprechend** herangezogen werden.[260] Danach können Sachverständige und Auskunftspersonen zur Beratung über einzelne Gegenstände zugezogen werden. Üblich ist in der Praxis die **punktuelle Teilnahme von Führungskräften** unterhalb der Vorstandsebene, die den Vorstand bei seiner Entscheidungsfindung zu einzelnen Beschlussgegenständen unterstützen. Dies ist unbedenklich, solange die Entscheidungsgewalt beim Vorstand verbleibt und er sich erforderlichenfalls ohne Beteiligung vorstandsfremder Personen berät.[261] Eine **regelmäßige Teilnahme unternehmensfremder** Dritter **soll** dagegen **nicht stattfinden.**[262] 92

Anders als bei Aufsichtsratsbeschlüssen sieht das Gesetz keine ausdrückliche Pflicht vor, Vorstandsbeschlüsse in einer Niederschrift festzuhalten. Die **allgemeine Sorgfaltspflicht** des Vorstands **gebietet** es aber, **aussagekräftige Niederschriften** über Entscheidungen des Vorstands anzufertigen.[263] Insbesondere sollten den Vorstandsbeschlüssen auch die zugrunde liegenden Unterlagen (Entscheidungsvorlagen etc.) beigefügt werden, damit später **nachvollziehbar** wird, auf welcher **Grundlage** der Vorstand einen **Beschluss** gefasst hat. Eine solche Dokumentation ist vor allem mit Blick auf mögliche Haftungsrisiken für die Vorstandsmitglieder dringend zu empfehlen. Einzelne Vorstandsmitglieder werden das Privileg der Business Judgement Rule nur in Anspruch nehmen können, wenn sie darlegen, dass sie ihre Entscheidung auf der Grundlage eines ausreichend gründlich aufbereiteten Tatsachenmaterials getroffen haben. 93

**Mängel bei der Stimmabgabe** wirken sich auf das Ergebnis einer Beschlussfassung nur aus, wenn der Beschluss bei mangelfreier Stimmabgabe mit einem anderen Inhalt zustande gekommen wäre.[264] Der **Beschluss** selbst kann an formalen und inhaltlichen Mängeln leiden. **Formale Mängel** wie die Verletzung von Mitwirkungsrechten einzelner Vorstandsmitglieder können nur von den Betroffenen, nicht von anderen Vorstandsmitgliedern geltend gemacht werden.[265] Eine Pflicht dazu besteht freilich nicht. Macht das betroffene Vorstandsmitglied den Mangel nicht unverzüglich geltend, so liegt darin eine konkludente Zustimmung.[266] Wird ein Mangel des Beschlusses geltend gemacht, so ist der **Beschluss nichtig.**[267] Bei **schwerwiegenden Verfahrensfehlern,** bei denen die Vor- 94

[257] GroßkommAktG/*Kort* § 77 Rn. 16; auch die Satzung kann eine Stellvertretung nicht zulassen, s. GroßkommAktG/*Kort* § 77 Rn. 16; K. Schmidt/Lutter/*Seibt* AktG § 77 Rn. 9.
[258] GroßkommAktG/*Kort* § 77 Rn. 16; MüKoAktG/*Spindler* § 77 Rn. 21; K. Schmidt/Lutter/*Seibt* AktG § 77 Rn. 9.
[259] MHdB GesR IV/*Hoffmann-Becking* § 22 Rn. 35.
[260] MHdB GesR IV/*Hoffmann-Becking* § 22 Rn. 35; GroßkommAktG/*Kort* § 77 Rn. 89; MüKoAktG/*Spindler* § 77 Rn. 23.
[261] Ähnlich *Ihrig/Schäfer* Vorstand § 18 Rn. 505.
[262] MHdB GesR IV/*Hoffmann-Becking* § 22 Rn. 35.
[263] MüKoAktG/*Spindler* § 77 Rn. 26.
[264] GroßkommAktG/*Kort* § 77 Rn. 17; Kölner Komm AktG/*Mertens/Cahn* § 77 Rn. 46.
[265] MüKoAktG/*Spindler* § 77 Rn. 29; GroßkommAktG/*Kort* § 77 Rn. 18.
[266] GroßkommAktG/*Kort* § 77 Rn. 18; Hölters/*Weber* AktG § 77 Rn. 26.
[267] BeckOGK/*Fleischer* AktG § 77 Rn. 28; Kölner Komm AktG/*Mertens/Cahn* § 77 Rn. 48 mit Verweis auf die vergleichbare Rechtslage bei Aufsichtsratsbeschlüssen; zur Rechtslage bei Aufsichtsratsbeschlüssen MüKoAktG/*Habersack* § 108 Rn. 73.

standsmitglieder nicht auf die Einhaltung der verletzten Vorschrift verzichten können, ist der **Beschluss ebenfalls nichtig.**[268] Gleiches gilt für Beschlüsse, deren Inhalt rechtswidrig ist (§ 134 BGB). Bei leichten Verfahrensmängeln oder Verstößen gegen disponible Vorschriften ist der Beschluss wirksam, sofern kein Vorstandsmitglied den Verfahrensfehler rügt und damit die Unwirksamkeit des Beschlusses geltend macht.[269] Ein Verfahrensmangel besteht etwa, wenn ein Vorstandsmitglied trotz Stimmrechtsausschlusses über einen Beschlussvorschlag abstimmt. Hält ein Vorstandsmitglied einen Beschluss für inhaltlich rechtswidrig, so muss es dessen Umsetzung zu verhindern suchen.[270]

[268] BeckOGK/*Fleischer* AktG § 77 Rn. 28; zur Rechtslage bei Aufsichtsratsbeschlüssen MüKoAktG/*Habersack* § 108 Rn. 76 ff.; für bloße Vernichtbarkeit Kölner Komm AktG/*Mertens/Cahn* § 108 Rn. 83.
[269] BeckOGK/*Fleischer* AktG § 77 Rn. 28; zur Rechtslage bei Aufsichtsratsbeschlüssen MüKoAktG/*Habersack* § 108 Rn. 76 ff.; Kölner Komm AktG/*Mertens/Cahn* § 108 Rn. 83.
[270] GroßkommAktG/*Kort* § 77 Rn. 19; *Frodermann/von Eiff* in Frodermann/Jannott AktR-HdB § 7 Rn. 151.

# § 6 Vertretung der Gesellschaft

## Übersicht




**Schrifttum:**[1] *Bärwaldt,* Mitwirkung des Prokuristen bei der Handelsregisteranmeldung der ihm erteilten Prokura, NJW 1997, 1404; *Bayer/Scholz,* Vertretung durch den Aufsichtsrat nach § 112 AktG und Rechtsirrtümer im Kernbereich des Aktienrechts, ZIP 2015, 1853; *Behr/Kindl,* Zur Vertretung der Aktiengesellschaft gegenüber ehemaligen Vorstandsmitgliedern, DStR 1999, 119; *Beuthien,* Gibt es eine organschaftliche Stellvertretung, NJW 1999, 1142; *Beuthien,* Vertretungsmacht bei der Vor-GmbH – erweiterbar oder unbeschränkbar?, NJW 1997, 565; *Brandner,* Zur gerichtlichen Vertretung der Gesellschaft gegenüber ausgeschiedenen Vorstandsmitgliedern/Geschäftsführern, FS Quack, 1991, 201; *Fischbach,* Die Vertretung der AG gegenüber Vorstandsmitgliedern bei anderweitiger Beschäftigung vor oder nach der Amtszeit, BB 2017, 1283; *Fischer,* Vertretung einer Aktiengesellschaft durch den Aufsichtsrat, ZNotP 2002, 297; *Fleischer,* Vorstandshaftung und Rechtsirrtum über die Vertretungskompetenz beim Abschluss eines Interim-Management-Vertrags, DB 2015, 1764; *Fuhrmann,* Beraterverträge mit Organmitgliedern in der Aktiengesellschaft, NZG 2017, 291; *Häger/Schlosser,* Die Vertretung der Aktiengesellschaft gegenüber ihren Vorstandsmitgliedern – zugleich eine Anmerkung zum BGH-Urteil v. 15.1.2019, WM 2020, 7; *Heidinger,* Die Rechtsgeschäfte der Vor-AG mit Dritten, ZNotP 2000, 182; *Jenne/Miller,* Die Vertretung der Aktiengesellschaft gegenüber Vorstandsmitgliedern, ZIP 2019, 1052; *Kästner,* Aktienrechtliche Probleme der D&O-Versicherung, AG 2000, 113; *Paschos,* Vertretung der AG bei Rechtsgeschäften mit Gesellschaften, deren Alleingesellschafter ein (künftiges) Vorstandsmitglied ist, DB 2019, 899; *Peltzer,* Vorstand und Geschäftsführung als Leitungs- und gesetzliches Vertretungsorgan, JuS 2003, 348; *Philipp,* Die Ausübung von Beteiligungsrechten nach § 32 des Mitbestimmungsgesetzes, DB 1976, 1622; *Robles y Zepf,* Praxisrelevante Probleme der Mehrvertretung bei der GmbH und der Aktiengesellschaft gem. § 181 2. Alt. BGB, BB 2012, 1876; *Säcker,* Die Geschäftsordnung für das zur gesetzlichen Vertretung eines mitbestimmten Unternehmens befugte Organ, DB 1977, 1993; *J. Schmidt,* Die Umsetzung der Aktionärsrechte-Richtlinie 2017: der Referentenentwurf für das ARUG II, NZG 2018, 1201; *K. Schmidt,* § 42 Abs. 2 AktG: eine gegenstandslose und verfehlte Bestimmung, FS Kraft, 1998, 573;



[1] Ich danke Herrn Johannes Harrack für seine wertvolle Unterstützung bei der Überarbeitung dieses Kapitels.

*Schwarz,* Vertretungsregelung durch den Aufsichtsrat (§ 78 Abs. 3 S. 2 AktG) und durch Vorstandsmitglieder (§ 78 Abs. 4 S. 1 AktG), ZHR 166 (2002), 625; *Schwarz,* Die Gesamtvertreterermächtigung – Ein zivil- und gesellschaftsrechtliches Rechtsinstitut, NZG 2001, 529; *Schwarz,* Rechtsfragen der Vorstandsermächtigung nach § 78 Abs. 1 AktG, ZGR 2001, 745; *Johannes Semler,* Stimmverbote im Zusammenhang mit § 32 MitbestG, FS Kropff, 1997, 301; *Johannes Semler,* Geschäfte einer Aktiengesellschaft mit Mitgliedern ihres Vorstands – Gedanken zu § 112 AktG –, FS Rowedder, 1994, 441; *Servatius,* Zur Eintragung organschaftlicher Vertretungsmacht ins Handelsregister, NZG 2002, 456; *Stein,* Die Grenzen vollmachtloser Vertretung der Gesellschaft gegenüber Vorstandsmitgliedern und Geschäftsführern, AG 1999, 28; *Suttmann,* Insichgeschäfte im Gesellschaftsrecht, MittBayNot 2011, 1; *Weiss,* Mitbestimmung im Konzern – zur praxisgerechten Anwendung und Reform des § 32 MitbestG, Der Konzern 2004, 590; *Werner,* Vertretung der Aktiengesellschaft gegenüber Vorstandsmitgliedern, ZGR 1989, 369.

## A. Organschaftliche Vertretungsmacht des Vorstands

### I. Wesen der organschaftlichen Vertretung

1 Zu den Aufgaben des Vorstands als Organ der Gesellschaft gehört neben der Leitung der Gesellschaft (§ 76 Abs. 1 AktG; zum Begriff der Leitung → § 4 Rn. 1 ff.) auch ihre gerichtliche und außergerichtliche Vertretung (§ 78 Abs. 1 AktG). Es handelt sich um Vertretung als Fremdorgan, dh der Vorstand braucht selbst nicht Gesellschafter, dh Aktionär der AG zu sein.[2] Die **Vertretung** der Gesellschaft umfasst die Vornahme von **Prozesshandlungen** für die Gesellschaft und jedes nach außen gerichtete **rechtsgeschäftliche Handeln** in ihrem Namen.[3] Das Handeln des Vorstands wird dabei der Gesellschaft als ihr eigenes Handeln zugerechnet,[4] vorausgesetzt der Vorstand handelt mit Vertretungsmacht oder die Vertretungsmacht wird mittels Zurechnung fingiert.[5] **Vertretungsmacht** bedeutet die Fähigkeit, Handlungen mit Rechtswirkung nach außen vornehmen zu **können.** Von diesem rechtlichen Können des Vorstands zu **trennen** ist sein **rechtliches Dürfen,**[6] das die Vertretungsmacht grundsätzlich unberührt lässt und hauptsächlich im Zusammenhang mit haftungsrechtlichen Fragen Bedeutung gewinnt. Die **Vertretungsmacht** des Vorstands ist grundsätzlich **unbeschränkt** (§ 78 Abs. 1 AktG) und **unbeschränkbar** (§ 82 Abs. 1 AktG). Das deutsche Aktienrecht kennt keine „ultra-vires"-Doktrin und stellt damit den Schutz des Rechtsverkehrs über den des Vertretenen. Zu ausnahmsweisen Beschränkungen der Vertretungsmacht → Rn. 2 ff.

### II. Grenzen der Vertretungsmacht

2 Die im Grundsatz unbeschränkte Vertretungsmacht des Vorstands unterliegt von Gesetzes[7] wegen einigen objektiven und subjektiven Grenzen.

3 **Keine Vertretungsmacht (objektive Grenze)** hat der Vorstand in einer Reihe von Fällen, in denen das Gesetz andere Organe zur Vertretung der Gesellschaft beruft. Dies gilt bei der Vertretung der Gesellschaft **gegenüber Vorstandsmitgliedern.** Hier obliegt die Vertretung dem Aufsichtsrat (§§ 84, 112 AktG; näher → Rn. 55 ff.). Auch soweit die Hauptversammlung einen besonderen Vertreter zur Geltendmachung von Ersatzansprüchen der Gesellschaft bestellt hat (§ 147 Abs. 2 AktG), vertritt dieser die Gesellschaft an-

[2] MüKoAktG/*Spindler* § 78 Rn. 5; GroßkommAktG/*Habersack/Foerster* § 78 Rn. 14.
[3] Hüffer/Koch/*Koch* AktG § 78 Rn. 3.
[4] MüKoAktG/*Spindler* § 78 Rn. 5; *Beuthien* NJW 1999, 1142 (1145).
[5] Anscheins- oder Duldungsvollmacht, s. Palandt/*Ellenberger* BGB § 172 Rn. 6 ff.
[6] Interne Beschränkungen ergeben sich aus der Satzung, den Geschäftsordnungen des Vorstands und des Aufsichtsrats, Aufsichtsratsbeschlüssen sowie, soweit zulässig, aus Hauptversammlungsbeschlüssen und dem Anstellungsvertrag.
[7] Satzungen oder gar Geschäftsordnungen (des Vorstands oder des Aufsichtsrats) können solche Grenzen nicht schaffen.

stelle des Vorstands.[8] § 32 MitbestG enthält eine mitbestimmungsrechtliche Begrenzung der Vertretungsmacht bei der Beteiligungsverwaltung (näher → Rn. 39ff.).[9]

Darüber hinaus hat der Vorstand bei folgenden Maßnahmen **keine alleinige Vertretungsmacht,** sondern bedarf jeweils der Mitwirkung eines anderen Gesellschaftsorgans **(subjektive Grenze):** 4

| Geschäftsvorfall/Maßnahme | Mitwirkungspflichtiges Organ (Mitwirkungshandlung) |
|---|---|
| Verzicht auf Ersatzansprüche gegen Gründer und Organmitglieder (§ 50 S. 1 AktG, § 53 S. 1 AktG, § 93 Abs. 4 S. 3 AktG, §§ 116, 117 Abs. 4 AktG) | Hauptversammlung (Hauptversammlungsbeschluss) |
| Nachgründungsvertrag (§ 52 Abs. 1 AktG) | Hauptversammlung (Hauptversammlungsbeschluss) |
| Übertragung des ganzen Vermögens (§ 179a AktG) | Hauptversammlung (Hauptversammlungsbeschluss) |
| Unternehmensvertrag (§ 293 Abs. 1 AktG, § 295 Abs. 1 AktG) | Hauptversammlung (Hauptversammlungsbeschluss) |
| Alle Maßnahmen nach dem UmwG, zB Verschmelzungsvertrag (§ 4 Abs. 1 UmwG, § 13 Abs. 1 UmwG, § 65 UmwG) | Hauptversammlung (Hauptversammlungsbeschluss) |
| Kreditgewährung an Vorstandsmitglieder (§ 89 AktG)[10] | Aufsichtsrat (Aufsichtsratsbeschluss) |
| Beratungsverträge mit Aufsichtsratsmitgliedern (§ 114 Abs. 1 AktG) | Aufsichtsrat (Aufsichtsratsbeschluss) |
| Festlegung der Bedingungen der Aktienausgabe (§ 204 Abs. 1 S. 2 AktG)[11] | Aufsichtsrat (Aufsichtsratsbeschluss) |
| Handelsregisteranmeldung von Beschlüssen über Kapitalerhöhungen und -herabsetzungen (§§ 184, 188 Abs. 1 AktG, § 195 Abs. 1 AktG, § 207 Abs. 2 AktG, §§ 223, 229 Abs. 3 AktG, § 237 Abs. 4 S. 5 AktG) | Aufsichtsrat (Doppelvertretung durch Vorstand und Vorsitzenden des Aufsichtsrats) |
| Anfechtungs- und Nichtigkeitsprozess von Aktionären gegen: Hauptversammlungsbeschlüsse (§ 246 Abs. 2 S. 2 AktG, § 249 Abs. 1 S. 1 AktG), Wahl von Aufsichtsratsmitgliedern (§ 250 Abs. 3 AktG, § 251 Abs. 3 AktG), Verwendung des Bilanzgewinns (§ 253 Abs. 2 AktG, § 254 Abs. 2 AktG), Kapitalerhöhung gegen Einlagen (§ 255 Abs. 3 AktG), Jahresabschluss (§ 256 Abs. 7 AktG, § 257 Abs. 2 S. 1 AktG) und Gesellschaft (§ 275 Abs. 4 S. 1 AktG) | Aufsichtsrat (Doppelvertretung durch Vorstand und Aufsichtsrat) |

[8] Hüffer/Koch/*Koch* AktG § 147 Rn. 8.

[9] HM, Hüffer/Koch/*Koch* AktG § 78 Rn. 8a; *RVJ* MitbestG § 32 Rn. 24; *Johannes Semler* FS Kropff, 1997, 301 (305) mwN.

[10] Die Unwirksamkeit eines ohne Beschluss des Aufsichtsrats abgeschlossenen Kreditgeschäfts folgt hier allerdings nicht aus § 89 AktG, sondern aus § 112 S. 1 AktG, s. MüKoAktG/*Spindler* § 89 Rn. 50f.

[11] Die Wirksamkeit der Kapitalerhöhung wird von der fehlenden Zustimmung des Aufsichtsrats allerdings nicht berührt (§ 202 Abs. 3 S. 2 AktG).

5 Von diesen Maßnahmen, die der Vorstand nicht oder nicht ohne Mitwirkungshandlung eines anderen Organs wirksam vornehmen kann, sind diejenigen Maßnahmen zu trennen, welche nach dem **Gesetz** (§ 33 Abs. 1 S. 2 WpÜG) oder gemäß **Satzungsbestimmung** oder Regelung in der **Geschäftsordnung** des Vorstands oder Aufsichtsrats (§ 111 Abs. 4 S. 2 AktG) unter einem **Zustimmungsvorbehalt des Aufsichtsrats** stehen, da sich diese Vorbehalte regelmäßig nicht auf die Vertretungsmacht auswirken (zu Ausnahmen → Rn. 50 ff.). Ein Handeln des Vorstands ohne oder sogar trotz ausdrücklich verweigerter Zustimmung ist zwar pflichtwidrig, weil es außerhalb der Geschäftsführungsbefugnis liegt, aber grundsätzlich dennoch rechtswirksam, weil es von der Vertretungsmacht umfasst ist. Auch die Rechtsprechung des BGH,[12] wonach der Vorstand bei bestimmten grundlegenden Entscheidungen die Hauptversammlung anrufen muss (nicht kann), hat keine Beschränkung der Vertretungsmacht zur Folge.[13]

6 Bei der Vertretung der Gesellschaft sind die Aktiv- und die Passivvertretung zu unterscheiden.

## III. Formen der Aktivvertretung

### 1. Gesamtvertretung

7 Nach dem **gesetzlichen Leitbild** der Gesamtvertretung vertreten bei einem aus mehreren Vorstandsmitgliedern bestehenden Vorstand **sämtliche Vorstandsmitglieder** die Gesellschaft **gemeinschaftlich** (§ 78 Abs. 2 S. 1 AktG). Ist nur ein einzelnes Vorstandsmitglied vorhanden, so hat es zwingend Einzelvertretungsbefugnis. Werden oder sind weitere Vorstandsmitglieder bestellt und trifft die Satzung oder der durch die Satzung dazu ermächtigte Aufsichtsrat keine anderweitigen Regelungen, dann ist zur wirksamen Vertretung der Gesellschaft die **Mitwirkung jedes** einzelnen **Vorstandsmitglieds** erforderlich. Zwar bewirkt der Grundsatz der Gesamtvertretung den **größtmöglichen Schutz** der Gesellschaft vor übereilten oder treuwidrigen Maßnahmen und gewährleistet die Nutzung der Kompetenz aller Vorstandsmitglieder, die Gesellschaft büßt aber erheblich an Beweglichkeit und Schnelligkeit im Handeln ein.

8 Das Gesetz eröffnet in § 78 Abs. 3 S. 1 AktG die Möglichkeit, **Abweichungen von der Gesamtvertretung** vorzusehen. Davon macht die **Praxis durchweg** Gebrauch. Es empfiehlt sich bei einem mehrgliedrigen Vorstand, eine Vertretung durch zwei Vorstandsmitglieder zu ermöglichen. Eine vom Grundsatz der Gesamtvertretung **abweichende Regelung** muss entweder in der **Satzung selbst** enthalten sein[14] oder vom **Aufsichtsrat** aufgrund einer **ausdrücklichen Ermächtigung** in der Satzung beschlossen werden (§ 78 Abs. 3 S. 1 und 2 AktG); durch den Aufsichtsrat beschlossene Vertretungsregelungen finden sich häufig in der Geschäftsordnung für den Vorstand. Die Satzung legt, wenn sie von der gesetzlichen Ermächtigung Gebrauch machen will, jeweils nur die abstrakte Vertretungsregel fest. Demgegenüber kann der Aufsichtsrat gestützt auf eine entsprechende Satzungsermächtigung nicht nur die abstrakte Vertretung bestimmen, sondern auch konkret festlegen, welche Form der Vertretung für einzelne Vorstandsmitglieder gelten soll.[15] Möglich ist auch, Vorstandsmitgliedern **Einzelvertretungsbefugnis** einzuräumen (§ 78 Abs. 3 S. 1 AktG). Bei der ebenfalls zulässigen, aber weniger üblichen sog. **halbseitigen Gesamtvertretung** erhält ein Vorstandsmitglied Einzelvertretungsbefugnis, während ein anderes nur unter dessen Mitwirkung vertreten kann. Eine Vertretung durch sämtliche

---

[12] BGHZ 83, 122 – Holzmüller; BGH NZG 2004, 571; 2004, 575 – Gelatine; näher → § 5 Rn. 8.

[13] So ausdrücklich BGHZ 83, 122 (133) – Holzmüller; bestätigt in BGH NZG 2004, 571; 2004, 575 – Gelatine; *Peltzer* JuS 2003, 348 (351); Kölner Komm AktG/*Mertens/Cahn* § 78 Rn. 15; allg. *Frodermann/von Eiff* in Frodermann/Jannott AktR-HdB § 7 Rn. 161.

[14] Ein einfacher Beschluss der Hauptversammlung ist nicht ausreichend, GroßkommAktG/*Habersack/Foester* § 78 Rn. 64.

[15] GroßkommAktG/*Habersack/Foester* § 78 Rn. 65.

Vorstandsmitglieder ist dann zwar möglich, aber grundsätzlich nicht erforderlich. Eine Ausnahme von der im Gesetz eingeräumten Gestaltungsfreiheit bildet die Anmeldung der Gesellschaft zur Eintragung in das Handelsregister, die nur durch alle Vorstandsmitglieder gemeinschaftlich erfolgen kann (§ 36 Abs. 1 AktG).

Soweit im Übrigen nach dem Gesetzeswortlaut „der Vorstand" die Gesellschaft vertreten muss, wie etwa bei einer Anmeldung zum Handelsregister (zB nach § 184 Abs. 1 AktG) oder der Anfechtung eines Hauptversammlungsbeschlusses (§ 246 Abs. 2 S. 2 AktG), müssen nicht sämtliche Vorstandsmitglieder, sondern muss lediglich eine zur Vertretung berechtigte Zahl von Vorstandsmitgliedern handeln.[16] Wenn das Gesetz oder die Satzung der Gesellschaft bestimmt, dass die Vertretung durch mehrere Vorstandsmitglieder **„gemeinschaftlich"** erfolgt, so wird damit **kein gleichzeitiges Handeln** verlangt. Die Vorstandsmitglieder müssen zur wirksamen Vertretung nicht zur gleichen Zeit und am gleichen Ort handeln. Es ist vielmehr ausreichend, wenn sie einzeln nacheinander tätig werden.[17] Auch genügt es, wenn die Willensäußerung gegenüber dem Geschäftspartner nur ein zur Gesamtvertretung berechtigtes Vorstandsmitglied erklärt, wenn und soweit die übrigen Gesamtvertreter vorher bei der Willensbildung mitgewirkt haben, etwa „intern" dem Abschluss des Rechtsgeschäfts zugestimmt haben, und dieses Einverständnis dem Erklärungsempfänger gegenüber irgendwie zum Ausdruck kommt.[18] Dies muss für formbedürftige Rechtsgeschäfte (zB Grundstückskauf) ebenfalls gelten.[19] 9

## 2. Unechte Gesamtvertretung

Bei der unechten Gesamtvertretung vertritt üblicherweise **ein Vorstandsmitglied zusammen mit einem Prokuristen** die Gesellschaft. Andere Gestaltungen müssen den Grundsatz der selbständigen Vertretungsmacht des Vorstands beachten. Unwirksam ist daher eine Bestimmung, nach der die Vertretung der Gesellschaft stets an die Mitwirkung eines Prokuristen gebunden ist, da die Anordnung unechter Gesamtvertretung nur zu einer Erleichterung, nicht zu einer Erschwerung der Vertretung führen darf.[20] Deshalb scheidet unechte Gesamtvertretung auch beim Alleinvorstand von vornherein und beim mehrköpfigen Vorstand in der Form aus, dass sämtliche Vorstandsmitglieder an die Mitwirkung eines Prokuristen gebunden sind.[21] 10

## 3. Einzelvertretung

Ein **Alleinvorstand hat notwendig Einzelvertretungsbefugnis.** Bei einem mehrköpfigen Vorstand ist eine Einzelvertretung durch jedes oder durch einzelne Vorstandsmitglieder möglich (§ 78 Abs. 3 S 1 Alt. 1 AktG). Die Praxis macht von dieser Möglichkeit allerdings nur vereinzelt Gebrauch. Ausnahmsweise kann beim mehrgliedrigen Vorstand jedes Vorstandsmitglied allein einen Insolvenzantrag stellen (§ 15 Abs. 1 InsO). 11

---

[16] Ganz hM, Hüffer/Koch/*Koch* AktG § 184 Rn. 3, MüKoAktG/*Spindler* § 78 Rn. 47.

[17] HM, RGZ 81, 325; Kölner Komm AktG/*Mertens/Cahn* § 78 Rn. 49; GroßkommAktG/*Habersack/Foerster* § 78 Rn. 23; MüKoAktG/*Spindler* § 78 Rn. 58; Hölters/*Weber* AktG § 78 Rn. 23;.

[18] Vgl. BAG NJW 1996, 2594 (2595); GroßkommAktG/*Habersack/Foerster* § 78 Rn. 51; MüKoAktG/*Spindler* § 78 Rn. 58; bei formbedürftigen Rechtsgeschäften sollte die Zustimmung, um dem Schutzzweck der Formvorschrift zu genügen, deren Form beachten; diese Frage ist in der Lit. allerdings umstritten: vgl. MüKoAktG/*Spindler* § 78 Fn. 119 mwN.

[19] BGH DStR 2010, 282 Rn. 17 ff.; GroßkommAktG/*Habersack/Foerster* § 78 Rn. 50; MüKoAktG/*Spindler* § 78 Rn. 59; aA EBJS/*Hillmann* HGB § 125 Rn. 23.

[20] BGHZ 26, 330 (333); allgM, vgl. nur MüKoAktG/*Spindler* § 78 Rn. 45 mwN; MHdB GesR IV/*Hoffmann-Becking* § 23 Rn. 25.

[21] Unstr., vgl. nur Hüffer/Koch/*Koch* AktG § 78 Rn. 16 mwN.

## 4. Einzelermächtigung

12 Um die Handlungsfähigkeit der Gesellschaft zu steigern, können die zur Gesamtvertung Berechtigten (Vorstandsmitglieder und gegebenenfalls auch Prokuristen) im Rahmen einer Einzelermächtigung **einzelne Gesamtvertreter** (Vorstandsmitglieder/Prokuristen)[22] zur **alleinigen Vornahme** bestimmter Rechtsgeschäfte oder bestimmter Arten von Rechtsgeschäften (sog. Artermächtigung)[23] ermächtigen (§ 78 Abs. 4 AktG). Ein Prokurist kann über den gesetzlichen Umfang der Prokura hinaus zu allen Geschäften ermächtigt werden, die ein gewillkürter Vertreter für die Gesellschaft vornehmen kann.[24] Bei unechter Gesamtvertretung können Vorstandsmitglied und Prokurist gemeinsam eine Ermächtigung des Vorstandsmitglieds oder des Prokuristen aussprechen.[25] Der zu Ermächtigende kann an der Ermächtigung mitwirken;[26] seine Mitwirkung ist erforderlich, wenn der Vorstand anderenfalls nicht vertretungsbefugt wäre.[27] Die Ermächtigung bedarf keiner Form.[28] Sie kann daher auch **stillschweigend bzw. durch schlüssiges Verhalten** erteilt werden, insbesondere durch die Duldung selbständigen Handelns eines Gesamtvertreters seitens der übrigen vertretungsberechtigten Vorstandsmitglieder und Prokuristen.[29] Die Ermächtigung muss **hinreichend bestimmt** und auf gewisse Geschäftsgegenstände beschränkt sein. Eine „Generalermächtigung" ist unzulässig,[30] auch eine lediglich betragsmäßige Begrenzung ist nicht ausreichend.[31] Die nachträgliche Beschränkung der Ermächtigung in gegenständlicher Hinsicht ist möglich.[32] Zum Widerruf der Ermächtigung sind alle an ihrer Erteilung mitwirkenden Gesamtvertreter berechtigt. Dem Rechtsgedanken des § 116 Abs. 3 S. 2 HGB (Vertrauensverlust auch nur eines Ermächtigenden ausreichend) entsprechend sind die Ermächtigenden auch einzeln zum Widerruf befugt. Im Fall der unechten Gesamtvertretung kann also ein Prokurist die Einzelermächtigung eines Vorstandsmitglieds widerrufen.[33] Widerrufen kann auch eine zur Gesamtvertretung befugte Zahl von nicht-ermächtigenden Vorstandsmitgliedern.[34] Der Widerruf ist jederzeit, formlos und ohne nähere Begründung möglich.[35] Die **Einzelermächtigung** ist **nicht eintragungspflichtig bzw. -fähig,** weder als Artermächtigung noch als Ermächtigung zum Alleinhandeln, das nur Einzelfälle betrifft oder zeitlich begrenzt ist.[36]

---

[22] Nach ganz hM kann auch ein Prokurist einzelermächtigt werden, vgl. nur Kölner Komm AktG/*Mertens/Cahn* § 78 Rn. 61; Hüffer/Koch/*Koch* AktG § 78 Rn. 19; Schwarz NZG 2001, 529 (538).

[23] Kölner Komm AktG/*Mertens/Cahn* § 78 Rn. 57.

[24] Hüffer/Koch/*Koch* AktG § 78 Rn. 20; BeckOGK/*Fleischer* AktG § 78 Rn. 43; MüKoAktG/*Spindler* § 78 Rn. 82; Kölner Komm AktG/*Mertens/Cahn* § 78 Rn. 61; weitergehend wohl GroßkommAktG/*Habersack/Foerster* § 78 Rn. 72; *Schwarz* NZG 2001, 529 (538f.).

[25] *Schwarz* NZG 2001, 529 (539).

[26] Ganz hM: BGHZ 64, 72 (75); MüKoAktG/*Spindler* § 78 Rn. 65; Hüffer/Koch/*Koch* AktG § 78 Rn. 19; Kölner Komm AktG/*Mertens/Cahn* § 78 Rn. 55; Hölters/*Weber* AktG § 78 Rn. 36; Henssler/Strohn/*Dauner-Lieb* AktG § 78 Rn. 17; aA GroßkommAktG/*Habersack/Foerster* § 78 Rn. 74; *Schwarz* ZGR 2001, 745 (753).

[27] MüKoAktG/*Spindler* § 78 Rn. 65; aA GroßkommAktG/*Habersack/Foerster* § 78 Rn. 74.

[28] BeckOGK/*Fleischer* AktG § 78 Rn. 44 mwN.

[29] MüKoAktG/*Spindler* § 78 Rn. 66; BeckOGK/*Fleischer* AktG § 78 Rn. 44.

[30] MüKoAktG/*Spindler* § 78 Rn. 68; BeckOGK/*Fleischer* AktG § 78 Rn. 45.

[31] Hüffer/Koch/*Koch* AktG § 78 Rn. 21; möglich: „Einkaufsgeschäfte bis zum Betrag von 10.000 Euro"; nicht möglich: „Geschäfte bis zum Betrag von 10.000 Euro".

[32] *Schwarz* ZGR 2001, 745 (774).

[33] HM, GroßkommAktG/*Habersack/Foerster* § 78 Rn. 78; Kölner Komm AktG/*Mertens/Cahn* § 78 Rn. 62; Grigoleit/*Vedder* AktG § 78 Rn. 24; aA MüKoAktG/*Spindler* § 78 Rn. 72.

[34] HM, Hüffer/Koch/*Koch* AktG § 78 Rn. 22; MüKoAktG/*Spindler* § 78 Rn. 73; Kölner Komm AktG/*Mertens/Cahn* § 78 Rn. 62 mwN; aA GroßkommAktG/*Habersack/Foerster* § 78 Rn. 78; Hölters/*Weber* AktG § 78 Rn. 38; BeckOGK/*Fleischer* AktG § 78 Rn. 47; *Schwarz* ZGR 2001, 745 (777).

[35] Hüffer/Koch/*Koch* AktG § 78 Rn. 22; MüKoAktG/*Spindler* § 78 Rn. 71.

[36] Hüffer/Koch/*Koch* AktG § 37 Rn. 8; MüKoAktG/*Pentz* § 37 Rn. 57; vgl. auch MüKoAktG/*Spindler* § 78 Rn. 69, allerdings für eine Offenlegungspflicht; so auch *Schwarz* ZHR 166 (2002), 625 (653f.); aA *Servatius* NZG 2002, 456 (458).

## IV. Passivvertretung

13 **Willenserklärungen** Dritter **gegenüber der Gesellschaft** (Passivvertretung) können auch bei einem mehrgliedrigen Vorstand gegenüber einem **einzelnen Vorstandsmitglied** abgegeben werden (§ 78 Abs. 2 S. 2 AktG). Gleiches gilt für alle Rechtshandlungen mit rechtsgeschäftsähnlichem Charakter (zB Mahnung oder Mängelrüge).[37]

## V. Einräumung und Änderung der Vertretungsmacht

14 Mit der Bestellung eines Vorstandsmitglieds **regelt** der **Aufsichtsrat** üblicherweise auch die **Vertretungsmacht.** Enthält die Satzung **keine abweichende Bestimmung** und enthält der Aufsichtsratsbeschluss keine aufgrund einer Satzungsermächtigung getroffene abweichende Regelung der Vertretungsmacht, so ist das Vorstandsmitglied, wenn es sich nicht um den Alleinvorstand handelt, dem gesetzlichen Grundsatz entsprechend nur **gesamtvertretungsbefugt** (§ 78 Abs. 2 S. 1 AktG). Für eine spätere Änderung der Vertretungsbefugnis ist entweder eine Satzungsänderung oder, wenn die Satzung eine entsprechende Ermächtigung enthält, ein **Aufsichtsratsbeschluss** erforderlich, aber auch ausreichend (§ 78 Abs. 3 AktG). Die Änderung der Vertretungsbefugnis sowie die Änderung der Zusammensetzung des Vorstands (Bestellung eines neuen und Abberufung eines bisherigen Vorstandsmitglieds) sind durch den Vorstand beim Handelsregister anzumelden (§ 81 Abs. 1 AktG).

## VI. Handelsregister und Rechtsschein

15 Der Vorstand in vertretungsberechtigter Zahl sollte der **Pflicht zur Anmeldung** von Veränderungen der Zusammensetzung des Vorstands möglichst rasch nach dem Aufsichtsratsbeschluss nachkommen. Zwar sind die **Änderungen** in der Zusammensetzung **des Vorstands** oder in der Vertretungsbefugnis bereits **vor Eintragung** im Handelsregister und Bekanntgabe **wirksam.**[38] Sie können aber wegen der Publizität des Handelsregisters Dritten nur bei positiver Kenntnis entgegengehalten werden (§ 15 Abs. 1 HGB). Solange also das Ausscheiden eines Vorstandsmitglieds oder das Erlöschen einer Prokura nicht im Handelsregister eingetragen ist, können die eingetragenen Personen rechtsgeschäftliche Verpflichtungen der Gesellschaft noch wirksam begründen. Dies gilt wegen der sog. Schonfrist bei Unkenntnis und fahrlässiger Nichtkenntnis des Dritten noch bis zu 15 Tage nach Bekanntmachung der anmeldepflichtigen Tatsache (§ 15 Abs. 2 S. 2 HGB). Die Bekanntmachung erfolgt durch das Gericht (§ 10 Abs. 1 HGB). Bei verspäteter oder unrichtiger Bekanntmachung und auch bei **falscher Eintragung** bleibt es bei dem Schutz des Rechtsverkehrs. Allenfalls sind **Amtshaftungsansprüche** der Gesellschaft denkbar,[39] deren Durchsetzung allerdings im Einzelfall schwierig sein kann.[40]

## VII. Verhinderung oder Wegfall eines Vorstandsmitglieds

16 Ist ein Vorstandsmitglied vorübergehend verhindert (zB wegen Krankheit oder Urlaub) oder fällt es endgültig weg (zB durch Widerruf der Bestellung, Amtsniederlegung oder Tod), dann sind folgende Fallgruppen zu unterscheiden:

17 Beim **Alleinvorstand** führen Verhinderung oder Wegfall des Vorstandsmitglieds zur Handlungsunfähigkeit der Gesellschaft, solange die Verhinderung andauert oder bis der

[37] Hüffer/Koch/*Koch* AktG § 78 Rn. 13; MHdB GesR IV/*Hoffmann-Becking* § 23 Rn. 20.
[38] Hüffer/Koch/*Koch* § 81 Rn. 9.
[39] RGZ 131, 12, 14; BayObLG BB 1989, 1009; Baumbach/Hopt/*Merkt* HGB § 15 Rn. 23.
[40] Oetker/*Preuß* HGB § 15 Rn. 73 unter Verweis auf die Eintragungsmitteilung gem. § 383 Abs. 1 FamFG.

Aufsichtsrat (§ 84 AktG) oder das Gericht (§ 85 AktG) einen neuen Vorstand bestellt haben.

18 Beim **mehrgliedrigen Vorstand** führt die vorübergehende Verhinderung eines Gesamtvertreters ebenfalls zur Handlungsunfähigkeit der Gesellschaft, soweit nicht andere Vorstandsmitglieder allein oder gemeinsam die Gesellschaft wirksam vertreten können. Es tritt grundsätzlich keine automatische Erweiterung der Vertretungsbefugnis des oder der verbleibenden Vorstandsmitglieder ein.[41] Die Gesellschaft kann so lange nicht organschaftlich vertreten werden, bis die Verhinderung behoben ist.[42] Fällt ein Vorstandsmitglied (zB durch Abberufung oder Tod) endgültig weg, dann kommt es darauf an, ob Satzung oder Gesetz (§ 76 Abs. 2 S. 2 AktG) eine Mindestzahl von Vorstandsmitgliedern vorsehen und ob diese durch den Wegfall unterschritten wird oder nicht. Ist eine **Mindestzahl** bestimmt und wird sie **nicht** mehr **erreicht,** führt dies zur **Vertretungsunfähigkeit** des Vorstands und damit zur Handlungsunfähigkeit der Gesellschaft.[43] Ist hingegen keine Mindestzahl bestimmt oder wird diese weiterhin erreicht, kann die Gesellschaft wirksam vom verbleibenden Vorstand vertreten werden, es sei denn, er war nur mit dem weggefallenen Vorstandsmitglied gemeinschaftlich vertretungsbefugt.[44] Eine automatische Erweiterung der Vertretungsbefugnis verbleibender Vorstandsmitglieder tritt ohne entsprechende Satzungsbestimmung nicht ein, insbesondere erweitert sich bei Wegfall eines von zwei gesamtvertretungsberechtigten Vorstandsmitgliedern die Vertretungsmacht des verbliebenen Mitglieds nicht zu einer Alleinvertretungsbefugnis.[45]

## B. Rechtsgeschäftliche Vertretungsmacht Dritter

19 Von der gesetzlichen Vertretung der Gesellschaft durch ihren Vorstand zu unterscheiden ist die rechtsgeschäftliche Vertretung durch **Prokuristen,** Handlungsbevollmächtigte, Generalbevollmächtigte und besondere Vertreter. Im Gegensatz zur organschaftlichen Vertretungsmacht der Vorstandsmitglieder ist die rechtsgeschäftliche Vertretungsmacht **beschränkbar und wird in der Regel beschränkt.**

### I. Prokuristen

20 Für die Erteilung der Prokura ist der Vorstand nach den allgemeinen Regeln über die Vertretung der Gesellschaft zuständig.[46] Er kann sie nur ausdrücklich (§ 48 Abs. 1 HGB) und nur an natürliche Personen[47] erteilen. Für die Erteilung ist im Innenverhältnis ein Beschluss des Vorstands ratsam, weil sie eine bedeutende Personalmaßnahme ist, die in die

---

[41] RGZ 103, 417; BGHZ 34, 27 (29); BGH WM 1975, 157 (158); Kölner Komm AktG/*Mertens/Cahn* § 78 Rn. 65; MüKoAktG/*Spindler* § 78 Rn. 32, 43.

[42] BGH NJW 1961, 506f. (für die GmbH); MHdB GesR IV/*Hoffmann-Becking* § 23 Rn. 16.

[43] LG Münster NZG 1998, 352; Hüffer/Koch/*Koch* AktG § 78 Rn. 11; GroßkommAktG/*Habersack/Foerster* § 78 Rn. 47; aA Kölner Komm AktG/*Mertens/Cahn* § 76 Rn. 110ff.; s. aber § 84 Abs. 3 S. 6 u. 7 AktG.

[44] GroßkommAktG/*Habersack/Foerster* § 78 Rn. 47; MüKoAktG/*Spindler* § 78 Rn. 32; MHdB GesR IV/*Hoffmann-Becking* § 23 Rn. 16. Hiervon dürfte auch die Regelung in § 84 Abs. 3 S. 6 u. 7 AktG nichts ändern.

[45] BGH DStR 1993, 770f.; OLG Hamburg DNotZ 1988, 331; MüKoAktG/*Spindler* § 78 Rn. 32, 43; GroßkommAktG/*Habersack/Foerster* § 78 Rn. 47; aA wohl MHdB GesR IV/*Hoffmann-Becking* § 23 Rn. 16, 22; Kölner Komm AktG/*Mertens/Cahn* § 78 Rn. 23, 65; Beispiel: war A nur zusammen mit B und C nur zusammen mit D vertretungsberechtigt, dann ist A, wenn B wegfällt, weder allein noch zusammen mit C oder D zur Vertretung befugt. Die Gesellschaft kann aber weiterhin gemeinschaftlich durch C und D wirksam vertreten werden.

[46] Kölner Komm AktG/*Mertens/Cahn* § 78 Rn. 79; GroßkommAktG/*Habersack/Foerster* § 78 Rn. 80.

[47] Ganz hM, Baumbach/Hopt/*Merkt* HGB § 48 Rn. 2.

Leitungskompetenz des Gesamtvorstands fällt.[48] Eine hierzu gegebenenfalls erforderliche **Zustimmung des Aufsichtsrats** gem. § 111 Abs. 4 S. 2 AktG ist **keine Wirksamkeitsvoraussetzung** für die Erteilung der Prokura.[49]

Der Prokurist ist zur Vornahme von gerichtlichen und außergerichtlichen Geschäften befugt, die der Betrieb eines Handelsgewerbes (§ 49 Abs. 1 HGB) oder, wenn die Gesellschaft kein Handelsgewerbe betreibt, eines Unternehmens der betreffenden Art mit sich bringt. Auch der Vorstand einer Gesellschaft, deren Gegenstand nicht im Betrieb eines Handelsgewerbes besteht, kann daher einen Prokuristen bestellen.[50] 21

Der Prokurist kann beispielsweise Anstellungsverträge mit Angestellten schließen, anderen Angestellten Handlungsvollmacht erteilen oder Darlehen aufnehmen und einräumen.[51] Zu Grundstücksgeschäften muss er besonders befugt werden (§ 49 Abs. 2 HGB). Dies betrifft nicht Erwerb und Entlastung (zB Löschung von Hypotheken) von Grundstücken, Vermietung, Verpachtung und Verfügung über Grundpfandrechte.[52] Darüber hinausgehende sog. Grundlagengeschäfte (zB Verkauf des Handelsunternehmens[53] oder Umfirmierung) liegen grundsätzlich außerhalb der Vertretungsmacht eines Prokuristen.[54] Bei Vereinbarung unechter **Gesamtvertretung** erweitert sich die Vertretungsmacht des Prokuristen auf die des Vorstandsmitglieds.[55] In diesem Fall gelten also die **gesetzlichen Beschränkungen der Vertretungsmacht eines Prokuristen für die Mitwirkung nicht.** 22

Der Vorstand kann Prokura in mehreren Formen erteilen, etwa als Einzelprokura, gemeinschaftlich an mehrere Prokuristen (Gesamtprokura; gem. § 48 Abs. 2 HGB), als Kombination aus Einzel- und Gesamtprokura (halbseitige Prokura) oder in Bindung der Prokuristen an ein Vorstandsmitglied (gemischte Gesamtprokura).[56] 23

**Erteilung und Erlöschen** der Prokura sind **eintragungspflichtige** Tatsachen gem. § 53 Abs. 1 und 3 HGB, die aus Gründen des Vertrauensschutzes mit den oben (→ Rn. 15) aufgezeigten Konsequenzen an der Publizität des Handelsregisters (§ 15 HGB) teilnehmen. Anmeldepflichtig und -berechtigt sind die zur Vertretung der Gesellschaft berechtigten Vorstandsmitglieder und auch Prokuristen, ausgenommen der einzutragende.[57] 24

## II. Handlungsbevollmächtigte

Handlungsvollmacht können sowohl der **Vorstand** als auch ein **Prokurist** gegenüber dem zu Bevollmächtigenden selbst (Innenvollmacht), gegenüber einem Dritten (Außenvollmacht gem. § 167 Abs. 1 BGB) oder durch öffentliche Bekanntmachung gem. § 171 BGB **erteilen.**[58] Die Handlungsvollmacht kann – anders als die Prokura – auch formlos, also auch durch schlüssiges Verhalten, und an juristische Personen erteilt werden.[59] Auch ein Handlungsbevollmächtigter kann entweder Untervollmacht erteilen, wenn und soweit dies von seiner Vollmacht umfasst ist, oder aber mit Zustimmung des Bevollmächtigenden (Vorstand/Prokurist) seine eigene Handlungsvollmacht übertragen (§ 58 HGB). 25

---

48 *Vgl.* GroßkommAktG/*Kort* § 77 Rn. 32; Kölner Komm AktG/*Mertens/Cahn* § 77 Rn. 22; s. auch → § 4 Rn. 17.

49 MüKoAktG/*Spindler* § 78 Rn. 113.

50 MüKoAktG/*Spindler* § 78 Rn. 112; Kölner Komm AktG/*Mertens/Cahn* § 78 Rn. 80.

51 Weitere Beispiele bei Baumbach/Hopt/*Merkt* HGB § 49 Rn. 1; MüKoHGB/*Krebs* § 49 Rn. 16ff.

52 MüKoHGB/*Krebs* § 49 Rn. 39, 44; § 49 Abs. 2 HGB ist auf solche Geschäfte nicht analog anwendbar.

53 BGH BB 1965, 1373 (1374).

54 MüKoHGB/*Krebs* § 49 Rn. 8, 24f.; Baumbach/Hopt/*Merkt* HGB § 49 Rn. 2.

55 RGZ 134, 303, 306; BGHZ 13, 61, 64; 62, 166, 170; Baumbach/Hopt/*Merkt* HGB § 49 Rn. 3; Hüffer/Koch/*Koch* AktG § 78 Rn. 17; aA MüKoHGB/*Krebs* § 49 Rn. 60.

56 Baumbach/Hopt/*Merkt* HGB § 48 Rn. 6.

57 BayObLG BB 1973, 912; Baumbach/Hopt/*Merkt* HGB § 53 Rn. 1; aA *Bärwaldt* NJW 1997, 1404 (1407).

58 MüKoAktG/*Spindler* § 78 Rn. 110.

59 Baumbach/Hopt/*Merkt* HGB § 54 Rn. 7f.; aA MüKoHGB/*Krebs* § 54 Rn. 11: Erteilung nur an natürliche Personen möglich.

26 Handlungsvollmacht wird erteilt zum Betrieb eines Handelsgewerbes (Generalhandlungsvollmacht), zur Vornahme einer bestimmten zum Handelsgewerbe gehörenden Art von Geschäften (Arthandlungsvollmacht) oder zur Vornahme einzelner zum Handelsgewerbe gehöriger Geschäfte (Spezialhandlungsvollmacht), s. § 54 Abs. 1 HGB.

27 Wie bei der Prokura sind auch bei der Handlungsvollmacht neben der Einzelhandlungsvollmacht sowohl Gesamthandlungsvollmacht (dh gemeinschaftliche Vertretung durch mehrere Handlungsbevollmächtigte, vgl. § 49 Abs. 2 HGB) als auch halbseitige und gemischte Handlungsvollmacht, auch unter Einbindung eines Prokuristen, möglich.[60]

28 Erteilung und Widerruf der **Handlungsvollmacht** sind **nicht** beim Handelsregister **anzumelden.**

## III. Generalbevollmächtigte

29 Die in der **Wirtschaftspraxis weit verbreitete** Generalvollmacht geht über den gesetzlich begrenzten Rahmen einer Prokura und einer Generalhandlungsvollmacht hinaus. Durch sie ermächtigt der Vorstand den Generalbevollmächtigten, der nicht Vorstandsmitglied sein darf, zur Vornahme sämtlicher Rechtsgeschäfte und -handlungen, die auch der Vorstand vornehmen kann.[61] Die Einräumung einer Generalvollmacht ist **zulässig,**[62] insbesondere weil der Generalbevollmächtigte keine organschaftliche, sondern eine rechtsgeschäftliche Vertretungsmacht erhält. Wegen ihres sachlichen Umfangs ist allerdings eine **unwiderrufliche Generalvollmacht,** die faktisch der Bestellung eines weiteren Vorstandsmitglieds gleichkäme, nicht mit dem alleinigen Recht des Aufsichtsrats zur Bestellung von Vorstandsmitgliedern (§ 84 Abs. 1 AktG) sowie mit der Leitungsbefugnis des Vorstands (§ 76 Abs. 1 Akt) vereinbar und daher **nichtig.**[63] Sie kann allenfalls in eine Generalhandlungsvollmacht mit Befreiung von den Beschränkungen des § 54 Abs. 2 HGB oder in eine widerrufliche Generalbevollmächtigung umgedeutet (§ 140 BGB) werden.[64]

## IV. Besondere Vertreter

30 Ob der Vorstand kraft statutarischer Ermächtigung für bestimmte Aufgaben auch an seine Weisungen gebundene besondere Vertreter nach § 30 BGB bestellen und abberufen kann, ist zweifelhaft und wegen der im AktG abschließend geregelten Vertretungszuständigkeit wohl **abzulehnen.**[65] Der organisationsrechtliche Grundsatz, dass besondere Vertreter mit beschränkter organschaftlicher Vertretungsmacht bestellt werden können, kann nur für den Verein, die Genossenschaft und die GmbH, nicht jedoch für die AG gelten.[66] Ein praktisches Bedürfnis dafür, solche besonderen Vertreter für die AG anzuerkennen, besteht ebenfalls nicht.

---

[60] Baumbach/Hopt/*Merkt* HGB § 54 Rn. 2.
[61] MüKoAktG/*Spindler* § 78 Rn. 118.
[62] BGHZ 36, 292, 295; BGH NJW 1982, 877 (878); NJW 1982, 2495 (beide letztgenannten Entscheidungen zur vergleichbaren Problematik bei Personenhandelsgesellschaften); MHdB GesR IV/*Hoffmann-Becking* § 23 Rn. 30; MüKoAktG/*Spindler* § 78 Rn. 118; GroßkommAktG/*Habersack/Foerster* § 78 Rn. 81; aA Kölner Komm AktG/*Mertens/Cahn* § 78 Rn. 78.
[63] MüKoAktG/*Spindler* § 78 Rn. 119; BeckOGK/*Fleischer* AktG § 78 Rn. 52.
[64] MüKoAktG/*Spindler* § 78 Rn. 119; MHdB GesR IV/*Hoffmann-Becking* § 22 Rn. 30.
[65] Kölner Komm AktG/*Mertens/Cahn* § 78 Rn. 11; *Kästner* AG 2000, 113 (121); Palandt/*Ellenberger* BGB § 30 Rn. 2; MüKoAktG/*Spindler* § 78 Rn. 25; GroßkommAktG/*Habersack/Foerster* § 78 Rn. 3; zur von dieser Streitfrage zu trennenden Einordnung eines besonderen Vertreters als verfassungsmäßigen Vertreter iSd § 31 BGB vgl. BGHZ 49, 19 (21).
[66] Palandt/*Ellenberger* BGB § 30 Rn. 2.

## C. Rechtsfolgen fehlender Vertretungsmacht

Vorstandshandeln ohne Vertretungsmacht führt nicht zwangsläufig zur Unwirksamkeit des Rechtsgeschäfts. Zu unterscheiden sind vielmehr folgende Fallgruppen: 31

### I. Handeln außerhalb der objektiven Grenzen der Vertretungsmacht

Strittig ist noch immer, ob Handlungen des Vorstands, für die ihm gänzlich die Vertretungsmacht fehlt, nichtig oder genehmigungsfähig sind.[67] Das betrifft Fälle, in denen die Kompetenzordnung des AktG die Zuständigkeit einem anderen Gesellschaftsorgan zuweist. 32

Vertritt der Vorstand die Gesellschaft unter Verstoß gegen **§ 112 AktG** gegenüber einem Vorstandsmitglied, ist das Rechtsgeschäft nach der bisher wohl hM gem. § 134 BGB **nichtig.**[68] Hierfür spricht vor allem der **Schutzzweck** von § 112 AktG, Interessenkollisionen vorzubeugen und eine unbefangene und unvoreingenommene, von sachfremden Erwägungen unbeeinflusste Vertretung der Gesellschaft gegenüber Vorstandsmitgliedern sicherzustellen.[69] Nach der im Vordringen befindlichen Gegenansicht ist das entgegen § 112 AktG getätigte Rechtsgeschäft dagegen nur gem. § 177 BGB schwebend unwirksam und damit genehmigungsfähig.[70] Richtig erscheint indessen die Nichtigkeitsfolge bei Verstößen gegen § 112 AktG. Dies folgt aus dem Vorrang der zwingenden Kompetenzordnung des AktG, die eine unvoreingenommene (Erst-)Befassung des Aufsichtsrats gewährleisten soll.[71] Ein anerkennenswertes Interesse der Gesellschaft oder des betroffenen Vorstandsmitglieds an einer Genehmigungsfähigkeit eines unter Verstoß gegen § 112 AktG getätigten Rechtsgeschäfts besteht nicht.[72] 33

**Anders** verhält es sich aus Gründen der Prozessökonomie bei der **gerichtlichen Vertretung** durch den Vorstand **außerhalb** der **objektiven Grenzen** seiner Vertretungsmacht. Handelt in einem solchen Fall der Vorstand, ist die Klage zwar unzulässig,[73] der Aufsichtsrat kann aber den Vertretungsmangel heilen, indem er in den Prozess eintritt und die Prozesshandlungen des Vorstands genehmigt.[74] 34

---

[67] Kölner Komm AktG/*Mertens/Cahn* § 78 Rn. 20 sowie *Köhler* NZG 2008, 161 (162f.) mwN zum Streitstand.

[68] Ebenso OLG Hamburg NJW-RR 1986, 1483 = ZIP 1986, 1249; OLG Stuttgart BB 1992, 1669; OLG Brandenburg DStR 2015, 1877 (1879) = AG 2015, 428 (430); OLG Frankfurt BeckRS 2008, 9147 Rn. 29; Kölner Komm AktG/*Mertens/Cahn* § 78 Rn. 20, § 112 AktG Rn. 11; GroßkommAktG/*Hopt/Roth* § 112 Rn. 119f., jedenfalls soweit es um die Vertretung gegenüber aktiven Vorstandsmitgliedern geht; *Johannes Semler* FS Rowedder, 1994, 441 (455f.); Hüffer/Koch/*Koch* AktG § 82 Rn. 5, s. aber Hüffer/Koch/*Koch* § 112 Rn. 12; K. Schmidt/Lutter/*Drygala* AktG § 112 Rn. 27; der BGH konnte die Streitfrage bislang offenlassen, zuletzt ausdrücklich BGH NZG 2019, 420 Rn. 35.

[69] S. zuletzt BGH NZG 2019, 420 Rn. 23; ferner BGH NZG 2009, 466 Rn. 7; vgl. Kölner Komm AktG/*Mertens/Cahn* § 78 Rn. 20, § 112 AktG Rn. 11; *Johannes Semler* FS Rowedder, 1994, 441 (456).

[70] OLG Celle BB 2002, 1438; OLG Karlsruhe WM 1996, 161; OLG München ZIP 2008, 220 (222); Palandt/*Ellenberger* BGB § 134 Rn. 5; Hüffer/Koch/*Koch* AktG § 112 Rn. 12, s. aber Hüffer/Koch/*Koch* § 82 Rn. 5; BeckOGK/*Spindler* AktG § 112 Rn. 53; MüKoAktG/*Spindler* § 78 Rn. 121; MüKoAktG/*Habersack* § 112 Rn. 34; GroßkommAktG/*Habersack/Foerster* § 78 Rn. 13; Hölters/*Hambloch-Gesinn/Gesinn* AktG § 112 Rn. 20; Grigoleit/*Grigoleit/Tomasic* AktG § 112 Rn. 19; *Suttmann* MittBayNot 2011, 1 (10f.); *Jenne/Miller* ZIP 2019, 1052 (1059f.); *Häger/Schlosser* WM 2020, 7 (9); differenzierend *Stein* AG 1999, 28 (36ff.).

[71] S. BGH NZG 2019, 420 Rn. 23; NZG 2009, 466 Rn. 7.

[72] Gleiches (Nichtigkeit) gilt auch im Falle des Verstoßes gegen die Zuständigkeitsregelung in § 84 AktG zur Bestellung und Abberufung von Vorstandsmitgliedern sowie zum Abschluss von Anstellungsverträgen mit diesen, s. Hüffer/Koch/*Koch* AktG § 85 Rn. 5; ferner BGH NZG 2015, 792 (794).

[73] BGHZ 130, 108, 111f.; BGH NJW 1987, 254; AG 1990, 359; 1991, 269; NJW 1997, 318; BAG AG 2002, 458 (459); Hüffer/Koch/*Koch* AktG § 112 Rn. 13; MüKoAktG/*Habersack* § 112 Rn. 35; GroßkommAktG/*Hopt/Roth* § 112 Rn. 122.

[74] BAG AG 2002, 458 (460); BGH NJW 1987, 254; 1989, 2055f.; 1999, 3263; *Brandner* FS Quack, 1991, 201 (202); Hüffer/Koch/*Koch* AktG § 112 Rn. 13; MüKoAktG/*Habersack* § 112 Rn. 36.

35 Handelt der Vorstand der Obergesellschaft im Anwendungsbereich der **§§ 32 ff. MitbestG, § 15 MontanMitbestErgG** ohne Beschluss des Aufsichtsrats der Obergesellschaft oder weicht er von diesem ab, so ist die Wahrnehmung des Beteiligungsrechts in der Untergesellschaft gem. § 180 S. 1 BGB unwirksam.[75] Eine nachträgliche Genehmigung durch den Aufsichtsrat der Obergesellschaft ist entsprechend § 180 S. 2 BGB, § 177 Abs. 1 BGB möglich, wenn der Leiter der Hauptversammlung der Untergesellschaft die Stimmabgabe durch den Vorstand nicht beanstandet hat (näher → Rn. 39 ff.).[76]

### II. Handeln außerhalb der subjektiven Grenzen der Vertretungsmacht

36 Handelt der Vorstand hingegen außerhalb der subjektiven Grenzen seiner Vertretungsmacht (→ Rn. 4), so ist das **Rechtsgeschäft schwebend unwirksam** (§§ 177 ff. BGB) und kann durch Genehmigung des mitwirkungspflichtigen Organs (Hauptversammlung/Aufsichtsrat) wirksam werden (§§ 182 ff. BGB).[77] Zwar wird auch in diesen Fällen eine Handlung entgegen den aktienrechtlichen Bestimmungen – also fehlerhaft – vorgenommen, aber vom Vorstand als – neben einem anderen – zuständigem Organ.[78]

37 Gleiches gilt für **Alleinhandeln** eines **nicht** durch Einzelermächtigung **berechtigten Gesamtvertreters** oder Handeln einer nicht zur Gesamtvertretung befugten Zahl von Vorstandsmitgliedern. Durch die **nachträgliche Genehmigung** entweder eines Einzelvertreters oder von so vielen Vorstandsmitgliedern, dass diese allein oder zusammen mit dem tätig gewordenen Mitglied eine zur Vertretung der Gesellschaft ausreichende Zahl erreichen, wird das zunächst schwebend unwirksame Rechtsgeschäft **wirksam** (§§ 177 ff., 182 ff. BGB).[79]

38 Das von einem ohne Vertretungsmacht handelnden **rechtsgeschäftlichen Vertreter** (Prokurist, Handlungsbevollmächtigter, Generalbevollmächtigter) geschlossene Rechtsgeschäft kann ebenfalls durch Genehmigung des Vorstands wirksam werden.[80]

## D. Sonderfälle der Vertretung

### I. Ausübung von Beteiligungsrechten bei mitbestimmten Unternehmen

39 Bei der Ausübung von bestimmten Rechten gegenüber oder an einem unter das MitbestG fallenden Unternehmen (§§ 1, 5 MitbestG), an dem das eigene, ebenfalls mitbestimmte Unternehmen mit mehr als 25 % beteiligt ist, kann der **Vorstand** der Obergesellschaft nur **aufgrund eines Aufsichtsratsbeschlusses,** den allein die Anteilseignervertreter im Aufsichtsrat fassen,[81] und nur weisungsabhängig **handeln** (§ 32 MitbestG).[82] Hierdurch soll eine Kumulation von Mitbestimmungsrechten verhindert werden.[83] Diese **objektive Grenze der Vertretungsmacht** betrifft (Personal-)Entscheidungen über Aufsichtsratsmitglieder

---

[75] HM, Habersack/Henssler/*Habersack* MitbestG § 32 Rn. 16; ErfK/*Oetker* MitbestG § 32 Rn. 3; MüKoAktG/*Annuß* MitbestG § 32 Rn. 11; Hüffer/Koch/*Koch* AktG § 78 Rn. 8b.

[76] Habersack/Henssler/*Habersack* MitbestG § 32 Rn. 16; MüKoAktG/*Annuß* MitbestG § 32 Rn. 11; aA zT → 2. Aufl. 2015, Rn. 40.

[77] Kölner Komm AktG/*Mertens/Cahn* § 78 Rn. 20; BeckOGK/*Fleischer* AktG § 78 Rn. 17; MüKoAktG/*Spindler*§ 78 Rn. 9.

[78] *Johannes Semler* FS Rowedder, 1994, 441 (456).

[79] MüKoAktG/*Spindler* § 78 Rn. 75; EBJS/*Hillmann* HGB § 125 Rn. 24.

[80] Zuständig für die Genehmigung ist hier jeweils der Vorstand, nicht der Aufsichtsrat oder die Hauptversammlung, MüKoAktG/*Spindler* § 78 Rn. 75, 110.

[81] Jedoch unter Mitberatung durch alle Aufsichtsratsmitglieder, s. Habersack/Henssler/*Habersack* MitbestG § 32 Rn. 12 f.; ErfK/*Oetker* MitbestG § Rn. 4.

[82] Hüffer/Koch/*Koch* AktG § 78 Rn. 8a.

[83] Hüffer/Koch/*Koch* AktG § 78 Rn. 8a; MüKoAktG/*Annuß* MitbestG § 32 Rn. 1; ErfK/*Oetker* MitbestG § 32 Rn. 1.

(Bestellung, Widerruf, Entlastung) und Strukturmaßnahmen bei der Untergesellschaft (Unternehmensverträge, Umwandlung oder Auflösung, Fortsetzung nach Auflösung, Übertragung des Vermögens).[84] Der Vorstand kann in diesen Fällen nur handeln, wenn und soweit der **Aufsichtsrat** zuvor eine **Entscheidung** getroffen und den Vorstand damit gebunden hat.[85] Er ist als **Beauftragter** allerdings – auch im Außenverhältnis[86] – berechtigt, von den Weisungen des Aufsichtsrats abzuweichen, wenn sich die maßgebenden Verhältnisse geändert haben und der Aufsichtsrat die Abweichung bei Kenntnis der Sachlage billigen würde (§ 665 S. 1 BGB).[87] Durch eine unberechtigte Abweichung kann sich der Vorstand aber gegenüber der Gesellschaft schadensersatzpflichtig machen.[88]

Hinsichtlich der Rechtsfolgen eines Verstoßes gegen § 32 MitbestG gilt Folgendes: 40

Handelt der Vorstand ohne einen nach § 32 MitbestG erforderlichen Aufsichtsratsbeschluss, entgegen einer ausdrücklichen Weisung des Aufsichtsrats oder weicht er ansonsten unberechtigt vom Beschluss des Aufsichtsrats ab, agiert der Vorstand als **vollmachtloser Vertreter.**[89] Seine Stimmabgabe in der Hauptversammlung der Untergesellschaft ist entsprechend § 180 S. 1 BGB grundsätzlich unwirksam.[90] Der Beschluss der Hauptversammlung ist in diesen Fällen nach § 243 Abs. 1 AktG[91] anfechtbar, wenn er nicht auch ohne die ungültigen Stimmen zustande gekommen wäre.[92] 41

Jedoch kann der Aufsichtsrat der Obergesellschaft die Stimmabgabe durch den Vorstand gem. § 180 S. 2 BGB, § 177 Abs. 1 BGB nachträglich genehmigen, sofern der Hauptversammlungsleiter der Untergesellschaft die Stimmabgabe nicht beanstandet (dh zurückgewiesen) hat.[93] 42

Das Gesagte (Unwirksamkeit der Stimmabgabe, Anfechtbarkeit des Hauptversammlungsbeschlusses, nachträgliche Genehmigungsmöglichkeit durch den Aufsichtsrat) gilt auch dann, wenn der Vorstand ansonsten unberechtigt vom Beschluss des Aufsichtsrats abweicht.[94] Allein im Falle einer berechtigten Abweichung von den Weisungen des Aufsichtsrats (→ Rn. 39) handelt der Vorstand mit entsprechender Vertretungsmacht und damit wirksam. 43

## II. Verbot von Insichgeschäften

Das Verbot von Insichgeschäften gilt auch für Organe von juristischen Personen des Privatrechts.[95] Somit sind **Selbstkontrahieren und Mehrvertretung** durch den Vorstand einer Gesellschaft, und zwar auch durch den Alleinvorstand, der zugleich Alleinaktionär ist,[96] 44

[84] Zu den erfassten Rechten MüKoAktG/*Annuß* MitbestG § 32 Rn. 7ff.; Habersack/Henssler/*Habersack* MitbestG § 32 Rn. 12f.; näher *Weiss* Der Konzern 2004, 590 (591ff.).
[85] *Johannes Semler* FS Kropff, 1997, 301 (306).
[86] *Johannes Semler* FS Kropff, 1997, 301 (306); MüKoAktG/*Annuß* MitbestG § 32 Rn. 17; Habersack/Henssler/*Habersack* MitbestG § 32 Rn. 18; aA Kölner Komm AktG/*Mertens/Cahn* § 78 Rn. 19.
[87] *Philipp* DB 1976, 1622 (1625); *Johannes Semler* FS Kropff, 1997, 301 (306); MüKoAktG/*Annuß* MitbestG § 32 Rn. 17; Habersack/Henssler/*Habersack* MitbestG § 32 Rn. 18.
[88] Kölner Komm AktG/*Mertens/Cahn* MitbestG § 32 Rn. 24 (AktG Anh. § 117 B); MüKoAktG/*Annuß* MitbestG § 32 Rn. 20; Habersack/Henssler/*Habersack* MitbestG § 32 Rn. 30.
[89] Ganz hM, MüKoAktG/*Spindler* § 78 Rn. 31; MüKoAktG/*Annuß* MitbestG § 32 Rn. 11; K. Schmidt/Lutter/*Seibt* AktG § 78 Rn. 7a; aA *Säcker* DB 1977, 2031 (2035).
[90] MüKoAktG/*Annuß* MitbestG § 32 Rn. 11; ErfK/*Oetker* MitbestG § 32 Rn. 3.
[91] Ist die Untergesellschaft eine GmbH, gilt § 243 Abs. 1 AktG entsprechend, BGH DStR 2008, 684 Rn. 22.
[92] Hüffer/Koch/*Koch* AktG § 78 Rn. 8b; Habersack/Henssler/*Habersack* MitbestG § 32 Rn. 16; MüKoAktG/*Annuß* MitbestG § 32 Rn. 11.
[93] HM, Hüffer/Koch/*Koch* AktG § 78 Rn. 8b; Habersack/Henssler/*Habersack* MitbestG § 32 Rn. 16; MüKoAktG/*Annuß* MitbestG § 32 Rn. 11; aA (keine Genehmigungsmöglichkeit durch den Aufsichtsrat) Philipp DB 1976, 1622 (1626); *Johannes Semler* FS Kropff, 1997, 301 (305); → 2. Aufl. 2015, Rn. 40.
[94] HM, Habersack/Henssler/*Habersack* MitbestG § 32 Rn. 19; MüKoAktG/*Annuß* MitbestG § 32 Rn. 17 mwN; aA Philip DB 1976, 1625; *Johannes Semler* FS Kropff, 1997, 301 (306); → 2. Aufl. 2015, Rn. 42.
[95] BGHZ 33, 189, 190; 56, 97, 101; Palandt/*Ellenberger* BGB § 181 Rn. 3.
[96] Hüffer/Koch/*Koch* AktG § 78 Rn. 6.

grundsätzlich **unzulässig.** Abzugrenzen ist allerdings für das Aktienrecht, wann die allgemeine Regel in § 181 BGB mit der dort vorgesehenen Möglichkeit der Befreiung und wann spezielle aktienrechtliche Regeln eingreifen. **Selbstkontrahieren** liegt vor, wenn ein Vorstandsmitglied **im Namen der Gesellschaft mit sich im eigenen Namen** ein Rechtsgeschäft vornimmt. Das AktG schreibt in § 112 AktG zwingend vor, dass die Gesellschaft Vorstandsmitgliedern gegenüber durch den Aufsichtsrat vertreten wird. § 181 BGB ist insoweit nicht anwendbar,[97] **eine Befreiung wie** dort vorgesehen **ist nicht** möglich. Ein **Selbstkontrahieren** durch Vorstandsmitglieder ist damit **ausgeschlossen,** demnach kann ein Vorstandsmitglied nicht im Namen der Gesellschaft einen Vertrag mit sich selbst abschließen,[98] weil ihm dazu wegen einer objektiven Grenze seiner Vertretungsmacht die rechtliche Fähigkeit fehlt. Ein gleichwohl **abgeschlossenes Geschäft** wäre nicht bloß schwebend unwirksam, sondern **nichtig** (str., → Rn. 33).

45 Bei der **Mehrvertretung** handelt ein Vorstandsmitglied im **Namen der Gesellschaft** mit sich **als Vertreter eines Dritten.** Auf Fälle der Mehrvertretung ist die allgemeine gesetzliche Regelung (§ 181 BGB) mit der Möglichkeit der Befreiung anwendbar, § 112 AktG gilt hier nicht.[99] In folgenden Konstellationen liegt allerdings **keine Mehrvertretung** vor:

- Das Vorstandsmitglied A schließt im Namen eines Dritten mit der Gesellschaft ein Rechtsgeschäft ab, die durch ihre übrigen Vorstandsmitglieder B und C vertreten wird, wobei die Gesellschaft auch ohne A wirksam vertreten werden kann.[100]
- Die gesamtvertretungsbefugten Vorstandsmitglieder A und B ermächtigen A zur Einzelvertretung der Gesellschaft (§ 78 Abs. 4 S. 1 AktG) und A schließt im Namen der Gesellschaft mit dem für einen Dritten handelnden B das Geschäft ab.[101]
- Das Vorstandsmitglied A schließt das Geschäft als Vertreter eines Dritten mit einem für die Gesellschaft handelnden Prokuristen P ab (keine Untervertretung des Vorstandsmitglieds).[102]
- Das Vorstandsmitglied A vertritt mehrere Konzernunternehmen beim Abschluss einer Verrechnungsvereinbarung mit einem Dritten; hier gibt das Vorstandsmitglied keine gegenläufigen, sondern parallele Willenserklärungen gegenüber dem Dritten ab.[103]

46 Um eine **Mehrvertretung** handelt es sich hingegen in folgenden Fällen:

- Das Vorstandsmitglied A schließt im Namen eines Dritten mit der Gesellschaft, die durch ihre übrigen Vorstandsmitglieder B und C vertreten wird, ein Rechtsgeschäft ab, wobei die Gesellschaft nur gemeinschaftlich mit A wirksam vertreten werden kann.[104]

[97] *Liebscher* in BeckHdB AG § 6 Rn. 12; Hölters/*Weber* AktG § 78 Rn. 9; Hüffer/Koch/*Koch* AktG § 78 Rn. 6; BeckOGK/*Fleischer* AktG § 78 Rn. 11; *Suttmann* MittBayNot 2011, 1 (8f.); *Robles y Zepf* BB 2012, 1876 (1877); *Jenne/Miller* ZIP 2019, 1052 (1053).

[98] BGH BB 1960, 754 (754); Hüffer/Koch/*Koch* AktG § 78 Rn. 6; Kölner Komm AktG/*Mertens/Cahn* § 78 Rn. 71; MüKoAktG/*Spindler* § 78 Rn. 121; BeckOGK/*Fleischer* AktG § 78 Rn. 11; MHdB GesR IV/*Hoffmann-Becking* § 23 Rn. 6.

[99] MüKoAktG/*Spindler* § 78 Rn. 122; MHdB GesR IV/*Hoffmann-Becking* § 23 Rn. 7.

[100] OLG Saarbrücken AG 2001, 483; MüKoAktG/*Spindler* § 78 Rn. 124; K. Schmidt/Lutter/*Seibt* AktG § 78 Rn. 8.

[101] Str.; RGZ 103, 417, 418; BGHZ 64, 72, 75; MüKoBGB/*Schubert* § 181 Rn. 30; K. Schmidt/Lutter/*Seibt* AktG § 78 Rn. 8; MüKoAktG/*Spindler* § 78 Rn. 125; MüKoAktG/*Spindler* § 78 Rn. 131; K. Schmidt/Lutter/*Seibt* AktG § 78 Rn. 8; *Suttmann* MittBayNot 2011, 1 (5f.); *Robles y Zepf* BB 2012, 1876 (1877); Palandt/*Ellenberger* BGB § 181 Rn. 12; für diese Ansicht spricht, dass der Ermächtigende keine Einwirkungsmöglichkeiten auf das ermächtigte Vorstandsmitglied hat; aA Hüffer/Koch/*Koch* AktG § 78 Rn. 6; Kölner Komm AktG/*Mertens/Cahn* § 78 Rn. 72 mwN; GroßkommAktG/*Habersack/Foerster* § 78 Rn. 77.

[102] BGHZ 91, 334, 336 für die GmbH; MüKoAktG/*Spindler* § 78 Rn. 131; *Suttmann* MittBayNot 2011, 1 (5); *Robles y Zepf* BB 2012, 1876 (1878); vgl. auch MHdB GesR IV/*Hoffmann-Becking* § 23 Rn. 25; dagegen kann der Prokurist die Gesellschaft wegen § 112 AktG nicht gegenüber dem Vorstandsmitglied vertreten, s. *Suttmann* MittBayNot 2011, 1 (5).

[103] BGH NZG 2017, 1219 Rn. 34 mwN; Palandt/*Ellenberger* BGB § 181 Rn. 7; *Robles y Zepf* BB 2012, 1876 (1879f.).

[104] RGZ 89, 367, 373; MüKoAktG/*Spindler* § 78 Rn. 124.

- Das Vorstandsmitglied A schließt das Geschäft mit einem von ihm Unterbevollmächtigten U ab, der für die Gesellschaft oder den vom Vorstand vertretenen Dritten handelt.[105]
- Die Vorstandsmitglieder A und B sind sowohl im Vorstand der X-AG als auch der Y-AG (sog. Personalunion oder Vorstandsdoppelmandat) und beide schließen das Geschäft zwischen den Gesellschaften ab.[106]
- Die Vorstandsmitglieder A und B sind gesamtvertretungsberechtigte Vertreter der X-AG und der Y-AG und der von beiden Gesellschaften als Vertreter bestellte A schließt das Rechtsgeschäft zwischen den Gesellschaften ab.[107]

Eine **(Mehr-)Vertretung ist zulässig, wenn** dem Vorstandsmitglied die Mehrvertre- 47
tung ausdrücklich **gestattet** ist oder das Rechtsgeschäft ausschließlich in der **Erfüllung einer Verbindlichkeit** besteht. Eine Gestattung der Mehrvertretung, die auch nur für bestimmte Rechtsgeschäfte erteilt werden kann, ist insbesondere in Konzernsituationen zu empfehlen, in denen häufig die gleichen Personen agieren.[108] Nur die **Satzung** selbst oder der hierzu ermächtigte **Aufsichtsrat** kann die Mehrvertretung gestatten, nicht hingegen die Hauptversammlung oder gar ein Alleinaktionär.[109] Der Aufsichtsrat bedarf für eine generelle Gestattung der Mehrvertretung analog § 78 Abs. 3 S. 2 AktG einer Satzungsermächtigung,[110] nicht jedoch für die Gestattung in einem Einzelfall.[111] Die in der Satzung vorgesehene Befreiung von dem Verbot der Mehrvertretung ist zum Handelsregister anzumelden.[112] Die in der Satzung enthaltene Ermächtigung zur abweichenden Vertretungsregelung hingegen ist nicht eintragungsfähig.[113]

Für die **Rechtsfolgen** einer **unzulässigen Mehrvertretung** ist zwischen einseitigen 48
Rechtsgeschäften und mehrseitigen Rechtsgeschäften zu unterscheiden: **Mehrseitige Rechtsgeschäfte** (zB Arbeits- oder Gesellschaftsvertrag, Bevollmächtigung) sind **schwebend unwirksam** (§§ 177 ff. BGB).[114] Sie können durch Genehmigung aller Vertretenen wirksam werden.[115] **Einseitige Rechtsgeschäfte** hingegen sind grundsätzlich **nichtig** (§ 180 S. 1 BGB analog). Einseitige Rechtsgeschäfte, die durch empfangsbedürftige Willenserklärungen vorzunehmen sind (zB Kündigung, Rücktritt oder Stimmabgabe),[116] können ausnahmsweise wirksam werden, wenn und soweit alle Vertretenen, dh sowohl die Gesellschaft als auch der Dritte, diese nachträglich genehmigen (§ 180 S. 2 BGB iVm

---

[105] BGHZ 64, 72, 76; BGH NJW 1991, 691; OLG Hamm NJW 1982, 1105; OLG Frankfurt a. M. OLGZ 74, 347; BayObLG Rpfleger 93, 441; KG NJW-RR 1999, 168; MüKoAktG/*Spindler* § 78 Rn. 131; K. Schmidt/Lutter/*Seibt* AktG § 78 Rn. 8; *Suttmann* MittBayNot 2011, 1 (5); *Robles y Zepf* BB 2012, 1876 (1878); Palandt/*Ellenberger* BGB § 181 Rn. 12; hierfür spricht, dass der Untervertreter seine Vertretungsmacht vom Vorstandsmitglied ableitet und dieses nicht mehr Rechte übertragen kann, als es selbst hat; aA noch RGZ 108, 405, 407.

[106] MüKoAktG/*Spindler* § 78 Rn. 126.

[107] OLG Celle SJZ 1948, 311 (313); MüKoAktG/*Spindler* § 78 Rn. 126.

[108] *Liebscher* in BeckHdB AG § 6 Rn. 12.

[109] HM, MüKoAktG/*Spindler* § 78 Rn. 128; Hüffer/Koch/*Koch* AktG § 78 Rn. 7; Hölters/*Weber* AktG § 78 Rn. 9; GroßkommAktG/*Habersack/Foerster* § 78 Rn. 25; BeckOGK/*Fleischer* AktG § 78 Rn. 12; *Suttmann* MittBayNot 2011, 1 (10); *Robles y Zepf* BB 2012, 1876 (1881); aA *Ekkenga* AG 1985, 40 (42).

[110] HM, MüKoAktG/*Spindler* § 78 Rn. 128; Hüffer/Koch/*Koch* AktG § 78 Rn. 7; K. Schmidt/Lutter/*Seibt* AktG § 78 Rn. 8; Hölters/*Weber* AktG § 78 Rn. 9; MHdB GesR IV/*Hoffmann-Becking* § 23 Rn. 7; *Liebscher* in BeckHdB AG § 6 Rn. 12; aA iE BGHZ 33, 189, 192; BFH WM 1975, 455 (457) für die GmbH; GroßkommAktG/*Habersack/Foerster* § 78 Rn. 25; *Ekkenga* AG 1985, 40 (42).

[111] Hüffer/Koch/*Koch* AktG § 78 Rn. 7; MüKoAktG/*Spindler* § 78 Rn. 128; MHdB GesR IV/*Hoffmann-Becking* § 23 Rn. 7; *Robles y Zepf* BB 2012, 1876 (1881).

[112] Palandt/*Ellenberger* BGB § 181 Rn. 21; Hölters/*Weber* AktG § 78 Rn. 9; MHdB GesR IV/*Hoffmann-Becking* § 23 Rn. 7.

[113] OLG Frankfurt a. M. NJW-RR 1994, 165; OLG Hamm DB 1996, 2272; Palandt/*Ellenberger* BGB § 181 Rn. 21.

[114] BGH NJW 1975, 104 (105); BayObLG NJW-RR 2003, 663; Palandt/*Ellenberger* BGB § 181 Rn. 15; Hölters/*Weber* AktG § 78 Rn. 10.

[115] BGH NJW-RR 1994, 291 (292); OLG Düsseldorf DB 1999, 578; Palandt/*Ellenberger* BGB § 181 Rn. 15; GroßkommAktG/*Habersack/Foerster* § 78 Rn. 25, 52; K. Schmidt/Lutter/*Seibt* AktG § 78 Rn. 8.

[116] OLG Frankfurt a. M. NZG 2003, 438 für Stimmabgabe durch vollmachtlosen Vertreter in der Gesellschafterversammlung bei Ein-Personen-GmbH; Palandt/*Ellenberger* BGB § 180 Rn. 1.

§§ 177 ff. BGB analog).[117] Die Genehmigung für die Gesellschaft muss durch den **Aufsichtsrat** erfolgen.[118] Sie ist entsprechend § 182 Abs. 2 BGB formlos möglich.[119]

## III. Widersprüchliches Verhalten mehrerer zur Vertretung befugter Stellen

49 Wenn mehrere vertretungsberechtigte Teile des Vorstands widersprüchliche Willenserklärungen abgeben, kommt es für deren Wirksamkeit auf den sachlichen und zeitlichen Zusammenhang ihrer Abgabe an: Wenn die sich widersprechenden Erklärungen dem Dritten in unmittelbarem sachlichen und zeitlichen Zusammenhang zugehen, dann sind sie **nichtig,** da der Wille der Gesellschaft nicht eindeutig geäußert bzw. vernommen worden ist.[120] Fehlt ein unmittelbarer sachlicher oder zeitlicher Zusammenhang, ist die **erste Erklärung gültig,** es sei denn, die Gesellschaft konnte diese durch eine spätere entgegengesetzte Erklärung einseitig und rechtzeitig widerrufen.[121]

## IV. Missbrauch der Vertretungsmacht

50 Die Vertretungsmacht des Vorstands ist **grundsätzlich unbeschränkt** (§ 78 Abs. 1 AktG) **und unbeschränkbar** (§ 82 Abs. 1 AktG), dh er kann die Gesellschaft auch dann wirksam vertreten, wenn er dies aufgrund interner Beschränkungen seiner Geschäftsführungsbefugnis (§ 82 Abs. 2 AktG) eigentlich nicht dürfte. Handelt der Vorstand im Außenverhältnis unter Verletzung seiner Geschäftsführungsbefugnis, macht er sich der Gesellschaft gegenüber unter Umständen schadensersatzpflichtig, handelt aber grundsätzlich wirksam. Die unbeschränkte Vertretungsmacht findet allerdings ihre Grenzen in Fällen eines Missbrauchs der Vertretungsmacht. In diesen Fällen können die **internen Beschränkungen der Geschäftsführungsbefugnis** des Vorstands dazu führen, dass sich die **vertretene Gesellschaft an dem Vertreterhandeln** und der externen Vertretungsmacht **des Vorstands nicht festhalten lassen muss.**[122] Schwerwiegendster Fall ist die sog. **Kollusion.** Dabei wirken der Vorstand und der Geschäftsgegner arglistig zum Nachteil der Gesellschaft zusammen. Das abgeschlossene Geschäft ist in diesem Fall gem. § 138 Abs. 1 BGB nichtig,[123] so dass es eigentlich eines Rückgriffs auf die ausnahmsweise Beschränkung der Vertretungsmacht gar nicht bedürfte.[124] Die Grundsätze über den Missbrauch der Vertretungsmacht finden außerdem Anwendung, wenn der Vorstand pflichtwidrig die Grenzen seiner Geschäftsführungsbefugnis überschreitet und

– der Geschäftspartner **positive Kenntnis** von der internen Pflichtwidrigkeit des Vorstandshandelns hat oder

---

[117] BayObLG NJW-RR 2003, 663; LG Leipzig NJW-RR 1999, 1183 (1184); Palandt/*Ellenberger* BGB § 180 Rn. 1, § 181 Rn. 8, 15. Dagegen ist eine nicht empfangsbedürftige Willenserklärung bei nicht gestatteter Mehrvertretung analog § 180 S. 1 BGB nichtig, BayObLG NJW-RR 2003, 663; Palandt/*Ellenberger* BGB § 180 Rn. 1, § 181 Rn. 8, 15.

[118] MükoAktG/*Spindler* § 78 Rn. 132; Hölters/*Weber* AktG § 78 Rn. 10; K. Schmidt/Lutter/*Seibt* AktG § 78 Rn. 8; aA GroßkommAktG/*Habersack/Foerster* § 78 Rn. 25, wonach die Zuständigkeit des Aufsichtsrats insoweit nur besteht, wenn im Vorstand nicht eine ausreichende Anzahl von nicht nach § 181 BGB ausgeschlossenen Mitgliedern vorhanden ist.

[119] MüKoAktG/*Spindler* § 78 Rn. 132; *Robles y Zepf* BB 2012, 1876 (1882).

[120] Kölner Komm AktG/*Mertens/Cahn* § 78 Rn. 67; MüKoAktG/*Spindler* § 78 Rn. 93.

[121] Kölner Komm AktG/*Mertens/Cahn* § 78 Rn. 67; MüKoAktG/*Spindler* § 78 Rn. 93.

[122] MHdB GesR IV/*Hoffmann-Becking* § 23 Rn. 27.

[123] BGH NJW 1989, 26 (27); NZG 2004, 139 (140); Hüffer/Koch/*Koch* AktG § 82 Rn. 6; MüKoAktG/*Spindler* § 82 Rn. 60; K. Schmidt/Lutter/*Seibt* AktG § 82 Rn. 6; BeckOGK/*Fleischer* AktG § 82 Rn. 13 mwN.

[124] GroßkommAktG/*Habersack/Foerster* AktG § 82 Rn. 11.

– der Geschäftspartner die **evidente** interne **Pflichtwidrigkeit** des Vorstandshandelns **grob fahrlässig verkennt,** sich diese ihm also geradezu aufdrängen musste.[125]

Nach richtiger Ansicht ist nicht erforderlich, dass der Gesellschaft auch ein Nachteil 51 entstanden sein muss,[126] weil Schutzgut nicht das Vermögen der Gesellschaft ist, sondern die Kompetenzordnung in der Gesellschaft.[127] Ebenso wenig ist ein subjektives Schädigungsbewusstsein des Vorstands erforderlich.[128]

Einem unter Missbrauch der Vertretungsmacht abgeschlossenen Rechtsgeschäft kann die 52 Gesellschaft die **Einrede der unzulässigen Rechtsausübung** (§ 242 BGB) entgegenhalten.[129] Damit hat die Gesellschaft ein Wahlrecht, ob sie das Geschäft gegen sich gelten lassen möchte.

In gleicher Weise kann der **Grundsatz** der unbeschränkten Vertretungsmacht bei **wirt-** 53 **schaftlicher Identität** der Vertretenen **durchbrochen sein,** etwa wenn der Vorstand das Rechtsgeschäft mit einer 100%igen Tochtergesellschaft der Gesellschaft schließt und es um die Vertretungsmacht bei der Tochtergesellschaft geht, da sich der vom Gesetz in § 82 Abs. 1 AktG gewährte Verkehrsschutz dann erübrigen kann.[130] Gleiches gilt bei Vorstandsdoppelmandaten.[131] Dabei ist jedoch stets zu beachten, dass schutzwürdiges Vertrauen von nicht am eigentlichen Rechtsgeschäft Beteiligten oder des allgemeinen Rechtsverkehrs bestehen kann.[132]

## V. Vertretung bei fehlerhafter Bestellung

Im Falle einer fehlerhaften Bestellung eines Vorstandsmitglieds, etwa mangels wirksamen 54 Aufsichtsratsbeschlusses, kann das Vorstandsmitglied gleichwohl organschaftlich vertretungsberechtigt sein. Voraussetzung einer solchen faktischen Organschaft ist aber, dass das (fehlerhafte) Organverhältnis in Vollzug gesetzt wurde.[133] Dritte sind in ihrem Vertrauen auf die Organstellung geschützt (§ 15 Abs. 1 und 3 HGB).

---

[125] BGH NJW 1966, 1911; DB 1988, 2357; NJW 1990, 384 (385); 1994, 2082; 1995, 250 (251); 1999, 2883; NZG 2019, 505 Rn. 40; Hüffer/Koch/*Koch* AktG § 78 Rn. 9, § 82 AktG Rn. 7; MüKoAktG/*Spindler* § 78 Rn. 99, § 82 Rn. 65; Hölters/*Weber* AktG § 82 Rn. 10; GroßkommAktG/*Habersack/Foerster* § 82 Rn. 13.

[126] BGH NZG 2006, 626 (627); NZG 2019, 505 Rn. 40, GroßkommAktG/*Habersack/Foerster* § 82 Rn. 12; MüKoAktG/*Spindler* § 82 Rn. 63; BeckOGK/*Fleischer* AktG § 82 Rn. 14 mwN; aA Grigoleit/*Grigoleit* AktG § 82 Rn. 10 mwN.

[127] „Selbstbestimmungsrecht" der vertretenen Gesellschaft: BeckOGK/*Fleischer* AktG § 82 Rn. 14 mwN.

[128] MüKoAktG/*Spindler* § 82 Rn. 64; K. Schmidt/Lutter/*Seibt* AktG § 82 Rn. 6; BeckOGK/*Fleischer* AktG § 82 Rn. 14 mwN; aA Grigoleit/*Grigoleit* AktG § 82 Rn. 10 mwN.

[129] MüKoAktG/*Spindler* § 82 Rn. 66; Kölner Komm AktG/*Mertens/Cahn* § 82 Rn. 49; Hölters/*Weber* AktG § 82 Rn. 10, jeweils mwN; BGH NZG 2004, 139 (140) zur GmbH. Zum Teil wird auch die Auffassung vertreten, das Rechtsgeschäft sei lediglich gemäß § 177 BGB (analog) schwebend unwirksam und damit genehmigungsfähig, OLG Zweibrücken NZG 2001, 763; GroßkommAktG/*Habersack/Foerster* § 82 Rn. 14, auch zur Frage, wer für die Erteilung der Genehmigung nach § 177 Abs. 1 BGB zuständig ist; K. Schmidt/Lutter/*Seibt* AktG § 82 Rn. 7; differenzierend BeckOGK/*Fleischer* AktG § 82 Rn. 16; rechtspraktisch hat dieser Streit kaum Auswirkungen.

[130] OLG Hamburg ZIP 1980, 1000 (1004); MHdB GesR IV/*Hoffmann*-Becking § 27; je nach konkreter Fallkonstellation im Einzelnen strittig; zum Streitstand und zu Einzelfällen BeckOGK/*Fleischer* AktG § 82 Rn. 21 ff.

[131] BeckOGK/*Fleischer* AktG § 82 Rn. 23.

[132] BGH NJW 1982, 1703 (1705) – Holzmüller; OLG Celle NZG 2001, 409 (410).

[133] Hüffer/Koch/*Koch* AktG § 84 Rn. 13 mwN; BeckOGK/*Fleischer* AktG § 84 Rn. 22 ff.; ausführlich zum fehlerhaft bestellten Vorstandsmitglied MüKoAktG/*Spindler* § 84 Rn. 241 ff.

## VI. Vertretung der Gesellschaft gegenüber Vorstandsmitgliedern

55 Die Gesellschaft wird gegenüber[134] ihren Vorstandsmitgliedern gerichtlich und außergerichtlich durch den **Aufsichtsrat** vertreten (§ 112 AktG). Dies gilt nicht nur gegenüber amtierenden Vorstandsmitgliedern (zB beim Abschluss von Anstellungs- und Aufhebungsverträgen, aber auch bei Beratungsverträgen),[135] sondern darüber hinaus auch gegenüber ausgeschiedenen Vorstandsmitgliedern[136] und deren Hinterbliebenen[137]. Eine Ausnahme kann allenfalls dann gemacht werden, wenn die Angelegenheit in keinem Zusammenhang mit der ehemaligen Vorstandstätigkeit steht (sog. **neutrale Geschäfte**).[138] Des Weiteren obliegt die Vertretung dem Aufsichtsrat und nicht dem Vorstand bei Geschäften mit künftigen Vorstandsmitgliedern im Vorfeld der Bestellung, jedenfalls wenn ein Bezug zu dieser besteht,[139] sowie im Rahmen einer Kündigungsschutzklage des Vorstandsmitglieds aus ruhendem Arbeitsverhältnis.[140] Schließlich ist § 112 AktG analog auch **in Fällen wirtschaftlicher Identität** anwendbar, wenn die Gesellschaft ein Rechtsgeschäft mit einer anderen Gesellschaft abschließt, deren Alleingesellschafter ein Vorstandsmitglied ist.[141]

56 Dagegen ist eine analoge Anwendung des § 112 AktG abzulehnen, wenn das Vorstandsmitglied lediglich maßgeblich an der anderen Gesellschaft beteiligt ist bzw. auf diese einen **beherrschenden Einfluss** hat.[142] Auch im Übrigen fällt dem **Aufsichtsrat** die **Vertretungskompetenz** nur dann zu, wenn eine **abstrakte Verletzung** der Interessen der Gesellschaft **droht.**[143] Deshalb bleibt es bei der Vertretung durch den Vorstand etwa bei Feststellungsklagen von Aktionären, die nicht gleichzeitig Vorstandsmitglied sind, auch wenn Klagegegenstand die Vorstandsbesetzung ist,[144] sowie beim Abschluss einer D&O-Versiche-

---

[134] Keine Vertretung gegenüber einem Vorstandsmitglied liegt dagegen vor, wenn im Rahmen eines mehrseitigen Vertrags Gesellschaft und Vorstandsmitglied keine gegenläufigen, sondern parallele Willenserklärungen abgeben, BGH NZG 2017, 1219 Rn. 34 mwN; allg. Palandt/*Ellenberger* BGB § 181 Rn. 7.

[135] Zu Beratungsverträgen im Besonderen *Fuhrmann* NZG 2017, 291 (292 ff.); weitere Beispiele bei MüKoAktG/*Habersack* § 112 Rn. 10 ff.

[136] HM, BGH NZG 2013, 297; 2009, 466 (467); NJW 1997, 2324, jeweils mwN; BAG AG 2002, 458 (459); Hüffer/Koch/*Koch* AktG § 112 Rn. 2; *Johannes Semler* FS Rowedder, 1994, 441 (448); MüKoAktG/*Habersack* § 112 Rn. 12; MüKoAktG/*Spindler* § 78 Rn. 6; *Fischbach* BB 2017, 1283 (1286); aA noch BGHZ 13, 188; BGHZ 41, 223, 227; *Behr/Kindl* DStR 1999, 119 (122 f., 125).

[137] BGH NZG 2007, 31; LG München I AG 1996, 38; BeckOGK/*Spindler* AktG § 112 Rn. 23; Hüffer/Koch/*Koch* AktG § 112 Rn. 3; MüKoAktG/*Habersack* § 112 Rn. 16; MüKoAktG/*Spindler* § 78 Rn. 6; aA OLG München AG 1996, 327 (328 f.).

[138] MüKoAktG/*Habersack* § 112 Rn. 15, 18; Hüffer/Koch/*Koch* AktG § 112 Rn. 2, 5; *Fischer* ZNotP 2002, 297 (301); *Werner* ZGR 1989, 369 (382); *Fuhrmann* NZG 2017, 291 (293); *Fischbach* BB 2017, 1283 (1286).

[139] BGH NJW 1958, 429 (420); NZG 2019, 420 Rn. 31 ff.; MüKoAktG/*Habersack* § 112 Rn. 11; Hüffer/Koch/*Koch* AktG § 112 Rn. 2; *Seibt/Scholz* AG 2016, 557 (563); *Fischbach* BB 2017, 1283 (1284).

[140] BAG BB 2002, 692; LAG Köln NZA 2000, 833 (834); BeckOGK/*Spindler* AktG § 112 Rn. 18.

[141] BGH NZG 2019, 420 Rn. 11 ff.; OLG Brandenburg AG 2015, 428 (429); MüKoAktG/*Habersack* § 112 Rn. 9; Hüffer/Koch/*Koch* AktG § 112 Rn. 4; *Bayer/Scholz* ZIP 2015, 1853 (1854); *Fleischer* DB 2015, 1764 (1765); *Jenne/Miller* ZIP 2019, 1052 (1055); *Häger/Schlosser* WM 2020, 7 (10 f.) mwN auch zur Gegenauffassung; zurückhaltend OLG München NZG 2012, 706 (707); aA GroßkommAktG/*Hopt/Roth* § 93 Rn. 67; *Suttmann* MittBayNot 2011, 1 (9);. Dabei kommt es nicht darauf an, ob das Vorstandsmitglied zugleich auch Organ der anderen Gesellschaft ist, K. Schmidt/Lutter/*Drygala* AktG § 112 Rn. 14; *Jenne/Miller* ZIP 2019, 1052 (1055) mwN.

[142] HM, OLG München NZG 2012, 706 (707); wohl auch OLG Saarbrücken AG 2001, 483; Hüffer/Koch/*Koch* AktG § 112 Rn. 4; *Bayer/Scholz* ZIP 2015, 1853 (1857 f.); *Jenne*/Miller ZIP 2019, 1052 (1056 ff.) mit ausführl. Darstellung des Meinungsstands; aA bei Bestehen eines Beherrschungs- und/oder Gewinnabführungsvertrags bzw. bei maßgeblichem, beherrschendem Einfluss (im Detail str.) MüKoAktG/*Habersack* § 112 Rn. 9; *Häger/Schlosser* WM 2020, 7 (11 ff.); BeckOGK/*Spindler* AktG § 112 Rn. 10; Hölters/*Hambloch-Gesinn/Gesinn* AktG § 112 Rn. 7; *Stenzel* GmbHR 2011, 1129 (1132); der BGH konnte diese Frage bislang offenlassen, so ausdrückl. BGH NZG 2019, 420 Rn. 27.

[143] BGH NZG 2005, 276; *Jenne/Miller* ZIP 2019, 1052 (1053); *Häger/Schlosser* WM 2020,7 (8), jeweils mwN.

[144] BGH NJW 1997, 318 (318 f.); BeckOGK/*Spindler* AktG § 112 Rn. 15.

rung.[145] Auch ist § 112 AktG nicht auf Geschäfte mit nahestehenden Personen im Sinne der §§ 111a ff. AktG (sog. **Related Party Transactions**) anwendbar.[146] Hier besteht nur ein Zustimmungsvorbehalt des Aufsichtsrats, der im Innenverhältnis gilt, die Vertretungsmacht des Vorstands im Außenverhältnis jedoch – vorbehaltlich eines Missbrauchs der Vertretungsmacht – grundsätzlich unberührt lässt.[147] Handelt der Vorstand in solchen Fällen jedoch ohne Zustimmung des Aufsichtsrats, kommt eine Haftung nach § 93 Abs. 2 AktG wegen Sorgfaltspflichtverletzung in Betracht.[148]

Die zwingende Kompetenzzuweisung an den Aufsichtsrat ist eine **objektive Grenze der Vertretungsmacht** des Vorstands. Diese Grenze ist im praktischen Wirtschaftsleben – vor allen Dingen hinsichtlich ihrer Anwendbarkeit auch auf Geschäfte des täglichen Lebens (zB Softwaredienstleistungen und wirtschaftliche, steuerrechtliche oder rechtliche Beratung)[149] **weithin unbekannt.**[150] Das ist bedenklich, denn Rechtsgeschäfte, die der Vorstand unter Verstoß gegen § 112 AktG anstelle des Aufsichtsrats vornimmt, sind nach der hier vertretenen Auffassung nicht nur schwebend unwirksam, sondern nichtig (→ Rn. 33). In Zweifelsfällen sollte von einer Vertretungszuständigkeit des Aufsichtsrats ausgegangen werden.[151] Zum Teil wird auch empfohlen, in Grenzfällen Verträge von Vorstand und Aufsichtsrat unterschreiben zu lassen.[152] 57

Der **Aufsichtsrat** übt seine Aktivvertretungsmacht gegenüber dem Vorstand aufgrund eines **Beschlusses des Gesamtaufsichtsrats oder** eines **Ausschusses** aus, nicht aber durch einzelne Aufsichtsratsmitglieder.[153] Ein einzelnes Mitglied eines Aufsichtsrats kann aber zur Vertretung gegenüber dem Vorstandsmitglied ermächtigt werden, sofern der Aufsichtsrat zuvor über den Inhalt des Geschäfts und die Ermächtigung Beschluss gefasst hat.[154] Zur Passivvertretung ist jedes Aufsichtsratsmitglied befugt, dh der Vorstand kann sich auch gegenüber einem einzelnen Aufsichtsratsmitglied erklären (§ 112 S. 2 AktG). 58

## VII. Vertretung der Gesellschaft vor Gericht

Die Gesellschaft wird in Prozessen vor Gericht grundsätzlich vom Vorstand vertreten (§ 78 AktG, § 51 ZPO). Die in der Praxis häufigsten Fälle sind die Vertretung bei der Anmeldung zum Handelsregister und die Vertretung in Zivilprozessen.[155] Ausnahmen bilden: 59
- Rechtsstreitigkeiten der Gesellschaft mit Vorstandsmitgliedern;
- Klagen auf Anfechtung eines Hauptversammlungsbeschlusses;
- Klagen gegen die Feststellung des Jahresabschlusses;
- Klagen auf Nichtigerklärung der Gesellschaft;
- Klagen zur Geltendmachung von Ersatzansprüchen aus Gründung, Geschäftsführung oder Verschmelzung.

Bei **Rechtsstreitigkeiten mit** amtierenden oder ausgeschiedenen **Vorstandsmitgliedern** obliegt die Vertretung der Gesellschaft grundsätzlich dem Aufsichtsrat (§ 112 AktG, dazu → Rn. 55). Gleiches gilt bei vollzogenem Formwechsel der Gesellschaft, etwa bei 60

---

[145] Kölner Komm AktG/*Mertens/Cahn* § 112 Rn. 7, § 93 Rn. 246; *Kästner* AG 2000, 113 (121); MüKoAktG/*Habersack* § 112 Rn. 8, 18; aA Hüffer/Koch/*Koch* AktG § 84 Rn. 22.
[146] *Häger/Schlosser* WM 2020, 7 (13); *Jenne/Miller* ZIP 2019, 1052 (1058).
[147] MüKoAktG/*Habersack* (Nachtrag zum ARUG II) § 111b Rn. 23; K. Schmidt/Lutter/*J. Vetter* AktG § 111b Rn. 103; *J. Schmidt* NZG 2018, 1201 (1212); ebenso im Ansatz, jedoch krit. *Heidel/Illner in* Hirte/Heidel Neues AktR AktG § 111b Rn. 90ff.
[148] MüKoAktG/*Habersack* (Nachtrag zum ARUG II) § 111b Rn. 23; *J. Schmidt* NZG 2018, 1201 (1213).
[149] Weitere Beispiele bei MüKoAktG/*Johannes Semler*, 2. Aufl. 2001, § 112 Rn. 11.
[150] MüKoAktG/*Johannes Semler*, 2. Aufl. 2001, § 112 Rn. 7.
[151] Hüffer/Koch/*Koch* AktG § 78 Rn. 2; vgl. auch MüKoAktG/*Habersack* § 112 Rn. 1 aE.
[152] *Paschos* DB 2019, 899; *Fuhrmann* NZG 2017, 291 (293); *Jenne/Miller* ZIP 2019, 1052 (1058).
[153] BGH NZG 2013, 297 (298) mwN; BGHZ 41, 282, 285; OLG Stuttgart BB 1992, 1669; OLG Karlsruhe WM 1996, 161 (164); MHdB GesR IV/*Hoffmann-Becking* § 23 Rn. 11; *Fuhrmann* NZG 2017, 291 (292).
[154] Kölner Komm AktG/*Mertens/Cahn* § 112 Rn. 37ff. mwN; *Grau* in SSW AR-HdB § 11 Rn. 79f.
[155] Vgl. MHdB GesR IV/*Hoffmann-Becking* § 23 Rn. 4.

der gerichtlichen Vertretung gegenüber dem ehemaligen Geschäftsführer einer in eine AG umgewandelten GmbH.[156] Nicht zuständig hingegen ist der Aufsichtsrat, wenn eine durch einen Prozessbevollmächtigten vertretene GmbH während des Rechtsstreits mit einem Geschäftsführer auf eine AG verschmolzen wird.[157] In diesem Sonderfall tritt die AG ohne Unterbrechung des Verfahrens in den Prozess ein (§ 246 Abs. 1 ZPO analog).[158] Einen weiteren Ausnahmefall bildet die Gesellschaft in der Abwicklung, die gegen einen früheren Vorstand durch den vom Gericht bestellten Abwickler vertreten wird (§ 264 Abs. 2 AktG).[159]

61 Bei **Anfechtungsklagen** gegen einen Hauptversammlungsbeschluss ist danach zu differenzieren, wer die Klage erhebt: **Gegenüber dem Aktionär** vertreten **Vorstand und Aufsichtsrat** (§ 246 Abs. 2 S. 2 AktG, § 249 Abs. 1 AktG, § 250 Abs. 3 AktG, §§ 253, 254 Abs. 2 AktG, § 255 Abs. 3 AktG), gegenüber dem Vorstand vertritt der Aufsichtsrat und gegenüber dem Aufsichtsrat der Vorstand (§ 246 Abs. 2 S. 3 AktG). Demgegenüber bleibt es bei Klagen von Aufsichtsratsmitgliedern auf Feststellung der Nichtigkeit eines Aufsichtsratsbeschlusses bei der Vertretung durch den Vorstand.[160]

62 Bei Klagen von Aktionären auf Nichtigerklärung der Gesellschaft (§ 246 Abs. 2 S. 2 AktG, § 275 Abs. 4 AktG) oder gegen die Feststellung des Jahresabschlusses (§ 246 Abs. 2 S. 2 AktG, § 256 Abs. 7 AktG, § 257 Abs. 2 AktG) wird die Gesellschaft von Aufsichtsrat und Vorstand gemeinsam vertreten (Doppelvertretung, → Rn. 4).

63 Zur gerichtlichen Geltendmachung von Ersatzansprüchen aus der Gründung, der Geschäftsführung oder der Verschmelzung kann die Hauptversammlung einen besonderen Vertreter bestellen (§ 147 Abs. 2 AktG; § 26 Abs. 1 S. 1 UmwG).

64 In dem praktisch, zumindest beim mehrgliedrigen Vorstand, wohl eher seltenen Fall, dass alle Vorstandsmitglieder wegfallen und keine Vorstandmitglieder mehr zur Vertretung der Gesellschaft vorhanden sind, kann ein besonderer Vertreter bestellt werden (§ 57 ZPO). Der Wegfall eines Vorstandsmitglieds führt nur zur Unterbrechung des Rechtsstreits gem. § 241 ZPO, wenn Gesamtvertretung besteht und die verbleibenden Vorstandsmitglieder nicht mehr zur Vertretung befugt sind.[161]

## VIII. Vertretung der Vor-AG

65 Für die Vertretung der Gesellschaft **vor** ihrer **Eintragung** in das Handelsregister (sog. Vor-AG) ist der **Vorstand** zuständig.[162] Der Vorstand hat bei einer Sachgründung eine umfassende Vertretungsmacht zur Fortführung des eingebrachten Unternehmens,[163] bei Bargründung ist seine Vertretungsmacht hingegen umstritten. Insbesondere wenn man davon ausgeht, dass es sich bei der Vor-AG und der späteren AG um identische Rechtsträger handelt,[164] sprechen gute Gründe auch hier für eine umfassende Vertretungsmacht.[165] Jedoch ist in der Praxis wegen der Unterbilanzhaftung und Verlustdeckungspflicht der Gründungsgesellschafter – zumindest bei einer Bargründung – vorsichtshalber von einer der Geschäftsführungsbefugnis entsprechenden **Beschränkung der Vertretungsmacht**

156 BGH DStR 1997, 1174; 2004, 366 (367).
157 BGH DStR 2004, 366.
158 BGH DStR 2004, 366; BGHZ 121, 263 (265); BFH NJW-RR 2001, 243 f.; BAG MDR 2000, 781.
159 OLG Köln NZG 2002, 1062; OLG Brandenburg OLG-NL 2002, 103.
160 BGHZ 122, 342 (345); LG Frankfurt a. M. ZIP 1996, 1661 (1662); Hüffer/Koch/*Koch* AktG § 78 Rn. 4.
161 Vgl. MüKoAktG/*Spindler* § 78 Rn. 32; näher → Rn. 16 ff.
162 BGHZ 80, 129, 139; Hüffer/Koch/*Koch* AktG § 41 Rn. 11.
163 AllgM, vgl. nur BeckOGK/*Heidinger* AktG § 41 Rn. 61 mwN.
164 MüKoAktG/*Pentz* § 41 Rn. 107.
165 Str., Kölner Komm AktG/*Arnold* § 41 Rn. 29 ff.; MüKoAktG/*Pentz* § 41 Rn. 34; MüKoAktG/*Spindler* § 82 Rn. 3; K. Schmidt/Lutter/*Seibt* AktG § 82 Rn. 2; *Karsten Schmidt* FS Kraft, 1998, 573 (582); *Beuthien* NJW 1997, 565 (567): allerdings nur, wenn die AG in vollkaufmännischem Umfang ein Grundhandelsgewerbe betreibt (§ 1 Abs. 2 HGB).

des Vorstands auf solche Maßnahmen auszugehen, die zur Gründung der Gesellschaft notwendig, von der Satzung gestattet oder durch Ermächtigung der Gründer gedeckt sind.[166]

## IX. Vertretung der Gesellschaft nach Auflösung

Die **Vorstandsmitglieder als Abwickler** vertreten die Gesellschaft nach ihrer Auflösung 66
grundsätzlich weiterhin gerichtlich und außergerichtlich (§ 265 Abs. 1 AktG, § 269 AktG). Ausnahmsweise können andere natürliche und auch juristische Personen durch Satzungsbestimmung, Hauptversammlungsbeschluss oder durch von Aufsichtsrat oder Minderheitsaktionären zu beantragenden Gerichtsbeschluss bestellt werden (§ 265 Abs. 2 und 3 AktG). Die ersten Abwickler und ihre Vertretungsbefugnis sind vom Vorstand, eine Änderung ihrer Vertretungsbefugnis und alle weiteren Abwickler sind von den Abwicklern beim Handelsregister anzumelden (§ 266 Abs. 1 AktG).

[166] So die wohl hM, BGHZ 80, 129, 139; Hüffer/Koch/*Koch* AktG § 41 Rn. 6, 11; GroßkommAktG/*Habersack/Foerster* § 82 Rn. 3; *Hommelhoff/Freytag* DStR 1996, 1376 (1368); *Wiedenmann* ZIP 1997, 2029 (2032); *Heidinger* ZNotP 2000, 182, 183 und 188.

# § 7 Organpflichten

## Übersicht

**Schrifttum:** *Arnold,* Verantwortung und Zusammenwirken des Vorstands und Aufsichtsrats bei Compliance Untersuchungen, ZGR 2014, 76; *Arnold,* Zur Pflicht des Vorstands zur Überwachung des Aufsichtsrats, FS Krieger, 2020, 41; *Arnold/Aubel,* Einlagenrückgewähr, Prospekthaftung und Konzernrecht bei öffentlichen Angeboten von Aktien, ZGR 2012, 113; *Arnold/Gärtner,* Konzerninterne Unternehmensveräußerungen im Spannungsfeld von § 311 Abs. 2 AktG und Beschlussmängelrecht, FS Stilz, 2014, 7; *Bachmann,* Der „Deutsche Corporate Governance Kodex": Rechtswirkungen und Haftungsrisiken, WM 2002, 2137; *Bachmann,* Zehn Thesen zur deutschen Business Judgment Rule, WM 2015, 105; *Balthasar/Hamelmann,* Finanzkrise und Vorstandshaftung nach § 93 Abs. 2 AktG: Grenzen der Justiziabilität unternehmerische Entscheidungen, WM 2010, 589; *Bayer,* Legalitätspflicht der Unternehmensleitung, nützliche Gesetzesverstöße und Regress bei verhängten Sanktionen, FS K. Schmidt, 2009, 85; *Bea/Dressler,* Business Judgement Rule versus Gläubigerschutz? – Praktische Erwägungen zur Organhaftung im Kontext des StaRUG, NZI 2021, 67; *Berg/Stöcker,* Anwendungs- und Haftungsfragen zum Deutschen Corporate Governance Kodex, WM 2002, 1569; *Bicker,* Legalitätspflicht des Vorstands – ohne Wenn und Aber?, AG 2014, 8; *Bicker,* Compliance – organisatorische Umsetzung im Konzern, AG 2012, 542; *Blasche,* Die Anwendung der Business Judgement Rule bei Kollegialentscheidungen und Vorliegen eines Interessenkonflikts bei einem der Vorstandsmitglieder, AG 2010, 692; *Böttcher,* Organpflichten beim Unternehmenskauf, NZG 2007, 481; *Brock,* Legalitätsprinzip und Nützlichkeitserwägungen, 2017; *Buck-Heeb,* Die Haftung von Mitgliedern des Leitungsorgans bei unklarer Rechtslage – Notwendigkeit einer Legal Judgment Rule?, BB 2013, 2247; *Bunz,* Die Business Judgment Rule bei Interessenkonflikten im Kollegialorgan, NZG 2011, 1294; *Cahn/Müchler,* Produktinterventionen nach MiFID II Eingriffsvoraussetzungen und Auswirkungen auf die Pflichten des Vorstands von Wertpapierdienstleistungsunternehmen, BKR 2013, 45; *Cichy/Cziupka,* Compliance-Verantwortung der Geschäftsleiter bei Unternehmenstätigkeit mit Auslandsbezug, BB 2014, 1482; *Claussen/Bröcker,* Corporate-Governance-Grundsätze in Deutschland – nützliche Orientierungshilfe oder regulatorisches Übermaß?, AG 2000, 481; *Drescher,* Die Rechtsprechung des Bundesgerichtshofs zur Aktiengesellschaft, WM Sonderbeilage 2/2013, 2; *Dzida/Grantetzny,* Die neue EU-Whistleblowing-Richtlinie und ihre Auswirkungen auf Unternehmen, NZA 2020, 1201; *v. Falkhausen,* Die Haftung außerhalb der Business Judgment Rule, NZG 2012, 644; *Fischer/Schuck,* Die Einrichtung von Corporate Governance-Systemen nach dem FISG, NZG 2021, 554; *Fleischer* (Hrsg.), Handbuch des Vorstandsrechts, 1. Aufl. 2006; *Fleischer,* Vorstandsverantwortlichkeit und Fehlverhalten von Unternehmensangehörigen – Von der Einzelüberwachung zur Errichtung einer Compliance-Organisation, AG 2003, 291; *Fleischer,* Zur Leitungsaufgabe des Vorstands im Aktienrecht, ZIP 2003, 1; *Fleischer,* Zum Grundsatz der Gesamtverantwortung im Aktienrecht, NZG 2003, 449; *Fleischer,* Aktienrechtliche Legalitätspflicht und „nützliche" Pflichtverletzungen von Vorstandsmitgliedern, ZIP 2005, 141; *Fleischer,* Kartellrechtsverstöße und Vorstandsrecht, BB 2008, 1070; *Fleischer,* Aktuelle Entwicklungen der Managerhaftung, NJW 2009, 2337; *Fleischer,* Vertrauen von Geschäftsleitern und Aufsichtsratsmitgliedern auf Informationen Dritter, ZIP 2009, 1397; *Fleischer,* Vorstandshaftung wegen pflichtwidrig unterlassener Einholung eines Zustimmungsbeschlusses des Aufsichtsrats – Zugleich Besprechung des BGH-Urteils vom 10.7.2018 – II ZR 24/17, DB 2018 S. 2423, Schloss Eller, DB 2018, 2619; *Gärtner,* BB-Rechtsprechungsreport zur Organhaftung 2010/2011, BB 2012, 1745; *Gärtner,* Verdeckte Gewinnausschüttung im Aktienrecht: Bewertungszeitpunkt – Beweislast – Bewertungseinheit; FS Krieger, 2020, 253; *Goette/Arnold,* Handbuch Aufsichtsrat, 2021; *Habersack,* Managerhaftung, Karlsruher Forum 2009, 2010, 5; *Habersack,* Die Legalitätspflicht des Vorstandes der AG, FS U.H. Schneider, 2011, 429; *Haertlin,* Vorstandshaftung wegen (Nicht-)Ausführung eines Gewinnverwendungsbeschlusses mit Dividendenausschüttung, ZHR 168 (2004), 437; *Harnos,* Gerichtliche Kontrolldichte im Gesellschaftsrecht, 2021; *Hasselbach/Nawroth/Rödding* (Hrsg.), Beck'sches Holding Handbuch, 1. Aufl. 2011; *Hasselbach/Ebbinghaus,* Anwendung der Business Judgement Rule bei unklarer Rechtslage, AG 2014, 873; *Hefermehl,* Zur Haftung der Vorstandsmitglieder bei Ausführung von Hauptversammlungsbeschlüssen, FS Schilling, 1973, 159; *v. Hein,* Vom Vorstandsvorsitzenden zum CEO?, ZHR 166 (2002), 464; *Herrmann/Olufs/Barth,* Haftung des Vorstands und des Aufsichtsrats in der Staatsschuldenkrise, BB 2012, 1935; *Hoffmann-Becking,* Vorstands-Doppelmandate im Konzern, ZHR 150 (1986), 570; *Hoffmann/Schieffer,* Pflichten des Vorstands bei der Ausgestaltung einer ordnungsgemäßen Compliance-Organisation, NZG 2017, 401; *Holle,* Rechtsbindung und Business Judgment Rule, AG 2011, 778; *Holle,* Die Binnenhaftung des Vorstands bei unklarer Rechtslage, AG 2016, 270; *Hopt/Kumpan,* Governance in börsennotierten und anderen bedeutenden Aktiengesellschaften – Vorstand und Aufsichtsrat auf dem Prüfstand nach dem Finanzmarktintegritätsstärkungsgesetz (FISG), AG 2021, 123; *Hüffer,* Die Leitungsverantwortung des Vorstands in der Managementholding, FS Happ, 2006, 93; *Hüffer,* Compliance im Innen- und Außenrecht der Unternehmen, FS Roth, 2011, 299; *Ihrig/Wagner,* Die Reform geht weiter: Das Transparenz- und Publizitätsgesetz kommt, BB 2002, 789; *Kiethe,* Falsche Erklärung nach § 161 AktG – Haftungsverschärfung für Vorstand und Aufsichtsrat?, NZG 2003, 559; *Kindler,* Vorstands- und Geschäftsführungshaftung mit Augenmaß – Über einige neuere Grundsatzentscheidungen des II. Zivilsenats des BGH zu §§ 93 AktG und 43 GmbHG, FS Goette, 2011, 231; *Knierim/Rübenstahl/Tsambikakis (Hrsg.),* Internal Investigations, 1. Aufl. 2013; *Koch,* Die Anwendung der Business Judgment Rule bei Interessenkonflikten innerhalb des Vorstands, FS Säcker, 2011, 403; *Koch,* Das Gesetz zur Unternehmensintegrität und Modernisierung des Anfechtungsrechts (UMAG),

ZGR 2006, 769; *Koch,* Begriff und Rechtsfolgen von Interessenkonflikten und Unabhängigkeit im Aktienrecht; ZGR 2014, 697; *Koch,* Die Legal Judgment Rule: ein Fall für die Wolfsschlucht, FS Bergmann, 2018, 413; *Kocher,* Zur Reichweite der Business Judgment Rule, CCZ 2009, 215; *König,* Haftung für Cyberschäden – Auswirkungen des neuen Europäischen Datenschutzrechts auf die Haftung von Aktiengesellschaften und ihrer Vorstände, AG 2017, 262; *Korch/Chatard,* Datenschutz als Vorstandsverantwortung, AG 2019, 551; *Kort,* Compliance – Pflichten von Vorstandsmitgliedern und Aufsichtsratsmitgliedern, FS Hopt, 2010, 983; *Krieger/U.H. Schneider* (Hrsg.), Handbuch Managerhaftung, 3. Aufl. 2017; *Kumpan,* Die neuen Regelungen zu Directors' Dealings in der Marktmissbrauchsverordnung, AG 2016, 446; *Kuntz,* Sicherheiten für Gesellschaftsverbindlichkeiten und die Kapitalerhaltung in GmbH und AG, ZGR 2017, 917; *Lohse,* Schmiergelder als Schaden? Zur Vorteilsausgleichung im Gesellschaftsrecht, FS Hüffer, 2010, 581; *Langenbucher,* Vorstandshaftung und Legalitätspflicht in regulierten Branchen, ZBB 2013, 16; *Loritz/Wagner,* Haftung von Vorständen und Aufsichtsräten, DStR 2012, 2189; *Lutter/Krieger/Verse,* Rechte und Pflichten des Aufsichtsrats, 6. Aufl. 2014; *Lutter,* Information und Vertraulichkeit im Aufsichtsrat, 3. Aufl. 2006; *Lutter,* Due diligence des Erwerbs beim Kauf einer Beteiligung, ZIP 1997, 613; *Lutter,* Vergleichende Corporate Governance – Die deutsche Sicht, ZGR 2001, 224; *Lutter,* Die Erklärung zum Corporate Governance Kodex gemäß § 161 AktG, ZHR 166 (2002), 523; *Lutter,* Interessenkonflikte und Business Judgment Rule, FS Canaris, 2007, 245; *Lutter,* Business Judgment Rule und ihre praktische Anwendung, ZIP 2007, 841; *Lücke/Schaub* (Hrsg.), Vorstand der AG, 2. Aufl. 2010; *Moll (Hrsg.),* Münchner Anwaltshandbuch Arbeitsrecht, 5. Aufl. 2021; *Nauheim/Goette,* Managerhaftung im Zusammenhang mit Unternehmenskäufen, DStR 2013, 2520; *Nodoushani,* Das Doppelmandat-Urteil des BGH aus der konzernrechtlichen Perspektive, GWR 2009, 309; *Peltzer,* Wider den „greed" – Betrachtungen zu §§ 86 und 87 AktG, FS Lutter, 2000, 571; *Peters,* Angemessene Informationsbasis als Voraussetzung pflichtgemäßen Vorstandshandelns, AG 2010, 811; *Redeke,* Zur gesellschaftsrechtlichen Gremienberatung durch die Rechtsabteilung, AG 2017, 289; *Reichert/Ott,* Non Compliance in der AG – Vorstandspflichten im Zusammenhang mit der Vermeidung, Aufklärung und Sanktionierung von Rechtsverstößen, ZIP 2009, 2173; *Reichert/Ott,* Die Zuständigkeit von Vorstand und Aufsichtsrat zur Aufklärung von Non Compliance in der AG, NZG 2014, 241; *Schiessl,* Gesellschafts- und mitbestimmungsrechtliche Probleme der Spartenorganisation (Divisionalisierung); ZGR 1992, 64; *Schneider,* Die Wahrnehmung öffentlich-rechtlicher Pflichten durch den Geschäftsführer, FS 100 Jahre GmbH-Gesetz, 1992, 473; *S.H. Schneider,* „Unternehmerische Entscheidungen" als Anwendungsvoraussetzung für die Business Judgment Rule, DB 2005, 707; *U.H. Schneider,* Die Haftung von Mitgliedern des Vorstands und der Geschäftsführer bei Vertragsverletzungen der Gesellschaft, FS Hüffer, 2010, 965; *Schockenhoff,* Geheimhaltung von Compliance-Verstößen, NZG 2015, 409; *Schülke,* Überwindung der Krise: Die Restrukturierung mit dem neuen StaRUG – ein Überblick, DStR 2021, 621; *Schwintowski,* Das Frühwarnsystem nach § 1 StaRUG, NZG 2021, 901; *Seibert,* Im Blickpunkt: Der Deutsche Corporate Governance Kodex ist da, BB 2002, 581; *Seibt,* Deutscher Corporate Governance Kodex und Entsprechens-Erklärung (§ 161 AktG-E), AG 2002, 249; *Selter,* Haftungsrisiken von Vorstandsmitgliedern bei fehlendem und von Aufsichtsratsmitgliedern bei vorhandenem Fachwissen, AG 2012, 11; *Spindler,* Die Haftung von Vorstand und Aufsichtsrat für fehlende Auslegung von Rechtsbegriffen, FS Canaris, Bd. II, 2007, 403; *Spindler,* Haftung der Geschäftsführung für IT-Sachverhalte, CR 2017, 715; *Spindler,* Gesellschaftsrecht und Digitalisierung, ZGR 2018, 17; *Steffek,* Die Innenhaftung von Vorständen und Geschäftsführern – Ökonomische Zusammenhänge und rechtliche Grundlagen, JuS 2010, 295; *Turiaux/Knigge,* Vorstandshaftung ohne Grenzen? – Rechtssichere Vorstands- und Unternehmensorganisation als Instrument der Risikominimierung, DB 2004, 2199; *Ulmer,* Der deutsche Corporate Governance Kodex – ein neues Regulierungsinstrument für börsennotierte Aktiengesellschaften, ZHR 166 (2002), 150; *Ulmer,* Aktienrecht im Wandel, ACP 202 (2002), 150; *Verse,* Organhaftung bei unklarer Rechtslage – Raum für eine Legal Judgment Rule?; ZGR 2017, 174; *Vetter,* Geschäftsleiterpflichten zwischen Legalität und Legitimität – Muss sich Ethik lohnen?, ZGR 2018, 338; *Wagner,* Die Rolle der Rechtsabteilung bei fehlenden Rechtskenntnissen der Mitglieder von Vorstand und Geschäftsführung; BB 2012, 651; *Wellhöfer/Peltzer/Müller,* Haftung von Vorstand, Aufsichtsrat, Wirtschaftsprüfer, 1. Aufl. 2008; *v. Werder/Bartz,* Die aktuellen Änderungen des Deutschen Corporate Governance Kodex, DB 2019, 1721; *v. Werder/Bartz,* Corporate Governance Report 2013: Abweichungskultur und Unabhängigkeit im Lichte der Akzeptanz und Anwendung des aktuellen DCGK, DB 2013, 885; *Werner,* Die zivilrechtliche Haftung des Vorstands einer AG für gegen die Gesellschaft verhängte Geldbußen gegenüber der Gesellschaft, CCZ 2010, 143; *Wicke,* Der CEO im Spannungsverhältnis zum Kollegialprinzip – Gestaltungsüberlegungen zur Leitungsstruktur der AG, NJW 2007, 3755, *Winter,* Die Verantwortlichkeit des Aufsichtsrats für „Corporate Compliance", FS Hüffer 2010, 1103.

## A. Allgemeines

Die zentrale Norm, aus der sich die Organpflichten der Vorstandsmitglieder – und dazu korrespondierend ihre Haftung – ergeben, ist § 93 AktG. § 93 Abs. 1 AktG regelt in den S. 1 und 2 die allgemeine Sorgfaltspflicht der Vorstandsmitglieder (→ Rn. 2 ff.) und in S. 3 deren Verschwiegenheitspflicht (→ Rn. 74 ff.). Die Verschwiegenheitspflicht ist eine Ausprägung der Treuepflicht der Vorstandsmitglieder, die sich aus der Organstellung des Vor- 1 stands ergibt (→ Rn. 62). § 93 Abs. 3 AktG enthält einen Pflichtenkatalog im Zusammenhang mit der Kapitalerhaltung (→ § 11 Rn. 51 ff.). Neben § 93 AktG gibt es sowohl im Aktiengesetz als auch in zahlreichen anderen Gesetzen weitere Vorschriften, die einzelne Pflichten des Vorstands festlegen. Diese Vorschriften begründen häufig auch Publizitätspflichten (→ Rn. 107 ff.). Pflichten der Vorstandsmitglieder können sich darüber hinaus aus ihrem Anstellungsvertrag und der Satzung ergeben.

## B. Sorgfaltspflicht

### I. Überblick über die Sorgfaltspflicht des Vorstands

2 Der Vorstand leitet die Gesellschaft nach § 76 Abs. 1 AktG **unter eigener Verantwortung.** Das bedeutet, dass er grundsätzlich keinen Weisungen unterliegt, und zwar weder von anderen Organen der Gesellschaft noch von Aktionären.[1] Der Vorstand muss die in der AG zusammentreffenden Interessen sachgerecht wahrnehmen. Dazu zählen insbesondere die Interessen der Aktionäre, der Arbeitnehmer und des Gemeinwohls. Ausgehend von diesem Grundsatz umschreibt § 93 Abs. 1 S. 1 AktG als Generalklausel die Verhaltenspflichten der Vorstandsmitglieder.

3 Die Vorschrift lautet:

„Die Vorstandsmitglieder haben bei ihrer Geschäftsführung die Sorgfalt eines ordentlichen und gewissenhaften Geschäftsleiters anzuwenden."

4 Die **Sorgfalt eines ordentlichen und gewissenhaften Geschäftsleiters** bemisst sich danach, wie ein pflichtbewusster Leiter eines Unternehmens der konkreten Art, der nicht mit eigenen Mitteln wirtschaftet, sondern ähnlich wie ein Treuhänder fremden Vermögensinteressen verpflichtet ist, zu handeln hat.[2] Einen einheitlichen Maßstab für die Sorgfaltspflicht eines Vorstandsmitglieds gibt es nicht. Wie ein „pflichtbewusster Leiter eines Unternehmens der konkreten Art zu handeln hat", ist je nach Größe, Art und Bedeutung eines Unternehmens sehr unterschiedlich. Ein mittelständisches Unternehmen ist anders zu leiten als ein Großkonzern. Weitere Kriterien für die notwendige Sorgfalt eines Geschäftsleiters sind zB die Anzahl der Mitarbeiter, das Geschäftsmodell und die wirtschaftliche Lage der Gesellschaft.[3]

5 Teilweise wurde im Schrifttum auch diskutiert, ob die Empfehlungen des Deutschen Corporate Governance Kodex **(DCGK)**[4] die allgemeinen Sorgfaltspflichten des Vorstands konkretisieren.[5] Diese Empfehlungen werden von der Regierungskommission Deutscher Corporate Governance Kodex bekanntgemacht, regelmäßig überprüft und ggf. angepasst. Sie sind rechtlich nicht bindend.[6] Allerdings sind börsennotierte Gesellschaften nach § 161 AktG verpflichtet, jährlich zu erklären, welche Empfehlungen sie nicht anwenden und warum nicht („comply or explain").[7] In der Praxis werden die meisten Empfehlungen von

---

[1] BGH NJW-RR 2008, 1134 Rn. 13.

[2] BGHZ 129, 30 (34). Vgl. auch OLG Düsseldorf AG 1997, 231 (235); MüKoAktG/*Spindler* § 93 Rn. 25; Hüffer/Koch/*Koch* AktG § 93 Rn. 6.

[3] MüKoAktG/*Spindler* § 93 Rn. 25; *Herrmann/Olufs/Barth* BB 2012, 1935 (1939).

[4] Die jeweils aktuelle Fassung des DCGK (derzeit vom 16.12.2019) ist abrufbar unter www.dcgk.de.

[5] Für eine Rückwirkung des durch § 161 AktG gesetzlich anerkannten Corporate Governance-Kodex auf die Auslegung des AktG OLG Schleswig NZG 2003, 176,(179); vorsichtig in diese Richtung *Lutter* ZGR 2001, 224 ff.; *Lutter* ZHR 166 (2002), 523 (536); *Lutter* in Kölner Komm AktG § 161 Rn. 119, 122; *Ulmer* ZHR 166 (2002), 150 (166 f.); *Ulmer* AcP 202 (2002) 143 (170); *Berg/Stöcker* WM 2002, 1569 (1575 ff.); für umfassende Haftung plädierend *Kiethe* NZG 2003, 559 (562 ff.); aA *Claussen/Bröcker* AG 2000, 481 (483 f.).

[6] BT-Drs. 14/8769, 21; MüKoAktG/*Spindler* § 93 Rn. 39; BeckOGK/*Fleischer* AktG § 93 Rn. 60.

[7] MüKoAktG/*Spindler* § 93 Rn. 38.

der weit überwiegenden Anzahl der Gesellschaften befolgt.[8] Da ihre Anwendung aber gerade nicht verpflichtend ist, sind sie nach inzwischen einhelliger Ansicht nicht geeignet, verbindliche Sorgfaltsstandards für alle börsennotierten Gesellschaften zu begründen.[9] Für nicht börsennotierte Gesellschaften können sie erst recht nicht zur Konkretisierung der Sorgfaltspflicht herangezogen werden. Dennoch sind Empfehlungen jedenfalls dann, wenn sie nahezu flächendeckend befolgt werden, für den Vorstand nicht völlig irrelevant. Möchte der Vorstand entgegen der üblichen Praxis von einer Empfehlung abweichen, wird er die Vorteile der Abweichung sorgfältig gegen mögliche negative Folgen abwägen müssen. Dabei hat er zu beachten, dass die Abweichung als Zeichen schlechter Corporate Governance wahrgenommen werden und unter Umständen dem Ansehen des Unternehmens bei Investoren, Kunden und Mitarbeitern schaden könnte.

Die Sorgfaltspflicht kann **sowohl positives Tun als auch ein Unterlassen** gebieten. Ein 6
Vorstandsmitglied kann zB sorgfaltspflichtwidrig handeln, wenn es gegen pflichtwidrige Maßnahmen eines anderen Vorstandsmitglieds oder von Mitarbeitern nicht einschreitet.[10]

## II. Legalitätspflicht

Der Vorstand ist im Rahmen seiner Tätigkeit **verpflichtet, die Gesetze, die Satzung** 7
**und unternehmensinterne Richtlinien einzuhalten,** sog. Legalitätspflicht.[11] Verstößt er dagegen, handelt er pflichtwidrig. Die Legalitätspflicht des Vorstands ist nicht auf eigene Rechtstreue beschränkt. Im Sinn einer „Legalitätskontrollpflicht" muss der Vorstand auch dafür sorgen, dass sich die Gesellschaft und ihre Mitarbeiter rechtskonform verhalten (sogenannte Compliance-Pflicht) (zu den daraus folgenden Organisations- und Überwachungspflichten → Rn. 44ff.).[12] Die Legalitätspflicht umfasst die Einhaltung aller Rechtsnormen, die für das Handeln des Vorstands relevant sind.

### 1. Wesentliche Legalitätspflichten nach deutschem Recht

Die gesetzlichen Pflichten, die der Vorstand bei der Leitung der Gesellschaft zu beachten 8
und zu wahren hat, sind vielfältig. Zu den wesentlichen **ausdrücklich festgelegten Pflichtaufgaben** des Vorstands nach deutschem Recht zählen **beispielsweise:**[13]

Aus dem Aktien-, Kapitalmarkt- und Handelsrecht: 9

– Berichtspflichten gegenüber dem Aufsichtsrat (§ 90 AktG):
  Um dem Aufsichtsrat zu ermöglichen, die Geschäftsführung effizient zu überwachen, ist der Vorstand verpflichtet, dem Aufsichtsrat **periodisch Bericht zu erstatten.** Er hat dem Aufsichtsrat über die künftige Geschäftspolitik und Unternehmensplanung sowie die Rentabilität der Gesellschaft, den Gang der Geschäfte und wesentliche Einzelmaßnahmen zu berichten (§ 90 Abs. 1 AktG). Die Frequenz dieser regelmäßigen Berichte regelt § 90 Abs. 2 AktG. Zusätzlich zu dieser periodischen Berichterstattung ist der Vorstand verpflichtet, auf Verlangen des Aufsichtsrats über Angelegenheiten, die auf die Lage der Gesellschaft erheblichen Einfluss haben können, zu berichten (**Anforderungsberichterstattung,** § 90 Abs. 3 AktG). Schuldner der Berichtspflicht ist der Vorstand

---

[8] Vgl. *v. Werder/Bartz* DB 2019, 1721 (1728); *v. Werder/Bartz* DB 2013, 885ff.

[9] MüKoAktG/*Spindler* § 93 Rn. 39; BeckOGK/*Fleischer* AktG § 93 Rn. 60; GroßkommAktG/*Hopt/Roth* § 93 Rn. 33; aA wohl *Ulmer* ZHR 166 (2002), 150 (167), mittlerweile aber überholt.

[10] *Drescher* WM-Sonderbeil. 2/2013, 2 (3) mwN.

[11] Vgl. *Bicker* AG 2012, 542 (543f.); *Bicker* AG 2014, 8ff.; *Arnold* ZGR 2014, 76 (78f.); *Bunting* ZIP 2012, 1542 (1543); GroßkommAktG/*Hopt/Roth* § 93 Rn. 98ff.; BeckOGK/*Fleischer* AktG § 93 Rn. 19ff.; MüKoAktG/*Spindler* § 93 Rn. 102f.

[12] Vgl. BeckOGK/*Fleischer* AktG § 91 Rn. 47; *Fleischer* BB 2008, 1070 (1071); *Bicker* AG 2012, 542 (543); *Arnold* ZGR 2014, 76 (79).

[13] Vgl. auch *Schiessl* ZGR 1992, 64 (67f.); *Hüffer* FS Happ, 2006, 93 (99f.); *Nawroth* in Hasselbach/Nawroth/Rödding, Beck'sches Holding-Handbuch, 3. Aufl. 2020, Kap. B Rn. 103.

als Kollegialorgan.[14] Die Pflicht, dem Aufsichtsrat den Jahresabschluss vorzulegen, ergibt sich aus §§ 170, 171 AktG;

- Pflichten im Zusammenhang mit der Hauptversammlung (§ 121 Abs. 2 AktG, §§ 83, 131, 175 Abs. 2 AktG, § 176 AktG):
  Der Vorstand hat die **Hauptversammlung einzuberufen** (§ 121 Abs. 2 AktG) und Maßnahmen, die in den Zuständigkeitsbereich der Hauptversammlung fallen, **vorzubereiten** (§ 83 Abs. 1 AktG). Er hat der Hauptversammlung insbesondere den Jahresabschluss, den Lagebericht, den Bericht des Aufsichtsrats und einen Vorschlag zur Gewinnverwendung **zugänglich** zu machen (§ 175 Abs. 2 AktG, § 176 AktG) und den Aktionären in der Hauptversammlung **Auskunft** über Angelegenheiten der Gesellschaft **zu erteilen,** soweit die Auskunft zur sachgemäßen Beurteilung des Gegenstands der Tagesordnung erforderlich ist (§ 131 AktG);
- die **Kapitalerhaltungspflicht** (§ 57 AktG; → Rn. 100 ff.);
- Buchführungs- (§ 91 Abs. 1 AktG) und Rechnungslegungspflichten (§§ 242, 264 ff. HGB; → Rn. 145, → § 10 Rn. 1 ff.);
- die Pflichten zur Verlustanzeige (§ 92 Abs. 1 AktG) und zur Stellung eines Antrags auf Eröffnung des Insolvenzverfahrens (§ 15a Abs. 1 S. 1 InsO):
  Deckt das Gesellschaftsvermögen nur noch die Hälfte des Nennkapitals,[15] hat der Vorstand die Hauptversammlung nach § 92 Abs. 1 AktG unverzüglich, das heißt ohne schuldhaftes Zögern (§ 121 Abs. 1 S. 1 BGB), einzuberufen und ihr diesen Verlust anzuzeigen. Die Verlustanzeige ist in der Tagesordnung unmissverständlich anzukündigen (§ 92 Abs. 1 AktG, § 124 Abs. 4 AktG).[16] Es gelten die Ansatz- und Bewertungsregeln der Jahresbilanz, um den Verlust festzustellen.[17] Hat der Vorstand gem. § 15a InsO einen **Insolvenzantrag** gestellt muss die Hauptversammlung nach herrschender Auffassung nicht mehr einberufen werden.[18] Der Insolvenzantrag ist zu stellen, wenn die Gesellschaft **zahlungsunfähig** oder **überschuldet** ist. Überschuldung liegt nach § 19 Abs. 2 InsO vor, wenn das Vermögen des Schuldners die bestehenden Verbindlichkeiten nicht mehr deckt und die Fortführung des Unternehmens nach den Umständen nicht überwiegend wahrscheinlich ist. Der Antrag ist dann ohne schuldhaftes Zögern, spätestens innerhalb von drei Wochen nach Eintritt der Zahlungsunfähigkeit bzw. sechs Wochen nach Eintritt der Überschuldung, zu stellen. Ein Verstoß führt zur Schadensersatzpflicht gegenüber der Gesellschaft und ihren Gläubigern (→ § 11 Rn. 121);
- die Pflicht, die Entsprechenserklärung zum Deutschen Corporate Governance Kodex (§ 161 AktG; → Rn. 23) abzugeben sowie
- umfassende Publizitätspflichten (→ Rn. 107 ff.).

10 Aus dem Steuerrecht:

- die Pflicht, die steuerlichen Pflichten der Gesellschaft zu erfüllen (§ 34 AO, §§ 137 ff. AO; zur Haftung bei Verstoß → § 11 Rn. 119).

11 Aus dem Strafrecht:

- Die allgemeinen Straftatbestände müssen beachtet werden (bspw. §§ 266, 266a StGB). Daneben sind auch die Vorschriften des Ordnungswidrigkeitsrechts zu berücksichtigen.[19]

12 Aus dem Sozialversicherungsrecht:

- die Pflicht, Sozialversicherungsbeiträge abzuführen (zur Haftung bei Verstoß → § 11 Rn. 118).[20]

---

[14] Hüffer/Koch/*Koch* AktG § 90 Rn. 1a.
[15] Hüffer/Koch/*Koch* AktG § 92 Rn. 2.
[16] Hüffer/Koch/*Koch* AktG § 92 Rn. 5.
[17] Hüffer/Koch/*Koch* AktG § 92 Rn. 3.
[18] Hüffer/Koch/*Koch* AktG § 92 Rn. 2; BeckOGK/*Fleischer* AktG § 92 Rn. 11; K. Schmidt/Lutter/*Krieger/Sailer-Coceani* AktG § 92 Rn. 9; Kölner Komm AktG/*Mertens/Cahn* § 92 Rn. 15; GroßkommAktG/*Habersack/Foerster* § 92 Rn. 7.
[19] GroßkommAktG/*Hopt/Roth* § 93 Rn. 74.
[20] Werden Arbeitnehmeranteile nicht abgeführt, erfüllt dies den Straftatbestand des § 266a StGB.

Aus dem öffentlichen Recht: 13
- Bei Betrieben, die genehmigungsbedürftige Anlagen betreiben, ist der Vorstand verpflichtet, einen Immissionsschutzbeauftragten (§ 53 BImSchG), bei Betrieben mit hoher und gefährlicher Störanfälligkeit einen Störfallbeauftragten (§ 58a BImschG) zu benennen.
- Schließlich sind auch die Vorgaben der DS-GVO einzuhalten.[21]

## 2. Unklare oder umstrittene Rechtslage

Der Vorstand muss die Rechtslage stets kennen. Besitzt er diese Kenntnis nicht, muss er 14 sich fachkundiger und unabhängiger Hilfe bedienen.[22] Dabei kann der Vorstand auf interne oder externe Rechtsberatung zurückgreifen.[23] In der ISION-Entscheidung hat der BGH verschiedene Leitsätze herausgearbeitet, wann die Vorstandsmitglieder auf einen eingeholten Rechtsrat vertrauen dürfen. An diesen Grundsätzen kann sich der Vorstand orientieren. Danach muss es sich bei dem betrauten Berater um eine sachlich unabhängige Person handeln, die auch die notwendige Fachkompetenz aufweist. Weiter müssen die Vorstandsmitglieder den Berater ausführlich informieren, dh der relevante Sachverhalt ist richtig und lückenlos wiederzugeben. Schließlich haben die Vorstandsmitglieder den Rechtsrat kritisch auf seine Plausibilität zu überprüfen.[24] Wenn es sich um eine Entscheidung von **besonderer wirtschaftlicher Tragweite** handelt, sollte die Auskunft zudem in der Regel schriftlich und in einer gewissen Ausführlichkeit und Detailliertheit erteilt werden.[25] In wirtschaftlichen oder aus sonstigen Gründen **besonders kritischen Fällen** kann der Vorstand auch verpflichtet sein, eine weitere Rechtsmeinung einzuholen (→ § 11 Rn. 58).[26] Handelt es sich um eine besonders eilbedürftige Entscheidung, reicht jedoch eine summarische Prüfung der Rechtslage aus.[27]

Die Rechtslage kann aber auch **nach der Einholung des Rechtsrats ungeklärt** blei- 15 ben (sog. **„odds opinion"**) – etwa, weil es zu der relevanten Frage noch keine höchstrichterliche Rechtsprechung gibt und die Auffassungen im Schrifttum geteilt sind. In einem solchen Fall kann sich der Vorstand wegen der Legalitätspflicht nicht auf die Business Judgment Rule berufen. Die Business Judgment Rule ist nur bei rechtmäßigen Handlungsoptionen anwendbar.[28] Der Vorstand läuft deshalb Gefahr, sich für eine Handlungsmöglichkeit zu entscheiden, die später durch ein Gericht als rechtswidrig angesehen wird. Die Rechtsprechung hat über eine mögliche Haftung in derartigen Fällen bisher noch nicht entschieden.[29] In der Literatur werden zur Lösung dieser Konstellation verschiedene Ansätze verfolgt.[30] Vereinzelt wird analog zur „Business Judgment Rule" die Anwendbarkeit einer „Legal Judgment Rule" angenommen. Danach wird den Vorstandsmitgliedern,

---

[21] *König* AG 2017, 262 (263ff.); *Korch/Chatard* AG 2019, 551ff.

[22] *Verse* ZGR 2017, 174 (176); instruktiv zu den Anforderungen an den Rechtsrat BGH NZG 2011, 1271 Rn. 18ff. – ISION.

[23] *Bicker* AG 2014, 8 (10ff.); Hölters/*Hölters* AktG § 93 Rn. 249b; aA wonach ist stets eine unabhängige, externe Rechtskanzlei zu beauftragen ist *Selter* AG 2012, 11 (15) mwN zur kartellrechtlichen und strafrechtlichen Judikatur; vgl. dazu auch OLG Stuttgart NZG 2010, 141 (144); *Redeke* AG 2017, 289 (291); *Peters* AG 2010, 811 (815); *Fleischer* NZG 2010, 121 (123); Hüffer/Koch/*Koch* AktG § 93 Rn. 22.

[24] BGH NZG 2011, 1271 Rn. 18f. – ISION; BGH NZG 2015, 792 Rn. 35 – ISION II.

[25] BGH NZG 2011, 1271 Rn. 18f. – ISION.

[26] MüKoAktG/*Spindler* § 93 Rn. 92; BeckOGK/*Fleischer* AktG § 93 Rn. 36; MHdB GesR IV/*Hoffmann-Becking* § 25 Rn. 34; GroßkommAktG/*Hopt/Roth* § 93 Rn. 139.

[27] *Fleischer* ZIP 2004, 141 (150); BeckOGK/*Fleischer* AktG § 93 Rn. 36; NK-AktKapMarktR/*U. Schmidt* AktG § 93 Rn. 13, 76.

[28] BeckOGK/*Fleischer* AktG § 93 Rn. 88; zur sog. „Legal Judgment Rule" instruktiv *Verse* ZGR 2017, 174 (175ff.).

[29] Rspr. zur unrichtigen Rechtsberatung bei eindeutiger Rechtslage: ISION-Rspr.; BGH NZG 2011, 1271 Rn. 28.

[30] Vgl. zu einem Überblick über die vertretenen Auffassungen *Verse* ZGR 2017, 174 (178ff.); *Brock*, Legalitätsprinzip und Nützlichkeitserwägungen, 2017, 204ff.

trotz ihrer Bindung an Recht und Gesetz durch die Legalitätspflicht, auch bei rechtlich gebundenen Entscheidungen ein Handlungsermessen zugestanden.[31] Eine objektiv pflichtwidrige Handlung kann jedoch nicht allein aufgrund der Beachtung gewisser Voraussetzungen als eine pflichtgemäßen Handlung angesehen werden. Die zutreffende Vertretbarkeitstheorie ähnelt der Legal Judgement Rule insoweit, als den Vorstandsmitgliedern ein gewisser Handlungsspielraum bei ihrer Entscheidung gegeben ist.[32] Es herrscht aber keine Einigkeit darüber, wann ein solcher Handlungsspielraum besteht.[33] Eine Analyse der verschiedenen Auffassungen zeigt, dass jedenfalls das Ausmaß der bestehenden Rechtsunsicherheit relevant ist. Wichtig ist dabei, dass der Vorstand grundsätzlich die höchstrichterliche Rechtsprechung und eine eindeutig herrschende Auffassung in seiner Entscheidung berücksichtigen muss.[34] Daneben muss er ebenfalls beachten, ob sich etwaige Nachteile für die Gesellschaft ergeben, wenn der vertretene Standpunkt sich nicht durchsetzt.[35] Außerdem muss in die Entscheidung einfließen, ob ein Entscheidungs- oder Handlungszwang des Vorstands besteht.[36] Der Vorstand ist bei seiner Entscheidung aber nicht verpflichtet, den rechtssichersten Weg zu wählen. Vielmehr darf sich der Vorstand grundsätzlich auf einen **für die Gesellschaft günstigen Rechtsstandpunkt** stellen. In die Abwägung des Vorstands muss aber einfließen, mit welcher Wahrscheinlichkeit ein Gericht eine Handlungsmöglichkeit später als rechtswidrig ansehen könnte und welche Folgen dies gegebenenfalls hätte.[37] Entscheidet sich der Vorstand für eine Handlungsmöglichkeit, die sich später als rechtswidrig herausstellt, kommt nach zutreffender Ansicht eine Berufung auf einen **schuldausschließenden Rechtsirrtum** in Betracht (→ § 11 Rn. 60).[38]

### 3. Herausforderungen bei der Anwendung ausländischen Rechts

16 Zu den einzuhaltenden Rechtsnormen zählen grundsätzlich auch solche ausländischen Rechts, wenn die Gesellschaft im Ausland aktiv ist. Die diesen Sachverhalten innewohnenden Haftungsrisiken wurden im **„Siemens/Neubürger“**-Urteil deutlich: Das LG München I verurteilte das frühere Vorstandsmitglied von Siemens dazu, Schadensersatz in Höhe von ca. 15 Mio. EUR zu zahlen. Das Compliance-System bei Siemens hätte nicht verhindert, dass „schwarze Kassen“ gebildet und grenzüberschreitende Schmiergeldzahlungen vorgenommen wurden.[39] Das LG München forderte, dass sich der Vorstand über die örtlichen Regeln informiert und sie einhält.

17 Zutreffend wird angenommen, dass eine strikte Befolgungspflicht hinsichtlich des ausländischen Rechts dann besteht, wenn dessen Anwendbarkeit vom maßgeblichen (deutschen) Kollisionsrecht angeordnet wird.[40] Die Vorschriften stehen dann den inländischen Rechtsnormen gleich. Das ist in vielen Bereichen des ausländischen öffentlichen Rechts

---

[31] *v. Schenck* in SSW AR-HdB § 6 Rn. 22f.; die „Legal Judgment Rule“ ablehnend *Koch* FS Bergmann, 2018, 413 (419ff.); differenzierend *Verse* ZGR 2017, 174ff.

[32] *Bicker* AG 2014, 8 (10); *Buck-Heeb* BB 2013, 2247; GroßkommAktG/*Hopt/Roth* § 93 Rn. 99; MüKoAktG/*Spindler* § 93 Rn. 89; *Fleischer* ZIP 2005, 141 (149f.); *Habersack* FS U.H. Schneider, 2011, 429 (436); *Bayer* FS K. Schmidt, 2009, 85 (92).

[33] Teilweise wird darauf abgestellt, ob vertretbare bzw. nicht gerade unvertretbare Rechtsstandpunkte eingenommen werden *Bachmann* WM 2015, 105 (109); andere stellen darauf ab, ob der vertretene Standpunkt zumindest gleichermaßen vertretbar ist wie die Gegenauffassung *Holle* AG 2016, 270 (279); *Hasselbach/Ebbinghaus* AG 2014, 873 (879); vereinzelt wird verlangt, dass die am besten zu vertretende Meinung zu ermitteln ist *Langenbucher* ZBB 2013, 16 (22f.).

[34] BeckOGK/*Fleischer* AktG § 93 Rn. 38.

[35] *Verse* ZGR 2017, 174 (181ff.); *Bicker* AG 2014, 8 (11).

[36] BeckOGK/*Fleischer* AktG § 93 Rn. 38; *Verse* ZGR 2017, 174 (181ff.); Hüffer/Koch/*Koch* AktG § 93 Rn. 45a.

[37] *Bicker* AG 2014, 8 (10) mwN.

[38] Hüffer/Koch/*Koch* AktG § 93 Rn. 43ff. mwN.

[39] LG München I DB 2014, 766ff.

[40] *Cichy/Cziupka* BB 2014, 1482 (1484f.); MüKoAktG/*Spindler* § 93 Rn. 110; GroßkommAktG/*Hopt/Roth* § 93 Rn. 142; Hüffer/Koch/*Koch* AktG § 93 Rn. 6a mwN; aA *Bicker* AG 2014, 8 (12).

und des ausländischen Strafrechts aufgrund des Territorialprinzips nicht der Fall.[41] Wenn eine ausländische Rechtsnorm hingegen im deutschen Recht akzeptiert wird, erscheint es schwer begründbar, warum die Norm von den Vorstandsmitgliedern nicht zu berücksichtigen sein soll. Die **Befolgung der ausländischen Vorschriften erscheint** insbesondere **geboten,** wenn Verstöße gravierenden Konsequenzen haben können.[42] Auch wenn die Einhaltung der ausländischen Rechtnorm nicht von der Legalitätspflicht umfasst ist, kann sich ein Verstoß dennoch als pflichtwidrig darstellen. Im Innenverhältnis ist der Vorstand zur allgemeinen Schadensabwendung verpflichtet. Führt ein Verstoß gegen ausländisches Recht zu Risiken oder Nachteilen wie Strafzahlungen oder Reputationsschäden, ist der Vorstand deshalb in der Regel verpflichtet, das ausländische Recht einzuhalten.[43]

## 4. Keine Ausnahme für „nützliche Pflichtverletzungen"

Die Pflicht, sich an Gesetze zu halten, gilt absolut. Das gilt auch dann, wenn ein gesetzwidriges Verhalten des Vorstands für die Gesellschaft objektiv wirtschaftlich vorteilhaft ist. Das kommt zB bei Kartellrechtsverstößen oder Bestechungszahlungen, um an Aufträge zu gelangen, in Betracht. **„Nützliche Pflichtverletzungen"** erkennt die Rechtsordnung im Grundsatz nicht an.[44] Diskutiert wird, ob dies auch für Verstöße gegen reine Ordnungsvorschriften oder bei Bagatellverstößen gelten soll.[45] Hierzu könnten beispielsweise Regelungen zu Arbeitszeiten, straßenverkehrsrechtliche Ordnungswidrigkeiten, Fristen zur Steuererklärung oder vergleichbare verwaltungsrechtliche Normen gehören.[46] Da die Abgrenzung zwischen solchen „zweitrangigen" Normen und stets zu beachtenden gesetzlichen Pflichten praktisch erhebliche Schwierigkeiten aufwürfe, wird man eine solche Ausnahme nicht annehmen können.[47] 18

Eine **Vertragsverletzung** stellt grundsätzlich keinen Verstoß gegen die Legalitätspflicht dar.[48] Durch die Vertragsverletzung verletzt der Vorstand aber häufig seine Pflicht, Vorteile der Gesellschaft zu sichern und drohende Schäden von der Gesellschaft abzuwenden.[49] Werden die Chancen und Risiken der Vertragsverletzung vom Vorstand sorgfältig abgewogen, kann er es möglicherweise auf einen etwaigen Schadensersatzanspruch ankommen lassen (unternehmerischer Handlungsspielraum).[50] Teilweise kann es für die Gesellschaft nämlich aus unternehmerischen Gesichtspunkten vorteilhaft sein, wenn sie einen Anspruch erst zu einem späteren Zeitpunkt erfüllt. Aus denselben Erwägungen kann ein Prozess oder eine Schadensersatzverurteilung im Interesse der Gesellschaft liegen.[51] Der Vertragsbruch wird aber nur in Ausnahmefällen im Unternehmensinteresse liegen.[52] Mit der Nichterfüllung von Vertragsverpflichtungen geht nämlich die Gefahr einher, dass die Gesellschaft ihren Ruf als zuverlässiger Vertragspartner verliert. Das wiederum kann die Geschäftsbeziehung zu Vertragspartnern belasten und zu schlechteren Konditionen bei 19

[41] Hüffer/Koch/*Koch* AktG § 93 Rn. 6a.
[42] Vgl. Hüffer/Koch/*Koch* AktG § 93 Rn. 6a.
[43] BeckOGK/*Fleischer* AktG § 93 Rn. 33f.; MüKoAktG/*Spindler* § 93 Rn. 111.
[44] Näher *Fleischer* in Fleischer VorstandsR-HdB § 7 Rn. 22; *Lohse* FS Hüffer, 2010, 581, 589ff.; *v. Falkhausen* NZG 2012, 644 (646f.); vgl. auch *Bicker* AG 2014, 8 (9) zur Diskussion in den USA.
[45] *U.H. Schneider* FS Hüffer, 2010, 905 (909f.); *Habersack* FS U.H. Schneider, 2011, 429 (438).
[46] *Bicker* AG 2014, 8 (11).
[47] Vgl. *Bicker* AG 2014, 8 (11); *Fleischer* ZIP 2005, 141 (149f.); *Kocher* CCZ 2009, 215 (218); *Werner* CCZ 2010, 143 (144).
[48] Vgl. BeckOGK/*Fleischer* AktG § 93 Rn. 40 mwN; MüKoAktG/*Spindler* § 93 Rn. 102; aA *Koch* ZGR 2006, 769 (786f.).
[49] Vgl. GroßkommAktG/*Hopt/Roth* § 93 Rn. 148; BeckOGK/*Fleischer* AktG § 93 Rn. 40.
[50] MüKoAktG/*Spindler* § 93 Rn. 102; GroßkommAktG/*Hopt/Roth* § 93 Rn. 148; BeckOGK/*Fleischer* AktG § 93 Rn. 33; *aA Koch* ZGR 2006, 769 (786); *S.H. Schneider* DB 2005, 707 (711) diese Ansichten verneinen bei einer extremen Bindung durch Vertragspflichten eine unternehmerische Entscheidung.
[51] Bspw. wenn ein Liquiditätenengpass vorliegt, kann eine spätere Erfüllung für die Gesellschaft günstiger sein. Dabei muss eine Risikoabwägung erfolgen. So GroßkommAktG/*Hopt/Roth* § 93 Rn. 148.
[52] NK-AktKapMarktR/*U. Schmidt* AktG § 93 Rn. 11; vgl. zu denkbaren Fällen *Bicker* AG 2014, 8 (10).

künftigen Verträgen führen. Im Übrigen kann die Verletzung vertraglicher Pflichten in bestimmten Fällen zugleich ein Gesetzesverstoß sein und sogar eine Strafbarkeit begründen. Letzteres kommt insbesondere in Betracht, wenn ein Vorstandsmitglied von vornherein geplant hatte, den Vertrag nicht zu erfüllen. Dann kann es sich wegen Betrugs nach § 263 StGB strafbar machen.

## 5. Deutscher Corporate Governance Kodex

20 Der DCGK[53] ist in verschiedene Themengebiete (A-G) aufgeteilt. Die Themengebiete sind wiederum nach **Grundsätzen, Empfehlungen und Anregungen** strukturiert, die es dem Vorstand und dem Aufsichtsrat erleichtern und ermöglichen sollen, die Gesellschaft im Unternehmensinteresse zu leiten. In den Grundsätzen sind wesentliche Vorgaben für eine verantwortungsbewusste Unternehmensleitung niedergelegt. Sie dienen zudem der Information der Anleger und anderer Stakeholder. Die Grundsätze des DCGK enthalten die **Wiedergabe geltenden (Aktien-)Rechts.** Ein Verstoß gegen solche Bestimmungen ist gleichzeitig ein Verstoß gegen die parallele gesetzliche Vorschrift und somit als Verstoß gegen die Legalitätspflicht pflichtwidrig. Über die Wiedergabe geltenden Rechts hinaus enthält der DCGK **Empfehlungen.** Sie sind im Text des Kodex ausdrücklich als Empfehlung bezeichnet und verwenden das Wort „soll". Da es sich bei den Empfehlungen des DCGK nicht um zwingendes Recht handelt,[54] ist es nicht pflichtwidrig, von ihnen abzuweichen.[55] Ihre Nichtbefolgung ist aber in der Entsprechenserklärung nach § 161 AktG zu erklären. Durch die Abweichungsmöglichkeit können die Unternehmen unternehmens- und branchenspezifische Besonderheiten berücksichtigen. In manchen Fällen kann nämlich die Abweichung von einer Empfehlung für eine effektive Unternehmensleitung förderlich oder gar notwendig sein. Weiterhin finden sich im Kodex auch **Anregungen,** die mittlerweile auch als solche bezeichnet sind. Von diesen kann abgewichen werden, ohne dass es offenzulegen ist.

21 Aus der Einhaltung der Empfehlungen und Anregungen des DCGK kann **nicht geschlossen** werden, dass ein **ordnungsgemäßes Handeln des Vorstands** gegeben ist.[56] Die Beweislastumkehr des § 93 Abs. 2 S. 2 AktG zulasten der Vorstandsmitglieder kann insofern nicht durch die Einhaltung des DCGK umgangen werden.[57] Der DCGK ist zudem auch nicht geeignet, die vom Vorstand geschuldeten Verhaltensstandards zu konkretisieren.[58] Anders ist es bei DIN-Normen: Bei den DIN-Normen hat sich der Staat durch vertragliche Bindung mit dem Normungsgeber und eine ausdrückliche Regelung des Normierungsverfahrens eine gewisse Kontrolle vorbehalten.[59] Die DIN-Normen sind zudem meist empirisch nachprüfbar, anders als der normativ wertende DCGK.[60] Ebenso ist eine mittelbare rechtliche Wirkung des DCGK abzulehnen, denn aus dem Kodex ergibt sich keine rechtlich bindende Konkretisierung.[61] Die Verhaltensempfehlungen des DCGK werden aber für die Organmitglieder rechtlich bindend und Teil der Organpflichten, wenn sie in eine Geschäftsordnung, einen Dienstvertrag oder in die Satzung aufgenommen wurden (→ Rn. 7).

---

[53] Stand vom 16.12.2019.

[54] Vgl. Hüffer/Koch/*Koch* AktG § 93 Rn. 16; *Bachmann* WM 2002, 2137 (2138).

[55] GroßkommAktG/*Hopt/Roth* § 93 Rn. 34; MüKoAktG/*Spindler* § 93 Rn. 39; aA *Lutter* ZHR 166 (2002), 523 (542); *Berg/Stöcker* WM 2002, 1569 (1575 ff.).

[56] MüKoAktG/*Spindler* § 93 Rn. 42; GroßkommAktG/*Hopt/Roth* § 93 Rn. 34; BeckOGK/*Fleischer* AktG § 93 Rn. 62; aA *Lutter* ZHR 166 (2002) 523 (542).

[57] GroßkommAktG/*Hopt/Roth* § 93 Rn. 34; MüKoAktG/*Spindler* § 93 Rn. 42; aA *Seibt* AG 2002, 249 (251).

[58] BeckOGK/*Fleischer* AktG § 93 Rn. 60; MüKoAktG/*Spindler* § 93 Rn. 39.

[59] BeckOGK/*Fleischer* AktG § 93 Rn. 60.

[60] BeckOGK/*Fleischer* AktG § 93 Rn. 60; MüKoAktG/*Spindler,* § 93 Rn. 39.

[61] MüKoAktG/*Spindler* § 93 Rn. 39.

Die Abgabe der **Entsprechenserklärung nach § 161 AktG** ist allerdings eine gesetzliche Pflicht. Erfüllt der Vorstand sie nicht, handelt er pflichtwidrig (iSd § 93 AktG). Der Gesellschaft kann ein Schaden entstehen. Das kann ebenso der Fall sein, wenn die Erklärung unvollständig oder mangelhaft ist. Eine etwaige **Außenhaftung der Vorstandsmitglieder** für eine Pflichtverletzung nach § 161 AktG wäre dann über § 826 BGB möglich.[62] 22

## 6. Staatliche Empfehlungen und freiwillige Verhaltensrichtlinien

Die Gesellschaften und ihre Vorstandsmitglieder werden grundsätzlich **nicht durch unverbindliche Verhaltensrichtlinien** nationaler Verbände und Organisationen, wie bspw. der Industrie- und Handelskammer, **verpflichtet.** Das gilt auch für internationale Verhaltensrichtlinien (ohne Rechtsqualität). Dabei muss der Vorstand aber berücksichtigen, dass mit der Missachtung solcher unverbindlichen Richtlinien ein Ansehens- und Reputationsverlust in der Öffentlichkeit und bei Geschäftspartnern einhergehen kann, der dem Gesellschaftsinteresse zuwiderlaufen kann. Der Vorstand hat weiterhin auch keinen Empfehlungen oder Forderungen staatlicher Instanzen nachzukommen, wie bspw. Bundesregierungsappellen oder Boykottaufrufen der Verbraucherverbände.[63] Hierbei ist aber gleichermaßen die Möglichkeit einer Rufschädigung zu berücksichtigen.[64] 23

## 7. Legalitätspflichten aus Satzung und Geschäftsordnung

Es gehört zur Legalitätspflicht des Vorstands, die Satzung sowie die Geschäftsordnungen der Gesellschaft zu beachten und einzuhalten. Insbesondere hat er sich an den Unternehmensgegenstand (§ 23 Abs. 3 Nr. 2 AktG) zu halten. Er darf keine Geschäfte tätigen, die außerhalb dieses abgesteckten Tätigkeitsfelds liegen. Hierfür fehlt ihm die Kompetenz: Den Unternehmensgegenstand legt allein die Hauptversammlung fest.[65] Verstöße gegen die Satzung kommen insbesondere in Form der Überschreitung des Unternehmensgegenstands in Betracht. Der Unternehmensgegenstand darf aber auch nicht unterschritten werden: Der Vorstand darf keine Tätigkeitsfelder aufgeben, die in der Satzung **verbindlich und abschließend** festgelegt sind und in denen eine erwerbswirtschaftliche Betätigung noch möglich ist.[66] Soll ein in der Satzung festgelegtes Tätigkeitsfeld dauerhaft nicht weiter verfolgt werden, muss zuvor die Hauptversammlung die Satzung ändern.[67] Auch sonst hat der Vorstand die Zuständigkeitsordnung zu wahren: Er muss die ungeschriebenen Mitwirkungsbefugnisse der Hauptversammlung bei Strukturmaßnahmen genauso wie Zustimmungsvorbehalte des Aufsichtsrats (§ 111 Abs. 4 S. 2 AktG) beachten.[68] Auch darf sich ein Vorstandsmitglied nicht einen Geschäftsbereich einmischen, der nach der Geschäftsverteilung innerhalb des Vorstands einem anderen Vorstandsmitglied zugeordnet ist.[69] Dem Vorstandsmitglied bleibt aber die Möglichkeit, Anregungen zu geben.[70] 24

[62] MüKoAktG/*Spindler* § 93 Rn. 40; die mögliche Außenhaftung wird regelmäßig an den strengen Tatbestandsvorrausetzungen scheitern so auch Hüffer/Koch/*Koch* AktG § 161 Rn. 28 ff.
[63] *Raiser/Veil,* Recht der Kapitalgesellschaften, 6. Aufl. 2015, § 14 Rn. 74.
[64] BeckOGK/*Fleischer* AktG § 93 Rn. 26; *Fleischer* in Fleischer VorstandsR-HdB § 7 Rn. 31.
[65] BeckOGK/*Fleischer* AktG § 93 Rn. 26; ausnahmsweise können branchenfremde Hilfsgeschäfte und vorübergehende Erwerbschancen zulässig sein.
[66] Vgl. zur Satzungsunterschreitung OLG Köln CCZ 2009, 72; BeckOGK/*Fleischer* AktG § 93 Rn. 26.
[67] BeckOGK/*Fleischer* AktG § 93 Rn. 26.
[68] BeckOGK/*Fleischer* AktG § 93 Rn. 25.
[69] BeckOGK/*Fleischer* AktG § 93 Rn. 25.
[70] GroßkommAktG/*Hopt/Roth* § 93 Rn. 169.

## III. Business Judgment Rule

25 Bei der Leitung der Gesellschaft muss der Vorstand regelmäßig Entscheidungen treffen, deren Folgen unsicher sind. In die Zukunft gerichtetes unternehmerisches Handeln ist stets mit prognostischen Elementen verbunden. Die *eine* richtige Entscheidung gibt es häufig nicht. Es ist nicht zu vermeiden, dass sich manche Entscheidungen im Nachhinein (expost) als für die Gesellschaft ungünstig erweisen. Dass zB das Auto des Automobilherstellers A ein Kultauto wird und sich das zeitgleich auf den Markt kommende Auto des Herstellers B als Flop erweist, vermag ex – ante manchmal niemand vorherzusehen. Gerade in **komplexen Entscheidungssituationen** ist es aber häufig erforderlich, dass der Vorstand ein wirtschaftliches Risiko eingeht. Wäre jede risikobehaftete Entscheidung, die sich in einer Rückschau als für die Gesellschaft ungünstig erweist, pflichtwidrig, wäre es dem Vorstand praktisch unmöglich, seine Aufgaben wahrzunehmen.

26 Deshalb ist anerkannt, dass dem Vorstand bei der Leitung der Gesellschaft ein weiter Ermessensspielraum zusteht. Schon in der „ARAG/Garmenbeck"-Entscheidung bestätigte der BGH im Jahr 1997, dass eine Sorgfaltspflichtverletzung erst vorliegt, wenn die Ermessensgrenzen deutlich überschritten werden, da unternehmerische Tätigkeit ohne weiten Handlungsspielraum **„schlechterdings undenkbar"** sei.[71] Im Rahmen des Gesetzes zur Unternehmensintegrität und Modernisierung des Anfechtungsrechts (UMAG)[72] hat der Gesetzgeber das Geschäftsleiterermessen, die sog. **Business Judgment Rule,** in § 93 Abs. 1 S. 2 AktG kodifiziert:

> „Eine Pflichtverletzung liegt nicht vor, wenn das Vorstandsmitglied bei einer unternehmerischen Entscheidung vernünftigerweise annehmen durfte, auf der Grundlage angemessener Information zum Wohle der Gesellschaft zu handeln."

27 Der Ermessensspielraum des Vorstands besteht daher nur unter bestimmten Voraussetzungen. Das ist sinnvoll: Nicht jede Entscheidung, die für die Gesellschaft ungünstig ist, darf haftungsfrei sein. Das persönliche Haftungsrisiko stellt auch die Qualität der Leitung sicher.[73] Handelt der Vorstand bei einer Entscheidung unter den Voraussetzungen der Business Judgment Rule, handelt er auch dann nicht pflichtwidrig, wenn sich die Entscheidung später als für die Gesellschaft ungünstig erweist. Damit soll auch der Gefahr begegnet werden, dass Gerichte, die aus der ex-post-Perspektive ein Handeln des Vorstands bewerten, wegen des eingetretenen Schadens überhöhte Anforderungen an die Sorgfaltspflichten ex-ante stellen (sog. **Rückschaufehler** oder hindsight-bias).[74]

28 Nach den **fünf Voraussetzungen** der Business Judgment Rule handelt ein Vorstandsmitglied nicht pflichtwidrig, wenn es
(a) bei einer unternehmerischen Entscheidung
(b) sachlich unbefangen, insbesondere frei von Eigeninteresse, entscheidet und dabei
(c) vernünftigerweise annehmen darf, auf Grundlage angemessener Information
(d) zum Wohle der Gesellschaft zu handeln.
(e) Außerdem muss das Vorstandsmitglied hinsichtlich der sachlichen Unbefangenheit und der Angemessenheit der Informationen in gutem Glauben handeln.

**Im Einzelnen:**

29 Erste Voraussetzung der Business Judgment Rule ist, dass der Vorstand eine unternehmerische Entscheidung trifft. **Unternehmerische Entscheidungen** sind Entscheidungen, die „infolge ihrer Zukunftsbezogenheit durch Prognosen und nicht justiziable Einschätzungen geprägt" sind und unter Unsicherheit getroffen werden.[75] Eine unternehmerische

---

[71] BGHZ 135, 244 (253) – ARAG/Garmenbeck.
[72] Vom 22.9.2005, BGBl. 2005 I 2802, in Kraft getreten am 1.11.2005.
[73] So *Steffek* JuS 2010, 295 (296).
[74] *Fleischer* NJW 2009, 2337 (2338f.); BeckOGK/*Fleischer* AktG § 93 Rn. 77; *Kocher* CCZ 2009, 215.
[75] RegE UMAG, BT-Drs. 15/5092, 22; BeckOGK/*Fleischer* AktG § 93 Rn. 86.

Entscheidung liegt nicht vor, wenn Ermessensspielräume ausscheiden, weil gesetzliche oder statuarische Pflichten nur eine rechtmäßige Entscheidung zulassen. Der Gesetzgeber wollte den Vorstandsmitgliedern einen „sicheren Hafen“ nur insoweit gewähren, als die Entscheidung nicht durch Gesetz oder Satzung – insbesondere den satzungsmäßigen Unternehmensgegenstand[76] – vorgezeichnet ist.[77] Entscheidungen, die gegen die Legalitätspflicht verstoßen, sind daher keine unternehmerischen Entscheidungen und fallen nicht unter die Business Judgment Rule. Der Vorstand hat auch kein Ermessen, soweit er gesetzlich verpflichtet ist, bestimmte Entscheidungen zu treffen,[78] zB gem. § 93 Abs. 3 AktG die Kapitalerhaltung sicherzustellen oder nach § 15a InsO einen Antrag auf Eröffnung eines Insolvenzverfahrens zu stellen.

Häufig geht es bei unternehmerischen Entscheidungen um **betriebswirtschaftliche** 30
**Fragen,** zB einen möglichen Personalabbau, Investitionen wie den Erwerb von Beteiligungen an anderen Gesellschaften oder um die Aufnahme neuer Geschäftszweige. Ein Musterfall einer unternehmerischen Entscheidung ist die Teilnahme der Deutschen Telekom AG an der Versteigerung der UMTS-Lizenzen.[79] Nach Auffassung des BGH sei es in diesem Fall trotz unsicherer Erfolgsaussichten nicht pflichtwidrig gewesen, in neue Technologien zu investieren, um eine Verdrängung vom Markt zu verhindern.[80] Auch **Unternehmenskäufe** sind regelmäßig von Prognoseentscheidungen geprägt, die unter die Business Judgment Rule fallen. Der Kaufpreis bemisst sich häufig nach den prognostizierten künftigen Erträgen, die naturgemäß unsicher sind. Ob Belegschaft, Sortiment, Endkunden etc. der an einem Unternehmenskauf beteiligten Gesellschaften zusammenpassen, kann ex-ante meist nicht mit Sicherheit gesagt werden.[81]

Zweite Voraussetzung der Business Judgment Rule ist, dass die Vorstandsmitglieder 31
**sachlich unbefangen,** insbesondere frei von Eigeninteressen entscheiden. Entscheidungen, die im Interessenkonflikt getroffen wurden, sind demnach nicht von der Business Judgment Rule privilegiert.[82] Wer bei seiner Entscheidung Sonderinteressen verfolgt oder sachfremden Einflüssen unterliegt, kann nicht annehmen, zum Wohle der Gesellschaft zu handeln.[83] Ein unbefangenes Handeln liegt jedenfalls bei einem Handeln zum eigenen Nutzen oder zum Nutzen von dem Geschäftsleiter nahestehenden Personen oder Gesellschaften nicht vor.[84]

Bei **Entscheidungen im Kollektivorgan** ist umstritten, ob die Business Judgment 32
Rule für die übrigen Mitglieder des Vorstands anwendbar bleibt, wenn einzelne Mitglieder nicht frei von Eigeninteressen handeln. Ein etwaiger Interessenkonflikt eines Vorstandsmitglieds kann sich nämlich auf die Entscheidung des Kollektivorgans auswirken. Dabei wird zwischen dem verborgenen und dem offengelegten Interessenkonflikt differenziert. Die früher vertretene Auffassung ging bei einem **verborgenen Konflikt** davon aus, dass die Business Judgment Rule auch für die anderen Mitglieder nicht mehr anwendbar ist.[85] Mittlerweile geht die zutreffende Auffassung aber davon aus, dass die Haftungsfreiheit der Vorstandsmitglieder bei Einhaltung der prozeduralen Vorkehrungen nicht durch unbe-

[76] BGH ZIP 2013, 455 Ls. 1, 2 – Corealcredit Bank zur Pflichtwidrigkeit von Abschlüssen über Zinsderivatgeschäfte durch eine Hypothekenbank.

[77] Vgl. Hüffer/Koch/*Koch* AktG § 93 Rn. 16; ferner RegE UMAG, BT-Drs. 15/5092, 21: *„Die unternehmerische Entscheidung steht im Gegensatz zu rechtlich gebundenen Entscheidungen.“*

[78] Vgl. K. Schmidt/Lutter/*Krieger/Sailer-Coceani* AktG § 93 Rn. 15; BeckOGK/*Fleischer* AktG § 93 Rn. 85; *Gärtner* BB 2012, 1745.

[79] BGHZ 175, 365; hierzu *Fleischer* NJW 2009, 2337 (2338): Der spätere Fehlschlag ändere nichts an der *ex-ante* Betrachtung.

[80] So zusammenfassend *Balthasar/Hamelmann* WM 2010, 589 (590).

[81] *Böttcher* NZG 2007, 481 (482).

[82] MüKoAktG/*Spindler* § 93 Rn. 69.

[83] BeckOGK/*Fleischer* AktG § 93 Rn. 93; GroßkommAktG/*Hopt/Roth* § 93 Rn. 93.

[84] K. Schmidt/Lutter/*Sailer-Coceani* AktG § 93 Rn. 19; *Lutter* ZIP 2007, 841.

[85] *Lutter* FS Priester, 2007, 245 (248ff.); Kölner Komm AktG/*Mertens/Cahn* § 93 Rn. 29; *Habersack*, Karlsruher Forum 2009, Managerhaftung, 2010, 5, 22f.

kannte Interessenskonflikte Einzelner beseitigt werden dürfe.[86] Eine solche Annahme würde dem Normzweck des § 93 Abs. 1 S. 2 AktG widersprechen, wonach die Anwendbarkeit der Business Judgment Rule für jedes Vorstandsmitglied einzeln zu prüfen ist.[87] Aus der organschaftlichen Treuepflicht ergibt sich jedoch eine Offenlegungspflicht.[88] Auch der DCGK empfiehlt in Ziffer E.2, dass das befangene Organmitglied den übrigen Organmitgliedern den Interessenkonflikt offenlegt.

33 Ein **offengelegter Interessenkonflikt** könnte sich ebenso auf die Anwendbarkeit der Business Judgment Rule auswirken. Die herrschende Auffassung[89] geht jedoch davon aus, dass die Business Judgment Rule in ihrer Anwendbarkeit nicht eingeschränkt wird, wenn das befangene Mitglied weder an der Vorbereitung der Entscheidung noch an der Beschlussfassung beteiligt ist.[90] Daneben wird vertreten, dass eine Mitwirkung an der Beratung und Beschlussfassung keinen Einfluss auf die Anwendung des Business Judgment Rule hinsichtlich der weiteren Vorstandsmitglieder habe.[91] Ein offenkundig befangenes Vorstandsmitglied werde keinen so erheblichen Einfluss auf die verbleibenden Vorstandsmitglieder haben, dass sie nicht mehr im Interesse der Gesellschaft und zu deren Wohl handeln.[92] Zudem müsse man, wenn man bereits bei einem verdeckten Interessenkonflikt die Business Judgment Rule für anwendbar erkläre, diese – quasi als „Erst-Recht-Schluss" – auch bei offengelegten Interessenkonflikten anwenden. In diesen Konstellationen sei den Vorstandsmitgliedern die Befangenheit des betroffenen Vorstandsmitglieds bewusst, womit es keinen entscheidungserheblichen Einfluss auf die anderen Vorstandsmitglieder gebe.[93] Folglich findet in keiner der Konstellationen eine Zurechnung des Interessenkonflikts auf sämtliche Vorstandsmitglieder statt. Nur in den **Ausnahmefällen,** in denen eine Entscheidung im Gesellschaftsinteresse nicht mehr realisierbar erscheint, kann ein Ausschluss aller Vorstandsmitglieder von der Privilegierung durch die Business Judgment Rule möglicherweise in Betracht zu ziehen sein. Dafür müsse aber eine Mitwirkung des betroffenen Vorstandsmitglieds im Entscheidungsprozess gegeben und die verbleibenden Vorstandsmitglieder müssten auch tatsächlich beeinflusst worden sein.[94] Damit für die übrigen Vorstandsmitglieder kein Risiko bei der Frage der Anwendbarkeit der Business Judgment Rule besteht, empfiehlt sich in der Praxis, dass sich das betroffene Mitglied freiwillig zurückzieht. Der Vorstand muss dann mit einer für die Entscheidung notwendigen Anzahl von interessenskonfliktfreien Mitgliedern die relevante Entscheidung treffen. Vereinzelt wird zwar vertreten, dass in manchen Fällen die Mitwirkung eines Vorstandsmitglieds aufgrund seiner Erfahrung und seines speziellen Sachverstands für die Gesellschaft von großem Interesse ist.[95] Dagegen spricht aber, dass der Ausschluss des befangenen Vorstandsmitglieds gerade darauf beruht, dass seine Expertise nicht mehr rein objektiv zu bewerten ist, sondern von subjektiven Motiven geprägt sein kann.[96]

---

[86] Hüffer/Koch/*Koch* AktG § 93 Rn. 26; MüKoAktG/*Spindler* § 93 Rn. 71; K. Schmidt/Lutter/*Sailer-Coceani* AktG § 93 Rn. 19.

[87] MüKoAktG/*Spindler* § 93 Rn. 71; Kölner Komm AktG/*Mertens/Cahn* § 93 Rn. 29.

[88] Für eine solche Offenlegungspflicht: MüKoAktG/*Spindler* § 93 Rn. 71; *Ziemons* in Michalski/Heidinger/Leible/Schmidt, GmbHG, 3. Aufl. 2017, GmbHG § 43 Rn. 152 (für die GmbH); *Habersack,* Karlsruher Forum 2009, Managerhaftung, 2010, 5, 22f.; anders *Krieger* in Krieger/U.H. Schneider, Handbuch Managerhaftung, 3. Aufl. 2017, § 3 Rn. 15.

[89] *Habersack,* Karlsruher Forum 2009, Managerhaftung, 2010, 5, 22f.; BeckOGK/*Fleischer* AktG § 93 Rn. 94; MüKoAktG/*Spindler* § 93 Rn. 72.

[90] Zum Streitstand umfassend *Koch* FS Säcker, 2011, 403 (404f.).

[91] MüKoAktG/*Spindler* § 93 Rn. 72; Kölner Komm AktG/*Mertens/Cahn* § 93 Rn. 29.

[92] MüKoAktG/*Spindler* § 93 Rn. 72.

[93] Vgl. Kölner Komm AktG/*Mertens/Cahn* § 93 Rn. 29.

[94] *Bunz* NZG 2011, 1294 (1295); MüKoAktG/*Spindler,* § 93 Rn. 72.

[95] So *Koch* FS Säcker 2011, 403 (411); *Koch* ZGR 2014, 697 (710ff., 725).

[96] MüKoAktG/*Spindler* § 93 Rn. 73.

Besteht lediglich die **Möglichkeit eines Interessenkonflikts,** hat das betroffene Vorstandsmitglied den potenziellen Konflikt ebenfalls offenzulegen.[97] Die verbleibenden Vorstandsmitglieder können dann das Ausmaß der Betroffenheit sachgerecht feststellen.[98] Um eine unbeeinflusste Entscheidung zu gewährleisten, sollte das betroffene Vorstandsmitglied weder an der Entscheidung selbst noch bei den vorhergehenden Diskussionen und Beratungen mitwirken.[99] Aus dem potenziellen Konflikt folgt jedoch ebenso wenig wie bei einem tatsächlich bestehenden Interessenkonflikt, dass die anderen Vorstandsmitglieder von der Privilegierung der Business Judgment Rule ausgenommen werden.[100] 34

Sollte sich der Interessenkonflikt auf **alle Vorstandsmitglieder erstrecken,** bleibt die Anwendung der Business Judgment Rule dem gesamten Vorstand verwehrt.[101] Der Vorstand sollte aber den Aufsichtsrat informieren,[102] der in solchen Fällen seine Überwachungspflicht besonders sorgfältig wahrzunehmen hat. Die Hinzuziehung des Aufsichtsrats löst den bestehenden Interessenkonflikt nicht auf. Der Aufsichtsrat kann nicht an der Stelle des Vorstands entscheiden.[103] Für die Entscheidung fehlt es dem Aufsichtsrat an der erforderlichen Legitimation. Er kann nur entscheiden, ob der Vorstand weiterhin fähig ist, im Gesellschaftsinteresse zu handeln und er kann gegebenenfalls einzelne Vorstandsmitglieder in Fällen schwerwiegender Interessenkonflikte abberufen.[104] 35

Eine weitere Voraussetzung der Business Judgment Rule ist, dass der Geschäftsleiter **vernünftigerweise** annehmen darf, er handle auf der **Grundlage angemessener Information.** Ohne sorgfältige Ermittlung der Entscheidungsgrundlagen gibt es kein schutzwürdiges unternehmerisches Ermessen.[105] Unschädlich ist, wenn sich die Beurteilung im Nachhinein als unrichtig herausstellt – die mögliche Sorgfaltswidrigkeit bestimmt sich nicht aus der ex-post, sondern aus der ex-ante Perspektive.[106] Ein Handeln auf Grundlage angemessener Information erfordert nicht, dass das Vorstandsmitglied alle verfügbaren Informationsquellen rechtlicher und tatsächlicher Art nutzt.[107] Ausreichend ist eine in der konkreten Entscheidungssituation unter Berücksichtigung des Faktors Zeit und unter Abwägung der Kosten und Nutzen weiterer Informationsgewinnung **angemessene Tatsachenbasis.**[108] 36

In der „HSH Nordbank AG"-Entscheidung wurde vom BGH (5. Strafsenat) angeführt, dass **alle zur Verfügung stehenden Informationsquellen,** unabhängig davon, ob rechtlicher oder tatsächlicher Art, genutzt werden müssen. Konkretisierend führte der BGH aber an, dass für die Wahrung der Informationspflicht ausreichend sei, „dass sich der Vorstand eine unter Berücksichtigung des Faktors Zeit und unter Abwägung der Kosten und Nutzen weiterer Informationsgewinnung angemessene Tatsachenbasis verschaffe". Es 37

---

[97] MüKoAktG/*Spindler* § 93 Rn. 73; so für die Treuepflicht Kölner Komm AktG/*Mertens/Cahn* § 93 Rn. 110; aA *Koch* ZGR 2014, 697 (723 ff.); *Diekmann/Fleischmann* AG 2013, 141 (148).

[98] MüKoAktG/*Spindler* § 93 Rn. 73; aA die Beurteilung soll dem Betroffenen selbst überlassen werden *Diekmann/Fleischmann* AG 2013, 141 (148).

[99] OLG Frankfurt a. M. ZIP 2005, 2322 ff.; *Bunz* NZG 2011, 1294 (1296); MüKoAktG/*Spindler* § 93 Rn. 73; diff. *Diekmann/Fleischmann* AG 2013, 141 (149), danach steht es dem Betroffenen zu weiterhin eine Stellungnahme abzugeben; aA *Blasche* AG 2010, 692 (698).

[100] *Koch* FS Säcker 2011, 403 (417); *Lutter* FS Canaris 2007, 245 (247); MüKoAktG/*Spindler* § 93 Rn. 73; aA Hölters/*Hölters* AktG § 93 Rn. 38.

[101] GroßkommAktG/*Hopt/Roth* § 93 Rn. 96; MüKoAktG/*Spindler* § 93 Rn. 75; Kölner Komm AktG/*Mertens/Cahn* § 93 Rn. 30; aA wohl Bürgers/Körber/*Bürgers* AktG § 93 Rn. 14.

[102] *Koch* FS Säcker, 2011, 403 (417 ff.); *Harnos,* Gerichtliche Kontrolldichte, 2021, 312 ff.; Hüffer/Koch/*Koch* AktG § 93 Rn. 26; aA MüKoAktG/*Spindler* § 93 Rn. 75.

[103] Vgl. MüKoAktG/*Spindler* § 93 Rn. 75.

[104] MüKoAktG/*Spindler* § 93 Rn. 75; *Koch* FS Säcker, 2011, 403 (418).

[105] BGH NJW 2008, 3361 Rn. 11; Hüffer/Koch/*Koch* AktG § 93 Rn. 20.

[106] Vgl. BGH NZG 2011, 549 (550); NJW 2008, 1583 – UMTS; vgl. ferner BGH NZG 2011, 549 zur erfolglosen Gründung einer Niederlassung.

[107] Vgl. *Fleischer* NJW 2009, 2337 (2339); *Kindler* FS Goette, 2011, 231 (232 f.) mwN; anders aber noch BGH NJW 2008, 3361 für den Geschäftsführer einer GmbH.

[108] K. Schmidt/Lutter/*Sailer-Coceani* AktG § 93 Rn. 17; BeckOGK/*Fleischer* AktG § 93 Rn. 55; vgl. auch *Böttcher* NZG 2007, 481 (482).

kommt nicht darauf an, dass die Entscheidung tatsächlich auf angemessenen Informationen basiert und dem Gesellschaftswohl dient. Es reicht vielmehr aus, wenn der Vorstand vernünftigerweise annehmen durfte, dass die Entscheidung auf angemessener Informationsgrundlage beruht und dem Gesellschaftswohl dienlich ist. Der für das Gesellschaftsrecht zuständige II. Zivilsenat des BGH hat sich diesen Annahmen jedoch noch nicht angeschlossen.

38 Weiterhin ist der Vorstand verpflichtet, sich bestehenden und angemessenen **technischen Möglichkeiten und Technologien** zu bedienen, um sich eine angemessene Informationsgrundlage für die unternehmerische Entscheidung zu verschaffen. Der Vorstand könnte demnach im Einzelfall zur **Verwendung von Algorithmen** und **Künstlicher Intelligenz** verpflichtet sein, um dadurch umfangreiche Datenmengen innerhalb kürzester Zeit zu strukturieren und auszuwerten.[109] Insoweit sind aber die weiteren Entwicklungen abzuwarten.

39 Beim **Unternehmenskauf** wird teilweise vertreten, dass der Vorstand stets zur Beschaffung möglichst umfangreicher Informationen über die Zielgesellschaft (vornehmlich im Rahmen einer Due Diligence) verpflichtet sei. Dies diene der Prüfung der Erforderlichkeit und Finanzierbarkeit der Unternehmensübernahme und der Chancen und Risiken des Erwerbs.[110] Nach zutreffender Ansicht kann der Vorstand aber auch beim Unternehmenskauf Schwerpunkte bilden, indem er sich beispielsweise auf betriebswirtschaftliche Parameter wie Rentabilität, Vermögens-, Ertrags- und Finanzlage, Wettbewerbsfähigkeit, Investitionsvolumen, Finanzierung oder Risikobewertung konzentriert.[111] Bei einem Unternehmenskauf, über den unter hohem Zeitdruck entschieden werden muss (etwa wegen des Vorliegens eines konkurrierenden Angebots), kann – abhängig von den Risiken – auch eine dünnere Tatsachengrundlage „angemessen" sein. Entsprechendes gilt, wenn der Vorstand aus tatsächlichen oder rechtlichen Gründen schlicht nicht in der Lage ist, detaillierte Informationen über das Unternehmen zu erhalten (etwa bei einer feindlichen Übernahme) oder wenn die Vertragskonditionen so sind, dass sie (zB über umfangreiche Garantien) mögliche Risiken aus fehlenden Informationen über das Kaufobjekt abfedern. Erhält der Vorstand – wie es der Regelfall sein dürfte – die seiner Entscheidung zugrundeliegenden Informationen von Mitarbeitern des Unternehmens, für das er tätig ist, oder von Dritten, darf er sich grundsätzlich auf diese Informationen verlassen. Voraussetzung ist, dass der Vorstand die Auskunftsperson sorgfältig ausgesucht hat und die Auskunft plausibilisiert (sog. **Vertrauensgrundsatz**).[112] Es gelten die Delegationsregeln (→ Rn. 54 ff.).[113]

40 Weiterhin wird nach der Business Judgement Rule verlangt, dass das Vorstandsmitglied vernünftigerweise annehmen durfte, zum **Wohle der Gesellschaft** zu handeln. Der Begriff „handeln" ist weit zu verstehen. Er umfasst die Entscheidung sowie ihre Umsetzung.[114] Ein Vorstandsmitglied handelt zum Wohle der Gesellschaft, wenn die Entscheidung der langfristigen Ertragsstärke und Wettbewerbsfähigkeit des Unternehmens dient.[115] Maßgeblich ist ein kombiniert subjektiv/objektiver Maßstab, was sich aus der Wendung „annehmen durfte" ergibt. Das subjektive Vorstellungsbild des betreffenden Geschäftsleiters wird daher am Maßstab des „vernünftigerweise" noch zulässigen Handelns gemessen.[116] Zu der Frage, wie das Wohl der Gesellschaft bzw. des Unternehmens zu bestimmen

---

[109] MüKoAktG/*Spindler* § 93 Rn. 56; K. Schmidt/Lutter/*Sailer-Coceani* § 93 Rn. 17; *Spindler* CR 2017, 715 (722); *Spindler* ZGR 2018, 17 (42 f.).

[110] *Wellhöfer* in Wellhöfer/Peltzer/Müller, Haftung von Vorstand, Aufsichtsrat, Wirtschaftsprüfer, 1. Aufl. 2008, § 12 Rn. 1.

[111] *Nauheim/Goette* DStR 2013, 2520 (2525) mwN für den Unternehmenskauf.

[112] BGH NJW 2007, 2118 (2119); *Fleischer* NJW 2009, 2337 (2339); *Fleischer* ZIP 2009, 1397 ff.

[113] Vgl. MüKoAktG/*Spindler* § 93 Rn. 56.

[114] RegE UMAG, BT-Drs. 15/5092, 11.

[115] RegE UMAG, BT-Drs. 15/5092, 11; vgl. auch Hüffer/Koch/*Koch* AktG § 93 Rn. 23.

[116] Hüffer/Koch/*Koch* AktG § 93 Rn. 23; vgl. auch RegE UMAG, BT-Drs. 15/5092, 22: „Das Merkmal der „Annahme" zwingt zu einem Perspektivwechsel in der Beurteilung, die Voraussetzungen der Entscheidungsfindung sind also aus der Sicht des betreffenden Organs zu beurteilen. Diese Sichtweise wird durch

ist, gibt es verschiedene Ansätze. Das Unternehmensinteresse könnte auf die Marktwertsteigerung des Unternehmens gerichtet sein („Shareholder Value"). Die zutreffende herrschende Auffassung geht aber davon aus, dass der Vorstand sich zwar am „Shareholder Value" orientieren kann, aber daneben auch die einzelnen Interessen sonstiger „Stakeholder" (Gesellschaftsgläubiger, Kunden, Arbeitnehmer, Öffentlichkeit) berücksichtigen muss (Stakeholder-Value-Ansatz bzw. Interessenpluralität).[117] Die Interessen der weiteren Interessengruppen müssen in einer gleichberechtigten Art und Weise in das Unternehmensinteresse einfließen und vom Vorstand beachtet werden. Da den Vorstandsmitgliedern ein weiter Ermessensspielraum bleiben soll, ist diese Grenze erst überschritten, wenn die Entscheidung **schlechthin unvertretbar** ist.[118] Insbesondere, wenn der Vorstand ohne Not bestandsgefährdende Risiken eingeht, dürfte der Ermessensspielraum häufig überschritten sein.[119] Denn der Vorstand ist grundsätzlich verpflichtet, für den Bestand und die dauerhafte Rentabilität der Gesellschaft zu sorgen.[120] Dagegen darf ein Handeln zum Wohle der Gesellschaft den Interessen der Aktionäre – seien sie auch Haupt- oder Alleinaktionäre – entgegenstehen.[121]

In der „Schloss Eller"-Entscheidung urteilte der BGH[122], dass auch ein **wirtschaftlich nachteiliges** Geschäft vom unternehmerischen Handlungsspielraum gedeckt sein kann. Der Entscheidung lag der Sachverhalt zugrunde, dass eine kommunale Immobilienentwicklungs-AG beabsichtigte, einen Gebäudekomplex zu erwerben und zu sanieren. Der Vorstand holte zunächst die Zustimmung des Aufsichtsrats ein, da für derartige Geschäfte ein Zustimmungsvorbehalt nach § 111 Abs. 4 S. 2 AktG bestand. Im weiteren Verlauf mussten die zu erwartenden Sanierungskosten jedoch nach oben korrigiert werden. Der Vorstand setzte das Vorhaben dennoch um, ohne den Aufsichtsrat erneut einzubinden. Daher verlangte der Aufsichtsrat in der Folge Schadensersatz vom Vorstand. Der BGH entschied jedoch, dass sich der Vorstand auf den Einwand rechtmäßigen Alternativverhaltens berufen könne. Er könne einwenden, dass der Aufsichtsrat den Maßnahmen zugestimmt hätte, wenn der Vorstand ihn befasst hätte. Dabei wäre die Zustimmung des Aufsichtsrats auch von dessen unternehmerischem Handlungsspielraum gedeckt gewesen, selbst wenn seinerzeit nicht zu erwarten war, dass das umfangreich sanierte Gebäude auch nur annähernd kostendeckend würde betrieben werden können. Vom unternehmerischen Ermessen des Aufsichtsrats gedeckt könne nämlich auch sein, Geschäften zuzustimmen, die für die Gesellschaft wirtschaftlich nachteilig sind. Die Berücksichtigung von Gemeinwohlbelangen sei zulässig und bei der Übernahme und Sanierung eines denkmalgeschützten Gebäudes durch eine kommunale AG „nicht ganz fernliegend". 41

Letzte Voraussetzung der Business Judgment Rule ist, dass der Geschäftsleiter bei den vorgenannten Punkten **in gutem Glauben („good-faith-Erfordernis")** handelt. Fehlt es hieran, verdient der Geschäftsleiter keinen Schutz.[123] In solchen Fällen fehlt aber idR schon eine der vorgenannten Tatbestandsvoraussetzungen der Business Judgment Rule.[124] 42

---

das „annehmen Dürfen" begrenzt und objektiviert. Als Maßstab für die Überprüfung, ob die Annahme des Vorstands nicht zu beanstanden ist, dient das Merkmal „vernünftigerweise". Auch insofern wird auf Ausführungen der höchstrichterlichen Rspr. im ARAG/Garmenbeck-Urteil Bezug genommen."

117 Hüffer/Koch/*Koch* AktG § 76 Rn. 28; Kölner Komm AktG/*Mertens/Cahn* § 76 Rn. 23; MüKoAktG/*Spindler* § 76 Rn. 71, 74.

118 BGHZ 135, 244 (253) – ARAG/Garmenbeck; BGHZ 175, 365 – UMTS. Vgl. auch *Lutter* FS Canaris, 2007, 245 (246).

119 *Balthasar/Hamelmann* WM 2010, 589 (590).

120 Hüffer/Koch/*Koch* AktG § 76 Rn. 34.

121 OLG Frankfurt BB 2011, 2771; MüKoAktG/*Spindler* § 93 Rn. 54.

122 BGHZ 219, 193 – Schloss Eller.

123 Henssler/Strohn/*Dauner-Lieb* AktG § 93 Rn. 25.

124 Vgl. BeckOGK/*Fleischer* AktG § 93 Rn. 100.

## C. Organisations- und Überwachungspflicht

43 Aus der Leitungsaufgabe des Vorstands und der Legalitätspflicht folgt eine Pflicht des Vorstands, durch organisatorische Maßnahmen und Überwachung **sicherzustellen, dass Gesetze und Regeln sowie interne Richtlinien** von den Unternehmensangehörigen **eingehalten werden.**[125] Die Überwachungspflichten des Vorstands sind mehrdimensional: Sie bestehen zum einen innerhalb des Vorstands selbst („horizontal"), zum anderen im Verhältnis zu nachgeordneten Unternehmensebenen („vertikal"). Schließlich hat der Vorstand auch die anderen Organe der AG, den Aufsichtsrat und die Hauptversammlung zu überwachen.

### I. Überwachungspflichten innerhalb des Vorstands

44 Soweit Aufgaben nicht zwingend dem Gesamtvorstand übertragen sind, können sie – zB durch einen Geschäftsverteilungsplan – auf einzelne Mitglieder des Vorstands übertragen werden. Regelmäßig sind Vorstandsmitgliedern Aufgaben zugewiesen, die in einem bestimmten Ressort anfallen. Jedes Vorstandsmitglied trägt die **Handlungsverantwortung** für die ihm aufgrund der Geschäftsverteilung zugewiesenen Aufgaben **(Ressortverantwortlichkeit).** Eine solche Modifikation der Sorgfaltspflicht durch Ressortverantwortlichkeiten bedarf, entgegen der teilweise vertretenen Auffassung[126], nicht zwingend einer schriftlichen Fixierung.[127] Gleichwohl ist es aus Gründen der Rechtssicherheit und Klarheit empfehlenswert, die Geschäftsverteilung schriftlich festzulegen. Das Vorstandsmitglied muss dann in seinem Verantwortungsbereich durch geeignete organisatorische Maßnahmen für die ordnungsgemäße Erfüllung seiner Aufgaben sorgen.

45 Die Ressortverantwortung des zuständigen Vorstandsmitglieds entbindet die übrigen Vorstandsmitglieder aber nicht von ihrer **Gesamtverantwortung.** Durch die Aufgabenaufteilung innerhalb des Vorstands wird die Geschäftsführung zweigeteilt. In seinem eigenen Tätigkeitsfeld trägt das Vorstandsmitglied die Primärverantwortung. Hinsichtlich der Tätigkeitsfelder der anderen Vorstandsmitglieder besteht nur eine **allgemeine Beaufsichtigungspflicht (Überwachungspflicht).** Die Vorstandsmitglieder bleiben damit verpflichtet, den Gang der Geschäfte über Ressortgrenzen hinweg fortlaufend zu beobachten. Kommen Sie dieser Pflicht nicht nach, können sie für **eigenes Fehlverhalten bei ihren Überwachungspflichten** haften. Die Reichweite der Überwachungspflicht ist einzelfallabhängig und lässt sich nicht abstrakt bestimmen. Grundsätzlich darf jedes Vorstandsmitglied darauf vertrauen, dass seine Vorstandskollegen die ihnen übertragenen Aufgaben ordnungsgemäß erfüllen.[128] Die Vorstandsmitglieder müssen die **Überwachungsintensität** an der Art, Größe, Organisation und wirtschaftlichen Lage des Unternehmens sowie an der Bedeutung der übertragenen Aufgaben ausrichten. Außerdem müssen sie Umstände in der Person des jeweiligen Vorstandskollegen berücksichtigen, wie dessen Erfahrung und dessen Aufgabenbewältigung in der Vergangenheit.[129] Eine intensivierte Pflicht zur Überwachung eines nahestehenden Ressorts („Nachbarressort") besteht aber nicht.[130]

---

[125] Vgl. BeckOGK/*Fleischer* AktG § 91 Rn. 47; *Reichert/Ott* ZIP 2009, 2173.

[126] *Fleischer* NZG 2003, 449 (452); Hölters/*Hölters* AktG § 93 Rn. 44; so auch BFH BStBl. II 1984, 776 (778) (zur GmbH).

[127] BGH NZG 2019, 225 Rn. 17 (zur GmbH); MüKoAktG/*Spindler* § 93 Rn. 171.

[128] Hölters/*Weber* AktG § 77 Rn. 36; MüKoAktG/*Spindler* § 93, Rn. 174.

[129] Hölters/*Weber* AktG § 77 Rn. 36; LG Düsseldorf ZIP 1995, 1985 (1993).

[130] OLG Köln NZG 2001, 135 (136); MüKoAktG/*Spindler* § 93 Rn. 176; aA nimmt vereinzelt an, dass ein Vorstandsmitglied hinsichtlich einem sachnahen Ressort eine gesteigerte Aufsichtspflicht zukommt so VG Frankfurt a. M. VersR 2005, 57 = WM 2004, 2157.

Darüber hinaus besteht Einvernehmen, dass ein Vorstandsmitglied **Hinweisen auf Unregelmäßigkeiten** in einem fremden Ressort unverzüglich nachgehen[131] und auch die erforderlichen Maßnahmen zu deren Beseitigung ergreifen muss. Das Vorgehen ist nach seiner Art und seinem Umfang von der Intensität der Gesellschaftsgefährdung wie auch dem Grad des Verdachtsmoments abhängig. Sollte ein allgemeiner Verdachtsmoment vorliegen, ist der betroffene Vorstandskollege zu kontaktieren und durch einen Widerspruch bzw. eine Aussprache eine Mangelbeseitigung herbeizuführen. Wenn die bestehende Unregelmäßigkeit dadurch nicht beseitigt werden kann, muss eine Befassung durch den Gesamtvorstand herbeiführt werden.[132] Sollten sich das Problem nicht im Vorstand beilegen lassen, ist der Aufsichtsrat zu informieren, der dann die erforderlichen Maßnahmen trifft.[133] Der Aufsichtsrat kann dann gegebenenfalls Zustimmungsvorbehalte einführen, die Zuständigkeiten innerhalb des Vorstands anpassen oder das betroffene Vorstandsmitglied sogar abberufen, wenn ein wichtiger Grund nach § 84 Abs. 3 S. 1 AktG vorliegt.[134] 46

Die erforderliche Kontrolldichte erhöht sich in Sondersituationen, etwa in der Krise des Unternehmens oder wenn es zuvor vermehrt zu Fehlentwicklungen in anderen Ressorts gekommen ist.[135] Die Überwachungspflicht entfällt nicht dadurch, dass innerhalb des Vorstands eine Zuständigkeit für spezielle Überwachungsaufgaben, etwa eine Revisions-, Investigation- oder Controllingabteilung besteht.[136] Da der Vorstandsvorsitzende die Arbeit des Vorstands koordiniert und dadurch zB maßgeblichen Einfluss auf den Informationsfluss zwischen den Vorstandsressorts hat, trägt er eine gesteigerte Verantwortung und es trifft ihn dementsprechend eine erhöhte Überwachungspflicht.[137] Welche Anforderungen an die Überwachungspflicht des Vorstandsvorsitzenden zu stellen sind, hängt von den jeweiligen Einzelfallumständen und der tatsächlichen Aufgabenzuteilung ab.[138] 47

Die Vorstandsmitglieder müssen sich die zur Überwachung nötigen **Informationen** aus den anderen Ressorts beschaffen, die Informationen auswerten und plausibilisieren.[139] Deshalb ist jedes Vorstandsmitglied verpflichtet, den anderen Vorstandsmitgliedern über die Vorgänge in seinem Ressort Bericht zu erstatten.[140] Jedes Vorstandsmitglied hat insoweit einen Informationsanspruch gegen seine Vorstandskollegen.[141] In der Regel reicht es aus, wenn sich ein Vorstandsmitglied bei den Zusammenkünften des Gesamtvorstands hinsichtlich der Tätigkeiten der anderen Vorstandsmitglieder informiert und daneben die ihm anderweitig zufließenden Informationen auswertet.[142] Wenn keine außergewöhnlichen Umständen vorliegen, dürfen sich Vorstandsmitglieder darauf verlassen, dass ihre Vorstandskollegen sie gewissenhaft und umfassend über die wesentlichen Vorkommnisse innerhalb der Ressorts unterrichten.[143] Es gilt der Grundsatz des gegenseitigen Vertrauens. 48

In Fällen, in denen zwar eine ordnungsgemäße Überwachung gegeben ist, aber **die Geschäftsverteilung innerhalb des Vorstands in unzulässiger Weise** vorgenommen wurde, kann sich das Vorstandsmitglied nicht von seiner Verantwortung für die Geschäftsführung befreien.[144] Ein unzulässige Geschäftsverteilung kann insbesondere dann vorliegen, 49

[131] Kölner Komm AktG/*Mertens/Cahn* § 93 Rn. 92; MüKoAktG/*Spindler* § 93 Rn. 180; vgl. auch BGHZ 133, 370 (378 f.).
[132] *Wicke* NJW 2007, 3755 (3756); MüKoAktG/*Spindler* § 93 Rn. 180.
[133] MüKoAktG/*Spindler* § 93 Rn. 182.
[134] Vgl. MüKoAktG/*Spindler* § 93 Rn. 182.
[135] *Fleischer* in Fleischer VorstandsR-HdB § 8 Rn. 38; ferner BGHZ 133, 370 (379).
[136] *Vetter* in Krieger/U.H. Schneider, Handbuch Managerhaftung, 3. Aufl. 2017, § 22 Rn. 23 mwN.
[137] Kölner Komm AktG/*Mertens/Cahn* § 77 Rn. 26; GroßkommAktG/*Hopt/Roth* § 93 Rn. 377; aA Hüffer/Koch/*Koch* AktG § 93 Rn. 42; MüKoAktG/*Spindler* § 93 Rn. 183; *v. Hein* ZHR 166 (2002), 464 (487 ff.).
[138] GroßkommAktG/*Hopt/Roth* § 93 Rn. 377 mwN.
[139] Vgl. Hölters/*Weber* AktG § 93 Rn. 84.
[140] MHdB GesR IV/*Hoffmann-Becking* § 22 Rn. 27; BeckOGK/*Fleischer* AktG § 93 Rn. 125 mwN.
[141] *Fleischer* in Fleischer VorstandsR-HdB § 8 Rn. 3.
[142] Vgl. *Fleischer* NZG 2003, 449 (453).
[143] *Vetter* in Krieger/U.H. Schneider, Handbuch Managerhaftung, 3. Aufl. 2017, § 22 Rn. 23.
[144] *Fleischer* NZG 2003, 449 (453); MüKoAktG/*Spindler*, § 93 Rn. 170.

wenn einem Vorstandsmitglied ein Geschäftsbereich zugeteilt wird, in dem es keinerlei Kenntnisse über die Abläufe hat, oder wenn ein Vorstandsmitglied übermäßig viele Zuständigkeiten zugeteilt bekommt. Zudem ist zu beachten, dass die Kontroll- und Überwachungspflichten nicht auf andere (einzelne) Vorstandsmitglieder delegiert werden können, um damit einer Haftung oder Überwachungspflicht zu entgehen. Es handelt sich um eine Gesamtvorstandsaufgabe.[145]

50 Vereinzelt wird von der Praxis auch versucht, das amerikanische Chief Executive Officer **(CEO)-Modell** auf die deutsche Vorstandsebene zu übertragen und somit eine Bündelung der Verantwortung bei einer Person zu erreichen.[146] Das ist aber nicht mit der in Deutschland geltenden Rechtslage, die eine Gesamtverantwortlichkeit des Vorstands vorsieht (§ 77 Abs. 1 AktG), vereinbar.[147] Die anderen Vorstandsmitglieder können sich demnach nicht dadurch entlasten, dass sie ihre Aufgaben und Weisungen vom CEO erhalten haben.

## II. Überwachung nachgeordneter Organisationsebenen

51 Von der Überwachung innerhalb des Vorstands ist die Überwachung dem Vorstand nachgeordneter Unternehmensebenen zu unterscheiden. Der Vorstand ist verpflichtet, sicherzustellen, dass Gesetze und Regeln sowie interne Richtlinien von den Unternehmensangehörigen eingehalten werden. Da der Vorstand nicht alle Aufgaben im Unternehmen selbst erfüllen kann, ist er unter bestimmten Voraussetzungen berechtigt, Aufgaben an nachgeordnete Mitarbeiter zu delegieren. Die gesetzlichen Pflichtaufgaben und wesentlichen Leitungsaufgaben des Vorstands **(Kernaufgaben)** muss er jedoch selbst erledigen.[148] Zu diesen unübertragbaren Leitungspflichten gehören zB die Festlegung der langfristigen Unternehmungspolitik und der Unternehmensplanung, die Unternehmenskoordinierung, die Unternehmenskontrolle, also die laufende und nachträgliche Kontrolle der delegierten Aufgaben, und die Besetzung der obersten Führungsposten.[149] Im Hinblick auf diese nicht delegierbaren Aufgaben dürfen nachgeordnete Mitarbeiter nur mit **Vorbereitungs- und Ausführungsmaßnahmen** betraut werden, sofern der Vorstand die derart vorbereitete Entscheidung in eigener Verantwortung selbst trifft.[150]

52 Aufgaben, die **nicht zu den Kernaufgaben** gehören, darf der Vorstand grundsätzlich an die Unternehmensmitarbeiter **delegieren.** Begehen Mitarbeiter einen Gesetzesverstoß, kann der Vorstand einer Haftung entgehen, indem er nachweist, die ihm obliegende Aufgabe **ordnungsgemäß delegiert** zu haben. Eine Delegation von Aufgaben ist nur unter bestimmten Voraussetzungen möglich:[151]

– Zunächst muss der Vorstand den ihm übertragenen Geschäftsbereich abstrakt so **organisieren,** dass die Aufgabenerfüllung grundsätzlich möglich ist. Es muss sichergestellt sein, dass die notwendigen Kapazitäten vorhanden sind und die Kompetenzzuweisungen klar geregelt sind.
– Der Vorstand muss für die zu übertragenden Aufgaben Mitarbeiter **auswählen,** die die erforderlichen **persönlichen und fachlichen Qualifikationen** besitzen, um die zugewiesenen Aufgaben ordnungsgemäß zu erfüllen.[152]

---

[145] *Fleischer* NZG 2003, 449 (452); BeckOGK/*Fleischer* AktG § 77 Rn. 60.
[146] GroßkommAktG/*Hopt/Roth* § 93 Rn. 377; ausf. dazu *v. Hein* ZHR 166 (2002), 464 (484 ff.).
[147] MüKoAktG/*Spindler* § 93 Rn. 184.
[148] Vgl. *Hüffer* FS Happ, 2006, 93 (99); *Nawroth* in Hasselbach/Nawroth/Rödding, Beck'sches Holding-Handbuch, 3. Aufl. 2020, Kap. B Rn. 103; GroßkommAktG/*Kort* § 76 Rn. 35 ff.
[149] BeckOK/*Fleischer* AktG § 76 Rn. 18; Hüffer/Koch/*Koch* AktG § 76 Rn. 9.
[150] Vgl. BeckOGK/*Fleischer* AktG § 76 Rn. 20; *Fleischer* ZIP 2003, 1 (6); ferner K. Schmidt/Lutter/*Seibt* AktG § 76 Rn. 14.
[151] *Fleischer* in Fleischer VorstandsR-HdB § 8 Rn. 29 ff.; *Fleischer* AG 2003, 291 (292); *Turiaux/Knigge* DB 2004, 2199 (2204 ff.).
[152] GroßkommAktG/*Hopt/Roth* § 93 Rn. 162; *Fleischer* in Fleischer VorstandsR-HdB § 8 Rn. 30.

– Die ausgewählten Mitarbeiter muss der Vorstand ausreichend **instruieren** (zB durch Schulungen).[153] Die Mitarbeiter müssen wissen, welchen Verantwortungsbereich sie haben und an wen sie berichten müssen. Auf besondere **Gefahrenmomente** – dazu gehört auch die in bestimmten Unternehmensbereichen unter Umständen verstärkt auftretende **Missachtung von Compliance-Vorschriften oder Unternehmensrichtlinien** – ist hinzuweisen.[154]
– Die Mitarbeiter sind laufend zu **überwachen.**[155] Der Vorstand muss die Überwachungsmaßnahmen an der Art, Größe, Organisation und finanziellen Lage des Unternehmens ausrichten.[156] Der Vorstand muss die **Überwachungsintensität verstärken,** wenn dazu **Anlass** besteht.[157] Dies ist insbesondere der Fall, wenn der Vorstand Anhaltspunkte für gesetzwidriges Verhalten der Mitarbeiter hat oder in der Vergangenheit schon Gesetzesverstöße vorgekommen sind. Die jeweiligen Kontrollmaßnahmen müssen sich aber in einem noch zumutbaren Rahmen bewegen und es darf nicht zu einer unverhältnismäßigen Beeinträchtigung der Souveränität (Eigenverantwortlichkeit, Eigenständigkeit) der Beschäftigten kommen.[158] Eine gesteigerte Überwachungspflicht besteht auch gegenüber Mitarbeitern, denen gefahrgeneigte und bedeutende Aufgaben übertragen worden sind, ebenso, wenn besondere Umstände in der Person des jeweiligen Mitarbeiters dies verlangen. Auch wenn ein Mitarbeiter bisher immer kompetent und zuverlässig war, müssen stichprobenartige, unangekündigte Prüfungen durchgeführt werden. Das dient der Warnung und Kontrolle.[159]
– Üben die Vorstandsmitglieder nicht selbst die Überwachungsfunktion aus, müssen sie die Überwachung so delegieren, dass eine effektive Überwachung gesichert ist.[160]

Hat der Vorstand eine delegierbare Aufgabe ordnungsgemäß delegiert, haftet er für 53 Fehler seiner Mitarbeiter nicht. Da ihm jedoch der Nachweis entlastender Umstände obliegt, sollte er die Erfüllung der Organisationspflichten so weit wie möglich schriftlich dokumentieren.

Verletzt der Vorstand seine gesellschaftsrechtlichen Organisations- und Überwachungs- 54 pflichten, begeht er dadurch unter Umständen eine **Aufsichtspflichtverletzung** nach § 130 OWiG. Hierfür muss es jedoch zusätzlich auch zu einer Straftat oder Ordnungswidrigkeit durch Angestellte des Unternehmens gekommen sein (sog. Anknüpfungstat). Die Verletzung betrieblicher Aufsichtspflichten ist gem. § 130 OWiG bußgeldbewehrt. Die Geldbuße kann sowohl gegenüber Vorstandsmitgliedern als auch gegenüber der Gesellschaft verhängt werden (§ 30 OWiG).

Erhält der Vorstand einen **Hinweis auf einen möglichen Rechtsverstoß (Ver- 55 dachtsmoment),** muss er dem nachgehen und gegen den Verstoß vorgehen.[161] Die Handlungspflicht folgt aus seiner Leitungsverantwortung, §§ 76, 93 AktG. Sollte der Vorstand diese Pflicht vernachlässigen, läuft er Gefahr, sich selbst haftbar zu machen.[162]

[153] *Fleischer* in Fleischer VorstandsR-HdB § 8 Rn. 31.
[154] *Schneider* FS 100 Jahre GmbH-Gesetz, 1992, 473 (486); *Fleischer* in Fleischer VorstandsR-HdB § 8 Rn. 31.
[155] *Fleischer* in Fleischer VorstandsR-HdB § 8 Rn. 32 ff.
[156] *Freyschmidt* in Lücke/Schaub, Vorstand der AG, 2. Aufl. 2010, § 7 Rn. 65; *Fleischer* in Fleischer VorstandsR-HdB § 8 Rn. 33.
[157] *Fleischer* in Fleischer VorstandsR-HdB § 8 Rn. 35, 38.
[158] Vgl. ausf. hierzu Hölters/*Hölters* AktG § 93 Rn. 87 ff.
[159] BGH WuW/E BGH 2202, 2203 = NStZ 1986, 34 – Brückenbau Hopener Mühlenbach.
[160] *Fleischer* in Fleischer VorstandsR-HdB § 8 Rn. 39.
[161] *Rothenburg* in Goette/Arnold AR-HdB § 4 Rn. 284.
[162] *Rothenburg* in Goette/Arnold AR-HdB § 4 Rn. 285.

## III. Pflicht zur Implementierung eines Systems zur Erkennung bestandsgefährdender Risiken

56 § 91 Abs. 2 AktG verpflichtet den Vorstand, „geeignete Maßnahmen zu treffen, insbesondere ein Überwachungssystem einzurichten, damit den **Fortbestand der Gesellschaft gefährdende Entwicklungen früh erkannt werden**". Eine solche Überwachungspflicht sieht auch der seit dem 1.1.2021 geltende § 1 Abs. 1 S. 1 StaRUG (Gesetz über den Stabilisierungs- und Restrukturierungsrahmen für Unternehmen) vor.[163] Die Geschäftsleiter sind dazu verpflichtet, ein Frühwarnsystem zu errichten, um **fortlaufend** über Entwicklungen, welche den Fortbestand des Unternehmens gefährden können, zu wachen. Darüber hinaus müssen sie geeignete Gegenmaßnahmen ergreifen und dem Aufsichtsrat unverzüglich Bericht erstatten, wenn solche Entwicklungen erkenntlich sind (§ 1 Abs. 1 S. 2 StaRUG). Der Gesetzgeber ließ jedoch offen, welche konkreten Anforderungen an ein Frühwarnsystem iSd StaRUG zu stellen sind. Es bleibt daher abzuwarten, ob Systeme, die entwickelt wurden, um der Verpflichtung nach § 91 Abs. 2 AktG nachzukommen, diese Anforderungen erfüllen.[164] § 91 Abs. 2 AktG verpflichtet den Vorstand nach überwiegender Ansicht nicht, ein umfassendes Risikomanagement zu etablieren.[165] Empfehlung A.2 DCGK empfiehlt für börsennotierte Gesellschaften, ein angemessenes Risikomanagement und Risikocontrolling zu etablieren. Durch das Inkrafttreten des Gesetzes zur Stärkung der Finanzmarktintegrität (FISG) am 1.7.2021 wurde in § 91 Abs. 3 AktG die Pflicht des Vorstands einer börsennotierten Gesellschaft zur Errichtung eines angemessenen und wirksamen internen Kontrollsystems und Risikomanagementsystems eingeführt. Diese Pflicht stellt damit eine über § 91 Abs. 2 AktG hinausgehende Pflicht zur Errichtung eines umfassenden Risikomanagementsystems dar.[166] Somit wird der Vorstand in der Regel kein gesondertes Überwachungssystem nach § 91 Abs. 2 AktG mehr zu errichten haben.[167] Kapitalmarktorientierte Unternehmen haben außerdem seit der Reform der Rechnungslegung durch das Gesetz zur Modernisierung des Bilanzrechts **(BilMoG)**[168] im Lagebericht über ihr internes Kontroll- und Risikomanagementsystem bezogen auf die Rechnungslegung zu berichten (§ 289 Abs. 4 HGB).

## IV. Pflicht zur Implementierung einer Compliance-Organisation

57 Darüber hinaus ist der Vorstand wegen seiner Leitungsaufgabe und der Legalitätspflicht verpflichtet sicherzustellen, dass Gesetze und Regeln sowie interne Richtlinien von den Unternehmensangehörigen eingehalten werden. Zur Organisationspflicht im Rahmen dieser Leitungsaufgabe gehört es, Strukturen bereitzustellen, um der Gefahr von Normverstößen aus der Unternehmenssphäre zu begegnen **(„Compliance-Organisation").**[169] Mit der präventiven Compliance wird das Ziel verfolgt, das Risiko von Rechtsverstößen im Unternehmen zu analysieren und auf Grundlage dieser Analyse ein System zu schaffen, das Rechtsverstößen vorbeugt, sog. **Compliance-Management-System** (CMS). Das Compliance-Management-System dient der Sicherstellung der Einhaltung rechtlicher Vorschriften im gesamten Unternehmen durch organisatorische und personelle Maßnahmen. Eine Pflicht, ein CMS einzurichten oder Näheres zu dessen Ausgestaltung, regelte das

[163] *Schülke* DStR 2021, 621; *Bea/Dressler* NZI 2O21, 67 (68): „eher klarstellende als konstituierende Wirkung".
[164] So auch *Schwintowski* NZG 2021, 901 (904 f.).
[165] Bürgers/Körber/*Bürgers/Israel* AktG § 91 Rn. 12; Hüffer/Koch/*Koch* AktG § 91 Rn. 8 ff., jeweils mwN; aA NK-AktKapMarktR/*Oltmanns* AktG § 91 Rn. 8.
[166] Begr. RegE FISG, BT-Drs. 19/26966, 133.
[167] Begr. RegE FISG, BT-Drs. 19/26966, 133.
[168] Vom 25.5.2009, BGBl. 2009 I 1102, in Kraft getreten am 29.5.2009.
[169] *Reichert/Ott* NZG 2014, 241 (242); Hölters/*Weber* AktG § 76 Rn. 28; vgl. auch BeckOGK/*Fleischer* AktG § 91 Rn. 47 mwN.

AktG jedenfalls bislang nicht. Noch nicht vollständig geklärt ist, ob eine solche Pflicht aus § 91 Abs. 3 AktG zu entnehmen ist. Die Gesetzesgenese zum FISG spricht zumindest dafür.[170] Außerhalb von § 91 Abs. 3 AktG geht die zutreffende herrschende Auffassung davon aus, dass hinsichtlich der Frage des **„Ob"** der Compliance-Pflicht das Legalitätsprinzip gilt und demnach die Einrichtung eines Compliance-Management-Systems zumindest in Unternehmen mit einer gewissen Größe und Risikolage verpflichtend ist.[171] Es besteht also **kein Ermessen.** Bei der Frage nach dem **„Wie"**, also bei der konkreten **Ausgestaltung** des CMS, steht dem Unternehmen ein **unternehmerisches Ermessen** zu.[172] Nur mit dieser Unterscheidung kann sichergestellt werden, dass die Grundlage für präventive Compliance gelegt wird, gleichzeitig aber die notwendige unternehmerische Flexibilität erhalten bleibt. Die konkreten Anforderungen an die Compliance-Organisation hängen von den Umständen des Einzelfalls ab: Größe, Branchenzugehörigkeit, Auslandsbezug, Marktpräsenz, (De-)Zentralität, Mitarbeiterstruktur, Gefahrenpotenzial der Gesellschaft uvm.[173] Bei der Ausgestaltung des CMS kommen zahlreiche Maßnahmen in Betracht, wie zB der Erlass von Richtlinien, das Einführen von Berichtslinien, die Errichtung einer Compliance-Abteilung, das Einstellen eines Compliance-Officers, Compliance-Schulungen, eine Whistleblower-Hotline etc. Bei kleinen Unternehmen mit wenigen Mitarbeitern kann es ausreichen, sich auf wenige gezielte Einzelmaßnahmen zu beschränken.[174] Bei größeren Unternehmen und in speziellen Branchen sehen Spezialgesetze teilweise die Pflicht vor, einzelne Elemente eines Compliance-Management-Systems einzuführen. So haben zB Kreditinstitute nach § 23a Abs. 1 S. 6 Nr. 3 KWG ein Whistleblowing System einzurichten. Auch der DCGK spricht sich für ein Whistleblowing-System in Unternehmen aus. Der DCGK empfiehlt unter A.2 DCGK, dass „Beschäftigten […] auf geeignete Weise die Möglichkeit eingeräumt werden [soll], geschützt Hinweise auf Rechtsverstöße im Unternehmen zu geben".[175] Auch die bis zum 17.12.2021 umzusetzende europäische Richtlinie zum Schutz von Personen, die Verstöße gegen das Unionsrecht melden (RL (EU) 2019/1937, Whistleblowing-RL), sieht eine effektive Meldestruktur für potentielle Hinweisgeber vor. Die Effektivität soll durch Gewährleistung von Mindeststandards wie die Wahrung von Vertraulichkeit, Transparenz des Verfahrens und Rückmeldungen innerhalb einer angemessenen Frist erreicht werden.[176] Darüber hinaus sieht die Richtlinie „wirksame, angemessene und abschreckende" Sanktionen für natürliche und juristische Personen vor.[177] Die Anforderungen an die Ausgestaltung des CMS sind höher, wenn bereits in der Vergangenheit erhebliche Compliance-Verstöße in der Gesellschaft aufgetreten sind.[178] Das LG München I hat in seiner vielbeachteten „Siemens/Neubürger"-Entscheidung vom 10.12.2013[179] bestätigt, dass es in die Gesamtverantwortung des Vorstands falle, ein Compliance-System zu errichten. Zu den Pflichten des Vorstands gehört es zudem, nicht nur – einmalig – ein Compliance-Management-System einzurichten. Vielmehr muss der Vorstand das System fortwährend auf Effektivität kontrollieren und es gegebenenfalls **anpassen** und **weiterentwickeln.**[180] Zu den weiteren Aufgaben des Vorstands im Zusammenhang mit Compliance → § 13 Rn. 6ff.

[170] Dazu *Fischer/Schuck* NZG 2021, 534 (537f.); *Hopt/Kumpan* AG 2021, 129 (132f.).
[171] BeckOGK/*Fleischer* AktG § 91 Rn. 48; Kölner Komm AktG/*Mertens/Cahn* § 91 Rn. 36; *Arnold* in Marsch-Barner/Schäfer AG-HdB Rn. 19.22; *Bicker* AG 2012, 542 (544); aA Hüffer/Koch/*Koch* AktG § 76 Rn. 14; Hölters/*Weber* AktG § 76 Rn. 29; *Hauschka* ZIP 2004, 877 (880, 882).
[172] Ähnlich *Winter* FS Hüffer, 2010, 1103 (1105).
[173] *Hauschka/Moosmayer/Lösler* in HML Corporate Compliance § 1 Rn. 31.
[174] *W. Goette* ZHR 175 (2011), 388 (396f.).
[175] Deutscher Corporate Governance Kodex in der Fassung vom 16.12.2019.
[176] MAH ArbR/*Dendorfer-Ditges* § 35 Rn. 128.
[177] *Dzida/Granetzky* NZA 2020, 1201 (1204).
[178] BeckOGK/*Fleischer* AktG § 91 Rn. 54.
[179] LG München I DB 2014, 766.
[180] *Hoffmann/Schieffer* NZG 2017, 401 (402).

## V. Überwachung anderer Organe

### 1. Aufsichtsrat

58 Verletzen Aufsichtsratsmitglieder ihre Pflichten und entsteht der Gesellschaft dadurch ein Schaden, ist es Aufgabe des Vorstands, Ansprüche der Gesellschaft gegen die betroffenen Aufsichtsratsmitglieder zu prüfen und ggf. durchzusetzen. Insoweit gelten die vom BGH in der „ARAG-Garmenbeck“-Entscheidung für den Aufsichtsrat entwickelten Grundsätze entsprechend.[181] Der Vorstand muss also Ansprüche der Gesellschaft gegen Aufsichtsratsmitglieder prüfen und grundsätzlich verfolgen, sofern nicht überwiegende Interessen der Gesellschaft entgegenstehen (ausführlich zum „ARAG/Garmenbeck“-Urteil → § 11 Rn. 18).

59 Aus dieser Aufgabe des Vorstands folgt in gewissem Maß eine vorgelagerte Pflicht zu prüfen, ob der Aufsichtsrat seine Aufgaben ordnungsgemäß erfüllt. **Vorstand und Aufsichtsrat überwachen sich also gegenseitig.**[182] Dass damit jeweils der Überwachte den Überwacher überwacht, steht dem nicht entgegen, zumal auch die Eigentümerkontrolle noch verbleibt.[183] Die Überwachungspflicht des Vorstands erstreckt sich auf vergangenes und auch – präventiv – auf zukünftiges Aufsichtsratsverhalten.[184] Die Überwachungspflicht des Vorstands intensiviert sich dabei in Fällen des laufenden Bewältigungsmanagements, bspw. beim Vorgehen gegen ehemalige Vorstandsmitglieder.[185] Gegen rechtswidrige Beschlüsse und sonstiges pflichtwidriges Verhalten des Aufsichtsrats muss der Vorstand mit den ihm zur Verfügung stehenden Mitteln vorgehen.[186] Nach § 124 Abs. 3 S. 1 AktG muss zB (nur) der Aufsichtsrat der Hauptversammlung Beschlussvorschläge für die Wahl von Aufsichtsratsmitgliedern und Prüfern machen. Ist ein solcher Wahlvorschlag rechtswidrig, weil etwa ein Aufsichtsratsmitglied nicht die persönlichen Voraussetzungen des § 100 AktG erfüllt oder der Wahlvorschlag insgesamt die gesetzliche Geschlechterquote[187] nicht erfüllt, muss der Vorstand den Aufsichtsrat und, wenn der Aufsichtsrat gleichwohl an seinem Vorschlag festhält, ggf. auch die Hauptversammlung auf die Rechtswidrigkeit des Beschlussvorschlags hinweisen. Wird der rechtswidrige Beschluss gefasst, kann der Vorstand nach § 245 Nr. 4 AktG, § 246 AktG unter Umständen zur Erhebung einer Anfechtungsklage verpflichtet sein (→ Rn. 62). Mit der Pflicht des Vorstands zur Überwachung der Aufsichtsratsentscheidungen gehen zudem weitere Pflichten einher. Wenn der Vorstand eine Entscheidung des Aufsichtsrats als pflichtwidrig oder schädlich für die Gesellschaft erachtet, muss er den Aufsichtsrat auf seine abweichende Beurteilung hinweisen **(Hinweispflicht)** und auf eine pflichtgemäße Entscheidung hinwirken **(Einwirkungspflicht).** Je größer die Zweifel des Vorstands an der Pflichtmäßigkeit der Aufsichtsratsentscheidung sind, desto höher sind die Anforderungen an die Einwirkungspflicht. Weiterhin treffen Vorstand und Aufsichtsrat **wechselseitige Abstimmungspflichten,** wenn durch die Entscheidung des Aufsichtsrats weitere Folgepflichten des Vorstands verursacht werden.

60 Nach § 93 Abs. 3 Nr. 7 AktG muss der der Vorstand insbesondere prüfen, ob die an die Aufsichtsratsmitglieder geleistete Vergütung rechtmäßig ist. Auf der anderen Seite sind die Vorstandsmitglieder auch bei Verhandlungen mit dem Aufsichtsrat über ihr eigenes Gehalt nicht völlig frei: Sie dürfen zwar ihre eigenen wirtschaftlichen Interessen vertreten, haben aber auch sicherzustellen, dass ihre Vergütung „angemessen“ iSd § 87 AktG bleibt.[188]

---

[181] BeckOGK/*Spindler* AktG § 116 Rn. 151.

[182] Vgl. auch *Arnold* ZGR 2014, 76 (86); *Arnold* FS Krieger, 2020, 41 (42f.); *Potinecke/Block* in Knierim/Rübenstahl/Tsambikakis, Internal Investigations, 1. Aufl. 2013, Kap. 2 Rn. 11.

[183] *Arnold* FS Krieger, 2020, 41, 42f.

[184] *Arnold* FS Krieger, 2020, 41, 49.

[185] *Koch* ZHR 180 (2016), 582 (602).

[186] Vgl. MüKoAktG/*Spindler* § 93 Rn. 116.

[187] Regelung im Aktiengesetz in § 96 Abs. 2 AktG.

[188] *Peltzer* FS Lutter, 2000, 571 (573ff.).

### 2. Hauptversammlung

Der Vorstand muss dafür sorgen, dass in der Gesellschaft rechtmäßige Entscheidungen getroffen werden. Deshalb ist er verpflichtet zu **prüfen,** ob die von der Hauptversammlung gefassten Beschlüsse rechtmäßig sind.[189] Grundsätzlich ist der Vorstand nach § 83 Abs. 2 AktG verpflichtet, die Beschlüsse der Hauptversammlung auszuführen. Diese Pflicht beschränkt sich aber auf gesetzmäßige Beschlüsse.[190] Sind die Beschlüsse der Hauptversammlung nichtig oder anfechtbar, darf der Vorstand sie **nicht ausführen.**[191] Im Schrifttum wird diskutiert, ob und in welchen Fällen der Vorstand Beschlüsse der Hauptversammlung, die er nicht für rechtmäßig hält, anfechten (§ 245 Nr. 4 AktG) oder gegen sie eine Nichtigkeitsklage (§ 249 AktG) erheben muss.[192] Eine solche Pflicht ist jedenfalls zu bejahen, wenn Beschlüsse für die Gesellschaft nachteilig sind[193] oder den Vorstand zu unrechtmäßigem Handeln verpflichten.[194] Entscheidend für die Pflicht des Vorstands, Beschlüsse nach § 83 Abs. 2 AktG auszuführen oder ggf. sogar anzufechten, ist die objektive Rechtslage.[195] Hat der Vorstand Zweifel, ob ein Beschluss rechtmäßig ist, muss er sachverständigen Rechtsrat einholen (zu den dabei zu beachtenden Grundsätzen ausführlich → § 11 Rn. 58 ff.). 61

## D. Treuepflicht

### I. Allgemeines

Die Vorstandsmitglieder schulden aufgrund ihrer Organstellung und ihrer Eigenschaft als Treuhänder fremden Vermögens loyalen Einsatz für die Gesellschaft. Diese **organschaftliche Treuepflicht** geht über die Pflichten der Vorstandsmitglieder aus dem Anstellungsvertrag hinaus und verlangt, ihre persönlichen Interessen und die Interessen Dritter dem Gesellschaftsinteresse unterzuordnen.[196] Die Verletzung der organschaftlichen Treuepflicht kann nicht nur zu einer Haftung der Vorstandsmitglieder gegenüber der Gesellschaft auf Schadensersatz führen (§ 93 Abs. 2 AktG; → § 11 Rn. 38 ff.), sondern auch strafrechtlich relevant sein, insbesondere im Zusammenhang mit einer möglichen Strafbarkeit wegen Untreue gem. § 266 StGB.[197] 62

### II. Besondere Ausprägungen der Treuepflicht

#### 1. Loyaler Einsatz für die Gesellschaft

Vorstandsmitglieder sind verpflichtet, ihre Fähigkeiten, Kenntnisse und Erfahrungen vorbehaltlos in den **Dienst der Gesellschaft** zu stellen.[198] Sofern es die Interessen der Gesellschaft erfordern, haben Vorstandsmitglieder daher über die üblichen Arbeitszeiten hinaus tätig zu sein. In besonderen Situationen kann sich aus der Treuepflicht ergeben, dass der Vorstand seinen Urlaub verschieben bzw. einen bereits angetretenen Urlaub abbrechen 63

[189] Hölters/*Hölters* AktG § 93 Rn. 66; BeckOGK/*Fleischer* AktG § 83 Rn. 10; *Hefermehl* FS Schilling, 1973, 159 (166).
[190] MüKoAktG/*Spindler* § 83 Rn. 18 f.
[191] Hölters/*Hölters* AktG § 93 Rn. 66; Kölner Komm AktG/*Mertens/Cahn* § 83 Rn. 9.
[192] Vgl. die Nachw. bei MüKoAktG/*Spindler* § 83 Rn. 20; MüKoAktG/*Spindler* § 93 Rn. 118.
[193] MüKoAktG/*Spindler* § 83 Rn. 24; Hüffer/Koch/*Koch* AktG § 243 Rn. 50; Hölters/*Hölters* AktG § 93 Rn. 66.
[194] MüKoAktG/*Spindler* § 83 Rn. 24; Hölters/*Hölters* AktG § 93 Rn. 66; GroßkommAktG/*Hopt/Roth* § 93 Rn. 175.
[195] BeckOGK/*Fleischer* AktG § 83 Rn. 11 mwN.
[196] MüKoAktG/*Spindler* § 93 Rn. 125 ff.
[197] S. hierzu ausf. *Spindler* in Fleischer VorstandsR-HdB § 15 Rn. 33 ff.
[198] Kölner Komm AktG/*Mertens/Cahn* § 93 Rn. 96 mwN.

muss.[199] Vorstandsmitglieder dürfen zudem ihr Amt nicht willkürlich zur Unzeit niederlegen.

64 Die Treuepflicht endet auch im **Privatleben** der Vorstandsmitglieder nicht vollständig. Auch hier dürfen die Vorstandsmitglieder ihre Organstellung nicht zum Nachteil der Gesellschaft einsetzen. Sie sind vielmehr grundsätzlich verpflichtet, herabsetzende Äußerungen über die Gesellschaft und ihre Organe zu unterlassen. Es gehört zB zur organschaftlichen Treuepflicht, dass die Mitglieder der Organe der Gesellschaft es unterlassen, durch öffentliche pointierte Meinungsäußerungen im Rahmen eines unternehmensinternen Konflikts die Kreditwürdigkeit der Gesellschaft zu gefährden.[200] Im Übrigen stößt die Treuepflicht im Privatleben der Vorstandsmitglieder aber häufig an Grenzen, etwa des Persönlichkeitsrechts und des Rechts auf freie Entfaltung. Vorstandsmitglieder haben ihr Privatleben der Gesellschaft nicht völlig unterzuordnen. So ist es ihnen zB nicht verwehrt, politische Mandate oder Leitungsaufgaben in einem Verein zu übernehmen, solange diese Mandate oder Leitungsaufgaben nicht zu Interessenkollisionen führen.[201] Ein Interessenkonflikt kann zB vorliegen, wenn das Vorstandsmitglied die Vermögensverwaltung eines Großaktionärs übernimmt.[202] An die Grenzen des Persönlichkeitsrechts und des Rechts auf freie Entfaltung stößt die Treuepflicht häufig auch, wenn es um die Pflicht der Vorstandsmitglieder geht, ihre Arbeitskraft zu erhalten. Deshalb verstoßen Vorstandsmitglieder nicht gegen ihre Treuepflicht, wenn Sie ungesund leben oder gefährliche Sportarten ausüben. Sofern der Ausfall eines Vorstandsmitglieds allerdings für die Gesellschaft existenzbedrohend wäre, ist ihm die Vermeidung außergewöhnlicher Gefahrensituationen zuzumuten.[203]

## 2. Vermeidung und Offenlegung von Interessenkonflikten

65 Vorstandsmitglieder haben der Gesellschaft mögliche Interessenkonflikte **offenzulegen.** Das gilt auch dann, wenn das in Aussicht genommene Verhalten oder Geschäft letztlich zulässig sein sollte.[204] Die Vorstandsmitglieder müssen der Gesellschaft die Möglichkeit bieten, die Einhaltung der ihnen obliegenden Treuepflicht angemessen zu kontrollieren. Die Vorstandsmitglieder müssen der Gesellschaft eine angemessene Kontrolle darüber ermöglichen, dass sie ihrer Treuepflicht genügen.[205] Hierfür ist außerdem erforderlich, dass Vorstandsmitglieder Belege, Abrechnungen und Aufzeichnungen aufbewahren und der Gesellschaft ggf. vorlegen.[206]

66 Auch der DCGK empfiehlt in E.2 DCGK, dass Vorstandsmitglieder Interessenkonflikte unverzüglich gegenüber dem Aufsichtsrat offenlegen und die anderen Vorstandsmitglieder hierüber informieren.

## 3. Ausnutzung der Organstellung/Eigengeschäfte mit der Gesellschaft

67 Bei **Geschäften zwischen Vorstandsmitgliedern und der Gesellschaft** ist die Gefahr eines Interessenkonflikts besonders augenfällig. Dennoch sind solche Geschäfte nicht grundsätzlich verboten. Daraus ergibt sich, dass Vorstandsmitglieder aus Geschäften mit der Gesellschaft auch Gewinn erzielen dürfen. Voraussetzung eines Geschäfts der Gesellschaft

[199] Vgl. Hölters/*Hölters* AktG § 93 Rn. 115, der allerdings zutr. darauf hinweist, dass in heute üblichen Anstellungsverträgen ohnehin keine Arbeitszeitregelungen getroffen würden.
[200] OLG Stuttgart ZIP 2012, 625 – Piëch.
[201] GroßkommAktG/*Hopt/Roth* § 93 Rn. 239.
[202] Kölner Komm AktG/*Mertens/Cahn* § 93 Rn. 97.
[203] Kölner Komm AktG/*Mertens/Cahn* § 93 Rn. 96.
[204] GroßkommAktG/*Hopt/Roth* § 93 Rn. 275 f.
[205] Kölner Komm AktG/*Mertens/Cahn* § 93 Rn. 110.
[206] GroßkommAktG/*Hopt/Roth* § 93 Rn. 275 f. mwN; Kölner Komm AktG/*Mertens/Cahn* § 93 Rn. 110.

mit einem Vorstandsmitglied ist aber stets, dass die Konditionen des Geschäfts einem Drittvergleich standhalten *(at arm's length)*.[207]

Vorstandsmitglieder dürfen ihre **Organstellung auch nicht zum eigenen Vorteil auf Kosten der Gesellschaft ausnutzen.** Das wäre zB der Fall, wenn Vorstandsmitglieder Bestechungsgelder annehmen oder Leistungen der Gesellschaft in Anspruch nehmen, die ihnen nicht zustehen. Die Entgegennahme von Bestechungsgeldern und Provisionen ist auch dann unzulässig, wenn der Gesellschaft daraus im Ergebnis kein Schaden entsteht. Ein Vorstandsmitglied handelt in solchen Fällen regelmäßig bereits deshalb pflichtwidrig, weil es gegen ein Gesetz und damit gegen die Legalitätspflicht verstößt. Entsprechend dem Rechtsgedanken des § 667 BGB müssen Vorstandsmitglieder auf diese Weise erlangte Vermögensvorteile an die Gesellschaft herausgeben.[208] 68

Aufwendungen für die **persönliche Sicherheit** von Vorstandsmitgliedern sind von der Gesellschaft zu tragen, wenn und soweit die Gefährdung mit der Stellung der Vorstandsmitglieder im Unternehmen zusammenhängt.[209] Unter den gleichen Voraussetzungen – Zusammenhang mit dem Vorstandsamt – sind auch **Repräsentationsaufwendungen** gerechtfertigt, sofern sie im Hinblick auf die wirtschaftliche Lage der Gesellschaft verhältnismäßig sind.[210] 69

## 4. Wettbewerbsverbot/Geschäftschancenlehre

Das **Wettbewerbsverbot** nach § 88 AktG ist eine gesetzliche Ausprägung der Treuepflicht. Danach dürfen Vorstandsmitglieder ohne Einwilligung des Aufsichtsrats weder ein Handelsgewerbe betreiben, noch Geschäfte im Geschäftszweig der Gesellschaft machen, noch als Geschäftsführungsorgan in einer anderen Handelsgesellschaft tätig sein. Die Vorschrift soll die Gesellschaft nicht nur vor Wettbewerbshandlungen schützen, sondern auch davor, dass ihre Vorstandsmitglieder ihre Arbeitskraft anderweitig einsetzen.[211] Für das Wettbewerbsverbot kommt es nicht darauf an, ob der Gesellschaft tatsächlich Konkurrenz erwächst oder ob ihr konkrete Schäden drohen.[212] Der DCGK gibt die Regelung des § 88 AktG in Grundsatz 19 DCGK wieder. 70

Geschäftschancen werden von § 88 AktG nicht unmittelbar erfasst.[213] Aus der Treuepflicht der Vorstandsmitglieder wird jedoch die – weitgehend aus dem amerikanischen Gesellschaftsrecht übernommene – **Geschäftschancenlehre** *(corporate opportunity doctrine)* hergeleitet. Auch Grundsatz 19 DCGK untersagt Vorstandsmitgliedern, Geschäftschancen, die dem Unternehmen zustehen, für sich selbst zu nutzen. Die Bestimmung ist nicht als Empfehlung formuliert, sondern dem Wortlaut nach („dürfen") als Wiedergabe einer gesetzlichen Regelung. Dies spiegelt das Verständnis der Regierungskommission Corporate Governance Kodex wider, dass die Geschäftschancenlehre Bestandteil des geltenden Aktienrechts ist. Nach der Geschäftschancenlehre dürfen die Vorstandsmitglieder Geschäftschancen, die sich der Gesellschaft bieten, nicht an sich ziehen. Vorstandsmitglieder dürfen solche Geschäftschancen weder auf eigene Rechnung nutzen, noch durch nahestehende Personen wahrnehmen lassen. Vielmehr müssen sie die Geschäftschance für die Gesellschaft wahrnehmen.[214] Das gilt nach der Rechtsprechung des BGH auch dann, wenn dem Vorstandsmitglied das Geschäft als Privatperson angetragen wurde. Die Treuepflicht sei un- 71

[207] Hölters/*Hölters* AktG § 93 Rn. 123; BeckOGK/*Fleischer* AktG § 93 Rn. 167; GroßkommAktG/*Hopt/Roth* § 93 Rn. 241 (mit Bsp.).
[208] *Fleischer* in Fleischer VorstandsR-HdB § 9 Rn. 43.
[209] Kölner Komm AktG/*Mertens/Cahn* § 93 Rn. 102; Hölters/*Hölters* AktG § 93 Rn. 120.
[210] GroßkommAktG/*Hopt/Roth* § 93 Rn. 267; Hölters/*Hölters* AktG § 93 Rn. 121.
[211] Vgl. Hüffer/Koch/*Koch* AktG § 88 Rn. 1.
[212] BeckOGK/*Fleischer* AktG § 88 Rn. 5.
[213] MüKoAktG/*Spindler* § 88 Rn. 61.
[214] BGH NZG 2013, 216 Rn. 21; Kölner Komm AktG/*Mertens/Cahn* § 93 Rn. 105; MüKoAktG/*Spindler* § 88 Rn. 61.

teilbar.[215] Diese weite Ausdehnung des Geschäftschancenbegriffs ist im Schrifttum auf Kritik gestoßen, weil dadurch dem Vorstand „jede Privatsphäre genommen" werde.[216] Andererseits ist aber die Abgrenzung, ob die Geschäftschance dem Vorstandsmitglied als Privatperson angetragen wurde oder ob sie Bezug zu seinem Vorstandsamt hat, häufig schwierig. Ein weites Verständnis des Begriffs der Geschäftschance dient daher der Rechtssicherheit. Ist die Grundlage der Geschäftschance durch das Vorstandsmitglied schon vor Beginn des Organverhältnisses geschaffen worden, besteht aber jedenfalls keine Pflicht, das Geschäft an die Gesellschaft weiterzureichen.

72 Der Begriff der Geschäftschance ist weit zu verstehen. Eine **Geschäftschance** in diesem Sinn liegt jedenfalls vor, wenn ein Geschäftsabschluss von der Gesellschaft intern beschlossen wurde, wenn sie Vertragsverhandlungen aufgenommen oder auch nur Interesse an einem Geschäft geäußert hat.[217] Darüber hinaus liegt eine Geschäftschance auch dann vor, wenn das Geschäft im Bereich des tatsächlich wahrgenommenen Unternehmensgegenstands der Gesellschaft liegt oder wenn die Gesellschaft ein konkretes Interesse an einem solchen Geschäft hat.[218] Ein solches Interesse kann auch außerhalb des Unternehmensgegenstands liegen. Geht es zB um den Erwerb eines Betriebsgrundstücks, ist unerheblich, ob Immobiliengeschäfte zum Unternehmensgegenstand der Gesellschaft gehören.[219] Ob auch Geschäftschancen einer Konzerngesellschaft erfasst sind, ist offen. Die entgangene Geschäftschance einer Tochtergesellschaft wirkt sich zumindest mittelbar auf die Muttergesellschaft aus. Jedoch besteht die Treuepflicht eines Vorstandsmitglieds grundsätzlich nur gegenüber der Gesellschaft, bei der es Organmitglied ist. Entgangene Geschäftschancen sind aber immer dann erfasst, wenn die entgangene Geschäftschance auf Ebene der **Konzerngesellschaft** zugleich zu einem unmittelbaren Verlust auf Ebene der Gesellschaft des Vorstandsmitglieds führt – es sich also faktisch auch um eine eigene Geschäftschance der Gesellschaft des Vorstandsmitglieds handelt.[220]

73 Der Vorstand darf eine Geschäftschance auch nicht mit der Begründung selbst ergreifen, die Gesellschaft sei nicht willens oder in der Lage, sie zu nutzen. Die Gesellschaft könnte ein berechtigtes Interesse haben, dass auch ein anderer das Geschäft nicht abschließt. Hat die Gesellschaft an der Wahrnehmung einer Geschäftschance aber kein Interesse, kann der Aufsichtsrat **entsprechend § 88 AktG zustimmen,** dass das Vorstandsmitglied die Geschäftschance selbst nutzt.[221]

## 5. Verschwiegenheitspflicht

74 Auch bei der in § 93 Abs. 1 S. 3 AktG geregelten Verschwiegenheitspflicht der Vorstandsmitglieder handelt es sich um eine besondere gesetzliche Ausprägung der Treuepflicht. Danach haben Vorstandsmitglieder „über vertrauliche Angaben und Geheimnisse der Gesellschaft, namentlich Betriebs- oder Geschäftsgeheimnisse, die den Vorstandsmitgliedern durch ihre Tätigkeit im Vorstand bekannt geworden sind, (…) Stillschweigen zu bewahren." Auch nach dem Ausscheiden aus dem Vorstand besteht die Verschwiegenheitspflicht hinsichtlich vertraulicher Angaben und Geheimnisse, die dem Vorstandsmitglied während seiner Amtszeit bekannt wurden, fort. Das gilt auch dann, wenn dies nicht ausdrücklich vertraglich vereinbart ist.[222]

---

[215] Vgl. BGH WM 1985, 1442 (1444) für die GmbH; bestätigenden BGH NZG 2013, 216 Rn. 27 für GbR (Bezugnehmende auf die anderen Urteile); OLG Frankfurt a. M. GmbHR 1998, 376 (378).
[216] MüKoAktG/*Spindler* § 88 Rn. 66.
[217] GroßkommAktG/*Hopt/Roth* § 93 Rn. 255ff.
[218] Kölner Komm AktG/*Mertens/Cahn* § 93 Rn. 105.
[219] MüKoAktG/*Spindler* § 88 Rn. 62.
[220] Vgl. MüKoAktG/*Spindler* § 88 Rn. 63.
[221] Vgl. MüKoAktG/*Spindler* § 88 Rn. 67.
[222] BeckOGK/*Fleischer* AktG § 93 Rn. 194.

### a) Geheimnisse der Gesellschaft und vertrauliche Angaben

Geheimnisse der Gesellschaft sind Tatsachen, die nur einem eng begrenzten Personenkreis bekannt, also nicht offenkundig sind, wenn sie nach dem geäußerten oder aus dem Gesellschaftsinteresse ableitbaren mutmaßlichen Willen der AG auch nicht offenkundig werden sollen, und wenn ein objektives Geheimhaltungsbedürfnis der Gesellschaft besteht.[223] Betriebs- oder Geschäftsgeheimnisse sind Unterfälle von Geheimnissen und werden in § 93 Abs. 1 S. 3 AktG lediglich beispielhaft genannt.[224] Tatsachen im Sinn der aktienrechtlichen Geheimhaltungsvorschriften sind alle objektiven Daten, aber auch geäußerte Absichten, Ansichten, Meinungen und Wertungen. Nicht offenkundig sind Tatsachen, die nur einem eng begrenzten Personenkreis bekannt sind und zu denen Dritte nicht problemlos Zugang haben.[225] 75

**Beispiele für Geheimnisse** der Gesellschaft sind Informationen über den Zustand der Gesellschaft, über die Finanzsituation, Fertigungsverfahren, Produktionsvorhaben, Erfindungsleistungen, Konstruktionen, Kalkulationen, Geschäftspartner, Kundenlisten, Personalentscheidungen, Planungen, Forschungsvorhaben, Investitionen, Absatzplanung, Produkt- und allgemeine Unternehmensplanung, etc.[226] Zu den wichtigsten Geheimnissen der Gesellschaft gehören Kenndaten, die erhoben werden, um die eigene Leistung und Stärke bzw. Schwäche zu kontrollieren.[227] Auch Informationen im Zusammenhang mit M&A-Verhandlungen, der Verlauf und Ergebnisse von Stimmabgaben und Meinungsäußerungen in Vorstands- und Aufsichtsratssitzungen sind grundsätzlich Gesellschaftsgeheimnisse.[228] 76

**Vertrauliche Angaben** sind Angelegenheiten, bei denen – selbst wenn sie kein Geheimnis (mehr) sind – die Gesellschaft ein objektives Interesse daran hat, dass sie nicht weiterverbreitet werden.[229] Das ist der Fall, wenn aufgrund objektiver Beurteilung davon auszugehen ist, dass es für die Gesellschaft nachteilig ist, wenn die Information weitergegeben wird.[230] 77

Ob ein **Geheimhaltungsbedürfnis** besteht, beurteilt sich grundsätzlich nach dem objektiven Unternehmensinteresse.[231] Das Unternehmensinteresse wird von den Organen der Gesellschaft konkretisiert. Grundsätzlich kann daher der Vorstand im Rahmen seines Leitungsermessens entscheiden, ob die Geheimhaltung einer Tatsache im Interesse der AG liegt.[232] Gibt der Vorstand eine Information ausdrücklich frei, ist sie nicht vertraulich. Die Information ist in diesem Fall auch von anderen (etwa vom Aufsichtsrat) nicht vertraulich zu behandeln, es sei denn, die Freigabe der Information durch den Vorstand ist erkennbar pflichtwidrig.[233] Hat ein Vorstandsmitglied Zweifel, ob eine Information vertraulich ist, kann es eine klärende Entscheidung des Gesamtvorstands herbeiführen.[234] Betreffen Informationen die Sphäre des Aufsichtsrats, entscheidet hingegen der Aufsichtsrat.[235] Die Sphäre des Aufsichtsrats betreffende Informationen sind insbesondere solche im Zusammenhang mit der Bestellung und Abberufung von Vorstandsmitgliedern sowie Aufsichtsratsprotokolle.[236] 78

---

223 Vgl. RGZ 149, 329 (334) zu § 17 UWG; BGHZ 64, 325 (329); MüKoAktG/*Spindler* § 93 Rn. 134.
224 Hüffer/Koch/*Koch* AktG § 93 Rn. 30.
225 *LKV* Aufsichtsrat Rn. 259.
226 Zahlreiche Beispiele bei GroßkommAktG/*Hopt/Roth* § 93 Rn. 283.
227 Vgl. *LKV* Aufsichtsrat Rn. 269.
228 MüKoAktG/*Spindler* § 93 Rn. 134 aE.
229 MüKoAktG/*Spindler* § 93 Rn. 137.
230 So OLG Stuttgart AG 2007, 218 (219).
231 BeckOGK/*Spindler* AktG § 116 Rn. 117.
232 BGHZ 64, 325 (329) – der Vorstand ist „Herr der Gesellschaftsgeheimnisse"; MüKoAktG/*Spindler* § 93 Rn. 136.
233 BeckOGK/*Spindler* AktG § 116 Rn. 117.
234 MüKoAktG/*Spindler* § 93 Rn. 138.
235 GroßkommAktG/*Hopt/Roth* § 116 Rn. 226.
236 GroßkommAktG/*Hopt/Roth* § 116 Rn. 226.

### b) Grenzen der Verschwiegenheitspflicht

79 Die Verschwiegenheitspflicht hat verschiedene Grenzen.

80 **aa) Auskunftspflichten.** Die Verschwiegenheitspflicht besteht nicht, soweit Auskunftspflichten bestehen. § 93 Abs. 1 S. 4 AktG regelt ausdrücklich, dass die Verschwiegenheitspflicht nicht gegenüber der **Prüfstelle für Rechnungslegung** (§ 342b HGB) gilt.[237] Die Verschwiegenheitspflicht besteht ferner nicht **innerhalb des Vorstands.**

81 Der Vorstand hat nach § 90 AktG umfassende Berichtspflichten gegenüber dem Aufsichtsrat. Diesen Berichtspflichten kann er sich grundsätzlich nicht mit einem Verweis auf seine Verschwiegenheitspflicht entziehen.[238] Die Mitglieder des Aufsichtsrats sind ihrerseits gem. § 116 S. 1 AktG, § 93 Abs. 1 S. 3 AktG zur Verschwiegenheit verpflichtet. § 116 S. 2 AktG betont zudem die Verschwiegenheitspflicht von Aufsichtsratsmitgliedern besonders. Gelegentlich gibt es Situationen, in denen der Vorstand eine Information für **besonders geheimhaltungsbedürftig** hält. Dies kann etwa vorkommen, wenn der Vorstand im Rahmen von Compliance-Untersuchungen konkrete Anhaltspunkte für Gesetzesverstöße entdeckt hat. In solchen Situationen ist fraglich, ob sich der Vorstand gegenüber dem Aufsichtsrat auf seine Verschwiegenheitspflicht berufen kann, wenn er befürchtet, dass der Aufsichtsrat die Vertraulichkeit nicht wahren wird. Besteht die **konkrete Gefahr,** dass die Informationen von Aufsichtsratsmitgliedern **nicht vertraulich behandelt** oder in anderer Weise **missbräuchlich zum Nachteil der AG genutzt** werden, muss der Vorstand dem Aufsichtsrat nicht berichten. Eine solche konkrete Gefahr ist aber nur in Ausnahmefällen anzunehmen, zB wenn ein Aufsichtsratsmitglied zugleich Organmitglied eines konkurrierenden Unternehmens ist und die Information für dieses von Bedeutung sein kann.[239] Eine bloß **abstrakte Gefahr,** dass Aufsichtsratsmitglieder Informationen nicht vertraulich behandeln oder sonst missbräuchlich verwenden, genügt dagegen nicht, um die Informationspflicht des Vorstands einzuschränken.[240] Zulässig ist es allerdings, dass der Vorstand besondere Vorsichtsmaßnahmen ergreift. Beispielsweise kann er dem Aufsichtsrat im Rahmen seiner Berichtspflichten **nur mündlich** über Sachverhalte berichten, wenn diese Sachverhalte besonders geheimhaltungsbedürftig sind. Die Vertraulichkeit von Informationen im Zusammenhang mit Compliance-Untersuchungen kann auch dadurch gestärkt werden, dass sich ein **Ausschuss des Aufsichtsrats** mit Compliance befasst. Verlangen Aufsichtsratsmitglieder in einem solchen Fall nach § 90 Abs. 3 AktG Informationen über dem Ausschuss übertragene Angelegenheiten, hat der Vorstand die Informationen nur zu erteilen, soweit kein besonderes Geheimhaltungsbedürfnis besteht.[241]

82 Auch gegenüber dem **Abschlussprüfer** besteht keine Verschwiegenheitspflicht, soweit dieser gem. § 320 Abs. 2 HGB Informationen für seine Prüfung verlangen kann. Gegenüber dem **Betriebsrat,**[242] dem **Wirtschaftsausschuss**[243] und der **Belegschaft**[244] bestehen ebenfalls Auskunftspflichten, hinter denen die Verschwiegenheitspflicht zurücktritt. Auch das **Auskunftsrecht der Aktionäre** gem. § 131 Abs. 1, Abs. 4 AktG geht der Verschwiegenheitspflicht vor. Aktionäre können danach aber grundsätzlich nur in der Hauptversammlung Auskunft über Angelegenheiten der Gesellschaft verlangen, und zwar nur, so-

---

[237] Gemäß § 342c HGB trifft dafür die bei der Prüfstelle Beschäftigten eine nachgelagerte Verschwiegenheitspflicht.

[238] Vgl. Kölner Komm AktG/*Mertens/Cahn* § 90 Rn. 14.

[239] Vgl. GroßkommAktG/*Kort* § 90 Rn. 114; ferner Kölner Komm AktG/*Mertens/Cahn* § 90 Rn. 16.

[240] Vgl. GroßkommAktG/*Kort* § 90 Rn. 111; ferner Kölner Komm AktG/*Mertens/Cahn* § 90 Rn. 14.

[241] So auch Kölner Komm AktG/*Mertens/Cahn* § 90 Rn. 26; aA *Lutter,* Information und Vertraulichkeit im Aufsichtsrat, 3. Aufl. 2006, Rn. 377.

[242] § 90 BetrVG (arbeitsplatzbezogene Planung), § 92 BetrVG (Personalplanung), § 99 BetrVG (personelle Einzelmaßnahmen), § 111 BetrVG (Betriebsänderungen).

[243] § 106 Abs. 2, Abs. 3 BetrVG (Unterrichtung über wirtschaftliche Angelegenheiten des Unternehmens, soweit dadurch nicht die Betriebs- und Geschäftsgeheimnisse des Unternehmens gefährdet werden), § 108 Abs. 5 BetrVG (Erläuterung des Jahresabschlusses).

[244] § 110 BetrVG (schriftlicher Bericht über die wirtschaftliche Lage und Entwicklung des Unternehmens).

weit die Auskunft zur Beurteilung eines Gegenstands der Tagesordnung erforderlich ist. Zudem bestehen gegenüber dem Auskunftsrecht der Aktionäre die in § 131 Abs. 3 AktG aufgezählten Auskunftsverweigerungsgründe. Besonders relevant ist der Auskunftsverweigerungsgrund des § 131 Abs. 3 Nr. 1 AktG. Danach darf der Vorstand die Auskunft verweigern, soweit die Erteilung der Auskunft nach vernünftiger kaufmännischer Beurteilung geeignet ist, der Gesellschaft oder einem verbundenen Unternehmen einen nicht unerheblichen **Nachteil zuzufügen.** Der Vorstand muss im Einzelfall pflichtgemäß prüfen, ob ein Auskunftsverweigerungsgrund besteht und ob er danach eventuell verpflichtet ist, die Auskunft zu verweigern.

Ist die Gesellschaft als Tochterunternehmen in den Konzernabschluss ihres Mutterunter- 83
nehmens einzubeziehen, muss das Tochterunternehmen dem **Mutterunternehmen** seine Rechnungslegungsunterlagen einreichen (§ 294 Abs. 3 S. 1 HGB). Zudem kann das Mutterunternehmen alle Aufklärungen und Nachweise verlangen, die die Aufstellung des Konzernabschlusses, des Konzernlageberichts und des gesonderten, nichtfinanziellen Konzernberichts erfordert (§ 294 Abs. 3 S. 2 HGB).[245] Im Übrigen besteht die Verschwiegenheitspflicht nicht gegenüber (insbesondere wirtschafts- und steuerrechtlichen) Auskunftsrechten von **Behörden** und bei **kapitalmarktrechtlichen Informationspflichten.**[246] Kapitalmarktrechtliche Informationspflicht ist insbesondere die Pflicht, Informationen, die geeignet sind, den Börsenpreis erheblich zu beeinflussen, unverzüglich zu veröffentlichen (Art. 17 Abs. 1 MAR – „Ad-hoc-Publizitätspflicht"). Die berechtigten (Geheimhaltungs-) Interessen der Gesellschaft können hier unter den Voraussetzungen des Art. 17 Abs. 4 MAR durch eine Aufschubentscheidung gewahrt werden (näher dazu → Rn. 136).

**bb) Überwiegendes Offenbarungsinteresse.** Die Verschwiegenheitspflicht besteht auch 84
nicht, wenn das Interesse der Gesellschaft an der Offenbarung einer Tatsache das Geheimhaltungsinteresse überwiegt. Danach kann es zulässig sein, Arbeitnehmer der Gesellschaft in Geheimnisse einzuweihen[247] und sachverständige Berater (Rechtsanwälte, Steuerberater, Wirtschaftsprüfer etc) hinzuzuziehen, insbesondere – aber nicht nur – wenn die Berater ihrerseits einer beruflichen Verschwiegenheitspflicht unterliegen.[248] Auch kann es zulässig sein, mit dem Betriebsrat oder dem Großaktionär über geheime Pläne zu sprechen.[249] In diesen Fällen ist aber grundsätzlich ein Vorstandsbeschluss erforderlich.[250] Im Übrigen ist vor der Informationsweitergabe an den Großaktionär zu bedenken, ob ein Risiko besteht, dass die Information über ein erweitertes Auskunftsverlangen von Minderheitsaktionären gem. § 131 Abs. 4 AktG öffentlich wird.

Auch im Rahmen einer **Due-Diligence-Prüfung** dürfen Informationen an Kaufinter- 85
essenten weitergegeben werden, wenn der Verkauf des Unternehmens oder einer Beteiligung im Interesse der Gesellschaft liegt. Darüber muss der Vorstand nach pflichtgemäßem Ermessen entscheiden.[251] Bedeutsam sind dabei insbesondere die Lage der Gesellschaft, die Person des potenziellen Erwerbers, das Stadium, in dem sich die Beteiligungsveräußerung

---

[245] Das Auskunftsrecht des § 294 Abs. 3 S. 2 HGB wird sehr weit verstanden. Es erstreckt sich auf alle direkt oder indirekt notwendigen Informationen. Jeder auch nur mittelbare Zusammenhang mit der Aufstellung des Konzernabschlusses, des Konzernlageberichts und des gesonderten, nichtfinanziellen Konzernberichts genügt, um das Auskunftsverlangen zu rechtfertigen (MüKoHGB/*Pfaff* § 294 Rn. 37 f.). Die Einschätzungsprärogative, ob ein solcher Zusammenhang besteht, hat unseres Erachtens der Vorstand des Tochterunternehmens.

[246] MüKoAktG/*Spindler* § 93 Rn. 150 ff. 159.

[247] GroßkommAktG/*Hopt/Roth* § 93 Rn. 301. Arbeitnehmer unterliegen während ihrer Tätigkeit für die Gesellschaft ihrerseits einer arbeitsvertraglichen Verschwiegenheitspflicht. Diese Pflicht ist auch durch § 23 GeschGehG sanktioniert. Der Vorstand muss pflichtgemäß entscheiden, ob er versucht, Arbeitnehmer auch über das Ende des Beschäftigungsverhältnisses hinaus zur Geheimhaltung zu verpflichten.

[248] GroßkommAktG/*Hopt/Roth* § 93 Rn. 302.

[249] BeckOGK/*Fleischer* AktG § 93 Rn. 204.

[250] GroßkommAktG/*Hopt/Roth* § 93 Rn. 303.

[251] BeckOGK/*Fleischer* AktG § 93 Rn. 205; enger Hölters/*Hölters* AktG § 93 Rn. 183; aA *Lutter* ZIP 1997, 613 (617).

befindet, sowie Art und Umfang der begehrten Informationen und ihre Bedeutung für das Zustandekommen des Verkaufs. Ist die Gestattung der Due Diligence zwingende Voraussetzung für das Zustandekommen des Verkaufs und ist der Verkauf Voraussetzung für das Überleben der Gesellschaft, muss der Vorstand die Due Diligence gestatten. Ist hingegen evident, dass der Verkauf nicht zustande kommen wird, muss der Vorstand die Due Diligence verweigern.[252] Im Übrigen muss der Vorstand prüfen, ob die Gefahr besteht, dass weitergegebene Informationen zum Nachteil der Gesellschaft verwendet werden. Gegebenfalls muss er Schutzvorkehrungen treffen, insbesondere etwa darauf bestehen, dass sich Kaufinteressenten zur Vertraulichkeit verpflichten.[253]

86 Grundsätzlich kann jedes Vorstandsmitglied im Rahmen seines Geschäftsbereichs **allein entscheiden,** ob ein Geheimnis offenbart werden soll. Dabei steht ihm ein Ermessensspielraum zu, der nur eingeschränkt nachprüfbar ist.[254] Ist das Geheimnis von entscheidender Bedeutung für die Gesellschaft, ist aber ein **Beschluss des Vorstands** erforderlich.[255] Auch wenn ein Geheimnis gegenüber Personen offenbart werden soll, die nicht ihrerseits einer Verschwiegenheitspflicht unterliegen, wird idR ein Beschluss des Vorstands einzuholen sein.[256]

87 **cc) Unzumutbarkeit.** Die Verschwiegenheitspflicht besteht nicht, wenn es Vorstandsmitgliedern unzumutbar ist, Stillschweigen über eine an sich geheimhaltungsbedürftige Tatsache zu bewahren, also das Geheimhaltungsinteresse der Gesellschaft ausnahmsweise gegenüber dem Eigeninteresse des Vorstandsmitglieds zurücktritt. Das kann insbesondere in Konfliktsituationen der Fall sein, also beispielsweise wenn sich das Vorstandsmitglied gegen seine Abberufung, gegen eine Inanspruchnahme durch die Gesellschaft oder sonst gegen Vorwürfe nur dadurch wehren kann, dass es Geheimnisse offenbart.[257] In engen Grenzen kann es auch gerechtfertigt sein, die Verschwiegenheitspflicht aufzuheben, wenn das Vorstandsmitglied Ansprüche gegen die Gesellschaft durchsetzen möchte.[258]

88 **dd) Informationsweitergabe im Konzern.** Besteht ein **Beherrschungsvertrag,** ist der Vorstand verpflichtet, alle vom herrschenden Unternehmen durch Weisung angeforderten Informationen weiterzugeben, es sei denn, die Informationsweitergabe dient offensichtlich nicht Konzerninteressen.

89 Besteht ein **faktisches Abhängigkeitsverhältnis** oder ein **faktischer Konzern** (§§ 311 ff. AktG), ist der Vorstand nicht verpflichtet, er kann aber berechtigt sein, Informationen an das herrschende Unternehmen weiterzugeben. Informationen dürfen weitergegeben werden, wenn sie einen Funktionsbezug zur Beteiligungsverwaltung oder zur Konzernleitung haben und die Informationsweitergabe für die faktisch abhängige AG nicht nachteilig ist oder etwaige Nachteile gem. § 311 AktG ausgeglichen werden. Nachteile können beispielsweise Kosten sein, die für die Beschaffung und Aufbereitung der erbetenen Informationen entstehen. Daneben können dadurch Nachteile entstehen, dass das herrschende Unternehmen Informationen zur Förderung eigener unternehmerischer Zwecke (etwa zu Wettbewerbszwecken) verwendet. Verpflichtet sich das herrschende Unternehmen, Informationen ausschließlich zur konzerninternen Kontrolle und nicht zur Förderung eigener unternehmerischer Interessen zu verwenden, ist der Vorstand idR berechtigt, Informationen, die der Konzernleitung, der Konzernplanung und der Früherkennung bestandsgefährdender Risiken dienen, an das herrschende Unterneh-

[252] Vgl. BeckOGK/*Fleischer* AktG § 93 Rn. 205.
[253] BeckOGK/*Fleischer* AktG § 93 Rn. 206.
[254] MüKoAktG/*Spindler* § 93 Rn. 141; *Körber* in Fleischer VorstandsR-HdB § 10 Rn. 21.
[255] MüKoAktG/*Spindler* § 93 Rn. 141; *Körber* in Fleischer VorstandsR-HdB § 10 Rn. 21.
[256] MüKoAktG/*Spindler* § 93 Rn. 158.
[257] Vgl. MüKoAktG/*Spindler* § 93 Rn. 150.
[258] MüKoAktG/*Spindler* § 93 Rn. 150.

men weiterzugeben.[259] In der Praxis bietet sich unter Umständen an, den Informationsaustausch im Konzern vertraglich zu regeln, um für die Beteiligten Klarheit zu schaffen.

**ee) Straf- und Zivilprozess.** Die Verschwiegenheitspflicht begründet **kein Zeugnisverweigerungsrecht im Strafprozess** und vor parlamentarischen Untersuchungsausschüssen.[260] 90

**Amtierende Vorstandsmitglieder** können im **Zivilprozess** nur als Partei vernommen werden und können ihre Vernehmung nach § 446 ZPO unter Berufung auf ihre organschaftliche Verschwiegenheitspflicht ablehnen. **Ausgeschiedene Vorstandsmitglieder** sind im **Zivilprozess** als Zeugen zu vernehmen und haben wegen ihrer fortdauernden Verschwiegenheitspflicht grundsätzlich ein Zeugnisverweigerungsrecht gem. § 383 Abs. 1 Nr. 6 ZPO.[261] 91

## 6. Nachvertragliche Treuepflicht

Die organschaftliche Treuepflicht bindet das Vorstandsmitglied in gewissem Umfang auch **nach Ende des Organverhältnisses.**[262] Dem Vorstandsmitglied ist es verwehrt, Geschäftschancen „mitzunehmen" und nach seinem Ausscheiden auszunutzen. Die nachvertragliche Pflichtenbindung betrifft aber nur solche Interessen der Gesellschaft, die auf Ereignissen oder Umständen aus der Amtszeit des Vorstandsmitglieds basieren. Zur Rücksichtnahme auf sonstige, gegenwärtige Interessen ist das ausgeschiedene Organmitglied nicht verpflichtet.[263] 92

## 7. Treuepflicht im Konzern

Innerhalb des Konzerns sind drei verschiedene Konstellationen zu unterscheiden. Bei Vorstandsmitgliedern der Obergesellschaft stellt sich die Frage, ob ihre organschaftliche Treuepflicht sich auch auf abhängige Gesellschaften oder den Gesamtkonzern erstreckt. Auf der Ebene der abhängigen Gesellschaft ist zu klären, ob der Vorstand (auch) die Belange des herrschenden Unternehmens in den Blick nehmen muss. Schließlich können Vorstandsmitglieder auch Doppelmandate wahrnehmen. 93

Für den **Vorstand der herrschenden AG** ergeben sich aus der Konzernstruktur keine Besonderheiten: Die Treuepflicht des Vorstands der herrschenden AG gebietet es ihm, die Beteiligungen „seiner" Gesellschaft in deren Interesse und zu ihrem Nutzen zu verwalten.[264] Eine Treuepflicht unmittelbar gegenüber den Konzerngesellschaften besteht dagegen nicht. Vorstandsmitglieder unterliegen auch keiner Treuepflicht für den Gesamtkonzern (sie unterliegen auch keiner Konzernleitungspflicht; → § 11 Rn. 43).[265] Die **Vorstandsmitglieder einer abhängigen AG** sind nur dieser gegenüber unmittelbar zur Treue verpflichtet. 94

Die Gefahr von Interessenkonflikten ist besonders groß, wenn ein Vorstandsmitglied ein **Doppelmandat** wahrnimmt, also sowohl in der herrschenden als auch in einer beherrschten Gesellschaft ein Geschäftsleiteramt bekleidet. Solche Doppelmandate lässt das Aktienrecht zu (vgl. § 88 Abs. 1 S. 2 AktG). Sie kommen auch in der Praxis vor. Ein Vorstandsmitglied, das in einer Konzerngesellschaft ein weiteres Geschäftsleiteramt ausübt, ist in zwei Pflichtenkreise eingebunden: Er ist beiden Gesellschaften gegenüber zur Leitung 95

---

[259] Vgl. Emmerich/Habersack/*Habersack* AktG § 311 Rn. 51a.
[260] BeckOGK/*Fleischer* AktG § 93 Rn. 208.
[261] BeckOGK/*Fleischer* AktG § 93 Rn. 209; aA ist die Gesellschaft als Prozesspartei beteiligt, besteht kein Zeugnisverweigerungsrecht so Kölner Komm AktG/*Mertens/Cahn* § 93 Rn. 123.
[262] *C. Arnold* in Götte/Arnold AR-HdB § 4 Rn. 1671.
[263] GroßkommAktG/*Hopt/Roth* § 93 Rn. 273.
[264] *Spindler* in Fleischer VorstandsR-HdB § 15 Rn. 41.
[265] *Spindler* in Fleischer VorstandsR-HdB § 15 Rn. 42.

und zur Treue verpflichtet. Dabei kann sich das Vorstandsmitglied nicht darauf berufen, eine Verletzung seiner Organpflichten sei gerechtfertigt, weil er damit seine Organpflichten gegenüber der anderen Gesellschaft erfülle.[266] Der Vorstand muss sich also jeweils nach den Interessen der Gesellschaft richten, für die er gerade tätig ist.[267]

96 Fraglich ist, wie sich ein Vorstandsmitglied mit Doppelmandat bei **unausweichlichen Interessenkollisionen** zu verhalten hat. Zu solchen unausweichlichen Interessenkollisionen kann es insbesondere im faktischen Konzern kommen. Im **Vertragskonzern** kann der Vorstand der Obergesellschaft den Vorstand der abhängigen Konzerngesellschaft anweisen. Der Vorstand der abhängigen Konzerngesellschaft ist dann gem. § 308 Abs. 1 S. 2 AktG grundsätzlich verpflichtet, für das beherrschte Unternehmen nachteilige Weisungen auszuführen.[268] Im **faktischen Konzern** kommt ein Stimmverbot des Doppelmandatsträgers im Vorstand der Obergesellschaft analog § 34 BGB in Betracht. Entgegen einer älteren Auffassung im Schrifttum wird ein solches Stimmverbot aber überwiegend abgelehnt.[269] Nach der zutreffenden Auffassung dürfen Doppelmandatsträger auf der Ebene der abhängigen Gesellschaft nachteilige Maßnahmen (mit-)beschließen, wenn der entstehende Nachteil durch das herrschende Unternehmen gem. § 311 AktG ausgeglichen wird. Daraus folgt die Pflicht des Vorstandsmitglieds zu prüfen, ob die Obergesellschaft zum Ausgleich bereit und in der Lage ist.[270] Kommt es regelmäßig zu unausweichlichen Interessenskonflikten, sollte das betreffende Vorstandsmitglied eines der Mandate niederlegen.[271]

## 8. Kreditgewährung an Vorstandsmitglieder

97 Eine weitere gesetzliche Ausprägung der organschaftlichen Treuepflicht ist die Regelung zur Kreditgewährung an Vorstandsmitglieder in § 89 AktG. Im Gegensatz zu anderen Rechtsordnungen[272] verbietet das deutsche Aktienrecht die Vergabe von Darlehen an Organmitglieder nicht. Eine Kreditgewährung ist gem. § 89 Abs. 1 AktG aber **nur auf Grundlage eines Aufsichtsratsbeschlusses zulässig,** der die Modalitäten des Darlehens, insbesondere Verzinsung und Rückzahlung, regelt. Der Beschluss kann außerdem nur für bestimmte Kreditgeschäfte gefasst werden und muss Angaben über Grund und Höhe des Kredits enthalten.

98 Der in § 89 AktG verwendete Begriff des Kredits ist weit auszulegen. Er umfasst nicht nur den Grundtyp des Darlehens nach §§ 488 ff. BGB, sondern **jede zeitweilige Überlassung von Geld- oder Sachmitteln.**[273] Unter den Kreditbegriff iSd § 89 AktG fallen daher auch Garantien, Bürgschaften, Schuldübernahmen und andere Personalsicherheiten.[274] Unter den Kreditbegriff fallen auch Ratenzahlungsgeschäfte und Stundungsabreden, jedenfalls soweit sie nicht völlig branchenüblich sind.[275] Ob das Geschäft für die Gesellschaft vorteilhaft ist, ist dabei unerheblich.[276] Die Entnahme von Vorschüssen auf die Bezüge des Vorstandsmitglieds wird durch § 89 Abs. 1 S. 4 AktG ausdrücklich einbezogen. Ausgenommen sind dagegen Kleinkredite, die ein Monatsgehalt nicht übersteigen (§ 89 Abs. 1 S. 5 AktG).

---

[266] *Spindler* in Fleischer VorstandsR-HdB § 18 Rn. 128; *Hoffmann-Becking* ZHR 150 (1986), 570 (576 f.); GroßkommAktG/*Kort* § 76 Rn. 223.
[267] BGH NZG 2009, 744 (745); Hölters/*Weber* AktG § 76 Rn. 58.
[268] Hölters/*Weber* AktG § 76 Rn. 58.
[269] Vgl. Hölters/*Weber* AktG § 76 Rn. 59 mwN. Das *Recht* des Vorstands zur Stimmenthaltung soll nach einhelliger Auffassung unberührt bleiben.
[270] *Nodoushani* GWR 2009, 309 (310 f.).
[271] Vgl. Hölters/*Weber*AktG § 76 Rn. 60.
[272] Vgl. die Nachweise bei *Fleischer* in Fleischer VorstandsR-HdB § 9 Rn. 50 f.
[273] MüKoAktG/*Spindler* § 89 Rn. 9.
[274] *Fleischer* in Fleischer VorstandsR-HdB § 9 Rn. 53.
[275] Hüffer/Koch/*Koch* AktG § 89 AktG Rn. 2.
[276] MüKoAktG/*Spindler* § 89 Rn. 9.

Ein verbotswidrig ohne Aufsichtsratsbeschluss abgeschlossener Darlehensvertrag ist nach ganz herrschender Auffassung nicht gem. § 134 BGB nichtig,[277] da der Zweck des § 89 AktG dem Geschäft – der Kreditvergabe – nicht seinen wirtschaftlichen Erfolg nehmen, sondern Transparenz herstellen will.[278] Der ausgereichte Kredit ist aber nach § 89 Abs. 5 AktG **sofort zurück zu gewähren,** sofern der Aufsichtsrat der Kreditvergabe nicht nachträglich zustimmt. 99

## E. Kapitalerhaltungspflicht

Nach § 57 Abs. 1 S. 1 AktG ist grundsätzlich jede Zuwendung der Gesellschaft an einen Aktionär außerhalb der Verteilung des Bilanzgewinns, die nicht durch eine besondere gesetzliche Regelung gestattet ist, unzulässig (sog. verbotene Einlagenrückgewähr).[279] § 57 AktG verbietet der AG aber nicht, mit Aktionären Geschäfte zu machen. Leistungen der AG an Aktionäre müssen jedoch durch einen vollwertigen Gegenleistungs- oder Rückgewähranspruch gedeckt sein (§ 57 Abs. 1 S. 3 Alt. 2 AktG).[280] **Maßgeblicher Zeitpunkt** für die Ausgeglichenheit zwischen Leistung und Gegenleistung ist der Zeitpunkt des Vertragsschlusses.[281] Bei **Austauschgeschäften** hat der Vorstand daher dafür zu sorgen, dass die AG eine Gegenleistung erhält, die **nicht in einem objektiven Missverhältnis** zu ihrer Leistung steht.[282] Dabei ist im Ausgangspunkt auf eine sog. „bilanzielle Betrachtungsweise" abzustellen: Die Gegenleistung, die die AG erhält, muss zumindest dem **bilanziellen Wert** der Leistung entsprechen, die sie an den Aktionär erbringt. Daneben ist der **Marktwert** der ausgetauschten Leistungen zu berücksichtigen: Ist etwa der bilanzielle Wert der von der AG erbrachten Leistung geringer als ihr Marktwert, muss die Gegenleistung des Aktionärs auch den höheren Marktwert abdecken.[283] Der Vorstand darf sich gegenüber Aktionären nicht auf Konditionen einlassen, die die AG Dritten nicht gewährt hätte, also zB eine Leistung über dem Marktpreis ein- oder unter dem Marktpreis verkaufen. Werden Gegenstände des Anlagevermögens veräußert, für die kein Marktpreis besteht, können Wiederbeschaffungswerte angesetzt werden. Veräußert oder erwirbt die AG ein **Unternehmen** oder einen Unternehmensteil, ist der nach anerkannten Bewertungsmethoden ermittelte Wert des Unternehmens oder Unternehmensteils maßgeblich (insbesondere Bewertung nach IDW S 1 und – falls vorhanden – Börsenkurs).[284] Der Unternehmenswert entspricht dabei einer **Bandbreite:** Einzelne Bewertungsmethoden sind durch Spielräume und Prognosen geprägt, so dass sich bereits im Rahmen einzelner Bewertungsmethoden (etwa der Bewertung nach IDW S 1) nicht ein „exakter Unternehmenswert" ergibt, sondern eine Bandbreite, in der das Unternehmen vertretbar bewertet ist. Zudem gibt es mehrere anerkannte Bewertungsmethoden, die regelmäßig zu unterschiedlichen Ergebnissen hinsichtlich des Unternehmenswerts kommen. Die unterschiedlichen Ergebnisse mehrerer Bewertungsmethoden erweitern die Bandbreite, in der das Unternehmen 100

---

[277] MüKoAktG/*Spindler* § 89 Rn. 51.

[278] *Fleischer* in Fleischer VorstandsR-HdB § 9 Rn. 66.

[279] GroßkommAktG/*Arnold/Notz* § 57 Rn. 17. Es spielt insofern keine Rolle, ob das offen (zB als Vorauszahlung auf die Dividende, die nicht von § 59 AktG gedeckt ist) oder verdeckt geschieht, vgl. Hüffer/Koch/*Koch* AktG § 57 Rn. 7f.

[280] BGH NZG 2017, 344 (345f.).

[281] Das gilt auch für Dauerschuldverhältnisse: GroßkommAktG/*Arnold/Notz* § 57 Rn. 84; *Fleischer* FS Krieger 2020, 253 (257ff.).

[282] Dazu und zum Folgenden insgesamt MüKoAktG/*Bayer* § 57 Rn. 48ff.; Hüffer/Koch/*Koch* AktG § 57 Rn. 8ff.; GroßkommAktG/*Arnold/Notz* § 57 Rn. 75ff.

[283] Das betrifft insbesondere die Veräußerung von Vermögensgegenständen, deren Bilanzwert stille Reserven enthält.

[284] Hüffer/Koch/*Koch* AktG § 57 Rn. 10; Kölner Komm AktG/*Drygala* § 57 Rn. 64; MüKoAktG/*Bayer* § 57 Rn. 60; Großkomm AktG/*Arnold/Notz* § 57 Rn. 78.

vertretbar bewertet ist. Der Vorstand wird idR gut beraten sein, ein Bewertungsgutachten einzuholen.[285]

101 Möchte die AG Aktionären **Kredit gewähren,** hat der Vorstand zu prüfen, ob die AG im Zeitpunkt, in dem sie ihre Leistung erbringt (also etwa ein Darlehen valutiert), einen nach bilanziellen Grundsätzen vollwertigen, das heißt durchsetzbaren, Rückgewähranspruch hat. Im Hinblick auf langfristige Darlehen (dh Laufzeit über ein Jahr) ist eine angemessene Verzinsung erforderlich, um Vollwertigkeit anzunehmen.[286] Für kurzfristige Darlehen ist die Annahme einer Verzinsung hingegen umstritten. Zwar spricht gegen eine Zinspflicht, dass das MoMiG bezweckte, die Leistungsbeziehungen zwischen Gesellschaft und Aktionär zu vereinfachen.[287] Für eine Zinspflicht spricht aber die Entscheidung des BGH im Fall „MPS", die in der laufzeitunabhängigen, zinslosen Kreditgewährung einen Verstoß gegen § 311 AktG sah.[288] Für den strengeren § 57 AktG dürfte das erst Recht gelten. Liegt keine angemessene Verzinsung vor, haftet der Aktionär nur auf den Zinsvorteil. Weiterhin kann Zweifeln an der Bonität des Aktionärs etwa durch eine werthaltige Sicherheit Rechnung getragen werden.[289] Auch nach der Kreditgewährung hat der Vorstand fortlaufend zu überwachen, ob der Rückgewähranspruch durchsetzbar ist.[290] Die Intensität der Überwachungspflicht hängt von den Umständen des Einzelfalls ab (insbesondere Umfang des Kredits, Bonität des Aktionärs etc). Bei umfangreichen langfristigen Darlehen oder bei einem Cash-Management kann es erforderlich sein, ein Informations- oder „Frühwarnsystem" einzurichten.[291] Übernimmt die AG im Rahmen eines vom Großaktionär veranlassten Börsengangs das Prospekthaftungsrisiko, hat der Vorstand darauf zu achten, dass das Prospekthaftungsrisiko durch einen werthaltigen Freistellungsanspruch oder andere bilanziell wirksame Vorteile ausgeglichen wird.[292]

102 § 57 AktG erfasst über seinen Wortlaut hinaus auch Konstellationen, in denen statt der AG ein Dritter leistet oder in denen statt eines Aktionärs ein Dritter Leistungsempfänger ist (Leistung durch oder an Dritte). Leistungen **durch Dritte** an Aktionäre sind etwa dann erfasst, wenn der Dritte für Rechnung der AG handelt.[293] Leistungen der AG **an Dritte** sind insbesondere dann erfasst, wenn die AG auf Veranlassung eines Aktionärs leistet.[294] Leistungen der AG an Ehegatten oder minderjährige Kinder des Aktionärs sind jedoch nach neuerer Rechtsprechung des BGH **nicht** mehr **generell** analog § 89 Abs. 3 S. 1 AktG, § 115 Abs. 2 AktG zurechenbar.[295]

103 Abweichungen gelten im Hinblick auf die **Besicherung eines Kredits eines Dritten an den Aktionär.** Die bilanzielle Betrachtungsweise passt hier nicht, weil sich die Sicherungsbestellung nicht ohne Weiteres in das buchhalterische Denken von Aktiv- und Passivposten einordnet, sondern im Ursprung regelmäßig nicht bilanzwirksam sichtbar ist. Stattdessen ist im Fall der Besicherung eine „wirtschaftliche" Betrachtungsweise vorzunehmen.[296] Die Übernahme von Risiken muss aber auch hier durch einen vollwertigen Gegenleistungs- oder Rückgewähranspruch iSd § 57 Abs. 1 S. 3 Alt. 2 AktG gedeckt sein. Für die Besicherung ist damit ein Freistellungs- und Rückgriffsanspruch gegen den Aktio-

---

[285] *Arnold/Gärtner* FS Stilz, 2014, 7 (21) mwN.
[286] *Kuntz* ZGR 2017, 917 (936ff.); GroßkommAktG/*Arnold/Notz* § 57 Rn. 97; Hüffer/Koch/*Koch* AktG § 57 Rn. 26.
[287] MüKoAktG/*Bayer* § 57 Rn. 170.
[288] BGHZ 179, 71 Rn. 17 – MPS.
[289] Hüffer/Koch/*Koch* AktG § 57 Rn. 25; GroßkommAktG/*Arnold/Notz* § 57 Rn. 91.
[290] Die Pflicht, fortlaufend zu überwachen, ob der Rückerstattungsanspruch durchsetzbar ist, ergibt sich nach herrschender Ansicht allerdings nicht aus § 57 AktG, sondern aus der allgemeinen Sorgfaltspflicht, § 93 Abs. 1 S. 1 AktG, vgl. Hölters/*Laubert* AktG § 57 Rn. 21.
[291] BGHZ 179, 71 Rn. 14 – MPS; GroßkommAktG/*Arnold/Notz* § 57 Rn. 93.
[292] BGHZ 190, 7 Rn. 15 – Telekom III; dazu etwa *Arnold/Aubel* ZGR 2012, 113 (132ff.).
[293] Hüffer/Koch/*Koch* AktG § 57 Rn. 17.
[294] Dazu allg. Hüffer/Koch/*Koch* AktG § 57 Rn. 17ff.
[295] Zu den Einzelheiten MüKoAktG/*Bayer* § 57 Rn. 125; Hüffer/Koch/*Koch* AktG § 57 Rn. 19; näher dazu GroßkommAktG/*Arnold/Notz* § 57 Rn. 175f.
[296] BGH NZG 2017, 658 (660); GroßkommAktG/*Arnold/Notz* § 57 Rn. 101.

när gemeint. Dabei richtet sich die Vollwertigkeit des Anspruch nach der Bonität des Aktionärs und liegt vor, wenn ein Forderungsausfall unwahrscheinlich ist.[297] Maßgeblicher Zeitpunkt ist die Bestellung der Sicherheit.[298]

Im **Konzern** gelten Besonderheiten: Bei **Bestehen eines Beherrschungs- oder Gewinnabführungsvertrags** ist § 57 AktG grundsätzlich nicht anwendbar (§ 57 Abs. 1 S. 3 Alt. 1 AktG, § 291 Abs. 3 AktG). Der Vorstand hat stattdessen insbesondere zu überwachen, ob das herrschende Unternehmen in der Lage ist, seine Verlustausgleichspflicht (§ 302 AktG) zu erfüllen.[299] Ist die AG lediglich **faktisch abhängig iSd §§ 311 ff. AktG,** ist § 57 AktG soweit und solange aufgehoben, als eine an sich gegen § 57 AktG verstoßende Maßnahme gem. § 311 AktG ausgeglichen werden kann.[300] 104

Wurde gegen § 57 AktG verstoßen, hat die AG grundsätzlich gem. **§ 62 AktG** einen **Erstattungsanspruch.**[301] Anspruchsgegner ist der Aktionär, der die verbotene Leistung empfangen hat, oder dem die Leistung an einen Dritten zuzurechnen ist.[302] Ansprüche gem. § 62 AktG sind besonders geschützt und unverzichtbar (§ 66 Abs. 2 iVm Abs. 1 S. 1 AktG). Der Vorstand **muss** sie daher grundsätzlich geltend machen. Er darf nur ausnahmsweise davon absehen, wenn tatsächliche oder rechtliche Ungewissheit über den Bestand oder Umfang der Ansprüche besteht.[303] Besteht tatsächliche oder rechtliche Ungewissheit über den Bestand oder Umfang der Ansprüche, darf der Vorstand für die Gesellschaft auch einen Vergleich über die Ansprüche abschließen. 105

Neben dem Aktionär, der die verbotene Leistung erhielt, haften unter den Voraussetzungen des § 93 Abs. 3 AktG auch Vorstandsmitglieder, die am Verstoß gegen § 57 AktG mitwirkten, auf Schadensersatz (→ § 11 Rn. 51 ff.). 106

## F. Publizitätspflichten

Das Aktiengesetz regelt zahlreiche Publizitätspflichten des Vorstands: 107

### I. Anmeldungen zur Eintragung in das Handelsregister

Eine Pflicht des Vorstands, Maßnahmen zur Eintragung in das Handelsregister anzumelden, regelt das Aktiengesetz insbesondere für Maßnahmen, die **erst mit Eintragung in das Handelsregister wirksam werden (sog. konstitutive Wirkung der Eintragung)**. Grundsätzlich genügt es, wenn Vorstandsmitglieder dabei in vertretungsberechtigter Zahl handeln. Zur Eintragung anzumelden sind insbesondere: 108

- die Gesellschaft (§ 36 Abs. 1 AktG). Bei der Anmeldung der Gesellschaft zur Eintragung müssen ausnahmsweise sämtliche Mitglieder des Vorstands handeln, zudem alle Gründer und alle Mitglieder des Aufsichtsrats);
- eine Sitzverlegung (§ 45 Abs. 1 AktG);
- eine Satzungsänderung (§ 181 Abs. 1 AktG);

[297] BGH NZG 2017, 344 (345); vgl. auch BGH NZG 2017, 658 (660).

[298] Ganz hM, siehe nur BGHZ 213, 224 Rn. 15 f., 18 ff.; Hüffer/Koch/*Koch* AktG § 57 Rn. 27; GroßkommAktG/*Arnold/Notz* § 57 Rn. 113.

[299] Hüffer/Koch/*Koch* AktG § 57 Rn. 21.

[300] BGHZ 179, 71 Rn. 11 – MPS. Zum Nachteilsausgleich bei „Veranlassungen" durch Hauptversammlungsbeschluss eingehend *Arnold/Gärtner* FS Stilz, 2014, 7 ff.

[301] Ansprüche nach § 62 AktG sind grds. auf gegenständliche Rückgewähr des unter Verstoß gegen § 57 AktG Geleisteten gerichtet, vgl. BGHZ 196, 312 Rn. 19.

[302] Vgl. Hüffer/Koch/*Koch* AktG § 62 Rn. 5. Zwar können auch Dritte rückgewährpflichtig sein. § 62 kommt dafür aber nur ausnahmsweise in Betracht, vgl. GroßkommAktG/*Arnold/Notz* § 57 Rn. 297.

[303] Vgl. BGHZ 191, 364 Rn. 20 ff. (zum kapitalaufbringungsrechtlichen Differenzhaftungsanspruch, der ebenfalls nach § 66 Abs. 1 AktG unverzichtbar ist).

- Beschlüsse zu Kapitalmaßnahmen und die Durchführung von Kapitalmaßnahmen (etwa Beschluss und Durchführung einer Kapitalerhöhung gegen Einlagen nach § 184 Abs. 1 AktG, § 188 Abs. 1 AktG; Beschluss einer bedingten Kapitalerhöhung nach § 195 Abs. 1 AktG; Beschluss und Durchführung einer Kapitalherabsetzung nach §§ 223, 227 Abs. 1 AktG)
- die Auflösung der Gesellschaft (§ 263 AktG);
- das Bestehen eines Unternehmensvertrags, die Art des Unternehmensvertrags (vgl. §§ 291 f. AktG) sowie den Namen des anderen Vertragsteils (§ 294 AktG), ebenso die Änderung (§ 295 Abs. 1 AktG) und die Beendigung eines Unternehmensvertrags einschließlich des Grunds und des Zeitpunkts der Beendigung (§ 298 AktG);
- ein Übertragungsbeschluss im Rahmen eines Ausschlusses von Minderheitsaktionären („Squeeze-Out", § 327e AktG).[304]

109 Die meisten der genannten Anmeldepflichten können vom Registergericht nicht durch ein Zwangsgeld erzwungen werden. § 407 Abs. 2 AktG regelt insofern für die aktienrechtlichen Anmeldepflichten eine Ausnahme zu § 14 HGB.

110 Daneben verpflichtet das Aktiengesetz den Vorstand, auch solche Maßnahmen zur Eintragung in das Handelsregister anzumelden, bei denen die **Eintragung lediglich deklaratorisch wirkt.** Das betrifft insbesondere Änderungen innerhalb des Vorstands oder der Vertretungsbefugnis eines Vorstandsmitglieds (§ 81 AktG) sowie die ersten Abwickler und ihre Vertretungsbefugnis (§ 266 Abs. 1 AktG).

111 Die Einzelheiten zur Anmeldung sind in den jeweiligen Vorschriften näher geregelt. Allgemein gilt, dass Anmeldungen zur Eintragung in das Handelsregister elektronisch in öffentlich beglaubigter Form und Dokumente elektronisch einzureichen sind (§ 12 Abs. 1 S. 1, Abs. 2 S. 1 HGB). Öffentliche Beglaubigung verlangt, dass die Erklärung schriftlich abgefasst und die Unterschrift des Erklärenden von einem Notar beglaubigt wird (§ 129 Abs. 1 S. 1 BGB).

## II. Anmeldungen und Einreichungen zum Handelsregister

112 Manche Informationen sind zum Handelsregister anzumelden oder einzureichen, werden aber nicht in das Handelsregister eingetragen. Für die Anmeldung genügt in diesen Fällen die **gewöhnliche Schriftform;** eine öffentliche Beglaubigung ist nicht erforderlich.[305] Lediglich zum Handelsregister anzumelden sind insbesondere der Vorsitzende des Aufsichtsrats und seine Stellvertreter (§ 107 Abs. 1 S. 2 AktG).

113 Eingereichte Unterlagen können grundsätzlich beim Handelsregister eingesehen werden. Einzureichen sind insbesondere:

- wenn alle Aktien allein oder neben der Gesellschaft einem Aktionär gehören, eine entsprechende Mitteilung unter Angabe von Name, Vorname, Geburtsdatum und Wohnort des alleinigen Aktionärs (§ 42 AktG);
- bei jeder Änderung in den Personen der Aufsichtsratsmitglieder eine Liste der Mitglieder des Aufsichtsrats, aus der Name, Vorname, ausgeübter Beruf und Wohnort der Mitglieder ersichtlich sind (§ 106 AktG);
- bei börsennotierten Gesellschaften eine öffentlich beglaubigte, bei nichtbörsennotierten Gesellschaften eine vom Vorsitzenden des Aufsichtsrats unterzeichnete Abschrift des Protokolls der Hauptversammlung einschließlich der Anlagen (§ 130 Abs. 5 AktG);

---

[304] Auch aus anderen Gesetzen kann sich die Pflicht des Vorstands ergeben, Maßnahmen zur Eintragung in das Handelsregister anzumelden – s. etwa die sich aus § 16 Abs. 1 S. 1 UmwG ergebende Pflicht des Vorstands der an einer Verschmelzung beteiligten AG, die Verschmelzung zur Eintragung in das Register der AG anzumelden.

[305] Vgl. Hüffer/Koch/*Koch* AktG § 107 Rn. 11.

- der Beschluss der Hauptversammlung über die Ausgabe von Wandelschuldverschreibungen sowie eine Erklärung über die Ausgabe der Wandelschuldverschreibungen (§ 221 Abs. 2 S. 2 AktG);
- ein Urteil, das einer Anfechtungs- oder Nichtigkeitsklage gegen Hauptversammlungsbeschlüsse oder einer positiven Beschlussfeststellungsklage[306] stattgibt (§ 248 Abs. 1 S. 2 AktG). War der für nichtig erklärte Beschluss in das Handelsregister eingetragen, trägt das Registergericht von Amts wegen[307] auch das Urteil ein, das den Beschluss für nichtig erklärt. Betraf der Beschluss eine Satzungsänderung, muss der Vorstand auch den vollständigen Wortlaut der Satzung unter Berücksichtigung des Urteils und aller bisherigen Satzungsänderungen sowie einer Notarbescheinigung einreichen (§ 248 Abs. 2 AktG);
- eine beglaubigte Abschrift einer Klage auf Nichtigerklärung der Gesellschaft und das rechtskräftige Urteil (§ 275 Abs. 4 S. 2 AktG).

## III. Bekanntmachungen in den Gesellschaftsblättern

Manche Informationen muss der Vorstand in den Gesellschaftsblättern – also jedenfalls im Bundesanzeiger (§ 25 S. 1 AktG) – bekanntmachen. Das sind insbesondere: 114
- wenn die Gesellschaft **nicht börsennotiert** ist, mitgeteilte Minderheits- und Mehrheitsbeteiligungen (§ 20 Abs. 6 AktG; → Rn. 122);
- dass der Aufsichtsrat nach Ansicht des Vorstands nicht nach den maßgebenden gesetzlichen Vorschriften zusammengesetzt ist (§ 97 Abs. 1 S. 1 AktG; vgl. ferner § 30 Abs. 3 S. 2 AktG, § 31 Abs. 3 S. 1 AktG);
- die Aufforderung an die Aktionäre, ausstehende Einlagen zu leisten (§ 63 Abs. 1 S. 2 AktG);
- die Aufforderung an die Aktionäre, im Rahmen einer Kapitalerhöhung aus Gesellschaftsmitteln entstandene neue Aktien abzuholen (§ 214 Abs. 1 AktG);
- ein Hinweis auf den Beschluss der Hauptversammlung über die Ausgabe von Wandelschuldverschreibungen sowie die Erklärung über die Ausgabe der Wandelschuldverschreibungen (§ 221 Abs. 2 S. 3 AktG);
- bei **börsennotierten** Gesellschaften nach rechtskräftiger Zulassung einer Haftungsklage gem. § 148 AktG der Antrag auf Zulassung und die Verfahrensbeendigung sowie Vereinbarungen, die zur Vermeidung eines Prozesses geschlossen werden (§ 149 Abs. 1, Abs. 3 AktG);
- die Erhebung einer Anfechtungs- oder Nichtigkeitsklage und der Termin zur mündlichen Verhandlung (§ 246 Abs. 4 AktG, § 249 Abs. 1 S. 1 AktG), bei börsennotierten Gesellschaften auch die Verfahrensbeendigung (§§ 248a, 249 Abs. 1 S. 1 AktG);
- die abschließenden Feststellungen der Sonderprüfer zu einer Prüfung wegen behaupteter unzulässiger Unterbewertung (§ 259 Abs. 5 AktG);
- die Erhebung einer Klage auf Nichtigerklärung der Gesellschaft und der Termin zur mündlichen Verhandlung (§ 275 Abs. 4 S. 1 AktG iVm § 246 Abs. 4 AktG), bei **börsennotierten** Gesellschaften auch die Verfahrensbeendigung (§ 275 Abs. 4 S. 1 AktG iVm § 248a AktG).

## IV. Übermittlungen an das Unternehmensregister

Das Unternehmensregister (§ 8b HGB) ist kein originäres Veröffentlichungsmedium. Es 115
agiert als sog. Metaregister[308] und soll einen einheitlichen Zugang zu wesentlichen Infor-

---

[306] Hüffer/Koch/*Koch* AktG § 248 Rn. 10.
[307] Hüffer/Koch/*Koch* AktG § 248 Rn. 11.
[308] MüKoHGB/*Krafka* § 8b Rn. 4.

mationen über Unternehmen ermöglichen *(„one stop shop")*[309]. Das Unternehmensregister selbst hat deshalb **keine Publizitätswirkung** nach § 15 HGB.[310] Neben den Handelsregisterdaten und den Informationen aus dem elektronischen Bundesanzeiger finden sich dort insbesondere auch von börsennotierten Unternehmen veröffentlichte Ad-hoc-Mitteilungen (§ 26 Abs. 1 WpHG; → Rn. 134 ff.) und die kapitalmarktrechtliche Finanzberichterstattung (§§ 114 ff. WpHG; → Rn. 144). Die kapitalmarktrechtlichen Veröffentlichungen sind von der Gesellschaft selbst an das Unternehmensregister zu übermitteln (§ 8b Abs. 3 S. 1 Nr. 2 HGB; die übrigen Inhalte werden durch das Handelsregister bzw. den Betreiber des Bundesanzeigers übermittelt).

## V. Veröffentlichungen auf der Internetseite

116 Bei **börsennotierten** Gesellschaften muss der Vorstand Informationen im Zusammenhang mit der Hauptversammlung auf der *Internetseite der Gesellschaft* veröffentlichen. Das betrifft insbesondere den Inhalt der Einberufung und die der Hauptversammlung zugänglich zu machenden Unterlagen (also beispielsweise Jahresabschluss und Lagebericht, vgl. § 124a AktG) sowie die festgestellten Abstimmungsergebnisse der Hauptversammlung (§ 130 Abs. 6 AktG). Auch kapitalmarktrechtliche Informationen, wie zB Ad-hoc-Mitteilungen, müssen auf der Internetseite der Gesellschaft veröffentlicht werden.

117 Vorstand und Aufsichtsrat börsennotierter Gesellschaften müssen ferner die **Erklärung zum Corporate Governance Kodex** dauerhaft auf der Internetseite der Gesellschaft zugänglich machen (§ 161 Abs. 2 AktG). Das Gleiche gilt für die Erklärung zur Unternehmensführung, sofern sie nicht innerhalb des Lageberichts veröffentlicht wird (§ 289f Abs. 1 S. 2 HGB; die Publizitätspflichten im Zusammenhang mit der Rechnungslegung werden unter → § 10 Rn. 1 ff. ausführlich dargestellt).

## VI. Angaben auf Geschäftsbriefen

118 Auf Geschäftsbriefen der Gesellschaft müssen die Rechtsform, der Sitz, das Registergericht des Sitzes der Gesellschaft und die Nummer, unter der die Gesellschaft in das Handelsregister eingetragen ist, sowie alle Vorstandsmitglieder und der Vorsitzende des Aufsichtsrats mit dem Familiennamen und mindestens einem ausgeschriebenen Vornamen angegeben werden (§ 80 Abs. 1 S. 1 AktG). Ist ein Vorstandsvorsitzender ernannt, ist dieser als solcher zu bezeichnen (§ 80 Abs. 1 S. 2 AktG). Angaben zum Gesellschaftskapital sind nicht vorgeschrieben, aber zulässig. Werden Angaben zum Gesellschaftskapital gemacht, müssen das Grundkapital und etwa ausstehende Bareinlagen angegeben werden (§ 80 Abs. 1 S. 3 AktG).

119 Der Begriff des Geschäftsbriefs ist **weit auszulegen.** Erfasst sind sämtliche schriftlichen oder elektronischen (zB E-Mail-) Mitteilungen der Gesellschaft, die sich an einen bestimmten außenstehenden Empfänger richten. Dazu gehören beispielsweise Preislisten, Rechnungen, Quittungen und Lieferscheine.[311] Auch Bestellscheine gelten ausdrücklich als Geschäftsbriefe (§ 80 Abs. 3 AktG).

120 **Nicht erforderlich** sind die für Geschäftsbriefe vorgeschriebenen Angaben, wenn im Rahmen bestehender Geschäftsbeziehungen üblicherweise Vordrucke verwendet werden, in denen lediglich die im Einzelfall erforderlichen besonderen Angaben einzufügen sind (§ 80 Abs. 2 AktG). Eine bestehende Geschäftsbeziehung setzt voraus, dass der Adressat die nach § 80 Abs. 1 AktG geforderten Angaben zumindest einmal bereits schriftlich erhalten

[309] Baumbach/Hopt/*Merkt* HGB § 8b Rn. 1.
[310] Baumbach/Hopt/*Merkt* HGB § 8b Rn. 3.
[311] Hüffer/Koch/*Koch* AktG § 80 Rn. 2.

hat. Ob üblicherweise Vordrucke verwendet werden, ist branchenspezifisch und einzelfallbezogen zu ermitteln.[312]

## VII. Beteiligungspublizität

Nach den §§ 20 ff. AktG, §§ 33 ff. WpHG bestehen Pflichten, Beteiligungen an Gesellschaften mitzuteilen. Dabei ist zum einen danach zu unterscheiden, ob es um Beteiligungen geht, die andere an der Gesellschaft halten, oder um Beteiligungen, die die Gesellschaft selbst an anderen Gesellschaften hält. Zum anderen ist danach zu unterscheiden, ob die Gesellschaft, an der Beteiligungen bestehen, börsennotiert ist oder nicht: 121

### 1. Andere halten Beteiligungen an der Gesellschaft

#### a) Gesellschaft ist nicht börsennotiert

Halten andere Beteiligungen an der Gesellschaft und ist die Gesellschaft nicht börsennotiert, müssen andere Unternehmen der Gesellschaft unverzüglich Folgendes mitteilen: 122
- einem anderen **Unternehmen** gehören **mehr als 25 % der Aktien.** Dabei werden dem Unternehmen Aktien zugerechnet, die abhängigen Unternehmen gehören (§ 20 Abs. 1 AktG), ferner Aktien, deren Übereignung das Unternehmen verlangen kann oder zu deren Abnahme das Unternehmen verpflichtet ist (§ 20 Abs. 2 AktG; dem Unternehmen stehen abhängige Unternehmen und solche natürlichen oder juristischen Personen gleich, die für Rechnung des Unternehmens handeln);
- einer anderen **Kapitalgesellschaft** gehören mehr als 25% der Aktien, **ohne** dass ihr gem. § 20 Abs. 2 AktG Aktien zugerechnet werden (§ 20 Abs. 3 AktG);
- einem anderen **Unternehmen** gehört eine **Mehrheitsbeteiligung** an der Gesellschaft (§ 20 Abs. 4 AktG);
- einem anderen **Unternehmen** gehören **nicht länger mehr als 25 % der Aktien** (§ 20 Abs. 5 iVm Abs. 1 AktG);
- einer anderen **Kapitalgesellschaft** gehören nicht länger mehr als 25% der Aktien, **ohne** dass ihr gem. § 20 Abs. 2 AktG Aktien zugerechnet werden (§ 20 Abs. 5 iVm Abs. 3 AktG);
- einem anderen **Unternehmen** gehört **nicht länger eine Mehrheitsbeteiligung** (§ 20 Abs. 5 iVm Abs. 4 AktG).

Der **Vorstand** der Gesellschaft ist **verpflichtet,** unverzüglich in den Gesellschaftsblättern bekannt zu machen, dass ihm mitgeteilt wurde, dass eine Beteiligung von mehr als 25% oder eine Mehrheitsbeteiligung besteht, oder dass nicht länger eine Beteiligung von mehr als 25% oder eine Mehrheitsbeteiligung besteht (§ 20 Abs. 6 AktG). 123

#### b) Gesellschaft ist börsennotiert

Ist die Gesellschaft börsennotiert und ist die Bundesrepublik Deutschland ihr Herkunftsstaat, treffen **„jedermann"** – nicht nur andere Unternehmen – Mitteilungspflichten, und zwar bereits bei geringen Beteiligungsschwellen: Eine Mitteilungspflicht hat, wer unmittelbar oder mittelbar 3%, 5%, 10%, 15%, 20%, 25%, 30%, 50% oder 75% der Stimmrechte erreicht, überschreitet oder unterschreitet (§ 33 Abs. 1 S. 1 WpHG; die Mitteilungspflichten gem. § 20 AktG gelten daneben nicht, § 20 Abs. 8 AktG). Zudem besteht eine Mitteilungspflicht, wenn die Aktien der Gesellschaft erstmalig zum Handel zugelassen werden und dem Mitteilungspflichtigen zu diesem Zeitpunkt bereits 3% oder mehr der Stimmrechte zustehen (§ 33 Abs. 2 WpHG). Zu berücksichtigen sind ferner §§ 34 ff. WpHG, 124

[312] Hüffer/Koch/*Koch* AktG § 80 Rn. 5.

die die Zurechnung und Nichtberücksichtigung von Stimmrechten und Mitteilungspflichten beim Halten von Finanzinstrumenten und sonstigen Instrumenten regeln.

125 Der **Vorstand** der börsennotierten AG ist **verpflichtet,** zugegangene Mitteilungen unverzüglich zu veröffentlichen, dem Unternehmensregister zu übermitteln und die Veröffentlichung der Bundesanstalt für Finanzdienstleistungsaufsicht **(BaFin)** mitzuteilen (§ 40 Abs. 1 S. 1, Abs. 2 WpHG).

## 2. Gesellschaft hält Beteiligungen

126 Hält die Gesellschaft Beteiligungen an **nicht börsennotierten** Aktiengesellschaften mit Sitz im Inland, muss der Vorstand diesen gegenüber unverzüglich die unter → Rn. 122 dargestellten Mitteilungspflichten nach § 20 AktG erfüllen. Hält die Gesellschaft Beteiligungen an **börsennotierten** Gesellschaften, für die die Bundesrepublik Deutschland der Herkunftsstaat ist, treffen den Vorstand die Mitteilungspflichten nach §§ 33 ff. WpHG.

127 Ist die Gesellschaft **selbst börsennotiert** und erreicht, überschreitet oder unterschreitet sie durch Erwerb, Veräußerung oder auf sonstige Weise **in Bezug auf eigene Aktien** die Schwellen von 3%, 5% oder 10%, muss der Vorstand dies ebenfalls unverzüglich veröffentlichen, dem Unternehmensregister übermitteln und die Veröffentlichung der BaFin mitteilen (§ 40 Abs. 1 S. 2, Abs. 2 WpHG).

128 Sind die Gesellschaft und eine andere AG oder KGaA **wechselseitig beteiligt,** das heißt gehören jedem Unternehmen mehr als 25% der Anteile des anderen Unternehmens (§ 19 Abs. 1 AktG), müssen sie einander unverzüglich die Höhe ihrer Beteiligung und jede Änderung schriftlich mitteilen (§ 328 Abs. 4 AktG).

## 3. Rechtsfolgen bei Verstößen

### a) Verstoß gegen Bekanntmachungspflichten

129 Bislang ist noch ungeklärt, ob es **Schadensersatzansprüche** auslöst, wenn eine nicht börsennotierte Gesellschaft eine ihr mitgeteilte Beteiligung nicht in den Gesellschaftsblättern bekanntmacht.[313] Verstößt die börsennotierte Gesellschaft gegen die **Publizitätspflichten gem. § 40 Abs. 1 S. 1, S. 2 WpHG,** ist die BaFin zur **Ersatzvornahme** befugt (§ 6 Abs. 14 WpHG). Ein Verstoß ist daneben **ordnungswidrig** gem. § 120 Abs. 2 Nr. 4 lit. a, b WpHG.

### b) Verstoß gegen Mitteilungspflichten

130 Verstößt der Vorstand gegen Mitteilungspflichten gem. **§ 20 Abs. 1 und Abs. 4 AktG, § 21 Abs. 1 und Abs. 2 AktG oder § 33 WpHG,** bestehen die Rechte der Gesellschaft aus den betroffenen Anteilen grundsätzlich für die Zeit nicht, für die Mitteilungspflichten verletzt wurden (§ 20 Abs. 7 AktG, § 21 Abs. 4 AktG, § 44 WpHG). Die Gesellschaft kann also insbesondere Stimmrechte nicht ausüben. Dividendenansprüche und Ansprüche auf den Abwicklungserlös ruhen jedoch nur dann, wenn sich die Gesellschaft hinsichtlich des Verstoßes vorsätzliches Handeln zurechnen lassen muss (§ 20 Abs. 7 S. 2 AktG, § 21 Abs. 4 S. 2 AktG, § 44 Abs. 1 S. 2 WpHG).

131 Mit Blick auf diese scharfe Sanktion muss der Vorstand beim Erwerb und der Veräußerung, aber auch etwa beim konzerninternen „Umhängen" von Beteiligungen, stets sorgfältig prüfen, ob und welche Mitteilungspflichten bestehen. Auch wegen der komplizierten Zurechnungsregeln wird es häufig erforderlich sein, sachkundige Berater einzuschalten, sofern nicht in der Gesellschaft selbst ausreichende Kenntnisse verfügbar sind.

---

[313] Vgl. zu § 20 Abs. 6 AktG Emmerich/Habersack/*Emmerich* AktG § 20 Rn. 64; zu § 40 WpHG ASM/*U.H. Schneider* WpHG § 40 Rn. 64, jeweils mwN zum Meinungsstand.

Werden **Mitteilungspflichten gem. § 33 Abs. 1 WpHG** vorsätzlich oder leichtfertig nicht oder nicht ordnungsgemäß erfüllt, ist dies ferner **ordnungswidrig** gem. § 120 Abs. 2 Nr. 2 lit. d WpHG. Ob Verstöße gegen Mitteilungspflichten zu einer **Schadensersatzpflicht** der Gesellschaft, an der die Beteiligung besteht, gegenüber ihren gegenwärtigen oder zukünftigen Aktionären führen können, ist noch nicht abschließend geklärt.[314] 132

## 4. Pflichten des Vorstands im Hinblick auf Rechte aus Aktien

Der Vorstand ist verpflichtet dafür zu sorgen, dass an der Hauptversammlung und insbesondere an der Beschlussfassung der Hauptversammlung nur **Aktionäre teilnehmen, die ein Stimmrecht haben.** Auch die Dividende darf der Vorstand nur an Aktionäre zahlen, die ein Dividendenrecht haben. Eine Pflicht des Vorstands nachzuforschen, ob Aktionäre ihre Mitteilungspflichten gegenüber der Gesellschaft erfüllen, ist aber lediglich in Ausnahmefällen anzunehmen, insbesondere wenn konkrete Verdachtsmomente bestehen.[315] Besteht ausnahmsweise eine Nachforschungspflicht, haftet der Vorstand auf Schadensersatz, wenn er nicht verhindert, dass Aktionäre an der Beschlussfassung der Hauptversammlung teilnehmen, deren Stimmrechte ruhen. Das Gleiche gilt, wenn er eine Dividende an Aktionäre auszahlen lässt, deren Dividendenbezugsrechte ruhen. 133

## VIII. Ad-Hoc-Publizität

Börsennotierte Gesellschaften sind verpflichtet, Insiderinformationen im Weg der **Ad-hoc-Publizität** nach Art. 17 MAR bekanntzugeben (bisher § 15 WpHG aF). Art. 17 MAR verpflichtet die Gesellschaft („Emittent"), Insiderinformationen im Sinn des Art. 7 MAR unverzüglich bekanntzugeben. Durch diese Ad-hoc-Publizität soll der Kapitalmarkt unverzüglich kursrelevante Informationen erhalten, um diese Informationen unmittelbar einpreisen zu können. Zugleich soll die Regelung Insiderhandel verhindern, der nach Art. 14 MAR verboten ist.[316] 134

Gemäß Art. 7 Abs. 1 lit. a MAR sind **Insiderinformationen** nicht öffentlich bekannte präzise Informationen, die direkt oder indirekt einen oder mehrere Emittenten oder ein oder mehrere Finanzinstrumente betreffen und die, wenn sie öffentlich bekannt würden, geeignet wären, den Kurs dieser Finanzinstrumente oder den Kurs damit verbundener derivativer Finanzinstrumente erheblich zu beeinflussen. Wann eine Insiderinformation im Einzelfall vorliegt, ist nicht immer leicht zu bestimmen. Maßstab für die Beurteilung ist der „verständige Anleger".[317] Der Emittentenleitfaden der BaFin[318] enthält in Modul C unter Punkt I.2.1.5.13 Beispiele potenzieller Insiderinformationen. In der Vergangenheit war es insbesondere bei sog. **mehrstufigen Entscheidungsprozessen** strittig, wann eine Insiderinformation entsteht. Der EuGH entschied zwischenzeitlich, dass auch ein Zwischenschritt zum jeweiligen Ereignis eine Insiderinformation sein kann, sofern die Information spezifisch genug ist, „dass sie einen Schluss auf die möglichen Auswirkungen der fraglichen Reihe von Umständen…auf die Kurse von Finanzinstrumenten zulässt".[319] In Art. 7 Abs. 2, 3 MAR ist dieser Gedanke mittlerweile auch gesetzlich normiert. 135

Ob der Emittent die Offenlegung gem. **Art. 17 Abs. 4 MAR aufschieben** kann, hat er selbst zu entscheiden; einer Befreiung durch die BaFin bedarf es nicht. Er kann die Offenlegung so lange aufschieben, wie es der Schutz seiner berechtigten Interessen erfor- 136

---

[314] Vgl. zu § 20 Abs. 6 AktG Emmerich/Habersack/*Emmerich* AktG AktG § 20 Rn. 64; zu § 33 WpHG ASM/*U.H. Schneider* WpHG § 40 Rn. 101 ff., jeweils mwN zum Meinungsstand.

[315] Vgl. MüKoAktG/*Bayer* § 20 Rn. 90; strenger offenbar ASM/*U.H. Schneider* WpHG § 40 Rn. 94 ff. (Vorstand und Aufsichtsrat müssen Ermittlungen anstellen, ob Stimm- und Dividendenbezugsrecht ruht).

[316] ASM/*Assmann* WpHG § 26 Rn. 6.

[317] Klöhn/*Klöhn* MAR Art. 7 Rn. 64.

[318] Der Emittentenleitfaden der BaFin (5. Aufl. 2020) ist abrufbar unter www.bafin.de.

[319] EuGH WM 2012, 1807.

dert, keine Irreführung der Öffentlichkeit zu befürchten ist und der Emittent die Geheimhaltung der Insiderinformation sicherstellen kann. Der Emittentenleitfaden der BaFin gibt in Modul C unter Punkt I.3.2.2 Richtlinien vor, wie Art. 17 Abs. 4 MAR auszulegen ist.[320] Liegen die Voraussetzungen eines Aufschubs nicht mehr vor, ist die Veröffentlichung unverzüglich nachzuholen.

137 Der Emittent ist nach Art. 17 Abs. 1 UAbs. 2 MAR dafür verantwortlich, dass die Insiderinformation in einer Art und Weise **veröffentlicht** wird, die der Öffentlichkeit einen schnellen Zugang und eine vollständige, korrekte und rechtzeitige Bewertung ermöglicht. Nach Art. 2 Abs. 1 lit. a VO (EU) 2016/1055 ist die Insiderinformation mit technischen Mitteln unentgeltlich, nicht diskriminierend einer möglichst breiten Öffentlichkeit in der gesamten Union bekanntzugeben. Der Emittent hat die Insiderinformation außerdem unverzüglich, jedoch nicht vor ihrer Veröffentlichung, dem Unternehmensregister gem. § 8b HGB zu übermitteln (§ 26 Abs. 1 WpHG). Zudem ist die Insiderinformation auf der Website des Emittenten für mindestens fünf Jahre zu veröffentlichen (Art. 17 Abs. 1 UAbs. 2 S. 3 MAR).

138 Verstößt die Gesellschaft gegen ihre Mitteilungspflichten, macht sie sich gem. §§ 97, 98 WpHG **schadensersatzpflichtig.**[321] Zudem droht eine Geldbuße, da der Verstoß gegen die Mitteilungspflichten eine Ordnungswidrigkeit ist (§ 120 Abs. 15 Nr. 6–11 WpHG), die mit einem Bußgeld von bis zu 1 Mio. EUR bei natürlichen Personen und bis zu 2,5 Mio. EUR bei juristischen Personen bewehrt ist. Die Geldbuße kann sich gegen Vorstandsmitglieder (vgl. § 130 OWiG) und die Gesellschaft (§ 30 OWiG) richten.[322] Zur strafrechtlichen Verantwortlichkeit des Vorstands → § 12 Rn. 20 ff.

## IX. Managers' Transactions

139 Art. 19 MAR richtet sich **unmittelbar an Führungspersonen** von Emittenten mit börsenzugelassenen Aktien. Diese Führungspersonen sind nach Art. 19 Abs. 1 MAR (früher § 15a WpHG aF) verpflichtet, jedes Eigengeschäft mit Anteilen oder Schuldtiteln des Emittenten oder damit verbundenen Derivaten oder anderen damit verbundenen Finanzinstrumenten unverzüglich und spätestens innerhalb von drei Geschäftstagen nach dem Geschäft sowohl dem Emittenten als auch der BaFin zu melden.

140 Zu den Führungspersonen zählen neben Vorstandsmitgliedern auch Aufsichtsratsmitglieder sowie sonstige Personen, die regelmäßig Zugang zu Insiderinformationen haben und zu wesentlichen unternehmerischen Entscheidungen ermächtigt sind (sog. **top executives**).[323] Zu den „top executives" können zB Generalbevollmächtigte zählen.[324] Art. 19 Abs. 1 UAbs. 1 MAR dehnt die Pflicht auf Personen aus, die mit einer Führungsperson **in einer engen Beziehung** stehen. Als Personen, die in enger Beziehung zu einer Führungsperson stehen, gelten nach Art. 3 Abs. 1 Nr. 26 MAR insbesondere **Ehepartner** und **eingetragene Lebenspartner** sowie **unterhaltsberechtigte Kinder** und **seit mindestens einem Jahr im selben Haushalt lebende Verwandte,** nicht aber geschiedene Ehegatten oder Partner einer nichtehelichen Lebensgemeinschaft. Die Meldepflicht besteht ausnahmsweise nicht, wenn der Wert der innerhalb eines Kalenderjahrs getätigten Geschäfte 20.000 EUR nicht erreicht (Art. 19 Abs. 1 UAbs. 3, Abs. 9 MAR).[325]

141 Art. 19 Abs. 6e MAR definiert den Begriff des „Eigengeschäfts" als „Erwerb oder Veräußerung". Damit ist jedoch nicht das dingliche Erfüllungsgeschäft, sondern das **schuld-**

[320] Stand vom 25. 3. 2020.
[321] *Weiß* in SSW AR-HdB § 14 Rn. 265.
[322] *Weiß* in SSW AR-HdB § 14 Rn. 265; siehe noch zur alten Rechtslage BGH NZG 2012, 263 – IKB.
[323] ASM/*Seth*/*Hellgardt* MAR Art. 19 Rn. 31.
[324] ASM/*Seth*/*Hellgardt* MAR Art. 19 Rn. 31; *Kumpan* AG 2016, 446 (449).
[325] BaFin, Allgemeinverfügung vom 24. 10. 2019 zur Erhöhung des Schwellenwertes auf 20.000 EUR nach Art. 19 Abs. 9 VO (EU) Nr. 596/2015 für zu meldende Eigengeschäfte nach Art. 19 Abs. 1, 8 VO (EU) Nr. 596/2014, Geschäftszeichen WA 25-QB 4100-2019/0035 BaFin.

**rechtliche Verpflichtungsgeschäft** – also der Kauf und Verkauf – gemeint.[326] In Art. 19 Abs. 7 MAR sind zudem beispielhaft einzelne meldepflichtige Geschäfte wie die Leihe und Verpfändung von Finanzinstrumenten genannt. Im Vergleich zu § 15a WpHG aF wurden die Eigengeschäfte deutlich erweitert und umfassen nun eine Vielzahl an Erwerbs- und Veräußerungsvorgängen, wie etwa die Annahme von Schenkungen oder Erbschaften.[327]

Der Emittent hat Informationen nach Art. 19 Abs. 1 MAR innerhalb von zwei Geschäftstagen nach Erhalt einer Mitteilung zu **veröffentlichen** (Art. 19 Abs. 3 UAbs. 1 MAR). Die Informationen sind über Medien zu veröffentlichen, bei denen vernünftigerweise davon ausgegangen werden kann, dass sie die Informationen tatsächlich an die Öffentlichkeit in der gesamten Union weiterleiten (Art. 19 Abs. 3 UAbs. 2 MAR). Der Emittent hat die Informationen außerdem unverzüglich, jedoch nicht vor ihrer Veröffentlichung, dem Unternehmensregister gem. § 8b HGB zu übermitteln und die Veröffentlichung nach § 26 Abs. 2 WpHG der BaFin mitzuteilen. 142

Verstößt die Gesellschaft gegen ihre Pflichten aus Art. 19 MAR, macht sie sich nach wohl herrschender Meinung **nicht schadensersatzpflichtig.**[328] Es droht jedoch eine **Geldbuße,** da der vorsätzliche oder leichtfertige Verstoß eine Ordnungswidrigkeit darstellt (§ 120 Abs. 15 Nr. 17–22 WpHG), die mit einem Bußgeld von bis zu 500.000 EUR bei natürlichen Personen und bis zu 1 Mio. EUR bei juristischen Personen bewehrt ist (§ 120 Abs. 18 S. 1, 2 WpHG. Das Bußgeld wird in erster Linie gegen die **Verantwortlichen** festgesetzt. Es kann daneben aber auch gegen die **Gesellschaft** festgesetzt werden (§ 30 OWiG). 143

## X. Rechnungslegung und kapitalmarktrechtliche Finanzberichterstattung

Die Publizitätspflichten im Zusammenhang mit der Rechnungslegung werden eingehend unter → § 10 Rn. 1 ff. dargestellt. Den Vorstand einer börsennotierten Gesellschaft trifft über die handelsrechtliche Rechnungslegung hinaus die Pflicht zur unterjährigen kapitalmarktrechtlichen Finanzberichterstattung gem. §§ 114 ff. WpHG. Zu beachten ist, dass es **strafbar** ist, die Verhältnisse der Gesellschaft in den Rechnungslegungsunterlagen und Finanzberichten unrichtig wiederzugeben oder zu verschleiern (§ 331 HGB bzw. § 400 AktG). 144

[326] *Weiß* in SSW AR-HdB § 14 Rn. 274; ASM/*Sethe/Hellgardt* MAR Art. 19 Rn. 72.
[327] Art 10 Abs. 2 lit. k Delegierte VO (EU) 2016/522; aA in Bezug auf Schenkungen ASM/*Sethe/Hellgardt* MAR Art. 19 Rn. 103.
[328] Vgl ASM/*Sethe/Hellgardt* MAR Art. 19 Rn. 197 ff.; Schwark/Zimmer/*Kumpan/Schmidt* MAR Art. 19 Rn. 285 mwN.

# § 8 Personal- und Sozialwesen

## Übersicht

**Schrifttum:** *Arnold/Günther,* Arbeitsrecht 4.0, 1. Aufl. 2018; *Ascheid/Preis/Schmidt,* Kündigungsrecht, 6. Aufl. 2021; *Bauer/Herzberg,* Arbeitsrechtliche Probleme in Konzernen mit Matrixstrukturen, NZA 2011, 713; *Blomeyer/Rolfs/Otto,* Gesetz zur Verbesserung der betrieblichen Altersversorgung, 7. Aufl. 2018; *Braun/Wisskirchen,* Konzernarbeitsrecht, 2015; *Buchner,* Freiheit und Bindung des Arbeitgebers bei Einstellungsentscheidungen, NZA 1991, 577; *Grobys,* Organisationsmaßnahmen des Arbeitgebers nach dem neuen Allgemeinen Gleichbehandlungsgesetz, NJW 2006, 2950; *Grundmann,* Shared Service Center und betriebliche Mitbestimmung – die juristische Sicht, AiB 2008, 198; *Günther/Böglmüller:* Arbeitsrecht 4.0 – Arbeitsrechtliche Herausforderungen in der vierten industriellen Revolution, NZA 2015, 1025; *Heussen/Hamm,* Beck'sches Rechtsanwaltshandbuch, 11. Aufl. 2016; *Hunold,* Die Rechtsprechung zum Direktionsrecht des Arbeitgebers, NZA-RR 2001, 337; *Hromadka,* Arbeitnehmer, Arbeitnehmergruppen und Arbeitnehmerähnliche im Entwurf eines Arbeitsvertragsgesetzes, NZA 2007, 838; *Hromadka,* Grenzen des Weisungsrechts, NZA 2012, 233; *Kelber/Zeißig/Birkefeld,* Rechtshandbuch Führungskräfte, 1. Aufl. 2016; *Kiel/Lunk/Oetker,* Münchener Handbuch zum Arbeitsrecht, 4. Aufl. 2018; *Kissel,* Gedanken zum Verhältnis von moderner Technologie und Arbeitsrecht; NZA 1984, 1; *Küttner,* Personalbuch, 28. Aufl. 2021; *Lischka,* Führen und Entlohnen mit Zielvereinbarungen, BB 2007, 552; *Löwisch/Rieble,* Tarifvertragsgesetz, 4. Aufl. 2017; *Lützeler,* Herausforderung für Arbeitgeber: Die psychische Gesundheit im Arbeitsverhältnis, BB 2014, 309; *Maschmann,* Abordnung und Versetzung im Konzern, RdA 1996, 24; *Maschmann,* Die mangelhafte Arbeitsleistung, NZA-Beil. 1/2006, 13; *Maschmann,* Betriebsrat und Betriebsvereinbarung nach einer Umstrukturierung, NZA-Beil. 1/2009, 32; *Maschmann,* Total Compensation, 2. Aufl. 2019; *Maschmann/Fritz,* Matrixorganisationen, 1. Aufl. 2019; *Moll,* Betriebsübergang und Betriebsänderung, RdA 2003, 129; *Moll,* Münchener Anwaltshandbuch Arbeitsrecht, 5. Aufl. 2021; *Müller-Glöge/Preis/Schmidt,* Erfurter Kommentar zum Arbeitsrecht, 21. Aufl. 2021; *Neumann,* Ethische Führung als weitere Stellschraube zur Stärkung der Compliance, CB 2021, 21; *Olesch,* Schwerpunkte der Personalarbeit: Personalmanagement zur Jahrtausendwende, 1997; *Preis,* Der Arbeitsvertrag, 6. Aufl. 2020; *Preis/Sagan,* Der Freiwilligkeitsvorbehalt im Fadenkreuz der Rechtsgeschäftslehre, NZA 2012, 697; *Reichold,* Die reformierte Betriebsverfassung 2001; *Reiserer,* Zielvereinbarung – ein Instrument der Mitarbeiterführung, NJW 2008, 609; *Richardi,* Betriebsverfassungsgesetz, 16. Aufl. 2018; *Rieble,* Die Betriebsratsvergütung, NZA 2008, 276; *Schaub,* Arbeitsrechts-Handbuch, 18. Aufl. 2019; *Schmidt-Leithoff,* Die Verantwortung der Unternehmensleistung, 1989; *Stolzenberg/Heberle,* Change Management, 3. Aufl. 2013; *Swoboda/Kinner,* Mitarbeitermotivation durch arbeitsvertragliche Sonderzahlungen; BB 2003, 418; *Tödtmann/v. Bockelmann,* Arbeitsrecht in Not- und Krisenzeiten, 2. Aufl. 2021; *Winstel,* Unterrichtung der Belegschaftsvertretung der Tochtergesellschaft im (grenzüberschreitenden) Aktienkonzern, 2010.

## A. Personalverantwortung im Unternehmen

### I. Vorbemerkung

1 Der traditionelle Begriff Personal- und Sozialwesen ist genauso interpretationsbedürftig wie die heute vorwiegend verwendeten Bezeichnungen Human Resources, Human Relations oder Personalmanagement. Werden diese Begriffe indes von der **Aufgabe** her definiert, geht es dabei immer darum, Menschen zu finden und zu betreuen, die jedes Unternehmen braucht, um nicht nur seine Existenz zu sichern, sondern insbesondere seine Ziele zu erreichen. Die Beschäftigten sollen größtmögliche Effizienz in ihrer Aufgabe bei hoher Zufriedenheit auf zweckoptimierten Arbeitsplätzen entwickeln. Im Gegenzug müssen sie dafür eine angemessene Vergütung, im Sinne eines Gesamtpakets[1], erhalten – die Hauptpflicht des Arbeitgebers. All diesen **Anforderungen** muss das Personal- und Sozialwesen gerecht werden.

2 Arbeitgeber müssen die Mitarbeiter im Unternehmen gleich behandeln und dürfen sie nicht ohne sachlichen Grund ungleich behandeln (sog. arbeitsrechtlicher Gleichbehandlungsgrundsatz) oder gar diskriminieren.[2] Das bezieht sich auf alle Vereinbarungen und Maßnahmen, die ein Arbeitsverhältnis vorbereiten, begründen und begleiten.[3]

---

[1] Vgl. umfassend zur gesamten Entgeltgestaltung *Maschmann,* Total Compensation, 2. Aufl. 2019.
[2] Vgl. etwa § 1 AGG, § 75 BetrVG sowie BAG AP Nr. 210 zu § 242 BGB Gleichbehandlung; allgemein auch *Kania* in Küttner, Personalbuch, Gleichbehandlung Rn. 4.
[3] BAG AP Nr. 221 zu § 1 TVG Auslegung; BAG NZA 2007, 221 f.; *Kania* in Küttner Personalbuch 2020 Gleichbehandlung Rn. 5.

Von den vielen Kurzbeschreibungen der Personalaufgabe beeindruckt die wohl älteste Formulierung im Alten Testament: „Hast du nur einen Sklaven, behandle ihn wie einen Bruder, denn du brauchst ihn wie dich selbst! Wenn du ihn schlecht behandelst und er macht sich auf und davon, wie willst du ihn wiederfinden?" Diese Aufforderung – in archaischer Strenge und Kürze – gilt auch heute für ein modernes Unternehmen und seine Personalarbeit. 3

Die mannigfachen Aufgaben, die diese **Kurzformel** heute umfasst, können nur erfolgreich erledigt werden, wenn sie organisiert und gestaltet werden. Dafür gibt es den Unternehmensbereich Personal- und Sozialwesen bzw. Human Resources. 4

Der für diesen Bereich Verantwortliche ist nicht **Personalleiter** in der eigentlichen Wortbedeutung. Dieser früher übliche Ausdruck kann zur irrigen Meinung führen, hier sei die Führung der Mitarbeiterschaft zusammengefasst. Nach heute geltender, richtiger Auffassung ist dem nicht so. Führung findet in unmittelbarer Beziehung zwischen dem, der führt und dem, der geführt wird, statt. Die Digitalisierung der Arbeitswelt – teilweise auch als Arbeitswelt 4.0 bezeichnet – hat dabei zur Folge, dass die Führungsaufgabe nicht mehr nur vor Ort, sondern vielfach ohne persönliche Anwesenheit der Beteiligten stattfinden muss. 5

## II. Führung

### 1. Führungsaufgabe der Vorgesetzten

Führung soll ein Ziel vermitteln, das der Mitarbeiter, allein oder gemeinsam mit anderen erreichen soll. Der Vorgesetzte kommt beim Führen in eine unmittelbare und persönliche Beziehung zu seinem Mitarbeiter. **Räumliche Nähe** ist, wie gerade die Erfahrungen der Corona-Pandemie gelehrt haben, **nicht** entscheidend, vielfach sogar nicht einmal mehr gewünscht. Mit den heute verfügbaren Kommunikationsmitteln kann jede Entfernung überwunden und ein hoher Grad an Arbeitseffizienz erreicht werden.[4] 6

Die Organisation eines Unternehmens oder eines Konzerns gibt vor, wie Vorgesetzte mit den ihnen zugeordneten Mitarbeitern und Sachmitteln zur Umsetzung des **Unternehmenszwecks** beitragen können und sollen. Aus dieser unmittelbaren Zusammenarbeit ergibt sich die Pflicht des Vorgesetzten zur Führung. Sie macht ihn zur Führungskraft. 7

Zur Wahrnehmung der Führungsverantwortung des Vorgesetzten genügt es nicht, ein besseres Wissen oder Können aufzuweisen. Mit Führung verbunden ist **Verantwortung.** Sie nimmt mit der Zahl, aber auch mit den Unterschieden in der „Qualität" und den Fähigkeiten der Mitarbeiter zu, die einer Führungskraft zugeordnet sind. Besonders schwierig ist dabei für die Führungskraft, höher qualifizierte Fachspezialisten bei ihrer Arbeit zu begleiten und im Team zum Erfolg zu führen. 8

### 2. Weisungs-/Direktionsrecht

Das Direktionsrecht des Arbeitgebers nach § 106 S. 1 GewO kann jede – vertretungsberechtigte[5] – Führungskraft wahrnehmen, um ihren Führungsanspruch gegenüber Mitarbeitern umzusetzen. Das Direktionsrecht des Arbeitgebers erstreckt sich auf Inhalt, Ort und Zeit der Arbeitsleistung des Mitarbeiters, wenngleich nur im Rahmen der arbeitsvertraglichen Pflichten oder bei Gefahr im Verzug.[6] Wenn beispielsweise der Arbeitsort verbindlich im Arbeitsvertrag vereinbart wurde, kann der Arbeitgeber dem Arbeitnehmer keinen anderen Arbeitsort einseitig im Rahmen des Direktionsrechts zuweisen. Obwohl der Arbeit- 9

[4] Grundlegend etwa *Kissel* NZA 1984, 1 ff. und auch LAG Köln BeckRS 2003, 31030562; *Günther/Böglmüller* NZA 2015, 1025 ff.

[5] Umfassend, insbesondere auch zu den Grenzen des Direktionsrechts etwa *Hunold* NZA-RR 2001, 337 ff. m. eingeh. Nachw.

[6] *Hunold* NZA-RR 2001, 337 ff. mwN.

geber das Direktionsrecht immer nach billigem Ermessen[7] ausüben muss, sollte die Führungskraft diese eher befehlsartige und formelle Methode der Weisung unabhängig davon nur zurückhaltend – etwa bei offensichtlich unbegründeter Weigerung des Mitarbeiters – einsetzen.

10 Führung ist immer mit **Macht** verbunden. Wird sie nur aus der Hierarchie abgeleitet, ist sie nicht effizient. Ein Vorgesetzter muss sich als Führungskraft verstehen und führen wollen.

### 3. Führungswille

11 „Um eine Kultur zu schaffen, genügt es nicht, dem Mitarbeiter mit dem Lineal auf die Finger zu klopfen."[8] Der notwendige Führungswille des Vorgesetzten sollte nicht den Willen des Mitarbeiters brechen, sondern einvernehmlich auf das gewünschte Ziel hin ausrichten. Eigene Einsicht oder gar Motivation sind dabei der Schlüssel zum Erfolg. Sie müssen aber oft erst durch **Überzeugungsarbeit** aufgebaut werden. Diese Mühe ist die Grundlage einer dauerhaft guten und verlässlichen Führungsbeziehung und -kultur. Sie wird durch Vertrauen aufgebaut und geprägt.

### 4. Führungsfähigkeit

12 Die geforderte Führungsfähigkeit beruht nicht nur auf Charisma. Sie kann in weiten Teilen erlernt werden – durch viel Arbeit, insbesondere an sich selbst. Wie beim Erlernen anderer Fähigkeiten gehören dazu Begeisterung, Fleiß und Disziplin, auch wenn dabei Fehler unterlaufen. Vor allem muss die Führungskraft sich ganz persönlich in diese Aufgabe einbringen; nicht als Bestätigung ihrer Position in der Unternehmens- oder Konzernhierarchie, sondern mit dem festen Willen, Verantwortung für die Mitarbeiter zu übernehmen.

13 Wer glaubt, nur mit „charismatischer Begabung" führen zu können, sollte nicht übersehen, dass Könner ohne Regeln eher Verwirrung oder gar Schlimmeres bewirken. Wenn man im Rahmen der Führung nur auf die „technische Umsetzbarkeit" der Führungsaufgabe vertraut, wird man erkennen müssen, dass der dazu einladende Begriff **„Personal-Management"** nicht nur die technische, sondern zu allererst die personelle Ebene der Führungskraft einfordert.[9]

14 Mitarbeiter spüren, wenn die Führungsfähigkeit ihres Vorgesetzten nicht ausreicht, um kritische Situationen zu meistern und in der Krise voranzugehen. Insbesondere haben sie aber ein sehr feines Gespür dafür, ob zumindest die Führungsanstrengungen ihres Vorgesetzten intrinsisch motiviert und ehrlich gemeint sind. Gerade dies löst häufig **Einsicht und Nachsicht** bei den Mitarbeitern, teilweise sogar Mithilfe aus, darf aber nicht dazu verleiten, in dem Bemühen, sich zu verbessern, nachzulassen.

### 5. Fach- und Führungsaufgabe

15 Die nachrückenden Führungskräfte müssen sich mit zunehmender Anforderung einer stetig wachsenden **Führungsaufgabe** stellen, ohne ihre Fachqualifikation dabei vernachlässigen zu dürfen. Diese Umstellung fällt oft schwer. Mitunter ist hier der Rat eines erfahreneren Vorgesetzten sinnvoll. Viele hochqualifizierte Berufseinsteiger kommen ohne Vorbereitung oder gar Erfahrung zum Thema „Führung" in ein Unternehmen und wer-

---

[7] BAG DB 1980, 1603, bestätigt durch BAG NZA 1990, 561.
[8] Zitat nach *Albert Camus,* französischer Schriftsteller und Philosoph, 1917–1960.
[9] Dazu eingehend *Olesch,* Schwerpunkte der Personalarbeit: Personalmanagement zur Jahrtausendwende, 1997.

den sofort voll in ihrer Rolle gefordert. Die erhoffte Karriere können sie zwar als Fachkraft beginnen; ausbauen kann man sie aber nur als Führungskraft.

Es kommt immer wieder vor, dass Mitarbeiter, insbesondere hochqualifizierte, sich nicht als Führungskraft verstehen, auch wenn sie das gerne wollten. Wieder andere wollen einfach keine solche **Aufgabe bzw. Verantwortung** übernehmen. Eine „Zwangszuweisung" würde alle Beteiligten nur frustrieren, im schlimmsten Fall verbunden mit entsprechendem Schaden für das Unternehmen. Eine solche Einstellung designierter Führungskräfte muss das Unternehmen frühzeitig erkennen. Oft kann ein solcher Mitarbeiter seine Fähigkeiten nach einer organisatorischen Änderung – zum Nutzen des Unternehmens – besser entfalten. 16

## 6. Personalführung in Kooperation

Das Personal- und Sozialwesen sollte mit den Führungskräften des Unternehmens vereinbaren – etwa im Rahmen einer **„Führungsrichtlinie"** erarbeiten –, wie die Führungskräfte ihre Verantwortung wahrnehmen sollen.[10] So führt nicht nur der „Personalchef", sondern in direkter Beziehung die unmittelbare Führungskraft; dabei leistet das Personal- und Sozialwesen wertvolle Unterstützung. 17

Beispiel: 18

Das Unternehmen beabsichtigt, einen Mitarbeiter wegen mangelhafter Leistung zu kündigen.
- Welche Vorbereitungen müssen durch wen getroffen werden?[11]
- Ermittlung der Gründe, die den schuldhaften Mangel der Arbeitsleistung begründen soll; nicht als Werturteil, sondern in belegbaren Tatsachen?
- Trägt der Vorwurf im Streitfall und kann der Arbeitgeber mit den vorliegenden Tatsachen seiner Darlegungs- und Beweislast genügen?[12]
- Könnte der Mitarbeiter unter Umständen eine andere Tätigkeit im Unternehmen (nicht nur im Betrieb) oder gar im Konzern übernehmen?[13]
- Wie – vollständig – muss der Betriebsrat informiert und angehört werden (§ 102 BetrVG)?
- Welche Folge zieht seine Reaktion nach sich?[14]
- Genießt der Mitarbeiter besonderen Schutz (zB Schwerbehinderteneigenschaft[15], Schwangerschaft[16], Betriebsratszugehörigkeit[17], Alterskündigungsschutz,[18] Eltern- oder Pflegezeit[19], etc.[20])?[21]

Diese Fragen können zum Teil nur der Vorgesetzte oder ein im Arbeitsrecht Erfahrener verlässlich klären – eine vom Vorgesetzten und dem Personalbereich gemeinsam zu lösen- 19

[10] Instruktiv zur Mitbestimmung des Betriebsrats bei der Einführung von Führungsrichtlinien BAG NZA 1985, 224ff. sowie *Grobys* NJW 2006, 2950, 2952ff. mit einer Musterformulierung für eine Führungsrichtlinie zum Thema „Gleichbehandlung der Mitarbeiter".
[11] Zur Kündigung als letztem Mittel (ultima ratio) eingehend ErfK/*Oetker* KSchG § 1 Rn. 74ff.
[12] MHdB ArbR/*Rachor* § 130 Rn. 90ff.
[13] Dies hat freilich in einem Prozess der Arbeitnehmer zu beweisen, vgl. MHdB ArbR/*Rachor* § 130 Rn. 90ff. mit eingehenden Darstellungen zur Substantiierungslast.
[14] Vgl. zu den Möglichkeiten eines betriebsverfassungsrechtlichen Weiterbeschäftigungsanspruchs § 102 Abs. 5 BetrVG sowie *Thüsing* in Richardi BetrVG § 102 Rn. 209ff.
[15] §§ 168–175 SGB IX.
[16] § 17 MuSchuG.
[17] § 15 KSchG.
[18] § 34 Abs. 3 TVÖD/TV-L nach 15-jähriger Betriebszugehörigkeit.
[19] § 18 BEEG während der Elternzeit und § 5 PflegeZG während der Pflegezeit.
[20] § 22 Abs. 2 BBiG für Auszubildende; für Immissionsschutzbeauftragte nach § 58 Abs. 2 BImSchG; für Abfallbeauftragte nach § 60 Abs. 3 KrWG; für Datenschutzbeauftragte nach § 38 Abs. 2 BDSG iVm § 6 Abs. 4 S. 2 BDSG – offen indes BAG BeckRS 2020, 26575, das diese Frage dem EuGH zur Entscheidung vorgelegt hat.
[21] Instruktiver Überblick bei BeckRA-HdB/*Michels* § 8 Rn. 159ff.

de Aufgabe. Andernfalls wird es für das Unternehmen eine teure und blamable Fehlleistung, die aufgrund der negativen **Signalwirkung** bei der Belegschaft das genaue Gegenteil auslösen kann.

20 Der beispielhafte Ablauf geht weiter. Die Kündigung kann ausgesprochen werden.
- Die Kündigung spricht der Vorgesetzte aus.[22]
- Was, wenn der Mitarbeiter nicht (mehr) da ist?
- Wie wird die – in jedem Fall[23] – schriftliche Kündigung nachgereicht?[24]
- Wie und an wen[25] wird sie sicher und wirksam zugestellt?

Wenn der Mitarbeiter der Kündigung widerspricht:
- Wie muss auf den Widerspruch reagiert werden?

Wenn der Mitarbeiter das Arbeitsgericht anruft:
- Wer soll und darf den Prozess für das Unternehmen führen?
- Muss der Mitarbeiter weiter beschäftigt werden?[26]

21 Die Notwendigkeit **zuverlässiger Zusammenarbeit** der einzelnen Verantwortlichen im Unternehmen liegt auf der Hand, um die tendenziell komplexer werdende Prozesse mit mehreren Beteiligten erfolgreich zu meistern.

22 Das führt zu der Erkenntnis, dass Führungskräfte das Personal- und Sozialwesen zur effektiven Bewältigung ihrer **direkten Führungspflicht** brauchen. Aber auch der einzelne Mitarbeiter braucht eine Instanz, die ihn berät, die hilft und ihm beisteht.

## III. Betreuungsverantwortung

23 Diese Verantwortung führt zu den wesentlichen Aufgaben des Personal- und Sozialwesens: Einmal ist sicherzustellen, dass die Führungskräfte ihren Führungsauftrag auch erfüllen. Dabei sind sie zu unterstützen. Zum anderen sollen die Mitarbeiter die vorgegebenen Schritte zum **Unternehmensziel** mitgehen und sich dabei wohlfühlen. Beide Aufgaben sind eng miteinander verwoben und nur zusammen gut zu erledigen.

### 1. Führungsgrundsätze

24 Wesentliches Hilfs- und Gestaltungselement des Führungsauftrags sind die Führungsgrundsätze. Abgeleitet aus dem Selbstverständnis des Unternehmens, zeigen sie auf, wie man miteinander umgehen soll. Das gilt nicht nur für eine strenge Hierarchie. Auch in flachen Hierarchien ist ohne Führung nichts zu bewirken. Unser **arbeitsteiliges System** verlangt, dass einzelne Arbeitsinhalte und -ergebnisse immer wieder im Rahmen eines zuverlässigen Reportings zusammengeführt werden müssen. Hierbei sind zwingende Vorgaben zu beachten, die nicht jeder Führungskraft in Eigenkontrolle überlassen werden können. Das Personal- und Sozialwesen muss für die Führungskräfte zu diesem Zweck die nötigen Hilfestellungen bereithalten, die sie dafür brauchen.[27] Sie sind über den gesetzlichen, tariflichen und betrieblichen und auch ethisch-sozialen[28] Rahmen zu informieren, die das Führungsverhalten ausgestalten, aber auch begrenzen.[29]

[22] Zur Kündigungsberechtigung eingehend MüKoBGB/*Hesse* Vor §§ 620–630 Rn. 74ff.
[23] Zum Schriftformerfordernis für die Kündigung vgl. § 623 BGB.
[24] *Linck* in Schaub ArbR-HdB § 123 Rn. 49ff. mit instruktiven Beispielen.
[25] Zum Zugang einer Kündigung gegenüber (unbekannt) Geschäftsunfähigen jüngst auch BAG NZA 2011, 340f. und bei Minderjährigen etwa BAG NZA 2012, 495f.
[26] Zum betriebsverfassungsrechtlichen Weiterbeschäftigungsanspruch vgl. § 102 Abs. 5 BetrVG, zum (gesetzlich nicht geregelten) allgemeinen Weiterbeschäftigungsanspruch APS/*Koch* BetrVG § 102 Rn. 235ff.
[27] *Schmidt-Leithoff*, Die Verantwortung der Unternehmensleitung, 1989, 313.
[28] *Neumann* CB 2021, 21ff.
[29] Umfassend *Schmidt-Leithoff*, Die Verantwortung der Unternehmensleitung, 1989, 312ff.

Viele Unternehmen haben **interne Führungsrichtlinien** implementiert.[30] Diese unterscheiden sich kaum in ihren Zielsetzungen. Der deutlich spürbare Unterschied liegt vielmehr in ihrer **Wahrnehmbarkeit und Akzeptanz** innerhalb des jeweiligen Unternehmens. Aus diesem Grund sollte man sich bei diesen Richtlinien weniger auf die konkrete Formulierung, sondern deren Inhalt und die klare Botschaft konzentrieren. Es empfiehlt sich, Vorgaben anderer Unternehmen, auch Entwürfe des Personal- und Sozialwesens, in einer gemeinsam erarbeiteten Richtlinie zu konsolidieren. So können mitarbeiternahe Inhalte und betriebliche Akzeptanz eingebracht und die spezifischen unternehmenskulturellen Werte berücksichtigt werden.[31] 25

Auch solche Regeln haben eine Halbwerts- bzw. Verfallzeit, die sich im Zuge der tatsächlichen wie der Rechtsentwicklung im Bereich des Arbeits- und Sozialrechts immer weiter verkürzt. Nicht, dass ihr Kern obsolet geworden wäre. Oft geht es um Stilfragen, Abläufe etc., die die Akzeptanz erschweren können. Wenn solche Regelungen in **unternehmensinternen Gesprächs- oder Arbeitsgruppen** – nicht nur in Führungszirkeln – erörtert werden, erhalten sie nicht nur eine neue Ausprägung, sondern ihr Inhalt wird in besonderer Weise verinnerlicht und akzeptiert. Diese Regeln erfahren hierdurch eine Lebendigkeit, die ihre Urheber meist selbst nicht erwartet haben. 26

## 2. Mitarbeiterbetreuung

Die vordringliche Aufgabe des Personal- und Sozialwesens ist es, sämtliche Mitarbeiter zu betreuen. Sie sollen nicht nur angemessen entlohnt und fair behandelt werden. Auch den einfachen Mitarbeitern ohne Führungsverantwortung müssen die **Unternehmensziele** und die sich daraus ergebende Aufgaben für jeden Einzelnen verdeutlicht werden. In einer Arbeitsordnung und in einigen anderen Regeln sind Rechte und Pflichten im Unternehmen und am Arbeitsplatz festzuhalten. Diese Regeln müssen – auf welchem Weg auch immer – allen Mitarbeitern verfügbar gemacht werden. 27

Darüber hinaus sind für alle Unternehmensangehörigen Rahmenbedingungen und Gesamtregelungen zu schaffen – von der Arbeitskleidung über den Verhaltenskodex bis zur betrieblichen Kinderbetreuung –, von denen die **Arbeitsverhältnisse im Unternehmen** begleitet werden und die die **betriebliche Ordnung** regeln.[32] 28

Dabei ist die persönliche Betreuung eines jeden Mitarbeiters wichtig. Das kann naturgemäß nicht bei jeder Frage und jeden Tag möglich sein. Dem Mitarbeiter sollte aber durch ein Prinzip der „offenen Tür" vermittelt werden, dass er in der Personalabteilung interessierte und fähige Kollegen vorfindet, die mit ihm gute und schwierige Dinge erörtern und lösen können. Rat und Hilfe soll er erfahren, wenn er mit sich, seinen Kollegen oder seinem Vorgesetzten nicht zurechtkommt. Mit dem **betrieblichen oder gesetzlichen Regelwerk** soll er nicht „abgebügelt" werden – vielleicht löst aber eine zusätzliche Überlegung das Problem. Heutzutage vielfach vorzufindende oder „gespürte" Zeitnot oder fehlende Kapazität ist ein schlechtes Argument für einen, der Rat sucht; es frustriert ihn. Der Mitarbeiter darf Kompetenz beanspruchen, wenn es darum geht, seine Rechte und Pflichten zu klären. Die Leistung solcher Fürsorge ist die ureigene **Aufgabe der Personalabteilung.** 29

## 3. Unternehmenskultur

Die **Betreuungsfunktion** gegenüber Vorgesetzten und Mitarbeitern darf aber nicht nur eine unterstützende Funktion sein. Hinzu kommt die Aufgabe, Mittler zwischen dem Un- 30

[30] Vgl. *Grobys* NJW 2006, 2950 ff.
[31] Zur Akzeptanz solcher Richtlinien bei den Vorgesetzten selbst *Schmidt-Leithoff*, Die Verantwortung der Unternehmensleitung, 1989, 313 unter Fn. 298.
[32] Zur Rolle des Betriebsrats bei der Regelung des Ordnungsverhaltens der Mitarbeiter im Betrieb vgl. § 87 Abs. 1 Nr. 1 BetrVG sowie MHdB ArbR/Salomon § 320 Rn. 1 ff.

ternehmen und seinen Menschen zu sein, seien es Führungskräfte oder Mitarbeiter. Das Abstraktum „Unternehmen" – jenseits seiner manifesten Ausprägung als Asset – teilt sich nicht von alleine mit. Es können die **Unternehmensziele** erarbeitet und – etwa durch Zielvereinbarungen oder -vorgaben[33] – angestrebt werden, auch Unternehmenskultur kann kommuniziert werden.[34] Das Unternehmen und seine Kultur leben aber nur, wenn sie von den Mitarbeitern gelebt und getragen werden.

31 Die in so vielen Reden beschworene und in Unternehmen so oft vermisste Menschlichkeit muss auch Verfechter haben, die sie immer wieder einfordern. Insbesondere Sachzwänge können nur sinnvoll und effektiv umgesetzt werden, wenn ein menschliches (Augen-)Maß angelegt wird. Diese **Unternehmenskultur** kann nur gelebt, dh vor allem vorgelebt, und nicht nur „verkündet" werden. Auch durch materielle Ausstattung ist diese Kultur nicht zu begründen; sie kann so allenfalls verfeinert werden. Geschaffen wird sie nur durch die Menschen im Unternehmen, und das vornehmlich von denjenigen an der Spitze, im Übrigen von jedem in seiner Aufgabe, besonders in der Führungsaufgabe.

32 Auch wenn weniger schwere Einschnitte im Unternehmen zu verarbeiten sind, sollten nicht nur die unmittelbaren Funktionsträger die ständigen Änderungen im Unternehmen vorantreiben. Immer wieder müssen die so Betroffenen, nicht nur technisch, eingestimmt werden. Nicht alles, was technisch machbar, notwendig und sinnvoll ist, wird gleichermaßen von den Mitarbeitern verstanden oder gar akzeptiert. Die Personalleiter sollten in Zusammenarbeit mit den Belegschaftsvertretungen dafür sorgen, dass eine möglichst große Zustimmung die Maßnahme erfolgreich werden lässt. So wird das **„Change Management"** von motivierten Mitarbeitern mitgetragen.[35]

## 4. Unternehmensorganisation und Betreuung

33 Die **Organisationsform des Unternehmens** beeinflusst auch die Organisation der Personalarbeit.[36] Die Leitung einer Sparte oder eines Geschäftsbereichs muss überlegen, ob und inwieweit sie sich von anderen Einheiten im Unternehmen unterscheidet und auch unterscheiden muss oder wo ein Bedürfnis nach Vereinheitlichung besteht. Vielleicht ist nur ein anderer Auftritt nach außen – oder aber innen – wichtig. Dagegen wird die Zentrale feststellen, wo gemeinsame Aktivitäten auch eine gleiche Betreuung erfordern und inwieweit diese – auch angesichts der unterschiedlichen Rechtsrahmen im internationalen Zusammenhang – rechtlich und kulturell umsetzbar ist. Anhand dieser Maßstäbe ist zu unterscheiden, ob ein anderes **Führungssystem** erforderlich ist und insbesondere ob und inwieweit sich die Betreuung bzw. die dazu gehörenden Systeme unterscheiden müssen. Die Betreuung von Führungskräften und Mitarbeitern nach gleichen Leitlinien ist im Zweifel sinnvoll und praktisch. Welche Form auch gewählt wird, das Unternehmen sollte sich auch in Zeiten von „Shared Services Centern" und „Matrixstrukturen"[37] bemühen, Personalbetreuer möglichst mitarbeiternah zu platzieren, um in „ihrem" Betrieb mitgestalten zu können. Die **Fachaufsicht** sollte vom zentralen Leiter des Personal- und Sozialwesens ausgeübt werden, zumindest so lange, wie sich das Unternehmen als Einheit und nicht nur als Konglomerat versteht. Die Verwaltung selbst wird von diesen Überlegungen kaum berührt.

## 5. Personalverwaltung

34 Schließlich gehört zur Betreuung der Personen und Systeme auch eine **effiziente Verwaltung,** dh. Vertragsgestaltung und -verwaltung, Aktenführung, Entgeltabrechnung, etc.

---

[33] Zur Abgrenzung zwischen Zielvereinbarungen und -vorgaben *Reiserer* NJW 2008, 609 ff.
[34] Grundlegend *Liscka* BB 2007, 552 ff.; *Kinner/Swoboda* BB 2003, 418 ff.
[35] *Stolzenberg/Heberle,* Change Management, 2. Aufl. 2011, 27 ff.
[36] Zur Personalarbeit in sog. Matrixstrukturen vgl. *Bauer/Herzberg* NZA 2011, 713 ff.
[37] Umfassend *Maschmann/Fritz,* Matrixorganisationen, 1. Aufl. 2019.

Ordnungsmäßigkeit, Sicherheit und Diskretion wie auch Compliance sind Leitlinien. Auch wenn sie (nur) im Hintergrund arbeiten, darf den Mitarbeitern des Personalbereichs nie der Bezug zu den von ihnen Betreuten verloren gehen. Es ist zwar wichtig, einen Fall zu regeln. Selbstzweck darf dies indes nicht sein. Hinter dem Fall steht nämlich – fast immer – ein Individuum. Das ist die große Verantwortung aller im Personal- und Sozialwesen. Auch wenn der Fall nicht im Sinne des Betroffenen zu regeln ist, muss sein Anliegen angemessen und verständlich behandelt und respektiert werden. Dazu kann man sich im Personal- und Sozialwesen auch beraten und helfen lassen.

Verwaltungsvorgänge können im Firmenverbund in **Shared Services Centern**[38] zusammengezogen werden, um sie mit höherer Fachkompetenz und Effizienz zu erledigen. 35 Bei entsprechend organisierten Lösungen leidet die „Nähe" zur betreuten Einheit nicht; diese wird vielmehr entlastet. Eine solche Arbeitsbündelung wird nicht nur national, sondern auch global durchgeführt. Jeder Schritt einer solchen Konzentration sollte gut überdacht und auf seine Qualität – nicht nur seine Effizienz – überprüft werden. Die jeweils zuständigen Betriebsräte werden diese Vorgänge im Rahmen ihrer Mitbestimmung – und darüber hinaus – kritisch verfolgen.[39]

## B. Aufgaben des Personal- und Sozialwesens

### I. Verantwortlicher Personalleiter

Wer soll diese Aufgabe übernehmen? Zunächst gilt für die **Grundanforderung** dasselbe 36 wie für alle anderen Kandidaten für Vorstand und Geschäftsführung, die über die jeweils notwendigen Kenntnisse, Erfahrungen, Grundqualifikationen verfügen, aber auch die erforderliche Persönlichkeit und den nötigen Arbeitseinsatz und Ehrgeiz mitbringen müssen. Gibt es darüber hinaus beim verantwortlichen Leiter für das Personal- und Sozialwesen noch etwas Besonderes?

#### 1. Qualifikation des Personalleiters

In der Praxis zeigt sich, dass nahezu alle Ausbildungen mit den verschiedensten Abschlüs- 37 sen vertreten sind. In der **Aufgabenerledigung** und ihrer **Wertschätzung** sind Personalleiter – von ihrer Ausbildung und danach erworbener Fachqualifikation unabhängig – erfolgreich oder nicht. Natürlich hilft eine juristische Ausbildung beim Verständnis der außergewöhnlich umfangreichen und stetig komplexer werdenden Gesetzgebung und Rechtsprechung. Eine technische Ausbildung hilft zur besseren Einsicht in betriebliche Abläufe und Bedingungen, die kaufmännische erleichtert die Kostenorientierung usw. Eine spezifische fachliche Qualifikation für die Übernahme der Aufgabe kann deshalb zumeist nicht definiert werden.

Eine Voraussetzung ist nicht nur sinnvoll, sondern notwendig: Das erfolgreiche **Absol-** 38 **vieren** einer anspruchsvollen **betrieblichen Führungsaufgabe.** Dabei erscheint eine Aufgabe im Personal- und Sozialwesen besonders hilfreich – als Vorübung. Allerdings sollte niemand ohne eine ganz besondere Motivation in diese Aufgabe einsteigen, nämlich: sich um die Menschen im Unternehmen mit ihren vielfältigen Problemen sachlich und vor allem persönlich kümmern zu wollen. So erscheint diese Aufgabe von besonderem Interesse in der eigenen Personalentwicklung zum – allseits begehrten – Generalisten, als Schritt auf dem Weg in die **Spitzenfunktion** des Unternehmens oder Konzerns.

Die persönlichen Eigenschaften sind ein besonders wichtiges Kriterium. Man sollte den 39 Kandidaten aber nicht nach allgemeinen Charakterbildern einordnen wollen. Eine aufga-

[38] Vgl. dazu etwa *Grundmann* AiB 2008, 198f.
[39] Zur betrieblichen Mitbestimmung in diesen Fällen *Grundmann* AiB 2008, 198f.

benorientierte **Mischung** von **Fähigkeiten** und **Eigenschaften** ist nötig. Diese sind auch noch zu verbessern. Wünschenswert ist eine besondere Erkenntnisfähigkeit dafür, wie Menschen in ihrer Vielfalt mit den sachlichen Notwendigkeiten im Unternehmen zusammengeführt werden können. Das gilt für Probleme des Mitarbeiters mit sich selbst, seiner Aufgabe, seinem Vorgesetzten – egal auf welcher hierarchischen Ebene. Das Erkennen und Lösen dieser Probleme stärkt den Mitarbeiter, die Führungskraft und den Betrieb und schafft somit die Grundlagen für Erfolg.

40 Dies erfordert ein waches Auge und eine auf diese menschlichen Bedürfnisse geeichte Stressfähigkeit und -stabilität. Das setzt persönliche Reife und Erfahrung voraus, von einer klaren Wertvorstellung geprägt, für die dann auch eingestanden wird, möglichst ohne Schädigung Dritter bzw. Vernachlässigung der Unternehmenssicht. Der Personalleiter muss sich auch im Sinne dieser Zielsetzung selbst zurücknehmen können, weil letztlich kein Eigeninteresse dominieren darf, sondern die **Interessen des Unternehmens** mit den darin tätigen Menschen zu beachten sind. Das erfordert Toleranz. Andererseits muss der Personalleiter auch mit beharrlichem Eifer für eine nicht nur von ihm selbst für notwendig gehaltene Regelung nachhaltig eintreten können, weil er in erster Linie am Erfolg seiner eigenen Tätigkeit gemessen wird. Das bedeutet weniger Rhetorik als vielmehr Willenskraft und Überzeugungsfähigkeit aus persönlicher Stärke. Gleiches gilt für die dem Verantwortlichen für das Personal- und Sozialwesen zugeordneten Mitarbeiter seines Bereichs, vor allem für die verantwortlichen Führungskräfte.

### 2. Residenzpflicht

41 Auch wenn heute ein dichtes Kommunikationsnetz, die stetig wachsende Zahl an im Homeoffice tätigen oder mobil arbeitenden Mitarbeitern und optimale Verkehrsmittel die Notwendigkeit ständiger Präsenz der Organmitglieder relativieren, ist dies für den Personalleiter eine gesondert zu überlegende Frage. Die Frage, wo der Personalleiter seinen **Arbeitsort** und **Wohnsitz** haben sollte, muss an den örtlichen Gegebenheiten, soziologischen Strukturen etc. des Unternehmens gemessen und abgeprüft werden. Zumindest sollte darüber nachgedacht und geredet werden, wobei, jedenfalls im Grundsatz, eine persönliche Anwesenheit des Personalleiters und die damit einhergehende engere Anbindung an den Betrieb vor Ort vorzugswürdig sein dürfte.[40]

## II. Aufgaben des Personalleiters

### 1. Personalbereitstellung/Personalstrategie

42 Die Hauptaufgabe des Personalbereichs ist es, dem Unternehmen die Menschen zu beschaffen und vorzuhalten, die es braucht, um zu bestehen und zu überleben. Dafür ist eine – betriebsgerechte – **Personalentwicklung** einzurichten und zu betreiben. Richtig verstandene Personalentwicklung beginnt schon mit der Suche des geeigneten Mitarbeiters und begleitet ihn in allen Stadien seines Arbeitslebens im Unternehmen – und oft auch danach.

43 Die **Zukunftsplanung** des Unternehmens verlangt auch die Planung der zukünftig benötigten Qualifikationen, die sich mit dem Unternehmen und der Arbeitswelt ändern. Diese Bedürfnisse sind möglichst frühzeitig zu erkennen, um sie im richtigen Zeitpunkt befriedigen zu können. Gibt es diese Qualifikationen schon heute? Sind Schritte einzuleiten, um entsprechende Ausbildungen überhaupt anbieten zu können?

44 Ein sicherer Weg dahin führt über die interne wie externe Aus- und Fortbildung. Ihr Angebot wird sich in erster Linie auf die unternehmensspezifischen und die in größerer

[40] Vgl. zur Zulässigkeit arbeits- bzw. tarifvertraglicher Residenz- oder Wohnsitzklauseln BAG NZA 2007, 343.

Zahl erforderlichen Berufsbilder und -qualifikationen beziehen. Für ganz **besondere Ausbildungsgänge** kann man vielleicht mit anderen Unternehmen zusammenarbeiten, im Austausch. So kann nachhaltige Personalentwicklung beginnen.

## 2. Personalentwicklung

Personalentwicklung ist auch für den Mitarbeiter selbst wichtig, für sein „Fortkommen". 45
Die pflichtgetreue Erledigung der übertragenen Aufgaben, die Anreicherung von Wissen und Können über die im Zeitablauf gewonnene Erfahrung hinaus sind seine eigenen wichtigen Beiträge. Er bereichert damit nicht nur sein Arbeitsleben und die Erfolge darin, sondern auch sein Lebensgefühl überhaupt. Alle diese Beiträge führen nicht allein zu seiner **Weiterentwicklung im Unternehmen.** Sie müssen – möglichst zuverlässig, nicht zufällig – erkannt und für das Unternehmen wie für den Mitarbeiter optimiert und gefördert werden. Bei den vielen Komponenten und Beteiligten an und in diesem Vorgang bedarf es hierfür eines Systems der Personalentwicklung.

Es gibt eine Vielzahl von Systemen der Personalentwicklung, die in Unternehmen, Se- 46
minaren etc. vorgestellt werden. Manche leiden an **Übersystematisierung** und Kopflastigkeit im Hinblick auf die besonders relevanten Führungspositionen. So wichtig das Ausfiltern des Führungspersonals ist, das dem Unternehmen Inhalt und Ziel geben soll, so wichtig ist auch die Sorge um die vielen Mitarbeiter, die eine im Tagesgeschäft notwendige und erfolgreiche Arbeit verrichten sollen.

Um das für das Unternehmen passende System der Personalentwicklung zu finden, 47
muss ein breites, nahezu unüberblickbares Angebot überprüft werden; vielleicht sind auch Teilstücke für das Unternehmen, für seine Betriebe brauchbar. Besonders nützlich ist das selbst entwickelte System, erarbeitet durch eine Projektgruppe. Ihr sollten alle angehören, die für die spätere **Umsetzung** zu sorgen haben: Management, Führungskräfte und Belegschaft, vertreten durch den Betriebsrat und den Sprecherausschuss. Professionelle Hilfe können Institute, Coaches und Berater geben. Die Feinarbeit kann das Personal- und Sozialwesen leisten und den Rahmen für die Umsetzung im Unternehmen festlegen.

Der großen Mehrheit der für Personalentwicklung „selbstmotivierten" Mitarbeiter steht 48
die kleinere Zahl derer gegenüber, die diese Entwicklung für sich nicht wollen oder nicht meistern können. Für sie bleiben – gerade im größeren Unternehmen – immer Aufgaben, die weniger anspruchsvoll mit andauerndem Fleiß und Sorgfalt abgearbeitet werden können – oftmals sogar müssen. Diese geringere **Entwicklungsfähigkeit,** mit Loyalität und Treue kompensiert, wird gerade in einer modernen, schnelllebigen und fluktuierenden Arbeitswelt häufig, oft zu häufig gering geschätzt. In vielen Jubiläumsansprachen wird der langjährige, hingebungsvolle Einsatz am (gleichen) Arbeitsplatz hervorgehoben, als Stütze für die Stabilität des Unternehmens, nicht übersehend, dass im Laufe der Jahre der Typus des lebenslang in einem Unternehmen tätigen Mitarbeiters mehr und mehr zurückgedrängt worden ist. Auch diese Mitarbeiter wollen ihrem Leben durch Arbeit einen wichtigen Inhalt geben und ihren Lebensunterhalt selbst verdienen. Dazu brauchen sie einen angemessenen Platz im Unternehmen und das Unternehmen braucht sie auch.

## 3. Bedarfsplanung

Zwingende Voraussetzung für eine sinnvolle Personalentwicklung ist eine Gesamtplanung 49
des Unternehmens. Daraus ist – neben anderen Plänen – der Plan für den Personalbedarf zu entwickeln und im Rahmen der Gesamtplanung des Unternehmens zu budgetieren. Eine Grobbudgetierung nach der **Organisationsstruktur,** den Mengenerwartungen etc. ist erfahrenen Managern ohne weiteres möglich. Die notwendige **Feinplanung** läuft aber eher von „unten nach oben". Die einzelnen Vorgesetzten müssen dazu die ihnen zugeordneten Gesamtaufgaben im Rahmen der Unternehmensorganisation in einzelne Schritte, dh. hier in einzelne Arbeitsplätze, umzusetzen und die dafür jeweils erforderlichen Qualifi-

kationen bestimmen. Daneben sind die Mitwirkungsrechte des Betriebsrats nach § 92 BetrVG bei der Personalplanung zu berücksichtigen.[41]

### 4. Stellenbeschreibung

50 Es existieren viele interne Systeme, die mit Aufwand eingerichtet bzw. betreut werden durch Vorgesetzte, durch Mitarbeiter selbst oder durch Dritte. Die Systeme leiden meist darunter, dass sie trotz hohem Aufwand mit dem lebendigen, sich immer wieder ändernden Unternehmen und der Arbeitswelt nicht Schritt halten können. Die Mitbestimmung des Betriebsrats macht dabei den Ablauf nicht einfacher. Der Betriebsrat hat zwar bei der Ausgestaltung von **Stellenanzeigen** kein Mitbestimmungsrecht[42], kann aber beispielsweise verlangen, dass bestimmte Stellen nach § 93 BetrVG (auch) intern ausgeschrieben werden. Wenn das Unternehmen in den Führungspositionen auch nur hinreichend gut besetzt ist, kann es auch ohne diese starren Eingrenzungen laufen. Absprachen – gleich welcher Form – sichern den Betriebsablauf. Sie werden unterstützt durch ein **Organisationshandbuch,** auch für kleinere Betriebseinheiten, das vor Ort oder im Intranet verfügbar und damit jedem Mitarbeiter zugänglich ist.

51 So werden die Grundlagen für eine Personalentwicklung gelegt, die zu einer arbeitsfähigen Unternehmensstruktur führen. Diese Überlegungen sind tägliche Aufgabe für vorausschauende Führungskräfte – auch, wenn sie erst zur konkreten **Unternehmensplanung** abgerufen werden. Viele Änderungen ergeben sich auch während und zwischen den Planungszyklen. Sie dürfen nicht übergangen oder verschoben werden. Gerade in schlechten Zeiten ist es besonders wichtig und verpflichtend, schnell zu reagieren. Oft wäre eine engere Vorausplanung schonender als die Aussage, dass eine bestimmte Anzahl an Mitarbeitern zur Stabilisierung oder Restrukturierung des Unternehmens „abgebaut" werden müssen. Wenn überdies auch noch kurz zuvor hoffnungsfrohe Ankündigungen für das Unternehmen verkündet wurden, wird Unsicherheit, ja Misstrauen erzeugt. Hätte man das nicht besser vorhersehen, planen können? Warum wurde – bis vor kurzem – noch eingestellt? Die oft recht schlicht – monokausal – formulierten Hinweise auf die Unvermeidlichkeit des (erheblichen) Personalabbaus zur Kostensenkung – ohne sonstige überzeugende Begründung – verstärken das Unverständnis beim Mitarbeiter – und auch bei Medien und Öffentlichkeit.

52 Bessere **Planung** und deren schnelle **Umsetzung** könnten vieles besser und einfacher gestalten. „Planungseinbrüche" sind nicht immer schicksalhafte Außeneinwirkungen, sondern oftmals schlicht die Folge vermeidbarer Fehler. **Planungsfehler** verursachen im Unternehmen Zusatzkosten, im Personalbereich sind aber persönliche Schicksale davon betroffen.

53 Sind die betrieblichen Aufgaben nach Anzahl und Qualität definiert, muss erwogen werden, wem welche Aufgabe übertragen wird, wer diese Anforderung erfüllen wird. Schließlich ist die besonders wichtige Frage zu beantworten, wer welche Aufgabe – noch – besser erledigen könnte, wer hat welches Potential? Das sind die **Kernstücke** einer **Personalentwicklung.** Sie ist eine der größten Herausforderungen an die Führungskraft. Neben der Fähigkeit, unternehmensbezogene Fakten, ihre Ursachen und Wirkungen zu erkennen, gehört dazu das sichere Urteil über Menschen, in ihren Qualifikationen für die unternehmerischen bzw. betrieblichen Anforderungen. Diese besondere Urteilsfähigkeit ist die Hauptverantwortung einer Führungskraft. Ist sie (noch) nicht gut genug entwickelt, muss die oberste Priorität darauf liegen, sie sich anzueignen.

---

[41] Zu Zustandekommen und Inhalt dieser Vorschrift *Reichold* NZA 2001, 857 (863).

[42] Dazu grundlegend BAG NZA 1988, 551 f., wobei § 93 BetrVG den Arbeitgeber nicht in seiner Einstellungsfreiheit über die Gestaltung der Stellenbeschreibung oder gar in der Bewerberauswahl beschränkt, vgl. *Buchner* NZA 1991, 577 ff.

## 5. Fördersysteme

Die Förderung der beruflichen und – eingeschränkt – auch der persönlichen Entwicklung 54
ist eine wesentliche Aufgabe der Mitarbeiterführung. Auch das Betriebsverfassungsgesetz räumt der **Berufsbildung** der Mitarbeiter in § 96 BetrVG einen besonderen Stellenwert ein.[43] Für jeden Vorgesetzten ist es hilfreich, wenn er sich bei dieser Aufgabe auf ein System des Unternehmens stützen kann. Die vielfältigen **Fördersysteme,** oftmals flankiert durch persönliche Zielvereinbarungen mit den Mitarbeitern, haben im Wesentlichen gleiche Inhalte und Ziele: Die Menschen im Unternehmen sollen so optimal wie möglich eingesetzt und in ihren Fähigkeiten gefördert und entwickelt werden.[44] Das ist gleichermaßen vorteilhaft für die Selbstverwirklichung der Mitarbeiter wie für die Produktivität des Unternehmens. Den Beteiligten sollte klar sein, dass „Förderung" nicht gleichbedeutend mit „Beförderung" sein kann – zunächst ist sie Teilstück in der Personalplanung und -führung.[45]

Bei Einführung eines **internen Fördersystems** wie auch während dessen laufender 55
Anwendung ist es wichtig, die Betroffenen damit vertraut zu machen bzw. zu informieren. Damit werden Vorurteile abgebaut und Betroffene zu Beteiligten. Auch die Frage, was letztlich mit dem so erstellten Konzept geschieht, beschäftigt viele. Einmal in der Personalakte angekommen, ruht es dort – nachdem es dem Vorgesetzten geholfen hat, seine Aufgabe zu erledigen. Der nächsthöhere Vorgesetzte hat einen besseren Überblick bekommen. Schließlich haben kompetente Personalentwickler sich Gedanken gemacht, um die passende, möglichst bessere Entwicklung des Mitarbeiters auf den Weg zu bringen. Zu beachten ist, dass die Beteiligten nicht nur rechtlich, sondern auch moralisch zum sorgfältigen Umgang mit den persönlichen Daten der Mitarbeiter verpflichtet sind. Kein Unternehmen kann es sich leisten, mit einem solchen System auszuspähen, abzuqualifizieren oder gar Kündigungen voranzutreiben.

### a) Inhalt

Der sachliche Inhalt fast aller **Fördersysteme** ist notwendigerweise überwiegend gleich. 56
Es geht um drei wesentliche Überlegungen:

**aa) Ist-Zustand.** Der Ist-Zustand ist festzuhalten – zum einen konkret an diesem Arbeits- 57
platz, mit diesem Mitarbeiter, aber auch abstrakt in Bezug auf die Situation im Betrieb und Unternehmen insgesamt.[46] Ein deskriptiver Vorgang in Stichworten, der die entsprechende Absprache zwischen Vorgesetztem und Mitarbeiter dokumentiert.

**bb) Bewertung.** Wie sieht der Vorgesetzte die Erledigung dieser Aufgaben? Dabei ist nur 58
die vorgegebene Verpflichtung zu bewerten – nicht irgendetwas anderes. Eine Ausflucht in Allgemeinplätze und schlagwortartige Kurzformeln ist hier sehr verführerisch. Sie sind aber oft nur Ausdruck ungenügender Reflektion und Erkenntnis. Leistung kommt weniger aus dem Charakter, sondern aus Fähigkeiten und ihrem Einsatz. Wer sich um eine nüchterne, **objektive Darstellung** bemüht, gestützt auf einzelne Tatsachen, braucht keine pauschalen Urteile.

Gerade bei Unterforderung besteht die Gefahr, dass der Arbeitswille und -einsatz abfal- 59
len und Fähigkeiten verkümmern. Meist geht das langsam und schleichend. Durch angemessene Führungshilfen sollte versucht werden, zumindest das aktuelle Leistungsniveau zu halten. Dieser Ansatz erscheint qualitativ bescheiden – er ist aber grundlegend für die Per-

[43] Dazu umfassend *Koch* in Schaub ArbR-HdB § 239 Rn. 1 ff., wobei darauf hinzuweisen ist, dass der Begriff der „Berufsbildung" in § 96 BetrVG weiter ist als derjenige der „Berufsausbildung" im Berufsbildungsgesetz (BBiG).
[44] Vgl. nur *Thüsing* in Richardi BetrVG § 96 Rn. 8 ff.
[45] Vgl. nur *Thüsing* in Richardi BetrVG § 96 Rn. 1.
[46] *Thüsing* in Richardi BetrVG § 96 Rn. 23; *Koch* in Schaub ArbR-HdB § 239 Rn. 1b, jeweils mzN.

sonalentwicklung. Er gilt für so viele in fast allen Positionen. Dabei soll nicht der „Durchschnitt" zum Ziel ausgerufen werden. Aber Personalentwicklung hat sich auch nicht nur bei den hehren Ambitionen für das Topmanagement zu beweisen, sondern in der Basisarbeit für alle, mit ihren Fähigkeiten und den Möglichkeiten im Unternehmen. Sie muss auch dem Abrieb durch das Gleichmaß der Tagesarbeit und dem daraus resultierenden Frust entgegenwirken. Darin liegt schon eine große Optimierung für den Mitarbeiter. Dazu kommen oft ungeahnte Leistungsschübe, die zu beachtlich höherer **Effizienzsteigerung** im Unternehmen führen kann – mit entsprechenden Folgen für die Kosten.

60 Dosierte **Überforderung** ist (meist) weniger kritisch, sofern sie sich auf die Aufgabe beschränkt. Oft setzt sie bislang ungeahnte Fähigkeiten frei. Wird sie nicht bewältigt, so zeigen sich entsprechende Fehler, die entweder zu verbissenem Frust oder zur Ablehnung der Aufgabe führen. Dies offen zu legen und mit dem Vorgesetzten darüber zu sprechen, um die Situation zu verbessern, fällt oftmals leichter als bei einer **Unterforderung.**

61 Die **Überlastung** ist anders zu sehen, auch dann, wenn die gut gemeinte Überforderung in einer dauerhaften Überlastung mündet. Körperliche wie psychische Überlastung sollte vermieden werden, weil sie selbst in Krisenzeiten keine Dauerlösung sein kann. Sie führt nicht selten zu Frust, ja Ineffizienz für Unternehmen und zu Stress bis hin zur Erkrankung des Mitarbeiters, gerade auch im oberen Management.[47] Ein verantwortungsbewusster Chef sollte das frühzeitig erkennen und gezielt und individuell gegensteuern.

62 Auch Lob und Tadel müssen zur Bewertung gehören. Der Mitarbeiter will wissen, ob und wie er den **Erwartungen** seines Vorgesetzten entspricht, um sich darauf einstellen zu können. Nicht selten neigen Mitarbeiter zu einer – meist im kritischen Bereich – verzerrten Selbsteinschätzung. Dies muss korrigiert werden – zum Wohl des Mitarbeiters. Sowohl bei Lob wie auch bei Tadel ist es sinnvoll, schnellstmöglich zu handeln und nicht erst eine turnusmäßige Beurteilungsrunde abzuwarten. Der Anlass für eine wertende Äußerung wird leicht vergessen. Ein kritischer Zustand kann eine noch kritischere Entwicklung nehmen. Umso schwieriger wird die spätere Korrektur. Der Beurteilende sollte sich gerade bei dem kritischen Befund immer fragen: Bin ich mitverantwortlich?

63 Die immer wieder gestellte Frage nach dem **objektiven Vergleichsmaßstab** bleibt offen. Wer kann überhaupt objektiv sein? Jeder Beteiligte ist eine eigene Persönlichkeit und damit subjektiv. Die Aufforderung, sich mit dem System auseinanderzusetzen, sich festzulegen und zu erklären, reduziert Willkür. Letztlich kann der nächsthöhere Vorgesetzte ausgleichen.

64 **cc) Resumée.** Der dritte und wichtigste Schritt führt in die Zukunft. Was kann aus den im Gespräch gewonnenen Ergebnissen gemacht werden? Welchen Weg könnte oder sollte der Mitarbeiter einschlagen? Was will er selbst? Gibt es im Betrieb oder im Unternehmen bessere **Entwicklungsmöglichkeiten,** ist eine besondere Schulung angebracht? Diese Überlegungen und Empfehlungen sind Anstoß für die Maßnahmen der Personalentwicklung. Vielleicht findet der Vorgesetzte mit den Personalentwicklern schon ein angemessenes Angebot. Oder die Empfehlungen gehen weiter an ein besonderes Unternehmensgremium, um eine noch bessere Lösung zu finden und durchzusetzen.

### b) Beurteilungs- und Förderungsgespräche

65 Auf **Zielvereinbarungen** stützen sich viele Förder- und Beurteilungsgespräche und auch variable Vergütungs- und Kompensationssysteme.[48] Dabei gibt es prinzipiell den immer gleichen Ablauf: Was war vereinbart, was ist erreicht, was folgt daraus für die Zukunft? Transparente Zielvereinbarungen sind nicht nur rechtlich geboten. Sie erleichtern auch die

[47] Vgl. dazu zuletzt etwa *Lützeler* BB 2014, 309ff.
[48] Zu den Folgen einer unterbliebenen Vereinbarung oder Vorgabe über konkrete Ziele trotz einer Zielvereinbarung vgl. BAG NZA 2008, 409 (415).

Führung und das Gespräch mit dem Mitarbeiter.[49] Nicht das ganze Aufgabengebiet, sondern nur die Vereinbarungen werden konzentriert durchgesprochen.

Das Beurteilungs- bzw. Förderungsgespräch sollten nur der direkte Vorgesetzte und sein Mitarbeiter miteinander führen. Andere Regelungen untergraben die **Führungsautorität.** Das Gespräch ist dann gut, wenn es mitmenschlicher **Verantwortung** und praktischer Unternehmensführung entspricht. Kein Vorgesetzter sollte sich dabei als Richter fühlen oder als solcher agieren. Kein Mitarbeiter darf „vorgeführt" werden. Er kann sich – notfalls – beschweren, mit Hilfe von Sprecherausschuss oder Betriebsrat, und dann noch eine klärende Gegendarstellung zu seinen Akten geben (vgl. etwa § 83 Abs. 2 BetrVG).[50] 66

Am Ende des Gesprächs bzw. des **Protokolls** steht die Unterschrift des Beurteilenden auf dem Protokoll. Soll der Beurteilte auch unterzeichnen oder nur abzeichnen? Das würde diesem Gespräch letztlich einen Einigungszwang auferlegen. Förderung ist aber nicht notwendig Einigung. Natürlich soll der Mitarbeiter zu seiner Förderung beitragen, aber er braucht nur seine und nicht die Pflicht des Vorgesetzten zu übernehmen. 67

Können sich die Beteiligten überhaupt nicht auf eine Wertung oder Empfehlung einigen, so mag der Mitarbeiter dies festhalten auf dem Gesprächsbogen, notfalls durch eine Erklärung für die Personalakte. In letzter Konsequenz steht ihm der Weg zum Arbeitsgericht offen.[51] Viele Vorgesetzte meinen, dass ihr turnusgemäßes Arbeitsgespräch eigentlich alles enthalte, was es zu besprechen gibt. Kaum ein Mitarbeiter sieht das so. Dieses Gespräch ist allenfalls als Vorarbeit zu einem **Mitarbeitergespräch** anzusehen, das viel intensiveren persönlichen Erwartungen unterliegt. Das eine kann als Feedback im üblichen Tagesablauf dienen, das andere sollte motivieren – beide Teilnehmer. 68

## 6. Vorgesetztenbeurteilung

Die Vorgesetztenbeurteilung, die Beurteilung durch Kollegen untereinander, „Surveys", 360-Grad-Analysen, etc, führen auch zu Aussagen und Wertungen, die **unterstützend** eingesetzt werden können. Sie sind aber nicht Personalentwicklung im Sinne verantworteter Führung, sondern eher **Gegenkontrollen.** Das ist wenig motivierend für eine engagierte Führungskraft. Sorgfältig planende und beobachtende Vorgesetzte können mit koordinierender Hilfe der Personalentwickler ein wichtiges Erfolgsinstrument für das Unternehmen schaffen. 69

## 7. Personalcontrolling[52]

Das Personalcontrolling soll mit ursprünglich für das Finanzcontrolling entwickelten Methoden den unternehmerischen Beitrag des Personal- und Sozialwesens für das Unternehmensziel ermitteln, typsicherweise softwaregestützt. Dazu müssen die Einzelvorgänge und Leistungen **in Wertzahlen umgesetzt** werden, um so die Ergebnisse innerhalb und auch außerhalb des Unternehmens darstellen zu können. Nur wenige Kennzahlen ergeben sich im Personalbereich aus sich heraus – meist muss das Unternehmen für einen bestimmten Faktor einen konkreten Wert festlegen. Kann zB der Wert der Einstellung eines Mitarbeiters am Preis des Headhunters ausgerichtet werden? Wie hoch sind die Vergleichswerte der Personalabteilung? Wie werden die Kosten der in beiden Fällen erforderlichen Vor- und Nachbereitung einer Einstellung eingebracht? Welchen Wert hat die „Erfolgszusage" des Headhunters? Soll auch das Betriebsklima als Wert eingebracht werden? Je exakter und umfassender die Wertigkeiten erfasst bzw. festgelegt werden, umso höher ist der zu leistende Aufwand des Unternehmens, insbesondere aber des Personalcontrollings. Dennoch 70

---

[49] Wobei es keine Pflicht für den Mitarbeiter gibt, an einem Personalgespräch teilzunehmen, das sich nicht auf seine Arbeitsleistung als solche bezieht, vgl. BAG NJW 2009, 3115 mAnm *Dzida*.

[50] *Poeche/Windsheimer/Schlegel* in Küttner Personalbuch 2020 Personalakte Rn. 17f.

[51] Lesenswert LAG Rheinland-Pfalz BeckRS 2004, 30800435.

[52] Dazu umfassend *Tymister/Nuß* BC 2005, 76ff. mit einem Beispiel zum Aufbau eines Kennzahlensystems.

bleibt die Rechnung eine vage. Viele Unternehmen haben Personalcontrolling-Systeme anhand ihrer **eigenen Bedürfnisse** entwickelt, um mit vertretbarem Aufwand zu aussagekräftigen Ergebnissen zu kommen.

71 *Robert Kaplan* und *David Norton* nehmen an, dass ca. 85% der Werte im Unternehmen sog. „intangible assets", also immaterielle Vermögenswerte, sind. Das hat sie dazu veranlasst, das System der **„Balanced Scorecard"** zu entwickeln. Dieses System fragt nicht „vorausschauend" danach, welche Maßnahme welche kausale Wirkung nach sich ziehen könnte. Es ermittelt vielmehr anhand eines sog. Pull-Push-Prinzips, welche Wirkung erzielt werden soll, um davon ausgehend die hierfür erforderlichen Maßnahme zu bestimmen. Das System der „Balanced Scorecard" wird damit vielmehr aus den Unternehmenszielen entwickelt. Diese Ziele werden bis zum Aufgabenbereich der einzelnen Abteilung und Arbeitsgruppe heruntergebrochen. In dem Umfang, in dem diese Vorgaben erreicht werden, liegt der Wert des Beitrags für das Unternehmen. Diese Methode will damit weniger den rechnerischen Vergleich erbrachter Leistung darstellen, sondern vor allem die **strategische Führung** und **Erreichung der Unternehmensziele** unterstützen. Kritisch gesehen wird dabei der hohe Gesprächsaufwand, um die erforderlichen Verabredungen zu ermitteln und zu treffen. Dem kann aber mit klaren Zielvorgaben und deren konsequenter Verfolgung begegnet werden.

72 Von den zahlreichen Weiterentwicklungen und Verfeinerungen des Systems der „Balanced Scorecard" erscheint die Überlegung von *Fink/Heineke,* die Balanced Scorecard mit dem Konzept des **„Management by Objectives",** also dem Führen mittels Zielvereinbarungen, zu verbinden, besonders erfolgversprechend. So können in einem weithin bekannten und geübten Verfahren, auch mit eigenen Sonderlösungen, strategische Ziele verfolgt und mit firmenspezifischen Erkenntnissen unterstützt werden. Dabei hat sich in der Praxis moderner Unternehmen das Prinzip der **Objectives and Key Results** (OKR) durchgesetzt. **OKR** ist ein Rahmenwerk für modernes Management, das die einzelnen Aufgaben von Teams und Mitarbeitern einerseits mit Unternehmensstrategie, -plänen, und -vision des Balanced Scorecard-Ansatzes andererseits verknüpft.

73 Unabhängig von jeder Form systematischen Personalcontrollings fallen im Personal- und Sozialbereich **Kennzahlen** an, die zu nützlichen Erkenntnissen führen. Dazu gehören die Fluktuations- und Abwesenheits-/Fehlzeitenquoten. Beiden gemeinsam ist ein harter Kern, die unvermeidbaren und naturgegebenen Fälle. Dazu kommen die vermeidbaren Fälle, die diese Quoten in die Höhe treiben. Daraus resultieren beachtliche, oft vermeidbare Kosten. Schon innerhalb des Unternehmens wird es dabei ganz unterschiedliche Ergebnisse für einzelne Bereiche und Gruppen geben, die zum Vergleich einladen. Allerdings ist eine sorgfältige Analyse der Fälle voranzustellen. Unklare Fälle sind in entsprechend behutsam geführten Gesprächen aufzuklären. Schnell wird man so erkennen, dass die Fluktuations- und Abwesenheits-/Fehlzeitenquoten oft auf Unzufriedenheit mit dem Unternehmen, dem Vorgesetzten oder dem Umfeld beruhen. Dem kann durch entsprechende **Gegensteuerung** abgeholfen werden.

74 Die auf das Entgelt zurückzuführende **Unzufriedenheit** ist oft einfach zu klären. Entweder wird der Betroffene von sich selbst oder von seinem Vorgesetzten falsch eingeschätzt, oder das Entgelt- bzw. Gesamtvergütungssystem *(total compensation)*[53] ist nicht (mehr) marktgerecht. Die Erfahrung zeigt, dass in vielen Fällen, in denen zunächst auf das unzureichende Kompensationspaket abgehoben wird, ein anderer, viel wichtigerer Grund hinter der Unzufriedenheit verborgen liegt. Über falsche Einschätzungen, Meinungen, mangelnde Wertschätzung oder **missliche Umstände** zu reden ist sehr viel schwieriger als über das Gehalt. Auch vertrauensvolle Aufklärungsgespräche eröffnen nicht zuverlässig die innerste Sichtweise in einem Mitarbeiter, der mit Abwanderungsgedanken spielt; er protestiert letztlich mit seinem Verhalten nur gegen das Unternehmen oder den Vorgesetzten. Sollte sich ergeben, dass die Führung für das Verhalten ursächlich war, sollte mit dem

[53] Vgl. dazu umfassend *Maschmann,* Total Compensation, 2. Aufl. 2019.

Vorgesetzten gesprochen werden. Vielleicht sind zukünftige Fehler vermeidbar. Ist das Umfeld ursächlich, so kann zwischen dem menschlichen und dem sachlichen Umfeld unterschieden werden. Im menschlichen Bereich kann es um das – falsche – Verhalten von Vorgesetzten, Kollegen oder Mitarbeitern gehen. Ist der Vorwurf berechtigt, so wäre der Verursacher – sei es durch ein klärendes Gespräch oder gar eine Abmahnung – zu **disziplinieren,** um wieder eine verträgliche Situation herzustellen. Auch „Mobbing“[54] gehört hier oft zu den berechtigten Vorwürfen.

Liegt die Unzufriedenheit des Mitarbeiters am Arbeitsplatz – im sachlichen Bereich –, 75
so ist zu fragen, ob Veränderungen erforderlich und sinnvoll sind. Nicht nur im Bereich der klassischen Produktion gehören auch Maßnahmen des (physischen und psychischen) **Arbeitsschutzes** zu diesen Bedingungen. In diesem Umfeld ergibt sich eine weitere, für die Unternehmensführung wichtige Zahl: die Unfallquote. Sie wird nach den Vorgaben der zuständigen Berufsgenossenschaft erhoben. Sie zeigt, wo umsichtig gearbeitet wird. Außerdem beeinflusst sie wesentlich die Höhe des zu leistenden Beitrags – ein bezifferbarer, den einzelnen Bereichen auch unmittelbar zuzurechnender Geldwert. Diese Quote zeigt auch, wie wichtig es ist, die einzelnen **Schadensfälle** genau in ihren Ursachen zu erforschen – waren sie vermeidbar oder nicht. So sind nicht nur Kosten zu steuern. Vielmehr kann menschliches Leid verhindert oder verringert werden – ein besonders wichtiges, wenngleich nicht bezifferbares Ergebnis.

## III. Außenwirkung des Personalleiters innerhalb des Unternehmens

Es ist nicht damit getan, die Personal- und Sozialfragen im Unternehmen gut zu regeln 76
und dies auf die Mitarbeiter abzustrahlen, darüber zu reden und sorgfältig auf das Echo zu achten. Der Leiter des Personal- und Sozialwesens muss sein „Produkt“ auf diesem **Markt,** im Unternehmen, immer wieder auf Güte und Tauglichkeit überprüfen.

### 1. Unternehmenszeitung/-magazin

Ein Unternehmensreport – sei es am schwarzen Brett, per E-Mail oder im Intranet – ist 77
für die allgemeine Information über das Unternehmen – seinen Erfolg oder seine Probleme – gut geeignet, auch für den Quartalsbericht nach § 110 BetrVG. Es bedarf **sorgfältiger Recherche** nach den im Unternehmen wirklich interessierenden Fragen und Fakten.

### 2. Kurzinformationen

Diese „Kurzinfos“ sind meist Nachrichten, die über die üblichen **Kommunikationssysteme** des Unternehmens – E-Mail, Intranet, Kurznachrichtendienste – bekanntgegeben 78
werden können.[55] So können außergewöhnliche Vorkommnisse ad hoc angesprochen bzw. begleitet werden. Es kann auch erklärt werden, wie ein Tarifstreit sich entwickelt – damit sich der Mitarbeiter nicht nur durch die gewerkschaftlichen Medien informieren muss. Allerdings muss dieses Instrument sicher beherrscht werden. Überzeugende und verständliche Information fordert eine **klare, kurze und prägnante Sprache.**

### 3. Betriebsversammlung

Die Betriebsversammlung ist die vom Betriebsrat einberufene Versammlung der Mitarbei- 79
ter, auf der auch der Arbeitgeber ein Recht hat, vorzutragen (vgl. §§ 42ff. BetrVG). Sie ist

[54] Zu den damit im Zusammenhang stehenden Rechtsfragen *Poeche/Weil/Schlegel* in Küttner Personalbuch 2020 Mobbing Rn. 1 ff.

[55] Zu den (multi-)medienrechtlichen Implikationen vgl. *Elschner* in Hoeren/Sieber/Holznagel, Multimedia-Recht, Stand: Mai 2021, Teil 22.1 Rn. 114.

eine sehr gute Gelegenheit, viele Mitarbeiter **unmittelbar anzusprechen.** Deshalb sollte man sie auch entsprechend nutzen. Nicht nur die Regel-Berichte gehören hierher. Auch die Geschäftsleitung kann dort bestimmte Vorhaben überzeugend erläutern, Probleme aufgreifen – ggf. in Abstimmung mit dem Betriebsrat – und die Mitarbeiter auffordern, dass und warum sie bei deren Lösung mithelfen sollen oder gar müssen.

### 4. Betriebsräteversammlung

80 Diese Versammlung bringt die Betriebsräte – Multiplikatoren des Gesamtunternehmens – zusammen (§ 53 BetrVG). Auf dieser Versammlung hat der Gesamtbetriebsrat einen **Tätigkeitsbericht** und der Unternehmer einen Bericht über das Personal- und Sozialwesen zu erstatten (§ 53 Abs. 2 BetrVG). Sie ist eine besonders geeignete Plattform, um **Unternehmenssicht und -strategien** vorzustellen, vor allem dann, wenn solche Ziele ganz unterschiedliche Auswirkungen auf einzelne Unternehmens- oder Konzernbereiche haben.

### 5. Mitarbeiterversammlung

81 Diese Versammlung der Mitarbeiter wird vom Arbeitgeber einberufen, der sie vor allem dazu nutzen kann, die Arbeitnehmer über aktuelle Projekte und Entwicklungen unmittelbar zu **informieren.**[56] Im Gegensatz zur Betriebsversammlung hat der Betriebsrat hier nicht die Leitung und die Arbeitnehmer können vom Arbeitgeber zur Teilnahme verpflichtet werden.

### 6. Tag der offenen Tür

82 Diese Veranstaltung ist eine gute Werbung nach außen und innen. Der Betrieb kann sich so der **interessierten Öffentlichkeit** zeigen und seine Facetten und Bereiche, erklären. Auf diese Weise kann vielen Vorurteilen aufgrund von Unkenntnis, jedenfalls bei Gutwilligen, entgegengewirkt werden. Die Nachbarn, die unmittelbar vom Betrieb berührt sind (eventuell durch Lärm, etc), finden so oft zu mehr Toleranz – durch Offenheit. Dem Mitarbeiter wird Gelegenheit gegeben, den Angehörigen zu zeigen, wo und wie der Arbeitstag abläuft und die Kollegen des Mitarbeiters kennenzulernen. Auch dies erhöht die Akzeptanz bei den Angehörigen.

## IV. Aufgaben des Personalleiters außerhalb des Unternehmens

83 Darüber hinaus muss der Leiter des Personal- und Sozialwesens auch in vielen anderen außerbetrieblichen Bereichen mitwirken. Viele **Institutionen** sind geradezu darauf angewiesen, dass „ehrenamtliche" Arbeitgeber- wie auch Arbeitnehmervertreter ihr Wissen und ihre Erfahrung aus dem Unternehmen einbringen. Auch politische Parteien und staatliche Organisationen bedürfen der Mitwirkung qualifizierter, betrieblich und wirtschaftlich Erfahrener. Das kann sehr zeitraubend sein. Aber ohne diesen Einsatz können die Interessen der Unternehmen und ihrer Mitarbeiter nicht zum Tragen kommen. Wer sich nicht selbst gestaltend einbringt, kann „Fehlentwicklungen" nicht verhindern und nur sehr begrenzt kritisieren.

[56] Hier ist zwischen der Betriebsversammlung, die der Betriebsrat auf Wunsch des Arbeitgebers einberuft (§ 43 Abs. 3 S. 1 BetrVG) und der Mitarbeiterversammlung zu unterscheiden, die der Arbeitgeber selbst einberufen kann, vgl. MHdB ArbR/*Lunk* § 298 Rn. 19ff. mwN.

## 1. Bundesagentur für Arbeit

Die staatliche Arbeitsverwaltung **berät** in ihren Verwaltungsgremien wichtige Fragen ihres Arbeitsauftrags. Dabei ist nicht zu vergessen, dass auch eine gute Beziehung zu den örtlich Zuständigen – in Leitung und den diversen Betreuungsgebieten – von großem Nutzen ist. Das Unternehmen sollte dort nicht nur als Adresse bekannt sein. Vielmehr sollte es durch Gespräche, Besuche etc. den Ansprechpartnern der Bundesagentur bekanntgemacht werden. So können Anträge, Anfragen und Ähnliches später schneller und gezielter bearbeitet werden – oft auch bereitwilliger. 84

## 2. Verbände

Gehört das Unternehmen einem **Arbeitgeberverband** an, muss es sich mit seinen Bedürfnissen und Vorstellungen einbringen. Nur so können in diesem Gremium tarifpolitische und arbeitsrechtliche Linien und Instrumente entwickelt werden. Will das Unternehmen die mit der Mitgliedschaft verbundene Tarifbindung vermeiden, bietet sich eine Mitgliedschaft ohne Tarifbindung (sog. OT-Mitgliedschaft) an. 85

Wenn das Unternehmen keinem Arbeitgeberverband angehört, muss sich der Personalleiter überlegen, wie er in anderen Organisationen seine „Arbeitsmittel" in Arbeitskreisen, Erfahrungskreisen, mit Beratern etc. weiterentwickeln kann. Sonst kann er seine Entwicklung nur unabhängig und allein betreiben. Das reicht manchmal nicht aus. 86

## 3. Arbeits- und Sozialgerichtsbarkeit

In der Arbeitsgerichtsbarkeit wirken in allen Stufen ehrenamtliche Richter mit – je einer aus dem Arbeitgeber- und dem Arbeitnehmerlager (§ 16 Abs. 1 ArbGG). Sie sollen in der Arbeitsgerichtsbarkeit, die den besonderen Auftrag der Befriedung hat, sicherstellen, dass die Wirklichkeit, das tatsächliche Arbeitsleben, in Verhandlung, Beratung und Entscheidung einbezogen wird. Unser geltendes Arbeitsrecht ist in großem Umfang von der Rechtsprechung entwickelt worden; als Richterrecht bedarf es der Mitwirkung aus der Praxis – dringend. Gleiches gilt für die **Sozialgerichtsbarkeit** (§ 12 Abs. 2 SGG). 87

## 4. Berufsgenossenschaften

In den Berufsgenossenschaften, den allein durch Arbeitgeberbeiträge getragenen Versicherungen gegen die besonderen Risiken aus dem Arbeitsleben, muss auch im Selbstverwaltungsgremium mit beraten werden. 88

## 5. Industrie- und Handelskammer und Handwerkskammern

Die Industrie- und Handelskammern sowie die Handwerkskammern sind unter anderem wichtig für die berufliche Aus- und Weiterbildung. Auch dort können Interessen und Bedürfnisse des Unternehmens eingebracht werden. 89

## 6. Sonstige

Schließlich gibt es noch eine Reihe weiterer Einrichtungen, die sich mit **Bildungsangeboten** beschäftigen – örtlich und überörtlich. Sie alle brauchen nicht nur (zahlende) Teilnehmer, sondern vielmehr den Beitrag aus den Unternehmen für ihre Ziele und Aufgabenfindung. 90

### a) Berater

91 Berater für Fragen und Probleme aus der Personalarbeit, der Altersversorgung usw können bei der Lösung betrieblicher Probleme helfen, und zwar aus der Sicht objektiver Dritter. Sie veröffentlichen praxisnahe **Arbeitshilfen und Broschüren.** Sie bieten auch **Weiterbildung** in Praktikerseminaren und Gesprächskreisen an. Mit einzelnen Beratern sollte ebenfalls eine Verbindung bestehen, um im Falle des Bedarfs zuverlässige Hilfe zu finden, zB für individuelles Training oder Einzelcoachings im Führungskreis.

### b) Versicherungsanstalten

92 Ebenso sind in den Selbstverwaltungsorganen der **Deutschen Rentenversicherung** übergeordnete Arbeitgeberinteressen zu vertreten.

### c) Krankenkassen

93 Für die Krankenkassen gilt das Gleiche.

### d) Schulen

94 Mit Schulen ist ein guter Kontakt ebenfalls sehr nützlich. Gerade wo die Praxisferne im **Bildungsbetrieb** immer wieder beklagt wird, sollten Möglichkeiten angeboten werden, diesen Vorurteilen durch Besuche, Führungen, Praktika etc. abzuhelfen. So können auch Lebensplanungen bei jungen Menschen angestoßen werden. Junge Menschen brauchen diese möglichst augenfällige Tatsacheninformation, um sich in der „Arbeitswelt" zu orientieren. Besondere, für manche Unternehmen ganz spezifische Berufe mit guten Arbeitsmöglichkeiten sind vielfach ganz unbekannt und werden ohne gezielte Ansprache als Lebensgrundlage nicht angestrebt.

### e) Hochschulen und Recruiting

95 Eine gute Verbindung zu Hochschulen ist nicht nur wegen des Know-how-Erwerbs oder -transfers mit verschiedenen Fachdisziplinen wichtig. Schon daraus ergeben sich viele Kontakte mit den insoweit schon vorbereiteten, spezialisierten Absolventen beim Übergang ins Berufsleben. Je weniger attraktiv die Region ist, um so wichtiger ist es für das Unternehmen, frühzeitig, etwa durch Studienpraktika und Diplomarbeiten, talentierte Absolventen zu gewinnen und an den Arbeitgeber zu binden. Darüber hinaus gibt es heute an vielen Hochschulen, meist in eigener Initiative, einen „Firmen- oder Karrieretag". Dort können sich die interessierten Unternehmen mit einem Infostand oder Ähnlichem den Studenten und Absolventen vorstellen. Es sollte nicht genügen, nur eine Unternehmensbroschüre auszulegen oder den Webauftritt des Unternehmens zu verweisen; persönliche Gespräche führen sehr viel weiter. Das an der Hochschule platzierte **Stellenangebot** wird so um ein Vielfaches interessanter.

96 Nur wenige Unternehmen können eine eigene Hochschule betreiben. Es ist auch fraglich, ob diese Form der **konzentrierten Fachausbildung** dem Anspruch genügt, der an das zukünftige Management als Generalisten gestellt wird. Einfacher und effizienter erscheint es, den Schulterschluss mit örtlich und fachlich nahen Hochschulen zu suchen, um qualifizierten Fach- und Führungskräftenachwuchs zu rekrutieren.

### f) Kommunale Einrichtungen

97 Schließlich darf keinesfalls vergessen werden, mit der örtlichen Verwaltung, der Polizei, der Feuerwehr, den Verkehrsbetrieben etc. **gute Verbindung** zu halten. Alle Stellen können und werden dem Unternehmen helfen, wenn sie nur angesprochen und regelmäßig informiert werden.

### 7. Aufgabenerweiterung

Im Allgemeinen führt die Aufgabe des Personalverantwortlichen eines größeren Unternehmens zu einem mehr als ausgefüllten, aber auch sehr erfüllten Tagesablauf. Es kann aber notwendig sein, die Führungsspitze klein zu halten, dh mehrere Aufgaben zusammenzufassen. Andererseits gibt es Persönlichkeiten, die willens und fähig sind, mehrere, auch ganz unterschiedliche Felder zu bearbeiten. Auch kann überlegt werden, ob der **Personalleiter** durch eine zusätzliche Position eine vertiefte Einbindung in das unmittelbare unternehmerische Geschehen erfahren soll. Das kann auch ein Stück Personalentwicklung sein. Viele organisatorische und persönliche Gegebenheiten sind zu berücksichtigen. Andererseits gibt es eine Vielzahl von Kombinationen. Dazu finden sich genügend Beispiele, die erfolgreich praktiziert werden. 98

## C. Führungskräfte

### I. Obere Führungskräfte

Die personelle Betreuung der oberen Führungskräfte ist in vielen Unternehmen als **eigene Stabsstelle** gestaltet. Dieser besondere Aufwand ist im Gegenzug zu den besonderen Erwartungen zu sehen, die das Unternehmen an diesen Kreis stellt. Die oft ganz individuellen Verträge bedürfen nicht nur bei der Erstellung, sondern vor allem auch in der laufenden Betreuung eines recht großen Arbeits-, Gesprächs- und Zeitaufwands. Auch wenn die Grundsatz- und Gesamtregelungen entsprechend in die Verträge einfließen, sind in vielen Fällen Sonderlösungen unvermeidbar, um Fachkräfte zu binden. Allerdings sollte dieser Kreis es als selbstverständliche und vorbildliche Pflicht ansehen, sich den allgemeinen Betriebsregeln – in Verhaltens-, Ethik- und Sicherheitsfragen usw – zu unterwerfen. Damit unterstützt er nicht nur das – mitunter lästige – betriebliche Regelwerk in seinem Anspruch an alle, sondern er unterstreicht seine **Mitverantwortung.** 99

Eine organisatorische Doppelanbindung des **Leiters dieser Stabsstelle** ist regelmäßig vernünftig, dh. hierarchisch an den Vorsitzenden des Vorstands, fachlich an den Leiter des Personal- und Sozialwesens. Fast wichtiger erscheint die besonders sorgfältige Auswahl bei der Besetzung dieser Stabsstelle, insbesondere des Leiters dieser Gruppe. Ein besonders hohes Maß an Integrität ist selbstverständliche Anforderung – neben absoluter Diskretion. 100

Im Allgemeinen werden an dieser Stelle auch die **Organmitglieder** betreut – in Absprache mit dem Aufsichtsratsvorsitzenden. Es erscheint überlegenswert, diese Aufgabe – zumindest sämtliche finanziellen Bewegungen – außerhalb des Unternehmens erledigen zu lassen. Damit werden Missverständnisse ausgeschlossen und die Vorgaben des Aufsichtsratsvorsitzenden neutral umgesetzt. Ganz einfach lässt sich das für die zugeordneten Inlandsgesellschaften gestalten. Deren obere Führungsriege wird in der Zentrale betreut. Für die Auslandsgesellschaften gilt dies grundsätzlich auch. Allerdings sind finanzielle, versicherungstechnische und ähnliche Dinge im Land selbst abzuwickeln, ggf. unter Inanspruchnahme **örtlicher Servicedienstleister.** 101

Die Aufnahme in diesen Betreuungskreis sollte sich nicht am Kriterium des „leitenden Angestellten" des Betriebsverfassungsgesetzes orientieren. Eine **individuelle Auswahl** ist zwar mühsamer, aber dennoch anzuraten. Die Schwierigkeit liegt darin, dass Definitionsmerkmale festgelegt werden müssen, die dem Gebot der Gleichbehandlung entsprechen. Die Auswahl muss begründbar sein. Es kann sonst in diesem besonders sensiblen Kreis leicht zu Irritationen, Frustrationen oder Ansprüchen auf Gleichbehandlung kommen. 102

Im Allgemeinen wird für diesen Kreis eine besondere Einkommenspolitik betrieben. Beim Monats- bzw. Grundeinkommen werden meist die unternehmenseinheitlichen Systeme, Abstufungen etc. entsprechend weitergeführt. Für das Gesamteinkommen können die Systeme für Jahresprämien, Erfolgsbeteiligungen, Aktienoptionen, etc. – meist mit ent- 103 sprechenden Zuschlagsfaktoren versehen – angewandt werden. Die Zusatzfaktoren zeigen die besonders intensive Einwirkung dieses Kreises auf das Unternehmensergebnis – der Grundlage der Zusatzvergütungen. Oft wird dieser Kreis auch in Sonderzuwendungen einbezogen, die für die Organmitglieder entworfen wurden, zB Aktienoptionen oder long term incentive plans. Damit wird ganz deutlich die **Teamorientierung** des Topmanagements unterstrichen.

104 **Dienstwagen** sind eine regelmäßige Ausstattung in diesem Kreis. Von der Wagenklassenregelung abgesehen kann hier die allgemeine, im Unternehmen oder Konzern geltende Richtlinie angewandt werden. Für die **Reisekostenordnung** gilt Entsprechendes.

105 Ob **Versorgungs- und Versicherungssysteme** für diesen Kreis verändert werden müssen, hängt davon ab, ob die betrieblichen Systeme ausreichend erscheinen.

106 Die Unsicherheit im Hinblick auf **zivil- und strafrechtliche Haftungsrisiken** ist für diesen Kreis besonders belastend. Die Tendenz wird stärker, direkt auf den im Unternehmen Handelnden – als Träger der Verantwortung – zuzugreifen. Die Führungskräftehaftung erlebt dieser Tage eine Hochkonjunktur (dazu umfassend → § 11 Rn. 1 ff.). Es reicht nicht aus, vorsichtig und umsichtig zu handeln, um die haftungsrelevante „grobe Fahrlässigkeit" auszuschließen. Das Unternehmen sollte insoweit einheitliche **Compliance-Richtlinien** ausarbeiten – vorzugsweise mit den Betroffenen (dazu eingehend → § 11 Rn. 64 ff.). Darüber hinaus sollte Anleitung und Hilfe gewährt werden, damit die Verantwortungsinhalte – ggf. in ihrer organisatorischen Verflechtung – deutlich werden. Kontrollschritte sollten nicht zufällig, sondern im Rahmen eines Compliance-Systems geplant ablaufen und sorgfältig dokumentiert werden. Das gilt ausnahmslos für alle Bereiche des Unternehmens. Eine Vielzahl von Gesetzen und Regeln geben Pflichten vor, deren Nichtbeachtung zu empfindlichen Konsequenzen für das Unternehmen und die Führungskraft führen kann. Deshalb sollte das Unternehmen auch einheitliche Verhaltensleitlinien für die Führungskräfte und Mitarbeiter entwickeln – Compliance- und Ethikrichtlinien bzw. Codes of Conduct sind heute aus keinem Unternehmen und Konzern mehr hinwegzudenken.

107 Neben diesem Regelwerk wird der Kreis der oberen Führungshälfte eine entsprechende Absicherung einfordern. Dazu gibt es von vielen Versicherungen vielfältige Angebote, die vom allgemein üblichen (Straf-)Rechtsschutz über die Vertrauensschadensversicherung[57] bis hin zur **D&O-Versicherung**[58] reichen. So können unter Umständen zumindest die Kosten abgedeckt und die finanziellen Folgen eines Verfahrens gemildert werden. Für das Unternehmen bietet die D&O Versicherung darüber hinaus den Vorteil, dass im Ernstfall ein solventer Haftungsschuldner für die oft millionenschweren Schadensersatzansprüche existiert.

## II. Leitende Angestellte im Betriebsverfassungsrecht

108 Leitende Angestellte im formalen Sinne sind im Betriebsverfassungsgesetz (§ 5 BetrVG) grob **definiert;** eine Vielzahl höchstrichterlicher Urteile gibt Klarheit für ebenso viele Einzelfälle.[59] Ein exaktes Maß liegt nicht vor. In jedem Unternehmen muss deshalb unter Beachtung von Gesetz und Gerichtsentscheidungen eine möglichst klare, für das Unternehmen insgesamt einleuchtende Trennlinie gezogen werden.

---

[57] Die Vertrauensschadensversicherung deckt Vermögensschäden des Unternehmens ab, die durch deliktische Handlungen der Organe und Mitarbeiter (zB Untreuehandlungen) entstanden sind. Versicherungsfall ist die vorsätzliche Schadensverursachung durch eine Vertrauensperson; vgl. dazu *Koch* VersR 2005, 1192 ff. Typischerweise decken die üblichen D&O-Versicherungen nicht nur eine Haftung des Vorstands und Aufsichtsrats, sondern auch die Verantwortlichkeit der leitenden Angestellten ab. Aufgrund der Haftungsprivilegierung von Arbeitnehmern haften leitende Angestellte jedoch im Vergleich zum Vorstandsmitglied nur im engeren Rahmen.

[58] Zu Problemfeldern in diesem Bereich *Gleich/Melot de Beauregard* NJW 2013, 824 ff.

[59] Eingehend *Richardi* in Richardi BetrVG § 5 Rn. 200 ff.

Das Kriterium **„Führungsaufgabe"** ist für die Abgrenzung wichtig.[60] Darunter fallen aber nicht nur die Leiter großer Sparten, Abteilungen oder Betriebe. Auch in einer kleineren Gruppe kann hervorragende Unternehmerleistung erbracht werden. Der immer wieder für die Begriffsbildung angesprochene „Gegnerbezug", also die Zugehörigkeit zum einen oder anderen „Lager"[61], ist keine akzeptable Forderung, weil er vom vernünftigen, kooperativen Führungsstil ablenkt. Die besondere Bedeutung einer spezifischen Berufsgruppe für ein Unternehmen – zB der Chemiker im Chemieunternehmen etc.– kann Grundlage für eine entsprechende Managemententwicklung sein. Für die Abgrenzung nach dem Betriebsverfassungsgesetz ist sie nicht ausschlaggebend. 109

Die **Leitungsqualifikation** am Einkommen zu messen ist ebenfalls unbefriedigend. Leitende Angestellte gehören zum Kreis der „außertariflich Angestellten" (= AT-Angestellte), deren Aufgaben von den tariflichen Einstufungskriterien nicht mehr erfasst werden. In diesem Kreis gibt es auch höhere Einkommen aufgrund besonderer Qualifikationen oder Arbeitsergebnisse, ohne dass damit eine leitende Funktion verbunden wäre. 110

Der Trend hin zum hierarchiearmen Unternehmen macht die Abgrenzung nicht einfacher. Andererseits gibt es wenige Unternehmen, die ihre **Organisationsstruktur** am Betriebsverfassungsgesetz ausrichten wollen. Die besondere Bedeutung und Wichtigkeit der leitenden Angestellten liegen in ihrer herausgehobenen Pflicht und Aufgabe, für die Umsetzung der materiellen und ideellen Ziele des Unternehmens einzutreten – mehr als andere. 111

Das Unternehmen muss sich diesem Leitungs- und Leistungskreis mit besonderer **Fürsorge** annehmen. Das gilt nicht nur für die Bezahlung, sondern auch für andere – unternehmensspezifische – Formen der Wertschätzung, zB durch zielgerichtete Informations- und Weiterbildungsveranstaltungen. Vor allem hervorgehobene Bildungsangebote fördern die leitenden Angestellten, da deren Fach- und Führungswissen besonderen Ansprüchen entsprechen muss und stetiger Erneuerung bedarf. 112

In der jährlichen **Versammlung der leitenden Angestellten** ist der Arbeitgeber und damit in erster Linie der Vorstand eingeladen und berechtigt zu sprechen (§ 15 Abs. 1, 3 SprAuG). Nach den „Angelegenheiten der leitenden Angestellten" wird diesen Kreis ganz besonders die Situation des Unternehmens insgesamt interessieren. Diese Information sollte nicht als bloße Pflicht erledigt werden. Gerade hier kann sie Anreiz und Aufforderung sein, die Unternehmensaufgaben intensiv mit zu gestalten. 113

Durch die Einordnung als leitender Angestellter mag der Betreffende Anerkennung und Wertschätzung erfahren und so einen bestimmten **Status** erreichen. Dieser Status kann jedoch nicht „verliehen" werden. Nicht „Ernennungsschreiben" oder ähnliche Akte, sondern allein die Erfüllung der gesetzlichen Kriterien des § 5 Abs. 3 BetrVG sind deshalb konstitutive Bedingung für die Eigenschaft als leitender Angestellter.[62] Sie kann daher auch ohne entsprechende schriftliche Unterlage gegeben sein. Die – empfehlenswerte – schriftliche Fixierung kann nur eine Bestätigung sein, die einen gegebenen Status feststellt, nicht aber an sich herbeiführt. Das aber wird in vielen Fällen sehr wohl als Anerkennung gesehen und den so Herausgestellten besonders motivieren. Eine Verbindung mit materiellen Vorteilen erscheint zweifelhaft. Die Aufgabe mag sich ändern und ein – weiterhin wertvoller – geschätzter Mitarbeiter mag dann nicht mehr unter die Definition fallen. 114

Das Bestätigungsschreiben hat aber **juristische Konsequenzen:** Der leitende Angestellte kann weder aktiv noch passiv an den Betriebsratswahlen teilnehmen (§§ 7, 8 BetrVG). Er wählt mit zum Sprecherausschuss (§ 3 SprAuG). Diese – formale – Konsequenz kann wichtig werden. Der Betriebsrat wird zur Vorbereitung seiner Neuwahl eine Wählerliste verlangen und diese unter Umständen kritisch überprüfen. Einmal kann es ihm um grundsätzliche Differenzen über „Ernennungen" gehen. „Bestätigungen" haben meist ei- 115

[60] Zuletzt BAG NJW 2010, 313; dazu *Kempf* ArbRAktuell 2009, 42.
[61] BAG AP Nr. 15 zu § 5 BetrVG 1972; *Hromadka* NZA 2007, 838 (840).
[62] ErfK/*Koch* BetrVG § 5 Rn. 17 mwN.

nen festeren Grund. Wenn die Wählerliste sich in ihrer Gesamtzahl den Abstufungen des Betriebsverfassungsgesetzes nähert, kann ebenfalls eine kritische Durchsicht erwartet werden. Es ist dann sehr schwer, betroffene Angestellte von einer „Entleitung" zu überzeugen. Auch wenn die Frage gerichtlich geklärt werden sollte – was der Betroffene im Zweifel erwartet – bleiben Spannungen zwischen Unternehmen und Betriebsrat – und schließlich ein frustrierter Mitarbeiter. Durch überlegteres Handeln und Vorab-Klärungen wäre dies vielleicht vermeidbar gewesen.

116 Eine weitere Konsequenz ergibt sich aus dem **Arbeitszeitgesetz (ArbZG).** Der leitende Angestellte genießt nicht den Schutz dieses Gesetzes (§ 18 Abs. 1 Nr. 1 ArbZG). Das darf kein Grund oder Anlass sein, ihn – im zeitlichen – Arbeitsanspruch zu überfordern.[63] Das gilt auch, wenn eine besondere Aufgabe oder eine schlanke Organisation Stellvertretungen und andere Verteilungen verfügbarer Kapazitäten erschweren. Auch seine Gesundheit und seine persönliche Freiheit sind zu schützen, im Gleichmaß mit der höheren Erwartung an seine Mitwirkung und Effizienz im Unternehmen.

117 Manche Unternehmen definieren nur die Spitze der Führungskräfte, das Senior Management, als leitende Angestellte. Eine geringe Anzahl leitender Angestellter wird den Betriebsrat zufrieden stellen; sie gibt ihm größere Vertretungsmacht. Dem steht der Anspruch derjenigen Führungskräfte entgegen, die gleichermaßen unternehmerische und personelle Verantwortung tragen. Auch sie dürfen erwarten, dass die Unternehmensleitung ihre besondere Loyalität anerkennt und erwidert. In ihren persönlichen Anliegen wollen auch sie tendenziell eher vom **Sprecherausschuss** als vom Betriebsrat beraten und vertreten werden. Betreut sie der Betriebsrat, so können Konflikte sowohl für die Unternehmensleitung, den Betriebsrat und vor allem auch für den Betroffenen nicht ausgeschlossen werden. Schließlich werden die leitenden Angestellten und auch die Führungskräfte eher dem Arbeitgeberlager zugeordnet, und sind als Vorgesetzte naturgemäß gelegentliche Gegenspieler des Betriebsrats, was auch der Grund dafür ist, dass für diese Angestelltengruppe mit dem Sprecherausschuss eine eigene Vertretung geschaffen wurde (vgl. § 1 SprAuG).

## D. Mitarbeiter im Unternehmen

### I. Berufsbildung

#### 1. Ausbildung

118 Die eigene Ausbildung ist ein guter Weg, dem Unternehmen qualifizierte Mitarbeiter zuzuführen. Die soziale Verantwortung der Unternehmen gebietet auch, Jugendlichen einen Berufseinstieg anzubieten. Neue Technologien und Organisationsformen verändern ständig die Anforderungen an die Arbeitswelt. Neben Fachkompetenz werden berufsübergreifende Fähigkeiten, mehr Methoden- und Sozialkompetenz immer wichtiger. Die **Berufsausbildung** kann dem entsprechen. Die Arbeitswirklichkeit motiviert und fordert zudem den Lerneifer. Die praxisentsprechende Ausbildung setzt sich unmittelbar und vorteilhaft im späteren betrieblichen Einsatz um. Auch die Kosten-Nutzen-Betrachtung spricht für die eigene Ausbildung. Im Ausbildungsjahr 2017/18 beliefen sich die Bruttokosten, also die gesamten Kosten, die ein Betrieb für die Ausbildung aufwendet, nach einer statistischen Erhebung pro Auszubildende/-n im Durchschnitt auf 20.855 EUR pro Jahr. Zieht man diese produktiven Leistungen in Höhe von durchschnittlich 14.377 EUR von den Bruttokosten ab, so ergeben sich für das Ausbildungsjahr 2017/18 für die Betriebe durchschnittliche Nettokosten von 6.478 EUR je Auszubildende/-n.[64] Demgegenüber steht der beachtliche Aufwand, um einen neuen Mitarbeiter anzuwerben und einzuarbeiten. Der

[63] Zu den Folgen der Unanwendbarkeit für leitende Angestellte *Baeck/Deutsch* ArbZG § 18 Rn. 27 ff.
[64] Quelle: www.bbib.de; BIBB/Kosten und Nutzen der Ausbildung aus betrieblicher Sicht.

Vorteil ist deshalb gerade bei unternehmensspezifischen Berufen besonders groß, weil der Auszubildende nicht nur die Produkte und Dienstleistungen und seine künftigen Arbeitskollegen, sondern auch die Unternehmenskultur frühestmöglich verinnerlichen kann. Die nicht rechenbaren Vorteile der eigenen Ausbildung, insbesondere unter dem Aspekt der **Corporate Social Responsibility** und der Außendarstellung, müssen noch hinzugerechnet werden.

Die nach der Jahrtausendwende geführte Diskussion um mehr Ausbildungsplätze wandelt sich in jüngerer Zeit immer mehr in eine **Bildungsdebatte,** weil nicht wenige Plätze mangels ausreichend qualifizierter Bewerber – gerade in Berufen im (Hoch-)Technologiesektor – nicht besetzt werden können. Dazu kommt, dass die Jugendlichen ihre Chancen einengen, weil sie sich auf wenige, ihnen interessant erscheinende Berufe einschränken. 119

Die **längerfristige Personalplanung** im Unternehmen dürfte kaum durch diese mittelfristig schwierige Situation beeinflusst werden. Die Vorsorge für den qualifizierten Mitarbeiter von morgen und übermorgen wird überwiegen, nicht zuletzt im Hinblick darauf, sich Unternehmen bei ihren Recruitmentbemühungen und der weiteren Technologisierung auch um qualifizierte internationale Fachkräfte bemühen müssen. Dies macht es erforderlich, rechtzeitig Vorkehrungen für einen nicht nur sprachlichen, sondern auch kulturellen Wandel im Unternehmen zu treffen. 120

### 2. Weiterbildung

Dem Mitarbeiter sollte angeboten werden, sich – intern oder extern – fortzubilden, fachlich wie persönlich im Bereich der Soft Skills. Oft führt diese Weiterbildung zur Spezialisierung als interessanter **Berufsentwicklung.** Viele Arbeitsgebiete verbreitern sich immer weiter und fordern Spezialisten. Mehr und mehr verkürzen Systemwechsel oder Neuentwicklungen die Halbwertszeit einer Spezialisierung. Dann ist ein Grundwissen – auf neuem Stand gehalten – die Basis der weiteren Entwicklung. Die gesammelte Berufserfahrung behält ihren Wert. Sie hilft oft ganz entscheidend, Neues bei sich selbst und im Betrieb vorteilhaft umzusetzen. 121

## II. Anforderungen des Arbeitsverhältnisses

### 1. Suche und Anwerbung

Bei der Suche nach Mitarbeitern sollte man sich von folgendem Spruch leiten lassen: Mitarbeiter gibt es – fast – immer und überall, auch in Zeiten, in denen die Unternehmen in einen regelrechten **„war for talents"** eingetreten sind und Millionen in geeignete **Recruitment-Plattformen** und -Projekte investieren. Aber wie findet man diese Mitarbeiter? Durch eine breit gestreute, aber in der Zielsetzung möglichst enge und direkte Ansprache der Gesuchten. Dazu gibt es viele Wege: 122

Die Ansprache der eigenen Mitarbeiter ist im Rahmen einer „Internen Stellenausschreibung" möglich. Diese Form wird meist von Betriebsräten favorisiert und auch von § 93 BetrVG verlangt. Sie hat den psychologischen Vorteil, dass sich die Mitarbeiter mit ihrem Wunsch nach beruflicher Entwicklung selbst einbringen können. Der „Bewerber" ist bereits bekannt und erleichtert so seine **Tauglichkeitsprüfung** für die gewünschte Aufgabe. Nachteilig ist allerdings, dass so die offene Stelle zu Lasten einer anderen besetzt wird und es damit zu einem Dominoeffekt kommt. Der Vorgang muss wiederholt werden, um die durch die interne Versetzung entstehende Vakanz zu besetzen. 123

Man kann die Mitarbeiter zur Mithilfe auffordern – im Familien- und Freundeskreis. Zufriedene Mitarbeiter sind gute Werber. In jüngerer Zeit gehen einige Unternehmen auch dazu über, ihre Mitarbeiter mit einer Geldprämie zu belohnen, wenn sie einen geeigneten Kollegen anwerben (sog. referral hiring). 124

125 In den diversen **Medien** (Zeitungen, Stellenportalen, Internet, usw) lassen sich Stellengesuche prüfen und Stellenangebote platzieren. Dabei sind insbesondere die Vorschriften des **Allgemeinen Gleichbehandlungsgesetzes** einzuhalten und Stellenanzeigen diskriminierungsfreie zu gestalten.[65]

126 Headhunter und spezialiserte **Personalagenturen** – insbesondere, wenn es um Spezialisten oder gehobenes Management geht – bieten sich in großer Zahl am Markt an.[66]

127 Für alle Formen der Anwerbung gilt eine wichtige Anforderung: Die ausgeschriebene Stelle muss so exakt wie möglich beschrieben werden. Gleiches gilt für die persönlichen und fachlichen Anforderungen an die Bewerber. Ziel muss sein, nicht viele, sondern möglichst nur die Bewerbungen zu bekommen, die den **Anforderungen** wirklich entsprechen.

128 Fachleute und Spezialisten werden in ihrem Fachjargon leichter und damit gezielter angesprochen. Ein solches Vorgehen verringert den Aufwand aller Beteiligten. Es vermindert auch den Frust vieler Bewerber, die nicht angenommen werden können. Dabei sollten die Absagen die Mühen der Bewerber berücksichtigen und möglichst verbindlich und schnell erledigt werden. Eine Pflicht des Unternehmens zur Absage gibt es demgegenüber nicht, es sei denn, der Bewerber erfüllt gesetzliche Anforderungen an die jeweilige Stelle nicht. Vielleicht ist der heute Abgelehnte morgen für eine andere offene Stelle interessant, vielleicht kann er – unter Beachtung datenschutzrechtlicher Grenzen – in einer **Vormerkliste** aufgenommen werden. Viele – als Arbeitgeber besonders beliebte – Unternehmen können vielfach aus einem solchen Reservoir schöpfen – ohne weiteren Aufwand.

## 2. Bewerbungsgespräch

129 Das Bewerbungsgespräch sollte in einem dem Anlass angemessenen Rahmen geführt werden. Es ist noch immer der entscheidende Vorgang, der die Beteiligten zusammenführt. Tests, welcher Art auch immer, können das nur dann unterstützen – wenn die Beteiligten ganz sicher sind, mit dem Test und dessen Ergebnis auch richtig umgehen zu können.

130 Bei diesen Gesprächen gibt es eine große, immer wieder zu beobachtende Gefahr: Die notwendige Zeitspanne, die im Allgemeinen zur Verfügung steht, wird häufig unterschätzt. Gerade im heute hart umkämpften Fachkräftemarkt ist es wichtig, dass ein zukünftiger Arbeitgeber sich vorstellt. Der besonders interessierte Bewerber hat sich im Zweifel schon in entsprechenden Arbeitgeber Bewertungsportalen, vielleicht durch Unterlagen, die seiner Einladung beigefügt waren, oder die **Darstellung des Unternehmens** im Internet, informiert. Eine zu intensive Selbstdarstellung des Unternehmens geht zu Lasten des Bewerbers. Er sollte sich möglichst eingehend über sich äußern können. Dabei sollte man nicht zulassen, dass nur vorgeübte Allgemeinplätze vorgetragen werden. Gezielte, nicht allgemeine Fragen sollen zum Wissen und Können und zu der Person des Bewerbers hinführen. So hat auch der weniger redegewandte und darstellungsbegabte Bewerber die Chance, sich selbst und seine Qualifikation als Fachkraft vorzustellen. Das bedeutet für die Gesprächsführer, dass sie sich auf das Gespräch vorbereiten, die besonders wichtigen und interessierenden Punkte der Bewerbung gelesen haben und somit hinterfragen können. Das kann viel Nacharbeit ersparen. Sie müssen aber auch die allgemeinen Grenzen beachten, die das Arbeitsrecht der Zulässigkeit von **Fragen** im Bewerbungsgespräch zieht.[67]

---

[65] Vgl. eingehend *Adomeit/Mohr* NJW 2007, 2522ff.

[66] Zur Zurechnung von diskriminierenden Anzeigen von Personalvermittlern BAG NZA 2004, 540 sowie *Adomeit/Mohr* NJW 2007, 2522ff.

[67] Eingehend *Thüsing,* Beschäftigtendatenschutz und Compliance, § 7 Rn. 1ff.

## 3. Assessment

Assessment-Verfahren können bei Einstellungen recht hilfreich sein.[68] Sie erfordern jedoch einen hohen Zeitaufwand vieler Beteiligter. Das Bewerbungsgespräch mit demjenigen, der den Bewerber aufnehmen soll, ist dennoch nicht verzichtbar. So kann man Anfängern und Absolventen von Hochochschulen beim entscheidenden Gespräch helfen. Die besonders Qualifizierten für Fach- und Führungsaufgaben wird man aber gelegentlich eher verprellen. Sie erwarten das auch für sie wichtige Einzelgespräch mit dem zukünftigen Vorgesetzten, mit einem Arbeitskollegen und die Abklärung ihres – individuellen – Arbeitsvertrags mit der Personalabteilung. 131

Mitunter werden **Assessment-Center** eingesetzt, um aus dem Führungskreis die Favoriten für die Spitzenpositionen herauszufiltern. Das muss aufwändig und gut vorbereitet werden. Dieser Bewerberkreis darf erwarten, möglichst direkt auch von Vorständen und Geschäftsführern interviewt zu werden. Auch das eigene Interesse gebietet es der Unternehmensspitze, sich am Auswahlverfahren zu beteiligen, um eine Übersicht über den Führungskader zu gewinnen. Die „Prüflinge" fühlen sich selten glücklich, dieser Form der Auswahl unterworfen zu werden. Etwa eine gemeinsame Tageswanderung könnte auch interessante Kontakte und Eindrücke ergeben. Die Teilnehmer verhalten sich lockerer und offener. 132

Genauso eindrucksvoll können bei der Besetzung von Positionen im höheren Management eine intensiv geführte kontroverse **Diskussion** oder ein **Abendgespräch** sein. Diese beispielhaften Formen der Auswahl sind sehr viel persönlicher als ein formalisiertes Assessment-Verfahren. Damit wird diese besonders kritische Auswahl unmittelbar und persönlich verantwortet und nicht auf eine Gruppe übertragen. Dieser Weg führt auch direkter zum Ergebnis. Denn für die Spitzenpositionen werden Menschen gebraucht, die nicht nur ein hohes Maß an Wissen und Können vorführen können. 133

## 4. Arbeitseinführung

Je intensiver man die Arbeitseinführung des neuen Mitarbeiters gestaltet, umso schneller wird er in seinem Aufgabenbereich wirksam. Es wird dann auch sehr bald klar, ob sich – beide Teile – richtig entschieden haben. Auch wenn das Fehlerrisiko durch Probezeit oder Befristung eingeschränkt wird, bleiben Zeitverlust, Kosten, die Mühe der Wiederholung sowie unter Umständen eine dem Unternehmen nicht förderliche Kommentierung auf dem durch die zahlreichen Bewertungsportale sehr transparenten Bewerbermarkt. Auf den nicht bezifferbaren Schaden des Unternehmens sei nur hingewiesen, ebenso auf den Frust des Gescheiterten. Andererseits zeigt die Erfahrung, dass sich in der Probezeit der Arbeitnehmer noch besonders anstrengen wird. So dass dann, wenn gegen deren Ende noch immer Zweifel an der Eignung bestehen, ein mutiger Schlussstrich gezogen werden sollte. Denn ein Ende mit Schrecken ist allemal besser als ein Schrecken ohne Ende, weil nach Ablauf der Probezeit das Kündigungsschutzgesetz die Trennung erheblich erschwert. 134

## 5. Befristung

Vielfach besteht nur **vorübergehend Bedarf** für einen oder mehrere Mitarbeiter. Dem kann durch befristete Arbeitsverträge abgeholfen werden, bei Fehlen eines sachlichen Grundes für höchstens zwei Jahre (§ 14 Abs. 2 TzBfG), bei Vorliegen eines sachlichen Grundes sogar für längere, grundsätzlich unbestimmte Zeit (§ 14 Abs. 1 TzBfG). 135

[68] Zur Mitbestimmung des Betriebsrats bei Assessment-Centern *Schönfeld/Gennen* NZA 1989, 543ff.

## III. Arbeitsverhältnis

### 1. Arbeitsvertrag

136 Mit einem **schriftlichen** Arbeitsvertrag sollte das Arbeitsverhältnis beginnen, auch wenn das nicht zwingend ist.[69] Nur so sind spätere Missverständnisse zu vermeiden. Der Vertrag sollte alle den Parteien wichtige Abreden möglichst exakt wiedergeben. Dazu gehören vor allem Arbeitsaufgabe, Arbeitszeit, Vergütung, Kündigungsfristen usw (vgl. § 2 Abs. 1 NachwG). Für alle nicht klar geregelten Punkte gelten Gesetze oder Rechtsprechung. **Unklarheiten** im Arbeitsvertrag gehen zulasten des Arbeitgebers (§ 305c BGB).

137 Der Vertrag begründet ein **Einzelarbeitsverhältnis,** das zur höchstpersönlichen, nicht vertretbaren Leistung der vereinbarten Arbeit verpflichtet (§§ 611a, 613 BGB). Er ist als Dauerschuldverhältnis ein Unterfall des Dienstvertrags nach § 611 BGB.[70] Sowohl im tarif- als auch im nicht tarifgebundenen Unternehmen kann, wenn gewollt, durch arbeitsvertragliche **Bezugnahmeklauseln** auf die umfangreichen tariflichen Regeln verwiesen werden.[71] So verkürzt sich der Vertrag auf wenige, spezifische Abreden. Allerdings sind diese dem gesetzlichen und tariflichen Regelwerk unterzuordnen. Die Arbeitsordnung, sonstige Betriebsvereinbarungen sowie Betriebsregeln ergänzen den Vertrag und sollten ihm beigefügt werden bzw. darauf hingewiesen werden, wo der Arbeitnehmer diese Regelungen einsehen oder abrufen kann.

### 2. (Nachvertragliches) Wettbewerbsverbot

138 Bei Mitarbeitern mit besonderem Know-how oder wichtigen Kundenbeziehungen kann neben dem während der Vertragslaufzeit ohnehin bestehenden Wettbewerbsverbot (vgl. § 60 HGB) auch für die Zeit nach Vertragsbeendigung – aber nur bei einem **berechtigten Interesse** des Arbeitgebers (§ 74a Abs. 1 S. 1 HGB sowie Abs. 3 iVm § 138 BGB) – ein Wettbewerbsverbot nötig sein (vgl. § 110 GewO und §§ 74 ff. HGB). Diese Notwendigkeit wird häufig überbewertet. Insbesondere ist davor zu warnen, ohne kritische Bewertung der Rolle des Arbeitnehmers im Einzelfall standardisiert nachvertragliche Wettbewerbsverbote arbeitsvertraglich zu vereinbaren. Die oft durch das nachgehende Wettbewerbsverbot erschwerten Vertragsverhandlungen stehen meist in keinem Verhältnis zu den – vielleicht – eintretenden Fällen, in denen es wirklich nötig wäre. Ganz abgesehen von den wirtschaftlichen Folgen, da der Arbeitgeber dem Arbeitnehmer für die Dauer des Wettbewerbsverbots mindestens die Hälfte der bei Vertragsbeendigung bezogenen **Vergütung weiterzahlen** muss (§ 74 Abs. 2 HGB). Wird nur mit der abschreckenden Wirkung der Klausel spekuliert, kann man als Arbeitgeber im kritischen Fall leicht „den Kürzeren ziehen". Ein Ausweg kann darin liegen, längere Kündigungsfristen und dabei anderen Arbeitseinsatz zu verabreden.

139 Hinzu kommt, dass es mit Blick auf das Transparenzgebots (§ 307 Abs. 1 BGB) rechtlich schwierig ist, ein den sachlich, räumlich und zeitlichen Restriktionen entsprechendes wirksames nachvertragliches Wettbewerbsverbot zu formulieren.[72] Aber nur dann ist es wirksam – und löst den Entschädigungsanspruch aus.

---

[69] Es gibt kein Schriftformerfordernis für den Abschluss eines Arbeitsvertrags, wenngleich das Nachweisgesetz (NachwG) den Arbeitgeber verpflichtet, dem Arbeitnehmer eine schriftliche Urkunde mit den wesentlichen Inhalten des Arbeitsverhältnisses auszustellen. Auf die Wirksamkeit des Arbeitsvertrags hat dies indes keine Auswirkungen, vgl. § 2 NachwG sowie ErfK/*Preis* NachwG § 2 Rn. 1 ff.

[70] *Vogelsang* in Schaub ArbR-HdB § 9 Rn. 1 mwN.

[71] Guter Überblick bei *von Vogel/Oelkers* NJW-Spezial 2006, 369 f.

[72] Ausführlich *Thüsing* in Graf von Westphalen, Vertragsrecht und AGB-Klauselwerke, 46. EL 2020, Rn. 489 sowie jüngst mit Blick auf ein nachvertragliches Wettbewerbsverbot eines Geschäftsführers OLG München, NZA-RR 2019, 82 ff.

### 3. Vertragsstrafe

140 Eine individuell verabredete Vertragsstrafe kann anstelle eines Wettbewerbsverbots oder flankierend dazu vereinbart werden. Sie wäre hilfreich, auch abschreckend bei laufendem Arbeitsvertrag. Sie findet sich in nahezu jedem vierten Arbeitsvertrag wieder.[73] Diese Abrede erspart nicht den Nachweis der Verletzung des Wettbewerbsverbots, aber die Strafsumme mag den aufwändigen Nachweis des Schadens ersetzen (dazu § 340 Abs. 2 BGB). Eine in einem Formulararbeitsvertrag vorgesehene Vertragsstrafe ist aber nur dann wirksam, wenn sie den Arbeitnehmer nicht unangemessen belastet, insbesondere nicht unangemessen hoch ist.[74] § 309 Nr. 6 BGB, wonach eine Vertragsstrafe in **Allgemeinen Geschäftsbedingungen** grundsätzlich unwirksam ist, gilt wegen der „im Arbeitsrecht geltenden Besonderheiten" des § 310 Abs. 4 S. 2 BGB nicht.[75] Diese Besonderheit besteht insbesondere darin, dass ein Arbeitnehmer nach § 888 Abs. 3 ZPO nicht zur Arbeitsleistung gezwungen werden kann. Das Unternehmen muss sich deshalb die Möglichkeit einer anderweitigen Sanktion offenhalten etwa für den Fall, dass der Mitarbeiter das Arbeitsverhältnis nicht antritt oder vor Ablauf der Kündigungsfrist die Arbeitsleistung schlicht einstellt.[76] Soll die Vertragsstrafe auch bei anderen Pflichtverletzungen des Arbeitnehmers eingreifen, muss der Arbeitnehmer wegen des Transparenzgebots nach § 307 Abs. 1 BGB klar erkennen können, welche konkreten Fälle davon erfasst sein sollen. Nach der Rechtsprechung soll er erkennen können, „was auf ihn zukommt". Ist die Vertragsstrafenregelung zu unbestimmt, ist sie im Ganzen unwirksam und fällt ersatzlos weg (§ 306 Abs. 1 und 2 BGB).

### 4. Formularverträge

141 Die weit verbreiteten Formulararbeitsverträge genügen im Allgemeinen den arbeitsrechtlichen Ansprüchen im Normalfall. Aber auch Individualvereinbarungen müssen klar und präzise formuliert werden, damit sie wirksam sind und später auch Andere sie richtig interpretieren können. Die Formulare müssen zwar nicht mit dem Betriebsrat abgestimmt werden, ratsam ist es aber allemal.[77] Vielleicht führt eine beachtete Absprache später zu höherer Akzeptanz. Das gilt auch für andere personenbezogene Formulare, insbesondere **Personalfragebögen** iSd § 94 BetrVG. Das Recht der Allgemeinen Geschäftsbedingungen des BGB und das BetrVG sorgen auch hier für einen sehr hohen Schutzstandard des Arbeitnehmers und für erhebliche Rechtsunsicherheit auf Seiten des Arbeitgebers. Immerhin sind aber – wie oben dargelegt – bei der Anwendung des sehr strengen AGB-Rechts die „im Arbeitsrecht geltenden Besonderheiten angemessen zu berücksichtigen" (§ 310 Abs. 4 S. 2 BGB).

### 5. Versetzung

142 Versetzung ist die vereinbarte oder zugewiesene Übernahme einer anderen, dauerhaften Arbeitsaufgabe.[78] Es kann eine inhaltliche, eine örtliche oder die Tätigkeit in einem anderen Betrieb oder Betriebsteil sein. Der Betriebsrat ist zu unterrichten (§ 95 Abs. 3 BetrVG,

[73] MüKoBGB/*Müller-Glöge* § 611a Rn. 958ff.

[74] MüKoBGB/*Müller-Glöge* § 611 Rn. 958ff. mwN.

[75] BAG NZA 2004, 727f.; NZA 2009, 1337f.; NZA 2011, 89f.; *Linck* in Schaub ArbR-HdB § 57 Rn. 9. Eine unangemessene Benachteiligung liegt etwa vor, wenn die Höhe der Vertragsstrafe den zu erwartenden Schaden unverhältnismäßig übersteigt. Das ist etwa der Fall, wenn ein gravierender Vertragsverstoß in jedem Einzelfall mit einer Vertragsstrafe in Höhe des ein- bis dreifachen Monatsgehalts belegt wird, vgl. MüKoHGB/*Thüsing* § 75c Rn. 3 mwN.

[76] *Linck* in Schaub ArbR-HdB § 57 Rn. 9 mit weiteren Beispielen.

[77] Das Mitbestimmungsrecht des Betriebsrats besteht nur für persönliche Angaben des Arbeitnehmers in Formularverträgen, also lediglich insoweit, als es sich um einen Personalfragebogen im Gewand eines Formularvertrags handelt, vgl. *Thüsing* in Richardi BetrVG § 94 Rn. 56 mwN.

[78] Vgl. etwa *Dzida/Schramm* DB 2007, 1221ff.

§ 99 Abs. 1 BetrVG). Er kann seine – notwendige – **Zustimmung** verweigern, aber nur aus den gesetzlich genannten Gründen (§ 99 Abs. 2 BetrVG). Bei vereinbarter Versetzung ist dies zwar nicht zwingend, aber sinnvoll, um den Betriebsrat unterrichtet zu halten – ggf. zur Auskunft gegenüber anderen interessierten Mitarbeitern.

143 Der Arbeitsplatz ist im **Arbeitsvertrag** meist nur generell beschrieben. Selbst nach längerer Tätigkeit auf einem bestimmten Arbeitsplatz konkretisiert, dh. beschränkt sich die geschuldete Arbeitsleistung nur unter engen Voraussetzungen auch vertraglich auf eine bestimmte Aufgabe.[79] Diese kann dann nur durch Versetzung oder Änderungskündigung geändert werden. Um diesen Vorgang zu erleichtern, sollte jeder Vertrag einen **Versetzungsvorbehalt** enthalten, der zumindest den Transfer in gleichwertige Arbeitsaufgaben ermöglicht und erleichtert, dem Unternehmen aber auch Flexibilität beim örtlichen Einsatz des Mitarbeiters einräumt.[80] Nicht zuletzt sind in der heutigen Praxis auch **konzernweite Versetzungsklauseln** verbreitet, wenngleich deren rechtliche Zulässigkeit noch nicht abschließend geklärt ist.[81] Dieser Vorbehalt soll es dem Unternehmen ermöglichen, den Mitarbeiter auch zu anderen Konzernunternehmen zu versetzen, ermöglicht dem Arbeitgeber also den Austausch des Vertragsarbeitgebers.[82]

## IV. Ende des Arbeitsverhältnisses

144 Eine vertragliche Regelung oder eine **Kündigung** – jeweils schriftlich, dh. mit Originalunterschrift (§ 623 BGB) – beenden die meisten Arbeitsverhältnisse.

### 1. Vertrag

145 Ein – wirksam – befristeter Arbeitsvertrag endet mit **Fristablauf** quasi automatisch (§ 15 Abs. 1 TzBfG). Wird er dennoch tatsächlich fortgesetzt, so schlägt er in einen unbefristeten Vertrag mit erworbenem zeitlichen Besitzstand um (§ 15 Abs. 5 TzBfG). Wird ein schriftlicher **Aufhebungsvertrag** abgeschlossen, so endet das Arbeitsverhältnis zum darin vereinbarten Termin.

### 2. Kündigung

#### a) Allgemeine Grundsätze

146 Ein Arbeitgeber, der mehr als zehn[83] regelmäßig Beschäftigte hat, unterliegt bei der Kündigung eines Arbeitnehmers den Vorgaben des **Kündigungsschutzgesetzes** und der dazu ergangenen, umfangreichen Rechtsprechung (§ 23 Abs. 1 KSchG). Maßgeblich für das Eingreifen dieses Schwellenwerts ist der Zeitpunkt des Zugangs des Kündigungsschreibens beim Arbeitnehmer.

147 Vor Ausspruch einer Kündigung ist der **Betriebsrat** anzuhören, sofern ein Betriebsrat im Betrieb gebildet ist (§ 102 Abs. 1 BetrVG). Alle Kündigungsgründe sind in diese Anhörung einzubringen (§ 102 Abs. 1 S. 2 BetrVG).[84] Der Betriebsrat kann innerhalb einer Woche der Kündigung widersprechen (§ 102 Abs. 2 S. 1 BetrVG). Die fünf möglichen Gründe sind im Gesetz abschließend aufgezählt. Der Widerspruch macht die Kündigung

---

[79] BAG ZTR 2013, 155; NZA 2009, 1333; umfassend, insbesondere zu den Grenzen des Weisungsrechts, *Hromadka* NZA 2012, 233 ff.

[80] Vgl. etwa – auch zu den kündigungsrechtlichen Folgen für den Arbeitnehmer – *Dzida/Schramm* DB 2007, 1221 ff.

[81] Vgl. BAG BeckRS 2010, 72775; *Frank/Heine,* NJOZ 2020, 1540 ff.; *Hromadka* NZA 2012, 233 (238); *Maschmann* RdA 1996, 24 (35).

[82] Vgl. umfassend *Tödtmann* in Maschmann, Rigidität und Flexibilität im Arbeitsrecht, 2011, 31 ff.

[83] Bei vor dem 31.12.2003 begonnenen Arbeitsverhältnissen liegt die Grenze bei fünf Beschäftigten, vgl. § 23 Ans. 1 Satz 2 KSchG.

[84] Grundsatz der sog. subjektiven Determination, vgl. APS/*Koch* BetrVG § 102 Rn. 88.

nicht unwirksam. Der Betriebsrat kann auch die Wochenfrist verstreichen lassen, ohne sich zu der beabsichtigten Kündigung zu äußern; in diesem Fall wird seine Zustimmung fingiert.

Der formale Ablauf dieser **Anhörung** ist unbedingt zu befolgen. Eine Absprache mit dem Betriebsratsvorsitzenden genügt nur, wenn er durch Beschluss entsprechend bevollmächtigt wurde. Kündigungsschutzprozesse können allein wegen dieses formalen Punktes – ohne weitere Sachprüfung zur Rechtmäßigkeit der Kündigung – vom Arbeitgeber verloren werden.[85] Es empfiehlt sich deshalb, ein belegbares, „gerichtsfestes" Prozedere mit dem Betriebsrat abzustimmen, zu beachten und zu pflegen. 148

Die Kündigung muss schriftlich erfolgen (§ 623 BGB), dh eigenhändig unterschrieben werden und in original unterschriebener Form zugehen. Die **Kündigungsgründe** müssen im Kündigungsschreiben grundsätzlich nicht aufgeführt werden, es sei denn, Gesetz, Tarifvertrag, Betriebsvereinbarung oder Vertrag sehen das vor. Die Kündigungsfristen ergeben sich aus Gesetz, Tarif- oder Arbeitsvertrag. Während der ersten sechs Monate des Arbeitsverhältnisses gilt gesetzlich eine Kündigungsfrist von zwei Wochen (§ 622 Abs. 3 BGB). Diese sechs Monate laufen unabhängig von einer verabredeten „Probezeit". Der **Zugang** der Kündigung, auch ihre direkte Übergabe, sind – beweisbar – sicherzustellen. Hier empfiehlt sich die persönliche Übergabe; sollte dies praktisch nicht möglich sein, sollte aus Beweisgründen unbedingt das Einwurf-Einschreiben, nicht aber das Einschreiben mit Rückschein[86], gewählt werden. 149

Der Gekündigte kann sodann beim zuständigen Arbeitsgericht innerhalb von drei Wochen ab Zugang der Kündigung **Kündigungsschutzklage** erheben. Tut er dies nicht, gilt die Kündigung unabhängig von der Rechtslage als wirksam (§§ 4, 7 KSchG). 150

Zudem kann ein **besonderer** individueller oder kollektiver **Kündigungsschutz** bestehen, etwa bei Schwerbehinderten, Schwangeren, Eltern in Elternzeit, Pflegezeit, etc. Das erfordert zusätzliche Überlegungen bzw. Maßnahmen zu Begründung und Ablauf des Kündigungsverfahrens, etwa weil eine vorherige Zustimmung einer Behörde erforderlich ist.[87] 151

Eine Kündigung, die nicht „sozial gerechtfertigt" ist, ist unwirksam (§ 1 Abs. 1 KSchG). 152
Zur **sozialen Rechtfertigung** einer Kündigung hat ein Arbeitgeber drei allgemeine Grundsätze zu beachten:
- Das ultima ratio-Prinzip: Die Kündigung ist nur das letzte Mittel; alle anderen Maßnahmen wie Abmahnung, Versetzung etc. müssen ergebnislos ausgeschöpft sein.[88]
- Das Prognose-Prinzip verlangt zukunftsbezogene Gründe, also zukunftsbezogene Beeinträchtigungen des Arbeitsverhältnisses.[89]
- In einer Interessenabwägung ist das Interesse des Arbeitnehmers am Fortbestand seines Arbeitsverhältnisses gegenüber dem Interesse des Arbeitgebers auf Beendigung zu bewerten.[90]

## b) Hauptgruppen

Schließlich können die Kündigungen in **drei** systematische Hauptgruppen unterteilt werden. Jede Gruppe erfordert eigene Begründungen, um die Kündigung zu rechtfertigen (§ 1 Abs. 2 KSchG): 153
- die personenbedingte Kündigung, wichtiger Sonderfall: krankheitsbedingte (auch Sucht-)Kündigungen;

---

[85] *Thüsing* in Richardi BetrVG § 102 Rn. 120 ff.
[86] S. zB OLG Brandenburg NJW 2005, 1585 ff.; *Uth/Barten* NJW 2021, 685 ff.
[87] → Rn. 18.
[88] Zur Kündigung als letztes Mittel (ultima ratio) eingehend ErfK/*Oetker* KSchG § 1 Rn. 74 ff.
[89] Die Kündigung ist demgegenüber – zumindest rechtstheoretisch – keine Sanktion des Verhaltens in der Vergangenheit, vgl. ErfK/*Oetker* KSchG § 1 Rn. 78 ff.
[90] Dazu APS/*Vossen* KSchG § 1 Rn. 80 mwN.

– die verhaltensbedingte Kündigung;
– die betriebsbedingte Kündigung.

154 Die **personenbedingte Kündigung** gründet darauf, dass der Gekündigte nach seinen persönlichen Voraussetzungen nicht oder nicht mehr fähig oder geeignet ist, seine Arbeitsleistung zu erbringen. Dieser Zustand ist von ihm – auch bei gutem Willen – nicht steuerbar. Das ist dann besonders tragisch, wenn dieser Zustand durch Krankheit, wozu auch Suchtkrankheiten zählen, ausgelöst wird. Es ist zu prüfen, ob der Zustand zukünftig andauern wird, dh: Gibt es eine negative Zukunftsprognose? Die Vergangenheit kann nur als Indiz gelten. Dieser Befund muss sich, erheblich und ganz konkret, schädlich auf die betrieblichen Interessen auswirken, wenn er eine Kündigung rechtfertigen soll. Ein zumutbarer (leidensgerechter) anderer Arbeitsplatz darf nicht vorhanden sein, auch nicht nach Umschulung, Wiedergenesung, Entziehungskur etc.[91]

155 Die **verhaltensbedingte Kündigung** unterscheidet sich von der vorgenannten personenbedingten Kündigung dadurch, dass ein willensgesteuertes Verhalten des Arbeitnehmers die Störung des Arbeitsverhältnisses auslöst. Mangelhafte Arbeitsleistung, Verstöße gegen die betriebliche Ordnung, arbeits- oder betriebsrelevante Straftaten und schwerwiegende Complianceverstöße, Vertrauensmissbrauch, auch die Verletzung arbeitsvertraglicher Nebenpflichten (zB Geheimhaltungspflicht, Treuebruch etc) sind die wesentlichen Vorwürfe bei dieser Form der Kündigung. Sie müssen geeignet sein, das Arbeitsverhältnis zu beeinträchtigen. Das außerdienstliche – nicht betriebsrelevante – Verhalten darf grundsätzlich nicht herangezogen werden, es sei denn, es schlägt auf das Arbeitsverhältnis durch.[92]

156 Eine vorherige Abmahnung eines gleichartigen Verhaltens ist bei dieser Kündigungsart in aller Regel erforderlich. Sie ist nur ausnahmsweise überflüssig, wenn ein besonders grober Verstoß vorliegt, bei dem der Arbeitnehmer nicht damit rechnen durfte, dass der Arbeitgeber auch nur eine einmalige Verfehlung dieser Art tolerieren wird.[93]

157 Eine **wirksame Abmahnung** muss gewissen Formerfordernissen[94] genügen:
- Das Fehlverhalten ist konkret zu beschreiben mit Orts- und Zeitangaben etc.
- Ein allgemeiner Vorwurf ist ungenügend (= Hinweisfunktion).
- Die Rüge ist deutlich auszusprechen.
- Die Warnung vor „arbeitsrechtlichen Konsequenzen" ist nicht ausreichend. Die Kündigung im Wiederholungsfall muss unmissverständlich angedroht werden (= Warnfunktion).
- Die Abmahnung sollte alsbald erfolgen, auch mündlich. Zur Beweissicherung ist die schriftliche Form – auch als Bestätigung – vorzuziehen.

158 Fühlt sich der Betroffene zu Unrecht gerügt, so kann er dagegen angehen durch eine Gegendarstellung oder durch Klage vor dem Arbeitsgericht auf **Entfernung der Abmahnung aus der Personalakte.**[95]

159 Die **betriebsbedingte Kündigung** gründet sich auf betriebliche und außerbetriebliche Ursachen. Betriebseinschränkung und -stilllegung, -verlagerung, Rationalisierung wie auch Auftrags- und Umsatzrückgang sind hier zu nennen. Die unternehmerische Entscheidung, daraus Kündigungen abzuleiten, kann in bestimmtem Maße gerichtlich überprüft werden. Das Gericht prüft nur, ob die notwendige Kausalität der unternehmerischen Entscheidung für die ausgesprochene Kündigung gegeben ist – nicht aber die sachliche Rechtfertigung oder Zweckmäßigkeit der Entscheidung des Unternehmens; es sei denn, es wird offenbar unsachlich, unvernünftig oder gar willkürlich entschieden. Fehlt damit die Möglichkeit, den oder die Arbeitnehmer weiter zu beschäftigen – auch nicht an einem anderen Platz – so kann gekündigt werden, wenn der Arbeitnehmer der sozial am wenigsten Schutzwürdigste unter allen vergleichbaren Arbeitnehmer ist. Es ist also eine **„Sozial-**

[91] APS/*Vossen* KSchG § 1 Rn. 167 ff. mwN.
[92] APS/*Vossen* KSchG § 1 Rn. 327a ff. mwN.
[93] APS/*Vossen* KSchG § 1 Rn. 343 ff. mwN.
[94] Hierzu MüKoBGB/*Hergenröder* KSchG § 1 Rn. 198 ff. mwN.
[95] BAG NZA 2011, 453 f.; NZA 2009, 842 f.; APS/*Vossen* KSchG § 1 Rn. 415 ff. mwN.

**auswahl"** vorzunehmen. Dabei gilt grundsätzlich: Der sozial Stärkere ist weniger geschützt als der sozial Schwächere. Von der Sozialauswahl ausgenommen werden können nur Arbeitnehmer, deren Weiterbeschäftigung, insbesondere wegen ihrer Qualifikationen oder zur Sicherung einer ausgewogenen Personalstruktur des Betriebes im berechtigten betrieblichen Interesse des Unternehmens liegt.[96]

Müssen mehrere Arbeitnehmer gekündigt werden, so kann es zu einer **Massenentlas-** 160
**sung** kommen. Sie ist nach Betriebsgrößen gestaffelt und durch Mitteilung an die Arbeitsagentur melde- und – wenn ein Betriebsrat besteht – meist auch interessenausgleichs- und sozialplanpflichtig (§ 17 KSchG, §§ 111, 112 BetrVG). Die Anzeige an die Arbeitsagentur ist sorgfältig zu begründen und mit dem Betriebsrat abzustimmen. Versäumnisse oder formale Fehler können zur Unwirksamkeit der Kündigungen führen.

### c) Außerordentliche Kündigung

Die außerordentliche, fristlose Kündigung bedarf eines besonders gewichtigen Grundes. 161
Dabei geht es grundsätzlich um einen verschuldeten schweren **Pflichtverstoß,** der das Arbeitsverhältnis erheblich beeinträchtigt. Diese Beeinträchtigung muss so gravierend sein, dass das Arbeitsverhältnis nicht bis zum Ablauf der ordentlichen Kündigungsfrist weitergeführt werden kann (§ 626 Abs. 1 BGB). Deshalb hat diese Kündigung auch innerhalb einer Ausschlussfrist von zwei Wochen ab Kenntnis vom Kündigungsgrund zu erfolgen (§ 626 Abs. 2 S. 1 BGB). Die Kündigungsgründe sind – auf Verlangen des Arbeitnehmers – unverzüglich mitzuteilen.

### d) Änderungskündigung

Die **Änderungskündigung** ist in § 2 KSchG geregelt und besteht aus zwei Komponen- 162
ten: Sie ist eine Beendigungskündigung – wie bislang besprochen. Der Arbeitgeber macht aber daneben gleich ein neues, verändertes Arbeitsangebot. Der Arbeitnehmer hat dann drei Möglichkeiten: Er kann vorbehaltlos annehmen, unter Vorbehalt annehmen und gegen die Kündigung klagen oder ablehnen und Kündigungsschutzklage erheben.[97] Allerdings sind die Erfolgschancen der Kündigungsschutzklage umso geringer je sinnvoller und zumutbarer das Änderungsangebot ist.

Die Änderungskündigung hat im Rahmen der Corona-Pandemie eine neue Hochkon- 163
junktur erlebt. Wenn im Betrieb ein Betriebsrat existiert, kann mit diesem auch gegen den Wilen der Arbeitnehmer eine Herabsetzung der Arbeitszeit zur Einführung von **Kurzarbeit** im Wege der Betriebsvereinbarung vereinbart werden (§ 87 Abs. 1 Nr. 3 BetrVG). In Betrieben ohne Betriebsrat und bei Fehlen einer arbeitsvertraglichen Möglichkeit zur einseitigen Anordnung von Kurzarbeit, gibt es dagegen nur die Möglichkeit, die Kurzarbeit im Einvernehmen mit den Arbeitnehmern zu vereinbaren. Weigert sich der Arbeitnehmer, einer Regelung zur Kurzarbeit mit dem Arbeitgeber zuzustimmen, kann im Einzelfall eine fristlose Änderungskündigung mit dem Ziel, die Einführung von Kurzarbeit zu ermöglichen, als betriebsbedingte Änderungskündigung nach § 626 BGB gerechtfertigt sein.[98]

### e) Altersgrenze

Auch wenn die Altersgrenze erreicht ist, hört das Arbeitsverhältnis nicht auf. Darin liegt 164
auch kein beachtlicher Kündigungsgrund. Entsprechende Befristungen des Arbeitsverhältnisses, abgestellt auf den **Rentenbezug,** sind unmittelbar bzw. nach Maßgabe des Gesetzes möglich und auch ratsam.[99]

---

[96] Zum Vorstehenden *Linck* in Schaub ArbR-HdB § 134 Rn. 1ff.
[97] Zu den verschiedenen Reaktionsmöglichkeiten des Arbeitnehmers auf eine Änderungskündigung vgl. *Linck* in Schaub ArbR-HdB § 137 Rn. 4ff.
[98] ArbG Stuttgart COVuR 2021, 59ff.; *Bauer/Günther* NZA 2020, 419ff.
[99] APS/*Backhaus* TzBfG § 14 Rn. 182ff.

### 3. Zeugnis

165 Endet das Arbeitsverhältnis, hat der Arbeitgeber auf Verlangen ein qualifiziertes, wohlwollend formuliertes schriftliches **Arbeitszeugnis** zu erteilen, das sich auf Leistung und Verhalten erstreckt (vgl. § 109 GewO).

## V. Besonderheiten

### 1. Krankheit

166 Der Krankenstand ist in gewissem Umfang eine natürliche Gegebenheit. Die erkennbar schwierigen oder gar schicksalhaften Belastungen verdienen Aufmerksamkeit und Hilfe durch Kollegen, Vorgesetzte und Betriebsarzt. Zurückhaltung ist geboten, wenn die – gut gemeinte – Tat auch nur den Anschein von Kontrolle hat oder so empfunden werden kann.

#### a) Kurzerkrankung

167 Anders können Kurzerkrankungen angesehen werden. So ist beispielsweise eine Winter-/Sommer-Grippe oder Ähnliches nicht vermeidbar – aber nicht, wenn diese, gar gehäuft, gerade vor oder nach dem Wochenende auftritt. Hier kann unter Umständen ein klärendes Gespräch – durch den zuständigen Vorgesetzten – helfen. Vielleicht können betriebliche Ursachen entdeckt und ausgeräumt werden. Oder es sind andere Probleme, bei denen der Betroffene um Mithilfe bei der Lösung sogar dankbar ist. In vielen Betrieben gibt es – mit dem Betriebsrat verabredet und von ihm aktiv mitgetragen – Regelungen für die Problematik bis hin zur „krankheitsbedingten“ Trennung. Nach den Vorgaben des § 167 SGB IX ist es dabei Aufgabe des Arbeitgebers, die Arbeitsunfähigkeit der Beschäftigten möglichst zu überwinden, erneuter Arbeitsunfähigkeit vorzubeugen und den Arbeitsplatz des betroffenen Beschäftigten möglichst zu erhalten.

#### b) Betriebliches Eingliederungsmanagement (BEM)

168 Zu einem **„Betrieblichen Eingliederungsmanagement (BEM)“** ist der Arbeitgeber verpflichtet, wenn ein Beschäftigter innerhalb eines Jahres länger als sechs Wochen ununterbrochen oder wiederholt arbeitsunfähig war (§ 167 Abs. 2 SGB IX). Gemeinsam mit betrieblichen (insbes. Betriebsrat, Schwerbehindertenvertretung, Betriebsarzt, etc), aber auch externen Stellen sollen Lösungen ermittelt werden, wie diese Erkrankungen künftig vermieden und der Arbeitsplatz erhalten werden kann. Wird ein BEM unterlassen, kann dies unter Umständen auch zur Unwirksamkeit einer krankheitsbedingten Kündigung führen.[100]

#### c) Suchtkranke[101]

169 Schwierige Fälle sind Suchtkranke, insbesondere beim **Alkoholismus.** Maßnahmen sind hier nur sinnvoll, wenn sie zu einem frühen Zeitpunkt eingesetzt werden. Gewöhnlich dauert es aber zu lange, bis der Fall „erkannt“ wird. Oft ist dies erst dann akut, wenn der Unwille der betroffenen Kollegen zur Beschwerde bzw. zur Forderung führt, diese „Belastung“ zu entfernen. Dahinter steht oft eine lang gezeigte „Kollegialität“ im Vertuschen der Situation, eine Toleranz des Vorgesetzten, oft über lange Zeit. In dieser Zeit fällt der Betroffene immer tiefer in seine Abhängigkeit – durch Zuwarten wird ihm also nicht geholfen, sondern geschadet. Durch Aufklärungsaktionen und Hilfsangebote von Vertrauenspersonen, zB Suchtbeauftragten, Werksarzt, muss allen verdeutlicht werden, dass nur frühes

---

[100] APS/*Vossen* KSchG § 1 Rn. 196 ff. mwN.
[101] Zum Suchtverhalten als Kündigungsgrund APS/*Vossen* KSchG § 1 Rn. 228 ff. mwN.

Eingreifen wirklich helfen kann. Ein sorgfältig vorgebrachter Hinweis eines Kollegen, Vorgesetzten oder Freundes ist kein unkollegiales „Anschwärzen", sondern Hilfe für einen Mitmenschen in Not.

### 2. Schwerbehinderung

Jeder Arbeitgeber ist verpflichtet, angemessene Arbeitsplätze für **Behinderte** einzurichten. 170
Viele Behinderungen sind nicht augenfällig, belasten die Betroffenen aber dennoch schwer. Andere sind zwar im Leben beschwerlich, aber nicht bei der gewählten Arbeitsaufgabe. Die meisten Behinderten haben den Ehrgeiz des „dennoch", dh sie wollen mit Stolz und Eifer die ihnen übertragenen Aufgaben erledigen. Ein sozial engagierter Arbeitgeber kann diese – mitmenschliche – Pflicht erfüllen. Er braucht dann auch nicht die sog. **Ausgleichsabgabe** nach § 160 SGB IX zu leisten – sie entbindet ohnehin nicht von der Beschäftigungspflicht.

## VI. Internationale Versetzung

International agierende Konzerne müssen Führungskräfte und besonders Fachleute zur 171
Steuerung des Unternehmens, zur Weitergabe von Know-how etc. in Tochtergesellschaften und Betriebe im **Ausland entsenden.** Neben diesen betrieblichen Erfordernissen erfüllt eine solche Versetzung auch eine außerordentlich wichtige Funktion in der Personalentwicklung für die so geforderten Mitarbeiter und insbesondere für die Führungskräfte. Diese Versetzung muss mit der allergrößten Sorgfalt überlegt und vorbereitet werden. Sie ist für die Mitarbeiter wie gleichermaßen für das Unternehmen eine ganz wesentliche Entscheidung. Für das Unternehmen: Wer vertritt uns „nach außen" in geeigneter Form? Für den Mitarbeiter bedeutet dies eine besondere Anforderung für sich und seine Familie. Hohe Kosten des Transfers begleiten ein noch höheres Erfolgsrisiko für Unternehmen und Mitarbeiter.

Werden im Unternehmen nur selten Mitarbeiter ins Ausland versetzt, so sollte auf jeden 172
Fall ein kundiger Berater oder ein kundiges Institut beauftragt werden. Es gibt auch **Auslandsbetreuer** in Großfirmen, die für diese Aufgaben zertifiziert sind. Neben den finanziellen, sozialversicherungsrechtlichen und steuerlichen Fragen gibt es viele weitere Stolpersteine, die den Weg ins Ausland erschweren können.[102]

Mitarbeiter und Familie können das Umfeld der zukünftigen Tätigkeit in Vorberei- 173
tungskursen kennen lernen, die bei anerkannten Einrichtungen regelmäßig stattfinden. Ein intensiver „Probebesuch" kann auch Zweifel beheben und Anreiz sein. Die Bereitschaft, sich ins Ausland versetzen zu lassen, hängt ganz wesentlich von der Antwort auf die immer wieder gestellte Frage nach der „Rückkehr" ab. Diese Antwort erhärtet sich an der Art und Weise, wie Rückkehrer tatsächlich behandelt werden. In Zeiten expandierender Unternehmen war und ist dieses Problem leichter zu lösen. Wenn die ausländischen Tochtergesellschaften größer – und selbstbewusster – werden, drängen dort auch die lokalen Führungskräfte in die Führungspositionen. Das vermindert die Möglichkeiten für die **Expatriates,** schafft aber den Weg zu internationalen Unternehmen mit entsprechendem lokalem Management. Deshalb müssen auch die in den Auslandstöchtern tätigen Nachwuchsführungskräfte in die unternehmensweite Personalentwicklung einbezogen und gefördert werden. Ein Aufenthalt in der Zentrale ist empfehlenswert – wie bei den vergleichbaren Mitarbeitern aus den inländischen Tochtergesellschaften auch. Das dient dazu, die Arbeitsweise der Unternehmenszentrale von „innen" kennen zu lernen, um sie dann vor Ort anzupassen und umzusetzen. Die Versetzung der Ausländer hierher als **Inpatriates** verdient die gleiche Aufmerksamkeit und Sorge. Besonders interessierte Betreuer sollten

[102] Überblick bei MAH ArbR/*Melms/Felisiak* § 11 Rn. 1 ff.

dem Neuling – und seiner Familie – helfen, sich den hiesigen Lebens- und Arbeitsbedingungen anzupassen. Ein intensives Sprach- und Kulturtraining – vorab – sollte sicherstellen, dass eine wirkliche Kommunikation inner- und außerhalb des zugewiesenen Arbeitsbereichs möglich ist. Die junge Führungskraft wird in einem Durchlauf in verschiedenen Gebieten der Zentrale ihre Erfahrungen sammeln. Dem Erfahreneren erscheint es meist besser, mit einer angemessenen Aufgabe betraut zu werden und so auch im weiteren Karriereweg hilfreiche Erfahrungen zu sammeln.

## E. Zusammenarbeit mit dem Betriebsrat

174 Das **Betriebsverfassungsgesetz** gibt dem Arbeitgeber Leitplanken vor. Die Mitarbeiter sollen in ihren persönlichen und sozialen Rechten besonders geschützt werden. Betriebsräte treten hierzu als Garanten neben den sozial verpflichteten Arbeitgeber. Beide können sich durch ihre Verbände, Arbeitgeberverband oder Gewerkschaft, unterstützen bzw. als Arbeitgeber auch vertreten lassen.

175 Wirtschaftliche Ziele und persönliche oder soziale Interessen sind mitunter gegenläufig und sind gegeneinander abzuwägen und abzugleichen. Um das zu erreichen, sind Arbeitgeber und Arbeitnehmer und ihre Vertreter zur **„vertrauensvollen Zusammenarbeit"** aufgerufen – zum Wohl der Arbeitnehmer und des Betriebs. Das ist Grundlage und Forderung des Betriebsverfassungsgesetzes (§§ 2, 74 BetrVG).

176 Der von § 1 Abs. 1 BetrVG vorausgesetzte **„Betrieb"** als wesentlicher Handlungsort wird im Gesetz nicht definiert. Nach vorherrschender Meinung ist „Betrieb" ein allgemeiner Rechtsbegriff. Er tritt uns in unterschiedlicher Art, Struktur und Bedeutungsgehalt täglich gegenüber. Rechtsprechung und Lehre haben hierfür eine Definition entwickelt. Demnach ist als „Betrieb die organisatorische Einheit anzusehen, innerhalb derer der Unternehmer allein oder zusammen mit seinen Mitarbeitern mit Hilfe sächlicher und immaterieller Mittel bestimmte arbeitstechnische Zwecke fortgesetzt verfolgt".[103] Das **„Unternehmen"** als Begriff kommt im Betriebsverfassungsgesetz insbesondere bei den Regeln über den Gesamtbetriebsrat sowie den Wirtschaftsausschuss vor (§§ 47ff., 106ff. BetrVG). Das Betriebsverfassungsgesetz definiert den Begriff des Unternehmens nicht. Gemeint ist damit aber der Rechtsträger, der Arbeitgeber der in den Betrieben tätigen Arbeitnehmer ist; also eine natürliche Person oder eine Gesellschaft.[104] So kommt zum Ausdruck, dass diese Gremien für das Unternehmen und nicht für die Einzelbetriebe zuständig sind.

### I. Betriebsrat

177 In Betrieben mit in der Regel fünf und mehr Arbeitnehmern wird ein Betriebsrat gewählt (§ 1 Abs. 1 BetrVG). Hierzu zählen auch Leiharbeitnehmer.[105] Die Wahl eines Betriebsrats ist zwar keine Pflicht, aber der Arbeitgeber hat auf Verlangen der Arbeitnehmer zu gestatten, dass ein Betriebsrat eingerichtet wird. Der Arbeitgeber muss aber selbst nicht tätig werden, um eine Betriebsratswahl in die Wege zu leiten. Der Betriebsrat ist Organ der Betriebsverfassung und Repräsentant der Belegschaft. Er vertritt sie in ihren personellen, sozialen und wirtschaftlichen Belangen. Dafür hat er besondere Rechte aus dem Betriebsverfassungsgesetz gegenüber dem Arbeitgeber auf Information, Mitwirkung und Mitbestimmung im Betrieb. In diesen Aufgaben kann er sich von der Gewerkschaft beraten, aber nicht vertreten lassen. Sie hat für ihn eine unterstützende, aber keine bestimmende Funktion. Der einzelne Mitarbeiter kann seine Interessen auch selbst, ohne den Betriebs-

[103] Eingehend *Richardi* in Richardi BetrVG § 1 Rn. 3ff. mzN.
[104] Vgl. *Annuß* in Richardi BetrVG § 47 Rn. 5ff.
[105] BAG NZA 2013, 789; *Thüsing* in Richardi BetrVG § 7 Rn. 11ff.; *Maschmann* DB 2001, 2446 (2447).

rat, gegenüber dem Arbeitgeber wahrnehmen. Neben Gesetz und Tarif sind aber die Betriebsvereinbarungen auch für ihn verbindlich (§ 77 Abs. 4 BetrVG).

## 1. Wahlen

Wenn die dafür erforderliche Wahl vorbereitet und durchgeführt wird, hat der Arbeitgeber viele Regeln und Pflichten zu beachten. Es genügt nicht, dieses komplizierte und aufwändige Verfahren allein dem dafür einberufenen und verantwortlichen Wahlvorstand zu überlassen. Auch ein entsprechend geschulter Mitarbeiter des Personal- und Sozialwesens sollte dem **Wahlvorstand** – bei Bedarf – helfen und auftretende Fragen möglichst früh erkennen und abklären, um einen sicheren Ablauf zu erreichen. 178

Gerade in einem mehrgliedrigen Betrieb, einem Betrieb mit vielen Außenstellen etc, gibt es viele Erschwernisse für eine buchstabengerechte Durchführung der Wahl gemäß **Wahlordnung.** Die dabei aufgewandte Sorgfalt soll verhindern, dass sich **Fehler** – dh Anfechtungsgründe – einschleichen, ggf. verbunden mit der Nichtigkeit der Betriebsratswahl (§ 19 BetrVG).[106] Nicht selten werden formale Fehler zur Anfechtung genutzt, um eine fehlgeschlagene Wahlhoffnung zu retten oder zumindest den so entstandenen Frust auszuleben. Eine Wahlwiederholung kostet noch einmal Zeit und Geld. Auch der mittelbare Aufwand – Gruppenfehden, Meinungsstreitigkeiten etc. leben unter Umständen verstärkt wieder auf – kann störend und zeitraubend sein. 179

Die vorzulegende Wählerliste ist abzustimmen, damit die Wahlberechtigten definiert sind. Vor allem ist abzuklären, wer als leitender Angestellter für die Wahlen zum Sprecherausschuss wahlberechtigt ist. Dies kann dann zu besonders genauen Prüfungen führen, wenn es darum geht, ob eine größere Zahl von Betriebsratsmitgliedern zu wählen ist. Unabhängig von der im Unternehmen gewählten Schichtung der Führungsmannschaft ist hier eine klare Definition des „leitenden Angestellten" nach der Vorgabe des § 5 Abs 3 und 4 BetrVG erforderlich und systematisch zu begründen. 180

Bei der **Wahlvorbereitung** ist abzuklären, ob der Betrieb in einem oder in mehreren Betriebsräten vertreten sein soll bzw. muss. Vielleicht will ein großer Außendienst eines Betriebs eine eigene Vertretung wählen, die diesen Kreis und seine Bedürfnisse besser kennt als der Betriebsrat in der fernen Zentralverwaltung oder Fabrik. Das ist nur ein Beispiel von vielen unterschiedlichen Situationen. 181

Alle **Sonderregelungen** für die Gestaltung dieser Organe sollten formalisiert und auf jeden Fall in einer exakten Betriebsvereinbarung niedergelegt werden. Das gilt in gleicher Weise für Arbeitsgremien oder Ausschüsse im Gesamt- und Konzernbetriebsrat. 182

Die gewählten Betriebsräte treten mit der konstituierenden Sitzung ihr Amt an. Sie wählen einen Vorsitzenden, legen die **Geschäftsordnung** fest und bestimmen die Mitglieder der Ausschüsse. 183

„Die Mitglieder des Betriebsrats führen ihr Amt unentgeltlich als **Ehrenamt**" aus (§ 37 Abs. 1 BetrVG). Sie dürfen – teilweise strafbewehrt – „in Ausübung ihrer Tätigkeit nicht gestört oder behindert werden" (§ 119 BetrVG). Die Mitgliedschaft in einem Betriebsrat darf aber auch nicht dazu führen, dass die Mitglieder – prominente Fälle sind bekannt – **begünstigt** oder **benachteiligt** werden, insbesondere nicht in ihrer beruflichen Entwicklung.[107] Schließlich sind Betriebsräte schon als Wahlbewerber und ein weiteres Jahr nach dem Ende ihrer Amtszeit nicht ordentlich kündbar. Nur unter engen Voraussetzungen ist eine außerordentliche **Kündigung** möglich (vgl. § 15 KSchG). 184

Das soll dem Betriebsrat einen freien und unabhängigen Stand gegenüber dem Arbeitgeber als Verhandlungs- bzw. Betriebspartner sichern. **Behinderungen der Betriebsratsarbeit** sind unter Umständen mit Strafe oder Bußgeldern bedroht (§§ 119, 121 BetrVG). 185

[106] Zur Abgrenzung zwischen nichtiger und nur anfechtbarer Betriebsratswahl vgl. APS/*Linck* KSchG § 15 Rn. 25.

[107] LG Braunschweig CCZ 2008, 32; *Rieble* NZA 2008, 276 ff.

186 Der Betriebsrat ist ein **Kollegialorgan.** Er handelt im Wesentlichen durch Beschlüsse (§ 33 Abs. 1 BetrVG). In diesem Rahmen kann auch der Betriebsratsvorsitzende Erklärungen abgeben oder entgegennehmen, um sie einem Beschluss zuzuführen (§ 26 Abs. 2 BetrVG). Diese Grundsätze sind von beiden Seiten, dh vom Betriebsratsvorsitzenden und vom Arbeitgeber, einzuhalten, um wirksam verlässliche Verabredungen treffen zu können. Es mag mitunter sehr sinnvoll sein, auch ein einzelnes Betriebsratsmitglied zu Rate zu ziehen – wirksam handeln kann aber nur der Betriebsrat als Ganzes. Der Betriebsratsvorsitzende, der mit einer „Vorlage" in das Gremium geht, möchte im allgemeinem aber doch besonders gut informiert sein. Der **Vorsitzende des Betriebsrats,** vor allem der des Gesamtbetriebsrats, erwartet – wohl zu Recht –, dass auch der Vorsitzende des Vorstands bzw. der Geschäftsführung mit ihm von Zeit zu Zeit spricht – ohne Tagesordnung, aber doch mit besonderem Inhalt.

## 2. Rechte und Pflichten

187 Die Betriebsräte haben für ihre Arbeit im Betrieb eine Vielzahl von Rechten, aber auch Pflichten. Die **Beteiligungsrechte** teilen sich in zwei großen Gruppen – jeweils mit gestaffelten Varianten – in Mitwirkungs- und Mitbestimmungsrechte. Die Rechte nach dem Betriebsverfassungsgesetz beziehen sich auf den Betrieb. Die Mitwirkung im Aufsichtsrat eines Unternehmens regeln die Mitbestimmungsgesetze (MitbestG; DrittelbG, etc). Allen Rechten liegt aber der Anspruch auf rechtzeitige und umfassende Information zum jeweiligen Sachverhalt durch den Arbeitgeber zu Grunde; er ist das Grundrecht der Betriebsratstätigkeit. Informationen, die dem Betriebsrat auf andere Weise zufließen – zu Recht oder nicht – sind nicht die vom Arbeitgeber geschuldete Information für ein Tätigwerden bzw. eine Beteiligung am Vorgang. Information ist zwar „nicht alles", aber der Anfang für eine gedeihliche Arbeit, eben einer „vertrauensvollen" Zusammenarbeit (§§ 2, 74 BetrVG).

188 Eine unterlassene oder nicht rechtzeitig gegebene **Information** ist für den Betriebsrat in jedem Fall erst einmal ein Misstrauensbeweis. Kann dieser Fehler – Bringschuld des Arbeitgebers – nicht umgehend und offen bereinigt werden, wird die anschließend erwartete „Kooperation" nur zögerlich erfolgen, wenn Art und Umfang des Fehlers nicht gar zur Konfrontation führen.

189 Um diesen Informationsfluss zu erleichtern, ist den Betriebsräten eine besondere **Verschwiegenheitspflicht** auferlegt (§ 79 BetrVG). Dadurch kann allerdings nicht in jedem Fall verhindert werden, dass etwas nach außen „diffundiert". Betriebsräte sind genauso schwache Schweiger wie andere im Unternehmen. Ungeeignete Entscheidungsvorbereitungen, lange Genehmigungsprozeduren und zögerliches Umsetzen strapazieren auch gutwillige Betriebsräte in dieser Pflicht.

190 Die Mitwirkungsrechte können in speziellen **Informations-, Einsichts- und Beratungsrechten** liegen. Mit stärkerem Wirkungsgrad sind die Mitbestimmungsrechte ausgestattet: **Initiativ-, Mitbestimmungs- und Widerspruchsrechte.**

191 Deshalb ist jede Unternehmensentscheidung, die den Mitwirkungsbereich berührt, nicht nur inhaltlich vorzubereiten. Ein **Ablaufplan** für die Information bzw. Mitwirkung der Betriebsräte, des Wirtschaftsausschusses, unter Umständen auch der Belegschaft, ist wichtig für das weitere Vorgehen nicht nur in der Sitzung, sondern im Unternehmen und Betrieb.

192 Gerade Organmitglieder sollten sich hüten, mit unfertigen Absichtserklärungen – egal vor welchem Publikum – aufzutreten. Sie beweisen damit nicht „spontane Kreativität", sondern ungezügeltes und rücksichtsloses Vorpreschen. Der Betriebsrat fühlt sich durch ein solches „Schaffen vollendeter Tatsachen" überfahren und geht auf Konfrontation. Vor allem sollten Äußerungen zu besonders einschneidenden Sozial- bzw. Personalmaßnahmen eine **Begründung** enthalten. Diese Begründung sollte nicht nur ein wirtschaftliches Endziel vorstellen, sondern aufzeigen, dass gerade dieser Einschnitt notwendig ist, um den Be-

trieb und damit – andere – Arbeitsplätze zu erhalten. Die Begründung muss nach Art und Inhalt in angemessenem Verhältnis stehen zu dem Verlust für den Betroffenen.

Aber auch Pflichten sind dem Betriebsrat auferlegt. Dabei geht es nicht nur um die Pflicht zur ordentlichen Aufgabenerledigung für Mitarbeiter und Betrieb. Darüber hinaus hat er die besondere Pflicht, in den **sozialen Angelegenheiten** mitzuwirken. Das gilt nach § 89 BetrVG auch für den **Arbeits- und Umweltschutz** („...hat sich dafür einzusetzen"). Der Betriebsrat muss auch Beschwerden entgegennehmen und ggf. behandeln (§ 85 Abs. 1 BetrVG).[108] In Wahrnehmung dieser Pflichten hat der Betriebsrat eine beachtliche Möglichkeit, das Betriebsgeschehen mitzugestalten. 193

Eine besondere **Geheimhaltungspflicht** obliegt allen Mitgliedern des Betriebsrats und allen anderen in den Gremien beigezogenen Teilnehmern, besonders im Wirtschaftsausschuss (§ 79 BetrVG).[109] Dem ist die Erwartung unterlegt, dass auch Betriebs- und Geschäftsgeheimnisse im Rahmen des Besprechungsumfangs nach dem Betriebsverfassungsgesetz behandelt werden. Je delikater das Thema ist, umso intensiver sollte auch Hilfe zum wirklichen Problemverständnis angeboten werden. Werden die Gremien in Erfüllung formaler Pflicht nur mit abstrakter Information „zugeschüttet", ist nicht nur mit Unverständnis, sondern Misstrauen und Ablehnung zu rechnen. Die Verletzung von Geheimnissen ist mit **Strafe** bedroht (§ 120 BetrVG). 194

Jeder Arbeitgeber ist gut beraten, wenn er seine Betriebsräte nicht nur an den im Betriebsverfassungsgesetz vorgegebenen, meist von den Gewerkschaften angebotenen **Schulungen** teilnehmen lässt. Er sollte durch eigene bzw. ihm geeignet erscheinende Angebote Dritter auch seine Sicht der Dinge vorführen und Erkenntnisse vermitteln. Die Gremien können dann objektiver, sachbezogener und betriebsorientierter arbeiten. 195

**Kosten und Aufwand** des Betriebsrats trägt der Arbeitgeber (§ 40 Abs. 1 BetrVG). Er muss die Arbeitsmöglichkeit des Gremiums und seiner Mitglieder im erforderlichen Maß sicherzustellen. Insbesondere der Anschluss an das Intranet, das Internet sowie E-Mail-Konten für Betriebsratsmitglieder sind heutzutage nicht mehr wegzudenken.[110] 196

## 3. Betriebsversammlungen

In Betriebsversammlungen (auch Abteilungsversammlungen) hat der Betriebsrat den Mitarbeitern in jedem Quartal über seine Tätigkeit zu berichten (§ 43 Abs. 1 BetrVG). Ein Vertreter der Gewerkschaft kann auch auftreten – meist wenn Tarifrunden vor- oder nachzubereiten sind.[111] Der Arbeitgeber ist einzuladen und er kann ebenfalls vortragen (§ 43 Abs. 2 S. 1 und 2 BetrVG). Er soll mindestens einmal jährlich über die **wirtschaftliche Lage** des Unternehmens sowie einige **Sonderthemen,** nämlich über das Personal- und Sozialwesen einschließlich des Standes der Gleichstellung von Frauen und Männern im Betrieb sowie der Integration der im Betrieb beschäftigten ausländischen Arbeitnehmer, über die wirtschaftliche Lage und Entwicklung des Betriebs sowie über den betrieblichen Umweltschutz zu berichten (§ 43 Abs. 2 S. 3 BetrVG). Dabei sollte er es aber nicht belassen. Die wirtschaftliche Lage des Unternehmens sollte den Mitarbeitern auch in diesen Zusammenkünften immer wieder verständlich erläutert werden. Ihr Interesse daran ist hoch einzuschätzen, gerade wenn sie vom Verantwortlichen unmittelbar ins Geschehen einbezogen werden. Es ist auch Ausdruck von Wertschätzung und Dankbarkeit. Schließlich wirken die Mitarbeiter wie auch der Vorgesetzte an dieser Unternehmensentwicklung täglich mit, und sie sind gleichermaßen von ihr abhängig. 197

---

108 Dazu *Hunold* NZA 2006, 1025 ff.

109 Vgl. dazu *Winstel,* Unterrichtung der Belegschaftsvertretung der Tochtergesellschaft im (grenzüberschreitenden) Aktienkonzern, 2010, 101 ff., 139 ff.

110 Überblick über die dem Betriebsrat zur Verfügung zu stellenden Sachmittel, insbesondere in multimedialer Hinsicht bei MAH ArbR/*Ludwig/Kemna* § 62 Rn. 40 ff.

111 Vgl. nur BAG NJW 1967, 1295 f.

198 Das **Hausrecht** für diese Versammlungen liegt beim Betriebsrat, solange es um die vorgesehenen Themen geht, dh betriebliche, wirtschafts- und sozialpolitische. Kommt es zu politischer Agitation fällt das Hausrecht an den Unternehmer zurück.[112]

## 4. Freigestellte Betriebsräte

199 In Betrieben ab 200 Mitarbeitern werden die Aufgaben des Betriebsrats – das laufende Geschäft – durch freigestellte Betriebsräte übernommen (§ 38 Abs. 1 BetrVG). Auch wenn den freigestellten Betriebsräten ein breites Aktionsfeld offensteht, sind sie doch in die „Beschlusslage" des Kollegialorgans Betriebsrat eingebunden. Im Hinblick auf freizustellende Betriebsräte sollte der Arbeitgeber nicht nur mit beraten, sondern im einen oder anderen Fall auch seine Mithilfe anbieten. Dies kann nicht nur für das Gremium Betriebsrat, sondern vor allem für den betroffenen Mitarbeiter bedeutungsvoll sein.

200 Freistellung von der „beruflichen Tätigkeit" bedeutet, freistellen für eine andere Tätigkeit, nämlich die Arbeit für Mitarbeiter und Betrieb. Das ist eine überwiegend administrative Tätigkeit, mit der nicht jeder vertraut ist, sie unter Umständen bisher nicht einmal geschätzt hat. Jüngere können einen **Laufbahnbruch** nach Ende der Freistellung befürchten. Ältere, die meinen, dies könnte eine ruhige Zeit des Auslaufs werden, können frustrierende Enttäuschungen erleben, wenn sie in die mitunter hektischen Abläufe eintreten sollen. Für den einen oder anderen ist damit auch eine Umstellung verbunden, nämlich vom kritisch Beobachtenden zum verantwortlich Mitwirkenden in der betrieblichen Tätigkeit, zB durch die Mitbestimmung.

201 Freigestellte Betriebsräte haben deshalb einen besonderen Anspruch auf Teilnahme an inner- und außerbetrieblichen Maßnahmen der Berufsbildung, um die Nachteile einer Freistellung für den beruflichen Wiedereinstieg zu verringern.

## 5. Ausschüsse

202 Regelmäßige Gespräche mit dem gesamten Betriebsrat (monatlich) und dem einzurichtenden Betriebsausschuss sollten fest terminiert werden. Mit dem **Betriebsausschuss** sollte häufiger, möglichst wöchentlich, gesprochen werden. Falsch ist es, diese Gespräche nur „bei Bedarf" zu führen; es muss eine Routine sein. Informationen sollten nicht „nur" gegeben werden, sondern auch erfragt werden können, möglichst zwanglos.

203 Sofern ein Betriebsrat verlangt, dass für **Sonderthemen** Ausschüsse über die üblicherweise vorhandenen hinaus (zB für Personal, Sicherheit, Kantine etc) gebildet werden, sollte dieses Verlangen sorgfältig erörtert werden. Zur Erarbeitung eines Firmenprojekts kann ein Sonderausschuss die Begleitung durch den gesamten Betriebsrat vereinfachen und bei der späteren Umsetzung sehr hilfreich sein.

## 6. Wirtschaftsausschuss

204 Der Wirtschaftsausschuss – ggf. auch als „Gesamtwirtschaftsausschuss" für ein mehrgliedriges Unternehmen – ist zuständig für „Beratung und Information" über die **wirtschaftlichen Angelegenheiten** des „Unternehmens" (§ 106 Abs. 1 BetrVG).[113] Das BetrVG spricht hier – ausnahmsweise – nicht vom Betrieb und betont damit die überbetriebliche Funktion dieses Gremiums. Der Unternehmer ist verpflichtet, den Wirtschaftsausschuss „rechtzeitig und umfassend" zu informieren (§ 106 Abs. 2 BetrVG). Diese Pflicht wird durch § 106 Abs. 3 BetrVG in zwölf Punkten – als Mindestanforderung – „insbesondere" präzisiert. Sie ist in monatlicher Routine abzuarbeiten. Bestellung und Zusammensetzung

[112] BAG AP Nr. 1, Nr. 2 zu § 42 BetrVG 1972.

[113] Eingehend vgl. dazu *Winstel,* Unterrichtung der Belegschaftsvertretung der Tochtergesellschaft im (grenzüberschreitenden) Aktienkonzern, 2010, 34 ff.

des Ausschusses sollten sich an der Unternehmensorganisation orientieren. In mitbestimmten Gesellschaften gehören diesem Gremium meist auch die Arbeitnehmervertreter im Aufsichtsrat an. Sie erwarten, dass viele Themen in die Agenda des Aufsichtsrats münden, wenngleich der Wirtschaftsausschuss kein dem Aufsichtsrat vergleichbares Kontrollgremium ist. Je eingehender und verständlicher aber die Themen aufbereitet werden, desto einfacher können sie anschließend – auch im Aufsichtsrat – verhandelt bzw. abgearbeitet werden. Dafür ist dann der Betriebsrat zuständig, der vom Wirtschaftsausschuss informiert wird.

Um eine übereinstimmende Information zu sichern, empfiehlt es sich, ein Einvernehmen darüber zu erzielen, dass auch ein **Vertreter des Sprecherausschusses** – vorzugsweise das Aufsichtsratsmitglied – an den Sitzungen teilnimmt. 205

## 7. Gesamtbetriebsrat

Mehrere Betriebsräte eines Unternehmens bilden einen Gesamtbetriebsrat (§ 47 Abs. 1 BetrVG). Höchstens drei Vertreter kommen aus den einzelnen Betrieben; sie haben Stimmrechte nach der Anzahl der vertretenen Mitarbeiter (§ 47 Abs. 2, Abs. 7 BetrVG). Auch hier ist es zulässig und sinnvoll, bei der Zusammensetzung auf Besonderheiten einzelner Unternehmensteile zu achten. 206

## 8. Betriebsräteversammlung

Zu der jährlichen Betriebsräteversammlung lädt der Gesamtbetriebsrat die Vorsitzenden und deren Stellvertreter und die Betriebsausschussmitglieder der Betriebsräte ein (§ 53 Abs. 1 BetrVG). Nicht nur der Gesamtbetriebsrat gibt einen Tätigkeitsbericht, sondern auch „der Unternehmer" gibt einen Bericht über das Personal- und Sozialwesen (§ 53 Abs. 2 BetrVG). 207

In diesem Bericht sollten nicht nur die gesetzlich geforderten Einzelthemen behandelt werden. Vielmehr ist hier Gelegenheit, auf das Gesamtunternehmen einzugehen, auf seine Ziele und Maßnahmen, vor allem dann, wenn einzelne Gruppen oder Einheiten unterschiedlich betroffen sind. Die notwendigen Gespräche vor Ort, um Maßnahmen umzusetzen, können so vorbereitet werden. 208

## 9. Konzernbetriebsrat

In einem Konzern können die Gesamtbetriebsräte einen Konzernbetriebsrat bilden (§ 54 Abs. 1 BetrVG). Das BetrVG verweist für die Definition des Konzerns in § 54 Abs. 1 BetrVG auf den aktienrechtlichen Konzernbegriff (→ § 14 Rn. 15). Zusammensetzung und Stimmgewicht im Konzernbetriebsrat entsprechen den Regeln beim Gesamtbetriebsrat. Seine Zuständigkeit bezieht sich auf Themen, die nur konzernweit interessieren und nur so geregelt werden können (§ 58 BetrVG). Vielfach ziehen die Betriebsräte die Zusammenarbeit im erweiterten Gesamtbetriebsrat dem Konzernbetriebsrat vor. Er ist den einzelnen Gesamtbetriebsräten nicht übergeordnet und hat deshalb keine Durchsetzungsmacht oder ein Weisungsrecht. 209

## 10. Schwerbehindertenvertretung

Betriebe mit mehr als fünf dauerhaft beschäftigten Schwerbehinderten wählen eine **Vertrauensperson** und ihren Stellvertreter aus in diesem Kreis (§ 177 Abs. 1 S. 1 SGB IX). Der Vertreter soll die besonderen Belange dieser Gruppe wahrnehmen, insbesondere deren Eingliederung im Betrieb (§ 178 Abs. 1 SGB IX). In dieser Funktion hat er Rechte und Pflichten wie ein Betriebsrat. Entsprechend der Betriebsratsorganisation können Vertreter für eine Gesamt- und Konzernvertretung gebildet werden (§ 180 SGB IX). An Sitzungen 210 der Betriebsratsgremien, auch ihrer Ausschüsse, kann der Vertreter teilnehmen; er hat auch ein suspendierendes Vetorecht gegen deren Beschlüsse (§ 178 Abs. 4 SGB IX). Zur Weiterverfolgung von Beschlüssen ist nur der Betriebsrat befugt.

### 11. Vertretung der Jugendlichen und Auszubildenden

211 Betriebe mit mehr als fünf Mitarbeitern unter 18 Jahren oder Auszubildenden unter 25 Jahren wählen eine Jugend- und Auszubildendenvertretung (§ 60 BetrVG). Je nach Mitarbeiterzahl besteht sie aus drei bis fünfzehn Mitgliedern (§ 62 BetrVG). Ihre besonderen Interessen, vor allem zu Fragen der Berufsausbildung, bringen sie mit Stimmrecht in die Betriebsratssitzungen ein. Sie nehmen auch an den Betriebsratsgesprächen mit dem Arbeitgeber teil, sofern ihre Probleme besprochen werden (§§ 67, 68 BetrVG). Wie die Betriebsräte können auch sie Gesamt- und Konzernvertretungen bilden (§§ 72 f.; 73a f. BetrVG).

### 12. Vertrauensleute

212 Betriebliche Vertrauensleute können – in Absprache mit dem Betriebsrat – von der Belegschaft gewählt werden. Wahlmodus, Aufgaben etc. sollten in einer **Betriebsvereinbarung** festgelegt werden. Sie haben die besondere Aufgabe, sich um Mitarbeiter zu kümmern, die selbst nicht auftreten können oder wollen. Neben dieser Mittlerrolle sind sie wichtige Informanten für Arbeitgeber und Betriebsrat. Sie sind vor allem hilfreich bei der Information bzw. Aufklärung der Belegschaft über betriebliche Vorgänge und Vorhaben. Dafür wird vielfach ein besonderer Informationsdienst, auch durch regelmäßige Versammlungen, unterhalten.

213 **Gewerkschaftliche Vertrauensleute** haben ihr Mandat aus ihrer Organisation. Sie sollen den unmittelbaren Kontakt zur Belegschaft halten und „gewerkschaftliche Aufgaben“ wahrnehmen. Ihre Wahl findet außerhalb des Betriebs bzw. der Arbeitszeit statt. Ihr Mandat gibt ihnen im Betrieb keine Sonderstellung.[114]

## II. Sprecherausschuss

214 In einem Unternehmen mit **mindestens zehn leitenden Angestellten** wird auf deren Wunsch ein Sprecherausschuss gewählt (§ 1 Abs. 1 SprAuG). Er hat mit dem Arbeitgeber „vertrauensvoll“ zusammenzuarbeiten zum Wohl der leitenden Angestellten und des Betriebs (§ 2 Abs. 1 SprAuG).

215 Die **Aufgaben** des Sprecherausschusses liegen wesentlich in der Unterstützung bzw. Behandlung der Belange dieser Gruppe (§ 25 Abs. 1 SprAuG). Allerdings anerkennt das Gesetz ausdrücklich die Selbstvertretung des leitenden Angestellten. Das ist wohl die Regel. Aber wenn Gruppeninteressen wahrzunehmen sind, ist der Einzelne doch überfordert, wenn „Grundsätze von Recht und Billigkeit“ zu behandeln sind (§ 27 Abs. 1 SprAuG).

216 Auch wenn die **Beendigung der Anstellung** ansteht, sei es durch Gruppen- oder durch eine Einzelfreistellung, wird der Betroffene nach Unterstützung suchen – nicht nur in der Personalabteilung. Dazu gehören auch nachwirkende Vertragsfragen, wie zB Weiterbeschäftigung bis zum Vertragsende, die Karenz(-entschädigung), etc.

217 Bestehen im Unternehmen mehrere Sprecherausschüsse, ist ein **Gesamtsprecherausschuss** zu bilden (§ 16 SprAuG). Auch ein Unternehmens- oder Konzernsprecherausschuss kann – nach dem Willen und mit Votum der leitenden Angestellten – gebildet werden (§§ 20 ff. SprAuG). Inwieweit diese übergreifenden Institutionen wünschenswert

[114] Weiterführend zu den gewerkschaftlichen Vertrauensleuten *Treber* in Schaub ArbR-HdB § 190 Rn. 44 ff.

erscheinen, hängt nicht zuletzt von einer – der Gesamtunternehmensstruktur entsprechenden – Gestaltung des auf jeden Fall zu bildenden Gesamtsprecherausschusses ab.

Die Sprecher werden mit der Unternehmensleitung erörtern, ob und wie diese Gremien gewollt bzw. eingerichtet werden. Diese **Erörterung** wird nicht nur über einen Strukturvorschlag zu führen sein, sondern vor allem über die zukünftige Informationspolitik des Unternehmens gegenüber diesem Kreis. Diese Politik wird das Bedürfnis nach Gremien ganz wesentlich beeinflussen. 218

Auch gegenüber dem Sprecherausschuss ist seine **ordnungsmäßige Information** die wichtigste Pflicht des Unternehmens (§§ 30ff. SprAuG). Nur so kann er am Unternehmensgeschehen beteiligt werden und mitwirken. Die Information kann noch verstärkt werden, wenn einer der Sprecher an den monatlichen Sitzungen des Wirtschaftsausschusses teilnehmen kann, um seine Kollegen entsprechend zu informieren (§ 32 SprAuG, § 108 Abs. 2 BetrVG). 219

Besonders interessiert an Information ist das von den leitenden Angestellten in den **Aufsichtsrat** gewählte Mitglied, um seiner Aufgabe entsprechen zu können. In dieser versteht es sich häufig als Mittler zwischen den Fronten. Es kennt die Nöte und Sorgen seiner Kollegen in der Führung des Unternehmens und in ihrer Pflicht, Entscheidungen umzusetzen. Seine Zugehörigkeit zur Arbeitnehmervertretung ändert nicht sein besonderes Verständnis für das Unternehmen, aber auch nicht den Anspruch seiner Gruppe als Arbeitnehmer des Unternehmens. 220

**Mitbestimmungsrechte** hat der Sprecherausschuss **nicht.** Er kann aber bindende Richtlinien über die Vertragsgestaltung der leitenden Angestellten mit dem Unternehmen vereinbaren (§ 28 Abs. 1, Abs. 2 SprAuG). 221

Die besondere **Geheimhaltungspflicht** gilt auch für Mitglieder des Sprecherausschusses (§§ 29, 35 SprAuG). 222

## III. Zusammenarbeit

### 1. Zusammenarbeit der Gremien

Das **Betriebsverfassungsgesetz** gibt die wichtigsten Rechte und Pflichten vor, die Unternehmensleitung und Betriebsrat gegeneinander und beide gegenüber den Mitarbeitern haben. Dabei sind sie erstrangig dem „Wohl der Arbeitnehmer und des Betriebs" verpflichtet (§§ 2, 74 BetrVG). 223

Gleiches gilt für die Zusammenarbeit mit dem **Sprecherausschuss.** Beide Belegschaftsvertretungen sollen kooperieren, zumindest zu gemeinsamen Sitzungen zusammenkommen (§ 2 Abs. 1 SprAuG). Der Personalverantwortliche – als Arbeitgebervertreter – sollte diese Kooperation durch faires und offenes Umgehen mit beiden Vertretungen vorleben. Mit diesem Bemühen sollen die – mitunter gegensätzlichen – Interessen der Beteiligten zusammengeführt werden, auch wenn nicht alle Erwartungen erfüllt werden können. 224

Die Erfahrung lehrt, dass **klare Ziele** mit einsichtigen und schlüssigen Begründungen am besten zu einer Einigung führen. Eine tolerante Verhandlungsführung gehört dazu. Gespräche sollten durch die erforderliche Information vorbereitet und begleitet werden. Mitunter ist beharrliche Geduld anzuraten, um ein Verhandlungsziel zu erreichen. Auch die meist heterogene Zusammensetzung des Betriebsrats ist in schwierigen Verhandlungen zu berücksichtigen. 225

### 2. Betriebsvereinbarungen

#### a) Mit dem örtlichen Betriebsrat

Haben die Gespräche mit dem Betriebsrat ein grundlegendes Problem geklärt und zu einer arbeitsfähigen Lösung geführt, wird dies in einer **Betriebsvereinbarung** niedergelegt 226

(§ 77 BetrVG). Auch bei konsensorientierter Einstellung aller Beteiligter ist ein Konflikt nicht immer zu vermeiden. Eine offen und fair geführte Auseinandersetzung kann eher zu einer Lösung führen. Die Einigung ist schriftlich festzuhalten und im Betrieb auszulegen. Besonders wichtige Betriebsvereinbarungen werden über die betrieblichen Informationswege verbreitet, damit auch alle Notiz davon nehmen können, denn sie gelten unmittelbar und für alle Arbeitnehmer, für die sie abgeschlossen werden.

227 Die **Aufgabenerledigung** aus einer und die **Umsetzung** der Betriebsvereinbarung obliegen dem Arbeitgeber. Der Betriebsrat darf nicht in die Leitung des Betriebs eingreifen.

228 Die **Kündigung** einer Betriebsvereinbarung ist möglich nach der festgelegten Kündigungsklausel bzw. in der gesetzlich vorgesehenen Frist von drei Monaten (§ 77 Abs. 5 BetrVG). Schriftform für die Kündigung ist vom Gesetz nicht vorgegeben, aber ratsam.

229 Die **Rechtsfolgen** einer Kündigung sind unterschiedlich: Betriebsvereinbarungen aus dem Themenkatalog der zwingenden Mitbestimmungsrechte sind erst dann beendet, wenn eine neue Einigung zu einer neuen Vereinbarung führt (sog. Nachwirkung, vgl. § 77 Abs. 6 BetrVG). Andere Betriebsvereinbarungen, die sog. freiwilligen Betriebsvereinbarungen, enden mit Ablauf der Kündigungsfrist.[115]

#### b) Mit dem Gesamt- oder Konzernbetriebsrat

230 Für diese Vereinbarungen gelten **gleiche Regeln.** Sie dienen dazu, einem Unternehmen eine Gesamtregelung für die so erfassten Einzelbetriebe aufzuerlegen. So werden zB Versorgungseinrichtungen, Grundsätze der Führungskultur, Richtlinien zum Arbeits- und Umweltschutz, etc. festgelegt.

### 3. Einigungsstelle

231 Die Einigungsstelle wird vom Arbeitsgericht **bestellt** (§ 98 ArbGG), wenn der Betriebsrat oder der Arbeitgeber sie anruft, um den Abschluss einer Betriebsvereinbarung zu erzwingen oder um andere Meinungsdifferenzen beizulegen. Sie kann auch in einer entsprechenden **Betriebsvereinbarung** festgelegt werden, mit Vorabbestimmung des anzurufenden Schlichters etc. (§ 76 Abs. 4 BetrVG). Sie löst mit ihrem – bindenden – Spruch den Konflikt zwischen den Parteien im freien Verfahren. Der Spruch kann vom Arbeitsgericht überprüft werden.

232 Dieses Verfahren ist eine teure Eskalationslösung, von der man **nur abraten** kann. Eine taugliche und dauerhafte Lösung für den Betrieb ist meist nur im Betrieb zu finden. Deshalb sollten Betriebsrat und Arbeitgeber – bevor sie Streitparteien werden – sich anstrengen und versuchen, auch unter Verzicht und mit gegenseitigem Entgegenkommen, sich zu einigen. Einigungsstellenverfahren brauchen häufig viel Zeit, so dass ein unter Umständen verspäteter Spruch einem meist zeitgebundenen Anlass hinterherhinkt. Die Verfahrenskosten – mitunter von beachtlicher Höhe – hat der Arbeitgeber auf jeden Fall ganz allein zu tragen; einschließlich der Vertretung des Betriebsrats durch einen Rechtsanwalt in der Einigungsstelle. Dieser Posten kann einerseits als Druckmittel, andererseits als kalkulatorische Hilfe für eine betriebliche Einigung dienen.

### 4. Regelungsabreden

233 In Regelungsabreden können die Betriebspartner **einfachere Themen** des Tagesgeschäfts ohne Betriebsvereinbarung formlos vereinbaren (§ 77 Abs. 1 BetrVG). Zur besseren Klarheit ist dennoch Schriftform anzuraten. Auf diese Weise werden meist **interne Verfahrens- bzw. Ablaufregeln** festgelegt. Diese haben, anders als die Betriebsvereinbarung,

[115] Zum Sonderfall der Nachwirkung sog. teilmitbestimmter Betriebsvereinbarungen vgl. *Koch* in Schaub ArbR-HdB § 231 Rn. 68ff.

keine normative Wirkung für die Arbeitnehmer, sondern binden nur Arbeitgeber und Betriebsrat Ihre Durchsetzung kann daher nur der Betriebsrat, nicht aber der einzelne Arbeitnehmer betreiben.[116]

## IV. Europäische Unternehmen

### 1. Europäische Betriebsräte

234 Europäische Betriebsräte sind nach den Regelungen des **Gesetzes über Europäische Betriebsräte (EBRG)** in der im Inland belegenen Zentrale von gemeinschaftsweit tätigen Unternehmen mit über 1000 Mitarbeitern einzurichten (§ 3 Abs. 1 EBRG). Auch Vertreter von Drittstaaten können einbezogen werden. Bei der besonderen **Komplexität** dieser Einrichtung kann jedem Unternehmen, das in diese europäische Kategorie fällt, nur empfohlen werden, eine umfassende Vereinbarung abzuschließen, die den Umfang des Gremiums, seine Aufgaben etc. regelt. So können auch die soziologischen und kulturellen Besonderheiten der einzelnen Mitglieder bzw. deren Betriebe angemessen berücksichtigt werden. Die sonst drohende Errichtung nach Gesetz ist im Zweifel weniger betriebsgerecht.

235 Die **vertrauensvolle Zusammenarbeit** mit der zentralen Leitung der Gesellschaften ist dem europäischen – wie dem nationalen – Betriebsrat als verpflichtender Grundsatz aufgegeben (§ 8 Abs. 3 EBRG). Er kann beanspruchen, von der Leitung unterrichtet und gehört zu werden. Der Abschluss von verpflichtenden Betriebsvereinbarungen ist im Gesetz nicht geregelt.

236 Die **jährliche Unterrichtung** dieses Gremiums und seine Anhörung (§ 29 EBRG) sind in vielerlei Hinsicht – auch vom Arbeitgeber – gut vorzubereiten. Es treffen nicht nur verschiedene Sprachen aufeinander. Auch verschiedene Sozialsysteme, unterschiedliche Formen der Zusammenarbeit im Betrieb sowohl zwischen Arbeitgeber- wie Arbeitnehmervertretern, wie auch zwischen den einzelnen Mitarbeitern und ihren Vorgesetzten. Die in internationalen Unternehmen verabredete Arbeitssprache gilt für dieses Gremium im Zweifel nicht. Dem ist durch den Einsatz von Dolmetschern abzuhelfen. Viel anspruchsvoller ist der Umgang mit den nationalen sozialpolitischen Rahmenbedingungen und den unterschiedlichen Landeskulturen. Im Hinblick auf die zum Teil deutlichen Unterschiede können Unternehmensrichtlinien eher Grundsätzliches als Einzelheiten regeln. Es gibt ganz wesentliche unterschiedliche Erwartungen und Vorstellungen. Zusätzlich ergeben sich oft widersprechende Interessen einzelner Landesvertreter, die miteinander konkurrieren.

237 Die Sorgfalt in der **Vorbereitung** optimiert nicht nur den Ablauf der Sitzung. Sie soll auch die Kosten in Grenzen halten (Dolmetscher etc). Im Zusammenhang mit den Sitzungen des Europäischen Betriebsrats erscheint es auch angezeigt, deren örtliche Gesprächspartner in gleicher Weise zu informieren.

238 Es ist auch sinnvoll – zumindest in einer „Kaminrunde" –, beide Gruppen (Arbeitnehmervertreter und Personalleiter) auch einmal zusammen zu bringen. Die örtlichen Personalleiter sind erfahren in der Art und Weise, wie ihre **lokalen Gesprächs- und Betriebspartner** die Informationen aufnehmen und zu Hause verbreiten bzw. umsetzen wollen.

239 Die **Grundsätze der Personalpolitik** werden so in die verschiedenen Niederlassungen hineingetragen. Rückmeldungen über Ergebnisse sollte die Zentrale einfordern – zumindest als Vorbereitung auf die nächste Sitzung.

### 2. Europäisches Arbeits- und Sozialrecht

240 Unabhängig von den europäischen Betriebsräten wirkt **das europäische Arbeits- und Sozialrecht** immer stärker auf das Deutsche Arbeitsrecht ein. Dazu gehören besonders die

[116] BAG NZA 1996, 661; ErfK/*Kania* BetrVG § 77 Rn. 132.

im AEUV verankerten Grundsatzthemen: Freizügigkeit, Sozialpolitik, allgemeine und berufliche Bildung der Jugend, darunter besonders die Verbesserung der Arbeitsumwelt und Entgeltgleichheit für Männer und Frauen.

241 Der **Europäische Gerichtshof (EuGH)** setzt in seiner Rechtsprechung Maßstäbe, die aus den Bestimmungen des AEUV als primäres Bild abgeleitet sind. Dabei berücksichtigt er nicht, ob die Materie schon in nationales Recht umgesetzt worden ist. So will er auch den – säumigen – nationalen Gesetzgeber verpflichten.

242 Die europäischen Unternehmerverbände (UNICE), der Verband der öffentlichen Arbeitgeber (CEEP) sowie der Europäische Gewerkschaftsbund (EGB) bilden den sog. Tripartite Gipfel. Sie haben verabredet, die Europäische Kommission in einem gemeinsamen Arbeitsprogramm zu unterstützen, um weitere Regelwerke vorzubereiten zu den Themen: Stress am Arbeitsplatz, Umstrukturierung in Unternehmen, Gleichbehandlung, lebenslanges Lernen, Tele- und Zeitarbeit unter anderem So sollen europaweit gleiche Arbeitsbedingungen für Europäer und gleiche Wettbewerbsbedingungen für **Unternehmen im europäischen Verbund** geschaffen werden.

### V. Internationale Unternehmen

243 Internationale Unternehmen sind (nur) mit ihren inländischen Tochtergesellschaften und Betrieben dem deutschen Betriebsverfassungsrecht unterworfen **(Territorialitätsprinzip).**[117] Es ist eine besondere Aufgabe der Personalverantwortlichen, der auswärtigen Firmenzentrale und den von dort entsandten Führungskräften die Besonderheiten der deutschen Mitbestimmung zu vermitteln. Das ist oft recht schwierig, weil diese Vorgaben Ausländern meist unbekannt sind und sehr schwer verstanden werden. Die ausländischen Zentralen sollten ihre Führungskräfte, insbesondere soweit sie im Betriebsgeschehen aktiv werden, verpflichten, diese Regeln anzuerkennen, um ihnen – und sich selbst – vermeidbare Konflikte zu ersparen.

## F. Zusammenarbeit mit Verbänden

### I. Tarifvertragsgesetz

244 Das Tarifvertragsgesetz (TVG) bestimmt, dass Tarifverträge „den Inhalt, den Abschluss und die Beendigung von Arbeitsverhältnissen sowie betriebliche und betriebsverfassungsrechtliche Fragen" mit dem Gewicht von Gesetzen regeln (§ 1 Abs. 1 TVG). Tarifpartner sind „Gewerkschaften, einzelne Arbeitgeber sowie Vereinigungen von Arbeitgebern" (§ 2 Abs. 1 TVG).

### II. Verbände

#### 1. Arbeitgeberverbände

245 Es gibt über tausend rechtlich und wirtschaftlich selbstständige Arbeitgeberverbände, die in 48 Bundesfachspitzenverbände und 14 Landesvereinigungen in der Bundesvereinigung der deutschen Arbeitgeberverbände (BDA) zusammengefasst sind. Die BDA kann in die tarifpolitische Selbstständigkeit dieser Verbände nicht eingreifen. Insgesamt sind so ca. 75% der Unternehmen mit 60% der Belegschaften erfasst. Es gibt über 50.000 Tarifverträge verschiedenster Art.

[117] *Winstel,* Unterrichtung der Belegschaftsvertretung der Tochtergesellschaft im (grenzüberschreitenden) Aktienkonzern, 2010, 32.

### 2. Industriegewerkschaften

Der Deutsche Gewerkschaftsbund (DGB) ist der **Dachverband** von acht nach Berufsgruppen orientierten Einzelgewerkschaften mit insgesamt knapp 6 Millionen Mitgliedern. Die Einzelgewerkschaften stehen den entsprechenden Arbeitgeberverbänden gegenüber. Sie sind die Partner für die Tarif- und Sozialpolitik in ihrem Bereich. Viele Betriebsräte lassen sich als Mitglieder von ihrer Gewerkschaft in ihrer Aufgabe unterstützen. Die Mitgliedschaft ist aber nicht zwingend, weder für Betriebsräte noch für Mitarbeiter. Die Ein stellung, spätere betriebliche Maßnahmen, auch die Einschaltung des Betriebsrats für ein persönliches Anliegen dürfen davon nicht abhängen. Die **Koalitionsfreiheit** nach dem Grundgesetz (Art. 9 GG) sichert jedermann das Recht zu, sich anzuschließen oder auch nicht. Gewerkschaftsangehörige Betriebsräte sind in dieser Doppelrolle im Betrieb zur Neutralität verpflichtet. Sie sollen sich „im Kernbereich koalitionsmäßiger Betätigung halten“. Das erlaubt zwar eine – zurückhaltende – **Mitgliederwerbung,** aber keine gewerkschaftliche oder gar politische Betätigung. 246

Mitarbeiter dürfen im Betrieb, außerhalb der Arbeitszeit, für ihre Gewerkschaft werben.[118] Die Beauftragten der Gewerkschaften haben **Zugangsrecht** in den Betrieb, allerdings in Abstimmung mit dem Hausherrn. Dieses Recht steht ihnen zu „zur Wahrnehmung ihrer im Betriebsverfassungsgesetz genannten Aufgaben und Befugnisse“ (§ 2 Abs. 2 BetrVG). 247

## III. Tarifverträge

### 1. Inhalte

Die Tarifpartner bestimmen im Rahmen der **Tarifautonomie** und ihres Aufgabengebiets den räumlichen, fachlichen, zeitlichen und persönlichen Geltungsbereich der Tarifverträge. Sie sind dem Gesetz gegenüber nachrangig. Betriebsvereinbarungen gegenüber sind sie vorrangig, es sei denn, es sind Abweichungen oder Ergänzungen in Form sog. Öffnungsklauseln zu Gunsten der Arbeitnehmer im Tarifvertrag vorgesehen.[119] Der Abschluss von Tarifverträgen durch die Verbände schafft Sicherheit und Frieden für Arbeitgeber und Arbeitnehmer. Der einzelne Arbeitnehmer braucht seine Arbeitsbedingungen nicht allein auszuhandeln und dauerhaft festzulegen. Die Arbeitgeber haben sichere, innerhalb der Branche gleiche Arbeits- und Kalkulationsbedingungen. 248

Da in den Betrieben die Gleichbehandlung aller Mitarbeiter gewollt ist, auch der gewerkschaftlich nicht organisierten, wird die Tarifgeltung in den individuellen Arbeitsverträgen ergänzend verabredet. Eine **Allgemeinverbindlichkeit** der Tarifgeltung kann erwirkt werden, um nicht verbandsangehörigen Arbeitgebern ein Gleichmaß der Arbeitsbedingungen aufzuerlegen (§ 5 TVG). 249

Einen **Haustarif** können Unternehmen für sich mit der zuständigen Gewerkschaft abschließen. Er gilt für die Beteiligten wie ein Verbandstarif. So können die Besonderheiten des Unternehmens und seiner Betriebe stärker herausgestellt werden. Ein Arbeitgeber wird sich überlegen, ob er einem so mächtigen Verhandlungspartner gewachsen ist, und ob er das ggf. erforderliche Stehvermögen aufbringt. 250

In den **Entgelttarifen** werden Löhne bzw. Gehälter festgelegt. Die Trennung zwischen Lohn und Gehalt entfällt zunehmend zu Gunsten eines durchgängigen Entgeltstufensystems für sämtliche Mitarbeiter, dh für Arbeiter und Angestellte. 251

Die **Manteltarife** regeln eine Vielzahl wesentlicher Arbeitsbedingungen wie Arbeitszeit, Urlaub, Freistellungen, Krankheit etc. 252

---

[118] BAG NJW 1987, 2891; dazu eingehend *Treber* in Schaub ArbR-HdB § 190 Rn. 23ff.
[119] Zur Rangfolge der Rechtsquellen vgl. MAH ArbR/*Altenburg* § 1 Rn. 66ff.

253 In **Sondertarifen** werden Themen behandelt, die von besonderer und allgemeiner Bedeutung sind wie Teilzeit, Altersteilzeit, Schlichtung etc.

254 Daneben gibt es zwischen Tarifpartnern noch **„Außertarifliche Sozialpartner-Vereinbarungen“.** Sie haben nicht das Gewicht von Tarifverträgen, sind aber dennoch verbindlich. Ihre Themen sind unter anderem Gruppenarbeit, Drogenmissbrauch, Arbeits- und Umweltschutz. Es geht hier darum, Rahmenregeln oder gemeinsame Zielvorstellungen festzuschreiben.[120]

## 2. Verhandlungen

255 Nach zeitlichem Ablauf bzw. Kündigung eines Vertrags kommen die Partner zu **Tarifverhandlungen** mit wechselndem Vorsitz zusammen. Eine Vielzahl lokaler Verhandlungsrunden wird heute meist durch einen Pilotabschluss mit einem „führenden“ Branchenverband verkürzt. Der einmal, meist sehr intensiv verhandelte Tarifabschluss wird dann von den anderen Bezirken übernommen. Damit wird ein flächendeckendes Gleichmaß in der Branche erreicht.

256 Der Tarifabschluss ist unmittelbar **verbindlich** für die beteiligten Verbände und ihre Mitglieder (§ 3 Abs. 1 TVG). Dieser Flächentarif wird heute vielfach als Fessel, als Einschränkung der unternehmerischen Freiheit und Selbstständigkeit empfunden. Einer Krisensituation, dem Druck des in- und ausländischen Wettbewerbs will man sich schneller anpassen können. Dieser Kritik stellen sich moderne Tarifpartner und kommen ihr mit Öffnungsklauseln entgegen. So wird den Betrieben in vielen Bereichen wie Arbeitszeit, Entgelt etc. Freiraum gegeben.[121]

257 Diese **Flexibilisierung** im Rahmen des Tarifvertrags räumt die Grundsatzdebatte bzw. Kritik am Flächentarif und dem „Arbeitskartell“ noch nicht aus. Immerhin sind „ergänzende“, wenn auch keine selbstständigen Verabredungen im einzelnen Betrieb nach dessen speziellen Bedürfnissen möglich (§ 77 Abs. 3 BetrVG). Diese Möglichkeiten müssen aber die Betriebe in Anspruch nehmen und umsetzen. Das geschieht noch immer zu wenig.

258 Neben der Forderung, diesen **Tarifvorbehalt im Betriebsverfassungsgesetz** ganz abzuschaffen, um eine ungebundene Gestaltung der besonderen Arbeitsbedingungen für den Einzelbetrieb zu schaffen, gibt es auch Überlegungen für seine Fortgeltung. Für beide Seiten würde die „freie Verhandlung“ (wie beim Haustarif) bisher gewohnte Arbeits- und Organisationsstrukturen verändern.

259 Eine **Tarifflucht** – durch Verbandsaustritt – aus einem einmal abgeschlossenen Tarif ist sehr schwierig. Die Tarifgebundenheit bleibt bestehen. Die zeitliche Nachwirkung ist unbegrenzt. Die Normen gelten „bis sie durch eine andere Abmachung ersetzt werden“. Selbst einem einseitigen Verzicht müssen die Tarifpartner zustimmen. Ein einmal erworbener Besitzstand bleibt damit erhalten; eine Auflösung erfolgt allenfalls für die Zukunft (vgl. § 3 Abs. 3 TVG, § 4 Abs. 5 TVG).

260 Das **Outsourcing** eines Nebenbetriebs, um ihn in einen günstigeren Tarifvertrag zu überstellen, funktioniert – mit Einschränkungen – im Wege des Betriebsübergangs (§ 613a BGB). Sieht ein Tarifvertrag eine Öffnungsklausel für sog. „tarifkonkurrierende Betriebe“ vor, kann das Entgeltniveau angepasst werden.

261 Will ein Unternehmen tariffrei sein oder bleiben, wird es seine Arbeitsbedingungen allein mit dem Betriebsrat verabreden. Die zuständige Gewerkschaft wird sich dann bemühen, die Belegschaft bzw. den Betriebsrat von der Sicherheit eines Tarifvertrags zu überzeugen.

---

[120] Hierzu *Höpfner* RdA 2020, 129 ff.

[121] Dazu *Hamacher/van Laak* in MAH ArbR § 70 Rn. 56 ff.

## IV. Arbeitskampf

Bleiben die Verhandlungen über Entgelt – oder Manteltarifmaterien – ergebnislos, wird einer der Partner deren „Scheitern" erklären. Wenn danach die – oft unzureichend geregelten – Schlichtungsprozeduren erschöpft sind, kann es zum Arbeitskampf kommen. Die **Rechtsprechung** bemüht sich, das Geschehen zu strukturieren. Dabei hat sie drei hauptsächliche Anforderungen an die **Rechtmäßigkeit** des Geschehens und seiner Einzelvorgänge entwickelt: Ein Arbeitskampf muss „ultima ratio" sein. Die Streikparteien begegnen sich in „Parität". Ihre Maßnahmen sind mit dem „Übermaßverbot" belegt.[122] 262

Die Tarifgebundenheit der Tarifpartner **erlischt** mit Ende des Tarifvertrags (§ 3 Abs. 3 TVG). 263

### 1. Streik

Streik ist eine ganz alte, wenngleich bis heute nicht gesetzlich geregelte Situation in der Auseinandersetzung von Arbeitgebern und Arbeitnehmern, um die finanzielle oder soziale Lage der Arbeitnehmer zu bessern. Streik kann nur zwischen den Tarifpartnern – jetzt Streikgegnern – stattfinden; das sind die Gewerkschaft und der Arbeitgeberverband, dh die in ihm zusammengefassten Unternehmen mit ihren Betrieben. 264

Eine **Streikandrohung** soll den Verhandlungspartner dazu bewegen, auf die Forderung des Streikführers einzugehen. Streikziel ist, den Betrieb lahm zu legen und durch den wirtschaftlichen Schaden den Druck auf den Verhandlungspartner zu erhöhen. Dieses Ziel wird nicht erreicht, wenn es gelingt, den Betrieb aufrecht zu erhalten oder auf andere Weise die Streikwilligen bzw. die Gewerkschaft dazu zu bringen, den Streik abzubrechen. Im Allgemeinen geht eine Urabstimmung der Gewerkschaftsmitglieder dem Streik voraus – eine ernste Warnung, eine erste Streik-Maßnahme. 265

Im Streik besteht, wie generell im Arbeitskampf der Tarifpartner, für den Betriebsrat **Friedenspflicht.** Er darf sich in seiner Funktion nicht in die Auseinandersetzung einbringen (§ 74 Abs. 2 S. 1 BetrVG). Seine Mitwirkungs- und Mitbestimmungsrechte gelten weiter, aber sie sind „arbeitskampfkonform auszulegen".[123] Gegen einen rechtswidrigen Streik muss er einschreiten. Bei vorbereitenden Notmaßnahmen, die für den Substanzerhalt des Betriebs erforderlich sind, kann er sich nicht versagen. 266

### 2. Warnstreik

Warnstreiks werden in vielen Variationen geführt und von der Rechtsprechung anerkannt. Mit geringem Aufwand soll demonstriert werden, dass man zur großen Auseinandersetzung bereit ist.[124] 267

### 3. Maßnahmen

Arbeitgeber sind im **Arbeitskampf** auf engem, wenig trittfestem Pfad. Kundiger Rat über die sich ändernde Rechtsprechung ist dringend geboten. 268

Die Freiräume der **Streikführer** sind eher größer geworden, zu Lasten der direkt und indirekt betroffenen Unternehmen. Ein Streik wird jedoch vor Ort und nicht vor Gericht entschieden. Er kann vielleicht durch einstweilige Verfügungen eingegrenzt, aber im Wesentlichen nur im Nachgang vollständig juristisch aufgearbeitet werden. Die Zeit läuft schneller. Deshalb sollte alles versucht werden, einen Streik abzuwenden – oder ihn leer laufen zu lassen. 269

---

[122] Umfassend MHdB ArbR/*Ricken* § 272 Rn. 64 ff.; *Otto* RdA 2010, 135 ff.
[123] Dazu *Richardi* in Richardi BetrVG § 74 Rn. 34 ff. mzN.
[124] Vgl. zu den verschiedenen Arbeitskampfmitteln *Treber* in Schaub ArbR-HdB § 191 Rn. 8 ff.

270 Ein Arbeitskampf hat immer eine Vorgeschichte bzw. einen zeitlichen Vorlauf. Die beteiligte Gewerkschaft nutzt diese Zeit, um Mitglieder in den Betrieben auf ihr Ziel einzustimmen, um ihre Unterstützung, ggf. **Streikbereitschaft** in den Betrieben auszuloten bzw. einzufordern. Genauso muss die Arbeitgeberseite versuchen, ihre Zielsetzung im Betrieb herauszustellen. Hierzu ist eine Informationslogistik mit hoher Reaktionsgeschwindigkeit erforderlich und spätestens dann in Gang zu setzen. Nicht nur „tarifpolitische", sondern betriebsbezogene Auswirkungen möglicher Tarifanhebungen sind darzustellen, ggf. auch in den örtlichen Medien. Dabei ist bei den Medien, bei ihrem Hang zu einer „publikumsnahen" Darstellung, besonderer Wert auf deren ganz sachliche und nüchterne **Vorabinformation** zu legen.

271 In dieser Vorlaufzeit sind auch betriebliche „als ob"-Szenarien – nicht nur theoretisch – durchzuarbeiten: nicht spielerisch, sondern realitätsnah. Das sollte sich nicht nur auf die echten betrieblichen **Notmaßnahmen** beziehen, die ohnehin mit dem Betriebsrat festzulegen sind. Diese Notmaßnahmen beziehen sich je nach Art des Betriebs auf Einrichtungen, die aus Gründen der Erhaltung des Betriebs in seiner Substanz, seiner Sicherheit etc. weiterlaufen müssen.

272 In diesen Szenarien sollte bereits daran gedacht werden, welche Not- bzw. Hilfsbesatzungen erforderlich wären, um einen **Mindestbetrieb** sicherzustellen. Wie kann gesichert werden, dass die nicht gewerkschaftlich organisierten Mitarbeiter in den Betrieb kommen können, um ihre – oder eine andere – Arbeit zu erledigen, um ihren Lohn zu verdienen? Hier sind schnelle, praktische Ideen gefragt und entsprechendes Verhalten.

273 Sind besondere **Kommunikationsnetze** unter den „Streikbeauftragten" des Unternehmens etabliert? Kann, will man den Lautsprechern vor den Toren Paroli bieten? Auch wenn bei solchen Blockaden bewusst viele Betriebsfremde herangezogen werden – eigene Mitarbeiter sind auch dabei.

274 Spontane, praktische Ideen sind gefragt – und entsprechender Einsatz – gerade von den Führungskräften. Das Vorstandsmitglied kann sich besonderer Aufmerksamkeit sicher sein. Führungskräfte sollten an solchen Brennpunkten stehen – bereit zur Diskussion und als Stützpunkt für Arbeitswillige. Vielleicht muss mit dem Hausrecht eine Grenzlinie etabliert werden, der **Zugang zum Betrieb** muss mit allen Mitteln gesichert werden. Er ist auch von der streikführenden Gewerkschaft zu achten – zumindest in Form einer zureichenden „Gasse".[125] Mit diesen und möglichst vielen anderen Ideen und Maßnahmen kann das Unternehmen zumindest einen eingeschränkten Betrieb aufrechterhalten.

## 4. Aussperrung

275 Das **letzte Mittel** auf Arbeitgeberseite ist die Aussperrung. Sie bringt auch die Arbeitsverhältnisse der betriebsorientierten Arbeitswilligen zur Ruhe und setzt die Zahlungspflicht aus.[126] Vor diesem letzten Schritt sei gewarnt. Er entscheidet meist die Auseinandersetzung nicht. Aber er schadet dem Betrieb mehr als die Gewerkschaft mit ihren Maßnahmen erreichen kann.

276 Der aussperrende Arbeitgeber muss aber den Betrieb wieder weiterführen. Und das mit einer nunmehr mehrfach geteilten und vor allem frustrierten Belegschaft. Nicht nur Arbeitswillige, auch Streikende haben **Einkommensausfälle** zu verkraften (das „Streikgeld" ist kein Volllohn). Es braucht lange, bis alle mit dem Arbeitgeber wieder versöhnt sind. Die Gewerkschaftsmitglieder mögen den Erfolg ihrer Organisation schätzen, am betrieblichen Verlust tragen sie mit.

---

[125] Lesenswert LAG Köln NZA 1984, 402.

[126] Eingehend *Rödl* in Däubler, Arbeitskampfrecht, 4. Aufl. 2018, § 21 Rn. 117ff. mwN.

### 5. Politischer Streik

Ein politischer Streik, dh ein Streik, der auf nicht wirtschaftliche Ziele zwischen Arbeitnehmern und Arbeitgebern ausgerichtet ist, ist **unzulässig.**[127] Aufgrund der Entwicklung in den letzten Jahren steht zu befürchten, dass politische, sogar organisationspolitische Motivationen in Arbeitskampfmaßnahmen einfließen – für an sich soziale Zielvorgaben. Sie sind dann eher als Kampfmaßnahmen im Sinne von Public Relation denn als Arbeitskampf anzusehen. 277

### 6. Boykott, Sympathiestreik u.ä.

Als grundsätzlich zulässige Arbeitskampfmittel werden demgegenüber der Boykott des Arbeitgebers und der Sympathiestreik angesehen. Von einem Boykott spricht man, wenn Dritte aufgefordert werden, die geschäftlichen Beziehungen zum Arbeitgeber abzubrechen. Aber auch ein Boykottaufruf muss die Friedenspflicht und das Übermaßverbot beachten. Der Sympathiestreik dient gegenüber nicht der Erreichung eigener Ziele, sondern dem der Unterstützung eines fremden Arbeitskampfs. Er ist nach der Rechtsprechung des BAG nur dann unzulässig, wenn er zur Unterstützung des Hauptarbeitskampfs offensichtlich ungeeignet ist.[128] 278

## G. Mitbestimmung im Unternehmen

### I. Unternehmerische Mitbestimmung durch die Arbeitnehmer

### 1. Aufsichtsrat

In der Nachkriegszeit wurde die **Mitbestimmung** als erstes in der Montanindustrie eingeführt. Das Betriebsverfassungsgesetz 1952 hat dann die Mitbestimmung in Form der sog. Drittelparität für Gesellschaften – unter engen Voraussetzungen auch für Unternehmensgruppen – über 500 Mitarbeiter begründet. Die Arbeitnehmer belegen ein Drittel der Sitze im Aufsichtsrat, ein Arbeitsdirektor wird nicht vorgesehen (§ 1 DrittelbG). Das Mitbestimmungsgesetz 1976 wollte den „Faktor Arbeit" dem „Faktor Kapital" gleichstellen. Die Arbeitnehmer sollen nicht nur im alltäglichen Betriebsgeschehen durch ihre Vertreter im Betriebsrat und Sprecherausschuss mitwirken. Auch in den Leitungsgremien sollen sie bestimmend mitgestalten. 279

Bei Kapitalgesellschaften bzw. Unternehmensgruppen über 2.000 Mitarbeiter (§ 1 MitbestG) sind hingegen die Hälfte der Sitze im Aufsichtsrat mit Arbeitnehmervertretern zu besetzen. 280

Das **Wahlverfahren** für die Vertreter der Arbeitnehmer ist in Wahlordnungen (WO) geregelt, es ist für die Betriebe kompliziert und aufwändig. Deswegen sind die Wahl und ihre Vorbereitung möglichst sach- und rechtskundig zu begleiten. Nur so sind Fehler und damit Anfechtungsgründe auszuschließen. Es ist auch sehr sinnvoll, darauf zu drängen, dass alle Kandidaten, auch die der Gewerkschaften, je ein Ersatzmitglied als Nachrücker wählen lassen. Oft kommt es zu Versetzungen oder anderen Anlässen, die eine Nachfolge erforderlich machen. Eine gerichtliche Bestellung kann Diskussionen in der entsendenden Gruppe auslösen, die bis zur wiederum aufwändigen Nachwahl führen können (vgl. § 104 AktG). 281

In paritätisch mitbestimmten Unternehmen entsenden die **Anteilseigner** und die **Arbeitnehmer** jeweils die **Hälfte** der Aufsichtsratsmitglieder. Die Anzahl der Sitze im Auf- 282

[127] Zum politischen Streik umfassend *Krichel* NZA 1987, 297 ff.

[128] Zum Boykott vgl. LAG Berlin-Brandenburg BeckRS 2010, 68201 und zum Sympathiestreik BAG NZA 2007, 1055.

sichtsrat richtet sich nach der Größe des Unternehmens (§ 7 MitbestG). Die Vertretung der Arbeitnehmer setzt sich zusammen aus Mitarbeitern des Unternehmens und den Beauftragten der im Unternehmen vertretenen Gewerkschaften (§ 7 Abs. 2 MitbestG). Die Arbeitnehmervertreter werden in Gesellschaften mit über 8000 Mitarbeitern grundsätzlich über Delegierte aus den Betrieben gewählt; in kleineren Gesellschaften wird grundsätzlich direkt gewählt (§ 9 Abs. 1 und Abs. 2 MitbestG). Die Wahl über Delegierte schafft besonderen Interessengruppen die Möglichkeit einer gezielteren Einflussnahme.

283 Nach ihrer Wahl rücken die **Arbeitnehmervertreter** als gleichberechtigte Mitglieder in den Aufsichtsrat ein. Sie genießen einen besonderen Schutz in der Wahrnehmung dieser Aufgabe, sie dürfen in ihrer beruflichen Entwicklung auch nicht benachteiligt werden (§ 26 MitbestG). Die Amtszeit ist für alle Mitglieder des Gremiums gleich. Der Vorsitzende des Aufsichtsrats und sein Stellvertreter werden mit Zweidrittelmehrheit im Gremium gewählt (§ 27 Abs. 1 MitbestG). Wird diese Mehrheit nicht erreicht, wählen in einem zweiten Wahlgang die Vertreter der Anteilseigner den Vorsitzenden, die der Arbeitnehmer den Stellvertreter (§ 27 Abs. 2 MitbestG). Die Position des Stellvertreters nimmt häufig der Vorsitzende des Gesamt- oder Konzernbetriebsrats ein, es sei denn, ein Gewerkschaftsvertreter kann sich in der Wahl durchsetzen.

284 Beschlüsse im Aufsichtsrat bedürfen einer **Mehrheit** (§ 29 Abs. 1 MitbestG). Kommt sie nicht zustande, kommt es zur Pattsituation. Sie kann in einer zweiten Abstimmung durch die Zweitstimme, die sog. casting vote des Vorsitzenden aufgelöst werden (§ 29 Abs. 2 MitbestG).

## 2. Arbeitsdirektor

285 Eine weitere Vorgabe des **Mitbestimmungsgesetzes** soll sicherstellen, dass die Interessen der Arbeitnehmer durch einen eigens dafür Beauftragten in den Entscheidungen der Unternehmensleitung in angemessener Weise berücksichtigt werden. Dafür ist ein Arbeitsdirektor als **gleichberechtigtes Mitglied in den Vorstand bzw. die Geschäftsführung** aufzunehmen (§ 33 Abs. 1 MitbestG). Er ist zuständig für das Aufgabengebiet Personal- und Sozialwesen.[129] Er hat die gleichen Rechte und Pflichten, auch die Verantwortung, wie die anderen Organmitglieder (§ 33 Abs. 2 MitbestG). Die Besonderheit des Arbeitsdirektors liegt darin, dass seine Bestellung und seine Aufgabe im Gesetz vorgesehen bzw. benannt werden. Wie die anderen Organmitglieder hat er „im engsten Einvernehmen mit dem Gesamtorgan" zu handeln, im Rahmen der **Geschäftsordnung.** Da die Aufgabe des Arbeitsdirektors im Gesetz nicht weiter definiert wird, gab es zunächst Meinungsdifferenzen über dessen sog. „Kernbereich".[130] Dabei ging es im Wesentlichen um die Frage, ob die Betreuung der Führungskräfte notwendig zu diesem Ressort gehört. In den Unternehmen wurde diese Frage pragmatisch gelöst. Sie wird heute kaum noch gestellt.

286 **Andere Aufgaben** kann der Arbeitsdirektor auch übernehmen. Wichtig ist, dass er die Verantwortung für das Personal- und Sozialwesen voll und vordringlich wahrnimmt.

287 Die **Qualifikationsanforderungen** an den Arbeitsdirektor sind dieselben wie für den personal- und sozialverantwortlichen Vorstand nicht mitbestimmter Gesellschaften. Allerdings sollte ein Arbeitsdirektor nicht nur das Vertrauen der Mitarbeiter, sondern auch dasjenige ihrer Vertreter im Aufsichtsrat haben oder gewinnen. Die Hauptanforderung an den Arbeitsdirektor ist: Bestellung und nachfolgender Einsatz müssen dem Unternehmensinteresse gerecht werden.

288 Die **Bestellung** des Arbeitsdirektors braucht im Aufsichtsrat keine qualifizierte Mehrheit.[131] Sie kann auch gegen das Votum der Arbeitnehmervertreter durchgesetzt werden. Allerdings wäre das für den so bestellten Arbeitsdirektor ein „hartes Brot". Der Aufsichts-

---

[129] MüKoAktG/*Annuß* MitbestG § 33 Rn. 29.
[130] Zu diesem Kernbereich MüKoAktG/*Annuß*MitbestG § 33 Rn. 24.
[131] MüKoAktG/*Annuß* MitbestG § 33 Rn. 6.

ratsvorsitzende bzw. der Personalausschuss werden sich in einer solchen Lage besonders überzeugende Argumente oder Kompromisse einfallen lassen, um einen so problembeladenen Einstieg zu vermeiden.

Bei der inzwischen allseits anerkannten hohen Wertigkeit der Personalaufgabe und der 289 Sorge für Mensch und Arbeit im Betrieb, kommen für diese Aufgabe nicht mehr nur verdiente Mitarbeiter in Betracht. Die heute vorgeschlagenen Kandidaten – egal von welcher Seite – zeichnen sich aus durch ein qualifiziertes Anforderungsprofil mit entsprechender Erfahrung.

Ein Arbeitsdirektor kann nicht aktives Mitglied oder Amtsinhaber bei einer **Gewerk-** 290 **schaft** sein.[132] Ein gewerkschaftsverbundener Arbeitsdirektor wird von den Arbeitgeberverbänden durch Satzung von der Teilnahme an ihren Gremien ausgeschlossen (Prinzip der Gegnerfreiheit).

Umfasst eine **Unternehmensgruppe** mehrere mitbestimmte Gesellschaften, so sind die 291 Arbeitsfelder der Organmitglieder – auch des Arbeitsdirektors – auf ihre Gesellschaft ausgerichtet. Auch im Personal- und Sozialwesen sind dann die Aufgaben entsprechend den unterschiedlichen Bedürfnissen der Gesellschaften, ihrem Umfeld etc. zu differenzieren.

Bilden mehrere paritätisch mitbestimmte Gesellschaften einen **Konzern** (§ 5 Abs. 1 292 MitbestG), so richten sich die Arbeitsaufgaben – auch die des Arbeitsdirektors – nach der Geschäftsordnung. Ist die Obergesellschaft als Holding ausgebildet, so ist, von der Mitarbeiterzahl unabhängig, ein Arbeitsdirektor zu bestellen.[133] Er ist dann aber nicht „Ober-Arbeitsdirektor" mit Vorgesetztenfunktion für die übrigen Arbeitsdirektoren, auch nicht Beschwerdeinstanz. Sein Wort wird im Kollegenkreis aber kaum überhört werden.

Im **Vertragskonzern** kann der Arbeitsdirektor, im Rahmen des Gesamtorgans, auf die 293 Untergesellschaften einwirken. Nur auf diese Weise kann die „Leitung der Gesellschaft" Weisungen für ihre Arbeit erhalten, egal für welches Ressort. So können Rahmenbedingungen, Konzern-Einrichtungen und -ziele vorgegeben werden. Das sind für das Personal- und Sozialwesen zB Versorgungssysteme, Personalplanung und -entwicklung, Arbeits- und Umweltschutz, Führungsrichtlinien etc. Die beteiligten Arbeitsdirektoren werden die Feinarbeiten an solchen Vorgaben unter sich abzustimmen haben.

## II. Beteiligungsrechte der Anteilseigner

§ 32 MitbestG soll die Anteilseigner mitbestimmter Kapitalgesellschaften in wesentlichen 294 Beteiligungsrechten schützen. Die **Beteiligung** muss nicht als Konzern ausgeprägt sein; allerdings wird eine Mindestbeteiligung von 25% vorausgesetzt (§ 32 Abs. 2 MitbestG). Der Schutz besteht darin, dass eine Überparität verhindert wird, die durch Kumulation des Einflusses der Arbeitnehmervertreter in den Gesellschaften entstehen könnte. Es wäre sonst denkbar, dass durch Weisungen der Obergesellschaft an die abhängigen Beteiligungsgesellschaften die Grenzen des Mitbestimmungsrechts überschritten würden. Diesen besonderen Schutz räumt das Gesetz aber nur bei besonderen, grundsätzlichen **Strukturmaßnahmen** ein (§ 32 Abs. 1 MitbestG). Die Anteilseigner fassen die Beschlüsse in diesen Materien ohne die Mitwirkung der Vertreter der Arbeitnehmer. Ob diese damit vom Sitzungsablauf ausgeschlossen sind, erscheint mehr als eine Stilfrage in der Zusammenarbeit beider Gruppen. Materie, Ablauf und Wirkung dieser Beschlüsse sind verbindlich festgelegt, die Präsenz Unbeteiligter kann allenfalls atmosphärisch stören. Die Handlungsmacht der ohne diese Ausnahmeregelung zuständigen Organe der Gesellschaft ist in diesen Materien eingeschränkt. Sie sind verpflichtet, die Beschlüsse umzusetzen, sowohl im Innen- wie im Außenverhältnis.

[132] Habersack/Henssler/*Henssler* MitbestG § 33 Rn. 13 mwN.
[133] MüKoAktG/*Annuß* MitbestG § 33 Rn. 10 mwN.

## III. Europäische Aktiengesellschaft – Societas Europaea (SE)

295 Ende 2004 trat nach mehr als 40-jähriger Vorarbeit das Gesetz zur Einführung der Europäischen Gesellschaft, der **Societas Europaea (SE),** in Kraft. Art. 2 dieses Gesetzes regelt die Arbeitnehmerbeteiligung in der SE, die im Gesetz über die Beteiligung der Arbeitnehmer in einer Europäischen Gesellschaft (SE-Beteiligungsgesetz – SEBG) ausgestaltet wurde.

296 Das **Verwaltungs- bzw. Leitungsorgan** der SE besteht bei einem Grundkapital von mehr als 3 Mio. Euro aus mindestens zwei Personen (§ 16 SEAG). Eine davon ist zuständig „für den Bereich Arbeit und Soziales" (§ 38 Abs. 2 SEBG). Das entspricht der Aufgabe des Arbeitsdirektors nach deutschem Mitbestimmungsrecht.[134]

297 Die **betriebliche Mitbestimmung** der Arbeitnehmer in der SE ist in einer von dem Leitungsorgan und einem besonderen Verhandlungsgremium (Arbeitnehmervertretung aller beteiligten Gesellschaften) ausgehandelten Vereinbarung festzulegen. Ihr Mindestinhalt und der Ablauf des Verhandlungsverfahrens werden im SEBG geregelt. In sechs, aber höchstens zwölf Monaten sollen die Verhandlungsparteien eine Vereinbarung erarbeiten, die Art und Weise der Mitbestimmung der Arbeitnehmer festschreibt (§ 20 SEBG). Enden die Verhandlungen ergebnislos oder werden sie abgebrochen, tritt anstelle der Verhandlungslösung die gesetzliche Vorgabe; danach wird die betriebliche Mitbestimmung von einem „SE-Betriebsrat kraft Gesetzes" wahrgenommen (§ 16 SEBG). Dessen Kompetenzen entsprechen dann denjenigen eines Europäischen Betriebsrats nach dem EBRG, wenn dessen Anwendungsbereich eröffnet ist.[135] Die Mitbestimmungsrechte des Betriebsrats nach dem BetrVG bleiben dabei selbstverständlich unberührt.

298 In gleicher Weise wird die unternehmerische Mitbestimmung durch eine **Vereinbarung** zwischen dem Leitungsorgan und dem besonderen Verhandlungsgremium oder – bei deren Scheitern – durch eine gesetzliche Auffangregelung festgelegt. Das gesetzliche **Auffangmodell** überträgt das bei den Gründungsgesellschaften vorherrschende höchste Mitbestimmungsniveau auf die SE – und „konserviert" es für die Zukunft (§ 35 SEBG). Sofern beispielsweise auf keine der Gründungsgesellschaften der SE das DrittelbG oder das MitbestG anwendbar ist, gilt es auch nicht für die SE, selbst wenn diese zu einem späteren Zeitpunkt die maßgeblichen Schwellenwerte (500 bzw. 2000 Mitarbeiter) überschreitet.

299 Inzwischen haben sich zahlreiche Muttergesellschaften internationaler Großkonzerne (zB Allianz SE, BASF SE, etc), aber auch viele mittelständische Unternehmen für die Rechtsform der SE entschieden. Dies liegt neben dem damit erstrebten **Imagegewinn** und einem **„Bekenntnis zu Europa"** zu einem erheblichen Teil an der Möglichkeit, die unternehmerische Mitbestimmung der Arbeitnehmer in den Leitungsorganen flexibler zu gestalten. Derzeit sind etwa 400 Europäische Aktiengesellschaften (Stand: 1.7.2020) im deutschen Handelsregister eingetragen. Die Betriebsräte deutscher Mutter- und Tochtergesellschaften beanspruchen – neben ihren selbstverständlichen Rechten nach dem BetrVG – auch ihre Mitwirkung im Leitungsgremium. Auch die Gewerkschaften fordern dabei ihre Position ein, nachdem der SE von dieser Seite aufgrund des genannten **„Zementierungseffekts"** eine „aggressive Mitbestimmungsfeindlichkeit" und „Umgehungsoffenheit für die deutsche Mitbestimmung" nachgesagt wird. Dem Vormarsch der SE wird dies indes keinen Abbruch tun.

---

[134] Zweifelnd MüKoAktG/*Jacobs* SEBG § 38 Rn. 3 mwN.
[135] MüKoAktG/*Jacobs* SEBG § 16 Rn. 4; *Oetker* BB-Special 1/2005, 10.

## H. Gesamtregelungen im Unternehmen

Gesamtregelungen sind im Allgemeinen in **Betriebsvereinbarungen** mit dem örtlichen oder dem Gesamtbetriebsrat niedergelegt. Dies ist nicht nur wichtig wegen des Mitwirkungsrechts nach dem Betriebsverfassungsgesetz. Die Betriebsräte haben sich auch aktiv an der Durchsetzung dieser Ordnungen zu beteiligen. Die leitenden Angestellten sind gehalten, diese Ordnungen anzuerkennen, sie vorzuleben bzw. durchzusetzen. 300

### I. Arbeitsordnung

Die Arbeitsordnung ist die umfassende **„Hausordnung" im Unternehmen.** Sie regelt Verhalten und Abläufe, sie begründet eine Vielzahl von Rechten und Pflichten, sowohl für Mitarbeiter, Arbeitsgruppen, Vorgesetzte, Betrieb und Unternehmen. Ist sie entsprechend ausgearbeitet, legt sie das Grundmuster für die Art, wie der Betrieb laufen und geführt werden soll, fest. Damit ist nicht die Disziplinierung Einzelner gemeint, sondern die Vorgabe für das umsichtige und respektvolle Miteinander im Betrieb. 301

Ein Exemplar der Arbeitsordnung wird allen Mitarbeitern beim Arbeitsantritt zur Verfügung gestellt mit der Bitte, sich daran zu halten. Führungskräfte sollten diese Aufforderung besonders beherzigen. Sie sollten Vorbild sein und sich nicht durch Mitarbeiter oder Betriebsräte in schwieriger Situation aufklären lassen müssen. 302

**Betriebsbußen** sind noch in alten Arbeitsordnungen geregelt. Im modernen Unternehmen sollte eine gute Führung diese einfache Disziplinierung durch zielgerichtete Maßnahmen ersetzen. 303

### II. Arbeitszeit

Die vorgesehene Arbeitszeit abzuleisten ist die Hauptpflicht des Arbeitnehmers. Deshalb ist sie besonders sorgfältig zu regeln und einzusetzen. Der **Umfang** der Arbeitszeit ist meist in den Tarifen verabredet. Spezialgesetze bestimmen das tägliche Maximum (zehn Stunden), die Pausen, Nachtarbeit etc. und regeln den Schutz besonderer Personengruppen (zB das ArbZG). Wie detailliert die einzelnen Regelungen auch ausgearbeitet sein mögen, sie sind der Gefahr eines Missbrauchs unterworfen. Auch Nachlässigkeit reicht aus, um bei den disponierenden Vorgesetzten und den mitarbeitenden Kollegen Unmut zu erzeugen. Das führt oft zu notwendigen, wenngleich ärgerlichen Auseinandersetzungen bis hin zu Disziplinarmaßnahmen bzw. Kündigungen. 304

Man sollte aber immer vor Augen haben, dass alle **Arbeitszeitregelungen** und deren Kontrolle nur einen Rahmen bestimmen können. Entscheidend ist die Art und Weise, wie diese Zeiten genutzt werden, um Ergebnisse zu erzielen. Dies wird wesentlich bestimmt vom Leistungswillen der Mitarbeiter und ihrer Motivation durch gute Führung und bestärkt die Tendenzen moderner Unternehmen, flexible Arbeitszeitmodelle wie Gleit- oder Vertrauensarbeitszeit sowie flexible Arbeitsmethoden wie mobiles Arbeiten oder Homeoffice einzuführen. 305

Verlorene Arbeitszeit ist teuer; sie multipliziert sich oft mit der Zeit anderer. Dazu kommt der Verlust an Aufwand und Energie – materiell wie immateriell. Arbeitszeit zu optimieren – **Zeitmanagement** – gehört zu den wichtigsten Aufgaben aller im Unternehmen – in aufsteigender Reihe mit zunehmender Wertigkeit. 306

Mehrarbeit kann durch sinnvolle und **flexible Arbeitszeitregelungen** verringert werden. Viele Tarifverträge bieten inzwischen Öffnungsklauseln an, die zum Vorteil für Betrieb und Mitarbeiter in Lösungen umgesetzt werden können, die sich am Arbeitsanfall orientieren. Überall gibt es bereitwillige Mitarbeiter und gütige Vorgesetzte, die gern Überstunden machen bzw. gewähren. Sie sind dann eine Lohnergänzung zum Nachteil 307 anderer, sie sind auch kein Ersatz für ein Hobby, oder gar Strafe für Fehlverhalten. Auch Freiwilligkeit ändert nichts an der notwendigen Zustimmung des Betriebsrats, der meist ein sehr scharfes Auge auf die Anordnung – auch notwendiger – Überstunden wirft.

308 **Nebentätigkeiten** sollten als meldepflichtig im Arbeitsvertrag verabredet werden.[136] Sie sind zulässig, soweit sie mit den Anforderungen des Arbeitsplatzes und den Gesetzen vereinbar sind (Arbeitszeitgesetz, tägliches Maximum etc). Genehmigungspflichtig sollten sie in besonders wichtigen oder kritischen Positionen sein (Wettbewerbsabgrenzung, etc).

309 Die **Lage der Arbeitszeit** und der **Pausen** sind in jedem Betrieb nach den Erfordernissen auszurichten. So kann es auch innerhalb eines Betriebsstandorts zu mehreren unterschiedlichen Vereinbarungen über Arbeitszeiten, aber auch der Einführung von Vertrauensarbeitszeit oder sonstigen flexiblen Arbeitszeitmodellen kommen. Vertrauen ist eine der besten Grundlagen für die Einhaltung und Erfüllung von Arbeitszeit, nach dem Motto: Vertrauen verpflichtet. Nach diesem Anspruch haben viele Betriebe eine sog. „Vertrauensarbeitszeit“[137] eingerichtet. Das spornt an und erspart viel Ärger im Betrieb und gegenüber Kollegen.

310 Viele Arbeitsplätze im Außendienst, bei Kraftfahrern, auch Homeoffice Tätigkeiten werden eher durch das Ergebnis als durch die Uhr in ihrem **Zeitaufwand** gestaltet. Allerdings müssen auch diese Mitarbeiter darauf verpflichtet werden, zum eigenen Schutz die Pausenzeiten etc. zu beachten und – im Rahmen des § 16 Abs. 2 ArbZG – zu dokumentieren.

311 So genannte **„Gleitzeitregelungen“** geben den Mitarbeitern ein großes Maß eigener Dispositionsfreiheit über Beginn und Ende ihrer täglichen Arbeitszeit. Allerdings wird auch in vielen Varianten festgelegt, wie der Betrieb außerhalb der verbindlichen Kernarbeitszeit abzulaufen hat. Ebenso vielfältig sind die Bestimmungen über Zeiterfassung, Zeitkonten, Übertragbarkeit etc. Die Attraktivität dieser Modelle leidet darunter, dass viele Verabredungen und Kompromisse nötig sind, um effektiv arbeiten zu können.

312 Das „Flexi-Gesetz“ von 1998[138] ermöglichte weitere Formen der **Flexibilisierung.** Umfassend reformiert wurden die Regelungen zu **Zeitwertkonten** durch das Gesetz zur Verbesserung der Rahmenbedingungen für die Absicherung flexibler Arbeitszeitregelungen („Flexi II“), das Anfang 2009 in Kraft getreten ist. So können jetzt über ein Langzeitkonto Verteilzeiträume bis hin zur Lebensarbeit eingerichtet werden. Das geht weit über die bislang meist kurzfristig gestalteten Zyklen der Zeitabnahmen hinaus. Auch die Regelungen, die sich auf saisonale oder ähnliche Bedürfnisse beziehen, und die sog. „kapazitätsorientierte Arbeitszeit“ können so noch attraktiver gestaltet werden – für die Betriebe wie für die Mitarbeiter. So können über das sog. Langzeitkonto Bildungsmaßnahmen ermöglicht oder das vorzeitige Ende der Lebensarbeitszeit vorbereitet werden. Nach einer Studie der Gothaer Lebensversicherungen werden in 21,1 % der Unternehmen mit mehr als 20 Beschäftigten Zeitwertkonten verwendet.[139]

313 **Teilzeitarbeit** ist in ihren vielfältigen Möglichkeiten noch lange nicht ausgeschöpft. Vorurteile und Bedenken haben bislang verhindert, diese Arbeitsform zum Vorteil für Arbeitgeber und -nehmer einzusetzen. Dabei wollen immer mehr Menschen, auch mit hoher Qualifikation, aus unterschiedlichen Gründen einen Teilzeitjob. Nicht alle beschränken dies auf den Vormittag. Manche betriebliche Aufgabe ließe sich auch in weniger Arbeitsstunden bewältigen, wenn man die Abläufe entsprechend organisieren würde. Vorgesetzte müssten solche Optimierungsmöglichkeiten erkennen (wollen). Präsenznotwendigkeit über den Normalarbeitstag hinaus, zB Telefondienste, können mit Teilzeitkräften bewältigt werden. Selbst die immer wieder zitierte Personalstatistik braucht nicht aufge-

---

[136] Eingehend, auch zur Frage, ob ein Zustimmungsvorbehalt vereinbart werden kann *Röller/Seidel/Schlegel* in Küttner Personalbuch 2020 Nebentätigkeit Rn. 1 ff.

[137] Zu den rechtlichen Implikationen der Vertrauensarbeitszeit vgl. *Vogelsang* in Schaub ArbR-HdB § 160 Rn. 33.

[138] Überblick bei *Diller* NZA 1998, 792 ff.

[139] Dazu *Cisch/Ulbricht* BB 2009, 550 ff.

bläht zu werden, wenn die Teilzeit entsprechend ausgewiesen wird. In der langfristigen Personalplanung wird die schrumpfende Zahl der Erwerbsbevölkerung dazu zwingen, die vielfältigen Teilzeitvarianten auszuschöpfen. Das kann man schon jetzt vorbereiten und einüben.

Das im Jahre 2000 erlassene **Teilzeit- und Befristungsgesetz** (TzBfG) soll die Ein- 314
richtung von Arbeitsplätzen in Teilzeit fördern. Darin wird einem Mitarbeiter unter anderem ein Anspruch auf „Verringerung seiner Arbeitszeit", dh Teilzeitarbeit, eingeräumt, auch den Arbeitnehmern in „leitenden Positionen" (§ 8 Abs. 1 TzBfG). Dieser Forderung kann aus betrieblichen Gründen widersprochen werden (§ 8 Abs. 4 TzBfG). Das mag den Anspruch ausräumen, aber nicht den zukünftigen Unwillen dieses Mitarbeiters. Seit dem Jahr 2019 können Arbeitnehmer einen solchen Antrag auf Herabsetzung der Arbeitszeit auch nur für einen begrenzten Zeitraum stellen (vgl. § 9a TzBfG, Brückenteilzeit).

**Schichtarbeit** wird in den Betrieben nach technischen Bedürfnissen eingerichtet. Viele 315
tarifliche Regeln ergänzen die gesetzlichen Mindestanforderungen. Die technischen Anforderungen sind der Gesundheit und dem Wohl der Mitarbeiter anzupassen. Diese vielfältigen Bedingungen können in einem großen Bewegungsspielraum gestaltet werden. Sind die Schichtpläne aber festgelegt und vereinbart, so ergibt sich ein strenger Ablauf. Dieser wird von den Mitarbeitern untereinander genauso streng verfolgt wie vom Schichtmeister. Das gilt vor allem für Beginn und Ende der Schicht und der dabei erforderlichen Pünktlichkeit für die Übergabe der Arbeit bzw. der Anlage.

**Befristete Arbeitsverträge** helfen, einen nicht vorhergesehenen oder vorübergehen- 316
den Arbeitsanfall zu bewältigen. Liegt ein stichhaltiger sachlicher Grund des Arbeitgebers für eine befristete Beschäftigung vor, so können solche Verträge auch verlängert bzw. wiederholt abgeschlossen werden (§ 14 Abs. 1 TzBfG). Grundlose Verlängerungen, sog. **Kettenverträge,** sind nicht statthaft, dh sie führen dann in ein unbefristetes Arbeitsverhältnis mit Bestandsschutz (§ 14 Abs. 2 TzBfG). Vielfach wird die Befristung auch eingesetzt, um eine längere, über die übliche Probezeit hinausgehende Beobachtungszeit bei einer Neueinstellung zu haben. Das kann sinnvoll sein. Es ist aber, gerade für einen qualifizierten Bewerber, nur eine zweitbeste Lösung – er wird sich entsprechend verhalten.

**Kurzarbeit** kann einen vorübergehenden Auftrags- bzw. Arbeitsmangel überbrücken 317
und dient in Krisenzeiten, wie die Finanz- und Bankenkrise und zuletzt die Corona-Pandemie unter Beweis gestellt haben, als Rettungspuffer. Sämtliche Möglichkeiten, eine Kurzarbeit abzuwenden, müssen vorab erschöpft sein. Die Regelungen hierzu finden sich im Sozialgesetzbuch III (§§ 95 ff. SGB III) sowie in Tarifverträgen, aber auch in Betriebsvereinbarungen. Diese Maßnahme ist sehr sorgfältig vorzubereiten und zu begründen, nicht nur für die Verhandlungen mit dem Betriebsrat, sondern auch für die Anzeige bei der Agentur für Arbeit (§ 99 Abs. 1 SGB III). Diese Anzeige ist Voraussetzung dafür, dass die betroffenen Mitarbeiter Kurzarbeitergeld beziehen können. Der Anspruch auf den betrieblichen (Voll-)Lohn ruht solange.

Sofern leitende Angestellte im Sinne des Betriebsverfassungsgesetzes von Kurzarbeit be- 318
troffen sind, gelten die individuellen Verträge oder entsprechende Verabredungen.

## III. Arbeit Dritter

Zusätzliche Arbeitszeit mit besonderen Leistungen kann von dritten Anbietern übernom- 319
men werden. Dies geschieht vor allem durch **Leiharbeit** oder **Werkverträge.** Sie werden hier erwähnt, weil aus diesen Vertragsverhältnissen direkte Anstellungsverhältnisse als Mitarbeiter des Auftraggebers entstehen können (§ 10 Abs. 1 AÜG). Um das zu vermeiden, sind die Verträge formgerecht und zweckorientiert zu gestalten. Noch wichtiger ist es, beim Arbeitseinsatz der Mitarbeiter von Fremdfirmen darauf zu achten, dass dieser Wech-

sel des Arbeitsverhältnisses nicht eintritt.[140] Der „Leiharbeiter" kann schadlos in der Betriebsorganisation eingegliedert werden, um die verabredeten Aufgaben zu erfüllen. Es ist ratsam, sich nur mit einem soliden und seriösen Anbieter von Leiharbeit zu verbinden. Bei dauerhafter Zusammenarbeit wird er sich auf die besonderen Anforderungen seines Partners einstellen. Heute wird nicht nur einfaches, sondern auch hochqualifiziertes Personal angeboten, so dass eine gute Kenntnis des Unternehmens den Service verbessert. Das Angebot einer kompletten Service- oder Arbeitsgruppe, mit eigener Organisation, ist meist auf eine definierte Aufgabenerledigung ausgerichtet und damit als Werkvertrag zu betrachten.

320 Der Mitarbeiter einer **Fremdfirma,** die ein „Werk" zu erstellen hat, darf nicht aus seiner allein weisungsberechtigten **Firmenorganisation** ausgeklammert werden. Er unterliegt natürlich den Hausregeln für Sicherheit und Ordnung des Auftraggebers.

321 **Berater** erbringen Dienstleistungen, die der Betrieb nicht selbst erbringen kann oder will. Eine zu intensive Verbindung bzw. Auslastung sollten vermieden werden. Sonst wird alsbald die sog. „Scheinselbstständigkeit" vermutet und damit ein direktes und vor allem voll sozialversicherungs- und Lohnsteuerpflichtiges Arbeitsverhältnis begründet.[141] Gleiches gilt für ähnliche Dienstleistungen durch Referenten.

## IV. Urlaub

322 Im Urlaub ist die Arbeitspflicht des Arbeitnehmers auf Zeit ausgesetzt. Er soll sich entspannen und erholen von vollbrachter Anstrengung und er soll sich **regenerieren** für künftige Anforderungen (§ 1 BUrlG). Insoweit ist Urlaub nicht frei von der Pflicht aus dem Arbeitsverhältnis. Die Vergütung läuft weiter, andere Erwerbsarbeit ist grundsätzlich nicht statthaft.

323 Der Anspruch auf einen – möglichst zusammenhängenden – Urlaub ergibt sich aus dem **Bundesurlaubsgesetz** als Mindestregelung, dazu kommen Zusatzregelungen aus anderen Gesetzen. Erheblich umfangreichere Ansprüche ergeben sich aus Tarif- und Individualverträgen.

324 Ein zusätzliches **Urlaubsgeld** kann sich ebenfalls aus Tarif- und Einzelverträgen ergeben.

325 Als Urlaubsjahr ist das **Kalenderjahr** bestimmt. Die Aufbrauchfrist bis zum 31.3. sollte ganz besonderen Fällen vorbehalten bleiben (§ 7 Abs. 3 BUrlG). Der so erweiterte Anspruch macht die Abnahme im Folgejahr noch schwieriger, zumal diese Schwierigkeiten meist in denselben Bereichen und bei denselben Mitarbeitern auftreten.

326 Der Ausweg in Form einer **Urlaubsabgeltung** ist weder sinnvoll noch zulässig – außer bei Ende des Arbeitsvertrags (vgl. § 7 Abs. 4 BUrlG).

327 Urlaub sollte von anderen Freizeiten aus Arbeitszeitregelungen systematisch getrennt gehalten werden, auch wenn sich daraus vorteilhafte Kumulationen ergeben. Nach verschiedenen betrieblichen und tariflichen **Regelungen** ist das zwar möglich, aber bei Streitigkeiten ist es wichtig zu wissen, welcher Anspruch wie begründet ist, um ihn sachgerecht zu behandeln.

## V. Vergütung

### 1. Tarifliche/betriebliche Entgeltsysteme

328 Die Vergütung des Arbeitnehmers für die abgeleistete Arbeitszeit ist die **Hauptpflicht** des Arbeitgebers.

[140] Hierzu etwa BAG NZA 2017, 49ff.
[141] Vgl. etwa LAG Baden-Württemberg NZA 2013, 1017.

Bei **Insolvenz** des Arbeitgebers ist der Vergütungsanspruch besonders geschützt. Arbeitnehmer haben einen Anspruch auf Insolvenzgeld (§ 165 SGB III). Dadurch werden im Wesentlichen die Nettobezüge der letzten drei Monate vor dem Insolvenzereignis gesichert. Er richtet sich gegen die Bundesagentur für Arbeit. Durch eine Umlage werden die so entstandenen Ausgaben auf die anderen Arbeitgeber umgeschichtet (Umlage U3, vgl. §§ 358 ff. SGB III). 329

Arbeitslohn ist grundsätzlich **Zeitlohn.** Um ein Ergebnis zu erzielen, muss der Arbeitgeber entsprechende Weisungen und Instruktionen geben, der Arbeitnehmer soll seine Kenntnisse, Erfahrungen und seinen Arbeitseifer dafür einsetzen. 330

Wird der Lohn am zählbaren Ergebnis der Arbeit gemessen, so handelt es sich um einen **Stück- oder Akkordlohn.** Im produzierenden Bereich ist diese Lohnform eher rückläufig. Die manuelle Arbeit, der persönliche Einsatz bestimmen immer weniger den Arbeitserfolg. Vielmehr wird der steuernde und kontrollierende Einsatz an hochtechnischen Maschinen bzw. in komplexen Abläufen gefordert. 331

Im Vertriebsbereich wird häufig mit zusätzlichen **Verkaufsprämien** ein besonderer Anreiz gesetzt. Gleiches gilt für eine Vielzahl sog. „Incentives", die in verschiedensten Formen die Vertriebsleistungen von Einzelnen oder Teams honorieren. 332

Der Anspruch auf **„Lohngerechtigkeit"** – gleicher Lohn für gleichwertige Arbeit – wird in den Unternehmen unterschiedlich, entweder im freien oder systematischen Verfahren umgesetzt. In allen Fällen ist das ein Feld, für das sich die Betriebsräte besonders intensiv interessieren (vgl. § 87 Abs. 1 Nr. 10 BetrVG). Dabei können sie ihre umfangreiche Kenntnis des Betriebs und seiner Abläufe hilfreich einsetzen. 333

Mitarbeiter haben ein feines Gespür für die Vergleichbarkeit ihrer Arbeitsaufgabe mit der anderer, besonders der des Nachbarn. Die Toleranzschwelle für eine unterschiedliche Entlohnung gegenüber diesem – vergleichbaren – Nachbarn liegt sehr niedrig. Akzeptiert wird ein Unterschied gegenüber Vorgesetzten, auch Mitarbeitern, die anerkannt fähig und erfahren sind. 334

Das Gesetz zur Förderung der Transparenz von Entgeltstrukturen (Entgelttransparenzgesetz), das seit dem 6.7.2017 in Kraft ist, stellt dem Arbeitnehmer hier einen flankierenden Transparenzanspruch zur Seite. Ziel ist es, das Prinzip „Gleicher Lohn für gleiche oder gleichwertige Arbeit" in der Praxis stärker durchzusetzen. Arbeitgeber mit mehr als 200 Beschäftigten müssen ihren Mitarbeitern auf Anfrage erläutern, nach welchen Kriterien sie wie bezahlt werde, Arbeitgeber mit mehr als 500 Beschäftigten sind aufgefordert, regelmäßig ihre Entgeltstrukturen auf die Einhaltung der Entgeltgleichheit zu überprüfen und müssen zudem regelmäßig über den Stand der Gleichstellung und der Entgeltgleichheit berichten. Die allgemein vereinbarte **Verschwiegenheitspflicht** über das Einkommen – nicht die Tarifeinstufung – kann den kollegialen Austausch in dieser Frage auch und gerade deshalb nicht verhindern.[142] Dies gilt im Zweifel für alle Hierarchiestufen. Deshalb ist es wichtig, dass sich Vorgesetzter und Personalabteilung nicht nur an einer eigenen Vorstellung zur Entgeltfestlegung orientieren, sondern sorgfältig analysieren und vergleichen, nach innen und außen. Mitarbeiter tun das auch. 335

Mit **Stellenbeschreibungen** wird oft versucht, die Vergleichbarkeit der Stellen zu objektivieren. Je analytischer und präziser diese Systeme sein sollen, umso aufwändiger werden sie. Dabei ist es mit einer einmaligen Erfassung nicht getan. Im aktiven Unternehmen ändert sich immer wieder etwas. Das bedeutet, dass ein System nicht nur erstellt werden muss, sondern ständig zu pflegen ist. Diese Aufgabe erfordert ausgebildete Spezialisten im dauerhaften Einsatz. 336

Eine **Aufgabenbewertung** kann die so erfassten Stellen einem Entgelt zuordnen. Von vielen anerkannten Institutionen werden solche Systeme angeboten, mit entsprechender Mithilfe oder Schulung für den Einsatz im Betrieb oder im ganzen Unternehmen. Auch 337

[142] Zur rechtlichen Dimension *Kania/Seidel/Schlegel* in Küttner Personalbuch 2020 Verschwiegenheitspflicht Rn. 8.

hier gilt, je höher die Erwartung bzw. Forderung an das System ist, umso höher ist der Aufwand. Der Erfolg solcher Systeme hängt davon ab, wie gut sie eingeführt und gepflegt werden. Ein wichtiges Korrektiv liegt in der Erfahrung des Betreuers. Auch diese Systeme sind Fehlern und dem Missbrauch ausgesetzt. Der Vorwurf ist nicht selten, dass mit den vielen „objektiven" Komponenten eines Systems ein „subjektives" Ergebnis manipuliert wird.

338 Die allgemeine Veränderung des Entgelts durch **Tarifvertrag** gilt für die Tarifpartner unmittelbar. Die nicht organisierten Mitarbeiter sind im Allgemeinen in ihrem Anstellungsvertrag gleichgestellt.

## 2. Zusatzvergütungen

339 Mit – freiwilligen – persönlichen **Zulagen** über das Tarifentgelt hinaus können die besonderen Leistungen oder andere persönliche Merkmale honoriert werden. Die dafür eingesetzten Merkmale sollten erkennbar und begründbar sein.

340 Bei einer allgemeinen Tariferhöhung können diese individuellen Zulagen nur **verrechnet** werden, wenn das vereinbart ist.[143] Die generelle Verrechnung der Zulagen aller Mitarbeiter wird auf heftigen Widerstand des Betriebsrats stoßen.[144] Auch der Einzelne wird diese Maßnahme nicht verstehen und sich zurückgesetzt fühlen. Je höher seine Zulage war, umso höher wird sein Frust sein. Diese Sparmaßnahme kann zum „Bumerang" werden, was Leistung und Bereitschaft des bisher höher geschätzten Teils der Mitarbeiter betrifft.

341 **Zulagen** zum Entgelt sind in den Tarifverträgen für besondere Arbeitsumstände umfangreich geregelt (Nacht-, Mehrarbeit-, Sonn- und Feiertagszulagen etc).

342 **Sonderzulagen** für betriebsspezifische Einsätze bei besonderer Gefahr, Schmutz, Lärm etc. werden im Allgemeinen nach den örtlichen Besonderheiten in Betriebsvereinbarungen festgelegt.

343 Mit **Einmal- oder Sonderprämien** werden besondere Arbeitseinsätze, Verkaufserfolge und Ähnliches honoriert. Das sollte möglichst schnell erfolgen, nicht nur mit Geld, sondern mit entsprechendem öffentlichem Lob. Das motiviert nicht nur den Prämierten, sondern auch sein Umfeld.

344 **Jahresleistungen oder -prämien** sind schon häufig in den Tarifen geregelt. Dabei sind auch Schwankungen nach der Ertragslage möglich. Will das Unternehmen, bei besonderem Erfolg, darüber hinaus ausschütten, so kann diese Tarifleistung nach dem Günstigkeitsprinzip auch erhöht werden.

345 Wird eine nicht tariflich oder vertraglich begründete Jahresprämie freiwillig und wiederholt vorgenommen, so kann sich ein **Anspruch** aus dieser Regelmäßigkeit entwickeln (sog. betriebliche Übung). Dem kann mit einem deutlich und wiederholt ausgesprochenen Freiwilligkeitsvorbehalt vorgebeugt werden.[145] So bleibt die Entscheidungsfreiheit erhalten.

346 Dazu gehören auch **vermögenswirksame Leistungen,** die häufig mit der sozialpolitisch erwünschten Eigentumsförderung durch Belegschaftsaktien kombiniert werden (→ § 3 Rn. 120).

347 **Erfolgsbeteiligungen** und **Jahresboni** finden sich überwiegend im außertariflichen Bereich. Sie vervollständigen bzw. ergänzen die Monatsgehälter zum verabredeten oder erhofften Jahreseinkommen. In aufsteigender Hierarchie mit entsprechend höherem Einkommen wächst der variable Anteil in der Regel ganz erheblich.

348 Die für solche Vergütungssysteme einzusetzenden **Kennzahlen** und ihre Wertigkeit können einer Vielzahl von Mustern entnommen werden. Besser ist es, wenn sie im Unternehmen selbst – mit den Betroffenen, dh den Begünstigten – erarbeitet werden. So

---

[143] StRspr, vgl. etwa BAG NZA 2009, 49 mwN.
[144] Zu den Mitbestimmungsrechten des Betriebsrats *Richardi* NZA 1992, 961 ff.
[145] Überblick dazu bei *Preis/Sagan* NZA 2012, 697 ff.

können die Spezifika des Unternehmens wirklich in die Systeme eingebaut und beachtet werden. Dem Vorwurf, Kennzahlen seien verflacht, nicht nahe genug am Betriebsgeschehen etc. kann so begegnet werden. Viele Systeme weichen deshalb auch vom sog. „Gesamterfolg" als Bemessungsgrundlage ab, er wird zum Teilfaktor. Daneben treten die Sparten- und Gruppenleistungen, „soft facts" sowie die persönliche Leistung. Der so notwendige höhere Betreuungs- und Führungsaufwand wird kompensiert durch höhere Akzeptanz. Auch für den Fall, dass schlechte Ergebnisse zu negativen Prämien führen, müssen die Systeme entsprechende Vorgaben enthalten.

Soll für den außertariflichen Bereich eine systematische, tarifähnliche Eingruppierung 349
weiterverfolgt werden, so wird der **Betriebsrat** nach § 87 Nr. 10 BetrVG sowohl für die Rahmen- wie die Individualregelungen seine Mitwirkung fordern.

## 3. Reisekostenordnung

Gehört die Reisekostenordnung zu den Aufgaben des Personal- und Sozialwesens? Eine 350
Ordnung dafür sollte es erstellen. Sie ist wichtig für die vom Mitarbeiter für das Unternehmen gemachten Ausgaben. Sie ist keine Vergütungsregel.

Bei einer im Wesentlichen ortsgebundenen Aktivität eines Unternehmens oder Betriebs 351
ist die Abwicklung als Zahlungsvorgang – auch außerhalb des Personal- und Sozialwesens – zu erledigen.

Bei einem Unternehmen mit erheblicher **Reisetätigkeit** oder in einer Außendienstor- 352
ganisation ist die Reisekostenordnung von ganz anderer Bedeutung. Ggf. ist sie für diese Gruppe mit besonderen Regelungen zu verfeinern. Sie wird in einer solchen Organisation zum direkten Führungsinstrument.

In Verbindung mit der Touren- und Besuchsplanung hat die Reisekostenordnung hier 353
eine wichtige Funktion: Sie gestaltet wesentlich die Arbeitsbedingungen dieser Arbeitsplätze „unterwegs". Eine Gefahr für die „Ordnungsmäßigkeit" der **Abrechnung** liegt darin, dass Reisende, mit stiller Duldung des Vorgesetzten, hier eine Möglichkeit sehen, über den Kostenersatz hinaus in eine Art Zusatzvergütung überzuwechseln. Dabei ist der Versuchung vorzubeugen, dass ein Vorgesetzter durch eine gewisse Großzügigkeit für nur von ihm geschätztes Verhalten eine Art zusätzlichen Bonus gewährt. Dem ist durch klare Regelungen und durch disziplinarische Strenge gegenüber Mitarbeiter und Vorgesetztem vorzubeugen. Anderenfalls lösen sich die durch die Reisekostenordnung gemachten Vorgaben in Willkür und beachtliche Zusatzkosten auf. Außerdem erspart das ärgerliche Situationen beim nächsten Außendienst-Treffen und bei der Lohnsteuerprüfung.

Das **Gesamtreisebudget** nimmt, auch wenn die Zukunft der Dienstreise nach der Co- 354
rona-Pandemie abzuwarten bleibt, oft einen beachtlichen Umfang ein. Somit verdient es besondere Beachtung. Vielleicht könnte man durch eine bessere Vorbereitung der Reisen sparen. Die technische Reisevorbereitung läge vielleicht besser in der Hand eines ständig beauftragten Reisebüros, unter Umständen mit Außenstelle im Haus? Auch die Frage nach den Bonusmeilen ist zu beantworten. Stehen sie wirklich für weitere Reisen den gestressten Reisenden oder dem Unternehmen zu?[146]

Schließlich ist ganz einfach zu fragen: Muss diese Reise sein? Viele Vorgänge sind zwar 355
ohne persönliche Kontakte nicht zu erledigen; die Corona-Pandemie hat hier indes auch gelehrt, wie effizientes Arbeiten in Gruppen – jedenfalls in Grenzen – ohne persönliche Anwesenheit mithilfe digitaler Medien bewerkstelligt werden kann, wenn persönliche Treffen nicht möglich oder erschwert sind. Mit den heutigen Möglichkeiten kann man gut und schnell auch auf andere Weise kommunizieren. Viele zeitraubende Reisen sind so zu ersetzen. Das vermindert den immer beklagten Stress und schafft Zeit für ruhige Arbeit am Arbeitsplatz. Deswegen müssen die Vorgesetzten die Reiseanträge kritisch prüfen – zu-

[146] Nach dem BAG stehen sie grundsätzlich dem Arbeitgeber zu, vgl. BAG NZA 2006, 1089 f.

erst ihre eigenen, wenngleich auch ein regelmäßiger Telefon- oder Videokonferenzkontakt durch ein persönliches Treffen mitunter aufgefrischt werden muss.

### 4. Dienstwagen

356 In vielen Unternehmen gehört immer noch der Dienstwagen zur begehrten Vertragsausstattung und stellt nicht nur ein Arbeitsmittel sondern zugleich ein wichtiges Statussymbol dar. Die Dienstwagenregelung sollte **möglichst exakt** die Wagenmarken, Größenklassen und den Einsatz in einem schriftlichen Überlassungsvertrag regeln. Die Wagenmarke ist oft durch ein Kunden/Lieferanten-Verhältnis vorgegeben bzw. zwingend. Schließlich sind Vorgaben für Wartung und Pflege des Dienstwagens zu machen.

357 **Größenklassen bzw. Preisgrenzen** sind je nach Verwendungsnotwendigkeit (zB beim Außendienst oder technischen Vorführdienst) festzulegen. Bei den nur vertraglich zugesagten Dienstwagen, die nicht zur Verrichtung der Tätigkeit an sich dienen, ist es ebenfalls sinnvoll, klare Stufen bzw. Eingrenzungen vorzugeben, auch wenn Preisober- bzw. -richtgrenzen festliegen. Auch diese Wagen sind zunächst einmal eine betrieblich notwendige **Transportmöglichkeit** – nicht nur für den Begünstigten, sondern für dessen Kunden, Geschäftsfreunde etc. Der Arbeitgeber sollte mit Augenmaß und ausgehend von der Position des begünstigten Mitarbeiters entscheiden, welcher Fahrzeugtyp auch mit Blick auf die Außendarstellung des Unternehmens angemessen ist.

358 Auf einer **Dienstfahrt** empfiehlt es sich, dass der Berechtigte oder ein anderer Firmenangehöriger den Wagen lenkt (Haftungsfragen, etc). Eine klare Eingrenzung ist auch für die sonst zugelassenen Lenker zu finden, zB Familienangehörige, Geschäftsfreunde. Dazu gehört auch, ob derart Berechtigte allein oder nur im Beisein des Berechtigten fahren dürfen (mit Notfallregelungen).

359 Die **private Nutzung** ist konkret schriftlich zu vereinbaren. Wer trägt die dabei anfallenden Kosten, für welche Reparaturen, wann kann die Privatnutzung wieder entzogen werden, etc? Dafür gibt es vielerlei Regelungen: Kilometergrenzen, Zuzahlungen für laufende oder verschuldete Reparaturen, Widerrufsvorbehalte, usw. Daneben ist zu beachten, dass der Arbeitnehmer die Privatnutzung des Dienstwagens im Rahmen der Lohnsteuer als geldwerten Vorteil versteuern muss.

## I. Soziale Vorsorge

### I. Lebensrisiken

360 Über seine Lebensrisiken ist sich nicht jeder bewusst, auch nicht darüber, wie sie zu definieren und abzusichern sind. Jüngere Mitarbeiter schieben diese Überlegungen gern vor sich her. Die Risiken häufen sich zwar im Alter, sie können aber schon früher, ganz überraschend auftreten. Wer sein Leben, seine Karriere plant, muss auch deren Risiken abdecken. Versäumnisse sind nur schwer und meist sehr teuer zu kompensieren.

361 Unser System der **sozialen Sicherung,** lange geschätzt, erweist sich als nicht mehr ausreichend. Die Auseinandersetzungen über die notwendigen sozialpolitischen Änderungen werden sich hinziehen und die Menschen weiter verunsichern.

362 Dabei kann die Personalabteilung bei ihrer **Aufklärungskampagne** auf eines beruhigend hinweisen: Auf die Absicherung der Risiken aus dem Arbeitsleben. Die Berufsgenossenschaften, getragen von den Arbeitgebern, sichern einen großen Teil unseres aktiven Lebens ab. Dabei geht es nicht nur um finanzielle Entschädigungen für Betriebsunfälle. Es geht vor allem um Vor- und Nachsorge, um Krankheits-, Rehabilitations- und Pflegekosten bzw. entsprechende Maßnahmen. Diese umfassende Absicherung ist nicht hinreichend bekannt, sie wird deshalb in ihrem Wert nicht genügend geschätzt.

Das **Krankheitsrisiko** ist heute weder für Pflicht- noch für freiwillige Mitglieder der gesetzlichen Krankenkassen zureichend abgedeckt. Auch die Privatversicherten werden prüfen müssen, wie weit ihr Schutz reicht. Fast alle brauchen eine ergänzende Zusatzversicherung, auch wenn der Arbeitgeber eine über das gesetzliche oder tarifliche Minimum (Lohnfortzahlung) hinausgehende Zusage gegeben hat. Die im Notfall anfallenden Zusatzkosten sind damit nicht aufzufangen. 363

Ein Arbeitnehmer, vor allem wenn er Familie hat, wird sich überlegen, wie er den Risiken für sein Arbeitseinkommen begegnet. Gegen eine mögliche **Berufsunfähigkeit** muss er sich heute selbst schützen bzw. versichern. 364

Auch die Sicherung bei Erwerbsunfähigkeit ist jetzt auf eine **Erwerbsminderungsrente** zurückgenommen. So soll die große Last verringert werden, die früher von der großen Zahl vorzeitiger Invalidenrentner verursacht wurde. Sie wird nur als Zeitrente gewährt und wird auch von der jeweiligen Arbeitsmarktsituation abhängig gemacht (Arbeitsmarktrente). 365

Das **private Unfallrisiko** darf nicht übersehen werden. Eine Reihe von Unternehmen bietet als besondere Nebenleistung diese ergänzenden Versicherungen an, zumindest dem Führungskreis. 366

Eine **Lebensversicherung** – je nach Vertragsgestaltung – kann zunächst den Hinterbliebenen weiterhelfen und später ein zusätzliches Einkommen im Alter ergeben. 367

Die Personalabteilung kann den Mitarbeiter insoweit unterstützen, als sie **Gruppenversicherungsverträge** abschließt, die dem Einzelnen zu günstigen Konditionen für seinen Versicherungsvertrag verhelfen. 368

## II. Altersvorsorge

Bei diesen Überlegungen überschätzen viele ihre gesicherte Vermögenssituation. Die Allermeisten haben bislang geglaubt, dass die Sozialversicherung ihre Altersversorgung im Wesentlichen trägt. Die Bedingungen der Sozialversicherung haben sich erheblich verschlechtert wegen der demographischen, wirtschaftlichen und sozialpolitischen Entwicklungen. Die angefangenen Reformen sind noch lange nicht abgeschlossen. Ganz sicher ist es schon heute, dass das Rentenniveau fühlbar absinkt, bei kaum rückläufigen Beiträgen. Es wird weder für die Pflichtversicherten noch für die Einkommen oberhalb der Pflichtversicherungsgrenzen ausreichen. Die sog. **Versorgungslücke** wird damit bei allen entstehen bzw. sich vergrößern. So bleibt es keinem erspart, vorzusorgen, wenn er seinen Lebensstandard auch im Alter in etwa halten will. 369

Neben einer Rente aus der Sozialversicherung erhält derzeit ungefähr die Hälfte der in der Wirtschaft Beschäftigten eine ergänzende betriebliche Altersversorgung. Um den Lebensstandard im Alter abzusichern, bedarf es darüber hinaus der privaten Eigenvorsorge durch Lebensversicherungen, Eigentumsbildung und anderes. Man spricht von einer **„Drei Säulen-Theorie“** der umfassenden Altersvorsorge. 370

Die **Eigenvorsorge** wird immer notwendiger. Die Mitarbeiter werden verstärkt nach der Zukunft und Sicherheit ihrer Betriebsrente fragen. Zukünftige Mitarbeiter werden – in einem voraussichtlich engeren Arbeitsmarkt – darauf drängen, eine zusätzliche Absicherung vom Unternehmen zu erhalten. 371

## III. Betriebliche Altersversorgung

Die Personalabteilung hat eine unternehmerische **Grundsatzentscheidung** vorzubereiten: Soll ein vorhandenes **Altersvorsorgesystem** erhalten oder zukunftsorientiert umgestaltet, vielleicht ausgebaut werden? Soll ein neues System der Vorsorge eingerichtet werden? Welcher Mitarbeiterkreis soll diese Zusatzleistungen erwarten können, in welchem 372

Umfang? Welche Risiken werden abgedeckt? Welche Form ist zu wählen? Noch eingehender wird zu klären sein: Kann das Unternehmen diese zunehmende Last tragen, heute und für lange Zeit? Kaum eine Unternehmensentscheidung wirkt sich so langfristig aus – bis zum Tod des Letztberechtigten. Das Unternehmen haftet für seine Zusage, auch wenn diese über Dritte durchgeführt wird.

373 Nur aus heutiger Sicht sind die Fragen zu beantworten nach der demographischen, der sozialen, der arbeits-, sozial- und steuerrechtlichen Entwicklung, der wirtschaftlichen Entwicklung insgesamt und vor allem der des Unternehmens. Die Antworten auf die Fragen sind nur mit intensiver professioneller Hilfe zu finden – am besten mit einem Gegengutachten. Allerletzte Sicherheit kann es kaum geben. Ein geheimer Vorbehalt, dass auch **Altersversorgungssysteme** geändert werden können, hilft nicht weiter. Anstehende Änderungen sind arbeits- und betriebsverfassungsrechtlich und besonders personalpolitisch schwierig. Dennoch sollte ein betriebliches Versorgungssystem in seinen wesentlichen Bedingungen regelmäßig überprüft werden. Eine solche Revision hätte manchem Unternehmen und vielen Anwärtern bzw. Rentnern bittere Enttäuschungen ersparen können.

### 1. Betriebsrentengesetz (BetrAVG)

374 Das Betriebsrentengesetz fasst die wesentlichen arbeitsrechtlichen Bestimmungen für die betriebliche Altersversorgung zusammen. Es gibt **fünf Grundformen,** die einzeln, meist aber kombiniert, von den Unternehmen eingesetzt werden. Grundlage ist die **Zusage des Arbeitgebers** auf eine betriebliche Altersversorgung, als Einzel- oder Kollektivzusage.

- **Direktzusage/Unmittelbare Versorgungszusage** (§ 1 Abs. 1 S. 2 Alt. 1 BetrAVG): Die Direktzusage wird inzwischen immer weniger gewählt. Für diese Zusage kommt der Arbeitgeber, das Unternehmen direkt und allein auf; alljährlich kompliziert zu berechnende bilanzielle Rückstellungen für die Pensionsverpflichtungen sind die Folge.
- Bei der **Direktversicherung** schließt das Unternehmen eine Lebensversicherung zugunsten der Berechtigten ab (§ 1 Abs. 2 Nr. 4 Var. 3 BetrAVG). So wird die Anwartschaft durch eine oder mehrere Versicherungsgesellschaften zusätzlich abgedeckt.
- **Pensionskassen** führen die Altersversorgung für ein oder mehrere Unternehmen durch (§ 1 Abs. 2 Nr. 4 Var. 2 BetrAVG). Sie sind selbstständige, rechtsfähige Einrichtungen und gewähren den Mitgliedern direkte Ansprüche. Leistungen und Beiträge, auch der Mitglieder, sind durch Satzung festgelegt. Die BaFin beaufsichtigt die Pensionskassen – wie Versicherungen.
- **Unterstützungskassen** sind ebenfalls rechtlich selbstständige Einrichtungen § 1b Abs. 4 S. 1 BetrAVG). Sie werden durch Zuwendungen des Unternehmens gespeist, um ihre Aufgaben satzungsgemäß erfüllen zu können. Neben Vorsorgeleistungen übernehmen sie häufig auch Zuwendungen für Mitarbeiter aus besonderen Anlässen (sog. Freud- und Leid-Anlässe).
- **Pensionsfonds** können von einem oder mehreren Unternehmen gegründet werden, oft auch durch bzw. zusammen mit Banken oder Versicherungen (§ 1 Abs. 2 Nr. 4 Var. 1 BetrAVG). Sie sind rechtlich selbstständig und führen Versorgungsleistungen nach Pensionsplänen aus. Sie bieten Vorteile für das Unternehmen – auch im Verbund mit anderen – und für die Mitarbeiter. Die Möglichkeit, potente und in der Verwaltung effiziente Träger zu beauftragen, die liberalen Anlagemöglichkeiten, die besonderen Förderungsmöglichkeiten, die bessere Portabilität der Ansprüche machen die Fonds zu einer geschätzten Versorgungseinrichtung.

375 Eine Versorgungsverpflichtung aus **„betrieblicher Übung“** wird wohl nur in ganz seltenen Fällen entstehen.[147] Die Bedeutung einer derartigen Verpflichtung verlangt eine schriftliche Zusage bzw. Vereinbarung.

[147] Vgl. dazu *Reinecke* BB 2004, 1625 ff.

**Sterbegelder** werden mitunter von Unterstützungskassen, auch Unternehmen, gezahlt. Sie richten sich nach Satzung bzw. Übung, ohne dass ihnen die Qualität einer Versorgungsleistung im Sinne einer betrieblichen Altersversorgung zukommt. Sie sind dazu bestimmt, einmalige durch den Todesfall verursachte Kosten (mit) zu decken. 376

Alle Versorgungsformen decken überwiegend die **Risiken** Invalidität, Alter und Tod (mit Hinterbliebenenversorgung) ab. 377

Da überwiegend Gruppen von Mitarbeitern versorgt werden, ist die **Gleichbehandlung** sicherzustellen. Bei den Übersehenen könnten sich sonst „schwarze Besitzstände" entwickeln, die eingeklagt werden können und zu unvorhergesehenen Mehrbelastungen führen.[148] 378

Es gibt eine **Vielzahl** von Versorgungsmodellen mit unterschiedlichen Zusagenarten, unter anderem dynamische und halbdynamische. Festbetragszusagen oder leistungsbezogene Zusagen, die sich am (End-)Gehalt orientieren, kommen sehr häufig vor. Dienstjahre steigern den Umfang des Anspruchs. Neuerdings wird zunehmend eine beitragsorientierte Zusage gemacht, mitunter eine Mindestzusage. Sie ist für das Unternehmen wie auch den Anwärter im regelmäßigen Aufbau leichter zu behandeln bzw. zu überschauen. 379

Soll die Altersversorgung für den Mitarbeiter beitragsfrei oder beitragspflichtig angeboten werden? Selbst ein geringer Beitrag erinnert regelmäßig daran, dass eine – betriebliche – Versorgung besteht, die durch den eigenen Beitrag aufgebessert wird: eine Aufforderung zur weiteren eigenen Vorsorge, die immer dringlicher wird. 380

Eine **Beteiligungspflicht** aller Mitarbeiter bzw. der angesprochenen Gruppe erscheint sinnvoll, nicht nur im Hinblick auf die Gleichbehandlung. Auch für die Versorgungswerke ist eine verpflichtende Teilnahme günstiger. 381

In einigen Unternehmen wird eine besondere Form individueller Vorsorge als „aufgeschobene Vergütung" angeboten. Der Mitarbeiter kann einen Teil seiner Bezüge im Unternehmen stehen lassen, gegen angemessene Verzinsung und ausreichende Absicherung. 382

## 2. Mitbestimmung

Die grundsätzlichen Entscheidungen des Arbeitsgebers bei der betrieblichen Altersversorgung sind **mitbestimmungsfrei.**[149] Der alleinigen Entscheidung des Arbeitgebers unterliegt es vor allem, ob er eine Versorgung einrichten will oder nicht. Der Betriebsrat kann das anregen, er hat kein Initiativrecht. Der Arbeitgeber kann weiter entscheiden, wie weit er sich finanziell verpflichten will **(Dotierungsrahmen),** für welche Mitarbeitergruppen und in welcher Form.[150] 383

Die **Mitbestimmung** des Betriebsrats setzt ein, wenn die Entscheidungen umgesetzt oder geändert und eingerichtete Systeme verwaltet werden.[151] Die Versorgung kann auch in einer – freiwilligen – Betriebsvereinbarung geregelt werden. Im Hinblick auf den Entgeltcharakter der Versorgungsleistungen, vor allem wenn sie auf sog. Entgeltumwandlung beruhen, kommt auch ein Mitbestimmungsrecht in Betracht. 384

**Individuelle Änderungen** können erfolgen durch: 385

- Widerruf gegenüber Anwärter und Rentner bei groben Verfehlungen;[152]
- Vereinbarung;
- Kündigung – als Änderungskündigung – wenn sich die Grundlagen der Versorgungsverhältnisse schwerwiegend verändert haben. Die Änderung wirkt sich in der Zukunft, nicht in der Vergangenheit, aus.

**Kollektivrechtliche Änderungen:** 386

- Tarifvertragliche Versorgungswerke können nur mit dem Tarifpartner geändert werden.

---

[148] Dazu nur BAG NZA 1995, 733; NZA 2001, 47; *Berenz* BB 1996, 530 ff.
[149] Vgl. nur *Richardi* in Richardi BetrVG § 87 Rn. 862.
[150] Dazu *Richardi* in Richardi BetrVG § 87 Rn. 863.
[151] Siehe *Richardi* in Richardi BetrVG § 87 Rn. 866 ff.
[152] So zB bei OLG Karlsruhe NJW-RR 2004, 727.

- Betriebliche Versorgungswerke können über die zugrunde liegende Betriebsvereinbarung verändert werden. Eine Kündigung muss nicht begründet werden (§ 77 Abs. 5 BetrVG), aber ein Arbeitgeber ist gut beraten, wenn er nicht nur dem Betriebsrat, sondern vor allem den Betroffenen die Gründe angibt, die ihn zu diesem Schritt zwingen.
- Anstatt einer radikalen Kündigung kann die Ablösung eines Versorgungswerkes durch ein anderes die zu erwartende Enttäuschung der Anwärter, mit entsprechenden Auswirkungen, verhindern oder mildern. Das ist möglich, wenn, bei kollektiver Betrachtung, das neue Angebot nicht ungünstiger ist, dh der Dotierungsrahmen der Versorgung mindestens gleichbleibt.[153] Dieser Weg ist noch einfacher, wenn die alte Betriebsvereinbarung schon Veränderungen vorgesehen hat (sog. Betriebsvereinbarungsoffenheit).[154]

387 Nachteilige Veränderungen können durch ein Gericht überprüft werden. Das Bestandsschutzinteresse der Berechtigten steht dann den Änderungsgründen des Arbeitgebers gegenüber. Je nach Wertung des Gerichts kann es die Änderungen ganz oder teilweise für unwirksam erklären.

### 3. Insolvenzsicherung

388 Anwartschafts- und Rentenansprüche schützt die Insolvenzsicherung bei Zahlungsunfähigkeit des Arbeitgebers (§ 7 BetrAVG). Er hat alle Versorgungszusagen beim **Pensionssicherungsverein (PSV)** anzumelden und gegen Beitrag abzusichern. Das gibt den Ansprüchen der Berechtigten eine Sonderstellung bei Insolvenz; allerdings sind die Leistungen des dann eintretenden PSV begrenzt. Ansprüche aus einer Direktversicherung und gegen eine Pensionskasse sind gesichert und deshalb nicht meldepflichtig.

### 4. Mobilitätserleichterung

389 Ein Arbeitnehmer hat nach einem mindestens fünfjährigen Bestand einer Zusage einen **unverfallbaren Anspruch** auf Leistungen aus der betrieblichen Altersversorgung. Die Anspruchshöhe wird ratierlich festgelegt, im sog. pro rata-temporis-Verfahren. Der im Gesetz vorgesehene Mindestanspruch kann auch durch Betriebsvereinbarung oder individuelle Abrede geregelt werden; er kann auch vom neuen Arbeitgeber übernommen werden. Der Anspruch bleibt auch beim Wechsel innerhalb der Europäischen Union erhalten. Ansprüche gegenüber einem Mobilitätsfonds, soweit vom Mitarbeiter selbst finanziert, sind sofort portabel. Die „goldene Fessel", die eine Versorgungszusage einst dargestellt hat, ist damit weitgehend gelöst.[155]

### 5. Bestandsschutz

390 Das Verbot der Auszehrung schützt die Versorgungsbezüge in ihrem festgelegten Wert. Das ist vor allem beim sog. **Gesamtversorgungssystem** wichtig, das andere Versorgungsleistungen – im vorgesehenen Rahmen – mit einbezieht.

391 Besonders wichtig für den Werterhalt einer laufenden Rente ist die **„Anpassungsüberprüfungspflicht"** nach § 16 BetrAVG. Sie ist alle drei Jahre durchzuführen. Die „Belange des Versorgungsempfängers" sind gegenüber der wirtschaftlichen Situation des Unternehmens nach „billigem Ermessen" abzuwägen. Fällt diese Überprüfung zu Gunsten einer Anhebung aus, so freut sich der Rentner, das Unternehmen wird zusätzlich belastet, es kann insoweit keine Vorfinanzierung planen. Zur Überprüfung verpflichtet sind grundsätzlich der Arbeitgeber und sein Rechtsnachfolger. Selbstständige Versorgungseinrichtun-

[153] Grundlegend BAG NZA 1987, 168 mAnm *Richardi* NZA 1987, 185 ff.

[154] Zur Wiederbelebung dieser Rechtsfigur vgl. BAG NZA 2013, 916; dazu *Hromadka* NZA 2013, 1061 ff.

[155] Zur Historie *Rolfs* in Blomeyer/Rolfs/Otto, Gesetz zur Verbesserung der betrieblichen Altersversorgung, 7. Aufl. 2018, Einleitung Rn. 136 ff.

gen sind nur nach ihrer Satzung verpflichtet, auch der Pensionssicherungsverein. Der Betriebsrat kann nicht mitbestimmen, weil die Rentner keine Arbeitnehmer sind.

### 6. Entgeltumwandlung

Der „Anspruch auf Entgeltumwandlung" ermöglicht es dem Beschäftigten, in eigener Initiative eine **„betriebliche Altersversorgung"** aufzubauen (§ 1a BetrAVG). Dieser Anspruch kann im Unternehmen über eigene oder externe Versorgungsträger umgesetzt werden. Pflichtversicherte können einen begrenzten Teil ihres Einkommens (bis zu 4% der Beitragsbemessungsgrenze der Rentenversicherung) umwandeln und so ihre sinkende Rentenerwartung kompensieren. Ein besonderer Anreiz liegt in der (partiellen) Steuer- und Sozialabgabenbefreiung bzw. -vergünstigung.[156] 392

Um die Ansprüche aus der Umwandlung besonders abzusichern, können nur **kapitalgedeckte Durchführungsformen** gewählt werden (dh nicht Direktzusagen und Unterstützungskassen). 393

Weitere Vorteile hat die Entgeltumwandlung für den Mitarbeiter durch die **sofortige Unverfallbarkeit** seiner – aus Eigenmitteln – erworbenen Anwartschaft, den sofortigen Insolvenzschutz und die leichtere Übertragbarkeit. Der Arbeitgeber hat betriebswirtschaftliche Vorteile durch günstigere Rückstellungspflichten, dadurch aber auch höhere Verwaltungskosten. Die Entgeltumwandlung ist inzwischen weit verbreitet, besonders in Verbindung mit den industrie- bzw. unternehmensbezogenen Fonds. 394

### 7. Vorgezogenes Ausscheiden

Viele Unternehmen haben – unterschiedlich im Einzelnen – Modelle entwickelt, die ein vorzeitiges Ausscheiden für **ältere Arbeitnehmer** attraktiver machen. Eine umfassende gesetzliche Regelung gibt es nicht. 395

Das vorgezogene Ausscheiden erfolgt durch einen **Aufhebungsvertrag.** Da meist eine größere Zahl von Mitarbeitern für eine solche Maßnahme in Frage kommt, ist es ratsam, vorab eine entsprechende Betriebsvereinbarung abzuschließen, ggf. an Stelle eines Sozialplans. Damit sind nicht nur die Mitwirkungsrechte des Betriebsrats gewahrt, er ist auch zur Mitwirkung an den oft mühsamen Gesprächen aufgefordert, die nötig sind, um das Vorhaben erfolgreich und ohne großen Streit durchzuführen. Geht es um noch größere Mitarbeiterzahlen, so ist der Betriebsrat ohnehin bei der Anzeige (Massenentlassung) an das Arbeitsamt einzubeziehen (§ 17 KSchG). 396

Viele Modelle beziehen sich auf das **63. Lebensjahr,** den Zeitpunkt einer vorzeitigen Altersrente. Auch Mindestzugehörigkeitszeiten zum Betrieb werden festgelegt. Dann sind die (Ergänzungs-)Leistungen des Arbeitgebers festzulegen, die den Betroffenen dazu bewegen, das Angebot anzunehmen. So soll die Zeit bis zur Normalrente überbrückt werden. Für nachwachsende Jahrgänge wird diese Alternative des vorzeitigen Ausscheidens weniger attraktiv, für Unternehmen teurer und damit weniger in Anspruch genommen werden. 397

## IV. Betriebskrankenkasse

In ca. 250 Betriebskrankenkassen sind über 13 Mio. Menschen versichert. In „offenen" Betriebskrankenkassen haben mehrere Unternehmen ihre Kassen fusioniert, sie nehmen jeden, auch Betriebsexterne, auf. Die „geschlossenen" Kassen betreuen nur Firmenmitarbeiter bzw. -angehörige. Als Körperschaften des öffentlichen Rechts unterliegen sie dem gleichen Regelwerk wie die gesetzlichen Krankenkassen (GKV). Sie steuern auch einen 398

[156] *Otto* in Blomeyer/Rolfs/Otto, Gesetz zur Verbesserung der betrieblichen Altersversorgung, 7. Aufl. 2018, Teil 4 und 5.

erheblichen Anteil zum sog. Risikostrukturausgleich unter den gesetzlichen Kassen bei. Vor allem tragen sie durch ihre innovativen Angebote und die attraktiven Beitragssätze wesentlich zum Wettbewerb in diesem Bereich bei. So beweisen sie ehrgeizig ihre Eigenständigkeit, auch im kleineren, aber individuelleren Betrieb. Die allgemein niedrigen Beiträge erreichen sie unter anderem durch eine effizientere Verwaltung – und auch durch ein höher solidarisches Verhalten der „Betriebsgruppe". Sie tragen zu einem guten Sozialklima im Betrieb bei. Diese lohnende Investition kann man durch Anschluss an eine größere „offene" Kasse ersetzen. Das erspart den notwendigen Aufwand, vergibt aber dessen Vorteile.

## J. Betriebliche Einrichtungen

### I. Verbesserungsvorschläge

399 Bei den Mitarbeitern sammelt sich ein umfangreiches Wissen über Produkte und Abläufe ihres Betriebs an. Daraus kommen viele gute Ideen, die den bisherigen Zustand spürbar verbessern, auch wenn sie nicht patent- oder gebrauchsmusterfähig sind. Das **„betriebliche Vorschlagswesen"** soll diese Ideenschätze heben. Mitunter ist die Aufforderung hierzu für die Mitarbeiter nicht einladend genug, es wird für die Vorschläge nicht genügend geworben. Viele Mitarbeiter brauchen Hilfe, um ihre Vorschläge zu formulieren. Egoistische oder träge Vorgesetzte sind mitunter gegen Vorschläge aus ihrem Bereich, sofern sie nicht von ihnen selbst kommen. Eine bürokratische Ablauforganisation mit Ausschusssitzungen und Ähnliches braucht sehr viel Zeit. Gute Vorschläge müssen schnell erkannt, weitergeleitet, honoriert, publiziert und möglichst umgesetzt werden.[157]

### II. Gesundheit und Sicherheit

400 Für die Gesundheit sollte nicht nur der Mitarbeiter selbst, sondern auch der Betrieb etwas tun. Das beginnt mit der **Einstellungsuntersuchung.**[158] Arbeitsplatz und -materialien sowie die Abläufe sollen sich mit der Natur des Mitarbeiters vertragen. Nicht nur der Arbeitsplatz, auch das Umfeld sollte zweckmäßig, sauber und hygienisch sein – nicht nur nach dem Pflichtstandard der **Arbeitsstättenverordnung (ArbStättV).** Das Unternehmen ist aber wegen der steigenden Zahl von Bildschirmarbeitsplätzen verpflichtet, die Arbeitsbedingungen „insbesondere hinsichtlich einer möglichen Gefährdung des Sehvermögens sowie körperlicher Probleme und psychischer Belastung zu ermitteln und zu beurteilen" (§ 3 ArbStättV).

401 Ohne professionelle Hilfe und Unterstützung sind die einzelnen Bemühungen aber unzureichend im Hinblick auf die immer komplexeren Abläufe. Das **Arbeitssicherheitsgesetz** betraut die Betriebsärzte und die Fachkräfte für Arbeitssicherheit mit dieser Aufgabe. Dann ist in jedem Betrieb ein Arbeitsschutzausschuss einzurichten, der diese Profis mit zwei Betriebsräten und den Sicherheitsbeauftragten der Betriebe mit dem Arbeitgebervertreter zusammenführt.[159]

402 Die **Mindesteinsatzzeiten** für Ärzte und Sicherheitsfachkräfte ergeben sich aus der Art des Betriebs – nach Vorgabe der Berufsgenossenschaft. Auch hier ist zu fragen, ob diese Dienste in eigener oder fremder Regie erbracht werden sollen. Vorteile und Nachteile

---

[157] Zur Mitbestimmung des Betriebsrats beim Betrieblichen Vorschlagswesen vgl. § 87 Abs. 1 Nr. 12 BetrVG sowie *Richardi* in Richardi BetrVG § 87 Rn. 950.

[158] Guter Überblick über die rechtlichen Fragen im Zusammenhang mit Einstellungsuntersuchungen vgl. *Poeche/Thomas/Ruppelt* in Küttner Personalbuch 2020 Einstellungsuntersuchung Rn. 1 ff.

[159] Vgl. dazu *Schucht* in Kollmer/Klindt/Schucht, ArbSchG, 4. Aufl. 2021, Teil A., Unterabschnitt B., Ziff. VII. Rn. 36 ff.

wird das Unternehmen selbst abwägen. Für den eigenen Betriebsarzt kann die intensivere persönliche Bindung an „seinen" Betrieb sprechen, auch seine Präsenz für den kleinen Alltagsfall. Der Angehörige einer Fachorganisation kann deren Erkenntnisse, auch aus anderen Betrieben, einsetzen. Das sind aber nur Einzelaspekte. Sie verlieren sich, wenn die richtigen Persönlichkeiten – eigen oder fremd – für die Aufgaben gefunden werden.

Der **Betriebsarzt** soll die folgenden **Gesichtspunkte** beachten: 403
- Arbeitsphysiologie – Arbeitsplatz und Umgebungseinflüsse etc;
- Arbeits- und Betriebspsychologie – Arbeitsverhalten, Leistungsfähigkeit und psychische Belastungen, Human Relations etc;
- Berufskrankheiten – Folgen schädlicher Stoffe und Verfahren.

Die **Sicherheitsfachkräfte** kümmern sich um die technische Sicherheit des Betriebs 404 und seiner Auswirkungen. Die gesetzlichen Regeln und die speziellen Vorschriften der Berufsgenossenschaften sind einzuhalten. Der erhebliche Rückgang der Arbeitsunfälle im Betrieb geht auch auf die bessere Ausstattung zurück, aber vor allem auf die verstärkte Aufmerksamkeit, die von den Unternehmen diesen Themen zugewandt wird. Leider gilt dies nicht für die Wegeunfälle im stetig steigenden Individualverkehr. Es lohnt sich für alle, Arbeitssicherheit mit Hochdruck zu betreiben. Jeder verhinderte Unfall ist ein Weniger an Schmerz und Leid für den Mitarbeiter. Für den Betrieb bedeutet es weniger Störung und geringere Kosten.

Neben den Sicherheitsbeauftragten (§ 22 Abs. 1 S. 1 SGB VII) gibt es im Unternehmen 405 die Beauftragten für den Schutz von Daten, Immission, Umwelt, Störfall etc.[160] Es erscheint sinnvoll, diese **Beauftragten** organisatorisch zusammenzufassen. Viele Aufträge greifen ineinander, sie könnten in einem umfassenden Sicherheitsbild des Unternehmens dargestellt werden.

Kommt es trotz allem zu einem Unfall oder zu einer Berufskrankheit, so tritt für die 406 Folgen anstelle des Arbeitgebers die **gesetzliche Unfallversicherung** ein, die im SGB VII geregelt ist. Unternehmen sind Zwangsmitglieder der für sie zuständigen Berufsgenossenschaft. Sie allein tragen den Beitrag, der sich grundsätzlich an der Lohnsumme orientiert. Das Unfallgeschehen und die für die Unternehmensangehörigen zu erbringenden Versicherungs- bzw. Versorgungsleistungen führen zu beachtlichen Zu- bzw. Abschlägen. Die Betroffenen können nicht nur finanzielle Ersatzleistungen, Pflegeleistungen etc. erwarten. Das besondere Interesse gilt der Erhaltung bzw. Wiederherstellung der Gesundheit. Die Berufsgenossenschaften machen durch die Unfallverhütungsvorschriften nicht nur wichtige Vorgaben für die Betriebe. Die Sicherheitsbeauftragten der Betriebe werden geschult, Unfallforschung wird betrieben.

Insbesondere **psychische Belastungen** stellen ein immer größeres Problem in den Un- 407 ternehmen dar.[161] Die Ausfallzeiten wegen psychischer Störungen – insbesondere wegen Stress am Arbeitsplatz und Burn-Out – sind deutlich gestiegen. Unter anderem auch dies führt dazu, dass die übrigen Mitarbeiter wegen vermehrter Rationalisierungsmaßnahmen an beruflich bedingtem Stress leiden. Das Arbeitsschutzgesetz enthält Regelungen, die auf eine Verbesserung der Arbeitsumwelt, der Sicherheit und der Gesundheit der Arbeitnehmer zielen. Hier sind auch die Pflichten der Arbeitgeber und Arbeitnehmer aufgeführt, die den Gesundheitsschutz betreffen. Eine Gefährdungsbeurteilung nach § 5 ArbSchG schließt auch die psychischen Belastungen mit ein.[162] Der Gesetzgeber hat diese Thematik aufgegriffen und den bislang mehr an den Gefahren für die physische Gesundheit ausgerichteten Arbeitsschutz auf die psychische Gesundheit erweitert. Daneben gab es Bestrebungen, eine gesonderte Anti-Stress-Verordnung einzuführen, die indes ins Stocken geraten sind.

---

[160] So zB für Immissionsschutzbeauftragte nach § 58 Abs. 2 BImSchG; für Abfallbeauftragte nach § 60 Abs. 3 KrWG und für Datenschutzbeauftragte nach § 4f Abs. 3 BDSG.

[161] Eingehend dazu *Lützeler* BB 2014, 309 ff.

[162] *Kreizberg* in Kollmer/Klindt/Schucht, ArbSchG, 4. Aufl. 2021, § 5 Rn. 70 ff.

### III. Familie und Beruf

408 **Familienfreundliche Strukturen** und die Vereinbarkeit von Beruf, Familie und Freizeit sind heutzutage ein entscheidender Wettbewerbsvorteil im Kampf um die besten Nachwuchskräfte – dem „war for talents". Gerade junge Führungskräfte erwarten von den Unternehmen familienkompatible Arbeitsplätze sowie eine angemessene Work-Life-Balance und sehen die Entscheidung für eine Familie keineswegs als eine Entscheidung gegen die Karriere an.

409 Neben **betrieblichen Kinderbetreuungseinrichtungen** können Bewerber auch mit einem attraktiven **Teilzeitangebot** oder **Homeoffice-Arbeitsplätzen** geworben werden. In jüngerer Zeit ist, angesichts steigender Mietpreise und Wohnungsknappheit, auch wieder eine vermehrte Tendenz hin zu Betriebswohnungen als Mittel zur Attraktivität für Bewerber zu beobachten. Junge Mitarbeiter können so Familie mit Beruf besser verbinden und bleiben dem Unternehmen erhalten; vermehrte beruflich bedingte Umzüge werden vermieden. Werden die anfallenden Kosten für eine Kindertagesstätte oder Ähnlichem den so erreichten Nutzeffekten gegenübergestellt, ist sogar ein betriebswirtschaftlicher Nutzen vorzuweisen. Er ergibt sich aus den geringeren Fluktuations- und Abwesenheitskosten zusammen mit der erleichterten und damit höheren Einsatzbereitschaft der Betroffenen. Die unterstützenden Maßnahmen müssen nicht unbedingt vom Betrieb selbst getroffen werden. Man kann mit bestehenden Einrichtungen kooperieren oder sich sonstige Lösungen einfallen lassen. Vielleicht sind Aufgaben im Home-Office zu erledigen, oder man findet Interessenten für ein Job-Sharing, die ihren Arbeitseinsatz selbständig untereinander absprechen.

## K. Personalarbeit und Umstrukturierungen in Zeiten der Globalisierung

410 Die **Internationalisierung** der Wirtschaft macht auch vor der Personalarbeit keinen Halt. Viele deutsche Unternehmen sind in globale Konzernstrukturen eingeflochten. Dies stellt an die Verantwortlichen und die Führungskräfte die Aufgabe, bestehende Strukturen fortwährend zu hinterfragen, zu in- und zu devestieren. Dabei müssen eine Vielzahl ineinandergreifender arbeitsrechtlicher Prozesse und Kommunikationswege koordiniert, veräußerte Unternehmensteile herausgelöst – sog. Carve Out – und hinzuerworbene integriert werden. Dass diese **Integrationsaufgabe** nicht unterschätzt werden darf, zeigt sich daran, dass mehr als zwei Drittel aller Transaktionen nicht am Transaktionsprozess selbst, sondern an der missglückten Post Merger-Integration scheitern.[163] Die Spielarten sind mannigfaltig.

### I. Unternehmenserwerb durch Wechsel des Anteilsinhabers (Share Deal)

411 Ist der Arbeitgeber eine juristische Person oder eine Personengesellschaft und wechseln die Gesellschaftsanteile den Inhaber, lässt dies die Arbeitsverhältnisse der im Unternehmen beschäftigten Mitarbeiter grundsätzlich unberührt. Gleiches gilt auch für die Betriebsratslandschaft, einen bestehenden Aufsichtsrat und weitere betriebsverfassungsrechtliche Gremien.[164] Arbeitgeber ist (nur) das Unternehmen; die Identität der dahinterstehenden Gesellschafter ist für die Arbeitsverhältnisse grundsätzlich unerheblich.[165] Der **Share Deal** ist deshalb aus arbeitsrechtlicher Sicht die unkomplizierteste Variante des Unternehmenskaufs.

---

[163] Vgl. *Winstel,* Unterrichtung der Belegschaftsvertretung der Tochtergesellschaft im (grenzüberschreitenden) Aktienkonzern, 2010, 87.

[164] Vgl. dazu und zur Möglichkeit der Entstehung eines gemeinsamen Betriebs mehrerer Unternehmen § 1 Abs. 2 Nr. 2 BetrVG.

[165] Vgl. *Winstel,* Unterrichtung der Belegschaftsvertretung der Tochtergesellschaft im (grenzüberschreitenden) Aktienkonzern, 2010, 58.

Jedenfalls seit Inkrafttreten des **Risikobegrenzungsgesetzes** im Jahre 2008 obliegt es dem Unternehmen gleichwohl, den Wirtschaftsausschuss – jenseits der Besonderheiten des Wertpapierübernahmerechts – über einen Wechsel der gesellschaftsrechtlichen Kontrolle über das Unternehmen zu unterrichten (§ 106 Abs. 3 Nr. 9a BetrVG). Insbesondere muss der Wirtschaftsausschuss über den potentiellen Erwerber und dessen Absichten im Hinblick auf die künftige Geschäftstätigkeit des Unternehmens sowie die sich daraus ergebenden Auswirkungen auf die Arbeitnehmer informiert werden (§ 106 Abs. 2 S. 2 BetrVG). Gibt es im Unternehmen keinen Wirtschaftsausschuss, ist der Betriebsrat zu unterrichten (§ 109a BetrVG). Dies stellt an das Unternehmen und insbesondere die Personalverantwortlichen die schwierige Aufgabe, die Pflicht zur rechtzeitigen und umfassenden Unterrichtung der Arbeitnehmervertretungen und das naturgemäß bestehende Geheimhaltungsbedürfnis sowie etwaige insiderrechtliche Vorschriften (WpHG) im Transaktionsprozess zu harmonisieren.[166] 412

## II. Veräußerung von Betrieben und Betriebsteilen (Asset Deal)

Werden nicht die Anteile am Unternehmen selbst, sondern Betriebe oder Betriebsteile als Sachgesamtheit mit den ihnen zugeordneten Rechten und Pflichten im Wege der Einzelrechtsnachfolge veräußert – sog. **Asset Deal** –, ist die Ausgangslage eine andere. In diesen Fällen sind zahlreiche arbeitsrechtliche Vorschriften und Vorgaben zu beachten. 413

### 1. Betriebsübergang

Beim Übergang eines organisatorisch **selbständigen** Betriebs oder eines eigenständigen Betriebsteils auf einen neuen Eigentümer enden die Arbeitsverhältnisse nicht (§ 613a BGB), sofern der Arbeitnehmer dem nicht widerspricht. Der neue Inhaber des Betriebs(teils) **übernimmt** die bestehenden Verträge und Vereinbarungen mit allen Rechten und Pflichten. Hierzu gehören neben noch nicht erfüllten Gehaltsansprüchen auch Ansprüche aus betrieblicher Altersversorgung. Diese verbleiben beim Veräußerer. Weder der alte noch der neue Betriebsinhaber dürfen Arbeitnehmer wegen eines Betriebsübergangs kündigen, dh die Kündigung darf nicht durch den Betriebsübergang veranlasst sein (§ 613a Abs. 4 BGB). Das Recht zur **Kündigung** des Arbeitsverhältnisses aus anderen Gründen – etwa aus verhaltensbedingten Gründen – bleibt selbstverständlich unberührt. 414

Wesentliche Bedingung für den Übergang eines Betriebsteils und damit der Arbeitsverhältnisse ist aber, dass eine wirtschaftliche Teileinheit vorliegt, die vom Erwerber **identitätswahrend** fortgeführt wird. Um diese Voraussetzung ranken sich in der Praxis zahlreiche **Streitfragen.**[167] 415

Der Arbeitnehmer kann dem Übergang seines Arbeitsverhältnisses auf den Erwerber innerhalb eines Monats **widersprechen** (§ 613a Abs. 6 BGB). Er bleibt dann Arbeitnehmer des Veräußerers. Nachdem durch den Verkauf eines Betriebs(teils) aber meist sein Arbeitsplatz beim Veräußerer wegfällt, hat der Widerspruch gegen den Übergang des Arbeitsverhältnisses in der Regel eine **betriebsbedingte Kündigung** gegenüber dem widersprechenden Arbeitnehmer zur Folge. 416

Der vom Betriebsübergang betroffene Arbeitnehmer wird sich daher gut überlegen müssen, ob er von seinem Widerspruchsrecht Gebrauch machen und beim alten Arbeitgeber (Veräußerer) bleiben oder beim Erwerber weiterarbeiten will. Um ihm hierfür eine Entscheidungshilfe an die Hand zu geben, sieht das Gesetz umfangreiche **Informationspflichten** des Veräußerers und des Erwerbers gegenüber den Arbeitnehmern vor (§ 613a Abs. 5 BGB). Diese Unterrichtungspflicht hat sich zu einem gefährlichen Minenfeld für 417

[166] Eingehend *Winstel,* Unterrichtung der Belegschaftsvertretung der Tochtergesellschaft im (grenzüberschreitenden) Aktienkonzern, 2010, 98 ff.
[167] Vgl. nur ErfK/*Preis* BGB § 613a Rn. 5 ff.

Unternehmen entwickelt. Zum einen hat die Rechtsprechung die Anforderungen an diese Unterrichtungspflicht stetig verschärft. Zum anderen hat eine fehlerhafte Unterrichtung des Arbeitnehmers über Hintergründe und Folgen eines solchen Betriebsübergangs zur Folge, dass der Arbeitnehmer dem Übergang seines Arbeitsverhältnisses nicht bloß innerhalb der Monatsfrist, sondern **unbefristet widersprechen** kann. Das Widerspruchsrecht des Arbeitnehmers unterliegt dann nur der vagen Zeitgrenze der **Verwirkung.**[168] Ein für Veräußerer und Erwerber nur schwer kalkulierbares Risiko, das im Unternehmenskaufvertrag berücksichtigt werden muss.

418 Liegen die Voraussetzungen des § 613a BGB dagegen nicht vor, etwa weil die übergehende Einheit kein Betrieb oder Betriebsteil im Rechtssinne ist, bleiben die Arbeitnehmer beim Veräußerer.

## 2. Beteiligungsrechte der Arbeitnehmervertretungen

419 Auch die **Mitwirkungsrechte** der Arbeitnehmervertretungen beeinflussen den Zeit- und **Kommunikationsplan** einer Transaktion erheblich.

420 Die Übernahme eines Betriebs im Ganzen ohne organisatorische oder örtliche Veränderungen löst zwar grundsätzlich keine Mitwirkungsrechte des Betriebsrats aus.[169] Bezieht sich der der Asset Deal aber nur auf einen Betriebsteil oder treten bei Veräußerer oder Erwerber Veränderungen auf betrieblicher Ebene ein (Stilllegung, Einschränkung und Verlegung von Betriebsteilen), hat der Betriebsrat in Unternehmen mit mehr als 20 Mitarbeitern ein **Beteiligungsrecht** – beim Veräußerer wie beim Erwerber (§§ 111 f. BetrVG). Soweit aus den Maßnahmen „erhebliche Nachteile" für die Belegschaft entstehen, ist der Betriebsrat rechtzeitig und umfassend zu unterrichten und die **Betriebsänderung** mit ihm zu besprechen, um möglichst einen **Interessenausgleich** herbeizuführen. Ein Sozialplan soll dann die wirtschaftlichen Nachteile der Betroffenen ausgleichen. Führt die Betriebsänderung zur Entlassung von Arbeitnehmern, kann ein Sozialplan erzwungen werden. Dieser sieht Abfindungen für die Entlassenen vor (§ 112 BetrVG).

421 Neben den Beteiligungsrechten des Betriebsrats müssen sowohl der Erwerber als auch der Veräußerer ihren jeweiligen **Wirtschaftsausschuss** – sofern vorhanden – über Umstände und Folgen der Transaktion für die Beschäftigten rechtzeitig und umfassend informieren.

## 3. Betriebsratsmandate

422 Bewahrt der übergehende Betrieb seine betriebsverfassungsrechtliche Eigenständigkeit, bleibt auch der bisherige **Betriebsrat** uneingeschränkt im Amt.

423 Handelt es sich bei der übergehenden Einheit aber um einen nicht betriebsratsfähigen Betriebsteil oder verliert der übergehende Betrieb nach der Übernahme durch die Eingliederung in den Erwerberbetrieb seine betriebsverfassungsrechtliche Identität, werden die übergehenden Arbeitnehmer vom Betriebsrat des übernehmenden Betriebs mit vertreten. Die **Zuständigkeit** des Betriebsrats des übergehenden Betriebs endet.[170]

424 Verlieren sowohl der übernehmende als auch der übergehende Betrieb durch die Zusammenlegung ihre jeweilige Identität, hat der Betriebsrat des größeren der beiden Betriebe **Betriebsratswahlen** für den neu entstandenen Betrieb einzuleiten. Der Erwerber „kauft" also stets den Betriebsrat mit.[171]

[168] Zur kaum noch überschaubaren Kasuistik ErfK/*Preis* BGB § 613a Rn. 100 ff.
[169] Hierzu guter Überblick bei *Moll* RdA 2003, 129 ff.
[170] Eingehend *Maschmann* NZA-Beil. 2009, 32 ff.
[171] Hierzu *Maschmann* NZA-Beil. 2009, 32 ff.

### III. Maßnahmen nach dem Umwandlungsgesetz

#### 1. Folgen für die Arbeitsverhältnisse

Vollzieht sich ein Unternehmenskauf im Wege der **Gesamtrechtsnachfolge** nach dem UmwG – etwa durch Ausgliederung von Betriebsteilen und anschließende Übertragung auf den Erwerber – so gilt auch für den Umwandlungsvorgang die Regelung des **§ 613a BGB** zum Betriebsübergang, wenn ein Betrieb oder Betriebsteil über geht. Liegen die Voraussetzungen des § 613a BGB dagegen nicht vor, bleiben die Arbeitnehmer beim abgebenden Rechtsträger (vgl. § 324 UmwG). 425

#### 2. Beteiligung der Arbeitnehmervertretungen

Umstrukturierungsmaßnahmen nach dem Umwandlungsgesetz (zB Verschmelzung, Abspaltung, Ausgliederung, etc) beziehen sich in erster Linie auf gesellschaftsrechtliche und nicht auf betriebliche Strukturen. Soweit Betriebe, Betriebsteile oder andere Vermögenswerte einer Gesellschaft auf eine andere Gesellschaft übertragen werden, ohne dass in deren Organisation eingegriffen wird, ist dieser Vorgang grundsätzlich betriebsverfassungsrechtlich neutral.[172] Dann beschränkt sich die Mitwirkung des Betriebsrats auf spezielle, im **Umwandlungsgesetz** geregelte Informations- und Beteiligungsrechte (§ 5 UmwG). 426

Wird durch oder infolge einer Umwandlungsmaßnahme in die betriebliche Organisation des abgebenden oder des aufnehmenden Rechtsträgers eingegriffen, richtet sich die Beteiligung der Arbeitnehmervertretungen (Betriebsrat, Wirtschaftsausschuss etc) nach den allgemeinen Regeln (→ Rn. 414ff. unter II.2.). 427

#### 3. Bestandsschutz für die unternehmerische Mitbestimmung

Entfallen durch eine **Spaltung –** nicht durch andere Strukturmaßnahmen nach dem UmwG – bei einem abgebenden Rechtsträger die Voraussetzungen für die Beteiligung der Arbeitnehmer im Aufsichtsrat – etwa durch Unterschreiten der Schwellenwerte für die Bildung eines Aufsichtsrats –, so bleiben die vor der Spaltung geltenden Vorschriften noch für weitere **fünf Jahre** im Wege des Bestandsschutzes anwendbar. Anders ist dies nur, wenn die Mitarbeiterzahl weniger als ein Viertel der vor der Spaltung Beschäftigten beträgt (vgl. § 325 UmwG). 428

## L. Schlussbemerkung

„Alle Probleme in der Wirtschaft sind Personalprobleme". 429

**Personalprobleme** reduzieren sich aber auf wenige wichtige Sachprobleme, wenn alle Beteiligten einen offenen und kollegialen Umgang pflegen. Von persönlichem Ballast bereinigt sind die Probleme dann direkter und einfacher zu handhaben. Auf dem Weg dahin ist viel Personal- und Führungsarbeit zu leisten zum Wohl des Einzelnen und zum Vorteil des Unternehmens. 430

Wie wichtig es ist, Führungsaufgaben ganz besonders engagiert wahrzunehmen, zeigt die jüngste **Gallup-Umfrage** aus dem Jahr 2019 zur **Mitarbeitermotivation** in Deutschland: Fast 6 Mio. der 45,3 Mio. Beschäftigten haben innerlich bereits gekündigt. 69% machen Dienst nach Vorschrift. Nur 20% der Mitarbeiter haben eine hohe emotionale Bindung zu ihrem Arbeitgeber und setzen sich freiwillig für dessen Ziele ein. Die Ursache für das fehlende Engagement wird zu einem großen Teil an Defiziten in der Per- 431

[172] Vgl. *Winstel,* Unterrichtung der Belegschaftsvertretung der Tochtergesellschaft im (grenzüberschreitenden) Aktienkonzern, 2010, 41.

sonalführung festgemacht. Es mangele an positivem Feedback, konstruktiver Kritik, dem Interesse am Menschen und der Wertschätzung für neue Ideen und Vorschläge. Ein schlimmes Ergebnis, auch wenn sich Deutschland damit noch im Mittelfeld der Industrienationen befindet. Der so verursachte Schaden wird auf ca. 105 Mrd. EUR pro Jahr geschätzt. Das ist eine stetige Herausforderung für alle Beteiligten.

# § 9 AG in der Krise und Insolvenz

## Übersicht

## A. Der Begriff „Krise"

1 Vor dem Hintergrund eines sich dynamisch verändernden Umfelds sind Unternehmen zunehmend gefordert, sich am Markt zu behaupten. Die sich beschleunigende Internationalisierung der unternehmerischen Tätigkeit, Konzentrationstendenzen in den Märkten, Störungen in den Lieferketten, Veränderungen der Kundenbedürfnisse, und der zunehmende Druck zur Digitalisierung stellen nur einige Herausforderungen dar, denen Unternehmen frühzeitig begegnen müssen. Soweit der daraus resultierende Anpassungsprozess durch den Vorstand nicht frühzeitig eingeleitet wird, ist die Krise der Aktiengesellschaft (AG) vorprogrammiert.

2 Im Zusammenhang mit Unternehmenskrisen wird der **Begriff der „Krise"** im Sprachgebrauch oft für verschiedene Sachverhalte mit unterschiedlichen (Rechts-)Folgen verwendet. Zu unterscheiden ist zwischen dem betriebswirtschaftlichen Begriff der Krise, dem rechtlichen Krisenbegriff und der insolvenzrechtlichen Krise. Dabei deckt sich die

rechtliche Begriffsbestimmung nicht immer mit dem Verständnis der Unternehmenskrise in der Betriebswirtschaftslehre und wird je nach Rechtsgebiet enger oder weiter bestimmt.

In der **Betriebswirtschaft** wird die Krise überwiegend als eine Situation definiert, in der wesentliche Ziele und Werte des Unternehmens unmittelbar bedroht sind und damit der Fortbestand des Unternehmens substanziell gefährdet oder sogar unmöglich gemacht wird. Das Krisenunternehmen durchläuft regelmäßig verschiedene Krisenstadien. Oftmals bereits beginnend mit der Stakeholderkrise reicht die Entwicklung über die Strategie-, Produkt-, und Absatzkrise sowie der Erfolgskrise bis hin zur existenzbedrohenden Gefährdung in der Liquiditätskrise.[1] Hierbei ist der Übergang zur Insolvenz der AG als letztes Krisenstadium zumeist fließend. 3

Eine **rechtliche Krise** liegt vor, wenn die betriebswirtschaftliche Krise so weit gediehen ist, dass für den Vorstand Pflichten, verbunden mit Rechtsfolgen ausgelöst werden, die nicht nur dem Schutz der Gesellschaft, sondern ggf. auch dem Gläubigerschutz dienen. Hierzu gehört bspw. die seit dem 1.1.2021 in § 1 StaRUG[2] verankerte rechtsformübergreifende Verpflichtung für Geschäftsleiter haftungsbeschränkter Unternehmen zur Überwachung von Entwicklungen, die zur Bestandsgefährdung ihres Unternehmens führen können. Eine Verpflichtung, die für Aktiengesellschaften bezüglich der Risikofrüherkennung bereits bisher schon nach § 91 Abs. 2 AktG verpflichtend war. Über die Pflicht zur Überwachung bestandsgefährdender Risiken (§ 1 Abs. 1 S. 1 StaRUG) hinaus trifft die Regelung aber auch Bestimmungen zum Umgang mit erkannten Risiken. Es wird nun von Gesetzes wegen klargestellt, dass der Vorstand im Rahmen seiner allgemeinen Sorgfaltspflicht geeignete Gegenmaßnahmen zu treffen (§ 1 Abs. 1 S. 2 StaRUG) und dabei auch den Aufsichtsrat als Aufsichtsorgan in die Krisenbewältigung einzubeziehen hat (§ 1 Abs. 1 S. 2, 3 StaRUG; für die AG bisher schon nach § 90 Abs. 1 S. 1 Nr. 1, Abs. 2 Nr. 1 AktG verpflichtend). Hinsichtlich der Auswahl der zu treffenden Gegenmaßnahmen und deren Durchführung steht dem Vorstand der Beurteilungsspielraum zu, der ihm nach Maßgabe der spezialgesetzlichen Regelungen für Maßnahmen der Geschäftsführung zuzubilligen ist **(business judgement rule).**[3] Dies aber nur, wenn er ein solches System wirksam eingerichtet hat.[4] 4

Unter der **insolvenzrechtlichen Krise** ist der Zustand einer AG zu verstehen, in dem einer der drei Insolvenzantragsgründe (Zahlungsunfähigkeit, drohende Zahlungsunfähigkeit oder Überschuldung) vorliegt. Hiernach ist eine Krisensituation erst nach Eintritt der rechtlichen Krise gegeben und zwar dann, wenn bereits ein Insolvenzantragsgrund vorliegt. Sowohl bei den Insolvenzstraftaten nach den §§ 283 ff. StGB als auch bei den Insolvenztatbeständen wird von diesem engen Krisenbegriff ausgegangen, jedoch beschränkt auf die Tatbestände Überschuldung und Zahlungsunfähigkeit. 5

## B. Krisenursachen und Krisenverlauf

Nur wenn die Krise rechtzeitig erkannt, eingehend analysiert und ihre **Ursachen** bestimmt werden, können durch den Vorstand geeignete Gegenmaßnahmen im Rahmen eines aktiven Krisenmanagements eingeleitet werden. Je früher dabei den Krisenursachen begegnet wird, desto größer sind die Erfolgschancen eingeleiteter Gegenmaßnahmen und die Wahrscheinlichkeit einer erfolgreichen Sanierung des Unternehmens.[5] Damit einher 6

[1] Vgl. IDW Standard: Anforderungen an die Erstellung von Sanierungskonzepten (IDW S 6), Stand 16.5. 2018, IDW Life 8/2018, 813 ff.

[2] Gesetz über den Stabilisierungs- und Restrukturierungsrahmen für Unternehmen – Unternehmensstabilisierungs- und -restrukturierungsgesetz.

[3] Vgl. Gesetzentwurf der Bundesregierung v. 9.11.2020, BT-Drs. 19/24181, 103 f.; *Scholz* ZIP 2021, 219 (229).

[4] *Bea/Dressler* NZI 2021, 67.

[5] *Steffan* WPg Themenheft 5/2009, 273 ff.

geht eine entsprechende Reduzierung der straf- und haftungsrechtlichen Risiken für den Vorstand.

7 Unternehmenskrisen sind zumeist das Resultat mehrstufiger Ursache-Wirkungs-Ketten und haben zudem idR mehrere zusammenwirkende, sich verstärkende oder abschwächende Ursachen. Dabei können sowohl Faktoren aus den verschiedenen Bereichen des Unternehmens als auch aus der Unternehmensumwelt in Betracht kommen. Zu unterscheiden sind üblicherweise **externe Krisenursachen** (zB Konjunktureinflüsse, steigende Wettbewerbsintensität, Marktveränderungen) und **interne Ursachen** (zB Qualitätsprobleme, operative Defizite im Leistungserstellungsprozess, Führungsprobleme). Wichtig ist, sorgfältig zwischen Symptomen und Ursachen einer Krise zu unterscheiden.[6]

8 In der Praxis führt zumeist das Zusammenwirken interner und externer Ursachen zu einer substanziellen Unternehmenskrise.[7] Diese Multikausalität erschwert zugleich die Analyse der Krisenursachen und das rechtzeitige Erkennen einer Unternehmenskrise. Im Zeitablauf wird zwischen der Stakeholderkrise, der Strategiekrise, der Produkt- und Absatzkrise, der Erfolgskrise, der Liquiditätskrise und schließlich der Feststellung der Insolvenzreife unterschieden.[8]

9

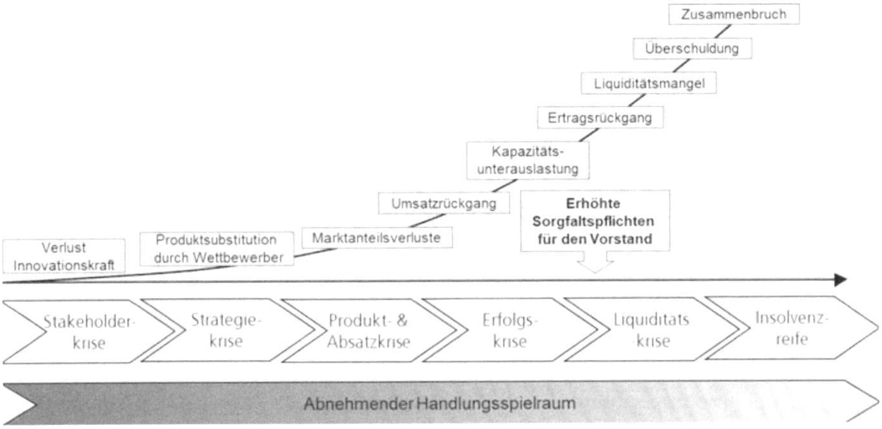


Abb. 1: Typischer Verlauf einer Unternehmenskrise (Quelle: Ebner Stolz)

10 In der **Stakeholderkrise** strahlen Konflikte zwischen den Stakeholdern (zB Unternehmensleitung, Überwachungsorganen, Gesellschaftern, Arbeitnehmern [Arbeitnehmervertretungen], Banken und anderen Gläubigern) auf das Unternehmen aus, führen zu Reibungsverlusten oder Blockaden und verhindern notwendige Entscheidungen. Die Auswirkungen der Stakeholderkrise können darin bestehen, dass das Leitbild des Unternehmens nicht mehr gelebt wird, Blockaden und Polarisierungen in der Leitungs- und Überwachungsebene auftreten und die Unternehmenskultur mitsamt der Leistungsbereitschaft der Mitarbeiter Schaden erleidet. Die Auswirkungen treten schleichend ein und begünstigen das Aufkommen eines Umfeldes, das Täuschungen und Vermögensschädigungen ermöglicht.[9]

11 In der **Strategiekrise** werden aufgrund fehlender Kundenorientierung bzw. ungenügender Beobachtung des Wettbewerbs, unzureichende oder ineffektive Innovationen und Investitionen ausgelöst, die zu strategischen Lücken und strukturellen Defiziten führen. Die Strategiekrise ist insbesondere an dem Verlust von Marktanteilen zu erkennen.[10]

[6] F&A zu IDW S 6 4.2.
[7] F&A zu IDW S 6 4.6.
[8] F&A zu IDW S 6 4.5.
[9] F&A zu IDW S 6 4.5.
[10] F&A zu IDW S 6 4.5.

Langfristig wirkende Erfolgsfaktoren (Erfolgspotenziale) sind durch diese Entwicklung bedroht. Das Unternehmen entwickelt spezifische Mängel, welche die Leistung des Unternehmens noch nicht beeinflussen und nur wenigen gut informierten Beobachtern auffallen. Die zur Aufrechterhaltung der Wettbewerbskraft notwendigen Potenziale, zB Innovationskraft, Entwicklung von neuen Technologien oder die Erschließung von Wachstumsmärkten, können nicht in ausreichendem Maße erhalten oder geschaffen werden. 12

13 In der **Produkt- und Absatzkrise** geht als Folge vorgelagerter Krisenstadien die Nachfrage nach den Hauptumsatz- und Erfolgsträgern des Krisenunternehmens nicht nur vorübergehend stark zurück. Aus steigenden Vorratsbeständen ergibt sich eine Zunahme der Kapitalbindung, die zusammen mit einer Unterauslastung der Produktionskapazitäten zu Ergebnisrückgängen führt. Gründe für die Produkt- und Absatzkrise können ein unzureichendes Marketing- und Vertriebskonzept, Sortimentsschwächen, eine falsche Preispolitik, Qualitätsprobleme, Schwächen in der Liefertreue und Fehler in der Vertriebssteuerung sein.[11]

14 In der **Erfolgskrise** erfolgt ein Renditeverfall, der über starke Gewinnrückgänge bzw. Verluste bis zum vollständigen Verzehr des Eigenkapitals führen kann. Nachfragerückgänge, Preisverfall und Kostensteigerung je verkaufter Einheit prägen diese Entwicklung.[12]

15 Für Außenstehende wird die Erfolgskrise regelmäßig erst mit einem zeitlichen Verzug erkennbar, da oftmals versucht wird, die Krise im Jahresabschluss durch entsprechende sachverhaltsgestaltende Maßnahmen oder durch Ausnutzung von Ansatz- und Bewertungswahlrechten zahlenmäßig zu kaschieren. Die anhaltenden operativen Verluste führen zum ratierlichen Verzehr des Eigenkapitals bis hin zur bilanziellen Überschuldung. Dieses Krisenstadium geht zumeist auch mit einer Kreditunwürdigkeit einher. Eine Sanierung lässt sich aufgrund der Ertragsschwäche oftmals ohne Kapitalzufuhr oftmals nicht mehr erreichen.

16 Die **Liquiditätskrise** gefährdet das Unternehmen in seiner Existenz, da Liquiditätsschwierigkeiten ein Insolvenzrisiko indizieren. Die finanziellen Mittel des Unternehmens sind erschöpft und es können auch keine liquiden Mittel mehr beschafft werden. Der Handlungsspielraum ist in diesem Stadium sehr eingeengt. Das Unternehmen ist kaum noch in der Lage, die Krise aus eigener Kraft zu meistern.

17 Die Feststellung der **Insolvenzreife** erfolgt bei sich zuspitzender Liquiditätskrise durch den Insolvenzgrund der (drohenden) Zahlungsunfähigkeit. Die Insolvenzreife kann in diesem Stadium nur unter den Voraussetzungen der Liquiditätsgenerierung in Verbindung mit einer positiven Fortbestehensprognose abgewendet werden. Eine negative Fortbestehensprognose führt hingegen zu einer Bewertung des Vermögens zu Veräußerungswerten und zieht idR eine Überschuldung nach sich.

18 Oftmals durchläuft ein Krisenunternehmen die dargestellten Stadien einer Krise nacheinander. Allein auf die Behebung des aktuellen Krisenstadiums ausgerichtete Maßnahmen greifen für eine Sanierung daher zu kurz. Die schonungslose **Identifikation aller vorgelagerten Krisenstadien** und die Behebung der jeweiligen Krisenursachen ist Voraussetzung für die nachhaltige Sanierung eines Krisenunternehmens.[13]

19 In den Fällen, in denen vom Vorstand kein adäquates **Frühwarnsystem** im Unternehmen implementiert wurde, läuft die Wahrnehmungsfolge im Regelfall der zeitlichen Entstehung der Krise entgegen. Die Liquiditätskrise wird durch das Unternehmen oft erst bewusst zur Kenntnis genommen, wenn die Finanzierer ihr Kreditengagement einfrieren und eine Ursachenanalyse für den zusätzlichen Liquiditätsbedarf einfordern. Aufgrund des regelmäßig damit einhergehenden Vertrauensschwundes in die Tätigkeit des Vorstands werden mit diesen Analysen häufig sachverständige Dritte beauftragt. Dabei werden die

[11] F&A zu IDW S 6 4.5.
[12] F&A zu IDW S 6 4.5.
[13] IDW S 6 Rn. 61 f.; 68 ff.

Ertragskrise und ihre Ursachen sichtbar. Weitergehende Untersuchungen bringen schließlich den Verlust der hierfür verantwortlichen strategischen Erfolgspotenziale zu Tage.

## C. Frühwarnsystem

### I. Verpflichtung zur Einrichtung eines Risikofrühwarnsystems

20 Die Früherkennung von bestandsgefährdenden Risiken durch den Vorstand ist zwar eine grundlegende Geschäftsleitungspflicht und herausragende Managementaufgabe, gleichwohl wurde bedingt durch spektakuläre Zusammenbrüche und Schieflagen von Unternehmen Mitte der neunziger Jahre des letzten Jahrhunderts der Ruf nach einer besseren Risikovorsorge und Überwachung der Unternehmen laut. Der Gesetzgeber hat hierauf reagiert und mit dem Inkrafttreten des Gesetzes zur Kontrolle und Transparenz im Unternehmensbereich (KonTraG) zum 1.5.1998 den Vorständen von Aktiengesellschaften gem. § 91 Abs. 2 AktG auferlegt, geeignete Maßnahmen zu treffen, insbesondere ein Überwachungssystem einzurichten, damit den Fortbestand der Gesellschaft gefährdende Entwicklungen frühzeitig erkannt werden. Durch die Implementierung eines derartigen **Risikofrüherkennungssystems,** das idealerweise neben dem Gefährdungs- auch das Chancenpotenzial aufzeigt, soll die Verpflichtung des Vorstands, für ein angemessenes Risikomanagementsystem und eine angemessene Interne Revision zu sorgen, verdeutlicht werden. Durch weitere Gesetze, wie zB durch das Gesetz zur weiteren Reform des Aktien- und Bilanzrechts, zu Transparenz und Publizität (TransPuG), durch den Deutschen Corporate Governance Kodex (DCGK), durch das Bilanzrechtsreformgesetz (BilReG), das Gesetz zur Modernisierung des Bilanzrechts (BilMoG) und zuletzt durch das zum 1.1.2021 umgesetzte StaRUG, ist der Stellenwert des Risikomanagements weiter gestärkt worden. Allerdings wird in keiner dieser Regelungen konkret auf die Anforderungen an ein solches Risikofrüherkennungssystems eingegangen.

21 Als Informationsquelle kann der vom Institut der Wirtschaftsprüfer vollständig überarbeitete IDW PS 340 nF herangezogen werden, der von den Wirtschaftsprüfern bei der Abschlussprüfung von börsennotierten Aktiengesellschaften gem. § 317 Abs. 4 HGB zugrunde gelegt wird. Neben der reinen Existenz des Überwachungssystems ist auch dessen Funktionalität zu prüfen. Die Neufassung des **IDW PS 340 nF**[14]. ist erstmals für Abschlussprüfungen von Berichtszeiträumen anzuwenden, die nach dem 31.12.2020 beginnen.

22 Das Risikofrüherkennungssystem als Teil des Risikomanagementsystems hat **sicherzustellen,** dass diejenigen Risiken und deren Veränderungen erfasst werden, die nach Bestimmung der individuellen Risikotragfähigkeit der AG durch den Vorstand, den Fortbestand des Unternehmens gefährden können. Der Vorstand muss nicht nur über die Risiken informiert werden, die allein bestandsgefährdend werden können, sondern auch die, die alleine nicht bestandsgefährdend sind, aber im Zusammenwirken mit anderen ebenfalls nicht bestandsgefährdenden Risiken, den Fortbestand gefährden können.[15] Es muss zudem geeignet sein, die Risiken so rechtzeitig zu erfassen und die Informationen darüber an die zuständigen Entscheidungsträger weiterzuleiten, dass diese zeitnah und in geeigneter Weise reagieren können. Die Einhaltung der Maßnahmen des Früherkennungssystems ist nach § 91 Abs. 2 AktG durch ein geeignetes **Überwachungssystem** sicherzustellen. Art und Umfang der Ausgestaltung des Risikofrüherkennungssystems sollten naturgemäß von der Größe und Komplexität der AG abhängig gemacht werden.

23 Das Überwachungssystem zur frühzeitigen Erkennung bestandsgefährdender Risiken und Entwicklungen ist in der Praxis meist eingebettet in das unternehmensweite Risiko-

[14] IDW PS 340 nF v. 27.5.2020, Die Prüfung des Risikofrüherkennungssystems, IDW Life 7/2020, 631 ff.
[15] IDW PS 340 nF Rn. 3, 9.

managementsystem eines Unternehmens. Der Fortentwicklung der **Corporate Governance Pflichten** und der Weiterentwicklung der Risikomanagementsysteme in der Unternehmenspraxis wird in der Neufassung des Prüfungsstandards IDW PS 340 nF durch entsprechende Klarstellungen Rechnung getragen. Die Neufassung des Standards berücksichtigt insbesondere die folgenden Aspekte:

- Konkretisierung der Grundelemente eines Risikofrüherkennungssystems in Anlehnung an die zur Einrichtung und Prüfung von Risikomanagement- und Compliance-Management-Systemen entwickelten Grundelemente (vgl. IDW PS 980 und IDW PS 981);
- Betonung der Pflichten eines Unternehmens in Bezug auf die unternehmensindividuelle Risikotragfähigkeit und Risikoaggregation durch das Zusammenwirken von Risiken;
- Klarstellungen zur Ausgestaltung der Maßnahmen nach § 91 Abs. 2 AktG bei Konzernen im Sinne einer Auswirkung von Risiken bei Tochtergesellschaften und Beteiligungen auf das Mutterunternehmen;
- Klarstellungen zur Betrachtung von „Netto-Risiken" sowie zur Risikosteuerung als Bestandteil der zu prüfenden Grundelemente eines Risikofrüherkennungssystems;
- Verdeutlichung der Dokumentationspflichten des Unternehmens unter Berücksichtigung der zwischenzeitlich ergangenen Rechtsprechung.

## II. Ausgestaltung eines Risikomanagementsystems

### 1. Überblick

Im betrieblichen Prozess lassen sich verschiedene **Risikokategorien** identifizieren. So 24
können Marktrisiken, Finanzrisiken, rechtliche Risiken, Managementrisiken, Risiken in Produktion, Logistik sowie F&E, Risiken beim Einsatz von Informationstechnologie und schließlich Umweltrisiken unterschieden werden.

Unter dem Begriff des **Risikomanagements (RMS)** wird die Gesamtheit aller organi- 25
satorischen Regelungen und Maßnahmen verstanden, wesentliche strategische und operative Risiken, die dem Erreichen der festgelegten Ziele des RMS entgegenstehen, rechtzeitig zu identifizieren, zu bewerten, zu steuern und zu überwachen.[16] Das Risikomanagementsystem bietet die Möglichkeit, mit Risiken im Unternehmen kontrolliert umzugehen und soll die Beteiligten motivieren, Chancen konsequent umzusetzen. Hierdurch wird nicht zuletzt unternehmerisches Handeln gefördert. Zu komplexe und statische Modelle werden diesem Umstand nicht gerecht und somit von den Mitarbeitern nicht akzeptiert. Gerade bei mittelständischen Unternehmen ist darauf zu achten, dass Aufbau und Ausgestaltung der Komplexität des Unternehmens entsprechen. Die Kategorisierung kann bspw. nach Unternehmensfunktionen oder aus prozessualer Sicht erfolgen.[17]

Aus der nachfolgenden Übersicht sind die **Bestandteile** eines RMS nach dem IDW 26
Standard PS 981 zu entnehmen:

[16] IDW PS 981 Rn. 8.
[17] IDW PS 981 A4.

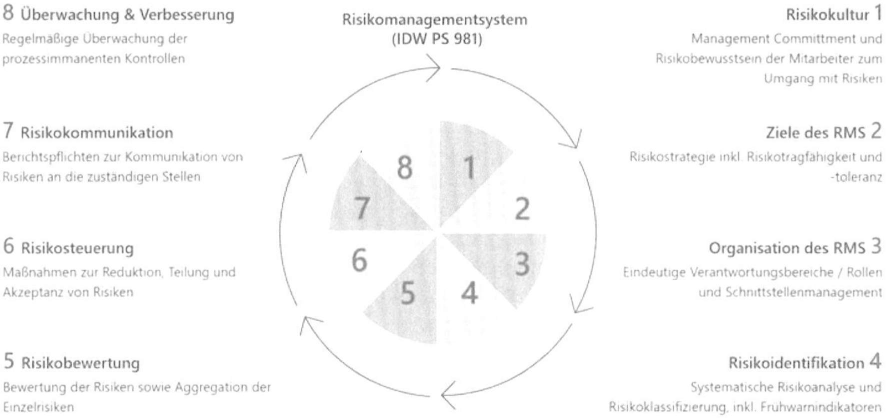


Abb. 2: Bestandteile eines RMS nach IDW PS 981 (in Anlehnung an IDW PS 981 Rn. 31)

## 2. Risikokultur

27 Die Risikokultur als Teil der Unternehmenskultur umfasst die grundsätzliche Einstellung und die Verhaltensweisen beim **Umgang mit Risiken.** Sie beeinflusst maßgeblich das Risikobewusstsein im Unternehmen und wird geprägt von der Art und Weise, wie mit Chancen- und Risikosituationen im Unternehmen umgegangen wird – sowohl im täglichen Geschäft als auch bei bedeutsamen unternehmerischen Entscheidungen.[18]

## 3. Ziele des RMS

28 Aus der **Risikokultur,** der **Unternehmensstrategie** und den **Unternehmenszielen** sind die Ziele des RMS abzuleiten und in einer Risikostrategie zu formulieren. Damit wird festgelegt, in welchem Ausmaß unter Berücksichtigung der Risikotragfähigkeit (maximales Risikoausmaß, das das Unternehmen tragen kann) des Unternehmens Risiken eingegangen werden sollen (Risikoappetit und Risikotoleranz). Ergänzt wird dies durch unternehmerische Vorgaben zum erwünschten Umgang mit Risiken in Form einer im Unternehmen kommunizierten Risikopolitik. Die Ziele des RMS sind darauf ausgerichtet sicherzustellen, dass die Unternehmensziele entsprechend der **Risikostrategie** erreicht werden.[19]

## 4. Organisation des RMS

29 Von entscheidender Bedeutung für das RMS sind eine transparente und eindeutige **Aufbauorganisation** sowie eine klar definierte **Ablauforganisation.** Verantwortungsbereiche und Rollen sind klar zu regeln, abzugrenzen, zu kommunizieren und zu dokumentieren. Sicherzustellen ist, dass die Aufgabenträger die erforderlichen persönlichen und fachlichen Voraussetzungen erfüllen und ausreichende Ressourcen für Risikomanagementmaßnahmen (insbes. Kapazitäten, Technologie, Hilfsmittel) zur Verfügung stehen. Die wesentlichen Regelungen zur Aufbau- und Ablauforganisation des Risikomanagements sind zu dokumentieren und verbindlich vorzugeben.[20]

[18] IDW PS 981 Rn. 31 und A21.
[19] IDW PS 981 Rn. 31 und A22.
[20] IDW PS 981 Rn. 31 und A23.

## 5. Risikoidentifikation

Die Risikoidentifikation basiert auf einer regelmäßigen, nach der Dynamik der betrachteten Risiken ausgerichteten systematischen Analyse von internen und externen Entwicklungen und Ereignissen, die zu negativen oder positiven Abweichungen von den festgelegten Zielen des RMS führen können.[21] 30

## 6. Risikobewertung

Risiken sind hinsichtlich ihrer Ursache-Wirkungs-Zusammenhänge systematisch zu untersuchen sowie im Hinblick auf ihre Eintrittswahrscheinlichkeit und mögliche Auswirkungen zu beurteilen. Bewertungsverfahren und -kriterien sind (auch für nicht quantifizierbare Risiken) zu definieren. Dies hat mit Hilfe einer **Bewertungssystematik** zu erfolgen, die es erlaubt, die Bedeutung und den Wirkungsgrad von Risikosteuerungsmaßnahmen einzuschätzen. Die einzelnen Risikobewertungen sind anschließend systematisch zu aggregieren. Ziel ist zusätzlich, Risikointerdependenzen berücksichtigen zu können. 31

Die Bewertung der Risiken hat transparent, nachvollziehbar und nach einer konsistent angewandten Systematik zu erfolgen, die es möglich macht, die Bedeutung und den Wirkungsgrad von Risikosteuerungsmaßnahmen einzuschätzen und den Prozess der Risikobewertung nachzuvollziehen. Die Eintrittswahrscheinlichkeit kann qualitativ (zB hoch, mittel oder niedrig), quantitativ (zB durch Angabe von Prozentwerten oder Bandbreiten) sowie durch Angabe einer Häufigkeit bezogen auf einen Zeitraum bestimmt werden.[22] 32

## 7. Risikosteuerung

Auf der Grundlage der identifizierten und bewerteten Risiken hat der Vorstand Entscheidungen über **Maßnahmen zur Risikosteuerung** zu treffen. Diese können in einer geplanten Risikovermeidung, einer Risikoreduktion, einer Risikoteilung bzw. -transfer sowie schließlich einer Risikoakzeptanz liegen. Als Bezugsrahmen dienen die festgelegten Ziele des RMS. 33

Aus Gründen der Nachvollziehbarkeit sollten die Entscheidungen zur Risikosteuerung für wesentliche Einzelrisiken nachvollziehbar erläutert und dokumentiert werden. Hilfreich ist ferner, die Risikosteuerungsmaßnahmen hinsichtlich ihres Umsetzungsstandes klar zu bezeichnen, bspw. „in Planung", „initiiert", „teilweise umgesetzt", oder „umgesetzt". Die Überwachung kann dabei dezentral oder zentral stattfinden.[23] 34

## 8. Risikokommunikation

Die Risikokommunikation sollte einen angemessenen **Informationsfluss** im RMS gewährleisten. Dies setzt regelmäßig einen standardisierten Prozess auf der Basis konkreter Zuständigkeiten, Periodizitäten, Schwellenwerte und Berichtsformate voraus. Für ad hoc Risikomeldungen sollte ein separater Berichtsprozess etabliert werden, der sicherstellt, dass der Vorstand alle relevanten Informationen zeitnah erhält.[24] 35

## 9. Überwachung und Verbesserung des RMS

Die **Angemessenheit** und **Wirksamkeit** des RMS sind durch prozessintegrierte und prozessunabhängige Kontrollen zu überwachen, was eine angemessene Dokumentation des RMS voraussetzt. Die Ergebnisse der Überwachungsmaßnahmen (insbes. festgestellte Män- 36

[21] IDW PS 981 Rn. 31 und A24.
[22] IDW PS 981 Rn. 31 und A25.
[23] IDW PS 981 Rn. 31 und A26.
[24] IDW PS 981 Rn. 31 und A2.

gel im RMS) sind in geeigneter Form zu berichten und auszuwerten, damit ggf. erforderliche Maßnahmen zur Verbesserung des Systems und zur Beseitigung von Mängeln ergriffen werden können.[25]

## D. Krisenbewältigung im fortgeschrittenen Stadium anhand operativer Maßnahmen

### I. Sanierung der leistungswirtschaftlichen Bereiche

37 Ist die Krise bereits fortgeschritten, sind bei den meisten Krisenunternehmen neben strategischen Fehlentwicklungen regelmäßig als Folgewirkung auch Probleme in leistungswirtschaftlichen Bereichen festzustellen. Deshalb sind insbesondere die **Funktionen**

- Vertrieb,
- Produktion und Logistik,
- Einkauf,
- Personal,
- Finanzen und Controlling

auf Schwachstellen hin zu untersuchen.

#### 1. Vertrieb

38 Durch die Analyse von Umsatzentwicklung, Kundenstruktur, Auftragseingängen und Auftragsbestand können erste Erkenntnisse für die Finanz- und Liquiditätsplanung gewonnen werden. Die weitere Analyse von Verantwortungsbereichen, regionaler Verteilung und die Realisierungsquote von Angeboten lässt weitere Erkenntnisse über Fehlentwicklungen und den daraus einzuleitenden Maßnahmen zu.

39 Inner- und außerbetriebliche **Benchmarks** können genutzt werden, um die Leistungsfähigkeit des Vertriebs einzuschätzen und das Anreizsystem der Vertriebsmitarbeiter zu optimieren. Nachdem eine Vertriebskostenanalyse durchgeführt wurde, können gezielte Maßnahmen zur Verbesserung der Liquidität eingeleitet werden. Hierfür sollten die Kunden bzw. Projekte hinsichtlich ihres kurzfristig liquiditätswirksamen Potentials priorisiert werden.

40 **Kostensenkungsmaßnahmen** können kurzfristig zB durch die Reduzierung von Fahrt- und Übernachtungskosten, durch eine vermehrt telefonische bzw. digitale Kundenbetreuung, zeitlich und räumlich optimierte Besuchsplanung oder auch die Nutzung günstigerer Transportmittel und Übernachtungsmöglichkeiten realisiert werden. Um die Vertriebskapazitäten möglichst wirkungsvoll einzusetzen, sollten die Deckungsbeiträge pro Kunde und Produkt untersucht werden.

41 Zur planerischen Erhöhung der Produktivität werden in der Praxis oftmals höhere zukünftige Umsätze bei gleichbleibenden Kosten geplant. Soweit sich derartige Umsatzerhöhungen nicht bereits konkret zuordnen und ableiten lassen ist hiervon in diesem Krisenstadium generell abzuraten, da sich Hoffnungsläufe erfahrungsgemäß so gut wie nie realisieren lassen. Auch im Sinne einer vertrauensvollen Zusammenarbeit mit den Adressaten eines ggf. zu erstellenden Restrukturierungs- bzw. Sanierungskonzepts ist hiervon Abstand zu nehmen.

42 Als **operative Sofortmaßnahmen** im Vertrieb zur Sicherung des Unternehmensbestandes kommen in Betracht:[26]

---

[25] IDW PS 981 Rn. 31 und A28.

[26] Vgl. *Ziechmann* in Buth/Hermanns, Restrukturierung, Sanierung und Insolvenz, 4. Aufl. 2014, § 9 Rn. 82 ff.; *Steffan* WPg Themenheft 5/2009, 278 f.; IDW S 6 Rn. 12, 109.

- Straffung Vertriebsprozess: Kundenkontakt erhöhen und Abläufe vereinfachen,
- Sonderverkäufe hoher Vorratsbestände zur Verflüssigung von Vermögenswerten,
- Spezielle Vertriebsprogramme (Alt-, Neukundengewinnung sowie produktspezifisch),
- Zielvereinbarungen mit Vertriebsinnen- und Außendienst,
- Straffe Kontrolle der Zielerreichung,
- Liquiditätsorientiertes Anreizsystem (Deckungsbeitragsprovision bei Zahlungseingang),
- Konzentration auf Projekte mit hoher und kurzfristiger Realisierungschance.

Die **restriktive Handhabung** von Skonti, Boni und Zahlungszielen und eine Nachverhandlung von Abgabepreisen wirken ebenfalls liquiditätsentlastend. Kundengutschriften aufgrund von Falschlieferungen, Reklamationen, Stornierungen und Preisnachlässen führen zu einer Verminderung der Einzahlungen. Die Analyse der Verursachung gibt Aufschluss über die Qualität in den betrieblichen Abläufen und den Prozess der Leistungserstellung. Die Erteilung von Kundengutschriften im Unternehmen sollte zwar vom Vertrieb in Zusammenwirkung mit dem Qualitätsmanagement vorbereitet, aber generell vom Controlling bzw. der Unternehmensleitung genehmigt werden. 43

## 2. Produktion und Logistik

Die Beurteilung der Qualität der Bereiche Produktion und Logistik ist ein **zentraler Baustein** eines Restrukturierungs-/Sanierungskonzepts. Interdependenzen und Wechselwirkungen zu anderen Unternehmensbereichen sind vielfältig und vielschichtig. Gerade bei sehr stark vertriebsorientierten Unternehmen sind diese Wechselwirkungen zwischen Ursache und Wirkung oft offenkundig. Sind die Vertriebsplanungen unzureichend wird an der Kundennachfrage vorbeiproduziert, Überbestände oder Ineffektivität durch „Schnellschüsse" in der Produktion sind die Folge. 44

**Kennzahlen** wie Lieferrückstände, Durchlaufzeiten, Bestandsentwicklung und Lagerumschlagsdauer, Ausschussquote, Anzahl Kundenreklamationen, Abschreibungsquote der Maschinen und Rohertrag/Deckungsbeitrag pro Mitarbeiter lassen in ihrer Entwicklung auf Fehlallokationen in der Produktionsplanung und -steuerung, im Fertigungsfluss, in Fertigungsanläufen, in Kostenstrukturen (Anteil der Gemeinkosten, Entlohnungssystem, Vorgabezeiten, Instandhaltungsaufwand) oder aber in mangelnder Kommunikation zwischen Vertrieb, Disposition und Produktion schließen und geben somit Ansatzpunkte für die Realisierung von Verbesserungspotenzialen. 45

Im Bereich Produktion und Logistik dienen die **Sofortmaßnahmen** vorrangig der Senkung liquiditätswirksamer Kosten sowie der organisatorischen Anpassung der Führungs- und Kommunikationsstrukturen an die Anforderungen der Sanierung. Unternehmensindividuelle Maßnahmen hängen dabei von den Ergebnissen der Grobanalyse ab.[27] 46

**Kostensenkungen** in der Produktion und Logistik können kurzfristig in einer Verringerung der Kapitalbindung durch niedrigere Umlauf- und Lagerbestände, der Verringerung der Durchlaufzeiten in der Fertigung und dem Abbau von Zwischenlagern, Optimierung der Produktionslosgrößen sowie dem Senken von Transportkosten realisiert werden. Die Liquidität kann unter Umständen auch durch die Einführung von just in time Belieferung bzw. das Outsourcen der Lagerung auf Lieferanten entlastet werden. Instandhaltung, Wartung und Reparatur von Maschinen und technischen Anlagen sollten, wenn möglich selbst durchgeführt bzw., wenn nicht dringend erforderlich, etwas hinausgezögert werden. Für die Betriebsfortführung nicht zwingend benötigte Vermögensgegenstände, Rohstoffe und Halbfertigerzeugnisse sollten identifiziert und veräußert werden. Zu beachten ist, dass der Bestandsabbau in der Fertigung eine verbesserte Produktionsplanung und -steuerung erfordert, da der Puffereffekt hoher Bestände entfällt. Kurzfristige Leerkapazitäten sollten nach Möglichkeit durch Lohnarbeiten kompensiert werden und die Ferti- 47

[27] *Jugel* in Buth/Hermanns, Restrukturierung, Sanierung und Insolvenz, 4. Aufl. 2014, § 10 Rn. 13 ff. und *Steffan* WPg Themenheft 5/2009, 273 ff.

gungstiefe (make or buy) nach Liquiditätsaspekten optimiert werden. Eine Straffung der Produktpalette und ein Reengineering einzelner Produkte sind hingegen Möglichkeiten, Kosten auch nachhaltig zu senken.[28]

48 Mit der Regelung der Verantwortungs- und Entscheidungsbefugnisse (Einschränkung der Entscheidungsräume für Materialdisposition und Einkauf), der Anpassung von Berichts- und Kommunikationssystemen (kürzere Berichtszeiträume, gestraffte Berichtsinhalte und direkte Berichtswege) und einer überschaubaren, auf die Sanierung abgestimmten Dokumentation werden die **organisatorischen Voraussetzungen für die Sanierung** geschaffen. Eine enge Zusammenarbeit mit dem Controlling (Liquidation von Produkten mit negativem oder niedrigem Deckungsbeitrag) und dem Liquiditätsmanagement (Bewertung der Liquiditätswirksamkeit von Maßnahmen, notwendige Beschaffungen) ist dabei zielführend.[29]

### 3. Einkauf

49 Aufgrund eines oft **hohen Wareneinsatzes** wickelt der Einkauf oftmals den größten Kostenblock im Unternehmen ab. Er steht dabei in der Krise oft vor dem Problem, dass aufgrund von Liquiditätsengpässen nicht nur eine Skontierung regelmäßig nicht mehr möglich ist, sondern von Lieferanten eingeräumte Zahlungsziele oftmals überschritten werden, so dass über eine Verlängerung der Zahlungsziele verhandelt werden muss, was wiederum die eigene Verhandlungsposition bei Preisverhandlungen erheblich schwächt. Eine Orientierung an optimalen Bestellmengen ist regelmäßig nicht mehr möglich, woraus Mindermengenzuschläge und zusätzliche Abwicklungskosten resultieren können.

50 Soweit aufgrund Liquiditätsmangel **Verzögerungen im Materialfluss** zu erwarten sind, führt dies zu Unterauslastungen und Verzögerungen in der Produktion, dann folgend bei der Auslieferung und letztendlich im Geldeingang von Kunden. Zu beachten ist ferner, dass Lieferanten, die ihre Lieferbeziehung über einen Kreditversicherer abgesichert haben, verpflichtet sind, den Kreditversicherer über eine wirtschaftliche Schieflage ihres Kunden zu unterrichten. Dies kann zu einer Verschlechterung des Ratings und somit einer Herabsetzung der versicherten Linie durch den Kreditversicherer führen, was wiederum die Liquiditätssituation noch weiter verschärft. Oft ist auch ein zunehmendes Verlangen nach Vorauskasse von Seiten der Lieferanten festzustellen. Die finanzielle Schieflage wird dann evident.

51 Der Einkauf und insbesondere auch der Vorstand sollten deshalb **ausreichend Zeit** für die Pflege des Verhältnisses zu Lieferanten und Kreditversicherern aufzubringen. Rechtzeitige vertrauensbildende Maßnahmen wie die offene und transparente Kommunikation aller relevanter Informationen über die wirtschaftliche Situation und ggf. das Restrukturierungs-/Sanierungsprojekt sowie das Einhalten von (finanziellen) Zusagen schaffen Vertrauen und verhindern Überreaktionen wie zB eine Kürzung des Lieferantenkredits bzw. Lieferung ausschließlich gegen Vorauskasse. Liegen gegenseitige wirtschaftliche Abhängigkeiten vor und lässt es die wirtschaftliche Lage des Lieferanten zu, können auch bei eigener Schieflage finanzielle Beiträge des Lieferanten erreicht werden.

52 **Effizienzsteigerungen** im Einkauf sind beispielsweise auch durch Nutzung eines verbesserten Informationssystems möglich. Die Einkaufskonditionen können im Rahmen der Grobanalyse durch einen Branchenvergleich des Materialaufwands, stichprobenweise Überprüfung der Bezugskosten für A-Artikel sowie mit dem Fachwissen externer Berater mit detaillierter Branchenkenntnis überprüft werden.

53 Soweit durch **liquiditätsschaffende Maßnahmen** (zB Verkauf von nicht betriebsnotwendigem Vermögen) Mittel frei werden und diese zur Optimierung des Lieferantenverhältnisses eingesetzt werden können, lassen sich im Einkauf oft große und schnelle Kosten-

[28] Vgl. *Steffan* WPg Themenheft 5/2009, 278 f.
[29] Vgl. *Steffan* WPg Themenheft 5/2009, 279 ff.

einsparungen erzielen.[30] In Preisverhandlungen wird die eigene Position verbessert, neben Skontierträgen sind dann unter Umständen auch weitere Preiszugeständnisse des Lieferanten möglich. Durch Umsteigen auf Systemlieferanten und die Nutzung gemeinsamer Kostenoptimierungsprogramme die auf Win-Win-Verhältnissen beruhen, sind daneben oft hohe Einsparpotenziale zu realisieren. Typische Win-Win-Situationen entstehen zB bei der:
- Reduzierung der Produktionsanforderungen,
- Reduzierung der Transport- und Lagerkosten aufgrund von Losgrößenänderungen, besserer Kapazitätsauslastung und der Einrichtung von Konsignationslägern,
- Reduzierung der Herstellkosten aufgrund verbesserter Planungsinformationen vom Abnehmer sowie durch Reduzierung der Materialkosten des Lieferanten mit Hilfe der Übertragung der Lerneffekte und besserer Planungsdaten für die eigenen Zulieferer.

## 4. Personal

Qualifizierte Mitarbeiter besitzen für das Unternehmen wichtige Problemlösungs- und Leistungspotenziale und sind so ein **Schlüssel zur Überwindung der Krise.** In der Regel sind es die guten Mitarbeiter, die aus eigenem Antrieb als erste das Krisenunternehmen verlassen, wenn sie erkennen, dass das Unternehmen auf die Krise nicht oder nur zaghaft reagiert. Dem ist frühzeitig durch Gespräche mit Mitarbeitern in Schlüsselpositionen vorzubeugen. 54

Krisenunternehmen verfügen häufig nicht über ein zielgerichtetes **Personalcontrolling** sowie juristische Kenntnisse bei der Umsetzung von Personalanpassungsmaßnahmen. So ist es im Rahmen der Grobanalyse oft schwierig, Personalbestand, Struktur und Lohnzahlungen zu bestimmen und notwendige Anpassungen einzuleiten. Für Analysezwecke ist die Verwendung von Kennzahlen sinnvoll, die ausgehend von der Personalstruktur (Verhältnis direkte zu indirekten Kräften, Altersgruppen, Qualifikation, Betriebszugehörigkeit), die Produktivität und Motivation der Mitarbeiter widerspiegeln. Als Produktivitätskennzahl ist neben der Leistung pro Mitarbeiter die Verwendung des Rohertrags pro Mitarbeiter sinnvoll, da hierin Veränderungen in der Wertschöpfungstiefe im Zeitablauf eliminiert werden. Die Fluktuationsrate und Fehlzeiten spiegeln das Arbeitsklima im Unternehmen wider.[31] 55

Ausgehend von der Analyse kommen folgende **Maßnahmen** in Betracht:[32] 56
- Einführung von Kurzarbeit zur Kostenentlastung;
- Rücknahme von Leiharbeit, um die eigenen Mitarbeiter besser auszulasten;
- Flexibilisierung der Arbeitszeit. Mit einer kapazitätsorientierten Variabilisierung der Arbeitszeiten gehen Produktivitätssteigerungen einher, Leerkosten und Spitzen werden nivelliert, teilweise ist auch ein Verzicht auf die (teure) dritte Schicht möglich;
- Abbau Zeitguthaben durch optimierte Kapazitätsauslastung. Dadurch entfallen auch teure Überstundenzuschläge;
- Versetzungen und Umbesetzungen;
- Festlegung von Urlaub in Monate mit schwacher Auslastung;
- Personalabbau durch Aufhebungsverträge, Nutzung von Vorruhestandsregelungen und Altersteilzeit oder betriebsbedingte Kündigungen;
- Beitrag der im Unternehmen verbleibenden Mitarbeiter durch Verzicht auf Tariferhöhungen, Stundung oder Verzicht von Gehaltsbestandteilen und Schließung des Versorgungswerks.

Auch was den Umgang mit dem Personal angeht gilt, dass rechtzeitige vertrauensbildende Maßnahmen, wie die offene und transparente **Kommunikation** aller relevanten Informationen über das Restrukturierungs-/Sanierungsprojekt und diesem zugrunde lie- 57

[30] Vgl. *Steffan* WPg Themenheft 5/2009, 276 f.
[31] Vgl. *Steffan* WPg Themenheft 5/2009, 277 ff.
[32] IDW S 6 Rn. 116.

genden Sanierungsmaßnahmen, eine konstruktive Zusammenarbeit mit dem Betriebsrat und den Tarifpartnern fördern. Dadurch kann auch eher Verständnis für das Erfordernis eines Beitrags der Mitarbeiter durch den Abschluss entsprechender Betriebsvereinbarungen bzw. Haustarifverträge geweckt werden.

### 5. Finanzen und Controlling

58 Der Bereich Finanzen nimmt in der Restrukturierung/Sanierung eine Schlüsselrolle ein, da sich der Verlauf der Restrukturierung/Sanierung und letztendlich alle Maßnahmen in der Liquiditätsentwicklung widerspiegeln. Unvorhergesehene Risiken führen regelmäßig zu ungeplanten Liquiditätsabflüssen und gefährden den Restrukturierungs-/Sanierungserfolg. Dem Finanzplan als Ergebnis einer **integrierten Planungsrechnung** sowie der Schaffung von Liquidität und der Liquiditätssteuerung sind somit höchste Prioritäten einzuräumen. Negative Abweichungen vom Finanzplan werden selten verziehen, daher sollte vorsichtig geplant werden. Letztendlich gilt in einer Krise: Die Liquidität ist das höchste Gut!

59 Zunächst sind die **Ergebnis-, Finanz- und Vermögenslage** des Unternehmens zu erfassen und deren weitere Entwicklung auf Basis der gegebenen Rahmenbedingungen abzuschätzen. Darauf aufbauend sind als Sofortmaßnahmen im Rahmen des Liquiditätsmanagements Einzahlungen abzusichern und, wo immer möglich, zu beschleunigen. Bezüglich ihrer Fälligkeit sind Auszahlungen dagegen, soweit möglich, durch Stundungen zeitlich nach hinten zu verlagern.

60 Im **Mahnwesen** ist oft ein ungenügender Automatisierungsgrad festzustellen. Im Hinblick auf ein „gutes" Kundenverhältnis werden Mahnungen häufig zurückgehalten. Die Beitreibung der offenen Posten ist in der Liquiditätskrise zu forcieren, Zahlungsziele sind, soweit möglich, zu reduzieren. Im Bereich des Vorratsvermögens ist zu analysieren, ob Überbestände im Bereich der Roh-, Hilfs- und Betriebsstoffe zurückgegeben oder abverkauft werden können. Die Ausgaben sind radikal zu reduzieren. Hilfreich ist dabei, wenn alle zwingend notwendigen Bestellungen vom Controlling bzw. vom Vorstand abgezeichnet werden müssen und das Liquiditätsmanagement ausstehende Zahlungen nach Liquiditätsgesichtspunkten koordiniert.

61 Neben den bereits genannten Sofortmaßnahmen kommen weiterhin in Betracht:
- Zahlungsbedingungen optimieren (Anzahlungen, Vorkasse),
- Sonderkonditionen für Sofortzahler (mit Vertrieb abgestimmt),
- Factoring bzw. Inkassobüro einsetzen, gerichtliche Verfahren anstrengen,
- Lediglich strategisch wichtigen Einkauf zulassen.

62 **Forderungen,** die nicht mehr werthaltig sind, sind in ihrem Wert zu berichtigen, um eine realistische Planungsgrundlage zu erhalten. Entstehende Kosten und der Abstimmungsaufwand zur Klärung von Zweifelsfällen sind beim Einsatz von Factoring- bzw. Inkassounternehmen zu berücksichtigen.

63 Das **Sanierungscontrolling** ist das wichtigste Navigationsinstrument um die Sicherung des Unternehmensbestandes und die Zielerreichung im Rahmen des Sanierungskonzeptes sicherzustellen.[33] Um dieser Anforderung gerecht zu werden, ist das bestehende Controlling-System an die neuen Erfordernisse anzupassen. Soweit nicht vorhanden, ist ein zeitnahes und aussagekräftiges Berichtswesen einzuführen, das neben dem obligatorischen Soll-Ist-Vergleich die wichtigsten Steuerungsgrößen enthält und bezüglich Inhalt und Aufbau den Anforderungen der jeweiligen (auch externen) Adressaten genügt.[34]

64 Um Ressourcen für andere Controlling-Bereiche (Deckungsbeitragsüberprüfung der Produktion, Controlling von Outsourcing Projekten) bereitzustellen, ist das Berichtswesen auf sanierungsrelevante Teile zu reduzieren. Um aussagefähiges Datenmaterial sicherzustel-

[33] Vgl. *Steffan/Anders* BFuP 62 (2010), 291.
[34] Vgl. *Steffan/Anders* BFuP 62 (2010), 300.

len sind Reportingzyklen zu verkürzen und die Aktualität durch schnelleres Processing abzusichern. Dabei ist zu berücksichtigen, dass der durch die Sofortmaßnahmen beeinflusste Unternehmensplan integriert als Ergebnis-, Bilanz und Liquiditätsplan erstellt werden sollte. Eine integrierte Unternehmensplanung zeigt Inkonsistenzen in der Planung auf und ist des Weiteren für das zu erstellende Sanierungskonzept notwendig. Im Rahmen des Sanierungscontrollings sind grundsätzlich die festgelegten Maßnahmen entsprechend ihrem Fortschritt zu erfassen und den Sollwerten im Berichtswesen gegenüberzustellen.

## II. Finanzwirtschaftliche Sanierung

Die **finanzielle Sanierung** dient in erster Linie der Vermeidung bzw. Abwendung der 65 (drohenden) Zahlungsunfähigkeit und Überschuldung. Zur Vermeidung der (drohenden) Illiquidität ist oftmals „fresh money" erforderlich, um das Unternehmen zu retten. In diesem Zusammenhang stellt sich für potenzielle Geldgeber immer die Frage, ob man dem schlechten noch gutes Geld hinterherwerfen soll.

Finanzielle Beiträge können geleistet werden durch: 66

- Aktionäre,
- Mezzanine Geldgeber,
- Lieferantengläubiger und
- Kreditinstitute.

### 1. Aktionäre

In wirtschaftlichen Schieflagen sind zunächst die Aktionäre gefordert. Soweit diese in der 67 Lage sind, haben sie nach allgemeinem Verständnis ausreichend Kapital zur Verfügung zu stellen und insbesondere eine Verlustfinanzierung zu übernehmen. Die **Kapitalerhöhung** nach §§ 182 ff. AktG oder die Einzahlung auf ausstehende Einlagen sind dabei die wirksamsten Mittel der finanziellen Sanierung, da sie neben dem positiven Eigenkapitaleffekt dem Unternehmen auch zusätzliche Liquidität zur Verfügung stellen.

Alternativ kann auch eine **vereinfachte Kapitalherabsetzung** nach den Vorschriften 68 der §§ 229 ff. AktG mit anschließender Kapitalerhöhung zum Verlustausgleich sinnvoll sein.[35] Oft ist im ersten Schritt jedoch eine (erfolgsneutrale) **Einzahlung in die Kapitalrücklage** nach § 272 Abs. 2 Nr. 4 HGB oder die Gewährung von Zuschüssen, die in der Gewinn- und Verlustrechnung als außerordentlicher Ertrag auszuweisen sind, ausreichend. Diskussionen zwischen den Aktionären ruft dies jedoch hervor, soweit bei den letztgenannten Alternativen nicht alle Aktionäre entsprechend ihrer Beteiligungsquote mitziehen.

Die Gewährung von Aktionärsdarlehen hat in der Praxis insbesondere bei mittelstän- 69 disch geprägten und insbesondere Familien-AGs große Bedeutung, da die Aktionäre häufig die einzige Finanzierungsquelle sind, aber aus unterschiedlichen Gründen kein Eigenkapital zuführen wollen. Die Bedeutung verstärkt sich insbesondere in Krisensituationen. Ein **Aktionärsdarlehen** ist in der Handelsbilanz als Fremdkapital auszuweisen. Ansprüche, die gem. § 39 Abs. 1 Nr. 5 InsO nachrangige Insolvenzverbindlichkeiten bilden, sind auch in der Überschuldungsbilanz zu passivieren, wenn keine rechtswirksamen Rangrücktrittserklärungen vorliegen.[36] Ausnahmsweise ist die Darlehensforderung eines Aktionärs eine Insolvenzforderung nach § 38 InsO, wenn er sich auf das Sanierungsprivileg des § 39 Abs. 4 S. 2 InsO oder das Kleinbeteiligungsprivileg des § 39 Abs. 5 InsO berufen kann. Für das Kleinbeteiligungsprivileg gilt die 10%-Grenze.

Ein endgültiger Verzicht auf ein Aktionärsdarlehen oder Verzicht mit Besserungsschein 70 über den Rangrücktritt hinaus erfolgt auf Seiten des Darlehensgebers häufig, um das Bi-

---

[35] *Busch* in Marsch-Barner/Schäfer AG-HdB § 47 Rn. 15.
[36] Vgl. BGH NJW 2015, 1672 Rn. 32.

lanzbild der in einer Krisensituation befindlichen AG zu verbessern. Allerdings sollte der Aktionär bereits im Vorfeld einer derartigen Krisensituation Überlegungen im Zusammenhang mit der steuerlichen Behandlung seiner Darlehen im Falle einer Insolvenz des Unternehmens anstellen. Forderungsverzichte von Aktionären sind zwar handelsrechtlich wie Sanierungszuschüsse erfolgswirksam zu behandeln, nach der Rechtsprechung ist der Forderungsverzicht[37] eines Gesellschafters einer Kapitalgesellschaft steuerlich aber nur in Höhe des werthaltigen Teils der Forderung eine Einlage in das Vermögen der Kapitalgesellschaft. Soweit die Verzichtsforderung nicht werthaltig ist, führt dies auf der Ebene der Kapitalgesellschaft zu einem steuerpflichtigen Gewinn, der als **Sanierungsgewinn** jedoch begünstigt sein kann, wenn nach § 3a Abs. 2 EStG für den Zeitpunkt des Schuldenerlasses die Sanierungsbedürftigkeit und die Sanierungsfähigkeit des Unternehmens, die Sanierungseignung des betrieblich begründeten Schuldenerlasses und die Sanierungsabsicht der Gläubiger nachgewiesen werden kann.

71 Bei einem Verzicht erlischt die Forderung des Aktionärs endgültig, selbst wenn die AG später wieder in der Lage wäre, die frühere Forderung zu bedienen. Der Aktionär kann deshalb anlässlich eines Verzichts vereinbaren, dass die Forderung wiederauflebt, wenn es die Vermögens- und Ertragslage der AG wieder zulässt. Der Aktionär erhält dadurch einen **Besserungsschein**[38], der im Besserungsfall bei der AG zu einem handelsrechtlichen Aufwand führt. Die steuerliche Behandlung des „Wiederauflebens" erfolgt analog der steuerlichen Behandlung bei der handelsrechtlichen Ausbuchung des Darlehens. War die Ausbuchung des Darlehens beispielsweise steuerneutral weil eine verdeckte Einlage vorlag, so kann der handelsrechtliche Aufwand aus der Besserungsabrede ebenfalls steuerlich nicht berücksichtigt werden. Vielmehr wandelt sich im Zeitpunkt des Bedingungseintritts (Besserung) das Eigenkapital steuerlich wieder erfolgsneutral in Fremdkapital um.

72 Eine **ordentliche Kapitalherabsetzung** ist wegen des hohen Zeitaufwandes und des aufwändigen Gläubigerschutzes zur kurzfristigen Sicherung des Unternehmensbestandes nicht praktikabel. Dagegen beseitigt die sanierende Kapitalherabsetzung mit anschließender Kapitalerhöhung gegen Bareinlage aufgelaufene Verluste, welche zur Unterbilanz bzw. bilanzieller Überschuldung geführt haben und schafft durch verbesserte Kreditwürdigkeit leichter Zugang zu neuer Liquidität. Neue Aktionäre werden aufgrund des Kapitalschnitts nicht durch die Verluste der Altaktionäre belastet.

## 2. Lieferantengläubiger

73 Maßnahmen der Lieferantengläubiger können sein: Zahlungsaufschub, Moratorium mit Tilgungsplan, (Teil-)Erlass sowie Umwandlung von Krediten in Beteiligungen (Debt-Equity-Swap).

## 3. Kreditinstitute

74 Es ist für das Unternehmen in der fortgeschrittenen Krise überlebensnotwendig, möglichst frühzeitig die entsprechenden Maßnahmen gemeinsam mit den finanzierenden Kreditinstituten einzuleiten. Kreditinstitute werden nach Bekanntwerden der Krise uU bestrebt sein, ihre Risikoposition durch die Hereinnahme von weiteren Sicherheiten für Altkredite zu reduzieren oder die Rückführung von Krediten zu verlangen. In einer fortgeschrittenen Krise ist dies oftmals nicht möglich, da regelmäßig keine freien Sicherheiten mehr bestehen und die Liquidität nicht mehr vorhanden ist. Es ist daher von großer Bedeutung, die an der Finanzierung der notleidenden Unternehmung beteiligten Gruppen mindestens zum **Stillhalten** zu bewegen. Das Ausscheren einzelner Gläubiger kann die Sanierungsbemühungen zunichtemachen, da die haftende Masse verringert wird und die verbleibenden

[37] BFH BStBl. II 1998, 307.
[38] Vgl. *Pöschke* NZG 2017, 1408.

Gläubiger dadurch schlechter gestellt werden. Offene, vertrauensbildende Kommunikation, rasche Umsetzung der Maßnahmen und das Einhalten von Zusagen sind entscheidende Erfolgsfaktoren bei der Umsetzung des Sanierungskonzepts.[39]

Es gilt, in den Gesprächen mit den Kreditinstituten die **Rahmenbedingungen** für eine erfolgreiche Sanierung zu schaffen. Um dies zu erreichen, müssen neben den Kreditinstituten auch Lieferanten und Kreditversicherer dem Unternehmen uneingeschränkt zur Seite stehen. Dies ist oft der schwierigste Teil der Sanierung, für den sich der Vorstand Unterstützung durch einen unbelasteten und erfahrenen Berater hinzuziehen sollte. Der Berater sollte über Erfahrung in der Krisenbewältigung und über die entsprechenden Kontakte zu Kreditinstituten und Kreditversicherern einen entsprechenden Vertrauensvorschuss mitbringen. 75

Im Rahmen der Grobanalyse wird zuerst die finanzwirtschaftliche Situation aufgenommen. Hierzu werden alle vorhandenen und freien Kreditlinien sowie die Besicherungen dargestellt. Weiterhin muss geprüft werden, ob in der jüngeren Vergangenheit Kredite zurückgeführt wurden oder eine weitere Besicherung von Altkrediten erfolgte, um einen Überblick über mögliche **Anfechtungsrisiken** der Finanzierer zu erhalten. 76

Sofortmaßnahmen bezüglich der Kreditinstitute können sein: 77
- Aufrechterhaltung von Kreditlinien,
- Zins- und Tilgungsmoratorien,
- Gewährung eines Überbrückungskredites.

Um vorhandene Sicherheiten anteilig auf die in der Krise finanzierenden Gläubiger zu verteilen und ein Ausscheren einzelner Gläubiger zu verhindern, kann der Abschluss von **Sicherheitenpoolverträgen** sinnvoll sein. Mit einem **Überbrückungskredit** hingegen stellen Kreditinstitute dem Unternehmen in der Krise in einer ungewissen Phase dringend benötigte Liquidität zur Sicherung des Unternehmensbestandes zur Verfügung. Diese Kredite sind in der Regel voll werthaltig zu besichern und dienen der Überbrückung des Zeitraumes zwischen Krisenerkennung und der Erstellung des Sanierungskonzeptes. Entsprechende Sicherheiten sind hierfür, wenn noch möglich, vorzuhalten. 78

## III. Insolvenzvermeidende Sanierung durch das StaRUG

### 1. Überblick

Bisher waren außergerichtliche Sanierungen nur möglich, wenn ein Konsens zwischen allen beteiligten Stakeholdern hergestellt werden konnte, von denen ein Sanierungsbeitrag eingefordert wurde. Der Gesetzgeber hat mit dem **StaRUG**[40] seit dem 1.1.2021 einen Rechtsrahmen zur Ermöglichung insolvenzabwendender Sanierungen zur Verfügung gestellt, der drohend zahlungsunfähigen Unternehmen die Möglichkeit zur finanzwirtschaftlichen Sanierung unter Einbeziehung von Gläubigern auch gegen deren Willen schafft.[41] Voraussetzung ist, dass der Schuldner bereit und in der Lage ist, die Restrukturierung unter Wahrung der Interessen der Gläubigerschaft zu betreiben.[42] 79

Der Sanierungspraxis steht mit dem Restrukturierungsrahmen ein weiteres Werkzeug zur außergerichtlichen Sanierung in finanzieller Notlage geratener Unternehmen zur Verfügung. Im Gegensatz zu einem **Insolvenzplanverfahren** kann das nicht öffentliche Verfahren auf einzelne Gläubigergruppen (zB Finanzgläubiger) beschränkt werden, die unter bestimmten Voraussetzungen auch überstimmt werden können. 80

Der **Restrukturierungsplan** (§§ 5 ff. StaRUG) als Herzstück des Restrukturierungsrahmens besteht aus einem darstellenden und einem gestaltenden Teil. Der darstellende 81

[39] Vgl. weiterführend *Reiner* WPg Themenheft 5/2009, 320 ff.
[40] Gesetz über den Stabilisierungs- und Restrukturierungsrahmen für Unternehmen (Unternehmens-stabilisierungs- und Restrukturierungsgesetz) als Teil des SanInsFoG.
[41] Vgl. *Groß/Jungclaus* SanB 1/21, 6.
[42] Vgl. Gesetzentwurf der Bundesregierung v. 9.11.2020, BT-Drs. 19/24181, 2.

Teil umfasst neben einem betriebswirtschaftliches Restrukturierungs- bzw. Sanierungskonzept eine Vergleichsrechnung, in der die Auswirkungen des Restrukturierungsplans auf die Befriedigungsaussichten der Planbetroffenen dargestellt werden. Der gestaltende Teil des Restrukturierungsplans legt fest, wie die Rechtsstellung der Inhaber der Restrukturierungsforderungen, der Absonderungsanwartschaften, der Rechte aus gruppeninternen Drittsicherheiten und der Anteils- oder Mitgliedschaftsrechte (Planbetroffenen) durch den Plan geändert werden soll.

82 Eine intensive Befassung mit der wirtschaftlichen und rechtlichen Ausgangslage des Unternehmens in seinem wirtschaftlichen Umfeld, einschließlich der Vermögens-, Finanz- und Ertragslage, dem Krisenstadium und den Krisenursachen, der Erarbeitung eines Leitbilds mit dem Geschäftsmodell des sanierten Unternehmens und die hierfür erforderlichen leistungswirtschaftlichen und finanziellen Sanierungsmaßnahmen[43] sind Grundvoraussetzung für eine erfolgversprechende Sanierung. Dem **Restrukturierungs- bzw. Sanierungskonzept** kommt deshalb eine zentrale Bedeutung für den Erfolg der Sanierung zu, da von den Sanierungsmaßnahmen betroffene Gläubiger dem Konzept nur zustimmen werden, wenn sie von der nachhaltigen Fortführungsfähigkeit, die eine Wettbewerbs- und Refinanzierungsfähigkeit erfordert, überzeugt werden können.[44]

## 2. Typische Anwendungsfälle

83 Der **Restrukturierungsrahmen** eignet sich in der Praxis insbesondere dann, wenn die leistungswirtschaftliche Sanierung im Wesentlichen bereits umgesetzt ist oder sich in Umsetzung befindet und (nur noch) finanzielle Sanierungsmaßnahmen ausstehen. Erscheint in diesen Fällen eine konsensuale Lösung nicht (mehr) möglich, weil sich bspw. einzelne Finanzgläubiger oder -gläubigergruppen einer objektiv sinnvollen Sanierung verschließen oder sich unter Umständen Sondervorteile verschaffen wollen, kann der Restrukturierungsrahmen allein aufgrund seines „Drohpotentials“ dazu beitragen, dass das Unternehmen in einer Sanierung weniger erpressbar wird.[45] Findet sich keine konsensuale Lösung, können mit dem Restrukturierungsrahmen dissertierende Minderheiten unter den im Gesetz genannten Bedingungen von anderen betroffenen Gläubigern die dem Sanierungskonzept und somit dem Restrukturierungsplan zustimmen wollen, in der Abstimmung hierüber überstimmt werden.

84 Ein weiterer entscheidender Vorteil des Restrukturierungsrahmens ist, dass er – entgegen bspw. einem **Schutzschirmverfahren** – unter Ausschluss der Öffentlichkeit erfolgen kann, da nur die planbetroffenen Gläubiger informiert werden müssen. Nachteilig ist, dass sein Anwendungsbereich auf finanzielle Sanierungsmaßnahmen beschränkt ist. Eingriffe in Verpflichtungen gegenüber Arbeitnehmern sind – wie auch Eingriffe in (andere) Dauerschuldverhältnisse – gesetzlich nicht vorgesehen. Ist für die Sanierungsfähigkeit Voraussetzung, dass sich das Unternehmen bspw. von nachteiligen Mietverträgen trennen muss oder sind für die Sanierung auch arbeitsrechtliche Maßnahmen erforderlich, wird man eher auf die Werkzeuge der Insolvenzordnung zurückgreifen müssen (zum Schutzschirmverfahren → Rn. 178 ff.).[46] Gleiches gilt bei hohen Verpflichtungen aus zugesagten Altersversorgungen.

## 3. Zugangsvoraussetzungen

85 Soweit bereits eine Insolvenzantragspflicht besteht, sind die Interessen aller Gläubiger tangiert, was ein Gesamtverfahren nach den Regelungen der Insolvenzordnung erforderlich

---

[43] Zu den sog. Kernanforderungen vgl. IDW S 6 Rn. 11.
[44] Vgl. *Steffan/Oberg/Poppe* ZIP 2021, 617.
[45] Vgl. *Groß/Jungclaus* SanB 1/21, 11.
[46] Vgl. *Groß/Jungclaus* SanB 1/21, 11.

macht.[47] Den Restrukturierungsrahmen können folglich lediglich Unternehmen in Anspruch nehmen, die drohend zahlungsunfähig im Sinne des § 18 InsO sind.

Im Gesetz ist vorgesehen, dass das Verfahren einschließlich der Planabstimmung auch in 86
Eigenregie durchgeführt werden kann. Dies wird sich in der Praxis aber kaum durchsetzen, da die angebotenen und an die Einbeziehung des Gerichts geknüpften Verfahrenshilfen erhebliche Vorteile und insbesondere **Rechtssicherheit** bieten.

Eine förmliche Verfahrenseröffnung wie bspw. beim Insolvenzverfahren ist für den 87
Restrukturierungsplan nicht vorgesehen. Mit der **Anzeige des Restrukturierungsvorhabens** (§ 31 Abs. 2 StaRUG) beim zuständigen Restrukturierungsgericht, wird die Restrukturierungssache rechtshängig (§ 31 Abs. 3 StaRUG), mit der Folge, dass die Insolvenzantragspflicht ruht (§ 42 Abs. 1 StaRUG). Für die Anzeige wird ein Entwurf des Restrukturierungsplans oder, sofern ein solcher noch nicht vorliegt, ein Konzept für die Restrukturierung gefordert (§ 31 Abs. 2 S. 1 Nr. 1 StaRUG), „welches auf Grundlage einer Darstellung von Art, Ausmaß und Ursachen der Krise das Ziel der Restrukturierung (Restrukturierungsziel) sowie die Maßnahmen beschreibt, welche zur Erreichung des Restrukturierungsziels in Aussicht genommen werden". Des Weiteren ist eine Darstellung des Stands der Verhandlungen mit Gläubigern, an dem Schuldner beteiligten Personen und Dritten zu den in Aussicht genommenen Maßnahmen (§ 31 Abs. 2 S. 1 Nr. 2 StaRUG) vorzulegen. Des Weiteren eine Darstellung der Vorkehrungen, welche der Schuldner getroffen hat, um seine Fähigkeit sicherzustellen, seine Pflichten nach diesem Gesetz zu erfüllen (§ 31 Abs. 2 S. 1 Nr. 3 StaRUG).

Gefordert wird in diesem Stadium noch kein Sanierungskonzept im Sinne des BGH 88
und IDW S 6. In dem **Grobkonzept** müssen auf Basis grundlegender Überlegungen die wesentlichen Sanierungsansätze grob skizziert werden. Danach reicht es aus, wenn[48]
- mindestens grundsätzliche Vorstellungen darüber vorliegen, wie die angestrebte Sanierung konzeptionell und finanziell erreicht werden kann,
- das Ziel der angestrebten Sanierung und die dafür wesentlichen Maßnahmen, aber auch etwaige wesentliche Hindernisse der Sanierung (zB auf Seiten der Stakeholder) beschrieben werden,
- mindestens eine Analyse der Krisenursachen, die Darstellung der aktuellen wirtschaftlichen Situation, eine Skizze des Zukunftsbildes des Unternehmens sowie eine grobe Beschreibung der für die Sanierung angestrebten Maßnahmen mit ihren finanziellen Auswirkungen und ihrer qualitativen Eintrittswahrscheinlichkeit erfolgen und
- die zugrundeliegenden Annahmen und Maßnahmen nicht nur pauschalen und allgemein unverbindlichen Charakter haben, sondern begründet sind.

Eine **Finanzplanung** muss nicht vorgelegt werden. Ein **Beweismaßstab** für die Um- 89
setzungswahrscheinlichkeit des Konzepts für die Restrukturierung ist bei der Anzeige des Restrukturierungsvorhabens ebenfalls nicht gefordert. Um sicher zu gehen, dass das angedachte Konzept die betriebswirtschaftlichen Mindestanforderungen an eine Sanierung erfüllt, empfiehlt es sich aber bereits mit der Anzeige bei Gericht die Anforderungen zugrunde zu legen, die für eine spätere Stabilisierungsanordnung maßgebend sind.[49]

## 4. Schutz vor Vollstreckungsmaßnahmen

Die **Stabilisierungsanordnung** kann als weitere Verfahrenshilfe des Restrukturierungs- 90
rahmens, eine Vollstreckungs- und Verwertungssperre durch das Gericht (§ 49 Abs. 1 Nr. 1 und 2 StaRUG) vorsehen, mit der jedoch auch höhere Anforderungen an den Schuldner einhergehen.

[47] RegE SanInsFoG, BT-Drs. 19/24181, 90.
[48] RegE SanInsFoG, BT-Drs. 19/24181, 90.
[49] Vgl. *Steffan/Oberg/Poppe* ZIP 2021, 617 (619).

91 Neben der Aktualisierung des Konzepts für die Restrukturierung bzw. Sanierung wird zusätzlich ein auf diesem Konzept basierender **Finanzplan** über sechs Monate gefordert (§ 50 Abs. 2 Nr. 1 und 2 StaRUG).[50] Das Konzept der Restrukturierung bzw. Sanierung muss schlüssig, dh bezogen auf seine geplante Umsetzung nicht offensichtlich aussichtslos (vgl. § 51 Abs. 1 S. 2 StaRUG) und die Finanzplanung bezüglich ihres Eintreffens überwiegend wahrscheinlich[51] sein. Insoweit lässt der Gesetzgeber in diesem Stadium, bezogen auf die mittelfristigen Auswirkungen des Grobkonzepts, noch gewisse Unschärfen in der Beurteilung zu. Bezogen auf die kurzfristen Auswirkungen, nämlich die Sicherstellung der Durchfinanzierung den nächsten sechs Monaten, werden jedoch höhere Maßstäbe angelegt, was durchaus nachvollziehbar ist.[52]

92 Des Weiteren hat der Schuldner nach § 50 Abs. 3 StaRUG zu **erklären,** (i) ob, in welchem Umfang und gegenüber welchen Gläubigern er sich mit der Erfüllung von Verbindlichkeiten aus Arbeitsverhältnissen, Pensionszusagen oder dem Steuerschuldverhältnis, gegenüber den Sozialversicherungsträgern oder Lieferanten in Verzug befindet, (ii) ob und in welchen Verfahren zu seinen Gunsten innerhalb der letzten drei Jahre vor dem Antrag Vollstreckungs- oder Verwertungssperren nach diesem Gesetz oder nach § 21 Abs. 2 S. 1 Nr. 3 oder 5 InsO angeordnet wurden und (iii) ob er für die letzten drei abgeschlossenen Geschäftsjahre seinen Verpflichtungen aus den §§ 325–328 HGB oder aus § 339 HGB nachgekommen ist.

## 5. Begründete Erklärung der Bestandsfähigkeit

93 Dem Restrukturierungsplan ist eine begründete **Erklärung** beizufügen, dass nicht nur die drohende Zahlungsunfähigkeit des Schuldners, dh für die nächsten 24 Monate, durch den Plan beseitigt wird, sondern darüber hinaus auch seine Bestandsfähigkeit sicher- oder wiederhergestellt wird (§ 14 Abs. 1 StaRUG). Eine Definition der Bestandsfähigkeit findet sich weder im Gesetzestext noch in der Gesetzesbegründung. Da mit dem Restrukturierungs- und Stabilisierungsrahmen entgegen dem Willen einzelner Gläubiger in deren Rechte eingegriffen werden kann, erscheint es zwingend, dass vom Gesetzgeber kein geringerer Maßstab an die Sanierungsfähigkeit angelegt werden kann, als er bei einer vom Konsens aller Beteiligten abhängigen Sanierung gefordert wird.

94 Ein im Sinne des StaRUG **bestandsfähiges Unternehmen** darf somit nicht nur nicht insolvenzreif sein, sondern muss darüber hinaus die Krisenursachen nachhaltig beseitigt haben, so dass das Unternehmen refinanzierbar und somit auch wettbewerbsfähig ist.[53] Die Erklärung zur Bestandsfähigkeit (§ 14 Abs. 1 StaRUG) erfordert somit ein Voll- bzw. Sanierungskonzept, das die Refinanzierungsfähigkeit und Wettbewerbsfähigkeit des Unternehmens aufzeigt.[54] Bestandsfähigkeit bzw. Sanierungsfähigkeit liegt dann vor, wenn ein Unternehmen „dauerhaft"[55] bzw. „durchgreifend"[56] saniert ist, es insoweit nach Umsetzung der Sanierung wieder „profitabel"[57] arbeitet und somit die „Rentabilität der unternehmerischen Tätigkeit"[58], als Voraussetzung aus eigener Kraft im Wettbewerb bestehen zu

[50] Zu den Anforderungen an den Finanzplan vgl. *Steffan/Oberg/Poppe* ZIP 2021, 617 (623).

[51] Vgl. Gesetzentwurf der Bundesregierung v. 9.11.2020, BT-Drs. 19/24181, 204, für § 50 Abs. 2 Nr. 2 StaRUG analog angewandt.

[52] Vgl. *Steffan/Oberg/Poppe* ZIP 2021, 617 (620).

[53] Vgl. IDW S 6 Rn. 26; so iErg auch auch *Krystek/Evertz* DB 2020, 2361 (2364 f.), die für eine nachhaltige Sanierung ein finanzielles und leistungswirtschaftliches Restrukturierungskonzept fordern, das eine strategische Neuorientierung enthält.

[54] Vgl. hierzu umfassend und mwN *Steffan/Oberg/Poppe* ZIP 2021, 617 (622).

[55] Vgl. BGH ZIP 2016, 1235 Rn. 29.

[56] Vgl. BGH ZIP 2006, 279.

[57] Vgl. BGH ZIP 2016, 1235 Rn. 31.

[58] Vgl. BGH ZIP 2016, 123 Rn. 36.

können,“[59] wiederhergestellt ist. Für die Umsetzung des betriebswirtschaftlichen Konzepts ist auf die überwiegende Wahrscheinlichkeit abzustellen.[60] Der im Sanierungskonzept nach IDW S 6 geforderte integrierte Sanierungsplan, der aus einem Vermögens-, Finanz- und Ertragsplan besteht, umfasst zudem die in § 14 Abs. 2 StaRUG geforderten Anlagen zum Restrukturierungsplan.

### 6. Gruppeneinteilung und Planabstimmung

Bei der **Gruppeneinteilung** der von dem Restrukturierungsplan betroffenen Gläubiger sind die unterschiedlichen Rechtsstellungen der Beteiligten zu berücksichtigen, so bspw. gesicherte Gläubiger, nicht nachrangige ungesicherte Gläubiger und nachrangige Gläubiger. Für Inhaber von Anteils- und Mitgliedschaftsrechten ist eine eigene Gruppe zu bilden (§ 9 Abs. 1 Nr. 4 StaRUG), wie auch für Kleingläubiger (§ 9 Abs. 2 S. 3 StaRUG). 95

Jede gebildete Gruppe **stimmt gesondert** über den Restrukturierungsplan ab (§ 9 Abs. 1 StaRUG). Der Restrukturierungsplan gilt gem. § 25 Abs. 1 StaRUG als angenommen, wenn in jeder Gruppe eine qualifizierte Summenmehrheit von 75% der Stimmrechte dem Restrukturierungsplan zugestimmt hat. Die Zustimmung einer Gruppe gilt trotz Verfehlens des Mehrheitserfordernisses als erteilt (§ 26 Abs. 1 StaRUG), wenn (i) die Mitglieder dieser Gruppe durch den Plan voraussichtlich nicht schlechter gestellt werden, als sie ohne den Plan stünden, (ii) sie angemessen am wirtschaftlichen Wert beteiligt werden, der den Planbetroffenen zufließen soll, und (iii) die Mehrheit der abstimmenden Gruppen mit den erforderlichen Mehrheiten zugestimmt hat (sog. gruppenübergreifende Mehrheitsentscheidung, „cram down“). 96

### 7. Minderheitenschutz und Vergleichsrechnung

Um überstimmte Planbetroffene vor einer Übervorteilung zu schützen, ist im StaRUG ein **Schutzmechanismus** (§ 64 Abs. 1 StaRUG – sog. Minderheitenschutz) gesetzlich verankert. Auf Antrag eines Planbetroffenen, der gegen den Restrukturierungsplan gestimmt hat, ist die Bestätigung des Plans durch das Gericht zu versagen, wenn der Antragsteller durch den Restrukturierungsplan voraussichtlich schlechter gestellt wird als er ohne Plan stünde. Ob eine **Schlechterstellung** vorliegt, ist anhand einer Vergleichsrechnung zu ermitteln. Diese **Vergleichsrechnung** ist ein wesentlicher Bestandteil des darstellenden Teils des Restrukturierungsplans (§ 6 Abs. 2 StaRUG). Soll das Unternehmen plangemäß fortgeführt werden, sind in der Vergleichsrechnung Fortführungswerte anzusetzen (§ 6 Abs. 2 S. 2 StaRUG). Ein Ansatz von **Liquidationswerten** ist hingegen nur statthaft, wenn eine anderweitige Fortführung oder ein Verkauf des Unternehmens nicht möglich ist.[61] 97

## E. Pflichten des Vorstands als Krisenmanager

### I. Laufende Beobachtung der wirtschaftlichen Lage

Nach der Rechtsprechung des Bundesgerichtshofs muss sich der Vorstand stets über die wirtschaftliche Lage der AG vergewissern und Hinweise auf eine Insolvenzgefahr erkennen können.[62] Dies folgt aus der Sorgfaltspflicht des ordentlichen und gewissenhaften Geschäftsleiters, der verpflichtet ist, die wirtschaftliche Lage des Unternehmens laufend zu 98

[59] Vgl. IDW S 6 Rn. 24, vgl. hierzu auch Mitteilung der Europäischen Kommission: Leitlinien für staatliche Beihilfen zur Rettung und Umstrukturierung nichtfinanzieller Unternehmen in Schwierigkeiten (2014/C 249/01), Rn. 52.
[60] Vgl. IDW S 6 Rn. 21, *Steffan* ZIP 2018, 1767 (1770).
[61] Vgl. Gesetzentwurf der Bundesregierung v. 9.11.2020, BT-Drs. 19/24181, 166.
[62] BGH DB 2007, 1477 Rn. 16.

beobachten, sowie aus § 15a InsO, wenn es um den Nachweis geht, dass ein Insolvenzantrag ohne schuldhaftes Zögern gestellt wurde. Der Vorstand muss somit den Nachweis dafür erbringen können, dass er die wirtschaftliche Entwicklung seines Unternehmens jederzeit im Blick hatte, die **Unternehmensplanung** aufgrund plausibler Annahmen erstellt hat, und dass das Unternehmen auch in der Lage war, die Planannahmen entsprechend umzusetzen.[63] Andernfalls drohen den Verantwortlichen persönliche Haftung und Strafbarkeit wegen Insolvenzverschleppung.

99 Durch § 1 StaRUG sind diese Anforderungen seit Jahresbeginn 2021 rechtsformübergreifend **gesetzlich verankert.** Danach hat der Vorstand geeignete Regelungen im Unternehmen zur Risikoidentifikation bestandsgefährdender Entwicklungen bezüglich einer drohenden Zahlungsunfähigkeit (Risikoinventur) und zu deren Bewertung bezüglich der Wahrscheinlichkeit und des Schadensausmaßes für den Eintritt einer drohenden Zahlungsunfähigkeit zu implementieren. Darüber hinaus gilt dies auch bezüglich des Anstoßens von Maßnahmen zur Sicherung und Aufrechterhaltung der Zahlungsfähigkeit.

100 In § 1 StaRUG wird das Erfordernis einer Unternehmensplanung nicht angesprochen. Da es aber ein Frühwarnsystem und eine Risikoüberwachung ohne eine Unternehmensplanung nicht geben kann, ist darauf zu achten, dass obige Anforderungen systemseitig auch mit der **Unternehmensplanung,** den **Soll-Ist-Vergleichen** und **neuen Forecasts** verknüpft werden. Die in der Planung zugrunde gelegten Annahmen müssen den Anforderungen der formellen und materiellen sowie internen und externen Plausibilität genügen. Sie müssen plausibel, dh nachvollziehbar, konsistent und frei von Widersprüchen und bezüglich ihres Eintritts überwiegend wahrscheinlich sein.[64]

## II. Verlustanzeige und Einberufung der Hauptversammlung

101 Gemäß § 92 Abs. 1 AktG hat der Vorstand unverzüglich die **Hauptversammlung** einzuberufen, sobald sich aus der Aufstellung einer Jahresbilanz, einer Zwischenbilanz oder bei pflichtgemäßem Ermessen ergibt, dass die Hälfte des Grundkapitals nicht mehr vorhanden ist. Kommt der Vorstand dieser Pflicht nicht nach, so macht er sich der Gesellschaft gegenüber gem. § 93 Abs. 2 AktG schadensersatzpflichtig.

## III. Zahlungsverbot

102 Seit dem 1.1.2021 sind die bisherigen Einzelvorschriften zu den **Zahlungsverboten** bei Insolvenzreife und zur Geschäftsleiterhaftung rechtsformunabhängig im § 15b InsO zusammengefasst. Für den Vorstand der AG fanden sich die relevanten Haftungsvorschriften bislang im § 92 Abs. 2 AktG.

103 Mit Eintritt der **Zahlungsunfähigkeit** oder **Überschuldung** darf ein Vorstand nach § 15b Abs. 1 InsO keine Zahlungen mehr leisten, die mit der Sorgfalt eines ordentlichen und gewissenhaften Geschäftsleiters nicht zu vereinbaren sind.[65] Der Begriff der Zahlung ist dabei weit gefasst und umfasst neben Barzahlungen und bargeldlosen Zahlungen auch Vermögensabflüsse, die nicht in Geld erfolgen[66], bspw. Aufrechnungen oder die Übereignung von Vermögen.[67] Die erforderliche Sorgfalt ist in jedem Fall eingehalten, wenn die

[63] Hierzu bereits BGH DB 2005, 996 ff., wonach die Gesellschaft bzw. der Insolvenzverwalter zunächst substanziiert eine Überschuldung zu einem bestimmten Zeitpunkt darzulegen hat und das Geschäftsführungsorgan sodann darzulegen und zu beweisen hat, dass es zum damaligen Beurteilungszeitpunkt pflichtgemäß von einer positiven Fortbestehensprognose ausgehen durfte. So auch OLG Koblenz DB 2003, 419 ff.

[64] Vgl. IDW Praxishinweis 2/2017, Beurteilung einer Unternehmensplanung bei Bewertungen, Restrukturierungen, Due Diligence und Fairness Opinions, Rn. 14 ff.

[65] *Haas/Hock* in Gottwald/Haas InsR-HdB § 91 Rn. 6.

[66] BeckOK InsO/*Wolfer* § 15b Rn. 11.

[67] *Gehrlein* ZRI 2020, 183.

Zahlungen geeignet sind, den Zusammenbruch der Gesellschaft zu verhindern oder Nachteile für die Insolvenzmasse abzuwenden. Auch Bargeschäfte (Definition s. § 142 InsO), bei denen der Gesellschaft ein adäquater Gegenwert zufließt, sind unschädlich.[68]

Eine **wesentliche Neuerung** ist, dass nach § 15b InsO nicht mehr jede Zahlung nach Eintritt der materiellen Insolvenzreife vom Zahlungsverbot erfasst ist. Geschäftsleiter, die den Zeitpunkt der zwingenden Insolvenzantragstellung noch nicht überschritten haben, sollen weiterhin privilegiert bleiben. 104

Zahlungen nach § 15b Abs. 2 S. 1 InsO, die im ordnungsgemäßen Geschäftsgang zur Aufrechterhaltung des Geschäftsbetriebs erfolgen, gelten vorbehaltlich der Regelungen des § 15b Abs. 3 InsO als mit der Sorgfalt eines ordentlichen und gewissenhaften Geschäftsleiters vereinbar. Demnach sind nun auch Zahlungen bspw. auf Dienstleistungen privilegiert, die aufgrund der Rechtsprechung zur Notgeschäftsführung bislang nicht möglich waren.[69] Voraussetzung der **Privilegierung** ist, dass Maßnahmen zur nachhaltigen Beseitigung der Insolvenzreife oder zur Vorbereitung eines Insolvenzantrags mit der Sorgfalt eines ordentlichen und gewissenhaften Geschäftsleiters betrieben werden. Zu einer Dokumentation der unternommenen Maßnahmen und deren Gründe wird dem Vorstand geraten. 105

Das bislang bestehende haftungsrechtliche Spannungsfeld zwischen den haftungsbewehrten Pflichten zur rechtzeitigen **Steuerabführung** (§§ 34, 69 AO) und **Massesicherungspflichten** wurde durch § 15b Abs. 8 InsO gelöst, wobei Sozialversicherungsbeiträge nicht von der Vorschrift erfasst sind. Demnach stellt es unter bestimmten Voraussetzungen keine Verletzung steuerrechtlicher Zahlungsverpflichtungen mehr dar, wenn Ansprüche aus dem Steuerschuldverhältnis nicht oder nicht rechtzeitig erfüllt werden. 106

Verstößt ein Vorstand gegen die Vorschrift, so macht er sich nach § 15b Abs. 4 S. 1 InsO gegenüber der Gesellschaft schadensersatzpflichtig. Nach § 15b Abs. 4 S. 2 InsO wird dabei der **Ersatzanspruch** auf den tatsächlichen Schaden begrenzt. Der Nachweis ist vom Vorstand zu erbringen.[70] Maßgeblicher Zeitpunkt ist der Eintritt der Insolvenzreife und nicht erst das Ende der drei- bzw. sechswöchigen Insolvenzantragspflicht des § 15a InsO.[71] 107

§ 15b Abs. 1 InsO richtet sich zwar nur an den Vorstand, aber auch den **Aufsichtsrat** treffen Informations-, Beratungs- und Überwachungspflichten.[72] Um seinen Pflichten nachzukommen hat der Aufsichtsrat alle ihm nach § 90 Abs. 3 AktG, § 111 Abs. 2 AktG zur Verfügung stehenden Erkenntnisquellen zu nutzen.[73] Stellt der Aufsichtsrat dabei fest, dass die Gesellschaft insolvenzreif ist, hat er darauf hinzuwirken, dass der Vorstand keine Zahlungen mehr leistet, die mit der Sorgfalt eines ordentlichen und gewissenhaften Geschäftsleiters nicht vereinbar sind.[74] Erforderlichenfalls muss der Aufsichtsrat ein ihm unzuverlässig erscheinendes Vorstandsmitglied abberufen. Verstößt ein Aufsichtsratsmitglied gegen seine Pflicht, so ist es über den Verweis in § 116 AktG auf § 15b InsO haftbar.[75] 108

## IV. Kapitalmarktrechtliche Pflichten

Art. 17 MAR begründet für alle kapitalmarktorientierten Unternehmen die Pflicht zur **unverzüglichen Veröffentlichung** aller nicht öffentlich bekannter, kursrelevanter Informationen, die bei Bekanntwerden geeignet sind, den Börsen- oder Marktpreis erheblich zu beeinflussen. Diese sogenannte Ad-hoc-Publizitätspflicht besteht auch während des Insolvenzverfahrens eines Unternehmens fort. Publizitätspflichtige Informationen sind unter anderem die Stellung eines Insolvenzantrags, die (bevorstehende) Zahlungsunfähigkeit oder 109

[68] KPB/*Bork/Kebekus* InsO § 15b Rn. 18.
[69] BeckOK InsO/*Wolfer* § 15b Rn. 15.
[70] *Bitter* ZIP 2021, 321 (329).
[71] BGH NZG 2009, 550; *Haas/Hock* in Gottwald/Haas InsR-HdB § 91 Rn. 6.
[72] *Bitter* ZIP, 2021, 321 (324); KPB/*Bork/Kebekus* InsO § 15b Rn. 14.
[73] BGH NZG 2009, 550 (551).
[74] *Haas/Hock* in Gottwald/Haas InsR-HdB § 91 Rn. 6.
[75] BeckOK InsO/*Wolfer* § 15b Rn. 10.

Überschuldung, einschneidende Personalmaßnahmen und der Verlust der Hälfte des Grundkapitals.[76] Bei einer Krise wird im Einzelfall zu beurteilen sein, ob es sich um eine mitteilungspflichtige Tatsache nach Art. 6 MAR handelt. Die Mitteilungspflicht richtet sich danach, ob mit einer hinreichenden Wahrscheinlichkeit vom Eintritt eines Ereignisses ausgegangen werden kann. Der Eintritt eindeutiger Krisenzeichen, wie bspw. ein Covenantbruch oder Bestellung eines CRO, kann zu einer **Ad-hoc-Publizitätspflicht** führen.[77] Die Mitteilungspflicht kann sich unter Umständen in Krisensituationen negativ für das Unternehmen auswirken. Aus diesem Grund gibt es die Möglichkeit, sich von der Mitteilungspflicht zu befreien, soweit es der Schutz von berechtigten Interessen erfordert, keine Irreführung der Öffentlichkeit zu befürchten ist und der Emittent die Vertraulichkeit der Informationen gewährleisten kann (Art. 17 Abs. 4 MAR). In der Krise kann bspw. die Veröffentlichung aufgeschoben werden, wenn ein Sanierungskonzept besteht, das Erfolg verspricht.[78]

## V. Insolvenzantragsrecht

110 Eine Aktiengesellschaft wird von ihrem Vorstand vertreten (§ 78 AktG). Soweit mehrere Vorstandsmitglieder bestellt wurden, ist jeder von ihnen einzeln und unabhängig von den anderen Vorstandsmitgliedern zur Antragstellung berechtigt (§ 15 Abs. 1 S. 1 InsO).[79] Lediglich bei einem Antrag aufgrund von drohender Zahlungsunfähigkeit (§ 18 Abs. 3 InsO) kommt es auf die **gesellschaftsrechtliche Vertretungsbefugnis** nach außen an.[80] Soweit der Antrag nicht von allen Mitgliedern des Vorstands gestellt wurde, ist der Antragsgrund glaubhaft zu machen (§ 15 Abs. 2 InsO, § 294 ZPO). Die Mitglieder eines Vorstandes, die den Antrag nicht mittragen, sind gem. § 15 Abs. 2 S. 3 InsO vom Gericht anzuhören.[81] Für den Fall der Führungslosigkeit einer AG[82] sieht § 15 Abs. 1 S. 2 InsO auch ein Antragsrecht für jeden Gesellschafter und jedes Mitglied des Aufsichtsrates vor. Den Aktionären steht im Falle der Führungslosigkeit der AG allerdings kein Antragsrecht zu.[83]

111 Zu einem Insolvenzantrag berechtigt sind ferner auch Gläubiger des Unternehmens, soweit die Voraussetzungen des § 14 Abs. 1 InsO erfüllt sind. Es muss daher ein rechtliches Interesse bestehen und die Forderung sowie der Insolvenzgrund müssen glaubhaft gemacht werden (§ 294 ZPO).[84]

## VI. Insolvenzantragspflicht

112 Nach § 15a Abs. 1 S. 1 InsO ist der Vorstand verpflichtet, bei Eintritt der Zahlungsunfähigkeit oder Überschuldung ohne schuldhaftes Zögern einen Insolvenzantrag zu stellen. Dies gilt auch soweit ggf. von (Haupt-)Aktionären oder von Seiten des Aufsichtsrats entgegengesetzte Weisungen erteilt werden sollten. Seit dem 1.1.2021 wird bei der Bemessung der Höchstfrist für die Antragstellung unterschieden. Liegt Zahlungsunfähigkeit vor, beträgt die Höchstfrist für die Stellung des Insolvenzantrags drei Wochen, bei Überschuldung nunmehr sechs Wochen (§ 15a Abs. 1 S. 2 InsO). In einem mehrköpfigen Vorstand hat jedes Mitglied die **Pflicht** einen Insolvenzantrag zu stellen.[85] Ein Vorstandsmitglied macht sich den Alt- und Neugläubigern gegenüber schadensersatzpflichtig, wenn es den

[76] *Mock* in Gottwald/Haas InsR-HdB § 92 Rn. 116ff.
[77] *Mock* in Gottwald/Haas InsR-HdB § 91 Rn. 116.
[78] *Mock* in Gottwald/Haas InsR-HdB § 91 Rn. 116.
[79] *Mock* in Gottwald/Haas InsR-HdB § 91 Rn. 12.
[80] Braun/*Bußhardt* InsO § 18 Rn. 16ff.
[81] Braun/*Bußhardt* InsO § 15 Rn. 14.
[82] Eine Gesellschaft ist führungslos, wenn sie keinen organschaftlichen oder sonstigen Gesellschafter mehr hat.
[83] *Mock* in Gottwald/Haas InsR-HdB § 91 Rn. 13.
[84] KPB/*Pape* InsO § 14 Rn. 1f.
[85] Uhlenbruck/*Hirte* InsO § 15a Rn. 7.

Antrag zu spät stellt. Genussrechtsgläubiger, die einen schuldrechtlichen Anspruch gegen die Gesellschaft haben, sind in den Schutzbereich des § 15a InsO einbezogen.[86] Bei sog. eigenkapitalähnlichen Genussrechten gilt dies wiederum nicht, da bei diesen der mitgliedschaftliche Bezug stärker in den Vordergrund tritt.[87] Des Weiteren haftet das Vorstandsmitglied persönlich gegenüber der Gesellschaft aufgrund von einer Pflichtverletzung nach § 93 Abs. 2 AktG auf Schadenersatz.

Eine Antragpflicht entsteht für den **Aufsichtsrat** lediglich im Falle der Führungslosigkeit einer Gesellschaft nach § 15a Abs. 3 InsO. In der Krise der AG trifft den Aufsichtsrat die Pflicht, auf die Einhaltung der Pflichten zur Insolvenzantragstellung durch den Vorstand zu achten. Der Aufsichtsrat macht sich im Innenverhältnis nach §§ 116, 93 Abs. 2 AktG haftbar, wenn er vom Eintritt der Zahlungsunfähigkeit oder Überschuldung Kenntnis erhält und es pflichtwidrig unterlässt, auf den Vorstand einzuwirken, dass dieser spätestens nach Ablauf der Höchstfristen einen Antrag auf Insolvenzeröffnung stellt.[88] Die Möglichkeit einer Unkenntnis des Aufsichtsrates nach § 15a Abs. 3 InsO erscheint angesichts seiner Überwachungspflicht und der zu unterstellenden Sachkunde kaum denkbar zu sein. 113

Die **Drei- bzw. Sechswochenfrist** des § 15a InsO hat keine aufschiebende Wirkung in dem Sinne, dass erst nach ihrem Ablauf gegen die Antragspflicht verstoßen werden könnte.[89] Die Drei- bzw. Sechswochenfrist darf nicht in jedem Fall, sondern nur dann ausgeschöpft werden, wenn eine **begründete Aussicht** dafür besteht, dass die Gesellschaft innerhalb dieser Frist durch Sanierungsmaßnahmen gerettet werden kann.[90] Um die konkrete Aussicht auf eine Sanierung später nachweisen zu können, ist eine Dokumentation der Überlegungen und Feststellungen dringend anzuraten. Um die mit der Antragspflicht verbundenen haftungs- und strafrechtlichen Konsequenzen zu vermeiden, ist es zu empfehlen, sich das Nichtvorliegen der Insolvenzantragsgründe von einem Sachverständigen bestätigen zu lassen. Zieht der Vorstand unter umfassender Darstellung der Verhältnisse der AG und Offenlegung der erforderlichen Unterlagen einen unabhängigen und sachverständigen Dritten hinzu, darf er das Ergebnis der Beurteilung abwarten.[91] Voraussetzung ist dabei, dass sich der Vorstand nicht mit einer unverzüglichen Auftragserteilung begnügt, sondern auch auf eine unverzügliche Vorlage des Ergebnisses der Beurteilung hinwirkt.[92] Auf das Urteil des Sachverständigen darf sich der Vorstand verlassen, soweit das Ergebnis dessen Arbeit nicht offensichtlich unplausibel ist.[93] Während der Rechtshängigkeit der Restrukturierungssache unter den Voraussetzungen des § 42 Abs. 1 StaRUG ruht die Pflicht zur Insolvenzantragstellung. 114

## VII. Vorschusspflicht bei Massearmut

Eröffnungsantragspflichtige Organe haben einen **Kostenvorschuss** zu leisten, soweit sie ihre Antragspflichten pflichtwidrig und schuldhaft verletzt haben (§ 26 Abs. 4 InsO). Dass eine Pflichtwidrigkeit und Schuldhaftigkeit vorlag, wird dabei zu Lasten der Organe vermutet (Beweislastumkehr).[94] 115

[86] Uhlenbruck/*Hirte* InsO § 15a Rn. 60.
[87] *Mock* in Gottwald/Haas InsR-HdB § 91 Rn. 17.
[88] *Mock* in Gottwald/Haas InsR-HdB § 91 Rn. 18.
[89] KPB/*Steffek* InsO § 15a Rn. 59.
[90] BGH ZIP 1995, 124; BGH ZIP 2213; *Hess* in Hess, Kölner Kommentar zur Insolvenzordnung, 2017, InsO § 15a Rn. 16; KPB/*Bußhardt* InsO § 15a Rn. 16.
[91] BGH NJW 2007, 2118 Rn. 14; BGH NZG 2012, 672 Rn. 18.
[92] BGH NJW 2007, 2118 Rn. 23.
[93] BGH NJW 2007, 2118 (2119).
[94] KPB/*Pape* InsO § 26 Rn. 152.

## F. Die AG in der Insolvenz

### I. Insolvenzfähigkeit der AG

116 Eine Aktiengesellschaft ist mit ihrer Eintragung als juristische Person nach § 11 Abs. 1 InsO und unter bestimmten Voraussetzungen bereits während ihrer Gründung insolvenzfähig. Bereits der Entschluss zur Gründung einer juristischen Person kann, wenn der rechtliche Bindungswille bereits vorhanden ist, zur Entstehung einer Vorgründungsgesellschaft führen. Eine Vorgründungsgesellschaft ist insolvenzfähig, soweit sie bereits ein Sondervermögen gebildet hat und im Rechtsverkehr aufgetreten ist, obwohl es sich um eine Gesamthandsgemeinschaft und keine juristische Person handelt.[95] Nicht insolvenzfähig ist hingegen eine **Vorgründungsgesellschaft** als reine BGB-Innengesellschaft.[96] Die sogenannte Vor-AG entsteht mit Feststellung der Satzung (§ 23 AktG) und Übernahme sämtlicher Aktien durch die Gründer (§ 29 AktG). Gemäß § 11 Abs. 3 InsO ist auch ein Insolvenzverfahren über das Vermögen einer aufgelösten Gesellschaft möglich. Dafür muss die Gesellschaft nicht mehr im Handelsregister eingetragen sein, maßgeblich ist ausschließlich, dass noch ein verteilungsfähiges Vermögen vorhanden ist.[97]

### II. Insolvenzantragsgründe[98]

#### 1. Zahlungsunfähigkeit

117 In der gegenwärtigen Insolvenzpraxis werden nach wie vor die meisten Insolvenzanträge wegen Zahlungsunfähigkeit gestellt.[99] Die Zahlungsunfähigkeit ist nach § 17 Abs. 1 InsO allgemeiner Insolvenzeröffnungsgrund.[100] Antragsberechtigt sind neben dem Schuldnerunternehmen unter bestimmten Umständen auch die Gläubiger (§ 13 Abs. 1 InsO).

118 Ein Unternehmen ist nach der **Legaldefinition** des § 17 Abs. 2 InsO zahlungsunfähig, wenn es nicht mehr in der Lage ist, die fälligen Zahlungsverpflichtungen zu erfüllen. Dabei ist die Zahlungsunfähigkeit von der **Zahlungsstockung** abzugrenzen.[101] Zahlungsstockung ist die vorübergehende Unfähigkeit, die fälligen Verbindlichkeiten vollständig zu begleichen. Demgegenüber liegt Zahlungsunfähigkeit und nicht nur Zahlungsstockung in der Regel dann vor, wenn der Schuldner nicht in der Lage ist, seine fälligen Zahlungsverpflichtungen innerhalb eines absehbaren Zeitraums zu begleichen.[102]

119 Bei der Prüfung der Zahlungsunfähigkeit ist in einem ersten Schritt die frei verfügbare Liquidität den fälligen Verbindlichkeiten in einem **Finanzstatus** gegenüberzustellen.[103]

120 Zu den frei verfügbaren **Finanzmitteln** zählen Barmittel, Bankguthaben, Schecks in der Kasse und nicht ausgeschöpfte und ungekündigte Kreditlinien.[104]

121 **Fällige Verbindlichkeiten**[105] liegen nicht erst dann vor, wenn Verzug nach § 286 Abs. 3 BGB eingetreten ist, also erst dreißig Tage nach Rechnungsstellung. Fälligkeit kann neben der gesetzlichen Regelung, aufgrund einer Vereinbarung (beispielsweise Bedingung, Befristung, Fixgeschäft, Kasse gegen Faktura, Zahlung gegen Dokumente, Verfallklauseln) oder ausnahmsweise aufgrund einseitiger Parteierklärung (zB durch ausdrückliche Fällig-

---

[95] Uhlenbruck/*Hirte* InsO § 11 Rn. 241.
[96] Uhlenbruck/*Hirte* InsO § 11 Rn. 38–40.
[97] KPB/*Prütting* InsO § 11 Rn. 21.
[98] Das IDW hat mit dem IDW S 11 (Stand: 23.8.2021) unter Berücksichtigung der höchstrichterlichen Rspr. einen übergreifenden Standard zur abschließenden Beurteilung aller Insolvenzantragsgründe verfasst.
[99] *K. Schmidt* in K. Schmidt, InsO, 20. Aufl. 2021, § 17 Rn. 2.
[100] Braun/*Bußhardt* InsO § 17 Rn. 1.
[101] Dazu umfassend IDW S 11 Rn. 14ff.
[102] Vgl. BGH DB 2005, 1787; IDW S 11 Rn. 13.
[103] Hierzu umfassend IDW S 11 Rn. 23ff.
[104] IDW S 11 Rn. 33.
[105] Dazu umfassend IDW S 11 Rn. 26ff.

stellung oder durch Kündigung eines Darlehens mit der Folgewirkung einer sofortigen Fälligkeit) eintreten. Fehlt eine rechtsgeschäftliche Bestimmung der Fälligkeit und ergibt sie sich auch nicht aus den Umständen, liegt nach § 271 Abs. 1 BGB sofortige Fälligkeit vor. So gelten nicht ausdrücklich genehmigte Überziehungen bei Kontokorrentkrediten als fällig, auch wenn das Kreditinstitut diese Inanspruchnahmen stillschweigend duldet.[106] Verbindlichkeiten aus Lieferungen und Leistungen sind sofort oder bei Vereinbarung eines Zahlungsziels mit dessen Ablauf fällig.

**Gestundete Verbindlichkeiten** sind insolvenzrechtlich als nicht fällig zu behandeln. 122 Stundungsvereinbarungen können durch Branchenübung, Handelsbrauch und konkludentes Handeln zustande kommen und die Fälligkeit der Verbindlichkeiten hinausschieben. Die Stundung gilt immer dann als wirksam vereinbart, wenn der Gläubiger in eine spätere oder nachrangige Befriedigung seiner Forderung eingewilligt hat bzw. sich die Einwilligung aus den gesamten Umständen ergibt. Der Nachweis, dass eine Forderung nicht fällig ist, obliegt in jedem Fall dem Schuldner.[107] Der Vorstand ist daher gut beraten, etwaige Stundungsabreden in seinem Rechnungswesen zu dokumentieren. Gerade konkludente Stundungsabreden, die in der Praxis weit verbreitete Übung sind,[108] sind genau zu dokumentieren, weil die Umstände, aus denen sich die konkludente Stundung ergibt, später ggf. zu beweisen sind.[109] Besonders eine Dokumentation der Umstände, aus denen die Zustimmung des Gläubigers gefolgert werden durfte, erlangt daher Gewicht.

Weist der zur Ermittlung der Stichtagsliquidität erstellte Finanzstatus aus, dass der 123 Schuldner seine fälligen Zahlungsverpflichtungen erfüllen kann, ist keine Zahlungsunfähigkeit gegeben.

Liegt dagegen im Finanzstatus eine **Liquiditätslücke** vor und beträgt die Liquiditätslü- 124 cke am Ende des Dreiwochenzeitraums, den der BGH für die Beseitigung der Liquiditätslücke zubilligt, 10% der fälligen Gesamtverbindlichkeiten oder mehr, ist nach der Rechtsprechung des BGH[110] regelmäßig von Zahlungsunfähigkeit auszugehen, sofern nicht ausnahmsweise mit an Sicherheit grenzender Wahrscheinlichkeit zu erwarten ist, dass die Liquiditätslücke demnächst vollständig oder fast vollständig geschlossen wird und den Gläubigern ein Zuwarten nach den besonderen Umständen des Einzelfalls zumutbar ist.[111]

Beträgt die Liquiditätslücke am **Ende des Dreiwochenzeitraums** dagegen weniger als 125 10%, ist regelmäßig zunächst von einer Zahlungsstockung auszugehen. Dennoch ist in diesen Fällen eine Liquiditätsplanung zu erstellen, aus der sich die Weiterentwicklung der Liquiditätslücke ergibt.[112] Zeigt sich daraus, dass die Lücke demnächst mehr als 10% betragen wird, liegt Zahlungsunfähigkeit vor.[113] Ergibt sich aus dieser Liquiditätsplanung, dass die Lücke dauerhaft kleiner als 10% ist, lässt der BGH mehrere Interpretationen hinsichtlich der Frage zu, ob eine Liquiditätslücke von unter 10% auf Dauer akzeptiert werden kann. Ökonomisch erscheint ein Unternehmen, das dauerhaft eine – auch nur geringfügige – Liquiditätslücke aufweist, nicht erhaltungswürdig.[114] Auch im Interesse des Verkehrsschutzes und in anfechtungsrechtlicher Sicht ist eine dauerhafte Unterdeckung bedenklich. Im Übrigen hat der Gesetzgeber vom Merkmal der Dauerhaftigkeit ausdrücklich Abstand

[106] Vgl. auch BGH NJW 2007, 1357 Rn. 14f., zur freien Kreditlinie bei Insolvenzanfechtung unter Bezugnahme auf BGHZ 93, 315 (325); BGHZ 147, 193 (202), dort (in Rn. 16) wird allerdings ausdrücklich offen gelassen, unter welchen Voraussetzungen bei einer tatsächlichen Duldung von einer konkludenten Vereinbarung über die Erhöhung der Kreditlinie ausgegangen werden kann.
[107] BGH ZIP 2007, 1666; IDW S 11 Rn. 29.
[108] Hierzu vgl. auch BGH ZIP 2007, 1666.
[109] Denkbar ist beispielsweise, dass ein Lieferant weiterhin Waren liefert, obwohl fällige Rechnungen für vorangegangene Warenlieferungen noch nicht bezahlt sind, oder dass Gläubiger bereits längere Zeit stillhalten und von Mahnungen oder gar gerichtlichen Maßnahmen absehen.
[110] Vgl. BGH DB 2005, 1787.
[111] IDW S 11 Rn. 16.
[112] IDW S 11 Rn. 39ff.
[113] BGH DB 2006, 2312 Rn. 27 unter Hinweis auf BGH DB 2005, 1787.
[114] BGH DB 2005, 1787 unter II. 3.a.

genommen und wollte gerade eine über Wochen und Monate andauernde Zahlungsstockung vermeiden. Daher liegt Zahlungsunfähigkeit und keine Zahlungsstockung vor, wenn eine auch nur geringfügige Liquiditätslücke innerhalb des vom BGH zugestandenen Zeitraums nach dem Ende des Dreiwochenzeitraums nicht vollständig geschlossen werden kann.[115]

126 Die nach dem Dreiwochenzeitraum vom BGH eingeräumte **weitere Frist,** innerhalb derer der Ausgleich der Liquiditätslücke erwartet wird, muss „überschaubar" sein. Dieser Zeitraum kann in Ausnahmefällen bis zu drei Monaten, längstens bis zu sechs Monaten betragen. Ein Zeitraum von mehr als drei Wochen kommt allerdings nur ausnahmsweise in Betracht, wenn mit an Sicherheit grenzender Wahrscheinlichkeit zu erwarten ist, dass die Liquiditätslücke in dieser Zeit vollständig beseitigt werden wird und den Gläubigern gegen ihren Willen ein Zuwarten nach den besonderen Umständen des Einzelfalls zuzumuten ist.[116]

127 Bislang umstritten war die Frage, ob in der Prognoseberechnung lediglich die am Stichtag des Liquiditätsstatus fälligen Verbindlichkeiten (in Teilen der Literatur als „Passiva I" bezeichnet) einzubeziehen sind, denen die binnen drei Wochen plangemäß neugewonnene Liquidität („Aktiva II") gegenübergestellt wird oder ob auch die im selben Zeitraum hinzukommenden fälligen Verbindlichkeiten („Passiva II") berücksichtigt werden müssen.[117] Problematisch sind insbesondere die Fälle, in denen die Berücksichtigung dieser „Passiva II" dazu führt, dass die Liquiditätslücke zu einem Prozentsatz von mehr als 10% und somit der Regelvermutung der Zahlungsunfähigkeit führt. Auch die höchstrichterliche Rechtsprechung zu dieser „Bugwellenproblematik" vermittelte bislang kein eindeutiges Bild.[118] Klärung in dieser Frage hat der II. Zivilsenat des BGH mit seinem Urteil vom 19.12.2017 geschaffen. Danach sind in der **Finanzplanrechnung der nächsten 21 Tage** die hinreichend konkret zu erwartenden Einnahmen wie auch Ausgaben zu erfassen.[119]

128

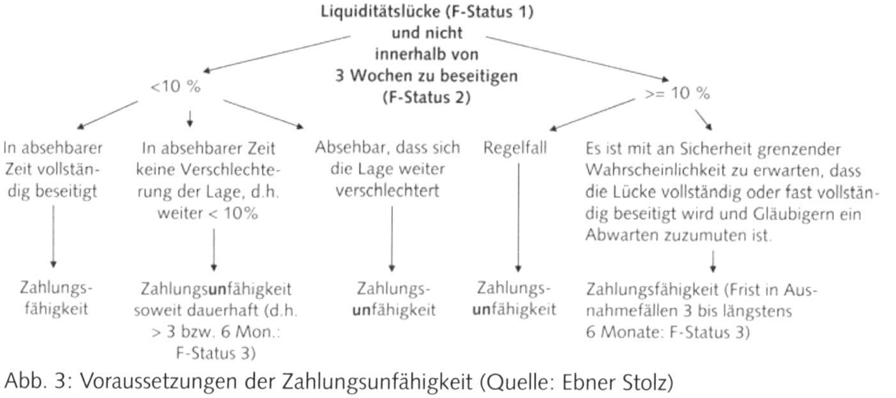


Abb. 3: Voraussetzungen der Zahlungsunfähigkeit (Quelle: Ebner Stolz)

[115] So auch *K. Schmidt* in K. Schmidt, InsO, 20. Aufl. 2021, § 17 Rn. 24, dem die 10%-Grenze des BGH zudem zu schuldnerfreundlich ist Eilenberger in MüKoInsO § 17 Rn. 22: Tatsächlich handelt es sich bei Unternehmen mit immer wiederkehrenden Zahlungsproblemen, die sich letztlich als dauerhafte Zahlungsstockungen erweisen, um unterkapitalisierte Unternehmen und damit um insolvenzreife Unternehmen, denen ausreichendes Eigenkapital fehlt; IDW S 11 Rn. 17; Hölzle in Bork/Hölzle, Handbuch Insolvenzrecht, 2. Aufl. 2019, Kap. 2 Rn. 79; Uhlenbruck/*Uhlenbruck* InsO § 17 Rn. 28.

[116] BGH ZIP 2007, 1666; IDW S 11 Rn. 41.

[117] Vgl. *Ganter* ZInsO 2011, 2297 (2298 f.).

[118] Vgl. hierzu *Ganter* ZInsO 2011, 2297 (2298), der in der Analyse der BGH Urteile v. 24.5.2005 (IX ZR 123/04), v. 12.10.2006 (IX ZR 228/03), v. 21.6.2007 (IX ZR 231/04) und v. 14.5.2009 (IX ZR 63/08) zu dem gleichen Schluss kommt.

[119] BGH NJW 2018, 1089 (Ls. 2).

Nach § 17 Abs. 2 S. 2 InsO ist Zahlungsunfähigkeit in der Regel anzunehmen, wenn der Schuldner seine Zahlungen eingestellt hat. **Zahlungseinstellung**[120] liegt vor, wenn der Schuldner wegen eines Mangels an Zahlungsmitteln aufhört, seine fälligen Verbindlichkeiten zu erfüllen, und dies für die beteiligten Verkehrskreise hinreichend erkennbar geworden ist.[121] Eine Zahlungseinstellung kann aus einem einzelnen, aber auch aus einer Gesamtschau mehrerer darauf hindeutender, in der Rechtsprechung entwickelter Beweisanzeichen gefolgert werden.[122] Eigene Erklärungen des Schuldners, seine fälligen Zahlungsverpflichtungen nicht begleichen zu können, deuten auf eine Zahlungseinstellung hin, auch wenn sie mit einer Stundungsbitte versehen sind.[123] Zahlungseinstellung liegt bereits dann vor, wenn der Schuldner den wesentlichen Teil seiner fälligen Zahlungsverpflichtungen nicht bedient.[124] Weitere Beweisanzeichen für das Vorliegen einer Zahlungseinstellung können beispielsweise sein: Nichtbegleichung von Sozialversicherungsbeiträgen[125], eine dauerhaft schleppende Zahlungsweise[126], zurückgegebene Lastschriften[127], nicht eingehaltene Zahlungszusagen[128], Nichtzahlung von Stromrechnungen[129], Besuch des Gerichtsvollziehers[130], Mahnungen.[131] Sind derartige Indizien vorhanden und ergibt sich aus der Gesamtschau, dass eine Zahlungseinstellung vorliegt, bedarf es einer darüber hinausgehenden Darlegung und Feststellung der genauen Höhe der gegen den Schuldner bestehenden Verbindlichkeiten oder gar einer Unterdeckung von mindestens 10% nicht.[132] 129

## 2. Drohende Zahlungsunfähigkeit[133]

Drohende Zahlungsunfähigkeit liegt vor, wenn der Schuldner voraussichtlich nicht in der Lage sein wird, die bestehenden Zahlungspflichten im Zeitpunkt der Fälligkeit zu erfüllen und entspricht im Ergebnis einer negativen **Fortbestehensprognose.**[134] Dies ist der Fall, wenn der Eintritt der Zahlungsunfähigkeit wahrscheinlicher ist als deren Vermeidung.[135] Das heißt, wenn nach Abwägen aller für die Fortbestehensprognose relevanten Umstände mehr Gründe dafür sprechen als dagegen. Maßgeblich ist die Sicht der gesetzlichen Vertreter, denen ein gewisser Beurteilungsspielraum zugestanden werden muss.[136] Der Prognosezeitraum ist seit 1.1.2021 mit 24 Monaten nach § 18 Abs. 2 S. 2 InsO festgelegt. Bei der Fortbestehensprognose nach § 18 Abs. 2 InsO handelt es sich bei den ersten zwölf Monaten um dieselbe Planung wie bei der Fortbestehensprognose nach § 19 Abs. 2 InsO.[137] 130

Allerdings statuiert § 18 InsO keine Rechtspflicht für den Schuldner, sondern gewährt nur das **Recht zu einer Antragstellung.**[138] In die Prognose, die bei der Prüfung drohender Zahlungsunfähigkeit vorzunehmen ist, sind auch Zahlungspflichten einzubeziehen, die 131

[120] Umfassend hierzu IDW S 11 Rn. 19ff.
[121] BGH ZIP 2001, 1155.
[122] BGH NZI 2013, 932 Rn. 10.
[123] BGH DB 2006, 2312 Rn. 13, 15.
[124] BGH NZI 2007, 517 Rn. 29.
[125] BGH NZI 2002, 91, unter II. 2.; BGH NZI 2003, 542; BGH NZI 2007, 36 Rn. 24; BGH NZI 2011, 589 Rn. 15.
[126] BGH NZI 2013, 932 Rn. 12; BGH NZI 2003, 322.
[127] BGH NZI 2013, 932 Rn. 18.
[128] BGH NZI 2013, 932 Rn. 12.
[129] BGH NZI 2013, 932 Rn. 18.
[130] BGH NZI 2013, 932 Rn. 13.
[131] BGH NZI 2013, 932 Rn. 18.
[132] BGH NZI 2011, 589 Rn. 13 mwN; BGH NZI 2013, 932 Rn. 10; IDW S 11 Rn. 20.
[133] Umfassend hierzu IDW S 11 Rn. 93ff.
[134] IDW S 11 Rn. 94.
[135] IDW Positionspapier zum Zusammenwirken von handelsrechtlicher Fortführungsannahme und insolvenzrechtlicher Fortbestehensprognose, Rn. 37, FN-IDW 2012, 463.
[136] BGH DB 1994, 1608; IDW Positionspapier zum Zusammenwirken von handelsrechtlicher Fortführungsannahme und insolvenzrechtlicher Fortbestehensprognose, Rn. 37, FN-IDW 2012, 463.
[137] IDW S 11 Rn. 95.
[138] KPB/*Pape* InsO § 18 Rn. 3.

demnächst rechtlich oder wirtschaftlich entstehen und deren Fälligkeit im Prognosezeitraum überwiegend wahrscheinlich ist.[139] Ein Schuldner muss mithin in einem Finanzplan die künftige Einzahlungs- und Auszahlungssituation in ihrem Verlauf abbilden und zu dem Ergebnis kommen, dass eine Zahlungsunfähigkeit eher wahrscheinlich ist als deren Nichteintritt.[140]

132 Die **drohende Zahlungsunfähigkeit** ist Zugangsvoraussetzung für das Schutzschirmverfahren nach § 270d InsO und für den Stabilisierungs- und Restrukturierungsrahmen nach StaRUG. Ausführlich zum Stabilisierungs- und Restrukturierungsrahmen nach StaRUG → Rn. 79 ff. und zum Schutzschirmverfahren → Rn. 178 ff.

133 Eine auf die drohende Zahlungsunfähigkeit gestützte **Sanierungsoption** wird für den Schuldner bzw. das Schuldnerunternehmen regelmäßig vorteilhaft sein, da zu diesem Zeitpunkt noch mehr finanzielle Spielräume für die Sanierung bestehen als zum Zeitpunkt einer Insolvenzantragspflicht. Auch kann dieser Eröffnungsgrund gegenüber zögernden Gläubigern disziplinierend wirken, sie in eine schneller greifende und nicht mit den Formalien eines gerichtlichen Insolvenzverfahrens belastete außergerichtliche Sanierungsvereinbarung oder einen Restrukturierungsplan nach StaRUG einzubinden.

### 3. Überschuldung

134 Der Überschuldungsbegriff des § 19 Abs. 2 InsO definiert die Überschuldung wie folgt: „Überschuldung liegt vor, wenn das Vermögen des Schuldners die bestehenden Verbindlichkeiten nicht mehr deckt, es sei denn, die Fortführung des Unternehmens in den nächsten zwölf Monaten ist nach den Umständen überwiegend wahrscheinlich."

135 Eine Überschuldung ist somit nicht gegeben, wenn die Finanzkraft des Unternehmens mit überwiegender Wahrscheinlichkeit mittelfristig zur Fortführung ausreicht. In diesem Fall ist die Erstellung eines Überschuldungsstatus nicht erforderlich.[141]

136 Die **Überschuldungsprüfung** erfordert in aller Regel ein zweistufiges Vorgehen:
- Auf der ersten Stufe sind die Überlebenschancen des Unternehmens in einer Fortbestehensprognose zu beurteilen. Bei einer positiven Fortbestehensprognose liegt keine Überschuldung iSd § 19 Abs. 2 InsO vor.
- Im Falle einer negativen Fortbestehensprognose sind auf der zweiten Stufe Vermögen und Schulden des Unternehmens in einem stichtagsbezogenen Status zu Liquidationswerten gegenüberzustellen.

137 Im Falle einer **negativen Fortbestehensprognose** liegt zumindest eine drohende Zahlungsunfähigkeit und damit ein Insolvenzantragsrecht vor (→ Rn. 130 ff.). Ist darüber hinaus das sich aus dem Überschuldungsstatus ergebende Reinvermögen negativ, liegt zusätzlich eine Überschuldung vor, die eine Antragspflicht begründet.

138 Der Vorstand hatte bereits nach der Rechtsprechung des BGH und nun auch in § 1 StaRUG verankert eine **laufende Beobachtungspflicht,** ob Hinweise auf eine Insolvenzgefahr bestehen. Diese Pflicht ergibt sich aus der Sorgfaltspflicht eines ordentlichen und gewissenhaften Geschäftsleiters, welcher verpflichtet ist, die wirtschaftliche Lage des Unternehmens laufend zu beobachten (§ 91 Abs. 2 AktG).[142]

139 Je mehr **Anhaltspunkte** für das Vorliegen einer nachhaltigen Störung des finanziellen Gleichgewichts bzw. für eine ertragsbedingte Aufzehrung des Eigenkapitals sprechen, desto stärker ist die Notwendigkeit, dass sich der Vorstand Klarheit über das Vorliegen bzw.

[139] BGH NZI 2014, 259 (amtlicher Leitsatz); KPB/*Pape* InsO § 18 Rn. 6 ff.
[140] Braun/*Bußhardt* InsO § 18 Rn. 3 ff.
[141] IDW S 11 Rn. 70.
[142] BGH DB 2007, 1477 Rn. 16; BGH NJW 1995, 2220 (2224), BGH DB 2005, 996 ff., wonach die Gesellschaft bzw. der Insolvenzverwalter zunächst substanziiert eine Überschuldung zu einem bestimmten Zeitpunkt darzulegen hat und das Geschäftsführungsorgan sodann darzulegen und zu beweisen hat, dass es zum damaligen Beurteilungszeitpunkt pflichtgemäß von einer positiven Fortbestehensprognose ausgehen durfte. So auch OLG Koblenz DB 2003, 419 ff.

Nicht-Vorliegen eines Insolvenzgrundes verschaffen muss. Anhaltspunkte können zB ein negativer Cash Flow, ein negatives Betriebsergebnis, ein Jahresfehlbetrag, eine Unterbilanz, der Verlust des halben Grundkapitals sowie ein „nicht durch Eigenkapital gedeckter Fehlbetrag" (§ 268 Abs. 3 HGB) sein.[143]

Stellt der Vorstand eine allmähliche oder durch ein singuläres Ereignis plötzlich ausgelöste Vermögensaufzehrung oder gar eine **Bestandsgefährdung** fest, muss er sich vergewissern, ob eine Überschuldung vorliegt oder (noch) nicht. Anhand der Daten aus dem Rechnungs- und Finanzwesen muss sich der Vorstand einen Überblick verschaffen, ob die Finanzkraft des Unternehmens mit überwiegender Wahrscheinlichkeit mittelfristig zur Fortführung ausreicht. Das Urteil hierüber wird auf der Grundlage des Unternehmenskonzeptes und der Finanzplanung anhand der Fortbestehensprognose getroffen.[144] 140

Die Fortbestehensprognose ist auf die Finanzkraft des Unternehmens gerichtet. Eine positive Fortbestehensprognose liegt vor, wenn die Einzahlungen in dem zugrunde liegenden Prognosezeitraum mit überwiegender Wahrscheinlichkeit die Auszahlungen decken. Die **Fortbestehensprognose** setzt die Erstellung eines im Rahmen einer integrierten Finanz-, Ertrags- und Bilanzplanung erstellten Finanzplans – auf der Grundlage eines integrierten Sanierungskonzepts – voraus. Sofern der Finanzplan die kontraktgerechte Bedienung des Fremdkapitals aus der Innenfinanzierungskraft ohne weitere Mittel vorsieht, kann die Überlebensfähigkeit grundsätzlich bejaht werden. 141

Problematisch ist in der Praxis der Fall, wenn sich laufende finanzielle Unterdeckungen ergeben oder die notwendigen Restrukturierungsaufwendungen zur Herstellung der Sanierungsfähigkeit fremdfinanziert werden müssen und die Zusage weiterer Kredite seitens der Banken an die Sanierungsfähigkeit geknüpft ist. In diesem Fall erscheint eine Einbeziehung der Finanzierungsmöglichkeiten nur möglich, wenn hierzu **gefestigte Realisierungschancen** bestehen. 142

Unbeachtlich für eine positive Fortbestehensprognose ist, ob ein Unternehmen ertragsfähig ist.[145] Die Beweislast für eine positive Fortbestehensprognose im Falle der Insolvenz trägt der Vorstand. Hierbei ist es ratsam, die **wirtschaftliche Überlebensfähigkeit** von einem unabhängigen Dritten, zB einem Wirtschaftsprüfer, bestätigen und dokumentieren zu lassen. 143

144

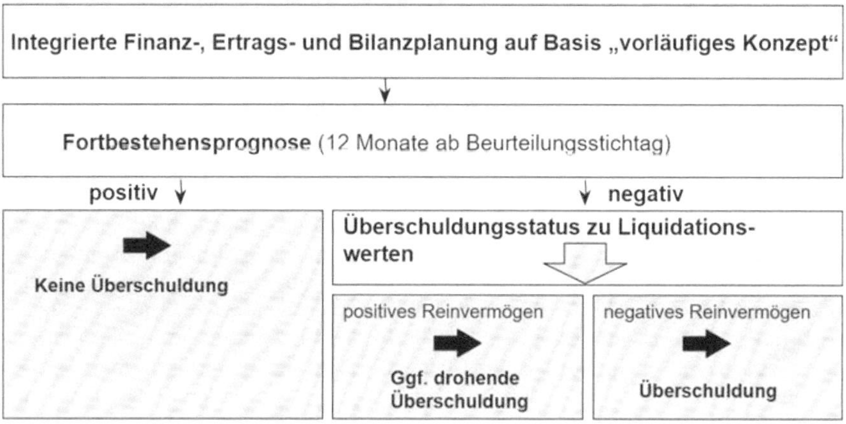


Abb. 4: Vorgehen Überschuldungsprüfung nach § 19 Abs. 2 InsO (Quelle: Ebner Stolz)

[143] Zu weiteren Ereignissen oder Gegebenheiten, die bedeutsame Zweifel an der Fähigkeit zur Fortführung der Unternehmenstätigkeit aufwerfen können, vgl. IDW PS 270 nF A5.

[144] IDW S 11 Rn. 58ff.

[145] *Bitter/Kresser* ZIP 2012, 1733 (1743); aA AG Hamburg NZI 2012, 85 (86) mwN.

145 Unter der Voraussetzung einer positiven Fortbestehensprognose sieht § 19 Abs. 2 InsO von der Erstellung eines Überschuldungsstatus ab. Allein das Urteil einer positiven Fortbestehensprognose befreit das Geschäftsführungsorgan von der Pflicht, einen Insolvenzantrag wegen Überschuldung zu stellen, unabhängig davon, ob das Vermögen die Schulden gerade deckt oder nicht.[146]

146 Soweit hingegen die Fortbestehensprognose negativ ausfällt, ist ein Überschuldungsstatus auf Basis von Liquidationswerten zu erstellen. Überwiegen die Schulden die Vermögenswerte, so liegt eine Überschuldung vor.[147]

147 Der Planungszeitraum für die Fortbestehensprognose des Unternehmens in der Krise umfasst gem. § 19 Abs. 2 S. 1 InsO ab dem Beurteilungsstichtag zwölf Monate.[148]

148 **Exkurs: Der Bewertungsansatz in der Handelsbilanz**
Mit der Aufstellung eines Jahresabschlusses hat der Vorstand nach § 252 Abs. 1 Nr. 2 HGB alljährlich einzuschätzen, ob eine handelsrechtliche Fortführungsprognose vorliegt und somit bei der Bewertung weiterhin von der Fortführung der Unternehmenstätigkeit ausgegangen werden kann (sogenannte **Going-Concern-Prämisse**) oder ob dieser Annahme tatsächliche oder rechtliche Gegebenheiten entgegenstehen.[149] Die Annahme der Unternehmensfortführung gilt hierbei als gesetzliche Regelvermutung, in diesem Fall hat die Bewertung von Aktiva und Passiva zu Fortführungswerten (Going Concern) zu erfolgen. Das Vorliegen eines Insolvenzantragsgrundes wie beispielsweise Zahlungsunfähigkeit, im Planungszeitraum drohende Zahlungsunfähigkeit oder Überschuldung steht einer Bewertung im Jahresabschluss zu Fortführungswerten entgegen.[150] Allerdings kann auch im eröffneten Insolvenzverfahren eine positive Fortführungsannahme gerechtfertigt sein, wenn hinreichend begründete Aussichten bestehen, dass das Unternehmen beispielsweise im Wege eines Insolvenzplanverfahrens saniert werden kann.[151]

## G. Sanierung im Rahmen einer Insolvenz

### I. Rahmenbedingungen einer Insolvenz

149 Nach § 1 S. 1 InsO soll das Insolvenzverfahren dazu dienen, die **Gläubiger** des Schuldners gemeinschaftlich zu befriedigen, indem das Vermögen des Schuldners verwertet und der Erlös verteilt oder in einem Insolvenzplan eine **abweichende Regelung** insbesondere zum **Erhalt des Unternehmens** getroffen werden kann. Hauptziel der gesetzlichen Regelung ist es, die bestmögliche Befriedigung der Gläubiger zu erreichen. Keine Bedeutung für die Aktiengesellschaft hat § 1 S. 2 InsO, wonach dem redlichen Schuldner die Gelegenheit gegeben wird, sich von seinen restlichen Verbindlichkeiten zu befreien. Diese sogenannte Restschuldbefreiung gilt nach § 286 InsO nur für natürliche Personen. Für die AG selbst gibt es folglich nur die beiden Wege Liquidation oder Sanierung.

150 Keine Sanierung des Rechtsträgers stellt naturgemäß die Ausproduktion und anschließende **Liquidation** eines Unternehmens dar. Hat ein Unternehmen bereits in größerem Umfang wichtige strategische Erfolgspotenziale verloren und weist es erhebliche leistungswirtschaftliche Defizite auf, wird einem Insolvenzverwalter kaum eine andere Form der Verwertung übrig bleiben. Hierbei werden im Rahmen der Regelabwicklung zur Abdeckung der im Verfahren anfallenden „eh-da-Kosten" der vorhandene Bestand an Aufträ-

---

[146] Braun/*Bußhardt* InsO § 19 Rn. 11; IDW S 11 Rn. 54.
[147] IDW S 11 Rn. 90ff.
[148] IDW S 11 Rn. 61.
[149] Vgl. IDW PS 270 nF Rn. 5: Die Beurteilung der Fortführung der Unternehmenstätigkeit im Rahmen der Abschlussprüfung; *Lück* DB 2001, 1945; *Semler/Goldschmidt* ZIP 2005, 3; vgl. IDW S 6 Rn. 24.
[150] IDW S 6 Rn. 24f.
[151] BGH NJW 2017, 1611 Rn. 27; Positionspapier des IDW: Zusammenwirken von handelsrechtlicher Fortführungsannahme und insolvenzrechtlicher Fortbestehensprognose, Stand: 13.8.2012, Rn. 4.

gen mit positiven Deckungsbeiträgen (unter Berücksichtigung der Besonderheiten des Insolvenzverfahrens) abgearbeitet, der Betrieb eingestellt, die Massegegenstände (§ 35 InsO: das Vermögen, das dem Schuldner zur Zeit der Eröffnung des Verfahrens gehört und das er während des Verfahrens erlangt) verwertet und der Erlös unter den Gläubigern verteilt. Schwierigkeiten bereitet regelmäßig die zeitliche Harmonisierung von (Miet-, Arbeits-) Verträgen und Auftragsende, sowie die Motivation der Mitarbeiter und die Beherrschung des damit verbundenen Gewährleistungs- und Erfüllungsrisikos.

## II. Übertragende Sanierung[152]

Die **übertragende Sanierung** ist in der insolvenzrechtlichen Praxis bis heute immer 151
noch das wohl gängigste Instrument der Sanierung in der Insolvenz. Der Ausdruck „Sanierung" darf aber nicht darüber hinwegtäuschen, dass es sich hierbei nicht um eine Sanierung, sondern um eine Zerschlagung des insolventen Rechtsträgers handelt. Diese ist jedoch mit einem Verkauf und der Übertragung der den Geschäftsbetrieb ausmachenden werthaltigen Vermögenswerte und Rechtsverhältnisse („Asset Deal") an einen neuen (regelmäßig vom Insolvenzverwalter oder von einem Investor eigens für diesen Zweck gegründeten) Rechtsträger verbunden. Die für den neuen Rechtsträger nicht benötigten Vermögensteile werden vom Insolvenzverwalter gesondert verwertet. Zumindest die „gesunden" Teile des bisherigen Unternehmens leben somit in einem neuen Unternehmen als Geschäftsbetrieb fort. Die übertragende Sanierung hat dem bisherigen Rechtsträger somit nichts genützt, sondern stellt nur eine möglichst optimale und durch den Zufluss des Kaufpreises zur Masse aber auch wünschenswerte Form der Masseverwertung für die Gläubiger dar. Die Verwendung des Begriffs Sanierung rechtfertigt sich somit nicht durch eine Gesundung des Unternehmens als solchem, sondern des Betriebes und die Erhaltung von Arbeitsplätzen zumindest in Teilen.

Der Preis, der von einem Investor für die **Auffanggesellschaft** des Insolvenzverwalters 152
oder die direkt übernommenen „Assets" entrichtet wird, fließt in die Insolvenzmasse und dient der Befriedigung der Gläubiger des insolventen Unternehmens. Als Gestaltungsvarianten sind in der Praxis häufig auch als Einstiegsvariante Betriebsverpachtungsmodelle – oft auch in Kombination mit einem Asset Deal – vorzufinden. Der Erwerb durch einen Investor kann in allen Stadien des Insolvenzverfahrens in Betracht kommen. Unabhängig davon, ob die Unternehmensveräußerung im Eröffnungsverfahren zulässig ist,[153] empfiehlt es sich aus Erwerbersicht, mit dem Abschluss des Unternehmenskaufvertrags bis zur Eröffnung des Verfahrens abzuwarten.[154] **Haftungsansprüche** nach § 25 Abs. 1 S. 1 HGB bei Firmenfortführung oder § 75 Abs. 2 AO für Steuerverbindlichkeiten haben insoweit keine Grundlage. Des Weiteren besteht kein Anfechtungsrisiko, eine Mitwirkung des Schuldners ist nicht erforderlich. Schwierig bleibt der gesetzliche Übergang der Beschäftigungsverhältnisse nach § 613a BGB. Eine hohe rechtliche Sicherheit kann jedoch durch sogenannte Beschäftigungs- und Qualifizierungsgesellschaften erreicht werden.

Um die Übernahme eines Krisenunternehmens für einen potentiellen Erwerber zu er- 153
leichtern, kann die Kündigung von Beschäftigungsverhältnissen aufgrund eines **Erwerberkonzeptes** erfolgen. Die Zulässigkeit einer Veräußerungskündigung ergibt sich aus den §§ 125 ff. InsO. Darin ist eine Modifizierung des **Kündigungsschutzes** geregelt – sowohl hinsichtlich vermuteter betriebsbedingter Kündigungsgründe, als auch hinsichtlich einer nur beschränkt arbeitsrechtlich prüfbaren Sozialauswahl im Falle der Vereinbarung eines Interessenausgleichs mit Namensliste zwischen Insolvenzverwalter und Betriebsrat. Gemäß § 128 Abs. 1 InsO gilt dies auch dann, wenn die geplante Betriebsänderung erst nach der

[152] Umfassend zur übertragenden Sanierung *Bieg/König* in Bork/Hölzle, Handbuch Insolvenzrecht, 2. Aufl. 2019, Kap. 14.
[153] Hohe Maßstäbe anlegend OLG Düsseldorf ZIP 1992, 344 (346).
[154] *Menke* BB 2003, 1133 (1138) mwN.

Unternehmensveräußerung durch den Erwerber durchgeführt werden soll. Nach § 128 Abs. 2 InsO wird vermutet, dass eine Veräußererkündigung aufgrund eines Erwerberkonzeptes nicht gegen § 613a Abs. 4 BGB verstößt.[155] Voraussetzung einer Kündigung basierend auf einem Erwerberkonzept ist es, dass ein verbindliches Konzept oder ein Sanierungsplan des Erwerbers vorliegt, dessen Durchführung im Zeitpunkt des Zugangs der Kündigungserklärungen bereits greifbare Formen angenommen hat.[156]

## III. Der Insolvenzplan als Sanierungsinstrument

### 1. Grundsätzliches

154 In § 1 InsO ist die Gleichwertigkeit einer Sanierung im Rahmen eines Insolvenzplanverfahrens geregelt.[157] Insbesondere durch das dem Schuldner zugestandene Planinitiativrecht sollte der Wettbewerb um die günstigste Art der Gläubigerbefriedigung eröffnet werden. Leider wurde der Insolvenzplan in der Praxis lange Zeit nicht so angenommen, wie es sich der Gesetzgeber gewünscht hatte.[158] Daher war die Stärkung des Planverfahrens eines der Hauptziele des Gesetzes zur weiteren Erleichterung der Sanierung von Unternehmen (ESUG).[159] Insbesondere bei größeren Insolvenzverfahren wurde der Insolvenzplan als Sanierungsinstrument erfolgreich eingesetzt[160] und hat sich unter dem Begriff **Schutzschirmverfahren** (→ Rn. 178 ff.) mittlerweile etabliert.

155 **Zweck eines Insolvenzplanverfahrens** ist es, den Verfahrensbeteiligten (Schuldner, absonderungsberechtigte Gläubiger und Insolvenzgläubiger) einen Rechtsrahmen für die einvernehmliche Bewältigung der Insolvenz im Wege von Verhandlungen und privatautonomen Austauschprozessen und somit gegenüber der Regelabwicklung abweichenden Befriedigung zu ermöglichen. Der Insolvenzplan bildet die rechtliche Basis einer für alle Beteiligten verbindlichen Umsetzung eines Sanierungskonzeptes. Dabei stellt der Insolvenzplan die einzige Möglichkeit dar, die Sanierung des Rechtsträgers innerhalb eines Insolvenzverfahrens zu erreichen.[161]

156 Den **Königsweg des Planverfahrens** stellt der sogenannte „Prepackaged Plan" dar. Dabei handelt es sich um einen von dem Krisenunternehmen erstellten Sanierungsplan, der das eröffnete Verfahren unterstellt und bereits mit dem Antrag auf Eröffnung des Verfahrens beim Gericht eingereicht wird.[162] Mithilfe eines solchen Plans ist es möglich, die Vorteile der Insolvenzordnung zu nutzen. Gleichzeitig ist es dem Unternehmen durch den bereits ausgearbeiteten Plan im Idealfall möglich, das Verfahren schnell wieder zu verlassen, noch bevor es zu einer nachhaltigen insolvenzbedingten Rufschädigung kommt. Um eine schnelle Annahme eines Plans durch die Gläubiger zu erreichen, sind alle Gläubiger im Plan angemessen zu berücksichtigen. Die dem Plan zugrunde gelegten Wertansätze müssen wirtschaftlich vernünftig, ausgewogen und vertretbar gewählt sein.[163]

157 Bedingt durch das in § 1 InsO normierte Hauptziel der bestmöglichen Gläubigerbefriedigung steht das Planverfahren auch für die Regelabwicklung (Einzelverwertung der Massegegenstände, übertragende Sanierung oder Kombination von beiden) zur Verfügung.

158 Den Prozess des Insolvenzplanverfahrens am Beispiel des Prepackaged Plans zeigt nachfolgende Grafik im Überblick:

---

155 KPB/*Schöne* InsO § 128 Rn. 8.
156 BAG NJW 2003, 3506.
157 Ausführlich zu den (insolvenzspezifischen) Verfahrensgrundsätzen: Braun/*Ludwig* § 1 Rn. 2 ff.
158 Untersuchung der Creditreform Wirtschaftsforschung, veröffentlicht in ZInsO 2012, 321 und ZInsO 2012, 687.
159 *Gude* ZInsO 2012, 320.
160 *Exner/Wittmann* in Beck/Depré, Praxis der Insolvenz, 3. Aufl. 2017, § 43 Rn. 10b, 10c.
161 *Exner/Wittmann* in Beck/Depré, Praxis der Insolvenz, 3. Aufl. 2017, § 43 Rn. 11.
162 So *Kußmaul/Steffan* DB 2000, 1849.
163 So *Kußmaul/Steffan* DB 2000, 1849 (1850).

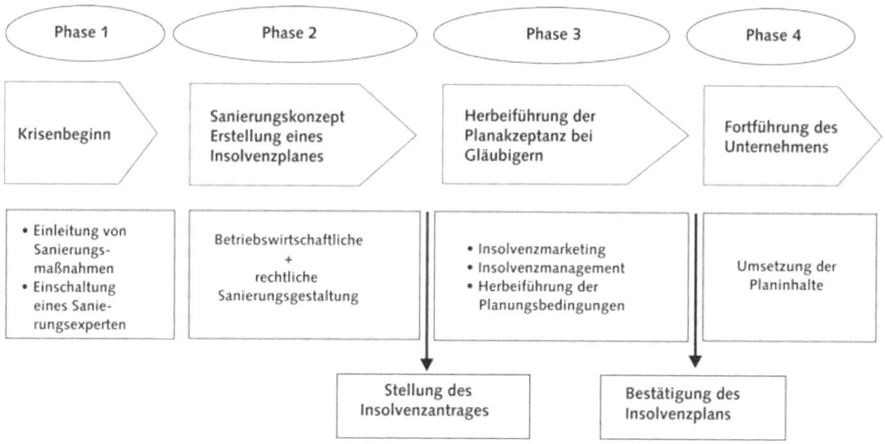


Abb. 5: Prozess des Insolvenzplanverfahrens am Beispiel eines Prepackaged Plans (Quelle: Ebner Stolz)

Verfahrensrechtlich ist jedoch auch beim Insolvenzplanverfahren zu beachten, dass die AG gesellschaftsrechtlich nach § 262 Abs. 1 Nr. 3 AktG mit der Eröffnung des Insolvenzverfahrens **aufgelöst** wird und formal in die Liquidationsphase dh die Versilberung des Aktivvermögens, der Begleichung aller Schulden und der Verteilung eines etwaigen Überschusses eintritt. Die Aktionäre können aber nach § 274 Abs. 1 iVm Abs. 2 AktG entscheiden, dass die Gesellschaft nach der gerichtlichen Bestätigung des Insolvenzplans fortgesetzt wird. 159

## 2. Geeignete Konstellationen für die Anwendung des Insolvenzplanverfahrens

Auch das Insolvenzplanverfahren stellt kein „Allheilmittel" zur Sanierung notleidender Unternehmen dar. In vielen Fällen kommt es als Sanierungsinstrument nicht in Frage. Unter folgenden Umständen kann es jedoch sinnvoll sein, das Planverfahren einzusetzen:[164] 160

Bezüglich der **rechtlichen Rahmenbedingungen** eignet sich ein Planverfahren bei nicht oder nur schwer übertragbaren Rechten, Genehmigungen oder faktischen Positionen, wie zB Lizenzen im Telekommunikations- und Rundfunkbereich oder Sport sowie beispielsweise Quellrechten, die im Falle einer übertragenden Sanierung verloren gehen würden. Andere Beispiele sind die Aufnahme in den Landeskrankenhausplan, Vereinbarungen zwischen Kurkliniken und Versicherungsträgern (LVA, BFA, etc.), Vertriebsstrukturen (Handelsvertreter) oder Verträge mit der öffentlichen Hand (Ausschreibungspflicht). Aber auch in Branchen, in denen die Nichterfüllung einzelner Aufträge das Kundenvertrauen nachhaltig stört, wie beispielsweise in der Baubranche mit dem Sonderkündigungsrecht nach § 8 VOB, kann das Planverfahren eine sinnvolle Sanierungsvariante darstellen.[165] 161

Bei den **leistungswirtschaftlichen Rahmenbedingungen** sollte das Unternehmen idealerweise den Turnaround im operativen Bereich weitgehend erreicht haben bzw. die operative Gesundung kurzfristig möglich sein. Dies setzt voraus, dass die erforderlichen und größenmäßig überschaubaren Personalanpassungsmaßnahmen entweder eingeleitet oder bereits konkret umgesetzt sind. Nicht geeignet ist das Planverfahren, soweit noch wesentliche nicht sanierungsfähige Geschäftsbereiche oder Betriebsteile vorhanden sind. 162

[164] Zu den Vor- und Nachteilen des Insolvenzplanverfahrens gegenüber einer außergerichtlichen Sanierung bzw. übertragenden Sanierung vgl. *Steffan* WPg Sonderheft 2003, 159 ff.
[165] *Kussmaul/Steffan* DB 2000, S. 1849.

163 Das Insolvenzplanverfahren eignet sich insbesondere bei folgenden **finanziellen Rahmenbedingungen:**
- hohe ungesicherte Verbindlichkeiten (zB Pensionsrückstellungen, Gesellschafterdarlehen etc.), defizitäre Dauerschuldverhältnisse, defizitäre Aufträge (zB Sondermaschinenbau), nachteilige Mietverträge,
- ein Investor, der bereit und finanziell in der Lage ist, die betriebsnotwendigen Aktiva zu erwerben, steht nicht zur Verfügung,
- Gesellschafter oder Investoren sind bereit und in der Lage, die für die Sanierung erforderliche Liquidität zur Verfügung zu stellen. In den meisten Fällen wird dies allerdings nur bei Aufrechterhaltung der bestehenden Finanzierungs-(Banken-)Struktur der Fall sein.

### 3. Wirkungen des bestätigten Plans und Aufhebung des Insolvenzverfahrens

164 Mit der **Rechtskraft der Bestätigung des Insolvenzplans** treten die im gestaltenden Teil festgelegten Wirkungen für und gegen alle Beteiligten (§ 254 InsO) frühestens mit Ablauf der zweiwöchigen Beschwerdefrist ein (§ 253 InsO iVm § 577 Abs. 2 ZPO). Dies gilt nicht für die Planbedingungen. Sie stehen „außerhalb" des Planverfahrens und sind deshalb vor der Planbestätigung gesondert zu regeln.

165 Sobald die Bestätigung des Insolvenzplans rechtskräftig ist, beschließt das Insolvenzgericht die Aufhebung des Verfahrens (§ 258 Abs. 1 InsO). Mit der **Aufhebung des Verfahrens** erlischt das Amt des Insolvenzverwalters. Der Schuldner erhält das Recht zurück, über die Insolvenzmasse frei zu verfügen (§ 259 Abs. 1 InsO).

166 Im gestaltenden Teil kann vorgesehen werden, dass die Erfüllung des Plans durch den bisherigen Insolvenzverwalter überwacht wird (§§ 260, 261 InsO). Die Überwachung erstreckt sich darauf, ob die im gestaltenden Teil vorgesehenen Ansprüche der Gläubiger erfüllt werden (§ 260 Abs. 2 InsO).

167 Die **Eigenverwaltung** ist in den §§ 270–285 InsO geregelt. Die Insolvenzmasse wird dabei nicht durch einen Insolvenzverwalter, sondern durch den Schuldner (zB bisheriger Vorstand) selbst verwaltet, der unter der Aufsicht eines sogenannten Sachwalters steht. Die Rechtsstellung eines Sachwalters richtet sich nach § 274 InsO.

168 Mit der Umsetzung des SanInsFoG zum 1.1.2021 hat der Gesetzgeber auch Empfehlungen aus der ESUG-Evaluierung aufgegriffen und die Voraussetzungen für die Eigenverwaltung stärker an deren Zwecken und den Interessen der Gläubiger ausgerichtet.

169 Mit der Neuregelung des § 270a InsO wird vom Schuldner die Vorlage einer **Eigenverwaltungsplanung** gefordert. Die Eigenverwaltungsplanung umfasst dabei folgende Bestandteile:
- einen Finanzplan, der den Zeitraum von sechs Monaten abdeckt,
- ein Konzept für die Durchführung der Insolvenz,
- eine Darstellung des Verhandlungsstands mit den Gläubigern und den am Unternehmen beteiligten Personen,
- eine Darstellung der insolvenzrechtlichen Kompetenz und
- einen Vergleich der Kosten im Regelverfahren und der Eigenverwaltung.

170 Darüber hinaus sind nach § 270a Abs. 2 InsO weitere **Erklärungen** durch den Schuldner abzugeben (zB zum Umfang rückständiger Leistungen gegenüber Lieferanten und Arbeitnehmern). Dabei knüpfen insbesondere die Anordnung (§§ 270b, 270f InsO) wie auch die Aufhebung (§§ 270e, 272 InsO) der Eigenverwaltung an die Eigenverwaltungsplanung an.

171 Der **Finanzplan,** der einen wesentlichen Bestandteil der Eigenverwaltungsplanung darstellt, ist nach allgemeinen betriebswirtschaftlichen Grundsätzen zu erstellen. Er ist Ausfluss des der angestrebten Sanierung zugrundeliegenden Konzepts.[166] Der einen Zeitraum von

[166] *Steffan/Oberg/Poppe* ZInsO 2021, 1121.

sechs Monaten umfassende Finanzplan hat eine Darstellung der Finanzierungsquellen zu enthalten und aufzuzeigen, dass die Durchfinanzierung mit überwiegender Wahrscheinlichkeit gegeben ist.[167] Durchfinanzierung bedeutet, dass die im Prognosezeitraum verfügbaren liquiden Mittel ausreichen, den Betrieb fortzuführen und die verfahrensbezogenen Kosten zu decken. Durch den Finanzplan sollen die Finanzierungsquellen aufgezeigt werden. Ferner soll ausgeschlossen werden, dass betriebswirtschaftlich nicht sinnvolle Maßnahmen enthalten sind.[168]

Das **Konzept** für die Durchführung der Insolvenz soll die Ziele der Eigenverwaltung darstellen und einen Überblick über das sanierte Unternehmen geben. Zwischen dem Konzept und dem Grobkonzept des Schutzschirmverfahrens (→ Rn. 181 ff.) bestehen zentrale inhaltliche Überschneidungen. 172

Die Darstellung des **Verhandlungsstandes** mit den Gläubigern soll eine Einschätzung der Realisierbarkeit der angestrebten Sanierung vermitteln. 173

Um ein Scheitern der Sanierungsbestrebungen möglichst auszuschließen, hat der Schuldner darzulegen, dass ausreichend **sanierungs- und insolvenzrechtliche Expertise** vorhanden ist. Mit Blick auf die vorzuhaltenden Ressourcen ist zu berücksichtigen, dass die Anforderungen in der Eigenverwaltung gegenüber dem vorinsolvenzlichen Zeitraum regelmäßig zunehmen werden (bspw. verfahrensspezifische Fragestellungen, Reportinganforderung von Sachwalter und Gläubigerausschuss).[169] 174

Die Sicherstellung, dass die Kosten der Eigenverwaltung die des Regelverfahrens nicht überschreiten, kann in der Praxis durch entsprechende **Vergütungsvereinbarungen** erreicht werden.[170] 175

Bei ordnungsgemäßer Eigenverwaltungsplanung hat der Schuldner einen Anspruch auf die **Anordnung der vorläufigen Eigenverwaltung.**[171] Weist die Eigenverwaltungsplanung behebbare Mängel auf, kann das Gericht unter Setzung einer Nachbesserungsfrist nach § 270b Abs. 2 S. 2 InsO die vorläufige Eigenverwaltung einstweilen anordnen. Auch bei defizitärer Eigenverwaltungsplanung aus unzureichender Finanzierung oder zu hohen Kosten kann die vorläufige Eigenverwaltung angeordnet werden, wenn die Eigenverwaltung am Gläubigerinteresse ausgerichtet wird. 176

In Verbindung mit dem Instrument des Insolvenzantragsrechts der „drohenden Zahlungsunfähigkeit" und einem **Prepackaged Plan** ergibt sich eine interessante Verfahrensvariante. Da sich das Unternehmen noch in einem Stadium mit einem gewissen Handlungsspielraum befindet, werden die Chancen auf eine erfolgreiche Sanierung wesentlich erhöht. Nicht zuletzt eröffnen sich dem verantwortungsvollen Vorstand, der durch die frühzeitige Einleitung eines erfolgreichen Insolvenzplanverfahrens das „Steuer noch rechtzeitig herumgerissen" hat, nach Bewältigung der Unternehmenskrise neue unternehmerische Spielräume und Perspektiven. 177

## IV. Schutzschirmverfahren

In der Vergangenheit war zu beobachten, dass Schuldner ihren Insolvenzantrag in Befürchtung eines **Kontrollverlusts** häufig erst sehr spät stellen.[172] Dem Schuldner soll durch das Schutzschirmverfahren die Möglichkeit gegeben werden, eine Sanierung vorzubereiten, bevor ihn die eigentlichen Einschränkungen eines Insolvenzverfahrens treffen. 178

---

[167] *Steffan/Oberg/Poppe* ZInsO 2021, 1121.
[168] *Steffan/Oberg/Poppe* ZInsO 2021, 1121, Gesetzentwurf der Bundesregierung v. 9.11.2020, BT-Drs. 19/24181, 2.
[169] *Steffan/Oberg/Poppe* ZInsO 2021, 1121.
[170] *Steffan/Oberg/Poppe* ZInsO 2021, 1121.
[171] *Thole* NZI-Beil. 1/2021, 90 (93).
[172] Vgl. *Wimmer,* Das neue Insolvenzrecht nach der ESUG-Reform, 1. Aufl. 2012, 24.

Beim Schutzschirmverfahren wird dem Schuldner als besonderer Anreiz die Möglichkeit gegeben, über die Eigenverwaltung hinaus, den Sachwalter zu benennen.

179 Ziel des Schutzschirmverfahrens ist es, einen Insolvenzplan zu entwickeln und diesen zu einem späteren Zeitpunkt den Gläubigern zur Abstimmung vorzulegen. Das Insolvenzgericht bestimmt eine **Frist** von bis zu drei Monaten zur Vorlage des Insolvenzplans.[173]

180 Voraussetzung für die Beantragung eines Schutzschirms sind ein Insolvenzantrag, ein Antrag auf Eigenverwaltung sowie eine Bescheinigung aus der sich ergibt, dass drohende Zahlungsunfähigkeit oder Überschuldung, aber keine Zahlungsunfähigkeit vorliegt und die Sanierung des Schuldnerunternehmens **„nicht offensichtlich aussichtslos"** ist.[174] Um dies zu belegen, muss eine Bescheinigung[175] von einem unabhängigen Experten vorgelegt werden. Bei dem Bescheiniger muss es sich um einen in Insolvenzsachen erfahrenen Steuerberater, Wirtschaftsprüfer oder Rechtsanwalt oder eine Person mit vergleichbarer Qualifikation handeln.[176]

181 Durch den **Begriff „aussichtslos"** wird deutlich, dass das Schutzschirmverfahren nur dann ausgeschlossen wird, wenn für die Sanierungsbemühungen eindeutig negative Erfolgsaussichten bestehen. Dabei muss diese Erkenntnis „offensichtlich" sein, dh, es ist nicht erforderlich, dass der Gutachter eine umfassende Beurteilung vornimmt. Die Anforderungen, die an die Tätigkeiten zu stellen sind, unterschreiten deutlich die Anforderungen an die Tätigkeiten, die zur Erlangung einer Aussage zur Sanierungsfähigkeit nach IDW S 6 durchzuführen sind. Eine Sanierung ist dann aussichtslos, wenn nicht im Rahmen eines Grobkonzepts mindestens grundsätzliche Vorstellungen darüber vorliegen, wie die angestrebte Sanierung konzeptionell und finanziell erreicht werden kann. Als Teil seiner gutachterlichen Stellungnahme stellt der Gutachter im Grobkonzept die Gründe dar, aus denen hervorgeht, dass die Sanierung nicht offensichtlich aussichtslos ist.

182 Denkbar ist auch, dass die gesetzlichen Vertreter oder ein Dritter ein **Grobkonzept** vorlegen, welches der Gutachter als Grundlage für die Einschätzung der nicht offensichtlichen Aussichtslosigkeit verwendet. Aus dem Grobkonzept müssen das Ziel der angestrebten Sanierung und die dafür wesentlichen Maßnahmen, aber auch etwaige wesentliche Hindernisse der Sanierung (zB auf Seiten der Stakeholder) hervorgehen.[177] Das Grobkonzept hat zumindest eine Analyse der Krisenursachen, eine Darstellung der aktuellen wirtschaftlichen Situation, eine Skizze des Zukunftsbildes des Unternehmens sowie eine grobe Beschreibung der für die Sanierung angestrebten Maßnahmen mit ihren finanziellen Auswirkungen zu umfassen. Dabei ist überschlägig einzuschätzen, ob die skizzierten Maßnahmen für eine erfolgreiche Sanierung im Rahmen eines Insolvenzplans ausreichen können. Auch ist die Realisierungswahrscheinlichkeit der einzelnen Maßnahmen qualitativ zu erläutern.[178] Zwischen dem Grobkonzept und dem Konzept zur Durchführung des Insolvenzverfahrens nach § 270a Abs. 1 Nr. 2 InsO bestehen zentrale inhaltliche Übereinstimmungen.[179]

183 Eine Befragung der wesentlichen Gläubiger ist grundsätzlich nicht erforderlich. Der Gutachter hat sich gleichwohl ein **Bild davon zu machen,** ob das – nach wirtschaftlichen Maßstäben zu beurteilende – voraussichtliche Verhalten der Gläubiger zu einer offensichtlichen Aussichtslosigkeit der Sanierung führt, und dies darzulegen. Steht bereits im Vorfeld fest, dass für die Sanierung maßgebliche Gläubiger diese zum Scheitern bringen

[173] Zur Dreimonatsfrist *Rühle* in Nerlich/Römermann, Insolvenzordnung, 42. Aufl. 2021, InsO § 218 Rn. 18.
[174] Umfassend zu den Anforderungen an eine solche Bescheinigung: IDW S 9 nF, Bescheinigungen nach §§ 270d und 270a InsO (Stand: 12.1.2021).
[175] Hierzu umfassend *Steffan/Solmecke* ZIP 2014, 2271.
[176] Ausf. zu den Anforderungen an den Bescheiniger: IDW ES 9 nF Rn. 8ff.
[177] IDW ES 9 nF Rn. 31ff.
[178] IDW ES 9 nF Rn. 35.
[179] Hierzu ausführlich *Steffan/Oberg/Poppe* ZInsO 2021, 1119ff.

können und werden, ist von einer offensichtlichen Aussichtslosigkeit der Sanierung auszugehen.[180]

Die nach § 270a Abs. 1 und 2 InsO durch den Schuldner abzugebenden weiteren Erklärungen können ebenfalls bescheinigt werden, sind aber nicht Gegenstand der Schutzschirmbescheinigung.[181] Es kann sich aber anbieten, diese Anforderungen durch den Bescheiniger – mit Blick auf die Verfahrenssicherheit, zur Kosteneffizienz und zur Unterstützung der richterlichen Kontrolle über das Vorliegen der gesetzlichen Anforderungen – **mitbeurteilen** zu lassen.[182] Unabhängig davon, ob die weiteren Erklärungen in die Bescheinigung aufgenommen werden, wird der Bescheiniger diese kritisch würdigen müssen, um etwaige Sanierungshindernisse zu erkennen.[183] 184

Bei erfolgreichem Antrag auf ein Verfahren nach § 270d InsO kann der Schuldner in der vom Gericht zugestandenen Frist unter Zuhilfenahme von externen Spezialisten an dem Insolvenzplan und dessen Umsetzung arbeiten, während dem Gericht nur eine beschränkte Anordnungskompetenz hinsichtlich möglicher Sicherungsmaßnahmen zusteht. Das Gericht muss auf Antrag des Schuldners **Zwangsvollstreckungsmaßnahmen** gegen ihn untersagen oder einstweilen einstellen, wenn nicht unbewegliche Gegenstände betroffen sind (§ 270d Abs. 3 S. 3 InsO iVm § 21 Abs. 2 Nr. 3 InsO).[184] Dadurch soll vermieden werden, dass dem Betrieb für eine Fortführung elementare Gegenstände entzogen werden.[185] 185

## V. Debt-Equity-Swap[186]

Gemäß § 225a InsO dürfen alle gesellschaftsrechtlich zulässigen Maßnahmen im Planverfahren beschlossen werden (§ 225a Abs. 3 InsO). Die erforderlichen gesellschaftsrechtlichen Maßnahmen werden in den gestaltenden Teil des Plans aufgenommen. Dabei bedarf es nicht der außerhalb einer Insolvenz erforderlichen Mitwirkungshandlungen der Gesellschaftsorgane. Nach § 225a Abs. 2 InsO kann eine **Umwandlung von Fremdkapital in Eigenkapital (Debt-Equity-Swap)** vorgenommen werden. Eine solche Umwandlung bietet für den Gläubiger den Vorteil, dass er Aktionär wird und folglich Einfluss auf Entscheidungen der sanierten AG nehmen kann. Außerdem wäre er nach einer erfolgreichen Sanierung an einer Wertsteigerung der Gesellschaft beteiligt.[187] Für das Schuldnerunternehmen bietet der Debt-Equity-Swap den Vorteil eines bilanziellen Passivtauschs von Fremd- zu Eigenkapital.[188] Eine Umwandlung gegen den Willen der betroffenen Gläubiger ist nicht möglich (§ 225 Abs. 2 S. 2 InsO) wohl aber gegen den Willen der Altgesellschafter.[189] 186

Ein Debt Equity-Swap kann als **Sachkapitalerhöhung** oder als **Anteilsübernahme** (Share Deal) erfolgen. Bei einer Sachkapitalerhöhung wird gewöhnlich das Kapital der Gesellschaft auf den tatsächlich noch vorhandenen Betrag des Eigenkapitals herabgesetzt (§§ 229ff. AktG; §§ 58a ff. GmbHG). Anschließend kommt es zu einer Sachkapitalerhöhung gegen neue Anteile. Dabei bringen die Gläubiger ihre Forderungen als Sacheinlage 187

[180] IDW ES 9 nF Rn. 37.
[181] IDW ES 9 nF Rn. 2, 46.
[182] *Steffan/Oberg/Poppe* ZInsO 2021, 1126.
[183] *Steffan/Oberg/Poppe* ZInsO 2021, 1126.
[184] Vgl. BeckOK InsO/*Ellers/Martini* § 270d Rn. 53f.
[185] *Gutmann/Laubereau* ZInsO 2012, 1861 (1864).
[186] Ausf. zum D-E-S *Haarmeyer/Buchalik,* Sanieren statt Liquidieren: Neue Möglichkeiten der Sanierung durch Insolvenz nach dem ESUG, 2012, 175ff.
[187] Vgl. BeckOK InsO/*Geiwitz/von Danckelmann* § 225a Rn. 3.
[188] BeckOK InsO/*Geiwitz/von Danckelmann* § 225a Rn. 3.
[189] BeckOK InsO/*Geiwitz/von Danckelmann* § 225a Rn. 3, *Günther* ZInsO 2012, 2037 (2043); kritisch *K. Schmidt* ZIP 2012, 2085.

ein.[190] Beim Share Deal übertragen Altgesellschafter bereits bestehende Anteile auf den Forderungsinhaber, der im Gegenzug auf seine Forderungen verzichtet.[191]

## H. Die Entscheidung über die Verfahrenseröffnung und ihre Konsequenzen

### I. Verfahrensarten und Verfahrensbeteiligte

188 Für die Eröffnung des Insolvenzverfahrens durch das Insolvenzgericht ist ein **schriftlicher Antrag** erforderlich (§ 13 Abs. 1 InsO). Während bei der sog. Regelabwicklung vom Insolvenzgericht zur Gläubigerbefriedigung ein Insolvenzverwalter bestellt wird, wird bei einer Anordnung der Eigenverwaltung dem Schuldner die Verwaltungs- und Verfügungsbefugnis über das verhaftete Vermögen im Grundsatz belassen, er wird nur der Aufsicht eines Sachwalters unterstellt.

189 Um eine nachteilige Veränderung der Vermögenslage für die Gläubiger im sog. **Eröffnungsverfahren** zwischen der Antragstellung und der Eröffnungs- oder Abweisungsentscheidung des Insolvenzgerichts zu verhindern, hat das Insolvenzgericht nach Eingang des Insolvenzantrags bestimmte Sicherungsmaßnahmen zu treffen (§ 21 InsO). Diese können bspw. darin liegen, dass ein vorläufiger Insolvenzverwalter (§ 21 Abs. 2 Nr. 1 InsO) bzw. vorläufiger Sachwalter (§ 270b Abs. 1 InsO) bestellt wird, dem Vorstand als gesetzlichem Vertreter der AG ein allgemeines Verfügungsverbot auferlegt wird oder dass Verfügungen nur mit Zustimmung des vorläufigen Insolvenzverwalters bzw. vorläufigen Sachwalters wirksam sind (§ 21 Abs. 2 Nr. 2 InsO bzw. § 270c Abs. 3 InsO) und Zwangsvollstreckungsmaßnahmen gegen die AG in nicht unbewegliche Gegenstände untersagt werden (§ 21 Abs. 2 Nr. 3 InsO und § 270c Abs. 3 InsO).

190 Wird das **Insolvenzverfahren eröffnet,** so ernennt das Insolvenzgericht bei der Regelabwicklung einen Insolvenzverwalter (§ 26 InsO) bzw. bestellt bei Anordnung der Eigenverwaltung einen Sachwalter (§ 270f Abs. 2 InsO).

191 **Verfahrensbeteiligte** in einem Insolvenzverfahren sind neben der AG als Insolvenzschuldner, insbesondere:
- die Insolvenzgläubiger,
- die Massegläubiger,
- der (vorläufige) Gläubigerausschuss,
- der (vorläufige) Insolvenzverwalter,
- der (vorläufige) Sachwalter,
- das Insolvenzgericht.

192 **Insolvenzgläubiger** sind nach § 38 InsO diejenigen Gläubiger, die zur Zeit der Eröffnung des Insolvenzverfahrens einen begründeten Vermögensanspruch gegen den Schuldner haben. Sie sind nach § 1 InsO gemeinschaftlich zu befriedigen; hierfür steht ihnen nach § 38 InsO die Insolvenzmasse zur Verfügung. Diese erfasst nach § 35 InsO das gesamte Vermögen, das der AG zum Zeitpunkt der Eröffnung des Verfahrens gehört und das sie während des Verfahrens erlangt. Die Insolvenzgläubiger müssen ihre Forderungen im Feststellungsverfahren beim Insolvenzverwalter bzw. Sachwalter unter Vorlage nachprüfbarer Unterlagen anmelden (§§ 87, 174 ff., 270f Abs. 2 InsO). Die Verteilung der Insolvenzmasse an die Insolvenzgläubiger – im Regelfall in Form einer festen Quote bezogen auf ihre bestätigten Forderungen – wird bei der Regelabwicklung vom Insolvenzverwalter vorgenommen (§ 187 Abs. 3 InsO) und bei der Eigenverwaltung von der AG als Schuld-

[190] Vgl. BeckOK InsO/*Geiwitz/von Danckelmann* § 225a Rn. 3, Braun/*Frank* InsO § 225a Rn. 5 ff.; *Günther* ZInsO 2012, 2037, (2040); ausf. *Redeker* BB 2009, 673 (674); *Weber/Schneider* ZInsO 2012, 374.

[191] Braun/*Frank* InsO § 225a Rn. 8; *Günther* ZInsO 2012, 2037 (2040); *Hofert/Möller* GmbHR 2009, 527.

nerin, wobei der Sachwalter zu prüfen und schriftlich zu erklären hat, ob nach dem Ergebnis seiner Prüfung Einwendungen zu erheben sind (§ 283 Abs. 2 InsO).

Ein sog. **aussonderungsberechtigter Gläubiger,** der ein dingliches oder persönliches 193
Recht an einem Insolvenzgegenstand geltend machen kann, gehört nicht zum Kreis der Insolvenzgläubiger (§ 47 InsO). Auch der **absonderungsberechtigte Gläubiger,** dem nach §§ 49 ff. InsO ein Recht auf Befriedigung aus einem zur Insolvenzmasse gehörenden Gegenstand zusteht, ist nur insoweit Insolvenzgläubiger, wie er aus dem zu seinen Gunsten verwertbaren Gegenstand nicht volle Befriedigung erlangt; er ist mithin Insolvenzgläubiger nur in Höhe des Ausfalls. Keine Insolvenzgläubiger sind ferner die **nachrangigen Gläubiger** iSd § 39 InsO und die **Massegläubiger** nach den §§ 53 ff. InsO.

**Massegläubiger** (§ 53 InsO) sind die Gläubiger, deren Ansprüche erst nach Verfahrens- 194
eröffnung begründet werden, und die nach Bereinigung der Schuldenmasse um Aus- und Absonderungsrechte vor allen Insolvenzgläubigern zu befriedigen sind. Aus Sicht des Schuldners handelt es sich bei den Ansprüchen der Massegläubiger um sog. Masseverbindlichkeiten.

Als Organ der Gläubiger nimmt der **Gläubigerausschuss** (§ 67 InsO) eine Mittlerstel- 195
lung zwischen dem die Insolvenz geschäftsführend abwickelnden Insolvenzverwalter bzw. der Eigenverwaltung einerseits und andererseits den an ihrer bestmöglichen Befriedigung interessierten Gläubigern in der Gläubigerversammlung ein. In dem Ausschuss sollen die absonderungsberechtigten Gläubiger, die Insolvenzgläubiger mit den höchsten Forderungen und die Kleingläubiger vertreten sein. Bei größeren Verfahren hat das Insolvenzgericht nach § 21 Abs. 2 Nr. 1a InsO bereits einen **vorläufigen Gläubigerausschuss** einzusetzen.

Die **Gläubigerversammlung** ist die oberste Entscheidungsinstanz über die in dem In- 196
solvenzverfahren wirtschaftlich zu verwirklichenden Ziele. Innerhalb von sechs Wochen, spätestens aber drei Monate nach Verfahrenseröffnung, hat die Gläubigerversammlung auf Grundlage eines Berichts des Insolvenzverwalters bzw. Sachwalters eine erste Entscheidung über den Fortgang des Verfahrens zu treffen (sog. Berichtstermin nach § 29 Abs. 1 Nr. 1 InsO iVm § 156 InsO). Während dieses ersten Berichtstermins hat sie gem. § 157 InsO darüber zu beschließen, ob die AG stillgelegt oder vorläufig fortgeführt werden soll.

Durch die Eröffnung des Insolvenzverfahrens (§ 80 InsO) geht das Recht des Schuld- 197
ners, das zur Insolvenzmasse gehörende Vermögen zu verwalten und über es zu verfügen, auf den **Insolvenzverwalter** über. Der Insolvenzverwalter (§ 56 InsO) wird bei der Insolvenz von Unternehmen nach herrschender Auffassung als amtlich bestellter Treuhänder der Insolvenzmasse tätig.[192] Er agiert im Spannungsfeld zwischen Insolvenzgericht, dem die Rolle des Hüters der rechtsförmigen Verfahrensabwicklung zukommt, den an optimaler wirtschaftlicher Verwertung des vorhandenen Schuldnervermögens interessierten Gläubigern – zusammengeschlossen in der Gläubigerversammlung –, dem ihm beratend zur Seite gestellten Gläubigerausschuss und der AG als Schuldnerin mit ihrem Interesse an einer Bewältigung der wirtschaftlichen Krise. Die Bestellung erfolgt nach § 27 Abs. 1 InsO durch das Insolvenzgericht, welches zugleich nach § 58 InsO auch die Aufsicht über ihn ausübt.

Hauptaufgabe des **vorläufigen Insolvenzverwalters** (§ 21 Abs. 2 Nr. 1 InsO) ist die 198
Sicherung und Erhaltung des Schuldnervermögens bis zur Entscheidung des Insolvenzgerichts über den Antrag auf Verfahrenseröffnung. Verhängt das Insolvenzgericht zur Vermögenssicherung ein allgemeines Verfügungsverbot gegen die AG als Schuldnerin, so geht die Verwaltungs- und Verfügungsbefugnis auf den vorläufigen Insolvenzverwalter über als sog. „starker" vorläufiger Insolvenzverwalter. Dieser hat im Rahmen der Vermögenssicherung und -erhaltung die AG bis zur Entscheidung über die Verfahrenseröffnung grundsätzlich fortzuführen und zu prüfen, ob das Vermögen der AG die Verfahrenskosten decken wird. Er begründet Masseverbindlichkeiten und haftet grundsätzlich für die von ihm begründeten Verbindlichkeiten (§ 21 InsO). Hat das Insolvenzgericht der AG als Schuldnerin kein

[192] *Delhaes* in Nerlich/Römermann, Insolvenzordnung, 42. Aufl. 2021, InsO Vor §§ 56–79 Rn. 10.

Verfügungsverbot auferlegt, so bestimmt es die Befugnisse des vorläufigen Insolvenzverwalters durch Beschluss. Zweckmäßigerweise wird das Gericht dabei anordnen, dass Verfügungen des Schuldners von der Zustimmung des vorläufigen Insolvenzverwalters abhängig sind als sog. „schwacher" vorläufiger Insolvenzverwalter. Auch ohne die Haftung nach § 61 InsO ist der „schwache" vorläufige Insolvenzverwalter regelmäßig aufgrund der für die Fortführung erforderlichen persönlichen Garantieversprechen gegenüber Lieferanten einem hohen Haftungsrisiko ausgesetzt.

199 Bei Anordnung einer Eigenverwaltung wird anstelle des Insolvenzverwalters ein **Sachwalter** bestellt (§ 270f Abs. 2 InsO). Der Sachwalter soll verhindern, dass der Schuldner zum Nachteil von Gläubigern Vermögenswerte beiseiteschafft oder in anderer Weise den Grundsätzen ordnungsgemäßer Wirtschaftsführung zuwiderhandelt. Die Prüfung erfolgt mittels Einsichtnahme des Sachwalters in die Bücher und Konten des Schuldners. Um seinen Pflichten nachkommen zu können, stehen dem Sachwalter gem. § 274 Abs. 2 S. 2 InsO die gleichen umfangreichen Auskunftsrechte wie einem Insolvenzverwalter zu. Gemäß § 274 Abs. 3 InsO ergibt sich für den Sachwalter die Pflicht, das Gericht und die Gläubiger direkt oder über einen Gläubigerausschuss zu informieren, sobald er Anhaltspunkte dafür feststellt, dass eine Fortführung der Eigenverwaltung zu Nachteilen für die Gläubiger führen würde. Verbindlichkeiten, die nicht zum gewöhnlichen Geschäftsbetrieb gehören, soll der Vorstand der AG nur mit Zustimmung des Sachwalters eingehen. Auch Verbindlichkeiten, die zum gewöhnlichen Geschäftsbetrieb gehören, soll er nicht eingehen, wenn der Sachwalter widerspricht.

200 Das Insolvenzgericht bestellt bei einem Antrag der AG auf Anordnung der Eigenverwaltung für die vorläufige Eigenverwaltung bis zu dem Zeitpunkt zu dem der Antrag entschieden ist, einen **vorläufigen Sachwalter,** wenn (i) die Eigenverwaltungsplanung der AG vollständig und schlüssig ist und (ii) keine Umstände bekannt sind, aus denen sich ergibt, dass die Eigenverwaltungsplanung in wesentlichen Punkten auf unzutreffenden Tatsachen beruht (§ 270b Abs. 1 InsO). Das Gericht kann zudem anordnen, dass Verfügungen des Vorstands als Vertreter der AG der Zustimmung durch den vorläufigen Sachwalter bedürfen. Die Aufgaben und die Rechtsstellung des vorläufigen Sachwalters entsprechen denen des endgültigen Sachwalters.

201 Aufgabe des **Insolvenzgerichts** ist es als „Hüter des Insolvenzverfahrens" den formalen Ablauf des Insolvenzverfahrens nach Maßgabe der wirtschaftlichen Entscheidungen der Verfahrensbeteiligten sicherzustellen. Es ist somit nicht Aufgabe des Insolvenzgerichts, wirtschaftliche und unternehmerische Entscheidungen zu treffen, sondern nur zu überprüfen, ob die von den Verfahrensbeteiligten getroffenen Entscheidungen in Übereinstimmung mit den in der Insolvenzordnung genannten Kriterien stehen.[193] Örtlich zuständig ist nach § 3 Abs. 1 S. InsO ausschließlich das Insolvenzgericht, in dessen Bezirk die AG ihren allgemeinen Gerichtsstand hat. Die Aufgaben des Insolvenzgerichts bestehen zunächst darin, das Eröffnungsverfahren durchzuführen. Hierzu hat es zu prüfen, ob der ihm vorgetragene Insolvenzgrund tatsächlich gegeben ist und ob und welche geeigneten vorläufigen Sicherungsmaßnahmen zu verfügen sind, um bis zur Entscheidung über den Antrag nachteilige Veränderungen der Vermögenslage der AG zu verhindern.

## II. Ablehnung mangels Masse

202 Wird die Eröffnung des Insolvenzverfahrens mangels einer die Verfahrenskosten deckenden Masse nach § 26 Abs. 1 InsO abgelehnt, so gilt die Gesellschaft mit Rechtskraft des Beschlusses als aufgelöst (§ 262 Abs. 1 Nr. 4 AktG). Sie wird in diesem Fall gem. § 264 ff. AktG abgewickelt. Während der Abwicklung gelten grundsätzlich noch die Vorschriften für werbende Gesellschaften, soweit die Regelungen der §§ 264 ff. AktG nichts anderes

[193] *Lissner* ZInsO 2012, 957 (961).

bestimmen. Auf die Börsennotierung einer Gesellschaft hat ihre Auflösung keinen unmittelbaren Einfluss. Anstelle der Aktien werden nunmehr die, kraft Gesetzes aus den Aktien entstandenen, Liquidationsanteilsscheine gehandelt.[194]

### III. Auswirkungen einer Verfahrenseröffnung auf den Rechtsträger

Ein rechtskräftiger Beschluss über die Eröffnung des Verfahrens über das Vermögen einer AG stellt gem. § 262 Abs. 1 Nr. 3 AktG einen Auflösungsgrund dar, der nach § 263 S. 3 AktG in das **Handelsregister** einzutragen ist. Die Eröffnung des Insolvenzverfahrens hat nicht den Verlust der Rechtspersönlichkeit einer Aktiengesellschaft zur Folge. Die Gesellschaft ist folglich weiterhin Träger von Rechten und Pflichten. Handels- und steuerrechtliche Pflichten des Schuldners zur Buchführung und zur Rechnungslegung bleiben nach § 155 InsO unberührt, in Bezug auf die Insolvenzmasse hat der Insolvenzverwalter diese Pflichten zu erfüllen. Auch die Kaufmannseigenschaft der Gesellschaft bleibt unberührt.[195] Die Firmierung bleibt grundsätzlich erhalten, muss aber nach § 269 Abs. 6 AktG mit dem Zusatz „i.L." (in Liquidation) versehen werden. Nach der vollständigen Vermögensverteilung durch den Insolvenzverwalter und der von Amts wegen vorgenommenen Löschung im Handelsregister (§ 394 Abs. 1 S. 2 FamFG), gilt eine Aktiengesellschaft als beendet. 203

### IV. Auswirkungen auf die Gesellschaftsorgane

Die **Organe** einer Aktiengesellschaft bleiben nach Verfahrenseröffnung im Amt. Ihre Befugnisse und Verpflichtungen werden jedoch durch die Verwaltungs- und Verfügungsbefugnisse des (vorläufigen) Insolvenzverwalters eingeschränkt (§ 80 InsO). 204

#### 1. Vorstand

Die Aufgaben des Vorstands als Vertretungsorgan einer AG im Regelabwicklungsverfahren beschränken sich während eines Insolvenzverfahrens darauf, die Rechte und Pflichten der Gesellschaft als Gemeinschuldnerin wahrzunehmen, insolvenzfreies Vermögen zu verwalten und die ihm obliegenden Verfahrenspflichten zu erfüllen (ua § 101 InsO). Der Insolvenzverwalter kann den Anstellungsvertrag eines Vorstandsmitglieds nach § 113 InsO kündigen und im Gegenzug kann das Vorstandsmitglied für seinen, ihm durch die Kündigung entgangenen, Vergütungsanspruch, Schadenersatz gem. § 113 S. 3 InsO verlangen. § 87 Abs. 3 AktG beschränkt diesen Anspruch auf die letzten 2 Jahre vor Ende des Dienstverhältnisses. Neben dem während des Verfahrens nach § 113 InsO geltenden Sonderkündigungsrecht, gibt es für den Insolvenzverwalter auch weiterhin die Möglichkeit, Anstellungsverträge nach den außerhalb eines Verfahrens geltenden Vorschriften zu kündigen. 205

Für seine Tätigkeit im Rahmen seines, nach der Eröffnung des Insolvenzverfahrens noch fortbestehenden, Aufgabenkreises hat ein **Vorstandsmitglied** Anspruch auf **Vergütung.** Da es sich um einen Anspruch handelt, der nach Eröffnung begründet wird, handelt es hierbei um eine Masseverbindlichkeit nach § 55 Abs. 1 Nr. 2 InsO. Für (aus welchem Grund auch immer) ausscheidende Vorstandsmitglieder muss der Aufsichtsrat Ersatz benennen. Ist der Aufsichtsrat dazu nicht in der Lage, so hat der Insolvenzverwalter eine gerichtliche Bestellung nach § 85 AktG zu beantragen. 206

[194] *Schander/Schinogl* ZInsO 1999, 202; *Hirte* ZInsO 2000, 127 (130).
[195] Uhlenbruck/*Hirte* InsO § 11 Rn. 105.

## 2. Aufsichtsrat

207 Sowohl der Aufsichtsrat als Organ als auch das Amt des einzelnen **Aufsichtsratsmitglieds** bleiben nach Verfahrenseröffnung bestehen. Nach § 102 Abs. 1 AktG können Aufsichtsratsmitglieder, nicht für längere Zeit als bis zur Beendigung der Hauptversammlung bestellt werden, die über die Entlastung für das vierte Geschäftsjahr nach dem Beginn der Amtszeit beschließt.[196] Findet während einer Insolvenz keine Hauptversammlung statt, so verlängert sich das Amt nicht automatisch. Die Zugehörigkeit zum Aufsichtsrat endet daher spätestens in dem Zeitpunkt, in dem die Hauptversammlung über die Entlastung hätte beschließen müssen.[197] Vor dem Ablauf der in § 102 AktG definierten Amtszeit kann das Amt durch eine Abberufung beendet werden. Das Recht dazu steht auch während einer Insolvenz nicht dem Insolvenzverwalter zu, sondern verbleibt bei der Hauptversammlung und richtet sich nach § 23 MitbestG (soweit anwendbar).

208 Während des Verfahrens sind die Aufgaben eines Aufsichtsrates beschränkt. Die Überwachung des Insolvenzverwalters wird von der **Gläubigerversammlung** übernommen und, soweit Eigenverwaltung angeordnet wurde, findet eine Überwachung durch einen bestellten Sachwalter statt. Aufgrund dieser Einschränkungen besteht weitgehende Einigkeit darüber, dass Aufsichtsratsmitglieder während des Verfahrens keinen Anspruch auf eine Vergütung haben.[198] Ausstehende Vergütungen, die in der Zeit vor Verfahrenseröffnung begründet wurden, stellen Insolvenzforderungen nach § 38 InsO dar. Hinsichtlich der Forderung auf Auslagenersatz für Aufsichtsratsmitglieder ist zu unterscheiden, wann der Anspruch entstanden ist. Wenn es sich um Ansprüche für Auslagenersatz für die Zeit vor Eröffnung des Insolvenzverfahrens handelt, dann handelt es sich um eine einfache Insolvenzforderung. Auslagen, die für Tätigkeiten nach der Eröffnung des Insolvenzverfahrens entstehen sind hingegen Massekosten. Voraussetzung ist allerdings, dass die Auslagen für die Erbringung der im Insolvenzverfahren beim Aufsichtsrat verbliebenen Aufgaben wirklich erforderlich sind.

209 Ein Aufsichtsratsmitglied kann sein Amt in der Insolvenz der Gesellschaft auch vor Ablauf der Amtszeit niederlegen.[199] Der Angabe eines wichtigen Grundes bedarf es hierfür nicht. Wird ein Nachfolger von der Hauptversammlung bestellt, so gehen die Kosten hierfür grundsätzlich nicht zulasten der Insolvenzmasse. Selbiges gilt auch für die Wahl von **Arbeitnehmervertretern** (§ 20 Abs. 3 MitbestG findet keine Anwendung). Wird die Mindestanzahl an Aufsichtsratsmitgliedern unterschritten, so hat das Gericht auf einen Antrag nach § 104 Abs. 1 AktG die Bestellung vorzunehmen. Neben den in Abs. 1 aufgeführten Mitgliedern ist auch der Insolvenzverwalter zu einem solchen Antrag berechtigt.

## 3. Hauptversammlung

210 Auch im Insolvenzverfahren bleibt der Vorstand zur Einberufung der Hauptversammlung zuständig. Eine Einberufung hat in Absprache mit dem Insolvenzverwalter zu erfolgen, da nur dieser Mittel für die Einberufung der Versammlung zur Verfügung stellen kann. Die Zuständigkeiten der Hauptversammlung werden in allen masserelevanten Themenbereichen vom Insolvenzverwalter überlagert. **Satzungsänderungen** liegen grundsätzlich weiterhin im Kompetenzbereich der Versammlung, soweit sie nicht dem Zweck des Insolvenzverfahrens zuwiderlaufen.[200] Auch die **Benennung von Aufsichtsratsmitgliedern** bleibt im Kompetenzbereich der Hauptversammlung (§ 101 AktG). Grundsätzlich besteht auch das **Auskunftsrecht der Aktionäre** (§ 131 AktG) fort, wobei es dem Vorstand aufgrund der auf den Insolvenzverwalter übergegangenen Verwaltungs- und Verfügungs-

---

[196] *Haas/Mock* in Gottwald/Haas InsR-HdB § 91 Rn. 38.
[197] *Haas/Mock* in Gottwald/Haas InsR-HdB § 91 Rn. 38.
[198] *Haas/Mock* in Gottwald/Haas InsR-HdB § 91 Rn. 44.
[199] *Hauptmann/Müller-Dott* BB 2003, 2521 (2525).
[200] *Haas/Mock* in Gottwald/Haas InsR-HdB § 91 Rn. 47.

befugnis in der Regel nur eingeschränkt möglich ist, Auskunft zu erteilen. Für die **Geltendmachung einer Haftungsinanspruchnahme** der Vorstandsmitglieder ist nach Verfahrenseröffnung nicht mehr die Hauptversammlung gem. § 147 AktG zuständig, sondern der Insolvenzverwalter. Die **Entlastungskompetenz** bleibt nach § 120 AktG bei der Versammlung, da eine erfolgte Entlastung keinem Verzicht auf Ersatzansprüche gleichkommt (Abs. 2). Hauptversammlungsbeschlüsse können unverändert angefochten werden, mit dem Unterschied, dass die Klage (§ 246 Abs. 2 AktG) gegen den Insolvenzverwalter zu richten ist, wenn die Masse durch das Verfahren betroffen ist. Dies ist schon dem Umstand geschuldet, dass die Gesellschaft bei einer erfolgreichen Klage die Kosten des Verfahrens tragen muss. Laufende Verfahren werden aufgrund der Stellung der Aktiengesellschaft als Anfechtungsgegner (§ 246 Abs. 2 S. 1 AktG) durch die Eröffnung des Insolvenzverfahrens nach § 240 ZPO nur unterbrochen, wenn der Hauptversammlungsbeschluss auch die Insolvenzmasse betrifft. Dies kann nicht schon aufgrund von § 91 ZPO angenommen werden.

### 4. Aktionär

Grundsätzlich bleibt die Rechtsstellung eines Aktionärs **durch die Eröffnung des Insolvenzverfahrens unberührt.** Weil der Aktionär der Gesellschaft neben seiner Aktionärsstellung auch als Gläubiger gegenübertreten kann, muss zwischen seinen Verwaltungs- und Vermögensrechten unterschieden werden. 211

**Verwaltungsrechte.** Das Informationsrecht besteht zwar gegenüber dem Vorstand fort, ist aber davon abhängig, wie viel der Vorstand vom Insolvenzverwalter an Informationen erhält. Während des Verfahrens ist die gerichtliche Beantragung einer Sonderprüfung durch die Hauptversammlung nicht möglich. Jedoch kann der Aktionär nach Beendigung des Verfahrens entweder in der Hauptversammlung (§ 142 Abs. 1 AktG) oder bei Gericht eine **Sonderprüfung** beantragen (§ 142 Abs. 2 AktG), die aber nicht die Tätigkeit des Insolvenzverwalters umfassen darf. 212

**Vermögensrechte.** Der mitgliedschaftliche Anspruch auf Bilanzgewinn ist während des Insolvenzverfahrens bedeutungslos. Schwieriger zu beantworten ist die Frage, wie mit bereits zur Verfahrenseröffnung begründeten und noch ausstehenden Ansprüchen verfahren wird. Bei einem bereits vor der Verfahrenseröffnung wirksam entstandenen Anspruch auf eine Dividende (§ 58 Abs. 4 AktG) handelt es sich nach Verfahrenseröffnung nicht um eine Insolvenzforderung nach § 38 InsO. Ein solcher Anspruch kann nicht befriedigt werden, da ansonsten Eigenkapital abfließen würde, das sonst den Gläubigern der Gesellschaft zur Verfügung stehen würde. 213

### 5. Exkurs: Abschlussprüfer

Mit der Insolvenzeröffnung beginnt ein **neues Geschäftsjahr** (§ 155 Abs. 2 S. 1 InsO). Für die Prüfung der Schlussbilanz der werbenden Gesellschaft gilt eine Sonderregelung (§ 155 Abs. 3 S. 2 InsO): Ist der Abschlussprüfer für das vor Verfahrenseröffnung liegende (Rumpf-)Geschäftsjahr schon gewählt und von dem zuständigen Gesellschaftsorgan auch schon beauftragt worden, ist der Insolvenzverwalter an dessen Beauftragung gebunden.[201] Steht allerdings die Beauftragung noch aus oder fehlt es sogar an der Wahl, gilt die Regelung in § 155 Abs. 3 S. 1 InsO: Zuständig für die Bestellung ist dann allein das Registergericht. 214

Die gesetzliche Anordnung in § 155 Abs. 2 S. 2 InsO, dass die Wirksamkeit der Bestellung eines Abschlussprüfers für ein vor der Eröffnung des Insolvenzverfahrens endendes Geschäftsjahr durch die nach der Bestellung erfolgte Eröffnung nicht berührt wird, gilt nicht nur für das Geschäftsjahr vor der Eröffnung des Verfahrens, sondern auch für die 215

[201] Braun/*Haffa/Leichtle* InsO § 155 Rn. 12.

davor liegenden Geschäftsjahre.[202] Hat die Hauptversammlung den Abschlussprüfer zwar gewählt, ist der Auftrag von dem Beauftragungsorgan aber noch nicht erteilt, ist der Insolvenzverwalter nicht an die Wahl der Hauptversammlung gebunden, dh er ist nicht verpflichtet, den Prüfungsvertrag mit dem gewählten Abschlussprüfer abzuschließen.[203]

216 Oftmals nimmt der Insolvenzverwalter eine **Änderung des vorangegangenen Jahresabschluss** vor. Dies hat dann nach § 316 Abs. 3 HGB eine **Nachtragsprüfung** zur Folge. Mit der Durchführung der Nachtragsprüfung ist nach der Systematik des § 316 Abs. 3 HGB der ursprüngliche Abschlussprüfer zu befassen, da die Nachtragsprüfung keine vollständig neue Prüfung darstellt, sondern sich nur auf die geänderten Posten und Angaben beschränkt. Selbst wenn der geänderte Jahresabschluss fehlerhaft gewesen sein sollte und dies eine Änderung begründet, steht der Beauftragung des ursprünglichen Abschlussprüfers der Gesichtspunkt der Besorgnis der Befangenheit grundsätzlich nicht entgegen. Dies wäre nur der Fall, wenn aus der Sicht eines objektiven und verständigen Dritten konkrete Umstände hergeleitet werden könnten, dass sich der Nachtragsprüfer von sachfremden Erwägungen bei Durchführung der Nachtragsprüfung leiten lassen könnte.[204] Der Auffassung des OLG Dresden, dass es dem Insolvenzverwalter freisteht, dem Registergericht einen anderen Abschlussprüfer vorzuschlagen und vom Gericht bestellen zu lassen, ist der BGH im Jahr 2018 entgegengetreten.[205]

217 Eine förmliche **Feststellung** der handelsrechtlichen Jahresabschlüsse ist wegen des insolvenzspezifisch geregelten Verteilungsverfahrens gesetzlich nicht vorgesehen und auch nicht erforderlich.[206]

218 Der Begriff der Feststellung betrifft nicht nur die Billigung des Jahresabschlusses;[207] der Begriff umfasst vielmehr zugleich auch die Änderungskompetenz. So kann der Aufsichtsrat einer Aktiengesellschaft, den zur Billigung vorgelegten Jahresabschluss zurückweisen und das Geschäftsführungsorgan dazu veranlassen, bestimmte, insbesondere handelsrechtlich zulässige Bewertungswahlrechte nach dem Willen der Gesellschafter auszuüben. Der Vorstand ist auch in dieser Kompetenz nur Treuhänder des Gesellschaftervermögens und muss daher dem Primat der Gesellschafterentscheidung folgen. Diese gesellschaftsrechtliche Kompetenz wird mit Eröffnung des Insolvenzverfahrens aufgehoben. Mit dem Einsetzen des Insolvenzverwalters sind allein auf diesen alle vermögensrechtlichen Verwaltungs- und Verfügungsbefugnisse übertragen. Der Insolvenzverwalter muss sich nicht vor den Gesellschaftsorganen rechtfertigen. Vielmehr besteht zwischen den Gesellschaftsorganen und einem Insolvenzverwalter ein natürlicher Interessenwiderstreit, da kaum zu erwarten ist, dass die Gesellschafter eine ihre Vermögensinteressen nicht mehr wahrende Liquidationsbewertung mittragen werden. Da aber der Insolvenzverwalter nicht Treuhänder der Gesellschafter, sondern den Gläubigern gegenüber verantwortlich ist, hat er den Gesellschaftern oder einem Aufsichtsrat weder Rechenschaft abzulegen, noch ihnen den Jahresabschluss zur Billigung vorzulegen.

## V. Auswirkungen der Insolvenzverfahrenseröffnung auf Kapital und Anleihen

219 Die Verfahrenseröffnung hat zunächst **keine direkten Auswirkungen** auf die finanzielle Verfassung einer Aktiengesellschaft.

---

[202] BGH NZI 2018, 647 Rn. 12.
[203] BGH NZI 2018, 647 Rn. 15; OLG Dresden NZI 2009, 858 (859).
[204] Vgl. § 319 Abs. 2 HGB iVm §§ 29 ff. BS WP/vBP.
[205] BGH NZI 2018, 647 Rn. 16; OLG NZI 2009, 858.
[206] *Andres* in Nerlich/Römermann, Insolvenzordnung, 42. Aufl. 2021, InsO § 155 Rn. 28.
[207] Dies folgt bereits aus § 172 AktG einerseits, in dem der Begriff der „Feststellung" verwandt wird, und aus § 173 Abs. 1 AktG andererseits, in dem für den Begriff der „Feststellung" der Begriff „billigen" verwandt wird.

Eine **noch nicht abgeschlossene Kapitalerhöhung** wird bei Eröffnung eines Insolvenzverfahrens nicht automatisch beendet.[208] Der Insolvenzverwalter bzw. die Eigenverwaltung im Einvernehmen mit dem Sachwalter (§ 279 InsO) können ausstehende Einlageforderungen der Gesellschaft aufgrund seiner Befugnisse aus § 80 InsO als Bestandteil der Insolvenzmasse einfordern. Vor der Eintragung einer Kapitalerhöhung in das Handelsregister kann die Hauptversammlung den entsprechenden Beschluss allerdings noch aufheben und damit das Entstehen der Einlageverpflichtung verhindern.[209] Auch im bereits eröffneten Verfahren ist eine Kapitalerhöhung noch möglich. Da sich dadurch die zur Gläubigerbefriedigung zur Verfügung stehende Masse erhöht, ist eine solche Kapitalerhöhung oftmals die Bedingung für die Annahme eines Insolvenzplans vonseiten der Gläubiger. Auch die Ausgabe neuer Aktien gem. §§ 202ff. AktG ist nach Verfahrenseröffnung möglich, da die Einlagen die Masse erhöhen, die zur Gläubigerbefriedigung zur Verfügung steht. Es ist jedoch davon auszugehen, dass es der Zustimmung des Insolvenzverwalters bedarf, da durch die Zeichnung neuer Aktien auch Kosten entstehen können, die dann aus der Masse beglichen werden müssen. 220

Ein **Erwerb eigener Aktien** ist während eines Insolvenzverfahrens nicht möglich, da der Grundsatz gilt, dass Gesellschafter erst nach den Insolvenzgläubigern befriedigt werden dürfen (§ 199 S. 2 InsO). 221

**Schuldverschreibungen** bestehen auch nach Verfahrenseröffnung fort. Allerdings gibt es gewöhnlich in den Anleihebedingungen ein Kündigungsrecht für den Verschreibungsgläubiger, wenn bestimmte Leistungen nicht erbracht werden, was nach Verfahrenseröffnung regelmäßig der Fall ist. Die führt zu einem Kündigungsrecht der Verschreibungsgläubiger und somit zu einer Fälligstellung der Forderung. Anleiheverträge, die keine solche Klausel enthalten, gelten nach § 41 InsO mit Verfahrenseröffnung als fällig. Da es sich bei Schuldverschreibungen um gegenseitige Verträge handelt, können der Insolvenzverwalter bzw. die Eigenverwaltung im Einvernehmen mit dem Sachwalter (§ 279 InsO) den Vertrag seinerseits nach § 103 InsO kündigen. Der Verschreibungsgläubiger kann seine Forderung dann nur als Insolvenzgläubiger geltend machen (§ 103 Abs. 2 InsO). 222

Auch bei Anwendbarkeit des **Schuldverschreibungsgesetzes** (SchVerschrG), bestimmen sich die Rechte der Gläubiger nach der InsO, soweit § 19 Abs. 2–4 SchVG keine abweichenden Regelungen enthält (§ 19 Abs. 1 SchVG). 223

## VI. Bedeutung der Verfahrenseröffnung für die Mitteilungspflichten einer AG

Durch die Verfahrenseröffnung wird die Übertragbarkeit der Aktien nicht eingeschränkt. Auch die **Mitteilungspflichten** bestehen weiterhin. Der Insolvenzverwalter hat die Verpflichtung, etwaige Veränderungen nach § 20 Abs. 6 AktG in den Gesellschaftsblättern bekanntzugeben. 224

## VII. Die Insolvenzmasse

Die **Insolvenzmasse** umfasst gem. § 35 InsO das gesamte Vermögen, das dem Schuldner zum Zeitpunkt der Verfahrenseröffnung gehört und das Vermögen, das während des Verfahrens erlangt wird. 225

Die Insolvenzmasse umfasst darüber hinaus auch die Ansprüche aus Kapitalaufbringung und -erhaltung, insbesondere Ansprüche, die der Gesellschaft gegenüber ihren Aktionären aus rückständigen Einlagen zustehen (§§ 63, 54 AktG). Die Geltendmachung der Ansprü- 226

[208] *Haas/Mock* in Gottwald/Haas InsR-HdB § 91 Rn. 64.
[209] *Haas/Mock* in Gottwald/Haas InsR-HdB § 91 Rn. 64; Uhlenbruck/*Hirte* InsO § 11 Rn. 194.

che erfolgt nach § 80 InsO durch den Insolvenzverwalter, ein etwaiger Aufsichtsratsvorbehalt ist in der Insolvenz hinfällig.[210]

227 Des Weiteren gehören auch Ansprüche auf Rückerstattung von Zahlungen, die Aktionäre unter Verstoß gegen die §§ 57–59 AktG erhalten haben zur Insolvenzmasse (§ 62 Abs. 1, Abs. 2 S. 2 AktG). Zur Geltendmachung dieser Ansprüche ist nach § 62 Abs. 2 S. 2 AktG der Insolvenzverwalter/Sachwalter berechtigt. Soweit ein entsprechendes Verfahren bereits anhängig ist, wird dieses mit Eröffnung des Insolvenzverfahrens unterbrochen (§ 240 ZPO) und kann vom Insolvenzverwalter nach § 325 ZPO als Rechtsnachfolger wieder aufgenommen werden.[211] Er hat dabei den Grundsatz der Aktionärsgleichbehandlung zu beachten. Dieser Grundsatz ist bei einer möglichen Anwendung des Kaduzierungsverfahrens nach § 64 AktG zu beachten. Auch in einem Insolvenzverfahren gilt, dass die Aktionäre nicht von ihren Leistungspflichten befreit werden dürfen (§ 66 AktG).

228 Die Ansprüche aus der **Verlustdeckungshaftung** der Gründer gehören zur Insolvenzmasse. Das vollständige Grundkapital einer AG hat im Entstehungszeitpunkt (Eintragung ins Handelsregister) zur Verfügung zu stehen. Ist dies nicht der Fall, so sind die Gründergesellschafter aufgrund der Vorbelastungshaftung verpflichtet, anteilig nach ihrer Beteiligung bereits bestehende Vorbelastungen der AG auszugleichen und das Grundkapital wieder aufzufüllen. Ist ein solcher Ausgleich einzelnen Gründern nicht möglich, so haben die anderen gemeinschaftlich gemäß ihren Beteiligungsanteilen für die ausgefallenen Gründer einzustehen.

229 Ferner können **Rückabwicklungsansprüche** aus einer Nachgründung gem. § 52 AktG entstehen. Nach Verfahrenseröffnung muss der Insolvenzverwalter anstatt der Hauptversammlung dem Nachgründungsvertrag gem. § 52 Abs. 1 AktG zustimmen.

230 Ansprüche aufgrund von **Missmanagement** richten sich überwiegend gegen den Vorstand. Die Ansprüche können vor allem in der Verletzung der Kapitalaufbringungs- und Kapitalerhaltungsvorschriften, Insolvenzverursachung oder Insolvenzverschleppung begründet sein.

231 Zur Insolvenzmasse zählen auch **Schadensersatzansprüche** der Gesellschaft gegen Dritte, die schädigenden Einfluss auf die Gesellschaft nehmen (§ 117 AktG).[212] Gemäß § 117 Abs. 5 AktG ist zur Geltendmachung während der Dauer des Insolvenzverfahrens wiederum der Insolvenzverwalter bzw. Sachwalter berechtigt.

232 Darüber hinaus gehören Schadensersatzansprüche gegen den **Abschlussprüfer** (§ 323 HGB) zur Insolvenzmasse.[213] Auch die Geltendmachung dieser Ansprüche obliegt während des Insolvenzverfahrens dem Insolvenzverwalter bzw. die Eigenverwaltung im Einvernehmen mit dem Sachwalter (§ 93 Abs. 5 S. 4 AktG).

233 Ansprüche aufgrund einer **Insolvenzverursachung** können gem. § 15b Abs. 5 S. 1 InsO gegen den Vorstand erhoben werden, wenn dieser Zahlungen an Aktionäre geleistet hat, die zur Insolvenz der Gesellschaft führen mussten. Der Anspruch ist ausgeschlossen, wenn sich der Vorstand auf die Business Judgement Rule des § 93 Abs. 1 S. 1 AktG berufen kann.[214]

234 Außerdem können sich gegen die Vorstandsmitglieder Ansprüche wegen **Insolvenzverschleppung** aus § 823 Abs. 2 BGB iVm § 15a InsO ergeben.[215]

235 Gegen **Aufsichtsratsmitglieder** kommen Schadensersatzansprüche wegen unzureichender Überwachung des Vorstands bzw. fehlender Einwirkung auf die Insolvenzantragstellung in Betracht (§ 116 AktG iVm § 93 Abs. 2 AktG).

236 Nicht zuletzt stehen auch die Ansprüche aus Anfechtungen nach §§ 129ff. InsO der Insolvenzmasse zu.

---

[210] *Haas/Mock* in Gottwald/Haas InsR-HdB § 91 Rn. 77f.
[211] *Haas/Mock* in Gottwald/Haas InsR-HdB § 91 Rn. 79.
[212] Uhlenbruck/*Hirte* InsO § 35 Rn. 335.
[213] Uhlenbruck/*Hirte* InsO § 35 Rn. 336.
[214] BeckOK InsO/*Wolfer* § 15b Rn. 35.
[215] BeckOK InsO/*Wolfer* § 15a Rn. 30.

# I. Die Auswirkungen einer Insolvenz auf den Kapitalmarkt

## I. Börsennotierte Aktiengesellschaft

### 1. Börsennotierung und Widerruf

Die **Börsennotierung** wird in § 3 Abs. 2 AktG geregelt. Erforderlich ist eine Zulassung zu einem bestimmten Markt. Diese Regelung beinhaltet in Deutschland ausschließlich die Zulassung zum regulierten Markt nach §§ 32ff. BörsG, nicht aber den Freiverkehr (§ 48 BörsG). Bei dem für die Börsennotierung erforderlichen Markt muss es sich nicht um eine deutsche Börse handeln, es kommt insbesondere auch eine Auslandsnotierung in anderen Mitgliedstaaten der EU in Betracht (§ 2 Abs. 11 WpHG). Die Börsenzulassung erfolgt durch einen Verwaltungsakt der Zulassungsstelle. Die Zulassung an der Börse endet weder für den Fall, dass ein Insolvenzverfahren beantragt wird, noch für den Fall der Insolvenzeröffnung zwangsläufig. Für die Beendigung der Börsennotierung ist vielmehr ein Widerruf notwendig, der in einer auf die Dauer fehlenden Gewährleistung eines ordnungsgemäßen Börsenhandels begründet sein kann. Einen weiteren Grund stellt die Unfähigkeit eines gelisteten Unternehmens dar, seinen Pflichten, die sich aus der Listung ergeben, in einer angemessenen Frist nachzukommen (§ 39 Abs. 1 BörsG). Die Entscheidung über den Widerruf trifft die Zulassungsstelle nach pflichtgemäßem Ermessen, wobei festzustellen ist, dass allein aufgrund der Insolvenzantragstellung oder Insolvenzeröffnung noch nicht unterstellt werden kann, dass ein ordnungsgemäßer Börsenhandel ausgeschlossen ist.[216] Auch auf den Wegfall der Erfüllungsmöglichkeit der Pflichten des Emittenten in einer angemessenen Frist (§ 39 Abs. 1 BörsG) kann nur aufgrund der Verfahrenseröffnung nicht automatisch geschlossen werden, da der Insolvenzverwalter den Schuldner bei der Erfüllung der sich aus der Zulassung ergebenden Pflichten zu unterstützen hat und ihm insbesondere die hierfür notwendigen finanziellen Mittel zur Verfügung zu stellen hat (§ 43 BörsG). 237

### 2. Aussetzung und Einstellung der Notierung

Bei einer temporären Gefährdung des ordnungsgemäßen Börsenhandels kann die Geschäftsführung den Handel **zeitweise** aussetzen. Ferner kann es auch zur **Aussetzung** kommen, wenn dies zum Schutz des Publikums geboten erscheint (§ 25 Abs. 1 Nr. 1 BörsG). Ein solcher Fall wäre beispielsweise denkbar, wenn gegen die Regelungen der Art. 14, 15 MAR verstoßen wird. Allein durch die Eröffnung eines Insolvenzverfahrens kann eine Aussetzung des Börsenhandels nicht begründet werden, es muss folglich auch während des Verfahrens einer der Aussetzungsgründe des § 25 Abs. 1 Nr. 1 BörsG vorliegen. 238

Eine **Einstellung** gem. § 25 Abs. 1 Nr. 2 BörsG ist im Gegensatz zu einer Aussetzung, eine Maßnahme, die keiner zeitlichen Begrenzung unterliegt. Voraussetzung hierfür ist, dass der ordnungsgemäße Börsenhandel nicht nur zeitweilig nicht mehr gewährleistet erscheint. Dies ist im Zusammenhang mit einem Insolvenzverfahren der Fall, wenn die Gesellschaft im Handelsregister gelöscht wird (§ 262 Abs. 1 Nr. 3 AktG). Aus dem Umkehrschluss aus § 43 BörsG ergibt sich, dass die Eröffnung des Insolvenzverfahrens selbst noch nicht ohne weiteres eine Einstellung rechtfertigt. 239

### 3. Einbeziehung in den regulierten Markt

Eine Börsennotierung kann sich zudem auch durch die Einbeziehung von Wertpapieren in den **regulierten Markt** ergeben, wenn die Wertpapiere bereits an einer anderen inländischen Börse im regulierten Markt (§ 33 Abs. 1 Nr. 1a BörsG), in einem anderen Mit- 240

[216] *Ott/Brauckmann* ZIP 2004, 2117 (2121); *Weber* ZGR 2001, 422 (425).

gliedstaat der EU an einem organisierten Markt (§ 33 Abs. 1 Nr. 1b BörsG) oder in einem Drittstaat an einem dem regulierten Markt vergleichbaren Markt (§ 33 Abs. 1 Nr. 1c BörsG) zugelassen sind und durch die Einbeziehung keine Übervorteilung des Publikums oder eine Beeinträchtigung allgemeiner Interessen verbunden ist (§ 33 Abs. 1 Nr. 2 BörsG). Für eine Einbeziehung ist der Antrag eines Handelsteilnehmers bei der jeweiligen Börsengeschäftsführung oder deren Initiativwerden von Amts wegen erforderlich. Die Einzelheiten ergeben sich gem. § 33 Abs. 2 BörsG aus den jeweiligen Börsenordnungen. Die Einbeziehung kann ebenso wie die originäre Zulassung widerrufen werden.

### 4. Möglichkeit eines Delistings

241 Vor dem Hintergrund der durch die Kapitalmarktorientierung bestehenden Pflichten und die dadurch entstehenden Kosten stellt sich die Frage, ob ein **Rückzug vom Kapitalmarkt** möglich ist. Gem. § 39 Abs. 2 S. 1 BörsG kann die Zulassungsstelle auf Antrag des gelisteten Unternehmens die Zulassung zum regulierten Markt widerrufen, sofern dies nicht dem Schutz der Anleger widerspricht (§ 39 Abs. 2 S. 2 BörsG). Genaueres zum Schutz der Anleger findet sich in der jeweiligen Börsenordnung. Jahrelang war anerkannt, dass ein Rückzug der Gesellschaft aus dem regulierten Markt wirtschaftlich gravierende Nachteile für einen Aktionär mit sich bringt, der lediglich ein Anlageinteresse verfolgt. Aus diesem Grund verlangte der BGH grundsätzlich einen **Hauptversammlungsbeschluss** (mit einfacher Mehrheit) sowie ein Kaufangebot an die das Delisting nicht betreibenden Aktionäre.[217] Der BGH ist jedoch von diesem Standpunkt abgerückt.[218] Solche gesellschaftsrechtlichen Schutzmechanismen finden im Insolvenzverfahren jedoch ohnehin keine Anwendung, da die innergesellschaftlichen Zuständigkeiten, durch die Befugnisse des Insolvenzverwalters überlagert werden. Der Insolvenzverwalter kann also die Entscheidung über ein Delisting selbstständig treffen.

242 Etwaige gesellschaftsrechtliche Schutzmechanismen beim Delisting finden auch im Insolvenzplanverfahren keine Anwendung, wobei hier ohnehin eine Mitwirkung der Aktionäre sichergestellt ist. Ein Insolvenzplan muss keine **Barabfindungsregelung** für die Aktionäre beinhalten.[219]

### 5. Downgrading

243 Als **Downgrading** wird ein Widerruf der Börsenzulassung von Aktien zum regulierten Markt auf Antrag des Emittenten bezeichnet.[220] Der Wechsel in ein anderes Marktsegment, wie den einfachen börslichen Freiverkehr erfolgt typischerweise aufgrund der geringeren Pflichten und Kosten. Da es schon beim Delisting nicht zur Anwendung der gesellschaftsrechtlichen Schutzmechanismen kommt (→ Rn. 241), ist dies erst recht auch für ein Downgrading vorauszusetzen.

### 6. Rang der Börsenverbindlichkeiten

244 Vor der Insolvenzeröffnung entstandene, auf der Grundlage von § 17 BörsG iVm den auf den jeweiligen Gebührenordnungen beruhenden Gebühren für die zum regulierten Markt zugelassenen Aktien, sind **Insolvenzforderungen.** Bei nach der Verfahrenseröffnung anfallenden Gebühren handelt es sich um **Masseverbindlichkeiten** (§ 43 BörsG iVm § 55 InsO).

---

[217] BGH ZIP 2003, 387.
[218] BGH DB 2013, 2672; *Göb* NZI 2014, 13 (16).
[219] *Haas/Mock* in Gottwald/Haas InsR-HdB § 91 Rn. 105.
[220] BVerfG NJW 2012, 3081.

### 7. Sonderregeln für börsennotierte Aktiengesellschaften

Sonderregelungen für börsennotierte Aktiengesellschaften zB zur Einberufung der Hauptversammlung gelten auch in der Insolvenz fort. Die Vorschriften zur Auf- und Feststellung des Jahresabschlusses gelten aufgrund der auf den Insolvenzverwalter übergehenden Kompetenzen nicht weiter. Die **Corporate Governance Erklärung** muss auch während des Insolvenzverfahrens abgegeben werden. Auch wenn ein Großteil der laut Corporate Governance Kodex geforderten Aufgaben im Kompetenzbereich des Insolvenzverwalters liegt, ist die Erklärung auch weiterhin vom Vorstand abzugeben (§ 161 AktG).[221] Finanzielle Mittel, die zur Erfüllung dieser Aufgabe notwendig sind, müssen dem Vorstand vom Insolvenzverwalter zur Verfügung gestellt werden. 245

## II. Kapitalmarktorientierte AG

Eine Aktiengesellschaft kann neben ihrer Börsennotierung auch **kapitalmarktorientiert** sein. Das bedeutet, dass sie einen organisierten Markt (regulierter Markt gem. § 33 BörsG) neben dem Aktienhandel, auch für andere Finanzinstrumente (§ 2 Abs. 4 WpHG) in Anspruch nimmt. Für etwaige andere Finanzmittel, die an einem organisierten Markt zugelassen sind, gelten die für börsennotierte Unternehmen (Unterpunkt 9a) aufgeführten Bedingungen. Anleihen, können also beispielsweise bei Eröffnung eines Insolvenzverfahrens nicht ohne Weiteres durch einen Widerruf der Börsenzulassung oder durch Aussetzung/Einstellung des Handels delistet werden. Ein reguläres Delisting scheidet in der Regel schon deswegen aus, weil dies mit den üblicherweise vereinbarten Anleihebedingungen nicht zu vereinbaren ist und damit gegen den Anlegerschutz des § 39 Abs. 2 S. 2 BörsG verstößt. Auch Wertpapiere, die Bezugsrechte auf andere Wertpapiere oder entsprechende Umtauschrechte verbriefen, werden durch die Eröffnung des Insolvenzverfahrens nicht berührt. Gewöhnlich werden entsprechende Rechte aufgrund des im Rahmen einer Insolvenz typischerweise gesunkenen Aktienkurses meist nicht ausgeübt werden. Sollte ein Gläubiger trotzdem sein Optionsrecht wahrnehmen, so steht dem Insolvenzverwalter ein Wahlrecht gem. § 103 InsO zu. 246

### 1. Sonderregeln für die kapitalmarktorientierte AG

Grundsätzlich bestehen die Sonderregeln für kapitalmarktorientierte Unternehmen auch in der Insolvenz fort. Folglich finden auch die Vorschriften über das Verbot des **Insiderhandels** (Art. 14 MAR) und der **Kurs- und Marktpreismanipulation** (Art. 15 MAR) weiterhin Anwendung. Der Insolvenzverwalter hat Vorkehrungen zu treffen, um eine Weitergabe von Insiderinformationen zu verhindern. Er ist auch, zusammen mit seinen Mitarbeitern, in das **Insiderverzeichnis** nach Art. 18 MAR aufzunehmen. Das Führen des Insiderverzeichnisses obliegt weiterhin den zuständigen Gesellschaftsorganen, die nach § 24 WpHG mit den notwendigen Mitteln auszustatten sind. 247

### 2. Publizitätspflichten

#### a) Generelle Publizitätspflichten

Aufgrund seiner allgemeinen Zuständigkeit für die handels- und steuerrechtliche Rechnungslegung ist hinsichtlich der **Regelpublizität** zur Rechnungslegung von einer Zuständigkeit des Insolvenzverwalters auszugehen. Finanzberichte nach § 114 WpHG sind allerdings weiterhin von den zuständigen Gesellschaftsorganen zu erstellen und zu veröf- 248

[221] *Haas/Mock* in Gottwald/Haas InsR-HdB § 91 Rn. 110.

fentlichen. Der Insolvenzverwalter hat auch hierfür die notwendigen finanziellen Mittel zur Verfügung zu stellen.[222]

#### b) Ad-hoc Publizität

249 Die aus der Börsenzulassung resultierende **Ad-hoc-Mitteilungspflicht** nach Art. 17 MAR muss auch während eines Insolvenzverfahrens erfüllt werden. Sie dient ausschließlich der Verfolgung öffentlicher Interessen, sodass daraus gefolgert werden kann, dass sie nicht Bestandteil der Masseverwaltung durch den Insolvenzverwalter ist. Dadurch, dass die Pflicht also weiterhin beim Vorstand liegt, setzt dies voraus, dass der Insolvenzverwalter ihm entsprechende Informationen und Mittel zur Verfügung stellt.[223]

#### c) Beteiligungspublizität

250 Auch die Beteiligungen betreffende Publizitätspflichten (§§ 33ff. WpHG, § 40 Abs. 1 S. 1 WpHG) bleiben beim Vorstand. Dies gilt allerdings nicht für die aktienrechtlichen Mitteilungspflichten nach §§ 20ff. AktG und § 328 AktG.[224]

#### d) Pflichten gegenüber Wertpapierinhabern

251 Grundsätzlich betreffen auch die Pflichten aus § 48ff. WpHG die zuständigen Organe des Unternehmens. Allerdings gilt das nur, soweit eine Erfüllung der zuständigen Person überhaupt möglich ist. Ist die Pflichterfüllung alleine durch den Zuständigen nicht möglich, so trifft sie auch den Insolvenzverwalter. Dies betrifft insbesondere die datenschutzrechtlichen Aspekte (§ 48 Abs. 1 Nr. 3 WpHG).

#### e) Mitteilungspflicht aus Art. 19 MAR

252 Auch diese Pflicht gilt während eines Insolvenzverfahrens weiterhin und trifft auch den Insolvenzverwalter, der allerdings schon aufgrund seiner Verwaltertätigkeit nach § 56 InsO unabhängig vom Unternehmen sein muss.

### 3. Enforcement-Verfahren

253 Die Unternehmensabschlüsse kapitalmarktorientierter Aktiengesellschaften können einer **Kontrolle** durch die Prüfstelle für Rechnungslegung (§§ 342b HGB ff.) bzw. die BaFin (§§ 106ff. WpHG) unterzogen werden. Dies gilt auch für die vom Insolvenzverwalter aufzustellenden Unternehmensabschlüsse (§ 155 InsO). Ausnahmsweise kann ein Abschluss wohl keiner Kontrolle unterzogen werden, wenn die Aktiengesellschaft nach § 270 Abs. 3 AktG bereits von der Abschlussprüfung aufgrund der Überschaubarkeit des Geschäftsbetriebs befreit ist. Ist ein Jahresabschluss gem. § 256 AktG nichtig, so kann der Insolvenzverwalter die Einleitung eines Enforcement-Verfahrens während des Insolvenzverfahrens verhindern. Die Sperrwirkung (§ 342b Abs. 3 S. 1 HGB, § 107 Abs. 2 S. 1 WpHG) wird mithilfe einer Nichtigkeitsklage (§ 80 InsO iVm § 249 Abs. 1 AktG, § 256 Abs. 1 AktG) ausgelöst. Von der kapitalmarktorientierten Aktiengesellschaft für das Enforcement-Verfahren zu leistende Umlagen (§§ 16, 17d FinDAG) stellen nach Verfahrenseröffnung eine Masseverbindlichkeit dar.[225]

---

[222] *Haas/Mock* in Gottwald/Haas InsR-HdB § 91 Rn. 115.
[223] *Haas/Mock* in Gottwald/Haas InsR-HdB § 91 Rn. 117.
[224] *Haas/Mock* in Gottwald/Haas InsR-HdB § 91 Rn. 120.
[225] *Haas/Mock* in Gottwald/Haas InsR-HdB § 91 Rn. 124.

### III. Zulassung zum Freiverkehr

Neben dem Handel im regulierten Markt (§ 33 BörsG) können Aktien auch im freien Markt (§ 48 BörsG) gehandelt werden. Die Zulassung zum freien Markt erfolgt dabei nicht durch einen Verwaltungsakt, sondern auf Grundlage eines privat-rechtlichen Vertrages. Bei einer späteren Insolvenz der Aktiengesellschaft bietet dies den Vorteil, dass der Insolvenzverwalter den Vertrag mit Hilfe seines Wahlrechts gem. § 103 InsO beenden kann. Die vor Verfahrenseröffnung entstandenen Gebühren sind dann einfache Insolvenzforderungen. Wenn sich der Insolvenzverwalter zur Fortführung der Zulassung entscheidet, dann handelt es sich hingegen um Masseverbindlichkeiten.[226] 254

### IV. Übernahmerecht

Die Vorschriften des **Wertpapiererwerbs- und Übernahmegesetz** (WpÜG) finden grundsätzlich auch in der Insolvenz einer AG Anwendung. 255

Es muss aber zunächst zwischen einer Insolvenz des Bieters und der Insolvenz der Zielgesellschaft unterschieden werden. Im Falle einer Insolvenz des Bieters bleibt dessen Angebot bestehen und kann folglich auch von den Aktionären der Zielgesellschaft angenommen werden. Hierbei ist allerdings zu beachten, dass dem Insolvenzverwalter ein Wahlrecht nach § 103 InsO zusteht. Für den wahrscheinlichen Fall, dass der Insolvenzverwalter eine Erfüllung auf Grundlage seines Wahlrechtes ablehnt, können Aktionäre ihren Schadenersatz wegen Nichterfüllung (§ 103 Abs. 2 InsO) lediglich als Insolvenzgläubiger (§ 38 InsO) geltend machen. Den Aktionären steht in einem solchen Fall aber möglicherweise ein Anspruch gegen das Wertpapierdienstleistungsunternehmen (§ 13 Abs. 2 WpÜG) zu.[227] 256

Bei Insolvenzeintritt bei der Zielgesellschaft kann sich der Bieter nur dann von seinem Angebot lösen, wenn die Insolvenz zum Zeitpunkt seiner Angebotsabgabe noch nicht absehbar war oder der Bieter sein Angebot mit einer entsprechenden Bedingung einschränkt. Für den Fall, dass die Kontrolle zum Zwecke der Sanierung einer Gesellschaft erlangt wurde, kann die BaFin gem § 37 Abs. 2 WpÜG iVm § 9 S. 1 Nr. 3 WpÜG-Angebotsverordnung eine Befreiung vom Pflichtangebot nach § 35 Abs. 1 WpÜG erteilen.[228] 257

Eine **Sanierungsbedürftigkeit** liegt nicht nur vor, wenn ein Insolvenzgrund erfüllt ist oder ein Insolvenzverfahren bereits beantragt wurde. Die für einen Erwerb zu Sanierungszwecken notwenige, positive Sanierungsfähigkeitsprognose kann der Antragsteller durch ein entsprechendes Sanierungsgutachten belegen, das den Anforderungen des IDW S 6[229] genügt. 258

## J. Beendigung des Insolvenzverfahrens

Das Insolvenzverfahren wird entweder durch einen **Aufhebungsbeschluss** (§ 200 Abs. 1 InsO, § 258 Abs. 1 InsO) oder durch einen **Einstellungsbeschluss** (§§ 207, 212, 213 InsO) beendet. Eine Aktiengesellschaft ist von Amts wegen zu löschen, wenn nach Beendigung des Insolvenzverfahrens keine Anhaltspunkte dafür vorliegen, dass die Gesellschaft noch Vermögen besitzt (§ 394 Abs. 1 S. 2 FamFG). 259

[226] *Haas/Mock* in Gottwald/Haas InsR-HdB § 91 Rn. 126.
[227] *Haas/Mock* in Gottwald/Haas InsR-HdB § 91 Rn. 127.
[228] *Haas/Mock* in Gottwald/Haas InsR-HdB § 91 Rn. 128.
[229] IDW S 6: Anforderungen an die Erstellung von Sanierungskonzepten (Stand: 16.5.2018), IDW Life 8/2018.

# § 10 Rechenschaftslegung

## Übersicht

**Schrifttum:** *Adler/Düring/Schmaltz,* Rechnungslegung und Prüfung der Unternehmen, Kommentar zum HGB, AktG, GmbHG, PublG, bearbeitet von *Forster* et al., 6. Aufl. 1995; *Brune* et al., Beck'sches IFRS-Handbuch, 6. Aufl. 2020; *Clausen/Scherrer,* Kölner Kommentar zum Rechnungslegungsrecht, 2010; *Grottel/Schmidt/Schubert/Störk,* Beck'scher Bilanzkommentar, 12. Aufl. 2020; *Hachmeister/Kahle/Mock/Schüppen,* Bilanzrecht – Kommentar, 2020; *Hennrichs/Kleindiek/Watrin,* Münchener Kommentar zum Bilanzrecht, Bd. 1, IFRS, 5. Aufl. 2014; *Hennrichs/Kleindiek/Watrin,* Münchener Kommentar zum Bilanzrecht, Bd. 2, §§ 238–342e HGB, 1. Aufl. 2013; *Lüdenbach/Hoffmann/Freiberg,* IFRS Kommentar, 19. Aufl. 2021; *Pellens/Füllbier/Gassen/Sellhorn,* Internationale Rechnungslegung, 11. Aufl. 2021; WP-Handbuch, Wirtschaftsprüfung und Rechnungslegung, 17. Aufl. 2021.

## A. Rechenschaftslegung als Bestandteil der Corporate Governance

### I. Rechenschaft im Dienst von Shareholder- und Unternehmensinteresse

Die Verpflichtung von Vorstand und Aufsichtsrat zu einer verantwortlichen, auf den 1
Bestand des Unternehmens und seine nachhaltige Wertschöpfung angelegten Unternehmensleitung und -überwachung ist Kern des Ordnungsrahmens zu einer Corporate Governance, wie sie der Deutsche Corporate Governance Kodex versteht.[1] Corporate Governance umfasst die Verantwortlichkeit der Unternehmensleitung ebenso wie die erforderlichen unternehmensinternen und -externen Überwachungsmechanismen. Dem entspricht das Recht der Überwachungsorgane und der weiteren Beteiligten (Stakeholder) des Unternehmens an einer angemessenen Informationsversorgung, an der Rechenschaft des Leitungsorgans.

Die Pflicht des Vorstands zur Rechenschaftslegung ist Ausfluss und Gegengewicht seiner 2
umfassenden und weisungsfreien Leitungs- und Vertretungsmacht. Der Vorstand ist dem Unternehmensinteresse verpflichtet und seine Verantwortung besteht grundsätzlich gegenüber der Gesellschaft (§ 93 Abs. 1, 2 AktG; Grundsatz 19 S. 1 DCGK).[2] Die Verpflichtung gegenüber dem Unternehmensinteresse erfordert die Berücksichtigung der Belange aller am Unternehmen Beteiligten, die AG ist ein **interessenpluralistischer Organismus.** Beteiligte (auch als Anspruchsgruppen oder Stakeholder bezeichnet) sind in erster Linie die Anteilseigner, die Arbeitnehmer, die Gläubiger, Kunden, Lieferanten, Regulatoren und – je nach Gegenstand und Größe des Unternehmens mit unterschiedlicher Intensität – die Allgemeinheit.[3]

Die Ausrichtung des Vorstandshandelns vorrangig oder sogar ausschließlich am Aktio- 3
närsinteresse, wie das Vertreter des Shareholder-Value-Konzept postulieren[4], widerspricht den Grundsätzen ordnungsmäßiger Governance. Die Befürworter des Shareholder-Value-Konzepts argumentieren damit, dass eine Ausrichtung des Managements an den Interessen der Anteilseigner dem **Principal-Agent-Verhältnis** beider zueinander entspreche, dem Management eine klare Zielfunktion vorgebe und zu einer eindeutigen Messbarkeit des Erfolgs führe.[5] Allerdings haben Entscheidungen in Unternehmen regelmäßig externe Effekte auf Dritte, da sie häufig nur unvollständig eingepreist (zB Umwelteffekte im $CO_2$-Preis) oder durch regulatorische Vorgaben (zB Ge- und Verbote) erfasst werden. Dies hat dazu geführt, die Zielsetzungen für das Management zunehmend um nichtfinanzielle Kriterien zu erweitern, die heute unter dem Kürzel **ESG (Environment, Social, Governance)** zusammengefasst werden.[6] Augenfällig wurde die Fragwürdigkeit einer auf das Verhältnis Anteilseigner – Management reduzierten Betrachtungsweise auch in der Finanzkrise: Bei einer Verlagerung des unternehmerischen Risikos auf Fremdkapitalgeber oder gar die Allgemeinheit („to big to fail") kann der Aktionär kaum mehr als der (alleinige) Principal qualifiziert werden. So ziehen in die Erfolgsmessung des unternehmerischen Handelns neben Gewinngrößen ESG-Kriterien ein, die die Auswirkungen des Unternehmens auf seine Außenwelt messen. Maßgebend ist deshalb nach der hM eine interessenpluralistische Zielkonzeption für das Management.[7] Dies gilt auch für die Rechenschaftsle-

---

[1] Vgl. Präambel des Deutscher Corporate Governance Kodex in der Fassung vom 16.12.2019.

[2] Vgl. MüKoAktG/*Spindler* § 93 Rn. 125ff.

[3] Vgl. MüKoAktG/*Spindler* § 76 Rn. 64ff.

[4] Grundlegend *Friedman,* The social responsibility of business is to increase its profits, The New York Times Magazine, 1970.

[5] So BeckOGK/*Fleischer,* 1.6.2021, AktG § 76 Rn. 34; auch *Kuhner* ZGR 2004, 244; *Forstmoser* FS Simon, 2005, 207 (218).

[6] Vgl. zB Principles for responsible investment der UN, https://www.unpri.org/pri/what-are-the-principles-for-responsible-investment.

[7] Vgl. Hüffer/Koch/*Koch* AktG § 76 Rn. 30; Kölner Komm AktG/*Mertens/Cahn* § 76 Rn. 15ff.; so auch die Rspr. des BGH, vgl. BGHZ 64, 325 (331); BGHZ 125, 239 (243); BGHZ 136, 133 (139).

gung und deren Adressatenkreis. Es ist Aufgabe des Vorstands die Balance zu allen Unternehmensbeteiligten herzustellen und zu wahren.

4 Die Pflichten zur Rechenschaftslegung entsprechen dem pluralistischen Interessengeflecht der AG. Sie sind gegenüber verschiedenen Adressaten in verschiedener Weise ausgestaltet und auch danach unterschieden, ob den jeweiligen Adressaten Kontrollfunktionen zukommen (Aufsichtsrat, Hauptversammlung) oder ob Informationen vermittelt werden sollen (Arbeitnehmer/Wirtschaftsausschuss, Gläubiger, Kapitalmarkt). Die **nichtfinanzielle Berichterstattung** (→ Rn. 121) hat unter dem Einfluss internationaler Entwicklungen (UN, OECD, EU) und einer breiteren Sicht auf die Informationsbedürfnisse von unterschiedlichen Stakeholdern und der breiten Öffentlichkeit über den (positiven wie negativen) Beitrag von Unternehmen zu gesellschaftlich relevanten Themen (ESG) eine deutliche Ausweitung erfahren. Diese Nachhaltigkeits- oder **Corporate Social Responsibility (CSR)-**Berichterstattung wird zunehmend ergänzt durch einen Fokus, der auf die Auswirkungen von Ereignissen in den vorgenannten Themenbereichen auf das Unternehmen selbst gerichtet ist.

## II. Wertetransparenz als Säule der Corporate Governance

5 Das AktG kennt keine allgemeine Bestimmung über Inhalt, Art und Weise der Rechenschaftslegung durch den Vorstand. Auch der Deutsche Corporate Governance Kodex sieht keine inhaltliche Umschreibung vor, definiert aber Corporate Governance als „rechtliche(n) und faktische(n) Ordnungsrahmen für die Leitung und Überwachung eines Unternehmens“[8]. Markieren Leitung im Sinne von Werteschaffung und Überwachung im Sinne von Wertesicherung zwei Säulen der Corporate Governance, so tritt die **Rechenschaftslegung** zur Erzeugung von Transparenz über die vom Unternehmen aus Sicht der verschiedenen Stakeholder geschaffenen Werte als dritte Säule hinzu.

6 Rechenschaft steht gedanklich **am Ende** des Prozesses der unternehmerischen Wertschöpfung. An deren Anfang stehen die Festlegung der Mission, der Bestimmung (des „purpose“) und der Werte für das Unternehmenshandeln sowie der grundlegenden Leitungs- und Überwachungsstrukturen. Auf dieser Basis, der Einschätzung der Umwelt und des eigenen Risikoappetits definiert die Unternehmensführung ihre Strategie und leitet daraus die operativen Geschäftsziele als Maßstab für den Erfolg ihres Handelns ab. Risiken, verstanden als Ereignisse, die das Erreichen der unternehmerischen Zielsetzungen beeinträchtigen, sind integraler Bestandteil der Geschäftsstrategie und Erfolgssteuerung. Kern der Corporate Governance ist inhaltlich, legt man zB das COSO-Modell zugrunde, das Zusammenspiel von Unternehmenskultur, Strategie und unternehmerischer Umsetzung mit dem Ziel Werte zu schaffen, gegen Risiken zu sichern und an die Stakeholder auszukehren.[9] Rechenschaftslegung umfasst diesen Gesamtprozess mit den daraus resultierenden Verantwortlichkeiten des Vorstands gegenüber den aktuellen und potentiellen Stakeholdern der AG. Der Vorstand wird sich bei der Erfüllung seiner Pflichten jeweils vom Sinn und Zweck der den einzelnen Adressaten eingeräumten Informations- und Kontrollrechte leiten lassen müssen.

7 Der **Rechenschaftsgedanke** beruht im Ursprung auf der Trennung von Eigentum und Verfügungsgewalt über das Gesellschaftsvermögen (sog. „gespaltene Unternehmerfunktion“).[10] Zum einen dient Rechenschaft der Rechtfertigung – Rechtfertigung des vergangenen Handelns und der zukünftigen Handlungsziele und Handlungsmittel. Das Instrumentarium muss so angelegt sein, dass Darstellungen und Begründungen von einem

---

[8] Präambel zum DCGK idF vom 16.12.2019, S. 2.

[9] Vgl. das COSO-Rahmenwerk in: COSO, Enterprise Riskmanagement – Integrating with Strategy and Performance, 2017, https://www.coso.org/Documents/2017-COSO-ERM-Integrating-with-Strategy-and-Performance-Executive-Summary.pdf.

[10] Vgl. *Leffson,* Die Grundsätze ordnungsmäßiger Buchführung, 1980, 53ff.

rational denkenden Adressaten nachvollzogen werden können.[11] Zum anderen ist Rechenschaft die Abbildung des Unternehmens in einer abgelaufenen Periode, in der Gegenwart und in einer überschaubaren Zukunft. Ausgangspunkt ist die Finanz-, Vermögens- und Ertragslage, dazu gehören aber auch die Grundsätze der Unternehmensführung, die Akzeptanz bei Arbeitnehmern, Kunden und Kreditgebern sowie soziale und Umweltaspekte. Eine wertorientierte Unternehmensführung knüpft nicht nur an finanzielle, sondern auch an übergreifende Kriterien nichtfinanzieller Art an. Rechenschaft hierüber soll Vertrauen und Reputation nicht nur widerspiegeln, sondern herstellen und aufrechterhalten.

## III. Grundprinzipien der Rechenschaftslegung

Rechenschaft folgt allgemeinen **Grundprinzipien,** die sich aus dem Umstand ergeben, 8 dass der Vorstand fremde Angelegenheiten besorgt, nämlich die der Gesellschaft und deren Anteilseigner, vergleichbar einem Treuhänder fremder Vermögensinteressen.[12] **Rechenschaftslegung** umfasst den gesamten Verantwortungsbereich des Vorstands, also die originären Führungsfunktionen wie Unternehmensplanung, Optimierung der vorhandenen Kapazitäten, Stellenbesetzung etc. ebenso wie die Erledigung der Tagesgeschäfte.

Der Adressatenkreis der Rechenschaftslegung, insbesondere der Rechnungslegung, be- 9 stimmt in wesentlichen Bereichen deren **Form und Inhalt.** Soweit Form und Inhalt nicht gesetzlich oder standardmäßig vorgegeben sind, sondern Wahlrechte, Ermessens- und Beurteilungsspielräume bestehen, sind es die wohlverstandenen Interessen des jeweiligen Adressatenkreises, die bei Ausfüllung der gegebenen Spielräume Richtlinie und Maßstab sein sollten. Entsprechend sind die einschlägigen gesetzlichen Bestimmungen **adressatenspezifisch** auszulegen.

Maßstab für die Rechenschaftslegung ist die „Sorgfalt eines ordentlichen und gewissen- 10 haften Geschäftsleiters" (§ 93 Abs. 1 AktG) oder prägnanter die Sorgfalt, „die ein ordentlicher Geschäftsmann in verantwortlich leitender Position bei selbstständiger treuhänderischer Wahrnehmung fremder Vermögensinteressen einzuhalten hat".[13] Während für die Geschäftsleitung dem Vorstand ein weites unternehmerisches Ermessen eingeräumt wird (**Business Judgement Rule;** § 93 Abs. 1 S. 2 AktG), wird er dies für die Rechenschaftslegung idR nicht in Anspruch nehmen können. Jedenfalls lassen die gesetzlichen Vorschriften hierfür wenig oder keinen Raum. Es geht häufig um (Bilanz-) Rechtsfragen, die einer subjektiven Beurteilung nicht zugänglich sind.[14] Dies gilt im Grundsatz auch für die Bilanzierungswahlrechte und Ermessensspielräume bei der Rechnungslegung, für die der weite Spielraum wie für unternehmerische Entscheidungen nicht gegeben ist.

Informationen, die **Betriebs- oder Geschäftsgeheimnisse** enthalten oder deren Be- 11 kanntgabe der Gesellschaft oder verbundenen Unternehmen einen nicht unerheblichen Nachteil zufügen können, müssen und dürfen nicht offenbart werden. Das ergibt sich auch aus einschlägigen Bestimmungen (zB § 286 Abs. 2, Abs. 3 S. 1 HGB, § 289a Abs. 1 S. 4 HGB, § 289e Abs. 1 Nr. 1 HGB für Angaben im Anhang und Lagebericht, § 131 Abs. 3 Nr. 1 AktG für das Auskunftsrecht des Aktionärs; § 106 Abs. 2 BetrVG für das Informationsrecht des Wirtschaftsausschusses, Art. 17 Abs. 4 MAR für die Veröffentlichung kursbeeinflussender Tatsachen). Dagegen wird die Rechenschaftspflicht nicht ausgeschlossen oder eingeschränkt, wenn sich der Vorstand ggf. einer strafbaren Handlung oder eines

[11] Vgl. *Forst,* Das Recht auf Rechtfertigung, 2007, 25.
[12] Vgl. Hüffer/Koch/*Koch* AktG § 93 Rn. 4.
[13] BGHZ 129, 30 (34); *Hopt* ZGR 2004, 1 (5).
[14] Vgl. BFH GmbHR 2013, 547; vgl. aber zum begrenzten Anwendungsbereich der Business Judgement Rule im Bilanzrecht *W. Müller,* Liber Amicorum Happ, 2006, 179ff. Krit. Hüffer/Koch/*Koch* AktG § 93 Rn. 19 mwN.

schadensersatzpflichtig machenden Umstands bezichtigen müsste. Es gelten insoweit dieselben Grundsätze wie bei §§ 259–261 BGB.[15]

12 Vor die Klammer können allgemeine Rechenschaftsgrundsätze gezogen werden (vgl. § 239 Abs. 2 HGB, § 289 Abs. 1 HGB)[16]:

– Rechenschaft muss **klar, transparent** (einfach, aber nicht vereinfachend) und **eindeutig** sein. Verwirrende Menge muss ebenso vermieden werden wie extreme Kürze, die wichtige Informationen abschneidet;
– Informationen müssen so beschaffen sein, dass sie für einen durchschnittlich begabten und durchschnittlich sorgfältigen Adressaten aus dem jeweiligen Adressatenkreis **übersichtlich, verständlich und nachvollziehbar** sind. Dabei ist zwischen sachverständigen (Aufsichtsrat, Abschlussprüfer, Aufsichtsbehörde) und nicht sachverständigen Adressaten (Aktionäre, Kapitalmarkt, sonstige Interessierte) zu unterscheiden;
– Informationen müssen im Rahmen des Informationszwecks **vollständig** und **verlässlich** sein. Sie müssen, sofern sie als Entscheidungsgrundlage dienen, alle für die Entscheidungsfindung **relevanten** Elemente enthalten und **ausgewogen** dargestellt sein. Relevant (wesentlich) sind Informationen, wenn ihr Weglassen oder ihre fehlerhafte Darstellung die auf Basis der Informationen getroffenen wirtschaftlichen Entscheidungen der Informationsadressaten beeinflussen können.[17] Für die Relevanz ist wiederum auf einen durchschnittlich begabten und durchschnittlich sorgfältigen Entscheider abzustellen;
– Informationen sollen, soweit nur irgend möglich, **dokumentiert** und **aufbewahrt** werden, auch soweit dies nicht ohnehin gesetzliche Vorschriften festlegen (zB das HGB für Handelsbücher, Inventare, Abschlüsse, Handelsbriefe und Belege). Dies sollte der Vorstand schon zu eigenen Schutz- und Beweiszwecken tun.

13 Die **Rechnungslegung** im engeren Sinne ist das finanzielle Abbild des Unternehmens, ausgedrückt in Geldgrößen, im Zeitablauf und zu bestimmten Stichtagen. Oberster Grundsatz jeder vergangenheits- und gegenwartsbezogenen Rechnungslegung, gleich ob sie nach nationalen oder internationalen Standards erfolgt, ist eine Darstellung der Vermögens-, Finanz- und Ertragslage, die den tatsächlichen Verhältnissen entspricht (§ 264 Abs. 2 HGB; IAS 1.15; Art. 4 Abs. 3 und 4 Bilanz-RL [RL 2013/34/EU]). Der Grundsatz des **„true and fair view“** („fair presentation“) hat herausragende Bedeutung, im HGB allerdings mit der Einschränkung „unter Beachtung der Grundsätze ordnungsmäßiger Buchführung“. Führt ausnahmsweise die Anwendung gesetzlicher Vorschriften oder Standards zu einer irreführenden Darstellung („misleading“), so ist darüber im Bereich des HGB-Abschlusses im Anhang zu berichten, beim IFRS-Abschluss ist unter entsprechender Berichterstattung in „äußerst seltenen Fällen“ sogar ein Abweichen von den Standards möglich (§ 264 Abs. 2 S. 2 HGB; IAS 1.19f.).

## B. Adressaten der Rechenschaftslegung

### I. Aufsichtsrat

14 Die **umfassendste Rechenschaftspflicht,** die grundsätzlich den gesamten Verantwortungsbereich des Vorstands umfasst (§ 90 AktG), besteht gegenüber dem Aufsichtsrat. Es handelt sich um eine rein interne Berichterstattung zwischen Organen und Personen, die zur Vertraulichkeit verpflichtet sind (Grundsatz 13 DCGK; § 116 S. 2 AktG). Naturgemäß

[15] Vgl. BGH NJW 1990, 511.
[16] Vgl. BeBiKo/*Grottel* HGB § 289 Rn. 20ff.; sowie Deutscher Rechnungslegungsstandard Nr. 20 (DRS 20) Tz. 12ff.
[17] Vgl. IdW PS 250 Rn. 5.

steht die Eignung der Berichte für die Überwachungsfunktion des Aufsichtsrats im Mittelpunkt.

Der Aufsichtsrat kann seiner Überwachungspflicht und seinen Mitwirkungspflichten 15
(insbesondere der Mitwirkung bei zustimmungspflichtigen Geschäften) nur nachkommen, wenn er **zureichende Informationen** hat. Er soll sich andererseits auch nicht seiner Verantwortung mit der Begründung entziehen können, er sei nicht ausreichend unterrichtet worden. Insofern handelt es sich im Hinblick auf die Informationsversorgung sowohl um eine Bringschuld des Vorstands als auch eine Holschuld des Aufsichtsrats. Im Interesse der Sicherstellung der Mitverantwortung des Aufsichtsrats liegt die angemessene Rechenschaftslegung gegenüber dem Aufsichtsrat und seine Unterrichtung auch im eigenen Interesse des Vorstands.

Mit dem Gesetz zur Stärkung der Finanzmarktintegrität **(FISG)** wird die Rechen- 16
schaftspflicht gegenüber dem Aufsichtsrat dergestalt erweitert, dass jedes Mitglied des Prüfungsausschusses, den der Aufsichtsrat einer AG, die Unternehmen von öffentlichem Interesse ist (→ Rn. 32), verpflichtend einzurichten hat, über den Vorsitzenden des Prüfungsausschusses unmittelbar bei den Leitern der für die Überwachungsaufgaben des Aufsichtsrats relevanten Zentralbereiche der Gesellschaft (zB Risikomanagement, Compliance, interne Revision), Auskünfte einholen kann. Holt der Prüfungsausschussvorsitzende solche Auskünfte ein, so ist der Vorstand hierüber unverzüglich zu unterrichten (§ 107 Abs. 4 AktG).[18]

Zur Berichterstattung an den Aufsichtsrat, zu den Instrumenten der Berichterstattung 17
und den Grundsätzen ordnungsgemäßer Berichterstattung wird auf das einschlägige Schrifttum verwiesen.[19] Im Nachfolgenden wird nur auf die **Pflichtenlage in Bezug auf die handelsrechtliche Rechnungslegung** eingegangen.

Der Jahres- und der Konzernabschluss ebenso wie der (Konzern-)Lagebericht dienen 18
der Darstellung der AG bzw. des Konzerns gegenüber ihren Aktionären und der Außendarstellung. Hier hat der Aufsichtsrat gesetzlich festgelegte **Mitwirkungsbefugnisse.** So hat der Vorstand den Jahres-/Konzernabschluss zusammen mit dem (Konzern-)Lagebericht, dem Vorschlag über die Verwendung des Bilanzgewinns und – sofern erstellt – dem gesonderten nichtfinanziellen (Konzern-)Bericht (§§ 289b, 315b HGB) unverzüglich nach ihrer Aufstellung dem Aufsichtsrat vorzulegen (§ 170 AktG). Die Aufstellung selbst steht allein in der Zuständigkeit des Vorstands. Der Aufsichtsrat oder der Prüfungsausschuss (Audit Committee) können Anregungen geben; sie können den Vorstand aber nicht zu einer bestimmten Bilanzierung anweisen oder sonst gegen seinen Willen veranlassen.

Der **Prüfungsbericht** des Abschlussprüfers ist entsprechend seiner Beauftragung un- 19
mittelbar vom Abschlussprüfer dem Aufsichtsrat zuzuleiten. Der Vorstand hat allerdings das Recht, vor Zuleitung an den Aufsichtsrat zu dem Bericht **Stellung zu nehmen** (→ Rn. 259 f.). Die Stellungnahme des Vorstands kann, muss aber nicht schriftlich abgegeben werden. Stellungnahmen und Erläuterungen werden idR in der Bilanzsitzung des Aufsichtsrats oder in Sitzungen des Prüfungsausschusses gemacht, an denen teilzunehmen auch der Abschlussprüfer verpflichtet ist; er hat dort über die wesentlichen Ergebnisse seiner Prüfung zu berichten (§ 171 Abs. 1 S. 2 AktG). Dies gilt gleichermaßen für den Einzelabschluss und für den Konzernabschluss.

Der Aufsichtsrat hat in eigener Zuständigkeit den Jahres-/Konzernabschluss und die 20
weiteren vorgelegten Unterlagen unter Anwesenheit des Abschlussprüfers an den Verhandlungen zu prüfen und zu beschließen, ob er die Abschlüsse **billigt oder nicht.** Billigt er nicht, so kann der Vorstand auf Anregung des Aufsichtsrats den Abschluss ändern. Tut er das nicht und missbilligt der Aufsichtsrat weiterhin, kann der Einzelabschluss nicht festge-

[18] Geändert durch das das Gesetz zur Stärkung der Finanzmarktintegrität – FISG v- 3.6.2021; vgl. analog für die SE § 34 Abs. 5 SEAG. Zum Prüfungsausschuss bei Unternehmen von öffentlichem Interesse, die keinen Aufsichts- oder Verwaltungsrat haben, vgl. auch § 324 HGB.

[19] Nachweise bei Hüffer/Koch/*Koch* AktG § 90 Rn. 4 ff.

stellt, der Konzernabschluss nicht gebilligt werden. Die entsprechenden Befugnisse gehen dann auf die Hauptversammlung über (§ 173 AktG).

21 Der **Aufsichtsrat ist** nicht nur Berichtsempfänger, sondern auch selbst **rechenschaftspflichtig über seine Tätigkeit gegenüber der Hauptversammlung** (§ 171 Abs. 2 AktG). Darin kommt zum Ausdruck, dass auch zwischen den Aktionären und dem Aufsichtsrat ein Principal – Agent Verhältnis besteht. So hat er über das Ergebnis der vorstehenden Prüfungshandlungen zur Rechnungslegung ebenso zu berichten wie über die Art und den Umfang seiner Prüfung der Geschäftsführung des Unternehmens während des Geschäftsjahrs, bei börsennotierten Unternehmen darüber hinaus über die gebildeten Ausschüsse sowie die Zahl der Aufsichtsratssitzungen und derer der Ausschüsse. Der Aufsichtsrat hat gegenüber der Hauptversammlung zu dem Ergebnis der Prüfung des Abschlussprüfers Stellung zu nehmen und schließlich zu erklären, ob nach dem abschließenden Ergebnis seiner Prüfung Einwendungen zu erheben sind und ob er den aufgestellten Jahres- und Konzernabschluss billigt.

## II. Aktionäre und Hauptversammlung

### 1. Vermögensrechte und Informationsanspruch

22 Der nach den Vorschriften des HGB erstellte **Einzelabschluss** hat entscheidende Bedeutung für die Konkretisierung der **vermögensrechtlichen Mitgliedschaftsrechte des Aktionärs:** An den Aktionär darf vor Auflösung der AG – von Geschäften, die wie unter Dritten abgewickelt werden, einmal abgesehen – nur der Bilanzgewinn ausgeschüttet werden. Jede anders gestaltete Vermögensverteilung führt zu einer verbotenen (verdeckten) **Einlagenrückgewähr,** für die ggf. der empfangende Aktionär, aber und vor allem auch der pflichtwidrig handelnde Vorstand der AG gegenüber haftet (§ 57 Abs. 3, Abs. 1 AktG, §§ 62, 93 Abs. 3 Nr. 1 AktG). Auf die ggf. bestehende Berichtspflicht im Anhang sei hingewiesen (§ 285 Nr. 21 HGB). Der Bilanzgewinn stellt die **Obergrenze** jeder Ausschüttung dar. Der konkrete Gewinnanspruch des Aktionärs ergibt sich erst aus dem Gewinnverwendungsbeschluss der Hauptversammlung. Dort wird der an die Aktionäre auszuschüttende Geldbetrag oder die Sachdividende festgelegt, weiter die Beträge, die als Gewinn vorgetragen oder in die Gewinnrücklage gestellt werden, sowie ggf. ein zusätzlicher Aufwand aufgrund des Gewinnverwendungsbeschlusses (§ 174 AktG). Das Bilanzergebnis (Gewinn oder Verlust) leitet sich aus dem Jahresüberschuss/Jahresfehlbetrag der GuV ab (§ 158 AktG) und dieser wiederum wird ermittelt auf Basis der Ansatz- und Bewertungsvorschriften der GoB und des HGB. Das Aktionärsinteresse wird sich bei der Bilanzierung deshalb einerseits auf die Nutzung von Gestaltungsmöglichkeiten (→ Rn. 82 ff.) im Hinblick auf die Gewinnermittlung richten, andererseits auf die Vermeidung verdeckter Einlagenrückgewähr zugunsten einzelner Aktionäre und eine Verletzung des Gleichbehandlungsgrundsatzes (§§ 53a, 117, 311, 312, 315 AktG).

23 Der **Konzernabschluss** ist nach nationalen (HGB) wie nach internationalen Rechnungslegungsgrundsätzen (IFRS) für den Aktionär ein reiner Informationsabschluss. „Die Zielsetzung eines Abschlusses ist es, Informationen über die Vermögens-, Finanz- und Ertragslage und die Cashflows eines Unternehmens bereitzustellen, die für ein breites Spektrum von Adressaten nützlich sind, um wirtschaftliche Entscheidungen zu treffen“ (IAS 1.9). Rechtlich hat der Konzernabschluss keinen unmittelbaren Einfluss auf die Konkretisierung der Vermögensrechte der Aktionäre, allerdings orientiert sich im Allgemeinen die Ausschüttungspolitik der Unternehmen am Ergebnis des Konzerns. Zudem ist festzustellen, dass zumindest die börsennotierten Unternehmen den Konzernabschluss in den Mittelpunkt ihrer Berichterstattung stellen. Eine auf Basis des Konzernergebnisses ermittelte Dividende setzt voraus, dass ungeachtet unterschiedlicher Bilanzierungskonzepte (HGB vs.

IFRS) in dem für die Gewinnverwendung maßgeblichen Einzelabschluss die am Konzernergebnis ermittelte Ausschüttung dargestellt werden kann.

## 2. Entlastung

Die **Rechenschaftsfunktion** der handelsrechtlichen Rechnungslegung wird deutlich bei der Verhandlung und Beschlussfassung der Hauptversammlung über die Entlastung von Vorstand und Aufsichtsrat. Diese Entscheidung soll mit der Verhandlung über die Verwendung des Bilanzgewinns verbunden werden, also in der ordentlichen Hauptversammlung stattfinden (§ 120 Abs. 3 AktG, § 175 AktG). Dies ist eine Praktikabilitätsregelung, weil die für den Entlastungsbeschluss erforderlichen Informationen sich nach §§ 175, 176 AktG richten und in der ordentlichen Hauptversammlung ohnehin der Jahres- und Konzernabschluss, der Lage- und Konzernlagebericht sowie ggf. der gesonderte nichtfinanzielle (Konzern)Bericht vorliegen. Erfolgt die Entlastung ausnahmsweise nicht in der ordentlichen Hauptversammlung, so gehören bei Mutterunternehmen (→ Rn. 67) neben den Unterlagen zum Einzelabschluss auch der Konzernabschluss, der Konzernlagebericht und der Prüfungsbericht des Aufsichtsrats zu den Entlastungsvoraussetzungen.[20] 24

## 3. Auskunftspflicht des Vorstands innerhalb und außerhalb der Hauptversammlung

Bezüglich der Auskunftsansprüche des Aktionärs in der Hauptversammlung sei an dieser Stelle nur erwähnt, dass der Vorstand die Auskunft über steuerliche Wertansätze oder die Höhe einzelner Steuern, über stille Reserven und über Bilanzierungs- und Bewertungsmethoden, sofern sie ausreichend im Abschluss dargelegt sind, **verweigern darf** (§ 131 Abs. 3 Nr. 2, Nr. 3 und Nr. 4 AktG). Die Auskunftsverweigerungsrechte verlieren an Bedeutung, je aussagefähiger die Abschlüsse werden. Eine erweiterte Auskunftspflicht tritt allerdings ein, wenn der Vorstand außerhalb der Hauptversammlung einem Aktionär in seiner Aktionärseigenschaft (also nicht als Aufsichtsrat, kreditgebende Bank etc) eine Bilanzauskunft gibt (§ 131 Abs. 4 AktG). Auskünfte an Bilanzanalysten werden davon idR nicht erfasst.[21] 25

## 4. Verlustanzeige

Schließlich kommt der Rechnungslegung eine **Warnfunktion** zu. Ergibt sich aus einer Jahres- oder Zwischenbilanz oder ist bei pflichtgemäßem Ermessen anzunehmen, dass ein Verlust in Höhe der Hälfte des Grundkapitals besteht, so hat der Vorstand unverzüglich die Hauptversammlung einzuberufen und ihr dies anzuzeigen (§ 92 Abs. 1 AktG). Maßgeblich ist hierfür die HGB-Einzelbilanz mit den Ansatz- und Bewertungsgrundsätzen wie sie auch für die Gewinnermittlung gelten, nicht etwa eine Liquidationsbilanz unter Auflösung stiller Reserven und Lasten. Zu prüfen ist allerdings für diese Bilanz, ob (noch) vom Grundsatz der Unternehmensfortführung („going concern"-Prinzip) ausgegangen werden darf.[22] 26

Der halbe Grundkapitalverlust wird regelmäßig eine Notlage widerspiegeln oder ankündigen. Der Vorstand wird der Hauptversammlung auch Vorschläge zur Überwindung einer Krise unterbreiten müssen. Bieten laufende Sanierungsverhandlungen hinreichend Aussicht auf Erfolg, so kann eine **Güterabwägung** dazu führen, die Unterrichtung der Hauptversammlung kurzfristig hinauszuschieben, um durch einen Imageverlust die Sanierung nicht zum Scheitern zu bringen.[23] Allerdings ergeben sich schwierige Abgrenzungs- 27

---

[20] Vgl. Hüffer/Koch/*Koch* AktG § 120 Rn. 15.
[21] Vgl. Hüffer/Koch/*Koch* AktG § 131 Rn. 71.
[22] Vgl. Hüffer/Koch/*Koch* AktG § 92 Rn. 3f.
[23] Vgl. Hüffer/Koch/*Koch* AktG § 92 Rn. 6.

fragen, die der Vorstand in seiner Verantwortung übernimmt. Einen „safe haven" gibt es hier nicht.

## III. Gläubiger und andere Unternehmensbeteiligte

28 Adressaten der Rechnungslegung nach HGB sind neben den Aktionären die Partner, die mit der AG in geschäftliche Beziehungen treten. Dazu gehören vor allem die Gläubiger jeder Art (Kreditgeber, Mitarbeiter einschließlich deren Organisationen, Lieferanten, Kunden, etc). In ihrem Interesse wird die Kapitalaufbringung, vor allem aber die **Kapitalerhaltung** geschützt. Hauptinstrument für diesen Schutz sind die Rechnungsabschlüsse (Jahresabschluss oder Zwischenabschlüsse). Die wesentlichen Kapitalschutzbestimmungen sind das bereits erwähnte Verbot der Einlagenrückgewähr und die Ausschüttungssperre dergestalt, dass unter die Aktionäre nur der Bilanzgewinn verteilt werden kann (§ 57 AktG). Hinzu kommen die Bestimmungen über die Bildung einer **gesetzlichen Rücklage** und die Verwendungsrestriktionen für die **Kapitalrücklage** (nur zur Verlustdeckung und zur Kapitalerhöhung aus Gesellschaftsmitteln; § 150 AktG). Diese Kapitalbindung ist nur bei Abschluss eines Beherrschungs- oder eines Gewinnabführungsvertrags gelockert (§ 291 Abs. 3 AktG, §§ 300, 301 AktG) und bei der Eingliederung praktisch aufgehoben (§ 324 AktG). Als Ausgleich tritt dafür aber die Verlustübernahmeverpflichtung bzw. die gesamtschuldnerische Haftung des anderen Vertragsteils an die Stelle (§§ 302, 303 und 321, 322 AktG).

29 Der **Gläubigerschutz** wird insbesondere im HGB-Einzelabschluss verwirklicht (→ Rn. 64ff.): Die tragenden Grundsätze sind das Vorsichtsprinzip, das Anschaffungskostenprinzip, der Einzelbewertungsgrundsatz und das Realisationsprinzip (§§ 252, 253 HGB). Die **Kapitalerhaltung durch Bilanzierung** hat damit weniger die Information als den Substanzschutz und die Ausschüttungsbegrenzung im Auge, was zu mehr statischen und stark objektivierten Anwendungsregeln führt. Diese Prinzipien schlagen auch auf den HGB-Konzernabschluss durch, der mit Ausnahme des Grundsatzes der einheitlichen Bewertung im Konzern nach den für die Muttergesellschaft geltenden Regeln (§ 308 HGB) keine konzernspezifischen Ansatz- und Bewertungsvorschriften kennt. In der Praxis börsennotierter Unternehmen dominiert in der Konzernrechnungslegung der Konzernabschluss nach den IFRS. Dieser Abschluss, der auf die Vermittlung entscheidungsrelevanter Informationen über die Vermögens- und Finanzlage, die Ertragskraft und die Cash-flows eines Unternehmens gerichtet ist (IAS 1.7, 1.9), bewirkt Gläubigerschutz durch ebensolche Informationen über das wirtschaftliche Potential der AG. Der Abschluss ist deshalb stärker an Bewertungen zu Marktpreisen und der Sicht des Managements ausgerichtet, damit weniger objektiviert und mehr von subjektiven Einschätzungen und Bewertungen geprägt. Für die Gesellschaftsgläubiger ist es deshalb – wie auch für die Aktionäre – von Vorteil, sowohl den HGB-Einzel- als auch den IFRS-Konzernabschluss zu erhalten und zu analysieren.

30 Besonderen Gläubigerstatus haben die kreditfinanzierenden **Banken** als Adressat der Rechnungslegung. Sie sind aufsichtsrechtlich gehalten, Kredite (jedenfalls Kredite von insgesamt mehr als 750.000 EUR oder Kredite, die 10% des anrechenbaren Eigenkapitals des Instituts überschreiten) nur zu gewähren, wenn sie sich vom Kreditnehmer die wirtschaftlichen Verhältnisse, insbesondere durch Vorlage der Jahresabschlüsse, offenlegen lassen (§ 18 KWG). Die Banken lassen sich darüber hinaus regelmäßig weitere Rechte, namentlich die Kenntnisnahme vom Prüfungsbericht des Abschlussprüfers, einräumen und nehmen ggf. sogar Einfluss auf die Art der Berichterstattung (zB mit der Forderung nach Zwischenabschlüssen). Eine der wahren wirtschaftlichen Lage des Unternehmens entsprechende und transparente Darstellung ist für diesen Adressatenkreis von besonderer Bedeutung. Dies hat der Vorstand bei der Ausnutzung von Bilanzierungsspielräumen zu beachten.

Adressaten der Rechnungslegung sind auch die **Arbeitnehmer.** Davon abgesehen, dass sie sich den Abschluss über Handelsregister oder Bundesanzeiger besorgen können, sind ihnen in der Betriebsverfassung besondere Möglichkeiten eingeräumt: Hat die AG einen **Wirtschaftsausschuss** (dann, wenn sie idR mehr als 100 Arbeitnehmer beschäftigt), so ist der Jahresabschluss dem Wirtschaftsausschuss unter Beteiligung des Betriebsrats zu erläutern (§ 108 Abs. 5 BetrVG). Diese Aufgabe wird der Finanzvorstand ggf. mit dem Vorstandsvorsitzenden wahrnehmen. Dabei ist es zweckmäßig, die Unterlagen, die ohnehin jedermann zugänglich sind (zB nicht der Prüfungsbericht des Abschlussprüfers), auch dem Wirtschaftsausschuss- bzw. den Betriebsratsmitgliedern auszuhändigen. Zeitlich wird diese Unterrichtung zweckmäßigerweise nach der Bilanzsitzung des Aufsichtsrats stattfinden. 31

## IV. Teilnehmer des Kapitalmarkts

### 1. Kapitalmarkt und Anlegerinteresse

Besondere Informations- und Rechenschaftspflichten bestehen, wenn die AG am **Kapitalmarkt** agiert, also immer dann, wenn sie sich an einen organisierten Markt wendet, an dem Wertpapiere im Sinne des WpHG gehandelt werden. Darunter fallen alle Gattungen von auf Finanzmärkten handelbaren übertragbaren Wertpapieren mit Ausnahme von Zahlungsinstrumenten, insbesondere Aktien und Schuldverschreibungen, aber auch zB kapitalmarktgeeignete Genuss- und Optionsscheine (§ 2 Abs. 1 WpHG). Eine AG ist **kapitalmarktorientiert** iSv § 264d HGB, wenn sie einen organisierten Markt nach dem WpHG durch von ihr ausgegebene Wertpapiere in Anspruch nimmt oder die Zulassung solcher Wertpapiere zum Handel am organisierten Markt beantragt hat. Kapitalmarktorientierte Unternehmen fallen ebenso wie bestimmte Kreditinstitute und Versicherungsunternehmen unter den Begriff der **„Unternehmen von öffentlichem Interesse“** (§ 316a S. 2 HGB). Im Unterschied dazu ist die AG **börsennotiert,** wenn „deren Aktien an einem Markt zugelassen sind, der von staatlich anerkannten Stellen geregelt und überwacht wird, regelmäßig stattfindet und für das Publikum mittelbar oder unmittelbar zugänglich ist“ (§ 3 Abs. 2 AktG). 32

**Organisierter Markt** im Sinne des WpHG ist ein „im Inland, in einem anderen Mitgliedstaat der Europäischen Union oder einem anderen Vertragsstaat des Abkommens über den Europäischen Wirtschaftsraum betriebenes oder verwaltetes, durch staatliche Stellen genehmigtes, geregeltes und überwachtes multilaterales System, das die Interessen einer Vielzahl von Personen am Kauf und Verkauf von dort zum Handel zugelassenen Finanzinstrumenten innerhalb des Systems und nach nichtdiskretionären Bestimmungen in einer Weise zusammenbringt oder das Zusammenbringen fördert, die zu einem Vertrag über den Kauf dieser Finanzinstrumente führt“ (§ 2 Abs. 11 WpHG). Hierunter fallen der regulierte Markt der Börsen in Frankfurt (General Standard, Prime Standard), Berlin, Düsseldorf, Hamburg, Hannover, München, Stuttgart und die Terminbörse Eurex ebenso wie die übrigen geregelten Märkte.[24] Nicht darunter fällt der Freiverkehr und der außerbörsliche Markt (Telefonverkehr, Over-the-Counter (OTC)-Geschäfte). 33

Mit dem Kapitalmarkt ist ein Personenkreis angesprochen, der Kauf- oder Verkaufsentscheidungen treffen will oder treffen muss (Investition oder Deinvestition). Im Vordergrund steht hier der Markt- oder Verkehrswert des Anlageobjekts (der Aktie) im Vergleich zu Alternativanlagen, das Informationsinteresse ist primär zukunftsorientiert und damit naturgemäß auf stärker subjektive Einschätzungen gerichtet. Ein kapitalmarktorientiertes Unternehmen wird seine Rechnungslegung und Informationspolitik (Investor Relations) viel stärker an den Interessen der aktuellen und potenziellen **Anleger** ausrichten als ein nicht-kapitalmarktorientiertes Unternehmen. Hier tritt der IFRS-Abschluss in den Vor- 34

[24] Vgl. BeBiKo/*Schmidt*/*K. Hoffmann* HGB § 264d Rn. 2.

dergrund, dessen hervorragender Zweck es ist, entscheidungsrelevante Informationen zu vermitteln (→ Rn. 29).

35 Zunehmend rückt neben die Informationen über die zukünftige Ertragskraft des Unternehmens auch das Interesse der (potentiellen) Anleger an weiteren Aspekten der Corporate Governance, die unter dem Kürzel **ESG** bzw. dem Begriff der **Corporate Social Responsibility** zusammengefasst werden (→ Rn. 3f.). Insbesondere Institutionelle Anleger legen ihren Anlageentscheidungen zunehmend die angemessene Erfüllung von ESG – Kriterien durch das Unternehmen zugrunde. Mit der **Taxonomie-VO** (VO (EU) 2020/852) verfolgt zB die EU-Kommission das Ziel, im Rahmen der Verpflichtung der europäischen Staaten zu mehr Klimaschutz die Kapitalmärkte darin zu unterstützen, „private Investitionen in nachhaltige Tätigkeiten zu lenken" **(Sustainable Finance).** Dem dient eine derzeit laufende Klassifizierung von Wirtschaftstätigkeiten in der EU nach ihrer Nachhaltigkeit, wobei der Fokus zunächst auf den Klimazielen liegt, perspektivisch aber auch soziale Aspekte und gute Unternehmensführung umfassen soll.[25] Aufbauend auf dieser Klassifizierung sind Unternehmen dann ua gehalten, in ihrer nichtfinanziellen Berichterstattung über Art und Umfang ihrer ökologisch nachhaltigen Wirtschaftstätigkeit zu berichten (Art. 8 Taxonomie-VO; vgl. auch § 289b ff. HGB).

## 2. Zulassung zum Börsenhandel

36 Die Zulassung zum Börsenhandel erfordert eine umfängliche Information der Marktteilnehmer. Der Zulassung zum regulierten Markt ist ein ausführlicher **Wertpapierprospekt** zugrunde zu legen, der das Herzstück des Zulassungsverfahrens darstellt. Dessen Inhalt richtet sich nach dem WpPG und der Prospekt-VO.[26] Der Prospekt muss in leicht analysierbarer und verständlicher Form sämtliche Angaben enthalten, die im Hinblick auf den Emittenten und die öffentlich angebotenen oder zum Handel an einem organisierten Markt zugelassenen Wertpapiere notwendig sind, um dem Publikum ein zutreffendes Urteil über die Vermögenswerte und Verbindlichkeiten, die Finanzlage, die Gewinne und Verluste, die Zukunftsaussichten des Emittenten und jedes Garantiegebers sowie über die mit diesen Wertpapieren verbundenen Rechte zu ermöglichen (§ 5 WpPG). Die Börsenzulassungs-Verordnung enthält bestimmte Zulassungsvoraussetzungen für die Zulassung von Wertpapieren zum Regulierten Markt (§ 48 BörsZulV; § 32 BörsG). Daneben besteht an den deutschen Wertpapierbörsen ein sog. Freiverkehr (vgl. § 48 BörsG), an der Frankfurter Wertpapierbörse der Open Market mit dem Börsensegment Entry Standard.[27]

37 Für **unrichtige Wertpapierprospekte** sowie **bei fehlendem Wertpapierprospekt** haftet der Emittent, und zwar regelmäßig auf Übernahme der Wertpapiere gegen Erstattung des Erwerbspreises (§§ 21, 22, 24 WpPG). Das Wertpapierprospektgesetz ist anzuwenden auf die Erstellung, Billigung und Veröffentlichung von Prospekten für Wertpapiere, die öffentlich angeboten oder zum Handel an einem organisierten Markt zugelassen werden sollen, sofern keine Ausnahme von der Verpflichtung zur Veröffentlichung eines Prospekts besteht (vgl. §§ 1, 3, 4 WpPG). Unrichtig sind Prospektangaben, wenn nicht vorhandene Umstände als vorhanden geschildert werden oder wenn Werturteile und Prognosen nicht durch ihnen zugrunde liegende Sachverhalte zu rechtfertigen sind. Unvollständig ist ein Prospekt, der nicht alle Pflichtangaben enthält. Wesentlich ist stets, welches Gesamtbild der Prospekt durch seine Aussagen vermittelt. Verstöße gegen die Prospektvor-

[25] Erwägungsgrund 11 VO (EU) 2020/852. Weiter geht die EU mit der Initiative zum Schutz von Menschenrechten und der Umwelt in der Lieferkette von Unternehmen, in Deutschland nunmehr umgesetzt im „Gesetz über die unternehmerischen Sorgfaltspflichten in Lieferketten" vom Juni 2021.

[26] Vgl. Verordnung (EU) 2017/1129 des Europäischen Parlaments und des Rates vom 14.6.2017 über den Prospekt, der beim öffentlichen Angebot von Wertpapieren oder bei der Zulassung zum Handel an einem geregelten Markt zu veröffentlichen ist.

[27] Vgl. zu Einzelheiten *Habersack/Mülbert/Schlitt* (Hrsg.), Unternehmensfinanzierung am Kapitalmarkt, 4. Aufl. 2019; *Marsch/Barner/Schäfer* (Hrsg.), Handbuch Börsennotierte AG, 4. Aufl. 2017.

schriften können Ordnungswidrigkeiten sein oder auch Straftatbestände erfüllen (zB § 35 WpPG; § 399 Abs. 1 Nr. 3 AktG, § 400 AktG; §§ 263, 264a StGB).

### 3. Regelpublizität

Die Einbeziehung in den Regulierten Markt bedingt eine Regelpublizität, die über die Veröffentlichung von Jahres-/Konzernabschluss und (Konzern-)Lagebericht (**Jahresfinanzbericht,** vgl. §§ 114, 117 WpHG; für Prime Standard vgl. § 50 BörsO FWB) hinausgeht. Zunächst hat die Börseneinführung zur Folge, dass die AG ohne Rücksicht auf ihre Größe für Zwecke der Rechnungslegung als große Kapitalgesellschaft eingestuft wird und damit nicht mehr die Bilanzierungs- und Offenlegungserleichterungen für kleine oder mittlere Kapitalgesellschaften in Anspruch nehmen kann (§ 267 Abs. 3 S. 2 HGB). Konsolidierte Abschlüsse kapitalmarktorientierter Unternehmen sind nach dem internationalen Rechnungslegungsstandard IFRS zu erstellen und zu veröffentlichen (§ 315e HGB),[28] wobei für Auslandsemittenten bei der Erstellung von Wertpapierprospekten bestimmte ausländische Rechnungslegungsvorschriften gleichgestellt sind.[29] Im Prime Standard ist der Jahresfinanzbericht innerhalb von vier Monaten nach Ende des Berichtszeitraums dem Publikum zur Verfügung zu stellen (vgl. § 51 Abs. 2 BörsO FWB). 38

Zur Regelberichterstattung gehören ferner die **Halbjahresfinanzberichte und Quartalsmitteilungen (bzw. -finanzberichte).** Im Regulierten Markt ist jährlich ein Halbjahresfinanzbericht (Zwischenbericht) zu erstellen (§§ 115, 117 WpHG; für Prime Standard vgl. § 52 Abs. 1 BörsO FWB). Im Prime Standard sind zusätzlich Quartalsmitteilungen aufzustellen (§ 53 BörsO FWB), die entfallen, wenn an ihrer Stelle ein Quartalsfinanzbericht entsprechend den Vorgaben der §§ 115, 117 WpHG erstellt wird (vgl. § 53 Abs. 6 BörsO FWB). 39

Die Halbjahresfinanzberichte können – müssen aber nicht – einer **prüferischen Durchsicht oder** (in der Praxis unüblich) **einer Prüfung** durch einen Abschlussprüfer **entsprechend § 317 HGB** unterzogen werden (§ 52 Abs. 3 BörsO FWB);[30] dies gilt entsprechend für die Quartalsfinanzberichte. Aus Sicht der Unternehmen kann sich eine prüferische Durchsicht empfehlen, wenn sie unterjährig Kapitalmarkttransaktionen durchführen und dafür den **Comfort Letter ihres Abschlussprüfers** benötigen, da nach IDW PS 910 der Abschlussprüfer hinsichtlich seiner Aussagen in einem Comfort Letter Beschränkungen unterliegt, wenn der Zeitraum zwischen dem letzten geprüften oder einer prüferischen Durchsicht unterzogenen Abschluss und dem Zeitpunkt des Abschlusses der Untersuchungshandlungen im Rahmen des Comfort Letters mehr als 134 Tage beträgt (IDW PS 910 Rn. 73f.). Die Halbjahres- und Quartalsfinanzberichte sind unverzüglich nach Fertigstellung, spätestens innerhalb von drei bzw. (bei Quartalsberichten) zwei Monaten nach Ende des Berichtszeitraums zu veröffentlichen (vgl. § 115 Abs. 1 S. 1 WpHG für Halbjahresfinanzbericht und § 52 Abs. 4 BörsO FWB, § 53 Abs. 5 BörsO FWB für Prime Standard). 40

### 4. Ad hoc-Publizität

Die Regelpublizität wird für Emittenten, die Finanzinstrumente an einem geregelten Markt innerhalb der Europäischen Union oder über ein multilaterales oder organisiertes Handelssystem handeln, durch die sog. Ad hoc-Publizität ergänzt. Diese Emittenten müssen Insiderinformationen, die sie unmittelbar betreffen, „so bald wie möglich" (unverzüg- 41

---

[28] Vgl. VO (EG) Nr. 1606/2002 des Europäischen Parlaments und des Rates vom 19.7.2002 betreffend die Anwendung internationaler Rechnungslegungsstandards.

[29] Früher Art. 35 Abs. 5 DVO (EG) Nr. 809/2004, aufgehoben durch VO (EU) 2019/980 der Kommission zur Ergänzung der VO (EU) 2017/1129. Vgl. nunmehr Anlage 1 Punkt 18.1.3 VO (EU) 2017/1129.

[30] Vgl. zur prüferischen Durchsicht von Abschlüssen IdW PS 900; zur prüferischen Durchsicht von Pro-Forma-Angaben IdW PH 9900.1.

lich) veröffentlichen (Art. 17 MAR).[31] **Insiderinformationen** sind nach Art. 7 Abs. 1 MAR insbesondere nicht öffentlich bekannte präzise Informationen, die direkt oder indirekt einen oder mehrere Emittenten oder ein oder mehrere Finanzinstrumente betreffen und die, wenn sie öffentlich bekannt würden, geeignet wären, den Kurs dieser Finanzinstrumente oder den Kurs damit verbundener Derivate erheblich zu beeinflussen. Der Emittentenleitfaden der Bundesanstalt für Finanzdienstleistungsaufsicht nennt typische Fälle.[32] Eine Insiderinformation betrifft den Emittenten insbesondere dann unmittelbar, wenn sie sich auf Umstände bezieht, die in seinem Tätigkeitsbereich eingetreten sind, beispielsweise Geschäftszahlen oder Prognosen. Insiderinformationen können auch von außerhalb des Tätigkeitsbereichs des Emittenten eintreten, etwa der Erhalt eines Großauftrags. Die Ad hoc – Veröffentlichungspflicht ist eingebettet in die Vorschriften über das Verbot von Insidergeschäften und soll dazu beitragen, Insidergeschäfte zu verhindern.

42 Die AG ist von der Veröffentlichungspflicht solange **befreit,** wie es der Schutz ihrer berechtigten Interessen erfordert, keine Irreführung der Öffentlichkeit zu befürchten ist und die AG die Vertraulichkeit der Insiderinformationen gewährleisten kann (Art. 17 Abs. 4 MAR). Allerdings hat die AG der BaFin unmittelbar nach der erfolgten Offenlegung den Aufschub mitzuteilen und schriftlich darzulegen, inwieweit die Bedingungen für den Aufschub erfüllt waren.

43 Bei Unterlassung der unverzüglichen Veröffentlichung oder bei Veröffentlichung unwahrer Informationen ist der Emittent (die AG) einem Dritten zum **Schadensersatz** verpflichtet, wenn ein Schaden durch die Unterlassung oder die Falschinformation verursacht worden ist. Nicht auf Schadensersatz kann in Anspruch genommen werden, wer nachweist, dass die Unterlassung nicht auf Vorsatz oder grober Fahrlässigkeit beruhte (§ 97 Abs. 1, 2 WpHG) bzw. die Falschinformation darauf, dass er die Unrichtigkeit der Insiderinformation nicht kannte und die Unkenntnis nicht aus grober Fahrlässigkeit resultierte (§ 98 Abs. 1, 2 WpHG).

44 Vorstandsmitglieder können sich bei unterlassener oder fehlerhafter Information gegenüber ihrer Gesellschaft **haftbar** machen, insbesondere wenn die AG von Dritten in Regress genommen wird. Solche Ansprüche können den Vorständen nicht im Voraus erlassen oder ermäßigt werden (§ 97 Abs. 5 WpHG, § 98 Abs. 5 WpHG). Darüber hinaus stehen dem Erwerber von Aktien einer börsennotierten AG gegen die Vorstandsmitglieder persönlich Ansprüche wegen sittenwidriger Schädigung zu, wenn die Vorstandsmitglieder eine Ad hoc-Mitteilung veranlassen oder billigen, obwohl sie ihre objektive Unrichtigkeit kennen. Allerdings muss der Erwerber den Schädigungsvorsatz nachweisen, was nur in krassen Fällen gelingen wird. Der Erwerber hat Anspruch auf Ersatz sämtlicher mit dem Aktienerwerb im Zusammenhang stehenden Aufwendungen Zug um Zug gegen Übertragung der erworbenen Aktien.[33]

45 Weitere Vorschriften im Kapitalmarktrecht zielen auf eine **zeitnahe und faire Informationsversorgung** der Marktteilnehmer. So finden für Emittenten von auf regulierten Märkten im Sinne der MAR gehandelten Finanzinstrumenten (Art. 2 MAR) Vorschriften über die Verpflichtung zur Erstellung eines Insiderverzeichnisses (Art. 18 MAR), das Verbot des Insiderhandels (Art. 14 MAR), die Veröffentlichung der Eigenschäfte von Führungskräften (sog. Directors Dealings, Art. 19 MAR) sowie das Verbot der Marktmanipulation (Art. 15 MAR) Anwendung. Um Transparenz über den Aufbau oder Abbau von relevanten Stimmrechtsanteilen an einer inländischen börsennotierten AG zu schaffen, bestimmt § 33 WpHG die Pflicht zur unverzüglichen Mitteilung des Erreichens bzw. der Über- oder Unterschreitung bestimmter Stimmrechtsschwellen an das Unternehmen und an die BaFin, spätestens aber innerhalb von vier Handelstagen.

[31] VO (EU) Nr. 596/2014.
[32] Vgl. BaFin Emittentenleitfaden, 5. Aufl. 2020, Modul C.
[33] BGH ZIP 2004, 1593 – Informatec; EWiR 2004, 961 mAnm *Lenenbach.*

## V. Finanzverwaltung

### 1. Interesse des Fiskus

Der Fiskus partizipiert als „stiller Teilhaber" der AG[34] mit KSt, GewSt und Solidaritätszuschlag an den erwirtschafteten Ergebnissen. Als eine der Hauptbeteiligten an der unternehmerischen Tätigkeit ist die öffentliche Hand somit ebenfalls Adressat der Rechenschaftslegung, insbesondere der Rechnungslegung. Die Körperschaftsteuer und die Gewerbesteuer knüpfen unmittelbar an die handelsrechtliche Rechnungslegung an, wenn auch mit erheblichen steuerlichen Abweichungen. 46

Dem Grundsatz der **Maßgeblichkeit der Handelsbilanz für die Steuerbilanz** (§ 5 Abs. 1 EStG iVm § 8 Abs. 1 KStG und § 7 Abs. 1 GewStG) zufolge wird für Ansatz und Bewertung von Vermögensgegenständen und Schulden in der Bilanz für Ertragsteuerzwecke (KSt und GewSt) die Behandlung in der Bilanz nach dem HGB (nicht nach IFRS) übernommen, allerdings nur insoweit, als die Handelsbilanzansätze auch dem HGB und den GoB entsprechen und nicht die zahlreichen steuerlichen Sondervorschriften eingreifen.[35] Der früher geltende Grundsatz der sog. umgekehrten Maßgeblichkeit, wonach die Ausübung steuerlicher Wahlrechte deren Ausübung auch in der Handelsbilanz voraussetzte, ist seit 2009 aufgehoben, weil die Steuerbilanz abweichend von der Handelsbilanz ausschließlich das Ziel einer gleichmäßigen Besteuerung auf der Basis der wirtschaftlichen Leistungsfähigkeit des Unternehmens verfolgt. In den seltensten Fällen wird es deshalb möglich sein, eine sog. Einheitsbilanz aufzustellen. Trotzdem bestehen mannigfache Interdependenzen zwischen Handels- und Steuerbilanz, sodass beide nur im Zusammenhang erstellt werden können. 47

### 2. Zuständigkeit des Vorstands

Die steuerlichen Pflichten der AG als juristischer Person hat das Vorstandsmitglied persönlich als deren gesetzlicher Vertreter zu erfüllen. Insbesondere hat der Vorstand dafür zu sorgen, „dass die Steuern aus den Mitteln entrichtet werden, die [er] verwaltet" (§ 34 Abs. 1 AO). Damit entsteht ein eigenes **Pflichtverhältnis zur Finanzbehörde** mit der Folge, dass auch **Zwangsmaßnahmen** gegen das Vorstandsmitglied persönlich vorgenommen werden können (zB Zwangsgeld, Verspätungszuschlag). Grundsätzlich sind Steuern und Abgaben aus dem Vermögen der AG zu erbringen. Verletzt der Vorstand jedoch vorsätzlich oder grob fahrlässig seine steuerlichen Pflichten, so kommt ggf. seine **persönliche Haftung** für die Steuerschulden der AG oder für zu Unrecht gewährte Steuervergütungen oder Steuererstattungen in Betracht (§ 69 AO). Voraussetzung dieser Haftung sind Pflichtverletzung, Verschulden (Vorsatz oder grobe Fahrlässigkeit) und Kausalität der Pflichtverletzung für den steuerlichen Schaden. Eine Haftung kommt natürlich nur dann in Betracht, wenn die AG zur Zahlung der Steuern finanziell in der Lage ist; ist sie das nicht, muss der Vorstand den Grundsatz der Gleichbehandlung aller Gläubiger beachten, also anteilig tilgen, sofern nicht schon ein Insolvenztatbestand gegeben ist.[36] 48

Die Haftung trifft grundsätzlich den Gesamtvorstand. Durch eine Zuständigkeitsverteilung **(Geschäftsverteilung)** kann der Haftungsmaßstab für die nicht zuständigen Vorstandsmitglieder gemindert werden. Es trifft sie aber eine Überwachungs- und Überprüfungspflicht, wenn Anlass besteht, an der sorgfältigen Erfüllung der steuerlichen Pflichten 49

[34] *Döllerer* BB 1971, 1333 (1334).
[35] Zur Maßgeblichkeit vgl. BeBiKo/*Schmidt/Usinger* HGB § 243 Rn. 111–121.
[36] Klein/*Rüsken* AO § 69 Rn. 58; eine Ausnahme gilt nach herrschender Praxis für die Lohnsteuerhaftung (vgl. BFH BStBl. II 2008, 508): werden Löhne bei Zahlungsschwierigkeiten voll ausbezahlt, besteht auch die Pflicht zur vollen Einhaltung und Abführung der Lohnsteuer und bei Unterlassen eine entsprechende Haftung des Vorstands nach § 69 AO, Klein/*Rüsken* AO § 69 Rn. 71 ff.; str., vgl. *Loose* in Tipke/Kruse, AO, FGO, 166. Akt. 2021, AO § 69 Rn. 41.

durch das zuständige Vorstandsmitglied zu zweifeln.[37] Beim Verschulden ist zu beachten, dass an sich grobe Fahrlässigkeit ein subjektiver Verschuldensbegriff ist (Sorgfaltsmaßstab nach den persönlichen Kenntnissen und Fähigkeiten). Im Steuerrecht ist der Maßstab für das Verschulden allerdings objektiviert, sodass eine objektiv vorliegende Pflichtverletzung immer auch zu einer subjektiven Verantwortlichkeit führt. Grob fahrlässig handelt, wer es unterlässt, sich die notwendigen Kenntnisse über das Steuerrecht zu verschaffen, vorsätzlich, wer ihm bekannten steuerlichen Vorgaben zuwiderhandelt.[38] Es kommt das sog. **Übernahmeverschulden** zum Zug: Wer die Funktion übernimmt, sich um die steuerlichen Pflichten der AG zu kümmern, muss sich die notwendigen Kenntnisse und Fähigkeiten verschaffen; er kann sich nicht auf sein eigenes Unvermögen berufen.[39] Bei fehlender eigener Sachkunde – die in komplexen steuerlichen Konstellationen von einem sonst qualifizierten Geschäftsleiter auch gar nicht zu erwarten ist – besteht im Rahmen der allgemeinen Sorgfaltspflichten die Pflicht, fachkundigen externen Rat einzuholen. Der Geschäftsleiter genügt dann seiner Sorgfaltspflicht, wenn er (i) eine zuverlässige Auskunftsperson auswählt, (ii) die für eine sachgerechte Auskunft erforderlichen Informationen vollständig zur Verfügung stellt und (iii) den erteilten Rat auf Plausibilität prüft.[40]

50 Das zuständige Vorstandsmitglied wird die Erstellung der Steuerbilanz und in diesem Zusammenhang die **Steuerpolitik** und das **Steuermanagement** des Unternehmens einschließlich der Sachverhaltsgestaltungen schon allein wegen der Komplexität der Materie auf eine **Steuerabteilung** oder auf **externe Berater** oder im Einzelfall auf beide übertragen. Es bleibt aber festzuhalten, dass der Vorstand für alle Entscheidungen die Letztverantwortung trägt, denn an ihm knüpfen, als gesetzlichem Vertreter, die steuerlichen Pflichten der AG an (§ 34 Abs. 1 AO). Dann haftet er aber für eine sorgfältige Auswahl und Überwachung dieser Mitarbeiter und für eine ausreichende Organisation der Abwicklung (§ 130 OWiG, § 69 AO).[41] Der konkrete Inhalt der **Überwachungspflichten** kann nur im Einzelfall nach Größe, Komplexität, Internationalität etc. des Unternehmens beurteilt werden. Eine Verantwortung wegen unterlassener Überwachung kann jedenfalls nur dann in Betracht kommen, wenn die an sich angemessenen Überwachungsmaßnahmen, zu deren Vornahme der Vorstand verpflichtet gewesen wäre, auch geeignet gewesen wären, die Unregelmäßigkeiten zu verhindern.[42]

51 Trotz externer Beratung ist es dem Vorstand dringend zu empfehlen, bei komplizierten oder risikobehafteten steuerlichen Gestaltungen (Verschmelzung, Spaltung, Ausgliederung, Funktionsverlagerung, Finanzierung etc) vor deren Verwirklichung eine verbindliche Auskunft oder eine verbindliche Zusage der Finanzverwaltung einzuholen. Eine (gebührenpflichtige) **verbindliche Auskunft** über die steuerliche Beurteilung genau bestimmter, noch nicht verwirklichter (also zukünftiger) Sachverhalte kann von der zuständigen Finanzbehörde verlangt werden, sofern erhebliche steuerliche Auswirkungen in Frage stehen (§ 89 Abs. 2–5 AO). Eine (nicht gebührenpflichtige) **verbindliche Zusage** kann im Rahmen bzw. im Anschluss an eine Betriebsprüfung über die steuerliche Behandlung eines in der Vergangenheit verwirklichten und geprüften Sachverhalts in der Zukunft von der Finanzbehörde erteilt werden (§ 204 ff. AO).

52 Besondere Sorgfalt ist auf die Beurteilung von Geschäften zwischen AG und Aktionär zu legen. Werden sie nicht wie Drittgeschäfte abgewickelt, sondern sind sie mehr oder weniger **durch das Gesellschaftsverhältnis veranlasst** und führen sie zu einem Vermögensvorteil beim Aktionär, besteht die Gefahr, dass steuerlich eine verdeckte Gewinnaus-

---

[37] BFH BStBl. 1984, 776; BStBl. 1986, 384; NV 1989, 149; BStBl. 1998, 761; BGH NJW 1997, 130.

[38] Vgl. *Neusel* GmbHR 1997, 1129 (1133); *Oppenländer/Trölitzsch,* Praxishandbuch der GmbH-Geschäftsführung, 3. Aufl. 2020, Rn. 36.

[39] Vgl. Klein/*Rüsken* AO § 69 Rn. 148 ff.

[40] Zur Frage der Pflicht des Geschäftsleiters zur Einholung von Rat vgl. *Sander/Schneider* ZGR 2013, 725; *Fleischer* KSzW 2013, 3; *Uwe H. Schneider* DB 2011, 99.

[41] BFH NV 1998, 1325.

[42] BFH BStBl. 1995, 278; 1991, 284.

schüttung und handelsrechtlich eine verbotene Einlagenrückgewähr vorliegt (§ 8 Abs. 3 KStG; § 57 Abs. 1 AktG).[43] Darüber hinaus muss der Vorstand aus eigener Kenntnis oder mit geeigneten Beratern eine Geschäftsstrategie für Auslandsbeziehungen entwickeln, die unter Berücksichtigung der jeweiligen nationalen Steuerrechtsordnungen und ggf. bestehender Doppelbesteuerungsabkommen zu einer Optimierung der steuerlichen Belastung der AG oder des Konzerns führt. Bei komplexen und gewichtigen Sachverhalten ist es ggf. angezeigt, schon vorab eine Einigung mit den beteiligten Finanzverwaltungen zu erzielen (zB Advance Pricing Agreements – APA).

Die **Steueroptimierung,** zB gemessen an der Steuerlastquote des Konzerns, insbe- 53
sondere im internationalen Bereich, ist in den letzten Jahren im Zusammenhang mit der Diskussion um ESG (→ Rn. 3 f.) auch unter dem Schlagwort „Base Erosion und Profit Shifting" (BEPS) zunehmend in die Kritik geraten.[44] Dabei geht es um Steuervermeidungsstrategien unter Ausnutzung von Lücken und Systembrüchen in den (internationalen) Steuergesetzen zu Lasten der Haushalte einzelner Staaten. Im Sinne einer die Interessen nicht nur der Anteilseigner berücksichtigenden Unternehmensführung setzt Corporate Social Responsibility dem Vorstandshandeln hier Grenzen. Diverse Initiativen begegnen diesem Phänomen durch Transparenzregeln (→ Rn. 57) oder durch Berichterstattung im Nachhaltigkeitsbericht.[45]

Der Vorstand ist durch die zunehmende Öffentlichkeit einer Steueroptimierung Repu- 54
tationsrisiken ausgesetzt, auch wenn er bei der Steuergestaltung strikt der **Legalitätspflicht**[46] **folgt,** dh für die Einhaltung inländischer und – soweit betroffen – ausländischer Steuerrechtsordnungen Sorge trägt. Bei unklarer oder umstrittener Rechtslage ist dem Vorstand unter angemessener Abwägung ein Handlungsspielraum zu Gunsten der Gesellschaft einzuräumen. Dies gilt insbesondere dann, wenn Zweifel auch nach fachkundiger Beratung verbleiben. Darüber hinaus muss dem Vorstand auch ein Handlungsermessen zustehen, die Rechtsbeständigkeit bestehender Vorschriften in Zweifel zu ziehen und mit vertretbaren Gründen eine gerichtliche Klärung herbeizuführen.[47] Von aggressiven Steuergestaltungen ist abzuraten.

## 3. Mitwirkungs- und Auskunftspflichten

Die Finanzverwaltung ermittelt grundsätzlich steuerlich relevante Sachverhalte von Amts 55
wegen (Untersuchungsgrundsatz). Daneben gibt es umfangreiche **Mitwirkungspflichten** des Steuerpflichtigen, die bei der AG kompetenzmäßig an den Vorstand anknüpfen (§§ 88, 90, 34 AO). Die Mitwirkungspflichten sind in der AO und in den Einzelsteuergesetzen näher geregelt. Hier ist festzuhalten, dass eine Verletzung der Mitwirkungspflichten, für die letztlich der Vorstand verantwortlich ist, zu Nachteilen für Beweismaß und Beweiswürdigung bei der Beurteilung steuerrechtlicher Sachverhalte führen kann.

Besonders hinzuweisen ist auf die umfänglichen **Dokumentationspflichten** bei **Sach-** 56
**verhalten mit Auslandsbezug,** insbesondere bei den Geschäftsbeziehungen (Verrechnungspreise!) mit ausländischen Tochter-, Schwester- oder Muttergesellschaften. Diese Dokumentationspflicht verlangt eine **Sachverhaltsdokumentation** (Art und Inhalt der Geschäftsbeziehungen) und eine **Angemessenheitsdokumentation** (Verrechnungspreisanalyse; § 90 Abs. 3 AO; VO zu § 90 Abs. 3 AO). Wird diesen Dokumentationspflichten

[43] Unter einer verdeckten Gewinnausschüttung im Sinne des Steuerrechts ist eine Vermögensminderung (verhinderte Vermögensmehrung) zu verstehen, die durch das Gesellschaftsverhältnis veranlasst ist, sich auf die Höhe des Einkommens auswirkt und in keinem Zusammenhang mit einer offenen Ausschüttung steht, BFH BStBl. II 1998, 545.

[44] Vgl. das OECD/G20 Inclusive Framework on BEPS, https://www.oecd.org/tax/beps/.

[45] Vgl. hierzu GRI 207 Tax 2019, https://www.globalreporting.org/media/sfcpcrt4/gri-207-tax-standard-2019-factsheet.pdf?id=1616; *Kraft/Schürkötter* DB 2021, 474.

[46] Vgl. Hüffer/Koch/*Koch* AktG § 93 Rn. 6 ff.

[47] Vgl. *Fleischer* ZIP 2005, 141 (149 f.); BeckOGK/*Fleischer,* 1.6.2021, AktG § 93 Rn. 36 ff.

nicht genügt, so kann die Finanzverwaltung die Besteuerungsgrundlagen schätzen, und zwar zu Lasten der AG an der oberen Grenze der Schätzspanne und darüber hinaus bei Fehlen oder Unverwertbarkeit der Aufzeichnungen oder bei verspäteter Vorlage erhebliche Zuschläge festlegen (§ 162 Abs. 3 und Abs. 4 AO).

57 Inländische Konzernobergesellschaften haben für Wirtschaftsjahre ab 2016 länderbezogen ausführliche Angaben darüber zu machen, wie sich die Geschäftstätigkeit des Konzerns auf die verschiedenen Steuerhoheitsgebiete verteilt, in denen der Konzern durch Unternehmen oder Betriebsstätten tätig ist (**country-by-country Reporting,** § 138a AO). Neu sind ebenfalls die ab dem 1.7.2020 geltenden Offenlegungspflichten für diejenigen, die bestimmte **grenzüberschreitende Steuergestaltungen** vermarkten, für Dritte konzipieren, organisieren, zur Nutzung bereitstellen oder ihre Umsetzung durch Dritte verwalten (§ 138d AO). Der deutsche Gesetzgeber setzt damit die Änderungsrichtlinie RL (EU) 2018/822 (DAC 6) zur Amtshilfe-RL (RL 2011/16/EU) bezüglich des verpflichtenden Informationsaustausches im Bereich der Besteuerung über meldepflichtige grenzüberschreitende Modelle um.

58 Bestandteil der Mitwirkungspflichten ist auch eine **allgemeine Auskunftspflicht,** soweit Auskünfte erforderlich sind, um einen steuerlich erheblichen Sachverhalt zu ermitteln, hinzu treten besondere Auskunfts- und Mitwirkungspflichten bei der steuerlichen Außenprüfung (§§ 93, 200 AO). Auch diese Auskunftspflichten knüpfen am Vorstand als dem gesetzlichen Vertreter der AG an. Soweit es um Angelegenheiten der AG geht, hat der Vorstand – im Gegensatz zu Dritten – kein Auskunftsverweigerungsrecht, selbst wenn er sich oder die AG der Gefahr strafgerichtlicher Verfolgung oder einer Ordnungswidrigkeit aussetzt (§ 103 AO). Erst mit der Einleitung eines Steuerstrafverfahrens stehen dem Vorstand die Rechte eines Beschuldigten zu und er kann jede Auskunft zur Sache verweigern. Deshalb ist ihm, soweit er zu irgendeiner Mitwirkungshandlung aufgefordert wird, die Einleitung eines Steuerstrafverfahrens mitzuteilen und er ist über seine Rechte zu belehren; andernfalls unterliegen die Erkenntnisse einem Verwertungsverbot (§§ 397, 393 AO; §§ 136, 136a StPO).

### 4. Buchführungs- und Aufbewahrungspflichten, Steuererklärung

59 Neben dem HGB macht das Steuerrecht die Buchführung, Aufzeichnung und Aufbewahrung zu einer eigenständigen steuerlichen Pflicht. Allerdings sind diese Pflichten weitgehend identisch (wenngleich steuerlich teilweise ausführlicher geregelt) mit den Pflichten nach HGB (§§ 140 ff., 145, 146, 147 AO). Grundsätzlich kann für die AG davon ausgegangen werden, dass die handelsrechtlich ordnungsgemäße Buchführung auch den steuerlichen Anforderungen entspricht. Allerdings unterliegt die Buchführung der steuerlichen Außenprüfung; formelle oder sachliche Mängel können zu steuerlichen Korrekturen führen. Bei wesentlichen Verstößen verliert die Buchführung ihre Beweiskraft (§ 158 AO); dies kann zur Schätzung der Besteuerungsgrundlagen, idR zum Nachteil der Gesellschaft, führen (§ 162 AO).

60 Schließlich obliegt dem Vorstand die Pflicht, Steuererklärungen abzugeben, sofern Einzelsteuergesetze oder die Finanzverwaltung dies verlangen; das ist bei den Ertragsteuern (KSt, GewSt) stets der Fall (§§ 149 ff. AO; § 31 Abs. 1 KStG; § 14a GewStG). Dort wird auch angeordnet, dass die Erklärungen **„eigenhändig"** zu unterzeichnen sind, was bei der AG durch den Vorstand als gesetzlichem Vertreter erfolgt. Soweit Eigenhändigkeit verlangt wird, muss der Vorstand in vertretungsberechtigter Weise handeln (ggf. zwei Unterschriften). Mit der Unterschrift übernimmt der Vorstand zumindest Verantwortung für die Richtigkeit und Vollständigkeit der mitgeteilten steuerlich relevanten Sachverhalte. Für die steuerrechtliche Würdigung wird dagegen regelmäßig keine Verantwortung übernommen, es sei denn, es werden rechtliche Fehler erkannt und bewusst in die Erklärung eingestellt.[48]

[48] Vgl. *Seer* in Tipke/Kruse, AO, FGO, 166. Akt. 2021, AO § 150 Rn. 12.

### 5. Straf- und Bußgeldtatbestände

Da der Vorstand die steuerlichen Pflichten der AG wahrzunehmen hat, treffen ihn mögliche strafrechtliche Konsequenzen. Werden den Finanzbehörden oder anderen Behörden vorsätzlich unrichtige oder unvollständige Angaben gemacht oder erhebliche Sachverhalte verschwiegen und dadurch Steuern verkürzt oder nicht gerechtfertigte Steuervorteile erlangt, so kann der Tatbestand der **Steuerhinterziehung** verwirklicht sein. Der Steuervorteil kann auch bei Dritten (Kunden, Lieferanten) eintreten (§ 370 AO). Soweit Straftatbestände unterhalb der Vorstandsebene ohne Wissen und Willen des Vorstands verwirklicht werden, kann eine strafrechtliche Verantwortung wegen Steuerhinterziehung nicht Platz greifen. Es kann aber eine Ordnungswidrigkeit wegen **Organisationsmängeln** (Verletzung der Aufsichtspflicht) verbleiben (§ 130 OWiG). Wichtig ist, dass Straffreiheit eintritt, wenn vor Entdeckung der Tat und vor Beginn einer steuerlichen Außenprüfung der Sachverhalt bei der Finanzbehörde aufgedeckt und die zutreffende Steuer innerhalb angemessener Frist abgeführt wird (**Selbstanzeige;** § 371 AO). Diese Möglichkeit sollte bei Zweifelsfällen stets sorgfältig geprüft werden. Straffreiheit tritt freilich nur ein, wenn die für die betreffende Steuerart relevanten Sachverhalte in vollem Umfang (also ohne jeden Vorbehalt) berücksichtigt oder – bei unterlassenen Angaben – offengelegt werden. 61

Als **Ordnungswidrigkeit** wird die leichtfertige Steuerverkürzung (§ 378 AO) geahndet; sie liegt vor, wenn der Tatbestand der Steuerhinterziehung nicht vorsätzlich, sondern leichtfertig verwirklicht wird. Leichtfertig handelt, wer die Sorgfalt außer Acht lässt, zu der er nach den besonderen Umständen des Falles und seinen persönlichen Fähigkeiten und Kenntnissen imstande ist.[49] Ordnungswidrigkeiten sind weiterhin die Steuergefährdung (zB durch vorsätzliche Ausstellung unrichtiger Belege oder unrichtige Verbuchung von Geschäftsvorfällen; § 379 AO), die Gefährdung von Abzugsteuern, die Verbrauchsteuergefährdung und die Gefährdung von Einfuhr- und Ausfuhrabgaben (§ 380 AO iVm §§ 38, 43, 48, 50a EStG; §§ 381, 382 AO). 62

## VI. Branchenspezifische Adressaten

Neben die allgemeinen, rechtsform- oder kapitalmarktspezifischen Regelungen zur Rechenschaft treten Vorschriften, die sich an Unternehmen in einzelnen Branchen richten. Das HGB widmet Unternehmen bestimmter Geschäftszweige einen eigenen Abschnitt im Dritten Buch, insbesondere den Banken, Finanzdienstleistern, Versicherungen und Pensionsfonds, mit umfangreichen ergänzenden Vorschriften für die Rechnungslegung, weiterhin bestimmten Unternehmen im Rohstoffsektor mit der Pflicht zur Erstellung von Berichten über die Zahlungen an staatliche Stellen im Zusammenhang mit ihrer Geschäftstätigkeit. Für Finanzinstitute bestehen darüber hinaus umfangreiche spezialgesetzliche Regelungen. Gleiches gilt für Unternehmen anderer Branchen, vor allem solchen die einer staatlichen Regulierung unterfallen, zB die Pflicht für vertikal integrierte Energieversorgungsunternehmen zur Rechnungslegung und Buchführung nach § 6b EnWG. Auf branchenspezifische Regelungen der Rechenschaftslegung wird im Folgenden nicht weiter eingegangen. 63

[49] Vgl. *Kohlmann,* Steuerstrafrecht, 70. Akt. 2021, AO § 378 Rn. 61.

## C. Finanzielle Berichterstattung

### I. Rechnungslegungsstandards

#### 1. Rechnungslegung nach HGB

64 Kernstück der periodischen Rechnungslegung der AG nach dem HGB sind Bilanz, GuV und Anhang, die als **Jahresabschluss** (Einzelabschluss) eine Einheit bilden, ergänzt um den **Lagebericht** (§ 264 Abs. 1 S. 1 HGB). Fehlt ein Teil des Jahresabschlusses, liegt ein Abschluss im Sinne des Gesetzes nicht vor.[50] Zusätzliche freiwillige Teile (zB Kapitalflussrechnung, Kennzahlen, Überblick über Vorjahreszahlen) werden nicht Bestandteil des Jahresabschlusses im engeren Sinne. Sie können ggf. als freiwillige Angaben in den Anhang integriert werden. Der **Anhang** soll die Posten der Bilanz und GuV erläutern und neben und zusätzlich zu diesen Instrumenten Informationen zur Vermögens-, Finanz- und Ertragslage vermitteln (§§ 284, 285 HGB, zum Unterlassen von Angaben und größenabhängigen Erleichterungen §§ 286, 288 HGB). Alle Bestandteile des Jahresabschlusses sind untereinander gleichwertig. Von der Pflicht zur Aufstellung eines Lageberichts sind kleine Aktiengesellschaften befreit (§ 264 Abs. 1 S. 3 HGB).[51]

65 **Unterliegt die AG nicht der Pflicht zur Erstellung eines Konzernabschlusses** (§§ 290–293 HGB)**, ist aber kapitalmarktorientiert** (→ Rn. 32), so hat sie in ihren Jahresabschluss eine Kapitalflussrechnung und einen Eigenkapitalspiegel einzubeziehen, optional kann sie den Jahresabschluss um eine Segmentberichterstattung erweitern (§ 264 Abs. 1 S. 2 HGB). Unabhängig von der Aufstellung einer Segmentberichterstattung besteht die Pflicht zur Aufgliederung der Umsatzerlöse nach Tätigkeitsbereichen und geografisch bestimmten Märkten (§ 285 Nr. 4 HGB). Zu Erleichterungen für in einen Konzernabschluss aufgenommene Tochterunternehmen vgl. § 264 Abs. 3 und Abs. 4 HGB.

66 Die AG muss ohne Rücksicht darauf, ob sie kapitalmarktorientiert ist oder nicht, ihren **Einzelabschluss nach den Vorschriften des HGB** aufstellen. Allerdings besteht das Wahlrecht, für Offenlegungszwecke anstelle des HGB-Abschlusses einen **Einzelabschluss nach IFRS** zu nutzen, wenn dieser IFRS-Einzelabschluss geprüft und zusammen mit den Unterlagen nach § 325 Abs. 2b Nr. 1 und 2 HGB im Bundesanzeiger veröffentlicht wird (§ 325 Abs. 2a HGB); nach DiRUG[52] wird das Wahlrecht auf große Kapitalgesellschaften beschränkt. Diese vor allem für kapitalmarktorientierte Unternehmen interessante Möglichkeit kann aus Wettbewerbsgründen, Gründen der internationalen Anerkennung und Reputation und der Konsistenz mit dem Konzernabschluss empfehlenswert sein. Der Mehraufwand wird sich dann in Grenzen halten, wenn der Konzernabschluss ohnehin nach IFRS zu erstellen ist. Auch in diesem Fall ist aber der Jahresabschluss nach HGB nebst Testat des Abschlussprüfers zusammen mit den weiteren Unterlagen nach § 325 Abs. 1 HGB elektronisch beim Bundesanzeiger einzureichen (§ 325 Abs. 2b Nr. 3 HGB).

67 Ist die AG als Mutterunternehmen über Tochterunternehmen zur Aufstellung eines **Konzernabschlusses** (§§ 290–293 HGB) verpflichtet, so umfasst der Konzernabschluss neben Konzernbilanz, Konzern GuV und -anhang auch eine Kapitalflussrechnung und einen Eigenkapitalspiegel. Der Konzernabschluss kann optional um eine Segmentberichterstattung erweitert werden (297 Abs. 1 HGB), verpflichtend ist auch hier unabhängig von der Aufstellung einer Segmentberichterstattung die Aufgliederung der Umsatzerlöse nach Tätigkeitsbereichen und geografisch bestimmten Märkten (§ 314 Nr. 3 HGB). Hinzu tritt

---

[50] Kleinstkapitalgesellschaften (§ 267a HGB) sind von der Aufstellung eines Anhangs nach Maßgabe von § 264 Abs. 1 S. 5 HGB befreit.

[51] **Klein** ist eine Kapitalgesellschaft, die nicht kapitalmarktorientiert ist (§ 264d HGB) und zwei der drei folgenden Merkmale nicht überschreitet: Bilanzsumme 6 Mio. EUR; Umsatzerlöse 12 Mio. EUR; im Jahresdurchschnitt 50 Arbeitnehmer (§ 267 Abs. 1 HGB). Weitere Erleichterungen gelten für **Kleinst**kapitalgesellschaften (§ 267a HGB).

[52] Gesetz zur Umsetzung der Digitalisierungsrichtlinie; tritt am 1.8.2022 in Kraft.

als gesonderter Bestandteil der Konzernrechnungslegung der **Konzernlagebericht** (§ 290 Abs. 1 HGB, § 315 HGB; → Rn. 177 ff.).

Der **Konzernabschluss nach HGB** ist eine Zusammenfassung (Konsolidierung) der Abschlüsse von Mutter- und Tochtergesellschaften, wobei die in den Konzernabschluss aufzunehmenden Vermögensgegenstände und Schulden der Konzernunternehmen einheitlich nach den Methoden des HGB zu bewerten sind (§ 308 HGB). Bei Unternehmen mit Geschäftsleitung in Deutschland, die einen Einzelabschluss nach HGB aufstellen, lässt sich der Konzernabschluss ohne Systemumstellung aus den Einzelbilanzen entwickeln, ausländische Konzernunternehmen müssen ihre Jahresabschlüsse auf die HGB-Bewertung des Mutterunternehmens überführen, um mit den neuen Wertansätzen in den Konzernabschluss einzugehen. Technisch erfolgt die Überführung der Einzelabschlüsse auf die konzerneinheitliche Bewertung über sog. Handelsbilanzen II. 68

Der HGB-Abschluss eignet sich aufgrund seiner Orientierung am Realisations- und Imparitätsprinzip (§ 252 Abs. 1 Nr. 4 HGB) vor allem für eine Rechnungslegung, die auf rechtssichere Gewinnermittlung und Ausschüttungsbemessung (-sperre) zielt und damit Kapitalerhaltung und Gläubigerschutz in den Vordergrund rückt. Die Information über „ein den tatsächlichen Verhältnissen entsprechendes Bild der Vermögens-, Finanz- und Ertragslage des Unternehmens" wird nach dem HGB „unter Beachtung der Grundsätze ordnungsmäßiger Buchführung" vermittelt (§ 264 Abs. 2 S. 1 HGB; für den Konzernabschluss § 297 Abs. 1 HGB), die etwa eine Bewertung von Vermögen und Schulden zu Marktwerten in vielen Fällen ausschließen. Trotzdem ist es dem HGB-Abschluss in der Gestalt, die ihm eine von GoB geprägte kaufmännische Tradition und die Rechtsprechung von BFH und BGH gegeben haben, gelungen, alle Funktionen in ausreichendem Maße zu erfüllen. Er ist deshalb derzeit für die nicht kapitalmarktorientierte AG sowohl als Einzel- als auch als Konzernabschluss nach wie vor ein geeignetes Instrument. 69

Allerdings findet seit dem Bilanzrechtsmodernisierungsgesetz (BilMoG 2009) und über nachfolgende EU-Richtlinien (zB Bilanz-RL [RL 2013/34/EU]) zunehmend Gedankengut der IFRS Eingang in die Rechnungslegung nach dem HGB. Dazu trägt auch das **Deutsche Rechnungslegungs Standards Committee e.V. (DRSC)** bei, das durch Standardisierungsvertrag vom 2.12.2011 als privates Rechnungslegungsgremium iSv § 342 HGB vom BMJV anerkannt worden ist und die Aufgaben hat, Empfehlungen zur Anwendung der Grundsätze über die (HGB-)Konzernrechnungslegung zu entwickeln, die Bundesrepublik Deutschland in internationalen Standardisierungsgremien zu vertreten und Interpretationen der IFRS iSd § 315e HGB zu erarbeiten. Die Beachtung der die Konzernrechnungslegung betreffenden Grundsätze ordnungsmäßiger Buchführung wird vermutet, soweit die Empfehlungen des DRSC zur Konzernrechnungslegung nach dem HGB beachtet werden (§ 342 Abs. 2 HGB), ihre Nichtbeachtung kann Auswirkungen auf den Bestätigungsvermerk des Abschlussprüfers haben.[53] Die vom DRSC erarbeiteten und vom BMJV bekannt gemachten **Deutschen Rechnungslegungs Standards (DRS)** gelten nicht für den Konzernabschluss nach IFRS, entfalten aber Ausstrahlungswirkung für den Einzelabschluss und Lagebericht nach HGB.[54] 70

## 2. Rechnungslegung nach IFRS

Die kapitalmarktorientierte AG (→ Rn. 32) muss seit 2005 den Konzernabschluss zwingend nach internationalen Rechnungslegungsstandards (IFRS[55]) erstellen.[56] Über die Er- 71

[53] Vgl. BeBiKo/*Schmidt/Holland* HGB § 342 Rn. 19; WP-Handbuch 2012 L 18.4.10, Rn. 1365. Im Streitfall sind Gerichte an die Standards nicht gebunden.

[54] Vgl. BeBiKo/*Schmidt/Holland* HGB § 342 Rn. 9, 20.

[55] Mit IFRS wird hier sowohl die Gesamtheit aller IFRS- und (bis 2003 erlassenen) IAS-Standards einschließlich der Interpretationen des SIC (Standing Interpretations Committee) bzw. neuerdings des IFRIC (IFRS Interpretations Committee) als auch (im Falle konkreter Benennung) der einzelne IFRS-Standard (zB IFRS 9) bezeichnet.

fordernisse der einschlägigen Rechnungslegungs-VO (VO (EG) Nr. 1606/2002) vom 19.7.2002 (§ 315e Abs. 1 HGB) hinaus muss eine AG auch dann zwingend für den Konzernabschluss IFRS anwenden, wenn bis zum jeweiligen Bilanzstichtag die Zulassung eines Wertpapiers an einem regulierten Markt im Inland beantragt worden ist (§ 315e Abs. 2 HGB). Die nicht kapitalmarktorientierte AG hat ein Wahlrecht, ob sie ihren Konzernabschluss nach HGB oder nach IFRS aufmachen will (§ 315e Abs. 3 HGB). Wird das Wahlrecht im Sinne der IFRS ausgeübt, so sind die Standards vollständig zu befolgen. Die Entscheidungskompetenz für diese wichtige Frage liegt beim Vorstand im Einvernehmen mit dem Aufsichtsrat. Die Mitwirkungsnotwendigkeit des Aufsichtsrats ergibt sich aus seiner Prüfungs- und Billigungszuständigkeit (§ 171 Abs. 2 S. 5 HGB). Gibt er sie nicht, geht die „Billigungskompetenz" auf die Hauptversammlung über (§ 173 Abs. 1 AktG). Ist auch dort keine Billigung zu erreichen, ist davon auszugehen, dass der Vorstand einen HGB-Konzernabschluss aufzustellen hat. Die Satzung kann diesbezüglich eine Regelung enthalten; sie enthebt damit den Vorstand weiterer Überlegungen.

72 Mit dem Wahlrecht nach § 315e Abs. 3 HGB wird praktisch allen Aktiengesellschaften, die zur Aufstellung eines Konzernabschlusses verpflichtet sind, die Möglichkeit eingeräumt, nach internationalen Standards zu bilanzieren und ggf. auch den Einzelabschluss nach diesen Standards zu publizieren (→ Rn. 66). Die Aufstellung des Konzernabschlusses nach IFRS hat zur Folge, dass die einbezogenen Unternehmen neben dem Einzelabschluss nach lokalem Recht (in Deutschland: HGB) einen Einzelabschluss nach IFRS für Konsolidierungszwecke erstellen müssen, da der lokale Einzelabschluss (und eine daraus abgeleitete Steuerbilanz) durch einen IFRS-Abschluss nach derzeitiger Rechtslage nicht eingespart werden kann, unbeschadet der Erleichterungen nach § 264 Abs. 3 und Abs. 4 HGB. Bei der Entscheidung, ob von dem Wahlrecht nach § 315e Abs. 3 HGB Gebrauch gemacht werden soll, sind somit die **Mehr- und Zusatzkosten** gegen die Vorteile verbesserter Information, die Erfordernisse im Wettbewerb und ggf. die Anforderungen von Kreditgebern abzuwägen. In der Praxis haben viele internationale Konzerne **IFRS konzernweit als originäres System der Buchführung** eingerichtet, sodass lediglich für die lokalen Einzelabschlüsse auf lokales GAAP überzuleiten ist. Eine solche Überleitung muss idR nur einmal jährlich erfolgen und erfordert in der Buchführung eine überschaubare Zahl zusätzlicher Konten, da die Informationsanforderungen nach IFRS bereits sehr hoch sind.

73 **Bestandteile der Rechnungslegung nach IFRS** sind Bilanz, GuV, Eigenkapitalspiegel, Kapitalflussrechnung und ein Anhang („notes"), insbesondere zur Erläuterung der Bilanzierungs- und Bewertungsmethoden (IAS 1.112 ff.). Nimmt die AG oder nehmen konsolidierte Tochterunternehmen den Kapitalmarkt in Anspruch oder wurde ein Zulassungsantrag gestellt, so ist der Abschluss um eine Segmentberichterstattung zu erweitern (IFRS 8.2). Macht eine AG (§ 267 Abs. 3 HGB) von dem Wahlrecht Gebrauch, den im Bundesanzeiger zu veröffentlichenden Einzelabschluss nach IFRS aufzustellen (→ Rn. 66), sind auch für diesen Einzelabschluss die IFRS Standards vollständig zu befolgen. Einen **Lagebericht** schreiben die IFRS zwar nicht vor, allerdings gilt auch für IFRS-Anwender, dass ein Lagebericht erstellt werden muss, sowohl im Konzernfall (§§ 315 ff. HGB iVm § 315e HGB) als auch im Falle des veröffentlichten IFRS – Einzelabschlusses (§ 325 Abs. 2a S. 4 HGB). Insoweit gilt für den IFRS Konzernlagebericht ausnahmsweise auch der DRSC Standard DRS 20, obwohl die DRS grundsätzlich bei IFRS nicht greifen (→ Rn. 70), da die IFRS selbst keinen Lagebericht als Bestandteil der Rechnungslegung kennen.

74 Bei den im Konzernabschluss, ggf. im veröffentlichten Einzelabschluss anzuwendenden IFRS handelt es sich um jene IFRS, die nach Art. 2, 3 und 6 Rechnungslegungs-VO (VO (EG) Nr. 1606/2002) für die Anwendung in der EU übernommen worden sind, nicht also notwendigerweise um die vom **International Accounting Standards Board (IASB)** in London als privatrechtlich organisiertem Gremium offiziell verabschiedeten IFRS. Um die

[56] Vgl. VO (EG) 1606/2002 vom 19.7.2002 (insbes. Art. 4) und VO (EG) Nr. 1725/2003 vom 29.9.2003.

IFRS, so wie sie vom IASB entwickelt und herausgegeben werden, in der EU mit Gesetzeskraft zu versehen, müssen sie im Rahmen eines Anerkennungsmechanismus (Komitologieverfahren) von der EU-Kommission zur Anwendung freigegeben werden. Dieses sog. **Endorsement** kann dazu führen, dass die **in der EU anzuwendenden IFRS** von denen des IASB abweichen, wenn auch nur zeitweise, weil ein IFRS des IASB bereits in Kraft, aber noch nicht von der EU anerkannt ist. Dies ist für nach IFRS bilanzierende Unternehmen unglücklich, da neben der entstehenden Rechtsunsicherheit die Abweichung auch dazu führen kann, dass bei Börsennotierung in den USA die SEC eine Überleitungsrechnung auf die IFRS des IASB verlangt, die allein von der SEC anerkannt sind.[57]

Im Gegensatz zum HGB-Abschluss hat der IFRS-Abschluss den Hauptzweck, Informa- 75
tionen über die Vermögens- und Finanzlage, die Ertragskraft und die Cash-flows eines Unternehmens für eine Vielzahl von Adressaten bereit zu stellen, die diese Informationen nutzen, um wirtschaftliche Entscheidungen zu treffen. Entsprechend kommt der Vermittlung eines den tatsächlichen Verhältnissen entsprechenden Bildes **(„fair presentation")** eine hohe Bedeutung zu. Fehlt eine Regelung für einen spezifischen Sachverhalt, so ist das Management aufgefordert, eine Rechnungslegungsmethode zu entwickeln, die für die Bedürfnisse der wirtschaftlichen Entscheidungsfindung der Adressaten von Bedeutung ist und ua eine „fair presentation" sicherstellt (IAS 8.10).

Zur sachgerechten **Ausfüllung einer Regelungslücke** soll das Management danach 76
zunächst die Vorschriften derjenigen IFRS heranziehen, die ähnliche und verwandte Fragen behandeln, und erst danach die im Rahmenkonzept der IFRS niedergelegten Definitionen, Erfassungskriterien und Bewertungskonzepte. Dabei können auch Verlautbarungen anderer Standardsetter Berücksichtigung finden, die ein den IFRS verwandtes Rahmenkonzept verfolgen (zB US-GAAP) sowie sonstige Rechnungslegungs-Verlautbarungen und Branchenpraktiken, soweit sie nicht mit den IFRS bzw. dem IFRS-Rahmenkonzept in Konflikt stehen (IAS 8.11, 8.12). In der Entscheidung von Auslegungs- und Ermessensfragen ist der Vorstand bei IFRS somit stärker gefordert als bei der Bilanzierung nach dem HGB.

## II. Einzelabschluss

### 1. Inhalt

Der **Jahresabschluss der AG** ist zwingend nach den Vorschriften des HGB zu erstellen. 77
Der deutsche Gesetzgeber lässt bisher internationale Rechnungslegungsgrundsätze (IFRS) für den Einzelabschluss nicht zu ungeachtet der Möglichkeit für Kapitalgesellschaften (nach DiRUG künftig: große Kapitalgesellschaften), für Offenlegungszwecke einen Jahresabschluss nach internationalen Rechnungslegungsstandards aufzustellen (§ 325 Abs. 2a und 2b HGB). Auch kapitalmarktorientierte Unternehmen, die ihren Konzernabschluss nach den IFRS aufstellen und die IFRS als originäres System der Buchführung zugrunde legen, müssen sich somit für Zwecke der Überleitung dieser IFRS-Buchführung auf den lokalen Jahresabschluss schon im Rahmen der laufenden Buchführung mit der Frage nach den Unterschieden zwischen den IFRS und dem nationalem Bilanzrecht (in Deutschland: HGB) befassen.

Die Rechnungslegungsvorschriften des HGB beruhen auf den nur zum Teil im Gesetz 78
hinterlegten und referenzierten **Grundsätzen ordnungsmäßiger Buchführung** (GoB), die die Ansatz-, Bewertungs- und Ausweisregeln des HGB festlegen. Die formellen GoB betreffen Aufstellungs- und Gliederungsgrundsätze, die materiellen GoB Bilanzansatz- und Bewertungsgrundsätze.[58] Auf dieser prinzipienorientierten Grundlage stehen die gesetzlichen Einzelnormen zur handelsrechtlichen Rechnungslegung. Eine den GoB vergleichba-

[57] Vgl. PFGS IntRechnungslegung 73–78, 77.
[58] Vgl. hierzu und im Folgenden PFGS IntRechnungslegung 118f.

re, die Rechnungslegung prägende Stellung kommt dem **IFRS-Rahmenkonzept** demgegenüber nicht zu. Das Rahmenkonzept enthält Definitionen und Zielsetzungen der IFRS und soll bei der Anwendung und Interpretation bestehender sowie der Entwicklung neuer IFRS-Standards unterstützen. Da es selbst keinen Standard darstellt, hat es nicht die gleiche rechtliche Qualität wie die IFRS Standards.[59] Insofern ist die mitunter vorgenommene Charakterisierung der IFRS als „principles-based" durchaus zu hinterfragen, zumal angesichts des Umfangs der IFRS im Vergleich zum HGB.

79 Vergleichbar dem HGB stellen die IFRS zunächst Regelungen für den Einzelabschluss auf, die dann für Zwecke des Konzernabschlusses um Standards für die Konsolidierung und um andere Berichtsinstrumente ergänzt werden (vgl. IAS 27.9, IAS 28, IFRS 3, 8, 10, 11). Während **Gemeinsamkeiten** im Hinblick auf allgemeine Grundsätze der Rechnungslegung zwischen HGB und IFRS bestehen (Grundsätze der Richtigkeit, Vergleichbarkeit, Klarheit und Übersichtlichkeit, Vollständigkeit, Wirtschaftlichkeit, Unternehmensfortführung, Relevanz von Zahlungsströmen, Einzelbewertung), gibt es wesentliche **Abweichungen** bei der Definition von Aktiva und Passiva. So hebt das HGB bei der Bilanzierung von Vermögen auf die selbständige Verwertbarkeit (Einzelveräußerbarkeit) ab, während IFRS bei der Definition von Vermögenswerten den zukünftigen ökonomischen Nutzen in den Vordergrund stellen. Bei Schulden ist nach HGB die Verpflichtung, wirtschaftliche Belastung und deren Quantifizierbarkeit von Bedeutung, wozu auch Aufwandsrückstellungen rechnen können, also Verpflichtungen des Unternehmens „gegen sich selbst" (zB § 249 Abs. 1 Nr. 1 HGB). Solche Innenverpflichtungen sind den IFRS fremd. Auch die besondere Bedeutung des Vorsichtsprinzips (§ 252 Abs. 1 Nr. 4 HGB) findet sich in den IFRS nicht, da diese von der Informationsfunktion der Rechnungslegung geprägt sind, nicht so sehr von der Gläubigerschutzfunktion.

80 Die **wesentlichen Unterschiede** der IFRS-Bilanzierung im **Vergleich** zur HGB-Bilanzierung können wie folgt beschrieben werden:[60]

- **„Fair Value"-Bewertung.** Während das HGB strikt der Bewertung nach dem Anschaffungs- oder Herstellungskostenprinzip folgt,[61] gilt das unter IFRS nur für die Erst- oder Zugangsbewertung (da entspricht der Verkehrswert ohnehin den Anschaffungskosten). Für die Folgebewertung kennen die IFRS insbesondere bei Finanzinstrumenten (IFRS 9), aber auch im Anlagevermögen (IAS 16.29; 38.75; 40.30), zwingend oder wahlweise zahlreiche Anwendungsfälle der Bewertung zum „fair value". Die daraus resultierende laufende (ermessensbehaftete) Neubewertung zu Marktpreisen führt zu Volatilität der betreffenden Bilanzposten und des Eigenkapitals, bei ergebniswirksamer Verrechung auch zu Ergebnisschwankungen.
- **Zukunftsgerichtete Betrachtung.** Die Bewertung nach IFRS ist stärker prognoseorientiert und an den tatsächlichen Verhältnissen ausgerichtet, während der HGB-Abschluss in der Praxis vom Vorsichtsprinzip und oft auch von steuerlichen Vorgaben (zB Nutzungsdauern entsprechend den AfA-Tabellen) beeinflusst ist. Daraus resultiert nach IFRS ein geringerer Objektivierungsgrad bei gleichzeitiger Ausweitung des Ermessensspielraums.
- **Vorgezogene Gewinnrealisierungen und Bilanzansatz.** IFRS zeichnen sich in der Tendenz durch ein Vorziehen der Gewinnrealisierung im Vergleich zum HGB aus. Kennzeichnend ist dafür die zeitanteilige Gewinnrealisierung bei Dienstleistungen und bei langfristiger Fertigung (IFRS 15.35), während demgegenüber die Anwendung des Realisationsprinzips nach HGB die vorzeitige Gewinnrealisierung ausschließt. Wichtige Unterschiede im Bilanzansatz bestehen zB bei Leasingverhältnissen. Hier gelten nach HGB die Festlegungen der ertragsteuerlichen Leasingerlasse hinsichtlich der Unterschei-

[59] Vgl. PFGS IntRechnungslegung 90f., zum Folgenden 58.
[60] Vgl. *Lübbing/Kühnel* in Beck'sches IFRS-Handbuch, 6. Aufl. 2020, § 2 Rn. 131, 141f., 148ff., 273ff.
[61] Ausnahmen für Finanzinstrumente bei Finanzdienstleistungsinstituten (§ 340e HGB) und für die Bewertung von Deckungsvermögen für Altersversorgungsverpflichtungen (§ 246 Abs. 2 S. 2 HGB, § 253 Abs. 1 S. 3 und 4 HGB).

dung von Finance Lease und Operating Lease, während IFRS 16 für den Leasingnehmer diese Unterscheidung aufhebt und alle Leasingverhältnisse auf die Bilanz bringt.

- **Abschreibungen auf Firmenwert.** Eine planmäßige lineare Abschreibung auf den erworbenen Geschäfts- oder Firmenwert (§ 253 Abs. 3 S. 4 HGB) ist in den IFRS nicht vorgesehen. Vielmehr ist ein Wertminderungstest vorzunehmen und nur im Falle einer Wertminderung der ausgewiesene Buchwert abzuschreiben („impairment-only-approach"; IFRS 3.54; IAS 36.6; IAS 36.66).
- **Engere Rückstellungsvoraussetzungen.** Die Voraussetzungen für die Bildung von Rückstellungen sind enger als im HGB (gegenwärtige rechtliche oder faktische Verpflichtung aus einem Ereignis der Vergangenheit; Wahrscheinlichkeit eines Ressourcenabflusses daraus; verlässliche Schätzung; IAS 37.14 ff.). Aufwandsrückstellungen sind grundsätzlich ausgeschlossen.
- **Gruppenbewertung.** Die IFRS gehen wie auch das HGB (§ 252 Abs. 1 Nr. 3 HGB) im Grundsatz von Einzelbewertung aus; es gibt aber Ausnahmen, zB im Sachanlagevermögen (IAS 16.36 ff.) und bei der Bildung sog. zahlungsmittelgenerierender Einheiten im Zusammenhang mit dem Wertminderungstest nach IAS 36.
- **Eigenkapital.** Wichtige Bewertungseffekte bei einzelnen Bilanzposten werden nicht in der Gewinn- und Verlustrechnung, sondern direkt in einem Sonderposten innerhalb des Eigenkapitals verbucht, dem „sonstigen Ergebnis" **(Other Comprehensive Income).** Ein Anwendungsfall ist die Rückstellung für Pensionsverpflichtungen gegenüber Arbeitnehmern, die aufgrund der einzelnen Bewertungsparameter (Zinssatz, Lohn/Gehalts-/Rentensteigerung, Lebenserwartung) erheblichen Schwankungen unterworfen ist. Die daraus resultierenden Ergebniseffekte werden nach IFRS anders als nach HGB direkt im Eigenkapital erfasst. Gleiches gilt für Bewertungseffekte bei Neubewertungen im Anlagevermögen, bestimmten Finanzinstrumenten und Währungsschwankungen.

Bilanzierungsfragen werden maßgebend in der Buchführung und bei Erstellung des 81
Einzelabschlusses entschieden, wobei sich Spielräume und damit **Gestaltungsmöglichkeiten** ergeben. Die Meinungsbildung des Vorstands ist idR auf das für die Rechnungslegung zuständige Vorstandsmitglied delegiert; bei gewichtigen Entscheidungen, zB Sachverhaltsgestaltungen, wird eine Entscheidung des Gesamtvorstands notwendig. Der für Rechnungslegung zuständige Vorstand wird sich kraft Amtes mit den Fragen und Problemen der HGB- und der IFRS-Bilanzierung vertraut machen müssen, die für die AG und den Konzern relevant sind. Die Verantwortung des Gesamtvorstands kann sich in diesem speziellen Bereich nur auf die Überwachung und die Vergewisserung von der kompetenten Funktionserfüllung durch den Ressortvorstand beschränken (→ Rn. 215 ff.). Endgültig entschieden wird über die Bilanzierung erst mit Billigung des Abschlusses durch den Aufsichtsrat oder – im Ausnahmefall – durch die Hauptversammlung, also erst mit Feststellung des Abschlusses.

## 2. Gestaltungsmöglichkeiten

### a) Sachverhaltsgestaltungen

Bei Sachverhaltsgestaltungen geht es um bilanz- oder GuV-wirksame Transaktionen, deren 82
Hauptzweck wirtschaftlicher Natur sein kann, aber auch in einer reinen Abschlussgestaltung liegen mag. Soweit wirtschaftliche Ziele im Vordergrund stehen, also die **Maßnahmen die Cash- oder Risikoposition des Unternehmens verändern** (zB Liquiditätsbeschaffung, Kurssicherung, Steuergestaltung, rechtliche und organisatorische Reorganisation), handelt es sich nicht um primär bilanzpolitisch motivierte Maßnahmen. Fälle der **reinen Abschlussgestaltung** („window dressing" oder „creative accounting") betreffen demgegenüber Transaktionen, die darauf zielen, Erträge oder Aufwendungen zu schaffen (zB durch Heben stiller Reserven oder stiller Lasten) bzw. Aktiv- oder Passivposten aus der Bilanz zu eliminieren oder durch andere zu ersetzen. Dabei kann es sich um bloße Periodenverschiebungen, aber

auch um endgültige Maßnahmen handeln. Das ist nicht von vornherein unzulässig, bedarf aber erhöhter Sorgfalt und Transparenz und fordert den Vorstand in seiner Verantwortung.

83 Die Praxis hat eine Vielzahl von Konstruktionen entwickelt, die über Sachverhaltsgestaltung gezielt **Einfluss auf die bilanzielle Darstellung** nehmen sollen und mehr oder weniger transparent auf den Einzelfall zugeschnitten werden, zB

- Sale and lease back;
- Factoring (neben der Finanzierungsfunktion häufig auch Dienstleistungsfunktion);
- Asset Backed Securities (Übertragung eines Pools von Aktiva auf eine Zweckgesellschaft);
- echte und unechte Pensionsgeschäfte;
- Sachdarlehen (Wertpapierleihgeschäfte);
- derivative Finanzinstrumente wie Termin- und Optionsgeschäfte, insbesondere im Zusammenhang mit Sicherungsgeschäften;
- Verkäufe innerhalb des Konzerns (ohne Wirkung im Konzernabschluss).

84 Die für die Bilanzierung auch solcher bilanzpolitisch geprägten Sachverhaltsgestaltungen relevanten Grundsätze über die wirtschaftliche Zugehörigkeit gehen über die rechtliche Zuordnung hinaus.[62] Zu fragen ist, ob die Gestaltungen die Cash- und die Risikoposition des Unternehmens verändern.

85 Diese **wirtschaftliche Betrachtungsweise** liegt dem HGB zugrunde. Für die bilanzielle Einordnung und Zurechnung von Transaktionen sind dabei insbesondere folgende Kriterien für Erwerb oder Abgabe des **wirtschaftlichen Eigentums** an einem Vermögensgegenstand zu beachten:[63]

- Ausübung der tatsächlichen Sachherrschaft für wesentliche Teile der wirtschaftlichen Nutzungsdauer;
- Verfügung über das Verwertungsrecht (Nutzung oder Weiterveräußerung) und die Chancen und Risiken;
- Zuordnung von Wertsteigerung und -minderungen einschließlich des Risikos zufälligen Untergangs.

86 Auch nach dem IFRS-Rahmenkonzept gilt der Grundsatz „substance over form" und bildet die Rechnungslegung „die Geschäftsvorfälle und anderen Ereignisse, die sie vorgeben, darzustellen", nur dann glaubwürdig ab, wenn „sie gemäß ihrem tatsächlichen wirtschaftlichen Gehalt und nicht allein gemäß der rechtlichen Gestaltung bilanziert und dargestellt werden" (R. 35). Leitlinie jeder Entscheidung hat der Grundsatz zu sein, dass die Rechnungslegung „ein den tatsächlichen Verhältnissen entsprechendes Bild der Vermögens-, Finanz- und Ertragslage" zu vermitteln hat (§ 264 Abs. 2 S. 1 HGB; IAS 1.15).

### b) Wahlrechte

87 Das HGB räumt Wahlrechte ein und gibt damit dem Vorstand Gestaltungsspielräume, seit dem **BilMoG (2009)** allerdings deutlich eingeschränkt. Mit dem BilMoG hat der Gesetzgeber die Handelsbilanz stärker von der Steuerbilanz abgekoppelt, insbesondere die umgekehrte Maßgeblichkeit und damit die Notwendigkeit der Ausübung von steuerlichen Wahlrechten auch in der Handelsbilanz abgeschafft, und insgesamt das deutsche Bilanzrecht den Regelungen der IFRS angenähert.[64] Auch die IFRS beinhalten Wahlrechte, nicht nur regelmäßig bei Erstanwendung neuer IFRS-Standards, sondern auch vereinzelt innerhalb der einzelnen Standards. Größere Bedeutung kommt bei den IFRS allerdings den Ermessensspielräumen zu, die mitunter als implizite (verdeckte) Wahlrechte bezeichnet werden.

88 Man kann die Wahlrechte im Wesentlichen einteilen in **Ansatz- und Bewertungswahlrechte.** Bei den Ansatzwahlrechten wird der Ansatz bestimmter Vermögensposten oder Schulden in die Entscheidung des Vorstands gestellt. Bei den Bewertungswahlrechten

[62] *Vgl.* ADS Rechnungslegung HGB § 246 Rn. 263.
[63] *Schmidt/Ries* in BeckBil-Komm. HGB § 246 Rn. 5 ff.; ADS Rechnungslegung HGB § 246 Rn. 267 ff.
[64] Krit. hierzu *Gerhards* DB 2020, 177.

werden bei vorgeschriebenem Ansatz unterschiedliche Bewertungsverfahren zur Verfügung gestellt. Das Wahlrecht, in besonderen Situationen (zB Anlaufphase) oder bei bestimmten Geschäftsvorfällen (zB Unternehmenskauf) Aufwendungen trotz fehlender Eigenschaft als Vermögensgegenstand im Wege der **Bilanzierungshilfe** anzusetzen, ist seit dem BilMoG abgeschafft.

Beispielhaft seien als **Ansatzwahlrechte** nach dem HGB aufgeführt: 89

- Selbstgeschaffene immaterielle Vermögensgegenstände des Anlagevermögens (§ 248 Abs. 2 HGB), verbunden mit einer **Ausschüttungssperre** (§ 268 Abs. 8 HGB);
- bestimmte Rechnungsabgrenzungsposten, insbesondere das Disagio aus der Aufnahme von Verbindlichkeiten (§ 250 Abs. 3 HGB);
- die Aktivierung latenter Steuern, wenn die handelsrechtliche Gewinnrealisierung der steuerlichen zeitlich nachfolgt (§ 274 Abs. 1 S. 2 HGB), verbunden mit einer **Ausschüttungssperre** (§ 268 Abs. 8 HGB);
- geringwertige Anlagegüter (Anschaffungs-/Herstellungskosten nicht über 410 EUR).

Beispielhaft seien als **Bewertungswahlrechte** nach dem HGB aufgeführt: 90

- Einrechnung von allgemeinen Verwaltungskosten, Aufwendungen für soziale Leistungen und Einrichtungen sowie für betriebliche Altersversorgung in die zu aktivierenden Herstellungskosten (§ 255 Abs. 2 S. 3 HGB);
- Zinsen für Fremdkapital zur Finanzierung der Herstellung eines Vermögensgegenstandes (§ 255 Abs. 3 HGB);
- Annahme bestimmter Verbrauchsfolgen (Lifo, Fifo-Verfahren; § 256 HGB);
- außerplanmäßige Abschreibungen bei nur vorübergehender Wertminderung bei Finanzanlagen (§ 253 Abs. 3 S. 6 HGB);
- Bildung von Bewertungseinheiten (§ 254 HGB);
- Verknüpfung der Buchwerte bei bestimmten Umstrukturierungen (Verschmelzung, Spaltung, Formwechsel; § 24 UmwG).

Von den eingeräumten Wahlrechten kann der Vorstand im Rahmen seines pflichtgemä- 91
ßen Ermessens Gebrauch machen. Oberstes Gebot ist jedoch **Transparenz:** Ansatz- und Bewertungsmethoden sind im **Anhang** anzugeben und vor allem sind Änderungen und Abweichungen gegenüber der bisherigen Praxis zu berichten und zu begründen und deren Einfluss auf die Vermögens-, Finanz- und Ertragslage darzustellen. Die Auswirkungen der Abweichungen sind dabei gesondert bezogen auf die einzelne Bilanzierungs- und Bewertungsmethode darzustellen, die Richtung des Einflusses auf die Vermögens-, Finanz- und Ertragslage ist jeweils anzugeben.[65]

Darüber hinaus gibt es weitere Einschränkungen in der Wahlfreiheit: In der HGB-Bi- 92
lanz hat der Vorstand das **Vorsichtsprinzip** zu befolgen (§ 252 Abs. 1 Nr. 4 HGB).[66] Er wird deshalb den Ansatz oder die Bewertung praktizieren, die für die Bilanzadressaten die größere Sicherheit und Verlässlichkeit gewährleistet. Unter mehreren Einschätzungen ist die pessimistischere, unter mehreren Möglichkeiten die wahrscheinlichste und innerhalb einer Bandbreite nicht das oberste Ende zu wählen.[67] Weiterhin gilt der übergreifende Grundsatz der **Ansatz- und Bewertungsstetigkeit** (§ 252 Abs. 1 Nr. 6 HGB). Nur er gewährleistet eine verlässliche Beurteilung des Unternehmens auf der Zeitachse; eine Durchbrechung soll sich deshalb auf begründete Ausnahmefälle beschränken und ist im Anhang zu berichten.

### c) Ermessensspielräume

Es gibt nur wenige Posten in der Rechnungslegung, deren Ansatz und Betrag sich defini- 93
tiv aus dem gegebenen Sachverhalt und der gesetzlichen Regelung ergeben. Bilanzieren ist im Wesentlichen Beurteilen und Bewerten von Sachverhalten im Rahmen des gesetzlichen

[65] Vgl. BeBiKo/*Grottel* HGB § 284 Rn. 170 ff., 195 mwN.
[66] Vgl. auch *Moxter/Engel-Ciric* BB 2014, 489.
[67] Vgl. ADS Rechnungslegung HGB § 252 Rn. 66 ff.

Regelwerks. Zwar sind die **Beurteilungs- und Bewertungsspielräume** in der Rechnungslegung nach HGB idR enger als nach IFRS. Auch diese kann der Vorstand aber nur im Rahmen seiner Sorgfaltspflichten und Verantwortlichkeiten nutzen. Die Verantwortung für die Beurteilung und Einschätzung trägt vorab der Ressortvorstand, am Ende aber auch der Gesamtvorstand.

94 Der Vorstand gebraucht sein **Ermessen** nur dann **fehlerfrei,** wenn er alle Gesichtspunkte, die für die Beurteilung von Bedeutung sein können, sorgfältig und im Rahmen seiner Möglichkeiten vollständig erfasst und seine Entscheidung unter Berücksichtigung der genannten Grundregeln, aber nicht willkürlich und nicht unter Berücksichtigung sachfremder (zB eigener) Interessen trifft. Er hat bei seinen Entscheidungen die Interessen der verschiedenen Adressaten der Rechnungslegung zu berücksichtigen, ist den Grundsätzen ordnungsmäßiger Buchführung verpflichtet – insbesondere dem Vorsichtsprinzip, dem Prinzip der periodengerechten Erfolgsermittlung und dem Stetigkeitsgrundsatz (§ 252 Abs. 1 Nr. 4, 5, 6 HGB) – und hat in diesem Rahmen sicherzustellen, dass der Jahresabschluss ein den tatsächlichen Verhältnissen entsprechendes Bild der Vermögens-, Finanz- und Ertragslage vermittelt.

95 Es erscheint zumindest zweifelhaft, ob Ermessensentscheidungen im Rahmen der Rechenschaftslegung zu den **„unternehmerischen Entscheidungen“** im Sinne der Business Judgement Rule gehören oder ob es sich vielmehr kraft Sachzusammenhangs um die gesetzliche Pflichtenstellung des Vorstands handelt. Die Unterscheidung ist deshalb erheblich, weil im ersten Fall die Begrenzung des Verschuldensmaßstabs auf grobe Fahrlässigkeit in Betracht kommt, andernfalls aber für jede Fahrlässigkeit gehaftet werden könnte (§ 93 Abs. 1 S. 2 AktG).[68]

96 Die Ermessensspielräume nach den IFRS sind gegenüber dem legalistischen HGB-Konzept wegen der stärker zukunftsgerichteten Aussagetendenz mit notwendigerweise subjektiver Einschätzung wesentlich größer. Auch sind durch die (insbesondere historisch) enge Verknüpfung mit der Steuerbilanz viele für das HGB relevante Bilanzierungsfragen durch die Rechtsprechung des BFH entschieden worden, während der BGH sich zur handelsrechtlichen Rechnungslegung nur sehr selten äußert. Demgegenüber erfolgt die Meinungsbildung zur IFRS-Rechnungslegung vor allem in der Kommentarliteratur, die vielfach angelsächsisch und nicht durch deutsches Rechtsverständnis geprägt ist. Hinzu tritt die gegenüber dem HGB unterschiedliche Formulierungstechnik, die schon rein sprachlich einen **zusätzlichen Auslegungsspielraum** gibt. Im Ergebnis ist der Entscheidungsspielraum des Vorstands innerhalb der Bilanzierung nach IFRS keinesfalls kleiner, sondern eher größer als nach dem HGB. Es ist deshalb nur verständlich, dass in einem solchen System die Vorstandsverantwortung noch ausgeprägter als in einem legalistischen System sein muss.

97 Vor dem Hintergrund der Gestaltungsspielräume hat der Gesamtvorstand von börsennotierten Gesellschaften (§ 2 Abs. 14 WpHG; Ausnahme: § 327a HGB) in einer dem Jahresabschluss beizufügenden schriftlichen Erklärung (sog. **Bilanzeid**) zu versichern, dass nach bestem Wissen der Jahresabschluss unter Beachtung der Grundsätze ordnungsmäßiger Buchführung ein den tatsächlichen Verhältnissen entsprechendes Bild der Vermögens-, Finanz- und Ertragslage vermittelt oder andernfalls im Anhang entsprechende Angaben gemacht sind (§ 264 Abs. 2 S. 3). Eine entsprechende Verpflichtung betrifft den Lagebericht zum Jahresabschluss (→ Rn. 187).

---

[68] Vgl. BFH GmbHR 2013, 547; vgl. aber zum begrenzten Anwendungsbereich der Business Judgement Rule im Bilanzrecht *W. Müller,* Liber Amicorum Happ, 2006, 179 ff. Krit. zur Anwendung dieser „Accounting Judgement Rule“ bzw. „vermeintlichen Legal Judgement Rule“ Hüffer/Koch/*Koch* AktG § 93 Rn. 19, 45a mwN.

### 3. Kennziffern

Wesentliche Kennziffer des handelsrechtlichen Jahresabschlusses ist der Jahresüberschuss bzw. Jahresfehlbetrag und der daraus unter Beachtung von Ausschüttungssperren (§ 268 Abs. 8 HGB) im Wege der Gewinnverwendungsrechnung (§ 158 Abs. 1 AktG) abgeleitete **Bilanzgewinn bzw. -verlust.** Im Falle eines Bilanzgewinns beschließt über dessen Verwendung in Form der Ausschüttung (Dividende), Einstellung in die Gewinnrücklagen oder des Gewinnvortrags die Hauptversammlung (174 AktG). Besteht ein Beherrschungs- und Gewinnabführungsvertrag bestimmt sich der **Höchstbetrag der Gewinnabführung** ebenfalls ausgehend vom Jahresüberschuss nach den Regelungen der §§ 300, 301 AktG, eine etwaige **Verlustübernahme** ausgehend vom Jahresfehlbetrag nach § 302 AktG. 98

Natürlich können aus dem HGB-Jahresabschluss im Rahmen der Abschlussanalyse weitere Kennzahlen abgeleitet werden, die für die Information des Adressaten von Bedeutung sind, etwa Eigenkapitalquoten, Liquiditäts-, Verschuldungs- und Rentabilitätskennziffern. Ist das Unternehmen allerdings Teil eines Konzerns, so kommt den entsprechenden Kennzahlen des Konzernabschlusses häufig höhere Bedeutung zu. In jedem Fall aber ist der handelsrechtliche Einzelabschluss die Grundlage für das **rechtlich den Aktionären zustehende Ergebnis.** 99

## III. Konzernabschluss

### 1. Inhalt

Kapitalmarktorientierte Aktiengesellschaften stellen den Konzernabschluss nach IFRS auf, nicht kapitalmarktorientierte Gesellschaften haben das Wahlrecht, ob sie den Konzernabschluss nach HGB oder nach IFRS aufstellen (→ Rn. 68, 71). Das Management ist gehalten sicherzustellen, dass die für den Konzernabschluss geltenden Rechnungslegungsnormen im Konzern einheitlich angewendet werden. In praxi wird der Vorstand einheitliche Bilanzierungs- und Bewertungsmethoden über **Konzernrichtlinien** vorgeben und darin auch die Bestandteile der Berichterstattung der in den Konzernabschluss einbezogenen Unternehmen festlegen, um die Vollständigkeit und Konsistenz des Reporting im Konzern zu gewährleisten (→ Rn. 196f.). Sind die IFRS maßgebend für die Konzernrechnungslegung, ist es von Vorteil, wenn die Konzernbuchführung bereits auf IFRS basiert (→ Rn. 72). 100

Eine **Befreiung von der Erstellung eines Konzernabschlusses** kann nach zwei Indikatoren erfolgen: entweder größenabhängig durch Unterschreiten bestimmter Schwellenwerte oder durch Einbeziehung in einen „höherrangigen" Konzernabschluss einer dem inländischen Mutterunternehmen übergeordneten Gesellschaft. 101

Ist weder das Mutterunternehmen noch ein zu konsolidierendes Tochterunternehmen kapitalmarktorientiert (→ Rn. 32), so ist das Mutterunternehmen von der Aufstellung eines Konzernabschlusses nach HGB befreit, wenn am Abschlussstichtag und am vorhergehenden Abschlussstichtag bestimmte **Schwellenwerte** nicht überschritten werden (§ 293 HGB). Die Schwellenwerte richten sich nach Kennzahlen, die entweder additiv aus den einzubeziehenden Unternehmen (Bruttomethode) oder durch eine Vorkonsolidierung in einem Probeabschluss (Nettomethode) zu ermitteln sind: Im Falle der Bruttomethode überschreiten die Bilanzsummen von Mutter- plus konsolidierungspflichtigen Tochterunternehmen nicht 24 Mio. EUR, die Umsatzerlöse von Mutter- plus konsolidierungspflichtigen Tochterunternehmen nicht 48 Mio. EUR und es werden von Mutter- und Tochterunternehmen nicht mehr als 250 Arbeitnehmer beschäftigt. Im Falle der Nettomethode überschreiten die Bilanzsumme nicht 20 Mio. EUR, die Umsatzerlöse nicht 40 Mio. EUR und auch hier die Zahl der Arbeitnehmer im Konzern nicht 250. Das Vorliegen von zwei der drei Merkmale genügt. 102

103 Die Einbeziehung in einen **höherrangigen Konzernabschluss** ist befreiend, wenn sich das **übergeordnete Mutterunternehmen im EU- oder EWR-Raum** befindet und deren Konzernabschluss und Konzerngeschäftsbericht gewissen Mindestanforderungen entspricht (§ 291 HGB), insbesondere der befreiende Konzernabschluss und -lagebericht nach den Regelungen der Bilanz-RL (RL 2013/34/EU) oder nach den IFRS (§ 315e Abs. 1 HGB) aufgestellt und geprüft worden ist.[69] Bei **übergeordneten Mutterunternehmen mit Sitz außerhalb des EU-/EWR-Raumes** ist wesentliche Voraussetzung, dass deren Konzernabschluss und -lagebericht entweder den vorstehend genannten Regelungen der Bilanz-RL bzw. § 315e HGB entspricht oder diesen gleichwertig, geprüft und in deutscher Sprache offengelegt sind (§ 292 HGB).

104 Der Konzernabschluss ergibt sich aus der Zusammenfassung der nach den für den Konzern maßgeblichen Rechnungslegungsvorschriften aufgestellten Einzelabschlüsse der in den Konzernabschluss einbezogenen Unternehmen, die dem Konzernrechnungswesen für Zwecke der Konsolidierung im Rahmen von sog. **„Konzernpackages"** zur Verfügung gestellt werden (§ 294 Abs. 3 HGB). Die Frage der Einbeziehung von Unternehmen als Tochterunternehmen in den Konzernabschluss eines Mutterunternehmens wird nach HGB und IFRS daran festgemacht, welchen Einfluss das Mutterunternehmen auf ein Beteiligungsunternehmen ausübt, konkret, ob die Mutter die Möglichkeit hat, das Beteiligungsunternehmen zu beherrschen (**„control – Konzept"**; § 290 HGB; IFRS 10). Mit dem BilMoG wurde die Definition des Beherrschungsverhältnisses nach dem HGB an die Definition nach IFRS (damals IAS 27 rev. 2008) angeglichen und ist der Handhabung nach IFRS auch heute noch trotz der zwischenzeitlichen Weiterentwicklung der IFRS ähnlich (IFRS 10.7 ff.).[70] Ausnahmen von der Einbeziehung in den Konzernabschluss bestimmt § 296 HGB.

105 Im Konzernabschluss ist die Vermögens-, Finanz- und Ertragslage der einbezogenen Unternehmen so darzustellen, als ob diese Unternehmen insgesamt ein einziges Unternehmen wären (§ 297 Abs. 3 HGB; IFRS 10 Anhang A). Im Konzernabschluss treten an die Stelle der Anteile an den einbezogenen Unternehmen die Vermögenswerte, Schulden und anderen Posten aus deren Abschlüssen, und zwar nach einheitlichen Bilanzierungs- und Bewertungsmethoden. Dies wird dadurch bewerkstelligt, dass die Abschlüsse der einbezogenen Konzernunternehmen einschließlich des Mutterunternehmens zunächst aufaddiert und dann um Innenbeziehungen zwischen diesen Unternehmen bereinigt werden **(„Konsolidierung").** Die zu konsolidierenden Innenbeziehungen betreffen Kapitalverflechtungen (Kapitalkonsolidierung), Finanzbeziehungen (Schuldenkonsolidierung), Liefer- und Leistungsbeziehungen (Aufwands- und Ertragskonsolidierung) und daraus resultierende Zwischengewinne, die sich in der Bewertung von Vermögensgegenständen im Konzern niedergeschlagen haben (§§ 300 ff. HGB, IFRS 10 B86). Die Konsolidierungsschritte erfolgen IT-gestützt in Stufen über Teil-Konzernabschlüsse entsprechend der Konzernhierarchie oder gleichzeitig (simultan). DRS 23.191 spricht sich für die Konsolidierung in Stufen (Kettenkonsolidierung) aus, erlaubt aber auch die Simultankonsolidierung (DRS 23.192).

106 Bereits bei Erwerb der Anteile an den Tochterunternehmen ist im Wege der erstmaligen **Kapitalkonsolidierung** (§ 301 HGB; IFRS 3) der Wertansatz der Anteile bei der Muttergesellschaft gegen das anteilige buchmäßige Eigenkapital der Tochter aufzurechnen, was idR zu einem Unterschiedsbetrag führt, der auf erworbene stille Reserven/Lasten in vorhandenen Bilanzposten oder bislang nicht bilanzierte Vermögensgegenstände und Schulden zurückzuführen ist, die nun nach den auf den Konzernabschluss anzuwendenden Vorschriften aber bilanzierungsfähig sind. Solche Teile des Unterschiedsbetrages sind zu

---

[69] Die Befreiung tritt nicht ein, wenn das zu befreiende Mutterunternehmen einen organisierten Markt in Anspruch nimmt, ebenso nicht, wenn eine Minderheit die Aufstellung eines Konzernabschlusses und –lageberichts beantragt hat (§ 291 Abs. 3 HGB).

[70] Vgl. PFGS IntRechnungslegung 175.

identifizieren, den entsprechenden Vermögens- oder Schuldposten in der Bilanz zuzuordnen **(Kaufpreisallokation)** und in der Folgezeit fortzuschreiben. Ein verbleibender Rest des Unterschiedsbetrags ist – wenn positiv – als (erworbener) **Geschäfts- oder Firmenwert** (Goodwill) auszuweisen und nach HGB über 10 Jahre abzuschreiben (§ 309 Abs. 1 HGB iVm § 253 Abs. 3 S. 4 HGB). Nach IFRS unterbleibt eine planmäßige Abschreibung, der Goodwill ist aber jährlich, bei Anhaltspunkten für eine Wertminderung auch unterjährig, auf seine Werthaltigkeit zu testen (IFRS 3.32 iVm IAS 36.8 und 36.10 (b)). Ein negativer Restbetrag kann nach dem HGB unter den Voraussetzungen des § 309 Abs. 2 HGB ergebniswirksam aufgelöst werden, nach IFRS ist dies zwingend, soweit eine nochmalige Überprüfung der Kaufpreisallokation kein neues Ergebnis bringt (IFRS 3.34).

## 2. Gestaltungsmöglichkeiten

Die Bilanzpolitik erfolgt auch im Konzernabschluss im Wege der Sachverhaltsgestaltung, der Ausübung von Wahlrechten und der Ausnutzung von Ermessenspielräumen. Das Konzernrechnungswesen wird durch die **Konzernrichtlinien** sicherstellen, dass in den Abschlüssen der einbezogenen Unternehmen für Konzernzwecke nur nach Vorgabe des Mutterunternehmens und nach gleichen Regeln und Maßstäben von Gestaltungsmöglichkeiten in Bilanzierung und Bewertung Gebrauch gemacht wird. 107

Neben der in diesem Rahmen möglichen Bilanzpolitik auf Ebene der Einzelabschlüsse der einbezogenen Unternehmen (ggf. der Handelsbilanzen II), gibt es beim Konzernabschluss erheblichen Gestaltungsspielraum. So ist die **Kaufpreisallokation** (→ Rn. 106) bei Erwerb eines Tochterunternehmens mit erheblichen Ermessenspielräumen versehen, zumal es häufig um große Beträge geht und es einen wesentlichen Unterschied macht, ob im Rahmen der Kaufpreisallokation aktivierungsfähige Posten identifiziert und in der Folge planmäßig abgeschrieben werden oder deren Gegenwert im Konzernabschluss in den Goodwill einfließt, der dann nach IFRS dem Impairmenttest unterliegt. IFRS 3.19 gewährt in diesem Zusammenhang das Wahlrecht, die Anteile nicht beherrschender Anteilseigner zu ihrem Fair Value anzusetzen, was zusätzlich erhebliche Ermessenspielräume eröffnet.[71] 108

Im Rahmen der Sachverhaltsgestaltung sei hier auf die Auslagerung von Schulden aus dem Konzern heraus über sog. **Zweckgesellschaften** (Special Purpose Entities) hingewiesen, die beim Enron-Konkurs zu trauriger Berühmtheit gelangten. Solchen Gestaltungen ist der HGB-Gesetzgeber zwischenzeitlich mit § 290 Abs. 2 Nr 4 HGB entgegengetreten, nach IFRS zunächst mit der Interpretation SIC 12 des Standing Interpretations Committee, nunmehr mit der Beherrschungsdefinition des IFRS 10. Die diesbezüglichen Regelungen nach HGB wie nach IFRS sind qualitativer Natur und verzichten bewusst auf quantitative Kriterien. Damit eröffnet sich aber wiederum Interpretationsbedarf, der Ermessens- und Gestaltungsspielräume lässt.[72]. 109

Für den Konzernabschluss gilt „Fair Presentation" als oberstes Gebot (→ Rn. 75). Eine Verpflichtung zum **„Bilanzeid"** besteht hier ebenso (§ 297 Abs. 2 S. 4 HGB; § 315e Abs. 1 HGB). Um sich in die Lage zu versetzen, die Gesamtverantwortung für den Konzernabschluss übernehmen zu können, wird der Vorstand sich im Rahmen der Konzernpackages von den Verantwortlichen in den Tochterunternehmen die Versicherung betreffend die Einhaltung der Konzernrichtlinien geben lassen (→ Rn. 100). Zum „Bilanzeid" für den Konzernlagebericht (→ Rn. 187). 110

[71] Vgl. PFGS IntRechnungslegung 833.
[72] Vgl.PFGS IntRechnungslegung 169.

### 3. Kennziffern

111 Da die Konzernrechnungslegung primär eine Informationsfunktion hat, erfolgt die Darstellung der wesentlichen Kennzahlen der Unternehmen, die einen Konzern führen, ebenso wie die Abschlussanalyse anhand der Zahlen des Konzernabschlusses. Informationen über die Einzelabschlüsse der einbezogenen Tochterunternehmen werden im Rahmen des Geschäftsberichts idR nicht gegeben, an deren Stelle tritt die Segmentberichterstattung über wichtige Geschäftsbereiche (§ 297 Abs. 1 S. 2 HGB, IFRS 8).

112 Zentrale Kennziffern des Konzernabschlusses beziehen sich auf Eigenkapital und Verschuldung, den (operating) cash-flow und die Ergebnisentwicklung (Konzernüberschuss/-fehlbetrag bzw. der davon auf die Gesellschafter der Obergesellschaft entfallende Betrag). Über die üblichen Zahlen der Bilanz und der GuV hinaus betonen die IFRS das **Ergebnis je Aktie** (IAS 33). Die Ergebnisrechnung des Konzernabschlusses ist rechtlich für die Bestimmung des an die Aktionäre der Obergesellschaft ausschüttungsfähigen Ergebnisses nicht von Belang. Wirtschaftlich orientieren die Konzerne ihre Ausschüttungspolitik oft an einer aus dem Konzernergebnis abgeleiteten Ergebnisgröße, müssen dann aber sicherstellen, dass der versprochene Dividendenbetrag in der Ergebnisverwendungsrechnung des Einzelabschlusses der Obergesellschaft auch dargestellt werden kann.

## IV. Performance-Berichterstattung

113 Die finanzielle Berichterstattung der Unternehmen orientiert sich einerseits an den rechtlichen Regelungen zur Rechnungslegung. Andererseits werden die Unternehmen nach eigenen betriebswirtschaftlichen Vorgaben geführt, deren Steuerungsgrößen und Kennzahlen regelmäßig nicht deckungsgleich sind mit den externen Vorgaben. Daraus resultiert ein Spannungsverhältnis zwischen internem und externem Reporting, das sich insbesondere darin äußert, dass die Unternehmen auch in ihrer externen Berichterstattung, vor allem im Lagebericht, aber auch gegenüber Investoren, Anlegern sowie in Analysten- und Pressekonferenzen ihre eigenen Maßzahlen für den Unternehmenserfolg berichten. Die Bedeutung dieser **Non-GAAP-Measures** steigt zudem dadurch, dass die Vergütung der Führungskräfte idR an diese Steuerungsgrößen anknüpft.

114 In der Praxis **vielfach genutzte Kennzahlen** für den Unternehmenserfolg sind das EBIT (Earnings before Interest and Taxes), das EBITDA (Earnings before Interest, Taxes, Depreciation and Amortisation), der Free Cash Flow (cash flow from operating activities less capital expenditures) sowie weitergehende Rentabilitätsgrößen wie ROCE (Return in Capital Employed) und EVA (Economic Value Added). Diese Kennzahlen werden zudem regelmäßig um einmalige oder außergewöhnliche, nicht nachhaltige Aspekte **bereinigt,** um zu einer langfristig orientierten Aussage über die „nachhaltige" Leistungsfähigkeit des Unternehmens zu kommen. Nach jüngsten Analysen im S&P 500 nutzten 94% aller Unternehmen mindestens eine Non-GAAP-Measure, regelmäßig werden von einem Unternehmen mehrere dieser Kennzahlen benutzt.[73] In Europa und auch in Deutschland dürfte die Verbreitung ähnlich sein.

115 Die Kritik an der von den Unternehmen gestalteten **Performance-Berichterstattung** setzt daran an, dass die **Non-GAAP-Measures** häufig prominenter herausgestellt werden als die Kennzahlen, die die handelsrechtliche Rechnungslegung bereitstellt, die benutzten Kennzahlen nach eigenen Regeln ermittelt und nicht hinreichend begründet werden und die vorgenommenen Bereinigungen nicht immer frei von Willkür sind. So werden zB häufig „Restrukturierungsaufwendungen" oder „Impairments auf Firmenwerte" auch dann bereinigt, wenn sie regelmäßig vorkommen, was zumindest bei Restrukturierungen in Konzernen häufig der Fall ist. Daraus können **Anforderungen** abgeleitet werden, die

---

[73] PwC US, In the loop, January 2021, To GAAP or to non-GAAP Covid-19: What you should know, https://www.pwc.com/us/en/cfodirect/publications/in-the-loop/gaap-non-gaap-covid-19.html.

Unternehmen bei ihrer Performance-Berichterstattung erfüllen sollten. Die Kennzahlen sollten ökonomisch und hinsichtlich ihres Informationsnutzens für Investoren begründbar sein, unternehmensintern wie -extern sowie im Zeitablauf konsistent ermittelt und zu den Kennzahlen des Jahresabschlusses übergeleitet werden. Zu erwarten ist auch die Abstimmung der Kennzahlen mit den zuständigen Organen, vor allem mit dem Aufsichtsrat.

Das Bedürfnis der Praxis nach einer Ergebnisgröße, die aussagefähig die Performance von Unternehmen in mittel-/langfristiger Sicht anzeigt, wird auch vom IASB anerkannt. Das IASB hat jüngst einen **Exposure-Draft** (ED/2019/7 – **General Presentation and Disclosures,** Dezember 2019) auf den Weg gebracht, der sich dem Thema der Berichterstattung über die nachhaltige Performance von Unternehmen widmet. Kernpunkte sind 116

- neue Zwischengrößen und Aufspaltungen in der GuV, ua wird „operating profit" als eigenständige Kennzahl (KPI) nach IFRS definiert (eliminiert Auswirkungen von Investitionen und Finanzierungen, analog EBITDA);
- neue Notes-Angaben zu den durch das Management definierten Performance-Größen, zB zu Ergebniseffekten ungewöhnlicher oder einmaliger Art ohne Vorhersagekraft.

Allerdings ist der IASB der Auffassung, dass kurzfristige Ergebnisschwankungen in der handelsrechtlichen Ergebnisrechnung sinnvoll und notwendig sind, wenn sie reale ökonomische Einflüsse widerspiegeln. Diese Frage dürfte sich zB bei der Beurteilung der Auswirkungen stellen, die die **COVID-19-Pandemie** auf die Ergebnisrechnung vieler Unternehmen in 2020 und 2021 genommen hat. 117

## V. Sonderbilanzen

Sonderbilanzen werden außerhalb der periodischen Rechnungslegung in Sondersituationen erstellt, die zu verschiedenen Zeitpunkten im Leben eines Unternehmens eintreten – von seiner Gründung bis zur Abwicklung, häufig im Zusammenhang mit gesellschaftsrechtlichen Veränderungen. Hierzu zählen die Eröffnungsbilanz von Unternehmen ebenso wie Bilanzen, die anlässlich von Umwandlungen aufzustellen sind, aber auch die Bilanz bei Überschuldung, die Rechnungslegung im Insolvenzverfahren und im Rahmen der Liquidation von Personen- und Kapitalgesellschaften. 118

Sonderbilanzen stellen einerseits einen Vermögensnachweis dar als Abrechnungsgrundlage entsprechend dem Anlass, für den sie erstellt werden, etwa im Rahmen einer Umwandlung; hier sind sie idR auch Anknüpfungspunkt für die Besteuerung. Andererseits dienen Sonderbilanzen auch der Rechenschaft über Vermögen und Schulden, die in eine wirtschaftliche Aktivität eingebracht werden oder im Falle der Abwicklung/Liquidation bei der Verteilung unter den verschiedenen Anspruchsberechtigten zu berücksichtigen sind. Da Sonderbilanzen jeweils auf den Anlass, dem sie dienen, zugeschnitten sind, werden sie hier nicht näher behandelt.[74] 119

Einen Sonderfall von Sonderbilanzen stellen **Pro-Forma-Finanzinformationen** dar, die freiwillig oder aufgrund gesetzlicher Regelungen im Zusammenhang mit Prospektinformationen bei Kapitalmarkttransaktionen erstellt werden. Solche Pro-Forma-Informationen ergänzen die vorliegenden Jahres- und Konzernabschlüsse (einschl. Zwischenberichte), wenn nach Ende des Zeitraums der Rechnungslegung Unternehmenstransaktionen (etwa wichtige Akquisitionen oder Desinvestments) stattgefunden haben, die in den Abschlüssen noch nicht abgebildet sind. Ihr Zweck liegt in der Abbildung der hypothetischen Auswirkungen der Transaktionen auf die historischen Abschlüsse unter der Annahme, dass das Unternehmen bereits in der Vergangenheit in der durch die Transaktionen geschaffenen oder (bei kurz bevorstehenden Transaktionen) zu schaffenden Struktur bestanden hätte. Das IDW hat hierzu einen Rechnungslegungsstandard herausgegeben, der Grundsätze für 120

[74] Vgl. zB *Deubert/Förschle/Störk,* Sonderbilanzen, 6. Aufl. 2021.

den Umfang und die Ermittlung der Pro-Forma-Informationen bei relevanten Unternehmenstransaktionen festlegt.[75]

## D. Nichtfinanzielle Berichterstattung

### I. Einordnung der nichtfinanziellen Berichterstattung

121 Neben die finanzielle Berichterstattung durch Jahres- und Konzernabschluss tritt – auch veranlasst durch internationale Entwicklungen auf Ebene der UN, OECD und der EU – zunehmend eine Berichterstattung über das Handeln des Unternehmens außerhalb des Bereichs der finanziellen Zielsetzungen. Im Vordergrund steht dabei, wie das Unternehmen mit gesellschaftlich relevanten Werten umgeht und welche Beiträge es hierzu leistet. Das Unternehmen wird dabei als Akteur gesehen, der seine Umwelt durch eigene direkte (zB Produktions)Tätigkeit, durch Aktivitäten Dritter auf seinen vor- und nachgelagerten Wertschöpfungsstufen, aber auch außerhalb seiner Lieferkette, durch ihn veranlasst, beeinflusst.

122 Der **UN Global Compact** zielt darauf ab, eine globale Bewegung nachhaltiger Unternehmen und Anspruchsgruppen zu mobilisieren, die ihr Handeln der Verfolgung zehn fundamentaler Prinzipien aus den Bereichen Umwelt, Menschenrechte, Arbeit und Soziales und Anti-Korruption **(ESG)** verschreiben und weitere gesellschaftliche Zielsetzungen wie die **Social Development Goals der UN** fördern.[76] Unternehmen, die ihre Strategie und ihr operatives Handeln neben finanziellen Zielen auch an ihrem Beitrag für die Gesellschaft ausrichten, handeln gesellschaftlich verantwortlich **(Corporate Social Responsibility).** Daraus leiten sich zB Vorgaben für verantwortliches Investieren (Principles for Responsible Investment) ab, zB für institutionelle Anleger, die CSR-Kriterien bei ihren Anlagen beachten wollen.[77]

123 Die internationale Diskussion und die Sensibilisierung der Öffentlichkeit für ESG auch in Deutschland hat zuletzt erheblichen Einfluss auf die Rechnungslegung genommen. Die daraus resultierenden Initiativen für die Rechenschaft von Unternehmen werden unter dem Begriff der Nichtfinanziellen Berichterstattung zusammengefasst, da hier der Fokus weniger auf der finanziellen Performance der Unternehmen, sondern auf ihrem gesellschaftlichen Wertbeitrag zu Umwelt, Sozialem und guter Governance liegt. Daneben rückt aber auch die Frage, welche Risiken umgekehrt aus ESG-Faktoren auf ein Unternehmen einwirken, etwa infolge des Klimawandels.

### II. Nichtfinanzielle Erklärung

124 Mit der Pflicht zur Abgabe einer nichtfinanziellen Erklärung setzt der deutsche Gesetzgeber im HGB die **CSR-RL** (RL 2014/95/EU des Europäischen Parlaments und des Rates vom 22.10.2014) in deutsches Recht um, anwendbar erstmalig für das nach dem 31.12.2016 beginnende Geschäftsjahr.

125 Große, kapitalmarktorientierte Kapitalgesellschaften, Kreditinstitute und Versicherungen mit mehr als 500 Arbeitnehmern haben ihren **Lagebericht** um eine nichtfinanzielle Erklärung zu erweitern (§ 289b Abs. 1 HGB, § 340a Abs. 1a HGB, § 340a Abs. 1a HGB). Die nichtfinanzielle Erklärung kann (muss nicht) einen gesonderten Abschnitt des Lageberichts bilden, sie kann dann auf die an anderer Stelle des Lageberichts enthaltenen nichtfinanziellen Angaben verweisen. Für das Unternehmen nachteilige Angaben können unter den Voraussetzungen des § 289e HGB entfallen.

[75] Verlautbarung IDW RH HFA 1.004, Erstellung von Pro-Forma-Finanzinformationen.
[76] https://www.unglobalcompact.org/what-is-gc.
[77] https://www.unpri.org/pri/what-are-the-principles-for-responsible-investment.

**Ausnahmen** von der Pflicht zur Erstellung der nichtfinanziellen Erklärung bestehen, 126
- **bei Einbezug in den Konzernlagebericht eines Mutterunternehmens,** der eine konsolidierte nichtfinanzielle Konzernerklärung enthält, oder wenn das Mutterunternehmen einen gesonderten nichtfinanziellen Konzernbericht erstellt und öffentlich zugänglich macht (§ 289b Abs. 2 HGB);
- wenn die Kapitalgesellschaft für dasselbe Geschäftsjahr einen **gesonderten nichtfinanziellen Bericht** (zB Nachhaltigkeitsbericht) **außerhalb des Lageberichts** mit den Angaben nach § 289c HGB erstellt und ihn öffentlich zugänglich macht, entweder durch Veröffentlichung zusammen mit dem Lagebericht oder durch Veröffentlichung auf der Unternehmenswebsite innerhalb von 4 Monaten nach dem Bilanzstichtag für mindestens 10 Jahre, sofern der Lagebericht auf diese Veröffentlichung/Website Bezug nimmt (§ 289b Abs. 3 HGB).

Die Pflicht zur Abgabe einer nichtfinanziellen Erklärung und die Ausnahmen gelten 127
analog für den **Konzernlagebericht von kapitalmarktorientierten Kapitalgesellschaften, Kreditinstituten und Versicherungen als Mutterunternehmen eines Konzerns,** der die Größenmerkmale nach § 293 Abs. 1 S. 1 Nr. 1 und 2 HGB überschreitet und insgesamt im Jahresdurchschnitt mehr als 500 Arbeitnehmer beschäftigt (§§ 315b ff, 340i Abs. 5 HGB, § 341j Abs. 4 HGB).

Inhaltlich umfasst die nichtfinanzielle Erklärung eine kurze Beschreibung des **Ge-** 128
**schäftsmodells** des Unternehmens bzw. Konzerns, sodann ist zumindest auf folgende Aspekte einzugehen (§§ 289c, 315c HGB):

1. **Umweltbelange,** zB Angaben zu Treibhausgasemissionen, Wasserverbrauch, Luftverschmutzung, die Nutzung von erneuerbaren und nicht erneuerbaren Energien oder den Schutz der biologischen Vielfalt,
2. **Arbeitnehmerbelange,** zB Angaben zu Maßnahmen, die zur Gewährleistung der Geschlechtergleichstellung ergriffen wurden, die Arbeitsbedingungen, die Umsetzung der grundlegenden Übereinkommen der Internationalen Arbeitsorganisation, die Achtung der Rechte der Arbeitnehmerinnen und Arbeitnehmer, informiert und konsultiert zu werden, den sozialen Dialog, die Achtung der Rechte der Gewerkschaften, den Gesundheitsschutz oder die Sicherheit am Arbeitsplatz,
3. **Sozialbelange,** zB Angaben zu dem Dialog auf kommunaler oder regionaler Ebene oder auf die zur Sicherstellung des Schutzes und der Entwicklung lokaler Gemeinschaften ergriffenen Maßnahmen,
4. die **Achtung der Menschenrechte,** zB Angaben zur Vermeidung von Menschenrechtsverletzungen, und
5. die **Bekämpfung von Korruption und Bestechung,** zB Angaben zu bestehenden Instrumenten zur Bekämpfung von Korruption und Bestechung.

Zu den einzelnen Aspekten sind jeweils **weitergehende Angaben** zu machen, die für 129
das Verständnis des Geschäftsverlaufs, des Geschäftsergebnisses, der Lage des Unternehmens (des Konzerns) sowie der Auswirkungen seiner Tätigkeit auf die genannten Aspekte erforderlich sind (§ 289c Abs. 3 HGB, § 315c Abs. 1 HGB), einschließlich
- einer Beschreibung der vom Unternehmen (dem Konzern) zu den vorgenannten Aspekten verfolgten Konzepte und Due-Diligence-Prozesse sowie der Ergebnisse dieser Konzepte. Wird in Bezug auf einen oder mehrere Aspekte kein Konzept verfolgt, so ist dies anstelle dieser Angaben klar und begründet zu erläutern (**comply or explain;** § 289c Abs. 4 HGB),
- der wesentlichen Risiken aufgrund der Geschäftstätigkeit, die sehr wahrscheinlich schwerwiegende negative Auswirkungen auf die genannten Aspekte haben (werden), sowie die Handhabung der Risiken,
- der wesentlichen Risiken aus Geschäftsbeziehungen, Produkten und Dienstleistungen mit sehr wahrscheinlich schwerwiegenden negativen Auswirkungen auf die genannten Aspekte, soweit die Angaben relevant sind und die Berichterstattung verhältnismäßig ist, sowie die Handhabung dieser Risiken,

– der wichtigsten nichtfinanziellen Leistungsindikatoren sowie
– Hinweisen auf im Jahres- bzw. Konzernabschluss ausgewiesene Beträge und zusätzliche Erläuterungen dazu.

130 **Eine Vorgabe über die Form der Berichterstattung** macht der Gesetzgeber nicht, verlangt aber in der nichtfinanziellen Erklärung anzugeben, ob für ihre Erstellung ein nationales, europäisches oder internationales Rahmenwerk genutzt wurde, wenn ja, welches; wurde kein Rahmenwerk genutzt, ist dies zu begründen (§ 289d HGB). Bei den Rahmenwerken gibt es große Vielfalt, hervorzuheben sind zB die Global Reporting Initiative (GRI), der Deutscher Nachhaltigkeitskodex (DNK), das Eco-Management and Audit Scheme der EU (EMAS), das Rahmenwerk des Integrated Global Reporting Council (IIRC) sowie der UN Global Compact, ISO 26000 und entsprechende Angebote der International Labor Organisation (ILO) sowie der OECD. Eine jüngste Untersuchung im DAX 160 erbrachte, dass 62% der Unternehmen freiwillig in einem Nachhaltigkeitsbericht berichten, 85% der Nachhaltigkeitsberichte an den GRI-Standards als Rahmenwerk ausgerichtet sind und 54% der Nachhaltigkeitsberichte Informationen zu ESG-Ratings beinhalten.[78]

131 Der Aufsichtsrat hat die nichtfinanzielle Erklärung im Rahmen seiner Überwachungspflicht inhaltlich zu prüfen (§ 171 Abs. 1 AktG), er kann damit auch eine externe Institution beauftragen. Das Ergebnis einer externen Überprüfung ist ggf. in gleicher Weise wie die nichtfinanzielle Erklärung zu veröffentlichen (§ 289b Abs. 4 HGB. **Die inhaltliche Prüfung durch den Abschlussprüfer ist demgegenüber nicht vorgesehen.** Ist die nichtfinanzielle Erklärung in den Lagebericht integriert, sollte der Abschlussprüfer sie im Bestätigungsvermerk als ungeprüft klassifizieren (IDW PS 350 Rn. 117). Er ist allerdings verpflichtet zu prüfen, ob die nichtfinanzielle (Konzern-)Erklärung oder der gesonderte nichtfinanzielle (Konzern-)Bericht **„vorgelegt" wurde** (§ 317 Abs. 2 S. 4 HGB), dh im Lagebericht enthalten bzw. auf der Website veröffentlicht ist.[79]

132 Die EU-Kommission hat am 21.4.2021 vor dem Hintergrund des europäischen Green Deals den Vorschlag einer **Überarbeitung der CSR-RL** vorgelegt.[80] Die Neuregelung sieht vor, dass der Kreis der berichtspflichtigen Unternehmen ebenso wie der Inhalt der Berichterstattung, auch durch noch zu erarbeitende Standards für die Nachhaltigkeits-Berichterstattung, deutlich erweitert wird. Das Reporting soll sowohl darauf eingehen, wie das Unternehmen, vor allem sein Geschäftsmodell und seine Strategie, von Nachhaltigkeitsaspekten betroffen ist, als auch, wie das Unternehmen konkret sein Geschäftsmodell und seine Strategie an die Erreichung der gesellschaftlich definierten Nachhaltigkeitsziele anpasst und die Umsetzung plant; es schließt die Angabe von nachhaltigen Umsatzerlösen, Betriebs- und Investitionsausgaben nach Art. 8 Taxonomie-VO (→ Rn. 35) ein. Anders als bisher soll die Berichterstattung ausschließlich im Lagebericht erfolgen. Es ist geplant, ihre Durchsetzung durch Einbezug in den Bilanzeid des Managements, Ausweitung der Verantwortlichkeit des Prüfungsausschusses, die Einführung einer Prüfungspflicht (mit begrenzter Prüfungssicherheit) und Ausdehnung des Enforcements (→ Rn. 272 ff.) sicherzustellen. Die neuen Regelungen sollen ab dem Geschäftsjahr 2023 greifen, für die künftig auch betroffenen kleinen und mittleren Unternehmen ab 2026.

[78] Vgl. *BDO/Kirchhoff,* Quo Vadis? Die nichtfinanzielle Berichterstattung im DAX 160; https://www.kirchhoff.de/news/quo-vadis-die-nichtfinanzielle-berichterstattung-im-dax-160.
[79] Vgl. BeBiKo/*Schmidt/Almeling* HGB § 317 Rn. 70.
[80] https://eur-lex.europa.eu/legal-content/DE/TXT/HTML/?uri=CELEX:52021PC0189&from=EN.

## III. Erklärung zur Unternehmensführung

### 1. Inhalt der Erklärung zur Unternehmensführung

Die börsennotierte AG und bestimmte andere Aktiengesellschaften mit Wertpapieren am organisierten Markt haben die Grundsätze ihrer Unternehmensführung in der **Erklärung zur Unternehmensführung** darzulegen, die als gesonderter Abschnitt in den Lagebericht einzubeziehen ist oder unter Bezugnahme im Lagebericht auf der Internetseite der Gesellschaft öffentlich zugänglich gemacht wird (§ 289f Abs. 1 HGB; Grundsatz 22 DCGK). Ist die AG zugleich Mutterunternehmen, so hat sie eine solche Erklärung auch für den Konzern zu erstellen und als gesonderten Abschnitt in den Konzernlagebericht aufzunehmen bzw. auf der Internetseite zu veröffentlichen (§ 315d AktG). Gegenüber der Pflicht zur nichtfinanziellen Erklärung betrifft die Erklärung zur Unternehmensführung einen deutlich enger gefassten Kreis von Unternehmen. 133

Inhaltlich ist die Erklärung von Vorstand und Aufsichtsrat über die Corporate Governance des Unternehmens seit ihrer Einführung durch das BilMoG 2009 stetig erweitert worden[81] und erfasst die folgenden Angaben (§ 289f Abs. 2 HGB): 134

1. die **Entsprechenserklärung** zum DCGK gem. § 161 AktG (→ Rn. 137);
2. eine Bezugnahme auf die Internetseite der Gesellschaft, auf der der **Vergütungsbericht** (→ Rn. 167) über das letzte Geschäftsjahr und der Vermerk des Abschlussprüfers (§ 162 AktG), das geltende Vergütungssystem (§ 87a Abs. 1 und 2 S. 1 AktG) und der letzte Vergütungsbeschluss (§ 113 Abs. 3 AktG) öffentlich zugänglich gemacht werden;
3. relevante Angaben zu **Unternehmensführungspraktiken,** die über die gesetzlichen Anforderungen hinaus angewandt werden; ggf. reicht der Hinweis, wo sie öffentlich zugänglich sind;
4. eine **Beschreibung der Arbeitsweise von Vorstand und Aufsichtsrat** sowie der Zusammensetzung und Arbeitsweise von deren Ausschüssen; sind die Informationen auf der Internetseite der Gesellschaft öffentlich zugänglich, kann darauf verwiesen werden;
5. bei Aktiengesellschaften nach § 289f Abs. 1 S. 1 HGB, die nach § 76 Abs. 4 AktG und § 111 Abs. 5 AktG **Zielgrößen für den Frauenanteil** in Vorstand, Aufsichtsrat und in den beiden Führungsebenen unterhalb des Vorstands ebenso wie Fristen für deren Erreichung festlegen und ggf. die Festlegung der Zielgröße Null begründen müssen, die vorgeschriebenen Festlegungen und Begründungen und die Angabe, ob die festgelegten Zielgrößen während des Bezugszeitraums erreicht worden sind, und wenn nicht, Angaben zu den Gründen. Fehlende Festlegungen oder Begründungen schützen vor Bußgeld nicht (§ 334 Abs. 1 S. 2 und 3 HGB);
6. bei börsennotierten Aktiengesellschaften die nach § 96 Abs. 2 und 3 AktG bei der Besetzung des Aufsichtsrats jeweils einen **Mindestanteil** an Frauen und Männern einzuhalten haben, die Angabe, ob die Gesellschaft im Bezugszeitraum den Mindestanteil eingehalten hat, und wenn nicht, Angaben zu den Gründen (für börsennotierte SE: § 17 Abs. 2 SEAG, § 24 Abs. 3 SEAG);
7. bei börsennotierten Aktiengesellschaften, die nach § 76 Abs. 3a AktG mindestens eine Frau und mindestens einen Mann als Vorstandsmitglied bestellen müssen, die Angabe, ob die Gesellschaft im Bezugszeitraum diese Vorgabe eingehalten hat, und, wenn nicht, Angaben zu den Gründen (für börsennotierte SE: § 16 Abs. 2 SEAG, § 40 Abs. 1a SEAG);

[81] Gesetz für die gleichberechtigte Teilhabe von Frauen und Männern an Führungspositionen in der Privatwirtschaft und im öffentlichen Dienst vom 24. 4. 2015 (Zielgrößen für Frauenanteil, Mindestanteile); CSR-Richtlinie-Umsetzungsgesetz vom 11. 4. 2017 (Diversitätskonzept); Gesetz zur Umsetzung der zweiten Aktionärsrechterichtlinie vom 12. 12. 2019 (Vergütungsbericht); Gesetz zur Ergänzung und Änderung der Regelungen für die gleichberechtigte Teilhabe von Frauen an Führungspositionen in der Privatwirtschaft und im öffentlichen Dienst (FüPoG II).

8. bei großen Aktiengesellschaften (§ 267 Abs. 3 S. 1, Abs. 4 und 5 HGB, § 289f Abs. 1 HGB) eine Beschreibung des **Diversitätskonzepts,** das im Hinblick auf die Zusammensetzung des vertretungsberechtigten Organs und des Aufsichtsrats in Bezug auf Aspekte wie beispielsweise Alter, Geschlecht, Bildungs- oder Berufshintergrund verfolgt wird, sowie der Ziele dieses Diversitätskonzepts, der Art und Weise seiner Umsetzung und der im Geschäftsjahr erreichten Ergebnisse.

135 Auf börsennotierte KGaA sind die vorstehenden Regelungen entsprechend anzuwenden. Andere Kapitalgesellschaften haben im Lagebericht oder auf ihrer Internetseite mit Bezugnahme darauf im Lagebericht eine Erklärung zur Unternehmensführung mit den Festlegungen, Begründungen und Angaben zu den **Zielgrößen für den Frauenanteil** zu machen, wenn sie gesetzlich zu solchen Zielgrößen und zur Festlegung von Fristen für deren Erreichung verpflichtet sind. Sind sie zur Aufstellung eines Lageberichts nicht verpflichtet, ist eine entsprechende Erklärung auf ihrer Internetseite zu veröffentlichen (§ 289f Abs. 4 HGB), wenn sie nicht freiwillig einen Lagebericht mit den entsprechenden Angaben offenlegen.[82]

136 Die Darstellung der Corporate Governance und die Einhaltung der oder Abweichung von den Regeln des DCGK, aber auch die Erstellung, Darstellung und Überwachung eines firmeneigenen Regelwerks zur Corporate Governance verlangen nach einer geordneten Organisation. Es ist zweckmäßig, wenn der Gesamtvorstand für diese Organisation ein Vorstandsmitglied zuständig macht, das die notwendigen Informationen sammelt und die erforderlichen Erklärungen vorbereitet. Zweckmäßigerweise wird diese Zuständigkeit beim Vorstandsvorsitzenden, dem für Investor Relations zuständigen oder dem für Rechnungslegung zuständigen Vorstandsmitglied angesiedelt. Dieser kann seinerseits eine **Corporate Governance-Stelle** oder einen **Corporate Governance-Beauftragten** installieren, der für die Vorbereitungsarbeiten verantwortlich ist. Notwendig ist eine Abstimmung mit dem Aufsichtsrat, wenn die Vorbereitungsarbeiten auch für dieses Gremium durchgeführt werden sollen, was dann notwendig sein kann, wenn der Aufsichtsrat nicht über die notwendigen Ressourcen verfügt.

## 2. Entsprechenserklärung

137 Die Leitung und Überwachung der AG ist weitgehend im AktG geregelt. In gewissem Rahmen kann die Satzung ergänzende Bestimmungen enthalten. Eine Besonderheit gilt jedoch für die börsennotierte AG iSv § 3 Abs. 2 AktG, die sich zusätzlich mit den Verhaltensempfehlungen der durch das BMJV legitimierten Regierungskommission Deutscher Corporate Governance Kodex auseinanderzusetzen und in der **„Erklärung zum Corporate Governance Kodex“** darüber Bericht zu erstatten hat (§ 161 AktG).

138 Die Erklärung ist auf der Internetseite der Gesellschaft dauerhaft zu veröffentlichen (§ 161 Abs. 2 AktG). Im Anhang ist anzugeben, dass sie abgegeben und wo sie öffentlich zugänglich gemacht worden ist (§ 285 Nr. 16 HGB), im Falle eines Konzerns im Konzernanhang für jedes einbezogene börsennotierte Unternehmen (§ 314 Abs. 1 Nr. 8 HGB). Diese Angaben sind Gegenstand der Abschlussprüfung, nicht der Inhalt der Erklärung selbst (IDW PS 345 nF). Die Gesellschaft soll nicht mehr aktuelle Erklärungen zur Unternehmensführung und Entsprechenserklärungen mindestens fünf Jahre lang auf ihrer Internetseite zugänglich halten (Empfehlung F.5 DCGK).

139 Der DCGK enthält **Grundsätze,** die wesentliche rechtliche Regelungen wiedergeben, **Empfehlungen** und **Anregungen.** In der Erklärung zum Corporate Governance Kodex haben Vorstand und Aufsichtsrat **jährlich** zu erklären, dass den **Empfehlungen** der Regierungskommission, im DCGK mit dem Wort „sollen“ bezeichnet, „entsprochen wurde und wird oder welche Empfehlungen nicht angewendet wurden oder werden und warum nicht“ (§ 161 Abs 1 S. 1 AktG). Diese Verpflichtung zum „comply or explain“ bezieht

[82] Änderungen in § 289f HGB idF d. FüPoG II v. 7.8.2021.

sich nicht auf die **Anregungen,** die im Kodex durch das Wort „sollte“ gekennzeichnet sind.

Über Inhalt und Breite der Darstellung in der Entsprechenserklärung macht der Kodex keine Aussage. Es ist in Deutschland nicht erforderlich, Strukturen und Regelungen, die sich aus gesetzlichen Vorschriften, aus der Satzung oder aus anderen allgemein zugänglichen Quellen ergeben, im Corporate Governance-Bericht auszubreiten. Dies schließt nicht aus, dass insbesondere für ausländische Investoren zB tabellarische Übersichten beigefügt werden. 140

Die Erklärung ist „jährlich“ abzugeben. Sachdienlich ist hier die Orientierung am Geschäftsjahr der AG, nicht am Kalenderjahr[83]; zweckmäßigerweise wird das im Zusammenhang mit der Erstellung des Jahresabschlusses erledigt. Die Erklärung bezieht sich auf die im Abgabezeitpunkt bekanntgemachte Fassung des Kodex. Unterjährige Änderungen des Kodex lösen also keine erneute Erklärungspflicht im Jahresturnus aus, anders als unterjährige Abweichungen von der abgegebenen Erklärung durch die AG, die unverzüglich eine Berichtigung erfordern. Davon kann nur abgesehen werden, wenn die Abweichung oder Änderung gänzlich unwichtig für Aktionäre oder Anleger ist.[84] 141

Der Erklärungsinhalt ist teils vergangenheitsbezogen („entsprochen wurde“), teils gegenwarts- und zukunftsbezogen („entsprochen wird“). Der vergangenheitsbezogene Teil umfasst die letzten 12 Monate vor Abgabe der Erklärung, der zukunftsbezogene ist zeitlich unbeschränkt bis zu einer Änderungsmitteilung. 142

Die Erklärung ist von Vorstand und Aufsichtsrat abzugeben. Notwendig ist eine **Beschlussfassung** jedes Organs über die für das Organ jeweils relevanten Empfehlungen. Eine gemeinsame Beschlussfassung kennt das AktG nicht. Die Regel wird jedoch sein, dass Vorstand und Aufsichtsrat ihre Beschlussfassung abstimmen, sodass die AG mit einer einheitlichen Erklärung beider Organe nach außen hervortritt. 143

Der Vorstand entscheidet als Kollegialorgan durch Beschluss, und zwar einstimmig, soweit Satzung oder Geschäftsordnung nicht etwas anderes vorsehen. **Mehrheitsentscheidungen** können jedoch nur getroffen werden, soweit der Vorstand als Kollegialorgan, nicht jedoch, wenn ein Vorstandsmitglied als Person betroffen wird[85] (Interessenkonflikt, Insiderhandel uÄ). Das ist immer dann der Fall, wenn sich die Kodex-Empfehlung an jedes einzelne Vorstandsmitglied richtet. Insoweit sind abweichende Erklärungen einzelner Vorstandsmitglieder denkbar. Dies sollte vermieden werden, was zB durch Aufnahme personenbezogener Kodex-Empfehlungen in die Vorstandsverträge sichergestellt werden kann.[86] 144

Die Berichterstattung über die Entsprechenserklärung im Anhang ist durch Bußgeld sanktioniert (334 Abs. 1 Nr. 1d HGB). Eine Innen- oder Außenhaftung von Vorstandsmitgliedern bei falschen Angaben kann allenfalls in extremen Ausnahmefällen eingreifen.[87] Allerdings geht der BGH in gefestigter Rechtsprechung davon aus, dass unrichtige oder unterlassene Angaben in der Entsprechenserklärung in nicht unwesentlichen Punkten zur Anfechtung des Entlastungsbeschlusses führen können. Zwar hat die Kodex-Regelung für sich keine Gesetzeskraft. Ein Gesetzesverstoß, der zur Anfechtbarkeit des Entlastungsbeschlusses führen kann, liegt aber in der Verletzung des § 161 AktG, nämlich in der mangelhaften oder unrichtigen Erklärung, soweit sie (wesentliche) Auswirkungen auf die Beschlussfassung der Hauptversammlung haben kann.[88] 145

---

[83] Vgl. Hüffer/Koch/*Koch* AktG § 161 Rn. 15 mwN.
[84] Vgl. MüKoAktG/*Goette* § 161 Rn. 35.
[85] Vgl. Hüffer/Koch/*Koch* AktG § 161 Rn. 12.
[86] Vgl. MüKoAktG/*Goette* § 161 Rn. 63.
[87] Dazu ausf. MüKoAktG/*Goette* § 161 Rn. 97 ff.; Hüffer/Koch/*Koch* AktG § 161 Rn. 25 ff.
[88] Hüffer/Koch/*Koch* AktG § 161 Rn. 31 mwN, zB BGH NJW 2009, 2207; NZG 2019, 262.

## IV. Weitere Elemente der Governance-Berichterstattung

### 1. Internes Kontrollsystem

146 Mit der Verpflichtung zur nichtfinanziellen Erklärung und der Erklärung zur Unternehmensführung hat der Gesetzgeber eine Rechenschaftspflicht von Vorstand und Aufsichtsrat zu wichtigen Fragen der Corporate Governance normiert. Die Corporate Governance nach dem AktG und dem DCGK umfasst darüber hinaus weitere Elemente des Steuerungs- und Überwachungssystems der Unternehmen, vor allem das interne Kontrollsystem, das Risikomanagement- und Compliancesystem sowie die interne Revision (§ 91 Abs. 2 HGB, § 107 Abs. 3 S. 2 HGB, Grundsatz 4, 5, 15 DCGK und Empfehlung D.3 DCGK). Inhaltliche Vorgaben über die Ausprägung dieser sog. **drei Linien**[89] finden sich im Gesetz und im Kodex trotz ihrer Bedeutung in der Praxis nur ansatzweise, anders als zB zur Rechnungslegung. Allerdings ist durch das FISG in § 91 Abs. 3 AktG nunmehr geregelt, dass der Vorstand der börsennotierten Gesellschaft über ein Risikofrüherkennungssystem hinaus „ein im Hinblick auf den Umfang der Gesellschaft und die Risikolage des Unternehmens angemessenes und wirksames internes Kontrollsystem und Risikomanagementsystem einzurichten hat" Ein methodisches Rahmenwerk stellt zB das COSO-Modell zur Verfügung (→ Rn. 6).[90]

147 Das interne Kontrollsystem umfasst den „vom Management und von anderen Mitarbeitern konzipiert(en), eingerichtet(en) und aufrechterhalten(en) Prozess, um mit hinreichender Sicherheit folgende Ziele zu erreichen:
- Sicherung von Wirksamkeit und Wirtschaftlichkeit der Geschäftstätigkeit (hierzu gehört auch der Schutz des Vermögens, einschl. der Verhinderung und Aufdeckung von Vermögensschädigungen)
- Ordnungsmäßigkeit sowie Verlässlichkeit der internen und externen Rechnungslegung
- Einhaltung von für das Unternehmen relevanten rechtlichen Vorschriften".[91]

148 Der Gesamtvorstand, vor allem das für das Rechnungswesen zuständige Vorstandsmitglied, ist für das interne Kontrollsystem verantwortlich und muss es nach den Anforderungen und der Komplexität der betrieblichen Organisation strukturieren. Kontrollen können prozessintegriert oder prozessunabhängig sein. Der Vorstand wird für die prozessunabhängigen Kontrollen idR eine **interne Revision** einrichten (auch im Wege des Outsourcings), deren Aufgabe darin besteht, die Funktionsfähigkeit der Prozesse und der darin enthaltenen internen Kontrollen zu überwachen und dem Vorstand Bericht zu erstatten. Für die Funktionsfähigkeit und Zuverlässigkeit der internen Revision trägt der Vorstand die Verantwortung.

149 Grundsätzlich gilt, dass keine **Tätigkeit ohne Kontrolle** bleiben darf. Zunächst sind durch Richtlinien, Arbeitsanweisungen und Dokumentationsvorgaben, regelmäßig IT-gestützt, die Voraussetzungen für eine kontrollierbare Sachbearbeitung zu schaffen. Kontrollen durch Überwachungsträger oder in den Arbeitsablauf integrierte Maßnahmen erfassen die Vollständigkeit, Richtigkeit, Gültigkeit oder die Zugangsberechtigung von Geschäftsvorfällen und zielen auf die Vermeidung von Fehlern.[92] Funktionen, die sich gegenseitig kontrollieren, dürfen nicht vereinigt sein. So sind vollziehende Funktionen (Einkauf, Verkauf), verbuchende Funktionen (Finanz- und Betriebsbuchhaltung einschließlich aller Nebenbuchhaltungen) und verwaltende Funktionen (Lagerverwaltung, Kassenführung) zu trennen.

150 Das interne Kontrollsystem ist unabdingbare Voraussetzung für eine ordnungsgemäße Rechnungslegung, denn nur die Funktionsfähigkeit eines solchen Systems kann „eine

---

[89] The Institute of Internal Auditors, Das Drei-Linien Modell des IIA, https://www.diir.de/fileadmin/fachwissen/downloads/Three-Lines-Model-Updated-German.PDF.
[90] Vgl. WP-Handbuch 2021 L 3.9.3 Rn. 243 ff.
[91] Vgl. WP-Handbuch 2021 L 3.9.1 Rn. 23; dort auch zum Folgenden.
[92] Vgl. WP-Handbuch 2021 L 3.2.1 Rn. 208.

Aussage über die ordnungsgemäße Erfassung der Geschäftsvorfälle und der Verarbeitung, Speicherung, Ausgabe und Dokumentation des Buchungsstoffes (einschließlich Jahresabschluss) und über die Sicherung des Buchungsstoffes gegen Verlust und Verfälschung ermöglichen".[93] Der Abschlussprüfer wird seine Prüfung auf die ausreichende Funktionsfähigkeit des internen Kontrollsystems erstrecken.[94] Damit außenstehende Adressaten die mit dem (Konzern-)Rechnungslegungsprozess verbundenen Risiken besser einschätzen können, schreiben § 289 Abs. 4 HGB, § 315 Abs. 4 HGB folgerichtig vor, dass kapitalmarktorientierte Gesellschaften und Konzerne, bei denen ein einbezogenes Unternehmen kapitalmarktorientiert ist (§ 264d HGB), im (Konzern-)Lagebericht die **wesentlichen Merkmale des internen Kontroll- und des Risikomanagementsystems im Hinblick auf den (Konzern-)Rechnungslegungsprozess** zu beschreiben haben.[95]

Die Berichterstattung zum (konzern-)rechnungslegungsbezogenen internen Kontrollsys- 151
tem betrifft die Grundsätze, Verfahren und Maßnahmen zur Sicherung der Wirksamkeit und Wirtschaftlichkeit der Rechnungslegung, zur Sicherung ihrer Ordnungsmäßigkeit und zur Einhaltung der maßgeblichen gesetzlichen und satzungsgemäßen Vorgaben.[96] Das (konzern-)rechnungslegungsbezogene Risikomanagementsystem ist nur ein Teilausschnitt des allgemeinen Risikomanagementsystems (→ Rn. 153). Diesbezüglich ist zu berichten a) über Maßnahmen zur Identifizierung und Bewertung von Risiken, die der Normenkonformität der Rechnungslegung entgegenstehen können, b) die entsprechenden Maßnahmen zur Risikobegrenzung und c) die Maßnahmen im Zusammenhang mit der Überprüfung erkannter Risiken im Hinblick auf ihren Einfluss auf die Rechnungslegung und ihre Abbildung.[97] In der Praxis erfolgt die Berichterstattung zB unter Verweis auf Bilanzierungsrichtlinien, die Organisation und Kontrolle der (Konzern-)Buchführung, den Ablauf der (Konzern) Abschlusserstellung, die Maßnahmen der Funktionstrennung, Zugangskontrollen und -berechtigungen, Genehmigungserfordernisse und andere Kontrollelemente.[98]

Sehr viel weitergehende Verpflichtungen werden dem Vorstandsvorsitzenden (CEO) 152
und dem Finanzvorstand (CFO) auferlegt, wenn die AG an einer **amerikanischen Börse** notiert ist.[99] Zur Haftungsvermeidung im zivilrechtlichen und strafrechtlichen Sinne sind die Unternehmensprozesse- und abläufe, die in die Finanzberichterstattung einfließen, zu identifizieren und die geeigneten internen Kontrollen zu definieren und zu dokumentieren. Dies ist vom Abschlussprüfer zu prüfen und zu testieren. Der Aufbau und die Aufrechterhaltung dieses Formalismus beansprucht erhebliche Ressourcen, da Dokumentationssysteme und Kontrollsysteme aufrechterhalten, fortlaufend überprüft und an Veränderungen angepasst werden müssen.

## 2. Risikomanagement

Das **Risikomanagement** erfasst sämtliche Unternehmensbereiche; es beinhaltet die Ge- 153
samtheit aller organisatorischen Regelungen und Maßnahmen zur Risikoerkennung und zum Umgang mit den Risiken unternehmerischer Betätigung[100] mit dem Ziel der Sicherung der Existenz des Unternehmens und der Absicherung von strategischen und operativen Unternehmenszielen. Es dient der Vorbereitung von Entscheidungen und wirkt in diesem Zusammenhang auf die Steigerung von Transparenz und Risikobewusstsein. Auf ein erkanntes Risiko kann reagiert werden durch Risikobewältigung (Verminderung oder

[93] Vgl. WP-Handbuch 2012 R 265, S. 2478.
[94] Vgl. BeBiKo/*Schmidt* HGB § 317 Rn. 139 ff.
[95] Vgl. hierzu und im Folgenden DRS 20 K168 ff.
[96] Vgl. RegBegr. BilMoG, BT-Drs 16/10067, 77.
[97] Vgl. DRS 20 K177.
[98] Vgl. WP-Handbuch 2016 J 4.2 Rn. 52.
[99] Sec. 302 (4) (A)–(D) SOA; vgl. *Brandt/Hütten* Zfbf 55 (2003), 707 (714 f.).
[100] Vgl. IDW PS 340 Rn. 4.

Ausschaltung eines Risikos), Risikotransfer (zB Versicherung) und durch Risikoakzeptanz (Inkaufnahme).

154 Obwohl die Zielrichtungen unterschiedlich sind, hängen in der internen Organisation internes Kontrollsystem und Risikomanagement eng zusammen. Während das interne Kontrollsystem als Selbstregulierungsmechanismus (vergleichbar dem Immunsystem eines Organismus) funktionieren sollte, sodass der Vorstand auf Basis eines ausreichenden und zeitgerechten Berichtswesens nur bei Störungen eingreifen muss, die nicht auf nachgeordneten Ebenen bereinigt werden können, ist das Risikomanagement wegen der zu treffenden operativen oder strategischen Entscheidungen wesentlich vorstandsnäher. Das Risikomanagement gehört ebenso wie Strategie und Planung zu den originären Leitungsaufgaben des Vorstands, die zu erfüllen er mit der Sorgfalt eines ordentlichen und gewissenhaften Geschäftsleiters verpflichtet ist (§ 76 Abs. 1 AktG, § 93 Abs. 1 AktG; Grundsatz 4 und 15 DCGK).

155 Expressis verbis kannte das AktG in Bezug auf das Risikomanagement bislang nur eine sehr eingeschränkte Rechtspflicht des Vorstands: Er hat geeignete Maßnahmen zu treffen, „insbesondere ein Überwachungssystem einzurichten, damit den Fortbestand der Gesellschaft gefährdende Entwicklungen früh erkannt werden" (§ 91 Abs. 2 AktG). Die rechtliche Verpflichtung zu einem **Risikofrüherkennungs- und überwachungssystem** beinhaltet die Einrichtung eines Berichtswesens und einer Dokumentation, die üblicherweise mit der Controlling-Abteilung und der internen Revision verbunden wird. Die Verpflichtung ist eingeschränkt auf Risiken, die zu einer **„Bestandsgefährdung"** der AG führen können. Im Konzern ist das **konzernweite Management** der Risiken aus dem Beteiligungsbereich Bestandteil der Leitungspflicht des Vorstands der Konzernobergesellschaft.[101] Nach den Erfahrungen aus dem Wirecard-Skandal hat der Gesetzgeber nunmehr die Pflichten des Vorstands auch in Bezug auf das Risikomanagement weiter und schärfer gefasst (→ Rn. 146).

156 Welche unternehmerischen Entscheidungen der Vorstand zur Risikobewältigung trifft, liegt in seinem pflichtgemäßen Ermessen. Breite und Tiefe des Risikomanagementsystems hängen von der Größe und von der Komplexität der operativen Tätigkeit des Unternehmens ab. Unabdingbar ist, dass diese Entscheidungen „auf der Grundlage angemessener Information" getroffen werden (§ 93 Abs. 1 S. 2 AktG). Hierzu ist ein Risikomanagementsystem erforderlich, das nicht nur bestandsgefährdende, sondern alle wesentlichen Risiken so rechtzeitig registriert, dass der Vorstand zu einer Gegenreaktion in der Lage ist.[102] Bestandsgefährdung ist eine – häufig schwierige – Wertungsfrage, die nicht am Anfang, sondern am Ende eines Überwachungssystems stehen kann.[103]

157 Über das Risikomanagement ist Rechenschaft abzulegen. Dies erfolgt im **Prognose-, Chancen- und Risikobericht** im Rahmen der (Konzern-)Lageberichterstattung (DRS 20 Tz. 116 ff.[104]). Hier ist die voraussichtliche Entwicklung der Kapitalgesellschaft (des Konzerns) mit ihren wesentlichen Chancen und Risiken zu beurteilen und zu erläutern; zugrunde liegende Annahmen sind anzugeben. Die **Risikoberichterstattung** umfasst Angaben zum Risikomanagementsystem (nur für kapitalmarktorientierte Unternehmen, DRS 20 K137 ff.), Angaben zu einzelnen Risiken und eine Zusammenfassung der Risikolage. Im Konzern kann der Risikokonsolidierungskreis vom Konsolidierungskreis abweichen (DRS 20 K142 f.), das Risikomanagement wird in der Intensität beim assoziierten Unternehmen anders sein als bei Unternehmen im Vertragskonzern. Die Darstellung der Risikomanagementprozesse hat darauf einzugehen, wie Risiken identifiziert, bewertet, gesteuert und kontrolliert werden, auch darauf, wie die Überwachung dieser Abläufe erfolgt.

---

[101] Vgl. *Hommelhoff/Matheus* BFuP 2000, 217 (227); *Preußner/Becker* NZG 2002, 846 (847); *Otremba/Joos* DB 2020, 1913 (1915); aA Hüffer/Koch/*Koch* AktG § 91 Rn. 6.

[102] Vgl. IDW PS 340 Rn. 5.

[103] Vgl. zur Organisation von Risikomanagement und Risikofrüherkennungssystem IdW PS 340.

[104] Der DRS 20 zum Konzernlagebericht hat Ausstrahlungswirkung auch auf die Berichterstattung im Lagebericht. Vgl. WP-Handbuch, 17. Aufl. 2021, Kap. F 10.2.

Sofern eine Revision das Risikomanagementsystem intern prüft, ist dies anzugeben (DRS 20 K144).[105]

158 Alle Kapitalgesellschaften (Konzerne) müssen in Bezug auf Finanzinstrumente – sofern dies für die Beurteilung der Lage oder der voraussichtlichen Entwicklung von Belang ist – **berichten** über **(1)** Risikomanagementziele und -methoden einschließlich ihrer Methoden zur Absicherung aller wichtigen Transaktionen, die im Rahmen der Bilanzierung von Sicherungsgeschäften erfasst werden, und **(2)** Preisänderungs-, Ausfall- und Liquiditätsrisiken sowie Risiken aus Zahlungsstromschwankungen, denen die Gesellschaft (der Konzern) ausgesetzt ist (§ 289 Abs. 1 S. 4, Abs. 2 Nr. 1 HGB, § 315 Abs. 1 S. 4, Abs. 2 Nr. 1 HGB; DRS 20 Tz. 179ff.).

159 Die laufende Überwachung des Risikomanagements durch den Vorstand obliegt dem **Aufsichtsrat.** Sofern ein **Prüfungsausschuss** eingerichtet ist, gehört die Überwachung des Rechnungslegungsprozesses, der Wirksamkeit des internen Kontrollsystems, des Risikomanagementsystems und des internen Revisionssystems zu dessen gesetzlich besonders hervorgehobenen Aufgaben (§ 107 Abs. 3 S. 2 AktG; Empfehlung D.3 DCGK, der auch die Compliance erfasst); hinzu tritt die Überwachung der Abschlussprüfung. Die Wahrnehmung dieser Überwachung erfordert eine ausreichende und aktuelle Information des Aufsichtsrats durch den Vorstand, allerdings hat auch der Aufsichtsrat sicherzustellen, dass er angemessen informiert wird (Grundsatz 15 DCGK). Dem Berichtsverlangen des Aufsichtsrats oder des Prüfungsausschusses (auch eines einzelnen Mitglieds) hat der Vorstand nachzukommen (§ 90 Abs. 3 S. 1 und 2 AktG), die Mitglieder des Prüfungsausschusses können über den Ausschussvorsitzenden nunmehr nach dem FISG bei den Leitern der für die Überwachung relevanten Zentralbereiche im Unternehmen auch direkt Auskünfte einholen (→ Rn. 16). Vorstand oder Aufsichtsrat können neben einer Prüfung des Risikomanagementsystems durch die interne Revision auch eine freiwillige externe Prüfung veranlassen.[106]

160 Der Abschlussprüfer hat sich damit zu befassen, ob das **rechnungslegungsbezogene** Kontroll- und Risikomanagementsystem ausreichend ist oder wesentliche Schwächen aufweist, und darüber dem Aufsichtsrat oder Prüfungsausschuss zu berichten (§ 171 Abs. 1 S. 2 AktG; Grundsatz 17 DCGK). Das Risikomanagementsystem ist zusätzlich nach dem Gesetz nur bei börsennotierten Aktiengesellschaften daraufhin zu prüfen, ob der Vorstand ein Überwachungssystem zur Früherkennung von den Fortbestand der Gesellschaft gefährdenden Entwicklungen wirksam eingerichtet hat (Risikofrüherkennungssystem; § 317 Abs. 4 HGB, § 321 Abs. 4 HGB). Gleichwohl wird der Abschlussprüfer ebenso, wie er das interne Kontrollsystem in die Abschlussprüfung einbezieht,[107] sich auch einen Überblick über das Risikomanagement des Unternehmens verschaffen, um seine Einschätzung der Prüfungsrisiken abzusichern, um die Darstellungen des Unternehmens im Prognose-, Chancen- und Risikobericht innerhalb des Lageberichts beurteilen zu können, aber auch um festzustellen, ob die der Rechnungslegung zugrunde liegende Annahme der Unternehmensfortführung (§ 252 Abs. 1 Nr. 2 HGB) gerechtfertigt ist.

### 3. Compliance

161 Der Vorstand der AG hat bei der Geschäftsführung die Sorgfalt eines ordentlichen und gewissenhaften Geschäftsleiters anzuwenden (§ 93 Abs. 1 S. 1 AktG). Das umfasst vielfache Pflichten, die sich aus gesetzlichen, regulatorischen oder vertraglichen Vorgaben, aber auch aus eigenen Festlegungen aufgrund von Erwartungen der Share- oder Stakeholder bis hin zur weiteren Öffentlichkeit ergeben können (zB Wertvorgaben zur nachhaltigen Unternehmensführung im Sinne von ESG-Kriterien). Die Verletzung dieser Pflichten kann zur

[105] Zur Praxis der Risikoberichterstattung *Wulf/Staikowski* DB 2020, 737.
[106] Vgl. IDW PS 981 Grundsätze ordnungsmäßiger Prüfung von Risikomanagementsystemen.
[107] Vgl. BeBiKo/*Schmidt* HGB § 317 Rn. 142.

Verantwortlichkeit des Unternehmens oder der Organe gegenüber Dritten und Behörden führen (Bußgelder, Schadensersatz, hoher Aufwand im Zuge der Aufklärung von Verdachtsmomenten), zu Ordnungswidrigkeiten oder Straftatbeständen, auch zu Reputationsverlust am Markt, Marktwerteinbußen und arbeitsrechtlichen Konsequenzen.

162 Der Vorstand hat für die Erfüllung der gesetzlichen Verpflichtungen und der internen Richtlinien zur sorgen und wirkt auf deren Beachtung im Unternehmen hin (Compliance; Grundsatz 5 DCGK). Er soll zu diesem Zweck für ein an der Risikolage des Unternehmens ausgerichtetes **Compliance Management System** (CMS) sorgen und dessen Grundzüge offenlegen (Empfehlung A.2 DCGK). Die Ausgestaltung des Compliance-Management-Systems hängt von der Größe und Besonderheit des operativen Geschäfts der AG ab. Mit dieser Maßgabe umfasst es

- die Compliance-Kultur, ausgehend vom „tone at the top“,
- die Compliance-Ziele und der Risiken auf Basis dieser Ziele sowie das Verfahren zur Risikoerkennung und -berichterstattung,
- das Compliance-Programm, das auf die Vermeidung von Compliance-Verstößen ausgerichtet ist (zB Schulungen) einschließlich der bei Verstößen zu ergreifenden Maßnahmen,
- die Festlegung der Rollen und Verantwortlichkeiten sowie der Aufbau- und Ablauforganisation,
- die Information der Mitarbeiter und anderer Beteiligter über das CMS und die Wege/Frequenz der Meldungen an die verantwortlichen Stellen im Unternehmen (einschl. einer „Whistleblower-Hotline“ für Mitarbeiter und für Dritte, Empfehlung A.2 DCGK), schließlich
- die laufende Überwachung und Verbesserung des CMS (→ § 13 Rn. 46 ff.).[108]

163 Dringend anzuraten ist die Dokumentation der eingerichteten Organisation und ein Nachweis durchgeführter ausreichender Kontrollen, um Beweisschwierigkeiten bei Inanspruchnahme wegen Sorgfaltspflichtverletzung zu vermeiden. Da es sich bei der Einhaltung gesetzlicher Vorschriften nicht um eine „unternehmerische Entscheidung“ handelt (§ 93 Abs. 1 S. 2 AktG), für die ggf. pflichtmindernd ein weiter Ermessensspielraum (Business Judgement Rule) zur Anwendung kommen könnte, wird dem Vorstand die Beweislast dafür aufgebürdet, dass er die Sorgfalt eines ordentlichen und gewissenhaften Geschäftsleiters angewandt hat (§ 93 Abs. 1 S. 1 AktG). Auch das Gesetz über Ordnungswidrigkeiten sanktioniert eine Verletzung von Organisations- und Aufsichtspflichten durch den Vorstand (§§ 9, 30, 130 OWiG).[109]

164 Formal sehr viel weitergehend wird von Aktiengesellschaften, die an einer US-Börse notiert sind, die Veröffentlichung eines **„Code of Ethics“** verlangt, der sicherstellt, dass die anwendbaren gesetzlichen Regeln und Anordnungen befolgt werden („compliance with applicable governmental rules and regulations“; Sec. 406 (c) (3) SOA). Auf die Einhaltung dieser Standards bezieht sich auch die Zertifizierung der Rechnungslegung durch Vorstandsvorsitzenden und Finanzvorstand (Sec. 302 (a) (2) (3) (4) SOA).

165 Die Einrichtung und Aufrechterhaltung des Compliance-Management-Systems ist kein spezifischer Bestandteil der Rechenschaftslegung, sondern betrifft die Aufbau- und Ablauforganisation des Unternehmens. Die Vorschriften über die Rechenschaftslegung berühren das CMS nur ansatzweise, etwa bei der Darstellung zu den ESG-Kriterien im Rahmen der

[108] Vgl. IDW PS 980 Rn. 23, Grundsätze ordnungsmäßiger Prüfung von Compliance Management Systemen; weitere Lit.: *Behringer,* Compliance kompakt, 11. Aufl. 2018; *Hauschka,* Corporate Compliance, 3. Aufl. 2016; *Moosmayer,* Compliance-Risikoanalyse, 2. Aufl. 2020; *Thüsing,* Beschäftigtendatenschutz und Compliance, 3. Aufl. 2021; *Wieland/Steinmeyer/Grüninger,* Handbuch Compliance-Management, 3. Aufl. 2020; *Velte/Gräwe* DB 2020, 2529.

[109] Vgl. auch den (in dieser Legislaturperiode gescheiterten) Entwurf eines *Gesetzes zur Stärkung der Integrität der Wirtschaft* vom 16.6.2020 mit dem Ziel, die Sanktionierung von Verbänden, deren Zweck auf einen wirtschaftlichen Geschäftsbetrieb gerichtet ist, auf eine eigenständige gesetzliche Grundlage zu stellen und Compliance-Maßnahmen in Unternehmen zu fördern.

nichtfinanziellen Erklärung. Allerdings ist im Rahmen des Compliance Managements auch das regelkonforme Verhalten der Mitarbeiter im Rechnungswesen (bzw. bei Outsourcing: Dritter) sicherzustellen. Unter Berücksichtigung dieser Umstände ist der zuständige Vorstand für die Erarbeitung, Implementierung und Durchsetzung eines Rahmenkonzepts verantwortlich. Der Vorstand wird sinnvollerweise das Design und die Wirksamkeit des Compliance-Management-Systems prüfen lassen, durch die Interne Revision oder einen externen Prüfer.[110]

Der Aufsichtsrat bzw. der Prüfungsausschuss hat in seine Überwachungsaufgabe auch die Compliance einzubeziehen und ist hierüber vom Vorstand regelmäßig, zeitnah und umfassend zu informieren (§ 107 Abs. 3 S. 2 AktG; Empfehlung D.3, Grundsatz 15 DCGK). Der Abschlussprüfer unterstützt den Aufsichtsrat bei seiner Überwachungsaufgabe, die Compliance und das CMS – ausgenommen die Compliance im Rechnungslegungsbereich – sind aber nicht Gegenstand der Abschlussprüfung. 166

## 4. Vergütungsbericht

Die Vergütung von Unternehmensorganen ist seit langem Gegenstand der handelsrechtlichen Rechenschaftslegung. Grundlegende Vorschriften zur Festsetzung der Bezüge für Vorstände und Aufsichtsräte finden sich in §§ 87, 113 AktG, die Berichterstattung darüber ist grundlegend in § 285 Nr. 9 HGB, § 314 Abs. 1 Nr. 6 HGB geregelt. Danach sind im **(Konzern-)Anhang** für die Mitglieder des Vorstands, des Aufsichtsrats, eines Beirats oder einer ähnlichen Einrichtung getrennt für jede Personengruppe insbesondere Angaben zu machen zu den für die Tätigkeit im Geschäftsjahr gewährten Gesamtbezügen, den Gesamtbezügen früherer Mitglieder der Organe oder ihrer Hinterbliebenen sowie zu gewährten Vorschüssen, Krediten und eingegangenen Haftungsverhältnissen zugunsten dieser Personen. Ausnahmen ergeben sich nach § 286 Abs. 4 HGB. 167

Für die **AG** ist zunächst in § 87 Abs. 1 S. 2 AktG festgelegt, dass die Struktur der Vergütung für den Vorstand auf eine nachhaltige Unternehmensentwicklung auszurichten ist, variable Vergütungsbestandteile eine mehrjährige Bemessungsgrundlage haben sollen und der Einfluss außerordentlicher Entwicklungen auf die Vergütung begrenzt wird. Diese Grundsätze sind nunmehr in § 87a AktG für die **börsennotierte AG** durch das **ARUG II** spezifiziert. Danach hat der Aufsichtsrat ein klares und verständliches System zu beschließen, dass Mindestangaben zur Vergütung und zu den einzelnen Vergütungsbestandteilen für die Vorstandsmitglieder enthält. Unter anderem wird gefordert, eine Maximalvergütung der Vorstandsmitglieder festzulegen und den Beitrag der Vergütung zur Förderung der Geschäftsstrategie und zur langfristigen Entwicklung der Gesellschaft zu erläutern. Zu den festen und variablen Vergütungsbestandteilen wird darüber hinaus eine Vielzahl von weiteren Angaben verlangt. Der DCGK konkretisiert die Vorgaben für das Vergütungssystem von Vorstand und Aufsichtsrat durch umfangreiche Empfehlungen (G.1–G.18 DCGK). 168

Über das vom Aufsichtsrat vorgelegte Vergütungssystem beschließt die Hauptversammlung bei jeder wesentlichen Änderung, mindestens alle vier Jahre (§ 120a Abs. 1 AktG). Der Beschluss begründet zwar keine Rechte und Pflichten; für den Fall, dass die Hauptversammlung das Vergütungssystem nicht billigt, ist aber spätestens in der darauffolgenden ordentlichen Hauptversammlung ein überprüftes Vergütungssystem zum Beschluss vorzulegen (§ 120a Abs. 3 AktG). Dabei sind die wesentlichen Änderungen zu erläutern und eine Übersicht beizufügen, inwieweit Abstimmung und Äußerungen der Aktionäre in Bezug auf das Vergütungssystem und die Vergütungsberichte berücksichtigt wurden (§ 87a Abs. 1 Nr. 11 AktG). Der Aufsichtsrat ist bei der Festsetzung der Vergütungen für die Vorstandsmitglieder an das der Hauptversammlung nach § 120a Abs. 1 AktG **vorgelegte** Ver- 169

[110] Vgl. IDW PS 980.

gütungssystem grundsätzlich gebunden,[111] Abweichungen sind nur vorübergehend unter bestimmten Voraussetzungen zulässig.

170 Mit dem ARUG II ist auch die Transparenz über die Vergütung der Organe der börsennotierten AG in § 162 AktG neu geregelt worden. Seit dem Vorstandsvergütungsoffenlegungsgesetz (2005) waren für börsennotierte Gesellschaften die Vergütungen der einzelnen Vorstandsmitglieder unter Namensnennung, aufgeteilt nach erfolgsunabhängigen und erfolgsbezogenen Komponenten sowie Komponenten mit langfristiger Anreizwirkung nach § 285 Nr. 9 S. 5–8 HGB, § 314 Abs. 1 Nr. 6 S. 5–8 HGB im (Konzern-)Anhang anzugeben, es sei denn die Hauptversammlung erteilte mit Dreiviertelmehrheit Dispens (§ 286 Abs. 5 HGB; § 314 Abs. 3 S. 1 HGB). Hinzu trat ein Vergütungsbericht als Bestandteil des Lageberichts (§ 289a Abs. 2 HGB, § 315a Abs. 2 S. 1 HGB). Diese Angaben waren wie grundsätzlich alle Angaben in Abschluss und Lagebericht auch Gegenstand der Abschlussprüfung. Nunmehr hat der Gesetzgeber den Vergütungsbericht der börsennotierten AG aus dem Jahres-/Konzernabschluss herausgelöst und in ein eigenständiges Format überführt (§ 162 AktG). Unberührt bleiben die Angabepflichten im (Konzern-)Anhang nach § 285 Nr. 9 HGB, § 314 Abs. 1 Nr. 6 HGB, die allerdings keine Sonderregelungen für börsennotierte Gesellschaften mehr enthalten.

171 Der **Vergütungsbericht nach § 162 AktG** ist von Vorstand und Aufsichtsrat klar und verständlich jährlich über das letzte Geschäftsjahr zu erstellen, **erstmals für das nach dem 31.12.2020 beginnende Geschäftsjahr.** Er umfasst die von der Gesellschaft und von Unternehmen desselben Konzerns gewährte oder geschuldete Vergütung für jedes einzelne gegenwärtige oder frühere Mitglied des Vorstands und des Aufsichtsrats. Der Vergütungsbericht enthält unter Namensnennung umfängliche Angaben zu den einzelnen Vergütungsbestandteilen einschließlich Angaben zu Zuwendungen Dritter und Erläuterungen zu Zusagen an Vorstände für den Fall der Vertragsbeendigung (§ 162 Abs. 1 und 2 AktG). Ein Dispens der Hauptversammlung ist nicht mehr möglich. Einschränkungen und Ausnahmen der Berichterstattung ergeben sich aus § 162 Abs. 5 und 6 AktG. Der Vergütungsbericht ist durch den Abschlussprüfer zu **prüfen, allerdings nur formal,** dh beschränkt darauf, **ob** die nach Abs. 1 und 2 geforderten Angaben gemacht wurden; der Vermerk über das Ergebnis der Prüfung ist dem Vergütungsbericht beizufügen (§ 162 Abs. 3 AktG). Vergütungsbericht und Prüfungsvermerk sind zehn Jahre lang auf der Internetseite der Gesellschaft zugänglich zu machen, nachdem die Hauptversammlung über den geprüften Bericht beschlossen hat (§ 120a Abs. 4 AktG) oder (bei kleinen und mittelgroßen börsennotierten Gesellschaften) er ihr zur Erörterung vorgelegt wurde (§ 120a Abs. 5 AktG).

## 5. Abhängigkeitsbericht

172 Besondere Berichtspflichten bestehen für die abhängige AG in Bezug auf ihre Beziehungen zu verbundenen Unternehmen (→ § 14 Rn. 169 ff.). Am Schluss des über diese Beziehungen zu erstellenden Abhängigkeitsberichts (§ 312 AktG) hat ihr Vorstand zu erklären, ob die Gesellschaft bei Rechtsgeschäften im Konzern angemessene Gegenleistungen erhalten hat und bei Maßnahmen auf Veranlassung oder im Interesse des Konzerns nicht benachteiligt wurde. Diese sog. **Schlusserklärung** aus dem ansonsten vertraulichen Abhängigkeitsbericht ist in den Lagebericht aufzunehmen (§ 312 Abs. 3 AktG). Unberührt davon bleibt die allgemeine Pflicht, in den Anhang Angaben über nicht marktübliche Geschäfte mit nahestehenden Unternehmen und Personen unter Angabe von Art und Wert der Geschäfte zu machen, sofern diese Geschäfte wesentlich im Hinblick auf die Finanzlage der Gesellschaft sind und kein Ausnahmetatbestand vorliegt (§ 285 Nr. 21 HGB, § 288 HGB). Der Aufsichtsrat und der Abschlussprüfer haben den Abhängigkeitsbericht zu prüfen (§§ 313, 314 AktG). Über das Ergebnis seiner Prüfung hat der Aufsichtsrat an die

[111] Billigung durch die Hauptversammlung ist unbeachtlich; Hüffer/Koch/*Koch* AktG § 120a AktG Rn. 5.

Hauptversammlung zu berichten und in diesen Bericht den Bestätigungsvermerk des Abschlussprüfers aufzunehmen.

## V. Integrated Reporting

Die **immanenten Grenzen der finanziellen Berichterstattung** (Vergangenheitsorientierung, begrenzte Aussagekraft über die Auswirkungen immaterieller Vermögenswerte und des Geschäftsmodells auf den Unternehmenswert) und das zunehmende Interesse unterschiedlichster Stakeholder an der ESG-Berichterstattung („Nachhaltigkeitsberichterstattung") haben zu einer Vielzahl von gesetzlich geforderten und freiwillig erstellten Detailberichten geführt, mehr noch zu einer schwer überschaubaren Zahl von Berichtskonzepten und -Rahmenwerken, die kaum aufeinander abgestimmt sind und eine Fülle nicht aggregierter Informationen hervorbringen. Eine auf die Zukunft ausgerichtete, verständliche Gesamtschau des Unternehmens, der Einflüsse auf seine Ertragskraft und seines Wertbeitrags für die Gesellschaft, wird so nicht erreicht. 173

Zum Zweck der Entwicklung eines Rahmenkonzepts für ein **„Integrated Reporting"** ist 2010 das International Integrated Reporting Council (IIRC) gegründet worden.[112] Ziel ist, durch Leitlinien und inhaltliche Elemente Vorgaben für eine Berichterstattung zu machen, die die finanziellen, menschlichen, intellektuellen, sozialen, natürlichen und produzierten Ressourcen eines Unternehmens sowie seine Beziehungen zur Außenwelt (seinen „Kapitalstock") in Bezug setzt zu seiner unternehmerischen Leistung (Performance). Ein **integrierter Bericht** beschreibt, wie Strategie, Governance, Leistung und Zukunftsaussichten des Unternehmens unter Berücksichtigung des externen Umfelds zu einer Wertschaffung für die Stakeholder führen. Sein Fokus liegt auf Strategie und Zukunftsorientierung des Unternehmens, der Verbindung von Informationen über einzelne Werttreiber zu einem Gesamtbild sowie auf den Beziehungen zu den Stakeholdern; die Berichterstattung soll relevant, präzise, zuverlässig, vollständig, konsistent und vergleichbar sein. Inhaltlich umfasst der integrierte Bericht (1) Unternehmensüberblick und Geschäftsmodell, (2) Unternehmenssteuerung und -überwachung, (3) Geschäftsmodell, (4) Risiken und Chancen, (5) Strategie und Ressourcenallokation (6) Performance, (7) Zukunftsperspektiven sowie die (8) Berichtsgrundlagen und Verantwortlichkeiten.[113] 174

Jüngst hat das **IASB** die Diskussion um eine Vereinheitlichung der Berichterstattung aufgenommen und den Vorschlag unterbreitet, aufgrund seiner Erfahrungen und des Netzwerks beim Aufbau einer internationalen Rechnungslegung auch bei der Erarbeitung eines konsistenten Rahmenwerks für die Nachhaltigkeitsberichterstattung eine führende Rolle zu spielen. Es schlägt die Errichtung eines **International Sustainability Standards Board** unter seiner Leitung vor und hat Interesse an einer diesbezüglichen Zusammenarbeit bei führenden Organisationen im Bereich der Nachhaltigkeitsberichterstattung wie der Global Reporting Initiative (GRI), der Value Reporting Foundation (Zusammenschluss von Sustainability Accounting Standards Board (SASB) und IIRC), der Task Force on Climate-related Financial Disclosures und dem Climate Disclosure Board gefunden.[114] Die Initiative des IASB hat beim IDW Anklang gefunden, das sich als Zwischenschritt die Entwicklung eines neuen einheitlichen (EU-)Standards zur Messung und monetären Bewertung von ESG-Auswirkungen von Unternehmen („Green Accounting Principles") unter Nutzung existierender Berichtswerke vorstellen kann.[115] 175

[112] Abrufbar unter https://integratedreporting.org/resource/international-ir-framework/.

[113] https://integratedreporting.org/wp-content/uploads/2021/01/InternationalIntegratedReportingFramework.pdf.

[114] Vgl. die Rede des Chairman der IFRS Foundation Trustees Erkki Liikanen vom 29.6.2021 (https://www.ifrs.org/news-and-events/news/2021/06/is-there-a-path-to-global-sustainability- standards/).

[115] Vgl. IDW Positionspapier zur Zukunft der nichtfinanziellen Berichterstattung vom 16.12.2020.

176 Die internationale Standardisierung des Sustainability Reporting ist auch vor dem Hintergrund verschiedener Politik-Initiativen sinnvoll, zB den Vorschlägen der EU-Kommission zur Überarbeitung der CSR-RL und in diesem Zusammenhang der Entwicklung einer Taxonomie für nachhaltige Aktivitäten mit dem Ziel, Kapitalmärkte zu unterstützen, private Finanzströme in nachhaltige Verwendungen zu lenken (→ Rn. 35, 132).

## E. Lagebericht und Geschäftsbericht

### I. Lagebericht

177 Der HGB-Einzelabschluss ist um einen **Lagebericht,** der HGB-Konzernabschluss um einen **Konzernlagebericht** zu ergänzen (§§ 289, 315 HGB). Der Lagebericht ist wie der Jahresabschluss in deutscher Sprache aufzustellen, Zahlenangaben sind in Euro zu machen. Anders als für den Lagebericht ist bei kleinen Kapitalgesellschaften eine Befreiung vom Konzernlagebericht nicht vorgesehen.

178 Das DRSC (→ Rn. 70) hat mit dem DRS 20 Grundsätze für die Lageberichterstattung erarbeitet, die von den zur Erstellung eines Konzernabschlusses verpflichteten Unternehmen als Grundsätze ordnungsmäßiger Berichterstattung zu beachten sind und für Unternehmen, die einen Konzernabschluss auf freiwilliger Basis aufstellen oder auch für den Lagebericht zum Einzelabschluss Ausstrahlungswirkung entfalten. DRS 20 postuliert **allgemeine Grundsätze,** die bei der Konzernberichterstattung zu beachten sind, Vollständigkeit, Verlässlichkeit und Ausgewogenheit, Klarheit und Übersichtlichkeit, Wesentlichkeit und Informationsabstufung. Es kommt auf die aus **Sicht der Konzernleitung** relevanten Informationen an; damit werden Informationen, die nicht unternehmens- oder zumindest branchenspezifisch sind, ausgegrenzt.

179 Nach DRS 20 gliedert sich der Lagebericht in die folgenden **Bestandteile:**

- Grundlagen des Unternehmens (Konzerns)
- Wirtschaftsbericht
- Nachtragsbericht
- Prognose-, Chancen-, Risikobericht
- internes Kontroll- und Risikomanagmentsystem bezogen auf den (Konzern-)Rechnungslegungsprozess
- Risikoberichterstattung in Bezug auf die Verwendung von Finanzinstrumenten
- übernahmerelevante Angaben
- Angaben betreffend den Erwerb eigener Aktien
- (Konzern-)Erklärung zur Unternehmensführung (→ Rn. 133 ff.)
- nichtfinanzielle (Konzern-)Erklärung (→ Rn. 124 ff.)
- Versicherung der gesetzlichen Vertreter.

180 Der Vergütungsbericht (→ Rn. 167 ff.) ist nunmehr in § 162 AktG geregelt und stellt keinen Bestandteil des Lageberichts mehr dar.

181 Unter die Angaben zu den **Grundlagen des Unternehmens** (Konzerns) und deren Veränderungen gegenüber dem Vorjahr fallen Erläuterungen zum Geschäftsmodell, zu Veränderungen in der Zusammensetzung des Konzerns, zu Zielen und Strategien der gesetzlichen Vertreter der Kapitalgesellschaft (des Mutterunternehmens), zum Steuerungssystem (bei kapitalmarktorientierten (Mutter-)Unternehmen), zu Zweigniederlassungen sowie zu Forschung und Entwicklung einschließlich deren wesentlichen Veränderungen gegenüber dem Vorjahr (DRS 20 Tz. 36–52).

182 Innerhalb des **Wirtschaftsberichts** (DRS 20 Tz. 53–114) sind Geschäftsverlauf und Lage der Kapitalgesellschaft (des Konzerns) so darzustellen, dass ein den tatsächlichen Verhältnissen entsprechendes Bild vermittelt wird. Der Bericht hat eine ausgewogene und umfassende, dem Umfang und der Komplexität der Geschäftstätigkeit entsprechende Ana-

lyse der wirtschaftlichen Situation der Gesellschaft (des Konzerns), insbesondere der Vermögens-, Finanz- und Ertragslage, zu enthalten. In die Analyse sind die für die Geschäftstätigkeit bedeutsamsten **finanziellen Leistungsindikatoren** einzubeziehen und unter Bezugnahme auf die im Jahresabschluss (Konzernabschluss) ausgewiesenen Beträge und Angaben zu erläutern. Gleiches gilt für **nichtfinanzielle Leistungsindikatoren** (zB über Umwelt- und Arbeitnehmerbelange) im Lagebericht der großen AG (§ 267 Abs. 3 HGB) und im Konzernlagebericht, soweit sie für das Verständnis des Geschäftsverlaufs oder die Lage von Bedeutung sind. Die Ausführungen sind sinnvoll um gesamtwirtschaftliche oder branchenbezogene Rahmenbedingungen zu ergänzen und zu einer Gesamtaussage zu verdichten, in die auch Erkenntnisse nach dem Schluss des Geschäftsjahres einfließen (DRS 20 Tz. 58). Sind Vorgänge von besonderer Bedeutung nach dem Schluss des Geschäftsjahrs eingetreten, so empfiehlt DRS 20 einen Verweis auf den Anhang (§ 285 Nr. 33 HGB, § 315 Abs. 1 Nr. 25 HGB), sind solche Vorgänge nicht eingetreten, soll dies im Konzernlagebericht angegeben werden (DRS 20 Tz. 14, Nachtragsbericht).

Im Lagebericht (Konzernlagebericht) ist die voraussichtliche Entwicklung mit ihren 183
wesentlichen Chancen und Risiken zu beurteilen und zu erläutern; zugrunde liegende Annahmen sind anzugeben **(Prognose-, Chancen- und Risikobericht).** Der Prognosebericht beschäftigt sich mit der voraussichtlichen Entwicklung des Unternehmens (Konzerns), wobei der Prognosezeitraum wenigstens ein Jahr ab dem letzten (Konzern-)Abschlussstichtag umfassen soll. Die wesentlichen Annahmen, auf denen die Prognosen beruhen, sind anzugeben. Zu berichten ist über die finanziellen und nichtfinanziellen Leistungsindikatoren, die auch zur internen Steuerung des Konzerns herangezogen werden, die Prognosen müssen die erwartete Veränderung der prognostizierten Leistungsindikatoren enthalten und dabei die Richtung und Intensität der Veränderung verdeutlichen. Die Ausführungen sind zu einer Gesamtaussage zu verdichten (DRS 20 Tz. 118ff.). Beim Risikobericht gibt es Überschneidungen zum Prognosebericht, er umfasst Angaben zum Risikomanagementsystem, zu den einzelnen Risiken sowie eine zusammengefasste Darstellung der Risikolage; entsprechendes gilt für den Chancenbericht. Über Chancen und Risiken ist ausgewogen zu berichten. Hinzu treten die **Risikoberichterstattung in Bezug auf die Verwendung von Finanzinstrumenten** (→ Rn. 158) und die Darstellung des **internen Kontroll- und Risikomanagementsystems bezogen auf den (Konzern) Rechnungslegungsprozess** (→ Rn. 150f.).

Für die börsennotierte bzw. den Kapitalmarkt in Anspruch nehmende AG bestehen im 184
Lagebericht weitere Berichtspflichten zu **übernahmerelevanten Angaben** (§ 289a Abs. 1 HGB, § 315a Abs. 1 HGB), und zwar betreffend

- die Zusammensetzung des gezeichneten Kapitals;
- Stimmrechts- oder Übertragungsbeschränkungen;
- Beteiligungen, die 10% der Stimmrechte überschreiten;
- die Inhaber von Sonderrechten nebst Beschreibung derselben;
- die Stimmrechtskontrolle von gepoolten Arbeitnehmerbeteiligungen;
- die Gesetzes- und Satzungsbestimmungen betreffend Ernennung und Abberufung von Vorstands- und Aufsichtsratsmitgliedern und die Änderung der Satzung;
- Vorstandsbefugnisse zur Ausgabe oder zum Rückkauf von Aktien;
- Change-of-control Klauseln (Ausnahme: § 289a Abs. 1 S. 4 HGB, § 315a Abs. 1 S. 4 HGB) einschließlich entsprechender Entschädigungsregelungen.

Soweit Angaben im Konzernanhang zu machen sind, können sie im Lagebericht unter- 185
bleiben, allerdings ist dann ein Hinweis auf den Anhang erforderlich (§ 289a Abs. 1 S. 2 und 3 HGB, § 315a Abs. 1 S. 2 und 3 HGB). Ist das (Mutter-)Unternehmen eine Aktiengesellschaft, so hat es im Lagebericht auf die **Angaben im Anhang zum Erwerb eigener Aktien** nach § 160 Abs. 1 Nr. 2 AktG zu verweisen (§ 289 Abs. 2 S. 2 HGB, § 315 Abs. 2 S. 2 HGB).

Die früher übliche Nutzung des Lageberichts für eine allgemeine Darstellung der Ge- 186
sellschaft (des Konzerns) und des Geschäftsmodells, über wesentliche Entwicklungen im

Personal- und Sozialbereich, wie zB Arbeitszeiten und Arbeitszeitmodelle, Aus- und Fortbildung, Fluktuation, Vergütungsstrukturen, Arbeitnehmerbeteiligung, Versorgungssysteme, Tarifgebundenheit etc.(Sozialbericht), über Umweltbelange wie Emissionswerte, Energieverbrauch und -effizienz, Umweltverträglichkeit von Produkten, Umweltstrategie etc.(Umweltbericht) oder über die Corporate Governance und die Behandlung der Gleichberechtigung und Diversität, ist nunmehr durch die **nichtfinanzielle Erklärung** (→ Rn. 124 ff.) und die **Erklärung zur Unternehmensführung** (→ Rn. 129 ff.) weitgehend ersetzt worden. Das Gesetz ermöglicht anstelle der Aufnahme dieser Erklärungen in den Lagebericht auch die gesonderte Veröffentlichung unter Bezugnahme darauf im (Konzern-)Lagebericht (§ 289b Abs. 3 HGB, § 289f Abs. 1 S. 2 und 3 HGB, § 315b Abs. 3 HGB, § 315d S. 2 HGB). Viele Unternehmen veröffentlichen in diesem Zusammenhang einen **Nachhaltigkeitsbericht,** der noch zu weiteren ökonomischen, ökologischen und gesellschaftlichen Leistungen Stellung nehmen kann.

187 Der **„Bilanzeid"** der gesetzlichen Vertreter eines (Mutter)Unternehmens, das Inlandsemittent iSv § 2 Abs. 14 WpHG und keine Kapitalgesellschaft iSd § 327a HGB ist (→ Rn. 97, 110), wird auf den Lagebericht ausgedehnt. So hat der Vorstand in einer dem (Konzern-)Lagebericht beizufügenden schriftlichen Erklärung zu versichern, dass der Geschäftsverlauf einschließlich des Geschäftsergebnisses und die Lage der Kapitalgesellschaft (des Konzerns) so dargestellt sind, dass ein den tatsächlichen Verhältnissen entsprechendes Bild vermittelt wird und dass die wesentlichen Chancen und Risiken beschrieben sind (§ 264 Abs. 2. S. 3 HGB, § 289 Abs. 1 S. 5 HGB, § 297 Abs. 2 S. 4 HGB, § 315 Abs. 1 S. 5 HGB). Die Versicherungen der gesetzlichen Vertreter zum Jahresabschluss und Lagebericht einerseits bzw. zum Konzernabschluss und Konzernlagebericht andererseits können zusammengefasst werden.

188 Der HGB-Lagebericht hat als Informations- und Rechenschaftsinstrument hohe Bedeutung. Im Gegensatz zum Jahresabschluss, der stichtagsbezogen ist, vermittelt der Lagebericht Informationen über **Zukunftschancen** und **Zukunftsrisiken.** Er steckt nicht in dem engen Korsett von Bilanzposten mit Ansatz- und Bewertungsvorschriften. Der Bericht gibt damit dem Vorstand Raum, in der Sprache eines verständigen Berichtslesers seine Sicht der künftigen Entwicklung darzulegen. Den IFRS ist ein (Konzern-)Lagebericht unbekannt, IAS 1.13, 1.14 nehmen lediglich zur Kenntnis, dass Unternehmen außerhalb des Abschlusses einen Bericht über die Unternehmenslage veröffentlichen, der die Vermögens-, Finanz- und Ertragslage sowie die Risikolage beschreibt und erläutert. Eine Verpflichtung zu einer solchen Berichterstattung gibt es nach IFRS nicht, die Regelungen über die Anwendung der IFRS im HGB (§§ 315e, 325 Abs. 2a HGB) nehmen darum explizit auf die Regelungen zum (Konzern-)Lagebericht im HGB Bezug. Allerdings hat der IASB 2010 ein **Management Commentary Practise Statement** verabschiedet**,** das sich als Rahmenwerk für Kommentierungen des Managements zur Rechnungslegung nach den IFRS versteht. Es ist für die Praxis nicht verpflichtend und wird derzeit überarbeitet.

189 Konzernlagebericht und Lagebericht des Mutterunternehmens können zusammengefasst werden (**„Zusammengefasster Lagebericht"**; § 315 Abs. 5 HGB). Davon wird idR zur Vermeidung von Wiederholungen und zur übersichtlicheren Darstellung eines Gesamtbildes Gebrauch gemacht. Allerdings müssen auch im zusammengefassten Lagebericht die Berichtspflichten für beide Berichte vollständig erfüllt und Abweichungen zwischen Mutter und Konzern (zB Geschäftsverlauf, Risikoposition) erläutert werden. Gleichermaßen können Konzernanhang und Anhang der Muttergesellschaft zusammengefasst werden (§ 298 Abs. 2 HGB). Konsequenz ist in beiden Fällen, dass Konzernabschluss und Jahresabschluss der Muttergesellschaft gemeinsam offengelegt werden.

## II. Geschäftsbericht

Zumindest kapitalmarktorientierte Aktiengesellschaften pflegen die gesetzlich vorgeschriebenen Informationen angereichert durch weitere Informationen in einem **„Geschäftsbericht“** zusammengefasst ihren Aktionären zur Verfügung zu stellen. Dies erfolgt durch Auslegung anlässlich der ordentlichen Hauptversammlung, durch Zustellung und idR durch Einstellung in das Internet. Es finden sich häufig folgende **Bestandteile** oder Gliederungspunkte: 190

- Kennziffern („auf einen Blick“);
- Brief an die Aktionäre;
- Bericht des Aufsichtsrats;
- Entwicklung der Aktie;
- Zusammengefasster Lagebericht (einschl. Jahresabschluss der Obergesellschaft);
- Gesonderter zusammengefasster nichtfinanzieller Bericht;
- Vergütungsbericht;
- Konzernabschluss;
- Versicherung der gesetzlichen Vertreter („Bilanzeid“);
- Bestätigungsvermerk des Abschlussprüfers;
- Prüfungsvermerk zum zusammengefassten nichtfinanziellen Bericht;
- Mehrjahresübersicht;
- Organe (Vorstand/Aufsichtsrat);
- Finanzkalender.

Der Geschäftsbericht kann getrennt für Einzel- und Konzernabschluss gestaltet werden, 191 wird aber üblicherweise für beide Instrumente zusammengefasst, wobei regelmäßig der Konzernabschluss vollständig, der Einzelabschluss verkürzt wiedergegeben und auf Verlangen den Aktionären oder anderen Interessenten ausgehändigt wird. Diese Praxis ersetzt nicht die notwendigen Pflichtveröffentlichungen beim Handelsregister und im Bundesanzeiger bzw. (nach DiRUG[116]) Unternehmensregister.

Der Geschäftsbericht ist kein gesetzlich geregeltes Informationsinstrument mehr.[117] Die 192 Ausgestaltung des Geschäftsberichts steht im gestalterischen Ermessen des Vorstands. Er ist für die kapitalmarktorientierte AG eine Art Visitenkarte und wird von der interessierten Öffentlichkeit auch so gesehen; das belegen die Auszeichnungen verschiedener Organisationen für den jeweils besten Geschäftsbericht des Jahres.[118]

In der Gestaltung des Geschäftsberichts ist der Vorstand nicht völlig frei. Die Voraussetzungen für die **Pflichtpublizität** (→ Rn. 263 ff.) sind einzuhalten, wenn der Geschäftsbericht dazu eingesetzt wird, gesetzliche Informationspflichten zu erfüllen.[119] Die Abschlüsse und Erklärungen der gesetzlichen Vertreter sind so wiederzugeben, dass sie den gesetzlichen Vorschriften entsprechen; das Datum der Feststellung ist anzugeben und der vollständige Wortlaut des Bestätigungsvermerks ist beizufügen (§ 328 Abs. 1, 1a HGB). Handelt es sich um eine **freiwillige Publizität** (→ Rn. 268), so sind gewisse Zusammenfassungen und Kürzungen zulässig. Dann ist jedoch in einer Überschrift darauf hinzuweisen, dass es sich nicht um eine der gesetzlichen Form oder dem gesetzlichen Format entsprechende Veröffentlichung handelt; ein Bestätigungsvermerk darf nicht beigefügt werden, es ist aber anzugeben, ob ein Bestätigungsvermerk erteilt oder versagt worden ist. Anzugeben ist ferner, ob die Unterlagen beim Betreiber des Bundesanzeigers (DiRUG: der das Unternehmensregister führenden Stelle) eingereicht worden sind (§ 328 Abs. 2 HGB). 193

[116] Hinzuweisen ist darauf, dass der Bundesanzeiger-Verlag den Bundesanzeiger betreibt und das Unternehmensregister führt. Insofern sind die praktischen Auswirkungen des DiRUG überschaubar.

[117] Früher § 160 AktG (Geschäftsbericht).

[118] ZB League of American Communications Professionals; https://www.lacp.com/aboutus.htm.

[119] ZB Auslegung von Unterlagen zur Einsicht der Aktionäre anlässlich der Einberufung der Hauptversammlung (§ 175 Abs. 2 AktG, § 176 Abs. 1 AktG).

194 Pflichtbestandteile der Offenlegung sind deutlich von der Berichterstattung im Übrigen zu trennen. Dies ist schon deshalb erforderlich, weil nur Jahres-/Konzernabschluss, (Konzern-)Lagebericht, Gewinnverwendungsvorschlag und nichtfinanzieller Bericht, nicht aber der übrige Berichtsinhalt von Aufsichtsrat und (mit Einschränkungen) Abschlussprüfer geprüft werden. Von der Beschreibung allgemeingültiger oder allgemeinzugänglicher Inhalte sollte deshalb abgesehen, eine thematische Bündelung angestrebt werden und eine Konzentration auf wesentliche Sachverhalte oberstes Gebot sein. Bei der Rechnungslegung nach internationalen Standards sollte von der bloßen Wiedergabe des Regelwerkes abgesehen werden. Die Wesentlichkeit ist dabei vom Standpunkt des Informationsadressaten zu beurteilen.

## F. Organisation und Verantwortlichkeiten für die Rechenschaft

### I. Buchführung

#### 1. Organisations- und Überwachungspflicht

##### a) Dokumentation

195 Rechenschaftslegung erfordert Dokumentation, nicht zuletzt im Beweissicherungsinteresse aller Betroffenen. Was die Rechnungslegung anbelangt, hat der Vorstand dafür zu sorgen, dass die erforderlichen Handelsbücher geführt werden (§ 91 Abs. 1 AktG). Damit wird auf die allgemeinen kaufmännischen **Buchführungspflichten** verwiesen, die für das Handelsrecht im HGB und für das Steuerrecht in der AO geregelt sind (§§ 238 ff. HGB; §§ 140 ff. AO). Zur kaufmännischen Buchführungspflicht gehören die Führung der **Handelsbücher** im engeren Sinne, die Aufstellung des **Inventars** und die Inventur, die **Bilanzierung** sowie die **Aufbewahrung** der Handelsbücher und sonstigen Aufzeichnungen.

##### b) Dokumentation im Konzern

196 Ist die AG Obergesellschaft und hat sie einen Konzern- oder Teilkonzernabschluss aufzustellen, so kommen zur Buchführungsorganisation für das eigene Unternehmen die Organisationsmaßnahmen hinzu, die für die Aufstellung des Konzernabschlusses erforderlich sind. Die Erstellung eines Konzernabschlusses setzt idR die Errichtung, Organisation und personelle Besetzung einer **Konsolidierungsstelle** in der Mutter-AG voraus. Sie ist für die Vereinheitlichung der Einzelabschlüsse, die Vorbereitung und Kontrolle der organisatorischen Maßnahmen und schließlich für die eigentliche Konsolidierungsarbeit zuständig. Insbesondere übernimmt sie folgende Aufgaben:[120]
- Beratung des Vorstands zum anzuwendenden Bilanzrecht;
- Erfassung der Unternehmen, mit denen ein Beteiligungsverhältnis besteht sowie der verbundenen Unternehmen (§ 271 HGB); Festlegung des Konsolidierungskreises (§§ 290–296 HGB; IFRS 10.4 ff.);
- Aufstellung eines Konsolidierungsplans, bei mehrstufigen Konzernen mit der Reihenfolge der Konsolidierung und ggf. erforderlichen Vorkonsolidierungen;
- Zeitplan für die Abgabe der verschiedenen Daten und Konzernpackages;
- Abstimmung der konzerninternen (Verrechnungs-)Konten;
- Festlegung von Währungsumrechnungskursen;
- Beratung und Unterstützung der Tochterunternehmen in allen Angelegenheiten des Konzernabschlusses.

[120] Vgl. ADS Rechnungslegung HGB Vor §§ 290–315 Rn. 49.

Für die in den Konzernabschluss einzubeziehenden Unternehmen sind idR **Konsolidierungsrichtlinien**[121] zu erstellen, die – soweit nicht einzelstaatliche Vorschriften entgegenstehen – einheitliche Vorgaben für Buchführung, Bilanzierung und Bewertung machen und ein einheitliches Formularwesen sicherstellen. Wenn keine rechtlichen Hindernisse bestehen, sollte im Konzern ein einheitlicher **Kontenplan** gelten, sodass die einzelnen Konten unmittelbar in das Gliederungsschema für die Konzernbilanz und GuV überführt werden können. Über **Kontierungsrichtlinien** sollte die einheitliche Verbuchung von gleichartigen Geschäftsvorfällen im Konzern sichergestellt werden. Soweit die Ansatz- und Bewertungsvorschriften der nationalen Abschlüsse nicht den Grundsätzen für den Konzernabschluss entsprechen (HGB oder IFRS), sind Überleitungsrichtlinien festzulegen, die ggf. zu einer konsolidierungsfähigen Handelsbilanz II führen. Bei einer Vielzahl von Anpassungen im Rahmen der Ableitung von Handelsbilanzen II für Zwecke der Erstellung des Konzernabschlusses kann die Einrichtung einer eigenständigen **Konzernbuchführung** zweckmäßig erscheinen,[122] so wie das in der Praxis bei der Konzernrechnungslegung nach IFRS häufig geschieht. 197

### c) Organisation und Überwachung

Dem Vorstand obliegt die Organisation und Überwachung der Buchführung, dh er hat „dafür zu sorgen", dass die „erforderlichen Handelsbücher geführt werden" (§ 91 Abs. 1 AktG). Dies erfordert höchste Aufmerksamkeit, da die Erfassung und Dokumentation der Geschäftsvorfälle heute geprägt wird durch 198
- die Komplexität der Geschäftsvorfälle selbst,
- die Komplexität der Erfassungs-, Dokumentations- und Auswertungssysteme und
- die Gefährdung durch unerlaubte oder kriminelle Eingriffe, zunehmend in Form der Cyberkriminalität.

Die wesentlichen Entscheidungen, die die Funktionsfähigkeit und Verlässlichkeit des Buchhaltungssystems betreffen, muss deshalb der Vorstand selbst treffen. Dazu gehören zB Entscheidungen über das **Buchhaltungssystem,** über die Fremdvergabe **(Outsourcing),** über **Funktionstrennung,** aber auch über die personelle **Besetzung** der sensiblen Positionen. Um hier sachgerechte Entscheidungen treffen zu können, muss der Vorstand eine allgemeine Kenntnis von Bedeutung und Funktion der Buchführung sowie besondere Kenntnis von den risikoanfälligen Bereichen seines Unternehmens haben. Die letzte Verantwortlichkeit für die Einhaltung der gesetzlichen Bestimmungen, insbesondere auch eines geeigneten und wirksamen internen Kontroll- und Risikomanagementsystems, liegt insoweit unmittelbar bei ihm (Grundsatz 4 und 5 DCGK). Es kann nicht schaden, wenn sich der Vorstand stichprobenweise von der Plausibilität der Aussagekraft seiner Buchhaltung überzeugt. 199

Für den **Vorstand der Konzernobergesellschaft,** insbesondere für den zur Aufstellung eines Konzernabschlusses verantwortlichen Vorstand, erweitert sich die Pflichtenstellung auf die Konzernunternehmen. Im Rahmen der Organisation des Konzernabschlusses hat er nicht nur auf die Einhaltung der Konzernvorgaben, sondern auch auf die Einhaltung der gesetzlichen Bestimmungen und Grundsätze ordnungsgemäßer Buchführung bei den Tochterunternehmen hinzuwirken. § 294 Abs. 3 HGB verpflichtet die Tochterunternehmen, der Mutter relevante Abschlussunterlagen zur Verfügung zu stellen und alle erforderlichen Aufklärungen und Nachweise zu erteilen. Der Konzerntatbestand selbst wird idR solche Einsichtsmöglichkeiten vermitteln, die Rechte aus § 294 Abs. 3 HGB können im Inland auch zivilrechtlich durchgesetzt werden. Bestehen Beschränkungen bei ausländischen Töchtern, muss ggf. von einer Konsolidierung abgesehen werden (§ 296 Abs. 1 Nr. 1 HGB; IFRS 10 B23 (a) (v)). 200

[121] Vgl. WP-Handbuch 2021 G 6.3 Rn. 290; WP-Handbuch 2019 L 18.4.4.3.3, Rn. 1318.
[122] Vgl. WP-Handbuch 2021 G Rn. 352f.; *Ruhnke,* Konzernbuchführung, 1995.

201 Im Zusammenhang mit der zunehmend relevanten **nichtfinanziellen Berichterstattung** (→ Rn. 121 ff.) stellt sich die Frage, auf welcher Grundlage die Unternehmen sicherstellen, dass die Grundsätze der Berichterstattung im Lagebericht nach DRS 20, insbesondere die Vollständigkeit, Wesentlichkeit und Verlässlichkeit eingehalten werden.[123] Anders als in der finanziellen Rechnungslegung gibt es für die nichtfinanzielle Berichterstattung keine einheitlichen Datengrundlagen, Erfassungs- und Messsysteme sowie Konzepte, die durchgängig eine hohe Datenqualität gewährleisten. Uneinheitlich ist derzeit in der Praxis auch, welche Abteilung im Unternehmen in der nichtfinanziellen Berichterstattung federführend ist.

202 Wenn § 289c Abs. 2 Nr. 1 HGB zB eine Berichterstattung über Umweltbelange fordert, so erfolgt die Aufzählung der Einzelaspekte nur „beispielsweise", nicht spezifiziert ist, wie etwa über „den Wasserverbrauch" vollständig und relevant zu berichten ist. Der Gesetzgeber behilft sich an dieser Stelle mit dem Verweis auf „die von der Kapitalgesellschaft verfolgten **Konzepte**" (§ 289c Abs. 3 Nr. 1 HGB), ein einheitliches, schon gar ein integriertes Rahmenwerk für das Reporting (→ Rn. 173 ff.) ist aber bislang nicht existent. Die Pflicht, entsprechende Konzepte zu implementieren, sieht das Gesetz auch nicht vor, es begnügt sich mit einem „comply or explain"-Ansatz (§ 289c Abs. 4 HGB). Die Unternehmenspraxis greift vor diesem Hintergrund auf die derzeit im Umlauf befindlichen führenden Rahmenwerke zurück (→ Rn. 130).

## 2. Ressortmäßige Aufgabenverteilung

203 Die „Führung der Handelsbücher" gehört mit dem gesamten Umfeld bis hin zur Aufstellung des Jahres- und des Konzernabschlusses zum Aufgabengebiet des Rechnungswesens. Dabei handelt es sich – angefangen von der reinen Organisation bis hin zu den zu beachtenden Rechtsvorschriften – um ein komplexes Sachgebiet. Bei einem mehrgliedrigen Vorstand wird dieses Ressort in aller Regel einem Vorstandsmitglied zugewiesen, das durch Ausbildung und Erfahrung die dafür erforderliche Eignung aufweist. Die Ressortzuweisung erfolgt zweckmäßigerweise in der **Geschäftsordnung** für den Vorstand, die entweder kraft satzungsmäßiger Zuweisung oder durch eigenes Tun vom Aufsichtsrat erlassen wird. Nimmt der Aufsichtsrat seine Kompetenz nicht wahr, so kann der Vorstand selbst die Ressortverteilung vornehmen, dazu ist aber Einstimmigkeit vonnöten (§ 77 Abs. 2 AktG).[124] Bei der Ressortübernahme sollten sowohl das betraute Vorstandsmitglied selbst wie auch seine Vorstandskollegen auf eine ausreichende Sachkunde im Bereich Rechnungswesen Gewicht legen.

204 Der Ressortvorstand führt das Rechnungswesen grundsätzlich selbstständig mit Wirkung für den Gesamtvorstand und die Geschäftsführung. Da aber das Buchführungssystem das gesamte Unternehmen finanziell abbildet, ist enger Kontakt mit den anderen Ressorts empfehlenswert. Wichtige Geschäfte (wie zB eine Systemumstellung, die Einführung eines anderen Abrechnungssystems, die Auslagerung der Buchhaltung auf eine Servicegesellschaft uÄ) bedürfen einer Entscheidung des Gesamtvorstands.[125]

## 3. Qualifizierte Vermögensbetreuungspflicht

205 Die Buchführungspflicht ist Ausfluss und gesetzliche Konkretisierung der dem Vorstand obliegenden Vermögensbetreuungspflicht. Was die Buchführung anbelangt, gilt das strikte Legalitätsprinzip. Haftungsmäßig privilegierte unternehmerische Entscheidungen (Business Judgement Rule; vgl. § 93 Abs. 1 S. 2 AktG) sind bei der Erfassung und Verbuchung der Geschäftsvorfälle nicht zu treffen, es gelten die Grundsätze der Vollständigkeit und Bu-

[123] Vgl. BeBiKo/*Störk*/*Schäfer*/*Schönberger* HGB § 289c Rn. 7 ff.
[124] Vgl. Hüffer/Koch/*Koch* AktG § 77 Rn. 19.
[125] Vgl. MüKoAktG/*Spindler* § 77 Rn. 62.

chungswahrheit. Der Ressortvorstand ist zuständig für die Organisation eines ausreichenden Kontroll- und Überwachungssystems im Rechnungslegungsbereich. Dabei ist zu bedenken, dass die Basis fehlerhafter Bilanzierung bis hin zu kriminellen Handlungen häufig in der Buchhaltung gelegt wird.

Werden Vermögensgegenstände durch falsche Buchungsvorgänge unter Umgehung von 206
gesellschaftsinternen Kontrollen aus dem Buchungssystem ausgesondert, quasi unsichtbar gemacht, verwirklichen die handelnden Personen, zu denen bei Veranlassung oder Untätigkeit auch der zuständige Vorstand gehören kann, den Straftatbestand der Untreue.[126] Diese Problematik spielt zB eine Rolle bei der Unterhaltung sog. „schwarzer Kassen" außerhalb der Buchhaltung, oft zur Bestreitung „nützlicher Abgaben" (Korruption). Ob die Mittel durch Auftragsverschaffung oder andere Vorteile der Gesellschaft wieder zugutekommen, spielt nach der Rechtsprechung keine Rolle. Bereits wenn die Mittel das Kontrollsystem der Buchhaltung verlassen, liegt keine bloße Vermögensgefährdung, sondern ein definitiver Vermögensverlust der Gesellschaft und damit eine vollendete Untreuehandlung vor.[127] Übernimmt ein Vorstand bei Amtsantritt wissentlich solche Systeme, hat er sie wieder in das normale Buchhaltungssystem zurückzuführen.

### 4. Gesamtverantwortung

Die Ressortzuteilung des Bereichs Rechnungswesen/Buchhaltung lässt die Gesamtverant- 207
wortung der übrigen Vorstandsmitglieder bestehen, modifiziert sie aber in der Gewichtung nach der ausgewiesenen Sachkunde des Ressortleiters. Insofern wandelt sich die Sorgfaltspflicht in eine allgemeine Aufsichtspflicht über das nicht selbst verwaltete Ressort um. Es genügt, wenn sich das nicht zuständige Vorstandsmitglied in Sitzungen des Vorstands und bei Berichten an den Gesamtvorstand eine **plausible Sachstandskenntnis** verschafft. Erst bei Verdacht von Missständen haben sich die anderen Mitglieder und der Gesamtvorstand mit der Sache zu befassen. Solche Anhaltspunkte können sich zB ergeben aus Feststellungen des Abschlussprüfers (der die Buchführung in seine Prüfung einbeziehen muss; § 317 Abs. 1 S. 1 HGB), die im Prüfungsbericht oder in einem Management Letter enthalten sein können. Sie können sich aber auch aus Kontrollerkenntnissen des Aufsichtsrats (Audit Committee) oder aus Hinweisen aus dem Unternehmen selbst ergeben. Ohne solche konkreten Anhaltspunkte bestehen kein Recht und keine Pflichten, in den Geschäftsbereich des Rechnungslegungsverantwortlichen einzugreifen.[128]

## II. Jahres- und Konzernabschluss, Lagebericht

### 1. Aufstellungspflicht

#### a) Grundsatz

Herausragende Rechenschaftslegungsinstrumente sind **Konzernabschluss** und **-lagebe-** 208
**richt,** in den Worten des Kodex: „Anteilseigner und Dritte werden insbesondere durch den Konzernabschluss und den Konzernlagebericht (einschließlich CSR-Berichterstattung) sowie durch unterjährige Finanzinformationen unterrichtet" (Grundsatz 21 DCGK). Der Umstand, dass der Kodex auf Konzernabschluss und Konzernlagebericht abstellt und den Einzelabschluss nicht erwähnt, ist erklärbar aus der vorrangigen Informationsfunktion der Konzernrechnungslegung, daneben aus dem Adressatenkreis des Kodex. Für gesellschaftsrechtliche Zwecke (Ausschüttungsbemessung) ist weiterhin der **Einzelabschluss** relevant.

Der Vorstand hat als gesetzlicher Vertreter die allgemeine Kaufmannspflicht zur Aufstel- 209
lung des Jahresabschlusses und Lageberichts nach HGB, bei kapitalmarktorientierten Ge-

[126] BGH ZIP 2010, 1892 (1894 ff.).
[127] BGH ZIP 2008, 2315 (2318 ff.) = NJW 2009, 89 – Siemens; NJW 2010, 3458.
[128] Vgl. Hüffer/Koch/*Koch* AktG § 77AktG Rn. 15 f.

sellschaften, die keinen Konzernabschluss aufstellen, unter Einschluss einer Kapitalflussrechnung und eines Eigenkapitalspiegels sowie (optional) einer Segmentberichterstattung. Ist die AG Mutterunternehmen, so ist der Vorstand zusätzlich regelmäßig zur Aufstellung eines **Konzernabschlusses und -lageberichts** verpflichtet, ebenfalls unter Einschluss einer Kapitalflussrechnung und eines Eigenkapitalspiegels sowie (optional) einer Segmentberichterstattung (→ Rn. 64f., 67, 71).

210 Während der Jahresabschluss idR mehr oder weniger ausschließlich durch das für das Rechnungswesen zuständige Vorstandsmitglied konzipiert wird, ist für den Lage- und Konzernlagebericht eine intensivere Befassung aller Ressortvorstände unabdingbar. Das für die Rechnungslegung zuständige Vorstandsmitglied wird idR ein Konzept erstellen, das mit Textbausteinen aus den anderen Ressorts aufgefüllt werden muss. Über den vollständigen Textentwurf muss der Gesamtvorstand beraten und schlussendlich Beschluss fassen. Für den Beschluss gelten die satzungs- oder geschäftsordnungsmäßig festgelegten Mehrheiten; fehlen diese, gilt Einstimmigkeit (§ 77 Abs. 1 AktG).

211 Bei einem Mehrheitsentscheid kann die Frage auftauchen, wie mit divergierenden Meinungen überstimmter Organmitglieder umzugehen ist. Grundsätzlich wird man ein Recht zur Verlautbarung **divergierender Mindermeinungen** bejahen müssen, wenn es sich um gewichtige Divergenzen handelt. Allerdings dürfte das nur für die Berichterstattung an den Aufsichtsrat, nicht aber für den veröffentlichten Lagebericht gelten. Im Lagebericht selbst geht das Interesse der Gesellschaft an einer geschlossenen und konsistenten Berichterstattung vor.[129] Anders als der Jahresabschluss (§ 245 HGB) muss der Lagebericht zwar nicht vom Vorstand unterschrieben werden, allerdings hat der Vorstand zum Lagebericht eine schriftliche Erklärung abzugeben (→ Rn. 187).

### b) Fristen

212 Für die Aufstellung, Feststellung und Veröffentlichung des oder der Abschlüsse hat der Vorstand bestehende Satzungsbestimmungen zu beachten. Da diese jedoch dem Gesetz nicht widersprechen dürfen, ergibt sich der Handlungsspielraum des Vorstands aus den nachfolgenden Parametern:

- Einzelabschluss und Lagebericht sind zwingend in den ersten drei Monaten des Geschäftsjahres für das vergangene Geschäftsjahr **aufzustellen,** für kleine Kapitalgesellschaften (§ 267 Abs. 1 HGB) verlängert sich die Frist auf maximal sechs Monate (§ 264 Abs. 1 S. 3 und 4 HGB). Für Konzernabschluss und -lagebericht beträgt die Frist für die Aufstellung fünf Monate nach Schluss des Geschäftsjahrs (§ 290 Abs. 1 HGB).
- Der festgestellte Abschluss der Kapitalgesellschaft und der Lagebericht sind zusammen mit weiteren Unterlagen spätestens ein Jahr nach dem Abschlussstichtag elektronisch zum Bundesanzeiger einzureichen; ist die AG börsennotiert, verkürzt sich die Frist auf vier Monate. Diese Fristen gelten auch für die **Offenlegung** im Falle einer Kapitalgesellschaft, die einen Konzernabschluss und -lagebericht aufzustellen hat. Der Kodex empfiehlt hier eine Frist von 90 Tagen nach Geschäftsjahresende vor (→ Rn. 265).
- Die **ordentliche Hauptversammlung,** der die Unterlagen zum Jahres- und Konzernabschluss vorzulegen sind, muss innerhalb von acht Monaten nach Ende des Geschäftsjahres stattfinden. Von der Einberufung an (mindestens einen Monat vor dem Tag der Versammlung) sind Jahres- und Konzernabschluss sowie der (Konzern-)Lagebericht mit weiteren Unterlagen zur Einsicht der Aktionäre bereitzustellen und von Vorstand und Aufsichtsrat nicht mehr änderbar (§ 175 Abs. 1 S. 2, Abs. 2, Abs. 4 AktG; § 123 Abs. 1 AktG).

213 Da idR Konzernabschluss und Einzelabschluss zusammen als endgültige Abschlüsse zugänglich gemacht werden, ist in der 90-Tage-Frist nach dem Kodex auch die Feststellung des Einzel- und die Billigung des Konzernabschlusses durch den Aufsichtsrat abzuwickeln.

[129] Weitergehend *Hommelhoff* in Ulmer, HGB – Bilanzrecht, 2002, HGB § 289 Rn. 57: Verlautbarung auch im Lagebericht.

Wenn die Frist für den Aufsichtsrat für Prüfung, Feststellung und Billigung ausgeschöpft wird, muss er dafür einen Monat Zeit haben, sodass die Vorstandsunterlagen zwei Monate nach Ablauf des Geschäftsjahres vorgelegt werden müssen (§ 170 Abs. 1 AktG, § 171 Abs. 3 AktG). Zu diesen Vorstandsvorlagen gehört nicht der Prüfungsbericht des Abschlussprüfers; dieser ist vom Abschlussprüfer direkt dem Aufsichtsrat zuzuleiten (§ 321 Abs. 5 S. 2 HGB; § 111 Abs. 2 S. 3 AktG). Ggf. gehört aber zu den Vorlagen eine Stellungnahme des Vorstands zum Bericht des Abschlussprüfers. Deshalb ist es auch Sache des Aufsichtsrats, bei Auftragserteilung an den Prüfer die rechtzeitige Durchführung der Prüfung und Berichtsausfertigung sicherzustellen. Ohne zeitgleiches Vorliegen des Prüfungsberichts kann der Aufsichtsrat seiner eigenen Prüfungs- und Berichtspflicht nicht nachkommen und der Einzelabschluss nicht festgestellt, der Konzernabschluss nicht gebilligt werden (§ 171 Abs. 2 S. 3 AktG; § 316 Abs. 1 S. 2, Abs. 2 S. 2 HGB).

Kommt der Aufsichtsrat innerhalb einer Monatsfrist nach Vorlage der Abschlussunterla- 214
gen seiner Prüfungs-, Feststellungs- und Billigungspflicht sowie seiner Berichtspflicht nicht nach, hat ihm der Vorstand eine Nachfrist von nicht mehr als einem Monat zu setzen, bei deren Verstreichen Jahresabschluss und Konzernabschluss als nicht gebilligt gelten; die Feststellungs- und Billigungskompetenz gehen dann auf die Hauptversammlung über (§ 171 Abs. 3 AktG). Durch diese Möglichkeit einer Nachfrist und der Fiktion einer Nichtbilligung wird die rechtzeitige Einladung der Hauptversammlung innerhalb der Achtmonatsfrist sichergestellt (§ 173 Abs. 1 AktG, § 175 Abs. 1 AktG).

## 2. Kompetenzzuweisung innerhalb des Vorstands und Kompetenzverlagerung auf Mitarbeiter

### a) Zulässigkeit

Dem für die Buchführung ressortzuständigen Vorstandsmitglied (→ Rn. 203), dem kauf- 215
männischen Vorstand (CFO), wird regelmäßig auch die Kompetenz für die Abschlusserstellung zugewiesen. Sowohl der Aufsichtsrat, sofern er die Ressortverteilung vornimmt, wie auch das verantwortliche Vorstandsmitglied selbst, müssen vor einer Übertragung und vor einer Übernahme der Aufgabe prüfen, ob das Mitglied die für diese spezielle Aufgabe erforderlichen Kenntnisse und Fähigkeiten auf dem Gebiet des Rechnungswesens erfüllt (§ 93 Abs. 1 AktG). Der Ressortchef muss kein Bilanzfachmann sein, aber die Grundlinien der Bilanzierung und allgemein für die Branche typischen Problemfelder verstehen sowie über Wahlrechte und Ermessensspielräume und deren rechtliche und unternehmensinterne Grenzen Bescheid wissen. Eine Amtsübernahme ohne entsprechende Fähigkeiten kann per se eine **Sorgfaltspflichtverletzung** (bzw. beim Aufsichtsrat ein Auswahlverschulden) darstellen.

Der Jahres- und Konzernabschluss ist Abbild des wirtschaftlichen Ergebnisses des abge- 216
laufenen Geschäftsjahres. Er ist Grundlage für die Entlastung des Vorstands (§ 120 Abs. 3 AktG). Deshalb ist die **Gesamtverantwortung** sämtlicher Vorstandsmitglieder unbeschadet einer Ressortverteilung hier stärker zu gewichten als etwa bei den Buchführungspflichten. Jedes Vorstandsmitglied muss sich über die Rechnungslegung informieren und sich eine plausible Meinung darüber bilden, ob der Abschluss ein den tatsächlichen Verhältnissen entsprechendes Bild der Vermögens-, Finanz- und Ertragslage der AG bzw. des Konzerns vermittelt.[130]

### b) Sorgfalts- und Überwachungspflichten des Vorstands

Das Gesetz verweist die Aufstellung des Jahresabschlusses und des Konzernabschlusses ein- 217
schließlich des Lageberichts in den Geschäftsbereich des Vorstands (§ 264 Abs. 1 S. 1, Abs. 4 HGB). Er kann diese Aufgabe in der letzten Zuständigkeit nicht auf andere (Mitar-

[130] Vgl. BGH NJW 1995, 2850 = ZIP 1995, 1334; NJW 1986, 54; NJW-RR 1986, 1293.

beiter oder Dritte) übertragen. Dies bedeutet aber nicht, dass die **Abschlusserstellung** im Einzelnen, die Organisation der Zusammenführung der Daten, die Komprimierung in Bilanzposten, die Konsolidierung etc. vom Vorstand bzw. dem zuständigen Ressortvorstand persönlich vorgenommen werden müsste. Vielmehr kann und muss diese Geschäftsführungsaufgabe der Ausübung nach auf Mitarbeiter übertragen werden. Die Verantwortung für die Aufbau- und Ablauforganisation der laufenden Arbeit, die Auswahl wenigstens der leitenden Mitarbeiter und die Überwachung liegt voll beim Ressortvorstand, letztlich aber auch beim Gesamtvorstand.

218 Die interne Organisation, Auswahl der Mitarbeiter und Überwachung setzt bei dem zuständigen Vorstandsmitglied Kenntnis und Durchdringung der sensiblen Rechnungslegungsbereiche voraus. Werden zB Absicherungsgeschäfte im Fremdwährungsbereich (Devisentermingeschäfte) oder Geschäfte mit derivativen Finanzinstrumenten (Zinsswaps, Währungsswaps, Futures, Optionen) in beachtlichem Umfang betrieben, muss sich der Ressortvorstand **eigene Kenntnisse** über Funktionsweise, Struktur und spezielle Risiken dieser Instrumente verschaffen. Anders kann er seiner Sorgfaltspflicht im Rahmen der Organisation des Bilanzressorts und dessen Überwachung nicht genügen.

219 Die Übertragung von Vorbereitungshandlungen und Hilfsfunktionen auf Dritte **(Outsourcing),** zB auf professionelle Buchführungsstellen (Datev), Steuerberater oder Wirtschaftsprüfer, ist grundsätzlich nicht unzulässig, sie lässt aber – unbeschadet schuldrechtlicher Ansprüche wegen Schlechterfüllung gegen diese Dritten – die Eigenverantwortung bestehen. Da es sich hierbei um die Erfüllung eigener Verbindlichkeiten des Vorstands durch Dritte handelt, ist eine solche Übertragung nur zulässig, wenn das nunmehr fehlende arbeitsrechtliche Weisungsrecht durch schuldrechtliche Vereinbarungen ersetzt wird, die dem Vorstand weiterhin die Wahrnehmung der Steuerungs- und Informationsfunktion ermöglichen.[131] Weiterhin ist zu beachten, dass ggf. dem Auftraggeber ein Verschulden der Hilfsperson wie eigenes zuzurechnen ist (§ 278 BGB).[132]

220 Bei sehr technischen Bilanzposten, wie zB Rückstellungen für Pensionen und ähnliche Verpflichtungen oder für Umweltschutzverpflichtungen, ist eine sachverständige externe Berechnung oder Feststellung erforderlich. Hier kann sich der Vorstand idR auf die technische Ordnungsmäßigkeit verlassen. Er muss jedoch die Parameter der Feststellungen (zB Abzinsungsfaktor, Teilwert- oder Barwertrechnung bei Pensionsrückstellungen) kennen und verantworten. Generell können technische Fragen der Rechnungslegung und ihrer Nebengebiete (zB Insolvenzstatus) die Sachkunde des Vorstands respektive der entsprechenden Mitarbeiter übersteigen. Dann kann sich aus der allgemeinen Geschäftsleiterpflicht eine Pflicht zur **Einholung von externem Rat** ergeben. Ist externer Rat einzuholen, hat der Vorstand dreierlei zu beachten:[133] (1) Die Auswahl einer zuverlässigen und vor allem unabhängigen Auskunftsperson, eine ergebnisoffene Prüfung muss gewährleistet sein. (2) Vollständige Informationsverschaffung. (3) Soweit möglich eine Plausibilitätskontrolle; an diese sind umso geringere Anforderungen zu stellen, je zuverlässiger und fachkompetenter die Auskunftsperson ist.

221 Besondere Vorsicht ist bei der Heranziehung von Wirtschaftsprüfern und Wirtschaftsprüfungsgesellschaften geboten. Zulässig ist die Fehlerbeseitigung durch die AG aufgrund von Korrekturhinweisen des Abschlussprüfers im Zuge seiner Prüfungshandlungen oder die Umsetzung von Hinweisen des Abschlussprüfers für die Aufbau- und Ablauforganisation im Rechnungswesen.[134] Der **Abschlussprüfer** der Gesellschaft, nach § 319b HGB ggf. auch ein Mitglied seines etwaigen Netzwerks, darf aber bei Führung der Bücher und der Aufstellung des zu prüfenden Abschlusses über die reine Prüfungstätigkeit hinaus nicht mitwirken (Verbot der Selbstprüfung). Auch Managementfunktionen, indem er an Stelle

[131] Vgl. BeckOGK/*Fleischer,* 1.6.2021, AktG § 76 Rn. 75.
[132] Vgl. BGH NJW-RR 2011, 1670; aber str.; aA *Fleischer* ZIP 2009, 1397 (1405); *Sander/Schneider* ZGR 2013, 725 (738 ff.).
[133] Vgl. *Sander/Schneider* ZGR 2013, 725 (749 ff.).
[134] Vgl. Kölner Komm RechnungslegungsR/*W. Müller* HGB § 319 Rn. 76.

des Vorstands Entscheidungen trifft, darf er nicht übernehmen (§ 319 Abs. 3 Nr. 3 lit. a, b HGB). Eine Reihe von Beratungsleistungen außerhalb der Abschlussprüfung sind dem Prüfer, insbesondere bei Unternehmen von öffentlichem Interesse, ebenfalls untersagt (§ 319 HGB, Art. 5 Abschlussprüfer-VO[135]). Ein Verstoß gegen diese Inhabilitätsvorschriften kann sowohl beim Abschlussprüfer als auch bei den Mitgliedern des Prüfungsausschusses als Ordnungswidrigkeit mit einem erheblichen Bußgeld geahndet werden (§ 334 Abs. 2, 2a, 3 HGB). Der Verstoß hat zwar nicht die Nichtigkeit des Abschlusses zur Folge. Unter anderem sind jedoch Minderheitsaktionäre, die bei Antragstellung 5% des gezeichneten Kapitals oder Aktien im Börsenwert von 500.000 EUR auf sich vereinen, berechtigt, gerichtlich die Bestellung eines anderen Abschlussprüfers zu verlangen (§ 318 Abs. 3 HGB). Diese Gesetzeslage hat zur Folge, dass schon die Beauftragung des Abschlussprüfers durch den Vorstand mit solchen Aufgaben einen Sorgfaltsverstoß darstellt.

Eine besondere Pflichtenlage besteht für den Vorstand einer Mutter-AG, die verpflichtet ist, einen Konzernabschluss aufzustellen. Der Vorstand der Mutter-AG muss dafür Sorge tragen, dass er alle für die **Konsolidierung** notwendigen Informationen von Tochtergesellschaften erhält und dass diese ihrerseits alle für die Konsolidierung notwendigen Schritte und Maßnahmen innerhalb der Konzerngesellschaften treffen (→ Rn. 196f.). Die Sicherstellung des **einheitlichen Berichtswesens** im Konzern gehört zu den nicht delegierbaren Aufgaben des für das Ressort Rechnungswesen zuständigen Vorstandsmitglieds. 222

### c) Unternehmensinterne Bilanzierungsregeln

Es wurde bereits darauf hingewiesen, dass für den Konzernabschluss einheitliche Bilanzierungs- und Bewertungsregeln festgelegt werden müssen. Dies gilt ab einer gewissen Unternehmensgröße und bei einer Aufgabendelegation an Mitarbeiter auch für den Einzelabschluss. Die Rechnungslegungsvorschriften des HGB und die IFRS räumen Bilanzierungswahlrechte und Ermessensspielräume ein. Deren Ausübung oder Ausfüllung setzt bereits im Bilanzaufstellungsprozess ein und liegt im Wesentlichen in der Hand von Mitarbeitern, die selbst aber nicht die originäre Kompetenz zur Ausübung von Wahlrechten oder Ausfüllung eingeräumten Ermessens haben. Dies ist eine nicht übertragbare Leitungsaufgabe des Ressort- bzw. Gesamtvorstands. 223

Um diese Entscheidungen für die Vielzahl von zu bearbeitenden Geschäftsvorfällen praktikabel zu halten, wird der Vorstand unternehmensinterne **Bilanzierungs- und Konsolidierungsregeln** aufstellen, die Wahlrechts- und Ermessensentscheidungen vor die Klammer ziehen. In diesem Zusammenhang sollten gerade für komplexe Geschäftsvorfälle Regelungen getroffen werden, die die Einheitlichkeit der Bilanzierung gewährleisten. So bedürfen zB Treuhandgeschäfte, Sicherungsgeschäfte, Pensionsgeschäfte, das Leasing und die Übertragung von Aktiva oder Passiva zum Zwecke ihrer Refinanzierung (ABS-Transaktionen) der besonderen Aufmerksamkeit[136] und ggf. genereller Regelung in Bilanzierungsrichtlinien. Beim Konzernabschluss ist die Vollständigkeit des Konsolidierungskreises sicherzustellen; das kann zB bei sog. **Zweckgesellschaften** Zuordnungsfragen auslösen (§ 290 Abs. 2 Nr. 4 HGB; IFRS 10 B8). 224

Ein solches internes Regelwerk ermöglicht es dem Gesamtvorstand, sich in angemessener Zeit über die Bilanzpolitik des Unternehmens zu unterrichten. Die Richtlinien dienen damit zum einen der effizienten Organisation des Rechnungswesens, zum anderen aber auch der Eingrenzung der Vorstandsverantwortung und der Dokumentation für die Wahrnehmung dieser Verantwortung. Die im Rahmen der Abschlussprüfung vom Vorstand abzugebende sog. **Vollständigkeitserklärung**[137] unterstreicht diese Verpflichtung. 225

---

[135] Verordnung (EU) Nr. 537/2014 des Europäischen Parlaments und des Rates vom 16.4.2014 (EU-Abschlussprüfer-Verordnung).
[136] Vgl. BeBiKo/*Schmidt/Ries* HGB § 246 Rn. 9ff.
[137] IdW PS 303.

### d) Vorbehaltsbereich des Vorstands

226 Im Rahmen der Aufstellung des Jahres- und Konzernabschlusses gibt es damit eine Reihe von Aufgaben, die in der Entscheidungskompetenz nicht auf Mitarbeiter und schon gar nicht auf Dritte übertragen werden können. Zu diesen nicht übertragbaren Aufgaben gehören insbesondere:
- die Gewährleistung der Vollständigkeit des Abschlusses durch Ausübung von Ansatzwahlrechten und Festlegung eingeräumter Beurteilungsrahmen;
- die Bewertung durch Ausübung von Bewertungswahlrechten und Ausfüllung von gegebenen Bewertungsspielräumen und Bewertungsermessen;
- die Abgrenzung des Konsolidierungskreises;
- die Bestimmung der Konsolidierungsmethoden bei gegebenen Wahlmöglichkeiten.

227 Generell sind Sachverhaltsermittlungen und die Subsumtion unter das Bilanzrecht (Bilanzrechtsfragen) auf nachgeordnete Unternehmensebenen delegierbar, nicht aber Leitungsentscheidungen dort, wo ein echter Entscheidungsspielraum gegeben ist (Ermessen, Wahlrechte) und nicht zu vernachlässigende (wesentliche) Auswirkungen auf die Darstellung der Vermögens-, Finanz- und Ertragslage zu erwarten sind. Bei allen Entscheidungen hat sich der Vorstand von der **Generalnorm** leiten zu lassen, dass der Jahresabschluss/Konzernabschluss ein den tatsächlichen Verhältnissen entsprechendes Bild der Vermögens-, Finanz- und Ertragslage der Gesellschaft zu vermitteln hat.

### e) Unterzeichnungspflicht des Gesamtvorstands und Gesamtverantwortung, Bilanzeid

228 Jahresabschluss und Lagebericht sowie Konzernabschluss und Konzernlagebericht werden vom Rechnungswesen im Zusammenwirken mit dem zuständigen Ressortvorstand sukzessive erstellt. Das Ergebnis ist der **Entwurf** eines Jahresabschlusses und Konzernabschlusses, der dem (Konzern)Abschlussprüfer zur Prüfung vorgelegt wird. Kleine Kapitalgesellschaften iSd § 267 Abs. 1 HGB sind nicht prüfungspflichtig (§ 316 Abs. 1 HGB). Wegen der zeitlichen Engpässe laufen Erstellung des Jahresabschlusses und Prüfung häufig parallel. Dies ist nicht zu beanstanden, sofern sich die Prüfung mit bereits aufgestellten Teilen des Abschlusses befasst.

229 Der vom zuständigen Vorstandsmitglied aufgestellte Jahresabschluss/Konzernabschlussentwurf ist dem **Gesamtvorstand** vorzulegen, der hierüber Beschluss zu fassen hat.[138] Der Gesamtvorstand muss sich in der für seine Willensbildung erforderlichen Mehrheit zu dem aufgestellten Abschluss bekennen. Es empfiehlt sich, schon zur Dokumentation der Einhaltung satzungsmäßiger oder gesetzlicher Fristen (→ Rn. 212), den aufgestellten Abschluss zumindest durch den Ressortvorstand unterzeichnen zu lassen.

230 Der so vom Vorstand verabschiedete Jahresabschluss/Konzernabschluss ist nebst Lagebericht und Konzernlagebericht und einem Vorschlag zur Verwendung des Bilanzergebnisses unverzüglich nach der Aufstellung dem **Aufsichtsrat** vorzulegen (§ 170 Abs. 1 und Abs. 2 AktG). Diese Übermittlung geschieht idR durch den Vorstandsvorsitzenden oder durch den Ressortvorstand an den Aufsichtsratsvorsitzenden oder den Vorsitzenden des Prüfungsausschusses (Audit Committee), sofern ein solcher gebildet worden ist (Empfehlung D.3 DCGK). Es ist dann Sache des Empfängers, jedem Aufsichtsratsmitglied von den Vorlagen Kenntnis zu geben (§ 170 Abs. 3 AktG).

231 Der **Prüfungsbericht des Abschlussprüfers** ist von diesem unmittelbar dem Aufsichtsrat zuzustellen – der Abschlussprüfer leitet seinen Auftrag vom Aufsichtsrat, nicht aber vom Vorstand ab; so hat auch die Berichtslinie zu laufen (§ 318 Abs. 1 S. 4 HGB; § 321 Abs. 5 S. 2 HGB).[139] Allerdings hat der Abschlussprüfer dem Vorstand Gelegenheit zur Stellungnahme zu geben (§ 321 Abs. 5 S. 3 HGB); diese Stellungnahme kann der Vor-

[138] Vgl. Hüffer/Koch/*Koch* AktG § 170 Rn. 3.
[139] Vgl. Hüffer/Koch/*Koch* AktG § 170 Rn. 2.

stand zusammen mit dem aufgestellten Jahres-/Konzernabschluss dem Aufsichtsrat vorlegen. Nicht korrekt ist es, wenn dem Aufsichtsrat der Jahres-/Konzernabschluss nur als Anlage zum Prüfungsbericht vom Abschlussprüfer übermittelt wird. Dies genügt nicht der unmittelbaren Vorlagepflicht, die dem Vorstand selbst obliegt.

Wird der vom Vorstand vorgelegte Jahresabschluss vom Aufsichtsrat gebilligt, so ist er **festgestellt,** der Konzernabschluss **gebilligt,** vorausgesetzt die erforderliche Prüfung hat stattgefunden (§ 172 S. 1 AktG; § 171 Abs. 2 S. 5 AktG, § 316 Abs. 1 S. 2, Abs. 2 S. 2 HGB). Damit hat sich die AG zu den Abschlüssen bekannt. Sie sind nunmehr maßgeblich. Die endgültigen Abschlüsse sind zwingend vom Vorstand zu unterzeichnen (§§ 245, 298 Abs. 1 HGB) und zwar von sämtlichen Mitgliedern des Vorstands im Zeitpunkt der Feststellung bzw. Billigung, auch von stellvertretenden Vorstandsmitgliedern. Dies ist Ausdruck der Verantwortung aller Vorstandsmitglieder für den Abschluss. Dabei spielt es keine Rolle, ob Vorstandsmitglieder für das gesamte vom Abschluss abgedeckte Geschäftsjahr in Amt und Verantwortung waren; entscheidend ist der Zeitpunkt der Feststellung bzw. Billigung. Dies gilt auch, wenn die Feststellung/Billigung ausnahmsweise durch die Hauptversammlung statt durch den Aufsichtsrat erfolgt (§ 173 Abs. 1 AktG).[140] **Ausgeschiedene Vorstandsmitglieder** haben nicht zu unterzeichnen, auch wenn sie für das betreffende Geschäftsjahr noch in der Verantwortung waren. Werden Konzernanhang und Anhang zum Jahresabschluss **zusammengefasst** (§ 298 Abs. 3 HGB), genügt eine einmalige Unterzeichnung.[141] 232

Zusätzlich zur Unterschrift hat der Vorstand einer AG, die Inlandsemittent (§ 2 Abs. 14 WpHG) ist und nicht nur Schuldtitel iSv § 2 Abs. 1 Nr. 3 WpHG handelt (§ 327a HGB), in einer schriftlichen Erklärung zum Jahres- bzw. Konzernabschluss den sog. **„Bilanzeid"** abzugeben (→ Rn. 97, 110). Eine entsprechende Versicherung haben die gesetzlichen Vertreter auch im Hinblick auf den (Konzern-)Lagebericht abzugeben (→ Rn. 187). Die Vorschrift ist eine Reaktion auf zahlreiche europäische und US-amerikanische Bilanzskandale, hatte bislang aber rechtlich wegen der ohnehin schon erforderlichen und strafbewehrten Unterschrift des Vorstands eher geringe Bedeutung.[142] Allerdings hat das FISG nunmehr mit § 331a HGB und § 119a WpHG den Strafrahmen für eine unrichtige Versicherung gegenüber der bisherigen Regelung in § 331 Nr. 3a HGB deutlich verschärft. Wo der Bilanzeid räumlich zu stehen hat ist nicht ganz klar. Das Gesetz geht offenbar von einer eigenständigen Erklärung auf einem besonderen Blatt aus, das nicht Bestandteil des Anhangs ist.[143] Praktikabler und gleichermaßen zulässig ist es aber, den Bilanzeid im unmittelbaren Anschluss an den Anhang zu platzieren und mit der Unterschrift zum Jahresabschluss zu verbinden, sodass im Ergebnis nur einmal unterzeichnet werden muss.[144] 233

Sehr viel detaillierter ist die Unterschriftsregelung für Aktiengesellschaften, deren Aktien an einer **US-Börse** gehandelt werden und die damit unter den **Securities Exchange Act 1934** und den **Sarbanes-Oxley Act 2002** (SOA) fallen. Nach dem SOA müssen der Vorstandsvorsitzende (Principal Executive Officer) und das für das Rechnungswesen zuständige Vorstandsmitglied (Principal Financial Officer) den Jahresabschluss und jeden Zwischenbericht (Quartalsbericht) bestätigen bzw. bezeugen („certify", Sec. 302 SOA). Diese Bestätigung hat gewichtige Inhalte, insbesondere, dass 234

- der Unterzeichner den Abschluss geprüft hat;
- nach bestem Wissen des Unternehmens der Abschluss keine unrichtige Darstellung einer wesentlichen Tatsache enthält oder eine solche Tatsache nicht enthält und nach Kenntnisstand keinen falschen Eindruck vermittelt („not misleading");

140 Vgl. BeBiKo/*Störk/Schellhorn* HGB § 245 Rn. 2f.;.
141 Vgl. BeBiKo/*Störk/Schellhorn* HGB § 245 Rn. 4.
142 Vgl. BeBiKo/*Störk/Schellhorn* HGB § 264 Rn. 67.
143 So abgeleitet aus § 114 WpHG; vgl. BeBiKo/*Störk/Schellhorn* HGB § 264 Rn. 77.
144 Vgl. WP-Handbuch 2021 B 8.2 Rn. 176ff., 190f.

– der Abschluss und andere damit verbundene Finanzinformationen in allen wesentlichen Punkten die Finanzlage und die Ergebnisse des Unternehmens für den Berichtszeitraum angemessen offenlegen.

Der Vorstandsvorsitzende und das für die Rechnungslegung zuständige Vorstandsmitglied sind verantwortlich für die Einrichtung und Funktionsfähigkeit eines internen Kontrollsystems, haben sicherzustellen, dass sämtliche wichtigen Informationen, die die Muttergesellschaft und ihre konsolidierten Tochtergesellschaften betreffen, zu ihrer Kenntnis gelangen und haben die internen Kontrollsysteme zu bewerten und über deren Effizienz zu berichten. Sie bestätigen weiter, dass sie dem Abschlussprüfer und dem Audit Committee oder, soweit ein solches nicht besteht, dem gesamten Aufsichtsrat

– alle bedeutsamen Fehlerquellen in der Einrichtung oder Wirkungsweise des internen Kontrollsystems,
– jegliche Unregelmäßigkeiten ohne Rücksicht auf ihr Gewicht, die Einfluss auf das interne Kontrollsystem haben können sowie
– alle wichtigen Änderungen oder Korrekturen im internen Kontrollsystem offengelegt haben.

235 Die Verletzung dieser Pflichten ist mit drastischen Strafen **sanktioniert** (Sec. 906 SOA). Festzuhalten ist, dass für SEC-Abschlüsse die Gesamtverantwortung der zuständigen Organe, wie sie HGB und IFRS eigen ist, auf zwei Personen, Vorstandsvorsitzenden und Finanzvorstand, konzentriert wird.

236 Der Grundsatz der Gesamtverantwortung und der Unterschrift aller Vorstandsmitglieder gilt generell für alle **Berichte,** zu deren Erstellung der Vorstand **gegenüber den Aktionären** verpflichtet ist. Dazu gehören insbesondere der Bericht bei Ausschluss des Bezugsrechts, die Berichterstattung beim Abschluss von Unternehmensverträgen, der Eingliederungsbericht oder der Verschmelzungsbericht (§ 186 Abs. 4 S. 2 AktG, §§ 293a, 319 Abs. 3 S. 1 Nr. 3 AktG; § 8 UmwG).[145] Problematisch kann der Fall sein, wenn für die Willensbildung im Gesamtvorstand – wie allgemein üblich – das Mehrheitsprinzip gilt und eine Minderheit den Beschluss nicht mitträgt. Trotzdem berechtigt dies widersprechende Vorstandmitglieder nicht zur Unterschriftsverweigerung; sie haben sich insoweit der Mehrheit zu beugen oder ihr Amt zur Verfügung zu stellen, was sie aus der Unterschriftspflicht entlässt.[146] Das macht insbesondere für den Jahres-/Konzernabschluss Sinn, denn es ist schwerlich die Fortführung einer Organstellung für eine Person denkbar, die sich nicht verantwortlich zur finanziellen und wirtschaftlichen Gesamtdarstellung der Gesellschaft nach außen bekennt (auch wenn zu Einzelposten Meinungsverschiedenheiten bleiben können).

## 3. Änderungen von Jahres- und Konzernabschluss

237 Lagebericht und Abhängigkeitsbericht sind Instrumente, die in ausschließlicher Zuständigkeit des Vorstands erstellt werden. Anders ist dies bei Jahres- und Konzernabschluss mit allen ihren Bestandteilen. Erst der festgestellte Jahresabschluss ist der wirkliche und rechtlich verbindliche Abschluss der Gesellschaft mit allen daran anknüpfenden Rechtsfolgen. Entsprechendes gilt für die Billigung des Konzernabschlusses durch den Aufsichtsrat bzw. die Hauptversammlung, ohne dass allerdings an den gebilligten Konzernabschluss Rechtsfolgen wie an den Einzelabschluss anknüpfen würden.

238 Der Einzelabschluss ist bis zur Feststellung im rechtlichen Sinne nur ein **Entwurf.** Gleiches gilt für den Konzernabschluss bis zur Billigung. Bis zur Feststellung bzw. Billigung können Einzel- und Konzernabschluss grundsätzlich geändert werden, wobei als Gründe für eine **Änderung** insbesondere in Frage kommen:

[145] Vgl. auch LG Berlin ZIP 2003, 2027.
[146] Vgl. ADS Rechnungslegung HGB § 245 Rn. 12.

– Bekanntwerden von wertaufhellenden Tatsachen;
– Berichtigung von Fehlern;
– anderweitige Ausübung von Wahlrechten oder Ermessensspielräumen;
– Änderung des Gewinnverwendungsvorschlags.

Dabei sind im Entwurfsstadium zwei Zeiträume zu beachten: Bis zur Vorlage des Prüfungsberichts des Abschlussprüfers ist eine Änderung zulässig. Der Abschlussprüfer ist entsprechend zu unterrichten und hat die geänderten Posten in seine Prüfung einzubeziehen. Nach Vorlage des Prüfungsberichts des Abschlussprüfers ist eine sog. **Nachtragsprüfung** erforderlich, dh der Abschlussprüfer hat die Unterlagen erneut zu prüfen, soweit die Änderung dies erfordert, darüber zu berichten und den Bestätigungsvermerk entsprechend zu ergänzen (§ 316 Abs. 3 HGB). Soweit möglich, wird der Vorstand Nachtragsprüfungen zu vermeiden suchen, indem er sensible Themen vorab mit Aufsichtsrat (Audit Committee) und Abschlussprüfer bespricht. 239

Festzuhalten ist, dass die **Kompetenz zu Änderungen** grundsätzlich beim Vorstand verbleibt. Der Aufsichtsrat kann Änderungen anregen, aber nicht selbst durchführen; er kann auch keine Weisungen geben. Folgt der Vorstand einem Änderungsverlangen des Aufsichtsrats nicht, geht die Feststellungskompetenz auf die Hauptversammlung über, die ihrerseits den Entwurf des Vorstands ändern darf. Erforderlich sind dann ebenfalls eine Nachtragsprüfung des Abschlussprüfers und ein hinsichtlich der Änderung uneingeschränkter Bestätigungsvermerk, der binnen zwei Wochen seit Beschlussfassung erteilt sein muss (§ 173 Abs. 3 AktG). 240

Bei Vorliegen eines **Beherrschungsvertrags** kann das herrschende Unternehmen dem Vorstand der abhängigen AG **Bilanzanweisungen** geben, soweit nicht zwingende bilanzrechtliche Normen entgegenstehen.[147] Das Weisungsrecht bezieht sich auch auf ein Änderungsverlangen des herrschenden Unternehmens. 241

Auch nach Feststellung bzw. Billigung ist eine Änderung des Einzel- oder des Konzernabschlusses möglich. Dann sind aber die entsprechenden Beschlüsse (Feststellung/Billigung und ggf. Gewinnverwendung) in Bezug auf den ursprünglichen Abschluss aufzuheben und in Bezug auf den geänderten Abschluss neu zu fassen, einschließlich einer Nachtragsprüfung durch den Abschlussprüfer. Werden festgestellte oder gebilligte Abschlüsse länger zurückliegender Geschäftsjahre geändert, so wird grundsätzlich die Änderung der ggf. ebenfalls schon festgestellten Folgeabschlüsse notwendig, weil andernfalls der Grundsatz der formellen Bilanzidentität **(Bilanzkontinuität)** nicht gewährleistet ist (§ 252 Abs. 1 Nr. 1 HGB).[148] Zu einem so aufwendigen Verfahren wird man nur in außergewöhnlichen Situationen greifen. 242

Anders ist die Sachlage, wenn ein **Jahresabschluss** an **Nichtigkeitsgründen** leidet (§ 256 AktG). Ein nichtiger Abschluss ist nicht existent; er kann deshalb nicht „berichtigt", sondern nur neu und erstmals aufgestellt werden. Folgeabschlüsse sind wegen fehlender formeller Bilanzidentität ggf. zu berichtigen.[149] Bei der Entscheidung, ob der Vorstand einen nichtigen Abschluss durch einen neuen Abschluss unter Vermeidung der Nichtigkeitsgründe ersetzen muss, ist zu unterscheiden: Ist die Nichtigkeit durch Feststellungsurteil rechtskräftig festgestellt, so ist der Vorstand zur Aufstellung eines neuen Abschlusses für das betreffende Geschäftsjahr verpflichtet. Dasselbe gilt, wenn im Wege des **Enforcement** die BaFin oder (bis Ende 2021) die DPR einen Nichtigkeitsgrund festgestellt hat und dies veröffentlicht worden ist (→ Rn. 275 ff.). Ist Nichtigkeit weder durch Klage noch im Enforcement geltend gemacht, so kommt es darauf an, ob heilungsfähige Nichtigkeitsgründe vorliegen oder nicht (→ Rn. 294). 243

In der HGB-Einzelbilanz ist eine Korrektur der Eröffnungsbuchungen nicht zulässig: Das verstößt gegen den Grundsatz der formellen Bilanzidentität (§ 252 Abs. 1 Nr. 1 244

[147] Vgl. Hüffer/Koch/*Koch* AktG § 308 Rn. 14.
[148] Vgl. ADS Rechnungslegung HGB § 252 Rn. 19 f.
[149] Str., vgl. *Welf Müller* ZHR 168 (2004), 414 (421 ff.); Hüffer/Koch/*Koch* AktG § 256 Rn. 34.

HGB). Wird der Konzernabschluss oder der veröffentlichte Einzelabschluss nach IFRS aufgestellt, so ist nach IAS 8.41 ff. bei wesentlichen Fehlern („material prior period errors“) eine Anpassung der Eröffnungsbilanzwerte der laufenden Rechnung oder, wenn der Fehler früher aufgetreten ist, der Vorperiode erforderlich. Die Korrektur eines Fehlers darf in der Periode, in der er entdeckt wurde, nicht ergebniswirksam sein, sondern ist ergebnisneutral zu erfassen (IAS 8.46).

## III. Prüfung durch externe Prüfer

### 1. Prüfungspflicht und Gegenstand der Abschlussprüfung

245 Seit der Wirtschaftskrise der 1930er Jahre unterliegen die Abschlüsse von Aktiengesellschaften einer **Pflichtprüfung** durch externe Abschlussprüfer.[150] Die Einführung der Pflichtprüfung war die Folge von Missbräuchen und Verschleierungen in der Rechenschaftslegung, die zum Zusammenbruch einer Reihe von Unternehmen zum Schaden nicht nur der Aktionäre, sondern der Allgemeinheit führten. Die Abschlussprüfung dient deshalb neben den Interessen der Aktionäre auch den Interessen der Allgemeinheit. Es ist zu beobachten, dass eine laxe Bilanzierungspraxis der Unternehmen und Krisenverursachung durch Intransparenz, Verschleierung und Manipulation zu einer Verschärfung des externen Prüfungszugriffs führt. Dies ist an den gesetzgeberischen Reaktionen auf **Unternehmenskrisen** im In- und Ausland, zuletzt im Falle der Wirecard AG, abzulesen, die zu einer erheblichen Verschärfung der Gesetzgebung geführt haben.[151]

246 Der **Abschlussprüfung** unterliegen alle Kapitalgesellschaften mit **Ausnahme**
- der kleinen Kapitalgesellschaft, solange die Gesellschaft nicht kapitalmarktorientiert ist (§ 316 Abs. 1 HGB iVm § 267 Abs. 1, Abs. 3 S. 2 HGB);
- der Kapitalgesellschaft in Bezug auf den Konzernabschluss, für die eine größenabhängige oder andere Befreiungsvorschrift für den Konzernabschluss besteht (§§ 291–293 HGB);
- unter den Voraussetzungen des § 264 Abs. 3 HGB einer nicht kapitalmarktorientierten Tochter-Kapitalgesellschaft (insbesondere müssen die Gesellschafter zugestimmt, die Muttergesellschaft eine Verlustübernahme erklärt haben und die Tochter in den Konzernabschluss einbezogen werden).

247 Die Satzung kann für diese Fälle eine Prüfungspflicht vorsehen oder eine Prüfung kann freiwillig vertraglich beauftragt werden.

248 Die Regelungen über die Abschlussprüfung finden sich in §§ 316 ff. HGB, bei der Prüfung von Kapitalgesellschaften von öffentlichem Interesse sind vorrangig die strengeren Regelungen der Abschlussprüfer-VO (VO (EU) Nr. 537/2014) zu beachten (§ 316a HGB). **Prüfungspflichtig** sind Jahresabschluss und Lagebericht sowie Konzernabschluss und Konzernlagebericht von Kapitalgesellschaften (§ 316 HGB). Die Buchführung wird in Deutschland in die Prüfung und auch in das Prüfungsurteil einbezogen (§ 317 Abs. 1 S. 1 HGB). Hinsichtlich der nichtfinanziellen (Konzern)Erklärung bzw. dem gesonderten nichtfinanziellen (Konzern-)Bericht ist nur zu prüfen, ob sie vorgelegt wurden. Hinsichtlich der (Konzern-)Erklärung zur Unternehmensführung ist die Prüfung darauf beschränkt, ob die erforderlichen Angaben gemacht worden sind; gleiches gilt für den Vergütungsbericht nach § 162 AktG. Auch die in der Erklärung zur Unternehmensführung enthaltene Entsprechenserklärung nach § 161 AktG ist inhaltlich nicht zu prüfen, wohl aber die auf sie bezogenen Angaben im (Konzern)Anhang, ob die Erklärung abgegeben und wo sie veröffentlicht wurde (§ 285 Nr. 16 HGB und § 314 Abs. 1 Nr. 8 HGB). Die Pflichtprüfung bei der börsennotierten AG hat sich darauf zu erstrecken, ob ein Risikoüberwachungssystem eingerichtet ist und seine Aufgaben erfüllen kann (§ 317 Abs. 4 HGB).

---

[150] Erstmals eingeführt durch die Notverordnung des Reichspräsidenten vom 19. 9. 1931.

[151] In USA: Sarbanes-Oxley Act of 2002; in Deutschland: Bilanzrechtsreformgesetz von 2004; Bilanzrechtsmodernisierungsgesetz von 2009, zuletzt FISG als Reaktion auf den Fall Wirecard.

Die Prüfungspflicht ist dadurch **sanktioniert,** dass ohne Prüfung der Jahresabschluss nicht festgestellt und der Konzernabschluss nicht gebilligt werden können (§ 316 Abs. 1 S. 2, Abs. 2 S. 2 HGB). Insbesondere der Jahresabschluss kann keine Rechtswirkungen entfalten, er bleibt Entwurf, was auch steuerliche Konsequenzen entfalten kann. Ansprüche gegen die Gesellschaft, die an den festgestellten Jahresabschluss oder gebilligten Konzernabschluss anknüpfen, sind (noch) nicht entstanden. 249

Die kapitalmarktorientierte AG muss nach börsenrechtlichen Vorschriften einen Halbjahresbericht (Zwischenbericht) und ggf. Quartalsberichte oder Zwischenberichte (→ Rn. 38–40) veröffentlichen. Diese Angaben können optional einer sog. **prüferischen Durchsicht** (idR durch den Abschlussprüfer) unterzogen werden. 250

## 2. Positionierung des Vorstands im Pflichtprüfungsverfahren

### a) Stellung des Vorstands zum Abschlussprüfer

Die Bestellung bzw. Wahl des Abschlussprüfers hat schon immer in der Kompetenz der Hauptversammlung gelegen. Während bei normalen Tagesordnungspunkten Vorstand und Aufsichtsrat Vorschläge zur Beschlussfassung machen, ist zur **Prüferwahl** ausschließlich der Aufsichtsrat vorschlagsberechtigt und vorschlagspflichtig (§ 124 Abs. 3 S. 1 AktG).[152] Der Aufsichtsrat erteilt dem Abschlussprüfer den **Prüfungsauftrag** für die Jahres- und die Konzernabschlussprüfung, der Abschlussprüfer legt seine Berichte nicht dem Vorstand vor, sondern direkt dem Aufsichtsrat. Der Vorstand hat nur das Recht, vor der Zuleitung an den Aufsichtsrat Stellung zu nehmen (§ 111 Abs. 2 S. 3 AktG; § 321 Abs. 5 S. 2 HGB). 251

Damit ist der Aufsichtsrat auch zuständig für die Honorarvereinbarung mit dem Abschlussprüfer. Vor allem aber hat er die Möglichkeit, Umfang, Schwerpunkte, Sonderthemen mit dem Prüfer abzustimmen und festzulegen sowie die Prüfung in ihrem Verlauf mit geeigneten Mitgliedern oder mit einem Prüfungsausschuss zu begleiten. Der Aufsichtsrat kann sich dazu der Hilfe und Sachkunde des Vorstands bedienen, Kompetenz und Verantwortung liegt aber ausschließlich bei ihm. 252

Um die Prüfungseffizienz zu steigern und die Prüfungskosten zu senken, ist anzustreben, dass in einem Konzern nur ein Abschlussprüfer oder eine Abschlussprüferorganisation für alle, zumindest alle wesentlichen Unternehmen bestellt wird. 253

### b) Mitwirkungs- und Auskunftspflichten des Vorstands

**Ansprechpartner** für den Abschlussprüfer während der Prüfung ist de facto der Vorstand, insbesondere das für Rechnungslegung zuständige Vorstandsmitglied, und seine Hilfspersonen. Als gesetzlichem Vertreter obliegen dem Vorstand die gesetzlichen **Vorlage- und Auskunftspflichten** gegenüber dem Abschlussprüfer wie folgt (§ 320 HGB): 254

Für den **Einzelabschluss:** 255

- Vorlagepflicht des Jahresabschlusses und des Lageberichts, bei bestimmten Kapitalgesellschaften, die Inlandsemittenten sind, auch die jeweils für Zwecke der Offenlegung im ESEF-Format[153] erstellten Fassungen von Jahresabschluss und Lagebericht (→ Rn. 267), unverzüglich nach Aufstellung in prüfungsfähigem Zustand. De facto wird der Abschlussprüfer seine Prüfung begleitend zum Aufstellungsprozess durchführen;
- Gestattung der Einsichtnahme in Bücher und Schriften der AG sowie Gestattung der physischen Prüfungsmöglichkeit der Vermögensgegenstände und Schulden (Teilnahme an Inventur). Dazu gehören auch Planungs-, Investitions- und Vorausschaurechnungen. Für seine Arbeitspapiere darf der Prüfer Abschriften fertigen und Kopien ziehen;

[152] Eine Mitwirkung des Vorstands bei dem Beschlussvorschlag führt zur Anfechtbarkeit des Beschlusses; vgl. Hüffer/Koch/*Koch* AktG § 124 Rn. 18.

[153] ESEF = European Single Electronic Format; EU-einheitliches elektronisches Berichtsformat nach Maßgabe von Art. 3 Delegierte Verordnung (EU) 2019/815 vom 17.12.2018 **(ESEF-VO).**

- Auskunftspflicht zur aktiven Unterstützung durch Aufklärung und Nachweise. Der Prüfer wird regelmäßig eine **Vollständigkeitserklärung** darüber verlangen, dass ihm alle relevanten Angaben und Informationen offengelegt worden sind;
- Das Recht auf Einsichtnahme und Auskunft steht dem Prüfer auch schon vor Vorlage des Abschlusses zu. Damit werden Vorprüfungen ermöglicht, die idR in großem Umfang erforderlich sind, um den engen Zeitrahmen auszuschöpfen.

256 Für den **Konzernabschluss:**

- Vorlagepflicht des Konzernabschlusses, des Konzernlageberichts und der Jahresabschlüsse und Lageberichte und der entsprechenden begleitenden Informationen (Konzernpackages) der einbezogenen Unternehmen, bei bestimmten Kapitalgesellschaften, die Inlandsemittenten sind, auch die jeweils für Zwecke der Offenlegung im ESEF-Format erstellten Fassungen von Konzernabschluss und -lagebericht (→ Rn. 267);
- Vorlagepflicht der Prüfungsberichte der Abschlussprüfer der Mutter- und Tochterunternehmen;
- Gestattung der Einsichtnahme in Bücher und Schriften von Mutter- und Tochterunternehmen und Auskunftspflichten sowohl der gesetzlichen Vertreter des Mutterunternehmens wie der Tochterunternehmen;
- Auskunfts- und Nachweispflichten der Einzelabschlussprüfer von Mutter- und Tochtergesellschaften gegenüber dem Konzernabschlussprüfer.

257 Die Auskunfts- und Nachweispflicht gegenüber dem Abschlussprüfer hat dort ihre **Grenzen,** wo Informationen für eine „sorgfältige Prüfung" nach den Grundsätzen ordnungsmäßiger Abschlussprüfung nicht erforderlich sind. Es muss stets ein unmittelbarer oder mittelbarer Zusammenhang mit dem Prüfungsauftrag bestehen. Welche Unterlagen und Informationen relevant sind, kann aber idR nur der Abschlussprüfer selbst entscheiden, jedenfalls nicht der Vorstand aus eigenem Ermessen. Die Frage kann problematisch werden, wenn der Prüfer Einsicht in streng vertrauliche Unterlagen, zB Protokolle der Vorstandssitzungen oder bestimmte Verträge, begehrt. Das Geheimhaltungsinteresse wird hier hinter dem Interesse des Prüfers an einer umfassenden Sachverhaltswürdigung zurücktreten müssen. Der Prüfer und seine Gehilfen sind handelsrechtlich und berufsrechtlich zur Verschwiegenheit verpflichtet; die Verschwiegenheitspflicht ist darüber hinaus strafrechtlich sanktioniert (§ 323 Abs. 1 HGB, § 333 HGB; §§ 43 Abs. 1, 50 WPO). Zu beachten ist, dass der Aufsichtsrat durch **Erweiterung des Prüfungsauftrags** auch das Auskunfts- und Einsichtsrecht des Prüfers erweitern kann (§ 111 Abs. 2 S. 2 AktG).

258 Das für Rechnungslegung zuständige Vorstandsmitglied wird die Abschlussprüfung für den Einzelabschluss und den Konzern laufend und aktiv begleiten. **Meinungsverschiedenheiten** sind zeitnah zu diskutieren und ggf. durch Änderung des vorgelegten Abschluss-Entwurfs zu bereinigen. Bleiben Meinungsverschiedenheiten, wird der Vorstand rechtzeitig den Aufsichtsrat bzw. den Prüfungsausschuss des Aufsichtsrats einschalten. Kommt ein Einvernehmen nicht zustande, hat der Abschlussprüfer zu entscheiden, ob und welche Konsequenzen er im Hinblick auf den Bestätigungsvermerk zu ziehen hat.

259 Vor endgültiger Ausfertigung des Prüfungsberichts findet in der Praxis eine **Schlussbesprechung** zwischen Prüfer und Vorstand statt, die auf der Grundlage eines Berichtsentwurfs geführt wird. Da der Aufsichtsrat Herr des Verfahrens mit dem Abschlussprüfer ist, kann es sich empfehlen, ein Mitglied des Aufsichtsrats oder des Prüfungsausschusses des Aufsichtsrats zuzuziehen. Es handelt sich um eine letzte Sachverhaltsabstimmung und Auskunftserteilung vor Ausfertigung des endgültigen Berichts des Abschlussprüfers. Den endgültigen **Prüfungsbericht** legt der Abschlussprüfer unmittelbar dem Aufsichtsrat vor; der Vorstand erhält ebenfalls endgültige Ausfertigungen. Vor der Zuleitung an den Aufsichtsrat ist dem Vorstand **Gelegenheit zur Stellungnahme** zu geben (§ 321 Abs. 5 S. 2 HGB). Dabei ist die Stellungnahme zum endgültigen Bericht, nicht etwa zu einem noch abänderbaren Entwurf, gemeint. Sie muss nicht schriftlich erfolgen und kann unterbleiben, wenn von Vorstandsseite keine Einwendungen bestehen. Die Stellungnahme ist nach ihrem Sinn

und Zweck dem Aufsichtsrat zuzuleiten, der auch originärer Empfänger des Prüfungsberichts ist.

Der Abschlussprüfer fasst das Ergebnis der Prüfung, die neuerdings bei bestimmten Kapitalgesellschaften die ESEF-Fassungen (→ Rn. 267) für die Offenlegung von Jahresabschluss, Konzernabschluss und (Konzern-)Lagebericht einschließt (§ 317 Abs. 3a HGB), in seinem **Bestätigungsvermerk** (Testat) zusammen (§ 322 HGB). Der Bestätigungsvermerk ist die für die Öffentlichkeit bestimmte Kurzfassung des Prüfungsberichts, beschreibt Gegenstand, Art, Umfang der Prüfung, die Rechnungslegungs- und Prüfungsgrundsätze und beurteilt das Prüfungsergebnis. Die Beurteilung muss ergeben, ob ein uneingeschränkter Bestätigungsvermerk erteilt wird oder aufgrund von Fehlern der Bestätigungsvermerk eingeschränkt oder versagt wird. Eine Versagung kommt auch in Betracht, wenn der Prüfer aufgrund von Prüfungshemmnissen nicht in der Lage ist, ein Prüfungsurteil abzugeben. Auf bestandsgefährdende Risiken hat der Prüfer gesondert einzugehen, auch kann er (ohne das Testat einzuschränken) auf Umstände hinweisen, auf die er besonders aufmerksam machen möchte. 260

### c) Prüfungsfeststellungen außerhalb des Prüfungsberichts

Für den Prüfungsbericht des Abschlussprüfers gem. § 321 HGB gilt der Grundsatz der Vollständigkeit und Einheitlichkeit der Berichterstattung. Der Prüfungsbericht ist grundsätzlich vertraulich und nur für Vorstand und Aufsichtsrat bestimmt; nur in bestimmten Fällen (Insolvenz) wird er offengelegt (§ 321a HGB). Alle wesentlichen Prüfungsfeststellungen müssen in den Bericht aufgenommen werden. Dazu gehören auch **Beanstandungen,** die nicht zu Konsequenzen für den Bestätigungsvermerk geführt haben, die aber für die Überwachung der Geschäftsführung von Bedeutung sind. 261

Werden im Zuge der Prüfung Feststellungen unter der Berichtsschwelle getroffen oder gibt der Abschlussprüfer organisatorische oder andere Hinweise, so erfolgen solche Angaben idR nicht im Prüfungsbericht, sondern in einem besonderen **Management Letter,**[154] dessen Adressat je nach Inhalt auch der Vorstand sein kann. Um Abgrenzungsfragen über die Gewichtigkeit der Feststellungen zu vermeiden, wird es sich empfehlen, solche Management Letter dem Aufsichtsrat auch ohne ausdrückliche Anforderung zur Verfügung zu stellen. 262

## IV. Offenlegungspflichten

Das Informationsrecht ist Bestandteil des Mitgliedschaftsrechts des Aktionärs. Dem trägt das AktG Rechnung, indem es anordnet, dass die Rechnungslegungsunterlagen – festgestellter Jahresabschluss, ggf. ein gebilligter Einzelabschluss nach den IFRS (→ Rn. 66), Lagebericht, Bericht des Aufsichtsrats und Gewinnverwendungsvorschlag des Vorstands, bei Konzernunternehmen auch der gebilligte Konzernabschluss, der Konzernlagebericht und der Bericht des Aufsichtsrats – von der Einberufung der Hauptversammlung an in dem Geschäftsraum der AG auszulegen sind und jedem Aktionär auf Verlangen eine Abschrift zu erteilen ist; die Veröffentlichung der Unterlagen auf der Website der Gesellschaft reicht aus (§ 175 Abs. 2 AktG). Darüber hinaus steht dem Aktionär in der Hauptversammlung das Auskunftsrecht zu. 263

Da die Berichterstattung zur Unternehmenstätigkeit über die Aktionäre hinaus von allgemeinem Interesse ist, werden die vorbezeichneten Unterlagen, jeweils versehen mit dem Bestätigungsvermerk des Abschlussprüfers oder dem Vermerk über dessen Versagung, die Erklärungen zum Bilanzeid (→ Rn. 233), der Gewinnverwendungsvorschlag und (sobald er vorliegt) der Gewinnverwendungsbeschluss sowie die Entsprechenserklärung zum DCGK elektronisch beim Betreiber des Bundesanzeigers in einer Form eingereicht, die 264

[154] IdW PS 450 Rn. 17.

ihre Bekanntmachung ermöglicht, und sind unverzüglich im Bundesanzeiger bekannt machen zu lassen (§ 325 Abs. 1, 2 und 3 HGB); nach Inkrafttreten des DiRUG sind die Unterlagen der das Unternehmensregister führenden Stelle elektronisch zur Einstellung in das Unternehmensregister zu übermitteln. Werden Abschluss oder Lagebericht geändert, ist auch die Änderung offenzulegen (§ 325 Abs. 1b S. 1 HGB). Für Zwecke der **Offenlegung** kann in bestimmten Fällen ein Einzelabschluss nach IFRS an die Stelle des Jahresabschlusses nach dem HGB treten (→ Rn. 66; § 325 Abs. 2a und 2b HGB).

265 Der Vorstand reicht die Unterlagen spätestens mit Ablauf des **zwölften Monats** des dem Abschlussstichtag folgenden Geschäftsjahres ein bzw. (nach DiRUG) übermittelt sie (§ 325 Abs. 1a S. 1 HGB). Für kapitalmarktorientierte Gesellschaften verkürzt sich die Frist auf **vier Monate** (§ 325 Abs. 4 HGB), es sei denn es handelt sich um ein Unternehmen, dass ausschließlich Schuldverschreibungen, Genuss- und Optionsscheine mit einer Mindeststückelung von 100.000 EUR an einem organisierten Markt begibt (§ 327a HGB).[155] Die Erleichterung nach § 327a HGB entfällt nach DiRUG. Der DCGK setzt die Fristen für börsennotierte Gesellschaften noch enger: Der Konzernabschluss und der Konzernlagebericht sollen binnen **90 Tagen** nach Geschäftsjahresende, die verpflichtenden unterjährigen Finanzinformationen binnen 45 Tagen nach Ende des Berichtszeitraums öffentlich zugänglich sein (Empfehlung F.2 DCGK). Die Veröffentlichung wird das für die Rechnungslegung zuständige Vorstandsmitglied veranlassen; der Gesamtvorstand bleibt aber für die ordnungsgemäße Offenlegung verantwortlich. Unberührt von diesen gesetzlichen Regelungen bleiben anderweitige Bestimmungen (zB nach der Satzung) über die Offenlegung der Rechnungsunterlagen (§ 325 Abs. 5 HGB).

266 Offengelegt wird in der **Form,** die den für die Aufstellung maßgeblichen Vorschriften entspricht (§ 328 Abs. 1, 3 HGB). Die offenlegungspflichtigen Unterlagen und die Art der Offenlegung sind allerdings abgestuft. Die **kleine AG** darf auf die Offenlegung der GuV und der die GuV betreffenden Angaben im Anhang, des wahlweise aufgestellten Lageberichts, der Angaben zur Ergebnisverwendung und des Aufsichtsratsberichts verzichten. Es sind also die Bilanz und ggf. ein verkürzter Anhang einzureichen (§ 326 HGB, mit weiteren Erleichterungen für **Kleinstkapitalgesellschaften** iSv § 267a HGB). Die **mittelgroße AG** kann bei Bilanz und Anhang gewisse Verkürzungen in Anspruch nehmen (§ 327 HGB). Neben den allgemeinen gesetzlichen Offenlegungspflichten sind branchenspezifische Besonderheiten (Banken, Versicherungen) und ggf. auch Bestimmungen in der Satzung zu beachten (§ 23 Abs. 4 AktG, § 25 AktG).

267 Kapitalmarktorientierte Unternehmen, die Inlandsemittenten von Wertpapieren (§ 2 Abs. 1, 14 WpHG) sind und nicht unter § 327a HGB fallen, haben ab Geschäftsjahren, die am 1.1.2020 beginnen, ihre Finanzberichte nach der ESEF-VO (VO (EU) 2019/815) in einem bestimmten europaweit einheitlichen elektronischen Datenformat **(ESEF-Format)** offenzulegen, und zwar in XHMTL (Extensible, Hypertext Markup Language), Konzerne haben den (IFRS-)Konzernabschluss darüber hinaus mit sog. iXBRL-Tags zu kennzeichnen. Das Berichtsformat iXBRL baut auf XBRL (eXtensible Business Reporting Language) auf, einem weltweiten Berichtsstandard für Finanzinformationen, der deren elektronischen Austausch und eine verbesserte Vergleichbarkeit, Analyse und Kommunikation von Abschlüssen ermöglicht. Die automatisierte Verarbeitung der Finanzdaten wird durch das Auszeichnen (Tagging) der einzelnen Berichtsinhalte anhand vordefinierter Schemata (Taxonomien) ermöglicht, die in der ESEF-VO detailliert beschrieben sind. Durch iXBRL-Elemente werden die elektronischen Dokumente auch für Menschen lesbar, während eine reine XBRL-basierte Berichterstattung nur maschinell verarbeitet werden kann.[156]

268 Zu den Abschlüssen ist das **Datum** der Feststellung oder der Billigung anzugeben. Bei gesetzlich geprüften Abschlüssen ist der Bestätigungs- oder Versagungsvermerk in vollem

[155] Vgl. BeBiKo/*Grottel* HGB § 327a Rn. 6f.
[156] Vgl. WP-Handbuch 2021 L 10.1.3 Rn. 600ff.; *Ruhnke/Schmidt* Wpg 2021, 275; Wpg 2021, 413.

Wortlaut wiederzugeben, werden Offenlegungserleichterungen genutzt ggf. mit dem Hinweis, dass sich der Bestätigungsvermerk auf den vollständigen Abschluss bezieht. Werden nicht alle offenzulegenden Unterlagen zeitgleich mit den Abschlüssen vorgelegt, so ist auch darauf hinzuweisen (§ 328 Abs. 1a, Abs. 3 S. 2 HGB). Erfolgt die Wiedergabe von Abschlüssen in **freiwilligen Veröffentlichungen** abweichend von den gesetzlichen Vorschriften für ihre Aufstellung, so ist in der Überschrift darauf hinzuweisen, dass es sich nicht um eine der gesetzlichen Form bzw. Format entsprechende Veröffentlichung handelt. Ein Bestätigungsvermerk darf nicht beigefügt werden, allerdings ist im Falle der gesetzlichen Prüfungspflicht anzugeben, zu welchem zusammenfassenden Prüfungsurteil der Prüfer in Bezug auf den in gesetzlicher Form erstellten Abschluss gelangt ist und ob der Bestätigungsvermerk einen Hinweis enthält (→ Rn. 260), ferner, ob die Unterlagen bei dem Betreiber des Bundesanzeigers eingereicht worden sind (§ 328 Abs. 2 HGB).

Wird der **Konzernabschluss zusammen mit dem Jahresabschluss** des Mutterun- 269
ternehmens oder einem von diesem aufgestellten IFRS-Einzelabschluss nach § 325 Abs. 2a HGB **offengelegt,** können die Vermerke des Abschlussprüfers zu beiden Abschlüssen zusammengefasst werden. Für diesen Fall können auch die jeweiligen Prüfungsberichte zusammengefasst werden (§ 325 Abs. 3a HGB).

Missachtet der Vorstand gesetzliche Offenlegungspflichten, hat dies keine Folgen für die 270
Wirksamkeit der Abschlüsse. Das Bundesamt für Justiz hat von Amts wegen ein **Ordnungsgeldverfahren** durchzuführen (§ 335 HGB). Der Hinweis auf die Verletzung der Offenlegungspflichten erfolgt durch automatische Ermittlung des Betreibers des elektronischen Bundesanzeigers, wodurch eine lückenlose Erfassung von Verletzungen der Publizitätspflicht erreicht ist (§ 329 Abs. 4 HGB). Das Ordnungsgeld wird mit einer sechswöchigen Frist angedroht und bei Nichterfüllung nach Fristenablauf festgesetzt. Es beträgt 2.500–25. 000 EUR, allerdings sind **wesentlich höhere Beträge für kapitalmarktorientierte** Gesellschaften festgelegt (§ 335 Abs. 1 S. 4, Abs. 1a HGB).

Adressaten des Ordnungsgeldes sind die Mitglieder des Vorstands persönlich oder auch 271
die Gesellschaft. Ob die Maßnahme ein Verschulden voraussetzt, ist umstritten.[157] Selbst wenn man die Voraussetzung des Verschuldens bejaht, wird eine Entlastung kaum gelingen, weil es in der Hand des Vorstands liegt und er dafür Sorge zu tragen hat, dass die Jahresabschlussdaten übermittelt werden. Es wird darüber hinaus die Auffassung vertreten, dass es sich bei den Offenlegungspflichten um Schutzgesetze handle, sodass auch deliktische Ansprüche gegen den Vorstand begründet werden können, wenn durch die Publizitätsverweigerung Schaden verursacht worden ist (§ 823 Abs. 2 BGB).[158]

## V. Enforcement

### 1. Enforcement der Rechnungslegung

Mit dem sog. Bilanzkontrollgesetz hat der deutsche Gesetzgeber 2004 die Überwachung 272
von Abschlüssen und Berichten als Instrument der **Kapitalmarktaufsicht** für deutsche Unternehmen geschaffen, die Wertpapiere iSv § 2 Abs. 1 WpHG emittieren, also insbesondere Aktien, Zertifikate, Schuldverschreibungen, Genussscheine und Optionen. Eingeschlossen in die Überwachung sind (jeweils einschließlich der Buchführung) die zuletzt festgestellten und gebilligten Jahres- und Konzernabschlüsse nebst Lageberichten, die jeweils zuletzt offengelegten Fassungen einschließlich eines ggf. offengelegten Einzelabschlusses nach § 325 Abs. 2a HGB, die veröffentlichten verkürzten Abschlüsse und zugehörige Zwischenlageberichte sowie veröffentlichte Zahlungs- oder Konzernzahlungsberichte (§§ 106, 107 Abs. 1 WpHG). Geprüft werden können auch Abschlüsse oder

[157] Bejahend LG Bonn in stRspr, vgl. LG Bonn NZG 2010, 193 (194); BeBiKo/*Grottel/H. Hoffmann* HGB § 335 Rn. 16; aA *de Werth* NZI 2008, 711 (714).
[158] Vgl. dazu *Janssen* DStR 1999, 1490 (1495 ff.).

Berichte, die gegenüber dem zuletzt festgestellten, gebilligten oder offengelegten Abschluss oder Bericht auf den Vorjahreszeitraum (nach dem FISG: die beiden vorangegangenen Geschäftsjahre) Bezug nehmen (§ 107 Abs. 2 WpHG).

273 Vorgesehen ist die Überwachung durch die **BaFin,** die eine Prüfung bei konkreten Anhaltspunkten für einen Verstoß gegen Rechnungslegungsvorschriften anordnen kann, es sei denn, dass offensichtlich kein öffentliches Interesse an einer Klärung besteht. Möglich ist die Prüfung auch ohne besonderen Anlass auf der Grundlage einer Stichprobe (§ 107 Abs. 1 WpHG). **Prüfungsmaßstab** sind die gesetzlichen Vorschriften, die Grundsätze ordnungsmäßiger Buchführung und die sonstigen gesetzlich zugelassenen Rechnungslegungsstandards. Eine Prüfung findet nicht statt, während eine Bilanznichtigkeitsklage anhängig ist oder soweit zu den fraglichen Gegenständen eine Sonderprüfung nach AktG eingeleitet ist (§ 107 Abs. 3 WpHG).

274 In die Unternehmensüberwachung ist bislang die privatrechtlich organisierte **Deutsche Prüfstelle für Rechnungslegung DPR e.V.** aufgrund Anerkennungsvertrag vom 30.3. 2005 eingeschaltet (bisheriger § 342b Abs. 1 HGB), die insbesondere die stichprobenartigen Prüfungen durchführt, aber auch anlassbezogen bei konkreten Anhaltspunkten für einen Verstoß gegen Rechnungslegungsvorschriften oder auf Verlangen der BaFin tätig wird (bisheriger § 108 Abs. 1 S. 1, Abs. 2 WpHG und § 342b Abs. 2 HGB). Der Anerkennungsvertrag wurde zum 31.12.2021 ordentlich gekündigt.

275 Demzufolge ist nur noch bis Ende 2021 in einer **ersten Stufe** des Prüfverfahrens die DPR tätig, wenn die AG bei der Prüfung mitwirkt und der Vorstand sich verpflichtet, Auskünfte zu erteilen und Unterlagen vorzulegen. Ergibt die Prüfung die Fehlerhaftigkeit des Abschlusses und ist die AG mit dieser Feststellung einverstanden, so ordnet die BaFin die **Bekanntmachung** der Feststellungen im elektronischen Bundesanzeiger sowie entweder in einem überregionalen Börsenpflichtblatt oder in einem anderen weit verbreiteten elektronischen Informationsmedium an, es sei denn, bestimmte Ausnahmetatbestände greifen. Damit ist das Verfahren abgeschlossen (bisheriger § 109 WpHG). Verweigert die AG ihre Mitwirkung, ist sie mit dem Ergebnis der Prüfung nicht einverstanden oder bestehen erhebliche Zweifel an der Richtigkeit des Prüfungsergebnisses oder der ordnungsgemäßen Durchführung der Prüfung durch die Prüfstelle, so übernimmt bislang das Verfahren auf der **zweiten Stufe** die BaFin (bisherige §§ 108ff. WpHG). Diese zweite Stufe ist nicht mehr auf Freiwilligkeit aufgebaut, vielmehr sind die AG einschließlich ihrer Töchter, ihre Organe und Beschäftigte verpflichtet, Auskünfte zu erteilen und Unterlagen vorzulegen, soweit dies zur Prüfung erforderlich ist. Auch die Abschlussprüfer sind auf der zweiten Stufe zur Auskunft verpflichtet, beschränkt auf Tatsachen, die ihnen im Rahmen der Prüfung bekannt geworden sind (bisheriger § 107 Abs. 5 WpHG). Stellt die BaFin einen Fehler fest, ordnet sie wie vor dessen Veröffentlichung an.

276 Nach dem FISG ist ab 2022 ausschließlich die BaFin für das Enforcement zuständig, die sich allerdings im Prüfverfahren anderer Einrichtungen und Personen bedienen kann (§ 107 Abs. 4 WpHG). Wie bislang auf der zweiten Stufe sind die AG einschließlich der Tochterunternehmen, ihre Organe, Beschäftigte und Abschlussprüfer zu Auskünften und zur Vorlage von Unterlagen verpflichtet, soweit dies zur Prüfung erforderlich ist. Darüber hinaus sind jetzt auch sonstige Daten vorzulegen und auf Verlangen Kopien zu überlassen, die BaFin kann die verpflichteten Personen laden und vernehmen. Die Auskunftspflicht der Abschlussprüfer beschränkt sich auf Tatsachen, die ihnen im Rahmen der Prüfung bekannt geworden sind (§ 107 Abs. 5 WpHG). Neu ist die Möglichkeit, im Rahmen des Prüfverfahrens erforderlichenfalls Geschäfts- und Wohnräume zu durchsuchen und ggf. Beschlagnahmen vorzunehmen (§ 107 Abs. 7 WpHG), sowie die Publizität des Verfahrens auf der Internetseite der BaFin unter Nennung des betroffenen Unternehmens (§ 107 Abs. 8 und 9 WpHG). Stellt die BaFin keinen Fehler fest, teilt sie dies dem Unternehmen mit (§ 109 Abs. 3 WpHG), andernfalls macht sie den Fehler, ggf. zusammen mit der Feststellung, wie sich die Rechnungslegung ohne den Fehler dargestellt hätte, unter Nennung des betroffenen Unternehmens samt den wesentlichen Teilen der Begründung auf ihrer

Internetseite, im Bundesanzeiger und in einem überregionalen Börsenpflichtblatt oder anderem weit verbreiteten elektronischen Informationsmedium bekannt, es sei denn, es besteht daran kein öffentliches Interesse. Die Berichtigung des Fehlers kann angeordnet werden (§ 109 Abs. 1 und 2 WpHG).

Gegen die Feststellungen der BaFin ist nach einem Widerspruchsverfahren der **Rechtsweg** (Beschwerde) zum OLG Frankfurt a. M. eröffnet (§§ 112, 113 WpHG iVm § 48 Abs. 2–4 WpÜG). Widerspruch und Beschwerde haben keine aufschiebende Wirkung, es sei denn, dass das OLG aufschiebende Wirkung anordnet. Mit seinem Urteil vom 4.2. 2019 hat das OLG Frankfurt a. M. die Rolle der BaFin bei der Auslegung und Rechtsanwendung von unklaren Normen und Regelungslücken deutlich gestärkt.[159] Nicht geregelt ist, wie die AG bzw. deren Abschlussprüfer auf eine einvernehmliche oder durch die BaFin angeordnete Fehlerfeststellung bilanziell zu reagieren hat. Handelt es sich bei dem festgestellten Fehler um einen Nichtigkeitsgrund und sind die aktienrechtlichen Heilungsfristen noch nicht abgelaufen, so ist eine Neuaufstellung des betroffenen Jahresabschlusses nicht vermeidbar. Bei Fehlern unterhalb der Nichtigkeitsschwelle oder nach Ablauf der Heilungsfristen wird eine Korrektur in laufender Rechnung ausreichen, soweit sich der Fehler unmittelbar oder mittelbar in den Folgeabschlüssen fortsetzt.[160] 277

Neu geregelt ist aufgrund der Erfahrungen bei Wirecard nach dem FISG ein verfahrensbezogener Informationsaustausch zwischen der BaFin, der Abschlussprüferaufsichtsstelle (→ Rn. 279), dem BMF, dem BMJV und dem BMWi ohne Rücksicht auf gesetzliche Verschwiegenheits- und Geheimhaltungspflichten (§ 109a WpHG). Die Bundesanstalt hat bei Verdacht auf Straftaten im Zusammenhang mit der Rechnungslegung die zuständige Behörde (Staatsanwaltschaft) einzuschalten, bei Verdacht auf Berufspflichtverletzungen der Abschlussprüfer dies der Abschlussprüferaufsichtsstelle anzuzeigen. Bei einer möglichen Verletzung von Börsenrecht ist die Börsenaufsichtsbehörde einzuschalten (§ 110 WpHG). Die BaFin arbeitet mit ausländischen Enforcement-Institutionen zusammen (§ 111 WpHG). 278

## 2. Enforcement der Abschlussprüfung

Das Pendant zum Enforcement der Rechnungslegung ist auf der Prüferseite das Enforcement der Abschlussprüfung durch die fachlich eigenständige und unabhängige **Abschlussprüferaufsichtsstelle (APAS)** beim Bundesamt für Wirtschaft und Ausfuhrkontrolle (BAFA). 279

Die Abschlussprüferaufsichtsstelle führt (1) ohne besonderen Anlass, (2) bei konkreten Anhaltspunkten für Verstöße gegen Berufspflichten oder (3) aufgrund von Hinweisen der DPR, der BaFin oder anderen Stellen (zB dem US-amerikanischen PCAOB) Inspektionen bei Wirtschaftsprüfer-Praxen durch, die Abschlussprüfungen bei Unternehmen von öffentlichem Interesse (→ Rn. 32) durchführen. Sie entscheidet über Sanktionen im Rahmen der Berufsaufsicht (§ 66a Abs. 6 WPO, § 62b WPO) und übt die öffentliche fachbezogene Aufsicht über die Wirtschaftsprüferkammer aus (§ 66a Abs. 1 WPO). 280

Die durchzuführenden **Inspektionen** erstrecken sich nach Art 26 Abs. 6 Abschlussprüfer-VO (VO (EU) Nr. 537/2014) mindestens auf 281

- eine Bewertung des Aufbaus des internen Qualitätssicherungssystems der Wirtschaftsprüferpraxis,
- eine angemessene Prüfung der Einhaltung der Qualitätssicherungsmaßnahmen in den Verfahren und eine Überprüfung der Prüfungsunterlagen von Unternehmen von öffentlichem Interesse zur Ermittlung der Wirksamkeit des internen Qualitätssicherungssystems sowie

[159] Krit. hierzu *Lüdenbach/Freiberg* DB 2019, 2305.
[160] Vgl. BeBiKo/*Grottel* HGB § 342b Rn. 100.

– eine unter Berücksichtigung der Ergebnisse der Inspektion vorgenommene Bewertung des Inhalts des aktuellsten von der Praxis veröffentlichten jährlichen Transparenzberichtes.

282 Das Enforcement der Abschlussprüfung ist unabhängig vom Enforcement der Rechnungslegung und bezieht sich auf die Tätigkeit der Abschlussprüfer im Rahmen der Prüfung, insbesondere die Einhaltung der gesetzlichen Regelungen und (inter-) nationalen, aber auch der praxisinternen Prüfungsgrundsätze. Der Gesetzgeber hat die Berufspflichten (§ 43 WPO) und die Unabhängigkeits- und Rotationspflichten für Abschlussprüfer im Rahmen des FISG, insbesondere bei Unternehmen von öffentlichem Interesse, deutlich verschärft. Die Sanktionen nach der WPO reichen von der Rüge über Geldbußen und zeitweisen Tätigkeitsverboten bis zum Ausschluss aus dem Beruf. Ferner besteht die Möglichkeit festzustellen, dass der Bestätigungsvermerk nicht gesetzeskonform erteilt wurde (§ 68 Abs. 1 WPO). Hinzu treten zivil- und strafrechtliche Haftungsvorschriften, die das FISG ebenfalls einschneidend angezogen hat, bis hin zur unbeschränkten Haftung jetzt auch bei grob fahrlässigem Handeln eines Abschlussprüfers im Falle der Prüfung eines Unternehmens von öffentlichem Interesse (§ 323 Abs. 2 HGB, §§ 332, 334 Abs. 2 HGB).

## VI. Sanktionen

### 1. Straf- und Ordnungswidrigkeitenrecht

283 Die Rechenschaftslegung durch Vorstand (und Aufsichtsrat) ist mit straf- und ordnungswidrigkeitlichen Sanktionen belegt. Dabei fällt unter das **Bilanzstrafrecht im eigentlichen Sinne** die unrichtige, unvollständige oder verschleiernde Bilanzaufstellung sowie das Unterlassen der Aufstellung oder das verspätete Aufstellen einer Bilanz. Auch weitere Vorschriften des Strafrechts schützen die kaufmännische Rechnungslegung (Bilanz, GuV, Lagebericht) einschließlich der Buchführungs- und Inventarisierungspflicht. Hier sei nur auf die wichtigen Tatbestände hingewiesen: Mit **Freiheitsstrafe** bis zu drei Jahren oder mit Geldstrafe ist bedroht (Deliktstatbestand) die unrichtige Wiedergabe oder Verschleierung im Abschluss und Lagebericht einschließlich der nichtfinanziellen Erklärung bzw. im gesonderten nichtfinanziellen (Konzern-)Bericht oder in Zwischenberichten (Einzelabschluss und Konzern), die Offenlegung eines unrichtigen Rechenwerks zur Inanspruchnahme von Befreiungen nach § 325 Abs. 2a S. 1, Abs. 2b HGB, § 291 Abs. 1 und 2 HGB, § 292 HGB sowie die unrichtige Angabe oder Verschleierung gegenüber dem Abschlussprüfer; handelt der Täter im Falle der Offenlegung eines unrichtigen Rechenwerks zur Inanspruchnahme von Befreiungen leichtfertig, so ist die Strafe Freiheitsstrafe bis zu einem Jahr oder Geldstrafe (§ 331 HGB). Die Abgabe einer unrichtigen Versicherung zum (Konzern-)Abschluss und zum (Konzern-)Lagebericht („Bilanzeid") wird nunmehr nach dem FISG mit bis zu fünf Jahren, bei leichtfertigem Handeln mit bis zu zwei Jahren Freiheitsstrafe oder mit Geldstrafe belegt (§ 331a HGB; vgl. auch § 119a WpHG). Weitere Strafvorschriften treffen den Abschlussprüfer oder seine Gehilfen (§§ 332, 333, 333a HGB).

284 Neben diesen im HGB geregelten Tatbeständen kommen auch bei der Rechenschaftslegung die allgemeinen Straftatbestände Untreue, Betrug und Kredit- und Subventionsbetrug und im Insolvenzfall die Insolvenzstraftatbestände, vor allem das Nichtführen oder mangelhafte Führen der Handelsbücher, die Verletzung von Buchführungspflichten, das Beiseiteschaffen oder Zerstören von Handelsbüchern oder die mangelhafte oder nicht rechtzeitige Bilanzaufstellung gem. §§ 263, 265b, 266, 283, 283b StGB zum Zuge.

285 Von erheblicher praktischer Bedeutung sind die **Straftatbestände des Steuerrechts,** nämlich die Steuerhinterziehung und die leichtfertige Steuerverkürzung (§§ 370, 378 AO). Sie hängen eng mit dem Grundsatz der Maßgeblichkeit der Handelsbilanz für die Steuerbilanz zusammen. Allerdings ist nicht schon jede unrichtige oder manipulierte Buchhaltung eine Tatbestandserfüllung; erst die Vorlage bei der Steuerbehörde kann eine

Tathandlung sein. In Zweifelsfällen empfiehlt sich, schon wegen der Möglichkeit einer strafbefreienden **Selbstanzeige** (§ 371 AO), die rechtzeitige Einschaltung eines sachkundigen externen Beraters.

## 2. Bußgeldvorschriften und Zwangsgelder

Als **Ordnungswidrigkeit** ist mit **Bußgeld** die Verletzung einer Fülle von Vorschriften 286
bei Aufstellung, Feststellung, Prüfung oder Offenlegung der Abschlüsse, Lageberichte und der gesonderten nichtfinanziellen Berichte (§ 334 HGB) bedroht; verschärft wurden durch das FISG insbesondere Verstöße von Prüfern oder Mitgliedern des Prüfungsausschusses gegen Vorschriften, die einen Abschlussprüfer von der Prüfung eines Unternehmens ausschließen (§ 334 Abs. 2, 2a HGB). Zu bemerken ist, dass die Verletzung von Einzelvorschriften der IFRS bisher nicht in den Bußgeldkatalog aufgenommen wurde. In der Praxis ist der Anwendungsbereich bislang eher gering. Zum einen wird er bei Vorliegen von Bilanzdelikten von diesen schwereren Straftatbeständen kompensiert, zum anderen werden Fehler der pönalisierten Art idR bereits im Rahmen einer Abschlussprüfung bereinigt. Die Zuständigkeit liegt für kapitalmarktorientierte Unternehmen bei der BaFin, für verbotswidrige Tätigkeit als Abschlussprüfer bei der APAS, ansonsten beim Bundesamt für Justiz in Bonn (§ 334 Abs. 4 HGB), das grundsätzlich von Amts wegen tätig wird, praktisch aber wohl zumeist erst über eine Anzeige, die von jedermann getätigt werden kann, von einem Verstoß Kenntnis erlangt. Es kann eine Geldbuße bis zu 50.000 EUR festgesetzt werden, sie erhöht sich auf 500.000 EUR bei Verstößen gegen Vorschriften, die einen Abschlussprüfer von der Prüfung eines Unternehmens ausschließen (§ 334 Abs. 3 S. 1 HGB). Bei kapitalmarktorientierten Unternehmen beträgt die Geldbuße in den Fällen des § 334 Abs. 1 HGB mindestens 2 Mio. EUR bzw. 10 Mio. EUR, wenn die Geldbuße unter § 30 OWiG fällt (§ 334 Abs. 3 S. 2, Abs. 3a HGB). Praktisch bedeutsamer ist die Androhung bzw. Festsetzung eines Ordnungsgeldes bei Verletzung der Offenlegungspflichten für Jahres- und Konzernabschluss und Lage- und Konzernlagebericht (→ Rn. 270; § 335 HGB).

Auch **steuerrechtliche Pflichten** können mit Hilfe von Zwangsmitteln nach entspre- 287
chender Androhung durchgesetzt werden. Zwangsmittel sind das Zwangsgeld, die Ersatzvornahme und unmittelbarer Zwang (§§ 328 ff. AO). Das einzelne Zwangsgeld darf 25.000 EUR nicht übersteigen. Erzwingbar sind beispielshalber die fristgerechte Abgabe von Steuererklärungen, die Aufstellung und Vorlage der Bilanz, die Vorlage von Geschäftsbüchern, die Erteilung von Auskünften. Eine Erzwingbarkeit ist dann nicht gegeben, wenn sich der Vorstand selbst wegen einer Straftat oder Steuerordnungswidrigkeit belasten müsste.

Die Zwangsmittel richten sich immer gegen den Vorstand als dem gesetzlichen Vertre- 288
ter, weil nur der Wille natürlicher Personen gebeugt werden kann. Es ist nicht selbstverständlich, dass im Wege des **Aufwendungsersatzes** die AG diese Kosten ersetzt, da regelmäßig ein Aufwendungsersatzanspruch dort nicht besteht, wo der Aufwand die Folge einer vom Gesetz missbilligten Handlung oder Unterlassung ist.[161] Ausnahmsweise mögen überwiegend im wohlverstandenen Interesse der AG liegende Handlungen oder Unterlassungen zu einer anderen Beurteilung führen. Darüber zu befinden hat in jedem Fall der Aufsichtsrat.

## 3. Zivilrechtliche Schadensersatzansprüche

Zivilrechtliche Schadensersatzansprüche aus Verletzung der Rechnungslegungspflichten 289
können sich gegen die AG als juristische Person oder gegen den Vorstand als deren gesetzlichem Vertreter richten.

[161] Vgl. *Palandt/Sprau* BGB § 670 Rn. 4.

290 **Ansprüche gegen die AG** aus falscher Rechnungslegung können sich ergeben aus:
- der Börsenprospekthaftung nach §§ 44 ff. BörsG;
- der Haftung nach §§ 21 ff. WpPG;
- der Haftung wegen unterlassener unverzüglicher Veröffentlichung kursbeeinflussender Tatsachen oder wegen Veröffentlichung unwahrer Tatsachen in einer Mitteilung über kursbeeinflussende Tatsachen (§§ 97, 98 WpHG).

291 Bei diesen Haftungsgrundlagen handelt es sich um kapitalmarktrechtliche Regelungen. Im Übrigen gilt der Grundsatz, dass die AG für das Handeln ihrer Organe haftet, wenn der Vorstand in Ausübung seines Amtes eine zum Schadensersatz verpflichtende Handlung oder Unterlassung verwirklicht (§ 31 BGB). Wenn auch solche Tatbestandsverwirklichungen im Bereich der Rechnungslegung eher selten sein werden, ausgeschlossen sind sie nicht, insbesondere dann nicht, wenn durch Manipulation im Rechenwerk vertragliche Ansprüche Dritter beeinträchtigt werden.

292 **Ansprüche** der AG selbst **gegen den Vorstand** aus falscher Rechnungslegung können sich sehr viel häufiger ergeben. Die soeben erläuterten kapitalmarktrechtlichen Haftungsregelungen werden idR durch eine Pflichtverletzung des Vorstands verursacht, sodass die AG im Innenverhältnis Regress beim Vorstand nehmen kann. Ansprüche aus falschen oder unterlassenen Ad hoc-Informationen können im Voraus weder ermäßigt noch erlassen werden (§ 97 Abs. 5 WpHG; § 98 Abs. 5 WpHG).

293 Im Übrigen gilt bei Pflichtverletzungen im Rahmen des Rechnungs- und Rechenschaftswesen die allgemeine Vorstandshaftung bei Verletzung der Sorgfalt eines ordentlichen und gewissenhaften Geschäftsleiters (§ 93 Abs. 1 AktG).

## 4. Nichtigkeit des Jahresabschlusses

294 Besonders gravierende Mängel können zur Nichtigkeit des festgestellten Jahresabschlusses führen. Dabei geht es nur um den Einzel-, nicht um den Konzernabschluss. Die Nichtigkeitsgründe sind abschließend im AktG aufgezählt, neben den Fällen in § 173 Abs. 3 AktG, § 234 Abs. 3 AktG und § 235 Abs. 2 AktG betreffen sie nach § 256 AktG folgende Sachverhalte:
- Verletzung von Vorschriften, die ausschließlich oder überwiegend dem Gläubigerschutz dienen;
- ausgewählte Prüfungsmängel;
- fehlerhafte Rücklagenzuführung oder -entnahme;
- formale Mängel bei der Jahresabschlussfeststellung;
- gravierende Gliederungsverstöße;
- Überbewertung von Bilanzposten;
- Unterbewertung von Bilanzposten, wenn dadurch die Vermögens- und Ertragslage der AG vorsätzlich unrichtig wiedergegeben oder verschleiert wird.

295 Einerseits besteht ein hohes Interesse an der Richtigkeit des Jahresabschlusses, andererseits bedarf es der Rechtssicherheit, gerade was den Jahresabschluss nach HGB angeht, an den eine Reihe von Rechten der Aktionäre sowie Dritter und entsprechende Verpflichtungen der AG anknüpfen. Deshalb werden Nichtigkeitsgründe bis auf wenige Ausnahmen (Fälle der §§ 173, 234 und 235 AktG, daneben fehlende Abschlussprüfung und erfolgreiche Anfechtungsklage, § 256 Abs. 1 Nr. 2, Abs. 3 Nr. 3 AktG) durch schlichten Zeitablauf geheilt. Die **Heilungsfristen** betragen bei den minderen Mängeln (Prüferbestellung war mangelhaft, Fehler bei Rücklagendotierung, formale Fehler bei der Abschlussfeststellung) sechs Monate, im Übrigen drei Jahre seit Bekanntmachung des Jahresabschlusses im Bundesanzeiger. Nicht heilbar sind die fehlende Prüfung trotz bestehender gesetzlicher Prüfungspflicht und die rechtskräftige Nichtigkeitserklärung durch Urteil aufgrund Anfechtungsklage (§ 256 Abs. 1 Nr. 2, Abs. 3 Nr. 3 AktG).

296 Entdeckt der Vorstand einen Nichtigkeitsgrund nach Bekanntmachung des Abschlusses, muss er an sich den Abschluss neu aufstellen mit der Folge einer erneuten Abschlussprü-

fung und Feststellung. Es kann aber im Einzelfall unter Berücksichtigung ggf. schon eingetretener Rechtsfolgen (Dividendenausschüttung, Befriedigung ergebnisabhängiger Ansprüche etc) bei heilbaren Mängeln durchaus im Rahmen einer sorgfältigen Geschäftsleitung liegen, die **Heilungsfristen abzuwarten,** dh nichts zu unternehmen.[162] Unvertretbar erscheint dies jedoch dann, wenn erhebliche Anspruchsverkürzungen oder eine verzerrende Darstellung der Finanz-, Vermögens- oder Ertragslage eingetreten sind. Der Vorstand wird dann aufgrund seiner Legalitätspflicht eine Neuaufstellung nicht vermeiden dürfen.

Eine Heilung tritt nicht ein, wenn innerhalb der Heilungsfristen eine **Klage** auf Feststellung der Nichtigkeit erhoben worden ist (§ 256 Abs. 3 Nr. 3, Abs. 6 AktG). Die Klage kann ein Aktionär, der Vorstand, ein einzelnes Mitglied des Vorstands oder des Aufsichtsrats erheben und daneben auch jeder Dritte, wenn er ein eigenes Feststellungsinteresse belegen kann (§ 256 Abs. 7 AktG, § 249 AktG; § 256 ZPO). Ein Urteil wirkt gegenüber jedermann.[163] 297

Ein schwieriges Problem ergibt sich für den Vorstand, wenn eine Nichtigkeitsklage erhoben ist und der Prozess sich in die nachfolgenden Geschäftsjahre hineinzieht. Sind die nachfolgenden Jahresabschlüsse durch die Nichtigkeitsklage infiziert? Kann eine Dividende ausgeschüttet werden? Man muss zwei Grundfälle unterscheiden: 298

Wird die mit Nichtigkeit bedrohte **Bilanzierung im Folgeabschluss fortgesetzt,** dann nimmt der Vorstand auch die Nichtigkeit des Folgeabschlusses billigend in Kauf. Der Abschluss ist schwebend unwirksam. Wird auf Basis dieses Abschlusses eine Dividende ausgeschüttet, ist der Vorstand gut beraten, das Bilanzproblem deutlich zu publizieren, schon um bei später tatsächlich gerichtlich festgestellter Nichtigkeit die Dividende wieder zurückfordern zu können (§ 62 Abs. 1 AktG). Bei einer Publikumsaktiengesellschaft scheidet eine Rückforderung aber regelmäßig aus praktischen Gründen aus. Deshalb empfiehlt es sich, Bilanzgewinne bis zur rechtlichen Klärung vorzutragen.[164] 299

Hat sich die mit Nichtigkeit bedrohte **Bilanzierung im Folgeabschluss erledigt,** dann liegt zum Folgestichtag ein Nichtigkeitsgrund in einem Bilanzposten nicht vor. Trotzdem ist das Schicksal der Folgebilanzen nicht klar: Hat die Nichtigkeitsklage Erfolg, muss nämlich zwingend der Jahresabschluss des Klagejahres neu aufgestellt werden. Dann stimmen aber die Schlussbilanzwerte nicht mit den Eröffnungsbuchungen des Folgejahres überein (Grundsatz der formellen **Bilanzkontinuität**). Daraus wird gefolgert, dass auch die Folgeabschlüsse zunächst nur schwebend wirksam und bei erfolgreicher Nichtigkeitsklage ebenfalls nichtig sind und neu aufgestellt werden müssen.[165] Dies ist eine für die Praxis beinahe untragbare Folge. Richtig ist wohl in diesem Fall eine zulässige Durchbrechung des Grundsatzes der Bilanzkontinuität anzunehmen (§ 252 Abs. 2 HGB), sodass die Folgeabschlüsse durch die Neuaufstellung des nichtigen Abschlusses nicht berührt werden.[166] Eine gesicherte Meinung hat sich hierzu aber nicht gebildet. 300

## 5. Sonderprüfung

Eine besondere Sanktion räumt das AktG den Aktionären mit dem Recht auf die Bestellung von Sonderprüfern ein (§§ 258ff. AktG). Der Antrag kann gestellt werden, wenn Anlass für die Annahme besteht, dass im festgestellten Abschluss bestimmte **Posten nicht unwesentlich unterbewertet** sind oder im **Anhang Angaben nicht oder nicht voll-** 301

[162] Vgl. *Müller* → 2. Aufl. 2015, Rn. 91. Krit. zumindest bei 3-Jahres-Frist Hüffer/Koch/*Koch* AktG § 256 Rn. 33.

[163] Unstr., soweit Aktionäre, Vorstand oder Aufsichtsrat Klage erhoben haben (§ 256 Abs. 7 AktG, §§ 249, 248 AktG); str., soweit Dritte die Klage erhoben haben, vgl. Hüffer/Koch/*Koch* AktG § 256 Rn. 31 mwN.

[164] Vgl. *Müller* → 2. Aufl. 2015, Rn. 287.

[165] Vgl. *Kropff* FS Budde, 1995, 341 (350); Hüffer/Koch/*Koch* AktG § 256 Rn. 34.

[166] Vgl. *Müller* ZHR 168 (2004), 414 (423ff.).

**ständig enthalten** sind und der Vorstand in der Hauptversammlung auf Nachfrage diese Angaben auch nicht gemacht hat. Diesen Antrag können Aktionäre stellen, deren Anteile bei Antragstellung 1% des Grundkapitals oder einen anteiligen Betrag von 100.000 EUR ausmachen (§ 258 Abs. 2 AktG iVm § 142 Abs. 2 AktG). Der Schwellenwert liegt damit sehr niedrig. Die Bestellung erfolgt durch das zuständige Landgericht im Verfahren nach den Vorschriften des FamFG (§ 258 Abs. 3 S. 3 AktG; § 71 Abs. 2 Nr. 4 lit. b GVG); das Gericht hat unter Würdigung aller Umstände nach seiner freien Überzeugung zu entscheiden, ob das Wesentlichkeitskriterium („nicht unwesentlich unterbewertet") erfüllt ist oder nicht. Feste Betragsgrenzen gibt es dafür nicht.[167] Für das Gericht gilt der Amtsermittlungsgrundsatz (§ 26 FamFG). Sind nach den Feststellungen der Prüfer Posten unterbewertet, so erfolgt eine Korrektur im ersten noch offenen Jahresabschluss, sofern diese Posten – ggf. in ihrer Fortentwicklung – noch relevant sind. Ein **Mehrergebnis,** das durch die Fehlerkorrektur verursacht wird, steht voll zur Verfügung der Hauptversammlung (§ 261 Abs. 3 AktG).

[167] Str., wie hier Hüffer/Koch/*Koch* AktG § 258 Rn. 8; ADS Rechnungslegung AktG § 258 Rn. 86.

# § 11 Haftung der Vorstandsmitglieder

## Übersicht

**Schrifttum:** *M. Arnold,* Verantwortung und Zusammenwirken des Vorstands und Aufsichtsrats bei Compliance-Untersuchungen, ZGR 2014, 76; *M. Arnold,* Organhaftung für Unternehmensgeldbußen, Gesellschaftsrecht in der Diskussion 2018; *M. Arnold/Aubel,* Eigenrückgewähr, Prospekthaftung und Konzernrecht bei öffentlichen Angeboten von Aktien: Rezension des „Telekom III"-Urteils des BGH vom 31.5.2011, ZGR 2012, 113; *Assmann/Schütze/Buck-Heeb* (Hrsg.), Handbuch des Kapitalanlagerechts, 5. Auflage 2020; *Bayer,* Legalitätspflicht der Unternehmensleitung, nützliche Gesetzesverstöße und Regress bei verhängten Sanktionen, FS K. Schmidt, 2009, 85; *Bayer/Scholz,* Haftungsbegrenzung und D&O-Versicherung im Recht der aktienrechtlichen Organhaftung, NZG 2014, 926; *Bayer/Scholz,* Organhaftung wegen Nichtdurchsetzung von Ansprüchen der Gesellschaft, NZG 2019, 201; *v. Bernuth/Kremer,* Das neue KapMuG: Wesentliche Änderungen aus Sicht der Praxis, NZG 2012, 890; *Bicker,* Legalitätspflicht des Vorstands – ohne Wenn und Aber?, AG 2014, 8; *Bien/Käseberg/Klumpe/Körber/Ost* (Hrsg.), Die 10. GWB-Novelle, 1. Aufl. 2021; *Binder,* Anforderungen an Organentscheidungsprozesse in der höchstrichterlichen Rechtsprechung, AG 2012, 885; *Born,* Auswirkungen des COVID-19-Insolvenzaussetzungsgesetzes auf die Organhaftung im Zusammenhang mit der materiellen Insolvenz, NZG 2020, 521; *Bosch,* Verantwortung der Konzernobergesellschaft im Kartellrecht, ZHR 177 (2013), 454; *Buck-Heeb,* Die Haftung von Mitgliedern des Leitungsorgans bei unklarer Rechtslage – Notwendigkeit einer Legal Judgment Rule?, BB 2013, 2247; *Buck-Heeb,* Die Plausibilitätsprüfung bei Vorliegen eines Rechtsrats – zur Enthaftung von Vorstand, Geschäftsführer und Aufsichtsrat, BB 2016, 1347; *Bunte,* Regress gegen Mitarbeiter bei kartellrechtlichen Unternehmensgeldbußen, NJW 2018, 123; *Daghles/Haßler,* Organpflichten im Lichte der Corona-Pandemie, BB 2020, 1032; *Dieckmann,* 30 Jahre „Baustoff-Entscheidung" und ihre Relevanz für die Organaußenhaftung von heute, ZGR 2020, 1039; *Dietz-Vellmer,* Organhaftungsansprüche in der Aktiengesellschaft: Anforderungen an Verzicht oder Vergleich durch die Gesellschaft, NZG 2011, 248; *Dietz-Vellmer,* Hauptversammlungsbeschlüsse nach § 119 II AktG – geeignetes Mittel zur Haftungsvermeidung für Organe?, NZG 2014, 721; *Dregelies,* Die Haftung des GmbH-Geschäftsführers für Patent- und andere Immaterialgüterrechte, GRUR 2018, 8; *Dreher,* Zum Ermessensspielraum eines Aufsichtsrats insbesondere bei der Entscheidung über die Geltendmachung von Schadensersatzansprüchen gegenüber Vorstandsmitgliedern, JZ 1997, 1047; *Dreher,* Der Abschluß von D&O-Versicherungen und die aktienrechtliche Zuständigkeitsordnung, ZHR 165 (2001), 293; *Drescher,* Die Rechtsprechung des Bundesgerichtshofs zur Aktiengesellschaft, Sonderbeilage WM 2/2013, 2; *v. Falkhausen,* Die Haftung außerhalb der Business Judgment Rule, NZG 2012, 644; *v. Falkhausen,* Enthaftung durch Hauptversammlungsbeschluss, NZG 2016, 601; *Fleischer* (Hrsg.), Handbuch des Vorstandsrechts, 1. Aufl. 2006; *Fleischer,* Aktuelle Entwicklungen der Managerhaftung, NJW 2009, 2337; *Fleischer,* Ruinöse Managerhaftung: Reaktionsmöglichkeiten de lege lata und de lege ferenda, ZIP 2014, 1305; *Foerster,* Beweislastverteilung und Einsichtsrecht bei Inanspruchnahme ausgeschiedene Organmitglieder, ZHR 176 (2012), 221; *Fohrer,* Anm. zu BGH, Beschl. v. 19.1.2021 – XI ZB 35/18, BKR 2021, 374, 378; *Freund,* Risikomanagement für Geschäftsführer und Vorstände, NZG 2021, 579; *Fritz,* Haftungsbegrenzung bei Führungskräften, NZA 2017, 673; *Gärtner,* BB-Rechtsprechungsreport zur Organhaftung 2010/2011, BB 2012, 1745; *W. Goette,* „Zur ARAG/GARMENBECK-Doktrin", GS Winter, 2011, 153; *W. Goette,* Grundsätzliche Verfolgungspflicht des Aufsichtsrats bei sorgfaltswidrig schädigendem Verhalten im AG-Vorstand?, ZHR 176 (2012), 588; *W. Goette,* Zu den vom Aufsichtsrat zu beachtenden Abwägungskriterien im Rahmen seiner Entscheidung nach den ARAG/GARMENBECK Kriterien – dargestellt am Beispiel des Kartellrechts, FS Hoffmann-Becking, 2013, 861; *W. Goette/Arnold,* Handbuch Aufsichtsrat, 1. Aufl. 2021; *Grunewald,* Haftungsvereinbarungen zwischen Aktiengesellschaft und Vorstandsmitgliedern, AG 2013, 813; *Habersack,* Die Mitgliedschaft – subjektives und „sonstiges" Recht – Perspektiven der aktienrechtlichen Organhaftung, 1996; *Habersack,* Perspektiven der aktienrechtlichen Organhaftung, ZHR 177 (2013), 782; *Habersack,* Legalitätspflicht des Vorstands der AG, FS U.H. Schneider, 2011, 429; *Habersack,* Reform der Organhaftung?, AG 2014, 553; *Habersack/Mülbert/Schlitt (Hrsg.),* Unternehmensfinanzierung am Kapitalmarkt, 4. Aufl. 2019; *Hannich,* Quo vadis, Kapitalmarktinformationshaftung? Folgt aufgrund des IKB-Urteils nun doch die Implementierung des KapInHaG?, WM 2013, 449; *Harnos/Rudzio,* Die Innenhaftung des Vorstands der Aktiengesellschaft, JuS 2010, 104; *Hellgardt,* Die deliktische Außenhaftung von Gesellschaftsorganen für unternehmensbezogene Pflichtverletzungen, WM 2006, 1514; *Hellgardt,* Europarechtliche Vorgaben für die Kapitalmarktinformationshaftung, AG 2012, 154; *Hirte,* Die Entwicklung des Unternehmens- und Gesellschaftsrecht im Jahr 2019, NJW 2020, 2767; *Hoffmann,* Existenzvernichtende Haftung von Vorständen und Aufsichtsräten?, NJW 2012, 1393 ff.; *Hommelhoff,* Die Konzernleitungspflicht – Zentrale Aspekte eines Konzernverfassungsrechts, 1982; *Hopt,* Die Haftung von Vorstand und Aufsichtsrat – Zugleich ein Beitrag zur corporate governance-Debatte –, FS Mestmäcker, 1996, 909; *Hopt,* Die Verantwortlichkeit von Vorstand und Aufsichtsrat: Grundsatz und Praxisprobleme – unter besonderer Berücksichtigung der Banken, ZIP 2013, 1793; *Kiefner/Krämer,* Geschäftsleiterhaftung nach ISION und das Vertrauendürfen auf Rechtsrat – Plädoyer für eine Anwendung der Rechtsprechungsgrundsätze mit Augenmaß, AG 2012, 498; *Klöhn,* Anmerkung zu OLG Frankfurt a. M. v. 26.9.2017 – 11 U 12/16 (EM.TV, Ersatz des Vertragsabschlussschadens wegen fehlerhafter Ad-hoc-Publizität), ZIP 2018, 1638; *Koch,* Das Gesetz zur Unternehmensintegrität und Modernisierung des Anfechtungsrechts (UMAG), ZGR 2006, 769; *Koch,* Beschränkungen des gesellschaftsrechtlichen Innenregresses bei Bußgeldzahlungen, GS Winter, 2011, 327; *Koch,* Beschränkung der Regressfolgen im Kapitalgesellschaftsrecht, AG 2012, 429; *Koch,* Regressreduzierung im Kapitalgesellschaftsrecht – eine Sammelreplik, AG 2014, 513; *Koch,* Die schleichende Erosion der Verfolgungspflicht nach ARAG/Garmenbeck, NZG 2014, 934; *Krieger,* Wie viele Rechtsberater braucht ein Geschäftsleiter?, ZGR 2012, 496; *Krieger/U.H. Schneider* (Hrsg.), Handbuch Managerhaftung, 3. Aufl. 2017; *Lange,* Auswirkungen des VerSanG auf die Managerhaftung, CCZ 2020, 265; *Löbbe/Lüneborg,* Das Easy-Software-Urteil des BGH: Verjährung der Aufsichtsratshaftung wegen Verstoßes gegen die ARAG/Garmenbeck-Pflichten, Der Konzern 2019, 53; *Loritz/Wagner,* Haftung von Vorständen und Aufsichtsräten, DStR 2012, 2189; *Lotze,* Haftung von Vorständen und Geschäftsführern für gegen Unternehmen verhängte Kartellbußgelder, NZKart 2014, 162; *Lutter,* Haftung und Verantwortlichkeit- Verantwortung von Organen und Beratern, DZWIR 2011, 265; *Marsch-Barner/Schäfer* (Hrsg.), Handbuch börsennotierte AG, 4. Aufl. 2018; *Meckbach,* Organhaftung und Beweisrisiken, NZG 2015, 580; *Müller,* Grenzenlose Organhaftung für Patentverletzungen?, GRUR 2016, 570; *Ott/Lüneborg,* Das neue Verbandssanktionengesetz – Fragen und Auswirkungen für die Compliance-Praxis, NZG 2019, 1361; *Paefgen,* Die Inanspruchnahme pflichtvergessener Vorstandsmitglieder als unternehmerische Ermessensentscheidung des Aufsichtsrats, AG 2008, 761; *Paefgen,* Ein kritischer Werkstattbericht vor dem Hintergrund der Beratungen des 70. Deutschen Juristentages 2014, AG 2014, 554; *Patzina/Bank/Schimmer/Simon-Widmann* (Hrsg.), Haftung von Unternehmensorganen, 1. Aufl. 2010; *Peltzer,* Mehr Ausgewogenheit bei der Vorstandshaftung, FS Hoffmann-Becking, 2013, 861; *Poelzig,* Durchsetzung und Sanktionierung des neuen Marktmissbrauchsrechts, NZG 2016, 492; *Redeke,* Zur gesellschaftsrechtlichen Gremienberatung durch die Rechtsabteilung, AG 2017, 289; *Reichert,* Das Prinzip der Regelverfolgung von Schadensersatzansprüchen nach „ARAG/Garmenbeck" – Eine kritische Würdigung, FS Hommelhoff, 2012, 907; *Reichert,* Existenzgefährdung bei der Durchsetzung von Organhaftungsansprüchen, ZHR 177 (2013), 756; *Rieger,* Gesetzeswortlaut und Rechtswirklichkeit im Aktiengesetz, FS Peltzer, 2001, 339; *Rudzio,* Vorvertragliche Anzeigepflicht bei der D&O-Versicherung der Aktiengesellschaft, 2010; *Schleehauf,* Ausschluss der allgemein-zivilrechtlichen Haftung durch Prospekthaftung, GWR 2021, 226; *Schmolke,* Private Enforcement und institutionelle Balance, Verlangt das Effektivitätsgebot des Art. 4 III EUV eine Schadensersatzhaftung bei Verstoß gegen Art. 15 MAR?, NZG 2016, 721; *Schnorbus/Ganzer,* Recht und Praxis der Prüfung von Vorstandsfehlverhalten durch den Aufsichtsrat, WM 2015, 1832; *Schnorbus/Klormann,* Verzicht des Vorstands auf die Einrede der Verjährung nach § 93 VI AktG und die Verfolgungspflicht des Aufsichtsrats nach ARAG/Garmenbeck, NZG 2015, 938; *Schockenhoff,* Entstehung und Verjährung von Schadenersatzansprüchen gegen den Aufsichtsrat, AG 2019, 745; *v. Schreitter,* Die kartellordnungswidrigkeitenrechtliche Haftung nach § 130 OWiG – ein Risiko für Konzernobergesellschaften?, NZKart 2016, 253; *Seibt/Cziupka,* Rechtspflichten und Best Practices für Vorstands- und Aufsichtsratshandeln bei der Kapitalmarktrecht-Compliance, AG 2015, 93; *Selter,* Haftungsrisiken von Vorstandsmitgliedern bei fehlendem und von Aufsichtsratsmitgliedern bei vorhandenem Fachwissen, AG 2012, 11; *Spindler,* Haftung für fehlerhafte und unterlassene Kapitalmarktinformationen – ein (weiterer) Meilenstein, NZG 2012, 575; *Stancke,* Die Haftung für kartellrechtliches Fehlverhalten Dritter, CCZ 2019, 274; *Stancke,* Kartellrechtliche Organhaftung: Regressfähigkeit von Bußgeldern?, BB 2020, 1667; *Steffek,* Die Innenhaftung von Vorständen und Geschäftsführern, JuS 2010, 295; *Stein,* Vorstandspflichten im Hinblick auf Hauptversammlungsbeschlüsse, NJW-Spezial 2013, 271; *Strohn,* Beratung der Geschäftsleitung durch Spezialisten als Ausweg aus der Haftung?, ZHR 176 (2012), 137; *Strohn,* Aus der neueren Rechtsprechung des BGH zum Gesellschaftsrecht, DB 2012, 1193; *Strohn,* Pflichtenmaßstab und Verschulden bei der Haftung von Organen einer Kapitalgesellschaft, CCZ 2013, 177; *Teigelack/Dolff,* Kapitalmarktrechtliche Sanktionen nach dem Regierungsentwurf eines Ersten Finanzmarktnovellierungsgesetzes – 1. FimanoG, BB 2016, 387; *Thomale,* Kapitalmarktinformationshaftung ohne Vorstandswissen, NZG 2018, 1107; *Thomas,* Haftpflichtrechtliche Verjährungsverlängerung und D&O-Deckung, AG 2016, 473; *Thümmel,* Persönliche Haftung von Managern und Aufsichtsräten, 5. Aufl. 2016; *Unmuth,* Vergleich und Verzicht im aktienrechtlichen Organhaftungsrecht aus der Perspektive des Aufsichtsrats, 2018; *Vetter,* Aktienrechtliche Organhaftung und Satzungsautonomie, NZG 2014, 24; *Wambach/Dressel,* Die neue europäische Verbandsklage als Ende des Kapitalanlegermusterverfahrens?, ZIP 2021, 1149; *M. Weber,* Die Entwicklung des Kapitalmarktrechts 2018/2019, NJW 2019, 968; *Weber/Weißenberger/Liekweg,* Ausgestaltung eines unternehmerischen Chancen- und Risikomanagements nach dem KonTraG, DStR 1999, 1710; *Wirth,* Der „besondere Vertreter" nach § 147 Abs. 2 AktG – Ein neuer Akteur auf der Bühne?, FS Hüffer, 2010, 1129.

## A. Arten der Haftung

Verwirklicht sich ein Risiko in einem Schaden, stellt sich die Frage der Verantwortlichkeit.[1] Als **Innenhaftung** bezeichnet man die Verantwortlichkeit eines Vorstandsmitglieds gegenüber der Gesellschaft, dessen Organ es ist. Es handelt sich dabei um einen Vorgang im Innenverhältnis zwischen der Gesellschaft und ihrem Organmitglied. Macht ein Außenstehender, zB ein (ehemaliger) Aktionär oder Gläubiger, Ansprüche gegen ein Vorstandsmitglied geltend, handelt es sich um einen Fall der **Außenhaftung.** 1

In der Praxis ist die Innenhaftung deutlich relevanter als die Außenhaftung. Das liegt am sog. **Prinzip der Haftungskonzentration.**[2] Nach dem Haftungssystem des deutschen 2

[1] *Thümmel,* Persönliche Haftung von Managern und Aufsichtsräten, 5. Aufl. 2016, Rn. 1.

[2] BeckOGK/*Fleischer* AktG § 93 Rn. 375; *Kleindiek* in Lutter/Hommelhoff, GmbH-Gesetz, 20. Aufl. 2019, GmbHG § 43 Rn. 79; *Steffek* JuS 2010, 295 (296).

Kapitalgesellschaftsrechts müssen sich geschädigte Dritte regelmäßig an die Gesellschaft halten. Eine unmittelbare Außenhaftung der Vorstandsmitglieder gegenüber Dritten ist die Ausnahme. Regelmäßig müssen hierfür die relativ strengen Voraussetzungen des Deliktsrechts erfüllt sein.[3] Außerdem halten sich geschädigte Dritte auch in diesen Fällen im Zweifel eher an die Gesellschaft, die wegen § 31 BGB regelmäßig neben dem Vorstandsmitglied haftet[4], als direkt an die Vorstandsmitglieder, da die geschädigten Dritten von der Gesellschaft grundsätzlich eine höhere finanzielle Leistungsfähigkeit erwarten können. Dritte können häufig auch nicht beurteilen, welche Person innerhalb der Gesellschaft für den ihnen entstandenen Schaden verantwortlich war.[5] Nehmen Dritte die Gesellschaft in Anspruch, kann sich die Gesellschaft ggf. im Weg des Regresses bei ihren Vorstandsmitgliedern schadlos halten. Regressansprüche machen einen erheblichen Teil der Innenhaftung aus.[6]

## B. Innenhaftung

3 Die Innenhaftung des Vorstandsmitglieds gegenüber der Gesellschaft beruht im Wesentlichen auf **§ 93 Abs. 2 AktG.** Daneben kommen zwar weitere Anspruchsgrundlagen in Betracht, wie zB § 117 Abs. 1 und 2 AktG, § 309 Abs. 2 AktG, § 310 Abs. 1 AktG, § 317 Abs. 3 AktG, § 318 Abs. 1 AktG, § 323 Abs. 1 S. 2 AktG iVm § 309 Abs. 2 AktG; § 823 Abs. 1 BGB, § 823 Abs. 2 BGB iVm einem Schutzgesetz und § 826 BGB. Im Vergleich zu § 93 Abs. 2 AktG sind diese Anspruchsgrundlagen im Bereich der Innenhaftung aber weitgehend bedeutungslos. Das liegt insbesondere daran, dass die Gesellschaft einen etwaigen Anspruch, der nach speziellen Vorschriften besteht, regelmäßig zugleich auch auf § 93 Abs. 2 AktG stützen kann. In einem solchen Fall wird die geschädigte Gesellschaft in aller Regel den Anspruch nach § 93 Abs. 2 AktG geltend machen, weil dessen S. 2 eine für die Gesellschaft günstige Beweislastverteilung regelt (→ Rn. 71 ff.).

4 Die organschaftliche Haftung aus § 93 Abs. 2 AktG verfolgt zwei Ziele. Sie dient zum einen dem Schutz des Gesellschaftsvermögens in Form eines **Schadensausgleichs.** Zum anderen soll die Vorschrift **präventiv** auf die Vorstandsmitglieder einwirken, so dass sie ihre Pflichten gegenüber der Gesellschaft pflichtgemäß erfüllen.[7] § 93 Abs. 2 AktG ist nicht abdingbar. Die Vorschrift kann nach der herrschenden Auffassung weder durch Satzungsregelung noch durch einen Aufsichtsratsbeschluss oder den Anstellungsvertrag verschärft oder abgemildert (zur Regressreduzierung → Rn. 69 f.) werden.[8]

### I. Entwicklung der Regelungen zur Innenhaftung

5 Zu Beginn und Mitte der 1990er Jahre gab es spektakuläre **Unternehmenskrisen** und sog. Wirtschaftsskandale, wie zB die Fälle co-op, Balsam, Metallgesellschaft, Jürgen Schneider, AEG, Bremer Vulkan und ASS.[9] Insbesondere diese öffentlichkeitswirksamen Fälle setzten eine Diskussion über Corporate Governance in Gang. Im Jahr 1998 trat das „Gesetz zur Kontrolle und Transparenz im Unternehmensbereich" **(KonTraG)**[10] in Kraft. Das

---

[3] Vgl. OLG München AG 2005, 817 f.; ferner *Rudzio,* Vorvertragliche Anzeigepflicht bei der D&O-Versicherung der Aktiengesellschaft, 2010, 22.

[4] *Kleindiek* in Krieger/Schneider, Handbuch Managerhaftung, 3. Aufl. 2017, Ziff. 11.9.

[5] Vgl. *Dreher* ZHR 165 (2001), 293 (315).

[6] OLG München AG 2005, 817 (818); *Rudzio,* Vorvertragliche Anzeigepflicht bei der D&O-Versicherung der Aktiengesellschaft, 2010, 22 f.

[7] Hüffer/Koch/*Koch* AktG § 93 Rn. 1.

[8] BeckOGK/*Fleischer* AktG § 93 Rn. 4 ff. mwN. Krit. in Hinblick auf eine mögliche Verschärfung: *M. Arnold* in Marsch-Barner/Schäfer AG-HdB § 22 Rn. 3.

[9] Vgl. *Harnos/Rudzio* JuS 2010, 104 m. Fn. 6; *Weber/Weißenberger/Liekweg* DStR 1999, 1710.

[10] Vom 27.4.1998, BGBl. 1998 I 786, in Kraft getreten am 1.5.1998.

Gesetz sollte die Corporate Governance in deutschen Unternehmen verbessern und verschärfte die Organhaftung: Der Gesetzgeber erleichterte das Klageerzwingungsverfahren, indem er das Minderheitsquorum zur Geltendmachung von Ersatzansprüchen auf 5% des Grundkapitals bzw. auf einen anteiligen Nominalbetrag von 500.000 EUR absenkte. Insbesondere führte der Gesetzgeber mit dem KonTraG in § 91 Abs. 2 AktG die ausdrückliche Pflicht des Vorstands ein, ein angemessenes Überwachungssystem zu installieren, um bestandsgefährdende Risiken frühzeitig erkennen zu können (→ § 7 Rn. 56).

Um die **Jahrtausendwende** kam es zu weiteren öffentlichkeitswirksamen „Wirtschaftsskandalen", wie zB im Zusammenhang mit FlowTex, EM.TV, WestLB, Mannesmann/Vodafone, Deutsche Bank/Kirch Media sowie Philipp Holzmann.[11] Der **Neue Markt** erwies sich als Blase und brach zusammen. Auf eine lange Börsenhausse folgte ab dem Frühjahr 2000 eine lange Baisse. Viele Anleger verloren ihr Geld und waren zutiefst verunsichert. Die Entwicklung in der Rechtswirklichkeit führte zum einen dazu, dass im Jahr 2002 für kapitalmarktorientierte Gesellschaften der DCGK mit Grundsätzen zur Unternehmensführung eingeführt wurde. Zum anderen setzte der Gesetzgeber im Jahr 2002 Vorschläge einer Regierungskommission zur Corporate Governance durch das „Gesetz zur weiteren Reform des Aktien- und Bilanzrechts, zu Transparenz und Publizität" **(TransPuG)**[12] in geltendes Recht um. Weitere Vorschläge der Regierungskommission implementierte der Gesetzgeber im Jahr 2005 durch das „Gesetz zur Unternehmensintegrität und Modernisierung des Anfechtungsrechtes" **(UMAG).**[13] 6

Auch nach diesen gesetzlichen Änderungen wurde in der Öffentlichkeit weiter gefordert, die Organhaftung zu verschärfen. Auslöser waren unter anderem öffentlichkeitswirksame Fälle wie die „Lustreisen-Affäre" bei VW sowie Compliance-Untersuchungen bei mehreren namhaften deutschen Unternehmen, wie zB Siemens, MAN, Ferrostaal, Linde, Daimler und Deutsche Telekom. Insbesondere wurde aber die **Finanz- und Wirtschaftskrise** in der Öffentlichkeit überwiegend an einem vermeintlichen Fehlverhalten von Vorstandsmitgliedern festgemacht.[14] In der Folge knüpfte der Gesetzgeber im „Gesetz zur Angemessenheit der Vorstandsvergütung" **(VorstAG)**[15] die Zulässigkeit der D&O-Versicherung für Vorstandsmitglieder daran, dass ein Selbstbehalt vereinbart wird (→ Rn. 165). 7

Im Zusammenhang mit der Diskussion um ein **Verbandssanktionengesetz** rückte die Organhaftung erneut in den Fokus. Bei Verabschiedung eines solchen Gesetzes könnten neue Haftungsrisiken für Organmitglieder entstehen.[16] Ein Regierungsentwurf aus dem Jahr 2020,[17] der die Erstreckung von Sanktionen über den Einzelstraftäter hinaus auch auf die Unternehmen vorsah und strenge Anforderungen an interne Untersuchungen stellte, ist inzwischen an politischen Widerständen **gescheitert.** Inwiefern vergleichbare Regelungen in der Zukunft realisiert werden, bleibt insbesondere angesichts der anstehenden Bundestagswahlen im September 2021 abzuwarten. 8

Mit dem auch als „Lex Wirecard" bezeichneten **Finanzmarktintegritätsstärkungsgesetz** (FISG)[18] zog der Gesetzgeber jüngst Konsequenzen aus dem Bilanzskandal um den insolventen Finanzdienstleister Wirecard. Das Gesetz verpflichtet etwa börsennotierte Aktiengesellschaften zur Einrichtung eines im Hinblick auf den Umfang der Geschäftstätigkeit 9

---

[11] Vgl. *Harnos/Rudzio* JuS 2010, 104 m. Fn. 8.
[12] Vom 19.7.2002, BGBl. 2002 I 2681, in Kraft getreten am 26.7.2002.
[13] Vom 22.9.2005, BGBl. 2005 I 2509, in Kraft getreten am 1.11.2005.
[14] Vgl. *Rudzio,* Vorvertragliche Anzeigepflicht bei der D&O-Versicherung der Aktiengesellschaft, 2010, 37 f.
[15] Vom 31.7.2009, BGBl. 2009 I 2509, in Kraft getreten am 5.8.2008.
[16] *Ott/Lüneborg* NZG 2019, 1361; *Lange* CCZ 2020, 265.
[17] Gesetzentwurf der Bundesregierung, Entwurf eines Gesetzes zur Stärkung der Integrität in der Wirtschaft, Stand: 16.6.2020, abrufbar unter: https://www.bmjv.de/SharedDocs/Gesetzgebungsverfahren/Dokumente/RegE_Staerkung_Integritaet_Wirtschaft.pdf;jsessionid=BB489B60724D733E741B60B048E12DEE.1_cid297?__blob=publicationFile&v=2 (zuletzt abgerufen: 2.8.2021).
[18] Gesetz zur Stärkung der Finanzmarktintegrität (Finanzmarktintegritätsstärkungsgesetz – FISG) vom 3.6.2021, BGBl. 2021 I 1534.

und die Risikolage des Unternehmens angemessenen und wirksamen internen Kontrollsystems und Risikomanagementsystems sowie Unternehmen von öffentlichem Interesse zur Einrichtung eines Prüfungsausschusses.

10 Die Regulierungsdichte nimmt auch im Bereich der Menschenrechts-Compliance zu. Das nationale **Lieferkettensorgfaltspflichtengesetz**[19] verpflichtet bestimmte Unternehmen zur Einhaltung menschenrechtlicher Sorgfaltspflichten und sieht hierzu etwa die Einführung eines Risikomanagementsystems vor. Eigenständige zivilrechtliche Haftungsregelungen schafft das Gesetz hingegen nicht. Daneben treibt auch der europäische Gesetzgeber Pläne für ein **EU-Lieferkettengesetz** voran.

11 Daneben mehren sich auf der einen Seite die Stimmen, die sich für **weitergehende Klagerechte** der Aktionäre oder für die Verfolgung von Ansprüchen durch staatliche Stellen aussprechen.[20]

12 Auf der anderen Seite wird im Schrifttum über Möglichkeiten nachgedacht, den **Regress** der Gesellschaft gegenüber Vorstandsmitgliedern zu **reduzieren.** Es sei kaum zu vermeiden, dass es im Lauf einer mehrjährigen Tätigkeit eines Vorstandsmitglieds für ein Unternehmen zu einer fahrlässigen Schadenszufügung komme. Aufgrund der besonderen Schadensneigung zB von international tätigen Großkonzernen könnten solche Pflichtverletzungen zu existenzvernichtenden Schäden führen. In solchen Fällen sei es nicht immer sachgerecht, das pflichtwidrig handelnde Vorstandsmitglied vollständig in Regress zu nehmen (zu einer möglichen Regressreduzierung → Rn. 69 f.).[21] Die wirtschaftsrechtliche Abteilung des 70. Juristentags 2014 diskutierte ebenfalls mögliche **Reformansätze zur Milderung der aktienrechtlichen Organhaftung.** Sie sprach sich im Ergebnis mit großer Mehrheit gegen eine gesetzliche Beschränkung der Organhaftung, aber für die Möglichkeit aus, mittels einer gesetzlichen Öffnungsklausel Haftungsmilderungen durch die Satzung zuzulassen.[22]

## II. Steigende Bedeutung der Innenhaftung

13 Bis in die 1980er Jahre hieß es noch, Haftungsansprüche gegen Vorstandsmitglieder spielten rechtstatsächlich keine nennenswerte Rolle.[23] Auch in der Folgezeit bis Mitte der 1990er Jahre war die Zahl der Haftungsprozesse gegen Organmitglieder relativ gering.[24] Die Verschärfung der Gesetzgebung (→ Rn. 5 ff.), erhöhte Anforderungen an die Vorstandsmitglieder tatsächlicher (zB Globalisierung) und rechtlicher Art, eine verschärfte Diskussion möglicher Fehler von Vorstandsmitgliedern in der Öffentlichkeit und eine – auch mit dem ARAG/Garmenbeck-Urteil (→ Rn. 18) verbundene – höhere Anspruchsverfolgungsbereitschaft haben in einem Zusammenspiel dazu geführt, dass die **Haftungsgefahr** für Vorstandsmitglieder seit vielen Jahren **permanent steigt.**[25]

14 Im Nachgang der **Finanzkrise** verstärkte sich das Bedürfnis, die Entscheidungen der geschäftsleitenden Organe zu hinterfragen, noch einmal stark. Die Zahl an Haftungsprozessen gegen Organmitglieder stieg sprunghaft an und ist weiterhin hoch.[26] Managerhaftung ist mittlerweile kein „Modethema" mehr, sondern ein „Dauerbrenner des deutschen

[19] Gesetz über die unternehmerischen Sorgfaltspflichten in Lieferketten vom 16.7.2021, BGBl. 2021 I 2959.
[20] S. *Habersack* AG 2014, 553; *Paefgen* AG 2015, 554, 576 f. mwN.
[21] Vgl. BeckOGK/*Fleischer* AktG § 93 Rn. 12 ff.; *Koch* AG 2014, 513 (514 ff.) mwN; *Vetter* NZG 2014, 921 ff.; *Bayer/Scholz* NZG 2014, 926 ff.; *Fleischer* ZIP 2014, 1305 ff.
[22] Vgl. Deutscher Juristentag, Beschlüsse der Abteilung Wirtschaftsrecht des 70. DJT 2014, I. 1–3; eingehend *Bachmann,* Gutachten E zum 70. Deutschen Juristentag, 2014, E 56 ff.; jüngst so auch *Spindler* FS Grunewald, 2021, 1105 (1115).
[23] *Dietz-Vellmer* NZG 2011, 248; *Harnos/Rudzio* JuS 2010, 104 (105) mwN.
[24] *Hopt* FS Mestmäcker, 1996, 909 (910).
[25] Vgl. *Harnos/Rudzio* JuS 2010, 104 mwN; *Freund* NZG 2021, 579.
[26] *Gärtner* BB 2012, 1745; vgl. Fallaufzählung bei *Lange,* D&O-Versicherung und Managerhaftung, 2014, § 2 Rn. 255 ff.

Kapitalgesellschaftsrechts".[27] Auch in den neueren Entwicklungen – wie sich etwa in den Fällen Schloss Eller[28] und **Easy Software**[29], aber insbesondere auch im Fall **Siemens/Neubürger**[30] zeigt – zeichnet sich ab, dass die Gerichte die Anforderungen an die Pflichten des Vorstands weiter verschärfen und dadurch gesteigerte Haftungsrisiken entstehen.[31]

Für Vorstandsmitglieder ist diese Entwicklung auch deshalb bedenklich, weil die geltend 15 gemachten **Schadenssummen** steigen und neue Dimensionen erreicht haben.[32] Insofern wird im Schrifttum nicht zu Unrecht von einer „existenzvernichtenden Haftung"[33] bzw. einer drohenden „wirtschaftlichen Todesstrafe"[34] gesprochen. So mussten sich zB der Vorstand sowie zwei ehemalige Verwaltungsräte der Bayern LB haftungsrechtlich verantworten, da beim Kauf der österreichischen Hypo Alpe Adria ein Schaden von ca. 3,7 Mrd. EUR entstanden sei.[35] Die Deutsche Apotheker- und Ärztebank verklagte ihren Vorstand auf Schadensersatz in Höhe von ca. 66 Mio. EUR.[36] Der Aufsichtsrat der Deutsche Bank AG beschloss, den ehemaligen Vorstandssprecher Breuer infolge des Vergleichs der Bank mit den Erben des Medienunternehmers Kirch in Regress zu nehmen.[37] Zuvor hatte die Deutsche Bank AG mit den Kirch-Erben einen Vergleich abgeschlossen und im Zuge dessen etwa 925 Mio. EUR gezahlt.[38] Das Landgericht München I verurteilte das frühere Vorstandsmitglied der Siemens AG Neubürger zu 15 Mio. EUR Schadensersatz, weil das Compliance-System nicht effizient gewesen sei.[39] Im Zusammenhang mit dem Dieselskandal einigte sich der Aufsichtsrat von VW jüngst mit ehemaligen Vorstandsmitgliedern auf eine Schadenersatzsumme von 288 Mio. EUR. Diese setzt sich zum Großteil aus den Zahlungen von D&O-Versicherern, aber auch aus persönlichen Zahlungen der ehemaligen Vorstandsmitglieder iHv bis zu 11,2 Mio. EUR zusammen.[40] Hohe Schadenssummen gibt es häufig auch nach Kartellrechtsverstößen, bei denen die Geldbuße gem. § 81c GWB regelmäßig am Umsatz des Unternehmens bemessen wird.[41] Zur Regressfähigkeit von Kartellbußen → Rn. 63 ff.

Die öffentlichkeitswirksamen Haftungsfälle geben nur ansatzweise Aufschluss darüber, 16 wie sehr die praktische Bedeutung der Haftung für Vorstandsmitglieder gestiegen ist. Denn häufig einigen sich die Parteien unter Einbeziehung von D&O-Versicherern **außergerichtlich**[42], sodass viele Haftungsfälle nicht (gerichts-)öffentlich werden.

[27] So auch *Unmuth,* Vergleich und Verzicht im aktienrechtlichen Organhaftungsrecht aus der Perspektive des Aufsichtsrats, 2018, 26.
[28] BGH NZG 2018, 1189 – Schloss Eller.
[29] BGH NZG 2018, 1301 – Easy Software.
[30] LG München I DB 2014, 766 – Siemens/Neubürger.
[31] *Fleischer* NJW 2009, 2337.
[32] *Reichert* ZHR 177 (2013), 756 (757).
[33] Eingehend *Scholz,* Die existenzvernichtende Haftung von Vorstandsmitgliedern einer Aktiengesellschaft, 2014, 33 ff.
[34] *Bayer* FS K. Schmidt, 2009, 85 (97).
[35] *Lutter* DZWIR 2011, 265.
[36] *Papendick/Schwarzer* Manager-Magazin 2/2014, 88.
[37] Vgl. www.welt.de/wirtschaft/article130797230/Fall-Kirch-Deutsche-Bank-nimmt-Breuer-in-Regress.html (zuletzt abgerufen: 21.9.2021).
[38] Vgl. www.welt.de/wirtschaft/article130797230/Fall-Kirch-Deutsche-Bank-nimmt-Breuer-in-Regress.html (zuletzt abgerufen: 21.9.2021).
[39] LG München I DB 2014, 766.
[40] Vgl. https://www.manager-magazin.de/unternehmen/autoindustrie/volkswagen-martin-winterkorn-zahlt-11-2-millionen-euro-schadensersatz-a-a615f546-d512-4183-af77-22c70a7c4458 (zuletzt abgerufen: 2.8.2021).
[41] Vgl. *Koch* AG 2014, 513 (514) mwN; *Breuer/Friedrich* in Bien ua, Die 10. GWB-Novelle, 1. Aufl. 2021, GWB §§ 81–86 Rn. 130 ff.
[42] *Unmuth,* Vergleich und Verzicht im aktienrechtlichen Organhaftungsrecht aus der Perspektive des Aufsichtsrats, 2018, 25 mwN.

## III. Geltendmachung der Innenhaftung

### 1. Geltendmachung durch den Aufsichtsrat

17 Gemäß § 112 AktG vertritt der Aufsichtsrat die Gesellschaft gegenüber ihren Vorstandsmitgliedern. Er ist zuständig, Ansprüche der Gesellschaft gegen ihre Vorstandsmitglieder zu prüfen und ggf. geltend zu machen.[43] Dies gilt auch gegenüber ehemaligen Vorstandsmitgliedern.[44] In der Vergangenheit gab es die Tendenz von Aufsichtsräten, aufgrund kollegialer Verbundenheit oder eigener Kontrollversäumnisse davon abzusehen, Ansprüche der Gesellschaft gegenüber ihren Vorstandsmitgliedern geltend zu machen.[45]

18 In der **„ARAG/Garmenbeck"-Entscheidung** versuchte der BGH, dieser Tendenz entgegenzuwirken.[46] Der BGH führte aus, dass der Aufsichtsrat eigenverantwortlich **prüfen** müsse, ob sich ein Vorstandsmitglied durch eine organschaftliche Maßnahme gegenüber der Gesellschaft schadensersatzpflichtig gemacht habe. Dabei müsse der Aufsichtsrat den Tatbestand, der möglicherweise zum Schadensersatz verpflichte, tatsächlich und rechtlich würdigen sowie das Prozessrisiko und die Durchsetzbarkeit des Anspruchs analysieren.[47] Führe diese Prüfung zum Ergebnis, dass der Gesellschaft ein durchsetzbarer Schadensersatzanspruch zustehe, müsse der Aufsichtsrat den Anspruch grundsätzlich verfolgen. Er könne hiervon nur absehen, wenn **überwiegende Gründe des Unternehmenswohls** gegen die Rechtsverfolgung sprechen. Als Gründe des Unternehmenswohls, die einer Anspruchsverfolgung entgegenstehen, kämen zB der finanzielle, personelle und zeitliche Aufwand der Anspruchsverfolgung sowie negative Einflüsse der Anspruchsverfolgung auf Geschäfts- und Kundenbeziehungen sowie den Börsenkurs in Betracht. **Persönliche Umstände** der Vorstandsmitglieder, zB Schonung eines verdienten Vorstandsmitglieds oder soziale Konsequenzen für das Vorstandsmitglied und seine Familie, dürfe der Aufsichtsrat nur ausnahmsweise berücksichtigen.[48] Tendenziell führte die **„ARAG/Garmenbeck"-Entscheidung** dazu, dass Aufsichtsräte die Geltendmachung von Haftungsansprüchen gegen Vorstandsmitglieder ernster nehmen als zuvor (→ Rn. 13).[49] Die Entscheidung verdeutlicht, dass dem Aufsichtsrat als Überwachungsorgan eine hoch anspruchsvolle und fordernde Aufgabe zugewiesen ist[50] und Compliance – in Form der Überwachung und Ahndung – auch ihn betrifft[51]. In seinem Urteil zu **Easy Software** bestätigte der BGH die Grundsätze der ARAG/Garmenbeck-Rechtsprechung.[52] Es ist daher von einer gefestigten Rechtsprechung auszugehen, woraus sich entsprechende Kontinuitätserwartungen ergeben.[53]

19 Der Aufsichtsrat muss auf einer ersten Stufe prüfen, ob ein Schadensersatzanspruch gegen ein Vorstandsmitglied besteht, und die Prozessrisiken analysieren.[54] Kommt er zu dem Ergebnis, dass voraussichtlich ein durchsetzbarer Schadensersatzanspruch besteht, muss er auf einer weiteren Stufe prüfen, ob er davon absieht, den Anspruch zu verfolgen.[55] Eine klare chronologische **Prüfungsreihenfolge** muss der Aufsichtsrat nach zutreffender Auf-

---

[43] Hüffer/Koch/*Koch* AktG § 111 Rn. 7 mwN.

[44] BGH AG 2013, 257 Rn. 10; AG 2013, 562 Rn. 22; näher *Rothenburg* in Goette/Arnold AR-HdB § 4 Rn. 2779 ff.; *Bachmann* FS Grunewald, 2021, S. 31, 41 ff.

[45] Vgl. *W. Goette* in Goette/Arnold AR-HdB § 4 Rn. 2425; *Koch* ZGR 2006, 769 (770 f.).

[46] BGHZ 135, 244, vor allem 253 ff.

[47] Vgl. *W. Goette* FS Hoffmann-Becking, 2013, 377 ff.

[48] BGHZ 135, 244 (254 ff.).

[49] *Dreher* JZ 1997, 1074 (1075); vorsichtiger *Strohn* CCZ 2013, 177; deutlicher *v. Falkhausen* NZG 2012, 644 (646).

[50] *W. Goette* in Goette/Arnold AR-HdB § 4 Rn. 2425.

[51] *Unmuth* AG 2017, 249 (252). Näher zu Compliance-Pflichten des Aufsichtsrats *Rothenburg* in Goette/Arnold AR-HdB § 4 Rn. 323 ff., 348 ff.; *Habersack* AG 2014, 1 ff.

[52] BGH NZG 2018, 1301 Rn. 15, 31= BGHZ 219, 356.

[53] *Fleischer* ZIP 2018, 2341 (2342).

[54] *W. Goette* in Goette/Arnold AR-HdB § 4 Rn. 2428; *W. Goette* FS Hoffmann-Becking, 2013, 377 (378 f.).

[55] Vgl. *W. Goette* FS Hoffmann-Becking, 2013, 377 ff.

fassung bei seiner Prüfung nicht beachten.[56] Da es zB oftmals hohe Kosten verursacht, den Sachverhalt umfassend zu ermitteln, kann es im Einzelfall sinnvoll sein, schon vor der Beendigung einer umfangreichen Prüfung auf der ersten Stufe parallel mit der Prüfung zu beginnen, ob die Geltendmachung dem Unternehmenswohl entspricht.[57]

Auf der ersten Prüfungsstufe kann der Aufsichtsrat richtigerweise **davon absehen,** mögliche Ansprüche gegen Vorstandsmitglieder **vollständig aufzuklären,** wenn mit der weiteren Aufklärung Nachteile für die Gesellschaft verbunden sind, die die Vorteile überwiegen.[58] Der Aufsichtsrat muss den Sachverhalt aber jedenfalls so weit aufklären, dass er die Bedeutung des nicht weiter verfolgten Anspruchs und mögliche Folgen für die Gesellschaft weitgehend abschätzen kann.[59] 20

Der Aufsichtsrat ist auf der zweiten Prüfungsstufe **grundsätzlich verpflichtet,** Schadensersatzansprüche gegen Vorstandsmitglieder geltend zu machen. Verstößt er gegen diese Pflicht, kann er sich selbst gegenüber der Gesellschaft gem. § 93 Abs. 2 AktG, § 116 AktG schadensersatzpflichtig machen. Der Aufsichtsrat muss aber prüfen, ob überwiegende Gründe des Unternehmenswohls gegen eine Geltendmachung der Ansprüche sprechen würden, wenn sich diese Ansprüche bestätigten.[60] Die Geltendmachung von Schadensersatzansprüchen gegen Vorstandsmitglieder ist also für den Aufsichtsrat nicht stets der „sichere Weg“. Die Geltendmachung kann auch pflichtwidrig sein, wenn ihr überwiegende Gründe des Gesellschaftswohls entgegenstehen. Noch nicht abschließend geklärt ist, ob bzw. inwieweit dem Aufsichtsrat bei der Frage, ob überwiegende Gründe des Unternehmenswohls einer Anspruchsverfolgung entgegenstehen, ein eigener, **gerichtlich nicht nachprüfbarer Ermessensspielraum** zusteht. Im Schrifttum wird ein solcher Ermessensspielraum überwiegend befürwortet.[61] Ein Gericht führe insoweit allenfalls eine Plausibilitätskontrolle der Abwägungsentscheidung des Aufsichtsrats durch, stelle aber keine eigene Abwägung an.[62] Eine verbreitete Auffassung hält dabei auch die **Business Judgment Rule** für (entsprechend) anwendbar und billigt dem Aufsichtsrat somit ein echtes unternehmerisches Ermessen zu.[63] Der **BGH** führt dagegen aus, dem Aufsichtsrat komme bei seiner Entscheidung **kein unternehmerisches Ermessen** zu.[64] Entsprechend vertritt auch eine Ansicht im Schrifttum, dass dem Aufsichtsrat bei seiner Abwägungsentscheidung kein gerichtlich nicht überprüfbarer Ermessensspielraum zukomme.[65] Werde die Entscheidung des Aufsichtsrats, ein Vorstandsmitglied nach sorgfältiger Abwägung nicht zu verfolgen, von einem Gericht korrigiert, hafteten die Aufsichtsratsmitglieder aber mangels Verschuldens nicht.[66] Den Auffassungen, die einen gerichtlich nur eingeschränkt nachprüfbaren Ermessensspielraum bejahen, ist zuzustimmen. Der Aufsichtsrat muss bei der Entscheidung, ob die Geltendmachung im Unternehmenswohl liegt, eine **Abwägungsentscheidung** treffen.[67] Maßgeblich ist dabei, wie 21

[56] Vgl. *W. Goette* GS Winter, 2011, 153 (162 ff.); *Koch* NZG 2014, 934 (937).

[57] Vgl. *W. Goette* GS Winter, 2011, 153 (163).

[58] Vgl. *M. Arnold* ZGR 2014, 76 (84).

[59] Vgl. *W. Goette* in Goette/Arnold AR-HdB § 4 Rn. 2427; *M. Arnold* ZGR 2014, 76, (84).

[60] Vgl. *M. Arnold* in Marsch-Barner/Schäfer AG-HdB § 22 Rn. 53; Vgl. *M. Arnold* ZGR 2014, 76 (84). Vgl. auch *W. Goette* GS Winter, 2011, 153 (163 f.).

[61] *Habersack* NZG 2018, 321 (322 ff.); GroßkommAktG/*Hopt/Roth* § 111 Rn. 338 ff.; *W. Goette* in Goette/Arnold AR-HdB § 4 Rn. 2431; Kölner Komm AktG/*Mertens/Cahn* § 111 Rn. 46; s. auch *Bachmann,* Gutachten E zum 70. DJT 2014, 80 f.; *Bayer/Scholz* NZG 2019, 201 (206). Ausf. zum Streitstand *Koch* NZG 2014, 934 ff.

[62] *Habersack* NZG 2018, 321 (323); s. auch GroßkommAktG/*Hopt/Roth* § 111 Rn. 339: Eingeschränkte gerichtliche Überprüfung.

[63] So BeckOGK/*Spindler* AktG § 116 Rn. 63; *Spindler* AG 2013, 889, (898); *W. Goette* FS Hoffmann-Becking, 2013, 377 (378); *Reichert* ZHR 177 (2013), 756 (768 ff.); *Paefgen* AG 2008, 761, (762 ff.); *Paefgen* AG 2014, 554 (571 ff.); *Schnorbus/Ganzer* WM 2015, 1832 (1842); *Kocher* CCZ 2009, 215 (219 f.).

[64] BGH NZG 2018, 1301 Rn. 37.

[65] Hüffer/Koch/*Koch* AktG § 111 Rn. 23 mwN; *Koch* NZG 2014, 934 (937 ff.).

[66] *Koch* NZG 2014, 934 (941).

[67] Vgl. *W. Goette* in Goette/Arnold AR-HdB § 4 Rn. 2431; Kölner Komm AktG *Mertens/Cahn* § 111 Rn. 46.

auch der BGH ausführt[68], allein das **Unternehmenswohl.** Dieses im Einzelfall zu definieren und darüber zu entscheiden, wie ihm am besten gedient ist, ist allein Sache des Aufsichtsrats.[69]

22 Beginnend mit der ARAG/Garmenbeck-Doktrin sind die Anforderungen an den Aufsichtsrat in den vergangenen Jahren massiv gestiegen. Auch der **zunehmende Aktivismus von Aktionären** trägt dazu bei.[70] Daher steigt auch die Gefahr, dass Aufsichtsratsmitglieder ihre Pflichten verletzen, vor allem im Zusammenhang mit der (unterlassenen) Geltendmachung von Schadenersatzansprüchen gegen Vorstandsmitglieder. Zu Recht wird daher mittlerweile vermehrt darauf hingewiesen, dass der Vorstand den Aufsichtsrat zu überwachen hat.[71] Handelt der Aufsichtsrat pflichtwidrig, vertritt der Vorstand die Gesellschaft bei der Geltendmachung möglicher Haftungsansprüche.[72]

## 2. Geltendmachung durch die Hauptversammlung

23 Der Hauptversammlung dürften häufig die Informationen fehlen, aus denen sich der konkrete Sachverhalt für mögliche Ansprüche der Gesellschaft gegen ihre Vorstandsmitglieder ergibt. Deshalb kann sie **mit einfacher Stimmenmehrheit** einen **Sonderprüfer bestellen,** der die tatsächlichen Grundlagen für die Geltendmachung eines Schadensersatzanspruchs ermittelt (§ 142 Abs. 1 S. 1 AktG). Auch das Gericht kann Sonderprüfer bestellen, wenn die Hauptversammlung den Antrag auf Bestellung eines Sonderprüfers ablehnt und eine Minderheit von mindestens 1 % des Grundkapitals oder von Aktionären, deren Aktienbesitz einen anteiligen Betrag von 100.000 EUR erreicht, dies beantragt (§ 142 Abs. 2 S. 1 AktG). Die Sonderprüfung **soll die Geltendmachung von Schadensersatzansprüchen der Gesellschaft vorbereiten.**[73] Dazu hat der Sonderprüfer umfassende **Einsichts- und Auskunftsrechte.**[74] Über das Ergebnis der Sonderprüfung muss der Sonderprüfer nach § 145 Abs. 6 S. 1 AktG schriftlich berichten. Der **Sonderprüfungsbericht** dient dazu, dass sich die Aktionäre ein eigenes Bild von den zu prüfenden Vorgängen machen und sodann eine fundierte Entscheidung über die Verfolgung von Ersatzansprüchen nach §§ 147 f. AktG oder anderweitige Konsequenzen fällen können.[75] Der Vorstand hat daher jedem Aktionär auf Verlangen kostenfrei[76] eine Abschrift des Prüfungsberichts zu erteilen (§ 145 Abs. 6 S. 4 AktG). Ferner hat der Vorstand den Bericht dem Aufsichtsrat vorzulegen und bei der Einberufung der nächsten Hauptversammlung als Gegenstand der Tagesordnung bekanntzumachen (§ 145 Abs. 6 S. 5 AktG). Der Sonderprüfer ist nicht zur Teilnahme an der Hauptversammlung verpflichtet, der Versammlungsleiter kann ihm jedoch die Teilnahme und Erläuterung des Prüfungsberichts gestatten. Den Aktionären steht kein Fragerecht zu, der Versammlungsleiter kann aber eine Beantwortung von Fragen durch den Sonderprüfer zulassen. Eine Auskunftspflicht des Sonderprüfers gegenüber den Aktionären besteht indes nicht.[77]

24 Ergibt sich aus den im Rahmen der Sonderprüfung ermittelten Tatsachen, dass ein Schadensersatzanspruch besteht, kann die Hauptversammlung den Aufsichtsrat gem. § 147 Abs. 1 S. 1 AktG verpflichten, Schadensersatzansprüche der Gesellschaft gegen ihre Vor-

---

[68] BGH NZG 2018, 1301 Rn. 37.
[69] Vgl. *W. Goette* in Goette/Arnold AR-HdB § 4 Rn. 2431.
[70] *M. Arnold* ZHR 185 (2021), 281 (313).
[71] *M. Arnold* FS Krieger 2021, 42 ff.; *Koch* ZHR 180 (2016), 578 (586 ff.).
[72] *W. Goette* in Goette/Arnold AR-HdB § 5 Rn. 200.
[73] MüKoAktG/*M. Arnold* § 142 Rn. 6; s. auch *Wirth* FS Hüffer, 1130 (1146 ff.).
[74] Näher MüKoAktG/*M. Arnold* § 145 Rn. 11 ff. mwN.
[75] GroßkommAktG/*Verse* § 145 Rn. 44.
[76] Hüffer/Koch/*Koch* AktG § 145 Rn. 9; GroßkommAktG/*Verse* § 145 Rn. 82; K. Schmidt/Lutter/*Spindler* § 145 Rn. 33.
[77] MüKoAktG/*M. Arnold* § 145 Rn. 74; Kölner Komm AktG/*Rieckers/Vetter* § 145 Rn. 171; K. Schmidt/Lutter/*Spindler* § 145 Rn. 34; BeckOGK/*Henssler* AktG § 145 Rn. 66; GroßkommAktG/Verse § 145 Rn. 87.

standsmitglieder geltend zu machen. Die Hauptversammlung muss dies **mit einfacher Stimmenmehrheit** beschließen. Auch § 147 Abs. 1 S. 1 AktG soll der Tendenz von Aufsichtsräten entgegenwirken, aufgrund kollegialer Verbundenheit oder eigener Kontrollversäumnisse davon abzusehen, Ansprüche der Gesellschaft gegenüber ihren Vorstandsmitgliedern geltend zu machen.[78] In der Praxis spielte § 147 Abs. 1 S. 1 AktG bislang nur eine untergeordnete Rolle. Doch befassten sich in letzter Zeit mehrere Gerichte mit Fragen zu § 147 AktG.[79]

Wenn die Hauptversammlung am Verfolgungswillen des Aufsichtsrats zweifelt, kann sie gem. § 147 Abs. 2 S. 1 AktG **besondere Vertreter** zur Geltendmachung des Ersatzanspruches bestellen. Gemäß § 147 Abs. 2 S. 2 AktG kann auch das Gericht besondere Vertreter bestellen. Voraussetzungen hierfür sind ein **Beschluss der Hauptversammlung** nach § 147 Abs. 1 AktG und ein **Antrag einer Minderheit** von mindestens 10% des Grundkapitals oder von Aktionären, deren Aktienbesitz den anteiligen Betrag 1 Mio. EUR erreicht. Das Gericht bestellt einen besonderen Vertreter nur, wenn dies „für eine gehörige Geltendmachung" der Ersatzansprüche zweckmäßig ist (§ 147 Abs. 2 S. 2 AktG). Der besondere Vertreter ersetzt nicht die Sonderprüfung, sondern ist erst dann zu bestellen, wenn die Voraussetzungen eines möglichen Schadensersatzanspruchs feststehen.[80] Der besondere Vertreter ist kein „Sonderermittler", sondern baut auf den Feststellungen der Sonderprüfung auf. 25

Dem besonderen Vertreter stehen gegen die Gesellschaft daher auch lediglich begrenzte **Auskunfts- und Ermittlungsrechte** zu, die zur Durchführung seiner Aufgabe erforderlich sind.[81] In der Hauptversammlung hat der besondere Vertreter weder Teilnahme-, Rede- oder Berichtsrecht, noch ist er dazu berechtigt, den Aktionären über die bisherige Entwicklung der Geltendmachung der Ersatzansprüche Auskunft zu erteilen.[82] Erst in jüngerer Zeit erfuhr das Institut des besonderen Vertreters eine erhöhte praktische Bedeutung, wenn sie auch bis heute begrenzt bleibt.[83] 26

### 3. Geltendmachung durch Aktionäre als Prozessstandschafter

Seit der Änderung des Aktiengesetzes durch das UMAG im Jahr 2005 haben Aktionäre die Möglichkeit, eine Verfolgung von fremden, da der Gesellschaft zustehenden, Ansprüchen gegen Vorstandsmitglieder im Weg der Prozessstandschaft gem. § 148 AktG im eigenen Namen durchzusetzen, sog. **Aktionärsklage.** Voraussetzung ist eine Beteiligung von einem Prozent des Grundkapitals oder in Höhe von insgesamt 100.000 EUR. 27

Bevor Aktionäre einen Anspruch gerichtlich geltend machen, ist ein **Klagezulassungsverfahren** zu durchlaufen. Das Klagezulassungsverfahren soll zum einen das Kostenrisiko der Aktionäre, das mit einer Klage verbunden ist, abmildern. Zum anderen dient das Klagezulassungsverfahren dazu, aussichtslosen und missbräuchlichen Klagen vorzubeugen.[84] Das Gericht muss nach § 148 Abs. 1 S. 2 AktG die Klage zulassen, wenn 28

- der (oder die) Kläger an der Gesellschaft mit einem Prozent des Grundkapitals oder in Höhe von insgesamt 100.000 EUR **beteiligt** ist/sind. Fällt der Wert der Beteiligung

[78] Vgl. Hüffer/Koch/*Koch* AktG § 147 Rn. 1.

[79] BGH BeckRS 2020, 17415 = NZG 2020, 1025; OLG Köln BeckRS 2017, 106344 = AG 2017, 351; OLG Köln NZG 2016, 147 = AG 2016, 254 und LG Köln ZIP 2016, 162 und LG Köln BeckRS 2015, 20417 – Strabag; LG Heidelberg ZIP 2020, 416; LG Heidelberg AG 2019; 804; OLG München ZIP 2008, 73 und LG München ZIP 2007, 1809 und 2420 – HVB/UniCredit.

[80] OLG Stuttgart AG 2009, 169; *Wirth* FS Hüffer, 1130 (1148).

[81] Näher MüKoAktG/*M. Arnold* § 147 Rn. 85ff. mwN.

[82] LG München I ZIP 2008, 1588; *M. Arnold* in Marsch-Barner/Schäfer AG-HdB § 22 Rn. 54.

[83] BGH BeckRS 2020, 17415 = NZG 2020, 1025; LG Heidelberg ZIP 2020, 416; LG Heidelberg AG 2019; 804; OLG Köln BeckRS 2017, 106344 = AG 2017, 351; OLG München ZIP 2008, 73; 2008, 1916; 2008, 2173; LG München I ZIP 2008, 1588.

[84] Begr. RegE, BR-Drs. 3/05, 40f.

erst nach Antragsstellung auf unter 100.000 EUR, muss das Gericht die Klage dennoch zulassen.[85]

- die klagenden Aktionäre nachweisen, dass sie die Aktien **vor dem Zeitpunkt erworben** haben, in dem sie oder im Falle der Gesamtrechtsnachfolge ihre Rechtsvorgänger von den behaupteten Pflichtverstößen oder dem behaupteten Schaden auf Grund einer Veröffentlichung Kenntnis erlangen mussten. Diese Voraussetzung soll verhindern, dass Aktien nur erworben werden, um eine Klage zu erheben.[86]
- die klagenden Aktionäre nachweisen, dass sie die Gesellschaft unter Setzung einer **angemessenen Frist** vergeblich aufgefordert haben, selbst Klage zu erheben. Diese Frist soll den zuständigen Gesellschaftsorganen (also im Fall der Vorstandshaftung dem Aufsichtsrat) die Möglichkeit geben, zunächst selbst darüber zu entscheiden, ob die Gesellschaft den (vermeintlichen) Schädiger in Anspruch nimmt.
- Tatsachen vorliegen, die den Verdacht rechtfertigen, dass der Gesellschaft durch **Unredlichkeit oder grobe Verletzung** des Gesetzes oder der Satzung ein Schaden entstanden ist. Unredlichkeit soll bei einem Treuepflichtverstoß vorliegen, der in die Strafbarkeit reicht.[87] Eine Verletzung des Gesetzes oder der Satzung soll „grob" sein, wenn Verstöße für die verantwortlichen Geschäftsleiter evident und auch ihrer Art nach nicht hinnehmbar sind.[88] Die Hürden für die Antragsteller liegen damit sehr hoch. Hat das Gericht die Klage zugelassen und stellt sich im Nachhinein heraus, dass es sich nur um einen leichteren Verstoß gehandelt hatte, kann das Verfahren fortgeführt werden.[89]
- der Geltendmachung des Ersatzanspruchs **keine überwiegenden Gründe des Gesellschaftswohls** entgegenstehen.

29 **Zuständig** sowohl für das Klagezulassungsverfahren als auch für das Klageverfahren ist gem. § 148 Abs. 2, Abs. 4 AktG das **Landgericht,** in dessen Bezirk die Gesellschaft ihren Sitz hat. Wird der Antrag auf Klagezulassung abgewiesen, müssen grundsätzlich die Antragsteller die **Kosten** des Klagezulassungsverfahrens tragen (§ 148 Abs. 6 S. 1 AktG).

30 Lässt das Gericht die Klage dagegen zu, müssen die Aktionäre **innerhalb von drei Monaten** nach Eintritt der Rechtskraft klagen (§ 148 Abs. 4 S. 1 AktG). Zuvor müssen die Aktionäre die Gesellschaft erneut erfolglos und unter Setzung einer Frist aufgefordert haben, selbst Klage zu erheben. Eine **Nebenintervention** durch Aktionäre ist gem. § 148 Abs. 4 S. 3 AktG ausgeschlossen. Aktionäre, die das Klagezulassungsverfahren nicht selbst durchlaufen haben, können sich dem Verfahren nicht im Nachhinein anschließen. Sie können aber ggf. ein weiteres Zulassungsverfahren einleiten, sofern sie dessen Voraussetzungen erfüllen. Dabei ist zu beachten, dass ein zweites, gleichartiges Zulassungsverfahren zusätzliche Kosten verursacht, aber der Gesellschaft meist keinen zusätzlichen Nutzen bringt. Regelmäßig dürfte ein entsprechender Antrag daher abgewiesen werden, weil insoweit überwiegende Interessen der Gesellschaft entgegenstehen.[90] Werden ausnahmsweise in einem weiteren Klagezulassungsverfahren weitere Antragsteller zugelassen, sind die Verfahren gem. § 148 Abs. 4 S. 4 AktG zur gemeinsamen Verhandlung und Entscheidung zu verbinden.

31 Hat das Gericht die Klage zugelassen, haben die Kläger gegenüber der Gesellschaft gem. § 148 Abs. 6 S. 5 AktG einen **Erstattungsanspruch** für die ihnen entstandenen Kosten. Das gilt auch dann, wenn die Aktionäre die Klage verlieren, sofern sie die Zulassung der Klage nicht durch vorsätzlich oder grob fahrlässig unrichtigen Vortrag erwirkt haben. Dadurch haben die Kläger im Vergleich zur Kostenregelung der Zivilprozessordnung nur ein minimales Kostenrisiko. Denn im Zivilprozess trägt die unterliegende Partei nach § 91 ZPO alle Kosten.

---

[85] Begr. RegE UMAG, BT-Drs. 15/5092, 44.
[86] Vgl. Hüffer/Koch/*Koch* AktG § 148 Rn. 5.
[87] Vgl. MüKoAktG/*M. Arnold* § 148 Rn. 41 mwN.
[88] Vgl. Hüffer/Koch/*Koch* AktG § 148 Rn. 8; MüKoAktG/*M. Arnold* § 148 Rn. 45.
[89] RegE UMAG, BT-Drs. 15/5092, 47.
[90] RegE UMAG, BT-Drs. 15/5092, 49ff.

Die **Gesellschaft** kann in Abweichung zu zivilprozessualen Grundsätzen (§ 261 Abs. 3 Nr. 1 ZPO) das Verfahren gem. § 148 Abs. 3 S. 2 AktG in jedem Stadium **übernehmen.** Sie tritt dann im Wege eines gesetzlich vorgesehenen Parteiwechsels in den Stand des Verfahrens ein, den es zum Zeitpunkt des Parteiwechsels hatte. Wahlweise kann die Gesellschaft den Ersatzanspruch selbst gerichtlich geltend machen. Dadurch werden anhängige Zulassungs- oder Klageverfahren über diesen Ersatzanspruch unzulässig. 32

### 4. Ersatzansprüche der Gläubiger der Gesellschaft und Geltendmachung

Unter bestimmten Voraussetzungen können **Gläubiger der Gesellschaft** einen Ersatzanspruch der Gesellschaft gegen ein Vorstandsmitglied selbst geltend machen und Zahlung an sich verlangen (§ 93 Abs. 5 AktG). Bei § 93 Abs. 5 AktG handelt es sich um einen eigenen Anspruch der Gläubiger, nicht um einen Fall der Prozessstandschaft.[91] Voraussetzung ist nach § 93 Abs. 5 S. 1 Hs. 2 AktG zunächst, dass der Gläubiger eine auf Geld gerichtete Forderung gegen die Gesellschaft hat und von dieser keine Befriedigung erlangen kann. Nach Insolvenzeröffnung geht das Verfolgungsrecht der Gläubiger nach § 93 Abs. 4 S. 4 AktG jedoch auf den Insolvenzverwalter über. Da die Gesellschaft gegenüber ihren Gläubigern idR zahlen kann, solange kein Insolvenzverfahren eröffnet ist, hat § 93 Abs. 5 AktG in der **Praxis** nur eine **geringe Bedeutung.**[92] 33

Weitere Voraussetzung dafür, dass ein Gläubiger einen Ersatzanspruch der Gesellschaft gegen ein Vorstandsmitglied selbst geltend machen kann, ist nach § 93 Abs. 5 S. 2 AktG, dass das Vorstandsmitglied einen der in § 93 Abs. 3 AktG aufgezählten Tatbestände (sog. **„Todsünden"**; → Rn. 51 ff.) verwirklicht **oder** seine Pflichten **gröblich verletzt** hat. Nach § 93 Abs. 2 S. 2 AktG iVm § 93 Abs. 5 S. 2 Hs. 2 AktG müssen die Vorstandsmitglieder beweisen, ihre Pflichten nicht gröblich verletzt zu haben. 34

Die Ersatzpflicht gegenüber den Gläubigern ist gem. § 93 Abs. 5 S. 3 AktG **weder** bei einem rechtmäßigen **Beschluss der Hauptversammlung, noch** bei einem **Verzicht** oder **Vergleich** der Gesellschaft **ausgeschlossen.** 35

§ 93 Abs. 5 AktG führt dazu, dass Vorstandsmitglieder neben möglichen Ansprüchen der Gesellschaft auch mit Ansprüchen der Gläubiger der Gesellschaft konfrontiert werden können. Wurde ein Vorstandsmitglied bereits von der AG verklagt, kann es der Klage eines Gläubigers nicht die Einrede der **Rechtshängigkeit** (§ 261 Abs. 3 Nr. 1 ZPO) entgegensetzen.[93] Ein im Prozess mit der Gesellschaft ergangenes Urteil entfaltet nach herrschender Ansicht auch keine **Rechtskraftwirkung** gegenüber dem Gläubiger.[94] Zahlt das Vorstandsmitglied an die Gesellschaft, befreit es die Zahlung aber auch gegenüber den Gläubigern.[95] Ebenso hat eine Zahlung an einen Gläubiger **befreiende Wirkung** gegenüber der Gesellschaft, wenn der Gläubiger vom Vorstandsmitglied Leistung verlangt hatte.[96] Das Vorstandsmitglied muss also nur einmal zahlen. 36

## IV. Innenhaftung nach § 93 AktG

Die Innenhaftung von Vorstandsmitgliedern richtet sich in der überwiegenden Zahl der Fälle nach § 93 Abs. 2 S. 1 AktG. 37

---

[91] Hüffer/Koch/*Koch* AktG § 93 Rn. 81; Kölner Komm AktG/*Mertens/Cahn* § 93 Rn. 180; MüKoAktG/*Spindler* § 93 Rn. 301; aA OLG Frankfurt a. M. WM 1977, 59 (62); LG Köln AG 1976, 105 (106).
[92] Vgl. Hüffer/Koch/*Koch* AktG § 93 Rn. 80, 84.
[93] Hüffer/Koch/*Koch* AktG § 93 Rn. 83.
[94] GroßkommAktG/*Hopt/Roth* § 93 Rn. 572; MüKoAktG/*Spindler* § 93 Rn. 311; Hüffer/Koch/*Koch* AktG § 93 Rn. 83; Kölner Komm AktG/*Mertens/Cahn* § 93 Rn. 184; aA Grigoleit/*Grigoleit/Tomasic* AktG § 93 Rn. 157.
[95] K. Schmidt/Lutter/*Sailer-Coceani* AktG § 93 Rn. 72; BeckOGK/*Fleischer* AktG § 93 Rn. 307.
[96] K. Schmidt/Lutter/*Sailer-Coceani* AktG § 93 Rn. 72; BeckOGK/*Fleischer* AktG § 93 Rn. 307.

### 1. § 93 Abs. 2 AktG im Überblick

38 Die Haftung des Vorstandsmitglieds nach § 93 Abs. 2 AktG setzt tatbestandmäßig voraus:
(a) eine pflichtwidrige Handlung oder ein pflichtwidriges Unterlassen,
(b) ein schuldhaftes Verhalten des Vorstandsmitglieds,
(c) einen Schaden für die Gesellschaft und
(d) Kausalität zwischen der Handlung/dem Unterlassen und dem Schaden.

### 2. Haftungsadressat

39 Die Haftung aus § 93 Abs. 2 AktG bezieht sich auf Vorstandsmitglieder. Taugliche Haftungsadressaten sind alle wirksam bestellten Vorstandsmitglieder der Gesellschaft. Darunter fallen auch gerichtlich bestellte Vorstandsmitglieder (vgl. § 85 AktG) sowie vorübergehend in den Vorstand entsandte Aufsichtsratsmitglieder (vgl. § 105 Abs. 2 AktG). Die Innenhaftung folgt aus der Organstellung, auf einen wirksamen Anstellungsvertrag kommt es nicht an. Eine Haftung nach § 93 Abs. 2 AktG ist grundsätzlich von dem Beginn des Vorstandsamts (Bestellung) bis zu dessen Ende möglich.[97] Maßgeblich ist die **Organstellung im Zeitpunkt der Pflichtwidrigkeit,** nicht des Schadenseintritts. Allerdings kann es auch nach Beendigung der Vorstandstätigkeit zu einer Haftung kommen, wenn das Vorstandsmitglied nachwirkende Pflichten, etwa die Verschwiegenheitspflicht, verletzt.[98] Auch **fehlerhaft bestellte Vorstandsmitglieder,** die tatsächlich Vorstandsaufgaben übernehmen, und nach wohl herrschender Auffassung auch **faktische Organmitglieder,** die ohne einen Bestellungsakt wie ein Vorstandsmitglied für die Gesellschaft handeln, können nach § 93 Abs. 2 AktG haften.[99] Für Aufsichtsratsmitglieder gilt § 93 Abs. 2 AktG über den Verweis in § 116 AktG entsprechend.

### 3. Pflichtwidrigkeit

40 Eine Haftung nach § 93 Abs. 2 AktG setzt eine Pflichtverletzung des Vorstandsmitglieds voraus. Die Pflichtverletzung muss aus der Organstellung resultieren. Deshalb müssen ggf. die Pflichten aus der Organstellung von den Pflichten abgegrenzt werden, die ein Vorstandsmitglied nur als **Privatperson** treffen.[100] Pflichten des Vorstandsmitglieds können sich aus dem Gesetz (zB §§ 80, 81, 83, 90, 91, 92 oder 93 Abs. 3 AktG) oder der Satzung ergeben.[101] Greift eine spezielle Pflicht nicht ein, kommt insbesondere in Betracht, dass das Vorstandsmitglied die allgemeine Sorgfalts- (§ 93 Abs. 1 S. 1 AktG; → § 7 Rn. 2 ff.) oder Treuepflicht (→ § 7 Rn. 62 ff.) gegenüber der Gesellschaft verletzt.

41 Neben einem **Handeln** kann auch ein **Unterlassen** pflichtwidrig sein. Letzteres ist etwa dann der Fall, wenn schadensabwendende oder organisatorische Maßnahmen nicht ergriffen werden (zB Einführung eines Compliance Management Systems), aber auch, wenn unternehmerische Chancen nicht genutzt werden (zB Nichtinanspruchnahme von staatlichen Förderprogrammen).[102]

42 Bei der Frage, ob sich ein Vorstandsmitglied pflichtwidrig verhalten hat, ist ggf. zwischen verschiedenen Pflichtenkreisen zu unterscheiden. So kann bei sog. **Doppelmandaten** ein pflichtgemäßes Handeln gegenüber einer Gesellschaft eine Pflichtwidrigkeit gegenüber der anderen Gesellschaft sein (→ § 7 Rn. 95 ff.).[103]

---

[97] MüKoAktG/*Spindler* § 93 Rn. 11 ff.
[98] GroßkommAktG/*Hopt/Roth* § 93 Rn. 45 f., 349 ff.
[99] K. Schmidt/Lutter/*Sailer-Coceani* AktG § 93 Rn. 2 mwN.
[100] Zur Abgrenzung iE GroßkommAktG/*Hopt/Roth* § 93 Rn. 57; Kölner Komm AktG/*Mertens/Cahn* § 93 Rn. 65.
[101] Vgl. *Harnos/Rudzio* JuS 2010, 104 (105).
[102] Hüffer/Koch/*Koch* AktG § 93 Rn. 40; *Daghles/Haßler* BB 2020, 1032 (1033).
[103] *M. Arnold* in Marsch-Barner/Schäfer AG-HdB § 22 Rn. 11 mwN aus der Rspr.

Im Konzern müssen Vorstandsmitglieder des herrschenden Unternehmens im Rahmen ihrer Leitungsaufgabe die **Beteiligungen** der Gesellschaft **sorgfältig verwalten.** Die Beteiligungen sind Teil des Gesellschaftsvermögens. Dazu gehört die Pflicht, die sich aus den Beteiligungen ergebenden Einflussrechte im Interesse der herrschenden Gesellschaft sorgfältig wahrzunehmen.[104] Zudem muss der Vorstand des herrschenden Unternehmens im Rahmen seiner Möglichkeiten einen ausreichenden Informationsfluss innerhalb des Konzerns sicherstellen. Er benötigt regelmäßig Informationen der abhängigen Gesellschaften, um seine Pflichten gegenüber der Obergesellschaft ordnungsgemäß zu erfüllen.[105] Auch muss er Vorkehrungen treffen, um Schäden von der Tochtergesellschaft abzuwenden, da diese Schäden auf die herrschende Gesellschaft durchschlagen können. Beispielsweise können Kartellbußgelder nach §§ 130, 30 OWiG sowie Bußgelder der Europäischen Kommission wegen Verstoßes gegen Art. 101 AEUV auch gegen die Konzernobergesellschaft verhängt werden, wenn die Tochtergesellschaft eine entsprechende Pflicht verletzt.[106] Eine darüber hinausgehende Pflicht, die abhängigen Unternehmen entsprechend § 76 Abs. 1 AktG umfassend zu leiten (sog. **Konzernleitungspflicht**), **besteht** dagegen nach zutreffender Ansicht **nicht.**[107] Sowohl im Verhältnis zur abhängigen Gesellschaft als auch im Verhältnis zur herrschenden Gesellschaft ist eine Konzernleitungspflicht, die über die oben skizzierte Beteiligungsverwaltung hinausgeht, abzulehnen. Im faktischen Konzern – also in Fällen, in denen kein Beherrschungsvertrag vorliegt – fehlt es den Vorstandsmitgliedern der herrschenden Gesellschaft häufig schon an den für eine Konzernleitungspflicht nötigen Einflussmöglichkeiten.[108] Aber auch im Vertragskonzern wird trotz des Weisungsrechts (§ 308 AktG) des Vorstands der Obergesellschaft gegenüber der abhängigen Gesellschaft überwiegend zu Recht vertreten, dass der Vorstand nicht dazu verpflichtet ist, seine Leitungspflicht auch auf abhängige Gesellschaften zu beziehen.[109] Das Konzernrecht respektiere die Eigenverantwortung des Vorstands des abhängigen Unternehmens.[110] Es liegt daher im Ermessen des Vorstands der herrschenden Gesellschaft, ob und inwieweit er abhängige Gesellschaften leitet.[111] 43

### a) Sorgfaltspflicht

Regelmäßig wird eine Gesellschaft einen Schadensersatzanspruch gegen ein Vorstandsmitglied darauf stützen, dass das Vorstandsmitglied seine Sorgfaltspflicht gegenüber der Gesellschaft aus § 93 Abs. 1 S. 1 AktG verletzt habe. Danach haben Vorstandsmitglieder bei ihrer Geschäftsführung die **Sorgfalt eines ordentlichen und gewissenhaften Geschäftsleiters** anzuwenden. Beachtet ein Vorstandsmitglied bei seinem Handeln die Voraussetzungen der Business Judgment Rule, handelt es nicht pflichtwidrig (→ § 7 Rn. 25 ff.). 44

### b) § 93 Abs. 3 AktG

§ 93 Abs. 3 AktG enthält einen Katalog von Tatbeständen, die stets zu einer Haftung führen. Bei diesen Beispielen („namentlich") handelt es sich um besonders **schwere Verstöße** 45

[104] Vgl. K. Schmidt/Lutter/*Seibt* AktG § 76 Rn. 48; Emmerich/Habersack/*Habersack* AktG § 311 Rn. 11; ferner Hüffer/Koch/*Koch* AktG § 76 Rn. 49.
[105] BeckOGK/*Fleischer* AktG § 76 Rn. 111.
[106] Vgl. EuGH CCZ 2009, 236; *Bosch* ZHR 177 (2013), 454 ff.; *Stancke* CCZ 2019, 274; gegen eine Haftung der Konzernobergesellschaft: *v. Schreitter* NZKart 2016, 253.
[107] Vgl. jeweils mwN Hüffer/Koch/*Koch* AktG § 76 Rn. 47; BeckOGK/*Fleischer* AktG § 76 Rn. 99; Kölner Komm AktG/*Mertens/Cahn* § 76 Rn. 65; K. Schmidt/Lutter/*Seibt* AktG § 76 Rn. 48; MüKoAktG/*Spindler* § 76 Rn. 49; aA *Hommelhoff*, Die Konzernleitungspflicht, 1982, 165 ff., 178, 305 ff.
[108] 47 MüKoAktG/*Spindler* § 76 Rn. 49.
[109] Vgl. *M. Arnold* in Marsch-Barner/Schäfer AG-HdB § 19 Rn. 53; Hüffer/Koch/*Koch* AktG § 76 Rn. 47; BeckOGK/*Fleischer* AktG § 76 AktG Rn. 99 mwN.
[110] K. Schmidt/Lutter/*Seibt* AktG § 76 Rn. 48.
[111] K. Schmidt/Lutter/*Seibt* AktG § 76 Rn. 49; *M. Arnold* in Marsch-Barner/Schäfer AG-HdB § 19 Rn. 53.

(„neun Todsünden"),[112] bei denen die Kapitalgrundlage der Gesellschaft durch ein verbotenes Verhalten des Vorstands geschmälert wird. Bei den genannten Handlungsalternativen handelt es sich nicht um unternehmerische Entscheidungen, so dass die Business Judgment Rule des § 93 Abs. 1 S. 2 AktG nicht greift.[113]

46 § 93 Abs. 3 AktG begründet einen eigenständigen Schadensersatzanspruch, der neben Absatz 2 steht.[114] Ein Verstoß gegen die genannten Verbote fällt zugleich unter den Haftungstatbestand des Absatz 1, da die Kapitalerhaltung zu den allgemeinen Pflichten des Vorstands zählt.[115] Bei den Varianten von § 93 Abs. 3 AktG handelt es sich um **echte Schadensersatzansprüche,** das heißt auch hier müssen Schaden und Verschulden vorliegen.[116] Die Verschuldensvermutung des § 93 Abs. 2 S. 2 AktG (→ Rn. 71 ff.) greift.[117]

47 Die Besonderheit einer Haftung nach § 93 Abs. 3 AktG liegt in der **Beweislastumkehr** nicht nur hinsichtlich der Pflichtwidrigkeit und des Verschuldens (§ 93 Abs. 2 AktG), sondern auch mit Blick auf den Schaden: Es wird zugunsten der Gesellschaft **vermutet,** dass bei Vorliegen eines Pflichtverstoßes nach § 93 Abs. 3 AktG ein Schaden entstanden ist. Der Schaden der Gesellschaft liegt hier schon im Abfluss der Mittel bzw. ihrer Vorenthaltung. Die Gesellschaft muss nur beweisen, dass es zu einem Mittelabfluss bzw. einer Vorenthaltung kam, nicht jedoch, dass hierdurch auch tatsächlich ein Schaden iSd §§ 249 ff. BGB entstanden ist. Abfluss oder Vorenthaltung sind Mindestschäden.[118] Will die Gesellschaft einen höheren Schaden geltend machen, ist sie hinsichtlich dieses weitergehenden Schadens gem. § 93 Abs. 2 AktG vollumfänglich darlegungs- und beweispflichtig.

48 Das Vorstandsmitglied kann die **Vermutung widerlegen,** indem es darlegt und ggf. beweist, dass eine Schädigung der Gesellschaft überhaupt nicht mehr möglich ist, weil der rechtswidrig abgeflossene oder vorenthaltene Betrag dem Gesellschaftsvermögen endgültig wieder zugeführt wurde.[119] Der Vorstand sollte wegen der Beweislastverteilung die Zahlungsströme umfassend und nachvollziehbar **dokumentieren.** Nicht ausreichend, um die Vermutung zu widerlegen, ist, dass ein (regelmäßig gegebener) Rückgewähranspruch gegen den Empfänger der Leistung besteht.[120] Dies gilt selbst dann, wenn dieser Rückgewähranspruch vollwertig ist.[121] Auch der Nachweis, dass bislang kein Schaden eingetreten ist, reicht nicht, um die Vermutung zu widerlegen.[122]

49 Hinsichtlich des Verschuldens ergeben sich bei einer Haftung nach § 93 Abs. 3 AktG nur Besonderheiten, wenn **Gläubiger** der Gesellschaft, die von ihr keine Befriedigung erlangen können, den **Schaden geltend machen** (§ 93 Abs. 5 AktG). Ihnen gegenüber haftet der Vorstand normalerweise nur, wenn er seine Sorgfaltspflicht „gröblich" (= grob fahrlässig) verletzt. § 93 Abs. 5 AktG nimmt aber Verstöße gegen die in § 93 Abs. 3 AktG normierten Haftungsfälle von dieser Privilegierung aus. Der Vorstand haftet den Gläubigern gegenüber deshalb weiterhin auch für **einfache Fahrlässigkeit.**

50 Besteht ein Anspruch aus § 93 Abs. 3 AktG, muss das Vorstandsmitglied der Gesellschaft den zu Unrecht gezahlten oder nicht eingeforderten Betrag und jeden darüber hinausgehenden, von der Gesellschaft nachgewiesenen, Schaden **ausgleichen.**[123] Zugunsten des Vorstandsmitglieds greifen die allgemeinen Grundsätze der Vorteilsausgleichung: Danach kann der Anspruch mangels Schadens entfallen, wenn die Gesellschaft einen Vorteil aus

---

[112] *Fleischer* in Fleischer VorstandsR-HdB § 11 Rn. 78; Hüffer/Koch/*Koch* AktG § 93 Rn. 68.
[113] Hüffer/Koch/*Koch* AktG § 93 Rn. 68.
[114] Bürgers/Körber/*Bürgers* AktG § 93 Rn. 41.
[115] Bürgers/Körber/*Bürgers* AktG § 93 Rn. 41.
[116] K. Schmidt/Lutter/*Sailer-Coceani* AktG § 93 Rn. 57; MüKoAktG/*Spindler* § 93 Rn. 251.
[117] Hüffer/Koch/*Koch* AktG § 93 Rn. 69.
[118] Hüffer/Koch/*Koch* AktG § 93 Rn. 68.
[119] MüKoAktG/*Spindler* § 93 Rn. 252.
[120] MüKoAktG/*Spindler* § 93 Rn. 252.
[121] MüKoAktG/*Spindler* § 93 Rn. 252.
[122] MüKoAktG/*Spindler* § 93 Rn. 252; Hüffer/Koch/*Koch* AktG § 93 Rn. 68.
[123] MüKoAktG/*Spindler* § 93 Rn. 263.

der schädigenden Handlung zieht (→ Rn. 62).[124] In diesem Zusammenhang ist umstritten, ob auch „nützliche" Pflichtverletzungen (→ § 7 Rn. 18f.), dh pflichtwidrige Handlungen, die der Gesellschaft einen wirtschaftlichen Vorteil bringen, schadensmindernd zu berücksichtigen sind. Insbesondere die Rechtsprechung tendiert gegen eine solche Annahme.[125] Der Streit relativiert sich allerdings bei einem Verstoß gegen § 93 Abs. 3 AktG, da hier gerade keine Gesamtvermögensbetrachtung stattfindet. Der Schaden liegt bereits im Mittelabfluss (→ Rn. 47). Daher muss sich die Gesellschaft nur solche Vermögensvorteile anrechnen lassen, die im unmittelbaren Zusammenhang mit dem organschaftlichen Fehlverhalten zugeflossen sind.[126] Ferner hat das Vorstandsmitglied unter Umständen einen Anspruch gegen die Gesellschaft auf Abtretung der Ansprüche, die ihr gegen Dritte oder Aktionäre aufgrund des pflichtwidrigen Vorstandshandelns zustehen.[127]

Die in § 93 Abs. 3 AktG aufgezählten Haftungsfälle betreffen im Wesentlichen die **Kapitalerhaltung der Gesellschaft** und dienen dem **Gläubigerschutz:** Das Vorstandsmitglied haftet für Fälle, in denen es das Vermögen der Gesellschaft gesetzeswidrig verwendet (Nr. 1 bis 3, 5 bis 9) oder Aktien vor der vollen Leistung des Ausgabebetrags ausgegeben hat (Nr. 4). 51

Im Einzelnen besteht eine Haftung in folgenden Fällen: 52

- **gesetzeswidrige Einlagenrückgewähr** (Nr. 1): § 93 Abs. 3 Nr. 1 AktG greift ein, wenn Einlagen offen oder verdeckt entgegen § 57 Abs. 1 AktG an Aktionäre zurückgewährt (→ § 7 Rn. 100ff.) oder Beträge aus der Auflösung der Kapital- oder Gewinnrücklagen an die Aktionäre verbotswidrig (§ 230 AktG) ausgezahlt wurden.
- **gesetzeswidrige Zahlungen von Zinsen oder Gewinnanteilen an Aktionäre** (Nr. 2): Auch eine gegen § 57 Abs. 2 und 3 AktG verstoßende Verzinsung und Verteilung des Bilanzgewinns an Aktionäre vor Auflösung der Gesellschaft, die Verteilung des Bilanzgewinns, obwohl Gesetz, Satzung oder Hauptversammlungsbeschluss etwas anderes bestimmen (§ 58 Abs. 4 AktG), sowie anderweitige Verstöße gegen die Gewinnverteilung gem. § 60 AktG bzw. § 233 AktG erfüllen den Tatbestand des § 93 Abs. 3 Nr. 2 AktG.
- **gesetzwidrige(r) Zeichnung, Erwerb, Inpfandnahme oder Einziehung eigener Aktien der Gesellschaft oder einer anderen Gesellschaft** (Nr. 3): Verstöße gegen §§ 56, 71ff. und 237ff. AktG begründen eine Haftung nach § 93 Abs. 3 Nr. 3 AktG.
- **gesetzwidrige Ausgabe von Aktien vor der vollen Leistung des Ausgabebetrags** (Nr. 4): Verstößt das Vorstandsmitglied gegen § 10 Abs. 2 AktG und gibt Inhaberaktien aus, bevor die Einlage voll geleistet ist, begründet dies die Haftung nach § 93 Abs. 3 Nr. 4 AktG. Auch die Leistung einer nach § 27 Abs. 2 AktG unzulässigen Sacheinlage (wirtschaftlicher Wert nicht feststellbar bzw. Verpflichtung zu Dienstleistungen als Sachleistungen) fällt hierunter.
- **gesetzwidrige Verteilung von Gesellschaftsvermögen** (Nr. 5): Unter den Haftungstatbestand des § 93 Abs. 3 Nr. 5 AktG fallen Zahlungen, die die Gläubigerbefriedigung beeinträchtigen. Hierzu zählen: Verteilung des Vermögens, die Einlagenrückgewähr darstellt (§ 57 Abs. 3 AktG), Auszahlung des Buchertrags nach Kapitalherabsetzung (§ 225 Abs. 2 AktG), Auszahlung von Beträgen aus Auflösung von Kapital- und Gewinnrücklagen bzw. Kapitalherabsetzungen (§ 230 AktG), Gewinnausschüttung vor gesetzlich vorgeschriebener Rücklagenbildung (§ 233 AktG), Auszahlung des Buchertrags nach Kapitalherabsetzung nach Einziehung (§ 237 Abs. 2 AktG), Verteilung des Abwicklungsüberschusses (§ 271 AktG) oder vorzeitige Verteilung des Vermögens nach Abwicklung (§ 272 AktG).

[124] RGZ 159, 211 (231f.); BGH NZG 2011, 1271 (1274).
[125] Vgl. BGH NJW 2007, 3130 (3132) zum GmbH-Geschäftsführer.
[126] BeckOGK/*Fleischer* AktG § 93 Rn. 52.
[127] Etwa § 62 AktG; MüKoAktG/*Spindler* § 93 Rn. 264.

- **gesetzwidrige Zahlungen nach Eintritt der Zahlungsunfähigkeit oder Überschuldung** (Nr. 6 **aufgehoben seit 1.1.2021**): die Haftung des Vorstands für Zahlungen nach Eintritt der Insolvenzreife wurde in modifizierter Form in § 15b Abs. 4 InsO nF übernommen. Das Vorstandsmitglied haftet nach § 15b Abs. 4 InsO iVm § 15b Abs. 1 InsO, wenn es Zahlungen tätigt, die mit der Sorgfalt eines gewissenhaften und ordentlichen Geschäftsleiters unvereinbar sind, nachdem die Zahlungsunfähigkeit der Gesellschaft eingetreten ist.
- **gesetzwidrige Vergütungsleistungen an Aufsichtsratsmitglieder** (Nr. 7): Lässt ein Vorstandsmitglied einem Aufsichtsratsmitglied eine Vergütung zahlen, die gegen §§ 113, 114 AktG verstößt, haftet es nach § 93 Abs. 3 Nr. 7 AktG. Dies betrifft insbesondere Vergütungsleistungen, die nicht in der Satzung festgesetzt oder durch die Hauptversammlung gebilligt wurden oder unangemessen sind. Auch Vergütungsleistungen für eine Tätigkeit des Aufsichtsratsmitglieds außerhalb der Aufsichtsratsstellung, die ohne die Zustimmung des Aufsichtsrats geleistet wurden, fallen hierunter.
- **gesetzwidrige Kreditgewährung** (Nr. 8): Gewährt der Vorstand Kredite an Vorstands- und Aufsichtsratsmitglieder, die gegen §§ 89, 115 AktG verstoßen, begründet dies eine Haftung nach § 93 Abs. 3 Nr. 8 AktG.
- **Ausgabe von Bezugsaktien bei der bedingten Kapitalerhöhung außerhalb des festgesetzten Zwecks vor der vollen Leistung des Gegenwerts** (Nr. 9): Die Ausgabe von Bezugsaktien bei der bedingten Kapitalerhöhung außerhalb des festgesetzten Zwecks, bevor der volle Gegenwert geleistet wurde, verstößt gegen § 199 AktG und führt zur Haftung des Vorstands nach § 93 Abs. 3 Nr. 9 AktG.

### 4. Verschulden

53 Vorstandsmitglieder haften nur, wenn sie ihre Pflichten auch schuldhaft verletzt haben. § 93 Abs. 1 S. 1 AktG regelt den Verschuldensmaßstab für die Vorstandsmitglieder. Die Vorstandsmitglieder haben bei ihrer Geschäftsführung „die **Sorgfalt eines ordentlichen und gewissenhaften Geschäftsleiters** anzuwenden". Damit müssen Vorstandsmitglieder – im Gegensatz zu Arbeitnehmern – auch schon bei leichter Fahrlässigkeit mit einer persönlichen und unbeschränkten Haftung rechnen.[128]

54 Für eine Haftung ist eigenes Verschulden des Vorstandsmitglieds erforderlich. Eine **Zurechnung** des Verschuldens anderer Vorstandsmitglieder oder von Mitarbeitern gem. § 278 BGB oder § 831 BGB **kommt nicht in Betracht.**[129] Ein Vorstandsmitglied ist nicht Erfüllungsgehilfe der anderen Vorstandsmitglieder. Auch Mitarbeiter handeln nicht für einzelne Vorstandsmitglieder, sondern für die Gesellschaft als Geschäftsherrn.[130] Allerdings liegt bei einer schuldhaften Pflichtverletzung von anderen Vorstandsmitgliedern oder Mitarbeitern häufig eine Verletzung der Überwachungspflichten (→ § 7 Rn. 43 ff.) durch das Vorstandsmitglied vor. War diese schuldhaft, begründet sie ein eigenes Verschulden des Vorstandsmitglieds.

55 Das Verschulden muss sich nur auf die **Pflichtverletzung beziehen,** nicht auf den Schadenseintritt.[131] Ein schuldhaftes und damit haftungsbegründendes Handeln liegt also auch vor, wenn das Vorstandsmitglied zwar weiß, dass es seine Pflichten verletzt, es aber nicht an einen Schaden glaubt oder den Eintritt eines solchen nicht billigt.

56 Die Verschuldenshaftung aus § 93 Abs. 2 AktG stellt nicht auf ein individuelles Können ab, vielmehr ist der **Verschuldensmaßstab objektiv-typisiert.**[132] Allerdings muss ein Vorstandsmitglied, das über besondere Fertigkeiten verfügt, diese auch einbringen. Indivi-

---

[128] Vgl. BeckOGK/*Fleischer* AktG § 93 Rn. 241; *Harnos/Rudzio* JuS 2010, 104 (106).
[129] Kölner Komm AktG/*Mertens/Cahn* § 93 Rn. 49; MüKoAktG/*Spindler* § 93 Rn. 198.
[130] Hüffer/Koch/*Koch* AktG § 93 Rn. 46.
[131] MüKoAktG/*Spindler* § 93 Rn. 201.
[132] *M. Arnold* in Marsch-Barner/Schäfer AG-HdB § 22 Rn. 43 mwN.

duelles Können kann also haftungsverschärfend wirken.[133] Besitzt ein Vorstandsmitglied **notwendige Fähigkeiten oder Kenntnisse nicht** und eignet sich solche auch nicht an, darf es das Amt nicht annehmen bzw. muss es niederlegen. Sonst kommt ein Übernahmeverschulden in Betracht.[134] Ein Verschulden liegt auch dann nahe, wenn sich ein Vorstandsmitglied bei fehlender eigener Kenntnis oder Fähigkeit nicht **fachkundiger Hilfe** bedient.[135]

Unterliegt ein Vorstandsmitglied einem **Rechtsirrtum** und verstößt deshalb gegen ein 57
Gesetz, verletzt es die Legalitätspflicht und handelt pflichtwidrig. Der Rechtsirrtum kann aber ausnahmsweise dazu führen, dass dem Vorstandsmitglied kein Schuldvorwurf gemacht werden kann. Der BGH konkretisierte im sog. **Ision-Urteil** im Jahr 2011 die Anforderungen, unter denen sich ein Vorstandsmitglied auf einen haftungsausschließenden Rechtsirrtum berufen kann. Das Vorstandsmitglied müsse die Rechtslage sorgfältig prüfen und die höchstrichterliche Rechtsprechung beachten. Verfüge ein Vorstandsmitglied nicht über die Sachkunde, eine Rechtsfrage zu beurteilen, könne es sich nur auf einen Rechtsirrtum berufen, wenn es sich von einem unabhängigen, fachlich qualifizierten Berufsträger beraten lasse. Dabei müsse das Vorstandsmitglied dem Berater die Verhältnisse der Gesellschaft umfassend darstellen und die erforderlichen Unterlagen offenlegen. Den Rechtsrat müsse der Vorstand einer sorgfältigen Plausibilitätskontrolle unterziehen.[136] In einem späteren Urteil zur GmbH verlangte der BGH nicht mehr die Beratung durch einen „Berufsträger", sondern ließ eine „unabhängige, für die zu klärenden Fragestellungen fachlich qualifizierte Person" genügen.[137]

Als **unabhängige, fachlich qualifizierte Personen** iSd Rechtsprechung des BGH 58
kommen nach zutreffender Ansicht grundsätzlich auch Mitarbeiter der eigenen **Rechtsabteilung** des Unternehmens in Betracht.[138] Etwas anderes kann gelten, wenn die Mitarbeiter der Rechtsabteilung nicht imstande sind, ihre Auffassungen frei und ohne Furcht vor Sanktionen zu äußern, oder wenn die Äußerungen von den Ratsuchenden nicht als Urteil eines unabhängigen Rechtsberaters wahrgenommen werden. Erforderlich ist stets, dass in der Rechtsabteilung Expertise für das betroffene Rechtsgebiet vorhanden ist. Zum Teil wird vertreten, eine **Vorbefassung** mit der Angelegenheit (zB eine Mitwirkung an der Vertrags- oder Konzepterstellung) führe zum Verlust der Unabhängigkeit.[139] Richtigerweise dürfte die Unabhängigkeit aber nur entfallen, wenn erkennbare Zweifel an der fachlichen Belastbarkeit der bisherigen Arbeitsprodukte oder ein erkennbarer Interessenkonflikt bestehen.[140] Grundsätzlich kommt es für die Frage der Unabhängigkeit nicht darauf an, wie die Frage gestellt wird.[141] Die Art der Fragestellung kann nur ausnahmsweise dann ein Indiz dafür sein, dass der Mitarbeiter der Einflussnahme nicht widersteht, wenn der Mitarbeiter durch die Art der Fragestellung sachwidrig beeinflusst wird.

Der Vorstand muss **nicht in allen Fällen schriftlichen Rechtsrat** einholen, um einer 59
Haftung aufgrund von Gesetzesverstößen zu entgehen. Ist eine Sache einfach gelagert oder so eilig, dass der Vorstand auf eine schriftliche Stellungnahme nicht warten kann, dürfte es

[133] BGH NJW-RR 2011, 1670; *M. Arnold* in Marsch-Barner/Schäfer AG-HdB § 22 Rn. 43.
[134] MüKoAktG/*Spindler* § 93 Rn. 199.
[135] BGH NJW-RR 2011, 1670; Kölner Komm AktG/*Mertens/Cahn* § 93 Rn. 137.
[136] Vgl. BGH NZG 2011, 1271 (1273); dazu *Selter* AG 2012, 11 ff.; *Kiefner/Krämer* AG 2012, 498 ff.; *Strohn* ZHR 176 (2012), 137 ff.; *Strohn* CCZ 2013, 177 (184); *Krieger* ZGR 2012, 496 ff. Vgl. auch *Buck-Heeb* BB 2013, 2247 (2257); ferner BGH NJW 2007, 2118 (2119) zur Beratung hinsichtlich der Insolvenzantragspflicht eines Vorstandsmitglieds; Kriterien für eine hinreichende Plausibilitäsprüfung: *Buck-Heeb* BB 2016, 1347.
[137] BGH NZG 2012, 672 (673).
[138] Vgl. Hüffer/Koch/*Koch* AktG § 93 Rn. 45; *Bicker* AG 2014, 8 (10 f.); *Loritz/Wagner* DStR 2012, 2189 (2190 f.) mit Hinweis auf die Tendenz der Rspr., die eigene Rechtsabteilung ausreichen zu lassen, BGH DStR 2012, 1286 Rn. 17; *Redeke* AG 2017, 289.
[139] Vgl. *Strohn* ZHR 176 (2012), 137 (140 f.).
[140] Vgl. auch *Kiefner/Krämer* AG 2012, 498 (499 f.); *Krieger* ZGR 2012, 496 (500 f.).
[141] AA *Strohn* ZHR 176 (2012), 137 (141); *Strohn* DB 2012, 1193 (1195).

regelmäßig genügen, wenn sich der Vorstand mündlich beraten lässt.[142] In schwierigen und nicht eilbedürftigen Fällen genügt eine mündliche Beratung nach hM aber jedenfalls dann nicht, wenn die notwendige Plausibilitätskontrolle dadurch nicht möglich ist.[143]

60 Bleibt die **Rechtslage** bei der Entscheidungsfindung trotz Einhaltung der Verhaltensanforderungen **unklar** und erweist sie sich letztlich als unzutreffend, wird man dem Vorstand nicht ohne Weiteres ein Verschulden anlasten können. Das gilt zumindest dann, wenn der Vorstand aus mehreren vertretbar erscheinenden Rechtsstandpunkten denjenigen auswählt, der für die Gesellschaft am günstigsten ist. Insofern hat der Vorstand eine Gesamtbetrachtung vorzunehmen, die insbesondere das Ausmaß der Rechtsunsicherheit und etwaige Nachteile für die Gesellschaft berücksichtigt (→ § 7 Rn. 15 mwN).[144]

## 5. Schaden

61 Ein Vorstandsmitglied haftet der Gesellschaft gegenüber nur dann, wenn die schuldhafte Pflichtverletzung des Vorstandsmitglieds die Gesellschaft adäquat kausal geschädigt hat.[145] Der **Schadensbegriff** entspricht demjenigen des Bürgerlichen Gesetzbuchs (§§ 249 ff. BGB). Danach berechnet sich der Schaden aus der objektiven Differenz zwischen der aktuellen Vermögenslage des Geschädigten und der Vermögenslage, die ohne das schädigende Ereignis bestehen würde.[146] Erfasst sind damit **Vermögensminderungen** durch schädigendes Verhalten einschließlich entgangenen Gewinns (§ 252 BGB).

62 Der Schaden muss in **adäquat-kausaler** Weise auf der Pflichtverletzung beruhen. Eine Haftung kann deshalb aufgrund der – auch im allgemeinen Schadensrecht geltenden – Regeln zur **Vorteilsausgleichung** entfallen oder sich verringern.[147] Ein Vorteilausgleich findet nicht statt, wenn er bei wertender Gesamtbetrachtung als nicht hinnehmbar erscheint.[148] Das dürfte zB insbesondere bei Kartellrechtsverstößen oder Bestechungszahlungen der Fall sein.

63 Umstritten ist, ob sich ein erstattungsfähiger Vermögensschaden des Unternehmens auch aus, insbesondere kartellrechtlichen, Bußgeldern oder anderen Strafzahlungen ergeben kann.[149] Grundsätzlich kann ein pflichtwidriges Verhalten eines Vorstandsmitglieds, das zur Verhängung einer Unternehmensgeldbuße führt, alle Tatbestandsvoraussetzungen erfüllen, die nach dem Wortlaut des § 93 Abs. 1, 2 AktG für einen Organhaftungsanspruch vorliegen müssen.[150] Fraglich und in Rechtsprechung und Literatur umstritten ist hingegen, ob teleologische Erwägungen einem **Bußgeldregress** im Rahmen der Organhaftung ausnahmsweise entgegenstehen. Der allgemeine Normzweck der Organhaftung steht einem Bußgeldregress nicht entgegen: Durch die drohende Organhaftung wird das Vorstandsmitglied dazu angehalten, seinen Pflichten mit der erforderlichen Sorgfalt nachzukommen **(Steuerungswirkung).** Ferner trägt ein Bußgeldregress zumindest teilweise zur **Kompensation der Schäden** bei, die durch ein vorwerfbares Verhalten von Vorstandsmitgliedern verursacht wurden. Auch mit Blick auf die Rechtsprechung zur Haftung von (externen) Beratern für Unternehmensbußen scheint eine **Regressfähigkeit nicht aus-**

---

[142] Vgl. auch *Selter* AG 2012, 11 (17).

[143] BGH NZG 2011, 1271 Rn. 24; *Strohn* CCZ 2013, 177 (183); *Sander/Schneider* ZGR 2013, 725 (752); *Drescher* WM-Sonderbeil. 2/2013, 2 (4); *Binder* AG 2012, 885 (893); aA *Altmeppen* FS Hoffmann-Becking, 2013, S. 8 (10).

[144] Vgl. auch *Verse* ZGR 2017, 174 (178 ff.); *Holle* AG 2016, 270 (276 f.).

[145] Hüffer/Koch/*Koch* AktG § 93 Rn. 47.

[146] GroßkommAktG/*Hopt/Roth* § 93 Rn. 406 ff.

[147] Vgl. BGH NJW 2013, 2114 Rn. 33 f.; 2013, 1958 Rn. 26; *Habersack* FS U.H. Schneider, 2011, 429 (439 f.).

[148] BGH NJW 2010, 675 Rn. 9; Hüffer/Koch/*Koch* AktG § 93 Rn. 49.

[149] IE dazu und mwN MüKoAktG/*Sailer-Coceani* § 93 Rn. 37; BeckOGK/*Fleischer* AktG § 93 Rn. 252 ff.

[150] *M. Arnold,* Organhaftung für Unternehmensgeldbußen, 2018, Rn. 18.

**geschlossen.**[151] Überlegungen in Rechtsprechung und Literatur, die einem Bußgeldregress kritisch gegenüber stehen, stützen sich daher vor allem auf angeblich konträre Normzwecke des allgemeinen Ordnungswidrigkeitenrechts oder der jeweiligen Spezialmaterie, insbesondere des Kartellrechts.[152]

Die Rechtsprechung hat sich mit dieser Frage bislang am ausführlichsten im Zusammenhang mit dem **„Schienenkartell"** befasst: Das **ArbG Essen verneinte** dabei *obiter* eine **Regressfähigkeit** eines Kartellbußgelds in voller Höhe. Nach Ansicht des ArbG bringe die Begrenzung der Bußgeldhöhe gegenüber natürlichen Personen zum Ausdruck, dass die „Buße trotz ihres Sanktionscharakters nicht zu einer Existenzvernichtung der betroffenen Personen führen soll".[153] Das **LAG Düsseldorf** urteilte in der Berufung, dass eine GmbH eine gegen sie verhängte Geldbuße **generell nicht** von ihrem pflichtwidrig handelnden Geschäftsführer im Rahmen der Organhaftung ersetzt verlangen könne. Dabei stützte sich das LAG Düsseldorf insbesondere auf das Argument, dass durch einen Bußgeldregress angeblich abschließende Regelungen des Ordnungswidrigkeitenrechts zum Bußgeldadressaten umgangen würden. Die Wertung des Gesetzgebers sei, dass Unternehmen als Normadressaten der Geldbuße sanktioniert werden sollten und nicht die handelnden Personen.[154] Des Weiteren sei die Rechtsprechung zum Bußgeldregress im Rahmen der Beraterhaftung nicht auf Organmitglieder anwendbar.[155] Dem Vorstandsmitglied fehle es an der herausgehobenen Verantwortung durch eine vertragliche Garantenstellung, die etwa einem externen Berater zukomme.[156] Das **BAG** befasste sich aus prozessualen Gründen in der Revisionsinstanz nicht inhaltlich mit der Frage des Bußgeldregresses. Es vertrat die Auffassung, dass die Frage, ob kartellrechtliche Unternehmensbußgelder regressfähig sind, eine **kartellrechtliche Vorfrage** sei und daher **ausschließlich die Kartellgerichte zuständig** seien.[157] Nach Zurückverweisung und entsprechender Verweisung durch das LAG Düsseldorf ist die Sache nun bei der Kartellkammer des **LG Dortmund** erstinstanzlich **anhängig.** 64

In einem anderen Fall hat das **LG Saarbrücken** jüngst entschieden, dass eine **Regressfähigkeit in Bezug auf europäische (Kartell-) Bußgelder ausscheidet.**[158] 65

Es bleibt jedoch abzuwarten, wie sich die **Diskussion** weiterentwickelt und wie insbesondere die höchstrichterliche Rechtsprechung entscheidet. Bis zu einer vollständigen Klärung muss das Vorstandsmitglied mit einer Inanspruchnahme durch den Aufsichtsrat rechnen. Denn der Aufsichtsrat hat im Rahmen der ARAG-Garmenbeck-Grundsätze über eine Inanspruchnahme von Vorstandsmitgliedern zu entscheiden. Der Aufsichtsrat muss im Rahmen der Analyse möglicher Prozessrisiken unter anderem berücksichtigen, dass die Zulässigkeit eines Bußgeldregresses bislang noch nicht abschließend geklärt ist. Allerdings ist der Aufsichtsrat im Regelfall gut beraten, nicht ausschließlich wegen der offenen Frage der Zulässigkeit des Bußgeldregresses auf eine Inanspruchnahme von Vorstandsmitgliedern zu verzichten.[159] 66

Eine Haftung scheidet mangels Kausalität dann aus, wenn der Schaden auch bei **rechtmäßigem Alternativverhalten** sicher eingetreten wäre.[160] Die bloße Möglichkeit, dass der Schaden auch bei rechtmäßigem Alternativverhalten eingetreten wäre, genügt dagegen nicht. Die Beweislast liegt beim Vorstandsmitglied.[161] Nach früher herrschender 67

---

[151] *W. Goette* in Goette/Arnold AR-HdB § 4 Rn. 2407; *M. Arnold,* Organhaftung für Unternehmensgeldbußen, 2018, Rn. 34; *Stancke* BB 2020, 1667 (1670f.).
[152] LAG Düsseldorf CCZ 2015, 185 (186ff.); *Bunte,* NJW 2018, 123 (125); *Thomas* NZG 2015, 1409 (1413); *Lotze/Heyers* NZG 2018, 29 (31).
[153] ArbG Essen NZKart 2014, 193.
[154] LAG Düsseldorf CCZ 2015, 185.
[155] LAG Düsseldorf CCZ 2015, 185; BGH NJW 1997, 518.
[156] LAG Düsseldorf CCZ 2015, 185.
[157] BAG NJW 2018, 184.
[158] LG Saarbrücken NZKart 2021, 64.
[159] Vgl. *W. Goette* in Goette/Arnold AR-HdB § 4 Rn. 2408.
[160] Hüffer/Koch/*Koch* AktG § 93 Rn. 50.
[161] Hüffer/Koch/*Koch* AktG § 93 Rn. 50; *M. Arnold* in Marsch-Barner/Schäfer AG-HdB § 22 Rn. 47.

Lehre wurde vertreten, dass ein Vorstandsmitglied sich nicht auf den Einwand rechtmäßigen Alternativverhaltens berufen könne, wenn es eine Kompetenz-, Organisations- oder Verfahrensregel verletzt, zB eine erforderliche Zustimmung des Aufsichtsrats nicht eingeholt habe. Die Nichterfüllung der Vorstandspflichten müsse auch in diesen Fällen sanktioniert sein.[162] Allerdings hat der BGH inzwischen in der **Schloss Eller-Entscheidung** klargestellt, dass sich Vorstandsmitglieder auch bei Kompetenzverstößen auf den Einwand rechtmäßigen Alternativverhaltens berufen können. § 93 Abs. 2 AktG verfolge den Zweck, die durch Pflichtverletzungen entstandenen Schäden der Gesellschaft auszugleichen. Dieser Schutzzweck gelte für sämtliche Pflichtverletzungen, auch für Kompetenzverstöße.[163]

68 Ein besonderer Fall des Schadens ist der sog. **Reflexschaden,**[164] der auch als „Doppelschaden" oder „mittelbarer Schaden" bezeichnet wird. Von einem Reflexschaden spricht man, wenn die Gesellschaft geschädigt wurde, **durch den Schaden der Gesellschaft** aber auch ein Schaden eines Aktionärs entsteht, indem sein Aktienbesitz an Wert verliert.[165] Wie § 117 Abs. 1 S. 2 AktG klarstellt, können die Aktionäre einen Schaden in Form der Wertminderung ihrer Aktien infolge einer Schädigung der Gesellschaft grundsätzlich nicht geltend machen. Der Schädiger muss somit nur an die Gesellschaft leisten.[166] Ein Aktionär kann jedoch ggf. als Prozessstandschafter im eigenen Namen klagen und Leistung an die Gesellschaft verlangen (→ Rn. 27 ff.).[167]

## 6. Regressreduzierung

69 Die Haftung von Vorstandsmitgliedern kann **existenzvernichtend** sein.[168] Das ist vor allem deshalb bedenklich, weil leicht fahrlässige Pflichtverletzungen zu einem erheblichen Schaden führen können. Das wird insbesondere in Fällen als unbillig empfunden, in denen ein Vorstandsmitglied zB für ordnungs- oder kartellrechtliche Bußgelder in Regress genommen wird, die sich am Umsatz des Unternehmens oder sogar der Konzernmutter orientieren. Der Aufsichtsrat kann nach den ARAG/Garmenbeck-Grundsätzen nur dann davon absehen, die Ansprüche zu verfolgen, wenn überwiegende Interessen der Gesellschaft gegen eine Anspruchsverfolgung sprechen (→ Rn. 18 ff.). In Zweifelsfällen wird der Aufsichtsrat den Anspruch häufig verfolgen, um selbst keinem Haftungsrisiko ausgesetzt zu sein. In Insolvenzfällen wird der Insolvenzverwalter grundsätzlich versuchen, Ansprüche der Gesellschaft gegen ihre Vorstandsmitglieder zu verfolgen.[169] Der **Schutz der D&O-Versicherung** ist **lückenhaft** (→ Rn. 161). Vor diesem Hintergrund wird im Schrifttum diskutiert, ob und inwieweit ein **Regress der Gesellschaft gegenüber ihren Vorstandsmitglieder reduziert** werden kann.[170] Ein Teil des Schrifttums schlägt zB vor, Haftungsausschlüsse oder Haftungsbeschränkungen in die Satzung aufzunehmen.[171] Eine solche Einschränkung stößt aber mit Blick auf den Grundsatz der Satzungsstrenge gem.

---

[162] K. Schmidt/Lutter/*Sailer-Coceani* AktG § 93 Rn. 40; MüKoAktG/*Spindler* § 93 Rn. 196.
[163] BGH NZG 2018, 1189.
[164] BGH NJW 1987, 1077 (1079); GroßkommAktG/*Hopt/Roth* § 93 Rn. 640.
[165] MüKoAktG/*Spindler* § 93 Rn. 352.
[166] GroßkommAktG/*Hopt/Roth* § 93 Rn. 624.
[167] GroßkommAktG/*Hopt/Roth* § 93 Rn. 640 ff.
[168] Eingehend *Scholz,* Die existenzvernichtende Haftung von Vorstandsmitgliedern einer Aktiengesellschaft, 2014, 33 ff.
[169] Vgl. Hüffer/Koch/*Koch* AktG § 93 Rn. 52.
[170] Zum Meinungsstand ausf. *Koch* AG 2014, 513 ff.; vgl. auch Hüffer/Koch/*Koch* AktG § 93 Rn. 51a–c; *Spindler* FS Grunewald, 2021, 1105 (1108 ff.); *Bachmann* ZIP 2017, 841; *Hoffmann* NJW 2012, 1393 ff.; *Peltzer* FS Hoffmann-Becking, 2013, 861 ff.; *Koch* AG 2012, 429 ff.; *Koch* GS Winter, 2011, 327 ff.; *Bayer* FS K. Schmidt, 2009, 85 (95 ff.), jeweils mwN.
[171] Vgl. *Grunewald* AG 2013, 813 (815 ff.); *Hoffmann* NJW 2012, 1393 (1395); *Vetter* NZG 2014, 921 (922 ff.).

§ 23 Abs. 5 AktG auf Bedenken.[172] Diskutiert wird deshalb, ob die für Arbeitnehmer geltende Haftungsbeschränkung nach den **Grundsätzen betrieblich veranlasster Tätigkeit** in modifizierter Form auf Vorstandsmitglieder übertragen werden oder teilweise sogar vollständig übernommen werden kann.[173] Die Gesellschaft dürfe dann ein Vorstandsmitglied nur in begrenztem Umfang in Anspruch nehmen, wenn es leicht fahrlässig einen Schaden verursacht habe, die besondere Schadenshöhe jedoch aus dem Unternehmenskontext resultiere die persönliche Leistungsfähigkeit des Vorstandsmitglieds übersteige und nicht von einer D&O-Versicherung abgedeckt sei. Dogmatische Grundlage sei die Fürsorgepflicht der Gesellschaft gegenüber ihren Organmitgliedern.[174] Gerade im Bereich der (kartellrechtlichen) Bußgeldern und Sanktionen ist dies wohl herrschende Auffassung.[175] Geht man von der Regressfähigkeit der Bußgelder aus, soll sich die Ersatzpflicht des Vorstandsmitglieds nur auf den Ahndungsteil der Geldbuße und nicht auf den Abschöpfungsanteil erstrecken.[176]

Eine **Übertragung der Regressreduzierung auf andere Schadensformen** wird, mit der dogmatischen Begründung über die organschaftliche Treuepflicht, von verschiedenen Stimmen für **zulässig** erachtet.[177] Bei einer solchen Übertragung wären dann bei der konkreten Höhe der Regressreduzierung mehrere Faktoren zu berücksichtigen: der Grad des Fahrlässigkeitsvorwurfs, die Schadensneigung des Unternehmens und die Bezüge, insbesondere Risikoprämien, des Handelnden.[178] 70

## 7. Darlegungs- und Beweislast

Ist ein Sachverhalt nicht soweit aufgeklärt, dass ein Gericht von ihm überzeugt ist, entscheiden die Regeln über die Beweislast, zu wessen Lasten bzw. zu wessen Gunsten die Unaufklärbarkeit geht. Ein „non liquet" geht zu Lasten der Partei, die die Beweislast trägt.[179] Im Zivilprozess muss grundsätzlich jede Partei die für sie günstigen Tatsachen beweisen. Von diesem Grundsatz macht § 93 Abs. 2 S. 2 AktG eine Ausnahme: Ist streitig, ob ein Vorstandsmitglied mit der Sorgfalt eines ordentlichen und gewissenhaften Geschäftsleiters gehandelt hat, trifft das Vorstandsmitglied die Beweislast. Diese **Beweislastumkehr** bezieht sich sowohl auf die Pflichtwidrigkeit als auch auf das Verschulden.[180] 71

Die **Gesellschaft muss daher nur beweisen,** dass ein Handeln oder Unterlassen des Vorstandsmitglieds in kausaler Weise einen Schaden der Gesellschaft hervorgerufen hat.[181] Wenn der Schaden typischerweise auf pflichtwidrigem Verhalten eines Vorstandsmitglieds beruht, kann eine tatsächliche Vermutung eingreifen, dass ein möglicherweise pflichtwidriges Verhalten des Vorstandsmitglieds schadensursächlich war.[182] 72

Der Beweis des Vorstandsmitglieds, pflichtgemäß und/oder schuldlos gehandelt zu haben, kann schwer zu führen sein. Deshalb empfiehlt es sich für den Vorstand, seine Ent- 73

[172] Vgl. *Koch* AG 2014, 513 (524); *Hopt* ZIP 2013, 1793 (1800); *Habersack* ZHR 177 (2013), 782 (794); BeckOGK/*Fleischer* AktG § 93 Rn. 4; *Unmuth,* Vergleich und Verzicht im aktienrechtlichen Organhaftungsrecht aus der Perspektive des Aufsichtsrats, 2018, 82 ff.

[173] *Spindler* FS Grunewald, 2021, 1105 (1108 ff.); *Fritz* NZA 2017, 673; *M. Arnold,* Organhaftung für Unternehmensgeldbußen, 2018, Rn. 61.

[174] Ausf. *Koch* AG 2014, 513 ff. mwN; vgl. auch Hüffer/Koch/*Koch* AktG § 93 Rn. 51; *Bayer/Scholz* NZG 2014, 926 (932 ff.).

[175] Hüffer/Koch/*Koch* AktG § 93 Rn. 51b; MüKoAktG/*Spindler* § 93 Rn. 194; *Bunte* NJW 2018, 123 (125 f.); *Seibt/Cziupka* AG 2015, 93 (106 f.).

[176] MüKoAktG/*Spindler* § 93 Rn. 194; Hüffer/Koch/*Koch* AktG § 93 Rn. 51b; *M. Arnold,* Organhaftung für Unternehmensgeldbußen, 2018, Rn. 62.

[177] Hüffer/Koch/*Koch* AktG § 93 Rn. 51b; *Koch* AG 2012, 429 mwN.

[178] Hüffer/Koch/*Koch* AktG § 93 Rn. 51c.

[179] *Rosenberg/Schwab/Gottwald,* Zivilprozessrecht, 17. Aufl. 2010, ZPO § 115 Rn. 7 ff.

[180] Vgl. MüKoAktG/*Spindler* § 93 Rn. 204.

[181] Hüffer/Koch/*Koch* AktG § 93 Rn. 53.

[182] MüKoAktG/*Spindler* § 93 Rn. 209; K. Schmidt/Lutter/*Sailer-Coceani* AktG § 93 Rn. 42.

scheidungen und deren Informationsgrundlage umfassend und nachvollziehbar zu **dokumentieren.**

74 Erhebliche Bedeutung hat die Beweislastumkehr im Hinblick auf **ausgeschiedene Vorstandsmitglieder.** Ehemalige Vorstandsmitglieder haben regelmäßig zu entlastenden Unterlagen oder anderen Informationsquellen keinen (ungehinderten) Zugang mehr.[183] Eine teleologische Reduktion des § 93 Abs. 2 S. 2 AktG in solchen Fällen dürfte nicht möglich sein, da es an einer planwidrigen Regelungslücke fehlt.[184] Allerdings ist den ausgeschiedenen Vorstandsmitgliedern ein Informationsanspruch gegen die Gesellschaft im Hinblick auf Unterlagen zu gewähren, die sie zu ihrer Verteidigung benötigen.[185]

## 8. Wegfall und Undurchsetzbarkeit der Ersatzpflicht

### a) Keine Ersatzpflicht bei ordnungsgemäßem Hauptversammlungsbeschluss

75 Nach **§ 93 Abs. 4 S. 1 AktG** haftet das Vorstandsmitglied nicht, soweit die schadensstiftende Handlung auf einem entsprechenden **Beschluss der Hauptversammlung beruht** und das Vorstandsmitglied an diesen Beschluss gebunden ist (§ 83 Abs. 2 AktG).[186] Die beschlossene Maßnahme muss insbesondere in den Zuständigkeitsbereich der Hauptversammlung fallen. Ausreichend ist auch ein Beschluss auf Verlangen des Vorstands über Fragen der Geschäftsführung nach § 119 Abs. 2 AktG; es muss sich nicht um eine originäre Hauptversammlungszuständigkeit handeln.[187]

76 Zudem muss der Beschluss gesetzmäßig sein, er darf weder anfechtbar noch nichtig sein.[188] Einen anfechtbaren Beschluss kann und muss das Vorstandsmitglied ggf. selbst anfechten oder auf eine Anfechtung durch den Gesamtvorstand hinwirken (§ 245 Nr. 4, 5 AktG).[189] Ein nichtiger Beschluss entlastet den Vorstand, wenn die Nichtigkeit (rückwirkend) geheilt wird (§ 242 AktG). Auch ein anfechtbarer Beschluss wird mit Fristablauf (§ 246 AktG) gesetzmäßig. Die Haftung bleibt aber bestehen, wenn der Vorstand den Beschluss der Hauptversammlung **pflichtwidrig herbeigeführt** hat (etwa durch unrichtige oder unvollständige Informationen) oder sich Umstände, die zur Zeit der Beschlussfassung vorlagen, nachträglich wesentlich verändert haben.[190]

77 Wird gegen einen Hauptversammlungsbeschluss **Anfechtungsklage** erhoben, stellt sich die Frage, ob der Vorstand den Beschluss ausführen kann, ohne sich pflichtwidrig zu verhalten und eine Ersatzpflicht zu begründen. Grundsätzlich wird wohl erst die Abweisung der Anfechtungsklage einen vollständigen Wegfall der Ersatzpflicht bewirken.[191] Die Vorstandsmitglieder können sich aber bereits im Vorfeld durch eine eigene **Prüfung** von der Gesetzmäßigkeit des Beschlusses überzeugen. Ergibt diese Prüfung, dass der Beschluss gesetzmäßig und die Anfechtungsklage somit unbegründet ist, kann der Vorstand den Beschluss ausführen. Sollte die Anfechtungsklage wider Erwarten doch erfolgreich sein, können sich die Vorstandsmitglieder im Rahmen einer möglichen Haftungsklage auf fehlendes Verschulden berufen.[192] Der Aufsichtsrat kann, solange keine Verjährung droht, mit der

183 Vgl. Hüffer/Koch/*Koch* AktG § 93 Rn. 56; *Rieger* FS Peltzer, 2001, 339 (351).
184 Hüffer/Koch/*Koch* AktG § 93 Rn. 56 mwN; aA *Foerster* ZHR 176 (2012), 221 ff.
185 K. Schmidt/Lutter/*Sailer-Coceani* AktG § 93 Rn. 44; *Rieger* FS Peltzer, 339 (351); MüKoAktG/*Spindler* § 93 Rn. 212; *Meckbach* NZG 2015, 580.
186 Hüffer/Koch/*Koch* AktG § 93 Rn. 72.
187 *Dietz-Vellmer* NZG 2014, 721; *v. Falkenhausen* NZG 2016, 601.
188 Vgl. OLG Frankfurt BeckRS 2013, 04897 zur Haftung eines GmbH-Geschäftsführers; Hüffer/Koch/*Koch* AktG § 93 Rn. 73.
189 K. Schmidt/Lutter/*Sailer-Coceani* AktG § 93 Rn. 59; Hüffer/Koch/*Koch* AktG § 93 Rn. 74.
190 GroßkommAktG/*Hopt/Roth* § 93 Rn. 488 f.; K. Schmidt/Lutter/*Sailer-Coceani* AktG § 93 Rn. 62; MüKoAktG/*Spindler* § 93 AktG Rn. 274 f.
191 *v. Falkenhausen* NZG 2016, 601 (602).
192 *Stein* NJW-Spezial 2013, 271 (272).

Geltendmachung des Anspruchs nach § 93 Abs. 2 AktG abwarten, bis über die Anfechtungsklage entschieden ist (→ Rn. 18 ff.).[193]

78 Die Handlung des Vorstands muss auf einem Hauptversammlungsbeschluss **„beruhen“**, dh der **Beschluss muss der schädigenden Handlung vorangegangen** sein.[194] Allerdings greift der Haftungsausschluss nach herrschender Auffassung auch, wenn der Vorstand zB einen Vertrag zuvor ausgehandelt hat, diesen aber unter den Vorbehalt der Hauptversammlungszustimmung (aufschiebende Bedingung oder Genehmigungsvorbehalt) stellt.[195]

## b) Verzicht und Vergleich

79 § 93 Abs. 4 S. 3 AktG sieht die Möglichkeit vor, dass die Gesellschaft auf ihre Ansprüche gegen Vorstandsmitglieder verzichtet oder sich über sie vergleicht. Dies ist jedoch nur unter drei Voraussetzungen möglich:

- es müssen **drei Jahre seit Entstehen** des Ersatzanspruchs[196] verstrichen sein,
- die **Hauptversammlung muss zustimmen** und
- es darf nicht eine **Minderheit,** deren Anteile zusammen 10% des Grundkapitals erreicht, gegen den Verzicht oder Vergleich **Widerspruch** zu Protokoll eingelegt haben.

80 Die Begriffe „Verzicht“ und „Vergleich“ sind weit auszulegen.[197] Es fallen Erlassverträge (§ 397 Abs. 1 BGB), negative Schuldanerkenntnisse (§ 397 Abs. 2 BGB), gerichtliche oder außergerichtliche Vergleiche (§ 779 BGB), Prozess- oder Anwaltsvergleiche (§ 794 Abs. 1 Nr. 1 ZPO, § 1053 ZPO; §§ 796a ff. ZPO) und Rechtshandlungen hierunter, die einem Verzicht oder Vergleich wirtschaftlich gleichkommen. Zu den Rechtshandlungen, die einem Verzicht oder Vergleich wirtschaftlich gleichkommen, zählen etwa ein Klageverzicht (§ 306 ZPO), ein Anerkenntnis der Gesellschaft gegenüber einer negativen Feststellungsklage des Vorstandsmitglieds (§ 307 ZPO) oder eine Stundung des Ersatzanspruchs.[198] **Tritt** die Gesellschaft den Anspruch unentgeltlich **ab** und wird anschließend ein Vergleich oder Verzicht erzielt, ohne dass die Voraussetzungen des § 93 Abs. 4 AktG erfüllt wären, ist dies eine unwirksame Umgehung des § 93 Abs. 4 AktG.[199] Auch Abfindungsvereinbarungen kann § 93 Abs. 4 AktG entgegenstehen (§ 139 BGB); sie sollten deshalb eine salvatorische Klausel enthalten.[200] So stufte der BGH die Zahlung einer Geldstrafe, Geldauflage oder Geldbuße, die gegen ein Vorstandsmitglied verhängt wurde, als Verstoß gegen § 93 Abs. 4 AktG ein, da die vom Vorstandsmitglied begangene Straftat zugleich eine Pflichtverletzung gegenüber der Gesellschaft gewesen sei (zur Legalitätspflicht des Vorstands → § 7 Rn. 8 ff.) und die Hauptversammlung der Zahlung nicht zugestimmt hatte.[201] Rechtshandlungen, die gegen § 93 Abs. 4 AktG verstoßen, sind endgültig nichtig und können nicht geheilt werden.[202]

81 Die **Dreijahresfrist gilt nicht,** wenn das **Vorstandsmitglied insolvent** ist und sich innerhalb oder außerhalb eines Insolvenzverfahrens vergleicht oder wenn die Ersatzpflicht in einem Insolvenzplan geregelt werden soll (§ 93 Abs. 4 S. 4 AktG).

---

[193] Zur Geltendmachung von Schadensersatzansprüchen durch den Aufsichtsrat: *W. Goette* in Goette/Arnold AR-HdB § 4 Rn. 2425 ff.
[194] K. Schmidt/Lutter/*Sailer-Coceani* AktG § 93 Rn. 59; MüKoAktG/*Spindler* § 93 AktG Rn. 272.
[195] Hüffer/Koch/*Koch* AktG § 93 Rn. 73; MüKoAktG/*Spindler* § 93 Rn. 273. Etwas Anderes gilt, wenn lediglich ein Rücktrittsvorbehalt vereinbart wurde.
[196] Hüffer/Koch/*Koch* AktG § 93 Rn. 76.
[197] Näher *Unmuth,* Vergleich und Verzicht im aktienrechtlichen Organhaftungsrecht aus der Perspektive des Aufsichtsrats, 2018, 65 ff.
[198] Näher *Unmuth,* Vergleich und Verzicht im aktienrechtlichen Organhaftungsrecht aus der Perspektive des Aufsichtsrats, 2018, 78 ff.
[199] MüKoAktG/*Spindler* § 93 AktG Rn. 297.
[200] MüKoAktG/*Spindler* § 93 AktG Rn. 293; Bürgers/Körber/*Bürgers* AktG § 93 Rn. 36; Hüffer/Koch/*Koch* AktG § 93 Rn. 76.
[201] BGH NZG 2014, 1058 Rn. 11 ff.; s. dazu auch *Unmuth,* Vergleich und Verzicht im aktienrechtlichen Organhaftungsrecht aus der Perspektive des Aufsichtsrats, 2018, 112 ff.
[202] MüKoAktG/*Spindler* § 93 Rn. 286.

82 Für die Verhandlung und den Abschluss von **Verzichts- oder Vergleichsverhandlungen** ist bei Ansprüchen gegen Vorstandsmitglieder der Aufsichtsrat, bei Ansprüchen gegen Aufsichtsratsmitglieder der Vorstand **zuständig,** die die Vereinbarung jeweils der Hauptversammlung zur Zustimmung vorlegen müssen.

### c) Verjährung

83 Die Verjährung beträgt bei Gesellschaften, die zum Zeitpunkt der Pflichtverletzung börsennotiert sind, **zehn Jahre,** bei nicht börsennotierten Gesellschaften **fünf Jahre** (§ 93 Abs. 6 AktG). Die Verjährungsfrist **beginnt mit** dem Entstehen des Anspruchs (§ 200 BGB), also dem **Eintritt eines Schadens,** der durch eine pflichtwidrige und schuldhafte Handlung eines Vorstandsmitglieds verursacht worden ist.[203] Liegt die Pflichtverletzung eines Vorstandsmitglieds allerdings in einem Unterlassen, ist zu unterscheiden, ob es sich um einmaliges oder fortdauerndes **Unterlassen** handelt. Im ersten Fall beginnt die Verjährung in dem Augenblick, in dem die Pflicht zum Tätigwerden missachtet wird.[204] Häufig liegt die Pflichtverletzung allerdings in einem **dauerhaften** Untätigsein. In diesem Fall soll nach Auffassung des Landgerichts München I im „Siemens/Neubürger"-Urteil die Verjährungsfrist erst zu laufen beginnen, wenn die pflichtwidrig unterbliebene Handlung nicht mehr nachgeholt werden könne.[205] Dieser Linie hat sich jüngst auch der BGH angeschlossen.[206] Im sog. Easy Software-Urteil hat er sich mit der Verjährung von Ansprüchen gegen den Aufsichtsrat wegen Nichtgeltendmachung von Ansprüchen der Gesellschaft gegen ein ehemaliges Vorstandsmitglied befasst. Er stellte dazu fest, dass der **Schaden erst mit dem Verstreichenlassen der letzten Möglichkeit zur verjährungshemmenden Geltendmachung der Ansprüche eintritt** und somit auch erst in diesem Zeitpunkt die Verjährung iSv § 200 S. 1 BGB zu laufen beginnt.[207] Hierdurch wird der Verjährungsbeginn erheblich nach hinten geschoben.[208]

84 Lässt der Aufsichtsrat einen Anspruch gegen ein Vorstandmitglied verjähren, obwohl er nach den oben dargestellten Grundsätzen zur Geltendmachung verpflichtet war (→ Rn. 17ff.), handelt er unter Umständen **pflichtwidrig** und haftet selbst für den entsprechenden Schaden (§ 116 S. 1 AktG iVm § 93 AktG).[209] Der Vorstand ist dann wiederum verpflichtet, den Anspruch gegen den Aufsichtsrat geltend zu machen.

85 **Nicht erforderlich** für den Beginn der Verjährung ist es, dass die Gesellschaft den Schaden zu diesem Zeitpunkt bereits **beziffern** kann, also Leistungsklage erheben könnte.[210] Vielmehr genügt es für den Verjährungsbeginn, wenn der Schaden zwar entstanden, in seiner Entwicklung aber noch nicht abgeschlossen ist, so dass die Gesellschaft Feststellungsklage erheben könnte.[211]

86 Eine **Verkürzung** der Verjährungsfrist durch Satzung oder Vertrag ist nach hM **nicht zulässig.**[212] Inwiefern das auch für eine **Verlängerung** der Verjährungsfrist gilt, ist in der Literatur **umstritten.** Einer satzungsmäßigen Verlängerung steht nach überzeugender An-

---

[203] BGH NZG 2018, 1301 Rn. 17 – Easy Software = BGHZ 219, 356; OLG München AG 2018, 758; Hüffer/Koch/*Koch* AktG § 93 Rn. 87; BeckOGK/*Fleischer* AktG § 93 Rn. 358 mwN.

[204] Hüffer/Koch/*Koch* AktG § 93 Rn. 87a.

[205] LG München I DB 2014, 766 – Siemens/Neubürger; vgl. auch BeckOGK/*Fleischer* AktG § 93 Rn. 360f.

[206] BGH NZG 2018, 1301 Rn. 16ff. – Easy Software = BGHZ 219, 356; dazu *Bayer/Scholz* NZG 2019, 201 (202ff.).

[207] So bereits LG Essen BeckRS 2012, 9125 – Arcandor.

[208] Krit. dazu *Löbbe/Lüneborg* Der Konzern 2019, 53 (58f.) („endloses Verjährungskarussell"); *Schockenhoff* AG 2019, 745 (748f.).

[209] BGH NZG 2018, 1301 Rn. 15 – Easy Software = BGHZ 219, 356.

[210] GroßkommAktG/*Hopt/Roth* § 93 Rn. 586.

[211] BGH NZG 2018, 1301 Rn. 17 – Easy Software = BGHZ 219, 356; OLG München ZIP 1998, 23 (26); RGZ 1987, 306 (311); BGHZ 100, 228 (231); K. Schmidt/Lutter/*Sailer-Coceani* AktG § 93 Rn. 77; Hüffer/Koch/*Koch* AktG § 93 Rn. 87.

[212] Hüffer/Koch/*Koch* AktG § 93 Rn. 88; BeckOGK/*Fleischer* AktG § 93 Rn. 365; GroßkommAktG/*Hopt/Roth* § 93 Rn. 385.

sicht die Satzungsstrenge des § 23 Abs. 5 S. 1 AktG entgegen, da § 93 Abs. 6 AktG insoweit abschließend ist.[213] Auch Vereinbarungen über eine Verlängerung im Anstellungsvertrag, also vor Entstehung des Anspruchs, werden in der Literatur zu Recht kritisch gesehen.[214] Eine rechtsgeschäftliche Verlängerung der Verjährungsfrist **im Einvernehmen** mit dem betroffenen Vorstandsmitglied und **nach Anspruchsentstehung** wird dagegen überwiegend für **zulässig** erachtet.[215] In derartige Absprachen sollte aufgrund möglicher Auswirkungen auf den Deckungsanspruch außerdem der D&O-Versicherer einbezogen werden.[216]

Erfüllt die Pflichtverletzung eines Vorstandsmitglieds iSd § 93 Abs. 2 AktG auch den 87
Tatbestand einer unerlaubten Handlung oder verletzt das Vorstandsmitglied mit der Handlung eine andere schadensersatzbegründende Pflicht, gelten unterschiedliche und **voneinander unabhängige Verjährungsfristen** (zur Konkurrenz verschiedener Ansprüche → Rn. 91 ff.).[217] Die aktienrechtliche Verjährungsfrist beginnt – im Gegensatz zur Regelverjährung deliktischer Ansprüche (§ 199 Abs. 1 Nr. 2 BGB) – unabhängig von einer **Kenntnis** oder grobfahrlässigen Unkenntnis zu laufen.[218] Deshalb kann ein aktienrechtlicher Anspruch trotz längerer Verjährungsfrist bereits verjährt sein, während es ein konkurrierender deliktsrechtlicher Anspruch noch nicht ist.

### d) Mehrheit von in Anspruch genommenen Vorstandsmitgliedern

Haften mehrere Vorstandsmitglieder für den Schaden, sind sie gem. § 93 Abs. 2 S. 1 AktG 88
**Gesamtschuldner** iSd §§ 421 ff. BGB. Die klagende Gesellschaft kann jedes einzelne Vorstandsmitglied, das für den Schaden (mit-)verantwortlich ist, auf den gesamten Schaden in Anspruch nehmen, ohne dabei den Grad der individuellen Verantwortlichkeit berücksichtigen zu müssen. Die gesamtschuldnerische Haftung greift unabhängig davon, ob das einzelne Vorstandsmitglied haftet, weil es mit anderen gemeinsam pflichtwidrig und schuldhaft gehandelt hat oder es schuldhaft unterlassen hat, andere Vorstandsmitglieder zu überwachen.

Im **Innenverhältnis** sind die mitverantwortlichen Vorstandsmitglieder den/dem in An- 89
spruch genommenen Vorstandsmitglied(ern) **zum Ausgleich verpflichtet.** Der Ausgleich folgt zivilrechtlichen Grundsätzen (§ 426 BGB): Grundsätzlich haften die Vorstandsmitglieder zu gleichen Teilen (§ 426 BGB). Allerdings können die Schwere der Pflichtverletzung und der Grad des Verschuldens beim Ausgleich berücksichtigt werden (§ 254 BGB). So fällt beispielsweise die unmittelbare Ressortverantwortung grundsätzlich schwerer ins Gewicht als eine unterlassene Überwachung.[219]

Das in Anspruch genommene Vorstandsmitglied kann bereits vor Erbringung der eige- 90
nen Leistung von den Mitschuldnern verlangen, den **Gläubiger** ihrem Anteil entsprechend zu **befriedigen** und ihn von einer Inanspruchnahme durch den Gläubiger **freizustellen.**[220] Ob die Beweislastumkehr des § 93 Abs. 2 S. 2 AktG im Regressprozess der Vorstandsmitglieder untereinander Anwendung findet, wird in der Literatur uneinheitlich beantwortet.[221]

[213] BeckOGK/*Fleischer* AktG § 93 Rn. 365; Hüffer/Koch/*Koch* AktG § 93 Rn. 88; GroßkommAktG/*Hopt/Roth* § 93 Rn. 385; aA *Schnorbus/Klormann* NZG 2015, 938 (941).
[214] Hüffer/Koch/*Koch* AktG § 93 Rn. 88; GroßkommAktG/*Hopt/Roth* § 93 Rn. 385; MüKoAktG/*Spindler* § 93 Rn. 324; dies unter Verweis auf BegrRegE BT-Drs. 14/6040, 110 erwägend BeckOGK/*Fleischer* AktG § 93 Rn. 365; aA *Schnorbus/Klormann* NZG 2015, 938 (941).
[215] BeckOGK/*Fleischer* AktG § 93 Rn. 365; GroßkommAktG/*Hopt/Roth* § 93 Rn. 385; MüKoAktG/*Spindler* § 93 Rn. 324; Hüffer/Koch/*Koch* AktG § 93 Rn. 88 mwN.
[216] Näher hierzu *Thomas* AG 2016, 473 (475 ff.).
[217] BGHZ 100, 190 (200 ff.); s. aber auch BGH WM 1989, 1335 (1337); Hüffer/Koch/*Koch* AktG § 93 Rn. 86.
[218] Hüffer/Koch/*Koch* AktG § 93 Rn. 86.
[219] Hüffer/Koch/*Koch* AktG § 93 Rn. 57; BeckOGK/*Fleischer* AktG § 93 Rn. 315.
[220] BGH ZIP 2007, 2313.
[221] Verneinend GroßkommAktG/*Hopt/Roth* § 93 AktG Rn. 467; bejahend Kölner Komm AktG/*Mertens/Cahn* § 93 AktG Rn. 50 jeweils mwN.

## V. Weitere Anspruchsgrundlagen neben § 93 AktG und Konkurrenzen

91 Eine Haftung des Vorstandsmitglieds gegenüber der Gesellschaft besteht auch, wenn es bei der **Gründung** eine Pflicht verletzt hat (§ 48 S. 1 AktG). Es haftet beispielsweise, wenn die eingezahlten Beträge nicht zur freien Verfügung der Gesellschaft stehen (§ 48 S. 1 Hs. 2 AktG) oder es die Gründungsprüfung gem. § 33 Abs. 1 AktG, § 34 AktG nicht ordnungsgemäß durchführt.[222] Die Vorstandsmitglieder haften auch nach § 48 AktG, wenn eingezogene Ersatzleistungen im Zeitpunkt der Eintragung der Gesellschaft in das Handelsregister wieder verloren sind.[223] Eine Haftung scheidet aus, wenn ein gesetzmäßiger Hauptversammlungsbeschluss vorliegt (§ 48 S. 2 AktG iVm § 93 Abs. 4 S. 1 AktG; → Rn. 75 ff.).[224] Durch die Haftung soll die Kapitalaufbringung sichergestellt werden.[225]

92 Außerdem haften Vorstandsmitglieder, wenn sie die gesetzlichen Pflichten für die Zeichnung von Aktien bei einer **Kapitalerhöhung** schuldhaft verletzen (§ 56 Abs. 4 AktG). Auch diese Haftung dient der Sicherung der Kapitalaufbringung.[226]

93 Vorstandsmitglieder unterliegen gem. § 88 Abs. 1 AktG einem weitreichenden **Wettbewerbsverbot** (→ § 7 Rn. 70). Sie dürfen ohne Einwilligung des Aufsichtsrats weder ein Handelsgewerbe betreiben noch im Geschäftszweig der Gesellschaft für eigene oder fremde Rechnung Geschäfte machen. Sie dürfen ohne Einwilligung auch nicht Mitglied des Vorstands, Geschäftsführer oder persönlich haftender Gesellschafter einer anderen Handelsgesellschaft sein. Verstößt ein Vorstandsmitglied gegen das Wettbewerbsverbot, kann die Gesellschaft Schadensersatz oder Übertragung der Ansprüche des Vorstandsmitglieds aus dem wettbewerbswidrig abgeschlossenen Geschäft verlangen (§ 88 Abs. 2 AktG). Die Haftung setzt Verschulden voraus; § 93 Abs. 2 S. 2 AktG ist analog anzuwenden.[227]

94 Nach § 117 Abs. 2 AktG haftet ein Vorstandsmitglied der Gesellschaft auf Schadensersatz, wenn es **von einem Dritten** aufgrund dessen Einfluss auf die Gesellschaft dazu **bestimmt** wurde, zum Schaden der Gesellschaft zu handeln (§ 117 Abs. 1 AktG). Erforderlich ist eine Verletzung der Pflichten des Vorstandsmitglieds, die zu einer Haftung gegenüber der Gesellschaft nach § 93 AktG führt.[228] Es müssen folglich die Voraussetzungen des § 93 AktG und des § 117 Abs. 1 AktG vorliegen. Parallel zum Anspruch aus § 93 Abs. 2 AktG ist auch bei der Haftung nach § 117 AktG die Beweislast umgekehrt, so dass das Vorstandsmitglied die Möglichkeit hat, sich zu entlasten (§ 117 Abs. 2 S. 2 und 3 AktG). Es schließt den Anspruch nicht aus, wenn der Aufsichtsrat die Maßnahme billigt (§ 117 Abs. 2 S. 4 AktG).

95 Neben der Haftung aus aktienrechtlichen Spezialvorschriften greift auch das **allgemeine Deliktsrecht** nach §§ 823 ff. BGB. Eine deliktische Haftung kann für die Gesellschaft insbesondere wegen der unterschiedlichen Verjährung deliktischer und aktienrechtlicher Schadensersatzansprüche von Bedeutung sein (→ Rn. 83 ff.). Ein Anspruch nach § 823 Abs. 2 BGB kommt in Betracht, wenn ein Vorstandsmitglied ein die Gesellschaft schützendes **Schutzgesetz** verletzt. Insbesondere Strafvorschriften sind häufig Schutzgesetze. Der Straftatbestand der **Untreue** (§ 266 StGB) soll die Gesellschaft und ihr Vermögen schützen, so dass die Verwirklichung der Untreue das jeweilige Vorstandsmitglied zivilrechtlich auch zum Ersatz des daraus entstandenen Schadens verpflichtet (§ 823 Abs. 2 BGB iVm den Schutzgesetzen aus § 266 StGB).[229]

---

222 Hüffer/Koch/*Koch* AktG § 48 Rn. 3.
223 Hüffer/Koch/*Koch* AktG § 48 Rn. 3.
224 §§ 50, 51 AktG enthalten weitgehend identische Regelungen zu Verzicht, Vergleich und Verjährung.
225 Hüffer/Koch/*Koch* AktG § 48 Rn. 1.
226 Vgl. Hüffer/Koch/*Koch* AktG § 56 Rn. 1.
227 Hüffer/Koch/*Koch* AktG § 88 Rn. 6; Kölner Komm AktG/*Mertens/Cahn* § 88 Rn. 21; MüKoAktG/*Spindler* § 88 Rn. 30.
228 Die Haftung aus § 117 AktG steht dennoch neben der aus § 93 AktG, vgl. Hüffer/Koch/*Koch* AktG § 117 Rn. 10; MüKoAktG/*Spindler* § 117 Rn. 58.
229 Vgl. BeckOK StGB/*Wittig* StGB § 266 Rn. 3; BeckOGK/*Fleischer* AktG § 93 Rn. 390.

Auch eine Haftung aus **vorsätzlicher und sittenwidriger Schädigung** (§ 826 BGB) ist möglich und steht neben der aktienrechtlichen Haftung.[230] Sie dürfte aber wegen der hohen Tatbestandshürden nur **in Ausnahmefällen** greifen. Zur Haftung nach § 826 BGB gegenüber Aktionären und Dritten → Rn. 108. 96

Problematisch ist das Verhältnis zwischen den aktienrechtlichen Ansprüchen der Gesellschaft (insbesondere § 93 Abs. 2 AktG) und einer Verletzung der Pflichten aus dem **Anstellungsvertrag** des Vorstandsmitglieds. Nach der Rechtsprechung und Stimmen im Schrifttum sollen die Ansprüche aus Verletzung des Dienstvertrags im aktienrechtlichen Anspruch „aufgehen".[231] Die aktienrechtliche Haftungsnorm des § 93 AktG soll den vertraglichen Schadensersatzanspruch verdrängen. Begründet wird dies damit, dass die besondere Rechtsbeziehung zwischen Organmitglied und Gesellschaft aus der Organstellung des Vorstandsmitglieds folge, während der Anstellungsvertrag die Pflichten nur näher ausgestalte.[232] Der Anstellungsvertrag kann aber zur genaueren Bestimmung der aktienrechtlichen Pflichten aus § 93 Abs. 1 S. 1 AktG herangezogen werden: Verletzt ein Vorstandsmitglied seine Pflichten aus dem Anstellungsvertrag, haftet es regelmäßig für die Verletzung seiner insoweit modifizierten Organpflichten nach § 93 Abs. 2 AktG.[233] 97

## C. Außenhaftung

Neben Schadensersatzansprüchen, die der Gesellschaft gegen ein Vorstandsmitglied zustehen können, können unter bestimmten Umständen auch **Aktionäre** und **Gläubiger** bzw. **sonstige Dritte** Schadensersatz gegenüber den Vorstandsmitgliedern geltend machen. Die Haftung gegenüber diesem Personenkreis wird als **Außenhaftung** bezeichnet. Das Aktiengesetz führt mit dem Grundsatz der Binnenhaftung zu einer Haftungskonzentration des Vorstands gegenüber der Gesellschaft, die nur ausnahmsweise durch eine Außenhaftung durchbrochen werden soll (→ Rn. 1).[234] 98

Betrachtet man die **rechtlichen** Grundlagen **für Ansprüche im Bereich der Außenhaftung,** zeigt sich ein **diffuses Bild.** Es gibt nicht den einen zentralen gesetzlichen Anspruch wie bei der Innenhaftung, sondern eine Vielzahl von möglichen Anspruchsgrundlagen. Im Mittelpunkt dürften deliktsrechtliche Ansprüche stehen (§ 823 Abs. 2 iVm einem Schutzgesetz und § 826 BGB), gefolgt von konzernrechtlichen Ansprüchen (§ 317 iVm § 309 AktG). Schließlich kann es Ansprüche aufgrund von Spezialgesetzen (zB § 69 AO) geben. Insgesamt ist die **Außenhaftung des Vorstands eine noch wenig durchdrungene Materie.** 99

Als grobe **Einteilung** der verschiedenen Anspruchsgrundlagen kann man **unterscheiden** zwischen: 100
- deliktsrechtlichen Ansprüchen, inklusive solchen aus Produkthaftungspflicht;
- Ansprüchen aus sog. culpa in contrahendo;
- Ansprüchen aus besonderen gesetzlichen Tatbeständen.

---

[230] GroßkommAktG/*Hopt/Roth* § 93 Rn. 620.
[231] BGH WM 1989, 1335 (1337); ZIP 1997, 199 (200). Anders als nach BGHZ 100, 190 soll es auch keine gesonderte Verjährungsregelung geben. Die Verjährung von Ansprüchen der Gesellschaft aus dem Dienstvertrag richte sich nach den Verjährungsregeln des korporationsrechtlichen Anspruchs, hier also nach § 93 Abs. 6 AktG. Vgl. auch GroßkommAktG/*Hopt/Roth* § 93 Rn. 320f. und Rn. 618; *Bank* in Patzina/Bank/Schimmer/Simon-Widmann, Haftung von Unternehmensorganen, 1. Aufl. 2010, Kap. 9 Rn. 1.
[232] GroßkommAktG/*Hopt/Roth* § 93 Rn. 320f., 618.
[233] GroßkommAktG/*Hopt/Roth* § 93 Rn. 321.
[234] Hüffer/Koch/*Koch* AktG § 93 Rn. 60.

## I. Ansprüche des Aktionärs

### 1. Aktienrechtliche Ansprüche

101 Der Anspruch aus § 93 Abs. 2 AktG ist ein Schadensersatzanspruch der Gesellschaft, nicht des Aktionärs. Wird durch den Schaden der Gesellschaft der Aktienwert gesenkt, kann der Aktionär für diesen Reflex- oder Doppelschaden keine Leistung an sich selbst verlangen. Ggf. kann der Aktionär Leistung an die Gesellschaft verlangen, nachdem er ein Klagezulassungsverfahren durchgeführt hat (→ Rn. 27 ff.). Eine vergleichbare Regelung findet sich in § 309 Abs. 4 AktG, § 310 Abs. 4 AktG, § 317 Abs. 4 AktG und § 318 Abs. 4 AktG.

102 Nur **ausnahmsweise** besteht ein **aktienrechtlicher Schadensersatzanspruch zugunsten der Aktionäre.** Nach § 117 Abs. 2 AktG können Aktionäre ein Vorstandsmitglied auf Schadensersatz in Anspruch nehmen, wenn das Vorstandsmitglied von einem Dritten aufgrund dessen Einfluss auf die Gesellschaft dazu bestimmt wurde, zum Schaden der Aktionäre zu handeln (§ 117 Abs. 1 AktG) → Rn. 93.

### 2. Deliktische Ansprüche

103 Auch das deliktsrechtliche Anspruchsregime der §§ 823 ff. BGB greift im Rahmen aktienrechtlicher Sachverhalte. Die deliktsrechtlichen Anspruchsgrundlagen knüpfen unmittelbar an das Handeln einer natürlichen Person – des Vorstandsmitglieds – an. Seine Pflichtverletzungen werden der Gesellschaft nach § 31 BGB zugerechnet, so dass ein Schaden auch gegenüber der Gesellschaft geltend gemacht werden kann.

104 Das gesellschaftsrechtliche Mitgliedschaftsrecht ist als absolutes Recht vom Anwendungsbereich des § 823 Abs. 1 BGB erfasst.[235] Wer es vorsätzlich oder fahrlässig verletzt, ist daher zu Schadensersatz verpflichtet. Ungeklärt ist bislang, wie weit der von § 823 Abs. 1 BGB geschützte Kern des **Mitgliedschaftsrechts,** insbesondere bei verletzenden Handlungen der Gesellschaftsorgane und ihrer Organmitglieder, reicht.[236] Reine Vermögensschäden, wie eine reflexive Wertminderung des Anteils, reichen nicht aus.[237] **Direktansprüche des Aktionärs** sind jedenfalls nur in eng begrenzten **Ausnahmefällen** anzuerkennen.[238]

105 In Betracht kommt darüber hinaus ein Anspruch aus § 823 Abs. 2 BGB wegen Verletzung eines Schutzgesetzes, wenn die verletzte Regelung gerade dazu bestimmt ist, den Aktionär zu schützen. Anerkannt ist jedenfalls, dass **§ 93 AktG kein Schutzgesetz** iSd § 823 Abs. 2 BGB ist, da sonst das **Prinzip der beschränkten Innenhaftung** unterlaufen würde.[239] Aktionäre können daher keinen Anspruch aus § 823 Abs. 2 BGB iVm § 93 Abs. 2 AktG herleiten.

106 Allerdings besteht ein Anspruch insbesondere im Hinblick auf eine Verletzung der Strafvorschriften wegen vorsätzlich unrichtiger Wiedergabe oder Verschleierung der Gesellschaftsverhältnisse in der Eröffnungsbilanz, im Jahresabschluss, Lagebericht einschließlich der nichtfinanziellen Erklärung, im gesonderten nichtfinanziellen Bericht oder im Zwischenabschluss **(§ 331 Nr. 1 HGB)** oder wegen **falscher Angaben und unrichtiger Darstellungen in §§ 399 und 400 AktG**[240]**.**

---

[235] BGH NJW 1990, 2877; *Habersack,* Die Mitgliedschaft – subjektives und „sonstiges" Recht, 1996, 117 ff.; Hüffer/Koch/*Koch* AktG § 93 Rn. 64.

[236] S. iE MüKoAktG/*Spindler* § 93 Rn. 337 ff., insbes. Rn. 339.

[237] MüKoAktG/*Spindler* § 93 Rn. 338; Hüffer/Koch/*Koch* AktG § 93 Rn. 64.

[238] K. Schmidt/Lutter/*Sailer-Coceani* AktG § 93 Rn. 78 ff.; vgl. auch GroßkommAktG/*Hopt/Roth* § 93 Rn. 625 f., der darauf hinweist, dass nicht das Recht selbst, sondern das dahinterstehende Vermögen verletzt werde.

[239] Hüffer/Koch/*Koch* AktG § 93 Rn. 61; *Gärtner* BB 2012, 1745 (1746) mwN.

[240] Hüffer/Koch/*Koch* AktG § 93 Rn. 61; MüKoAktG/*Spindler* § 93 Rn. 344.

Den strafrechtlichen Tatbestand der **Untreue** (§ 266 StGB) erkennt die überwiegende Ansicht nicht als Schutzgesetz an.[241] Sofern ein Schutzgesetz verletzt wurde, können die Aktionäre auch die Wertminderung ihrer Anteile **(Reflexschaden)** geltend machen. Um eine Doppelhaftung des Vorstandsmitglieds auszuschließen, richtet sich der Ersatzanspruch in Höhe des Reflexschadens nur auf Leistung an die Gesellschaft (→ Rn. 68). 107

Daneben kommt eine Haftung wegen **vorsätzlicher sittenwidriger Schädigung** gem. § 826 BGB in Betracht.[242] Insbesondere im Zusammenhang mit bewusst unrichtig abgegebenen Ad-hoc-Mitteilungen wurde eine Haftung nach § 826 BGB diskutiert (zur Haftung wegen unrichtiger Kapitalmarktinformation → Rn. 124 ff.).[243] Wegen der hohen Anforderungen, insbesondere auf subjektiver Tatbestandsseite, ist der Anwendungsbereich von § 826 BGB auf extreme Ausnahmefälle begrenzt.[244] 108

## II. Ansprüche eines Dritten

Auch Dritten gegenüber kann eine Schadensersatzpflicht des Vorstandsmitglieds bestehen. Eine Haftung kann sich dabei insbesondere aus den allgemeinen bürgerlich-rechtlichen Anspruchsregimen (culpa in contrahendo oder deliktsrechtliche Haftung) ergeben. Daneben bestehen spezialgesetzliche Haftungstatbestände. 109

### 1. Aktienrechtliche Ansprüche

Gläubiger können Ersatzansprüche der Gesellschaft unter bestimmten Voraussetzungen geltend machen (§ 93 Abs. 5 AktG; → Rn. 33 ff.). Im Übrigen haben Dritte **keinen Anspruch aus § 93 AktG.**[245] 110

Die **Aktionäre einer abhängigen Gesellschaft** können jedoch die Vorstandsmitglieder der Obergesellschaft im faktischen Konzern auf Schadensersatz in Anspruch nehmen, wenn die Obergesellschaft die abhängige Gesellschaft zu einem nachteiligen Rechtsgeschäft oder einer nachteiligen Maßnahme veranlasst und ihr dadurch einen Schaden zugefügt hat, ohne dass dieser Schaden im Lauf des Geschäftsjahrs pflichtgemäß (§ 311 AktG) ausgeglichen wurde (§ 317 Abs. 1, 3 AktG iVm § 317 Abs. 4 AktG und § 309 Abs. 3 AktG). Die Vorstandsmitglieder haften mit dem herrschenden Unternehmen als Gesamtschuldner (§§ 421 ff. BGB). Der Haftungsanspruch ist verschuldensunabhängig.[246] Mangelhafte Überwachung oder unzureichende Organisation sollen nicht als „Veranlassung" einzustufen sein.[247] 111

### 2. Haftung aus culpa in contrahendo

Nach der in § 311 Abs. 3 BGB gesetzlich geregelten Figur der culpa in contrahendo haftet ein Vorstandsmitglied persönlich, wenn es **„in besonderem Maße Vertrauen für sich in Anspruch nimmt"**, dadurch das Verhandlungsergebnis **erheblich beeinflusst** und dem Dritten hierdurch ein Schaden entstanden ist. Da grundsätzlich für Verschulden bei Vertragsverhandlungen nur der Vertragspartner, also die Gesellschaft selbst, haftet, muss das Vorstandsmitglied eine über das normale Vertrauen hinausgehende **persönliche Gewähr** 112

---

[241] LG Wiesbaden NZG 2016, 832; Hüffer/Koch/*Koch* AktG § 93 Rn. 61; MüKoAktG/*Spindler* § 93 Rn. 345 ff.; GroßkommAktG/*Hopt/Roth* § 93 AktG Rn. 633; K. Schmidt/Lutter/*Sailer-Coceani* § 93 Rn. 80; *M. Arnold* in Marsch-Barner/Schäfer AG-HdB § 22 Rn. 83; aA Hölters/*Hölters* AktG § 93 Rn. 355.

[242] Hüffer/Koch/*Koch* AktG § 93 Rn. 62.

[243] OLG Frankfurt a. M. AG 2019, 217 (218 f.); Hüffer/Koch/*Koch* AktG § 93 Rn. 62.

[244] Für Fallbeispiele s. MüKoAktG/*Spindler* § 93 Rn. 350 f.

[245] Siehe nur BeckOGK/*Fleischer* AktG § 93 Rn. 375 f.

[246] Hüffer/Koch/*Koch* AktG § 317 Rn. 14.

[247] Streitig, Hüffer/Koch/*Koch* AktG § 317 Rn. 14 mwN.

**für die Seriosität und die Erfüllung des Vertrags** übernommen haben.[248] So haftet ein Vorstandsmitglied beispielsweise, wenn es erklärt, für die Bonität der Gesellschaft einzustehen und notfalls eigenes Geld einzulegen.[249] Weist das Vorstandsmitglied lediglich auf die eigene Sachkunde oder Qualifikation hin, die ohnehin von einem Vorstandsmitglied erwartet werden kann, nimmt es kein besonderes Vertrauen in Anspruch, so dass ein Anspruch aus culpa in contrahendo ausscheidet.[250] Auch ein starkes wirtschaftliches und persönliches Interesse am Zustandekommen des Geschäfts kann in Ausnahmefällen eine Haftung begründen, wenn der Vertreter bei wirtschaftlicher Betrachtung „gleichsam in eigener Sache" tätig wird und man ihn damit als den eigentlichen wirtschaftlichen Interessenträger ansehen muss.[251] Die allgemeine, irgendwie geartete wirtschaftliche Interessenverknüpfung (beispielsweise Erfolgsbonus bei wirtschaftlicher Prosperität der Gesellschaft) genügt hierfür ebenso wenig wie die alleinige oder maßgebliche Beteiligung an einer Gesellschaft oder die Tatsache, dass ein Vorstandsmitglied Sicherheiten für die Verbindlichkeiten der Gesellschaft stellt.[252]

### 3. Deliktische Ansprüche

113 Bei deliktischer Schädigung von außenstehenden Dritten kommt auch ein Anspruch gegen ein verantwortliches Vorstandsmitglied in Betracht. Ein Anspruch aus § 823 Abs. 1 BGB besteht, wenn das Vorstandsmitglied den Dritten unmittelbar an Leben, Körper, Gesundheit, Freiheit, Eigentum oder einem sonstigen absoluten Recht verletzt hat. Insbesondere kann eine Haftung aufgrund eines **Eingriffs in den eingerichteten und ausgeübten Gewerbebetrieb** entstehen.[253]

114 Fraglich ist, ob bei **mittelbarer Verletzung** des Dritten oder (fahrlässigem) **Unterlassen** ein Schadensersatzanspruch aus Delikt in Frage kommt. Grundsätzlich besteht aus der Organstellung als Vorstandsmitglied nur eine Pflicht gegenüber der Gesellschaft.[254] Allein aus der Stellung als Vorstandsmitglied ergibt sich ebenso wenig eine Garantenpflicht wie aus der Legalitätspflicht des Vorstandsmitglieds.[255] Wann eine unmittelbare Außenhaftung wegen Verletzung einer Verkehrspflicht im Einzelfall besteht, ist bislang nicht geklärt. Eine unbeschränkte Außenhaftung gibt es jedenfalls nicht.[256]

115 In diesem Zusammenhang kann aber eine **mangelhafte Organisation oder Kontrolle** dazu führen, dass das Vorstandsmitglied haftungsrechtlich verantwortlich ist, selbst wenn es nicht eigenhändig gehandelt hat. In der **„Baustoff"-Entscheidung**[257] entschied der BGH, dass ein Vorstandsmitglied hafte, das es unterlassen hatte, geeignete organisatorische Vorkehrungen zu treffen, um zu verhindern, dass der verlängerte Eigentumsvorbehalt eines Baustofflieferanten ins Leere läuft. Der Baustofflieferant verlor dadurch sein Eigentum und erlitt einen Schaden. Die Haftung bestünde auch, wenn das Vorstandsmitglied am zum Schaden führenden Geschäft nicht persönlich beteiligt gewesen sei, der Schaden aber durch Mängel der von ihm zu verantwortenden Organisation ermöglicht worden sei. Die „Baustoff"-Entscheidung wurde vielfach kritisiert. Ob der BGH an seinen Ausführungen künftig festhalten würde, ist fraglich.

---

[248] BGH WM 1995, 108 (109); OLG Köln WM 1997, 1379 (1381); OLG Koblenz GmbHR 2003, 419.
[249] Vgl. den Fall bei BGH NJW-RR 2001, 1611.
[250] Kölner Komm AktG/*Mertens/Cahn* § 93 Rn. 221 mwN.
[251] BGH NJW-RR 2002, 1309 (1310); abl. bzgl. Interesse an Erhalt des eigenen Arbeitsplatzes BAG NJW 2014, 2669 Rn. 20ff.
[252] Kölner Komm AktG/*Mertens/Cahn* § 93 Rn. 222 mwN.
[253] Etwa BGHZ 166, 84 – Kirch/Deutsche Bank.
[254] Hüffer/Koch/*Koch* AktG § 93 Rn. 66.
[255] BGH NJW 2012, 3439.
[256] Kölner Komm AktG/*Mertens/Cahn* § 93 Rn. 224; Hüffer/Koch/*Koch* AktG § 93 Rn. 66.
[257] BGHZ 109, 297 – „Baustoff"-Urteil; zusammenfassend zur Diskussion *Dieckmann* ZGR 2020, 1039.

In einem anderen Fall musste der BGH entscheiden, ob ein Vorstandsmitglied wegen Nichtverhinderns von Straftaten,[258] die aus dem eigenem Unternehmen begangen worden waren, persönlich haftet (aus § 823 Abs. 2 BGB iVm §§ 266, 27 StGB). Zugrunde lag folgender Fall: Der Vorstandsvorsitzende der AG 1 hatte – um Liquidität zu erzeugen – Scheingeschäfte initiiert, indem eine AG 2, ein langjähriger Geschäftspartner der AG 1, Rechnungen über Warenlieferungen ausstellte, obwohl es diese Warenlieferungen nicht gegeben hatte („Scheinrechnungen"). Das in Anspruch genommene Vorstandsmitglied der AG 2 hatte zwar nicht nachweisbar aktiv an den Scheingeschäften mitgewirkt. Es sollte aber nach Ansicht des Insolvenzverwalters wegen **pflichtwidrigen Unterlassens** haften: Es gehöre auf Grund des Legalitätsprinzips zu den Pflichten jedes Organmitglieds, Rechtsverstöße, insbesondere die Begehung von Straftaten, zu verhindern. Die Legalitätspflicht bestehe auch gegenüber Dritten, hier einem Vertragspartner der AG 2. Der BGH wies die Klage zurück und stellte fest, dass sich allein aus der Stellung als Vorstandsmitglied **grundsätzlich keine Garantenpflicht gegenüber Dritten** ergebe, eine Schädigung des Vermögens zu verhindern. Der BGH lehnte deshalb eine Haftung ab.[259] Eine Garantenstellung folge **auch nicht aus der Legalitätspflicht.** Nach Ansicht des BGH kommt eine Garantenstellung „nur in begrenztem Umfang auf Grund besonderer Anspruchsgrundlagen in Betracht". Allerdings **sei den handelnden Organen verboten, was der juristischen Person aufgrund der vertraglichen Treuepflicht verboten ist.**[260] Die **Interessenwahrungs-, Schutz- und Loyalitätspflichten** bestünden nicht nur im Verhältnis von Organmitglied und Gesellschaft sowie zwischen Gesellschaft und Geschädigtem, sondern **ein Vorstandsmitglied müsse sich unmittelbar gegenüber dem Geschädigten an diese Pflichten halten.** Es sei eine „ureigene Aufgabe" des Organs, dafür zu sorgen, dass der Vertragspartner der Gesellschaft keinen Schaden erleide. Dieses Ergebnis wird zu Recht kritisch gesehen.[261] 116

Eine Außenhaftung bei mittelbaren Rechtsverletzungen besteht aber bei Verletzungen von besonderen **Verkehrssicherungspflichten,** etwa einer Produktsicherungspflicht, wenn dadurch ein rechtlich geschütztes Rechtsgut des Dritten verletzt wird. Allerdings muss auch hier dem Vorstandsmitglied persönlich eine entsprechende Verkehrspflicht gegenüber dem geschädigten Dritten obliegen, eine bloße Pflicht gegenüber der Gesellschaft genügt nicht.[262] Für die **Produktsicherungspflicht** ist anerkannt, dass Vorstandsmitglieder auch gegenüber Dritten für eine ordnungsgemäße Konstruktion, Fabrikation, Instruktion und Produktbeobachtung zu sorgen haben.[263] Eine deliktische Haftung kann dann insbesondere auch im Rahmen der strafrechtlichen Produktverantwortlichkeit bestehen.[264] 117

### 4. Nichtabführen von Arbeitnehmeranteilen zur Sozialversicherung

Die Nichtabführung von Arbeitnehmeranteilen zur Sozialversicherung ist in § 266a StGB strafrechtlich sanktioniert und verpflichtet als Schutzgesetz iSd § 823 Abs. 2 BGB auch zum Schadensersatz.[265] Tatbestandlich ist nur die Nichtabführung von **Arbeitnehmeranteilen** zur Sozialversicherung und zur Bundesanstalt für Arbeit, während die **Arbeitgeberanteile** eine eigene Schuld der Gesellschaft darstellen.[266] Täter kann jedes Vorstandsmitglied sein.[267] Führt ein Vorstandsmitglied die Beiträge bewusst trotz Fälligkeit nicht ab, 118

[258] In diesem Fall: Beihilfe zur Untreue, §§ 266, 27 StGB.
[259] BGH NJW 2012, 3439 = BGHZ 194, 26; bestätigend BGH NJW 2019, 2164.
[260] BGHZ 166, 84 im Fall Kirch gegen Deutsche Bank/Breuer; *Hellgardt* WM 2006, 1514.
[261] Kölner Komm AktG/*Mertens/Cahn* § 93 Rn. 224 mwN; krit. auch *Hellgardt* WM 2006, 1514 (1518), der weitere Voraussetzungen aufstellt.
[262] *M. Arnold* in Marsch-Barner/Schäfer AG-HdB § 22 Rn. 79.
[263] GroßkommAktG/*Hopt/Roth* § 93 Rn. 665.
[264] BGH NStZ 1990, 587 – „Lederspray"-Urteil.
[265] Hüffer/Koch/*Koch* AktG § 93 Rn. 65.
[266] BGH DB 2002, 265.
[267] Das ergibt sich aus § 266a StGB, der vom Täter als „Arbeitgeber" spricht iVm § 14 StGB.

kann dies eine persönliche Haftung des Vorstandsmitglieds gegenüber der Sozialversicherungsträger begründen.[268]

## 5. Steuerliche Pflichten

119 Die Nichterfüllung steuerlicher Pflichten einer AG kann einen Haftungsanspruch der Finanzbehörden gegen die Vorstandsmitglieder begründen.[269] § 34 Abs. 1 S. 1 AO verpflichtet die Vorstandsmitglieder einer AG persönlich, die steuerlichen Pflichten der Gesellschaft zu erfüllen. Für Steuerausfälle sind die Vorstandsmitglieder persönlich verantwortlich, soweit sie auf einer vorsätzlichen oder grob fahrlässigen Pflichtverletzung der Vorstandsmitglieder beruhen (§ 69 S. 1 AO). Zu den steuerlichen Pflichten zählt es nicht nur, **Steuern zu zahlen.** Zu den Pflichten gehören auch die vorbereitenden und begleitenden Handlungen und Erklärungen, wie die Abgabe der **Steuererklärung,** die Erteilung von Auskünften und die Mitwirkung bei Außenprüfungen etc. Fehlendes individuelles Können entlastet das Vorstandsmitglied nicht, vielmehr muss es einen **fachkundigen Berater** heranziehen. Sonst kann es wegen Übernahmeverschuldens haften (→ Rn. 56). Der Vorstand ist auch dazu verpflichtet, eine unrichtige oder unvollständige Steuererklärung „unverzüglich" anzuzeigen und richtigzustellen, wenn es durch die unrichtige oder unvollständige Steuererklärung zu einer Verkürzung von Steuer gekommen ist (§ 153 Abs. 1 S. 1 Nr. 1 AO). Dabei kommt es auf die Kenntnis der Gesellschaft an, der das Wissen von Gesellschaftsangehörigen zugerechnet wird.[270]

## 6. Weitere wichtige spezialgesetzliche Ersatzansprüche

120 Kommt es bei einer **Umwandlung** im Weg der Verschmelzung (§ 25 UmwG), Spaltung (§§ 123 ff., 125 S. 1 UmwG), Vermögensübertragung (§§ 174 ff., 184 UmwG) oder einem Formwechsel (§ 205 UmwG) zu einem Schaden, haften die Vorstandsmitglieder des übertragenden Rechtsträgers gesamtschuldnerisch für Schäden, die die Anteilsinhaber oder Gläubiger der Gesellschaft erleiden. Neben Aktionären sind auch Dritte geschützt.

121 Schließlich ist die **Insolvenzantragspflicht** gem. § 15a InsO zu beachten: Verletzt das Vorstandsmitglied die Antragspflicht, kann dies zu einer persönlichen Haftung des Organmitglieds zugunsten der Gesellschaftsgläubiger führen. Ein Unterlassungsdruck aus dem Aufsichtsrat oder aus dem Kreis der Aktionäre kann dabei nicht zu einer Enthaftung führen. § 15a InsO bezweckt den Schutz der Gläubiger und ist deshalb nach dem BGH Schutzgesetz iSd § 823 Abs. 2 BGB zu ihren Gunsten.[271]

122 Umstritten ist, ob das handelnde Vorstandsmitglied bei vorsätzlichen oder fahrlässigen **Kartellrechtsverstößen** nach § 33a Abs. 1 GWB haftet.[272] Als weitere spezialgesetzliche Anspruchsgrundlagen wegen Wettbewerbsverstößen oder Immaterialgüterrechtsverletzungen kommen ferner § 9 UWG, § 97 UrhG, § 139 PatG und § 14 MarkenG in Betracht.[273]

123 Ob ein Vorstandsmitglied wegen (fahrlässig) unterlassener Verhinderung von **Patent- oder Immaterialgüterrechtsverletzungen** unmittelbar in Anspruch genommen werden kann, wird von der Rechtsprechung bisher nicht einheitlich beantwortet.[274] Der für das

[268] Vgl. OLG Düsseldorf BeckRS 2015, 8156 Rn. 2 ff. (für GmbH-Geschäftsführer).
[269] Vgl. Klein/*Rüsken* § 69 AO Rn. 15, 158.
[270] *M. Arnold* ZGR 2014, 76 (100).
[271] BGH NZG 2018, 625 Rn. 19 ff. = BGHZ 218, 80; BGH NZG 2012, 864; BGH NJW 1994, 2220 = BGHZ 126, 181; Hüffer/Koch/*Koch* AktG § 93 Rn. 65; BeckOGK/*Fleischer* AktG § 93 Rn. 390; *Leithaus* in Andres/Leithaus, Insolvenzordnung, 4. Aufl. 2018, InsO § 15a Rn. 1, 11; aA MüKoAktG/*Spindler* § 93 Rn. 359; zur Haftung während der Geltungsdauer des COVInsAG *Born* NZG 2020, 521 (525 ff.).
[272] Zum Meinungsstand vgl. Hüffer/Koch/*Koch* AktG § 93 Rn. 65; abl. OLG Düsseldorf NZKart 2014, 68 Rn. 145 ff.
[273] BeckOGK/*Fleischer* AktG § 93 Rn. 394; Hüffer/Koch/*Koch* AktG § 93 Rn. 65.
[274] BeckOGK/*Fleischer* AktG § 93 Rn. 386; MüKoAktG/*Spindler* § 93 Rn. 371; zusammenfassend *Dregelies* GRUR 2018, 8.

Patentrecht zuständige X. Zivilsenat des BGH folgt weiterhin der „Baustoff"-Entscheidung und bejahte in einer jüngeren Entscheidung eine weitreichende Außenhaftung organschaftlicher Vertreter für Patentverletzungen.[275]

## III. Haftung wegen unrichtiger Kapitalmarktinformationen

Eine Haftung kann sich bei **Falschinformationen des Kapitalmarkts** ergeben. Sie besteht nicht nur gegenüber aktuellen Aktionären der Gesellschaft, sondern auch gegenüber ehemaligen und sonstigen Kapitalmarktteilnehmern, die durch die fehlerhafte Information geschädigt wurden. 124

Spätestens seit dem Niedergang des Neuen Markts und der massenhaften Schädigung von Anlegern von Immobilien-Fonds („Schrottimmobilien") beschäftigen sich die Gerichte mit der Haftung für Falschinformationen am Kapitalmarkt. Gegenstand bedeutender gerichtlicher Verfahren waren etwa Kapitalmarktinformationen zu Lehmann-Zertifikaten und die Informationspolitik der IKB:[276] Die IKB hatte beispielsweise kurz vor ihrem Aus noch eine Pressemitteilung herausgegeben, in der sie das Ausmaß ihres Engagements in riskante Subprimes irreführend wiedergab. Der Vorstand wollte so die Märkte beruhigen.[277] In einem seit 2014 anhängigen Verfahren gegen die Hypo Real Estate (HRE) geht es um die Frage, ob die Bank ihre Aktionäre in mehreren Mitteilungen in den Jahren 2007 und 2008 über ihre **schlechte finanzielle Lage täuschte.** Nachdem das OLG München dies 2014 bejaht hatte,[278] hob der BGH das Urteil jüngst teilweise auf und verwies die Sache zur erneuten Entscheidung an das Oberlandesgericht zurück.[279] Aktuell sind zahlreiche Schadensersatzprozesse wegen des Vorwurfs **verspäteter Ad-hoc-Mitteilungen** im Zusammenhang mit der VW-Dieselaffäre anhängig.[280] Vor dem LG Köln sind derzeit zwei Klagen gegen Bayer anhängig. Investoren werfen dem Chemie- und Pharmakonzern vor, **Prozessrisiken** im Zusammenhang mit der Übernahme von Monsanto **verschwiegen** und damit kapitalmarktrechtliche Informationspflichten verletzt zu haben.[281] 125

Ein eigenständiges umfassendes Informationshaftungsregime für fehlerhafte Kapitalmarktinformationen gibt es im deutschen Kapitalmarktrecht nicht.[282] Der Entwurf eines Kapitalmarktinformationsgesetzes **(KapInHaG)**[283], der im Jahr 2004 diskutiert wurde und eine direkte Haftung von Vorstands- und Aufsichtsratsmitgliedern gegenüber Anlegern für vorsätzlich oder grob fahrlässig falsche Unternehmensangaben vorsah, scheiterte **am Widerstand aus Wirtschaft und Wissenschaft.** Nur vereinzelt (zB §§ 97 und 98 WpHG[284]) finden sich haftungsrechtliche Spezialtatbestände. Als Anspruchsgrundlagen werden deshalb die Regelungen des allgemeinen Deliktsrechts nach §§ 823ff. BGB herangezogen und von der Rechtsprechung weiterentwickelt.[285] 126

[275] BGH GRUR 2016, 257 – Glasfasern II = BGHZ 208, 102 Ls. 3; krit. dazu MüKoAktG/*Spindler* § 93 Rn. 371; *Müller* GRUR 2016, 570.

[276] *Spindler* NZG 2012, 575; BGH NZG 2012, 263 – IKB; BGH NZG 2012, 25 – Lehmann.

[277] Der Vorstandsvorsitzende wurde rechtskräftig wegen Markmanipulation gem. § 20a Abs. 1 Nr. 1 WpHG, § 38 Abs. 2 WpHG, § 39 Abs. 2 Nr. 11 WpHG verurteilt, s. *Spindler* NZG 2012, 575.

[278] OLG München BeckRS 2015, 4649.

[279] BGH NZG 2021, 377.

[280] Vgl. etwa BGH BeckRS 2020, 15965; BGH BeckRS 2020, 15968; LG Stuttgart BeckRS 2017, 118702; LG Braunschweig BeckRS 2016, 14509; aus dem Schrifttum etwa *Thomale* NZG 2018, 1107.

[281] LG Köln 22 O 313/20; vgl. https://www.wiwo.de/unternehmen/industrie/wegen-glyphosat-investoren-klagen-in-deutschland-gegen-bayer/26835964.html (zuletzt abgerufen: 2.8.2021).

[282] Vgl. *Spindler* NZG 2012, 575.

[283] Der Diskussionsentwurf ist abgedruckt in BMF NZG 2004, 1042ff.

[284] Die Haftungsvorschriften waren vormals in den §§ 37b und 37c WpHG aF normiert und wurden nun mit an die MAR angepassten Erweiterungen in den §§ 97, 98 WpHG übernommen.

[285] Vgl. *Fleischer* in Assmann/Schütze/Bueck-Heeb, Handbuch des Kapitalanlagerechts, 5. Auflage 2020, § 6 Rn. 6, 11; *Hannich* WM 2013, 449 (450).

### 1. Haftung für Falschinformationen nach Rechtsprechung und Gesetz

#### a) Falschinformationen im Bereich des Primärmarkts

127 Der **Primärmarkt,** auch Emissionsmarkt genannt, ist der Finanzmarkt für die Erstausgabe von Aktien. Bei **Falschinformationen** im Bereich des Primärmarkts regelt § 9, 10 WpPG[286], dass diejenigen für Falschinformationen haften, die für den **Prospekt** die Verantwortung übernommen haben oder von denen der Erlass des Prospekts ausgeht. Das sind bei Zulassung zum amtlichen Markt der Emittent und das emissionsbegleitende Kredit- oder Finanzdienstleistungsinstitut. Bei einer Umplatzierung von Altaktien ist hingegen der veräußernde Altaktionär als Veranlasser anzusehen, da er die wirtschaftlichen Vorteile aus dem Angebot zieht und ihm der Verkaufserlös zufließt.[287] Außerdem haften ggf. Organmitglieder des Emittenten oder Großaktionäre, die auf die Fassung des Prospekts Einfluss genommen haben und aufgrund dessen als **Prospektverantwortliche** eingeordnet werden können.[288]

128 Es besteht eine haftungsbewehrte Pflicht der Prospektverantwortlichen, **aktuelle Angaben** zu machen und überholte Angaben richtig zu stellen oder aus dem Prospekt zu entfernen.[289]

129 Der getäuschte Erwerber kann, wenn er noch Inhaber der Wertpapiere ist, die Übernahme der Wertpapiere gegen Erstattung des Erwerbspreises verlangen oder, wenn er nicht mehr Inhaber der Wertpapiere ist, die **Differenz zwischen Erwerbs- und Veräußerungspreis** ersetzt verlangen (§ 9 Abs. 1, 2 WpPG).

130 Neben der spezialgesetzlichen Prospekthaftung nach §§ 9, 10 WpPG kam bislang die von der Rechtsprechung entwickelte **allgemeine zivilrechtliche Prospekthaftung** als Haftungsgrundlage in Betracht.[290] Treten etwa bei einer Kapitalerhöhung organschaftliche Vertreter der kapitalsuchenden Gesellschaft den Anlageinteressenten persönlich gegenüber, um sie über die für eine Anlageentscheidung wesentlichen Umstände zu informieren, haften sie für die Unrichtigkeit oder Unvollständigkeit ihrer Angaben nach der allgemeinen zivilrechtlichen Prospekthaftung.[291]

131 Unter Abkehr von seiner bisherigen gefestigten Rechtsprechung entschied der BGH jedoch jüngst, dass die spezialgesetzliche Prospekthaftung nach § 13 Abs. 1 VerkProspG aF iVm §§ 44 ff. BörsG aF (in der bis zum 31.5.2012 geltenden Fassung) in ihrem Anwendungsbereich eine Haftung der Gründungsgesellschafter als Prospektveranlasser nach der allgemeinen zivilrechtlichen Prospekthaftung gem. § 280 Abs. 1 BGB iVm § 311 Abs. 2 BGB ausschließt.[292] Es bleibt abzuwarten, ob sich diese Rechtsprechungslinie über den entschiedenen Fall hinaus verallgemeinern lässt und der BGH damit der **Alternativität der Anspruchsgrundlagen** in der Prospekthaftung ein Ende bereitet. Aufgrund der **unterschiedlichen Verjährungsfristen** der spezialgesetzlichen und allgemeinen zivilrechtlichen Prospekthaftungsansprüche dürfte die Entscheidung aber durchaus erhebliche Auswirkungen auf noch laufende Verfahren haben.[293] Eine allgemeine persönliche Organ-

---

[286] Vormals §§ 21, 22 WpPG aF bzw. § 13 VerkProspG aF, §§ 44 ff. BörsG aF.

[287] BGH NZG 2011, 829 – Telekom III; vgl. hierzu *M. Arnold/Aubel* ZGR 2012, 113 ff.

[288] Schwark/Zimmer/*Heidelbach* WpPG § 9 Rn. 23; *Mülbert/Steup* in HMS Unternehmensfinanzierung § 41 Rn. 91; s. auch BGH NJW 1995, 1025; zu einer Haftung aus § 823 BGB BGH AG 2008, 252 – ComROAD VI, und BGH AG 2008, 254 – ComROAD VII; vgl. ferner BGH AG 2013, 350 zu einer möglichen Haftung aus § 823 Abs. 2 BGB iVm. § 264a Abs. 1 Nr. 1 StGB wegen eines fehlerhaften Prospekts.

[289] OLG München GWR 2011, 119: Anspruch aus § 823 Abs. 2 BGB iVm § 264a StGB bzw. § 826 BGB.

[290] Zur Entwicklung der sog. Zweigleisigkeit der Prospekthaftung *Assmann/Kumpan* in Assmann/Schütze/Bueck-Heeb, Handbuch des Kapitalanlagerechts, 5. Auflage 2020, § 5 Rn. 3 ff.; dazu bisher etwa BGH NJW 2012, 758 ff.; vgl. ferner BGH AG 2008, 252 – ComROAD VI und BGH AG 2008, 254 – ComROAD VII. Zur Prospekthaftung ausf. auch *Mülbert/Steup* in HMS Unternehmensfinanzierung § 41 Rn. 131 ff.

[291] BGHZ 177, 25–37: Anspruch aus culpa in contrahendo.

[292] BGH NJW 2021, 1318 mAnm *Ott*.

[293] *Fohrer* BKR 2021, 374 (378); *Schleehauf* GWR 2021, 226.

außenhaftung für fehlerhafte Prospekte besteht indes nicht.[294] Allerdings kann in Ausnahmefällen eine deliktische Haftung nach § 826 BGB sowie § 823 Abs. 2 iVm entsprechenden Strafnormen in Betracht kommen.[295]

### b) Falschinformationen im Bereich des Sekundärmarkts

Der **Sekundärmarkt,** der auch als Umlaufmarkt bezeichnet wird, ist der Finanzmarkt 132
zum Handel von bereits emittierten Aktien und Anleihen. Fraglich ist, inwieweit Vorstandsmitglieder wegen **Falschinformationen am Kapitalmarkt** unmittelbar haften.[296]

Eine Verletzung der Organpflichten kann beispielsweise daraus resultieren, dass ein 133
Vorstandsmitglied in einer Ad-hoc-Mitteilung wahrheitswidrig ein zu günstiges Bild der Gesellschaft oder eines bestimmten für den Geschäftsgang der Gesellschaft wesentlichen Sachverhalts zeichnet. Nach §§ 97, 98 WpHG haften die Vorstands- und Aufsichtsratsmitglieder im Gegensatz zum Emittenten nicht unmittelbar für Verletzungen der Ad-hoc-Publizitätspflicht.[297] Vielmehr haften die Verwaltungsmitglieder im Innenverhältnis gegenüber der Gesellschaft.[298]

Der BGH billigte allerdings geschädigten Aktionären in einer grundlegenden Entschei- 134
dung einen **Schadensersatzanspruch gegen die Vorstandsmitglieder** unter bestimmten Voraussetzungen zu.[299] Im zugrundeliegenden Fall hatten zwei Vorstandsmitglieder in einer Ad-hoc-Mitteilung einen Großauftrag vorgespiegelt, während es sich in Wirklichkeit nur um eine Absichtserklärung des Bestellers handelte. Die Vorstandsmitglieder wurden verurteilt, dem Kläger den von ihm gezahlten Kaufpreis Zug um Zug gegen Herausgabe der Aktien zu zahlen.[300]

Der BGH beschäftigte sich zunächst mit der Frage, aus welcher Anspruchsgrundlage 135
sich eine direkte Haftung der Vorstandsmitglieder ergeben könnte. Nach der **„Infomatec"-Entscheidung** und der **nachfolgenden Rechtsprechung**[301] haftet ein Vorstandsmitglied nicht aus deliktsrechtlicher Teilnehmerhaftung (§ 830 Abs. 2 BGB iVm §§ 97, 98 WpHG bzw. §§ 37b und 37c WpHG aF), da eine Organaußenhaftung in §§ 97, 98 WpHG gerade nicht vorgesehen sei und die gesetzgeberische Entscheidung nicht unterlaufen werden solle.[302] Eine Außenhaftung nach § 823 Abs. 2 BGB iVm Art. 17 MAR, also der Pflicht zur unverzüglichen Veröffentlichung von Insiderinformationen, ist aufgrund des fehlenden Schutzgesetzcharakters von Art. 17 MAR zu verneinen.[303] Dies entschied der BGH für die Vorgängervorschrift von Art. 17 MAR, § 15 WpHG aF.[304] Art. 15 MAR, das Verbot der Marktmanipulation, dürfte ebenfalls nicht als **Schutzgesetz** iSd

---

[294] Schwark/Zimmer/*Heidelbach* WpPG § 9 Rn. 23.

[295] *Mülbert/Steup* in HMS Unternehmensfinanzierung § 41 Rn. 179.

[296] Zum Folgenden *Schäfer* in Marsch-Barner/Schäfer AG-HdB § 17 Rn. 36.

[297] *Fleischer* in Assmann/Schütze/Bueck-Heeb, Handbuch des Kapitalanlagerechts, 5. Auflage 2020, § 6 Rn. 6, 41; ASM/*Hellgardt* WpHG § 97 Rn. 171; Baumbach/Hopt/*Kumpan* WpHG § 97 Rn. 2.

[298] Baumbach/Hopt/*Kumpan* WpHG § 97 Rn. 2.

[299] BGHZ 160, 134 = NJW 2004, 2664; BGHZ 160, 149 = NJW 2004, 2971.

[300] Der II. Zivilsenat des BGH hatte an diesem Tag drei ähnliche Verfahren zu entscheiden (jeweils Klagen gegen Vorstandsmitglieder wegen fehlerhafter Ad-hoc-Mitteilungen). Nur in dem hier dargestellten Fall Infomatec drang die Klage letztlich durch. In einem anderen Fall wurde das klageabweisende Urteil des OLG bestätigt. In dem dritten Fall wurde die Angelegenheit an das OLG zurückverwiesen, da keine Feststellungen zur Kausalität getroffen worden waren.

[301] Grundlegend BGHZ 160, 134 = NJW 2004, 2664; BGHZ 160, 149 = NJW 2004, 2971.

[302] Zu §§ 37b, 37c WpHG s. BGH NJW 2012, 1800 Rn. 17 – IKB = BGHZ 192, 90; OLG Stuttgart BeckRS 2015, 5690 Rn. 144; s. auch *Mülbert/Steup* in HMS Unternehmensfinanzierung § 41 Rn. 256.

[303] So auch *Fleischer* in Assmann/Schütze/Bueck-Heeb, Handbuch des Kapitalanlagerechts, 5. Auflage 2020, § 6 Rn. 13; *Mülbert/Steup* in HMS Unternehmensfinanzierung § 41 Rn. 256; *Teigelack/Dolff* BB 2016, 387 (393); aA *Hellgardt* AG 2012, 154 (164 ff.); ASM/*Hellgardt* WpHG § 97 Rn. 24, 171 f.

[304] Vgl. BVerfG NJW 2003, 501 (502 f.); BGH NJW 2004, 2664 (2665) – Infomatec = BGHZ 160, 134; s. auch *Fleischer* in Assmann/Schütze/Bueck-Heeb, Handbuch des Kapitalanlagerechts, 5. Auflage 2020, § 6 Rn. 13 mwN.

§ 823 Abs. 2 BGB einzustufen sein.[305] Ähnliches galt bereits für die Vorgängervorschriften § 20a WpHG aF und § 88a BörsG.[306] Auch handelt es sich laut BGH bei der **Ad-hoc-Mitteilung** regelmäßig nicht um eine Darstellung oder Übersicht über den Vermögensstand iSd § 400 AktG,[307] so dass deliktische Ansprüche nach § 823 Abs. 2 BGB insoweit ebenfalls ausscheiden.[308] Anleger können einen Schadensersatzanspruch gegen Vorstandsmitglieder ferner nicht auf § 823 Abs. 2 BGB iVm § 264a StGB stützen, da es sich bei Ad-hoc-Mitteilungen nicht – wie im Tatbestand von § 264a StGB gefordert – um Angaben aus einem Prospekt handelt.[309] Eine Haftung nach § 823 Abs. 2 BGB iVm Betrug (§ 263 StGB) scheitert an der fehlenden Stoffgleichheit zwischen dem Nachteil des Anlegers und dem Vorteil des Vorstandsmitglieds aus der unrichtigen Ad-hoc-Mitteilung.[310]

136 Denkbar ist allerdings eine Haftung wegen **vorsätzlicher sittenwidriger Schädigung nach § 826 BGB.**[311] Die **Sittenwidrigkeit** der Schädigung ergibt sich nicht bereits aus einzelnen fehlerhaften Angaben in einer öffentlichen Erklärung. Notwendig ist vielmehr eine Gesamtwürdigung der Fehlerhaftigkeit und aller anderen Umstände.[312] Insbesondere kann eine grobe und ungerechtfertigte Übertreibung als sittenwidrig eingestuft werden.[313] Jedenfalls kann eine Sittenwidrigkeit bei direkt vorsätzlicher unlauterer Beeinflussung des Sekundärmarktpublikums durch eine grob unrichtige Ad-hoc-Mitteilung zu bejahen sein.[314] Auch das Zeichnen eines falschen Bildes durch **dauerhafte** Falschmitteilung kann genügen. Nicht ausreichend ist dagegen, dass das Vorstandsmitglied gegen eine gesetzliche Vorschrift verstößt oder eine vertragliche Pflicht nicht erfüllt, auch wenn dies bei einem anderen einen Schaden hervorruft.[315]

137 Der **Nachweis der subjektiven Voraussetzungen** einer vorsätzlichen und sittenwidrigen Schädigung ist in der Praxis **äußerst schwierig.** Für den Vorsatz reicht ein Handeln mit **dolus eventualis** aus: Es genügt, wenn der Täter vorausgesehen und zumindest billigend in Kauf genommen hat, inwiefern sein Verhalten zu einem Schaden führen könnte und welcher Art dieser möglicherweise eintretende Schaden sein könnte.[316]

138 Neben den Schwierigkeiten, den Vorsatz nachzuweisen, muss der Kläger auch die **Kausalität zwischen der Ad-hoc-Mitteilung und seinem Entschluss,** die Aktien des Unternehmens zu erwerben oder zu veräußern, oder von einem Kauf abzusehen, nachweisen. **Die Kläger tragen die volle Beweislast.** Nach der **„ComROAD"-Entscheidung** des BGH gilt dies sogar, wenn die Kapitalmarktinformation extrem unseriös gewesen ist.[317]

---

305 *Fleischer* in Assmann/Schütze/Bueck-Heeb, Handbuch des Kapitalanlagerechts, 5. Auflage 2020, § 6 Rn. 15; *Teigelack/Dolff* BB 2016, 387 (393); *Schmolke* NZG 2016, 721 (722); aA *Poelzig* NZG 2016, 492 (501); ASM/*Hellgardt* WpHG § 97 Rn. 58 mwN.

306 BGH NJW 2012, 1800 Rn. 19 ff. – IKB = BGHZ 192, 90; BGH AG 2004, 543 (544) – Infomatec; OLG Stuttgart BeckRS 2015, 5690 Rn. 142; LG Berlin ZinsO 2005, 661; vgl. auch BVerfG NZG 2003, 77 (78 ff.).

307 Eine Haftung ist im Einzelfall aber denkbar, wenn beispielsweise umfassende Finanzzahlen als Ad-hoc-Mitteilung bekannt gegeben werden.

308 Vgl. BGH NJW 2004, 2664 – Infomatec = BGHZ 160, 134 (141 f.); *Mülbert/Steup* in HMS Unternehmensfinanzierung § 41 Rn. 256.

309 Vgl. BGH NJW 2004, 2664 – Infomatec = BGHZ 160, 134 (141 f.); *Fleischer* in Assmann/Schütze/Bueck-Heeb, Handbuch des Kapitalanlagerechts, 5. Auflage 2020, § 6 Rn. 17; ASM/*Hellgardt,* § 97 WpHG Rn. 158.

310 LG Kassel DB 2002, 2151; so auch BGH AG 2004, 543 (544 f.) – Infomatec = BGHZ 160, 134; *Fleischer* in Assmann/Schütze/Bueck-Heeb, Handbuch des Kapitalanlagerechts, 5. Auflage 2020, § 6 Rn. 17; ASM/*Hellgardt* WpHG §§ 97 Rn. 157.

311 *Fleischer* in Assmann/Schütze/Bueck-Heeb, Handbuch des Kapitalanlagerechts, 5. Auflage 2020, § 6 Rn. 19; Kölner Komm WpHG/*Möllers/Leisch* WpHG §§ 37b, c Rn. 426 ff.

312 OLG Braunschweig NZG 2016, 465 Rn. 47.

313 LG Kassel NZG 2003, 136 (137).

314 BGH AG 2004, 546; 2008, 252; 2008, 254.

315 BGH NZG 2013, 992 Rn. 14; LG Braunschweig BeckRS 2012, 19871.

316 BGH AG 2004, 546 (547); s. dazu auch BGH NZG 2013, 992 Rn. 22 f.

317 BGH NZG 2013, 992 Rn. 24 f.; BGH NJW-Spezial 2007, 172 – ComROAD V; vgl. OLG Stuttgart BeckRS 2015, 5690 Rn. 213; deutlich geringere Anforderungen an den Beweis der Transaktionskausalität

Die Anlageentscheidung ist meist multikausal und eine Ad-hoc-Mitteilung betrifft idR einen eng umschriebenen Sachverhalt. Eine enge zeitliche Nähe zwischen Ad-hoc-Mitteilung und Kaufentschluss kann dem Kläger möglicherweise im Einzelfall als **Beweiserleichterung** zugutekommen.[318] Die Vermutung „aufklärungsrichtigen Verhaltens" greife nicht.[319] Nach dieser für die Verletzung vertraglicher oder vorvertraglicher Aufklärungspflichten und die zivilrechtliche Prospekthaftung entwickelten Beweiserleichterung zugunsten des Anlegers wird widerleglich vermutet, dass er sich bei ordnungsgemäßer Pflichterfüllung vernünftig (aufklärungsrichtig) verhalten hätte.[320] Auf Ad-hoc-Mitteilungen treffe diese Vermutung allerdings nicht zu, da es an einer Konkretisierung auf eine bestimmte Anlageentscheidung fehle.[321] Gleiches gilt grundsätzlich für den Anscheinsbeweis wegen einer geschaffenen „Anlagestimmung".[322] Auch die anglo-amerikanische „fraud-on-the-market"-Theorie, die davon ausgeht, dass eine fehlerhafte Information stets den Börsenkurs der Aktie beeinflusst, lehnt der BGH ab.[323]

Diese Rechtsprechung bestätigte der BGH in der Folgezeit. In dem oben beschriebenen **IKB-Fall** rekurrierte der BGH ebenfalls auf eine vorsätzliche sittenwidrige Schädigung, stellte *in concreto* aber keine vorsätzliche sittenwidrige Schädigung fest. Das Gericht bejahte dem Grunde nach eine Haftung der Gesellschaft (nicht der Vorstandsmitglieder) aus § 37b Abs. 1 Nr. 1 WpHG aF, der inzwischen von § 97 WpHG abgelöst wurde, da es die IKB unterlassen habe, das Ausmaß ihrer Subprime-Beteiligungen zu veröffentlichen, obwohl dies eine veröffentlichungspflichtige Insiderinformation gem. §§ 15, 13 WpHG aF, die inzwischen durch Art. 17, 7 MAR ersetzt wurden, gewesen sei. Der BGH verwies das Verfahren an das OLG zurück, damit dieses die Kausalität zwischen unterlassener Ad-hoc-Mitteilung und Kaufentscheidung aufklären könne. 139

Für die **Rechtsfolge** ergibt sich ein **Wahlrecht des Geschädigten:** Er kann entweder den **Differenzschaden** (Differenz zwischen dem tatsächlichen Kaufpreis und dem Preis, der ohne die Falschinformation bzw. bei ordnungsgemäßer Erfüllung der Publizitätspflicht bestanden hätte) oder den Erwerbsschaden (die Erstattung des Kaufpreises gegen Rückübertragung der Aktien) verlangen.[324] Dadurch wird letztlich dem Schädiger das allgemeine Kursrisiko auferlegt. Neben der **Haftung** für fehlerhafte Ad-hoc-Publizität kommt auch eine Haftung von Vorstandsmitgliedern **für freiwillige Kapitalmarktinformationen** in Betracht, für falsche Äußerungen im Rahmen einer Hauptversammlung etwa eine Haftung nach § 823 Abs. 2 BGB iVm § 400 Abs. 1 Nr. 1 AktG.[325] Für schriftliche Falschinformationen dagegen, etwa in freiwilligen Aktionärsbriefen oder Pressemitteilungen, ist eine Einstandspflicht unter den Voraussetzungen der allgemeinen zivilrechtlichen Prospekthaftung denkbar.[326] 140

in OLG Frankfurt a. M. AG 2019, 217 Rn. 30ff.; s. dazu *Klöhn* ZIP 2018, 1638; *M. Weber* NJW 2019, 968 (971).

[318] BGH NJW 2012, 1800 (1807).

[319] BGH NZG 2012, 263 (269) – IKB.

[320] BGH NJW 1993, 3259.

[321] BGH NZG 2012, 263 (269) – IKB. Zusammenfassend *Spindler* NZG 2012, 575 (578f.) mwN, der sich krit. zu der Nichtanwendung dieser prozessualen Beweiserleichterung äußert.

[322] BGH NJW 2004, 2664 Ls. 4.

[323] BGH NZG 2007, 269.

[324] BGHZ 160, 149; s. dazu auch die Pressenotiz des II. Zivilsenats Nr. 87/2004.

[325] *Fleischer* in Assmann/Schütze/Bueck-Heeb, Handbuch des Kapitalanlagerechts, 5. Auflage 2020, § 6 Rn. 64; ASM/*Hellgardt* § 97 WpHG Rn. 159; *Mülbert/Steup* in HMS Unternehmensfinanzierung § 41 Rn. 288.

[326] *Fleischer* in Assmann/Schütze/Bueck-Heeb, Handbuch des Kapitalanlagerechts, 5. Auflage 2020, § 6 Rn. 64; vgl. *Mülbert/Steup* in HMS Unternehmensfinanzierung § 41 Rn. 294.

## 2. Kapitalanleger-Musterverfahrensgesetz (KapMuG)[327]

141 Charakteristisch bei Schäden durch falsche Informationen im Kapitalmarkt ist, dass in der Summe gewaltige Schäden verursacht werden, der Schaden des Einzelnen aber in aller Regel nicht groß genug ist, um einen Schadensersatzprozess mit ungewissem Ausgang zu riskieren **(Streuschäden).** Dies gilt, weil das Kostenrisiko, etwa durch ein ggf. notwendiges Sachverständigengutachten, hoch ist.[328] Um einen **effektiven Rechtsschutz für den getäuschten Anleger zu gewährleisten und** das **Kostenrisiko zu minimieren,** führte der Gesetzgeber 2005 das Kapitalanleger-Musterverfahren ein. Die Geltungsdauer des KapMuG wurde im Jahr 2020 bis zum 31.12.2023 verlängert (§ 28 KapMuG). Bis dahin soll die Tauglichkeit des Verfahrens, insbesondere unter Berücksichtigung der am 1.11. 2018 in Kraft getretenen **Musterfeststellungsklage** (§§ 606ff. ZPO), evaluiert werden.[329] Das Musterverfahren ist kostenfrei. Die Auslagen, also insbesondere die Kosten für einen in aller Regel notwendigen Sachverständigen, werden auf die einzelnen Kläger nach Maßgabe der eingeklagten Forderung umgelegt, so dass auf jeden der Teilnehmer nur ein Bruchteil der sonst anfallenden Kosten entfällt (§ 24 KapMuG). Durch das Verfahren sollen die entscheidenden – alle Klagen gleichermaßen betreffenden – Sach- und Rechtsfragen, zB ob eine Ad-hoc-Mitteilung richtig oder falsch war, in einem möglichst frühen Stadium des Verfahrens **einheitlich beantwortet** werden. 2012 wurde das KapMuG umfassend reformiert.[330]

142 Das **KapMuG** kommt bei Schadensersatzklagen aufgrund von Falschinformationen am Kapitalmarkt zur Anwendung, also insbesondere bei öffentlichen Kapitalmarktinformationen durch
- Börsenprospekte;
- Verkaufsprospekte nach dem Verkaufsprospektgesetz sowie dem Investmentgesetz;
- Ad-hoc-Mitteilungen nach Art. 17 MAR (§ 15 WpHG aF);
- Mitteilungen über die Gesellschaft iSd § 400 Abs. 1 Nr. 1 AktG;
- Jahresabschlüsse, Lageberichte, Konzernabschlüsse, Konzernlageberichte und Zwischenberichte des Emittenten;
- Angaben in einer Angebotsunterlage iSd § 11 Abs. 1 S. 1 WpÜG (§ 1 Abs. 2 KapMuG).

143 Der durch eine falsche Kapitalmarktinformation **Geschädigte ist selbst klagebefugt.** Der Geschädigte erhebt Klage und stellt gleichzeitig einen „Musterverfahrensantrag" (§ 2 KapMuG). Zuständig ist das Landgericht, das für den Ort zuständig ist, in dem der Emittent seinen Sitz hat. Der „Antragsteller" muss darstellen, was das entscheidungserhebliche Feststellungsziel ist und welches die Streitpunkte und Beweismittel sind. Er hat dazu die öffentlichen Kapitalmarktinformationen anzugeben. Er hat darzulegen, dass der Entscheidung über den Musterfeststellungsantrag Bedeutung über den einzelnen Rechtsstreit hinaus für andere gleich gelagerte Rechtsstreitigkeiten zukommen kann (§ 2 Abs. 3 KapMuG). Liegen diese Voraussetzungen vor, macht das Prozessgericht den Antrag in einem Klageregister des Bundesanzeigers bekannt (vgl. § 3 Abs. 3, 4 KapMuG, § 4 Abs. 3 KapMuG).

144 Ist der erste **Musterfeststellungsantrag** gestellt, wird abgewartet, ob innerhalb der nächsten sechs Monate nach Bekanntgabe des ersten Musterfeststellungsantrags mindestens neun weitere Musterfeststellungsanträge (insgesamt also mindestens zehn Anträge) eingehen. Die weiteren Musterfeststellungsanträge müssen dazu jedoch **„gleichgerichtet"** sein, dh Feststellungsziel und Schadensereignis müssen identisch sein (§ 4 Abs. 1 KapMuG). Unmittelbar mit der Bekanntmachung des Musterverfahrensantrags kommt es zu einer

[327] Gesetz über Musterverfahren in kapitalmarktrechtlichen Streitigkeiten (KapMuG) v. 16.8.2005, BGBl. 2005 I 2437.

[328] Vgl. *Baums,* Bericht der Regierungskommission Corporate Governance, 2001, Rn. 188.

[329] Fraktionsentwurf eines Gesetzes zur Änderung des Kapitalanleger-Musterverfahrensgesetzes, BT-Drs. 19/ 20599, 1; zum Verhältnis des Kapitalanlegermusterverfahrens zur europäischen Verbandsklage *Wambach/ Dressel* ZIP 2021, 1449.

[330] Zu den wesentlichen Änderungen, insbes. aus Sicht der Praxis: *v. Bernuth/Kremer* NZG 2012, 890.

Unterbrechung der jeweiligen Einzelverfahren (§ 5 KapMuG). Werden innerhalb der Frist von sechs Monaten mindestens zehn gleichgerichtete Musterfeststellungsanträge gestellt, führt das Prozessgericht durch Beschluss eine Entscheidung des im Rechtszug übergeordneten Oberlandesgerichts herbei (§ 6 Abs. 1 KapMuG). Die Einleitung eines weiteren Musterverfahrens ist dann unzulässig (§ 7 S. 1 KapMuG). Kommen die erforderlichen mindestens zehn Musterfeststellungsanträge innerhalb von sechs Monaten nicht zusammen, weist das Prozessgericht den oder die (weniger als zehn) Anträge zurück und das Verfahren wird jeweils von Amts wegen wieder vom Prozessgericht aufgenommen (§ 6 Abs. 5 KapMuG).

Setzt das Prozessgericht das **Musterfeststellungsverfahren beim OLG durch Be-** 145
**schluss in Gang,** bestimmt das OLG aus der Zahl der Antragsteller (zehn oder mehr) einen **„Musterkläger"** (§ 9 Abs. 2 KapMuG). Die übrigen Kläger sind Beigeladene des Musterverfahrens (§ 9 Abs. 3 KapMuG). Sie sind berechtigt, Angriffs- oder Verteidigungsmittel geltend zu machen und alle Prozesshandlungen wirksam vorzunehmen, soweit ihre Erklärungen und Handlungen mit Erklärungen und Handlungen des Musterklägers nicht in Widerspruch stehen (§ 14 S. 2 KapMuG).

Während des Musterverfahrens werden alle bei den Prozessgerichten anhängigen Ver- 146
fahren, deren Entscheidung von der Beurteilung der Rechtsfrage durch das OLG abhängt, ausgesetzt, und zwar auch dann, wenn die betreffenden Kläger keinen Musterfeststellungsantrag gestellt haben (§ 8 Abs. 1 KapMuG).

Ergeht ein **Musterentscheid** (§ 16 KapMuG), bindet dieser die Prozessgerichte, die das 147
Verfahren der einzelnen Kläger ausgesetzt hatten (§ 22 Abs. 1 KapMuG). Der ausgesetzte Prozess wird mit Einreichung des rechtskräftigen Musterbescheids wieder aufgenommen (§ 22 Abs. 4 KapMuG).

Bei einem **Vergleich** muss ein entsprechender Vergleichsvorschlag durch das Gericht 148
genehmigt werden und es dürfen maximal 30% der Beigeladenen ihren Austritt aus dem Vergleich erklären (§§ 17ff. KapMuG). Nach einer Feststellung durch Beschluss des Oberlandesgerichts und einer öffentlichen Bekanntmachung wirkt der Vergleich für und gegen alle Beteiligten, sofern sie nicht ihren Austritt erklärt haben (§ 23 Abs. 1 KapMuG).[331] Zugleich beendet ein Vergleich das Musterverfahren (§ 23 Abs. 2 KapMuG).

## D. D&O-Versicherung

**Schrifttum:** *Armbrüster,* Auswirkungen von Versicherungsschutz auf die Haftung, NJW 2009, 187; *Armbrüster,* Interessenkonflikte in der D&O-Versicherung, NJW 2016, 897; *Armbrüster,* Kapitalgesellschaftsrechtliche Zuständigkeit für die Entscheidung über D&O-Versicherungsschutz, FS K. Schmidt, Band I, 2019, 23; *M. Arnold/Unmuth,* Zwingender Selbstbehalt – auch beim Vergleich mit dem D&O-Versicherer, FS Thümmel, 2020, 17; *Baur/Holle,* Anwendung des § 93 Abs. 2 Satz 2 AktG im Direktprozess gegen den D&O-Versicherer, AG 2017, 141; *de Beauregard/Gleich,* Aktuelle Problemfelder bei der D&O-Versicherung, NJW 2013, 824; *Bender/Vater,* D&O Versicherungen im Visier der Corporate Governance, VersR 2003, 1376; *Böttcher,* Direktanspruch gegen den D&O-Versicherer – Neue Spielregeln im Managerhaftungsprozess?, NZG 2008, 645; *Brinkmann,* Die prozessualen Konsequenzen der Abtretung des Freistellungsanspruchs aus einer D&O-Versicherung, ZIP 2017, 301; *Dreher,* Der Abschluß von D&O-Versicherungen und die aktienrechtliche Zuständigkeitsordnung, ZHR 165 (2001), 293; *Dreher,* Die selbstbeteiligungslose D&O-Versicherung in der Aktiengesellschaft, AG 2008, 429; *Dreher/Görner,* Der angemessene Selbstbehalt in der D&O-Versicherung, ZIP 2003, 2321; *Dreher/Thomas,* Die D&O-Versicherung nach der VVG-Novelle 2008, ZGR 2009, 31; *Franz,* Aktuelle Compliance-Fragen zur D&O-Versicherung (Teil 2), DB 2011, 2019; *Freund,* Organhaftung von Vorständen und Geschäftsführern, GmbHR 2009, 1185; *Goette/Arnold,* Handbuch Aufsichtsrat, 2021; *Groterhorst/Looman,* Rechtsfolgen der Abtretung des Freistellungsanspruchs gegen den Versicherer im Rahmen der D&O-Versicherung, NZG 2015, 215; *Grote/Schneider,* Das neue Versicherungsvertragsrecht, BB 2007, 2689; *Habersack,* Verzichts- und Vergleichsvereinbarungen gemäß § 93Abs. 4 S. 3 AktG – de lege lata und de lege ferenda, FS Baums, 2017, 531; *Happ/Möhrle,* D&O-Versicherung und Aktienrecht Viele Fragen offen, FS Seibert, 2019, 273; *Happ/Möhrle,* Zur Erledigung des Versicherungsfalls in der D&O-Versicherung,

[331] Bei einem Austritt sind die bisherigen Einzelprozesse fortzuführen.

FS Vetter, 2019, 193; *Harzenetter,* Abtretung des Freistellungsanspruchs aus einer D&O-Versicherung nach den BGH-Urteilen vom 13.4.2016, NZG 2016, 728; *Hemeling,* Neuere Entwicklungen in der D&O-Versicherung, FS Hoffmann-Becking, 2013, 491; *Höra* (Hrsg.), Münchener Anwaltshandbuch Versicherungsrecht, 4. Aufl. 2017; *Kiethe,* Persönliche Haftung von Organen der AG und der GmbH – Risikovermeidung durch D&O-Versicherung?, BB 2003, 537; *Koch,* Das Gesetz zur Unternehmensintegrität und Modernisierung des Anfechtungsrechts (UMAG), ZGR 2006, 769; *Koch,* Regressreduzierung im Kapitalgesellschaftsrecht – eine Sammelreplik, AG 2014, 513; *R. Koch,* Abtretung des Freistellungsanspruchs in D&O-Innenhaftungsfällen, VersR 2016, 765; *Krieger/Uwe H. Schneider,* Handbuch Managerhaftung, 3. Aufl. 2017; *Kumpan,* D&O-Versicherung und aktienrechtliche Zuständigkeit im Spannungsfeld von Interessenkonflikten, FS Hopt, 2020, 631; *Lange,* D&O-Versicherung und Managerhaftung, 2014; *Lange,* Die D&O-Versicherungsverschaffungsklausel im Manageranstellungsvertrag, ZIP 2004, 2221; *Lange,* Praxisfragen der D&O-Versicherung (Teil I), DStR 2002, 1626; *Lange,* Die D&O-Versicherung in der anwaltlichen Praxis, Anwaltspraxis Wirtschaftsrecht (AWR) 2004, 172; *Lange,* Auswirkungen eines Kontrollwechsels (change of control) auf die D&O-Versicherung, AG 2005, 459; *Lange,* Der Versicherungsfall der D&O-Versicherung, r+s 2006, 177; *Lattwein,* Quo Vadis D&O? – Status der Diskussionen über die D&O-Bedingungen, NVersZ 1999, 49; *Löbbe,* Abtretungslösung – Königsweg zur Durchsetzung von Organhaftungsansprüchen?, FS Marsch-Barner, 2018, 317; *Lohr,* Die Beschränkung der Innenhaftung des GmbH-GF, NZG 2000, 1204; *Marsch-Barner/Schäfer* (Hrsg.), Handbuch börsennotierte AG, 4. Aufl. 2018; *Notthoff,* Rechtliche Fragestellungen im Zusammenhang mit dem Abschluss einer Director's & Officer's-Versicherung, NJW 2003, 1350; *Peltzer,* Die Haftung des Aufsichtsrats bei Verletzung der Überwachungspflicht, WM 1981, 346; *Peltzer,* Konstruktions- und Handhabungsschwierigkeiten bei der D&O Versicherung, NZG 2009, 970; *Rudzio,* Vorvertragliche Anzeigepflicht bei der D&O-Versicherung der Aktiengesellschaft, 2010; *Schaaff,* Überlegungen zur D&O-Versicherung und Auslandsrisiken – ein Rechtsvergleich, PHi 2001, 176; *v. Schenck,* Handlungsbedarf bei der D&O-Versicherung, NZG 2015, 494; *Schmitz/Gloeckner,* D&O-Versicherungen: Aktuelle Entwicklungen auf dem D&O-Versicherungsmarkt, AG 2003, R206; *Schüppen/Sanna,* D&O-Versicherungen – Gute und schlechte Nachrichten!, ZIP 2002, 550; *Seibt/Saame,* Geschäftsleiterpflichten bei der Entscheidung über D&O-Versicherungsschutz, AG 2006, 901; *Steinkühler/Kassing,* Das Claims-Made-Prinzip in der D&O-Versicherung und die Auslegung der Begriffe Anspruchs- sowie Klageerhebung, VersR 2009, 607; *Thümmel,* Persönliche Haftung von Managern und Aufsichtsräten, 5. Aufl. 2016; *Unmuth,* Hauptversammlungszustimmung bei Abtretung des Deckungsanspruchs und sich anschließendem Vergleich mit dem D&O-Versicherer, AG 2020, 890.

149 Für Vorstandsmitglieder besteht ein **erhebliches Risiko,** im Lauf ihrer Vorstandstätigkeit für Schäden persönlich in Anspruch genommen zu werden. Die Haftungsgefahr kann existenzgefährdende Ausmaße erreichen (→ Rn. 15). Vor diesem Hintergrund ist klar, dass **Versicherungsschutz** für Vorstandsmitglieder ein zentrales Anliegen geworden ist. Vor allem ist es aber im Interesse der Gesellschaft, dass ihre Vorstandsmitglieder ausreichend versichert sind. Die meisten Ansprüche gegen Vorstandsmitglieder sind Innenhaftungsansprüche. Der Versicherungsschutz der Vorstandsmitglieder sorgt insbesondere dafür, dass die Durchsetzung der Innenhaftungsansprüche der Gesellschaft über die Zahlungsfähigkeit der Vorstandsmitglieder hinaus möglich ist. Dem Anliegen nach Versicherungsschutz der Vorstandsmitglieder entspricht die **D&O-Versicherung** („Directors' and Officers' Liability Insurance"). Es handelt sich um eine **Vermögensschaden-Haftpflichtversicherung,** die von der Gesellschaft für ihre Vorstandsmitglieder und weitere Personen abgeschlossen wird. Die Bezeichnung D&O-Versicherung stammt aus dem angelsächsischen Single-Board-System, hat sich aber auch in Deutschland durchgesetzt.[332]

## I. Entwicklung der D&O-Versicherung

150 Ihren **Ursprung** hat die D&O-Versicherung in den **USA,** wo sie im Zusammenhang mit dem Kurssturz an der Wallstreet vom 25.10.1929 („Schwarzer Freitag") eingeführt wurde.[333] In Deutschland regten vereinzelte Stimmen im Schrifttum Anfang der 1980er Jahre an, eine Vermögensschaden-Haftpflichtversicherung für Geschäftsleiter einzuführen.[334] 1986 wurde die D&O-Versicherung in Deutschland zum ersten Mal angeboten.[335] Es dau-

---

[332] Vgl. *Schaaff* PHi 2001, 176.
[333] Vgl. *Rudzio,* Vorvertragliche Anzeigepflicht bei der D&O-Versicherung der Aktiengesellschaft, 2010, 32f. mwN.
[334] *Peltzer* WM 1981, 346 (352).
[335] Vgl. *Lohr* NZG 2000, 1204 (1211).

erte aber bis in die zweite Hälfte der 1990er Jahre, bis sich die Versicherung in Deutschland breitflächig durchsetzte.[336] In der Folgezeit stieg die **praktische Bedeutung** der D&O-Versicherung bis heute **erheblich.** Das liegt daran, dass sich auch die Vorstandshaftung in dieser Zeit infolge dynamischer Entwicklungen in der Wirtschaft, der öffentlichen Wahrnehmung des Vorstandshandelns und der Reaktionen von Gesetzgebung und Rechtsprechung stetig verschärfte (→ Rn. 5 ff.).[337]

Mittlerweile gilt die Versicherung jedenfalls in Großunternehmen als **Standardprodukt** und ist im Zusammenhang mit der Finanzkrise wieder verstärkt in den Fokus der Öffentlichkeit gerückt.[338] Schätzungen zufolge hat sich das Prämienvolumen der D&O-Versicherung in Deutschland von 1998 bis 2017 von etwa 20 Mio. EUR auf 1 Mrd. EUR erhöht.[339] 151

## II. Rechtliche Grundlagen

Die D&O-Versicherung ist eine **Haftpflichtversicherung für Vermögensschäden,** die auf einer Pflichtverletzung der Versicherten in Ausübung ihrer leitenden Tätigkeit beruhen.[340] Die Gesellschaft schließt die Versicherung zugunsten ihrer Organmitglieder, häufig aber auch zugunsten ihrer leitenden Angestellten ab; sie ist Versicherungsnehmerin und Prämienschuldnerin (zur innergesellschaftlichen Abschlusskompetenz → Rn. 163).[341] Auch Organmitglieder und leitende Angestellte von Tochtergesellschaften sind regelmäßig vom Schutz der D&O-Versicherung umfasst.[342] Zu beachten ist, dass die Gesellschaft die D&O-Versicherung für bestimmte **Personengruppen** (zB Vorstand, Aufsichtsrat und leitende Angestellte), nicht aber für einzelne Personen abschließt. Deshalb erstreckt sich der Versicherungsschutz auch auf Personen, die erst nach Vertragsschluss in die entsprechende Position gelangen. 152

Im Versicherungsfall schuldet der Versicherer, unbegründete Ansprüche – gerichtlich und außergerichtlich – abzuwehren und den Versicherten von begründeten Ansprüchen freizustellen (Versicherungsanspruch), § 100 VVG.[343] Die D&O-Versicherung ist eine **Versicherung für fremde Rechnung** iSd §§ 43 ff. VVG und ein spezieller Fall des **Vertrags zugunsten Dritter** iSd §§ 328 ff. BGB.[344] Haben die Parteien vertraglich nichts Anderes geregelt, steht der Versicherungsanspruch daher den versicherten Führungskräften zu, nicht der Gesellschaft als Versicherungsnehmerin. In Innenhaftungsfällen hat die geschädigte Gesellschaft daher nach zutreffender Auffassung grundsätzlich **keinen unmittelbaren Zahlungsanspruch** gegen den Versicherer.[345] 153

Allerdings können die Versicherten ihren **Freistellungsanspruch an die Gesellschaft abtreten.**[346] Mit der Abtretung **wandelt** sich der Freistellungsanspruch in einen **Zah-** 154

[336] MAH VersR/*Sieg* § 17 Rn. 15; *Hemeling* FS Hoffmann-Becking, 2013, 491 ff.

[337] Vgl. ausf. zu dieser Entwicklung *Rudzio,* Vorvertragliche Anzeigepflicht bei der D&O-Versicherung der Aktiengesellschaft, 2010, 34 ff., 220.

[338] Vgl. *Thümmel,* Persönliche Haftung von Managern und Aufsichtsräten, 5. Aufl. 2016, Rn. 101, 454; *M. Arnold/Unmuth* FS Thümmel, 2020, 17; *Hoffmann-Becking* ZHR 2017, 737; *de Beauregard/Gleich* NJW 2013, 824; *Hemeling* FS Hoffmann-Becking, 491, 506 f.; *Dreher* AG 2008, 429.

[339] MAH VersR/*Sieg* § 17 Rn. 15.

[340] Vgl. MHdB GesR IV/*Wiesner* § 26 Rn. 59.

[341] Vgl. mwN *Rudzio,* Vorvertragliche Anzeigepflicht bei der D&O-Versicherung der Aktiengesellschaft, 2010, 40 f.

[342] Vgl. *Thümmel,* Persönliche Haftung von Managern und Aufsichtsräten, 5. Aufl. 2016, Rn. 460.

[343] Vgl. *de Beauregard/Gleich* NJW 2013, 824.

[344] Vgl. *M. Arnold* in Marsch-Barner/Schäfer AG-HdB § 22 Rn. 107.

[345] Vgl. dazu OLG München AG 2005, 817; *Unmuth* AG 2020, 890; ausf. *Rudzio,* Vorvertragliche Anzeigepflicht bei der D&O-Versicherung der Aktiengesellschaft, 2010, 42 ff. mwN.

[346] Hüffer/Koch/*Koch* AktG § 93 Rn. 58d; *Happ/Möhrle* FS Vetter, 2019, 193 (207); *Brinkmann* ZIP 2017, 301 (302 f.); *Dreher/Thomas* ZGR 2009, 31 (41 f.); *Rudzio,* Vorvertragliche Anzeigepflicht bei der D&O-Versicherung der Aktiengesellschaft, 2010, 45 f.; aA *Armbrüster* NJW 2009, 187 (192).

**lungsanspruch** um.[347] Der BGH hat in einer Grundsatzentscheidung klargestellt, dass D&O-Versicherer die Abtretung des Freistellungsanspruchs durch das Organmitglied an die Gesellschaft in ihren Allgemeinen Versicherungsbedingungen weder ausschließen noch von ihrer Zustimmung abhängig machen können.[348] Er klärte damit die bis dahin in der Literatur umstrittene Frage, ob die Gesellschaft als Versicherungsnehmerin „Dritte" iSv § 108 Abs. 2 VVG sein kann, obwohl sie selbst Vertragspartei der D&O-Versicherung ist.[349]

155 Ob die Abtretungsvereinbarung zwischen der Gesellschaft und dem (ehemaligen) Vorstandsmitglied der **Zustimmung der Hauptversammlung** nach § 93 Abs. 4 S. 3 AktG bedarf, hängt von ihrer konkreten Ausgestaltung ab.[350] Sofern die **Abtretung** des Freistellungsanspruchs mit Blick auf den Organhaftungsanspruch der Gesellschaft nur **erfüllungshalber** und nicht an Erfüllungs statt erfolgt, ist eine Zustimmung nicht erforderlich.[351] Denn nur bei einer Abtretung an Erfüllungs statt erlischt der Organhaftungsanspruch nach § 364 Abs. 1 BGB. Bei einer Abtretung erfüllungshalber erlischt der Organhaftungsanspruch der Gesellschaft hingegen erst und insoweit, als die Gesellschaft vom Versicherer Zahlung erlangt.[352]

156 Für die **Geltendmachung** des abgetretenen Anspruchs gegenüber dem Versicherer ist nach hM der **Vorstand zuständig.**[353] Dies ist mit Blick auf § 112 AktG und mögliche Interessenkonflikte des Vorstands nicht unproblematisch.[354] Daher ist in der Praxis eine **Doppelvertretung** durch Aufsichtsrat und Vorstand **empfehlenswert.**[355]

157 Erhebt die Gesellschaft infolge der Abtretung **Direktklage gegen den D&O-Versicherer,** hat das Gericht inzident zu prüfen, ob ein Organhaftungsanspruch besteht.[356] Nach den allgemeinen Grundsätzen trägt dann die Gesellschaft als Klägerin die Beweislast. Ob der Gesellschaft die **Beweiserleichterung** nach § 93 Abs. 2 S. 2 AktG auch in dieser Konstellation zugutekommt, ist in der Literatur umstritten. Der wohl überwiegende Teil der Literatur verneint dies.[357] Ein Teil der Literatur spricht sich indes – mit durchaus guten Argumenten[358] – für eine direkte bzw. entsprechende Anwendung von § 93 Abs. 2 S. 2 AktG aus.[359] Neben

[347] BGH NZG 2016, 745 Rn. 22 = BGHZ 209, 373; Hüffer/Koch/*Koch* AktG § 93 Rn. 58d; *Unmuth* AG 2020, 890 Rn. 45.

[348] BGH NZG 2016, 745 Rn. 19f. = BGHZ 209, 373; zu den praktischen Folgen einer Abtretung *Happ/Möhrle* FS Vetter, 2019, 193 (207ff.). Das Klauselverbot gilt jedoch nach § 210 Abs. 1 VVG nicht für Großrisiken iSv § 10 Abs. 1 S. 2 Nr. 3 EGVVG.

[349] S. dazu *Löbbe* FS Marsch-Barner, 2018, 317 (321ff.).

[350] Ausführlich dazu *Unmuth* AG 2020, 890ff.

[351] Hüffer/Koch/*Koch* AktG § 93 Rn. 58d; BeckOGK/*Fleischer* AktG § 93 Rn. 280; ausf. *Unmuth* AG 2020, 890ff.; *Brinkmann* ZIP 2017, 301 (303); *Harzenetter* NZG 2016, 729 (730f.); *Löbbe* FS Marsch-Barner, 2018, 317 (324ff.).

[352] *Brinkmann* ZIP 2017, 301 (303); *Harzenetter* NZG 2016, 729 (730f.); *Löbbe* FS Marsch-Barner, 2018, 317 (324ff.); *Unmuth* AG 2020, 890 Rn. 35.

[353] BeckOGK/*Fleischer* AktG § 93 Rn. 280; *Brinkmann,* ZIP 2017, 301 (304); *Lange,* D&O-Versicherung und Managerhaftung, 2014, § 21 Rn. 36; aA *Groterhorst/Looman* NZG 2015, 215 (218).

[354] Näher dazu *Löbbe* FS Marsch-Barner, 2018, 317 (333f.).

[355] Hüffer/Koch/*Koch* AktG § 93 Rn. 58d; *Brinkmann* ZIP 2017, 301 (304); *Löbbe* FS Marsch-Barner, 2018, 317 (333f.); aus Rechtsgründen für Doppelvertretung: *Harzenetter* NZG 2016, 728 (731f.); *Happ/Möhrle* FS Vetter, 2019, 193 (210).

[356] BeckOGK/*Fleischer* AktG Rn. 280; *Scheel* in Goette/Arnold AR-HdB § 4 Rn. 2038; *Unmuth* AG 2020, 890 Rn. 48.

[357] BeckOGK/*Fleischer* AktG § 93 Rn. 280; GroßkommAktG/*Hopt/Roth* § 93 Rn. 452; Kölner Komm AktG/*Mertens/Cahn* § 93 AktG Rn. 245; Hölters/*Hölters* AktG § 93 Rn. 416; *Brinkmann* ZIP 2017, 301 (306ff.); *Armbrüster* NJW 2016, 897 (898); *Grootenhorst/Lohmann* NZG 2015, 215 (217); *v. Schenck* NZG 2015, 494 (495 Fn. 22); *Dreher/Thomas* ZGR 2009, 31 (43ff.); *Freund* GmbHR 2009, 1185 (1190); *Böttcher* NZG 2008, 645 (648f.); *Grote/Schneider* BB 2007, 2689 (2699); *Hemeling* FS Hoffmann-Becking, 2013, 491 (496 Fn. 24); *Lange,* D&O-Versicherung und Managerhaftung, 2014, Rn. 469a.

[358] So auch Hüffer/Koch/*Koch* AktG § 93 Rn. 58e.

[359] *Harzenetter* NZG 2016, 728 (732); *R. Koch* VersR 2016, 765 (767f.); *Peltzer* NZG 2009, 970 (974); *Happ/Möhrle* FS Vetter, 2019, 193 (211); *Lange,* D&O-Versicherung und Managerhaftung, 2014, § 21 Rn. 35; für direkte Anwendung *Baur/Holle* AG 2017, 141 (143ff.); *Löbbe* FS Marsch-Barner, 2018, 317 (331ff.).

dem Wortlaut[360] scheinen zunächst auch teleologische Gesichtspunkte gegen eine Anwendbarkeit von § 93 Abs. 2 S. 2 AktG zu sprechen. Die geschädigte Gesellschaft kommt im Verhältnis zum Organmitglied in den Genuss der Beweiserleichterung, da das Organmitglied der pflichtwidrigen Handlung nähersteht als die Gesellschaft. Der Versicherer weist dagegen keine dem Organmitglied vergleichbare Sachnähe auf und verfügt daher über kein besseres Wissen als die Gesellschaft.[361] Allerdings stehen dem Versicherer nach dem Gesetz (§ 31 Abs. 2 VVG) und in der Regel auch nach den Versicherungsbedingungen umfassende Auskunfts- und Informationsrechte gegen das versicherte Organmitglied zu.[362] Der Versicherer macht sich damit die Sachnähe des Versicherten zu eigen, sodass eine Anwendung von § 93 Abs. 2 S. 2 zugunsten der Gesellschaft interessengerecht erscheint.[363] Darüber hinaus würde andernfalls die vom Gesetzgeber bewusst geschaffene Möglichkeit der direkten Inanspruchnahme konterkariert.[364]

In der Praxis werden **D&O-Schadensfälle häufig einvernehmlich** durch Vergleich 158
**beendet.**[365] Zunächst kann ein **Haftungsvergleich** zwischen dem Organmitglied und der Gesellschaft unter Einbeziehung des D&O-Versicherers geschlossen werden.[366] Teilweise wird auch eine Kombination aus Haftungs- und **Deckungsvergleich,** also ein **trilateraler Vergleich** zwischen der Gesellschaft, dem versicherten Organmitglied und dem Versicherer abgeschlossen.[367] Da ein solcher Vergleich den Organhaftungsanspruch erledigt, ist hierfür nach § 93 Abs. 4 S. 3 AktG die **Zustimmung der Hauptversammlung** erforderlich.[368] Auch ein Deckungsvergleich zwischen dem Versicherer und der Gesellschaft als Versicherungsnehmerin ist möglich. Grundsätzlich kann ein Deckungsvergleich auch ohne die Beteiligung des versicherten Organmitglieds abgeschlossen werden. Denn nach § 45 Abs. 1 VVG kann die Gesellschaft als Versicherungsnehmerin auch ohne die Mitwirkung des Versicherten über dessen Rechte verfügen.[369] Ein solcher separater Deckungsvergleich fällt nur dann unter § 93 Abs. 4 S. 3 AktG, wenn seine Erledigungswirkung auch auf den Organhaftungsanspruch erstreckt wird.[370]

## III. Ausgestaltung der Versicherung

Für die Vorstandsmitglieder ist wesentlich, wie ihr Versicherungsschutz ausgestaltet ist. Da- 159
bei sind insbesondere der zeitliche Umfang des Versicherungsschutzes und die Grenzen des Versicherungsschutzes relevant.

---

[360] Hüffer/Koch/*Koch* AktG § 93 Rn. 58e; *Böttcher* NZG 2008, 645 (648); aA *Baur/Holle* AG 2017, 141 (143 ff.).

[361] So *Grootenhorst/Lohmann* NZG 2015, 215 (217); *v. Schenck* NZG 2015, 494 (495 Fn. 22); *Böttcher* NZG 2008, 645 (649); *Brinkmann* ZIP 2017, 301 (307).

[362] Hüffer/Koch/*Koch* AktG § 93 Rn. 58e; *Harzenetter* NZG 2016, 728 (732); *Baur/Holle* AG 2017, 141 (145 f.); *Löbbe* FS Marsch-Barner, 2018, 317 (333); *Lange,* D&O-Versicherung und Managerhaftung, 2014, § 21 Rn. 35.

[363] *Lange,* D&O-Versicherung und Managerhaftung, 2014, § 21 Rn. 35.

[364] Hüffer/Koch/*Koch* AktG § 93 Rn. 58e; *Baur/Holle* AG 2017, 141 (146 f.).

[365] *Happ/Möhrle* FS Vetter, 2019, 193 (199); *Sieg* in Krieger/U.H. Schneider, HdB Managerhaftung, § 18 Rn. 18.54.

[366] *Happ/Möhrle* FS Vetter, 2019, 193 (199 f.); *Sieg* in Krieger/U.H. Schneider, Handbuch Managerhaftung, 3. Aufl. 2017, § 18 Rn. 18.55 f.

[367] *Happ/Möhrle* FS Vetter, 2019, 193 (200); *Sieg* in Krieger/U.H. Schneider, Handbuch Managerhaftung, 3. Aufl. 2017, § 18 Rn. 18.58; *Unmuth* AG 2020, 890 Rn. 1.

[368] *Sieg* in Krieger/Schneider, Handbuch Managerhaftung, 3. Aufl. 2017, § 18 Rn. 18.55; *Unmuth* AG 2020, 890 Rn. 1.

[369] *Happ/Möhrle* FS Vetter, 2019, 193 (199 f.); *Sieg* in Krieger/U.H. Schneider, Handbuch Managerhaftung, 3. Aufl. 2017, § 18 Rn. 18.57; vgl. *Lange,* D&O-Versicherung und Managerhaftung, 2014, Rn. 459.

[370] S. dazu *Unmuth* AG 2020, 890 Rn. 45 ff.

## 1. Zeitlicher Umfang des Versicherungsschutzes

160 Nach den in der Praxis üblichen Versicherungsbedingungen liegt der Versicherungsfall bei der D&O-Versicherung erst in der erstmaligen Geltendmachung des Schadens durch den Geschädigten **(Claims-made-Prinzip).**[371] Demnach muss nur die Geltendmachung des Schadens zeitlich in die Versicherungsperiode fallen, nicht dagegen die Pflichtverletzung.[372] Nach der Rechtsprechung des BGH muss das versicherte Organmitglied hierfür nicht tatsächlich in Anspruch genommen werden. Eine den Versicherungsfall auslösende **Inanspruchnahme** ist vielmehr auch dann gegeben, wenn die geschädigte Gesellschaft das Organmitglied allein mit Blick auf die Möglichkeit des Zugriffs auf dessen Deckungsanspruch gegen die D&O-Versicherung in Anspruch nimmt und nicht beabsichtigt, auf das Vermögen des versicherten Organmitglieds zuzugreifen.[373] Folge des Claims-made-Prinzips ist, dass auch Pflichtverletzungen versichert sind, die Vorstandsmitglieder vor dem Versicherungszeitraum begangen haben **(Rückwärtsdeckung).**[374] Allerdings begrenzen die Versicherer die Rückwärtsdeckung in der Praxis regelmäßig in den Versicherungsbedingungen, indem sie eine Deckung davon abhängig machen, dass die Pflichtverletzung der Gesellschaft als Versicherungsnehmerin und der in Anspruch genommenen versicherten Person bei Vertragsschluss nicht bekannt waren.[375] Das Claims-made-Prinzip führt grundsätzlich dazu, dass Schäden aus Pflichtverletzungen während der Vertragslaufzeit nicht versichert sind, wenn diese Schäden erst nach der Vertragslaufzeit geltend gemacht werden. In den Versicherungsbedingungen werden daher häufig **Nachdeckungsregelungen** vereinbart.[376]

## 2. Grenzen des Versicherungsschutzes

161 In der Praxis ist der Schutz für Führungskräfte durch die D&O-Versicherung begrenzt. Die Versicherungsbedingungen sehen regelmäßig zahlreiche **Ausschlusstatbestände und Grenzen des Versicherungsschutzes** vor. Relevant ist insbesondere die **Jahreshöchstsumme** des Deckungsschutzes, auf die sämtliche Versicherungsfälle eines Jahres aller versicherten Personen begrenzt sind. Der Versicherungsschutz für ein Vorstandsmitglied kann daher entfallen, weil andere versicherte Personen die Jahreshöchstsumme der Versicherung bereits aufgebraucht haben. Die Versicherung tritt zudem nicht für Schäden ein, die die Versicherten vorsätzlich verursachen (§ 103 VVG). Das Gleiche gilt nach vielen in der Praxis verwendeten Versicherungsbedingungen für Schäden, die auf einer **wissentlichen Pflichtverletzung** beruhen.[377] Zudem sind regelmäßig Schäden vom Deckungsschutz ausgeschlossen, die aus Geldbußen resultieren.[378] Der Versicherungsschutz umfasst aber meist Schäden, die infolge einer bedingt vorsätzlichen Pflichtverletzung entstehen.[379]

---

[371] Vgl. *Lange* r+s 2006, 177 ff.; *Lange* AWR 2004, 172 f.; *Steinkühler/Kassing* VersR 2009, 607 ff.; *Thümmel,* Persönliche Haftung von Managern und Aufsichtsräten, 5. Aufl. 2016, Rn. 464.

[372] *Hüffer/Koch/Koch* AktG § 93 Rn. 58b; BeckOGK/Fleischer AktG § 93 AktG Rn. 279; *Scheel* in Goette/Arnold AR-HdB § 4 Rn. 1966 ff.; *Sieg* in Krieger/U.H. Schneider, Handbuch Managerhaftung, 3. Aufl. 2017, § 18 Rn. 18.36 ff.; *Lange,* D&O-Versicherung und Managerhaftung, 2014, Rn. 464 ff.

[373] BGH NZG 2016, 745 Rn. 23 ff. = BGHZ 209, 373 Rn. 24 ff.; BGH BeckRS 2016, 7881; *Sieg* in Krieger/U.H. Schneider, Handbuch Managerhaftung, 3. Aufl. 2017, § 18 Rn. 18.38; anders noch OLG Düsseldorf BeckRS 2014, 02977; OLG Düsseldorf 2013, 16019.

[374] *Kiethe* BB 2003, 537 (539); *Notthoff* NJW 2003, 1350 (1352); *Lange* AG 2005, 459 (463).

[375] *Kiethe* BB 2003, 537 (539); *Rudzio,* Vorvertragliche Anzeigepflicht bei der D&O-Versicherung der Aktiengesellschaft, 2010, 51 mwN.

[376] Vgl. *Kiethe* BB 2003, 537, 539; *Lattwein* NVersZ 1999, 49, 52; *Rudzio,* Vorvertragliche Anzeigepflicht bei der D&O-Versicherung der Aktiengesellschaft, 2010, 51 f. mwN.

[377] Vgl. MAH VersR/*Sieg* § 17 Rn. 153 ff.

[378] Vgl. hierzu *Koch* AG 2014, 513 (519 f.) mwN.

[379] Vgl. *Rudzio,* Vorvertragliche Anzeigepflicht bei der D&O-Versicherung der Aktiengesellschaft, 2010, 52 f.; *M. Arnold* in Marsch-Barner/Schäfer AG-HdB § 22 Rn. 108.

## IV. Zuständigkeit für den Abschluss der Versicherung

Die Gesellschaft schließt eine D&O-Versicherung nicht aus „altruistischen" Motiven ab. 162
Vielmehr liegt es nach zutreffender Ansicht **im überwiegenden Eigeninteresse der Gesellschaft,** eine D&O-Versicherung abzuschließen.[380] In der Regel handelt es sich bei den Schadenspositionen, die gegenüber der Versicherung geltend gemacht werden, um Fälle der Innenhaftung. Indem sie eine D&O-Versicherung abschließt, schützt die Gesellschaft in erster Linie ihr Vermögen gegenüber dem Insolvenzrisiko der versicherten Führungskräfte.[381] Zudem ist es ohne eine solche Versicherung schwierig, geeignete Führungskräfte zu gewinnen und deren unternehmerische Risikobereitschaft zu stärken.[382]

Weil die D&O-Versicherung im überwiegenden Eigeninteresse der Gesellschaft abge- 163
schlossen wird, sind ihre Prämien nach zutreffender Auffassung **nicht** als Bestandteil der **Vergütung** der Vorstandsmitglieder zu behandeln.[383] **Zuständig** für den Abschluss des Versicherungsvertrags ist daher der **Vorstand,** der weder den Aufsichtsrat noch die Hauptversammlung beteiligen muss.[384] Um potentiellen Interessenkonflikten des Vorstands vorzubeugen ist allerdings die Schaffung eines **Zustimmungsvorbehalts** zugunsten des Aufsichtsrats gem. § 111 Abs. 4 AktG zu erwägen.[385] Die **Finanzverwaltung** ist der Einschätzung gefolgt, dass die Prämien der D&O-Versicherung in der in der Praxis üblichen Ausgestaltung nicht Vergütungsbestandteil sind. Die Prämien unterliegen in diesem Fall als Betriebsausgaben der Gesellschaft nicht der Lohn- und Einkommensbesteuerung.[386]

## V. Keine Pflicht zum Abschluss einer Versicherung

Aus der Fürsorgepflicht der Gesellschaft gegenüber ihren Vorstandsmitgliedern ergibt sich 164
grundsätzlich **kein Anspruch** der Vorstandsmitglieder gegenüber der Gesellschaft, dass die Gesellschaft eine D&O-Versicherung abschließt.[387] Eine Abschlusspflicht lässt sich auch nicht aus dem Gesichtspunkt der Risikominimierung herleiten.[388] Vielmehr ist die Entscheidung für oder gegen eine Versicherungsdeckung eine **unternehmerische Entscheidung,** für die grundsätzlich ein **Ermessensspielraum** des Vorstands nach § 93 Abs. 1 S. 2

[380] Vgl. *Hemeling* FS Hoffmann-Becking, 2013, 491 (492); GroßkommAktG/*Kort* § 87 Rn. 156; BeckOGK/*Fleischer* AktG § 93 Rn. 283; *M. Arnold* in Marsch-Barner/Schäfer AG-HdB § 22 Rn. 109; *Dreher* AG 2008, 429. Zum Streitstand *Rudzio,* Vorvertragliche Anzeigepflicht bei der D&O-Versicherung der Aktiengesellschaft, 2010, 46 ff.; *Scheel* in Goette/Arnold AR-HdB § 4 Rn. 1945 ff.

[381] Vgl. *M. Arnold* in Marsch-Barner/Schäfer AG-HdB § 22 Rn. 109; *Schüppen/Sanna* ZIP 2002, 550 (551); *Dreher/Thomas* ZGR 2009, 31 (52); *Rudzio,* Vorvertragliche Anzeigepflicht bei der D&O-Versicherung der Aktiengesellschaft, 2010, 48.

[382] Vgl. *Rudzio,* Vorvertragliche Anzeigepflicht bei der D&O-Versicherung der Aktiengesellschaft, 2010, 48 f. mwN; BeckOGK/*Fleischer* AktG § 93 Rn. 282; *Dreher* ZHR 165 (2001), 293 (310); *Dreher/Thomas* ZGR 2009, 31 (53); *Notthoff* NJW 2003, 1350 (1354); *Seibt/Saame* AG 2006, 901 (906).

[383] Vgl. *Dreher/Thomas* ZGR 2009, 31 (52 f.); *Kiethe* BB 2003, 537 (539).

[384] Hüffer/Koch/*Koch* AktG § 93 Rn. 58a; BeckOGK/*Fleischer* AktG § 93 Rn. 281 ff.; GroßkommAktG/*Hopt/Roth* § 93 Rn. 454; GroßkommAktG/*Kort* § 84 Rn. 447; Kölner Komm AktG/*Mertens/Cahn* § 93 Rn. 246; *Rudzio,* Vorvertragliche Anzeigepflicht bei der D&O-Versicherung der Aktiengesellschaft, 2010, 56 ff.; *M. Arnold* in Marsch-Barner/Schäfer AG-HdB § 22 Rn. 109; *Franz* DB 2011, 2019 ff.; *Dreher* AG 2008, 429; *Happ/Möhrle* FS Seibert, 2019, 273 (281 ff.); *Hemeling* FS Hoffmann-Becking, 2013, 491 (492 f.); in diese Richtung argumentierend *Scheel* in Goette/Arnold AR-HdB § 4 Rn. 1945 ff.; aA *Kumpan* FS Hopt, 2020, 631 (638 ff.); *Armbrüster* FS K. Schmidt, Bd. I, 2019, 23 (26 ff.).

[385] Hüffer/Koch/*Koch* AktG § 93 Rn. 58a; MüKo AktG/*Sailer-Coceani* § 93 Rn. 56; GroßkommAktG/*Hopt/Roth* § 93 Rn. 454; Hölters/*Hölters* AktG § 93 Rn. 403; *Rothenburg* in Goette/Arnold AR-HdB § 4 Rn. 2296; vgl. dazu auch *Scheel* in Goette/Arnold AR-HdB § 4 Rn. 1951.

[386] Vgl. *M. Arnold* in Marsch-Barner/Schäfer AG-HdB § 22 Rn. 109; BMF vom 24.1.2002, auszugsweise abgedruckt in AG 2002, 287; ferner Erlass des FM Niedersachsen vom 25.1.2002, DStR 2002, 678.

[387] Hüffer/Koch/*Koch* AktG § 93 Rn. 58; Kölner Komm AktG/*Mertens/Cahn* § 84 Rn. 96, § 93 Rn. 242; *Happ/Möhrle* FS Seibert, 2019, 273 (277 f.); *Lange* AWR 2004, 172 (176); ausf. *Scheel* in Goette/Arnold AR-HdB § 4 Rn. 1960 ff.

[388] Vgl. BGH WM 2009, 851 (853); BeckOGK/*Fleischer* AktG § 93 Rn. 285; Kölner Komm AktG/*Mertens/Cahn* § 84 AktG Rn. 96, § 93 Rn. 242.

AktG besteht.[389] Allerdings kann die weite Verbreitung von D&O-Versicherungen Gesellschaften **faktisch zwingen,** auch selbst einen Versicherungsvertrag abzuschließen, um geeignete Führungskräfte zu gewinnen.

## VI. Selbstbehalt

165 Nach § 93 Abs. 2 S. 3 AktG ist bei der D&O-Versicherung ein Selbstbehalt zu Lasten der Vorstandsmitglieder in Höhe von **mindestens 10% des Schadens bei jedem Versicherungsfall** vorgeschrieben. Die Selbstbehaltspflicht kann durch eine Obergrenze für alle Schadensfälle eines Jahres beschränkt werden, die nicht unter dem eineinhalbfachen der festen jährlichen Vergütung des Vorstandsmitglieds liegen darf.[390] Die Befürworter des Selbstbehalts verweisen auf seine **verhaltenssteuernde Wirkung.** Außerdem werde die Versicherung von Bagatellschäden entlastet.[391] Die verhaltenssteuernde Wirkung wird im Schrifttum bezweifelt.[392] Die **konkrete Höhe** des Selbstbehalts bleibt – oberhalb der Mindesthöhe – **den Vertragsparteien überlassen.** Richtigerweise muss ein Selbstbehalt **nur für den Fall einer streitigen Anspruchsverfolgung** vereinbart werden, **nicht** jedoch **für einen Vergleichsabschluss.** Denn dann ist § 93 Abs. 2 S. 3 AktG nicht einschlägig.[393] Hierfür sprechen insbesondere die systematische Verortung in § 93 Abs. 2 AktG und die Dispositionsfreiheit der Hauptversammlung nach § 93 Abs. 4 AktG.[394] **Nicht** vom Selbstbehalt erfasst sind nach zutreffender Ansicht auch die **Kosten der Schadensabwehr,** also etwa Anwaltskosten.[395] Um das Haftungsrisiko der Vorstandsmitglieder trotz der Selbstbehaltspflicht zu begrenzen, haben sich in der Praxis **Selbstbehaltsversicherungen** etabliert. Solange das Vorstandsmitglied die Prämien selbst zahlt, ist eine solche Selbstbehaltsversicherung zulässig.[396]

[389] Vgl. *Koch* ZGR 2006, 184 (193ff.); *Lange* DStR 2002, 1626 (1630); *Rudzio,* Vorvertragliche Anzeigepflicht bei der D&O-Versicherung der Aktiengesellschaft, 2010, 62; *Scheel* in Goette/Arnold AR-HdB § 4 Rn. 1964.

[390] Vgl. *M. Arnold* in Marsch-Barner/Schäfer AG-HdB § 22 Rn. 111.

[391] Vgl. *Bender/Vater* VersR 2003, 1376 (1377).

[392] Vgl. *Dreher* AG 2008, 429 (432); *Dreher/Görner* ZIP 2003, 2321 (2323); *Schmitz/Gloeckner* AG 2003, 206 (208); MAH VersR/*Sieg* § 17 Rn. 147.

[393] Hüffer/Koch/*Koch* AktG § 93 Rn. 78; *M. Arnold/Unmuth* FS Thümmel, 2020, 17 (18, 20); *Happ/Möhrle* FS Vetter, 2019, 193 (204f.); *Habersack* FS Baums, 2017, 531 (538f.); aA Kölner Komm AktG/*Mertens/Cahn* § 93 Rn. 251; MüKoAktG/*Spindler* § 93 Rn. 245; GroßkommAktG/*Hopt/Roth* § 93 Rn. 457; *Franz* DB 2011, 2019 (2022f.).

[394] *M. Arnold/Unmuth* FS Thümmel, 2020, 17 (20f.).

[395] BeckOGK/*Fleischer* AktG § 93 Rn. 294; MüKoAktG/*Spindler* § 93 Rn. 246.

[396] Hüffer/Koch/*Koch* AktG § 93 Rn. 59; BeckOGK/*Fleischer* AktG § 93 Rn. 303.

# § 12 Strafrechtliche Verantwortung

## Übersicht

**Schrifttum:**[1] *Achenbach,* Aus der 2019/2020 veröffentlichten Rechtsprechung zum Wirtschaftsstrafrecht, NStZ 2020, 720; *Achenbach/Ransiek/Rönnau* (Hrsg.), Handbuch Wirtschaftsstrafrecht, 5. Aufl. 2019; *Adelberg/Spittka/Zapf,* Verteidigung gegen DSGVO-Geldbußen in der Praxis, CB 2021, 96 und 149; *Ahrens/Redwitz,* Das Verbandssanktionengesetz: zukünftige Anforderungen an interne Ermittler, CB 2021, 102; *Andres/Leithaus* (Hrsg.), Insolvenzordnung, Kommentar, 4. Aufl. 2018; *Anhalt/Dieners* (Hrsg.), Medizinprodukterecht, 2. Aufl. 2017; *Annuß,* Das System der Betriebsratsvergütung, NZA 2018, 134; *Annuß,* Strafbare Betriebsratsbegünstigung bei Vergütungsentscheidungen, NStZ 2020, 201; *Arlt,* Der strafrechtliche Anlegerschutz vor Kursmanipulation, 2004; *Assmann/Schütze/Buck-Heeb* (Hrsg.), Handbuch des Kapitalanlagerechts, 5. Aufl. 2020; *Baumbach/Hopt* (Hrsg.), Handelsgesetzbuch, Kommentar, 40. Aufl. 2021; *Baur/Holle,* Untreue und unternehmerische Entscheidung, ZIP 2017, 555; *Bayram/Meier,* Marktmanipulation durch Leerverkaufsattacken, BKR 2018, 55; *Beckemper,* Untreue durch Zuwendung aus dem Vermögen einer Aktiengesellschaft zur Förderung von Kunst, Wissenschaft, Sozialwesen und Sport – Anmerkung zum BGH-Urteil vom 6.12.2001, NStZ 2002, 322; Beck'scher Bilanz-Kommentar, 12. Aufl. 2020; *Beyer,* Anwendungserlass zu § 153 AO – Praktische Bedeutung für Berichtigungserklärungen und Selbstanzeigen, NZWiSt 2016, 234; *Bilsdorfer,* Die Entwicklung des Steuerstraf- und Steuerordnungswidrigkeitenrechts, NJW 2019, 1499 und NJW 2020, 1488; *Birnbaum,* Die Leichtfertigkeit – Zwischen Fahrlässigkeit und Vorsatz, 2000; *Bisson,* Die Strafbarkeit des Geschäftsführers oder Liquidators einer GmbH wegen Insolvenzverschleppung, GmbHR 2004, 843; *Bittmann,* Anmerkung: Beeinflussung von Betriebsratswahlen und Grenzen der Untreue – Fall Siemens/AUB, NJW 2011, 88; *Bittmann,* Dogmatik der Untreue, insbesondere des Vermögensnachteils, NStZ 2012, 57; *Bittmann,* Aktuelle Problemfelder bei Betrug und Untreue, wistra 2013, 449; *Bosch,* Organisationsverschulden im Unternehmen, 2002; *Brand/Hotz,* Der VW-Skandal unter wirtschaftsstrafrechtlichen Vorzeichen, NZG 2017, 976; *Braun* (Hrsg.), Insolvenzordnung, Kommentar, 8. Aufl. 2020; *Bülte,* Blankette und normative Tatbestandsmerkmale: Zur Bedeutung von Verweisungen in Strafgesetzen, JuS 2015, 769; *Bürgers,* Das Anlegerschutzverbesserungsgesetz, BKR 2004, 424; *Cordes/Pannenborg,* Strafprozessuale und verfassungsrechtliche Grenzen im Umgang mit Zufallsfunden, NJW 2019, 2973; *Dann/Markgraf,* Das neue Gesetz zum Schutz von Geschäftsgeheimnissen, NJW 2019, 1774; *Dannecker,* Das intertemporale Strafrecht, 1993; *Diekmann/Sustmann,* Gesetz zur Verbesserung des Anlegerschutzes (Anlegerschutzverbesserungsgesetz – AnSVG), NZG 2004, 929; *Dierlamm,* Der faktische Geschäftsführer im Strafrecht – ein Phantom?, NStZ 1996, 153; *Dixon/Gößwein/Hohmann,* Gesetze zur Bekämpfung der Korruption im Vereinigten Königreich Großbritannien und Nordirland sowie in der Bundesrepublik Deutschland – Eine vergleichende Betrachtung der Rechtslage –, NZWiSt 2013, 361; *Ebenroth/Boujong/Joost/Strohn* (Hrsg.), Handelsgesetzbuch, Kommentar, 4. Aufl. 2020; *Emmert,* Konkretisierung des Bruttoprinzip durch Rückkehr zum Nettoprinzip?, NZWiSt 2016, 449; *Erbs/Kohlhaas* (Hrsg.), Strafrechtliche Nebengesetze, 236. Auflage 2021; *Esser/Rübenstahl/Saliger/Tsambikakis* (Hrsg.), Wirtschaftsstrafrecht, 2017; *Faßbender,* 18 Jahre ARAG Garmenbeck – und alle Fragen offen?, NZG 2015, 501; *Fischer,* Strafgesetzbuch, Kommentar, 68. Aufl. 2021; *Fleischer,* Konzernuntreue zwischen Straf- und Gesellschaftsrecht: Das Bremer Vulkan-Urteil, NJW 2004, 2867; *Fleischer,* Die „Business Judgment Rule": Vom

[1] Für die wertvolle Mitarbeit danken die Autoren Frau Eva Volk, LL.M. Oec.

Richterrecht zur Kodifizierung, ZIP 2004, 685; *Fleischer,* Der deutsche „Bilanzeid“ nach § 264 II S. 3 HGB, ZIP 2007, 97; *Fleischer/Schmolke,* Faktische Geschäftsführung in der Sanierungssituation, WM 2011, 1009; *Fuhrmann/Heinen/Schilz,* Gesetzliche Beurteilungs- und Ermessensspielräume als „spezialgesetzliche Business Judgement Rule“, NZG 2020, 1368; *Gassner/Seith* (Hrsg.), Nomos-Kommentar zum Ordnungswidrigkeitengesetz, 2. Aufl. 2020; *Gazeas,* Das neue Geldwäsche-Strafrecht: Weitreichende Folgen für die Praxis, NJW 2021, 1041; *Gercke/Kraft/Richter* (Hrsg.), Arbeitsstrafrecht, 3. Aufl. 2021; *Gildhoff/Zumdick,* Strafrechtliche Risiken für Unternehmen und deren Rechtsanwälte bei Mock Dawn Raids, BB 2012, 1778; *Graf/Jäger/Wittig* (Hrsg.), Wirtschafts- und Steuerstrafrecht, 2. Aufl. 2017; *Graf-Schlicker* (Hrsg.), Insolvenzordnung, Kommentar, 5. Aufl. 2020; *Grau/Meshulam/Blechschmidt,* „Der lange Arm“ des US-Foreign Corrupt Practices Act: unerkannte Strafbarkeitsrisiken auch jenseits der eigentlichen Korruptionsdelikte, BB 2010, 652; *Grützner/Boerger/Momsen,* Die „Dieselaffäre“ und ihre Folgen für Compliance-Management-Systeme – Evolution durch Einbeziehung des Bereichs Produkt-Compliance in ein CMS (zB zum Zweck der Prävention produktbezogener Täuschungen), CCZ 2018, 50; *Guntermann,* Die Publizitätspflicht gem. § 111c AktG und ihr Zusammenspiel mit Art. 17 MAR, ZIP 2020, 1290; *Harte-Bavendamm/Ohly/Kalbfus* (Hrsg.), Gesetz zum Schutz von Geschäftsgeheimnissen, Kommentar, 2020; *Hauschka/Moosmayer/Lösler* (Hrsg.), Corporate Compliance, 3. Aufl. 2016; *Hauschka,* Compliance, Compliance-Manager, Compliance-Programme: Eine geeignete Reaktion auf gestiegene Haftungsrisiken für Unternehmen und Management?, NJW 2004, 257; *Heese,* Was der Dieselskandal über die Rechtsdurchsetzung, deren Protagonisten und die Funktion des Privatrechts verrät, NZV 2019, 273; *Hefendehl,* Tatherrschaft in Unternehmen vor kriminologischer Perspektive, GA 2004, 575; *Heidel/Schall* (Hrsg.), Nomos-Kommentar zum Handelsgesetzbuch, 3. Aufl. 2019; *Henssler/Strohn* (Hrsg.), Gesellschaftsrecht, 5. Aufl. 2021; *Heussen/Hamm* (Hrsg.), Beck'sches Rechtsanwalts-Handbuch, 11. Aufl. 2016; *Hilgendorf,* Fragen der Kausalität bei Gremienentscheidungen am Beispiel des Lederspray-Urteils, NStZ 1994, 561; *Himmelsbach/Achsnick,* Faktische Geschäftsführung durch Banken: Gefahr oder Scheinproblem?, NZI 2003, 355; *Hoffmann/Wißmann,* Die Erstattung von Geldstrafen, Geldauflagen und Verfahrenskosten im Strafverfahren durch Wirtschaftsunternehmen gegenüber ihren Mitarbeitern, StV 2001, 249; *Hoffmann-Becking,* Vorstandsvergütung nach Mannesmann, NZG 2006, 127; *Hölters* (Hrsg.), Aktiengesetz, Kommentar, 3. Aufl. 2017; *Horrer/Patzschke,* Strafrechtlicher Umgang mit Fremdzahlungen von Geldbußen, -strafen und -auflagen durch Unternehmen für ihre Mitarbeiter – Können sich Unternehmensverantwortliche strafbar machen, wenn ein Unternehmen Geldstrafen, Geldbußen und Geldauflagen für seine Mitarbeiter zahlt?, CCZ 2013, 94; *Hüffer/Koch* (Hrsg.), Aktiengesetz, Kommentar, 15. Aufl. 2021; *Jäger,* Von mobbenden Kollegen und betriebsblinden Vorgesetzten, JA 2012, 392; *M. Jahn/Ziemann,* „Untreuestrafrecht 2.0“. Theoretische und systematische Grundlagen der Dogmatik des § 266 StGB im Rechtsstaat, ZIS 2016, 552; *Joecks/Jäger/Randt* (Hrsg.), Steuerstrafrecht, 8. Aufl. 2015; *Jung/Krebs/Stiegler* (Hrsg.), Gesellschaftsrecht in Europa, 2019; *Kappel/Lagodny,* Der UK Bribery Act – Ein Strafgesetz erobert die Welt?, StV 2012, 695; Karlsruher Kommentar zur Strafprozessordnung, 8. Aufl. 2019; Karlsruher Kommentar zum Ordnungswidrigkeitengesetz, 5. Aufl. 2018; *Kindhäuser/Neumann/Paeffgen* (Hrsg.), Nomos-Kommentar zum Strafgesetzbuch, 5. Aufl. 2017; *Kindler,* Umfang der Pflicht von Betriebsinhabern und Vorgesetzten zur Verhinderung von Straftaten nachgeordneter Mitarbeiter, GWR 2012, 48; *Kirch-Heim,* „Willful Blindness“ im Wirtschaftsstrafrecht – Kann gewollte Unwissenheit vor Strafe schützen?, CCZ 2008, 96; *Klein* (Hrsg), Abgabenordnung, Kommentar, 15. Aufl. 2020; *Klöhn* (Hrsg.), Marktmissbrauchsverordnung, Kommentar, 2018; *Köhler/Burkhard,* Die Reform der strafrechtlichen Vermögensabschöpfung, NStZ 2017, 665; *Köhler/Bornkamm/Feddersen* (Hrsg.), Gesetz gegen den unlauteren Wettbewerb, Kommentar, 39. Auflage 2021; *Knauer,* Die Kollegialentscheidung im Strafrecht, 2001; *Knierim/Rübenstahl/Tsambikakis* (Hrsg.), Handbuch Internal Investigations, 2. Aufl. 2016; *Kocher,* Zur Reichweite der Business Judgment Rule, CCZ 2009, 215; *Krieger/Günther,* Die arbeitsrechtliche Stellung des Compliance Officers. Gestaltung einer Compliance-Organisation unter Berücksichtigung der Vorgaben im BGH-Urteil vom 17.7.2009, NZA 2010, 367; *Kuthe/Lingen,* Neuer BaFin-Emittentenleitfaden zur Ad-hoc-Publizität und Directors' Dealings, CB 2020, 270; *Kutzner,* Untreue durch AG-Vorstandsmitglieder zum Nachteil abhängiger GmbH – Bremer Vulkan – Anmerkung zum Urteil, NStZ 2005, 269; *Kühne,* Strafrechtliche Produkthaftung in Deutschland, NJW 1997, 1951; *Lackner/Kühl* (Hrsg.), StGB, 29. Aufl. 2018; Leipziger Kommentar zum StGB, Großkommentar, 12. Aufl. 2007 ff.; *Leipold/Tsambikakis/Zöller* (Hrsg.), Strafgesetzbuch, Anwaltskommentar, 3. Aufl. 2020; *Leitner/Rosenau* (Hrsg.), Wirtschafts- und Steuerstrafrecht, 2017; *Leyens,* Ad-hoc-Information der Anleger: Zwischenschritte und Compliance-Vorfälle als Insiderinformation, ZGR 2020, 256; *Lingemann/Wasmann,* Mehr Kontrolle und Transparenz im Aktienrecht: Das KonTraG tritt in Kraft, BB 1998, 853; *Madauß,* Entbindung eines Berufsgeheimnisträgers vom Zeugnisverweigerungsrecht durch eine juristische Person, NZWiSt 2013, 262; *Matt/Renzikowski* (Hrsg.), Strafgesetzbuch, Kommentar, 2. Aufl. 2020, *Meyer,* Die faktische Kraft des Normativen – Das BVerfG und die Verständigung im Strafverfahren, NJW 2013, 1850; *Meyer-Goßner/Schmitt* (Hrsg.), StPO, GVG, Nebengesetze und ergänzende Bestimmungen, 64. Aufl. 2021; *Minkoff/Sahan/Wittig* (Hrsg.), Konzernstrafrecht, 2020; *Minoggio,* Unternehmensverteidigung, 3. Aufl. 2016; *Moll* (Hrsg.), Münchener Anwaltshandbuch Arbeitsrecht, 5. Aufl. 2021; *Möllers,* Marktmanipulation durch Leerverkaufsattacken und irreführende Finanzanalysen, NZG 2018, 649; *Momsen/Grützner* (Hrsg.), Wirtschaftsstrafrecht, 2. Aufl. 2020; *Moosmayer,* Modethema oder Pflichtprogramm guter Unternehmensführung? – Zehn Thesen zu Compliance, NJW 2012, 3013; *Mosbacher/Dierlamm,* Betriebsangehöriger als Überwachungsgarant, NStZ 2010, 268; *Mosieck,* Risikosteuerung im Unternehmen und Untreue, wistra 2003, 370; *Müller-Gugenberger* (Hrsg.), Wirtschaftsstrafrecht, 7. Aufl. 2020; Münchener Kommentar zum Aktiengesetz, 5. Aufl. 2021; Münchener Kommentar zum Handelsgesetzbuch, 5. Aufl. 2021; Münchener Kommentar zur Insolvenzordnung, 4 Aufl. 2019; Münchener

Kommentar zum Strafgesetzbuch, 4. Aufl. 2021; *Neuling,* Berichtigung von Steuererklärungen im Unternehmen: Anwendungserlass zu § 153 AO, DStR 2016, 1652; *Nietsch* (Hrsg.), Compliance und soziale Verantwortung im Unternehmen, 2019; *Ohly,* Das neue Geschäftsgeheimnisgesetz im Überblick, GRUR 2019, 441; *Oppenländer/Trölitzsch,* Praxishandbuch der GmbH-Geschäftsführung, 3. Aufl. 2020; *Parigger/Helm/Stevens-Bartol* (Hrsg.), Nomos-Kommentar zum Arbeits- und Sozialstrafrecht, 2021; *Park* (Hrsg.), Nomos-Kommentar zum Kapitalmarktstrafrecht, 5. Aufl. 2019; *Park,* Schwerpunktbereich – Einführung in das Kapitalmarktstrafrecht, JuS 2007, 712; *Passarge,* Der Entwurf eines Gesetzes zum Schutz von Geschäftsgeheimnissen (GeschGehG) – Das Gegenteil von gut gemacht ist gut gemeint, CB 2018, 144; *Pelz,* Die Beschlagnahmefähigkeit von Unterlagen aus Internal Investigations – zugleich eine Besprechung von BVerfG, Beschluss vom 27.6.2018, Az. 2 BvR 1405/17, 2 BvR 1780/17, CCZ 2018, 211; *Petri* (Hrsg.), Arbeitsstrafrecht, 3. Aufl. 2021; *Piltz* (Hrsg.), Münchener Anwaltshandbuch Internationales Wirtschaftsrecht, 2017; *Poguntke,* BGH: Garantenstellung des Geschäftsherrn; Betriebsbezogenheit einer Straftat – Anmerkung, CCZ 2012, 158; *Pörnbacher/Mark,* Auswirkungen des UK Bribery Act 2010 auf deutsche Unternehmen, NZG 2010, 1372; *Radtke,* Der strafrechtliche Amtsträgerbegriff und neue Kooperationsformen zwischen der öffentlichen Hand und Privaten (Public Private Partnership) im Bereich der Daseinsvorsorge, NStZ 2007, 57; *Ransiek,* Unternehmensstrafrecht: Strafrecht, Verfassungsrecht, Regelungsalternativen, 1996; *Rettke,* Das normative Brutto-Prinzip des § 73d StGB, wistra 2018, 234; *Riehm,* Die deliktische Haftung des Herstellers in den „Abgas-Fällen", DAR 2019, 247; *Riehm,* Deliktischer Schadensersatz in den „Diesel-Abgas-Fällen", NJW 2019, 1105, NJW 2019, 1105; *Rotsch* (Hrsg.), Criminal Compliance, 2015; *Roxin/Greco,* Strafrecht. Allgemeiner Teil, Bd. 1, 5. Aufl. 2020; *Roxin,* Strafrecht. Allgemeiner Teil, Bd. 2, 2003; *Rönnau/Hohn,* Die Festsetzung (zu) hoher Vorstandsvergütungen durch den Aufsichtsrat – ein Fall für den Staatsanwalt?, NStZ 2004, 113; *Rübenstahl,* Der Foreign Corrupt Practices Act (FCPA) der USA (Teil 1): Die Bestechungstatbestände, NZWiSt 2012, 401; *Rübenstahl,* Der Foreign Corrupt Practices Act (FCPA) der USA (Teil 2): Die Rechnungslegungs- und Compliance-Tatbestände, NZWiSt 2013, 6; *Rückert,* Marktmanipulation durch Unterlassen und Bestimmtheitsprinzip, NStZ 2020, 391; *Sajnovits/Wagner,* Marktmanipulation durch Unterlassen? – Untersuchung der Rechtslage unter MAR und FiMaNoG sowie deren Konsequenz für Alt-Taten, WM 2017, 1189; *Saliger,* Kick-Back, „PPP", Verfall – Korruptionsbekämpfung im „Kölner Müllfall", NJW 2006, 3377; *Saliger,* Straflosigkeit unterlassener Ad-hoc-Veröffentlichungen nach dem 1. FiMaNoG?, WM 2017, 2329 und 2365; *Saliger/Tsambikakis* (Hrsg.), Strafrecht der Medizin, 2021; *Sartorius/Schmidt,* Interne Untersuchungen nach dem geplanten Verbandssanktionengesetz (VerSanG-E) – Das Gegenteil von gut ist gut gemeint, wistra 2020, 393; *Satzger/Schluckebier/Widmaier* (Hrsg.), Strafgesetzbuch, Kommentar, 5. Aufl. 2020; *Schaal,* Strafrechtliche Verantwortlichkeit bei Gremienentscheidungen in Unternehmen, 2001; *Schäuble/Pananis,* Subjektive Einschränkungen des Bruttoprinzips nach neuem Einziehungsrecht (§ 73d Abs. 1 StGB), NStZ 2019, 65; *Scharenberg,* Die strafbefreiende Selbstanzeige nach § 371 AO im Lichte des neuen Verbandssanktionenrechts, NZWiSt 2020, 230; *Schmedding,* Unrichtige Konzernrechnungslegung, 1993; *Schmitz/Taschke,* Haftungsrisiken von Unternehmen bei der Begehung von Straftaten oder Ordnungswidrigkeiten durch Mitarbeiter, WiB 1997, 1169; *Schneider/Perrar,* Zur Reichweite des Abzugsverbots für Bestechungsgelder und „damit zusammenhängende Aufwendungen", DB 2014, 2428; *Scholl,* Untreue bei Überschreitung der Grenzen unternehmerischen Ermessens, EWiR 2017, 103; *Scholtyssek/Judis/Krause,* Das neue Geschäftsgeheimnisgesetz – Risiken, Chancen und konkreter Handlungsbedarf für Unternehmen, CCZ 2020, 23; *Scholz,* Die Haftung bei Verstößen gegen die Business Judgement Rule, AG 2015, 222; *Schönke/Schröder* (Hrsg.), Strafgesetzbuch, Kommentar, 30. Aufl. 2018; *Schünemann,* Organuntreue. Das Mannesmann-Verfahren als Exempel?, 2004; *Schünemann,* Die „gravierende Pflichtverletzung" bei der Untreue: dogmatischer Zauberhut oder taube Nuss?, NStZ 2005, 473; *Schünemann,* Unternehmenskriminalität und Strafrecht, 1984; *Schwark/Zimmer* (Hrsg.), Kapitalmarktrechts-Kommentar, 5. Aufl. 2020; *Schweiger,* Bedeutung der aktienrechtlichen Business Judgement Rule für die Strafbarkeit wegen Untreue durch einen Verstoß gegen Vorstandspflichten nach § 93 Abs. 1 AktG, WuB 2017, 294; *Semler/v. Schenck/Wilsing* (Hrsg.), Arbeitshandbuch für Aufsichtsratsmitglieder, 5. Aufl. 2021; *Semler/Wagner,* Deutscher Corporate Governance Kodex – Die Entsprechenserklärung und Fragen der gesellschaftsinternen Umsetzung, NZG 2003, 553; *Semler,* Zur aktienrechtlichen Haftung der Organmitglieder einer Aktiengesellschaft, AG 2005, 321; *Sorgenfrei,* Zweifelsfragen zum „Bilanzeid" (§ 331 Nr. 3a HGB), wistra 2008, 329; *Spatscheck/Wulf,* Straftatbestände der Bilanzfälschung nach dem HGB – Ein Überblick, DStR 2003, 173; *Spindler,* Kapitalmarktreform in Permanenz – Das Anlegerschutzverbesserungsgesetz, NJW 2004, 3449; *Stoffers,* Garantenpflicht des Innenrevisionsleiter einer öffentlich-rechtlichen Anstalt – Überhöhte Straßenreinigungsentgelte – Anmerkung, NJW 2009, 3176; *Szesny/Kuthe* (Hrsg.), Kapitalmarkt Compliance, 2. Aufl. 2018; *Taschke,* Zur Entwicklung der Verfolgung von Wirtschaftsstrafsachen in der Bundesrepublik Deutschland (Teil 2 und 3), NZWiSt 2012, 41 und 89; *Taschke,* „Neue Entwicklungen im Wirtschaftsstrafrecht", NZWiSt 2017, 247; *Taschke,* Verteidigung von Unternehmen – Die wirtschaftsstrafrechtliche Unternehmensberatung, StV 2007, 495; *Taschke/Zapf,* §§ 299a, 299b StGB-E. Folgen für die Kooperation zwischen Pharmaunternehmen und Medizinprodukteherstellern mit niedergelassenen Ärzten, medstra 2015, 332; *Taschke/Kirstein/Sauerwein,* Grenzüberschreitende interne Untersuchungen – aktuelle Entwicklungen unter besonderer Berücksichtigung der Geldwäsche, CB 2017, 382; *Taschke/Pielow/Volk,* Die EU-Whistleblowing-Richtlinie – Herausforderung für die Unternehmenspraxis, NZWiSt 2021, 85; *Thüsing/Denzer,* Steine im Puzzle rechtssicherer Betriebsratsvergütung, BB 2020, 1460; *Uhlenbruck* (Hrsg.), Insolvenzordnung, Kommentar, 15. Aufl. 2020; *Volk/Beukelmann* (Hrsg.), Verteidigung in Wirtschafts- und Steuerstrafsachen, 3. Aufl. 2020; *Wabnitz/Janovsky/Schmitt* (Hrsg.), Handbuch des Wirtschafts- und Steuerstrafrechts, 5. Aufl. 2019; *J. Wagner,* „Internal Investigations" und ihre Verankerung im

Recht der AG, CCZ 2009, 8; *M. Wagner,* Zum Erfordernis einer gravierenden Pflichtverletzung bei der Untreue – Überlegungen zu Legitimität, Anwendungsbereich und Inhalt eines umstrittenen Korrektivs, ZStW 2019, 319; *M. Wagner,* Wider die Entgrenzung der strafrechtlichen Geschäftsherrenverantwortlichkeit – Zugleich Besprechung von BGH, Beschluss v. 6.2.2018 – 5 StR 629/17, NZWiSt 2019, 365; *C. Wegner,* Strafbefreiende Selbstanzeige – Auch geringfügige Fehler sind gefährlich, SteuK 2012, 74; *C. Wegner,* BMF-Schreiben zur Berichtigung von unrichtigen Steuererklärungen (§ 153 AO), SteuK 2016, 289; *K. Wegner,* Das „GameStop"-Phänomen nach deutschem Marktmissbrauchsrecht: Marktmanipulation oder legitimes Anlegerverhalten, BKR 2021, 181; *Werder/Rudolf,* Ausgewählte Steuerfragen bei Compliance-Untersuchungen, BB 2015, 665; *Werner,* Die Enthaftung des Vorstands: Die strafrechtliche Dimension, CCZ 2011, 201; *Wessing/Dann,* Deutsch-Amerikanische Korruptionsverfahren, 2013; *Wybitul,* Anmerkung zu BGH: Grundsatzentscheidung zur strafrechtlichen Verantwortlichkeit von Compliance-Beauftragten, BB 2009, 2263; *Xylander/Kiefner/Bablinger,* Durchsuchung und Beschlagnahme in der Sphäre des Unternehmensanwalt im Zuge von internen Ermittlungen, BB 2018, 2953; *Zapf,* Zur Entwicklung der Verfolgungsverjährung bei Korruptionsdelikten in der Rechtsprechung, NZWiSt 2018, 54; *Ziemons,* Neuerungen im Insiderrecht und bei der Ad hoc-Publizität durch die Marktmissbrauchsrichtlinie und das Gesetz zur Verbesserung des Anlegerschutzes, NZG 2004, 537; *Ziemons,* Die Weitergabe von Unternehmensinterna an Dritte durch den Vorstand einer Aktiengesellschaft, AG 1999, 492; *Zimmer,* Das Gesetz zur Kontrolle und Transparenz im Unternehmensbereich, NJW 1998, 3521; *Zimmer/Dürr,* Die Betriebsratsbegünstigung – Ab wann ist sie kriminell?, NZWiSt 2021, 176.

## A. Einführung

1 In den letzten Jahren hat sich der Trend verstärkt, dass unternehmerisches Handeln zunehmend auch strafrechtlich beurteilt und gewürdigt wird. Ermittlungsverfahren gegen Vorstandsmitglieder, die vermehrt auch zu Anklagen und Verurteilungen führen, haben zugenommen. Die **(strafrechtliche) Verantwortung der Unternehmensleitung** tritt dabei zusätzlich zur Verantwortlichkeit des Unternehmens über das Ordnungswidrigkeitenrecht oder künftig voraussichtlich über das Verbandssanktionenrecht auf den Plan. Zum Stand und Inhalt → Rn. 350ff.

2 Insgesamt kann von einer **Kriminalisierung des Wirtschaftslebens** gesprochen werden. Die Rolle des Strafrechts, eigentlich als „Ultima Ratio" gedacht, wird immer weitgehender durch Ermittlungsbehörden und Gerichte interpretiert. Neben der im vorstehenden Kapitel beschriebenen zivilrechtlichen Verantwortlichkeit tritt daher zunehmend auch die **strafrechtliche Risikoexposition** von Vorstandsmitgliedern und – wenngleich seltener – von Aufsichtsratsmitgliedern in den Blick.

3 Nachfolgend werden daher relevante Fallgestaltungen und Risikoexpositionen der strafrechtlichen Verantwortlichkeit von Vorstandsmitgliedern nach *deutschem* Recht aufgezeigt. Auf ausländische Rechtsordnungen wird nicht eingegangen, jedoch sollte bedacht werden, dass im globalen Wirtschaftsleben in grenzüberschreitenden Sachverhalten oftmals mehrere Jurisdiktionen betroffen sein und auch Strafbarkeitsrisken in mehreren Ländern drohen können. Inwiefern ein **Doppelbestrafungsverbot** *(ne bis in idem)* und damit ein Hindernis für parallele Ermittlungen in mehreren Ländern besteht, kommt auf die konkrete Fallgestaltung und die betroffenen Jurisdiktionen an. Art. 54 Schengener Durchführungsübereinkommen (SDÜ) steht einer Mehrfachverfolgung in den europäischen Staaten im Regelfall entgegen. Anders im Verhältnis Deutschlands zu den Vereinigten Staaten von Amerika: Zeitgleich geführte Ermittlungsverfahren sind fast immer die Regel, und zwar auf der individuellen Ebene wie auch unternehmensbezogen. Jeder Einzelfall bedarf einer sorgfältigen Würdigung.

## B. Das Verhältnis von Strafrecht zu Gesellschaftsrecht und Zivilrecht

### I. Die gesellschaftsrechtlichen Verpflichtungen und Befugnisse von Vorständen

Die Rechte und Pflichten des Vorstands sind vielfältig. Bei der Leitung des Unternehmens 4 hat er nach § 93 Abs. 1 S. 1 AktG die **Sorgfalt eines ordentlichen und gewissenhaften Geschäftsleiters** einzuhalten. Hieraus leiten sich eine ganze Reihe verschiedener Befugnisse und Verpflichtungen ab.[2] Der Vorstand hat die **gesetzlichen Pflichten** einzuhalten und auf der **Grundlage der Satzung der Gesellschaft und der Geschäftsordnung des Vorstands zu handeln.** Ausgehend von spezialgesetzlichen Regelungen, wie beispielsweise im Gesetz zur Kontrolle und Transparenz im Unternehmensbereich (KonTraG)[3] oder im Deutschen Corporate Governance Kodex (DCGK),[4] der zwar nicht verbindlich ist, der jedoch über § 161 AktG einer Auseinandersetzung durch den Vorstand börsennotierter Gesellschaften bedarf (sog. „comply or explain"),[5] kam es zu einer Konkretisierung des unternehmerischen Ermessensspielraums durch die nach US-amerikanischen Vorbild in § 93 Abs. 1 S. 2 AktG kodifizierte sog. **Business Judgement Rule** (→ § 7 Rn. 25ff.).[6] Danach liegt keine Pflichtverletzung des Vorstandes vor, wenn bei einer unternehmerischen Entscheidung ein Mitglied des Vorstandes vernünftigerweise annehmen durfte, auf der Grundlage angemessener Informationen zum Wohle der Gesellschaft zu handeln. Innerhalb der rechtlichen Grenzen übt der Vorstand gesellschaftsrechtlich die Leitungsfunktion im Unternehmen **eigenverantwortlich** aus (§ 76 Abs. 1 AktG), wobei dem Vorstand ein **weites unternehmerisches Ermessen** zusteht.[7] Dieses unternehmerische Ermessen ist allerdings kein freies Ermessen, sondern pflichtgebunden.

**Pflichtgemäß** ist es dann, wenn es 5

- von Verantwortungsbewusstsein getragen ist,
- sich ausschließlich am Unternehmenswohl orientiert,
- auf sorgfältiger Ermittlung der Entscheidungsgrundlage beruht,
- die Risikobereitschaft nicht unverantwortlich überspannt und
- nicht aus anderen Gründen als pflichtwidrig gelten muss.

Verletzt der Vorstand diese Pflicht, kann er sich zivilrechtlichen Schadenersatzansprü- 6 chen der Gesellschaft aussetzen.[8] Zur Bedeutung dieser Kriterien für das Strafrecht (→ Rn. 4ff.).

Bereits in der **ARAG-Garmenbeck-Entscheidung**[9] aus dem Jahr 1997 hatte sich der 7 BGH mit den Sorgfaltspflichten des Aufsichtsrates auseinanderzusetzen und diese dahingehend präzisiert, dass der Aufsichtsrat grundsätzlich verpflichtet ist, Schadenersatzansprüche gegenüber dem Vorstand einer Aktiengesellschaft geltend zu machen. Er hat auch festgelegt, unter welchen Voraussetzungen der Aufsichtsrat Ansprüche geltend machen muss oder auf solche verzichten kann. Entscheidend ist, dass bei Verdachtsmomenten eine **um-**

---

[2] Henssler/Strohn/*Dauner-Lieb* AktG § 93 Rn. 4ff. mwN.
[3] BGBl. 1998 I 786; Überblick bei *Lingemann/Wasmann* BB 1998, 853ff.; *Zimmer* NJW 1998, 3521ff.
[4] So hat der Vorstand zB nach Grundsatz 5 DCGK für die Einhaltung der gesetzlichen Bestimmungen und der unternehmensinternen Richtlinien zu sorgen und auf deren Beachtung durch die Konzernunternehmen hinzuwirken. Bei dieser Pflicht handelt es sich um eine, die faktisch verpflichtend ist, da eine Nichtbeachtung im Rahmen des § 161 AktG nicht erklärbar erscheint.
[5] Die aktuelle Fassung mit Stand vom 16.12.2019 ist abrufbar unter http://www.corporate-governance-code.de/ger/kodex/index.html (zuletzt abgerufen: 28.7.2021); *Kremer/Bachmann/Lutter/v. Werder,* DCGK, 8. Aufl. 2021; Hüffer/Koch/*Koch* AktG § 161 Rn. 1ff.; ausf. → § 1 Rn. 9ff.
[6] BGBl. 2005 I 2802; dazu MüKoAktG/*Spindler* § 93 Rn. 22ff.; Henssler/Strohn/*Dauner-Lieb* AktG § 93 Rn. 17ff.; *Kocher* CCZ 2009, 215ff.; *Fleischer* ZIP 2004, 685.
[7] Statt vieler MüKoAktG/*Spindler* § 93 Rn. 63ff.
[8] Vgl. *Taschke* NZWiSt 2012, 89 (90); *Moosmayer* NJW 2012, 3013.
[9] BGH NJW 1997, 1926. Für eine Auswertung der Auswirkungen: *Faßbender* NZG 2015, 501.

**fassende Sachverhaltsaufklärung** zu erfolgen hat.[10] Diese Aufklärungspflicht besteht – auch wenn sich die ARAG-Garmenbeck-Entscheidung ausschließlich mit den Pflichten des Aufsichtsrates befasste – auch für den Vorstand. Denn der Vorstand kann sich ebenfalls zivilrechtlichen Ansprüchen und strafrechtlichen Sanktionen ausgesetzt sehen, wenn er die geforderte Aufklärung des Sachverhalts unterlässt.[11]

8 Will der Vorstand seine Sorgfaltspflichten erfüllen, erfordert dies – bei Vorliegen entsprechender Anhaltspunkte für ein Fehlverhalten –, nach heutigem Verständnis, auch die Durchführung **interner Untersuchungen** zu veranlassen, unabhängig davon, ob der Sachverhalt bereits von staatlichen Ermittlungsbehörden untersucht wird oder diesen (noch) unbekannt ist.[12] Sobald ein Unternehmen von der Einleitung eines Ermittlungsverfahrens gegen Mitarbeiter wegen des Verdachts unternehmensbezogener Straftaten erfährt, hat es zu prüfen, ob eigene interne Untersuchungen notwendig sind. Das Ziel staatlicher Ermittlungen deckt sich vielfach nicht mit dem von internen Untersuchungen.[13] Hoheitliche Ermittlungsmaßnahmen dienen der repressiven Aufdeckung und Ahndung einzelner Straftaten sowie daran anknüpfend ggf. der Sanktionierung des Unternehmens durch eine Unternehmensgeldbuße nach §§ 30, 130 OWiG bzw. künftig ggf. nach den Vorschriften des Verbandssanktionengesetzes (dazu nachstehend → Rn. 350 ff.). Interne Untersuchungen können dagegen neben **repressiver Aufklärung auch präventive Elemente** enthalten und zu einer Weiterentwicklung des Compliance-Systems führen.[14]

## II. Die Akzessorietät des Strafrechts

9 Die strafrechtliche Haftung von Vorstandsmitgliedern **knüpft vielfach akzessorisch an eine Verletzung außerstrafrechtlicher Normen an:** Nur dann, wenn ein Vorstand gegen gesetzliche Verpflichtungen oder andere Bestimmungen, etwa Geschäftsordnung oder Satzung, verstößt, kommt eine strafrechtliche Haftung in Betracht. Was einerseits zivilrechtlich und öffentlich-rechtlich zulässig ist, kann anderseits – vor dem Hintergrund der Einheit der Rechtsordnung[15] – nicht strafbar sein. So kann zB eine steuerrechtlich zulässige Konzeption keine steuerstrafrechtlichen Risiken nach sich ziehen. Das Strafrecht ist nach vorzugswürdiger Auffassung somit als **zivilrechtsakzessorisch** anzusehen; eine eigene „strafrechtliche Bewertung", abweichend von den Ausgangsrechtsgebieten wie dem Zivil-, Gesellschafts-, Aktien-, Verwaltungs- oder Steuerrecht gibt es nicht.[16]

---

[10] Dazu *Taschke* NZWiSt 2012, 89 (90) mwN; *Wagner* CCZ 2009, 8 (10).

[11] So bereits *Semler* AG 2005, 321 ff.

[12] Zur (gesetzlichen) Verpflichtung zur Durchführung von internen Untersuchungen s. *Taschke* NZWiSt 2012, 89 (90); *Wagner* CCZ 2009, 8 ff.; speziell zum **US Foreign Corrupt Practices Act** (FCPA) s. *Yannett/Schürrle* in Momsen/Grützner WirtschaftsSteuerStrafR-HdB § 33 Rn. 1 ff.; *von Dietze/Dannenfeldt* in Piltz, Münchener Anwaltshandbuch Internationales Wirtschaftsrecht, 2017, § 16 Rn. 63 ff.; *Grau/Meshulam/Blechschmidt* BB 2010, 652 ff.; *Rübenstahl* NZWiSt 2012, 401 ff.; *Rübenstahl* NZWiSt 2013, 6 ff.; *Rübenstahl/Boerger* NZWiSt 2013, 124 ff.; 2013, 281 ff.; 2013, 367 ff. sowie zum **UK Bribery Act** *Taschke* in Wessing/Dann, Deutsch-Amerikanische Korruptionsverfahren, 2013, § 12 Rn. 72; *Grützner/Behr* in Momsen/Grützner WirtschaftsSteuerStrafR-HdB § 34 Rn. 1 ff.; *Rönnau* in ARR WirtschaftsStrafR-HdB Teil 3 Kap. 2 Rn. 133 ff.; *Klengel* DB 2010, M 18; *Pörnbacher/Mark* NZG 2010, 1372 ff.; *Kappel/Lagodny* StV 2012, 695 ff.; *Dixon/Gößwein/Hohmann* NZWiSt 2013, 361 ff.

[13] Dazu *Knierim/Schröder* in Knierim/Rübenstahl/Tsambikakis, Handbuch Internal Investigations, 2. Aufl. 2016, Kap. 16 Rn. 154 ff.

[14] *Taschke/Zapf* in Parigger/Helm/Stevens-Bartol, Nomos-Kommentar zum Arbeits- und Sozialstrafrecht, 2021, Kap. Compliance Rn. 55 ff.; *Potinecke/Block* in Knierim/Rübenstahl/Tsambikakis, Handbuch Internal Investigations, 2. Aufl. 2016, Kap. 2 Rn. 189 f.

[15] Vgl. *Hoffmann-Becking* NZG 2006, 127 (128); *Werner* CCZ 2011, 201 (202).

[16] Ob man dies „Akzessorietät des Strafrechts" nennt, so *Lüderssen* FS Müller-Dietz, 2001, 467 ff., oder von einer „Zivilrechtsaffinität" spricht, so zB LK-StGB/*Schünemann* § 266 Rn. 32 ff., 68, bedarf an dieser Stelle keiner Entscheidung. Zusammenfassend *M. Jahn/Ziemann* ZIS 2016, 552 ff.

Im **Mannesmann-Verfahren**[17] rückte die Thematik der Vorstandsvergütung in den strafrechtlichen Fokus. Teilweise wurde in der Literatur während des Verfahrens vertreten, dass die Festlegung von Vorstandsvergütung trotz Übereinstimmung mit § 87 AktG eine Untreuestrafbarkeit begründen könne, dh dass das Strafrecht, zumindest in diesem Bereich, nicht akzessorisch sei.[18] Dem ist der BGH hingegen nicht gefolgt.[19] Eine reine belohnende Sonderzahlung, die keinen zukunftsbezogenen Nutzen bewirkt, stelle vielmehr eine „treupflichtwidrige Schädigung des anvertrauten Gesellschaftsvermögens dar“,[20] die für sich genommen bereits eine Strafbarkeit begründe. 10

Strafrechtlicher Anknüpfungspunkt bei allen unternehmerischen Entscheidungen ist die in § 93 Abs. 1 S. 2 AktG kodifizierte Business Judgement Rule. 11

## III. Begrenzung der Akzessorietät auf schwerwiegende Pflichtverletzungen

Die Akzessorietät des Strafrechts zu Zivil- oder Gesellschaftsrecht bedeutet nicht zwangsläufig, dass jeder Verstoß gegen das Zivil- oder Gesellschaftsrecht zugleich strafbar sein muss. Der BGH hat in seinem Urteil vom 6.12.2001[21] zu einer Spende für einen Sportverein („Sponsoring“) den Grundsatz entwickelt (→ Rn. 236 ff.), dass nur **schwerwiegende bzw. gravierende Verstöße** gegen zivil- oder gesellschaftsrechtliche Pflichten eine Strafbarkeit wegen Untreue nach § 266 StGB zur Folge haben können. Trotz teilweiser Kritik in der Literatur[22] bestätigte der BGH diesen Grundsatz in späteren Entscheidungen (mit unterschiedlichen Gewichtungen). So entschied er in der Folge unter anderem, dass bei einer Kreditvergabe die Entscheidungsträger ihre banküblichen Informations- und Prüfungspflichten bezüglich der wirtschaftlichen Verhältnisse des Kunden gravierend verletzt haben müssen, um zu einer Strafbarkeit wegen Untreue zu gelangen.[23] 12

Auch das **BVerfG** erkennt in seiner **„Untreue“-Entscheidung** vom 23.6.2010[24] das Erfordernis einer gravierenden Pflichtverletzung zur notwendigen Beschränkung des sehr weiten Wortlauts an. Daher kann die Ansicht des 3. Strafsenats in der Mannesmann-Entscheidung,[25] dass es keiner gravierenden Verletzung der Vermögensbetreuungspflicht bedürfe, seit der Entscheidung des BVerfG als überholt gelten.[26] 13

Zuletzt äußerste sich der 5. Strafsenat des BGH in der **„HSH Nordbank“-Entscheidung**[27] im Jahr 2017 zum Verhältnis von § 93 AktG und strafrechtlicher Untreue nach § 266 StGB. Danach nahm der BGH (ohne von bisher entwickelten Grundsätzen explizit abzuweichen) folgende Abstufung vor: 14

Ein Verstoß gegen die in § 93 Abs. 1 S. 1 AktG normierten Sorgfaltspflichten des Vorstands stellt unweigerlich eine schwerwiegende Pflichtverletzung dar. Eine Verletzung der Sorgfaltspflichten, so der 5. Strafsenat, ist jedoch immer nur dann gegeben, wenn ein schlechthin **unvertretbares Vorstandshandeln** vorliegt. Auch Außenstehenden muss sich der Leitungsfehler förmlich aufdrängen.[28] Liegt ein Verstoß gegen die Business Judgement Rule nach § 93 Abs. 1 S. 2 AktG vor, entfaltet dies zwar eine Indizwirkung, bedeutet daher allerdings nicht unweigerlich, dass eine untreuerelevante Pflichtverletzung vorliegt.[29] 15

---

[17] BGHSt 50, 331 = NJW 2006, 522. Vgl. auch *Kudlich* JA 2006, 171; *Reiner/Geuter* EWiR 2006, 187.
[18] So zum Mannesmann-Verfahren *Schünemann,* Organuntreue, 2004; *Rönnau/Hohn* NStZ 2004, 113 (121).
[19] Vgl. *Hoffmann-Becking* NZG 2006, 127 (128).
[20] BGH NJW 2006, 522.
[21] BGHSt 47, 187 = NJW 2002, 1585 mAnm *Beckemper;* dazu auch *Lange* DStR 2002, 1102.
[22] Vgl. *Schünemann* NStZ 2005, 473; *Beckemper* NStZ 2002, 322.
[23] BGHSt 47, 148 = NJW 2002, 1211; daneben auch BGHSt 47, 187 = NJW 2002, 1585.
[24] BVerfG NJW 2010, 3209 (3215).
[25] BGH NJW 2006, 522 (531).
[26] So auch OLG Hamm NStZ-RR 2012, 374.
[27] BGH NJW 2017, 578 mAnm Brand.
[28] BGH NJW 2017, 578 Rn. 31 mAnm Brand.
[29] Vgl. hierzu MüKoAktG/*Spindler* § 93 Rn. 47; *Baur/Holle* ZIP 2017, 555 (556); *Schweiger* WuB 2017, 294 (297); *Fuhrmann/Heinen/Schilz* NZG 2020, 1368 (1378), aA *Scholz* AG 2015, 222.

16 Hingegen ausgeschlossen ist eine relevante Pflichtverletzung, wenn die Anforderungen der Business Judgement Rule erfüllt sind (sog. „Safe Harbor"). Der Senat nahm damit eine negative asymmetrische Zivilrechtsakzessorietät des Strafrechts an.[30] Auslegungsprobleme werden somit vor allem in das Aktienrecht (als strafrechtliche Vorfrage) verlagert.[31] Die gesonderte strafrechtliche Prüfung einer zivilrechtlich begründeten schwerwiegenden Sorgfaltspflichtverletzung erfolgt nach dieser (im Schrifttum nicht unumstrittenen) Ansicht nicht mehr.[32]

17 Eine **schwerwiegende Pflichtverletzung** beurteilt sich auch nach der HSH-Nordbank-Entscheidung richtigerweise an den bereits früher vom BGH aufgestellten Kriterien, insbesondere nach einer Gesamtschau verschiedener Kriterien. Ein solcher Verstoß soll dann nahe liegen, wenn (insbesondere kumulativ)
- keine Nähe zum Unternehmensgegenstand besteht oder
- das Verhalten im Hinblick auf die Ertrags- und Vermögenslage unangemessen ist oder
- die innerbetriebliche Transparenz fehlt oder wenn schließlich
- sachwidrige Motive vorliegen, wie beispielsweise bei der Verfolgung rein persönlicher Präferenzen.[33]

18 Einen **hohen Stellenwert nimmt dabei ein formalisiertes Verfahren** sowie das **Gebot der Transparenz** ein. Die Einhaltung des richtigen Verfahrens ermöglicht es, dass eine umfassende Prüfung stattfindet und die Entscheidung auf der Grundlage einer umfassenden Sachverhaltskenntnis erfolgt. Man kann es wahrscheinlich auf die Kurzformel bringen: Es besteht dann kein oder nur ein geringes Risiko eines strafrechtlich relevanten Verhaltens, wenn alle Sachverhaltsinformationen erhoben sind, eine nicht von eigenen Interessen geleitete Abwägung stattgefunden hat und die Entscheidung innerhalb der gegebenen Kompetenzen und ohne Täuschung Mitverantwortlicher stattgefunden hat.

19 In der **HSH-Nordbank-Entscheidung**[34] sah der BGH insbesondere eine Verletzung der Informationspflichten für gegeben. Dies stützte der BGH auf folgende Umstände:
- Vorstandsvorlage auf erkennbarer unzureichender Tatsachengrundlage;
- Vorstandsvorlage hatte nur vorläufigen Charakter;
- Zeitrahmen für die Prüfung war unangemessen knapp bemessen;
- „Warnsignale" gaben Anlass zu Zweifeln;
- Entscheidung hätte nicht im Umlauf getroffen werden dürfen;
- Absehen von Genehmigung hätte geprüft werden müssen;
- entgegen den bankinternen Erfordernissen war eine Gesamtprüfung der Transaktion durch die Rechtsabteilung nicht erfolgt.

## C. Grundlagen strafrechtlicher Haftung von Vorständen

### I. Handeln als Person mit besonderen rechtlichen Pflichten

20 Im Wirtschaftsstrafrecht gibt es viele Straftatbestände, die sich nicht an jedermann richten, sondern nur an Personen mit besonderen rechtlichen Pflichten (sog. **echte Sonderdelik-**

[30] *Scholl* EWiR 2017, 103 (104); *Schweiger* WuB 2017, 294 (296).
[31] BGH BB 2017, 79 (82) mAnm *Müller-Michaels.*
[32] Damit schließt sich der 5. Strafsenat des BGH der ebenfalls im „Mannesmann-Verfahren" verfolgten Linie an, vgl. *Baur/Holle* ZIP 2017, 555 (557); *Scholl* EWiR 2017, 103 (104); *Wagner* ZStW 2019, 319 (330). Allgemein LK-StGB/*Schünemann* § 266 Rn. 94; BeckOK StGB/*Wittig* § 266 Rn. 23; Schönke/Schröder/*Perron* StGB § 266 Rn. 19b, aA MüKoStGB/*Dierlamm* § 266 Rn. 174; Matt/Renzikowski/*Matt* StGB § 266 Rn. 47; *Saliger* in Esser/Rübenstahl/Saliger/Tsambikakis, Wirtschaftsstrafrecht, 2017, StGB § 266 Rn. 48; *Saliger* in Satzger/Schluckebier/Widmaier, Strafgesetzbuch, Kommentar, 5. Aufl. 2020, StGB § 266 Rn. 33.
[33] BGH NJW 2002, 1585 (1587); dazu auch *Beckemper* NStZ 2002, 322 ff.; *Lange* DStR 2002, 1102 f.
[34] BGH NJW 2017, 578 mAnm *Brand.*

**te**).[35] Nur die Personen, die das jeweilige besondere persönliche Merkmal erfüllen, kommen überhaupt als Täter der entsprechenden Strafnormen in Betracht. Beispiele hierfür sind neben der sog. Vermögensbetreuungspflicht im Rahmen der Untreue nach § 266 StGB[36] auch das Handeln des Arbeitgebers beim Vorenthalten und Veruntreuen von Arbeitsentgelt nach § 266a StGB. Auch das Vorstandsmitglied wird in einigen Strafvorschriften ausdrücklich als Sonderpflichtiger genannt, so etwa in den Bilanzfälschungstatbeständen nach § 331 HGB (Mitglied des vertretungsberechtigten Gesellschaftsorgans) sowie § 400 AktG oder nach § 399 AktG im aktienrechtlichen Falschangabedelikt.

Wird hingegen zu einem Sonderdelikt angestiftet oder Beihilfe dazu geleistet, bedarf es 21
keiner besonderen Täterqualifikation. Fehlt diese beim Anstifter oder Gehilfen, ist die Strafe entsprechend § 28 Abs. 1 StGB iVm § 49 Abs. 1 StGB zu mildern (zB Anstiftung zur Insolvenzverschleppung nach § 15a Abs. 4 InsO bei einer anderen Gruppengesellschaft). Liegt sie vor, so bestimmt sich die **Strafe des Anstifters oder Gehilfen nach der des Haupttäters.**[37]

## II. Organ- und Vertreterhaftung

In einem arbeitsteiligen Wirtschaftsleben kommt es häufig vor, dass der Sonderpflichtige 22
(zB das Vorstandsmitglied) nicht persönlich, sondern **über einen Vertreter handelt.** Für diesen Fall hat der Gesetzgeber die Vorschrift des **§ 14 StGB** geschaffen, die als **allgemeine strafrechtliche Zurechnungsnorm** die strafrechtliche Verantwortlichkeit auch[38] auf Personen überträgt, die nicht die spezifischen Voraussetzungen des betreffenden Tatbestands erfüllen.[39]

Dies gilt zunächst gem. § 14 Abs. 1 Nr. 1 StGB für **vertretungsberechtigte Organe** 23
einer juristischen Person und **Mitglieder eines solchen Organs.** Nach § 78 AktG gehört dazu der Vorstand der AG sowie das einzelne Vorstandsmitglied. Der Gesetzgeber hat die Vertreterhaftung über § 14 Abs. 2 Nr. 1 und 2 StGB aber auch auf solche Fälle ausgedehnt, in denen jemand als **Beauftragter** gehandelt hat, zB der Auftrag zur Leitung eines Unternehmens oder die Beauftragung zur Wahrnehmung betriebsbezogener Aufgaben in eigener Verantwortung.[40]

Voraussetzung beider Haftungstatbestände ist nach § 14 Abs. 2 S. 1 StGB, dass der Han- 24
delnde **„als Organ"** bzw. **„auf Grund des Auftrags"** gehandelt (oder pflichtwidrig unterlassen) hat. Dies ist vor allem dann ausgeschlossen, wenn der Handelnde ausschließlich in eigenem Interesse gehandelt hat.[41]

Die beschriebene Zurechnung erfolgt nach § 14 Abs. 3 StGB selbst dann, wenn der 25
**Bestellungsakt** für die Vertretungsbefugnis oder das Auftragsverhältnis **fehlerbehaftet** oder gar **unwirksam** ist. Dies gilt auch für den Fall, wenn jemand – ohne selbst als Organ bestellt worden zu sein – wie ein Organ handelt und dies von den eigentlichen Verantwortlichen geduldet wird (sog. **„faktischer Geschäftsführer bzw. Vorstand"**).[42] Eine

[35] Dazu *Dannecker/Bülte* in WJS WirtschaftsStrafR-HdB Kap. 1 Rn. 105; *Rotsch* in Momsen/Grützner WirtschaftsSteuerStrafR-HdB § 2 Rn. 11, 84; GJW/*Wittig* Einf. Rn. 17.

[36] Vgl. *Bittmann* NStZ 2012, 57 ff.; MüKoStGB/*Dierlamm* § 266 Rn. 40 ff., 162 ff.

[37] MüKoStGB/*Joecks/Scheinfeld* § 26 Rn. 104; Schönke/Schröder/*Heine* StGB § 26 Rn. 33.

[38] Die Verantwortlichkeit des Vertretenen bleibt grundsätzlich daneben bestehen (s. das „auch" in § 14 Abs. 1 und Abs. 2 StGB), dazu *Roxin* StrafR AT § 27 Rn. 137.

[39] Überblick bei *Roxin* StrafR AT § 27 Rn. 84 ff.; MüKoStGB/*Radtke* § 14 Rn. 1 ff.; Matt/Renzikowski/*Schröder/Bergmann* StGB § 14 Rn. 1 ff.

[40] Dazu auch *Fischer* StGB § 14 Rn. 7 ff.; MüKoStGB/*Radtke* § 14 Rn. 103 ff.; Schönke/Schröder/*Perron/Eisele* StGB § 14 Rn. 30 ff.

[41] Vgl. *Roxin* StrafR AT § 27 Rn. 122. Zudem Matt/Renzikowski/*Schröder/Bergmann* StGB § 14 Rn. 93 ff.; Schönke/Schröder/*Perron/Eisele* § 14 Rn. 39.

[42] Dazu Matt/Renzikowski/*Schröder/Bergmann* StGB § 14 Rn. 76 ff.; MüKoStGB/*Radtke* § 14 Rn. 115 ff.; Schönke/Schröder/*Perron/Eisele* StGB § 14 Rn. 42 ff. *Raum* in WJS WirtschaftsStrafR-HdB Kap. 4 Rn. 13 ff.; s. auch *Dierlamm* NStZ 1996, 153.

solche Stellung kann jeder einnehmen, der in überragender Stellung die Geschicke der Gesellschaft faktisch leitet; eine solche überragende Stellung kann auch ein Aufsichtsratsmitglied zB als Vertreter einer Bank haben.[43] Zur Konkretisierung sind vor allem in der Rechtsprechung Indizien für die Annahme einer faktischen Geschäftsführung entwickelt worden.[44] Dazu gehören unter anderem die Bestimmung der Unternehmenspolitik, Entscheidungen über die Einstellung von Mitarbeitern, die Gestaltung der Geschäftsbeziehungen zu Vertragspartnern, Verhandlungen mit Kreditgebern oder auch Verhandlungen mit Mitarbeitern über die Höhe des Gehalts.

## III. Haftung innerhalb von Unternehmensorganen

26 In der modernen Unternehmensführung werden unternehmenswichtige Entscheidungen selten nur durch eine Person getroffen. In aller Regel sind es Entscheidungen von **mehrköpfig besetzten Kollegialorganen,** wie zB dem Vorstand nach § 76 Abs. 2 AktG oder dem Aufsichtsrat nach § 95 AktG. Was aus unternehmerischer Sicht sinnvoll ist – die Entscheidungsfindung in Gremien –, kann im Schadensfall und bei der Feststellung der individuellen strafrechtlichen Verantwortlichkeit eine Reihe schwieriger Fragen aufwerfen.[45]

### 1. Gremien- und Kollegialentscheidungen

27 Mit der Frage der Verantwortlichkeit bei Gremienentscheidungen hatte es der BGH in seiner **„Lederspray"-Entscheidung** aus dem Jahr 1990[46] zu tun. Gegenstand des grundlegenden Verfahrens waren zum Teil erhebliche Gesundheitsbeeinträchtigungen, die bei der Verwendung eines Ledersprays aufgetreten waren. Den Managern und leitenden Angestellten des Unternehmens wurde zur Last gelegt, die gefährlichen Produkte nicht zurückgerufen zu haben. Die Verurteilungen wegen fahrlässiger und vorsätzlicher Körperverletzung wurden vom BGH im Wesentlichen bestätigt.

28 In der „Lederspray"-Entscheidung hat der BGH die gesellschaftsrechtlichen Grundsätze der **Generalverantwortung der gesamten Geschäftsführung** auch für strafrechtlichen Bereich bejaht. Bei einer mehrköpfigen Geschäftsführung sei die Geschäftsführung insgesamt zum Handeln berufen, wenn „aus besonderem Anlass das Unternehmen als Ganzes betroffen ist", wie etwa „in Krisen- oder Ausnahmesituationen".[47] Der BGH verlangt dabei, dass jeder Geschäftsführer „**unter vollem Einsatz seiner Mitwirkungsrechte** das ihm Mögliche und Zumutbare unternimmt, um einen Beschluss der Gesamtgeschäftsführung über Anordnung und Vollzug des [in diesem Fall nach Auffassung des BGH] gebotenen Rückrufs zustande zu bringen".[48] Der BGH lässt dabei allerdings offen, was im konkreten Fall möglich und zumutbar war (und musste dazu auch nicht Stellung nehmen, da keiner der Angeklagten überhaupt irgendwelche Maßnahmen ergriffen hatte).

29 Die beteiligten Organmitglieder haften im Fall einer Straftat als Mittäter iSd § 25 Abs. 2 StGB. Dies gilt gleichermaßen für **Tun und Unterlassen,** wobei beim Unterlassen

[43] Vgl. *Himmelsbach/Achsnick* NZI 2003, 355; zum faktischen Geschäftsführung in der Sanierungssituation *Fleischer/Schmolke* WM 2011, 1009 ff.
[44] BGH WM 2005, 1706; *Raum* in WJS WirtschaftsStrafR-HdB Kap. 4 Rn. 17; s. auch MüKoHGB/*Quedenfeld* § 331 Rn. 25 ff.
[45] Dazu ua *Knauer,* Die Kollegialentscheidung im Strafrecht, 2001; *Schaal,* Strafrechtliche Verantwortlichkeit bei Gremienentscheidungen, 2001; s. auch MüKoStGB/*Dierlamm* § 266 Rn. 290 ff.; Matt/Renzikowski/*Matt* StGB § 266 Rn. 111 ff.
[46] BGHSt 37, 106 = NJW 1990, 2560; *Hilgendorf* NStZ 1994, 561 ff.; *Schünemann* FS BGH, 2000, 621 (632 ff.); dazu auch *Taschke* NZWiSt 2012, 41 f.
[47] BGH NJW 1990, 2560 (2565).
[48] BGH NJW 1990, 2560 (2565).

grundsätzlich nach § 13 StGB eine besondere Rechtspflicht zum Handeln hinzukommen muss (sog. **Garantenpflicht**).[49]

In der rechtswissenschaftlichen Literatur hat die Diskussion der „Lederspray"-Entscheidung folgende Klärungen gebracht: Wer pflichtgemäß für Schutzmaßnahmen votiert (Rückruf, Warnhinweise) und überstimmt wird, haftet strafrechtlich nicht für das Unterlassen der Schutzmaßnahmen;[50] das überstimmte Organmitglied hat dabei lediglich die **gesellschaftsrechtlich möglichen Maßnahmen** zu ergreifen, zB die Benachrichtigung des Aufsichtsrats.[51] 30

**Weitergehende Maßnahmen des überstimmten Organmitglieds,** etwa Hinweise an Behörden oder die eigenständige Warnung von Verbrauchern, sind nicht erforderlich.[52] Der BGH hat in seiner „Sponsoring"-Entscheidung[53] die Frage aufgeworfen und im Ergebnis offen gelassen (→ Rn. 236 ff.), ob ein Aufsichtsrat verpflichtet ist, Strafanzeige zu erstatten, wenn ein Vorstand sich trotz gegenteiliger Weisung gesetzeswidrig verhält. Eine Strafanzeige des Aufsichtsrats gegen das (gegen Gesetze verstoßende) Vorstandsmitglied zu verlangen, ist zu weitgehend, da es abgesehen von dem Katalog des § 138 StGB (Nichtanzeige geplanter Straftaten) keine Anzeigeverpflichtungen gibt.[54] Allerdings wird man vom Aufsichtsrat gegebenenfalls verlangen können (und müssen), **Vorstandsmitglieder abzuberufen,** die durch die andauernde Begehung von Straftaten erkennen lassen, dass sie nicht geeignet sind, das Unternehmen verantwortlich zu führen. 31

Jeder Einzelfall erfordert eine **sorgfältige Beurteilung.** Insbesondere ist dabei zu berücksichtigen, welche möglichen Schäden für das Unternehmen und Dritte entstehen können. Grundlage einer sorgfältigen Beurteilung ist dabei eine umfassende interne und ggf. externe Sachverhaltsaufklärung. 32

## 2. Kausalitätsnachweis bei Kollegialentscheidungen

Der BGH hatte sich in der „Lederspray"-Entscheidung auch mit dem strafrechtsdogmatisch sehr überzeugenden Verteidigungsargument der angeklagten Geschäftsführer auseinanderzusetzen, dass jeder von ihnen **von dem anderen überstimmt worden** wäre, wenn er – abweichend von seinem tatsächlichen Stimmverhalten – für einen Rückruf gestimmt hätte.[55] 33

Mit diesem Argument ist das Problem des **Kausalitätsnachweises bei Kollegialentscheidungen** angesprochen. Strafrechtlich haftet man für ein Unterlassen nur dann, wenn die sog. Quasi-Kausalität gegeben ist. Die Juristen stellen dafür folgende Frage: Wäre der tatbestandsmäßige Erfolg, also der Schaden, mit hoher Wahrscheinlichkeit auch dann eingetreten, wenn die unterlassene Handlung vorgenommen worden wäre? Bejaht man die Frage, entfällt die strafrechtliche Haftung. Verneint man sie, ist Quasi-Kausalität gegeben. 34

Nach strafrechtlichem Verständnis war der Einwand der angeklagten Geschäftsführer berechtigt. Die Frage nach der Quasi-Kausalität hat in diesen Fällen zu lauten: Hätte das Votum eines Geschäftsführers für einen Vertriebsstopp und einen Rückruf den Eintritt der Gesundheitsschäden verhindert? Die Antwort lautet Nein, weil die drei anderen Geschäftsführer den dissentierenden Geschäftsführer überstimmt hätten und es – wie geschehen – zu dem Vertrieb gekommen wäre. Spielt man diese Überlegung bei jedem Geschäftsführer 35

[49] Zur Unterlassensproblematik im Lederspray-Fall *Meier* NJW 1992, 3193 (3196 f.); *Ziemons* in Oppenländer/Trölitzsch, Praxishandbuch der GmbH-Geschäftsführung, 3. Aufl. 2020, § 28 Rn. 49. Vgl. auch MüKoStGB/*Freund* § 13 Rn. 124, 129; *Raum* in WJS WirtschaftsStrafR-HdB Kap. 4 Rn. 30.
[50] *Taschke* NZWiSt 2012, 41 f.; *Raum* in WJS WirtschaftsStrafR-HdB Kap. 4 Rn. 30.
[51] *Raum* in WJS WirtschaftsStrafR-HdB Kap. 4 Rn. 31; Hölters/*Hölters* AktG § 93 Rn. 241.
[52] *Raum* in WJS WirtschaftsStrafR-HdB Kap. 4 Rn. 31; MüKoAktG/*Spindler* § 93 Rn. 187 f.
[53] BGH NJW 2002, 1585.
[54] Ebenso *Raum* in WJS WirtschaftsStrafR-HdB Kap. 4 Rn. 32.
[55] Dazu auch *Ziemons* in Oppenländer/Trölitzsch, Praxishandbuch der GmbH-Geschäftsführung, 3. Aufl. 2020, § 28 Rn. 48.

durch, käme man immer zu einem Freispruch (oder bei vorsätzlichen Delikten ggf. zu einer Bestrafung wegen Versuchs).

36 Der BGH lässt dieses dogmatische Argument nicht gelten, da ansonsten sich unter mehreren Vorstandsmitgliedern bzw. Geschäftsführern jeder von seiner Haftung allein durch den Hinweis auf die gleichartige und ebenso pflichtwidrige Untätigkeit der anderen freizeichnen könnte. Der BGH wörtlich: „Dass dies nicht rechtens sein kann, liegt auf der Hand".[56] Und weiter: „Demgemäß muss jeder der Angeklagten für das Unterbleiben des Rückrufs und die dadurch verursachten Schadensfolgen strafrechtlich einstehen. Nur dieses Ergebnis wird der gemeinsamen und gleichstufigen Verantwortung der Geschäftsführer gerecht".[57]

### 3. Strafrechtliche Verantwortlichkeit und Ressortzuständigkeit

37 Es entspricht den Standards moderner Unternehmensführung, dass in mehrköpfigen Gremien eine **Ressortverteilung** vorgenommen wird. Gerade deshalb gibt es mehrere Vorstandsmitglieder oder Geschäftsführer, die je nach Spezialisierung und Erfahrung verschiedene Ressorts verantworten. Das Strafrecht akzeptiert diese **Ressortverantwortlichkeit.**

38 Jedes Vorstandsmitglied kann sich grundsätzlich darauf verlassen, dass das andere Vorstandsmitglied seine Aufgaben ordnungsgemäß durchführt und ihnen auch gewachsen ist (sog. **horizontale Delegation**). Dieser Grundsatz gilt auch in **vertikaler Richtung:** Der Vorstand kann und darf sich zunächst darauf verlassen, dass die nachgeordneten Mitarbeiter ihre Aufgaben ordnungsgemäß durchführen, solange der Vorstand die richtige Auswahl, Instruktion und Überwachung vornimmt und darauf achtet, dass die Mitarbeiter ihren Aufgaben gewachsen sind. Dazu hat der BGH in einer Entscheidung vom April 2000[58] ausgeführt, dass der Vorstandsvorsitzende eines Kreditinstituts sich im Regelfall auf den Bericht des Kreditsachbearbeiters und des Kreditvorstands verlassen darf, es sei denn, es gehe um besonders hohe Risiken. Nur wenn sich daraus Zweifel oder Unstimmigkeiten ergäben, sei Rückfrage oder eigene Nachprüfung geboten. Das Gleiche gelte für weitere beteiligte Mitglieder eines Kreditausschusses.[59]

39 Diese Kriterien können auch auf andere Bereiche übertragen werden. So werden sich die ressortmäßig nicht zuständigen Vorstandsmitglieder im Regelfall darauf verlassen dürfen, dass der Ressortzuständige seinen Verpflichtungen (umfassende Aufklärung des Sachverhalts und sorgfältige Abwägung der Chancen und Risiken) nachgekommen ist. Im Rahmen der Ressortverteilung **haften damit die Vorstandsmitglieder zivilrechtlich und strafrechtlich zunächst nur für die von ihnen zu verantwortenden Handlungen oder Unterlassungen.**

40 Dies gilt grundsätzlich auch bei der **Umsetzung von Compliance-Strukturen.** Dabei sind Aufbau und Ablauf des Compliance-Systems und die Verteilung der Rollen und der Verantwortlichkeiten durch das Management festzulegen.[60] Notwendig ist eine klare Zuweisung von Verantwortlichkeiten für den Compliance-Bereich auf einen oder mehrere Vorstandsmitglieder bzw. Mitglieder der Geschäftsleitung, was in der Regel durch die Geschäftsordnungen bzw. den Geschäftsverteilungsplan zu regeln ist.[61] Damit erfolgt auch eine grundsätzliche Haftungserleichterung für die übrigen Leitungsmitglieder.[62] Zur straf-

[56] BGH NJW 1990, 2560 (2567).
[57] BGH NJW 1990, 2560 (2567).
[58] BGHSt 46, 30 = NJW 2000, 2364.
[59] BGH NJW 2000, 2366.
[60] Dazu *Taschke/Zapf* in Parigger/Helm/Stevens-Bartol, Nomos-Kommentar zum Arbeits- und Sozialstrafrecht, 2021, Kap. Compliance Rn. 20ff.; *Taschke* in Wessing/Dann, Deutsch-Amerikanische Korruptionsverfahren, 2013, § 12; *Hauschka* NJW 2004, 257 (259).
[61] Vgl. *Hauschka* NJW 2004, 257 (259); MAH WirtschaftsStrafR/*Wessing/Dann* § 4 Rn. 197; *Schmidt-Husson* in HML Corporate Compliance § 6 Rn. 7 mwN.
[62] Dazu auch *Knierim* in WJS WirtschaftsStrafR-HdB Kap. 5 Rn. 35; *Schmidt-Husson* in HML Corporate Compliance § 6 Rn. 7; *Krieger/Günther* NZA 2010, 367 (369).

rechtlichen Haftung im Rahmen von Compliance-Sachverhalten aber → § 13 Rn. 156 f. Zur zivilrechtlichen Haftung → § 13 Rn. 158.

Ob dem **Vorstandsvorsitzenden** aufgrund seiner Leitungsfunktion des Gesamtvorstands möglicherweise größere Kontrollrechte und korrespondierende Verpflichtungen zugestehen werden müssen, ist insbesonere zivilrechtlich äußerst umstritten (→ § 1 Rn. 183 ff.). 41

Weitere Ausnahmen hat der BGH in der bereits behandelten „Lederspray"-Entscheidung angeführt (→ Rn. 27 ff.). In Krisen- oder Ausnahmesituationen, in denen das Unternehmen als Ganzes betroffen ist, sei die **Geschäftsführung insgesamt zum Handeln berufen.** 42

## 4. Täterschaft kraft Organisationsherrschaft

Eine neue Rechtsfigur strafrechtlicher Verantwortlichkeit hat der BGH in einer gleichfalls grundlegenden Entscheidung aus dem Jahr 1994 entwickelt und später fortentwickelt:[63] Der BGH hatte über die strafrechtliche Verantwortlichkeit von Mitgliedern des Nationalen Verteidigungsrats der früheren DDR für die Tötungen an der innerdeutschen Grenze (Mauerschützen) zu entscheiden. Dabei kam der BGH zu dem Ergebnis, dass den Mitgliedern des Nationalen Verteidigungsrats trotz eines voll strafrechtlich verantwortlichen Täters (hier: den Mauerschützen) eine eigenständige **Täterschaft kraft Organisationsherrschaft** zukomme (sog. „Täter hinter dem Täter").[64] Dies sei dann der Fall, wenn „Organisationsstrukturen" ausgenutzt würden, innerhalb derer der bestimmende Hintermann durch Weisungen oder Befehle „regelhafte Abläufe" auslöse.[65] Solche regelhaften Abläufe könnten, so der BGH weiter, insbesondere **auch bei „unternehmerischen oder geschäftsähnlichen Organisationsstrukturen"** vorkommen.[66] Dabei sei es nicht erforderlich, dass das Unternehmen auf die Begehung von Straftaten (wie zB bei mafiösen Geschäftsstrukturen) ausgerichtet sei.[67] 43

Die Figur der „Täterschaft durch Organisationsherrschaft" hat der BGH inzwischen in **mehreren wirtschaftsstrafrechtlichen Entscheidungen aufgegriffen.**[68] In der „Bremer Vulkan"-Entscheidung (→ Rn. 254 f.)[69] – der Sachverhalt beschäftigte im Vorfeld bereits den II. Zivilsenat[70] – stellt der BGH fest, dass die Angeklagten „aufgrund ihrer Leitungsmacht im Konzern sowohl die Festanlagen größerer Gelder als auch insbesondere das Cash-Management-System in den wesentlichen Grundsätzen installiert (haben), wobei die maßgeblichen Entscheidungen im Vorstand getroffen oder dort jedenfalls zustimmend zur Kenntnis genommen wurden. Dies würde eine gemeinsame (mittäterschaftliche) strafrechtliche Verantwortlichkeit der Angeklagten als Mitglieder des Organs der Konzernmutter begründen [...], ohne dass es darauf ankäme, ob sie von den einzelnen Kapitaltransfers Kenntnis erlangt haben".[71] Die **strafrechtliche Haftung greift daher bereits dann, wenn das Organ die Strukturen vorgegeben hat,** ohne dass es im Einzelfall darauf ankäme, dass das Organ Kenntnis von den einzelnen rechtsgutverletzenden Handlungen hat. 44

---

[63] BGHSt 40, 218 = NJW 1994, 2703; *Taschke* NZWiSt 2012, 41 (42 f.).
[64] Dazu *Rogall* FS BGH, 2000, 383 (418 ff.); *Hassemer* FS BGH, 2000, 439 ff.; *Raum* in WJS WirtschaftsStrafR-HdB Kap. 4 Rn. 58 ff.; *Achenbach* in ARR WirtschaftsStrafR-HdB Teil 1 Kap. 3 Rn. 30; ausf. *Roxin* StrafR AT § 25 Rn. 105 ff.
[65] BGH NJW 1994, 2703 (2706); s. auch *Rotsch* NStZ 1998, 491 ff.
[66] BGH NJW 1994, 2703 (2706); *Schünemann* FS BGH, 2000, 621 (627 ff.); zur Kritik s. etwa *Ransiek,* Unternehmensstrafrecht, 1996, 46 ff.; s. auch *Hefendehl* GA 2004, 575.
[67] BGH NJW 1994, 2706.
[68] BGH NJW 1998, 767; ebenso BGHSt 48, 331 = NJW 2004, 375 mAnm *Kühne* JZ 2004, 743.
[69] BGHSt 49, 147 = NStZ 2004, 559 mAnm *Kutzner* NStZ 2005, 269.
[70] BGHZ 149, 10 = NJW 2001, 3622.
[71] BGH NJW 2004, 2248 (2254).

### 5. Ende der strafrechtlichen Verantwortlichkeit als Organmitglied

45 Die strafrechtliche Verantwortlichkeit **als** Organmitglied endet mit dem **Erlöschen des zivilrechtlichen Vertragsverhältnisses** (mit der Abberufung durch den Aufsichtsrat).[72] Das Organmitglied kann seine Organstellung auch ohne Angabe eines wichtigen Grundes von sich aus niederlegen, solange dies gegenüber dem Aufsichtsrat erklärt wird, die Niederlegung nicht als rechtsmissbräuchlich anzusehen ist und der Aufsichtsrat zustimmt (zB um sich seiner Antragspflichten im Insolvenzfall zu entledigen; → Rn. 107 ff.).

## IV. Strafrechtliche Verantwortlichkeit für Straftaten von Mitarbeitern

46 Eine weitere strafrechtliche Verantwortlichkeit ergibt sich aus der sog. **„strafrechtlichen Geschäftsherrenhaftung".**[73] Unter diesem Stichwort wird die Frage diskutiert, ob und inwieweit Verantwortliche eines Unternehmens eine generelle strafbewehrte Pflicht zur Verhinderung von Straftaten ihrer Mitarbeiter haben.

47 Die **ausdrückliche gesetzliche Regelung** solcher Pflichten ist selten, sie findet sich zB im § 357 StGB für Vorgesetzte gegenüber Untergebenen.[74] Ob es darüber hinaus **besondere Aufsichtspflichten für Unternehmensverantwortliche** gibt, war lange in der Rechtsprechung[75] kaum behandelt und wurde im rechtswissenschaftlichen Schrifttum[76] kontrovers diskutiert. Der BGH hat sich mit dieser Frage nunmehr in mehreren Fällen auseinandergesetzt.

48 Die erste Entscheidung betrifft die **Strafbarkeit des sog. Compliance Officers.**[77] Verurteilt wurde der ehemalige Leiter der Innenrevision, zugleich auch Leiter der Rechtsabteilung, der Berliner Stadtreinigungsbetriebe, wegen Beihilfe zum Betrug durch Unterlassen wegen fehlerhafter Abrechnungen (→ Rn. 321 ff.).

49 Der mitangeklagte Leiter der Innenrevision veranlasste keinerlei Maßnahmen, um die, wie er wusste, unzutreffenden Abrechnungen zu verhindern. Insbesondere unterließ er es, den Vorstandsvorsitzenden, dem er direkt unterstellt war, oder den Aufsichtsratsvorsitzenden zu informieren. Für Unternehmensvertreter gelte – so der BGH – aber eine Pflicht zur Vermeidung von Wirtschaftsdelikten dann, wenn sie besondere Überwachungs- und Schutzpflichten übernommen hätten. Dies gelte insbesondere für den Compliance Officer, zu denen der BGH im konkreten Fall auch den Leiter der Innenrevision zählte. Dabei sind nach Ansicht des BGH die (Chief-)Compliance Officers nicht nur verpflichtet, Schaden vom eigenen Unternehmen abzuwenden, sondern auch Straftaten aus dem Unternehmen heraus gegen Vertragspartner zu verhindern.[78]

50 Auch wenn die Entscheidung sich auf einen Arbeitnehmer eines öffentlich-rechtlichen Arbeitgebers bezog, hat die Entscheidung generelle Bedeutung für Compliance Officer, leitende Mitarbeiter der Rechtsabteilung,[79] Datenschutzbeauftragte[80] sowie auch für Vor-

[72] Vgl. *Raum* in WJS WirtschaftsStrafR-HdB Kap. 4 Rn. 24.

[73] Dazu *Achenbach* in ARR WirtschaftsStrafR-HdB Teil 1 Kap. 3 Rn. 32 ff.; *Ransiek,* Unternehmensstrafrecht, 1996, 33 ff.; ausf. *Roxin* StrafR AT § 32 Rn. 134 ff. mwN; HK-KapMarktStrafR/*Bottmann* Teil 2 Kap. 2 Rn. 35 f.; MAH WirtschaftsStrafR/*Wessing/Dann* § 4 Rn. 50 ff.

[74] *Roxin* StrafR AT § 32 Rn. 133. Bis zur Novellierung 2004 auch im Gesetz gegen den unlauteren Wettbewerb (§ 4 Abs. 2 UWG aF, § 15 Abs. 1 UWG aF) mit der Pflicht des Geschäftsherrn zur Verhinderung unlauterer Werbung und der Geschäftsverleumdung.

[75] S. aber die Nachweise bei *Achenbach* in ARR WirtschaftsStrafR-HdB Teil 1 Kap. 3 Rn. 33.

[76] Nachweise bei *Roxin* StrafR AT § 32 Rn. 134 ff.; s. auch *Achenbach* in ARR WirtschaftsStrafR-HdB Teil 1 Kap. 3 Rn. 32; *Gimbernat* FS Roxin I, 2001, 661 ff.; *Bosch,* Organisationsverschulden im Unternehmen, 2002, 224 f.

[77] BGH NStZ 2009, 686 mAnm *Wybitul* BB 2009, 2263; *Stoffers* NJW 2009, 3176 f.; *Mosbacher/Dierlamm* NStZ 2010, 268; auch *Grau/Blechschmidt* DB 2009, 2145.

[78] BGH NJW 2009, 3173, vgl. hierzu auch *Taschke* in Nietsch, Compliance und soziale Verantwortung im Unternehmen, 2019, 73 ff.

[79] AA wohl *Mosbacher/Dierlamm* NStZ 2010, 268, die jedoch anerkennen, dass der 5. Strafsenat des BGH in einem obiter dictum dies ausdrücklich für möglich hält.

standsmitglieder oder Geschäftsführer, die für diese Ressorts verantwortlich sind. Dieser Personenkreis kann sich nach dieser Rechtsprechung bei entsprechender Untätigkeit einer Unterlassungsstraftat schuldig machen.[81] Allerdings ist die Entscheidung vereinzelt geblieben.[82] Bislang sind keine (weiteren) Fälle bekannt, in denen es zu einer Verurteilung aufgrund einer entsprechenden Pflichtverletzung kam. Das OLG Frankfurt verhängte im Jahr 2018 gegen den Geldwäschebeauftragten einer Bank ein Bußgeld wegen verspäteter Abgabe einer Geldwäscheverdachtsmeldung.[83] Da dies eine gesonderte Ordnungswidrigkeit ist, muss diese Entscheidung nicht als Fortführung der BGH-Entscheidung verstanden werden.

Der zweite Fall des BGH[84] betraf die Frage, ob sich aus der Stellung als Betriebsinhaber 51
bzw. Vorgesetzter eine **Garantenpflicht** zur Abwendung von Straftaten durch beschäftigte oder unterstellte Mitarbeitern ergibt. Der BGH stellt fest, dass eine solche Garantenpflicht grundsätzlich existiert, sich jedoch nur auf die Verhinderung von **betriebsbezogenen Straftaten** erstreckt und nicht auf Taten, die Mitarbeiter nur bei Gelegenheit ihrer Tätigkeit begehen. Im konkreten Fall war der Vorgesetzte einer Baukolonne wegen Beihilfe zur gefährlichen Körperverletzung (durch Unterlassen) angeklagt, da es durch seine Mitarbeiter über mehrere Jahre hinweg zu körperlichen Übergriffen auf einen Mitarbeiter einer anderen Baukolonne desselben Betriebs gekommen war, wobei der Angeklagte jeweils vor Ort war, jedoch nicht einschritt. Der BGH verneinte eine Beschützergarantenstellung des Angeklagten gegenüber dem Geschädigten, da dieser zu einer anderen Baukolonne gehörte und daher zu keinem Zeitpunkt im personellen Verantwortungsbereich des Angeklagten stand.[85] Auch eine strafrechtlich relevante Pflicht zur Überwachung seiner Mitarbeiter verneinte der BGH im konkreten Fall, da eine Garantenpflicht nur betriebsbezogene Straftaten umfassen könne, es bei den Körperverletzungen jedoch an einem inneren Zusammenhang mit der zu erbringenden Tätigkeit fehle.[86] Zudem habe sich in den Körperverletzungen auch nicht die dem Betrieb anhaftende spezifische Gefahr realisiert.

Es bleibt festzuhalten, dass der BGH, in Übereinstimmung mit der herrschenden Lehre, 52
die Ansicht vertritt, dass eine Überwachungspflicht **allenfalls für betriebsbezogene Straftaten** anzunehmen ist,[87] da nur so dem Prinzip der Selbstverantwortung Rechnung getragen werden kann. Es entspricht allgemeiner Ansicht, dass der Geschäftsherr die Gefahrenquelle „Betrieb" zu überwachen hat.[88]

Dies bekräftigte der BGH jüngst in einer weiteren Entscheidung zur Geschäftsherren- 53
haftung. Demnach liegt eine betriebsbezogene Tat nur dann vor, wenn sie einen **inneren Zusammenhang** mit der betrieblichen Tätigkeit oder mit der Art des Betriebs aufweist. Nicht umfasst sind Taten, die der Mitarbeiter lediglich bei Gelegenheit seiner Tätigkeit im Betrieb begeht.[89] Welche Straftaten betriebsbezogen sein können, entscheidet sich im Einzelfall. Die rechtswissenschaftliche Literatur verneint eine Betriebsbezogenheit zB für den Fall, dass ein Angestellter seinen Kollegen aus Eifersucht erschlägt und bejaht die Betriebs-

[80] Auch diese haben die Verpflichtung übernommen, die Einhaltung der Datenschutzregelungen zu überwachen, vgl. dazu *Wybitul* BB 2009, 2263 (2264).
[81] Vgl. *Wybitul* BB 2009, 2263.
[82] So auch *Mosbacher/Dierlamm* NStZ 2010, 268.
[83] OLG Frankfurt aM NStZ 2020, 173 mAnm Barreto da Rosa/Diergarten.
[84] BGH NJW 2012, 1237 mAnm *Jäger* JA 2012, 392; *Kindler* GWR 2012, 48 f.; ausf. auch *Poguntke* CCZ 2012, 158.
[85] BGH NJW 2012, 1237 (1238).
[86] BGH NJW 2012, 1237 (1238).
[87] BGH NJW 2012, 1237; NStZ 2018, 648. Vgl. weiter *Bülte* NZWiSt 2012, 716; zB *Schünemann,* Unternehmenskriminalität und Strafrecht, 1984, 101 ff.; *Roxin* StrafR AT § 32 Rn. 137 ff.; ähnlich auch *Ransiek,* Unternehmensstrafrecht, 1996, 40; wN bei *Roxin* StrafR AT § 32 Rn. 134 Fn. 236; *Achenbach* in ARR WirtschaftsStrafR-HdB Teil 1 Kap. 3 Rn. 32.
[88] Vgl. *Jäger* JA 2012, 392 (394); *Mansdörfer/Trüg* StV 2012, 432.
[89] BGH NStZ 2018, 648, krit. hierzu *Wagner* NZWiSt 2019, 365 ff.

bezogenheit bei einem Angestellten, der im Dienste des Unternehmens Bestechungen vornimmt.[90]

54 **Fahrlässige Unkenntnis** führt **nicht** zu einer **Strafbarkeit,** möglich bleibt aber eine Haftung wegen einer Ordnungswidrigkeit nach §§ 30, 130 OWiG, wenn Aufsichtspflichten verletzt worden sind (→ Rn. 337 f.).[91]

## D. Spezialgesetzliche Strafvorschriften

55 Relevante Strafvorschriften finden sich sowohl im Strafgesetzbuch (sog. **Kernstrafrecht**) als auch in einer Vielzahl von weiteren Spezialgesetzen, die Verhaltensverstöße idR ordnungswidrigkeitenrechtlich und/oder strafrechtlich sanktionieren (sog. **Nebenstrafrecht**). Für die Bedeutung eines Verstoßes gegen ein Strafgesetz ist dabei unerheblich, ob die Strafvorschrift im Kern- oder Nebenstrafrecht verortet ist. Im folgenden Teil soll eine Auswahl wichtiger spezialgesetzlicher Strafvorschriften vorgestellt werden. Abschnitt 1 beschäftigt sich mit Bilanz- und Falschangabedelikten sowie mit den strafbewehrten Pflichten des Vorstands in wirtschaftlichen Krisensituationen, Abschnitt 2 mit der Steuerhinterziehung. Abschnitt 3 behandelt zum einen die vielfältigen Spezialdelikte zum Schutz des Kapitalmarkts, wie etwa die strafbewehrten Verbote von Insidergeschäften und von Kurs- und Marktpreismanipulationen nach dem WpHG, zum anderen den Straftatbestand des Kapitalanlagebetrugs. In Abschnitt 4 schließlich werden wichtige Fallgruppen der strafbaren Untreue vorgestellt. Abschnitt 5 behandelt den Komplex Verletzung von Geschäftsgeheimnissen. Die Abschnitte 6 und 7 gehen knapp auf die Bereiche Korruption sowie kunden- und produktbezogene Strafbarkeiten ein, da diese Strafbarkeiten zunehmend auch im Rahmen von Ermittlungen der Behörden gegen Vorstandsmitglieder aufgegriffen werden.

56 Für Mitglieder von Leitungsorganen sind im Rahmen von Umwandlungen nach dem Umwandlungsgesetz zudem die Strafvorschriften der §§ 313–315 UmwG zu beachten.[92]

57 Neben den Strafnormen gewinnen auch zunehmend **Ordnungswidrigkeitenvorschriften** für Mitglieder von Leitungsorgangen sowie für die Unternehmen selbst an Bedeutung. Neben den Regelungen im Außenwirtschaftsrecht[93] sind dies vor allem die Ordnungswidrigkeitentatbestände des Datenschutz-[94], EU-Kartell-[95] oder auch Anti-Geldwäscherechts[96]. Die Regelungsmaterien folgen teilweise – vor allem aufgrund europäischen Einflusses bzw. direkter Vorgaben – **dem deutschen Recht bislang fremden Strukturen** und beinhalten **betragsmäßig hohe Sanktionen,** die teilweise höhere finanzielle Folgen als der Verstoß gegen Strafnormen haben. Nur zweitrangig ist in der Praxis dabei, dass Ordnungswidrigkeiten ein geringeres Unwerturteil als Straftaten beinhalten.[97] Lediglich Freiheitsstrafen sind dem Strafrecht vorbehalten.

58 Gerade bei Wirtschaftsstraftatbeständen kommt es oftmals zu Anpassungen und/oder Ergänzungen und Änderungen. Dies begründet sich zum Teil aufgrund vieler Verschärfungen von Wirtschaftsstraftatbeständen, jedoch auch vor dem Hintergrund, dass es sich im

---

[90] Beispiele bei *Roxin* StrafR AT § 32 Rn. 139.

[91] Dazu *Schmitz/Taschke* WiB 1997, 1169; *Kirch-Heim* CCZ 2008, 96 (97).

[92] Ausf. Semler/Stengel/Leonard/*Taschke* UmwG §§ 313–315; *Rönnau* in Dauner-Lieb/Simon, Kölner Kommentar zum Umwandlungsgesetz, 1. Aufl. 2009, UmwG §§ 313–315; GJW/*v. Häfen* UmwG §§ 313–315.

[93] Weiterführend *Meyer/Hüttemann* in Momsen/Grützner WirtschaftsSteuerStrafR-HdB § 37; *Hoffmann* in WJS WirtschaftsStrafR-HdB Kap. 24; MAH WirtschaftsStrafR/*Oehmichen* § 27.

[94] Hierzu *Heghmanns* in ARR WirtschaftsStrafR-HdB Teil 6.

[95] Ausf. *Wrede/Theurer/Prechtel/Schulz* in Momsen/Grützner WirtschaftsSteuerStrafR-HdB § 24; MAH WirtschaftsStrafR/*Witting/Arnemann* § 25.

[96] Näher *Schnabl* in WJS WirtschaftsStrafR-HdB Kap. 6; *Boerger* in Momsen/Grützner WirtschaftsSteuerStrafR-HdB § 38; MAH WirtschaftsStrafR/*Berndt/Müller/Hümmrich-Welt* § 21.

[97] Zum Verhältnis von Ordnungswidrigkeitenrecht und Strafrecht s. *Taschke* in Anhalt/Dieners, Medizinprodukterecht, 2. Aufl. 2017, § 20 Rn. 2 ff. sowie HK-OWiG/*Habetha/Ulrich* § 21 Rn. 2 ff.

Wirtschaftsstrafrecht oftmals um sog. **Blanketttatbestände** handelt. Darunter versteht man solche Sanktionsnormen, die die Voraussetzungen der Strafbarkeit und deren Ahndung nicht abschließend regeln, sondern hierfür auf weitere Vorschriften verweisen. Die vollständige Strafbarkeit ergibt sich somit erst aus einer Gesamtschau von Blankettnorm und blankettausfüllender Norm.[98]

Es stellt sich daher vielfach die Frage, welche Fassung der Straftatbestände bzw. ob überhaupt ein Straftatbestand zur Anwendung kommt, wenn dieser zwischenzeitlich geändert oder auch erst eingeführt wurde.[99] Gemäß § 2 Abs. 1 StGB herrscht im Strafrecht ein **Rückwirkungsverbot.** Da sich das anwendbare Recht nach dem Tatzeitprinzip bestimmt, liegt der Straftat das zu dem Tatzeitpunkt anwendbare Strafrecht zugrunde. Dies gilt grundsätzlich auch dann, wenn die Sanktionsnorm seit dem Tatzeitpunkt geändert wurde.[100] Ist in der Zwischenzeit allerdings ein milderes Gesetz in Kraft getreten, gilt das in § 2 Abs. 3 StGB kodifizierte **Meistbegünstigungsprinzip,** dh das für den Täter mildere Gesetz findet Anwendung. Ändert sich die Rechtslage seit dem Tatzeitpunkt mehrfach, wird in der Regel nach dem für den Täter günstigsten Gesetz entschieden.[101] 59

## I. Bilanzdelikte, Falschangabedelikte

### 1. Unrichtige Darstellung und Verschleierung von Unternehmensverhältnissen

Die Strafvorschrift des **§ 331 Nr. 1–3 HGB** (Unrichtige Darstellung) beschäftigt sich mit den strafrechtlichen Konsequenzen der Erstellung fehlerhafter Bilanzen **(Bilanzfälschung).**[102] Sie ist unmittelbar auf alle Kapitalgesellschaften anwendbar. Mit dem zum 1.7.2021 in Kraft getretenen Gesetz zur Stärkung der Finanzmarktintegrität (FISG) kam es zu erheblichen Verschärfungen des Bilanzstrafrechts (→ Rn. 78).[103] 60

Das **Vorstandsmitglied** der AG ist in seiner Eigenschaft als vertretungsberechtigtes Organ der Kapitalgesellschaft iSv § 78 AktG tauglicher Täter (echtes Sonderdelikt) des § 331 HGB. Nach wohl hM kommen auch faktische Organe in Betracht.[104] Zu den einzelnen Tatbeständen: 61

#### a) Unrichtige Wiedergabe oder Verschleierung der Verhältnisse der Kapitalgesellschaft

§ 331 Nr. 1 HGB verbietet die **unrichtige Wiedergabe** oder die **Verschleierung der Verhältnisse** einer Kapitalgesellschaft im Rahmen von Eröffnungsbilanz, Jahresabschluss, Lagebericht einschließlich der nichtfinanziellen Erklärung, im gesonderten nichtfinanziel- 62

[98] *Rotsch* in Momsen/Grützner WirtschaftsSteuerStrafR-HdB § 2 Rn. 16ff.; GJW/*Wittig* Einf. Rn. 19; *Bülte* JuS 2015, 769. Zur Ausweitung des nationalen Rechts durch Blankettstrafgesetze vgl. *Dannecker/Bülte* in WJS WirtschaftsStrafR-HdB Kap. 2 Rn. 299. Zur Verfassungsmäßigkeit jüngst BVerfG wistra 2020, 242 mAnm *Bülte.*

[99] Grundlegend *Dannecker,* Das intertemporale Strafrecht, 1993; s. auch ausf. MüKoStGB/*Schmitz* § 2 Rn. 1ff.; Matt/Renzikowski/*Basak* StGB § 2 Rn. 1ff.

[100] MüKoStGB/*Schmitz* § 2 Rn. 11ff.; Schönke/Schröder/*Hecker* StGB § 2 Rn. 8ff.; Matt/Renzikowski/*Basak* StGB § 2 Rn. 4.

[101] MüKoStGB/*Schmitz* § 2 Rn. 22ff.; Schönke/Schröder/*Hecker* StGB § 2 Rn. 14ff.; Matt/Renzikowski/*Basak* StGB § 2 Rn. 6ff.

[102] Dazu *Ransiek* in ARR WirtschaftsStrafR-HdB Teil 8 Kap. 1 Rn. 4f.; zur praktischen Bedeutung von § 331 HGB vgl. HK-KapMarktStrafR/*Eidam* Teil 3 HGB § 331 Rn. 6ff.; *Momsen/Laudien* in Momsen/Grützner WirtschaftsSteuerStrafR-HdB § 22 Rn. 30ff.

[103] BGBl. 2021 I 1534. Der Regierungsentwurf mit Stand vom 16.12.2020 ist abrufbar unter: https://www.bmjv.de/SharedDocs/Gesetzgebungsverfahren/DE/Finanzmarktintegritaet.html (zuletzt abgerufen: 30.7.2021).

[104] S. BeBiKo/*Grottel/Hoffmann* HGB § 331 Rn. 18; BeckOGK/*Waßmer* HGB § 331 Rn. 125ff.; MüKoHGB/*Klinger* § 331 Rn. 16ff.; MüKoStGB/*Leplow* HGB § 331 Rn. 19ff.; *Momsen/Laudien* in Momsen/Grützner WirtschaftsSteuerStrafR-HdB § 22 Rn. 26f., aA *Ransiek* in ARR WirtschaftsStrafR-HdB Teil 8 Kap. 1 Rn. 31ff., krit. HK-KapMarktStrafR/*Eidam* Teil 3 HGB § 331 Rn. 13ff. Vgl. außerdem *Park* JuS 2007, 712 (714).

len Bericht oder Zwischenabschluss.[105] Dazu gehört auch der Anhang zum Jahresabschluss entsprechend der §§ 284 ff. HGB.[106]

63 Unter den Begriff **„Verhältnisse"** (der Kapitalgesellschaft) fallen alle Umstände, die für die Beurteilung der wirtschaftlichen Situation und der Entwicklung der Kapitalgesellschaft von Bedeutung sein können,[107] zB die falsche Bewertung von Außenständen oder die Nichtaufnahme von Vermögensgegenständen oder Verbindlichkeiten etc. in der Bilanz.[108]

64 **Unrichtige Wiedergabe.** Unrichtige Wiedergabe nach § 331 Nr. 1 Alt. 1 HGB meint die objektive Unrichtigkeit der Darstellung.[109] Was darunter zu verstehen ist, ist in Abstimmung mit den Grundsätzen ordnungsgemäßer Buchführung iSv § 264 Abs. 2 S. 1 HGB sowie den Vorschriften des Bilanzrechts iSv §§ 252 ff., 279 ff. HGB zu bestimmen.[110] Die Grenze des Strafbaren ist jedenfalls erst bei eindeutigen oder nicht mehr vertretbaren Beurteilungen erreicht.[111] Darunter fällt nicht nur die beschönigende Überbewertung, sondern auch die Unterbewertung der Unternehmensverhältnisse.[112]

65 Wichtige Beispiele der Bilanzfälschung sind zB:[113]
- das Einstellen fiktiver Erträge in den Jahresabschluss;
- die Darstellung fingierter Umsätze;
- die willkürliche Über- oder **Unterbewertung** von Vermögensgegenständen;
- die falsche Bewertung von Außenständen.

66 Nach wohl herrschendem Verständnis kann eine unrichtige Wiedergabe auch in Gestalt eines **Unterlassens** erfolgen, „soweit eine Rechtspflicht zum Handeln besteht", zB wenn auf eine als falsch erkannte Angabe in einem Jahresabschluss nicht hingewiesen wird.[114]

67 **Verschleierung.** Eine Verschleierung iSv § 331 Nr. 1 Alt. 2 HGB ist dann gegeben, wenn Tatsachen so dargestellt werden, dass sie die wahren Verhältnisse in der Gesellschaft nicht mehr oder nicht mehr genau erkennen lassen.[115]

68 Dies ist zB gegeben bei:[116]
- der Nichtbeachtung von Gliederungsvorschriften gem. § 266 HGB;
- Verstößen gegen das Saldierungsverbot gem. § 246 Abs. 2 HGB.

### b) Unrichtige Wiedergabe oder Verschleierung der Verhältnisse des Konzerns

69 § 331 Nr. 2 HGB setzt ebenfalls die unrichtige Wiedergabe oder Verschleierung der Verhältnisse der Kapitalgesellschaft voraus. Anders als bei Nr. 1 bezieht sich die Nr. 2 aber nicht auf den Einzelabschluss, sondern auf den **Konzernabschluss** (einschließlich Kon-

---

[105] EBJS/*Böcking/Gros/Rabenhorst* HGB § 331 Rn. 1; HK-KapMarktStrafR/*Eidam* Teil 3 HGB § 331 Rn. 13 ff.; *Stork* in Heidel/Schall, HGB, 3. Aufl. 2019, § 331 Rn. 1; *Ransiek* in ARR WirtschaftsStrafR-HdB Teil 8 Kap. 1 Rn. 49.

[106] BeckOGK/*Waßmer* HGB § 331 Rn. 149; *Ransiek* in ARR WirtschaftsStrafR-HdB Teil 8 Kap. 1 Rn. 49.

[107] BeBiKo/*Grottel/Hoffmann* HGB § 331 Rn. 16; BeckOGK/*Waßmer* HGB § 331 Rn. 157; HK-KapMarktStrafR/*Eidam* Teil 3 HGB § 331 Rn. 18; *Stork* in Heidel/Schall, HGB, 3. Aufl. 2019, § 331 Rn. 1; MüKoHGB/*Klinger* § 331 Rn. 49 ff.; MüKoStGB/*Leplow* HGB § 331 Rn. 45 ff.

[108] HK-KapMarktStrafR/*Eidam* Teil 3 HGB § 331 Rn. 19.

[109] BGH NStZ 2018, 540 (541); wistra 2020, 29. Vgl. ausf. BeckOGK/*Waßmer* HGB § 331 Rn. 161 ff. sowie MüKoHGB/*Klinger* § 331 Rn. 42 ff.

[110] BGH NStZ 2018, 540 (541); wistra 2020, 29 Rn. 9. *Momsen/Laudien* in Momsen/Grützner WirtschaftsSteuerStrafR-HdB § 22 Rn. 39; MüKoHGB/*Klinger* § 331 Rn. 43; *Ransiek* in ARR WirtschaftsStrafR-HdB Teil 8 Kap. 1 Rn. 51.

[111] *Ransiek* in ARR WirtschaftsStrafR-HdB Teil 8 Kap. 1 Rn. 51.

[112] BeckOGK/*Waßmer* HGB § 331 Rn. 161; MüKoStGB/*Leplow* HGB § 331 Rn. 51; HK-KapMarktStrafR/*Eidam* Teil 3 HGB § 331 Rn. 21; *Ransiek* in ARR WirtschaftsStrafR-HdB Teil 8 Kap. 1 Rn. 51.

[113] HK-KapMarktStrafR/*Eidam* Teil 3 HGB § 331 Rn. 21; *Momsen/Laudien* in Momsen/Grützner WirtschaftsSteuerStrafR-HdB § 22 Rn. 41 sowie *Spatscheck/Wulf* DStR 2003, 173.

[114] Bejahend zB HK-KapMarktStrafR/*Eidam* Teil 3 HGB § 331 Rn. 21; MüKoHGB/*Klinger* § 331 Rn. 45 mwN; aA *Spatscheck/Wulf* DStR 2003, 173 (176).

[115] Vgl. HK-KapMarktStrafR/*Eidam* Teil 3 HGB § 331 Rn. 22; MüKoHGB/*Klinger* § 331 Rn. 48; MüKoStGB/*Leplow* HGB § 331 Rn. 63 ff.; *Ransiek* in ARR WirtschaftsStrafR-HdB Teil 8 Kap. 1 Rn. 54.

[116] Vgl. *Ransiek* in ARR WirtschaftsStrafR-HdB Teil 8 Kap. 1 Rn. 54 f. Vgl. auch HK-KapMarktStrafR/*Eidam* Teil 3 HGB § 331 Rn. 22 sowie MüKoHGB/*Klinger* § 331 Rn. 48.

zernanhang nach § 297 Abs. 1 HGB), den Konzernlagebericht einschließlich der nichtfinanziellen Konzernerklärung, den gesonderten nichtfinanziellen Konzernbericht oder den Konzernzwischenbericht.[117]

Gegenstand der unrichtigen Wiedergabe oder Verschleierung sind wiederum die **„Verhältnisse"**, dieses Mal aber die des Konzerns iSv § 18 AktG. Das **Bestehen eines Konzerns** muss von den Strafverfolgungsbehörden nachgewiesen werden; eine bloße Vermutung reicht nicht aus (anders als die Konzernvermutung nach § 18 Abs. 1 S. 3 AktG).[118] 70

Da der Konzernabschluss der Muttergesellschaft den Jahresabschluss der Tochtergesellschaft enthält, ist im Falle einer unrichtigen Wiedergabe oder Verschleierung der Verhältnisse im Jahresabschluss der Tochter nicht nur § 331 Nr. 1 HGB (Jahresabschluss der Tochtergesellschaft), sondern auch § 331 Nr. 2 HGB (Konzernabschluss) verwirklicht. Diese bilden eine **Tateinheit** iSv § 42 StGB.[119] 71

### c) Offenlegung eines unrichtigen Konzernabschlusses oder Konzernlageberichts

§ 331 Nr. 3 HGB enthält einen weiteren Sondertatbestand für Konzernverhältnisse.[120] 72
Hintergrund dieser Strafvorschrift ist die Möglichkeit von Mutterunternehmen (niederer Ordnung), die ihrerseits Tochterunternehmen eines anderen Mutterunternehmens (höherer Ordnung) sind (mit Sitz in Deutschland oder auch einem anderen EU- bzw. EWR-Staat), von der Aufstellung eines eigenen Konzernabschlusses oder Konzernlageberichts befreit zu werden unter der Voraussetzung, dass das Mutterunternehmen höherer Ordnung seinerseits einen **befreienden Konzernabschluss** oder Konzernlagebericht einschließlich Bestätigungs- bzw. Versagungsvermerk in deutscher Sprache offen legt (§ 291 HGB).[121]

**Fehlerhafter Konzernabschluss oder Konzernlagebericht.** Voraussetzung von 73
§ 331 Nr. 3 HGB ist zunächst ein fehlerhafter Konzernabschluss oder Konzernlagebericht, in dem die Verhältnisse des Konzerns unrichtig wiedergegeben oder verschleiert worden sind (iSv § 331 Nr. 2 HGB).[122]

**Offenlegung.** Konzernabschluss oder Konzernlagebericht müssen gem. § 325 HGB of- 74
fen gelegt werden. Offenlegung ist gesetzlich definiert und verlangt mittlerweile, dass Konzernabschluss oder Konzernlagebericht bei dem Betreiber des Bundesanzeigers elektronisch einzureichen sind.[123]

**Leichtfertige Begehung ausreichend.** § 331 Nr. 3 HGB kann nach dem im Zuge 75
des Gesetzes zur Stärkung der Finanzmarktintegrität neu eingefügten § 331 Abs. 2 HGB – im Gegensatz zu Nr. 1 und 2 – auch weiterhin leichtfertig begangen werden. Leichtfertigkeit im strafrechtlichen Sinne meint einen gesteigerten Grad von Fahrlässigkeit (vergleichbar der groben Fahrlässigkeit im Zivilrecht).[124]

---

[117] EBJS/*Böcking/Gros/Rabenhorst* HGB § 331 Rn. 3; *Stork* in Heidel/Schall, HGB, 3. Aufl. 2019, § 331 Rn. 1; MüKoHGB/*Klinger* § 331 Rn. 70, s. auch *Schmedding*, Unrichtige Konzernrechnungslegung, 1993.
[118] HK-KapMarktStrafR/*Eidam* Teil 3 HGB § 331 Rn. 51.
[119] BGH wistra 2020, 166 Rn. 7; *Achenbach* NStZ 2020, 720 (724).
[120] S. auch HK-KapMarktStrafR/*Eidam* Teil 3 HGB § 331 Rn. 60ff.; *Ransiek* in ARR WirtschaftsStrafR-HdB Teil 8 Kap. 1 Rn. 76f.
[121] Das Gleiche gilt für § 292 HGB, der unter bestimmten Voraussetzungen die Möglichkeit befreiender Konzernabschlüsse auf Mutterunternehmen mit Sitz außerhalb der EU bzw. des EWR ausweitet.
[122] HK-KapMarktStrafR/*Eidam* Teil 3 HGB § 331 Rn. 63; MüKoHGB/*Klinger* § 331 Rn. 73; MüKoStGB/*Leplow* HGB § 331 Rn. 103f.
[123] Zur Offenlegung vgl. HK-KapMarktStrafR/*Eidam* Teil HGB 3 § 331 Rfn. 64.; MüKoStGB/*Leplow* HGB § 331 Rn. 102.
[124] HK-KapMarktStrafR/*Eidam* Teil 3 HGB § 331 Rn. 65; *Ransiek* in ARR WirtschaftsStrafR-HdB Teil 8 Kap. 1 Rn. 76. Zum strafrechtlichen Begriff der „Leichtfertigkeit" *Roxin/Greco* StrafR AT § 24 Rn. 74ff.; s. auch *Birnbaum*, Die Leichtfertigkeit – Zwischen Fahrlässigkeit und Vorsatz, 2000.

### d) Unrichtiger „Bilanzeid"

76 Strafbewehrt ist nach § 331a HGB (§ 331 Nr. 3a HGB aF)[125] die unrichtige Abgabe des sog. **„Bilanzeides".** Mit diesem müssen **Vertreter kapitalmarktorientierter Gesellschaften** versichern, dass die Abschlüsse die Vermögens-, Finanz- und Ertragslage der Gesellschaft korrekt wiedergeben.[126] Im Einzelnen hat die Versicherung zu umfassen,[127]

- dass der aufgestellte Abschluss ein den tatsächlichen Verhältnissen entsprechendes Bild der Vermögenswerte und Verbindlichkeiten sowie der Finanz- und der Ertragslage iSv § 264 Abs. 2 S. 3 HGB (auch iVm § 325 Abs. 2a S. 3 HGB) vermittelt;
- dass der Lagebericht gem. § 289 Abs. 1 S. 5 HGB (auch iVm § 325 Abs. 2a S. 4 HGB) den Geschäftsverlauf und das Geschäftsergebnis entsprechend den tatsächlichen Verhältnissen abbildet und dass er die wesentlichen Risiken beschreibt. Entsprechendes gilt gem. § 297 Abs. 2 S. 4 HGB (auch iVm § 315e Abs. 1 HGB) für die Versicherungen der jeweiligen Konzernverhältnisse;
- dass der Konzernlagebericht gem. § 315 Abs. 1 S. 5 HGB (auch iVm § 315e Abs. 1 HGB) den Geschäftsverlauf, das Geschäftsergebnis und die Lage des Konzerns so darstellt, dass er ein den tatsächlichen Verhältnissen der Gesamtheit der in die Konsolidierung einbezogenen Unternehmens entsprechendes Bild vermittelt und die wesentlichen Chancen und Risiken beschrieben sind.

77 Eine bloßes Unterlassen der entsprechenden Versicherung wird dabei, nach zunächst anderslautenden Entwürfen im Gesetzgebungsverfahren, nicht bestraft.[128]

78 Der „Bilanzeid" steht im Mittelpunkt der durch das kürzlich verabschiedete **Gesetz zur Stärkung der Finanzmarktintegrität (FISG)** ausgelösten Verschärfungen. Künftig bildet dieser eine eigene Strafvorschrift. Im Vergleich zur bisherigen Ausgestaltung des „Bilanzeides" wird durch einen Verweis auf § 325 Abs. 2 S. 3 und 4 HGB sowie § 315e Abs. 1 HGB präzisiert, dass auch Versicherungen, die sich auf einen nach IAS oder IFRS erstellten Einzelabschluss, den zugehörigen Lagebericht, den Konzernabschluss oder den zugehörigen Konzernlagebericht beziehen, strafbewehrt sein können. Auch **leichtfertiges Handeln des** Vorstands kann nun nach § 331a Abs. 2 HGB (abgemildert) sanktioniert werden.[129]

### e) Unrichtige Wiedergabe oder Verschleierung der Verhältnisse der Gesellschaft

79 Wie auch die soeben behandelte Strafvorschrift des § 331 Nr. 1 HGB soll § 400 Abs. 1 Nr. 1 AktG vor **Falschinformationen über die Unternehmensverhältnisse** schützen.[130] Mit Freiheitsstrafe bis zu drei Jahren oder mit Geldstrafe wird bestraft, wer die Verhältnisse der Gesellschaft (einschließlich ihrer Beziehungen zu verbundenen Unternehmen) im Vergütungsbericht, in Darstellungen oder Übersichten über den Vermögensstand, in Vorträgen oder Auskünften in der Hauptversammlung unrichtig wiedergibt oder verschleiert.

80 **Unrichtige Wiedergabe und Verschleierung.** Die Tatbestandsmerkmale entsprechen denen der unrichtigen Darstellung in § 331 Nr. 1 HGB, auf deren Ausführungen hier verwiesen wird (→ Rn. 64).[131]

---

[125] BGBl. 2021 I 1534. Der Regierungsentwurf mit Stand vom 16.12.2020 ist abrufbar unter: https://www.bmjv.de/SharedDocs/Gesetzgebungsverfahren/DE/Finanzmarktintegritaet.html (zuletzt abgerufen: 30.7.2021), 64, 121.

[126] MüKoHGB/*Klinger* § 331 Rn. 78; MüKoStGB/*Leplow* HGB § 331 Rn. 106; *Ransiek* in ARR WirtschaftsStrafR-HdB Teil 8 Kap. 1 Rn. 78, krit. *Fleischer* ZIP 2007, 97 ff.

[127] Überblickend vgl. MüKoHGB/*Klinger* § 331 Rn. 78.

[128] EBJS/*Böcking*/*Gros*/*Rabenhorst* HGB § 331 Rn. 3; MüKoHGB/*Klinger* § 331 Rn. 82; *Altenhain* WM 2008, 1141 (1143); *Sorgenfrei* wistra 2008, 329 (333). So auch ausdrücklich im Regierungsentwurf des FISG, 121.

[129] Vgl. hierzu auch *Schüppen* DStR 2021, 246 (247); *Steiger* CCZ 2021, 12 (15).

[130] Dazu *Ransiek* in ARR WirtschaftsStrafR-HdB Teil 8 Kap. 1 Rn. 78, umfassend BeckOGK/*Hefendehl* AktG § 400 sowie HK-KapMarktStrafR/*Eidam* Teil 3 AktG § 400.

[131] Ausf. Henssler/Strohn/*Raum* AktG § 400 Rn. 4.

**Im Vergütungsbericht.** Jüngst ergänzte der Gesetzgeber die Norm um den nach § 162 Abs. 1, 2 AktG zu erstellenden Vergütungsbericht.[132] Dieser soll Auskunft über Vergütungen geben, die an Mitglieder des Vorstands und Aufsichtsrats gewährt bzw. gegenüber diesen geschuldet werden.[133] Im Anschluss an die Vorlage in der Hauptversammlung muss der Vergütungsbericht im Internet veröffentlicht werden.[134] 81

**In Darstellungen oder Übersichten über den Vermögensstand.** Im Gegensatz zur handelsgesetzlichen Regelung beschränkt sich der Schutz nicht auf die publizitätspflichtigen Übersichten wie Jahresabschlüsse etc, sondern erweitert den Schutz auf nicht-publizitätspflichtige Übersichten wie Darstellungen oder Übersichten über den Vermögensstand sowie auf Vorträge oder Auskünfte in der Hauptversammlung. 82

Zu den **Darstellungen** gehören nicht-publizitätspflichtige Übersichten wie beispielsweise Berichte zwischen Organen der Gesellschaft (zB der Bericht des Vorstands an den Aufsichtsrat nach § 90 AktG oder der Prüfbericht des Aufsichtsrats nach § 171 Abs. 2 S. 1 AktG), aber auch Zwischenberichte für Aktionäre oder die Öffentlichkeit.[135] Die Darstellung ist an keine bestimmte Form gebunden; sie kann mündlich, schriftlich oder auch durch Ton- und Bildaufzeichnungen erfolgen.[136] 83

Mit **Übersicht** ist eine Zusammenstellung von Daten gemeint, die eine Gesamtübersicht über die wirtschaftliche Situation der Gesellschaft ermöglicht.[137] 84

**Oder in Vorträgen oder Auskünften in der Hauptversammlung.** Vorträge oder Auskünfte in der Hauptversammlung sind alle Äußerungen, die von Mitgliedern des Vorstands, des Aufsichtsrats oder von Abwicklern als Organ oder Abwickler gemacht werden.[138] 85

**Über die Verhältnisse der Gesellschaft und verbundener Unternehmen.** Beim Tatbestandsmerkmal der Verhältnisse der Gesellschaft und verbundener Unternehmen kann auf die Ausführungen zur handelsgesetzlichen Regelung verwiesen werden (→ Rn. 70).[139] 86

**Verhältnis zu § 331 Nr. 1 HGB.** § 400 Abs. 1 Nr. 1 AktG kommt nicht zur Anwendung, wenn die Voraussetzungen von § 331 Nr. 1 (oder Nr. 1a) HGB gegeben sind.[140] 87

## 2. Unrichtige Angaben gegenüber Prüfern

Weitere wichtige Strafvorschriften sind die **Falschangabedelikte** nach § 331 Nr. 4 HGB, § 400 Abs. 1 Nr. 2 AktG, zu denen vor allem falsche Angaben gegenüber Prüfern gehören. Im Einzelnen: 88

### a) Unrichtige Angaben gegenüber Abschlussprüfern

Nach § 331 Nr. 4 HGB macht sich strafbar, wer in Aufklärungen oder Nachweisen gegenüber einem Abschlussprüfer der Kapitalgesellschaft, eines verbundenen Unternehmens oder des Konzerns unrichtige Angaben macht oder die Verhältnisse der Kapitalgesellschaft, einer Tochtergesellschaft oder des Konzerns verschleiert. 89

---

[132] Die Erweiterung fand im Zuge des ARUG II zu Beginn des Jahres 2020 statt, vgl. BeckOGK/*Hefendehl* AktG § 400 Rn. 125; Henssler/Strohn/*Raum* AktG § 400 Rn. 4.
[133] BeckOGK/*Hefendehl* AktG § 400 Rn. 127.
[134] BeckOGK/*Hefendehl* AktG § 400 Rn. 128; MüKoAktG/*Spindler* § 162 Rn. 83 ff.
[135] MüKoStGB/*Weiß* AktG § 400 Rn. 34; MüKoAktG/*Schaal* § 400 Rn. 23 f.
[136] MüKoStGB/*Weiß* AktG § 400 Rn. 27; MüKoAktG/*Schaal* § 400 Rn. 24.
[137] MüKoStGB/*Weiß* AktG § 400 Rn. 27; MüKoAktG/*Schaal* § 400 Rn. 19.
[138] MüKoStGB/*Weiß* AktG § 400 Rn. 35 ff.; MüKoAktG/*Schaal* § 400 Rn. 27 ff.
[139] HK-KapMarktStrafR/*Eidam* Teil 3 AktG § 400 Rn. 15; Erbs/Kohlhaas/*Schaal* AktG § 400 Rn. 15; Henssler/Strohn/*Raum* AktG § 400 Rn. 4; MüKoAktG/*Schaal* § 400 Rn. 16 ff.
[140] Henssler/Strohn/*Raum* AktG § 400 Rn. 4. Vgl. auch *Ransiek* in ARR WirtschaftsStrafR-HdB Teil 8 Kap. 3 Rn. 89.

90 Empfänger der unrichtigen Darstellungen ist der **Abschlussprüfer,** also zB Wirtschaftsprüfer oder vereidigte Buchprüfer entsprechend § 319 Abs. 1 HGB.[141] Die Angaben können aber nach allgemeiner Meinung auch gegenüber einem anderen mit der Prüfungsaufgabe Betrauten gemacht worden sein, zB einem **Prüfungsgehilfen.**[142]

91 **Unrichtige Wiedergabe oder Verschleierung.** Tathandlungen des § 331 Nr. 4 HGB sind wiederum die unrichtige Wiedergabe (Alt. 1) oder die Verschleierung (Alt. 2) der Verhältnisse der Kapitalgesellschaft, eines Tochterunternehmens oder des Konzerns.

92 **Aufklärungen und Nachweise.** Diese müssen sich auf Aufklärungen und Nachweise beziehen, die nach § 320 HGB gegenüber einem Abschlussprüfer der Kapitalgesellschaft, eines verbundenen Unternehmens oder des Konzerns abzugeben sind.[143] Aufklärungen und Nachweise als solche sind alle schriftlichen und mündlichen Auskünfte, **denen gegenüber der Abschlussprüfer ein Auskunfts- und Einsichtsrecht** hat.[144] Darunter fallen zB Unterlagen wie Bücher, Schriften, Urkunden etc. oder auch andere Gegenstände, die den von der Prüfung umfassten Bereich belegen, zB Inventurlisten.[145] Geht der Täter irrig davon aus, dass eine von ihm abgegebene Auskunft nicht der Auskunftspflicht des § 320 HGB unterfalle, dann befindet er sich in einem vorsatzausschließenden Tatbestandsirrtum nach § 16 StGB.[146]

### b) Falsche Angaben gegenüber Abschlussprüfern

93 Ähnlich wie das Handelsrecht kennt auch das Aktienrecht eine Strafvorschrift für falsche Angaben gegenüber Abschlussprüfern (§ 400 Abs. 1 Nr. 2 AktG). Mit Freiheitsstrafe bis zu drei Jahren oder mit Geldstrafe wird bestraft, wer in Aufklärungen oder Nachweisen, die nach den Vorschriften dieses Gesetzes einem Prüfer der Gesellschaft oder eines verbundenen Unternehmens zu geben sind, falsche Angaben macht oder die Verhältnisse der Gesellschaft unrichtig wiedergibt oder verschleiert.

94 Empfänger der unrichtigen Darstellungen ist der **Abschlussprüfer** oder auch ein **Prüfungsgehilfe** (→ Rn. 90).[147]

95 § 400 Abs. 1 Nr. 2 AktG enthält **zwei Begehungsformen:** falsche Angaben (Alt. 1) sowie die unrichtige Wiedergabe oder Verschleierung der Verhältnisse der Gesellschaft gegenüber Prüfern (Alt. 2).

96 **Falsche Angaben (Alt. 1).** Angaben sind nachprüfbare Aussagen über Tatsachen.[148] Darunter können auch Werturteile fallen, wie zB Bewertungen oder Prognosen, vorausgesetzt diese gründen sich auf eine nachprüfbare Tatsachengrundlage.[149] Falsch sind die Angaben, wenn sie für den Adressaten irreführend sind.[150]

97 **Unrichtige Wiedergabe oder Verschleierung der Verhältnisse der Gesellschaft (Alt. 2).** Die Tatbestandsmerkmale unrichtige Wiedergabe/Verschleierung sowie Verhält-

---

[141] HK-KapMarktStrafR/*Eidam* Teil 3 HGB § 331 Rn. 104; MüKoHGB/*Klinger* § 331 Rn. 88; MüKoStGB/*Leplow* HGB § 331 Rn. 121.

[142] BeckOGK/*Waßmer* HGB § 331 Rn. 272; HK-KapMarktStrafR/*Eidam* Teil 3 HGB § 331 Rn. 104; MüKoHGB/*Klinger* § 331 Rn. 88; MüKoStGB/*Leplow* HGB § 331 Rn. 121; *Ransiek* in ARR WirtschaftsStrafR-HdB Teil 8 Kap. 3 Rn. 109.

[143] Darunter fallen also keine freiwilligen Prüfungen; dazu BeckOGK/*Waßmer* HGB § 331 Rn. 265; MüKoHGB/*Klinger* § 331 Rn. 83; MüKoStGB/*Leplow* HGB § 331 Rn. 117; *Ransiek* in ARR WirtschaftsStrafR-HdB Teil 8 Kap. 3 Rn. 106.

[144] BeckOGK/*Waßmer* HGB § 331 Rn. 267 ff.; MüKoHGB/*Klinger* § 331 Rn. 83; MüKoStGB/*Leplow* HGB § 331 Rn. 117; *Ransiek* in ARR WirtschaftsStrafR-HdB Teil 8 Kap. 3 Rn. 106.

[145] Vgl. BeckOGK/*Waßmer* HGB § 331 Rn. 267; HK-KapMarktStrafR/*Eidam* Teil 3 HGB § 331 Rn. 102; *Ransiek* in ARR WirtschaftsStrafR-HdB Teil 8 Kap. 3 Rn. 106.

[146] S. hierzu BeckOGK/*Waßmer* HGB § 331 Rn. 279 sowie MüKoHGB/*Klinger* § 331 Rn. 99 ff.

[147] MüKoStGB/*Weiß* AktG § 400 Rn. 48 ff.; MüKoAktG/*Schaal* § 400 Rn. 55 ff.

[148] Erbs/Kohlhaas/*Schaal* AktG § 400 Rn. 49; MüKoAktG/*Schaal* § 400 Rn. 66.

[149] MüKoAktG/*Schaal* § 400 Rn. 66.

[150] Sie dürfen nicht objektiv zutreffend sein, vgl. Erbs/Kohlhaas/*Schaal* AktG § 400 Rn. 49; MüKoAktG/*Schaal* § 400 Rn. 66.

nisse der Gesellschaft entsprechen denen der unrichtigen Darstellung in § 331 Nr. 1 HGB, auf deren Ausführungen verwiesen wird (→ Rn. 64, 70).[151]

**In Aufklärungen oder Nachweisen.** Die Tatbestandsmerkmale Aufklärungen oder Nachweise entsprechen denen der unrichtigen Darstellung in § 331 Nr. 4 HGB, auf deren Ausführungen verwiesen wird (→ Rn. 92).[152] 98

**Verhältnis zu § 331 Nr. 4 HGB.** § 400 Abs. 1 Nr. 2 AktG kommt nicht zur Anwendung, wenn die Voraussetzungen von § 331 Nr. 4 HGB gegeben sind.[153] 99

### 3. Strafbewehrte Pflichtverletzungen bei Verlust, Überschuldung oder Zahlungsunfähigkeit (§ 401 AktG)

In wirtschaftlichen Krisensituationen kommen dem Vorstand eines Unternehmens – wegen der möglichen Gefahren für Dritte aufgrund der beschränkten Haftung – besondere Pflichten zu.[154] So ergibt sich etwa nach § 92 Abs. 1 AktG die **Pflicht des Vorstands,** bei Verlust, Überschuldung oder Zahlungsunfähigkeit die **Hauptversammlung einzuberufen.** Eine Verletzung dieser Pflicht kann nach § 401 Abs. 1 AktG mit Freiheitsstrafe bis zu drei Jahren oder mit Geldstrafe bestraft werden. Bei Fahrlässigkeit beträgt die Freiheitsstrafe bis zu einem Jahr oder Geldstrafe (§ 401 Abs. 2 AktG). 100

Diese Einberufungs- und Verlustanzeigepflicht richtet sich an den **gesamten Vorstand,** weil das einzelne Vorstandsmitglied keine Rechtsmöglichkeit zur Einberufung der Hauptversammlung hat. Wenn das **einzelne Vorstandsmitglied** der Auffassung ist, dass die Hauptversammlung einzuberufen und der Verlust anzuzeigen ist, dann hat es sich auch **um die Einberufung der Hauptversammlung zu bemühen.**[155] In erster Linie verlangt dies, bei einer Vorstandssitzung oder außerhalb einer solchen auf die Vorstandskollegen einzuwirken, sich pflichtgemäß zu verhalten. Sollte dies nicht greifen, kann es aber auch bedeuten, den Aufsichtsrat zu verständigen und ihn zum Eingreifen aufzufordern.[156] 101

**Verlust in Höhe des halben Grundkapitals.** Der Verlust in Höhe des halben Grundkapitals bezieht sich nicht auf eine rechnerische Größe eines eingetretenen Verlusts. So liegt etwa kein „Verlust" iSd Gesetzes vor, wenn feststeht, dass die Gesellschaft trotz der entstandenen Verluste über hinreichende Kapitalreserven verfügt, um diese Verluste aufzufangen.[157] 102

Ausschlaggebend ist vielmehr, dass der Verlust Ausdruck einer Krisensituation ist und dazu geführt hat, dass das vorhandene **Eigenkapital der Gesellschaft unter der Hälfte des Grundkapitals** liegt.[158] 103

**Pflichten nicht auf die Erstellung der Jahres- oder Zwischenbilanz beschränkt.** Die Einberufungs- und Verlustanzeigepflicht des Vorstands ist nach allgemeiner Auffassung nicht auf die Erstellung der Jahres- oder Zwischenbilanz beschränkt. Sie gilt **auch bei sonstigen Gelegenheiten,** zB außerhalb der Aufstellung der Jahresbilanz, etwa dann, wenn der Vorstand bei Ausübung seines pflichtgemäßen Ermessens annehmen muss, dass die Hälfte des Grundkapitals verloren ist.[159] 104

---

[151] MüKoStGB/*Weiß* AktG § 400 Rn. 45.
[152] HK-KapMarktStrafR/*Eidam* Teil 3 HGB § 331 Rn. 29 ff.; MüKoStGB/*Weiß* AktG § 400 Rn. 47; MüKoAktG/*Schaal* § 400 Rn. 61 ff.
[153] Henssler/Strohn/*Raum* AktG § 400 Rn. 7.
[154] Vgl. MüKoStGB/*Weiß* AktG § 401 Rn. 1; weitere Strafvorschriften finden sich zB in §§ 283–283d StGB (ua Bankrott, § 283 StGB); dazu *Altenhain* in Matt/Renzikowski StGB §§ 283–283d.
[155] MüKoAktG/*Schaal* § 401 Rn. 16.
[156] Vgl. GJW/*Temming* AktG § 401 Rn. 8; Hölters/*Müller-Michaels* AktG § 401 Rn. 10; MüKoAktG/*Schaal* § 401 Rn. 39. Vgl. auch MüKoStGB/*Weiß* AktG § 400 Rn. 17.
[157] Hölters/*Müller-Michaels* AktG § 401 Rn. 14; MüKoAktG/*Schaal* § 401 Rn. 19.
[158] BeckOGK/*Hefendehl* AktG § 401 Rn. 23; GJW/*Temming* AktG § 401 Rn. 5; Hölters/*Müller-Michaels* AktG § 401 Rn. 13; MüKoStGB/*Weiß* AktG § 400 Rn. 12; MüKoAktG/*Schaal* § 401 Rn. 19.
[159] BeckOGK/*Hefendehl* AktG § 401 Rn. 24; Erbs/Kohlhaas/*Schaal* AktG § 401 Rn. 11.

105 **Pflicht zur unverzüglichen Einberufung der Hauptversammlung.** Die Hauptversammlung ist unverzüglich, dh ohne schuldhaftes Zögern, einzuberufen. Die Verlustanzeige muss Tagesordnungspunkt der zu diesem Zweck einberufenen Hauptversammlung und bekannt gemachten Tagesordnung sein.

106 Die Einberufungs- und Verlustanzeigepflicht eines Vorstandsmitglieds **entfällt erst dann,** wenn mit Sicherheit feststeht, dass das Handeln zu keinem Erfolg führen wird, so etwa wenn die anderen Vorstandsmitglieder und der Aufsichtsrat trotz intensiver Bemühungen erklären, dass sie die Verlustanzeige und die Einberufung der Hauptversammlung ablehnen werden.[160]

### 4. Unterlassener Antrag auf Eröffnung des Insolvenzverfahrens (§ 15a Abs. 4 InsO)

107 Seit dem Gesetz zur Modernisierung des GmbH-Rechts und zur Bekämpfung von Missbräuchen (MoMiG) im Jahr 2008 ist die Antragspflicht zur rechtzeitigen Stellung eines korrekten Insolvenzeröffnungsantrags nicht mehr in gesellschaftsrechtlichen Spezialgesetzen, sondern einheitlich in § 15a InsO geregelt.[161] Die Unterlassungsstraftat des Vorstandes ist dabei in § 15a Abs. 4 InsO überführt worden.[162]

108 Die strafbewehrte Pflicht des Vorstands (§ 76 AktG) bzw. des Abwicklers (§ 265 AktG) ist es, **bei Zahlungsunfähigkeit oder Überschuldung ohne schuldhaftes Zögern,** spätestens drei Wochen nach Eintritt der Zahlungsunfähigkeit und (seit Anfang des Jahres 2021) sechs Wochen nach Eintritt der Überschuldung, **die Eröffnung des Insolvenzverfahrens zu beantragen** (sog. **„Insolvenzverschleppung"**).[163]

109 Aufgrund der **Corona-Pandemie** wurde die Pflicht zur Stellung eines Insolvenzeröffnungsantrags für eine auf den Folgen der Pandemie beruhende Insolvenzreife mit dem rückwirkend in Kraft getretenen COVID-19-Insolvenzaussetzungsgesetz (COVInsAG) vom 1. 3. 2020 bis zum 30. 4. 2021 zwischenzeitlich ausgesetzt.[164]

#### a) Zahlungsunfähigkeit

110 Mit der Zahlungsunfähigkeit ist gem. § 17 Abs. 2 InsO das nach außen erkennbare **Unvermögen der Gesellschaft** gemeint, ihre fälligen Geldschulden im Wesentlichen zu erfüllen. Die Gesellschaft ist zahlungsunfähig, wenn sie nicht in der Lage ist, die fälligen Zahlungspflichten zu erfüllen.[165] Es ist nicht (mehr) erforderlich, dass die Zahlungsunfähigkeit einen wesentlichen Teil der Verbindlichkeiten umfasst.[166] Einer andauernden Unfähigkeit zur Erfüllung der Zahlungspflichten bedarf es daher nicht mehr.[167] Andererseits reicht eine bloße **vorübergehende Zahlungsstockung** oder bloße **Zahlungsunwilligkeit** zur Annahme der Zahlungsunfähigkeit nicht aus.[168] Auch eine drohende Zahlungsunfähigkeit begründet noch keine Antragspflicht.[169]

---

[160] Henssler/Strohn/*Raum* AktG § 401 Rn. 2.
[161] *Leithaus* in Andres/Leithaus, InsO, 4. Aufl. 2018, § 15a Rn. 1; Braun/*Bußhardt* InsO § 15a Rn. 1; *Bremen* in Graf-Schlicker, InsO, 5. Aufl. 2020, § 15a Rn. 2.
[162] *Leithaus* in Andres/Leithaus, InsO, 4. Aufl. 2018, § 15a Rn. 13 f.; MüKoStGB/*Hohmann* InsO § 15a Rn. 3.
[163] Vgl. BeckOK InsO/*Wolfer* § 15a Rn. 23. Allgemein s. auch MüKoStGB/*Hohmann* InsO § 15a Rn. 15.
[164] Henssler/Strohn/*Arnold* InsO § 15a Rn. 1a ff.; BeckOK InsO/*Wolfer* § 15a Rn. 28b ff.
[165] MüKoStGB/*Hohmann* InsO § 15a Rn. 28 f.
[166] *Bisson* GmbHR 2004, 843 (844); Uhlenbruck/*Mock* in Uhlenbruck InsO § 17 Rn. 21.
[167] *Bisson* GmbHR 2004, 843 (844); MüKoStGB/*Hohmann* InsO § 15a Rn. 28; *Mönning/Gutheil* in Nerlich/Römermann, Insolvenzordnung, 42. Aufl. 2021, InsO § 17 Rn. 13.
[168] MüKoStGB/*Hohmann* InsO § 15a Rn. 35 f.
[169] Henssler/Strohn/*Arnold* InsO § 15a Rn. 8; Braun/*Bußhardt* InsO § 15a Rn. 15; MüKoInsO/*Klöhn* § 15a Rn. 116.

### b) Überschuldung

Definiert wird Überschuldung in § 19 Abs. 2 InsO. Eine Überschuldung liegt grundsätzlich dann vor, **wenn das Vermögen der Gesellschaft nicht mehr die Schulden deckt,** dh wenn die Passiva die Aktiva übersteigen. 111

Bei der Frage, wie dieser Wert zu ermitteln ist, gab es eine Reihe von Änderungen in jüngerer Vergangenheit. Der Gesetzgeber legte zunächst den sog. **zweistufigen Überschuldungsbegriff** zugrunde.[170] Danach war das Vermögen der Gesellschaft unter der Annahme der Liquidation zu bewerten (erste Stufe). Anschließend war zu prüfen, ob eventuell die Finanzkraft der Gesellschaft nach überwiegender Wahrscheinlichkeit zur Fortführung des Unternehmens ausreicht (zweite Stufe). Erst wenn diese beiden Bewertungsstufen im Ergebnis zu Lasten des Unternehmens fielen, lag eine Überschuldung vor.[171] Nach den Änderungen im Zuge des Finanzmarktstabilisierungsgesetzes (FMStG) liegt eine Überschuldung nach § 19 Abs. 2 InsO nur noch dann vor, wenn das Vermögen des Schuldners die bestehenden Verbindlichkeiten nicht mehr deckt, es sei denn, die Fortführung des Unternehmens ist nach den Umständen überwiegend wahrscheinlich (sog. **modifizierter zweistufiger Überschuldungsbegriff**). Danach steht die Fortführungsprognose gleichrangig neben dem rechnerischen Ansatz. Dadurch sollen die Folgen der Finanzmarktkrise abgefedert werden. Die ursprünglich für eine Übergangszeit gedachte Regelung wurde nunmehr ohne Befristung übernommen.[172] Wie der Gesetzgeber jüngst ergänzte, ist hierfür ein Prognosezeitraum von zwölf Monaten angedacht.[173] Nach der aktuellen Gesetzesauffassung steht die Fortführungsprognose gleichrangig neben dem rechnerischen Ansatz. Die Prüfungsreihenfolge ist daher fakultativ.[174] 112

### c) Antragstellung

Zur Stellung des Antrags auf Eröffnung des Insolvenzverfahrens ist **jedes Mitglied des Vorstands** (einschließlich dessen Stellvertreter[175]) und jeder Abwickler nicht nur berechtigt, sondern auch verpflichtet.[176] Die Antragspflicht des Vorstands gilt als beendet, wenn ein vollständiger und rechtzeitiger Antrag gestellt wird[177] oder der Insolvenzgrund wegfällt[178]. 113

Der **Insolvenzantrag eines Gläubigers** entbindet die Vorstandsmitglieder und Abwickler grundsätzlich nicht von der Pflicht zur rechtzeitigen Antragstellung, da ein zurückgenommener Antrag als nicht gestellt angesehen wird.[179] Die Vorstandsmitglieder müssen sich dann dem Gläubigerantrag anschließen.[180] 114

Ausreichend für die **Straffreiheit ist die Antragstellung eines Vorstandmitglieds,** der auch für die anderen Vorstandmitglieder wirkt. Dies gilt auch dann, wenn die anderen 115

[170] Ausf. Henssler/Strohn/*Arnold* InsO § 19 Rn. 2 ff., zur Entwicklung vgl. MüKoInsO/*Drukarczyk/Schüler* § 19 Rn. 21 ff.

[171] MüKoInsO/*Drukarczyk/Schüler* § 19 Rn. 41 ff.

[172] Henssler/Strohn/*Arnold* InsO § 19 Rn. 2 ff.; MüKoInsO/*Drukarczyk/Schüler* § 19 Rn. 48 ff., 91 ff.

[173] BeckOK InsO/*Wolfer* § 19 Rn. 1.

[174] Ausf. zur im Einzelfall zu wählenden Prüfungsreihenfolge vgl. Uhlenbruck/*Mock* InsO § 19 Rn. 40 ff. sowie BeckOK InsO/*Wolfer* § 19 Rn. 9.

[175] MüKoInsO/*Klöhn* § 15a Rn. 66; *Pelz* in WJS WirtschaftsStrafR-HdB Kap. 9 Rn. 88.

[176] BeckOK InsO/*Wolfer* § 15a Rn. 7 ff.; *Bremen* in Graf-Schlicker, InsO, 5. Aufl. 2020, § 15a Rn. 4 f.; *Himmelreich* in ARR WirtschaftsStrafR-HdB Teil 7 Kap. 2 Rn. 23 ff.; *Pelz* in WJS WirtschaftsStrafR-HdB Kap. 9 Rn. 58; *Rotsch/Wagner* in Momsen/Grützner WirtschaftsSteuerStrafR-HdB § 28 Rn. 85 ff.

[177] BeckOK InsO/*Wolfer* § 15a Rn. 24 f.; MüKoStGB/*Hohmann* § 15a Rn. 91; MüKoInsO/*Klöhn* § 15a Rn. 132.

[178] BeckOK InsO/*Wolfer* § 15a Rn. 28; MüKoStGB/*Hohmann* § 15a Rn. 91; MüKoInsO/*Klöhn* § 15a Rn. 135.

[179] BGH NZI 2009, 124; Braun/*Bußhardt* InsO § 15a Rn. 32; *Bremen* in Graf-Schlicker, InsO, 5. Aufl. 2020, § 15a InsO Rn. 15; MüKoInsO/*Klöhn* § 15a Rn. 137; *Pelz* in WJS WirtschaftsStrafR-HdB Kap. 9 Rn. 84, 100.

[180] MüKoInsO/*Klöhn* § 15a Rn. 137 mwN.

Vorstandsmitglieder gegen den Antrag gestimmt oder diesen zu verhindern versucht haben.[181]

### d) Antragsfrist

116 Der Antrag ist **ohne schuldhaftes Zögern** zu stellen. Jüngst entschied sich der Gesetzgeber für die Abkehr von einer einheitlichen Antragsfrist nach Eintritt der Krise. Seitdem ist der Eröffnungsantrag **spätestens drei Wochen nach Eintritt der Zahlungsunfähigkeit** bzw. **sechs Wochen nach Eintritt der Überschuldung** zu stellen.[182] Mit letzterem Zusatz ist nicht gemeint, dass dem Verpflichteten zur Stellung des Antrags eine Frist von drei bzw. sechs Wochen eingeräumt ist. Der Antrag ist immer unverzüglich zu stellen,[183] nur gesteht der Gesetzgeber der Unternehmensleitung innerhalb dieser Frist die Möglichkeit zu, Sanierungsversuche und andere Maßnahmen zur Rettung des Unternehmens zu ergreifen. Gelingt dies während dieser Frist, so entfällt die Antragspflicht.[184]

117 Die Antragsfrist **beginnt** nach vorzugswürdiger Ansicht zu dem **Zeitpunkt,** in dem der zum Handeln verpflichtete Täter **positive Kenntnis** von der Krisensituation erlangt hat, unabhängig davon, ob die vorsätzliche oder fahrlässige Verwirklichung des Tatbestands in Frage kommt.[185]

### e) Fehlerhafte Antragstellung

118 Ebenfalls ist die fehlerhafte Antragstellung strafbewehrt nach § 15a Abs. 4 Var. 2 InsO. Hierunter sind allerdings nur solche Unrichtigkeiten zu verstehen, welche die ordnungsgemäße Prüfung des Eröffnungsantrages durch das Insolvenzgericht **wesentlich erschweren.**[186] Wurde ein Eröffnungsantrag rechtskräftig als unzulässig zurückgewiesen, kann dieser seit der jüngsten Einfügung von § 15a Abs. 6 InsO im Jahr 2017[187] **innerhalb von drei Wochen** nachgebessert werden. Erst wenn von dieser Möglichkeit kein Gebrauch gemacht wird, liegt ein strafbares Handeln des Vorstands vor.[188]

## II. Steuerhinterziehung

119 Zentrale Strafvorschrift des Steuerstrafrechts ist die Steuerhinterziehung nach § 370 AO,[189] die mit Freiheitsstrafe bis zu fünf Jahren oder Geldstrafe bestraft wird. In besonders schweren Fällen beträgt die Freiheitsstrafe sechs Monate bis zehn Jahre (§ 370 Abs. 3 AO). Nach der Rechtsprechung des BGH wird ein **schwerer Fall** der Steuerhinterziehung ua mitt-

---

[181] MüKoInsO/*Klöhn* § 15a Rn. 136.

[182] Zur Neuregelung der Höchstfristen vgl. BeckOK InsO/*Wolfer* § 15a Rn. 23.

[183] *Leithaus* in Andres/Leithaus, InsO, 4. Aufl. 2018, § 15a Rn. 6; BeckOK InsO/*Wolfer* § 15a Rn. 21 f.

[184] BGHSt 15, 306, 310 = NJW 1961, 740 (742); *Bremen* in Graf-Schlicker, InsO, 5. Aufl. 2020, § 15a InsO Rn. 8, vgl. zudem Braun/*Bußhardt* InsO § 15a Rn. 16 mwN.

[185] BGH NJW 1979, 1823 (1827); *Altmeppen,* GmbHG, 10. Aufl. 2021, Vor § 64 Rn. 72; *Himmelreich* in ARR WirtschaftsStrafR-HdB Teil 7 Kap. 2 Rn. 48 f., aA *Leithaus* in Andres/Leithaus, InsO, 4. Aufl. 2018, § 15a Rn. 7; BeckOK InsO/*Wolfer* § 15a Rn. 20; *Bremen* in Graf-Schlicker, InsO, 5. Aufl. 2020, § 15a InsO Rn. 6; MüKoStGB/*Hohmann* § 15a Rn. 81, vgl. dazu *Schäfer* GmbHR 1993, 780 (781) sowie Henssler/Strohn/*Arnold* InsO § 15a Rn. 9.

[186] BeckOK InsO/*Wolfer* § 15a Rn. 24; MüKoStGB/*Hohmann* § 15a Rn. 87; MüKoInsO/*Klöhn* § 15a Rn. 133.

[187] Gesetz zur Durchführung der Verordnung (EU) 2015/848 über Insolvenzverfahren v. 5.6.2017, BGBl. 2017 I 1476.

[188] BT-Drs. 18/10823, 26 f.; Braun/*Bußhardt* InsO § 15a Rn. 31; *Pelz* in WJS WirtschaftsStrafR-HdB Kap. 9 Rn. 88; *Rotsch/Wagner* in Momsen/Grützner WirtschaftsSteuerStrafR-HdB § 28 Rn. 108 ff. Die Wirkung von § 15a Abs. 6 InsO enthaltet sich nur im Rahmen der Strafbarkeit und hat keine Auswirkung auf die zivilrechtliche Haftung für Insolvenzverschleppung, vgl. MüKoInsO/*Klöhn* § 15a Rn. 133.

[189] Dazu MAH WirtschaftsStrafR/*Lohr* § 32 Rn. 66; *Pflaum* in WJS WirtschaftsStrafR-HdB Kap. 21 Rn. 9 ff.; s. auch MüKoStGB/*Schmitz/Wulf* AO § 370 sowie *Cordes* in Momsen/Grützner WirtschaftsSteuerStrafR-HdB § 42.

lerweile **bereits ab einem Hinterziehungsbetrag von 50.000 EUR** angenommen.[190] Ab einem Hinterziehungsbetrag in Millionenhöhe kommt eine aussetzungsfähige Freiheitsstrafe nur in Ausnahmefällen noch in Betracht.[191]

## 1. Voraussetzungen des § 370 AO

### a) Begehungsformen

§ 370 AO kennt **zwei wichtige Begehungsformen:** das Machen unrichtiger oder unvollständiger Angaben und das pflichtwidrige Unterlassen von Angaben gegenüber den Finanzbehörden oder anderen Behörden. 120

**aa) Das Machen unrichtiger oder unvollständiger Angaben.** Unter Strafe gestellt ist gem. § 370 Abs. 1 Nr. 1 AO zunächst das **Machen** unrichtiger oder unvollständiger Angaben.[192] 121

Diese Angaben müssen sich auf **steuerlich erhebliche Tatsachen** beziehen. Dies sind Tatsachen, die auf Grund oder Höhe des Steueranspruchs Einfluss haben.[193] 122

Was unter **Steuern** zu verstehen ist, normiert § 3 Abs. 1 AO; darunter fallen zB die Einkommen-, Körperschaft-, Gewerbesteuer, Umsatz-, Lohn- oder die Kapitalertragsteuer; nicht aber Kirchensteuern.[194] Nicht dazu gehören ebenso **steuerliche Nebenleistungen** nach § 3 Abs. 4 AO wie etwa Verspätungs- und Säumniszuschläge, Zwangsgelder oder Zinsen.[195] 123

Wichtigster Anwendungsfall des Machens unrichtiger oder unvollständiger Angaben ist die **Abgabe unrichtiger** oder **unvollständiger Jahres-Steuererklärungen** oder **Steueranmeldungen** (wie zB Umsatzsteuervoranmeldungen, Lohnsteueranmeldungen oder Kapitalertragsteueranmeldungen).[196] 124

In diesem Zusammenhang sei auf das **Abzugsverbot des § 4 Abs. 5 Nr. 10 S. 1 EStG (insbesondere „Bestechungszahlungen")** hingewiesen. Danach dürfen die Zuwendung von Vorteilen und damit zusammenhängende Aufwendungen (zB Reise- und Transportkosten) den Gewinn nicht mindern, wenn die Zuwendung der Vorteile eine rechtswidrige Handlung darstellt, die den Tatbestand eines Strafgesetzes oder eines Gesetzes verwirklicht, das die Ahndung mit einer Geldbuße zulässt. Nach der aktuellen Rechtslage ist es ausreichend, wenn die Zuwendung einen Straf- oder Bußgeldtatbestand erfüllt, einer strafrechtlichen Verurteilung bedarf es nicht mehr.[197] Streitig ist insbesondere, in welchem Umfang Berater- und Rechtsanwaltskosten unter das Abzugsverbot fallen.[198] Nach richtigem Verständnis gilt das Abzugsverbot zumindest nicht für die Kosten einer internen Untersuchung.[199] Für Geldbußen oder ähnliche Sanktionen selbst ist das **Abzugsverbot des § 4 Abs. 5 Nr. 8 EStG** zu beachten. 125

---

[190] BGH DStR 2016, 914; wistra 2018, 224. *Bilsdorfer* NJW 2019, 1499 (1503); Klein/*Jäger* AO § 370 Rn. 280.
[191] BGH NJW 2009, 528; MüKoStGB/*Schmitz/Wulf* AO § 370 Rn. 552 f.; Erbs/Kohlhaas/*Hadamitzky/Senge* AO § 370 Rn. 84.
[192] Dazu *Pflaum* in WJS WirtschaftsStrafR-HdB Kap. 21 Rn. 45 ff.; s. auch *Cordes* in Momsen/Grützner WirtschaftsSteuerStrafR-HdB § 42 Rn. 73 ff.; MAH WirtschaftsStrafR/*Lohr* § 32 Rn. 79 ff.
[193] *Pflaum* in WJS WirtschaftsStrafR-HdB Kap. 21 Rn. 49.; *Joecks* in Joecks/Jäger/Randt, Steuerstrafrecht, 8. Aufl. 2015, AO § 370 Rn. 186, vgl. auch MüKoStGB/*Schmitz/Wulf* AO § 370 Rn. 239 ff.
[194] Ausf. Klein/*Jäger* AO § 370 Rn. 15 ff.; MüKoStGB/*Schmitz/Wulf* AO § 370 Rn. 55 ff.
[195] BGH NJW 1998, 1568 (1575); MüKoStGB/*Schmitz/Wulf* AO § 370 Rn. 58 ff.; Klein/*Jäger* AO § 370 Rn. 20.
[196] Vgl. etwa *Pflaum* in WJS WirtschaftsStrafR-HdB Kap. 21 Rn. 45.
[197] S. auch *Drüen* in Blümich, EStG, KSTG, GewStG, 156. Aufl. 2021, EStG § 4 Rn. 899; *Rönnau* in ARR WirtschaftsStrafR-HdB Teil 3 Kap. 2 Rn. 117.
[198] S. dazu BFH DStRE 2014, 1156; *Schneider/Perrar* DB 2014, 2428 ff.
[199] So auch *Schneider/Perrar* DB 2014, 2428 (2431); *Werder/Rudolf* BB 2015, 665 (671).

126 Eine Steuerhinterziehung kann **in jedem Stadium des Besteuerungsverfahrens begangen werden** – bei der Festsetzung, der Erhebung, der Vollstreckung, aber auch noch bei einer Außenprüfung oder im Rechtsbehelfsverfahren.[200]

127 **bb) Das pflichtwidrige Unterlassen von Angaben.** Die Steuerhinterziehung kann gem. § 370 Abs. 1 Nr. 2 AO auch durch das pflichtwidrige Unterlassen von Angaben über steuerlich erhebliche Tatsachen begangen werden.[201]

128 Hauptanwendungsfall dieser Begehungsform ist die pflichtwidrige **Nichtabgabe von Jahres-Steuererklärungen oder Steueranmeldungen.**[202] Darunter fällt auch die sehr praxisrelevante **Verletzung der Berichtigungspflicht** nach § 153 AO.[203] Diese Berichtigungspflicht verpflichtet den Steuerpflichtigen, im Fall des nachträglichen Bekanntwerdens einer falschen oder unvollständigen Steuererklärung diese unverzüglich anzuzeigen und richtigzustellen.[204]

### b) Steuerverkürzung

129 Durch das Handeln oder Unterlassen muss die Steuer verkürzt worden sein. Damit ist gemeint, dass die Steuern nicht in voller Höhe oder nicht rechtzeitig festgesetzt worden sind (§ 370 Abs. 4 S. 1 AO).[205]

130 Bei **Fälligkeitssteuern,** wie zB der Lohnsteuer oder der Umsatzsteuer, tritt eine Steuerverkürzung mit der Nichtzahlung am Fälligkeitstermin ein.[206] Dies gilt auch für **vorläufig** oder **unter dem Vorbehalt der Nachprüfung festgesetzte Steuern** sowie für **Steuern mit Steueranmeldung** (§ 370 Abs. 4 S. 1 AO).[207]

131 Bei **Veranlagungssteuern,** zu denen etwa die Einkommen-, Körperschaft- und Gewerbesteuer gehören, hängt die Fälligkeit von der Festsetzungshandlung des Finanzamts ab (innerhalb einer bestimmten Frist nach Festsetzung und Bekanntgabe des Steuerbescheids).[208]

132 Jedoch kann eine Steuerverkürzung **auch schon vor Fälligkeit** eintreten; so etwa dann, wenn die Steuer nicht in voller Höhe festgesetzt worden ist (vgl. § 370 Abs. 4 S. 1 AO),[209] oder auch für den Fall, dass der Steuerpflichtige die Veranlagung oder Festsetzung der Steuer verhindert hat, zB durch die vorsätzliche Nichtabgabe einer Einkommensteuererklärung. In diesen Fällen tritt der Verkürzungserfolg dann ein, sobald die Veranlagung und Festsetzung bei ordnungsgemäßer Abgabe der Steuererklärung erfolgt wäre.[210]

---

[200] *Pflaum* in WJS WirtschaftsStrafR-HdB Kap. 21 Rn. 16.

[201] Dazu *Pflaum* in WJS WirtschaftsStrafR-HdB Kap. 21 Rn. 54 ff.; *Cordes* in Momsen/Grützner WirtschaftsSteuerStrafR-HdB § 42 Rn. 91 ff.; ausf. MüKoStGB/*Schmitz/Wulf* AO § 370 Rn. 301 ff.

[202] Ausf. *Joecks* in Joecks/Jäger/Randt, Steuerstrafrecht, 8. Aufl. 2015, AO § 370 Rn. 246 ff., vgl. auch *Pflaum* in WJS WirtschaftsStrafR-HdB Kap. 21 Rn. 61 ff.

[203] *Pflaum* in WJS WirtschaftsStrafR-HdB Kap. 21 Rn. 56; MAH WirtschaftsStrafR *Lohr* § 32 Rn. 622; dazu auch *Taschke* NZWiSt 2012, 89 (90).

[204] Klein/*Rädtke* AO § 153 Rn. 1 ff.; *Joecks* in Joecks/Jäger/Randt, Steuerstrafrecht, 8. Aufl. 2015, AO § 370 Rn. 259 ff.

[205] *Cordes* in Momsen/Grützner WirtschaftsSteuerStrafR-HdB § 42 Rn. 131; MAH WirtschaftsStrafR/*Lohr* § 32 Rn. 119; *Pflaum* in WJS WirtschaftsStrafR-HdB Kap. 21 Rn. 30.

[206] MAH WirtschaftsStrafR/*Lohr* § 32 Rn. 127; Klein/*Jäger* AO § 370 Rn. 105.

[207] Klein/*Jäger* AO § 370 Rn. 105.

[208] MAH WirtschaftsStrafR/*Lohr* § 32 Rn. 122, 125; MüKoStGB/*Schmitz/Wulf* AO § 370 Rn. 100 ff.; Klein/*Jäger* AO § 370 Rn. 90 ff.

[209] Dazu MüKoStGB/*Schmitz/Wulf* AO § 370 Rn. 94; Klein/*Jäger* AO § 370 Rn. 93.

[210] MüKoStGB/*Schmitz/Wulf* AO § 370 Rn. 93.

### c) Vorsatz zur Steuerhinterziehung

Der Vorsatz zur Steuerhinterziehung[211] setzt voraus, dass der Täter den Steueranspruch dem Grund, der Höhe sowie seiner Fälligkeit nach kennt.[212] Fehlt eine solche Kenntnis oder irrt der Täter, so liegt ein **vorsatzausschließender Tatbestandsirrtum** gem. § 16 StGB vor.[213] In der Praxis wird seitens der Steuer- und Ermittlungsbehörden vielfach Eventualvorsatz bereits bei einer sehr niedrigen Verdachtsschwelle bejaht und Ermittlungen gegen Leitungspersonen von Unternehmen eingeleitet. 133

Das Bundesfinanzministerium nahm in jüngerer Vergangenheit in einem **Anwendungserlass,** der für die Finanzbehörden verbindlich ist, auch zur Frage der Annahme von Vorsatz Stellung.[214] Das Bundesfinanzministerium betont, dass für die Bejahung von Vorsatz es nicht erforderlich ist, dass der Täter die Tatbestandsverwirklichung anstrebt oder für sicher hält. Es reicht, in Übereinstimmung mit der BGH-Rechtsprechung, ein **Für-Möglich-Halten der Tatbestandsverwirklichung** aus, wobei zusätzlich erforderlich ist, dass der Eintritt des Taterfolges billigend in Kauf genommen wird. Dies sei der Fall, wenn dem Täter der als möglich erscheinende Handlungserfolg gleichgültig ist. Dabei betont der Anwendungserlass die Bedeutung eines innerbetriebliches Kontrollsystems, das der Erfüllung der steuerlichen Pflichten dient (sog. **„Tax-Compliance-System“**). Das Bestehen eines solchen Systems kann ein Indiz darstellen, das gegen das Vorliegen von Vorsatz oder sogar Leichtfertigkeit spricht (siehe dazu die Steuerordnungswidrigkeit nach § 378 AO).[215] 134

### d) Verjährung

Die Verjährungsfrist der Steuerhinterziehung beträgt gem. § 78 Abs. 3 Nr. 4 StGB fünf Jahre, da die Höchststrafe des Grundtatbestands fünf Jahre nicht übersteigt. 135

Abweichend von den Regelungen des § 78 Abs. 4 StGB sieht § 376 AO für den besonders schweren Fall der Steuerhinterziehung eine **verlängerte Verjährungsfrist** vor. Diese wurde Mitte des Jahres 2020 sowie zu Beginn des Jahres 2021 vor dem Hintergrund der laufenden Ermittlungen im Zusammenhang der „Cum-Ex“-Verfahren von zehn auf 15 Jahre ausgeweitet, Die neue Regelung gilt für alle Straftaten, die zum Zeitpunkt des Inkrafttretens des neuen Gesetzes, dh am 29. 12. 2020, noch nicht verjährt waren. 136

## 2. Straffreiheit durch Selbstanzeige nach § 371 AO

Nach § 371 AO besteht die Möglichkeit, durch eine Selbstanzeige Straffreiheit zu erlangen.[216] § 371 Abs. 3 AO stellt klar, dass der Staat nur auf den Strafanspruch verzichtet, die Steuerschuld als solche bleibt bestehen (und bereits verkürzte Steuerbeträge müssen fristgerecht nachgezahlt werden). 137

---

[211] Eine leichtfertige Tatbegehung (= gesteigerter Grad von Fahrlässigkeit) kann als Ordnungswidrigkeit nach § 378 AO geahndet werden, dazu Klein/*Jäger* AO § 378 Rn. 1 ff.; Erbs/Kohlhaas/*Hadamitzky/Senge* AO § 378 Rn. 1 ff.

[212] Vgl. BGH wistra 2011, 465; *Joecks* in Joecks/Jäger/Randt, Steuerstrafrecht, 8. Aufl. 2015, AO § 370 Rn. 502; Klein/*Jäger* AO § 370 Rn. 21; MAH WirtschaftsStrafR/*Lohr* § 32 Rn. 164.

[213] MAH WirtschaftsStrafR/*Lohr* § 32 Rn. 173 ff.; zum Fall, dass der Täter die Rechtswidrigkeit seines Verhaltens nicht kennt, mit Beispielen *Joecks* in Joecks/Jäger/Randt, Steuerstrafrecht, 8. Aufl. 2015, AO § 370 Rn. 505.

[214] BMF-Anwendungserlass zu § 153 AO v. 23.5.2016.

[215] Vgl. BMF-Anwendungserlass zu § 153 AO v. 23.5.2016 = BMF DStR 2016, 1218. S. dazu auch *Beyer* NZWiSt 2016, 234 ff.; *Neuling* DStR 2016, 1652 ff.; *Wegner* SteuK 2016, 289 ff.

[216] Dazu MAH WirtschaftsStrafR/*Lohr* § 32 Rn. 291 ff.; *Pflaum* in WJS WirtschaftsStrafR-HdB Kap. 21 Rn. 109 ff.; zu bisherigen Änderungen und Anwendungsfragen *Spatscheck* DB 2013, 1973 ff.; *Bürger* BB 2012, 34 ff.; *Zanzinger* DStR 2011, 1397 ff.; *Joecks* DStR 2014, 2261 ff.; *Bilsdorfer* NJW 2020, 1488 (1891). Zu § 371 AO im Lichte des VerSanG s. *Scharenberg* NZWiSt 2020, 230 ff.

138 Die Selbstanzeige betrifft dabei nur die Steuerhinterziehung; **auf andere nicht-steuerliche Straftaten hat sie keine Auswirkung.**[217] In den letzten Jahren kam es zu erheblichen Verschärfungen der Voraussetzungen der strafbefreienden Selbstanzeige durch die Entscheidung des BGH vom 20. 5. 2010[218] sowie durch die Gesetzesänderungen im Zuge des Schwarzgeldbekämpfungsgesetzes vom 28. 4. 2011. Eine weitere Verschärfung trat zum 1. 1. 2015 in Kraft. Weitere (redaktionelle) Anpassungen erfolgten im Jahr 2017.[219] Der BGH stellte in seiner Grundsatzentscheidung vom 20. 5. 2010 – in Abkehr seiner bisherigen Rechtsauffassung – klar, dass **Teilselbstanzeigen** in Zukunft **nicht mehr zu Straffreiheit führen dürfen,** da neben den fiskalen Interessen des Staates auch entscheidend sei, dass der Täter erkennbar vollständig zur Steuerehrlichkeit zurückkehren wolle. Damit sollte sog. „taktischen" Selbstanzeigen die Grundlage entzogen werden. Der Gesetzgeber reagierte daraufhin und änderte den Wortlaut (nunmehr „in vollem Umfang" anstatt „insoweit") des § 371 AO. Noch nicht völlig geklärt ist, ob nunmehr auch sog. unbewusste Teilselbstanzeigen, dh Fälle, in denen die Selbstanzeige gutgläubig unvollständig geblieben ist, nicht mehr möglich sind. Der Wortlaut lässt eine grundsätzliche Unwirksamkeit vermuten, allerdings liegt in diesen Fällen ein taktisches Vorgehen gerade nicht vor.[220]

139 Zu den **Voraussetzungen** der strafbefreienden Selbstanzeige nach § 371 AO gehören:

- Die **Nacherklärung,** dh unrichtige oder unvollständige Angaben müssen berichtigt, ergänzt bzw. nachgeholt werden. Nach der Neufassung des § 371 AO müssen dabei nunmehr alle unverjährten Steuerstraftaten einer Steuerart korrigiert werden.[221] Die vorstehend aufgezeigte Ausweitung der Verjährungsregeln (→ Rn. 136) hat auch Auswirkungen auf die Wirksamkeit von Selbstanzeigen von Steuerstraftaten. Bei schwerwiegenden Steuerstraftaten erfordert der Gesetzgeber nun eine Offenlegung aller Steuerstraftaten mindestens der letzten 15 Jahre mit allen Beträgen und Details. Dies stellt eine hohe (praktische) Hürde dar.
- Die **Nachzahlung,** dh der Täter muss die zu seinen Gunsten hinterzogenen Steuern sowie die Hinterziehungszinsen innerhalb einer bestimmten Frist nachzahlen.[222]
- Schließlich darf die Selbstanzeige gem. § 371 Abs. 2 Nr. 1, 2 AO **nicht ausgeschlossen sein.**[223] Ausgeschlossen ist sie zB bei einer steuerlichen Betriebsprüfung[224] oder wenn dem Täter die Einleitung des Straf- oder Bußgeldverfahrens bekannt gegeben worden ist.[225] Die Selbstanzeige ist auch dann ausgeschlossen, wenn die Tat ganz oder teilweise entdeckt worden ist und der Täter dies wusste oder damit hätte rechnen können.[226]

---

[217] Vgl. BGH wistra 2004, 309. Problematisch wird der Fall, wenn zusätzlich zur Steuerstraftat noch ein Allgemeindelikt, zB eine Urkundenfälschung gem. § 267 StGB, verwirklicht ist. Hierbei ist fraglich, ob die durch die Selbstanzeige offenbarten Beweismittel gem. § 393 Abs. 2 S. 1 AO für eine Verurteilung nach § 267 StGB herangezogen werden dürfen. Dies ist umstr., bejahend BGH wistra 2004, 309 mkritAnm *Eidam* wistra 2004, 412; gute Übersicht über die Diskussion bei *Joecks* in Joecks/Jäger/Randt, Steuerstrafrecht, 8. Aufl. 2015, AO § 370 Rn. 70 ff.

[218] BGHSt 55, 180 = NJW 2010, 2146 mAnm *Bittmann;* s. auch *Füllsack/Bürger* BB 2011, 1239 ff.

[219] BGBl. 2017 I 1682.

[220] Zum Meinungsstand vgl. *Ransiek/Hinghaus* BB 2011, 2271 ff.; *Zanzinger* DStR 2011, 1397 ff., jeweils mwN.

[221] Vgl. Klein/*Jäger* AO § 371 Rn. 55 ff.; dazu auch *Wegner* SteuK 2012, 74 ff.; zur Frage der Bagatellabweichungen bei Selbstanzeigen BGH NStZ 2012, 105 mAnm *Rolletschke* NZWiSt 2012, 117 ff.; *Bürger* BB 2012, 34 ff.

[222] Klein/*Jäger* AO § 371 Rn. 210 ff.; MAH WirtschaftsStrafR/*Lohr* § 32 Rn. 418 ff.; *Cordes* in Momsen/Grützner WirtschaftsSteuerStrafR-HdB § 42 Rn. 214 ff.; MüKoStGB/*Kohler* AO § 371 Rn. 145 ff.

[223] Zu den Sperrgründen im Einzelnen Klein/*Jäger* AO § 371 Rn. 110 ff.; MAH WirtschaftsStrafR/*Lohr* § 32 Rn. 344 ff.; *Cordes* in Momsen/Grützner WirtschaftsSteuerStrafR-HdB § 42 Rn. 208 ff.

[224] Dazu im Einzelnen Klein/*Jäger* AO § 371 Rn. 111 ff.; MAH WirtschaftsStrafR/*Lohr* § 32 Rn. 347 ff.; MüKoStGB/*Kohler* AO § 371 Rn. 188 ff.; *Joecks* in Joecks/Jäger/Randt, Steuerstrafrecht, 8. Aufl. 2015, AO § 371 Rn. 205 ff.

[225] Klein/*Jäger* AO § 371 Rn. 150 ff.; MAH WirtschaftsStrafR/*Lohr* § 32 Rn. 354 ff.; MüKoStGB/*Kohler* AO § 371 Rn. 202 ff.

[226] Zur sog. Tatendeckung s. auch Klein/*Jäger* AO § 371 Rn. 155 ff.; MAH WirtschaftsStrafR/*Lohr* § 32 Rn. 382 ff.; MüKoStGB/*Kohler* AO § 371 Rn. 273 ff.; *Buse* DStR 2008, 2100 ff.

- Eine Straffreiheit setzt nach § 371 Abs. 2 Nr. 3 AO iVm § 398a AO bei **Hinterziehungen von über 25.000 EUR** nunmehr die Zahlung eines gestaffelten „Strafzuschlags" voraus.[227] Entsprechendes gilt nunmehr nach § 371 Abs. 2 Nr. 4 AO iVm § 398a AO auch bei Vorliegen eines besonders schweren Falles nach § 370 Abs. 3 Nr. 2–6 AO.

Für Steuerverkürzungen im Zusammenhang mit Umsatzsteuervoranmeldungen und Lohnsteueranmeldungen ist nunmehr die Sonderregelung des § 371 Abs. 2a AO zu beachten. 140

### 3. Verhältnis der Berichtigungspflicht nach § 153 AO und der Selbstanzeige nach § 371 AO

Im steuerlichen Kontext ist immer auch die **Anzeige- und Berichtigungspflicht** nach § 153 AO zu beachten.[228] Sofern dem Vorstand oder der Geschäftsführung positiv Hinweise dafür vorliegen, dass in der Vergangenheit fehlerhafte Steuererklärungen abgegeben worden sind, zB da Korruptionszahlungen entgegen § 4 Abs. 5 Nr. 10 S. 1 EStG gewinnmindernd geltend gemacht wurden, hat der Vorstand bzw. die Geschäftsführung unverzüglich die Steuererklärung zu korrigieren, sofern noch keine Festsetzungsverjährung eingetreten ist. Anderenfalls macht er bzw. sie sich – wie bereits dargestellt (→ Rn. 128) – selbst der Steuerhinterziehung nach § 370 AO schuldig. Eine Berichtigungspflicht trifft allerdings grundsätzlich **nicht den ursprünglichen Steuerstraftäter.**[229] Der nunmehr ergangene Anwendungserlass[230] betont jedoch, dass die Anzeige- und Berichtigungspflicht nach § 153 AO auch dann besteht, wenn der Steuerpflichtige die Unrichtigkeit seiner Angaben bei der Abgabe der Steuererklärung nicht gekannt, sie aber **billigend in Kauf genommen hat,** dh mit Eventualvorsatz handelte, und später zu der Erkenntnis gelangt ist, dass seine Angaben tatsächlich unrichtig waren. 141

## III. Delikte zum Schutz des Kapitalmarkts

Besondere Pflichten ergeben sich für **Vorstände von börsennotierten Aktiengesellschaften.** Zum Schutz von Kapitalmarkt und Kapitalanlegern werden sie in zahlreichen Vorschriften persönlich strafrechtlich in die Verantwortung genommen. Zu den wichtigsten Vorschriften gehören das Verbot von Insidergeschäften (→ Rn. 143 ff.), das Verbot der Marktmanipulation (→ Rn. 172 ff.), sowie der Kapitalanlagebetrug (→ Rn. 207 ff.). Daneben ist die Verleitung zu Börsenspekulationen strafbewehrt.[231] 142

### 1. Verbot von Insidergeschäften

Seit dem 2. Finanzmarktförderungsgesetz[232] von 1994 gibt es ein strafbewehrtes Verbot von Insidergeschäften, welches mittlerweile weitestgehend europäisiert wurde.[233] Erhebliche Neuerungen brachten zunächst das **Anlegerschutzverbesserungsgesetz (AnSVG),**[234] das 143

---

[227] Dazu Klein/*Jäger* AO § 393 Rn. 1 ff.; MüKoStGB/*Kohler* AO § 398a Rn. 1 ff.; *Hunsmann* PStR 2011, 227 ff.; 1*Hussmann* NJW 2011, 1482 (1486); *Joecks* DStR 2014, 2261 (2265 f.).

[228] Dazu *Taschke* NZWiSt 2012, 89 (90); Klein/*Rädtke* AO § 153 Rn. 1 ff.; Rn. 1 ff.

[229] Vgl. BGH NJW 2009, 1984; Klein/*Rädtke* AO § 153 Rn. 5 f.

[230] BMF-Anwendungserlass zu § 153 AO v. 23. 5. 2016.= BMF DStR 2016, 1218.

[231] Diese Strafbarkeit betrifft jedoch nicht die übliche Tätigkeit eines Vorstandsmitglieds und sollen daher in der Folge nicht näher dargelegt werden; ausf. zu diesem Straftatbestand nach § 49 BörsG vgl. MAH WirtschaftsStrafR/*Rübenstahl/Tsambikakis* § 23 Rn. 176 ff.; *Trüg* in ARR WirtschaftsStrafR-HdB Teil 10 Kap. 2 Rn. 153 ff.

[232] Gesetz zur weiteren Fortentwicklung des Finanzplatzes Deutschland vom 26. 7. 1994, BGBl. I 1749, in Umsetzung einer EG-Richtlinie von 1989; dazu den Überblick bei *Jander/Zoberbier* WiB 1994, 806.

[233] HK-KapMarktStrafR/*Hilgendorf/Kusche* Teil 3 Kap. 7.1 Rn. 7. Zur Rechtsentwicklung vgl. HK-KapMarktStrafR/*Hilgendorf/Kusche* Teil 3 Kap. 7.1 Rn. 1 ff.

[234] Anlegerschutzverbesserungsgesetz (AnSVG) vom 28. 10. 2004, BGBl. 2004 I 2630.

die EU-Marktmissbrauchsrichtlinie von 2003[235] in nationales Recht umsetzte[236], sowie die EU-Markmissbrauchsverordnung (MAR)[237] und die neue ergänzende EU-Marktmissbrauchsrichtlinie (MAD)[238] von 2014. Die zum Teil notwendige Transposition europäischer Vorgaben erfolgte durch das **1. Finanzmarktnovellierungsgesetz** von 2016 (1. FiMaNoG)[239] sowie das **2. Finanzmarktnovellierungsgesetz** von 2017 (2. FiMaNoG)[240]. Seit Inkrafttreten des 2. FiMaNoG in 2018 ergibt sich das Verbot von Insidergeschäften aus **§ 119 Abs. 3 WpHG iVm Art. 14 MAR.**[241] Die in der MAR kodifizierten Vorschriften betreffend Insidergeschäften sind unmittelbar anwendbar.[242] § 119 Abs. 3 WpHG sanktioniert in unterschiedlichem Umfang vorsätzlich Verstöße gegen das in Art. 14 MAR normierte Verbot von Insidergeschäften und stellt – wie auch zuvor § 38 Abs. 1 WpHG aF – ein Tätigkeitsdelikt dar, ein Taterfolg (zB Gewinnerzielung oder Funktionsbeeinträchtigung der Börse) ist nicht erforderlich.[243] Verstöße gegen das Insiderhandelsverbot werden mit Freiheitsstrafe bis zu fünf Jahren oder mit Geldstrafe sanktioniert. Für **Treibhausgasemissionszertifikate** ist seit Ende 2011 auch der nunmehr in § 119 Abs. 2 WpHG kodifizierte Straftatbestand zu beachten.[244]

### a) Allgemeine Voraussetzungen

144 **aa) Insider.** Zum **Kreis der strafrechtlich Verantwortlichen** gehört grundsätzlich jeder, der über eine Insiderinformation verfügt. Der früheren Unterscheidung zwischen sog. „Primär- und Sekundärinsidern" kommt keine praktische Bedeutung mehr zu.[245]

145 **bb) Finanzinstrumente.** Das Verbot von Insidergeschäften nimmt seit der Neuregelung direkten Bezug auf Finanzinstrumente. Dies umfasst zB Aktien, Anleihen, auf dem Geldmarkt gehandelte Forderungen, geschlossene Fonds, Optionen, Emissionszertifikate, aber keine Kryptowährungen.[246] Wie in Art. 2 Abs. 1 MAR normiert, müssen die Finanzinstrumente **an einem Handelsplatz** iSv Art. 4 Abs. 1 Nr. 24 MiFID II (geregelter Markt, multilaterales oder organisiertes Handelssystem) gehandelt werden oder **einen indirekten Marktbezug** iSd Art. 2 Abs. 1 lit. d MAR (Auswirkung auf den Kurs oder Wert) aufweisen. Der bislang verwendete Begriff der Insiderpapiere findet nach neuer Rechtslage keine Anwendung mehr.[247]

---

235 Richtlinie 2003/6/EG vom 28.1.2003, ABl. 2003 L 96, 16.

236 Dazu *Diekmann/Sustmann* NZG 2004, 929 ff.; *Bürgers* BKR 2004, 424 ff.; *Spindler* NJW 2004, 3449 (3450 ff.); *Ziemons* NZG 2004, 537.

237 VO (EU) Nr. 596/2014 des Europäischen Parlaments und des Rates vom 16.4.2014 über Marktmissbrauch und zur Aufhebung der Richtlinie 2003/6/EG des Europäischen Parlaments und des Rates und der Richtlinien 2003/124/EG, 2003/125/EG und 2004/72/EG der Kommission, ABl. 2014 L 173, 1 ff.

238 Richtlinie 2014/57/EU des Europäischen Parlaments und des Rates vom 16.4.2014 über strafrechtliche Sanktionen bei Marktmanipulation (Marktmissbrauchsrichtlinie), ABl. 2014 L 173, 179 ff.

239 Erstes Gesetz zur Novellierung von Finanzmarktvorschriften auf Grund europäischer Rechtsakte vom 30.6.2016, BGBl. 2016 I 1514.

240 Zweites Gesetz zur Novellierung von Finanzmarktvorschriften auf Grund europäischer Rechtsakte vom 23.6.2017, BGBl. 2017 I 1693.

241 *Seier/Lindemann* in ARR WirtschaftsStrafR-HdB Teil 5 Kap. 2 Rn. 358, vgl. auch *Trüg* in ARR WirtschaftsStrafR-HdB Teil 10 Kap. 2 Rn. 64.

242 MAH WirtschaftsStrafR/*Rübenstahl/Tsambikakis* § 23 Rn. 3.

243 Vgl. MAH WirtschaftsStrafR/*Rübenstahl/Tsambikakis* § 23 Rn. 46, s. auch Schwark/Zimmer/*Böse/Jansen* WpHG § 119 Rn. 36.

244 BGBl. 1994 I 1749; dazu MAH WirtschaftsStrafR/*Rübenstahl/Tsambikakis* § 23 Rn. 94.

245 Zur Unterscheidung s. auch HK-KapMarktStrafR/*Hilgendorf/Kusche* Teil 3 § 119 WpHG Rn. 26 ff.; MAH WirtschaftsStrafR/*Rübenstahl/Tsambikakis* § 23 Rn. 86; *Trüg* in ARR WirtschaftsStrafR-HdB Teil 10 Kap. 2 Rn. 66; *Hohn* in Momsen/Grützner WirtschaftsSteuerStrafR-HdB § 21 Rn. 43, Vgl. darüber hinaus *Diekmann/Sustmann* NZG 2004, 929 (931).

246 MüKoStGB/*Pananis* WpHG § 119 Rn. 36 ff.; Schwark/Zimmer/*Böse/Jansen* WpHG § 119 Rn. 12.

247 MüKoStGB/*Pananis* WpHG § 119 Rn. 43 ff., 162.

146 **cc) Insiderinformationen.** Das Verbot von Insidergeschäften bezieht sich nur auf sog. Insiderinformationen iSd **Art. 7 MAR.**[248] Darunter fällt jede präzise Information über nicht öffentlich bekannte Umstände, die sich auf einen oder mehrere Emittenten von Finanzinstrumenten oder auf die Finanzinstrumente selbst beziehen und die geeignet sind, im Fall ihres öffentlichen Bekanntwerdens den Kurs der Finanzinstrumente und den Kurs damit verbundener Finanzinstrumente erheblich zu beeinflussen. Zu den Voraussetzungen im Einzelnen:

147 **Präzise Information.** Hierunter sind Umstände bzw. Ereignisse zu verstehen, die bereits existieren bzw. eingetreten sind oder bei denen man vernünftigerweise davon ausgehen kann, dass sie in Zukunft existieren bzw. eintreten werden.[249]

148 Die Informationen müssen jedoch **präzise** genug sein, um den Schluss auf die mögliche Auswirkung dieser Umstände bzw. Ereignisse auf die Kurse von Finanzinstrumenten zuzulassen (Kursspezifität).[250] Darunter fallen neben Tatsachen auch überprüfbare Werturteile und Prognosen. Bloße Empfehlungen sind nicht umfasst.[251]

149 **Keine öffentliche Bekanntgabe.** Weitere Voraussetzung einer Insiderinformation ist die **fehlende öffentliche Bekanntgabe.** Öffentlich bekannt sind Umstände jedenfalls dann, wenn eine unbestimmte Anzahl von Personen von ihnen Kenntnis nehmen kann.[252]

150 **Nicht** erforderlich ist, dass es sich um **geheime oder vertrauliche Informationen im Sinne der strafbewehrten Geheimhaltungspflichten** aus § 404 AktG, § 203 StGB, § 23 GeschGehG, § 333 HGB handelt.[253] Entgegen der bisherigen Auffassung kommt es nicht mehr auf eine Bekanntmachung über allgemein zugängliche Informationseinrichtungen, die interessierten Marktteilnehmern eine Möglichkeit der Kenntnisnahme eröffnet (sog. „Bereichsöffentlichkeit"), an. Entscheidend ist nach der neuen Rechtslage vielmehr, dass die Informationen einem breiten Anlegerkreis zugänglich gemacht werden (sog. **„Publikumsöffentlichkeit"**).[254] Es kommt hierbei auf die Zugänglichkeit der Information, aber nicht auf die tatsächliche Kenntnisnahme an.[255] Anzunehmen ist diese bei der Veröffentlichung über Massenmedien oder elektronische Informationssysteme. Es reicht allerdings nicht aus, die Information gegenüber einem begrenzten Personenkreis (zB im Rahmen der Hauptversammlung) bekannt zu geben.[256]

151 **Bezug auf Emittenten oder Finanzinstrument.** Weitere Voraussetzung der Insiderinformation ist der Bezug auf einen Emittenten oder ein Finanzinstrument.

152 **Emittentenbezogene Umstände** sind beispielsweise Tatsachen, die die Vermögens- und Finanzlage oder allgemein die Stellung des Unternehmens auf dem Markt betreffen.[257]

---

248 Vgl. *Hohn* in Momsen/Grützner WirtschaftsSteuerStrafR-HdB § 21 Rn. 45 ff.; *Trüg* in ARR Wirtschafts-StrafR-HdB Teil 10 Kap. 2 Rn. 73 ff.

*Hohn* in Momsen/Grützner WirtschaftsSteuerStrafR-HdB § 21 Rn. 47 ff.; *Trüg* in ARR WirtschaftsStrafR-HdB Teil 10 Kap. 2 Rn. 74.

250 Ausf. hierzu Klöhn/*Klöhn* MAR Art. 7 Rn. 156 ff.; *Hohn* in Momsen/Grützner WirtschaftsSteuerStrafR-HdB § 21 Rn. 61 ff.; Schwark/Zimmer/*Böse/Jansen* WpHG § 119 Rn. 41; Schwark/Zimmer/*Kumpan/Misterek* MAR Art. 7 Rn. 27 ff.

251 *Hohn* in Momsen/Grützner WirtschaftsSteuerStrafR-HdB § 21 Rn. 51 f.; *Trüg* in ARR WirtschaftsStrafR-HdB Teil 10 Kap. 2 Rn. 74; Schwark/Zimmer/*Böse/Jansen* WpHG § 119 Rn. 37 ff.,; MüKoStGB/*Pananis* WpHG § 119 Rn. 165 ff.

252 Vgl. *Hohn* in Momsen/Grützner WirtschaftsSteuerStrafR-HdB § 21 Rn. 70 f.; *Trüg* in ARR Wirtschafts-StrafR-HdB Teil 10 Kap. 2 Rn. 80; Schwark/Zimmer/*Böse/Jansen* WpHG § 119 Rn. 40.

253 *Trüg* in ARR WirtschaftsStrafR-HdB Teil 10 Kap. 2 Rn. 80.

254 *Hohn* in Momsen/Grützner WirtschaftsSteuerStrafR-HdB § 21 Rn. 70; Klöhn/*Klöhn* MAR Art. 7 Rn. 126 ff.; MüKoStGB/*Pananis* WpHG § 119 Rn. 180 f.; Schwark/Zimmer/*Böse/Jansen* WpHG § 119 Rn. 40, anders noch *Trüg* in ARR WirtschaftsStrafR-HdB Teil 10 Kap. 2 Rn. 80.

255 *Trüg* in ARR WirtschaftsStrafR-HdB Teil 10 Kap. 2 Rn. 80.

256 Schwark/Zimmer/*Böse/Jansen* WpHG § 119 Rn. 40.

257 *Buck-Heeb* in Assmann/Schütze/Buck-Heeb, Handbuch des Kapitalanlagerechts, 5. Aufl. 2020, § 8 Rn. 102 f.; Schwark/Zimmer/*Kumpan/Misterek* MAR Art. 7 Rn. 87.

153 **Auf Finanzinstrumente bezogene Umstände** sind zB Informationen über die Orderlage des Skontroführers.[258]

154 Hierzu zählt auch der Fall, dass eine Bank ihr Wissen um Orderaufträge ihrer Kunden ausnutzt und vor Ausführung der Kundenaufträge selbst Wertpapiere erwirbt (sog. **„front running“**).[259]

155 **Beispiele relevanter Insiderinformationen.** Einen abschließende Aufzählung relevanter Insiderinformationen gibt es nicht. Eine Orientierung bietet hier aber der im Leitfaden der der Bundesanstalt für Finanzdienstleistungsaufsicht (BaFin) enthaltene – jedoch nicht abschließende – Katalog.[260]

156 Als **Insiderinformationen** kommen unter anderem in Betracht:[261]

- unternehmensinterne Informationen, wie zB Informationen über Auftrags- und Geschäftslage (Umsatz, Ertrag, Höhe der Dividende) sowie Informationen über die Vermögens- und Finanzlage (Kapitalmaßnahmen);
- aber auch unternehmensexterne Informationen mit Bezug zum Unternehmen, wie zB Informationen über Übernahmeangebote etc.

157 **Eignung zur erheblichen Kursbeeinflussung.** Eine Insiderinformation muss schließlich geeignet sein, im Fall ihres Bekanntwerdens den Kurs eines Wertpapiers erheblich zu beeinflussen.[262]

158 Die **Beurteilung der Eignung** erfolgt nach hM durch eine nachträgliche ex-ante Prognose unter Zugrundelegung objektiver Maßstäbe.[263] Das Merkmal der Erheblichkeit dient dem Ausschluss von Bagatellfällen, in denen der Insider nur Sondervorteile erlangen kann.

159 Wie bereits das AnSVG bestimmt die jüngste Neuregelung lediglich, dass eine solche Eignung dann gegeben sei, **wenn ein verständiger Anleger die Information bei seiner Anlageentscheidung berücksichtigen würde.**

### b) Einzelne Begehungsformen

160 Sind diese allgemeinen Voraussetzungen erfüllt, stellt § 119 Abs. 3 WpHG iVm Art. 14 MAR **drei Begehungsformen unter Strafe:** Den Erwerb oder die Veräußerung trotz Nutzungsverbots, den Verstoß gegen ein Empfehlungs- oder Verleitungsverbot sowie den Verstoß gegen ein Offenlegungsverbot. Im Einzelnen:

161 **aa) Erwerb oder Veräußerung trotz Nutzungsverbots.** Es ist untersagt, unter Verwendung von Insiderinformationen Wertpapiere **für eigene oder fremde Rechnung** zu erwerben oder zu veräußern (§ 119 Abs. 3 Nr. 1 WpHG iVm Art 14 lit. a MAR).[264] Eine spezielle Gewinnerzielungsabsicht ist nicht erforderlich. Es reicht eine Kausalitätsbeziehung zwischen der Kenntnis der Insiderinformation und dem Entschluss zur Vornahme der Transaktion aus.

162 **bb) Verstoß gegen ein Empfehlungs- oder Verleitungsverbot.** Untersagt ist es Insidern nach § 119 Abs. 3 Nr. 2 WpHG iVm Art. 14 lit. b MAR außerdem, einem anderen

[258] MüKoStGB/*Pananis* WpHG § 119 Rn. 176.

[259] MüKoStGB/*Pananis* WpHG § 119 Rn. 176., vgl. weiter bereits *Diekmann/Sustmann* NZG 2004, 929 (931).

[260] Dieser ist in der jeweils aktuellen Fassung unter www.bafin.de abrufbar.

[261] Eine Auflistung findet sich auch bei HK-KapMarktStrafR/*Hilgendorf/Kusche* Teil 3 MAR Art. 7 Rn. 77.

[262] *Buck-Heeb* in Assmann/Schütze/Buck-Heeb, Handbuch des Kapitalanlagerechts, 5. Aufl. 2020, § 8 Rn. 106 ff.; Klöhn/*Klöhn* MAR Art. 7 Rn. 156 ff.; Schwark/Zimmer/*Kumpan/Misterek* MAR Art. 7 Rn. 144 ff.; HK-KapMarktStrafR/*Hilgendorf/Kusche* Teil 3 MAR Art. 7 Rn. 67 ff.

[263] *Buck-Heeb* in Assmann/Schütze/Buck-Heeb, Handbuch des Kapitalanlagerechts, 5. Aufl. 2020, § 8 Rn. 109; HK-KapMarktStrafR/*Hilgendorf/Kusche* Teil 3 MAR Art. 7 Rn. 68 mwN.

[264] Dazu *Hohn* in Momsen/Grützner WirtschaftsSteuerStrafR-HdB § 21 Rn. 73 ff.; MAH WirtschaftsStrafR/*Rübenstahl/Tsambikakis* § 23 Rn. 47 ff.; MüKoStGB/*Pananis* WpHG § 119 Rn. 158 ff.; Schwark/Zimmer/*Böse/Jansen* WpHG § 119 Rn. 43 ff.

auf der Grundlage einer Insiderinformation **den Erwerb oder die Veräußerung von Wertpapieren zu empfehlen** oder ihn auf **sonstige Weise dazu zu verleiten** (sog. „Tipping").[265] Hierbei ist es gleichgültig, ob der Empfänger des Tipps für sich oder für einen Dritten Wertpapiere kaufen oder verkaufen soll.

**cc) Verstoß gegen ein Offenlegungsverbot.** Zudem ist es verboten, einem anderen Insiderinformationen unbefugt mitzuteilen oder zugänglich zu machen (§ 119 Abs. 3 Nr. 3 WpHG iVm Art. 14 lit. c MAR).[266] 163

**Insiderstellung.** Nach § 119 Abs. 3 Nr. 3 WpHG ist es **jedermann,** der im Besitz von Insiderinformationen ist, verboten, diese unbefugt gegenüber einer anderen Person offenzulegen.[267] Dies gilt somit auch für Vorstandsmitglieder einer AG. Die hierdurch erlangte Information muss für den Dritten neu sein, da der Kreis der Insider ansonsten durch die Tathandlung nicht erweitert worden wäre.[268] 164

**Unrechtmäßige Offenlegung.** Vom Verbot erfasst ist nur die unrechtmäßige Offenlegung von Insiderinformationen.[269] Nicht unbefugt ist im Grundsatz jede Offenlegung, die aus betrieblichen oder rechtlichen Gründen erforderlich ist.[270] 165

Aus **betrieblichen Gründen erforderlich** sein kann zB die Einbeziehung externer Experten – wie Rechtsanwälte, Wirtschaftsprüfer, Unternehmensberater oder Fachleute aus dem Bankenbereich – unter der Voraussetzung einer sachgemäßen Wahrnehmung ihrer Aufgaben.[271] 166

Aus **rechtlichen Gründen erforderlich** ist zB die Weitergabe von Informationen innerhalb des Vorstands oder gegenüber dem Aufsichtsrat nach §§ 90, 170 AktG oder auch die Erfüllung von Meldepflichten gegenüber der BaFin.[272] 167

Ein besonderes Problem ergibt sich bei der Weitergabe von Informationen **im Rahmen einer Due Diligence-Prüfung,** in der ein potentieller Unternehmenskäufer Zugang zu unternehmensinternen Informationen erhält.[273] Im Allgemeinen ist die Weitergabe von Informationen dann als befugt anzusehen, wenn dem Erwerber eine Due Diligence-Prüfung gestattet wird, der Aktienerwerb außerhalb der Börse erfolgt und davon auszugehen ist, dass die überlassenen Informationen vertraulich behandelt werden.[274] Aus Praktikabilitätsgesichtspunkten wird teilweise auch vertreten, dass eine Offenlegung im Rahmen einer Due Diligence-Prüfung im Rahmen des Erwerbs eines Aktienpakets oder einer bedeutenden Beteiligung mittlerweile zum Standard gehört und daher immer als erforderlich angesehen werden kann.[275] 168

---

[265] *Hohn* in Momsen/Grützner WirtschaftsSteuerStrafR-HdB § 21 Rn. 83 ff.; MAH WirtschaftsStrafR/*Rübenstahl/Tsambikakis* § 23 Rn. 76; MüKoStGB/*Pananis* WpHG § 119 Rn. 217 ff.; Schwark/Zimmer/*Böse/Jansen* WpHG § 119 Rn. 48 ff.

[266] *Hohn* in Momsen/Grützner WirtschaftsSteuerStrafR-HdB § 21 Rn. 86 ff.; MAH WirtschaftsStrafR/*Rübenstahl/Tsambikakis* § 23 Rn. 77; MüKoStGB/*Pananis* WpHG § 119 Rn. 223 ff.; Schwark/Zimmer/*Böse/Jansen* WpHG § 119 Rn. 51 ff.

[267] MAH WirtschaftsStrafR/*Rübenstahl/Tsambikakis* § 23 Rn. 74.

[268] MüKoStGB/*Pananis* WpHG § 119 Rn. 225; Schwark/Zimmer/*Böse/Jansen* WpHG § 119 Rn. 51.

[269] Hierzu *Hohn* in Momsen/Grützner WirtschaftsSteuerStrafR-HdB § 21 Rn. 88;; HK-KapMarktStrafR/*Hilgendorf/Kusche* Teil 3 MAR Art. 14 Rn. 71 ff.; *Trüg* in ARR WirtschaftsStrafR-HdB Teil 10 Kap. 2 Rn. 91; MAH WirtschaftsStrafR/*Rübenstahl/Tsambikakis* § 23 Rn. 78; Schwark/Zimmer/*Böse/Jansen* WpHG § 119 Rn. 53.

[270] Der EuGH hat bereits das nach alter Rspr. verwendete Merkmal „unbefugt" in einer Entscheidung aus dem Jahr 2005 restriktiv ausgelegt, vgl. EuGH NZG 2006, 60 (61). Vgl. auch HK-KapMarktStrafR/*Hilgendorf/Kusche* Teil 3 MAR Art. 14 Rn. 75 mwN zur fortgeltenden Bedeutung der Entscheidung.

[271] HK-KapMarktStrafR/*Hilgendorf/Kusche* Teil 3 MAR Art. 14 Rn. 77, 80; *Trüg* in ARR WirtschaftsStrafR-HdB Teil 10 Kap. 2 Rn. 93, 96.

[272] Dazu *Trüg* in ARR WirtschaftsStrafR-HdB Teil 10 Kap. 2 Rn. 93, 96; Schwark/Zimmer/*Böse/Jansen* WpHG § 119 Rn. 54; Klöhn/*Klöhn* MAR Art. 10 Rn. 107.

[273] Dazu *Stoffels* ZHR 165 (2001), 362; *Klaus J. Müller* NJW 2000, 3452.

[274] *Ziemons* AG 1999, 492 (497 ff.); krit. bereits *Ziemons* NZG 2004, 537 (539 f.); s. auch *Diekmann/Sustmann* NZG 2004, 929 (931).

[275] Dazu HK-KapMarktStrafR/*Hilgendorf/Kusche* Teil 3 MAR Art. 14 Rn. 81 mwN.

169 Ein weiteres Problem ist die Preisgabe kursrelevanter Insiderinformationen bei der **Beantwortung von Aktionärsfragen** im Rahmen der Hauptversammlung. Mit Blick auf die Verschwiegenheitspflicht aus § 93 Abs. 1 S. 2 AktG ist hier eine Befugnis zur Weitergabe abzulehnen, zumal dem Vorstand auch ein Auskunftsverweigerungsrecht aus § 131 Abs. 3 Nr. 5 AktG zusteht, soweit dieser sich „durch die Erteilung der Auskunft strafbar machen würde".[276] Kommt der Vorstand dem Auskunftsverlangen eines Aktionärs nach, sollte parallel zur Hauptversammlung eine Ad-hoc-Publikation der betreffenden Information erfolgen (→ Rn. 179 ff.).[277] Die Weitergabe von Insiderinformationen an einzelne Aktionäre, zB Mehrheitsaktionäre, ist nur ausnahmsweise gerechtfertigt, wenn sie im Interesse des Unternehmens zwingend erforderlich ist.[278]

170 **dd) Kein Insiderverstoß bei Rückkauf von Aktien und Kursstabilisierungsmaßnahmen.** Ken Insiderverstoß ist dagegen nach Art. 5 Abs. 2, 4 MAR der Handel mit eigenen Aktien im Rahmen von Rückkaufprogrammen oder Kursstabilisierungsmaßnahmen.[279] Voraussetzung ist allerdings, dass diese in Übereinstimmung mit den europäischen Vorgaben stehen (→ Rn. 206).

171 **ee) Strafbarkeit des Versuchs für Insiderdelikte.** Durch das AnSVG ist die Strafbarkeit des Versuchs für Insiderdelikte nach § 38 Abs. 3 WpHG aF eingeführt worden. Dies wird auch von der Neufassung in § 119 Abs. 4 WpHG getragen.[280]

## 2. Verbot der Marktmanipulation

172 Neben dem Insiderhandelsverbot kommt dem Verbot der Marktmanipulation[281] große Bedeutung zu, das bereits mit dem 4. Finanzmarktförderungsgesetz von 2002 und mit dem AnSVG von 2004 umfassend neu geregelt worden ist und durch die bisherigen europäischen Harmonisierungsbestrebungen weitere Änderungen erfuhr (→ Rn. 143).

173 Zentrale Vorschrift ist nunmehr das Verbot der Marktmanipulation aus § 119 Abs. 1 WpHG, das iVm § 120 Abs. 2 Nr. 3, Abs. 15 Nr. 2 WpHG, Art. 15, 12 MAR weiterhin **drei grundlegende Strafvorschriften**[282] vorsieht: Die informations-, handels- und handlungsgestützte Manipulation. Mit der Neufassung wurde darüber hinaus das Verbot der Referenzwertmanipulation hinzugefügt. Zu den vier Begehungsformen im Einzelnen:

### a) Informationsgestützte Manipulation

174 Nach Art. 12 Abs. 1 lit. c MAR ist es verboten, unrichtige oder irreführende Informationen zu verbreiten, die geeignet sind, falsche oder irreführende Signale betreffend das Angebot oder die Bewertung eines Manipulationsobjekts auszusenden oder zu einem anormalen oder künstlichen Kursniveau führen (informationsgestützte Manipulation).[283]

---

[276] *Benner-Heinacher* DB 1995, 765.

[277] *Trüg* in ARR WirtschaftsStrafR-HdB Teil 10 Kap. 2 Rn. 93; MAH WirtschaftsStrafR/*Rübenstahl/Tsambikakis* § 23 Rn. 78.

[278] So HK-KapMarktStrafR/*Hilgendorf/Kusche* Teil 3 MAR Art. 14 Rn. 78; Klöhn/*Klöhn* MAR Art. 10 Rn. 116.

[279] HK-KapMarktStrafR/*Hilgendorf/Kusche* Teil 3 MAR Art. 14 Rn. 95 ff.; Klöhn/*Klöhn* MAR Art. 5 Rn. 21 ff., 80 ff.; Schwark/Zimmer/*Zimmer/Bator* MAR Art. 5 Rn. 1 ff. Vgl. zudem bereits *Diekmann/Sustmann* NZG 2004, 929 (931); *Ziemons* NZG 2004, 537 (540).

[280] MüKoStGB/*Pananis* WpHG § 119 Rn. 270; Schwark/Zimmer/*Böse/Jansen* WpHG § 119 Rn. 66. Vgl. auch *Diekmann/Sustmann* NZG 2004, 929 (932); *Bürgers* BKR 2004, 424 (425).

[281] Dazu *Hohn* in Momsen/Grützner WirtschaftsSteuerStrafR-HdB § 21 Rn. 65 ff.; MAH WirtschaftsStrafR/*Rübenstahl/Tsambikakis* § 23 Rn. 107 ff.; *Trüg* in ARR WirtschaftsStrafR-HdB Teil 10 Kap. 2 Rn. 1 ff.

[282] *Hohn* in Momsen/Grützner WirtschaftsSteuerStrafR-HdB § 21 Rn. 118; MAH WirtschaftsStrafR/*Rübenstahl/Tsambikakis* § 23 Rn. 109.

[283] *Trüg* in ARR WirtschaftsStrafR-HdB Teil 10 Kap. 2 Rn. 32; MüKoStGB/*Pananis* WpHG § 119 Rn. 108; HK-KapMarktStrafR/*Saliger* Teil 3 Kap. Verbot der Marktmanipulation Rn. 193.

Über welche Kanäle die Informationen verbreitet werden, ist beliebig. Art. 12 Abs. 1 lit. c MAR geht in diesem Sinne von einer Kundgabe **durch die Medien** (inkl. das Internet) oder **auf anderem Wege** aus.[284] Die Informationen können somit in jeglicher Form verbreitet werden, sofern dies nur einen weitergehenden Adressatenkreis umfasst.[285] 175

Die verbreiteten Informationen müssen **falsch oder irreführend** sein. Falsch sind die Angaben, wenn sie objektiv nicht der Wahrheit entsprechen. Irreführend sind sie, wenn sie zwar inhaltlich korrekt sind, aber angesichts ihrer Darstellung eine falsche Vorstellung beim Empfänger der Information nahelegen.[286] Um Bagatellfälle herauszunehmen, müssen die falschen oder irreführenden Angaben zudem mit einer gewissen **Irreführungswahrscheinlichkeit** einhergehen. Diese liegt vor, wenn aus ex ante-Sicht eines verständigen Anlegers ein Investitionsanreiz geschaffen wird.[287] 176

Zu den **in der Unternehmenspraxis relevantesten Fällen** der informationsgestützten Marktmanipulation zählen etwa:[288] 177
- falsche oder irreführende Bilanzen, Geschäftsberichte, Ad hoc-Meldungen oder Prospekte;
- Anzeige nicht getätigter Geschäfte (sog. Painting The Tape).

Nach der alten Rechtslage war gem. § 20a Abs. 1 S. 1 Nr. 1 Alt. 2 WpHG aF (iVm § 38 Abs. 2 WpHG aF, § 39 Abs. 2 Nr. 11 WpHG aF) auch **das Verschweigen bestimmter unrichtiger oder irreführender Angaben** ausdrücklich unter Strafe gestellt. Im Rahmen der Neufassung wurde auf eine entsprechende Regelung für die Manipulation durch Unterlassen verzichtet.[289] Ob eine Unterlassenstrafbarkeit weiterhin besteht ist nicht völlig unumstritten.[290] Auch wenn die Literatur dies in weiten Teilen ablehnt, ist davon auszugehen, dass die Rechtsprechung hier der von einer Unterlassensstrafbarkeit ausgehenden Gesetzesbegründung folgen wird. Daher sollte die besondere **Offenlegungs- oder Informationspflicht** beachtet werden. Für den Vorstand einer börsennotierten AG kommen hier vor allem in Betracht:[291] 178

**aa) Ad hoc-Publizität.** Zu beachten ist die Ad hoc-Publizität nach Art. 17 MAR (iVm § 26 WpHG[292]) mit der Pflicht, alle Insiderinformationen iSv Art. 7 MAR (→ Rn. 146 ff.) unverzüglich zu veröffentlichen und dem Unternehmensregister nach § 8b HGB weiterleiten, die den Emittenten **„unmittelbar"** betreffen, auch wenn ein Verstoß dagegen eigenständig nach § 120 Abs. 15 Nr. 6–11 WpHG bebußt wird.[293] Darunter fallen **interne Umstände,** zB Kapitalmaßnahmen, Umsatzrückgänge und Verluste, Erwerb oder Veräu- 179

---

[284] Schwark/Zimmer/*Zimmer/Bator* MAR Art. 12 Rn. 86.

[285] *Hohn* in Momsen/Grützner WirtschaftsSteuerStrafR-HdB § 21 Rn. 142; HK-KapMarktStrafR/*Saliger* Teil 3 Kap. Verbot der Marktmanipulation Rn. 195.

[286] MüKoStGB/*Pananis* WpHG § 119 Rn. 110 f.; *Hohn* in Momsen/Grützner WirtschaftsSteuerStrafR-HdB § 21 Rn. 144 f.; *Trüg* in ARR WirtschaftsStrafR-HdB Teil 10 Kap. 2 Rn. 36; HK-KapMarktStrafR/*Saliger* Teil 3 Kap. Verbot der Marktmanipulation Rn. 196.

[287] MüKoStGB/*Pananis* WpHG § 119 Rn. 116; MAH WirtschaftsStrafR/*Rübenstahl/Tsambikakis* § 23 Rn. 149.

[288] *Trüg* in ARR WirtschaftsStrafR-HdB Teil 10 Kap. 2 Rn. 41; HK-KapMarktStrafR/*Saliger* Teil 3 Kap. Verbot der Marktmanipulation Rn. 201.

[289] *Trüg* in ARR WirtschaftsStrafR-HdB Teil 10 Kap. 2 Rn. 39; Schwark/Zimmer/*Zimmer/Bator* MAR Art. 12 Rn. 97; HK-KapMarktStrafR/*Saliger* Teil 3 Kap. Verbot der Marktmanipulation Rn. 210, 277.

[290] Dagegen EBJS/*Poelzig* MAR Art. 12 Rn. 36; *Trüg* in ARR WirtschaftsStrafR-HdB Teil 10 Kap. 2 Rn. 39, 58; *Saliger* WM 2017, 2329 (2331); HK-KapMarktStrafR/*Saliger* Teil 3 Kap. Verbot der Marktmanipulation Rn. 277; *Saliger* WM 2017, 2365 (2370); *Sajnovits/Wagner* WM 2017, 1189 (1198); *Rückert* NStZ 2020, 391; Schwark/Zimmer/*Zimmer/Bator* MAR Art. 12 Rn. 98; Klöhn/*Schmolke* MAR Art. 12 Rn. 252 ff., dafür *Hohn* in Momsen/Grützner WirtschaftsSteuerStrafR-HdB § 21 Rn. 122, 147; MüKoStGB/*Pananis* WpHG § 119 Rn. 125. Vgl. zustimmend auch BT-Drs. 18/7482, 64.

[291] Vgl. etwa Schwark/Zimmer/*Böse/Jansen* WpHG § 120 Rn. 77.

[292] EBJS/*Poelzig* MAR Art. 17 Rn. 4.

[293] Vgl. *Buck-Heeb in* Assmann/Schütze/Buck-Heeb, Handbuch des Kapitalanlagerechts, 5. Aufl. 2020, § 8 Rn. 337 ff.; *Stiegler* in Jung/Krebs/Stiegler, Gesellschaftsrecht in Europa, 2019, § 34 Rn. 91. Ausf. vgl. Baumbach/Hopt/*Kumpan* MAR Art. 17 Rn. 1 ff.

ßerung von Beteiligungen etc.[294] Auch Rechts- und Compliance-Verstöße sind grundsätzlich umfasst.[295]

180 Ad hoc-publizitätspflichtige Informationen sind aber auch **externe Umstände,**[296] wie die Übermittlung eines Übernahmeangebots (§ 29 Abs. 1 WpÜG)[297] oder die Herabstufung durch eine externe Rating-Agentur.[298]

181 Eine ad hoc-publizitätspflichtige Information kann dabei **auf jeder Stufe innerhalb eines mehrstufigen Entscheidungsprozesses** entstehen,[299] so zB auch schon bei einer Vorstandsentscheidung, die zu ihrer Wirksamkeit noch die Zustimmung des Aufsichtsrats braucht.[300] Eine Entscheidung des EuGH vom 28.6.2012[301] bestätigte bereits einen weiten Anwendungsbereich der Ad hoc-Mitteilungspflichten für börsennotierte Unternehmen. Eine erhebliche Information kann auch bei einem zeitlich gestreckten Vorgang bereits vorliegen, wenn diesen Zwischenschritten eine Kurserheblichkeit zugesprochen wird.[302] Auch der BGH hat dazu Stellung genommen und klargestellt, dass die Wahrscheinlichkeit des Eintretens des künftigen Umstandes nicht sonderlich hoch sein muss.[303] Mit der neuen Rechtslage wurde dies durch die Konkretisierung in Art. 7 Abs. 2 S. 2 MAR gelöst, nach denen im Falle eines zeitlich gestreckten Vorgangs die mit der Herbeiführung oder Hervorbringung eines zukünftigen Umstandes oder Ereignisses verbundenen **Zwischenschritte** als präzise Information zu betrachten sind.[304] Nach Art. 7 Abs. 3 MAR gilt dieser Zwischenschritt ausdrücklich als Insiderinformation.[305]

182 Es gibt nach Art. 17 Abs. 4, 5 MAR die Möglichkeit, **von der Veröffentlichungspflicht nach Art. 17 MAR (iVm § 26 WpHG) befreit zu werden** (sog. **Selbstbefreiung**).[306] Im Gegensatz zur früheren Regelung, nach der zwingend ein Befreiungsantrag an die BaFin gestellt werden musste, kann der Veröffentlichungspflichtige mittlerweile eigenverantwortlich[307] durch einen Beschluss durch den Gesamtvorstand oder durch ein hierfür geschaffenes Gremium (mit mindestens einem Mitglied des Vorstands)[308] förmlich entscheiden, ob er vorerst auf eine Veröffentlichung verzichtet. Er ist allerdings im Anschluss an den Aufschub verpflichtet, der BaFin schriftlich die Gründe für das Zurückhalten der Informationen anzugeben.[309]

---

[294] EBJS/*Poelzig* MAR Art. 17 Rn. 8.

[295] Vgl. Schwark/Zimmer/*Kumpan/Grütze* MAR Art. 17 Rn. 111. S. auch EBJS/*Poelzig* MAR Art. 17 Rn. 12. Zu Zwischenschritten bei Compliance-Vorfällen vgl. *Leyens* ZGR 2020, 256.

[296] Begr. RegE, BT-Drs. 15/3174, 35; Baumbach/Hopt/*Kumpan* MAR Art. 17 Rn. 6; EBJS/*Poelzig* MAR Art. 17 Rn. 8; s. dazu auch *Diekmann/Sustmann* NZG 2004, 929 (934).

[297] Vgl. Schwark/Zimmer/*Kumpan/Grütze* MAR Art. 17 Rn. 92; EBJS/*Poelzig* MAR Art. 17 Rn. 8, 11. Aber keine Insiderinformation mehr mit Eintritt der Veröffentlichung, zB wenn der Bieter seine Entscheidung zur Abgabe eines Angebots veröffentlicht hat (§ 10 WpÜG).

[298] Schwark/Zimmer/*Kumpan/Grütze* MAR Art. 17 Rn. 117; Klöhn/*Klöhn* MAR Art. 17 Rn. 80, aA EBJS/*Poelzig* MAR Art. 17 Rn. 9. Zweifelnd wegen der regelmäßigen Veröffentlichung solcher Ratingeinstufungen *Bürgers* BKR 2004, 424 (426 Fn. 35).

[299] Ausf. zur Frage vgl. *Niermann/Venter* in Szesny/Kuthe, Kapitalmarkt Compliance, 2. Aufl. 2018, Kap. 3 Rn. 38 ff. Vgl. auch *Ziemons* NZG 2004, 537 (541); *Diekmann/Sustmann* NZG 2004, 929 (934 f.).

[300] Vgl. *Ziemons* NZG 2004, 537 (541); *Diekmann/Sustmann* NZG 2004, 929 (935).

[301] EuGH NJW 2012, 2787 = BB 2012, 1817 – Daimler/Schrempp; Klöhn/*Klöhn* MAR Art. 7 Rn. 68.

[302] Dazu *Niermann/Venter* in Szesny/Kuthe, Kapitalmarkt Compliance, 2. Aufl. 2018, Kap. 3 Rn. 41; *Buck-Heeb* LMK 2013, 346872; *Kocher/Widder* BB 2012, 1820 f.; *Langenbuch* BKR 2012, 145 ff.

[303] Vgl. BGH WM 2013, 1171; ausf. auch *Niermann/Venter* in Szesny/Kuthe, Kapitalmarkt Compliance, 2. Aufl. 2018, Kap. 3 Rn. 55.

[304] Schwark/Zimmer/*Kumpan/Misterek* MAR Art. 7 Rn. 49 ff., 164 f.; Klöhn/*Klöhn* MAR Art. 7 Rn. 67; *Hohn* in Momsen/Grützner WirtschaftsSteuerStrafR-HdB § 21 Rn. 56; *Gehrmann* in Wabnitz/Janovsky/Schmit Kap. 11 Rn. 62.

[305] *Niermann/Venter* in Szesny/Kuthe, Kapitalmarkt Compliance, 2. Aufl. 2018, Kap. 3 Rn. 42; Schwark/Zimmer/*Kumpan/Misterek* MAR Art. 7 Rn. 49.

[306] Vgl. *Niermann/Venter* in Szesny/Kuthe, Kapitalmarkt Compliance, 2. Aufl. 2018, Kap. 3 Rn. 58 ff.; *Diekmann/Sustmann* NZG 2004, 929 (935); *Ziemons* NZG 2004, 537 (542 f.).

[307] Zur in Art. 17 Abs. 4 MAR verwendeten Formulierung „auf eigene Verantwortung" vgl. ausf. *Niermann/Venter* in Szesny/Kuthe, Kapitalmarkt Compliance, 2. Aufl. 2018, Kap. 3 Rn. 79.

[308] EBJS/*Poelzig* MAR Art. 17 Rn. 34.

[309] Baumbach/Hopt/*Kumpan* MAR Art. 17 Rn. 20; EBJS/*Poelzig* MAR Art. 17 Rn. 23.

Von der Veröffentlichung einer ad hoc-pflichtigen Information kann nach Art. 17 Abs. 4 MAR abgesehen werden, wenn die Veröffentlichung **den berechtigten Interessen des Emittenten schaden würde,** die unterlassene Veröffentlichung **nicht irreführend** ist und der Emittent die **Vertraulichkeit der Information gewährleisten** kann.[310] Für Kredit- und Finanzinstitute enthält Art. 17 Abs. 5 MAR eine weitere Aufschubmöglichkeit. Diese kann in solchen Fällen zum Tragen können, wenn durch eine Offenlegung **die Stabilität des Emittenten oder des gesamten Finanzsystems gefährdet** wäre, der Aufschub **im öffentlichen Interesse** wäre und die **Geheimhaltung der Informationen gewährleistet** werden kann. Auch wenn diese Voraussetzungen vorliegen, muss hier **die BaFin der Selbstbefreiung zuvor zustimmen.**[311] 183

Fällt eine dieser Voraussetzungen weg, greift wieder die Publizitätspflicht und die Veröffentlichung **ist unverzüglich nachzuholen.**[312] 184

Zur besseren Überwachung von Insidergeschäften müssen zudem **Insiderlisten** von den Emittenten nach Art. 18 MAR angefertigt werden.[313] Die Pflicht gilt gleichermaßen für Personen, die im Auftrag oder für Rechnung des Emittenten (sog. Dienstleister) handeln, wie zB Rechtsanwälte, Unternehmens- und Steuerberater (Art. 18 Abs. 1 S. 1 MAR). Auch Wirtschaftsprüfer sind grundsätzlich listenführungspflichtig. Eine Ausnahme für Abschlussprüfer ist nach neuer Rechtslage nicht mehr vorgesehen.[314] In diese Liste sind solche Personen aufzunehmen, die für den Emittenten tätig sind und bestimmungsgemäß Zugang zu Insiderinformationen haben; zB aufgrund eines Arbeits- bzw. Anstellungsvertrags.[315] Seit Änderung der Rechtslage ist auch das Format, die Ordnung sowie Details der Insiderliste nach Art. 18 MAR ausdrücklich kodifiziert.[316] 185

Der im April 2020 neu aufgelegte **Emittentenleitfaden der BaFin** enthält hilfreiche Informationen zu der MAR-Verwaltungspraxis.[317] Auch wenn es sich bei dem Leitfaden (nur) um eine norminterpretierende Verwaltungsvorschrift handelt, die lediglich die BaFin bindet, nicht jedoch zB ein Gericht, kommt dem Leitfaden in der Praxis erhebliche Bedeutung zu. Eine vollständige Enthaftung bei leitfadenkonformem Verhalten kann jedoch aufgrund der vorstehend beschriebenen Rechtsnatur des Leitfadens nicht garantiert werden. 186

**bb) Publizitätspflicht für sog. „Directors' Dealings".** Art. 19 MAR regelt eine Publizitätspflicht für Geschäfte von Personen mit Führungsaufgaben (sog. Directors' Dealings).[318] Zum Kreis der Verpflichteten gehören nach Abs. 1 insbesondere Mitglieder eines Leitungs-, Verwaltungs- oder Aufsichtsorgans eines Emittenten, wozu auch der Vorstand gehört.[319] 187

Diesen Personen mit Führungsaufgaben werden auch solche Personen gleichgestellt, die mit diesen **in einer engen Beziehung stehen.** Hierunter fallen deren Ehepartner bzw. eingetragene Lebenspartner, unterhaltsberechtigte Kinder, außerdem andere Verwandte, die seit mindestens einem Jahr im selben Haushalt leben. Ferner gelten ebenfalls als solche 188

---

[310] Zu diesen Voraussetzungen im Einzelnen Baumbach/Hopt/*Kumpan* MAR Art. 17 Rn. 17 ff.; EBJS/*Poelzig* MAR Art. 17 Rn. 22 ff.; *Niermann/Venter* in Szesny/Kuthe, Kapitalmarkt Compliance, 2. Aufl. 2018, Kap. 3 Rn. 59 ff.

[311] Baumbach/Hopt/*Kumpan* MAR Art. 17 Rn. 22 f.; EBJS/*Poelzig* MAR Art. 17 Rn. 31; *Niermann/Venter* in Szesny/Kuthe, Kapitalmarkt Compliance, 2. Aufl. 2018, Kap. 3 Rn. 78.

[312] Baumbach/Hopt/*Kumpan* MAR Art. 17 Rn. 20; EBJS/*Poelzig* MAR Art. 17 Rn. 23.

[313] EBJS/*Poelzig* MAR Art. 18 Rn. 1 ff.; Schwark/Zimmer/*Kumpan/Grübler* MAR Art. 18 Rn. 1 ff.

[314] EBJS/*Poelzig* MAR Art. 18 Rn. 5.

[315] Klöhn/*Semrau* MAR Art. 18 Rn. 29. Für Bsp. s. Schwark/Zimmer/*Kumpan/Grübler* MAR Art. 18 Rn. 52 ff.

[316] Klöhn/*Semrau* MAR Art. 18 Rn. 8. Für die einzelnen Vorgaben vgl. EBJS/*Poelzig* MAR Art. 18 Rn. 8 ff.; Schwark/Zimmer/*Kumpan/Grübler* MAR Art. 18 Rn. 33 ff.

[317] BaFin, Emittentenleitfaden, Modul C; *Kuthe/Lingen* CB 2020, 270.

[318] Vgl. Schwark/Zimmer/*Kumpan/Grütze/Misterek/Schmidt/Grübler* MAR Art. 19 Rn. 1 ff. EBJS/*Poelzig* MAR Art. 19 Rn. 1 ff.; Klöhn/*Semrau* MAR Art. 19 Rn. 1 ff.

[319] Schwark/Zimmer/*Kumpan/Grütze/Misterek/Schmidt/Grübler* MAR Art. 19 Rn. 59 ff.

Personen beispielsweise Gesellschaften und Einrichtungen, die direkt oder indirekt vom Verpflichteten kontrolliert werden, zu seinen Gunsten gegründet wurden oder seinen wirtschaftlichen Interessen weitgehend entsprechen.[320]

189 Die **Person mit Führungsaufgaben** wird verpflichtet, Wertpapiergeschäfte in Bezug auf die eigene Gesellschaft der Gesellschaft und der BaFin unverzüglich mitzuteilen.[321]

190 Die **Meldeschwelle** beträgt nach Art. 19 Abs. 8 MAR grundsätzlich 5.000 EUR, bezogen auf alle Geschäfte der Führungsperson und der nahestehenden Person innerhalb eines Kalenderjahrs.[322] Mit Geltung ab dem Jahr 2020 hat die BaFin den Schwellenwert durch Allgemeinverfügung **auf 20.000 EUR angehoben.**[323]

191 Weitergehende Informationen enthält auch hier der Emittentenleitfaden der BaFin zur MAR-Verwaltungspraxis.[324]

192 **cc) Weitere Publizitätspflichten.** Weitere Publizitätspflichten ergeben sich unter anderem aus folgenden Vorschriften:[325]
- Antragspflichten nach § 92 AktG;
- Veröffentlichungspflichten nach § 111c AktG;
- Melde- bzw. Veröffentlichungspflichten nach §§ 33, 40 WpHG;
- Veröffentlichungspflichten nach §§ 10, 35 WpÜG;
- Veröffentlichungspflicht nach 49 WpHG.

193 **Keine einschlägigen Publizitätspflichten** ergeben sich dagegen aus dem Deutschen Corporate Governance Kodex (→ § 1 Rn. 25 ff.) oder dem DVFA-Verhaltenskodex (Analystenkodex),[326] da beide nur Verhaltensmaßstäbe darstellen und nicht allgemein verbindlich sind.[327]

### b) Handelsgestützte Manipulation

194 Nach Art. 12 Abs. 1 lit. a MAR ist der **Abschluss eines Geschäfts,** die **Erteilung eines Handelsauftrags** sowie **jede andere Handlung** verboten, die falsche oder irreführende Signale hinsichtlich des Angebots, der Nachfrage oder des Preises eines Finanzinstruments oder eines anderen erfassten Manipulationsobjekts gibt oder bei der dies wahrscheinlich ist (Alt. 1) oder die tatsächlich oder wahrscheinlich ein anormales oder künstliches Kursniveau eines oder mehrerer Finanzinstrumente oder eines anderen erfassten Manipulationsobjekts herbeiführt (Alt. 2).

195 **Geschäfte** umfassen sämtliche Transaktionen mit Finanzinstrumenten (zB Erwerb, Veräußerung von Finanzinstrumenten, Wertpapierleihe, Treuhand).[328] Für den Abschluss bzw. die Vornahme eines Geschäfts genügt das Vorliegen eines schuldrechtlichen Vertrages.[329] Hierfür ist es nicht von Bedeutung, in welchem Namen und auf wessen Rechnung die Transaktion ergeht.[330]

---

[320] Schwark/Zimmer/*Kumpan/Grütze/Misterek/Schmidt/Grübler* MAR Art. 19 Rn. 72 ff.
[321] Zur Anwendung auf Aktienoptionen *Merkner* BKR 2003, 733 ff.
[322] Dazu bereits *Diekmann/Sustmann* NZG 2004, 929 (936).
[323] EBJS/*Poelzig* MAR Art. 19 Rn. 13; *Kuthe/Lingen* CB 2020, 412 (417).
[324] BaFin, Emittentenleitfaden, Modul C; *Kuthe/Lingen* CB 2020, 270.
[325] Überblickend zu den kapitalmarktrechtlichen Publizitätspflichten vgl. *Kuthe/Lingen* CB 2020, 412. Zu 111c AktG vgl. *Guntermann* ZIP 2020, 1290. Allg. s. bereits *Arlt,* Der strafrechtliche Anlegerschutz vor Kursmanipulation, 2004, 286 ff.
[326] S. zB den Kodex der Deutschen Vereinigung für Finanzanalyse und Asset Management e.V. (DVFA), abrufbar unter www.dvfa.de.
[327] Vgl. bereits *Semler/Wagner* NZG 2003, 553.
[328] MüKoStGB/*Pananis* WpHG § 119 Rn. 60; *Hohn* in Momsen/Grützner WirtschaftsSteuerStrafR-HdB § 21 Rn. 153; *Trüg* in ARR WirtschaftsStrafR-HdB Teil 10 Kap. 2 Rn. 43; MAH WirtschaftsStrafR/*Rübenstahl/Tsambikakis* § 23 Rn. 117.
[329] MüKoStGB/*Pananis* WpHG § 119 Rn. 60; *Trüg* in ARR WirtschaftsStrafR-HdB Teil 10 Kap. 2 Rn. 43; MAH WirtschaftsStrafR/*Rübenstahl/Tsambikakis* § 23 Rn. 117.
[330] *Trüg* in ARR WirtschaftsStrafR-HdB Teil 10 Kap. 2 Rn. 43.

**Handelsaufträge** werden im kapitalmarktrechtlichen Sinne verstanden und umfassen daher die auf Erwerb oder Veräußerung von Wertpapieren gerichtete Order (befristet und limitiert).[331] Diese sind erteilt, wenn sie dem Adressaten zugehen.[332] 196

Durch die Formulierung **„jede andere Handlung"** wird der Anwendungsbereich weit gefasst, sodass neben den genannten auch andere handelsbezogene Handlungen (zB Stornierung, Änderung eines Handelsauftrags) erfasst sind.[333] 197

**Tatbestandsausschließend** wirkt ein Nachweis darüber, dass das Geschäft, der Auftrag oder die Handlung legitime Gründe hat und im Einklang mit der zulässigen Marktpraxis gem. Art. 13 MAR steht.[334] Was unter den Begriff der legitimen Gründe fällt, wurde bislang nicht abschließend geklärt. Um dem Bestimmtheitsgrundsatz nach Art. 103 Abs. 2 GG gerecht werden zu können, ist aber auf eine extensive Auslegung zu Gunsten des Marktteilnehmers abzustellen.[335] Von einer zulässigen Marktpraxis ist auszugehen, wenn die Gepflogenheit von der BaFin oder einer anderen zuständigen Behörde als solche anerkannt wurde.[336] Dieser Ausnahmeregelung ist bislang kein hoher praktischer Stellenwert zuzusprechen.[337] 198

In Art. 12 Abs. 2 MAR werden **zwingende Fallkonstellationen** aufgeführt, bei deren Vorliegen stets von einer Marktmanipulation auszugehen ist, zB:[338] 199
- Sicherung einer marktbeherrschenden Stellung („Market Cornering");
- Kauf und Verkauf bei Handelsbeginn und Handelsschluss („Marking the Close")
- Algorithmischer und Hochfrequenzhandel („Spoofing", „Layering" sowie „Quote Stuffing").

Zu den in der Unternehmenspraxis **relevantesten Fällen** der handelsgestützten Marktmanipulation zählen etwa:[339] 200
- Erhöhungen des Umsatzes zur Aufnahme einer Aktie in einen Index;
- Erteilung von aufeinander abgestimmten gegenläufigen Aufträgen;
- Beeinflussung des Aktienkurses, um den Verfall sog. Knock-Out-Zertifikate zu erreichen.

### c) Handlungsgestützte Manipulation

Die mit der Neufassung eingeführten handlungsgestützten Manipulationen entsprechen dem zuvor als „sonstige Täuschungshandlung" bezeichneten Auffangtatbestand.[340] Nach Art. 12 Abs. 1 lit. b MAR sind diejenigen Handlungen verboten, die unter **Vorspiegelung falscher Tatsachen** oder unter **Verwendung sonstiger Kunstgriffe** oder **Formen der Täuschung** den Kurs eines oder mehrerer Finanzinstrumente oder eines ande- 201

---

[331] MüKoStGB/*Pananis* WpHG § 119 Rn. 60; *Trüg* in ARR WirtschaftsStrafR-HdB Teil 10 Kap. 2 Rn. 43; *Hohn* in Momsen/Grützner WirtschaftsSteuerStrafR-HdB § 21 Rn. 153; MAH WirtschaftsStrafR/*Rübenstahl/Tsambikakis* § 23 Rn. 117; HK-KapMarktStrafR/*Saliger* Teil 3 Kap. Verbot der Marktmanipulation Rn. 73.

[332] *Trüg* in ARR WirtschaftsStrafR-HdB Teil 10 Kap. 2 Rn. 43; MAH WirtschaftsStrafR/*Rübenstahl/Tsambikakis* § 23 Rn. 117.

[333] Schwark/Zimmer/*Böse/Jansen* WpHG § 119 Rn. 14; HK-KapMarktStrafR/*Saliger* Teil 3 Kap. Verbot der Marktmanipulation Rn. 76. Ausf. auch *Trüg* in ARR WirtschaftsStrafR-HdB Teil 10 Kap. 2 Rn. 50.

[334] Dazu MüKoStGB/*Pananis* WpHG § 119 Rn. 57; MAH WirtschaftsStrafR/*Rübenstahl/Tsambikakis* § 23 Rn. 116.

[335] MAH WirtschaftsStrafR/*Rübenstahl/Tsambikakis* § 23 Rn. 133.

[336] MüKoStGB/*Pananis* WpHG § 119 Rn. 87 f.; MAH WirtschaftsStrafR/*Rübenstahl/Tsambikakis* § 23 Rn. 134. Vgl. ausf. auch HK-KapMarktStrafR/*Saliger* Teil 3 Kap. Verbot der Marktmanipulation Rn. 141 ff.

[337] So etwa *Hohn* in Momsen/Grützner WirtschaftsSteuerStrafR-HdB § 21 Rn. 154.

[338] MAH WirtschaftsStrafR/*Rübenstahl/Tsambikakis* § 23 Rn. 120 f., im Einzelnen ausf. HK-KapMarktStrafR/*Saliger* Teil 3 Kap. Verbot der Marktmanipulation Rn. 96 ff.

[339] HK-KapMarktStrafR/*Saliger* Teil 3 Kap. Verbot der Marktmanipulation Rn. 67 mwN.

[340] MüKoStGB/*Pananis* WpHG § 119 Rn. 96; *Hohn* in Momsen/Grützner WirtschaftsSteuerStrafR-HdB § 21 Rn. 157; MAH WirtschaftsStrafR/*Rübenstahl/Tsambikakis* § 23 Rn. 140; HK-KapMarktStrafR/*Saliger* Teil 3 Kap. Verbot der Marktmanipulation Rn. 175.

ren umfassten Manipulationsobjekts beeinflussen oder hierzu geeignet sind. Das Verhalten muss schließlich geeignet sein, um auf Seiten des verständigen Anlegers eine kursrelevante Fehlvorstellung bzw. einen Irrtum hervorzurufen. Die bloße Geeignetheit genügt; ein tatsächlicher Täuschungserfolg ist nicht notwendig.[341]

202 Wichtig sind hier gewisse Konstellationen der **„Leerverkäufe“**,[342] sofern diese durch die Verbreitung von Gerüchten darauf abzielen, eine Kursänderung herbeizuführen. Auch Leerverkäufe in großem Umfang („Bear raids“) oder bei mangelnder Eindeckungswilligkeit („Abusive Naked Short“) können umfasst sein. Ob tatsächlich Manipulationsaspekte erfüllt werden, ist im Einzelfall zu untersuchen. Leerverkäufe sind als manipulativ einzustufen, wenn sie keine zulässigen wirtschaftlichen Markthintergründe besitzen und ihnen daher ein Täuschungsgehalt innewohnt.[343]

203 Auch das **„Scalping“** in seiner klassischen Form ist als handlungsgestützte Manipulation einzustufen.[344] Hierunter ist ein Verhalten zu verstehen, bei dem der Täter („Scalper“) eine Empfehlung für den Erwerb oder die Veräußerung von Wertpapieren abgibt, um dadurch die erhoffte Kursbeeinflussung für eigene Wertpapiertransaktionen auszunutzen.[345] Lange war die rechtliche Einordnung des Scalping umstritten, da es sich im Grenzbereich zwischen Insidergeschäft und Kursmanipulation bewegt.[346] Jedoch bereits der BGH wertete in einer Grundsatzentscheidung aus dem Jahr 2003[347] das „Scalping“ nicht als Insidergeschäft, sondern als Kurs- und Marktpreismanipulation.

#### d) Referenzwertmanipulation

204 Nach dem gegenüber der alten Rechtslage neuen Art. 12 Abs. 1 lit. d MAR ist es verboten, falsche oder irreführende Angaben oder falsche oder irreführende Ausgangsdaten **bezüglich eines Referenzwerts** (auch sog. Benchmarks) zu übermitteln oder bereitzustellen, wenn die Informationen zur Verfügung stellende Person wusste oder hätte wissen müssen, dass sie falsch oder irreführend waren, oder sonstige Handlungen durchzuführen, durch die die Berechnung eines Referenzwerts manipuliert wird. Die Referenzwertmanipulation stellt einen **Sonderfall** der informationsgestützten Manipulation dar.[348]

205 Als **Referenzwerte** gelten nach Art. 3 Abs. 1 Nr. 29 MAR der „Kurs, Index oder Wert, der der Öffentlichkeit zugänglich gemacht oder veröffentlicht wird und periodisch oder regelmäßig durch die Anwendung einer Formel auf den Wert eines oder mehrerer Basiswerte oder -preise, einschließlich geschätzter Preise, tatsächlicher oder geschätzter Zinssätze oder sonstiger Werte, oder auf Erhebungsdaten ermittelt bzw. auf der Grundlage dieser Werte bestimmt wird und auf den bei der Festsetzung des für ein Finanzinstrument zu entrichtenden Betrags oder des Wertes eines Finanzinstruments Bezug genommen

---

[341] Dazu MüKoStGB/*Pananis* WpHG § 119 Rn. 97; HK-KapMarktStrafR/*Saliger* Teil 3 Kap. Verbot der Marktmanipulation Rn. 177.

[342] Nach der EU-Leerverkaufsverordnung sind „ungedeckte“ Leerverkäufe grundsätzlich verboten, können zusätzlich aber auch den Tatbestand der Marktmanipulation verwirklichen, s. Schwark/Zimmer/*Zimmer/Bator* MAR Art. 12 Rn.; Klöhn/*Schmolke* Vor MAR Art. 12 Rn. 154.

[343] Vgl. dazu HK-KapMarktStrafR/*Saliger* Teil 3 Kap. Verbot der Marktmanipulation Rn. 178 mwN; Schwark/Zimmer/*Zimmer/Bator* MAR Art. 12 Rn. 3f. Vgl. hierzu auch *Bayram/Meier* BKR 2018, 55; *Möllers* NZG 2018, 649, aktuell zum Fall GameStop s. *Wegner* BKR 2021, 181.

[344] Klöhn/*Schmolke* MAR Art. 12 Rn. 360; MüKoStGB/*Pananis* WpHG § 119 Rn. 137; *Hohn* in Momsen/Grützner WirtschaftsSteuerStrafR-HdB § 21 Rn. 161; HK-KapMarktStrafR/*Saliger* Teil 3 Kap. Verbot der Marktmanipulation Rn. 180; *Trüg* in ARR WirtschaftsStrafR-HdB Teil 10 Kap. 2 Rn. 50.

[345] Klöhn/*Schmolke* MAR Art. 12 Rn. 358; MüKoStGB/*Pananis* WpHG § 119 Rn. 137; HK-KapMarktStrafR/*Saliger* Teil 3 Kap. Verbot der Marktmanipulation Rn. 180. Verbreitet der „Scalper“ hierbei falsche oder irreführende Informationen, handelt es sich um eine informationsgestützte Manipulation, vgl. *Hohn* in Momsen/Grützner WirtschaftsSteuerStrafR-HdB § 21 Rn. 161.

[346] *Lenenbach* ZIP 2003, 343; *Fleischer* DB 2004, 51.

[347] BGH NJW 2003, 302, vgl. zudem *Vogel* NStZ 2004, 252; *Trüg* NStZ 2014, 558.

[348] *Hohn* in Momsen/Grützner WirtschaftsSteuerStrafR-HdB § 21 Rn. 119; HK-KapMarktStrafR/*Saliger* Teil 3 Kap. Verbot der Marktmanipulation Rn. 214. Ausf. zur Abgrenzung der Referenzmanipulation vgl. Klöhn/*Schmolke* MAR Art. 12 Rn. 22ff.

wird" (zB Aktienindizes, Anleihindizes, Angebotssätze im Interbankengeschäft[349]). Umfasst sind alle (auch über das Internet abrufbaren) Referenzwerte, ob entgeltlich oder unentgeltlich.[350] Um die Tathandlung zu verwirklichen, muss nicht ordnungsgemäßer **Einfluss auf den Berechnungsprozess** des Referenzwerts genommen werden.[351]

### e) Safe Harbour-Regelung

Art. 5 MAR enthält – in engerer Auslegung als bisher[352] – die **Festlegung marktkonformer Handlungen,** sog. „safe harbours", die keinen Verstoß gegen § 119 Abs. 1 WpHG darstellen sollen. Darunter fallen öffentliche **Rückkaufprogramm**e sowie vor allem Stabilisierungsmaßnahmen zur Stützung des Börsen- oder Marktpreises im Rahmen der Emission von Wertpapieren **(Kurspflege),** wenn diese jeweils in Übereinstimmung mit der Delegierten Verordnung (EU) 2016/1052 erfolgen.[353] Unter anderem sind Stabilisierungsmaßnahmen (dazu Art. 5 ff. VO (EU) 2016/1052) vorher offenzulegen, der zuständigen Behörde des Handelsplatzes zu melden, dürfen maximal zum Emissionspreis durchgeführt werden, unterliegen zeitlichen Schranken (Zeitraum von 30 Tagen), und ihre tatsächliche Durchführung muss anschließend veröffentlicht werden. Eine Mehrzuteilung von Wertpapieren ist zulässig.[354] Die Art. 2 ff. VO (EU) 2016/1052 regeln zudem den Ablauf von Rückkaufprogrammen.[355] 206

## 3. Kapitalanlagebetrug

Bedeutung erlangt auch der Straftatbestand des **Kapitalanlagebetrugs nach § 264a StGB,**[356] der ein wirtschaftsstrafrechtlicher Sondertatbestand im Vorfeld des Betrugs nach § 263 StGB darstellt (zum Betrug allgemein → Rn. 321 ff.).[357] 207

§ 264a StGB dient dem Schutz des Kapitalanlegers vor möglichen Schäden **durch falsche und unvollständige Prospektangaben**[358] und ist damit das strafrechtliche Gegenstück zur zivilrechtlichen Prospekthaftung und Schutzvorschrift iSd § 823 Abs. 2 BGB.[359] 208

**Tauglicher Täter** kann im Grundsatz jeder sein, vorausgesetzt die Täuschungshandlung steht gem. § 264a Abs. 1 Nr. 1 StGB im Zusammenhang mit dem Vertrieb von Wertpapieren, wobei in diesem Zusammenhang Kapitalmarktpapiere und keine Zahlungswertpa- 209

---

[349] Klöhn/*Schmolke* MAR Art. 12 Rn. 277.

[350] MüKoStGB/*Pananis* WpHG § 119 Rn. 51; HK-KapMarktStrafR/*Saliger* Teil 3 Kap. Verbot der Marktmanipulation Rn. 211.

[351] Klöhn/*Schmolke* MAR Art. 12 Rn. 288.

[352] Rückkaufprogramme über Derivate sind nicht mehr zulässig. Auch darf der Rückkauf nicht OTC erfolgen, vgl. HK-KapMarktStrafR/*Saliger* Teil 3 Kap. Verbot der Marktmanipulation Rn. 219.

[353] MüKoStGB/*Pananis* WpHG § 119 Rn. 144. S. auch HK-KapMarktStrafR/*Saliger* Teil 3 Kap. Verbot der Marktmanipulation Rn. 219.

[354] Ausf. hierzu Klöhn/*Klöhn* MAR Art. 5 Rn. 80 ff.; Schwark/Zimmer/*Zimmer/Bator* MAR Art. 5 Rn. 8 ff.; *Worms* in Assmann/Schütze/Buck-Heeb, Handbuch des Kapitalanlagerechts, 5. Aufl. 2020, § 10 Rn. 96 ff.

[355] S. Klöhn/*Klöhn* MAR Art. 5 Rn. 21 ff.; Schwark/Zimmer/*Zimmer/Bator* MAR Art. 5 Rn. 2 ff.; *Worms* in Assmann/Schütze/Buck-Heeb, Handbuch des Kapitalanlagerechts, 5. Aufl. 2020, § 10 Rn. 93 ff.

[356] Dazu *Hüls* in ARR WirtschaftsStrafR-HdB Teil 10 Kap. 1; sowie LK-StGB/*Tiedemann/Vogel* § 264a Rn. 1 ff.; s. auch HK-KapMarktStrafR/*Park* Teil 3 StGB § 264a Rn. 1 ff.; MüKoStGB/*Ceffinato* § 264a Rn. 1 ff.

[357] Zum Verhältnis der beiden Tatbestände *Fischer* StGB § 264a Rn. 3, 24; MüKoStGB/*Ceffinato* § 264a Rn. 2, 11.

[358] Dazu *Hüls* in ARR WirtschaftsStrafR-HdB Teil 10 Kap. 1 Rn. 7; MüKoStGB/*Ceffinato* § 264a Rn. 1 f.; s. auch die Strafvorschrift § 49 iVm § 26 Abs. 1 BörsG mit dem Verbot der „Verleitung zu Börsenspekulationsgeschäften", dazu *Schröder* in Momsen/Grützner WirtschaftsSteuerStrafR-HdB § 18 Rn. 309 ff., oder auch die Strafvorschrift zur „strafbaren Werbung" nach § 16 UWG, dazu *Ebert-Weidenfeller* in ARR WirtschaftsStrafR-HdB Teil 3 Kap. 4.

[359] S. auch MüKoStGB/*Ceffinato* § 264a Rn. 4; *Worms* in Assmann/Schütze/Buck-Heeb, Handbuch des Kapitalanlagerechts, 5. Aufl. 2020, § 11 Rn. 65.; *Fischer* StGB § 264a Rn. 2.

piere (zB Schecks) gemeint sind.[360] Für **Vorstandsmitglieder** kann dies zB der Fall sein, wenn sie an Herstellung eines fehlerhaften Prospekts mitgewirkt haben.[361]

210 § 264a Abs. 1 Nr. 1 StGB kennt zwei Täuschungshandlungen: das Machen unrichtiger Angaben oder das Verschweigen nachteiliger Tatsachen.

### a) Das Machen unrichtiger Angaben

211 Erste Täuschungshandlung ist das Machen unrichtiger Angaben.[362] Unrichtig sind die Angaben, wenn sie mit der Wirklichkeit nicht übereinstimmen.[363] Erfasst werden hierbei nur vorteilhafte, keine abwertenden Angaben.[364]

### b) Das Verschweigen nachteiliger Tatsachen

212 Das Verschweigen nachteiliger Tatsachen setzt die Unterdrückung von Tatsachen voraus, deren Kenntnis geeignet wäre, den Anleger von der Entscheidung für die Anlage abzuhalten.[365]

213 Voraussetzung ist aber eine **besondere Aufklärungspflicht.**[366] Im Gegensatz zu § 264 StGB (Subventionsbetrug) gibt das Gesetz keine näheren Hinweise auf die Quellen möglicher Aufklärungspflichten.[367] Zur notwendigen sachlichen Begrenzung ist diese Aufklärungspflicht **unabhängig von außerstrafrechtlichen (handels-, gesellschafts-, steuerrechtlichen) Informationspflichten** über die Kapitalanlage zu bestimmen.[368]

214 Eine Konkretisierung der **mitteilungspflichtigen Tatsachen** lässt sich in Anlehnung an die anlageerheblichen Tatsachen vornehmen.[369]

### c) In Prospekten, Darstellungen oder Übersichten über den Vermögensstand

215 Unter Prospekt im Sinne der Vorschrift fällt jedes Schriftstück, das die für die Beurteilung der Anlage erheblichen Angaben enthält oder den Eindruck eines solchen Inhalts erweckt.[370] Insbesondere ist eine **gewisse Vollständigkeit des Prospekts** erforderlich.[371]

216 **Darstellungen** können auch mündliche Äußerungen oder solche auf Bild- und Tonträgern sein.[372]

217 **Übersichten über den Vermögensstand** sind Vermögensübersichten im Sinne des Aktienrechts (→ Rn. 79 ff. zu § 400 Abs. 1 Nr. 1 AktG).

---

[360] Vgl. *Fischer* StGB § 264a Rn. 6; Lackner/Kühl/*Heger* StGB § 264a Rn. 6.
[361] Vgl. *Park* BB 2001, 2069 (2074); MüKoStGB/*Ceffinato* § 264a Rn. 65.
[362] Dazu *Hüls* in ARR WirtschaftsStrafR-HdB Teil 10 Kap. 1 Rn. 36 ff.; MüKoStGB/*Ceffinato* § 264a Rn. 36 ff.
[363] HK-KapMarktStrafR/*Park* Teil 3 § 264a StGB Rn. 10; differenzierend *Hüls* in ARR WirtschaftsStrafR-HdB Teil 10 Kap. 1 Rn. 41 f. unter Betonung der „kaufmännischen Vertretbarkeit".
[364] Vgl. HK-KapMarktStrafR/*Park* Teil 3 § 264a StGB Rn. 10; Schönke/Schröder/*Perron* StGB § 264a Rn. 25.
[365] Vgl. LK-StGB/*Tiedemann*/*Vogel* § 264a Rn. 85 ff.; *Hüls* in ARR WirtschaftsStrafR-HdB Teil 10 Kap. 1 Rn. 46 ff., beide mwN; Lackner/Kühl/*Heger* StGB § 264a Rn. 12.
[366] S. nur LK-StGB/*Tiedemann*/*Vogel* § 264a Rn. 85 ff.; *Hüls* in ARR WirtschaftsStrafR-HdB Teil 10 Kap. 1 Rn. 50.
[367] Mit dem Verweis in § 264 Abs. 1 Nr. 3 StGB auf außerstrafrechtliche Normen, zB auf das Subventionsgesetz.
[368] Vgl. LK-StGB/*Tiedemann*/*Vogel* § 264a Rn. 85 f.; *Hüls* in ARR WirtschaftsStrafR-HdB Teil 10 Kap. 1 Rn. 52 f.; ebenso HK-KapMarktStrafR/*Park* Teil 3 StGB § 264a Rn. 11.
[369] Vgl. LK-StGB/*Tiedemann*/*Vogel* § 264a Rn. 88.
[370] Vgl. LK-StGB/*Tiedemann*/*Vogel* § 264a Rn. 57; Schönke/Schröder/*Perron* § 264a StGB Rn. 18 f.
[371] Vgl. *Hüls* in ARR WirtschaftsStrafR-HdB Teil 10 Kap. 1 Rn. 29; differenzierend LK-StGB/*Tiedemann*/*Vogel* § 264a Rn. 57 f.
[372] Vgl. LK-StGB/*Tiedemann*/*Vogel* § 264a Rn. 61; HK-KapMarktStrafR/*Park* Teil 3 StGB § 264a Rn. 32; MüKoStGB/*Ceffinato* § 264a Rn. 63.

### d) Gegenüber einem größeren Kreis von Personen

Weiterhin ist erforderlich, dass die unrichtigen bzw. nachteiligen Angaben gegenüber einem größeren Kreis von Personen gemacht oder verschwiegen worden sind. Ausgeschlossen sind damit Fehlinformationen gegenüber Einzelpersonen,[373] wenngleich diese eventuell unter den Betrugstatbestand nach § 263 StGB fallen könnten. 218

### e) Im Zusammenhang mit dem Vertrieb von Wertpapieren oder dem Erhöhungsangebot

Die gemachten oder verschwiegenen Informationen müssen zudem entweder nach Nr. 1 im Zusammenhang mit dem Vertrieb von Wertpapieren (unter anderem Aktien),[374] Bezugsrechten oder von Anteilen stehen, die eine Beteiligung an dem Ergebnis eines Unternehmens gewähren sollen. Oder sie müssen nach Nr. 2 in Zusammenhang mit dem Angebot stehen, die Einlage auf solche Anteile zu erhöhen. Unter den Vertrieb von Wertpapieren fällt der Absatz von Kapitalanlageobjekten, aber auch Werbe- und Angebotsaktionen für Anlageobjekte.[375] 219

Mit der Einbeziehung des **Angebots, die Einlage zu erhöhen** (Nr. 2), wird der Anwendungsbereich des § 264a StGB auch auf die Erhöhung bereits vorhandener Beteiligungen (iSd Nr. 1) erweitert.[376] 220

### f) Erheblichkeit für die Anlageentscheidung

Die gemachten oder verschwiegenen Informationen müssen sich schließlich auf Umstände beziehen, die für die Entscheidung des Anlegers erheblich sind.[377] In der Praxis wird man sich an den Grundsätzen der Rechtsprechung zur zivilrechtlichen Prospekthaftung[378] sowie an den im Rahmen der Anlageberatung entwickelten Mindestvoraussetzungen für Prospekte orientieren können.[379] 221

Dazu gehören insbesondere:[380] 222
- Angaben über die Herausgeber des Prospekts;
- Angaben zum Ertragsrisiko;
- die Beschreibung der Kapitalanlage;
- Angaben über die rechtlichen Verhältnisse;
- Angaben über wesentliche Vertragspartner etc.

## IV. Untreue

Der **Straftatbestand** der Untreue nach **§ 266 StGB** ist zu einem der wichtigsten Wirtschaftsstraftatbestände der heutigen Zeit geworden, wobei auch das öffentliche Interesse aufgrund der vielfach prominenten Stellung der Beschuldigten besonders groß ist,[381] man denke hier zB an das bereits oben erwähnte Mannesmann-Verfahren[382] (→ Rn. 263) oder 223

[373] Vgl. Lackner/Kühl/*Heger* § 264a StGB Rn. 11, MüKoStGB/*Ceffinato* § 264a Rn. 69.
[374] Einzelheiten bei LK-StGB/*Tiedemann*/*Vogel* § 264a Rn. 29 ff.
[375] Vgl. *Hüls* in ARR WirtschaftsStrafR-HdB Teil 10 Kap. 1 Rn. 31; Lackner/Kühl/*Heger* StGB § 264a Rn. 7.
[376] *Hüls* in ARR WirtschaftsStrafR-HdB Teil 10 Kap. 1 Rn. 32.
[377] Einzelheiten bei LK-StGB/*Tiedemann*/*Vogel* § 264a Rn. 88 ff., 52 ff.; *Hüls* in ARR WirtschaftsStrafR-HdB Rn. 52 ff.; dazu auch *Fischer* StGB § 264a Rn. 16; Lackner/Kühl/*Heger* StGB § 264a Rn. 13.
[378] BVerfG NJW 2008, 1726; *Ellenberger,* Prospekthaftung im Wertpapierhandel, 2001.
[379] Dazu *Vortmann,* Prospekthaftung und Anlageberatung, 2000; BT-Drs. 10/5058.
[380] Dazu *Hüls* in ARR WirtschaftsStrafR-HdB Teil 10 Kap. 1 Rn. 65 ff.; LK-StGB/*Tiedemann*/*Vogel* § 264a Rn. 75 ff.
[381] *Schramm* in Momsen/Grützner WirtschaftsSteuerStrafR-HdB § 19 Rn. 1; *Seier*/*Lindemann* in ARR WirtschaftsStrafR-HdB Teil 5 Kap. 2 Rn. 1. Eine Übersicht prominenter Fälle findet sich bei Satzger/Schluckebier/Widmaier/*Saliger* StGB § 266 Rn. 5.
[382] S. auch *Ransiek* NJW 2006, 814; *Götz* NJW 2007, 419.

an die Parteispendenaffären.[383] Trotz des generalklauselartigen Charakters der Norm hat das BVerfG in zwei Entscheidungen den Tatbestand und die Anwendungspraxis für verfassungsgemäß erklärt.[384] Geschützt wird nach hM (nur) das Vermögen des Treugebers, dh im Unternehmenszusammenhang das Vermögen des Unternehmens als juristische Person, dessen Vermögensinteressen der Treunehmer zu betreuen hat.[385]

### 1. Voraussetzungen

224 Wegen **Untreue** macht sich strafbar, wer die ihm eingeräumte Befugnis, über fremdes Vermögen zu verfügen, missbraucht oder die ihm obliegende Pflicht, fremde Vermögensinteressen wahrzunehmen, verletzt und dadurch einen Vermögensschaden verursacht.[386]

#### a) Vermögensbetreuungspflicht

225 Eine Untreuestrafbarkeit setzt zunächst voraus, dass der Täter **fremde Vermögensinteressen** zu betreuen hat (Vermögensbetreuungspflicht).[387] Diese Pflichtenstellung kann aus verschiedenen Rechtsbeziehungen entstehen, wie etwa kraft Gesetzes oder Rechtsgeschäfts etc.[388]

226 In vielen Fällen mag es streitig sein, wer überhaupt **Treuepflichtiger** und damit tauglicher Täter iSd § 266 StGB ist. Bei den Organen juristischer Personen, zu denen auch der **Vorstand einer AG** gehört, ist das unproblematisch, denn sie sind verpflichtet, die Interessen der Gesellschaft nach § 93 AktG wahrzunehmen.[389] Eine Ausnahme wird nur dann angenommen, wenn es um das Eintrittsrecht ihnen gegenüber geht,[390] oder wenn es um ihre eigenen Vertragsangelegenheiten (Stichwort: Bezüge) gegenüber der juristischen Person geht.[391]

227 Schwieriger ist der Fall, wenn jemand zwar keine formelle Organstellung besitzt, aber trotzdem tatsächlich Organaufgaben wahrnimmt, so etwa, wenn jemand erheblichen Einfluss auf die Vermögensgeschäfte eines Unternehmens hat (Stichwort: **„faktischer Geschäftsführer bzw. Vorstand“;** → Rn. 25).[392] Die rein tatsächliche Wahrnehmung von Organaufgaben reicht dazu noch nicht aus; hinzukommen muss das Einverständnis des Vermögensinhabers oder des geschäftsführenden Gremiums und eine überragende Stellung oder zumindest das deutliche Übergewicht gegenüber dem formellen Geschäftsführer.[393]

---

[383] Umfassend zur Fallgruppe der „Parteienuntreue“ vgl. *Saliger* in Ipsen, Parteiengesetz, 2. Aufl. 2018, ParteiG § 31d Rn. 137 ff. sowie *Saliger,* Parteiengesetz und Strafrecht, 2005. Zu einzelnen Parteispendenverfahren vgl. MüKoStGB/*Dierlamm* § 266 Rn. 250 ff.

[384] BVerfG NStZ 2009, 560; BVerfGE 126, 170 = NJW 2010, 3209; dazu auch *Schramm* in Momsen/Grützner § 19 Rn. 14 ff.; *Saliger* in Satzger/Schluckebier/Widmaier, Strafgesetzbuch, Kommentar, 5. Aufl. 2020, StGB § 266 Rn. 4 mwN; ausf. zu den Problemfeldern *Bittmann* wistra 2013, 449 ff.

[385] Vgl. BGHSt 8, 254 = NJW 1956, 151; BGH NJW 2000, 154 (155); *Schramm* in Momsen/Grützner WirtschaftsSteuerStrafR-HdB § 19 Rn. 2 f.; *Saliger* in Satzger/Schluckebier/Widmaier, Strafgesetzbuch, Kommentar, 5. Aufl. 2020, StGB § 266 Rn. 1; *Seier/Lindemann* in ARR WirtschaftsStrafR-HdB Teil 5 Kap. 2 Rn. 10.

[386] Ausf. zur Untreuestrafbarkeit Matt/Renzikowski/*Matt* StGB § 266; s. auch MüKoStGB/*Dierlamm* § 266.

[387] Dazu MüKoStGB/*Dierlamm* § 266 Rn. 30 ff. Vgl. auch *Schramm* in Momsen/Grützner § 19 Rn. 29 ff.

[388] *Fischer* StGB § 266 Rn. 14 ff.; umfassend MüKoStGB/*Dierlamm* § 266 Rn. 36 ff.

[389] Vgl. auch § 94 AktG für den stellvertretenden Vorstand; LK-StGB/*Schünemann* § 266 Rn. 126 mwN; s. auch *Seier/Lindemann* in ARR WirtschaftsStrafR-HdB Teil 5 Kap. 2 Rn. 235 ff.; MüKoStGB/*Dierlamm* § 266 Rn. 95.

[390] BGH NJW 1988, 2483.

[391] So etwa im Mannesmann-Verfahren; deshalb war das begünstigte Vorstandsmitglied nur Gehilfe (→ Rn. 263); allgemein dazu *Seier/Lindemann* in ARR WirtschaftsStrafR-HdB Teil 5 Kap. 2 Rn. 235.

[392] S. auch MAH WirtschaftsStrafR/*Beukelmann* § 18 Rn. 35 ff.; *Seier/Lindemann* in ARR WirtschaftsStrafR-HdB Teil 5 Kap. 2 Rn. 310 ff.

[393] So BGH WM 2013, 266; BGHSt 46, 62 (64 f.) = WM 2000, 1515; LK-StGB/*Schünemann* § 266 Rn. 125b; *Schünemann* Organuntreue 15 f.

### b) Missbrauchs- und Treubruchstatbestand

Die Vorschrift kennt **zwei Begehungsformen:** den Missbrauch und den Treubruch.[394] 228

**aa) Missbrauchstatbestand (Alt. 1).** Der Missbrauchstatbestand befasst sich mit dem 229 **nach außen wirksamen rechtsgeschäftlichen Handeln des Täters.**[395] Der Täter missbraucht dabei eine ihm eingeräumte Vertretungsbefugnis. Er überschreitet rechtsmissbräuchlich das rechtliche Dürfen (Innenverhältnis) im Rahmen des rechtlichen Könnens (Außenverhältnis).[396]

**bb) Treubruchstatbestand (Alt. 2).** Im Gegensatz zum Missbrauchstatbestand muss der 230 Tatbestand des Treubruchs nicht auf einem rechtlichen Verhältnis, sondern kann auch auf einem **tatsächlichen Verhältnis** beruhen.[397] Erfasst wird zunächst **jedes beliebiges vermögensrelevantes Verhalten;**[398] allerdings ist auch hier erforderlich, dass der Täter im Rahmen des Treueverhältnisses **fremde Vermögensinteressen zu betreuen hat** (Vermögensbetreuungspflicht).[399]

### c) Schwerwiegende Pflichtverletzung

Es führt nicht jede gesellschaftsrechtliche Pflichtverletzung zu einer Untreuestrafbarkeit 231 nach § 266 StGB. Erforderlich ist – wie bereits dargestellt (→ Rn. 12 ff.) – vielmehr eine „schwerwiegende Pflichtverletzung" einer Norm, die eine, wenn auch nur mittelbare, **Vermögensrelevanz** aufweist. Bei **Ermessensentscheidungen** des Vorstands wird eine entsprechende Pflichtverletzung, bekräftigt durch die HSH-Nordbank-Entscheidung im Jahr 2017, indiziert, wenn eine Sorgfaltspflichtverletzung iSd § 93 Abs. 1 AktG vorliegt und dadurch eine Hauptpflicht des Vorstands verletzt wird (→ Rn. 14 ff.).[400]

### d) Vermögensnachteil

Weitere Voraussetzung der Untreue ist, dass Missbrauch oder Treubruch zu einem Vermö- 232 gensnachteil, sprich **Vermögensschaden,** geführt haben.[401] Dieser ist im Wege einer **Gesamtsaldierung** des betreuten Vermögens vor und nach der Tathandlung zu ermitteln.[402] Eine **Kompensation von Schäden durch zugleich erlangte Vorteile** ist möglich, vorausgesetzt, dass beide durch das selbe pflichtwidrige Verhalten verursacht worden sind.[403] Ein Schaden kann dabei grundsätzlich auch in einer unterlassenen Vermögensmehrung liegen, wobei dabei eine restriktive Beurteilung erforderlich ist, da der Zweck des Untreuetatbestandes nicht in dem Streben nach Gewinnmaximierung, sondern im Verbot der pflichtwidrigen Nachteilszuführung liegt.[404]

---

394 Zum Verhältnis der beiden LK-StGB/*Schünemann* § 266 Rn. 25 ff.; zur Untreue durch Unterlassen *Seier/Lindemann* in ARR WirtschaftsStrafR-HdB Teil 5 Kap. 2 Rn. 74 ff. mwN.

395 Vgl. HK-KapMarktStrafR/*Zieschang* Teil 3 § 266 StGB Rn. 8, 14.; *Schramm* in Momsen/Grützner § 19 Rn. 44 ff.

396 BGH NJW 1954, 202; BGH StV 2002, 137; Matt/Renzikowski/*Matt* StGB § 266 Rn. 48.

397 Vgl. MüKoStGB/*Dierlamm* § 266 Rn. 163.

398 Vgl. HK-KapMarktStrafR/*Zieschang* Teil 3 § 266 StGB Rn. 32; *Fischer* StGB § 266 Rn. 50.

399 Vgl. Lackner/Kühl/*Heger* StGB § 266 Rn. 11; *Seier/Lindemann* in ARR WirtschaftsStrafR-HdB Teil 5 Kap. 2 Rn. 167.

400 BGH NJW 2017, 578 (579) mAnm Brand; MüKoStGB/*Dierlamm* § 266 Rn. 175; Matt/Renzikowski/*Matt* StGB § 266 Rn. 78; *Schweiger* WuB 2017, 294 (297). Zuvor bereits BGH NStZ 2006, 221 (222).

401 Vgl. MüKoStGB/*Dierlamm* § 266 Rn. 201 ff.; *Seier/Lindemann* in ARR WirtschaftsStrafR-HdB Teil 5 Kap. 2 Rn. 170 ff.

402 Vgl. MüKoStGB/*Dierlamm* § 266 Rn. 202 ff.; *Saliger* in Satzger/Schluckebier/Widmaier, Strafgesetzbuch, Kommentar, 5. Aufl. 2020, StGB § 266 Rn. 70 ff.; MAH WirtschaftsStrafR/*Beukelmann* § 18 Rn. 99; dazu auch BGH NJW 2011, 88 mAnm *Bittmann*.

403 Vgl. Lackner/Kühl/*Heger* StGB § 266 Rn. 17b; MüKoStGB/*Dierlamm* § 266 Rn. 206 f. Zur Folge vgl. Matt/Renzikowski/*Matt* StGB § 266 Rn. 128 ff.

404 Dazu BGHSt 31, 232, 234 = NJW 1983, 1807; MAH WirtschaftsStrafR/*Beukelmann* § 18 Rn. 102 ff.

233 Die Rechtsprechung sieht – obwohl oder gerade weil es keine Versuchsstrafbarkeit gibt – bereits in der sog. **schadensgleichen Vermögensgefährdung** einen endgültigen Vermögensschaden.[405] Vor allem, aber nicht nur, führt dies in den sog. Kreditvergabefällen (Risikogeschäften) zu erheblichen Strafbarkeitsrisiken (→ Rn. 240ff. zu Risikogeschäften; → Rn. 264ff. zu schwarzen Kassen). Diese Strafbarkeitsvorverlagerung bedarf – nach herrschendem Verständnis – einer Einschränkung. Umstritten ist dabei zwischen den Senaten des BGH, wie eine solche Beschränkung zu erfolgen hat.[406] Der 2. und 5. Strafsenat befürworten eine Begrenzung im Rahmen des subjektiven Tatbestands, indem sie – ausgehend vom 2. Strafsenat – fordern, dass der Täter nicht nur in Kenntnis von der konkreten Möglichkeit des Schadenseintritts handelte und diese Gefahr in Kauf nahm, sondern dass der Täter vielmehr auch die Realisierung der Gefahr billigend in Kauf genommen hat.[407] Diesem Verständnis hatte sich der 1. Strafsenat nicht angeschlossen.[408] Das BVerfG hat die Figur der schadensgleichen Vermögensgefährdung hingegen grundsätzlich als zulässig erachtet.[409]

234 Zur Berechnung des Schadens bei einer schadensgleichen Vermögensverfügung → Rn. 237, 265.

235 Im Rahmen von sog. **Kick-Backs bei Schmiergeldzahlungen,** dh in Fällen, in denen der Täter von einem Dritten ein „Schmiergeld" erhält, dieses aber wirtschaftlich aus dem Vermögen seines Unternehmens (Treugeber) stammt, ist für die Bejahung eines Vermögensschadens genau zu prüfen, ob die Vertragsbeziehung zwischen dem Unternehmen und dem Dritten zu marktüblichen oder höheren Preisen abgerechnet wurde.[410] Neben einer möglichen Untreuestrafbarkeit können in diesen Fällen auch die Bestechungsdelikte nach §§ 299ff. StGB einschlägig sein.

## 2. Wichtige Leitentscheidungen und Fallgruppen zur strafbaren Untreue

### a) Untreue durch Sponsoring

236 Unternehmen betätigen sich auf vielfältige Weise im Bereich der Sport- oder Kulturförderung. Dies ist grundsätzlich gesellschaftlich nicht nur akzeptiert, sondern auch gewünscht.[411] In der grundlegenden **„Sponsoring"-Entscheidung des BGH** von 2001[412] ging es – vereinfacht – um folgenden Sachverhalt: Angeklagt waren der Vorstandsvorsitzende einer landeseigenen Gesellschaft und der frühere Umwelt- und Verkehrsminister des Landes Baden-Württemberg, der zugleich Präsident des Sportvereins SSV Reutlingen war. In seiner Eigenschaft als Minister sollte er turnusgemäß Aufsichtsratsvorsitzender der landeseigenen Gesellschaft werden. Der Minister veranlasste den Vorstandsvorsitzenden zu mehreren Geldspenden an den SSV Reutlingen, wobei der Vorstandsvorsitzende wie folgt verfuhr: Er ließ von der Hauptkasse die Beträge auf die Sekretariatskasse überweisen, die nicht über die Hauptbuchhaltung lief. Über die Sekretariatskasse hob der Vorstandsvorsitzende das Geld in bar ab und übergab es in bar in einem Umschlag an seinen (späteren)

[405] Vgl. BGHSt 44, 376 = NJW 1999, 1489; *Fischer* § 266 StGB Rn. 150ff.; diese Schadenskategorie wurde grundsätzlich auch vom BVerfG für verfassungsgemäß erklärt, vgl. BVerfG NStZ 2009, 560.

[406] Vgl. dazu *Fischer* StraFo 2008, 269ff.; *Nack* StraFo 2008, 277ff.; *Rönnau* FS Rissing-van Saan, 2011, 517ff.

[407] Vgl. BGHSt 51, 100 = NJW 2007, 1760; BGH NStZ 2007, 704; BGHSt 52, 182 = NJW 2008, 1827; BGH NStZ 2013, 715.

[408] Vgl. BGH NJW 2008, 2451; zur Kritik in der Lit. an der Ansicht des 2. und 5. Strafsenats auch *Schramm* in Momsen/Grützner WirtschaftsSteuerStrafR-HdB § 19 Rn. 141, der eine Einschränkung im objektiven Tatbestand für überzeugender erachtet; dazu auch *Perron* NStZ 2008, 517ff.

[409] BVerfGE 126, 170 (226).

[410] Ausf. dazu *Schramm* in Momsen/Grützner WirtschaftsSteuerStrafR-HdB § 19 Rn. 147f.; MAH WirtschaftsStrafR/*Beukelmann* § 18 Rn. 94ff.

[411] Vgl. *Schramm* in Momsen/Grützner WirtschaftsSteuerStrafR-HdB § 19 Rn. 57.

[412] BGHSt 47, 187 = NJW 2002, 1585 mAnm *Beckemper* NStZ 2002, 322; vgl. auch *Otto* FS Kohlmann, 2003, 187; MüKoStGB/*Dierlamm* § 266 Rn. 268.

Aufsichtsratsvorsitzenden. Bei der rechtlichen Würdigung geht der BGH ausführlich auf die gesellschaftsrechtlich zulässigen Formen des Sponsoring ein. Der Erfolg von Imagewerbung sei nicht kontrollierbar. Der Vorstand habe daher einen gerichtlich nicht überprüfbaren Ermessensspielraum, abgeleitet aus der Leitungsbefugnis des Vorstands. Dieser nicht überprüfbare Ermessensspielraum findet seine äußere Grenze jedoch in der Sorgfalt eines pflichtbewussten Unternehmers.

Sodann folgen die **Einschränkungen:** Bei Zweifeln oder Vorlieben des einzelnen Vor- 237
standsmitglieds – also hier auch wieder die ausdrückliche Erwähnung des eigenen Interesses – könne ein Vorstandsmitglied nicht allein entscheiden, und zwar auch dann nicht, wenn es nach der internen Geschäftsverteilung eigentlich zuständig wäre. Die Verpflichtung zur Offenheit gegenüber den Gesellschaftsorganen folge aus der Gesamtverantwortung des Vorstands für die Geschäftsleitung und der nicht delegierbaren Pflicht des Vorstands zur Selbstkontrolle. Nicht jede gesellschaftsrechtliche Pflichtverletzung soll jedoch ausreichend sein, **sondern sie muss –** wie bereits mehrfach erwähnt – **gravierend sein** (zu den einzelnen Aspekten → Rn. 12 ff.). Eine solche gravierende Pflichtverletzung wurde im konkreten Fall bejaht, da die Sponsoringausgaben verschleiert wurden. Die Zahlungen wurden nicht in der Hauptbuchhaltung verbucht, sondern erfolgten über Barabhebungen in der Sekretariatskasse. Die anderen Vorstands- und Aufsichtsratsmitglieder waren über die Zahlungen nicht informiert. Zu der Fallgestaltung der „schwarzen Kassen" → Rn. 264 ff.

Ergänzend ist die **EnBW/WM-Karten-Entscheidung** des BGH aus dem Jahr 2008[413] 238
zu beachten. Hier ging es darum, dass der Vorstandsvorsitzende der EnBW, die nationaler Hauptsponsor der Fußball WM 2006 in Deutschland war, verschiedenen Landesministern sowie Staatssekretären aus dem Bundesumweltministerium Eintrittskarten für WM-Spiele übersandte. Vom BGH zu entscheiden war dabei, welche konkreten Anforderungen an die sog. Unrechtsvereinbarung im Rahmen der **Korruptionsdelikte nach §§ 331 ff. StGB** (allgemein zu den Korruptionsdelikten → Rn. 299 ff.) zu stellen sind. Die Karten stellten nach Ansicht des BGH einen „Vorteil" iSd § 333 StGB dar, da der Besuch auch der Befriedigung eines persönlichen Interesses, vor allem da auch Begleitpersonen eingeladen waren, diente. Der BGH verneinte allerdings die notwendige Unrechtsvereinbarung im konkreten Fall, da nicht klar war, ob zwischen dem Vorteil (Eintrittskarten) und der Dienstausübung (positive Entscheidungen für EnBW) ein Gegenseitigkeitsverhältnis in dem Sinne bestand, dass der Vorteil nach dem Einverständnis der Beteiligten seinen Grund gerade in der Dienstausübung hatte.[414]

Wie Sponsoring gestaltet werden kann, wird durch die im Jahr 2006 gegründete **S20 –** 239
**Sponsoring Initiative,** ein Zusammenschluss deutscher Sportsponsoren, in Form einzelner Handlungsempfehlungen und des zuletzt im Jahr 2017 überarbeiteten Leitfadens „Hospitality und Strafrecht" konkretisiert.[415] Verallgemeinert kann festgehalten werden, dass Sponsoringkonzepte zwar akzeptiert sind, allerdings in strafrechtlicher Hinsicht unter Umständen sowohl eine Untreuestrafbarkeit begründen, als auch einen korruptiven Charakter aufweisen können.[416]

## b) Untreue durch riskante Kreditvergabe und Risikogeschäfte

Der BGH hatte sich in zwei Entscheidungen von 2000[417] und 2001[418] umfänglich mit der 240
Frage befasst, wann in einer Kreditvergabe eine Untreue zu sehen ist.[419] Ausgangspunkt

---

[413] BGHSt 53, 6 = NJW 2008, 3580 mAnm *Greeve* CCZ 2009, 76.
[414] Dazu auch *M. Jahn* JuS 2009, 176 ff.
[415] Näher zur S20 – Sponsoring Initiative vgl. www.s20.de (zuletzt abgerufen am 16.6.2021). Vgl. auch *Grützner/Behr* in Momsen/Grützner WirtschaftsSteuerStrafR-HdB § 30 Rn. 252 ff.
[416] Vgl. auch *Schramm* in Momsen/Grützner WirtschaftsSteuerStrafR-HdB § 19 Rn. 57.
[417] BGHSt 46, 30 = NJW 2000, 2364.
[418] BGHSt 47, 148 = NJW 2002, 1211.
[419] Dazu *Kiethe* WM 2003, 861; *Knauer* NStZ 2002, 399; MüKoStGB/*Dierlamm* § 266 Rn. 236 ff.; s. auch *Feigen* FS Rudolphi, 2004, 445.

war dabei, dass eine Kreditvergabe immer risikobehaftet ist. Der BGH verlangte deshalb eine **sorgfältige Abwägung der Chancen und Risiken auf der Grundlage umfassender Information.** Wörtlich führt der BGH aus: „Ist die Abwägung sorgfältig vorgenommen worden, kann eine Pflichtverletzung iSd § 266 StGB nicht deshalb angenommen werden, weil das Engagement später notleidend wird".[420] Die „Grundlage umfassender Information" ist für den BGH die Einhaltung der Prüfungs- und Informationspflichten nach § 18 KWG, wobei er betont, dass nicht jede Pflichtverletzung zugleich eine strafrechtliche Untreue darstellt. Sofern auf andere Art und Weise eine gleichwertige Unterrichtung erfolgt, kann eine Pflichtwidrigkeit iSd § 266 StGB entfallen.[421]

241 In dem ersten zu entscheidenden Fall (von 2000) hatte der Vorstand sich nicht den Jahresabschluss vorlegen lassen, sondern die Kreditentscheidung lediglich auf ein Schreiben des Steuerberaters gestützt. Das hat der BGH nicht als gravierende Pflichtverletzung bewertet. Der BGH gibt dabei auch einen **Katalog von tatsächlichen Anhaltspunkten,** die darauf hindeuten können – nicht müssen –, dass die Risikoprüfung nicht ausreichend vorgenommen worden ist.

242 Der BGH sieht eine möglicherweise **nicht ausreichende Risikoprüfung** als gegeben an, wenn[422]

- die Informationspflichten vernachlässigt wurden;
- die Entscheidungsträger nicht die erforderliche Befugnis besaßen;
- im Zusammenhang mit der Kreditgewährung unrichtige oder unvollständige Angaben gegenüber Mitverantwortlichen oder zur Aufsicht befugten oder berechtigten Personen gemacht werden;
- die vorgegebenen Zwecke nicht eingehalten wurden;
- die Höchstkreditgrenzen überschritten wurden;
- die Entscheidungsträger eigennützig handelten.

243 In dem zweiten Fall (von 2001) hat der BGH den Freispruch der Angeklagten aufgehoben und eine **gravierende Pflichtverletzung** deshalb **bejaht,** weil[423]

- der Kreditnehmer erkennbar persönlich unzuverlässig war;
- die von der Steuerberaterin vorgelegte falsche Vermögensaufstellung nicht im Detail geprüft worden ist;
- Zusatzkredite, beispielsweise über 15 Mio. DM vom Vorstand teilweise in Eilbeschlüssen, teilweise zunächst „blanko" und teilweise zur Rückführung von Überziehungen bewilligt worden waren. Nachdem das Kreditengagement auf insgesamt 82 Mio. DM angewachsen war, entschieden die Gremien der Sparkasse 1995, das Kreditengagement nicht weiter zu erhöhen. Der für das Firmenkundengeschäft zuständige Vorstand reichte gleichwohl weitere Kredite aus, in denen andere Personen zum Schein als Kreditnehmer auftraten.

244 Aus dem Urteil ergibt sich auch, dass der für die Kreditvergabe zuständige Vorstand offenbar Bauhandwerkleistungen des Kreditnehmers erhalten hatte.

245 Die **Verstöße gegen die Prüfungspflichten waren gravierend;** die Kreditvergaben verstießen zum Teil gegen die intern getroffenen Entscheidungen; im Zusammenhang mit der Kreditgewährung wurden unrichtige Angaben gemacht (Austausch des Kreditnehmers) und schließlich besaß der zuständige Vorstand nicht die erforderliche Entscheidungsbefugnis.

246 Gerade bei diesen **Geschäften** führt das Abstellen auf den Zeitpunkt der Kreditvergabe dazu, dass in diesem Zeitpunkt bereits ein endgültiger Vermögensnachteil iSd § 266 StGB eingetreten ist, da ein ungesicherter Kredit minderwertig ist. Sollte es **später** dennoch zu einer **vollständigen Rückzahlung** kommen, so kann dies eine **Strafbarkeit nicht**

[420] BGH NJW 2000, 2365.
[421] Dazu *Schramm* in Momsen/Grützner WirtschaftsSteuerStrafR-HdB § 19 Rn. 70.
[422] BGH NJW 2000, 2365.
[423] BGH NJW 2002, 1213.

**mehr ausschließen,** Dieser Umstand kann lediglich – sofern das Strafverfahren noch nicht abgeschlossen ist – in der konkreten Strafzumessung zugunsten des Täters berücksichtigt werden.

Das BVerfG bestätigte in seinen beiden Entscheidungen aus dem Jahr 2009[424] und 247
2010[425] diese – mittlerweile ständige – Rechtsprechung des BGH dem Grunde nach. Allerdings stellt das BVerfG in seiner Entscheidung aus dem Jahr 2010 klar, dass ein Vermögensschaden neben dem Pflichtwidrigkeitsmerkmal eine eigenständige Bedeutung besitzt (sog. **Verschleifungsverbot**). Im Rahmen einer schadensgleichen Vermögensgefährdung muss zudem der **Schaden der Höhe nach konkret beziffert** werden (ggf. unter der Zuhilfenahme von Sachverständigen). Bei Zweifelsfällen sei ein Mindestschaden im Wege der Schätzung zu ermitteln.[426]

In seiner bereits vorstehend erörterten Entscheidung **(HSH-Nordbank)** aus dem Jahr 248
2017[427] (→ Rn. 14ff.) machte der 5. Strafsenat des BGH weitere Vorgaben zu den in § 93 Abs. 1 AktG kodifizierten Informationspflichten. Informationen sind nicht allumfassend, sondern unter einem Kosten-Nutzen-Gesichtspunkt einzuholen. Auf dieser Informationsgrundlage basierend muss schließlich eine Entscheidung getroffen worden sein, die aus ***ex ante*-Sicht** plausibel ist.[428] Ein Verstoß gegen die Informationspflichten begründet noch keine schwerwiegende Pflichtverletzung, gibt aber ein dahingehendes Indiz. Als aufschlussreiches Kriterium darüber, ob eine schwerwiegende Pflichtverletzung vorliegt, verbleibt es bei der **Unvertretbarkeit des Vorstandshandelns.**[429] Erst wenn dieses wirtschaftlich nicht mehr zu rechtfertigen ist, wird der Maßstab der Business Judgement Rule überschritten.[430] Ist die Pflichtverletzung bereits zivilrechtlich begründet, ist eine **gesonderte strafrechtliche Prüfung nicht mehr notwendig.**[431] Bei der Schadensbestimmung verweist der 5. Strafsenat – mit Ausnahme von Verstößen gegen die Legalitätspflicht[432] – auf die grundsätzlich anerkannte wirtschaftliche Betrachtung.

### c) GmbH-Untreue

Ein sog. **tatbestandsausschließendes Einverständnis** durch die Gesellschafter,[433] das 249
eine Strafbarkeit entfallen lässt, erkennt der BGH grundsätzlich an.[434] Das Einverständnis muss allerdings zum Zeitpunkt der Tat gegeben sein.[435] Der BGH entschied im Kölner Müllskandal im Jahr 2010[436] zudem, dass ein Einverständnis der Gesellschafter seine tatbestandsausschließende Wirkung nur dann entfalten könne, wenn **alle Gesellschafter inhaltlich mit dem Beschlussthema** befasst waren. Stimme lediglich die Mehrheit der

---

[424] BVerfG NJW 2009, 2370.

[425] BVerfGE 126, 170 = NJW 2010, 3209 mAnm *Saliger* NJW 2010, 3195; *Beckemper* ZJS 2011, 88ff.

[426] Dazu auch *Schramm* in Momsen/Grützner WirtschaftsSteuerStrafR-HdB § 19 Rn. 23, 140; MAH WirtschaftsStrafR/*Beukelmann* § 18 Rn. 117.

[427] BGH NJW 2017, 578 mAnm *Brand*.

[428] BGH NJW 2017, 578 (580) mAnm Brand; MüKoAktG/*Spindler* § 93 Rn. 55.

[429] BGH NZG 2017, 116 Rn. 31; Matt/Renzikowski/*Matt* StGB § 266 Rn. 108; *Seier/Lindemann* in ARR WirtschaftsStrafR-HdB Teil 5 Kap. 2 Rn. 399; *Schweiger* WuB 2017, 294 (297).

[430] *Seier/Lindemann* in ARR WirtschaftsStrafR-HdB Teil 5 Kap. 2 Rn. 399. Vgl hierzu auch GJW/*Waßmer* StGB § 266 Rn. 120 sowie Schönke/Schröder/*Perron* StGB § 266 Rn. 19b.

[431] BGH NJW 2017, 578 (579) mAnm Brand; Schönke/Schröder/*Perron* StGB § 266 Rn. 19b; LK-StGB/*Schünemann* § 266 Rn. 100. Dazu bereits BGH NStZ 2006, 214 mAnm Rönnau. Die Notwendigkeit der Prüfung einer „gravierenden" Pflichtverletzung ablehnend *Momsen* in Momsen/Grützner WirtschaftsSteuerStrafR-HdB § 4 Rn. 10; *Schünemann* NStZ 2006, 196 (199); bejahend MüKoStGB/*Dierlamm* § 266 Rn. 183; Matt/Renzikowski/*Matt* StGB § 266 Rn. 76ff. Vgl dazu auch *Scholl* EWiR 2017, 103 (104).

[432] BGH NJW 2017, 578 (582) mAnm Brand. Krit. BGH NZWiSt 2017, 112 (119) mAnm Nepomuck.

[433] Dazu *Bittmann* wistra 2013, 449 (452); *Ransiek* FS Kohlmann, 2003, 207; s. auch *Wellkamp* NStZ 2001, 113ff.; *Schünemann,* Organuntreue, 2004, 30ff.

[434] Vgl. *Schramm* in Momsen/Grützner WirtschaftsSteuerStrafR-HdB § 19 Rn. 74 mwN.

[435] Vgl. *Kindhäuser* in Kindhäuser/Neumann/Paeffgen, Strafgesetzbuch, 5. Aufl. 2017, StGB § 266 Rn. 66.

[436] Vgl. BGHSt 55, 266 = NJW 2010, 3458 mAnm *Brand*.

Gesellschafter zu, bedürfe es zwingend eines **förmlichen Beschlusses.**[437] Zudem werden weitere Einschränkungen vorgenommen:

250 In seiner Entscheidung aus dem Jahr 1987[438] hat der BGH zunächst bekräftigt, dass Eingriffe in das Vermögen der Gesellschaft mit Zustimmung des Alleingesellschafters oder aller Gesellschafter zulässig sind, sofern dadurch nicht das Stammkapital iSv § 30 GmbHG angegriffen worden ist.[439]

251 Auch ohne Angriff auf das Stammkapital hat der BGH eine strafbare Untreue bejaht, wenn die Entnahme verschleiernd erfolgt, also unter Verstoß gegen die Buchhaltungspflichten. Das bedeutete, dass beispielsweise eine mit Zustimmung aller Gesellschafter erfolgte verdeckte Gewinnausschüttung als strafbare Untreue hätte verfolgt werden können, und zwar auch dann, wenn das Stammkapital unangetastet blieb.[440]

252 Diese Entscheidung ist kritisiert worden; sie schränkt erheblich die Einwilligungsmöglichkeit ein und nimmt eine **Verlagerung des Schutzzwecks des § 266 StGB** vom Vermögensschutz auf den **Gläubigerschutz** vor.[441]

253 In späteren Entscheidungen hat der BGH diese Linie daher nicht mehr weiterverfolgt[442] und klargestellt, **einverständliche Entnahmen seien an sich erlaubt, solange kein rechtswidriger Nachteil für die GmbH entstehe.** Ausdrücklich erwähnte der BGH, dass Falschbuchungen zum Zweck der Steuerhinterziehung auch nicht zu einer Untreue führen. Der BGH präzisiert: Ein solcher rechtswidriger Nachteil soll nur dann gegeben sein, wenn die Existenz der GmbH, ihre Liquidität oder besondere entgegenstehende Interessen der GmbH gefährdet sind.[443] Der BGH stellte dabei darauf ab, ob das Stammkapital entgegen § 30 GmbHG durch die Entnahmen bereits angegriffen worden ist. Tragender Gedanke dieser Rechtsprechung ist die Überlegung, dass die juristische Person ein gegenüber dem Anteilseigner selbstständiges Vermögen hat, über welches die Gesellschafter nur nach Maßgabe der gesetzlichen Vorschriften verfügen dürfen. Diese Ansicht basiert vor allem auf dem zivilrechtlichen Verständnis der gesellschaftsrechtlichen Haftung der Gesellschafter wegen Existenzgefährdungen. Nachdem sich dieses Verständnis in den letzten Jahren, vor allem aufgrund der Beschränkung der Gesellschafterhaftung durch das MoMiG im Jahr 2008, geändert hat, wurde in der strafrechtlichen Literatur teilweise gefordert, dass es auch im Rahmen des § 266 StGB keine strafbewehrtes Existenzgefährdungsverbot mehr geben dürfe.[444] Der BGH ist diesen Forderungen jedoch nicht nachgekommen und hält an seiner bisherigen Auffassung fest.[445]

### d) Konzernuntreue

254 Die soeben vorgestellte Rechtsprechung zur GmbH-Untreue war Vorläufer der **„Bremer Vulkan"-Entscheidung** von 2004.[446] Mit dieser Entscheidung hat der BGH sich grundsätzlich zu Fragen der Konzernuntreue[447] geäußert. Die Vorstandsmitglieder der beherrschenden AG sollen jedenfalls dann ihre Vermögensbetreuungspflicht gegenüber einer abhängigen GmbH verletzen, wenn deren Vermögenswerte in einem solchen Umfang un-

[437] Krit. dazu *Kindhäuser* in Kindhäuser/Neumann/Paeffgen, Strafgesetzbuch, 5. Aufl. 2017, StGB § 266 Rn. 72 mwN.
[438] BGHSt 34, 379 = NJW 1988, 1397.
[439] BGH NJW 1988, 1397 (1399); MüKoStGB/*Dierlamm* § 266 Rn. 147 ff.
[440] BGH NJW 1988, 1397 (1399).
[441] Vgl. *Gribbohm* ZGR 1990, 1; *Fischer* StGB § 266 Rn. 94 mwN.
[442] BGHSt 35, 333 = NJW 1989, 112.
[443] BGH NJW 1989, 113.
[444] Dazu *Schramm* in Momsen/Grützner WirtschaftsSteuerStrafR-HdB § 19 Rn. 86; *Livonius* wistra 2009, 91 ff.
[445] Vgl. BGHSt 54, 52 = NJW 2009, 3666 mAnm *Bittmann* GmbHR 2009, 1206; krit. *Wessing/Krawczyk* NZG 2009, 1176 ff.
[446] BGH NJW 2004, 2248; dazu *Fleischer* NJW 2004, 2867; MüKoStGB/*Dierlamm* § 266 Rn. 279.
[447] MüKoStGB/*Dierlamm* § 266 Rn. 276 ff.

gesichert im Konzern angelegt werden, dass im Fall ihres Verlusts die Erfüllung von Verbindlichkeiten der Tochtergesellschaft oder deren Existenz gefährdet wäre (Leitsatz 2).

255 Vereinfacht liegt der Entscheidung folgender **Sachverhalt** zugrunde: Die Bremer Vulkan AG hatte von der Treuhandanstalt zwei als GmbH organisierte Ostwerften erworben und hierfür zweckgebundene Investitionsbeihilfen im dreifachen Millionenbereich erhalten. 1994 wurden die GmbH-Töchter in ein konzernweites Cash-Management-System einbezogen. Der Konzernvorstand veranlasste die Töchter, der Konzernspitze die freie Liquidität zur Verfügung zu stellen. 1996 wurde über das Vermögen der Bremer Vulkan AG das Konkursverfahren eröffnet. Die Bemühungen der Treuhandanstalt, die Investitionsbeihilfen zurückzuerlangen waren ebenso erfolglos wie die Versuche, die zur Verfügung gestellten Gelder nachträglich zu besichern.

256 Der BGH hat die Untreuestrafbarkeit unter dem Gesichtspunkt eines **existenzgefährdenden Eingriffs** bejaht. Ausgangspunkt dieser Überlegung war dabei zunächst die Feststellung, dass mit Zustimmung sämtlicher Gesellschafter der Gesellschaft grundsätzlich Vermögenswerte entzogen werden können, weil die Gesellschaft gegenüber ihren Gesellschaftern keinen Anspruch auf ihren ungeschmälerten Bestand hat. Der BGH nimmt dabei eine sehr weitgehende Dispositionsbefugnis der Gesellschafter an.[448]

257 Allerdings gibt es, so der BGH, einen **Bereich, der einer Dispositionsbefugnis der Gesellschafter entzogen ist,** weil Interessen Anderer oder öffentliche Interessen betroffen sind. Den Gesellschaftern soll innerhalb wie außerhalb der Liquidation nur der Zugriff auf den zur Erfüllung der Gesellschaftsverbindlichkeiten nicht benötigten Überschuss zustehen. Der BGH führt dazu aus: Das System der beschränkten Haftung beruhe auf der unausgesprochenen und für das Recht der Kapitalgesellschaft aber grundlegenden Voraussetzung, dass das Gesellschaftsvermögen, das zur Erfüllung der im Namen der Gesellschaft eingegangenen Verbindlichkeiten benötigt werde, in der Gesellschaft zum Zweck der Befriedigung ihrer Gläubiger verbleiben müsse; insoweit sei das Gesellschaftsvermögen der an sich sehr weitgehenden Dispositionsbefugnis der Gesellschafter entzogen.[449]

258 Hieraus leitet der BGH eine **Vermögensbetreuungspflicht des beherrschenden Alleingesellschafters** ab, wobei er es offen lässt, ob diese Pflicht schon die Wahrnehmung fremder Vermögensinteressen betrifft oder nicht vielmehr nur die Schranke eigener Dispositionsfreiheit aufzeigt.[450] Der BGH führt aus, dass die Errichtung des Cash-Managements-Systems nicht an sich pflichtwidrig war, und präzisiert, dass die Muttergesellschaft eine Vermögensbetreuungspflicht hat, die Rückzahlung der Gelder – etwa durch ausreichende Besicherung – zu gewährleisten, wenn der Vermögenstransfer ein solches Ausmaß erreicht, dass die Erfüllung der eigenen Verbindlichkeiten des einlegenden Konzernmitglieds im Fall eines Verlusts der Gelder gefährdet ist. Die Konzernmutter hat dann die wirtschaftlichen Eigeninteressen ihrer Tochtergesellschaft zu wahren.[451]

259 Wie bereits erwähnt (→ Rn. 231), haben sich zwischenzeitlich die gesellschaftsrechtlichen Grundsätze geändert. Das Gesellschaftsrecht lässt Eingriffe im Rahmen eines Cash-Poolings, sofern ein Beherrschungs- und Gewinnabführungsvertrag besteht oder der Rückzahlungsanspruch werthaltig ist, nach § 30 Abs. 1 S. 2 GmbHG nF ausdrücklich zu. In diesen Fällen kann ein Einverständnis bzw. eine Weisung nicht unwirksam sein.[452] Dennoch hat die strafrechtliche Rechtsprechung bislang noch keine Änderung vollzogen. Der Gläubigerschutz wird daher nach dem Verständnis der Rechtsprechung auch weiterhin in Krisensituationen über § 266 StGB erzielt und nicht (nur) über die Bankrottstrafbarkeit nach § 283 StGB.[453]

[448] BGH NJW 2004, 2252.
[449] BGH NJW 2004, 2253.
[450] BGH NJW 2004, 2253.
[451] BGH NJW 2004, 2253.
[452] Ausf. dazu *Schramm* in Momsen/Grützner WirtschaftsSteuerStrafR-HdB § 19 Rn. 86.
[453] *Brand* NZWiSt 2012, 64f.

### e) Untreue durch die Festsetzung von Vorstandsvergütungen

260 Eine weitere Fallgruppe, die durch das Mannesmann-Verfahren große öffentliche Aufmerksamkeit gefunden hat,[454] ist die mögliche Untreue durch die Festsetzung von Vorstandsvergütungen.[455]

261 Die Zulässigkeit der Bezüge beurteilt sich – wie bereits dargelegt (→ Rn. 231) – nach den gesellschaftsrechtlichen Vorgaben. Sind die Bezüge nach Art und Umfang von diesen Vorgaben gedeckt, verbleibt grundsätzlich kein Raum für eine Untreuestrafbarkeit. Für Aktiengesellschaften legt § 87 AktG die Grundsätze für die Bezüge der Vorstandsmitglieder fest. Im Rahmen der Finanzmarktkrise wurden die Vorgaben sowohl im Jahr 2009 als auch jüngst durch das zum 1.1.2020 in Kraft getretene Gesetz zur Umsetzung der zweiten Aktionärsrechterichtlinie (ARUG II)[456] verschärft und sind nun stärker an leistungsbezogenen Aspekten sowie einer nachhaltigen Unternehmensentwicklung ausgerichtet.[457]

262 Täter einer Untreuestrafbarkeit können in diesem Zusammenhang nur die Aufsichtsratsmitglieder sein. Das begünstigte Vorstandsmitglied scheidet als tauglicher Täter aus, da es in diesem Fall keine Interessen der Gesellschaft wahrzunehmen hat (→ Rn. 224 ff.).[458] Es kann jedoch als Anstifter oder Teilnehmer strafrechtlich zur Verantwortung gezogen werden.

263 Im **Mannesmann-Verfahren** wurde den Mitgliedern des Aufsichtsrats der Mannesmann AG vorgeworfen, unter Verletzung aktienrechtlicher Bestimmungen im Rahmen der Übernahme durch Vodafone plc. Mitgliedern des Vorstands unangemessene Vergütungen zugesprochen und damit das Vermögen der Gesellschaft geschädigt zu haben. Das LG Düsseldorf hatte die Angeklagten zunächst wegen fehlender gravierender Pflichtverletzung sowie unvermeidbaren Verbotsirrtums iSd § 17 StGB freigesprochen.[459] Der BGH sah hingegen in den Zahlungen an die Vorstände **kompensationslose Anerkennungsprämien,** die im Dienstvertrag als Sonderzahlungen nicht vorgesehen waren und ausschließlich belohnenden Charakter ohne zukünftigen Nutzen hatten. Die Zuerkennung dieser Anerkennungsprämien stellte nach Ansicht des BGH eine treupflichtwidrige Verwendung des Gesellschaftsvermögens dar, die bereits dem Grunde nach unzulässig war, ohne dass es einer Angemessenheitsprüfung nach § 87 AktG bedurft hätte. Das Verfahren wurde letztlich aufgrund der Verfahrenslänge und der komplizierten Vorsatzfeststellung gem. § 153a StPO gegen alle Angeklagten gegen Zahlung hoher Geldauflagen eingestellt (zu den Einstellungsmöglichkeiten → Rn. 398 ff.).

### f) Untreue durch „schwarze Kassen"

264 Seit dem Parteispendenskandal der CDU Ende der 90iger Jahre des letzten Jahrhunderts ist die Bildung „schwarzer Kassen" in den Blickpunkt der Strafjustiz gelangt. Ausgangspunkt war die Entscheidung des BGH im Fall Kanther im Jahr 2006.[460] Kanther, als Vorsitzender der Hessen-CDU, verbrachte Parteivermögen in Höhe von ca. 20 Mio. EUR (Herkunft unbekannt) auf Liechtensteiner Konten. Dabei wollte er – so die Feststellungen – das Geld im Interesse der Partei verwenden. Den Aufsichtsgremien der Partei teilte er das Vermögen nicht mit, da bei Aufdeckung aufgrund falscher Rechenschaftsberichte erhebliche Rückforderungen gegenüber der Bundestagsverwaltung gedroht hätten.

---

[454] Zum Mannesmann-Verfahren *Schünemann,* Organuntreue, 2004; MüKoStGB/*Dierlamm* § 266 Rn. 269 ff.; *Rönnau/Hohn* NStZ 2004, 113; *Tiedemann* FS Weber, 2004, 319 ff.

[455] Dazu nur MüKoStGB/*Dierlamm* § 266 Rn. 269 ff. mwN; *Hoffmann-Becking* NZG 2006, 127.

[456] BGBl. 2019 I 2637. Zu den wesentlichen Neuregelungen *Zwirner/Vodermeier* BC 2020, 25.

[457] Vgl. *Schramm* in Momsen/Grützner WirtschaftsSteuerStrafR-HdB § 19 Rn. 65 mwN.

[458] BGH NJW 1988, 2483.

[459] LG Düsseldorf NJW 2004, 3275.

[460] BGHSt 51, 100 = NJW 2007, 1760; dazu *Bernsmann* GA 2007, 219 ff.; *Saliger* NStZ 2007, 545 ff.; *Perron* NStZ 2008, 517; MüKoStGB/*Dierlamm* § 266 Rn. 252 ff.

Der BGH bejahte, bezogen auf die Einrichtung und Unterhaltung der schwarzen Kasse, eine strafbare Untreue, da der Angeklagte gegen die Pflicht, das Vermögen nach Weisung des satzungsgemäßen Willensbildung zu verwalten, verstoßen habe. Den Parteigremien, als satzungsgemäße Willensbildungsorgane, war das Vermögen unbekannt. Dadurch ist jedoch nach Ansicht des BGH nicht nur die Dispositionsfreiheit des Landesverbandes verletzt, sondern bereits ein endgültiger Vermögensnachteil im Wege einer **schadensgleichen Vermögengefährdung** eingetreten, da der wirtschaftliche Wert der Rückforderung, mangels Kenntnis und Zugriff, gemindert sei. 265

Diese Rechtsprechung bestätigte der BGH in seiner Entscheidung zum Fall **Siemens/ENEL** im Jahr 2008.[461] Schon das Entziehen und Vorenthalten erheblicher Vermögenswerte unter Einrichtung von verdeckten Kassen durch leitende Angestellte führe – so der BGH – zu einem endgültigen Nachteil iSd § 266 StGB. Unerheblich ist, ob der Täter das Geld im wirtschaftlichen Interesse des Unternehmens (Treugeber) verwenden will oder nicht. Auch in der **Kölner Müllskandalentscheidung** aus dem Jahr 2010[462] hält der BGH an dieser Rechtsprechungspraxis, fest. In einer neueren Entscheidung aus dem Jahr 2017 betont der 3. Strafsenat des BGH, dass die Untreue das zu betreuende Vermögen als Ganzes in seinem Wert, nicht aber die allgemeine Dispositionsfreiheit schütze.[463] Zwar komme eine Untreue in Betracht, wenn der Täter die Vermögenswerte dem Vermögensinhaber dauerhaft vorenthalte, nicht jedoch, wenn sich der Vermögensinhaber über die Vermögenswerte, zB durch eine Inventur, Kenntnis verschaffen könnte. Ob hierin eine Abkehr von der mittlerweile gefestigten „Schwarze Kassen"-Rechtsprechung eingeleitet wurde, bleibt abzuwarten. 266

### g) Untreue wegen fehlender oder mangelhafter Risikomanagementsysteme (Compliance-Management-Systeme)

Mittlerweile besteht Einigkeit, dass Verstöße gegen die Überwachungspflichten des Vorstands zur **zivilrechtlichen Schadensersatzpflicht** des Vorstands gegenüber der Gesellschaft führen können.[464] In **zivilrechtlicher Hinsicht** betont das LG München I[465] in seiner Entscheidung vom 10.12.2013 über einen Schadensersatzanspruch im Zusammenhang mit der Siemens-Affäre, dass jedes Vorstandsmitglied dafür Sorge zu tragen hat, dass das Unternehmen so organisiert und kontrolliert wird, dass keine unternehmensbezogenen Straftaten erfolgen. Dazu zählt, als Gesamtverantwortung des Vorstands, auch die **Einrichtung eines funktionierenden Compliance-Systems.** Andernfalls kann sich das Vorstandsmitglied **schadensersatzpflichtig** gegenüber der Gesellschaft machen.[466] 267

Immer wieder kontrovers diskutiert wird die Frage, ob es jedoch auch **als strafrechtliche Untreue** erfasst werden kann, wenn der Vorstand es unterlässt, ein wirksames Compliance-Management-System zu schaffen.[467] Bereits die Einführung aktienrechtlicher Vorschriften Ende der 1990er, Anfang der 2000er Jahre zur Minimierung von Risiken für Aktiengesellschaften durch das KonTraG[468] war begleitet von der strafrechtlichen Diskussion, ob es den Tatbestand der Untreue erfüllen kann, wenn das Management eines Unter- 268

[461] BGHSt 52, 323 = NJW 2009, 89 mAnm *Ransiek*. Diese Entscheidung wurde wiederum vom BVerfG als verfassungsgemäß qualifiziert, vgl. BVerfG NJW 2010, 3209.
[462] BGHSt 55, 266 = NJW 2010, 3458 mAnm *Brandt*.
[463] BGH NStZ 2018, 105 ff. mAnm *Schlösser*.
[464] Vgl. *Taschke* NZWiSt 2012, 89 (90); *Moosmayer* NJW 2012, 3013.
[465] LG München NZWiSt 2014, 183 mAnm *Rathgeber*.
[466] Vgl. hierzu LG München NZWiSt 2014, 183 mAnm *Rathgeber;* MAH WirtschaftsStrafR/*Wessing/Dann* § 4 Rn. 42.
[467] Grundlegend dazu auch *Taschke* in Nietsch, Compliance und soziale Verantwortung im Unternehmen, 2019, 73 ff.
[468] *Mosiek* wistra 2003, 370; *Windolf* NStZ 2000, 522; *Theile* wistra 2010, 457 (459 f.). Durch das Gesetz wurde etwa § 91 Abs. 2 AktG eingeführt.

nehmens risikomindernde Maßnahmen unterlässt und hieraus Schäden für ein Unternehmen entstehen.[469]

269 Mittlerweile anerkannt ist, dass es zu den **aktienrechtlichen Pflichten** gehört, ein Compliance-Management-System als Bestandteil einer angemessenen Risikovorsorge für das Unternehmen zu installieren, wobei im Detail weiterhin umstritten ist, wie ein angemessenes Compliance-Management-System auszusehen hat.[470] Zudem hat der Vorstand nach § 130 OWiG die Pflicht, angemessene Aufsichtsmaßnahmen zu ergreifen, um Zuwiderhandlungen von Unternehmensangehörigen gegen bußgeld- oder strafrechtliche Vorschriften zu verhindern.

270 Im Ergebnis wird man grundsätzlich anerkennen müssen, dass Compliance-Management-Systeme zumindest **auch dem Schutz des zu betreuenden Vermögens der Gesellschaft dienen sollen.** Wenn man den vermögensschützenden Charakter der Verpflichtung zur Errichtung eines Compliance-Management-Systems bejaht, lässt sich eine untreuerelevante Pflichtverletzung nicht grundsätzlich verneinen. Fraglich ist jedoch, wie die Pflichtverletzung geschaffen sein muss. Hier wird man mit einiger Erfolgsaussicht vertreten können, dass es eine evidente Pflichtverletzung ist, wenn ein Unternehmen überhaupt kein Compliance-Management-System hat.[471] In der Praxis dürften derartige Fälle kaum noch auftreten. Praxisrelevanter sind die Fälle, in denen die Frage im Raum steht, **ob ein vorhandenes Kontroll- bzw. Compliance-Management-System effektiv war oder nicht.** Dazu muss jedoch im Einzelfall beurteilt werden, ob die Mängel im Compliance-Management-System derart gravierend waren, dass sie als evident zu bezeichnen sind oder nicht.

271 Zu bedenken ist zudem, dass **Fahrlässigkeit** bei der Untreue nach § 266 StGB nicht ausreicht. Die Fälle einer fahrlässigen Verletzung der Pflicht zur Errichtung eines (effektiven) Compliance-Management-Systems müssen daher aus der strafrechtlichen Betrachtung ausscheiden.

272 Eine Staatsanwaltschaft wird möglicherweise ermitteln können, ob das Management eines Unternehmens **vorsätzlich** Aufsichtsmaßnahmen unterlassen hat. Für die Ahndung als Ordnungswidrigkeit nach § 130 OWiG reicht das noch aus (→ Rn. 337 ff.). Für eine Verfolgung als Straftat müsste darüber hinaus allerdings belegt werden, dass das Management Straftaten durch Mitarbeiter und die Festsetzung einer Sanktion zumindest billigend in Kauf genommen hat. Selbst wenn man also die Hürde einer **gravierenden** Pflichtverletzung nimmt, müsste man zusätzlich noch zu dem Ergebnis kommen, dass das Management die Verhängung von Sanktionen gegen das Unternehmen in Betracht gezogen und gleichwohl Maßnahmen zur Verhinderung unterlassen hat.

273 Das Fehlen eines Compliance-Management-Systems oder die Defizite müssten im Ergebnis **derart evident** sein, dass eine strafrechtliche Pflichtenverletzung mit Händen zu greifen wäre. Dies wird angesichts der mittlerweile ausgeprägten Compliance-Kultur überhaupt nicht mehr oder allenfalls nur noch in wenigen Ausnahmefällen überhaupt möglich sein. In subjektiver Hinsicht müsste Vorsatz nachgewiesen werden.

### h) Untreue wegen unzulässiger Zuwendungen an Betriebsverfassungsorgane und ihre Mitglieder

274 Verstärkt untersuchen Staatsanwaltschaften auch Vorwürfe auf mögliche unzulässige Zuwendungen an Betriebsverfassungsorgane, dh vor allem Gewerkschaften und Betriebsräte

[469] Vgl. *Michalke* StV 2011, 245 (248 f.); *Mosiek* wistra 2003, 370 (373 ff.).

[470] BeckOGK/*Fleischer* AktG § 91 Rn. 47 mwN; MüKoAktG/*Spindler* § 91 Rn. 52; Hüffer/Koch/*Koch* AktG § 76 Rn. 13 (auch mit Darstellung *krit.* Stimmen); *Pelz* in HML Corporate Compliance § 5 Rn. 45; *Oppenheim* DStR 2014, 1063; *Hahn* EWiR 2014, 175 f.; *Fleischer* NZG 2014, 321 f.; Grundlegend hierzu HML Corporate Compliance 2. Abschn.; *Moosmayer*, Compliance, 4. Aufl. 2021, § 4; *Minoggio*, Unternehmensverteidigung, 3. Aufl. 2016, § 9 C.; *Taschke* in Wessing/Dann, Deutsch-Amerikanische Korruptionsverfahren, 2013, § 12 Rn. 73 ff.

[471] Vgl. auch *Windolf* NStZ 2000, 522 (524).

bzw. deren Mitglieder. Dabei pönalisiert § 119 BetrVG **verschiedene Formen der unzulässigen Einflussnahme auf Betriebsverfassungsorgane.** Unter anderem wegen des absoluten Strafantragserfordernis nach § 119 Abs. 2 BetrVG kommt der Strafnorm des § 119 BetrVG in der Praxis nur eine geringe eigenständige Bedeutung zu. Gerade Zuwendungen werden jedoch auch unter dem Gesichtspunkt einer möglichen Untreue bewertet.

So bejahte der BGH zunächst in der **VW/Volkert-Entscheidung** im Jahr 2009[472] eine 275
strafbare Untreue wegen unzulässiger Sonderzahlungen an den Betriebsratsvorsitzenden und weiterer Vorteile. In der Folge betonte der BGH in der **Siemens/AUB-Entscheidung** aus dem Jahr 2011[473] bezüglich der „Unterstützungszahlungen" an eine Gewerkschaft jedoch, dass eine Normverletzung in aller Regel nur dann pflichtwidrig iSd § 266 StGB sein kann, wenn die verletzte Norm (im konkreten Fall § 119 Abs. 1 Nr. 1 BetrVG) ihrerseits – wenn auch nur mittelbar – **vermögensschützenden Charakter** für das zu betreuende Vermögen hat. Dies sei jedoch nicht der Fall gewesen, da die Norm nur dem Schutz der Wahl und Funktionsfähigkeit der betriebsverfassungsrechtlichen Organe diene und nicht das Vermögen des Treugebers, hier des Unternehmens, schützen sollte.

Sowohl von Ermittlungsbehörden, als auch in der Literatur werden jedoch weiterhin 276
unzulässige Zuwendungen, insbesondere bei möglichen Verstößen gegen das Begünstigungsverbot von Betriebsratsmitgliedern iSd § 78 S. 2 BetrVG, als mögliche Untreuehandlungen untersucht, um zu prüfen, ob der Verstoß mit der Verletzung anderer Regelungen mit vermögensschützender Wirkung einhergeht.[474]

Zu beachten ist auch, dass im Falle von unzulässigen Zuwendungen ggf. auch steuerli- 277
che Abzugsverbote in Betracht kommen können.

## V. Verletzung von Geschäftsgeheimnissen/Geheimhaltungspflichten

### 1. Verletzung von Geschäftsgeheimnissen (§ 23 GeschGehG)

Die im Rahmen des **Gesetzes zum Schutz von Geschäftsgeheimnissen** vom 18.4. 278
2019[475] eingeführten Straftatbestände des § 23 GeschGehG sind eine Fortentwicklung des vormals in § 17 UWG aF strafrechtlich geschützten Betriebs- und Geschäftsgeheimnisses. Das Gesetz zum Schutz von Geschäftsgeheimnissen soll in seiner Gesamtheit der im Wirtschaftsleben erheblichen Bedeutung von Geschäftsgeheimnissen Rechnung tragen.[476] Auch **Mitglieder der Unternehmensleitung** können als Täter in Betracht kommen.[477] Dabei ist ua an die Fallkonstellation zu denken, in der sensible Informationen von Wettbewerbern „mitgenommen" werden. Die Verletzung von Geschäftsgeheimnissen kann im Grundtatbestand mit Freiheitsstrafe bis zu drei Jahren oder Geldstrafe sanktioniert werden. Der Versuch ist strafbar (vgl. § 23 Abs. 5 GeschGehG).

#### a) Geschäftsgeheimnis als Tatobjekt

Nach § 2 Abs. 1 GeschGehG gilt eine Information als **Geschäftsgeheimnis,** die weder 279
insgesamt noch in der genauen Anordnung und Zusammensetzung ihrer Bestandteile den Personen in den Kreisen, die üblicherweise mit dieser Art von Informationen umgehen,

---

[472] BGH NJW 2010, 92 mAnm *Bittmann.*

[473] BGH NJW 2011, 88 mAnm *Bittmann;* s. auch *M. Jahn* JuS 2011, 183 ff.

[474] S. zur Diskussion, insbesondere mit Blick auf § 119 Abs. 1 Nr. 3 BetrVG *Gercke/Kraft/Richter/Grözinger* in Gercke/Kraft/Richter, Arbeitsstrafrecht, 3. Aufl. 2021, Rn. 1150 ff.; s. auch *Zimmer/Dürr* NZWiSt 2021, 176 ff. Mit Blick auf die unterschiedlichen arbeitsrechtlichen Perspektiven s. insbesondere *Annuß* NZA 2018, 134 ff.; *Annuß* NStZ 2020, 201 ff. sowie *Thüsing/Denzer* BB 2020, 1460 ff.

[475] BGBl. 2019 I 466.

[476] *Reinfeld* in MAH ArbR § 30 Rn. 3. Vgl. auch *Bär* in WJS WirtschaftsStrafR-HdB Kap. 15 Rn. 171.

[477] § 23 Abs. 1 Nr. 1–2, Abs. 2, 3 GeschGehG kann durch Jedermann verwirklicht werden. Vgl. in konkretem Bezug auf § 23 Abs. 1 Nr. 3 GeschGehG *Möhrenschläger* in WJS WirtschaftsStrafR-HdB Kap. 16 Rn. 21 sowie KBF/*Alexander* GeschGehG § 23 Rn. 32.

allgemein bekannt oder ohne Weiteres zugänglich ist und daher von wirtschaftlichem Wert ist und die Gegenstand von den Umständen nach angemessenen Geheimhaltungsmaßnahmen durch ihren rechtmäßigen Inhaber ist und bei der ein berechtigtes Interesse an der Geheimhaltung besteht.

280 Die **Bekanntheit einer Information** richtet sich nach dem ihr zugrundeliegenden Verkehrskreis sowie dem Grad und Bezugspunkt der Geheimhaltung.[478] Wenn eine Information nur einem begrenzten Personenkreis bekannt ist und weitere Personen nur mit größerem Aufwand legal Kenntnis erlangen können, ist diese relativ unbekannt.[479] Durch die Veröffentlichung im Internet wird eine Information bekannt gemacht.[480]

281 Aufgrund der Geheimhaltung[481] verfügt die Information über einen **wirtschaftlichen Wert,** dh einen kommerziellen Wert.[482] Dabei kommt neben einem realen auch ein potentieller Handelswert in Betracht.[483]

282 Der Inhaber einer geheimen Information muss diese aktiv durch **angemessene Geheimhaltungsmaßnahmen** schützen, wobei im Einzelnen streitig ist, wie diese Maßnahmen beschaffen sein müssen.[484] Zudem muss ein berechtigtes (legitimes) Interesse an der Geheimhaltung bestehen.[485] Da Informationen somit nicht beliebig als Geschäftsgeheimnis klassifiziert werden können,[486] scheiden Bagatellfälle aus.[487]

283 **Inhaber eines Geschäftsgeheimnisses** kann jede natürliche und juristische Person sein, der die rechtmäßige Kontrolle über eine geheime Information zukommt.[488] Dies kann nicht nur durch das Schaffen des Geheimnisses, sondern auch durch einen Kauf- oder Lizenzvertrag sowie Rechtsnachfolge erlangt werden.[489]

284 **Beispiele** von Geschäftsgeheimnissen sind neben dem klassischen Konstruktionsplan insbesondere Informationen über Ausschreibungsverfahren, Kalkulationen, Berechnungen von Preisen, Kosten, Unternehmensverhältnisse (zB Kreditwürdigkeit, Investitionsplanung), M&A-Verhandlungsunterlagen.[490]

### b) Erlangen, Nutzen oder Offenlegen von Geschäftsgeheimnissen

285 Nach § 23 Abs. 1 Nr. 1 GeschGehG dürfen Geschäftsgeheimnisse nicht entgegen § 4 Abs. 1 Nr. 1 GeschGehG **erlangt,** dh sich zB durch unbefugten Zugang, Aneignung oder Kopieren verschafft oder angeeignet, werden.[491]

286 Auch das **Nutzen oder Offenlegen** einer eigens auf diese Weise zur Kenntnis genommenen Information ist nach § 23 Abs. 1 Nr. 2 GeschGehG nicht gestattet. Eine Informa-

---

[478] BeckOK GeschGehG/*Hiéramente* § 2 Rn. 7.

[479] BeckOK GeschGehG/*Hiéramente* § 2 Rn. 9ff.; KBF/*Alexander* GeschGehG § 2 Rn. 36f.; *Möhrenschläger* in WJS WirtschaftsStrafR-HdB Kap 16 Rn. 15; *Ohly* GRUR 2019, 441 (443).

[480] BeckOK GeschGehG/*Hiéramente* § 2 Rn. 11; KBF/*Alexander* GeschGehG § 2 Rn. 35.

[481] *Dann/Markgraf* NJW 2019, 1774 (1775); *Scholtyssek/Judis/Krause* CCZ 2020, 23 (24), krit. hierzu BeckOK GeschGehG/*Hiéramente* § 2 Rn. 17. Vgl. zudem KBF/*Alexander* GeschGehG § 2 Rn. 47.

[482] KBF/*Alexander* GeschGehG § 2 Rn. 44; BeckOK GeschGehG/*Hiéramente* § 2 Rn. 13.

[483] *Ohly* GRUR 2019, 441 (443); KBF/*Alexander* GeschGehG § 2 Rn. 42f. Nach MüKoStGB/*Joecks/Miebach* GeschGehG § 23 Rn. 27 kann auch illegalen Geheimnissen ein wirtschaftlicher Wert zugesprochen werden.

[484] BeckOK GeschGehG/*Fuhlrott* § 2 Rn. 19; KBF/*Alexander* GeschGehG § 2 Rn. 49; *Ohly* GRUR 2019, 441 (443), krit. hierzu *Passarge* CB 2018, 144 (145f.).

[485] KBF/*Alexander* GeschGehG § 2 Rn. 73; *Dann/Markgraf* NJW 2019, 1774 (1776); BeckOK GeschGehG/*Hiéramente* § 2 Rn. 69; *Ohly* GRUR 2019, 441 (444); *Scholtyssek/Judis/Krause* CCZ 2020, 23 (24).

[486] KBF/*Alexander* GeschGehG § 2 Rn. 73; *Dann/Markgraf* NJW 2019, 1774 (1776).

[487] BeckOK GeschGehG/*Hiéramente* § 2 Rn. 71.

[488] KBF/*Alexander* GeschGehG § 2 Rn. 89; *Ohly* GRUR 2019, 441 (445).

[489] Ausf. KBF/*Alexander* GeschGehG § 2 Rn. 97ff., vgl. auch BeckOK GeschGehG/*Hiéramente* § 2 Rn. 81f.; *Ohly* GRUR 2019, 441 (445).

[490] Vgl. MüKoStGB/*Joecks/Miebach* GeschGehG § 23 Rn. 42 sowie *Möhrenschläger* in WJS WirtschaftsStrafR-HdB Kap 16 Rn. 11 jeweils mwN.

[491] Ausf. *Bär* in WJS WirtschaftsStrafR-HdB Kap. 15 Rn. 175; *Harte-Bavendamm* in Harte-Bavendamm/Ohly/Kalbus, GeschGehG, 1. Aufl. 2020, GeschGehG § 23 Rn. 9ff.; KBF/*Alexander* GeschGehG § 2 Rn. 25.

tion wird genutzt, wenn sie (zB zur Produktion oder Entwicklung von Produkten) zwar verwendet, aber nicht offengelegt wird.[492] Dies gilt immer dann, wenn die Information wirtschaftlich genutzt oder der wirtschaftliche Wert aus ihr gezogen werden soll.[493] Wird das Geschäftsgeheimnis gegenüber Dritten, die bislang noch keine Kenntnis hiervon hatten, aber nicht notwendigerweise gegenüber der Öffentlichkeit bekannt gemacht, liegt eine Offenlegung vor.[494]

Der Tatbestand des § 23 Abs. 1 Nr. 3 GeschGehG ist erfüllt, wenn **eine bei einem** 287
**Unternehmen beschäftigte Person** entgegen § 4 Abs. 2 Nr. 3 GeschGehG ein Geschäftsgeheimnis, das ihr im Rahmen des Beschäftigungsverhältnisses anvertraut worden oder zugänglich geworden ist, während der Geltungsdauer des Beschäftigungsverhältnisses offenlegt. Der Begriff der bei einem Unternehmen beschäftigten Person ist weit auszulegen, sodass hiervon auch Vorstandsmitglieder umfasst sind.[495]

Handelt es sich bei dem Geschäftsgeheimnis um im geschäftlichen Verkehr anvertraute 288
**geheime Vorlagen oder Vorschriften technischer Art,** wird das Nutzen oder Offenlegen nach § 23 Abs. 3 GeschGehG bestraft. Vorlagen, zB Zeichnungen, Schnitte, Rezepte, dienen der Herstellung von neuen Sachen als Vorbild.[496] Vorschriften technischer Art umfassen zB Anweisungen, Vorgaben und Anleitungen, die einen technischen Prozess initiieren, steuern oder beeinflussen.[497]

Für die Verwirklichung der Straftatbestände ist auf subjektiver Ebene ein besonderes 289
**Handlungsmotiv** erforderlich. Die Verletzung des Geschäftsgeheimnisses muss daher entweder zur Förderung des eigenen oder fremden Wettbewerbs, aus Eigennutz, zugunsten eines Dritten oder in der Absicht, dem Inhaber eines Unternehmens Schaden zuzufügen, vorgenommen werden.[498] Im Falle von § 23 Abs. 3 GeschGehG muss entweder eine Förderung des eigenen oder fremden Wettbewerbs oder Eigennutz vorliegen.[499]

### c) Verbotene Handlung nach Erlangung des Geschäftsgeheimnisses durch Dritten

Auch wer ein Geschäftsgeheimnis zur Förderung des eigenen oder fremden Wettbewerbs, 290
aus Eigennutz, zugunsten eines Dritten oder in der Absicht, dem Inhaber eines Unternehmens Schaden zuzufügen, unbefugt nutzt oder offenlegt, das er durch eine fremde Handlung erlangt hat („Geheimnishehlerei"), wird nach § 23 Abs. 2 GeschGehG bestraft. Hierbei handelt es sich um eine **strafbare Anschlusstat.**[500] Aufgrund dessen ist ein unmittelbarer Zusammenhang zwischen der fremden Vortat und dem daran anschließenden Nutzen oder Offenlegen des Geschäftsgeheimnisses durch eine andere Person notwendig.[501]

---

[492] Vgl. auch die Gesetzesbegründung BT-Drs. 19/4724, 27. Vgl. zudem BeckOK GeschGehG/*Hiéramente* § 4 Rn. 55 ff.; BeckOK UWG/*Hohn-Hein/Barth* GeschGehG § 2 Rn. 39.

[493] *Bär* in WJS WirtschaftsStrafR-HdB Kap. 15 Rn. 177.

[494] BT-Drs. 19/4724, 27; BeckOK GeschGehG/*Hiéramente* § 4 Rn. 45 ff.; BeckOK UWG/*Hohn-Hein/Barth,* 11. Ed. Stand 1.2.2021, GeschGehG § 2 Rn. 35.

[495] *Harte-Bavendamm* in Harte-Bavendamm/Ohly/Kalbus, GeschGehG, 1. Aufl. 2020, GeschGehG § 23 Rn. 20; *Heghmanns* in Momsen/Grützner WirtschaftsSteuerStrafR-HdB § 26 Rn. 10; KBF/*Alexander* GeschGehG § 23 Rn. 32; *Möhrenschläger* in WJS WirtschaftsStrafR-HdB Kap 16 Rn. 21.

[496] BeckOK GeschGehG/*Hiéramente* § 23 Rn. 50; BeckOK UWG/*Barth* GeschGehG § 23 Rn. 29; KBF/*Alexander* GeschGehG § 23 Rn. 62.

[497] BeckOK GeschGehG/*Hiéramente* § 23 Rn. 51; KBF/*Alexander* GeschGehG § 23 Rn. 64; BeckOK UWG/*Barth* GeschGehG § 23 Rn. 29.

[498] IE ausf. BeckOK GeschGehG/*Hiéramente* § 23 Rn. 8; BeckOK UWG/*Barth* GeschGehG § 23 Rn. 7 ff.

[499] BeckOK GeschGehG/*Hiéramente* § 23 Rn. 45; KBF/*Alexander* GeschGehG § 23 Rn. 77.

[500] KBF/*Alexander* GeschGehG § 23 Rn. 52.

[501] BeckOK GeschGehG/*Hiéramente* § 23 Rn. 41; BeckOK UWG/*Barth* GeschGehG § 23 Rn. 19, 21; KBF/*Alexander* GeschGehG § 23 Rn. 55.

### d) Strafverschärfende Qualifikationen

291 Der Strafrahmen kann erweitert werden, wenn **gewerbsmäßiges Handeln** vorliegt, die Verletzung von Geschäftsgeheimnissen also wiederholt begangen und sich eine fortlaufende Einnahmequelle von einiger Dauer und einigem Umfang verschafft wird.[502] Auch wenn die Verletzung eines Geschäftsgeheimnisses einen **Auslandsbezug** vorweist, kann dies strafverschärfend wirken.[503]

## 2. Verletzung der Geheimhaltungspflicht (§ 404 AktG)

292 Nach § 404 AktG wird das Interesse einer Gesellschaft an der Wahrung ihrer Betriebs- und Geschäftsgeheimnisse geschützt.[504] Neben Aufsichtsräten kommen als Täter insbesondere **Mitglieder des Vorstands** in Betracht.[505] Auch bereits ausgeschiedene[506] sowie nicht wirksam bestellte Vorstandsmitglieder (sog. faktische Organstellung)[507] sind hiervon umfasst. Selbstständige Bedeutung gegenüber § 23 GeschGehG erlangt § 404 AktG insbesondere in Fällen, in denen der Täter nach dem Ausscheiden aus dem Dienstverhältnis handelt.[508]

293 **Geheimnis.** Ein Betriebs- oder Geschäftsgeheimnis liegt vor, wenn die Information nicht offenkundig ist und für die aus objektiver Sicht ein Geheimhaltungsinteresse von Seiten der Gesellschaft besteht (zB geschäftliche Vorhaben, Übernahmeangebote, Vertragsabschlüsse[509]; → Rn. 279 ff.).[510] Ein Geheimhaltungsinteresse der Gesellschaft liegt dann vor, wenn durch das Offenbaren oder das unbefugte Verwerten ein materieller oder immaterieller Schaden droht.[511] Ob ein Wille zur Geheimhaltung besteht, ist durch den Vorstand zu bekunden.[512]

294 **Funktionsbedingte Kenntniserlangung.** Das Geheimnis muss dem Vorstand in seiner Eigenschaft als Funktionsträger der Gesellschaft bekannt geworden sein.[513]

295 **Offenbaren.** Dem Geheimnisträger ist es verboten, das Geheimnis einem Dritten, dem dieses unbekannt oder nicht sicher bekannt ist, mitzuteilen.[514] Die Form der Mitteilung ist unerheblich.[515] Auch ein Offenbaren durch Unterlassen ist möglich.[516]

296 **Verwerten.** Auch das Verwerten, dh das wirtschaftliche Nutzen, eines Betriebs- und Geschäftsgeheimnisses, ist untersagt. Die Nutzung für immaterielle, politische oder ideelle

[502] BGH NStZ 1995, 85 = NJW 2012, 325 (328); BeckOK GeschGehG/*Hiéramente* § 23 Rn. 69; *Harte-Bavendamm* in Harte-Bavendamm/Ohly/Kalbus, GeschGehG, 1. Aufl. 2020, GeschGehG § 23 Rn. 65; KBF/*Alexander* GeschGehG § 23 Rn. 83.

[503] BeckOK GeschGehG/*Hiéramente* § 23 Rn. 70 f.; *Harte-Bavendamm* in Harte-Bavendamm/Ohly/Kalbus, GeschGehG, 1. Aufl. 2020, GeschGehG § 23 Rn. 66 f.; KBF/*Alexander* GeschGehG § 23 Rn. 84 ff.

[504] MüKoStGB/*Weiß* AktG § 404 Rn. 1; HK-KapMarktStrafR/*Gercke/Stirner* Teil 3 AktG § 404 Rn. 2.

[505] MüKoStGB/*Weiß* AktG § 404 Rn. 4; MüKoAktG/*Schaal* § 404 Rn. 9; Henssler/Strohn/*Raum* AktG § 404 Rn. 11; HK-KapMarktStrafR/*Gercke/Stirner* Teil 3 AktG § 404 Rn. 7.

[506] *Ransiek* in ARR WirtschaftsStrafR-HdB Teil 8 Kap. 2 Rn. 12; Henssler/Strohn/*Raum* AktG § 404 Rn. 11.

[507] MüKoAktG/*Schaal* § 404 Rn. 14 mwN, aA *Ransiek* in ARR WirtschaftsStrafR-HdB Teil 8 Kap. 2 Rn. 12.

[508] BeckOGK/*Hefendehl* AktG § 404 Rn. 85 mwN.

[509] HK-KapMarktStrafR/*Gercke/Stirner* Teil 3 AktG § 404 Rn. 16 mwN. Für weitere Bsp. vgl. MüKoStGB/*Weiß* AktG § 404 Rn. 22.

[510] MüKoStGB/*Weiß* AktG § 404 Rn. 10; MüKoAktG/*Schaal* § 404 Rn. 21; *Ransiek* in ARR WirtschaftsStrafR-HdB Teil 8 Kap. 2 Rn. 13.

[511] MüKoStGB/*Weiß* AktG § 404 Rn. 18; MüKoAktG/*Schaal* § 404 Rn. 26 f.; *Ransiek* in ARR WirtschaftsStrafR-HdB Teil 8 Kap. 2 Rn. 14; Henssler/Strohn/*Raum* AktG § 404 Rn. 4.

[512] MüKoAktG/*Schaal* § 404 Rn. 24; Henssler/Strohn/*Raum* AktG § 404 Rn. 4.

[513] MüKoStGB/*Weiß* AktG § 404 Rn. 13; MüKoAktG/*Schaal* § 404 Rn. 16; HK-KapMarktStrafR/*Gercke/Stirner* Teil 3 AktG § 404 Rn. 17.

[514] MüKoStGB/*Weiß* AktG § 404 Rn. 28; *Ransiek* in ARR WirtschaftsStrafR-HdB Teil 8 Kap. 2 Rn. 19; Henssler/Strohn/*Raum* AktG § 404 Rn. 7.

[515] MüKoStGB/*Weiß* AktG § 404 Rn. 29; Henssler/Strohn/*Raum* AktG § 404 Rn. 7.

[516] MüKoAktG/*Schaal* § 404 Rn. 31; *Ransiek* in ARR WirtschaftsStrafR-HdB Teil 8 Kap. 2 Rn. 19.

Zwecke ist nicht ausreichend. Vielmehr soll darauf abgezielt werden, einen Vermögensvorteil zu schaffen. Ein tatsächlicher Schaden muss nicht eintreten.[517]

**Unbefugtheit.** Ein Geheimnis wird unbefugt offengelegt oder verwendet, wenn hierfür kein Einverständnis des Vorstands – unter Vorbehalt ordnungsgemäßer Geschäftsführung – vorliegt[518] und keine Rechtfertigungsgründe (zB gesetzliche Auskunftspflichten iSv § 394 AktG oder § 15 WpHG)[519] zuzugestehen sind. Untereinander dürfen Mitglieder des Vorstands Geheimnisse offenbaren.[520] 297

**Tateinheit** mit § 23 GeschGehG ist möglich.[521] 298

## VI. Korruptionsdelikte

### 1. Entwicklung und Bedeutung

Im Zuge der Umsetzung der OECD-Konvention zur Bekämpfung der Korruption Ende der 90er Jahre des letzten Jahrhunderts erlangten die Korruptionsdelikte im allgemeinen Wirtschaftsleben einen deutlich höheren Stellenwert, da es zu **erheblichen Verschärfungen,** insbesondere auch mit Blick auf die Strafbarkeit von Auslandskorruption, auch im privaten Sektor, kam. Weitreichende Verschärfungen traten zudem Ende 2015 mit der Einführung des sog. **„Geschäftsherrenmodells"** im Rahmen der Strafbarkeit der Bestechung im geschäftlichen Verkehr nach § 299 StGB, der Ausweitung der Strafbarkeit der Bestechung von ausländischen Amtsträgern nach § 335a StGB sowie mit der Verschärfung der Abgeordnetenbestechung nach § 108e StGB in Kraft. Mitte 2016 folgten sodann weitere Spezialstraftatbestände für die Korruption im Gesundheitssektor nach §§ 299a, 299b StGB.[522] Zunehmend fokussieren sich die Ermittlungen der Staatsanwaltschaften auch auf die strafrechtliche Verantwortung von Vorständen und Geschäftsführern. Zudem stellen Korruptionsstraftaten, die aus dem Unternehmen heraus begangen werden, einen der **Hauptanwendungsfälle der Unternehmenssanktionierung nach §§ 30, 130 OWiG** dar (→ Rn. 334ff.). Neben den bereits vorstehend aufgezeigten steuerlichen Korrektur- und damit Offenbarungspflichten (→ Rn. 119ff.) erlangen zunehmend auch Fragen der Geldwäsche (§ 261 StGB) und der damit verbundenen möglichen Kontaminierung von Vermögenswerten (insbes. Unternehmensbankkonten) und deren Folgen[523] im Zusammenhang mit Korruption an Bedeutung.[524] 299

### 2. Überblick

Die gesetzlichen Fallkonstellationen und praktischen Anwendungsfälle der Korruptionsdelikte sind mittlerweile durch eine große Kasuistik geprägt. Die nachstehenden Ausführungen beschränken sich auf einen kursorischen Überblick. 300

#### a) Amtsträgerdelikte (§§ 331 ff. StGB)

Die **Grunddelikte** der Korruptionsbekämpfung bilden die sich widerspiegelnden Delikte der Vorteilsannahme (§ 331 StGB) sowie der Vorteilsgewährung (§ 333 StGB). Geschütz- 301

---

[517] MüKoStGB/*Weiß* AktG § 404 Rn. 31; MüKoAktG/*Schaal* § 404 Rn. 47ff.

[518] MüKoStGB/*Weiß* AktG § 404 Rn. 37ff.; *Ransiek* in ARR WirtschaftsStrafR-HdB Teil 8 Kap. 2 Rn. 17ff.; Henssler/Strohn/*Raum* AktG § 404 Rn. 8.

[519] MüKoAktG/*Schaal* § 404 Rn. 34ff.; *Ransiek* in ARR WirtschaftsStrafR-HdB Teil 8 Kap. 2 Rn. 25ff.; Henssler/Strohn/*Raum* AktG § 404 Rn. 9.

[520] MüKoStGB/*Weiß* AktG § 404 Rn. 41.

[521] HK-KapMarktStrafR/*Gercke/Stirner* Teil 3 AktG § 404 Rn. 36.

[522] S. weiterführend *Taschke/Zapf* medstra 2015, 332ff.

[523] Vgl. *Taschke* NZWiSt 2017, 274 (275f.); *Taschke/Kirstein/Sauerwein* CB 2017, 382; *Gazeas* NJW 2021, 1041.

[524] Zur Ausweitung des Verjährungsverständnisses s. *Zapf* NZWiSt 2018, 54ff.

tes Rechtsgut ist die Funktionsfähigkeit des öffentlichen Dienstes sowie das Vertrauen der Allgemeinheit in die Sachlichkeit und Unabhängigkeit der Verwaltung.[525]

302 Bezugspunkt ist ein im Zusammenhang mit einer rechtmäßigen Dienstausübung stehender **materieller oder immaterieller Vorteil** für den Empfänger und durch einen Dritten. Die Korruptionsdelikte sind abstrakte Gefährdungsdelikte, auf die tatsächliche Gewährung kommt es nicht an.[526]

303 Als Vorteilsempfänger kommen **(europäische) Amtsträger und für den öffentlichen Dienst besonders Verpflichtete** in Betracht. Der Begriff des Amtsträgers ist dabei weiter als der Beamtenbegriff zu verstehen:[527] Nach § 11 Abs. 1 Nr. 2 StGB gilt als Amtsträger, wer nach deutschem Recht Beamter oder Richter ist, in einem sonstigen öffentlich-rechtlichen Amtsverhältnis steht oder sonst dazu bestellt ist, bei einer Behörde oder bei einer sonstigen Stelle oder in deren Auftrag Aufgaben der öffentlichen Verwaltung unbeschadet der zur Aufgabenerfüllung gewählten Organisationsform wahrzunehmen. Darunter können ua auch Leitungspersonal von öffentlich-rechtlichen Finanzinstituten oder Ärzte von öffentlich-rechtlichen Kliniken fallen. Europäische Amtsträger sind in § 11 Abs. 1 Nr. 2a StGB legaldefiniert und umfassen ua Mitglieder der Europäischen Kommission, aber auch mit Aufgaben der EU betraute Personen.

304 Als **Vorteil** gilt jede Leistung materieller oder immaterieller Art, auf die der Amtsträger oder der Dritte keinen Anspruch hat und die seine wirtschaftliche, rechtliche oder auch nur persönliche Lage objektiv verbessert. Zur Begrenzung des Tatbestands werden sozialadäquate Vorteile als nicht tatbestandsmäßig erfasst, wobei auf den konkreten Sachverhalt abzustellen ist, wann von einem sozialadäquaten Vorteil (zB Essenseinladung etc.) auszugehen ist.[528]

305 Zur **Verwirklichung der Korruptionstatbestände** kommen zum einen passive Tathandlungen, das Fordern, Sich-Versprechen-Lassen und Annehmen, in Betracht. Spiegelbildlich dazu werden mit dem Anbieten, Versprechen und Gewähren zum anderen auch aktive Tathandlungen sanktioniert.

306 Weiterhin erforderlich ist eine sog. **(gelockerte) Unrechtsvereinbarung,** dh Vorteil und Diensthandlung müssen miteinander (konkludent) verknüpft sein. Dabei ist es ausreichend, dass ein Konnex zur allgemeinen dienstlichen Tätigkeit besteht (sog. Klimapflege).[529] Umfasst sind – nunmehr auch für europäische Amtsträger – Zuwendungen für Handlungen in der Vergangenheit (sog. „Dankeschön"-Leistungen).[530]

307 Auf eine konkrete Diensthandlung muss daher kein Bezug genommen werden.[531] Die Gewährung von Vorteilen (zB die Beauftragung von Gutachten oder Vortragstätigkeiten) an Amtsträger unterfallen insbesondere dann nicht der Korruptionsstrafbarkeit, wenn die Zuwendung vorab **durch den Dienstvorgesetzen (rechtmäßig) genehmigt** wurde (vgl. § 331 Abs. 3 StGB bzw. § 333 Abs. 3 StGB).[532]

308 Während die Grunddelikte im Kontext einer rechtmäßigen Diensthandlung oder -ausübung verwirklicht werden, normiert der Gesetzgeber in den §§ 332, 334 StGB die passive und aktive Bestechung als **Qualifikation.** In diesen Fällen wird ein Vorteil als Gegenleistung für eine konkrete **pflichtwidrige Diensthandlung** angenommen bzw. gewährt, dh eine Vorteilsgewährung im Zusammenhang mit einer Diensthandlung, bei der der Amtsträger oder für den öffentlichen Dienst besonders Verpflichtete gegen seine Dienstpflichten verstößt, wobei die Pflichtverletzung nicht schon alleine in der Verknüpfung mit

[525] MüKoStGB/*Korte* § 331 Rn. 9; BeckOK StGB/*Heintschel-Heinegg* § 331 Rn. 4.
[526] *Fischer* StGB § 331 Rn. 2.
[527] Zur Amtsträgereigenschaft s. MüKoStGB/*Korte* § 331 Rn. 43 ff. mwN.
[528] *Grützner/Behr* in Momsen/Grützner WirtschaftsSteuerStrafR-HdB § 30 Rn. 132 ff., 145 ff.; Matt/Renzikowski/*Sinner* StGB § 331 Rn. 18 ff., 34.
[529] Matt/Renzikowski/*Sinner* StGB § 331 Rn. 13; BeckOK StGB/*Heintschel-Heinegg* § 331 Rn. 27.
[530] Matt/Renzikowski/*Sinner* StGB § 331 Rn. 31; Lackner/Kühl/*Heger* StGB § 331 Rn. 10a.
[531] Schönke/Schröder/*Heine/Eisele* StGB § 331 Rn. 30; MüKoStGB/*Korte* § 331 Rn. 104.
[532] BeckOK StGB/*Heintschel-Heinegg* § 331 Rn. 41 ff.; MüKoStGB/*Korte* § 331 Rn. 199 ff.

der Gegenleistung liegt.[533] Dabei ist nach § 332 Abs. 3 StGB bzw. § 334 Abs. 3 StGB mit Blick auf künftige Handlungen bereits ausreichend, dass **bei Ermessenentscheidungen,** die Ausübung des Ermessens durch den Vorteil beeinflussen wird.

Der im Jahr 2015 neugeschaffene § 335a StGB fasste die vorher geltenden Spezialregelungen des Gesetzes zur Bekämpfung der internationalen Bestechung sowie des EU-Bestechungsgesetzes zusammen und weitete den Anwendungsbereich der nationalen Korruptionsvorschriften aus.[534] Der Norm unterfallen Zuwendungen an **Amtsträger in allen ausländischen Staaten** (EU und Nicht-EU). Unter anderem ist kein Bezug (und damit verbundener Nachweis) mehr zu internationalen Geschäftstransaktionen oder einem konkreten Vertrag erforderlich. Der Amtsträgerbegriff wird autonom nach internationalen Regelungen und Vereinbarungen (UN, OECD, Europarat) ausgelegt und im Einzelfall bestimmt. Insgesamt gilt auch hier ein **weites Verständnis.** Auf das nationale Verständnis kommt es nicht an.[535] Keine Anwendung findet die Vorschrift auf Vorteile für vergangene Leistungen. Zudem stellen die Regelungen, von wenigen Ausnahmen abgesehen, nur die Gewährung von Vorteilen im Zusammenhang mit pflichtwidrigen Diensthandlungen der ausländischen Amtsträger unter Strafe. 309

#### b) Bestechung im privaten Sektor (§§ 299 f. StGB)

Die **Bestechlichkeit und Bestechung im geschäftlichen Verkehr** ist mittlerweile in § 299 StGB normiert. Geschütztes Rechtsgut ist nach hM der freie lautere inländische und ausländische Wettbewerb, wobei streitig ist, ob daneben – insbesondere mit Blick auf das neugeschaffene Geschäftsherrenmodell – auch Vermögensinteressen der Mitbewerber und/oder des Geschäftsherren geschützt sind.[536] Wie bereits im Rahmen der Amtsträgerkorruption finden sich auch hier die spiegelbildlich ausgestalteten Verhaltensweisen der passiven Korruption (Abs. 1) und aktiven Korruption (Abs. 2). Neben Wettbewerbssituationen (sog. **Wettbewerbsmodell**) erfasst der Anwendungsbereich seit der Neufassung im Jahr 2015 auch Vorteilsgewährungen im Zusammenhang mit Pflichtverletzung gegenüber dem Unternehmen (sog. **Geschäftsherrenmodell**), wobei sich der Pflichtenkreis zB aus dem Arbeitsvertrag oder auch den internen Compliance-Regelungen mit Bezug auf die Beschaffung von Gütern und Dienstleistungen ergeben kann.[537] 310

Der **Täterkreis** der Bestechlichkeit nach § 299 Abs. 1 StGB erstreckt sich auf Angestellte oder Beauftragte eines geschäftlichen Betriebs. Den Tatbestand der Bestechung nach § 299 Abs. 2 StGB hingegen kann jedermann (idR Geschäftspartner oder deren Mitarbeiter) verwirklichen, der im geschäftlichen Verkehr handelt.[538] 311

Die **Tathandlungen** entsprechen denen der §§ 331 ff. StGB (→ Rn. 301 ff.). Im **Wettbewerbsmodell** bedarf es grundsätzlich einer potentiellen Konkurrenzsituation (nach dem Vorstellungsbild des Täters) und einer unlauteren Bevorzugung im Zusammenhang mit der Vorteilsgewährung. Sozialadäquate Zuwendungen sind wiederrum nicht tatbestandsmäßig, wobei die Sozialadäquanz grundsätzlich großzügiger auszulegen ist als im Bereich der Amtsträgerdelikte. Im Detail streitig ist, welche Kopplungsgeschäfte, insbesondere auch in Konzernstrukturen, zulässig sind.[539] Der Geschäftsherr kann in die Vorteilsannahme nicht einwilligen, da (auch) der Wettbewerb durch die Strafnorm geschützt wird.[540] 312

---

[533] Matt/Renzikowski/*Sinner* StGB § 332 Rn. 1; Schönke/Schröder/*Heine/Eisele* StGB § 332 Rn. 1.

[534] MüKoStGB/*Korte* § 335a Rn. 1; Matt/Renzikowski/*Sinner* StGB § 335a Rn. 1. Vgl. außerdem *Bannenberg* in WJS WirtschaftsStrafR-HdB Kap. 13 Rn. 75.

[535] Schönke/Schröder/*Eisele* StGB § 335a Rn. 3.

[536] Vgl. ausf. BeckOK StGB/*Heintschel-Heinegg* § 299 Rn. 5 ff.; *Dannecker* in Kindhäuser/Neumann/Paeffgen, Strafgesetzbuch, 5. Aufl. 2017, StGB § 299 Rn. 8 ff.; MüKoStGB/*Krick* § 299 Rn. 15 f., dagegen *Gaede* in Leitner/Rosenau, Wirtschafts- und Steuerstrafrecht, 2017, StGB § 299 Rn. 13 f.

[537] BeckOK StGB/*Momsen/Laudien* § 299 Rn. 61, 65; Matt/Renzikowski/*Sinner* StGB § 299 Rn. 24 ff.

[538] *Rönnau* in ARR WirtschaftsStrafR-HdB Teil 3 Kap. 2 Rn. 17, 99.

[539] Ausf. zu Kopplungsgeschäften vgl. *Grützner/Momsen* CCZ 2017, 155.

[540] Vgl. BeckOK StGB/*Momsen/Laudien* § 299 Rn. 67a; *Dannecker* in Kindhäuser/Neumann/Paeffgen, Strafgesetzbuch, 5. Aufl. 2017, StGB § 299 Rn. 97.

Das neugeschaffene **Geschäftsherrenmodell** erlangt insbesondere dann eigenständige Bedeutung, wenn keine Wettbewerbssituation vorliegt bzw. nicht nachgewiesen werden kann.[541] Tatbestandslos handelt jedoch, wer mit vorheriger Zustimmung des Geschäftsherren tätig wird, wobei richtigerweise diejenige Person im Unternehmen die Einwilligung aussprechen kann, die hierzu nach den binnenorganisatorischen Regeln und der Geschäftsverteilung dazu befähigt ist.[542]

## VII. Kunden- und produktbezogene Strafbarkeitsrisiken

### 1. Strafrechtliche Produkthaftung

313 Anerkannt ist, dass es für die Unternehmensführung eine **strafrechtliche Verantwortlichkeit für gefährliche Produkte** (strafrechtliche Produkthaftung oder Produktverantwortung) gibt.[543] Das Risikofeld liegt hier im Kernstrafrecht.[544] Bringt ein Unternehmen gefährliche oder fehlerhafte Produkte in den Verkehr, kommen vor allem **Delikte gegen die körperliche Unversehrtheit** in Betracht, insbesondere die fahrlässige Körperverletzung nach § 229 StGB und die fahrlässige Tötung nach § 222 StGB.[545] Gegebenenfalls kann es daneben auch zu der Verwirklichung von **Umweltdelikten** nach §§ 324 ff. StGB (Gewässer-, Boden-, Luftverunreinigung) kommen.[546] Verantwortlich kann jede natürliche Person sein, in der Praxis wird dies regelmäßig den Vorstand des Herstellers oder Vertriebshändlers treffen.[547] Der strafrechtlichen Produkthaftung kommt indes eine hohe Bedeutung zu. So befasste sich bereits das erste große Wirtschaftsstrafverfahren, das Contergan-Verfahren, in Deutschland mit der Produktsicherheit, da trotz des Verdachts auf Gesundheitsschäden eine Warnung der Verbraucher und ein Rückruf des Produkts unterlassen wurden.[548]

314 Für eine Strafbarkeit nach strafrechtlicher Produkthaftung kommt es im Besonderen auf die folgenden Aspekte an:

315 **Tatbegehung.** Die Straftat kann durch ein **aktives Tun** (zB fehlerhafte Konstruktion, Lagerung) oder durch **pflichtwidriges Unterlassen** (zB unterbliebene Produktbeobachtung, unterlassener Rückruf) verwirklicht werden. Erfordernis für eine Strafbarkeit durch Unterlassen ist eine Garantenstellung (→ Rn. 106).[549]

316 **Kollegialentscheidung.** Setzt sich die Geschäftsleitung aus mehreren Mitgliedern zusammen, wie es beim Vorstand einer AG stets der Fall sein wird, sind die Maßstäbe der **Kollegialentscheidungen** zu beachten (ausführlich → Rn. 26 ff.).[550]

---

[541] *Dannecker* in Kindhäuser/Neumann/Paeffgen, Strafgesetzbuch, 5. Aufl. 2017, StGB § 299 Rn. 90; Schönke/Schröder/*Eisele* StGB § 299 Rn. 36.

[542] So überzeugend *Grützner/Helms/Momsen* ZIS 2018, 299 (315).

[543] S. *Kuhlen* in ARR WirtschaftsStrafR-HdB Teil 2 Kap. 1; *Hilgendorf* in Rotsch, Criminal Compliance, 2015, § 10; *Roxin* StrafR AT § 32 Rn. 195 ff.

[544] *Grützner/Boerger/Momsen* CCZ 2018, 50 (52).

[545] *Kuhlen* in ARR WirtschaftsStrafR-HdB Teil 2 Kap. 1 R. 17; *Weik* in Müller-Gugenberger, Wirtschaftsstrafrecht, 7. Aufl. 2020, Kap. 56 Rn. 79; BeckRA-HdB/*Molitoris* § 27 Rn. 7, 180. Vgl. auch *Grützner/Boerger/Momsen* CCZ 2018, 50 (52). Wie *Kunze* in Momsen/Grützner WirtschaftsSteuerStrafR-HdB § 13 Rn. 88 zutreffend beschreibt, kommen hier überwiegend Fahrlässigkeitsdelikte infrage.

[546] BeckRA-HdB/*Molitoris* § 27 Rn. 7, 180; *Weik* in Müller-Gugenberger, Wirtschaftsstrafrecht, 7. Aufl. 2020, Kap. 56 Rn. 113.

[547] *Weik* in Müller-Gugenberger, Wirtschaftsstrafrecht, 7. Aufl. 2020, Kap. 56 Rn. 81 f.

[548] LG Aachen JZ 1971, 507; *Hilgendorf* in Rotsch, Criminal Compliance, 2015, § 10 Rn. 19; BeckRA-HdB/*Molitoris* § 27 Rn. 183. S. auch *Kühne* NJW 1997, 1951.

[549] S. *Weik* in Müller-Gugenberger, Wirtschaftsstrafrecht, 7. Aufl. 2020, Kap. 56 Rn. 90 f. mit weiteren Bsp. vgl. auch *Kuhlen* in ARR WirtschaftsStrafR-HdB Teil 2 Kap. 1 Rn. 22 ff.; BeckRA-HdB/*Molitoris* § 27 Rn. 180 ff.

[550] *Weik* in Müller-Gugenberger, Wirtschaftsstrafrecht, 7. Aufl. 2020, Kap. 56 Rn. 87.

**Kausalität.** Die strafrechtliche Produkthaftung setzt daneben vor allem den Nachweis voraus, dass ein pflichtwidriges Handeln **kausal zu einem Schaden geführt hat.**[551] In einer Reihe von Fallkonstellationen mag die Beantwortung dieser Fragen nicht besonders schwierig sein, etwa in den Fällen, in denen ein Materialfehler in einem Fahrzeug zu Unfällen mit Körperverletzungen oder Todesfolgen führt. Es gibt daneben aber Fälle, bei denen die Feststellung der Kausalität äußerst komplex ist. 317

In der schon angesprochenen **„Lederspray"-Entscheidung des BGH** (→ Rn. 27 ff.)[552] lag der Sachverhalt so, dass Personen nach dem Gebrauch eines Ledersprays gesundheitliche Beeinträchtigungen erlitten hatten (Atembeschwerden, Übelkeit und oftmals Lungenödeme). Die Geschäftsleitung schaltete Sachverständige ein, denen es nicht gelang, eine bestimmte Substanz als schadensauslösend zu identifizieren. Das Landgericht hatte im Rahmen der Hauptverhandlung Sachverständige gehört, die ebenfalls nicht in der Lage waren, „diejenige Substanz oder Kombination von Substanzen naturwissenschaftlich exakt zu identifizieren, die den Produkten ihre spezifische Eignung zur Verursachung gesundheitlicher Schäden verlieh".[553] Trotzdem war das Landgericht zu dem Ergebnis gelangt, „dass die Ursache der Vorfälle ‚nur in etwaigen toxikologischen Wirkungsmechanismen einzelner Rohstoffe allein oder zumindest in der Kombination mit anderen Rohstoffen liegen' konnte und mithin gelegen hat".[554] 318

Der BGH ist der Annahme des Landgerichts gefolgt und hat damit einen kausalen Zusammenhang zwischen dem Produktfehler und den aufgetretenen Schäden bejaht. **Kritische Stimmen im rechtswissenschaftlichen Schrifttum** haben dem BGH entgegengehalten, der Strafrichter könne nicht in eigener Sachkompetenz die naturwissenschaftliche Kausalität bejahen, wenn Fachleute diese Kausalität anzweifelten.[555] 319

Man mag der Auffassung des BGH zustimmen oder sie ablehnen – für die **Praxis** bedeutet dies, dass zur Vermeidung strafrechtlicher Risiken Schutzmaßnahmen (Rückruf, Warnhinweise) bereits dann ergriffen werden sollten, wenn die **Möglichkeit einer Schadensverursachung** besteht, auch wenn hierüber noch keine gesicherten naturwissenschaftlichen Erkenntnisse vorliegen. 320

## 2. Betrug

Immer wieder werden zudem Ermittlungsverfahren gegen Mitglieder der Unternehmensleitung wegen Betrugs nach § 263 StGB zum Nachteil von (End-)Kunden eingeleitet. Aktuelles Beispiel sind die Ermittlungsverfahren wegen Betrugs im Zusammenhang mit der Abschalt-Thematik.[556] 321

Anders als zB im angloamerikanischen Recht ist der Nachweis des Vorliegens der Tatbestandsvoraussetzungen des Betruges im Unternehmenskontext komplex.[557] Insbesondere existiert keine pauschalisierte Zurechnung etwa von Kenntnis innerhalb eines Unternehmens (anders ist dies im nationalen Recht teilweise im Zivilrecht). Auch bedarf es eines konkreten Schadensnachweises im Einzelfall. Notwendig ist zudem ein besonderes enger Kausal- und Zurechnungszusammenhang zwischen den Tatbestandsmerkmalen. 322

Nach dem allgemeinen Betrugstatbestand (§ 263 StGB) sind **vermögensschädigende Täuschungen in einer Selbst- oder Drittbereicherungsabsicht** strafbar. Geschütztes 323

[551] Dazu *Kuhlen* in ARR WirtschaftsStrafR-HdB Teil 2 Kap. 1 Rn. 49 ff.; *Weik* in Müller-Gugenberger, Wirtschaftsstrafrecht, 7. Aufl. 2020, Kap. 56 Rn. 94; *Kühne* NJW 1997, 1951 ff.
[552] BGH NJW 1990, 2560.
[553] Dazu BGH NJW 1990, 2560 (2562).
[554] BGH NJW 1990, 2560 (2562).
[555] Anders dagegen die Rspr.; s. dazu die Nachweise bei *Kuhlen* in ARR WirtschaftsStrafR-HdB Teil 2 Kap. 1 Rn. 51.
[556] Vgl. *Brand/Hotz* NZG 2017, 976 (977); *Heese* NZV 2019, 273 (274); *Riehm* DAR 2019, 247 (249); *Riehm* NJW 2019, 1105; *Grützner/Boerger/Momsen* CCZ 2018, 50 ff.
[557] *Werkmeister* in Minkoff/Sahan/Wittig, Konzernstrafrecht, 2020, § 15 Rn. 6 mwN.

Rechtsgut von § 263 StGB ist das Vermögen.[558] Dies umfasst die Summe der wirtschaftlichen Güter nach Abzug von Verbindlichkeiten.[559] Auch wenn vormals teilweise umstritten, werden die Dispositionsfreiheit, das Vertrauen oder die Wahrheit nicht geschützt.[560] Über den Betrugstatbestand soll allgemein tolerables Geschäftsverhalten von kriminellen Praktiken abgegrenzt werden.[561]

324 **Täuschung über Tatsachen.** Tathandlung des Betrugs ist das Täuschen über Tatsachen. Eine Täuschungshandlung kann auf drei Wegen erfolgen: Durch das ausdrückliche Vorspiegeln, konkludentes Verhalten oder das Unterlassen im Falle einer bestehenden Aufklärungspflicht.[562] Nach der herrschenden Meinung gelten als Tatsachen Zustände oder Vorgänge der Vergangenheit oder Gegenwart, die dem Beweis zugänglich und objektiv bestimmbar sind. Neben äußeren Tatsachen (zB Herkunft, Beschaffenheit) fallen auch innere Tatsachen (zB Kenntnisse, Absichten) hierunter.[563] Gerade im Unternehmenskontext mag die Rechtsfigur der mittelbaren Täterschaft kraft Organisationsherrschaft an Bedeutung erlangen (→ Rn. 43 f.). Auch eine Unterlassungshaftung kommt, wie zB in der vorstehend bereits erwähnten Compliance Officer-Entscheidung (→ Rn. 48 ff.), in Betracht.

325 **Irrtum.** Durch die Täuschung muss bei dem Getäuschten ein Irrtum hervorgerufen oder aufrechterhalten werden, auch zB in Form eines sog. sachgedanklichen Mitbewusstseins. Dies umfasst eine positive Fehlvorstellung, die der objektiven Wirklichkeit der vom Täter dargestellten Tatsachen widerspricht.[564]

326 **Vermögensverfügung.** Auf Grundlage des bei dem Getäuschten erweckten Irrtums muss eine Vermögensverfügung veranlasst werden. Ein Kausalzusammenhang ist erforderlich.[565] Eine Vermögensverfügung stellt jedes Tun oder Unterlassen dar, das unmittelbar in einer Vermögensminderung resultiert (zB Rechtsgeschäfte jeglicher Art).[566] Auch Dreipersonenverhältnisse sind denkbar (sog. Dreiecksbetrug).[567]

327 **Vermögensschaden.** Die Vermögensverfügung muss einen Vermögensschaden auf Seiten des Getäuschten oder eines Dritten zur Folge haben. Wenn die Verfügung die Vermögensposition des Geschädigten unmittelbar beeinträchtigt und im Ergebnis zu einem Negativsaldo führt, liegt ein Vermögenschaden vor, wobei im Einzelfall umstritten ist, wann eine Schädigung vorliegt, wenn Wert und Gegenwert schwer bestimmbar sind, oder wenn der Vermögensgegenstand objektiv einen angemessenen Gegenwert hat.[568]

328 **Bereicherungsabsicht.** Der Täter muss nicht nur vorsätzlich, sondern auch in der Absicht handeln, bei sich oder einem Dritten einen rechtswidrigen Vermögensvorteil zu erzeugen.[569] Erforderlich ist zudem das Merkmal der Stoffgleichheit, dh der Vorteil muss die exakte Kehrseite des Vermögensschadens bilden.[570]

---

[558] Matt/Renzikowski/*Saliger* StGB § 263 Rn. 1; Schönke/Schröder/*Perron* StGB § 263 Rn. 1/2; *Kölbel* in ARR WirtschaftsStrafR-HdB Teil 5 Kap. 1 Rn. 9.
[559] Lackner/Kühl/*Kühl* StGB § 263 Rn. 33.
[560] Matt/Renzikowski/*Saliger* StGB § 263 Rn. 1; Schönke/Schröder/*Perron* StGB § 263 Rn. 1/2; MüKo-StGB/*Hefendehl* § 263 Rn. 1 ff. jeweils mwN.
[561] Matt/Renzikowski/*Saliger* StGB § 263 Rn. 4.
[562] Schönke/Schröder/*Perron* StGB § 263 Rn. 7. Ausf. zu den einzelnen Varianten vgl. *Kölbel* in ARR WirtschaftsStrafR-HdB Teil 5 Kap. 1 Rn. 32 ff.; Lackner/Kühl/*Kühl* StGB § 263 Rn. 6 ff.
[563] MüKoStGB/*Hefendehl* § 263 Rn. 75; Schönke/Schröder/*Perron* StGB § 263 Rn. 8 ff.; Lackner/Kühl/*Kühl* StGB § 263 Rn. 4; GJW/*Dannecker* StGB § 263 Rn. 14, 16; *Kölbel* in ARR WirtschaftsStrafR-HdB Teil 5 Kap. 1 Rn. 21 f.
[564] Schönke/Schröder/*Perron* StGB § 263 Rn. 32 ff.; Lackner/Kühl/*Kühl* StGB § 263 Rn. 18; GJW/*Dannecker* StGB § 263 Rn. 57 f.; *Kölbel* in ARR WirtschaftsStrafR-HdB Teil 5 Kap. 1 Rn. 57.
[565] MüKoStGB/*Hefendehl* § 263 Rn. 295; Matt/Renzikowski/*Saliger* StGB § 263 Rn. 9 f., 110.
[566] *Kölbel* in ARR WirtschaftsStrafR-HdB Teil 5 Kap. 1 Rn. 86 f.; Lackner/Kühl/*Kühl* StGB § 263 Rn. 22.
[567] Der Getäuschte und Geschädigte müssen nicht identisch sein, vgl. MüKoStGB/*Hefendehl* § 263 Rn. 354 ff.; Matt/Renzikowski/*Saliger* StGB § 263 Rn. 129 ff.; Schönke/Schröder/*Perron* StGB § 263 Rn. 65 ff.; GJW/*Dannecker* StGB § 263 Rn. 73 ff.
[568] Matt/Renzikowski/*Saliger* StGB § 263 Rn. 277 ff.; Schönke/Schröder/*Perron* StGB § 263 Rn. 176.
[569] Matt/Renzikowski/*Saliger* StGB § 263 Rn. 277; *Kölbel* in ARR WirtschaftsStrafR-HdB Teil 5 Kap. 1 Rn. 139 ff.; GJW/*Dannecker* StGB § 263 Rn. 118.
[570] *Kölbel* in ARR WirtschaftsStrafR-HdB Teil 5 Kap. 1 Rn. 141 ff.; GJW/*Dannecker* StGB § 263 Rn. 120.

### 3. Strafbare Werbung

Wer in der Absicht, den Anschein eines besonders günstigen Angebots hervorzurufen, in öffentlichen Bekanntmachungen oder in Mitteilungen, die für einen größeren Kreis von Personen bestimmt sind, durch unwahre Angaben irreführend wirbt, macht sich nach **§ 16 Abs. 1 UWG** strafbar. Da es sich um ein Allgemeindelikt handelt, kommen auch Mitglieder des Vorstands in Betracht.[571] Vielfach kann irreführende Werbung auch den Tatbestand des **Betrugs** (→ Rn. 321 ff.) erfüllen. Es handelt sich jedoch um ein abstraktes Gefährdungsdelikt, denn die Strafbarkeit knüpft allein an dem absichtlichen Hervorrufen des unzutreffenden Eindrucks eines besonders günstigen Angebots an. Eine tatsächliche Täuschung oder eines Schadens bedarf es nicht. 329

**Irreführende Werbung.** Unter den Begriff der Werbung fällt jede Äußerung bei der Ausübung eines Handels, Gewerbes, Handwerks oder freien Berufs mit dem Ziel, den Absatz zu fördern.[572] Irreführend ist die Werbung, wenn dadurch Fehlvorstellungen hervorgerufen werden (zum Begriff der Irreführung auch → Rn. 176)[573], die den Anschein eines besonders günstigen Angebots erwecken können.[574] Als Prüfungsmaßstab gilt der verständige Durchschnittsverbraucher.[575] 330

**Unwahre Angaben.** Die Angaben müssen unwahr sein, dh sie dürfen objektiv nicht mit der Wahrheit übereinstimmen (auch → Rn. 176).[576] 331

**Öffentlichkeitselement.** Adressat der Werbung muss im Rahmen der öffentlichen Bekanntmachungen ein unbegrenzter Personenkreis (zB Werbeanzeigen) oder im Falle von Mitteilungen ein größerer Personenkreis sein (zB Prospekte).[577] 332

**Tätermotivation.** Der Täter muss nicht nur vorsätzlich handeln, sondern auch beabsichtigen, dh zielgerichtet darauf abzielen, den Anschein eines besonders günstigen Angebots zu erwecken.[578] 333

## E. Straf- und ordnungswidrigkeitsrechtliche Haftungsrisiken

Straf- und ordnungswidrigkeitsrechtliche Haftungsrisiken bestehen in **zweifacher Hinsicht,** zum einen für den verantwortlich Handelnden persönlich (→ Rn. 336 ff.), zum anderen für das Unternehmen (→ Rn. 340 ff.). 334

Sofern Geldstrafen, Geldbußen oder Geldauflagen für ein (ausgeschiedenes) Vorstandsmitglied **von der AG übernommen werden** sollen, ist zunächst festzuhalten, dass dies nach gefestigter Rechtsprechung keine Straf- oder Vollstreckungsvereitlung darstellt.[579] Zu prüfen ist jedoch immer im Einzelfall, ob die Übernahme im Unternehmensinteresse liegt, andernfalls käme mit der Übernahme eine **strafbare Untreue** nach § 266 StGB in Betracht.[580] Zudem ist die Entscheidung des BGH vom 9.7.2014[581] zu beachten. In dieser Entscheidung stellt der BGH mit Blick auf die Regelungen des § 93 Abs. 4 S. 3 AktG klar, dass die Hauptversammlung auch der Übernahme einer Geldstrafe, Geldbuße oder 335

[571] KBF/*Bornkamm* UWG § 16 Rn. 23; MAH WirtschaftsStrafR/*Witting/Werning* § 24 Rn. 19.
[572] Vgl. Art. 2 lit. a RL 2006/114/EG (Irreführungsrichtlinie).
[573] *Heghmanns* in Momsen/Grützner WirtschaftsSteuerStrafR-HdB § 26 Rn. 71.
[574] MAH WirtschaftsStrafR/*Witting/Werning* § 24 Rn. 24.
[575] MüKoStGB/*Hohmann* UWG § 16 Rn. 29; KBF/*Bornkamm* UWG § 16 Rn. 11; *Heghmanns* in Momsen/Grützner WirtschaftsSteuerStrafR-HdB § 26 Rn. 71.
[576] MüKoStGB/*Hohmann* UWG § 16 Rn. 20; KBF/*Bornkamm* UWG § 16 Rn. 10; *Heghmanns* in Momsen/Grützner WirtschaftsSteuerStrafR-HdB § 26 Rn. 77.
[577] *Heghmanns* in Momsen/Grützner WirtschaftsSteuerStrafR-HdB § 26 Rn. 80 ff.; KBF/*Bornkamm* UWG § 16 Rn. 14 f.; MAH WirtschaftsStrafR/*Witting/Werning* § 24 Rn. 23.
[578] MüKoStGB/*Hohmann* UWG § 16 Rn. 44; *Heghmanns* in Momsen/Grützner WirtschaftsSteuerStrafR-HdB § 26 Rn. 84 ff.
[579] BGH NJW 1991, 990, vgl. auch *Horrer/Patzschke* CCZ 2013, 94 ff.
[580] *Minoggio,* Unternehmensverteidigung, 3. Aufl. 2016, § 8 Rn. 24 ff., *Hoffmann/Wißmann* StV 2001, 249 ff.
[581] BGH wistra 2014, 452 = NZWiSt 2015, 315 (mAnm *Küpper*).

Geldauflage für ein Vorstandsmitglied durch die Gesellschaft zustimmen muss, wenn das Vorstandsmitglied einer AG durch die Handlung, die Gegenstand eines Ermittlungs- oder Strafverfahrens ist, gleichzeitig seine Pflichten gegenüber der Gesellschaft verletzt hat.

## I. Haftungsrisiken für den Vorstand

### 1. Begehung von Straftaten oder Ordnungswidrigkeiten

336 Ein persönliches Haftungsrisiko für den Vorstand kann zunächst die eigene Begehung von Straftaten begründen, die mit Geldstrafen oder Freiheitsstrafen geahndet werden können. Auch Ordnungswidrigkeiten kommt im Unternehmenskontext ein hoher Stellenwert zu.[582] In einigen Rechtsbereichen, in denen die Verhängung von Geldbußen immer mehr eine eigenständige Bedeutung erlangt (zB Außenwirtschaftsrecht, Kartellrecht, Geldwäsche, Datenschutz[583]), gilt sogar in finanzieller Hinsicht ein höherer Sanktionsrahmen als bei Straftaten.

### 2. Aufsichtspflichtverletzung

337 Ein weiteres persönliches Haftungsrisiko für den Vorstand ergibt sich aus dem Recht der Ordnungswidrigkeiten. In der Praxis ist hier vor allem die Aufsichtspflichtverletzung nach **§ 130 OWiG** von Bedeutung.[584] Die Vorschrift verlangt, dass der Inhaber eines Unternehmens oder bei juristischen Personen die Mitglieder der Organe und Vertreter Aufsichtsmaßnahmen ergreifen, um Straftaten oder Ordnungswidrigkeiten von Unternehmensangehörigen zu verhindern.

338 Zu den **Aufsichtsmaßnahmen** gehören unter anderem:[585]
- die sorgfältige Auswahl von Mitarbeitern,
- die Bestellung, sorgfältige Auswahl und Überwachung von Aufsichtspersonen, in größeren Unternehmen auch die Errichtung einer Revisionsabteilung,
- die Schulung und Fortbildung von Mitarbeitern,
- die wiederholte Belehrung von Mitarbeitern über die Einhaltung der ihnen obliegenden Pflichten,
- die Überwachung der Mitarbeiter durch stichprobenartige Kontrollen und
- bei vorgekommenen Verstößen Abmahnungen und die Androhung arbeitsrechtlich zulässiger Sanktionen bis hin zur fristlosen Kündigung.

339 Verletzungen der Aufsichtspflicht durch die Geschäftsleitung können nach § 130 Abs. 3 S. 1 OWiG mit **Geldbußen bis zu 1 Mio. EUR,** unter Umständen auch darüber hinausgehend, geahndet werden.

## II. Haftungsrisiken für das Unternehmen

### 1. Grundsatz individueller Verantwortlichkeit

340 Die strafrechtliche Verantwortlichkeit ist im deutschen Strafrecht auf **natürliche Personen** beschränkt. Juristische Personen und Personenverbände können sich (bislang) nicht

---

[582] Die Durchgriffshaftung auf den Vorstand erfolgt im Ordnungswidrigkeitenrecht leichter als im Straf- oder Zivilrecht, vgl. *Brouwer* in HML Corporate Compliance § 59 Rn. 66.

[583] Zu Geldbußen nach der DS-GVO vgl. *Adelberg/Spittka/Zapf* CB 2021, 96 ff., 149 ff.

[584] S. hierzu die Übersicht bei *Achenbach* in ARR WirtschaftsStrafR-HdB Teil 1 Kap. 3 Rn. 38 ff. sowie KK-OWiG/*Rogall* § 130; s. auch *Kaufmann,* Möglichkeiten der sanktionsrechtlichen Erfassung von (Sonder-)Pflichtverletzungen im Unternehmen, 104 ff.

[585] Dazu KK-OWiG/*Rogall* § 130 Rn. 39 ff.; HK-OWiG/*Ziegler/Voelker* § 130 Rn. 22 ff.

strafbar machen.[586] Trotzdem gestattet das geltende Recht die Verhängung von **bestimmten Sanktionen** auch gegen das **Unternehmen,**[587] wenn dessen Mitarbeiter Straftaten oder Ordnungswidrigkeiten begangen haben. Zum im Jahr 2020 veröffentlichten Entwurf eines Verbandssanktionengesetzes → Rn. 350 ff.

## 2. Unternehmens-/Verbandsgeldbuße

Kommt es zu Straftaten oder Ordnungswidrigkeiten von Mitarbeitern des Unternehmens, kann das Unternehmen gleichfalls mit einer Geldbuße nach **§ 30 OWiG** belegt werden (Unternehmens-/Verbandsgeldbuße).[588] 341

Anknüpfungspunkt hierfür ist zunächst einmal eine Straftat oder Ordnungswidrigkeit der Geschäftsführung oder sonstiger leitender Mitarbeiter (sog. **Bezugstat**). Darunter fällt auch der **Vorstand einer AG** als vertretungsberechtigtes Organ iSd § 30 Abs. 1 Nr. 1 OWiG, ebenso wie über § 94 AktG die **Stellvertreter von Vorstandsmitgliedern.** Anknüpfungspunkt können auch **Auslandstaten** der entsprechenden Personen sein, sofern das deutsche Strafrecht zur Anwendung gelangen kann.[589] Zudem muss dadurch entweder eine betriebsbezogene Pflicht iSd § 130 OWiG verletzt worden (→ Rn. 51 ff.)[590] oder das Unternehmen durch die Bezugstat bereichert worden sein bzw. bereichert werden. 342

Die Verbandsgeldbuße kann nach § 30 Abs. 4 OWiG dabei auch ohne Einleitung eines Straf- oder Bußgeldverfahrens oder bei Einstellung des Verfahrens **selbstständig festgesetzt werden;** vorausgesetzt, es liegt kein rechtliches Verfolgungshindernis, wie etwa die Verjährung, vor.[591] 343

Die Höhe der Geldbußen wird in § 30 Abs. 2 OWiG geregelt. Bei vorsätzlichen Straftaten kann die **Geldbuße gegen das Unternehmen mittlerweile bis zu 10 Mio. EUR betragen,** bei fahrlässigen Straftaten bis zu 5 Mio. EUR und im Fall einer Ordnungswidrigkeit bis zum Höchstmaß der Geldbuße nach dem für die Ordnungswidrigkeit angedrohten Höchstmaß der Geldbuße. In den Fällen, in denen die Bezugstat gleichzeitig Straftat und Ordnungswidrigkeit ist, ist das für die Ordnungswidrigkeit angedrohte Höchstmaß der Geldbuße maßgeblich, wenn dieses 10 Mio. EUR übersteigt. Dieser Bußgeldrahmen kann nach § 30 Abs. 3 OWiG, § 17 Abs. 4 OWiG **überschritten werden,** wenn nur so die Vorteile aus der Tat abgeschöpft werden können.[592] Maßgeblich ist – anders als beim sogleich zu besprechenden Verfall – der Reingewinn, der nach dem Grundsatz der Gesamtsaldierung zu ermitteln ist (sog. Nettoprinzip). Vor allem in steuerrechtlicher Hinsicht ist dabei zwischen dem **ahndenden Teil** der Geldbuße und dem **gewinnabschöpfenden Teil** zu unterscheiden, da letzterer **vollumfänglich steuerlich geltend gemacht** werden kann.[593] 344

In der Praxis schon vielfach anerkannt war, dass Compliance-Bemühungen, auch nachträglich, zB durch eine umfassende Aufklärungshilfe und/oder der Einführung von verbesserten Aufsichtsmaßnahmen, **bei der Bußgeldbemessung und/oder sogar bei der Frage der Einstellung von Ermittlungen zugunsten des Unternehmens zu be-** 345

[586] Dazu *Roxin/Greco* StrafR AT § 8 Rn. 58 – Zur Diskussion um die „Strafbarkeit von Unternehmen" *Roxin/Greco* StrafR AT § 8 Rn. 60 ff.; *Trüg* wistra 2010, 241 ff.; MAH WirtschaftsStrafR/*Britz* § 5 Rn. 1 ff.

[587] Krit. zu den steigenden strafrechtliche Risiken für Unternehmen bereits *Barton* JuS 2004, 553; ebenso *Kempf* KJ 2003, 462; s. auch *Wehnert* FS Rieß, 2002, 811.

[588] Dazu *Achenbach* NZWiSt 2012, 321 ff.; MAH WirtschaftsStrafR/*Britz* § 5 Rn. 7 ff.; *Schmitz/Taschke* WiB 1997, 1169. Vgl. ausf. auch KK-OWiG/*Rogall* § 30.

[589] Vgl. MAH WirtschaftsStrafR/*Britz* § 5 Rn. 15; KK-OWiG/*Rogall* § 30 Rn. 88; HK-OWiG/*Schmitt-Leonardy* § 30 Rn. 15 f.

[590] KK-OWiG/*Rogall* § 30 Rn. 89.; HK-OWiG/*Schmitt-Leonardy* § 30 Rn. 33.

[591] Dazu KK-OWiG/*Rogall* § 30 Rn. 164 ff.; HK-OWiG/*Schmitt-Leonardy* § 30 Rn. 59.

[592] So kam es zB aufgrund der Korruptionszahlungen der Siemens AG unter Berücksichtigung der Gewinnabschöpfung insgesamt zu Sanktionszahlungen von Siemens allein in Deutschland in Höhe von ca. 600 Mio. EUR; vgl.http://www.compliancemagazin.de/markt/unternehmen/siemens171208.html (zuletzt abgerufen: 28.7.2021). Dazu auch *Taschke* NZWiSt 2012, 9.

[593] Dazu BVerfGE 81, 228; Immenga/Mestmäcker/*Biermann* GWB § 81 Rn. 537.

**rücksichtigen sind.** Dies bestätigte nunmehr der BGH in seiner Entscheidung vom 9.5. 2017.[594] Danach ist für die Bemessung der Geldbuße von Bedeutung, inwieweit das Unternehmen seiner Pflicht, Rechtsverletzungen aus der Unternehmenssphäre zu unterbinden bzw. zu erschweren, genügt und ein effizientes Compliance-Management-System implementiert hat.

346 Im deutschen Recht gibt es jedoch **keine expliziten Vorgaben für Compliance-Management-Systeme.** Insofern besteht für den Vorstand ein gewisser Ermessenspielraum bei der Ausgestaltung der Compliance-Bemühungen. Ausnahmen hiervon gibt es insbesondere in Bereichen, die der Kontrolle der Finanzaufsicht unterfallen. Ermittlungsbehörden sowie Gerichte in zivilrechtlichen Haftungsverfahren bewerten die Wirksamkeit eines Compliance-Systems idR auf der Grundlage von Best Practices sowie internationalen Standards (weiterführend hierzu → § 13 Rn. 43 ff.).

347 Nach der Gesetzesneufassung im Jahr 2013 ist die Festsetzung einer Geldbuße auch gegen den **Gesamtrechtsnachfolger nach § 30 Abs. 2a OWiG** möglich. Diese Gesetzesänderung war aus Sicht des Gesetzgebers notwendig, nachdem der BGH in einem Urteil aus dem Jahr 2011[595] entschieden hatte, dass die Festsetzung einer Geldbuße gegen den Rechtsnachfolger nicht ohne Weiteres bzw. nur in engen Grenzen möglich ist. Mit der Neufassung soll verhindert werden, dass ein Unternehmen durch gezielte Umstrukturierungen einer drohenden Sanktionierung entgeht.[596]

348 Die Geldbuße darf in diesen Fällen den Wert des übernommenen Vermögens nicht übersteigen. Die Geldbuße gegen den Rechtsnachfolger darf nicht höher sein als diejenige, die gegen den Rechtsvorgänger festzusetzen gewesen wäre. Die erleichterte Festsetzung einer Unternehmensgeldbuße gegen den Rechtsnachfolger ist daher für etwaige **Unternehmensstrukturierungen und Unternehmenskäufe** bedeutsam. Verblieben bisher die Risiken aus Straftaten oder Ordnungswidrigkeiten bei der alten Gesellschaft, hat nunmehr das erwerbende oder übernehmende Unternehmen ein fortdauerndes Haftungsrisiko. Eine sorgfältige **Due Diligence** ist daher angebracht. Jüngst entscheid der neugeschaffene 6. Strafsenat des BGH, dass bei einer unter der Geltung des § 30 Abs. 2a OWiG erfolgten Gesamtrechtsnachfolge eine Geldbuße gegen den Rechtsnachfolger auch dann festgesetzt werden kann, wenn die Anknüpfungstat vor Inkrafttreten der Vorschrift im Juni 2013 begangen worden ist.[597]

349 Zudem erfolgt eine Eintragung im Gewerbezentral- bzw. Wettbewerbsregister, was nachteilige Auswirkungen bei Ausschreibungen (bis hin zum „Blacklisting") zur Folge haben kann, wobei ggf. sog. Selbstreinigungsmaßnahmen in Betracht kommen.

### 3. Entwurf eines Verbandssanktionengesetzes

350 Nachdem vielfach das vorstehende Sanktionssystem über die §§ 30,130 OWiG zur Bekämpfung von Unternehmenskriminalität und die damit als notwendig empfundene Sanktionierung der juristischen Personen selbst als nicht ausreichend erachtet wurde,[598] wurde nunmehr nach mehreren Anläufen und einigen Vorentwürfen im Oktober 2020 der Gesetzesentwurf für ein **„Gesetz zur Stärkung der Integrität in der Wirtschaft"** (VerSanG-E) veröffentlicht. Das Gesetz wird nun nicht mehr bis zum Ende der 19. Legislaturperiode verabschiedet werden. Die grundlegenden Eckpfeiler sollen dennoch nachstehend vorgestellt werden, da davon auszugehen ist, dass auch ein neuer Gesetzentwurf in der 20. Legislaturperiode sich hieran orientieren wird.

---

594 NZWiSt 2018, 379 mAnm *Adick/Linke*.
595 Vgl. BGH NJW 2012, 164.
596 Dazu BT-Drs. 17/9852, 40, 49.
597 BGH NJW 2021, 1607 mAnm *Reichling*.
598 So sei das OWiG „insgesamt keine zeitgemäße Grundlage mehr für die Verfolgung und Ahndung kriminellen Unternehmensverhaltens". vgl. BT-Drs. 19/23568, 1. Zur Diskussion vgl. *Rotsch* in Momsen/Grützner WirtschaftsSteuerStrafR-HdB § 2 Rn. 85 ff.

Das entworfene Sanktionssystem beschränkt sich auf die **Sanktionierung von Straftaten von Verbänden,** deren Zweck auf einen wirtschaftlichen Geschäftsbetrieb gerichtet ist. Für Ordnungswidrigkeiten (zB im Außenwirtschaftsrecht) wird weiterhin auf das bestehende Ordnungswidrigkeitenrecht (→ Rn. 336ff.) zurückgegriffen. Die Systematik entspricht dabei der des bisherigen Sanktionssystems. Wie auch das Ordnungswidrigkeitenrecht knüpft das VerSanG-E an unternehmensbezogene Straftaten von Leitungspersonen und bei Straftaten nachrangiger Mitarbeiter an die fehlende Aufsichtsmaßnahmen durch das Management an. 351

Eine bedeutende Neuerung stellt die geplante Geltung des **Legalitätsprinzip** dar. Danach liegt die Einleitung eines Ermittlungsverfahren gegen das Unternehmen künftig nicht mehr im Ermessen der Staatsanwaltschaft. Stattdessen ist, wenn ein Anfangsverdacht hinsichtlich einer durch eine Leitungsperson oder einen sonstigen Mitarbeiter begangene Straftat vorliegt, eine Ermittlungspflicht der Staatsanwaltschaft gegenüber dem Verband vorgesehen.[599] 352

Im Vergleich zu dem bestehenden Sanktionssystem führt das VerSanG-E einen **höheren Sanktionsrahmen** an. Verbänden mit einem durchschnittlichen Jahresumsatz von mehr als 100 Mio. EUR drohen Sanktionen von bis zu 10% des durchschnittlichen Jahresumsatzes. Als **sanktionsmildernde Maßnahmen** können dabei Compliance-Maßnahmen und die Durchführung interner Untersuchungen berücksichtigt werden. Demnach kann die Sanktion im Höchstmaß um die Hälfte gemildert werden, wenn der Verband uneingeschränkt kooperiert und den Voraussetzungen des VerSanG-E entsprechende interne Untersuchungen vorgenommen werden.[600] 353

Zudem soll die Sanktionierung von sog. **Auslandstaten** von Mitarbeitern des Unternehmens erleichtert werden. 354

### 4. Einziehung nach §§ 73 ff. StGB und § 29a OWiG

Ein weiteres Haftungsrisiko für das Unternehmen ergibt sich aus den Regelungen der in §§ 73ff. StGB (und § 29a OWiG) kodifizierten sog. „Einziehung" (ehemals „Verfall"). Dabei handelt es sich um eine Sanktion zur **Abschöpfung unrechtmäßig erlangter Vermögenszuwächse.**[601] Durch die gerichtliche Anordnung der Einziehung geht das Eigentum an der Sache bzw. das eingezogene Recht mit der Rechtskraft der Entscheidung auf den Staat über (wobei Rechte Dritter, wie zB Pfandrechte, bestehen bleiben, § 75 Abs. 2 StGB).[602] Dem Täter soll dadurch der Anreiz zur Tatbegehung genommen werden.[603] Auch wenn die Einziehung dogmatisch keine Strafe darstellt, kommt ihr – gerade im Unternehmenskontext – eine faktische Sanktionierungswirkung zu. 355

#### a) Voraussetzungen

Erfasst werden **alle Vermögenswerte, die für die Tat oder durch die Tat erlangt** wurden.[604] „Für" die Tat bedeutet als Gegenleistung für die Tatbegehung (zB Bestechungslohn als Tatentgelt). „Durch" die Tat erlangt ist alles, das dem Täter oder einem Dritten (auch mittelbar[605]) aus der Tatbegehung zufließt (Tatbeute). Dazu gehören auch nach § 73 Abs. 2 StGB ausdrücklich die **gezogenen Nutzungen.** 356

---

[599] Vgl. *Petri* in Petri, Arbeitsstrafrecht, 3. Aufl. 2021, Teil A Rn. 47; *Altenbach* in SSW AR-HdB § 7 Rn. 58.
[600] Krit. *Sartorius/Schmidt* wistra 2020, 393. Vgl. auch *Ahrens/Redwitz* CB 2021, 102.
[601] BeckOK StGB/*Heuchemer* § 73 Rn. 9; MüKoStGB/*Joecks/Meißner* § 73 Rn. 4.
[602] BeckOK StGB/*Heuchemer* § 75 Rn. 2; Matt/Renzikowski/*Altenhain/Fleckenstein* § 75 Rn. 2; MüKoStGB/*Joecks/Meißner* § 75 Rn. 4. Zur alten Fasssung vgl. auch *Kiethe/Hohmann* NStZ 2003, 505.
[603] BeckOK StGB/*Heuchemer* § 73 Rn. 1.
[604] Vgl. *Podolsky* inWJS WirtschaftsStrafR-HdB Kap. 26 Rn. 20ff.
[605] Vor der Reform 2017 waren hiervon nur unmittelbar zugeflossene Vorteile umfasst, vgl. Lackner/Kühl/*Heger* StGB § 73 Rn. 5.

357 Lange Zeit war umstritten, nach welchem Maßstab die Berechnung der strafrechtlichen Vermögensabschöpfung erfolgt und inwiefern Unternehmen davon betroffen sein können.

358 In seiner **Entscheidung vom 21.8.2002** hat der BGH[606] eine grundsätzliche Entscheidung zum damaligen Verfall getroffen. Die Nebenbeteiligte, eine GmbH, hatte unter Verstoß gegen das Embargo gegen Serbien und Montenegro Tabakpapiere für die Zigarettenherstellung nach Serbien geliefert. Bis zum Ende des Embargos wurden der GmbH insgesamt 4 Mio. EUR gutgeschrieben. Hinsichtlich dieses Betrags hat die Strafkammer den Verfall des Wertersatzes angeordnet. Der BGH hat in dieser Entscheidung ausgeführt, dass nach dem seit 1992 geltenden Bruttoprinzip der Verfall des „Erlangten" anzuordnen sei, mithin des gesamten Verkaufserlöses ohne Abzug von Einkaufspreis oder sonstigen Aufwendungen. **Der Verfall müsse auch gegen einen Dritten und auch gegen juristische Personen angeordnet werden,** und zwar auch dann, wenn der Dritte bzw. das Organ einer juristischen Person keine Straftat begangen hat. Hat der BGH in seiner Entscheidung vom 21.8.2002 noch darauf abgestellt, dass die Angeklagten mit Zustimmung der Geschäftsführer gehandelt hatten, dh, dass die Geschäftsleitung bewusst Kapital in strafbare Handlungen investiert hatte, so entschied der BGH in seiner **Entscheidung vom 14.9.2004**[607] – auch hier ging es um Embargo-Verstöße –, dass der Verfall auch dann angeordnet werden kann, **wenn lediglich ein Angestellter gehandelt hat, die Unternehmensleitung aber gutgläubig war.**

359 In der ersten **Entscheidung zum Kölner Müllskandal vom 2.12.2005**[608] hat der BGH entschieden, dass der wirtschaftliche Wert eines Auftrags zum Zeitpunkt der Vertragsvergabe ggf. mit Hilfe von Sachverständigen ermittelt werden müsse, um das „Erlangte" zu bestimmen. Im **Strafverfahren gegen Alexander Falk** hat der BGH im Jahr 2010[609] zudem entschieden, dass dem Verfall auch die Tatvorteile unterliegen, die aus einem versuchten Betrug erlangt worden sind. Erlangt ist dabei – nach Auffassung des BGHs – der gesamte Kaufpreis, der auf der Grundlage der strafrechtlich relevanten Betrugstäuschung gezahlt worden ist, auch wenn ein konkreter Vermögensschaden nicht feststellbar ist.[610]

360 In der seit Juli 2017 geltenden neuen Rechtslage betont der Gesetzgeber grundsätzlich die Anwendbarkeit des sog. **Bruttoprinzips.**[611] In einem ersten Schritt bezieht sich die Einziehung auf **das erlangte „Etwas"** und nicht mehr auf den Wert des durch die Straftat erlangten Vermögensvorteils[612], dh der Einziehung unterliegt grundsätzlich alles, was der Betroffene durch die Straftat erlangt oder was er durch diese erspart hat. Hiervon sind nicht nur bewegliche und unbewegliche Sachen, sondern daneben auch Forderungen, Rechte und andere Vermögenswerte umfasst. Auch geldwerte Vorteile, wie Dienstleistungen oder die Nutzung eines Gegenstands, fallen hierunter.[613] In einem zweiten Schritt kann gem. § 73d StGB die Aufrechnung von Aufwendungen erfolgen, die der Täter nicht für die Tatvorbereitung oder -begehung selbst aufgebracht hat **(modifiziertes Bruttoprinzip).**[614] Dies führt zu einer gewissen, aber keinesfalls vollständigen Annäherung an das Nettoprinzip.[615]

361 Die Einziehung kann sich zunächst **gegen einen Tatbeteiligten richten.** Sie kann aber nach § 73b StGB auch, was vor allem bei Straftaten durch Unternehmensmitarbeiter

[606] BGHSt 47, 369 = NJW 2002, 3339 mAnm *Hohn* wistra 2003, 321; *Best* JR 2003, 337.
[607] BGH wistra 2004, 465; dazu *Sedemund* DB 2004, 2256.
[608] BGH NJW 2006, 925 mAnm *Saliger* NJW 2006, 3377; *Radtke* NStZ 2007, 57.
[609] BGH NStZ 2011, 396 mAnm *Burghart* wistra 2011, 241.
[610] Dazu auch *Taschke* NZWiSt 2012, 41 (45).
[611] MüKoStGB/*Joecks/Meißner* § 73d Rn. 6; Schönke/Schröder/*Eser/Schuster* StGB § 73 Rn. 9.
[612] BeckOK StGB/*Heuchemer* § 73 Rn. 9; Lackner/Kühl/*Heger* StGB § 73 Rn. 4; MüKoStGB/*Joecks/Meißner* § 73 Rn. 8.
[613] *Köhler* in Momsen/Grützner WirtschaftsSteuerStrafR-HdB § 5 Rn. 34.
[614] MüKoStGB/*Joecks/Meißner* § 73 Rn. 16, 34; *Schäuble/Pananis* NStZ 2019, 65 (66); Schönke/Schröder/*Eser/Schuster* StGB § 73d Rn. 2ff., ausf. auch *Rettke* wistra 2018, 234, 238.
[615] Schönke/Schröder/*Eser/Schuster* StGB § 73d Rn. 1, krit. hierzu *Emmert* NZWiSt 2016, 449.

bedeutsam ist, **gegen denjenigen angeordnet werden, für den der Täter oder Teilnehmer gehandelt hat (Dritteinziehung).**[616] Im Unternehmenskontext sind daher insbesondere „Vertretungsfälle" nach § 73b Abs. 1 S. 1 Nr. 1 StGB bedeutsam, bei denen „für" den Dritten gehandelt wurde und der aus der rechtswidrigen Tat gezogene Ertrag diesem unmittelbar zufließt.[617] Es muss lediglich faktisch für den Drittbegünstigten gehandelt werden, ein echtes Vertretungsverhältnis, ein Organschaftsverhältnis oder eine Beauftragung muss nicht vorliegen.[618]

Darüber hinaus besteht nach § 73a StGB auch die Möglichkeit der sog. **erweiterten** 362 **Einziehung.** Im Unternehmensbereich sind hier zB Bestechungs- bzw. Korruptionsdelikte als Anknüpfungstaten relevant. Die erweiterte Einziehung ermöglicht eine Vermögensabschöpfung auch dann, wenn ein **bloßer Verdacht** der Begehung der genannten Taten vorliegt, ohne dass dies bereits durch Urteil festgestellt wurde.[619]

#### b) Geltungsdauer und Rückwirkung

Der Verfall war an die Verjährung der Straftat gekoppelt.[620] Seit der Reform des Einzie- 363 hungsrechts im Juli 2017 kann nach § 76b Abs. 1 StGB die Einziehung von aus Straftaten gewonnenen Vorteilen idR **30 Jahre nach Beendigung der Tat** erfolgen.[621]

Mit der Reform des Einziehungsrechts entschied sich der Gesetzgeber für eine **Stich-** 364 **tagsregelung,** dh die neuen Regelungen gelten auch für zum Zeitpunkt des Inkrafttretens begangene Taten und bereits laufende Verfahren.[622] Dass die neuen Verjährungsvorschriften auch für bei Inkrafttreten der Neuregelung bereits verjährten Straftaten gilt, wurde jüngst durch die Novellierung von § 73e StGB im Zuge der Verabschiedung des Jahressteuergesetzes 2020[623] und einen Beschluss des Bundesverfassungsgerichts[624] bestätigt. Diese gelten somit **auch für Altfälle,** in denen bislang keine Einziehung angeordnet werden konnte, da diese an die Verjährung der Straftat anknüpfte.[625] Dadurch können durch die Ermittlungsbehörden auch weiter zurückliegende Zeiträume noch untersucht werden oder zB bei über einen längeren Zeitraum andauernden Korruptions- und/oder Steuerhinterziehungskonstruktionen die Einziehung für Zeitraume erfolgen, die strafrechtlich bereits verjährt sind.

## F. Ablauf von Ermittlungs- und Strafverfahren, insbesondere bei Unternehmen

### I. Einleitung von Ermittlungsverfahren

Das sog. Legalitätsprinzip verpflichtet die Staatsanwaltschaft und die Polizeibehörden, bei 365 dem **Verdacht einer Straftat** Ermittlungen aufzunehmen. Anders ist dies bei Ordnungs-

[616] BeckOK StGB/*Heuchemer* § 73 Rn. 24 ff.; *Köhler* in Momsen/Grützner WirtschaftsSteuerStrafR-HdB § 5 Rn. 57 ff.; Lackner/Kühl/*Heger* StGB § 73 Rn. 8. So bereits BGH NJW 2002, 3339, nach dem der Verfall (heute Einziehung) auch gegen einen Dritten und auch gegen juristische Personen angeordnet werden muss, auch dann, wenn der Dritte bzw. das Organ einer juristischen Person keine Straftat begangen hat.

[617] Lackner/Kühl/*Heger* StGB § 73b Rn. 2; *Köhler* in Momsen/Grützner WirtschaftsSteuerStrafR-HdB § 5 Rn. 60; *Köhler/Burkhard* NStZ 2017, 665 (666).

[618] BGH NJW 2000, 297; *Köhler/Burkhard* NStZ 2017, 665 (666).

[619] *Köhler* in Momsen/Grützner WirtschaftsSteuerStrafR-HdB § 5 Rn. 16.

[620] Matt/Renzikowski/*Altenhain/Fleckenstein* StGB § 76b Rn. 1; MüKoStGB/*Joecks/Meißner* § 76b Rn. 1.

[621] BeckOK StGB/*Heuchemer* § 76b Rn. 3; Lackner/Kühl/*Heger* StGB § 76b Rn. 2; Matt/Renzikowski/*Altenhain/Fleckenstein* StGB § 76b Rn. 2; MüKoStGB/*Joecks/Meißner* § 76b Rn. 4.

[622] Ausgenommen sind Altfälle, in denen bereits eine erstinstanzliche Entscheidung getroffen wurde, *Köhler* in Momsen/Grützner WirtschaftsSteuerStrafR-HdB § 5 Rn. 27 f.; *Köhler/Burkhard* NStZ 2017, 665 (682).

[623] BGBl. 2020 I 3096; BeckOK StGB/*Heuchemer* § 73e StGB Rn. 1.

[624] BVerfG BeckRS 2021, 3384.

[625] Matt/Renzikowski/*Altenhain/Fleckenstein* StGB § 76b Rn. 4.

widrigkeiten. Hier steht es nach dem sog. Opportunitätsprinzip im pflichtgemäßen Ermessen der Behörde, ob sie eine Ordnungswidrigkeit verfolgt oder nicht.[626]

366 Staatliche hoheitliche Ermittlungen erfolgen mittlerweile vielfach auch **im Anschluss an interne Untersuchungen** des Unternehmens selbst. Eine grundsätzliche Offenlegungspflicht gegenüber der Staatsanwaltschaft besteht – bis auf die im vorliegenden Kontext nicht einschlägige Ausnahme des § 138 StGB zur Anzeige schwerwiegender bevorstehender Straftaten – grundsätzlich nicht (zu faktischen Offenlegungspflichten sogleich → Rn. 371).

367 Ein Ermittlungsverfahren wegen des Verdachts einer Straftat kann auf **unterschiedliche Weise** in Gang kommen: Es kann über eine Strafanzeige in Gang gesetzt werden. Jedermann kann eine Strafanzeige erstatten, beispielsweise eine **Privatperson,** die behauptet, durch eine Straftat geschädigt worden zu sein. Strafanzeigen können aber unter anderem auch durch **Konkurrenzunternehmen** und **Verbände** erstattet werden. Auch ist die **Staatsanwaltschaft** verpflichtet, Ermittlungsverfahren einzuleiten, wenn sie aus Presseveröffentlichungen Anhaltspunkte für ein möglicherweise strafbares Verhalten erlangt. **Anonyme Anzeigen** können die Einleitung eines Verfahrens rechtfertigen; sie werden im Regelfall von den Staatsanwaltschaften allerdings einer strengen Prüfung unterzogen, ob die in der anonymen Anzeige mitgeteilten Tatsachen so detailliert und in sich schlüssig sind, dass sie mutmaßlich von jemandem stammen, der nah am Geschehen ist, und deshalb die Verdachtslage mit hoher Wahrscheinlichkeit gerechtfertigt ist. Auch die **Bundesanstalt für Finanzdienstleistung** (BaFin) oder andere Behörden sind berechtigt bzw. verpflichtet, Verdachtsmonate der Staatsanwaltschaft zu übermitteln. Immer mehr Verdachtsmomente werden auch über Hinweisgeber (zB Mitarbeiter), sog. **Whistleblower,** den Ermittlungsbehörden zur Kenntnis gebracht. Die EU-Whistleblowing-Richtlinie (RL EU 2019/1937) stellt neue Rahmenbedingungen zum Schutz von Hinweisgebern auf und ermöglicht es Hinweisgebern grundsätzlich, sich direkt an die Behörden zu wenden (auch → § 13 Rn. 128 ff.).[627] Die nationale Umsetzung der Richtlinie hat bis Dezember 2021 zu erfolgen.

368 Die **Unternehmensleitung** ist daneben berechtigt bzw. kann aus gesellschaftsrechtlicher Sicht nach § 93 Abs. 1 AktG bzw. § 43 Abs. 1 GmbHG sogar verpflichtet sein, mögliches strafbares Verhalten eigener Mitarbeiter den Behörden gegenüber mitzuteilen.[628] Die Unternehmensleitung hat im Einzelfall zu entscheiden, ob die Einschaltung der Staatsanwaltschaft letztlich im Unternehmensinteresse liegt, dh ob eine Strafanzeige bzw. ggf. ein Strafantrag eine positive Auswirkung für das Unternehmen haben kann.[629] Das Unternehmen kann so zB – für alle sichtbar – sich von der Rechtsverletzung distanzieren, wenn es selbst die Staatsanwaltschaft informiert hat. Dies kann auch dazu genutzt werden, um innerhalb des Unternehmens zu kommunizieren, dass die Unternehmensleitung auf die Einhaltung der Gesetze besteht (sog. **„tone from the top"-Prinzip**).[630] Eine Zusammenarbeit mit den Ermittlungsbehörden kann zudem zu einer Milderung einer möglichen Unternehmensgeldbuße nach §§ 30, 130 OWiG führen (→ Rn. 341 ff.).[631]

---

[626] Zum Ablauf des in der Praxis immer behutsamer werdenden Ordnungswidrigkeitenverfahrens bei Verdacht von Datenschutzverstößen s. *Adelberg/Spittka/Zapf* CB 2021, 96 ff., 149 ff.

[627] Vgl. *Taschke/Pielow/Volk* NZWiSt 2021, 85 ff.

[628] Vgl. *Potinecke/Block* in Knierim/Rübenstahl/Tsambikakis, Handbuch Internal Investigations, 2. Aufl. 2016, Kap. 2 Rn. 191; *Grützner/Klaas/Wybitul* in Momsen/Grützner WirtschaftsSteuerStrafR-HdB § 16 Rn. 50 ff.

[629] Weiterführend *Potinecke/Block* in Knierim/Rübenstahl/Tsambikakis, Handbuch Internal Investigations, 2. Aufl. 2016, Kap. 2 Rn. 191 ff.; *Grützner/Klaas/Wybitul* in Momsen/Grützner WirtschaftsSteuerStrafR-HdB § 16 Rn. 550 ff.; speziell für Kartellrechtsverstöße sind zB die dortigen „Bonusprogramme" zu nennen.

[630] Vgl. *Taschke* NZWiSt 2012, 89 (92) mwN.

[631] Vgl. *Potinecke/Block* in Knierim/Rübenstahl/Tsambikakis, Handbuch Internal Investigations, 2. Aufl. 2016, Kap. 2 Rn. 197, allgemein zur strafmildernden Wirkung von Compliance-Systemen bei der Bemessung von Unternehmensgeldbußen s. auch BGH NZWiSt 2018, 379 ff.

Andererseits sollte genau abgewogen werden, ob und welche Unterlagen an die Ermittlungsbehörden weitergeben werden sollten. So unterliegen zB anwaltliche Untersuchungsberichte, die zum Zwecke der (Unternehmens-)Verteidigung angefertigt wurden, grundsätzlich dem sog. **Anwaltsprivileg** und dürfen **nicht beschlagnahmt werden.**[632] Dabei beginnt die geschützte Verteidigung sowohl des Individuums als auch des Unternehmens bereits vor der formellen Beschuldigtenstellung bzw. der Anordnung der Nebenbeteiligung für das Unternehmen.[633] 369

Über Akteneinsichtsgesuche zB von Geschädigten (vgl. § 406e StPO) können unter Umständen auch andere Interessengruppen, wie zB Vertragspartner, Zugang zu den übergebenen Unterlagen bekommen.[634] Die jeweiligen Vor- und Nachteile sind daher im Einzelfall abzuwägen.[635] 370

Eine **Offenlegungspflicht** besteht gegenüber den **Steuerbehörden nach § 153 AO,** sofern das Unternehmen als Steuerpflichtiger erkennt, dass infolge von Straftaten die abgegebenen Steuererklärungen unrichtig waren, da zB Korruptionszahlungen gewinnmindernd geltend gemacht wurden (→ Rn. 125). Da die Steuerbehörden verpflichtet sind, die gewonnen Erkenntnisse der Staatsanwaltschaft mitzuteilen, kommt es zu einer mittelbaren Offenlegung von Straftaten und Ordnungswidrigkeiten.[636] Unter den gegeben Umständen empfiehlt es sich, den entsprechenden Sachverhalt auch gegenüber der Staatsanwaltschaft zu offenbaren. Dadurch kann unter anderem die Wahrscheinlichkeit einer von der Staatsanwaltschaft beantragten Durchsuchung im Unternehmen erheblich reduziert werden.[637] Seit einigen Jahren gewinnt auch die Pflicht zur Abgabe einer Geldwäscheverdachtsanzeige nach § 43 GwG auch für **nachträglich erkannte geldwäscherechtliche Sachverhalte** immer mehr an Bedeutung, die letztlich ebenfalls zu einer faktischen Offenlegungspflicht von unternehmensbezogenen Straftaten wie zB Korruption führt. 371

Die Aufnahme von Ermittlungen seitens der Staatsanwaltschaft hat zu erfolgen, wenn der **Verdacht einer strafbaren Handlung gegeben ist.** Die Staatsanwaltschaft muss also nicht überzeugt sein, dass es tatsächlich zu einer strafbaren Handlung gekommen ist. Es müssen allerdings **konkrete verdachtsbegründende Tatsachen** vorliegen. 372

Wie bereits aufgezeigt, kann auch ein Unternehmen selbst mit einer Geldbuße belegt werden (→ Rn. 341 ff.). Da Anknüpfungspunkt für die Sanktionierung des Unternehmens immer ein strafbares Handeln einzelner Organmitglieder oder leitender Mitarbeiter ist[638], kann die **unternehmensbezogene Verteidigung** – trotz teilweise gegenläufiger Interessen[639] – selten losgelöst von der Verteidigung der betroffenen Mitarbeiter bzw. des möglicherweise betroffenen Vorstandsmitglieds erfolgen.[640] Das Unternehmen bedarf dabei sowohl im Ermittlungs- als auch im Strafverfahren einer eigenständigen anwaltlichen Beratung (zur Bedeutung des Unternehmensanwalts im Rahmen von Durchsuchungen → Rn. 394).[641] Eine gleichzeitige Mandatierung eines Rechtsanwalts/Strafverteidigers von 373

---

[632] Zum Beschlagnahmeschutz im Rahmen von internen Untersuchungen nach den vielbeachteten „Jones-Day"-Entscheidungen des BVerfG (2 BvR 1405/17, 2 BvR 1780/17, 2 BvR 1562/17, 2 BvR 1287/17, 2 BvR 1583/17) aus Juni 2018 s. *Xylander/Kiefner/Bahlinger* BB 2018, 2953 ff. sowie *Pelz* CCZ 2018, 211 ff. jeweils mwN.

[633] S. dazu zuletzt LG Mannheim NZWiSt 2021, 161 ff. mAnm *Oesterle/Tute.*

[634] Vgl. *Taschke* NZWiSt 2012, 89 (93).

[635] Dazu *Klahold/Berndt* in Momsen/Grützner WirtschaftsSteuerStrafR-HdB § 10 Rn. 107 ff.

[636] Vgl. *Potinecke/Block* in Knierim/Rübenstahl/Tsambikakis, Handbuch Internal Investigations, 2. Aufl. 2016, Kap. 2 Rn. 184; *Taschke* NZWiSt 2012, 89 (90 ff.); zur Reichweite der Mitteilungspflicht s. auch *Madauß* NZWiSt 2013, 176 ff.

[637] Vgl. *Taschke* NZWiSt 2012, 89 (92).

[638] Auch im Falle einer Zurechnung von Straftaten von Mitarbeitern unterhalb der Leitungsebene über das Konzept der Aufsichtspflichtverletzung des Vorstands bedarf es der positiven Feststellung einer konkreten zugrundeliegenden Straftat.

[639] Dazu *Taschke* StV 2007, 495 (496 f.).

[640] Vgl. *Wessing* FS Mehle, 2009, 667 f.; *Taschke* FS Hamm, 2008, 751 ff.

[641] Vgl. *Taschke* StV 2007, 495, 496 f.; *Klahold/Berndt* in Momsen/Grützner WirtschaftsSteuerStrafR-HdB § 10 Rn. 57 ff.

Unternehmen und Individualbeschuldigtem ist nicht möglich. Die Verteidigung des Unternehmens beginnt auch bereits zum Zeitpunkt der Einleitung der Ermittlungen gegen die einzelnen natürlichen Personen bzw. ggf. auch schon früher, dh ab dem Zeitpunkt, ab dem Anzeichen für mögliche unternehmensbezogene Straftaten bekannt sind. Es kann sinnvoll sein, im Rahmen der rechtlichen Grenzen, **Koordination der Individualverteidigungen** durch den Unternehmensverteidiger zu gewährleisten. Bestandteil der Koordinationstätigkeit kann zudem die Erarbeitung einer sog. **„Sockelverteidigung"** sein, die als Grundlage der jeweiligen Individualverteidigung dient. Dadurch können mit den Ermittlungsbehörden Grundsatzfragen für alle Beteiligten einheitlich geklärt werden. Die Individualverteidigung kann sich, aufbauend auf der Sockelverteidigung, auf die individuelle Verantwortlichkeit des jeweiligen Mandaten konzentrieren.[642] Zum Zwecke der Akteneinsicht nach §§ 406e, 475 Abs. 2 StPO bedarf das Unternehmen ebenfalls der anwaltlichen Vertretung.

## II. Ziele des Ermittlungsverfahrens

374 Die Staatsanwaltschaft führt das Ermittlungsverfahren durch, um den gewonnenen **Anfangsverdacht zu bestätigen oder zu widerlegen.** Im Ermittlungsverfahren erfolgt also gerade die Verdachtsprüfung über die Durchführung der notwendigen Ermittlungen, also beispielsweise Zeugenvernehmungen unter anderem Wenn die aus Sicht der Staatsanwaltschaft notwendigen Ermittlungen durchgeführt sind und sich im Ergebnis zeigt, dass der Verdacht keine Grundlage hat oder zumindest keine Bestätigung gefunden hat, wird die Staatsanwaltschaft das Ermittlungsverfahren einstellen. Während der gesamten Dauer des Ermittlungsverfahrens gilt daher uneingeschränkt die **Unschuldsvermutung.**

375 Dieser klaren gesetzlichen Konzeption entspricht leider nicht immer die **Behandlung von Ermittlungsverfahren in den Medien.**[643] Oft entsteht der Eindruck, Ermittlungen würden deshalb durchgeführt, weil sich der Verdacht bestätigt oder verdichtet hat. So dient beispielsweise eine Durchsuchung beim Unternehmen oder auch bei Dritten im Regelfall dazu, möglicherweise relevantes Beweismaterial zu erlangen und dann auszuwerten. Die ruf- und imageschädigende Wirkung, die eine Medienberichterstattung für die betroffenen Manager und das Unternehmen hat, ist beträchtlich. Daher bedarf es zunehmend entsprechender (anwaltlicher) Beratung im Zusammenhang mit der Berichterstattung über Ermittlungsverfahren in Wirtschaftsstrafsachen (sog. **Litigation-PR**).[644] Tatsächlich ist es so, dass bereits die Einleitung eines Verfahrens sehr negative Folgen nach sich ziehen kann. Der gesetzlichen Konzeption des Ermittlungsverfahrens entsprechen derartige Folgewirkungen nicht.

## III. Durchführung von Ermittlungen

376 Die **Staatsanwaltschaft** führt normalerweise das Ermittlungsverfahren. Die Beamten der Polizeibehörden sind als „Ermittlungspersonen der Staatsanwaltschaft" bei den Ermittlungen tätig. In der Verfolgungspraxis ist es im Regelfall so, dass die **Polizeibehörden** den Sachverhalt regelmäßig zunächst allein ermitteln und erst später die Akten an die Staatsanwaltschaft zur Entscheidung abgeben.

---

[642] Zur Sockelverteidigung *Pfordte/Tsambikakis* in Widmaier§ 17 Rn. 1 ff.; *Rettenmaier* in WJS Wirtschafts-StrafR-HdB Kap. 31 Rn. 27 ff.; MAH WirtschaftsStrafR/*Kempf/Schilling/Oesterle* § 10 Rn. 121; vgl. auch *Taschke* StV 2007, 495 (499).

[643] Dazu grundlegend bereits *Wagner*, Strafprozessführung über Medien, 1987; s. auch *Roxin* FS 30 Jahre Münchener Juristische Gesellschaft, 1996, 97.

[644] Vgl. *J. Jahn* CCZ 2011, 139 ff.; *Minoggio*, Unternehmensverteidigung, 3. Aufl. 2016, § 6 Rn. 291 ff. Zum Umgang mit den Medien vgl. auch *Wessing* in HML Corporate Compliance § 46 Rn. 179 ff.

Eine **Ausnahme** gilt wiederum bei **größeren und bedeutenden Verfahren,** die sich gegen Unternehmen und ihre Vorstände richten. In diesen Fällen wird im Regelfall **von Anfang an die Staatsanwaltschaft federführend** tätig. Die frühzeitige Verantwortung der Staatsanwaltschaft für das Ermittlungsverfahren rechtfertigt sich auch aus den besonderen Wirkungen, die sich aus Ermittlungsverfahren ergeben können. Liegt auch der Verdacht von Steuerstraftaten vor, können die Behörden der Finanzverwaltung selbstständig ermitteln und übernehmen dann die Funktion der Staatsanwaltschaft, die Staatsanwaltschaft kann jedoch das Verfahren an sich ziehen (sog. Evokationsrecht). 377

## IV. Ermittlungsmöglichkeiten

Es gibt eine Reihe von Ermittlungsmöglichkeiten zur Aufklärung des Sachverhalts. Die praktisch bedeutenden sind folgende: 378

### 1. Zeugenvernehmungen

Die Staatsanwaltschaft oder auch die beauftragte Polizeibehörde kann Zeugen vernehmen. Ein Zeuge ist eine **Beweisperson,** die in einem nicht gegen sie selbst gerichteten Strafverfahren Auskunft über die Wahrnehmungen von Tatsachen gibt. Zeuge kann jedermann sein, der Beobachtungen anlässlich einer Straftat oder auch im Umfeld gemacht hat. Dazu gehören im Unternehmenskontext oftmals aktuelle oder ehemalige Mitarbeiter, aber auch Hinweisgeber oder Mitglieder des Vorstands. 379

Stehen Zeugen in einem Verwandtschaftsverhältnis zu dem Beschuldigten des Verfahrens, steht ihnen nach § 52 StPO ein **Zeugnisverweigerungsrecht** zu. Auch bestimmte Berufsgeheimnisträger – Rechtsanwälte, Notare, Wirtschaftsprüfer, Steuerberater unter anderem – unterliegen nach § 53 StPO einer besonderen Verschwiegenheitspflicht. Sie dürfen über die Umstände, von denen sie im Rahmen ihrer beruflichen Tätigkeit Kenntnisse erlangt haben, nur nach einer Entbindung von der Verschwiegenheitspflicht durch den betreffenden Mandanten offenbaren.[645] 380

Bei Personen, die nah am mutmaßlichen (Tat-)Geschehen waren, lässt sich mitunter zwar sagen, dass sie Zeugen sind, weil sie relevante Dinge beobachtet haben können, gleichwohl lässt sich nicht ausschließen, dass sie möglicherweise auch als Beschuldigte in Betracht kommen. Diese Zeugen haben nach § 55 StPO ein sog. (partielles) **Auskunftsverweigerungsrecht.** Sie können die Beantwortung von Fragen verweigern, wenn sie sich bei wahrheitsgemäßer Beantwortung der Gefahr eigener Strafverfolgung aussetzen könnten, wobei es nach aktueller Rechtslage (noch) kein Auskunftsverweigerungsrecht von Leitungspersonen mit Blick auf das Risiko einer Unternehmenssanktionierung gibt. Die Gefahr der Strafverfolgung kann auch dann gegeben sein, wenn der Zeuge sich tatsächlich nichts vorzuwerfen hat. 381

Jeder Zeuge hat einen **Anspruch** darauf, sich von einem **Rechtsanwalt beraten** zu lassen. Dieser **Zeugenbeistand** wird im Rahmen einer Vernehmung darauf achten, dass die Angaben des Zeugen zutreffend im Protokoll aufgenommen werden; er wird den Zeugen auch dabei beraten, ob er ein partielles Auskunftsverweigerungsrecht hat und die Angaben verweigern kann oder sollte. 382

Zeugen sind **verpflichtet,** zu Vernehmungen bei der Staatsanwaltschaft oder dem Richter **zu erscheinen** und nach § 161a StPO **Angaben zur Sache** zu machen.[646] Diese Verpflichtung (Erscheinens- und Aussagepflicht) greift auch bei Vernehmungen durch Polizeibeamte, wenn der Ladung ein Auftrag der Staatsanwaltschaft zugrunde liegt.[647] 383

---

[645] Ausf. zur Entbindung von Berufsgeheimnisträgern durch juristische Personen *Madauß* NZWiSt 2013, 262ff.
[646] Vgl. dazu auch KK-StPO/*Griesbaum* § 161a Rn. 1ff.
[647] So die Neuregelung des § 163 Abs. 3, 4 StPO, vgl. KK-StPO/*Griesbaum* § 163 Rn. 34f.

384 Der Zeuge hat **wahrheitsgemäße Angaben** zu machen. Sind die Angaben nicht richtig, etwa weil der Zeuge den oder die Beschuldigten des Verfahrens schützen oder auch zu Unrecht belasten möchte, kann der Zeuge selbst strafrechtlichen Vorwürfen, etwa wegen des Verdachts der Strafvereitelung oder der falschen Anschuldigung, ausgesetzt sein. Wiederholt der Zeuge die falschen Angaben vor Gericht, kann darin auch eine gerichtliche Falschaussage, gegebenenfalls unter Eid, liegen.

## 2. Beschuldigtenvernehmungen

385 Der Beschuldigte eines Verfahrens ist nicht zu Aussagen verpflichtet, worauf er durch Staatsanwaltschaft und Polizei bei einer etwaigen Vernehmung hinzuweisen ist. Niemand ist entsprechend des Grundsatzes **„nemo tenetur se ipsum accusare"** verpflichtet, sich selbst zu belasten.

386 Die Frage, **ob ein Beschuldigter schweigen oder Angaben machen sollte,** ist eine der bedeutsamsten Fragen im Rahmen der Strafverteidigung. Die Beratung durch einen strafrechtlich versierten Anwalt sollte in jedem Fall gesucht werden. Häufig wird der Rat des Anwalts sein, dass der Beschuldigte zunächst einmal schweigt, also keine Angaben zur Sache macht. Es ist ein häufig anzutreffender Irrtum, dass aufklärende Angaben in einem frühen Verfahrensstadium zu einem schnellen Ende des Ermittlungsverfahrens führen. Das ist nicht der Fall. Staatsanwaltschaft und Polizei werden derartige Angaben zwar entgegennehmen, sich dann aber auf die Durchführung der ohnehin geplanten Ermittlungen konzentrieren und am Ende einen Abgleich mit den Angaben des Beschuldigten vornehmen. Solange noch keine Klarheit darüber herrscht, auf welchen Tatsachen die Vorwürfe beruhen, besteht weiter das Risiko, dass eine Stellungnahme sich in Widerspruch zum Akteninhalt setzt. Dies wird oft harmlose Gründe haben; die psychologischen Wirkungen im Verfahren sind aber manchmal groß.

387 Der **Verteidiger** des Beschuldigten hat ein **Recht auf Akteneinsicht.** Nach erfolgter Akteneinsicht nach § 147 StPO und gegebenenfalls der Besichtigung der Beweismittel wird der Verteidiger seinem Mandanten eine Empfehlung geben können, ob er sich zur Sache äußern soll oder nicht. In diesem Fall kommt auch eine schriftliche Stellungnahme des Anwalts, eine sog. Verteidigungsschrift, in Betracht. Nur in bestimmten Fällen kann eine frühzeitige und gezielte Aussage sinnvoll sein, um eine schnelle Verfahrenseinstellung zu bewirken oder aber um die Ermittlungen in die richtige Richtung zu bringen. Auch der Unternehmensverteidiger hat nach richtigem Verständnis ein Recht auf Akteneinsicht, und zwar bereits vor formaler Nebenbeteiligung des Unternehmens.[648]

388 Die Angaben eines Beschuldigten können im deutschen Strafprozess unter bestimmten Voraussetzungen wie ein Beweismittel verwendet werden. Der Beschuldigte ist aber nicht Partei und damit nicht in einer Zeugenstellung mit der damit verbundenen Wahrheitspflicht. Der Beschuldigte im deutschen Verfahren ist nicht verpflichtet, die Wahrheit zu sagen. Das bedeutet: Ein lügender Beschuldigter kann nicht allein deswegen verfolgt werden (sofern er dabei nicht andere Rechtsgüter verletzt, also beispielsweise andere Personen zu Unrecht belastet). Der BGH hat in mehreren Entscheidungen ausgeführt, dass auch der Unschuldige bei seiner Verteidigung den Weg in die Lüge suchen kann. Eine ganz andere praktische Frage ist es, ob es die richtige Verteidigungsstrategie für einen Beschuldigten ist, nicht wahrheitsgemäße Angaben zur Sache zu machen. Im Regelfall ist dies falsch.

---

[648] *Rettenmaier* in WJS WirtschaftsStrafR-HdB Kap. 31 Rn. 69 ff.; *Dann* in Esser/Rübenstahl/Saliger/Tsambikakis, Wirtschaftsstrafrecht, 2017, StPO § 147 Rn. 13 ff. Ausf. vgl. auch *Minoggio,* Unternehmensverteidigung, 3. Aufl. 2016, § 6 Rn. 392 ff.

### 3. Durchsuchungen und Beschlagnahmen

#### a) Voraussetzungen

Die Staatsanwaltschaft und die Polizeibehörden können nach §§ 102 ff. StPO Durchsuchungen bei dem Beschuldigten oder auch bei Dritten durchführen, also etwa Geschäfts- und Privaträume durchsuchen. Sie können daneben bei der Durchsuchung aufgefundenes **Beweismaterial** nach §§ 94 ff. StPO **beschlagnahmen.** Unternehmen können dabei aber – anders als etwa in den USA – nicht aufgefordert werden, relevantes Beweismaterial vorzulegen, so gibt es hierzulande kein sog. Discovery-Verfahren. Es ist Aufgabe der Staatsanwaltschaft und der Polizeibehörden, danach zu suchen. Finden sie es nicht, besteht keine rechtliche Verpflichtung es vorzulegen. Allerdings ist es eine strategische Frage, ob ein Unternehmen oder ein Beschuldigter die gesuchten Beweismittel vorlegen sollte. Durch die Vorlage kann die Wahrscheinlichkeit einer, uU medienwirksamen und reputationsschädigenden, Durchsuchung im Unternehmen erheblich reduziert werden. Zum Umgang mit Erkenntnissen aus internen Untersuchungen → Rn. 8.[649] 389

Zunehmende Bedeutung erlangt die **Durchsicht und Beschlagnahme von IT-Daten.** In diesem Zusammenhang erlangt die Regelung des § 110 Abs. 3 StPO besondere Bedeutung. Danach darf auch auf elektronische Speichermedien zugegriffen werden, die sich räumlich getrennt vom konkreten Durchsuchungsort befinden, sofern von dem Durchsuchungsort darauf zugegriffen werden kann.[650] Praktisch dürfen daher potentiell beweiserhebliche Daten (zB Mitarbeiterdaten, E-Mail-Korrespondenz, Geschäftsdaten), die sich im Intranet auf externen Servern oder bei Cloud-Anbietern im Inland befinden, seitens der Ermittlungsbehörden grundsätzlich gespeichert werden. Sofern die Daten des betroffenen Unternehmens im Ausland gespeichert werden, dürfen die Behörden nicht unmittelbar darauf zugreifen. Es bedarf weiterer Verfahrensschritte, wobei zwischen Unterzeichnern der sog. Cybercrime Konvention des Europarats[651] (etwa USA, Großbritannien, Frankreich), (sonstigen) EU-Staaten und Drittstaaten (etwa Russland) unterschieden werden muss. Bei Nichtbeachtung der Verfahrensvorschriften besteht nur in Ausnahmefällen (insbesondere absichtlichen Verstößen gegen die Verfahrensregeln) ein **Beweisverwertungsverbot** für die erlangten Informationen, so dass bereits im Vorfeld bei fehlerhaften Vorgehen, ggf. mit Hilfe anwaltlicher Berater, versucht werden sollte, die Durchsicht und Sicherung seitens der Ermittlungsbehörden zu verhindern. 390

Durchsuchungen können im Regelfall nur aufgrund eines **richterlichen Durchsuchungsbeschlusses** durchgeführt werden. Die Staatsanwaltschaft ist daher gehalten, einen Antrag auf Durchsuchung und Beschlagnahme bei dem zuständigen Ermittlungsrichter, einem Richter am Amtsgericht, zu stellen. Dieser prüft, ob ein Verdacht vorliegt, der eine Durchsuchung rechtfertigt, ob der Grundsatz der Verhältnismäßigkeit gewahrt ist und ob die zu beschlagnahmenden Beweisgegenstände genau genug bezeichnet sind. In der Praxis ist die Ablehnung eines Durchsuchungs- und Beschlagnahmebeschlusses aber eher selten. 391

Auf einen richterlichen Durchsuchungsbeschluss kann nur dann verzichtet werden, wenn **„Gefahr im Verzug"** vorliegt. In diesen Fällen können Staatsanwälte und Polizeibeamte auch ohne richterlichen Durchsuchungsbeschluss durchsuchen und Beweisgegenstände beschlagnahmen. Gefahr in Verzug liegt dann vor, wenn die richterliche Anordnung nicht eingeholt werden kann, ohne dass der Zweck der Maßnahme gefährdet wird.[652] Das ist dann der Fall, wenn zu befürchten ist, dass die Einholung eines richterli- 392

---

[649] Dazu auch *Taschke* NZWiSt 2012, 89 (92).

[650] Dazu *Köhler* in Meyer-Goßner/Schmitt, StPO, 64. Aufl. 2021, StPO § 110 Rn. 6 ff.; KK-StPO/*Bruns* § 110 Rn. 2, 8 f.

[651] Abrufbar (inklusive aktuellem Ratifikationsstand) unter https://www.coe.int/en/web/conventions/full-list/-/conventions/treaty/185 (zuletzt abgerufen: 28. 7. 2021).

[652] Vgl. *Köhler* in Meyer-Goßner/Schmitt, StPO, 64. Aufl. 2021, StPO § 98 Rn. 6; KK-StPO/*Greven* § 98 Rn. 13 f.

chen Durchsuchungsbeschlusses zu lange dauern würde und eine Durchsuchung deshalb nicht den gewünschten Erfolg hätte.

#### b) Verhaltensempfehlungen

393 Kommt es zu einer Durchsuchung, stellt sich für das betroffene Unternehmen die Frage, ob eine **Kooperation, also insbesondere eine Hilfe beim Heraussuchen der Beweismittel, sinnvoll** ist oder nicht. Die Frage bedarf einer Abwägung in jedem konkreten Einzelfall. Als Leitlinie gilt dabei Folgendes: Im Regelfall ist es nicht schädlich, das gesuchte – im Durchsuchungs- und Beschlagnahmebeschluss näher bezeichnete – Beweismaterial herauszusuchen und der Staatsanwaltschaft zur Verfügung zu stellen. Denn: Nehmen die Durchsuchungsbeamten eigenständig die Durchsuchung vor, werden sie möglicherweise auf andere Unternehmensunterlagen stoßen. Die Beamten sind befugt, derartige Unterlagen zu beschlagnahmen, sofern sich daraus der Verdacht einer weiteren Straftat ergibt. Das gilt auch dann, wenn die zufällig aufgefundenen Unterlagen nichts mit dem Vorwurf zu tun haben, der Anlass für die Durchsuchung war (sog. **Zufallsfunde**).[653]

394 Wegen der großen Bedeutung der Durchsuchung für den weiteren Verlauf des Ermittlungsverfahrens **sollte in jedem Fall ein Anwalt eingeschaltet werden,** der das Unternehmen **bei folgenden Fragen** beraten kann:[654]
- Welche Rechtsmittel gibt es gegen Durchsuchung und Beschlagnahme?
- Sollen weitere Unterlagen zur Verfügung gestellt und Informationen gegeben werden?
- Soll unternehmensintern eine Aufklärung der relevanten Sachverhalte erfolgen?
- Wie soll die Öffentlichkeitsarbeit gestaltet werden?

395 In der Praxis haben sich auch regelmäßige Mitarbeiterschulungen sowie simulierte Befragungen und Durchsuchungen (sog. **Mock Dawnraids**) bewährt, bei denen die Zielabteilungen oder -personen über die Simulation nicht informiert sind.[655] Weiterhin empfiehlt sich die Implementierung eines sog. **Notfallsystems,** über das ein Unternehmen, ggf. auch an unterschiedlichen Standorten, schnellstmöglich strafrechtlich versierte **Unternehmensanwälte benachrichtigen** kann, die sodann vor Ort eine Durchsuchung begleiten können.

### 4. Beauftragung von Sachverständigen

396 Die Staatsanwaltschaft und die Polizei können Sachverständige beauftragen. Sachverständige sind Spezialisten, die die Staatsanwaltschaft in ihrer Ermittlungstätigkeit unterstützen. Sachverständige können eingeschaltet werden bei schwierigen naturwissenschaftlichen Fragen, etwa im Bereich der Produkthaftung, bei der Beurteilung finanzieller Transaktionen oder der bilanziellen Behandlung von beanstandeten Geschäftsvorfällen und bei allen anderen Fragen, bei denen eine besondere Sachkunde erforderlich ist. Auch ein betroffenes Unternehmen oder ein Beschuldigter haben das Recht, eigene Sachverständige zu beauftragen. Hierbei ist zu beachten, dass die Sachverständigen in das Verteidigungsverhältnis miteinbezogen werden, um den notwendigen Geheimhaltungsschutz zu gewährleisten.

## V. Abschluss des Ermittlungsverfahrens durch die Staatsanwaltschaft

397 Am Ende des Ermittlungsverfahren stehen der Staatsanwaltschaft diverse Möglichkeiten offen, das Verfahren zu beenden. Die Entschließung der Staatsanwaltschaft hängt in erster Linie davon ab, ob sie nach Durchführung aller Ermittlungen von einem **hinreichenden**

---

[653] Dazu allgemein *Nickolai* in WJS WirtschaftsStrafR-HdB Kap. 26 Rn. 64f. Vgl. zudem *Cordes/Pannenborg* NJW 2019, 2973ff.

[654] Dazu auch MAH WirtschaftsStrafR/*Kempf/Schilling/Oesterle* § 10 Rn. 70ff.

[655] Vgl. *Dittrich/Matthey* in HML Corporate Compliance § 26 Rn. 100. S. auch *de Crozals/Jürgens* CCZ 2009, 92ff., krit. *Gildhoff/Zumdick* BB 2012, 1178ff.

**Tatverdacht** ausgeht, dh ob sie den Tatvorwurf auch mit dem ihr zur Verfügung stehenden Beweismaterial vor Gericht beweisen zu können glaubt, sowie davon, wie schwer die **Schuld** des Beschuldigten für diesen Fall einzustufen ist.

## 1. Einstellung wegen fehlenden Tatnachweises

Gelangt die Staatsanwaltschaft zu dem Ergebnis, dass der Verdacht strafbaren Verhaltens zu 398 Unrecht besteht oder jedenfalls in einer Hauptverhandlung nicht mit der erforderlichen Sicherheit nachgewiesen werden kann, stellt sie das Ermittlungsverfahren nach § 170 Abs. 2 StPO wegen fehlenden Tatnachweises ein. In der Regel wird der Beschuldigte darüber unterrichtet, jedenfalls dann, wenn er davon Kenntnis hatte, dass gegen ihn ein Ermittlungsverfahren geführt wurde, was nicht zwingend der Fall sein muss.

## 2. Einstellung trotz fortbestehenden Tatverdachts

Die Staatsanwaltschaft kann nach § 153 StPO das Verfahren **ohne Sanktion einstellen,** 399 wenn die Schuld des Täters als gering anzusehen wäre und kein öffentliches Interesse an der Verfolgung besteht. Grundsätzlich bedarf es dafür der Zustimmung des Gerichts, das für die Eröffnung des Hauptverfahrens zuständig wäre. Die Schuld ist als gering anzusehen, wenn sie bei Vergleich mit Vergehen gleicher Art nicht unerheblich unter dem Durchschnitt liegt.[656]

Die Staatsanwaltschaft kann auch nach § 153a StPO – was häufig der Fall ist – mit Zu- 400 stimmung des Gerichts das Verfahren **wegen geringer Schuld einstellen, sofern der Beschuldigte eine ihm gemachte Auflage erfüllt,** also etwa einen bestimmten Geldbetrag zugunsten der Staatskasse oder einer gemeinnützigen Einrichtung zahlt.[657]

Es müssen hierfür **folgende Voraussetzungen** gegeben sein: Die Schwere der Schuld 401 darf der Einstellung nicht entgegenstehen; das öffentliche Interesse an der Strafverfolgung muss durch die Auflage, also etwa die Zahlung eines Geldbetrags, beseitigt werden; der Beschuldigte muss zustimmen. Die Zustimmung zur Einstellung bedeutet kein Schuldeingeständnis. Sehr häufig erfolgen Zustimmungen aus prozessökonomischen Gründen. Die festgesetzte Geldauflage erweist sich bei sorgfältiger Analyse als weitaus geringer im Vergleich zu den Kosten, die bei Durchführung einer Hauptverhandlung entstünden und die auch im Fall eines Freispruchs nicht ersetzt würden. Außerdem gilt die Unschuldsvermutung fort.

## 3. Anklageerhebung

Gelangt die Staatsanwaltschaft zu dem Ergebnis, dass mit einiger Wahrscheinlichkeit am 402 Ende einer Hauptverhandlung eine Verurteilung stehen wird, wird sie Anklage erheben, sofern sie nicht das Verfahren nach den vorstehend genannten Vorschriften einstellt. Unter bestimmten Voraussetzungen (vgl. § 407 StPO) kommt anstatt der Erhebung einer öffentlichen Anklage auch die Beantragung eines Strafbefehls in Betracht. Ein Strafbefehl ist eine Verurteilung im schriftlichen Verfahren. Dieser entspricht einem Urteil, ohne dass es vorher zu einer Hauptverhandlung gekommen ist. Bei einem Strafbefehl prüft der Richter nach Aktenlage, ob der Vorwurf begründet ist und erlässt dann ggf. den Strafbefehl, wie von der Staatsanwaltschaft beantragt. Der Beschuldigte hat die Möglichkeit, dagegen

---

[656] *Schmitt* in Meyer-Goßner/Schmitt, StPO, 64. Aufl. 2021, StPO § 153 Rn. 4; KK-StPO/*Diemer* § 153 Rn. 11f.

[657] Anders ist dies grundsätzlich im Ordnungswidrigkeitenverfahren: Hier besteht das Verbot der Verknüpfung einer Ermessenseinstellung mit der Zahlung einer Geldauflage an eine gemeinnützige Einrichtung oder sonstigen Stelle gem. § 47 Abs. 3 OWiG. Dies ist im Strafverfahren möglich (vgl. § 153a StPO). Jedoch haben sich auch hier in der Praxis Mittelwege etabliert.

Rechtsmittel einzulegen. In diesem Fall kommt es zur Durchführung einer Hauptverhandlung, die dann im Wesentlichen so abläuft, wie wenn Anklage erhoben worden wäre.

## VI. Gerichtliches Zwischenverfahren

403 Die Staatsanwaltschaft übersendet die Anklage und die Verfahrensakten an das zuständige Gericht. Der Vorsitzende des Gerichts übermittelt die Anklageschrift dem Beschuldigten (der in diesem Verfahrensstadium als Angeschuldigter bezeichnet wird) und gibt ihm Gelegenheit, Einwendungen gegen die **Eröffnung des Hauptverfahrens** und die Zulassung der Anklage vorzubringen.

404 Das Gericht prüft im Anschluss daran die Anklageschrift auf die Frage, ob nach dem Akteninhalt eine **Verurteilung mit einiger Wahrscheinlichkeit zu erwarten** ist. Das Gericht kann in diesem Verfahrensstadium auch Sachverständige und Zeugen befragen, was im Regelfall aber nicht stattfindet.

405 Wenn auch das Gericht der Auffassung ist, dass nach Durchführung einer Hauptverhandlung mit einer Verurteilung zu rechnen ist, wird es die **Anklage akzeptieren und das Hauptverfahren eröffnen.** Ist das Gericht der Auffassung, dass es aus rechtlichen oder tatsächlichen Gründen nicht zu einer Verurteilung kommen wird, wird es die Eröffnung des Hauptverfahrens ablehnen und die Anklageschrift nicht zulassen. Die Staatsanwaltschaft kann gegen diese Entscheidung Rechtsmittel einlegen, über das dann das übergeordnete Gericht zu entscheiden hat.

## VII. Hauptverhandlung in Strafsachen

406 Die Hauptverhandlung findet bei Gericht statt und zwar je nach Schwere des Schuldvorwurfs oder der Bedeutung der Sache bei einem Berufsrichter (Amtsgericht – Strafrichter), bei einem Berufsrichter und zwei Schöffen (Amtsgericht – Schöffengericht) oder vor zwei oder drei Berufsrichtern und zwei Schöffen (Landgericht – Große Strafkammer). Die betroffene Person wird nunmehr als Angeklagter bezeichnet. Die Verhandlungen sind grundsätzlich öffentlich, dh, interessierte Bürger sowie auch Medienvertreter können an der Verhandlung als Zuschauer teilnehmen. Während der Verhandlung – nicht jedoch im Vorfeld – sind im Gerichtssaal keine Bild- oder Tonbandaufnahmen erlaubt. Der Angeklagte muss – von wenigen Ausnahmen abgesehen – am Verfahren teilnehmen. Er kann **bis zu drei Verteidiger** wählen und zwar auch schon während des Ermittlungsverfahrens, was auch dringend anzuraten ist; in bestimmten Fällen, geregelt in § 140 StPO, ist zwingend die Teilnahme eines Verteidigers vorgeschrieben (sog. **notwendige Verteidigung**). Auch die Staatsanwaltschaft ist in einer Hauptverhandlung vertreten. Das deutsche Strafverfahren ist, wie bereits erwähnt, kein Parteiverfahren. Möglich ist jedoch, dass die geschädigte (juristische) Person sich in bestimmten Fällen der Klage als sog. **Nebenkläger der Klage** anschließt. Die Befugnis zur Nebenklage ist vor allem bei Kapitalverbrechen vorgesehen, im wirtschaftlichen Kontext sind jedoch auch Nebenkläger zB im Bereich von Urheber-, Patent-, oder Wettbewerbsstrafrechtsfällen möglich (§§ 395 ff. StPO).[658] Das Verfahren ist vom **Untersuchungsgrundsatz** beherrscht. Das bedeutet, dass Gericht und Staatsanwaltschaft den Sachverhalt objektiv aufzuklären haben, also auch von sich aus die dem Angeklagten günstigen Tatsachen ermitteln müssen. In Ausnahmefällen – insbesondere wenn es im Vorfeld nicht bereits zu einer Einigung den Ermittlungsbehörden kam – nimmt auch das Unternehmen als Nebenbeteiligte an der Hauptverhandlung teil (§§ 444 ff. StPO).

[658] *Schmitt* in Meyer-Goßner/Schmitt, StPO, 64. Aufl. 2021, StPO § 395 Rn. 1 ff.; KK-StPO/*Walther* § 395 Rn. 1 ff.

## VIII. Verständigungen im Strafverfahren

Die lange in einer rechtlichen Grauzone vollzogenen Absprachen (sog. **„Deals"**) zwischen der Verteidigung, der Staatsanwaltschaft und dem zuständigen Gericht erfuhren im Jahr 2009 einer gesetzlichen Regelung im deutschen Strafverfahrensrecht.[659] Das BVerfG hat das Verständigungsgesetz dem Grunde nach mit dem Grundgesetz für vereinbar erklärt, jedoch in der praktischen Umsetzung einige Mängel festgestellt.[660] Kernvorschrift ist der neu eingeführte § 257c StPO. Gegenstand der Absprachen dürfen nach Abs. 2 nur die Rechtsfolgen sein, die Inhalt des Urteils und der dazugehörigen Beschlüsse sein können, sonstige verfahrensbezogene Maßnahmen sowie das Prozessverhalten der Verfahrensbeteiligten. Bestandteil soll zudem ein Geständnis des Angeklagten sein. Dennoch ist das Gericht zur Erforschung der Wahrheit verpflichtet und muss daher auch bei Vorliegen eines Geständnisses die Beweismittel umfassend würdigen (anders als dies zum Teil in anderen Rechtsordnungen der Fall ist). Ausdrücklich nicht Gegenstand einer Absprache darf dabei der Schuldspruch, dh eine genaues Strafmaß, sein. Es dürfen lediglich Ober- und Untergrenzen nach den allgemeinen Strafzumessungsregeln seitens des Gerichts mitgeteilt werden.[661] Neben dieser eigentlichen Verständigung in der Hauptverhandlung wurde durch das Verständigungsgesetz auch das sog. **Rechtsgespräch,** das in allen Verfahrensabschnitten, dh auch bereits im Ermittlungsverfahren, stattfinden kann, gestärkt. Das allgemeine Rechtsgespräch dient der Erörterung des Standes des Verfahrens, sofern dies geeignet ist, das Verfahren zu fördern. Dabei kann die Sach- und Rechtslage unverbindlich zwischen den Beteiligten erörtert werden. 407

Ob ein Rechtsgespräch oder auch eine Verständigung nach § 257c StPO sinnvoll ist, hängt von einer Vielzahl von Faktoren ab und Bedarf einer umfassenden Abwägung der Vor- und Nachteile im konkreten Einzelfall. 408

Nicht Gegenstand einer Verständigung kann die Festsetzung bzw. die Höhe der Festsetzung der Einziehung von unrechtmäßig erlangten Gewinnen nach §§ 73 ff. StGB sein. Sofern entsprechende Taterträge festgestellt werden, hat die Einziehung zu erfolgen (→ Rn. 355 ff.).[662] In der Praxis – gerade in komplexen Wirtschaftsstrafverfahren – ist die Feststellung entsprechender Taterträge oftmals nur schwer exakt ermittelbar, sodass auch hier **kooperative Gespräche** vielfach zielführend sind. 409

## IX. Sanktionsmöglichkeiten von Staatsanwaltschaft und Gericht

Gelangt das Gericht (mehrheitlich) zu der Überzeugung, dass der Angeklagte schuldig ist, wird es ihn **verurteilen** und zugleich eine Strafe festsetzen (Freiheitsstrafe oder Geldstrafe), **anderenfalls spricht es ihn frei.** Eine Freiheitsstrafe, die zwei Jahre nicht übersteigt, kann unter den Voraussetzungen des § 56 StGB **zur Bewährung ausgesetzt** und ggf. mit bestimmten Auflagen und Weisungen verbunden werden. Ab einer Geldstrafe von mehr als 90 Tagessätzen gilt man als vorbestraft.[663] 410

Das Gericht kann das Verfahren aber auch wegen geringer Schuld gegen oder ohne Erfüllung einer Auflage (jeweils unter unterschiedlichen Voraussetzungen) durch Beschluss nach §§ 153 ff. StPO **einstellen,** und zwar nach Anklageerhebung in jeder Lage des Verfahrens. Es bedarf hierzu allerdings der Zustimmung sowohl des Angeklagten als auch der Staatsanwaltschaft. 411

[659] Zur Entwicklung MAH WirtschaftsStrafR/*Leitner* § 9 Rn. 1 ff.; *M. Jahn/Müller* NJW 2009, 2625 ff.
[660] BVerfG NZWiSt 2013, 211; dazu *Meyer* NJW 2013, 1850.
[661] Ausf. zum genauen Ablauf und den praktischen Umsetzungsschwierigkeiten MAH WirtschaftsStrafR/*Leitner* § 9 Rn. 28 ff.
[662] Vgl. MüKoStGB/*Joecks/Meißner* § 73 Rn. 17 ff.
[663] Ab einer Geldstrafe von mehr als 90 Tagessätzen erfolgt eine Eintragung in das polizeiliche Führungszeugnis (vgl. § 32 Abs. 2 Nr. 5 lit. a BZRG).

412 Neben diesen rein strafrechtlichen Sanktionen sind auch weitere **außerstrafrechtliche Rechtfolgen** zu beachten. Verurteilungen wegen Vermögensdelikten von mehr als einem Jahr führen zB ebenso wie eine Verurteilung wegen Insolvenzdelikten kraft Gesetzes zu einem Verbot der Ausübung eines Vorstandspostens bei einer AG oder eines Geschäftsführers bei einer GmbH für die Dauer von fünf Jahren.[664]

413 Zu den möglichen **Sanktionen für Unternehmen,** deren kriminalpolitischer Zweck darin besteht, Gewinne aus Straftaten abzuschöpfen und durch geeignete finanzielle Belastungen die Begehung von Straftaten oder Ordnungswidrigkeiten präventiv zu verhindern → Rn. 355 ff.

[664] S. *Hauschka/Moosmayer/Lösler* in HML Corporate Compliance § 1 Rn. 23. Zu den gesetzlichen Bestellungshindernissen des Vorstands vgl. MüKoAktG/*Spindler* § 76 Rn. 131 ff.; Henssler/Strohn/*Dauner-Lieb* AktG § 76 Rn. 18.

# § 13 Compliance als Vorstandsaufgabe

## Übersicht

**Schrifttum:** *Altmeppen,* Cash Pooling und Kapitalerhaltung im faktischen Konzern, NZG 2010, 401; *Baumert,* Handlungssicherheit in der Compliance-Arbeit an Beispielen, CCZ 2013, 265; *Berg,* Korruption in Unternehmen und Risikomanagement nach § 91 Abs. 2 AktG, AG 2007, 271; *Bergmoser/Theusinger/Gushurst,* Corporate Compliance – Grundlagen und Umsetzung, BB-Spezial 2008, 1; *Birnfeld,* Compliance in der Vergaberechtspraxis, CCZ 2010, 133; *Breßler/Kuhnke/Schulz/Stein,* Inhalte und Grenzen von Amnestien bei Internal Investigations, NZG 2009, 721; *Bürkle,* Corporate Compliance – Pflicht oder Kür für den Vorstand der AG?, BB 2005, 565; *Bürkle* (Hrsg.), Compliance in Versicherungsunternehmen, 3. Aufl. 2020; *Campos Nave/Zeller,* Corporate Compliance in mittelständischen Unternehmen, BB 2012, 131; *Campos Nave/Bonenberger,* Korruptionsaffären, Corporate Compliance und Sofortmaßnahmen für den Krisenfall, BB 2008, 734; *Cohen/Holland,* Fünf Punkte, die ausländische Unternehmen über den United States Foreign Corrupt Practices Act (FCPA) wissen sollten, CCZ 2008, 7; *Diller,* Der Arbeitnehmer als Informant, Handlanger und Zeuge im Prozess des Arbeitgebers gegen Dritte, DB 2004, 313; *Dilling,* Der Referentenentwurf zum Hinweisgeberschutzgesetz – Steine statt Brot für Whistleblower und betroffene Personen, CCZ 2021, 60; *Dreher,* Die Vorstandsverantwortung im Geflecht von Risikomanagement, Compliance und interner Revision, FS Hüffer, 2010, 161; *Eufinger,* Zu den historischen Ursprüngen der Compliance, CCZ 2012, 21; *Fischer/Schuck:* Die Einrichtung von Corporate Governance-Systemen nach dem FISG, NZG 2021, 534; *Fleischer,* Vorstandsverantwortlichkeit und Fehlverhalten von Unternehmensangehörigen – Von der Einzelüberwachung zur Errichtung einer Compliance-Organisation, AG 2003, 291; *Fleischer,* Aktienrechtliche Legalitätspflicht und „nützliche" Pflichtverletzungen von Vorstandsmitgliedern, ZIP 2005, 141; *Fleischer,* Kartellrechtsverstöße und Vorstandsrecht, BB 2008, 1070; *Fleischer,* Corporate Compliance im aktienrechtlichen Unternehmensverbund, CCZ 2008, 1; *Fleischer,* Aktuelle Entwicklungen der Managerhaftung, NJW 2009, 2337; *Fleischer,* Kompetenzüberschreitungen von Geschäftsleitern im Personen- und Kapitalgesellschaftsrecht, Schaden – rechtmäßiges Alternativverhalten – Vorteilsausgleichung, DStR 2009, 1204; *Fleischer,* Aktienrechtliche Compliance-Pflichten im Praxistest: Das Siemens/Neubürger-Urteil des LG München I, NZG 2014, 321; *Göpfert/Merten/Siegrist,* Mitarbeiter als „Wissensträger", NJW 2008, 1703; *Goette/Barring,* Compliance-Management-Systeme und Compliance Due Diligence, DStR 2021, 1238; *Grunert,* Verbandssanktionengesetz und Compliance-Risikoanalyse, CCZ 2020, 71; *Grunewald,* Interne Aufklärungspflichten von Vorstand und Aufsichtsrat, NZG 2013, 841; *Habersack,* Gesteigerte Überwachungspflichten des Leiters eines sachnahen Vorstandsressorts?, WM 2005, 2360; *Hahn/Naumann,* Organhaftung trotz sachverständiger Beratung – Entscheidungskonflikte zwischen dem „Gebot des sichersten Weges" und unternehmerischer Wagnis, CCZ 2013, 156; *Hauschka/Moosmayer/Lösler* (Hrsg.), Corporate Compliance, 3. Aufl. 2016; *Hauschka,* Compliance, Compliance-Manager, Compliance-Programme – Eine geeignete Reaktion auf gestiegene Haftungsrisiken für Unternehmen und Management?, NJW 2004, 257; *Hauschka,* Corporate Compliance – Unternehmensorganisatorische Ansätze zur Erfüllung der Pflichten von Vorständen und Geschäftsführern, AG 2004, 461; *Hauschka/Greeve,* Compliance in der Korruptionsprävention – was müssen, was sollen, was können die Unternehmen tun?, BB 2007, 165; *Hegnon,* Aufsicht als Leitungspflicht, CCZ 2009, 57; *Hein,* Verbandsstrafgesetzbuch (VerbStrG-E) – Bietet der Entwurf Anreize zur Vermeidung von Wirtschaftskriminalität in Unternehmen?, CCZ 2014, 75; *Holle,* Rechtsbindung und Business Judgement Rule, AG 2011, 778; *Illing/Umnuß,* Die arbeitsrechtliche Stellung des Compliance Managers – insbesondere Weisungsunterworfenheit und Reportingpflichten, CCZ 2009, 1; *Kahlenberg/Schwinn,* Amnestieprogramme bei Compliance-Untersuchungen im Unternehmen, CCZ 2012, 81; *Karbaum,* Kartellrechts-Compliance – Mehr Fragen als Antworten nach einer Dekade intensiver Diskussion der Compliance-Verantwortung des Vorstands?, AG 2013, 863; *Klindt/Pelz/Theusinger,* Compliance im Spiegel der Rechtsprechung, NJW 2010, 2385; *Koch,* Die Konzernobergesellschaft als Unternehmensinhaber iSd § 130 OWiG?, AG 2009, 564; *Kock,* Compliance im Unternehmen – Ethisch sei der Mensch, hilfreich und gut!, ZIP 2009, 1406; *Kort,* Verhaltensstandardisierung durch Corporate Compliance, NZG 2008, 81; *Kremer/Klahold,* Compliance-Programme in Industriekonzernen, ZGR 2010, 113; *Kremer/Bachmann/Lutter/v. Werder,* Deutscher Corporate Governance Kodex, 8. Aufl. 2021; *Krieger/Günther,* Die arbeitsrechtliche Stellung des Compliance Officers, NZA 2010, 367; *Kromer/Henschel/Pumpler,* Tax Compliance BB 2013, 791; *Lampert,* Gestiegenes Unternehmensrisiko Kartellrecht – Risikoreduzierung durch Competition-Compliance-Programme, BB 2002, 2237; *Liese/Schulz,* Risikomanagement durch Compliance-Audits, BB 2011, 1347; *Lösler,* Das moderne Verständnis von Compliance im Finanzmarktrecht, NZG 2005, 104; *Lutz-Bachmann/Vorbeck/Wengenroth,* Menschenrechte und Umweltschutz in Lieferketten – der Regierungsentwurf eines Sorgfaltspflichtengesetzes, BB 2021, 906; *Maschmann* (Hrsg.), Corporate Compliance und Arbeitsrecht, 2009; *Meier-Greve,* Vorstandshaftung wegen mangelhafter Corporate Compliance, BB 2009, 2555; *Mengel,* Compliance und Arbeitsrecht, 2009; *Mengel,* Arbeitsrechtliche Besonderheiten der Implementierung von Compliance-Programmen in internationalen Konzernen, CCZ 2008, 85; *Mengel/Ullrich,* Arbeitsrechtliche Aspekte unternehmensinterner Investigations, NZA 2006, 240; *Moosmayer,* Compliance, 4. Aufl. 2021; *Müller,* Geschäftsleiterhaftung wegen Insolvenzverschleppung und fachkundige Beratung, NZG 2012, 981; *Nezmeskal-Berggötz,* Einführung und Inhalte von Ethikrichtlinien in multinationalen Unternehmen, CCZ 2009, 209; *Nietsch,* Die Garantenstellung von Geschäftsleitern im Außenverhältnis, CCZ 2013, 192; *Nietsch,* Überwachungspflichten bei Kollegialorganen, ZIP 2013, 1449; *Pietzke,* Die Verantwortung für Risikomanagement und Compliance im mehrköpfigen Vorstand, CCZ 2010, 45; *Reichert/Ott,* Non Compliance in der AG – Vorstandspflichten im Zusammenhang mit der Vermeidung, Aufklärung und Sanktionierung von Rechtsverstößen, ZIP 2009, 2173; *Rettenmaier/Palm,* Das Ordnungswidrigkeitenrecht und die Aufsichtspflicht von Unternehmensverantwortlichen, NJOZ 2010, 1414; *Rodewald/Unger,* Kommunikation und Krisenmanagement im Gefüge der Corporate Compliance-Organisation, BB 2007, 1629; *Rotsch/Mutschler/Grobe,* Der Regierungsentwurf zum Verbandssanktionengesetz – kritische Analyse und Ausblick, CCZ 2020, 16; *Sachs/Krebs,* Quid pro Quo im Außenhandel: Compliance gegen Verfahrensprivilegien, CCZ 2013, 12; *Schaefer/Baumann,* Compliance-Organisation und Sanktionen bei Verstößen, NJW 2011, 3601; *Schaefer/Missling,* Haftung von Vorstand und Aufsichtsrat, NZG 1998, 441; *Schwintowski,* Gesellschaftsrechtliche Anforderungen an Vorstandshaftung und Corporate Governance durch das neue System der kartellrechtlichen Legalausnahme, NZG 2005, 200; *Spehl/Momsen/Grützner,* Unternehmensinterne Ermittlungen – Ein internationaler Überblick, Teil I: Einleitung unternehmensinterner Ermittlungen, CCZ 2013, 260; *Stecker/Neumann,* Grundsätze ordnungsmäßiger Prüfung von CMS: IDW PS 980 in der Unternehmenspraxis, WPg 2020, 70; *Streck/Binnewies,* Tax Compliance, DStR 2009, 229; *Talaska,* Tax Compliance in Unternehmen – Organhaftung, BB 2012, 1195; *Thole,* Managerhaftung für Gesetzesverstöße, ZHR 173 (2009), 504; *Thüsing,* Beschäftigtendatenschutz und Compliance, 3. Aufl. 2021; *Többens,* Die Bekämpfung der Wirtschaftskriminalität durch die Troika der § 9, § 130 und § 30 des Gesetzes über Ordnungswidrigkeiten, NStZ 1999, 1; *Tödtmann/Schauer,* Der Corporate Governance Kodex zieht scharf, ZIP 2009, 995; *Tödtmann/Kaluza-Krieg* in Maschmann/Sieg/Göpfert, Vertragsgestaltung im Arbeitsrecht, 3. Aufl. 2020, Teil „Compliance-Verpflichtungen"; *Tödtmann/v. Erdmann,* Keine Pflicht zur Selbstbelastung für den Arbeitnehmer? Auswirkungen des Verbandssanktionengesetzes und die übersehene Rechtsprechung des BAG, NZA 2020, 1577; *U.H. Schneider,* Gesellschaftsrechtliche und öffentlich-rechtliche Anforderungen an eine ordnungsgemäße Unternehmensorganisation, DB 1993, 1909; *U.H. Schneider,* Compliance als Aufgabe der Unternehmensleitung, ZIP 2003, 645; *U.H. Schneider,* Ausländisches Unternehmensstrafrecht und Compliance, CCZ 2008, 18; *U.H. Schneider/Sven H. Schneider,* Konzern-Compliance als Aufgabe der Konzernleitung, ZIP 2007, 2061; *v. Busekist/Hein,* Der IDW PS 980 und die allgemeinen rechtlichen Mindestanforderungen an ein wirksames Compliance Management System – Grundlagen, Kultur und Ziele, CCZ 2012, 45; *v. Busekist/Schlitt,* Der IDW PS 980 und die allgemeinen rechtlichen Mindestanforderungen an ein wirksames Compliance Management System – Risikoermittlungspflicht, CCZ 2012, 86; *Wagner,* „Internal Investigations" und ihre Verankerung im Recht der AG, CCZ 2009, 8; *Walden,* Corporate Social Responsibility: Rechte, Pflichten und Haftung von Vorstand und Aufsichtsrat, NZG 2020, 50; *Wastl/Pusch,* Haftungsrechtliche Konsequenzen einer so genannten Mitarbeiter-Amnestie – dargestellt am Beispiel „Siemens", RdA 2009, 376; *Wicke,* Der CEO im Spannungsverhältnis zum Kollegialprinzip, NJW 2007, 3755; *Winstel,* Unterrichtung der Belegschaftsvertretung der Tochtergesellschaft im (grenzüberschreitenden) Aktienkonzern, 2011; *Winstel/Skauradszun,* Zahlungen an mehrere Gesellschafter in der Krise, GmbHR 2011, 185.

## A. Bedeutungsgehalt des Begriffs „Compliance"

Der Begriff **Compliance**[1] ist wegen einer ganzen Reihe aufsehenerregender Rechtsverstöße von Unternehmen jeglicher Größe und Branche, ihren Mitarbeitern und Organen und den damit verbundenen, teilweise existenzbedrohenden **(Reputations-)Schäden** allgegenwärtig. Insbesondere der Vorstand als Leitungsorgan der Aktiengesellschaft steht bei öffentlichkeitswirksamen Vorgängen im Kreuzfeuer der Kritik und wird häufig sowohl 1

[1] Zu den historischen Ursprüngen der Compliance vgl. *Eufinger* CCZ 2012, 21.

zivil- als auch strafrechtlich für Rechtsverstöße der Unternehmensorganisation zur Verantwortung gezogen.

2 Ursprünglich stammt der Begriff Compliance aus dem US-amerikanischen Recht und meint die Einhaltung von Verhaltensmaßregeln, Gesetzen und Richtlinien. Darüber hinaus soll auch die Übereinstimmung des unternehmerischen Geschäftsgebarens mit allen gesellschaftlichen **Richtlinien und Wertvorstellungen, mit Moral und Ethik** gewährleistet werden, wie der gerade bei Finanzinvestoren immer wichtiger werdende Fokus auch auf ethische Gesichtspunkte der Unternehmen (**ESG-Compliance**[2]) sowie die im Gesetzgebungsverfahren befindliche europäische Verordnung zur Einrichtung eines Rahmens zur Erleichterung nachhaltiger Investitionen (Taxonomie-VO-E) und das inzwischen verabschiedete Gesetz über die unternehmerischen Sorgfaltspflichten in Lieferketten (LkSG)[3] zeigt. Im Kern ist mit Compliance nichts anderes gemeint, als dass sich ein Unternehmen insgesamt regelkonform und rechtmäßig verhält. Dabei muss der Vorstand aber berücksichtigen, dass es zu kurz gegriffen wäre, Compliance nur mit „Gesetzestreue" gleichzusetzen. Compliance – insbesondere Corporate Compliance[4] – umfasst nämlich auch die Mittel, um dieses Ziel zu erreichen: unternehmensinterne Präventivmaßnahmen sowie Verfahren zur Risikofrüherkennung und zur Sanktion von Verstößen, also Repressivmaßnahmen. Compliance ist daher unternehmerisches Risiko- und Gefahrenmanagement.[5]

3 Die Motivation, für eine bestmögliche Organisation des Unternehmens zu sorgen und die damit verbundene Sicherstellung der Rechtstreue ruht auf **zwei Säulen:** Sie reduziert zum einen das Risiko einer Haftung und damit auch entsprechende Kosten für die Gesellschaft und für den Vorstand.[6] Daneben dient die Einführung verbindlicher Verhaltensregeln zur Einhaltung der Gesetze der Sicherung der Reputation des Unternehmens in der Öffentlichkeit, gegenüber Geschäftspartnern, in Vergabeverfahren[7] und am Kapitalmarkt, also gegenüber Banken, Investoren und den übrigen Stakeholdern.[8]

4 Schließlich zeigt auch der aktuelle (in der aktuellen 19. Legislaturperiode nicht mehr abgeschlossene) Gesetzgebungsprozess um die Einführung des „Gesetzes zur Sanktionierung von verbandsbezogenen Straftaten" **(Verbandssanktionengesetz)**[9] die Bedeutung der Compliance. Danach sollen künftig nicht mehr nur die für ein Unternehmen verantwortlichen natürlichen Personen, sondern auch das Unternehmen selbst strafrechtlich sanktioniert werden können – etwa neben der klassischen Geldstrafe auch die Veröffentlichung der Verurteilung, der Ausschluss von öffentlichen Aufträgen oder als schärfstes Schwert sogar die Auflösung des Unternehmens.[10] Die für den Vorstand hieraus resultierenden Haftungsverschärfungen bei Gesetzesverstößen und die hierdurch weiter steigenden Compliance-Risiken für Vorstände lassen sich nur erahnen.

5 Der Vorwurf von Gesetzesverstößen hat für ein Vorstandsmitglied aber oft nicht nur haftungsrechtliche Konsequenzen. Meist hat dies für Vorstände zugleich zur Folge, dass sie erhebliche persönliche **Imageeinbußen** erleiden – wie prominente Beispiele jüngerer

---

[2] Environmental Social Governance, vgl. ausführlich zum Bereich Corporate Social Responsibility *Walden* NZG 2020, 50 ff.

[3] Ausf. zu den Einzelheiten der Neuregelungen des LkSG unter → § 14 Rn. 258 ff. sowie *Lutz-Bachmann/Vorbeck/Wengenroth* BB 2021, 906 ff.

[4] Vgl. zur Begriffsdefinition *Campos Nave/Zeller* BB 2012, 131; zur unterschiedlichen Perspektive der Corporate Governance vgl. *Hauschka/Moosmayer/Lösler* in HML Corporate Compliance § 1 Rn. 2; krit. *Kort* NZG 2008, 81.

[5] *Hauschka* NJW 2004, 257; *Campos Nave/Bonenberger* BB 2008, 734 (735); *Eufinger* CCZ 2012, 21.

[6] *Hauschka/Moosmayer/Lösler* in HML Corporate Compliance § 1 Rn. 8.

[7] Dazu *Birnfeld* CCZ 2010, 133.

[8] Eingehend unter Berücksichtigung der Besonderheiten der Versicherungswirtschaft *Bürkle* in Bürkle, Compliance in Versicherungsunternehmen, 3. Aufl. 2020, § 1 Rn. 126 ff.; *Moosmayer* Compliance § 2 Rn. 69; *Schaefer/Baumann* NJW 2011, 3601, 3602.

[9] Guter Überblick bei *Rotsch/Mutschler/Grob* CCZ 2020, 169 ff.

[10] Vgl. hierzu schon den nordrhein-westfälischen „Entwurf eines Gesetzes zur Einführung der strafrechtlichen Verantwortlichkeit von Unternehmen und sonstigen Verbänden" (VerbStrG-E), dazu *Leipold* NJW-Spezial 2013, 696 und *Hein* CCZ 2014, 75 ff.

Vergangenheit zeigen. Dabei ist bei (angeblichen) Gesetzesverstößen nicht nur das Amt bei der konkreten Gesellschaft gefährdet. Zugleich muss der Vorstand aufgrund des damit regelmäßig verbundenen Vertrauensverlustes mit der (erzwungenen) Aufgabe weiterer Ämter und einer wesentlichen Beeinträchtigung seines beruflichen Fortkommens rechnen. Dies alles zeigt, dass Vorstandsmitglieder es sich nicht leisten können, die Compliance-Kultur ihres Unternehmens nur als „Feigenblatt" zu nutzen und in Wirklichkeit zu vernachlässigen. Sie müssen aus höchst eigennützigen Motiven beim Thema Compliance mit gutem Beispiel vorangehen und Führungskräfte und Mitarbeiter zu regeltreuem Verhalten motivieren.

## B. Compliance als Leitungsaufgabe des Vorstands

Es gibt trotz der immensen Bedeutung von Compliance in der Unternehmenspraxis weder eine Legaldefinition noch eine Umschreibung des Begriffs **Corporate Compliance** im deutschen Recht. Eine ausdrücklich normierte Compliance-Pflicht des Vorstands sucht man im geltenden Gesellschaftsrecht ebenfalls vergeblich.[11] Folglich gibt es verschiedene Auffassungen darüber, woraus sich die **Compliance-Pflicht** des Vorstands ableitet. Die Frage nach der Rechtsgrundlage einer Compliance-Pflicht des Vorstands ist indes nicht nur akademischer Natur. Sie gibt vielmehr Aufschluss darüber, wie die Compliance-Aufgabe des Vorstands konkretisiert werden kann und muss und strahlt zugleich in andere Bereiche der Vorstandsverantwortlichkeit aus.[12] 6

### I. Sonderregelungen als Grundlage der Compliance-Pflicht?

#### 1. § 91 Abs. 2 und 3 AktG

Teilweise wird aus § 91 Abs. 2 AktG, auch in Verbindung mit weiteren **Spezialregelungen** (→ Rn. 32f. unter C. I.), eine allgemeine Compliance-Pflicht des Vorstands abgeleitet. Nach § 91 Abs. 2 AktG muss der Vorstand geeignete Maßnahmen treffen, insbesondere ein **Überwachungssystem** einrichten, damit den Fortbestand der Aktiengesellschaft gefährdende Entwicklungen früh erkannt werden können. 7

Nach ihrem Wortlaut erfasst diese Vorschrift nur die Verhinderung **existenzgefährdender Gefahren** für die Gesellschaft. Zwar können sich existenzbedrohende Schäden für ein Unternehmen auch aus der Summe mittlerer und kleiner Risiken ergeben.[13] Gleichwohl deckt § 91 Abs. 2 AktG damit nur einen Teilaspekt der Compliance-Pflichten des Vorstands ab, weil ein nur auf (präventive) Schadensabwehr eingeengtes Verständnis von Compliance – wie gezeigt – deutlich zu kurz greift.[14] 8

Mit dem am 1.7.2021 in Kraft getretenen Gesetz zur Stärkung der Finanzmarktintegrität (FISG) hat der Gesetzgeber zudem einen neuen § 91 Abs. 3 AktG eingeführt, der den Vorstand einer börsennotierten Gesellschaft darüber – dh über die Maßnahmen nach § 91 Abs. 2 AktG – hinaus verpflichtet, ein im Hinblick auf den Umfang der Geschäftstätigkeit und die Risikolage des Unternehmens angemessenes und wirksames internes Kontrollsystem und Risikomanagementsystem einzurichten.[15] 9

---

[11] *Kort* NZG 2008, 81 (82).

[12] So zB zu den Folgen für die Abschlussprüfung vgl. *Dreher* FS Hüffer, 2010, 161 (168ff.).

[13] *Schwintowski* NZG 2005, 200 (201).

[14] LG München I NZG 2014, 345 (346): „Konkretisierung"; zu den Marketingeffekten von Compliance *Bergmoser/Geusinger/Thushurst* BB-Spezial 2008, 1, 2.

[15] Überblick über die Neuregelung und die Folgen für die Governance der AG bei *Fischer/Schuck* NZG 2021, 534ff.

### 2. Vorgaben des DCGK

10 Speziell für Vorstände börsennotierter Aktiengesellschaften sieht die Empfehlung der Regierungskommission **Deutscher Corporate Governance Kodex** (DCGK)[16] die Vorstandsaufgabe „Compliance" vor. Nach Grundsatz 5 DCGK hat der Vorstand für die Einhaltung der gesetzlichen Bestimmungen und der unternehmensinternen Richtlinien zu sorgen. Zwischenzeitlich bezeichnet der Kodex diese Pflicht des Vorstands nicht nur explizit als „Compliance", sondern hat ihm mit dem Grundsatz 5 DCGK (vormals Ziff. 4.1.3 DCGK 2017) auch eine eigene Regelung beigemessen.

11 Der DCGK ist aber **kein Gesetz,** sondern nur eine grundsätzlich unverbindliche Verhaltensempfehlung zur Unternehmensleitung und -überwachung.[17] Grundsatz 5 DCGK und der darin enthaltene Compliance-Gedanke sind daher nicht als konstitutive Regelung zu verstehen, sondern beschreiben nach allgemeiner Auffassung nur die für Vorstandsmitglieder ohnehin geltende Rechtslage.[18] Die auf Compliance-Pflichten des Vorstands zielenden **Empfehlungen** des DCGK sind also nicht Grundlage, sondern Wiedergabe des gesetzlich ohnehin bestehenden Pflichtenprogramms des Vorstands.

## II. Compliance-Pflicht als Ausfluss der Leitungsverantwortung des Vorstands

12 Nach einer schon mehr als ein Jahrzehnt andauernden wissenschaftlichen Diskussion hat sich im Aktienrecht[19] die Meinung verfestigt, dass sich aus der Aufgabe des Vorstands zur sorgfältigen und **eigenverantwortlichen Leitung der Aktiengesellschaft** (§§ 76, 93 Abs. 1 AktG) ein Pflichtenkanon ableiten lässt, der Grundlage seiner Compliance-Verantwortung ist:[20] die Pflicht, im Einklang mit der geltenden Rechtsordnung zu handeln (Legalitätspflicht), die Pflicht zur sorgfältigen Unternehmensführung sowie eine Überwachungspflicht:[21]

### 1. Die Legalitätspflicht des Vorstands

13 Bei der Leitung der Gesellschaft muss der Vorstand zuallererst – als eine eherne Grenze – die Rechtmäßigkeit der Geschäftsführung sicherstellen, dh das für ihn und für die Aktiengesellschaft geltende Recht beachten.[22] Diese als Legalitätspflicht bezeichnete Selbstverständlichkeit zerfällt in die Pflicht zur Einhaltung **gesellschaftsinterner Vorgaben**[23] (organisationelles Legalitätsprinzip)[24] sowie die Pflicht zur Beachtung **externer Regelungen.**[25]

---

[16] Zur Rechtsnatur und Verbindlichkeit des DCGK KBLW/*v. Werder* DCGK Präambel Rn. 33; *Tödtmann/Schauer* ZIP 2009, 995.
[17] *Hölters* in Hölters AktG § 93 Rn. 15.
[18] KBLW/*v. Werder* DCGK Präambel Rn. 33; *U.H. Schneider/Sven H. Schneider* ZIP 2007, 2061 (2062).
[19] Zur Compliance-Pflicht des Geschäftsführers und zur Übertragbarkeit der aktienrechtlichen Grundsätze eingehend MüKoGmbHG/*Fleischer* § 43 Rn. 142ff.
[20] Sehr umstritten LG München I NZG 2014, 345 – Siemens ./. Neubürger; vgl. auch *U.H. Schneider* ZIP 2003, 645; *Moosmayer* Compliance § 2 Rn. 10ff.; *Fleischer* NZG 2014, 321ff.
[21] *Thüsing* Beschäftigtendatenschutz § 2 Rn. 6 mwNachw.
[22] BeckOGK/*Fleischer* AktG § 93 Rn. 14: „Kardinalpflicht"; *Fleischer* NJW 2009, 2337 (2338); Hölters/*Weber* AktG § 76 Rn. 25: „unverrückbare Grenze".
[23] Diese Pflicht zur Einhaltung gesellschaftsinterner Vorgaben darf nicht mit der internen Legalitätspflicht gleichgesetzt werden, vgl. *Thole* ZHR 173 (2009), 504 (509).
[24] *Thole* ZHR 173 (2009), 504 (508).
[25] *Thüsing* Beschäftigtendatenschutz § 2 Rn. 6 mwN; *Weber* in Hölters AktG § 76 Rn. 25.

### a) Pflicht des Vorstands zur Einhaltung des Organisationsrechts der AG

14 Der Vorstand muss zunächst seine rein **internen Pflichtenbindungen** gegenüber der Gesellschaft einhalten.[26] Diese Pflichten ergeben sich aus dem Binnenrecht der Gesellschaft, also aus dem AktG, aber auch aus der Satzung, der Geschäftsordnung für den Vorstand und den Anstellungsverträgen der Vorstandsmitglieder.[27] Interne Grenzen ziehen etwa die Zustimmungsvorbehalte des Aufsichtsrats nach § 111 Abs. 4 S. 2 AktG und auch der Unternehmensgegenstand der Gesellschaft, den der Vorstand nicht überschreiten darf.[28]

15 All diese Regelungen haben gemeinsam, dass sie (nur) auf die interne Bindung des Vorstands zur **Beachtung seiner Kompetenzen** abzielen und die Stellung des Vorstands als Treuhänder des ihm von den Aktionären anvertrauten Vermögens widerspiegeln.[29] Externe Dritte sind davon in aller Regel nicht tangiert. Die Verpflichtung des Vorstands, das Kompetenzgefüge nicht zulasten der Befugnisse anderer Gesellschaftsorgane (Aufsichtsrat, Hauptversammlung) zu verlassen, ist daher formell betrachtet eine reine Binnenangelegenheit der Gesellschaft und damit keine Grundlage der Compliance-Pflicht des Vorstands im engeren Sinne.[30]

### b) Interne und externe Legalitätspflicht des Vorstands

16 Der Vorstand ist aber nicht nur an die internen Kompetenzgrenzen gebunden, die ihm das Binnenrecht der AG zieht. Als gesetzlicher Vertreter der Aktiengesellschaft (§ 78 AktG) muss er seine eigenen Handlungen an denjenigen Rechtsvorschriften ausrichten, die die AG als juristische Person wie jeden anderen Teilnehmer des Rechtsverkehrs treffen.[31] Dies hat seinen Grund darin, dass die AG nur durch den Vorstand als Organ handeln kann und die Organe daher als gesetzliche Vertreter die für die Gesellschaft selbst geltenden **Rechtspflichten** zwingend auch beachten müssen.[32] Zu diesen Pflichten zählen etwa Vorschriften des Zivil- und Wirtschaftsrechts und des Steuerrechts, aber auch das Verbot wettbewerbsbeschränkender Absprachen, das Datenschutzrecht, das Arbeits- und Sozialversicherungsrecht und nicht zuletzt vielfältige öffentlich-rechtliche Vorschriften wie das Immissionsschutzrecht oder auch das Geldwäscherecht.[33] Der Vorstand muss sicherstellen, dass die Aktiengesellschaft keine Rechtsvorschriften verletzt – sei es dadurch, dass er selbst gegen Recht und Gesetz verstößt oder dass er Rechtsverletzungen durch Unternehmensangehörige nicht unterbindet, wo er es könnte.

17 Das Gebot rechtstreuen Verhaltens obliegt damit nicht nur der Gesellschaft selbst als juristischer Person gegenüber Dritten. Die persönliche Pflicht des Vorstands gegenüber der Gesellschaft, die Geschäfte im Einklang mit dem geltenden Recht zu führen, **transportiert** diese externen Pflichten der AG gegenüber Dritten in das Verhältnis zwischen Gesellschaft und Vorstand (§ 78 Abs. 1 AktG, § 93 Abs. 1 AktG).[34] Das Vorstandsmitglied ist im Innenverhältnis der Gesellschaft gegenüber genauso zur rechtmäßigen Geschäftsführung verpflichtet wie diese im Außenverhältnis Dritten gegenüber zur Einhaltung des geltenden Rechts.[35] Verstößt der Vorstand als Organ der Gesellschaft gegen seine **Legalitätspflicht,** wird dies in der Regel gleichzeitig eine Rechts- oder Pflichtverletzung der Gesellschaft selbst im Außenverhältnis sein. Andererseits kann das rechtswidrige Verhalten zugleich eine

[26] Vgl. zuletzt BGH NJW 2013, 1958.
[27] *Thüsing* Beschäftigtendatenschutz § 2 Rn. 6.
[28] BGH NJW 2013, 1958; MüKoAktG/*Spindler* § 93 Rn. 86 mwN.
[29] MüKoAktG/*Spindler* § 93 Rn. 24; Kölner Komm AktG/*Mertens/Cahn* § 93 Rn. 10; *Schaefer/Missling* NZG 1998, 441, 444.
[30] Gleichwohl ist sie Bestandteil der Legalitätspflicht, vgl. *Fleischer* NJW 2009, 2237 (2238).
[31] LG München I NZG 2014, 345 (346); *Fleischer* in Fleischer VorstandsR-HdB § 7 Rn. 14.
[32] *Thüsing* Beschäftigtendatenschutz § 2 Rn. 6 mwN.
[33] *Fleischer* ZIP 2005, 141 (144).
[34] *Holle* AG 2011, 778 (783) mwN.
[35] Zur Anwendbarkeit der Business Judgement Rule in diesen Fällen *Holle* AG 2011, 778 (783).

Pflichtverletzung des Vorstands im Innenverhältnis zur Aktiengesellschaft sein, die zur Innenhaftung des Vorstandsmitglieds führt.[36]

18 Das zeigt, wie wichtig es ist, als Vorstandsmitglied nicht nur seine Pflichten gegenüber den übrigen Organen der AG zu kennen, sondern vielmehr das gesamte **Pflichtenspektrum** der Gesellschaft zu verinnerlichen, um Haftungsgefahren zu vermeiden – eine je nach Größe der Gesellschaft ohne fachkundige Mitarbeiter oder externe Berater kaum (mehr) zu bewältigende Aufgabe. Die Legalitätspflicht des Vorstands ist damit nicht nur Grundlage seiner Compliance-Pflicht. Die Rechtmäßigkeit der Geschäftsführung reduziert auch das Risiko einer Vorstandshaftung wegen sorgfaltswidriger Ausübung des Amtes (§ 93 Abs. 1 und 2 AktG).

### c) Zulässigkeit nützlicher Pflichtverletzungen?

19 Vorstände verteidigen sich nach der Aufdeckung von Rechtsverstößen – etwa bei Kartellverstößen, Schmiergeldzahlungen oder Bestechungsdelikten – regelmäßig damit, dass der Gesellschaft durch den Gesetzesverstoß ein beachtlicher **Vorteil,** zB in Form eines profitablen Auftrags, entstanden sei.[37] Hier stellt sich die Frage, ob der eingetretene Vorteil den Verstoß gegen die Legalitätspflicht im Interesse der Gesellschaft **kompensieren** kann. Die Antwort auf diese Frage ist für den Vorstand von grundsätzlicher Bedeutung, weil sich daran entscheidet, ob er im eigenen Interesse zwingend ein effizientes und lückenloses Compliance-System einführen muss oder sich in diesem Zusammenhang und einer vorherigen Abwägung auch zugunsten anderer (materieller) Gründe dagegen entscheiden kann.

20 **aa) Nützliche Gesetzesverstöße.** Zunächst ist festzustellen, dass die Legalitätspflicht der Aktiengesellschaft und des Vorstands im Außenverhältnis gegenüber Dritten uneingeschränkt gilt. Sowohl Vorstand als auch Gesellschaft müssen sich an das geltende Recht halten, selbst wenn der Rechtsverstoß wirtschaftlich noch so sehr im Interesse der Gesellschaft liegt.[38] Selbstverständlich verletzen Vorstand und Gesellschaft in einem solchen Fall geltendes Recht. Die Frage, die unter der Überschrift „nützliche Pflichtverletzungen" diskutiert wird, geht somit nur dahin, ob der Vorstand trotz einer offenbaren **Gesetzesverletzung** wegen der damit verbundenen Vorteile für die Gesellschaft vom Vorwurf der Pflichtverletzung und damit einer Haftung im Verhältnis zur Gesellschaft entlastet wird.[39]

21 Die Legalitätspflicht des Vorstands gegenüber der AG untersagt aber selbst „nützliche Pflichtverletzungen".[40] Auch Handlungen eines Vorstandsmitglieds, die gesetzeswidrig sind, der Aktiengesellschaft aber wirtschaftliche oder rechtliche **Vorteile** bringen, sind **unzulässig** und führen unweigerlich zur persönlichen Haftung des Vorstandsmitglieds.[41] Die Gesellschaft kann das Vorstandsmitglied in aller Regel auf Erstattung gezahlter Schmiergelder oder Kartellbußgelder in Anspruch nehmen, ohne dass es dem die Vorteile für die Gesellschaft, etwa aus einem Zuschlag oder kartellbedingten Mehrerlösen, entgegenhalten könnte.[42] Dies hebt eindrucksvoll den Zwiespalt hervor, in dem sich ein von Renditeerwartungen und daraus abgeleiteten persönlichen **Zielvereinbarungen** getriebener Vorstand bei der Leitung seiner Gesellschaft befindet.

---

[36] *Thüsing* Beschäftigtendatenschutz § 2 Rn. 30; Kölner Komm AktG/*Mertens/Cahn* § 93 Rn. 34; *Fleischer* BB 2008, 1070 (1072).

[37] Hölters/*Weber* AktG § 76 Rn. 26; *Berg* AG 2007, 271 (273); *Fleischer* ZIP 2005, 141 (152); MüKoAktG/*Spindler* § 93 Rn. 106ff.

[38] MüKoAktG/*Spindler* § 93 Rn. 106.

[39] MüKoAktG/*Spindler* § 93 Rn. 106.

[40] BeckOGK/*Fleischer* AktG § 93 Rn. 36 mwN.

[41] Hölters/*Weber* AktG § 76 Rn. 26.

[42] Zur komplementären Frage des Vorteilsausgleichs vgl. OLG Hamburg NZG 2010, 309; Hüffer/Koch/*Koch* AktG § 93 Rn. 49.

**bb) Nützliche Vertragsverletzungen.** Demgegenüber soll die Verletzung vertraglicher Pflichten der AG nicht per se eine Pflichtwidrigkeit des Vorstands begründen.[43] Vielmehr soll das Vorstandsmitglied hier einen unternehmerischen Handlungsspielraum haben (§ 93 Abs. 1 S. 2 AktG). Die Verletzung vertraglicher Verpflichtungen der Gesellschaft ist kein **Pflichtverstoß,** wenn sie den Grundsätzen einer ordnungsgemäßen Unternehmensführung entspricht. Das kann ausnahmsweise der Fall sein, wenn die Vertragsverletzung für die Gesellschaft unter Abwägung aller Vor- und Nachteile günstiger ist als die Vertragserfüllung.[44] Es handelt sich hierbei natürlich trotzdem um eine brisante Entscheidung für den Vorstand. Zum einen muss er beurteilen, ob es sich im konkreten Fall „nur" um einen Vertrags- oder aber möglicherweise zugleich auch um einen Gesetzesverstoß handelt[45]. Hierfür wird in aller Regel professionelle Rechtsberatung notwendig sein. Zum anderen muss der Vorstand eine verlässliche **Prognose** treffen, ob und welche Nachteile der Gesellschaft wegen der Vertragsverletzung etwa hinsichtlich ihrer Reputation oder künftiger Geschäftsbeziehungen drohen. Die Gefahr von Fehleinschätzungen und der Eintritt nicht vorhersehbarer oder erheblicher mittelbarer Schäden liegen auf der Hand. Der Vorstand sollte daher von der Möglichkeit „nützlicher Vertragsverletzungen" nur **zurückhaltend** Gebrauch machen. 22

## 2. Pflicht zur Überwachung der Unternehmensorganisation

Zusätzlich zur Pflicht zu eigenem rechtstreuen Verhalten muss der Vorstand als Teil seiner Sorgfaltspflicht geeignete und zumutbare Maßnahmen zur Überwachung der Unternehmensorganisation treffen.[46] Inhalt dieser Aufgabe ist nicht nur die Überwachung der unterhalb der Vorstandsebene tätigen Mitarbeiter, sondern auch die Überwachung der übrigen Mitglieder des **Kollegialorgans** „Vorstand".[47] Diese Aufgabe zur Überwachung der Unternehmensorganisation ist wesentliche Grundlage seiner Compliance-Pflicht. 23

### a) Vertikale Überwachung

Hat der Vorstand zulässigerweise[48] Aufgaben auf **nachgeordnete Hierarchieebenen** delegiert, muss er nicht nur die für diese Aufgaben bestimmten Mitarbeiter sorgfältig aussuchen und einweisen (lassen), sondern auch für eine laufende Überwachung sorgen und sicherstellen, dass die Mitarbeiter die ihnen übertragenen Aufgaben ordnungsgemäß und unter Beachtung des gültigen Rechts und interner Richtlinien erfüllen.[49] 24

### b) Horizontale Überwachung

Neben der vertikalen Überwachungspflicht steht die Pflicht zur horizontalen Überwachung der eigenen **Vorstandskollegen.** Im Kollegialorgan Vorstand müssen die Mitglieder sicherstellen, dass sich auch ihre Kollegen an Gesetze und Richtlinien halten.[50] 25

Bei ausschließlicher Zuweisung einzelner **Ressortbereiche**[51] an bestimmte Vorstandsmitglieder wandelt sich die Legalitätspflicht des einzelnen Vorstandsmitglieds in diesem Bereich in eine Pflicht zur Überwachung der Aktentaten der übrigen Vorstände.[52] In diesem 26

[43] GroßkommAktG/*Hopt* § 93 Rn. 100; BeckOGK/*Fleischer* AktG § 93 Rn. 36; *Fleischer* ZIP 2005, 141 (144).
[44] GroßkommAktG/*Hopt* § 93 Rn. 100.
[45] MüKoAktG/*Spindler* § 93 Rn. 102.
[46] LG München I NZG 2014, 345 (346); *Fleischer* AG 2003, 291 (293).
[47] *Nietsch* ZIP 2013, 1449 ff.
[48] Zur Delegation bestimmter Vorstandsaufgaben vgl. *Fleischer* in Fleischer VorstandsR-HdB § 8 Rn. 27.
[49] BGHZ 127, 336 (347); KG NZG 1999, 400; *Fleischer* AG 2003, 291 (293).
[50] *Wicke* NJW 2007, 3755 (3756) mwN.
[51] Zu den Voraussetzungen ordnungsgemäßer Ressortverteilung *U.H. Schneider* DB 1993, 1909 (1912).
[52] *Bank* in Patzina/Bank/Schimmer/Simon-Widmann, Haftung von Unternehmensorganen, 1. Aufl. 2010, Rn. 314 ff.; *Habersack* WM 2005, 2360 (2372 f.); aA VG Frankfurt a. M. VersR 2005, 57 (60).

Fall muss das Vorstandsmitglied die Tätigkeit seiner Kollegen in Form einer **Plausibilitätsprüfung** überwachen. Erst wenn sich dabei Zweifel oder Unstimmigkeiten ergeben, muss das Vorstandsmitglied bei seinen Kollegen rückfragen und notfalls eigene Nachforschungen anstellen.[53] Insbesondere die Wahrnehmung dieser horizontalen Überwachungsaufgabe ist im Kollegialorgan Vorstand in der Praxis für das einzelne Vorstandsmitglied schwierig. Es kommt darauf an, den richtigen Mittelweg zwischen kollegialem Respekt und Vermeidung unnötiger Übergriffe in den Kompetenzbereich anderer Vorstandsmitglieder einerseits und verantwortlicher Erfüllung der eigenen **Überwachungspflicht** andererseits zu finden. Dass dies in vielen Vorständen nicht immer gelingt, zeigen zahlreiche Praxisbeispiele.

### 3. Compliance-Zuständigkeit des Vorstands als Gesamtorgan

27 Die verschiedenen Facetten der Compliance-Pflicht beruhen auf der Leitungsaufgabe des Vorstands (§ 76 Abs. 1 AktG, § 93 Abs. 1 S. 1 AktG). Aus dem Umstand, dass der Vorstand diese Leitungsaufgabe als Gesamt- bzw. Kollegialorgan wahrnimmt (§ 77 AktG),[54] folgt zugleich, dass die Compliance-Pflicht dem **Vorstand als Gesamtorgan** obliegt. Dies gilt selbst dann, wenn – wie unter den DAX-Unternehmen inzwischen gang und gäbe[55] – einem Vorstandskollegen das Ressort „Compliance" ausschließlich zugewiesen ist.[56] In diesem Fall reduziert sich die Aufgabe der übrigen Vorstandskollegen entsprechend den zur horizontalen Überwachung dargelegten Grundsätzen darauf, die Tätigkeit des für „Compliance" zuständigen Vorstandsmitglieds dem Grunde nach zu überprüfen und zu überwachen.

### 4. Compliance-Pflichten im Konzern

28 Mit Blick darauf, dass mehr als 90% der deutschen Aktiengesellschaften konzerniert sind,[57] stellt sich für den Vorstand in besonderem Maße die Frage, wie weit seine Compliance-Pflicht im Konzern reicht. In welchem Umfang ist der Vorstand des Mutterunternehmens auch für die Einhaltung von Recht und Gesetz in **Tochter- und Enkelgesellschaften** verantwortlich? Hierzu enthält zwar – anders als Ziff. 4.1.3 DCGK 2017 – der Grundsatz 5 DCGK keinen expliziten Hinweis mehr auf die Pflichten des Vorstands im Hinblick auf die Compliance im Konzern. Dies liegt jedoch nicht an einer inhaltlichen Änderung, sondern vielmehr an der strukturellen Neuordnung des Kodex, in dem in der Präambel klargestellt ist, dass die „Gesellschaft" auch die Konzernunternehmen meint.

29 Nachdem die Compliance-Pflicht des Vorstands aus seiner Pflicht zur sorgfältigen und eigenverantwortlichen Leitung der Gesellschaft folgt, lässt sich aus dieser Leitungsaufgabe auch ableiten, wie weit seine Compliance-Aufgabe in den Konzern „hineinragt". Die hM geht davon aus, dass die Vorstandspflichten in der **Konzernobergesellschaft** ihre Grenzen nicht in der Leitung der (eigenen) Gesellschaft finden, sondern auch die Leitung der Konzernunternehmen erfassen.[58] Entsprechend muss der Vorstand einer Konzernobergesellschaft im Rahmen seiner rechtlichen Möglichkeiten Sorge dafür tragen, dass sich die Konzernorganisation insgesamt rechtmäßig verhält.[59] Ob dies durch die Schaffung einer

---

[53] *Bank* in Patzina/Bank/Schimmer/Simon-Widmann, Haftung von Unternehmensorganen, 1. Aufl. 2010, Rn. 315.
[54] BGH NZG 2002, 130; *Fleischer* in Fleischer VorstandsR-HdB § 1 Rn. 53.
[55] *Kremer/Klahold* ZGR 2010, 113 (126).
[56] LG München I NZG 2014, 345 (348); Hölters/*Hölters* AktG § 93 Rn. 97; *Fleischer* CCZ 2008, 1 (3); *Pietzke* CCZ 2010, 45 (46); *Hauschka* NJW 2004, 257 (259).
[57] *Winstel,* Unterrichtung der Belegschaftsvertretung der Tochtergesellschaft im (grenzüberschreitenden) Aktienkonzern, 2011, 21.
[58] *Fleischer* CCZ 2008, 1 (3) mwN.
[59] Ausführlich *U.H. Schneider/Sven H. Schneider* ZIP 2007, 2061 (2063ff.); OLG Jena NZG 2011, 226 zur GmbH.

konzernweit zuständigen Compliance-Stabstelle bei der Konzernmutter oder durch die Einrichtung einer Compliance-Abteilung bei der jeweiligen Konzerngesellschaft sichergestellt wird, hängt im Wesentlichen vom Maß der **Zentralisierung** des Konzerns ab.[60] In der Regel wird sich die Einrichtung einer Stabstelle bei der Konzernleitung empfehlen, weil sich weder die finanziellen Folgen eines Compliance Verstoßes noch der dadurch verursachte Imageschaden auf die einzelne Tochtergesellschaft beschränken.[61]

Anders als dies aber teilweise vertreten wird, obliegt dem Vorstand diese Pflicht nur in Bezug auf diejenige Gesellschaft, bei der er als Organ bestellt ist; dies ist ausschließlich die Konzernobergesellschaft. Es gibt weder einen „Konzernvorstand" noch eine „Pflicht zur Konzernleitung" gegenüber den abhängigen Unternehmen.[62] Dementsprechend nimmt der Vorstand die Aufgabe der **„Konzern-Compliance"** nur gegenüber seiner Gesellschaft wahr und kann folglich auch von den abhängigen Unternehmen nicht wegen mangelhafter Konzern-Compliance in Anspruch genommen werden – wohl aber von der Obergesellschaft selbst. Anders sieht es nur aus, wenn das Vorstandsmitglied zugleich dem Aufsichtsrat oder sogar der Geschäftsleitung der Tochtergesellschaft angehört. 30

In den letzten Jahren gab es allerdings bei Kartellverstößen zahlreiche Beispiele, in denen die **Konzernmutter** nicht aufgrund eigener Verstöße der Obergesellschaft, sondern wegen Gesetzesverstößen von Tochter- oder Enkelunternehmen haftete.[63] Der Umstand, dass bei solchen Verstößen das Bußgeld nicht nur anhand des Unternehmens-, sondern des gesamten **Konzernumsatzes** bemessen werden kann,[64] zeigt, dass die Überwachungsaufgabe im Konzern kaum überschätzt werden kann. 31

## C. Generelle Pflicht zum Aufbau eines Compliance-Systems?

Ungeachtet der Pflicht des Vorstandsmitglieds, sich selbst rechtstreu zu verhalten und das regelkonforme Verhalten der Unternehmens- und Konzernorganisation sicherzustellen, kann der Vorstand auch verpflichtet sein, bei „seiner" Gesellschaft ein institutionelles **Compliance-System** zu implementieren. Ein Compliance-System in diesem Sinne ist ein institutionelles Selbststeuerungs- und Kontrollsystem eines Unternehmens, um organisatorische, ökonomische und Verhaltensrisiken zu begrenzen. 32

### I. Spezialgesetzliche Regelungen

Für bestimmte Bereiche[65] ist die Pflicht zur Einrichtung von **Sicherungs- und Aufsichtssystemen** gesetzlich vorgegeben.[66] Solche spezialgesetzlichen Pflichten finden sich etwa in: 33
- § 91 Abs. 3 AktG bei börsennotierten Gesellschaften,[67]
- § 9 Geldwäschegesetz (GwG),
- § 80 Abs. 1 S. 2 Nr. 1 Wertpapierhandelsgesetz (WpHG),

[60] *Kremer/Klahold* ZGR 2010, 113 (127).
[61] *Kremer/Klahold* ZGR 2010, 113 (127); *Rodewald/Unger* BB 2007, 1629 (1631).
[62] MHdB GesR IV/*Wentrup* § 19 Rn. 38ff. mwN; aA *U.H. Schneider/Sven H. Schneider* ZIP 2007, 2061 (2065).
[63] EuG BeckRS 2007, 71038 und BeckRS 2007, 71037 Rn. 58 – Akzo Nobel (Cholinchlorid); VK Lüneburg NZBau 2011, 574 – Tragkraftspritzenfahrzeuge; ausführlich *Koch* AG 2009, 564 zur Etex-Entscheidung des Bundeskartellamts.
[64] Vgl. § 81b GWB.
[65] Zu spezialgesetzlichen Compliance-Pflichten *Schaefer/Baumann* NJW 2011, 3601 (3602).
[66] *Campos Nave/Bonenberger* BB 2008, 734 (735); *U.H. Schneider* ZIP 2003, 645 (648f.).
[67] Zum Meinungsstand bei der Frage, ob das interne Kontrollsystem nach § 91 Abs. 3 AktG nF auch die Einrichtung eines Compliance-Managementsystems erfasst *Fischer/Schuck* NZG 2021, 534 (537f.).

- § 25a Abs. 1 S. 1 Kreditwesengesetz (KWG),
- § 64a Abs. 1 S. 1 Versicherungsaufsichtsgesetz (VAG).

34 Anlass dieser Pflichten zur Implementierung von Sicherungs- und Aufsichtssystemen in bestimmten Bereichen ist aber nicht die Gewährleistung regelgetreuen Verhaltens im Interesse der Gesellschaft, ihrer Organe, Mitarbeiter und Aktionäre, sondern vor allem die Wahrung der Interessen der **Anleger** und der Integrität des Kapitalmarktes.[68]

## II. Risikoanalyse und unternehmerisches Ermessen beim Aufbau eines Compliance-Systems

35 Jenseits der genannten spezialgesetzlichen Regelungen gibt es keine allgemeine Pflicht des Vorstands, ein Compliance-System einzurichten.[69]

### 1. Compliance-System und Business Judgement Rule

36 Dem Vorstand kommt bei der Frage, ob er ein Compliance-System einrichtet, die Business Judgement Rule des § 93 Abs. 1 S. 2 AktG zugute. Nach dieser Vorschrift handelt ein Vorstandsmitglied nicht pflichtwidrig (und haftet auch nicht), wenn es bei einer unternehmerischen Entscheidung vernünftigerweise annehmen durfte,[70] auf der Grundlage angemessener Information zum Wohle der Gesellschaft zu handeln. Zwar begünstigt die Business Judgement Rule des § 93 Abs. 1 S. 2 AktG das Vorstandsmitglied nach dem Wortlaut nur bei **unternehmerischen Entscheidungen.** Die Frage, ob die Gesellschaft ein Compliance-System einrichtet, ist, jedoch auch wenn sie sich in erster Linie auf die Binnenstruktur der Gesellschaft bezieht, stets eine unternehmerische Entscheidung.[71]

37 Gerichtlich überprüft werden daher nicht das konkrete Ergebnis der Entscheidung des Vorstands, sondern die Art und Weise des Zustandekommens und der **Abwägungsprozess** dazu, in welchem Maße Lage, Branche, Größe und Kapitalmarktorientierung der Gesellschaft die Einrichtung eines Compliance-Systems aus der Perspektive des Vorstands nötig machte.[72]

### 2. Risikoanalyse als Grundlage der Ermessensausübung

38 Das dem Vorstand zustehende **Ermessen** macht es erforderlich, dass nicht nur das Ergebnis der Entscheidung, ob ein Compliance-System eingeführt wird, sondern auch der Weg zur Entscheidung über das Für und Wider (im Haftungsfall) dokumentiert und konkret belegbar ist.

#### a) Ermittlung des spezifischen Risikos

39 Dazu ist es unerlässlich, eine **Risikoanalyse**[73] für das konkrete Unternehmen durchzuführen, um sicherzustellen und zu dokumentieren, dass der Vorstand bei seiner Ermessensentscheidung – wie von § 93 Abs. 1 S. 2 AktG gefordert – auf der Grundlage angemessener Information entschieden hat. Dies setzt zunächst einmal die Analyse des unternehmensspezifischen Risikos sowie die Erstellung eines **Risikoprofils** voraus, weil nur die rechtlichen Risiken ausgeschlossen werden können, die zuvor erkannt werden. Dies setzt eine an Grö-

---

[68] Kritisch demgegenüber *Lösler* NZG 2005, 104 (108).

[69] *Hauschka/Moosmayer/Lösler* in HML Corporate Compliance § 1 Rn. 31; *Bürkle* BB 2005, 565 (568ff.); *Fleischer* AG 2003, 291 (299f.); *Fleischer* NJW 2009, 2337 (2338); *Hauschka* AG 2004, 461 (462); *Hauschka* ZIP 2004, 877 (878); aA *Campos Nave/Bonenberger* BB 2008, 734 (735); *U.H. Schneider* ZIP 2003, 645 (648f.).

[70] Es handelt sich damit um eine ex-ante-Prognose, vgl. zuletzt etwa LG Essen NZG 2012, 1207.

[71] Überblick bei BeckOGK/*Fleischer* AktG § 91 Rn. 53.

[72] LG München I NZG 2014, 345 (347) mwN.

[73] Überblick bei *v. Busekist/Schlitt* CCZ 2012, 86.

ße, Branche, Kapitalmarktorientierung, Korruptionsanfälligkeit der Zielmärkte, etc. ausgerichtete Prüfung der unternehmerischen und organisatorischen Risiken voraus, die das konkrete Unternehmen treffen können.[74]

Hierzu lassen sich naturgemäß keine allgemeingültigen Aussagen treffen. So unter- 40 schiedlich wie die Unternehmen selbst sind auch die **unternehmensspezifischen Gefahren,** denen sie ausgesetzt sind. *Moosmayer*[75] etwa empfiehlt für produzierende Unternehmen eine Einteilung dieser Unternehmensanalyse in die Bereiche Einkauf, Produktion und Vertrieb und einen besonderen Fokus auf Korruptions- und Kartellverstöße. Er weist aber zurecht darauf hin, dass dabei auf die Besonderheiten des jeweiligen Unternehmens zu achten ist. Je nach Branche können deshalb beispielsweise das Datenschutzrecht bei Telekommunikationsunternehmen, das Immissionsschutz- und Arbeitssicherheitsrecht bei Produktionsbetrieben, das Kapitalmarkt-, das Aufsichtsrecht oder das Geldwäscherecht im Bankensektor oder etwa das Medizinprodukte- oder Pharmarecht bei Arzneimittelherstellern im Mittelpunkt stehen.

#### b) Ermittlung der Eintrittswahrscheinlichkeit

Wurden die unternehmensspezifischen Compliance-Risiken ermittelt, muss der Vorstand 41 im nächsten Schritt feststellen, wie **wahrscheinlich** der Eintritt bestimmter Risiken ist und welche potentiellen Schäden für das Unternehmen daraus drohen.[76] Erst diese **Analyse** stellt sicher, dass die Entscheidung über die Einführung eines Compliance-Systems anhand richtiger und vollständiger Kriterien abgewogen worden ist.

#### c) Kosten-Nutzen-Analyse

Schließlich wird die Ermessensentscheidung auch von einer **Kosten-Nutzen-Analyse** 42 geleitet. Der Vorstand muss ermitteln, ob es aus ökonomischen Gründen sinnvoll ist, ein Risiko wegen seiner geringen **Eintrittswahrscheinlichkeit** oder des damit verbundenen, überschaubaren **Schadensrisikos** hinzunehmen.[77] Eine Ausnahme hiervon gilt nur für das Legalitätsprinzip: Wo Rechtsverletzungen im Raum stehen, ist eine Kosten-Nutzen-Analyse unzulässig.[78] Dabei ist zu beachten, dass Compliance nicht nur unter unmittelbaren Kostengesichtspunkten gesehen werden darf, sondern die ökonomische Abwägung auch die schon dargelegten, kaum bezifferbaren Image- und Marketingschäden berücksichtigen muss. Es kann deshalb nur dringend vom Versuch abgeraten werden, die Notwendigkeit und Effektivität eines Compliance-Systems allein anhand mathematischer Formeln zu bewerten.

## D. Rechtliche Anforderungen an ein Compliance-System

Kommt der Vorstand auf Grundlage der Risikoanalyse zu dem Schluss, dass Größe, Lage, 43 Branche oder Kapitalmarktorientierung der Gesellschaft die Implementierung eines institutionellen Compliance-Systems erfordern, so stellt sich die Frage, wie ein effektives **Compliance-System ausgestaltet** werden muss.

---

[74] LG München I NZG 2014, 345 (347); eingehend *v. Busekist/Schlitt* CCZ 2012, 86.
[75] *Moosmayer* Compliance § 3 Rn. 71.
[76] *Gebauer/Niermann* in HML Corporate Compliance § 48 Rn. 40.
[77] Vgl. auch *Liese/Schulz* BB 2011, 1347 (1349).
[78] Vgl. GroßkommAktG/*Hopt* § 93 Rn. 100; BeckOGK/*Fleischer* AktG § 93 Rn. 36; *Fleischer* ZIP 2005, 141 (144).

## I. Unternehmerisches Ermessen bei der Ausgestaltung eines Compliance-Systems

44 Selbst dann, wenn die Situation der Gesellschaft die Einrichtung eines Compliance-Systems erfordert, ist die Entscheidung darüber, welche Maßnahmen es umfasst, für den Vorstand keine gebundene Entscheidung. Vielmehr räumt das Gesetz dem Vorstand in diesem Zusammenhang erneut einen weiten **Ermessensspielraum** ein, wie er das konkrete Compliance-System ausgestaltet, vorausgesetzt, die Maßnahmen sind geeignet, die durch das Risikoprofil der Gesellschaft vorhandenen Gefahren zu erfassen und sie entsprechend den Grundsätzen betriebswirtschaftlich ordnungsgemäßer Unternehmensführung zu beseitigen.[79] Detaillierungsgrad und Ausprägung von Compliance-Systemen sind damit unternehmensspezifisch sehr unterschiedlich und orientieren sich überwiegend an den Kriterien „Erforderlichkeit" und „Zumutbarkeit".[80] An diesen Kriterien, die – wie gezeigt – der Ausgestaltung durch die Business Judgement Rule und damit einem Ermessensspielraum unterliegen, wird sich der Vorstand nicht nur bei einer Unterschreitung der erforderlichen Maßstäbe, sondern auch dann messen lassen müssen, wenn er bei einem überschießenden Compliance-Managementsystem die Grenzen des Übermaßverbots verlässt und eine zu strenge Compliance-Struktur schafft.

45 Für den konkreten **Aufbau** eines Compliance-Systems sind dabei insbesondere folgende **Gesichtspunkte** maßgebend:
- Unternehmensgröße,
- Struktur, Branche und Kapitalmarktorientierung,
- regulatorische Vorgaben,
- interne Überwachungsmöglichkeiten,
- Inhalt und Bedeutung der zu beachtenden Vorschriften,
- Geschäftstätigkeit in korruptionsgeneigten Märkten,
- bestehende und in der Vergangenheit bereits verwirklichte Risiken.

## II. Compliance-Standards, insbesondere IDW-Standard PS 980

46 Vermeintliche Klarheit über die Mindestanforderungen für ein Compliance-System schaffen diverse unterschiedliche Standards, wie etwa der **Prüfungsstandard (PS) 980** des Instituts der Wirtschaftsprüfer in Deutschland (IDW) vom 11.3.2011, DIN ISO 19600 und 37301 oder der TR CMS101:2011 des TÜV. Zumindest prüfungspflichtige Unternehmen (zB solche mit mindestens 12 Mio. EUR Jahresumsatz und mehr als durchschnittlich 50 Mitarbeitern, § 316 Abs. 1 HGB, § 267 Abs. 1 HGB) werden in der Praxis künftig diese Mindeststandards, jedenfalls der IDW, beachten müssen. Denn der Abschlussprüfer wird bei Vorstand und Aufsichtsrat darauf drängen, dass überprüft wird, ob die Anforderungen des PS 980 an das Compliance-System erfüllt sind.

47 Der IDW-Prüfungsstandard soll **Abschlussprüfer** dazu befähigen, zu beurteilen, ob das Compliance-Managemenent-System angemessen und wirksam für die jeweilige Gesellschaft ist.[81] Der IDW-Prüfungsstandard hat damit mittelbar erhebliche Auswirkungen auf die Compliance-Praxis.[82] Zwar hat der IDW-Standard, ähnlich wie der Deutsche Corporate Governance Kodex, keine Gesetzesqualität.[83] Die Gesellschaftsorgane werden in der

---

[79] *Wellhöfer* in Wellhöfer/Peltzer/Müller, Die Haftung von Vorstand, Aufsichtsrat und Wirtschaftsprüfe, 1. Aufl. 2008, Rn. 164.

[80] KBLW/*Bachmann/Kremer* DCGK Grundsatz 5 Rn. 23 ff.

[81] *Liese/Schulz* BB 2011, 1347.

[82] So zum Entwurf von März 2010 *Liese/Schulz* BB 2011, 1347; *Klindt/Pelz/Theusinger* NJW 2010, 2385 (2387); vgl. auch *Stecker/Neumann* WpG 2020, 70 ff.

[83] Vgl. *Klindt/Pelz/Theusinger* NJW 2010, 2385 (2387) zum Entwurf.

Regel dennoch sicherstellen wollen, dass das Compliance-System ihrer Gesellschaft vom Abschlussprüfer nicht beanstandet wird.[84]

Der Vorstand kann sich durch den Abschlussprüfer allerdings nur bestätigen lassen, dass das eingerichtete Compliance-System den geltenden Anforderungen entspricht. Eine Bestätigung, allen Aufsichts- und Organisationspflichten nachgekommen zu sein, kann der Vorstand dagegen vom Abschlussprüfer nicht erhalten. Denn die Prüfung der Compliance-Systeme ist naturgemäß eine reine **Systemprüfung.**[85] Daneben muss die effektive Umsetzung dieses Systems in der täglichen Anwendungspraxis sichergestellt werden, was nicht zum Aufgabenkreis des Abschlussprüfers gehören kann. 48

## E. Vier Stufen effizienter Compliance-Organisationen

Das dem Vorstand zustehende weite **Leitungsermessen** bei der Ausgestaltung des Compliance-Systems gibt ihm nicht vor, ob er bestimmte Compliance-Maßnahmen ergreift oder nicht. In erster Linie ist entscheidend, warum der Vorstand es für erforderlich gehalten hat, dem Compliance-System seine konkrete Gestalt zu geben. Ungeachtet dessen lassen sich die wesentlichen **vier Stufen eines effektiven Compliance-Programms** wie folgt zusammenfassen:[86] 49

- uneingeschränktes Bekenntnis der Unternehmensführung zur Compliance („tone from the top");
- Maßnahmen, um Rechtsverstößen vorzubeugen („prevent");
- Instrumente, um Fehlverhalten der Mitarbeiter zu erkennen („detect");
- Sanktionen und Konsequenzen bei festgestelltem Fehlverhalten („react").

Zu einem Compliance-System gehören dabei neben dem uneingeschränkten Bekenntnis der Unternehmensleitung zur Regeltreue – ab einer gewissen Unternehmensgröße – die Ernennung eines Compliance-Officers, die Aufstellung von Verhaltenspflichten für alle Arbeitnehmer (Verhaltenskodex), ein Meldesystem für Verstöße und die regelmäßige Schulung der Mitarbeiter. 50

### I. Compliance-Kommunikation („tone from the top")

Das **persönliche Bekenntnis** des Vorstands zur Compliance ist die wichtigste Grundlage eines effektiven Überwachungs- und Kontrollsystems, den die Compliance-Praxis und -Wissenschaft mit Termini wie „tone from the top", „Mission- oder Compliance-Statement" umschreibt. Die unbedingte Zustimmung der Unternehmensleitung hat erheblichen Einfluss auf die Einstellung und das Verhalten aller nachgeordneten Mitarbeiterinnen und Mitarbeiter gegenüber den Compliance-Regeln und -standards. Folgerichtig nennt auch der IDW PS 980 Compliance-Kultur und **Compliance-Kommunikation** als zentrale Elemente, die Angemessenheit und Wirksamkeit von Compliance-Systemen beeinflussen.[87] 51

Die Unternehmensleitung darf Compliance-Maßnahmen und -Programme auch im noch so kleinen Kreis und unter keinen Umständen als „lästiges Übel" darstellen. Sie muss im Gegenteil deutlich machen, dass es nicht bloß darum geht, den Anschein seriöser Unternehmensführung zu erzeugen. Der Vorstand muss der gesamten Unternehmensorganisation sein unbedingtes und glaubhaftes Bekenntnis zur Regeltreue **kommunizieren** und selbst laufend ein gutes Vorbild sein. Es darf unter keinen Umständen der Eindruck entste- 52

[84] Vgl. *Liese/Schulz* BB 2011, 1347.
[85] *Klindt/Pelz/Theusinger* NJW 2010, 2385 (2387).
[86] Vgl. nur *Moosmayer* Compliance § 4 Rn. 105, 144.
[87] *v. Busekist/Hein* CCZ 2012, 45 (47).

hen, von Mitarbeitern und Führungskräften werde ein Verhalten verlangt, an das sich die Unternehmensleitung selbst nicht gebunden fühlt oder hinter dem sie selbst nicht steht.

53 Insbesondere muss der Eindruck vermieden werden, dass der Vorstand „Wasser predigt, aber Wein trinkt". Dies gilt nicht nur für die **Glaubwürdigkeit** der Compliance-Maßnahmen gegenüber der eigenen Unternehmensorganisation, sondern insbesondere auch für die externe Kommunikation des Unternehmens gegenüber der Öffentlichkeit, gegenüber Geschäftspartnern, in Vergabeverfahren und am Kapitalmarkt. Dies ist sicherlich einer der Hauptgründe dafür, dass alle größeren Unternehmen und Konzerne dazu übergegangen sind, den „tone from the top" nicht nur im Intranet, sondern auch auf ihrer öffentlichen Unternehmenswebsite mit einem persönlichen Bekenntnis aller Vorstandsmitglieder dazu zu veröffentlichen. Wird diese grundlegende Regel missachtet, sind alle übrigen Maßnahmen vergebliche Liebesmüh. Das Compliance-System wird dann über kurz oder lang als „Feigenblatt" enttarnt und wird im Ganzen scheitern.

## II. Maßnahmen, um Rechtsverstößen vorzubeugen („prevent")

### 1. Pflichtendelegation auf Compliance-Vorstand und Compliance-Officer

54 Ein Compliance-System basiert personell regelmäßig auf einem Compliance-Verantwortlichen, dem sogenannten Compliance-Officer, dem je nach Unternehmensgröße weitere Mitarbeiter zugeordnet werden. Es ist auch möglich, die Compliance-Aufgabe in bestehende Stabsstellen (Recht, Personal, Revision oÄ) zu integrieren.[88] In größeren Unternehmen und Konzernen wird inzwischen regelmäßig ein **eigenes Vorstandsressort** für Compliance-Aufgaben etabliert.

55 Dabei ist zu berücksichtigen, dass der Vorstand grundsätzlich nur darüber entscheiden kann, ob er einen **Compliance-Officer** ernennt. Die Entscheidung, ein eigenes Vorstandsressort „Compliance" einzurichten, liegt dagegen nicht in der Kompetenz des Vorstands, sondern grundsätzlich (→ § 5 Rn. 41 ff.) in derjenigen des Aufsichtsrats (§ 77 Abs. 2 S. 1 AktG).

#### a) Möglicher Umfang der Delegation

56 Die Zulässigkeit der **Delegation** der Compliance-Aufgabe im Rahmen der Geschäftsverteilung auf ein einzelnes Vorstandsmitglied oder von einem Vorstandsmitglied auf einen Compliance-Officer ist allgemein anerkannt. Nicht möglich ist demgegenüber eine vollständige und die Zuständigkeit des Gesamtvorstands verdrängende Übertragung der Compliance-Pflicht auf ein einzelnes **Vorstandsmitglied** oder einen **Compliance-Officer.**[89]

57 Auch dann, wenn der Gesamtvorstand bzw. das für Compliance zuständige Vorstandsmitglied die Aufgabe auf einen Compliance-Officer überträgt, trifft den Delegierenden – im Rahmen der vertikalen und der **horizontalen Überwachung** – sowohl eine Pflicht zur sorgfältigen Auswahl der zuständigen Person als auch eine allgemeine Pflicht zur laufenden Überwachung der Handlungen und Maßnahmen des Compliance-Verantwortlichen.

58 Der Vorstand kann sich deshalb durch eine Pflichtendelegation nicht vollumfänglich von seiner **Compliance-Verantwortung** freizeichnen. Eine weitere generelle Grenze der Delegation ergibt sich daraus, dass die Zuständigkeit für wichtige Aufgabenbereiche, wie die Risikosteuerung, bei der Aktiengesellschaft nicht übertragbar ist; das ist und bleibt **höchstpersönliche Vorstandsaufgabe.** Dies entspringt dem Grundsatz, dass der Vorstand seine Aufgabe zur eigenverantwortlichen und weisungsfreien Leitung der Gesellschaft

[88] *Kremer/Klahold* ZGR 2010, 113 (125).
[89] LG München I NZG 2014, 345 (348).

nicht gänzlich auf einen Dritten übertragen darf. Dies gilt für die aus der Leitungsaufgabe abgeleitete Compliance-Verantwortung ebenso wie für die übrigen Kernaufgaben und Kompetenzen des Vorstands. Die **Gesamtverantwortung** des Vorstands zur sorgfältigen und eigenverantwortlichen Leitung der Aktiengesellschaft besteht vielmehr fort.[90]

Auch wenn eine vollständige Abgabe der Compliance-Aufgabe und -Verantwortung 59
nicht möglich ist, kann immerhin eine Reduzierung der Vorstandspflichten und Haftungsrisiken in vertikaler (durch Bestellung eines Compliance-Officers) oder horizontaler (durch Ernennung eines Compliance-Vorstands) Hinsicht erreicht werden.[91]

### b) Rechtsposition des Compliance-Officers

Der Compliance-Officer wird vom Vorstand ernannt und übernimmt die Verantwortung 60
für die Führung des Compliance-Systems, wobei er weitgehend unabhängig und weisungsfrei sein sollte. Aufgabe des Compliance-Officers ist die Gewährleistung und Kontrolle der Einhaltung aller durch die Rechtsordnung vorgegebenen Regelungen sowie der unternehmensintern bestehenden Vorgaben.

Die **Aufgaben** und **Kompetenzen** des Compliance-Officers müssen klar geregelt 61
sein.[92] Grundsätzlich empfiehlt es sich, diese schon bei Abschluss des Anstellungsvertrages mit dem Compliance-Officer festzulegen. Im Anstellungsvertrag selbst sollte die Aufgabe allerdings nicht im Einzelnen geregelt werden, weil die getroffenen Festlegungen nach Vertragsschluss in aller Regel nicht mehr einseitig geändert werden können. Das erschwert die Möglichkeit, Aufgaben und Befugnisse des Compliance-Officers flexibel jeweils der aktuellen Situation und den betrieblichen Notwendigkeiten anzupassen.

Zur Position des Compliance-Officers sollte daher in seinem Anstellungsvertrag nur ge- 62
nerell festgelegt werden, dass er die Aufgabe hat, die Compliance-Organisation zu leiten. Einzelheiten dazu, welche konkreten Aufgaben diese **Zielsetzung** umfasst und welche Befugnisse dem Compliance-Officer zur Erfüllung seiner Aufgaben übertragen werden, sollten besser im Rahmen einer Stellenbeschreibung, die auf Basis des Direktionsrechts einseitig vom Vorstand vorgegeben und jederzeit geändert werden kann, festgelegt werden.[93] Aus Sicht des Vorstands ist darauf zu achten, dass der jeweils gültige **Aufgaben- und Befugniskatalog** des Compliance-Officers laufend schriftlich dokumentiert wird. Außerdem sollte sich die AG vom Compliance-Officer schriftlich bestätigen lassen, dass er die jeweils aktuelle Fassung dieses Katalogs zur Kenntnis genommen hat.

Ferner muss die **fachliche Qualifikation und Unabhängigkeit** des Compliance- 63
Officers sichergestellt werden, weil nur so die Effektivität der Compliance-Organisation gewährleistet werden kann. Ein gesetzlicher **Sonderkündigungsschutz** für den Compliance-Officer existiert aber nicht. Um den Compliance-Officer in seiner Position zu stärken, kann die kündigungsrechtliche Situation des Compliance-Officers im Anstellungsvertrag verbessert und an den gesetzlichen Sonderkündigungsschutz vergleichbarer Positionen[94] angeglichen werden.[95] Zwingend sind solche vertraglichen Regelungen allerdings nicht.

Schließlich muss der Vorstand auch dann, wenn er einen Compliance-Officer ernennt, 64
sicherstellen, dass diese Person ihrer nicht delegierbaren vertikalen und horizontalen Überwachungsaufgabe nachkommen kann. Hierzu müssen für den Compliance-Officer schriftlich klare **Reporting-Pflichten** festgelegt werden. Der Compliance-Officer sollte verpflichtet werden, sämtliche relevanten internen und externen Informationen auszuwerten und laufend an den Vorstand zu berichten. Zusätzlich zum Reporting an den Vorstand

[90] Eingehend *Pietzke* CCZ 2010, 45.
[91] *Schmidt-Husson in* HML Corporate Compliance § 6 Rn. 12.
[92] BGHSt 54, 44.
[93] *Krieger/Günther* NZA 2010, 367 (372).
[94] Datenschutzbeauftragter, Geldwäschebeauftragter, etc.
[95] Beispielsweise durch eine Beschränkung der ordentlichen Kündigung auf gewisse Kündigungsgründe, vgl. dazu ausführlich *Krieger/Günther* NZA 2010, 367 (372).

sollte der Compliance-Officer verpflichtet werden, auch Vorschläge zu unterbreiten, welche Rückschlüsse aus diesen Informationen abzuleiten und welche Maßnahmen zu ergreifen sind, um auftauchende Compliance-Risiken oder eingetretene Schäden zu begrenzen.[96]

## 2. Compliance-Richtlinien („Code of Conduct")

65 Der Compliance-Officer agiert regelmäßig auf der Grundlage einer **Compliance-Richtlinie,** die gleichzeitig die Compliance-Organisation inhaltlich ausgestaltet (sogenannter Verhaltenskodex, Ethikrichtlinie, Code of Conduct, etc). Deshalb bedarf ein Compliance-Programm schriftlich verfasster Richtlinien und Ermächtigungen durch den Vorstand. Diese enthalten regelmäßig einen Katalog von Geboten und Verboten, die eine (arbeitsrechtlich) verbindliche Grundlage für das Verhalten der Mitarbeiter vorgeben. Das primäre Ziel eines derartigen unternehmensinternen **Verhaltenskodexes** ist es, bereits das Entstehen rechtswidriger Verhaltensweisen zu verhindern.

66 Grundsatz 5 DCGK spricht schließlich davon, dass der Vorstand nicht nur die Einhaltung der Gesetze, sondern auch die Beachtung der unternehmensinternen Richtlinien sicherstellen soll. Der Kodex geht allerdings nicht davon aus, dass die Einführung unternehmensinterner Regelungen generell Standard einer guten Unternehmensführung ist. **Grundsatz 5 DCGK** erweitert die Überwachungsaufgabe des Vorstands nämlich nur auf schon bestehende Richtlinien.[97] Er fordert dagegen nicht, dass bestimmte unternehmensinterne Richtlinien eingeführt werden müssten. Um kriminellen und gesetzwidrigen Handlungen vorzubeugen und den Mitarbeitern im Unternehmen eine Richtschnur für ihr Handeln vorzugeben, empfiehlt es sich gleichwohl, in jedem größeren Unternehmen einen solchen Verhaltenskodex einzuführen.

### a) Leitlinien bei der Einführung von Compliance-Richtlinien

67 In diesem **Verhaltenskodex** werden unternehmensethische Grundsätze als verbindliche Verhaltensstandards für alle im Unternehmen oder Konzern Tätigen festgelegt. Dabei geht es vor allen Dingen um die Einhaltung von Wertmaßstäben wie Rechtschaffenheit, Transparenz, Loyalität und Fairness. Die unternehmerische Integrität wird gestärkt, indem ungesetzliche und unfaire Geschäftspraktiken, wie zB Korruption, rechtswidrige Kartellabsprachen oder Steuerhinterziehung verhindert werden. Das schützt das Unternehmen nicht nur vor kostspieligen Geldbußen, Strafverfahren und Steuernachzahlungen, sondern vor allen Dingen vor dem Verlust seiner Reputation und einer Beschädigung der Marke. Gleichzeitig wird die Leistungsorientierung von Führungskräften und Mitarbeitern als **unternehmenskultureller Faktor** deutlich gefördert.

### b) Beachtung der Mitbestimmungsrechte des Betriebsrats

68 Bei der Einführung und der Änderung von Compliance-Richtlinien muss der Vorstand auch die Informations-, Beratungs-, Erörterungs- und **Mitbestimmungsrechte** des Betriebsrats berücksichtigen. Eine einseitige Einführung von Compliance-Richtlinien durch den Vorstand und den Aufsichtsrat kommt deshalb meist nicht in Betracht.

69 Verhaltenskodizes sind **allerdings weder pauschal mitbestimmungspflichtig noch pauschal mitbestimmungsfrei,** sondern es ist nach dem Inhalt der einzelnen Regelungen zu differenzieren.[98] Diese Erkenntnis hilft in der Praxis aber meist nicht weiter, weil es wenig Sinn hat, den Verhaltenskodex in einen mitbestimmungspflichtigen und einen mit-

---

[96] *Bürkle* in HML Corporate Compliance § 36 Rn. 63; zu den arbeitsrechtlichen Implikationen der Reportingpflichten *Illing/Umnuß* CCZ 2009, 1.
[97] KBLW/*Bachmann/Kremer* DCGK Grundsatz 5 Rn. 44.
[98] Vgl. nur BAG NZA 2008, 1248; 2012, 112.

bestimmungsfreien Teil aufzuspalten. Unterliegt bereits eine einzelne Klausel der Mitbestimmungspflicht, bietet es sich deshalb regelmäßig an, den Verhaltenskodex in seiner Gesamtheit als Betriebsvereinbarung einzuführen.[99] Zumal auf diese Weise zwei wichtige Vorteile erreicht werden: Zum einen wird der Betriebsrat zum Mitverantwortlichen für die Einhaltung der gemeinsam eingeführten Regelungen gemacht. Zum anderen gelten die Inhalte der Compliance-Richtlinie wegen der sogenannten normativen Wirkung der Betriebsvereinbarung (vgl. § 77 Abs. 4 BetrVG) unmittelbar und zwingend für alle Arbeitnehmer – mit Ausnahme der leitenden Angestellten. Für letztere bedarf es einer Vereinbarung mit dem Sprecherausschuss (vgl. § 28 Abs. 2 SprAuG).

## 3. Unterrichtung und Schulung der Belegschaft

Kernaufgabe der Compliance-Organisation ist neben der Ausarbeitung und Implementierung (rechts-)wirksamer Regularien die **Kommunikation und Information** der Verhaltensvorgaben und -empfehlungen im Unternehmen und Konzern. Ziel ist eine laufende Unterrichtung der Mitarbeiter über relevante gesetzliche Vorgaben und insbesondere zu erreichen, dass sie im jeweiligen Betrieb beachtet werden. 70

Diese Aufgabe können die Compliance-Verantwortlichen durch **Broschüren, Aushänge, Rundschreiben, Intranet, E-Mails** und bei regelmäßigen **Abteilungsbesprechungen** oder Mitarbeiterversammlungen erledigen. Sämtliche Mitarbeiter und auch die Vorstandsmitglieder selbst sollten zudem laufend über den Inhalt eines unternehmensinternen Verhaltenskodexes geschult werden. 71

Neben dieser allgemeinen Information über den Verhaltenskodex müssen die zuständigen Mitarbeiter bestimmter, für Rechtsverstöße, Kartellabsprachen und Korruption besonders anfälliger Abteilungen gesondert über die Regularien des jeweiligen Fachbereichs (Einkauf, Produktion, Vertrieb, Finanzen, etc) **unterrichtet** werden. 72

Die **Schulungen** können durch den **Einsatz moderner Kommunikationsmittel** (etwa Videokonferenzen, Inter- und Intranet sowie per E-Mail) erfolgen. Die Teilnahme an derartigen Schulungen sollte dokumentiert werden, wobei das Unternehmen eine dokumentierte Bestätigung der Mitarbeiter verlangen kann und sollte. 73

Dreh- und Angelpunkt eines erfolgreichen Compliance-Systems ist in dieser Hinsicht, wie die Erfahrung zeigt, der jeweilige **Vorgesetzte:** Er kann „seinen Mitarbeitern" naturgemäß am besten erklären, was Compliance für ihr **konkretes Arbeitsgebiet** bedeutet. So wird der Finanzchef „seinen Leuten" anschaulich erläutern können, bei welchen Finanztransaktionen seines Unternehmens die Geldwächeregelungen typischerweise eine Rolle spielen und worauf dabei zu achten ist. Demgegenüber wird der Leiter der Bauabteilung am besten in der Lage sein, seinen Mitarbeitern klar zu machen, was Compliance für sie ganz konkret bedeutet: dass man sich beispielsweise nicht die Schlagbohrmaschine des Unternehmens für den privaten Hausbau übers Wochenende „ausleiht". 74

Vor diesem Hintergrund empfiehlt es sich, auch die Führungskräfte des Unternehmens durch persönliche finanzielle Anreize, etwa in Form eines **Zielvereinbarungssystems,** zu verpflichten, ihre jeweiligen Mitarbeiter in Sachen „Compliance" zu informieren und laufend zu überwachen. Der individuelle Erfolg der Vorgesetzten lässt sich auch hier konkret messen: Etwa durch Überprüfung des Compliance-Lernerfolgs der zugeordneten Mitarbeiter mit entsprechenden Tests oder anhand der Zahl der Compliance-Verstöße in seinem Zuständigkeitsbereich.[100] Praxiserfahrungen zeigen, dass dann, wenn der Vorgesetzte bei Nachlässigkeit Gefahr läuft, weniger Geld zu verdienen, sein Engagement für das Thema Compliance deutlich ansteigt. 75

[99] Vgl. *Tödtmann/Kaluza-Krieg* in MSG Vertragsgestaltung ArbR „Compliance-Verpflichtungen" Rn. 64; *Nezmeskal-Berggötz* CCZ 2009, 209; aA *Kock* ZIP 2009, 1406 (1407).
[100] *Moosmayer* Compliance § 4 Rn. 270.

### 4. Die wichtigsten Compliance-Bereiche

76 Das geltende Recht enthält in unterschiedlichen Gesetzen Pflichten mit empfindlichen Sanktionsandrohungen, die vom Vorstand identifiziert und in den zu überwachenden Verhaltenskodex integriert werden müssen oder sollten. Generell gilt, dass Unternehmen die für sie jeweils maßgebenden Rechtsvorschriften ermitteln und Veränderungen laufend beobachten sollten. Das zeigt erneut, dass es sich bei Compliance nicht um ein Rechtsgebiet sui generis, sondern um eine **Querschnittsdisziplin** handelt. Dies potenziert die Schwierigkeit für den Vorstand, den Überblick über die konkreten Compliance-Risiken des Unternehmens zu behalten.

#### a) Arbeitsrecht

77 **aa) Persönlichkeitsschutz.** Das Unternehmen und der Vorstand müssen das verfassungsrechtlich garantierte **Persönlichkeitsrecht** der Arbeitnehmer (Art. 2 Abs. 1 GG und Art. 1 Abs. 1 GG) wahren. Deshalb sind sie verpflichtet, den Mitarbeiter gegen unverhältnismäßige Eingriffe in sein Persönlichkeitsrecht durch Vorgesetzte und Kollegen zu schützen. Aus diesem Grunde sind entsprechende Regeln, etwa Vorgaben zum Schutz vor Mobbing, typischer Bestandteil von Compliance-Richtlinien.

78 Der Vorstand muss die Persönlichkeitsrechte der Mitarbeiter schließlich auch bei der Durchführung der Compliance wahren. Eine Verletzung des Persönlichkeitsrechts kann für das Unternehmen und für den Vorstand mit hohen Kosten verbunden sein: Das Unternehmen – und bei schuldhafter **Sorgfaltspflichtverletzung** auch das Vorstandsmitglied persönlich (§ 93 Abs. 2 AktG) – können sich schadensersatz- und schmerzensgeldpflichtig (§ 280 Abs. 1 BGB), der Vorstand persönlich sich sogar strafbar machen (etwa, wenn er heimlich Gespräche aufzeichnen, § 201 StGB, oder private E-Mails abfangen lässt, § 206 StGB, oder gegen den Datenschutz verstößt, § 44 BDSG).

79 **bb) Allgemeines Gleichbehandlungsgesetz (AGG).** Die Gewährleistung des Allgemeinen Persönlichkeitsrechts wird auch durch das **AGG** sichergestellt. Unzulässige Diskriminierungen können zu erheblichen finanziellen Haftungs- und Strafbarkeitsrisiken für das Unternehmen und den Vorstand persönlich führen. Deshalb sollte jeder Verhaltenskodex das Thema **Diskriminierungsschutz** und den Schutz der Mitarbeiter vor **sexuellen Belästigungen** am Arbeitsplatz berücksichtigen (§§ 12, 3 Abs. 3 und 4 AGG), andernfalls drohen bei Verstößen Schadensersatz- und Schmerzensgeldansprüche (§§ 280, 823 BGB, § 15 Abs. 1 und 2 AGG).

80 **cc) (Arbeitnehmer-)Datenschutz.** Der Vorstand muss die Einhaltung der Vorgaben der im Jahr 2018 in Kraft getretenen Datenschutzgrundverordnung **(DS-GVO)** und des **Bundesdatenschutzgesetzes (BDSG)** in seinem Unternehmen sicherstellen und Datenmissbrauch verhindern. Das Unternehmen ist verpflichtet, eine Reihe **organisatorischer Vorkehrungen** zu treffen, um unzulässige Datenspeicherung, -nutzung oder -übermittlung auszuschließen. Dazu gehört vor allem die Einrichtung unternehmensorganisatorischer Abläufe und Strukturen zum Schutz personenbezogener Daten der Arbeitnehmer (§ 9 BDSG). Dadurch können Schadensersatzklagen, Imageschäden und Datenskandale vermieden werden, zumal seit Einführung der DS-GVO die möglichen finanziellen Sanktionen drastisch erhöht wurden und bis zu 4 % des Gesamtkonzernumsatzes erreichen können. Bei Verstößen gegen das BDSG drohen dem Unternehmen zudem Bußgelder und dem Vorstandsmitglied persönlich unter Umständen sogar Geld- oder Freiheitsstrafen (§§ 43, 44 BDSG). Dabei ist auch festzustellen, dass nicht nur die Gesetze im Bereich des Datenschutzes verschärft wurden und die Anfälligkeit der Unternehmen durch die Digitalisierung steigt, sondern – wie prominente Beispiele zeigen – auch der Vollzugsdruck durch Datenschutzbeauftragte und auch Private stetig wächst.

Das erforderliche **Risikomanagement** nach § 9 BDSG verpflichtet zu technischen Maßnahmen (etwa der Archivierung von Daten, Zugangsbeschränkungen, elektronische Signaturen) und zu organisatorischen Maßnahmen (etwa Nutzungsrichtlinien, Schulungen). Für ein effektives **Datenschutzmanagement** im Unternehmen muss zudem ein Datenschutzbeauftragter (§ 38 Abs. 1 BDSG; Art. 37 Abs. 1 lit. b und c DS-GVO) bestellt werden. Er kontrolliert die Rechtmäßigkeit des Datenumgangs im Unternehmen und übernimmt die Schulung der Mitarbeiter. 81

**dd) Arbeitssicherheit und -schutz.** Auch die Vorgaben des **Arbeitsschutzgesetzes (ArbSchG)** dürfen nicht vernachlässigt werden. Nach § 5 Abs. 1 ArbSchG hat das Unternehmen durch eine Beurteilung der für die Beschäftigten mit ihrer Arbeit verbundene Gefährdung zu ermitteln, welche konkreten Maßnahmen des Arbeitsschutzes erforderlich sind. Verstößt das Unternehmen gegen diese Regelungen, riskiert es zum einen, (neben der Unfallversicherung) auf Schadensersatz zu haften. Zum anderen drohen Straf- und Bußgelder für die Vorstandsmitglieder persönlich (§§ 25, 26 ArbSchG). 82

**ee) Sozialversicherungs- und Lohnsteuerrecht.** Der Vorstand nimmt in der AG die **Funktion des Arbeitgebers** wahr, weshalb er die sozialversicherungs- und steuerrechtlichen Vorgaben uneingeschränkt beachten muss. Haben Vorstandsmitglieder zu verantworten, dass **Sozialversicherungsbeiträge** nicht abgeführt oder **Scheinselbständige** beschäftigt werden, muss das Unternehmen damit rechnen, dass die Sozialversicherungsträger sowohl die Arbeitgeber- als auch die Arbeitnehmerbeiträge bis zu fünf Jahren rückwirkend vom Unternehmen einfordern. Ein Rückgriff beim Beschäftigten ist in aller Regel ausgeschlossen. Gleiches gilt, wenn **Lohnsteuer** nicht rechtzeitig oder nicht vollständig abgeführt wird. Hinzu kommt, dass die Vorstandsmitglieder sowohl den Sozialversicherungsträgern wie auch dem Finanzamt in beiden Fällen persönlich und unmittelbar neben dem Unternehmen auf Zahlung der ausstehenden Beträge haften. 83

Daneben können für den Vorstand strafrechtliche Risiken bei Nichtabführung geschuldeter Arbeitnehmer- oder Arbeitgeberanteile zur Sozialversicherung drohen (§ 266a StGB). Hier macht sich der Vorstand nach § 266a Abs. 1 StGB auch dann strafbar, wenn die Gesellschaft zum Fälligkeitszeitpunkt nicht leistungsfähig ist, der Vorstand es aber bei Anzeichen von Liquiditätsproblemen unterlassen hat, geeignete und angemessene Sicherungsvorkehrungen für die Zahlung der Arbeitnehmerbeiträge zu treffen, und dabei billigend in Kauf genommen hat, dass diese später nicht mehr erbracht werden können.[101] Auch hier verlangt die Rechtsprechung dem Vorstand eine entsprechende Voraussicht und entsprechende Sicherungsmaßnahmen ab. 84

**ff) Umgang mit dem Betriebsrat.** Aufgrund der meist gegensätzlichen Interessenlagen muss sich der Vorstand auch stets vergewissern, ob operative Maßnahmen Mitwirkungsrechte des Betriebsrats auslösen. Bei der Missachtung der **Mitbestimmungs- und Mitwirkungsrechte** stehen dem Betriebsrat Unterlassungsansprüche zu. In einzelnen Fällen kann die unterlassene Beteiligung des Betriebsrats auch zur Unwirksamkeit der Maßnahme führen. Behindert der Vorstand die Betriebsratsarbeit oder Betriebsratswahlen vorsätzlich, kann er sich sogar strafbar machen (§ 119 Abs. 1 Nr. 2 BetrVG). 85

Mediale Aufmerksamkeit haben in den letzten Jahren insbesondere **Bestechung und Begünstigung von Betriebsratsmitgliedern** erlangt. In diesem Zusammenhang sind aber nicht nur die Bestechungsdelikte wie Lust- oder Luxusreisen bedeutsam, sondern auch eine überhöhte Vergütung, unangemessen kostspielige oder unnötige Dienstwagen und andere ungerechtfertigte Vorteile für Betriebsratsmitglieder (§ 119 Abs. 1 Nr. 3 BetrVG) wie etwa überhöhte Abfindungszahlungen, um Arbeitsverträge mit lästigen Betriebs- 86

[101] BGHSt 47, 318 (321); BeckOK StGB/*Wittig* § 266a Rn. 18.

ratsmitgliedern aufzuheben.[102] Der Vorstand muss sicherstellen, dass Betriebsratsmitglieder keine Leistungen erhalten, die über das **reine Entgeltausfallprinzip** des § 37 Abs. 2 BetrVG hinausgehen.[103]

### b) Außenwirtschaftsrecht und Exportkontrolle

87 Der grenzüberschreitende Handel unterliegt einer Vielzahl besonderer Rechts-, Steuer- und Zollvorschriften. Unternehmen, die Wirtschaftsgüter exportieren, müssen eine Vielzahl besonderer Verpflichtungen des **Außenwirtschaftsrechts** beachten. Dies gilt insbesondere für Gesellschaften, die sensible Güter wie etwa Rüstungsgegenstände, Kriegswaffen oder sog. Dual-Use-Güter, dh auch zu Kriegszwecken nutzbare oder dem Embargo eines fremden Staates unterliegende Waren an Kunden außerhalb Deutschlands, vor allem in Krisenländer, liefern.[104] So ist zB der Export von Lippenstiften oder Düngemittel genehmigungspflichtig, weil beides auch ganz anders verwendet werden kann: Aus Lippenstiften kann man Patronenhülsen und aus Düngemittel Sprengstoff herstellen.

88 Der **Außenwirtschaftsverkehr,** das heißt der Waren- und Dienstleistungs- sowie der Kapital- und Zahlungsverkehr mit fremden Wirtschaftsgebieten ist zwar grundsätzlich frei. Er unterliegt aber neben den im September 2013 grundlegend reformierten[105] Regelungen des Außenwirtschaftsgesetzes (AWG) und der Außenwirtschaftsverordnung (AWV), den zollrechtlichen Vorschriften des EG-Zollkodex und den entsprechenden Durchführungsbestimmungen auch verschiedenen Staatenabkommen.

89 Obwohl es keine ausdrücklich normierte Compliance-Pflicht in diesem Bereich gibt, wird das Außenwirtschaftsrecht als Teil des öffentlichen Wirtschaftsrechts maßgeblich vom Begriff der **„Zuverlässigkeit" des Unternehmens** geprägt (§ 8 Abs. 2 AWG). Der Vorstand als grundsätzlich für das Unternehmen Verantwortlicher muss deshalb durch **organisatorische Maßnahmen** Auswahl, Weiterbildung und Überwachung des zuständigen Personals sicherstellen, um Verstöße gegen die Vorschriften des Außenwirtschaftsrechts und damit einhergehende Sanktionen abzuwenden.[106]

90 Aber auch im Bereich von Unternehmenstransaktionen spielt das Außenwirtschaftsrecht eine immer bedeutsamere Rolle, indem in M&A-Transaktionen sektorübergreifende oder -spezifische Investitionsprüfungen erforderlich sind, bevor der Erwerb vollzogen werden darf. In der Regel findet das sog sektorübergreifende Investitionsprüfverfahren Anwendung (§ 4 Abs. 1 Nr. 4, Nr. 4a AWG, § 5 Abs. 2 AWG, §§ 55–59 AWV). Es gilt grundsätzlich für alle Branchen, unabhängig von der Größe der am Erwerb beteiligten Unternehmen. Abweichende Sonderregeln gelten für den Erwerb bestimmter Rüstungs- bzw. IT-Sicherheitsunternehmen (sog. sektorspezifische Investitionsprüfung, § 4 Abs. 1 Nr. 1 AWG, § 5 Abs. 3 AWG, §§ 60–62 AWV).

### c) Verhaltensregeln im Geschäftsverkehr

91 Für den Ruf vieler Unternehmen ist die einwandfreie persönliche Integrität der Mitarbeiter im Verhältnis zu seinen Kunden besonders wichtig. Deshalb empfiehlt es sich, Regelungen zum allgemeinen Verhalten bei Geschäftsbeziehungen, etwa bei **Geschenken, Bewirtungen oder Rabatten,** in den Verhaltenskodex aufzunehmen. Hierbei sind Vorgaben sinnvoll, die neben dem Umgang mit Kunden und Geschäftspartnern auch das Verhalten gegenüber Behörden und Amtsträgern regeln.

---

[102] Überblick bei *Pelz* in HML Corporate Compliance § 20 Rn. 46.
[103] ErfK/*Kania* BetrVG § 119 Rn. 4.
[104] Vgl. *Merz* in HML Corporate Compliance § 32 Rn. 11 ff.
[105] BGBl. I 2013, 1482 (AWG) sowie BGBl. I 2013, 2865 (AWV); Überblick bei *Hensel/Pohl* AG 2013, 849.
[106] *Merz* in HML Corporate Compliance § 32 Rn. 11 ff.; *Sachs/Krebs* CCZ 2013, 12.

### d) Geldwäsche

Alle in Handels- und Zahlungsströme eingebundenen Unternehmen sehen sich besonderen Gefahren im Bereich der Geldwäsche ausgesetzt. Nachdem das Bestreben des Täters bei klassischen Geldwäschetatbeständen auf die möglichst unauffällige Umwandlung von **„Bargeld in Buchgeld“** gerichtet ist, sind davon in erster Linie Kreditinstitute, aber auch sämtliche Unternehmen betroffen, die Zahlungsdienste erbringen.[107] Nachdem neben die klassische Zielsetzung, zu verhindern, dass aus Schwarzgeld „weißes“ wird, als zweites Ziel die **Verhinderung der Terrorismusfinanzierung** getreten ist („weißes Geld zu schwarzen Zwecken“), sind die Regelungen sehr komplex und teils widersprüchlich geworden. 92

Der Gesetzgeber hat in § 9 GwG eine explizite Pflicht zu internen **Sicherungsmaßnahmen** vorgeschrieben. §§ 4ff., 9 Abs. 2 GwG enthalten eine exemplarische Auflistung an internen Sicherungsmaßnahmen, die von den Verpflichteten verlangt werden. Zu diesen Pflichten gehören neben der Benennung eines **Geldwäschebeauftragten** (in Kreditinstituten) nicht zuletzt dezidierte Aufzeichnungs- und Dokumentationspflichten über die Finanztransaktionen des Unternehmens und die Identifizierung der wirtschaftlich Berechtigten. Um die Compliance-Verantwortlichen gezielt zu unterstützen, hat der Arbeitskreis zur Geldwäschebekämpfung (FATF) ein Best-Practice-Papier zur handelsbasierten Geldwäsche veröffentlicht.[108] 93

Im Jahr 2017 wurde im Zuge der Umsetzung der 4. Geldwäscherichtlinie (RL (EU) 2015/849) durch §§ 18ff. GwG auch in Deutschland ein Transparenzregister eingeführt. Seit dem 1.10.2017 sind die wirtschaftlich Berechtigten von juristischen Personen in ein Register einzutragen, das insbesondere dazu dienen soll, durch die Verpflichtung zur Offenlegung der wirtschaftlich Berechtigten Geldwäsche und Terrorismusfinanzierung zu verhindern. Nach § 20 GwG haben juristische Personen die in § 19 Abs. 1 GwG aufgeführten Angaben zum wirtschaftlich Berechtigten einzuholen, aufzubewahren und auf dem aktuellen Stand zu halten und der registerführenden Stelle zur Eintragung in das Transparenzregister zu übermitteln: den Vor- und Nachnamen, das Geburtsdatum, den Wohnort und die Art und den Umfang des wirtschaftlichen Interesses. Die Mitteilung hat in elektronischer Form zu erfolgen. Der Vorstand ist in diesem Fall verpflichtet, die Identität der wirtschaftlich Berechtigten zu ermitteln. Gelingt es jedoch trotz umfassender Prüfung nicht, eine natürliche Person als wirtschaftlich Berechtigten zu ermitteln, oder bestehen Zweifel an der Stellung als wirtschaftlich Berechtigter, so sieht § 3 Abs. 2 S. 5 GwG eine Fiktionswirkung vor. In diesen Fällen ist der gesetzliche Vertreter, also der Vorstand selbst als wirtschaftlich Berechtigter der Aktiengesellschaft im Transparenzregister zu erfassen (sog. fiktiver wirtschaftlich Berechtigter). Dem Vorstand wird daher durch das eingeführte Transparenzregister eine Pflicht auferlegt, die wirtschaftlich Berechtigten der Aktiengesellschaft zu identifizieren und zu veröffentlichen (§ 20 Abs. 3a GwG). 94

Das Geldwäschegesetz wird strafrechtlich durch den Straftatbestand der Geldwäsche in § 261 StGB, durch Regelungen in verschiedenen Spezialgesetzen, wie etwa dem **Zahlungsdiensteaufsichtsgesetz (ZAG)** sowie zahlreiche Ordnungswidrigkeitstatbestände flankiert. Auch hiernach drohen der Gesellschaft und dem Vorstand persönlich bei Verstößen Sanktionen – von einer Strafbarkeit wegen Geldwäsche nach § 261 StGB, § 31 ZAG über Bußgelder nach § 17 GwG, § 32 ZAG sowie aufsichtsrechtliche Maßnahmen nach dem KWG. Im Fall der Verletzung der Verpflichtung zur Nennung des wirtschaftlich Berechtigten im Transparenzregister wurde zudem ein sog. *naming or blaming* eingeführt: Nach § 57 GwG haben die Aufsichtsbehörden bestandskräftige Maßnahmen und unanfechtbare Bußgeldentscheidungen, die sie wegen eines Verstoßes gegen das GwG oder die auf seiner Grundlage erlassenen Rechtsverordnungen verhängt haben, nach Unterrichtung des Adressaten der Maßnahme oder Bußgeldentscheidung auf ihrer Internetseite bekannt zu machen. 95

---

[107] Zu einem anschaulichen Beispiel aus dem Mittelstand vgl. LG Köln WM 2005, 409.
[108] Abrufbar unter http://www.fatf-gafi.org.

### e) Kartellrecht

96 Kartellverstöße bergen erhebliche **finanzielle Risiken** und können zu einem schwerwiegenden Rufschaden des Unternehmens und des gesamten Konzerns führen: Gegen das Unternehmen können Geldbußen in Höhe von bis zu zehn Prozent des im vorangegangenen Geschäftsjahr erzielten Gesamtumsatzes verhängt werden (vgl. § 81c Abs. 2 GWB). Dabei kann als Bemessungsgrundlage nicht nur der Umsatz des konkret an den Kartellverstößen beteiligten Unternehmens, sondern der Umsatz des Gesamtkonzerns zugrunde gelegt werden. Hinzu können Schadensersatzansprüche Dritter gem. § 33a GWB treten. Die wirtschaftliche Dimension des hierin liegenden Risikos wird etwa dadurch augenfällig, dass allein die EU-Kommission in ihrer Wirtschaftsplanung für 2014 Bußgeldeinnahmen von Unternehmen im Umfang von 1,5 Mrd. EUR eingeplant hatte. Das Bundeskartellamt hat 2019 etwa 840 Mio. EUR an Bußgeldern verhängt.[109]

97 Zudem besteht bei Kartellverstößen die Gefahr, dass gegen das Kartellverbot verstoßende Verträge **nichtig und damit rückabzuwickeln** sind – mit weiteren unkalkulierbaren wirtschaftlichen Folgen für das Unternehmen.

98 Die kartellrechtlich relevanten Risikofelder auf deutscher und europäischer Ebene sind vielschichtig. In der täglichen Praxis sind zwei kartellrechtliche Grundregeln besonders zu beachten: Das Verbot wettbewerbsbeschränkender Vereinbarungen (§ 1 GWB, Art. 101 AEUV) und das Verbot des Missbrauchs einer marktbeherrschenden Stellung (§§ 19 ff. GWB, Art. 102 AEUV). Hinzu kommen die Vorschriften der Fusionskontrolle.

99 Das europäische Kartellrecht ist relevant, wenn eine Maßnahme den **zwischenstaatlichen Handel** beeinträchtigen könnte (§ 22 GWB). In diesem Fall ist insbesondere Art. 101 AEUV anzuwenden. Hier bestehen aber seit einigen Jahren im Vergleich zum deutschen Kartellrecht keine wesentlichen Besonderheiten mehr, weil mit der siebten GWB-Novelle im Jahre 2005 eine vollständige Angleichung des deutschen und europäischen Kartellrechts stattgefunden hat. Das deutsche Kartellrecht bleibt zudem stets neben dem europäischen Kartellrecht anwendbar (§ 22 Abs. 1 S. 1 GWB).

100 Schon durch das Fehlverhalten eines einzelnen Mitarbeiters kann ein Unternehmen in das Visier der Kartellbehörden geraten, weshalb sich jedes Unternehmen Gedanken darüber machen muss, wie es seine **Kartellrechtsrisiken sinnvoll begrenzen** kann. Ein verantwortungsbewusster Vorstand sollte ein besonderes Augenmerk darauf legen, dass kartellrechtliche Vorgaben von all seinen Mitarbeitern und Repräsentanten eingehalten werden. Dies gilt nicht nur für große, international operierende Unternehmen. Zunehmend rücken auch mittelständische[110] sowie Unternehmen der öffentlichen Hand in den Fokus der Kartellbehörden.[111]

### f) Produktsicherheit und -haftung

101 Die zivil- und strafrechtlichen Anforderungen, die das geltende Recht an Unternehmen und Vorstände im Bereich der **Produkt- und Produzentenhaftung** stellen, sind mannigfaltig. Sie haben ganz erheblich zur Befruchtung der Diskussion um die sachgerechte Organisation des Unternehmens zur bestmöglichen Haftungsvermeidung beigetragen und können als Urtypus der Compliance- und Organisationspflichten des Unternehmens und der Geschäftsleiter angesehen werden **(Product-Compliance).**

102 Gemäß § 3 Abs. 1 Produktsicherheitsgesetz (ProdSG) dürfen nur solche Produkte auf dem Markt bereitgestellt werden, die sowohl die **gesetzlichen Anforderungen** einhalten als auch sicher sind. Angesichts der drohenden zivil- als auch strafrechtlichen Konsequenzen sollte es für Unternehmen und Vorstand selbstverständlich sein, dass die von ihnen

---

[109] www.bundeskartellamt.de.

[110] So zB im Bereich Löschfahrzeuge, Hydranten, Walzasphalt etc.

[111] Vgl. zu den erforderlichen Compliance-Maßnahmen im Kartellrecht im Einzelnen *Lampert* BB 2002, 2237.

hergestellten, eingeführten oder gehandelten Produkte den **Anforderungen des Produktsicherheitsrechts** entsprechen.[112] Hierbei gilt als generelle Richtschnur die Beachtung des aktuellen Standes der Technik.

In erster Linie legt das Produkthaftungsgesetz (ProdHG) dem Hersteller eine **verschuldensunabhängige Gefährdungshaftung** für Schäden an Leib oder Leben sowie an anderen Wirtschaftsgütern auf, die ein fehlerhaftes Produkt verursacht. Der Herstellerbegriff des ProdHG ist dabei sehr weit ist und kann auch reine Importunternehmen erfassen (§ 4 Abs. 2 und 3 ProdHG). 103

Daneben hat die Rechtsprechung als Unterfall der verschuldensabhängigen Schadensersatzhaftung eine Haftung des Unternehmens für Verstöße gegen **Organisationspflichten bei Produktionsabläufen** entwickelt, wenn dadurch Konstruktionsfehler, Fabrikationsfehler, Instruktionsfehler und Produktbeobachtungsfehler des Herstellers entstehen.[113] 104

Überdies kommt in solchen Fällen eine strafrechtliche Verantwortung der handelnden Personen, also insbesondere auch der Vorstandsmitglieder, in Betracht. Anknüpfungspunkt für eine **Strafbarkeit des Vorstands** können die allgemeinen Straftatbestände, insbesondere Tötungsdelikte (§§ 212, 222 StGB), Körperverletzungsdelikte (§§ 223 ff. StGB), Sachbeschädigung (§ 303 StGB), gemeingefährliche Vergiftung (§ 314 Abs. 1 Nr. 2 StGB) und bestimmte Umweltdelikte (Gewässerverunreinigung, Bodenverunreinigung, Luftverunreinigung, §§ 324, 324a, 325 StGB) sein.[114] 105

Eine Strafbarkeit kommt sowohl aufgrund aktiven Tuns (bewusstes Inverkehrbringen eines gefährlichen Produkts) als auch wegen **Unterlassens** trotz Garantenstellung nach § 13 StGB in Betracht. Erreichen den Vorstand etwa Schadensmeldungen, wonach es bei der Verwendung eines vom Unternehmen produzierten Produkts zu Gesundheitsschäden kommt, muss der Vorstand sofort prüfen, ob das Produkt weiterhin produziert und vertrieben werden darf. Entscheidet sich der Vorstand hierbei pflichtwidrig für eine nicht vertretbare Fortsetzung des Vertriebs, kann er sich – aufgrund pflichtwidrigen Unterlassens – strafbar machen. 106

Der BGH geht in diesem Bereich grundsätzlich von einer **Gesamtverantwortung aller Vorstandsmitglieder** aus.[115] Wird ein einzelnes Vorstandsmitglied bei Gremienentscheidungen von den Kollegen überstimmt oder hat es sich an dem Beschluss überhaupt nicht beteiligt, überlässt aber die Umsetzung des Beschlusses den übrigen Vorständen, besteht auch dann eine strafrechtliche Verantwortlichkeit, wenn das überstimmte Mitglied völlig untätig bleibt.[116] Erwartet wird von dem pflichtgemäß abstimmenden Vorstandsmitglied – je nach konkreter Lage – zumindest die Information anderer Gesellschaftsorgane, insbesondere des Aufsichtsrats, um Pflichtverstöße zu verhindern. Als ultima ratio kann sich sogar eine Pflicht zur Amtsniederlegung ergeben.[117] 107

Letztlich muss der Vorstand zur Reduzierung von Haftungsgefahren wegen Produkt- oder Produktionsfehlern ein **sachgerechtes Risikomanagement im Produktentwicklungsprozess** sicherstellen und dafür sorgen, dass potentielle Gefahren rechtzeitig erkannt werden und darauf angemessen reagiert wird. Dies lässt sich in vielen Fällen nur durch eine institutionelle Organisation des Produkt- und des Produktionsmanagements gewährleisten.[118] 108

---

[112] Vgl. dazu eingehend *Polly/Lach* CCZ 2012, 59.
[113] MAH AktR/*Ritter* § 24 Rn. 80 ff.
[114] BeckRA-HdB/*Molitoris* § 27 Rn. 179.
[115] MüKoAktG/*Spindler* § 93 Rn. 22; *Schmidt-Salzer* NJW 1990, 2966 (2969); zur Produkthaftung (bei der GmbH) insbesondere MüKoGmbHG/*Wißmann* § 82 Rn. 62.
[116] Ausführlich *Fleischer* BB 2004, 2645; *Ransiek* ZGR 1999, 613 (648).
[117] Zu den möglichen und zumutbaren Maßnahmen des Vorstands *Fleischer* BB 2004, 2645 (2649).
[118] Zum Produktmanagement vgl. auch *Veltins* in HML Corporate Compliance § 22 Rn. 1 ff.

### g) Krise und Insolvenz

109 Aus der Stellung des Vorstands als Treuhänder des Aktionärsvermögens erwachsen ihm besondere **Treue- und Loyalitätspflichten** beim Umgang mit den ihm **anvertrauten Vermögenswerten** (vgl. § 92 Abs. 1 AktG). Er muss deshalb das Unternehmen so strukturieren, dass Insolvenztatbestände im Regelfall gar nicht erst eintreten können. Für die Unternehmensorganisation bedeutet dies, dass der Vorstand das Unternehmen und den Konzern möglichst so organisieren und finanzieren muss, dass keine Kettenreaktionen bzw. **„Klumpenrisiken"** entstehen können, die die Existenz des gesamten Konzerns gefährden können.[119] Nicht nur deshalb, sondern auch weil der Vorstand von den Gläubigern der Aktiengesellschaft zivilrechtlich (§ 92 Abs. 2 AktG, § 823 Abs. 2 BGB iVm § 15a InsO) und oft auch strafrechtlich (§ 15a InsO) wegen Insolvenzverursachung[120] oder Insolvenzverschleppung in die Verantwortung genommen werden kann, obliegen ihm im höchstpersönlichen Interesse besondere **Pflichten vor und in Zeiten der Krise.** Kommt es tatsächlich zur Insolvenz, geht spätestens der Insolvenzverwalter – vielfach mit Unterstützung der Strafverfolgungsbehörden – der Frage einer persönlichen Verantwortung des Vorstandsmitglieds konsequent auf den Grund.

110 Ganz grundsätzlich, insbesondere aber im Vorfeld einer möglichen Krise, muss der Vorstand die wirtschaftliche Situation des Unternehmens laufend im Blick behalten.[121] Hierzu ist es in der Regel erforderlich, ein **Überwachungssystem** einzuführen, um gegebenenfalls auch tagesaktuell Krisenanzeichen zu erkennen und darauf angemessen reagieren zu können.[122] Grund dafür ist, dass der Vorstand bei Eintritt eines Insolvenztatbestands (Zahlungsunfähigkeit oder Überschuldung, §§ 17, 19 InsO) ohne schuldhaftes Zögern, spätestens aber **drei Wochen** nach Eintritt der Zahlungsunfähigkeit oder Überschuldung, einen Antrag auf Eröffnung eines Insolvenzverfahrens beim zuständigen Amtsgericht – Insolvenzgericht – stellen kann und muss.

111 Dabei ist aus Sicht des Vorstands folgende Besonderheit von ganz wesentlicher Bedeutung: Die Dreiwochenfrist für die Stellung eines Insolvenzantrags ist eine Höchstfrist und darf nur bei Vorliegen besonderer Umstände vollständig ausgeschöpft werden.[123] Allein dies zeigt, dass der Vorstand für ein laufendes und **aktuelles Monitoring** der Vermögenslage der Gesellschaft und der Liquidität sorgen muss. Und die Dreiwochenfrist ist auch dann strikt einzuhalten, wenn der Vorstand das Monitoring nicht im eigenen Unternehmen unterhält, sondern von externen Dienstleistern oder Beratern durchführen lässt. Der Vorstand darf sich in diesem Fall nicht mit einer unverzüglichen Auftragserteilung begnügen, sondern muss auf eine **schnellstmögliche Vorlage des Prüfungsergebnisses** hinwirken; die Dreiwochenfrist wird allein durch die Auftragsvergabe nicht aufgehoben oder hinausgeschoben.[124] Gleiches gilt für die Beurteilung der Lage des Unternehmens und das Bestehen von Insolvenztatbeständen durch eine interne Fachabteilung. Der Vorstand hat hierbei die Pflicht, das Unternehmen so zu organisieren, dass die Entscheidung über Gegenmaßnahmen zur Lösung der Krisensituation oder die Stellung eines Insolvenzantrags innerhalb der gesetzlich geltenden Höchstfristen getroffen werden kann.[125]

112 Darüber hinaus ist zu beachten, dass in Konzernstrukturen, in denen die einzelnen Unternehmen über einen **Cash-Pool** miteinander verbunden sind, die Rechtsprechung dem Vorstand des Tochterunternehmens die Pflicht auferlegt, für eine **kurzfristige Kündbarkeit** der Cash-Pool- bzw. Darlehensverträge zu sorgen.[126] Der BGH fordert außerdem,

---

[119] Vgl. insbesondere zum Bankenbereich OLG Düsseldorf AG 2010, 126 (129); MAH AktR/*Ritter* § 24 Rn. 100.

[120] Vgl. dazu BGHZ 195, 42; *Winstel/Skauradszun* GmbHR 2011, 185.

[121] *Wilden* in Buth/Hermanns, Restrukturierung Sanierung Insolvenz, 4. Aufl. 2014, § 2 Rn. 14 ff.

[122] BGHZ 126, 181 (192 ff.); *Pelz* in HML Corporate Compliance § 31 Rn. 4 ff.

[123] BGHZ 75, 96 (111); BGHSt 48, 307 (309) für § 266a StGB.

[124] BGH NZG 2012, 672; dazu *Müller* NZG 2012, 981.

[125] *Pelz* in HML Corporate Compliance § 31 Rn. 4 ff.

[126] BGH NZG 2009, 944 (946) – Cash Pool II.

dass der Vorstand der Tochtergesellschaft durch die Einrichtung von **Überwachungs- und Früherkennungsmechanismen** sicherstellt, dass er von einer Krise des Mutterunternehmens frühzeitig erfährt und darauf mit einer Kündigung des Darlehens- oder Cash-Pool-Verträge kurzfristig reagieren kann.[127] Das führt zu der paradoxen Situation, dass das Tochterunternehmen jederzeit Auskunft über die Finanzsituation des Konzernmutterunternehmens verlangen können muss.[128] Nur wenn das gewährleistet ist, darf das Tochterunternehmen die – zur konzernweiten Finanzmitteloptimierung durchaus sinnvolle – tägliche Liquiditätsabschöpfung zugunsten der Konzernunternehmen zulassen.[129]

### h) Wirtschaftsstraftaten (Korruption, Insiderhandel)

Durch Compliance sollen auch Straftaten – insbesondere **Korruption und Insiderhandel** – verhindert werden. Dies kann durch eine sprachlich verständliche Aufbereitung gesetzlicher Regelungen in einem Verhaltenskodex gefördert werden. So kann beispielsweise den Mitarbeitern verdeutlicht werden, wann die **Annahme von Geschenken** eine unerwünschte und nach § 299 StGB strafrechtlich relevante Bestechlichkeit oder die Gewährung von **Rabatten, Geschenken oder Bewirtungen** eine unerwünschte Bestechung (§ 300 StGB) im Rechtsverkehr darstellt. 113

**Korruption** (also die §§ 299, 300 StGB) hat eine Reihe von meist schwerwiegenden Konsequenzen für das Unternehmen zur Folge. Beispielhaft ist zunächst hervorzuheben, dass eine Geldbuße für das Unternehmen (§ 30 OWiG) droht. Darüber hinaus kann Korruption zu einem erheblichen Imageschaden für das Unternehmen führen. Auch drohen hohe Schadensersatzansprüche seitens der Auftraggeber und Wettbewerber. Zudem kann der durch Korruption erzielte „Gewinn" (in Wirklichkeit der komplette Umsatz) – ohne Abzug von betrieblichen Aufwendungen – abgeschöpft werden. Soweit das Unternehmen von öffentlichen Aufträgen abhängig ist, droht wegen der oft gleichzeitig verhängten **Vergabesperren** eine akute Unternehmenskrise bis hin zur Insolvenz. Deshalb sollte zur Vermeidung von Korruption sichergestellt werden, dass die Führungsebene und die betroffenen Mitarbeiter die erforderlichen Rechtskenntnisse haben und über interne Richtlinien und Vorgaben zur Korruptionsvermeidung nachweislich unterrichtet sind.[130] Auch dem einfachsten Sachbearbeiter muss das Unternehmen nachweislich klar machen, dass Korruption nicht zu seiner Geschäftspolitik gehört. 114

Im Zusammenhang mit der Verhinderung von Wirtschaftsstraftaten von Arbeitnehmern ist insbesondere auch § 14 WpHG zu beachten, der ein umfassendes Verbot von Insidergeschäften festschreibt. Insiderhandel bedeutet die **Verwendung von Insiderinformationen** für Börsengeschäfte, um sich durch einen Wissensvorsprung illegal zu bereichern. Nach § 14 WpHG ist es verboten: 115

- unter Verwendung einer Insiderinformation Insiderpapiere für eigene oder fremde Rechnung oder für einen anderen zu erwerben oder zu veräußern,
- einem anderen eine Insiderinformation unbefugt mitzuteilen oder zugänglich zu machen,
- einem anderen auf der Grundlage einer Insiderinformation den Erwerb oder die Veräußerung von Insiderpapieren zu empfehlen oder einen anderen auf sonstige Weise dazu zu verleiten.

Diese Handlungen sind gem. § 119 Abs. 3 WpHG mit Freiheitsstrafen bis zu fünf Jahren oder Geldstrafe bedroht. Da **Insidergeschäfte** in besonderem Maße geeignet sind, dem Unternehmen einen erheblichen **Geschäfts- und Imageschaden** zuzufügen, müssen sie im Verhaltenskodex ausdrücklich untersagt werden. 116

[127] BGH NZG 2009, 107 – MPS; vgl. dazu *Altmeppen* NZG 2010, 401 (404).
[128] Ausführlich *Winstel,* Unterrichtung der Belegschaftsvertretung der Tochtergesellschaft im (grenzüberschreitenden) Aktienkonzern, 2011, 242 ff.
[129] Vgl. nur BGH NZG 2009, 107 – MPS; vgl. dazu *Altmeppen* NZG 2010, 401 (404).
[130] Zu Compliance-Maßnahmen zur Korruptionsprävention im Einzelnen *Hauschka/Greeve* BB 2007, 165.

### i) Steuerrecht

117 Die Einhaltung steuerrechtlicher Regeln – auch **Tax Compliance** genannt – ist angesichts der hier drohenden existentiellen Risiken für Gesellschaft und Vorstandsmitglieder persönlich ein besonders wichtiger Bereich. Der Vorstand muss sicherstellen, dass die Gesellschaft alle sie treffenden Steuerverbindlichkeiten rechtzeitig erfüllt. Hier seien exemplarisch nur die fristgebundenen Steuererklärungs- und Zahlungspflichten für Ertragssteuern (Einkommensteuer, Körperschaftsteuer, Gewerbesteuer), Umsatzsteuer, Grunderwerbsteuer, aber auch die Lohnsteuer und Sozialabgaben sowie Zölle genannt.[131] Aber auch der korrekte Umgang des Unternehmens mit Spenden und Sponsoring oder die richtige Ermittlung **konzerninterner Verrechnungspreise** gehören hierher.[132]

118 Der Vorstand muss als gesetzlicher Vertreter die Erfüllung der steuerlichen Pflichten der Gesellschaft sicherstellen (§ 34 Abs. 1 AO). Insbesondere muss er dafür sorgen, dass die Steuerschuld der Gesellschaft vollständig und rechtzeitig entrichtet wird. Verletzt der Vorstand diese Pflichten, haftet er mit seinem Privatvermögen, wenn Steuerschulden infolge von Vorsatz oder grober Fahrlässigkeit nicht oder nicht rechtzeitig festgesetzt oder erfüllt oder zu Unrecht Steuervergütungen oder Steuererstattungsansprüche ausgezahlt werden (§ 69 AO).[133]

119 Vorstandsmitglieder und die Gesellschaft haften in diesen Fällen als **Gesamtschuldner** (§ 44 AO).[134] Die Finanzverwaltung prüft dabei insbesondere im Insolvenzfall routinemäßig, ob Steuerverbindlichkeiten der Gesellschaft nach §§ 34, 69ff. AO gegenüber dem Vorstand persönlich geltend gemacht werden können.[135]

120 Neben einer Haftung des Vorstands für die steuerlichen Pflichten der Gesellschaft mit seinem Privatvermögen können Vorstandsmitglieder auch wegen vorsätzlicher (§ 370 AO) oder leichtfertiger **Steuerhinterziehung** (§ 378 AO) oder wegen **sonstiger Steuer- und Zolldelikte** in Anspruch genommen werden.[136]

### j) Umweltrecht

121 Nach § 52a Abs. 2 Bundesimmissionsschutzgesetz (BImSchG) hat der Betreiber einer genehmigungsbedürftigen Anlage der zuständigen Behörde mitzuteilen, auf welche Weise sichergestellt ist, dass die dem **Schutz vor schädlichen Umwelteinwirkungen** und vor sonstigen Gefahren, erheblichen Nachteilen und erheblichen Belästigungen dienenden Vorschriften und Anordnungen beim Betrieb beachtet werden. Diese umweltrechtlichen Vorgaben sollten daher durch eine entsprechende Regelung im **Verhaltenskodex** abgedeckt werden.

122 Je nach Tätigkeitsbereich der Gesellschaft kann ferner die Bestellung umweltrechtlicher Beauftragter, wie etwa eines **Immissionsschutzbeauftragten,** eines **Abfallbeauftragten,** eines **Gewässerschutzbeauftragten** oder etwa eines **Störfallbeauftragten** vorgeschrieben sein. Unabhängig davon sind viele Unternehmen dazu übergegangen, gesetzlich nicht geregelte Beauftragte einzuführen, wie beispielsweise einen **generellen „Umweltbeauftragten“,** der meist auch in Personalunion das Amt eines Compliance-Officers bekleidet.[137]

[131] Eingehend *Streck/Binnewies* DStR 2009, 229; *Kromer/Henschel/Pumpler* BB 2013, 791.
[132] Vgl. *Besch/Starck* in HML Corporate Compliance § 33 Rn. 57ff.; 62ff.
[133] Zur Haftung im Kollegialorgan vgl. *Intemann* in Pahlke/Koenig, AO, § 69 Rn. 76ff.
[134] Vgl. nur *Talaska* BB 2012, 1195 (1196).
[135] Ausführlich *Müller* GmbHR 2003, 389.
[136] Vgl. *Streck/Binnewies* DStR 2009, 229 (231).
[137] *Meyer* in HML Corporate Compliance § 30 Rn. 50.

### 5. Compliance-Pflichten des ausländischen Rechts

Der Vorstand muss ferner beachten, dass in **grenzüberschreitend** organisierten oder agierenden Unternehmen und Konzernen auch ausländische Normen spezielle Pflichten begründen können.[138] Es versteht sich von selbst, dass sich die AG den **Regeln und Gesetzen des jeweiligen lokalen Markts** unterwerfen muss, in dem sie sich bewegt: Wenn sich ein Unternehmen an einer ausländischen Börse notieren lässt, ist es dem ausländischen Kapitalmarktrecht unterworfen; wenn es Produkte im Ausland herstellt und veräußert, ist es dem ausländischen Produktsicherheitsrecht unterworfen.[139] 123

Die Bindung an ausländisches Recht hat aber nicht nur mögliche Pflichtenerweiterungen für die AG selbst zur Folge. Auch der Vorstand muss prüfen, ob sich für ihn persönlich aus den Gesetzesbindungen der Gesellschaft an ausländische Rechtsnormen zwingende Pflichten ergeben, für die ihm nach deutschem Recht unternehmerisches Ermessen zustünde. Es kann erhebliche Folgen haben, wenn der Vorstand ein ihm nach deutschem Recht zustehendes Entschließungs- oder Auswahlermessen ausübt, das ihm das ausländische Recht nicht zugesteht. Dies kann vor allem für die Unternehmensorganisationspflichten bedeutend sein, etwa für die Frage, ob bei der Gesellschaft ein institutionelles Compliance-System einzuführen ist. Das deutsche Recht gibt dem Vorstand hier zwar – wie dargelegt – ein weites Ermessen. Bei der Auslandstätigkeit seines Unternehmens muss er jedoch ermitteln, ob das **ausländische Recht** möglicherweise weitergehende Pflichtenanforderungen an ihn stellt. Welche Anforderungen AG und Vorstand in diesem Zusammenhang einhalten müssen, ergibt sich aus der – oft sehr schwierigen – **kollisionsrechtlichen Beurteilung** der Frage, welches Recht auf welche Aktivitäten der Gesellschaft anwendbar ist.[140] 124

Öffentlichkeitswirksame Fälle dieser Art gab es in jüngerer Zeit vor allem bei Unternehmen, die einen Bezug zum US-Kapitalmarkt haben. Sie müssen eine Vielzahl von Vorgaben des US-Rechts beachten, und zwar unabhängig davon, ob sie in den USA ansässig sind oder nicht.[141] Zu nennen sind zunächst die Regelungen des **Sarbanes Oxley Act (SOX)** aus dem Jahre 2002, der entsprechend der inländischen Compliance-Diskussion den Fokus der internen Überwachung der Unternehmen auf das Risikomanagement und die Risikobewältigung legt.[142] Wie die Ermittlungen des US-amerikanischen Department of Justice (DoJ) sowie der US-amerikanischen Börsenaufsichtsbehörde Securities Exchange Commission (SEC) bei deutschen DAX 30-Unternehmen zeigen, ist auch der Foreign Corrupt Practices Act (FCPA)[143] von erheblicher Bedeutung.[144] Verfahren nach dem FCPA führen häufig zu hohen Geldstrafen für die betreffenden Unternehmen, Freiheitsstrafen für die beteiligten Mitarbeiter und zur Auflage, teure **Überwachungs- und Compliance-Programme** einzuführen, um künftige Verstöße gegen den FCPA zu vermeiden.[145] 125

## III. Maßnahmen zur Aufdeckung von Regelverstößen („detect")

Hat der Vorstand ein Compliance-System bei seiner Gesellschaft implementiert, muss er auch Sorge dafür tragen, dass Verstöße gegen die Compliance-Regeln des Unternehmens erkannt und aufgedeckt werden. Andernfalls verkommen sie zu einem „Papiertiger". Der Vorstand darf nicht erst dann mit der **Überwachung und Überprüfung getroffener** 126

[138] LG München I NZG 2014, 345 (346).
[139] *U.H. Schneider* CCZ 2008, 18; *Heller* NZG 2007, 851 (852).
[140] Hölters/*Hölters* AktG § 93 Rn. 71 mwN.
[141] *Obermayr* in HML Corporate Compliance § 44 Rn. 106ff.
[142] *Obermayr* in HML Corporate Compliance § 44 Rn. 111.
[143] *Cohen/Holland* CCZ 2008, 7.
[144] Hölters/*Hölters* AktG § 93 Rn. 93 mwN.
[145] *Cohen/Holland* CCZ 2008, 7.

**Vorkehrungen** beginnen, wenn Missstände ein- und zutage getreten sind.[146] In diesem Zusammenhang haben sich in der Praxis insbesondere folgende Maßnahmen bewährt:

### 1. Meldesystem bei Verstößen

127 Hat der Vorstand einen Verhaltenskodex eingeführt, sollte er dies mit einem **Meldesystem** verbinden, um Verstöße gegen das Regelwerk feststellen und verfolgen zu können. Eine gesetzliche Pflicht zur Einrichtung von Meldesystemen gibt es im deutschen Recht allerdings nicht; sie ergibt sich auch nicht aus den straf- und zivilrechtlichen Generalklauseln über die Aufsichtspflicht. Gleichwohl kann der Vorstand durch Meldesysteme die Betroffenen zu Beteiligten machen und so die Wirksamkeit der Compliance-Maßnahmen fördern.

#### a) Whistleblowing

128 In vielen Unternehmen gelangen wichtige Informationen allein schon wegen der Unternehmensgröße von der Basis nicht automatisch zum Vorstand oder dem zuständigen Compliance-Officer. Derartige Informationsbarrieren versucht man insbesondere in den USA durch das sogenannte „Whistleblowing" zu überbrücken. Damit ist die Anzeige eines rechtswidrigen Zustands durch einen **unternehmensinternen Informanten,** etwa beim Compliance-Officer oder einem externen Beauftragten gemeint. Dazu wird oft-mals eine Regelung in die Verhaltensrichtlinie eingeführt, die eine Verpflichtung begründet, Fehlverhalten von Unternehmensangehörigen in einem bestimmten Verfahren anzuzeigen.

129 Die Einführung von **Hinweisgebersystemen** kann auch durch die Einschaltung von **Telefonhotlines** oder die Beauftragung externer Ombudsleute erfolgen. Telefonhotlines werden in der Praxis allerdings wenig in Anspruch genommen, weil die Hinweisgeber oftmals um die Vertraulichkeit ihrer Angaben fürchten und nicht wissen, wer am anderen Ende der Leitung sitzt. Der externe Ombudsmann in Form eines zur **Berufsverschwiegenheit** verpflichteten Rechtsanwalts bietet den Vorteil, dass die so erlangten Informationen – im Gegensatz zu solchen, die beim Compliance Officer eingehen – nicht von den Strafverfolgungsbehörden herausverlangt werden können.[147] Mit dem in der 19. Legislaturperiode nicht mehr Gesetz gewordenen Referentenentwurf des Bundesministeriums der Justiz und für Verbraucherschutz für ein Gesetz zum Schutz hinweisgebender Personen (Hinweisgeberschutzgesetz – HinSchG[148]) sollte die Richtlinie (EU) 2019/1937 des Europäischen Parlaments und des Europäischen Rates vom 23.10.2019 zum Schutz von Personen, die Verstöße gegen das Unionsrecht melden (Whistleblower-RL) bis spätestens zum 17.12.2021 in nationales deutsches Recht umgesetzt werden. Mitarbeiter eines Unternehmens sollen zukünftig die Möglichkeit bekommen, solche Verstöße dem eigenen Unternehmen intern anonym melden zu können. Darum verpflichtet die Richtlinie Unternehmen, bis Ende 2021 Meldekanäle für Hinweisgeber einzurichten und Verfahren für die Bearbeitung der Meldungen sowie die Steuerung von Folgemaßnahmen zu etablieren.

130 Inwiefern eine Verpflichtung zur Anzeige rechtswidrigen Verhaltens rechtlich zulässig ist, ist nach deutschem Recht noch nicht abschließend geklärt. Abgesehen von den in Deutschland bestehenden kulturellen und historischen Bedenken gegenüber einer Verpflichtung zum „Denunzieren", „Verpfeifen" bzw. „Anschwärzen" von Kollegen oder Vorgesetzten bestehen auch rechtliche Bedenken. Die hM geht davon aus, dass ein Arbeitnehmer aufgrund seiner allgemeinen **Schadensabwendungspflicht** zur Anzeige gewisser Sachverhalte verpflichtet werden kann. So ist das BAG der Ansicht, dass das Unternehmen ein rechtlich geschütztes Interesse besitzt, nur mit solchen Mitarbeitern zusammenzuarbeiten, die die Ziele des Unternehmens fördern und das Unternehmen vor

[146] OLG Stuttgart NJW 1977, 1410; *Bergmoser/Theusinger/Gushurst* BB-Beil. 5/2008, 1 (5).
[147] Ausführlich LG Mannheim NStZ 2012, 713.
[148] Vgl. dazu ausführlich *Dilling* CCZ 2021, 60 ff.

Schaden bewahren.[149] Dementsprechend hat die Aktiengesellschaft ein berechtigtes Interesse an der unternehmensinternen Anzeige und Aufklärung derartiger Handlungen. Der Vorstand kann also grundsätzlich Anzeigepflichten für Verstöße aufstellen, solange der Umfang dieser Anzeigepflichten für die Mitarbeiter zumutbar ist.

Ein **Dilemma** für das Unternehmen kann sich daraus ergeben, dass es damit „Whistle- 131
Blower" leicht zu Straftaten wie übler Nachrede gem. § 186 StGB verleiten kann. Weil es seine Mitarbeiter infolge seiner arbeitsrechtlichen Fürsorgepflicht auch vor dieser Gefahr schützen muss, ist **Fingerspitzengefühl** – das ohnehin das entscheidende Kriterium allen Vorstandshandelns ist – bei der Ausgestaltung des Meldesystems und bei der Selektion und Behandlung der Anzeigen angebracht.[150]

Ob es möglich ist, eine Anzeigepflicht für jeden Verstoß einzurichten, ist von der 132
Rechtsprechung noch nicht entschieden worden. Fest steht zumindest, dass der Arbeitnehmer jedenfalls nicht zur **Selbstanzeige** verpflichtet werden kann.[151]

### b) Einrichtung einer Beschwerdestelle

Ein Instrument zur Sicherung der Compliance ist die Einrichtung einer **Beschwerdestel-** 133
**le** für die Mitarbeiter. Arbeitnehmer haben nach § 13 Abs. 1 AGG sowie nach der allgemeinen Vorschrift des § 84 BetrVG das Recht zur Beschwerde beim Arbeitgeber. Er hat dafür eine Beschwerdestelle einzurichten oder zu benennen. Diese Verpflichtung besteht ganz unabhängig von der Größe des Unternehmens. Die Bestimmung der zuständigen Stelle fällt in die **Organisationshoheit des Vorstands.**[152] Die Beschwerdestelle kann beispielsweise ein Vorgesetzter, ein **Gleichstellungsbeauftragter** oder eine **betriebliche Beschwerdestelle** sein. Auch die Personalabteilung oder die **Schwerbehindertenvertretung** können zuständige Stelle im Sinne dieser Vorschriften sein.[153]

Da Beschwerden im Allgemeinen und Beschwerden nach § 13 Abs. 1 AGG im Beson- 134
deren mit einem erheblichen Haftungsrisiko für das Unternehmen verbunden sein können, ist es ratsam, die Beschwerdestelle nicht auf die Zwecke der § 13 AGG, § 84 BetrVG zu beschränken, sondern eine umfassend zuständige Compliance-Stelle einzurichten. Diese sollte in der Lage sein, die mit dem jeweils vorgetragenen Sachverhalt verbunden Risiken zu evaluieren und die notwendigen Maßnahmen zu ergreifen bzw. zu veranlassen.

## 2. Überprüfung der Funktionsfähigkeit der Compliance-Organisation („Compliance Audits")

Um die Akzeptanz und Effektivität der Compliance-Maßnahmen, vor allem aber des Hin- 135
weisgebersystems zu gewährleisten, sollte die Wirksamkeit des Compliance-Systems durch **regelmäßige Audits** überprüft werden. Dies stellt nicht nur die Wirksamkeit des Compliance-Systems sicher, sondern hilft auch, dabei zu Tage tretenden Defiziten der Compliance-Strukturen entgegenzuwirken. Für den Vorstand ist dies nicht zuletzt deshalb wichtig, weil er als Teil seiner Legalitätspflicht auch eine Pflicht zur regelmäßigen Prüfung der Wirksamkeit des Compliance-Systems hat.[154]

Stellt der Vorstand fest, dass die von ihm im Rahmen seines unternehmerischen Ermes- 136
sens eingeführten Compliance-Maßnahmen nicht wirksam sind, etwa bestimmte Informationen im Rahmen von **Testläufen** nicht an die die innerhalb der Unternehmensorganisation dafür vorgesehenen Stellen gelangen, muss er untersuchen, welche Gründe dies hat

---

[149] BAG NJW 2004, 1547.
[150] *Tödtmann* BB 2012, Heft 19, Die erste Seite.
[151] Eingehend *Tödtmann/Kaluza-Krieg* in MSG Vertragsgestaltung ArbR „Compliance-Verpflichtung" Rn. 33; *Tödtmann/v. Erdmann* NZA 2020, 1577 ff.
[152] *Oetker* NZA 2008, 264 (266) mwN.
[153] *Gach/Julis* BB 2007, 773.
[154] *Liese/Schulz* BB 2011, 1347 (1349), auch in Bezug auf ausländische Rechtsordnungen.

und mit geeigneten Maßnahmen gegensteuern.[155] Sofern Rechtsverstöße aufdeckt werden, muss der Vorstand sie – ungeachtet etwaigen unternehmerischen Ermessens – abstellen.

137 Der Vorstand muss anhand der Strukturen und des von ihm ermittelten Risikoprofils für seine Gesellschaft festlegen, in welcher Regelmäßigkeit er **Compliance-Audits** durchführt. Wie schon bei der Frage, ob und welche Compliance-Maßnahmen der Vorstand einführt, kommt ihm auch hier ein weiter Ermessensspielraum zu.[156]

138 Gewisse Anhaltspunkte für den Vorstand und die Compliance-Verantwortlichen, wie ein solches Compliance-Audit strukturiert sein sollte, enthält wiederum der IDW Prüfstandard PS 980:

a) Festlegung der Zuständigkeiten für die Compliance-Überwachung;
b) Entwicklung eines Überwachungsplans;
c) Bereitstellung von ausreichenden Ressourcen für die Durchführung der Überwachungsmaßnahmen;
d) Bestimmung der Berichtswege für die Ergebnisse der Überwachungsmaßnahmen sowie
e) Erstellung von Berichten für die Ergebnisse der Überwachungsmaßnahmen und Auswertung der Berichte durch die zuständige Stelle.

139 Im Rahmen eines solchen Compliance-Audits sind nach Auffassung des BGH **stichprobenartige und überraschende Prüfungen** erforderlich, aber grundsätzlich auch ausreichend.[157] Hat der Vorstand Zweifel an der Wirksamkeit stichprobenartiger Untersuchungen oder fördern schon die Stichproben Verstöße ans Tageslicht, muss der Vorstand die Verstöße abstellen und die **Kontrolldichte intensivieren.**[158]

140 Ob das Unternehmen die Compliance-Audits durch interne Organisationseinheiten (Compliance, Recht, interne Revision, Personal, Finanzen) oder durch externe Berater durchführen lässt, obliegt seinem Ermessen. Aus Gründen der **„Selbstreinigung"** dürfte es sich selbst dann, wenn die Compliance-Audits grundsätzlich durch interne Stellen durchgeführt werden sollen, anbieten, zumindest in gewissen Zeitabständen externe Prüfer mit einer objektiven Kontrolle der Funktionsfähigkeit der bestehenden Compliance-Strukturen zu beauftragen.[159] Gleiches gilt für die Beurteilung, ob im Rahmen solcher Audits aufgedeckte Verstöße oder Schwächen des bisherigen Systems ordnungsgemäß und wirksam beseitigt wurden und ob und wie dies gegenüber Behörden oder der Öffentlichkeit kommuniziert werden soll (sog. **Compliance Monitor**).[160]

## IV. Reaktion auf Verstöße („react")

141 Haben die zuständigen Personen im Zuge einer unternehmensinternen Compliance-Kontrolle, durch Hinweise im Meldesystem oder durch Zufall von Verstößen durch Mitarbeiter oder Vorstandsmitglieder[161] erfahren, stellt sich für den Vorstand – und wenn es um das Fehlverhalten von Vorstandsmitgliedern geht, den Aufsichtsrat – die Frage, ob und wie er hierauf reagiert. Die angemessene Reaktion auf und die **konsequente Sanktion von Rechtsverstößen** sind wesentliche Säulen eines wirksamen Compliance-Systems.[162]

### 1. Aufklärung der Verstöße und Internal Investigations

142 Werden Rechtsverstöße von Unternehmensangehörigen bekannt, sind der Vorstand und die nachgeordneten Compliance-Verantwortlichen verpflichtet, diese Verstöße aufzuklä-

[155] *Moosmayer* Compliance § 5 Rn. 287.
[156] Überblick bei *Liese/Schulz* BB 2011, 1347.
[157] BGH WuW/E 1799 – „Revisionsabteilung"; *Bergmoser/Theusinger/Gushurst* BB-Beil. 5/2008, 1 (5).
[158] *Hauschka/Greeve* BB 2007, 165 (172); *Reichert/Ott* ZIP 2009, 2173 (2177).
[159] *Moosmayer* Compliance § 5 Rn. 297.
[160] *Moosmayer* Compliance § 5 Rn. 302.
[161] Zu internen Aufklärungspflichten von Vorstand und Aufsichtsrat vgl. *Grunewald* NZG 2013, 841.
[162] *Mengel/Ullrich* NZA 2006, 240 (245 f.).

ren[163] und den Sachverhalt zu ermitteln, um sich eine hinreichende **Informationsgrundlage** für die Einleitung möglicher Sanktionen gegen verantwortliche Mitarbeiter, Vertragspartner oder sonstige Dritte, aber auch zur Abwehr möglicher Ansprüche geschädigter Dritter und behördlicher Sanktionen gegen das Unternehmen und den Vorstand selbst zu beschaffen.[164] Unternehmerisches Ermessen im Sinne der Business-Judgement-Rule kommt dem Vorstand bei der Entscheidung darüber, ob Anhaltspunkten für Rechtsverstößen nachgegangen wird, nach ganz hM nicht zu.[165] Liegen Verdachtsmomente vor, muss der Vorstand den Sachverhalt untersuchen und aufklären.

Demgegenüber trifft der Vorstand die Entscheidung darüber, in welcher Form er solchen Verdachtsmomenten nachgeht, nach seinem Ermessen.[166] Voraussetzung hierfür ist aber, dass die vom Vorstand im Rahmen seines Ermessens gewählte Art der Sachaufklärung überhaupt geeignet und erfolgversprechend ist. Andernfalls steht ihm diese Möglichkeit nicht offen. In der Praxis werden vielfach Rechtsanwalts- oder Wirtschaftsprüfungskanzleien mit der **Ermittlung des Ausmaßes möglicher Gesetzesverstöße** beauftragt. Dies bietet sich unabhängig von den in diesem Zusammenhang bestehenden, schwierigen Rechtsfragen schon deshalb an, weil anwaltliche Arbeitsergebnisse aus **„Internal Investigations"**, insbesondere Berichte, hierfür verwendete (Geschäfts-)Unterlagen sowie Protokolle über Mitarbeiterbefragungen wegen der Verpflichtung zur Berufsverschwiegenheit von den Ermittlungsbehörden nicht beschlagnahmt werden dürfen, soweit sie sich im Gewahrsam der mandatierten Rechtsanwälte befinden.[167] Das ist bei den Ergebnissen interner Untersuchungen des durch eigene Mitarbeiter des Unternehmens, einschließlich seiner Syndikusanwälte,[168] nicht der Fall. Alles, was sie ermitteln, muss den zuständigen Ermittlungsbehörden, insbesondere Polizei und Staatsanwaltschaft, herausgegeben werden. 143

Unabhängig davon muss der Vorstand – jenseits gesetzlich bestehender Offenlegungspflichten – abwägen, ob und wann das Unternehmen die **staatlichen Ermittlungsbehörden einbezieht** und sich kooperationsbereit zeigt, indem es Behörden interne Ermittlungsergebnisse zur Verfügung stellt.[169] Das wird nicht zuletzt davon abhängen, wie der Vorstand die Reaktion der Behörden und der Öffentlichkeit auf angebliche Verstöße der Unternehmensangehörigen einschätzt, wobei auch die Frage des Reputationsrisikos ein Abwägungskriterium im Rahmen der Frage ist, wie eine Kooperation oder Nichtkooperation von der Öffentlichkeit bewertet wird. Dabei ist allerdings zu berücksichtigen, dass den staatlichen Ermittlungsbehörden oftmals weitergehende Ermittlungsmöglichkeiten offenstehen. Dies gilt vor allem für **Beweissicherungsmaßnahmen** bei unternehmensexternen Dritten. 144

Schließlich muss der Vorstand – gerade in kartellrechtlichen Verfahren – berücksichtigen, ob dem Unternehmen durch die frühzeitige Information der Behörden Vorteile bei der Bemessung der Sanktionen (etwa im Rahmen einer **Kronzeugen- bzw. Bonusregelung**) entstehen. 145

## 2. Mitarbeiterbefragungen und Amnestieprogramme

Obwohl heutzutage hochspezialisierte Dienstleister das Durchsuchen großer Datenmengen, Unterlagen und E-Mails ganz erheblich erleichtern, ist die **Befragung der betroffenen Mitarbeiter** nach wie vor die ergiebigste Erkenntnisquelle interner Untersuchungen. 146

Zwar unterliegen die Mitarbeiter – jedenfalls bei dienstlichen Informationen – weitgehenden **Auskunftspflichten** gegenüber dem Unternehmen, die von einer im Vordringen 147

[163] Zu den „Sieben Schritten" bei internen Untersuchungen vgl. *Moosmayer* Compliance § 5 Rn. 311 ff.
[164] Eingehend *Wagner* CCZ 2009, 8.
[165] *Spehl/Momsen/Grützner* CCZ 2013, 260 (261); *Reichert/Ott* ZIP 2009, 2173 (2176).
[166] Vgl. *Reichert/Ott* ZIP 2009, 2173 (2176) mwN.
[167] So LG Mannheim NStZ 2012, 713.
[168] Hierzu eingehend *Roxin* NJW 1995, 17.
[169] Guter Überblick bei *Moosmayer* Compliance § 5 Rn. 349 ff.

befindlichen Auffassung indes ihre Grenze in der Selbstbelastungsfreiheit sehen.[170] Das hierbei (jedenfalls praktisch) auf der Hand liegende Dilemma zwischen dem für die Sachaufklärung erforderlichen Wissen der betroffenen Mitarbeiter und deren Sorge um **Selbstbezichtigung** versuchen viele Unternehmen durch Spezial- oder **Generalamnestiezusagen** zu bewältigen. Hierbei handelt es sich um (ggf. zeitliche befristete) Zusagen einerseits, auf den Ausspruch außerordentlicher und ordentlicher Kündigungen gegenüber kooperationsbereiten Arbeitnehmern wegen der von ihnen berichteten Pflichtverletzungen zu verzichten. Ein **Verzicht auf Schadensersatzansprüche** in diesem Zusammenhang bis hin zur Zusage, keine Strafanzeige wegen eines rechtswidrigen und strafbaren Verhaltens zu stellen, ist ebenso möglich[171] wie die **Übernahme der persönlichen Rechtsverteidigungskosten** des Mitarbeiters durch die Gesellschaft.[172]

148 Insbesondere für den Vorstand stellt sich in diesem Zusammenhang aber die Frage, ob und in welchem Umfang ein solcher Verzicht noch pflichtgemäß ist.[173] Schließlich stehen der Gesellschaft den an Rechtsverstößen beteiligten Mitarbeitern gegenüber teils erhebliche Schadensersatzansprüche zu, die durch einen Verzicht im Rahmen eines **Amnestieprogramms** wegfallen. Dadurch entsteht der Gesellschaft zunächst einmal ein Schaden. Der Vorstand ist aber grundsätzlich verpflichtet, Ansprüche der Gesellschaft durchzusetzen.[174]

149 Die hM billigt dem Vorstand in dieser Situation mit Rücksicht auf die Business Judgement Rule (§ 93 Abs. 1 S. 2 AktG) ein unternehmerisches Ermessen zu.[175] Er muss jeweils beurteilen, ob ein Verzicht auf Ansprüche gegenüber Mitarbeitern angemessen ist: Das **Aufklärungsinteresse** muss das Sanktionsinteresse überwiegen und die Maßnahme des Verzichts auf Sanktionen und Schadensersatz muss unter Berücksichtigung des **Unternehmensinteresses** angemessen sein, dh der Vorstand muss nach Abwägung die Nachteile durch den Anspruchsverzicht für kleiner halten als die infolge der Kooperation des Mitarbeiters für die Gesellschaft entstehenden Vorteile.[176]

150 Mit einer Beurteilung des einzelnen Falles kann und darf sich der Vorstand allerdings nicht begnügen, sondern muss auch die Wirkung des Verzichts auf andere Arbeitnehmer des Unternehmens berücksichtigen. Schließlich kann ein **Verzicht** des Unternehmens auf Sanktionsmaßnahmen eine falsche **Signalwirkung** haben und andere Arbeitnehmer angesichts fehlender Konsequenzen geradezu zur Nachahmung ermutigen.[177]

### 3. Pflicht zur Sanktionierung von Verstößen

151 Nach hM trifft den Vorstand grundsätzlich die Pflicht, die im Rahmen interner oder behördlicher Ermittlungen aufgedeckten Pflichtverletzungen und Verstöße von Mitarbeitern **angemessen zu sanktionieren.**[178] Dies wird man zumindest insoweit einschränken müssen, als die Zulässigkeit des Absehens von Sanktionen im Rahmen eines Amnestieprogramms der pflichtgemäßen Entscheidung des Vorstands obliegt (→ Rn. 146f. unter D. IV.2.).

---

[170] Zu deren Umfang vgl. *Mengel/Ullrich* NZA 2006, 240 (243); *Diller* DB 2004, 313.

[171] Eingehend *Breßler/Kuhnke/Schulz/Stein* NZG 2009, 721; zur arbeitsrechtlichen Komponente vgl. *Wastl/Pusch* RdA 2009, 376; zur Unzulässigkeit von Amnestieprogrammen für Mitglieder der Unternehmensleitung *Kahlenberg/Schwinn* CCZ 2012, 81 (82).

[172] *Göpfert/Merten/Siegrist* NJW 2008, 1703 (1704); *Kahlenberg/Schwinn* CCZ 2012, 81.

[173] Zum Abwägungskatalog *Mengel,* Compliance und Arbeitsrecht, 2009, Kap. 5 Rn. 49ff.

[174] Hölters/*Hölters* AktG § 93 Rn. 116 mwN.

[175] *Breßler/Kuhnke/Schulz/Stein* NZG 2009, 721 (723); *Kahlenberg/Schwinn* CCZ 2012, 81.

[176] *Mengel,* Compliance und Arbeitsrecht, 2009, Kap. 5 Rn. 30; *Göpfert/Merten/Siegrist* NJW 2008, 1703 (1704).

[177] *Göpfert/Merten/Siegrist* NJW 2008, 1703 (1704); *Reichert/Ott* ZIP 2009, 2173 (2178).

[178] *Kremer/Klahold* ZGR 2010, 113 (135); *Reichert/Ott* ZIP 2009, 2173 (2178); *Bürkle* BB 2005, 565f.; aA Hölters/*Hölters* AktG § 93 Rn. 109; *Mengel* CCZ 2008, 85 (88).

Demgegenüber wird dem Vorstand ein **Ermessen** bei der Auswahl der eingesetzten Sanktionen zugestanden.[179] Neben der Möglichkeit, Strafanzeige zu erstatten oder einen Strafantrag durch das Unternehmen zu stellen sowie Schadensersatzansprüche gegen den Mitarbeiter geltend zu machen, bestehen die folgenden Möglichkeiten arbeitsrechtlicher Sanktionen. Wichtig ist, dass der Vorstand dabei den **Mittelweg** zwischen einer individuellen gerechten und generell konsequenten Ahndung der Verstöße findet. Welches Sanktionsmittel bei einem Fehlverhalten im konkreten Fall gerechtfertigt ist, bemisst sich nach der Schwere des Pflichtverstoßes[180] und seiner **arbeitsrechtlichen Zulässigkeit.** In Frage kommen die Folgenden: 152

- Ermahnung oder Abmahnung;
- Änderung der Zuständigkeit oder der Tätigkeitsfelds im Rahmen des Direktionsrechts;
- außerordentliche, fristlose (§ 626 BGB) oder ordentliche fristgemäße Kündigung des Betroffenen (§ 1 KSchG), sei es als Beendigungs- oder als Änderungskündigung;
- Verhängen von Betriebsbußen[181] oder von arbeitsvertraglich vereinbarten Vertragsstrafen;
- Geltendmachung von bzw. Aufrechnung mit Schadensersatzansprüchen und Ausübung von Zurückbehaltungsrechten.

Bei der **Auswahl des Sanktionsmittels** ist auch zu beachten, dass die Hinweise und Verhaltensgebote in einem Verhaltenskodex keine vorweggenommene Abmahnung darstellen.[182] Eine ordentliche Kündigung wegen Verstoßes gegen den Verhaltenskodex ohne vorherige Abmahnung kommt nur ausnahmsweise bei ganz erheblichen Verstößen, eine außerordentliche Kündigung nur bei schweren Pflichtverletzungen, vor allem also bei Straftaten wie zB Bestechung bzw. Bestechlichkeit, Insiderhandel, Untreue, Bilanzstraftaten, aber auch schweren zivilrechtlichen Pflichtverletzungen wie Konkurrenztätigkeiten in Betracht.[183] 153

Verstößt ein Arbeitnehmer gegen einen wirksam eingeführten Verhaltenskodex, wird eine arbeitsrechtliche Sanktion allerdings arbeitsgerichtlich deutlich besser zu verteidigen sein als ohne Verhaltenskodex. Denn die konkrete Verhaltenspflicht muss nicht erst aus allgemeinen Nebenpflichten des Arbeitsverhältnisses abgeleitet werden, weil das Unternehmen durch den Verhaltenskodex klar zum Ausdruck bringt, dass es die Einhaltung der geregelten Verhaltenspflichten für besonders wichtig hält und ihm kündigungsrelevanten Stellenwert beimisst. Dies ist im Rahmen der arbeitsrechtlich bei Kündigungen stets vorzunehmenden sorgfältigen **Interessenabwägung** zu Gunsten des Arbeitgebers zu berücksichtigen. *Hauschka/Greeve*[184] weisen in diesem Zusammenhang zutreffend darauf hin, dass das Arbeitsrecht der von Unternehmen oftmals angekündigten **„Null Toleranz"-Politik** enge Grenzen zieht. Das kann teilweise erhebliche Auswirkungen auf die Glaubwürdigkeit und Effektivität des Compliance-Programms haben. Dies ist insbesondere der Fall, wenn sich Mitarbeiter, die offenkundig Straftaten zulasten des Unternehmens begangen haben, wegen Fehlern im Kündigungsprozess vor den Arbeitsgerichten durchsetzen. Die hierdurch vermittelte Botschaft an die rechtstreuen Mitarbeiter des Unternehmens bewirkt dann leider das genaue Gegenteil dessen, was das Unternehmen mit seiner „Null Toleranz"-Ankündigung erreichen will. Vor arbeitsrechtlich nicht gründlich durchdachten Maßnahmen kann deshalb nur eindringlich gewarnt werden. Schon um den Ruf des Compliance Systems nicht zu gefährden, empfiehlt es sich, sorgfältig und mit professioneller Unterstützung die arbeitsrechtlich gebotenen Maßnahmen vorzubereiten und durchzuführen. 154

---

[179] BeckOGK/*Fleischer* AktG § 91 Rn. 55 f.; *Reichert/Ott* ZIP 2009, 2173 (2177).
[180] *Tödtmann/Kaluza-Krieg* in MSG Vertragsgestaltung ArbR „Compliance-Verpflichtungen" Rn. 41 ff.; *Reichert/Ott* ZIP 2009, 2173 (2179).
[181] *Tödtmann/Kaluza-Krieg* in MSG Vertragsgestaltung ArbR „Compliance-Verpflichtungen" Rn. 41 ff.
[182] So auch *Vogt* NJOZ 2009, 4206 (4210).
[183] *Tödtmann/Kaluza-Krieg* in MSG Vertragsgestaltung ArbR „Compliance-Verpflichtungen" Rn. 41 ff.; *Vogt* NJOZ 2009, 4206 (4210).
[184] *Hauschka/Greeve* BB 2007, 161 (171).

## F. Haftung der Vorstandsmitglieder für mangelhafte Compliance

155 Mit Blick auf seine umfangreichen Pflichten liegt es auf der Hand, dass eine unzureichende Compliance-Organisation für das Vorstandsmitglied beträchtliche **persönliche Haftungsgefahren** birgt.

### I. Strafrechtliche Haftung

156 Das schärfste Schwert der Sanktion gegen den Vorstand ist die strafrechtliche Verantwortlichkeit. Neben der **täterschaftlichen Begehung** durch ihn selbst kommen die **Beteiligung (Anstiftung, Beihilfe) des Vorstands** an Taten Unternehmensangehöriger und Unterlassungsdelikte in Betracht.

157 Jenseits der branchenbezogenen Strafbarkeitsrisiken für den Vorstand stellt sich die Frage, ob eine allgemeine Unterlassensstrafbarkeit des Vorstands aufgrund unterlassener oder mangelhafter Installation eines Compliance-Systems und darauf beruhenden Straftaten von Unternehmensangehörigen in Betracht kommt (§ 13 StGB). Das ist jedoch regelmäßig nicht der Fall. Zum einen gibt es jenseits der genannten spezialgesetzlichen Compliance-Pflichten keine allgemeine Rechtspflicht zur **Einführung eines institutionellen Compliance-Systems.** Zum anderen müsste dem Vorstand nachgewiesen werden, dass die durch Unternehmensangehörige begangene Tat durch ein angemessenes Compliance-System sicher hätte vermieden werden können.[185] Darüber hinaus nimmt die Rechtsprechung an, dass sich allein aus der Stellung als Mitglied des Vorstands einer AG keine Garantenpflicht gegenüber außenstehenden Dritten ergibt, eine Schädigung ihres Vermögens zu verhindern.[186] Daher kommt eine strafrechtliche Haftung des Vorstands für die unterlassene Organisation einer Compliance-Struktur jenseits der oben genannten spezialgesetzlichen Verantwortlichkeiten in aller Regel nicht in Betracht.[187]

### II. Zivilrechtliche Haftung

158 Verletzt der Vorstand seine Compliance-Pflicht durch eigene Rechtsverstöße oder weil er Rechtsverstöße von Unternehmensangehörigen infolge mangelhafter vertikaler oder horizontaler Überwachungsmaßnahmen ermöglicht, richtet sich die Haftung des Vorstandsmitglieds primär nach § 93 Abs. 2 S. 1 AktG. Danach haften die **Vorstandsmitglieder** der Gesellschaft gegenüber im Falle schuldhafter **Pflichtverletzungen als Gesamtschuldner** auf Schadensersatz. Insbesondere aufgrund des immer häufigeren Abschlusses von **D&O-Versicherungen** nimmt in jüngerer Zeit die Inanspruchnahme von Vorstandsmitgliedern auch für solche Schadenssummen, die sie auch nicht ansatzweise aus ihrem Privatvermögen ersetzen könnten, deutlich zu.

#### 1. Pflichtverletzung des Vorstands

159 Um den Haftungstatbestand auszulösen, muss das Vorstandsmitglied eine ihn treffende Organisations- oder Überwachungspflicht verletzt haben. In diesem Zusammenhang kommt erneut die Reichweite der jeweiligen Compliance-Pflichten ins Blickfeld. Dabei spielt eine entscheidende Rolle, ob es sich um eine gebundene oder eine **Ermessensentscheidung** des Vorstands handelt (→ Rn. 35 ff. unter C. II.).

[185] Vgl. *Bottmann* in Park, Kapitalmarktstrafrecht, 5. Aufl. 2019, Kap. 2.1 Rn. 36; in diesem Zusammenhang ist ausreichend, dass die Tat durch ein Compliance-System mit an Sicherheit grenzender Wahrscheinlichkeit hätte verhindert werden können, vgl. nur die Nachweise bei BGHSt 37, 106 (127).

[186] BGH NZG 2012, 992; krit. *Nietsch* CCZ 2013, 192.

[187] *Schaefer/Baumann* NJW 2011, 3601 (3604).

Wenn es sich um eine gebundene Entscheidung handelt, stellt die pflichtwidrige Handlung des Vorstands zugleich eine haftungsrelevante Pflichtverletzung iSd § 93 Abs. 1 S. 2 AktG dar. Liegt der Pflichtverletzung demgegenüber eine unternehmerische Entscheidung wie etwa die Frage, wie das Compliance-System ausgestaltet wird, zugrunde, die er nach pflichtgemäßem Ermessen zu treffen hat, liegt eine haftungsauslösende Pflichtverletzung dann nicht vor, wenn der Vorstand vernünftigerweise annehmen durfte, **auf der Grundlage angemessener Information zum Wohle der Gesellschaft** zu handeln. Der Vorstand genießt in diesem Zusammenhang also in weiten Teilen die Vorteile der Business Judgement Rule (→ Rn. 34 ff. unter C. II.).[188] Das macht es erforderlich, dass der Vorstand bei der Ermittlung der Rechtslage und der Frage, ob er überhaupt Ermessen hat und wie weit dieses reicht, auf fachkundige Mitarbeiter und im Zweifel auch auf externe Spezialisten vertraut. In diesem Zusammenhang legt die Rechtsprechung dem Vorstand erhebliche Pflichten bei Auswahl und Information der Berater auf; „Gefälligkeitsgutachten" helfen nach der strengen Rechtsprechung des BGH ebenso wenig wie die Auswahl nicht qualifizierter oder nicht hinreichend unabhängiger Berater.[189] 160

## 2. Beweislast

Besonders bedeutsam ist in diesem Zusammenhang, dass das Vorstandsmitglied im Ernstfall nachweisen können muss, dass es die **Sorgfalt eines ordentlichen Geschäftsleiters** angewandt hat, also entweder nicht pflichtwidrig oder nicht schuldhaft gehandelt hat.[190] Aus der Einführung eines Compliance-Systems folgt nach hM per se allerdings weder eine Haftungsreduktion noch eine Beweislastumkehr zu Lasten der Gesellschaft.[191] 161

## 3. Schuldhaftes Handeln des Vorstands

Der Vorstand muss zur Vermeidung seiner eigenen Haftung nachweisen, dass er den Pflichtverstoß nicht schuldhaft begangen hat. In diesem Zusammenhang ist zu beachten, dass Vorstandsmitglieder **nur für eigenes Verschulden** haften; eine Zurechnung von Fremdverschulden nach § 278 BGB scheidet aus. Denn die Mitarbeiter der Gesellschaft sind weder Erfüllungs- noch Verrichtungsgehilfen des Vorstands, sondern ausschließlich solche der Gesellschaft (§§ 278, 831 BGB).[192] Eine unzulässige Delegation von Aufgaben, wie der (unwirksame) Versuch einer vollständigen Verlagerung der Compliance-Aufgabe auf einen Compliance-Officer, die Auswahl offensichtlich ungeeigneter Mitarbeiter oder deren unzureichende Unterweisung, stellt jedoch eine eigene Pflichtverletzung des Vorstands dar, die zu seiner unmittelbaren Haftung nach § 93 Abs. 2 AktG führen kann.[193] 162

## 4. Kausalität der Pflichtverletzung für den Schaden

Nach allgemeinen haftungsrechtlichen Grundsätzen muss der der Gesellschaft entstandene Schaden kausal auf die Pflichtverletzung des Vorstands zurückgehen. Regelmäßig verteidigen sich Vorstände damit, dass der Schaden der Gesellschaft auch dann eingetreten wäre, wenn sie ihre Pflicht zur Einrichtung und Überwachung eines der konkreten Lage der Gesellschaft angemessenen Compliance-Systems nachgekommen wären; schließlich kann 163

[188] Vgl. nur *Meier-Greve* BB 2009, 2555 (2557); zu den für diese Entscheidung maßgeblichen Überlegungen und Leitlinien *Hahn/Naumann* CCZ 2013, 156.

[189] Vgl. BGH NZG 2011, 1271 – Ision; *Hahn/Naumann* CCZ 2013, 156; *Merkt/Mylich* NZG 2012, 525 (528).

[190] BGHZ 152, 280 (283); LG München I NZG 2014, 345 (347); *Schaefer/Baumann* NJW 2011, 3601 (3604).

[191] S. aber etwa für die Straf- und Bußgeldzumessung BGH NZWiSt 2018, 379 ff. und die zivilrechtlichen Ansprüche *Goette/Barring,* DStR 2021, 1238 (1239).

[192] *Meier-Greve* BB 2009, 2555 (2557) mwN.

[193] Hüffer/Koch/*Koch* AktG § 93 Rn. 46; *Fleischer* AG 2003, 291 (292 ff.).

auch das beste Compliance-System die Gesellschaft nicht vor jeglichem Risiko schützen. Der Vorstand kann daher regelmäßig den Einwand des sogenannten **rechtmäßigen Alternativverhaltens** erheben. So hat der Bundesgerichtshof gerade in einem jüngeren Urteil entschieden, dass ein Vorstand gegenüber einer Schadensersatzklage der Aktiengesellschaft, die mit dem Verstoß gegen einen zugunsten des Aufsichtsrats eingerichteten Zustimmungsvorbehalt begründet ist, einwenden, der Aufsichtsrat hätte den von ihm durchgeführten Maßnahmen zugestimmt, wenn er ihn gefragt hätte[194]. Dieser Einwand kann grundsätzlich auch dann eröffnet sein, wenn es um die Verletzung der Compliance-Pflicht als solcher, also um die Organisationspflicht des Vorstands geht und der Schaden auch bei pflichtgemäßem Handeln eingetreten wäre.[195] Hinsichtlich der Beweislastverteilung zwischen Vorstand und AG ist allerdings zu beachten, dass das Vorstandsmitglied die volle Beweislast dafür trägt, dass der eingetretene Schaden auch dann entstanden wäre, wenn es seiner Organisationspflicht nachgekommen wäre.[196] Hier liegen die **Beweisschwierigkeiten** insbesondere dann, wenn das Vorstandsmitglied nicht mehr für die Aktiengesellschaft tätig ist, auf der Hand.

### 5. Offene Fragen

164 Ferner sind zwei in diesem Zusammenhang brisante Themenkomplexe noch nicht abschließend geklärt. Zum einen, ob sich der Vorstand im Falle einer Schadensersatzforderung der Gesellschaft darauf berufen kann, dass ihr im Gegenzug Vorteile zugeflossen sind (sog. **Vorteilsausgleichung**).[197] Denn die allgemeinen schadensrechtlichen Grundsätze gelten auch für die Haftung des Vorstands und schließen die sogenannte Vorteilsausgleichung mit ein.[198] Ein solcher Vorteilsausgleich tritt aber nicht ein, wenn dies bei wertender Betrachtung als nicht hinnehmbar erscheint.[199] Danach ist etwa eine Vorteilsausgleichung bei Schmiergeldzahlungen durch Verrechnung gegen die Profite des dadurch gewonnenen Auftrags unzulässig.[200]

165 Zum anderen ist insbesondere bei der Verhängung von Bußgeldern gegen eine Gesellschaft wegen Kartellverstößen hoch umstritten, ob das Unternehmen wegen gezahlter **Kartellbußgelder** beim Vorstand **Regress** nehmen kann. Begründet wird dies teilweise damit, dass bei einem Regressanspruch gegen den Vorstand der Sanktionszweck der Unternehmensgeldbuße ebenso ausgehebelt werde wie der für Unternehmen und natürliche Personen unterschiedlich ausgeprägte Bußgeldrahmen.[201] Ob sich diese Auffassung im Interesse einer Haftungsreduzierung für Vorstandsmitglieder durchsetzt, bleibt abzuwarten. Die aktuelle Rechtsprechung der Arbeits- und Landesarbeitsgerichte könnte indes darauf hindeuten, dass die Gerichte einen solchen Rückgriff des Unternehmens wegen Kartellbußgeldern gegen Organe und leitende Angestellte eher ablehnen.[202]

## III. Ordnungswidrigkeitenrechtliche Haftung und mehr

166 Im Compliance-relevanten Bereich ist ferner zu beachten, dass Straftaten und Ordnungswidrigkeiten der Unternehmensangehörigen nicht nur erhebliche Gefahren für die tat-

---

[194] BGH NZG 2018, 1189ff.
[195] Vgl. etwa *Fleischer* NJW 2009, 2337 (2339f.); *Meier-Greve* BB 2009, 2555 (2558); aA etwa *Schaefer/Baumann* NJW 2011, 3601 (3604).
[196] *Fleischer* NJW 2009, 2337 (2339f.).
[197] Vgl. im Zusammenhang mit Kartellverstößen *Karbaum* AG 2013, 863 (864).
[198] OLG Hamburg AG 2010, 502 (507); *Karbaum* AG 2013, 863 (867).
[199] So zB Hüffer/Koch/*Koch* AktG § 93 Rn. 49; *Fleischer* DStR 2009, 1204 (1210).
[200] Ausführlich *Thole* ZHR 173 (2009), 504 (530f.).
[201] Nachweise bei *Fleischer* BB 2008, 1070 (1073); so auch LAG Düsseldorf Teilurteil vom 20.1.2015 – 16 Sa 459/14 ua.
[202] LAG Düsseldorf Teilurteil vom 20.1.2015 – 16 Sa 459/14 ua.

sächlich handelnden Personen bergen, sondern auch zu beträchtlichen finanziellen Konsequenzen für das Unternehmen selbst in Form der **Verhängung einer Geldbuße** nach den §§ 30, 130 OWiG führen können. Kommt es etwa auf Grund einer fehlerhaften Unternehmensorganisation durch den Vorstand zu einer Verletzung betriebsbezogener Pflichten, haften gem. § 30 OWiG zum einen die Gesellschaft für das Fehlverhalten des Vorstands und der Vorstand anstelle des Unternehmens (§§ 9, 130 OWiG) für die teilweise empfindlichen Geldbußen.[203]

§ 30 OWiG regelt die Verantwortlichkeit des Unternehmens für begangene Straftaten 167 oder Ordnungswidrigkeiten seiner Repräsentanten, die zu einer Pflichtverletzung des Unternehmens oder zu dessen Bereicherung geführt haben oder hätten führen sollen. Die Vorschrift ermöglicht somit den **ordnungswidrigkeitenrechtlichen Durchgriff** auf die Gesellschaft selbst. Wenn ein Unternehmen daher nicht genügend interne Kontrolle schafft und es dadurch zu Ordnungswidrigkeiten oder Straftaten seiner Organe oder Mitarbeiter kommt, so haftet es neben diesen auch selbst.[204]

§ 30 Abs. 1 Nr. 1 OWiG erfasst dabei auch die Organe juristischer Personen, also die 168 Vorstandsmitglieder persönlich.[205] Ziel dieser Norm ist insbesondere die **Vorteilsabschöpfung von „Gewinnen"** aus Pflichtverstößen, die dem Unternehmen zugutekommen, sowie die Verhinderung von Straftaten, wie insbesondere der Korruption, Geldwäsche, Wettbewerbsdelikten, Steuerhinterziehung, Insiderhandel und des Verrats von Geschäftsgeheimnissen. Anknüpfungspunkt für die Annahme einer Ordnungswidrigkeit iSd § 30 OWiG ist in der Regel die Verletzung einer unternehmensbezogenen Aufsichtspflicht nach § 130 OWiG.[206] Danach macht sich bußgeldpflichtig, wer die Aufsichtsmaßnahmen unterlässt, die erforderlich sind, um Straftaten oder Ordnungswidrigkeiten im Betrieb zu verhindern. Das gilt für sämtliche Betriebe, nicht nur für große börsennotierte Aktiengesellschaften, sondern auch für kleine und mittelständische Unternehmen. Dabei projiziert § 9 OWiG die eigentlich das Unternehmen treffende Aufsichtspflicht nach § 130 OWiG auf den Vorstand persönlich.

§ 130 OWiG dient der Verhinderung von betriebstypischen Rechtsverstößen und sank- 169 tioniert das Unterlassen etwaiger Aufsichtspflichten durch Unternehmensverantwortliche, also insbesondere auch den Vorstand. Welche konkreten Aufsichtspflichten bestehen, ist leider nicht anhand vorgegebener Schemata zu beantworten.[207] § 130 Abs. 1 S. 2 OWiG präzisiert die Aufsichtspflichten nur dahingehend, dass die **Bestellung, sorgfältige Auswahl und Überwachung von Aufsichtspersonen** hinsichtlich aller aktiv im Unternehmen tätigen Personen vorzunehmen ist.[208] Ob dies im konkreten Unternehmen die Einrichtung einer Compliance-Organisation erfordert, obliegt der pflichtgemäßen Beurteilung des Vorstands (→ Rn. 34 ff. unter C. II.).[209]

Dies bedeutet, dass der Vorstand zwar zur Verhütung eines jeglichen Rechtsverstoßes 170 durch die Mitarbeiter des Unternehmens verpflichtet ist. Seine diesbezüglichen Pflichten stehen aber immer unter dem Vorbehalt der Erforderlichkeit und der Zumutbarkeit. Er muss nicht alle arbeitsrechtlich möglichen Maßnahmen zu ergreifen, sondern nur **das „Sinnvolle"** tun.

Nach Auffassung der Politik ist eine angemessene Reaktion auf Unternehmenskrimina- 171 lität mit der gegenwärtigen Ahndung der Verbände lediglich mit einer Geldbuße nach dem Gesetz über Ordnungswidrigkeiten (OWiG) nicht möglich.[210] Aus diesem Grund

[203] Sehr instruktiv *Többens* NStZ 1999, 1; *Rettenmaier/Palm* NJOZ 2010, 1414.
[204] *Baumert* CCZ 2013, 265 (266) anhand von Beispielen.
[205] *Rettenmaier/Palm* NJOZ 2010, 1414.
[206] *Hegnon* CCZ 2009, 57.
[207] *Baumert* CCZ 2013, 265 (266); *Schaefer/Baumann* NJW 2011, 3601 (3604); *Hauschka/Greeve* BB 2007, 165 (166).
[208] Eingehend *Hegnon* CCZ 2009, 57 (58).
[209] Näher *Baumert* CCZ 2013, 265 (266).
[210] Vgl. dazu *Grunert* CCZ 2020, 71 (73) mwN.

wurde im Juni 2020 der Regierungsentwurf eines Gesetzes zur Stärkung der Integrität in der Wirtschaft veröffentlicht, der jedoch vor Ende der Legislaturperiode nicht mehr verabschiedet wurde.

## G. Zusammenfassung

172 Compliance-Themen stehen heute verstärkt im Blickpunkt des öffentlichen Interesses, sei es bei der börsennotierten oder der mittelständischen, im Familienbesitz befindlichen Aktiengesellschaft. Es ist jeweils die Aufgabe des Vorstands, den Anforderungen des konkreten Unternehmens gerecht zu werden – angesichts steigender Regulierungsanforderungen, einer immer stärkeren Digitalisierung und Internationalisierung eine schwierige Aufgabe. Daher ist eine **risikoorientierte und präventive Compliance-Strategie** heute wichtiger denn je. Auch wenn dies für das Unternehmen zu steigenden Personal- und Beraterkosten führt, kann an dieser Stelle nur auf das oft wiedergegebene Zitat des ehemaligen US Deputy Attorney General *Paul McNulty* verwiesen werden: „If you think compliance is expensive, try non-compliance."[211]

[211] *Bürkle* in Bürkle, Compliance in Versicherungsunternehmen, 3. Aufl. 2020, § 1 Rn. 126.

# § 14 Verbundene Unternehmen

## Übersicht

# A. System der Unternehmensverbindungen

**Schrifttum:** *Beck,* Konzernrecht für die Konzernwirklichkeit, AG 2017, 726; *Brellochs,* Konzernrechtliche Beherrschung und übernahmerechtliche Kontrolle, NZG 2012, 1010; *Fleischer,* Europäisches Konzernrecht: eine akteurzentrierte Annäherung, ZGR 2017, 1; *Habersack,* Aktienkonzernrecht – Bestandsaufnahme und Perspektiven, AG 2016, 691; *Hoffmann-Becking,* Gibt es das Konzerninteresse?, FS Hommelhoff, 2012, 433; *Kropff,* Wie lange noch: Verbundene Unternehmen im Bilanzrecht?, FS Ulmer, 2003, 847; *Leuering/Rubner,* Schädigungsverbot im GmbH-Konzernrecht, NJW-Spezial 2018, 527; *Lutter,* Das unvollendete Konzernrecht, FS K. Schmidt, 2009, 1065; *Mellewigt/Matiaske,* Konzernmanagement – Stand der empirischen betriebswirtschaftlichen Forschung, in Albach (Hrsg.), Konzernmanagement, 2001, 107; *Scheffler,* Konzernmanagement, 2. Aufl. 2005; *K. Schmidt,* Entherrschungsvertrag und faktische Entherrschung im Aktienkonzern, FS Hommelhoff, 2012, 985; *Schwark,* Virtuelle Holding und Bereichsvorstände – eine aktien- und konzernrechtliche Betrachtung, FS Ulmer, 2003, 605; *Windbichler,* Konzernrecht: Gibt es das?, NZG 2018, 1241.

## I. Einführung

Der Konzern ist nur eine von mehreren Formen der Unternehmensverbindung (§ 18 Abs. 1 S. 1 AktG).[1] Dem allgemeinen Sprachgebrauch folgend werden hier alle Formen der Unternehmensverbindung als Konzern bezeichnet. Die rechtlichen Grenzen werden durch die Bindung an den Unternehmensgegenstand ebenso gezogen, wie jede Art des Beteiligungserwerbs eine entsprechende Ermächtigung durch die Satzung voraussetzt.[2] 1

Die Möglichkeiten, rechtlich selbstständige Einheiten zu führen, bieten eine eindrucksvolle Variationsbreite. Sie sind mit den Schlagworten **„zentral"** bis **„dezentral"** umschrieben. Generellen Aussagen zur angeblich allein richtigen Organisationsform ist auch im Einzelfall mit Skepsis zu begegnen. Vor- und Nachteile sind abzuwägen, letztere nicht auszuschließen. Das oft behauptete Nonplusultra der neuen Organisationsform ist nicht selten die Rückkehr zu früher als nicht mehr zeitgemäß aufgegebenen Organisationsstrukturen. „Zwang zur Größe" einerseits und „Konzentration auf das Kerngeschäft", die sog. Fokussierung, andererseits sind zwei Seiten der Medaille. Die Anpassung an Markterfordernisse sowie an die Notwendigkeiten des Kapitalmarktes, gelegentlich auch an den Zeitgeist, führen zu grundlegenden Änderungen der Organisationsstrukturen. 2

Vor der Entscheidung für eine Organisationsform ist eine Fülle von Gesichtspunkten abzuwägen. Wie ist den Notwendigkeiten der **Führungsverantwortung** am besten Rechnung zu tragen? Die Kenntnis des rechtlichen Instrumentariums sollte Bestandteil der Entscheidung sein. Hierzu gehören auch Fragen der **Haftung,** die sich in zweifacher Hinsicht stellen: Mangelnde Wahrnehmung der Führung kann Haftungsansprüche gegen die verantwortlichen Personen auslösen. Zu bedenken ist ferner die Verantwortung der Führungs-Gesellschaft für das Handeln der ihr ganz oder teilweise gehörenden selbstständigen Einheiten. Damit sind rechtliche Antworten gefordert. 3

Hinzukommt, dass die Tendenzen in Rechtsprechung und Gesetzgebung zunehmen, das Trennungsprinzip aufzuweichen und eine Verantwortlichkeit der Muttergesellschaft für Verstöße der Tochtergesellschaften zu schaffen. Bekannt ist diese Entwicklung bereits aus dem europäischen Kartellrecht in bußgeldrechtlicher Hinsicht; nationale und europäische Gesetzgebung zu dem in den letzten Jahren an Brisanz gewonnenen Thema der Haftung für menschenrechtliche Verstöße in den Lieferketten setzen diese Entwicklung weiter fort (vgl. im Einzelnen unten unter F.). Diese Vorstöße, insbesondere jüngst durch das durch den Bundestag beschlossene Gesetz über die unternehmerischen Sorgfaltspflichten in Lieferketten **(„Lieferkettensorgfaltspflichtengesetz")** sind Ausdruck einer gesellschaftspolitischen Forderung nach mehr Transparenz und Verantwortung in Konzernen. So sehr es richtig ist, das Bewusstsein für und die Achtung vor potenziellen menschenrechts- und 4

[1] Vgl. Emmerich/Habersack/*Habersack* AktG Einl. Rn. 1.
[2] IE MHdB GesR IV/*Krieger* § 70 Rn. 5 ff.; vgl. auch *Lutter* FS K. Schmidt, 2009, 1065 (1069).

umweltbezogenen Verstößen innerhalb von Konzernen durch die Lieferketten hin zu schärfen, so schwierig gestaltet sich bisweilen die juristische, allen voran aber die praktische Umsetzung. Welche Compliance-Struktur muss ich als Unternehmen aufsetzen, welche Pflichten treffen mich als Vorstand der Muttergesellschaft in Bezug auf die abhängigen Gesellschaften, welchen Risiken setze ich mich aus? Welche Konzernführung ist in meiner Konstellation die richtige?

5 Ist die Entscheidung für die „richtige" Konzernführung getroffen, sollte (in dieser Reihenfolge) die hierzu angemessene **rechtliche Gestaltung** erarbeitet und realisiert werden. Die Praxis lässt hier sicher Wünsche offen. Die tatsächlichen rechtlichen Gegebenheiten werden oft nicht infrage gestellt, Inhalt und Bedeutung allenfalls am Rande erörtert; gewachsene Strukturen werden weitergeführt, ohne sie zu hinterfragen. In den heutigen Zeiten der **„Compliance"**, deren Literatur inzwischen eigene Bibliotheken füllt, ist dies nicht mehr ohne weiteres möglich. In der Regel zwingen bereits die gesetzlichen Vorschriften die Unternehmensführung dazu, dynamische Prozesse aufzusetzen, die in regelmäßigen Abständen überprüft und an veränderte Gegebenheiten anzupassen sind. Auch die regelmäßig wiederkehrende Due Diligence von Teilbereichen ist nicht neu – man denke etwa an die **EU-Konfliktmineralien-VO** (VO (EU) 2017/821), die am 1.1.2021 in Kraft getreten ist, und an die 2017 in Deutschland durch das CSR-RUG umgesetzte **CSR-RL** (RL 2014/95/EU), die die Unternehmen verpflichten, auf ihre Wertschöpfungskette zu achten und über diese zu berichten. Der Begriff der „Nachhaltigkeit" hat bereits durch das **VorStAG** in 2009 Einzug in das Aktiengesetz erfahren (§ 87 AktG); durch **ARUG II** und die **Einführung des § 87a AktG** zum „klaren und verständlichen" Vorstandsvergütungssystem ist ein weiteres Instrument hinzugekommen, das regelmäßig, spätestens alle vier Jahre, überprüft und der Hauptversammlung vorzulegen ist (§ 120a Abs. 1 S. 1 Hs. 2 AktG). Dass die Aufsetzung und Beschreibung eines „klaren und verständlichen" Vorstandsvergütungssystems anspruchsvoll in der Umsetzung wäre, käme einer völligen Untertreibung gleich. Die Schwierigkeit zeigt sich bereits in den teilweise allein für diesen Teil um rund zwanzig Seiten ergänzten Einladungen zu den Hauptversammlungen im Jahr 2021, in denen das Vorstandsvergütungssystem zum ersten Mal der Hauptversammlung zur Billigung vorgelegt wird. Kurzum: die Vorstands- und Aufsichtsratstätigkeit, insbesondere in Konzernen, hat in den letzten Jahren **deutlich an Komplexität gewonnen.**

6 Die nachfolgende Darstellung geht davon aus, dass die Gestaltung der Konzernführung erst dann abschließend entschieden werden kann, wenn Möglichkeiten und Grenzen der rechtlich gegebenen Bedingungen auf den Prüfstand gestellt worden sind. Die Darstellung beginnt daher bewusst im Anschluss an die nachfolgenden Begriffsbestimmungen mit der neben der Eingliederung intensivsten rechtlich zulässigen Führung im Vertragskonzern: dem Beherrschungsvertrag.

## II. Begriffsbestimmungen

7 Auf den Begriff der „verbundenen Unternehmen" stößt man in verschiedenen Gesetzen, neben dem Aktiengesetz etwa auch im HGB (§ 271 Abs. 2 HGB), dem UmwG (§ 8 Abs. 1 Nr. 3 UmwG), dem MitbestG, dem DrittelbG – jeweils für den Begriff des „Konzerns" (§ 5 MitbestG und § 2 DrittelbG – wobei das DrittelbG in § 2 Abs. 2 anders als § 5 MitbestG nicht den faktischen Konzern nach § 18 Abs. 1 S. 3 AktG erfasst) und in öffentlich-rechtlichen Normen (etwa § 3 Nr. 24b EnWG). Eine EU-Definition findet sich ebenfalls.[3]

8 Die Definition der **verbundenen Unternehmen** iSd §§ 15ff. AktG gilt grundsätzlich nur im Rahmen des **AktG.** Im Umkehrschluss kann bei Verwendung des Begriffs der

[3] Vgl. Art. 3 Nr. 3 Anhang I VO (EU) Nr. 651/2014 v. 17.6.2014.

„verbundenen Unternehmen" in anderen Gesetzen nicht unterstellt werden, dass die Definition sich inhaltlich mit der aus dem AktG deckt.[4] So ist etwa die für Zwecke des Jahresabschlusses vorgesehene Definition der verbundenen Unternehmen in § 271 Abs. 2 HGB eine eigenständige[5] und – von Ausnahmefällen abgesehen – enger als die der §§ 15ff. AktG.

9 Die Zusammenfassung der Unternehmensverbindungen aus §§ 15–19 AktG unter den Oberbegriff der **„verbundenen Unternehmen"** dient vordergründig dem Zweck, die Verknüpfung mit den verschiedenen Rechtsfolgenormen zu vereinfachen. Zu diesen zählen im AktG § 71a AktG (Umgehungsgeschäfte), § 90 Abs. 3 AktG (Bericht des Vorstands an den Aufsichtsrat), 131 Abs. 1, 3 Nr. 1 AktG (Auskunftsrecht des Aufsichtsrats), § 143 Abs. 2 AktG iVm § 319 Abs. 2 Nr. 1, Nr. 2 HGB (Unabhängigkeit Sonder- und Abschlussprüfer) und § 400 Abs. 1 Nr. 1 AktG (Strafvorschrift bei unrichtiger Darstellung der Verhältnisse der Gesellschaft und ihrer verbundenen Unternehmen)[6]. In § 15 AktG verweist das AktG auf fünf unterschiedliche Unternehmensverbindungen:
- Mehrheitsbeteiligungen (§ 16 AktG),
- abhängige und herrschende Unternehmen (§ 17 AktG),
- Konzernunternehmen (§ 18 AktG),
- wechselseitig beteiligte Unternehmen (§ 19 AktG),
- Unternehmen, die durch Unternehmensverträge miteinander verbunden sind (§§ 291, 292 AktG).

10 Im unmittelbaren Anwendungsbereich des Aktiengesetzes, dh bei Bestehen eines Beherrschungsvertrags, eines faktischen Konzerns, einer Eingliederung, ist das **beherrschte Unternehmen** eine AG. Deren Aktionär kann unabhängig von der Rechtsform ein „Unternehmen" sein. **Herrschendes Unternehmen** ist der Aktionär, wenn er neben seiner **Aktienbeteiligung anderweitige wirtschaftliche Interessenbindungen** hat, die nach Art und Intensität die ernsthafte Besorgnis begründen, er könne deshalb seinen aus der Mitgliedschaft folgenden Einfluss zum Nachteil der Gesellschaft geltend machen.[7] Da die Rechtsform keine Rolle spielt, werden auch **natürliche Personen** als Unternehmen klassifiziert, wobei die eigenständige unternehmerische Tätigkeit zB diejenige als Freiberufler sein kann. Damit wird der Begriff des Unternehmens sehr weit gezogen, noch weiter bei Beteiligung der öffentlichen Hand, für die nicht einmal die Voraussetzung anderweitiger wirtschaftlicher Interessenbindung gilt.[8]

## 1. Mehrheitsbeteiligungen

11 Gehören einem Unternehmen mehr als 50% der Anteile oder der Stimmrechtsanteile an einem anderen Unternehmen, steht dieses in Mehrheitsbesitz (§ 16 AktG). Entscheidend ist der Anteil am Stammkapital (GmbH) beziehungsweise am Grundkapital (AG).

12 Hält ein Unternehmen **mehr als 50% der Kapital- oder Stimmrechtsanteile** an einem Unternehmen, wird **widerleglich vermutet,** dass es sich um ein herrschendes Unternehmen handelt (§ 17 Abs. 2 AktG). Gleiches gilt umgekehrt: Hält daher ein Unternehmen A über 50% der Anteile (am Kapital oder den Stimmrechten) am Unternehmen B, gilt A nach diesem Grundsatz als herrschendes, B als beherrschtes (und damit abhängiges) Unternehmen, arg. e § 17 Abs. 2 AktG.

[4] So auch MüKoAktG/*Bayer* § 15 Rn. 5 mwN.
[5] *Heß*, Beck'sches Steuer- und Bilanzrechtslexikon, Stand: 1.7.2020, „Verbundene Unternehmen" Rn. 2.
[6] Diese Vorschrift gehört auch zu denen, die in der Versicherungserklärung des Vorstands bei erstmaliger Amtsübernahme gegenüber dem Registergericht in der Anmeldung zum Handelsregister zu berücksichtigen ist (§ 37 Abs. 2 AktG).
[7] BGHZ 148, 123 (124) = NJW 2001, 2973 (2974); MüKoAktG/*Bayer* § 15 Rn. 13; weitergehend K. Schmidt/Lutter/*J. Vetter* AktG § 15 Rn. 35.
[8] Grundlegend BGHZ 69, 334 (338ff.) = NJW 1978, 104 – VEBA/Gelsenberg; iE Hüffer/Koch/*Koch* AktG § 15 Rn. 13f.

## 2. Abhängige und herrschende Unternehmen

13 Nach der gesetzlichen Definition sind abhängige Unternehmen rechtlich selbstständige Unternehmen, auf die ein anderes Unternehmen (herrschendes Unternehmen) unmittelbar oder mittelbar einen **beherrschenden Einfluss** ausüben kann (§ 17 Abs. 1 AktG).[9] Mit dieser gesetzlichen Definition wird der für das Recht der verbundenen Unternehmen zentrale **Abhängigkeitstatbestand** definiert, der für das gesamte Aktienrecht einheitlich gilt.[10] Was unter beherrschendem Einfluss zu verstehen ist, sagt das Gesetz nicht. Es stellt lediglich eine **Vermutung** auf: Von einem in Mehrheitsbesitz stehenden Unternehmen wird vermutet, dass es von dem an ihm mit Mehrheit beteiligten Unternehmen abhängig ist (§ 17 Abs. 2 AktG).[11] Damit ist klargestellt, dass eine **Mehrheitsbeteiligung** (→ Rn. 11) zur Begründung einer Abhängigkeit ausreicht, es sei denn, die Vermutung wird widerlegt.[12] Tragendes Motiv ist, dass die Mehrheitsbeteiligung das herrschende Unternehmen in die Lage versetzt, die **personelle Zusammensetzung** des Aufsichtsrats und dadurch mittelbar auch die des Vorstands zu bestimmen. Die Annahme, dass sich Aufsichtsrat und Vorstand den Wünschen des Mehrheitsaktionärs nicht verschließen werden,[13] ist sicherlich nicht realitätsfern, auch wenn es dankenswerterweise Ausnahmen gibt.

14 Entscheidend ist, ob ein beherrschender Einfluss ausgeübt werden **kann.** Ausreichend ist demnach die **Möglichkeit,** nicht, dass die Herrschaft tatsächlich ausgeübt wird.[14] Auf die Rechtsfolgen ist bei den einzelnen Unternehmensverbindungen einzugehen. Besteht ein Beherrschungsvertrag zwischen zwei Unternehmen, ist das den Weisungen des herrschenden Unternehmens unterworfene beherrschte Unternehmen auch abhängig. Dies folgt bereits aus § 17 Abs. 1 AktG, § 308 Abs. 1 AktG.

## 3. Konzernunternehmen

15 Stehen ein herrschendes und ein oder mehrere beherrschte Unternehmen unter der einheitlichen Leitung des herrschenden Unternehmens, sind diese Unternehmen Konzernunternehmen iSd § 18 AktG. Auf eine Definition dessen, was unter einheitlicher Leitung zu verstehen ist, verzichtet das Gesetz bewusst.[15] Allerdings wird klargestellt, dass Unternehmen, zwischen denen ein **Beherrschungsvertrag** besteht oder von denen das eine in das andere **eingegliedert** ist, als unter einheitlicher Leitung zusammengefasst anzusehen sind (§ 18 Abs. 1 S. 2 AktG). Ferner gilt eine Vermutungsregelung, dass ein abhängiges und ein herrschendes Unternehmen einen Konzern bilden (§ 18 Abs. 1 S. 3 AktG; **„faktischer Konzern"**). Weitergehende Sicherheit besteht zum Verständnis dessen, was unter einheitlicher Leitung zu verstehen ist, nicht. In der Literatur streiten der **enge und der weite Konzernbegriff.**[16] Aus Praxissicht gilt zu beachten, dass der Gesetzgeber die Sanktionen, vor allem die, die für den faktischen Konzern gelten, mit dem Tatbestandsmerkmal der **Abhängigkeit** verbindet.[17] Die Definition des Konzernbegriffs ist dagegen im AktG – anders als für die Mitbestimmung – von untergeordneter Bedeutung. Gewichtiger ist die Frage einer Konzernleitungspflicht (→ Rn. 105, 172) und eines Konzerninteresses.[18]

---

[9] BGH NZG 2012, 1033; BGHZ 135, 107 (114) = NJW 1997, 1855; *Brellochs* NZG 2012, 1010.

[10] MüKoAktG/*Bayer* § 17 Rn. 1, 4; Hüffer/Koch/*Koch* AktG § 17 Rn. 1.

[11] Zur Frage, ob eine lediglich punktuelle Abhängigkeit ausreicht, bejahend mit den besseren Argumenten Emmerich/Habersack/*Emmerich* AktG § 17 Rn. 9.

[12] Am praktikabelsten ist hierfür der Abschluss eines sog. Entherrschungsvertrags, Einzelheiten bei MHdB GesR IV/*Krieger* § 68 Rn. 58f.; K. Schmidt/Lutter/*J. Vetter* AktG § 17 Rn. 52ff.; *K. Schmidt* FS Hommelhoff, 2012, 985; *Larisch/Bunz* NZG 2013, 1247.

[13] MüKoAktG/*Bayer* § 17 Rn. 27; K. Schmidt/Lutter/*J. Vetter* AktG § 17 Rn. 6.

[14] OLG Karlsruhe AG 2004, 147 (148); MüKoAktG/*Bayer* § 17 Rn. 11.

[15] *Kropff* Begr. RegE AktG 33.

[16] Ausführlich MüKoAktG/*Bayer* § 18 Rn. 28ff.; Hüffer/Koch/*Koch* AktG§ 18 Rn. 8ff.; Emmerich/Habersack/*Emmerich* AktG § 18 Rn. 9ff.; K. Schmidt/Lutter/*J. Vetter* AktG § 18 Rn. 6ff.

[17] MüKoAktG/*Bayer* § 17 Rn. 2.

[18] Überzeugend abgelehnt von *Hoffmann-Becking* FS Hommelhoff, 2012, 433.

Zu den Konzernen rechnen auch rechtlich selbstständige Unternehmen, die nicht in einem Abhängigkeitsverhältnis stehen, jedoch unter einheitlicher Leitung zusammengefasst sind (§ 18 Abs. 2 AktG). Hierfür hat sich der Begriff des **Gleichordnungskonzerns** eingebürgert (→ Rn. 140ff.). Eine größere praktische Bedeutung dieser Unternehmensverbindung ist nur im Rahmen der Versicherungswirtschaft erkennbar. 16

## 4. Wechselseitig beteiligte Unternehmen

Wechselseitig beteiligte Unternehmen setzen voraus, dass Kapitalgesellschaften (das heißt: AG, SE, KGaA oder GmbH) mit Sitz im Inland **untereinander jeweils mehr als ein Viertel der Anteile** an den anderen Gesellschaften halten. Maßgebend sind ausschließlich die **Kapitalanteile** (nicht die Stimmrechtsanteile). Gesprochen wird in diesem Fall von der **einfachen** wechselseitigen Beteiligung.[19] Eine **qualifiziert** wechselseitige Beteiligung liegt vor, wenn einem oder beiden beteiligten Unternehmen an dem anderen Unternehmen eine Mehrheitsbeteiligung gehört, ferner dann, wenn unmittelbar oder mittelbar wechselseitig ein beherrschender Einfluss ausgeübt werden kann (§ 19 Abs. 2 und 3 AktG). Eine Beteiligung nur von Unternehmen A an Unternehmen B reicht lediglich dann aus, wenn A bereits die Mehrheit an B hält und deswegen als herrschendes Unternehmen nach § 16 AktG einzuordnen ist. 17

Ein Verfall der Börsenkurse in Krisenzeiten und die hieraus resultierenden Abschreibungsnotwendigkeiten sowie anteilige Verlusttragung haben die Freude an wechselseitigen Beteiligungen spürbar gedämpft. Die praktische Bedeutung nimmt ab (zu den Einzelheiten und Rechtsfolgen → Rn. 149ff.). 18

## 5. Vertragsteile eines Unternehmensvertrags

Hierzu verweisen die Allgemeinen Vorschriften des Gesetzes (§ 15 AktG) auf die Bestimmungen über Unternehmensverträge verbundener Unternehmen (§§ 291, 292 AktG). Besondere Bedeutung kommt in diesem Zusammenhang den **Beherrschungsverträgen** zu. Damit sind nach dem Wortlaut des Gesetzes zunächst Verträge angesprochen, durch die eine AG oder KGaA die Leitung ihrer Gesellschaft einem anderen Unternehmen unterstellt. Anwendung finden die §§ 291, 292 AktG allerdings ebenso auf die SE[20] und nach allgemeiner Meinung auch auf die GmbH.[21] An zweiter Stelle nennt das Gesetz Verträge, in denen sich die Gesellschaft verpflichtet, ihren ganzen Gewinn an ein anderes Unternehmen abzuführen, sog. **Gewinnabführungsverträge.** Dieser Teil des Gesetzes hat für die Führung verbundener Unternehmen besonderes Gewicht. Zu betonen ist: Hier entscheidet sich die **rechtliche Gestaltung** der im Einzelfall **zweckmäßigen Führung.** 19

Zu den Unternehmensverträgen verbundener Unternehmen zählen weiter **andere Unternehmensverträge** wie Gewinngemeinschaft, Teilgewinnabführungsvertrag, Betriebspacht- und Überlassungsvertrag (§ 292 Abs. 1 AktG; → Rn. 157ff.). Die praktische Bedeutung ist deutlich geringer. In der Aufzählung der allgemeinen Vorschriften des Gesetzes fehlt bei den verbundenen Unternehmen die **Eingliederung** (§ 319 AktG; → Rn. 126ff.). Sie wird als Mehrheitsbeteiligung erfasst.[22] 20

---

[19] MHdB GesR IV/*Krieger* § 69 Rn. 95.

[20] Vgl. Emmerich/Habersack/*Emmerich* AktG Vor § 291 Rn. 6ff.; Einl. Rn. 46f.; Grigoleit/*Servatius* AktG § 291 Rn. 9ff.; *Krafka* in Krafka, Registerrecht, 11. Aufl. 2019, Handelsregister Abteilung B Rn. 1110.

[21] Emmerich/Habersack/*Emmerich* AktG Einl. Rn. 46f.

[22] Hüffer/Koch/*Koch* AktG § 15 Rn. 21.

## B. Beherrschungs- und Gewinnabführungsverträge

**Schrifttum:** *Altmeppen,* Cash-Pooling und Kapitalerhaltung bei bestehendem Beherrschungs- oder Gewinnabführungsvertrag, NZG 2010, 361; *Angerer,* Aufhebung eines Unternehmensvertrags mit einer abhängigen GmbH, ZGR 2016, 609; *Arens,* Eintragungspflicht bei Veränderungen des anderen Vertragsteils von Beherrschungs- und Gewinnabführungsverträgen, NZG 2021, 223; *Bayer,* Zentrale Konzernfinanzierung, Cash-Management und Kapitalerhaltung, FS Lutter, 2000, 1011; *Boor,* Gewinnabführungs- und Beherrschungsverträge in der notariellen Praxis, RNotZ 2017, 65; *Cahn/Simon,* Isolierte Gewinnabführungsverträge, Der Konzern 2003, 1; *Däubler,* Ausklammerung sozialer und personeller Angelegenheiten aus einem Beherrschungsvertrag, NZG 2005, 617; *Decker,* Der Cashpool als Gesellschaft bürgerlichen Rechts, ZGR 2013, 392; *Fonk,* Zustimmungsvorbehalte des AG-Aufsichtsrats, ZGR 2006, 841; *Fonk,* Zur Vertragsgestaltung bei Vorstands-Doppelmandaten, NZG 2010, 368; *Forster,* Zur angemessenen Barabfindung (§ 305 AktG), FS Claussen, 1997, 91; *Habersack,* Die Teilhabe des Aufsichtsrats an der Leitungsaufgabe des Vorstands gemäß § 111 Abs. 4 S. 2 AktG, dargestellt am Beispiel der Unternehmensplanung, FS Hüffer, 2010, 259; *Harbarth,* Zustimmungsvorbehalte im faktischen Aktienkonzern, FS Hoffmann-Becking, 2013, 457; *Hecker/Peters,* BB-Report zu den Änderungen des DCGK im Jahr 2012, BB 2012, 2639; *Hoffmann-Becking,* Vorstands-Doppelmandate im Konzern, ZHR 150 (1986), 570; *Hoffmann-Becking,* Zur rechtlichen Organisation der Zusammenarbeit im Vorstand der AG, ZGR 1998, 497; *Hoffmann/Schieffer,* Pflichten des Vorstands bei Ausgestaltung einer ordnungsgemäßen Compliance-Organisation, NZG 2017, 401; *Hommelhoff,* Die Konzernleitungspflicht, 1982; *Jansen,* Cash-Pool und Fremdfinanzierung im Konzern, FS Hommelhoff, 2012, 495; *Kort,* Anwendung der Grundsätze der fehlerhaften Gesellschaft auf einen „verdeckten" Beherrschungsvertrag?, NZG 2009, 364; *Kropff,* Die Unternehmensplanung im Aufsichtsrat, NZG 1998, 613; *Lenz/Adrian/Handwerker,* Geplante Neuregelung der ertragsteuerlichen Organschaft, BB 2012, 2851; *Löbbe,* Unternehmenskontrolle im Konzern, Diss. Heidelberg 2003; *Lutter,* Das unvollendete Konzernrecht, FS K. Schmidt, 2009, 1065; *Lutter,* Information und Vertraulichkeit im Aufsichtsrat, 3. Aufl. 2006; *Martens,* Die Unternehmensbewertung nach dem Grundsatz der Methodengleichheit oder dem Grundsatz der Meistbegünstigung, AG 2003, 593; *Rieckers,* Konzernvertrauen und Konzernrecht, 2004; *Säcker/Rehm,* Grenzen der Mitwirkung des Aufsichtsrats an unternehmerischen Entscheidungen in der Aktiengesellschaft, DB 2008, 2814; *Michael Schmidt,* Konzernsteuerung über Aufsichtsräte, FS Imhoff, 1998, 67; *U.H. Schneider,* Der Aufsichtsrat des herrschenden Unternehmens im Konzern, FS Hadding, 2004, 621; *Schockenhoff,* Der Konzerninformationsanspruch, NZG 2020, 1001; *Johannes Semler,* Die Rechte und Pflichten des Vorstands einer Holdinggesellschaft im Lichte der Corporate Governance-Diskussion, ZGR 2004, 631; *Johannes Semler,* Doppelmandats-Verbund im Konzern, FS Stiefel, 1987, 719; *Spindler/Klöhn,* Ausgleich gemäß § 304 AktG, Unternehmensbewertung und Art. 14 GG, Der Konzern 2003, 511; *Spindler/Klöhn,* Verlustausgleichspflicht und Jahresfehlbetrag (§ 302 AktG), NZG 2005, 584; *Strohn,* Cash-Pooling – Verbotene und unwirksame Zahlungen, DB 2014, 1535; *Theisen,* Herausforderung Konzernunternehmungslehre, in Albach (Hrsg.), Konzernmanagement, 2001, 29; *Walden,* Corporate Social Responsibility: Rechte, Pflichten und Haftung von Vorstand und Aufsichtsrat, NZG 2020, 50; *Weber,* Börsenkursbestimmung aus ökonomischer Perspektive, ZGR 2004, 280; *Wicke,* Praxisfragen der Aufhebung von Unternehmensverträgen, GmbH 2017, 686.

### I. Grundlagen und Regelungssystematik

21 Das Dritte Buch des Aktiengesetzes befasst sich in seinem Ersten Teil mit den Unternehmensverträgen. Der Begriff der „Unternehmensverträge" bringt zum Ausdruck, dass diese Verträge regelmäßig in die Unternehmensstruktur eingreifen und somit nicht nur rein schuldrechtliche Wirkung entfalten.[23] Der bisher von der verpflichteten Gesellschaft verfolgte Zweck wird infolge des Unternehmensvertrags **überlagert** und ganz oder teilweise durch das Unternehmensinteresse des Vertragspartners **ersetzt.**

22 Der Erste Abschnitt (§§ 291, 292 AktG) regelt die verschiedenen Arten der Unternehmensverträge und unterscheidet in den §§ 291, 292 AktG zwischen den **Gewinnabführungs-** und **Beherrschungsverträgen** sowie anderen Unternehmensverträgen. Der in § 291 Abs. 1 S. 2 AktG angesprochene Geschäftsführungsvertrag wird dem Gewinnabführungsvertrag gleichgestellt; während beim Gewinnabführungsvertrag der ganze Gewinn der Gesellschaft abgeführt wird, entsteht der Gewinn beim **Geschäftsführungsvertrag** bereits nicht, weil das Unternehmen für fremde Rechnung geführt wird.[24] Hinsichtlich

[23] So die Gesetzesbegründung, BT-Drs. IV/171, 1962, 215.
[24] Henssler/Strohn/*Paschos* AktG § 291 Rn. 48.

des **Gleichordnungskonzernvertrags** nach § 291 Abs. 2 AktG stellt das Gesetz klar, dass dieser nicht als Beherrschungsvertrag anzusehen ist. Die herrschende Meinung spricht dem Gleichordnungskonzernvertrag in Konsequenz die organisationsrechtliche Wirkung ab, mit der Folge, dass die §§ 293 ff. AktG auf ihn keine Anwendung finden sollen.[25]

Der Zweite Abschnitt (§§ 293–299 AktG) regelt für alle Unternehmensverträge gemeinsam die Anforderungen an deren Abschluss, Änderung und Beendigung. Der Dritte und der Vierte Abschnitt (§§ 300–303 AktG und §§ 304–307 AktG) befassen sich mit den **Schutzvorschriften** hinsichtlich der Gesellschaft, ihren Gläubigern und etwaigen außenstehenden Aktionären. 23

**Gewinnabführungs- und Beherrschungsvertrag** bilden die Kernelemente des Vertragskonzernrechts und stellen die einschneidendsten und in der Praxis häufigsten Unternehmensverträge iSd §§ 291 ff. AktG dar. In steuerlicher Hinsicht ist der Abschluss eines Gewinnabführungsvertrags Voraussetzung dafür, eine **ertragsteuerliche Organschaft** zu begründen, die die Möglichkeit der Verrechnung von Gewinnen und Verlusten zwischen verbundenen Unternehmen ermöglicht. Soll der Gewinnabführungsvertrag auch als konzernsteuerrechtliches Gestaltungsmittel eingesetzt werden, sind bei dessen Ausgestaltung und Beendigung neben den aktienrechtlichen Vorgaben auch steuerrechtliche Aspekte zu berücksichtigen (→ Rn. 43). 24

Mit dem Abschluss eines **Beherrschungsvertrags** unterstellt eine Gesellschaft ihre **Leitung** einem anderen Unternehmen. Durch den Beherrschungsvertrag entsteht der vertragliche Unterordnungskonzern (Vertragskonzern).[26] Die verpflichtete Gesellschaft wird auch **„Organgesellschaft“** oder **„Untergesellschaft“**, das herrschende Unternehmen auch **„Organträger“** oder **„Obergesellschaft“** genannt. Die Begriffe der Organgesellschaft und des Organträgers sind vorwiegend steuerlich geprägt (hierzu sogleich). Durch den Beherrschungsvertrag wird die Organgesellschaft den Weisungen des herrschenden Unternehmens unterworfen (§ 308 AktG) und auf das Konzerninteresse ausgerichtet. Der Kreis der möglichen Organgesellschaften beschränkt sich dabei nicht auf die im Gesetz genannte AG oder KGaA, sondern bezieht gleichermaßen die SE, auf die die aktienrechtlichen Vorschriften nach Art. 9 Abs. 1 lit. c ii SE-VO subsidiär Anwendung finden, die GmbH, die Genossenschaft und die Personengesellschaften ein.[27] 25

Der **Gewinnabführungsvertrag** verpflichtet die Gesellschaft, ihren ganzen Gewinn an ein anderes Unternehmen abzuführen (§ 291 Abs. 1 S. 1 AktG).[28] Beiden Vertragstypen gemeinsam ist die Verlustübernahmepflicht des Vertragspartners (§ 302 Abs. 1 AktG). 26

Auch wenn das Gesetz bei seiner Definition von getrennten Verträgen ausgeht und der Beherrschungsvertrag keine Voraussetzung mehr für die Begründung der steuerlichen Organschaft ist, werden Beherrschungs- und Gewinnabführungsvertrag **häufig miteinander kombiniert.** Bei der AG als verpflichtetem Unternehmen besteht ein Bedürfnis hierfür, weil der Vorstand einer AG grundsätzlich keinen Weisungen unterworfen ist (§ 76 AktG). Auch bei der GmbH, bei der die Praxis inzwischen stärker zu isolierten Gewinnabführungsverträgen übergeht, kann der Beherrschungsvertrag trotz der grundsätzlichen Weisungsgebundenheit der Geschäftsführer an die Gesellschafterversammlung (§ 37 Abs. 1 GmbHG) sinnvoll sein, da die Beherrschung auch **schädliche Weisungen** an die Geschäftsführung erlaubt (§ 308 Abs. 1 S. 2 AktG) und – zumindest bei mehreren Gesellschaftern – durch die Beherrschung störanfällige Beschlussanfechtungen vermieden werden können.[29] Das Beschlusserfordernis wird in diesem Fall schlicht durch eine Weisung überwunden (§ 308 AktG). 27

---

[25] Vgl. MüKoAktG/*Altmeppen* Einl. §§ 291 ff. Rn. 215; Kölner Komm AktG/*Koppensteiner* § 291 Rn. 104; Henssler/Strohn/*Paschos* AktG § 291 Rn. 51; aA *K. Schmidt* ZHR 155 (1991), 417, 427.

[26] MHdB GesR IV/*Krieger* § 71 Rn. 1.

[27] Henssler/Strohn/*Paschos* AktG § 291 Rn. 5 mwN.

[28] International unüblich; zur geplanten Neuregelung *Lenz/Adrian/Handwerker* BB 2012, 2851.

[29] So auch *Boor* RNotZ 2017, 65 (69).

28 In beiden Konstellationen, sei es AG oder GmbH, sollte indes beachtet werden, dass bei **mitbestimmten Gesellschaften** der Abschluss eines Beherrschungsvertrags eine **Zurechnung von Arbeitnehmern** zur herrschenden Gesellschaft nach § 2 Abs. 2 DrittelbG auslösen kann.

29 Da Beherrschungs- und Gewinnabführungsverträge hinsichtlich Abschluss, Gestaltung und Beendigung weitgehend den gleichen gesetzlichen Bestimmungen unterliegen, werden die Voraussetzungen der §§ 291 ff. AktG nachgehend **gemeinsam für beide Vertragsarten** dargestellt. Anschließend wird auf separate Verträge gesondert eingegangen (→ Rn. 64, 67).

## II. Vertragsabschluss

30 Für den Abschluss des Vertrags gilt gem. § 293 Abs. 3 AktG zwingend die **Schriftform.** Unterzeichnet werden muss der Vertrag durch die Vertretungsorgane der beiden Vertragspartner in **vertretungsberechtigter** Zahl oder deren bevollmächtigte Vertreter. Zum Unternehmensbegriff des herrschenden Unternehmens → Rn. 10. Sollten auf beiden Seiten personengleiche Organe handeln, ist darauf zu achten, dass die Handelnden vom Verbot des Selbstkontrahierens nach § 181 BGB befreit sind, das nach herrschender Meinung auch auf Konzernsachverhalte Anwendung findet.[30]

31 Die Initiative zum Vertragsabschluss wird in aller Regel von dem begünstigten Unternehmen ausgehen. Handelt es sich um eine AG, SE oder KGaA, fällt der Abschluss in die Leitungskompetenz des Vorstands (respektive des Leitungsorgans bei der SE), der über das Ob des Abschlusses und den konkreten Inhalt des Vertrages zu entscheiden hat. Entsprechendes gilt für den anderen Vertragsteil eines Beherrschungs- oder Gewinnabführungsvertrages. Der jeweilige Vorstand ist verpflichtet, mit der **Sorgfalt eines ordentlichen und gewissenhaften Geschäftsleiters** vorzugehen (§ 93 Abs. 1 S. 1 AktG). Von geringerer praktischer Bedeutung ist das Recht der Hauptversammlung, den Vorstand zur Vorbereitung und zum Abschluss eines Vertrages zu verpflichten, wenn ein solcher Vertrag nur mit ihrer Zustimmung wirksam wird (§ 83 Abs. 1 S. 2 AktG). Das gilt nach einhelliger Meinung für die beherrschte Gesellschaft. Streitig ist dagegen, ob in einem anderen Unternehmen mit der Rechtsform der AG, SE oder KGaA der Hauptversammlung ein entsprechendes Initiativrecht gegenüber ihrem Vorstand zusteht.[31]

32 Geht das Initiativrecht für den Vertragsabschluss vom Vorstand der Gesellschaft aus, können Satzung oder Geschäftsordnung die Mitwirkung des **Aufsichtsrats** vorsehen (§ 111 Abs. 4 S. 2 AktG). Da Unternehmensverträge erheblich in die Unternehmensstruktur der Gesellschaft eingreifen,[32] ist eine Beteiligung des Aufsichtsrats auch zu empfehlen. Eine **Verweigerung der Zustimmung** durch den Aufsichtsrat bringt den Vertrag jedoch nicht notwendigerweise zu Fall. Das entscheidende – letzte – Wort hat die Hauptversammlung.[33]

33 Das Zustimmungserfordernis der **Hauptversammlung** der verpflichteten Gesellschaft besteht für alle Unternehmensverträge (§ 293 Abs. 1 AktG). Der Hauptversammlungsbeschluss bedarf einer **Dreiviertelmehrheit** des bei Beschlussfassung vertretenen Grundkapitals und ist zwingend zu **beurkunden** (§ 130 Abs. 1 S. 1, S. 3, 2. Hs AktG).

34 Ist der andere Vertragsteil eine AG, SE oder KGaA, muss auch die Hauptversammlung dieser Gesellschaft zustimmen (§ 293 Abs. 2 AktG). Zustimmung meint dabei sowohl die

---

[30] MüKoBGB/*Schubert* § 181 Rn. 50; *Boor* RNotZ 2017, 65 (70).

[31] Bejahend Emmerich/Habersack/*Emmerich* AktG § 293 Rn. 16 und inzwischen auch Hüffer/Koch/*Koch* AktG § 293 Rn. 23. Dieser Auffassung ist zuzustimmen, da keine Gründe für die Einschränkung erkennbar sind.

[32] Hüffer/Koch/*Koch* AktG § 291 Rn. 2.

[33] AllgM; str. ist jedoch die hierfür erforderliche Mehrheit, vgl. Hüffer/Koch/*Koch* AktG § 293 Rn. 25: qualifizierte Stimmenmehrheit; MüKoAktG/*Altmeppen* § 293 Rn. 12: einfache Stimmen- und qualifizierte Kapitalmehrheit.

Möglichkeit der Einwilligung (§ 183 BGB) als auch die der Genehmigung (§ 184 BGB).[34] Soll die Zustimmung der Hauptversammlung im Vorfeld des Vertragsabschlusses eingeholt werden, sind der Unternehmensvertrag, die Jahresabschlüsse und Lageberichte der letzten drei Geschäftsjahre sowie die nach § 293a AktG von den Vorständen und die nach § 293e AktG von den Vertragsprüfern zu erstattenden Berichte in den Geschäftsräumen der jeweils beteiligten Gesellschaften auszulegen und der Hauptversammlung während der Durchführung zugänglich zu machen (§§ 293f, 293g AktG). Es entspricht hM, dass der Vorstand das Votum der Hauptversammlung auch auf der Basis eines **Vertragsentwurfs** einholen kann.[35] Wird der Entwurf geändert, bedarf es eines neuen Beschlusses der Hauptversammlung.

Im Zusammenhang mit der Hauptversammlung bestehen erhebliche **Berichts- und** 35
**Prüfungspflichten** (§§ 293a–293g AktG), die sich an das Verschmelzungsrecht anlehnen[36], in Teilen aber strenger sind. Die Kritik an den seit 1994 bestehenden Anforderungen spricht von einer unnötigen **Überregulierung.**[37] Das gilt ua für die Notwendigkeit, einen ausführlichen **schriftlichen Bericht** über den Unternehmensvertrag zu erstellen (§ 293a AktG). Ob aus dem Erfordernis der eigenhändigen Unterschrift nach § 126 BGB der Schluss gezogen werden muss, dass der Bericht von *sämtlichen* Vorstandsmitgliedern unterzeichnet werden muss, ist in der Literatur umstritten. Vor dem Hintergrund, dass der BGH für die nahezu identisch formulierte Vorschrift zum Verschmelzungsbericht in § 8 UmwG entschieden hat, dass eine Unterzeichnung durch den **Vorstand in vertretungsberechtigter Zahl** genügt,[38] kann für § 293a AktG nichts anderes anzunehmen sein.[39] Durch die Schriftlichkeit des Berichts und dessen Unterzeichnung durch die vertretungsberechtigten Vorstandsmitglieder wird der Informationspflicht ausreichend Genüge getan. Es sei, so der BGH zur Vorschrift des Verschmelzungsberichts in § 8 UmwG, „lebensfremd" anzunehmen, dass der Bericht nicht von allen Vorstandsmitgliedern mitgetragen wird, nur, weil nicht alle unterzeichnet hätten. So sieht es mittlerweile auch die überwiegende Meinung.[40]

**Unabhängige Vertragsprüfer** haben den Unternehmensvertrag zu prüfen und hier- 36
über schriftlich zu berichten (§§ 293b–293e AktG). Der damit verbundene Aufwand ist in der Literatur mit dem Hinweis kritisiert worden, dies begünstige die Fortdauer vertragsloser Abhängigkeit oder faktischer Konzernierung.[41] Eine unnötige Erschwerung ist nicht zu leugnen, als Begründung für Passivität ist sie jedoch nicht überzeugend. Im Übrigen kann auf den Bericht **verzichtet** werden, wenn alle Anteilsinhaber aller beteiligten Unternehmen die Verzichtserklärung in **öffentlich beglaubigter Form** abgeben (§ 293a Abs. 3 AktG). Nach überwiegender Auffassung bedarf es hierfür nicht, wie eigentlich erforderlich, einer gesonderten schriftlichen Erklärung jedes einzelnen Anteilsinhabers der Gesellschaften; ausreichend ist vielmehr auch der einstimmige, zu beurkundende Beschluss aller Anteilsinhaber in der Hauptversammlung, die auch über den Abschluss des Unternehmensvertrags beschließt und in dem diese ihren Verzicht zu Protokoll geben.[42]

---

[34] Hüffer/Koch/*Koch* AktG § 293 Rn. 4.
[35] Hüffer/Koch/*Koch* AktG § 293 Rn. 4 mwN; *Koppensteiner* in Kölner Komm AktG § 293 Rn. 6.
[36] MüKoAktG/*Altmeppen* § 293a Rn. 1.
[37] Emmerich/Habersack/*Emmerich* AktG § 293a Rn. 6; ebenso Hüffer/Koch/*Koch* AktG § 293a Rn. 4.
[38] BGH DNotZ 2008, 143 Rn. 27.
[39] So auch Emmerich/Habersack/*Emmerich* AktG § 293a Rn. 18.
[40] So inzwischen auch Hüffer/Koch/*Koch* AktG § 293a Rn. 10 mwN, wenn auch *Koch* vorsorglich empfiehlt, alle Unterschriften aufzubringen; in BeckGOK/*Veil*/*Walla* AktG § 293a Rn. 9; MüKoAktG/*Altmeppen* § 293a Rn. 34.
[41] Hüffer/Koch/*Koch* AktG § 293a Rn. 4.
[42] Emmerich/Habersack/*Emmerich* AktG § 293a Rn. 35; MüKoAktG/*Altmeppen* § 293a Rn. 57 ff.; BeckOGK/*Veil*/*Walla* AktG § 293a Rn. 24; Grigoleit/*Servatius* AktG § 293a Rn. 13.

## III. Inhalt des Vertrags

### 1. Zwingender Inhalt

37 Kernpunkt des Beherrschungsvertrags ist, die **Leitung** der Gesellschaft einem anderen Unternehmen zu unterstellen. Einvernehmen besteht darüber, dass damit die Leitungskompetenz des **Vorstands** angesprochen ist. Der Beherrschungsvertrag unterwirft weder Aufsichtsrat noch Hauptversammlung der Leitung durch das herrschende Unternehmen.[43] Streit herrscht dagegen über die Frage, ob von einem Beherrschungsvertrag auch bei einer nur **teilweisen Unterstellung der Leitung** gesprochen werden kann. Die Extreme reichen von der Forderung, alle Leitungsfunktionen der Gesellschaft einzubeziehen,[44] bis zur Ansicht, dass der Umfang des Weisungsrechts von den Vertragsparteien beliebig eingeschränkt werden kann.[45] Die hM verlangt, dass der Leitungsbereich **wesentlich** oder **herausgehoben** ist. Dazu gehören Unternehmensplanung, Unternehmenskoordination, Unternehmenskontrolle und die Besetzung von Führungsstellen. Erforderlich, aber ausreichend, ist hierfür, dass das herrschende Unternehmen die Möglichkeit hat, die Interessen der verbundenen Unternehmen im Sinne eines Konzerninteresses auszurichten und gegenüber der Leitung der Tochter rechtlich, nämlich aufgrund des Beherrschungsvertrags, durchzusetzen.[46]

38 Entscheidend ist: Eine Verpflichtung, im Vertrag präzise und verbindlich die **Leitungsstruktur** des Konzerns **zu regeln** und festzulegen, ist dem Gesetz nicht zu entnehmen.[47] Das entspricht den Bedürfnissen der Praxis. Auf Änderungsnotwendigkeiten in der Leitungsstruktur des Konzerns sollte das Unternehmen flexibel reagieren können, ohne den zeitaufwändigen Weg der Vertragsänderung gehen zu müssen.

39 Besteht ein Beherrschungsvertrag, so ist das herrschende Unternehmen berechtigt, dem Vorstand der Gesellschaft hinsichtlich der Leitung der Gesellschaft **Weisungen** zu erteilen (§ 308 Abs. 1 S. 1 AktG). Das ist die **wesentliche gesetzliche Folge** eines solchen Unternehmensvertrags, wovon – wie die Entscheidungen zum Schicksal des Unternehmensvertrags im Falle der Insolvenzeröffnung der beteiligten Gesellschaften bestätigen – auch der BGH ausgeht → Rn. 121 ff. Keine Zustimmung verdient daher die vereinzelt vertretene Auffassung, auf das Weisungsrecht könne vertraglich verzichtet werden.[48]

40 Das AktG hat den Beherrschungsvertrag und den Gewinnabführungsvertrag als selbstständige Vertragsarten geregelt, wenn auch mit weitgehend gleichen Voraussetzungen und Wirkungen.[49] Entscheidende Voraussetzung eines **Gewinnabführungsvertrags** iSd Gesetzes ist die Abführung des **ganzen Gewinns** an den anderen Vertragsteil.[50] Angesprochen ist der Bilanzgewinn, der ohne Gewinnabführungsvertrag auszuweisen wäre. In diesem Zusammenhang regelt das Gesetz Einstellungen in die **gesetzliche** Rücklage und den Höchstbetrag der Gewinnabführung (§§ 300, 301 AktG). Isolierte Gewinnabführungsverträge sind zulässig (→ Rn. 67), aber bisher in der Praxis äußerst selten. Auch ein Beherrschungsvertrag ohne Gewinnabführung ist denkbar und dann praxisgerecht, wenn die Gewinnabführung steuerlich ohnehin nicht anerkannt wird.[51]

41 Ausführliche **Sicherungen** enthält das Gesetz zum **Schutz** der außenstehenden **Aktionäre** bei Beherrschungs- und Gewinnabführungsverträgen (§§ 304, 305 AktG). Fehlt eine

---

[43] MüKoAktG/*Altmeppen* § 291 Rn. 76.
[44] Kölner Komm AktG/*Koppensteiner* § 291 Rn. 49.
[45] MüKoAktG/*Altmeppen* § 291 Rn. 93.
[46] So wörtlich *Kort* NZG 2009, 364, 365; vgl. auch Emmerich/Habersack/*Emmerich* AktG § 291 Rn. 12.
[47] MHdB GesR IV/*Krieger* § 70 Rn. 7; MüKoAktG/*Altmeppen* § 291 Rn. 60 ff.; aA *Hommelhoff*, Die Konzernleitungspflicht, 1982, 310 ff.
[48] Ebenso Hüffer/Koch/*Koch* AktG § 291 Rn. 11; Emmerich/Habersack/*Emmerich* AktG § 291 Rn. 23; aA MüKoAktG/*Altmeppen* § 291 Rn. 99 ff.
[49] MüKoAktG/*Altmeppen* § 291 Rn. 142.
[50] AllgM, Hüffer/Koch/*Koch* AktG § 291 Rn. 26 mwN.
[51] MüKoAktG/*Altmeppen* § 291 Rn. 53.

Ausgleichsregelung, ist der Vertrag **nichtig** (§ 304 Abs. 3 S. 1 AktG), auch wenn es sich nicht um ein Begriffsmerkmal des Vertrags handeln sollte.[52] Im Thema Ausgleich liegt der größte Konfliktstoff, der regelmäßig Gegenstand von Spruchverfahren nach §§ 2ff. SpruchG ist.

## 2. Verlustübernahmepflicht, Laufzeitklauseln und steuerliche Organschaft

Gewinnabführungs- und Beherrschungsverträgen wohnt die Verpflichtung zur Verlust- 42
übernahme inne. Diese ergibt sich bereits aus dem Gesetz (§ 302 Abs. 1 AktG). Gleichwohl sollte der Vertragstext im Interesse des besseren Verständnisses eine entsprechende Übernahme vorsehen. In diesem Zusammenhang wird in der Regel schon aus **steuerlichen Gründen** die Gewinnabführung vereinbart, was dann die **Ergebnisabführung** insgesamt bedeutet.[53] Im Zusammenhang mit der Verlustübernahme verlangt das Gesetz, dass jeder während der Vertragsdauer – ohne eine solche – entstehende Jahresfehlbetrag auszugleichen ist. Dieser kann auch dadurch ausgeglichen werden, dass den anderen Gewinnrücklagen Beträge entnommen werden, **die während der Vertragsdauer** in sie eingestellt worden sind (§ 302 Abs. 1 AktG).

Zu dem schon aus praktischen Gründen selbstverständlichen Inhalt gehören Bestim- 43
mungen über die **Laufzeit** des Vertrags. In jedem Fall sollte der Beginn geregelt werden, wobei zu beachten ist, dass im Gegensatz zur Gewinnabführung das Weisungsrecht nicht rückwirkend begründet werden kann.[54] Das AktG lässt den Vertragspartnern für die Laufzeit freie Hand, dh ein Vertragsabschluss auf unbestimmte Zeit ist ebenso möglich wie ein solcher mit Mindest- oder Höchstdauer. Zu beachten ist jedoch, dass die – häufig mit Gewinnabführungsverträgen bezweckte – Begründung einer **steuerlichen Organschaft** verlangt, dass der Gewinnabführungsvertrag über eine Laufzeit **von mindestens fünf Wirtschaftsjahren** (die nicht mit den Geschäftsjahren übereinstimmen müssen) abgeschlossen und während dieses Zeitraums auch durchgeführt wird (§ 14 Abs. 1 Nr. 3 S. 1 KStG).[55] Die Durchführung verlangt aus steuerlicher Sicht insbesondere, dass neben der **Abführung der Gewinne** bei der Organgesellschaft auch deren **Verluste ausgeglichen** werden, die Organgesellschaft die in § 14 Abs. 1 Nr. 4 KStG vorgesehenen Einschränkungen bei der Bildung von Gewinnrücklagen beachtet und ein etwaiger Jahresüberschuss der Organgesellschaft zunächst mit vororganschaftlichen Verlusten verrechnet wird.

Wird der Vertrag **vor Ablauf des Fünf-Jahre-Zeitraums beendet,** kann dieser Man- 44
gel wegen des steuerlichen Rückwirkungsverbots **nicht** mehr **geheilt** werden; infolgedessen entfällt die Organschaft für alle vorangegangenen Wirtschaftsjahre (§ 14 Abs. 1 S. 1 Nr. 3 S. 1, 2 KStG). Bei **unterjährigem Beginn** und Ablauf des Fünf-Jahres-Zeitraums muss ebenfalls darauf geachtet werden, dass die Fristen gewahrt sind. Wird etwa ein Gewinnabführungsvertrag zum 1.4.2022 abgeschlossen und wird das Geschäftsjahr (das dem Kalenderjahr entspricht) bei der Organgesellschaft nicht umgestellt, muss erst der Gewinn ab dem 1.1.2023 abgeführt werden. Gleichermaßen endet der Fünf-Jahres-Zeitraum zwar am 31.3.2027, erfasst wird im Jahr 2027 aber der *gesamte* Gewinn und nicht nur der bis zum 31.3.2027 angefallene Gewinn. Würde der Vertrag folglich am 31.3.2027 wegen Auslaufs einer Befristung enden, gälte der Vertrag nicht als über fünf Jahre durchgeführt.[56] Die Organschaft würde **rückwirkend** für alle Wirtschaftsjahre **entfallen.** Eine Beendigung wäre somit erst zum Schluss des Jahres 2028 unschädlich (andernfalls wäre er nur vier Zeitjahre durchgeführt – von 2023 bis 2027).

---

[52] So ausdrücklich Hüffer/Koch/*Koch* AktG § 291 Rn. 13; nach MHdB GesR IV/*Krieger* § 70 Rn. 7: „zusätzliches Erfordernis eines Beherrschungsvertrags".
[53] Hüffer/Koch/*Koch* AktG § 291 Rn. 26; *Hoffmann-Becking/Berger* in BeckFormB BHW Form. IX.2.
[54] Hüffer/Koch/*Koch* AktG § 291 Rn. 11, AktG § 294 Rn. 19; zur Gewinnabführung BGHZ 122, 211 (223ff.) = NJW 1993, 1976 – SSI; Hüffer/Koch/*Koch* AktG § 294 Rn. 20.
[55] BFH DStR 2011, 717 (718).
[56] *Gosch*, KStG, 4. Aufl. 2020, KStG § 14 Rn. 212; *Boor* RNotZ 2017, 65 (70f.).

45 Um solchen steuerschädlichen Folgen vorzubeugen, ist zu empfehlen, im Fall der **Befristung eine automatische Verlängerung** (beispielsweise von jeweils einem Jahr) vorzusehen – eine Klausel, die in der Praxis regelmäßig angetroffen wird. Nach Ablauf der ersten Laufzeit verlängert sich dann der Vertrag automatisch um den festgelegten Verlängerungszeitraum, sofern der Vertrag nicht vorher gekündigt wird.[57]

46 Um den Fünf-Jahres-Zeitraum für die Organschaft zu wahren, kann der Vertrag auch für einen unbestimmten Zeitraum abgeschlossen werden, solange in letzterem Fall klargestellt wird, dass der Vertrag erst nach Ablauf von fünf Jahren ordentlich kündbar ist.

47 Von praktischer Bedeutung ist darüber hinaus die Zulässigkeit **aufschiebender Bedingungen.** Damit sind vor allem **Zustimmungsvorbehalte** angesprochen, so insbesondere die Zustimmung des Aufsichtsrats bzw. der Aufsichtsräte beider Gesellschaften. Zu bedenken ist außerdem die Notwendigkeit kartellrechtlicher Entscheidungen, die ggf. einen weiteren Vorbehalt notwendig macht. Wünschenswert ist eine **präzise Formulierung** der Vorbehalte und ein übersehbarer, möglichst fixierter **Zeitraum** für den Eintritt der Bedingungen.[58]

### 3. Angemessener Ausgleich

48 Das Gesetz enthält unterschiedliche Regelungen zum **Schutz der außenstehenden Aktionäre.** Drei Fälle sind zu unterscheiden.

- Beschränkt sich der Vertragsabschluss auf die Beherrschung, fordert das Gesetz eine **Dividendengarantie** (§ 304 Abs. 1 S. 2 AktG; → Rn. 64ff.).
- Wird ein Beherrschungs- und Gewinnabführungsvertrag abgeschlossen, verpflichtet das Gesetz die begünstigte Gesellschaft, im Vertrag eine **feste, wiederkehrende Ausgleichszahlung** vorzusehen (§ 304 Abs. 1 S. 1 AktG). Eine Besonderheit gilt, falls der begünstigte Vertragsteil eine AG oder eine KGaA ist. Sie kann alternativ eine **variable,** an ihrer Dividende ausgerichtete **Ausgleichszahlung** zusagen (§ 304 Abs. 2 S. 2 AktG).
- Damit sind die Verpflichtungen zur Sicherung der außenstehenden Aktionäre bei Beherrschungs- und Gewinnabführungsverträgen nicht erschöpft. Das Gesetz räumt diesen Aktionären die Möglichkeit ein, gegen angemessene **Abfindung** aus der Gesellschaft auszuscheiden (§ 305 AktG).

#### a) Beherrschungs- und Gewinnabführungsvertrag

49 **aa) Feste Ausgleichszahlung.** Die Verpflichtung zur wiederkehrenden Ausgleichszahlung[59] berücksichtigt, dass die Gesellschaft aufgrund der Gewinnabführung keine Dividende mehr ausschüttet. Die Ausgleichszahlung wird in der Regel fest bemessen. Der Betrag muss nach richtiger Auffassung **nicht gleichbleibend** vereinbart werden. Das gilt in Ausnahmefällen, wenn veränderte unterschiedliche Ertragsperioden erkennbar sind.[60] Maßgeblich für die **Mindesthöhe** der Ausgleichszahlung ist die **fiktive Dividende,** dh diejenige, die ohne Gewinnabführungsvertrag voraussichtlich gezahlt worden wäre. Der Ermittlung zugrunde zu legen sind die bisherige Ertragslage der beherrschten Gesellschaft und ihre künftigen Ertragsaussichten (§ 304 Abs. 2 S. 1 AktG). Nach heute übereinstimmender Auffassung sind trotz des zumindest missverständlichen Gesetzeswortlauts Vergangenheits- und Zukunftserträge nicht gleichwertig. Entscheidend ist die **zukunftsorientierte Betrachtung.**[61] Die bisherige Ertragssituation ist damit lediglich Grundlage für die Ermittlung der künftigen Erträge. Gefordert ist der „Mut zur Prophetie", dem wir noch

---

[57] MHdB GesR IV/*Krieger* § 71 Rn. 180; keine Kündigung innerhalb der fünf Jahre: BFH ZIP 2013, 1910.
[58] MHdB GesR IV/*Krieger* § 70 Rn. 16.
[59] Hier sollte nicht von Dividendengarantie gesprochen werden, vgl. MüKoAktG/*Paulsen* § 304 Rn. 43.
[60] MüKoAktG/*van Rossum* § 304 Rn. 44f.
[61] AllgM; Hüffer/Koch/*Koch* AktG § 304 Rn. 8; BeckOGK/*Veil*/*Preisser* AktG § 304 Rn. 62; Kölner Komm AktG/*Koppensteiner* § 304 Rn. 50.

einmal bei der Abfindung begegnen werden, deren Höhe sich ua nach der **Ertragswertmethode** bemisst (→ Rn. 58).

50 Für die Vergangenheitswerte ist ein Zeitraum von drei bis fünf Jahren zugrunde zu legen. Der Zukunftsertrag richtet sich in einer ersten Phase nach der Gesellschafts-Planung, wobei in Ausnahmefällen ein Jahr ausreichend sein kann.[62] Zu kürzen ist die von dem Unternehmen auf den Bruttogewinn zu entrichtende (Ausschüttungs-) Körperschaftsteuer in Höhe des jeweils gültigen Steuertarifs.[63] Notwendig ist eine Reihe von weiteren **Korrekturen.**[64] Nach dem ausdrücklichen Gesetzeswortlaut hat die **Bildung anderer als gesetzlicher Gewinnrücklagen unberücksichtigt** zu bleiben. Das überrascht, da der außenstehende Aktionär als Ausgleich den Betrag erhalten soll, mit dem er, wenn der Vertrag nicht abgeschlossen worden wäre, künftig als Gewinnanteil rechnen könnte.[65] Der Gesetzgeber geht davon aus, dass unter der Herrschaft des Vertrags der Gewinn in voller Höhe ohne Rücklagenbildung ausgeschüttet wird, bei Fehlen eines Vertrags die Aktionäre an der dann vorgenommenen Rücklagenbildung aber Anteil gehabt hätten.[66] Die Nichtbildung von Rücklagen kann zu einer entscheidenden **Schwächung der Gesellschaft** führen, die gesetzliche Regelung ist daher problematisch. Angesichts des klaren Wortlauts bleibt jedoch keine andere Auslegung.[67]

51 Von entscheidender Bedeutung kann der **Zeitpunkt** sein, zu dem und aus dessen Sicht die Ertragsprognose erarbeitet werden muss. Maßgebend ist der Tag der genehmigenden **Hauptversammlung.**[68] Das führt in Einzelfällen zu Ergebnissen, die als absurd empfunden werden. Zu denken ist an gravierende Konjunktureinbrüche und strukturelle Veränderungen, für die es bei Abfassung dieses Abschnitts reichlich Anschauungsmaterial gibt, ebenso wie für dramatische Abwertungen des Beteiligungsbesitzes bei entsprechender negativer Börsenentwicklung. Auch die umgekehrte Entwicklung ist denkbar. Rechtsprechung und Literatur versuchen, dem durch Berücksichtigung späterer Entwicklungen dann Rechnung zu tragen, wenn sie in den am Stichtag bestehenden Verhältnissen bereits angelegt sind.[69] Diese sog. **„Wurzel-Theorie"** erweist sich in der praktischen Anwendung als nicht sehr hilfreich. Es bleibt zu hoffen, dass sich die Auffassung durchsetzt, nur ganz außergewöhnliche, schlechterdings von niemandem vorauszusehenden Entwicklungen auszuklammern.[70]

52 **bb) Variabler Ausgleich.** Eine Alternative zum festen Ausgleich besteht dann, wenn die Obergesellschaft eine AG oder KGaA ist. Der außenstehende Aktionär erhält als zweite Möglichkeit des Ausgleichs einen Gewinnanteil am Ergebnis dieser Gesellschaft (§ 304 Abs. 2 S. 2 AktG). Die **Entscheidung** über festen oder variablen Ausgleich liegt bei den Vertragsparteien, damit letztlich bei der herrschenden Gesellschaft. Ein Mitspracherecht der Aktionäre ist nicht gegeben, erst recht kein Wahlrecht.[71] **Messgröße der Ausgleichszahlung** ist nach hM die tatsächlich gezahlte **Dividende** der Obergesellschaft.[72] Damit ist der Aktionär der beherrschten Gesellschaft von einer Dividendenpolitik abhängig, auf die er keinerlei Einfluss nehmen kann. Nach der Rechtsprechung des BVerfG setzt der Schutz

[62] BGH NZG 2003, 1017, 1018; BayObLG BB 2001, 2183.
[63] BGH NJW 2003, 3272 – Ytong AG.
[64] ZB Nichtberücksichtigung außerordentlicher Erträge und Verluste; iE MüKoAktG/*van Rossum* § 304 Rn. 89.
[65] *Kropff* Begr. RegE AktG 394f.
[66] Hüffer/Koch/*Koch* AktG § 304 Rn. 11.
[67] MüKoAktG/*van Rossum* § 304 Rn. 88.
[68] BGHZ 138, 136 (139f.) = NJW 1998, 1866.
[69] BGH NJW 1973, 509 (511); OLG Düsseldorf AG 1998, 236 (237); Hüffer/Koch/*Koch* AktG § 304 Rn. 10.
[70] Vgl. Emmerich/Habersack/*Emmerich* AktG § 305 Rn. 59.
[71] Hüffer/Koch/*Koch* AktG § 304 Rn. 14.
[72] Hüffer/Koch/*Koch* AktG § 304 Rn. 15 mwN; aA MüKoAktG/*Van Rossum* § 304 Rn. 71 mwN; Kölner Komm AktG/*Koppensteiner* § 304 Rn. 81; Emmerich/Habersack/*Emmerich* AktG § 304 Rn. 49 mit der Orientierung am anteiligen Jahresüberschuss der herrschenden Gesellschaft.

der Aktionäre erst bei **missbräuchlicher Dividendenpolitik** der herrschenden Gesellschaft ein.[73] Das soll zB der Fall sein, wenn die Aktionäre als variablen Ausgleich weniger erhalten als sie als Dividende oder Wertsteigerung **ihres** Unternehmens erhalten hätten, falls es den Unternehmensvertrag nicht geben würde – vorausgesetzt, auch die Obergesellschaft erwirtschaftet einen Gewinn.[74]

53 Notwendig ist es, den **Prozentsatz** zu bestimmen, der auf die Aktien der beherrschten Gesellschaft im Verhältnis zur Dividendenzahlung der Obergesellschaft entfällt. Die Angemessenheit der Umrechnung bestimmt sich nach dem Verhältnis, in dem bei einer **Verschmelzung** auf eine Aktie der Gesellschaft Aktien der anderen Gesellschaft zu gewähren wären (§ 304 Abs. 2 S. 3 AktG). Der variable Ausgleich erfordert daher eine **Unternehmensbewertung beider Gesellschaften.**[75] Anzuwenden sind die Grundsätze der Bewertung, die im Zusammenhang mit der Abfindung darzustellen sind (→ Rn. 58 ff.). Im Gegensatz zur Barabfindung entscheiden jedoch nicht die absoluten Werte, maßgebend ist das Verhältnis der Bewertungen zueinander. Das gilt mit einer Einschränkung. Sind die Aktien der **abhängigen Gesellschaft** an der Börse notiert, bildet nach der Rechtsprechung des BGH der **Börsenkurs** die Wertuntergrenze (→ Rn. 61 ff.).[76] Entscheidend für die Angemessenheit der Relation ist, wie bei der festen Ausgleichszahlung, der Zeitpunkt, zu dem die Hauptversammlung über den Vertrag beschließt. Wesentliche spätere Änderungen führen grundsätzlich nicht zu einer Anpassung.

54 **cc) Abfindung.** Das Angebot einer Ausgleichszahlung – fest oder variabel – ist Voraussetzung der Wirksamkeit eines Gewinnabführungsvertrags, ebenso die Dividendengarantie bei Abschluss eines alleinigen Beherrschungsvertrags (→ Rn. 64 f.). Damit sind die Rechte des Aktionärs jedoch nicht erschöpft. Die herrschende Gesellschaft ist verpflichtet, auf Verlangen eines außenstehenden Aktionärs dessen **Aktien** gegen eine im Vertrag bestimmte angemessene Abfindung zu **erwerben** (§ 305 Abs. 1 AktG). Ausgleich und Abfindung sind nebeneinander bestehende Ansprüche. Das Wahlrecht des Aktionärs erlischt erst, wenn er die Abfindung verlangt.[77]

55 Als **Abfindung** kommen **drei Alternativen** in Betracht:

- Ist die herrschende Gesellschaft eine **nicht abhängige** und nicht im Mehrheitsbesitz stehende AG oder KGaA mit Sitz im Inland, hat sie als Abfindung eigene Aktien anzubieten (§ 305 Abs. 2 Nr. 1 AktG).
- Falls die herrschende Gesellschaft eine **abhängige** oder in Mehrheitsbesitz stehende AG oder KGaA ist und auch die sie beherrschende Gesellschaft dieselbe Rechtsform hat, muss die angemessene Abfindung in **Aktien** der sie **beherrschenden** bzw. an ihr mit Mehrheit beteiligten Gesellschaft **oder** alternativ in einer **Barabfindung** bestehen (§ 305 Abs. 2 Nr. 2 AktG).[78] Nach hM entscheiden die Vertragsparteien darüber, ob in dieser Alternative Aktien oder Barabfindungen angeboten werden, der außenstehende Aktionär hat kein Wahlrecht.[79]

56 Letztlich bleiben die Fälle, in denen **nur** eine **Barabfindung** in Betracht kommt (§ 305 Abs. 2 Nr. 3 AktG). Das ist gegeben, wenn der andere Vertragsteil zwar ein nicht abhängiges und nicht im Mehrheitsbesitz stehendes Unternehmen ist, jedoch nicht die Rechtsform einer AG oder KGaA besitzt. Dasselbe gilt, wenn das den anderen Vertrags-

---

[73] BVerfG NZG 2000, 28.
[74] Krit. hierzu MüKoAktG/*Van Rossum* § 304 Rn. 71 f.
[75] Emmerich/Habersack/*Emmerich* AktG § 304 Rn. 51 mwN.
[76] BGHZ 147, 108 (115) = NJW 2001, 2080; Hüffer/Koch/*Koch* AktG § 304 Rn. 16; Emmerich/Habersack/*Emmerich* AktG § 304 Rn. 52.
[77] BGH NZG 2002, 1057 (1058); vgl. auch OLG Hamm NZG 2003, 632.
[78] Das herrschende Unternehmen muss nach dem Gesetz seinen Sitz in einem EU-Mitgliedstaat oder in einem anderen Vertragsstaat des Abkommens über den Europäischen Wirtschaftsraum haben.
[79] Hüffer/Koch/*Koch* AktG § 305 Rn. 15; Emmerich/Habersack/*Emmerich* AktG § 305 Rn. 15.

teil beherrschende oder mit Mehrheit besitzende Unternehmen diese Rechtsform nicht hat.[80]

57 In allen drei Alternativen sind **Unternehmensbewertungen** notwendig. Sie beschränken sich bei der **Barabfindung** auf die beherrschte Gesellschaft. Zu berücksichtigen sind die Verhältnisse der Gesellschaft im Zeitpunkt der Beschlussfassung ihrer Hauptversammlung über den Vertrag (§ 305 Abs. 3 S. 2 AktG). Zur Problematik → Rn. 51. Eine weitere Bewertung erfordert die Abfindung in **Aktien.** Die Bewertung gilt entweder dem anderen Vertragsteil oder der Konzernspitzengesellschaft. Die Abfindung richtet sich nach der Verschmelzungswertrelation, dh es sind den außenstehenden Aktionären so viele Aktien anzubieten, wie ihnen zustünden, wenn beide Gesellschaften miteinander verschmolzen würden.[81] Für die Barabfindung und die Ermittlung der Verschmelzungswertrelation gelten einheitliche Grundsätze. Dem außenstehenden Aktionär wird eine **angemessene Abfindung** geschuldet. Angemessen ist eine Abfindung, die dem ausscheidenden Aktionär eine **volle Entschädigung** für das verschafft, was seine Beteiligung an dem arbeitenden Unternehmen wert ist, die also dem vollen Wert seiner Beteiligung entspricht.[82]

58 Was aber ist der volle Wert der Beteiligung? Notwendig ist die Entscheidung für eine **Bewertungsmethode.** Die Rechtsprechung hat es bisher abgelehnt, eine bestimmte Methode unter Ausschluss der übrigen als rechtlich geboten zu qualifizieren.[83] Damit soll die Berücksichtigung neuerer betriebswirtschaftlicher Theorien offen gehalten werden. Das hindert nicht die grundsätzliche Ablehnung des Substanzwertverfahrens oder einer Kombination von Substanz- und Ertragswert.[84] Als gefestigte Praxis gilt die **Ertragswertmethode.**[85] Das BVerfG hat die Anknüpfung an die Erwirtschaftung künftiger Erträge als einen verfassungsrechtlich unbedenklichen Ansatz bezeichnet.[86]

59 Für Abfindung und Ausgleichszahlung ist die **zukünftige Ertragslage** entscheidend. Aus dem unterschiedlichen Schutzzweck folgen Unterschiede in den Wertermittlungsmethoden.[87] Dies betrifft zunächst die Einstellung in die gesetzliche Rücklage, die nur bei der Berechnung der Abfindung nicht zu kürzen ist. Weiterhin kann von Bedeutung die Behandlung des nicht betriebsnotwendigen Vermögens sein. Bei der **Abfindung** ist nicht betriebsnotwendiges Vermögen mit den Einzelveräußerungswerten gesondert zu bewerten und dem Ertragswert hinzuzusetzen.[88] Das gilt nicht für die **Ausgleichszahlung.** Keine volle Übereinstimmung besteht bei der Behandlung echter Verbundvorteile (sog. Synergien), die nach zutreffender Auffassung nicht zu berücksichtigen sind.[89]

60 Nach Festlegung der Methode beginnt die beschwerliche Suche der Beteiligten nach dem **„richtigen Unternehmenswert“,** wenn es ihn denn überhaupt gibt. Noch am besten kennt ihn ein Unternehmenskäufer, aber auch der irrt oft genug. In der Literatur wird von der „Illusion einer absolut richtigen Bewertung“, von dem Ertragswert als „hoffnungslose Unbekannte“ oder von einem „theoretischen Konstrukt“ gesprochen, auch davon, dass „jeder Kundige weiß, wie groß die Beurteilungsspielräume bei der Unterneh-

[80] Grundsatzentscheidungen: BGHZ 69, 334 (335 ff.) = NJW 1978, 104 – VEBA/Gelsenberg; BGHZ 105, 168 (176 f.) = NJW 1988, 3143 – HSW.
[81] MüKoAktG/*Van Rossum* § 305 Rn. 78.
[82] BGHZ 153, 47 (54 f.) = NJW 2003, 1632; BayObLG ZIP 2001, 1999 (2000); Hüffer/Koch/*Koch* AktG § 305 Rn. 18; Emmerich/Habersack/*Emmerich* AktG § 305 Rn. 37 ff.
[83] Ausführlich OLG Stuttgart AG 2013, 724; Kölner Komm AktG/*Koppensteiner* § 305 Rn. 70mwN.; OLG Frankfurt a. M. NZG 2020, 339.
[84] MHdB GesR IV/*Krieger* § 71 Rn. 133.
[85] OLG Stuttgart DB 2003, 2429; Hüffer/Koch/*Koch* AktG § 305 Rn. 19 f.; Emmerich/Habersack/*Emmerich* AktG § 305 Rn. 51 ff.
[86] BVerfGE 100, 289 (307) = NJW 1999, 3769 (3771) – DAT/Altana.
[87] MüKoAktG/*Van Rossum* § 304 Rn. 76.
[88] Zur im Einzelfall schwierigen Abgrenzung *Forster* FS Claussen, 1997, 91 (93 ff.).
[89] BGHZ 138, 136 (140) = NJW 1998, 1866 – ASEA/BBC II; Ausnahmen möglich: BayObLG AG 1996, 127 (128); Hüffer/Koch/*Koch* AktG § 305 Rn. 22; aA MüKoAktG/*Van Rossum* § 305 Rn. 173; MHdB GesR IV/*Krieger* § 71 Rn. 135, der eine Aufteilung der Verbundvorteile in angemessener Form zwischen dem herrschenden und dem abhängigen Unternehmen befürwortet.

mensbewertung sachnotwendig sind".[90] Das hindert Rechtsprechung und Literatur nicht, in der Unternehmensbewertung primär eine **rechtliche Aufgabe** zu sehen,[91] dies mit dem Zusatz, dass die Aufgabe ohne sachverständige Unterstützung durch Prüfungspraxis und Betriebswirtschaftslehre nicht gelöst werden kann. Auch Sachverständige verfügen nur beschränkt über die Gabe der Prophetie. Es wäre schon viel geholfen, wenn das Bewusstsein der Unsicherheit einer richtigen Bewertung vor vorschnellen Urteilen bewahren würde. Entscheidend sollte deshalb sein, dass eine Bewertung **vertretbar** ist.[92]

61 Besonderheiten gelten für **börsennotierte Gesellschaften.** Grundlegend ist eine Entscheidung des BVerfG aus dem Jahr 1999, die entgegen der bis dahin nahezu einhelligen Auffassung in Rechtsprechung und Literatur fordert, dass für Unternehmensverträge der **Börsenwert** der beherrschten Gesellschaft bei der Bestimmung des Abfindungsangebots und der Ausgleichszahlung die **Untergrenze** der Bewertung bildet.[93] Eine niedrigere Bewertung hat die Vermutung der Unangemessenheit gegen sich. Sie kann gerechtfertigt sein, wenn sich der Börsenkurs, zB wegen Marktenge, nicht als Ergebnis eines funktionierenden Marktes darstellt.[94] Andererseits bedeutet „Untergrenze", dass nach hM eine höhere Unternehmens- und Anteilsbewertung nach dem Ertragswert zu einem über dem Börsenwert liegenden Wert führen darf.[95]

62 Damit stellt sich als nächstes die Frage, welcher Börsenkurs entscheidend sein soll. Maßgebend ist ein **Durchschnittskurs,** vom BGH mit drei Monaten vor dem Bewertungsstichtag, also dem Tag der Hauptversammlung der Untergesellschaft, angenommen.[96] Problematisch ist die Beschränkung auf drei Monate und insbesondere ihre Rückrechnung vom Tag der Hauptversammlung.[97] Angemessen ist allein die Rückrechnung beginnend mit dem Zeitpunkt, zu dem der Plan des Vertragsabschlusses bekannt geworden ist.[98]

63 Die Frage nach der Rolle des Börsenkurses der **herrschenden Gesellschaft** hat das BVerfG offen gelassen. Unter dem Gesichtspunkt des Grundrechtsschutzes bestehe keine Notwendigkeit, den Börsenkurs der Obergesellschaft als **Höchstgrenze** ihres Unternehmenswerts heranzuziehen.[99] In diesem Zusammenhang ist auf den in der Rechtsprechung und überwiegend in der Literatur vertretenen Grundsatz der **Methodengleichheit** hinzuweisen.[100] Hiernach bestimmt die für die Bewertung des abhängigen Unternehmens zugrunde gelegte Methode den Bewertungsmaßstab für das herrschende Unternehmen. Das ist iSd Rechtsprechung des BGH für den Wertansatz der Obergesellschaft unproblematisch, wenn für die Bewertung der Untergesellschaft gleichfalls der Börsenkurs zugrunde gelegt wird. Die einseitige Börsenkursbetrachtung auf der Ebene des herrschenden Unternehmens ist jedoch mit dem Grundsatz der Methodengleichheit unvereinbar, wenn der Unternehmenswert der beherrschten Gesellschaft nach der Ertragswertmethode bemessen wird. Konsequenterweise müsste dann auch der Wert des herrschenden Unternehmens nach dem **Ertragswert** bemessen werden.[101]

---

[90] *Hoffmann-Becking* WPg 2001, 121 (124); Emmerich/Habersack/*Emmerich* AktG § 305 Rn. 41–41c.
[91] Hüffer/Koch/*Koch* AktG § 305 Rn. 24; Emmerich/Habersack/*Emmerich* AktG § 305 Rn. 51.
[92] Das OLG Düsseldorf EWiR § 320b AktG 1/04, 263 mAnm *Luttermann* spricht von einer „Plausibilitätskontrolle" des Bewertungsgutachtens.
[93] BVerfGE 100, 289 (305 ff.) = NJW 1999, 3769 – DAT/Altana; ausführlich zum Börsenkurs als Maßstab für die Ermittlung angemessener Abfindung Kölner Komm AktG/*Koppensteiner* § 305 Rn. 51 ff., 98 ff.
[94] Emmerich/Habersack/*Emmerich* AktG § 305 Rn. 48.
[95] BGHZ 147, 108 (115) = NJW 2001, 2080 – DAT/Altana; Hüffer/Koch/*Koch* AktG § 305 Rn. 29. mwN; MüKoAktG/*Paulsen* § 305 Rn. 83; aA MHdB GesR IV/*Krieger* § 70 Rn. 135.
[96] BGHZ 147, 108 (118) = NJW 2001, 2080 (2082) – DAT/Altana; vgl. auch *Weber* ZGR 2004, 280.
[97] Emmerich/Habersack/*Emmerich* AktG § 305 Rn. 45.
[98] OLG Frankfurt NZG 2012, 1382; MüKoAktG/*Van Rossum* § 305 Rn. 106 ff.
[99] BVerfGE 100, 289 (310) = NJW 1999, 3769 (3772) – DAT/Altana.
[100] BGHZ 147, 108 (121 f.) = NJW 2001, 2080 (2083) – DAT/Altana; vgl. auch Emmerich/Habersack/*Emmerich* AktG § 305 Rn. 48a; krit. Hüffer/Koch/*Koch* AktG § 305 Rn. 47 ff. mwN.
[101] OLG Düsseldorf NZG 2004, 622: ist der Ertragswert höher als der Börsenwert, ist nur der Ertragswert für die Bewertung der beteiligten Unternehmen maßgebend; vgl. auch *Martens* AG 2003, 593 (595).

### b) Alleiniger Beherrschungsvertrag

64 Wird trotz der gewünschten Beherrschung auf eine Gewinnabführung verzichtet, weist die beherrschte Gesellschaft unverändert ein **eigenes Ergebnis** aus und ist bei entsprechendem Gewinn in der Lage, Dividenden auszuschütten. Der Gesetzgeber sieht aufgrund der Beherrschung und damit der Entscheidung über die Gewinnausschüttung ein Schutzbedürfnis für die außenstehenden Aktionäre, das demjenigen bei Abschluss eines Gewinnabführungsvertrags entspricht. Auch wenn die Gesellschaft nicht zur Abführung ihres ganzen Gewinns verpflichtet ist, muss ein Beherrschungsvertrag daher den außenstehenden Aktionären als angemessenen Ausgleich einen bestimmten jährlichen **Gewinnanteil** nach der für die Ausgleichszahlung bestimmten Höhe **garantieren** (§ 304 Abs. 1 S. 2 AktG).

65 Missverständlich ist, wenn das Gesetz von **„Gewinnanteil"** spricht. Das suggeriert, dass ein Anspruch bei fehlendem Gewinn entfällt. Nach allgM hat jedoch eine Vergleichsrechnung zu erfolgen, in der ermittelt wird, welche Ausgleichszahlung bei Abschluss eines Gewinnabführungsvertrags geschuldet würde.[102] Das entspricht dem sog. **festen Ausgleich** bei zusätzlichem Abschluss eines Gewinnabführungsvertrags (→ Rn. 49 ff.). Im Unterschied hierzu handelt es sich um einen **Mindestbetrag,** weshalb der Ausdruck **Dividendengarantie** in diesem Fall berechtigt ist. An einer **höheren Dividende** ist der außenstehende Aktionär entsprechend zu beteiligen. Andererseits ist die herrschende Gesellschaft zum **Ausgleich** verpflichtet, falls der Bilanzgewinn nicht ausreicht, um eine Dividende in der garantierten Höhe auszuschütten. Sie hat entsprechende Zahlungen zu leisten.

66 Ist der andere Vertragsteil eine AG oder KGaA, haben die Vertragspartner wie beim Abschluss eines Gewinnabführungsvertrags das Recht, alternativ einen **variablen Ausgleich** vorzusehen (→ Rn. 52 f.). Ferner hat der außenstehende Aktionär einen Anspruch auf **Abfindung.** Auch das entspricht der Regelung, die für den Fall eines Gewinnabführungsvertrags gilt (→ Rn. 54 ff.).

### c) Alleiniger Gewinnabführungsvertrag

67 Der Abschluss isolierter, dh nicht mit einem Beherrschungsvertrag verbundener Gewinnabführungsverträge zwischen einer herrschenden und einer abhängigen AG, KGaA, SE oder GmbH ist nach hM zulässig.[103] Weniger eindeutig ist die Antwort auf die Frage, ob ein derart isolierter Vertrag sinnvoll sein kann. Die aktienrechtlichen Verpflichtungen entsprechen denen beim gleichzeitigen Abschluss eines Beherrschungsvertrags. Das gilt für den **Verlustausgleich** ebenso wie für die **Sicherung** der außenstehenden Aktionäre. Wird lediglich die steuerliche Organschaft angestrebt, bedarf es zwingend des Gewinnabführungsvertrags.[104] Ferner vermag ein Beherrschungsvertrag, wenn man auf die Weisungen nach § 308 AktG verzichten kann, auch nachteilig zu sein, da er sich auf das Mitbestimmungsrecht auswirken kann (→ Rn. 28).

68 Die Vertragsparteien eines isolierten Gewinnabführungsvertrags haben zu bedenken, dass hiermit für das herrschende Unternehmen eine **weitergehende Haftung** verbunden ist. Das AktG verzichtet zwar bei Bestehen eines isolierten Gewinnabführungsvertrags auf den sog. Abhängigkeitsbericht (§ 316 AktG). Dagegen gelten das Verbot der Nachteilszufügung und die Verantwortlichkeit des herrschenden Unternehmens einschließlich seiner gesetzlichen Vertreter ebenso wie im Fall des **faktischen Konzerns** (§§ 311 und 317 AktG; → Rn. 169 ff., 175 ff.), obwohl die Gewinnabführung zwingend mit der Verpflichtung zur Verlustübernahme verbunden ist (§ 302 Abs. 1 AktG).[105]

[102] Hüffer/Koch/*Koch* AktG § 304 Rn. 6; MüKoAktG/*Van Rossum* § 304 Rn. 47 ff.
[103] MüKoAktG/*Altmeppen* § 291 Rn. 149; *Cahn/Simon* Der Konzern 2003, 1 (2); zum Verlustübernahmevertrag Hüffer/Koch/*Koch* AktG § 291 Rn. 28.
[104] *Boor* RNotZ 2017, 65 (71).
[105] MüKoAktG/*Kropff*, 2. Aufl. 2001, § 316 Rn. 3; Emmerich/Habersack/*Habersack* AktG § 316 Rn. 10 mit dem Vorschlag de lege ferenda, die §§ 311 und 317 AktG bei Bestehen eines isolierten Gewinnabführungsvertrages für unanwendbar zu erklären; ebenso Kölner Komm AktG/*Koppensteiner* § 316 Rn. 1.

### 4. Gerichtliche Bestimmung von Ausgleich oder Abfindung

69 Sieht der Vertrag überhaupt **keinen Ausgleich** vor, ist er nichtig (§ 304 Abs. 3 S. 1 AktG). Wird die **Angemessenheit** in Zweifel gezogen, bleibt der Vertrag rechtswirksam. Der angemessene Ausgleich ist im sog. Spruchstellenverfahren gerichtlich festzusetzen (§ 304 Abs. 3 S. 3 AktG; ausführlich → Rn. 255).[106] Das Spruchstellenverfahren kommt auch dann zum Zuge, wenn der Vertrag **keine Abfindung** vorsieht. Im Gegensatz zum fehlenden Ausgleich ist hier eine Nichtigkeit des Vertrags nicht gegeben (§ 305 Abs. 5 S. 2 AktG).

70 Der Hauptversammlungsbeschluss der **abhängigen Gesellschaft** kann nicht mit der Begründung angefochten werden, Ausgleich oder Abfindung seien unangemessen (§ 305 Abs. 5 S. 1 AktG). Auch auf unzureichende Informationen in der Hauptversammlung über die Ermittlung, Höhe oder Angemessenheit von Ausgleich und Abfindung kann eine Anfechtungsklage gem. § 243 Abs. 4 S. 2 AktG nicht gestützt werden.[107] Für die Aktionäre des **herrschenden Unternehmens** sieht das Gesetz keine Sonderregelung vor, was bedeutet, dass die Unangemessenheit von Ausgleich oder Abfindung nicht mit der Begründung, sie sei unangemessen hoch, angegriffen werden kann. Die analoge Anwendung der Bestimmungen über das Spruchverfahren würde ein solches Ergebnis vermeiden. Zu entsprechenden Überlegungen in der Rechtsprechung des BGH[108] wird in der Literatur darauf hingewiesen, dass hierfür de lege lata kein Raum sein kann.[109] Mit der rechtspolitisch verfehlten Möglichkeit, den Zustimmungsbeschluss der Hauptversammlung anzufechten,[110] muss die Praxis unverändert leben.

## IV. Unternehmensführung im Vertragskonzern

71 Erkenntnisse der **Betriebswirtschaftslehre** gehören zur Interpretation der **Leitungsaufgabe** des Vorstands.[111] Allgemein sollte Anerkennung finden, dass das Problem ordnungsgemäßer Unternehmensleitung und -überwachung weder einseitig der einen noch der anderen Fachdisziplin, der Betriebswirtschaft oder der Rechtswissenschaft, zugeordnet werden darf.[112] Betriebswirtschaftliche Maßstäbe bestimmen die Arbeit des Vorstands ebenso wie er die ihm rechtlich, insbesondere durch Gesetz und Satzung der Gesellschaft vorgegebenen Grenzen zu beachten hat.[113] Angesprochen sind damit gesetzliche Restriktionen, aber auch **Unterstützungen** durch das juristische Instrumentarium, dh Managementoptionen, die ohne diese Unterstützung nicht oder nicht so reibungslos zu verwirklichen wären.[114]

72 Zu Recht wird in der Literatur auf den Konflikt hingewiesen, einerseits den Unternehmensverbund als wirtschaftliche **Einheit** zu sehen, andererseits die rechtliche **Selbstständigkeit** der Konzernunternehmen nicht aus dem Auge zu verlieren.[115] Hinzu kommt, dass die Betriebswirtschaftslehre der Konzernproblematik bisher nur sehr eingeschränkt – wenn überhaupt – Rechnung getragen hat.[116] Für den Praktiker bleibt maßgebend, welches **Organisationskonzept der Konzernführung** im Einzelfall gewählt werden soll. Hieraus folgt die Entscheidung für die rechtlichen Rahmenbedingungen (→ Rn. 5 f.). Die größ-

---

[106] Text und Kommentierung ua bei Hüffer/Koch/*Koch* AktG Anh. § 305.
[107] MüKoAktG/*Paulsen* § 304 Rn. 181.
[108] BGHZ 146, 179 (189 ff.) = NJW 2001, 1425 (1427).
[109] MüKoAktG/*Paulsen* § 304 Rn. 183.
[110] MHdB GesR IV/*Krieger* § 71 Rn. 110.
[111] *Johannes Semler* ZGR 1983, 1 (13).
[112] So ausdrücklich *Löbbe,* Unternehmenskontrolle im Konzern, 2003, 192.
[113] Kölner Komm AktG/*Mertens/Cahn* § 76 Rn. 9, § 93 Rn. 83.
[114] *v. Werder* in Albach, Konzernmanagement, 2001, 147, 152 f.
[115] *Löbbe,* Unternehmenskontrolle im Konzern, 2003, 192.
[116] Das beklagt *Theisen* in Albach, Konzernmanagement, 2001, 29, 40 ff.

ten, wenn auch nicht unbeschränkten Gestaltungsmöglichkeiten gewährt der **Vertragskonzern,** dessen Konsequenzen im Einzelnen jedoch sorgfältig bedacht werden wollen.

## 1. Leitungsmacht

### a) Gesetzliche Regelung

Besteht ein Beherrschungsvertrag, so ist das herrschende Unternehmen berechtigt, dem Vorstand der Gesellschaft hinsichtlich der Leitung der Gesellschaft **Weisungen** zu erteilen (§ 308 Abs. 1 S. 1 AktG). Bestimmt der Vertrag nichts anderes, so können auch Weisungen erteilt werden, die für die Gesellschaft **nachteilig** sind, wenn sie den Belangen des herrschenden Unternehmens oder der mit ihm und der Gesellschaft konzernverbundenen Unternehmen dienen (§ 308 Abs. 1 S. 2 AktG). Im Gesetz findet sich keine Regelung, wonach im Beherrschungsvertrag bereits Vorsorge für die **Überlebensfähigkeit** der abhängigen Gesellschaft für die Zeit **nach** seiner Beendigung getroffen werden müsste. Das entspricht der hM, die im Gegensatz zu einzelnen Äußerungen im Schrifttum den Vorstand der abhängigen Gesellschaft nicht verpflichtet, an die Zeit nachher zu denken (→ Rn. 78 ff.).[117] Die Forderung nach langfristigem Denken wird hier nicht sichtbar. Anzuerkennen sind jedoch die Schwierigkeiten, bereits im Beherrschungsvertrag die Überlebensfähigkeit am Ende des Vertrages im Einzelnen zu garantieren. Das sollte allerdings eine allgemeine Aussage nicht ausschließen. 73

Der Begriff der **„Weisungen"** darf nicht eng interpretiert werden. Hierunter fällt jede Maßnahme des herrschenden Unternehmens, durch die Einfluss auf die Leitung der abhängigen Gesellschaft genommen werden soll.[118] Mit anderen Worten: Alle **Willensäußerungen** des herrschenden Unternehmens werden als Weisungen interpretiert, die aus der Perspektive des Vorstands der Untergesellschaft in der Erwartung erfolgen, dass der Vorstand sein Verhalten danach ausrichtet.[119] Kritisch ist die Abgrenzung zu **Ratschlägen** oder **Empfehlungen.** Entscheidend ist, ob sie als verbindlich gedacht sind und vom Vorstand der abhängigen Gesellschaft auch so verstanden werden. Die Verbindlichkeit wird bereits dann unterstellt, wenn der Vorstand der beherrschten Gesellschaft befürchten muss, dass seine erneute Bestellung gefährdet ist, wenn er der „Weisung" des herrschenden Unternehmens nicht nachkommt.[120] Bloße Ratschläge und Empfehlungen des herrschenden Unternehmens, die tatsächlich so gemeint und vom Vorstand der abhängigen Gesellschaft auch so verstanden werden, sind dagegen nicht als Weisungen zu interpretieren.[121] Ob und inwieweit in der nachträglichen Bewertung eine zutreffende Rekonstruktion des Gewollten und Verstandenen möglich ist, mag zumindest zweifelhaft sein. Das gilt umso mehr, als sich das Weisungsrecht nicht auf grundsätzliche Entscheidungen in der Leitung der beherrschten Gesellschaft beschränkt. Aus rechtlicher Sicht sind auch Anweisungen im laufenden **Tagesgeschäft,** außerdem Weisungen im Rahmen der innergesellschaftlichen organisatorischen Aufgaben des Vorstands zulässig.[122] 74

Für die herrschende Gesellschaft bestehen **Grenzen** in der Ausübung des Weisungsrechts. Diese können sich aus dem Beherrschungsvertrag selbst ergeben.[123] Zulässig sind **vertragliche Einschränkungen** des Weisungsrechts, wie auch besondere **Formvorschriften,** so insbesondere das Erfordernis der Schriftform für Weisungen. Die Praxis 75

---

[117] IE MüKoAktG/*Altmeppen* § 291 Rn. 58 ff.
[118] Emmerich/Habersack/*Emmerich* AktG § 308 Rn. 23 f.
[119] Hüffer/Koch/*Koch* AktG § 308 Rn. 10.
[120] Emmerich/Habersack/*Emmerich* AktG § 308 Rn. 23.
[121] Emmerich/Habersack/*Emmerich* AktG § 308 Rn. 24.
[122] MüKoAktG/*Altmeppen* § 308 Rn. 88 ff.; *Fleischer* in Fleischer VorstandsR-HdB § 18 Rn. 43; MHdB GesR IV/*Krieger* § 71 Rn. 151; das besagt nichts über die geschäftspolitische Zweckmäßigkeit solcher Weisungen.
[123] Zu weiteren Einschränkungen vgl. Emmerich/Habersack/*Emmerich* AktG § 308 Rn. 37.

macht hiervon nur geringen Gebrauch.[124] In kritischen Fällen sollte jedoch daran gedacht werden, bei Weisungen die Schriftform zu wählen, um sie insbesondere von bloßen Empfehlungen und Ratschlägen abzugrenzen.

76 Die Grenzen in der Ausübung des Weisungsrechts bestimmen auch die durch § 308 Abs. 2 S. 1 AktG geregelte **Folgepflicht des Vorstands.** Sie ist Spiegelbild der Weisungsbefugnis.[125] Aufgabe des Tochtervorstands ist es daher in jedem Fall, die Weisungen der Mutter auf ihre **rechtliche Zulässigkeit** hin zu überprüfen.[126] In Betracht kommen insoweit vor allem Vorschriften des Aktienrechts, bilanzrechtliche Normen und Weisungen, die zu Wettbewerbsverstößen oder Patentverletzungen führen könnten.[127]

77 Anders verhält es sich mit der sog. **Konzerndienlichkeit** der angewiesenen Maßnahmen. Die Entscheidung und Verantwortung, ob eine Weisung den Belangen des herrschenden Unternehmens oder der mit ihm und der Gesellschaft konzernverbundenen Unternehmen dient, liegt beim Vorstand der **Muttergesellschaft.** Nach § 308 Abs. 2 S. 2 AktG ist der Vorstand des Tochterunternehmens nicht berechtigt, die Befolgung einer Weisung zu verweigern, weil sie nach seiner Ansicht nicht den Belangen des herrschenden Unternehmens oder der mit ihm und der Gesellschaft konzernverbundenen Unternehmen dient, es sei denn, dass sie offensichtlich nicht diesen Belangen dient. Fehlt insoweit im Normalfall die Prüfungspflicht des Vorstands, bleibt er im Übrigen verpflichtet, die Auswirkungen des Konzerneinflusses auf das eigene Unternehmen zu ermitteln und das herrschende Unternehmen auf **drohende Nachteile** hinzuweisen, falls diese dem herrschenden Unternehmen nicht ohne weiteres offenkundig sind.[128]

78 Eine alles andere als theoretische Frage gilt der Zulässigkeit **existenzgefährdender Weisungen.** Die Lebens- oder Überlebensfähigkeit des beherrschten Unternehmens kann auf vielfache Weise bedroht sein. Hierzu gehört der übermäßige Abzug von Liquidität, die Einstellung lebenswichtiger Produktionen oder vielversprechender Entwicklungen, die Übertragung der ertragreichsten Betriebszweige auf andere Konzernunternehmen oder das Unterbleiben der für den Fortbestand der Gesellschaft am Markt unerlässlichen Investitionen.[129] Hierbei ist zwischen Weisungen zu unterschieden, durch die **aktuell** die Existenz der abhängigen Gesellschaft und denen, durch die ihre Überlebensfähigkeit **nach** Beendigung des Beherrschungsvertrags bedroht wird.

79 Ganz überwiegend wird angenommen, dass das herrschende Unternehmen die Existenz des abhängigen Unternehmens **während der Dauer** des Beherrschungsvertrags nicht gefährden darf. Entscheidende Voraussetzung ist die **Solvenz** des **herrschenden Unternehmens.** Ist sie gegeben, kommt wegen seiner Verpflichtung zum Verlustausgleich eine Existenzgefährdung nicht in Betracht, anders ausgedrückt, es dürfen keine Weisungen erteilt werden, die „den Erfolg dieser Garantie vereiteln würden".[130] Hat der Vorstand der beherrschten Gesellschaft Zweifel, muss er auf einem vorherigen Verlust- oder Nachteilsausgleich durch das herrschende Unternehmen bestehen.[131] Unterbleibt der Ausgleich, ist die Weisung unzulässig.

80 Die weitere Frage gilt Weisungen, die voraussichtlich zum **Verlust der Lebensfähigkeit** des beherrschten Unternehmens führen werden. Der BGH hat Weisungen nicht für unzulässig erklärt, wenn es dem Unternehmen anschließend nicht mehr möglich ist, bei Beendigung des Unternehmensvertrags aus eigener Kraft fortzubestehen.[132] Das entspricht

---

[124] MüKoAktG/*Altmeppen* § 308 Rn. 136.
[125] Hüffer/Koch/*Koch* AktG § 308 Rn. 20.
[126] *Löbbe,* Unternehmenskontrolle im Konzern, 2003, 336 ff., der die Kontrollpflicht aus der Leitungsverantwortung des Tochtervorstands nach § 76 AktG ableitet.
[127] Hüffer/Koch/*Koch* AktG § 308 Rn. 14.
[128] Hüffer/Koch/*Koch* AktG § 308 Rn. 21; *Semler* Leitung und Überwachung AG Rn. 452.
[129] Emmerich/Habersack/*Emmerich* AktG § 308 Rn. 62.
[130] MüKoAktG/*Altmeppen* § 308 Rn. 123 f.
[131] Emmerich/Habersack/*Emmerich* AktG § 308 Rn. 64.
[132] BGHZ 135, 374 (378) = NJW 1997, 2242 (2243) – Guano.

der hM in der Literatur.[133] Hingewiesen wird auf die fehlende Praktikabilität einer anderen Lösung. Ein unendlicher Streit darüber, welche potentielle nachträgliche Existenzgefährdung die Folge der Weisung sein könnte, sei anderenfalls vorprogrammiert.[134] Ein Schutz außenstehender Aktionäre vor die Überlebensfähigkeit gefährdenden Weisungen wird deshalb als entbehrlich angesehen, weil die Vermögensmasse der AG bei korrekter Bewertung zum Stichtag des Vertragsendes **bilanziell** erhalten bleiben muss. Das hat ggf. der letzte Verlustausgleich sicherzustellen.[135] Das kann im Einzelfall ein schwacher Trost sein.[136]

### b) Konzernleitungspflicht

Im Rahmen der Verfassung der AG formuliert § 76 Abs. 1 AktG: Der Vorstand hat unter 81
eigener Verantwortung **die Gesellschaft zu leiten.** Konzernrechtliche Zusammenhänge werden nicht ausdrücklich angesprochen. Das gilt insbesondere der Frage, ob der Vorstand der Obergesellschaft verpflichtet ist, nicht nur diese, sondern auch die Tochterunternehmen nach dem Standard, der für die Gesellschaft gilt, umfassend zu leiten.[137] Die Auffassung, der Konzernvorstand sei gegenüber der herrschenden AG zu einer **zentralen Konzernleitung** verpflichtet,[138] hat sich mit Recht nicht durchsetzen können. Ein Zwangs-Korsett für die Unternehmensführung ist dem Gesetz fremd. Der Vorstand der Obergesellschaft hat den gewollten Einflussbereich des herrschenden Unternehmens festzulegen, er muss entscheiden, wie die Unternehmensgruppe geführt werden soll.[139] Auch bei unternehmerischer Führung der Beteiligungen bzw. Tochtergesellschaften entscheidet der Vorstand des herrschenden Unternehmens über die **Art und Weise der Verbundführung,** er muss beurteilen, ob eine zentrale oder dezentrale Führungsstruktur dem wirtschaftlichen Erfolg der Unternehmensgruppe zuträglicher ist.[140] Nicht zulässig ist dagegen, abhängige Unternehmen völlig unkontrolliert zu lassen. Hier sind dem unternehmerischen Ermessen Grenzen gesetzt.[141] Besteht eine Einflussmöglichkeit, sind Beteiligungen nicht als bloße Finanzanlage zu halten.[142] Die Einflussrechte sind im Interesse der Gesellschaft, insbesondere deren Rentabilität, wahrzunehmen.[143]

## 2. Konzernorganisation und -führung

Entscheidet sich der Vorstand der herrschenden Gesellschaft für den Abschluss eines Be- 82
herrschungsvertrags, ist dies die Entscheidung für ein **mögliches rechtliches Instrumentarium** in der Ausübung der Leitung. Der Vorstand des herrschenden Unternehmens ist **nicht verpflichtet,** die Selbstständigkeit der Führung einer abhängigen Gesellschaft so

[133] MüKoAktG/*Altmeppen* 308 Rn. 130; Emmerich/Habersack/*Emmerich* AktG § 308 Rn. 65; aA MüKo-AktG/*Johannes Semler,* 2. Aufl. 2001, Vor § 76 Rn. 169.
[134] So MüKoAktG/*Altmeppen* § 302 Rn. 40.
[135] MüKoAktG/*Altmeppen* § 302 Rn. 45, § 308 AktG Rn. 128.
[136] ZB Verkauf der ertragreichsten Beteiligung zum Buchwert während der Laufzeit des Beherrschungsvertrags, Auflösung aller stillen Reserven, s. *Spindler/Klöhn* Der Konzern 2003, 511 (514).
[137] Hüffer/Koch/*Koch* AktG § 76 Rn. 47; *Fleischer* in Fleischer VorstandsR-HdB § 18 Rn. 7 spricht zu Recht vom „Regelungsvakuum".
[138] So insbesondere *Hommelhoff,* Die Konzernleitungspflicht, 1982, 76ff.; *U.H. Schneider* FS Hadding, 2004, 621 (630).
[139] MüKoAktG/*Semler/Spindler,* 2. Aufl. 2001, Vor § 76 Rn. 141; Kölner Komm AktG/*Koppensteiner* Vor § 291 Rn. 71f.; K. Schmidt/Lutter/*Langenbucher* AktG § 291 Rn. 40f.; *Fleischer* in Fleischer VorstandsR-HdB § 18 Rn. 14.
[140] *Johannes Semler* ZGR 2004, 631 (656f.); *Semler* Leitung und Überwachung AG Rn. 316; *Löbbe,* Unternehmenskontrolle im Konzern, 2003, 82.
[141] MüKoAktG/*Spindler* § 76 Rn. 46.
[142] *Fleischer* in Fleischer VorstandsR-HdB § 18 Rn. 7.
[143] MüKoAktG/*Spindler* § 76 Rn. 48.

weit **einzuschränken,** wie dies konzernrechtlich möglich wäre.[144] Insbesondere besteht keine Verpflichtung, die Aktivitäten einer rechtlich selbstständigen Tochter so zu leiten wie die einer rechtlich unselbstständigen Betriebsabteilung. Innerhalb der zu verantwortenden **Grenzen** entscheidet sich die Führungstiefe, mit den Schlagworten zentral oder dezentral umschrieben.

83 Der erfahrene Manager weiß um die **Gefahren** einer zu starken **Zentralisierung.** Die Entscheidungsabläufe werden schwerfällig, ihre Dauer unangemessen, zudem oft weit entfernt vom Marktgeschehen und dies mit beträchtlichen **Kosten.**[145] Verwaltungen neigen zu einem nur mit Härte vermeidbaren Wachstum, das der „Wucherung" zumindest nahe kommt. Der Reiz, an der Front mitzuentscheiden, ist für Stäbe – soweit sie nicht mit sich selbst beschäftigt sind – gelegentlich unwiderstehlich. Die Konsequenzen zu häufiger Eingriffe: Vor allem die Demotivation der das Ergebnis maßgeblich beeinflussenden Mitarbeiter in den Töchtern. Für die Praxis wird daher aus guten Gründen eine deutliche Bevorzugung dezentraler Organisationsformen konstatiert.[146]

84 Dem stehen die **Risiken** einer unzureichenden Konzernführung und -überwachung gegenüber. Nur zu leicht gewinnen die zentrifugalen Kräfte in Konzernen die Oberhand. Sie verhindern die den Konzern rechtfertigende Steigerung der Effizienz und Effektivität seiner Unternehmungen. Mag das Fehlen positiver Effekte gelegentlich noch hinnehmbar sein, gefährlich werden Schieflagen von Tochtergesellschaften, die den Konzern insgesamt bedrohen. Dezentrale Unternehmensführung setzt daher zwingend **Transparenz** und **Kontrolle** voraus. Insoweit kann von Ermessen keine Rede sein. Bei nachhaltigen Fehlentwicklungen in den abhängigen Unternehmen ist der Vorstand des herrschenden Unternehmens verpflichtet, aktiv einzugreifen.[147] Tatsächlich setzt die Verpflichtung insoweit noch früher ein: Nachhaltige Fehlentwicklungen sind möglichst zu verhindern, zumindest **frühzeitig** zu **erkennen.** Aus der praktischen Erfahrung ist jedoch zu ergänzen, dass auch eine gewissenhafte Konzernführung vor Überraschungen nicht in jedem Fall geschützt werden kann. Es müssen nicht unbedingt kriminelle Handlungen sein, die immer wieder in Erinnerung rufen, dass es eine Erfolgsgarantie nicht gibt. Das sollten auch die klugen – aus dem Rathaus kommenden – Kritiker bedenken.

85 Die richtige Balance zwischen zentraler und dezentraler Führung zu finden, ist wahre **Führungskunst.** Grundlage sind die sich stellenden Aufgaben. Unverzichtbar ist – unabhängig von der Leitungsintensität – die **strategische Führung.** Der Kern ist die strategische **Planung,** auf der die operative Planung aufbaut. Damit wird den Töchtern ua der Rahmen für ihre Aktivitäten vorgegeben. Sie müssen wissen, welche Expansionsfelder für sie im Konzern offen und welche belegt sind.[148] Auch wenn „Fokussierung" zu einem Modewort verkommen ist, bleibt die geschäftliche Versuchung, das (Ergebnis-)Heil auf anderen, vermeintlich weniger wettbewerbsintensiven und ertragreicheren Geschäftsfeldern zu finden.

86 Neben die Unternehmensverfassung und die Unternehmenspolitik wird in der Literatur die **Unternehmenskultur** gestellt.[149] Sie ist unverzichtbar **in** den einzelnen Gesellschaften. Die Möglichkeit und Notwendigkeit einer **Konzernkultur** wird jedoch meist überschätzt. Das Bemühen hat oft etwas Künstliches, Oktroyiertes. Der Sinn erschließt sich den operativ Führenden nur selten, wobei es meist opportun ist, diesen „Mangel" nicht erken-

[144] MüKoAktG/*Altmeppen* § 309 Rn. 56. Das Gesetz formuliert in § 308 Abs. 1 S. 1 nur ein Weisungsrecht, nicht aber eine Weisungspflicht.

[145] Zur Konzernorganisation *Scheffler,* Konzernmanagement, 2. Aufl. 2005, 59 ff.

[146] *Mellewigt/Matiaske* in Albach, Konzernmanagement, 2001, 109, 112. Von der dort zitierten Ausdünnung der Zentralbereiche bis hin zur „Magersucht" in der Konzernorganisation ist allerdings in der Praxis eher zu wenig als zu viel zu beobachten. – Vgl. auch *Scheffler* in Lutter, Holding-Handbuch, 6. Aufl. 2020, § 2.

[147] *Löbbe,* Unternehmenskontrolle im Konzern, 2003, 84 f.

[148] *Keller* in Lutter, Holding-Handbuch, 6. Aufl. 2020, § 4 Rn. 35.

[149] *Keller* in Lutter, Holding-Handbuch, 6. Aufl. 2020, § 4 Rn. 32 und 88; zu den Gefahren insbesondere *Rieckers,* Konzernvertrauen und Konzernrecht, 2004, 75 ff.

nen zu lassen. Die Realität zeigt der schlichte Spruch: „Das Hemd ist mir näher als der Rock."

Die **Führung eines Konzerns** hat viele Facetten. Ihre Beschreibung im Einzelnen und der zumindest hoffnungsvolle Versuch, praktische Hilfestellung zu geben, ist primär Aufgabe der **Betriebswirtschaft.** Die nachfolgende Darstellung beschränkt sich daher auf einige zentrale Aspekte. 87

### a) Personalpolitik und -entscheidungen

Der Erfolg eines Unternehmens wird ganz entscheidend durch die **Qualität seiner Führung** bestimmt. Personalentscheidungen gehören damit zur verantwortungsvollsten Aufgabe der Entscheidungsträger. Das gilt für die Besetzung des Vorstands der Obergesellschaft selbst, aber auch für die Vorstandsbesetzung in den abhängigen Gesellschaften, für Berufung und Abberufung.[150] Verlangt werden kompetente und konzernloyale Vorstandsmitglieder in den Untergesellschaften, die dem Erfolg und den Interessen des Unternehmens verpflichtet sind, aber in diesem Rahmen die Zusammenarbeit im Konzern vorbehaltlos bejahen[151] was sicherlich als richtig anzustreben ist, aber der Quadratur des Kreises nahe kommt. 88

Bei der **Vorstandsbesetzung in den abhängigen Gesellschaften** bestehen für den Vorstand der Obergesellschaft rechtliche Grenzen, die nicht immer theoretischer Natur sein müssen. Der Grund liegt in der zwingenden aktienrechtlichen Zuständigkeitsordnung. Der Beherrschungsvertrag begründet **kein Weisungsrecht** gegenüber dem **Aufsichtsrat der Tochter.**[152] Dessen Kompetenzen ua bei der Vorstandsbestellung und dem Widerruf der Bestellung sowie der Vereinbarung der Anstellungsbedingungen bleiben unberührt. Diese Aussage gilt hinsichtlich der **Organstellung** unbeschränkt. Nicht gesichert ist, ob und inwieweit die Muttergesellschaft ihrerseits durch direkte Vereinbarungen ganz oder teilweise **Vergütungen** übernehmen kann, was ihr einen weit über rechtliche Kategorien hinausgehenden Einfluss verschaffen würde.[153] Bedeutsamer ist allerdings die Tatsache, dass die Obergesellschaft Einfluss auf die **Auswahl der Aufsichtsratsmitglieder** der beherrschten Gesellschaft hat und die Obergesellschaft den Aufsichtsrat der Untergesellschaft nicht selten dominiert.[154] Sie unterliegt hinsichtlich der Anteilseignervertreter **keinen rechtlichen Schranken.** Das korrespondiert mit der gesetzlichen Vermutung für Beherrschung und Abhängigkeit (§ 17 AktG; → Rn. 13). Nicht unrealistisch ist die Annahme, dass sich Aufsichtsrat und Vorstand den Wünschen des Mehrheitsaktionärs gegenüber aufgeschlossen zeigen, da sie anderenfalls riskieren, künftig nicht mehr in ihren Positionen bestätigt zu werden.[155] 89

Zwei **Einschränkungen** sind notwendig. Der Vorstand der Obergesellschaft hat in der Regel keinen Einfluss auf die Wahl der **Arbeitnehmervertreter** im Aufsichtsrat, im Fall der paritätischen Mitbestimmung schlicht die Hälfte seiner Mitglieder. Vom Stichentscheid des Aufsichtsratsvorsitzenden wird selten Gebrauch gemacht. Ein Zweites: Nach ganz überwiegender Meinung ist der Aufsichtsrat auch im Vertragskonzern dem **Unternehmensinteresse der abhängigen Gesellschaft** und nicht dem Konzerninteresse verpflichtet.[156] Dieses Gebot gilt ebenso für Vorstandsmitglieder der Obergesellschaft im Aufsichts- 90

---

[150] Vgl. hierzu *Fonk* in SSW AR-HdB § 10 Rn. 1 ff.; *Scheffler,* Konzernmanagement, 2. Aufl. 2005, 114.

[151] *Scheffler,* Konzernmanagement, 2. Aufl. 2005, 114.

[152] MüKoAktG/*Altmeppen* § 308 Rn. 86; Emmerich/Habersack/*Emmerich* AktG § 308 Rn. 42; aA *v. Falkenhausen* ZIP 2014, 1205 (1206 f.).

[153] *Fonk* in SSW AR-HdB § 10 Rn. 219 f.; *Fonk* NZG 2010, 368.

[154] MüKoAktG/*Ego* SE-VO Anh. Art. 9 Rn. 38; im Zusammenhang mit der Prüfung des Abhängigkeitsberichts.

[155] MüKoAktG/*Bayer* § 17 Rn. 27; *Krieger* FS Johannes Semler, 1993, 503 (504 f.); *U.H. Schneider* FS Hadding, 2004, 621 (633).

[156] MHdB GesR IV/*Krieger* § 70 Rn. 40; *Semler* Leitung und Überwachung AG Rn. 464; *Scheffler,* Konzernmanagement, 2. Aufl. 2005, 107; *U.H. Schneider* FS Hadding, 2004, 621 (625): „Der Vorstand und der

rat der beherrschten Tochter. Besteht ein unvereinbarer Konflikt, muss im Extremfall das Aufsichtsratsmitglied sein Mandat aufgeben.[157] Im Übrigen steht die Forderung der Ausrichtung auf das Unternehmensinteresse der abhängigen Gesellschaft in bemerkenswertem Gegensatz zu der – wie behauptet wird – im Fall der Abhängigkeit nach heute herrschender und zutreffender Auffassung bestehenden Befürchtung, dass die Verwaltungsorgane zur Vermeidung persönlicher Nachteile ihre Geschäftspolitik an den Interessen des herrschenden Unternehmens ausrichten werden.[158] Wenn dies auch der Realität sehr nahe kommt, ist Konfliktpotential nicht zu leugnen. Für dessen Lösung kann die in der Zuständigkeit der Hauptversammlung liegende **Abberufung von Aufsichtsratsmitgliedern** nur ultima ratio sein (§ 103 Abs. 1 S. 1 AktG). Der Beschluss bedarf einer Mehrheit, die mindestens drei Viertel der abgegebenen Stimmen umfasst (§ 103 Abs. 1 S. 2 AktG).

91 Ein zweites Thema der Personalpolitik ist die Besetzung von **Positionen unterhalb des Vorstands** der beherrschten Gesellschaft. Hier greift das Weisungsrecht auch dann, wenn es im Ergebnis zu Nachteilen für die abhängige Gesellschaft führt. Bedeutung hat das Thema insbesondere in Verbindung mit der Auswahl und Entwicklung **zukünftiger Führungskräfte.** Dies wird als ein zentraler Aufgabenbereich der personellen Führung durch die Holding bezeichnet, ergänzt durch einen begleitenden oder sogar aktiv durch die Holding initiierten Personaltransfer im Konzern.[159] Der **Realisierung** kommt zugute, dass die größere Zahl der Führungspositionen innerhalb eines Konzerns mit unterschiedlichen Aufgaben und unterschiedlichem Verantwortungsumfang eine breitere und intensivere Managementausbildung und Karriereentwicklung ermöglicht, was wiederum für qualifizierte Nachwuchs- und Führungskräfte besonders attraktiv ist.[160] Die Wirklichkeit ist oft nicht nur deshalb sehr viel nüchterner, weil Vorgesetzte nicht bereit sind, einen guten Mitarbeiter im Interesse sinnvoller Karriereplanung abzugeben. Gelegentlich kommen Bemühungen über den Aufbau einer Bürokratie nicht hinaus. Eine starke Zentralisierung fördert die **Effizienz,** nicht aber unbedingt die **Motivation** in den beherrschten Gesellschaften.

92 Zur Personalpolitik gehört das Thema **„Doppelmandate“:** Vorstandsmitglieder der maßgeblichen Tochtergesellschaften, überwiegend die Vorstandsvorsitzenden, werden in Doppelfunktion zu Vorstandsmitgliedern der Konzern-Obergesellschaft bestellt.[161] Solche Doppelmandate können sich auch auf der Ebene Tochter-/Enkel-Gesellschaft als zweckmäßig erweisen, ferner in Schwester-Gesellschaften. Für die Institutionalisierung von Doppelmandaten sprechen zumindest vordergründig **praktische Überlegungen.** Die Durchsetzung der Konzernpolitik wird durch Vorstands-Doppelmandate ebenso erleichtert wie umgekehrt die unmittelbare Berücksichtigung und Beteiligung der Interessen der Bereichsgesellschaften an den Entscheidungen des Vorstands der Konzern-Obergesellschaft sichergestellt werden.

93 Die **rechtliche Zulässigkeit** ist im Vertragskonzern unproblematisch, aber auch hier gilt, dass ein Vorstandsmitglied zweier Gesellschaften den Interessen jeweils beider Gesellschaften verpflichtet ist. Kollidieren diese Interessen, gerät das Vorstandsmitglied unausweichlich in einen Loyalitätskonflikt.[162] Faktisch werden die das **operative Geschäft** ver-

---

Aufsichtsrat des abhängigen Unternehmens sind die Hüter der Interessen des abhängigen Unternehmens.“ Krit. Kölner Komm AktG/*Koppensteiner* § 308 Rn. 74.

[157] *M. Schmidt* FS Imhoff, 1998, 67 (81); BGH NJW 1980, 1629 (1630): „Die Spaltung einer Person mit kollidierenden Pflichten in solche Verhaltensweisen, die nur dem einen, nicht aber zugleich dem anderen Verantwortungsbereich zugeordnet werden könnten, ist, wenn tatsächlich beide Bereiche betroffen sind, nicht möglich.“

[158] MüKoAktG/*Bayer* § 17 Rn. 27 mwN.

[159] *Keller* in Lutter, Holding-Handbuch, 6. Aufl. 2020, § 4 Rn. 73 und *Theisen* in Lutter, Holding-Handbuch, 6. Aufl. 2020, § 10 Rn. 60 ff.

[160] *Scheffler,* Konzernmanagement, 2. Aufl. 2005, 97.

[161] Entspr. Vorstands-Doppelmandate „von oben nach unten“. Zur Motivation MüKoAktG/*Altmeppen* § 311 Rn. 95 ff.

[162] MüKoAktG/*Altmeppen* § 311 Rn. 98; vgl. iE *Fonk* in SSW AR-HdB § 10 Rn. 75; *Hoffmann-Becking* ZHR 150 (1986), 570 ff.; *Johannes Semler* FS Stiefel, 1987, 719 ff.; Hüffer/Koch/*Koch* AktG § 76 Rn. 21 mit dem zutreffenden Hinweis auf die fehlende dogmatische Bewältigung.

antwortenden Vorstandsmitglieder den Konflikt allen Bekundungen zum Trotz im Zweifel so lösen, dass sie nicht dem Konzerninteresse den Vorrang vor den Interessen ihrer Gesellschaft geben. Sie werden zB die Zustimmung zu eigenen Investitionen im Vorstand nicht durch kritische Kommentare zu den Vorhaben der Kollegen gefährden, auch wenn dies dem Bild der Konzernverantwortung sicherlich nicht entspricht. **Funktionale Vorstandsmitglieder** haben in der Regel eine größere Distanz zum operativen Geschäft und damit die für eine Entscheidung unerlässliche Objektivität. In der Praxis zu beobachtende Neuorientierungen zeigen, dass sich die Doppelmandate auf dem Rückzug befinden, bis sie wieder als „Ei des Kolumbus" entdeckt werden. Die in der Literatur vertretene Auffassung, dass die Besetzung der Holding mit interessewahrenden Tochter-Vorständen und gleichzeitig operativ neutralen, konzernorientierten Holding-Vorständen anzustreben sei,[163] kann in dieser allgemeinen Form keine Zustimmung finden.

## b) Planung/Controlling

Die Unternehmensplanung als gedankliche Vorwegnahme der künftigen Entwicklung ist unabdingbarer Bestandteil der Unternehmensführung,[164] ebenso wie die Sicherstellung einer regelmäßigen, aussagefähigen Berichterstattung. Das gilt für die einzelne Gesellschaft ebenso wie für den Konzern, wobei in letzterem Fall die Informationsbeschaffung bei Bestehen eines Beherrschungsvertrages ohne jedes Problem ist.[165] Bestandteile sind die **strategische** und die **operative** Planung, letztere die Umsetzung der Geschäftspolitik in operative Maßnahmen unter Angabe ihrer zahlenmäßigen Auswirkungen.[166] Die operative Planung ist in der Regel eine **mehrjährige,** wobei die Einjahresplanung, auch Budget genannt, einen höheren Differenzierungsgrad aufweisen sollte. Im Übrigen ist darauf hinzuweisen, dass das **Planungssystem** des Konzerns bei völlig unterschiedlichen Voraussetzungen, wie zB zwischen Produktion und Handel, nicht unbedingt einheitlich sein muss. Andererseits sind die Aussagefähigkeit und damit die Beurteilungsmöglichkeit sicherzustellen. 94

Grundlage der **Konzernplanung** sind die Pläne der **abhängigen** Gesellschaften, von der Umsatzplanung über weitere Einzelpläne bis zur Planung des Ergebnisses. Wünschenswert ist die Verdichtung der Zahlen bis zur (Konzern-)Plan-Bilanz sowie Gewinn- und Verlustrechnung. Die Erarbeitung erfolgt realistischerweise von zwei Seiten.[167] Der Konzernvorstand wird **Vorgaben** beschließen, die sicherstellen, dass der Planung einheitliche Rahmenbedingungen und -prämissen zugrunde gelegt werden. Im Übrigen ist der Obergesellschaft in diesem Stadium der Planung Zurückhaltung zu empfehlen.[168] Nach Erstellung der Einzelpläne haben sich **Plangespräche** zwischen dem Vorstand der Konzerngesellschaft und dem Vorstand der beherrschten Gesellschaft bewährt. Sie dienen nicht nur dem besseren Verständnis der dezentralen Planung, sie ermöglichen auch Korrekturen dort, wo zu optimistisch oder zu wenig anspruchsvoll geplant worden ist. Angesichts beschränkter finanzieller Ressourcen dürfte insbesondere der **Investitionsplan** intensiv diskutiert werden. In der Regel lassen sich nicht alle Wünsche der abhängigen Gesellschaft erfüllen. Das ist aus rechtlicher Sicht bei Abschluss eines Beherrschungsvertrags unproblematisch. 95

Der Planung folgt zeitlich der **Soll/Ist-Vergleich.** Er ist mit den daraus resultierenden Abweichungsanalysen als institutionalisierter permanenter Vergleich ein ständiger Lern- und Steuerungsprozess. Der Soll/Ist-Vergleich beweist als **Frühindikator** der Entwicklungen immer noch am besten seine Eignung, bei aller Unsicherheit im Einzelnen. Auf dieser 96

---

[163] *Keller* in Lutter, Holding-Handbuch, 6. Aufl. 2020, § 4 Rn. 78 aE.
[164] So wörtlich *Scheffler,* Konzernmanagement, 2. Aufl. 2005, 144. – Zur Bedeutung und Rechtspflicht Hüffer/Koch/*Koch* AktG § 90 Rn. 4a f. mwN.
[165] *Lutter,* Information und Vertraulichkeit im Aufsichtsrat, 3. Aufl. 2006, Rn. 178.
[166] *Kropff* NZG 1998, 613 (614).
[167] *Semler* Leitung und Überwachung AG Rn. 324.
[168] S. auch *Keller* in Lutter, Holding-Handbuch, 6. Aufl. 2020, § 4 Rn. 59.

Grundlage empfehlen sich regelmäßige Gesprächsrunden zwischen der Obergesellschaft und der abhängigen Gesellschaft.

### c) Konzernweites Cash-Management

97 Zu den originären Aufgaben der Konzernleitung gehört die **finanzwirtschaftliche Führung**[169] des Konzerns.[170] Wie bei der Konzernorganisation reicht die Ausgestaltung im Einzelnen von dezentral bis zentral.[171] **Dezentral** ist die Holding-Finanzwirtschaft, wenn auf jeder Stufe eigenständige Bankverbindungen und dementsprechend eine eigenständige Finanzierung der jeweiligen Aktivitäten und Investitionen bestehen, wobei die Holding-Führung dann lediglich die Eigenkapitalausstattung und die Gewinnverwendung bestimmt.[172] In der Praxis überwiegt nach aller Erfahrung die **zentrale Konzernfinanzierung,** insbesondere in der Form des straffen Cash-Management.[173] Ziel ist die Sicherstellung der Liquidität, die optimale Steuerung des Zahlungsverkehrs und die Minimierung von Währungsrisiken. Die Tochter stellt der Mutter als Darlehen gem. § 488 BGB liquide Mittel zur Verfügung, die zur Finanzierung der unterschiedlichsten Konzernaktivitäten eingesetzt werden, wie umgekehrt die Mutter durch Darlehen zur Finanzierung der Tochter beiträgt. Der auf diese Weise gewährleistete **Ausgleich von Liquiditätsschwankungen** verhindert, dass sich ein Konzernunternehmen hochverzinslich kurzfristig verschulden muss, während zu gleicher Zeit bei einem anderen Konzernunternehmen Zahlungsmittel nicht hinreichend rentabel genutzt werden können, weil mehr Liquidität vorhanden ist als das Unternehmen zur Zeit benötigt.[174] Eine weitere Variante ist die **Stellung von Sicherheiten** der Tochter für die Konzernspitze und umgekehrt.[175] Bei **gesunder wirtschaftlicher Entwicklung** der Konzernunternehmen liegt eine zentral gesteuerte Konzernfinanzierung im Interesse aller beteiligten Gesellschaften.[176] Dies insbesondere dann, wenn Lösungen gefunden werden, die unmittelbare Bankenkontakte der Tochtergesellschaften nicht völlig ausschließen.[177]

98 Die Entscheidung für die **Ausgestaltung** der Holding-Finanzwirtschaft obliegt bei Bestehen eines Beherrschungsvertrages dem Vorstand der Obergesellschaft.[178] Ihre zentrale Form kann durch entsprechende **Weisungen** bestimmt werden. Die Vorstände der beherrschten Gesellschaften sind verpflichtet, das vorgegebene System in ihren Häusern zu implantieren. Diese Verpflichtung ist jedoch nicht uneingeschränkt. Sie besteht, solange die Leistungsfähigkeit der Konzernobergesellschaft und die jederzeitige Zahlungsfähigkeit der Konzerntöchter gewährleistet ist.[179] Die Einschränkung ergibt sich aus den **Grenzen des Weisungsrechts.** Grundlage ist die Forderung, dass das herrschende Unternehmen die Existenz der abhängigen Gesellschaft während der Dauer des Beherrschungsvertrags nicht gefährden darf (→ Rn. 79).[180] Dem Vorstand der Tochtergesellschaft obliegt demnach auch im Vertragskonzern eine **Prüfungspflicht.**[181]

---

[169] Zur Zulässigkeit § 291 Abs. 3 AktG: „Leistungen der Gesellschaft bei Bestehen eines Beherrschungs- oder eines Gewinnabführungsvertrages gelten nicht als Verstoß gegen die §§ 57, 58 und 60."

[170] *Scheffler,* Konzernmanagement, 2. Aufl. 2005, 222; *Lutter/Scheffler/U.H. Schneider,* Handbuch der Konzernfinanzierung, 1998, § 1 Rn. 65 ff.

[171] *Scheffler,* Konzernmanagement, 2. Aufl. 2005, 222.

[172] *Theisen* in Lutter, Holding-Handbuch, 6. Aufl. 2020, § 11 Rn. 4.

[173] *Bayer* FS Lutter, 2000, 1011 (1012); *Jansen* FS Hommelhoff, 2012, 495 – Zu den Kapitalerhaltungsregeln nach neuem Recht insbesondere *Altmeppen* NZG 2010, 361 (363).

[174] MüKoAktG/*Altmeppen* § 311 Rn. 226 ff.; *Decker* ZGR 2013, 392 (394 ff.).

[175] *Bayer* FS Lutter, 2000, 1011 (1014 f.).

[176] *Altmeppen* NZG 2010, 361; *Strohn* DB 2014, 1535.

[177] Hierzu *Keller* in Lutter, Holding-Handbuch, 6. Aufl. 2020, § 4 Rn. 46.

[178] Zum isolierten Gewinnabführungsvertrag *Altmeppen* NZG 2010, 361 (365 ff.).

[179] MüKoAktG/*Altmeppen* § 308 Rn. 119 f.; *Altmeppen* NZG 2010, 361 (364).

[180] Vgl. MüKoAktG/*Altmeppen* § 308 Rn. 119; *Altmeppen* NZG 2010, 361 (364); MüKoAktG/*Bayer* § 57 Rn. 138.

[181] *U.H. Schneider* in Lutter/Scheffler/U.H. Schneider, Handbuch der Konzernfinanzierung, 1998, § 25 Rn. 80.

Ist die **Solvenz** des herrschenden Unternehmens **gefährdet,** besteht unter keinen Umständen eine Folgepflicht für das abhängige Unternehmen. Daraus ergibt sich, dass die abhängige Gesellschaft einen rechtlichen Anspruch darauf hat, dass das herrschende Unternehmen jederzeit seine **Solvenz** darlegt.[182] Weitergehend wird sogar eine Pflicht zur **unaufgeforderten Auskunft** angenommen, falls die Solvenz des herrschenden Unternehmens gefährdet ist und damit die Gefahr besteht, dass der Verlustausgleichsanspruch der abhängigen Gesellschaft nicht mehr werthaltig sein könnte.[183] Die Schlussfolgerung ist, dass sich der Vorstand der Tochtergesellschaft dem konzernweiten Cash-Management **nicht** oder **nicht mehr** anschließen darf, wenn zu befürchten steht, dass die Konzernleitung nicht in der Lage sein wird, die im Rahmen des konzernweiten Cash-Managements abgeführte Liquidität zurückzuzahlen. Das ist ein realistisches Szenario insbesondere dann, wenn die Gelder zur (erfolglosen) Sanierung anderer Konzernunternehmen verwandt werden.[184] Außerdem ist der Vorstand der Tochtergesellschaft verpflichtet, **zu prüfen,** ob er den Beherrschungsvertrag **aus wichtigem Grund kündigen** muss (§ 297 Abs. 1 AktG).[185] 99

Auch die im Zusammenhang mit **Up-Stream-Darlehen** im faktischen Konzern durch den BGH aufgestellten **Grundsätze im MPS-Urteil**[186] wird man im Vertragskonzern berücksichtigen müssen (→ Rn. 178). Danach treffen Vorstand und Aufsichtsrat der abhängigen Gesellschaft die Pflicht, das **jeweilige Kreditrisiko** von ausgegebenen Darlehen **laufend zu überprüfen** und auf Bonitätsverschlechterungen der Obergesellschaft zu reagieren. Nichts Anderes kann für den Vertragskonzern gelten; auch wenn hier die Einflussmöglichkeiten durch das Weisungsrecht in § 308 AktG die Befugnisse der Organe der abhängigen Gesellschaft zurückdrängen, so sind deren Sorgfaltspflichten nicht suspendiert (arg e § 310 Abs. 1 AktG). Auch im Vertragskonzern muss insoweit sichergestellt werden, dass rechtzeitig Informationen durch die abhängige Gesellschaft abgefragt und von der Obergesellschaft zur Verfügung gestellt werden (**„Informations- und Frühwarnsystem“**[187]). 100

## d) Jahresabschluss

Der Konzernabschluss und Konzernlagebericht haben eine überragende Bedeutung erhalten, die den Einzelabschluss der Muttergesellschaft in den Hintergrund drängt, obwohl er Grundlage der Gewinnausschüttung ist. Das gilt für den nach den Vorschriften des HGB aufzustellenden Konzern-Jahresabschluss (§§ 290 ff. HGB), insbesondere aber für den Abschluss, den kapitalmarktorientierte Unternehmen in der EU nach IAS/IFRS aufzustellen haben (§ 315a HGB). Zu Einzel- und Konzernabschlüssen ausführlich → § 10 Rn. 77 und 100 ff. In der Regel wird die Muttergesellschaft ein Interesse haben, unmittelbaren Einfluss auf die Bilanzierung durch Weisungen zu nehmen. Der Beherrschungsvertrag eröffnet hierzu die Möglichkeit. Nach ganz überwiegender Meinung gilt das Weisungsrecht auch für die **innergesellschaftlichen** und **organisatorischen** Aufgaben des Vorstands.[188] Hierzu gehört der **Konzernabschluss.** 101

Angesprochen sind Maßnahmen, die der **Bilanzpolitik** dienen sollen, zB Verkäufe zur Auflösung stiller Reserven. In gleicher Weise sind Weisungen zulässig, die auf die Bilanzierung unmittelbar Einfluss nehmen. Das Weisungsrecht umfasst die Ausübung von 102

---

[182] MüKoAktG/*Altmeppen* § 308 Rn. 96. Das Kapitalerhaltungsgebot des § 57 AktG gilt bei Leistungen aufgrund eines Beherrschungs- oder eines Gewinnabführungsvertrags allerdings nicht (§ 291 Abs. 3 AktG).
[183] MüKoAktG/*Altmeppen* § 308 Rn. 127., § 309 Rn. 61.
[184] *U.H. Schneider* in Lutter/Scheffler/Schneider, Handbuch der Konzernfinanzierung, 1998, § 25 Rn. 80.
[185] Emmerich/Habersack/*Emmerich* AktG § 308 Rn. 64 für den Fall, dass die Forderung nach einem vorherigen Verlust- oder Nachteilsausgleich keinen Erfolg hatte.
[186] BGH NJW 2009, 850 Rn. 14.
[187] So ausdrücklich der BGH NJW 2009, 850 Rn. 14.
[188] MüKoAktG/*Altmeppen* § 308 Rn. 89; Kölner Komm AktG/*Koppensteiner* § 308 Rn. 33; Hüffer/Koch/*Koch* AktG § 308 Rn. 12.

**Wahlrechten** sowie die Bestimmung der Höhe des in andere **Gewinnrücklagen** einzustellenden Betrages.[189] Von praktischer Bedeutung sind Entscheidungen dort, wo **Ermessensspielräume** im Rahmen der zwingenden gesetzlichen Vorschriften gegeben sind. Das kann Wertansätze, Abschreibungen und Rückstellungen betreffen. Auch insoweit ist von der Zulässigkeit des Weisungsrechts auszugehen.[190]

### e) Risikomanagement

103 Der Gesetzgeber verpflichtet den Vorstand ausdrücklich, geeignete Maßnahmen zu treffen (→ § 7 Rn. 43), insbesondere ein Überwachungssystem einzurichten, damit den **Fortbestand der Gesellschaft** gefährdende Entwicklungen früh erkannt werden (§ 91 Abs. 2 AktG; entsprechend Grundsatz 5 DCGK). Stehen in einem Konzern die Unternehmen unter der einheitlichen Leitung einer Kapitalgesellschaft (Mutterunternehmen), ist – wie damals in der Begründung des Regierungsentwurfs zu § 91 Abs. 2 AktG betont – die Überwachungs- und Organisationspflicht im Rahmen der bestehenden gesellschaftsrechtlichen Möglichkeiten **konzernweit** zu verstehen, sofern von Tochtergesellschaften den Fortbestand der Gesellschaft gefährdende Entwicklungen ausgehen können.[191] Die Gesetzesänderung hat zu lebhaftem Streit darüber geführt, ob sie den Vorstand der Muttergesellschaft zur Einführung eines **umfassenden Risikomanagements** verpflichtet. Wesentliche Stimmen der Betriebswirtschaftslehre und die Prüfungspraxis sehen den Vorstand zur **systematischen** Erfassung **sämtlicher** das Unternehmen betreffenden Risiken im Rahmen eines Risikomanagements verpflichtet.[192] Das Spektrum der Risiken reicht hiernach von staatlichen Eingriffen und Wettbewerbseinflüssen über Beschaffungsprobleme, Produktsicherheit, Forderungsausfälle und Steuerrisiken bis hin zu menschlichem Versagen und Katastrophenfällen.[193] Der Vorstand muss – so die Praxis insbesondere der Wirtschaftsprüfung – Prozesse, Funktionen und Instrumente definieren bzw. initiieren, die Risiken systematisch und regelmäßig identifizieren, sie bewerten, entsprechende Kontrollen im Unternehmen beurteilen, hierüber berichten und notwendige Maßnahmen anstoßen. Außerdem ist sicherzustellen, dass das Risikomanagement-System systematisch **dokumentiert** ist.[194] Die Gefahr ist nicht zu realitätsfern, dass reichlich betriebswirtschaftliche **„Allerwelts-Weisheiten"** zu Papier gebracht werden.[195] Es sind ernsthafte Zweifel angebracht, ob damit nicht das Anliegen des Gesetzgebers konterkariert wird.

104 Eine einheitliche Auffassung findet sich im juristischen Schrifttum nicht. Für die Obergesellschaft wird überwiegend betont, dass der Vorstand **nicht** zur Einführung eines allumfassenden **Risikomanagements** verpflichtet ist[196] (zu den **Auswirkungen des Lieferkettensorgfaltspflichtengesetzes** → Rn. 258 ff.). Damit kommt der Wortlaut der Neufassung des Gesetzes zur Geltung, der von „den Fortbestand der Gesellschaft gefährdende(n) Entwicklungen" spricht. Die klare Aussage ist, dass nur solche Risiken gemeint sind, die ein **Insolvenzrisiko** erheblich steigern oder hervorrufen, nicht aber bereits Vorgänge, die unterhalb dieser Schwelle liegen.[197] Darstellungen, die sich hierauf beschränken, dürften einen wesentlich größeren Informationswert haben als solche, die auch eine Ansammlung aller denkbaren Risiken enthalten.

105 Konsequenterweise lehnt die wohl hM in der Literatur eine Verpflichtung zur Einrichtung eines konzernbezogenen Systems auch bei Bestehen eines Beherrschungsvertrages

[189] BGHZ 135, 374 (378) = NJW 1997, 2242 (2243) – Guano.
[190] MüKoAktG/*Altmeppen* § 308 Rn. 94; Kölner Komm AktG/*Koppensteiner* § 308 Rn. 33.
[191] Begr. RegE, BT-Drs. 13/9712, 15.
[192] Nachweise bei MüKoAktG/*Spindler* § 91 Rn. 20 Fn. 66.
[193] *Löbbe,* Unternehmenskontrolle im Konzern, 2003, 214.
[194] Aus einer Broschüre von *Arthur Andersen* 1998.
[195] *Hoffmann-Becking* ZGR 1998, 497 (514).
[196] MüKoAktG/*Spindler* § 91 Rn. 24 mwN; Hüffer/Koch/*Koch* AktG § 91 Rn. 6; jetzt aber § 91 Abs. 3 AktG für börsennotierte Gesellschaften.
[197] MüKoAktG/*Spindler* § 91 Rn. 24.

ab.[198] Unabhängig von den Streitfragen über die Verpflichtung zu einem umfassenden Risikomanagement gehört zu den **allgemeinen Führungsaufgaben** des Vorstands die Früherkennung bestandsgefährdender Entwicklungen. Der hierfür erforderliche Organisationsstandard erfordert ein Überwachungssystem. Damit ist die unternehmensinterne Kontrolle angesprochen, insbesondere **Innenrevision** und **Controlling.**[199] Das alles ist nicht neu. Wenn die Gesetzesänderung hier und da das Risikobewusstsein schärft, wozu auch Systematisierungen hilfreich sein können, ist der Zweck erfüllt. Die Hoffnung allerdings, dass mit Früherkennungssystemen die Zahl der Unternehmenszusammenbrüche nennenswert verringert werden kann, verkennt die Realität. Es gibt kein gesetzlich verordnetes Allheilmittel gegen Insolvenzen. Wem hilft es, Marktentwicklungen als Risiko zu kennzeichnen, die kein vernünftiger Mensch in diesem Zeitpunkt als realistisch ansieht?

### f) Zustimmungspflichtige Geschäfte

Der Aufsichtsrat einer AG hat **zwingend** einen Katalog zustimmungsbedürftiger Geschäfte 106 zu beschließen, falls nicht schon die Satzung einen solchen vorsieht (§ 111 Abs. 4 S. 2 AktG).[200] Der Deutsche Corporate Governance Kodex (2020) verlangt in seinem Grundsatz 6 Abs. 2 DCGK Zustimmungsvorbehalte für Geschäfte „von grundlegender Bedeutung". Als Anhaltspunkt dafür, welche Geschäfte „von grundlegender Bedeutung" sind, kann die alte Kodexfassung von 2017 herangezogen werden, auch wenn die typisierenden Beispiele in der neuen Kodexformulierung fehlen.[201] Zu den grundlegenden Maßnahmen und Entscheidungen gehörten nach der alten Kodexfassung solche, „die die Vermögens-, Finanz- oder Ertragslage des Unternehmens grundlegend verändern" (vgl. Ziff. 3.3 DCGK 2017). Schweigt die Satzung, steht es im pflichtgemäßen Ermessen des Aufsichtsrats, **welche Geschäfte** oder Maßnahmen er dem Zustimmungsvorbehalt unterwerfen will.[202] Voraussetzung ist, dass die Grenzen für die Festlegung der Zustimmungspflicht beachtet werden. Es darf sich nur um solche Geschäfte handeln, die nach Umfang, Gegenstand, Bedeutung oder Risiko für ein Unternehmen der betreffenden Art und Größe aus dem routinemäßigen Geschäftsbetrieb signifikant herausragen oder von spezifischer unternehmensstrategischer Bedeutung sind.[203]

Die gesetzliche Pflicht zur Bestimmung zustimmungspflichtiger Geschäfte gilt nicht für 107 Zustimmungsvorbehalte im Konzern.[204] Das Gesetz klammert unverändert konzernrechtliche Perspektiven aus.[205] Der Klarheit dient die **ausdrückliche Regelung** in der Satzung oder in der Geschäftsordnung des Aufsichtsrats bzw. des Vorstands, dass die Zustimmungsvorbehalte im **ganzen Konzern** gelten sollen.[206] Fehlt eine solche Aussage, sollen sich Zustimmungsvorbehalte nach teilweise vertretener Auffassung **konkludent** auch auf Konzerngeschäfte erstrecken.[207] Diese Auffassung ist schon deshalb bedenklich, weil sie unterstellt, dass die entsprechenden Geschäfte auf Tochterebene für die Konzernobergesellschaft

[198] MüKoAktG/*Spindler* § 91 Rn. 80 mwN; aA *Johannes Semler* in Lutter, Holding-Handbuch, 6. Aufl. 2020, § 5 Rn. 98; vermittelnd Kölner Komm AktG/*Mertens/Cahn* § 91 Rn. 18: „... insbesondere folgt aus der Pflicht zur Einrichtung von Risikofrüherkennungsmaßnahmen nicht zugleich das Gebot, intensiven Einfluss auf die Leitung nachgeordneter Unternehmen auszuüben, um dadurch die Beteiligungsrisiken durchweg selbst zu steuern".

[199] Hüffer/Koch/*Koch* AktG § 91 Rn. 10.

[200] Zur wechselvollen Geschichte *Fonk* ZGR 2006, 841 (842 ff.).

[201] So auch KBLW/*Lutter/Bachmann* Grundsatz 6 Rn. 31, 34.

[202] *Löbbe,* Unternehmenskontrolle im Konzern, 2003, 325 f.; im Einzelfall kann sich das Ermessen zur Pflicht der Anordnung eines konkreten Zustimmungsvorbehalts verdichten, vgl. BGHZ 124, 111 (127) = NJW 1994, 520 (524).

[203] So wörtlich Kölner Komm AktG/*Mertens/Cahn* § 111 Rn. 84; vgl. auch *Habersack* FS Hüffer, 2010, 259 (264 ff.); *Säcker/Rehm* DB 2008, 2814; *Rodewig* in SSW AR-HdB, § 8 Rn. 43.

[204] *Fonk* ZGR 2006, 841 (852 ff.).

[205] Hüffer/Koch/*Koch* AktG § 111 Rn. 18.

[206] *Rodewig* in SSW AR-HdB § 8 Rn. 96.

[207] MüKoAktG/*Habersack* § 111 Rn. 116; *Harbarth* FS Hoffmann-Becking, 2013, 457 (465); *Rodewig* in SSW AR-HdB § 8 Rn. 94: im Zweifel.

gleichfalls von grundlegender, wesentlicher Bedeutung sind.[208] Das aber ist keinesfalls selbstverständlich, auf eine entsprechende Prüfung darf der Aufsichtsrat nicht verzichten. Zutreffend wird in der Literatur darauf hingewiesen, dass kein Anlass besteht, vom Aufsichtsrat beschlossene Zustimmungsvorbehalte im Wege lückenfüllender ergänzender Auslegung auf Sachverhalte zu erstrecken, für die nicht mit Sicherheit festgestellt werden kann, dass sie vom Willen des Aufsichtsrats umfasst werden.[209]

108 Handelt es sich um Geschäfte oder Maßnahmen im **Zuständigkeitsbereich** des **Vorstands** der Tochtergesellschaft, ist die Durchsetzung konzernweiter Zustimmungsvorbehalte bei Bestehen eines Beherrschungsvertrags ohne Probleme.[210] Der Vorstand der Obergesellschaft hat ihre Einhaltung durch Weisungen sicherzustellen.[211] Weniger leicht fällt die Antwort, wenn es sich um Entscheidungen des **Aufsichtsrats** der Tochtergesellschaft handelt. Damit sind insbesondere Vorstandsbestellungen angesprochen. Der Beherrschungsvertrag begründet kein Weisungsrecht gegenüber dem Aufsichtsrat der Tochter (→ Rn. 89). Für die Vorstandsmitglieder der Obergesellschaft wird im Rahmen ihrer Aufsichtsratstätigkeit in Tochtergesellschaften die Auffassung vertreten, dass sie sich „in den Dienst der erlaubten Durchsetzung von Konzerninteressen stellen" dürfen.[212] Ergänzend wird darauf hingewiesen, dass die Einflussnahme zu Gunsten der Obergesellschaft davon abhängig ist, dass sie im Konzerninteresse auf die Geschäftspolitik der abhängigen Gesellschaft nachteiligen Einfluss nehmen kann.[213] Das aber trifft auf die Vorstandsbestellung nicht zu. Eine rechtliche Bindung der Vorstandsmitglieder der Obergesellschaft im Aufsichtsrat der Tochtergesellschaft ist daher nicht anzuerkennen. Andererseits ist die **faktische Einflussnahme** des Muttervorstands auf die Bestellung des Vorstands der abhängigen Gesellschaft keine nur theoretische Annahme. Das Gesetz selbst verbindet die Vermutung der Abhängigkeit mit dem Mehrheitsbesitz. Tragendes Motiv ist die Einflussmöglichkeit auf die Besetzung des Tochter-Vorstands über die Wahl der Aufsichtsratsmitglieder (→ Rn. 11).[214]

109 Auch bei Annahme einer Konzernleitungspflicht ist **Zurückhaltung in der Ausgestaltung** von Zustimmungsvorbehalten im Konzern dringend anzuraten. Generell verdient insbesondere die Länge der Entscheidungswege Berücksichtigung. Das gilt ferner dann, wenn die Entscheidung des **Aufsichtsrats** der Tochtergesellschaft gefordert ist, sei es aufgrund der ausschließlichen Zuständigkeit oder aufgrund von Zustimmungsvorbehalten. Der Vorstand der Obergesellschaft und der Vorstand der beherrschten Gesellschaft stehen vor der Frage, welchen Aufsichtsrat sie zunächst mit der Entscheidung befassen wollen. Hierbei ist zu berücksichtigen, dass im Fall zustimmungspflichtiger Geschäfte die Zustimmung des Aufsichtsrats der beherrschten Gesellschaft ersetzt werden kann. Voraussetzung ist, dass der Vorstand des herrschenden Unternehmens die **Weisung** mit der Zustimmung seines Aufsichtsrats **wiederholt** (§ 308 Abs. 3 AktG). Vorangegangen ist die Verpflichtung des Vorstands der beherrschten Gesellschaft, dem herrschenden Unternehmen mitzuteilen, dass die Zustimmung seines Aufsichtsrats nicht innerhalb einer angemessenen Frist erteilt worden ist. Das **Verfahren,** zu dem das Gesetz zwingt, ist nicht nur rechtspolitisch **fragwürdig.**[215] Wenn die Obergesellschaft Wert darauf legt, wovon nicht immer auszugehen ist, dass auch den Aufsichtsräten der Tochtergesellschaften qualifizierte Mitglieder angehören, werden diese ohne ein gewisses Maß an effektiver Mitentscheidung und -einflussnahme nicht zu gewinnen und zu halten sein.

---

[208] *Fonk* ZGR 2006, 841 (853).
[209] Kölner Komm AktG/*Mertens/Cahn* § 111 Rn. 97, Rn. 96: anders ggf. bei Satzungsregelung; s. auch *M. Schmidt* FS Imhoff, 1998, 68 (72ff.).
[210] Zur Durchsetzung von Zustimmungsvorbehalten im Konzern *Fonk* ZGR 2006, 841 (854ff.).
[211] MüKoAktG/*Habersack* § 111 Rn. 138f.; ausführlich *M. Schmidt* FS Imhoff, 1998, 68 (87).
[212] Kölner Komm AktG/*Mertens/Cahn* Vor § 95 Rn. 14.
[213] Kölner Komm AktG/*Mertens/Cahn* § 116 Rn. 32.
[214] Vgl. *Löbbe,* Unternehmenskontrolle im Konzern, 2003, 328.
[215] So Kölner Komm AktG/*Koppensteiner* § 308 Rn. 78.

Zu beachten ist ferner der **Zustimmungsvorbehalt** zugunsten des Aufsichtsrats[216] **bei börsennotierten Gesellschaften** nach **§ 111b AktG** bei Geschäften mit **nahestehenden Personen** *(related parties);* er gehört zu den Bestimmungen, die durch das ARUG II 2019 zu Geschäften mit nahestehenden Personen eingeführt wurden (***related party transactions,*** §§ 111a–111c AktG – RPT; → § 6 Rn. 56). Zu berücksichtigen sind im Konzern (auch im faktischen, vgl. § 311 Abs. 3 AktG) die Besonderheiten bei den relevanten **Umsatzschwellenwerten** nach § 111b Abs. 3 AktG, wenn die Aktiengesellschaft **Mutterunternehmen iSd § 290 Abs. 1 HGB** und nicht von der Pflicht zur Konzernlegung befreit ist (§ 290 Abs. 5 HGB; §§ 291–293 HGB). In diesem Fall tritt an die Stelle der iSd § 111b Abs. 1 AktG maßgeblichen Summe des Anlage- und Umlaufvermögens der Gesellschaft die Summe des Anlage- und Umlaufvermögens des Konzerns gem. § 298 Abs. 1 iVm § 266 Abs. 2A und B HGB, basierend auf dem zuletzt gebilligten Konzernabschluss, respektive in den Fällen des § 315e HGB die Summe aus den entsprechenden Vermögenswerten des Konzernabschlusses nach den internationalen Rechnungslegungsvorschriften (§ 111b Abs. 3 AktG). Wird ein Geschäft ohne Zustimmung des Aufsichtsrats abgeschlossen, ist es im **Außenverhältnis wirksam,** der Vorstand macht sich aber im Innenverhältnis gegebenenfalls schadensersatzflichtig. 110

## 3. Haftung

Das Gesetz regelt ausdrücklich die Verantwortlichkeit der gesetzlichen Vertreter des herr- 111
schenden Unternehmens beim Bestehen eines Beherrschungsvertrags. Sie haben bei der Erteilung von **Weisungen** die Sorgfalt eines **ordentlichen** und **gewissenhaften Geschäftsleiters** anzuwenden (§ 309 Abs. 1 AktG). Verletzen sie ihre Pflichten, so sind sie der beherrschten Gesellschaft zum Ersatz des daraus entstehenden Schadens als Gesamtschuldner verpflichtet, wobei sie die Beweislast trifft, falls die Verletzung der Sorgfaltspflicht streitig ist (§ 309 Abs. 2 AktG). Zur **Reichweite der Haftung** ist streitig, ob eine Haftung auch dann besteht, wenn die Weisung zwar den Belangen des herrschenden Unternehmens oder der mit ihm und der Gesellschaft konzernverbundener Unternehmen diente, damit zulässig war (§ 308 Abs. 1 S. 2 AktG), gleichwohl die gesetzlichen Vertreter des herrschenden Unternehmens die geschuldete Sorgfalt verletzt und damit der abhängigen Gesellschaft Schaden zugefügt haben. Die Haftung bejahen in diesem Fall diejenigen, die die gesetzliche Haftungsregelung als **zusätzliche Schranke** für das Weisungsrecht des herrschenden Unternehmens begreifen.[217] Andere verlangen zusätzlich stets eine rechtswidrige, dh nach dem Beherrschungsvertrag, dem Gesetz oder der Satzung unzulässige Weisung.[218] Höchstrichterliche Rechtsprechung ist nicht feststellbar, eine überragende praktische Bedeutung ebenso wenig.[219]

Übereinstimmung besteht, dass eine Haftung nur bei **Verschulden** in Betracht 112
kommt.[220] Auch hinsichtlich der geschuldeten **Sorgfalt** besteht Einvernehmen über die Einräumung eines breiten geschäftspolitischen Ermessensspielraums. Eine Haftung bei der Erteilung von Weisungen kommt deshalb erst bei einer Überschreitung des unternehmerischen **Ermessensspielraums** durch geschäftspolitisch in keiner Weise mehr zu rechtfertigende Maßnahmen in Betracht, bei denen elementare kaufmännische Vorsichtsmaßnahmen und betriebswirtschaftliche Erkenntnisse vernachlässigt wurden.[221] Der zweite Tatbestand, der zur Haftung führt, ist in Weisungen zu sehen, die nicht durch Belange

[216] Zustimmen kann auch ein Aufsichtsratsausschuss gem. § 107 Abs. 3 S. 4–6 AktG, vgl. ua Hüffer/Koch/*Koch* § 111b Rn. 1, 7.
[217] Insbesondere Emmerich/Habersack/*Emmerich* AktG § 309 Rn. 30f. mwN.
[218] So MüKoAktG/*Altmeppen* § 309 Rn. 68ff. mwN.
[219] MüKoAktG/*Altmeppen* § 309 Rn. 72 bezeichnet den Meinungsstreit als gegenstandslos.
[220] Hüffer/Koch/*Koch* AktG § 309 Rn. 15.
[221] Emmerich/Habersack/*Emmerich* AktG § 309 Rn. 23: entsprechende Anwendung von § 93 Abs. 1 S. 2 AktG.

des herrschenden Unternehmens oder der mit ihm verbundenen Unternehmen gerechtfertigt sind.[222]

113 Zu den Haftungsvoraussetzungen gehört ferner, dass der abhängigen Gesellschaft durch die Weisung ein **Schaden** entstanden ist. Das kann zweifelhaft sein, wenn sich als Folge entweder der **Verlustausgleich** entsprechend erhöht oder der abzuführende **Gewinn** im gleichen Ausmaß **vermindert** (Verlustausgleich nach § 302 AktG, Gewinnabführung bei Abschluss eines entsprechenden Vertrags). In der Literatur wird teilweise in diesen Fällen ein Schaden verneint.[223] Die Schädigung ist dann eine solche des **herrschenden Unternehmens,** dem seine gesetzlichen Vertreter nach allgemeinen Vorschriften haften. Andererseits wird zutreffend darauf hingewiesen, dass eine Interpretation schwerlich richtig sein kann, die eine gesetzliche Haftungs-Vorschrift in den meisten Fällen ins Leere laufen lässt.[224] Im Ergebnis ist davon auszugehen, dass bei der Schadensberechnung weder die Pflicht zum Verlustausgleich noch die Gewinnabführung zu berücksichtigen sind.

114 Voraussetzung der Haftung ist die Erteilung einer **Weisung.** Hierunter fällt jede Maßnahme des herrschenden Unternehmens, durch die Einfluss auf die Leitung der abhängigen Gesellschaft genommen werden soll (→ Rn. 74f.). Auch bloße Empfehlungen und Ratschläge können als Weisung interpretiert werden.[225] Dies sollte der Praxis Veranlassung geben, über Formerfordernisse nachzudenken, insbesondere im Beherrschungsvertrag für Weisungen die Schriftform vorzuschreiben.

115 Aus dem Wortlaut des § 309 Abs. 1 S. 1 AktG („Erteilung von Weisungen") wird überwiegend geschlossen, dass Auslöser der Haftung nicht die ***Unterlassung* von Weisungen** sein kann. Anderer Auffassung wird man nur dann sein können, wenn man infolge des Beherrschungsvertrags dem Vorstand der herrschenden Gesellschaft nicht nur ein Konzernleitungsrecht, sondern auch eine **Konzernleitungs*pflicht*** auferlegt.[226] Eine solche Pflicht wird von der hM **abgelehnt**[227]; gegenüber der abhängigen Gesellschaft ist der gesetzliche Vertreter der herrschenden Gesellschaft jedenfalls nicht verpflichtet, Weisungen zu erteilen (arg e § 308 Abs. 1 S. 1 AktG). Mit Ausnahme von Fällen, in denen etwas anderes im Beherrschungsvertrag geregelt ist, wird eine Haftung wegen Unterlassens daher allenfalls im Verhältnis zur herrschenden Gesellschaft in Betracht kommen.[228] Vor dem Hintergrund dessen, dass den gesetzlichen Vertreter der herrschenden Gesellschaft hinsichtlich der Erteilung von Weisungen ein weites unternehmerisches Ermessen trifft, dürften diese Fälle von geringer praktischer Bedeutung sein.

## V. Beendigung des Vertrags/Gläubigerschutz

116 Die gesetzlichen Bestimmungen über die Beendigung von Unternehmensverträgen sind lückenhaft. Eine nähere Regelung findet sich für die **einvernehmliche Aufhebung,** die nur zum Ende eines Geschäftsjahres oder des sonst vertraglich bestimmten Abrechnungszeitraums und nicht rückwirkend erfolgen kann (§ 296 Abs. 1 AktG). Weiter regelt das Gesetz die **außerordentliche,** dh fristlose **Kündigung** eines Unternehmensvertrags aus wichtigem Grund, der insbesondere dann vorliegt, wenn der andere Vertragsteil voraus-

---

[222] Emmerich/Habersack/*Emmerich* AktG § 309 Rn. 34.
[223] MHdB GesR IV/*Krieger* § 71 Rn. 164.
[224] Emmerich/Habersack/*Emmerich* AktG § 309 Rn. 40, einschränkend Rn. 41; Hüffer/Koch/*Koch* AktG § 309 Rn. 18.
[225] MHdB GesR IV/*Krieger* § 70 Rn. 165.
[226] *Hommelhoff,* Die Konzernleitungspflicht, 1982, 165ff., 178, 305ff.; Emmerich/Habersack/*Emmerich* AktG § 309 Rn. 35a.
[227] Hüffer/Koch/*Koch* AktG § 309 Rn. 10; Kölner Komm AktG/*Koppensteiner* § 309 Rn. 6 und AktG § 308 Rn. 41; *Fleischer* DB 2005, 759 (761); BeckOGK/*Veil/Walla* AktG § 309 Rn. 17; MHdB GesR IV/*Krieger* § 71 Rn. 165; MükoAktG/*Altmeppen* § 309 Rn. 54.
[228] Vgl. auch MüKoAktG/*Altmeppen* § 309 Rn. 55ff., der allerdings zurecht darauf hinweist, dass der Schaden in der Regel bei der beherrschten Gesellschaft aufgetreten sein wird und die herrschende Gesellschaft allenfalls einen Reflexschaden davonträgt.

sichtlich nicht in der Lage sein wird, seine aufgrund des Vertrags bestehenden Verpflichtungen zu erfüllen (§ 297 Abs. 1 AktG; → Rn. 99). Weitere Beendigungsgründe wie die Befristung oder die ordentliche Kündigung kommen hinzu.[229] Im Hinblick auf eine vorzeitige, **potenziell steuerschädliche Beendigung** von Gewinnabführungsverträgen ist zu beachten, dass ein wichtiger Grund auch aus **steuerlicher Sicht** vorliegen muss und dieser nicht zwingend identisch mit dem zivilrechtlichen Verständnis ist.[230]

Das Gesetz kennt während des Bestehens eines Beherrschungs- oder Gewinnabführungsvertrags keinen speziellen **Gläubigerschutz.** Angesichts der Pflicht der herrschenden Gesellschaft zur Verlustübernahme wird ein Bedürfnis für den Schutz der Gläubiger erst **nach Beendigung des Vertrags** anerkannt. Voraussetzung ist außer der Beendigung des Vertrags die Begründung einer Forderung gegen die abhängige Gesellschaft, **bevor** die Eintragung der Beendigung des Vertrags in das Handelsregister der Gesellschaft als bekannt gemacht gilt (§ 298 AktG iVm § 10 Abs. 2 HGB), sowie die **Meldung** des Gläubigers innerhalb von **sechs Monaten** nach dem Stichtag bei dem herrschenden Unternehmen. Soweit nicht eine andere verlässliche Sicherheit zur Verfügung steht, können die Gläubiger von der ehemals herrschenden Gesellschaft **Sicherheit** verlangen (§ 303 Abs. 1 AktG). Ausreichend ist die Verbürgung der Forderung durch den anderen Vertragsteil. Das ersetzt die Sicherheitsleistung (§ 303 Abs. 3 S. 1 AktG). 117

Die Verpflichtung zur Sicherheitsleistung besteht nur im Verhältnis der **Mutter- zur Tochtergesellschaft.** Unter Hinweis auf den Wortlaut entspricht es hM, dass Gläubiger einer Enkelgesellschaft vom herrschenden Unternehmen keine Sicherheitsleistung verlangen können.[231] Das gilt auch dann, wenn neben dem Beherrschungs- und Gewinnabführungsvertrag zwischen Mutter und Tochter gleichzeitig Beherrschungs- und Gewinnabführungsverträge zwischen der Tochter und den Enkelgesellschaften bestehen. Werden diese zeitgleich aufgehoben, haben zwar die Gläubiger der Enkelgesellschaft einen Anspruch auf Sicherheitsleistung gegen die Tochtergesellschaft, jedoch **nicht gegen die Muttergesellschaft.** 118

Das Gesetz gewährt den Anspruch auf Sicherheitsleistung solchen Gläubigern der Gesellschaft, deren Forderungen vor Bekanntmachung der Beendigung des Unternehmensvertrags **„begründet"** worden sind. Die Fälligkeit der Forderung wird vom Gesetz nicht vorausgesetzt. Hieraus ergeben sich besondere Probleme bei **Dauerschuldverhältnissen,** womit vor allem **Ruhegeldzusagen** angesprochen sind. Übereinstimmung besteht, dass laufende Ruhegeldzahlungen ebenso wie unverfallbare Anwartschaften ein Recht zur Sicherheitsleistung begründen. Das gilt unabhängig davon, ob es sich um gesetzliche oder vertragliche Unverfallbarkeit handelt. Streitig ist dagegen die Behandlung noch **verfallbarer** Ruhegeldanwartschaften.[232] Die besseren Gründe sprechen für einen umfassenden Anspruch auf Sicherheitsleistung. Das gilt auch für künftige Zuwächse unverfallbar gewordener Ruhegeldanwartschaften. 119

Die Dauerschuldverhältnisse zwingen zu der Frage nach den **zeitlichen Grenzen** etwaiger Sicherungsansprüche. Das Gesetz schweigt. Einvernehmen besteht in der Ablehnung einer Endloshaftung. Die Einzelheiten sind streitig. Nach überwiegender Auffassung ist eine Haftungsbeschränkung des HGB analog heranzuziehen. Für den Fall, dass ein persönlich haftender Gesellschafter aus einer OHG oder KG ausscheidet, ist dort eine Haftungsbeschränkung auf die in den nächsten **fünf Jahren** fällig werdenden Verbindlichkei- 120

[229] Vgl. Emmerich/Habersack/*Emmerich* AktG § 296 Rn. 1 f., AktG § 297 Rn. 1; iE *Riegger/Mutter* DB 1997, 1603.
[230] BFH NZI 2017, 360.
[231] Emmerich/Habersack/*Emmerich* AktG § 303 Rn. 4.
[232] Für den Schutz Emmerich/Habersack/*Emmerich* AktG § 303 Rn. 13. Den Schutz beschränken im vergleichbaren Fall der Kapitalherabsetzung auf unverfallbare Anwartschaften ua Kölner Komm AktG/*Lutter* § 225 Rn. 14; Hüffer/Koch/*Koch* AktG § 225 Rn. 10 f. – Kölner Komm AktG/*Kraft*, 2. Aufl., § 347 Rn. 6 lehnt im Fall der Verschmelzung Sicherheitsleistung generell für Versorgungsanwartschaften ab.

ten aus Dauerschuldverhältnissen vorgesehen (§§ 159, 160 HGB).[233] Die Analogie bietet eine praktikable Lösung. Die Gegenauffassung, die auf das schutzwürdige Vertrauen des Gläubigers als vernünftige Grenze abstellt,[234] lässt einen im Einzelfall problematischen Beurteilungsspielraum zu.

## VI. Schicksal des Unternehmensvertrags bei Insolvenz der beteiligten Gesellschaften

121 Ob der Unternehmensvertrag im Fall der Öffnung eines Insolvenzverfahrens über das Vermögen der beherrschten beziehungsweise der herrschenden Gesellschaft **endet** oder lediglich die **Pflichten hierunter suspendiert** sind, ist umstritten. Für das frühere Konkursrecht ging der BGH von einer Beendigung des Unternehmensvertrags aus und zwar mit dem Argument, dass die Auflösung der Gesellschaft eine Änderung ihres Zwecks bedeute. Sie sei fortan nicht mehr auf Gewinnerzielung, sondern auf Verwertung ihres Gesellschaftsvermögens gerichtet, wodurch die Rechtsgrundlage für die Konzernleitungsmacht der herrschenden Gesellschaft entfalle.[235] Im Ergebnis stützte der BGH diese Schlussfolgerung auf eine ergänzende Vertragsauslegung (§ 157 BGB), wonach alles für die Annahme spreche, dass die Parteien, hätten sie die Insolvenzeröffnung vorhergesehen, die Beendigung des Unternehmensvertrags auch für diesen Fall geregelt hätten.[236] Wie diese vom BGH angenommene Beendigung rechtlich einzuordnen ist, hat der BGH bislang nicht näher ausgeführt. Die Beendigung vollzieht sich nach Auffassung des BGH allerdings automatisch, sodass es naheliegt, eine auflösende Bedingung nach § 158 Abs. 1 BGB anzunehmen.[237] Ein außerordentliches Kündigungsrecht würde dem Automatismus aufgrund der erst herbeizuführenden Gestaltungswirkung nicht genügen.

122 Ausgehend von der BGH-Rechtsprechung kann im Falle der Insolvenzeröffnung über das Vermögen der **beherrschten Gesellschaft** im Zweifel nichts Anderes gelten. Der Insolvenzverwalter kann auf Grund seiner unabhängigen Stellung nach § 80 Abs. 1 InsO nicht durch einen Beherrschungsvertrag verpflichtet sein, Weisungen der herrschenden Gesellschaft zu befolgen.[238] So sieht es im Übrigen auch der BFH.[239]

123 Nach anderer Auffassung bewirkt die Insolvenz eines der beteiligten Unternehmen, dass diejenigen Pflichten, die mit dem Zweck des Insolvenzverfahrens unvereinbar sind, **für die Dauer des Insolvenzverfahrens suspendiert werden.**[240] Zu den suspendierten Pflichten gehören dabei insbesondere die Konzernleitungspflicht und Verlustausgleichspflicht (im Falle der Insolvenz der herrschenden Gesellschaft) und die Folgepflicht betreffend etwaige Weisungen nach § 308 AktG (im Falle der Insolvenz der beherrschten Gesellschaft).[241] Den Parteien soll jedoch ein Recht zur außerordentlichen Kündigung verbleiben.[242] Insgesamt erinnert dieser Mechanismus an Vertragsklauseln über die Folgen von Höherer Gewalt. Der Vorteil dieser Auffassung ist, dass der Unternehmensvertrag wieder „aufleben" kann, wenn das Insolvenzverfahren aus anderen Gründen eingestellt wird.[243]

---

[233] Für eine analoge Anwendung Emmerich/Habersack/*Emmerich* AktG § 303 Rn. 13bf.; MHdB GesR IV/*Scholz* § 61 Rn. 50.
[234] MüKoAktG/*Altmeppen* § 303 Rn. 31.
[235] BGH NJW 1988, 1326 (1327).
[236] BGH NJW 1988, 1326 (1327).
[237] So zu Recht auch *Specovius/von Wilcken* in Gottwald/Haas, Insolvenzrechts-Handbuch, 6. Aufl. 2020, § 95 Rn. 87.
[238] *Specovius/von Wilcken* in Gottwald/Haas, Insolvenzrechts-Handbuch, 6. Aufl. 2020, § 95 Rn. 87.
[239] BFH NZI 2017, 360 Rn. 28 mwN.
[240] AG Duisburg NZI 2002, 556 (559) – zur Eigenverwaltung.
[241] *Specovius/von Wilcken* in Gottwald/Haas, Insolvenzrechts-Handbuch, 6. Aufl. 2020, § 95 Rn. 88 mwN.
[242] *Piepenburg* NZI 2004, 231 (236ff.) – Insolvenzverwalter der beherrschten Gesellschaft kann diese jedoch nur nach billigem Ermessen und im Interesse der Gläubiger ausüben.
[243] *Specovius/von Wilcken* in Gottwald/Haas, Insolvenzrechts-Handbuch, 6. Aufl. 2020, § 95 Rn. 88.

Vorzugswürdig, auch im Interesse der Rechtssicherheit, geschweige denn der Praxis, dürfte indes die Auffassung des BGH sein. Diese stößt nur dann an ihre Grenzen, wenn sich aus dem Wortlaut des Unternehmensvertrags ein anderer Wille der Parteien ergeben sollte, da dieser einer ergänzenden Vertragsauslegung nicht mehr zugänglich wäre. Die Auffassung des BGH deckt sich im Übrigen auch mit der Rechtsprechung des BFH[244] und der Finanzgerichte, wonach die steuerliche Organschaft ebenfalls mit der Eröffnung des Insolvenzverfahrens der Organgesellschaft entfällt, weil dann den Weisungen des Organträgers nicht mehr Folge geleistet werden könne.[245] Klargestellt hat der BFH – entgegen der Auffassung des Finanzgerichts Hessen[246] – dies auch für den Fall der Anordnung der Eigenverwaltung iSd § 270 Abs. 1 InsO. Das FG Hessen hatte sich auf den Standpunkt gestellt, dass in diesem Fall etwas anderes gelten müsse, weil bei der Eigenverwaltung die Verwaltungs- und Verfügungsbefugnis bei der jeweiligen Schuldnerin verbleibe. Der BFH hat dem eine Absage erteilt. Das Insolvenzverfahren kenne keine Konzerninsolvenz, weswegen die Vermögensmassen getrennt abzuwickeln seien. Wird über das Vermögen der herrschenden Gesellschaft ein Insolvenzverfahren eröffnet, entfalle die finanzielle Eingliederung der Organgesellschaft in den Organträger und infolgedessen die Voraussetzung für die Anerkennung der (gewerbe-)steuerlichen Organschaft.[247] 124

Die gleiche Auffassung vertritt der BFH bei Eröffnung des Insolvenzverfahrens über das Vermögen der beherrschten Gesellschaft, dh der Organgesellschaft. Hier stünde der Eingliederung bereits entgegen, dass der Insolvenzverwalter eigenständig handele (§ 80 Abs. 1 InsO). Hierdurch entfalle die mit der Eingliederung verbundene Durchgriffsmöglichkeit (§ 276a InsO).[248] 125

## C. Sonstige Unternehmensverbindungen

**Schrifttum:** *Heckschen,* Aktuelle Entwicklungstendenzen des Gesellschaftsrechts (Teil 2), GWR 2020, 87; *Lutter/Drygala,* Grenzen der Personalverflechtung und Haftung im Gleichordnungskonzern, ZGR 1995, 557; *Milde,* Der Gleichordnungskonzern im Gesellschaftsrecht, Diss. Mainz 1996; *Peiner,* Konzernstrukturen von Versicherungsvereinen auf Gegenseitigkeit, VersW 1992, 920; *Priester,* Betriebsführungsverträge im Aktienkonzern – Organisationsrechtliche Instrumente, FS Hommelhoff, 2012, 875; *K. Schmidt,* Gleichordnung im Konzern: terra incognita?, ZHR 155 (1991), 417; *Timm/Messing,* Die Kündigung von Gleichordnungsverbindungen im Konzernrecht und ihre Rechtsfolgen, FS Hommelhoff, 2012, 1237; *Wachter,* Neues zu Teil-Gewinnabführungsverträgen mit GmbHs, GmbHR 2019, 1153; *Wellkamp,* Der Gleichordnungskonzern – Ein Konzern ohne Abhängigkeit, DB 1993, 2517.

### I. Eingegliederte Gesellschaft

#### 1. Bedeutung

Voraussetzung der Eingliederung iSd AktG ist, dass es sich auf beiden Seiten um eine AG handelt: bei der zur Eingliederung vorgesehenen Gesellschaft ebenso wie bei der Gesellschaft, in die eingegliedert werden soll, die sog. **Hauptgesellschaft.** Das Gesetz unterscheidet zwei Fälle. Zunächst die Alternative, in der die Hauptgesellschaft bereits **alle Aktien** der einzugliedernden Gesellschaft besitzt (§ 319 AktG). Die zweite Alternative betrifft den Fall, dass mindestens **95 % des Grundkapitals** auf die zukünftige Hauptgesellschaft entfallen, die mit der Eintragung der Eingliederung alleiniger Aktionär wird (§ 320 AktG). Wenn nicht alles täuscht, steht die praktische Bedeutung der Eingliederung im umgekehr- 126

[244] BFH NZI 2017, 360 Rn. 28 mwN.
[245] BFH NZI 2017, 360 = DStR 2017, 599.
[246] FG Hessen MwStR 2016, 681.
[247] BFH NZI 2017, 360 Rn. 28 mwN.
[248] BFH NZI 2017, 360 Rn. 32, 35.

ten Verhältnis zum Regelungsumfang des Gesetzes.[249] Das dürfte erst recht gelten, seitdem der Ausschluss von Minderheitsaktionären durch den aktienrechtlichen Squeeze-Out nach §§ 327a ff. AktG eröffnet worden ist (→ Rn. 242 ff.).[250]

127 Die Eingliederung hat zunächst die gleiche Wirkung wie der Abschluss eines Beherrschungsvertrags. Die Hauptgesellschaft ist berechtigt, dem Vorstand der eingegliederten Gesellschaft hinsichtlich der **Leitung** der Gesellschaft **Weisungen** zu erteilen (§ 323 Abs. 1 S. 1 AktG). Der Unterschied zum Beherrschungsvertrag liegt in den weiter gezogenen Grenzen der Beeinflussung. Zutreffend ist daher die Eingliederung als die **intensivste Form der Konzerneinbeziehung** in ihren Wirkungen zwischen Beherrschungsvertrag und Verschmelzung zu bewerten.[251] Die Begründung des Regierungsentwurfs sieht die eingegliederte Gesellschaft wirtschaftlich als eine **Betriebsabteilung** der Hauptgesellschaft, zumindest als ihr nahestehend.[252] Die Eingliederung bietet sich an, wenn trotz umfassender Leitung der Tochtergesellschaft auf die Vorteile ihrer rechtlichen Selbstständigkeit nicht verzichtet werden soll.[253]

128 Dem Weisungsrecht entspricht die **Folgepflicht** des Vorstands der eingegliederten Gesellschaft (§ 323 Abs. 1 S. 2 AktG iVm § 308 Abs. 2 S. 1 AktG). Eine **Prüfungskompetenz** hat der Vorstand nur insoweit, als er nicht verpflichtet und berechtigt ist, gesetzwidrige Weisungen auszuführen.[254] Ob und inwieweit die Weisung der Hauptgesellschaft deren Belangen oder der mit dem Konzern verbundenen Unternehmen dient, ist – anders als beim Beherrschungsvertrag – für den Vorstand der eingegliederten Gesellschaft ohne jeden Belang. Eine kleinere Hürde können Zustimmungsvorbehalte zugunsten des **Aufsichtsrats** der eingegliederten Gesellschaft sein. Wird die hiernach notwendige Zustimmung des Aufsichtsrats nicht innerhalb einer angemessenen Frist erteilt, gilt das für den Beherrschungsvertrag vorgeschriebene Verfahren (§ 323 Abs. 1 S. 2 AktG iVm § 308 Abs. 3 AktG; → Rn. 109). Die mit der Zustimmung des Aufsichtsrats der Hauptgesellschaft erteilte erneute **Weisung** des Vorstands der Hauptgesellschaft ersetzt die Zustimmung des Aufsichtsrats der eingegliederten Gesellschaft.

129 Das Gesetz bestimmt, dass die Hauptgesellschaft den **Bilanzverlust** der eingegliederten Gesellschaft auszugleichen hat (§ 324 Abs. 3 AktG). Die Verpflichtung gilt allerdings nur, soweit der Verlust den Betrag der Kapitalrücklagen und Gewinnrücklagen übersteigt. Daraus folgt, dass eine Pflicht zur Bildung oder Erhaltung der gesetzlichen Rücklage nicht besteht.[255] Geschützt ist das **Grundkapital** der eingegliederten Gesellschaft, das der Disposition der Hauptgesellschaft entzogen ist.[256] Eine AG ohne Vermögen in Höhe des Grundkapitals darf es nicht geben. Damit ist aber bereits die äußerste zulässige Grenze gezogen. Im Übrigen kann die Hauptgesellschaft **uneingeschränkt** über das **Vermögen** der eingegliederten Gesellschaft verfügen, deren Vermögen zB auf sich übertragen oder verlangen, dass der erzielte Gewinn an sie abgeführt wird.[257] Aus der nahezu unbegrenzten Weisungsbefugnis folgt konsequenterweise, dass auch **existenzgefährdende** oder -vernichtende **Weisungen** zulässig sind. Diese Auffassung entspricht der hM.[258]

---

[249] MüKoAktG/*Grunewald* Vor § 319 Rn. 4: Wie viele eingegliederte Gesellschaften in der BRD bestehen, ist nicht bekannt.
[250] K. Schmidt/Lutter/*J. Vetter* AktG § 319 Rn. 2.
[251] MHdB GesR IV/*Krieger* § 74 Rn. 1.
[252] *Kropff* Begr. RegE AktG 429, 431.
[253] Hüffer/Koch/*Koch* AktG § 319 Rn. 1.
[254] Hüffer/Koch/*Koch* AktG § 323 Rn. 4.
[255] Emmerich/Habersack/*Habersack* AktG § 324 Rn. 3.
[256] Emmerich/Habersack/*Habersack* AktG § 324 Rn. 1.
[257] MüKoAktG/*Grunewald* § 323 Rn. 4; Kölner Komm AktG/*Koppensteiner* § 323 AktG Rn. 3. Alternativ: Abschluss eines Gewinnabführungsvertrags, was jedoch nicht Voraussetzung ist.
[258] MüKoAktG/*Grunewald* § 323 Rn. 3; zweifelnd Hüffer/Koch/*Koch* AktG § 323 Rn. 3; aA K. Schmidt/Lutter/*Ziemons* AktG § 323 Rn. 6.

## 2. Verfahren

Die Eingliederung erfordert keinen Vertrag. Ausreichend und notwendig ist der zustimmende Beschluss der Hauptversammlung der einzugliedernden Gesellschaft **und** die Zustimmung der Hauptversammlung der Hauptgesellschaft. Im Übrigen unterscheidet sich das Verfahren nach der Höhe des Aktienbesitzes. 130

### a) 100 %-ige Tochtergesellschaft

An die Hauptversammlung der einzugliedernden Gesellschaft werden in dieser Alternative keine besonderen Anforderungen gestellt. Es handelt sich um eine sog. **Vollversammlung** mit erleichterten förmlichen Beschlussvoraussetzungen (§ 121 Abs. 6 AktG). Ausführungen zur organisatorischen Gestaltung der Eingliederung sind entbehrlich.[259] Eine notarielle Beurkundung ist nicht erforderlich (§ 130 Abs. 1 S. 3 AktG), jedoch mit Rücksicht auf die Anmeldung der Eingliederung zum Handelsregister zu empfehlen.[260] 131

Höhere Anforderungen gelten für die Hauptversammlung der **Hauptgesellschaft,** wobei gleichgültig ist, in welcher Reihenfolge die beiden Hauptversammlungen ihre Beschlüsse fassen. Eingehend regelt das Gesetz die **Informationspflichten** gegenüber den Aktionären der Hauptgesellschaft. Kernpunkt ist der sog. **Eingliederungsbericht,** in dem die Eingliederung rechtlich und wirtschaftlich ausführlich erläutert und begründet werden muss (§ 319 Abs. 3 S. 1 Nr. 3 AktG).[261] Einzugehen ist auf die **Risiken und Vorteile der Eingliederung,** auf die Gründe für die Wahl der Eingliederung im Vergleich zu anderen Formen der Unternehmensverbindung.[262] 132

Der Beschluss der **Hauptversammlung** der zukünftigen Hauptgesellschaft bedarf einer Mehrheit, die mindestens **drei Viertel** des bei der Beschlussfassung vertretenen Grundkapitals umfasst, soweit nicht die Satzung eine größere Kapitalmehrheit und weitere Erfordernisse bestimmt (§ 319 Abs. 2 S. 2 und 3 AktG). Im Anschluss an die Hauptversammlung erfolgt die Anmeldung zur Eintragung in das Handelsregister. Mit der Eintragung der Eingliederung wird diese wirksam (§ 319 Abs. 7 AktG). 133

### b) Mindestens 95 %-ige Tochtergesellschaft

**aa) Hauptversammlung der Hauptgesellschaft.** Zunächst gelten alle für die wirksame Eingliederung einer 100 %-igen Tochtergesellschaft notwendigen Erfordernisse. Das betrifft den **Eingliederungsbericht** (§ 320 Abs. 1 S. 3 AktG iVm § 319 Abs. 3 S. 1 Nr. 3 AktG), an den hier jedoch zusätzliche Anforderungen gestellt werden. Sie ergeben sich aus der Verpflichtung, den zwangsweise ausscheidenden Minderheitsaktionären der einzugliedernden Gesellschaft eine **Abfindung** zu gewähren. Die Abfindung erfolgt grundsätzlich in eigenen **Aktien** der Hauptgesellschaft (§ 320b Abs. 1 S. 2 AktG). Nur für den Fall, dass die Hauptgesellschaft ihrerseits eine **abhängige** Gesellschaft ist, haben die mit der Eingliederung ausscheidenden Aktionäre nach ihrer Wahl alternativ einen Anspruch auf angemessene **Barabfindung** (§ 320b Abs. 1 S. 3 AktG). Die Entscheidung über die **Angemessenheit** richtet sich nach den beim Abschluss eines Beherrschungs- oder Gewinnabführungsvertrags maßgebenden Kriterien (→ Rn. 53 ff.).[263] Art und Höhe der Abfindung sind in dem vom Vorstand der künftigen Hauptgesellschaft zu erstattenden Eingliederungsbericht ausführlich zu kommentieren. Das Gesetz verlangt, auf besondere Schwierigkeiten bei der Bewertung der beteiligten Gesellschaften und auch auf die Folgen für die Beteiligung der Aktionäre ausdrücklich hinzuweisen (§ 320 Abs. 4 S. 2 AktG). 134

[259] MüKoAktG/*Grunewald* § 319 Rn. 17; MHdB GesR IV/*Krieger* § 74 Rn. 48.
[260] MüKoAktG/*Grunewald* § 319 Rn. 15 unter Hinweis auf die Notwendigkeit, auch ein Teilnehmerverzeichnis vorzulegen.
[261] Vgl. MHdB GesR IV/*Krieger* § 74Rn. 25.
[262] MüKoAktG/*Grunewald* § 319 Rn. 23.
[263] MüKoAktG/*Grunewald* § 320b Rn. 12 ff.

135 Die Eingliederung ist durch sachverständige **Prüfer** (Eingliederungsprüfer) zu prüfen, die der Vorstand der zukünftigen Hauptgesellschaft bestellt (§ 320 Abs. 3 S. 1 und 2 AktG). Das Schwergewicht des von ihnen zu erstattenden Prüfungsberichts liegt – wie beim Abschluss eines Beherrschungsvertrags – auf der Angemessenheit der vorgeschlagenen Abfindung (§ 320 Abs. 3 S. 2 AktG iVm § 293e Abs. 1 S. 2 AktG). Außerdem hat sich der Eingliederungsprüfer dazu zu äußern, ob die **gesetzlichen Voraussetzungen** der Eingliederung erfüllt sind.[264] Die Zweckmäßigkeit der Eingliederung ist nicht Gegenstand der Prüfung.[265]

136 **bb) Hauptversammlung der einzugliedernden Gesellschaft und Rechtsbehelfe.** Zu beachten sind alle förmlichen Voraussetzungen, beginnend mit der ordnungsgemäßen Einberufung. Die Bekanntmachung der Eingliederung als Gegenstand der Tagesordnung ist nur ordnungsgemäß, wenn sie die Firma und den Sitz der zukünftigen Hauptgesellschaft enthält und ihr weiterhin eine Erklärung der künftigen Hauptgesellschaft über die **Abfindung** in eigenen **Aktien** oder im Fall der abhängigen Gesellschaft – alternativ nach Wahl der Aktionäre – über die Gewährung einer **Barabfindung** beigefügt ist (§ 320 Abs. 2 S. 1 Nr. 1 und 2 AktG). Nach zutreffender Auffassung sind an den Beschluss keine zusätzlichen Mehrheitserfordernisse zu stellen, insbesondere besteht keine ungeschriebene Regel einer notwendigen Stimmenmehrheit von 95%, was beim Auseinanderfallen von Kapital- und Stimmenmehrheit relevant sein kann. Es genügt die einfache Mehrheit.[266]

137 Für die dem ausscheidenden Aktionär zur Verfügung stehenden Rechtsbehelfe sind zwei Alternativen zu unterscheiden. Wird die **Unangemessenheit des Abfindungsangebots** geltend gemacht, scheidet eine Anfechtung des Eingliederungsbeschlusses aus. Jeder ausgeschiedene Aktionär kann die Festsetzung der angemessenen Abfindung im Rahmen des sog. Spruchverfahrens, das sich gegen die Hauptgesellschaft richtet, beantragen. Nach § 320b Abs. 2 S. 2 AktG wird angemessene Abfindung auf Antrag durch das in § 2 SpruchG bestimmte Gericht festgesetzt. Eine Anfechtung des Beschlusses ist insoweit ausgeschlossen (§ 320b Abs. 2 S. 2 AktG). Das gilt nicht bei **fehlendem** oder **nicht ordnungsgemäßem Abfindungsangebot.** Die letztgenannte Alternative betrifft Abfindungen, die ihrer Art nach nicht dem Gesetz entsprechen.[267] In diesen Fällen ist die Anfechtung zulässig. Das Spruchverfahren kann aber **subsidiär** in Anspruch genommen werden, wenn eine Anfechtungsklage entweder nicht innerhalb der Frist erhoben oder zwar erhoben, aber zurückgenommen oder rechtskräftig abgewiesen worden ist (§ 320b Abs. 2 S. 3 AktG).

### 3. Gläubigerschutz

#### a) Sicherheitsleistung

138 Zeitlich befristet haben die Gläubiger der eingegliederten Gesellschaft Anspruch auf Sicherheitsleistung, falls die Forderungen begründet worden sind, **bevor** die Eintragung der Eingliederung in das Handelsregister bekannt gemacht worden ist (§ 321 Abs. 1 AktG). Die Forderung nach Sicherheitsleistung muss innerhalb von **sechs Monaten** nach der Bekanntmachung der Eintragung geltend gemacht werden. Eine Ausnahme sieht das Gesetz dann vor, wenn Gläubiger im Insolvenzverfahren ein Recht auf vorzugsweise Befriedigung aus einer Deckungssumme haben würden, die nach gesetzlicher Vorschrift zu ihrem

---

[264] Hüffer/Koch/*Koch* AktG § 320 Rn. 12.
[265] MHdB GesR IV/*Krieger* § 74 Rn. 28.
[266] Hüffer/Koch/*Koch* AktG § 320 Rn. 4; MüKoAktG/*Grunewald* § 320 Rn. 9; MHdB GesR IV/*Krieger* § 74 Rn. 29; aA Kölner Komm AktG/*Koppensteiner* § 320 AktG Rn. 7.
[267] Kölner Komm AktG/*Koppensteiner* § 320b AktG Rn. 22f.; Emmerich/Habersack/*Habersack* AktG § 320b Rn. 19.

Schutz errichtet und staatlich überwacht ist (§ 321 Abs. 2 AktG).[268] Zur Sicherheitsleistung ist die eingegliederte Gesellschaft verpflichtet.[269]

### b) Haftung der Hauptgesellschaft

139 Die Rechtfertigung für die nahezu grenzenlose Einwirkungsmöglichkeit der Hauptgesellschaft ist in ihrer **gesamtschuldnerischen Mithaftung** zu sehen (§ 322 AktG). Zutreffend wird hier vom **Kernstück** der Eingliederungsvorschriften gesprochen.[270] Von der Eingliederung an haftet die Hauptgesellschaft für die **vor** diesem Zeitpunkt begründeten Verbindlichkeiten der eingegliederten Gesellschaft ihren Gläubigern als Gesamtschuldner (§ 322 Abs. 1 S. 1 AktG). Die gleiche Haftung trifft sie für alle Verbindlichkeiten der eingegliederten Gesellschaft, die **nach** der Eingliederung und vor ihrem Ende begründet werden. Mit der hM ist davon auszugehen, dass die Hauptgesellschaft inhaltlich dasselbe schuldet wie die eingegliederte Gesellschaft, ferner nach str. Auffassung, dass der Gläubiger **nach seiner Wahl** die Hauptgesellschaft oder die eingegliederte Gesellschaft auf Erfüllung in Anspruch nehmen kann.[271]

## II. Gleichordnungskonzern

### 1. Begriffsbestimmung

140 Die praktische Bedeutung des Gleichordnungskonzerns liegt insbesondere auf dem Feld der Versicherungswirtschaft.[272] Das Gesetz fordert für die Annahme eines Gleichordnungskonzerns **drei Kriterien:** Voraussetzung sind rechtlich selbstständige Unternehmen, das Fehlen einer Abhängigkeit und die Zusammenfassung unter einheitlicher Leitung (§ 18 Abs. 2 AktG). Neben dieser gesetzlichen Definition findet sich nur noch eine Negativbestimmung des Gleichordnungsvertrags, der nach ausdrücklicher Bestimmung **kein Beherrschungsvertrag** ist (§ 291 Abs. 2 AktG). Materiell-rechtliche Regelungen über die Bildung, Leitung und Organisation des Gleichordnungskonzerns fehlen ebenso wie Schutzvorschriften zugunsten von Gesellschaftern und Gläubigern.[273] Eine Ausnahme bildet lediglich die Gewinngemeinschaft als Teilaspekt der Gleichordnungsverbindung (§ 292 Abs. 1 AktG).

141 Der Gesetzestext stellt darauf ab, dass die Unternehmen **voneinander unabhängig** sind. Nach hM gehört zu den Voraussetzungen aber auch, dass keine Abhängigkeit der Unternehmen von der **Konzernspitze** besteht.[274] Dies hat praktische Bedeutung vor allem, falls eine zur gemeinsamen Leitung bestimmte Gesellschaft geschaffen wird. Der Charakter als Gleichordnungskonzern bleibt erhalten, sofern sichergestellt ist, dass die Unternehmen den einheitlichen Leitungswillen in der Zentralgesellschaft **gemeinsam,** dh gleichberechtigt bilden. Die nicht immer praxisnahen Diskussionen gelten vor allem der Frage, ob die Vereinbarung von **Mehrheitsentscheidungen** und damit nachteiliger Weisungen zur Unzulässigkeit des Gleichordnungskonzerns iSd Gesetzes führt (→ Rn. 148). Die besseren Gründe sprechen für die Annahme, dass einheitliche Leitung im Gleichordnungskonzern auch Befolgungspflichten nachteiliger Weisungen als effektivste Form der Konzernführung möglich machen muss.[275]

---

[268] Vgl. Hüffer/Koch/*Koch* AktG § 225 Rn. 10.
[269] MHdB GesR IV/*Krieger* § 74 Rn. 44.
[270] Hüffer/Koch/*Koch* AktG § 322 Rn. 1.
[271] Hüffer/Koch/*Koch* AktG § 322 Rn. 2mwN; MHdB GesR IV/*Krieger* § 74 Rn. 46.
[272] Zur Kündigung von Gleichordnungsverbindungen *Timm/Messing* FS Hommelhoff, 2012, 1237 (1238ff.).
[273] *Wellkamp* DB 1993, 2517.
[274] MüKoAktG/*Bayer* § 18 Rn. 57; K. Schmidt/Lutter/*J. Vetter* AktG § 18 Rn. 22.
[275] *Wellkamp* DB 1993, 2517 (2520); Semler/Stengel/*Koerfer* UmwG Anh. § 119 Rn. 133ff.; *Milde,* Der Gleichordnungskonzern im Gesellschaftsrecht, 1996, 129f.; krit. zur hM *K. Schmidt* ZHR 155 (1991), 417 (423ff.).

142 Die **einheitliche Leitung** ist das einzige organisationsrechtliche Element, das den Gleichordnungskonzern ausmacht. Auf eine Definition verzichtet das Gesetz bewusst.[276] Die Literatur ist gespalten, Rechtsprechung nicht ersichtlich. Die Anhänger des **engen Konzernbegriffs** verstehen den Konzern als wirtschaftliche Einheit.[277] Ein Gleichordnungskonzern erfordert demnach die Entwicklung einer auf das Gesamtinteresse der verbundenen Unternehmen ausgerichteten Zielkonzeption, ihre Durchführung und Kontrolle. Dem steht der **weite Konzernbegriff** gegenüber. Hiernach genügt für die Anerkennung einheitlicher Leitung, dass sie in **einem** zentralen Bereich der unternehmerischen Tätigkeit ausgeübt wird, vorausgesetzt, diese begrenzte Koordination der Unternehmen hat Auswirkungen auf den Konzern als solchen.[278] Eine hM ist nicht auszumachen. Einigkeit besteht lediglich darin, dass eine konzernweite Finanzkoordination, insbesondere ein rigides **Cash-Management,** als ausreichend für die Annahme einheitlicher Leitung angesehen wird.[279] Im Übrigen verdient der enge Konzernbegriff den Vorzug. Die Anerkennung eines Konzerns fordert eine Reihe von **Voraussetzungen,** so die Festlegung der Verbundziele und der Verbundstrategie, die Organisation der verbundenen Unternehmen, die Führung der Finanzwirtschaft, die Besetzung der Führungspositionen in den Mitgliedsunternehmen und die Entscheidung über geschäftliche Maßnahmen von besonderer Bedeutung.[280]

## 2. Vertraglicher Gleichordnungskonzern

143 In seiner juristischen Qualifikation handelt es sich beim vertraglichen Gleichordnungskonzern um eine BGB-Gesellschaft (§§ 705 ff. BGB).[281] Vertragliche Absprachen sind in der Praxis der Regelfall.[282] In Gleichordnungsverträgen wird vereinbart, welche Unternehmensbereiche der einheitlichen Leitung unterliegen und nach welchen Regeln die Partner auf die gemeinsamen Leitungsentscheidungen Einfluss nehmen. Von zentraler Bedeutung für die Sicherstellung der einheitlichen Leitung ist die **Personenidentität der Führungsgremien.** Das gilt insbesondere, wenn keine besondere Leitungsgesellschaft vorgesehen wird. Hierbei ist zu berücksichtigen, dass nicht die den Vertrag abschließenden Geschäftsführungsorgane die Vorstandsmitglieder bestellen; das Recht hierzu liegt bei den Aufsichtsräten. Die personengleiche Besetzung der Führungsgremien kann jedoch durch **Satzungsbestimmungen** gewährleistet werden, die regeln, dass zum Mitglied des Führungsorgans des einen nur bestellt werden kann, wer auch zum Mitglied des anderen bestellt ist oder gleichzeitig bestellt wird.[283]

144 Besteht ein gemeinsames Leitungsorgan, kommt der Frage besondere Bedeutung zu, ob der Gleichordnungsvertrag **Weisungsrechte durch Mehrheitsentscheidungen** vorsehen kann. Konzernentscheidungen sind in der Praxis häufig von Vorteil für ein Konzernunternehmen, was zu Nachteilen für andere Konzernunternehmen führen kann. Als Beispiel sei auf die Verteilung der Investitionsmittel hingewiesen, die selten alle Gesellschaften zufrieden stellen.[284] Damit stellt sich die Frage nach der Zulässigkeit **nachteiliger Weisungen.** Eine rechtlich sichere Antwort ist nicht möglich. Unstreitig ist lediglich, dass der Vorstand aufgrund seiner Organverantwortung einen Gleichordnungsvertrag nur abschließen darf,

---

[276] *Kropff* Begr. RegE AktG 33.
[277] Hüffer/Koch/*Koch* AktG § 18 Rn. 9 f. mwN.
[278] MüKoAktG/*Bayer* § 18 Rn. 30; K. Schmidt/Lutter/*J. Vetter* AktG § 18 Rn. 11.
[279] MüKoAktG/*Bayer* § 18 Rn. 31; Hüffer/Koch/*Koch* AktG § 18 Rn. 11: Koordination des Finanzbereichs unverzichtbar.
[280] Hierzu ausführlich *Milde,* Der Gleichordnungskonzern im Gesellschaftsrecht, 1996, 89 ff.
[281] Hüffer/Koch/*Koch* AktG § 18 Rn. 20; *Timm/Messing* FS Hommelhoff, 2012, 1236 (1241).
[282] MHdB GesR IV/*Krieger* § 69 Rn. 86; *Hoffmann-Becking/Berger* in BeckFormB BHW Form. X.10.
[283] So ausdrücklich *Hoffmann-Becking/Berger* in BeckFormB BHW Form. IX.10 Anm. 5; aA Semler/Stengel/*Koerfer* UmwG Anh. § 119 Rn. 128.
[284] Weitere Beispiele bei *Lutter/Drygala* ZGR 1995, 557 (560).

wenn er ihn **insgesamt** als **vorteilhaft** ansieht.[285] Für Einzelmaßnahmen ist damit noch nichts gewonnen. Die wohl hM lehnt unter Hinweis auf die Pflicht des Vorstands zur eigenverantwortlichen Leitung der Gesellschaft eine vertraglich abgesicherte **Folgepflicht des Vorstands** im Rahmen des Gleichordnungskonzerns ab.[286] Nur vereinzelt wird die Meinung vertreten, dass die vom Gesetz postulierte Pflicht zur eigenverantwortlichen Leitung insofern hinter einer Spezialvorschrift zurücktritt.[287] Überzeugend ist der Hinweis in der Literatur auf die Möglichkeit des benachteiligten Unternehmens, die Gleichordnungsbeziehungen **notfalls zu beenden.** Dieses Recht wird entweder für die Regelung im Gleichordnungsvertrag selbst gefordert[288] oder aus dem Vorliegen eines **wichtigen Kündigungsgrundes** für den Fall abgeleitet, dass einzelnen Mitgliedern durch andere unternehmerischer Wille aufgezwungen wird.[289]

Für die zusätzliche Vereinbarung einer **Ergebnisgemeinschaft** sprechen handfeste 145
praktische Gründe. Einheitliche Leitung sollte mit einem einheitlichen Ergebnis korrespondieren. Naheliegend ist die Kombination von Gewinn- und Verlustgemeinschaft. Der hierdurch in der Regel gewährleistete Ausgleich beeindruckt die hM jedoch nicht in der Ablehnung einer Folgepflicht bei **nachteiligen Weisungen.**[290] Aus guten Gründen wird demgegenüber in der Literatur eine Benachteiligung einzelner Partner innerhalb folgender **Grenzen** erlaubt: Voraussetzung ist die Notwendigkeit, ein Konzerninteresse zu verfolgen und die Wahrung des Verbots verdeckter Gewinnausschüttungen sowie existenzgefährdender Anordnungen.[291] Das überzeugt, ist jedoch nicht als gesicherte Rechtsauffassung zu werten.

Rechtsunsicherheit besteht auch in der Frage, ob die Zustimmung der jeweiligen 146
**Hauptversammlungen** Voraussetzung für die Wirksamkeit des Gleichordnungsvertrags ist. Nach bisher hM kann der Vorstand einen solchen Vertrag ohne Zustimmung der Hauptversammlung abschließen, auch der Eintragung in das Handelsregister bedarf es nicht. Begründet wird dies mit dem Fehlen einer entsprechenden Regelung im Gesetz, die ausdrücklich unterblieben ist.[292] Demgegenüber wird zur Begründung einer **Zustimmungsnotwendigkeit** auf die Rechtsprechung des BGH hingewiesen, wonach die Einschaltung der Hauptversammlung erforderlich ist, wenn so tief in die Mitgliedschaftsrechte der Aktionäre und deren im Anteilseigentum verkörpertes Vermögensinteresse eingegriffen wird, dass der Vorstand vernünftigerweise nicht annehmen kann, er dürfe die Entscheidung in ausschließlich eigener Verantwortung treffen, ohne die Hauptversammlung zu beteiligen.[293] Der Vorstand darf sich nicht auf die **unsichere Rechtslage** einlassen. Die Empfehlung ist, in jedem Fall zusätzlich zur Entscheidung des Aufsichtsrats, dessen Einbeziehung selbstverständlich sein sollte, die Hauptversammlung zur Entscheidung aufzufordern. Auch die hM kann nicht übersehen, dass bei Unternehmensverträgen iSd Gesetzes, insbesondere bei Gewinngemeinschaft oder Betriebsüberlassungsvertrag, die Zustimmung der Hauptversammlung kraft Gesetzes erforderlich ist (→ Rn. 157).

---

285 MüKoAktG/*Altmeppen* § 291 Rn. 223.

286 MüKoAktG/*Altmeppen* § 291 Rn. 222; MHdB GesR IV/*Krieger* § 68 Rn. 87; *Lutter/Drygala* ZGR 1995, 557 (561).

287 Kölner Komm AktG/*Koppensteiner* § 291 Rn. 103: „§ 76 Abs. 1 (ist) insofern derogiert, dass eine lex specialis vorliegt".

288 MüKoAktG/*Bayer* § 18 Rn. 57 mit der Forderung nach der Einräumung eines jederzeitigen Kündigungsrechts. – Zur Kündigung insbesondere *Timm/Messing* FS Hommelhoff, 2012, 1237.

289 *Milde,* Der Gleichordnungskonzern im Gesellschaftsrecht, 1996, 130; vgl. *Lutter/Drygala* ZGR 1995, 557 (575 ff.).

290 MüKoAktG/*Altmeppen* § 291 Rn. 220; MHdB GesR IV/*Krieger* § 68 Rn. 89.

291 *Milde,* Der Gleichordnungskonzern im Gesellschaftsrecht, 1996, 152, 156 f.; *K. Schmidt* ZHR 155 (1991), 417 (428 ff.), der bereits das Bestehen einer bloßen Verlustgemeinschaft ausreichend sein lässt. Zu Verlustübernahmeverträgen *Koppensteiner* in Kölner Komm. AktG § 292 Rn. 67.

292 MHdB GesR IV/*Krieger* § 68 Rn. 86 f.; Hüffer/Koch/*Koch* AktG § 291 Rn. 34 mwN.

293 BGHZ 83, 122 (131) = NJW 1982, 1703 (1705) – Holzmüller; hierzu ua MüKoAktG/*Altmeppen* § 291 Rn. 217; Emmerich/Habersack/*Emmerich* AktG § 18 Rn. 35.

### 3. Faktischer Gleichordnungskonzern

147 Fehlt ein Vertrag, liegen die Voraussetzungen aber im Übrigen vor, spricht man von einem faktischen Gleichordnungskonzern. Für dessen Annahme ist weder die Schaffung gemeinschaftlicher Leitungsorgane Voraussetzung, noch bedarf es besonderer Absprachen der Beteiligten.[294] Das typische Koordinierungsmittel ist eine **personelle Verflechtung** zwischen den Geschäftsführungsorganen.[295] Als regelmäßiger Fall wird in der Literatur erwähnt, dass ein gemeinsamer Mehrheitsgesellschafter die beiden Unternehmen nicht selbst leitet, sondern sich darauf beschränkt, die Koordination und einheitliche Leitung der beiden Unternehmen auf andere Weise herzustellen.[296] Die praktische Bedeutung dürfte eher in der **Versicherungswirtschaft** zu finden sein, insbesondere bei Konzernstrukturen von Versicherungsvereinen auf Gegenseitigkeit. Untersuchte Gleichordnungskonzerne beruhen überwiegend auf faktischen Grundlagen, die sich zum Teil in mehreren Jahrzehnten kontinuierlich entwickelt haben und in diesen Fällen eine vertragliche Grundlage entbehrlich machen. Hier liegt die Initiative in der Regel bei den Unternehmensleitungen.[297]

### 4. Haftung

148 Nach hM sind im Gleichordnungskonzern **nachteilige Weisungen** des Leitungsorgans unzulässig. Im vertraglich vereinbarten – wie erst recht im faktischen Gleichordnungskonzern – ist der Vorstand hiernach unverändert den Interessen seines Unternehmens verpflichtet. Nachteilige Weisungen darf er nicht befolgen, auch wenn sie im Gesamtinteresse des Konzerns liegen.[298] Wird eines der beteiligten Unternehmen insbesondere durch nachteilige Weisungen dennoch geschädigt, werden die Rechtsfolgen nicht einheitlich beurteilt.[299] Die Partner der Gleichordnungsverbindung müssen zunächst damit rechnen, aufgrund der Treuepflicht zum **Schadensersatz** verpflichtet zu sein.[300] Unter engen Voraussetzungen sind **weitergehende Haftungsfolgen** möglich. Das ist der Fall, wenn die einheitliche Leitung fortgesetzt zum Nachteil eines Partners des Gleichordnungskonzerns handelt und dadurch dessen Eigeninteresse nachhaltig beeinträchtigt, ohne dass die Nachteile im Wege des Einzelausgleichs beseitigt wurden oder beseitigt werden können. In diesem Fall kann eine Verpflichtung zum **Verlustausgleich** und zur **Ausfallhaftung** gegenüber Gläubigern der Gesellschaft eintreten (analoge Anwendung der §§ 302, 303 AktG).[301] Damit sind die Rechtsfolgen nicht abschließend geschildert. Vorstände und Aufsichtsräte der beteiligten Unternehmen müssen damit rechnen, dass sie wegen Verletzung ihrer Sorgfaltspflichten zur Rechenschaft gezogen werden (§§ 93, 116 AktG).[302]

## III. Wechselseitig beteiligte Unternehmen

149 Zu den verbundenen Unternehmen iSd Gesetzes zählen auch wechselseitig beteiligte Unternehmen (§ 19 AktG). Die praktische Bedeutung dürfte deutlich abgenommen haben,

[294] Emmerich/Habersack/*Emmerich* AktG § 18 Rn. 30.
[295] MHdB GesR IV/*Krieger* § 69 Rn. 83.
[296] MHdB GesR IV/*Krieger* § 69 Rn. 83 Inwieweit hier überhaupt ein Gleichordnungskonzern in Betracht kommt, ist str., vgl. MüKoAktG/*Bayer* § 18 Rn. 55; ablehnend insbesondere Kölner Komm AktG/*Koppensteiner* § 18 Rn. 8.
[297] *Peiner* VersW 1992, 920f.
[298] MHdB GesR IV/*Krieger* § 69Rn. 89f.
[299] Vgl. die Übersicht bei MüKoAktG/*Altmeppen* § 291 Rn. 219ff.; MüKoAktG/*Altmeppen* Vor § 311 Rn. 82ff.
[300] *Lutter/Drygala* ZGR 1995, 557 (567).
[301] Vgl. Emmerich/Habersack/*Emmerich* AktG § 18 Rn. 37. – Zur Anwendung der §§ 311, 317, 318 AktG vgl. MüKoAktG/*Altmeppen* Vor § 311 Rn. 82ff.
[302] Vgl. MHdB GesR IV/*Krieger* § 69Rn. 87f. Zur Haftung der Unternehmensverwaltung und der Konzernleitung insbesondere *Milde,* Der Gleichordnungskonzern im Gesellschaftsrecht, 1996, 162ff.

nachdem sich die sog. „Deutschland AG" im Stadium der Auflösung befindet. Wechselseitige Beteiligungen sind **zulässig,** jedoch müssen eine Reihe von **Sonderregelungen** beachtet werden. Eine unkontrollierte wechselseitige Beteiligung gefährdet die Aufbringung, die Erhaltung und den richtigen Ausweis des Kapitals, kann ferner zu einer den Grundsätzen des Gesellschaftsrechts widersprechenden Herrschaft der Verwaltungen in der Gesellschafterversammlung führen.[303] Gesprochen wird von den Gefahren der **Kapitalverwässerung** und der **Verwaltungsherrschaft.**[304]

### 1. Begriffsbestimmung

Eine **einfache** wechselseitige Beteiligung liegt vor, wenn jedem Unternehmen **mehr** als der **vierte** Teil der Anteile des anderen Unternehmens gehört (Berechnung gem. § 19 Abs. 1 S. 2 AktG nach § 16 Abs. 2 S. 1 und Abs. 4 AktG, nicht nach § 16 Abs. 1 S. 2 und 3 AktG). Voraussetzung ist ferner, dass beide Unternehmen ihren Sitz im Inland haben und es sich um Kapitalgesellschaften (AG, KGaA, GmbH) handelt (§ 19 Abs. 1 S. 1 AktG). Die gesetzliche Regelung greift dann nicht, wenn auch nur **eine** Beteiligung die 25%-Grenze nicht überschreitet.[305] 150

Bei Beteiligungen von mehr als 50% wird von **qualifizierten wechselseitigen Beteiligungen** gesprochen. Hier ist zwischen einseitig und beidseitig qualifizierten wechselseitigen Beteiligungen zu unterscheiden. Sie sind **einseitig,** wenn **eine** Beteiligung die Höhe von 50% der Anteile übersteigt, die andere zwischen 25,1% und 50% beträgt (§ 19 Abs. 2 AktG). Bei einer Beteiligung **beider Unternehmen** von mehr als 50% handelt es sich um eine **beidseitig** qualifizierte wechselseitige Beteiligung (§ 19 Abs. 3 AktG). 151

### 2. Rechtsfolgen

#### a) Einfache wechselseitige Beteiligung

Für diese Form der wechselseitigen Beteiligung wird die **Beschränkung der Rechte** im Rahmen der Bestimmungen über verbundene Unternehmen gesondert geregelt (§ 328 AktG). Die Beschränkung gilt für Stimmrechte, Dividendenansprüche und das Bezugsrecht auf junge Aktien im Rahmen einer Kapitalerhöhung. Rechte können nur bis zur Höhe von 25% der Beteiligung ausgeübt werden. Gesprochen wird von einer sog. **Ausübungssperre** für Rechte aus überschießender Beteiligung. Das gilt für diejenige Kapitalgesellschaft, die durch ihren Beteiligungserwerb die einfache wechselseitige Beteiligung herbeiführt, nicht dagegen für die Gesellschaft, die sich zuerst mit mehr als 25% beteiligt **und** darüber informiert hat.[306] Jeder Weg der Kenntniserlangung von der wechselseitigen Beteiligung löst die Rechtsfolge aus.[307] Das bedeutet, dass nur diejenige Gesellschaft, die nicht weiß, dass an ihr ein anderes Unternehmen mit mehr als 25% beteiligt ist, schutzwürdig ist und die rechtswahrende Anzeige machen kann.[308] 152

Eine weitere Beschränkung gilt für **börsennotierte Gesellschaften** (Definition in § 3 Abs. 2 AktG). In der Hauptversammlung einer solchen Gesellschaft kann ein Unternehmen, dem die wechselseitige Beteiligung bekannt ist, sein Stimmrecht zur Wahl von Mit- 153

---

[303] So wörtlich *Kropff* Begr. RegE AktG 34f.
[304] MüKoAktG/*Bayer* § 19 Rn. 2ff.
[305] Zur Kritik MüKoAktG/*Bayer* § 19 Rn. 13, 16.
[306] Mitteilung nach § 20 Abs. 3 AktG oder § 21 Abs. 1 AktG; entsprechend Kenntniserlangung durch eine Mitteilung nach § 21 WpHG. Vgl. MüKoAktG/*Grunewald* § 328 Rn. 5f.; Kölner Komm AktG/*Koppensteiner* § 328 Rn. 10ff.; Hüffer/Koch/*Koch* AktG § 328 Rn. 6.
[307] MHdB GesR IV/*Krieger* § 69 Rn. 100f.
[308] MüKoAktG/*Grunewald* § 328 Rn. 7.

gliedern in den Aufsichtsrat nicht ausüben (§ 328 Abs. 3 AktG).[309] Die Gesetzesbestimmung lässt nicht erkennen, ob die Beschränkung für **beide** wechselseitig beteiligten **Unternehmen** gilt. Nach richtiger Auffassung entfällt der Stimmrechtsausschluss, wenn das an der börsennotierten Gesellschaft beteiligte Unternehmen seine Mitteilungspflicht erfüllt hat, bevor es von dem Bestehen der wechselseitigen Beteiligung Kenntnis erlangt hat.[310]

154 Letztlich verpflichtet das Gesetz die wechselseitig beteiligten Unternehmen dazu, die Höhe ihrer Beteiligung und jede Änderung einander unverzüglich **schriftlich mitzuteilen** (§ 328 Abs. 4 AktG).

### b) Einseitig qualifizierte wechselseitige Beteiligung

155 Gehört **einem** wechselseitig beteiligten Unternehmen an dem anderen Unternehmen eine Mehrheitsbeteiligung oder kann das eine auf das andere Unternehmen unmittelbar oder mittelbar einen beherrschenden Einfluss ausüben, ist das eine als **herrschendes,** das andere als **abhängiges** Unternehmen anzusehen (§ 19 Abs. 2 AktG).[311] Die Abhängigkeit wird nicht nur vermutet. Sie ist **unwiderleglich** (§ 19 Abs. 2 AktG, abweichend von § 17 Abs. 2 AktG). Alle Vorschriften über abhängige Unternehmen kommen zur Anwendung. Die Rechtsfolgen bei einfacher wechselseitiger Beteiligung (→ Rn. 152 ff.) greifen jedoch nicht (§ 19 Abs. 4 AktG: § 328 AktG nicht anzuwenden). Der Gesetzgeber hat die Gefahr gesehen, dass eine Mehrheitsbeteiligung nur deshalb aufgebaut wird, um den Rechtsbeschränkungen zu entgehen. Ein solcher weiterer Erwerb der Anteile des anderen Unternehmens ist **nicht** generell **verboten.**[312] Das abhängige Unternehmen ist verpflichtet, seinen Aktienbestand innerhalb eines Jahres bis auf einen Rest von maximal 10% zu veräußern und so die wechselseitige Beteiligung zu beenden.[313] Im Übrigen kommen alle Vorschriften über abhängige Unternehmen zur Anwendung.[314] Das bedeutet ua, dass dem abhängigen Unternehmen aus seinen Aktien an der herrschenden Gesellschaft keinerlei Rechte, insbesondere keine Stimmrechte, zustehen (§ 71d S. 4 AktG, § 71b AktG).

### c) Beidseitig qualifizierte wechselseitige Beteiligung

156 Gehört **jedem** der wechselseitig beteiligten Unternehmen an dem anderen Unternehmen eine **Mehrheitsbeteiligung** oder kann jedes auf das andere unmittelbar oder mittelbar einen beherrschenden Einfluss ausüben, so gelten beide Unternehmen **unwiderlegbar** als herrschend und als abhängig (§ 19 Abs. 3 AktG). Zu den Rechtsfolgen besteht Übereinstimmung, dass keinem der beteiligten Unternehmen aus seinen Aktien irgendwelche Mitgliedschaftsrechte zustehen (Folge aus § 71b AktG iVm § 19 Abs. 3 AktG).[315] Streitig ist dagegen, ob jedes der Unternehmen zum **Abbau der Beteiligung** verpflichtet ist.[316] Für die Verpflichtung zur Reduzierung der Beteiligung auf die zulässige Obergrenze von 10% binnen eines Jahres spricht der Wortlaut des Gesetzes.

---

[309] Str. ist, ob bei der Berechnung der Anteilsquote § 16 Abs. 4 AktG wie bei § 328 Abs. 1 AktG berücksichtigt werden muss, bejahend MüKoAktG/*Grunewald* § 328 Rn. 10; aA Hüffer/Koch/*Koch* AktG § 328 Rn. 7 mwN.

[310] So unter Hinweis auf Begr. RegE zum KonTraG MHdB GesR IV/*Krieger* § 69 Rn. 106; MüKoAktG/*Grunewald* § 328 Rn. 10; aA Hüffer/Koch/*Koch* AktG § 328 Rn. 7.

[311] Für die Berechnung der Mehrheitsbeteiligung gilt § 16 AktG, MHdB GesR IV/*Krieger* § 69 Rn. 111.

[312] MüKoAktG/*Grunewald* § 328 Rn. 1.

[313] MüKoAktG/*Grunewald* § 328 Rn. 1; MHdB GesR IV/*Krieger* § 69 Rn. 113; krit. zur gesetzlichen Regelung Kölner Komm AktG/*Lutter/Drygala* § 71d Rn. 47 f.

[314] MüKoAktG/*Bayer* § 19 Rn. 48 ff., § 17 Rn. 5 ff.; K. Schmidt/Lutter/*J. Vetter* AktG § 19 Rn. 17.

[315] Kölner Komm AktG/*Lutter/Drygala* § 71d Rn. 77.

[316] So MHdB GesR IV/*Krieger* § 69 Rn. 113; MüKoAktG/*Bayer* § 19 Rn. 51; aA Kölner Komm AktG/*Lutter/Drygala* § 71d Rn. 76; Hüffer/Koch/*Koch* AktG § 19 Rn. 8.

## IV. Andere Unternehmensverträge

Im Recht der verbundenen Unternehmen listet das Gesetz, im Anschluss an den Beherrschungs- und Gewinnabführungsvertrag, eine Reihe anderer Unternehmensverträge auf, deren Abschluss, Änderung und Beendigung geregelt wird (§ 292 AktG). Im Einzelnen handelt es sich um die **Gewinngemeinschaft, Teilgewinnabführung** und **Betriebspacht** sowie **Betriebsüberlassung.** Die Zuordnung zu den Unternehmensverträgen bedeutet vor allem, dass ihr **Abschluss** nicht allein in der Kompetenz des Vorstands liegt, sondern gem. § 293 AktG der Zustimmung der **Hauptversammlung** bedarf.[317] Gemeinsam ist diesen Unternehmensverträgen, dass zwischen dem verpflichteten und dem anderen Vertragsteil unterschieden wird. Verpflichteter Vertragsteil kann nur eine **AG** oder **KGaA** mit Sitz im Inland sein (§ 292 Abs. 1 AktG). 157

### 1. Gewinngemeinschaft

Nach der gesetzlichen Definition verpflichtet sich eine AG oder KGaA, ihren Gewinn oder den Gewinn einzelner ihrer Betriebe ganz oder zum Teil mit dem Gewinn anderer Unternehmen oder einzelner Betriebe anderer Unternehmen zur **Aufteilung eines gemeinschaftlichen Gewinns** zusammenzulegen (§ 292 Abs. 1 Nr. 1 AktG). Bei dem anderen Vertragsteil muss es sich um ein Unternehmen iSd Konzernrechts handeln.[318] Im Übrigen können an einer Gewinngemeinschaft auch mehr als zwei Unternehmen beteiligt sein. Zwischen den Partnern entsteht durch den Vertrag eine Gesellschaft bürgerlichen Rechts (GbR; §§ 705 ff. BGB).[319] 158

Als Endzweck der Gewinnpoolung wird in der Literatur die Erzielung eines Gemeinschaftsgewinns genannt, der **größer** ist als die Summe der sonst zu erwartenden Gewinne.[320] Der Realitätsgehalt einer solchen Bewertung ist nicht sonderlich hoch. Wesentlich näher liegt es, die Gewinngemeinschaft in ihrer **Ergänzungsfunktion** zur **einheitlichen Leitung** zu sehen. Das betrifft insbesondere den Gleichordnungskonzern. Auf diesem Weg soll der Gefahr begegnet werden, dass in einer Gemeinschaft die eigenen Interessen unverändert eine höhere Priorität besitzen. Es gibt keine intensivere Gemeinschaft als die über die Poolung der Gewinne. Letztlich gehört hierzu auch die Zusammenlegung und Aufteilung von **Verlusten,** damit die Schaffung einer sog. **Ergebnisgemeinschaft.** Nur auf diesem Weg ist dem Partikularismus wirksam zu begegnen. 159

Die **Angemessenheit** der Gegenleistung ist Voraussetzung, falls der Gewinngemeinschaftsvertrag mit einem gleichzeitig als **Aktionär** beteiligten Unternehmen geschlossen wird (abgeleitet aus §§ 57, 58 und 60 AktG).[321] Das gilt nicht, wenn es sich um ein abhängiges Unternehmen handelt. Hier finden die gesetzlichen Bestimmungen für den faktischen Konzern Anwendung.[322] 160

### 2. Teilgewinnabführungsvertrag

Eine AG oder KGaA verpflichtet sich, einen Teil ihres Gewinns oder den Gewinn einzelner ihrer Betriebe ganz oder zum Teil an einen anderen abzuführen, so die gesetzliche Definition (§ 292 Abs. 1 Nr. 2 AktG). Es handelt sich um das Pendant zum **Gewinnabführungsvertrag,** der die Verpflichtung zur Abführung des **ganzen Gewinns** an ein anderes Unternehmen enthält (§ 291 Abs. 1 AktG; → Rn. 26 f.). Der andere Vertragspartner 161

---

[317] Hüffer/Koch/*Koch* AktG § 292 Rn. 1.
[318] MüKoAktG/*Altmeppen* § 292 Rn. 11; Hüffer/Koch/*Koch* AktG § 291 Rn. 8.
[319] Vgl. MHdB GesR IV/*Krieger* § 73 Rn. 8.
[320] Kölner Komm AktG/*Koppensteiner* § 292 Rn. 50.
[321] Vgl. MHdB GesR IV/*Krieger* § 73 Rn. 13; zu den Rechtsfolgen MüKoAktG/*Altmeppen* § 292 Rn. 28 ff.
[322] MHdB GesR IV/*Krieger* § 72 Rn. 13.

kann, muss aber nicht Unternehmenseigenschaft haben.[323] Praktische Bedeutung hat der Teilgewinnabführungsvertrag lediglich für den Fall einer **stillen Beteiligung** mit einer AG, die als Teilgewinnabführungsvertrag gewertet wird.[324]

162 Voraussetzung ist, dass der AG oder KGaA irgendein Gewinnanteil verbleibt. Es entspricht inzwischen allgM, dass der Verbleib eines bestimmten **Mindestgewinns** für die Annahme eines Teilgewinnabführungsvertrags jedoch **nicht** gefordert werden kann.[325] Streitig ist dagegen, inwieweit eine **Gegenleistung** für die Gewinnabführung Bestandteil des Unternehmensvertrags mit einem Nichtaktionär sein muss. Das verneint die hM, die auch den unentgeltlichen Teilgewinnabführungsvertrag einbezieht.[326] Übereinstimmung besteht demgegenüber, dass die Vereinbarung über eine Teilgewinnabführung mit einem **Aktionär** eine angemessene Gegenleistung vorsehen muss, anderenfalls sind sie und der Zustimmungsbeschluss der Hauptversammlung nichtig.[327] Für die Angemessenheit der Gegenleistung gelten dieselben Grundsätze wie für die Gewinngemeinschaft. Weitgehende Übereinstimmung herrscht auch zur Anwendung der gesetzlichen Regelung über den **Höchstbetrag** der Gewinnabführung, falls sich der Vertrag auf den Unternehmensgewinn bezieht (§ 301 AktG).[328] Das soll nach hM nicht gelten, wenn ein Betriebsgewinn die Grundlage der Gewinnabführung bildet.[329]

163 Im Übrigen ist auf Verträge und Abreden hinzuweisen, die nach ausdrücklicher gesetzlicher Regelung **nicht** zu den anderen **Unternehmensverträgen** gehören (§ 292 Abs. 2 AktG). Zu erwähnen sind **personenbezogene** Ausnahmen, vor allem Tantiemezusagen an Vorstand oder Aufsichtsrat sowie Gewinnbeteiligungen einzelner Arbeitnehmer. **Gegenstandsbezogene** Ausnahmen betreffen ua Verträge des laufenden Geschäftsverkehrs (§ 116 Abs. 1 HGB). Weniger eindeutig ist die Zuordnung von Abreden, die eine Beteiligung am Gewinn **einzelner Geschäfte** vorsehen. Mit der hM ist davon auszugehen, dass der Teilgewinnabführungsvertrag – wie die Gewinngemeinschaft – an einen **periodisch** ermittelten **Gewinn** anknüpfen muss. Die Beteiligung an Gewinnen einzelner Geschäfte reicht also nicht aus.[330]

### 3. Betriebspacht und Betriebsüberlassung

164 Von Betriebspachtvertrag und Betriebsüberlassungsvertrag spricht das Gesetz, wenn eine AG oder KGaA den Betrieb ihres Unternehmens einem anderen verpachtet oder überlässt (§ 292 Abs. 1 Nr. 3 AktG). Dieser andere muss kein Unternehmen im konzernrechtlichen Sinn sein. In beiden Fällen führt der Übernehmer den Betrieb **auf eigene Rechnung,** beim Pachtvertrag außerdem im **eigenen Namen,** beim Überlassungsvertrag **im Namen der Eigentümergesellschaft.** Gesprochen wird im letzten Fall von einer sog. „Innenpacht".[331] Gemeinsam ist beiden Vertragsarten, dass Vertragsgegenstand sämtliche Betriebe der Eigentümergesellschaft sein müssen. Nicht erfasst ist die Verpachtung oder Überlassung nur einzelner Betriebe.[332]

165 Unterschiedlich zu beantworten ist die Frage, ob es sich um einen **entgeltlichen** Vertrag handeln muss. Das wird für die Betriebspacht mit Rücksicht auf die pachtrechtlichen

323 Hüffer/Koch/*Koch* AktG § 292 Rn. 12.
324 MüKoAktG/*Altmeppen* § 292 Rn. 47.
325 MüKoAktG/*Altmeppen* § 292 Rn. 50f.
326 Kölner Komm AktG/*Koppensteiner* § 292 Rn. 54; Hüffer/Koch/*Koch* AktG § 292 Rn. 14; aA MüKo-AktG/*Altmeppen* § 292 Rn. 53, 74ff.
327 IE MHdB GesR IV/*Krieger* § 73 Rn. 23.
328 MHdB GesR IV/*Krieger* § 73 Rn. 22.
329 MüKoAktG/*Altmeppen* § 292 Rn. 56, § 301 Rn. 9; aA MHdB GesR IV/*Krieger* § 73 Rn. 22.
330 Kölner Komm AktG/*Koppensteiner* § 292 Rn. 58; MHdB GesR IV/*Krieger* § 73 Rn. 16; einschränkend MüKoAktG/*Altmeppen* § 292 Rn. 58ff.
331 MHdB GesR IV/*Krieger* § 73 Rn. 25.
332 MHdB GesR IV/*Krieger* § 73 Rn. 28.

Vorschriften des BGB (§§ 581 ff. BGB) bejaht.[333] Eine unangemessene Gegenleistung führt aber – anders als bei einer Gewinngemeinschaft oder einem Teilgewinnabführungsvertrag – **nicht** zur **Nichtigkeit** des Vertrags (§ 292 Abs. 3 S. 1 AktG). Möglich ist jedoch, worauf das Gesetz ausdrücklich hinweist, eine **Anfechtung** des Zustimmungsbeschlusses der Hauptversammlung (§ 292 Abs. 3 S. 2 AktG). Für den Betriebsüberlassungsvertrag ist str., ob ein Entgelt notwendiger Bestandteil ist.[334]

In beiden Vertragsfällen gehen die **Arbeitsverhältnisse** der in den Betrieben tätigen 166 Arbeitnehmer auf den Pächter oder Übernehmer über (§ 613a BGB). Das gilt nicht für **sonstige** laufende **Verträge.** Hier bedarf es einer dreiseitigen Vereinbarung zur Vertragsübernahme, notfalls der Vereinbarung einer internen Erfüllungsübernahme. Besteht zwischen den Vertragspartnern im Zeitpunkt des Vertragsschlusses ein **Abhängigkeitsverhältnis,** ist das herrschende Unternehmen bei beiden Vertragstypen zum **Verlustausgleich** verpflichtet, soweit die vereinbarte Gegenleistung das angemessene Entgelt nicht erreicht (§ 302 Abs. 2 AktG). Wird der Vertrag, was zulässig ist, mit einem Beherrschungs- oder Gewinnabführungsvertrag verbunden, greift die allgemeine Verpflichtung zur Übernahme von Verlusten (§ 302 Abs. 1 AktG).[335]

## 4. Betriebsführungsvertrag

Durch diesen gesetzlich nicht geregelten Vertrag[336] verpflichtet sich der Betriebsführer, den 167 Betrieb des Unternehmens einer Eigentümergesellschaft **für deren Rechnung** zu führen. Nicht entscheidend ist, in wessen Namen der Betrieb geführt wird. Um einen **echten** Betriebsführungsvertrag handelt es sich, wenn der Betriebsführer im Namen der Eigentümergesellschaft handelt. Erfolgt die Betriebsführung im Namen des Betriebsführers, wird von einem **unechten** Betriebsführungsvertrag gesprochen.[337] Ist die Eigentümergesellschaft eine AG oder KGaA, finden nach allgM die Vorschriften über Betriebspacht und Betriebsüberlassung Anwendung.[338] Die Einbeziehung in die anderen Unternehmensverträge hat insbesondere zur Folge, dass die Zustimmung der **Hauptversammlung** erforderlich ist (§ 293 AktG).[339]

Die Beweggründe für den Abschluss eines Betriebsführungsvertrags sind vielfältig.[340] Die 168 Praxis kennt solche Verträge insbesondere als Bestandteil der **Konzernorganisation.** Die Obergesellschaft bleibt Eigentümer aller oder nahezu aller Betriebe, installiert aber **Betriebsführungsgesellschaften** unter regionalen oder Sparten-Gesichtspunkten. Sie schafft damit eine gesellschaftsrechtlich anerkannte Führungsebene (Vorstand oder Geschäftsführung), entsprechend Überwachungsorgane (Aufsichtsrat oder Beirat). Dieser Weg ist überzeugender als die Entscheidung für sog. **Bereichsvorstände,** deren Wert erfahrungsgemäß bereits nach einigen Jahren an Bedeutung verliert.

---

[333] Hüffer/Koch/*Koch* AktG § 292 Rn. 18 mwN; aA Kölner Komm AktG/*Koppensteiner* § 292 Rn. 77.

[334] Unerheblich: Kölner Komm AktG/*Koppensteiner* § 292 Rn. 78; aA Emmerich/Habersack/*Emmerich* AktG § 292 Rn. 43a.

[335] Zur Zulässigkeit MHdB GesR IV/*Krieger* § 73 Rn. 41.

[336] Zur Bedeutung *Priester* FS Hommelhoff, 2012, 875. – Nicht zu verwechseln mit dem Geschäftsführungsvertrag des § 291 Abs. 1 S. 2 AktG, durch den eine AG oder KGaA es übernimmt, ihr Unternehmen für Rechnung eines anderen Unternehmens zu führen.

[337] MHdB GesR IV/*Krieger* § 73 Rn. 48.

[338] Str. ist lediglich die direkte oder analoge Anwendung des § 292 Abs. 1 Nr. 3 AktG, vgl. *Priester* FS Hommelhoff, 2012, 875 (885) mwN.

[339] *Priester* FS Hommelhoff, 2012, 875 (880 f.).

[340] Vgl. hierzu MHdB GesR IV/*Krieger* § 73 Rn. 26 ff.

## D. Faktischer Konzern

**Schrifttum:** *Altmeppen,* Cash-Pooling und Kapitalerhaltung im faktischen Konzern, NZG 2010, 401; *Bank,* Die Verschwiegenheitspflicht von Organmitgliedern in Fällen multipler Organmitgliedschaften, NZG 2013, 801; *Burgard,* Ad hoc-Publizität bei gestreckten Sachverhalten und mehrstufigen Entscheidungsprozessen, ZHR 162 (1998), 51; *Decker,* Der Cashpool als Gesellschaft bürgerlichen Rechts, ZGR 2013, 392; *Dittmar,* Weitergabe von Informationen im faktischen Aktienkonzern, AG 2013, 498; *Döser,* Der faktische Konzern, AG 2003, 406; *Fonk,* Zustimmungsvorbehalte des Aufsichtsrats, ZGR 2006, 841; *Fonk,* Zur Vertragsgestaltung bei Vorstands-Doppelmandaten, NZG 2010, 368; *Götz,* Leitungssorgfalt und Leitungskontrolle, ZGR 1998, 524; *Harbarth,* Zustimmungsvorbehalt im faktischen Aktienkonzern, FS Hoffmann-Becking, 2013, 457; *Hoffmann-Becking,* Vorstands-Doppelmandate im Konzern, ZHR 150 (1986), 570; *Hoffmann-Becking,* Das erweiterte Auskunftsrecht des Aktionärs nach § 131 Abs. 4 AktG, FS Rowedder, 1994, 155; *Hoffmann-Becking,* Gibt es das Konzerninteresse?, FS Hommelhoff, 2012, 433; *Hommelhoff,* Die Konzernleitungspflicht, 1982; *Hüffer,* Probleme des Cash-Managements im faktischen Aktienkonzern, AG 2004, 416; *Hüffer,* Informationen zwischen Tochtergesellschaft und herrschendem Unternehmen im vertragslosen Konzern, FS Schwark, 2009, 185; *Lutter,* Das unvollendete Konzernrecht, FS K. Schmidt, 2009, 1065; *Lutter,* Information und Vertraulichkeit im Aufsichtsrat, 3. Aufl. 2006; *Martens,* Der Aufsichtsrat im Konzern, ZHR 159 (1995), 567; *H.P. Müller,* Zur Gewinn- und Verlustermittlung bei aktienrechtlichen Gewinnabführungsverträgen, FS Goerdeler, 1987, 375; *Rieckers,* Konzernvertrauen und Konzernrecht, 2004; *K. Schmidt,* Entherrschungsvertrag und faktische Entherrschung im Aktienkonzern, FS Hommelhoff, 2012, 985; *M. Schmidt,* Konzernsteuerung über Aufsichtsräte, FS Imhoff, 1998, 67; *Sven H. Schneider,* Informationspflichten und Informationssystemeinrichtungspflichten im Aktienkonzern, 2006; *Seibert,* Das Transparenz- und Publizitätsgesetz, 2003; *Johannes Semler,* Doppelmandats-Verbund im Konzern, FS Stiefel, 1987, 719; *Spindler,* Von der Früherkennung von Risiken zum umfassenden Risikomanagement – zum Wandel des § 91 AktG unter europäischem Einfluss, FS Hüffer, 2010, 985; *Spindler,* Konzerninterne Informationsflüsse und Datenschutz – de lege lata und de lege ferenda, FS Hoffmann-Becking, 2013, S. 1185; *Stein,* Konzernherrschaft durch EDV?, ZGR 1988, 163; *Strohn,* Cash-Pooling – Verbotene und unwirksame Zahlungen, DB 2014, 1535; *Theisen,* Gesetzliche versus funktionsgerechte Informationsversorgung, ZGR 2013, 1; *Tröger,* Konzernverantwortung in der aufsichtsunterworfenen Finanzbranche, ZHR 177 (2013), 475.

### I. Zulässigkeit

169 Das AktG verwendet den Begriff des faktischen Konzerns nicht. Ausdrücklich geregelt wird in §§ 311 ff. AktG die **Verantwortlichkeit bei Fehlen eines Beherrschungsvertrags.** Voraussetzung ist ein abhängiges Unternehmen, auf das ein anderes Unternehmen – herrschendes Unternehmen – unmittelbar oder mittelbar einen beherrschenden Einfluss ausüben kann (§ 17 Abs. 1 AktG; → Rn. 10 ff.). Besteht kein Beherrschungsvertrag, darf ein herrschendes Unternehmen seinen Einfluss nicht dazu benutzen, eine abhängige AG zu veranlassen, ein für sie nachteiliges Rechtsgeschäft vorzunehmen oder Maßnahmen zu ihrem Nachteil zu treffen oder zu unterlassen, es sei denn, dass die **Nachteile ausgeglichen** werden (§ 311 Abs. 1 AktG). Voraussetzung ist die gesonderte Überprüfung jeder **Einzelmaßnahme** mit dem Ziel, von ihr eventuell ausgehende Nachteile und deren Ausgleich festzustellen.[341] Ist der Ausgleich nicht während des Geschäftsjahres erfolgt, bleibt für dessen Bestimmung Zeit bis zum Ende des Geschäftsjahres (§ 311 Abs. 2 AktG).[342]

170 Das Motiv des Gesetzgebers ist der Schutz der Gesellschaftsgläubiger und der Minderheitsaktionäre.[343] Rechnung getragen wird dem gesellschaftsrechtlich, dh durch eine Beteiligung vermittelten Einfluss, der **faktischen Beherrschung** (→ Rn. 11 f.). Hintergrund für die Schutzvorschriften der § 311 ff. AktG ist, dass das Gesetz davon ausgeht, dass der (beherrschende) Einfluss nicht primär im Interesse der beherrschten Gesellschaft, sondern zugunsten anderweitiger unternehmerischer Interessen ausgeübt wird.[344] Diese „Gefähr-

---

[341] Ausführlich K. Schmidt/Lutter/*J. Vetter* AktG § 311 Rn. 48 ff.; Hüffer/Koch/*Koch* AktG § 311 Rn. 2, 10 mit dem zutreffenden Hinweis auf das Problem, den als wirtschaftliche Einheit gedachten Konzern in ausgleichspflichtigen isolierbaren Einzelmaßnahmen wiederzufinden.

[342] Hüffer/Koch/*Koch* AktG § 311 Rn. 44 ff.

[343] Hüffer/Koch/*Koch* AktG § 311 Rn. 1.

[344] MüKoAktG/*Altmeppen* § 311 Rn. 4.

dungslage"[345] bedingt den Schutz der abhängigen Gesellschaft und der Gläubiger. Das Schutzsystem des Gesetzes greift bereits im Vorfeld einer Konzernbildung bei Vorliegen des beherrschenden Einflusses. Der Hauptanwendungsbereich ist jedoch der faktische Konzern.[346]

Ein herrschendes und ein oder mehrere abhängige Unternehmen bilden einen **Konzern,** wenn sie unter der **einheitlichen Leitung** des herrschenden Unternehmens stehen (§ 18 Abs. 1 S. 1 AktG; → Rn. 13ff.). Wird ein Beherrschungsvertrag abgeschlossen, ist die Konzernvermutung unwiderleglich (sog. Vertragskonzern). Im Übrigen gilt für ein abhängiges Unternehmen die Vermutung, dass es mit dem herrschenden Unternehmen einen Konzern bildet (§ 18 Abs. 1 S. 3 AktG). Das Gesetz geht zu Recht davon aus, dass von der Möglichkeit, beherrschenden Einfluss auszuüben, in der Praxis auch Gebrauch gemacht wird und somit eine Zusammenfassung der Konzernunternehmen unter einheitlicher Leitung erfolgt.[347] Gesprochen wird von der **faktischen Konzernleitung** durch die Obergesellschaft, in der Zusammenfassung des herrschenden und des abhängigen Unternehmens zum **faktischen Konzern.**[348] Im Zusammenhang mit der Außerkraftsetzung des Verbots nachteiliger Einflussnahme – vorausgesetzt der Nachteil wird ausgeglichen – findet sich ein Hinweis auf den Konzern im Gesetz nicht. Es besteht jedoch Übereinstimmung, dass der Übergang von der einfachen Abhängigkeit zur einheitlichen Leitung vom Gesetz nicht missbilligt wird, die (einfache) **faktische Konzernierung** mit anderen Worten ein **gesetzkonformes Mittel** der Beherrschung von Unternehmen ist.[349] Wenn auch der faktische Konzern keineswegs verboten ist, wird darüber gestritten, ob er vom Gesetz nur geduldet oder sogar gebilligt wird.[350] Die praktische Bedeutung der Streitfrage ist gering. 171

## II. Unternehmensführung im faktischen Konzern

### 1. Konzernleitungsmacht?

Der entscheidende Unterschied im Vergleich zu den Möglichkeiten, die ein Beherrschungsvertrag kraft Gesetzes vermittelt, ist im faktischen Konzern das **Fehlen eines Weisungsrechts.** Auch für den Vorstand einer beherrschten Konzerngesellschaft gilt die vom Gesetz im Rahmen der Verfassung der AG formulierte eigenverantwortliche Leitung der Tochtergesellschaft (§§ 76, 93 AktG).[351] Das führt zu der mit Konfliktstoff reichlich beladenen Feststellung, dass die einheitliche Leitung durch das herrschende Unternehmen zwar zulässig ist, eine **rechtlich abgesicherte Konzernleitungsmacht** dagegen **nicht besteht.**[352] Mit anderen Worten: Der Vorstand der beherrschten Gesellschaft ist nicht verpflichtet, Anordnungen der Konzernleitung zu befolgen.[353] Das gilt uneingeschränkt, unabhängig von der Frage, ob mit der Weisung der Obergesellschaft ein Nachteil für die abhängige Gesellschaft verbunden ist oder nicht. Unter bestimmten Voraussetzungen, insbesondere wenn der Nachteil nicht ausgleichsfähig ist, **muss** der Vorstand der abhängigen Gesellschaft ein durch die Konzernleitung veranlasstes Geschäft ablehnen.[354] Besteht hierzu 172

[345] MüKoAktG/*Heider* § 1 Rn. 65.
[346] MüKoAktG/*Altmeppen* § 311 Rn. 6.
[347] MüKoAktG/*Bayer* § 18 Rn. 9.
[348] Ausf. *Döser* AG 2003, 406, 407f.
[349] Emmerich/Habersack/*Habersack* AktG § 311 Rn. 26; Hüffer/Koch/*Koch* AktG § 311 Rn. 4. – Zu den Gefahren vgl. auch *Rieckers,* Konzernvertrauen und Konzernrecht, 2004.
[350] Hüffer/Koch/*Koch* AktG § 311 Rn. 6f.; MüKoAktG/*Bayer* § 18 Rn. 10 mwN.
[351] Emmerich/Habersack/*Habersack* AktG § 311 Rn. 10 mwN. – Zu den Grundzügen des Organisationsrechts des faktischen Konzerns K. Schmidt/Lutter/*J. Vetter* AktG § 311 Rn. 127ff.
[352] Emmerich/Habersack/*Habersack* AktG § 311 Rn. 10; MüKoAktG/*Altmeppen* § 311 Rn. 444.
[353] Kölner Komm AktG/*Koppensteiner* § 311 Rn. 139.
[354] Hüffer/Koch/*Koch* AktG § 311 Rn. 48.

keine Pflicht, **kann** sich der Vorstand für die Vornahme des Geschäfts entscheiden, muss es aber nicht.[355]

173 Auch im Zusammenhang mit dem faktischen Konzern wird die Frage einer **Konzernleitungspflicht** diskutiert. Uneingeschränkte Zustimmung verdient der Hinweis, dass die Wirtschaftseinheit „Konzern" besondere Beziehungen zwischen den beteiligten Unternehmen schafft. Die konzerntypische wirtschaftliche und finanzielle Verflechtung der Konzernunternehmen begründet in der Regel eine **Schicksalsgemeinschaft,** die Lage und Entwicklung der abhängigen Gesellschaft an die Entwicklung des Konzerns bindet und umgekehrt.[356] Diese wirtschaftliche Verflechtung und die zunehmenden Bestrebungen, das Trennungsprinzip zu durchbrechen, ändern jedoch nichts daran, dass die Unternehmen im Konzernverbund rechtlich selbständige Einheiten sind.

174 Die rechtliche Gestaltung folgt der Entscheidung des Vorstands der Obergesellschaft nach, welche **Intensität der Konzernleitung** erreicht werden soll. Ist eine straffe Konzernführung und eine enge wirtschaftliche Verflechtung gewünscht, ist der Abschluss eines Beherrschungsvertrags zwingend.[357] Entscheidet sich der Vorstand im Rahmen seines unternehmerischen Ermessens für den faktischen Konzern, ist damit noch nichts über die Intensität der Führung gesagt. Daraus folgt nicht die Pflicht zur Wahrnehmung aller Konzernleitungschancen und ein Verbot, hierzu geeignete Aktionärsbeteiligungen bloß als Kapitalanlagen wahrzunehmen.[358] Die sog. Leitungsabstinenz darf im Verhältnis zu den abhängigen Unternehmen wesentlich weiter gehen als im Rahmen des vom Vorstand geleiteten Unternehmens selbst (§ 76 AktG).[359] Eine generelle Konzernleitungspflicht[360] ist daher mit der noch überwiegenden Meinung abzulehnen.[361]

## 2. Schranken des Einflusses

175 Sind die Schutzvorschriften über den Nachteilsausgleich einerseits Grundlage für die Zulassung des faktischen Konzerns, so ergibt sich hieraus andererseits, dass einheitliche Leitung im faktischen Konzern nur nach Maßgabe der §§ 311 ff. AktG ausgeübt werden kann.[362] **Ohne Ausgleich** darf ein herrschendes Unternehmen seinen Einfluss nicht dazu benutzen, eine abhängige AG zu veranlassen, ein für sie nachteiliges Rechtsgeschäft vorzunehmen oder Maßnahmen zu ihrem Nachteil zu treffen bzw. zu unterlassen (§ 311 Abs. 1 AktG). Was aber heißt **veranlassen?** Ähnlich dem Verständnis der „Weisung" beim Beherrschungsvertrag wird „Veranlassung" sehr weit interpretiert (→ Rn. 74).[363] Die allgM rechnet hierzu jede Einflussnahme, so auch Ratschläge, Anregungen und Empfehlungen. Streitig ist lediglich, inwieweit das sog. **Veranlassungsbewusstsein** auf Seiten des herrschenden Unternehmens vorausgesetzt werden muss. Es erscheint wenig überzeugend, von Veranlassung zu sprechen, wenn die für das herrschende Unternehmen handelnde Person weder weiß, noch nach den für sie erkennbaren Umständen damit rechnen muss, dass ihre Äußerung von der abhängigen Gesellschaft als Aufforderung des herrschenden Unternehmens verstanden wird. Es entspricht jedoch hM, Veranlassungsbewusstsein nicht zu verlan-

---

[355] Das trifft sogar für vorteilhafte Maßnahmen im Verhältnis zur herrschenden Gesellschaft zu, so Emmerich/Habersack/*Habersack* AktG § 311 Rn. 78.
[356] MüKoAktG/*Altmeppen* § 311 Rn. 411 – Ein Konzerninteresse ablehnend *Hoffmann-Becking* FS Hommelhoff, 2012, 433.
[357] MüKoAktG/*Altmeppen* § 311 Rn. 29.
[358] *K. Schmidt* FS Hommelhoff, 2012, 985 (992).
[359] Kölner Komm AktG/*Mertens/Cahn* § 76 Rn. 65.
[360] So insbes. *Hommelhoff,* Die Konzernleitungspflicht, 1982, 43 ff., 165 ff., 184 ff.
[361] Kölner Komm AktG/*Mertens/Cahn* § 76 Rn. 65 mwN.; MHdB GesR IV/*Krieger* § 70 Rn. 26 mwN.
[362] Emmerich/Habersack/*Habersack* AktG § 311 Rn. 8.
[363] Vgl. Emmerich/Habersack/*Habersack* AktG § 311 Rn. 23.

gen.[364] Erschwerend kommt hinzu, dass auch der Kreis der in Frage kommenden Personen weit gezogen wird. Veranlasser und Veranlassungsempfänger können **Angestellte** sein, ebenso wie Dritte, wenn sie bevollmächtigt sind oder das Unternehmen den Rechtsschein begründet hat, dass sie für dieses handeln können.[365] Weiterhin ist von Bedeutung die tatsächliche **Vermutung,** dass nachteiliges Handeln vom herrschenden Unternehmen veranlasst ist.[366]

Betroffen sind Rechtsgeschäfte oder Maßnahmen, wenn sie aufgrund der Veranlassung (Kausalität) zum Nachteil der beherrschten Gesellschaft vorgenommen oder unterlassen werden. Der **Nachteilsbegriff** erklärt sich aus dem Zweck des Gesetzes, das Vermögen der abhängigen Gesellschaft zu schützen.[367] Den außenstehenden Aktionären soll ihr anteiliges Gesellschaftsvermögen ungeschmälert und mit allen Gewinnchancen erhalten bleiben; ebenso den Gläubigern die ihnen haftende Vermögensmasse.[368] Ein Nachteil für die beherrschte Gesellschaft ist dann gegeben, wenn der Wert des Gesellschaftsvermögens unter Berücksichtigung aller Chancen und Risiken vermindert ist. Die **Quantifizierbarkeit** soll keine Rolle spielen.[369] Das provoziert die Frage, wie ein nicht quantifizierbarer Nachteil ausgeglichen werden kann. Möglichkeiten werden in der Einräumung eines nicht quantifizierbaren Vorteils gesehen.[370] Überzeugend ist das nicht. Zumindest im Regelfall muss von der Unzulässigkeit des Rechtsgeschäfts oder der Maßnahme ausgegangen werden, wenn der Nachteil nicht quantifizierbar ist. 176

Die Feststellung einer **Vermögensminderung** ist allein nicht ausreichend. Die Definition des zum Ausgleich verpflichtenden Nachteils wird von der hM einer Haftungsregelung des Gesetzes entnommen (§ 317 Abs. 2 AktG). Entscheidend ist hiernach die Antwort auf die Frage, ob auch ein ordentlicher und gewissenhafter Geschäftsleiter einer **unabhängigen Gesellschaft** unter Berücksichtigung eines ihm eingeräumten Ermessensspielraums dieses Rechtsgeschäft oder diese Maßnahme bei pflichtmäßiger Beurteilung als im Interesse seiner Gesellschaft liegend angesehen hätte.[371] Die Feststellung eines Nachteils bedeutet damit zugleich eine **Sorgfaltspflichtverletzung** iSd Gesetzes (§ 93 Abs. 1 S. 1 AktG).[372] Das allgemeine unternehmerische Risiko ist nicht angesprochen. Es ist von der **beherrschten Gesellschaft** uneingeschränkt zu tragen.[373] Maßgebend sind die Umstände im Zeitpunkt der Vornahme des Rechtsgeschäfts oder der Maßnahme. Spätere Erkenntnisse oder Entwicklungen sind nicht zu berücksichtigen. 177

Up-Stream-Darlehen, insbesondere im Rahmen von Cash-Pooling, sind nach Klarstellung des BGH im MPS-Urteil[374] im faktischen Konzernverhältnis nicht per se nachteilig iSd § 311 AktG. Dies gilt zumindest dann, wenn die Rückzahlungsforderung im Zeitpunkt der Darlehensvalutierung vollwertig ist. In diesem Fall liegt auch kein Verstoß gegen § 57 AktG vor. Vorstand und Aufsichtsrat der abhängigen Gesellschaft müssen allerdings in Entsprechung ihrer Pflichten aus § 93 Abs. 1 S. 1 AktG; § 116 S. 1 AktG das jeweilige Kreditrisiko laufend überprüfen und auf eine, der Darlehensauszahlung nachfolgende Bonitätsverschlechterung beim darlehensnehmenden herrschenden Unternehmen reagieren. Dies kann durch eine Kreditkündigung oder durch die Forderung zur Bestel- 178

[364] Hüffer/Koch/*Koch* AktG § 311 Rn. 13; Kölner Komm AktG/*Koppensteiner* § 311 Rn. 5; MüKoAktG/*Altmeppen* § 311 Rn. 80: Abgrenzungsmerkmal „Veranlassungsbewusstsein" ungeeignet; aA MüKoAktG/*Altmeppen* § 311 Rn. 77.
[365] Hüffer/Koch/*Koch* AktG § 311 Rn. 17ff.
[366] Hüffer/Koch/*Koch* AktG § 311 Rn. 20ff.
[367] MüKoAktG/*Altmeppen* § 311 Rn. 3.
[368] MüKoAktG/*Altmeppen* § 311 Rn. 3.
[369] BGHZ 141, 79 (84) = NJW 1999, 1706; Hüffer/Koch/*Koch* AktG § 311 Rn. 24.
[370] Emmerich/Habersack/*Habersack* AktG § 311 Rn. 43 und relativierend Rn. 64ff.
[371] Hüffer/Koch/*Koch* AktG § 311 Rn. 25; K. Schmidt/Lutter/*J. Vetter* AktG § 311 Rn. 48; Emmerich/Habersack/*Habersack* AktG § 311 Rn. 40; Kölner Komm AktG/*Koppensteiner* § 311 Rn. 36; aA insbesondere MüKoAktG/*Altmeppen* § 311 Rn. 163ff.
[372] Emmerich/Habersack/*Habersack* AktG § 311 Rn. 40.
[373] So auch Emmerich/Habersack/*Habersack* AktG § 311 Rn. 40.
[374] BGH NJW 2009, 850ff.

lung von Sicherheiten geschehen. Ferner kann es, so der BGH, angezeigt sein, zwischen Mutter und Tochter ein Informations- und Frühwarnsystem einzurichten. Werden solche Maßnahmen unterlassen, kann darin wiederum ein Nachteil iSd § 311 AktG liegen und Vorstand und Aufsichtsrat der abhängigen Gesellschaft Schadensersatzansprüchen aus §§ 317, 318 AktG respektive § 93 Abs. 2 AktG; § 116 S. 1 AktG ausgesetzt sein.[375]

179 Damit sind die aus dem Eigeninteresse der konzernabhängigen AG abgeleiteten **Grenzen zulässiger Konzernintegration** bestimmt. Die abhängige Gesellschaft darf nicht so weit in den Konzern integriert werden, dass ein Vergleich mit einer unabhängigen Gesellschaft unmöglich wird.[376] Die abhängige Gesellschaft darf ihre Fähigkeit nicht verlieren, **selbstständig am Markt zu operieren.** Das ist auch von Bedeutung für eine eventuelle Veräußerung der beherrschten Gesellschaft. Die Beteiligungsgesellschaft muss als nunmehr wieder unabhängige Gesellschaft lebens- und wettbewerbsfähig sein. Das fordert das Vorhandensein aller notwendigen unternehmerischen Funktionen oder zumindest deren sofortige Wiederherstellung.[377]

180 Eine intensivere Konzernintegration läuft Gefahr, dass nachteilige Einflussnahmen einem Einzelausgleich nicht mehr zugänglich sind. Wegen der Dichte und Breite der Einflussnahmen lassen sich in diesem Fall einzelne schädigende Maßnahmen nicht mehr isolieren oder in ihren schädlichen Auswirkungen erfassen. Dies ist alles andere als Theorie. Wenn in der Literatur darauf hingewiesen wird, es sei nicht ein einziger Fall bekannt geworden, in welchem die §§ 311 ff. AktG zum Schutz der abhängigen AG nicht ausgereicht hätten,[378] und es habe in 40 Jahren kein einziges Verfahren auf Schadensersatz gegen die Muttergesellschaft gegeben,[379] fehlt es an der Frage nach den Gründen. Konflikte dieser Art führen ein Schattendasein;[380] Diskussionen dringen nicht nach außen. Der Vorstand weiß, von wem er abhängig ist. Zutreffend wird von **qualifizierter Nachteilszufügung** gesprochen.[381] Über die Rechtsfolgen besteht keine einheitliche Auffassung. Vorzugswürdig ist die analoge Anwendung der §§ 302 ff. AktG, dh die Verlustübernahme wie bei Bestehen eines Beherrschungs- oder Gewinnabführungsvertrags.[382] Nach anderer Auffassung ist die Lösung in Anwendung allgemeiner Rechtsinstitute zu suchen.[383] Höchstrichterliche Rechtsprechung existiert nur zur GmbH mit der Bejahung der Innenhaftung aus § 826 BGB.[384]

181 Unabhängig davon müssen das herrschende Unternehmen und seine gesetzlichen Vertreter gegenüber einer AG oder KGaA als beherrschter Gesellschaft mit Schadensersatzansprüchen nach § 317 Abs. 1 und 3 AktG rechnen. Insofern erscheint es keineswegs als abwegig, in den Schutzvorschriften des Gesetzes ein Druckmittel zugunsten des Vertragskonzerns zu sehen.[385] Entscheidet sich der Vorstand der herrschenden Gesellschaft für eine intensive Konzernierung, ist der Druck wünschenswert.

182 Der vom Gesetz konzipierte **Außenseiterschutz** ist in seiner **Wirksamkeit** nicht mit Sicherheit zu beurteilen.[386] Die in der Literatur vertretene Auffassung, dass das System eine erhebliche Schutzwirkung zugunsten der Außenseiter entfalte,[387] stößt zumindest auf

---

[375] BGH NJW 2009, 850 Rn. 14.
[376] MüKoAktG/*Altmeppen* § 311 Rn. 195.
[377] Kölner Komm AktG/*Koppensteiner* § 311 Rn. 73; Emmerich/Habersack/*Habersack* AktG § 311 Rn. 58; Hüffer/Koch/*Koch* AktG § 311 Rn. 34.
[378] So MüKoAktG/*Altmeppen* Anh. § 317 Rn. 14.
[379] *Lutter* FS K. Schmidt, 2009, 1065 (1067).
[380] *Fonk* NZG 2010, 368 (369).
[381] Emmerich/Habersack/*Habersack* AktG Anh. § 317 Rn. 1 ff.
[382] Kölner Komm AktG/*Koppensteiner* § 317 Rn. 22; Emmerich/Habersack/*Habersack* AktG Anh. § 317 Rn. 23 ff.; MHdB GesR IV/*Krieger* § 70 Rn. 142; Grigoleit/*Grigoleit* AktG § 1 Rn. 113.
[383] Hüffer/Koch/*Koch* AktG § 311 Rn. 7.
[384] BGHZ 173, 246 = NJW 2007, 2689.
[385] AA Hüffer/Koch/*Koch* AktG § 311 Rn. 2: nicht allein oder in erster Linie.
[386] MüKoAktG/*Altmeppen* Vor § 311 Rn. 24.
[387] So MüKoAktG/*Altmeppen* Vor § 311 Rn. 29.

Skepsis. Es liegt nahe, von einem „stumpfen Schwert" zu sprechen.[388] Die als ständige Mahnung für Vorstand und Aufsichtsrat bezeichnete Wirkung des **Abhängigkeitsberichts** (§ 312 AktG)[389] sollte nicht überschätzt werden. Der Beitrag des faktischen Konzerns zum Thema „Auseinanderklaffen von Aktienrecht und Aktienwirklichkeit" ist gewichtig, das Wissen der Verantwortlichen nicht nur gelegentlich unzureichend, zumindest werden die Folgen der Entscheidungen oft nicht bedacht. Das Thema Grenzen der faktischen Konzernierung spielt in der Praxis nur selten eine Rolle und wenn, dann hinter verschlossenen Türen. Wer dies kritisiert, verkennt die Realität, von der das Gesetz mit Recht ausgeht, wenn es die Abhängigkeit definiert. Den Kräfteverhältnissen wird in der Praxis Rechnung getragen, nicht mehr, aber auch nicht weniger. Aufklärungsarbeit tut dennoch Not.

Nach Aufgabe der Rechtsfigur des qualifizierten faktischen Konzerns sind die §§ 311 ff. 183
AktG auf die GmbH unanwendbar; bei der GmbH als abhängiger Gesellschaft verbleibt es insoweit bei der rein deliktsrechtlichen Innen-Haftung der Gesellschafter gegenüber der Gesellschaft für existenzvernichtende Eingriffe nach § 826 BGB.[390]

## 3. Konzernorganisation und -führung

### a) Information im Konzern

Eine ausdrückliche Bestimmung über die Informationsmöglichkeiten des Vorstands der 184
herrschenden Gesellschaft findet sich nur im Zusammenhang mit der Aufstellung des Konzernabschlusses und -lageberichts (§ 294 Abs. 3 S. 2 HGB). Die hierfür erforderlichen Aufklärungen und Nachweise kann ein Mutterunternehmen von jedem Tochterunternehmen verlangen.[391] Dagegen wird ein **allgemeines Auskunftsrecht** der Konzernleitung nur vereinzelt befürwortet.[392] Die hM verneint eine Informationspflicht des Vorstands der Tochter. Hiernach besteht bei Fehlen eines Beherrschungsvertrags zwar ein **Recht,** aber **keine Pflicht,** das herrschende Unternehmen zu informieren.[393]

Die **Ablehnung** einer Auskunftspflicht ist aus Sicht der Praxis denkbar **unbefriedigend.** Das gilt erst recht, wenn in diesem Zusammenhang von der Verpflichtung des Vorstands der Holding die Rede ist, den Verbund so zu organisieren, dass er die für die Leitung und Überwachung des Konzerns erforderlichen Informationen erhält. In diesem Zusammenhang verdient die Neufassung des § 90 Abs. 1 S. 2 AktG durch das TransPuG Beachtung. Angesprochen ist die Berichtspflicht des Vorstands an den Aufsichtsrat. Zu berichten ist über „die beabsichtigte Geschäftspolitik und andere grundsätzliche Fragen der Unternehmensplanung (insbesondere die Finanz-, Investitions- und Personalplanung)", ergänzt durch die Verpflichtung, auf Abweichungen einzugehen. Die Berichte haben nunmehr ausdrücklich die Tochterunternehmen einzubeziehen. 185

Eine Antwort auf die Frage, *wie* den Anforderungen des Gesetzes Rechnung zu tragen 186
ist, bleibt der Gesetzgeber schuldig. In der Begründung des Regierungsentwurfs heißt es lapidar: „Der Vorstand ist vielmehr verpflichtet, sich die für die Berichterstattung notwendigen Informationen von sich aus im Rahmen des nach den gesetzlichen Bestimmungen

[388] *Fonk* NZG 2010, 368 (369).
[389] MüKoAktG/*Altmeppen* § 312 Rn. 4.
[390] BGH NJW 2007, 2689 Rn. 18 mwN (Trihotel).
[391] Das Auskunftsrecht des Aktionärs bezieht sich nicht auf solche Informationen (§ 131 Abs. 4 S. 3 AktG). Zur Weitergabe von Insiderinformationen im Konzern *Hoffmann-Becking* FS Rowedder, 1994, 155 ff.
[392] Insbes. *Semler* Leitung und Überwachung AG Rn. 306; *Burgard* ZHR 162 (1998), 51 (96). Zum fehlenden Konzernprivileg beim Datenschutz *Vogt* BB 2014, 245.
[393] MüKoAktG/*Altmeppen* § 311 Rn. 425 mwN; MüKoAktG/*Kubis* § 131 Rn. 158; *Lutter,* Information und Vertraulichkeit im Aufsichtsrat, 3. Aufl. 2006, Rn. 179 zumindest hinsichtlich geschützter Informationen; *Bank* NZG 2013, 801 (805); insbesondere *Hüffer* FS Schwark, 2009, 185 (189); *Sven H. Schneider,* Informationspflichten und Informationssystemeinrichtungspflichten im Aktienkonzern, 2006, 152; hierzu krit. *Löbbe* ZHR 172 (2008), 366 (370). – Zum Datenschutz *Spindler* FS Hoffmann-Becking, 2013, 1185.

zulässigen, ihm faktisch Möglichen und konkret Zumutbaren zu beschaffen."[394] Nicht weniger überzeugend ist der Hinweis in der Literatur, dass es einer gesetzlichen Informationspflicht hier nicht bedarf, weil andere Formen der Informationsbeschaffung ausreichend sind.[395] Damit werden „Steine statt Brot" angeboten. Offensichtlich fehlt es Vertretern der hM jedoch an letzter Konsequenz, denn zumindest eine Pflicht der Tochter zur Mitwirkung an der **Konzernplanung** wird statuiert.[396] Das gilt auch für das **Beteiligungs-Controlling.** Ohne Soll-/Ist-Vergleich ist die Planung Makulatur. Nach hier vertretener Auffassung ist die nunmehr durch das Gesetz auch hinsichtlich der Tochterunternehmen vorgeschriebene Berichterstattung an den Aufsichtsrat der herrschenden Gesellschaft Grundlage für die Anerkennung einer rechtlichen **Verpflichtung** zur Mitwirkung der Tochtergesellschaft im Rahmen des Beteiligungs-Controlling.

187 Aus Sicht der Konzernleitung kann der Wunsch bestehen, die Einhaltung der Konzern-Richtlinien für die Planung und die Verifizierung der Ist-Zahlen durch eine interne Revision überprüfen zu lassen. Weitergehend ist an die Einrichtung einer **Konzernrevision** zu denken, die eigene Revisionen der abhängigen Gesellschaften ersetzt oder ergänzt. Die Praxis muss zur Kenntnis nehmen, dass in einem faktischen Konzern keine Pflicht der abhängigen Gesellschaft besteht, örtliche Prüfungshandlungen durch eine Konzernrevision zu dulden.[397] Voraussetzung ist die **Zustimmung** des Vorstands der abhängigen Gesellschaft. Im Einzelfall bleibt der Konzernleitung als einzige Alternative die Möglichkeit, in einer außerordentlichen Hauptversammlung eine Sonderprüfung zu beschließen (§ 142 AktG).[398] In einem solchen Fall dürfte allerdings das Klima zwischen Mutter- und Tochtergesellschaft so vergiftet sein, dass andere Maßnahmen, insbesondere personeller Art, nahe liegen.

### b) Personalpolitik und -entscheidungen

188 Die Gewinnung und das Halten hochqualifizierter Mitarbeiter an der Spitze der Konzerngesellschaft und unterhalb hat im **faktischen Konzern** mindestens die gleiche Bedeutung wie im Vertragskonzern. Die Kenntnis aktienrechtlicher Vorschriften ist bei den Organmitgliedern hier jedoch noch stärker gefordert. Auch erscheint es nicht abwegig, höhere Anforderungen an diplomatische Fähigkeiten zu stellen. Die Klarheit des Vertragskonzerns fehlt, praktisches Geschick ist damit unerlässlich.

189 **Bestellung** und **Abberufung** von Vorstandsmitgliedern der **beherrschten** Gesellschaft sind Sache des **Aufsichtsrats** dieser Gesellschaft und unterscheiden sich rechtlich in keiner Weise von Entscheidungen im Vertragskonzern (→ Rn. 88 f.). Auch sind aus Sicht der herrschenden Gesellschaft Chancen und Risiken, eigene Personalentscheidungen durchzusetzen, identisch zu beurteilen. Wenn die Obergesellschaft – was zu wünschen, aber nicht selbstverständlich ist – auf ein sachkundiges und selbstständiges Urteil des Aufsichtsrats der beherrschten Gesellschaft Wert legt, wird sie vor allem überzeugende und nicht in erster Linie willfährige Kandidaten präsentieren.

190 Für die **Dienst- und Ruhegeldverträge** verbleibt es nach hier vertretener Auffassung ebenso bei der Selbstständigkeit des Aufsichtsrats der beherrschten Gesellschaft. Die Konzernobergesellschaft trifft jedoch eine besondere, zumindest faktische Verantwortung für die Qualität der Verträge. Sie wird bemüht sein, für eine gerechte, in sich ausgewogene Vertragsgestaltung Sorge zu tragen.[399] Das führt in Richtung auf die konzerneinheitliche Fassung der Anstellungsverträge, wobei im Einzelfall Abweichungen dann zulässig sein

[394] BT-Drs. 14/8769, 14; s. auch *Seibert,* Das Transparenz- und Publizitätsgesetz, 2003, 26.
[395] *Hüffer* FS Schwark, 2009, 185 (191).
[396] MüKoAktG/*Altmeppen* § 311 Rn. 407.
[397] MüKoAktG/*Altmeppen* § 311 Rn. 440; *Götz* ZGR 1998, 524 (538).
[398] *Semler* Leitung und Überwachung AG Rn. 425 zur Beurteilung von Vorgängen in einer faktisch konzernabhängigen AG, die wegen des Vertraulichkeitsgebots nicht im Rahmen einer Konzerneinflussnahme geprüft werden können.
[399] *Fonk* in SSW AR-HdB § 10 Rn. 218; *v. Falkenhausen* ZIP 2014, 1205 (1206).

müssen, wenn dies die Interessen der Tochtergesellschaft erfordern. Von Verträgen mit der **Konzernobergesellschaft** selbst ist ebenso abzuraten wie von variablen Bezügen, die an das Ergebnis der herrschenden Gesellschaft oder an das Konzernergebnis gebunden sind.[400]

Ein Sonderthema sind die sog. **Vorstands-Doppelmandate.** Die rechtliche Zulässigkeit ist im Vertragskonzern unproblematisch, aber auch für den faktischen Konzern entspricht es allgM, dass das Gesetz kein Verbot von Doppelmandaten postuliert.[401] Damit sind Doppelmandate „von unten nach oben" ebenso angesprochen wie diejenigen „von oben nach unten". Voraussetzung ist die Zustimmung der Aufsichtsräte der betroffenen Gesellschaften (§ 88 Abs. 1 S. 2 AktG). Gemeinsam ist den Vorstands-Doppelmandaten im Vertragskonzern wie im faktischen Konzern der vorprogrammierte **Loyalitätskonflikt.** Die ganz überwiegende Meinung im Schrifttum findet die Lösung in der Verpflichtung des Doppelmandatsträgers auf seinen **jeweiligen Pflichtenkreis.**[402] Auf die generelle Problematik wurde an anderer Stelle hingewiesen (→ Rn. 92). 191

Für den **faktischen Konzern** gelten weitergehende Fragestellungen. Postuliert wird die Forderung, dass der Träger des Vorstands-Doppelmandats nicht an einer Entscheidung im Vorstand der Obergesellschaft mitwirken darf, die für das abhängige Unternehmen zu einem unausgeglichenen Nachteil führt. Befürwortet wird daher ein **Stimmverbot** in diesen Fällen, dh die Notwendigkeit, sich der Stimme zu enthalten.[403] Diese Auffassung hat keine Anerkennung gefunden.[404] Sie verträgt sich nicht mit der Verpflichtung auf den jeweiligen Pflichtenkreis, die allerdings nur dann überzeugend ist, wenn man fingiert, dass eine Person, die den Vorständen zweier verschiedener Gesellschaften angehört, ihre Persönlichkeit tatsächlich aufspalten kann.[405] 192

Übereinstimmung besteht, dass der „janusköpfige" Doppel-Vorstand[406] durch sein Diskussions- und Entscheidungsverhalten im Vorstand der Obergesellschaft nicht daran gehindert werden darf, im Vorstand des abhängigen Unternehmens **frei** darüber (mit) **zu entscheiden,** ob das abhängige Unternehmen der Anregung folgen will oder nicht. Die hiermit verbundene Anregung, die Bindungsfreiheit ganz allgemein durch Vorstandsbeschluss in der Obergesellschaft festzulegen,[407] klärt die rechtlichen Grundlagen, trägt zur Lösung der praktischen Schwierigkeiten aber nur wenig bei. 193

Problematisch ist das Vorliegen einer **„Veranlassung"** im Fall personeller Verflechtung. Bei formaler Betrachtung fehlt es meist an einem Tätigwerden der Obergesellschaft. Dem wird bei Doppelmandaten mit Recht keine Bedeutung beigemessen. Das Verhalten des Vorstands der Tochter, der zugleich Vorstandsmitglied der Mutter ist, wird der Muttergesellschaft – jedenfalls insoweit, als es sich um das Merkmal der Veranlassung handelt – als **eigenes Handeln** zugerechnet.[408] Auch hier gilt die Vermutung, dass ein nachteiliges Handeln des Vorstands der Tochter auf eine Veranlassung der Mutter – präzise: auf eine ihr als Veranlassung zuzurechnende Entscheidung des Doppel-Vorstands – zurückzuführen ist. Kein Einvernehmen besteht, ob eine Widerlegung der Vermutung möglich ist. Hierfür sprechen die besseren Gründe.[409] 194

---

[400] *Fonk* in SSW AR-HdB § 10 Rn. 219ff.: Drittanstellung unzulässig, § 10 Rn. 134.

[401] BGH NZG 2009, 744 (745); Kölner Komm AktG/*Mertens/Cahn* § 76 Rn. 70; BeckOGK/*Fleischer* AktG § 76 Rn. 116; *Fonk* in SSW AR HdB § 10 Rn. 75.

[402] Kölner Komm AktG/*Mertens/Cahn* § 76 Rn. 71; MüKoAktG/*Altmeppen* § 311 Rn. 99.

[403] *Johannes Semler* FS Stiefel, 1987, 719 (758); *Hoffmann-Becking* ZHR 150 (1986), 570 (582) hält ein Stimmverbot entsprechend § 34 BGB sogar für erwägenswert, wenn eine Nachteiligkeit nicht in Betracht kommt.

[404] Kölner Komm AktG/*Mertens/Cahn* § 77 Rn. 39; MüKoAktG/*Altmeppen* § 311 Rn. 98ff. mwN.

[405] Das bestreitet *Johannes Semler* FS Stiefel, 1987, 719 (758); vgl. auch BGH NJW 1980, 1629 (1630).

[406] *Hoffmann-Becking* ZHR 150 (1986), 570 (574); *Johannes Semler* FS Stiefel, 1987, 719 (757).

[407] *Johannes Semler* FS Stiefel, 1987, 719 (757).

[408] MüKoAktG/*Altmeppen* § 311 Rn. 103; Kölner Komm AktG/*Koppensteiner* § 311 Rn. 29f.; *Hoffmann-Becking* ZHR 150 (1986), 570 (571).

[409] MüKoAktG/*Altmeppen* § 311 Rn. 107.

195 Die Besetzung von Führungspositionen **unterhalb des Vorstands** der beherrschten Gesellschaft wirft keine unlösbaren Fragen auf. Maßgebend ist allein das Interesse der Tochter. Die Entscheidung ist nachteilsfrei, wenn qualitativ angemessene Personen ausgewählt werden, ein entsprechender Personalbedarf besteht und durch die Personalbesetzung nicht etwa Führungskräfte nur deswegen zusätzlich eingestellt werden müssen, weil dies den Konzernbelangen dient.[410]

### c) Konzernkoordinierung

196 Konzernführung manifestiert sich in vielfacher Hinsicht. Sie gilt vor allem der Sicherstellung und Entwicklung des Konzernergebnisses, das bedeutet, die Stärken eines Konzerns zum Tragen zu bringen. Angesprochen ist die Realisierung sog. **Synergien** im weitesten Sinne. Sie führt in der Regel zur Spezialisierung und zur Konzentration einzelner Aktivitäten bei einer Gesellschaft. In Betracht kommt die **Zusammenfassung** von Produktion, ferner von Einkauf, Verkauf, Forschung und Entwicklung oder Datenverarbeitung. Modernen Anforderungen entspricht außerdem die **Konzentration auf Kerngeschäftsfelder** (Fokussierung) unter Abgabe von Randaktivitäten. Damit wird den Anforderungen der Analysten und dem zumindest mutmaßlichen Wunsch der Börse Rechnung getragen.

197 Die Konzernleitung wird der Tochter den **Rahmen** vorgeben wollen, innerhalb dessen dieses Konzernunternehmen (weiterhin) tätig werden soll. Das können vom Konzerninteresse diktierte neue Geschäftschancen ebenso wie Restriktionen sein, die Investitionen oder Geschäftsausweitungen verhindern sollen. Zu denken ist an das **Unterlassen von Investitionen** einschließlich Akquisitionen, weil sie zu einer Verschlechterung der Relationen in der Konzernbilanz führen würden, obwohl die Bilanz der Tochtergesellschaft ausreichend Spielraum belässt. Die Konzernführung wird weiterhin dem Gesichtspunkt des **Risikoausgleichs** im Konzern Rechnung tragen wollen. Das kann in den Töchtern die Beibehaltung ebenso wie in anderen Fällen die Aufgabe von Geschäftsaktivitäten bedeuten. Zunehmende Aktualität gewinnt die Frage einer Verlagerung von Aktivitäten aus dem Inland in das **Ausland.** Auch hier muss das Einzelinteresse der Töchter nicht in jedem Fall mit dem Konzerninteresse übereinstimmen.[411]

198 Die rechtliche Antwort auf die Frage der **Zulässigkeit im faktischen Konzern** erscheint einfach: Messlatte ist gem. § 317 Abs. 2 AktG das Verhalten eines ordentlichen und gewissenhaften Geschäftsleiters einer unabhängigen Gesellschaft (§ 317 Abs. 2 AktG).[412] Dies im Einzelfall festzustellen, ist allerdings alles andere als einfach. Der Vergleich ist außerdem dann nicht tauglich, wenn erfolgversprechende Aktivitäten im Vertrauen auf die Stärke der Mutter übernommen oder fortgeführt werden. Hier kann von einem Nachteil keine Rede sein, selbst wenn sich ein unabhängiges Unternehmen anders verhalten würde oder müsste. Im Übrigen gilt für die Spezialisierung, dass die hierzu führenden geschäftlichen Maßnahmen **nicht** per se einen **Nachteil** bedeuten. Das folgt schon aus der Tatsache, dass solche geschäftspolitischen Maßnahmen keineswegs ein Spezifikum konzernabhängiger Gesellschaften sind. Als Beispiel sei die Zentralisierung der Datenverarbeitung genannt, die nicht deshalb unzulässig wird, weil sie im Rahmen des Mutterunternehmens erfolgt.[413] Gefordert wird allerdings eine Beteiligung der Tochtergesellschaft an den erzielten Kostenvorteilen,[414] die bei der Festlegung der Konditionen für die Inanspruchnahme der Konzernleistungen zu berücksichtigen sind.

199 Eine wesentliche Einschränkung entspricht allgM: Die einseitige Ausrichtung auf den Konzern darf die **Lebensfähigkeit** der Gesellschaft bei Beendigung dieser Ausrichtung

410 *Semler* Leitung und Überwachung AG Rn. 315.
411 Zu Konzernumlagen MüKoAktG/*Altmeppen* § 311 Rn. 280ff.
412 MüKoAktG/*Altmeppen* § 311 Rn. 160, 189.
413 AA *Stein* ZGR 1988, 163 (182) mit der Begründung, dass die Auslagerung der EDV „ein perfektes Instrument zur Koordinierung sämtlicher Konzernaktivitäten und zur Steuerung der Konzernunternehmen im Sinne einer einheitlichen Konzernpolitik (ist) …, die Nachteilsermittlung daher unmöglich (ist)".
414 MüKoAktG/*Altmeppen* § 311 Rn. 476ff.

oder des Konzernverhältnisses selbst nicht infrage stellen.[415] Gefordert werden **existenzsichernde Vorkehrungen,** neben langfristigen Verträgen die Verpflichtung des herrschenden Unternehmens, die ausgegliederten Funktionen bei Beendigung des faktischen Konzernverhältnisses wiederherzustellen.[416] Voraussetzung ist die **kurzfristige Restituierbarkeit.** Weitere Forderungen der Literatur gelten der **unveränderten Verfügbarkeit** ausgegliederter Funktionen, insbesondere der Datenverarbeitung, bei der der jederzeitige Zugriff auf die für die Unternehmensführung notwendigen Daten sichergestellt sein muss.[417]

Wer klare Antworten auf klare Fragen liebt, ist beim faktischen Konzern nicht gut auf- 200
gehoben. In vielen Fällen ist eine eindeutige (rechtliche) Antwort nicht möglich. Verständlich ist, dass für viele Maßnahmen und Verhaltensbeeinflussungen die juristische Elle nicht in Anspruch genommen wird. Erneut ist darauf hinzuweisen, dass eine **Konzernführung,** die diesen Namen wirklich verdient, im Regelfall in juristischer Sicherheit nur auf der Grundlage eines **Beherrschungsvertrags** ausgeübt werden kann.

### d) Konzernweites Cash-Management

Die im Normalfall gegebenen betriebswirtschaftlichen Vorteile eines Finanzierungsver- 201
bunds, der über konzerninterne Darlehen weit hinausgeht und **Liquiditätssteuerung** zum Inhalt hat, liegen auch für den faktischen Konzern auf der Hand (zum Vertragskonzern → Rn. 97 ff.). Die rechtliche Zulässigkeit ist zu bejahen, wenn eine Reihe von Voraussetzungen erfüllt sind (§ 57 Abs. 1 S. 3 AktG: Auszahlung bei vollwertigem Rückgewähranspruch).[418] Anzusprechen sind zunächst die den Vorstand der beherrschten Gesellschaft treffenden **Prüfungspflichten,** bevor er seine Zustimmung zu einem konzernweiten Liquiditätsausgleich (Cash-Pooling) erteilt. Ungeachtet aller nicht gerade beneidenswerten Schwierigkeiten, die einem an der Bonität der Muttergesellschaft zweifelnden Vorstand der Tochter bevorstehen, ist er verpflichtet, die Risiken des Verbunds für die Existenz seiner Gesellschaft zu prüfen.[419] Besteht ein nicht unerhebliches **Kreditrisiko** und kann dieses Risiko nicht zB durch Bestellung von Sicherheiten entschärft werden, ist die Beteiligung an der zentralen Finanzierung unzulässig. Abzuwägen sind ferner die zu erwartenden Vor- und Nachteile für die beherrschte Gesellschaft. Damit ist ua die Angemessenheit der Soll- und Haben-Zinsen angesprochen.[420] Voraussetzung ist die Einräumung von **Marktbedingungen,** auch wenn hier eine Bandbreite des Ermessens bleiben wird. Das gilt ebenso für einen ggf. erforderlichen Risikozuschlag im Fall einer im Vergleich zur Anlage bei Banken geringeren Sicherheit.

Wegen der Folgen, die ein Cash-Management für das abhängige Unternehmen haben 202
kann, wird in der Literatur eine **schriftliche Fassung** der notwendigen vertraglichen Vereinbarungen als unabweisbar bezeichnet.[421] In diesem Zusammenhang werden außer der **jederzeitigen Kündigungsmöglichkeit** durch das abhängige Unternehmen **Informationen** über die Lage des herrschenden Unternehmens – bis hin zur Einrichtung eines Frühwarnsystems[422] – als unverzichtbare Bedingung gefordert. Hingewiesen wird – die

---

[415] MüKoAktG/*Altmeppen* § 311 Rn. 298; BeckOGK/*Müller* AktG § 311 Rn. 100; Kölner Komm AktG/*Koppensteiner* § 311 Rn. 73; Emmerich/Habersack/*Habersack* AktG § 311 Rn. 57a – Zur Haftung für existenzvernichtende Eingriffe insbesondere *Stöber* ZIP 2013, 2295.

[416] MüKoAktG/*Altmeppen* § 311 Rn. 299.

[417] MüKoAktG/*Altmeppen* § 311 Rn. 301.

[418] MüKoAktG/*Bayer* § 57 Rn. 179 ff.; K. Schmidt/Lutter/*J. Vetter* AktG § 311 Rn. 65; Kölner Komm AktG/*Koppensteiner* § 311 Rn. 80 ff.; MüKoAktG/*Altmeppen* § 311 Rn. 242 ff.; Hüffer/Koch/*Koch* AktG § 311 Rn. 50; *Strohn* DB 2014, 1535; *Decker* ZGR 2013, 392 (400).

[419] BGH NJW 2009, 850 Rn. 13.

[420] AA *Altmeppen* NZG 2010, 401 (404): „Als Faustformel gilt, dass eine Verzinsung so lange nicht erforderlich ist, wie die Teilnahme am Cash-Pooling auch aus Sicht der abhängigen AG letztlich nicht nachteilig (§ 311 Abs. 2 AktG) ist."

[421] Vgl. insbesondere *Hüffer* AG 2004, 416 (421); Textform ist ausreichend (§ 126b BGB).

[422] BGH NJW 2009, 850 Rn. 14; Hüffer/Koch/*Koch* AktG § 311 Rn. 50; *Decker* ZGR 2013, 392 (401 f.).

Realität sehend – auf die Schwierigkeiten des Vorstands der beherrschten Gesellschaft, einen Vertrag selbst bei entsprechender Vertragsgestaltung mit der Begründung mangelnder Bonität des herrschenden Unternehmens zu kündigen. Als Lösung wird die Verpflichtung eines Wirtschaftsprüfers empfohlen, mit dem vereinbart wird, dass er jährlich die voraussichtliche Zahlungsfähigkeit der herrschenden Gesellschaft für das Folgejahr beurteilt.[423] Die Bereitschaft des herrschenden Unternehmens zu solchen Diskussionen und Vertragsregelungen wird sich in Grenzen halten. Die Vorstände der herrschenden und der beherrschten Gesellschaft sollten jedoch bedenken, dass sie gewichtige **Haftungsrisiken** treffen (→ Rn. 111 ff.).[424]

### e) Jahresabschluss

203 Die Gewinn- und Verlustrechnung der Tochtergesellschaft hat maßgeblichen Anteil am Gewinnausweis der Obergesellschaft. Der Jahresabschluss ist darüber hinaus von wesentlichem Einfluss auf die **Konzernbilanz,** wenn auch das sog. Maßgeblichkeitsprinzip nicht mehr uneingeschränkt gilt (§ 308 HGB; → Rn. 101 ff.). Eine intensivere Befassung der Literatur mit den rechtlichen Aspekten im faktischen Konzern ist nicht ersichtlich. Von Bedeutung ist vor allem die Ausübung von **Bilanzierungswahlrechten** in einem bestimmten, nämlich gewinnmaximierenden Sinne, entsprechend zur Verringerung eines Verlustergebnisses. Dies kommt bei einer Veranlassung durch die herrschende Gesellschaft zumindest in besonderen Situationen als „Nachteil" in Betracht.[425] Im Einzelfall wird der notwendige Ausgleich den Vorteil für das herrschende Unternehmen jedoch wieder konterkarieren. Im Übrigen gilt auch hier, dass ein Nachteil nicht gegeben ist, wenn sich ein ordentlicher und gewissenhafter Geschäftsleiter einer unabhängigen Gesellschaft für die letztendlich gewählte Bilanzierung entschieden hätte (§ 317 Abs. 2 AktG). Das ist auch denkbar, wenn die Tochtergesellschaft zu einer Gewinnreduzierung veranlasst wird.

### f) Risikomanagement

204 Der Vorstand hat geeignete Maßnahmen zu treffen, insbesondere ein Überwachungssystem einzurichten, damit den Fortbestand der Gesellschaft gefährdende Entwicklungen früh erkannt werden (§ 91 Abs. 2 AktG). Diese im Gesetz so wörtlich formulierte Pflicht trifft zunächst den Vorstand der herrschenden Gesellschaft für das eigene Unternehmen, ebenso aber auch den Vorstand der beherrschten Gesellschaft. Weitergehend hat der Gesetzgeber in seiner Begründung zur Einführung dieser Verpflichtung darauf hingewiesen, dass die Überwachungs- und Organisationpflicht im Rahmen der bestehenden gesellschaftsrechtlichen Möglichkeiten **konzernweit** zu verstehen ist, sofern von Tochtergesellschaften den Fortbestand der Gesellschaft gefährdende Entwicklungen ausgehen können (→ Rn. 103).[426] Hieraus wird insbesondere von Seiten der Betriebswirtschaft und der Wirtschaftsprüfer für den Vorstand der herrschenden Gesellschaft gefolgert, dass ihn die Pflicht zu einem **allumfassenden Risikomanagement** treffe.[427] In der Literatur heißt es dazu lapidar: „Wie Organisationspflichten im faktischen Konzern oder bei bloßer Abhängigkeit erfüllt werden sollen, bleibt allerdings unklar".[428]

205 Ein Konzernsystem setzt begrifflich voraus, dass sich die Glieder dem **System** als solchem anschließen und die erforderlichen **Informationen** liefern. Die Probleme beginnen,

---

[423] MüKoAktG/*Semler/Spindler,* 2. Aufl. 2001, Vor § 76 Rn. 166.

[424] Vgl. MüKoAktG/*Semler/Spindler,* 2. Aufl. 2001, Vor § 76 Rn. 166: Gefahr, strafrechtlich wegen Untreue belangt zu werden. Zur Bestellung von Sicherheiten für Verbindlichkeiten anderer Konzerngesellschaften MüKoAktG/*Altmeppen* § 311 Rn. 260 ff.

[425] So *H.P. Müller* FS Goerdeler, 1987, 375 (385).

[426] Begr. RegE zum KonTraG, BT-Drs. 13/9712, 15.

[427] MüKoAktG/*Spindler* § 91 Rn. 27 f.; vgl. auch *Löbbe,* Unternehmenskontrolle im Konzern, 2003, 218. Die juristische Literatur ist wesentlich restriktiver, zB *Spindler* FS Hüffer, 2010, 985 (994): keine Pflicht, ein konzernweites Früherkennungssystem zu schaffen; vgl. auch Hüffer/Koch/*Koch* AktG § 91 Rn. 8 ff.

[428] Hüffer/Koch/*Koch* AktG § 91 Rn. 6 aE.

wenn man die unterschiedliche Interpretation des notwendigen Überwachungssystems in der betriebswirtschaftlichen und juristischen Literatur einbezieht. Die entscheidende Frage ist jedoch: Wie würde der ordentliche und gewissenhafte Geschäftsleiter einer unabhängigen Gesellschaft entscheiden? Gehen die Informationswünsche der Muttergesellschaft über das Maß dessen hinaus, was der Vorstand der beherrschten Gesellschaft als **Pflicht für seine Gesellschaft** ansieht, ist er in der Entscheidung frei, die Wünsche der Mutter zu erfüllen. Entscheidet er sich für die Übermittlung zusätzlicher Informationen und entstehen dadurch (finanzielle) Nachteile, sind diese durch die Obergesellschaft auszugleichen.

### g) Zustimmungspflichtige Geschäfte

Entgegen der wohl noch hM ist auch für den faktischen Konzern festzustellen, dass Zustimmungsvorbehalte zugunsten des Aufsichtsrats der herrschenden Gesellschaft im Zweifel keine **konzernweite Geltung** haben (→ Rn. 107).[429] Im Fall der ausdrücklichen Einbeziehung ist über die Durchsetzung noch keine Aussage getroffen. Der einfachste Weg wäre, den Vorstand der beherrschten Gesellschaft durch Satzung, Geschäftsordnung oder Aufsichtsratsbeschluss zu verpflichten, die dem Zustimmungsvorbehalt des Aufsichtsrats der Obergesellschaft unterliegenden Geschäfte erst vorzunehmen, wenn der Aufsichtsrat oder der Vorstand der Obergesellschaft zugestimmt hat. Ein solches Verfahren ist mit dem Gesetz jedoch nicht vereinbar. Zustimmungsvorbehalte können verpflichtend nur **zugunsten des eigenen Aufsichtsrats** bestimmt werden.[430] Ist die Tochter nur eine faktisch beherrschte AG, ist der Vorstand der Obergesellschaft rechtlich auf einen entsprechenden Zustimmungsvorbehalt zugunsten des **Aufsichtsrats der Tochter** angewiesen, soweit ein solcher Vorbehalt nach den allgemeinen Grundsätzen zulässig ist. Die rechtliche Ausgangsposition entspricht aus Sicht der Obergesellschaft derjenigen bei der Vorstandsbesetzung in abhängigen Gesellschaften. 206

Der Pflicht des Vorstands der Obergesellschaft, die Zustimmung seines Aufsichtsrats bei entsprechenden Maßnahmen der Tochtergesellschaft einzuholen, steht somit keine korrespondierende Durchsetzbarkeit gegenüber. In der Literatur wird auf eine zumindest bescheidene Hilfestellung zur Lösung der praktischen Probleme verwiesen. Abgesehen vom Fall bloßer Abhängigkeit wird es für zulässig angesehen, dass der Vorstand der Tochter dem herrschenden Unternehmen eine **Information vor Vornahme** bestimmter Geschäfte zusagt, soweit sie ohne überwiegenden Nachteil für seine Gesellschaft gegeben werden kann.[431] Begründet wird dieser Weg mit dem Interesse der abhängigen Gesellschaft und ihrer Verwaltung, möglichst früh über die Haltung ihres Großaktionärs und seiner Vertreter im Aufsichtsrat zu wesentlichen Vorhaben unterrichtet zu werden. 207

Eine besondere Bedeutung für die Durchsetzung der (Konzern-)Interessen kommt den der herrschenden Gesellschaft zuzurechnenden Mitgliedern des **Aufsichtsrats** in der **Tochtergesellschaft** zu. In diesem Zusammenhang sei daran erinnert, dass die Mitglieder des Aufsichtsrats allein den Interessen der Gesellschaft verpflichtet sind, so das rechtliche Postulat. Eine **Ausnahme** soll in den Fällen gelten können, in denen ein Nachteilsausgleich möglich ist und von der herrschenden Gesellschaft zugesagt wird. Insoweit wird angenommen, dass die Pflicht des Aufsichtsratsmitglieds, primär die Interessen der Tochtergesellschaft zu wahren, zurücktritt.[432] Konsequent ist das nicht. Lehnt der Aufsichtsrat des herrschenden Unternehmens die Zustimmung zu einem Geschäft ab, verlangen aber die **Interessen des abhängigen Konzernunternehmens** die Vornahme des Geschäfts, so muss das Vorstandsmitglied des herrschenden Unternehmens in seiner Eigenschaft als Aufsichtsratsmitglied des abhängigen Unternehmens primär den Interessen dieses Unter- 208

[429] Vgl. *Fonk* ZGR 2006, 841 (852ff.); aA hM, s. *Harbarth* FS Hoffmann-Becking, 2013, 457 (461).
[430] MüKoAktG/*Altmeppen* § 311 Rn. 420.
[431] MüKoAktG/*Kropff*, 2. Aufl. 2001, § 311 Rn. 288; MüKoAktG/*Altmeppen* § 311 Rn. 439f.
[432] *Götz* ZGR 1998, 524 (543); so wohl auch Emmerich/Habersack/*Habersack* § 311 AktG Rn. 81.

nehmens entsprechend handeln oder zurücktreten.[433] Jedenfalls ist der Vorstand der beherrschten Gesellschaft verpflichtet, die Zustimmung seines Aufsichtsrats erst dann einzufordern, wenn ihm bei der Veranlassung zu nachteiligen Maßnahmen der **Ausgleich** durch die herrschende Gesellschaft verbindlich **zugesagt** worden ist.[434] Im Übrigen ist die lapidare Feststellung, dass die Rechtslage noch wenig geklärt ist, zwar unbefriedigend, schmälert aber ihren Wahrheitsgehalt nicht.

209 Beabsichtigt der Aufsichtsrat des herrschenden Unternehmens – wozu keine Verpflichtung besteht[435] – **Zustimmungsvorbehalte** auch für die abhängigen Gesellschaften festzulegen, sollten sie insoweit **ausdrücklich benannt** werden. Hierbei empfiehlt es sich, den Zustimmungskatalog enger zu fassen als denjenigen, der für die Obergesellschaft selbst gilt.[436] Dafür sprechen rechtliche[437], insbesondere praktische Gründe. Die Zustimmungsnotwendigkeit zweier Aufsichtsräte bedeutet ein beachtliches **Erschwernis** in zeitlicher Hinsicht und wirft die nicht immer einfache Frage auf, welcher Aufsichtsrat zunächst mit dem Rechtsgeschäft oder der Maßnahme befasst werden soll (→ Rn. 109).[438] Zustimmungsvorbehalte für beherrschte Gesellschaften sollten daher vom Aufsichtsrat der Obergesellschaft auf einige **wenige grundsätzliche Entscheidungen** beschränkt werden. Hierzu gehört die Besetzung der Vorstände in den Tochtergesellschaften, an deren Qualifikation auch der Aufsichtsrat der herrschenden Gesellschaft ein eminentes Interesse haben muss.[439] Ein entsprechender Zustimmungsvorbehalt liegt daher trotz aller Probleme seiner Durchsetzung nahe. Für die Aufsichtsratsmitglieder der beherrschten Gesellschaft gilt das Gebot höchstpersönlicher und weisungsfreier Amtsführung.[440]

210 Seit der Einführung der §§ 111a–111c AktG durch das ARUG II 2019 ist ferner der Zustimmungsvorbehalt des Aufsichtsrats beziehungsweise eines hierfür errichteten Ausschusses bei **Geschäften mit nahestehenden Personen** zu beachten (→ Rn. 110). Gemäß dem neu eingefügten Abs. 3 in § 311 AktG gelten die §§ 111a–111c AktG auch im faktischen Konzern.[441]

## 4. Haftung

211 Im Interesse der Gläubiger- und Minderheitsaktionäre der abhängigen Gesellschaft sieht das Gesetz als Schutz **Haftungssanktionen** zum einen zu Lasten des herrschenden Unternehmens und seiner gesetzlichen Vertreter, zum anderen zu Lasten des Vorstands der abhängigen Gesellschaft selbst vor (§§ 317, 318 AktG). Voraussetzung ist das Fehlen eines Beherrschungsvertrags, das Entstehen eines **Schadens** aufgrund der Veranlassung zu einem nachteiligen Rechtsgeschäft oder einer nachteiligen Maßnahme, ferner die Feststellung, dass der Nachteil **nicht** bis zum Ende des Geschäftsjahres tatsächlich oder durch Einräumung eines Rechtsanspruchs **ausgeglichen** worden ist. Zur Haftung bei Bestehen eines Beherrschungsvertrags → Rn. 111 ff.

212 Ausgleichspflichtig ist zunächst das **herrschende Unternehmen.** Die Ersatzpflicht tritt nicht ein, wenn auch ein ordentlicher und gewissenhafter Geschäftsleiter einer unabhängigen Gesellschaft das Rechtsgeschäft vorgenommen oder die Maßnahme getroffen oder unterlassen hätte (§ 317 Abs. 2 AktG). Das erfordert nicht den Nachweis, dass ein solcher

---

[433] So ausdrücklich *Semler* Leitung und Überwachung AG Rn. 437; für Vorstands-Doppelmandate im Konzern ebenso *Hoffmann-Becking* ZHR 150 (1986), 570 (579); *M. Schmidt* FS Imhoff, 1998, 68 (88 f.).

[434] MüKoAktG/*Altmeppen* § 311 Rn. 417.

[435] *Harbarth* FS Hoffmann-Becking, 2013, 457 (458 f.).

[436] Nach *M. Schmidt* FS Imhoff, 1998, 67 (89) sollte generell von einer Ausdehnung von Zustimmungsvorbehalten abgesehen werden.

[437] Hüffer/Koch/*Koch* AktG § 111 Rn. 18 verweist auf Probleme der Zulässigkeit und Durchsetzung von Zustimmungsvorbehalten, die diesen relativ enge Grenzen setzen.

[438] Das unterschätzt *Löbbe,* Unternehmenskontrolle im Konzern, 2003, 317 f.

[439] *Martens* ZHR 159 (1995), 567 (578).

[440] Emmerich/Habersack/*Habersack* AktG § 311 Rn. 81.

[441] Vgl. hierzu und zu den Ausnahmen Hüffer/Koch/*Koch* § 311 Rn. 52a.

Geschäftsleiter so handeln **musste,** jedes andere Handeln also pflichtwidrig gewesen wäre.[442] Maßgebend ist allein, dass das Handeln auch aus der Sicht des ordentlichen und gewissenhaften Geschäftsleiters einer **unabhängigen Gesellschaft** in sonst gleicher Lage **sachgerecht** war und sich innerhalb des unternehmerischen Ermessensspielraums hielt.[443] Damit wird ein **objektiver Maßstab** geschaffen. Wie das herrschende Unternehmen selbst das Verhalten eines solchen Geschäftsleiters einer unabhängigen Gesellschaft beurteilt hat, ist ohne rechtliche Relevanz, auch ein **Verschulden** ist nach hM nicht Voraussetzung der Haftung.[444]

Eine Mithaftung auch mit dem Privatvermögen trifft die **gesetzlichen Vertreter** des 213 **herrschenden Unternehmens.** Voraussetzung ist, dass sie die abhängige Gesellschaft zu dem nachteiligen Rechtsgeschäft oder der nachteiligen Maßnahme veranlasst haben (§ 317 Abs. 3 AktG). Betroffen sind in der AG die Vorstandsmitglieder, nicht jedoch die Aufsichtsratsmitglieder des herrschenden Unternehmens.[445]

Für die Verantwortlichkeit von Vorstand und Aufsichtsrat der **abhängigen Gesell-** 214 **schaft** wird eine ausdrückliche Haftung nur im Zusammenhang mit dem sog. **Abhängigkeitsbericht** normiert (§ 318 Abs. 1 und 2 AktG). Die Haftung trifft den **Vorstand,** wenn er es unter Verletzung seiner Pflichten unterlässt, das nachteilige Rechtsgeschäft oder die nachteilige Maßnahme im Abhängigkeitsbericht aufzuführen. Dieselbe Verantwortlichkeit trifft ihn, wenn er nicht angibt, dass die Gesellschaft durch das Rechtsgeschäft oder die Maßnahme benachteiligt wurde und der Nachteil nicht ausgeglichen worden war. Die Mitglieder des **Aufsichtsrats** haften, wenn sie den Bericht nicht prüfen und über das Ergebnis der Prüfung der Hauptversammlung nicht berichten. Ist streitig, ob Vorstand oder Aufsichtsrat die Sorgfalt eines ordentlichen und gewissenhaften Geschäftsleiters angewandt haben, trifft sie die **Beweislast** (§ 318 Abs. 1 S. 2, Abs. 2 AktG).

Diese spezielle Haftungsvorschrift ist **nicht** als **Freistellung im Übrigen** zu werten. 215 Vorstand und Aufsichtsrat der beherrschten Gesellschaft bleiben zur „Sorgfalt eines ordentlichen und gewissenhaften Geschäftsleiters" iSd AktG verpflichtet (§§ 93, 116 AktG). Sie haften über die Spezialbestimmungen hinaus, wenn sie die ihnen als Verwaltungsmitglieder obliegenden **Pflichten verletzen.**[446]

## 5. Abhängigkeitsbericht

### a) Begriffsbestimmung

Der Bericht des Vorstands einer abhängigen Gesellschaft über **Beziehungen zu verbun-** 216 **denen Unternehmen** wird im allgemeinen Sprachgebrauch Abhängigkeitsbericht genannt (§ 312 AktG). Die ausführlichen gesetzlichen Bestimmungen regeln – über den Inhalt des Berichts hinaus – die Notwendigkeit einer Prüfung durch den Abschlussprüfer und den Aufsichtsrat, die Möglichkeit einer Sonderprüfung sowie die Verantwortlichkeit ua der Verwaltungsmitglieder der abhängigen Gesellschaft (§§ 313–318 AktG). Dokumentiert wird damit die **große Bedeutung,** die das Gesetz dem Abhängigkeitsbericht beimisst,[447] einem Eckpfeiler in dem zum Schutz von Minderheitsaktionären und Gläubigern abhängiger Gesellschaften geschaffenen Gesetzgebungswerk. In der Praxis ist diese Bedeutung in vollem Umfang nur schwer nachzuvollziehen. Das gilt insbesondere für den Aufsichtsrat, der aus eigener Kenntnis im Allgemeinen nichts beitragen kann.

[442] MüKoAktG/*Altmeppen* § 317 Rn. 73.
[443] MüKoAktG/*Altmeppen* § 317 Rn. 76.
[444] Hüffer/Koch/*Koch* AktG § 317 Rn. 5; im Ergebnis ebenso MüKoAktG/*Altmeppen* § 317 Rn. 29ff.; aA MüKoAktG/*Kropff*, 2. Aufl. 2001, § 317 Rn. 25.
[445] Ganz hM, MüKoAktG/*Altmeppen* § 317 Rn. 101.
[446] MüKoAktG/*Altmeppen* § 318 Rn. 24.
[447] Vgl. auch BGHZ 135, 107 (111f.) = NJW 1997, 1855 (1856). Wurde kein Abhängigkeitsbericht erstellt, obwohl die sachlichen Voraussetzungen erfüllt waren, kann die Entlastung von Vorstand und Aufsichtsrat angefochten werden, vgl. OLG Düsseldorf AG 2000, 365f.

217 Die **Verpflichtung** zur Aufstellung eines Abhängigkeitsberichts ist an **drei Voraussetzungen** geknüpft: Es muss sich um eine AG oder KGaA handeln, diese abhängig iSd Gesetzes sein, letztlich darf kein Beherrschungsvertrag abgeschlossen sein. In dem Bericht sind alle **Rechtsgeschäfte,** welche die Gesellschaft im vergangenen Geschäftsjahr mit dem herrschenden Unternehmen oder einem mit ihm verbundenen Unternehmen oder auf Veranlassung oder im Interesse dieser Unternehmen vorgenommen hat, und alle anderen **Maßnahmen,** die sie auf Veranlassung oder im Interesse dieser Unternehmen im vergangenen Geschäftsjahr getroffen oder unterlassen hat, aufzuführen (so wörtlich § 312 Abs. 1 S. 2 AktG).

### b) Rechtsgeschäfte und Maßnahmen

218 Das Verständnis des Berichts wird durch die Gliederung in Fallgruppen erleichtert. Die Berichtspflicht betrifft zunächst die **Rechtsgeschäfte** der abhängigen Gesellschaft mit dem herrschenden Unternehmen. Hierbei muss es sich nicht um Verträge handeln. Auch sog. Gestaltungserklärungen wie Anfechtung, Rücktritt oder Kündigung sind unter der Voraussetzung der Vornahme durch die abhängige Gesellschaft berichtspflichtig.[448] Zu berichten ist über **jedes Rechtsgeschäft** mit dem herrschenden Unternehmen, ferner mit einem Unternehmen, das mit dem herrschenden Unternehmen verbunden ist.[449] Auf die **Veranlassung** durch das herrschende Unternehmen kommt es in der zweiten Alternative nicht an. Die dritte Alternative berichtspflichtiger Rechtsgeschäfte betrifft solche mit Dritten auf Veranlassung oder im Interesse verbundener Unternehmen.

219 Letztendlich postuliert das Gesetz die Berichtspflicht für alle **Maßnahmen,** die die abhängige Gesellschaft auf Veranlassung oder im Interesse ua des herrschenden Unternehmens getroffen oder unterlassen hat. „Maßnahme" ist im weitesten Sinne zu verstehen. Hierzu gehören alle Vorgänge, mit denen eine Benachteiligung der Gesellschaft verbunden sein kann.[450] Angesprochen sind **unternehmensinterne Vorgänge,** zB Investitionen, aber auch **externe Vorgänge,** zB die Aufnahme von Fremdkapital.[451] Einzubeziehen sind Unterlassungspflichten ebenso wie tatsächliche Unterlassungen.[452] Voraussetzung ist, dass die Maßnahmen auf Veranlassung oder im Interesse des herrschenden Unternehmens, anderer verbundener Unternehmen oder ggf. Dritter vorgenommen oder unterlassen werden. Einschränkend wird die Auffassung vertreten, dass keine Berichtspflicht besteht, soweit eindeutig vermögensmäßige Auswirkungen ausscheiden.[453]

### c) Einzelangaben

220 Zum Inhalt des Berichts sagt das Gesetz: „Bei den Rechtsgeschäften sind Leistung und Gegenleistung, bei den Maßnahmen die Gründe der Maßnahme und deren Vorteile und Nachteile für die Gesellschaft anzugeben" (§ 312 Abs. 1 S. 3 AktG).[454] An die hiernach notwendigen Angaben werden hohe Anforderungen gestellt. So wird gefordert, **sämtliche Umstände** anzugeben, die für die Beurteilung der Angemessenheit von Relevanz sind, hinsichtlich der Leistung also insbesondere deren Art, Umfang, Menge und Vorkosten, hinsichtlich des Preises dessen Höhe, etwaige Nachlässe und die Modalitäten der Erbringung.[455] Bei einer lebhaften Geschäftsbeziehung ua zwischen Mutter und Tochter würde eine Auflistung jedes einzelnen Rechtsgeschäfts oder jeder einzelnen Maßnahme zu

[448] Hüffer/Koch/*Koch* AktG § 312 Rn. 13.
[449] Hüffer/Koch/*Koch* AktG § 312 Rn. 18.
[450] MüKoAktG/*Altmeppen* § 312 Rn. 89.
[451] MüKoAktG/*Altmeppen* § 312 Rn. 89.
[452] MüKoAktG/*Altmeppen* § 312 Rn. 92ff.
[453] MüKoAktG/*Altmeppen* § 312 Rn. 90; aA Kölner Komm AktG/*Koppensteiner* § 312 AktG Rn. 47.
[454] Zur Darstellung des Cash-Managements im Abhängigkeitsbericht ausführlich *Hüffer* AktG AG 2004, 416 (421f.).
[455] Emmerich/Habersack/*Habersack* AktG § 312 Rn. 37.

einer **uferlosen Ausweitung** der Berichtspflicht führen. Das legt insbesondere die Frage nahe, inwieweit **Gruppenbildungen** zulässig sind. Soweit ersichtlich, geht die überwiegende Praxis von der Möglichkeit aus, hierdurch die Berichtspflicht zu erfüllen, wenn es sich um gleichartige Rechtsgeschäfte und Maßnahmen handelt, so dass Kategorien gebildet werden können.[456] Das gilt insbesondere dann, wenn eine Einzeldarstellung keinen zusätzlichen Informationswert hat oder – anders gewendet – ist eine Gruppenbildung sogar geboten, wenn sie der Übersichtlichkeit dient.[457]

Das Gesetz hat es für notwendig gehalten zu betonen, dass der Bericht den Grundsätzen einer **gewissenhaften und getreuen Rechenschaft** zu entsprechen hat (§ 312 Abs. 2 AktG). Damit soll gewährleistet werden, dass den Prüfern und dem Aufsichtsrat ein wahrheitsgemäßes Bild der Geschäftsbeziehungen zwischen verbundenen Unternehmen ermöglicht wird. Geboten ist Vollständigkeit, Klarheit und Übersichtlichkeit.[458] Ausdrückliche Erwähnung findet in diesem Zusammenhang die Dokumentations- und Organisationspflicht des Vorstands.[459] 221

### d) Schlusserklärung

Die Bedeutung, die das Gesetz dem Bericht beimisst, wird auch durch die Notwendigkeit dokumentiert, ihn mit einer Schlusserklärung zu versehen. Der Vorstand hat sich dazu zu äußern, ob die abhängige Gesellschaft bei jedem Rechtsgeschäft eine **angemessene Gegenleistung** erhalten hat und dadurch, dass Maßnahmen getroffen oder unterlassen wurden, **nicht benachteiligt** worden ist. Maßgebend ist der Zeitpunkt, in dem das Rechtsgeschäft vorgenommen oder die Maßnahme getroffen bzw. unterlassen wurde. Liegt eine Benachteiligung vor, so hat der Vorstand außerdem zu erklären, ob die Nachteile ausgeglichen worden sind (§ 312 Abs. 3 S. 1 und 2 AktG). Die Schlusserklärung hat **nicht** den Charakter eines formularmäßig festliegenden **Testats.**[460] Der Text richtet sich nach den Notwendigkeiten des Einzelfalls. Das gilt für die berichtspflichtigen Tatsachen ebenso wie für den Fall, dass nichts zu berichten ist. Hier empfiehlt sich eine entsprechende **Negativklausel.** 222

Der Abhängigkeitsbericht ist, **von allen Vorstandsmitgliedern unterschrieben,** dem Abschlussprüfer und dem Aufsichtsrat vorzulegen. Eine weitergehende **Publizität** sieht das Gesetz für den Bericht insgesamt nicht vor.[461] Eine Ausnahme gilt für die Schlusserklärung, die in den Lagebericht aufzunehmen (§ 289 HGB, § 312 Abs. 3 S. 3 AktG) und damit Aktionären und Gläubigern zugänglich zu machen ist.[462] 223

### e) Prüfung Abschlussprüfer

Ausführliche Bestimmungen gelten der Prüfung des Abhängigkeitsberichts, falls der Jahresabschluss durch einen Abschlussprüfer zu prüfen ist (§ 313 AktG). Geregelt wird zunächst der **Prüfungsinhalt.** Zu prüfen ist, ob die tatsächlichen Angaben des Berichts richtig sind, ferner bei Rechtsgeschäften die Angemessenheit der Leistung der abhängigen Gesellschaft – ggf. Ausgleich der Nachteile – und eine Beurteilung der im Bericht aufgeführten Maßnahmen (§ 313 Abs. 1 AktG). Da die **Vollständigkeit** des Abhängigkeitsberichts **nicht** gezielt zu prüfen ist,[463] ist der Wirtschaftsprüfer insoweit von der Sorgfalt und der 224

---

[456] Kölner Komm AktG/*Koppensteiner* § 312 Rn. 69.
[457] MüKoAktG/*Altmeppen* § 312 Rn. 139.
[458] MüKoAktG/*Altmeppen* § 312 Rn. 134ff.
[459] Hüffer/Koch/*Koch* AktG § 312 Rn. 32.
[460] MüKoAktG/*Altmeppen* § 312 Rn. 142.
[461] Emmerich/Habersack/*Habersack* AktG § 312 Rn. 4.
[462] Zum Einsichtsrecht bei der kleinen AG MüKoAktG/*Altmeppen* § 312 Rn. 12ff.
[463] MüKoAktG/*Altmeppen* § 313 Rn. 56.

Bereitschaft des Vorstands zur Offenheit abhängig.[464] Dies sollte vor übertriebenen Erwartungen warnen, auch wenn sich Alternativen zur Prüfungspflicht nicht anbieten.[465]

225 Der Abschlussprüfer hat über das **Ergebnis** der Prüfung **schriftlich zu berichten** (§ 313 Abs. 2 S. 1 AktG). Bestimmt ist der Bericht für den Aufsichtsrat, dem er zu Händen seines Vorsitzenden durch den Abschlussprüfer zuzuleiten ist (§ 313 Abs. 2 S. 3 AktG). Im Einzelnen regelt das Gesetz den Text des Bestätigungsvermerks (§ 313 Abs. 3 AktG). Der Abschlussprüfer hat sich wörtlich an die vom Gesetz vorgeschriebene Fassung ohne Ergänzungen zu halten.[466] Der Bestätigungsvermerk muss vom Aufsichtsrat in seinen Bericht an die Hauptversammlung aufgenommen werden und erhält dadurch Publizität (§ 314 Abs. 2 S. 3 AktG).

### f) Prüfung Aufsichtsrat

226 Die dem Aufsichtsrat auferlegte Prüfungspflicht unterscheidet sich grundsätzlich nicht von derjenigen, die dem Jahresabschluss gilt (§ 171 AktG). Inhalt der Prüfung des Abhängigkeitsberichts ist dessen **Vollständigkeit und Richtigkeit.**[467] Die nicht dem herrschenden Unternehmen angehörenden Aufsichtsratsmitglieder können sich hierbei in der Regel auf die Durcharbeitung des Prüfungsberichts beschränken. Stärker gefordert sind die Repräsentanten des herrschenden Unternehmens, die ihr Sonderwissen einbringen müssen.[468] So die gesetzlichen Pflichten. Die Praxis wird und kann dem nicht immer gerecht werden.[469] Es liegt nahe, von einer Überforderung des Aufsichtsrats zu sprechen, eine allerdings nicht hierauf beschränkte Einsicht. Über das **Ergebnis** seiner **Prüfung** hat der Aufsichtsrat der Hauptversammlung zu berichten, ferner zu dem Ergebnis der Prüfung durch den Abschlussprüfer Stellung zu nehmen (§ 314 Abs. 2 S. 1 AktG). Der Aufsichtsrat muss erklären, ob nach dem abschließenden Ergebnis seiner Prüfung Einwendungen gegen die Erklärung des Vorstands am Schluss des Berichts über die Beziehungen zu verbundenen Unternehmen zu erheben sind (§ 314 Abs. 3 AktG). Der Abhängigkeitsbericht gehört zu den Angelegenheiten einer abhängigen Gesellschaft, über die der Vorstand außenstehenden Aktionären in der Hauptversammlung Auskunft zu geben hat.[470]

227 Vorlage- und Prüfungspflichten beziehen sich auf den Aufsichtsrat der **abhängigen Gesellschaft.** Das herrschende Unternehmen hat grundsätzlich kein Recht zur Einsichtnahme in den Abhängigkeitsbericht. In der Praxis ist der Bericht über die Vertreter im Aufsichtsrat oder aufgrund der Einflussmöglichkeiten zugänglich. Das ist notwendig, da den Vorstand der **herrschenden Gesellschaft** Informationspflichten gegenüber seinem Aufsichtsrat treffen können. Der Vorstand hat über Vorgänge zu berichten, die zu gravierenden Belastungen der Konzernmutter führen können. In Betracht kommen insbesondere **Schadensersatzansprüche** wegen der Veranlassung der abhängigen Gesellschaft zu nachteiligen Rechtsgeschäften oder Maßnahmen (§ 317 Abs. 1 AktG). Die Berichtspflicht ist bereits dann anzunehmen, wenn der Abhängigkeitsbericht selbst oder der Prüfungsbericht des Abschlussprüfers Informationen enthält, die die Geltendmachung von Schadensersatzansprüchen befürchten lassen.

---

464 Nach hM kann der Prüfer vom Vorstand eine Vollständigkeitserklärung verlangen; vgl. K. Schmidt/Lutter/*J. Vetter* AktG § 313 Rn. 28.

465 Zur Wirksamkeit der Prüfung MüKoAktG/*Altmeppen* § 313 Rn. 8.

466 MüKoAktG/*Altmeppen* § 313 Rn. 92; aA Kölner Komm AktG/*Koppensteiner* § 313 Rn. 32, 35. Zur Zulässigkeit von Zusätzen MüKoAktG/*Altmeppen* § 313 Rn. 100f.

467 MüKoAktG/*Altmeppen* § 314 Rn. 18.

468 MüKoAktG/*Altmeppen* § 314 Rn. 24.

469 Kritische Hinweise bei Kölner Komm AktG/*Koppensteiner* § 314 Rn. 6.

470 MüKoAktG/*Altmeppen* § 312 Rn. 16.

### g) Haftung

Das Gesetz enthält im Zusammenhang mit dem Abhängigkeitsbericht spezielle Haftungsbestimmungen (§ 318 AktG). Die Mitglieder des **Vorstands** der abhängigen Gesellschaft haften, wenn sie es unter Verletzung ihrer Pflichten unterlassen haben, das nachteilige Rechtsgeschäft oder die nachteilige Maßnahme in den Bericht über die Beziehungen der Gesellschaft zu verbundenen Unternehmen aufzunehmen oder anzugeben, dass die Gesellschaft durch das Rechtsgeschäft oder die Maßnahme benachteiligt wurde und der Nachteil nicht ausgeglichen worden ist. Ist streitig, ob die Mitglieder des Vorstands die Sorgfalt eines ordentlichen und gewissenhaften Geschäftsleiters angewandt haben, so trifft sie die **Beweislast** (§ 318 Abs. 1 S. 1 und 2 AktG). Die Haftungsbestimmung kommt nur dann zum Zuge, wenn gleichzeitig das herrschende Unternehmen nach § 317 AktG haftet, wobei die Begründung eines Anspruchs, nicht aber dessen Geltendmachung ausreichend ist.[471] Die Mitglieder des **Aufsichtsrats** der abhängigen Gesellschaft haften dann, wenn sie ihre Pflicht, den Abhängigkeitsbericht zu prüfen und über das Ergebnis der Prüfung an die Hauptversammlung zu berichten, verletzt haben. 228

## E. Veränderungen im Beteiligungsbesitz

**Schrifttum:** *Gude,* Strukturänderungen und Unternehmensbewertung zum Börsenkurs, 2004; *Hentzen/Rieckers,* Übernahmerechtlicher Squeeze-out – Ein Nachruf?, DB 2013, 1159; *Krieger,* Aktionärsklage zur Kontrolle von Vorstand und Aufsichtsrat, ZHR 163 (1999), 343; *Lutter,* Das unvollendete Konzernrecht, FS K. Schmidt, 2009, 1065; *Rüthardt/Hachmeister,* Ermittlung der angemessenen Barabfindung beim Squeeze Out, NZG 2014, 41; *Seiler/Singhof,* Zu den Rechtsfolgen bei Nichtbeachtung der „Holzmüller"-Grundsätze, Der Konzern 2003, 313.

### I. Entscheidungsvoraussetzungen und -notwendigkeiten

### 1. Grenzen der Geschäftstätigkeit

Beteiligungskäufe sind, insbesondere wenn sie zu verbundenen Unternehmen führen, unternehmerische Entscheidungen. Vor der Frage der Wirtschaftlichkeit eines Beteiligungserwerbs steht jedoch die Prüfung der **Rechtmäßigkeit.** Maßgebend ist der Inhalt der **Satzung.** Hier muss der **Gegenstand des Unternehmens** bestimmt werden. Es gilt das Gebot der Konkretisierung. Das Gesetz verlangt namentlich bei Industrie- und Handelsunternehmen die Art der Erzeugnisse und Waren, die hergestellt und gehandelt werden sollen, näher anzugeben (§ 23 Abs. 3 Nr. 2 AktG).[472] Der in der Satzung festgelegte Unternehmensgegenstand bestimmt primär den Rahmen, in dem die Gesellschaft tätig ist. Das gilt jedoch ebenso beim Erwerb von Beteiligungen oder bei Aufkäufen von Unternehmen.[473] Hieraus folgt insbesondere: Die Gesellschaft darf sich **nicht** an Unternehmen **beteiligen,** deren Tätigkeit außerhalb des Bereichs liegt, der vom eigenen Unternehmensgegenstand gedeckt ist. Konsequenzen ergeben sich auch im Fall einer beabsichtigten **Veräußerung von Beteiligungen,** falls sie zur Unterschreitung des Unternehmensgegenstands führt. Die Auslegung der Satzung kann im Einzelfall bedeuten, dass die Gesellschaft verpflichtet ist, den Gegenstand des Unternehmens auszufüllen und zu betreiben.[474] Alternativ kann die Satzung lediglich die Obergrenzen zulässiger Geschäftsführung bezeichnen.[475] 229

[471] MüKoAktG/*Altmeppen* § 318 Rn. 8.
[472] Beispiele für die Individualisierung bei MHdB GesR IV/*Wiesner* § 9 Rn. 14.
[473] Kölner Komm AktG/*Mertens/Cahn* § 82 Rn. 36.
[474] Vgl. Kölner Komm AktG/*Mertens/Cahn* § 82 Rn. 34 mwN.
[475] Hüffer/Koch/*Koch* AktG § 179 Rn. 9a.

230 Mit Blick auf die Reichweite des Unternehmensgegenstands wird diskutiert, inwieweit der **Beteiligungserwerb,** dh der Kauf von Beteiligungen ebenso wie die **Ausgliederung** von Unternehmensteilen auf eine Tochtergesellschaft oder die Gründung einer Tochtergesellschaft zur Aufnahme neuer Aktivitäten, zulässig ist, wenn die Satzung den Vorstand einer AG nicht explizit dazu ermächtigt.[476] Zu einer entsprechenden Satzungsbestimmung ist bereits aus Gründen der Klarstellung zu raten.[477] Muster-Formulierungen sehen vor, dass die Gesellschaft im Rahmen des Unternehmensgegenstands andere Unternehmen gründen, erwerben oder sich an ihnen beteiligen kann.[478] In der Satzung kann auch das **„Wie"** des mittelbaren Handelns über Beteiligungsgesellschaften geregelt werden.[479] Die Satzung sollte jedoch Raum für **flexible Entscheidungen** lassen. So empfiehlt sich ua eine Formulierung, die im Rahmen des Unternehmensgegenstands klarstellt, dass die Gesellschaft zu bloß kapitalistischer Beteiligungsverwaltung befugt und nicht kraft Satzung verpflichtet ist, auf Mehrheitsbeteiligungen stets konzernleitend Einfluss zu nehmen.[480]

## 2. Beschlussfassung der Hauptversammlung

231 Da der Vorstand einer Aktiengesellschaft, anders als der Geschäftsführer einer GmbH, nicht weisungsabhängig ist (§ 76 Abs. 1 AktG), kann die Satzung bei Geschäftsführungsmaßnahmen keine Zustimmungsvorbehalte zugunsten der Hauptversammlung vorsehen. Das AktG bestimmt, dass die Hauptversammlung über Fragen der **Geschäftsführung** nur entscheiden kann, wenn der Vorstand es verlangt (§ 119 Abs. 2 AktG). Hieran kann auch der Vorstand ein Interesse haben, da er der Gesellschaft nicht schadensersatzpflichtig ist, wenn sein Handeln auf einem gesetzmäßigen Beschluss der Hauptversammlung beruht (§ 93 Abs. 4 S. 1 AktG).

232 Spätestens durch die sog. Holzmüller-Entscheidung aus dem Jahre 1982[481] hat der BGH klargestellt, dass auch außerhalb des § 119 Abs. 1 und Abs. 2 AktG Maßnahmen der Geschäftsführung der Zustimmung durch die Hauptversammlung bedürfen, wenn diese mit einem wesentlichen Eingriff in die Mitgliedsrechte und Vermögensinteressen der Aktionäre verbunden sind. Entsprechend der Holzmüller-Entscheidung gilt ein solches Zustimmungserfordernis bei der Veräußerung wesentlicher Unternehmensbereiche. Umstritten war lange, wann diese Wesentlichkeitsschwelle überschritten ist.[482]

233 In der Holzmüller-Entscheidung ging es um die Ausgliederung eines Seehafens auf eine neue, von der Aktiengesellschaft gegründete Tochtergesellschaft. Der Seehafen machte ca. 80% des Gesellschaftsvermögens der Aktiengesellschaft aus. Der BGH bejahte hier die Pflicht des Vorstands, einen vorherigen Beschluss der Hauptversammlung einzuholen, der mit Drei-Viertel-Mehrheit gefasst werden müsse. Die in der Holzmüller-Entscheidung noch vage formulierten Grundsätze präzisierte der BGH in Sachen „Gelatine".[483] Danach besteht eine ungeschriebene Hauptversammlungskompetenz in den Fällen, in denen eine Maßnahme rund 80% des Gesellschaftsvermögens ausmacht und den Einfluss der Aktionäre erheblich verkürzt (Mediatisierungseffekt). Der BGH hat einen solchen Mediatisierungseffekt im Gegensatz zu Holzmüller im Fall der Beteiligungsveräußerung nicht als ge-

---

[476] Kölner Komm AktG/*Koppensteiner* Vor § 291 Rn. 61ff., 36ff.; MHdB GesR IV/*Krieger* § 70 Rn. 7. Zur Satzungsauslegung BGHZ 159, 30 (45) = ZIP 2004, 993 (995) – Gelatine; zurecht differenzierend nach Art der Beteiligung: MüKoAktG/*Stein* § 179 Rn. 109ff.

[477] In diese Richtung wohl auch BeckHdB AG/*Reichert* § 5 Rn. 32, der dies im Zusammenhang mit der Frage nach einer ungeschriebenen Hauptversammlungszuständigkeit gemäß den Grundsätzen aus der Holzmüller- und Gelatine-Entscheidung diskutiert und eine Satzungsermächtigung als ausreichenden Schutz für die Aktionäre ansieht.

[478] *Hoffmann-Becking/Berger* in BeckFormB BHW Form. X.10 § 2 Abs. 2 und X.11 § 2 Abs. 2.

[479] MHdB GesR IV/*Wiesner* § 9 Rn. 14.

[480] Ebenso MHdB GesR IV/*Wiesner* § 9 Rn. 115.

[481] BGHZ 83, 122 (131f.) = NJW 1982, 1703 (1705) – Holzmüller.

[482] Zum Meinungsstand Kölner Komm AktG/*Mertens/Cahn* § 76 Rn. 63.

[483] BGH NJW 2004, 1860.

geben angesehen.[484] Damit besteht Grund zur Annahme, dass sich die Auffassung durchsetzen wird, die eine Zustimmung der Hauptversammlung für entbehrlich hält.[485] Das sollte auch für andere **Erwerbsarten,** so den Kauf einer wesentlichen Beteiligung oder die Bargründung einer Tochtergesellschaft, gelten.

Der Holzmüller-Entscheidung sind weitere Entscheidungen dieser Art nachgefolgt.[486] 234

### 3. Abwehr- und Beseitigungsanspruch

Fehlt die Ermächtigung in der Satzung oder die notwendige Zustimmung der Hauptver- 235
sammlung, handelt es sich um die Verletzung einer **internen Vorlagepflicht.** Die Wirksamkeit der Maßnahme wird nicht beeinträchtigt.[487] Zulässig ist jedoch die Klage eines Aktionärs auf **Unterlassung** oder **Wiederherstellung,** falls die Entscheidung der Hauptversammlung nicht noch nachträglich herbeigeführt wird.[488] Der BGH betont die Notwendigkeit, die Aktionärsklage auf Unterlassung oder Wiederherstellung ohne **unangemessene Verzögerung** geltend zu machen.[489] Hat die Hauptversammlung zugestimmt, ist ihr Beschluss unter bestimmten Umständen **anfechtbar.** Das ist der Fall, wenn die sachliche Rechtfertigung nicht gegeben oder der der Hauptversammlung zu erstattende Bericht mangelhaft war.[490] Letztlich verdient die Möglichkeit der Geltendmachung von Schadensersatzansprüchen gegen Vorstand und Aufsichtsrat Erwähnung (§§ 93, 116 und 117 AktG).[491]

## II. Mitteilungspflichten

### 1. Nicht börsennotierte Gesellschaften

Die Mitteilungspflichten gelten dem **Erwerb** oder **Wegfall** wesentlicher Beteiligungen. In 236
der ersten Alternative sind Beteiligungen erfasst, die ein Unternehmen **unabhängig von seiner Rechtsform** an einer AG oder KGaA erwirbt (§§ 20, 278 Abs. 3 AktG). Bezweckt wird die **Offenlegung** der Beteiligungsverhältnisse zur Unterrichtung der Aktionäre, Gläubiger und der Öffentlichkeit über Konzernverbindungen.[492] Die Mitteilungspflicht besteht, sobald einem Unternehmen mehr als der **vierte Teil** der Aktien einer AG oder KGaA mit Sitz im Inland gehört. Für die Zurechnung sind § 16 Abs. 2 S. 1, Abs. 4 AktG und § 20 Abs. 2 AktG zu beachten. Die schriftliche Mitteilung ist an die Gesellschaft zu richten, deren Aktien erworben wurden. Eine weitere Stufe ist der Erwerb einer **Mehrheitsbeteiligung,** auch dieser Erwerb löst eine Mitteilungspflicht aus (zur Mehrheitsbeteiligung → Rn. 9). Dasselbe gilt, falls die Beteiligung in der mitteilungspflichtigen Höhe nicht mehr besteht. Der **Mitteilungsempfänger** ist zur unverzüglichen **Bekanntmachung** in den Gesellschaftsblättern verpflichtet (§ 20 Abs. 6 AktG iVm § 25 AktG, elektronischer Bundesanzeiger).

Die **Verletzung der Mitteilungspflicht** nach § 20 Abs. 1 oder 4 AktG hat gewichtige 237
Folgen. Sie führt zum **Verlust** sämtlicher **Rechte** aus den Aktien (§ 20 Abs. 7 S. 1 AktG).

---

[484] BGH NZG 2007, 234.
[485] Ausdrücklich Kölner Komm AktG/*Mertens/Cahn* § 76 Rn. 63; aA Hüffer/Koch/*Koch* AktG § 119 Rn. 18a.
[486] BGH DNotZ 1998, 958; BGHZ 153, 47 – Macroton; BGH NJW 2001, 1277 – Altana/Milupa.
[487] Kölner Komm AktG/*Koppensteiner* Vor § 291 Rn. 58.
[488] BGHZ 83, 122 (133ff.) = NJW 1982, 1703 (1705) – Holzmüller; krit. *Krieger* ZHR 163 (1999), 343 (354ff.); ausf. *Seiler/Singhof* Der Konzern 2003, 313ff.
[489] BGHZ 83, 122 (135f.) = NJW 1982, 1703 (1706) – Holzmüller.
[490] MHdB GesR IV/*Krieger* § 69 Rn. 12; aA Emmerich/Habersack/*Habersack* AktG Vor § 311 Rn. 51: keine allgemeine Inhaltskontrolle.
[491] Kölner Komm AktG/*A. Arnold* § 23 Rn. 89; Kölner Komm AktG/*Mertens/Cahn* § 82 Rn. 37: bei Missachtung des Unternehmensgegenstandes Untreue nach § 266 StGB.
[492] Hüffer/Koch/*Koch* AktG § 20 Rn. 1.

Das gilt für das Stimmrecht, das nicht ausgeübt werden kann. Dividendenansprüche und ein eventueller Anspruch auf Liquidationserlös entfallen, es sei denn, die Mitteilung wurde nicht vorsätzlich unterlassen und ist nachgeholt worden.[493] In Betracht kommen ferner Schadensersatzansprüche.[494]

238 Die **zweite Alternative,** die das Gesetz getrennt regelt, betrifft die als Erwerber oder Veräußerer handelnde **AG** oder KGaA. Unterschieden werden zwei Fälle. Die Mitteilungspflicht besteht zunächst, sobald der AG oder KGaA mehr als der vierte Teil der Anteile einer anderen **Kapitalgesellschaft** (AG, KGaA, GmbH) mit Sitz im Inland gehört (§ 21 Abs. 1 AktG); zu den Mitteilungspflichten bei wechselseitig beteiligten Unternehmen → Rn. 154). Der weitere Fall erfasst die **Mehrheitsbeteiligung,** wobei die Mitteilungspflicht der Mehrheitsbeteiligung an einem anderen **Unternehmen** gilt, damit nicht auf die Beteiligung an Kapitalgesellschaften beschränkt ist (§ 21 Abs. 2 AktG). Mitteilungspflichtig ist in beiden Fällen der Erwerb oder die Veräußerung. Die Rechtsfolgen entsprechen denen der ersten Alternative, jedoch fehlt die Pflicht zur Bekanntmachung, sofern der Mitteilungsempfänger nicht eine AG oder KGaA ist.[495]

## 2. Börsennotierte Gesellschaften

239 Die Mitteilungspflichten des AktG gelten nicht für Emittenten iSd § 33 Abs. 4 WpHG (§ 20 Abs. 8 AktG, § 21 Abs. 5 AktG). Betroffen sind damit im Wesentlichen börsennotierte Gesellschaften mit Sitz im Inland.[496] Emittenten sind solche, deren Aktien zum Handel an einem organisierten Markt zugelassen sind (§ 2 Abs. 13 Nr. 1 WpHG, § 33 Abs. 2 WpHG). Während sich das AktG für die Mitteilungspflichten mit dem Erreichen oder der Veräußerung von Schachtel- oder Mehrheitsbeteiligungen begnügt, bestehen nach dem WpHG nicht weniger als **neun Schwellenwerte** und zwar 3, 5, 10, 15, 20, 25, 30, 50 oder 75% der **Stimmrechte** an einer börsennotierten Gesellschaft (§ 33 Abs. 1 S. 1 WpHG). Die Mitteilungspflicht besteht gegenüber der Gesellschaft und der BaFin.

240 Im Unterschied zum AktG beschränkt sich die Meldepflicht nicht auf Unternehmen. Der Begriff des „Meldepflichtigen“ umfasst sowohl **natürliche** als auch **juristische Personen** des privaten oder des öffentlichen Rechts.[497] Ein weiterer Unterschied zum AktG besteht in der ausschließlichen Anknüpfung an die **Stimmrechte.**[498] Jedes Erreichen, Über- oder Unterschreiten der Prozentzahl löst insoweit die Mitteilungspflicht aus (§ 33 Abs. 1 S. 1 WpHG). Das gilt zB bei Stimmrechten von 25% für den Erwerb oder die Veräußerung auch nur einer stimmberechtigten Aktie. Das WpHG bestimmt **Form** (schriftlich), **Frist** (unverzüglich; spätestens, aber innerhalb von vier Handelstagen) sowie **Inhalt** der Mitteilung (§ 33 Abs. 1 WpHG). Ergänzend ist auf die gesetzliche Pflicht hinzuweisen, An- und Verkäufe von Aktien der Gesellschaft gem. Art. 19 MAR (VO (EU) Nr. 596/2014 – Market Abuse Regulation) dem Emittenten und der BaFin offen zu legen, soweit nicht insgesamt ein Betrag von 20.000 EUR bis zum Ende des Kalenderjahres erreicht wird („Director's Dealings“). Die bis zum 3.7.2016 in § 15a WpHG geregelte Pflicht folgt nun aus der MAR, durch die § 15a WpHG aufgehoben wurde. Durch Allgemeinverfügung der BaFin wurde der in Art. 19 Abs. 8 MAR festgelegte Schwellenwert von 5.000 EUR mit Wirkung ab dem 1.1.2020 gemäß der Ermächtigung in Abs. 9 auf 20.000 EUR hochgesetzt. Betroffen von der MAR-Meldepflicht sind Personen, die bei einem Emittenten von Aktien **Führungsaufgaben** wahrnehmen. Der Emittent hat die Mitteilung unverzüglich, spätestens binnen drei Geschäftstagen nach dem Datum des Ge-

[493] Zu den Problemen der Auslegung MHdB GesR IV/*Krieger* § 69 Rn. 134ff.
[494] Vgl. Emmerich/Habersack/*Emmerich* AktG § 20 Rn. 64.
[495] Emmerich/Habersack/*Emmerich* AktG § 21 Rn. 4.
[496] Emmerich/Habersack/*Emmerich* AktG § 20 Rn. 4.
[497] IE MüKoAktG/*Bayer* WpHG § 21 Rn. 3ff. (Anh. § 22).
[498] Vgl. MüKoAktG/*Bayer* WpHG § 21 Rn. 3ff. (Anh. § 22).

schäfts, zu veröffentlichen (Internet) und diese der BaFin unverzüglich zu übersenden (Art. 19 Abs. 1 MAR).

Unterbleibt die Mitteilung, wird der **Verlust der Aktionärsrechte** in Anlehnung an das AktG geregelt. Das gilt vor allem für die Ausübung der Stimmrechte und mit dem im AktG geregelten Vorbehalt für Dividendenansprüche (§ 44 WpHG). Außerdem werden Verstöße gegen die Melde- oder Veröffentlichungspflicht als **Ordnungswidrigkeit** mit einer Geldbuße bedroht. Voraussetzung ist vorsätzliches oder leichtfertiges Unterlassen (§ 120 Abs. 2 WpHG). Eine zivilrechtliche **Schadensersatzhaftung** ist auszuschließen, da die Bestimmungen nur der Markttransparenz dienen.[499] 241

## III. Ausschluss von Minderheitsaktionären

### 1. Allgemeines

Für den Ausschluss von Minderheitsaktionären hat sich der Begriff des **„Squeeze-out"** eingebürgert. Der Ausschluss kann auf drei Wegen erfolgen. Die geringste praktische Bedeutung hat offenbar als jüngste Möglichkeit der übernahmerechtliche Squeeze-out (§§ 39a ff. WpÜG).[500] Das Umwandlungsgesetz eröffnet den übernahmerechtlichen Squeeze-out unter Verweis auf die aktienrechtliche Regelung (§ 62 Abs. 5 UmwG), lässt hier aber eine Beteiligung von 90% genügen.[501] Der mit Beginn des Jahres 2002 eingeführte aktienrechtliche Squeeze-out-Tatbestand ist Gegenstand der folgenden Darstellung (§§ 327a ff. AktG). Voraussetzung für den aktienrechtlichen Squeeze-Out ist, dass dem die Ausschließung von Minderheitsaktionären betreibenden Aktionär **Aktien** der Gesellschaft in Höhe von **mindestens 95%** des Grundkapitals gehören oder zugerechnet werden. Für die Zurechnung gilt gem. § 327a Abs. 2 AktG § 16 Abs. 2 und 4 AktG. Die Übertragung der restlichen Aktien auf den Hauptaktionär erfolgt durch Beschluss der **Hauptversammlung** gegen Gewährung einer angemessenen **Barabfindung** (§ 327a Abs. 1 S. 1 AktG). Die Möglichkeit des Squeeze-out bezieht sich auf alle Aktiengesellschaften und Kommanditgesellschaften auf Aktien, beschränkt sich damit nicht auf börsennotierte Gesellschaften.[502] 242

Das nahezu einhellig begrüßte neue Rechtsinstitut des Squeeze-out hat innerhalb kurzer Zeit eine erhebliche praktische Bedeutung gewonnen.[503] Unter ökonomischen Gesichtspunkten ist insbesondere bei Zwergbeteiligungen der erforderliche **Verwaltungsaufwand,** vor allem der der Hauptversammlung, unverhältnismäßig. Auch bietet die Praxis Anschauungsmaterial für den **Missbrauch** kleinster Beteiligungen, um den Mehrheitsaktionär zu wie auch immer gearteten Zugeständnissen zu zwingen. Im günstigsten Fall kommt es zu Verzögerungen der vom Großaktionär als sinnvoll erachteten unternehmerischen Maßnahmen. 243

### 2. Barabfindung

Die vom **Hauptaktionär** festzulegende Höhe der Barabfindung muss **angemessen** sein und die Verhältnisse der Gesellschaft im Zeitpunkt der Beschlussfassung der Hauptversammlung berücksichtigen (§ 327a Abs. 1 S. 1 AktG und § 327b Abs. 1 S. 1 AktG). Eine vergleichbare Voraussetzung postuliert das Gesetz im Rahmen der Sicherung außenstehender Aktionäre bei Beherrschungs- und Gewinnabführungsverträgen sowie bei der Einglie- 244

---

[499] Kölner Komm AktG/*T.A. Heinrich* § 15a WpHG Rn. 82f.

[500] *Hentzen/Rieckers* DB 2013, 1159: in den mehr als sechs Jahren seit Inkrafttreten der Regelung sind gerade einmal sieben Fälle bekannt geworden.

[501] Semler/Stengel/*Diekmann* UmwG § 62 Rn. 32d ff.

[502] Rechtspolitisch für Beschränkung auf börsennotierte Gesellschaften plädierend Emmerich/Habersack/*Habersack* AktG § 327a Rn. 5; Kölner Komm AktG/*Koppensteiner* Vor § 327a Rn. 8.

[503] Emmerich/Habersack/*Habersack* AktG § 327a Rn. 5.

derung durch Mehrheitsbeschluss (§ 305 Abs. 1 AktG, § 320b Abs. 1 S. 3 AktG).[504] Die Bewertungsgrundsätze sind für alle Fälle einheitlich. Angemessen ist eine Abfindung, die dem ausscheidenden Aktionär eine **volle Entschädigung** für das verschafft, was seine Beteiligung an dem arbeitenden Unternehmen wert ist, die also dem vollen Wert seiner Beteiligung entspricht.[505] Zur immer wieder umstrittenen Frage, welche Abfindung gemäß welcher **Berechnungsmethode** „angemessen" ist, hat der BGH jüngst klargestellt, dass die Entscheidung über die rechtlich zulässige Bewertungsmethode keine Rechtsfrage, sondern **Teil der Tatsachenfeststellung** ist und dem Tatrichter obliegt.[506] Der Unternehmenswert ist im Wege einer Schätzung zu ermitteln. In der Praxis wird dabei regelmäßig das Ertragswertverfahren nach dem Standard IDW S1 zugrunde gelegt. Bei börsennotierten Gesellschaften wird zusätzlich der durchschnittliche **Börsenkurs** der letzten drei Monate vor der Bekanntgabe des Squeeze-out berechnet, der regelmäßig die **Untergrenze** der Abfindung darstellt.[507] An die vom Hauptaktionär gewählte Berechnungsmethode ist das Gericht allerdings nicht gebunden; das Gericht kann folglich auch eine andere Bewertungsmethode zugrunde legen, wenn es die vom Hauptaktionär gewählte für nicht angemessen hält.[508]

245 **Umstritten** ist die Frage, inwieweit für die angemessene Barabfindung das Bestehen eines Beherrschungs- und Gewinnabführungsvertrags und die darin festgesetzte **Ausgleichszahlung** nach § 304 AktG **als Untergrenze** der Barabfindung zu berücksichtigen sind. Dies wird teilweise verneint, mit dem Argument, dass der Barwert von Ausgleichszahlungen iSd § 304 AktG den Ertragswert iSd anteiligen Unternehmenswerts nicht ersetzen könne, da damit nicht das Unternehmen, sondern die einzelne Aktie bewertet würde.[509] Außerdem kompensiere die Ausgleichszahlung lediglich die aufgrund des Gewinnabführungsvertrags ausfallende Gewinnbeteiligung des Aktionärs, nicht dagegen darüber hinausgehende mitgliedschaftliche Befugnisse des Aktionärs wie sie § 327b AktG ersetzen soll.[510]

246 Die Gegenansicht geht davon aus, dass der Barwert der Ausgleichszahlung, sofern er **über** dem Börsenkurs liegt, die Mindesthöhe der Abfindung bildet, da der Aktionär für den Verlust der Mitgliedschaft zu entschädigen ist und sie für ihn den entsprechenden Wert habe.[511] Ferner zähle der Vertrag, auf dem die Ausgleichszahlungen beruhen, auch zu den Verhältnissen der Gesellschaft, die am Stichtag zu berücksichtigen seien.[512] Der **BGH** hat hierzu in seinem viel zitierten **Beschluss vom 12.1.2016** lediglich klargestellt, dass der Barwert der Ausgleichszahlungen jedenfalls dann eine Untergrenze der Abfindung bildet, wenn er dem Verkehrswert des Unternehmensanteils entspricht.[513] Dies liegt auf der Linie der Rechtsprechung des Bundesverfassungsgerichts, wonach die Barabfindung den Verkehrswert der Unternehmensbeteiligung nicht unterschreiten darf.[514] Die Frage, wie es sich verhält, wenn die **Ausgleichszahlung sowohl über dem Ertragswert als auch über dem ermittelten Börsenwert** liegt, hat der BGH ausdrücklich offengelassen.

---

[504] Grundsätze anwendbar: Emmerich/Habersack/*Habersack* AktG § 327b Rn. 9; Hüffer/Koch/*Koch* AktG § 327b Rn. 4f.

[505] BVerfGE 14, 263 (284) = NJW 1962, 1667; BVerfGE 100, 289 (304f.) = NZG 1999, 931; OLG Frankfurt a. M. NZG 2020, 339 Rn. 24; OLG Karlsruhe AG 2013, 765; OLG Stuttgart AG 2013, 840; Hüffer/Koch/*Koch* AktG § 327b Rn. 5.

[506] BGH NZG 2020, 1386.

[507] BGHZ 147, 108 (115) = NJW 2001, 2080; BayObLG, AG 2006, 41 (45); OLG Düsseldorf AG 2009, 907 (909); OLG Frankfurt a. M. NZG 2020, 339 Rn. 24.

[508] BGH NZG 2016, 461 Rn. 21 mwN; NZG 2016, 139 Rn. 33; OLG Düsseldorf AG 2017, 709 (710); stRspr des OLG Frankfurt a. M. – vgl. etwa AG 2010, 751; Hüffer/Koch/*Koch* AktG § 327b Rn. 5.

[509] OLG Düsseldorf NZG 2012, 1181; AG 2015, 573; AG 2017, 672; Hüffer/Koch/*Koch* AktG § 327b Rn. 5 mwN.

[510] Emmerich/Habersack/*Habersack* AktG § 327b Rn. 9a.

[511] MüKoAktG/*Grunewald* AktG § 327b Rn. 13 mwN; MHdB GesR IV/*Austmann* § 75 Rn. 98 mwN.

[512] MüKoAktG/*Grunewald* AktG § 327b Rn. 13.

[513] BGH NZG 2016, 461 Rn. 30.

[514] BVerfGE 100, 289 = NJW 1999, 3769ff.

Jüngst wurde die Frage dem BGH durch das OLG Frankfurt a. M. – das die Ausgleichszahlung als Untergrenze angenommen hatte – erneut vorgelegt. In seiner jüngsten **Entscheidung aus dem Jahr 2020** hat der BGH nun bestätigt, dass die Ausgleichszahlung in diesen Fällen Untergrenze sein kann, wenn zum maßgeblichen Zeitpunkt nach § 327b AktG ein Unternehmensvertrag bestand und „von seinem Fortbestand auszugehen war".[515] In diesem Fall zähle auch ein zu einem früheren Zeitpunkt abgeschlossener Unternehmensvertrag zu den Verhältnissen der Gesellschaft zum maßgeblichen Zeitpunkt iSd § 327b Abs. 1 S. 1 AktG. In dem der BGH-Entscheidung zugrundeliegenden Sachverhalt wurde der Squeeze-Out anderthalb Jahre vor dem Zeitpunkt, zu dem der Gewinnabführungsvertrag durch Fristablauf endete, beschlossen. Dieser Zeitraum war länger als die Unternehmensplanung des Unternehmens reichte, mit anderen Worten: es ergaben sich keine Anhaltspunkte darüber, ob die Gesellschaft plante, den Gewinnabführungsvertrag auslaufen oder verlängern zu lassen. Daraus zog der BGH den Schluss, dass eine zum Zweck der Ertragswertermittlung über diesen Zeitraum hinaus fortgeschriebene Planungsrechnung keine bessere Grundlage für die Schätzung des anteiligen Unternehmenswerts sei als die festen Ausgleichszahlungen aus dem Unternehmensvertrag.[516] Der BGH betonte das **Vertrauen der Minderheitsaktionäre auf den Fortbestand der aus dem Gewinnabführungsvertrag zu gewährenden Ausgleichszahlungen;** dieser Zahlungspflicht könne sich der Hauptaktionär nicht dadurch entledigen, dass er den Squeeze-Out beschließe und die Minderheitsaktionäre „sichere" Ausgleichszahlungen verlieren. 247

Die neue Entscheidung des BGH kann vor diesem Hintergrund nicht als pauschale Aussage verstanden werden, dass die Ausgleichszahlung, sollte sie höher liegen als die anderen beiden bislang herangezogenen Kennwerte, in jedem Fall die Untergrenze der Abfindung bildet. Letzten Endes kommt es auf die **Umstände des Einzelfalls** an. Aus Unternehmenssicht wird man nach den Ausführungen des BGH die Ausgleichszahlung als Untergrenze aber zumindest dann in die wirtschaftliche Risikobetrachtung einfließen lassen müssen, wenn der Unternehmensvertrag sich noch innerhalb der unkündbaren Festlaufzeit befindet. In diesem Fall greift die Argumentation des BGH, wonach die Minderheitsaktionäre mit den Ausgleichszahlungen fest rechnen können und sich der Hauptaktionär nicht frühzeitig seinen Pflichten entziehen darf. Es mag sich in diesen Fällen aus Praxissicht anbieten, eine **beabsichtigte Beendigung** eines Gewinnabführungsvertrags in der Planungsphase eines Squeeze-Out **vorsorglich zu dokumentieren** oder gar, wenn dies möglich ist und zu keinen unbeabsichtigten Steuernachteilen führt, mit dem Squeeze-Out zuzuwarten, bis der Gewinnabführungsvertrag beendet oder zumindest gekündigt wurde. 248

Dass die Barabfindung wie die übrigen Abfindungsvorschriften der § 305 Abs. 3 S. 2 AktG, § 320b Abs. 1 S. 5 AktG die Verhältnisse der Gesellschaft im **Zeitpunkt** der Beschlussfassung ihrer **Hauptversammlung** berücksichtigen muss (§ 327b Abs. 1 S. 1 AktG), kann ferner zu Problemen führen, weil das Gesetz verlangt, dass die Bekanntmachung der Übertragung als Gegenstand der Tagesordnung die vom Hauptaktionär festgelegte Barabfindung enthalten muss (§ 327c Abs. 1 Nr. 2 AktG). Da sich die Höhe der Barabfindung nach dem Zeitpunkt der Beschlussfassung richtet, kann mit der Einladung zur Hauptversammlung nur ein möglichst präziser **Näherungswert** angegeben werden. Konsequenterweise handelt es sich nicht um einen Bekanntmachungsfehler, falls der Vorschlag eine Mindest-Barabfindung benennt, der Beschluss der Hauptversammlung aber exakt diese Zahl ohne „mindestens" als Barabfindung vorsieht.[517] Ändern sich die für die Bewertung maßgebenden Verhältnisse nach der Einberufung der Hauptversammlung, kann sich die Notwendigkeit ergeben, das Abfindungsangebot in der Hauptversammlung zu korri- 249

[515] BGH NZG 2020, 1386 Rn. 19.
[516] BGH NZG 2020, 1386 Rn. 39.
[517] LG Berlin DB 2003, 707 (708) mAnm *Keul;* K. Schmidt/Lutter/*Schnorbus* AktG § 327b Rn. 11.

gieren. Die Zulässigkeit einer **Erhöhung** ist unstreitig.[518] Eine **Reduzierung** des Barabfindungsangebots in der Hauptversammlung wird als unzulässig beurteilt und gilt als Anfechtungsgrund.[519] Setzt sich diese Auffassung durch, bleibt dem Hauptaktionär in einem solchen Fall zunächst nur, auf den Übertragungsbeschluss in der einberufenen Hauptversammlung zu verzichten und ggf. das Squeeze-out-Verfahren erneut durchzuführen.[520]

250 Der **Vorstand** hat dem Hauptaktionär alle für die Ermittlung der Barabfindung notwendigen Unterlagen zur Verfügung zu stellen und Auskünfte zu erteilen (§ 327b Abs. 1 S. 2 AktG). Zur erforderlichen Gewährleistung eines Kreditinstituts für die Barabfindung vgl. § 327b Abs. 3 AktG. Die Angemessenheit der Barabfindung ist durch einen oder mehrere **sachverständige Prüfer** zu prüfen (§ 327c Abs. 2 S. 2 AktG).[521] Das entspricht den Grundsätzen, die das Gesetz für den Abschluss von Unternehmensverträgen ebenso wie für die Eingliederung vorsieht. Die Auswahl und Bestellung der Prüfer erfolgt auf Antrag des Hauptaktionärs durch das Gericht (§ 327c Abs. 2 S. 3 AktG). Die Vertragsprüfer haben über das Ergebnis der Prüfung schriftlich zu berichten.

### 3. Hauptversammlung

251 Das Gesetz regelt Vorbereitung und Durchführung der Hauptversammlung. Der **Hauptaktionär** hat der Hauptversammlung einen **schriftlichen Bericht** zu erstatten, in dem die Voraussetzungen für die Übertragung beschrieben und die Angemessenheit der Barabfindung erläutert und begründet werden (§ 327c Abs. 2 S. 1 AktG).[522] Letztere ist substanziiert und verständlich darzulegen. Die Aktionäre müssen in der Lage sein, sich in Kenntnis der verwendeten Bewertungsgrundsätze und deren Anwendung im konkreten Fall ein fundiertes Plausibilitätsurteil zu bilden; einen entsprechenden Auskunftsanspruch hat der Vorstand zu erfüllen.[523] § 327b Abs. 1 S. 2 AktG ist insoweit lex specialis zu § 93 Abs. 1 S. 3 AktG, sodass der Vorstand von seiner Verschwiegenheitspflicht befreit wird.[524] Aus alledem folgt, dass dem aus Sicht des Hauptaktionärs verständlichen Wunsch nach Kürze nicht gefolgt werden sollte. Hierzu darf auch nicht verleiten, dass das Gesetz – im Gegensatz zum Bericht an die Hauptversammlung zu Unternehmensverträgen – nicht ausdrücklich einen „ausführlichen“ Bericht verlangt (§ 293a Abs. 1 S. 1 AktG).[525] Kürze wird toleriert, wo es sich um rein **formale,** nur der präzisen Identifikation des Hauptaktionärs dienende Angaben handelt, entsprechend auch hinsichtlich der Gesellschaft selbst mit der Beschränkung auf eine Wiedergabe der bewertungsrelevanten Kerndaten.[526] Auf weitere Ausführungen, etwa zu den **Gründen** oder steuerlichen Folgen des Squeeze-out, kann ganz verzichtet werden.[527]

252 Zur **Vorbereitung der Hauptversammlung** gehört die Verpflichtung, im Gesetz aufgelistete Unterlagen von der Einberufung der Hauptversammlung an in dem Geschäftsraum der Gesellschaft zur Einsicht der Aktionäre auszulegen und dem Aktionär auf Verlangen eine Abschrift zu erteilen (§ 327c Abs. 3 und 4 AktG). Die Verpflichtung betrifft ua die **Jahresabschlüsse** und **Lageberichte** für die letzten drei Geschäftsjahre. Mit der hM ist anzunehmen, dass letzte drei Geschäftsjahre diejenigen sind, für die die Rechnungslegung tatsächlich vorliegt oder vorliegen müsste.[528] Keine Vorlagepflicht besteht für den **Konzernabschluss.** Das hat der BGH mit der Begründung entschieden, dass das Gesetz

---

[518] Kölner Komm AktG/*Koppensteiner* § 327b Rn. 4; K. Schmidt/Lutter/*Schnorbus* AktG § 327b Rn. 11.
[519] BeckOGK/*Singhof* AktG § 327b Rn. 4; Hüffer/Koch/*Koch* § 327b AktG Rn. 8.
[520] Kölner Komm AktG/*Koppensteiner* § 327b Rn. 4.
[521] Hüffer/Koch/*Koch* AktG § 327c Rn. 4f.
[522] Zur Vorbereitung der Hauptversammlung *Volhard* in Reichert HV-HdB § 38 Rn. 10ff.
[523] Hüffer/Koch/*Koch* § 327b AktG Rn. 8 mwN.
[524] Hüffer/Koch/*Koch* § 327b AktG Rn. 9.
[525] Vgl. *Hasselbach* in Kölner Komm WpÜG AktG § 327c Rn. 24.
[526] *Hasselbach* in Kölner Komm WpÜG AktG § 327c Rn. 24.
[527] MüKoAktG/*Grunewald* § 327c Rn. 9.
[528] Hüffer/Koch/*Koch* AktG § 293f Rn. 3, AktG § 327e Rn. 6.

nach seinem Wortlaut keine entsprechende Pflicht vorsieht und eine darüber hinausgehende Auslegung der Vorschrift wegen ihres abschließenden enumerativen Charakters nicht in Betracht kommt.[529]

Die Unterlagen, die „im Geschäftsraum der Gesellschaft" für die Einsicht der Aktionäre zur Verfügung stehen mussten, sind auch in der Hauptversammlung den Aktionären zugänglich zu machen (§ 327d AktG iVm § 327c Abs. 3 AktG). Ausdrücklich wird geregelt, dass der Vorstand dem **Hauptaktionär** Gelegenheit geben **kann,** den Entwurf des Übertragungsbeschlusses und die Bemessung der Höhe der Barabfindung zu Beginn der Verhandlung zu erläutern (§ 327d S. 2 AktG). Streitig ist, ob der **Vorstand** zu einer Erläuterung des Übertragungsberichts verpflichtet ist.[530] Auch bei Annahme einer Erläuterungspflicht des Vorstands bleibt es diesem unbenommen, hiermit den Hauptaktionär zu beauftragen, der dazu allerdings nicht verpflichtet ist.[531] Der Vorstand bleibt in der Pflicht, **Fragen** der Aktionäre zu bewertungsrelevanten Sachverhalten zu beantworten (§ 131 AktG). 253

Der Vorstand hat den **Übertragungsbeschluss** zur Eintragung in das Handelsregister anzumelden (§ 327e Abs. 1 S. 1 AktG). Von besonderer Bedeutung ist in diesem Zusammenhang die sog. **Negativerklärung.** Der Vorstand hat zu erklären, dass eine Klage gegen die Wirksamkeit des Hauptversammlungsbeschlusses nicht oder nicht fristgemäß erhoben oder eine solche Klage rechtskräftig abgewiesen oder zurückgenommen worden ist (§ 327e Abs. 2 AktG iVm § 319 Abs. 5 S. 1 AktG). Das Fehlen der Negativerklärung bewirkt eine **Registersperre.** Der Übertragungsbeschluss darf nicht eingetragen werden (§ 327e Abs. 2 AktG iVm § 319 Abs. 5 S. 2 AktG). Diese Sperre kann das für eine Klage gegen die Wirksamkeit des Hauptversammlungsbeschlusses zuständige **Oberlandesgericht** auf Antrag der Gesellschaft aufheben (§ 319 Abs. 6 S. 7 AktG). Voraussetzung ist in diesem sog. Freigabe- oder Unbedenklichkeitsverfahren, dass die **Klage unzulässig** oder **offensichtlich unbegründet** ist. Die Klage steht auch dann der Eintragung nicht entgegen, wenn „das alsbaldige Wirksamwerden des Hauptversammlungsbeschlusses vorrangig erscheint, weil die vom Antragsteller dargelegten wesentlichen Nachteile für die Gesellschaft und ihre Aktionäre nach freier Überzeugung des Gerichts die Nachteile für den Antragsgegner überwiegen, es sei denn, es liegt eine besondere Schwere des Rechtsverstoßes vor" (§ 327e Abs. 2 AktG iVm § 319 Abs. 6 S. 2 Nr. 3 AktG). Offensichtlich unbegründet ist eine Anfechtungsklage, wenn das Ergebnis der sachlichen und rechtlichen Beurteilung der Anfechtungsklage eindeutig ist, auch wenn dabei schwierige Rechtsfragen zu beurteilen sind.[532] 254

## 4. Prozessuale Aktionärsrechte

### a) Gerichtliche Nachprüfung der Abfindung

Die Anfechtung des Beschlusses kann nicht darauf gestützt werden, dass die durch den Hauptaktionär festgelegte Barabfindung nicht angemessen ist (§ 327f S. 1 AktG). Die Angemessenheit der Barabfindung wird im **Spruchverfahren** überprüft, das keine Registersperre auslöst. Zum Spruchverfahren und seiner Regelung durch das Spruchverfahrensgesetz → Rn. 137.[533] Die angemessene Barabfindung bestimmt das Gericht (§ 327f Abs. 1 S. 2 AktG), das insoweit auch von der vom Hauptaktionär gewählten Berechnungsmethode abweichen kann → Rn. 244 ff. Das Gleiche gilt, wenn der Hauptaktionär eine Barabfindung nicht oder nicht ordnungsgemäß angeboten hat und eine hierauf gestützte Anfechtungsklage innerhalb der Anfechtungsfrist nicht erhoben, zurückgenommen oder 255

[529] BGH NZG 2009, 585 Rn. 29.
[530] So Hüffer/Koch/*Koch* AktG § 327d Rn. 3 mwN.
[531] Emmerich/Habersack/*Habersack* AktG § 327d Rn. 3 f.
[532] Emmerich/Habersack/*Habersack* AktG § 319 Rn. 35.
[533] MüKoAktG/*Grunewald* § 305 Rn. 203 ff.; MüKoAktG/*Kubis* Anh. § 328; Kölner Komm. AktG, Bd. 9, SpruchG.

rechtskräftig abgewiesen worden ist (§ 327f Abs. 1 S. 3 AktG). **Antragsberechtigt** ist jeder **ausgeschiedene** Minderheitsaktionär (§ 3 Nr. 2 SpruchG). Ein Antrag auf Bestimmung der angemessenen Barabfindung ist daher unzulässig, wenn der Übertragungsbeschluss noch nicht im Handelsregister eingetragen worden und nicht abzusehen ist, ob und bejahendenfalls wann ein Eintrag erfolgen wird.[534] Nach der Eintragung läuft eine **Antragsfrist** von drei Monaten. Sie beginnt mit dem Tag, an dem die Eintragung des Übertragungsbeschlusses in das Handelsregister letztmalig im Amtsblatt des Registergerichts veröffentlicht worden ist und damit als bekannt gemacht gilt (§ 4 Abs. 1 Nr. 3 SpruchG). Innerhalb der Frist ist der Antrag nunmehr zu begründen.

256 Die Entscheidung des Gerichts für eine höhere Barabfindung als sie der Hauptaktionär zunächst geboten hatte, wirkt auch **zugunsten der früheren Aktionäre,** die am Spruchstellenverfahren nicht beteiligt waren. Dieser sog. Abfindungsergänzungsanspruch ist durch das SpruchG festgeschrieben (§ 13 SpruchG).

#### b) Anfechtungsklage

257 Die Anfechtung des Übertragungsbeschlusses ist nur insoweit ausgeschlossen, als die **Unangemessenheit der Barabfindung** geltend gemacht wird. Sie ist zulässig, wenn der Hauptaktionär eine Barabfindung nicht oder nicht ordnungsgemäß angeboten hat (Umkehrschluss aus § 327f Abs. 1 S. 3 AktG). Ein Angebot ist dann nicht ordnungsgemäß, wenn die Formalien nicht eingehalten werden, zB bei Einberufungsfehlern, ferner wenn der Prüfungsbericht oder der Bericht des Hauptaktionärs fehlt oder unvollständig ist.[535] Schwieriger ist die Verletzung von **Informationsrechten** zu beurteilen. Maßgebend ist nunmehr § 243 Abs. 4 S. 2 AktG, wonach unrichtige, unvollständige oder unzureichende Informationen in der Hauptversammlung über die Ermittlung, Höhe oder Angemessenheit der Abfindung nicht zur Anfechtungsklage berechtigen. Hiervon nicht erfasst ist die Totalverweigerung von Informationen und die Verletzung gesetzlich vorgeschriebener Berichtspflichten.[536] Der Anfechtungsausschluss bezieht sich vor allem auf Verletzungen des Auskunftsrechts nach § 131 AktG und nach hM auf unzureichende Erläuterungen des Vorstands im Vorfeld der Hauptversammlung.[537]

## F. Die Auswirkungen des Lieferkettensorgfaltspflichtengesetzes im Konzern

**Literatur:** DAV-Ausschüsse, Stellungnahme zum Regierungsentwurf eines Gesetzes über die unternehmerischen Sorgfaltspflichten, NZG 2021, 546; *Hübner,* Bausteine eines künftigen Lieferkettengesetzes, NZG 2020, 1411; *Rudkowski,* Nachhaltigkeit in den internationalen Lieferketten als Haftungsrisiko für deutsche Unternehmen, CCZ 2020, 352; *Schmidt,* Lieferkettengesetzgebung: Sorgfalt, EuZW 2021, 273; *Thomas,* Die sogenannte wirtschaftliche Einheit: Auslegungsfragen zur neu eingeführten akzessorischen Konzernhaftung im deutschen Kartellbußgeldrecht, AG 2017, 637 ff.; *Weck,* Das gesellschaftsrechtliche Trennungsprinzip – Verabschiedung einer Illusion im Kartellrecht, NZG 2016, 1374.

### I. Einführung und Anwendbarkeit des Gesetzes

258 Durch das am 11.6.2021 beschlossene Gesetz über die unternehmerischen Sorgfaltspflichten in Lieferketten (Lieferkettensorgfaltspflichtengesetz – **LkSG**) sollen in Deutschland an-

---

[534] LG Berlin ZIP 2003, 1300.

[535] Bsp. bei MüKoAktG/*Grunewald* § 327f Rn. 3. Zur Nichtigkeit Emmerich/Habersack/*Habersack* AktG § 327f Rn. 3. Kein Vorrang des Spruchverfahrens bei als unangemessen eingestufter Abfindung durch Sachverständigenprüfer, OLG Bremen AG 2013, 643.

[536] BeckOGK/*Singhof* AktG § 327f Rn. 3.

[537] GroßkommAktG/*Fleischer* § 327f Rn. 18.

sässige Unternehmen ab einer bestimmten Größe verpflichtet werden, ihre Lieferkette auf menschenrechts- und umweltbezogene Risiken zu überprüfen und dazu beizutragen, dass menschenrechtliche und umweltbezogene Risiken vermieden und Verletzungen minimiert respektive beendet werden.

Die Unternehmen müssen zwar **nicht garantieren,** dass in ihren Lieferketten keine Menschenrechte oder umweltbezogene Pflichten verletzt werden. Sie **schulden aber den Nachweis,** dass sie die in den §§ 4–10 LkSG näher beschriebenen **Sorgfaltspflichten** eingehalten haben. Zu den Sorgfaltspflichten des LkSG zählt, dass die Unternehmen ein **wirksames Risikomanagement** im Hinblick auf menschenrechtliche und umweltbezogene Risiken einrichten, **laufend Risikoanalyse** betreiben und im Hinblick auf die erkannten unternehmensspezifischen Risiken **angemessene und wirksame Präventionsmaßnahmen** entwickeln und einführen müssen. Die Maßnahmen sind nicht starr, sondern orientieren sich an verschiedenen Faktoren, anhand derer beurteilt werden muss, was jeweils „angemessen" ist. 259

Das LkSG tritt am 1.1.2023 in Kraft und erfasst zunächst alle Unternehmen ungeachtet ihrer Rechtsform, die ihre Hauptverwaltung, ihre Hauptniederlassung, ihren Verwaltungssitz oder ihren satzungsmäßigen Sitz im Inland haben und **in der Regel mindestens 3000 Arbeitnehmer** im Inland beschäftigen; ins Ausland entsandte Arbeitnehmer sind erfasst. Leiharbeitnehmer sind zu berücksichtigen, wenn die Einsatzdauer sechs Monate übersteigt (§ 1 Abs. 2 S. 2, Abs. 2 LkSG). Ferner gilt das Gesetz auch für Unternehmen, die eine Zweigniederlassung gem. § 13d HGB im Inland haben und in dieser Zweigniederlassung regelmäßig mindestens 3000 Arbeitnehmer beschäftigen (§ 1 Abs. 1 und Abs. 2 S. 1 LkSG). 260

Das Merkmal „in der Regel" verlangt von den Unternehmen eine **Prognose** über ihre im Allgemeinen **prägende Personalstärke.**[538] Hierfür bedarf es sowohl einer **rückblickenden Betrachtung als auch einer zukunftsbezogenen Einschätzung.** Welcher Referenzzeitraum angemessen ist, hängt laut der Gesetzesbegründung vom Einzelfall ab, er sollte sich aber am Geschäftsjahr orientieren. Ziel dieser Bestimmung ist es, kurzfristige Belegschaftsschwankungen außen vor zu lassen. 261

Der Begriff des **„Unternehmens"** ist grundsätzlich **rechtsträgerbezogen** zu verstehen. Auch im Konzern ist die Konzernspitze nicht *anstelle* der einzelnen Tochtergesellschaften für die Erfüllung der Sorgfaltspflichten verantwortlich. Überschneidungen des Pflichtenkreises sind jedoch denkbar (→ Rn. 282 ff.). 262

Ab dem 1.1.2024 verringern sich die Schwellenwerte **auf jeweils 1000 Arbeitnehmer.** 263

Bei **verbundenen Unternehmen** sind für die Berechnung der Arbeitnehmerzahl bei der Obergesellschaft ähnlich den mitbestimmungsrechtlichen Vorschriften die im Inland beschäftigten Arbeitnehmer sämtlicher konzernangehöriger Gesellschaften zu berücksichtigen. 264

## II. Sorgfaltspflichten

Die wesentlichen Sorgfaltspflichten, die die Unternehmen in den kommenden Jahren im Rahmen ihrer Compliance beachten müssen, umfassen die **Einrichtung eines Risikomanagements** (§ 4 LkSG, dessen Kern die Durchführung **regelmäßiger Risikoanalysen** ist, Lieferketten-Due-Diligence, § 5 LkSG), die **Verankerung von Präventionsmaßnahmen** (§ 6 LkSG) und die **Ergreifung von Abhilfemaßnahmen** (je nach den Due-Diligence-Ergebnissen, § 7 LkSG), die Einrichtung eines **Beschwerdesystems** (§ 8 LkSG) sowie die Erfüllung von **Dokumentations- und Berichtspflichten** (§§ 10, 11 LkSG). 265

[538] Begr. GesE BT-Drs. 19/28649, 33.

## 1. Angemessenes und wirksames Risikomanagement

266 Nach dem LkSG sind Unternehmen verpflichtet, ein **angemessenes und wirksames Risikomanagement** zur Einhaltung der Sorgfaltspflichten einzurichten (§ 4 Abs. 1 LkSG). **„Wirksam"** meint nach dem Verständnis des Gesetzgebers alle Maßnahmen, die eine Identifizierung und Minimierung der menschenrechtlichen und umweltbezogenen Risiken ermöglichen und solche, die eine Verletzung der menschenrechts- oder umweltbezogenen Pflichten verhindern, beenden oder deren Ausmaß minimieren (§ 4 Abs. 2 LkSG). Welche Maßnahme im Einzelfall als „angemessen" zu betrachten ist, bestimmt sich nach **Art und Umfang der Geschäftstätigkeit**[539] des Unternehmens und der jeweiligen Risikolage.

267 **Kerninhalte** des Risikomanagements sind die **Risikoanalyse** (§ 5 LkSG), die **Präventiv- und Abhilfemaßnahmen** (§§ 6, 7 LkSG) sowie die **Einrichtung des Beschwerdeverfahrens** (§ 8 LkSG).

268 Die Risikoanalyse ist **einmal im Jahr sowie anlassbezogen** durchzuführen, wenn das Unternehmen „mit einer wesentlich veränderten oder wesentlich erweiterten Risikolage in der Lieferkette rechnen muss" (§ 5 Abs. 4 LkSG). Als typisierende Beispiele sind etwa die Einführung neuer Produkte, Projekte oder neue Geschäftsfelder genannt. Hauptanwendungsfall dürften Veränderungen infolge von Beteiligungserwerben sein.

269 Die bei der Risikoanalyse ermittelten menschenrechtlichen und umweltbezogenen Risiken sind angemessen zu **gewichten und zu priorisieren.** Entgegen dem etwas missverständlichen Gesetzeswortlaut bezieht sich die Priorisierung dabei nicht auf das Risiko per se, sondern auf die hieran anknüpfenden Folgemaßnahmen (das heißt Prävention und/oder Abhilfe). Bei der Priorisierung spielen insbesondere die **potenzielle Schwere der Verletzung** und der **Verursachungsbeitrag** des Unternehmens eine Rolle (§ 3 Abs. 2 LkSG, § 5 Abs. 2 LkSG). Die Ergebnisse der Risikoanalyse müssen an die maßgeblichen Entscheidungsträger, dh nach dem LkSG die Leitungsorgane (maW bei der AG der Vorstand), die Einkaufsabteilung und die Compliance-Abteilung gemeldet werden (§ 5 Abs. 3 LkSG).

## 2. Präventionsmaßnahmen, Abhilfemaßnahmen und Grundsatzerklärung

270 Stellt das Unternehmen (etwa über die Risikoanalyse oder über einen sonstigen Hinweis) fest, dass Risiken oder gar Verletzungen vorliegen, muss das Unternehmen mit ***angemessenen*** **Präventionsmaßnahmen** nach § 6 Abs. 2–4 LkSG beziehungsweise **Abhilfemaßnahmen** nach § 7 LkSG reagieren. Welche Anstrengungen die Unternehmen hier unternehmen müssen, bestimmt das Gesetz bislang unbefriedigend ungenau, in der Gesetzesbegründung heißt es: „Je stärker die Einflussmöglichkeit eines Unternehmens ist, je wahrscheinlicher und schwerer die zu erwartende Verletzung der geschützten Rechtsposition und je größer der Verursachungsbeitrag eines Unternehmens ist, desto größere Anstrengungen können einem Unternehmen […] zugemutet werden."[540] So lässt das LkSG bislang sowohl offen, was genau unter „Einflussnahmemöglichkeit" als auch unter „schwerer Verletzung" verstanden wird.

271 Unabhängig davon muss die Unternehmensleitung, dh die Leitungsorgane, eine sogenannte **Grundsatzerklärung** verabschieden, die die **Menschenrechtsstrategie** des Unternehmens beschreibt. Die Mindestelemente der Grundsatzerklärung sind im Gesetz aufgelistet (§ 6 Abs. 2 Nr. 1–3 LkSG). Hierzu zählt die Beschreibung des Verfahrens, mit

539 Zur Art zählen nach der Gesetzesbegründung ua das Produktportfolio und ob das Unternehmen national oder international tätig ist, zum Umfang etwa Größe und Produktionskapazität, Begr. GesE BT-Drs. 19/28649, 42 – Anhaltspunkte, die bislang noch vage sind. Anstatt nach nationalen und internationalen Ausrichtungen zu unterscheiden, wird man nach den betreffenden Ländern und dort herrschenden spezifischen Risiken differenzieren müssen. Ebenso wird man die Branchenangehörigkeit berücksichtigen müssen.

540 Begr. GesE BT-Drs. 19/28649, 42.

dem das Unternehmen seinen Sorgfaltspflichten nachkommt, sowie die **Ergebnisse aus der Risikoanalyse** und die entsprechend den Ergebnissen der Risikoanalyse festgelegten menschenrechts- und umweltbezogenen Erwartungen, die das Unternehmen an seine Beschäftigten und Zulieferer in der Lieferkette richtet.

Zu den Präventionsmaßnahmen zählt, dass die in der Grundsatzerklärung dargelegte Menschenrechtsstrategie in den **relevanten Geschäftsabläufen implementiert** wird. Nach der **Erweiterung der Definition des „eigenen Geschäftsbereichs“** durch Einfügung des Satzes 3 in § 2 Abs. 6 LkSG bezieht sich diese Pflicht der Obergesellschaft auch auf die **Implementierung in den von ihr kontrollierten Tochtergesellschaften.** Um festgestellte Risiken zu minimieren, müssen darüberhinaus geeignete Beschaffungsstrategien und Einkaufspraktiken entwickelt und umgesetzt und **Schulungen** in den relevanten Geschäftsbereichen (dh Leitungsebene, Einkauf und Compliance) durchgeführt werden. 272

Unter § 6 Abs. 4 LkSG werden die Präventionsmaßnahmen gegenüber dem **unmittelbaren Zulieferer** als typisierende Beispiele aufgeführt. Hier geht es im Wesentlichen um die vertragliche Verpflichtung des Zulieferers auf die Einhaltung der vom Unternehmen festgelegten menschenrechtsbezogenen und umweltbezogenen Erwartungen sowie die Einführung von vertraglichen Kontrollmechanismen. 273

Werden **Verletzungen** der menschenrechtsbezogenen oder umweltbezogenen Pflichten festgestellt, muss das Unternehmen **unverzüglich angemessene Abhilfemaßnahmen** ergreifen, um die Verletzung zu beenden oder zu minimieren. 274

Im **eigenen Geschäftsbereich** muss die **Abhilfemaßnahme** stets (bei Unternehmen im Ausland und bei verbundenen Unternehmen nur in der Regel) **zur Beendigung der Verletzung** führen. Dies bedeutet, dass die Obergesellschaft entsprechend gewährleisten muss, dass Verletzungen durch mit ihr verbundene Unternehmen, auf die sie einen **bestimmenden Einfluss** ausübt, durch dort verankerte Maßnahmen im Grundsatz auch beseitigt werden (§ 7 Abs. 1 S. 2 LkSG). 275

### 3. Beschwerdeverfahren

Die Unternehmen müssen ferner ein **Beschwerdeverfahren** einrichten, das es Betroffenen ermöglicht, Verletzungen und Risiken dem Unternehmen zu melden. Mit der Durchführung des Verfahrens müssen Personen betraut sein, die **Gewähr für unparteiisches Handeln** bieten, die unabhängig und nicht an Weisungen gebunden sind. Da die Unternehmen sich mit **jeder Beschwerdemeldung und der Person des Meldenden auseinandersetzen** müssen, schafft das Beschwerdeverfahren und dessen Betreuung voraussichtlich einen nicht unwesentlich erhöhten administrativen Aufwand für die betroffenen Unternehmen. 276

### 4. Sorgfaltspflichten gegenüber dem mittelbaren Zulieferer

Die oben genannten Pflichten (Risikoanalyse/Präventions-/Abhilfemaßnahmen) treffen die Unternehmen auch hinsichtlich ihrer ***mittelbaren Zulieferer,*** allerdings nur dann, wenn sie **„substantiierte Kenntnis“** von tatsächlichen Anhaltspunkten haben, die eine menschenrechtliche Verletzung oder einen Verstoß gegen eine umweltbezogene Pflicht bei mittelbaren Zulieferern möglich erscheinen lassen. Diese **Definition der „substantiierten Kenntnis“** lässt – wie viele Begrifflichkeiten im LkSG – eine praktisch handhabbare Präzisierung noch vermissen. Wurden die mittelbaren Zulieferer (zu Recht) aus der allgemeinen Risikoanalyse ausgenommen, um die Unternehmen zu entlasten, und eine anlassbezogene Einbeziehung der mittelbaren Zulieferer eingeführt, kann man die Frage stellen, ob die Anforderungen an die substantiierte Kenntnis nicht **derart vage und offen** formuliert sind, dass im Zweifel die mittelbaren Zulieferer doch in die regelmäßige Risikoanalyse einbezogen werden müssen. In diesem Fall wäre für die Unternehmen wenig Entlastung gewonnen. 277

### 5. Dokumentations- und Berichtspflichten

278 Zuletzt treffen die Unternehmen auch **Dokumentations- und Berichtspflichten** (§ 10 LkSG). Die Unternehmen haben jährlich einen Bericht über die Erfüllung ihrer Sorgfaltspflichten im vergangenen Geschäftsjahr zu erstellen, spätestens vier Monate nach dem Schluss des Geschäftsjahres der zuständigen Behörde (dem **Bundesamt für Wirtschaft und Ausfuhrkontrolle** – dem BaFa) einzureichen und auf der Internetseite des Unternehmens für einen Zeitraum von sieben Jahren (sic) kostenfrei öffentlich zugänglich zu machen. Der Bericht muss „nachvollziehbar" folgende **Mindestangaben** enthalten: (i) ob und wenn ja, welche **Risiken oder Verletzungen das Unternehmen identifiziert** hat, (ii) **welche Maßnahmen** das Unternehmen zur Erfüllung seiner Sorgfaltspflichten **ergriffen** hat (einschließlich der entsprechenden Inhalte der Grundsatzerklärung sowie Maßnahmen, die auf Grund von Beschwerden oder gegen mittelbare Zulieferer getroffen wurden), (iii) wie das Unternehmen die **Auswirkungen und die Wirksamkeit der Maßnahmen bewertet** und (iv) welche **Konsequenzen** die Unternehmen aus der Bewertung für künftige Maßnahmen ziehen.

279 Die obigen Mindestangaben entfallen, wenn das Unternehmen keine Risiken festgestellt und dies in seinem Bericht plausibel dargelegt hat (§ 10 Abs. 2, Abs. 3 LkSG).

### 6. Auskunftspflichten gegenüber der Behörde

280 Mit Blick auf die behördliche Kontrolle der Einhaltung der Sorgfaltspflichten ist die Behörde berechtigt, **Personen zu laden** und die **Herausgabe von Unterlagen** zu verlangen, welche die Behörde zur Erfüllung ihrer Aufgaben nach diesem Gesetz benötigt. Diese Verpflichtung erstreckt sich ausdrücklich auch auf **Auskünfte über verbundene Unternehmen,** unmittelbare und mittelbare Zulieferer und die Herausgabe von Unterlagen dieser Unternehmen, soweit das auskunfts- und/oder herausgabepflichtige Unternehmen respektive die auskunfts- oder herausgabepflichtige Person die Information zur Verfügung hat oder auf Grund bestehender vertraglicher Beziehungen zur Beschaffung der verlangten Informationen in der Lage ist.

281 Auch die Behörde berichtet einmal jährlich über ihre im vorausgegangenen Kalenderjahr erfolgten Kontroll- und Durchsetzungstätigkeiten; der Bericht ist auf der Website der zuständigen Behörde zu veröffentlichen. Die Berichte sollen auch festgestellte Verstöße und angeordnete Abhilfemaßnahmen nennen, jedoch nicht die jeweils betroffenen Unternehmen selbst. Von einem ***„name and shame"*** wurde daher Abstand genommen.

## III. Verbundene Unternehmen unter dem LkSG

282 Dreh- und Angelpunkt der Reichweite der Sorgfaltspflichten sowie **Bezugspunkt für die Haftung** (→ Rn. 298) und den Bußgeldkatalog ist die Definition der Lieferkette und des *„eigenen Geschäftsbereichs"*. So zählt zur Lieferkette nach § 2 Abs. 6 LkSG das **Handeln des Unternehmens im eigenen Geschäftsbereich, das Handeln des unmittelbaren Zulieferers und das Handeln des mittelbaren Zulieferers.**

283 Entsprechend dem **Trennungsprinzip,** wonach Konzernunternehmen als rechtlich selbständige Einheiten anzusehen sind, verpflichtete das Lieferkettensorgfaltspflichtengesetz (LkSG) nach den anfänglichen Entwürfen grundsätzlich das ***einzelne Unternehmen* als Rechtsträger.** Im Gesetzgebungsverfahren wurde auf Initiative der CDU/CSU und der SPD allerdings eine Klarstellung zur Definition der Lieferkette und des „eigenen Geschäftsbereichs" eingefügt, die die Durchbrechung dieses Prinzips befürchten lässt und die Tür zur Konzernhaftung öffnen kann.

284 In die Definition des eigenen Geschäftsbereichs in § 2 Abs. 6 LkSG wurde im letzten Gesetzesentwurf der Satz eingefügt: „In verbundenen Unternehmen zählt zum eigenen

Geschäftsbereich der Obergesellschaft (vormals: Konzernmutter) eine konzernangehörige Gesellschaft, wenn die Obergesellschaft (vormals: Konzernmutter) auf die konzernangehörige Gesellschaft einen ***bestimmenden*** **Einfluss** ausübt."

Dieser schlichte Satz ist in vielerlei Hinsicht problematisch. So suggeriert er – ob bewusst oder unbewusst, eine Auseinandersetzung fehlt hierzu in der Gesetzesbegründung – eine **Durchbrechung des Trennungsprinzips,** indem der Muttergesellschaft die Pflicht auferlegt wird, ihre Tochtergesellschaften in ihre eigene Risikoanalyse miteinzubeziehen und, umso diffiziler, das eigene Risikomanagement ebenso wie die Verankerung von Präventions- und Abhilfemaßnahmen auch in ihren Tochtergesellschaften sicherzustellen (hierzu sogleich). Die Schwierigkeit der praktischen Handhabung wird ferner dadurch erhöht, dass „bestimmender Einfluss" nach der Gesetzesbegründung auch den **faktischen Konzern** einbezieht. 285

Doch was meint **„bestimmender Einfluss"** genau? Das AktG kennt nur den Begriff des **„beherrschenden Einflusses"** (§ 17 AktG). **„Bestimmender Einfluss"** entstammt hingegen dem **Kartell- und Umweltrecht (Betreiberbegriff).** § 37 Abs. 1 Nr. 2 GWB bestimmt, dass ein Zusammenschluss bei dem „Erwerb der unmittelbaren oder mittelbaren Kontrolle durch ein oder mehrere Unternehmen über die Gesamtheit oder Teile eines oder mehrerer anderer Unternehmen [vorliegt]. Die Kontrolle wird durch Rechte, Verträge oder andere Mittel begründet, die **einzeln oder zusammen unter Berücksichtigung aller tatsächlichen und rechtlichen Umstände die Möglichkeit gewähren, einen bestimmenden Einfluss** auf die Tätigkeit eines Unternehmens auszuüben" (§ 37 Abs. 1 Nr. 2 S. 2 GWB). 286

Zu dieser Gesamtbetrachtung tendiert auch die Gesetzesbegründung. Dort heißt es, dass für die Beurteilung, ob ein **bestimmender Einfluss** vorliegt, alle erheblichen Gesichtspunkte in einer **Gesamtschau** zu würdigen sind: „Hierfür sind **alle wirtschaftlichen, personellen, organisatorischen und rechtlichen Bindungen**" zwischen Tochter- und Muttergesellschaft im Zusammenhang zu betrachten und zu gewichten. „Anhaltspunkte für eine bestimmende Einflussnahme können eine **hohe Mehrheitsbeteiligung** an der Tochtergesellschaft, das Bestehen eines konzernweiten Compliance Systems, die Übernahme von Verantwortung für die Steuerung von Kernprozessen im Tochterunternehmen, eine entsprechende Rechtskonstellation, in der die Möglichkeit der Einflussnahme angelegt ist, **personelle Überschneidungen in der (Geschäfts-)Führungsebene,** ein bestimmender Einfluss auf das Lieferkettenmanagement der Tochtergesellschaft, die Einflussnahme über die Gesellschafterversammlung sein und dass der Geschäftsbereich der Tochtergesellschaft dem Geschäftsbereich der Obergesellschaft entspricht, etwa weil die **Tochtergesellschaft die gleichen Produkte** erstellt und verwertet oder die gleichen Dienstleistungen erbringt wie die Obergesellschaft."[541] 287

Diese Definition stellt die Unternehmen vor **praktische Schwierigkeiten, umso mehr im faktischen Konzern,** da der Obergesellschaft gegenüber der Untergesellschaft keine Weisungsbefugnis zukommt und insoweit davon abhängig ist, dass die Untergesellschaft ihr eigenes Pflichtenprogramm unter dem LkSG erfüllt. 288

Danach müssen die Unternehmen ***angemessene Präventionsmaßnahmen*** im eigenen Geschäftsbereich verankern, was gemäß der Aufzählung im Gesetz unter anderem die Implementierung von Prozessen in den operativen Einheiten voraussetzt (§ 6 Abs. 3 Nr. 1 und Nr. 2 LkSG). Die Wirksamkeit der Präventionsmaßnahmen muss ferner regelmäßig überprüft werden (§ 6 Abs. 5 LkSG). Wurden Verletzungen festgestellt, müssen die zu ergreifenden **Abhilfemaßnahmen** sodann im eigenen Geschäftsbereich in der Regel zur **Beendigung der Verletzungen** der geschützten Rechtspositionen führen. Zurecht kann man hier die Frage aufwerfen, ob das Gesetz den Unternehmen zumindest hinsichtlich der 289

[541] Gesetzesbegründung LkSG v. 9.6.2021, BT-Drs. 19/30505, 37.

festgestellten Risiken und Verletzungen tatsächlich nur **Bemühenspflichten** auferlegt.[542] Die Beendigung einer Verletzung, sei sie auch wünschenswert, ist die klare Beschreibung eines **Erfolgs.**

290 Ist die **Untergesellschaft eine GmbH,** ist die Thematik der Beeinflussung aufgrund der Weisungsbefugnis der Gesellschafterversammlung aus § 37 GmbHG und der Möglichkeiten, die Geschäftsführungsbefugnis in der Satzung oder Geschäftsordnung zu beschränken, weniger kritisch als gegenüber dem grundsätzlich weisungsungebundenen Vorstand.

291 Sollten die Tochterunternehmen den (allein zulässigen) Anregungen und Empfehlungen der Obergesellschaft daher nicht (rechtzeitig) folgen, stellt sich die Frage, inwieweit die Obergesellschaft **neben der Tochtergesellschaft** dem **Risiko von Bußgeldern** respektive einer **zivilrechtlichen Haftung** ausgesetzt ist.

## IV. Konzernleitungspflicht und Konzernhaftung

292 Die Frage nach der Haftung der Obergesellschaft für Verstöße der Tochtergesellschaften erinnert an die **Konzernleitungspflicht,** die seit Jahren kontrovers diskutiert wird. Die Erweiterung der Definition des eigenen Geschäftsbereichs im LkSG stellt sich als weitere **(Einzel-)Durchbrechung des Trennungsprinzips** dar, wie sie die Rechtsprechung und das Aktiengesetz in Ausnahmefällen bereits vorsehen (vgl. insbesondere § 309 Abs. 2 AktG, § 317 Abs. 1, Abs. 3 AktG sowie die Existenzvernichtungshaftung nach § 826 BGB im faktischen GmbH-Konzern, bei dem die §§ 311 ff. AktG keine Anwendung finden).

293 Durch die Diskussion um die Haftung für Menschenrechtsverletzungen hat die Frage, ob die **deliktische Pflicht zur sorgfältigen Unternehmensorganisation** an den Grenzen des einzelnen Rechtsträgers haltmacht oder sich über den Rechtsträger hinaus auf Konzerngesellschaften erstrecken muss, jedoch erneut an Brisanz gewonnen. Die Tendenz zu einer Aufweichung des Trennungsprinzips ist indessen nicht neu; sie hat innerhalb der letzten Jahre in Deutschland und Europa[543] zugenommen und wird in nicht unbedenklicher Weise durch das LkSG nun fortgeführt. Einen Vorstoß in diese Richtung machte im Jahr 2014 bereits **das Landgericht München I („Neubürger").** In dieser Entscheidung wurde der Siemens-Konzern faktisch wie ein einziges Unternehmen behandelt und der Vorstand für verpflichtet gehalten, ein weltweit wirksames System zu schaffen sowie Prävention und Risikokontrolle für sämtliche Tochter- und Enkelgesellschaften zu etablieren.[544]

294 Ähnliche Durchbrechungen – zumindest aus bußgeldrechtlicher Sicht – finden sich zudem im europäischen Kartellrecht.[545] Nach der Rechtsprechung des EuGH haftet nicht nur die konkrete Tochtergesellschaft, die den Kartellverstoß begangen hat, für die dafür verhängte Geldbuße, sondern auch die Konzernmutter. Dies gilt zumindest dann, wenn und soweit „die Tochtergesellschaft trotz eigener Rechtspersönlichkeit ihr Marktverhalten nicht autonom bestimmt, sondern **im Wesentlichen Weisungen der Muttergesellschaft** folgt."[546] Die Muttergesellschaft hat allerdings die Möglichkeit, die **Vermutung eines bestimmenden Einflusses** auf das Tochterunternehmen **durch Beweise zu entkräften,** die geeignet sind, die Selbstständigkeit ihrer Tochtergesellschaft zu belegen.[547]

295 Eine solche explizite **„Exkulpationsmöglichkeit"** der Obergesellschaft ist im LkSG **nicht vorgesehen.** Sie wäre vor dem Hintergrund der Zwecke des Gesetzes auch nicht

[542] So auch die Kritik der DAV-Ausschüsse: Stellungnahme zum Regierungsentwurf, NZG 2021, 546 Rn. 39.
[543] So auch MHdB GesR IV/*Krieger* § 70 Rn. 65 mwN; Hüffer/Koch/*Koch* AktG § 1 Rn. 21 mwN; *Weck* NZG 2016, 1374 ff.
[544] LG München I NZG 2014, 345 (346 f.).
[545] Vgl. EuGH EuZW 2009, 816 – Akzo Nobel; EuGH ZIP 2019, 1087 – Skanska; vgl. auch *Thomas* AG 2017, 637 ff.
[546] EuGH EuZW 2009, 816 – Akzo Nobel.
[547] EuG, Urt. v. 27.9.2006 – T-314/01, Slg. 2006 II 3089.

zielführend. Unternehmen sehen sich als Obergesellschaften somit dem Risiko ausgesetzt, **neben ihren Tochtergesellschaften bußgeldrechtlich belangt** zu werden – zumindest dann, wenn ihnen ein Verschulden anzulasten ist.

So knüpfen § 24 Abs. 1 Nr. 3 und Nr. 5 LkSG die Ordnungswidrigkeit daran, dass **vorsätzlich oder fahrlässig** entgegen § 6 Abs. 1 iVm Abs. 2–4 LkSG oder § 7 Abs. 1 LkSG eine Präventions- oder eine Abhilfemaßnahme nicht oder nicht rechtzeitig ergriffen wird. Die Ordnungswidrigkeit kann in diesen Fällen geahndet werden mit einer Geldbuße in Höhe von 800.000 EUR (§ 24 Abs. 2 Nr. 1 lit. a und lit. b LkSG). Im Fall einer nicht oder nicht rechtzeitig ergriffenen Abhilfemaßnahme kann die **Geldbuße** bei einer juristischen Person oder Personenvereinigung mit einem durchschnittlichen **Jahresumsatz von 400 Mio. EUR sogar bis zu zwei Prozent des durchschnittlichen Jahresumsatzes** betragen. Hierfür ist der weltweite Umsatz aller natürlichen und juristischen Personen sowie aller Personenvereinigungen der letzten drei Geschäftsjahre, die der Behördenentscheidung vorausgehen, zugrunde zu legen, soweit diese Personen und Personenvereinigungen als **wirtschaftliche Einheit** operieren. Der durchschnittliche Jahresumsatz kann von der Behörde geschätzt werden (§ 24 Abs. 3 iVm Abs. 1 Nr. 6 LkSG). 296

Die Muttergesellschaft ist danach gehalten, im **Vertragskonzern entsprechende Weisungen** auszusprechen und deren Einhaltung zu überwachen beziehungsweise bei faktischem Einfluss im Zweifel Maßnahmen zu ergreifen, die diese Einwirkungsmöglichkeit erhöhen, um ihren Pflichten nachzukommen. Ist das Unternehmen zu einer Erhöhung seines Einflusses bereits gegenüber dem unmittelbaren Zulieferer gehalten[548], kann kein geringerer Maßstab innerhalb des Konzerns gelten. Hierfür spricht auch die Tatsache, dass das LkSG insgesamt ein **angemessenes Risikomanagement** verlangt. Je stärker die Einflussmöglichkeit eines Unternehmens ist, je wahrscheinlicher und schwerer die zu erwartende Verletzung der geschützten Rechtsposition und je größer der Verursachungsbeitrag des Unternehmens, desto größere Anstrengungen können ihm zugemutet werden.[549] 297

## V. Zivilrechtliche Haftung und Regressmöglichkeiten

Die Frage des **„Ob" und „Wie" einer zivilrechtlichen Haftung** für Verstöße gegen das LkSG wurde lange und kontrovers diskutiert. Aus der jetzigen Formulierung in § 3 Abs. 3 LkSG und der korrespondierenden Gesetzesbegründung ziehen einige den Schluss, dass eine zivilrechtliche Haftung – und damit auch ein Regress gegen Leitungsorgane im Innenverhältnis – ausscheidet.[550] Ob der Schluss in dieser Pauschalität trägt, ist jedoch zu **bezweifeln.** Die Gesetzesbegründung zum „Haftungsausschluss" – dessen genauer Wortlaut immer wieder geändert worden war – liest sich alles andere als eindeutig. So heißt es darin: „Soweit **unabhängig** von den neu geschaffenen Sorgfaltspflichten bereits nach der geltenden Rechtslage eine zivilrechtliche Haftung begründet ist, soll diese jedoch **unverändert fortbestehen** und **in besonders schwerwiegenden Fällen in ihrer Durchsetzung erleichtert** werden."[551] 298

Gerade dieser letzte Satz in der Gesetzesbegründung suggeriert, dass eine **Haftung dann möglich** bleiben soll, wenn die neuen Pflichten auch nach „alter Rechtslage" einen Verstoß begründen würden, wenngleich unter anderem *label*. Rechtssystematisch betrachtet ist dies konsequent, denn ist nicht jede Sorgfaltspflicht unter dem LkSG gleichzeitig eine Konkretisierung der **Verkehrssicherungs- und Organisationspflicht** im Sinne des bestehenden Deliktsrechts und begründet eine Haftung nach § 823 Abs. 1 BGB? 299

[548] Arg e § 7 Abs. 3 Nr. 3 LkSG, wonach der Abbruch der Geschäftsbeziehung geboten ist, wenn eine „Erhöhung des Einflussvermögens nicht aussichtsreich erscheint."
[549] Gesetzesbegründung BT-Drs. 19/30505, 24.
[550] Vgl. etwa *Leuering/Rubner* NJW-Spezial 2021, 399 (400).
[551] Gesetzesbegründung LkSG, BT-Drs. 19/30505, 38 zu cc).

300 Gemäß **§ 93 Abs. 1 AktG** haben die Vorstandsmitglieder bei ihrer Geschäftsführung die Sorgfalt eines ordentlichen und gewissenhaften Geschäftsleiters anzuwenden. Im Außenverhältnis muss ein Vorstandsmitglied **sämtliche Rechtsvorschriften einhalten,** die das Unternehmen als Rechtssubjekt treffen.[552] Hält der Vorstand diese schuldhaft nicht ein, so ist er der Gesellschaft gem. § 93 Abs. 2 S. 1 AktG zum Ersatz des daraus entstehenden Schadens verpflichtet. Gleiches gilt entsprechend nach § 43 GmbHG für den GmbH-Geschäftsführer.[553] Zu diesen grundsätzlich einzuhaltenden Normen zählen ab seinem Inkrafttreten auch die Pflichten, die das LkSG statuiert. Es mutet **system- und praxisfremd** an, die Pflichten unter dem LkSG aus dem Kreis derjenigen Normen auszunehmen, die die Leitungsorgane nach den Bestimmungen von § 93 AktG, § 43 GmbHG verpflichtet sind einzuhalten. Dies gilt auch vor dem Hintergrund, dass nicht anzunehmen ist, dass schuldhafte Versäumnisse, die Pflichten nach dem LkSG umzusetzen, auf Ebenen **unterhalb der Führungsebene** innerhalb des Unternehmens folgenlos bleiben. Sollten hier die Leitungsorgane von der Möglichkeit des Innenregresses also tatsächlich befreit sein? Dass die Verletzung von Pflichten unterhalb des LkSG einen **Innenregress** auslösen kann, war in den Beratungen über das Gesetz stets unstreitig.[554]

301 Der Wortlaut der Gesetzesbegründung suggeriert im Übrigen, dass bei dem Vergleich zwischen neuer und bestehender Rechtslage auch die **Schwere der Verletzung** respektive des Risikos eine Rolle spielen kann. Der eingeführte Abs. 3 in § 3 LkSG schafft insoweit **alles andere als einen rechtssicheren Haftungsausschluss.** Ungeachtet der Handhabung dieser Regelung in der Praxis, die man noch wird abwarten müssen, stellt sich aus Sicht der Unternehmen die Frage, ob die Verpflichtung auf das LkSG infolge dieser Unsicherheiten nicht zumindest auf **vertraglicher Ebene abgebildet** werden sollte – entweder positiv, indem die Einhaltung des LkSG und die Pflege eines wirksamen Risikomanagements, mit dem Incentive einer variablen Vergütung verknüpft (§ 87 Abs. 1 S. 2 AktG), oder negativ, indem die Nichteinhaltung als Grund zur wichtigen Abberufung und Kündigung des Dienstverhältnisses vorgesehen wird. Auch D&O-Versicherungen werden sich aller Voraussicht nach daher mit der Thematik beschäftigen müssen. Die Diskussion um die Haftung dürfte gleichwohl **rechtstheoretischer Natur** sein, da die **entsprechende europäische Regelung** nach dem bisher vom Europäischen Parlament am 10.3.2021 vorgelegten Entwurf einer Sorgfaltspflichtenrichtlinie[555] eine **zivilrechtliche Haftungsregelung verlangt.** Da das LkSG **nicht losgelöst von dieser europäischen Regelung** betrachtet werden darf, die noch für das Jahr 2021 angekündigt wurde, ist zu erwarten, dass der deutsche Gesetzgeber noch einige Anpassungen am LkSG wird vornehmen müssen (→ Rn. 303 ff.).

## VI. Ausblick

302 Das LkSG lässt viele Fragen offen. So ist zweifelhaft, inwieweit ein Mehrwert dadurch geschaffen wird, dass nach dem LkSG die Unternehmen **alle** ihre Zulieferer (folglich auch in Deutschland und Europa) auf die Einhaltung der Menschenrechtsbestimmungen überprüfen müssen, wenn die Problematik eines anzugleichenden Standards der Achtung der Menschenrechte **außerhalb Europas ungleich höher** ist und den Schwerpunkt der konzentrierten Anstrengungen bilden müsste. **Unklar** ist auch, welche Handlungspflichten die Unternehmen bei Ergreifung von **angemessenen Abhilfemaßnahmen** treffen: Muss das Unternehmen, das Vertragspartner in einem Land beliefert, in dem Frauen nicht berechtigt sind, ein Kraftfahrzeug zu führen, auf einen anderen Transportweg ausweichen? Dürfen Geschäftsbeziehungen zu Zulieferern aufrechterhalten werden, die in Ländern ih-

552 BeckOGK/*Fleischer* AktG § 93 Rn. 28.
553 Vgl. BeckOK GmbHG/*Ziemons/Pöschke* § 43 Rn. 50.
554 Empfehlungen der Ausschüsse, BR-Drs. 239/1/21, 12, 15 ff.
555 Entwurf vom 10.3.2021 (2020/2129/INL), Art. 19 Nr. 2 und Erwägungsgründe 8, 11.

ren Sitz haben, die keine Koalitionsfreiheit gewähren, bei denen folglich **erst der jeweilige Gesetzgeber tätig werden** müsste? Eine **Whitelist an Ländern** wäre wünschenswert gewesen, um die ohnehin hohen organisatorischen Aufwände der Unternehmen in der Umsetzung des LkSG auf die Länder und Regionen konzentrieren zu können, in denen die Verstöße gegen Menschenrechte seit Jahrzehnten offen zu Tage treten. In diese Richtung einer **Anpassung des Anwendungsbereichs** geht auch bislang der entsprechende europäische Entwurf. Zurecht wurde auch bei den Gesetzesberatungen in Deutschland kritisiert, dass das LkSG nur an der Arbeitnehmerzahl als Risikofaktor anknüpft.

Es ist im Übrigen zweifelhaft, ob das LkSG in der beschlossenen Form lange Bestand 303 haben wird, denn der **Entwurf einer entsprechenden europäischen Regelung** ist für das Jahr 2021 bereits angekündigt und weist **erhebliche Abweichungen zum deutschen Gesetz** auf. Dies betrifft zum einen die **Definition der Lieferkette,** die nach dem aktuellen Entwurf, den das Europäische Parlament der Kommission vorgelegt hat, ungleich weiter ist als die deutsche.[556] Insbesondere erfasst sie auch die **Absatzkette,** dh die Distributoren und Kunden der Unternehmen ***(„upstream")*** und schlägt ferner vor, dies für die **gesamte Lieferkette** (Produktions- und Absatzkette) **nicht auf die direkte Zuliefererebene *(„Tier 1")*** zu beschränken.[557] Ferner bezieht der Richtlinien-Entwurf **Beiträge von Unternehmen zum Klimawandel** in die Gesamtwertung bei der Verursachung von Menschenrechtsverletzungen ein und benennt diese als wichtige Ursache von Menschenrechtsverletzungen.[558] Es ist daher nicht ausgeschlossen, dass Unternehmen in Deutschland sich in nicht allzu weiter Ferne mit der Frage auseinandersetzen müssen, ob ein bei ihnen messbarer Beitrag zum $CO_2$-Ausstoß – ähnlich der bislang angedeuteten Argumentationslinie des OLG Hamm im schwebenden Verfahren des peruanischen Landwirts gegen den RWE-Konzern – für eine „Mitverursachung" unter dem LkSG ausreichen kann.[559]

Zu guter Letzt macht der bisherige europäische Entwurf deutlich, dass die Mitgliedstaa- 304 ten zur Einhaltung der Pflichten unter der Sorgfaltspflichtenrichtlinie eine **wirksame zivilrechtliche Haftung vorsehen müssen.**[560] Ein Ausschluss der Haftung bei Verstößen gegen Pflichten unter dem LkSG bei strenger Lesart des § 3 Abs. 3 LkSG dürfte damit **unvereinbar** sein. Es bleibt insoweit abzuwarten, welche Kernpunkte die europäische Regelung setzen wird und wie der deutsche Gesetzgeber das LkSG infolgedessen angleichen muss.

---

[556] Entwurf vom 10.3.2021 (2020/2129/INL), Erwägungsgrund 44.
[557] Entwurf vom 10.3.2021 (2020/2129/INL), Erwägungsgrund 44.
[558] Entwurf vom 10.3.2021 (2020/2129/INL), Erwägungsgrund 20.
[559] Klageverfahren vor dem OLG Hamm („Huaraz"), Az. 5 U 15/17.
[560] Die Sorgfaltspflichten sollen keine *„box-ticking exercise"* sein, Erwägungsgrund 26 und 52 des Richtlinientextes gemäß dem Entwurf des Europäischen Parlaments vom 10.3.2021 (2020/2129/INL).

# § 15 Geschäftsführung in der SE

## Übersicht




**Schrifttum:** *Bachmann,* Der Verwaltungsrat der monistischen SE, ZGR 2008, 779; *Bauer,* Organstellung und Organvergütung in der monistisch verfassten Europäischen Aktiengesellschaft, 2007; *Bayer/Lieder,* Die Lehre vom fehlerhaften Bestellungsverhältnis, NZG 2012, 6; *Brandes,* Mitbestimmungsvermeidung mittels grenzüberschreitender Verschmelzungen, ZIP 2008, 2193; *Brandt,* Die Hauptversammlung der Europäischen Aktiengesellschaft, 2004; *Buckel/Vogel,* Die angegriffene Wahl des Aufsichtsrats – Gutglaubensschutz statt Rechtsfigur des fehlerhaften Organs, ZIP 2014, 58; *Bücker,* Bedeutung der monistischen SE in Deutschland und Verantwortlichkeit der Verwaltungsratsmitglieder, in Bergmann/Kiem/Mülbert/Verse/Wittig, 10 Jahre SE, 2015, 203; *Casper,* Erfahrungen und Reformbedarf bei der SE – Gesellschaftsrechtliche Reformvorschläge, ZGR 173 (2009), 181; *Drinhausen/Nohlen,* Festlegung der Amtsdauer von SE-Organmitgliedern in der Satzung nach Art. 46 Abs. 1 SE-VO, ZIP 2009, 1890; *Eder,* Die monistisch verfasste Societas Europaea – Überlegungen zur Umsetzung eines CEO-Modells, NZG 2004, 554; *v. Falkenhausen,* Der Anwalt im Aufsichtsrat, ZIP 2013, 862; *v. Falkenhausen/Kocher,* Wie wird der unabhängige Finanzexperte in den Aufsichtsrat gewählt? – Praktische Fragen der Umsetzung des BilMoG, ZIP 2009, 1601; *Fleischer,* Zur Leitungsaufgabe des Vorstands im Aktienrecht, ZIP 2003, 1; *Forst,* Unternehmerische Mitbestimmung im Konzern unter Beteiligung supranationaler Rechtsformen, Der Konzern 2010, 151; *Forst,* Zur Größe des mitbestimmten Organs einer kraft Beteiligungsvereinbarung mitbestimmten SE, AG 2010, 350; *Forst,* Zu den Auswirkungen des Gesetzes zur Angemessenheit der Vorstandsvergütung auf die SE, ZIP 2010, 1786; *Goette,* Zu den vom Aufsichtsrat zu beachtenden Abwägungskriterien im Rahmen seiner Entscheidung nach den ARAG/GARMENBECK-Kriterien – dargestellt am Beispiel des Kartellrechts, FS Hoffmann-Becking, 2013, 378; *Goette,* Organisationspflichten in Kapitalgesellschaften zwischen Rechtspflicht und Opportunität, ZHR 2011, 388; *Götze/Winzer/Arnold,* Unternehmerische Mitbestimmung – Gestaltungsoption und Vermeidungsstrategien; ZIP 2009, 245; *Göz,* Beschlussmängelklagen bei der SE, ZGR 2008, 593; *Grobys,* SE-Betriebsrat und Mitbestimmung in der Europäischen Gesellschaft, NZA 2005, 84; *Gruber/Weller,* Societas Europaea: Mitbestimmung ohne Aufsichtsrat? – Ideen für die Leitungsverfassung der monistischen Aktiengesellschaft in Deutschland, NZG 2003, 297; *Grunewald,* Interne Aufklärungspflichten von Vorstand und Aufsichtsrat, NZG 2013, 841; *Habersack,* Schranken der Mitbestimmung in der SE, AG 2006, 345; *Habersack,* Grundsatzfragen der Mitbestimmung in SE und SCE sowie bei grenzüberschreitender Verschmelzung, ZHR 171 (2007), 613; *Habersack,* Konstituierung des ersten Aufsichts- oder Verwaltungsorgans der durch Formwechsel entstandenen SE und Amtszeit seiner Mitglieder, Der Konzern 2008, 67; *Habersack,* Grund und Grenzen der Compliance-Verantwortung des Aufsichtsrats der AG, AG 2014, 1; *Habersack/Drinhausen,* Kommentar zum SE-Recht, 2. Aufl. 2016; *Hemeling,* Die Corporate Governance der SE, in Hommelhoff/Hopt/v. Werder, Handbuch der Corporate Governance, 2. Aufl. 2010; *Henssler,* Erfahrungen und Reformbedarf bei der SE – Mitbestimmungsrechtliche Reformvorschläge, ZHR 173 (2009), 222; *Hoffmann-Becking,* Organe: Strukturen und Verantwortlichkeiten, insbesondere im monistischen System, ZGR 2004, 355; *Hommelhoff,* Satzungsstrenge und Gestaltungsfreiheit in der Europäischen Aktiengesellschaft, FS Ulmer, 2003, 267; *Ihrig,* Die geschäftsführenden Direktoren in der monistischen SE: Stellung, Aufgaben und Haftung, ZGR 2008, 809; *Jacobs,* Privatautonome Unternehmensmitbestimmung in der SE, FS K. Schmidt, 2009, 795; *Jannott/Frodermann,* Handbuch der Europäischen Aktiengesellschaft – Societas Europaea, 2. Aufl. 2014; *Kallmeyer,* Das monistische System in der SE mit Sitz in Deutschland, ZIP 2003, 1531; *Kiefner/Freibel,* Zulässigkeit eines Aufsichtsrats mit einer nicht durch drei teilbaren Mitgliederzahl bei einer SE mit Sitz in Deutschland, NZG 2010, 537; *Kiem,* Erfahrungen und Reformbedarf bei der SE – Entwicklungsstand, ZHR 173 (2009), 156; *Kort,* Corporate Governance-Fragen der Größe und Zusammensetzung des Aufsichtsrats bei AG, GmbH und SE, AG 2008, 137; *Krause,* Die Mitbestimmung der Arbeitnehmer in der Europäischen Gesellschaft (SE), BB 2005, 1221; *Lutter,* Zum Beschluss des Aufsichtsrats über den Verzicht auf eine Haftungsklage gegen den Vorstand, FS Hoffmann-Becking, 2013, 747; *Lutter/Hommelhoff/Teichmann,* SE-Kommentar, 2. Aufl. 2015; *Lutter/Hommelhoff,* Die Europäische Gesellschaft, 2005; *Manz/Mayer/Schröder,* Europäische Aktiengesellschaft – SE, 3. Aufl. 2019; *Metz,* Die Organhaftung bei der monistisch strukturierten Europäischen Aktiengesellschaft mit Sitz in Deutschland, 2009; *Müller-Bonanni,* Arbeitnehmerbeteiligung bei SE-Gründung und grenzüberschreitender Verschmelzung im Vergleich, BB 2009, 1699; *Müller-Bonanni/Melot de Beauregard,* Mitbestimmung in der Societas Europae, GmbHR 2005, 195; *Nikoleyczik,* Mitbestimmungsgestaltung im grenzüberschreitenden Konzern, DStR 2010, 1743; *Oetker,* Unternehmensmitbestimmung in der SE kraft Vereinbarung, ZIP 2006, 1113; *Oetker,* Unternehmerische Mitbestimmung kraft Vereinbarung in der Europäischen Gesellschaft (SE), FS Konzern, 2006, 635; *Ott,* Aufsichtsorgan in der SE, in Semler/v. Schenck/Wilsing, Arbeitshandbuch für Aufsichtsratsmitglieder, 5. Aufl. 2021, § 21; *Reichert,* Existenzgefährdung bei der Durchsetzung von Organhaftungsansprüchen, ZHR 177 (2013), 756; *Reichert,* Corporate Compliance und der Grundsatz der Verhältnismäßigkeit, FS Hoffmann-Becking, 2013, 943; *Reichert,* Wettbewerb der Gesellschaftsformen – SE oder KGaA zur Organisation großer Familiengesellschaften, ZIP 2014, 1957; *Reichert/Brandes,* Mitbestimmung der Arbeitnehmer in der SE: Gestaltungsfreiheit und Bestandsschutz, ZGR 2003, 767; *Rieble,* Schutz vor paritätischer Unternehmensmitbestimmung, BB 2006, 2018; *Rodewig/Rothley,* Mitwirkung des Aufsichtsrats bei einzelnen Maßnahmen der Geschäftsführung, in Semler/v. Schenck/Wilsing, Arbeitshandbuch für Aufsichtsratsmitglieder, 5. Aufl. 2021, § 9; *Roth,* Die unternehmerische Mitbestimmung in der monistischen SE, ZfA 2004, 431; *Schiessl,* Leitungs- und Kontrollstrukturen im internationalen Wettbewerb, ZHR 167 (2003), 235; *Schönborn,* Die monistische Societas Europaea in Deutschland im Vergleich zum englischen Recht, 2007; *Schuberth/von der Höh,* Zehn Jahre „deutsche" SE – Eine Bestandsaufnahme, AG 2014, 439; *Schumacher,* Vertretung in Organsitzungen der Societas Europaea (SE), NZG 2009, 697; *Schwarz,* SE-VO, Kommentar, 2006; *Seibt,* Privatautonome Mitbestimmungsvereinbarungen: Rechtliche Grundlagen und Praxishinweise, AG 2005, 413; *Seitz,* Die Geschäftsführer einer monistischen Societas Europaea (SE) mit Sitz in der Bundesrepublik Deutschland, 2010; *Sigle,* Zur Mitbestimmung bei der SE & Co. KG, FS Hommelhoff, 2012; *Spitzbart,* Die Europäische Aktiengesellschaft (Societas Europaea – SE) – Aufbau und Gründung, RNotZ 2006, 369; *Teichmann,* Neuverhandlung einer SE-Beteiligungsvereinbarung bei „strukturellen Änderungen", FS Hellwig, 2010, 347; *Teichmann,* Gestaltungsfreiheit in Beteiligungsvereinbarungen, AG 2008, 797; *Teichmann,* Mitbestimmung und grenzüberschreitende Verschmelzung, Der Konzern 2007, 89; *Teichmann,* Gestaltungsfreiheit im monistischen Leitungssystem der Europäischen Aktiengesellschaft, BB 2004, 53; *Teichmann,* Die Einführung der Europäischen Aktiengesellschaft, ZGR 2002, 383; *Teichmann,* Bestandsschutz für die Mitbestimmung bei Umwandlung in eine SE, ZIP 2014, 1049; *Thamm,* Die Organisationautonomie der monistischen

Societas Europaea bezüglich ihrer geschäftsführenden Direktoren, NZG 2008, 132; *Theisen/Wenz,* Die Europäische Aktiengesellschaft, 2. Aufl. 2005; *Verse,* Das Weisungsrecht des Verwaltungsrats der monistischen SE, FS Hoffmann-Becking, 2013, 1277; *Wicke,* Die SE als Familienunternehmen, RNotZ 2020, 25.

## A. Grundlagen

Seit nahezu zwanzig Jahren erfreut sich die Europäische Aktiengesellschaft (Societas Europaea – SE) zunehmender Beliebtheit[1] – und dies nicht nur bei den DAX-Unternehmen.[2] Doch die meisten SE findet man in der mittelständischen Unternehmenslandschaft, insbesondere bei Familiengesellschaften, da besonders hier die Vorteile überwiegen.[3] Von besonderem Gewicht ist hierbei die Börsenfähigkeit einerseits und die Bewahrung des maßgeblichen Einflusses der Familie andererseits.[4] 1

### I. Besonderheiten der SE

Bei der SE handelt es sich um eine europäische Gesellschaftsrechtsform, die in der Regel **grenzüberschreitend** von ihren Gründungsvätern angedacht ist, aber aufgrund der Möglichkeit des Erwerbs von Vorratsgesellschaften in Form einer SE auch nicht selten einen rein nationalen Zuschnitt aufweist. Das zugrundeliegende Statut der Europäischen Aktiengesellschaft (SE) in Form der Europäischen SE-VO vom 8.10.2001 (ABl. 2001 L 294, 1) verweist ergänzend auf das Recht des jeweiligen Sitzungsstaats. Insofern gibt es so viele SE, wie es Mitgliedstaaten der Europäischen Union gibt. Nachfolgend wird daher ausschließlich die deutsche SE abgehandelt. 2

**Kodifiziert** ist diese neben der SE-VO im deutschen SE-Ausführungsgesetz (SEAG) vom 22.12.2004 (BGBl. 2004 I 3675), und ergänzend zur Europäischen SE-RL (Richtlinie 2001/86/EG des Rates vom 8.10.2001 zur Ergänzung des Statuts der Europäischen Gesellschaft betreffend die Beteiligung der Arbeitnehmer, ABl. 2001 L 294, 22) das deutsche Gesetz über die Beteiligung der Arbeitnehmer in einer Europäischen Gesellschaft (SE-Beteiligungsgesetz – SEBG), ebenfalls vom 22.12.2004 (BGBl. 2001 I 3675). 3

Neben grenzüberschreitenden Gesichtspunkten stehen für die Gründungen[5] vor allen Dingen solche der **Corporate Governance** im Vordergrund. Ein wesentlicher Beweggrund ist nicht selten die mögliche Flexibilität in dem starren System der **Mitbestimmung** nach dem Mitbestimmungsgesetz (1976) bzw. dem Drittelbeteiligungsgesetz.[6] Hierbei gelingt es den Unternehmen, entweder die Mitbestimmung, die zuvor zur Anwendung kommt oder hätte kommen müssen, ganz abzuwenden oder zumindest deren Ausmaße zu beschränken.[7] Diese Ziele lassen sich allerdings auch über den Weg einer grenzüberschreitenden Verschmelzung erreichen.[8] Nur die SE als kapitalmarkttaugliche 4

[1] Zum 31.12.2020 bestanden in Deutschland insgesamt 413 operative SEs mit mindestens fünf Arbeitnehmern; davon waren 256 in der dualistischen und 157 in der monistischen Struktur organisiert, vgl. SE-Datenblatt der Hans-Böckler-Stiftung, Institut für Mitbestimmung und Unternehmensführung I.M.U., Stand: 31.12.2020, abrufbar im Internet unter https://www.boeckler.de.

[2] Allianz, BASF, Fresenius, SAP, E.ON, Uniper, MAN sowie Porsche stehen stellvertretend für die börsennotierten SE-Unternehmen; die SNP Schneider Neureither & Partner SE ist ein Bsp. für eine börsennotierte SE unter monistischer Führung.

[3] ZB Conrad Gruppe mit sogar mehreren SE, Freudenberg, Deichmann, Röchling, Bertelsmann uvam; zT in der Form der SE & Co. KG bzw. der SE & Co. KGaA.

[4] Zum Vergleich der SE mit der KGaA als alternative Gesellschaftsform für große Familiengeschäfte s. grundsätzlich *Reichert* ZIP 2014, 1957 ff.

[5] Zu den Gründungsformen s. *Sigle* FS Hommelhoff, 2012, 1124.

[6] *Schuberth/von der Höh* AG 2014, 439 (440 unter I und 444 unter III).

[7] Bestandsschutz für die Mitbestimmung gilt zumindest bei Umwandlung in eine SE, s. *Teichmann* ZIP 2014, 1049 ff.

[8] *Brandes* ZIP 2008, 2193 (2194).

Gesellschaftsform vermag hingegen das Hineinwachsen in die Drittel-Mitbestimmung bzw. die paritätische Mitbestimmung aufgrund internen Wachstums zu blockieren.

### II. Vorteile einer SE

5 Die **Gründe für die Wahl einer SE** sind unter anderem:

- die Möglichkeit, einen deutlich verkleinerten Aufsichtsrat einzurichten (in einer mitbestimmten großen Aktiengesellschaft (AG) sind im Aufsichtsrat gesetzlich zwingend zum Teil bis zu 20 Mitglieder, in Montanunternehmen bis zu 21 Mitglieder). Bei der SE bestimmen die Anteilseigner via Satzung die Größe des mitbestimmten Aufsichtsrats (unter Beachtung geringer Vorgaben, wie zB Teilbarkeit durch drei). Häufig findet daher im Rahmen der Umwandlung von AG in SE eine Reduzierung von 20 auf zwölf Mitglieder statt;[9]
- die Möglichkeit einer vereinfachten Sitzverlegung in ein anderes EU-Land (obwohl seit einiger Zeit auch für nationale Rechtsformen die Rechtsprechung des EuGH es ermöglicht, den Sitz ins EU-Ausland zu verlegen, allerdings nur unter Umwandlung in eine nationale Gesellschaftsrechtsform des neuen Sitzlandes);[10]
- die Möglichkeit, die Auswirkungen der Mitbestimmung zu begrenzen und sie theoretisch sogar durch Vereinbarung mit den Arbeitnehmern gänzlich abzubedingen (je nach SE-Gründungsvariante);
- eine größere Flexibilität in der Corporate Governance, insbesondere bei Wahl der monistischen Führungsstruktur bei gleichzeitigem Kapitalmarktzugang;[11]
- die höhere Reputation dieser Gesellschaftsrechtsform im Ausland gegenüber einer AG aufgrund des europäischen Bezuges;
- eine Vereinheitlichung der Konzernstruktur durch Konzentrierung auf eine von allen EU-Staaten akzeptierte Gesellschaftsform;
- vereinfachter Wechsel der Führungsstruktur in der SE durch Wechsel von der dualistischen zur monistischen Leitung und umgekehrt;[12]
- eine vereinfachte Corporate Identity durch Identifizierung aller Mitarbeiter im In- und Ausland mit der europäischen Gesellschaftsform sowie
- eine Gleichbehandlung aller Mitarbeiter im In- und Ausland im Rahmen ihrer gleichberechtigten Vertretung in den mitbestimmten Aufsichtsgremien.

## B. Vorbemerkung zur Führungsstruktur

6 Nachfolgend werden die **wesentlichen Merkmale** der SE und deren **Unterschiede** im Vergleich zur AG aufgezeigt. Angesichts des begrenzten Umfangs der nachfolgenden Abhandlung kann notgedrungen nur versucht werden, dem Leser die Entscheidungsparameter für die Wahl einer SE und die wesentlichen Unterschiede in der Geschäftsführung im Vergleich zum Vorstand einer AG oder GmbH grob aufzuzeigen. Zur Vertiefung einzelner Problemkreise wird im Text auf die im Literaturverzeichnis aufgeführten Kommentare zum SE-Recht verwiesen.

7 Als einzige Gesellschaftsrechtsform erlaubt die SE eine **flexible Führungsstruktur,** die eine Wahl zwischen einer dualistischen Leitung, die mit Aufsichtsrat und Vorstand im Wesentlichen der Struktur in der Aktiengesellschaft entspricht, und einer monistischen Führung zulässt, wie sie aus dem Gesellschaftsrecht anderer Staaten bekannt ist. So wird die

---

[9] ZB Allianz und BASF; s. *Schuberth/von der Höh* AG 2014, 439 (443 unter II 5 zur statistischen Erhebung).
[10] EuGH NJW 2009, 569 – Cartesio; NZG 2012, 871 – Vale.
[11] *Hommelhoff* FS Ulmer, 2003, 267 (274).
[12] *Graßl/Nikoleyczik* AG 2020, 881 (886 ff.).

Schweizer AG geführt durch einen Verwaltungsrat, der selbst die ihm obliegende Geschäftsführung auf eigene Mitglieder oder Dritte delegieren kann. In Frankreich gibt es in der Société Anonyme (SA) nebst der uns bekannten klassischen Zweiteilung in Form eines Conseil de Surveillance und eines Directoire ein Wahlrecht zwischen einer Führung durch den Conseil d'Administration mit einem Président Directeur Général (PDG) an der Spitze, der sowohl den Verwaltungsrat als auch die Geschäftsführung leitet, und einem Verwaltungsrat mit einem Président an der Spitze und einem Directeur Général als geschäftsführendem Direktor[13] (hier ist also eine Mischform gestattet). Im anglo-amerikanischen System wird die Corporation bzw. PLC von einem Board of Directors geführt. Auch hier wird unterschieden zwischen executive und non-executive Directors. Unter deutschen Kapitalgesellschaften ist diese Flexibilität nur bei der nicht kapitalmarktfähigen GmbH denkbar.

Gerade bei grenzüberschreitenden Fusionen stieß in der Vergangenheit das deutsche 8
Modell der strikten Trennung von Vorstand und Aufsichtsrat, insbesondere einhergehend mit dem in mitbestimmten Unternehmen hälftig mit Arbeitnehmervertretern besetzten Aufsichtsrat, oft auf Unverständnis.[14] Das Verwaltungsrats- bzw. **One Tier Board-System** ermöglicht hingegen eine **engere Einbindung der Anteilseigner** in die Geschäftstätigkeit des Unternehmens, insofern einen verbesserten Informationsfluss innerhalb des Leitungsorgans und damit eine größere Effizienz in der unternehmerischen Entscheidungsfindung[15] einerseits und zum anderen eine größere Flexibilität und gestaltungsoffenere Handhabung.[16] Es wird zum Teil bemängelt, dass diese Nähe zum Geschäft aber auch die Kontrolle und Überwachung erschwert.[17] Die entsprechenden Zusammenbrüche großer Gesellschaften wie ENRON, WORLDCOM oder LEHMAN-BROTHERS zeigen, dass auch das One-Tier-Board-System durchaus risikobehaftet sein kann. Letztendlich muss bei der Wahl der passenden Führungsstruktur immer auf die Besonderheiten des Einzelfalls abgestellt werden.

## C. Dualistische Führung

Beim dualistischen System hat der Gesetzgeber weitestgehend auf das AktG verwiesen 9
(Art. 10 SE-VO), im Gegensatz zum monistischen System, wo er von seiner Regelungsbefugnis Gebrauch gemacht und zB den „geschäftsführenden Direktor" eingeführt hat.[18]

Folglich entspricht die **Rechtsstellung** von Vorstand und Aufsichtsrat in der dualisti- 10
schen Leitung einer SE weitgehend derjenigen in der **AG.**[19] Während die Leitung der Gesellschaft dem Vorstand obliegt, gebührt dem Aufsichtsrat die Überwachung und Beratung des Vorstandes. Ausdrücklich ist es dem Aufsichtsrat aufgrund der Verweisung gem. Art. 9 Abs. 1 lit. c (ii) SE-VO auf das nationale Aktienrecht (§ 111 Abs. 4 S. 1 AktG) untersagt, Maßnahmen der Geschäftsführung wahrzunehmen. Allerdings findet die Einmischung in Geschäftsführungsangelegenheiten in Form von Zustimmungserfordernissen statt, die entweder in der Satzung oder in den Geschäftsordnungen für Aufsichtsrat und Vorstand ausdrücklich verankert sind, letztlich aber auch ad hoc vom Aufsichtsrat beschlossen werden können.[20] Setzt der Vorstand sich über die fehlende Zustimmung hinweg, so ist die Maßnahme nach außen aufgrund seiner unbeschränkten Vertretungsbefugnis zwar wirksam

[13] *Hoffmann-Becking* ZGR 2004, 355 (375).
[14] *Stettes* AG 2007, 611 Rn. 14.
[15] *Teichmann* BB 2004, 53: „Gestaltungsfreiheit im monistischen System".
[16] LHT SE/*Teichmann* SE-VO Art. 38 Rn. 29; zur Gegenüberstellung der beiden Systeme *Schiessl* ZHR 2003, 235 (241 ff.).
[17] *Bachmann* ZGR 2008, 779 (788) mwN in Fn. 41.
[18] LHT SE/*Teichmann* SE-VO Art. 38 Rn. 45.
[19] Eingehend zu Unterschieden *Rahlmeyer/Klose* NZG 2019, 854.
[20] Zum Umgang mit zustimmungspflichtigen Geschäften in *Rodewig/Rothley* in SSW AR-HdB § 9 Rn. 6 ff.

(ausgenommen in Fällen kollusiven Zusammenwirkens), er macht sich aber im Innenverhältnis gegenüber der Gesellschaft regresspflichtig. Ebenso wie in der Aktiengesellschaft führt der Vorstand der SE die Geschäfte „in eigener Verantwortung", dh auch weisungsunabhängig von Aufsichtsrat und Hauptversammlung[21] (Art. 39 Abs. 1 S. 1 SE-VO, § 76 Abs. 1 AktG). Auch die Verantwortlichkeit und die Sorgfaltspflichten eines Vorstandes in SE oder AG unterscheiden sich nicht (Art. 9 Abs. 1 lit. c ii SE-VO iVm § 93 Abs. 1 S. 1 AktG). Ebenso gelten für die Vergütung dieselben Vorschriften und Grundsätze (Art. 9 Abs. 1 lit. c ii SE-VO iVm § 87 Abs. 1 AktG). Gleiches trifft auf die Berichtspflichten des Vorstandes gegenüber dem Aufsichtsrat zu (Art. 41 SE-VO, §§ 90, 111 Abs. 2 S. 1 AktG).

11 **Abweichungen** ergeben sich jedoch insbesondere wie folgt: Handelt es sich um eine dem **MitbestG** von 1976 unterliegende Aktiengesellschaft, so ist gem. § 33 MitbestG ein Arbeitsdirektor als gleichberechtigtes Mitglied des Vorstandes zu bestellen. Mangels Geltung des MitbestG ist es in der mitbestimmten SE ausreichend, wenn das Ressort „Arbeit und Soziales" von einem Vorstandsmitglied mitverantwortet wird, ohne dass eine Gleichstellung verlangt wird. Demzufolge kann auch in der dualistisch strukturierten SE dem Vorstandsvorsitzenden ein Zweitstimmrecht im Stichentscheid oder sogar ein Vetorecht eingeräumt werden.[22] Die bei Anwendung des MitbestG von 1976 abgeleitete Gleichberechtigung des Arbeitsdirektors hat in der AG eine solche Machtverlagerung in Einzelfällen auf den Vorsitzenden des Vorstandes nach hM verhindert.[23]

12 Auch die **besonderen Mitwirkungsrechte der Arbeitnehmervertreter** im Aufsichtsrat bei der Bestellung des Vorstandes entsprechend den Regeln des MitbestG gelten in der SE nicht. Während in einer mitbestimmten AG die Vorstandsmitglieder mit einer Zweidrittelmehrheit gem. § 31 Abs. 2 MitbestG bestellt werden, genügt in der SE die einfache Mehrheit (Art. 50 Abs. 1 lit. b SE-VO). Dadurch wird das umständliche Verfahren bei Nichterreichen der Zweidrittel-Mehrheit in Form eines zweiten und dritten Wahlgangs entsprechend § 31 Abs. 3 MitbestG entbehrlich. Aufgrund der Zweitstimme des Aufsichtsrats-Vorsitzenden setzt sich auch in einer Pattsituation in der Regel der Kandidat der Anteilseigner im ersten Wahlgang durch (Art. 50 Abs. 2 S. 1 SE-VO).

13 Eine weitere Besonderheit ergibt sich in der **Bestelldauer.** Abweichend von der Fünf-Jahres-Höchstbestelldauer gem. § 84 Abs. 1 S. 1 AktG kann ein Vorstandsmitglied in der SE für maximal sechs Jahre bestellt werden (Art. 46 Abs. 1 SE-VO), auch wenn angesichts der Tendenz zu einer eher kürzeren Bestelldauer von dieser Möglichkeit in den SE-Satzungen nur selten Gebrauch gemacht wird.

14 Auch für die **Wiederbestellung eines Vorstandsmitgliedes** gilt nicht die starre Frist des § 84 Abs. 1 S. 3 AktG. In der AG darf der Aufsichtsratsbeschluss frühestens ein Jahr vor Ablauf der bisherigen Amtszeit gefasst werden. In der SE kann ein solcher Beschluss auch früher gefasst werden, soweit zu keinem Zeitpunkt die Gesamtbestellzeit gem. Art. 46 SE-VO inklusive der noch ausstehenden Amtszeit die Höchstbestellzeit von sechs Jahren überschreitet.

## D. Monistische Führung

15 Eine monistische Führung, wie in der SE zulässig, ist dem deutschen Aktienrecht fremd. Im AktG finden sich hierzu keine Regeln. Die Spezifika dieser Führung sind in den Art. 43–54 SE-VO und hierauf aufbauend in den §§ 20–49 SEAG zusammengefasst, die die korrelierenden Vorschriften der §§ 76–116 AktG ersetzen.

[21] Str., ob beim Übernahmerecht die Hauptversammlung Weisungen erteilen kann, s. *Rodewig/Fischbach* in Reichert HV-HdB § 10 Rn. 22.

[22] Kölner Komm AktG/*Siems/Müller-Leibenger* SE-VO Art. 50 Rn. 13 ff.; LHT SE/*Teichmann* SE-VO Art. 50 Rn. 8; mit Einschränkungen auch MüKoAktG/*Reichert/Brandes* SE-VO Art. 50 Rn. 31 ff.

[23] BGHZ 89, 48; MüKoAktG/Annuß MitbestG Anh. § 33 Rn. 16; ErfK/*Oetker* MitbestG § 33 Rn. 8.

16 Hiernach wird die SE vom **Verwaltungsrat** und den **geschäftsführenden Direktoren** geleitet. Diese Zweiteilung ähnelt zwar dem dualistischen System. Im Gegensatz hierzu schließt die monistische Struktur eine Zugehörigkeit zu beiden Gremien jedoch nicht aus, sondern ist in der Praxis vielmehr häufig anzutreffen. Der wesentliche Unterschied liegt in der **Weisungsabhängigkeit** der geschäftsführenden Direktoren vom Verwaltungsrat ähnlich den GmbH-Geschäftsführern von den Gesellschaftern.[24] Der Hauptversammlung hingegen steht ein Weisungsrecht nicht zu; ein solches ist im Aktienrecht nicht vorgesehen.[25] Der Verwaltungsrat entscheidet über den Umfang der Weisung und auch darüber, ob er selbst sich mit dem Tagesgeschäft befasst oder sich eher auf eine Überwachungsfunktion zurückzieht. Eine Selbstbeschränkung auf ausschließliche Überwachungsaufgaben dürfte hingegen unzulässig sein und gegen § 22 SEAG verstoßen,[26] ebenso wie ein Verzicht auf ein geschäftsführendes Direktorium unzulässig wäre. Dahinter steht die Intention des Gesetzgebers der Wahrung des im dualistischen System bewährten „Vier-Augen-Prinzips".[27]

17 Grundsätzlich ist der **Verwaltungsrat** das **oberste Leitungsorgan** der Gesellschaft. Er vereinigt die Aufgaben von Aufsichtsrat und Vorstand, denn der Verwaltungsrat leitet die Gesellschaft, bestimmt deren Tätigkeit und überwacht deren Umsetzung (§ 22 Abs. 1 SEAG). Dessen Sorgfaltspflicht gleicht der des Vorstandes durch Verweis in § 39 SEAG auf § 93 AktG.[28]

18 **Nach außen** wird die Gesellschaft jedoch repräsentiert von einem oder mehreren **geschäftsführenden Direktoren,** in einer mitbestimmten SE von mindestens zwei geschäftsführenden Direktoren, hiervon deckt einer als sog. Arbeitsdirektor den Bereich „Arbeit und Soziales" ab (§ 38 Abs. 2 S. 2 SEBG). Diese werden vom Verwaltungsrat bestellt (§ 40 Abs. 1 S. 1 SEAG), können selbst aber auch Mitglieder des Verwaltungsrats sein. Anders als der Vorstand einer AG (§ 76 AktG) leiten die geschäftsführenden Direktoren jedoch nicht die Gesellschaft in eigener Verantwortung.[29] Vielmehr sind sie für die laufenden Geschäfte verantwortlich, während die Zuständigkeit des Verwaltungsrats die außergewöhnlichen Geschäfte und die Leitungsverantwortung umfasst.[30] Insofern erleichtern sie die Aufgabe des Verwaltungsrats, sie entlasten ihn hingegen nicht von der Verantwortung als oberstes Leitungsorgan.[31]

## I. Anzahl/Bestellung/Zusammensetzung des Verwaltungsrats

### 1. Größe des Verwaltungsrats

19 In der Regel besteht der Verwaltungsrat aus **mindestens drei Mitgliedern.** Bei kleinen SE mit einem Grundkapital kleiner 3 Mio. EUR und soweit keine Arbeitnehmervertreter Anspruch auf einen Sitz im Verwaltungsrat erheben, ist sogar nur eine Person zulässig.[32] Dieser bestellt für das Tagesgeschäft einen geschäftsführenden Direktor, so dass das gesamte Leitungsgremium aus nur zwei Personen bestehen kann. Diese schlanke Aufstellung ist vor allem für Gesellschaften mit wenigen Mitarbeitern, zB als Holdinggesellschaft oder für Fa-

---

[24] *Spitzbart* RNotZ 2006, 369 (378) mwN in Fn. 95); *Wicke* RNotZ 2020, 25 (31).
[25] MüKoAktG/*Reichert/Brandes* SE-VO Art. 43 Rn. 9 iVm Art. 38 Rn. 15; s. auch LHT SE/*Teichmann* SE-VO Art. 38 Rn. 45.
[26] *Spitzbart* RNotZ 2006, 369 (378).
[27] Begr. RegE zum SEEG, BT-Drs. 15/3405, 37.
[28] LHT SE/*Teichmann* SEAG § 39 Rn. 4 (SE-VO Anh. Art. 43). Das BSG hat jüngst im Zusammenhang mit der Klärung der Frage, ob Verwaltungsratsmitglieder einer Versicherungspflicht in der gesetzlichen Rentenversicherung unterliegen, eingehend die Parallelen zwischen Verwaltungsrat und Vorstand herausgearbeitet, vgl. BSG, BeckRS 2020, 37863 Rn. 18 ff.
[29] *Spitzbart* RNotZ 2006, 369 (378 mwN in Fn. 97).
[30] *Wicke* RNotZ 2020, 25 (32).
[31] LHT SE/*Teichmann* SE-VO Art. 43 Rn. 12 ff.
[32] LHT SE/*Drygala* SE-VO Art. 39 Rn. 50 f.; *Wicke* RNotZ 2020, 25 (31).

miliengesellschaften in der ersten und zweiten Generation von Interesse, wo zum Teil der Familienpatriarch noch alle Fäden selbst in der Hand hält.[33] Unabhängig von der Größe des Gremiums muss die Mehrheit aus nicht-geschäftsführenden Vertretern bestehen (§ 40 Abs. 1 S. 2 SEAG).

20 Grundsätzlich bestimmt die **Satzung** die Größe des Verwaltungsrats, ggf. auch die Mitglieder des ersten Verwaltungsrats, soweit letzteres nicht der Hauptversammlung überlassen wird, die ansonsten für die Wahl der Verwaltungsratsmitglieder ohnehin zuständig ist. Insofern kann die Größe des Aufsichtsrats in der dualistischen Struktur aufgrund der Regelungskompetenz der Hauptversammlung als Satzungsgeber auch nicht durch eine Vereinbarung zwischen Arbeitnehmern und Vorstand gem. §§ 21, 34–38 SEBG eingeschränkt werden. Verhandelt werden kann nach hM immer nur die Beteiligungshöhe der Arbeitnehmervertreter im Verwaltungsrat (dh ein Drittel oder ein Halb), nicht aber die absolute Größe des Aufsichtsrats/Verwaltungsrats (dh also nicht zB ob ein 12-, 16- oder 20-köpfiges Gremium eingerichtet wird).[34]

21 Daher gibt die **Auffangklausel** in einer mitbestimmten SE mit dem „Vorher-Nachher-Prinzip" nicht die absolute Größe vor (diese wird in der Satzung geregelt), sondern nur die relative Beteiligung der mitbestimmten Sitze. Das bedeutet, der Bestandsschutz erstreckt sich lediglich auf den Proporz gem. § 35 Abs. 2 S. 2 SEBG.[35]

22 Bei Anwendung des **DrittelbG** muss die Zahl der Verwaltungsratsmitglieder durch drei teilbar sein, bei paritätischer Mitbestimmung ist unter Beachtung der Obergrenze jede gerade Zahl zulässig.[36]

23 Insofern kann in Beteiligungsvereinbarungen eine absolute Zahl nicht vereinbart werden.[37] Denn Art. 43 Abs. 2 SE-VO weist die Entscheidung über die Organgröße explizit dem **Satzungsgeber** zu.[38] Ggf. ist die Satzung je nach Beteiligung der Arbeitnehmer anzupassen. Ansonsten wäre die Satzung nichtig (§ 134 BGB, § 241 Nr. 3 AktG).

## 2. Stellvertretung/Ersatzmitgliedschaft

24 In Ergänzung des Art. 43 Abs. 3 SE-VO regelt § 28 SEAG, dass eine Bestellung von Stellvertretern **unzulässig** ist (ähnlich dem Aufsichtsrat, aber im Unterschied zum Vorstand in der dualistischen Struktur). Ersatzmitglieder können jedoch gleichzeitig mit den Mitgliedern bestellt werden und auch nur längstens für die noch ausstehende Amtszeit des Mitglieds. Sie rücken bei Vakanz des ursprünglich gewählten Mitglieds für die restliche Amtszeit nach, soweit die Hauptversammlung nicht bereits zuvor einen Ersatz bestimmt hat. Werden Mitglieder entsandt, ist dies in der Satzung zu regeln und darf ein Drittel der Anteilseignervertreter nicht überschritten werden (§ 101 Abs. 2 S. 4 AktG). Die Ersatzmitglieder haben die gleichen Voraussetzungen zu erfüllen wie ihre Vorgänger. Dies gilt sowohl für die Anteilseigner- als auch für die Arbeitnehmervertreter. Ein leitender Angestellter kann also auch nur durch einen leitenden Angestellten ersetzt werden wie auch ein Gewerkschaftler nur durch einen Gewerkschaftler. Die **Entsendung** erfolgt durch Benennung des Entsendungsberechtigten gegenüber den geschäftsführenden Direktoren bzw. dem Vorstand als den Vertretern der SE[39] oder gegenüber dem Aufsichtsrats- bzw. Verwaltungsrats-Vorsitzenden.[40]

---

[33] Zu Mindest- und Höchstgrenzen LHT SE/*Teichmann* SEAG § 23 Rn. 4 ff. (SE-VO Anh. Art. 43).
[34] *Spitzbart* RNotZ 2006, 369 (377 Fn. 83).
[35] So auch explizit Begr. RegE zum SEEG, BT-Drs. 15/3405, 54.
[36] Kölner Komm AktG/*Siems/Müller-Leibenger* SEAG § 23 Rn. 7 (SE-VO Anh. Art. 51); Habersack/Henssler/*Habersack* SEBG § 35 Rn. 6; BeckOGK/*Eberspächer* SE-VO Art. 43 Rn. 27 f.; aA *Teichmann* in Lutter/Hommelhoff, Die Europäische Gesellschaft, 2005, 195, 202 f.: hiernach auch ungerade Zahl mit leichter Unterparität zulässig.
[37] Str., s. LHT SE/*Teichmann* SEAG § 23 Rn. 7 (SE-VO Anh. Art. 43) mwN.
[38] Ausführlich *Habersack* AG 2006, 345 (351 ff.); *Habersack* ZHR (2007), 613 (632 ff.).
[39] LHT SE/*Teichmann* SEAG § 28 SEAG Rn. 8 (SE-VO Anh. Art. 43); Hüffer/Koch/*Koch* AktG § 101 Rn. 12.
[40] Hierzu statt aller GroßkommAktG/*Hopt/Roth* § 101 Rn. 136 mwN.

### 3. Bestelldauer

Die Bestelldauer eines Organmitglieds (Aufsichtsrat, Vorstand oder Verwaltungsrat) in der SE beträgt im Unterschied zur AG (dort fünf Jahre gem. § 84 Abs. 1 S. 1 AktG, § 102 Abs. 1 S. 1 AktG) **maximal sechs Jahre** (Art. 46 Abs. 1 SE-VO). 25

### 4. Gesetzliche Vorgaben

Gesetzliche Vorgaben zum Verwaltungsrat beschränken sich darauf, vorzuschreiben, dass 26
- dem Verwaltungsrat mindestens drei Mitglieder angehören müssen (Ausnahme im Falle einer kleinen SE mit einem Grundkapital kleiner als 3 Mio. EUR und soweit nicht mitbestimmt; → Rn. 19);
- je nach Beteiligung der Arbeitnehmer nach § 35 SEBG oder einer entsprechenden Arbeitnehmervereinbarung die Anzahl bei einer Drittelbeteiligung der Arbeitnehmer im Verwaltungsrat durch drei teilbar ist, bei einer paritätischen Mitbestimmung bedarf es einer geraden Anzahl;
- je nach Grundkapital der SE die Höchstzahl von neun, 15 oder 21 Mitgliedern nicht überschritten werden darf (§ 23 Abs. 1 S. 3 SEAG);
- soweit der Verwaltungsrat nur aus einer Person besteht, dieser die Befugnisse eines Verwaltungsrats-Vorsitzenden zustehen (§ 34 Abs. 1 S. 3 SEAG);
- der Verwaltungsrats-Vorsitzende im Falle der Beteiligung von Arbeitnehmervertretern im Verwaltungsrat zwingend nur von den Anteilseignern zu wählen ist (Art. 45 S. 2 SE-VO), ebenso sein Stellvertreter, soweit ihm ein Zweitstimmrecht im Falle der Verhinderung des Vorsitzenden zugestanden wird[41] (Art. 50 Abs. 2 SE-VO). Dies schließt jedoch eine Stellvertretung durch einen Arbeitnehmervertreter nicht aus;
- der Verwaltungsrat zwar interne Verwaltungsratsmitglieder als geschäftsführende Direktoren bestellen kann, die nicht geschäftsführenden Mitglieder im Verwaltungsrat aber stets in der Mehrheit bleiben müssen;[42]
- in dem Verwaltungsrat einer börsennotierten und paritätisch mitbestimmten SE Frauen und Männer jeweils mit einem Anteil von mindestens 30 Prozent vertreten sein müssen (§ 24 Abs. 3 S. 1 SEAG).

### 5. Statusverfahren

Eine Änderung der Zusammensetzung ist nur auf dem Wege des Statusverfahrens nach §§ 25, 26 SEAG möglich. Bis zum Abschluss des Statusverfahrens genießt die bisherige Zusammensetzung **Bestandsschutz**.[43] 27

Die **Bekanntmachung über die Zusammensetzung** des Verwaltungsrats in § 25 SEAG ist dem § 97 AktG nachgebildet. Solange die beiden Stufen des sog. Statusverfahrens, außergerichtlich (§ 25 SEAG) und gerichtlich (§ 26 SEAG), nicht durchlaufen sind, hat die bisherige Zusammensetzung Bestand.[44] Die gerichtliche Entscheidung über die Zusammensetzung des Verwaltungsrats entsprechend § 26 SEAG erfolgt in Anlehnung an das aktienrechtliche Vorbild der §§ 98 ff. AktG. Antragsberechtigt ist im dualistischen System unter anderem der Vorstand, dies entspricht im monistischen dem Verwaltungsrat, also nicht die geschäftsführenden Direktoren. Damit können Beschlüsse des Verwaltungsrats nicht unter Hinweis auf die falsche Besetzung gekippt werden.[45] Nach § 25 Abs. 1 SEAG 28

[41] Meinungsstreit bei *Kiem* ZHR 173 (2009), 156 (168).
[42] Zur Begründung, die aus der Mitbestimmung resultiert, *Teichmann* BB 2004, 53 (54).
[43] Unter anderem MüKoAktG/*Habersack* § 96 Rn. 61.
[44] Bezüglich des Statusverfahrens wird auf die einschlägige Kommentierung zu §§ 96, 97 ff. AktG verwiesen.
[45] Begr. RegE zum SEEG, BT-Drs. 15/3405, 37; Habersack/Drinhausen/*Verse* SEAG § 24 Rn. 2 (SE-VO Anh. § 43).

kann auch die Übereinstimmung mit den „maßgeblichen vertraglichen“ Vorschriften überprüft werden, womit die Mitbestimmungsvereinbarung iSd § 21 SEBG gemeint ist.[46]

29 Bei der Bestellung des ersten Verwaltungsrats ist nach hM **kein Statusverfahren** erforderlich (Art. 43 Abs. 3 SE-VO).[47] Der Mitbestimmung wird durch die Verhandlungsnotwendigkeit Rechnung getragen, da die Eintragung ins Handelsregister erst dann erfolgt, wenn das Verhandlungsverfahren über die Mitbestimmung abgeschlossen ist (Art. 12 Abs. 2 SE-VO) und die Satzung entsprechend angepasst wurde (Art. 12 Abs. 4 SE-VO).

30 **Abweichende Bestimmungen** in der **Satzung** rechtfertigen hingegen kein Statusverfahren, da die Satzung dem Arbeitnehmerbeteiligungsverfahren entzogen ist.[48] Insofern können Gegenstand einer Mitbestimmungsvereinbarung nicht die absolute Anzahl der Aufsichts- oder Verwaltungsratsmandate sein, da diese nach überzeugender hM der Satzung und damit dem Satzungsgeber vorbehalten ist. Dies trifft in gleichem Maße auf die innere Ordnung des Aufsichts- oder Verwaltungsorgans wie auch auf die Organisationsverfassung der SE zu.[49] Die Beteiligung der Arbeitnehmer ändert sich auch nicht bei Unter- und Überschreiten von Schwellenwerten, wie dies bei Anwendung des deutschen DrittelbG und des Mitbestimmungsgesetzes der Fall wäre. Vielmehr bleibt die Beteiligung gemäß dem Ergebnis des Beteiligungsverfahrens in der SE statisch eingefroren, ausgenommen im Falle struktureller Veränderungen (§ 18 SEBG).[50]

31 Wenn in § 24 Abs. 2 SEAG im Vergleich zu der parallelen Vorschrift des § 96 Abs. 2 AktG noch zusätzlich die vertraglichen Vorschriften neben den gesetzlichen genannt sind, so wird hiermit den vertraglichen Regelungen Rechnung getragen, die in der SE aufgrund der teilweise notwendigen Beteiligungsvereinbarung ggf. zu beachten sind.

## 6. Auswirkungen der Mitbestimmung auf die Besetzung des Verwaltungsrats

32 Strittig ist, ob bei Anwendung der paritätischen Mitbestimmung (zB weil auch schon zuvor die in eine SE umzuwandelnde AG dem MitbestG von 1976 unterlag)[51] die Hälfte aller Verwaltungsratsmitglieder von den Arbeitnehmern zu stellen ist. Hierfür spricht, dass Art. 45 SE-VO ausdrücklich den Fall vorsieht, dass die Hälfte der Mitglieder von den Arbeitnehmern bestellt wird und für diesen Fall der Vorsitzende des Verwaltungsrats von den Anteilseignern zu wählen ist.

---

[46] OLG Stuttgart NZG 2021, 31 (34).

[47] Ausf. *Habersack* Der Konzern 2008, 67 (70ff.).

[48] LHT SE/*Teichmann* SEAG § 25 Rn. 3 (SE-VO Anh. Art. 43); *Schwarz,* SE-VO, 2006, Anh Art. 43. Rn. 94.

[49] *Jacobs* FS K. Schmidt, 2009, 795 (803ff.); zT wird in der Literatur vorgeschlagen, den Verwaltungsrat mitbestimmungsfrei zu stellen und stattdessen einen Konsultationsrat einzurichten, so *Müller-Bonanni/Melot de Beauregard* GmbHR 2005, 195 (199); *Roth* ZfA 2004, 431 (459ff.); *Seibt* AG 2005, 413 (423, 426); *Teichmann* BB 2004, 53 (57); *Schwarz,* SE-VO, 2006, Art. 40 Rn. 82, Einl. Rn. 288; so kann laut *Habersack* ebenfalls nicht vereinbart werden, dass der Stellvertreter des Aufsichtsrats-Vorsitzenden zwingend stets von einem Arbeitnehmervertreter gestellt werden darf oder wie die Ausschüsse zu besetzen sind, *Habersack* AG 2006, 345 (349); ebenso *Kiem* ZGR 173 (2009), 156 (168ff.); vgl. zum Ganzen auch LHT SE/*Oetker* SEBG § 21 Rn. 62ff.

[50] Habersack/Drinhausen/*Hohenstatt/Müller-Bonanni* SEBG § 18 Rn. 4.

[51] Grundlegend s. *Teichmann* ZIP 2014, 1049. Vgl. zu der zur Besetzung des Aufsichtsrats der dualistischen SE gegenwärtig umstrittenen Frage, ob sich das Mitbestimmungsstatut einer durch Formwechsel gegründeten SE nach dem tatsächlich praktizierten Mitbestimmungsniveau („Ist-Zustand“) oder nach der objektiven Rechtslage („Soll-Zustand“) richtet, *Seibt* EWiR 2019, 549; *Kurzböck/Caliebe* BB 2021, 244 mwN. Der BGH hat für den Fall, dass vor Eintragung einer durch formwechselnde Umwandlung gegründeten dualistischen SE in das Handelsregister bereits ein Statusverfahren eingeleitet worden ist, kürzlich entschieden, dass sich die Zusammensetzung des Aufsichtsorgans bei Anwendbarkeit der Auffangregelung über die Mitbestimmung kraft Gesetzes danach richtet, wie der Aufsichtsrat vor der Umwandlung nach den einschlägigen gesetzlichen Vorschriften richtigerweise zusammenzusetzen war („Soll-Zustand“), vgl. BGH NZG 2019, 1157. Nach einer aktuellen Entscheidung des OLG München (NZG 2020, 783) gilt diese Anknüpfung an den rechtlich gebotenen Soll-Zustand grundsätzlich nicht nur bei Anwendung der Auffangregelung über die Mitbestimmung kraft Gesetzes (§§ 34ff. SEBG), sondern auch in Konstellationen, in denen eine Vereinbarung über die Beteiligung der Arbeitnehmer iSd § 21 SEBG geschlossen wurde.

Problematisch wird dieser Ansatz erst, wenn der Verwaltungsrat einige seiner Mitglieder gleichzeitig zu geschäftsführenden Direktoren bestellt. Denn § 40 Abs. 1 S. 2 SEAG schreibt vor, dass in diesem Fall die Mehrheit des Verwaltungsrats aus nicht geschäftsführenden Mitgliedern bestehen muss. Dem Gesetzgeber schwebte hierbei vor, dass die geschäftsführenden Direktoren im Verwaltungsrat, der ihre Tätigkeit zu überwachen hat, nicht per se die Mehrheit inne haben sollen, da die Überwachung dann ins Leere laufen würde. Genau diese Gefahr wird aber gesehen, wenn die Arbeitnehmervertreter, die nicht zu geschäftsführenden Direktoren ernannt werden können, bei hälftiger Besetzung des Gesamtgremiums die Mehrheit im Lager der nicht geschäftsführenden Verwaltungsratsmitglieder innehaben würden und so Beschlüsse der Anteilseigner verhindern könnten.[52] Die dahinter stehenden **verfassungsrechtlichen Bedenken**[53] wegen Verstoßes gegen Art. 14 GG (Eigentumsgarantie) finden ihre Stütze in der Entscheidung des BVerfG vom 1.3. 1979[54] zu den Grenzen der Mitbestimmung. Würde man den Anteilseignern in der AG verweigern, den Aufsichtsrats-Vorsitzenden (auch ohne Zustimmung der Arbeitnehmervertreter im Aufsichtsrat) zu stellen und ihnen somit das Zweitstimmrecht des Vorsitzenden in Pattsituationen verwehren, so wären die Eigner der Gesellschaft nicht mehr in der Lage, die Gesellschaft verantwortlich zu führen und sie damit ihres Eigentums beraubt. Diese unklare Regelung im Fall der paritätischen Mitbestimmung ist letztlich der Grund dafür, dass große mitbestimmte Gesellschaften sich in der Regel gegen eine SE mit monistischer und sich vielmehr für eine dualistische Führungsstruktur entscheiden.[55] Denn folgt man der Meinung des Gesetzgebers, führt die Anwendung der paritätischen Mitbestimmung im monistischen System zu einer Ausweitung der Mitbestimmung von der Unternehmenskontrolle im dualistischen auf die Unternehmensleitung im monistischen System.[56] Bekannt ist bislang die Lindner SE als einzige monistisch strukturierte SE mit einer Drittelbeteiligung der Arbeitnehmervertreter im Verwaltungsrat, allerdings nur in einem dreiköpfigen Gremium. Die zuvor einzige monistische SE mit Drittelbeteiligung, die Puma SE, hat im Sommer 2018 die Unternehmensverfassung hin zum dualistischen System gewechselt.[57] Deswegen plädiert *Henssler* de lege ferenda auch für eine grundsätzliche 33

[52] Zur Kritik *Hoffmann-Becking* ZGR 2004, 355 (381 Fn. 62–64) zum damaligen Entwurf; *Seibt* AG 2005, 413 (422); *Bücker* in Bergmann/Kiem/Mülbert/Verse/Wittig, 10 Jahre SE, 2015, 203 (210f.); *Kallmeyer* ZIP 2003, 1531 (1535): Empfehlung, in Vereinbarung mit BVG festzuschreiben, dass die Arbeitnehmervertreter bei Leitungsentscheidungen sich des Stimmrechts enthalten. Aber nicht praktikabel wegen der Unschärfe aufgrund der fehlenden Definition einer Leitungsentscheidung, aber auch haftungsrechtlich abzuraten, da im Falle der Haftung des Verwaltungsrats als Kollegialorgan alle Mitglieder des Verwaltungsrats, also grundsätzlich auch die Arbeitnehmerrepräsentanten im Verwaltungsrat haften würden und dies, obwohl sie an der Entscheidung nicht partizipiert hätten; *Teichmann* hingegen beschränkt die paritätische Mitbestimmung von vorne herein auf die nicht-geschäftsführenden Direktoren, LHT SE/*Teichmann* SEAG § 22 Rn. 8 Fn. 24 (SE-VO Anh. Art. 43); ausf. *Teichmann* in Lutter/Hommelhoff, Die Europäische Gesellschaft, 2005, 215f.; ebenso unter Berufung auf eine verfassungskonforme Auslegung MüKoAktG/*Jacobs* SEBG § 35 Rn. 23; *Roth* ZfA 2004, 431 (451); BeckOGK/*Eberspächer* SE-VO Art. 43 Rn. 31; aA wohl die hM, zB *Bachmann* ZGR 2008, 779 (800f.); *Köstler* in Theisen/Wenz, Europäische Aktiengesellschaft, 2. Aufl. 2005, 331 (361f.) unter Berufung auf die Intention des Gesetzgebers, der ausdrücklich einen § 35 Abs. 2 SEBG vorgesehen habe, dh gleiche Anzahl an Sitzen in Aufsichtsrat und Verwaltungsrat. Zur Bestätigung beruft die hM sich ua auf die vom Gesetzgeber zum Ausgleich vorgesehene (untaugliche) Paritätssicherung in § 35 Abs. 3 SEAG. Hiernach geht das Stimmrecht des Verwaltungsratsmitglieds und geschäftsführenden Direktors auf den Verwaltungsrats-Vorsitzenden über, wenn dieser im Verwaltungsrat an der Stimmausübung aus rechtlichen Gründen gehindert ist.

[53] So ausdr. *Kämmerer/Veil* ZIP 2005, 372; *Roth* ZfA 2004, 431 (452); *Henssler* ZHR 173 (2009), 222 (246f.); MüKoAktG/*Jacobs* SEBG § 35 Rn. 17ff.; *Bücker* in Bergmann/Kiem/Mülbert/Verse/Wittig, 10 Jahre SE, 2015, 203 (210).

[54] BVerfG NJW 1979, 699 (703).

[55] *Hemeling* in Hommelhoff/Hopt/v. Werder, Handbuch der Corporate Governance, 2. Aufl. 2010, 778, 779.

[56] Habersack/Drinhausen/*Verse* SEAG Vor § 20 Rn. 7.

[57] Zur Statistik im Jahr 2020 vgl. SE-Datenblatt der Hans-Böckler-Stiftung, Institut für Mitbestimmung und Unternehmensführung I.M.U., Stand: 31.12.2020, abrufbar unter https://www.boeckler.de. mwN.

Beschränkung der Auffangregelung (Vorher-/Nachher-Prinzip) auf Drittelbeteiligungen[58] bzw. wird empfohlen, in mitbestimmten Gesellschaften grundsätzlich immer nur externe geschäftsführende Direktoren zu bestellen, dh solche, die nicht bereits auch Verwaltungsratsmitglieder sind.[59] Eine paritätische Mitbestimmung im Verwaltungsrat hingegen ist offensichtlich bislang noch in keinem Fall praktiziert worden. Hinzu kommt, dass angesichts der erheblichen Ausweitung der Pflichten und der deutlich strengeren Haftung der Verwaltungsratsmitglieder als Mitglieder des Leitungsorgans (unter Verweis auf die Haftung des Vorstandes gem. § 93 AktG) es auch kaum im Interesse der Arbeitnehmervertreter (Mitarbeiter oder Gewerkschaftsvertreter) sein dürfte, sich dieser verschärften Haftung auszusetzen.[60] Insofern ist die monistische Leitungsstruktur für mitbestimmte Gesellschaften grundsätzlich ungeeignet.[61]

### 7. Entsendungsrechte

34 In der Satzung werden auch eventuelle Entsendungsrechte geregelt. Soweit Arbeitnehmervertreter nach § 36 SEBG oder entsprechend einer gesonderten Vereinbarung mit dem Besonderen Arbeitnehmerverhandlungsgremium (BVG) (Art. 40 Abs. 2 S. 1 SE-VO, Art. 43 Abs. 3 S. 1 SE-VO) zu bestellen sind, ist die Hauptversammlung an den Vorschlag der zuständigen Arbeitnehmergremien gebunden.

35 Die gerichtliche Bestellung nach § 30 SEAG erfolgt nach ähnlichen Regeln wie beim Aufsichtsrat in der AG gem. § 104 AktG.

### 8. Fehlerhafte Bestellung

36 Bei fehlerhafter Bestellung kann sich die Wahl als nichtig oder auch als nur anfechtbar erweisen. **Nichtigkeitsgründe** sind in § 31 SEAG aufgelistet. Ansonsten wird man bei Gesetzesverstößen im Übrigen von der **Anfechtbarkeit** der Wahl ausgehen können. Beides führt zu einer Unwirksamkeit der Wahl. Für die Auswirkungen auf den jeweiligen Beschluss wird man grundsätzlich darauf abstellen, ob die Stimmabgabe des fehlerhaft gewählten Mitglieds entscheidend gewesen ist für die Wirksamkeit des jeweiligen Beschlusses.[62]

37 Seit BGH II ZR 56/12[63] ist klargestellt, dass die Bestellung zwar grundsätzlich anfechtbar bzw. nichtig ist, wenn die entsprechenden Gründe vorliegen, ein Rechtschutzinteresse für eine Anfechtungs- oder Nichtigkeitsklage hingegen entfällt, wenn für das Zustandekommen eines Aufsichtsratsbeschlusses oder für die Beschlussfähigkeit im Aufsichtsrat die Stimme des in nichtiger bzw. anfechtbarer Wahl gewählten Mitglieds nicht ausschlaggebend gewesen ist.[64] Das Aufsichtsratsmitglied, dessen Wahl für nichtig erklärt oder erfolg-

---

[58] *Henssler* ZHR 173 (2009), 222 (247); *Bücker* in Bergmann/Kiem/Mülbert/Verse/Wittig, 10 Jahre SE, 2015, 203 (211) unter Hinweis der Aufgabe des monistischen Systems zugunsten eines *„verkappten dualistischen"* Leitungssystems.

[59] MHdB GesR IV/*Austmann* § 86 Rn. 23.

[60] Eindringlich warnt hiervor MHdB GesR IV/*Austmann* § 86 Rn. 24; ebenso *Gruber/Weller* NZG 2003, 297 (299 f.).

[61] Vgl. auch *Wicke* RNotZ 2020, 25 (31).

[62] BGHZ 47, 341 (345 ff.) = NJW 1967, 1711; MHdB GesR VII/*Busch/Link* § 46 Rn. 122.

[63] BGH ZIP 2013, 720; Besprechung der Folgen bei *Buckel/Vogel* ZIP 2014, 58.

[64] BGH ZIP 2013, 720; während das Schrifttum jedoch früher zunehmend bei der vergleichbaren Problematik im Aufsichtsrat der AG aus Gründen der Rechtssicherheit auf die Grundsätze der fehlerhaften Gesellschaft abgestellt hat, dh bis zur Beendigung der Organstellung des Mitglieds war von der Wirksamkeit der Bestellung auszugehen; zur Lehre vom fehlerhaften Bestellungsverhältnis *Bayer/Lieder* NZG 2012, 1 (6 ff.); MüKoAktG/*Habersack* § 101 Rn. 69 ff.; *Happ* FS Hüffer, 2010, 293 (305 ff.); Hüffer/Koch/*Koch* AktG § 101 Rn. 20 ff.; Habersack/Drinhausen/*Verse* SEAG § 28 Rn. 12 ff.; LHT SE/*Teichmann* SEAG § 28 Rn. 1 ff. (SE-VO Anh. Art. 43).

reich angefochten wurde, ist bezüglich Stimmabgabe und Beschlussfassung wie ein Nichtmitglied zu behandeln.[65]

## 9. Persönliche Voraussetzungen

Die persönlichen Anforderungen der Mitglieder im Verwaltungsrat sind in § 27 Abs. 1 Nr. 1 SEAG und ggf. zusätzlich in der Satzung geregelt. Ähnlich der Regelung für den Aufsichtsrat in der AG (§ 100 Abs. 2 Nr. 1 AktG) darf ein Verwaltungsratsmitglied in **höchstens neun** weiteren Unternehmen inklusive vergleichbaren ausländischen Mandaten[66] ein Amt als Aufsichtsrats- oder Verwaltungsratsmitglied innehaben. Vorsitzenden-Mandate werden hierauf doppelt angerechnet. Bis zu fünf Konzernmandate sind bei der Zählung nicht zu berücksichtigen. Offensichtlich wird bei der Bemessung der Höchstgrenze dem regelmäßig deutlich höheren Leitungsaufwand im Verwaltungsrat gegenüber einem Aufsichtsrat nicht Rechnung getragen, sondern letztlich das Verwaltungsrats-Mandat einem Aufsichtsrats-Mandat gleichgestellt. Hingegen werden im österreichischen SE-Recht Verwaltungsrat-Mandate im Vergleich zu Aufsichtsrats-Mandaten zweckmäßigerweise doppelt gezählt (§ 45 Abs. 3 öSEG). 38

Auch die weiteren **Hinderungsgründe** des § 100 AktG sind in § 27 SEAG aufgenommen worden, wie die gesetzliche Vertretung in einer abhängigen Gesellschaft oder Überkreuzverflechtungen. § 27 Abs. 1 Nr. 2 SEAG, wonach Mitglied des Verwaltungsrats nicht sein kann, wer gesetzlicher Vertreter eines von der Gesellschaft abhängigen Unternehmens ist, ist teleologisch dahin einzuschränken, dass er nicht für Verwaltungsratsmitglieder gilt, die zugleich geschäftsführende Direktoren sind.[67] Die Vorschrift soll die Überwachungsfunktion der Verwaltungsratsmitglieder absichern. Bei geschäftsführenden Verwaltungsratsmitgliedern liegt indes ohnehin Personalidentität von Überwachendem und Überwachtem vor. 39

Nicht in § 27 Abs. 1 SEAG aufgenommen wurde die zweijährige Wartefrist der Nr. 4 des § 100 AktG, da letztere auf die Trennung von Vorstand und Aufsichtsrat abstellt. 40

Repräsentiert ein Kandidat einen Wettbewerber, so wird hierin zum Teil unter Verweis auf Ziff. 5.4.2 S. 4 DCGK 2017 bzw. C.12 DCGK ein **Bestellungshindernis** gesehen.[68] 41

Klar gestellt ist weiterhin in § 27 Abs. 3 SEAG, dass eine juristische Person nicht Mitglied des Verwaltungsrats sein kann, sondern immer nur eine **natürliche Person** (ähnlich dem Aufsichtsrat der AG), also auch keine Personengesellschaft.[69] Insofern hat der deutsche Gesetzgeber ausdrücklich davon abgesehen, die Möglichkeit des Art. 47 Abs. 1 SE-VO zu nutzen und einer juristischen Person eine Mitgliedschaft im Leitungsgremium zu gestatten. 42

Der Gesetzgeber verlangt vom Verwaltungsrat, da Leitungsorgan, die Voraussetzungen der **Unbescholtenheit** (gem. Art. 47 Abs. 2 lit. b SE-VO), indem Mitglied eines Verwaltungsrats nicht werden kann, wem durch Gerichts- oder Verwaltungsentscheidung eines Mitgliedstaates die Stellung als Organmitglied untersagt ist. Eine solche Voraussetzung trifft gleichermaßen den externen geschäftsführenden Direktor über den Verweis auf § 21 Abs. 2 S. 1 SEAG, § 40 Abs. 1 S. 4 SEAG iVm § 76 Abs. 3 AktG. Zum Teil besteht Uneinigkeit in der Literatur, ob § 76 Abs. 3 AktG direkt oder analog auf die monistische Führung anwendbar sein soll.[70] Auch die Frage, ob das Verbot des § 105 Abs. 1 Alt. 2 und 3 AktG, die eine Bestellung von Prokuristen und Handlungsbevollmächtigten verbieten, An- 43

[65] BGH ZIP 2013, 720 Rn. 20.
[66] So hM, s. Habersack/Drinhausen/*Verse* SEAG § 27 Rn. 9.
[67] LG Frankfurt a. M. NZG 2018, 783 Rn. 34; *Wicke* RNotZ 2020, 25 (32); *Kessler/Schneider* GWR 2018, 461 (462f.).
[68] IdS MüKoAktG/*Reichert/Brandes* SE-VO Art. 47 Rn. 20, 35; ablehnend die hM, s. MüKoAktG/*Habersack* § 100 Rn. 89; *Verse* in Krieger/U.H. Schneider, Handbuch Managerhaftung, 3. Aufl. 2017, § 22 Rn. 26.64 mwN.
[69] So ausdr. Begr. RegE zum SEEG, BT-Drs. 15/3405, 38.
[70] Zum Meinungsstreit Habersack/Drinhausen/*Verse* SEAG § 27 Rn. 3ff.

wendung findet, wird unterschiedlich gesehen. Die Unanwendbarkeit des § 105 AktG in der monistischen Struktur ergebe sich nicht aus Art. 47 Abs. 2 SE-VO, wird argumentiert. Da Verwaltungsratsmitglieder auch gleichzeitig geschäftsführende Direktoren sein können, sei nicht erkennbar, warum sie nicht stattdessen auch Prokuristen und Handlungsbevollmächtigte des Unternehmens sein können.[71] Allerdings müssten diese Verwaltungsratsmitglieder bei der Berechnung des Übergewichts den nicht-geschäftsführenden Verwaltungsratsmitgliedern zugerechnet werden.[72]

44 Aufgrund des Verweises in § 27 Abs. 1 S. 4 SEAG auf § 100 Abs. 5 AktG muss in einer kapitalmarktorientierten Gesellschaft mindestens ein **unabhängiges Verwaltungsratsmitglied** über Sachverstand im Bereich der Rechnungslegung und mindestens ein weiteres Mitglied über Sachverstand auf dem Gebiet Abschlussprüfung verfügen (zur entsprechenden Zusammensetzung des bei Unternehmen von öffentlichem Interesse künftig verpflichtend einzurichtenden Prüfungsausschusses → Rn. 52), soweit die Bestellung nach dem 1.7.2021 erfolgte, und die Mitglieder müssen in ihrer Gesamtheit mit dem Sektor, in dem die Gesellschaft tätig ist, vertraut sein.[73] Zum Abhängigkeitsbegriff verweisen die Gesetzesmaterialien auf Ziff. 5.4.2 S. 2 DCGK 2017.[74] Die Differenzierung zwischen nichtigen Beschlüssen bei einer Wahl von Verwaltungsratsmitgliedern (zB nach § 27 Abs. 1 S. 1–3, Abs. 2–3 SEAG, § 76 Abs. 3 AktG analog) und anfechtbaren Beschlüssen bei Missachtung des § 27 Abs. 1 S. 4 SEAG iVm § 100 Abs. 5 AktG orientiert sich ebenfalls im Wesentlichen an der einschlägigen Kommentierung zur dualistisch geprägten AG.[75]

## II. Abberufung

45 Die Abberufung der Mitglieder des Verwaltungsrats erfolgt durch die Hauptversammlung (im Gegensatz zu der Abberufung der geschäftsführenden Direktoren), soweit die Mitglieder nicht entsandt oder als Arbeitnehmervertreter bestellt wurden, mit einer **Mehrheit von Dreivierteln** der abgegebenen Stimmen und soweit die Satzung nicht eine geringere Mehrheit vorschreibt (§ 29 SEAG). Strittig ist, ob eine Differenzierung in der Satzung gestattet ist.[76] Ein wichtiger Grund muss hierbei nicht vorliegen, soweit nicht abweichend in der Satzung geregelt.[77]

46 Der Verwaltungsrat selbst kann ebenfalls die Abberufung eines seiner Mitglieder betreiben durch Antrag bei Gericht, soweit hierfür ein **wichtiger Grund** vorliegt. Über das Vorliegen eines solchen wichtigen Grundes entscheidet der Verwaltungsrat mit einfacher Mehrheit. Wurde ein Mitglied von einem Dritten aufgrund Satzungsermächtigung entsandt, so kann es von dem Entsendungsberechtigten auch jederzeit abberufen werden. Über die Abberufung von Arbeitnehmervertretern entscheiden ausschließlich die Arbeitnehmervertretungen (§ 37 Abs. 1 SEBG)[78] bzw. bei wichtigem Grund die Gerichte (§ 29 Abs. 3 SEAG).

47 Bei **entsandten Mitgliedern** können auch die Aktionäre mit einem Stimmengewicht von 10% am Grundkapital oder einem anteiligen Betrag von 1 Mio. EUR den Antrag bei Gericht stellen (§ 29 Abs. 3 S. 3 SEAG).

48 Eine **gerichtliche Ergänzung von Vakanzen** erfolgt ähnlich § 104 AktG nach § 30 SEAG. § 30 Abs. 2 SEAG setzt seinem Wortlaut nach eine tatsächlich bestehende Vakanz im Verwaltungsrat voraus. Die bloße Anhängigkeit einer Anfechtungsklage gegen die Wahl

[71] So Habersack/Drinhausen/*Verse* SEAG § 27 Rn. 6 mwN; ablehnend Kölner Komm AktG/*Siems/Müller-Leibenger* SE-VO Art. 47 Rn. 27; MüKoAktG/*Reichert/Brandes* SE-VO Art. 47 Rn. 36.
[72] So Habersack/Drinhausen/*Verse* SEAG § 27 Rn. 6.
[73] *v. Falkenhausen/Kocher* ZIP 2009, 1601.
[74] Begr. RegE zum BilMoG, BT-Drs. 16/10067, 101 ff.
[75] Ausführlich Habersack/Drinhausen/*Verse* SEAG § 27 Rn. 20 ff.
[76] Habersack/Drinhausen/*Verse* SEAG § 29 Rn. 8.
[77] Habersack/Drinhausen/*Verse* SEAG § 29 Rn. 9.
[78] IE *Schwarz,* SE-VO, 2006, Art. 43 Rn. 121, 152.

eines Verwaltungsratsmitglieds begründet nicht per se eine Unterbesetzung des Verwaltungsrats. Bis zur Rechtskraft des Anfechtungsurteils ist daher eine gerichtliche Bestellung von Verwaltungsratsmitgliedern in direkter Anwendung von § 30 SEAG nicht möglich.[79] Eine analoge Anwendung von § 30 SEAG scheidet ebenfalls aus, da die Bestimmung nach zutreffender Auslegung nicht bei jeglicher Unsicherheit über die Wirksamkeit der Verwaltungsratswahl, sondern nur in Situationen zur Anwendung kommen soll, die einer akuten Handlungsunfähigkeit des Verwaltungsrats gleichkommen.[80]

Unter Verweis auf § 81 Abs. 2 AktG ist jeder Wechsel im Verwaltungsrat von den geschäftsführenden Direktoren im **Handelsregister** bekannt zu machen. Entsprechend § 43 SEAG müssen auf den Geschäftsbögen neben Rechtsform, Sitz der Gesellschaft und Registernummer nebst zugehörigem Registergericht auch alle geschäftsführenden Direktoren sowie der Vorsitzende des Verwaltungsrats angegeben werden. 49

Im Gegensatz zur dualistischen Struktur wird im monistischen System weder der Hinweis auf den Vorsitz im Direktorium gefordert noch der Hinweis, wer der geschäftsführenden Direktoren gleichzeitig Verwaltungsratsmitglied ist. Dies schließt aber nicht aus, dass die Angaben zweckmäßigerweise freiwillig hinzugefügt werden. 50

## III. Innere Ordnung des Verwaltungsrats

Die innere Ordnung des Verwaltungsrats schreibt entweder die Satzung vor oder wird vom Verwaltungsrat in Eigenverantwortung geregelt. Im Wesentlichen entspricht § 34 SEAG inhaltlich den §§ 107–110 AktG. Insofern ist die innere Ordnung des Verwaltungsrats mangels gesetzlicher Vorgaben nach überwiegender Meinung auch nicht einer Beteiligungsvereinbarung mit den Arbeitnehmern iSd § 21 SEBG zugänglich, da damit in die originäre Zuständigkeit der Organe Hauptversammlung oder Aufsichtsrat eingegriffen würde.[81] Dies betrifft sowohl die Frage, ob die **Stellvertretung** des Verwaltungsrats-Vorsitzenden einem Arbeitnehmervertreter zugewiesen werden kann[82] als auch die Einrichtung und Zusammensetzung von Ausschüssen oder den Inhalt einer Geschäftsordnung. Ist dem Stellvertreter ein Recht zum **Stichentscheid** eingeräumt, so steht dieses Recht nur einem Verwaltungsratsmitglied aus dem Lager der Anteilseigner zu.[83] Üblicherweise ist dies in den einschlägigen Satzungen, wo dies aufgrund der Arbeitnehmerbeteiligung eine Rolle spielen kann, entsprechend festgeschrieben.[84] Das Gleiche gilt auch für das Zweitstimmrecht, soweit ein solches dem Verwaltungsrats-Vorsitzenden eingeräumt ist. 51

In der Regel gibt sich der Verwaltungsrat eine **Geschäftsordnung** unter Beachtung der in der Satzung verankerten Vorgaben. In der Geschäftsordnung ist üblicherweise die **Bildung von Ausschüssen** geregelt (fällt in die Autonomie des Verwaltungsrats und ist deswegen der Regelungsbefugnis des Satzungsgebers entzogen). § 34 Abs. 4 S. 4 SEAG weist darauf hin, dass der Verwaltungsrat einen **Prüfungsausschuss** einrichten kann, der sich mit der Überwachung des Rechnungslegungsprozesses, der Wirksamkeit des internen Kontrollsystems, des Risikomanagementsystems und des internen Revisionssystems sowie der Abschlussprüfung befasst. Durch das am 1.7.2021 in Kraft getretene Gesetz zur Stärkung der Finanzmarktintegrität **(FISG)** wurde zusätzlich ein neuer § 34 Abs. 5 SEAG eingefügt, wonach der Verwaltungsrat einer SE, die Unternehmen von öffentlichem Interesse 52

---

[79] Vgl. zur Auslegung von § 104 AktG bei der AG jüngst OLG München BB 2021, 465.

[80] Vgl. zur Rechtslage bei der AG auch OLG München BB 2021, 465 (466).

[81] *Habersack* AG 2006, 34, (349f.); *Kiem* ZHR 173 (2009), 156 (169); mit anderer Begr. auch *Forst* AG 2010, 350 (352).

[82] AA Habersack/Drinhausen/*Verse* SEAG § 34 Rn. 6; *Windbichler* FS Canaris, 2007, 1423 (1433).

[83] HM, s. Habersack/Drinhausen/*Verse* SEAG § 34 Rn. 5, 9.

[84] S. die Satzungen von Allianz, BASF, Fresenius, Delivery Hero, E.ON, SAP uvam, die das dualistische System übernommen haben.

nach § 316a S. 2 HGB[85] ist, verpflichtet ist, bis spätestens zum 1.1.2022 (vgl. § 57 Abs. 2 S. 1 SEAG) einen Prüfungsausschuss iSd § 34 Abs. 4 S. 4 SEAG einzurichten. Dieser Prüfungsausschuss muss die Voraussetzungen des § 100 Abs. 5 AktG in der Fassung des FISG erfüllen. Das bedeutet, dass der Prüfungsausschuss – sobald nach dem 1.7.2021 mindestens ein Mitglied des Verwaltungsrats neu gewählt wird (vgl. § 57 Abs. 2 S. 2 SEAG) – über mindestens ein Mitglied mit Sachverstand auf dem Gebiet der Rechnungslegung und ein weiteres Mitglied mit Sachverstand auf dem Gebiet der Abschlussprüfung verfügen muss. Daran ist neu, dass der Prüfungsausschuss künftig mit zwei Finanzexperten besetzt sein muss. Nach § 34 Abs. 4 S. 6 SEAG kann der Verwaltungsrat einen Ausschuss einrichten, der über die Zustimmung zu sog. **Related Party-Transactions** beschließt. Dieser Ausschuss muss mehrheitlich mit nicht geschäftsführenden Direktoren besetzt sein (§ 34 Abs. 4 S. 7 SEAG). Der DCGK empfiehlt in D.3 und D.5 DCGK für den Aufsichtsrat in der dualistischen Struktur darüber hinaus namentlich die Bildung eines Prüfungs- und eines Nominierungsausschusses. Diese Empfehlung ist auf den Verwaltungsrat im monistischen System übertragbar. Auch bzgl. der personellen Zusammensetzung der Ausschüsse kann die Satzung keine Vorgaben machen. Soll zur Kontrolle der geschäftsführenden Direktoren und zur Vorbereitung der im Plenum zu treffenden Leitungsentscheidungen ein sog. **Exekutivausschuss** eingerichtet werden, so sind dort im Falle einer mitbestimmten SE nach zutreffender Ansicht aufgrund der Gleichberechtigung der Organmitglieder auch Arbeitnehmervertreter vorzusehen. Zum Teil wird eine Diskriminierung gerechtfertigt mit dem Hinweis, dass der Ausschuss mit Aufgaben befasst sei, die im dualistischen System in die Zuständigkeit der Anteilseignervertreter fielen.[86] Da die Arbeitnehmervertreter jedoch in vollem Umfang gleichfalls die Leitungsentscheidungen des Verwaltungsrats verantworten müssen, lässt sich eine unterschiedliche Behandlung kaum rechtfertigen.[87] Die Bestellung der geschäftsführenden Direktoren muss hingegen immer im Plenum getroffen werden. § 34 Abs. 4 S. 2 SEAG schließt eine Übertragung auf einen Ausschuss aus (anders als im Fall der Abberufung, vgl. § 34 Abs. 4 S. 2 SEAG, der § 40 Abs. 5 SEAG offensichtlich bewusst ausnimmt im Gegensatz zu § 107 Abs. 3 S. 3 AktG). Umstritten ist auch, ob nicht wenigstens die Aushandlung und der Abschluss des Anstellungsvertrags mit den geschäftsführenden Direktoren auf einen Ausschuss oder den Vorsitzenden des Verwaltungsrats delegiert werden kann.[88]

## IV. Beschlussfassung im Verwaltungsrat

53 Die Beschlussfassung in § 35 Abs. 1 und Abs. 2 SEAG ist im Wesentlichen § 108 Abs. 3 und Abs. 4 AktG nachgebildet. § 35 Abs. 3 SEAG regelt allerdings die Besonderheit, dass der Verwaltungsrats-Vorsitzende automatisch über eine **zusätzliche Stimme** verfügt, sollte ein Mitglied des Verwaltungsrats, der gleichzeitig geschäftsführender Direktor ist, von der Beschlussfassung ausgeschlossen sein. Dahinter steht die Befürchtung des Gesetzgebers, dass die Anteilseignerseite in einer paritätisch mitbestimmten SE aufgrund des häufig unterstellten Stimmverbots der der Anteilseignerseite regelmäßig zugehörigen geschäftsführenden Verwaltungsratsmitglieder von den Arbeitnehmervertretern überstimmt werden

[85] Als Unternehmen im öffentlichen Interesse gelten neben börsennotierten Gesellschaften (i) alle sonstigen kapitalmarktorientierten Unternehmen (§ 264d HGB), (ii) CRR-Kreditinstitute (§ 1 Abs. 3d S. 1 KWG), mit Ausnahme derjenigen Institute, die in § 2 Abs. 1 Nr. 1 und 2 KWG und Art. 2 Abs. 5 Nr. 5 RL 2013/36/EU genannt sind, sowie (iii) Versicherungsunternehmen (Art. 2 Abs. 1 RL 91/674/EWG).

[86] BeckOGK/*Eberspächer* SE-VO Art. 44 Rn. 8f.; *Schönborn,* Die monistische Societas Europaea in Deutschland im Vergleich zum englischen Recht, 2007, 111; ansatzweise auch MüKoAktG/*Reichert/Brandes* SE-VO Art. 44 Rn. 59ff.

[87] Zutreffend Habersack/Drinhausen/*Verse* SEAG § 34 Rn. 33.

[88] Zum Meinungsstreit Habersack/Drinhausen/*Verse* SEAG § 40 Rn. 29.

könnte.[89] Angesichts der mangelnden Akzeptanz des monistischen Systems in einer mitbestimmten SE hat diese Befürchtung bislang keine praktische Auswirkung gezeigt.[90] Da die Zweitstimmenregelung jedoch auch auf nicht mitbestimmte Gesellschaften Anwendung findet, verfügt der Vorsitzende in den Fällen des Stimmverbots in jedem Fall über eine Zweitstimme. Teilweise wird dafür plädiert, dieses Zweitstimmrecht analog auszudehnen auf Fälle, in denen überhaupt Verwaltungsratsmitglieder einem Stimmverbot unterliegen.[91] Von einem solchen Stimmverbot nach allgemeinen Grundsätzen sei unter anderem auszugehen im Falle eines Rechtsstreits oder eines Rechtsgeschäfts mit dem betroffenen Mitglied, der damit zum Richter in eigener Sache würde.[92] Ging der Rechtsauschuss noch von einem generellen Stimmverbot aus bei Weisungen an die geschäftsführenden Direktoren, so wird inzwischen mehrheitlich die Ansicht vertreten, dass ein solches Verbot unter Hinweis auf die Parallele zur GmbH nicht gelten dürfe.[93] In Fällen eines außerordentlichen Abberufungsgrundes ist jedoch ähnlich wie in der GmbH überwiegend von einem Stimmverbot auszugehen.[94]

## V. Einberufung der Sitzungen

Die Einberufung der Verwaltungsratssitzung erfolgt regelmäßig durch den Vorsitzenden 54 (im Rückschluss aus § 37 Abs. 1 SEAG). Jedes Verwaltungsratsmitglied kann selbst den Verwaltungsrat einberufen, sollte der Vorsitzende seinem Verlangen zur Einberufung nicht nachkommen (§ 37 Abs. 2 SEAG). Hierdurch soll den einzelnen Mitgliedern der Einwand abgeschnitten werden, an der Ausübung ihrer Aufgaben gehindert worden zu sein, indem der Vorsitzende nicht einberufen habe.[95] Gleiches trifft auch auf die Einberufung von Ausschüssen zu.[96] Grundsätzlich hat der Vorsitzende ein **Ermessen** bezüglich der Einberufung. Dieses Ermessen ist jedoch reduziert auf null, wenn das Wohl der Gesellschaft eine solche Einberufung verlangt. In einem solchen Fall ist die Sitzung **unverzüglich** (§ 121 BGB) einzuberufen. Die Sitzung selbst hat gem. § 37 Abs. 1 S. 2 SEAG binnen einer Frist von zwei Wochen nach Einberufung stattzufinden. Bei Vakanz im Vorsitz, kann jedes Verwaltungsratsmitglied einberufen.[97] Zur ordnungsgemäßen Einberufung gelten die allgemein gültigen Regeln wie ausreichende Vorlauffrist, Bestimmung von Ort und Zeitpunkt der Sitzung und auch der Tagesordnung.[98]

Bei **Selbsteinberufung,** die alsbald nach dem Scheitern des Verlangens erfolgen 55 muss,[99] muss zusätzlich noch der Sachverhalt des vergeblichen Einberufungsverlangens dargelegt werden.[100] Trotz mangelhafter Einladung und Widerspruchs eines Teilnehmers gefasste Beschlüsse sind nichtig.[101] Die geschäftsführenden Direktoren können nicht selbst einberufen, allenfalls die Einberufung beim Vorsitzenden anregen, denn abweichend von

[89] Zu verfassungsrechtlichen Bedenken → Rn. 33 mwN; BVerfGE 50, 290 = NJW 1979, 699; *Schwarz,* SE-VO, 2006, Anh Art. 43 Rn. 216; *Siems* NZG 2007, 129 (130).
[90] Statistische Erhebung der bisherigen SE im SE-Datenblatt der Hans-Böckler-Stiftung, Institut für Mitbestimmung und Unternehmensführung I.M.U., Stand: 31.12.2020, abrufbar im Internet unter https://www.boeckler.de.; vgl. auch Habersack/Drinhausen/*Verse* SE-VO Art. 43 Anh. (Vor § 20 SEAG) Rn. 11.
[91] Habersack/Drinhausen/*Verse* SEAG § 35 Rn. 9f.
[92] Rechtsausschuss, BT-Drs. 15/4053, 59; MüKoAktG/*Reichert/Brandes* SE-VO Art. 50 Rn. 36f.; MüKoAktG/*Habersack* § 108 Rn. 29ff.; BeckOGK/*Eberspächer* SE-VO Art. 50 Rn. 8.
[93] Habersack/Drinhausen/*Verse* SEAG § 35 Rn. 12 mwN; aA *Marsch-Barner* GS Bosch, 2006, 99 (109).
[94] MüKoAktG/*Habersack* § 107 Rn. 32, § 108 Rn. 32 mwN; für ein Stimmverbot auch bei ordentlicher Abberufung LHT SE/*Teichmann* SE-VO Art. 43 Anh. (§ 35 SEAG) Rn. 13; Kölner Komm AktG/*Paefgen* SE-VO Art. 42 Rn. 23.
[95] MüKoAktG/*Habersack* § 110 Rn. 2.
[96] MüKoAktG/*Habersack* § 110 Rn. 14.
[97] MüKoAktG/*Habersack* § 110 Rn. 10.
[98] MüKoAktG/*Habersack* § 110 Rn. 18ff.; MüKoAktG/*Reichert/Brandes* SE-VO Art. 44 Rn. 11f.
[99] MüKoAktG/*Habersack* § 110 Rn. 36.
[100] Hüffer/Koch/*Koch* AktG § 110 Rn. 9.
[101] MüKoAktG/*Reichert/Brandes* SE-VO Art. 44 Rn. 14.

§ 110 AktG entspricht die Funktion der geschäftsführenden Direktoren nicht der des Vorstandes.[102]

56 Die **Teilnahme** an Sitzungen des Verwaltungsrats ist in § 36 SEAG geregelt. Sie entspricht wortgleich § 109 AktG.

## VI. Vergütung

57 Mit den Verwaltungsratsmitgliedern werden im Gegensatz zum Vorstand in der AG oder zu den geschäftsführenden Direktoren keine Dienstverträge geschlossen. Zwischen SE und Verwaltungsratsmitglied besteht nach hM ähnlich dem Aufsichtsrat zur AG nicht ein schuldrechtliches, sondern ein korporationsähnliches Verhältnis.[103] So verweist § 38 Abs. 1 SEAG auf § 113 AktG, dh über die Vergütung befindet wie beim Aufsichtsrat in der AG die Hauptversammlung durch Beschluss oder Satzung. Auch bei der **Kreditgewährung** wird auf die entsprechende Vorschrift im AktG verwiesen (§ 38 Abs. 2 SEAG iVm §§ 114, 115 AktG). Insofern ist für die Vergütung des Verwaltungsrats ausschließlich die Hauptversammlung zuständig.[104] Dies trifft auch zu auf entsendete Mitglieder des Verwaltungsrats, die außerhalb der Zuständigkeit der Hauptversammlung durch Benennung gegenüber der SE, vertreten durch die geschäftsführenden Direktoren (oder durch den Aufsichtsrats- oder Verwaltungsrats-Vorsitzenden), bestellt werden.[105]

58 Soweit ein Mitglied des Verwaltungsrats zum geschäftsführenden Direktor bestellt wird, ist umstritten, ob in die Regelung des **Dienstvertrages** als geschäftsführender Direktor gleichzeitig Regelungen im Hinblick auf das parallele Mandat als Verwaltungsratsmitglied aufgenommen werden können.[106] Sicherlich wird aber der Verwaltungsrat nicht die Vergütung des internen geschäftsführenden Direktors in seiner Eigenschaft als Verwaltungsratsmitglied im Anstellungsvertrag regeln können, da diese Entscheidung der Hauptversammlungszuständigkeit zugewiesen ist (§ 38 Abs. 1 SEAG iVm § 113 AktG) bzw. dem Verwaltungsrat als Plenum obliegt, soweit es sich um einen Beratervertrag handelt. Im Übrigen entscheidet über den Anstellungsvertrag der Verwaltungsrat ohne Stimmrecht des betroffenen Mitgliedes.[107] Hinsichtlich der Vergütung der geschäftsführenden Direktoren gelten die zu § 87 AktG entwickelten Grundsätze bezüglich der **Angemessenheit der Bezüge** unter Berücksichtigung des eingeschränkten Verantwortungs- und Tätigkeitsbereichs gegenüber einem Vorstand, da letzterem zusätzlich zur Geschäftsführung auch noch die Leitung der Gesellschaft übertragen ist.[108] Da die geschäftsführenden Direktoren zu den Mitgliedern der Geschäftsführungsorgane zählen, sind deren Bezüge im Anhang des Jahres- und Konzernabschlusses zu veröffentlichen (Art. 61 SE-VO iVm § 285 Nr. 9 lit. a

---

[102] So die hM, s. Habersack/Drinhausen/*Verse* SEAG § 37 Rn. 6; Kölner Komm AktG/*Siems/Müller-Leibenger* SEAG § 37 Rn. 3 (SE-VO Anh. Art. 51); *Manz* in Manz/Mayer/Schröder, Europäische Aktiengesellschaft – SE, 3. Aufl. 2019, SE-VO Art. 43 Rn. 145; *Seitz,* Die Geschäftsführer einer monistischen Societas Europaea (SE) mit Sitz in der Bundesrepublik Deutschland, 2010, 273 f.; LHT SE/*Teichmann* SEAG § 37 Rn. 5 (SE-VO Anh. Art. 43); BeckOGK/*Eberspächer* SE-VO Art. 44 Rn. 2; aA *Schwarz,* SE-VO, 2006, Anh Art. 43 Rn. 242 f.

[103] MüKoAktG/*Habersack* § 101 Rn. 67; Hüffer/Koch/*Koch* AktG § 101 Rn. 2; MHdB GesR IV/*Austmann* § 86 Rn. 15; *Frodermann* in Jannott/Frodermann, Handbuch der Europäischen Aktiengesellschaft, 2. Aufl. 2014, Kap. 5 Rn. 153; LHT SE/*Teichmann* SEAG § 38 Rn. 3 (SE-VO Anh. Art. 43); *Bauer,* Organstellung und Organvergütung in der monistisch verfassten Europäischen Aktiengesellschaft, 2007, 105 ff.; Habersack/Drinhausen/*Verse* SEAG § 28 Rn. 3; aA *Manz* in Manz/Mayer/Schröder, Europäische Aktiengesellschaft – SE, 3. Aufl. 2019, SE-VO Art. 43 Rn. 34; *Schwarz,* SE-VO, 2006, Art. 43 Rn. 117.

[104] LHT SE/*Teichmann* SEAG § 28 Rn. 5 (SE-VO Anh. Art. 43).

[105] Hüffer/Koch/*Koch* AktG § 101 Rn. 12; GroßkommAktG/*Hopt/Roth* § 101 Rn. 136 mwN.

[106] Befürwortend MüKoAktG/*Reichert/Brandes* SE-VO Art. 43 Rn. 159; dagegen Kölner Komm AktG/*Siems/Müller-Leibenger* SEAG § 40 Rn. 10 (SE-VO Anh. Art. 51).

[107] Zu den Haftungsfolgen bei rechtswidrigen Zahlungen an Aufsichtsratsmitglieder *Rodewig/Rothley* in SSW AR-HdB § 8 Rn. 158 ff.

[108] Habersack/Drinhausen/*Verse* SEAG § 40 Rn. 63 mwN.

HGB, § 314 Abs. 1 Nr. 6 lit. a HGB).[109] Verwaltungsratsmitgliedschaft und das Amt als geschäftsführende Direktoren stellen zwei unterschiedliche Pflichtenkreise dar, daher sind sie auch unterschiedlich zu vergüten. Demzufolge empfiehlt sich eine getrennte Darstellung und Regelung, so dass nicht beides in dem Anstellungsvertrag des internen geschäftsführenden Direktors geregelt sein sollte.[110]

## VII. Geschäftsführende Direktoren

Dem Verwaltungsrat obliegt zwar die Leitung der Gesellschaft, die Gesellschaft selbst wird jedoch **nach außen** durch die geschäftsführenden Direktoren vertreten, auch wenn diese im Innenverhältnis den Weisungen des Verwaltungsrats unterliegen. Der deutsche Gesetzgeber hat von der Befugnis in Art. 43 Abs. 1 S. 2 SE-VO Gebrauch gemacht und geregelt, dass die laufenden Geschäfte von der Geschäftsführung geführt werden, jedoch anders als in der AG oder dualistisch strukturierten SE nicht „in eigener Verantwortung", wie dies Art. 43 Abs. 1 S. 2 SE-VO noch anheimstellt. Insofern ist die den geschäftsführenden Direktoren obliegende Geschäftsführung immer nur ein Ausschnitt der dem Verwaltungsrat zustehenden Kompetenzen. Während das Gesetz die Geschäftsführung den geschäftsführenden Direktoren **ohne einschränkenden Zusatz** zuweist (§ 40 Abs. 2 S. 1 SEAG), überlässt es die Grenzziehung zwischen Oberleitung und Geschäftsführung (in den Grenzen des § 40 Abs. 2 S. 3 SEAG) dem Verwaltungsrat. 59

### 1. Bestellung

Das deutsche Modell der monistischen SE sieht vor, dass der **Verwaltungsrat** einen oder mehrere geschäftsführende Direktoren bestellt (§ 40 Abs. 1 S. 1 SEAG). In einer mitbestimmten SE sind es **mindestens zwei,** da zumindest einer (wenn auch nicht unbedingt ausschließlich) als sog. **Arbeitsdirektor** den Bereich „Arbeit und Soziales" führen soll (§ 40 Abs. 1 S. 6 SEAG iVm § 38 Abs. 2 S. 2 SEBG). Auch ein stellvertretendes Mitglied der Geschäftsführung reicht hierfür aus, denn nach außen handelt es sich um ein vollwertiges Mitglied des Leitungsorgans. Daher erfolgt die Eintragung im Handelsregister auch ohne Zusatz der Stellvertretung.[111] Sofern der Verwaltungsrat nicht in der Lage ist, die geschäftsführenden Direktoren zu bestellen, können diese auch vom **Gericht** bestellt werden (§ 45 SEAG). Zur Wirksamkeit der Bestellung ist nicht die Eintragung ins Handelsregister notwendig.[112] Der durch das sog. Zweite Führungspositionen-Gesetz (FüPoG II) neu eingeführte § 40 Abs. 1a SEAG bestimmt künftig, dass im – seltenen – Fall der börsennotierten, paritätisch mitbestimmten SE mit mehr als drei geschäftsführenden Direktoren mindestens eine Frau und ein Mann geschäftsführender Direktor sein muss.[113] 60

Möglich ist, dass geschäftsführende Direktoren gleichzeitig Mitglieder des Verwaltungsrats sein können, sofern die nichtgeschäftsführenden Verwaltungsratsmitglieder im Verwaltungsrat die Mehrheit stellen. Diese Struktur der **Doppelfunktion** ähnelt dem amerikanischen Board System, in dem der CEO in der Regel Mitglied des Boards ist und nicht selten sogar auch dessen Chairman, während für das Tagesgeschäft das Management Board mit einem Präsidenten an der Spitze zuständig ist.[114] 61

Ob ein **Sprecher** oder **Vorsitzender** der Geschäftsführung bestimmt wird, entscheiden Verwaltungsrat oder Satzung. Ggf. kann mangels anderweitiger Bestimmung auch die Geschäftsführung aus ihren eigenen Reihen einen Vorsitzenden oder Sprecher wählen. Der 62

---

[109] LHT SE/*Teichmann* SEAG § 40 Rn. 56 (SE-VO Anh. Art. 43).
[110] Zum Meinungsstand Habersack/Drinhausen/*Verse* SEAG § 40 Rn. 65.
[111] LHT SE/*Teichmann* SE-VO Art. 39 Rn. 23; MüKoAktG/*Reichert/Brandes* SE-VO Art. 39 Rn. 33.
[112] Habersack/Drinhausen/*Verse* SEAG § 40 Rn. 9 mwN.
[113] Vgl. RegE FüPoG II BT-Drs. 19/26689, 29; *Spindler* WM 2021, 817 (824).
[114] Ähnlich *Thamm* NZG 2008, 132 (134) mwN in Fn. 22.

DCGK unterstellt, dass der Vorstand in börsennotierten Gesellschaften (in der monistischen SE entspricht dies den geschäftsführenden Direktoren) möglichst einen Vorsitzenden oder Sprecher haben soll (vgl. etwa Grundsätze 1 und 15).[115] Dem Vorsitzenden der Geschäftsführung weist das Gesetz jedoch keine hervorgehobene Rechtsstellung zu.[116] Dies auszugestalten bleibt der Satzung oder der vom Verwaltungsrat in der Regel zu erstellenden **Geschäftsordnung** für die Geschäftsführung vorbehalten.

63 Soweit nicht anderweitig geregelt, gilt das Prinzip der **Gesamtgeschäftsführung,** dh alle Entscheidungen können immer nur einstimmig getroffen werden.[117] Dieses Prinzip kann zwar durch Satzung oder Beschluss des Verwaltungsrats, nicht aber von der Geschäftsführung selbst abbedungen werden. Da Verwaltungsrat oder Satzung in der Ausgestaltung der Geschäftsführung keine gesetzlichen Vorgaben zu beachten haben, sind sie frei, einzelnen Mitgliedern ein Übergewicht in den Entscheidungsfindungen oder sogar dem Vorsitzenden der Geschäftsführung das Recht einzuräumen, gegen die Mehrheit seiner Amtskollegen zu entscheiden.[118]

## 2. Abberufung

64 Die Abberufung der geschäftsführenden Direktoren fällt hingegen nicht in die Zuständigkeit der Hauptversammlung, sondern ähnlich der Regelung des Vorstandes in der AG in den alleinigen Verantwortungsbereich des Verwaltungsrats. Von der Abberufung zu trennen ist das schuldrechtliche Anstellungsverhältnis, das im **Anstellungsvertrag** geregelt wird. Hier werden unter anderem die Vergütung und der Umfang der Leistungspflichten geregelt. Eine **Höchstfrist** für die Bestellung ist nicht vorgesehen, so dass – soweit nicht vom Verwaltungsrat oder in der Satzung abweichend geregelt – die Bestelldauer in der Regel auf unbestimmte Zeit erfolgt.[119] Eine Arbeitnehmereigenschaft wird durch den Anstellungsvertrag in der Regel ebenso wenig begründet wie bei GmbH-Geschäftsführern.[120] Ausnahmen sind in der Rechtsprechung des BAG allerdings bekannt.[121] Bei dem Abberufungsbeschluss ist das interne Geschäftsführungsmitglied wegen Interessenkonflikts von der Stimmberechtigung analog § 34 BGB ausgeschlossen.[122]

## 3. Vertretungsbefugnis

65 Wie die Vertretungsbefugnis konkret geregelt ist, dh ob Alleinvertretungsbefugnis oder eine echte oder unechte Gesamtvertretungsbefugnis eingeräumt wird, ist entweder in der Satzung oder in der Geschäftsordnung für die Geschäftsführung oder in Einzelbeschlüssen des Verwaltungsrats festgelegt. Grundsätzlich gilt bei mehreren Geschäftsführern das Prinzip der **Gesamtvertretung,** soweit nicht hiervon in der Satzung abgewichen wurde (§ 41 Abs. 2 S. 1 SEAG). Während die Art der Vertretungsbefugnis, soweit geregelt, im Handelsregister eingetragen wird (§ 21 Abs. 2 S. 2 SEAG), ist die unterschiedliche Behandlung der

---

[115] Zur Anwendbarkeit des DCGK in der monistischen Struktur Habersack/Drinhausen/*Verse* SEAG § 22 Rn. 58.

[116] MüKoAktG/*Reichert/Brandes* SE-VO Art. 43 Rn. 128.

[117] LHT SE/*Teichmann* SEAG § 40 Rn. 36 (SE-VO Anh. Art. 43).

[118] MüKoAktG/*Reichert/Brandes* SE-VO Art. 43 Rn. 133; Kölner Komm AktG/*Siems/Müller-Leibenger* SEAG § 40 Rn. 63 (SE-VO Anh. Art. 51); *Thamm* NZG 2008, 132 (133); Habersack/Drinhausen/*Verse* SEAG § 40 Rn. 37.

[119] BeckOGK/*Eberspächer* SE-VO Art. 43 Rn. 41.

[120] MüKoAktG/*Reichert/Brandes* SE-VO Art. 43 Rn. 151 ff. mwN. Dementsprechend hat das BSG jüngst entschieden, dass die geschäftsführenden Direktoren nicht der gesetzlichen Rentenversicherung unterliegen und von der Versicherungspflicht nach dem Recht der Arbeitsförderung befreit sind, vgl. BSG BeckRS 2020, 37863 Rn. 28 f.

[121] *Kleindiek* in Lutter/Hommelhoff, GmbH-Gesetz, 20. Aufl. 2019, GmbHG Anh. § 6 Rn. 3 mwN.

[122] LHT SE/*Teichmann* SEAG § 40 Rn. 50 (SE-VO Anh. Art. 43) für den Fall der Abberufung aus wichtigem Grund; *Bauer,* Organstellung und Organvergütung in der monistisch verfassten Europäischen Aktiengesellschaft, 2007, 163 ff.

einzelnen Geschäftsführer, dh zB die Ressortzuständigkeit oder die Beschränkung auf bestimmte Arten von Geschäften (§ 41 Abs. 4 SEAG) oder ob einzelnen ein Vetorecht oder sogar Letztentscheidungsrecht zugestanden wird, einer Eintragung nicht zugänglich. Ggf. ergibt sie sich aus der Satzung selbst. Jedenfalls schweigt hierzu die SE-VO, da sie die Frage der Hierarchie zur Disposition des Verwaltungsrats stellt.[123] Die Konsequenz hieraus ist, dass die Vertretungsbefugnis **nach außen nicht eingeschränkt** werden kann (§ 44 Abs. 1 SEAG). Gleichwohl sind natürlich gesetzliche Einschränkungen, wie zB in § 181 BGB, zu beachten. Jede Einschränkung aufgrund interner Kompetenzregelungen (Geschäftsordnung für die geschäftsführenden Direktoren, Weisungen des Verwaltungsrats) ist zwar im Innenverhältnis zu beachten, kann einem Dritten in der Regel aber nicht entgegengehalten werden (Ausnahme in Missbrauchsfällen wie Kollusion, Evidenz). Die Nichtbeachtung macht daher die Rechtshandlung in der Regel nicht unwirksam, jedoch unter Umständen gegenüber der Gesellschaft regresspflichtig.

Diese Gebundenheit an die Entscheidungen des Verwaltungsrats ist letztlich auch der 66 Grund, warum in den Fällen einer Umwandlung ein bisher in eigener Verantwortung agierender Vorstand selten zu begeistern ist von einer monistischen Struktur, in der er selbst plötzlich den Weisungen des Verwaltungsrats ausgesetzt ist. Auch deswegen wird ein Vorstand, der aktiv die Umwandlung einer AG in eine SE begleitet, sich in der Regel für eine **dualistische Struktur** entscheiden. Er wird nur dann eine monistische Leitung begrüßen, wenn diese in Konzerngesellschaften unterhalb der Obergesellschaft, die er leitet, eine schlanke Führung gestattet.

Setzt sich der geschäftsführende Direktor über die Beschränkungen im Innenverhältnis 67 durch entsprechenden Auftritt im Außenverhältnis hinweg, macht er sich gegenüber der Gesellschaft **regresspflichtig.** Bei Ansprüchen der Gesellschaft gegen die Geschäftsführung wird die Gesellschaft durch den Verwaltungsrat vertreten, ansonsten vertreten die geschäftsführenden Direktoren die Gesellschaft gerichtlich und außergerichtlich (§ 41 Abs. 1 S. 1 SEAG).

## 4. Geschäftsauftritt/Briefkopf

Auf dem Briefkopf der Gesellschaft sind ähnlich wie bei der AG der Verwaltungsrats-Vor- 68 sitzende und alle geschäftsführenden Direktoren anzugeben (§ 43 Abs. 1 SEAG). Bezüglich der weiteren Angaben auf dem Briefkopf wird auf § 80 Abs. 1 S. 3 und Abs. 2–4 AktG verwiesen. Es besteht keine Verpflichtung, den Vorsitzenden der Geschäftsführung auf dem Briefkopf hervorzuheben oder zum Handelsregister anzumelden, dies dürfte sich aber aus Gründen der Transparenz empfehlen.

## 5. Geschäftsordnung für die Geschäftsführung

Soweit eine Geschäftsordnung nicht vom Verwaltungsrat (Zuständigkeit des Plenums) er- 69 lassen wird, kann sich die Geschäftsführung selbst eine Geschäftsordnung geben, allerdings bedarf es hierfür der **Einstimmigkeit** (§ 40 Abs. 4 S. 1 und 3 SEAG).

Auch in der **Satzung** können Einzelfragen der Geschäftsordnung bindend geregelt sein. 70 Dem Verwaltungsrat ist es dann nicht gestattet, hiervon abzuweichen (§ 40 Abs. 4 S. 2 SEAG).

Anmeldungen zum **Handelsregister** werden (ungeachtet der Weisungsbefugnis des 71 Verwaltungsrats) von der Geschäftsführung vorgenommen, ausgenommen in den Fällen, in denen eine Anmeldung mit weiteren Personen wie im Falle der Gründung (von allen Gründern gem. § 21 Abs. 1 SEAG als lex specialis zu § 40 Abs. 2 S. 4 SEAG) oder zB bei

[123] *Thamm* NZG 2008, 132 (134); laut *Kallmeyer* ZIP 2003, 1534 kann der CEO nicht gegen die Mehrheit der geschäftsführenden Direktoren entscheiden (§ 77 Abs. 1 S. 2 AktG analog), jedoch falsch, da § 20 SEAG die analoge Anwendung ausschließt.

Kapitalerhöhungen zusammen mit dem Verwaltungsrats-Vorsitzenden (der den Aufsichtsrats-Vorsitzenden nach § 22 Abs. 6 SEAG iVm § 184 Abs. 1 S. 1 AktG, § 188 Abs. 1 AktG, § 195 Abs. 1 AktG ersetzt) vorgenommen wird.

## VIII. Höchstdauer

72 Nach hM gilt die Höchstbestelldauer des § 46 Abs. 1 SE-VO von **sechs Jahren** zwar für Aufsichtsrat und Vorstand in der dualistischen Struktur und für Mitglieder des Verwaltungsrats in der monistischen, aber nicht für die Geschäftsführung.[124] Begründet wird dies mit dem Hinweis, dass § 46 SEAG sich ausdrücklich nur auf die Organe der SE beziehe, die Geschäftsführung aber kein Organ sei. Die Bestelldauer wäre dann, soweit nicht in der Satzung geregelt, von unbestimmter Dauer. Dies erscheint insofern konsequent, als der Verwaltungsrat einen geschäftsführenden Direktor jederzeit auch ohne wichtigen Grund (ähnlich dem Geschäftsführer einer GmbH) **abberufen** kann, daher ein Bedürfnis für eine Beschränkung der Bestelldauer nicht besteht. Abweichende Regelungen im Anstellungsvertrag bleiben hiervon unberührt (§ 40 Abs. 5 S. 2 SEAG). Es ist jedoch denkbar, dass der Anstellungsvertrag auflösend bedingt an den Bestand der Organstellung gekoppelt ist.[125]

73 Abweichend kann natürlich die Satzung das Erfordernis eines **wichtigen Grundes** festschreiben. Missbräuchlich wäre die Abberufung allerdings, wenn sie allein zur Hinderung der geschäftsführenden Direktoren an der Geltendmachung von Schadensersatzansprüchen gegenüber dem Verwaltungsrat erfolgte.[126] Bei der Beschlussfassung im Verwaltungsrat ist naturgemäß das von der Abberufung betroffene Verwaltungsratsmitglied mit einem **Stimmverbot** belegt, wenn es um seine Abberufung als geschäftsführender Direktor aus wichtigem Grund geht. Ansonsten ist das betroffene Verwaltungsratsmitglied sowohl bei seiner Wahl als geschäftsführender Direktor als auch bei seiner Abberufung stimmberechtigt.[127] Das Stimmverbot greift nicht, wenn der wichtige Grund lediglich nur behauptet wird, aber tatsächlich nicht vorliegt.[128] Allerdings ist das Verwaltungsratsmitglied sowohl bei der Abstimmung über seinen Anstellungsvertrag als auch bei der Beschlussfassung über dessen Beendigung vom Stimmrecht ausgeschlossen. Das Stimmrecht geht insofern auf den Vorsitzenden über.[129]

74 Die Abberufung ist **wirksam** mit Zugang des Beschlusses beim abberufenen geschäftsführenden Direktor; die Eintragung im Handelsregister hat lediglich deklaratorische Wirkung.[130]

## IX. Aufgaben der Geschäftsführung/Abgrenzung zum Verwaltungsrat

75 Während die Oberleitung dem Verwaltungsrat obliegt und dieser hiervon auch nicht entbunden werden kann, kann das Tagesgeschäft auf die Geschäftsführung verlagert werden. Die Gesetzesbegründung spricht von den „Aufgaben der laufenden Geschäftsführung", meint damit aber nicht eine zwangsläufige Aufgabenverteilung zwischen Verwaltungsrat und Geschäftsführung, sondern eher das reine Außenverhältnis, da nach außen die Gesellschaft von der Geschäftsführung vertreten wird wie zB bei einer Handelsregisteranmel-

---

[124] Habersack/Drinhausen/*Verse* SEAG § 40 Rn. 16 mwN.
[125] MüKoAktG/*Reichert/Brandes* SE-VO Art. 43 Rn. 168.
[126] Entspr. dem Bsp. von *Ihrig* ZGR 2008, 809 (823); zum Meinungsstand in der GmbH MüKoGmbHG/*Stephan/Tieves* § 38 Rn. 12ff.
[127] AA Kölner Komm AktG/*Siems/Müller-Leibenger* SEAG § 40 Rn. 75 (SE-VO Anh. Art. 51), der unabhängig von der Art des Grundes ein Stimmverbot annimmt.
[128] MüKoAktG/*Reichert/Brandes* SE-VO Art. 43 Rn. 143 mwN; LHT SE/*Teichmann* SEAG § 40 Rn. 50 (SE-VO Anh. Art. 43); aA MüKoGmbHG/*Stephan/Tieves* § 38 Rn. 78f.
[129] Habersack/Drinhausen/*Verse* SEAG § 40 Rn. 60.
[130] Kölner Komm AktG/*Siems/Müller-Leibenger* SEAG § 40 Rn. 77 (SE-VO Anh. Art. 51).

dung.[131] Den Umfang der Geschäftsführungstätigkeit bestimmt der Verwaltungsrat. Insofern gibt es ein klares **Über- und Unterordnungsverhältnis.** Dies ergibt sich weniger aus § 44 Abs. 2 SEAG (identisch mit dem Wortlaut des § 82 Abs. 2 AktG) als vielmehr aus dem systematischen Zusammenhang. In der AG ist der Vorstand weisungsfrei, da Aufsichtsrat und Vorstand unabhängig sind iSd § 111 AktG, der Aufsichtsrat also von der Geschäftsführung ausdrücklich ausgeschlossen ist, während der Verwaltungsrat im monistischen System die Oberleitung inne hat (Art. 43 Abs. 1 SE-VO; § 22 Abs. 1 SEAG). Das bedeutet, der Verwaltungsrat hat sogar die Pflicht, steuernd auf die geschäftsführenden Direktoren Einfluss zu nehmen. Schließlich kann der Verwaltungsrat die Geschäftsführung jederzeit ohne Angabe von Gründen abberufen und Weisungen erteilen. Als Konsequenz dieser Hierarchie ist es auch die Aufgabe des Verwaltungsrats, das Tagesgeschäft zu überwachen und bei Bedarf einzugreifen. Dies gelingt naturgemäß leichter, soweit interne Direktoren Mitglieder der Geschäftsführung sind, da damit einerseits der Informationsfluss zwischen Verwaltungsrat und Geschäftsführung vereinfacht wird, wenn auch andererseits hierdurch die Unterscheidung zwischen Überwachung und Geschäftsführung erschwert wird. Nur das österreichische SE-Recht (§ 59 Abs. 1 S. 2 öSEG) kennt eine klare Verantwortungs- und Aufgabenaufteilung zwischen Überwachung und Geschäftsführung innerhalb des Verwaltungsrats, allerdings beschränkt auf börsennotierte SE. Für börsennotierte SE schreibt § 59 Abs. 2 öSEG ausschließlich externe Direktoren vor.[132]

Sind im **Ausnahmefall**[133] Verwaltungsrats-Vorsitzender und geschäftsführender Direktor (eventuell auch als Vorsitzender der Geschäftsführung)[134] identisch, dürfte die Abgrenzung Probleme aufwerfen, da in einer solchen Konstellation der Vorsitzende von Geschäftsführung und Verwaltungsrat stets der Ansicht zuneigen dürfte, in jedem Falle zuständig zu sein.[135] Gleichwohl müssen auch hier die nichtgeschäftsführenden Mitglieder des Verwaltungsrats in der Mehrheit sein, dh hier mindestens zwei, und dürfen theoretisch mit ihrer Mehrheit nicht davor zurückschrecken, dem Verwaltungsrats-Vorsitzenden und CEO Weisungen zu erteilen. Angesichts der dem Vorstand angeglichenen verschärften Haftung für die nicht geschäftsführenden Verwaltungsratsmitglieder ist jedenfalls eine Kontrolle der Tätigkeit ihres Vorsitzenden im Eigeninteresse angeraten. Dies erklärt, warum in der Literatur in der Regel von dem theoretisch möglichen Modell einer Identität zwischen Verwaltungsrats-Vorsitzendem und CEO aus Gründen der mangelnden Kontrolle abgeraten wird.[136] 76

## X. Überwachungspflicht des Verwaltungsrats

Die Überwachungspflicht des Verwaltungsrats ist nicht vergleichbar mit derjenigen des Aufsichtsrats gegenüber dem Vorstand. Sie ist allenfalls vergleichbar mit einem Vorstand,[137] der sich der nächsten Führungsebene bedient zur Erledigung der ihm obliegenden Aufgaben.[138] Die Überwachung entspricht demnach eher einer **Vollzugskontrolle,** denn sie hat intensiver und häufiger zu erfolgen und entspricht im Zweifel einer Holschuld bezüglich der an den Verwaltungsrat zu übermittelnden Informationen,[139] auch wenn § 40 Abs. 3 77

[131] Begr. RegE zu § 40, BT-Drs. 14/3405, 39.
[132] Habersack/Drinhausen/*Verse* SEAG § 40 Rn. 11.
[133] Nach allgM zulässig, s. Kölner Komm AktG/*Siems/Müller-Leibenger* SEAG § 40 Rn. 20 (SE-VO Anh. Art. 51); in österr. SE nicht zulässig (§ 50 Abs. 2 S. 1 öSEG).
[134] Zur Machtfülle eines CEO nach angelsächsischem Vorbild *Bachmann* ZGR 2008, 779 (788 ff.) mwN.
[135] Für eine ablehnende Empfehlung im DCGK LHT SE/*Teichmann* SEAG § 40 Rn. 19 (SE-VO Anh. Art. 43); *Casper* ZHR 2009, 181 (215 ff.).
[136] *Hemeling* in Hommelhoff/Hopt/v. Werder, Handbuch der Corporate Governance, 2. Aufl. 2010, 778 mwN; zum principal-agent-conflict *Teichmann* BB 2004, 53 (55).
[137] LHT SE/*Teichmann* SEAG § 22 Rn. 16 (SE-VO Anh. Art. 43).
[138] Zur Überwachungspflicht des Vorstands *Fleischer* ZIP 2003, 1 (5 ff.).
[139] LHT SE/*Teichmann* SEAG § 22 Rn. 16 (SE-VO Anh. Art. 43).

SEAG die geschäftsführenden Direktoren verpflichtet, den Verwaltungsrat in bestimmten Fällen unverzüglich zu unterrichten. Denn der Verwaltungsrat hat sicherzustellen und entsprechende Vorsorge zu treffen, dass die Geschäftsführung dieser Pflicht auch nachkommt. Insofern bedeutet die Letztverantwortung des Verwaltungsrats für die Unternehmenspolitik eine deutliche Ausweitung der einem Aufsichtsrat in einem dualistischen System obliegenden Aufgaben.[140] Der Wortlaut des § 22 SEAG zeigt aber auch auf, dass der Verwaltungsrat lediglich die „Grundlinien der Geschäftstätigkeit" zu überwachen hat, dh er muss nicht jede Maßnahme kontrollieren. Vor dem Hintergrund, dass die Mitgliedschaft im Verwaltungsrat grundsätzlich eher als Nebenamt ausgestaltet ist, plädieren Teile des Schrifttums für die Anwendung eines differenzierten Sorgfalts- und Haftungsmaßstabs auf Verwaltungsratsmitglieder, der sowohl an der konkreten Leitungsstruktur als auch der Binnenstruktur des Verwaltungsrats ausgerichtet ist.[141]

78 Ähnlich dem Vorstand in der AG gem. § 91 Abs. 2 AktG ist Ziel des Überwachungssystems, insbesondere bestandsgefährdende Risiken vorzeitig zu erkennen und zu vermeiden. Hierbei steht dem Verwaltungsrat ein **unternehmerisches Ermessen** im Sinne einer Business Judgement Rule **(BJR)** zu. Fehlt jegliche Überwachung, ist dieses Verhalten gewiss nicht mehr von der BJR gedeckt.[142] Demzufolge ist auch die Berichtspflicht der geschäftsführenden Direktoren so einzurichten, dass eine mangelhafte und unzureichende Berichterstattung durch die geschäftsführenden Direktoren weitestgehend ausgeschlossen werden kann. Ergeben sich allerdings Anhaltspunkte für eine solche, so ist der Verwaltungsrat angehalten, dem nachzugehen, ggf. via Weisungen. Hieraus resultiert auch die Pflicht der geschäftsführenden Direktoren, den Verwaltungsrat vor seiner Beschlussfassung ausreichend zu informieren, da sie über die größere Sachkenntnis und Sachnähe im Tagesgeschäft verfügen, anderenfalls setzen sie sich einem Regressrisiko aus.[143] Da die Überwachung wesentlicher Teil der Leitung ist, besteht die **Berichtspflicht** immer gegenüber dem Gesamtverwaltungsrat, sozusagen als Korrelat der Gesamtverantwortung des Verwaltungsrats.[144] Da **nicht delegierbar** (§ 34 Abs. 4 S. 2 SEAG), ist die Übertragung auf einen Ausschuss unzulässig.[145]

## XI. Sorgfaltsmaßstab/Haftung/Business Judgement Rule

### 1. Sorgfaltsmaßstab und Haftung der geschäftsführenden Direktoren

79 Hinsichtlich **Sorgfaltsmaßstab** und Verantwortlichkeit der geschäftsführenden Direktoren und der daraus sich ergebenden **Haftung** verweist § 40 Abs. 8 SEAG auf § 93 AktG und damit auf die hierzu ergangene einschlägige Rechtsprechung und Kommentierung. Insofern können sich die geschäftsführenden Direktoren exkulpieren, wenn sie glauben durften, innerhalb des ihnen vom Verwaltungsrat gesteckten Rahmens zum Wohle der Gesellschaft gehandelt zu haben (Business Judgement Rule). Umstritten ist, ob § 93 Abs. 4 S. 2 AktG entsprechend anwendbar ist, wonach eine Billigung durch den Aufsichtsrat eine Haftung gleichwohl nicht ausschließt.[146] Anders als im Falle von Aufsichtsrat und Vorstand werden jedoch die geschäftsführenden Direktoren unter Umständen durch eine Weisung des Verwaltungsrats entlastet.[147] Da aber nur eine sorgfaltspflichtgemäße Weisung des Ver-

---

[140] Begr. RegE zum SEEG, BT-Drs. 15/3405, 36.
[141] *Bücker* in Bergmann/Kiem/Mülbert/Verse/Wittig, 10 Jahre SE, 2015, 203 (218 ff.).
[142] *Grunewald* NZG 2013, 841 (843).
[143] Zur Haftung der geschäftsführenden Direktoren LHT SE/*Teichmann* SEAG § 40 Rn. 65 und SEAG § 44 Rn. 12 (SE-VO Anh. Art. 43).
[144] Für den Vorstand einer AG *Grunewald* NZG 2013, 841 (843).
[145] *Schwarz,* SE-VO, 2006, Anh. Art. 43 Rn. 281; *Seitz,* Die Geschäftsführer einer monistischen Societas Europaea (SE) mit Sitz in der Bundesrepublik Deutschland, 2010, 314; aA *Eder* NZG 2004, 544 (546).
[146] Habersack/Drinhausen/*Verse* SEAG § 40 Rn. 79 mwN.
[147] *Teichmann* in Krieger/U.H. Schneider, Handbuch Managerhaftung, 3. Aufl. 2017, § 5 Rn. 5.27.

waltungsrats für die geschäftsführenden Direktoren verbindlich ist,[148] haben die geschäftsführenden Direktoren die Einhaltung der Sorgfaltspflicht durch den Verwaltungsrat stets vor Umsetzung zu prüfen, ansonsten besteht die Gefahr der Haftung nach § 93 Abs. 2 S. 1 AktG durchaus. Die Sondertatbestände des § 93 Abs. 3 AktG sind hingegen entsprechend anzuwenden.

Entsprechend dem Aufsichtsrat einer AG ist der Verwaltungsrat grundsätzlich verpflich- 80
tet, das Bestehen durchsetzbarer Schadensersatzansprüche der Gesellschaft gegenüber amtierenden oder ausgeschiedenen geschäftsführenden Direktoren eigenverantwortlich zu prüfen. Zu einer derartigen Prüfung besteht nicht erst Anlass, wenn ein Schaden der Gesellschaft bereits feststeht, sondern bereits dann, wenn hinreichend konkrete Anhaltspunkte für ein möglicherweise pflichtwidriges Verhalten der geschäftsführenden Direktoren vorliegen.[149] Im Falle einer Pflichtverletzung der geschäftsführenden Direktoren und der voraussichtlichen Durchsetzbarkeit der Organhaftungsansprüche ist der Verwaltungsrat verpflichtet, **Schadensersatz** von den geschäftsführenden Direktoren zu verlangen, dh die Grundsätze der zur AG ergangenen *ARAG/Garmenbeck*-Entscheidung des BGH[150] finden Anwendung.[151] Von einer Durchsetzung der Ansprüche darf der Verwaltungsrat nur ausnahmsweise absehen, wenn gewichtige Gründe des Gesellschaftswohls gegen eine Inanspruchnahme sprechen und diese Umstände die Gründe, die für eine Rechtsverfolgung sprechen, überwiegen oder ihnen zumindest gleichwertig sind; anderen außerhalb des Gesellschaftswohls liegenden, die geschäftsführenden Direktoren persönlich betreffenden Gesichtspunkten darf der Verwaltungsrat nur in Ausnahmefällen Raum geben.[152] Auf diese Beurteilung sind nach zutreffender Auffassung die Grundsätze der Business Judgement Rule **(BJR)** anwendbar.[153]

## 2. Sorgfaltsmaßstab und Haftung der Mitglieder des Verwaltungsrats

Eine **Überwachungspflicht** des Verwaltungsrats gegenüber der ersten Führungsebene un- 81
terhalb der geschäftsführenden Direktoren wird man nur in Ausnahmefällen annehmen können, dann nämlich, wenn diese relativ selbstständig agiert ohne ausreichende Kontrolle durch die geschäftsführenden Direktoren. Ansonsten beschränkt sich die Überwachungspflicht auf die geschäftsführenden Direktoren (→ Rn. 83). Die inhaltlich uneingeschränkte Kontrolle der Tätigkeit der Geschäftsführung umfasst sowohl deren Rechtmäßigkeit (Compliance) als auch deren Zweckmäßigkeit (Übereinstimmung mit den Gesellschaftsinteressen).[154] Die Kunst besteht hierbei darin, eine Compliance-Organisation zu installieren, die sicherstellt, dass eine **Balance** zwischen **Gewährleistung des Legalitätsprinzips** und einer **weitsichtigen Unternehmensleitung** gewahrt wird (→ Rn. 110 f.).[155]

Aber auch der Verwaltungsrat ist zu einer Amtsführung verpflichtet, die zum Wohle der 82
Gesellschaft und in einer Art und Weise zu erfolgen hat, die Schaden von der Gesellschaft abhält. Diese Verpflichtung deckt die ganze Bandbreite seiner Aufgaben ab, dh Leitungsaufgaben ebenso wie die Überwachung der Geschäftsführung. Für unternehmerische Aufgaben kann der Verwaltungsrat ebenso wie Aufsichtsrat und Vorstand die **Business Judgement Rule** für sich in Anspruch nehmen. Zum Teil wird dem Mitglied des Verwal-

[148] Habersack/Drinhausen/*Verse* SEAG § 44 Rn. 14 ff.
[149] Zur AG *Ott/Lüneborg* CCZ 2019, 71 (75).
[150] BGHZ 135, 244.
[151] Vgl. *Teichmann* in auch Krieger/U.H. Schneider, Handbuch Managerhaftung, 3. Aufl. 2017, § 5 Rn. 5.47; MüKoAktG/*Reichert/Brandes* SE-VO Art. 51 Rn. 26.
[152] *Reichert* FS Hoffmann-Becking, 2013, 943 (961 ff.); *Grunewald* NZG 2013, 841 (842); MüKoAktG/*Habersack* § 111 Rn. 41 ff.; *Löbbe/Lüneborg* Der Konzern 2019, 53 (55 f.).
[153] *Reichert* ZHR 177 (2013), 756 (781) Ziff. 4; *Goette* FS Hoffmann-Becking, 2013, 378 (386 ff.) Ziff. 2; aA *Lutter* FS Hoffmann-Becking, 2013, 747 (752).
[154] MüKoAktG/*Reichert/Brandes* SE-VO Art. 43 Rn. 91; *Metz,* Die Organhaftung bei der monistisch strukturierten Europäischen Aktiengesellschaft mit Sitz in Deutschland, 2009, 160 f.
[155] So *Goette* FS Hoffmann-Becking, 2013, 378 (399).

tungsrats die Berufung hierauf verwehrt, wenn er sich in einem evidenten Interessenkonflikt befunden hat. Da das Mitglied nicht selten Repräsentant externer Interessen ist, wie zB eines Großaktionärs, einer Hausbank, eines Wettbewerbers oder in einer mitbestimmten SE als Arbeitnehmervertreter, sind die Interessenkonflikte vorprogrammiert.[156] Die Meinungen hierzu in Literatur und Rechtsprechung zeigen keine einheitliche Linie auf, in welchem Umfang Interessenvertretern die Berufung auf die Business Judgement Rule verwehrt wird.[157] In dem Zusammenhang wird ebenfalls diskutiert, ob sich die übrigen Mitglieder infizieren können, wenn sie den Konflikt von Anfang an nicht zu vermeiden suchen.[158] Dieser Gefahr begegnet man am wirkungsvollsten, indem das betroffene Mitglied im Einzelfall von Beratung und Beschlussfassung ausgeschlossen wird.[159]

83 Die Überwachungspflicht **beinhaltet** sowohl die Überwachung der Tätigkeit der Kollegen iSd Gesamtverantwortung als Organ als auch die der Geschäftsführung, dh die Tätigkeit der geschäftsführenden Direktoren. Soweit unternehmerische Entscheidungen in beiden Bereichen getroffen werden, kann das Verwaltungsratsmitglied sich auf die Business Judgement Rule berufen.

84 Die Entscheidung, ob ein Verwaltungsratsmitglied in **Regress** genommen wird, trifft in der Regel angesichts der Bedeutung für die Gesellschaft der Verwaltungsrat im Rahmen seiner Leitungsfunktion gem. § 22 SEAG.[160] Zum Teil wird die Ansicht vertreten, dass wegen des Interessenkonfliktes nur die geschäftsführenden Direktoren weisungsfrei alleinzuständig seien.[161] Angesichts des Stimm- und in der Regel auch Beratungsverbots, dem das betroffene Verwaltungsratsmitglied unterliegt, erscheint diese Schlussfolgerung nicht überzeugend. Dies kann den geschäftsführenden Direktoren allenfalls in Form eines Notgeschäftsführungsrechts zugestanden werden, sollte der gesamte Verwaltungsrat involviert sein.[162] Die tatsächliche Umsetzung mag jedoch durchaus auf Schwierigkeiten stoßen angesichts der grundsätzlichen Weisungsabhängigkeit der geschäftsführenden Direktoren[163], insbes. im Fall betroffener geschäftsführender Verwaltungsratsmitglieder. Vor diesem Hintergrund hat die Geltendmachung durch die Hauptversammlung bzw. eine Aktionärsminderheit gem. §§ 147, 148 AktG besondere Bedeutung.[164] Im **Regressprozess** wird die SE durch die geschäftsführenden Direktoren vertreten.[165]

## XII. Treuepflicht

85 Auch unterliegt das Verwaltungsratsmitglied einer allgemeinen Treuepflicht, dh der Pflicht zu einem loyalen Verhalten gegenüber der Gesellschaft. Diese beinhaltet neben der allgemeinen **Verschwiegenheitspflicht** (vorrangig entsprechend Art. 49 SE-VO, analog aber auch nach § 93 Abs. 1 S. 3 AktG iVm § 39 SEAG soweit im Rahmen von Vorstandspflichten)[166] auch eingeschränkt das Wettbewerbsverbot. Ist das Verwaltungsratsmitglied gleichzeitig geschäftsführender Direktor, so bestimmt es sich nach § 88 AktG **ähnlich einem Vorstand** in der AG (§§ 20, 40 Abs. 7 SEAG). Hat das Verwaltungsratsmitglied le-

---

[156] Zum speziellen Interessenkonflikt des anwaltlichen Interessenvertreters im Aufsichtsrat/Verwaltungsrat ausführlich *v. Falkenhausen* ZIP 2013, 862.

[157] Zum Meinungsstreit Habersack/Drinhausen/*Verse* SEAG § 39 Rn. 8.

[158] Zur AG *Koch* FS Säcker, 2013, 403 ff.; BeckOGK/*Fleischer* AktG § 93 Rn. 94 ff. mwN zum Streitstand.

[159] *Habersack* Karlsruher Forum 2009, 5, 23.

[160] Zutreffend Habersack/Drinhausen/*Verse* SEAG § 39 Rn. 24.

[161] *Ihrig* ZGR 2008, 809 (822); BeckOGK/*Eberspächer* SE-VO Art. 43 Rn. 16.

[162] IdS MüKoAktG/*Reichert/Brandes* SE-VO Art. 51 Rn. 38; BeckOGK/*Eberspächer* SE-VO Art. 51 Rn. 17.

[163] Zu den in der Lit. hierzu vertretenen pragmatischen Ansätzen bis hin zur Ausweitung der Aktionärsklage ausführlich Habersack/Drinhausen/*Verse* SEAG § 39 Rn. 26.

[164] BeckOGK/*Eberspächer* SE-VO Art. 51 Rn. 17.

[165] MüKoAktG/*Reichert/Brandes* SE-VO Art. 51 Rn. 36; LHT SE/*Teichmann* SEAG § 39 Rn. 13 (SE-VO Anh. Art. 43).

[166] Für eine abschließende Regelung zur Verschwiegenheitspflicht in § 49 SEAG Kölner Komm AktG/*Siems/Müller-Leibenger* SEAG § 39 Rn. 2 (SE-VO Anh. Art. 51).

diglich Überwachungsfunktion ähnlich dem Aufsichtsrat im dualistischen System, so unterliegt es nicht einem **Wettbewerbsverbot** und außerhalb seiner Organfunktion auch keiner aktiven Förderpflicht, sondern ist lediglich entsprechend der allgemeinen für den Aufsichtsrat entwickelten Grundsätze[167] gehalten, Geschäftschancen, die es im Rahmen seiner Funktion als Verwaltungsratsmitglied erfahren hat, nicht für sich selbst auszunutzen.[168] Des Weiteren verpflichtet ihn die **Treuepflicht** zur unverzüglichen Offenlegung etwaiger Interessenkonflikte, die im Falle eines Dauerkonfliktes auch die Niederlegung des Mandats gebieten können (vgl. auch E.1 S. 3 DCGK).[169]

## XIII. D&O-Versicherung

Die D&O-Deckung umfasst üblicherweise sowohl die Mitglieder des Verwaltungsrats als auch die geschäftsführenden Direktoren. Wird eine D&O-Versicherung abgeschlossen, so ist der durch das VorstAG vom 31.7.2009 (BGBl. I 2509) in § 93 Abs. 2 S. 3 AktG eingeführte zwingende **Selbstbehalt** dann anzuwenden, wenn das Verwaltungsratsmitglied auch gleichzeitig geschäftsführender Direktor ist, wobei dann nicht mehr zwischen seiner Leitungs- und Geschäftsführungstätigkeit unterschieden wird. Dagegen ist mit der Literatur[170] davon auszugehen, dass entgegen dem Wortlaut des § 39 SEAG sich diese Regelung in analoger Anwendung des § 116 AktG ähnlich dem Aufsichtsrat nicht auf die nicht geschäftsführenden Verwaltungsratsmitglieder erstrecken soll. 86

## XIV. Aufgaben der Leitung durch den Verwaltungsrat/Abgrenzung Tagesgeschäft

Die Pflicht des Verwaltungsrats beinhaltet die Leitung der Gesellschaft. Diese Pflicht trifft den Verwaltungsrat als Kollegialorgan, dh inklusive Arbeitnehmervertreter, soweit im Verwaltungsrat vertreten. Er ist damit zuständig für alle Angelegenheiten, die nicht kraft Gesetzes der Hauptversammlung zugewiesen sind. Hierüber ist der Verwaltungsrat gegenüber der Hauptversammlung rechenschaftspflichtig. Daher hat die Hauptversammlung einen **Auskunftsanspruch** gegenüber dem Verwaltungsrat, nicht gegenüber den geschäftsführenden Direktoren.[171] Für das laufende Geschäft ist hingegen das geschäftsführende Direktorium zuständig. Eine zwingende Zuständigkeitsgrenze ist damit durch den Gesetzgeber allerdings nicht gezogen worden.[172] Hingegen hat der österreichische Gesetzgeber in § 56 öSEG die Kompetenzen der Geschäftsführung ausdrücklich auf die Tagesgeschäfte begrenzt.[173] 87

Als Aufgabe der **Oberleitung** im Sinne der unverzichtbaren Leitungsaufgaben des Verwaltungsrats wäre zB anzusehen Grundsatzentscheidungen wie Festlegung der grundsätzlichen Geschäftspolitik, Definition der mittel- und langfristigen Unternehmensziele wie auch die strategische Ausrichtung der Gesellschaft. § 22 Abs. 1 S. 2 SEAG fordert den Verwaltungsrat auf, die Umsetzung der grundsätzlichen Geschäftspolitik zu überwachen. Hierunter wird verstanden zB die Etablierung einer geeigneten **Unternehmensorganisation,** die Ausgestaltung des **Rechnungswesens,** die Einführung eines internen effizienten 88

---

[167] *Metz,* Die Organhaftung bei der monistisch strukturierten Europäischen Aktiengesellschaft mit Sitz in Deutschland, 2009, 129.

[168] Habersack/Drinhausen/*Verse* SEAG § 39 Rn. 17.

[169] MüKoAktG/*Habersack* § 100 Rn. 103f.

[170] *Forst* ZIP 2010, 1786 (1788); Habersack/Drinhausen/*Verse* SEAG § 39 Rn. 21.

[171] LHT SE/*Teichmann* SE-VO Art. 43 Rn. 25.

[172] LHT SE/*Teichmann* SEAG § 40 Rn. 29 (SE-VO Anh. Art. 43); aA *Schwarz,* SE-VO, 2006, Anh. Art. 43 Rn. 276; *Frodermann* in Jannott/Frodermann, Handbuch der Europäischen Aktiengesellschaft, 2. Aufl. 2014, Kap. 5 Rn. 227f.

[173] *Kalss/Greda* in Kalss/Hügel, Europäische Aktiengesellschaft SE Kommentar, 1. Aufl. 2004, öSEG § 56 Rn. 5ff.

**Kontroll- und Risikosystems,** das jederzeitige **Einsichtsrecht in die Bücher und Schriften der Gesellschaft,** die Bestellung interner und externer Direktoren, das Gebot zukunftsgerichteter **Unternehmensplanung** inklusive der Definition der wesentlichen Geschäftsfelder, die wichtigsten **Investitionsentscheidungen,**[174] die Einführung eines wirksamen **Informations- und Berichtswesens,** die Letztzuständigkeit für die **Planungs- und Steuerungsverantwortung** wie auch für die allgemeine Organisations- und Finanzverantwortung. Unter **Finanzverantwortung** versteht sich die vorausschauende Finanzplanung wie auch die nachlaufende Finanzkontrolle.[175] Im Gesetz ausdrücklich genannt ist die Zuständigkeit für die **Einberufung der Hauptversammlung** (§ 48 Abs. 1 SEAG). Teilweise wird argumentiert, dass neben dem Verwaltungsrat auch die Geschäftsführung befugt sei, die Hauptversammlung einzuberufen, da sie Organ iSd Art. 54 Abs. 2 SE-VO sei. Dass hierfür jedoch ausschließlich der Verwaltungsrat zuständig ist, lässt sich indirekt § 40 Abs. 3 S. 1 SEAG entnehmen, da die Geschäftsführung den Vorsitzenden des Verwaltungsrats bei Verlust des Grundkapitals von $\geq 1/2$ zu informieren hat, die Hauptversammlung aber gem. § 22 Abs. 5 S. 1 SEAG vom Verwaltungsrat einzuberufen ist, nicht von der Geschäftsführung im Gegensatz zum Vorstand im dualistischen System nach § 92 Abs. 1 AktG. Mehrheitlich wird in der Literatur die Meinung vertreten, dass die geschäftsführenden Direktoren kein Organ iSd Art. 54 Abs. 2 SE-VO seien.[176] Strittig ist, ob den geschäftsführenden Direktoren neben dem Verwaltungsrat ein Einberufungsrecht in der Satzung eingeräumt werden kann.[177]

89 Soweit der Verwaltungsrat der Hauptversammlung Geschäftsführungsfragen zur Entscheidung vorlegt, ist er an ein negatives Votum der Hauptversammlung **gebunden** (§ 22 Abs. 2 SEAG, § 83 Abs. 2 AktG), dh im Fall, dass die Hauptversammlung eine Geschäftsführungsmaßnahme ablehnt, ist es dem Verwaltungsrat nicht gestattet, die Maßnahme gleichwohl umzusetzen. Anders, wenn die Hauptversammlung eine Maßnahme befürwortet. In diesem Fall ist der Verwaltungsrat nicht gezwungen, die Maßnahme auch umzusetzen, denn die Letztverantwortung für die Geschäftsführung liegt beim Verwaltungsrat.[178] So können im Nachhinein Umstände eingetreten sein, die es nicht opportun erscheinen lassen, an der Umsetzung der angedachten Maßnahme festzuhalten. Letztlich tritt die Hauptversammlung lediglich an die Stelle des Aufsichtsrats. Auch der Aufsichtsrat wäre nicht befugt, den Vorstand zu Geschäftsführungsmaßnahmen anzuweisen. Die Durchführungshoheit verbleibt daher beim Verwaltungsrat. Anders, wenn die gebotene Maßnahme zu den Zuständigkeiten der Hauptversammlung zählt, wie im Falle von Kapitalmaßnahmen. In diesen Fällen sind Verwaltungsrat bzw. hier geschäftsführende Direktoren (§ 40 Abs. 2 S. 4 SEAG) verpflichtet, die Maßnahme beim Handelsregister anzumelden (§ 40 SEAG).[179] Zu den Leitungsaufgaben dürften zudem sowohl die Besetzung der maßgeblichen Führungspositionen unterhalb der Geschäftsführung als auch grundlegende Führungsentscheidungen zu den Konzerntöchtern gehören.[180] Bei der **Grenzziehung** zwischen Leitungsaufgabe und sonstigen Geschäftsführungsaufgaben wird letztlich aber immer auf den Einzelfall abzustellen sein.[181] Die Leitungsaufgabe des Verwaltungsrats trifft das Gremium als Gesamtorgan, die nicht (anders als die Vorbereitung) auf Ausschüsse übertragen werden darf (vgl. § 34 Abs. 4 S. 2 SEAG, § 40 Abs. 2 S. 3 SEAG)[182] und erschöpft sich nicht in den zuvor aufgeführten Grundsatzentscheidungen, sondern beinhaltet auch die

[174] MüKoAktG/*Reichert/Brandes* SE-VO Art. 43 Rn. 79.
[175] *Fleischer* ZIP 2003, 1 (5); hieran anschließend MüKoAktG/*Reichert/Brandes* SE-VO Art. 43 Rn. 84.
[176] Zum Meinungsstreit Habersack/Drinhausen/*Verse* SEAG § 40 Rn. 6.
[177] Dafür Kölner Komm AktG/*Siems/Müller-Leibenger* SEAG § 22 Rn. 21 (SE-VO Anh. Art. 51); dagegen LHT SE/*Teichmann* SEAG § 22 Rn. 17 f. (SE-VO Anh. Art. 43).
[178] AA Habersack/Drinhausen/*Verse* SEAG § 22 Rn. 11.
[179] Zur AG: Hüffer/Koch/*Koch* AktG § 83 Rn. 5.
[180] MüKoAktG/*Reichert/Brandes* SE-VO Art. 43 Rn. 80 f.
[181] So auch Kölner Komm AktG/*Mertens/Cahn* § 76 Rn. 5.
[182] Habersack/Drinhausen/*Verse* SEAG § 22 Rn. 8 mwN.

Überwachung und deren Umsetzung (s. Wortlaut des § 22 Abs. 1 SEAG). Hiervon kann der Verwaltungsrat auch nicht befreit werden.

Was zum „laufenden Geschäft" oder **Tagesgeschäft** gehört, für das die Geschäftsführung verantwortlich ist, entscheidet der Verwaltungsrat. Hierbei mögen die Grenzen zwischen Leitungsaufgaben und laufendem Tagesgeschäft durchaus verschwimmen. Letztlich bleibt der Verwaltungsrat für die Gesamtleitung inklusive Tagesgeschäft verantwortlich. Es gibt keinen Bereich, der den geschäftsführenden Direktoren exklusiv zugewiesen und dem Verwaltungsrat entzogen ist.[183] Soweit Aufgaben vom Gesetzgeber ausdrücklich den geschäftsführenden Direktoren zugewiesen wurden, wie zB Handelsregisteranmeldungen (§ 40 Abs. 2 S. 4 SEAG), darf sich der Verwaltungsrat gleichwohl einmischen. Zum Teil präzisiert das Gesetz selbst die „Leitung" – wie zB im Falle der beteiligten Gesellschaften in § 2 Abs. 5 SEBG – unscharf als das **Leitungsorgan** oder die **geschäftsführenden Direktoren.** Unkritisch ist die Erstreckung auf den Vorstand im dualistischen System der AG oder die Geschäftsführung bei der GmbH. Im monistischen System ist jedoch strittig, ob der Gesetzgeber mit dem Wortlaut „Leitungsorgan" den Verwaltungsrat einschließlich der geschäftsführenden Direktoren anspricht[184] oder aber eben nur die geschäftsführenden Direktoren.[185] 90

Im Umgang mit den Arbeitnehmern dürfte letztlich die pragmatische Lösung darin liegen, dass es den geschäftsführenden Direktoren aufgrund ihrer Kenntnis im Tagesgeschäft obliegen wird, die Arbeitnehmer zu informieren und im Falle einer Strukturänderung die Verhandlung mit dem zu bildenden Besonderen Verhandlungs-Gremium (BVG) zu führen, jedoch in Abstimmung mit dem Verwaltungsrat.[186] 91

Auch wenn der Verwaltungsrat das explizit der Geschäftsführung zugewiesene Tagesgeschäft wie Anmeldung zum Handelsregister nicht an sich ziehen kann, gibt es Fälle, wo auch noch **andere Organe** bei Registeranmeldungen **mitwirken** müssen, wie zB bei Anmeldung der monistischen SE im Rahmen der Gründung von allen Gründern, allen Verwaltungsratsmitgliedern und allen geschäftsführenden Direktoren (§ 21 Abs. 1 SEAG). Besonderheiten gelten abweichend von § 21 Abs. 1 SEAG bei Verschmelzung und Formwechsel, da die Regelung des UmwG als Spezialvorschrift vorgeht. Bei der Verschmelzung durch Neugründung erfolgt die Anmeldung durch alle Gründungsgesellschaften (Art. 26 Abs. 2 SE-VO, § 38 Abs. 2 UmwG).[187] Bei der Verschmelzung durch Aufnahme wird nach hM die SE nach § 16 Abs. 1 UmwG nur von der aufnehmenden Gesellschaft angemeldet.[188] Bei der Verschmelzung wie auch beim Formwechsel wird § 21 Abs. 1 SEAG verdrängt durch die Spezialregelung des § 246 Abs. 1 UmwG. Hiernach genügt eine Anmeldung durch die Geschäftsführung in vertretungsberechtigter Zahl, dh ggf. auch im Rahmen unechter Gesamtvertretung oder auch nur durch Bevollmächtigte im Rahmen des § 12 Abs. 1 S. 2 HGB.[189] 92

Bei **Anmeldung der Gründung** sind beizufügen sowohl die Bestellungsurkunden von Verwaltungsrat und geschäftsführenden Direktoren (§ 21 Abs. 2 SEAG) als auch der Prüfbericht des Verwaltungsrats (im dualistischen System der gemeinsame Bericht von Vorstand und Aufsichtsrat). Die geschäftsführenden Direktoren selbst haben keine Prüfungspflicht. 93

Ins **Handelsregister** eingetragen werden die geschäftsführenden Direktoren, nicht die Verwaltungsratsmitglieder, ähnlich der Eintragung nach § 39 Abs. 1 AktG in der Unterscheidung Vorstand und Aufsichtsrat. 94

---

[183] Habersack/Drinhausen/*Verse* SEAG § 44 Rn. 10f.
[184] So MüKoAktG/*Jacobs* SEBG § 2 Rn. 19.
[185] Kölner Komm AktG/*Feuerborn* SEBG § 2 Rn. 26.
[186] Verhandlungen bei wirtschaftlicher Aktivierung einer idR arbeitnehmerlosen Vorratsgesellschaft durch Eintritt in eine KG als Komplementär sind idR nicht erforderlich, s. *Sigle* FS Hommelhoff, 2012, 1124ff.
[187] MüKoAktG/*Schäfer* SE-VO Art. 26 Rn. 6.
[188] IE Habersack/Drinhausen/*Verse* SE-VO Art. 12 Rn. 7.
[189] Kölner Komm UmwG/*Petersen* § 246 Rn. 3.

95 Gleichfalls weist § 47 Abs. 1 SEAG die Aufstellung des Jahresabschlusses und des Lageberichts der Geschäftsführung zu. Hier heißt es, dass die Geschäftsführung die vorgenannten Unterlagen **unverzüglich nach ihrer Aufstellung dem Verwaltungsrat vorzulegen** hat, gleichzeitig mit ihrem Vorschlag der Gewinnverwendung, den der Verwaltungsrat der Hauptversammlung unterbreiten soll. Die Aufgabenverteilung zwischen geschäftsführenden Direktoren und Verwaltungsrat ähnelt weitgehend derjenigen zwischen Vorstand und Aufsichtsrat gemäß den entsprechenden Vorschriften der §§ 170–173 AktG. Insofern ist der Verwaltungsrat frei, vom Gewinnvorschlag der geschäftsführenden Direktoren abzuweichen und der Hauptversammlung einen abgeänderten Vorschlag zu unterbreiten.

96 Weiterhin fällt in den Aufgabenbereich der Geschäftsführung die laufende intensive **Information** des Verwaltungsrats, speziell des Verwaltungsrats-Vorsitzenden, über wesentliche Vorgänge. Explizit erwähnt wird im Gesetz eine Informationspflicht bei Verlust der Hälfte des Grundkapitals, bei Zahlungsunfähigkeit oder bei Überschuldung (§ 40 Abs. 3 SEAG).[190] Diese Verweise in § 40 SEAG erlauben den Rückschluss, dass die Entscheidung über die Konsequenz dieser Information, zB die Einberufung der Hauptversammlung oder der Insolvenzantrag, Aufgabe des Verwaltungsrats ist.

97 Die Leitungskompetenz des Verwaltungsrats gegenüber den geschäftsführenden Direktoren ist naturgemäß dort **eingeschränkt,** wo die Weisung des Verwaltungsrats die geschäftsführenden Direktoren auffordert, gegen gesellschaftsrechtliche oder öffentlich-rechtliche Pflichten zu verstoßen.[191]

## XV. Spezielle Rechte und Pflichten des Verwaltungsrats

98 Die speziellen Rechte und Pflichten des Verwaltungsrats sind in § 22 Abs. 2–5 SEAG geregelt. Die Vorschriften sind im Wesentlichen den §§ 76–116 AktG nachgebildet.[192] Dort ist die Zuständigkeit des Gesamtorgans für die Einberufung der Hauptversammlung (§ 22 Abs. 2 S. 2 und Abs. 5 SEAG) geregelt wie auch die Verpflichtung zur Etablierung funktionierender Organisationsinstrumentarien, die sowohl die Führung des Tagesgeschäfts (zB Führung der Handelsbücher, ordnungsgemäße Rechnungslegung) als auch ausreichende Überwachungs- und Risikovorsorgesysteme sicherstellen müssen (§ 22 Abs. 3 und Abs. 4 SEAG, ähnlich § 91 AktG). Es bleibt dem Verwaltungsrat unbenommen, sich zur Erfüllung dieser Aufgaben der Mithilfe der geschäftsführenden Direktoren zu bedienen. Insofern kann der Verwaltungsrat bestimmte Aufgaben delegieren, nicht aber seine Verantwortung. Die Aufgabe des Gesamtorgans ist **nicht delegierbar** (§ 34 Abs. 4 S. 2 SEAG, § 40 Abs. 2 S. 3 SEAG). Letztlich verbleibt die Organisationsverantwortung immer beim Verwaltungsrat ähnlich dem Vorstand in der AG. Auch der Vorstand kann seine Pflichten auf nachgeordnete Führungsebenen delegieren, ohne sich jedoch hierdurch freizeichnen zu können. Beim Verwaltungsrat betrifft dies zB die Delegation der Einberufung der Hauptversammlung (kann aber auch schon in der Satzung abweichend geregelt werden),[193] auch wenn der Einberufungspflicht des Verwaltungsrats wie im Falle des Verlustes der Hälfte des Grundkapitals nach § 22 Abs. 5 S. 1 SEAG (ähnlich § 92 AktG) die unverzügliche Informationspflicht der geschäftsführenden Direktoren vorausgeht (§ 40 Abs. 3 S. 1 SEAG). Aber auch die Vorbereitung und Durchführung von Hauptversammlungsbeschlüssen ist Aufgabe des Verwaltungsrats, denn Ansprechpartner der Hauptversammlung ist und bleibt der Verwaltungsrat und nicht die geschäftsführenden Direktoren, auch wenn Letztere gesetzlich zwingend dem Verwaltungsrat im Sinne eines „Vier-Augen-Prinzips" an die Seite gestellt werden.[194]

[190] LHT SE/*Teichmann* SEAG § 40 Rn. 6 (SE-VO Anh. Art. 43).
[191] LHT SE/*Teichmann* SEAG § 44 Rn. 13 (SE-VO Anh. Art. 43).
[192] IE Habersack/Drinhausen/*Verse* SEAG § 22 Rn. 18 f.
[193] Habersack/Drinhausen/*Verse* SEAG § 22 Rn. 19.
[194] Zum „Vier-Augen-Prinzip" Habersack/Drinhausen/*Verse* SEAG § 47 Rn. 1 ff.

99 Hingegen fällt die Aufstellung des Jahresabschlusses/Konzernabschlusses in die Zuständigkeit der geschäftsführenden Direktoren (§ 47 Abs. 1, Abs. 4 SEAG). Dies ergibt sich aus der Kompetenzzuweisung gem. § 264 Abs. 1 HGB, § 290 Abs. 1 HGB iVm § 41 Abs. 1 S. 1 SEAG, da die geschäftsführenden Direktoren die gesetzlichen Vertreter sind. Die geschäftsführenden Direktoren haben den Jahresabschluss aufzustellen und unverzüglich dem Verwaltungsrat zwecks Feststellung/Billigung zuzuführen (§ 47 Abs. 3, Abs. 5 SEAG).

100 Nach hM ist Art. 48 SE-VO dahingehend auszulegen, dass bereits in der Satzung ein **Katalog zustimmungsbedürftiger Geschäfte** aufzuführen ist. Es reicht also nicht, in der Satzung festzulegen, dass ein solcher Katalog vom Verwaltungsrat (oder Aufsichtsrat in der dualistischen Struktur) zu erstellen ist, auch wenn häufig das Registergericht an dem fehlenden Zustimmungskatalog in der Satzung keinen Anstoß nimmt. Es ist dem Satzungsgeber lediglich gestattet zu normieren, dass der Verwaltungsrat befugt ist, zusätzlich einen Katalog zustimmungsbedürftiger Geschäfte zu bestimmen.[195]

## 1. Einberufung und Durchführung der Hauptversammlung

101 Die Hauptversammlung, die gem. Art. 54 Abs. 1 SE-VO **binnen sechs Monaten** nach Abschluss des Geschäftsjahres stattfinden soll (in der AG acht Monate, § 175 Abs. 1 S. 2 AktG), wird durch den Verwaltungsrat einberufen und in der Regel vom Vorsitzenden des Verwaltungsrats geleitet (insofern vergleichbar mit dem Aufsichtsrat bei der AG). Anders als in der AG unterbreiten nicht Vorstand und Aufsichtsrat – bzw. bei Wahlen zum Aufsichtsrat und des Abschlussprüfers ausschließlich der Aufsichtsrat – in der Einladungsbekanntmachung Beschlussvorschläge, sondern die Zuständigkeit liegt ausschließlich beim Verwaltungsrat.[196] Diejenigen Verwaltungsratsmitglieder, die zugleich geschäftsführende Direktoren sind, dürfen auch bei der Aufstellung der Beschlussvorschläge zur Wahl von Verwaltungsratsmitgliedern und Abschlussprüfern mitwirken.[197] Neben der Entgegennahme des in der Regel vom Verwaltungsrat festgestellten Jahresabschlusses und des Lageberichts (ggf. auch des Konzernabschlusses und Konzernlageberichts) sowie der Beschlussfassung über die Verwendung des Bilanzgewinns sind weitere Tagesordnungspunkte die Entlastung der Organmitglieder und Wahl des Abschlussprüfers. Nach hM werden nicht nur die Mitglieder des Verwaltungsrats (Art. 52 SE-VO, § 120 AktG, § 22 Abs. 6 SEAG), sondern auch die geschäftsführenden Direktoren zur Entlastung gestellt (§ 120 AktG analog).[198] Nach zutreffender Ansicht obliegt die Leitung der Hauptversammlung üblicherweise dem Verwaltungsrats-Vorsitzenden.[199] Gemäß Art. 53 SE-VO gilt für Fragen der Organisation und des Ablaufs der Hauptversammlung nationales Recht. Da weder im Aktiengesetz noch im SEAG eine Regelung enthalten ist, erscheint es zweckmäßig, in einer Satzungsregelung den Verwaltungsrats-Vorsitzenden als Leiter der Hauptversammlung zu benennen.[200] Anders als in der AG werden die Vorlagen und Tagesordnungspunkte in der Hauptversammlung nicht vom Vorstand, sondern vom Verwaltungsrat als dem maßgeblichen Leitungsorgan erläutert.[201] Nach überzeugender Ansicht obliegt den Mitgliedern des Verwaltungsrats auch die Auskunftspflicht gegenüber der Hauptversammlung.[202]

102 Gemäß 48 Abs. 2 S. 1 SEAG iVm § 176 Abs. 2 AktG hat der **Abschlussprüfer** (falls der Jahresabschluss zu testieren ist) teilzunehmen, ohne dass er hingegen zu einer Auskunft

[195] Habersack/Drinhausen/*Seibt* SE-VO Art. 48 Rn. 4 mwN.
[196] *Bunz* AG 2018, 466 (469).
[197] *Bunz* AG 2018, 466 (469).
[198] Ausf. Habersack/Drinhausen/*Verse* SEAG § 48 Rn. 5 mwN.
[199] MüKoAktG/*Reichert/Brandes* SE-VO Art. 45 Rn. 16; Habersack/Drinhausen/*Verse* SE-VO Art. 45 Rn. 11; abl. für den Fall, dass der Verwaltungsrats-Vorsitzende zugleich geschäftsführender Direktor ist, BeckOGK/*Eberspächer* SE-VO Art. 45 Rn. 6.
[200] MüKoAktG/*Reichert/Brandes* SE-VO Art. 45 Rn. 16.
[201] *Bunz* AG 2018, 466 (470).
[202] MüKoAktG/*Reichert/Brandes* SE-VO Art. 43 Rn. 107; *Bunz* AG 2018, 466 (470); dagegen für eine Zuständigkeit der geschäftsführenden Direktoren etwa MüKoAktG/*Kubis* SE-VO Art. 53 Rn. 16.

gegenüber Aktionären verpflichtet ist. In den seltenen Fällen, in denen die Hauptversammlung den Jahresabschluss festzustellen hat, kann ein Verstoß gegen die vorgenannte Präsenzpflicht den Feststellungsbeschluss anfechtbar machen (sollte der Verstoß von Relevanz gewesen sein).

## 2. Einsichts- und Prüfungsrecht

103 Das Einsichts- und Prüfungsrecht des Verwaltungsrats ist im Gegensatz zu dem des Aufsichtsrats **allumfassend** (§ 22 Abs. 4 S. 1–2 SEAG). Dies umfasst nicht nur die Einsicht in und die Prüfung von Büchern und Schriften, ebenso wie Vermögensgegenstände, Bestände an Wertpapieren/Waren und den gesamten Datenbestand (iSd § 111 Abs. 2 AktG). Nach hM umfasst dies auch Protokolle der Geschäftsführung. Diese sind in der AG aufgrund der strikten Trennung von Aufsichtsrat und Vorstand von der Einsicht durch den Aufsichtsrat eingeschränkt, so auch bei dualem System in der SE.[203]

104 So wie der Verwaltungsrat aufgrund des umfassenden Weisungsrechts jede Information selbst einholen kann, kann er aber auch die geschäftsführenden Direktoren **anweisen,** ihn zu informieren.[204] Der Anspruch auf Zugang zu allen Informationen steht auch den Arbeitnehmervertretern im Verwaltungsrat einer mitbestimmten SE zu.[205]

105 Die Entscheidung über die Ausübung des Einsichtsrechts kann nur das Verwaltungsratsplenum treffen. Es kann jedoch dieses Recht auf einen Ausschuss übertragen (§ 34 Abs. 3 S. 1 SEAG).[206] Hingegen können einzelne Mitglieder des Verwaltungsrats die Einsichts- und Prüfungsrechte für sich nicht beanspruchen. Die Informationspflicht der geschäftsführenden Direktoren besteht auch lediglich gegenüber dem Verwaltungsrat als Organ, nicht gegenüber dem **einzelnen Mitglied,** da in Art. 44 SEAG nur das Organ angesprochen wird, nicht das einzelne Mitglied. Erhält aber das einzelne Mitglied Informationen, die für die Aufgabe des Verwaltungsrats von Bedeutung sein könnten, so ist das Mitglied aus Gründen der Sorgfaltspflicht gehalten, diese Informationen ungefragt an das Gesamtorgan, in der Regel über den Vorsitzenden, weiterzugeben.[207] Entweder kann das einzelne Mitglied einen Bericht nach § 40 Abs. 6 SEAG, § 90 Abs. 3 S. 2 AktG anfordern oder einen Antrag auf Beschlussfassung im Plenum stellen. Wenn dem nicht entsprochen wird und Einsicht geboten sein sollte, kann zur Erfüllung der Überwachungspflicht eine gerichtliche Überprüfung der Entscheidung des Verwaltungsrats eingeleitet werden,[208] auch ohne dass hierzu ein konkreter Anlass bestand, zB zwecks der Notwendigkeit von Stichproben.[209] Auch dürften Mitarbeiterbefragung durch den Verwaltungsrat zulässig sein; anders wenn die Informationen nicht im Besitz der Gesellschaft sind, sondern bei verbundenen Unternehmen.[210] Aber auch im dualistischen System ist die Meinung im Vordringen, die im Rahmen der Überwachungsaufgaben des Aufsichtsrats die Befragung von Mitarbeitern wie den Chief Compliance Officer, den Risk Manager oder den Leiter der internen Revision für unverzichtbar erachten.[211] Dies gilt erst recht vorliegend für den Verwaltungsrat. Für den bei einem Unternehmen von öffentlichem Interesse nach § 34 Abs. 5 S. 1 SEAG in der Fassung des FISG verpflichtend einzurichtenden Prüfungsausschuss (→ Rn. 52) hat der Gesetzgeber ein derartiges besonderes Auskunftsrecht mit Wirkung ab dem 1.1.2022 (vgl. § 57 Abs. 2 S. 1 SEAG) nunmehr in § 34 Abs. 5 S. 3–5 SEAG gesetzlich normiert. Hiernach kann jedes Mitglied des Prüfungsausschusses über den Ausschussvorsitzenden unmit-

[203] Ausf. Habersack/Drinhausen/*Verse* SEAG § 22 Rn. 33.
[204] LHT SE/*Teichmann* SE-VO Art. 44 Rn. 11.
[205] Zur informationellen Gleichbehandlung der Organmitglieder s. Kölner Komm AktG/*Siems/Müller-Leibenger* SE-VO Art. 44 Rn. 18.
[206] Ausf. Habersack/Drinhausen/*Verse* SEAG § 22 Rn. 31.
[207] MüKoAktG/*Reichert/Brandes* SE-VO Art. 44 Rn. 42; LHT SE/*Teichmann* SE-VO Art. 44 Rn. 12.
[208] Zur AG MüKoAktG/*Habersack* § 111 Rn. 73 iVm § 108 Rn. 73ff., 80.
[209] Habersack/Drinhausen/*Verse* SEAG § 22 Rn. 32.
[210] Habersack/Drinhausen/*Verse* SEAG § 22 Rn. 34 mwN.
[211] Zum Meinungsstand *Habersack* AG 2014, 1 (7).

telbar bei den Leitern derjenigen Zentralbereiche der Gesellschaft, die in der Gesellschaft für die Aufgaben zuständig sind, die den Prüfungsausschuss nach § 34 Abs. 4 S. 4 SEAG betreffen, Auskünfte einholen. Der Ausschussvorsitzende hat die eingeholte Auskunft allen Mitgliedern des Prüfungsausschusses mitzuteilen. Die geschäftsführenden Direktoren sind über die erteilten Auskünfte unverzüglich zu unterrichten. Auskunftspersonen werden in der Regel der Leiter der Innenrevision, der Leiter des Rechnungswesens und des Accounting sowie der Leiter des Risikomanagements sein. Daneben kommt als Auskunftsperson auch der Leiter der Compliance-Abteilung bzw. der Chief Compliance Officer in Betracht. Einen Zugriff auf hierarchisch nachgelagerte Auskunftspersonen sieht das Gesetz nicht vor. Soweit der Verwaltungsrat die Einschaltung von externen Sachverständigen wünscht, besteht weites Ermessen. Ebenso dürfte die Delegation auf einzelne Mitglieder zulässig sein, ähnlich wie im Aufsichtsrat der AG.

Die Erteilung des **Prüfungsauftrags an den Abschlussprüfer** gem. § 22 Abs. 4 S. 3 SEAG entspricht § 111 Abs. 2 S. 3 AktG. Damit soll die Unabhängigkeit des Prüfers von den geschäftsführenden Direktoren als dem für die Aufstellung des Abschlusses zuständigen Organ gewährleistet werden.[212] Die Begründung zum Regierungsentwurf zeigt, dass die Prüfer den Verwaltungsrat bei seiner Überwachungsaufgabe zu unterstützen haben. In diesem Fall ist der Verwaltungsrat ausnahmsweise auch im Außenverhältnis vertretungsbefugt. 106

## 3. Insolvenzbezogene Pflichten

Die den Verwaltungsratsmitgliedern obliegende Insolvenzantragspflicht gem. § 22 Abs. 5 S. 2 Hs. 1 SEAG weicht von der Regel ab, dass das zuständige Vertretungsorgan den Antrag zu stellen hat. Die geschäftsführenden Direktoren sind weder hierzu berechtigt noch verpflichtet.[213] Zwar müssen die geschäftsführenden Direktoren den Verwaltungsrat unverzüglich über die Insolvenzreife informieren, jedoch bleibt es im Rahmen der allgemeinen Überwachungspflicht die Aufgabe des Verwaltungsrats sicherzustellen, dass die geschäftsführenden Direktoren dieser Pflicht auch ordnungsgemäß nachkommen wie auch selbst die Insolvenzregeln zu prüfen, wenn hierzu Anlass besteht.[214] In diesem Fall ist **jedes Verwaltungsratsmitglied** antragsberechtigt und verpflichtet.[215] Dies erstreckt sich auch auf fehlerhaft, aber wirksam bestellte Verwaltungsratsmitglieder.[216] 107

Bei **Zahlungsunfähigkeit** besteht hingegen eine obligatorische Insolvenzantragspflicht durch den Verwaltungsrat, bei drohender Zahlungsunfähigkeit nur eine fakultative. Im letzteren Fall gilt die allgemeine Vertretungsregel des § 18 Abs. 3 InsO. Hiernach sind die Mitglieder des Vertretungsorgans, also die geschäftsführenden Direktoren, antragsberechtigt, aufgrund der Bedeutung als Leitungsentscheidung iSd § 22 Abs. 1 SEAG allerdings wohl nur nach vorheriger Befassung des Verwaltungsrats.[217] 108

## 4. Internes Kontroll- und Risikomanagementsystem

Der seit dem 1.7.2021 geltende neue § 22 Abs. 3 S. 3 SEAG gibt dem Verwaltungsrat einer börsennotierten SE künftig auf, ein im Hinblick auf den Umfang der Geschäftstätigkeit und die Risikolage des Unternehmens **angemessenes und wirksames internes** 109

[212] Habersack/Drinhausen/*Verse* SEAG § 22 Rn. 36.

[213] BeckOGK/*Eberspächer* SE-VO Art. 63 Rn. 7; Kölner Komm AktG/*Kiem* SE-VO Art. 63 Rn. 52; *Seitz,* Die Geschäftsführer einer monistischen Societas Europaea (SE) mit Sitz in der Bundesrepublik Deutschland, 2010, 310f.

[214] Ausf. *Metz,* Die Organhaftung bei der monistisch strukturierten Europäischen Aktiengesellschaft mit Sitz in Deutschland, 2009, 105ff., 108f.

[215] BeckOGK/*Eberspächer* SE-VO Art. 63 Rn. 7; Kölner Komm AktG/*Kiem* SE-VO Art. 63 Rn. 52.

[216] Habersack/Drinhausen/*Verse* SEAG § 28 Rn. 11f.

[217] IdS auch Habersack/Drinhausen/*Verse* § 22 SEAG Rn. 39; bzgl. der Rechtsfolgen bei Verstoß gegen diese Pflicht und der Differenzierung zwischen Verwaltungsrat und Geschäftsführenden Direktoren s. Habersack/Drinhausen/*Verse* SEAG § 22 Rn. 40f.

**Kontrollsystem und Risikomanagementsystem** einzurichten. Die neue Vorschrift ist aus rechtlicher Sicht bemerkenswert: Es gibt nur wenige gesetzliche Bestimmungen, mit denen der Gesetzgeber unmittelbar in das Organisationsermessen der Leitungsorgane der Gesellschaften eingreift. In der Sache ist die Regelung richtig und in praktischer Hinsicht kaum mit Änderungen verbunden, da bei börsennotierten Unternehmen ein internes Kontroll- sowie Risikomanagementsystem bereits heute zum Standard zählt. Da weder das Gesetz selbst noch die Gesetzesbegründung dazu Auskunft geben, wann das Kontroll- und Risikomanagementsystem als angemessen und wirksam einzustufen ist, dürfte der Austausch in und zwischen Unternehmen über „best practices" weiter zunehmen.

### 5. Compliance-Management-System

110 Abhängig von Art, Größe und Risikoneigung des Unternehmens trifft die Geschäftsleitung eine Rechtspflicht zur Einrichtung eines effektiven Compliance-Management-Systems (→ § 13 Rn. 6 ff.).[218] Das heißt, sie muss eine **Risikoanalyse und -priorisierung** durchführen und durch geeignete Maßnahmen (zB Code of Conduct, Compliance-Richtlinien, Schulungen, Tone from the Top) einer Realisierung dieser Risiken vorbeugen.[219] Bestehen Anhaltspunkte für Non-Compliance im Unternehmen, sind diese **aufzuklären, abzustellen und ggf. zu ahnden.**[220] Das „Ob" der Einrichtung eines Compliance-Management-Systems ist eine gebundene Entscheidung; bei der konkreten Ausgestaltung besteht demgegenüber ein Ermessensspielraum.[221] Übertragen auf die Kompetenzordnung der monistischen SE bedeutet dies, dass der Verwaltungsrat als Kollegialorgan für die Organisationsentscheidung über die Einrichtung eines effektiven Compliance-Management-Systems und die wesentlichen Grundpfeiler von dessen Ausgestaltung zuständig ist.[222] Diese Zuständigkeit ist nicht delegierbar. Richtet der Verwaltungsrat kein Compliance-Management-System ein, haben die geschäftsführenden Direktoren darauf hinzuwirken, da auch sie der allgemeinen Legalitätspflicht unterliegen.[223] Sie können sich daher nicht unter Berufung auf eine fehlende Weisung des Verwaltungsrats exkulpieren.[224]

111 Hat der Verwaltungsrat diese Grundsatzentscheidung zur Einrichtung und Ausgestaltung eines Compliance-Management-Systems getroffen, dürfen sich die nicht-geschäftsführenden Verwaltungsratsmitglieder darauf beschränken, zu überwachen, dass die geschäftsführenden Direktoren das Compliance-Management-System weisungsgemäß implementieren.[225]

### 6. Generalverweisung des § 22 Abs. 6 SEAG

112 Die Generalverweisung in § 22 Abs. 6 SEAG verweist zur Vermeidung von Regelungslücken auf Regelungen des **AktG,** soweit nicht speziellere Regelungen im SEAG vorgehen. Dies betrifft sowohl das Gesamtorgan als auch regelungsbezogen einzelne Mitglieder von Vorstand und Aufsichtsrat.

113 Singulär spricht das Gesetz die Verwaltungsratsmitglieder auch unmittelbar an, wodurch ein Rückgriff auf § 22 Abs. 6 SEAG natürlich nicht erforderlich ist.

---

[218] *Reichert/Lüneborg* GmbHR 2018, 1141 (1143).

[219] *Reichert/Lüneborg* GmbHR 2018, 1141 (1143 f.).

[220] *Ott/Lüneborg* CCZ 2019, 71 (72); *Lüneborg/Resch* NZG 2018, 209 (209 f.).

[221] Hüffer/Koch/*Koch* AktG § 76 Rn. 14 ff.

[222] *Teichmann* in Krieger/U.H. Schneider, Handbuch Managerhaftung, 3. Aufl. 2017, § 5 Rn. 5.46a; MüKoAktG/*Reichert/Brandes* SE-VO Art. 51 Rn. 29.

[223] MüKoAktG/*Reichert/Brandes* SE-VO Art. 51 Rn. 29; *Teichmann* in Krieger/U.H. Schneider, Handbuch Managerhaftung, 3. Aufl. 2017, § 5 Rn. 5.46b.

[224] MüKoAktG/*Reichert/Brandes* SE-VO Art. 51 Rn. 29; *Teichmann* in Krieger/U.H. Schneider, Handbuch Managerhaftung, 3. Aufl. 2017, § 5 Rn. 5.46b.

[225] *Teichmann* in Krieger/U.H. Schneider, Handbuch Managerhaftung, 3. Aufl. 2017, § 5 Rn. 5.46b.

## 7. Vorrang spezieller Kompetenznormen

Der Vorrang spezieller Kompetenznormen findet seinen Niederschlag im Gesetz zB bei der Zuständigkeit für Handelsregisteranmeldungen, die ausdrücklich dem Verantwortungsbereich der geschäftsführenden Direktoren zugewiesen ist; ebenso die Erstellung des Abhängigkeitsberichts oder die Aufstellung des Jahresabschlusses und Konzernabschlusses (§ 49 Abs. 1 SEAG, § 312 AktG). 114

Unklar ist die Zuweisung in Vorschriften, die auf ein Vertretungsorgan und deren Mitglieder Bezug nehmen. In der Regel ist im monistischen System damit die Vertretung durch die geschäftsführenden Direktoren angesprochen wie im Fall des Jahresabschlusses, der nach Art. 61 SE-VO iVm § 264 Abs. 1 S. 1 HGB den Vertretern der Kapitalgesellschaften obliegt.[226] Diesem Ergebnis entspricht auch die Regelung in § 47 Abs. 1 S. 1 SEAG. Die strafrechtliche Verantwortung nach § 14 Abs. 1 Nr. 1 StGB, § 9 Abs. 1 Nr. 1 OWiG trifft dementsprechend die geschäftsführenden Direktoren.[227] 115

Soweit Bezug genommen wird auf die Gesellschaft, gilt die allgemeine Kompetenzverteilung, so dass mangels Regelungslücke ebenfalls der allgemeine Verweis des § 22 Abs. 6 SEAG nicht greift.[228] 116

Nehmen Vorschriften speziell auf den Vorstand der AG Bezug, so entscheidet sich die Zuordnung in zutreffender Weise nach der Unterscheidung zwischen Innen- und Außenverhältnis. Im Innenverhältnis mag die Entscheidung von der vorherigen Zustimmung des Verwaltungsrats abhängig sein, während im Außenverhältnis die geschäftsführenden Direktoren die Zustimmung kommunizieren. Dies lässt sich gut am Beispiel der Zustimmung zur Übertragung vinkulierter Namensaktien demonstrieren, da die Zustimmung im dualistischen System dem Vorstand zugewiesen ist (§ 68 Abs. 2 S. 2 AktG).[229] 117

Nur dort, wo Vorstand und Aufsichtsrat zusammen die Gesellschaft vertreten wie im Falle von Anfechtungs- und Nichtigkeitsklagen nach § 246 Abs. 2 S. 2 AktG, § 249 Abs. 1 S. 1 AktG, führt diese Doppelvertretung im monistischen System zwangsläufig zur Vertretung durch Verwaltungsrat und geschäftsführende Direktoren, da der Verwaltungsrat an die Stelle des Aufsichtsrats tritt (hM).[230] 118

Insofern bleibt § 22 Abs. 6 SEAG mit seinem allgemeinen Verweis rechtspolitisch fragwürdig, da es oft eine Frage des Zufalls zu sein scheint, ob eine Vorschrift den Vorstand oder neutral das Vertretungsorgan anspricht.[231] Gleichwohl sind die Unterschiede in der monistisch strukturierten SE wesentlich, da im ersten Fall der Verwaltungsrat, im zweiten Fall die geschäftsführenden Direktoren zuständig wären. In vielen Fällen lässt sich mithin feststellen, dass die Zuständigkeitsregeln letztendlich nicht auf das monistische System zugeschnitten sind.[232] 119

---

[226] So auch *Schwarz,* SE-VO, 2006, Art. 61 Rn. 12; *Seitz,* Die Geschäftsführer einer monistischen Societas Europaea (SE) mit Sitz in der Bundesrepublik Deutschland, 2010, 301.

[227] BeckOGK/*Eberspächer* SE-VO Art. 43 Rn. 19; *Ihrig* ZGR 2008, 809 (815 f.).

[228] Kölner Komm AktG/*Siems/Müller-Leibenger* SEAG § 22 Rn. 34 (SE-VO Anh. Art. 51).

[229] Ausf. Habersack/Drinhausen/*Verse* SEAG § 22 Rn. 47.

[230] Kölner Komm AktG/*Siems/Müller-Leibenger* SEAG §§ 31–33 Rn. 7 (SE-VO Anh. Art. 51); MüKoAktG/*Reichert/Brandes* SE-VO Art. 43 Rn. 196, 198; *Schwarz,* SE-VO, 2006, Art. 43 Rn. 178; Habersack/Drinhausen/*Verse* SEAG § 22 Rn. 49; *Göz* ZGR 2008, 593 (596); aA *Seitz,* Die Geschäftsführer einer monistischen Societas Europaea (SE) mit Sitz in der Bundesrepublik Deutschland, 2010, 251.

[231] Krit. *Ihrig* ZGR 2008, 809 (816).

[232] Zu den Auswirkungen des pauschalen Rechtsverweises im § 22 Abs. 6 SEAG bei einzelnen aktienrechtlichen Vorschriften wie dem Zustimmungserfordernis bei Übertragung vinkulierter Aktien gem. § 68 Abs. 2 S. 2 AktG, der Auskunftserteilung gegenüber Aktionärsvertretern gem. § 131 AktG, der Abgabe der Entsprechenserklärung zum DCGK gem. § 161 AktG, der Zuständigkeit in der Emittentenpublizität wie Ad hoc Mitteilungen oder im Bereich des Übernahmerechts (WpÜG) uvam s. Habersack/Drinhausen/*Verse* SEAG § 22 Rn. 52, 56.

# Autorenverzeichnis

**Professor Dr. Michael Arnold** ist Partner im Stuttgarter Büro von Gleiss Lutz. Er studierte Rechtswissenschaften in Tübingen und Genf (Schweiz) und promovierte an der Universität Heidelberg. Der Schwerpunkt seiner Tätigkeit liegt im Gesellschaftsrecht mit besonderer Expertise in Aktienrecht und Corporate Litigation. Er berät schwerpunktmäßig bei Hauptversammlungen, Vorstands- und Aufsichtsratsangelegenheiten, zu konzernrechtlichen Fragen und im Bereich Compliance. Regelmäßig begleitet er deutsche und internationale Mandanten auch bei M&A-Transaktionen und zu öffentlichen Übernahmen. Seit 2014 ist Michael Arnold Honorarprofessor an der Universität Tübingen. Er ist Mitglied der Gesellschaftsrechtlichen Vereinigung (VGR) und ständiger Mitarbeiter des AG-Reports der Zeitschrift „Die Aktiengesellschaft".

**Dr. Milena Charnitzky** ist Partnerin im Mannheimer Büro von RITTERSHAUS und Fachanwältin für Handels- und Gesellschaftsrecht. Sie hat an der Ruprecht-Karls-Universität Heidelberg studiert und dort zum deutschen und französischen Stiftungs- und Treuhandrecht promoviert. Ihren Forschungsaufenthalt verbrachte sie am Institut für Rechtsvergleichung in Paris an der Universität Panthéon-Assas/Sorbonne II (Institut de Droit Comparé). Die Beratungsschwerpunkte von Frau Dr. Charnitzky liegen im Bereich internationaler M&A-Transaktionen und im Handels- und Gesellschaftsrecht. Sie berät national und international tätige Unternehmen sowie deren Inhaber und Leitungsorgane in allen Fragen des Wirtschaftsrechts. Milena Charnitzky ist Mitglied der Gesellschaftsrechtlichen Vereinigung (VGR) und Vizepräsidentin der Corporate und M&A Commission der Internationalen Anwaltsvereinigung AIJA (Association des Jeunes Avocats).

**Dr. Jan Dörrwächter** ist Partner von hkp/// legal. Nach dem Studium der Rechtswissenschaften und einer Assistenzzeit an der Universität Augsburg war er zunächst als Referent im Bayerischen Staatsministerium der Finanzen tätig. Ab 2004 übernahm er verschiedene Führungsfunktionen bei der E.ON SE und der Uniper SE, bevor er 2017 zu hkp/// in Frankfurt a. M. wechselte. Sein Beratungsschwerpunkt liegt im Bereich der Organvergütung und Corporate Governance. Er ist seit 2006 als Rechtsanwalt zugelassen und seit 2017 Lehrbeauftragter an der Hochschule Niederrhein.

**Prof. Dr. Christof Hettich** ist Partner im Mannheimer Büro der Sozietät RITTERSHAUS und schwerpunktmäßig in den Bereichen Mergers & Acquisitions, der Unternehmensstrukturierung und -restrukturierung, des Beteiligungsgeschäftes (Private Equity, Übernahmen, Venture Capital) sowie des allgemeinen Gesellschaftsrechts tätig. Er ist seit vielen Jahren Vorsitzender bzw. Mitglied in verschiedensten Aufsichtsräten auch börsennotierter Unternehmen unterschiedlicher Branchen. Christof Hettich ist Honorarprofessor an der SRH Hochschule Heidelberg, war bis 2014 Lehrbeauftragter der Universität Heidelberg (LL.M. Corporate Restructuring) und ist Lehrbeauftragter der EBS Universität für Wirtschaft und Recht. Seit 2015 ist er auch Vorstandsvorsitzender des SRH Konzerns, Heidelberg, mit über 17.000 Mitarbeitern.

**Dr. Dietmar Kubis** ist als Rechtsanwalt in Jena tätig. Nach dem Studium und mehrjähriger Assistenzzeit an der Universität Hamburg begann er seine praktische Arbeit in der Konzern-Rechtsabteilung der damaligen Daimler-Benz AG in Stuttgart. Nach der Wiedervereinigung übernahm er die Leitung der Rechtsabteilung bei der JENOPTIK AG in Jena und wurde dort 1996 Vorstandsmitglied für die Ressorts Recht und Beteiligungen. Anschließend übernahm er die Funktion des Vorstandssprechers bei der Deutsche Effecten- und Wechsel-Beteiligungsgesellschaft AG in Frankfurt, bevor er sich 2005 als Anwalt niederließ. Seither ist er Mitglied mehrerer Aufsichtsräte und Verfasser zahlreicher Publikationen auf dem Gebiet des Gesellschaftsrechts.

**Dr. Cäcilie Lüneborg** ist Rechtsanwältin im Frankfurter Büro von SZA Schilling, Zutt & Anschütz. Sie studierte und promovierte an der Universität Passau. Sie berät in den Bereichen Gesellschaftsrecht, Compliance und Kapitalmarktrecht. Der Schwerpunkt ihrer Tätigkeit liegt im Aktienrecht. Ihre Praxis umfasst insbesondere die Beratung von Unternehmen und Organen im Zusammenhang mit Fragestellungen der Corporate Governance, der Organhaftung einschließlich der D&O-Versicherung, der Durchführung interner Untersuchungen und der Einrichtung von Compliance-Management-Systemen. Cäcilie Lüneborg ist Lehrbeauftragte der Frankfurt School of Finance & Management, Referentin bei gesellschaftsrechtlichen Seminarveranstaltungen und Autorin zahlreicher Publikationen in den Bereichen Gesellschaftsrecht und Compliance.

**Janina Poppe** ist Director bei Ebner Stolz in Stuttgart. Nach dem Studium der technisch orientierten Betriebswirtschaftslehre an der Universität Stuttgart ist sie seit 2009 bei Ebner Stolz tätig. In 2013 erfolgte die Bestellung zur Steuerberaterin und in 2016 die Bestellung zur Wirtschaftsprüferin. Der Schwerpunkt ihrer beruflichen Tätigkeit liegt im Sanierungs- und Restrukturierungsbereich.

**Dr. Heinrich J. Rodewig** ist in eigener Kanzlei in München tätig mit Schwerpunkt auf dem Gebiet des Gesellschaftsrechts, der Unternehmensnachfolge, speziell in Familiengesellschaften, und SE-Umwandlungen. Er war ca. 20 Jahre Partner in großen internationalen Anwaltskanzleien, zuletzt als Of Counsel in der Sozietät Taylor Wessing. Zuvor war er während ca. 20 Jahren als Chefsyndikus in diversen Industrieunternehmen aktiv, zuletzt in der DaimlerChrysler AG, wo er juristisch federführend den Daimler-Chrysler-Zusammenschluss betreute. Seine Studien führten ihn an die Universitäten von Bonn, Freiburg, Grenoble und Bordeaux sowie an die Ecole National d'Administration, Paris. Hieran schlossen sich praktische Erfahrungen an als Assistent an der FU Berlin und als Lehrbeauftragter an der Fachhochschule für Verwaltung und Rechtspflege Berlin. Heinrich J. Rodewig berät namhafte Gesellschaften als Beirat und Aufsichtsratsmitglied, zT als Aufsichtsratsvorsitzender. In seiner anwaltlichen Beratung hat er zahlreiche Börsengänge und spektakuläre Cross-Border-Zusammenschlüsse betreut.

**Dr. Vera Rothenburg** ist Partnerin im Stuttgarter Büro von Gleiss Lutz. Sie studierte Rechtswissenschaften in Tübingen und Fribourg (Schweiz) und promovierte an der Universität Tübingen. Der Schwerpunkt ihrer Tätigkeit liegt im Gesellschaftsrecht. Sie berät hauptsächlich im Aktien- und Konzernrecht, zu Rechten und Pflichten von Vorstand und Aufsichtsrat und im Bereich Compliance. Daneben führt sie regelmäßig aktienrechtliche Prozesse, insbesondere Anfechtungs- und Spruchverfahren.

**Prof. Dr. Norbert Schwieters** ist Wirtschaftsprüfer und Steuerberater und lehrt als Honorarprofessor für Rechnungslegung und Wirtschaftsprüfung an der Ruhr-Universität Bochum. Er studierte Wirtschaftswissenschaft an der Ruhr-Universität und promovierte dort 1988. Im gleichen Jahr begann er seine berufliche Tätigkeit und wurde 1992 zum Steuerberater, 1994 zum Wirtschaftsprüfer bestellt. Seit 1996 Partner von PwC Deutschland, betreute er dort neben großen Unternehmen des Mittelstands vor allem börsennotierte Konzerne als Abschlussprüfer und in beratenden Funktionen bei Themen der Rechnungslegung, Unternehmenstransaktionen und in den verschiedenen Aspekten der Corporate Governance. Dabei befasste er sich über viele Jahre vor allem mit Unternehmen aus dem Energiesektor und leitete die entsprechende Industriepraxis bei PwC, national und international. Seit 2020 liegt der Schwerpunkt seiner Tätigkeit als Lehrbeauftragter, Autor und

Mitglied in Aufsichtsgremien auf Fragen der Rechnungslegung und Corporate Governance, vor allem im Zusammenhang mit ESG-Themen.

**Bernhard Steffan** ist Partner bei Ebner Stolz in Stuttgart. An sein Studium der technischen Betriebswirtschaftslehre an der Universität Stuttgart schloss sich eine vierjährige Tätigkeit in einer mittleren Wirtschaftsprüfungs- und Steuerberatungsgesellschaft an. Seit 1987 ist er Mitarbeiter bei Ebner Stolz. Im Jahre 1987 erfolgte die Bestellung zum Steuerberater und in 1990 zum Wirtschaftsprüfer. Seit 1993 ist Bernhard Steffan Partner und für den Restrukturierungs- und Sanierungsbereich zuständig. Er ist Autor vielfältiger Veröffentlichungen, insbesondere zum Thema Unternehmen in der Krise, ferner Vorsitzender des Fachausschusses Sanierung und Insolvenz (FAS) beim Institut der Wirtschaftsprüfer (IDW) und Lehrbeauftragter an der Hochschule für Wirtschaft und Umwelt Nürtingen-Geislingen, Masterstudiengang Unternehmensrestrukturierung und Insolvenzmanagement – Unternehmenssanierung.

**Professor Dr. jur. Jürgen Taschke** ist Rechtsanwalt in Frankfurt am Main. Er studierte Rechtswissenschaften an der Goethe-Universität Frankfurt am Main, wo er 1988 promovierte. Seit seiner Zulassung als Rechtsanwalt im Jahr 1986 ist er ausschließlich auf wirtschaftsstrafrechtlichem Gebiet tätig, seit 1992 in internationalen Großsozietäten. Er berät Unternehmen in allen Fragen des Wirtschaftsstrafrechts, schwerpunktmäßig im Zusammenhang mit der drohenden oder erfolgten Einleitung eines Ermittlungsverfahrens gegen das Unternehmen und Mitarbeiter und bei der Einschätzung strafrechtlicher Risiken für Unternehmen. Er ist Honorarprofessor an der Goethe-Universität Frankfurt am Main und Autor zahlreicher Fachveröffentlichungen. Er ist im Beirat der Zeitschrift „Strafverteidiger" (StV) und Mitherausgeber der „Neuen Zeitschrift für Wirtschafts-, Steuer- und Unternehmensstrafrecht" (NZWiSt). Er ist Präsident des Hessischen Anwaltsgerichtshofs.

**Professor Dr. Ulrich Tödtmann** ist Rechtsanwalt in Mannheim und Honorarprofessor an der Universität Mannheim. Nach Studium und Promotion in Köln und Heidelberg war er zwei Jahre Vorstandsassistent und Leiter der Innenrevision beim Deutschen Krebsforschungszentrum in Heidelberg. Ab 1994 war er vier Jahre Partner der Mannheimer Rechtsanwaltskanzlei Barth, Sürmann & Tödtmann. Von 1998 bis 2005 war er Chefsyndikus der MVV Energie AG in Mannheim, deren Börsengang er 1999 begleitete und bei der er ein konzernweites Compliance System aufbaute. Von 2006 bis 2008 war er Arbeitsdirektor und Geschäftsführer der MVV Konzernholding sowie Vorstand der MVV Verkehr AG und der MVV OEG AG, bevor er 2009 als Vorstand zur börsennotierten FORIS AG nach Bonn wechselte. Von 2011 bis 2018 gehörte er der Rechtsanwaltssozietät Eimer Heuschmid Mehle in Bonn an. Seit 2018 ist er Partner bei RITTERSHAUS Rechtsanwälte in Mannheim, wo er Unternehmen zu gesellschaftsrechtlichen, arbeitsrechtlichen und energierechtlichen Fragen sowie Compliance Fragen berät. Er ist Mitglied mehrerer Aufsichtsräte.

**Dr. Marc Winstel** ist Rechtsanwalt in Stuttgart und Lehrbeauftragter an der FH Riedlingen. Er studierte Rechtswissenschaften an der Universität Mannheim und war von 2006 bis 2009 wissenschaftlicher Assistent am Lehrstuhl für Bürgerliches Recht, Arbeitsrecht, Handels- und Wirtschaftsrecht. Ab 2009 war er als Rechtsanwalt bei Oppenländer Rechtsanwälte in Stuttgart tätig. 2010 wurde er mit einer Arbeit zur Betriebsverfassung im Konzern promoviert. Seit 2013 ist er Rechtsanwalt und Partner bei wuertenberger Partnerschaft von Rechtsanwälten in Stuttgart. Er berät nationale und internationale private und öffentliche Unternehmen und Konzerne im Gesellschaftsrecht, den angrenzenden Themen des Arbeitsrechts sowie zu den damit zusammenhängenden Compliance-Fragen. Besondere Expertise besitzt er bei Fragen der Organhaftung und der Begleitung interner Untersuchungen in Unternehmen.

**Dr. Daniel Zapf** ist Rechtsanwalt und Counsel im Frankfurter Büro von DLA Piper UK LLP. Er studierte Rechtswissenschaften an der Universität Bayreuth sowie der University of Birmingham. Er war als wissenschaftlicher Mitarbeiter am Lehrstuhl für Strafrecht und Strafprozessrecht, insbesondere Wirtschaftsstrafrecht und Medizinrecht der Universität Bayreuth tätig. Promoviert wurde er an der Universität Passau. Daniel Zapf berät umfassend zu wirtschaftsstrafrechtlichen und steuerstrafrechtlichen Fragestellungen. Zudem koordiniert und führt er interne Untersuchungen zur Aufdeckung von Wirtschaftsstraftaten und Unregelmäßigkeiten durch. Außerdem wirkt er an der Geltendmachung von (Schadensersatz-)Ansprüchen im Zusammenhang mit Wirtschaftsstraftaten mit. Er vertritt und verteidigt Unternehmen gegenüber Ermittlungs- und Aufsichtsbehörden sowie Gerichten und koordiniert die Verteidigung von betroffenen Mitarbeitern. Ferner berät er Unternehmen (präventiv) in Compliance-Fragen, unter anderem zum Aufbau von Geldwäsche-Compliance-Systemen. Zudem berät er Unternehmen bei Compliance-Fragestellungen, begleitet interne Untersuchungen und wirkt an der Geltendmachung von (Schadensersatz-)Ansprüchen im Zusammenhang mit Wirtschaftsstraftaten mit.

# Sachverzeichnis

Die fett gedruckten Zahlen bezeichnen Paragrafen der Gliederung, die mager gedruckten Randnummern.